汪 晖

现代中国思想的兴起

上 卷

第一部

理与物

生活・讀書・新知 三联书店

Copyright © 2024 by SDX Joint Publishing Company.
All Rights Reserved.
本作品版权由生活·读书·新知三联书店所有。
未经许可，不得翻印。

图书在版编目（CIP）数据

现代中国思想的兴起 / 汪晖著. -- 4 版. -- 北京：生活·读书·新知三联书店，2024.11. -- ISBN 978-7-108-07928-2

Ⅰ.B26

中国国家版本馆 CIP 数据核字第 2024A6H254 号

特约编辑　舒　炜　贺照田
责任编辑　冯金红
装帧设计　何　浩
责任印制　李思佳

出版发行　生活·讀書·新知 三联书店
　　　　　（北京市东城区美术馆东街 22 号 100010）
网　　址　www.sdxjpc.com
经　　销　新华书店
印　　刷　北京隆昌伟业印刷有限公司
版　　次　2004 年 7 月北京第 1 版
　　　　　2008 年 3 月北京第 2 版
　　　　　2015 年 1 月北京第 3 版
　　　　　2024 年 11 月北京第 4 版
　　　　　2024 年 11 月北京第 1 次印刷
开　　本　635 毫米 × 965 毫米　1/16　印张 110
字　　数　1570 千字
印　　数　0,001-3,000 册
定　　价　358.00 元

（印装查询：01064002715；邮购查询：01084010542）

第一部

理与物

二十周年纪念版前言

本书初版于 2004 年, 2008 年和 2014 年重印时曾分别做过一点修改, 但没有做全面校订。这一版的校订始于英文版的翻译过程。2020 至 2022 年, 正值新冠疫情期间, 译者们每完成一章的工作, 都会将翻译中遇到的疑问汇集到韩嵩文 (Michael Gibbs Hill) 教授那里, 由他与我共同商量和确认。我邀请接受过系统的历史学和政治学训练的邓欢娜与我一起处理这些问题。在这一时期的合作中, 欢娜承担了主要的查核工作。

2023 年, 在三联书店的督促之下, 本书 20 周年纪念版的出版工作提上了日程。由于邓欢娜参与了英译本的释疑和查核工作, 由她负责此书的校订工作最为合适。她独立完成了上卷第一、二部和下卷第一部的校订, 黄清源和李立敏共同完成了下卷第二部的校订。此外, 本书出版以后, 一些认真的读者不时来信分享他们在阅读过程中产生的问题, 并指出一些文字上的讹误, 这些意见也在甄别后吸纳到这一版中。这是作者的幸运: 因着这一共同努力, 这部作品经过较为全面的校订终于再度面世。我在此向欢娜、立敏、清源、各位译者和读者们表示诚挚的感谢!

汪 晖

2024 年 7 月 22 日于清华园

全书总目

二十周年纪念版前言

如何诠释"中国"及其"现代"?（重印本前言）—— 1

前言 —— 1

导论 —— 1
    第一节　两种中国叙事及其衍生形式 —— 2
    第二节　帝国/国家二元论与欧洲"世界历史" —— 23
    第三节　天理/公理与历史 —— 47
    第四节　中国的现代认同与帝国的转化 —— 71

◎上卷
    第一部
    理与物 —— 103

第一章　天理与时势 —— 105
    第一节　天理与儒学道德评价方式的转变 —— 105
    第二节　礼乐共同体及其道德评价方式 —— 125
    第三节　汉唐混合制度及其道德理想 —— 155
    第四节　理的系谱及其政治性 —— 187
    第五节　天理与郡县制国家 —— 212
    第六节　天理与"自然之理势" —— 254

第二章　物的转变：理学与心学 —— 260
　　第一节　"物"范畴的转化 —— 260
　　第二节　格物致知论的内在逻辑与知识问题 —— 270
　　第三节　"性即理"与物之自然 —— 279
　　第四节　乡约、宗法与朱子学 —— 284
　　第五节　朱子学的转变与心学 —— 291
　　第六节　此物与物 —— 298
　　第七节　无、有与经世 —— 310
　　第八节　新制度论、物的世界与理学的终结 —— 324

第三章　经与史（一） —— 345
　　第一节　新礼乐论与经学之成立 —— 345
　　第二节　经学之转变 —— 382

第四章　经与史（二） —— 411
　　第一节　辟宋与清代朱学的兴衰 —— 411
　　第二节　经学、理学与反理学 —— 429
　　第三节　六经皆史与经学考古学 —— 458

◎上卷
　第二部
　帝国与国家 —— 487

第五章　内与外（一）：礼仪中国的观念与帝国 —— 489
　　第一节　礼仪、法律与经学 —— 489
　　第二节　今文经学与清王朝的法律/制度多元主义 —— 519
　　第三节　今文经学与清王朝的合法性问题 —— 551

第四节　大一统与帝国：从礼仪的视野到舆地学的视野 —— 579

第六章　内与外（二）：帝国与民族国家 —— 609
　　第一节　"海洋时代"及其对内陆关系的重构 —— 609
　　第二节　作为兵书的《海国图志》与结构性危机 —— 619
　　第三节　朝贡体系、中西关系与新夷夏之辨 —— 643
　　第四节　主权问题：朝贡体系的礼仪关系与国际法 —— 679

第七章　帝国的自我转化与儒学普遍主义 —— 737
　　第一节　经学诠释学与儒学"万世法" —— 737
　　第二节　克服国家的大同与向大同过渡的国家 —— 744
　　第三节　《大同书》的成书年代与早期康有为的公理观 —— 753
　　第四节　作为世界之治的"大同" —— 765
　　第五节　经学、孔教与国家 —— 782
　　第六节　从帝国到主权国家："中国"的自我转变 —— 821

◎ 下卷
　　第一部
　　公理与反公理 —— 831

第八章　宇宙秩序的重构与自然的公理 —— 833
　　第一节　严复的三个世界 —— 833
　　第二节　"易的世界"：天演概念与
　　　　　　民族—国家的现代性方案 —— 844
　　第三节　"群的世界"：实证的知识谱系与社会的建构 —— 882
　　第四节　"名的世界"：归纳法与格物的程序 —— 897
　　第五节　现代性方案的"科学"构想 —— 920

第九章 道德实践的向度与公理的内在化 —— *924*
  第一节 梁启超的调和论及其对现代性的否定与确认 —— *924*
  第二节 "三代之制"与"诸科之学"(1896—1901) —— *929*
  第三节 科学的领域与信仰的领域(1902—1917) —— *956*
  第四节 科学与以人为中心的世界(1918—1929) —— *995*

第十章 无我之我与公理的解构 —— *1011*
  第一节 章太炎的个体、自性及其对"公理"的批判 —— *1011*
  第二节 临时性的个体观念及其对"公理"的解构
     ——反现代性的个体概念为什么又以普遍性为归宿? —— *1021*
  第三节 民族—国家与章太炎政治思想中的个体观念
     ——在个体/国家的二元论式中为什么省略了社会? —— *1047*
  第四节 个体观念、建立宗教论与"齐物论"
     世界观对人类中心主义的扬弃
     ——在无神的现代语境中,什么是道德的起源? —— *1078*

◎ **下卷**
  第二部
  科学话语共同体 —— *1105*

第十一章 话语的共同体与科学的分类谱系 —— *1107*
  第一节 "两种文化"与科学话语共同体 —— *1107*
  第二节 中国科学社的早期活动与科学家的政治 —— *1125*
  第三节 世界主义与民族—国家:
     科学话语与"国语"的创制 —— *1134*
  第四节 胡明复与实证主义科学观 —— *1145*
  第五节 作为"公理"的科学及其社会展开 —— *1169*
  第六节 现代世界观与自然一元论的知识分类 —— *1200*

第十二章　作为科学话语共同体的新文化运动 —— *1206*
 第一节　"五四"启蒙运动的"态度的同一性" —— *1206*
 第二节　作为价值领域的科学领域 —— *1208*
 第三节　作为科学领域的人文领域 —— *1225*
 第四节　作为反理学的"新理学" —— *1247*

第十三章　东西文化论战与知识/道德二元论的起源 —— *1280*
 第一节　文化现代性的分化 —— *1280*
 第二节　东西文化论战的两种叙事模式 —— *1289*
 第三节　东/西二元论及其变体 —— *1292*
 第四节　新旧调和论的产生与时间叙事 —— *1296*
 第五节　总体历史叙事中的东/西二元论及其消解 —— *1309*
 第六节　总体历史中的"东西文化及其哲学" —— *1314*
 第七节　从文化观的转变到主体性转向 —— *1327*

第十四章　知识的分化、教育改制与心性之学 —— *1330*
 第一节　知识问题中被遮蔽的文化 —— *1330*
 第二节　张君劢与知识分化中的主体性问题 —— *1343*
 第三节　知识谱系的分化与社会文化的"合理化"设计 —— *1370*

第十五章　总论：公理世界观及其自我瓦解 —— *1395*
 第一节　作为普遍理性的科学与现代社会 —— *1395*
 第二节　科学世界观的蜕化 —— *1403*
 第三节　现代性问题与晚清思想的意义 —— *1410*
 第四节　作为思想史命题的"科学主义"及其限度 —— *1424*
 第五节　哈耶克的科学主义概念 —— *1438*
 第六节　作为社会关系的科学 —— *1454*
 第七节　技术统治与启蒙意识形态 —— *1486*

附录一
地方形式、方言土语与抗日战争时期"民族形式"的论争 —— *1493*

    第一节 作为"民族形式"的"中国作风"与"中国气派"
          ——共产主义运动中的民族主义政治与文学问题 —— *1495*
    第二节 "地方形式"概念的提出及其背景
          ——战争对乡村与都市关系的重构 —— *1499*
    第三节 "地方性"与"全国性"问题 —— *1503*
    第四节 方言问题与现代语言运动 —— *1507*
    第五节 "五四"白话文运动的否定之否定 —— *1526*

附录二
亚洲想像的谱系 —— *1531*

    第一节 "新亚洲想像"的背景条件 —— *1531*
    第二节 亚洲的衍生性:帝国与国家、农耕与市场 —— *1539*
    第三节 亚洲概念与民族运动的两种形式 —— *1552*
    第四节 民主革命的逻辑与"大亚洲主义" —— *1565*
    第五节 多个历史世界中的亚洲与东亚文明圈 —— *1574*
    第六节 互动的历史世界中的亚洲 —— *1592*
    第七节 一个"世界历史"问题:亚洲、帝国、民族国家 —— *1603*

参考文献 —— *1609*

人名索引 —— *1666*

本册细目

如何诠释"中国"及其"现代"？（重印本前言）—— *1*

前言 —— *1*

导论 —— *1*
    第一节　两种中国叙事及其衍生形式 —— *2*
    第二节　帝国/国家二元论与欧洲"世界历史" —— *23*
    第三节　天理/公理与历史 —— *47*
        1. 时势与时间 —— *47*
        2. 天理与公理 —— *63*
    第四节　中国的现代认同与帝国的转化 —— *71*
        1. 民族认同的两种解释方式 —— *71*
        2. 中国认同与语言问题 —— *74*
        3. 儒学与少数民族王朝中的中国认同 —— *81*
        4. 帝国时代的地域扩张、国际关系与主权问题 —— *88*
        5. 帝国建设、国家建设与权力集中的趋势 —— *93*

◎ 上卷
    第一部
    理与物 —— *103*

第一章　天理与时势 —— *105*
    第一节　天理与儒学道德评价方式的转变 —— *105*
        1. 理学与早期现代性 —— *105*
        2. 理学的成立与儒学转变 —— *114*

第二节　礼乐共同体及其道德评价方式 —— *125*
1. 以仁释礼与"理性化"问题 —— *125*
2. 治道合一与周代礼乐制度 —— *134*
3. 礼乐共同体与作为道德/政治论述的"述而不作" —— *141*
4. 天理世界观与思孟学派 —— *147*

第三节　汉唐混合制度及其道德理想 —— *155*
1. "宗教的"还是"科学的"？巫术的还是王制的？ —— *155*
2. 阴阳五行说与大一统帝国政治的合法化 —— *160*
3. 象数与官制 —— *172*
4. 宇宙论的转变、皇权中心主义与分权主义政治 —— *175*

第四节　理的系谱及其政治性 —— *187*
1. 理与礼 —— *187*
2. 玄理与政治 —— *194*
3. 天理概念的建立 —— *204*

第五节　天理与郡县制国家 —— *212*
1. 三代想像与礼乐/制度的分化 —— *212*
2. "封建"想像：郡县制度下的宗法与家族 —— *221*
3. "井田"想像：商业化过程中的田制、税法与道德评价 —— *225*
4. "学校"想像：科举制度、官员任选与道德评价 —— *234*
5. "内外"想像：南北问题、夷夏之辨与正统观念 —— *246*

第六节　天理与"自然之理势" —— *254*

第二章　物的转变：理学与心学 —— *260*
第一节　"物"范畴的转化 —— *260*
第二节　格物致知论的内在逻辑与知识问题 —— *270*
第三节　"性即理"与物之自然 —— *279*
第四节　乡约、宗法与朱子学 —— *284*
第五节　朱子学的转变与心学 —— *291*
第六节　此物与物 —— *298*
第七节　无、有与经世 —— *310*
第八节　新制度论、物的世界与理学的终结 —— *324*
1. 心学的转变与新制度论 —— *324*

2. 物的世界及其社会分工 —— 338

第三章　经与史（一） —— 345
　第一节　新礼乐论与经学之成立 —— 345
　　1. "礼"和"文"的世界 —— 345
　　2. 经学考证与"物"概念的回归 —— 354
　　3. 经学考证、三代之制与社会思想 —— 373
　第二节　经学之转变 —— 382
　　1. 经学考证与经学之脱魅 —— 382
　　2. "治道合一"与经学的困境 —— 386

第四章　经与史（二） —— 411
　第一节　辟宋与清代朱学的兴衰 —— 411
　第二节　经学、理学与反理学 —— 429
　第三节　六经皆史与经学考古学 —— 458
　　1. 自然与不得不然 —— 458
　　2. 道器一体与知识的分类 —— 470

如何诠释"中国"及其"现代"?

(重印本前言)

《现代中国思想的兴起》两卷四册出版于2004年,初版很快售罄。两三年来,我读到过来自中国、日本、美国和欧洲同行的若干书评,也参加过分别在上海、北京和东京召开的四次专题讨论会。值此重印本书之际,我试着对我的研究思路做一些总结和反思,并对讨论中涉及的若干问题做一点初步的回应。

三组概念:帝国与国家、封建与郡县、礼乐与制度

在中国历史研究中,人们经常对用于描述历史现象的概念和范畴以及相关的研究范式产生疑虑。这些疑虑主要集中在两点:首先是对理论范畴和社会科学范式能否有效地描述和解释历史现象的疑虑,例如上个世纪90年代在美国的中国研究领域就曾发生过有关能否用市民社会(Civil Society)这一概念描述中国历史中的类似现象的争论;其次是对西方概念和范畴在解释中国现象时的有效性的疑虑,例如我在《现代中国思想的兴起》第一卷中有关西方思想中的"帝国—国家"二元论及其在中国研究中的衍生的质疑。由于这些问题经常被放在西方理论—中国经验之间的二元关系中加以检讨,问题的尖锐性反而由于被化约为所谓"西方—本土"或"普遍—特殊"的矛盾而失去了理论意义。也正是与上述两重疑虑相关，许多历史学者致力于激活传统范畴以解释历史现象。在我看来，单纯地依赖传统概念和范畴并不必然保障解释的有效性，因为这些概念和范畴往往是在现代思想和理论的烛照之下才显示出意义的；也因为如此，尽管我们需要对理论概念和社会科学范畴的运用保持审慎的态度（历史化的态度），但这些概念和范畴的运用本身仍然是不可避免的。要想让上述质疑的合理性获得真正的理论意义，就必须突破那种"西方—本土"、"普遍—特殊"的二元论，重新思考历史与理论之间的复杂关系。

在《现代中国思想的兴起》中，我提到三组涉及政治制度的概念。第一组概念是产生于西方思想的帝国和国家。在有关中国的历史研究中，存在着两组有所不同但又相互联系的理解框架，一种将中国理解为一个与西方近代国家相对立或形成对照的帝国（或者文明，或者大陆），而另一种则认为中国历史中早已出现了一种以郡县制为内核的早期民族国家。这两种表述相互对立，但都是从欧洲近代思想中的帝国—国家二元论发展而来。不过，我在批评帝国—国家二元论的过程中并没有完全放弃帝国或者国家的概念，而是试图在另一个层面上综合两种叙述中揭示出的中国历史的一些特点。第二组概念是中国传统的郡县和封建，这是中国历史中相当古老的范畴。在讨论宋代至清代儒学的时候，凡涉及具体政治解释的时候，我很少使用帝国或国家的概念，而是从儒学家们或士大夫们使用较多的范畴即郡县和封建着眼。比如在解释宋代天理之成立的时候，我特别提到了围绕着郡县和封建问题展开的儒学辩论，并力图从这个儒学辩论的内在问题着眼来分析历史变迁。第三组概念则是更为古老的礼乐与制度（先秦文献中为"制"，后来发展为"制度"）。在解释宋代的时候，我讲到礼乐和制度的分化，但我不是一般意义地将礼乐与制度作为两个截然不同的描述性范畴加以运用，而是将这一礼乐与制度的分化置于宋代道学和史学的视野内部，从而让这一表面看来的客观历史叙述同时变成了一个历史判断或价值判断的领域。

让我从最后一组概念谈起。对于先秦儒者而言，礼乐与制度具有相互重叠的关系，但宋代儒者却以不同方式将两者区分开来，进而发展出

"礼乐与制度的分化"这一命题,用于对历史的描述,即"三代之治"是礼乐与制度完全合一的时代,而后世制度却与礼乐的世界之间产生了分离和隔绝。因此,礼乐与制度的区分本身成为一个政治性的命题。由于宋代儒者用礼乐来描述古代的封建,用制度说明后世的以皇权为中心的郡县制国家,从而礼乐与制度的区分密切地联系着有关郡县和封建的政治思考,尤其是从这种思考出发展开的对当下政治的判断。宋儒力图在日常生活层面恢复宗法、井田、封建等三代之治的具体内容,但这种复归古制的行动不能单纯地被看作是复古,而必须置于对于科举制度和郡县体制的正规化的批判性的理解之中才能被理解;他们反对科举,但没有简单地要求恢复古代的选举,而是要在新的语境中对科举制度加以限制和补充;他们倡导古代的井田制度,目的是对抗唐代后期开始实施的两税法及其后果,但并不认为宋代社会必须重新回到井田制度之中;他们参与恢复宗法的实践,以对抗唐代以后谱牒散落、政治制度愈益形式化的历史状态,但也并不认为整个政治制度必须向古代分封的方向发展,毋宁是承认以皇权为中心的郡县制度的合法性的。复归古制是为了批评新制,但这个批评不是全盘否定,而是基于对时势的判断,要求在郡县的框架下吸纳封建的要素,进而改革当前的政治制度。在这个意义上,宋代道学虽然畅谈天道、天理、心性等比较抽象的哲学——伦理学范畴,但透过他们对于礼乐与制度的分化的历史叙述,我们可以清晰地看到道学思想中所深含的政治性思考。离开了郡县和封建的理念及其历史观,我们不能解释道学或理学的政治性;离开了这种政治/历史关系,我们也不能理解为什么宋儒对于天理的范畴如此用心。通过礼乐与制度的分化、三代以上与三代以下的对比,以及封建与郡县、井田与均田、学校与科举等等的辩证对立,天理世界观得以建立和展开的历史动力便内在地呈现出来了。

从北宋到南宋,道学家们的思考逐渐地集中到了天理这一范畴上,从而形成了后来称之为理学的儒学形态。天理概念看起来是很抽象的,与这一直接相关的概念如理、气、心、性以及格物致知等论题,也与先秦、汉唐时代的儒学关心的问题有所区别。许多受欧洲近代哲学影响的人立刻在本体论、实在论和认识论的框架中对宋代思想进行哲学分析,在我看来，这个方法本身是外在的，是按照欧洲哲学的范畴、概念和框架建立起来的解释体系。与此同时，许多学者出于对这种观念史方法的不满，试图对思想史做社会史的解释，这是一个重要的尝试。就像我在前面说过的，社会史分析的那些基本范畴是从近代社会科学中产生出来的，比如政治、经济、社会、文化等等范畴及其分类，是近代知识和社会分类的产物。当我们把许多历史现象放置在经济、政治或文化的范畴之内的时候，我们失去的是那个时代的内在视野，以及从那个时代的内在视野出发反思地观察我们自身的知识、信念和世界观的机会。在我的研究中，天理的世界观不是一个简单的抽象，通过追问为什么在宋代的特定语境中天理范畴成为一个新型世界观的中心范畴，以及哪些人提出这一范畴，这一范畴在怎样的条件下被具体化和抽象化，我力图在抽象的范畴与社会演化之间找到内在的联系。在这里，有一个中间的环节，就是通过分析宋学内部的形而上范畴——如天理——与宋代思想提出的那些直接的社会性命题之间的关系，重新接近宋儒视野中的历史变迁和价值判断。

但是，如何建立这种关系却是一个值得认真思考的问题：如果只是将天理或气、性或格物致知等概念或命题放置在一种经济史、社会史或政治史的叙述之上，我们不但会将复杂的观念问题化约为经济、政治或军事问题，而且也忽略了被我们归纳在经济、政治、军事或社会范畴内的那些现象在古代思想世界中的意义。因此，我们需要将这些观念放置在特定的世界观内部进行观察，并从这一世界观的内在视野出发解释那些被现代人归纳在政治、经济、军事或其他范畴中的现象及其与天理等范畴之间的关系。我一开始就从欧阳修和几个史学家的历史叙述当中寻找切入点，特别是历史写作中的三代以上和三代以下的区分，在我看来，这个区分并不仅仅是一种客观的历史陈述，而且是在儒学内在视野中展开的历史过程，从中我们可以看到宋儒的政治理想在历史叙述中的展开。宋代儒者的政治、经济甚至军事的辩论经常涉及封建与郡县、井田制与两税法、选举与科举等问题，每一组命题又被放置在三代以上与三代以下（或汉唐之法）的历史叙述之中。在现代知识的架构下，我们可以把这些有关封建与郡县、井田与两税法、选举与科举的问题放置在政治史和经济史的解释方式之中加以处理，但考虑到我在前面所说的"内在视野"问题，我们不能不追问：封建制或郡县制、井田制或两税法、选举制或科举制的问题在儒者有关三代以上和三代以下的历史叙述中究竟包含了怎样的意义呢？这些问题是政治问题、经济问题或制度问题，但在儒学的视野中，这些对立范畴之间的关系是和三代以上/三代以下的历史区分、"礼乐与制度的历史分化"密切相关的。在这个意义上，政治不能简单地用政治这个范畴来表述，经济也不能用经济这个范畴来表述，因为两税法的问题、井田制的问题、宗法的问题、皇权的问题、科举制的问题，是在封建的理念、三代的理念、礼乐论的内在框架中展开出来的，它们的意义无法简单地归结为现代社会科学所说的制度问题。如果把宋代天理观的诞生与宋儒的历史观联系起来观察，我们就可以发现天理在儒学世界中的地位的上升是和他们对于历史变迁的观察密切相关的：三代以上是礼乐的世界，道德、伦理与礼乐、自然完全一体化，对道德的叙述与对礼乐的叙述是完全一致的，因此并不需要一个超离于礼乐范畴的本体提供道德根源；而三代以下是一个经历了"礼乐与制度的分化"的世界，即现实的制度本身已经不能像礼乐那样提供道德根源，对制度的陈述并不能等同于对道德的陈述，从而关于道德的论述必须诉诸于一个超越于这个现实世界的本体。这个分化的过程也体现在"物"这一范畴的转化之上：在礼乐的世界里，物既是万物之物，又代表着礼乐的规范，从而物与理是完全统一的；而在宋儒置身的世界里，礼乐已经退化为制度，即不具有道德内涵的物质性的或功能性的关系，从而"物"在礼乐世界中所具备的道德含义也完全蜕化了，只有通过格物的实践才能呈现"理"。

正由于此，理解天理的诞生离不开儒者对于历史变迁的理解。我在书中特别地展开了对于"时势"这一范畴的分析，因为中国的历史意识或者说儒学的历史意识与此有特殊的关联。近代西方思想的一个核心范畴是时间，直线进化的、目的论的、匀质空洞的时间。19世纪的欧洲经历了一个历史观的转变，其实这个转变就是历史范畴与时间范畴获得了内在的一致性，目的论就是通过这两者的结合而被赋予历史的。《现代中国思想的兴起》的导论部分对黑格尔主义的批评就是在这个意义上展开的。现代民族主义叙述也是在这个时间的认识论中展开的,民族主体就是依赖这个认识论的构架建立起来的。用"时势"这一概念就是为了重构历史叙述的认识框架。在儒学的视野内,与时间概念一样,"时势"的意识也是和历史观、历史意识相关的,但它并不是一个直线向前的、空洞的概念;它是对历史变化的自然展开过程及其内部动力的叙述,这个自然展开过程本身并不依循什么目的;目的的问题存在于置身变化之中的人对于价值(天理、礼乐、三代等等)的寻求,从而天理、礼乐、三代之治等就存在于我们的日常生活和实践内部。"时势"的问题在宋代的思考中变得内在了,"理势"概念就直接地体现了这一转向内在的取向,但时势的问题并不仅仅依存于宋学,我们在顾炎武、章学诚的经学和史学中都能够找到这一历史观的不同的展现方式。

和其他的范畴一样,"势"也是很早就有的概念,但无论是"时势"的问题,还是"理势"的问题,在宋代思想中具有特别的一些意义。道学家们考虑到整个的社会变化或历史变化,特别地讨论了所谓的礼乐和制度的分化,他们不是简单地在两者之间加以褒贬,而是将这个分化看成是历史变迁的后果。宋儒一边追慕三代的礼乐,一边高举天理之大旗,为什么复归古制的诉求又转化到抽象的天理之上并落实在个人的道德实践之中呢?没有一种历史的看法,这两者就无法真正衔接起来。在这里,礼乐和制度的分化确实不是宋儒自己的表述,而是我从他们的各种表述中归纳而来,所谓三代以上与三代以下的区分不正是他们的基本的历史看法吗?我的这个归纳也受到钱穆和陈寅恪两位先生在解释隋唐史时就礼乐与制度的不同观点的影响。不过,在我的解释中,"礼乐与制度的分化"与他们讨论的具体语境是完全不同的。钱穆指责陈寅恪在分析唐代历史时对礼乐与制度混而不分,造成了问题,他批评陈先生把本来应该归到礼乐当中的东西都归为制度了。

但是,我们也可以问,先秦的时候也没有这样一个清晰的界限,那么,钱穆先生的这个二元性的看法是从哪儿产生出来的呢?从相反的方面说,在宋代以后的语境中,礼乐与制度被看成是两个相互区别的范畴,陈寅恪为什么在解释中古史时要混而不分呢?我们知道陈先生对宋代及其理念有很深的认同,他是一个史学家,但正像中国古代的历史叙述本身包含了历史理念一样,陈先生的叙述不会没有他的理念在里面的。要求将两者区分开来或将两者混而不分,不是一个简单的事实问题。在史学写作中,人们往往把礼乐与制度的分化看成一个历史的事实并加以展开,在南北朝或隋唐历史研究中,这个区分也许是必要的;然而,无论是陈先生的混而不分,还是钱先生的分而述之,都是在宋代以后有关历史变迁的视野中产生出的历史观。礼乐与制度可以是混而不分的,而在一定的时期又必须分而治之,为什么?从儒学的传统看,这个分与合的辩证与儒学、特别是孔子有关礼崩乐坏的表述有着内在的联系。在这个意义上,礼乐与制度的分化不是一般的历史事实问题,而是一个历史观的问题,一个从什么角度、视野和价值出发叙述历史的问题;我们可以把它表述为一个历史过程,但同时必须了解这个历史过程是从特定视野出发展开的历史判断。也是在这个意义上,宋儒恢复宗法和井田的实践、批判科举和严刑峻法的论述,都包含了一种以三代礼乐判断郡县制下的新的制度性实践的含义。三代以上与三代以下的区分,礼乐与制度的对立,由此也就获得了它们的直接政治性;这种政治性不是平铺直叙地展开的,而是通过天理世界观的建立在更为深广的视野内展开的。

在我看来,当我们从这样一个植根于儒学的历史视野出发展开天理之成立、展开那些被当代史家放置在经济史、政治制度史、文化史或哲学史范畴中的问题时,我们也就是从一个内在的视野中诠释历史。在这个视野中,我们今天单纯地当作经济政治范畴的那些问题,在另一个历史语境中是不能单纯地当作经济政治问题来解释的,例如,郡县、封建等等概念在儒学世界中是一个有着内在完整性的思想世界的有机部分,只有通过这个思想世界,现实世界及其变化才被赋予了意义,也才能够被把握和理解。内在视野是不断地在和当代的对话过程当中产生的。从方法上说,这不仅仅是用古代解释现代,或用古代解释古代,也不仅是用现代解释古代,而且也是通过对话把这个视野变成我们自身的一个内在反思性的视野。由三代以上和三代以下的区分,由礼乐和制度的分化的视野,我们也能够看到我们自身知识的局限。

历史叙述中的国家与帝国

既然从中国历史内部展开了郡县与封建的问题，为什么又要讨论帝国和国家的问题？很显然，这个问题是与全书的叙述主线——即对"早期现代性"问题的追问——密切相关的。我追问的是：理学的形成是否显示了宋代以来的社会、国家和思想已经开始了某种重要的、可以被称之为"早期现代"的转变？正是在这个问题的压迫之下，我重新回到半个多世纪以前由日本学者提出的一些有关中国历史的假设上来。"唐宋转变"是内藤湖南在上个世纪20年代提出的概念，其后宫崎市定等京都学派的学者发展了"东洋的近世"、"宋朝资本主义"的论题。他们从贵族制度的衰败、郡县制国家的成熟、长途贸易的发展、科举制度的正规化等方面讨论这个"早期现代"问题，宫崎市定还将理学明确地视为"国民主义"——即民族主义——的意识形态。关于京都学派与帝国政治之间的关系，我没有能力在这里做出详细的讨论，但他们对中国历史的研究提供了许多至今值得讨论的议题，其中唐宋转变及宋代作为东亚近世历史的开端问题，就是其中之一。我的讨论主要从"天理的成立与郡县制国家"的关系着眼，分析儒学形态的转变，其中包含了与京都学派所讨论的问题的某种对话和回应。这里需要提出的问题是：为什么对早期现代性问题的探讨会与帝国—国家问题发生关联？京都学派的问题与此又有何种关系？

霍布斯鲍姆曾说，假定19世纪以来的历史研究有一个什么中心主题的话，那就是民族国家；我们还可以补充说，它的另一个更为基本的叙述则是资本主义。在19世纪以降的政治经济学和历史叙述中，以民族国家为中心的叙述是通过和其他叙述的对立构造出来的，所谓帝国和国家的叙述，就直接地表现了这个对抗。历史的观念在19世纪发生了一个重要转变，所谓历史就是主体的历史，而这个主体就是国家。在这个意义上，没有国家就没有历史。因此，说中国不是一个国家，或者说，中国是一个帝国，也就是说中国没有历史、无法构成一个真正的历史主体。正是为了与西方现代性叙述相抗衡，京都学派提出了"东洋的近世"、"宋朝资本主义"等论题,在"东洋史"的构架下,重建了中国历史内部的现代动力。关于这个学派与日本帝国主义或殖民主义之间的政治性关系,在这里暂略过不谈。我在这里关注的是它的叙述方式:它在建立与西方现代性平行的东洋的近世的叙述时,叙述的出发点同样建立在国家这一核心问题上。如果没有这个国家中心的叙事,就不存在所谓近世的叙事。京都学派也谈到理学或道学,但它是把道学或理学视为新的国民主义意识形态来理解的,在这个解释背后是有关作为早期民族国家或原型民族国家(proto-nation state)的郡县制国家的历史阐释。总之,当京都学派以"东洋的近世"对抗西方叙述的时候,它的确构造了一个以国家和资本主义关系为中心的叙述。这个叙述跟西方主流的叙述是倒过来的,即西方中心的叙述认为中国是一个帝国、一个大陆或者一个文明,潜在的意思是中国不是一个国家,而京都学派刚好相反。通过诉诸"成熟的郡县制国家"或"国民主义"等范畴,京都学派建立了有关"东洋的近世"的历史假说。

在上述意义上,我与京都学派的对话与区别也包含着对这个19世纪欧洲"世界历史"的批评。简要地说,我和京都学派——尤其是其代表人物——对于宋代特殊性的讨论的区别主要体现在这样几点上:第一,与宫崎市定将理学视为一种与他描述的宋代社会转变相互匹配的"近代的哲学"或"国民主义"意识形态不同,我认为理学及其天理观恰恰体现了与这个过程的内在紧张和对立,两者之间的历史联系是通过这种对立而历史地展开的。从方法论上说,京都学派带有强烈的社会史倾向,他们使用的范畴主要是从欧洲19世纪以降逐渐形成的知识体系中产生的,从而缺乏一个观察历史变化的内在视野。在这个意义上,京都学派的基本的理论框架和历史叙述是欧洲现代性的衍生物。如果宋代真的像他们描述的那样是一个更为中国的中国,那么从儒学的视野来看,这一转化应该如何表述呢?如果"东洋的近世"的实质内容是早期的资本主义和类似于民族—国家的郡县制,那么,宋代儒者据以观察历史演变的那种以"三代礼乐与后世制度"的尖锐对比为特征的历史观难道不是既包含了对历史演变的体认,又体现了对于郡县体制和"早期的资本主义"(如果这个概念的确可用的话)的抗拒吗?

与这一点密切相关,第二,京都学派在近代西方民族主义/资本主义的知识框架下描述宋代社会及其思想的"近世"特征,而我的描述——例如对"帝国—国家二元论"的分析——则试图打破这种单线进化的目的论叙述。京都学派通过将宋朝描述为一个成熟的郡县制国家而展开"东洋的近世"的论题,其基本的前提是欧洲现代性与民族—国家体制之间的历史关系,从而民族—国家构成了他们的现代性叙述的一个内在的尺度。京都学派有关"东洋的近世"的叙述明显地带有这一倾向。然而,如何描述元朝的社会构造,尤其是如何理解清代的社会体制?我所以加以限定地使用了"帝国"这一概念,目的就是打破那种将现代性与民族—国家相互重叠的历史叙述——毕竟,与被放置在"帝国"这一范畴内的漫长历史相比,民族—国家只是一个短暂的存在。从明到清的转变显然不能放置在类似于"唐宋转变"的模式之中,将清与民国的关系界定为从帝国到国家的转变也存在问题——否则,我们该如何解释民国在人口、族群构成、地域和一些制度性设置上与清代的明显联系?

因此,当我们说宋代包含了某种"早期现代"的因素时,我们需要在一个不同于京都学派的、摆脱现代性的时间目的论的和超越民族主义知识的框架中来重新表述这个问题。曾有朋友向我问及书的标题问题。"现代中国思想的兴起"——什么是"现代"?什么是"中国"?什么是"思想"?什么是"兴起"?"现代中国思想的兴起"看起来是一个平易的叙述,但从导论起到最后的结论,我的每一个部分都在挑战我们常识中的"现代"、"中国"、"思想"和"兴起"这些概念。我写现代中国思想的兴起,不是写一部现代中国思想史的起源;什么是"兴起"?你也可以把它解释为《易经》所谓"生生之谓易"意义上的"生生"——一个充满了新的变化和生长的过程。假定宋代是"近世"的开端,蒙元到底是延续还是中断?假如明末是早期启蒙思想的滥觞,那么,清代思想是反动还是再起,我们怎么解释这个时代及其思想与现代中国之关系?我注重的是历史中一些要素的反复呈现,而不是绝对的起源。在历史的持续变化中,不同王朝以各自的方式建构自身作为中国王朝的合法性,这一过程不能用直线式的历史叙述加以表达。正是基于这一历史理解,我没有把所谓"现代中国思想的兴起"看成一个类似京都学派的那种以宋代为开端直到现代的一条线。我对"时势"、"理势"等概念的解释就是要提供一个不同于时间目的论的历史认识框架,而这个框架同时也是内在于那个时代的儒学世界观和知识论的。如果我们参照本尼迪克特·安德森(Benedict Anderson)对时间概念与民族主义的关系的论述,时势范畴在王朝历史及其更替中的意义也许会得到更为充分的理解。

正是从这一视野出发,我批评了关于"中国"的各种论述。例如,我一方面对传统的尧、舜、禹、汤、文、武、周公、孔子,然后秦、汉、隋、唐、宋、元、明、清这一套自明的谱系提出了挑战,另一方面也不赞成简单地从少数民族史的角度挑战(否定)中国认同的方式。如果儒学、特别是理学的兴起包含了对于历史中断的思考和接续传统的意志,那么,连续性就必须被放置在断裂性的前提下思考,放置在一种历史主动性的视野中思考——从政治的角度说,也是放置在合法性的不断建构过程中来进行理解。所谓以断裂性为前提思考连续性,即不是把延续性理解为一个自然过程,而是将延续性视为历史中的主体的意志和行动的产物。这是什么意思呢?这个意思就是:"中国"不是一个外在于我们的存在,也不是一个外在于特定的历史主体的客体。"中国"是和特定时代的人们的思想和行动密切相关的。当我把"天理的成立"与郡县制国家、宗法封建问题、土地制度、税法制度、两宋时代的夷夏之辨等问题关联起来的时候,也就是表明这一新型世界观的构成与一个社会重构认同和价值的过程密切相关;当我把儒学的经学形态与清朝国家作为中国王朝的合法性问题、多元法律制度问题、满汉关系问题、由朝贡和国际关系为中轴的内外问题等等关联起来的时候,同样也表明这一相对于理学或新学的不同的儒学形态的出现是和一个社会重构认同和价值的过程密切相关的;当我把公理世界观与民族—国家、社会体制、权利问题与文化运动等等关联起来的时候,也正是讨论一种新型的认同及其内在的矛盾和困境。我从不同角度、方面探讨了"中国"这一范畴的不同的含义,力图将这一概念从一种单纯的欧洲民族主义模式中的"民族认同"中解放出来;"中国"是一个较之民族范畴更为丰富、更具弹性、更能包容多样性的范畴,在重建少数民族王朝的合法性、重构王朝内部不同族群间的平等关系，以及塑造不同政治共同体之间的朝贡或外交关系等方面，这一范畴都曾展现出独特的弹性和适应性。

伴随着对于民族—国家体系的检讨和所谓全球化的研究，早期帝国历史中的一些经验，以及帝国向现代国家转化的动力等问题，重新进入了人们的研究视野，人们据此重新检讨那些被限制在现代化的目的论叙述中的早期帝国的国家结构、经济制度和跨区域交往。当代有关帝国的讨论包含了两个不同的方向，一个是对所谓"后民族—国家"的全球化问题的思考，奈格瑞（Antonio Negri）和哈特（Michael Hardt）的《帝国》（*Empire*）一书是这方面影响最为广泛的著作之一；另一个则是从对民族—国家体制的不满或反思出发而重新展开的"帝国研究"，它直接地表现在许多历史学者对各大前现代帝国历史的重新挖掘，以及对迄今为止仍然在历史研究领域占据支配地位的以民族—国家及其尺度为中心的叙述方式的超越。这两个方面我说的是对当代危机的回应与对历史的研究——当然是有联系的，但又不宜混淆，《帝国与国家》一册与后一方向关系更紧密一些。因此，重提帝国问题的目的不是加强民族主义的历史叙述，而是超越这个叙述。在帝国遗产的总结中，除了我已经提到过的跨区域的交往之外，帝国的多民族共存的政治结构和文化认同、帝国内部发生的殖民和权力集中趋势，以及帝国时代与民族—国家形成之间的复杂关系，都是学者们关心的课题。

但是，这一对于帝国与早期现代性问题的关心如果落入帝国—国家二元论的窠臼，就很容易陷入或反证19世纪的欧洲的历史观，即认为中国没有真实的政治主体。在这里，真正关键的问题不是承认还是否认中国的历史中是否存在"国家"，而在于重新澄清不同的政治体的概念、不同的政治体的类型，而不至让国家概念完全被近代欧洲资本主义和民族国家的历史所笼罩。近代国家有不同的政治文化，比如社会主义国家或资产阶级国家，它们各有自己的政治文化；如果连讨论近代国家也离不开不同的政治文化或政治传统问题，那么，仅仅在抽象的意义上讨论前20世纪的国家及其主体性就显然是不够的了。京都学派强调到了宋代，中国变成了一个成熟的郡县制国家,而所谓成熟的郡县制国家也就是一种准民族国家。当这个学派把这个郡县制国家与早期现代性关联起来的时候,又在另一方向上确证了帝国—国家二元论。帝国—国家二元论可以表现为截然相反的叙述方式,但万变不离其宗的是国家与资本主义之间的内在关联,宫崎市定那样的论述就是一个例证。在这个框架下,我们不大可能再去探讨一种非资本主义的国家类型了。

正由于上述多重考虑,我特别注重所谓帝国建设与国家建设之间的重叠关系,而不是在帝国—国家二元论内部纠缠。19世纪以降,对于所谓前现代历史的研究都被放置在帝国历史的范畴内,我们可以举出上个世纪60年代的一部代表作,即艾森斯塔德(S. N. Eisenstadt)的《帝国的政治体制》(*The Political System of Empires*)一书做一点说明。这部影响广泛的著作在一种韦伯主义的框架内,综合了世界各大文明的历史研究,将所谓前现代历史放置在"帝国的政治体制"的概念之下。这一概念是在19世纪欧洲政治经济学的"帝国—国家二元论"中孕育出来的。正是在这一二元论中,"帝国"构成了一切与现代性相反的特征,即或承认帝国与现代性之间的联系,这种联系也总是被放置在一种特殊的追溯关系之中,例如:现代国家的专制和集权特性的根源是什么?为什么现代国家无法摆脱其固有的暴力性质?所有现代性危机的表征都被追溯到现代世界与帝国之间的历史联系之中。《帝国的政治体制》是一个例证,它说明在20世纪几乎所有"前现代的历史"均以不同的方式被纳入了"帝国"这一范畴之内。

在《帝国与国家》一册中,我主要讨论了这样几个问题:第一,儒学对清朝作为中国王朝的合法性论证是如何构成的?帝国体制内的多元认同、多元政治/法律体制是如何构成的?清代统治者利用儒学巩固自身的统治,其中的一个环节是通过儒学将自身界定为一个"中国王朝";而另一方面,士大夫也同样利用儒学这一合法化的知识对王朝体制内部的族群等级制提出批评,从而对于儒学的某些命题和原则的解释与特定历史语境中的平等问题产生了关联。第二,19世纪以降的许多重要著作一直将帝国作为国家的对立面,那么,帝国建设与国家建设之间的历史关系究竟如何？例如在讨论清代经学、特别是公羊学的时候，我强调了包括朝贡体系的扩张在内的帝国建设与清朝的国家建设是同一进程的不同方面。实际上，那些被归纳为经典的民族—国家的标记的东西早在17世纪的清朝就已经存在或开始发展，像边界、边界内的行政管辖权等等。

然而，发生在17、18世纪清朝的这些现象是另一种政治文化和历史关系的产物，它不能简单地被看作是民族国家的雏形，诸如朝贡、和藩以及其他交往形态，均必须置于王朝时代的政治文化的框架中给予解释。但没有这个过程，我们很难理解辛亥革命之后建立的中华民国，乃至1949年建立的中华人民共和国，为什么与清朝的地域、人口和某些行政区划之间，存在着如此明显的重叠关系。在书中，我分析了朝贡体制与条约体系的重叠与区分，以及儒学典籍如何被挪用于现代国际关系的具体过程。我的问题是：在殖民主义的浪潮中，这些"帝国知识"如何与一种新型的"儒学普遍主义"结合起来？从儒学研究的角度说，这一研究也是对那种将儒学单纯地放置在哲学的、观念的、伦理的或学术史的框架内的研究方法的修正。儒学在政治历史中可以被理解为一种合法化的知识，它的不同形态与王朝体制及其合法性的建构之间有着复杂的关联。离开这个视野，我们不能全面地理解儒学的历史意义。

有一个朋友问我：为什么在分析中国问题时，不是使用"天下"这一更为"本土的"或"儒学的"概念，而继续使用"帝国"一词？《庄子·天下》对"天下"概念做出的解释是人们津津乐道的例子，而后代学者对这一概念的运用也极为丰富。"天下"的确是一个富于魅力也蕴含着许多值得探究的历史内涵和理论内涵的概念。事实上，已经有学者为了强调中国的特殊性，也为了回应这一对于民族国家的质疑，而认为中国不是一个国家，毋宁是"天下"——这个"天下"的概念虽然与帝国概念有所区别，但共同之处都是在帝国—国家二元论之中解释中国历史——通过"天下"这一范畴，人们要做的无非是将中国与国家——即以近代民族国家为基本内核的国家范畴——区分开来。这一论述忽略了中国历史中的中央集权的统一国家是从战国时代的"国"这一制度形式中发展而来，也没有探讨"国"的不同历史类型和含义，在历史观上实际上不是又回到了

19世纪欧洲"世界历史"的核心观点——中国没有历史或东方没有历史——之上了吗？我想对我在涉及"天下"概念的同时，仍然保留了"帝国"概念做几点限定。

首先，帝国这个词并不是我们的发明，中国古代典籍中也有帝国一词，但这些典籍中的帝国概念与近代从日本和西方输入的帝国范畴并无直接的对应关系。帝国一词在晚清时代被重新发明，并进入现代汉语之中，已经是现代中国历史传统的一个部分，是所谓"翻译的现代性"的表征之一。在19世纪末期的民族主义浪潮中，这一词汇逐渐成为中国思想和知识谱系中的概念，从而这一概念是经过翻译过程而内在于现代中国思想的范畴的。我们不能简单地将这一概念视为一个外在于中国历史的外来语汇。当然，如果能够找到更合适的概念，我完全乐意更换，但迄今为止，我还没有想出一个可以在这个平台上讨论相关问题的中心概念。

其次，"天下"概念是和中国思想有关宇宙自然和礼乐世界的思考密切相关的，有着极其古老的根源。但是，如果不是简单地将这个概念与欧洲民族—国家概念进行对比，而是将这一概念与其他的历史文明进行比较，我们也会在其他的文明和宗教世界观中找到相似的表述；在这个意义上，认为只有这一概念才代表了中国的"独特性"毋宁是从民族—国家的基本知识出发而展开的一种有关中国的特殊主义叙述，说不上是深思熟虑的结果。从政治分析的角度说，"天下"概念与作为特定的政治体的中国之间不能划等号，正如顾炎武力图在"亡天下"与"亡国"之间做出的区分所表明的，这一概念包含了特定的理想和价值，从而与"国"这一概念应该给予区分。如果将"天下"直接沿用于描述特定的王朝和政治实体，反而会丧失顾炎武等儒者所赋予这一概念的特定含义。

第三，很多学者曾经使用天朝国家、王朝国家等等概念描述中国的政治历史，这自然是可以的。但是，这两个概念不足以解释中国王朝之间的区别，尤其难以表示我在书中提出的宋、明王朝与元、清王朝之间的区别：它们都是天朝国家或王朝国家，但很明显，蒙古和满洲王朝的幅员、周边关系和内部政治架构与宋、明王朝——也就是宫崎市定称之为成熟的郡县制国家或准民族—国家的王朝——之间有着重要的区别。京都学派强调宋代的郡县制国家是近世的开端,但他们怎么来解释元朝和清朝在中国历史当中的位置问题?他们把宋明理学解释成"国民主义"或近代思想的发端,但他们怎么解释清代的经学和史学的作用与清王朝的政治合法性的关系?在上述两个问题上,京都学派的解释都是跛足的。中国学者也常常把清朝看作是某种历史的中断,比如在有关明末资本主义的讨论或早期现代性的讨论中,满清入主中原同时也就被解释为资本主义或早期现代性的中断,这样一来,清朝就被排除在所谓现代性叙述之外了。

在讨论清代公羊学时,我使用了礼仪中国的概念,并把中国疆域的改变、政治构架的转化和内外关系的新模式都放到对这一概念的解释之中。在我看来,不是重新确证中国是一个国家,还是一个帝国,而是充分讨论中国的政治文化的独特性及其转化过程,才是最重要的。蒙古王朝、满清王朝与通常我们所谓帝国有着某种相似性,但我并没有把这个帝国叙述放置在帝国—国家的二元论中进行解释,而是着重地阐明了为什么清朝能够被合法地纳入中国王朝谱系之中的内部根据。以清代为例,统治者通过变更王朝名称、祭祀元明两朝的法宝、贡奉两朝皇室后裔、恢复汉文科举、尊奉程朱理学、继承明朝法律等方式将自己确认为中国王朝的合法继承者,在这个意义上,清朝皇帝也即中国皇帝。与此同时,清朝皇帝也以特殊的制度(蒙古八旗、西藏噶厦制度、西南土司制度及多样性的朝贡体制等等)对蒙古、回部、西藏及西南地区实行统治,从而就中亚、西亚地区而言,清朝皇帝也继承了蒙古大汗的法统。不仅如此,清朝皇帝还同时是满族的族长,承担着保持满族认同及统治地位的重任。因此,清朝皇帝是皇帝、大汗和族长三重身份的综合,而清代政治的复杂性——如皇权与满洲贵族和蒙古贵族的矛盾以及汉人在朝廷中的地位的升降等等——也与皇权本身的综合与演化有着密切的关系。单纯地从满人及其皇室为保持满洲认同的角度论证满洲的自足性以致后来形成满洲国的必然性,即使从皇权本身的多重性的角度看,也是站不住脚的。如果只是从满汉关系的角度讨论清代的合法性问题,我们如何解释清代前期历史中反复出现的清朝皇帝与满蒙贵族的冲突呢?在我看来,这些冲突本身正是王朝合法性建立过程中的必然现象,也是多重性的皇权本身的内在矛盾及其演化过程的产物。礼仪中国的概念也正是在这多重关系中被反复重构的。

如果说帝国—国家二元论无法揭示出中国的政治文化的特征,那么,中国的传统概念如天下或王朝等也无法说明不同王朝在政治制度和政治文化方面的特点。事实上,在近代历史观的框架内,这些概念恰好构成了近代历史叙事的内在要素。与这种历史解释框架密切相关的,是中西二元论的叙述方式,即强调中国的特点是天下、王朝、朝贡体系,而西方的特点则是国家及其形式平等的主权概念。事实上,帝国与国家的二元论在近代也常常被殖民主义者所运用,他们用所谓"主权国家"的文化贬低传统的社会关系和政治模式。例如,1874年日本第一次入侵台湾时,借口就是台湾原住民与琉球人之间的冲突。日本统治者利用清朝官员的说法,以台湾原住民(所谓"生番")是中国的"化外之民",亦即不在郡县制度内部或在大清法律管辖内部为由,强辩说对台湾"生番"及其地区的侵犯,不算对大清的侵犯。在这个时代,欧洲国际法已经传入东亚,日本统治者正是根据欧洲国际法,把清代所谓"从俗从宜"的多样性的制度和帝国内部的内外分别放置在主权国家间关系的范畴内,从而为侵略寻找借口。在这一事件中,我们不仅应该注意日本与清朝之间的冲突,而且还应该注意日本据以入侵的原则与清代多元性的社会体制及其原则之间的冲突,尤其是这两种原则在区分内外问题时的不同的尺度及其应用范围。

历史的"延续与断裂"论题中的政治合法性问题

经常有一些老调说,中国历史是延续的,西方历史是断裂的。如果不理解我在前面谈及的转化的问题,即征服性的王朝将自身转化为中国王朝的问题,所谓延续就是一种盲目的迷信了。中国历史中不断地出现周边向中原地区的入侵和渗透,无论在政治上,还是在族群关系上,都不断地发生着断裂。所谓延续性是历史过程中不断出现的有意的和无意的建构的结果。例如,那些少数民族王朝的统治者不断地利用儒学,包括其不同形态如理学、经学或史学,以各种各样的方式把自己转化为中国。这个礼仪中国的问题不是一般所谓礼仪或道德的问题,而且更是一个政治问题,政治合法性问题。我在这里用"自我转化"这一范畴,是为了说明这一转化过程带有很大程度的主动性,即新的王朝统治者将自身(少数民族王朝或通过造反形成的王朝)置于中国王朝的历史谱系中或道统之中,并利用儒学的正统理论对自身的合法性加以论证。但这个"自我转化"还只是一个前提,新朝作为中国王朝的合法性是在一种多重的承认关系中才得以确立的,即"自我转化"必须在特定的"承认的政治"中获得确认。以清朝为例,对于许多汉人士大夫(以及一些周边王朝)而言,清朝作为中国王朝的合法性大概要到乾隆时代才逐渐得到承认。这不是说康、雍时代没有促进以满汉一体为中心的王朝转化过程,也不是说乾隆之后满汉问题完全解决了,而是说到这个时候,在一个广泛的范围内,满清作为中国王朝谱系中的一环的地位被确立下来了。我们讲清朝问题时,从早期一直讲下来,往往忽视这个转变的环节。为什么我说要反复定义"中国"这个范畴,是因为王朝统治者、士大夫阶级、周边王朝以及普通百姓对于中国的理解是伴随着这个过程而变化的。

正是在这里,我们需要重新展开一种历史的视野,超越民族主义叙事来展开丰富的历史关系。除了历史性地理解族群和地理关系之外,在进入对前20世纪的历史领域的解释时,我认为需要讨论两个问题:一个是我前面已经讨论过的"承认的政治"的问题,即统治的合法性的历史形成问题,另一个就是所谓"自我转化"所依据的政治文化问题。例如,清朝究竟依据怎样的政治文化来论证自身作为中国王朝的合法性,这种政治文化为什么能够将不同的族群、不同区域的人口和不同宗教信仰等因素纳入一种多元性的和富于弹性的政治架构之中?很明显,这是一种与依赖于种族、语言、宗教等范畴的民族主义知识截然不同的知识。这种知识有着自己的独特概念和形态。我可以举经学史上的例子说明这个问题。经学史上讲清代今文经学都是从常州学派开始,东汉以后,今文学衰落,除了元末明初赵汸等个别事例之外,好像今文学已经彻底中绝,直到乾隆晚期常州学派的出现才重续学统。但是,思想史家和学术史家在讨论清代经学的问题时,几乎完全没有考虑女真(金)、蒙古和满清入主中原时如何运用公羊思想,尤其是其"大一统"、"通三统"和"别内外"等主题,建立新朝之正统的过程。这些著述或倡议并不是专门的学术著作,也不是专门的今文经学的研究文章,而是政治性的论文或奏议,它们出自为女真、蒙古、满洲服务的女真人、蒙古人、满洲人和汉人之手。但这也恰恰说明,今文经学的许多主题已经渗透在王朝政治及其合法性建构的过程之中了。比如说,在金朝和宋对抗的时候,金朝的士大夫和大臣曾经用春秋学和公羊的思想来讨论正统问题,力图为自己征服中原提供合法性;在蒙古征服宋朝的过程中,蒙元帝国也曾考虑将自己建构为中国王朝,不但在蒙古人的朝廷中曾经争论过他们究竟应该承辽统、金统还是宋统的问题,而且在元朝建立之后,围绕泰和律废弛后的局面,儒学者们也曾讨论如何运用《春秋》以确立元之法统的问题。满清入主中原过程中,清朝政府不但恢复科举和以汉文考试,尊奉儒学尤其是朱子学,而且也从春秋公羊及其大一统学说中找到灵感,用以重新确定自己的政治合法性。如果没有这一以儒学为中心的政治文化或合法性理论,讨论王朝之间的连续性是完全不可能的。连续性是自觉建构的产物。

上述讨论不仅说明了从合法性知识的角度认识儒学的必要性,而且也是对于前20世纪中国王朝在处理不同族群的关系时的政治实践的检讨。帝国是一种统治的模式,一种权力关系的实践,这一点没有疑问。但是,在民族主义知识将上述知识贬低为不合时宜的知识的时代,重新检讨这种合法性理论及其实践,观察那个时代多族群共存的经验,对于理解民族主义知识及其限制(尤其是它的同质化倾向)显然是有意义的。

民族主义知识的构造及其质疑

东/西、中/西问题在一定时期占据主导地位是历史形势的产物,如果在方法上将这一二元关系绝对化就有可能带来许多遮蔽性。例如,在法学研究中,常常有人将中国的礼制与西方的法制相对立,这也不是没有一些道理;但这不但是对中国的简化——中国没有法律传统吗?也是对西方的简化——西方就没有礼乐教化吗?学术界常有人在方法论的层面讨论特殊主义和普遍主义的问题,在我看来,研究特定的一个历史时代和一个历史社会的经验当然要考虑它的特殊性,尤其要批评西方的普遍主义,但是从哲学上说,这两个东西大概都不太行,因为迄今为止的所谓特殊主义的叙述都是普遍主义的特殊主义,而所有的普遍主义的叙述都是特殊主义的普遍主义。这两个叙述看似对立,其实是相辅相成的。一定程度上,我们要做的,是所谓独特性的或关于独特性的普遍主义。在这个独特性的普遍主义的框架内,对独特性的追求不是简单地回到特殊主义,而是通过独特性本身展示出普遍的意义,并追问在何种条件下、为什么这种独特性能够转化为普遍性?

这里以《现代中国思想的兴起》的下部为例,讨论20世纪的政治合法性问题与现代知识问题的内在关联。我在上卷中讨论了天理世界观与郡县制的关系,讨论了经学与王朝合法性的问题,为什么下卷集中讨论知识问题?正像许多思想史研究者观察到的,无论对于现代性的发生年代和源起有着多么不同的看法,在欧洲历史中,所谓现代问题正是由科学和方法的新观念而得到界定的:"将有关人类知识的各种形式及其范围的研究成果直接用于政治学、伦理学、形而上学、神学等传统学科,旨在一劳永逸地结束它们的困境,是19世纪的哲学家们竭力完成的规划。他们尝试运用的原理乃是17世纪新的科学规范;如果没有实验证据,就不会有来自在中世纪被奉为金科玉律的'自然的'原理的先验演绎……"正是在这一认识论的转变中,"空间、时间、质量、力、动量、静止等力学术语逐渐取代了终极因、实体形式、神圣目的和其他形而上学概念。中世纪的本体论和神学那套玩意儿被完全抛弃了"。[1]这个新观念对所有知识领域都起了决定性的影响,它不仅渗透到洛克、休谟等对自然科学推崇备至的哲学家的著作中,而且在贝克莱这样的深切关注着否定自然科学的形而上学预设的人那里也同样清楚:它不仅渗透到美国革命和法国革命的主要宣言之中,而且对现代世界的所有方面都留下了深刻的印迹。因此,社会历史中的科学和方法的问题不可能仅仅停留在科学方法、科学观念的范畴里,它涉及的是世界观的转变。通过对科学观念与公理世界观的分析,我试图揭示现代知识谱系的构成。

---

[1] 以赛亚·伯林:《启蒙的时代:十八世纪哲学家》,南京:译林出版社,2005,页6—7。

《现代中国思想的兴起》一书中有一条贯穿全书的线索,即知识与制度之间的互动关系,例如天理与郡县制国家的关系、公理与现代民族主义及其体制的关系等。在讨论康有为时,我特别地提到了他对儒学普遍主义的再创造,而这个再创造的前提恰恰产生于一种历史意识,即儒学的普遍性与中国概念之间的那种自明的关系发生松动了。在这个前提下,当你要论证儒学具有普世性的时候,必须以承认中国只是世界的一个部分、中国之外存在着巨大的外部为前提——这个外部不仅是地理空间意义上的,也是文化政教意义上的。当儒学普遍主义与一个置身于众多国家或外部之中的中国形象相互连接的时候说明了什么呢?我认为说明了民族主义对于某种普遍主义世界观和知识谱系的依赖。换句话说,这种新型的儒学普遍主义的诞生是和作为一个新型世界体系中的主权国家的中国的诞生同时发生的。这里所谓儒学普遍主义实际上正是现代公理观的曲折的呈现方式。

普遍主义与近代国家或民族主义之间的关系就包含在这个逻辑之中。从晚清开始,这个普遍主义的知识构架被保留了下来,而康有为赋予这个普遍主义的儒学外衣则被彻底剥光了。现代国家的合法性建立在这个普遍主义的知识及其分类逻辑之上,现代国家的制度也建立在这个普遍主义的体制及其分工关系之上。无论是主权概念,还是各种政治力量对于自身的合法性论证,无论进化、进步的历史观念,还是以这一历史观念支撑起来的各种体制和学说的合理性,均离不开这个普遍主义知识的问题。现代国家的确立是和某种反历史的认识论框架相关的,民族主义知识虽然经常诉诸"历史"、"传统"和"本源"等等,亦即诉诸于文化的特殊主义,但它的基座是确立在这种新型的认识论及其知识谱系之上的。因此,讨论这个时代的知识体制和话语问题,也就是在讨论一种新型的政治合法性问题。民族主义的显著特征是追溯自身的起源,无论是祖先崇拜还是文化根源,但这些更为"本体的"、"本源的"、"特殊的"知识是在新型的认识论及其知识构架下产生出来的,从而不是"本体"、"根源"创造了这种新型的知识论,而是这种作为民族国家的认识论框架本身需要自身的"本体"和"根源"——于是它也就创造出了这个"本体"和

"根源"。

但是,要是以为指出民族主义知识的这种建构性,或者,通过对民族主义知识构架的解构实践,就可以简单地、一劳永逸地解决民族主义的问题,是一相情愿的幻想。在民族主义创造自身的"本体"和"根源"的同时,也在诉诸大众动员:正是在这一大众民族主义运动中,那些所谓"自觉者"力图把对置身于特定"时势"的民族命运的思考与对他们决心献身的价值的探索结合起来。中国革命,作为一场广泛的社会运动,一个以人类历史上罕见的规模和深度展开的民族解放运动,包含着民族主义这一范畴无法涵盖的历史内容。民族主义并不能够囊括20世纪中国的一切。因此,对于民族主义知识上的批判和否定,并不能等同于对于一个极为丰富、复杂的历史过程的简单拒绝。如果我们承认现代中国是建立在清代历史的地基之上的,那么,经由中国革命而产生的这个现代中国能够用民族主义的知识给予恰当地描绘吗?也是在同一个逻辑上,中国革命在怎样的意义上才能被描述为一个"民族革命"呢?《现代中国思想的兴起》没有对20世纪中国革命进行深入研究,但上述追问也多少提供了重新思考20世纪中国的一些思路。

我在书中,也在别的地方,提到过"反现代性的现代性"这个问题。下部第一册《公理与反公理》集中分析严复、梁启超、章太炎的思想,尤其分析了他们从不同的思想资源对于现代的质疑:这个质疑不是总体性的,而是内在于他们对于现代的追寻。当然,他们各自的思考深度和路径有着极大的差异,例如严复从朱子学出发接近近代西方的实证主义学说,从易学和史学出发展开了他对天演理论的翻译和论证,从老子学说出发触及了西方思想中的自由问题,但他的翻译和解说本身又都构成了与他所翻译的思想之间的一种对话、调适和紧张;梁启超从今文经学、阳明学等知识出发接近了西方各种政教知识,对于近代欧洲的科学学说、德国国家学说、康德哲学、詹姆士的实用主义及其宗教学说等等均给予翻译、介绍和倡导,但在他的思想中,也包含了对于资本主义、功利性的教育体制和价值危机的反思;章太炎的思想最为激进,他在佛教唯识学和庄子齐物论的框架下,形成了一个系统的对于现代性的激烈的批判。不仅如此,在书的最后一册,即关于科学话语共同体的问题讨论中,我也分析了科学家共同体的内部复杂性,以及那些自觉地抵制科学主义霸权的人物和群体。所有这些讨论均说明:中国思想对于现代的寻求本身即包含了对现代的质疑,这一现象可以被解释为一种中国现代性的自我质疑或自我否定。

然而,在"反现代的现代性"的框架下,如果不仅是科学家共同体、胡适之和"五四"新文化运动带有科学主义的特点,而且梁启超、梁漱溟、张君劢等反对这种科学主义的人文主义者也可以被纳入这个科学主义的分类谱系之中,那么,究竟什么才是我们的出路呢?我把现代人文主义的诞生看成是通过与科学主义的对抗而产生的对于科学主义的补充,在这个意义上,这样的人文主义是不可能提供走出所谓现代的出路的。关于这个问题,我想特别地说一下我展开问题的方法:我没有简单地将这些人的思想看成出路,而是将他们提出的过程展开出来,也就是展示那些可能的出路是如何被纳入那个总体的过程之中的。我对严复、梁启超、章太炎的处理方式也是如此。在他们之间的错综纠葛之中,我展示不同的思考方向和不同的可能性的领域,置身于时势之不同位置所展开的对于时势的回应。事实上,展示出多样性本身就是对现代性的反思和对所谓出路的思考,我因此常常使用反现代性的现代性这个说法来描述中国的现代。但我们不能不顾及现代历史的一个基本潮流是如何将这些多样性裹胁而去的,否定了这一点,所谓"走出"不就变成了一个很简单的问题了吗?不就变成了一个不需要进行自我搏斗的问题了吗?在这里,不是一条简单的道路,而是对于现代性的多重性的反思,构成了一个或一组可能性的方向。这正是我想要做的。

《现代中国思想的兴起》的写作肇始于1989年以后的沉闷、悲观时代氛围中,这个情境与今天中国的状态相当不同。这部书分别以"理与物"、"帝国与国家"、"公理与反公理"和"科学话语共同体"等四个方面为中心,试图追问:宋明时代儒学的天理世界观是如何形成的,它的历史动力是什么?清代帝国建设与近代中国的国家建设之间究竟是怎样的关系?晚清思想对于现代性的复杂态度能够提供给我们哪些思想的资源?

现代中国的知识体制是如何构筑起来的？现代公理世界观与天理世界观之间究竟是怎样的关系？对这些问题的研究提供的是关于什么是"中国"，什么是"中国的现代"，以及中国思想的现代意义的历史理解。上述问题均与如下双重追问密切相关：什么是中国认同？——这一问题既是对现代性所包含的社会分裂趋势的思考，又是对多样性与认同之间的辩证的历史关系的探索；如何理解现代社会关系及其扩张趋势？——这一问题既是对现代性所包含的权力集中趋势的思考，又是对中国思想所包含的克服这一趋势的那些传统的探索。正如许多学者经历的那样，当你进入研究过程之后，历史的丰富性和内在的逻辑会引导你前进，以致最好的方法就是发展出最为宽阔的视野，在尊重其内在逻辑的前提下，穿越历史的迷津，给出一系列相互关联的、对我们当代人仍有启发的解释。但在这篇序言的末尾，我还是愿意说：上述追问的动力植根于特定的时势之中，而追问和探究也是穿越断裂的历史的尝试。

关于校订的说明

此次重印，我对书中的一些语句、标点、个别概念、引文和注释体例做了订正，其中更动较多的包括下面几个方面的情况：第一，调整引用文献的版本。这部书稿的写作持续了十二三年之久，使用的资料源于我多年寻访的各研究机构的图书馆。在初版付排之前，我已经筋疲力尽，无力再做统一校订工作，幸得一位友人根据文渊阁四库全书对部分引文做了查核。这一版听取了一位评论者的建议，对引用文献做了调整，尽可能地使用经过文献工作者校订的或更为通行的版本。第二，修订引文及少量的标点、误字和排印错误。第三，重新斟酌并修订个别概念的运用。例如，上卷中多处使用了"种族"这一概念，并在这一概念后面根据不同情况用括号加上了"族群"字样，用以说明中文中"种族"这一概念与西方语言中的 race 概念的区别。考虑到当代西方理论对 race, ethnic group 和 ethnicity 等语词所做的区分，我犹豫再三，最终根据不同的情况，将其中大部分直接改为"族群"，而下卷中涉及康有为、梁启超、章太炎等人的"种族"概念则未加改动，原因是他们的"种族"概念受到近代欧洲思想的浸染，已经与肤色、血液、基因等范畴联系在一起。全书篇幅较大,引用文献繁多,很难在如此之短的时间里全部复核,这次修订难免会有遗漏,希望将来有机会再做订正。在此次校订过程中,齐晓红、殷之光协助我做了部分校订工作,我向他们表示衷心感谢。

汪　晖
2007 年 8 月 14 日星期二于清华园

前　言

　　什么是现代，什么是中国的现代？这些与时间有关的概念曾经是历史研究的中心主题。然而，一旦人们开始质疑历史决定论和现代人的自我确证方式，那些长期以来据以对历史进行分期的各种根据都变得可疑了。如果现代的意识必定与古代已经消亡的意识密切相关，那么，在一定意义上，这种古典的古代或礼乐的世界已然消亡的意识早已构成了孔子以降儒学的一个内在的主题。所谓"三代以上"与"三代以下"的区分、所谓"礼乐"与"制度"的分化正是这一历史意识的特殊表达，儒学形态的各种变化和转型总是与这一主题发生着这样的或那样的关系——无论是对儒学者们自身所处时代的理解，还是对于古典的礼乐世界的追寻，也无论是对历史演变的不同解释，还是对可能的未来的各种探索，这一与古典世界相互断裂的意识实际上构成了一种思想的基调，并被转化到各种修身治国的方案、历史理解的方法和文化/政治的认同的建构之中。我们应该如何表述这一独特的历史意识？

　　在19世纪工业化、殖民主义和民族主义的潮流之中，一种直线进化的时间意识及其支撑之下的进步意识占据了支配性的位置。正是在与前述历史意识的对峙之中，现代人将自身建构或理解为"现代的"，却忘记了天演、进化等观念是如何通过与古典的历史意识的纠缠才得以确立自身的合法性的。事实上，19世纪形成的新的时间观念仅仅是现代历史叙事的一个要素，它为许多历史著作把现代/现代性理解为一种由资本主义文明为动力的客观的社会进程提供了认识论的框架。在这些著作中，构成现代的基本要素是相对传统经济形式的市场经济，相对于传统政治结构(尤其是帝国)的民族—国家,相对于传统生产形式(游牧或农业等)的城市和工业文明,相对于传统社会结构(尤其是贵族制度)的市民社会,相对于传统文化(主要指神圣的宗教生活形态)的世俗社会,相对于传统艺术方式的现代艺术及其世界观,等等。无论在历史分期方面存在怎样的区别,这些要素总是被组织在一种时间性的叙事之中,即使那些致力于揭示个人的、主观的、想像性的世界的艺术史和思想史的学者,也倾向于将这些要素置于上述"客观的社会进程"之中给予解释。现代学术史上有关"东洋的近世"、"宋代资本主义"、"国民主义"(民族主义)、"明清资本主义萌芽"、"早期启蒙主义"等论题都是相关的例证。所有这些历史叙述均与对19世纪的"大转变"——亦即资本主义的产生——的理解密切相关:一切历史要素只有在与这一"大转变"(以及经由这一"大转变"而产生的社会形态)的关系之中才能获得界定。

思想、观念和命题不仅是某种语境的产物,它们也是历史变化或历史语境的构成性力量。究竟什么才是突破上述历史叙述的约束的途径呢?在本书中,我试图重新恢复那些传统范畴的意义,试图以"时势"、"理势"等儒学概念为切入点,形成一种历史理解的框架。这些概念将时间与空间组织在一种关系之中,从未将历史变化束缚于目的论的时间框架。这就是本书第一章首先从"天理与时势"(而不是"存在与时间"、"自然与历史"的构架)出发解释儒学世界观、人生观及其历史/政治意识的变化的根据。在这一分析框架中,我反复追问的是:如何理解"天理"之成立及其导致的儒学形态的变化,怎样解释儒学内部发生的变化及其与历史和政治之间的错综关系?在这里,如何将儒学的内在视野与对儒学的政治/社会史有机地综合起来是一个关键的环节——只有这一有机的综合才能摆脱仅仅将儒学作为对象的社会史方法。

后启蒙时代的欧洲东方论述在东方/西方的本体论和认识论差异之上建立关于东方的知识。这一知识为殖民主义知识和民族主义知识提供了共同的认识论框架。本书不仅分析了这一形而上学的认识论框架形成的历史、动力和机制,而且也试图通过将"中国"表述为一种在历史进化领域中由各种力量相互作用而形成的不断演化的存在来突破这一框架。

我努力追求而又总是难以达到的两个目标是:第一,力图在各种力量的相互关系中历史地理解思想、命题和知识,而不是将思想、命题和知识视为自足的体系;第二,不仅将儒学和其他思想作为历史及解释的对象,而且也将之视为活的亦即构成性的力量。这两个目标是相互联系的。也正由于此,我并没有致力于写作一部通史性的思想史著作,也从来没有准备提供一幅事无巨细的思想人物榜,而是通过对思想的历史解释,提供对现代问题的多重理解。但也因此,本书包含着许多有待补充的部分,例如有关中国革命及其意识形态的历史分析。在漫长的20世纪里,中国革命极其深刻地改变了中国社会的基本构成,我们不可能仅仅在"中国"这一范畴的延续性中说明现代中国的认同问题。我希望今后的研究能够在这方面提供新的历史解释。

我是在1988年完成了《反抗绝望:鲁迅及其文学世界》(原题为《反抗绝望:鲁迅的精神结构与〈呐喊〉〈彷徨〉研究》)一书之后转向这一课题的研究的。《预言与危机:中国现代历史中的"五四"启蒙运动》(《文学评论》1989年3—4期)和《赛先生在中国的命运——中国近、现代思想中的科学概念及其使用》(《学人》第1辑,1991)等两篇长文可以算做我进入这个领域的最初的论文。在此后十多年中,我发表了大量的思想史论文。20世纪最后十余年中国社会和整个世界发生的巨变超乎人们的想像,我至今不知道如何确切地叙述这个巨变对我的思想、生活和学术研究所产生的影响。尽管我一直在历史的领域里进行探索,但这个探索涉及的是一个或一组至今仍然影响着我们的生活进程的论题,任何单一的线索或抽象的观念都不可能对这一论题做出有力的解释。随着研究的深入,我一边展开对具体个案的研究,一边反复地修订我的写作计划,重新拟定论述的方向。在这个过程中,我涉足了许多从未涉足的领域,一再痛苦地面对自己的知识局限。如同在无际的大海中航行一样,探索的过程始终敞开着,每一个方向都蕴藏着可能性,每一种视角都可能产生不同答案。1997年,我第一次将书稿交给出版社,但反复考虑后又主动撤回。此后一次又一次的拖延不是把我引向完成预定的写作计划,而是引向一个又一个新的问题,以致完成这部著作成了一个越来越遥远的期待。面对朋友们的关心和询问,我逐渐从焦虑转向了习惯:习惯于在这本书所引发的问题中生活,习惯于在这些问题的引导之下去翻阅资料,也习惯于将我所涉及的任何看似无关的工作与"现代中国思想的兴起"这一论题关联起来。

但我最终不得不在没有结束的地方结束此书——与其把这本著作视为一个过程的终结,毋宁当作是重新出发的起点。如果没有许多师友的关怀和研究机构提供的帮助,我大概至今还不能完成这部未完的著作,在此我愿一并向他们表示感谢。1988年至2002年,我一直任职于中国社会科学院文学研究所。文学所给予了我选择课题的自由,使我得以在十几年的时间内从事一项与单纯的文学研究完全不同的课题。1992年至1993年,在李欧梵教授和韩南(Patrick Hanan)教授的安排下,我先后在哈佛大学燕京学社和加州大学洛杉矶分校中国研究中心做访问研究。那个时期的学习和研究为我重新调整和思考已经开始的课题提供了契机。此后,我先后在北欧亚洲研究所(Nordic Institute of Asian Studies)、香港中文大学中国文化研究所、柏林高等研究所(Wissenschaftskolleg Zu Berlin)、华盛顿大学(University of Washington in Seattle)担任研究员,并在华盛顿大学历史系、哥伦比亚大学(Columbia University)东亚系和海德堡大学(Heidelberg University)中国研究所开设有关中国思想史的课程。我从这些研究机构的同事们和选修相关课程的同学们那里得到了许多的鼓励和启发。陈方正教授、金观涛教授、刘青峰教授、白露(Tani Barlow)教授、P. 安德森(Perry Anderson)教授、王德威教授和瓦格纳(Rudolf Wagner)教授为我在上述研究机构的研究和教学工作提供了帮助。我也特别感谢高筒光义和高桥幸信两位先生,他们与伊藤虎丸教授、尾崎文昭教授等学者一道,为《学人》丛刊的创办提供了巨大的支持,我的若干思想史论文就是发表在这份丛刊上的。《中国社会科学季刊》、《中国社会科学评论》、《中国学术》、《天涯》、《视界》、*Positions*,*The UTS Review*,*The Stockholm Journal of East Asian Studies* 等刊物和其他一些中外文集也为我提供了发表的园地,我向这些刊物和它们的编者表示感谢。吴予敏、甘阳、陈燕谷、林春、王晓明、韩少功、慕唯仁(Viren Murthy)、陈维纲、商伟、董玥、杨念群、吕新雨、崔之元、张旭东、李陀、贺照田、靳大成等朋友曾对本书的不同章节提出过具体的评论和建议。沟口雄三教授、余英时教授、艾尔曼教授(Benjamin Elman)、胡志德教授(Theodore Huters)曾在不同场合对书中的一些作为论文发表的章节给予指点。罗多弼(Torbjörn Lodén)教授、叶文心教授和蔡元丰先生等为若干章节的翻译和发表花费了心血。贺照田、梁展、高瑾等友人曾为本书一些资料的查核提供帮助，使我避免了若干引文的脱漏和错误，其中贺照田先生出力尤多。不用说，我对书中可能包含的一切错误承担责任。全书的写作经历了漫长的过程，我无法一一向曾经帮助和关心这一工作的师长和朋友们致谢，但我还是不能不提及王得后、赵园、钱理群、刘再复、李泽厚、叶维力、董秀玉和黄平诸先生以及《读书》杂志的同事们多年来对我的支持和关心。

对我而言，这项研究是一个敞开的过程，即使在交稿之后，我也找不到"完成"的感觉。"我只得走，我还是走好吧……"十多年前，在完成了生平第一部著作之后，我曾经用这两句话激励自己，时至今日，我已经知道这是一种宿命。

汪　晖
2003年11月于北京西坝河北里

导　论

　　在历史研究中,任何脱离具体的语境、文本而将问题提炼为简短的结论的努力都会牺牲太多的历史感。这篇导论不准备对全书内容进行全面概述,而只是将历史分析过程中涉及的一些理论问题整理出来,提供给读者在阅读全书时参考。我的讨论集中在两个反思式的问题上:第一,中国(尤其是现代中国)的含义是什么？这里所说的不是"中国"的概念史,[1]而是对如下问题的追问:现代的中国认同、地域观念和主权意识是如何历史地形成或建构的？任何对于现代中国思想的讨论都离不开对于"中国"的历史理解。第二,如何理解中国的现代？"现代"概念当然是一种现代人的自我确认,即现代人将自己区分于古代人及其世界的方式,从而是一种区分的概念——一种将历史区分为不同时期或形态的方式。这种自我确认所导致的思想转变究竟包含了哪些内容？构成这一现代人的自我认同的根据,或者,现代人据以对历史进行区分的条件,究竟是什么呢？任何对于中国的现代思想的分析也都离不开对于这个"现代"的自我理解。上述两个问题可以从不同的领域和视野展开讨论,本书的分析是从一个有限的角度——即思想史的角度——展开的:我从有关中国的历史叙事的分析出发讨论第一个问题,围绕着天理世界观和公理世界观的相互关系展开对第二个问题的分析。

---

[1] 关于中国的称谓的历史溯源,可以参见王尔敏《"中国"名称溯源及其近代诠释》一文,见氏著《中国近代思想史论》,北京:社会科学文献出版社,2003,页370—400。

第一节　两种中国叙事及其衍生形式

在各种有关中国的历史描述和分析之中,或隐或显地存在两种不同的中国叙事,我把它们归纳为作为帝国的中国叙事与作为民族—国家的中国叙事。这两种叙事与中国研究中常常提及的挑战—回应、传统—现代和帝国主义以及地方史取向等研究模式纠缠在一起,但远未引起足够的注意。在一定程度上,这是由于中国、中华帝国、民族—国家等概念已经成为一种非常"自然的"范畴,人们无须特别地对这些范畴本身加以界定。然而,中国究竟是一个帝国,还是一个国家,以及如何理解中国认同本身,对于检讨中国与现代性的关系却是一个至关重要的问题:在帝国叙事中,中国被描述为一种非现代的、专制主义的(反民主的)政治形式,一种与地域广阔的农业文化(而非城邦的、商业的或工业的)相关联的生产形态的组织者,一种多民族的、依赖文化认同的(而非民族和政治认同的)"想象的共同体"或"文明",一种自我中心的、朝贡体系的(而非形式平等的、条约体制的)世界体系或大陆;上述诸特征不但构成了中华帝国与欧洲近代国家及其文化的区别,而且也构成了中国与现代性之间的深刻鸿沟。与此相反,在作为国家的中国叙述中,中国至少从北宋时代起即已包含了民族主义的认同模式、商业主义的经济关系、繁荣昌盛的城市文明、高度发达的行政系统、超越社会阶层的社会流动模式、平民主义的社会文化、源远流长的科学技术传统和世俗化的儒学世界观,以及四通八达的国际交往形式——在对这些历史现象的调查和描述中,中国提供了一种平行于欧洲近代文明的现代性模式。上述两种叙事相互对立又相互补充,并从不同的角度灵活地转化为一些更为微妙的叙述。

将帝国叙事放置在与国家叙事的对应关系之中是欧洲民族主义叙事的衍生物,也是19—20世纪欧洲政治和经济理论的内在主题。我在下文中将对此给予详细的分析。这里首先讨论上述两种叙事在中国研究中各种不同的表现形态。在人们最为熟悉的、以中国的马克思主义学派和美国的由费正清(John King Fairbank)开创的"挑战—回应"模式为代表的历史叙述中,研究者们基于不同的立场将鸦片战争以降发生的变化解释为中华帝国向民族—国家(亦即传统社会向现代社会)转化的历史过程,从而帝国与国家的关系被放置在一种时间性的序列之中。以生产方式的演化为中心的历史进化论与帝国主义和民族自决权理论的结合,构成了马克思—列宁主义学派的主要叙述框架。在这个框架内,马克思主义学者谴责欧洲殖民主义和帝国主义的政治支配、军事入侵、经济剥夺和资本主义的国际劳动分工,但同时将资本主义力量对传统价值观和社会关系的摧毁性打击看作是历史发展的必然过程和人类历史通往未来的普遍发展形式。马克思主义者将现代性的成就(民族独立、工业化和人民主权)与被殖民地人民的觉醒、斗争、自我解放和以劳动为中心的日常生活实践(包括以生产工具的改进为中心的技术进步和知识发展)结合起来,以一种历史的辩证法将抗拒外来侵略和内部压迫的斗争转化为一种历史主体性的生成过程。马克思主义学派在殖民与被殖民的历史关系中处理东西方关系,但它不是将西方而是将资本主义这一普遍历史的特殊阶段作为叙述的核心,并致力于发掘中国历史内部的资本主义萌芽。[2]在阶级分析的构架中,马克思主义者用专制主义和小农经济范畴解释大一统政治和内部殖民,进而对中国社会内部的资本主义因素给予肯定。与马克思主义学派的生产方式演变和阶级论的构架不同,费正清开创的"挑战—回应"模式(以及"沿海—内地"模式等)、马克斯·韦伯(Max Weber)有关儒教中国的解释、列文森(Joseph R. Levenson)从思想史领域勾勒的历史与价值、情感与理性的冲突倾向于将中国视为一个有着独特的文化、价值、机制的相对自足的文明,由于缺乏内发的资本主义动力,这个文明——无论多么精致优美——的现代进程是在遭遇欧洲文明挑战的语境

---

[2] 在众多的中国马克思主义学派的思想史研究中,最为丰富和杰出的成果仍然是侯外庐、赵纪彬、杜国庠等人的《中国思想通史》五卷本,北京:人民出版社,1957。

中展开的。[3]按照这一在18—19世纪欧洲思想中形成的"文明论"或"文化主义"逻辑,西方现代性与中国文明处于某种对立和紧张之中,从而只有改变中国传统才能使中国进入现代。因此,上述分析方式都能够被纳入某种传统与现代的对应关系之中。例如,费正清在讨论晚清中国面对的困境时特别地区分了文化民族主义和政治民族主义:所谓文化民族主义产生于多元性帝国的政治关系之中,即帝国需要诉诸一种普遍主义的文化作为多元社会的认同基础,而所谓政治民族主义则是民族—国家和资本主义的产物,它要求将政治性的民族认同作为国家的合法性条件,只有后者才构成了现代主权国家及其政治文化(公民文化及民主制度)的基础。上述两种不同的历史叙述共享着一些明显的预设:作为一个儒教主义的、专制主义的、宗法制的、农业的、朝贡体系的社会,传统中国(尤其是清代社会)没有能力产生出促成近代资本主义发展的政治文化、社会机制、生产方式和外交/贸易关系,从而现代中国产生于欧洲资本主义、帝国主义、殖民主义或现代性的冲击,以及中国社会对于这一冲击的回应过程。鸦片战争作为中国遭遇西方文明挑战的象征性事件而被这两个学派视为中国现代性发生的分期标志。

伴随19—20世纪欧洲及其政治/经济体系的扩张,中国和其他亚洲国家的士大夫、知识分子和政治家们以西方为楷模推动自强运动,也不断地从自身社会内部寻找认同的资源。在这一变革的潮流之中,产生了一种在中国(或亚洲社会)内部寻求现代性的努力。例如,在20世纪的前期,一些知识分子试图颠倒东方(中国)/西方的二元论,创造一套独立于西方现代性叙事的中国或亚洲现代性的叙事,梁漱溟在《东西文化及其

---

[3] 参见费正清(John King Fairbank):《中国:传统与变迁》(*China: Tradition and Transformation*, Boston: Houghton Mifflin Company, 1989),张沛译,北京:世界知识出版社,2002;韦伯(Max Weber):《儒教与道教》(*Konfuzianismus und Taoismus: Gesammelte Aufsätze zur Religionssoziologie*, Tübingen: Mohr, 1978),洪天富译,南京:江苏人民出版社,1993;列文森(Joseph. R. Levenson):《儒教中国及其现代命运》(*Confucian China and its Modern Fate*, Berkeley: University of California Press, 1968),郑大华、任菁译,北京:中国社会科学出版社,2000;等等。

哲学》中勾勒的西方—中国—印度的文化进化模式就是一个将欧洲现代性观念(如历史进化论)与文明论综合为一种新的世界历史叙述的例证。(参见第十三章)但是,这一趋向不是单向的:在民族解放的浪潮中,那些对欧洲殖民历史和西方中心主义心怀内疚的西方知识分子也开始倒转他们的历史尺度,力图改变欧洲中心主义的"世界历史"叙述。在这个意义上,"在中国发现历史"这一号召是一个双重过程的产物:既是中国知识分子和其他亚洲国家的历史学者在建立自己的认同和主体性的过程中不断加以阐发的主题和方向,也是西方学者(尤其是费正清学派)的自我批判的产物。因此,当一部以"在中国发现历史"为题的著作被翻译为中文之后,立刻引起了众多中国学者的同情和赞同。[4]但就历史研究领域而言,在"中国发现历史"的努力远在20世纪70年代费正清学派的自我批评之前,其动力也极为复杂。1894年以降,日本先后击败了中国海军和向东方扩张的沙俄帝国,终于开始了对亚洲大陆和东南亚的扩张和支配。在与西方列强争夺太平洋、东南亚和亚洲大陆的控制权的过程中,创造一种新的世界史框架和战略性视野成为日本知识领域的重要的趋向。以内藤湖南、宫崎市定等杰出历史学家为代表的京都学派开创了独特的东洋史研究,他们将以中国为中心的东亚区域建构为一个具有自身的现代性动力和轨迹的历史世界。著名的内藤假说"唐宋转变"认为唐宋时代经历了贵族制衰败的伟大转变,从此开始了中国历史和东洋历史的新纪元。[5]追随这一假说的学者从不同的方面对公元10世纪前后发生在北宋王朝的一系列变化进行细致的观察和综合的分析,最终指认出一系列构成"东洋的近世"的社会的和文化的特征:贵族制的瓦解和平民文化(包括乡村地主制)的形成,具有世界史意义的长途贸易的发展和多边的民族意识的形成,以皇权、发达的官僚制和新的军事制度为骨干的国家结构,城市经济和文化的兴起,以及与上述发展相配合的世俗性儒学和"国民

---

[4] 柯文(Paul A. Cohen):《在中国发现历史——中国中心观在美国的兴起》,林同奇译,北京:中华书局,1989。
[5] 内藤湖南:《概括的唐宋时代观》,《日本学者研究中国史论著选译》(一),北京:中华书局,1992,页10—18。

主义"的发展,等等。[6]宋朝被视为一个典型的中国王朝,一个用清晰的民族意识界定出来的早期民族国家,一个在文化上"更为中国的"(亦即更为儒教主义的)中国,从而上述要素是以一种区别于汉唐帝国模式(以及元、清帝国模式)的郡县制国家或早期民族—国家为政治的和社会的构架的。在古代—中世—近世的时间框架中,以10世纪的宋朝、14世纪的朝鲜和17世纪的日本德川时代为中心,一种以儒教文化和早期民族—国家为文明特征的,能够将中国、朝鲜半岛和其他一些地区纳入"东洋"范畴的早期现代性(或"近世")叙事被构筑起来了。按照这一叙事,"东洋的近世"是独立于西洋的近代而发生的历史现象,如果它不是早于欧洲也是平行于欧洲的现代过程。这一"东洋的近世"的假说是在一种竞争性的或抵抗欧洲中心主义的"世界历史"构架中产生的,即使在当代有关新的世界历史的叙述中,我们仍然可以看到这一叙述的衍生形态:以中国中心的朝贡体系为构架形成的亚洲资本主义叙述,[7]以14—18世纪中国及其白银资本为中心的资本主义世界体系的叙述,[8]以及从这两种叙述中发展而来的亚洲论,都可以视为这一"东洋的近世"的假说的发展形态。

  京都学派始终是在一种与西方现代性的竞争性框架中建立自己的东洋现代性叙述。正是为了颠倒和打破欧洲"世界历史"的框架,京都学派从"国民主义"(nationalism)的立场出发将公元10至11世纪视为亚洲早期现代的开端;帝国的历史学家们将战略性视野与深刻的历史洞见结合起来,创造了一种新型世界史框架内的"东洋史"。但是,这一颠倒是欧洲现代性叙述的亚洲版,因为在这一历史叙述中,19世纪欧洲政治经济学所确定的帝国—国家二元论仍然居于"元历史"(meta-history)的地位。在京都学派的研究中,东洋这一概念并不仅仅是一个地域的概念,它还包含了对于社会形

---

[6] 宫崎市定:《东洋的近世》,《日本学者研究中国史论著选译》(一),页153—242。
[7] 滨下武志:《近代中国的国际契机——朝贡贸易体系与近代亚洲经济圈》,朱荫贵、欧阳菲译,北京:中国社会科学出版社,1999。
[8] 贡德·弗兰克(Andre Gunder Frank):《白银资本——重视经济全球化中的东方》(*ReOrient: Global Economy in the Asian Age*, Berkeley: University of California Press, 1998),刘北成译,北京:中央编译出版社,2000。

态、政治制度、文化认同和族群关系的理解,以及将这一理解安排在古代—中世—近世的时间性框架之中的方法。因此,东洋概念包含了用一种现代性尺度对历史和地域进行平行比较和区分的尝试(即将东洋范畴与近世范畴结合起来),这在内藤湖南、宫崎市定的论著中是极为鲜明的方法论特征。他们对"东洋"的界定与欧洲近代历史对于"西方"概念的界定无论在尺度上还是在时序上都是极为相似的。我们不妨把他们的"东洋"概念与近代西方概念的形成做一对比。伯尔曼(Harold J. Berman)在分析"西方"这一概念与现代性的关系时说:"西方作为一种历史文化和一种文明,不仅区别于东方,而且区别于在'文艺复兴'各个时期所曾'恢复'的'前西方'文化。……""从这个观点出发,西方不是指古希腊、古罗马和以色列民族,而是指转而吸收古希腊、古罗马和希伯来典籍并以会使原作者感到惊异的方式对它们予以改造的西欧诸民族。当然,西方信奉伊斯兰教的部分不属于西方——尽管西方的哲学和科学曾受到过阿拉伯的强烈影响,尤其是在与上述典籍研究有关的时期……"〔9〕伯尔曼在"西方法律传统"的语境中把"西方"概念与"西欧诸民族"联系起来,他所指的"西欧诸民族"是11至12世纪(亦即中世纪盛期)的英格兰、匈牙利、丹麦、西西里等,它们在与罗马天主教统治的斗争中形成了王室的、城市的和其他新的世俗法律体系。在这个时期,信奉东正教的俄国和希腊这类国家以及作为穆斯林领地的西班牙的大部分被排斥在"西方"之外。正是从西方、民族、世俗权力及其法律体制的角度——亦即与后来的民族—国家体制直接相关的历史因素的角度,这位法律史家将"西方"与"现代"这两个概念密切地联系起来:"在西方,近代起源于1050—1150年这一时期而不是此前时期,这不仅包括近代的法律制度和近代的法律价值,而且也包括近代的国家、近代的教会、近代的哲学、近代的大学、近代的文学和许多其他近代事物。"〔10〕京都学派正是

---

〔9〕 哈罗德·J·伯尔曼(Harold J. Berman):《法律与革命——西方法律传统的形成》(Harold J. Berman, *Law and Revolution*: *the Formation of the Western Legal Tradition*, Cambridge, Mass.: Harvard University Press, 1983, p. 3),贺卫方等译,北京:中国大百科全书出版社,1993,页2—3。

〔10〕 同上,页4。

在相似的框架中叙述"东洋的近世",即将现代政治、法律和文化传统诉诸于逐渐从政教合一的多民族帝国框架中脱离出来的近代的国家(成熟的郡县制国家)、近代的宗教(世俗性的儒教)、近代的哲学(宋代理学)、近代的学制(科举)和其他许多事物,并将这一制度性的转变放置在进化的时间序列之中。按照他们的叙述,这个过程在时间上与欧洲几乎完全平行。

帝国/国家的叙述框架也曾产生出不同的补充性的叙事,但并没有动摇这个框架的基本结构和判断尺度。马克思主义学派、美国的经济/社会史研究和当代文化研究均曾将研究的重心放置在对晚明资本主义萌芽、江南经济和城市文化的兴起等方面,从不同的角度将17世纪视为中国夭折的早期现代性的重要阶段,它们之间的差别也经常来源于各自对欧洲现代性或资本主义起源的不同理解。与京都学派讨论宋代经济、政治和文化的"资本主义"倾向的方式一脉相承,这些叙述致力于探索中国历史内部蕴含的现代性动力,其中明清资本主义萌芽的叙述包含了一个不言而喻的预设,即中国社会存在着与欧洲历史相似的资本主义发展,这一早期现代性(早期资本主义、早期海洋时代、早期都市文化)的夭折源于中国的封建性的社会构造,尤其是17世纪满洲人入关与清帝国的建立这一外在因素。但即使如此,这些经济领域的"资本主义萌芽"和文化领域的"启蒙思想"的因子并没有因此彻底消失,而是潜伏于帝国统治的内部,因应着18世纪以后的外来挑战。[11]与上述叙述有所不同的是韦伯的

---

[11] 关于资本主义萌芽的讨论集中在经济史的领域,其中的代表性作品见许涤新、吴承明主编《中国资本主义发展史 中国资本主义萌芽》(北京:人民出版社,1985)、傅衣凌《明清社会经济变迁论》(北京:人民出版社,1989)、傅筑夫、李竞能《中国封建社会内资本主义萌芽》(上海:上海人民出版社,1956)、李文治、魏金玉、经君健《明清时代的农业资本主义因素的萌芽》(北京:中国社会科学出版社,1983)、南京大学历史系明清史研究室编《明清资本主义萌芽研究论文集》(上海:上海人民出版社,1981)等。黄宗智(Philip C. C. Huang)的《华北小农经济与社会变化》(*The Peasant Economy and Social Change in North China*, Stanford University Press, 1985)则在另一方向上对这一讨论的成果作出了回应和新的解释。在思想史研究中,侯外庐主编的《中国思想通史》,以及萧萐父、许苏民《明清启蒙学术流变》(沈阳:辽宁教育出版社,1995)等都曾在大致相近的方向上阐述这一问题。此外,在《红楼梦》研究、《金瓶梅》研究中,明清资本主义萌芽也构成了重要的叙述因素。

《儒教与道教》一书:在作者的理论视野中,现代性与理性化可以放置在同一范畴中加以理解,时间因素仅仅在与这一范畴发生关系时才具有意义。帝国—国家二元论原先是一种政治结构的对比(详细讨论见下文),但从其诞生之时即与东方(亚洲)—西方的二元关系有关,在后一重关系中,政治结构的问题也就被转化为历史研究中的文化主义的或文明论的方法论视野。韦伯即在一种文明论的构架内,将理性化或理性主义置于概述中国历史的中心位置。作为一种观察历史的尺度,理性化和理性主义是从对欧洲资本主义精神的理解中产生出来的,却同时构成了观察中国和印度文明和历史的内在尺度。在这部重要的社会理论和历史学著作中,韦伯认为先秦时代——主要指秦汉大一统王朝得以建立之前的周代——已经存在着某种"政治理性主义",即由诸侯国相互竞争而产生出的与欧洲近代理性主义极为相似的政治理性主义。在欧洲/中国/印度三大宗教文明的对比关系中,韦伯提出的核心断言是:这一政治理性主义缺乏经济理性主义的配合,并在秦汉帝国的政治模式中消失殆尽,从而并未产生出只有在欧洲新教伦理中才最终得以产生的资本主义精神。[12]这一先秦"政治理性主义"的解释印证的是秦汉大一统帝国的框架与竞争性的民族—国家的对比,按照这一对比,大一统帝国的框架及其内部运作的机制——无论在中国还是在西方——都是阻碍现代性或资本主义发生的政治/经济条件。正如我在第六章有关"春秋国际公法"的讨论中所证明的:韦伯的上述中国观与19世纪西方传教士的中国描述有着密切的关系。为了说服中国人按照欧洲国际法行事,也为了说服欧洲人将原本限于基督教世界的国际法的运用范围扩展到包括中国在内的亚洲地区,19世纪的欧洲和美国传教士反复论证中国存在着一种与欧洲民族国家文化相似的政治理性主义,而国际法的最早起源很可能就是中国。与韦伯对中国古代的政治理性主义的分析完全一致,这一以《春秋》或《周礼》为典

---

[12] 马克斯·韦伯:《儒教与道教》,南京:江苏人民出版社,1993。有关韦伯的理性化视野与他对中国历史的叙述的分析,参见拙文《韦伯与中国的现代性问题》,见《汪晖自选集》,桂林:广西师范大学出版社,1998。

范的"古代中国的国际公法"是以周代封建条件下的诸侯国关系为历史前提的。秦汉一统体制导致这一政治理性主义和古代国际法完全丢失,从而晚清时代的中国需要从欧洲国际法那里寻回失传了两千年的政治传统。这一西周政治理性主义叙述建立在对秦汉以降的政治模式的否定之上,其内含的叙述正是帝国—国家的二元论。

以鸦片战争时代的中西冲突作为中国现代化的开端和以北宋时代的"资本主义"作为东亚早期现代性的滥觞是两种对立的现代性叙述,但它们都以探索中国或东亚"现代性"或"近世"的起源为宗旨;与此有所不同,明清资本主义叙述或先秦政治理性主义叙述虽然描述了中国历史之中存在的现代性因素,但最终的论题在于论证为什么中国历史内部的"现代性因素"没有能够最终产生欧洲式的资本主义或现代性,或者说,为什么现代资本主义只能发生于西方。在前一个叙述中,晚明现代性或资本主义的中断与满洲人入侵和清朝的建立有着直接的历史关系,而在后一个叙述中,产生于诸侯国家(一种接近于欧洲君主国家或民族—国家的政治形式)之间竞争的先秦政治理性主义为秦、汉之大一统帝国所阻断。很明显,上述诸种现代性叙事均把民族—国家、城市化、工业化和区别于儒学正统的新型伦理关系的出现视为现代性的标志,它们从不同的方面和方向共同地将帝国、农业帝国或大一统帝国(以及这一帝国的封建性的社会体制)视为现代性的对立面,却极少讨论帝国概念与中国传统的政治概念如封建、郡县等究竟是什么关系。按照京都学派的潜在标准,宋、明"资本主义"均产生于相对单一的汉民族王朝的政治/经济结构之中,而在韦伯式的理性主义视野内,大一统的、多民族的帝国体制始终是压抑性的政治结构。在上述框架内,秦、汉一统体制压抑了周代的竞争性的政治理性主义,蒙元帝国构成了宋代资本主义的中断,满洲人入侵摧毁了明末资本主义萌芽和以城市为中心的个人主义文化。尽管在清代社会内部包含着各种资本主义的或现代性的萌芽,帝国及其社会体制还是构成了一种压抑性的、阻止现代性生成的机制。正是在上述叙述的某些要素之上,一些更为激进和大胆的学者以"国家"和"民族"这两个尺度衡量"中国",断言"中国"不是一个真正的现代国家,而是一个帝国;"中国"不是具有内在同一性的民族,而是一个由它的上层文化强制关联在一起的、缺乏内在联系和认同的社会体。在这两个预设之后是一个更为根本的(常常是作者未必完全自觉的)预设,即"国家"和"民族"是适应资本主义市场并形成民主体制的基本条件。[13]

然而,无论将19世纪欧洲在亚洲地区的扩张作为中国现代性的开端,还是将宋代或明代作为早期现代性的起点,如何说明清朝与现代中国如此明显和直接的历史关系构成了一个难以逾越的问题:如果将清朝仅仅作为现代的对立面,那么,究竟应该怎样解释现代中国在人口构成、领土范围、文化认同和政治结构方面与清朝之间的关系?难道"现代"可以超越这种具体而广泛的历史联系单独地构成或确立吗?为了克服上述现代性叙事的内在困难和明显缺陷,历史学家们做出了各种重要努力。第一种解释将古代、中世和近世的历史目的论叙述与中国王朝循环的模式结合起来,以市民社会的发展或生活世界的"近世转化"为中心,将宋、元、明、清诸王朝放置在"近世"范畴之内,从而弱化宋、明等相对单一的汉人王朝与元、清等多民族帝国的差异。例如,在解释元代为什么没有颁布新法这一现象时,宫崎市定拒绝从草原帝国与中原王朝的区别方面着手论证,认为宋代以降的持续性的社会变化造成了无法照搬传统法律体制的局面,从而元代没有颁布新法恰恰证明了元朝社会生活与宋代的延续性。这是一种在"中国王朝"的循环模式和社会生活的近代演化的框

---

[13] 当这些基本预设移入对近代中国或当代中国的危机的解读时,一些不言而喻的结论便在不同的语境中浮现出来:第一,中国的现代性危机与中国能否作为统一国家存在有着密切的关系;第二,中国的危机不是某种制度或意识形态的危机(如共产主义或资本主义),而是一种涉及中国社会的各个层面的总体性危机;第三,危机的各个方面存在着内在的联系,即它们植根于中国的历史或者过去,从而对于中国来说,摆脱危机的唯一道路就是与自己的过去实行最为彻底的决裂。上述三个方面相互联系,构筑了中国危机的"总体性",并最终被归结为包罗万象的"过去":自先秦时代和秦汉时代即已形成并在日后不断扩张的中国上层文化——皇权、官僚系统、法律、宗教,以及各种受到上层文化浸染、侵蚀的大众文化,其基本特征就是专制(从秦始皇到毛泽东的中央集权)、严酷(中国历史中的严刑峻法)、封闭(从夷夏之辨、万里长城到毛时代的封闭政策)和官僚体制(从科举制度、官僚体制到庞大的国家机器),等等。

架内描述"东洋的近世"的努力,它把王朝循环、生活方式的持续性演化与古代—中世—近世这两种不同的时间模式独特地结合起来。[14]这一解释的最为有力的方面是说明了蒙古、满洲的入侵没有导致宋代以降萌发的现代性因素的覆灭,恰恰相反,即使外族入侵也无法改变日常生活领域已然发生的转变,从而维护了"东洋的近世"这一论题的自洽性。第二种解释追寻清代社会的内部发展,将关于清王朝的总体性描述转化为局部的和地方性的历史演变,进而把这些地方性转变视为王朝解体和中国社会转化的内在动力。例如在社会史的领域,孔飞力(Philip Kuhn)研究了太平天国运动对以皇权和士绅两极互动型的清代社会构造的冲击和瓦解,发现这一历史运动导致了士绅阶层及其功能的巨大转化,从而清代的覆灭与传统社会构造解体的过程完全一致。从这一描述引申的结论是:清王朝终结的历史与现代性的开端有着某种内在的联系。[15]在思想史和文化史领域,不同学派均从17世纪至19世纪的清代历史内部,发掘出了一条发端于晚明时代的早期启蒙主义思想线索,以及清代学术内部包含的科学方法的要素,从而为19—20世纪的思想和知识的转变提供了一个内在的历史脉络。这个内在的历史脉络可以视为清朝专制主义王朝体制内部所包含的自我解构的因素,也可以被解释为鸦片战争之后中国士大夫接受西方新知的历史前提。[16]第三种解释产生于对民族主义和民族—国家体制的怀疑和对帝国内部的文化多元性的再发现,在这一解释

---

[14] 宫崎市定:《宋元时代的法制和审判机构》,《日本学者研究中国史论著选译》(八),北京:中华书局,1992,页271。

[15] 孔飞力(Philip A. Kuhn)对于太平天国与清代地方军事化的研究开创了中国史研究中的地方史取向,see Philip A. Kuhn, *Rebellion and Its Enemies in Late Imperial China*, *Militarization and Social Structure*, 1796-1864 (Cambridge, MA: Harvard University Press, 1970). 此后美国中国研究中出现了大量以汉口、浙江、江南等地方为中心的历史研究。

[16] 梁启超、胡适、侯外庐、余英时、艾尔曼等人的学术立场和方法均不一致,对于明清学术的评价也有很大差异,但在将明清转型的讨论放置在与现代性相关的视野之内,却有着相似之处,如梁、胡对清代学术的实证方法的推崇,侯外庐在启蒙主义范畴内对明末清初思潮的研究,余英时有关明清之际的士商互动和儒学转向的讨论,艾尔曼在社会史范围内对从理学到朴学的转变的阐释,都着眼于明清思想和学术方法的要素与现代性/资本主义的关系。

框架中,清朝不再是一个单面的专制主义的、种族统治的暴虐而反动的王朝,而是一个能够容纳多种制度、法律、文化和宗教的多元性帝国。对满洲、蒙古、准噶尔、西藏、西南各少数民族的认同、风俗、文化、法律体制的研究构成了这一多元性帝国描述的主要内容。[17]上述新的取向在某些方面可以视为对拉铁摩尔(Owen Lattimore)在大半个世纪前以长城为中心展开的对中国与中亚的历史互动的研究的遥远回声,[18]但不同的是:拉铁摩尔注重长城两侧农耕与游牧社会的长期互动和渗透关系,当代研究则以民族认同和多元性问题作为描述的出发点:多元认同、多元权力中心、法律多元主义、多元的制度构架等帝国描述与"地方史取向"中对宗法士绅社会的地方自治和封建价值的尊重相互呼应,共同地将多元性、分权主义和社会自治作为组织历史描述的中心范畴和价值尺度。[19]这一对于帝国多元性的历史描述是在反思民族主义的框架内展开的,其矛头所指是现代主权国家及其合法性:主权国家建立在对多元性的剥夺的前提之上,从而不是政治民主、工业发展和个人自由,而是内部殖民、文化单一性和大一统国家的专制主义构成了现代国家的特征。

在多元主义、分权主义和地方主义的框架中建立起来的帝国叙事正在成为一种新的潮流,但由于多元主义描述以民族认同、地域关系以及政治结构为基本的描述单位,对帝国内部的多元性的研究与对民族自决的历史前提的描述之间有着互相沟通的部分,从而在帝国叙事中,民族叙事(national narrative)也常常支配着描述的方向。事实上,为了批判国家的正统叙事,多元主义叙事经常利用(少数)民族主义叙事与之相对抗,这个取向在拉铁

---

[17] See Pamela Kyle Crossley, *A Translucent Mirror: History and Identity in Qing Imperial Ideology*, Berkeley: University of California Press, 1999, 以及 Mark C. Elliott, "The Limits of Tartary: Manchuria in Imperial and National Geographies," *The Journal of Asian Studies* 59, no. 3 (August 2000):603-646.

[18] See Owen Lattimore, *Inner Asian Frontiers of China* (New York: American Geographical Society, 1940); *Asia in a New World Order* (New York: Foreign Policy Association, Incorporated, 1942).

[19] Dorothea Heuschert, "Legal Pluralism in the Qing Empire: Manchu Legislation for the Mongols," *The International History Review* 20, no. 2 (June 1998):310-324.

摩尔、弗莱彻(Joseph F. Fletcher)等关于蒙古、回部和西藏的描述中已露端倪(他们对民族自决运动抱有普遍的同情),而在当代研究中亦回声不绝。[20]例如,关于清朝帝国内部的满洲认同的独特性的研究构成了满洲国叙述的历史前提,[21]关于准噶尔与俄罗斯和清朝的战争的研究提供了一幅具有完整政治结构、人口构成、地域范围(边界)和民族文化的准噶尔国家的轮廓,[22]关于云南、贵州、台湾和西南其他地区的穆斯林、苗族和其他族群的研究则被放置在"中国殖民主义"的框架之中。[23]满洲、蒙古、西藏或西南少数民族都有自己的独特的认同并在不同时期拥有自身的政治结构(在汉人地区也存在不同的地区认同),但这些认同之间是什么关系,它们与"中国认同"之间又是什么关系?这些问题涉及如何理解在王朝的合法性模式中所包含的多元认同的条件,也涉及有无可能超越民族—国家叙事来描述中国的可能性。(例如,陈寅恪将隋唐制度放置在中原与北方各民族的长期互动之中,揭示出"中国制度"混杂性的内涵,在这样的意义上,中国认同自身也需要放置在互动条件之下加以讨论。)

在这里,有必要对当代中国研究中的"中国殖民主义"和"清帝国主义"这两个概念做一点分析。"中国殖民主义"概念必须以下述两点为前提:第一,承认中国王朝循环的叙述和现代中国与满清王朝的连续性(将满清对周边的扩张放置在"中国殖民主义"或"中国扩张主义"的范畴内,无疑必须首先承认清在中国王朝谱系中的正统地位);第二,将西南周边区域视为外在于中国的

---

[20] Joseph F. Fletcher, *Studies on Chinese and Islamic Inner Asia* (Aldershot, Hampshire: Variorum, 1995).

[21] Mark C. Elliott, "The Limits of Tartary: Manchuria in Imperial and National Geographies," *The Journal of Asian Studies* 59, no. 3 (August 2000): 603-646.

[22] See Perdue, "Boundaries, Maps, and Movement: Chinese, Russian, and Mongolian Empires in Early Modern Central Eurasia", *The International History Review* 20, no. 2 (June 1998): 263-286.

[23] 一些研究清代西南历史的学者使用"中国殖民主义"的概念描述清代对西南的统治,其中对云南、贵州等族群状况复杂的地区的族群冲突的描述也时常被放置在这一概念之下描述。See Laura Hostetler, "Qing Connections to the Early Modern World: Ethnography and Cartography in Eighteen-Century China", *Modern Asian Studies* 34, no. 3 (2000): 623-662.

政治单位。在上述历史叙述中,由于对满洲王朝、汉人、中国以及汉人之外的少数族群这几个范畴之间的复杂的历史关系不做处理,"中国殖民主义"这一概念在历史描述中造成了解释上的混乱。首先,清朝作为中国王朝的合法性是在占据中原之后的漫长时期里逐渐确立的,在入主中原之后的相当一段时期里,中原地区的汉人以及西南少数民族和周边王朝不承认满清为中国王朝。因此,在清朝历史中,我们始终面临着究竟以什么为根据或以何时为界限将之区别为满洲王朝和中国王朝的问题,亦即究竟应该如何定义满洲与中国、汉人与中国、清朝与中国等范畴之间的关系?其次,清代开国之后,对于满蒙起源地东北和西北地区采取了封禁政策,但在18—19世纪的漫长时期里,大量的汉人移民进入这个地区,形成了新的族群关系,这个现象应该放置在"中国殖民主义"中解释,还是应该放置在清王朝的大一统局面所造成的社会流动关系中解释?第三,清朝以承明制为据,准许和鼓励汉人移民云贵等西南地区,并造成了与苗民、回民的大规模冲突和一系列重大灾难(19世纪70年代发生在云南的冲突导致当地回民人口下降90%),这是"中国殖民主义"、"汉人殖民主义"的产物,还是清朝帝国体制及其转化过程的产物?在一定意义上,上述解释过程中的混乱产生于三个因素:首先是帝国这一范畴的含混性——这是一个在历史中形成的、反复变化的、难以确切界定的概念,而在19世纪以降的理论知识之中,这一概念只能在与民族—国家或民族自决的对立描述之中才能构成相对稳定的含义;其次是对中国这一范畴的理解——这是一个古老的、仅仅在现代时期才直接用作国名的概念,在漫长的历史时期里,这一概念所指称的人口、地域和政治共同体持续地发生变化。因此,在检讨清代社会中的"中国殖民主义"这一概念时,不可避免的追问是:何为"中国"?第三是殖民主义概念的内涵和外延的变化。殖民主义概念产生于欧洲对非洲南部海岸(1488)和美洲大陆(1492)的发现和拓殖过程之中,从那时开始,欧洲海洋霸权将争夺的中心从地中海转向了大西洋,葡萄牙、西班牙、荷兰、法国和英格兰等民族—国家的出现与这一海上扩张过程有着密切的联系。在描述从16世纪到19世纪这一时期里上述国家的扩张和统治时,殖民主义这一概念是和重商主义的资本主义和早期的工业资本主义联系在一起的。但在当代语境中,殖民主义这一范畴的含义逐渐扩展,其描述范围几乎涉及一切(帝国、国家、国家联盟等的)以攫取其他地区的经济和人口资源为目的的有组织的扩张活动,而不一定考虑这一范畴与资本主义范畴之间的历史联系。在这一变化之中,将这一概念垄断为谴责西方霸权、入侵和剥削的状态正在发生变化。

与殖民主义概念的转化相一致的,是帝国主义概念的运用范围的扩展。不同于注重文化多元而又以普遍统一性为特征的帝国概念,帝国主义概念注重国家及其扩张政策,与强调经济剥夺和种族冲突的"中国殖民主义"概念处于同一逻辑之上。沿着拉铁摩尔有关草原社会的描述逻辑,当代研究的趋向之一是将清朝描述为一个从内陆向沿海持续扩张的帝国主义主体,但与拉铁摩尔将亚洲腹地的扩张动力区分为前西方与后西方、农耕/游牧与工业化力量截然不同,"清帝国主义"概念不再关注帝国主义这一范畴与工业化/资本主义之间的历史联系。在这类研究中,满洲、蒙古、西北各少数民族、西南各少数民族和明朝中国均被描述为独立的政治实体或民族—国家,从而满洲对这些地区的扩张和占领就被描述为一个以国家为核心的帝国主义的扩张过程。这个描述逻辑与京都学派描述五代之际的民族关系和宋代与北方和南方诸"国"的关系的方式也有一脉相承之处,即它们都试图将"中国"放置在以族群意识为中心建构起来的国家体制的基础上,亦即放置在一种准民族—国家(或前民族—国家时代的民族—国家)的框架内。"清帝国主义"(Qing imperialism)或"满洲帝国主义"(Manchu imperialism)等概念就是在这一逻辑之下产生的。"清帝国主义"概念绕开了前述"中国殖民主义"概念在清朝或满洲与中国这几个概念之间可能造成的含混,将鸦片战争视为清帝国主义的持续扩张与英帝国主义的世界霸权之间的冲突。[24]这一论述方式与民族主义叙事实际上存在着重合的部分。[25]如果把这一解释模式放置在帝国主义理论的历史脉络中观察,我们可以清晰地观察到这一叙述与那

---

[24] James L. Hevia, *Cherishing Men From Afar* (Durham:Duke University Press,1995).

[25] 例如,章太炎在反满民族主义的框架中讨论种族与中国的关系,他有一篇文章题为《中夏亡国二百四十二年纪念会书》,明确地将整个满洲统治时期视为中国亡国的历史时期,从而拒绝承认在这二百四十二年中满清王朝已经将自身转化为中国王朝。见《章太炎全集》(四),上海:上海人民出版社,1985,页188—189。

种将古代中国、西亚和希腊的帝国扩张描述为帝国主义的欧洲传统之间的内在连续性,以及对于现代帝国主义理论的种种回应。"清帝国主义"叙事是在20世纪80年代以降西方学术界的帝国主义研究内部发生的一些新的变化的脉络中展开的,并与后殖民主义理论有着内在关联,其特征是强调宗主国与殖民地之间的双向互动关系。

在现代历史中,有关帝国主义的原因和价值的讨论大致包括了四个主要的论述,除了将帝国主义的产生归结为民族安全的需要和从暴政下解放人民这两种辩护性的帝国主义理论之外,最具有解释力的是两个内部各自存在重要差异的理论。第一种以斯密(Adam Smith)、李嘉图(David Ricardo)、霍布森(J. A. Hobson)[26]和马克思主义理论家如鲁道夫·希法亭(Rudolf Hilferding)、列宁(Vladimir Lenin)、布哈林(N. I. Bukharin)、罗莎·卢森堡(Rosa Luxemburg)、卡尔·考茨基(Karl Kautsky)为代表[我认为还应该加上《大转变》(The Great Transformation)一书的作者卡尔·博兰尼(Karl Polanyi)],他们从对经济资源(人口、自然资源和市场)的占有的角度论述帝国主义的动力,从不同方面将这一扩张性的国家政策与资本主义经济范畴联系起来。帝国主义是和资本主义的生产方式及其危机密切相关的:工业资本和银行资本相互融合而产生的金融资本、资本输出的扩张以及军事生产和军国主义的增长,为帝国主义创造了条件。斯密、李嘉图、霍布森与列宁、布哈林的主要区别在于:前者相信帝国主义只是有利于民族的少数人而非整个民族,而后者则提及了统治民族的概念,并认为帝国主义是资本主义的晚期阶段或最高阶段。[27]第二种以马基

---

[26] 在人们比较熟悉的经典作家之外,霍布森的帝国主义理论对当代理论有关帝国主义的讨论有重要影响,他的主要著作包括 The Evolution of Modern Capitalism (London: Walter Scott Publishing, 1912), The War in South Africa: Its causes and Effects (New York: Macmillan, 1900), Imperialism: A Study (Ann Arbor: University of Michigan Press, 1965), The Conditions of Industrial Peace (New York: Macmillan, 1927) 等。

[27] 关于帝国主义的理论解释及其当代发展,参见罗纳德·H. 奇尔科特(Ronald H. Chilcote)主编的《帝国主义的政治经济学:批判的范式》(The Political Economy of Imperialism, Critical Appraisals, Boston: Kluwer Academic Publishers, 1999)一书,该书收录了一批重要学者有关帝国主义和发展问题的论文。北京:社会科学文献出版社,2001,施杨译。

雅维里(Machiavelli)、培根(Sir Francis Bacon)、古姆普洛维茨(Ludwig Gumplowicz)、希特勒(Adolf Hitler)、墨索里尼(Benito Mussolini)等为代表,他们从不同的立场出发认为帝国主义植根于人类群体的本性之中,即帝国主义是人类群体(尤其是国家)进行生存竞争的自然产物。在20世纪后半叶,随着新的历史形势的变化,一种从长时段历史中观察帝国主义现象的方法逐渐成型,构成了对上述经典范式的批评。例如,阿瑞吉(Giovani Arrighi)在布罗代尔的长时段历史叙述的影响下提出:金融资本并不像列宁、希法亭认为的那样是世界资本主义的一个特定阶段,而是长期存在和反复出现的历史现象。从中世纪内部的资本主义直至当代,金融资本始终是资本主义的特点。[28]在这个意义上,帝国主义概念也不能限于19—20世纪的历史时段之中。另一些学者在确认帝国主义首先是对经济问题的反应的同时,也强调文化方面的影响,尤其是宗主国与殖民地之间的文化影响。长时段历史视野提供了一种反斯密主义的框架,从而也对19世纪政治经济学所建立的帝国—国家二元论构成了一种批判:第一,它击破了经典自由主义为了对现代社会进行自我确证而对帝国所做的如下判断,即帝国统治的基本特点是暴力统治,从而不利于生产,而只有现代社会(国家和市民社会)才能像斯密所分析的那样依赖于生产、流通和劳动分工的体系;第二,它证明帝国统治中包含了资本主义成分,而以民族国家为核心政治构架的帝国主义及其经济体系对暴力的使用有着严重的依赖。因此,帝国与帝国主义之间并不像人们通常想象的那样具有截然区分的界限。

但即使如此,上述新的历史解释并没有离开资本主义和资本的形态这一基础范畴讨论帝国主义问题。"清帝国主义"概念主要在国家的扩张和生存竞争的范畴内看待帝国主义,也涉及清朝和大英帝国的礼仪之争,但很少关注生产方式和经济形态问题。将清朝从17世纪开始的扩张过程定义为帝国主义显然是离开资本主义范畴而作出的判断,就此而言,

---

[28] Govani Arrighi, *The Geometry of Imperialism: The Limits of Hobson's Paradigm*, London: Verso, 1983.

这一叙述与第二种帝国主义理论更为接近。因此,问题的关键不在于是否承认清朝存在着扩张、征服和拓殖现象(这一点没有任何疑问),而在是否承认在资本主义和非资本主义的类似现象之间——亦即在传统型帝国与19—20世纪的欧洲工业化过程中产生的帝国主义之间——存在着区分的必要性。现代帝国主义与殖民主义的根本特征不仅在于军事占领、武力征服和种族等级制,而且还在于彻底地改变殖民地社会的原有结构,并使之从属于工业化的宗主国的经济体系,进而形成一种世界范围的、不平等的国际性的劳动分工。这就是为什么大量有关帝国主义的研究集中在发展、积累与依附等问题上的原因。与其他帝国一样,中国王朝历史包含了武力征服和族群统治的因素,在某些地区和时期,这种征服活动也会导致当地社会风俗、习惯、社会结构和生产体系的转变(如明朝对大理国的改造)。但所谓"朝贡体制"在不同地区和时期差异极大,这一有时是正式的有时是非正式的体制,通常并不以彻底改变当地风俗和生产结构为目标。[29] 从这一角度看,关于帝国主义的不同解释势必涉及对现代国家建设及其动力的理解,其核心是:国家的政治—军事结构、国家的对外政策以及社会的重组与工业资本主义之间究竟是什么关系?

在族群、地域(边界)、宗教、语言等传统民族主义概念仍然支配着对于帝国内部的社会关系的叙述的条件下,帝国与民族之间的二元关系不可能真正被突破。"清帝国主义"叙述一方面省略了帝国主义与资本主义的历史性联系,另一方面也多少忽略了分离性的和竞争性的帝国主义范畴与普遍性帝国之间的差异。由于上述帝国叙述内部包含了民族—国家叙述的内在的、甚至是更为根本的要素,从而帝国叙述向民族—国家叙述或帝国主义叙述的过渡就是极其自然的。在这个过渡过程中,帝国主义这一在英语中介于帝国与国家之间的概念起到了独特的作用:这是一个将帝国范畴与国家范畴结合起来的概念。然而,这个结合并不能掩盖帝国与民族—国家的某些历史性的区分:在罗马帝国衰落之后,作为统一力量的帝国概念再也没有真正实现;那些在罗马帝国、蒙古帝国和伊斯兰

---

[29] 参看本书附录二《亚洲想像的谱系》的相关论述。

帝国的废墟之上崛起的诸民族以一种分裂的态势相互竞争，进而产生了后来称之为帝国主义的现象。因此，尽管帝国主义分享着帝国的扩张性，但在世界范围内，它是一种在各民族和国家间发生的分裂性的而非统一性的势力，从而总是与一个国家以直接侵占他国或其他共同体的领土和经济资源的国家扩张政策、实践和宣传密切相关。正由于此，"清帝国主义"叙述只关注帝国的扩张性，但并不在意这一扩张的模式与所谓普遍性帝国的区别，也很少关注清代帝国统治模式在17—19世纪的长时段中发生的重要的转化。例如，清代前期的富于弹性的朝贡体制与清代后期行省制的扩张之间的关系应该如何解释？

帝国叙事和国家叙事及其衍生形式从不同方面建立它们的中国观。中国是一个经由历史循环而持续存在的政治实体吗？中国是一个帝国还是民族—国家或伪装成民族—国家的帝国？中国是一个政治性的概念还是一个文明或文化的概念？如何理解中国的民族主义和民族认同？在东方主义和后殖民主义等理论潮流之中，互动（interaction）、相互联结（interconnectedness）、混杂性（hybridity）等概念极大地激发了人们的灵感，与现代性相关的各种现象正在转化为一种混合范畴，并为人们重新描述一个社会体及其认同提供新的思路。"缠绕的现代性"（entangled modernity）这一概念形象地表达了人们对于现代性的新的想象方式，在这一想象方式之下，一些学者从不同方面揭示新的历史联系模式。[30]将现代性置于交往、互动和混杂性等范畴内的结果之一是"中国"范畴的去自然化，亦即"中国"这一自然的和自明的概念处于瓦解之中，而与此相伴随的，是一种混杂性的、在历史互动中生成的中国形象。如果互动性、混杂性是所

---

〔30〕 例如，Rebecca Karl 从中国近代革命与亚洲和被压迫民族的想象关系出发探讨中国民族主义的发生，(*Staging the World：Chinese Nationalism at the Turn of the Twentieth Century*，Durham and London：Duke University Press，2002)；孟悦在她即将出版的博士论文中追溯了扬州、苏州的城市文化对上海都市文化形成的贡献，从而将上海研究放置在一种混杂性的关系之中——所谓两大帝国之间——观察上海文化的内涵；刘禾从跨语际实践和翻译理论出发探讨中国思想与西方思想之间的互动和创新（《跨语际实践》，北京：三联书店，2002），等等。

有文化和社会的特征,那么,通过互动性和混杂性所创造的中国形象还存在着内在的同一性吗?如果我们不被当代学术修辞弄得眼花缭乱,那么,这些问题其实也正是困扰晚清人物的重大课题——我们能够从晚清民族主义的两种主要模式——即康有为、梁启超的中华民族主义和孙文、章太炎的汉民族主义——中看到它们的原型。康有为、陈寅恪在这一混杂性范畴内讨论"中国"、"汉族"以及"中国文化"等问题,试图以这一"混杂性的中国观"对抗欧洲式的族裔民族主义(ethnic nationalism),形成一种包容性的"中国认同"或者说帝国式的"中国认同";(参见第七、九章)在他们的对立方面,章太炎以考证学的方法发掘华夏"种性"的根源,尽管他不无遗憾地发现了"汉种"的混杂性,但仍然坚持一种以族性为特征的汉民族主义叙事。(参见第十章)如果说在民族主义时代,对混杂性和互动性的发现仍然被组织在民族主义的不同形态的叙事之中,那么,在当代全球化的语境中,有关互动性、混杂性的讨论以解构西方中心主义和民族—国家叙述为主导取向,试图在这一叙述中确认集体认同的坚实根据变得格外困难。

正是在这一历史进程之中,如何理解中国问题变得极为迫切:首先,与所有前现代帝国相比,中华帝国的规模及其稳定性是罕见的。用伊懋可(Mark Elvin)的话说:"在最为宽阔的视野内,就长时段内领土和人口与中国相当的单位总是不稳定的这一类似规则的现象而言,中华帝国是前现代世界的一个重要例外。"[31]这个"例外"就是:为什么中华帝国能够在如此之长的时期里,保持地域、人口和政治统一的稳定性?其次,这个重要例外并不仅仅属于"前现代世界",在21世纪,中国是这个世界上唯一一个将前19世纪帝国的幅员、人口和政治文化保持在主权国家和民族范畴内部的社会。与所有帝国分裂为主权国家的形式不同,中国近代的民族运动和国家建设将前19世纪混合型的普遍主义帝国体制的若干特征和内容直接地转化到民族—国家的内部结构之中。在经历了20世纪前期的军阀混战、分裂割据之后,一种植根于统一帝

---

[31] Mark Elvin, *The Pattern of the Chinese Past: A Social and Economic Interpretation* (Stanford: Stanford University Press, 1973), p.17.

时代的庞大的中央官僚机器及其分层机制（行省和自治区及其下属机制）通过近代革命而获得了更新，并有力地将中国的工业和农业组织成为一个完整的国民经济体系。从孙文的"五族共和"的理念，到毛泽东的"各族人民大团结"的召唤，在94%的人口被界定为汉族的状态下，一种新的中国民族认同逐渐成型。这一现实逼迫我们追问下述问题：一、为什么中国革命和国家建设的进程没有产生出在其他帝国体制中几乎无法避免的解体？亦即为什么清朝的帝国建设与近代国家建设之间能够形成一种历史性的重叠关系？二、为什么中国革命和国家建设的进程能够成功地将帝国遗产转化为革命与建设的要素，从而在帝国自身的转化这一基本形态中建构新的主权？三、前19世纪的帝国建设与19—20世纪的国家建设之间究竟是怎样的关系？混杂性、想象性或建构性等概念修改了"中国/西方"的二元性叙述，有助于在无限丰富和开放的联系网络中理解中国的国家建设和社会进程。但是，有关互动、混杂和纠缠的历史叙述并不能取消如下追问：如果每一个国家都是一个"想象的共同体"，那么，中国的"想象"资源和前提是如何构筑的？以承认多元性和差异、内外相对化和追求统一性和普遍性为特征的帝国特征与"中国"这一范畴究竟是怎样的一种关系？在混杂性的叙述中，中国认同的可能性或想象性是如何存在的？四、作为一种建立在暴力和文化双重前提之下的控制机制，帝国内部包含了对不同的民族文化、宗教信仰、法律制度和政治自治的容忍；相比之下，民族—国家要求在政治制度、法律体制以及语言和文化等方面的高度的同一性，从而当一个主体民族将自身转化为主权的代理者时，边缘民族及其文化所受到的冲击和瓦解比之帝国时代要强烈得多。因此，我们有必要追问：政治专制问题能否仅仅在"帝国传统"的范畴内解释，而不必考虑民族—国家体制自身的问题？对于帝国时代内部的文化关系的描述能否提供一个批判性的视野和能够包容差异的民主方案？五、如果帝国时代有着比人们的想象丰富得多的内外交往关系，那么，帝国时代的国际关系及其内外关系的模式与现代中国的国际关系及其模式究竟是怎样的关系？

当代欧洲国家正在试图将民主与民族之间的互动逻辑转化到民主与

欧洲的互动逻辑之中,亦即用一种帝国式的或超级国家式的结构形成一种包容民族认同、承认文化差异的新的认同模式和合法性条件。在19世纪形成的民族—国家体制发生转型的时期,回顾这一被民族—国家叙事笼罩的历史,重新发掘历史的可能性,显然也包含了面向未来的意向——例如,帝国概念中包含的普遍性与多元性的辩证关系,以及对习俗、习惯和地方性传统的保存,与作为历史帝国的必然特征的暴力和控制的逻辑究竟是怎样的关系?我们能够从中发现一种后民族—国家的政治形态的萌芽或因素吗?对这一问题的思考不能混同于对帝国的怀旧的和理想化的态度或方式。在我看来,无论是对民族—国家的合法性论证,还是对于前19世纪帝国的理想化描述,都建立在帝国—国家二元论的前提之上。因此,在回答上述各项问题之前,我们需要对帝国/国家二元论的形成本身做一些分析。

第二节　帝国/国家二元论与欧洲"世界历史"

中国研究中的帝国/国家二元论植根于19—20世纪欧洲的知识传统之中。与民族—国家这一19世纪的产物相比,帝国概念在欧洲历史中有着漫长的历史。西方语言中的帝国(empire)一词是从拉丁文 imperium 演化而来,后者的含义是合法权力或支配(the legitimate authority or dominion)。但是,作为一个分析性的范畴,帝国概念只是在民族—国家概念得以形成的过程之中才获得其明确的含义,从而帝国这一古老的词汇实际上又是一个现代的、与民族主义问题密切相关的概念。在汉语中,帝国一词并非常用概念,遍查《四库全书》,除去数百个帝和国两字并列但并非合成词的例子,我只找到18条使用帝国一词的例证。通过对这些条目进行综合分析,我将汉语中的帝国一词归纳为两种含义:第一,以帝国概念指称地理意义上的中国范围和帝王治下的国家的结合体。如《鸿庆居士集》卷九《贺今上皇帝登极表》:"御六龙而乘乾,君临大宝。……皇帝陛下……诏皇策于千龄,嗣无疆之服,抚帝国于四大,包有截之区";[32]王子安《江宁吴少府宅饯宴序》:"蒋山南望,长江北流,五胥用而三吴盛,孙权困而九州裂,遗墟旧坏数万里之皇城,虎踞龙盘三百年之帝国";[33]陈棐《拱辰楼赋并序》:"尤驰想于斯晨,所以登兹楼也;南可望乎家山,北遥瞻乎帝国";[34]《宣邦直赠王贰守佐理开河序》:"盖河源发于昆仑,其流泛滥中国,始固不免疏凿之劳。及水患既平,然后人享其利,凡九州贡赋,若远若近,皆自河而至于帝国焉。"[35]第二,以帝国概念指称以德治为特征的五帝之制。此说源自文中子之"帝国战德"一语。如《中说》卷五《问易篇》(宋·阮逸注):

> 文中子曰:王泽竭而诸侯仗义矣,帝制衰而天下言利矣。文中子曰:强国战兵(惟恃力尔),霸国战智(不战而屈人之兵在智),王国战义(禁民为非不独任智),帝国战德(仁者无敌于天下,德可知矣),皇国战无为。[36]

宋·释契嵩《问兵》云:

> 文中子曰:亡国战兵,霸国战智,王国战仁义,帝国战德,皇国战无为。圣王无以尚,可以仁义为,故曰:仁义而已矣。孤虚诈力之兵而君子不与,吾其与乎。[37]

《黄氏日抄》云:

---

[32] 孙觌:《鸿庆居士集》卷九,页21ab,文渊阁四库全书本。又,"帝国"两字连在一起却不构成一词的情况如,司马光:《赐皇弟高密郡王顼辞恩命第二表不允断来章批答》:"禋宗类帝,国之盛仪。"见《司马文正公传家集》,上海:商务印书馆,1937,丛书集成初编。
[33] 王勃:《王子安集》卷六,上海古籍出版社,1992,页43。
[34] 陈棐:《拱辰楼赋并序》,《山西通志》卷二百二十。
[35] 张国维(1595—1646):《宣邦直赠王贰守佐理开河序》,《吴中水利全书》卷二十三,文渊阁四库全书本。
[36] 宋·阮逸注《中说》卷五《问易篇》页6b,四部备要本。
[37] 宋·释契嵩《镡津集》卷六,文渊阁四库全书本。

太古何尝有治,至后世圣人然后有治耳。且上果无为,则下亦乌能自足耶。若夫帝国战德,皇国战无为,德与无为,而以战言,虽老子未尝道。……呜呼! 曾谓文中子而有此,恐亦后世附会之尔。[38]

根据上述例证,我们可以在三个层面把握帝国的含义:其一,帝国与封建、郡县等政治制度的概念相并列,均指称包含特定价值与形式的政治共同体。其二,"帝国"是排列在三皇、五帝、周王、春秋之霸和战国之强的序列之中的政治形式,即五帝时代的,以"德"为特征的,区别于强国、霸国、王国、皇国的政治形态及其价值取向。第三,帝国概念是对那些基于利益关系而耍弄阴谋、推行武力的政治体制的否定。

这一源自五帝之国的帝国概念与古代西方的帝国概念以及19世纪传入亚洲的帝国概念有着显明的区别:前者以德政为中心,而后者则是综合绝对皇权和统一国家的权力形式。在一定意义上,"战德"之"帝国"只是存在于与"战兵"、"战智"等政治形态的对比关系中的想象物。我们今天熟悉的帝国概念是19世纪的产物。1868年明治天皇以大日本帝国为国号,此后这一新型的帝国概念也在19世纪晚期传入中国;这一帝国概念与绝对国家的政治形式和军国主义的社会体制有着密切的联系,从而与中国典籍中的帝国概念截然不同。在一定意义上,19世纪形成的新的帝国概念毋宁与古代帝国概念所否定的政治结构(霸国、强国等)更为相近,甚至可以用于描述秦汉时代形成的皇帝及其统属之下的大一统王朝(即皇权—郡县体制之下的王朝体制)。在先秦典籍中,帝或上帝是天的别称,人格性、主宰性和普遍性是这一概念的特征。秦始皇征服六国,建立统一的国家,自称始皇帝,以之区别于周王的称谓。汉五年(前202),天下一统,诸侯尊汉王为皇帝,也表示皇权是超越于封建之上的普遍权力。皇帝概念包含三层含义:第一,区别于建立在分封制度基础上的(周)王的概念,皇帝概念建立在郡县一统的国家制度结构之上,从而帝制涉及郡县制与封建制的区别;第二,皇帝也是天子,秉承天的意志,而天意落实在礼乐和文化之中,从而天子也代

---

[38] 黄震:《黄氏日抄》卷五十五,页11ab。文渊阁四库全书本。

表着一种文化的同一性;第三,作为最高政治权力的皇帝是军事统帅,御驾亲征是皇权威势的最为重要的体现,在这个意义上,皇权与军事征服有着密切的关系。值得注意的是:欧洲的帝国概念也与皇帝(emperor)一词的拉丁语词根有关,而皇帝首先是军队的最高统帅,其次是帝国统一性的象征,例如,在罗马帝国的语境中,皇帝一词最早指称成功的将军,而后用于君主的称谓,两者都含有浓厚的军事内涵。日本天皇将帝国一词用于国号本身,除了受到大英帝国等欧洲国家的影响之外,他也是在实行倒幕、定都东京、建立统一的集权国家的条件下运用天皇和帝国这一范畴的。普遍权力与统一国家的结合是帝国这一汉字合成词得以成立的根据。

在有关前19世纪中国的历史研究中,中国士大夫和中国学者对西方学者最常使用的概念之一中华帝国(Chinese Empire)一直抱有疑虑。产生疑虑的原因有二:第一,中国学者大多不同意将欧洲帝国与中国王朝相提并论,认为中国及其世界模式主要依靠文化和礼仪的同化(所谓柔边御远的"王化"),从而不同于罗马、蒙古或奥斯曼等在武力征服的基础上形成的帝国。第二,在大量的使用中,帝国概念已经被置于与民族—国家、甚至现代性完全对立的关系之中,从而帝国的命名预设了中国社会和文化的封闭、专制和落后性质。就第一点而言,大多数研究比较帝国史的专家都承认中国王朝以儒士或士绅阶层为特殊中介,在实行"王化"的过程中,"文化"扮演着远较军事征服更为有力的角色;然而,这一点并不足以推翻帝国概念的运用:秦、汉、隋、唐、宋、元、明、清历代王朝哪一个缺乏武力征服的历史记录?那些以武力征服为重要特征的欧洲帝国或亚洲帝国(罗马帝国、奥斯曼帝国、莫卧尔帝国等)又有哪一个没有以普遍性的"文明"建构自己的世界图景和合法性?在这里,真正成问题的不是帝国概念的使用,而是如何打破帝国/民族—国家的二元论,并在历史研究中妥善地处理帝国概念与中国的政治概念——封建、郡县、大一统或朝贡等——之间的关系,以及中国王朝之间的历史区别。内藤湖南、宫崎市定将宋朝理解为一种接近于民族—国家(族群认同、有限共同体、官僚体制、贸易关系、平民文化等)的郡县制国家,从而区别于汉、唐或元、清那样的幅员巨大、族群众多、内含贵族制的权力无限的政治共同体。与宋、明王朝相比,清代在政治结构、文化意识形态和族群构成方面均显现出混杂性和非限制性的(这一概念是相对于民族—国家在疆域、人口等方面的有限共同体性质而言的)特点,后者更接近于人们通常所理解的帝国,我们可以从它们的体制构成中总结出下述特征:一、一种与单纯的封建制和郡县制不同的混合型的控制机制;二、通过军事扩张、贸易和移民而形成的幅员广阔、族群复杂的社会体和经济体;三、多重性的权力构架,即中央集权与从地方性文化中产生的权力结构的并存;四、力图将自身作为普遍的文化或文明的代表,但这种普遍的文化或文明是以混杂性而不是单一性为主要的特征的。在19世纪的民族主义浪潮中,对于这一多元权力中心的、族群混杂的和非限制性的帝国的严重质疑直接地为民族—国家的合法性提供了历史根据。然而,一个无法回避的历史问题是:现代中国建立在清朝奠定的历史地基之上,我们应该如何解释这一"帝国"与"民族"之间的连续关系?

多米尼克·列文(Dominic Lieven)在系统地检讨了帝国一词的历史之后得出的结论是:"在过去两千年中,帝国一词在不同的时候对于来自不同国家的不同的人而言,有着许多不同的含义。即使对于来自同一个国家、同一个时期的人而言,这个词也经常具有不同的含义。政治家们和政治思想家们有时也注意到这个概念的暧昧性,他们有意地在不同语境中通过这一词汇传达不同的意思。"[39]这位俄罗斯帝国史和比较帝国史专家为我们勾

---

[39] Dominic Lieven, *Empire: The Russian Empire and Its Rivals* (New Haven and London: Yale University Press, 2000), p. 3. 无论是在罗马时代指称在一定领土范围内行使统治权的政治实体的帝国,还是在中世纪的拜占庭、伊斯兰和西方基督教世界等在宗教或文化的统一性基础上建立起来的多民族帝国,甚至在19世纪后期至20世纪欧洲和美国的海上帝国称霸世界之时,这一概念都意味着强盛、繁荣和在武力与文化双重基础上的统一,从而是一个受到普遍肯定或羡慕的词。否则,竭力师法欧洲列强的明治日本怎么会自称为帝国呢?在人们的日常语汇中,帝国概念的贬值先是与西欧国家对奥斯曼帝国的冲突有关,而后则受到纳粹德国创建的第三帝国(das Dritte Reich)及其灭亡的影响。在第二次世界大战之后,这一用于描述"种族主义帝国"的帝国(Reich)概念遭到普遍地唾弃。当西方社会将苏联称之为帝国或邪恶帝国时,这一概念所承载的对于奥斯曼帝国、第三帝国的敌意被转化到了一种意识形态的斗争之中,并成为西方民主进行自我确证的工具。但无论是19世纪的大英帝国的自我标榜,还是当今将美国称之为"不得已而为之的帝国",帝国概念都包含了强盛、繁荣的含义。

勒了帝国这一概念的丰富而暧昧的历史,并在广阔的世界图景中描述了各大帝国的起落沉浮。即使在20世纪的前期,帝国概念也与繁荣和强大等概念联系在一起,它的贬值只是产生于纳粹德国对帝国概念的使用和冷战时代西方阵营对苏联的鞭笞等特定的时期。然而,为什么西方社会对纳粹和苏联的贬斥需要诉诸"帝国"概念呢?在我看来,这一通俗用法建立在深刻的知识背景之上:在19世纪的政治经济学传统和20世纪的社会学范畴中,帝国与扩张主义和专制主义的稳定联系早已建立起来了。[40]在这一知识传统的范畴内,帝国概念的贬值是民族—国家体制确立自身的霸权地位的结果,其中两个对比关系是最为重要的:第一,帝国是幅员广大、族群混杂、主权无限的政治体制,而民族—国家则是相对幅员较小、族群单一和主权有限的政治体制;第二,为了在广阔的地域和复杂的族群之间实行控制,帝国倾向于专制主义,而民族—国家的成员单一,更倾向于民主或共和制。

　　帝国—国家二元论的知识根源可以追溯至19世纪欧洲的"精神科学"所阐述的政治/经济理论。哈贝马斯描述德国民族国家的形成时说:"精神科学的世界观给出了一个视角,由此出发,我们可以把德国的政治统一看成是长期以来形成的民族文化同一性的进一步补充。文化和语言所确立起来的文化躯体,还需要一件合适的政治外衣。语言共同体必须在民族国家当中与法律共同体重叠起来。因为,任何一个民族看起来似乎从一开始就有权要求在政治上保持独立。"[41]文化和语言所确立的共

---

[40] 1963年,艾森斯塔德(S. N. Eisenstadt)的《帝国的政治体制》(*The Political Systems of Empires*)一书出版,第一次将帝国作为一种严格的政治体制类型进行分析,力图从中总结出民族—国家的民主与专制的历史性根源。在社会学的视野内,他将帝国区分为不同的类型,其中世袭制帝国和中央集权的官僚制帝国是两种最为主要的分析类型,前者以古埃及、印加、阿兹台克或众多的南亚王国为代表,后者以中国、罗马、拜占庭、萨桑、伊斯兰哈里发诸帝国以及欧洲早期绝对主义国家为代表。艾氏所做的是一种结构式的社会类型学分析,其中包含了不言而喻的历史观念,即帝国是前民族—国家的普遍的政治结构。尽管这是一部极为重要的社会学著作,但大多数历史学家并没有严格按照这一社会学分析模型来叙述帝国史或使用帝国概念。艾森斯塔德:《帝国的政治体制》,沈原、张旅平译,南昌:江西人民出版社,1992。

[41] 尤尔根·哈贝马斯:《何谓民族?》,《后民族结构》,曹卫东译,上海:上海人民出版社,2002,页12。

同体实质上是指在19世纪的"精神科学"——亦即区别于那一时代的自然科学的哲学、语言学和其他政治经济学范畴——中精确界定出来的民族范畴,这个范畴与"合适的政治外衣"——亦即民族—国家或法律共同体——的结合,形成了一种保持独立的主权范畴。就民族—国家的自我表述而言,哈贝马斯的这一历史描述是经典性的,我们可以从中找到某种并未出现的元叙述:民族在政治上的独立是指民族具有自我管理的排他性主权,这是君主国家拒绝神圣罗马帝国支配的直接表达。民族与主权的复合为民族成员获得平等的公民权利提供了前提,因为19世纪的新的潮流是将民族界定为一种以语言、种族、宗教、信仰、文化和历史等"自然属性"为特征的自然的存在,而民族这一自然存在也就拥有建立自己的主权的国家和政府的权力。在这个前提之下,地域广阔、民族众多的普遍性帝国就成为一种违背自然的、专制的权力象征。因此,在"精神科学"中被确立的民族权利只有放置在帝国与民族的对立关系中才能确立。专制主义的、地域广大的、不是以民族性而是普遍性宗教为基础的帝国形象实际上是18—19世纪欧洲人为了论证民族—国家及其主权形式的合法性而建构出来的。

在19世纪的欧洲思想中,上述帝国—国家二元论不仅是对政治结构的描述,而且也是对欧洲与亚洲的社会/政治体制的差异的概括,即帝国是一种区别于欧洲国家政治体制的亚洲政治结构。帝国—国家二元论由此与亚洲—欧洲(或东方—西方)二元论缠结在一起,并为19世纪以欧洲为中心的"世界历史"的建构提供了制度与地域的双重根据。很明显,这一对亚洲帝国的理论认识产生于对西欧国家的政治结构及其合理性的自我认识和论证。正如安德森(Perry Anderson)所论证的,在18—19世纪欧洲思想中,所谓亚洲国家结构——专制主义帝国——是欧洲思想家通过对土耳其势力的观察而形成的。作为第一个把奥斯曼国家作为欧洲君主国的对立物的理论家,马基雅维里(Machiavelli)在《君主论》中将土耳其的君主官僚制作为与所有欧洲国家分道扬镳的制度;在他之后,伯丹(Bodin)对欧洲主权概念做出了经典性的阐释,而这个阐释是建立在欧洲的"国王主权"(royal sovereignty)与奥斯曼的"主子主权"(lordly power)

的对比之上的。这两个人物开创了把欧洲国家结构与亚洲国家结构进行对比的传统,从中产生了东方专制主义的概念。[42]但是,在启蒙时代,莱布尼茨、伏尔泰和许多欧洲思想家似乎没有受到这一概念的影响,他们对中国和东方抱有极高的敬意:通过传教士的介绍、商人的活动和宫廷之间的往还,启蒙人物从中国社会的理性的生活方式、城市管理、数学和哲学,以及物质文明的各个方面汲取养料,进而将对中国、印度和其他文明的认识转化为"启蒙"的内在要素。上述帝国—国家二元论的真正影响是在18世纪后期以至整个19世纪。这一时代的三大潮流为马基雅维里—伯丹所开创的帝国—国家二元论的普遍化提供了可能性:法国大革命和欧洲及美国的民族运动确立了政治共同体的新的典范,为这一二元论提供了政治合法性;殖民主义为将这一二元论从欧洲历史转向普遍的世界历史提供了历史前提;19世纪的精神科学及其知识发展为这一二元论提供了"客观知识"或"科学知识"的形式。

19世纪的欧洲作者受到自然科学发展的激发,力图将科学的精神和方法运用于对人类社会的观察。帝国—民族或帝国—国家的二元论是在哲学、法学、政治理论、语言学、人类学、宗教学,以及其他被囊括在"政治经济学"这一范畴中的各种知识中建立起来的。在这一时代的欧洲知识的框架内,帝国概念及其运动具有如下特征:一、帝国是一个与民族—国家相对立的政治/经济范畴;二、帝国与民族—国家的这种对立关系被组织在一种时间性的关系之中,或者说,一种以政治结构和经济模式为基本单位组织起来的历史时间的进化过程之中;三、民族—国家与帝国的这一二元对立关系可以展现为西方与非西方的时间性的空间关系之中,即作为民族—国家的西方和作为帝国的非西方之间的关系可以用现在与过去、进步与落后等时间性范畴进行阐释。西欧封建国家与奥斯曼帝国的这一对比关系被转化为欧洲民族国家与亚洲帝国(中国、伊斯兰、俄罗

---

[42] 佩里·安德森:《绝对主义国家的系谱》(Perry Anderson, *Lineages of the Absolutist State*, London: Verso, 1979, p. 397),刘北成、龚晓庄译,上海:上海人民出版社,2001,页427。

斯、莫卧尔等)的对比关系:通过论证西欧国家与亚洲帝国的历史联系和区别,欧洲的国家、法律、经济、语言、宗教、哲学以及地理环境的诸种特征获得了自我确证的机会。这种欧洲自我确证的努力建立在一种特殊主义的普遍主义历史观和理论前提之上,从而我们今天已经很难理解被视为亚洲国家特色的专制主义帝国实际上是从欧洲人对奥斯曼帝国文化的归纳中衍生出来的。[43] 在这一背景下,国家成为欧洲的本质属性和"世界历史"的归宿地,而帝国概念则与亚洲——尤其是伊斯兰、中国和莫卧尔——这一地理范畴产生了历史性的联系。

在孟德斯鸠、亚当·斯密、黑格尔、马克思等欧洲作者所建立的那种亚洲与欧洲的对比关系中,亚洲和欧洲的形象按照一种目的论的框架展开为两种对立的政治形式和经济形态,即帝国与国家、农耕与工业或贸易。[44] 在这个二元论框架中,亚洲概念具备如下特征:与欧洲近代国家或君主国家形成对照的多民族帝国,与欧洲近代法律和政治体制构成对立的政治专制主义,与欧洲的城邦和贸易生活完全不同的游牧和农耕的生产方式,等等。只有从这个角度出发,我们才能理解那个时代的欧洲思

---

[43] 安德森描述说:"到了十八世纪,随着殖民开发和扩张,最初同土耳其接触而形成的观念,在地理上的含义越来越向东扩展,先是扩大到波斯,然后是印度,最后是中国。随着这种地理含义的扩大,最初在土耳其发现和局限于土耳其的一组特征就逐渐成为一种普遍的概念。政治'专制主义'的概念由此而诞生……"《绝对主义国家的谱系》,页495。

[44] 这里需要对马克思的论述作一点特殊的说明。在《政治经济学批判》的序言中,他曾把西欧的历史经验说成是"人类……社会经济形态演进的几个时代",但是这个序言自1859出版后在马克思生前没有再版过,他也从来没有在其他地方提过这一后来著名的规律。他去世后手稿(注为1857年8月23日)才被发现并由考茨基发表于1903年3月的《新时代》(Neue Zeit)。英文版于1904年首次附在N. I. Stone译的《政治经济学批判》中发表。1877年,一位俄国学者根据"马克思主义理论"提出:为了摆脱俄国封建社会,俄国需要建立资本主义制度。马克思说:在他的著作中,他"只不过想描述西欧的资本主义经济制度从封建主义内部出来的途径",绝不能"把我关于西欧资本主义起源的历史概述彻底变成一般发展道路的历史哲学论,一切民族,不管他们所处的历史环境如何,都注定要走这个道路","这样做,会给我过多的光荣,同时也会给我过多的侮辱。"《马克思恩格斯全集》,人民出版社1963年版,第19卷,129—130页。

想家们对于中国的叙述及其修辞策略。例如,孟德斯鸠断然地否定一些传教士和欧洲启蒙运动关于中国的政治、法律、风俗和文化的较为肯定的描述(这些描述曾经为伏尔泰、莱布尼茨等对中国的肯定性描述提供过灵感),进而以"专制"和"帝国"概念囊括整个中国的政治文化。[45]根据他的经典描述,帝国的主要特征是:最高统治者以军事权力为依托垄断所有的财产分配权,从而消灭了可以制衡君主权力的贵族体制,扼制了分立的民族—国家的产生。在这个叙述中,不仅缺乏奥斯曼、莫卧尔、俄罗斯、清朝等"亚洲帝国"的各自特征的描述,而且也不可能提供一种产生于互动和混杂关系中的社会形象。在孟德斯鸠的想象中,中国历史中的战争、征服和各种社会交往均无法改变这个社会作为帝国的特征,用他的话说:"中国并不因为被征服而丧失它的法律。在那里,习惯、风俗、法律和宗教就是一个东西。"[46]这个看法与杜赫德(Jean Baptiste Du Halde)等早期传教士有关中国的观点极为相似,即认为四千多年来中国的政治、法律、语言、服装、道德、风俗和习惯始终保持着同一性,没有实质性的变化。在这一省略历史变化和历史互动的"文化主义"视野内,亚洲没有历史,不存在产生现代性的历史条件和动力——这个现代性的核心是"国家"及其法的体系,以及城邦的和贸易的生活方式。

在18—19世纪的一系列经典性叙述中,疆域辽阔、民族复杂的专制主义帝国体制与"亚洲"这一概念密切相关,这两个范畴正好产生于与希腊共和制和君主国家这一欧洲形式的对比之中——在19世纪的民族主义浪潮中,共和制或封建君主国家都被视为欧洲民族—国家的前身,这种欧洲民族—国家是区别于任何其他地区的独特的政治形式。在这种自我确证的论述方式中,作为东方专制主义的政治形式,帝国体制(奥斯曼、中国、莫卧儿、俄罗斯等幅员辽阔的多民族帝国)无法产生出资本主义发

---

[45] 孟德斯鸠将帝国与自然环境尤其是地理状态直接地关联起来,从而提供了帝国叙述的一种自然的基础,这在一定程度上也是那个时代日益高涨的科学叙述的产物。《论法的精神》上册,北京:商务印书馆,1997,页278。

[46] 同上书,页314。

展所需要的政治结构,[47]以及韦伯所论证的那种渊源于新教伦理的经济理性主义。因此,近代性的资本主义仅仅是西欧独特的社会体制的产物,从而资本主义的发展与以封建国家为历史前提的民族—国家体制之间存在必然的或自然的联系。这一论述有意或无意忽略的是:迄今为止的所有政治体制都是历史中的互动关系的结果,而罗马帝国、伊斯兰帝国、中华帝国和其他帝国形式恰恰是所谓"全球化之前的全球化"的最为重要的载体。那种将现代性归因于单一的文化或制度条件的论述方式,即使包含了深刻的洞见,也仍然是高度化约的。

由于欧洲民族—国家和资本主义市场体系的扩张被视为世界历史的高级阶段和目的,从而亚洲及其上述特征被视为世界历史的低级阶段。在这一语境中,亚洲不仅是一个地理范畴,而且也是一种文明的形式,它代表着一种与欧洲民族—国家相对立的政治形式,一种与欧洲资本主义相对立的社会形态,一种从无历史状况向历史状态的过渡形式。如果说帝国/国家二元论侧重于政治结构和认同模式的描述,亚洲/欧洲二元论侧重于地理关系的描述,那么,文明论的框架则将上述政治结构、认同模式和地理关系组织在传统与现代的时间逻辑之中。一方面,在从封建国家向民族国家过渡的西欧语境中,专制主义概念与广大帝国的概念存在紧密联系,从而"国家"这一与帝国相对立的范畴获得了它的价值上的和历史上的优越性;另一方面,当欧洲资本主义的触角逐渐覆盖整个地球之时,这一帝国与国家的二元论也就成为欧洲或西方确立自己的认同并建立自己的"世界历史"时的内在结构。这一亚洲帝国与欧洲国家的叙述为欧洲知识分子、亚洲革命者和改革者,以及历史学家提供了描述世界历史和亚洲社会、制定革命与改革方略和勾画亚洲的过去与未来的基本框架。在19世纪和20世纪的大部分时间里,有关亚洲帝国的叙述内在于欧洲现代性的普遍主义叙述,并为殖民者和革命者制定他们的截然相反的历史蓝图提供了相近的叙述框架,这个框架的三个中心主题和关键概念是帝国、民族—国家和资本主义(市场经济)。从19世纪至今,几乎所

---

[47] Perry Anderson, *Lineages of the Absolutist State*, pp. 400, 412. 中译本,页430, 441.

有的亚洲话语都与这三个中心主题和关键概念发生着这样的或那样的联系。因此,亚洲农业帝国的形象又是在18—19世纪欧洲人形成新的欧洲认同的过程中产生出来的。

在19世纪欧洲的历史、哲学、法律、国家和宗教论述中,帝国—国家二元论不仅构成了结构性的对比关系,而且也被纳入一种时间的目的论之中,从而欧洲"世界历史"可以被概括为一种以政治形式的演进为基本线索建构起来的时间叙事。在德国形而上学的传统中,这一以政治形式为内涵的普遍历史被包裹在19世纪德国"精神科学"所提供的知识框架之中。例如,在欧洲语言学对欧洲语言与梵语之间的联系的发现的启发之下,黑格尔将这一历史语言的联系与19世纪欧洲知识的另外两个发现——种族理论和历史地理学——联系起来,将亚洲帝国视为欧洲国家得以最终产生的历史起点:

> 近二十余年以来,关于梵语以及欧罗巴语和梵语的联系的发现,真是历史上一个大发现,好像发现了一个新世界一样。特别是日耳曼和印度民族的联系,已经昭示出来一种看法,一种在这类材料中能够获得很大限度的确实性的看法。就是在今天,我们仍然知道还有若干民族没有形成一个社会,更谈不上形成一个国家,然而它们早就如此存在了。……在方才所说的如此远隔的各民族,而它们的语言却又有联系,在我们的面前就有了一个结果,所谓亚细亚是一个中心点,各民族都从那里散布出去,而那些原来关联的东西,却经过了如此不同的发展,都是无可争辩的事实……[48]

据此,亚洲所以构成了"起点"有两个条件:第一,亚洲与欧洲是相互关联的同一历史进程的有机部分,否则就不存在所谓起点和终点的问题;第二,亚洲与欧洲处于这一历史发展的截然不同的阶段,而构成这一阶段判断的根据的主要是"国家",即亚洲所以处于"起点"或缺乏历史的时期是

---

[48] 黑格尔:《历史哲学》,王造时译,上海:上海书店出版社,1999,页62—63。

因为它还不是国家、还没有构成历史的主体。在这个意义上,当亚洲地区转变为"国家"的时候,亚洲也就不是亚洲了——亚洲这一范畴本身不过是绝对精神自我复归过程的象征性的表达。为了论证绝对精神发展的历史,黑格尔认为需要"历史的地理基础",即"精神"得以展现的场地,从而以地理学的形式将"时间"建构为"空间":

> 在世界历史上,"精神的观念"在它的现实性里出现,是一连串外部的形态,每一个形态自称为一个实际生存的民族。但是这种生存的方面,在自然存在的方式里,属于"时间"的范畴,也属于"空间"的范畴。[49]

按照这一将"空间"组织为"时间"或将"时间"展现为"空间"的"哲学的历史",绝对精神的发展穿越了四个大的历史阶段,即包括中国、印度和波斯等在内的"东方世界"、"希腊世界"、"罗马世界"和代表着现代世界精神的"日耳曼世界"。"日耳曼世界"是先前各个世界的重复,亦即绝对精神的自我复归。亚洲的表面特性是地球的东部,是创始的地方,而深层的结构却是专制性的帝国。正是在帝国—国家的内在对比之中,黑格尔才能将产生于亚洲的欧洲视为旧世界的中央和终极或"绝对的西方"。"世界历史从'东方'到'西方',因为欧洲绝对地是历史的终点,亚洲是起点。……历史是有一个决定的'东方',就是亚细亚。……东方从古到今知道只有'一个'是自由的;希腊和罗马世界知道'有些'是自由的;日耳曼世界知道'全体'是自由的。所以我们从历史上看到的第一种形式是专制政体,第二种是民主政体和贵族政体,第三种是君主政体。"[50]

为什么黑格尔能够如此自然地将"时间"组织为"空间",并在"世界历史"和国家政治制度的范畴内解释精神的发展?从黑格尔理论的内在逻辑和知识前提来看,这一转换至少包含了两个条件:第一,黑格尔的历史哲学的主要源泉之一是一种心理学理论,它是从个人主义的、人类中心

---

[49]《历史哲学》,页85。
[50] 同上书,页110—111。

主义的传统发展而来，其目的是通过世界历史与个人精神历史的一种类比关系的建构来解决从个人主义论述中产生出的哲学困难。个人作为一种普遍单位将世界及其无限丰富性想象为一个普遍主体的历史，而政治形式——亦即作为专制政体、民主政体和贵族政体的国家形式——则是这一普遍主体在自我展开过程中的时间轴线上的阶段性标志。正是在这一人类中心主义和政治形式主义的传统之上，黑格尔才能够将不同区域和不同历史形式理解为一个精神发展的过程，并以此来克服由于市场扩张、劳动分工和个人主义而产生的社会分裂。[51]在欧洲思想中经常处于对立位置的个人与国家在这里从属于同一历史进程本身。黑格尔从斯密那里借来了"市民社会"（以及与市场直接相关的财产权和契约关系）的范畴，但他的政治哲学的核心是国家的角色、政治领域和身份认同。19世纪的德国人生活在分裂的而且弱小的国家里，它们之间缺乏一种集中的政治媒介为德国文化提供统一的构架。正是在这一条件下，黑格尔将国家及其法的体系置于历史进化的最高范畴，以一种国家统一型的民族主义回应16世纪、尤其是18世纪以降中欧和德国分裂的政治和社会现实，以市民社会和国家的政治文化统一人们对家族、地方和宗教的多重认同。他在哲学层面对总体（wholeness）的恢复亦即对国家的总体性的恢复，其功能是提供市民社会的政治架构，克服市场及其分工体系所造成的人与他人的分裂。在他看来，离开国家及其法律机制，资产阶级社会的原子式的个人就无法构成市民社会。"利己的目的，就在它的受普遍性制约的实现中建立起在一切方面相互依赖的制度。个人的生活和福利以及他的权利的定在，都同众人的生活、福利和权利交织在一起，它们只能建立在这种制度的基础上，同时也只有在这种联系中才是现实的和可靠的。这种制度首先可以看成外部的国家，即需要和理智的国家。"[52]

---

[51] 关于19世纪政治经济学中的时间问题，参见我为《反市场的资本主义》一书所写的导论《经济史，还是政治经济学？》，见《反市场的资本主义》，许宝强、渠敬东编，北京：中央编译出版社，2000，页1—49。

[52] 黑格尔：《法哲学原理》（*Grundlinien Der Philosophie Des Rechts*），范扬、张企泰译，北京：商务印书馆，1995，页198。

其次,如果我们把黑格尔历史哲学中的东方、希腊、罗马、日耳曼的阶段性叙述与亚当·斯密从经济史角度对人类历史发展的四个阶段——即狩猎、游牧、农耕和商业——所做的归纳加以对比,我们不难发现黑格尔的以政治形态为中心的历史阶段描述与斯密以生产形态为中心的历史阶段描述有着内在的联系。斯密把农耕社会向商业社会的发展看成是欧洲封建社会向现代市场社会的过渡,从而以一种历史叙述的形式将现代、商业时代与欧洲社会等概念内在地联系起来。一方面,斯密是一个历史学家,他对经济的描述是一种历史描述,但另一方面,他所提供的市场运动模式是一个抽象的过程:美洲的发现、殖民主义和阶级分化都被归结为关于无穷尽的市场扩张、劳动分工、工艺进步、税收和财富的上升的经济学描述,一种有关世界市场的循环运动的论述就在这一形式主义的叙述方式中建立起来了。在这一叙述方式中,市场模式既是历史发展的结果,也是历史的内在的规律;殖民主义和社会分化的具体的空间关系在这里被转化为生产、流通、消费的时间过程。因此,时间与空间的互换关系建立在资本主义的生产过程与殖民主义的区域关系的历史联系之上:一方面,在斯密描述的资本活动过程中,生产、流通和消费的时间关系必须经过海外殖民、阶级分化和市场扩张等空间活动才能完成;另一方面,这种由资本主义市场和劳动分工所构筑的空间关系又不是外在于资本的连续活动的关系,从而地域上的空间关系可以被转化为市场活动中的时间关系。值得注意的是,正是通过对斯密所描述的这一重复性的生产和交换活动的观察,黑格尔发现这一循环往复的过程本身产生了阶级分野和帝国主义:生产和消费过程的无穷膨胀势必导致人口的上升、分工的限制、阶级的分化,从而迫使市民社会越出自己的边界、寻找新的市场、实行殖民政策。"于是工业在追求利润的同时也提高自身而超出于营利之上。它不再固定在泥块上和有限范围的市民生活上,也不再贪图这种生活的享受和欲望,用以代替这些的是流动性、危险和毁灭等因素。此外,追求利润又使工业通过作为联系的最巨大媒介物而与遥远的国家进行交易,这是一种采用契约制度的法律关系;同时,这种交易又是文化联络的最强大手段,商业也通过它获得了世界史的意义。"[53]在这里,黑格尔把市民社会、经济活动、消费主义与帝国主义扩张之间的联系诠释为"贸易在世界历史中的意义",从而为将市民社会、市场经济、法哲学和国家的科学组织到他的"世界历史"或"绝对精神"的发展构架之中提供了前提。[54]

按照黑格尔的"世界历史"的构架,由自主的个人组成的市民社会及其法律体系成为政治共同体(国家)的内在结构,这个政治共同体不是一个纯粹人为的构造,而是一个综合的演化过程的产物,从而构成了"世界历史"的目的本身。[55]黑格尔的东方概念是对欧洲思想中的亚洲论的哲学总结,其核心是以欧洲的国家结构与亚洲的国家结构进行对比。由于黑格尔有关市民社会和市场、贸易的论述源自苏格兰学派的政治经济学,从而他的专制主义的亚洲概念与特定的经济制度之间是存在着呼应关系的。在《国富论》中,斯密谈到中国和其他一些亚洲国家的农业性质与水利工程之间的联系,用以区别于欧洲城市的行业特点,即制造业和外贸。他对狩猎、游牧、农耕、商业等四个历史阶段的区分同时配合着对不同地域和民族状况的界定。例如,在谈论"最低级最粗野的狩猎民族"时,斯密提及了"现今北美土人";在论述"比较进步的游牧民族的社会状态时",他举出了鞑靼人和阿拉伯人;在谈论"比较更进步的农业社会"时,他又提及了古希腊和罗马人(稍前的章节中还提及了中国的农业)。至于商业的社会则是斯密称之为"文明国家"的欧洲。[56]斯密把农耕社会

---

[53] 黑格尔:《法哲学原理》,页246。

[54] 在1821年发表的《法哲学原理》中,黑格尔将政治和社会组织的发展区分为三个阶段,即家庭、市民社会和国家的建立,而国家则是家庭和市民社会的综合。"市民社会是处在家庭和国家之间的差别的阶段,虽然它的形成比国家晚。其实,作为差别的阶段,它必须以国家为前提,而为了巩固地存在,它也必须有一个国家作为独立的东西在它面前。"同上,页197。

[55] 20世纪末叶开始的有关"历史的终结"的争论只有放置在这一历史观的脉络中才能获得历史性的理解:由欧洲所代表的自由和民主的国家理念和市民社会所代表的生产关系在经过了各种各样的实验、暴政和虚无之后最终回到自身。参见弗兰西斯·福山(Francis Fukuyama):《历史的终结》(The End of History),呼和浩特:远方出版社,1998。

[56] 亚当·斯密(Adam Smith):《国民财富的性质和原因的研究》(An Inquiry into the Nature and Causes of the Wealth of Nations),下卷,北京:商务印书馆,1972,页254—284。

向商业社会的过渡视为欧洲封建社会向现代市场社会的过渡,现代、商业时代与欧洲社会具有内在的历史关系。正由于此,他对欧洲与其他地区的历史关系的分析最终产生的是一种有关经济运转的叙述,例如他论证说:欧洲从美洲的发现和拓殖取得了以下的利益:一、欧洲的享乐用品增加了;二、欧洲的产业增大了。……美国的发现与拓殖,促进了以下各国的产业:与美洲直接通商的国家,如西班牙、葡萄牙、法国、英国;不直接与美洲通商,但以他国为媒介,把大量麻布及其他货物送到美洲的国家,如奥属法兰德斯和德国的某几个省。这一切国家,显然都有比较广阔的市场,来销售他们的剩余生产物,因而必然受到鼓励来增加剩余生产物的数量。[57] 斯密把美洲的发现及其与欧洲的关系与无穷尽的市场、劳动分工、工艺进步、税收和财富的上升密切联系起来,从而将殖民地的开拓和世界性的地域关系纳入一种有关世界市场的循环运动的论述之中。

在黑格尔的视野中,所有这些问题都被纳入有关国家的政治视野之中:狩猎民族之所以被认为是"最低级最粗野的"民族,是因为狩猎和采集的人群规模较小,无法产生构成国家的那种劳动的政治分工,用盖尔纳(Ernest Gellner)的话说,"对于他们来说,国家的问题,建立稳定的、专门负责维持秩序的机构的问题,实际上并不存在"。[58] 正由于此,黑格尔在叙述他的"世界历史"时断然地将北美(狩猎和采集是其生活方式的特征)排除在外,而将东方——帝国体制加农业生产方式——置于历史的起点。如果说斯密将历史划分为不同的经济的或生产的形态,那么,黑格尔则以地域、文明和国家结构命名不同的历史形态,但他们都把生产形态或政治形态与具体的空间(如亚洲、美洲、非洲、欧洲等)联系起来,并将它们组织在一种时间性的阶段论的关系之中。安古斯·沃尔克尔(Angus Walker)论述道:"尽管这些苏格兰思想家赞成斯密的观点,即劳动分工促使社会追求财富的最大化和行为——经济的、社会的和知识的——多样性,……他们都认为劳动

---

[57] 《国民财富的性质和原因的研究》,下卷,页 161—162。
[58] 厄内斯特·盖尔纳(Ernest Gellner):《民族与民族主义》(*Nation and Nationalism*),韩红译,北京:中央编译出版社,2002,页 6。

分工……可能具有相反的社会后果。但进步的这种负面作用从来不是他们著述的主要主题……苏格兰思想中有关进步的理性的乐观主义叙述应该被德国作者用于说明他们的社会分裂。劳动分工被看作是社会分层、专门化的人类活动的理性。这种专门化的活动剥夺了人充分施展其潜能（自然赋予他的精神和体力的力量）的可能性。这被解释成社会与人的联系的削弱,社会的内在联系的衰落。"[59]无论从哪一种立场出发,上述作者都对"亚洲有自身的历史吗?"这一问题给予否定的回答,因为历史必须以一个主体为前提,而在19世纪的欧洲政治语境中,所谓主体即民族—国家。在这个意义上,这一回答并不产生于对亚洲或中国历史的具体叙述,而是产生于对"世界历史"的建构、产生于对欧洲在这一"世界历史"中的"终点"地位的建构:作为起点的亚洲是一种将农耕生产方式整合在帝国政治结构中的形式,而作为"终点"的欧洲则是将资本主义放置在民族—国家的政治结构之中的普遍法则。这一历史法则究竟是通过怎样的逻辑而被"自然化"的呢?

马克思在阐述社会的经济结构的演变时,采用了亚细亚的、原始的、封建的和资产阶级的四个历史阶段,从而表明他的独特的亚细亚生产方式概念产生于对斯密和黑格尔的历史观的综合。根据安德森(Perry Anderson)的归纳,马克思的"亚细亚生产方式"的概念建立在15世纪以降欧洲思想史对亚洲特性进行的一系列概括的广泛前提之上:国家土地所有制（哈林顿、贝尔尼埃、孟德斯鸠）、缺乏法律约束（伯丹、孟德斯鸠、贝尔尼埃）、宗教取代法律（孟德斯鸠）、没有世袭贵族（马基雅维里、培根、孟德斯鸠）、奴隶般的社会平等（孟德斯鸠、黑格尔）、孤立的村社（黑格尔）、农业占据压倒工业的优势（穆勒、贝尔尼埃）、公共水利工程（斯密、穆勒）、炎热的气候环境（孟德斯鸠、穆勒）、历史静止不变（孟德斯鸠、黑格尔、穆勒）。所有这些特征都被这些不同的著作家们归结为东方专制主义的表现,这一方式可以追溯到希腊思想对亚洲的论断。[60]

---

[59] Angus Walker, *Marx: His Theory and its Context* (London: Rivers Oram Press, 1978), pp. 64-65.

[60] 佩里・安德森:《绝对主义国家的系谱》(*Lineages of the Absolutist State*, p. 473),页503。安德森对亚洲亚细亚生产方式的讨论是经典性的,但不知何故,他没有提及斯密和苏格兰学派对黑格尔和马克思的亚洲概念的极为重要的影响。

"'专制主义'概念的明确出现从一开始就是一种站在外面对'东方'的评价。人们发现了真正的希腊世界本身(这是一个不寻常的说法)的古典古代,一个主要的经典说法就是亚里斯多德的著名论断:'野蛮人比希腊人更有奴性,亚洲人比欧洲人更有奴性;因此,他们毫无反抗地忍受专制统治。……由于它们遵循成法而世代相传,所以很稳定。'"[61]亚洲人的"奴性"是从亚洲社会结构的稳定性这一历史观察中推衍出来的,而亚洲社会结构——包括中国社会结构——的一次又一次深刻的、内在的、革命性的变化完全不在这一历史观的视野之内。安德森没有提及马克思是否汲取了亚当·斯密对生产方式的描述,也没有涉及他的历史唯物主义的立场如何将黑格尔的以上层结构为线索的历史逻辑放置在生产方式演变的框架之内,从而颠倒了黑格尔思想中的上层结构与基础之间的关系。但是,马克思对黑格尔、斯密的综合和对黑格尔学说的"颠倒"并没有改变将政治形式和生产形态纳入时间的轨道的欧洲政治思想的核心逻辑。

20世纪初期发展起来的不同形式的民族自决权的理论(列宁主义和威尔逊主义)均服从于这一以国家政治形式为中心的时间逻辑。在列宁的资本主义与世界革命的思考框架内,落后地区(亚洲农业帝国)改变自身社会结构、寻求资本主义发展的努力同时也成为针对资本主义体系的"世界革命"的内在要素。但这一新的对"世界历史"的阐释仍然以帝国/国家、农业/工业或商业的二元论为前提,因为列宁对亚洲革命的期待、对欧洲资本主义的批判全部建立在以民族自决形式创造发展资本主义的条件这一核心论题之上。在中国辛亥革命爆发(1911)和中华民国临时政府成立(1912)之后不久,列宁连续发表了《中国的民主主义和民粹主义》(1912)、《亚洲的觉醒》和《落后的欧洲和先进的亚洲》(1913)等文,欢呼"中国的政治生活沸腾起来了,社会运动和民主主义高潮正在汹涌澎湃地发展",[62]诅咒"技术十分发达、文化丰富、宪法完备的文明先进的欧洲"正在资产阶级的领导下"支持一切落后的、垂死的、中世纪的

---

[61] 《绝对主义国家的系谱》,页495。
[62] 列宁:《亚洲的觉醒》,《列宁选集》第2卷,人民出版社,1973,页447。

东西"。[63]列宁的判断是他日后形成的帝国主义和无产阶级革命理论的雏形,按照他的观点,随着资本主义进入帝国主义阶段,世界各地的被压迫民族的社会斗争就被组织到世界无产阶级革命的范畴之中了。这一将欧洲革命与亚洲革命相互联系起来进行观察的方式可以追溯到马克思1853年为《纽约每日论坛报》撰写的文章《中国革命与欧洲革命》。列宁与主张"脱亚入欧"的福泽谕吉的取向相反的结论建立在一个基本的共识之上,即亚洲的近代乃是欧洲近代的产物;无论亚洲的地位和命运如何,它的近代意义只是在与先进的欧洲的关系中呈现出来的。例如,列宁把俄国看作是一个亚洲国家,但这一定位不是从地理学的角度、而是从资本主义发展的程度的方面、从俄罗斯历史发展的进程方面来加以界定的。在《中国的民主主义和民粹主义》一文中,他说:"俄国在许多方面无疑是一个亚洲国家,而且是一个最野蛮、最中世纪式、最落后可耻的亚洲国家。"[64]尽管列宁对中国革命抱有热烈的同情态度,但当问题从亚洲革命转向俄国社会的内部变革时,他的立场是"西欧派"。构成这一"亚洲国家"的特性的究竟是什么呢?专制主义帝国和农业及农奴制。19至20世纪的俄国知识分子将俄国精神视为东方与西方、亚洲和欧洲两股力量的格斗和碰撞。在上述引文中,亚洲是和野蛮、中世纪、落后等概念联系在一起的范畴,然而恰恰由于这一点,俄国革命本身带有深刻的亚洲性质(即这一革命针对着俄国这一"亚洲国家"所特有的"野蛮的"、"中世纪的"和"落后可耻的"社会关系)而同时具有全球性的意义。

1917年的十月革命产生于欧洲战争的直接背景之下,并对中国革命产生了深刻影响。但是,人们很少注意如下两个事实:第一,十月革命发生在辛亥革命之后,由此开创的一国建设社会主义的方式在很大程度上可以视为对亚洲革命(中国的辛亥革命)的回应。列宁关于民族自决权的理论、关于帝国主义时代落后国家的革命的意义的解释,都产生于

---

[63] 列宁:《落后的欧洲和先进的亚洲》,《列宁选集》第2卷,页449。
[64] 列宁:《中国的民主主义和民粹主义》,《列宁选集》第2卷,页423。

1911年辛亥革命之后,并与他对中国革命的分析有着理论的联系。以国家形式回应欧洲资本主义的挑战,这一逻辑本身与马克思或19世纪社会主义理论没有什么关系,毋宁是在帝国—国家二元论中建立起来的,按照这一二元论的历史框架,国家是资本主义发展和市民社会形成的最为重要的条件。社会主义者只是将黑格尔的辩证逻辑注入这一二元论:只有国家形式才能提供超国家形式的内在动力,或者说,只有资本主义的生产形态和组织方式才能提供超资本主义的生产形态和组织方式。社会主义与国家的结合既是颠倒19世纪欧洲思想以政治形式和生产形态结构起来的"世界历史"的努力,也是这一世界历史的内在逻辑的革命性的展开形式。第二,俄国革命对欧洲产生了巨大的震动和持久的影响,它可以视为将俄国与欧洲分割开来的历史事件。从十月革命、二次大战和冷战时代,以东西对峙的格局为形式,在西欧的视野中,俄国(苏联)重新回到了亚洲的怀抱,即使"二战"时代的短暂的战时联盟关系也没有改变这一点。列宁的革命的判断与斯密、黑格尔对于亚洲的描述没有根本的差别:他们都把资本主义的历史表述为从古老东方向现代欧洲转变的历史进程,从狩猎、农耕向商业和工业的生产方式转变的必然发展。但在列宁这里,这一世界历史框架开始包含双重的意义:一方面,世界资本主义和由它所激发的1905年的俄国运动是唤醒亚洲——这个长期完全停滞的、没有历史的国度——的基本动力[65];另一方面,中国革命代表了世界历史中最为先进的力量,从而为社会主义者标出了突破帝国主义世界体系的明确出口。俄国知识分子和革命者中间发生的斯拉夫派与西欧派的持久论战从一个特殊方面说明亚洲论述背后隐含的上述双重的历史动力。[66]

亚洲及其政治/经济形态在世界历史修辞中的这种特殊地位也决定

---

[65] 列宁:《亚洲的觉醒》,《列宁选集》第2卷,页448,447。
[66] 俄国知识分子的欧洲观和亚洲观显然受到西欧近代政治发展和启蒙运动的历史观的影响。在列宁的使用中,亚洲这一与专制主义概念密切相关的概念是从近代欧洲的历史观和政治观中发展而来的。关于斯拉夫主义与西欧主义的论战,参见尼·别尔嘉耶夫:《俄罗斯思想》第一、二章,雷永生、邱守娟译,北京:三联书店,1995,页1—31,32—70。

着社会主义者对于亚洲近代革命的任务和方向的理解。十月革命创造了社会主义/资本主义两种体制性对立的格局,但列宁的理论其实延续着斯密、黑格尔和马克思对于资本主义的历史性的肯定,他关注的中心问题即如何在俄国和亚洲地区创造出能够为资本主义发展提供条件的政治结构。民族自决问题说到底是如何发展资本主义的问题。在评论中国革命者提出的超越资本主义的民主主义和社会主义纲领时,列宁批评这个纲领带有深刻的空想的特点,它毋宁是民粹主义的。在他看来,"亚洲这个还能从事历史上进步事业的资产阶级的主要代表或主要社会支柱是农民",因而它必须先完成欧洲资产阶级的革命任务,而后才谈得上社会主义问题。他娴熟地运用历史辩证法,一方面断言孙中山的土地革命纲领是一个"反革命"的纲领,因为它背离或超越了历史的阶段,另一方面又指出由于中国社会的"亚洲"性质,这个"反革命的纲领"恰恰完成了资本主义的任务:"民粹主义为了'反对'农业中的'资本主义',竟然实行能够使农业中的资本主义得到最迅速发展的土地纲领。"[67] 很显然,对于亚洲的理解部分地决定了他们对于革命的任务和方向的理解。列宁的亚洲观的前提是什么呢?这就是黑格尔和斯密的世界历史观对于亚洲的特殊规定(一个中世纪的、野蛮的、没有历史的和农业的亚洲),再加上资本主义与革命的逻辑。这个黑格尔+革命的亚洲概念包含了古代(封建)、中世纪(资本主义)、现代(无产阶级革命或社会主义)的历史发展范式,它为在资本主义时代理解其他地区的历史提供了一个带有时间及其阶段论的框架。

上述两种亚洲观从不同方面提出了亚洲概念与资本主义之间的历史联系。在这个历史联系内部,我们可以清晰地看到那个帝国与国家、农业与工业的对比。列宁在1914年形成的民族自决权理论将殖民主义和社会革命理解为现代世界的两种截然相反的跨国主义或国际主义动力,但同时又把二者归结为民族自决或创造发展资本主义的政治形式——民族—国家——的根据。为什么以国际主义和社会主义为旗帜的革命同样

---

[67] 列宁:《中国的民主主义和民粹主义》,《列宁选集》第2卷,页428—429。

导向了民族—国家的历史形式呢？列宁说：

> 民族国家是资本主义的通例和"常态"，而民族复杂的国家是一种落后状态或者是例外情形。……这当然不是说，这种国家在资产阶级关系基础上能够排除民族剥削和民族压迫。这只是说，马克思主义者不能忽视那些产生建立民族国家取向的强大的经济因素。这就是说，从历史的和经济的观点看来，马克思主义者的纲领上所谈的"民族自决"，除了政治自决，即国家独立、建立民族国家以外，不能有什么别的意义。[68]

在这里，"民族—国家"与"民族状况复杂的国家"（亦即"帝国"）构成了对比，前者是资本主义的"常态"，而后者则构成了民族—国家的对立面。民族自决是"政治自决"，这一概念意味着民族自决不是简单地回向认同政治，而是在政治的意义上实行自决，从而形成发展资本主义经济的政治条件——政治民族或民族—国家的政治结构。因此，当列宁谈论"亚洲的觉醒"的时候，他关心的不是社会主义问题，而是如何才能在农业的和帝国的关系中为资本主义的发展创造政治前提的问题，亦即创造资本主义（工业和市场经济）的政治结构和分工模式——民族—国家——的问题。列宁欢呼"资本主义使亚洲觉醒过来了，在那里到处都激起了民族运动，这些运动的趋势就是要在亚洲建立民族国家，也只有这样的国家才能保证资本主义的发展有最好的条件"。[69]这里清楚地指出了民族主义与资本主义的内在的联系：不是革命，也不是亚洲的特殊文明，而是资本主义的发展要求着民族运动。在清理了列宁的革命理论和民族自决理论与19世纪欧洲政治经济学的关系——尤其是深深植根其中的帝国—国

---

[68] 列宁：《论民族自决权》，《列宁选集》第二卷，页511—512。
[69] 对列宁来说，亚洲问题是和民族国家密切联系在一起的。他说，在亚洲"只有日本这个独立的民族国家才造成了能够最充分发展商品生产，能够最自由、广泛、迅速地发展资本主义的条件。这个国家是资产阶级国家，因此它自己已在压迫其他民族和奴役殖民地了"。列宁：《论民族自决权》，《列宁选集》第二卷，页511—512。

家二元论——之后,我们能够理解为什么以列宁主义为重要理论依据的中国马克思主义学派与费正清学派在解释中国现代性的发生问题时有着结构上的相似性。如果综合他们对于中国国家危机和社会危机的分析,我们大致可以归纳出相似的论证逻辑:第一,中国的危机是一个幅员辽阔、种族复杂、地方文化差异极大的帝国的危机;第二,帝国的统治依赖于强大的和统一的中央国家,这正是中国危机的根源;第三,统一的中央国家以特定的政治文化为前提,而这一政治文化建立在儒教文化(以及汉字书面语言)的基础之上。由此推论:危机是统一帝国的危机,统一帝国总是趋向于用一种集权化的方式统治国家,从而瓦解专制的方式即瓦解这一帝国及其政治文化。因此,民族自决是解决专制问题的主要方式。[70]

19和20世纪欧洲思想中的帝国—国家二元论产生于一种普遍主义的知识体系,散落在政治学、经济学、法学、文化人类学、语言学、考古学、历史学、种族理论等各个方面。在不同形式的民族运动和国家建设过程中,这一知识建构的过程是极为重要的要素:为了将日本想象或建构为一个现代国民国家,明治维新以降的日本社会对西方政教、法律和科学进行了持续的大规模翻译介绍;为了转化沙皇俄国的政治结构和世界关系,列宁在建构民族自决权理论时对黑格尔和马克思反复地仔细阅读;为了在满清帝国内部实行变法或为了推翻帝制、建立共和,晚清以降的各种运动以前所未有的热情翻译、介绍和阐发欧洲的政治、法律、经济和文化理论。民族主义的知识及其政治性的运用催生了国家的和大众的民族主义运

---

[70] 中国共产党的早期文件和宪法大纲均明确地将支持少数民族的民族自决作为自己的政治纲领的一个部分。例如,由中国共产党提出、中国工农兵会议第一次全国代表大会中央准备委员会全体会议通过的《中华苏维埃共和国国家根本法(宪法)大纲草案》第五节"苏维埃国家根本法最大原则之四,就是彻底地承认并且实行民族自决,一直到承认各小民族有分立国家的权利。蒙古、回回、苗黎、高丽人等凡是居住在中国地域的这些弱小民族,他们可以完全自由决定加入或脱离中国苏维埃联邦,可以完全自愿地决定建立自己的自治区域。苏维埃政权还要努力去帮助这些弱小的或者落后的民族发展他们的民族文化和民族语言等等,还要努力帮助他们发展经济的生产力,造成进到苏维埃的以至于社会主义的文明的物质基础。"见《中国新民主主义革命时期根据地法制文献选编》第一卷,北京:中国社会科学出版社,1981,页5。

动。这一现象说明的是:民族—国家的构想、方案和设计与一种普遍主义(更准确地说,一种特殊主义的普遍主义)的知识有着深刻的联系。几乎所有的民族主义的思想——无论它是以民间社会运动的形式出现,还是以官方的政治、法律和经济改革的形式出现,抑或以感情的、文学的、信仰的形式出现——都以这种普遍主义的世界观和知识体系作为前提,在这个普遍主义的知识体系中,国家的知识构成了历史和政治叙述的中心点。因此,除了社会条件之外,以大众或人民主权为指归的民族运动和以政治主权为中心的国家建设运动的发生均与认识论的框架有着内在关联。我在稍后的部分还要就此展开论述。

第三节　天理/公理与历史

1. 时势与时间

在本书中,帝国与国家、封建与郡县等问题是在另一更为基本的思想史线索中展开的,即天理的成立以及围绕理与物之关系的转化而展开的思想变迁:上卷讨论这一问题在儒学范畴内的意义,而下卷则以此观察科学世界观的形成及其内在矛盾。理与物的关系问题处理的是变与不变、连续与断裂的主题,亦即事物的秩序及其自然演化的问题。在这一框架内,上述各种政治性的和社会性的主题可以视为这一秩序及其演化的历史形式。对天理世界观与公理世界观的讨论实际上是对不同时期中国认同的特征、演化和合法性的研究。简要地说:作为一个道德/政治共同体的普遍价值观,天理是"前西方"时代中国的道德实践、文化认同和政治合法性的关键概念,而以此为核心的世界观的解体意味着在漫长时代里形成的道德/政治共同体及其认同感正在面临危机;作为这一解体的结果的公理/科学世界观的产生标志着原有的认同形态已经难以为继。伴随资本主义/殖民主义体系的扩张,民族—国家模式正在成为一种支配性的政治形式,在中国自身的转变之中,传统的混合型国家的历史/政治认同不得不让位于一种新型的认同方式,这就是在公理世界观的框架内形成的民族认同形式。无论是早期民族主义意识形态对于公理世界观的依赖,还是中国共产主义运动及其意识形态与公理世界观之间的内在联系,都说明天理世界观及其体现的认同模式不再能够合法地提供中国认同的根据。

正如天理世界观利用日常生活知识、宇宙论和知识论的建构,以及礼仪制度的实践对抗并击溃佛教、道教的支配性影响一样,近代科学世界观(或称公理世界观)通过建构自己的宇宙论、历史观和方法论并诉诸常识挑战天理世界观的支配性地位。从晚清至"五四"时代的大量文献中,我们可以从几个方面归纳天理世界观与公理世界观的尖锐对立:第一,公理世界观逆转了天理世界观的历史观,将未来而不是过去视为理想政治和道德实现的根源。这一逆转瓦解了儒学世界观内部所包含的历史中断或断裂的意识,以及由这一意识而产生的接续道统的意志,代之以一种历史延续和无穷进化的意识,以及由这一意识而产生的与过去决裂的意志。在这一历史意识的支配下,不是以个人的道德/政治实践重构道统谱系,而是以一种投身未来事业的方式体现历史意志,构成了新的伦理。第二,公理世界观以一种直线向前的时间概念取代了天理世界观的时势或理势概念:时势和理势内在于物之变化本身,它们并没有将物之变化编织在时间的目的论的轨道上;而直线向前的时间提供了一种目的论框架,将日常生活世界的变化、转型和发展全部纳入时间目的论的轨道。第三,公理世界观以原子论的方式建构了"事实"范畴,并以此冲击天理世界观的形而上学预设,试图按照事实的逻辑或自然的法则建构伦理和政治的根据。由于原子论式的事实概念的最终确立,任何对于事实的逻辑或自然的法则的反抗都必须以承认事实与价值的二元论为前提。这个伦理学方向与陆象山、王阳明、顾炎武、章学诚等人从心学、经学和史学的前提出发努力克服程朱理学的二元论正好处于对立的位置上。

但是,近代"科学公理观"在批判理学世界观的同时汲取了其中的自然的理序观。严复在比较赫胥黎的道德主义和斯宾塞的自然主义观念时,曾把他们之间的区别直接地与唐代中期柳宗元和刘禹锡的"天论"联系起来,实际上是用天论的模式对物竞天择、适者生存的进化法则进行"自然主义的"处理。[71]他从近代天演论追溯至柳、刘天论,并把刘禹锡的"交相胜、还相用"的天论与进化论的"物竞天择"结合起来,这一事实揭示了一种基本的历史关系:即使在进化论的历史观内部,天论作为现实秩序合法性依据的方式并没有改变。[72]与此同时,严复沿着朱熹的格物致知论的逻辑理解科学方法论的含义,并力图将科学认识与道德实践统一起来。因此,天理世界观的衰败和科学世界观的兴起不是简单的兴替关系,它们之间也存在着相互的渗透。例如,天演的范畴把现代国家、社会、市场以及各种权利范畴理解为自然进化的结果,并用一套社会科学的理论为改良主义的社会计划提供证明。这与理学家们用天理范畴为他们的各种社会思想提供证明有多大不同呢?

天理和公理概念不仅被用于士大夫的社会批判、下层阶级的社会反抗、新秩序替代旧秩序的合法性论证,甚至现代的革命运动的道义目标,而且也被用于不同社会对于统治秩序的合法性论证。各式各样的批判运动和反抗运动将天理或公理理解为最终的、普遍的价值,进而剥离天理、公理与现实秩序的人为联系,揭露这个秩序的反天理或反公理的特质;但一旦这个绝对和普遍的价值脱离了反抗的实际运动,它就转而为新的等级关系提供合法性论证。在这方面,天理、公理等观念与古老的天命观的命运有着相似之处:以天或公的名义将既定秩序合法化,又以天或公的名义赋予革命和反叛以合理性。因此,现代社会没有摆脱对于某种能够将自身合法化的普遍原理的依赖,亦即现代社会从未像礼乐社会那样将社会的存在方式与这

---

[71] 严译名著丛刊赫胥黎著《天演论》,商务印书馆,1981,页92。
[72] 例如康有为对《论语》中以下这段话的解释:"子贡曰:我不欲人之加诸我也,吾亦欲无加诸人。子曰:赐也,非尔所及也。"康有为解释说:"子贡不欲人之加诸我,自立自由也。无加诸人,不侵犯人之自立自由也。人为天之生,人人直隶于天,人人自立自由……人各有界,若侵犯人之界,是压人之自立自由,悖天定之公理,尤不可也。子贡尝闻天道自立自由之学,以完人道之公理,急欲推行于天下。孔子以生当据乱世,尚幼稚,道虽极美,而行之太早……至升平太平乃能行之。"《论语注》,楼宇烈整理,北京:中华书局1984,页61。

一社会的道德评价形式完全同一。天理世界观与公理世界观均诉诸日常生活讨论道德和政治的合理性问题,但两者又都保留了某种形而上学的特征,保留了实然与应然之间的某种紧张和区分。在这个意义上,公理世界观是沿着天理世界观的逻辑确立自身的合理性和合法性,而不是相反。

理解天理或公理问题不能也不应从概念的精确定义出发,而应从天理或公理的历史展开过程自身出发。天理或公理的历史展开过程即它们在政治、伦理、经济等日常行动中呈现出的状态——在这一状态中,天理或公理不是抽象的概念、定义、戒律,而是人们每时每刻所面临的、所需要作出选择或决定的事情。因此,尽管儒学的不同学派、现代的思想史或哲学史学者给出了大量有关天理和公理的定义,但这些定义并不能提供和增进对天理或公理的实质性理解。在这个意义上,对天理与公理之间的关系的理解不能仅仅着眼于概念上的连续和断裂,而应该分析在这一替换过程之中发生的实质性的社会关系的转变。如果说天理世界观的支配地位产生于唐宋时代的历史形成和完善的过程之中,而公理世界观则是民族—国家的现代规划的合法性前提,那么,我们在探讨天理与公理及其相互关系的时候,完全没有可能绕开社会的制度性的演变。但是,天理或公理这两个概念始终联系着人们在具体情境中、在日常生活实践中所做的抉择和判断,从而只有将社会关系理解为一种伦理的和道德的抉择过程,才能把握这两个概念的实质含义。在一定意义上,社会想象的核心是关于道德秩序的想象:所有的社会关系都必须被诠释为一种道德关系。例如,科学世界观倾向于把伦理的关系理解为一种物质的关系、利益的关系和必然的关系,从而用一种关于自然和社会的知识(自然科学、社会科学和人文科学)去除这些关系的神秘性质,而天理世界观则恰好相反,它倾向于把各种物质关系或利益关系看成是一种道德的关系、心性的关系和形而上学的关系,从而用一种道德的知识(理学、经学和史学)去理解种种现实关系。因此,科学、社会科学和人文科学都应该被理解为道德知识,而理学、经学或史学等儒学形态也应该被理解为关于自然、物质、制度和行为的知识。前者把"理"视为"物"的关系,后者把"物"视为"理"的关系,从而对于"理"的探讨必须以对"物"的探讨为出发点,而对"物"的探讨则必须以对"理"的探讨为出发点。理与物的区分必须放置在理与物这两个概念的产生、转化及其条件之下进行理解。正由于此,我把"理"与"物"这两个古老而又年轻的范畴置于历史描述的中心,通过对它们的谱系的追踪,展现知识、制度与道德评价的不断变化的历史关系。

究竟应该如何理解天理世界观与公理世界观之间的关系呢?让我们从对天理世界观的一般理解开始。天理观的确立对于理学的形成具有决定性的意义,由此儒学的诸种问题均围绕这一中心范畴而被重组和展开。元代以后,程朱理学被统治者确立为官方儒学的标准版本,这一政治性的发展使得理学世界观成为一种支配性的意识形态,以致任何一种针对王朝体制的思想实践都在不同程度上带有对理学的批判意味——明清时代的心学潮流和朴学研究均包含着对这一官方化的理学的抗拒。但是,对官方理学的批判并不意味着这些批判性的思想已经溢出了理学的基本预设。这里有两点值得注意:第一,在官方化的理学与士大夫之理学之间需要作出适当的区分,进而将理学的官方化过程与理学家对王朝体制的批判放置在更为复杂的历史关系之中考察;第二,心学、朴学、史学等儒学形态均产生于对理学、尤其是官方化的理学的拒绝和批判,但又在不同的程度和方向上承续着理学的一些前提,回应着理学家试图回应的问题。清代思想中所谓"理学,经学也"的命题强调经学形式是回答理学提出的那些基本命题的惟一的合适途径,从而心学、经学、史学等儒学形式均可以视为理学世界观的转化、发展和延续。对于理学世界观的根本挑战是在晚清时代:在国家体制的改革过程中,一种新的、以实证主义的科学观念为核心的公理概念上升为能够为政治、道德和认识过程提供合理性和合法性的至高范畴。在这一公理观的支撑下,改革的士大夫和知识分子用一种新的科学宇宙观和社会学说对天理世界观进行全面地批判,并最终在意识形态上和知识体制上取而代之。(参见第八章、第十一章)

科学公理观确立自身霸权的过程经历了两个相互区别的阶段:在晚清时代,科学思想、科学实践和科学知识是整个社会思想、社会实践和新知识的有机部分,严复、梁启超、杜亚泉和许多科学期刊的编辑者和作者并没有构成一个完全专业化的科学共同体。无论是改革的倡导者,还是革命的宣传家,他们对于科学的意义的解释始终限制在科学/文明、科学/时代、科学/国家、科学/社会等修辞模式之中。然而,伴随民国的成立,专业化的科学共同体从其他社会群体和知识群体中分化出来,以一种与政治、社会、文化及其他领域无关的专业化姿态确立其合法性。这一为科学而科学的信念是新的劳动分工和知识体制的产物。为什么恰恰是这一与社会/政治无关的科学职业及其在教育和科技领域的实践构成了一种社会/政治领域中的权威力量?为什么恰恰是科学与人文的严格区分构成了科学宇宙观和科学话语对于人文领域的支配性影响?如果离开公理世界观及其方法论的霸权,我们无法解释这一现象。

公理概念与欧洲近代认识论的兴起具有密切的关系,后者构成了欧洲近代科学和精神科学的方法论前提。伽达默尔曾说:"不论关于现代性发生年代和源起有多少争议,这一概念还是由科学和方法的一种新观念的出现得到了明确界定。它最初由伽利略在局部的研究领域中形成,由笛卡尔首次哲学地奠定。所以,从17世纪以来,我们就发现,今天所说的哲学处在被改变的情势中。面对科学,它开始以过去从未有过的方式,为自己的合法性寻找证明;而且在直到黑格尔和谢林去世的整整两个世纪中,哲学实际上是在反对科学的自卫中被建构的。上两个世纪的系统的伟构(Edifices)表现为调和形上学传统与现代科学精神的一系列努力。此后,随着进入孔德以来所谓实证时代,人们从相互冲突的世界观的大风暴中,企图用一种对哲学底科学特性(the scientific character of philosophy)的纯学术的严肃态度,把自己挽救到坚实的土地上。哲学因而就进入了历史主义底泥塘,或者搁浅在认识论的浅滩上,或者徘徊在逻辑学的死水中。"[73] 笛卡尔、霍布斯、洛克、休谟等从不同的方向和方面把原子论的和个人主义的观念发展为一种系统的观察世界的方法,从而以人的中心地位取代了神的中心地位。正是这种对于作为个人的人的关心,欧洲近代思想面对的第一个问题就是个人与他(她)所处的环境——物质对象和其他的

---

[73] 伽达默尔(Gadamer, Hans-Georg):《科学时代的理性》(*Reason in the Age of Science*),台北:结构群文化事业有限公司,1980,页6—7。

心灵——的关系:人如何了解外在于他的人与物?意识和对于世界的认识是如何发生的?是怎样的机制控制了获取知识的方式?我们把这样一种认识论的原则视为公理世界观,是因为从18世纪欧洲启蒙运动以降,人们企图通过这一认识论原则不仅发现宇宙自然的原则,而且还发现一套合乎理性而又公正的道德原则,并认为这一原则"对所有有理性的和反思性的存在物,不管其文化传统、宗教背景、政治秩序或道德结构的特殊性质如何,都是同样有效和同样具有制约力的。这个企图在政治上体现在美国革命和法国革命的主要宣言中。在哲学家中,休谟、狄德罗、边沁和康德等都企图从理论上阐述这些原则"。[74]从天理到公理的转化是一个激烈的冲突过程。正如天理世界观的支配性产生于一种制度性的关系一样,公理世界观的支配性产生于现代国家的主权模式及其知识体制的确立。如果说天理世界观以礼制秩序作为自然的和合理的秩序,那么,公理世界观则以原子论和个人主义对天理世界观及其社会内涵进行解构和批判。

天理和公理均处理心物关系和事物的秩序问题:天和公代表着一种普遍性宣称,而理则表示超越于"物"而又内在于"物"的法则。值得注意的是:在公理世界观对天理世界观的激烈批判过程中,理这一代表着超越时空的普遍秩序的概念却在这一革命性转变中保留下来了。一个明显的例证是:在汉语中,天理与公理这两个概念都诉诸于"理"的概念和思想。晚清知识分子用"理学"、"穷理学"、"格物"和"格致"等范畴翻译科学(science)及其认识过程,从而公理这一自然科学概念与天理这一理学范畴之间不期然而然地产生了联系。(参见第十一章)因此,我们不可能回避如下问题:为什么古代秩序与现代秩序都需要诉诸"理"这一范畴?为什么"理"这一范畴能够被用于近代认识论?天理世界观与公理(科学)世界观究竟是怎样的关系——是连续的关系,还是革命性的替代?正如理学的发展伴随着一个体制化的过程一样,科学世界观及其知识谱系的发展和传播也经历了一个类似的过程。因此,为了回答上述问题,我们需

---

[74] A.麦金太尔:《德性之后》,龚群,戴扬毅等译,中文本序言,北京:中国社会科学出版社,1995,页1。

要对天理世界观的确立过程及其演化做出历史分析。为了理解天理的含义,我们需要考虑如下几个问题:

第一,天理概念产生于一种浓郁的复古主义的儒学氛围之中。从唐代后期开始,韩愈等人即声称儒学之道统至孟子时代已经中断,这个看法为北宋儒者普遍接受,他们均以恢复道统为己任。在这一复古主义的视野中,三代之治是真正的社会理想,我们可以在这一时代的历史编纂学和政治/道德论述中反复地看到那种将三代之治与秦汉以降的各种制度——田制、兵制、学制、官制等等——进行尖锐对比的论述模式。这一论述模式产生于一种历史中断的意识的前提之下。如果说三代想象是孔子以降儒学的一个内在要素或命题,那么,宋代儒学则将这一想象建构成为一种完整的历史意识和批判性资源。在这里,尤其值得注意的是:天理不是产生于一种历史延续的意识,而是产生于历史断裂的意识,从而对天理的追求本身必须诉诸一种主体的力量,一种通过主体的实践重新将断裂的历史接续下去的意志。在这个意义上,历史断裂的意识与主体性的生成具有内在的联系。这一断裂的意识对于儒学的诸种形态的形成——如理学、经学和史学等——均有重要的影响。

让我从对中断或断裂的历史意识与普遍之天理之间的关系开始讨论。首先应该考虑的是这一断裂的历史意识的表达方式:断裂不仅表现在一线单传的道统谱系的终止,而且表现为礼乐与制度之间的一种历史性的分化,即三代的礼乐制度在历史的流转之中发生了异化,例如封建变而为郡县、学校转而为科举、井田退而为均田、夷狄进而为中国、中国变而为夷狄……这些变化不是道统的延续,而是道统中断之后产生的现象。在道统中断的语境中,天理不仅成为判断礼乐与制度之分化的尺度,而且也成为儒者在变化的历史语境中确立自身认同的根据。正是通过这样一种历史意识的展开,宋代儒者能够通过天理的阐发而展开对于政治和日常生活实践的批评和介入。复古主义的时间概念——亦即历史的"非连续性"而非"连续性"——为天理的成立提供了内在的逻辑,即儒者必须通过天理和天道将自身连接到古代圣王的历史之中。天理是在道统或理想的秩序已然中断的语境中成立的,宋代儒者试图通过这一概念重新理解历史的变化与理想秩序或本然秩序之间的关系。由于断裂的意识是通过礼乐与制度的分化这一方式来表述的,从而围绕着天理和如何理解天理的激烈辩论总是与政治制度和日常生活问题密切相关。正是在这个意义上,天理成为宋代以降儒学士大夫的政治/伦理意识的核心。(参见第一章)

第二,从天理与历史之间的悖论关系出发,我们可以分析天理与时势之间的关系。在三代之礼乐已然解体的条件下,亦即现实之制度无法提供道德合理性的条件之下,天理被建构成为道德评价的最高尺度和根据。因此,与天理合一是重构历史延续性的惟一道路,从而对天理的追究与对历史的追究是同一过程。但是,在宋儒的思考中,与天理合一又不等同于回到古代理想政治之中,从而天理并不僵固地存在于理想的过去。天理不仅产生于历史断裂的意识,而且产生于一种面向当代和未来的态势,存在于所谓"自然之理势"或"时势"之中——"时势"或"自然之理势"构成了天理的内在的要素。"时势"是一个将断裂转化为连续的概念,如韩愈《闵己赋》云:"余悲不及古之人兮,伊时势而则然。"[75] 在《四库全书》中,"时势"一词计约1458条,经部各类易书中约有154条,其他多为后人解释《语》、《孟》时所用,[76] 子部中有216条,史部中也有大量例证。《论语》一书并无时势概念,但《孟子》卷十"以圣之时者"称孔子,认为"孔子时行则行,时止则止",从而后人以时势(或理势)概念注释《语》、《孟》者众多。程子曰:"知时识势,学《易》之大方也"[77];吕氏曰:"随时之义大

---

[75] 《韩昌黎文集校注》,马其昶校注,上海古籍出版社,1986,页9。
[76] 刘宗周撰《论语学案》卷四"泰伯第八":"子曰:泰伯其可谓至德也已矣,三以天下让,民无得而称焉"条下有:"圣人见端知末,逆知必至之势而早决其无待之机,真能让天下者也,故曰三让。今人事到临局处无可奈何只得听時势所转,时当汤武不合做征诛事,时当尧舜不合做揖让事,……故曰先天而天弗违,后天而奉天时,天且弗违而况于人乎,况于鬼神乎,泰伯之让直天地人鬼之所避者也。……"又如《四库全书·日讲四书解义》卷十五《孟子·上之三》云:"此二节书见齐之易王,以其时势可乘也。……凡人之作事,虽有智慧之巧,不如乘其可为之势,乃可以济其事。凡农之治田,虽有镃基之备,不如待其可耕之时,乃可以利其用。观齐人之言,则知王天下者必有资于时势矣。吾之言以齐王犹反手者,正以齐有可乘之时势,真有至易而无难者也。"
[77] 《周易程氏传》卷三,程颢、程颐著,《二程集》,中华书局,1981,页921。

矣哉,先辈谓易三百八十四爻一言以蔽之只是一时字,如孔子大不可名,孟子只以圣之时尽之"。[78]将易理概括为"时势",亦即将变化及其法则,以及如何因应这种变化及其法则的思考,视为儒学的中心问题。从这一宇宙观出发,一方面,儒学构筑了时势与德行之间的内在联系,强调"由时势易而德行速也";[79]另一方面,儒学又提出了人在特定形势中行权的必要性,认为"是以圣人从事,必藉于权而务兴于时。夫权藉者万物之率也,而时势者,百事之长也。故无权藉倍时势而能事成者寡矣。"[80]

宋儒以理释天,逐渐地将时势的概念替换为"理势"的概念,从而为"适时"提供了一种内在性的根据。我在程颐著作中查得"时势"1条,在张载著作中查得"理势"3处,在朱熹著作中查得"理势"及"时势"63条,在陆象山著作中查得"理势"一词4条。"时势"概念本来与《易》关系密切,但张载的《横渠易说》不再使用"时势"概念而代之以"理势"概念:"理势既变,不能与时顺通,非尽利之道。"[81]朱熹著作中兼用"时势"与"理势",但"理势"概念出现的频率远高于"时势"概念,如云:"天下之理,其本有正而无邪,其始有顺而无逆,故天下之势,正而顺者常重而无待于外邪,而逆者常轻而不得不资诸人。此理势之必然也。"[82]"时势"或"理势"都是在历史变化的意义上使用的:这一概念的功能是说明圣王之

---

[78] 纳兰性德(1654—1685)编《合订删补大易集义粹言》卷二十一,页10b。文渊阁四库全书本。又上引两句见元·胡炳文《四书通·孟子通》卷三,页6a,文渊阁四库全书本。

[79] 引文见元·胡炳文《四书通·孟子通》卷三,页6a,文渊阁四库全书本。《四书讲义困勉录》(文渊阁四库全书本)卷二十六,页1ab注《孟子·公孙丑》上亦云:"德是根本,时势是其所乘。孟子之能使齐王者是德,其反手处是时势。有德然后可以论时势,不可以时势德三平看。"

[80] 《战国策注释》,何建章注释,中华书局,1990,页419。再如明·来知德(1525—1604)注《周易》"九四不克讼复即命渝安贞吉"云:"盖二之讼者,险之使然也。其不克者,势也。知势之不可敌,故归而遭逃,曰:归者识时势也。四之讼者刚之使然也,其不克者,理也。知理之不可违,故复即于命曰:复者明理义也。九四之复,即九二之归,皆以刚居柔,故能如此,人能明理义,识时势,处天下之事无难矣。"(来知德:《易经集注》卷二,页29ab,上海书店影印康熙二十七年宝廉堂刻本,1988。)

[81] 张载:《张载集·横渠易说·系辞上》,中华书局,1978,页205。

[82] 朱熹:《四书或问·孟子或问卷五》,朱杰人、严佐之、刘永翔主编:《朱子全书》第六册,上海古籍出版社,2002,页948。

制为什么会发生转化。很明显,时势概念或理势概念产生在历史中断或道统断绝的前提之下,从而历史中断的意识与历史延续的意识是并存的。在历史中断的前提之下,延续不再能够直接地界定为具体历史存在的延续,因此延续成为一种内在的、本质的过程和状态,亦即延续必须用一种抽象的方式加以界定。时、势、时势、理势或自然等范畴就是在历史变迁之中用以界定和论证天理的普遍存在的概念。当历史演变以礼乐与制度的分化、三代以上与三代以下的严格分界来表述自身时,中断变成了历史过程的一部分,从而人们必须追问:究竟是什么力量支配着这一历史过程? 如何在持续的变动或断裂之中把握天理? 时势或理势概念就产生于这一追问过程之中。在这两个概念构成的视野之下,任何试图复归三代之理想的努力都必须以自然之理势或时势为前提,否则即无从理解为什么横亘在三代礼乐与后世制度之间的那个断裂本身恰好构成了历史延续的必然形式。孟子称孔子为"圣之时者",《礼记》宣称"礼时为大",这里所谓"时"既表示时代及其演变,也表示对时势变化的适应。在儒学的主流脉络中,"势"强调的是一种支配物质性变化的自然的趋势或自然的力量——这种自然的趋势或自然的力量固然总是落实在促成其自我实现的人物、制度和事件的身上,却不能等同于物质性过程本身。从"时势"到"理势"的过渡隐含了一种对时间含义的淡化——"理势"概念强调的是"势"之内在性。"时势"或"自然之理势"这两个概念的重要性在于:儒学虽然提供了一种复古主义的政治理想,但这种复古主义的政治理想不能等同于僵化地恪守先儒教条的"原教旨主义"。

在唐宋时代,时势的观念与一种历史的自然发展或自生的观念密切相关,它在宇宙论上所反对是汉代的天命论。例如,柳宗元把政治制度的演变视为时势的产物或适时的产物,否定了任何一种政治制度的绝对合理性,从而创造了以政治形式为中心的历史哲学。正像黑格尔将家庭、市民社会和国家视为历史演变的形式一样,柳宗元将分封制与郡县制视为历史变迁的内在结果:从"君长刑政"到"诸侯之列",从"方伯、连帅之类"的出现到中央集权的郡县体制,这是一个漫长的历史进化过程。柳宗元的时势观是对将封建关系永恒化的汉代天人构架的否定和对中央集权体制的合法性论证,但这一论证并不像黑格尔哲学那样需要诉诸一种目的论的历史观,它毋宁是建立在由《周易》、《庄子》所奠定、由郭象所阐释的那种"生生"或"自生"的历史观和自然观之上的。从这一生生或自生的历史观和自然观出发,柳宗元为之辩护的中央集权体制同样不具备永恒的合理性,而只是变动不居的时势的产物。(参见第一章)朱熹等理学家对三代之治持有与柳宗元不同的理想主义态度,但在以时势或"自然之理势"解释后代制度的历史合理性方面却完全一致。

在儒学思想——尤其是理学——的发展中,时势概念或时势的意识是一个很少为人注意但极端重要的命题,它至少在两个方面起到了关键性作用。首先,时势概念将历史及其变化纳入自然的范畴,解构了天命对人世的决定关系,为主体的历史行动提供了空间。在历史演化的视野中,作为道德/政治理想的三代之治处于隐含的而非外显的位置,亦即三代的理想存在于变化的过程之中,存在于每时每刻都必须做出的权衡和决断之中,而不是存在于现成的教条和对这些教条的机械复制之中。理学家以自然的概念区分事和物,即将事物区分为自然的和不自然的事物,并在时势变化的视野中衡量何为自然,何为不自然。宋儒常常将格物致知与"知止"的概念联系起来,而"止"即在自然与非自然之间的、需要主体进行把握的尺度。宋儒崇奉三代,但并没有用三代的具体措施作为实践的方案,而是标举天理,一方面在变化的历史之中寻找合理的解决方案,另一方面诉诸个人的修身实践在日常行为之中达到成圣的目标。从格物致知的反复争论,到如何处理经与权的认真思考,宋儒及其后继者均在一种历史演变、时势之流转或自然之理势之中把握道德/政治实践的尺度和分寸。在《孟子字义疏证》中,戴震提出了自然/必然之辨,并高度重视"权"这一概念的重要性:"权"意味着主体必须在儒学原则与具体情境之间进行权衡,进而达到自然、时势和人情的和谐。天理即存在于这一合乎自然的状态之中。(参见第四章)在将历史自然化的过程中,时势概念起到了重要作用;如果天理存在于时势之中,那么,个人就必须通过自我的修养和审时度势的能力随时做出抉择。在这个意义上,天理与时势的综合恰好为主体实践提供了空间。

其次，时势概念将断裂的历史重新组织在一种自然演变的关系之中，从而也创造了自然演变的历史主体；否则，人们如何能够将断裂之后的历史组织到以三代之治为开端的制度性演变的谱系之中呢？族群关系的转化、王朝谱系的更迭、社会结构的变迁、语言风俗的嬗变——所有这一切均可以纳入时势的变化之中、纳入一个历史主体所经历的无限丰富的转变之中。因此，这一概念为一种共同体的意识或中国认同提供了重要的认识框架。在理学和心学的视野中，"自然之理势"或"理势之必然"的概念在天理与历史之间找到了沟通的可能性；在经史之学的视野中，时势概念为一种历史方法论提供了前提：如果天理存在于时势之中，那么，按照形而上学的方式去追寻天理就是一种方法论的错误——天理是历史事件的自我展开的方式，任何离开历史变化（如风俗和政治形式的演变）探求天理的方法都不可能获得对天理的真实理解。理学和经学共同为儒学的历史观和方法论提供了前提：理学将道德实践放置在修身的实践程序之中，而经学则认为这一程序必须有礼乐论的根据。宋明理学和清代经史之学均以如下问题作为基本的出发点：如果三代以上与三代以下已经发生了深刻的断裂和转化，我们如何才能够达到真正的礼乐世界呢？如果说宋明儒者在格物致知论的框架中思考这一问题，那么，朴学家们则试图以一种独特的方法论穿透历史的变化，恢复礼乐世界的每一个细节。从这一问题出发，顾炎武发展了极为精密的考证方法，将考文知音的方法论置于历史演化的视野之中，要求按照时势的变迁去逐层追踪真正的三代之音和义。在顾炎武的音学、文字学以及对风俗、制度的讨论中，历史演变及其内在的线索构成了考证学方法论的核心。（参见第三章）章学诚的"六经皆史"的命题不仅提出了对于经书内容的理解，而且还把经书得以形成的历史条件及其演变作为理解经书的前提。他在道器一体的观念之下，将圣人的认识从属于"自然"过程自身，即视之为由于洞察自然而产生的"不得不然"的认识。正是以这一历史本体论为出发点，他发展了在礼乐制度及其历史演化的关系之中解释道的方法，进而在时势的关系之中判断六艺、七略和四部等知识分类的意义。在时势流变的视野之中，经/子、经/传的关系被彻底地颠倒了——不是子和传产生于对"经"的解释,而是"经"产生于子和传对"经"的构建;或者说,不是父亲产生儿子,而是儿子产生父亲。这一建构经典的过程本身是制度性演化的产物(如秦汉经学博士制度的确立)。在这里,时势的观念为一种经学考古学和经学谱系学的诞生奠定了基础。在经学考古学或经学谱系学的视野中,不仅是对经典文本的训诂考证本身,而且也是经典及其意义的获取过程与时势的关系——亦即经学的政治性和历史性——成为考察的中心。站在这样一种经史之学的立场,顾炎武、章学诚均将三代及其礼乐制度理解为理想的道德和政治的根源,并力图发展出一整套接近这一三代之治的方法。正是基于对于时势的理解,他们并没有以一种原教旨主义的方式建构其政治/道德理想。顾炎武的"寓封建于郡县之中"的政治观和章学诚在历史流变之中确立史学方法的讨论均以儒学的时势观为前提。(参见第三、四章)

将三代之治、时势(历史)与天理等三个理学主题放置在一起,我们可以理解为什么宋代以后"格物致知"成为儒学争论的焦点问题。对三代的仰慕和想象产生于一种历史中断的意识,而在时势变迁的视野中,这一中断在不同的方面被表述为礼乐与制度之间的分化。在理学和史学的表述中,礼乐与制度的分化的命题产生于对古代礼乐与现实制度之间的区分的理解,即古代的那种直接体现天意和道德规范的礼乐已经在历史的流变之中转化为一种功能主义的、无法与天意沟通的制度。但是,礼乐与制度的分化是时势演变的结果,而时势本身又是天意自我展现的方式。因此,尽管后代的制度、风俗和学说等等已经与古典礼乐完全分离,但作为时势流转中的现象,它们仍然是通达理想或圣人大义的"踪迹"。在这一视野中,一方面,一切现存的制度、法律、规范,以及一切假借圣人之言、祖先之传或君王之威的秩序,均不能等同于圣王之礼乐或普遍之天理,从而天理概念(以及礼乐与制度的二元论)体现了一种对制度性权威的质疑;另一方面,任何对于天理的探究又离不开对现实存在的制度、风俗、习惯和学说的探究。天理的求得是一个在儒学的普遍原则与历史的具体情境之间展开的过程,从而通过何种方法、途径和程序在时势的转变中发现、体验和显示天理就成为人们关心的中心问题。如果说道统中绝的意识激发了通过个人的修身和政治的实践去重构道统的连续性的意志和冲动,那么,时势的概念则激发出了一种强烈的方法论的需求:以何种方法穿透总是处于具体情境之中的"物"及其变化而获得对普遍秩序的理解?如何越过"物"的外在性和临时性而达到与"理"的合一?

这就是格物致知论成为宋代以后儒学争论的焦点问题的内在动力。格物致知论的悖论是:一方面,如果缺乏对于天理的理解,任何一种日常生活形式的正当性都是可疑的,任何一种对于日常生活形式的意义的理解也都不可能建立起来;另一方面,天理内在于日常生活的展开过程本身,从而任何将格物致知作为一个外在于日常生活实践的认识活动的方式都无助于把握天理。天理不是格物致知的产物,不是圣人的创造,而是内在于日常生活而又不同于日常现实的和有待发现的存在。从儒学的立场看,合乎天理的日常生活形式只是存在于礼乐的条件之下,一旦礼乐退化为空洞的形式或功能性的制度,天理与日常生活世界的关系就不再是透明的或直接的,从而只有透过格物致知的实践才能重新建立日常生活与天理之间的内在联系。在这个意义上,儒学对于方法论的需求深刻地植根于儒学的历史观之中。按照这一礼乐/制度分化的历史视野,"物"这一范畴发生了深刻的转变。在先秦礼乐论的范畴内,"物"既是道德秩序的体现,又是道德行为本身("物"与"事"的同一关系也是在礼乐实践的意义上建立起来的),从而"物"的概念与规范的概念完全一致;由于天意直接体现为礼乐秩序,从而这个秩序中的"百物"之"物"也与自然秩序的观念密切相关。但是,随着礼乐与制度的分化,天意与制度的关系暧昧不明,"物"在礼乐论范畴内所具有的规范含义逐渐消退,从而一种与规范无关的、主要表现对象之客观性的"物"概念(接近于现代之"事实"概念)出现了——在礼乐与制度发生了分化的条件下,即使"物"表达的仍然是礼仪实践中的"事",但由于礼仪实践本身是形式化或空洞化的,这一实践行为和过程并不具有道德的或规范的意义。然而,"物"的转化发生在时势关系之中,从而也包含了双重性:一方面,"物"的转化是礼乐与制度发生分化的结果,从而"物"不再等同于礼乐规范;另一方面,如果分化过程是时势的产物,那么"物"的转化本身又是自然过程的一部分,从而必然包含着天理的踪迹。因此,即物而穷理的方法论就成为在时势变化的条件下重归礼乐世界或天理世界的通道。在上述意义上,作为与价值或规范相对立的"物"(事实)概念是礼乐与秩序的持续分化的产物。(参见第二章)宋明理学内部关于"性即理"和"心即理"的辩论以及清代经史之学对理学的批判始终与"物"这一范畴的转化有关:如果"物"转化成为一种事实的范畴,那么,关于"物"或"物性"的追究如何能够为人的道德实践提供根据?"物"是万物,还是此物(心),抑或礼乐制度之规范本身?

"理"是中国思想的秩序观的集中表达。"理"与"物"的问题,说到底是一个不变与变、连续与断裂的关系问题,或者说是把历史的各种关系及其转变理解为合理的自然过程的问题。这是思想史研究的一个重要线索。在中国思想的范畴中,"理"概念一直是与道、气、性、心、物、名、言等范畴联系在一起的,但"理"显然处于一种逻辑的中心地位:它把世俗秩序与超越的秩序、循环的逻辑与变化的逻辑融为一体,从而成为一个遍在的和自然的范畴。所谓"遍在的",即指"理"内在于事物的独特性;所谓"自然的",即"理"不是一种僵硬的规则,而是体现在"物"的转变过程内部的秩序。对"理"的认识始终是和"物"概念所内含的独特性联系在一起的。"物"可以是事物,也可以是伦理规则,可以是客观的对象,也可以是主观的心灵,可以是纯粹的自然,也可以是人的实践。[83]在"理"的视野内,对物的认识过程总是包含了一种有关"理"的普遍主义预设;但在"物"的视野内,这种"理"的普遍预设总是落实在具体的情境之中。无论追究"物"的知识实践如何远离我们通常所说的道德行为,它总是具有道德论或伦理学的含义——这一判断同时意味着:道德评价和道德实践从来都是在具体的情境或关系中的道德评价和道德实践。

---

[83] 魏源解释"何谓大人之学格本末之物?"时说:"意之所构,一念一虑皆物焉;心之所构,四端五性皆物焉;身之所构,五事五伦皆物焉;家国天下所构,万几百虑皆物焉;夫孰非理耶性耶,上帝所以降衷耶? ……"足见物的范围之广泛。见《默觚上·学篇一》,《魏源集》,上册,北京:中华书局,1976,页4。

2.天理与公理

晚清以降,中国的思想、制度和知识谱系发生了极为重要的转变。从那时起,各派学者就开始追溯这种"现代"转变的历史渊源。正如人们习惯于将人道主义(从宗教专制中获得人的解放、从封建贵族专制中获得平等权利以及从对自然的控制中获得人的中心地位)作为现代性的核心价值一样,人们将明清之际的思想转变作为理解中国现代性之发生的历史线索。梁启超、胡适之、侯外庐等人的历史观截然有别,但以下两个判断却是贯穿他们的学术史和思想史研究的基本论断。首先,他们认为宋明理学向近代的转化表现为王门弟子如王畿(龙溪)、泰州学派的王艮(心斋)对"心"的本体地位的推重,李贽(卓吾)肯定欲望与私的新的秩序观被看作是这一潮流的最为彻底的表达。这一判断明显建立在下述两个参照系之上:一、欧洲近代思想中个人和自我观念的兴起;二、近代思想对于理学及其社会基础的激烈批判。其次,他们认为清代考据学的兴起内含了实证的科学方法和为知识而知识的目的论,这种方法论和知识观的革命不仅是对心性论的反拨,而且也蕴含了现代科学的方法论因素。这一判断同样建立在近代欧洲科学思想和中国反理学潮流的双重背景上。这两个基本观念构筑了理解宋明理学和清代思想演变的基本脉络:自我观念(以及新的私有权思想)和实证方法不断突破形而上学的天理观念的束缚,并为中国思想向现代的转化提供了内部的动力。按照这一思路,现代思想的兴起就可以被描述为:(1)人的解放、自我的发现和私人的平等权利的建立;(2)通过科学的力量祛除巫魅或理性化的过程。按照这一逻辑,我们还有可能进一步推论:现代平等观与现代科学观(它们在某种意义上是完全一致的)否定任何先天等级的存在,力图按照科学的公理重建社会,从而认为将传统等级关系自然化的天理观与现代公理观之间存在着截然的对立关系。这两个基本观念意味着一种自然哲学的转换:现代社会已经不再需要诸如天、天理等自然主义范畴作为自己的合法性基础了。在这个意义上,天理观与近代社会是格格不入的,现代世界观的兴起在时间上平行于天理观的衰败。

我们需要在不同的方向上对这两个观点重加检验。首先,上述判断均建立在对理学的否定性判断之上,即在反理学的方向上界定中国思想中的现代因素——从近代个人主义出发将理学视为封建等级结构的意识形态,从实证主义的科学观出发将理学界定为一种缺乏事实根据的形而上学。然而,从朱子的"性即理"到王阳明的"心即理",从左派王学的无善无恶到李卓吾的无人无己,从顾炎武、黄宗羲的自私自利到孙文的"天下为公",儒学的形态虽然发生了深刻的变化,但这些变化仍然在儒学的范畴内部或包含着儒学的内在要素,并共享着理学所奠定的理序观。这些批判性的思想揭露了笼罩在天理观的外衣之下的等级—控制关系,但它们赖以批判和揭露这些关系的根据却在天理自身——对天理的重新理解和解释。例如,明末王学对于心性、自我的探讨是在理学的前提之下发展而来,它对于程朱理学的批判本身也可以视为理学内部发生分化的结果;清初经史之学不但在知识的取向和方法上继承了理学倡导的格物致知的传统,而且也试图以经史的方式回答理学所提出的基本问题。黄宗羲对政治制度的思考,顾炎武对风俗习惯的分析,戴震对于"以理杀人"的揭示……所有这些都是在儒学范畴内部发生的事件,其动力均在恢复和确立天理、天道的本义。因此,如果确认明末清初的思想潮流包含了现代性因素,就必须追问理学本身是否包含了这些因素,而不能仅仅在理学与反理学的框架中把握这一问题。两宋理学以天理概念替换了汉代以降的主宰性天观,并将天理视为每一个人能够通过修身和认知的实践而抵达的境界,这一转变显然是将唐宋时代以贵族制衰败为重要标志的社会转变作为一种前提承受下来,从而在天理与每一个人主体的道德实践之间确立了内在的联系。从这一历史视野来看,如果仅仅把天概念或理概念的衰败视为现代性的标志,也就不能理解"现代思想"或"现代思想因素"与天理世界观的复杂的历史联系。

其次,对于明清思想中的现代性因素或"早期启蒙主义"思想的发掘是在一种社会史的背景中建立起来的,即将这些注重个人、自我的观念及其平等观念与资本主义的历史进程联系起来。这是将现代性的时间目论与资本主义关系的发展关联起来的结果。然而,对等级制的否定或对内在性的关注并不是一种单纯的现代现象,我们需要了解的毋宁是对哪一种等级制的否定。例如,魏晋时代的"理"观经历了重要的转变:在秦汉郡县制度的扩张之后,这一时代出现了重新肯定贵族门第制度与限制皇权的思想,魏晋人物的理观和崇尚个人、自我、自然的取向与在皇权—门阀共治的历史条件下恢复古代封建(分封制)的精神有着内在的联系;与此相反,在唐代安史之乱以后,人们有感于分裂、割据和战争的危机,重新思考以皇权为中心的集权体制的必要性问题。柳宗元的《封建论》讨论封建的衰落和社会流动性的上升,以"大中之理"对抗品级制度,这一概念隐含的大一统思想是和唐代郡县制度的扩张及其与贵族等级制度的冲突密切相关的。两宋时代,科举制、两税法和官僚制度的成熟为中央集权的政治秩序以及城市经济的发展提供了前提,以分封为特征的贵族制度彻底瓦解。在这一背景条件下,宋儒把理和天理转变成为一种道德的起源性概念,以之与郡县制国家的各种制度及其标准相抗衡,他们的天理概念在复古的外衣下包含了分权要求。从总的取向来看,天理概念与柳宗元以打击品级制度、建立中央集权的皇权体制为政治内涵的天道观(或"大中之理")截然不同,强调的恰恰是对皇权和郡县体制的限制和抗衡。因此,一方面,天理概念的产生与古典等级制破产有着内在的历史联系,它对新的社会关系的期待和论证表现为一种平等主义的形式;另一方面,这一平等主义的形式并不能等同于对于郡县制条件下的新的社会关系的完全确认,例如,宋儒以井田之制对抗均田制和两税法、以宗法之制对抗官僚行政制度、以学校的理想对抗科举制度,等等。因此,宋儒对于现代人将社会变化与时间的目的论联系起来的方式是陌生的,他们衡量变化的尺度不是时间,而是一种内在的尺度,即"理势"。

第三,由于明清时代的宗法制度以天理世界观作为论证其合法性的根据,"五四"新文化运动在批判宗法制度及其意识形态的过程中,将个人、自我的价值观与天理世界观相抗衡,并在平等主义的框架内将天理世界观界定为等级制的意识形态。这一论述方式掩盖了现代平等主义与新型社会等级制的历史关系。原子论的个人观念是一种法理的抽象,它在现代国家制度的背景上把人从血缘、地缘和其他社会关系中抽离出来,建构成为一个责任与义务关系中的个体。这一法理的抽象不是对人的现实关系的排除,而是要求用一种新的现实关系的模式规范个人的行为,从而按照新的规则重新对社会进行编制。当法的关系无法完整地规范人的行为时,个人的观念转化出一种内在的自我概念,它把个人理解为一种具有内在深度的存在,并以此作为道德和情感领域的根据。这就是自律的道德范畴和情感范畴产生的背景条件。在原子论个人与自我范畴之间存在着一种内在的紧张,即自我概念本身蕴含了对于个人主义的社会体制的抗拒。现代社会的发生是一种体系性的转变,它涉及的不止是某种认识方法或个别权利,而且是整个社会体制及其合法性基础的转变。

第四,正是在这里,我们可以在天理世界观与公理世界观的社会性对立之中找到某种相似的结构:一、这两个观念均诉诸平等的价值,但同时也都是对各不相同的社会等级制的再编制的合法性论证。二、理学和心学的心性论及其自我观与现代自我概念存在着某种联系,在各不相同的语境中,它们都蕴含了对新型社会关系的某种抗拒和批判。换句话说,天理世界观与公理世界观将新的社会变化(如贵族制度的衰败和新的国家制度的出现等)作为历史的前提接受下来,从而包含了对于新的历史变化("时势")的确认,但这两个观念本身又蕴含了与这一变化及其合法性的内在紧张。正由于此,它们又同时构成了各自时代的批判性的思想资源。天理和公理既内在于各自的时代,又是各自时代的他者。正是最后这一点,将我对宋明理学的论述与内藤湖南、宫崎市定等人的看法区分开来:京都学派在确认宋王朝已经是一个国民国家(即民族—国家)的前提下,将理学视为与发达的交通、繁荣的都市、相对自由的市场、新的货币制度和税法、日益发展的劳动分工、以科举制为基础的官制和普及教育、政府与军队的分离等"宋代资本主义"的要素完全配合的"国民主义"意识形态,[84]从而没有发现理学世界观与被归纳在"宋代资本主义"范畴内

---

[84] 参见内藤湖南:《概括的唐宋时代观》、宫崎市定:《东洋的近世》等文,均见《日本学者研究中国史论著选译》(一),页10—18,153—241。

的社会进程之间的紧张关系或批判性对立。因此，我们需要在宋儒所体认的"理势"与我们今天归纳在现代性和资本主义等范畴内的历史因素之间做出区分，从而将这些"要素"从历史决定论（现代化理论是这一决定论在历史叙事中的最完全最重要的表现）的逻辑中解放出来。正是这一区分，有助于我们重新理解"现代中国思想的兴起"这一问题：为什么在康有为、梁启超、严复、章太炎、鲁迅（以及两场现代中国革命的领导者孙文和毛泽东）等人的身上能够看到一种悖论式的思想方式，即在追求现代性的过程中程度不等地保持了对资本主义及其政治形式的批判性思考？如何理解宋代以降的思想传统与现代思想之间的复杂关系？如果没有一种内在的尺度和经验，我们无法理解他们对于历史变化的既拥抱又反抗的方式，无法理解他们既追求公理又对各种假借公理名义的普遍主义宣称做出的坚定拒绝。

第五，天理世界观与公理世界观均诉诸"自然"和"必然"的范畴论证道德/政治实践的合理性。由于在自然与必然、自然与非自然、必然与偶然之间做出了区分，从而这两个世界观都把方法论的思考置于中心的地位：前者以格物致知为通达天理的惟一途径，后者以科学方法为认识公理的不二法门。天理世界观与公理世界观均以一种普遍而内在的绝对存在——即天理和公理——为核心，从而瓦解了那种把道德评价与具体的背景条件融为一体的世界观——如礼乐论的世界观。理观的内在矛盾及其转化的动力主要表现在两个方面：首先是理与求理的方法论之间的悖论。无论是天理世界观，还是公理世界观，理都是贯穿宇宙论、形而上学和心性论的概念，但这几个领域之间的关系始终存在着不可通约的部分。理作为一种形而上学预设（信仰）是非实证的，作为一种宇宙论预设是可认知的，作为一种伦理秩序又必须是能够通过日常实践加以把握的。一方面，普遍之理预设了通过具体的认知和修身实践而复归于自身的途径，从而构成了天理概念与带有实证性的格物致知论或科学方法论的关联。然而，如果格物致知的修身实践逐渐地被理解为带有实证性的方法论，那就会将格物致知的道德含义转化为一种对于世界的认知实践，从而将理降低为一种客观的规律或事实。另一方面，理预设了天（自然）与人之间的内在相关性,从而为道德实践提供了心性论的前提。按照这一心性论的逻辑,"理"不是一种外在的客体,从而格物致知应该被理解为一种内在于心灵自身的活动,而不应与对客观世界的认识混为一谈。那种将"即物穷理"或科学方法理解为对事物进行分类的理解的方式恰恰是对"理"的歪曲。

其次是天理与制度之间的悖论关系。理作为一种超越性的概念包含着个体与天理之间的关联,即每一个人都可能通过日常的道德实践抵达天理,因而理表达了一种超越具体权力关系和制度的力量和诉求。但理概念始终是以一种秩序观——如礼乐制度或法律体系等——为内在的动力,它力图在另一个层面建立道德与现实体制的统一关系,从而理与秩序之间存在着无法分割的关系。理与制度的悖论关系是:一、理将自身建立在天道或自然运行和主体认知的双重基础之上,力图在道德/政治评价上摆脱支配性制度及其评价体系的控制,从而构成了与理概念所预设的那种应然与实然相互统一的秩序观的自我否定。二、为了摆脱对理的任意的和个人化的解释,人们强调方法论的客观性质,从而在认识与实践之间划出了难以逾越的鸿沟。上述两个因素均内在于理概念及其运用过程内部。正由于此,方法论既是天理和公理世界观的内在需求,又是导致天理和公理世界观不断发生危机或自我瓦解的动力。

天理世界观和公理世界观的内在困境为三种不同的思想取向铺平了道路。第一种表现为理学内部的反理学倾向和现代思想内部的反人道主义取向:由于对天理与格物致知的方法论之间的关系的怀疑,理学内部分化出了一种将理进一步内在化的努力,即将理与本心、心、寂体和虚无联系起来,否认任何知识的取向和制度性的设置能够提供道德实践的根据。从性体、心体到寂体、虚无的转变实质上也是从以人及其内在性到对人及其内在性的自我否定的过程。这一将内在性发挥到极致的逻辑也是对包含着认识取向的格物致知论的彻底否定。在现代思想中,这一逻辑也大致相似:例如章太炎综合庄子齐物论、佛教唯识学与费希特、尼采的思想,对于公理、进化和科学主义进行激烈地批判,并最终以一种齐物平等的自然观否定了人类中心主义的宇宙论和世界观。第二种表现为理学内部和现代思想中的新制度论。天理世界观和公理世界观均预设了一种理想社会（三代之治或礼乐世界、未来社会或大同世界）作为道德/政治实践的根据，从而也预设了理想社会与现实世界之间的紧张关系。人与天理的合一包含了一种制度上的目的论，即天理体现在一种道德/政治实践与理想秩序之间的完美结合之中。正是从以天理为目的的道德/政治实践内部产生了一种制度论的思考：任何缺乏制度性或礼仪性依托的实践均无法达成天理预设的道德目标。从理学家恢复宗法、井田的实践到晚期王学力图按照孔子的礼仪服饰行事的努力，从以古代典制为蓝本构想政治/经济制度的尝试（如黄宗羲）到在格物的范畴中恢复六艺的实践（如颜元、李塨），这些各不相同的努力都把制度性的实践作为思考的中心，从而在不同程度上瓦解了天理的内在性特征。这一将天理与制度紧密关联的思想方式也为现代乌托邦主义提供了根据：从康有为《大同书》对未来制度的设想到社会主义者立足于对现实世界的否定而产生出的未来世界，都试图将天理或公理从一种内在性的状态转化为现实性的制度，并为道德/政治实践提供根据。在这一新制度论的框架内，天理/公理与现实制度之间的对抗关系被转化为不同制度之间的对抗关系。第三种表现为儒学内部的新礼乐论或新风俗论与现代思想中的新古典主义。与新制度论一样，新礼乐论和新古典主义拒绝凌空蹈虚和将天理过度内在化的取向，并将天理/公理世界观本身视为现代性危机的征兆。它们坚持道德/政治实践必须建立在一种真实的礼乐关系或制度关系之中。但是，与新制度论者有所不同，新礼乐论或新古典主义强调礼乐制度是传统及其演化的结果，任何离开风俗、习惯、语言和传统来谈论和从事道德/政治实践都无法达至与天理的合一。新礼乐论/新古典主义包含了两种态度：其一是激进方面——以古典理想抨击现实制度，力图在历史的脉络中重构礼乐形式和古典制度，并以此作为改革实践的根据；其二是保守方面——重视礼乐和典制的演化，强调任何道德/政治实践不能脱离礼乐、风俗、习惯及其演变过程本身，拒绝任何脱离这一演变过程本身来构想未来的思想方式。

上述三种取向从不同方面解释了天理/公理世界观的内在矛盾，但同时又以三种不同的天理/自然观为前提：第一种在人为与自然（天理）的对立关系中界定自然/天理;第二种在自然与必然的关系中界定自然/天理;第三种在自然与时势的关系之中界定自然/天理。这三种自然/天理观都建立在对自然的去自然化或天理的去天理化的基础之上,即拒绝承认现实存在本身就是天理自然,并从不同的方向建构区别于这种现实存在的自然状态。值得注意的是:公理世界观的主要特点是利用科学及其实证主义方法揭示天、天道、天命、天理等自然主义范畴的虚构性质,进而将自然放置在客观实在的位置上,从而改变了自然一词所具有的本体论(本然的)意义。现代公理观将自然视为可以认知并加以控制的对象,并认为对自然的控制过程本身正是主体自由的实现。将主体从自然中分离出来是将自然作为客体并加以控制的前提,但控制自然的过程在任何情况下都离不开对社会——亦即控制自然的主体——的控制。在这个意义上,如果要对这一现代化进程本身进行思考和批判,就必须对公理世界观及其自然概念进行去公理化或去自然化。例如,在近代历史中,进化论被视为一种公理:它既是一种客观的历史描述,也是一种道德命令。从国家伦理到社会伦理,从种族到性别,从家庭到婚姻,现代社会的各种变化都被纳入进化的模式之中。市场社会被理解为演化的结果,从而是一种"自然的"或符合公理的制度。从这方面看,现代世界通过将另一套范畴自然化,进而提供现代社会的合法性。

在漫长的岁月里,人们围绕着"理"的观念不断地发生争论,每一次争论都导致了"理"的去自然化。"理"是宇宙的实在或本有,还是内在于我们心灵的秩序?"理"是历史形成的礼乐关系或道德规范,还是自然过程的产物?对"理"的解释总是把人们重新引向对于人们的现实世界的理解:这是一个物的世界,还是一个心的世界?这是一个制度的世界,还是一个自然的世界?人们应该通过对于物理的世界的认识才能达到"理",还是必须经由日常的生活实践才能体会"理"的内在性?人们究竟应该依循制度和礼仪的规范践行"理",还是应该摆脱所有外在的规范、重新回向自己的本质以重现"理"?对"理"的探讨密切地联系着人们对于"物"的理解,而对"物"的理解又是把握"理"的惟一通道。对"理"与"物"的追溯是对批判和解放的源泉的追溯,也是对秩序与控制的根据的分析。从不断变动的"物"的关系中叙述"理"的历史变化,这一方法本身已经包含了对于普遍主义的理概念(天理、公理)的历史化的处理或解构。我的主要目的和方法是以理与物的关系为中心,观察"事物的秩序"的诸方面:第一,道德评价方式的变化,这种变化的历史条件;第二,道德评价的变化与人们对于知识体系和求知方法的重构的关系;第三,知识谱系的重构与社会体制的变动的关系。所有这些问题均与中国的现代认同问题密切相关:认同问题不可避免地导向世界观、知识及其体制问题。民族主义、现代性及其他问题是在制度和知识的巨变中产生的现象,从而对这些问题的历史理解不可避免地涉及 19 世纪发生在世界观、知识体系、制度条件和物质文明方面的巨大转变。如果近代中国革命的主要任务之一是将传统中国转化为一个民族—国家,那么,天理世界观的解体与公理世界观的支配地位的形成正适应着这一转化过程。

第四节 中国的现代认同与帝国的转化

1. 民族认同的两种解释方式

在 19 世纪文化主义的方法论的框架内,现代中国与"中华帝国"之间的连续性得到了广泛的承认。这一连续性叙述产生出两种政治上经常相互对立而历史观却极为接近的宿命论观点:第一种即体现在现代以降的所有"国史"写作的基本框架之中的民族主义叙述,其特点包括两种类型:一、以中国的共同祖先神话为开端,将尧、舜、禹、汤、文、武、周公、孔子的道统谱系和王朝更迭的时间性排列作为叙述的框架,构筑一个连续性的中国叙述;二、以古代、现代、近代的时间性叙述为框架,辅之以生产方式的进化和阶级关系的发展,构筑一个单线进化和发展的中国叙述。大众传媒和课本中的炎黄子孙、龙的传人的现代版本,以及在国家主导下的现代祭祀意识(祭黄帝或孔子等)和考古—历史工程,均是上述两种历史神话的不同的表达方式。第二种是以解构中国的共同祖先神话和王朝连续谱系为前提的文化主义叙述,其特点与前一叙述表面上正好相反:它论证三代叙述的虚构性质,揭示中国的大部分王朝由外来民族建立,证明那种王朝循环的连续性谱系完全无法成立。[85]但在解释现代中国与"中华帝国"的关系时,这一叙述也诉诸前一叙述经常诉诸的连续性论据,用以证明现代中国的危机完全是不断循环的历史自身的产物。一位历史学家论证说:纪传编年体的王朝史学和方块汉字均缺乏历史时间的意识,而以这种缺乏时间感的语言为载体的中国文学、戏剧、音乐、故事和大众文化必然复制这一"无时间"的时间感,从而中国的"过去"能够不断地再生为"现在"。如果说中国民族主义叙事以连续性的历史神话为自身提供合法性,那么,文化主义的方法论虽然否定中国在人口、地域和政治结构合法性方面的连续性,但承认一种超越族群认同和王朝更迭的文化连续性,并以此证明现代中国仍然是一个"伪装成现代民族—国家的帝国"。[86]这一文化主义的观点隐含了两个重要的历史判断:一、中国尚未经历从帝

---

[85] 这一论题或者是为了论证中国缺乏通往民主社会的内在动力,或者是暗示中国的现代化或资本主义进程必将导致分裂解体。See Lucian W. Pye, *The Spirit of Chinese Politics* (Cambridge, Mass: The MIT Press, 1968), p. xviii.

[86] 简纳(W. J. F. Jenner)论证说:与英语或其他欧洲语言相比,汉语是一种更为落后的、原始的、天然适合于专制传统的书写文字,由这一语言书写的历史不仅是"暴政的历史",而且也是"历史的暴政"。See W. J. F. Jenner, *The Tyranny of History: The Roots of China's Crisis* (London: The Penguin Press, 1992). 正如将中国的历史学的地位等同于欧洲宗教的地位的观点植根于19世纪传教士们的历史观一样,用汉语与欧洲语言的差异来说明中国的统一性及其保守性质同样是18、19世纪欧洲传教士们的遗产。例如,1862年,佩特森(R. H. Patterson)在他的《中国的国家生活》(*The National Life of China*, in *Essays in History and Art*, Edinburgh, 1862, pp. 235-318.)中分析了中华帝国的封闭性与地理上的隔绝状态的关系,同时特别提出了这一状态与"它的书面语"的独特之处之间的内在联系。这位欧洲作者承认中国语言的优美与活力,没有简单地将汉语书面语看成是落后和专制的象征,但明确地指出:"这一特征(指中国的书写语言)是维系一个国家统一的一条重要的纽带。因为这种语言的文字不是表音文字,而是用文字的最广泛的含义来表达事情和思想,它比表音文字优越,不受发音的变化和方言的影响。因此,中国人的言论和思想能够限制在一定的范围内,同口语的不断变化和停顿相比,书面语言有它的优越之处。"

国向民族国家的自然转变;二、中国是一个缺乏民族同一性的、仅仅由帝国传统(儒教的文化认同和作为帝国语言的汉语)维系的社会。

在晚近二三十年的学术潮流中,伴随着对民族主义的反思和批评,一种以"想像性"和"建构性"为核心概念的民族叙述逐渐取得支配地位。这两个概念突出地强调了民族作为一种现代性创新的成果,从而有助于打破那种在历史延续性的表象下建立起来的民族主义的和文化主义的历史叙述。在《想像的共同体》这一影响广泛的著作中,本尼迪克特·安德森(Benedict Anderson)将民族界定为一种"想像的政治共同体",一种在想像中被设定为有限的和享有主权的共同体——所谓有限的和享有主权的共同体是和无限的帝国及其权力结构相对应的。作为一种世界性的现代现象,这一"想像的共同体"的产生取决于下述因素:一、构成前工业社会的社会意识的统一性的那些基本要素日渐衰微,如古典王朝的没落,宗教信仰与地域关系的结合,以及共时性的时间观念的改变;二、印刷资本主义(尤其是报纸、文学和教科书)大规模扩展,为新的国家方言的形成和一种能够将不同人群组织到本雅明所谓"匀质的、空洞的时间"之中提供了可能(《历史哲学论纲》)。在安德森的描述中,民族主义从北美、欧洲向世界其他地区扩散,形成了一波又一波的官方的或大众的民族浪潮,前一波提供的政治模式总是为后一波所复制,最终为一个民族—国家的世界体系的降临铺平了道路。[87] 识字率、商业、工业、传播和国家机器的普遍成长成为19世纪欧洲的特色,各王朝内部形成了寻求方言统一的强大的新的驱动力。正是在这一方言民族主义的潮流之中,拉丁文尽管身为国家语言,但却无法成为商业语言、科学语言、印刷语言或者文学语言。[88] 无论是19世纪欧洲的群众性民族主义,还是东南亚地区的方言民族主义,作为想像工具的"语言"和印刷文化构成了民族想像的至关重要的媒介。

---

[87] 本尼迪克特·安德森(Benedict Anderson):《想像的共同体》(*Imagined Communities*),上海:上海世纪出版集团,2003,吴叡人译。
[88] 同上书,页91。

2. 中国认同与语言问题

正如"想像的共同体"不是"虚构的共同体"一样,"想像"这一概念绝不等同于"虚假意识"或毫无根据的幻象,它仅仅表明了共同体的形成与人们的认同、意愿、意志和想像关系以及支撑这些认同和想像的物质条件有着密切的关系。历史的延续性、共同体的感觉都是想像的产物,但并不是虚构的故事,这里存在着想像得以产生的条件:例如,在王朝更迭条件下日常生活方式的延续性,儒学所提供的将"外来王朝"转化为中国王朝的历史观和礼仪论,深藏在日常生活和儒学观念之中的一种独特的、不断变化的时间和空间观念,以及随着资本主义的扩张而产生的政治形式,等等。王朝的衰微和印刷资本主义的发展,以及在这两重条件下产生出来的以民族为单位的进化式的时间/历史观念,在晚清以降的中国历史中同样扮演着重要的历史角色。然而,这些因素与其说是中国认同得以产生的动力,毋宁说为中国认同的现代更新提供了条件。如果现代中国是帝国自我转化的产物,那么,作为一种政治共同体意识的民族认同就一定植根于帝国传统内部,而不是一个纯粹的现代现象。在这个意义上,印刷资本主义不可能构成中国这一"想像的共同体"的不可或缺的前提。这里以方言问题为例作一点说明。现代民族国家的形成与以方言为基础创造书写语言的过程明显地具有历史联系,雅各布·布克哈特在《意大利文艺复兴时期的文化》中就曾描述过但丁的方言写作如何在与拉丁义的对抗中使得托斯卡纳方言成为新的民族语言的基础。[89]大众文学和印刷资本主义为方言民族主义提供了载体和动力。在东亚地区,日本和韩国相继采用自己的方言抵抗汉语的影响,创造了自己的民族书写语言。

---

[89] 雅各布·布克哈特(Jacob Burckhardt):《意大利文艺复兴时期的文化》,何新译,页371—372,商务印书馆,1979。布克哈特还描述说:"更重要的是人们普遍无须争辩地把纯正的语言和发音当作宝贵而神圣的东西来尊重。这个国家一个地方接着一个地方地正式采用了这种典范语言。"同上书,页373。

正是基于这样的原因，柄谷行人认为语音中心主义（phonocentrism）——其实更准确地说是方言民族主义——并不仅仅是"西方的"问题，因为在民族国家形成过程中"世界各地无一例外地出现了同样的问题"，18世纪日本的古学运动就是例证。[90]然而，晚清以降的印刷文化和语言革命并没有以方言民族主义为方向，而是以帝国的书面语为中心，促进方言统一，将地方性纳入到"全国性"的轨道之中。中国语言运动的这一独特现象与近代国家建设得以展开的帝国前提有着密切的关系。

即使从语音中心主义与民族主义的关系的角度观察，这一历史前提也同样重要。中国社会的方言运动产生于明清时代欧洲传教士的"教会罗马字运动"，即用罗马字拼写各地方言、翻译和传播《圣经》和基督教读物的运动。这个运动既不以形成地方认同为目的，也不以形成民族形式为指归，而是将方言拼写与天主教的普遍教义结合起来——方言运动与宗教认同之间有着内在的联系。在晚清时代，这一"教会罗马字运动"的成果逐渐向"国语罗马字运动"转化，这就是晚清时代由士大夫推动的以罗马字拼写汉语，并在语音调查的基础上，寻找各地方言之间的共同语音的努力。这一运动是在日本等国的方言民族主义的激发之下产生的，但并没有重复欧洲国家或日本的方言民族主义道路。首先，"国语罗马字运动"并不以摆脱普遍语言——汉语书面语——为取向，而是以力图在各种方言之间找到一种能够与汉语书面语的普遍性相互匹配的语音为目的。正由于此，我们可以将这一运动视为民国初期"国音统一会"（1913）得以发起和成立的前提。其次，以语音为中心的运动与其说是民族主义的特产，毋宁说是帝国时代的语言变革计划的发展。雍正八年，因为福建、广东人不通官话，朝廷下令在四个城市设立正音馆教学官话发音，规定举贡生童不能说官话的人不得参加考试，并以三年为限。雍正十一年，又展限三年。从帝国时代的文化政策来看，这一王者"整齐民风"之政实际上是以书写语言为中心的，因为正音的标准是官话的发音，而官话在这里不是一般的京畿地区的方言，而是以官方书写语言为内在规则的语言，

---

[90] 柄谷行人：《民族主义与书写语言》，《学人》第9辑，页94。

从而方言所必有的俗字俗语并不进入正音的范畴。康有为在论述这一问题时说:"今当编书名之书达于四方,凡天地、鬼神、人伦、王制、事物,酌古准今,定为雅名,至于助词皆有定式,行之天下。……操此以言,行之直省藩部,罔有不通。……书名既定,凡公私文牍、传记、序论,百凡文体皆从定式。府县不得称都邑,官不得称守令,山西、陕西不得称秦、晋,一切名号断从今式,不得引古,俾学士、野民咸通其读,则民智日开,学问益广。至文体、文句皆有制度,不得擅自为言。"[91]据此,晚清的语音中心主义与民族主义和创造新型的民族语言的确发生了关联,但这一关联是沿着帝国语言的基本方向而不是方言民族主义的基本方向形成的。

当以语音为中心的语言运动让位于以书写语言为中心的语言运动时,这一取向就更为清晰了。"五四"至30年代的语言革命是近代民族文化运动的重要内容,但其主要的取向不是在方言民族主义与帝国语言之间展开的,而是在贵族与平民、精英与大众、传统与科学之间的阶级性的和文化性的对立之中展开的。语言运动的中心问题从语音问题转向了普遍语言——书面语——问题。在新文化运动、国家教育政策和现代都市商业的推动下,文学、科学读物和中小学及大学教材逐渐地去除文言文的影响,代之以能够在商业、科学、报纸和其他大众读物中运用的白话文。但是,白话文运动完全不能被看作是一个方言运动,作为一种书面语系统,白话文对文言的替代也不能被描述为语音中心主义。在这里,并不存在用一种民族语言去取代另一种帝国语言的问题,如用意大利语、法语、英语取代拉丁语的问题,或用东京方言、汉城方言创造新的民族语言以取代汉语的问题。这里存在的是用一种汉语书面语系统取代另一种汉语书面语系统的问题。这一时代还出现了并未实行的废除汉字运动和成效不大的世界语运动,但两者均未向方言民族主义方向发展,而是将一种世界主义的取向纳入中国书面语改造的轨道之中。在这个意义上,上述语言运动更为单纯地宣告着一种"现代认同"或民族认同的现代形式。

---

[91] 康有为:《教学通义·言语第二十九》,《康有为全集》(一),上海:上海古籍出版社,1987,页159。

在整个20世纪,最大规模的方言运动发生在抗日战争时代(1937—1945)。随着大都市的失陷,民族文化的中心从城市转向广阔的乡村,从印刷文化转向了以口头文学形式展开的文化运动。政治、文化和经济的中心从发达的都市转向了遥远的内地,这是现代中国的社会流动方向发生逆转的例外时刻。方言运动与抵抗战争、军事动员和社会动员有着密切的关系:这一时代的文化与政治必须与目不识丁的广大农民和战士打交道,从而不是书面语和以报刊和文学期刊为主的印刷文化,而是地方性的口语与地方性的文化形式成为这一时代的社会交流和社会动员的主要媒介物,不是小说、散文、现代诗和话剧等文学和艺术形式,而是鼓词、歌词、说唱、对口词、街头剧、地方戏等等成为文学和艺术的主要体裁。与口语、方言和地方文化的地位上升相伴随的,是一种新型的、迥异于汉语书面语的拼写语言和印刷文化的出现,这就是用拉丁语拼写方言的印刷物——杂志、课本和其他印刷物——的大量出现。拉丁化运动源自苏联远东地区的红军和工人的语言实践,后经瞿秋白等人的介绍进入中国,并在抗日战争时期广泛传播。从形式上看,这是最为接近于欧洲和其他地区的方言民族主义的语言运动,它既涉及方言语音,也涉及书写形式,并彻底地改变了帝国普遍语言的形态。然而,从一开始,这一方言运动和拉丁语运动就被纳入了"民族性"的逻辑之中:大众性民族运动没有向方言民族主义方向发展,而是将方言和地方文化与民族性或"全国性"问题综合起来。在这个运动中,我们实际上看不到方言民族主义的政治取向。随着抗日战争的结束,这一方言性的文化运动也随之终结。[92]因此,既不是方言,也不是地方性,而是一种能够包容方言和地方性的文化/政治认同,成为中国这一"想像的共同体"的前提,是战争所导致的大规模的社会流动激发了中国农村社会的民族意识。这个"想像的共同体"及其认同与其说是全新的现代创制,毋宁是民族形成的漫长历史中不断衍生

---

[92] 详细的讨论见本书附录一《地方形式、方言土语与抗日战争时期"民族形式"的论争》。

的话语、制度、信仰、神话和生活方式的产物,[93]是民族战争和现代政党政治在民族运动中将地方性文化综合在民族主义的诉求之中的方式和能力。[94]与欧洲方言民族主义的发展一样,日本、朝鲜、越南的方言民族主义以抗拒和摆脱中文这一帝国语言为取向,与此相比,中国的方言运动与中国民族认同之间的关系构成了一种独特的现象。方言运动没有构成一种威胁中国认同的民族主义运动:一方面,民族认同并不是将所有群体和个人纳入统一的身份认同之中的单一过程,另一方面,现代民族语言的形成也从未以取消方言甚至少数民族语言为前提或目标。正如抗日战争时期的地方性文化的复兴和方言运动的发展并不必然构成民族认同的障碍一样,民族认同也并不能消解地方性、方言文化,以及族群的、地方的或宗教的认同。

在这个意义上,任何脱离实质性的政治—历史内涵而仅仅在方言、印刷文化和书面语的形式方面探讨民族主义和民族认同的方法都是跛足的。在晚清以降的文化运动中,真正的新事物不是民族主体,而是主权国家的政治形式,是商业和工业资本主义的长足发展与民族—国家之间的内在联系,是科学技术及其世界观的革命性力量与民族主义之间的有机互动,是以现代教育和都市文化为中心展开的知识谱系与新的国家认同的关系,是一种能够将个人从家族、地方性和其他集体认同机制中抽离出来并直接组织到国家认同之中的认同方式以及由此产生出的义务和权利

---

[93] 杜赞奇(Prasenjit Duara)以中国史为例,认为民族和民族认同是一个前现代即已存在的现象,一种民族记忆和历史因果共同发生作用的产物。神话、书面语言和口头语言的历史性的混合体,而不是印刷资本主义,构成了中国民族想象的主要载体。"促使汉族中国人在与其他群体相遇时意识到'他者'并相应地认识到自己的群体的(即民族意识的萌发),并不仅仅是,或主要不是印刷媒体。"(见氏著《从民族国家拯救历史》(*Rescuing History From The Nation*, *Questioning Narratives of Modern China*),王宪明译,北京:社会科学文献出版社,2003,页41。)

[94] 政治和商业是统一语言的最大动力(例如在1950年之后推行的普通话运动和当代市场化过程中少数民族语言教育的衰落),这一点在世界各地是普遍的,但各自的社会条件和方式极为不同。例如,与19世纪中叶沙皇亚历山大三世强制推行"俄罗斯化政策"相比,我在这里所描述的情况也是极为不同的。

的新概念,是在上述条件之下民族主体本身的更新。所有这一切均需要放置在中国的帝国传统与现代民族文化的相互转化关系中、放置在社会变迁的国际性条件之下观察。在"五四"文化运动的世界主义取向中,民族认同与国际主义之间甚至构成了一种相互支持的关系。在这个意义上,现代认同并不等同于单纯的民族认同(尤其不能等同于族群认同),其中包容着地方性的、国际性的和其他多重层次的认同模式。这些认同模式在战争和危机时刻被组织到民族认同的系统之中,也经常被纳入民族—国家话语的支配性轨道之中,但中国认同从未取消多重认同的意义和不断变化的方言文化(方言文化和少数民族语言的衰落与当代市场扩张过程有着更为密切的关系)。在19—20世纪的文化辩论和历史研究中,围绕着民族认同问题,地方性、国际性和文化的混杂性始终是人们关注的中心问题。当代民族主义研究强调民族认同对地方认同的收编和压抑,如果放弃对于这一收编和压抑的社会动力——尤其是近代资本主义——的深入探讨,而将这一压抑机制视为帝国传统的结果,则不能说明为什么清帝国的官方文化中能够包容满、蒙、汉、回、藏等多种官方语言和多元性的政治/法律体制,以及极为丰富的地方性文化。上述简略的讨论至少能够证明:将民族这一"想像的政治共同体"视为纯粹的现代现象无法说明中国所经历的转化。

经典的民族主义特征之一是通过语言来界定民族性。文化主义者将中国的统一性归结为汉语的统一性,而后现代主义的民族叙事也从印刷文化和语言运动等方面解释现代中国的民族认同。这两种截然不同的方法论视野均受到民族主义对民族的界定的影响。在这一知识框架中,中国的统一性被归结为方言民族主义的匮乏(或汉语的统一性和稳定性),从而中国的政治危机也就被归结为政治民族主义的缺席和帝国文化的连续性。然而,即使是19世纪欧洲的民族主义语言学家也不曾将语言与民族的关系说成是一种简单的宿命。19世纪的德国比较语言学的代表人物洪堡曾经致力于论证语言对人类精神的结构性影响,但他也承认:语言的形式和规律产生的作用是静态的、有限的,而人施与语言的作用力则是动态的、无限的,"在任何时候,任何情况下,一种语言对人来说都不可能形成绝对的桎梏"。[95]由于殷商甲骨卜辞的发现,方块汉字的奇特的持续性得到了证实,汉语书面语无疑促进了今天中国幅员内各民族、各地区之间的融合和同化。这是不同人群能够共存和共享一种文化经验的例证。但即使如此,汉语的统一性与政治架构的统一性也不能等同起来。中国的历代王朝都不是单一语言帝国,也不是单一民族帝国,更不必然是汉人建立和统治的帝国。中古时代鲜卑、拓拔等北方民族对中原地区的渗透,蒙古、女真建立的庞大帝国,均为今天中国的地域、文化和人口构成创造了极为重要的历史前提。中国的人口、民族和地域是无数次混杂、迁徙、战争和交流的产物。在持续不断的民族改姓、易服饰运动和异族通婚的发展中,我们已经不可能确切地将汉族视为一个单一的民族,也不可能从所谓汉族中再"科学地"分离出不同的血缘关系了。从古至今,完全不同语系的语言和无穷丰富的方言(语言学家们将汉语区分为北方、吴、湘、赣、客家、闽、粤等七种主要方言,每一种方言又可区分为无数种小的方言)构成了我们称之为中国文化的语言特点。[96]每一次时代的变动和人口的混杂都带来了语言上的巨大变化,这就是以历史演变的方式逐层追究古音的清代考证学方法(尤其是音学考古学)得以成立的根据。

  汉语语言的统一性并不能直接地过渡为帝国的政治统一性:满、蒙、藏、回均有自己的书写文字,但在蒙古、满洲王朝内,这并没有构成分裂型民族国家或民族帝国的根据;与此相反,朝鲜、日本、越南长期使用方块汉字,但在近代民族主义浪潮中,这些国家不但没有因为拥有共同的书写语言而成为中国的一部分,反而通过各自的方言民族主义建立了新的民族认同。为什么在文字和文化上如此接近的王朝、在革命过程中如此亲密

---

[95] 洪堡(Karl Wilhelm von Humboldt):《论人类语言结构的差异及其对人类精神发展的影响》(Flitner and K. Giel eds, *Schriften zur Sprachphilosophie*, in *Wilhelm von Humboldt Werke in fünf Banden*, vol. 3 (Darmstadt: Wissenschaftliche Buchgesellschaft, 1963), p.657.),姚小平译,北京:商务印书馆,1997。

[96] 胡三省注《资治通鉴》卷一〇八云:"自隋以后,名称扬于时者,代北之子孙十居六七";《颜氏家训·音辞篇》描述北方汉语受到鲜卑语影响的情况时说:"南染吴越,北杂夷虏。"

合作的群体并没有通过革命或改革过程转化为统一国家呢？这里至少包含两重因素：第一，即使在前19世纪的漫长时代里，这些与中国文化和中国王朝有着密切关系的王朝始终保持着自己的认同感和独立的政治结构，在朝贡体系的框架中，它们是自主的政治实体。在这个意义上，文化同质性并不是形成统一国家的唯一条件，而文化的异质性也不是必然分离为不同政治实体的历史前提。那种认为中国只有文化认同而缺乏政治认同的说法是极为简化的。第二，19世纪民族—国家的构成取决于殖民国家势力范围的划分与王朝时代的差异极大的政治/经济关系，在早期中国革命的历史中，任何直接触犯英国、法国、日本、俄国等殖民利益的联盟关系都是不可能的。1907年，当章太炎第一次提出"中华民国"概念时，他曾经以欧洲民族—国家的模式为样板，试图建立一个以族群（汉）和文化的同一性为基础的中国。在这篇影响深远的文章中，他用中国传统的甸、服等概念分析说：朝鲜、越南、缅甸等国在历史上和文化上与中国有着密切联系，但如果中国与这些国家建立统一的联盟国家势必引发日本、法国、英国等列强对新生的中华民国的武装干预；与此相反，中国的西北地区在族群、文化和宗教方面与内地有重要的差异，但鉴于历史和地缘因素，将这些地区纳入新生的共和国不致引发欧洲殖民者的直接干预。正由于此，这位晚清时代最激进的民族主义者并没有严格按照族群、语言、宗教等因素构想他的"中华民国"。[97]殖民主义世界秩序及其武装干预的威胁是形塑20世纪前期中国建国运动及其主权范围的最为重要的力量之一。

3. 儒学与少数民族王朝中的中国认同

　　政治制度是活的存在，它们总是在不断地适应社会和经济变化，避免由于不适应而来的矛盾状态。法国历史学家谢和耐（Jacques Gernet）曾

---

[97] 章太炎：《中华民国解》，《章太炎全集》（四），上海：上海人民出版社，1985，页252—262。

经明智地断言：在总体上将中国界定为一个帝制社会或帝国是一个方法论上的错误。例如，宋明时代的郡县制国家及其皇权与综合了汗统和皇权的清朝体制无论在文化构成上还是总体制度上都存在重要的区别。在中国的皇权一统体制的延续表象下，始终存在着由国家组织、社会集团、区域、族群和宗教信仰的差异而产生的变化。没有这样一种复杂的历史理解，我们就无法说明"中国"的不断变化的、不断被创造的历史含义。正是在这样的视野中，历来被归纳在中国的制度（田制、官僚制度、兵制、科举制度、皇权等等）、文化（语言、习俗、儒学、佛教和道教等等）、族群（通过语言、文化、制度的碰撞、融合和转化而产生的新的社会关系）等范畴中的历史关系既不能按照尧、舜、禹、汤、文、武、周公、孔子的儒教主义线性谱系来加以勾勒，也不能被放置在王朝更迭的汉族中心主义的政治图式之中。所谓单纯的汉民族及其帝制文化的想象从来就是一个幻觉。也正由于此，在讨论"中国"这一概念的含义时，我们不能不追问如下问题：鲜卑、拓拔、穆斯林、犹太和其他一些族群在入主或迁徙至中原之后，是如何逐渐地融合在一个更大的社会共同体之中的，又是如何在一种共处的关系中保持自己的认同的？为什么北方民族——包括蒙古和满洲——在击败中原王朝之后最终将自己转化为中国王朝，并在一定时期和范围内实施多元中心的权力构架？王朝循环的表象包含了统治的合法性问题：所谓"外来王朝"如何将自身转化为中国王朝，中原地区的其他族群（主体族群）如何将这些王朝指认为中国王朝，这些王朝又为什么能够在朝贡/国际关系中被承认为中国王朝的合法的代理者？不回答这些问题，也就无法了解历史变迁之中的"中国"的含义，也就难以理解为什么对线性历史观和汉族中心主义的中国观的批判并不能导致解构"中国"的结论。中国研究中有关"汉化"或"胡化"的讨论需要放置在具体的历史关系之中而不是在"政治正确性"的宣称之中，才能产生出一些具有实质意义的成果。

　　语言、伦理和风俗对于政治统一及其象征固然有着一定的作用，但后者还需要一种特殊的政治文化和一种特殊的王朝合法性理论作为历史前提和政治性的根据。汉代以后逐渐形成的儒学"正统"理论或仪式主义，以及以此为根据而形成的王朝循环模式在其中扮演了极为重要的角色。正是这一模式,在不断变化的地域和族群关系之上创造了"中国"的政治连续性。换言之,构成与其他多民族帝国重要差异的是:中华帝国的政治统一不仅诉诸于中央权力与周边权力之间的权力动力学,而且也还诉诸于一种纵向的连续关系,即建立在儒学正统理论之上的王朝循环谱系。中国历史的线性谱系的构筑与这一正统理论和仪式主义有着密切的关系,因为正是按照这一"正统"理论,那些击败汉人王朝并入主中原的少数民族王朝才能将自己纳入王朝循环的模式。对春秋公羊学在清代复兴的研究证明:春秋公羊学并没有随着东汉以降今文经学的消失而消失,相反,这一儒家学说的正统理论(尤其是大一统和通三统理论)已经成为历代新朝建立自身合法性的理论资源和礼仪根据。与宋朝长期对峙的金朝曾经援引儒学正统主义——尤其是大一统观念——论证自己的正统地位;取代金朝并继而消灭宋朝的蒙古帝国也曾利用儒学的正统说(尤其是春秋学)论证自己作为中国王朝的正统地位,这个时代的士大夫还曾援用公羊学将《春秋》视为新朝的法统;[98]清朝的开创者在三统说的框架内汲取蒙元之汗统和明朝之皇权一统,并利用儒学的正统地位将自己纳入中国王朝的谱系。正由于此,儒学正统理论及其仪式恰恰为外来少数民族提供了一种跨越民族性、甚至语言文化差异来建立"中国王朝"正统的根据。在这个意义上,"中国"认同不是产生于汉族中心主义的叙述,而是产生于不同民族在建构新王朝时期所采用的合法化方式,即将自身改造或转化为中国王朝的方式。因此,儒学正统论不能等同于先秦时代确立的儒学教条,也不能归结为一种汉族中心主义的历史观。正统主义的不断发展与不同王朝——其中也包括各少数民族王朝——对于自身的政

---

[98] 曾经有学者将蒙元政治文化概括为"蒙汉二元性",即所谓既行汉法,又存"国俗":一方面采用汉地仪文礼法、官制军制、农桑赋役等礼仪和制度,但另一方面又保留和推行蒙古制度,如怯薛宿卫制、投下分土分民制、驱奴制、朝会滥赐制、贵族选汗制、官工匠制、商业上的斡脱制等。与清代情况不同的是:蒙古语始终是法定的官方语言,多数蒙古皇帝和贵族只懂蒙语,不懂汉语。参阅李治安、王晓欣编著《元史学概说》,天津:天津教育出版社,1989,页4。

治合法性的论证密切相关,也与在不断混杂和更迭的历史关系之中重新界定新的伦理价值、制度形态和生活方式的需要纠缠在一起。(参见第五章)

　　正是在这个意义上,我们就不能不越过对儒学夷夏之辨的简单斥责,重新追问如下问题:儒学内部究竟蕴含了怎样的潜力,使它的运用者能够超越种族和文化的差异并为外来王朝提供合法性? 在晚清以降的文化潮流和历史著作中,儒学的"夷夏之辨"经常被视为中华帝国及其人文传统的自我封闭的根源。马克思曾将长城作为与敌视外国人的野蛮习俗相并列的自我隔离的象征,认为惟有资本主义的廉价商品的冲击终于导致它的轰然倒塌。[99]然而,长城真的像人们想象的那样是夷夏之辨的产物吗? 早在20世纪40年代,拉铁摩尔描述了一个以长城为中心的内亚洲的生动画面。这一中国和内亚洲叙述中的长城中心论不仅超越了以农业为主的黄河中心的历史叙事和以城市、贸易和农业经济为主的运河或江南中心的历史叙事,而且也超越了以政治制度和国家边界为框架的历史视野。所谓"长城中心",指的是长城两侧并行存在着两个社会实体,即农耕社会和游牧社会。这两个社会围绕着长城而展开了长时期的交往,从而将对方的烙印深深地嵌入了各自的社会。游牧民族不是天然的游牧民族,他们是在农耕社会的发展潮流中被排斥出去的一个部分,并在草原地区定居下来。为了适应草原地区的环境,他们逐渐地放弃了农耕,转化为游牧民族。只是在这种劳动分工发展到一定阶段的时刻,这个社会才将自己从农耕社会的边缘状态转化为草原社会。因此,农耕社会与游牧社会是同时发展、有机互动的社会,它们两者之间历史地形成了一种边疆风格(the frontier style)。[100]在漫长的时期里,长城是联系和互动的纽带。谢和耐曾经举

---

[99] Karl Marx, *The Communist Manifesto*: *The Centenary Edition*, ed. Harold Laski (London: Published for the Labour Party by Allen & Unwin, 1948), p. 125. 人们用以讽喻中国的封闭性的惯用例子是长城的建立和反复修筑,因为中国正统观念的确包含了以这一人为构筑的战争工具划分内外的习惯。然而,用长城这一古老的比喻来暗示中国文化的封闭性也会碰到许多意想不到的困难。拉铁摩尔对长城的分析就是极好的例证。

[100] Owen Lattimore, *Inner Asian Frontiers of China* (New York, 1940).

出三个联系与互动的主要形式:经商潮流(海上贸易和陆路骆驼队)、军事扩张和外交关系、大宗教传播和朝圣进香。[101] 随着清朝一统局面的形成,长城不再是内外边疆的象征,而是清帝国的腹地,1691年康熙帝颁布禁令禁止重修长城正反映了这一新的现实。

但这并不等同于说帝国内部已经取消了由族群统治而产生的封禁和隔离,以及建立在这种封禁与隔离基础上的等级制度。满洲、蒙古等地是满、蒙的起源地,王朝颁布了许多法规限制内地居民进入,并严禁汉人与满人、蒙古人缔结婚姻。在一种新的内(满蒙八旗)外(汉人)之别的视野内,朝廷不但实施了一系列封禁政策,而且还以法律或政令的方式确定了族群差别。真正突破内外隔绝的运动与其说是帝国的统一,毋宁说是伴随帝国对中原地区的征服而发生的方向相反的移民运动和日常生活领域的不断混杂:几乎与清兵入主中原、关外居民大量涌入关内的同时,大批内地居民合法地和非法地迁徙到这些地区,他们租赁土地,开展贸易,与当地人通婚,形成了所谓旗民杂处的局面。长城再次成为连接农耕社会与游牧社会的纽带。所有这一切冲破官方的隔绝政策的社会迁徙是对内外夷夏的绝对尺度的冲击,也是对一种新型的认同关系的塑造。作为一种具体的、不断变化的历史关系,"中国"的含义是无法脱离这样的实践——其中包括不同族群和地区的人民冲决政治隔绝的藩篱而进行的交往与共存的实践——来加以讨论的。官方正史对于文化多样性的压制同时也是对这一交往与共存的民间历史的压制。

夷夏之辨、内外之别是孔子时代儒学的重要内容,这些命题涉及儒学礼仪的规范问题。正如许多概念、命题的命运一样,夷夏和内外范畴的历史延续性背后掩藏着截然不同的历史动力和内涵。鸦片战争之后,魏源提出"师夷长技以制夷"的主张,为洋务运动提供了理论的根据,但这一口号保留着夷夏之辨的历史痕迹。民族—国家的主权形式和民族主义理

---

[101] 这种联系随时代而不同,从而在不同时期与中国发生联系的也不是这个世界的同一个部分。谢和耐(Jacques Gernet):《中国社会史》(*Le Monde Chinois*, Paris: Armand Colin, 1990, p. 26.),耿昇译,南京:江苏人民出版社,1995。

论包含了种族区分、地域划界和主权关系上的内外之辨,这是否也是一种有关隔绝和封闭的理念呢?晚清时代有关夷夏问题的辩论掩盖了一个基本的事实:在清朝统治的二百多年中,"夷夏之辨"的儒学命题并不居于主流地位;晚清时代的"夷夏之辨"与其说是儒学传统的直接呈现,毋宁为对外来入侵和欧洲民族主义的回应。清王朝长期被汉人视为外来政权,它的合法性无法建立在儒家"夷夏之防"的传统之上。17世纪以降,清王朝一方面建立了一个少数民族的贵族专政体制,另一方面又用"满汉一体"口号批判"夷夏之防"的观念,并通过祭祀朱子、恢复科举、扶助宗族、继承明朝律令、起用汉人官员等方式,缓解满汉矛盾。为了确立自身的合法性,帝国意识形态的一个主要特点恰恰是消除夷夏、内外的绝对差别。明末清初,"攘夷论"(王夫之)、"夷夏之辨"(吕留良)在明遗民中一度流行,但始终受到清朝官方的压制,雍正皇帝为批驳吕留良弟子曾静而编撰的《大义觉迷录》就是对于"夷夏之辨"的强烈斥责。

如果说清朝官方的"满汉一体论"是为了缓解汉人的反抗,并以此将满清王朝顺利地转化为一个多民族的"中国王朝",那么,18世纪在汉人士大夫中逐渐流行的"夷夏相对论"则体现了处于族群等级底层的汉族士大夫在承认清朝法统的前提下对于清王朝的族群隔离、族群等级和族群体制的批判。他们以礼仪为中心将"中国"概念与族群、地域范畴区分开来——尽管政治的立场已经迥然不同,这个看法与清代初期顾炎武对"亡天下"与"亡国"的区分一样,均植根于儒学的礼仪观念和从儒学视野出发产生的对于历史变迁的理解。在这个意义上,将封禁与隔绝归结为儒学的结果是本末倒置的。例如,清代中期的今文经学重申《春秋》尊礼重信而信重于地、礼尊于身的原则,强调任何以地或以身(族群身份)为标准裁定是非或界定是否为"中国"的方式均违背了礼仪原则。庄存与、刘逢禄、龚自珍、魏源等人在经学的框架内批判清朝国家的族群等级政策。他们作品中的"中国而夷狄则夷狄之"、"夷狄入中国则中国之"或"中国亦一新夷狄也"等经学命题强调了礼仪和文化(而不是地域与族群)在界定"中国"时的重要性,并对倡导夷夏之防的宋代理学及其中国观进行了尖锐批判。"夷夏相对化"既非《春秋》的义旨,也非《公羊》的教条,而是西汉时代董仲舒《春秋繁露》对《春秋》大义的诠释:随着西汉帝国的扩张,周代内外夷夏的地域观念无法运用于大一统帝国内部,昔日的夷现在必须获取夏的地位。在清代的语境中,汉人士大夫为了消除王朝内部的族群差别而倡导内外相对化,实际上也重新定义了"中国"的含义:如果礼仪是区分夷夏的最为重要的标准,那也就意味着一种转化的可能性,即一旦夷狄臣服于礼仪,它也可以成为"中国",而一旦"中国"违背了礼仪,"中国"即不复为"中国"。(参见第三章和第五章)这一论点至少在规范的层面表明:不是族群、地域和政治权力,而是礼仪关系构成了清代认同政治的重要尺度。这是古典的"共和"理念在清代政治中的回响。

清代士大夫以这一以礼仪关系为中心的相对化的夷/夏、内/外观批判帝国内部的族群关系,从一个极为隐微的方面提出了帝国内部的权利平等问题。这一夷夏相对化的观念同时也扩大了"中国"的含义,从而为一种超越族群认同的中国认同提供了框架。在鸦片战争前后,龚自珍、魏源等人将这一相对化的夷夏观带入了中西关系之中,进而为学习西方、促进改革提供了内在于儒学的前提。(参见第五章、第六章)在上述意义上,"中国"这一观念的确不能被视为一个不变的本质,而是一个不断被建构的概念;"中国"这一概念既为统治民族挪用于对自身王朝的合法性论证,也为被统治民族用于民族平等的诉求;"中国"这一变化的历史关系既为多数民族王朝所界定,也为少数民族王朝所界定。北方民族征服中原和中原王朝征服"夷狄"的过程充满了血腥和残酷,以"中国"这一范畴取消内外夷夏的绝对差别,在承认各族群及其文化的独特性的前提之下形成一种平等主义的中国认同,这为民族和解、族群共存和消弭战争提供了一种理念。这的确仅仅是一种理念,但如果认为这一理念仅仅是一种历史虚构(或者中央之国狂妄自大的表现),而与具体的历史关系、特定的政治文化、丰富的生活形态,以及古老的政治合法性理论没有关系,那就变成了一种真正的历史虚无主义。王朝一统的格局、旗民杂处的局面和汉人士大夫在夷夏相对化的前提下形成自身认同的方式,对于清朝的多元社会格局和制度结构产生了重要的影响。

这里仅仅扼要地勾勒康有为的今文经学的四个主题就可以了解上述

夷夏论如何在晚清时代转化为现代中国认同的要素:第一,确认当代世界正在进入一个如同春秋战国时代一样诸国并立的时代,认为"中国"应该重构自身与世界的关系。康有为拒绝用民族—国家的观念来界定中国的含义,认为"中国"是通过历史演化而获得了自身同一性的整体。在这个前提下,变化与多样性而不是单一起源和单一民族构成了"中国"的实质性内容,而他的儒家学说即是在总结这一变化与多样性的基础上形成的理论。第二,在与古文经学的对立中,尊奉孔子为圣王和新王,拒绝承认周公的崇高地位,实际上将孔子塑造为王者,进而在文化认同的基础上建立皇权的绝对中心和正统地位,拒绝任何以摄政形式形成的权力关系。这一姿态既是在慈禧摄政的条件下重构皇权中心的努力,也是在理论上确认主权的单一性。第三,通过建立孔子的新王地位来确认皇权中心的思想,一方面将儒学的礼仪/政治体系置于高于皇帝个人的地位,从而为新的国家政治变革构筑理论前提,另一方面则以此重构皇帝的代表性:作为儒家礼仪的最高象征,皇权并不代表特定的族群(满族),也不代表特定的阶级,而是代表"中国"。第四,以近代科学知识重构宇宙论,把儒学普遍主义组织到一种以自然法则为根据的世界关系之中,从而构筑了一种有关宇宙、人类和伦理的自然法则体系。(参见第八章)

4. 帝国时代的地域扩张、国际关系与主权问题

作为一个多民族帝国,清朝的政治统 建立在皇权与封建权力的多重结构关系之中(那种认为帝制完全扼杀了封建贵族制度的看法至少犯了简单化的毛病),但从总的趋势来看,这种多元格局并不稳定。从17世纪开始,帝国建设过程就包含着多元性与一元性的张力,而制度的趋同过程是一个长远的趋势。帝国权力的多中心化集中体现在如下两个方面:一、在汉人聚居地区,清朝政府采用了明代的郡县制度,中央权力具有绝对的权威性,但这种权威性并没有直接渗入基层社会之中,宗族—乡绅体制在清代居于极为重要的地位。(参见第三章)二、清代中央皇权与蒙古、西藏、新疆以及西南土司之间的领属和臣服关系建立在一种多中心的

权力构架内部,前者并无权力直接干涉后者的内部事务,后者拥有自己独特的法律、宗教信仰和自主权。宗法—乡绅体制的瓦解与太平天国运动和近代国家建设有着更为密切的关系,而导致中央与少数族群的权力关系的变化的是三个主要因素:第一,在面临外部威胁(如俄罗斯)和内部反叛(如三藩战争和随后发生的"改土归流")的过程中,帝国力图用各种制度的方式收回各地区拥有的自主权;第二,随着旗民杂处和民族混居的大规模发展,多元法律和多元制度所造成的差异成为帝国内部成员地位不平等的根源之一,从而王朝为确立自身合法性的"满汉一体"等帝国宣称成为汉人和其他民族成员要求获取平等地位时运用的口号。(夷夏相对论和内外无别论即是从认同政治的角度提出的平等诉求。)第三,从18世纪末开始,欧洲海上霸权和鸦片贸易开始侵蚀清朝的经济和社会,沿海地区开始感受到严重的压力。为了获取更多的税收和稳定边疆,清朝开始将内地的行省制度扩张到原来的朝贡区域,从而在帝国内部产生了新的权力集中趋势。龚自珍于1820年就有在西域设立行省的奏议,因书法不合规范而未获皇帝的注意,但半个世纪之后这一建议最终实施。我们可以将这一建议归纳如下:一、行省体制保障中央可以不受地方干扰地从内地移民,形成对抗沙俄帝国向东方扩张的人力资源;二、行省体制增强中央对西域地区的直接管理,为国家从该地区获取更多的税收提供制度保障,从而缓解18世纪末期以降与日俱增的鸦片贸易造成的中央财政困难;三、欧洲海洋军事霸权与走私贸易结伴而行,中国必须寻找东南沿海之外的对外通道,而西域则是通向印度洋出海口的必经之路。(参见第五、六章)

19世纪前期的西北舆地学是对清代帝国建设过程和俄罗斯东扩的压力的回应,但也在极大程度上修改了明代以来士大夫习惯的中国观,从而以舆地学方式重新定义了"中国"的疆域和含义。值得注意的是:顾炎武《日知录》中置于"外国风俗"条下的诸多内容在这一时代已经成为帝国舆地知识的有机部分。这一时代在汉人士大夫中兴起的舆地学研究与上面谈及的龚自珍的战略性思考有着内在的联系。这些舆地学研究的内容远远超出了地理学的范畴,其中包含了边疆区域的语言、宗教、习惯、人口、水地状况和其他资源的调查。清代前期,汉人士大夫无权深入西北和东北边陲进行舆地研究,大多数汉人士大夫还习惯于明代形成的中国观念。但在帝国的合法性获得承认之后,夷夏相对化的观念逐渐地从身份问题渗入了地域观念之中。中央与地方的关系和中国与外国的关系是舆地学研究的内在动力。早在1689年,清朝与沙皇俄国签订了《中俄尼布楚条约》,雍正时代又有《中俄恰克图条约》的签订,其内容涉及边界的划分、双边贸易的发展和边界地区人民的归属和迁徙问题。为了形成双方能够共同承认的划界条约,康熙邀请欧洲传教士用先进的制图技术协助划定边界,并以拉丁文作为条约的正式文本、以满文和俄文作为条约的副本。帝国扩张所导致的战争与和平关系是这些边界得以确立的重要动力,这也表明后来作为民族—国家区别于早期帝国的标志的边界实际上产生于帝国之间的竞争关系之中。

如果说西北舆地学产生于帝国扩张所产生的地域关系的变化,那么,一个以海洋为中心的新型世界图景的出现则将中国放置在众多"海国"之中。伴随鸦片贸易、尤其是鸦片战争的爆发,舆地研究的中心从西北转向了东南沿海、南洋和欧洲。在徐继畬之后,由林则徐授意、魏源完成的《海国图志》集中了当时能够收集到的各种地图和说明资料,不但构筑了一个极为丰富和完整的世界图景及其历史脉络,而且也包含了对于世界权力关系的政治/经济解释。这部著作的主要贡献是:第一,魏源精确地计算了鸦片贸易与清朝贸易逆差的形成,阐明了18世纪英国的工业革命如何导致了世界性的贸易关系的转变,以及东印度公司的运作机制和英国海上军事力量的支配地位在这一转变过程中的作用,从而说明了正在形成之中的新的世界权力关系及其动力和中国面临的挑战。他提出的基本方略是:以朝廷和民间的双重力量加速发展造船、航运和海军力量,将军事保护与商业联系起来,并以军事和商业的双重要求重新组织政府管理体制;这一军事工业化过程为清末国家建设奠定了重要的前提。第二,通过在知识上恢复宋明时代的海洋联络路线,重新绘制了一幅以海洋网络为中心的新的世界图景,将南洋在中国朝贡体系中的重要性突显出来。由于对郑氏台湾的围剿和封锁,清朝初期实行禁海政策,但康熙帝并未放弃海上通商的努力。我们可以找到大量事实说明17至18世纪的清朝如何通过与周边国家和欧洲国家订立条约、发展朝贡关系,形成了颇为复杂的经济和文化关系。[102]自乾隆晚期,清朝对于贸易的限制日益严格,[103]这一政策的形成不能简单地归因于闭关保守的心态,毋宁是对新的国际贸易关系的回应:18世纪英国的工业革命导致了世界性的贸易关系的转变,东印度公司和英国海上军事力量的支配地位成为这一时代的重要特征。在危机日益深重之时,魏源发现:闭关和限制贸易的方式不可能维护中国的最终利益,大清必须在经济、军事和政治诸方面实行以开放与自我保护相并行为取向的改革。

现代主权是一种新型的国际性的承认关系的产物,条约即是这一承认关系的契约形式。由于条约体系预设形式平等的主权概念,从而民族主义也以此抗拒帝国时代的不平等关系。帝国之间的贸易和外交关系包裹在朝贡体系的名义之下,而朝贡概念隐含了等级性的意义。正由于此,人们通常将朝贡体系置于与条约体系相互对立的关系之中。然而,只要我们稍微观察一下1840年以前的众多双边条约,就可以了解朝贡关系不仅包含了贸易通商性质,而且也与所谓条约关系并行不悖。在朝贡关系中,不同的主体对朝贡关系存在着不同的解释方式,从而朝贡礼仪中的等级体系在实践中也可能通过各自表述而产生出实质性的平等含义。朝贡/条约体系的失败是新型国际关系和霸权结构的结果,而不是形式平等的主权关系战胜不平等的朝贡模式的结果。与1689年《中俄尼布楚条约》和此后与欧洲国家签订的双边条约不同,鸦片战争之后的条约不再允许清朝维持朝贡体系的表象,但仍然维持了在更早时期的条约中对于

---

[102] 康熙曾多次派人前往日本寻求贸易通商的机会,但由于日本奉行的锁国政策而告失败。1683年平定台湾后,东南各省疆吏请开海禁,康熙随即应允,并于1685年设置广东澳门、福建漳州、浙江宁波、江南云台山四榷关与外国通商,宣布对荷兰、暹罗等国的市舶免税,对其他各国来华商船也实行减免税。康熙时代江、浙、闽、粤四地的开关,雍正时《中俄恰克图条约》的签定,以及清朝与朝鲜、越南、南洋各地的商业往还,都证明清朝并不像后来人所指责的那样闭关。
[103] 乾隆曾下令在广州一口通商,禁止外商到厦门、宁波等地贸易,并加重了关税。

清朝主权的承认。欧洲殖民主义者将清朝与欧洲列强的冲突界定为前者对自由贸易的拒绝和对国际法的无知，但一个历史性的讽刺是：为了让清朝合法地签署不平等条约，就必须赋予清朝在欧洲国际法意义上的形式平等的主权，而在欧洲国际法笼罩下的条约远较朝贡体制时代的条约更不公平。在17至19世纪的漫长过程中，欧洲国家相互承认的主权关系限制在以基督教为背景的欧洲"文明国家"之间，但在鸦片战争之后，欧洲国家需要欧洲之外的形式平等的主权单位签订不平等的条约，进而将清朝纳入欧洲国家主导的条约体系之中。尽管欧洲殖民国家不断利用中国内部关系的复杂性——如族群关系及地方与中央的关系——牟取自己的利益，但主权国家的概念的确预设了单一主权的含义，即民族—国家拥有单一的主权源泉，其他民族—国家必须以这一单一主权为一个国家的唯一政治主体。主权的单一性诞生于欧洲绝对国家形成的历史之中，它瓦解了封建时代的多元权力中心格局，为民族—国家的形成提供了历史根据。当这一单一的、形式平等的、以国际承认为尺度的主权概念扩展到中国和其他地区时，实际上也就将传统的朝贡体系及其内外关系模式贬低为次要的、不合时宜的模式，这从另外一个方向促成了清帝国向单一主权国家的转化。《万国公法》的译介过程正是这一主权转化过程的参与者和结果。（参见第六章）

　　在这一历史语境中，士大夫和敏感的朝廷官员终于将对一种新的世界格局的认识转化到王朝的自我认识之中，他们将欧洲的科学知识、政教知识与儒学的观念结合起来，重新拟定中国的内外关系，并从《春秋》、《周礼》以及其他典籍中找到了国际法观念和世界性的舆地学视野。这一时代盛行将民族—国家竞争的时代描述为"列国并争"的战国时代，在这个意义上，将《春秋》和《周礼》作为国际法的早期典范意味着对于西周和春秋时代的尊崇：战国时代是缺乏礼与信、崇尚权诈和暴力的时代，如张仪骗楚怀王入关而不返即是典型的例证；而春秋间的国际活动包括战争仍然以诚与信为准则，如晋文公伐原三天未下而自动撤兵。这是一种将儒学原则扩大到国际关系之中的方法。康有为为朝贡体系的深刻危机而震惊，他以"列国并争"时代的到来作为再造以皇权为中心的主权国家的理由。康有为对皇权中心的强调除了有针对太后摄政的直接政治动机之外,更为重要的还是考虑中国主权的象征性问题:皇权代表了帝国幅员内的各民族和疆域,一旦皇权解体,以儒学为中心形成的中国认同将为欧洲式的民族认同所取代,从而帝国的分裂就不可避免了。康有为的改革主张是以皇权的象征性为前提的,他要求将帝国直接地转化为一个主权单位,并以中央和地方体制的改革支撑这一新的主权形态。(参见第八章)晚清革命党人曾经以反满的汉民族主义相号召,但辛亥革命创建的仍然是一个以对外实行民族自决、对内实行民族平等的五族共和的政治架构。革命党的共和主张与康有为的君主立宪相互对立,但在将帝国直接转化为主权国家这一点上他们之间差别甚微。对于新生的共和国来说,政治自治首先是对皇权、贵族制度而言的人民自治,其次则是对于欧洲殖民者而言的国家自治。这一共和国的自治模式与针对欧洲帝国的统治形式而产生的民族—国家模式有着重要的区别。从结构上看,作为现代主权国家的中国与中华帝国之间存在着明显的连续性,这也是为什么民国的缔造者能够用"道统"的连续性为新的国家提供历史合法性。中央权力的集中和政治结构的单一化既是应付内外压力的结果,也是为了新的民族—国家体系的单一主权的承认关系的产物。殖民主义的霸权格局、欧洲国际法的承认关系以及清朝的自我改革从不同的方面对作为主权国家的"中国"做出了界定。

5. 帝国建设、国家建设与权力集中的趋势

　　清代的帝国建设(empire building)过程中的权力集中趋势与清末的国家建设(state building)存在着明显的重叠过程和方面,但其中两个最为重要的因素与以公民权为核心的民族认同模式和单一主权的政治结构有关。我们可以将这两者作为帝国建设与国家建设之间的明确边界。第一,早期王朝的统一性承认各民族和各地域的多重政治结构和文化认同,而清末以降的国家建设则致力于将多重社会体制纳入一个相对单一的政治构架。帝国内部的多元权力中心和自治因素是在帝国向主权国家转化

的过程中逐渐弱化和消失的。鸦片战争以来的所有社会变革都围绕着一个目标,即重建强大的中央集权国家,以致必须破坏旧制度中的所有与这一集权国家有所矛盾的制度因素。从现代化的角度说,这既是一个伟大的历史进步,因为没有一个权力集中的国家就无法实践工业化的目标,也无法抗拒殖民主义和外来侵略,形成社会的自主性,但同时这个进步本身也孕育着新的危机,因为还从来没有一个传统王朝像现代社会这样彻底地拒斥各种自治因素、摧毁原有的社会结构。现代革命摧毁了满、蒙八旗制度、西藏噶厦制度、西南土司制度、新疆地方制度、乡村宗法制度,以及内含其中的不同形式的自治权,从而为推动国家建设提供了条件。在这里特别值得注意的是:晚清政治改革包含了分权改革和地方自治的因素,但这一分权和地方自治是以制度的统一性和主权的单一性为前提的,从而区别于帝国时代的制度和法律多元主义。在朝贡体制内,各个地域和民族并没有被纳入单一的政治结构之中,而近代国家建设的核心是形成单一的政治架构。凯杜里对中欧地区民族主义的讨论对我们这里的讨论也许有所帮助:"由于民族自决原则的运用而产生的国家就像它们所代替的多民族帝国那样,遍布畸形地区和混居地区。然而,在一个民族国家,由于多民族的存在而产生的问题比在一个帝国要尖锐得多。在一个混居地区,如果一个民族实现了领土要求,并建立了一个民族国家,其他民族将感觉受到威胁,并会表示不满。对于他们来说,被一个宣称在它自己民族的领土实行统治的民族统治,比被一个不是基于民族的土地实行统治的帝国来说统治要更糟糕。因为在一个帝国政府看来,在一个混居地区生活的各个民族均应被平等地给予某种考虑,而在一个民族政府看来,他们则是在一个或者将被同化、或者被排斥的国家中的外来的群体。这种民族国家宣称将所有臣民视为平等的民族成员,但是,这种听起来公平的原则仅仅有助于掩盖一个民族对另一个民族的暴政。"[104] 中国的民族自决运动面临相似的问题,从而如何将帝国时代的遗产放置在民族平等的原则之中,以克服民族—国家的主权单一性所带来民族不平等问题,

---

[104] 埃里·凯杜里:《民族主义》(Nationalism),北京:中央编译出版社,2002,页121—122。

始终是中国认同和国家建设的重要问题之一。中国的区域自治制度即是综合了民族主权与帝国遗产的制度,自治权的落实与民族平等原则的实施之间有着不可分割的联系。

第二,现代国家的权力集中趋势依赖于一种新型的认同模式的产生,即一种超越家族、地方、族群的民族认同模式的产生。公民或国民概念及其在法律上的地位以将个人从族权、神权和宗法等地方性关系中解放出来并直接组织到国家主导的社会网络之中为目标。"民族国家的民族主义是公民性的同时也是官僚性的。因为民族国家通过官僚制及其与公民相关的机构得以制度化,并得到表现的。因此官僚制及其机构日益成为民族国家的民族主义的所在地,这不是简单地从官僚部门的现任者们的物质利益和地位利益方面来说,而是就民族国家自身的权力、团结和利益而言。"[105]宗法力量在清朝社会获得了重要的发展,成为一种与中央集权和官僚体制并存的分权结构。为了巩固满清王朝的体制,康熙、雍正和乾隆时期大力扶植宗族体制,后者甚至替代了部分地方政府的职能。在18世纪,宗法权力不断扩张,甚至出现了宗族与地方政权争夺权力并逾越国家法律界限的格局。为了平衡这一格局,乾隆皇帝曾对宗族的权力进行限制,也曾惩罚过一些逾越权力、私自将族人处死的族长,但中央政权并没有彻底瓦解宗族体制。晚清时代的改良派从分权的角度将中国的宗族体制等同于欧洲的市民社会,认为它构成了一种分权体制和社会自我管理的社会基础。然而,近代中国革命的主要任务之一是要将农民从血缘和地缘关系中解放出来,并将他们转化为革命的主力、国家的"公民"和城市工业化过程中的廉价劳动力。在这个意义上,"公民"及其权利与国家认同及其工业化计划具有直接的关系,即他(她)的首要责任和义务不是对于家庭或社区的责任和义务,而是对于民族或国家的义务。如同史密斯(Anthony D. Smith)所说:"不仅是族裔民族主义,而且公民民族主义也可能要求消灭少数群体的文化和少数群体共同体本身。它

---

[105] 安东尼·史密斯(Anthony D. Smith):《全球化时代的民族与民族主义》(*Nations and Nationalism in a Global Era*),龚维斌、良警宇译,北京:中央编译出版社,2002,页117。

们……不仅要求通过整齐划一来实现平等,而且认为'高等文化'和'大民族'必然比'低等'文化和小民族或者小族裔更有价值。因此西方民主国家的说教式叙述结果和那些非西方的独裁的国家式民族一样苛刻和严格——实际上实行的是族裔的一边倒,因为它要求在民族国家里,将少数族裔濡化进同质的主体族裔的文化,实现对少数民族群体的同化。公民的共同的民族平等,摧毁了所有横在公民和国家之间的组织和团体,公民民族主义的意识形态将传统的和本土的文化归入社会的边缘,归入家庭与民俗的范畴。为了达到此目的,它还有意识地、故意地贬低和压制定居的少数族裔以及移民的族裔文化。"[106]因此,现代建国运动没有沿着明末和清末的地方分权思想向前发展,也没有遵循17—18世纪清朝帝国建设的框架来进行,而是朝向瓦解基层社会组织和制度多样性的方向发展。辛亥革命时期的民族主义革命者、"五四"时代的启蒙知识分子和中国共产主义革命的领袖毛泽东在宗族和族权等问题上持有极为相似的观点,即将之视为中国"封建"传统的最为重要的遗产、中国社会动员的最大障碍(即孙中山所谓"一盘散沙")和中国革命的基本对象。在民族平等、公民权利和人民国家的合法性宣称之下,现代国家在"革命"、"解放"和"合法权利"等名义下将个人重新组织到国家主导的集体体制之中,从而赋予了现代国家对于个人的更为直接的控制权。当人们将现代专制的根源溯源于帝制传统时,却忽略了现代集权形式与帝国时代的社会控制在社会组织形态上的重要区别。离开上述复杂的内外历史关系,尤其是离开海洋时代的军事和贸易关系,离开欧洲主权体系在世界范围内的扩张,我们无法说明现代国家的权力集中趋势和行政结构的趋同化的社会条件。

大约一个半世纪之前,托克维尔通过对各种档案和文件的分析,从昔日法国的历史中看到了当代法国的面影,论定许多原以为源于大革命的感情、来自大革命的思想和产生于大革命的习惯竟然如此之深地植根于法国的旧制度之中。托克维尔坚持认为现代法国的中央集权制度不是大革命的成就,而是旧制度的产物、是旧制度在大革命后仍然保存下来的政

---

[106] 《全球化时代的民族与民族主义》,页120。

治体制的唯一部分,因为在旧制度中只有这个部分能够适应大革命所创建的新社会。[107] 在一定意义上,晚清革命在政治制度上的后果是在清帝国的幅员和人口结构内恢复了宋、明时代郡县制国家的结构,从而沿着清代帝国建设的制度趋同过程将郡县制扩展为帝国的行政结构。中国革命没有遵循那种将原有的君主国家与帝国统治相互分离的欧洲模式,而是在清朝的基础之上通过民族与国家的结合形成单一主权国家。孙中山的民族主义以对外寻求民族自决、对内实行民族平等的双重面向为特征,即在瓦解原有的帝国体制的过程中,并不鼓励各民族形成独立的政治结构,而是在原有的地域和人口基础上实现对于清帝国的政治结构的转化,消除民族特权,使之成为世界民族国家体系中的一个主权单位。从清末的革命到1949年中华人民共和国成立,其间地方割据、军阀混战、经济破产、外敌入侵,直到内战结束,中国最终以一个独立的人民主权国家的形式重新出现在世界的面前,但它的地域和人口的边界与清代差异甚微。中国革命被广泛地视为一场民族革命,但这个民族革命的真正后果是将中国从一个帝国转化为民族—国家体系中的主权国家。

然而,为什么这个新社会需要并且放大旧制度的集权特征呢? 比托克维尔早不了多久,马克思也在总结1848年法国的事变。像托克维尔一样,他慨叹"一切已死的先辈们的传统,像梦魇一样纠缠着活人的头脑",但同时提醒我们:"在观察世界历史上这些召唤亡灵的行动时,立即就会看出它们中间的显著的差别"。[108] 再现的历史幽灵听从着完全不同的历史声音的召唤,完成着和他们第一次出现时截然不同的历史角色。对于历史学者而言,与其论定一个社会的困境不过是由传统和历史造就的宿命,不如去追问造成新的历史命运的动力何在:为什么有些因素彻底地消失了,而另一些却改头换面重新出现? 当民族—国家的合法性理论将所有的罪过加之于"帝国"之上时,究竟哪些真实的历史动力从我们的视野

---

[107] 托克维尔:《旧制度与大革命》,冯棠译,北京:商务印书馆,1992。
[108] 马克思:《路易·波拿巴的雾月十八日》,《马克思恩格斯选集》第一卷,北京:人民出版社,1972,页605—606。

中逃遁了？又有哪些不断滋生灾难的机制成为我们最为习惯的、亦即完全自然化了的秩序？如果民族—国家是资本主义的"常态"，那么，这个新的国家建设的核心就是围绕着发展资本主义或现代化的逻辑而发展起来的。在以民族—国家的形式进行资本积累、劳动分工和组织再生产，形成能够参与国际竞争的国民经济体系等方面，历史资本主义和国家社会主义两者并无根本区别。正如列宁对孙中山提出的超越资本主义的民主主义和社会主义纲领所做评论那样，这个纲领所体现的"民粹主义为了'反对'农业中的'资本主义'，竟然实行能够使农业中的资本主义得到最迅速发展的土地纲领"，[109]但正是这个反资本主义的纲领为发展资本主义提供了最为有效的方式。亚洲民族主义的这个新典范首先是与资本主义条件下的新的劳动分工及其带动的对旧有社会关系的改造密切联系在一起的。资本主义积累必须重构原有的农村关系和人口构成，进而创造出一种工业化的前提。所有这一切意味着民族—国家建设必将形成一种新的等级关系：城市与乡村、城市人口与农村人口、重新划分的阶级结构和以及在民主和平等的合法性诉求下形成的不平等的政治权力系统。

现代国家和资本主义要求复杂而有效的制度和法律结构，从而制度改革和法律创制构成了清末以降的改革运动的普遍特征。以制度论为中心的思想运动构成了现代思想发展的一个重要特征。盖尔纳在讨论民族与民族主义时论证说："现代性的出现，总的来说取决于许多约束力强的小型地方组织的衰败，取决于它们被流动的、无个性特征的、识字的、给人以认同感的文化所取代。正是这种普遍化的状况，使民族主义规范化，并具有普遍性。而偶然带上上述两种类型的忠诚，偶然利用血缘关系去对新秩序进行一种间歇性的、寄生性的和不完全的适应，也并不与此相矛盾。现代工业在上层会表现为家长式的统治、裙带关系的盘根错节；但是，它不可能像部族社会那样，以血亲或者地区原则为基础来发展自己的生产单位。""现代社会始终并且必然是集权的，这是因为维持秩序只是

---

[109] 列宁：《中国的民主主义和民粹主义》，《列宁选集》第2卷，页428—429。

一个机构或者一群机构的任务,而不是分散在全社会里的。复杂的劳动分工、互补性、依存性和不断的流动:所有这些因素,使人们无法同时扮演生产者和暴力的参与者两个角色。在有些社会里,特别是一些游牧社会,这是行得通的:牧羊人同时又是士兵,而且常常还兼任本部落的议员、法官和诗人。整个社会的全部或者几乎全部的文化似乎浓缩在每个个人身上,而不是以不同形式分散在他们中间,社会似乎至少在男性成员中间,在很大程度上排斥专业化。这种被社会容忍的专家又是社会蔑视的对象。……"[110]清初和清末,中国思想中两度出现了对于宋明理学的批判潮流,前者导致了经世之学和经学的兴起,后者为各种政教和技术知识的传播铺平了道路。也正由于此,晚清思想也常常诉诸于清初经世之学的族群思想和实践理论,进而为民族认同和政治变革提供思想的资源。然而,如果将顾炎武与康有为做一对比,两者均以儒学为底色建构各自的理想社会模型,但前者以礼乐论为基础,后者以制度论为前提:顾炎武注重地方性的风俗、习惯、自治传统与"中国"范畴的内在联系,所谓"寓封建于郡县之中"一语说明了这一政治观的核心价值;康有为注重皇权中心的国家结构,力图将立宪、国会、西方式的行政体制和法律规范作为国家建设的核心条件。(参见第三章和第七章)晚清思想的最为重要的特色之一是大规模地介绍、翻译和解释西方知识,并力图将这一知识的规划与国家制度的建设密切地结合起来。尽管郡县制国家的各种机能和法律传统提供了一个完整的构架,但改革的方向始终是将这一构架彻底地改造成为适合单一主权国家的政治结构和能够促进资本主义发展的法律/权利体系。(参见第七、八、九章)

当国家/社会制度的合法性和权威性成为晚清思想的基本前提之时,针对这一制度所造成的新的压抑的批判性思考就在新的规范之内展开了:康有为以今文经学为框架,综合各种西方政教知识,形成了一种大一统的国家建设理论,但与此同时,他又将儒学、佛学的理念与欧洲的乌托邦思想结合起来,在科学宇宙论的配合之下,建构了一个以消灭国家和其

---

[110] 盖尔纳:《民族与民族主义》,页114,117。

他社会单位的大同世界；(参见第七章)严复大规模地翻译了斯宾塞、穆勒、孟德斯鸠、赫胥黎、亚当·斯密等欧洲作者的国家理论、法哲学、经济理论、社会理论和科学方法，以及历史思想，但又以黄老无为的思想综合欧洲自由主义的理念(尤其是关于个人权利的理念)提防他所追求的富强学说转化为一种制度性的压抑；(参见第八章)梁启超倡导国家有机体学说和大民族主义观念，但又从阳明学传统和康德等欧洲哲学中发掘个人自主、地方自治的思想，并力图赋予进化学说以道德的色调，调和科学与伦理之间的尖锐矛盾；(参见第九章)章太炎用古文经学综合西方民族主义的知识，为建立一种汉民族主义的认同提供了知识上的谱系，但又从佛教唯识学和费希特、尼采等德国哲学的命题出发，发掘其中激烈反对国家和社会专制的个人观念，最终综合庄子齐物论和佛教哲学建构了一种针对欧洲已经出现、中国正在确立的现代性体制的否定性的乌托邦。(参见第十章)所有这些不同的思想取向均在不同程度和方向上体现了一种悖论式的特征，从而为中国的现代认同的确立及其自我反思提供了极为重要的资源。

晚清以降以国家改革为中心的社会运动综合了清代形成的中国认同、帝国扩张过程中的地域关系及其知识发展、国际间的承认关系，并将所有这些放置在国家建设和经济重组的现代化的方案和时间意识的轨道内。王朝的衰落为共和政治体制的合法性提供了前提，但王朝时代的认同和制度建设的要素也被组织到了共和时代的政治认同和制度结构之中；从城市印刷文化(媒体、文学和课本等等)的大规模发展，到战争时代城市力量向乡村的渗透和扩展，民族认同的形成经历了由上至下和由下至上的曲折过程。资本主义及其创造的世界关系既是新型国家认同和主权形式的最为重要的动力，也是导致民族认同和主权形式发生危机和转化的最为重要的动力。20世纪世界历史上的最为重大的历史现象——中国革命及其意识形态——就发生在这一危机与转化之中，正是这一革命过程转化了传统的认同形式，重构了国家的主权形态，创造了新的政治/社会结构和认同形式，为各不相同的政治取向提供了基本的历史前提。然而，随着苏联、东欧体系的瓦解、中国的改革开放和其他地区发生的历史性变化,19—20世纪形成的政治概念如殖民主义、帝国主义和民族主权等概念正在一种发展主义的框架中被整合或吸收到"全球化"这个通行的术语之中。如果说这一概念主要表示渗透至世界每一个角落的世界经济,那么另一个套用旧的帝国术语而浮出地表的"帝国"概念则试图表述这个世界经济的政治形式。[111]这一"帝国"概念与传统的帝国概念有着重要的区别,以至人们怀疑这一概念的有效性。假定一定要谈论它的来龙去脉,这一概念毋宁与帝国主义这一作为资本主义的特定形式的概念关系更为紧密。很明显,世界经济意义上的全球化并没有产生出一种如同早期帝国的那种界定清晰的政治结构,从而不能与传统的帝国范畴相提并论。然而,有一点仍然是可以确定的:无论对于使用何种政治语汇表述当代世界的统治形式有着多么不同的看法,人们普遍地相信由现代革命所创造的主权形式、认同模式和世界关系正在面临深刻而广泛的危机。因此,重新解释19—20世纪的革命和变革所产生的主权形式及其合法性危机,对于理解当代世界的变化及其前景具有至关重要的作用。本书研究了现代思想的一些基本问题和合法化知识,但没有对中国革命以及更早时期的社会反抗运动做出直接的和正面的解释,我希望在以后的研究中能够对这一课题做出比较完整的分析。这是一个无法回避的历史课题。

在对我的基本思路做出了交代之后,我在这里简要地勾勒本书的基本结构。全书分别以"理与物"、"帝国与国家"、"公理与反公理"和"科学话语共同体及其分化"等四个方面为中心,从思想史的角度追问如下问题:从北宋时代逐渐形成的天理世界观形成的历史动力是什么？清代帝国建设与近代中国的国家建设之间究竟是怎样的关系？晚清思想对于现代性的复杂态度能够提供给我们哪些思想的资源？现代中国的知识体制是如何构筑起来的？对这些问题的研究提供的是关于"中国"、"中国的现代"以及中国思想的现代意义的历史理解,也是从中国思想和社会的变化出发展开的对于现代性问题的理解。"中国"、"现代中国"、"中国

---

[111] Michael Hardt & Antonio Negri, *Empire*, Cambridge, MA: Harvard University Press, 2000.

思想"或"现代性"等概念在历史叙述中是历史性的范畴,任何将这类概念自然化的方式都会影响和限制我们思考的深度。正如本书对"天理"的历史分析所显示的那样,没有什么概念或范畴可以躲藏在自然的范畴之中,甚至天理和自然这样的概念也需要给予历史的分析。但是,历史的分析的意思不是取消这些概念及其历史内涵,本书对中国思想的分析恰恰是从概念及其问题的形成过程展开的。在这一反思性的视野中,我的研究和思考大致涉及这样几个方面:一、以儒学及其转化为中心的思想传统;二、在多民族王朝内部,儒学如何处理不同族群的关系和界定"中国"的含义;三、清代帝国传统与近代国家传统的形成之间的关系,以及它们的内外关系的模式;四、民族主义与现代知识和制度的形成。在本书的框架内,所有这些问题均被置于思想史的内在线索——尤其是儒学的转变——中加以思考。我没有打算写作一部事无巨细的编年史,也不打算用概念史的方式或哲学的方式处理思想史问题。我的方式是将思想史的人物、事件和问题放置在一定的问题结构之中加以讨论,并以这些问题作为统领全书的线索。这里既有综合的分析,也有个案的讨论:第一、二两章对于宋明理学的分析采用了综合的分析方式(但也集中在天理之成立这一问题上),其他各章均从不同个案出发,通过对文本、人物和历史语境的解读,将我所要讨论的主要问题展现出来。以思想和人物为章节结构全书的目的,是尽可能地展现每个具体的思想和人物的情境和复杂性,避免将这些思想和人物勉强地按照我的目的服从于总体的叙述。因此,一方面,这些章节的历史意义需要放置在总的叙述脉络中才能充分地呈现,另一方面,各个章节的分析又可以相对地独立成篇。上、下卷的安排是在历史叙述中自然形成的,但也考虑了各自处理的主要问题及其联系和差异。对于没有时间阅读全书的读者而言,选择任何一个相关部分进行阅读也完全可行。导论部分主要对本书上卷的思路做一点背景性的说明,对下卷所做的总结集中在最后一章"总论"里,但二者是一个整体,它们之间的某种紧张正是这一整体性的显现。由于写作过程历时十余年,我已经不可能将理论思考及其变化的整个脉络勾勒出来,这一点需要做出交代。

上卷 第一部

理与物

第一章

天理与时势

> 天道行而万物顺,圣德修而万民化。
>
> ——周敦颐:《通书》

第一节 天理与儒学道德评价方式的转变

1. 理学与早期现代性

20世纪20至40年代,内藤湖南、宫崎市定相继提出了"唐宋转变"、"宋代资本主义"和"东洋的近世"等重要命题。从那时至今,学术界对于这些命题的内容和性质的争议、修正和完善不绝如缕,但京都学派所论定的唐与宋的基本区别以及宋代的特殊历史地位却得到了普遍的肯定。内藤湖南说:"唐和宋在文化的性质上有显著差异:唐代是中世的结束,而宋代则是近世的开始,其间包含了唐末至五代一段过渡期。"[1]归纳对宋代特殊地位的论述,我们可以列出下列几个方面:第一,宋代虽以武力统一天下,但其统治与商业或经济统治的关系获得了

---

[1] 内藤湖南:《概括的唐宋时代观》,《日本学者研究中国史论著选译》(一),北京:中华书局,1992,页10。

前所未有的加强。宋朝是"以商业统制作为中央集权基础君临万民的第一个统一王朝。这个经济的中央集权制取得了成就,使以后历代王朝的基础固若金汤"。[2]形成商业统治的两个决定性的因素是交通和经济制度的改变:运河促进了长途贸易和人口流动,为都市化的发展、新型的社会关系和劳动分工提供了社会基础;土地制度、税制和货币制度等等领域发生了重大改变,促成了以实物经济为主的经济形态向货币经济的转化,其中两税法取代租庸调制是一个特别重要的制度因素,它改变了将人民束缚于土地的状态。正是从这些转变之中,宫崎市定看到了"显著的资本主义倾向",进而把这一时期作为区别于黄河中心或内陆中心时代的新时代的标志,这就是运河中心时代的确立。[3]第二,与经济变化相伴随的,是以九品中正制为中心的贵族社会结构和文化的衰落;代之而起的是成熟的郡县制度、中央独裁和官僚系统,其中由于科举制度的正规化而发生的士绅—官僚阶级的崛起极大地影响了宋代以降的中国文化,为一种区别于汉唐帝国的政治文化的形成奠定了基础。第三,由于五代纷争和此后形成的以民族单位为主体的诸国并峙局面,宋代以后的中国王朝具有了民族共同体的特点,其认同感产生于"彼此有强烈的自觉和意识的国民主义相互对立"。[4]与汉唐多民族帝国的文化认同不同,宋代社会代表了早期民族主义(国家与民族的结合以及文化上的排外主义)的出现。第四,与上述各项条件相应,理学取代汉唐经学而起,确立了一种综合了"国民主义"、平民主义(反贵族的平等主义)和世俗主义等等"近世"取向的新型儒学世界观,构成了思想史领域的"早期现代"或"近世"的标志。宫崎市定论述道:"宋代实现了社会经济的跃进、都市的发达、知识的普及,与欧洲文艺复兴现象比较,应该理解为并行和等值的发展。特别在中国文艺复兴的初期阶段,可以见到独特印刷术的发达。""中世的思想界,以儒佛道三

---

[2]　宫崎市定:《东洋的近世》,同上,页159。
[3]　同上,页168。
[4]　同上,页159—160。

教为代表,其中影响最广泛的是佛教。……有时佛教在俗界活动过度,扩张寺田,匿藏民丁,紊乱治安,影响政府财政,因而触及主权者的忌讳,受到镇压,但这时在主权者背后策划的大多是道士。……从唐宋开始,随着科举的隆盛,儒生建立了以科举出身为中心的社交界,开始兴起儒教独掌政治和民众的领导权的运动,结果是儒教方面出现以排佛论为形式的攻势,文豪韩退之谏迎佛骨即是其先声。"[5]在他的心目中,宋学是适应着上述社会关系演变而产生的一种世俗性的"宗教"。[6]京都学派将宋王朝的统一天下视为"东洋的近世"或"早期现代性"的开端,引发了历史研究中有关中国历史(以及东亚历史)的早期现代性的长期辩论。也正由于此,一部以探讨"现代中国思想的兴起"为中心的著作,却不得不从对宋代思想的重新解释开始。

两宋道学(尤其是程朱理学)的某些特性也为现代儒学研究者以欧洲近代哲学和历史为参照诠释其意义提供了方便。在胡适之的实用主义、冯友兰的新实在论和牟宗三的康德主义的哲学框架中,儒学的基本命题不但被组织在本体论、认识论等欧洲的哲学范畴之中,而且也被组织在"转向内在"、"理性化"、"世俗化"等欧洲的历史范畴之中。在启蒙主义的潮流之中,18—19世纪的欧洲思想经历了理性主义和个人主义的转变,其核心是与宗教专制相对抗的世俗主义和与绝对王权相对立的自主性观念。因此,现代儒学研究中的"转向内在"、"理性化"以及在这一视野下形成的"日常生活及其伦理"的概念都是以近代欧洲形而上学、个人主义价值(以自我为中心的内在化的道德视野)、市民社会文化和实证主义科学观为参照而

---

[5] 宫崎市定:《东洋的近世》,《日本学者研究中国史论著选译》(一),页217。
[6] 京都学派的论述包含极为深刻的历史洞见,但"唐宋转变说"及其"东洋的近世"的目的论叙述也面临着一些困难:从长时段的历史描述来看,如果宋明理学和宋明社会代表了中国早期的"现代性"或"理性化"过程,那么,我们如何估价在社会体制和思想形态上与宋明时代形成了重大差异而又对近代中国的人口结构、幅员范围、交往关系和制度条件产生了巨大影响的元朝和清朝社会及其经史之学?它们是中国早期"现代性"的中断或倒退吗?元代和清代思想是"反现代的"或"反理性化的"吗?与此相应,思想史领域中的"转向内在"和"理性化"等范畴也需要重新加以定义——如果不是彻底地抛弃的话。

形成的范畴,它们预设了世俗化的个人及其理性对于宗教权威和绝对王权的反叛。李约瑟甚至明确地认定"理学家的反对佛教,实质上是一种科学的世界观在反击一种否定世界的苦行主义信仰",[7]其口吻几乎与"五四"时代中国的新文化人物对理学的攻击和嘲笑一样。尽管中国学者很少使用"近世"或"早期近代"等概念,但上述概念本身暗示了宋代思想的某些区别于"中世纪"的特征。事实上,对于宋明理学的"理性化"描述与京都学派在"资本主义"(市场经济)、"国民主义"(民族主义)、长途贸易(劳动分工)、城市化(社会流动)等欧洲范畴内对宋代社会的描述相互呼应——它们都是一种有关中国或东亚的现代性叙事,都是在欧洲现代性的参照之下构筑起来的历史想象。[8]

自晚清以降,对于天理世界观的形成及其意义存在着两种截然不同的理解方式,它们都深刻地植根于现代价值观之中。在"五四"新文化运动的解释框架中,天理世界观是一种反动的(维护皇权的)、中世纪的(以宗法家族制度和礼教为制度基础的)、导致中国丧失现代机遇的(反科学的和反市场的)意识形态;与此相反,京都学派和现代新儒学出于不同的考虑将宋学的出现视为中国和东亚早期现代性在文化领域的标志,认定其中蕴含了民族主义(国民主义)的、平民主义的(反贵族主义的)、个人主义的、世俗主义的(反宗教的)和分权主义的取向。这两种截然相反的评价均以近代欧洲启蒙主义的道德谱系——尤其是主体性和内在性的观念——作为衡量的尺度。[9]例如,牟宗三在解释孟子"求则得之,舍则失之,是求有益于得也,是求之在我也"一语时,将孟子之"我"定义为个人

---

[7] 李约瑟(Joseph Needham):《中国科学技术史》(*Science and Civilisation in China*)第二卷,北京:科学出版社,1990,页444。

[8] 徐复观将这一意思表达得最为明确:"西方在近代初所作的从宗教权威中求得理性解放的工作,我们第一次在老、孔时代已经彻底的作过了,第二次又在程、朱、陆、王手上彻底的作过。中国传统文化的主干,本来就是理性主义;不过他是发展向道德和艺术方面。"见氏著《反传统与反人性》,《徐复观杂文补编·两岸三地卷·上》,李明辉、黎汉基编,中国文哲专刊21,2001,页201。

[9] 参见杜维明:《儒家思想新论——创造性转换的自我》,南京:江苏人民出版社,1991,页8—9。

自主性的范畴,从而把儒学这一从未远离政治的意识形态解释成"反政治的"和"非政治的"个人独立的宣言:

> 使儒家不与政治纠缠于一起,不随时代为浮沉,而只以个人之成德为人类开光明之门,以保持其永恒独立之意义。……此"内圣之学"亦曰"成德之教"。"成德"之最高目标是圣、是仁者、是大人,而其真实意义则在于个人有限之生命中取得一无限而圆满之意义。[10]

把儒学抽离开"政治"和"时代",也即将圣、仁者、大人等成德要义抽离这些概念的背景条件。从理学的内部逻辑来看,这一解释所以可能,是由于理学的诸多判断建立在一套关于天理的叙述框架之中,从而道德/政治的判断是以对宇宙秩序和内在本性的认知的方式展开的,而思孟学派正是理学的上述方式的重要源头。但是,以宇宙论、本体论的框架包裹儒学判断的政治性并不能证明儒学的"反政治的"和"非政治的"的本质,恰恰相反,宇宙论、本体论或其他"非政治的"论述形式本身即政治性的论述形式,从而"非政治的"论述形式需要放置在"政治的"脉络之中才能加以理解。[11]如果个人的成德被抽离了具体的等级性的彝伦关系,成为"永恒独立之意义"的证明,这一范畴在多大程度上还可以被理解为孔孟的思想,又在多大程度上是对新文化运动所代表的近代价值观的确认?[12]没

---

[10] 牟宗三:《心体与性体》上,上海:上海古籍出版社,1999,页4—5。
[11] 不待言,这里的"政治"概念不同于牟宗三的"政治"概念,它包含了"反政治的政治"。牟宗三的摆脱"政治"的概念强调的是个人对于污浊政治本身的拒绝。
[12] 现代新儒学把"成德之教"与个体的践履及其与天的关系关联起来,其根据之一就是《易·乾·文言》所谓:"夫大人者,与天地合其德,与日月合其明,与四时合其序,与鬼神合其吉凶。先天而天弗违,后天而奉天时。天且弗违,而况于人乎?况于鬼神乎?"牟宗三认为这就是"成德之教"的极致。他说:"此'成德之教'本非是宋明儒无中生有之夸大,乃是先秦儒者已有之弘规。孔子即教人作'仁者',而亦不轻易以'仁'许人,其本人亦说:'若圣与仁,则吾岂敢?'然而其'教不倦、学不厌'即是'仁且智'。是以其践仁以知天即是'成德之教'之弘规。《中庸》说:'肫肫其仁,渊渊其渊,浩浩其天',即是就此弘规而说,亦是对于圣人生命之'上达天德'之最恰当的体会。"牟宗三:《心体与性体》上,页6。

有近代欧洲的那种以摆脱宗教关系、贵族政治和绝对王权的世俗主体性和内在性概念为背景,我们很难理解牟宗三对于孟子的分析。在一种历史类比的意义上,如果将宗族伦理关系视为一种外在于人自身的权威主义约束,那么,理学就是"中世纪的";如果将心性哲学视为内在性(自我)观念的起源、将理学倡导的宗法关系视为对抗绝对王权的社会条件(或中国式的"市民社会"的形成)、将"格物致知"的理学命题视为实证主义科学方法的起源,那么,理学又可能蕴含了"早期现代性"的因子。上述对立并没有越出现代性叙事的基本框架。

两宋道学(理学)在复古主义的框架内以两种古典观念来攻击所处时代的新规范和新制度:一方面是综合了天、道、天道等古典观念而发明出来的新古典观念天理,另一方面是三代之王制和礼乐;前者是高扬的旗帜,后者是隐含的尺度。我们可以将理学的基本姿态归纳为:以天道/天理对抗政术(郡县制条件下的皇权—官僚政治),以恢复宗法对抗市场流动,以倡导井田对抗贸易和税法,以学校对抗科举,以成德对抗功名,以复古的形式对抗外来文化和历史变迁,等等。在"五四"新文化运动和马克思主义学派的叙事中,理学的上述取向经常被视为贵族主义、复古主义和"反动的"意识形态。如果上述被归纳在宋代社会特征之下的要素——中央集权、市场经济、长途贸易、"国民主义"或"准民族主义"(proto-nationalism)、个人主义等等——可以被归结为某种"早期现代性"的话,那么,以天理为中心的儒学思潮的政治内涵或社会内涵就可以被概括为针对这些所谓的"早期现代性"因素的批判理论。然而,理学的批判性建立在承认历史变化的合理性的前提之下,从而其理论结构的要素——如理、气、心、性等等——是以新的历史关系作为其前提的,天理本身包含了对时势的权衡。在这个意义上,天理概念的建立既是要在时势的变迁中寻求确定性和存在的基础,又是要将圣人之学的基本原则适应于不断变化的形势。因此,与其说理学是站在由上述要素构成的社会关系和文化取向的外部对其进行批判,毋宁说它以批判性的、复古性的态度构筑了一种悖论式的思想方式。例如,道学家们以道学及其封建理念对抗"政术",但承认皇权中心主义及其郡县体制;以义抑利、以理抑欲,但又承认利与欲的某种正当性;以宗法井田对抗田制、税制改革,但又承认这些改革的历史合理性;以古代学校的理念对抗科举取士,但也承认贵族制度衰败的必然性;以宗族和封建为道德理想,但又将成德的实践落实在个人的修身实践之中;以"辟二氏"(佛教和道教)相号召,但其理论形式(宇宙论、本体论或心性论)却深受释道二教的影响,以致后世将之批评为"阳儒阴释",等等。即使宋代社会的上述变化能够被放置在"早期现代性"(或"近世")这一有些勉强的概念中加以概括,那么,理学的主要取向只能被归结为一种"反早期现代性的现代性"的思想结构。事实上,理学家的"理势"或"时势"概念并不含有时间的目的论的意义,从而用诸如"近世"、"现代"等概念对之进行描述并无内在根据。宫崎市定用国民主义概念将理学与郡县制国家放置在一种对应关系之中至少有简单化之嫌。天理世界观的悖论式姿态可以概括如次:第一,天理概念及其思想方式以一种复古的方式构成了对于宋代社会的各种新的发展的批判,但这一批判及其形式本身发生在宋代转变内部,并以这些转变的历史内涵为理论的前提。第二,以天理为中心的思想谱系并不只是一种抽象的、形而上学的或哲学的体系,它同时还是以这一方式展开的道德/社会/政治理论,从而这一思想和世界观的历史含义是不确定的。正由于此,理学的概念和命题成为一种"共用空间":统治者努力将之体制化和官方化,"士"阶层力图保持和更新其批判性和纯洁性,造反者可以其最高价值(天理)作为反抗性的资源,从而围绕天理的解释和实践的辩论和斗争成为宋代以后长期的思想史现实。以天理为中心的思想谱系最终卷入了大量的政治/道德辩论,这一事实证明的恰恰是:天理的成立标志着儒学道德/政治评价方式的转型。

"近世"、"早期现代"等概念带有明显的历史目的论色彩,我们不妨暂且绕过由于这些概念而产生的争论,专注于对理学的形态及其历史含义的理解。两宋道学破除二氏(佛教和道教)的迷误、废弃汉儒的传注之学、恢复儒学的真实面目,这一儒学运动的结果是确立了以天理为中心概念的儒学宇宙论、心性论和知识论。天理概念由天与理综合而成:天表达了理的至高地位和本体论根据,理则暗示了宇宙万物之成为宇宙万物的根据。天与理的合成词取代了天、帝、道或天道等范畴在传统宇宙论、天命论和道德论中的至高地位,从而为将儒学的各种范畴和概念组织在以天理为中心的关系之中奠定了前提。有赖于天理概念的确立,儒者得以用一种既内在于现实世界又与现实世界相对峙的形式去观照自身及其置身的世界,并将关于理想世界的想象放置在"理"的框架之中。从后设的视野来看,开创这一概念的二程和发挥这一概念以创制普遍体系的朱熹在道学中有着不同于其他道学家——包括北宋道学的先驱者——的特殊地位,葛瑞汉说:"二程认为天、命、道只不过是理的不同称谓而已。这样,他们就把根据人类社会的类比而设想出来的自然法则转化为理性的法则。"[13]天、命、道均带有天道论(自然法则)的痕迹,而理却代表了这一法则的理性转化。在现代新儒学研究中,所谓"转向内在"[14]或"理性化"等概念正是适应着这一历史理解而产生的。所谓"转向内在"通常用于描述道学思想对于天之绝对性的拒绝,所谓"理性化"或"理性的法则"通常用于描述"理"这一概念把道德判断的根据从天的意志转向内在于人的理性,从外在的礼仪制度转向内在性的锤炼,从宇宙论的描述方式转向本性论的描述方式。

然而,"理性化"概念是在世俗/宗教的对立范畴中建立起来的。如果宋学的"转向内在"等同于建构了"理性法则",又如何理解宫崎市定将宋学规定为"世俗的宗教"的论断,以及所谓"儒学的宗教性"的命题?[15]为了

---

[13] 葛瑞汉(A. C. Graham):《中国的两位哲学家:二程兄弟的新儒学》(*Two Chinese Philosophers: The metaphysics of the brothers Ch'eng*),程德祥译,郑州:大象出版社,2000,页46。佛尔克(A. Forke)在另一个意义上说:"理是与物质原则相对立的理性原则,实际上也就是创造和主宰物质的理性。"see *Geschichte der Neueren Chinesischen Philosophie* (ie. From beg. Of Sung to modern times). De Gruyter, Hamburg, 1938, p. 171,转引自李约瑟《中国科学技术史》第二卷,页505。

[14] 对于这一转向内在的评价各不相同,新儒学从近代欧洲道德理论的内在化方向中获得支持,认为这一转变包含了"近代性"的因子,这在以心性之学为中心阐释理学的新儒学中占据了论述的中心地位。但也有人从社会发展的方向上批评这一内向化过程,后一观点参见刘子健《中国转向内在——两宋之际的文化内向》(*China Turning Inward: Intellectual-Political Changes in the Early Twelfth Century*),赵冬梅译,南京:江苏人民出版社,2002。

[15] 参见杜维明:《论儒学的宗教性》,武汉:武汉大学出版社,1999。

展开对于宋代儒学特征的描述,有必要简要地说明将"理性化"、"转向内在"放置在"世俗"/"宗教性"的对立范畴中解释时可能面临的一些困难。首先,在与佛道二教的论争中,儒学通过对日常生活及其伦理的肯定表述去佛的社会动机和理论理由,但无论在唐代晚期,还是北宋时代,儒学与佛、道的斗争背后均隐含了深刻的政治性。其次,在儒学的范畴内,对现世生活的肯定很难被说成是非宗教的或世俗化的,从而上述斗争亦难以用世俗与宗教的二元论给予界定。针对佛教出世主义,儒学以肯定日常生活的姿态与之辩论。正是这一"日常生活取向"让现代研究者相信:正如欧洲启蒙哲学一样,宋学是对宗教生活或彼岸生活的批判。在欧洲的语境中,"日常生活"范畴与欧洲基督教的生活范畴互相对应,它暗示了伴随近代市场和市民社会的发展而产生的非宗教的世俗生活。但是,儒学的日常生活是指在"礼"的范畴中的日常生活,如同佛教在"律"的范畴规范下的日常生活一样。理与礼直接相关,理即礼之为礼的原理、根源或本质,亦即人们按照礼仪行事(实践或践履)的根据。在佛教昌盛的唐宋时代,对礼的尊奉从未停止。第三,理学家们在礼之外别提一个"理"以界定礼的实践,认为现实的礼及其体制本身已经丧失了其内在价值(沦为空洞的形式),从而力图重构理与礼的内在联系,进而恢复礼及其实践的神圣性和价值。在这个意义上,理学对日常生活的肯定包含了对于礼的神圣性的肯定;在儒学的视野内,日常生活所呈现的不是某些偶然的、任意的结构或过程,而是与礼的本质直接相关的结构和过程,从而也是与天的本质直接相关的结构和过程。因此,天理的确立与其说是世俗化的过程,毋宁说是将礼仪实践或日常生活实践再度内在神圣化的过程——在日常生活实践(礼仪性的和制度性的实践)正在沦为空洞的、随意的和偶然的形式之时,道学要求通过主体的诚与敬赋予礼仪性实践以实质性的内容。[16]理学在一定意义上即帮助人们重新获得诚与敬的道德学说。

---

[16] 从欧洲思想的方面看,世俗/宗教的二元论也包含了对欧洲基督教的现代转化的忽略。杜维明特别提出施莱尔马赫、克尔凯廓尔等宗教哲学家作为例证,说明世俗化过程与宗教的现代转化是内在关联的。同上,页4—5。

在儒学的演变中,对于礼乐制度、习惯风俗和语言修辞的崩坏、衰落和形式化的忧虑始终是一个内在的基调。孔子以仁释礼,即试图在礼乐崩坏的情境中,通过"仁"这一范畴重新赋予礼以内在的、实质性的内容(以仁作为礼乐的核心,又以礼乐为天,从而仁既为天之本质,又为人之本质);宋儒以理代礼,也是在礼乐与制度分化的情境中通过"理"这一范畴重新为制度/礼乐的实践提供内在的规范(以理或心为天和人之本性);清儒以礼代理则试图通过"礼"这一范畴克服由于礼之理学化或心学化而导致的礼乐体制的解体。对于儒者而言,礼乐、礼义、制度、天理、心性都是天或天的存在形式,从而天及其神圣性并不是外在于人的日常生活的存在。在这个意义上,仁、理、心、性等等儒学范畴都是以克服制度、礼乐、仪式、日常生活等等的形式化和空洞化为宗旨的,从而与其说这些概念产生于理性化的趋势,毋宁说是对理性化趋势的回应——一种反理性化的理性化趋势。如果仍然希望将理学对于礼仪关系中的日常生活的肯定置于"世俗化的"或"理性化的"范畴之中,那么,我们就必须对这两个概念做出全新的解释。

2. 理学的成立与儒学转变

在展开对于天理世界观的历史含义的讨论之前,我们需要对下述问题给出恰当的回答:第一,天理世界观的成立标志着儒学的道德/政治评价方式的转变或突破吗?第二,如何在理学的道德/政治评价方式与先秦儒学和汉唐经学的主要差异中理解这一转变或突破?第三,天理世界观得以确立的社会政治条件究竟是什么?按学术史家的考证,理学是晚起的概念,元修宋史仍称"道学传"即是例证。宋代学者也使用理学一词,但含义完全不同,例如在朱熹、陆九渊、黄震等人的使用中,理学指与辞章、考据、训诂相对待的义理之学。[17]元末张九韶(张和美)的《理学类编》一书被视为理学概念的起源,但其时尚无与之对峙的心学概念,从

---

[17] 陈来:《宋明理学》,沈阳:辽宁教育出版社,1991,页10。

而这一理学范畴与后来的理学范畴并不一致。在明代陈真晟(字剩夫,初字晦夫,后以步衣自号,福之镇海卫人)《心学图》之后,心学概念始得通行,但陈氏学宗程朱,[18]其心学概念与此前的陆象山和此后的王阳明均无内在联系。心学是从阳明学的一些命题上推至象山之学而告成立的,[19]但它的确立其实依托于与程朱理学的对立。现代新儒学将理学视为一种形而上学或哲学体系,并以此区别于先前各派儒学,其中理学与经学、义理与考证的对立是显著的标志。然而,我们如何概括那些以注疏、考据和训诂方式探求义理的思想方式?又根据什么对不同的义理之学进行划分?程朱等理学家不但做了大量的经学研究,而且还对日常生活领域中的宗法仪式、规范和伦理做了仔细的设计和研究;他们对待经典的态度与其说是哲学性的,毋宁说是阐释性的或解经性的。这是为什么也有学者将宋明理学放置在"经学"范畴内来进行研究,并按照历史演变的脉络将宋明经学的发展概括为四个相互衔接的阶段。[20]在这个意义上,无论是义理之学与传注考据之学的区别,还是形而上学与具体实践之间的差异,都不足以解释理学在中国思想中的开创性的意义。

―――――――

[18] 陈真晟初读《中庸》,次研《大学》,撰《程朱正学纂要》。但黄宗羲认为陈氏学术"无师承,独得于遗经之中"。他在《心学图》中拟了一个"心学"传承谱系,即伏羲、尧、舜、禹、汤、文、武、周公、孔子、颜回、曾子,至孟子而后失其传,"至周、程、张、朱氏出,然后此学大明。及朱氏没而复晦者,只由宋、元学校虽皆用程、朱之书,而取士仍隋、唐科举,是以视此心为无用,故多不求,遂又多失其真传焉"。见《明儒学案》卷四十六,《黄宗羲全集》第八册,杭州:浙江古籍出版社,1992,页387—388。

[19] 关于理学概念运用,学者们常引的例证如次。陆象山云:"秦汉以来,学绝道丧,世不复有师……惟本朝理学,远过汉唐,始复有师道。"(《与李省幹二》,《陆九渊集》卷一,北京:中华书局,1980,页14。)黄震云:"宋兴八十年,安定胡先生(瑗)、泰山孙先生(复)、徂徕石先生(介),始以其学教授,而安定之徒最盛,继而伊洛之学兴矣。故本朝理学,虽至伊洛而精,实自三先生始。"(《黄氏日抄》卷四十五,页24,"墓志",文渊阁四库全书本。)关于理学概念与心学概念的最早使用及其解释,参见劳思光:《新编中国哲学史》(三上),台北:三民书局,1983,页41。

[20] 章权才:"第一阶段是唐宋之际,中心是'明道'思潮的泛起;第二阶段是两宋时期,中心是程朱学派主流地位的确立;第三阶段是宋元以后,中心是'四书'统治局面的形成;第四阶段是明代,中心是经学中由理学而心学的发展。"见氏著《宋明经学史》,广州:广东人民出版社,1999,页3—4。

朱熹在《伊洛渊源录》中勾勒了理学形成的主要线索,他以周敦颐为理学开山、以北宋五子为理学先驱、以二程为一代宗师,同时还提及了这一运动的许多参与者。这一线索是朱熹为了突出自己师承的学术路线而建构起来的谱系,并不能反映理学发生的多重渊源。[21]包弼德(Peter K. Bol)论证说:那种由宋初三先生的儒学复兴直接开启了程朱学派的看法缺乏坚实的历史根据,"道统由周敦颐传到二程的论点既不能在历史方面站住脚,在哲学方面也是不可信的。甚至,对所谓11世纪道学大师的细致分析已经证明,他们并没有一种共有的哲学体系。"[22]道学内部包含了许多对立和歧异,从而"道学"的某种一致性与其说取决于"一种共有的哲学体系",毋宁说取决于道学与这些对立物的关系(如道学与新学、理学与经学、道学与文学、义理之学与致用之学,等等)。朱子构筑的道学线索和历史变化正是在这一不断变动的关系之中展开的,如果仅仅限于发掘道学的"共有的哲学体系",甚至不能把握朱子构筑这一道学谱系的真正含义。正由于此,在论及两宋思想时,许多学者主张用道学而不是通行的理学来谈论周敦颐、张载、邵雍、二程和朱熹等儒者的思想。[23]

---

[21] 也有学者将中唐以后的儒学复兴运动归纳在"早期理学"的范畴之内(见徐洪兴著《思想的转型——理学发生过程研究》,上海:上海人民出版社,1996,页8、9),从而将中唐以后的儒学思想的阐述者们放置在一种他们从未设想过的思想形态的先驱者位置上。包弼德批评说:"这个毛病可以追溯到朱熹本人,但它已经通过全祖望(1705—1755)对于黄宗羲(1610—1695)的《宋元学案》这本迄今为止最全面的宋代思想研究著作的发挥更直接地进入当代学术。"见氏著《斯文:唐宋思想的转型》(Peter K. Bol, "*This Culture of Ours*":*Intellectual Transitions in T'ang and Sung China*, Stanford:Stanford University Press, 1992, p.28),刘宁译,南京:江苏人民出版社,2001,页31。

[22] 同上,页31—32。

[23] 关于宋明儒学究竟应称之为道学还是理学是有争议的问题。在《略论道学的特点、名称和性质》一文中,冯友兰根据程颐、朱熹以及其他史书的资料,认为既然道学概念运用在前,则就应该运用道学概念,而不是理学概念。理学概念只是在与心学概念对举时,才可运用,而它们都可以纳入道学的范畴。(见《论宋明理学》,杭州:浙江人民出版社,1983,页48—52。)不过,按陈来的看法:"道学是理学起源时期的名称,在整个宋代它是理学主流派的特称,不足以囊括理学的全部。"(见氏著:《宋明理学》,沈阳:辽宁教育出版社,1991,页8。)

但是，程朱对于天理及其系统的阐发标志着一种儒学的特殊形态的出现，不但此后儒学的发展、分化、转型几乎都是在理学的内部关系或与理学的对话关系中发展和演变的，而且任何试图确立新的思想范式和价值观的思潮和运动都必须处理它们与理学世界观的关系。例如，在宋元之际，人们注意到道学的概念、著作和具体实践构成了一场颇有声势的运动，确立了一种言谈的方式，从而即使是反对道学的人也承认道学是一个值得重视的存在。那么，这些反对者心目中道学的基本形态和特征究竟是什么呢？[24] 又如，在清代思想的发展中，顾炎武、黄宗羲、戴震、章学诚，以至康有为、梁启超的思想和学术探索都是在与"理学"这一思想形态及其内部关系的对话中展开的。在这些对话中，不是唐宋时代理学形成过程的那些细微末节，而是宋、元、明、清时代逐渐形成和建立起来的这个重大的思想史现实及其制度条件，构成了后代思想家们思考、对话和论辩的前提。认为道学家们共享同一种"哲学体系"是一回事，认为道学或理学完全缺乏思想形态上的某种"同一性"则是另一回事——拒绝承认这一点也就等于拒绝了"道学"或"理学"这一命名的意义。命名本身意味着对某种"同一性"的确认——"同一性"并不意味着体系的绝对统一，在历史过程中，同一性范畴本身包含着流动性、不确定性、差异性、自我解构和内部裂变等等要素，从而同一性是一种历史性的建构。在这个意义上，对"理学"形态进行总体观察既不意味着重复对道学的现代哲学阐释，也不意味着从一个目的论的框架出发叙述理学的特征，它毋宁需要一种系谱学的工作：将这一形态特征的产生与儒学家们置身其间并与之对话的历史条件关联起来，并在理学家们的对话、论辩中把握这一思想形态的建构过程、历史条件和自我瓦解。

道学/理学谱系的确立标志着儒学的道德/政治评价方式的重要转变。理学的确立涉及儒学转变的各个方面，为什么我在这里突出道德评价方式作为这一转变的中心环节和理学形态的主要特征？第一，儒学是

---

[24] 参见包弼德借助周密(1232—1308)对道学的讥评所做的描述，见氏著《斯文：唐宋思想的转型》，页342—343。

一种以道德论为中心展开的、以礼乐/礼制为基本框架的有关政治、经济、文化和自然的知识体系,一种力图以重新沟通天人关系为中心的道德/政治论述。儒学的所有评价最终都必须归结为道德评价,从而理解儒学演变的最为重要的方式是观察儒学的道德评价方式是否发生或如何发生了转变;第二,儒学的道德评价遍及政治、经济、宇宙万物和其他社会生活各个领域,从而道德评价的概念不能混同于现代知识中的道德范畴。在儒学的范畴内,道德范畴与礼仪、制度、习俗等具有密切的关系,从而理解道德评价方式的转变的方法应该是将道德评价与制度、礼仪、习俗的转变联系起来。第三,在儒学的诸种形态中,理学突出了评价过程的内在方面,这部分地是因为理学确立了一种以理或天理为最高评价标准的思想形态,从而摆脱了汉唐儒学的评价方式。因此,仅仅纠缠于性、心、理、气诸范畴及其脉络渊源不足以理解理学的历史含义,更为实质性的问题毋宁是:为什么这些范畴在儒学的道德评价中上升为核心范畴?作为道学的关键范畴,它们与"政术"、礼乐、制度和日常生活的关系究竟如何?换句话说,如果理学标志着儒学的道德/政治评价方式的范式性的转变,那么,理学以何种形式展开其道德、政治和其他社会论述?促成这一形式转变的动力和历史条件究竟是什么?

首先,理学的道德/政治的论述形式被放置在一种支配性的秩序观之中,其重要根源是在先秦思想中居于中心地位的天概念。冯友兰曾将中国文字中的"天"概括为五个方面:"曰物质之天,即与地相对之天。曰主宰之天,即所谓皇天上帝,有人格的天、帝。曰运命之天,乃指人生中吾人所无奈何者,如孟子所谓'若夫成功则天也'之天是也。曰自然之天,乃指自然之运行,如《荀子·天论篇》所说之天是也。曰义理之天,乃谓宇宙之最高原理,如《中庸》所说'天命之谓性'之天是也。"[25]这一概括大致准确,但五层含义之区分过于接近于今人的理解。例如,用"物质之天"表述"天地"对称范畴中的天并不准确。《史记·天官书》云:"自初生民以来,世主曷尝不历日月星辰?及至五家、三代,绍而明之,内冠带,

---

[25] 冯友兰:《中国哲学史》上册,北京:中华书局,1992,页55。

外夷狄,分中国为十有二州,仰则观象于天,俯则法类于地。天则有日月,地则有阴阳。天有五星,地有五行。天则有列宿,地则有州域。三光者,阴阳之精,气本在地,而圣人统理之。"[26]《左传》昭二十五年亦云:"礼,上下之纪,天地之经纬也。""子产曰:夫礼,天之经也,地之义也,民之行也。天地之经,而民实则之。"[27]这里天地对称,不仅与天文、地理等物质现象有关,而且也与五帝、三代之礼制相互对应和关联,从而与现代之"物质"概念有异。阴阳五行之运行亦即礼之运行,而礼之运行亦即自然之运行,从而在这一宇宙运行之中不存在自然之天与价值之天或自然物与"有价值"之物的区分。事实上,先秦语境中并无表示单纯物质概念的"自然"概念,自然即世界存在的本然状态,在这个范畴中,"有价值之物"的概念也是难以理解的。上述天之五义中,理学秩序观扬弃的主要是集中在《诗》、《书》、《左传》、《国语》和《论语》中的天的主宰性因素,尤其是体现在汉代天人学说中的那种主宰性的和带有人格神特点的天(这一取向与唐代后期韩愈、柳宗元、刘禹锡对天人关系的论辩一脉相承),并将天所内含的一种内在约束性的(但不是外在约束的)秩序作为最高的和内在的道德源泉。[28]通过天与理的合一,理学创造了一种以理、气、心、性等范畴为中心的整体的秩序体系。按照这一新的秩序观,一方面,天道、天理构成了宇宙的本体、万物的标准和道德的起源,另一方面,天道、天理内在于万物和我们自身,从而理学的中心任务即指明我们的日常世

---

[26] 《史记》卷二十七《天官书第五》,见《史记》,北京:中华书局,1982,页1342—1343。
[27] 同上,页1459。《春秋左传注》,杨伯峻编著,中华书局,1981,页1459。
[28] 曾有学者根据汉魏之际直至唐宋时代的社会变化,把天观的变化概括为从主宰者的天过渡到作为存在依据的天的线性过程。但若查考历史文献,先秦时代的典籍如《诗经》中即已包含了作为天之法则及方向、理序之根据或形而上学实体的天观念,这种天观念与先秦时代占据主导地位的主宰性的天及天命、天意观念并行不悖。如《周颂》中所谓"维天之命,于穆不已。于乎不显,文王之德之纯"。这里"天之命"就是指天之法则及方向。又如,《易十翼》虽系后人伪作,但一般认为易卦爻自身的组织及卦爻辞的形成不会晚于周初,它们所构筑的宇宙秩序及其变化法则也摆脱了人格天的范畴。这些观念并没有被组织到理的观念之中,却能够说明理观或天理观的变化难以被描述为一种线性的进化过程。

界中的天理,以及通过何种方式与天理合一。由于天代表着一种内在的秩序,从而体现这一内在秩序的概念"理"也就成为一个至关重要的范畴;由于天内在于我们自身,从而服从天的命令与顺应我们的内在的自然的要求相互关联;由于天是一种"内在的"自然,从而需要发展接近这一"内在的"自然的方法;由于天所体现的秩序是内在的和本质的而非外在的和现象的,从而天与现实秩序(气的世界或现象世界)之间存在某种紧张关系,以致人们总是可以诉诸于天来表达对现实秩序的抗议和批判。

因此,这是一个在天理之上不再有任何终极实在的思想体系,一个将天、道、心、性等等视为"理"的各个方面的思想体系。以天理观的确立为前提,儒学学者对于道德、知识、政治和其他各种社会问题的判断方式均被置于这一秩序观内部:礼乐、制度、事功、先王之言是重要的,但它们所以重要是因为体现了普遍而又内在的"理"或"天理";一旦礼乐、制度、事功和知识与"理"相分离,就将全部退化为没有实质内涵的形式或不具有价值的事实。在这个意义上,不是礼乐、制度、事功、先王之言,而是理或天理,构成了道德判断的最终根源和标准,从而有关礼乐、制度、事功、先王之言和道德状态的判断和解释都必须置于"天理"的构架内部。理学提供的是一种有关宇宙和世界的秩序的视野,一种理解宇宙和人的生活世界的基本框架,一种以内在的秩序作为根据的道德/政治评价方式,即一种从天理这一基础范畴或存在论范畴去理解世界的世界观。与天道论注重于对宇宙运行过程的描述不同,天理观试图揭示宇宙(包括人自身)的内在原理,从而脱离了那种通过描述自然过程以显示天意的方式。由于"理"的内在化特性,对理的描述势必产生在一种二元论的架构之中:理与气、理与物、先天之性与气质之性、德性之知与闻见之知,等等。如果理、性、心为应然的范畴,那么气、物、气质就为实然的范畴,宇宙即由这两重世界构成。理实现于万物,却不因万物的好恶、善恶而变化,从而理与现实(气的世界)之间构成了一种紧张性的关系:理在万物之中,万物以理为本质、目的。理学的主要课题即发现和解决理气之间的隔阂,进而达到天人合一、理礼合一、治道合一的最终境界。程颐和朱熹对理气二元论的阐发引发了儒学内部的长久争论,此后各代儒者对心一元论、气一元论和新礼乐论的发挥均可视为克服理气二分所带来的道德/政治论述的困难的努力。

其次,将天理世界观放置在儒学道德评价的变化之中进行观察,我们可以发现理学与孔子儒学的深刻区别:孔子儒学以礼乐论为骨干,将巫史与王制放置在"礼乐"的范畴内,以礼乐为天、为道德/政治判断的根据,而宋明理学以天理、心性为骨干,对礼乐制度的道德评价系统进行"理学化"的改造,即以理为天。在理学的视野内,道德评价产生于一种普遍而又内在的秩序。说这一秩序是内在的,是因为这一秩序不能等同于现实存在的礼仪、制度、法律和规范,它需要通过主体的认知、体悟及其与理的合一才能获得或呈现;说它是普遍的,是因为这一内在的秩序并不外在于礼仪性的、制度性的、日常化的实践过程本身,它只是需要通过对经书的学习、对礼仪的实践、对日常事务的处理以获得"真正的"礼仪、制度、习俗和事件的知识。在理学的框架内,道德评价与制度评价之间构成了一种紧张或差异,即置身于制度性的或礼仪性的实践本身并不能保证道德的完成;但与此同时,对制度性的或礼仪性的实践的质疑与其说是对制度、礼仪及其实践的否定,毋宁说是以重构制度性的和礼仪性的实践的神圣性为宗旨——通过理这一范畴重新沟通礼仪、制度及其日常实践与天的内在关联。张载说:"朝廷以道学、政术为二事,此正自古之可忧者",[29]道出了道学家忧虑的主要问题乃是道学与政治的分化,他们发明天道、天理的努力正是为了重构治道合一的新格局。把宋明理学与先秦儒学、汉唐经学等儒学形态区别开来的正是这一道德评价方式上的差异。在这个意义上,理学是以"哲学的"或"形而上学的"方式展开的礼乐论、制度论和道德论。这一判断以下述两个判断为前提:一,在儒学的语境中,理学、经学、实学、史学等形态各异,但它们最终回答的仍然是一个基本的儒学问题,即如何在变化的历史形势中重新建立道德的尺度。("理学,经学也"或"六经皆史"等命题即以此为前提:前一个命题认为只有通过经学的方式才能回答理学的问题,后一个命题认为只有史学的形式才是接近先王

---

[29] 张载:《答范巽之书》,《张载集》,北京:中华书局,1978,页349。

之道的唯一通道，但它们最终都必须回答究竟何为道德或者何为正当这一基本问题。）二，儒学在知识形态上的差异反映了道德评价的根源、尺度和标准的差别，例如，我们究竟应该以天理还是先王之典制、宇宙之达道还是圣人之言、内心之自然还是功利之关系作为道德评价的最高源泉？如果说孔子在礼崩乐坏的语境中（道学与政术分离的格局）以祖述先王的形式重构天道与礼乐为一体的道德评价体系，那么，理学则试图以天理为中心"格"出古今道德之正理以重构道德评价体系。在这个意义上，道德论必须以礼乐论、礼制论或天道论为前提。

第三，与上述道德评价方式的转变密切相关，理学的中心问题从礼乐制度转向了致知的方法论。如果道德的可靠基础是对最高秩序和最高本质的认知、体悟和实践，而这种最高秩序或本质又存在于"气"的世界之中，那么，理学及其提供的认知、体验和实践的程序本身就构成了一种最为适当的道德理论。因此，尽管理学家们也像孔子一样关心制度、礼乐及其具体规范问题，但占据理学中心地位并引导理学内部的思想辩论的恰恰是认知问题：在"格物致知"和"格物穷理"问题上的纷纭解说构成了理学内部（包括心学）的众多分歧的关键点。在对宋明儒学进行归类时，牟宗三越过理学与心学的习惯划分，把"致知"方法的差异视为理学分类的根据。他说：

宋明儒之发展当分为三系：（一）五峰蕺山系：此承由濂溪、横渠、而至明道之圆教模型（一本义）而开出。此系客观地讲性体，以《中庸》、《易传》为主，主观地讲心体，以《论》、《孟》为主。特提出"以心著性"义以明心性所以为一之实以及一本圆教所以为圆之实。于工夫则重"逆觉体证"。（二）象山阳明系：此系不顺"由《中庸》、《易传》回归于《论》、《孟》"之路走，而是以《论》、《孟》、摄《易》、《庸》而以《论》、《孟》为主者。此系只是一心之朗现，一心之伸展，一心之遍润；于工夫，亦是以"逆觉体证"为主者。（三）伊川、朱子系：此系是以《中庸》、《易传》与《大学》合，而以大学为主。于《中庸》、《易传》所讲之道体性体只收缩提炼而为一本体论的存有，即"只存有而不活动"之理,于孔子之仁亦只视为理,于孟子之本心则转为实然的心气之心,因此,于工夫特重后天之涵养("涵养须用敬")以及格物致知之认知的横摄("进学则在致知"),总之是"心静理明",工夫的落实处全在格物致知,此大体是"顺取之路"。[30]

这一分类表明:宋明儒学的分化是以如何论证、抵达、实践宇宙本性或秩序为轴心展开的。性体、心体和理等范畴之间的差异产生于对宇宙秩序的不同认识方式。由于道学宇宙观和天理概念的建立,任何合理化的论述都必须以天道、天理为前提,从而如何解释天道和天理及其内含的秩序同时成为道德、政治、经济和社会论述的前提。在这个意义上,北宋以降,儒学的基本问题、分类形式、内部分歧和形态转化都必须放置在与道学或理学的关系之中来进行理解——在近代西方的科学宇宙观、方法论和分类标准进入中国之时,它们所面对的抵抗也首先来自理学世界观。

以天理统摄宇宙秩序和道德根源的方式始自二程、集大成于朱熹,但将心性论、道德论置于宇宙论和本体论构架之中却是道学家们的普遍追求。在程颐的时代,天理概念不过是多种竞争性观念之一种,但在此之后,天理概念在极大的范围内逐渐取代了天道概念而居于理学的道德评价方式的核心部分,天理所体现的至善的道德本质和道德秩序逐渐地被理解为所有事物的所以然或应然。值得一提的是:所以然与应然问题在道德评价中的出现标志着道德评价与礼乐过程之间的脱节,从而也标志着儒学道德评价方式的巨大转变。以天理概念为核心构筑道德评价体系的关键含义在于:像传统儒学一样,理学认为各种事物只有在与天之秩序合一的状态下才构成该事物的应然状态,亦即道德的状态,但它尤其强调的是:这个秩序存在于整个现象世界之中而又不能等同于现象世界,从而实现这一道德本质或道德秩序的基本方式是充分地发展我们的认知或体悟能力,呈现和印证这个内在于世界和我们自身而又不同于世界和我们自身的秩序、本质、自性,进而达到世界和我们与自身的合一。宋学中绵延不绝的有关道学与政术

---

[30] 牟宗三:《心体与性体》(上),页42—43。

分离的忧虑正起源于这一基本的判断：政术本身已经背离了道学所探讨的价值，从而追求道学与政术合一需要从内在的方面来实现；人的礼仪实践已经背离了道学所确认的宗旨，从而道德实践也需要从内在的方面来实现。这里所谓内在不是指人与物之间的那种内外关系意义上的内在，而是一种普遍的内在——人与物都包含着内在可能性，它们都需要一种自我实现（亦即扬弃自身的外在性）的过程。在这个意义上，道德状态是一个通过内在的努力以摆脱自身限制的状态，道德实践与其视为顺从外在的规范，毋宁说是顺从内在之自然，而自然正是宇宙秩序或本质自身。

概括地说，理学试图建立宇宙秩序与礼序之间的一种本质性的联系（而不是直接性的或对位式的联系）。天理概念在伦理学上的结果就是宇宙论和内在论与道德论证的关系的建立。这种追求合一的道德论证方式恰恰是以道德论证与制度（分位）的某种分离或紧张为前提的。作为一种内在的、普遍的但又未必是实现的（或显现的）范畴，天理必须通过认知、体悟和实践过程才能呈现，从而道德实现与主体之间的内在联系经由"理在事中"的观念而被突显出来了。这种新的道德论证方式建立在一个基本前提之上，即认为制度已经从礼乐的世界中分化出来，从而按照这一制度所提供的规范行事并不能体现天意——天意是道德实践的基础，如果制度及其规范不能体现天意，则天意即成为评判制度的根据。这一有关制度与礼乐分离的观念对于形成北宋道学与先秦儒学以及汉儒的道德论证方式的差别有着重要的意义。因此，我们可以从理学的论述中看到一个双重现象：一方面，理学家们不断地探讨礼序关系，但另一方面，他们又认为人对天道的体悟不能等同于制度性的实践。

让我对上述讨论做几点归纳。天理世界观的确立标志着儒学道德/政治评价方式的转变：按照这一道德评价方式，道德和政治必须遵循一种自然之势、一种内在于万物和我们自身的秩序。天或天理将自然之势和内在本性统合在同一范畴之内，从而宋学的基本特点是将宇宙、自然和人事的体系融会在天理的世界之中。天理世界观一方面拒绝用现实存在的制度和秩序作为道德和政治评价的尺度，另一方面也拒绝用天人相类的方式将天的秩序与人世秩序的关系理解为一种直接的对位关系，从而将汉代宇宙论中作为至上神的天转化为一种内在于我们自身和世界的、有待自我实现的本质。那么,这一道德评价方式与我在开头提及的那些社会政治变迁之间的关系究竟是什么呢?为了回答这一问题,我们需要对理学与先秦儒学和汉代思想的一些规范性特征进行比较性的分析,以深化对理学的道德评价方式的理解。

第二节　礼乐共同体及其道德评价方式

1. 以仁释礼与"理性化"问题

　　正如程朱理学的道德评价系统被系统地解释成"理性化"一样,现代儒学研究的另一传统是将周公"制礼作乐"、孔子"述而不作"归结为"'巫史传统'的理性化过程"。[31]傅斯年说:"儒家的道德观念,纯是一个宗法社会的理性发展。"[32]他所谓"理性发展"指周"德"从原始巫术礼仪向君王行为、礼仪和制度的转化。在这个意义上,"孔子的国际政治思想(关于诸侯国之间的政治的思想——作者注),只是一个霸道,全不是孟子所谓王道,理想人物即是齐桓管仲。……孔子的国内政治思想,自然是'强公室杜私门'主义。"[33]傅斯年完全回避王制之中包含的天人关

---

[31] 李泽厚将周代儒学的"德"与"礼"等概念全部归结为"这一理性化形态的标志。"见氏著《说巫史传统》,《波斋新说》,香港:天地图书公司,1999,页50。《说巫史传统》一文对于周、孔儒学与巫史传统的关系的解说包含了许多精彩的洞见,这里对"理性化"一词的讨论并非对于该文的总体批评。

[32] 傅斯年:《论孔子学说所以适应于秦汉以来的社会的缘故》,《傅斯年全集》,台北:联经出版事业公司,1980,页1492。下文中,我循惯例使用"礼乐与制度"的概念,但需说明的是,"制度"一词在秦以后始渐形成和传播,在先秦文献中一般只用"制"。

[33] 同上,页1490。

系，并将孔子思想与周代的制度现实划上了等号。这一论述建立在对孔子"述而不作"的理解之上：孔子思想客观地记载了周制的基本内涵，即国际关系中的霸道与国内关系中的专制，而这两个方面都是原始宗法关系理性化的产物。在这里，从巫术到王制的过渡被类同于欧洲历史中从宗教统治向世俗统治（国王统治）的过渡，而"祖述王制"的孔子之礼学也就自然地被界定为中国文化"世俗化"和"理性化"的象征。与傅斯年不同，李泽厚看到的不是"强公室杜私门"的王权主义，而是"由'神'的准神命令变而为人的内在欲求和自决意识"，即某种排拒"宗教性神秘性的"、个人主义的（"自己"、"心理欲求"）和世俗主义的（肯定情欲的"人"）倾向。他评论说："（孔子之学）把一种宗教性神秘性的东西变而为人情日用之常，从而使伦理规范与心理欲求融为一体。'礼'……由'神'的准神命令变而为人的内在欲求和自决意识，由服从于神而为服务于人、服务于自己，这一转变在中国古代思想史上具有划时代的意义。"[34]但这两种不同的论述均被归纳在"理性化"的范畴之内。

  从周孔传统的形成到宋代理学的确立，"理性化"构筑了一个永久的历史视野，其前提是：中国思想或文化是"非宗教的"，儒学的道德判断从一开始就注目于人及其生存世界自身。孔子被认为是中国思想从对自然的探究、对神圣事物的关注转向人自身的第一人，他的著名的"仁"概念为此提供了证明。然而，人与自然、人与神圣之物的这种分界究竟建立在什么前提之上呢？儒学对于人的日常生活的关注是一个显著的事实，但正如上文所述，这里的关键是如何界定儒学的"日常生活"或"人情日用之常"，以及"人"及其"内在欲求和自决意识"是在怎样的关系中被界定的。在儒学的语境中，"人情日用之常"与孔子再三致意的"礼"有着密切的关系。礼是从原始祭祀和军事征伐等仪式中发展起来的，它所内含的人情物理与天帝、鬼神的观念并不相悖："孔子曰：'夫礼，先王以承天之道，以治人之情，故失之者死，得之者生……是故夫礼必本于天，殽于地，列于鬼神，达于丧、祭、射、御、冠、昏、朝、聘。故圣人以礼视之，故天下国

---

[34] 李泽厚：《中国古代思想史论》，北京：人民出版社，1985，页20—21。

家可得而正也。"[35]在这个意义上,日常生活即在丧、祭、射、御、冠、昏、朝、聘等礼仪实践中的日常生活,亦即礼仪生活本身。"人"的概念同样如此。按照儒者们对于三代之治、尤其是周代封建的描述,早期儒学的道德评价方式可以归纳为一种整体性的和连续性的体系,在这个体系中,自然、制度、礼乐和道德,甚至在一定条件下形成的法令、礼俗等规范,构成了难以截然区分的领域。作为一种道德性的存在,人的概念与礼义的概念是一致的,因为一旦脱离了礼义范畴也就不存在界定人的基础了。《礼记·冠义》云:"凡人之所以为人者,礼义也。礼义之始,在于正容体,齐颜色,顺辞令。容体正,颜色齐,辞令顺,而后礼义备。以正君臣,亲父子,和长幼。君臣正,父子亲,长幼和,而后礼义立。故冠而后服备,服备而后容体正、颜色齐、辞令顺。故曰:'冠者,礼之始也。'是故古者圣王重冠。"[36]又云:"成人之者,将责成人礼焉也。责成人礼焉者,将责为人子、为人弟、为人臣、为人少者之礼行焉。将责四者之行于人,其礼可不重与?"成人的标志是在礼的秩序中确立的。[37]吕大临注曰:"所谓成人者,非谓四体肤革异于童稚也,必知人伦之备焉。亲亲、贵贵、长长,不失其序之谓备。"[38]牟宗三认为《礼记》所谓成人之礼仅仅是形式的规定或荀子所谓"王者尽制"之礼,而"君子自觉地实践人伦以成其德"才是所谓"圣者尽伦"。[39]但按照上文的叙述,王者尽礼与圣者尽伦不可能截然区分,它们都是以分位或礼制为依据的实践。"他是一个君子"这一事实判断不仅包含

---

[35] 《礼记·礼运》,见《礼记集解》,中,孙希旦撰,北京:中华书局,1989,页585。
[36] 《礼记集解》,下,页1411。
[37] 《礼记集解》,下,页1414。《礼记》是否体现了孔子的思想仍有争论的余地,但根据1993年湖北荆门郭店楚墓出土的竹简,研究者已经认定《礼记·中庸》出于子思子,因而《中庸》及《礼记》中的部分内容体现了孔门思想不为无据。参见李学勤:《先秦儒家著作的重大发现》,《人民政协报》1998年6月8日第3版。
[38] 《礼记集解》,下,页1414。
[39] 牟宗三:《心体与性体》上,页12—13。我认为牟宗三的区分本身是有根据的。他曾举《中庸》"君子之道造端乎夫妇,及其至也、察乎天地"评论说,此"则是成德之教中的夫妇之道。君子自觉地实践人伦以成其德即从这里开始,及其至也,无穷无尽,故云'察乎天地'……此种成德之教是孔子之所开启,与王者尽制中之礼乐人伦不同也。"同前,页13。

着"他应该如何做"的价值判断,而且还包含着他正在自觉地实践君子的道德法则的含义。先秦儒学的道德判断与特定的制度背景(制或伦)的连续关系构成了道德论述的内在结构。在这个意义上,无论是人的范畴本身,还是"人的内在欲求和自决意识"都是由一定的礼乐关系所确定的,从而在"人的内在欲求"与"'神'的准神命令"之间并不存在世俗与宗教之间的二元对立,以及由此对立而产生的"理性化"过程。在儒学思想的范畴内,欧洲启蒙运动所制定的从神到人的"理性化"叙事并不具有真正的解释力,[40]我们毋宁将"理性化"范畴视为现代思想的自我确证:它把历史编织在"理性发展"的框架内以确立"现代"的权威,并逃避对于"现代"自身的检验。

将周代制度与孔子对儒学的阐发一道放在理性化的视野之中,这一做法本身是综合清代经学的主要结论与西方社会理论有关理性化的论述而产生的结果。在批判宋学的过程中,清代儒学逐渐地形成了一个不同于孟子的观点,即儒起源于周代典制本身,文王、周公具有始作俑者的地位,而孔子只是"集大成者"。[41]这里的关键是如何理解周代典制的形成与孔子的"述而不作"和"以仁释礼"的关系。孔子记述、总结了周代礼乐制度的精髓,以"祖述王制"的方式重新构筑礼乐的完整性,并通过对道与德、诚与敬、仁与礼、君子与小人等范畴的发挥,重新沟通天人关系,创造性地阐释了礼乐制度的意义。这些创发的工作为后世儒学提供了动力和灵感,我们不能简单地在"周文"、"王制"(对巫史传统的扬弃或理性化)与孔子要求主体献身于王制、周文的实践过程(其宗旨是赋予日渐形式化的"礼乐"、"王制"以"天"的性质)之间划上等号,将二者一道归结在"理性化"的范畴之内。孔子之学是对上述"理性化"过程所导致的礼乐之形式化、空洞化和规范的破坏(礼崩乐坏)的一种批判,其中也包含对王制的发展所导致的天人关系断绝的忧虑。在周制衰败的过程中,孔子力图阐明周制的规范和神圣性的内在根源,并以"仁"为中心力图恢复

---

[40] 如果孔子时代、宋明时代的转变可以用"理性化"这一概念进行描述,那么,我们如何理解19世纪以降以理性和自我等西方概念为核心的近代科学世界观和个人主义价值对理学世界观的冲击——理学世界观为什么再次被描述为反理性的迷信?
[41] 章学诚《文史通义》的相关论述是代表性的观点。参见本书第四章。

能够促成天人沟通的品质和信念:德、诚、敬、仁、义等等。在孔子的道德世界中,惟有获得这些品质、情感和信念,礼乐才真正构成为礼乐。这些在孔子这里被归纳在礼乐论范畴中的概念与巫之传统有着紧密的关联。

因此,所谓以礼乐为天、以仁释礼,表明孔子试图在周代礼乐制度的基础上恢复天人一体的基本价值和天人沟通时的那种情理兼容的基本状态。这两者均表明了礼乐制度与巫文化的内在共生关系。在周代礼乐制度的范畴内,天人沟通并不必然需要早期巫师在行法作业时的癫狂、昏迷状态,它现在诉诸的是在日常礼仪实践中的天人沟通。这也构成了孔子之礼学与早期巫术仪式之间的基本区别。但是,西周礼乐制度与巫术礼仪并无截然的断裂,孔子之学与巫的精神和礼仪之间的关系绝不如此单纯。周代王制以宗法、王制及其礼仪形式作为沟通天人的途径,然而,根据《周书·吕刑》记载的上古时代的君王"绝地天通"的神话,以及《国语·楚语》所记观射父对这个神话的解释,君王时代的天人关系并不总是顺畅的。早期社会"民神异业,敬而不渎,故神降之嘉生,民以物享,祸灾不至,求用不匮",巫觋运用其降神能力而沟通天人;但此后"民神杂糅,不可方物。夫人作享,家为巫史",颛顼"乃命南正重司天以属神,命火正黎司地以属民……是谓绝地天通"。[42]徐旭生、杨向奎和张光直在解释这段话时均强调:早期的巫觋专业降神,为民服务,而在后世,天地之门为君王所派的重和黎所把持,天地遂不再沟通。这里所谓"不通"主要对民而言,因为皇帝垄断了巫觋的位置,仍然拥有通天地的特权。[43]在这个意义上,王制虽然能够沟通天人,但同时蕴含着阻碍天人沟通的可能性,在孔子生活的时代,周代的礼乐制度正面临着这一危机。天人关系的断裂在礼乐制度上的表现就是礼乐的空洞化、形式化,亦即蕴含天意的礼乐转化成为没有意义的仪规和制度。如果人们仅仅以玉帛、钟鼓为礼乐,礼乐即不复为礼乐;孔子因此大声疾呼:"礼云礼云,玉帛云乎哉!乐云

---

[42] 《国语》卷十八《楚语下》,上海古籍出版社,1978,页559—562。
[43] 徐旭生:《中国古史的传说时代》增订本,北京:科学出版社,1960;杨向奎:《中国古代社会与古代思想研究》,上海:上海人民出版社,1964;张光直:《中国考古学论文集》,北京:三联书店,1999,页393。

乐云,钟鼓云乎哉!"[44]如果礼乐失去其实质内涵,真伪善恶即无从辨别,《论语·八佾》悲叹的不正是在上者"为礼不尽"、在下者无所适从以致"事君尽礼,人以为谄也"[45]的局面吗?孔子叹息道:"人而不仁,如礼何?人而不仁,如乐何?"[46]正是从礼乐与制度的分化状态出发,孔子提出以"仁"释"礼",从而"仁"所处理的是在形式化或空洞化的条件下产生的"礼"的真实性问题——如果真正的"礼"是能够体现天意之礼,那么"以仁释礼"的核心即在以仁通天,恢复礼的内在神圣性。这里所谓礼乐与制度分别指能够体现天意或具有道德内涵的礼仪关系与丧失了与天之间的内在联系的仪规和体制。孔孟设想的礼乐亦即没有礼乐与制度之区分之礼乐,而礼崩乐坏的结果则是礼乐与制度的分化:礼乐不复为礼乐,制度不再具有任何道德含义。

礼乐的"真实性"问题是隐含在孔子的道德/政治理论背后的重要概念,前引各条不正是在真正的礼乐与形式的礼乐之间作出的判断吗?[47]"述而不作"强调典制本身的严格性,它是对礼崩乐坏的局面作出的反应;"以仁释礼"注重礼仪过程的真实性,它是对礼仪实践过程和内在状态本身的关注。上述两重判断最终落实在孔子对君子的期待之中:以敬天畏命的怵惕之情、以天降大任于斯人的承担之心、以恪守先王礼仪的复古形式、以通情达礼和通今博古的会通精神,在"行与事"的过程之中恢复礼乐与制度之间的同一性,亦即通过主体的实践和品质赋予日益衰败的、形式化的礼乐形式以丰满的、实质性的意义。从恢复礼制的角度看,这一过程涉及具体的政治观点和制度性实践;从成德的角度看,这一制度性实践亦即道德行为的过程。礼乐与制度的合一是道德实现的前提,从而道德实现过程本身必然同时是制度性实践的过程。在这个意义上,所谓礼乐与制度的合一不是指形式化的礼乐与理性化的制度之间的结合,而是指在礼仪性的和制度性的实践过程之中体现出的天人合一、治道合

---

[44] 孔子:《论语·阳货》,《论语正义》下册,刘宝楠撰,北京:中华书局,1990,页691。
[45] 孔子:《论语·八佾》,《论语正义》上册,页115。
[46] 同上,页81。
[47] 孔子:《论语·阳货》,《论语正义》,下册,页691。

一、道器一体的状态。形式化的礼乐不能视为真正的礼乐,形式化的制度也不能构成礼乐制度意义上的制度。因此,无论是"述而不作",还是"以仁释礼",都不能用"理性化"来加以解释:"述而不作"不是为了客观地呈现先王典制,而是为了对行为实践进行严格的礼仪规范;"以仁释礼"不是以内在性替换礼仪的严格性,而是在礼乐解体或形式化的条件下唤起严格遵循礼仪的内在激情。一方面,孔子以礼乐为天,不语"怪、力、乱、神",体现了对早期巫术传统的扬弃,而另一方面,他以仁释礼,将礼仪实践放置在与人的品德、激情的关系之中,以克服礼乐的形式化所导致的文化危机。

如上所述,由于礼的形式化,孔子面对着两种不同的"礼",其一是完整的、理想的、能够体现天意并沟通天人之礼,亦即"真正的"礼;其二是现实中异化了的、形式与实质相互分离的"礼",亦即"虚假的"礼。在前一个意义上,仁与礼完全统一,而在后一个意义上,仁与礼相互脱节。"以仁释礼"寄望于主体的诚与敬,试图通过将献身于天的精神态度(如同原始巫术活动中的那种对于天的敬畏怵惕之情和与"天"合一的冲动)转化到"爱人"的礼乐实践之中,以重新沟通天人,再建礼的完整性或神圣性。因此,恰好与所谓"理性化"相反,孔子"仁学"的重要范畴——如"德"、"诚"、"敬"、"信"等——均渊源于巫君祭祀治事的传统。"德"的起源最早,下文将专做解释。这里仅以"敬"字为例。周初文诰中多有"敬"字,如《书·皋陶谟》:"天聪明,自我民聪明;天明畏,自我民明畏。达于上下,敬哉有土";[48]《礼记·祭统》:"诚信之谓尽,尽之谓敬,敬尽然后可以事神明,此祭之道也。"[49]前一例论事天、事民与君王之敬,突出了王制与天的关系,后一例论祭祀之道,证明诚、信、敬和尽等范畴渊源于祭祀的礼仪和实践,两者都证明"敬"概念与早期巫术实践中的恐惧、惊怖、景仰等情绪有着密切地联系。徐复观、牟宗三等学者强调周初之"敬"不同于将主体投身于上帝的那种宗教迷狂,[50]是"人的精神"的体现。[51]

---

[48] 《尚书今古文注疏》,卷二《皋陶谟上》,清孙星衍撰,中华书局,2004,页87。
[49] 《礼记·祭统》,《礼记集解》下,页1238—1239。
[50] 牟宗三:《中国哲学的特质》,台北:台湾学生书局,1984,页20。
[51] 徐复观:《中国人性论史》,台北:台湾商务印书馆,1990,页22。

若从早期巫术与周代王制之形成的角度看,这一判断还是抽象了一些:第一,从龙山文化遗址和其他墓葬发现可知:与祭祀仪式有关的遗物存在着向"大人物"墓葬集中的趋势,从而为"王出于巫"的假说提供了证明。[52]其次,礼乐与巫术存在密切的关系,它们均预设天的至高地位,由于王制的发展,仪式活动中的迷狂式的体验和交感与沟通天人的礼乐活动之间并没有绝对的区分。如果说孔子之敬是"原始巫术活动中的迷狂心理状态的分疏化、确定化和理性化",[53]我们又如何把握孔子之敬与形式化的礼乐制度的关系?孔子"以仁释礼",即通过"仁"的认知与实践,在礼仪实践中恢复祭祀等仪式中的和谐状态,它虽然不以神秘体验为指归,却主动地呈现了对于天的敬畏。如同在巫术礼仪中一样,"敬"是主体沟通天人关系的自觉追求,不同的是:君子在"分疏化、确定化和理性化"的历史语境中重构天人关系,而巫师则将这一过程视为一个完全没有分化的自然过程。"仁"对主体的要求与巫术对巫师投身迷狂过程的要求是接近的。在这个意义上,一,"人的自决意识"可以界定为投身礼仪实践的决心和信念,从而与近代世俗主义的取向无关;二,不是"分疏化、确定化和理性化",而是对"分疏化、确定化和理性化"的反抗,亦即对敬畏本身的自觉追求,才构成了孔子之主张"仁"与"敬"的动力。对礼的恪守产生于一种敬畏之情,从而难以归结为单向的"理性化"的取向,否则我们就无法解释"述而不作"的孔子不是以礼释礼,而是以仁释礼了。三,这种敬畏之情不是表现为巫术过程的迷狂状态,而是礼乐过程的内在神圣性,从而我们可以将之归纳为"反理性化的理性化"取向,用以说明这一"反理性化"过程对于周初"制礼作乐"过程(理性化过程)的依赖。

在上述意义上,"以仁释礼"也不能解释为由外在的礼转向人的内在性。孔子明确地说:"一日克己复礼,天下归仁焉"——"仁"是通过"克己复礼"而达到的一种状态,也是推动人们"克己复礼"的最终动力。当礼的神圣性重新建立起来之时,天下归仁与天下归礼即完全合一。这里所

---

[52] 陈梦家:《商代的神话与巫术》,《燕京学报》20(1936),页535。
[53] 李泽厚:《说巫史传统》,《波斋新说》,页51。

谓礼的神圣性不是指礼的外在形式的神圣性,而是经由人之践仁而充实了的礼乐精神的神圣性。神圣性与日常性之间不存在紧张或对立。因此,"仁学"非但不是对礼乐制度及其道德评价形式的否定,反而是对礼乐共同体的道德评价形式的再确认,但这个再确认尤其突出了礼乐实践的内在的精神条件。"以仁释礼"以礼乐范畴为中心:礼仪的严格性、严肃性和庄严性是"仁"的必要条件,而"仁"则是礼仪能够获得其严格性、严肃性和庄严性的根本前提。"仁"概念与近代的"自我"概念有着遥远的距离。孔子不语"怪力乱神",罕言天道,认为对天的尊崇必须通过礼乐制度及其实践才能实现,这是以周代礼制及其基本价值与敬天礼地的巫术的密切关系为前提的,否则就不存在以礼乐为天的根据。按《论语·乡党篇》的描述,孔子对于一套形式礼仪极为讲究,举凡饮食起居生死婚葬无不存在一套规矩,甚至连走路也受到礼的制约。[54]这种对于天命、大人或圣人之言的敬畏以及对于仪式的恪守是"理性化"的情感,还是敬天畏地的态度? 晚清(1899)以来的甲骨卜辞研究证明:祖先崇拜与上帝(以及天)崇拜的合一乃是殷周甚至更早时期的上古社会及其信仰体系的特征。[55]上帝助人丰收、赢得战争,但他并非特定族群的上帝;君王的祖先是族群的象征,他能够向上帝进言;君王本人通过祭祀活动与祖先沟通,从而也能够察知上帝的意志。就殷周时代的祭祀活动和信仰而言,上帝、天与祖先之间的差别和距离极为有限。[56] "这三类神明是同时并存的,因

---

[54]　孔子:《论语·乡党篇》,《论语正义》上册,页368—436。

[55]　王国维、郭沫若、董作宾、陈梦家、胡厚宣、徐复观、张光直、何炳棣、李学勤、凯特利(David N. Keightley)、顾理雅(G. H. Greel)、史华慈(Benjamin Schwartz)等中外学者对上古中国社会形态及其神明崇拜作出了各不相同的阐述,但他们在确认殷商文明崇仰帝或上帝、自然神祇、祖先三类神明方面有着大致的共识。何炳棣断言:"构成华夏人本主义最主要的制度因素是氏族组织,最主要的信仰因素是祖先崇拜。制度和信仰本是一事的两面。"见氏著《华夏人本主义文化:渊源、特征及意义》,《二十一世纪》总第33期,1996,页93。

[56]　关于天概念的起源,学术界有两种看法:一种认为天由周的氏族神演化而成,另一种认为天在周朝立国之前即已存在。有关的讨论和分歧意见,见傅佩荣:《儒道天论发微》,台北:学生书局,1985,页11—14。

此凡是主张神明演化论——亦即,自然神祇演变为祖先神,再演变为上帝——的说法都难以得到证实。"[57]没有这一前提,我们就很难解释《礼记·祭义》所谓"文王之祭也,事死者如事生"和孔子所谓"未能事人,焉能事鬼"等说法——它们确切地体现了上帝与祖先的同一关系。正是由于上帝与祖先的同一关系,孔子才能够将对天的怵惕之情转化为尊崇礼乐的内在激情——礼乐是将祖先崇拜与上帝崇拜综合为一的实践过程和礼仪形式。

2. 治道合一与周代礼乐制度

在这个意义上,以仁释礼同时表明道德实践是一个制度性的过程,"述而不作"或"祖述王制"的叙述形式表达的是礼仪制度的严格性和恪守礼仪的必要性。《论语》中直接记述王制的内容有限,但孔子以六经为教,这一事实可以帮助人们理解孔子所谓"述而不作"的制度性含义。关于《礼记》一书的真伪及成书年代历来有不同意见,但可以确定的是:其中所载各种礼仪和制度至少可以部分地作为了解孔子之学的制度性或礼仪性内涵的根据。[58]为了展开下文的叙述,我们需要对包罗万象的"周道"、尤其是其核

---

[57] 同上,页2。
[58] 六经与孔子的关系历来争论不休,这里不作讨论(关于这一问题,请参见周予同:《"六经"与孔子的关系问题》,朱维铮编:《周予同经学史论著选集》(增订本),上海:上海人民出版社,1996,页801—802)。但六经之所以具有示范的价值,是因为它体现了先王政教和官司典守,这是许多儒者的基本信念。又,在《论语》之外的其他典籍如《礼记》中,我们可以找到孔子以六经为教的前提。《礼记》的真伪及时间问题历来有争论。根据最近考古发现,《礼记》的内容至少可以追溯到战国时代。李学勤对郭店楚简的研究证明:"《缁衣》收入《礼记》,竹简中还有不少地方与《礼记》若干篇章有关,说明《礼记》要比现代好多人所想的年代更早。按《汉书·艺文志》于《礼》类著录'《记》百三十一篇',云'七十子后学者所记也'。郑玄的《六艺论》说:'汉兴,高堂生得《礼》十七篇,后得孔氏壁中、河间献王古文《礼》五十六篇、《记》百三十一篇',可知《汉志》的《记》都是古文,有的是孔壁所出,有的是河间献王所征集,都是孔门七十子后学的作品。高堂生五传弟子戴德、戴圣所传的《礼记》、《大戴礼记》,都是根据这些材料编成的。现在由郭店楚简印证了《礼记》若干篇章的真实性,就为研究早期儒家开辟了更广阔的境界。"《郭店楚简研究》,《中国哲学》第二十辑,页21。

心制度略作归纳。"周道"之核心是从古代圣王那里沿袭而来并加以发展了的封建、井田和学校等制度,而祖先崇拜、君王之礼、上下分位,以及孝悌忠信等等价值、礼乐征伐等等规范均以宗法封建制度为基础。离开祖先崇拜、宗法分封的内涵,我们无从对各种形式的礼乐作出解说。[59]周初封建始于何人并不确定,王国维《殷周制度论》主张宗法制度为周公所创,并以此作为周制与殷制的主要区别之一,有人更论定周公让位于成王(奠定传嫡长子的宗法原则)为宗法分封制的确切开始。[60]但根据考古发现,上述观点均有质疑的必要。在龙山文化的考古发掘中,考古学家们发现山西襄汾县的陶寺和山东诸城县的呈子均由分组墓葬布局,每组之内均有大、中、小不同等级的墓葬。张光直推断说:"墓葬的组显然是亲族的宗,而组内的墓葬等级便代表宗族内不同等级的成员。"因此,"不但殷商时代已有宗法制度,这种制度在龙山时代就已经可以由考古资料推断出来了。"[61]这里的问题是:周代将宗法制度发展为王朝的政治结构,从而形成了封建体制,而上述考古发现并不能证明殷商时代已经将宗法制度扩展为一种分封性的王制。但可以肯定的是:如果龙山文化即已包含宗法制度的内容,那么,那种截然地将巫文化与礼乐文化区分开来的观点就很难立脚了。

所谓宗法封建即按照"别子为祖,继别为宗,继祢者为小宗"原则,通过周天子的册封仪式("锡命"),将王畿之外的土地和人民封赐给周王的未继王位的别子,并建立诸侯国。[62]受封的别子亦即诸侯国之祖,仍按

---

[59] 康有为说:"古之王者,创业垂统,安定其民,上出其宪章以为教,下奉其宪章以为学,皆一朝之法令、典章也。创之于君,存之于官,守之者师儒,诵习奉行者士民。上之法令易知,下之情意易通,其学之之势至易,其施于用也至便,此先王所以致治也。今所称经义皆周道也。"《教学通义》,《康有为全集》(1),上海:上海古籍出版社,1987,页135。

[60] 徐复观:《两汉思想史》第一卷,上海:华东师范大学出版社,2001,页15—16。

[61] 张光直:《中国古代王的兴起与城邦的形成》,《中国考古学论文集》,北京:三联书店,1999,页389,388。

[62] 《礼记》的《丧服小记》和《大传》是历来考察周代宗法的主要资料,其要点为:别子为祖,继别为宗,继祢者为小宗;上治祖祢,尊尊也,下治子孙,亲亲也,旁治昆弟,合族食,序以昭穆,别之以礼义……《礼记集解》,中,页867—878,902—905,914—918。

嫡长子继承的原则,继承爵位。宗周与封国的关系既是天子与诸侯的关系,也是元子与别子的关系,各封国内部的政治关系也同样具有血缘性的宗族关系的性质。《荀子·儒效篇》说周公"兼制天下,立七十一国,姬姓独居五十三人",[63]他们均为文王、武王之昭穆和周公之胤。周初分封包括一些异姓诸侯,大多为归附周人的小国后裔(如神农、黄帝、尧、舜、禹的后裔)或周人的亲戚,但基本原则仍是按照宗法制度分封同姓诸侯。因此,宗法原则保留了氏族血缘关系及其基本秩序,并构成了周代的普遍原则。在西周语境中,"中国"即在这一普遍原则基础之上、由周王与分封的叔伯兄弟甥舅各国所构成的、以一定的地域为中心的一个政治/宗法共同体。

宗法分封不仅是一种政治制度,而且也是一种经济制度和军事制度。《左传》僖公二十四年云:"昔周公弔二叔之不咸,故封建亲戚以蕃屏周",[64]清楚地说明了封建作为一种屏藩周室的制度的特殊功能。[65]分封的具体内容是授民授疆土,但"封建时代分疆而治,本无整齐划一之典制,亦无一成不变之宏规",[66]分封之后实行的土地制度因而也有所差异。例如,周室将居住在晋国的夏遗民"怀姓九宗"封赐叔虞,该地近戎而寒,风俗与"中国"不同,王室要求"启以夏政,疆以戎索",即援用异于周制的土地制度疆理土地。但在"中国"范围内,土地制度与分封制度相并而行,周统治者要求鲁、卫之君对待殷遗民"皆启以商政,疆以周索"。[67]这为后世儒者将"中国"范畴转化为一种礼仪的范畴提供了根据(即通过礼仪或文化的转化而将其他族群并入"中国"范畴)。[68]井田之说主要见于《孟子》、《周官》二书,汉代的著作《王制》、《公羊》、《谷梁》、《韩诗外传》、《毛诗传》等续有补充。近代胡汉民、胡适、吕思勉、郭沫若、徐中舒、

---

[63] 荀子:《荀子·儒效篇》,《荀子集解》上,中华书局,1988,页134。
[64] 《左传》僖公二十四年,杨伯峻:《春秋左传注》,北京:中华书局,1981,页420。
[65] 关于井田与兵制的关系,徐中舒《井田制度探源》一文最为详备,见氏著《徐中舒历史论文选辑》下,北京:中华书局,1998,页713—760。
[66] 同上,页724。
[67] 《左传》定公四年,同前,页1538—1539。
[68] 参见本书第五章。

徐复观等学者对于井田之有无和具体的内容各有不同的论述,这里不能深论。[69]我们大致可以确认:井田是分封制度在经济和军事方面的具体设置。《孟子·滕文公上》:

> 夏后氏五十而贡,殷人七十而助,周人百亩而彻。其实皆什一也。彻者,彻也。助者,藉也。……《诗》云:"雨我公田,遂及我私。"惟助为有公田,由此观之,虽周亦助也。
>
> 使毕战问井地。孟子曰:"……夫仁政必自经界始。经界不正,井地不钧,谷禄不平。是故暴君汙吏必慢其经界。经界既正,分田制禄,可坐而定也。……请野九一而助,国中什一使自赋。卿以下必有圭田,圭田五十亩;余夫二十五亩……方里而井,井九百亩,其中为公田,八家皆私百亩,同养公田。公事毕,然后敢治私事,所以别野人也。"[70]

这里论及三代田制而区分为贡、助、彻三种,其中彻为周制,但孟子仅以"彻者彻也"一语带过。从这段论述中,我们大致能够得出的结论是:第一,井田是封建的产物,也是支撑封建制度的经济体制,它体现了封建时代的占有关系;第二,井田规定了生产、劳动的方式和赋税的形式,从而规定了基本的社会组织形式;第三,井田也是一种兵农合一的军事制度,分封诸侯和设置井田都带有向外扩张、护卫后方、稳定"中国"与夷狄接壤部分的军事形势的作用。在上述意义上,井田是一种将经济、军事、政治等各个方面结合为一体的制度,从公田和私田的划分到田间沟洫的结构,从什一税的交纳到主管土田的官职,以及以井田为基础构成的战阵或工事,无不与宗法分封制密切相关。由于宗法分封制将亲亲尊尊的原则扩大到政治和经济等范围,从而与这一宗法分封相关的体制也可以被理解为亲亲尊尊原则的扩展,例如作为一种屏藩周室的军事制度,井田遵循着

---

[69] 参看朱执信等著:《井田制度有无之研究》,上海,华通书局,1930,该书收录了胡适、胡汉民、廖仲恺、朱执信、季融五、吕思勉等人的文章。
[70] 《孟子》卷十,见焦循撰《孟子正义》,北京:中华书局,1987,页334—361。

宗法分封的原则和内外夷夏的礼仪标准。我们可以将井田的典制与一种共同体的道德谱系关联起来。

作为后代儒者反复谈论的三代之制之一,学校是维系和传承礼仪关系的纽带。《礼记·经解》云:

> 孔子曰:入其国,其教可知也。其为人也,温柔、敦厚,《诗》教也;疏通、知远,《书》教也;广博、易良,《乐》教也;絜静、精微,《易》教也;恭俭、庄敬,《礼》教也;属辞、比事,《春秋》教也。故《诗》之失,愚;《书》之失,诬;《乐》之失,奢;《易》之失,贼;《礼》之失,烦;《春秋》之失,乱。[71]

如果入其国方可知其教,那么,礼乐体系就是以"国"(制度条件)为其物质前提的。[72]《礼记·学记》:"君子如欲化民成俗,其必由学乎!""……古之王者建国君民,教学为先。"[73]古代之学是一套制度和礼仪的结合体,亦即王制之有机部分。古代学校有小、大之分,体现了教人、传道、授受之次序。[74]"古之教者,家有塾,党有庠,术有序,国有学。"按之郑玄注孔颖达疏可知:根据周礼,百里之内,二十五家为闾,同共一巷,巷首有门,门边有塾;民在家时,朝夕出入,就教于塾,故云"家有塾";五百家为一党,于党中立学,教闾中所升者,这就是庠;"术有序"之术为"遂"的误字,按周礼,一万二千五百家为遂,于遂中立学,教党中所升者,则为序;国指天子所都及诸侯国,"天子立四代学,诸侯但立时王之学也。"[75]关于庠序及其所学,尚可有更进一步的解释。我在这里关心的是:这些概念相互关联,构成了封建制度下的一套等级性的秩序。这一制度配合着学习的内容和

---

[71] 《礼记》卷四十八《经解》第二十六,见《礼记集解》,上,页1254—1255。
[72] 侯外庐认为孔子"在形式上更多地保存了所谓'君子儒'的成分",理由即在此。《中国思想通史》第一卷,北京:人民出版社,1957,页40—41。
[73] 见《礼记集解》,中,页956—957。
[74] 朱子解《礼记·学记》:"言古者学校教人传道授受之次序,与其得失兴废之所由,盖兼大、小学言之。"同上,页956。
[75] 同上,页958。

程序,构筑了一种礼仪的系统,而礼仪的系统本身即"成人"的过程。"比年入学,中年考校:一年视离经辨志,三年视敬业乐群,五年视博习亲师,七年视论学取友,谓之小成。九年知类通达,强立而不反,谓之大成。夫然后足以化民易俗,近者说服而远者怀之。此大学之道也。"[76] "学"以培育"人"为中心要务,而人之为"人"即在于知礼义。按照《学记》的描述,"学"的时间、内容和形式均适应着体系性的礼仪程序,从而"学"本身体现了礼仪之分位及其制度前提,任何一种具体的知识和训练都连接着整体的目标。循序渐进、触类旁通、因材施教、敬学尊师,最终百川归海,达于大本。[77]

在礼乐论的框架内,制度性的设置同时也是一种道德性的关系,从而封建、井田和学校也是一种以制度为前提的道德体系。上古和周代文献中有很多德与道、德与行、德与刑等字连用为辞的现象,表明"德"既是一种内在的品德,又是一种与共同体的礼仪和制度密切相关的规范,它们均渊源于天道本身。《马王堆老子甲本》后《佚书》云:"善,人道也;德,天道也。"又云:"君子之为善也,有与始也,有与终也。君子之为德也,有与始也,无与终也。"在同篇《佚书》中还有德之成亦如乐之成的表述:"乐者,言其流体也。机……者,惪之至也。乐而后有惪;有德而后国家与;国家与者,言天下之与仁义也。"[78] 饶宗颐评论这段引文说:"德为天道,故可舍体而专一其心,不以形求之,自然如天道之流行,悬诸天地而皆准。此当为子思之五德终始说。……曰善曰德,……一为人道,一为天道,天与人正相应也。"[79] 我们可以从其他的文献中找到相似的用法,如《书》:"皇

---

[76] 同上,页959。
[77] 值得注意的是:《礼记》的成书时代已经是这一学的礼序分崩离析的时代,故而其中又有这样的慨叹:"今之教者,呻其佔毕,多其讯,言及于数,进而不顾其安,使人不由其诚,教人不尽其材,其施之也悖,其求之也佛。夫然,故隐其学而疾其师,苦其难而不知其益也。虽终其业,其去之必速。教之不刑,其此之由乎!"正是在这个意义上,详细地描述这一学的谱系,重构学与礼之间的内在联系,正起源于对学制与礼义之间的分化的一种理解和批判。同上,页964。
[78] 关于"德"在《佚书》中的各种表达方式,参见饶宗颐:《中国史学上之正统论》(上海版),页10—12。
[79] 同上,页12。

天无亲,唯德是辅"、"在昔上帝割申劝宁王之德,其集大命于厥躬";[80]《诗》:"民之秉彝,好是懿德"、"无念尔祖,聿修厥德"。[81]古人所谓"以德和民"表示"和民"以顺应天道,这一概念已经隐含了对于君王的要求,与《佚书》中所谓"有德而后国家与,国家与者,言天下之与仁义也"正相呼应。但是,与"乐而后有德"相似,对于君王治理天下而言,德之成也与制度密切相关,上古"刑德"的观念就暗示了秉承了天的意志之制度及其赏罚。在殷商时代,"德"是"赏"的另一提法,《康诰》中有"告汝德之说于罚之行"的说法,已经寓含赏罚的观念。[82]上古天观念带有审判者的含义,从而能够生发出后来的刑、法等范畴。王国维论周之道德与制度之关系云:"周之制度典礼,乃道德之器械,而尊尊亲亲贤贤男女有别四者之结体也。此之谓民彝,其有不由此者,谓之非民彝。"[83]宗法分封体制及其衍生的政治、经济和文化谱系决定了自然、道德与制度之间的高度的

---

[80] 《书·蔡仲之命》《书·君奭》,《十三经注疏》阮刻本,《尚书正义》,北京:中华书局,1980,页115,112。

[81] 《诗·大雅》,《十三经注疏》阮刻本,《毛诗正义》,页300,237。

[82] 杨向奎把"赏"与后来法家的"二柄"("刑赏")联系起来,推断这二柄在西周至春秋时代就是"刑德"。见氏著《关于西周的社会性质问题》,《绎史斋学术文集》,上海:上海人民出版社,页43。

[83] 王国维:《殷周制度论》,《观堂集林》卷第十,《王国维遗书》(二),上海:上海古籍书店,1983,页14。又,郭沫若讨论周代"德"的观念时说:"从《周书》和周彝看来,德字不仅包括着主观方面的修养,同时也包括着客观方面的规模——后人所谓'礼'。礼是后起的字,周初的铭器中不见有这个字。礼是由德的客观方面的节文所蜕化下来的,古代有德者的一切正当行为的方式汇集下来便成为后代的礼。德的客观上的节文,《周书》中说的很少,但德的精神上的推动,是明白地注重在一个'敬'字上的。"(郭沫若:《青铜时代·先秦天道观之进展》,《郭沫若全集》历史编,第一卷,北京:人民出版社,1982,页336。)对此,杨向奎发表了有所不同的见解,他认为礼既不是德的派生物,也不是"古代有德者的一切正当行为的方式汇集下来",情况恰好相反,因为礼的起源很早,"礼的规范行为派生出德的思想体系,德是对礼的修正和补充。"(杨向奎:《宗周社会与礼乐文明》(修订本),北京:人民出版社,1997,页337)今人郭开在其博士论文《略述先秦思想史中"德"的源流》中分别从"德刑"关系、姓氏问题和原始巫术的意识形态等三重背景中研究"德"的原始含义,对上述几种观点进行研究,突出了前辈学者如王国维、郭沫若、杨向奎等人从礼与德的关系出发研究"德"的路径,我以为是符合周代思想的特点的。(北京大学博士研究生学位论文,1999,页15。)

合一,而西周道德评价的分位观念体现的是宗法分封的原则及其衍生性的制度和礼乐关系。

3. 礼乐共同体与作为道德/政治论述的"述而不作"

如果礼乐与制度合二而一,那么道德判断即以共同体的制度为客观前提,从而道德判断与分位之间有着内在的联系。"分位"既是政治制度的原则,也是道德判断的根据,这是将血统的嫡庶及亲疏长幼的身份系统与封建政治体制的爵位、权利和义务系统合二而一的结果。[84]在孔子的道德叙述中,仁与礼无法分开叙述,不存在与社会结构性质不同的道德,不存在道理与事理、义理与情理的分化。由于道德与社会结构(礼制秩序)是同一回事,评价问题就是社会事实问题,[85]从而维持这一同一性的最为重要的途径即"正名"。君臣、父子、夫妇、昆弟、朋友,此五者为儒家伦理所谓"天下之达道也"。在这五者之中,以夫妇、父子、君臣为最重要,古人称之为"六位"或"六职",圣、智、仁、义、忠、信则是与此相应的"六德"——由此,人的定位和道德要求是以他们的分位、职责为根据的。[86]在礼制论的语境中,君、臣、父、子、夫、妇、友、朋等概念既是功能性的也是实践性的(道德的)概念,从而不可能脱离"明君"、"忠臣"、"慈父"、"孝子"等评价性概念而加以界定。在这一道德论述中,我们无法确定近代思想

---

[84] 徐复观:《两汉思想史》第一卷,页12。
[85] 这一点与欧洲思想家描述的英雄时代的道德非常相似,按照麦金太尔的说法,在这个时代里,"既定的规则不但分派了人们在社会秩序中的位置和身份,而且还规定了他们应该付出的和应该得到的东西;规定了他们如果不能遵守这些规则,应被如何处置和对待;当其他人不能遵守,又应如何处置和对待。""在社会秩序中,一个人如果没有这样一种位置,不仅他人无从认识他,也无从回应他,无人知道他是谁,而且就连他自己也不知道他是谁。"A.麦金太尔(Alasdair MacIntyre):《德性之后》[*After Virtue* (University of Notre Dame Press,1984), pp.123-124],龚群、戴扬毅等译,北京:中国社会科学出版社,1995,页156。
[86] 参见荆门市博物馆编辑《郭店楚墓竹简》之《六德》篇(北京:文物出版社,1998),及廖名春:《荆门郭店楚简与先秦儒学》,《郭店楚简研究》,《中国哲学》二十辑,页62—63。

所构筑的那种实然与应然、事实与价值的矛盾。从逻辑上看,除非君、臣、父、子等概念的背景条件发生了剧烈变化,实然与应然才有可能成为一个矛盾命题——它不是一个普遍的逻辑命题,而是一个具体的历史命题——只有当制度体系与道德评价分离的时候,亦即当制度从礼乐体系中蜕化出来并转化为一种不具有道德含义的事实的时候,实然与应然才会发生冲突。[87]

由于礼乐与制度之间存在内在联系,从而对于礼乐、道德的追究同时也是对于制度问题的探讨。在王权绝对性日益强化的语境中,礼与刑进一步产生了分化,那些后来被归纳在法家门下的儒者以法为礼,以致孔孟之徒趋向于将刑视为与人的道德实践无关的、外在性的和强制性的规范。在这个意义上,德刑分化与礼乐解体是一事之两面。在宗法分封体制内,礼乐与制度高度一体化,无法将礼与刑区分为两种无关的、甚至对立的体制,道德判断必须以礼乐制度为前提才能符合天意。孔子以六经为教,正是为了在危机的条件下重构共同体的礼乐制度及其实践的价值,昭示礼乐制度与道德之间的内在关系的根据,从而礼乐论即制度论和政治论。"后人不见先王,当据可守之器,而思不可见之道。故表章先王政教与夫官司典守以示人,而不自著为说,以致离器言道也。夫子自述《春秋》之所以作,则云:'我欲托之空言,不如见诸行事之深切著明',则政教典章,

---

[87] 在这个意义上,郝大维、安乐哲的如下判断是成立的:"在孔子思想中,影响最深远的、一以贯之的预设是:不存在任何超越的存在或原则。"他们还指出:把中国经典引入非汉语世界的尝试是从基督教传教士开始的,他们以及其他的西方哲学家诉诸超越的概念对《论语》进行解释。随后,又有人用存在主义来解释孔子。"孔子是以人类为中心的环境道德论者,而西方哲学中的存在主义者则不太注意人与人的相互依赖。他们较注重独立地实现个人的价值,认为决定性的超越原则是站在自我实现顶峰之上的个人,个人独立于他们所创造的世界。"(郝大维、安乐哲:《孔子哲学思微》,南京:江苏人民出版社,1996,页5—6。)为了与超越性这一概念相对抗,这两位作者将孔子思想的原则归之于一种强烈的内在论的先决设定。在我看来,这一概念仍然不能准确揭示孔子的思想特点,因为礼乐的道德判断方式不但不以有或无的本体论为前提,而且也根本不建立在实然与应然、内在与外在的二元论关系之中。因此,内在论和超越论均无法说明孔子的道德评价方式。

人伦日用之外,更无别出著述之道,亦已明矣。……"[88]如果道德论述等同于对政教典章和人伦日用的陈述,那么,道德就必定是以共同体的制度、礼仪和习俗为客观基础的行为规范。

在上述意义上,"述而不作"即以先王典制为名而展开的政治理论,而"以仁释礼"则是对理想政治的动力和途径的探寻,孔子将之归结为人的内在的、以爱人为特质的品质。但是,以"爱人"为特质的"仁"不是一种抽象的、纯粹个体的激情和品质,而是一种制度原则的扩展,即宗法封建所依据的亲亲原则的扩展。正如巫术礼仪依赖于巫师的仪式性的行为过程一样,在礼的世界里,任何离开"行与事"来表达天意的方式都无法真正沟通天人,而任何离开"礼"之形式的"行与事"甚至不能作为"行与事"的范畴来考虑。因此,"述而不作"或"祖述王制"应该视为对于礼仪的严格性的训诫。孟子曰:"天不言,以行与事示之而已。"[89]"行与事"是展示天意的方式,而不是单纯的个人的行为:一方面,"行与事"即在一定的礼乐制度之中展开的过程,从而个人之成德是制度性的/政治性的行为;另一方面,制度性的/政治性的行为只有与"行与事"的过程内在地联系起来才能构成道德实现的过程,从而任何离开成德的冲动、激情、表现形式的制度/政治均不能构成道德实现的充足条件。前者要求礼仪的纯粹,后者要求内心的真诚。这一古典的道德观念为孔门儒学的两个特点提供了历史前提:一,以"述而不作"的形式展开古代典制的运行过程,强调道德行为与礼乐制度的同一关系;二,以"以仁释礼"的形式论述道德行为的实质内涵,强调任何缺乏内在冲动和实质内容的礼乐形式均不能被视为"真正的"礼乐形式。

---

[88] 在章学诚看来,道德实践必须以先王之制作为其客观根据,离开了礼乐制度,又怎么谈得上道德呢? 孔子理想中的圣王之制是一种礼乐共同体,治道合一是这一礼乐共同体的基本特征。章学诚用道器合一归纳孔子的思想,并将六经视为这一礼乐共同体的遗迹:"后世服夫子之教者自六经。以谓六经载道之书也,而不知六经皆器也。……夫子述六经以训后世,亦谓先圣先王之道不可见,六经即其器之可见者也。"见《文史通义·原道中》,《章学诚遗书》,北京:文物出版社,1985,下同,页11。

[89] 孟子:《孟子·万章上》,《孟子正义》,下,北京:中华书局,1987,下同,焦循撰,页643。

如果道德论述中实然与应然的矛盾或事实与价值的矛盾产生于礼乐与制度或法律的分化，那么，一个非常自然的问题就是：孔子不正生活在一个礼崩乐坏的时代吗？这个时代不正是新的制度和法律突破礼乐的西周形式而攫取自身的正统地位的时代吗？为什么在这一变化了的历史条件下，孔子恰恰以重构实然与应然完全合一作为他的道德论述的出发点？1926年，顾颉刚曾经这样发问："在论语上看，孔子只是旧文化的继续者，而非新时代的开创者。但秦汉以后是一新时代，何以孔子竟成了这个时代的中心人物？用唯物史观来看孔子的学说，他的思想乃是封建社会的产物。秦汉以下不是封建社会了，何以他的学说竟会支配得这样长久？"这一问题的另一面则是：商鞅、赵武灵王、李斯等人都是新时代的开创者，何以他们造成了新时代之后反而"成为新时代中的众矢之的？"[90]这里的真正问题是：应该如何估价孔子对于西周伦理现实的重构与上述制度性的演变的关系？

首先，礼乐与制度、礼制与道德的合一（亦即"三代之治"）是孔子观察自身所处时代及其危机的方式。孔子以西周礼乐和制度的古典形式作为道德论述的全部依据包含了双重内容：一，最为强烈地抗议礼乐与制度（包括刑法）、礼制与道德之间的严重分化，二，号召以"敬"与"礼"的精神恢复以王制为中心的礼乐共同体。换言之，德与位的统一这一命题本身针对的正是德位分离的时代状况。"虽有其位，苟无其德，不敢作礼乐焉；虽有其德，苟无其位，亦不敢作礼乐焉。"[91]"述而不作"提供的正是上述"不敢"的礼仪根据，而"不敢"在这里可以视为一种戒律的表达形式，即对一切越位之行的警告。在这个意义上，礼乐、制度和道德评价的完全合一是孔子据以观察所处时代的一种伦理学的建构、一种在分裂的情境之中的对于合一的追求。孔子学说的批判力量来源于这一复古的伦理建构与现实制度之间的紧张关系：由于这一伦理建构，现实制度的合法

---

[90] 顾颉刚致傅斯年，民国十五年十月十八日，见傅斯年：《论孔子学说所以适应于秦汉以来的社会的缘故》，《傅斯年选集》，页297。

[91] 《礼记》卷五十三《中庸》，《十三经注疏》阮刻本，《礼记正义》，北京：中华书局，1980，页406。

性危机被解释为制度与礼乐的分化。

其次,分位观念并不足以概括孔子的伦理思想。在《论语》中,寄托了古代德行的"君子"和"士"是在大转变时代创造新的道德典范(以复古的形式)的真正承担者。按顾颉刚、余英时诸家的解释,"士"初为武士,经过春秋、战国时代的激烈转化才转化为文士。所谓激烈转化指"上层贵族的下降和下层庶民的上升。"士阶层"处于贵族与庶人之间,是上下流动的回合之所,士的人数遂不免随之大增。这就导使士阶层在社会性格上发生了基本的改变。"[92]战国时代的有职阶层的"士"已经与农、工、商并列为"四民",从而表明春秋以降发生的转变是结构性的,完全不能等同于王朝更替过程中的贵族败落的周期性现象。在这一转变之中,上升为士的庶人阶层取得了阐述和确立道德规范的机会和权利,而从贵族下降为士的人或怀念昔日礼乐制度的人则获得了重申封建礼序的机会。《论语·子路》:"子贡问曰:'何如斯可谓之士矣?'子曰:'行己有耻。使于四方,不辱君命。可谓士矣。'曰:'敢问其次。'曰:'宗族称孝焉,乡党称弟焉。'曰:'敢问其次。'曰:'言必信,行必果,硁硁然,小人哉。'曰:'今之从政者何如?'子曰:'噫,斗筲之人,何足算也。'"[93]在位者不足为虑,因为位与德已经完全分化;士能够挺身而出,因为他拥有重构礼序与道德的内在联系所必需的内在勇气和德行("行己有耻")。如果将宗法分封制所规定的礼仪等级作为绝对的尺度,我们就无法理解这种对身份等级制度的蔑视。可以由此推断:孔子并非执着于礼的形式,毋宁是要通过士之"行与事"恢复礼之为礼的形态,进而达到礼的形式与内容的完全合一。[94]孔子之学与士这个阶层的成长有着内在的联系。

---

[92] 余英时:《古代知识阶层的兴起与发展》,《士与中国文化》,上海:上海人民出版社,1987,页12—13。

[93] 孔子:《论语·子路篇》,见刘宝楠著《论语正义》,下册,页538。

[94] 士体现着一种主体的能动的和内发的力量,所谓以仁释礼,即"礼"需要经过一层主体的转化。《论语·学而》:"子曰:……人不知而不愠,不亦君子乎?"《论语·里仁》:"士志于道。而耻恶衣恶食,未足与议也。"《论语·泰伯》:"曾子曰:'士不可以不弘毅,任重而道远。'"见刘宝楠《论语正义》,上册,页4,146,396—397。

正由于此，孔子的仁概念并不是对"礼"的超越，他将礼转化到仁的范畴中叙述，目的是突出礼制性的道德实践对于"过程"、对于礼仪实践者的状态（诚、敬、畏、信或爱人等）、对于精神冲动的依赖。"超越"概念预设了道德实现与外在规则之间的一种对立，而"仁"必须体现为具体的德目，并在具体的礼乐关系之中沟通天人。《论语·学而》："孝弟也者，其为仁之本与。"[95]《礼记·哀公问》："仁人不过乎物，孝子不过乎物。"章太炎解释说："故曰：君子言不过辞，动不过则，谓有轨度，不可逾也。其在《易》曰：'言有物而行有恒。'格物者，格距于其轨度。"[96] 辞、则、物既指一定的法度或规范，也指一定的具体关系，事实陈述与规范陈述完全统一：衡量仁人孝子的尺度是看他们的言行能否自然地与这些法度和规范相吻合。但仁人、孝子行事的标准是"不过乎物"——"不过"一词恰当地表达了主体的分寸感。[97] 再看《论语·颜渊》："颜渊问仁。子曰：'克己复礼为仁。一日克己复礼，天下归仁焉。……'颜渊曰：'请问其目。'子曰：'非礼勿视，非礼勿听，非礼勿言，非礼勿动。'"[98] 用"非……勿……"的句式表达的不是外在权威的训诫，而是敬畏之心使然，从而"复礼"与"归仁"均以主体的内在品质、勇气和修养所决定。"子张问仁于孔子。孔子曰：'能行五者于天下，为仁矣。''请问之。'曰：'恭，宽，信，敏，惠。'"[99] 把孔子之仁与君子或士等历史性范畴联系起来，我们可以发现孔子思想的结构性特征同样是悖论式的——以"宗教式的"

---

[95] 孔子：《论语·学而》，《论语正义》上册，页7。

[96] 章太炎：《说物》，《太炎文录初编》卷一，《章太炎全集》（四），页41。

[97] 阮元考证说："春秋时孔门所谓仁也者，以此一人与彼一人相人偶，而尽其敬礼忠恕等事之谓也。相人偶者，谓人之偶之也。凡仁必于身所行者验之而始见，亦必有二人而仁乃见，若一人闭户斋居，瞑目静坐，虽有德理在心，终不得指为圣门所谓之仁矣。盖士庶人之仁，见于宗族乡党，天子诸侯卿大夫之仁，见于国家臣民，同一相人偶之道，是必人与人相偶，而仁乃见也。……《论语》己立立人、己达达人之旨，能近取譬，即马走水流之意。"阮元：《研经室一集》卷八《论语论仁论》，《研经室集》，北京：中华书局，1993，页176—177。

[98] 孔子：《论语·颜渊》，《论语正义》，下册，页483—484。

[99] 孔子：《论语·阳货》，《论语正义》下册，页683。

态度恢复古典的神圣性,将献身情怀寄托于作为古典瓦解的产物的"士"的身上,从而他对礼乐制度的异化的批判同时包含了对于这一异化过程的必然性的确认。在这个意义上,将孔子的历史姿态单纯地诠释为复古和贵族主义势必忽略其对历史变化的敏感和道德承担,将孔子视为礼乐制度的理性演化的集大成者又无法解释孔子思想对于这一演化过程本身的顽强拒绝和批判。

4. 天理世界观与思孟学派

孔子以礼乐为天,从而礼乐制度的解体可以解释为天之晦暗不明或天人关系的中断。如果恢复礼乐的努力依赖于士或君子之践仁知天,那么君子或士的身上必然有某种与天道相沟通的东西。宋儒复归孔孟之道的努力尤其集中在思孟学派及其对性与天道的阐释之上,正是从这一逻辑发展而来。所谓复归孔孟之道,实际上是在思孟学派的视野中重新阐述孔子的思想。他们通过抬高四书地位,将孔子思想与六经的复杂联系区分开来,进而弱化了孔子的道德评价方式与礼仪制度之间的内在关系。北宋时代,李觏站在经学和事功的立场对道学潮流给予批评,从一个特定的方向揭示了新儒学的特点:

> 今之学者……是孟子而非六经,乐王道而忘天子。吾以为天下无孟子可也,不可无六经;无王道可也,不可无天子。故作《常语》以正君臣之义,以明孔子之道,以防乱患于后世尔。[100]

"是孟子而非六经"点明了道学注重性与天道、轻视先王典制;"乐王道而忘天子"解释了道学重视封建(分权政治)的价值并对郡县制度下的绝对皇权置而不论。孟子上承孔子,以古制或尧舜之"仁政"作为道德/政治

---

[100] 李觏:《常语》,转引自《宋元学案》卷三《高平学案》,《黄宗羲全集》(三),杭州:浙江古籍出版社,1992,页222—223。

的理想。但孟子学说中最为重要的观念是孔子所罕言之"性"或"人性"。不是经书所载之典籍,而是礼乐制度所依托的人性,才构成了孟子之仁政的精髓。"孟子道性善,言必称尧舜",[101]但相比之下,他更推崇孔子,其原因概在孔子之仁学包含了经书所载之古制所难以表达的道德勇气和内在品质。孟子追慕的君与师乃"代天行教"之人,所谓"圣人之于天道也,命也。有性焉,君子不谓命也",[102]明确地表达了在道德实践之中恢复巫君传统以沟通天人的问题。在这个意义上,不同于孔子在礼与仁之间解释"仁",孟子直接地将仁归之于天。"三代之得天下也以仁,其失天下也以不仁。国之所以废兴存亡者亦然。"[103]又曰:"仁人无敌于天下",[104]而无敌于天下者"天吏也"。"夫仁,天之尊爵也,人之安宅也。"[105]由此可见,"'天'、'仁'、与'人'三者之间必有密切的关系。……'仁'为天人聚之所;这是孟子性善论的重要线索。"[106]在孟子的思想体系中,仁义礼智被归于"君子所性"或"根于心",[107]而"存其心,养其性,所以事天也。身以俟之,所以立命也。"[108]他又说:"民之归仁也,犹水之就下,兽之走圹也。"[109]仁是一种自然之势,亦即天意,"克己复礼"无非符合天意而已。循着这一思路,思孟学派能够将礼仪问题与性的讨论联系起来,从而进一步将天或礼仪内在化,故而孟子能够说:"仁义礼智,非由外铄我也,我固有之矣。"[110]

尽管孟子的思想和《中庸》均出于孔门,但他们的解释与孔子所描述的作为道德根据的礼乐之西周形式之间已经有着重要的区别:将人的内

---

[101] 孟子:《孟子·滕文公上》,《孟子正义》,上,页315。
[102] 孟子:《孟子·尽心下》,同上,下,页991。
[103] 孟子:《孟子·离娄上》,同上,下,页492。
[104] 孟子:《孟子·尽心下》,同上,下,页959。
[105] 孟子:《孟子·公孙丑上》,同上,上,页239。
[106] 傅佩荣:《儒道天论发微》,页133。
[107] 孟子:《孟子·尽心上》,《孟子正义》,下,页906。
[108] 孟子:《孟子·尽心上》,页878。
[109] 孟子:《孟子·离娄上》,同上,下,页505。
[110] 孟子:《孟子·告子上》,同上,下,页757。

在力量直接地归因于本体论或天道论而不是礼乐制度,也就扬弃了孔子所阐述的严格恪守西周形式的观念——孔子几乎没有谈论人与天之关系。徐复观论《中庸》地位时说"儒家思想以道德为中心;而中庸指出了道德的内在而超越的性格,因而确立了道德的基础",以"内在而超越"一语点出《中庸》的意义。[111]思孟学派显然强化了孔子之"仁"概念中的内在性的和主体性的冲动与天命、上帝之间的关系。杜维明解释说:"儒家不仅将自我概念当作种种关系的中心,而且当作一种精神发展的动态过程。在本体论上,自我,我们原初的本性,为天所赋予。因而说到底它是天赐的。在这个意义上,自我既是内在的,又是超越的。它为我们所固有;同时,它又属于天。"作者提请读者注意天的超越性与上帝的超越性的区别,但还是认定:"这个概念看起来似乎类同于基督教的作为神性的人性概念。根据类比,儒家所说的自我,或人的原始存在可以看成是人自身的上帝。"[112]宋儒推崇的《中庸》之"中"指的是"一个人绝对不受外在力量骚扰的心灵状态",而这一个自我的内在力量的源泉则被归结为"一种本体论状态"。[113]值得注意的是:清代以降,儒学典籍中的宇宙论因素或天命论曾被视为混入儒学内部的"非儒学因素",以致《中庸》作为儒学典籍的地位也受到质疑,[114]但近期的考古发现(特别是郭店楚简的发现)证明《中庸》的确出于子思、《大学》可能与曾子有关,从而宋儒的文献编排(尤其是四书的编排)是有坚实的文献依据的。[115]从《中庸》的开篇

[111] 徐复观:《〈中庸〉的地位问题》,《中国思想史论集》,台中:中央书局,1959,页78。
[112] 杜维明:《儒家思想新论——创造性转换的自我》,南京:江苏人民出版社,1991,页127—128。
[113] 作者进一步将这一本体论状态诠释为"儒学的宗教性"。杜维明:《论儒学的宗教性》,武汉:武汉大学出版社,1999,页21。
[114] 钱穆《中庸新义》以庄子(以及孔孟)解释《中庸》,徐复观则有《〈中庸〉的地位问题》与之商榷,认为《中庸》思想出自《论语》。见氏著《中国思想史论集》,页72—88。关于《中庸》是否为受道家思想或佛家某些学派的影响的思想作品的相关讨论,参见杜维明:《论儒学的宗教性》,页13。
[115] 李学勤说:"这些儒书的发现,不仅证实了《中庸》出于子思,而且可以推论《大学》确可能与曾子有关。《大学》中提出的许多范畴,如修身、慎独、新民等等,在竹简里都有反复的论述引申。《大学》有经有传的结构,与《五行》经传非常相像。由此(转下页)

所谓"天命之谓性,率性之谓道,修道之谓教",我们可以发现一种在孔子学说中甚为罕见的浓郁的"宗教"色彩(其时并无"宗教"的概念和范畴,这里只是借喻);我们甚至还能从别的地方找到对于天命、人性的理解与祭祀等仪式过程的直接关系。《中庸》论"诚"云:"诚者自成也,而道自道也……诚者非自成己而已也,所以成物也。成己,仁也;成物,知也。性之德也,合外内之道也,故时措之宜也。""诚者,天之道也;诚之者,人之道也。诚者,不勉而中,不思而得,从容中道,圣人也。诚之者,择善而固执之者也。"[116] 在这里,"诚"不仅是一种人的状态,而且也是天道的状态,从而对于"诚"的描述必然展现为一种宇宙论的形式:

故至诚无息。不息则久,久则征,征则悠远,悠远则博厚,博厚则高明。博厚,所以载物也;高明,所以覆物也;悠久,所以成物也。博厚配地,高明配天,悠久无疆。如此者,不见而章,不动而变,无为而成。[117]

这一在宇宙论的框架内论述"诚"的方式在周敦颐的《易通书》中留下了深刻印记,如云:"'大哉乾元,万物资始',诚之源也",[118] "诚精故明,神

(接上页)可知,宋以来学者推崇《大学》、《中庸》,认为《学》《庸》体现了孔门的理论理想,不是没有根据的。"见氏著《先秦儒家著作的重大发现》,《人民政协报》1998年6月8日第3版。在另一篇文章《郭店楚简与儒家经籍》中,他还说,"《礼记》内的《大学》、《中庸》,传为曾子、子思所作,宋明以来备受重视,与《论语》、《孟子》合称《四书》。郭店简虽然没有这两篇,但两篇中许多观念范畴,在竹简儒书各篇中有所申述,例如诚、慎独、格物、修身等,都是读《大学》《中庸》的人们熟悉的。《大学》讲'大学之道,在明明德,在亲民,在止于至善',下文则引《康诰》'作新民'。宋程子说'亲,当作新',朱子也这么解释,后来许多人不相信。现在看郭店简,凡'亲'字都写作'新',《大学》的'亲民'原来也应该是'新民',程朱所说还是有道理的。"关于"荆门郭店楚简中的《子思子》"请参见李学勤的同题文章和姜广辉《郭店楚简与"子思子"》,以上各篇引文均见《郭店楚简研究》,《中国哲学》第二十辑,沈阳:辽宁教育出版社,1999,页16,21,75—80,81—92。

[116] 《中庸》第二十章,第二十五章,引自朱熹《四书章句集注》,北京:中华书局,1989,页31,33—34。
[117] 《中庸》第二十六章,同上,页34—35。
[118] 周敦颐:《周元公集》卷一《通书》诚上第一章,页10a。文渊阁四库全书本。

应故妙,几微故幽。"[119]将"诚"的内在状态与天的存在状态关联起来的方式源自巫文化中天人沟通的过程。对于早期巫术礼仪及其实践过程的恢复与孔子严守礼乐之西周形式的姿态构成了鲜明的对比,但如果我们深入到孔子以仁释礼、以君子献身的激情召唤礼乐的内在精神之中,我们不难发现两者之间的一脉相承的方式:孔子之礼乐不仅是礼乐,而且也是天的存在方式,从而任何将孔子之仁学等同于历史存在的礼仪形式和规范的看法——无论其在文献的和考古的意义上多么有据——都没有理解孔子思想的真正含义。与孔子以仁释礼一样,思孟学派的宇宙论或本体论的论述方式起源于对于制度之解体和礼乐之形式化的反动,从而绕过礼乐形式的严格性而直接诉诸天命和性、道等原始范畴恰恰以恢复礼乐之神圣性为目的。[120]

宋明儒者将"天理"视为万物之特性、道德之起源和实践之标准,并以此为基点综合道德实践、礼仪关系和形而上学这三个方面。这是理学之别于孔子之"礼"学的最为重要的特色。关于理学的政治内涵,我在后面的讨论中将集中展开,这里先说"是孟子而非六经"的取向。沿着思孟学派由礼而仁、由仁而性、由性而心、由心而天的逻辑,宋儒将天、天道、天理置于道德实践的中心。这一"转向内在"的趋势与其被放置在"理性化"的范畴中考虑,毋宁视为在礼乐制度解体的语境中重新沟通天人关系的努力。在这个意义上,这是一种内在化的"态度":道德评价不再发生在礼乐制度与道德评价之间,而发生在道德行为与天之间。我们不妨比较朱熹、王阳明之仁与孔子之仁以明此理。朱熹《仁说》云:

> 天地以生物为心者也,而人物之生,又各得夫天地之心以为心者也。故语心之德,虽其总摄贯通,无所不备,然一言以蔽之,则曰仁而已矣。[121]

---

[119] 周敦颐:《周元公集》卷一《通书》圣第四章,页14b。
[120] 如果仅仅根据《中庸》等儒学文献中的天命和性等学说论述"儒学的宗教性",则无法说明这些范畴在儒学内部发生的动力,也没有澄清《孟子》、《中庸》和《大学》中对于天命、人性和自我的高度重视与孔子礼乐论之间的关系。
[121] 《晦庵先生朱文公文集》,见朱杰人等主编《朱子全书》,第23册,上海古籍出版社,2002,页3279。

在天理观的构架里,他把"克己复礼"之"己"解释为"身之私欲",把"礼"解释为"天理之节文",[122] 从而仁、义、礼、智、忠、恕与先王典制之间的内在的和紧密的联系松动了。王阳明《传习录》上第九三条以理释仁云:

> 仁是造化生生不息之理,虽弥漫周遍,无处不是,然其流行发生,亦只有个渐,所以生生不息。……墨氏兼爱无差等,将自家父子兄弟与途人一般看,便自没了发端处;不抽芽便知得他无根,便不是生生不息,安得谓之仁?孝弟为仁之本,却是仁理从里面发生出来。[123]

上述解释省略孔子之仁对礼仪形式的依赖,强化了仁学所内含的天人相通的神秘体验的气息。

由于从礼乐论中归纳出了普遍而又内在的"性"这一范畴,道德自觉的含义发生了重要的转变。程颐说:"理也,性也,命也,三者未尝有异。穷理则尽性,尽性则知天命矣。天命犹天道也,以其用而言之,则谓之命,命者造化之谓也。"[124] 与孔子践行分位的观念不同,程颐邀请人们"安于义命",他解释《易经》之《未济》卦云:"居未济之极,非得济之位,无可济之理,则当乐天顺命而已。……至诚安于义命而自乐,则可无咎。"[125] 朱熹的解释也极为相似:"如说父子欲其亲,君臣欲其义,是他自会如此,不待欲也。父子自会亲,君臣自会义。"[126] "自会"表明君臣父子的礼义内容产生于一种内在的本质。在这段叙述中,父子君臣的实践就是"性"这

---

[122] 参见戴震:《孟子字义疏证》,《戴震全集》(一),北京:清华大学出版社,1991,页 207。戴震在解释"克己复礼"时说:"克己复礼之为仁,以'己'对'天下'言也。礼者,至当不易之则,故曰,'动容周旋中礼,盛德之至也'。凡意见少偏,德性未纯,皆已与天下阻隔之端;能克己以还其至当不易之则,斯不隔于天下,故曰,'一日克己复礼,天下归仁焉'。"戴震的解释把德性、"为仁由己"的自由与"中礼"关联起来,承续了宋学把"礼"抽象为"理"的方式,但还是揭示了德性与"中礼"的必然联系。

[123] 《传习录》上,《王阳明全集》,上,上海:上海古籍出版社,1992,页 26。

[124] 《河南程氏遗书》卷二十一下,《二程集》,北京:中华书局,1981(下同),页 274。

[125] 程颐:《伊川易传》,《二程集》,页 1025—1026。

[126] 《朱子语类》卷六,北京:中华书局,1986,页 112。

一内在本质的外在化。[127]很明显,两宋道学将儒学的基本问题纳入宇宙论和本性论的架构之中,其目标是重新回归先秦儒学的那种将道德评价与普遍秩序内在关联起来的道德评价方式。但是,同样关心道德评价与普遍秩序之间的内在联系,孔子之仁与礼远比宋学的"天理"更为具体;[128]在他所想象的唐虞时代,礼乐制度本身就是天和天意的展现,并不存在礼乐之上的道德起源。一个人的道德与他在礼的秩序中的角色直接相关,从而道德无法离开礼序中的分位来加以评说。[129]郝大维、安乐哲将孔子的哲学归结为一种"事件的本体论"而不是"实体的本体论"是有道理的,[130]因为在礼乐论的范畴内,了解人类事件并不需要求助于"质"、"属性"或"特性"等等。但是,孔子从不关心事件与本体的对立之类问题,在他的世界中,"事件"不是孤立的事件,而是礼乐秩序中的事件,如果没有礼乐秩序的

---

[127] 朱熹的另一段话也可作为对上述判断的注解:"文章,德之见乎外者,威仪文辞皆是也。性者,人所受之天理。天道者,天理自然之本体,其实一理也。言夫子之文章,日见乎外,固学者所共闻;至于性与天道,则夫子罕言之,而学者有不得闻者。"朱熹:《论语集注》注《公冶长》篇"子贡曰夫子之文章可得而闻也夫子之言性与天道不可得而闻也"条,见《四书章句集注》,北京:中华书局,1983,页79。

[128] 明清之际的儒者对"礼"的解释保留了一些先秦思想的内核,但经过宋学的洗礼,他们对"礼"的解释已经带有内在化和自然化的(或曰内在超越式的)特点:"礼"可以被看作是"自然",并因其为自然而是必然。如邹守益《邹东廓集》卷七《论克己复礼章》云:"礼者,天然自有之中……己之所本有也……身外无道,己外无礼。"《东廓邹先生文集》卷七,清刻本,页27。在戴震那里,这个礼是在"天然自有"与"己之所本有"之间展开的。他说:"自然之与必然,非二事也。就其自然,明之尽而无几微之失焉,是其必然也。如是而后无憾,如是而后安,是乃自然之极则。"自然本身意味着必然,因而不存在背离了必然的自然,如果"任其自然而流于失,转丧其自然,而非自然也"。(戴震:《孟子字义疏证》,《戴震全集》(一),北京:清华大学出版社,1991,页170。)

[129] 钱大昕说:"古书言天道者,皆主吉凶祸福而言。"(《十驾斋养新录》卷三,上海:上海书店,1983,页45)。孔子思想中的天也是这样一种主宰性的天。他对君子的要求中包含了"畏天命"的内容,所谓"君子有三畏:畏天命,畏大人,畏圣人之言。"(《论语·季氏》,《论语正义》下,页661。)但是,天命并不直接规定人的道德准则和行为,故而孔子说:"不知命,无以为君子也;不知礼,无以立也;不知言,无以知人也。"(《论语·尧曰》,《论语正义》,下册,页769。)

[130] 郝大维、安乐哲强调:"孔子更关心的是特定环境中特定的人的行动,而不是作为抽象道德的善的根本性质。"见《孔子哲学思微》,页7。

前提,"事件"不但不能在道德判断中构成"本体",它甚至不能成为"事件"。因此,在孔子的道德论述中,道德评价并不需要一种宇宙论和本体论的框架,因为礼乐论本身即内含了古典的自然观。宋儒不是以礼乐或先王典制而是以天理和天道为中介建立道德评价与秩序的同一关系,从而这一回归孔孟之道的努力本身恰恰显示了儒学道德评价方式的重大转变。作为普遍性的道德概念,天理、良知的范畴不同于君臣、父子、兄弟、朋友等范畴,也不同于君子、大人和士等范畴,前者摆脱了社会结构和道德的具体性,从而能够为道德实践提供超越而又内在的动力。

为什么宋儒不是直接采用先秦礼乐论的形式重构道德谱系,而是通过确立天理及其相关概念寻找合一的可能性呢?宋学的道德评价方式与孔子之学的区别之中同时寓含了内在的联系:对于孔子而言,礼乐秩序的崩解触发了重构分位秩序与道德的内在联系的努力,通过对践仁知天的君子这一道德典范的描述,一种能够将道德行为与礼乐秩序完全合一的道德世界被重新构筑起来了。孔子没有将个人或自我建构成为道德的本源,恰恰相反,个人和自我仅仅是恢复和重构礼乐的西周形式的动力和主体,从而个人或自我即能够通过个人的努力而体现礼乐之德与位的统一的士或君子。这个士或君子以敬天畏地的态度将自己献身于"行与事"。宋学产生在郡县制度趋于成熟的时代,它在理念上拒绝这一制度的道德合理性,从而也拒绝将道德评价与制度形式直接关联的道德评价方式。沿着孔子以仁释礼、孟子言性与天道、《中庸》说天命与中庸的逻辑,宋学将道德评价问题放置在天理的范畴之中,力图通过格物穷理的主体实践,让人们越过异化的制度评价体系以复归于天理和本性自身。因此,尽管"格物致知"的实践经常采用知识的、理性的或反思的形式,但其性质却与巫师投身于沟通天人的礼仪实践的过程一样。王阳明说:"礼字即是理字。理之发见,可见者谓之文;文之隐微,不可见者谓之理,只是一物。约礼只要此心纯是一个天理,须就理之发见处用功"。[131]以心"就理之发见处用功"与巫师以身体动作、舞蹈和灵魂的投入祭祀天地自然有所不

---

[131] 王阳明:《传习录》(上),《王阳明全集》上,上海:上海古籍出版社,1992,页6—7。

同,但出发点却是一致的:在诚与敬的状态中,通过主体投身于一个内在的或仪式的过程,以沟通天人。在这个意义上,王阳明的解释并不错:"礼字即是理字。"如果说孔子针对封建、井田、学校及其相关的礼乐制度的衰败而以仁释礼、述而不作,那么,宋学的抽象的天理范畴及其道德/政治评价方式又包含怎样的历史内涵呢?

第三节 汉唐混合制度及其道德理想

1."宗教的"还是"科学的"? 巫术的还是王制的?

佛、道二氏,汉唐传注之学,以及以制度论为核心的功利主义儒学,构成了理学在确立自身的过程中力图超越、否定和批判的三个主要对象。对于汉唐经学的批判起源于唐代后期,韩愈、柳宗元、刘禹锡、李翱等重新探讨天人关系,试图对天道、自然、人事提出合理的解释。这一潮流一直延伸到宋明理学内部。韩愈论定"轲之死,不得其传焉"等于勾销了两汉以来的经学正统的合法席位,从而越过汉唐经学而接续孔孟儒学也就成为接续道统的不二途径。在宋儒的道德论述中,最为突出的论述方式之一是以三代之治非议汉唐之法、以孔孟之道批判传注之学,从而明确地将汉唐制度及其伦理思想与三代礼乐及其道德论述区分开来。程颐《伊川易传》释《蒙》卦云:"若舜之征有苗,周公之诛三监,御寇也;秦皇、汉武穷兵诛伐,为寇也。"[132]同为征伐,含义完全不同:前者为封建礼乐的范畴,而后者则是帝国制度的产物;前者遵循宗法原则,后者源于郡县体制。在宋代儒学的语境中,这一三代礼乐与汉唐制度的对比方式遍及政治(封建与郡县)、田制(井田与两税法)、教育(学校与科举)以及军事等各个方

---

[132] 程颐:《周易程氏传》;程颢、程颐著:《二程集》,中华书局,1981,页723。

面。在先秦礼乐论的框架中,礼乐与制度合二而一,从而如果没有一种道德评价方式的转变,这一将汉代制度区别于三代礼乐的看法就不可能产生。在这个意义上,对于制度的批评首先起源于区分礼乐与制度的历史视野。因此,我们需要追问:为什么宋儒认为汉唐制度及其经学背离了礼乐共同体的道德评价方式呢?这种将三代之礼乐论与汉唐之制度论加以明确的区分的历史视野对于理学的形成又有什么意义呢?

汉承秦而起,如何在秦之郡县与封建传统之间、中央集权与分封贵族之间、"中国"旧部与由于帝制扩张而纳入内部的"夷狄"之间形成平衡,成为汉代政治理念的中心问题。这是《春秋》和《周礼》在汉代居于如此重要地位的主要原因,前者可以在历史变化的范畴内提供对于法律、制度和道德的解释,后者能够在一个普遍主义的宇宙论之中展示制度的合法性和原则。汉代儒学通过邹衍之五行学说、[133]《吕氏春秋》之阴阳学说和汉代的科学知识解释天道自然,而后再以天人相感、天人相类的原则为据,将阴阳、五行、四时和象数等范畴作为诠释《春秋》和《周礼》的基本框架和概念。顾颉刚在《秦汉的方士和儒生》中将汉代阴阳学说衍生出的政治学说归纳为三个方面,即源自邹衍的五德终始说、与五德终始说大同小异的"三统说"和按照《吕氏春秋·十二纪》的月令制度而产生的明堂说,[134]足见汉代政治学说与阴阳五行观念之内在的联系。从《汉书·艺文志》可知汉儒对古代"巫史"传统进行重构和发展的基本方式:将河图、洛书、八卦、周易对于吉凶、祸福、未来、行止等等的结构性的数字演算与《春秋》等儒学典籍的历史性叙述联系起来,并从中推衍和发展出适合当世的政治理念。与孔子相比,汉代儒学的重心从对人及其礼仪实践的关注转向了对天与人事、制度之间的对应关系的探讨。如果我们可以将孔孟对"仁"之内在品质的追究视为一种"宗教的态度"的话(这里使用"宗教的"概念只是比喻性的),那么,汉儒对天的理解更接近于一种"科学的态度"——即试图通过对天人关系的认识以确立

---

[133] 历来人们以为五行说出于邹衍,但饶宗颐综合各种新旧资料认为五行说其实起于子思。具体论证见《中国史学上之正统论》(上海:上海远东出版社,1996),页10—16。
[134] 顾颉刚:《秦汉的方士与儒生》,上海:上海古籍出版社,1998,页2—4。

合法性的原则。在这个意义上,在许多著作中被批评为"宗教迷信"或"神秘主义"的汉代儒学反而更具有"科学主义的"或"理性化的"特质。

对天、宇宙和自然的描述在汉代思想中占据如此突出的地位,这种自然主义的叙述方式究竟是"宗教神秘主义的",还是"科学主义的"? 是巫术性质的,还是王制性质的? 此一问题需要从巫术与王制的关系开始讨论。殷周礼乐制度体现了氏族、部落等以巫文化为中心形成的血缘共同体与早期国家之间的历史联系:国家制度及其礼仪是从氏族社会的组织、信仰和仪式的基础上发展起来的。从巫到君、从氏族到国家、从直接血缘关系构筑的共同体到以血缘为纽带结构起来的国家共同体——这一制度扩张的过程始终与礼乐体系的发展有着内在的联系。在这里,"从……到……"的表述结构并不暗示后一阶段是对前一阶段的简单否定或超越,例如,巫史传统与周代礼乐并没有截然的区分,周代礼乐本身即包含了巫史的内涵;又如,直到唐代,巫术礼仪中的裸体仪式仍然盛行,而"妖道"、"法术"、"邪术"、"邪法"等形式迄今仍然存活在民间宗教和信仰里。在有关殷周时代的人类学和历史研究中,人们逐渐指认出殷周制度演化过程中的"巫君合一"传统,从而将上古时代的王制与信仰体系视为事物的一体两面。以礼乐王制为天的前提即王为巫首、巫通天人。[135] 在甲骨文中,巫舞同字,象征巫觋手执羽毛或其他法器起舞作法。"舞蹈始终是(巫术的)一种特别重要的因素,但似乎也使用腹语术以及那些教士们借以自释其束缚的各种幻术手法。"[136] 巫术与医术、医药(包括毒药)、祈雨术等等有关,从而巫术内含了对身体、宇宙和天命之间关系的理解。从氏族部落向早期国家的转化过程可以巫君合一为标志:作为人神之间的中介,巫君能够借助于一种异常的

---

[135] 参见陈梦家:《商代的神话与巫术》,《燕京学报》第 20 期,1936,页 535;K. C. Chang, *Art, Myth and Ritual*(Cambridge, Mass:Harvard University Press,1983),p. 73. 又,李泽厚概括说:"自原始时代的'家为巫史'转到'绝地天通'之后,'巫'成了'君'(政治首领)的特权职能。""这种'巫君合一'(亦即政教合一)与祖先—天神崇拜合一(亦即神人合一),实际上是同一件事情。……"在这个意义上,从上古的大巫师到夏商周时代的政治领袖"都是集政治统治权(王权)与精神统治权(神权)于一身的大巫。"见氏著《说巫史传统》,《波斋新说》,页 36—37。

[136] 李约瑟:《中国科学技术史》第二卷,北京:科学出版社,1990,页 148—159。

或癫狂的状态与神相通。从巫术与早期国家文化的关系看,巫的转化与共同体的组织结构的正规化有着密切的关系,在这一过程中,由巫而史和制礼作乐象征着早期的巫传统逐渐转化为国家的文化的两个环节。

由巫而史和制礼作乐的过程均与"数"的范畴有着内在的联系。根据殷商甲骨卜辞有关占卜活动的记载,商周时代的卜、筮包含双重因素:一方面,它以数的演算替换巫的身体性的仪式活动,作为沟通天人和测定吉凶、祸福、行止的方式;另一方面,它又以测天象的方式记录王事、预测未来,从而成为"史"的起源。[137]"数"可以转化为史,是因为"数"体现了典章制度与天的内在联系,二者均为对人的活动的说明或记述。《曲礼》云:"龟为卜,筴为筮。卜、筮者,先圣王之所以使民信时日、敬鬼神、畏法令也;所以使民决嫌疑,定犹与也。故曰:疑而筮之,则弗非也;日而行事,则必践之。"[138]卜、筮各有所用,但在以数为形式上则完全一致,吴澄解释说:"卜、筮之用有二:占日与占事也。用以占日,使民信时日;用以占事,使民决嫌疑。"[139]《郊特牲》又云:"礼之所尊,尊其义也。失其义,陈其数,祝、史之事也。故其数可陈也,其义难知也。知其义而敬守之,天子所以治天下也。"[140]祝、史只通数之形式,不解数的精髓,孙希旦释云:"礼之数,见于事物之末;礼之义,通乎性命之精",[141]因此,"数"本身尚不足以构成天命,它需要制度、礼乐、人情等等因素的充实。《仲尼燕居》:"制度在礼,文为在礼,行之在人乎!"又云:"礼也者,理也。乐也者,节也。君子无理不动,无节不作。"[142]《乐记》云:"乐也者,情之不可变者也。礼也者,理之不可易者也。乐统同,礼辨异。礼乐之说,管乎人情矣。"[143]如果卜、筮以数的形式体现了巫文化的"形式化"或"理性化",

---

[137] 李泽厚:《说巫史传统》,《波斋新说》,页43。
[138] 《礼记·曲礼上》,见《礼记集解》,上,页94。
[139] 同上,页95。
[140] 《礼记·郊特牲》,见《礼记集解》,中,页706—707。
[141] 同上,页707。
[142] 《礼记·仲尼燕居》,同上,下,页1272。
[143] 《礼记·乐记》,同上,下,页1009。

那么,儒则重视人之"行与事",所谓无理不动、无节不作、管乎人情。数与王制关系密切,而儒则关心具体的礼乐实践过程。

章学诚的"六经皆史"说将《周易》视为"史"更具体地证明早期典籍中的象数关系与先王之制度、仪式和活动有着历史的联系。《文史通义·易教上》论证了易"所以为政典,而与史料同科之义",其言曰:

> 夫易开物成务,冒天下之道,知来藏往,吉凶与民同患。其道,盖包政教典章之所不及矣,象天法地,是兴神物,以前民用;其教,盖出政教典章之先矣。周官太卜掌三易之法,夏曰连山,殷曰归藏,周曰周易,各有其象与数,各殊其变与占,不相袭也。[144]

按此说法,《周易》为占卜之书,同时又是以数的推演为形式的"史"。深受章氏影响的龚自珍断言:"周之世官,大者史。史之外,无有语言焉。史之外,无有文字焉。史之外,无人伦品目焉。史存而周存,史亡而周亡。……夫六经者,周史之宗子也。易也者,卜筮之史也。书也者,记言之史也。春秋也者,记动之史也。风也者,史所采于民而编之竹帛,付之司乐者也。雅颂也者,史所采于士大夫也。礼也者,一代之律令。……冠昏之杀、丧祭之等,大夫士制度曲仪,咸以为数。夫舍数而言义,吾未之信。"[145]构成"史"与"巫"的某种区别的即"史"通过卜筮——对"数"的掌握——而超越了巫对巫术舞蹈等等形式的依赖,礼乐制度的理性化具体地体现为数的形式。"与巫一样,但卜筮更突出了与君王活动特别是政治活动的联系,因之便记录、保存也声张着某些重大政治军事事件的经验。"[146]

---

[144] 章学诚:《文史通义·易教上》,《章学诚遗书》,北京:文物出版社,1985,页1。
[145] 龚自珍:《古史钩沉论二》,《龚定庵全集类编》,北京:中国书店,1991,页99。
[146] 陈梦家、李镜池、饶宗颐等学者均曾依据古籍论证卜筮与史的历史联系,李泽厚综合诸说并将《礼记·礼运》"王前巫而后史"这一空间的说明展开为时间的演变,即将"'史'视作继'巫'之后进行卜筮祭祀活动以及服务于王的总职称"。李泽厚:《波斋新说》,香港:天地图书公司,1999,页46—47。

2. 阴阳五行说与大一统帝国政治的合法化

龚自珍所谓"舍数而言义,吾未之信也"恰好可以说明汉代儒学综合象数、历史和大义的方式。如果说孔子以仁释礼是要以一种内在精神充实"王制"的内涵,那么,汉儒寻觅的却是以卜、筮传统中的天人关系为大一统体制提供合法性。这里以董仲舒(前179—前104)的《春秋繁露》为例。《汉书·五行志》云:"汉兴,承秦灭学之后,景武之世,董仲舒治《公羊春秋》,始推阴阳,为儒者宗",[147] 点出了董仲舒联结阴阳五行学术与儒学的思想特点。《春秋繁露》包括两个主要思想取向:一,以《公羊传》的阐释为尺度解释《春秋》的道德/政治原则;二,以源自邹衍和《吕氏春秋》的阴阳、五行、四时和灾异的宇宙论将那些从《春秋》中引出的道德/政治原则加以重新的解释。这两个方面的结合构筑了一个无所不包而又相互联系的宇宙系统。全书计17卷,通行本为82篇(其中第39、40、54篇不存),大体分为两个部分:《俞序》第十七概括地说明了孔子作《春秋》之动机和效果,表示此前十七篇以公羊阐释《春秋》,推导理想的道德/政治模式;对照《符瑞》第十六以《春秋》结束时之"西狩获麟,受命之符是也"做结尾,可以明确地判定此篇为前十六篇的跋。第18至82篇以阴阳、五行、四时、灾异等宇宙论模式论证道德/政治的实践和原则如何与宇宙自然的运行完全一致,从而建构出一个以天道运行为框架的、囊括道德、政治和社会生活各领域的宇宙系统。[148] 这一部分又可以区分为以阴阳四时为主和以五行为主的两种类型:天地、阴阳体现了宇宙间的一种对应的等级关系,君臣关系、君民关系都是这一等级秩序的对应物;五行是宇宙间的自然分类,人事间的分工性的专门职能(如官职)和人伦间的规

---

[147]《汉书·五行志》,北京:中华书局,1962,页1317。
[148] 董仲舒在日常政治实践中采纳他的这一套主张,《汉书·董仲舒传》云:"对既毕,天子以仲舒为江都相……仲舒治国,以《春秋》灾异之变,推阴阳所以错行。故求雨闭诸阳,纵诸阴;其止雨反是;行之一国,未尝不得所欲。"《汉书》,页2523—2524。

则(如忠孝之道)则是其分类关系的对应物。四时显示了空间、时间和顺序的格局,仁、义、忠、德被描述为天之四德,宇宙和历史的演化在这个结构性的转化中自然地和合目的地发展。[149]汉代的礼仪制度大多承自殷周以来的各种礼仪并加以损益,《通典》卷四十所列"吉礼"、"嘉礼"、"宾礼"、"军礼"、"凶礼"中的绝大多数与皇帝有关。为了强化天的绝对性和至高无上地位,董仲舒展开了礼仪、祭祀(尤其是郊祀)的描述,将国君的礼仪活动直接地与天的意志联系起来。[150]在上述描述中,包括祭祀在内的礼仪是一种与天沟通的途径,也是展示皇帝至高无上地位和威仪的一种方式。这些礼仪本身构成了一个特殊的系统,从而与功能性的政治制度、经济制度和军事制度有所区分。

将阴阳、五行、四时等观念与政治、经济和其他社会关系描述为一个自然过程必须有一个前提,即天人之间以某种关系相互关联和交流,此即天人相感和天人相类的原理。《春秋繁露·同类相动》云:

今平地注水,去燥就湿;均薪施火,去湿就燥。百物其去所与异,而从其所与同。故气同则会,声比则应,其验皦然也。试调琴瑟而错之。鼓其宫,则他宫应之;鼓其商,而他商应之。五音比而自鸣,非有神,其数然也。

美事召美类,恶事召恶类,类之相应而起也。如马鸣则马应之,牛鸣则牛应之。

帝王之将兴也,其美祥亦先见;其将亡也,妖孽亦先见。物固以类相召也。故以龙致雨,以扇逐暑,军之所处以棘楚。美恶皆有从

---

[149] 徐复观认为全书还可列出第三部分,即《郊语》第六十五、《郊义》第六十六、《四祭》第六十八、《郊祀》第六十九、《郊事》第七十一、《祭义》第七十六等。这些篇章"乃由尊天而推及郊天及一般祭祀之礼,与当时朝廷的礼制有关。《赞贤》第七十二,乃礼之一端。《山川颂》第七十三,是董氏因山川起兴的杂文。这便构成了《春秋繁露》的第三部分"。见氏著《两汉思想史》第二卷,页192。
[150] 关于《春秋繁露》的研究很多,对于该书的结构性的清晰简要的叙述,参见戴维森、鲁惟一为《中国古代典籍导读》(沈阳:辽宁教育出版社,1997)所写的相关条目,见该书页81—91。

> 来,以为命,莫知其处所。……
>
> 非独阴阳之气可以类进退也。虽不祥,祸福所从生,亦由是也。无非已先起之,而物以类应之而动者也。……
>
> 故琴瑟报弹其宫,他宫自鸣而应之,此物之以类动者也。其动以声而无形,人不见其动之形,则谓之自鸣。又相动无形,则谓之自然。其实非自然也,有使之然者矣。物固有实使之,其使之无形。[151]

这段引文包含如下要点:第一,董仲舒的天人感应学说完全是巫术性的。按照弗雷泽有关"交感巫术"的论述,"如果我们分析巫术赖以建立的思想原则,便会发现它们可归结为两个方面:第一是'同类相生'或果必同因;第二是'物体一经互相接触,在中断实体接触后还会继续远距离的互相作用。'前者可称为'相似律',后者可称作'接触律'或'触染律'。……巫术,作为一种自然法则体系,即关于决定世上各种事件发生顺序的规律的一种陈述,可称之为'理论巫术';而巫术作为人们为达到其目的所必须遵守的戒律,则可称之为'应用巫术'"。[152]其次,董仲舒的天人感应学说又是"科学性的"。他用音乐之和鸣、帝王之兴起为例解释"自然的法则体系",带有一种以"科学的"观点看待天人关系的取向。李约瑟曾将董仲舒以声学和鸣现象作为划分五类范畴的根据和例证视为科学思想的体现:"对那些一点也不懂得声波的人来说,他的实验一定是非常令人信服的,这证实了他的论点,即宇宙间凡属于同类的事物都彼此共鸣或者激励。这并不是单纯的原始无差别状态,即其中任何一种东西都可以影响别的任何一种东西;它是一个紧密吻合的宇宙的一部分,在其中只有一定种类的事物才会影响同类的其他事物。"[153]李约瑟用有机论解释中国思想的特点,但在这里却没有点明声学实验与礼乐制度的内在关

---

[151] 董仲舒:《春秋繁露》卷13《同类相动第五十七》,凌曙注,中华书局,1991,影印本,页207—208。
[152] 詹·乔·弗雷泽(J. G. Frazer):《金枝》(*The Golden Bough*),上,北京:中国民间文艺出版社,1987,页19—20。
[153] 李约瑟:《中国科学技术史》第二卷,页307。

系,缺乏对上文所引《佚书》中有关乐之成、德之成与家国天下的关系的洞见。《乐记》所谓"礼以别异,乐以主和"不正是超越"单纯的原始无差别状态"的、能够包容多样性和差异性的礼乐现象吗？在这里,天人感应的巫术观念、天人相类的"科学论述"与礼乐制度之间存在着一种有机的和类比的联系,从而天意可以在这三个状态中同时呈现出来。第三,以上述有机联系为前提,董仲舒提出了物以类相召的观念,为以祥瑞说明帝王的出现提供了条件。"相动无形,则谓之自然。其实非自然也,有使之然者矣。物固有实使之,其使之无形"——帝王的出现既是一个自然现象,又不是一个纯粹的自然现象,因为在这一现象的背后存在着"有使之然者矣"。因此,在自然现象与天意、天命之间存在着依存关系,从而观察自然现象成为理解天意或天命的方式。

如果说孔子"述而不作"即以礼乐王制为天,"以仁释礼"即将礼乐制度放置在主体满怀敬畏的实践之中,那么,董仲舒的天人感应学说再一次将礼乐王制的神圣性转化为对自然现象的"科学认知"和自然过程背后的至高意志的"巫术性体验"。在孔子那里,巫之遗产主要体现为一种内在的品质及其礼乐实践,而在董氏这里,巫之遗产却是经由卜、筮传统转化了的有关天的形式化的或"科学化的"表述。[154]但正是这一"科学化的"表述形式使得后人将这一论述的若干内容归结为"宗教神秘主义"。弗雷泽说:巫术是"一种被歪曲了自然规律的体系,也是一套谬误的指导行动的准则;它是一种伪科学,也是一种没有成效的技艺"。[155]然而,只要人类没有充分把握宇宙自然,那么任何有关自然的知识均可以归结为"一种被歪曲了自然规律的体系"。就儒学的道德/政治判断的转变而言,董仲舒显然将道德/政治判断与对自然的认识更为紧密地联系起来,进而致力于在对自然之天的描述中呈现道德/政治的法则。在这个意义上,汉儒的上述思想方式既是"科学主义的",又是"神秘主义的";既是

---

[154] 《史记·封禅书》、《史记·秦始皇本纪》和《前汉书·郊祀志上》均提及邹衍弟子羡门高和他的方术等,根据李约瑟的推测,羡门这个词很可能就是萨满(shaman)一词的来源,而萨满即巫。同上,页148—149。

[155] 弗雷泽:《金枝》,上,页19—20。

"巫术的",又是"王制的"。科学主义/神秘主义、巫术/王制的二元论同样是现代性自我确证的产物。

胡伯特(H. Hubert)和莫斯(M. Mauss)有力地论证说:"巫术哺育了科学,而且最早的科学家就是巫术家。巫术从神秘生活的大量裂隙中发生,并从其中取得力量,以便与俗人的生活混合在一起并为他们服务。巫术倾向于具体事物,而宗教则倾向于抽象观念。巫术在与技术、工业、医学、化学等相同的意义上发生作用。巫术实质上是一种做事的艺术。"[156]汉代的天文历算、农学、医学以及化学(由方士求仙丹的实验而发生的对于汞、铅、硫磺等物质属性及其变化规律的认识)都有长足的发展,除了农业发展的需求之外,是否还与汉代交通的扩大(如张骞之通西域等)有着内在联系至今不得而知。天象的研究与农时的推定密切相关,汉代对天体结构的理解极为丰富。在三种天体学说中,宣夜说已失传,《周髀算经》及其盖天学说在武帝时代已经流行,而较为科学的浑天说在两汉时代均有出色的研究成果。汉武帝时,落下闳、射姓、邓平、司马迁等人修改《颛顼历》,作《太初历》,以正月为岁首,采用有利于农时的二十四节气,并插入闰月,调整太阳周天与阴历纪月不相合的矛盾,改变了"朔晦月见,弦望满亏,多非是"的局面。[157]落下闳、耿寿昌等设计的浑天仪为东汉张衡设计新的浑天仪及在观察天象上的进步提供了基础。《史记·天官书》和《汉书·天文志》详细记载了周天二十八宿的名称和部位,汉人从星辰运行中推算出一年的二十四节气,其名称和顺序与后世通行的完全一致。与天文学的发展相伴随的是数学方面的新发现:《周髀算经》记载了用竿标测日影以求日高的方法,发现了勾股定理;《九章算术》虽定型于东汉和帝时期,但形成、修改和补充的过程却要早得多;其中的各种计算方法和数学概念均是在解决田亩计算、土地测量、比例分配、仓库体积、赋税摊派等"与俗人生活混合在一起并为他们服务的""做事的艺术"。与天文、历法的发

---

[156] H. Hubert & M. Mauss,"Esquisse d'une Theorie Gennerale de la Magie",AS,1904,7,56,转引自李约瑟《中国科学技术史》第二卷,页281。
[157] 《汉书·律历志》,卷二十一上,中华书局,1962,页974。

展相互呼应,汉代农学已成为专门的知识,《汉书·艺文志》记载了九种农学著作,其中崔寔的《四民月令》成书于东汉后期,但在西汉时期,相传为秦国宰相吕不韦所著的《吕氏春秋》的"月令"对于董仲舒等儒者已经产生了巨大的影响。[158]《吕氏春秋》由纪、览、论三个部分构成,其中最为值得注意的是每个部分的分类形式在天人关系上的象征意义。纪共十二卷,与一年十二个月对应,每卷五篇,共计为六十,符合干支纪年的六十一甲子的循环模式。在纪中,每三卷对应四季中的一季,每一季均有一个中心主题,如春为养生,夏为音乐和教育,秋为战伐,冬为死亡。十二卷首篇借自《逸周书》的"月令"一章,讨论一年中在某一时刻该做何事,以确保国家大事的顺利进行;后接四篇分别探讨相应季节中的恰当的观念和行为。览分八卷,每卷八篇,总数为六十四,与《周易》所论述的八卦和六十四卦相符。论含六卷,每卷六篇,除了最后四篇谈论农业问题外,前面的三十二篇以论述仁义之君的行为为中心主题。论的六和三十六总数对应何种自然关系不能确知,但按全书结构,似应必有所指。[159]在《十二纪·纪首》中,除了由十二月构成的四时之外,最为重要的是把阴阳二气运行于四时之中,将五行与四时相互配合,如春为"盛德在木"、夏为"盛德在火"、秋为"盛德在金"、冬为"盛德在水",并在季夏之月(六月)的末段添上"中央土,其日戊己,其帝黄帝,其神后土"的说法,用以弥合四时与五行在数字上的差异。[160]由阴阳五行构造出来的天是一种介于人格之天和秩序之天之间的存在,它不是人格神,但又有赏罚的能力和意志。

由此出发,我们可以重新理解董仲舒的天人相应的观念:为什么在他

---

[158] 徐复观说:"两汉人士,许多是在《吕氏春秋》影响之下来把握经学,把《吕氏春秋》对政治所发生的巨大影响,即视为经学所发生的影响;离开了《吕氏春秋》,即不能了解汉代学术的特性……"见氏著《两汉思想史》第二卷,页1。

[159] 关于《吕氏春秋》各卷数字及其对应关系的简明清晰的叙述,参见鲁惟一主编《中国古代典籍导读·〈吕氏春秋〉》,页344—351。

[160] 参见徐复观:《两汉思想史》第二卷,页11—12。徐又论证说,五行原为国计民生所实用的五种材料,后来演变为宇宙间的五种基本元素,并与阴阳二气联系起来,这一过程只能追溯到邹衍。同上书,页182。这一观点亦可见李约瑟《中国科学技术史》的相关论述。

那里儒学理想必须与《吕氏春秋》的阴阳观念、邹衍的五行学说和汉代天文学和农学有关周天、四时的"科学发现"结合起来?为什么"数"在儒学中的地位显著上升,几乎重新获得了其在卜、筮传统中的地位?(以五行解释"国"之命运源于阴阳家的方式,与鲁季文所谓"礼以顺天,天之道也"、子产所谓"夫礼,天之经也,地之义也,民之行也"的儒学方式形成鲜明对照,而阴阳家的方式可以说直接来自卜、筮传统。)为什么董仲舒对《春秋》大义的发挥和修正必须在秉承天之自然法则的名义下完成?让我们先从《春秋繁露》的天人相通的叙述结构与《吕氏春秋》的关系开始讨论。按照《吕氏春秋》的天人结构,帝王政治与天的规律完全贯通,帝王为天授之职,其行为必须以符合天意为目标,从而政令、行为须顺时而行。天以及体现天意的阴阳、五行、四时,构成了帝王政治的合法性依据和行为规范。《春秋繁露》依循这一逻辑,通过对《春秋》中的各种事例的阐释,表述了天意及其秩序绝对不可违逆的基本原则,为皇权中心主义提供了宇宙论的根据。董仲舒综合公羊与阴阳五行的目的是要以天论的构架为大一统政治提供合法性:以《春秋》附会天意,盖因天是这一宇宙系统中的最高尺度;以《春秋》为孔子为后王所立之法,所以又不得不用附会的方式确认孔子为"新王";要确立《春秋》作为汉代法的地位,就必须发展出一套特殊的阅读这一文本以猜测"至意"的方式。《公羊传》中本有权变的观念,《春秋繁露》对此加以发挥,[161]因为只有引入权变的观念,董仲舒才能发展出一套阅读和理解《春秋》之微言大义的套路和方法,进而将分封体制下的礼制论转化为郡县体制下的大一统理论。

汉代确立了以皇权为中心的中央集权国家,但"楚汉之际,六国各立后",贵族分封体制仍然存在,从而汉帝国可以被概括为一种以郡县体制为主体的郡县/封建混合型体制。汉代实行郡国并行体制,以中央集权为特点的郡县体制与诸侯分权之间存在深刻的紧张。汉初曾分封八个诸侯王,后遭翦灭;后又仿周代封建,分封同姓王,再度形成中央皇权与诸侯王

---

[161] "《春秋》之道,固有常有变。变用于变,常用于常,各止其科,非相妨也。"董仲舒:《春秋繁露·竹林第三》,《春秋繁露义证》,苏舆撰,北京:中华书局,1992,页53。

之间的冲突。文帝、景帝分别接受贾谊、晁错的建议,削弱诸侯势力,武帝时更颁行推恩令和《左官律》,在各王国中分封子弟,对诸侯国进行分解。[162]《盟会要》第十将《春秋》大义归结为:"辞已喻矣,故曰立义以明尊卑之分。强干弱枝,以明大小之职。别嫌疑之行,以明正世之义。采撷托意,以矫失礼……"[163] 所谓强干弱枝,指中央皇权对于诸侯权力的绝对支配性,而尊卑之分、大小之职,也以这一绝对秩序为前提。董仲舒的这一看法改变了《春秋》中天子、诸侯、大夫之间的带有相对性的职分关系,创造了一种与封建关系分割开来的"大一统"观念。"是故《春秋》之道,以元之深,正天之端。以天之端,正王之政。以王之政,正诸侯之位。以诸侯之位,正竟内之治。五者俱正而化大行。"[164]《春秋繁露》所发挥的孔子受命改制说,以及根据阴阳、五行和五德终始说发展出来的赤、白、黑三统之说,均必须在历史权变与新的大一统学说的背景上加以阐释。天的绝对性与皇权绝对主义有着明显的匹配关系。[165] 傅斯年概括道:"西周的封建是开国殖民,所以封建是谓一种特殊的社会组织。西汉的封建是割裂郡县,所以这时所谓封建但是一地理上之名词而已。"[166] 在儒者的视野中,西周分封制与汉代封建的区别也可以表述为礼乐与制度的分化,前者体现了封建的价值,后者体现了皇权中心的观念。郡县制条件下的官僚政治体制与礼乐关系相互分离,从而礼乐已经不能作为新的政治体制的合法性前提。

除了皇权中心主义之外,大一统观念还涉及帝国的地域扩张。汉代帝国向周边扩张,它与外部世界的关系达到了前所未有的发达程度。内外关系构成了帝国自我理解的主要尺度之一。帝国扩展了先秦"中国"

---

[162] 参见《后汉书·志第二十八·百官五》,北京:中华书局,1965。
[163] 董仲舒:《春秋繁露·盟会要第十》,《春秋繁露义证》,页141—142。
[164] 董仲舒:《春秋繁露·二端第十五》,《春秋繁露义证》,页155—156。
[165] 冯友兰说:"汉高虽犹封建子弟功臣,然此时及以后之封建,只有政治上的意义,而无经济上的意义。及汉之中叶,政治上社会上之新秩序,已渐定。在经济方面,亦渐安于由经济自然趋势而发生之新制度。《汉书》曰:'其为编户齐民,同列而以财力相君,虽为仆虏,犹无愠色。'由贵族政治之眼光观之,编户齐民,何能同列以财力相君!……"冯友兰:《中国哲学史》上册,北京:中华书局,1992,页41—42。
[166] 傅斯年:《论孔子学说所以适应于秦汉以来的社会的缘故》,《傅斯年全集》,页1492。

的范围,大一统观念与夷夏相对化的观念也因此产生了联系,在这一条件下,对《春秋》所含的封建礼仪关系进行改造就是必然的了。董仲舒的夷夏相对论极大地改变了《春秋》和《公羊》在内外、夷夏问题上的态度。《春秋繁露·竹林》第三云:

> 《春秋》之常辞也,不予夷狄而予中国为礼。至邲之战,偏然反之,何也?曰:《春秋》无通辞,从变而移。今晋变而为夷狄,楚变而为君子,故移其辞以从其事。夫庄王之舍郑,有可贵之美;晋人不知其善而欲击之;所救已解,如挑与之战,此无善善之心,而轻救民之意也。是以贱之,而不使得与贤者为礼。[167]

夷夏之辨是《春秋》和《公羊传》的核心命题之一,但在帝国扩张的条件下,重新划定夷夏之别以适应新的内外关系显然是一个极为重要的问题。在董仲舒的相对化的礼仪论与汉代流行的自然学说——尤其是邹衍之舆地学说——之间,我们可以找到以阴阳五行学说装备起来的内外相对论。《史记》卷七十四以《孟子荀卿列传第十四》为题,但邹衍及其学说在其中占据了重要的地位:

> 邹衍睹有国者益淫侈,不能尚德,……乃深观阴阳消息而作怪迂之变,……其语闳大不经,必先验小物,推而大之,至于无垠。先序今以上至黄帝,学者所共术,大并世盛衰,因载其禨祥度制,推而远之,至天地未生,窈冥不可考而原也。先列中国名山大川,通谷禽兽,水土所殖,物类所珍,因而推之,及海外人只对所不能睹。称引天地剖判以来,五德转移,治各有宜,而符应若兹。以为儒者所谓中国者,于天下乃八十一分居其一分耳。中国名曰赤县神州。赤县神州内自有九州,禹之序九州是也,不得为州数。中国外如赤县神州者九,乃所谓九州也。于是有裨海环之,人民禽兽莫能相通者,如一区中者,乃为

---

[167] 董仲舒:《春秋繁露·竹林第三》,《春秋繁露义证》,页46—47。

一州。如此者九,乃有大瀛海环其外,天地之际焉。其术皆此类也。然要其归,必止乎仁义节俭,君臣上下六亲之施始也滥耳。……[168]

邹衍感于礼序的混乱而转向对宇宙自然的观察,并将这种自然之学的方法推广到古今中外的政治和礼仪关系之中。他对大小九州的说明提供的是礼仪政治的自然基础和非中心化的中国观念。与邹衍在舆地学的意义上区分大小九州、重新定义中国相呼应,[169]董仲舒一改《春秋》和《公羊》的传统看法,在大一统观念的指导下,展开了夷夏相对化的论述。

大一统观念的第三个方面是天的自然分类与官制的对应关系。汉代大一统与郡县体制密切相关:不同于完全以血缘关系为基本网络的封建体制,郡县制度依赖于皇权与形式化的官僚政治体制所共同构筑的统治模式。秦灭六国而成一统,六国贵族夷为平民,封建、井田和学校等周制也随之瓦解。在这一条件下,以宗法、血缘关系为纽带形成的礼乐论的道德评价体系势必面临根本性的改造,统一帝国的官僚行政体制及其非人格的和功能主义的特性成为汉儒思考、表述和阐释的对象,那些仍然在沿用的礼乐体系已经不再具有周代制度条件下的意义。在礼乐与制度发生分化的语境中,如果要把官僚和法律的功能系统同时理解为一种道德性的谱系,就必须在制度之外寻找合法性和合理性资源。绝对性的天与制度或法律之间的内在联系就是在这一道德困境中发生的。董仲舒依《春秋》先例作《春秋决狱》232例,即以圣人之微言大义和天意作为断案的根据,这是先秦法家思想在帝国一统体制内的进一步发展。为了赋予汉代制度论以道德理想和道德尺度的意义,董仲舒以象数方式沟通天与官制,《春秋繁露·官制象天第二十四》云:

王者制官,三公、九卿、二十七大夫、八十一元士,凡百二十人,而

---

[168] 司马迁:《史记·孟子荀卿列传第十四》,中华书局本,七,页2344。
[169] 邹衍关于大小九州的论述在晚清时期重新为廖平等经学家复活,目的是在地理上阐明中国与外部世界的关系,参见本书第六章有关廖平的论述。

> 列臣备矣。吾闻圣主所取仪,金天之大经,三起而成,四转而终,官制亦然者,此其仪与?三人而为一选,仪于三月而为一时也。四选而止,仪于四时而终也。三公者王之所以自持也。天以三成之,王以三自持,立成数以为植而四重之,其可以无失矣。……是故天子自参以三公,三公自参以九卿,九卿自参以三大夫,三大夫自参以三士。三人为选者四重,自三之道以治天下。若天之四重,自三之时以终始岁也。一阳而三春,非自三之时与?而天四重之,其数同矣。天有四时,时三月;王有四选,选三臣,……尽人之变合之天,唯圣人者能之,所以立王事也。……分人之变以为四选,选立三臣,如天之分岁之变以为四时,时有三节也。[170]

所谓"四选"即三公、卿、大夫、士各为一选;所谓"天以三成之,王以三自持,立成数以为植",即以三为基数,而后面所接之"四重之"则是说三公为三的一重,九卿为三自乘的二重,二十七大夫为三乘九的三重,八十一元士为三乘二十七的四重。四重即三的四次乘积。所有这些官制上的数字均与四时变化的法则相互关联,从而以数为中介,将官制的合法性追溯到天的运行之中。在《春秋繁露·爵国第二十八》中,他又由三公九卿的数字附会出"天子分左右五等,三百六十三人,法天一岁之数",突出了三百六十这一数字。[171]三百六十对应着周天三百六十度,是为象天。

在一统与封建的混合关系之中,封建构成了帝国一统体制的附属部分,从而礼乐与制度也不是截然分离的。例如,针对秦汉时代重刑罚的取向,他倡导"立大学以教于国,设庠序以化于邑,渐民以仁,摩民以谊,节民以礼,故其刑罚甚轻而禁不犯者,教化行而习俗美也。"[172]这是要将郡县一统与三代礼乐之"学"综合为一。再如,董仲舒批判秦"用商鞅之法,

---

[170] 《春秋繁露义证》,页214—218。
[171] 《春秋繁露义证》,页238。关于《春秋繁露》中官制与数的关系的讨论,徐复观的分析最为精当,这里的讨论参见氏著:《周官成立之时代及其思想性格》,见《徐复观论经学史二种》,上海:上海书店出版社,2002,页224—226。
[172] 董仲舒:《贤良对策》,《汉书》,页2503—2504。

改帝王之制。除井田,民得买卖。富者田连仟陌,贫者无立锥之地",倡导三代之制之一的井田。他比较说:"古者税民不过什一,其求易供。使民不过三日,其力易足",而当今"田租口赋盐铁之利,二十倍于古。或耕豪民之田,见税什五",这是富者腐败、荒淫、残暴与穷者穷愁、逃亡以致转为盗贼的根源。他参照井田的构想,但并未以回到井田相号召,而是以权变的精神提议说:"古井田法虽难卒行,宜少近古,限民名田,以澹不足。塞并兼之路,盐铁皆归于民。去奴婢,除专杀之威。薄赋敛,省徭役,以宽民力,然后可善治也。"[173]

《春秋繁露》的宇宙论既提供了一种道德/政治的法则,又提供了一种理解这一道德/政治法则的认识论。对于天人关系的这种神圣化描述明显地改变了周孔时代的礼乐论的叙述方式和结构,表述了新的道德/政治哲学的取向。《春秋繁露·仁义法第二十九》概述了董仲舒的以仁、义为中心的道德/政治理想的基本原则:

> 是故《春秋》为仁义法,仁之法在爱人不在爱我。义之法在正我不在正人。我不自正,虽能正人,弗予为义。人不被其爱,虽厚自爱,不予为仁。……故王者爱及四夷,霸者爱及诸侯,安者爱及封内,危者爱及旁侧,亡者爱及独身。独身者,虽立天子诸侯之位,一夫之人耳,无臣民之用矣。如此者,莫之亡而自亡也。……故曰:仁者爱人,不在爱我,此其法也。义云者,非谓正人,谓正我。虽有乱世枉上,莫不欲正人,奚谓义?……故曰:义在正我,不在正人,此其法也。……君子求仁义之别,以纪人我之间,然后辨乎内外之分,而著于顺逆之处也。是故内治反理以正身,据礼以劝福;外治推恩以广施,宽制以容众。……[174]

董氏在这里表述的道德理想接近于孔子的道德理解,但差别在于:在礼乐

---

[173] 《汉书·食货志》,《汉书》,页1137。
[174] 董仲舒:《春秋繁露·仁义法第二十九》,《春秋繁露义证》,页250—254。

论的构架内，孔子将礼乐本身视为一套相互关联的制度，这套制度构成了道德/政治行为的基本规范；而在董仲舒的天人感应的构架内，制度性的关系必须服从天意和天命的支配才能获得合法性。前者与天的关系是内在的（礼乐为天），后者与天的关系是象数对位式的，从而天意成为需要测知之物。祭祀等礼仪就是测知天意的途径。因此，董仲舒的叙述原则与祖述圣王典制的孔子完全不同，他试图根据变化的历史关系重构制度和礼仪，并以天的名义赋予这一新的制度和礼仪以合法性。在这一宗旨的指导下，"述而不作"和"以仁释礼"均不再构成合适的理论方法。

3. 象数与官制

以象数对位为纽带陈述官制与宇宙的关系的方式，在后来被尊为古文经经典的《周礼》中获得了更为系统的表达。天与形式化的制度、法律的这一连接是以礼乐共同体的道德/政治谱系的瓦解为前提的：与礼乐关系不同，制度、法律需要一套外在于自身的合法性源泉。西汉、东汉之学有今文、古文之别，但在经学体现的王制论方面又一脉相承。东汉建国时，统治者即重申武帝时颁布的《阿党附益之法》，限制诸侯王的权力。上述限制诸侯王的措施配合着一系列法规，如诸侯王不得窃用天子仪制、诸侯王置吏需用汉制、诸侯王定期入朝朝贡、诸侯王无虎符不得发兵、诸侯王不得在国内私自煮盐冶铸、诸侯王不得与外戚私自交往，等等。[175] 在这个意义上，东汉思想中的天的绝对性和支配性仍然涉及天子与诸侯、百官之关系。[176]《周礼》原名《周官》，最早以《周官》之名提及它的是《史

---

[175] 参见白钢主编：《中国政治制度史》，天津：天津人民出版社，1991，页246。
[176] 邹昌林认为春秋以降有所谓古礼与新礼的区分问题，所谓古礼即由《周礼》和《仪礼》综合而成的形式与内容统一的礼仪体系，而汉代以后出现了"以义制仪"的新礼，从而形成了礼义与礼仪的区分。"在《仪礼》这种结构中，宗权是中心，一切都是围绕宗权展开的，而在《仪礼》与《周礼》的统一结构中，君权是中心，作为国家大法的礼制，是以君臣、贵贱的严格等级秩序来展开各种关系。"见氏著《中国古礼研究》，北京：文津出版社，1992，页165。

记·封禅书》,此后《汉书·艺文志》著录"《周官经》六篇",表明该书在汉代已经成为经书。按传统看法,《周礼》产生于公元前二世纪中叶,但到汉代才为人所知,其中混合了刘歆、王莽等人的许多思想,[177]根据之一即刘歆(前46—23)曾试图立《周礼》于学官。[178]

《周礼》的主要特点是以数的关系组织官制系统,又以官制系统表达政治理想。如前所述,"数"在礼制秩序中的重要性可以溯源至殷商卜、筮传统,又在阴阳家的著作中获得了新的发展。在汉代自然之学的突发性的进步过程中,"数"的重要性还代表了一种以对自然的认知作为体察天意和人事的思想方式,我们也不妨将之称为一种"准科学主义"的认知方式。《周礼》一书以年、月等数字配合阴阳、五行、四时等范畴,在数的关系之上构筑了一个完备的官制体系。值得注意的是:成帝时,刘歆根据《太初历》作《三统历》,规定一年的时间约合365.25日,一月约合29.53日,已接近今天我们习用的时数,是当时世界上最为精密的历法;他对《周礼》的数的关系的解释与周天的数字有着内在的联系。《周礼》以周代官制的结构和组织为中心,共分六个部分:一,天官冢宰(掌管邦治,全面政务);二,地官司徒(掌管邦教,即教化);三,春官宗伯(掌管邦礼,即祭祀等);四,夏官司马(掌管邦政,即军事);五,秋官司寇(掌管邦刑,即刑罚);六,冬官考工记(掌管邦事,即工艺审核记录)。每官下属六十官,六官总计三百六十官,以此周天之度数配四时和天地,完整地构筑一个天人相关的系统。《天官冢宰第一》条下郑注云:"象天所立之官。冢,大也。宰者,官也。天者统理万物,天子立冢宰使掌邦治,亦所以总御众官,使不失职。不言司者,大宰总御众官,不使主一官之事也。"[179]按此,官

---

[177] 《四库全书总目提要》十九卷《周礼注疏》云:"夫《周礼》作于周初,……其东迁以前三百余年,官制之沿革、政典之损益,除旧布新,不知凡几。……于是以后世之法窜入之,其书遂杂。……"又,关于该书的作者和成书时代,北宋司马光(1019—1086)、胡安国(1074—1138)、洪迈(1123—1202)和苏辙(1039—1112)等的说法最为特别,他们论定《周官》为刘歆伪造,可以视为晚清康有为的观点的先声。这一说法产生在王安石援《周礼》以变法的条件下,完全缺乏学术史上的坚实根据。
[178] 荀悦(148—209)认为该书书名从《周官》变为《周礼》就是刘歆所为。
[179] 见孙诒让撰《周礼正义》第一册,北京:中华书局,1987,页1。

制为象天所立,天官不言司者,表明天体现着一种严格的等级秩序,而众官分设则是按照"事"之分类。政治共同体的运行需要官制及其分工系统,即使在礼乐社会中也同样如此,但以官制表达社会理想则是新的发展。[180]巫史传统以数呈义,而《周礼》通过将官制与数的关系结合起来,从而使得官制本身成为表达"义"的方式。以官制表达理想与孔子祖述王制的方式有着形式上的类似,即这两种方式均以一定的制度作为道德理想的依托。但在礼乐论的范畴内,圣王典制本身即礼乐共同体之制度,礼乐与制度合二而一,从而此一制度构成了道德评价的客观依据;而在中央集权体制之下,官制是与封建礼乐相互区分的形式化的职能系统,从而官制本身并不含有道德评价的意义。通过恢复、重构和发展巫史传统中的"象天"关系,赋予官制以道德的合理性,这一道德理想的构筑过程是以礼乐与制度的分化为前提的。

  天及其象数关系论证的并不是皇权本身,而是以皇权为中心的郡县/封建体制。在中央政府,这一体制以三公九卿制为基本体制,丞相等官是行政体系的中心角色;在基层,这一体制以县和乡、亭、里为基本单位,各级政府的政治分工与中央政府略相仿佛,也是行政、司法、军事和财政合一的体制。由于只有一个权力中心,地方政府易于形成对中央权力的离心倾向,从而构成集权与分权的矛盾。郡县体制的运作依靠行政法规和朝廷发布的诏、令、制、敕等。在这样的条件之下,行政和法律体制成为一套功能性的结构,郡县制下的封建失去了周代分封制的真正内涵,从而殷周分封制下的亲亲原则不可能适用于中央集权国家的政治条件,继续援用礼乐论的道德/政治原则无法提供新的以皇权为中心的郡县制度的合法性。这就是汉儒

---

[180] 在《周官成立之时代及其思想性格》中,徐复观对此作出了极为精彩的分析,他说:"官制表现政治理想,是在政治思想史中所发展出的一种特别形式。……从《诗》、《书》、《左氏传》、《国语》、《周书》及由孔子开始的诸子百家等的有关典籍看,只是从'知人善任'、'近君子、远小人'这些问题着眼,很少有由官制本身的理想以达到政治理想的思想。以官制表现政治理想,是战国中期前后才逐渐发展出来的,我怀疑始于'三公'一辞之出现。"他又推断说:"王莽、刘歆们顺着以官制代表政治理想的统系,在莽以大司马专政的时候,将政治的共同理想,运用他们可以运用的儒生集团,集此一统系的大成,作实现政治理想的蓝本,……"《徐复观论经学史二种》,页213,245。

诉诸君权神授观念为皇权中心主义提供政治合法性的前提。因此,汉代天人感应学说是以皇权为中心的官僚制帝国的合法性理论。

但是,以严密的象数关系阐述官制系统也表明了官制自身的严格性,从而也包含了限制君权的某种含义。在中央集权制度之下,形式化的法律和官制并不能够自我运作,主要原因是:一,皇帝具有最终裁决权;二,法律制度不完备或有法不依;三,决策带有随意性。[181]武帝时,由加衔领、平、视、录尚书事的大将军、侍中、尚书等组成的"中朝"成为中央决策机构,丞相府作为"外朝"权力受到削弱。光武帝时"虽置三公,事归台阁",[182]尚书台比三公权力更大。在这一条件下,以象数的方式建立天意与官制的对位关系,强化官制系统的神圣性,显然也包含尊重中央行政体系、限制任意更改官制和干预行政过程的意义。西汉王朝推行的加强皇权和中央集权的政策附带着许多经济和政治的后果,例如由于允许商人买官,鼓励地主兼营商业,造成了官、商、地主三者合一的局面和由土地兼并引发的农民破产。在这一背景下,王莽以宗法地主为主要社会力量,通过恢复三代之制,重构宗法贵族的世袭制度,此即所谓新政(公元9—23)。新政修改了行政区划和行政建制,恢复了公、侯、伯、子、男五等封爵,重建井田之制,并在商业领域恢复"工商食官",实行五均六管,等等。利用《周礼》及其象天的结构是配合着上述政治实践的。在后来被奉为今文经学的经典《春秋繁露》和古文经学的经典《周礼》之间,我们可以看到某些相似的表述形式,原因之一即它们都试图在天及其象数关系的支配之下,通过对制度本身的严格性的阐述,对皇权的运行提出某些限制性的诉求。

4. 宇宙论的转变、皇权中心主义与分权主义政治

北宋道学的形成与唐代后期儒学有关天人关系的讨论有着历史联系,而唐代后期有关天人关系的讨论针对的恰恰是汉代政治和儒学中的

---

[181] 白钢主编:《中国政治制度史》(同前),页228—232。
[182] 《后汉书》卷49《仲长统传》,《后汉书》,北京:中华书局,1965,页1657。

天人感应学说。韩愈(768—824)、柳宗元(773—819)和刘禹锡(772—842)从不同方面批判唐代政治中盛行的着意佞佛、制造祥瑞的现象和以《五经正义》为中心的传注之学。对于汉代经学的批判其实是这一潮流的延伸。在破除天人感应学说方面,最为值得关注的是柳宗元的《时令论》,它对汉代以降盛行不已的阴阳五行学说给予直接和尖锐的批判:

> 观《月令》之说,苟以合五事,配五行,而施其政令,离圣人之道,不亦远乎。凡政令之作,有俟时而行之者,有不俟时而行之者。是故孟春修封疆,端径术,相土宜,无聚大众;季春利堤防,达沟渎,止田猎,备蚕器,合牛马,百工无悖于时。孟夏无起土功,无发大众,劝农勉人。仲夏班马政,聚百药。季夏行水杀草,粪田畴,美土疆土功,兵事不作。孟秋纳材苇,仲秋劝人种麦,季秋休百工,人皆入室,具衣裘……孟冬筑城郭,穿窦窖……斯固俟时而行之,所谓敬授人时者也。其余郊庙百祀,亦古之遗典,不可以废。诚使古之为政者,非春无以布德和令,行庆施惠,养幼少,省囹圄,赐贫穷,礼贤者。非夏无以赞杰俊,遂贤良,举长大,行爵出禄,断薄刑,决小罪,节嗜欲,静百官。非秋无以选士厉兵,任有功,诛暴慢,明好恶,修法制……非冬无以赏死事,恤孤寡,举阿党,易关市,来商旅,审门闾,正贵戚近习,罢官之无事者,去器之无用者,则其阙政亦以繁矣。斯固不俟时而行之者也。[183]

《时令论》拆除了政事、制度与天命的关系,从而为人事自身的发展和变化留下了余地。

为什么同样是为皇权中心主义的政治体制辩护,董仲舒需要诉诸天人感应学说,而柳宗元却力图瓦解阴阳、五行、四时、灾异、祥瑞与政事、法律、道德的对位关系?首先,董仲舒的皇权是诸侯、贵族和官僚的代表,将天与皇权直接联系起来也是对在汉代仍有重要影响的分封制度的反应,

―――――――――

〔183〕 柳宗元:《时令论》上,《柳宗元集》,北京:中华书局,1979,页85—86。

而柳宗元的皇权中心主义却是对贵族制度瓦解过程中的社会关系的论证。唐代初年即有分封和郡县之争,其结果是郡县与侯国杂处局面的形成。高宗中年以后,由中央直接控制军事力量的府兵制破坏,南衙十六卫仅作仪式之用,朝廷只能依靠北衙禁军。为了沿边军事需要,唐朝设置了节度使,而府兵的破坏直接地导致节度使的武人势力迅速膨胀。平定安禄山叛乱后,朝廷不得不授平乱功臣和降臣藩镇为节度使,从而导致节度使制度遍布全国。在这一背景之下,河北三镇各专其地,拒绝向中央交纳赋税,其他藩镇抗命朝廷,唐王朝逐渐衰亡。柳宗元对于天人感应学说的批评正是发生在这样的语境中,他试图摆脱天命的纠缠而将注意力集中在历史发展的动力和过程之上。

在《封建论》一文中,柳宗元从他所谓"势"的观念出发,将分封制与郡县制视为历史变迁的内在结果,从而否定了任何一种政治制度形式的绝对合理性。在他的视野中,"君长刑政"的形成是早期人类生存斗争的结果,"诸侯之列"是不同的人类部落相互竞争的产物,诸侯相争导致"方伯、连帅之类"的出现,而中央集权的郡县体制则是这一漫长历史进程的产物。柳宗元在此创造了一种以政治形式为中心的历史哲学,其中心任务是论证以皇权为中心的中央集权体制的历史合法性和道德合理性。"则其争又有大者焉。德又大者,方伯、连帅之类,又就而听命焉,以安其人。然后天下会于一⋯⋯自天子至于里胥,其德在人者,死必求其嗣而奉之,故封建非圣人意也,势也。""彼封建者,更古圣王尧舜禹汤文武而莫能去之,盖非不欲去之也,势不可也。"[184]作为一种世袭贵族制度,分封制度容易导致割据和战争,又阻碍了贤能的征用,而郡邑制度能够通过有效的等级制度确保贤者居上和不肖者居下。"势"在这里不是天命,而是内在于历史运动的趋势和动力。正是从"势"出发,柳宗元认为郡邑制取代分封制是一个自然的和合理的历史过程。

柳宗元所以要打破天人之间的直接对位关系,除了唐代政治中灾异、祥瑞等观念已经变得极为陈腐而无用之外,另一个原因还因为唐代政治

---

[184]　柳宗元:《封建论》,同上,页70。

结构中包含了浓厚的分封制的内容,而这些分封制度又常常被追溯至《周礼》所确定的周代礼仪。正如上文所述,《周礼》一书的特点是将天人关系以象数对位的方式关联起来。在这一条件下,对周代分封制下的世袭贵族和藩镇势力的批判和否定同时也就成为对于将封建关系永恒化的汉代天人构架的否定。然而,诉诸于"势"这一范畴为新的社会关系提供合理性,势必面临难以克服的困境:第一,"势"变动不居,从而依赖于"势"而产生的社会结构也会受到不断变化的"势"的威胁和解构;第二,以确保贤与不肖的上下等级关系为由论证郡县制度的优越性是一个功能主义的论证方式。总之,天人感应学说的废弃再次突显了如下事实:功能性制度严重缺乏道德资源。

韩愈在天人关系问题上的妥协性观点部分地可以视为对于上述制度与道德合理性之间的分离的反应。在《原人》中,韩愈以"形而上"、"形而下"以及"命于两间"等概念来描述天道、地道和人道,从而将人之道区别于天之道。[185] 韩愈明显地把社会秩序和礼仪关系归之于人的创造性活动的结果,但仍然保留了对天和天命的信仰:"夫为史者,不有人祸,则有天刑,岂可不畏惧而轻为之哉!"[186] "三子者之命则悬乎天,……故吾道其命于天者以解之。"[187] 他的性三品说也同样被笼罩在天命观的结构里:"后稷之生也,其母无灾,其始匍匐也,则岐岐然,嶷嶷然;文王之在母也,母不忧,既生也,傅不勤,既学也,师不烦。"[188] 从天命观的视野出发,韩愈的道统谱系和建立道统的努力本身全部被归结为"天命"使然:"其有作者知教化之所繇废,抑诡怪而畅皇极,伏文貌而尚忠质;茫乎天运,窅

---

[185] 《原道》一篇将"相生相养之道"归之于圣人而非天命——举凡衣、食、住的方式,以及工、贾、医、葬、礼、乐、政、刑等社会分工,均是圣人指导我们进行生存斗争的产物。在《与卫中行书》中他又说:"贤不肖存乎己,贵与贱、祸与福存乎时,名声之善恶存乎人。存己者吾将勉之,存乎天、存乎人者吾将任彼而不用吾力焉。"马其昶:《韩昌黎文集校注》,上海:上海古籍出版社,1986,页194。
[186] 韩愈:《答刘秀才论史书》,同上,页667。
[187] 韩愈:《送孟东野序》,同上,页235。
[188] 韩愈:《原性》,同上,页21。

尔神化,道之行也,其庶已乎!"[189] 如果道统本身亦需要天命的护卫,那么,道德论述本身又怎么可能真正摆脱汉代的天人学说的影响呢?

周敦颐、邵雍、张载、程颢和南宋的朱熹在建构他们各自的宇宙论时均不同程度地留有汉代天人学说的印记,在天人问题上,他们面临着与韩愈相似的困境。作为确立北宋天道论的中心人物,周敦颐、邵雍、张载发展了各自不同的叙述途径和关键概念,但又共享一种以整体秩序为中心、从宇宙论中引申出道德和价值的方式。周敦颐(1017—1073)被奉为"道学宗主",他的《太极图说》和《通书》以解易的方式建立具有形而上学和宇宙论双重特征的体系:前者由"无极而太极"的宇宙论归于人极的建立,后者则从天道论及道德心,再由道德心推广而言礼乐,开创了北宋道学合宇宙论、形而上学、道德论和礼乐论为一体的理论方式。《太极图说》以无极、太极、阴阳、五行为天的层次,以五行和万物的关系为第二个层次,以人的世界为第三个层次,以圣人和人极为第四个层次,以天道、地道和人道总括上述几个层面,构筑天人一体的宇宙观。这个"无极而太极"的宇宙本体论为人们提供了无极—太极—阴阳—五行的生成变动的宇宙图景,揭示出天道、地道、人道皆本一理的要旨,从而在一种宇宙论的框架中构筑了一种整体性的秩序观。周敦颐以解易的方式展开宇宙图式的描述,明显地汲取了汉唐时代道家、道教和阴阳家的易学成就。[190] "天以阳生万物,以阴成万物。生,仁也;成,义也。故圣人在上,以仁育万物,以义正万民。天道行而万物顺,圣德修而万民化。"[191] 按照这一易学宇宙观,仁、义是天道运行的常理,也是圣人之德的根据。

邵雍(1011—1077)精通象数之学,极其圆熟地运用数来说明宇宙和历史的生成与展开,从而表明他所关心的是隐含在宇宙万象背后而又支配着宇宙万象的整体秩序。在《观物外篇》中,他说:"圆者星也,

---

[189] 韩愈:《本政》,同上,页50—51。
[190] 《太极图》第二、第三图分别取自《周易参同契》之水火匡廓图和三五至精图。冯友兰:《中国哲学史》下册述承续关系甚详,页823。
[191] 周敦颐:《周濂溪集》第二册,卷之五《通书一》顺化第十一,页97—98,商务印书馆(丛书集成本),1936。

历纪之数,其肇于此乎!方者,土也。画州井地之法,其仿于此乎。盖圆者,'河图'之数,方者,'洛书'之文,故羲文因之而造《易》,禹箕叙之而作《范》也。"[192]朱熹后来解释说:"圆者星也。'圆者《河图》之数',言无那四角底,其形便圆。"[193]又曰:"河图既无四隅,则比之洛书固亦为圆矣。""方者土也,方者'洛书'之文,言画州井地之所依而作者也。"他同样以数的关系将宇宙、画州和井田联系起来,认为井田之制"皆法'洛书'之九数也",[194]表明邵雍、朱熹的学说和思想中均留有汉代宇宙论的若干因素。邵雍的《皇极经世》与陈抟先天图之关系历来多有论述,但值得一提的是:《先天图》论证八卦和六十四重卦的次序,以象数沟通天、地、人,但又将宇宙万物归结于"心"这一本体之中。如果将他的象数之学与《周礼》或董仲舒的《春秋繁露》进行比较,我们可以清楚地看到两者之间的区别:董仲舒在完整的制度之上构筑了与天的对位关系,而邵氏的象数之学却没有如此明确的与制度的对位关系。邵雍说:"所以谓之理者,物之理也;所以谓之性者,天之性也;所以谓之命者,处理性者也;所以能处理性者,非道而何?是知道为天地之本,天地为万物之本。以天地观万物,则万物为物;以道观天地,则天地亦为万物。"[195]

邵雍"先天学"的一个重要特点是视心为万物之源,不但直接地把道与心关联起来,而且把宇宙秩序放置在"心"的范畴之中。在这个意义上,这一秩序首先是与观察或呈现这一秩序的一种内在视野密切相关的:彻底地回到"心"才能获得有关宇宙本质的知识,因为"心"本身就是宇宙的起源。"天由道而生,地由道而成,物由道而形,人由道而行",[196]"天分而为地,地分而为万物,而道不可分也。其终,则万物归

---

[192] 邵雍:《观物外篇》,《观物篇》,上海:上海古籍出版社,1992年影印道藏本,页33。
[193] (宋)黎靖德:《朱子语类》卷65,王星贤点校,中华书局,1986,页1611。
[194] 前一句见《朱文公易说》,后一句为胡渭《易图明辨》注文。
[195] 邵雍:《观物内篇》,《观物篇》,页4。
[196] 同上,页17。

地,地归天,天归道。"[197] 天、地、人、万物是可以分解的,但道却是"一"、是绝对无法分解的秩序、是本体和根源。这个"道"的绝对性和客观性来源于人们通常归入主体或主观领域的"心":"先天学,心法也,故图皆自中起,万化万事生乎心也。"[198] 如果宇宙万物产生于"心"、宇宙图式"皆自中起",那么宇宙秩序就是内在地生成的,而这个"内在地生成的"秩序恰恰构成了无法分解的、不受万物和情境影响的、最为客观的秩序。从这一客观而又内在的秩序视野出发,邵雍提出了"道为太极"和"心为太极"的双重命题,从而在"太极"的意义上将道与心合而为一。[199] 道、太极和宇宙秩序在这里被解释为在我们的内在本心中得以呈现或发现的图式。

邵雍的"心"与个人的主观独特性或者与人类情感的特殊性毫无关系,万物惟心也不是说宇宙万物的最后质料为心。"心为太极"和"万物惟心"意味着宇宙万物根源于一种内在的秩序,从而只有从一种内在的自然秩序的目光或视野出发才能洞察这个秩序。也许我们可以将之归纳为一种存在的秩序或存在的目光。程颢评论说:"尧夫之学,先从理上推意,言象数,言天下之理须出于四者。推到理处,曰:'我得此大者,则万事由我,无有不定。'然未必有术……"[200] 在这里,道、太极、心、理等概念相互关联,从而"心"不是主观的、内在于我们的肉体的、与我们无时不在波动的情感和判断密切相关的"心",而是一种在心物合一条件下呈现的秩序或本体。邵雍之学具有一种看似矛盾而实质统一的品质,即它一方面带有深刻的命定论色彩,另一方面又极重主体及其认知能力。这两个方面所以能够综合在一个有关宇宙秩序的描述之中,是因为邵雍判定道、太极、心与一乃是一物,故而人对物的认知不但不能局限于个体的经验,而且需要摆脱了人的地位来观物。这就是所谓"不我物,则能物物"——"物物"即以自然秩序或天下之理的视野和目光来观察物,从而这一视野

---

[197] 邵雍:《观物外篇》,《观物篇》,页41。
[198] 同上,页57。
[199] 同上,页49。
[200] 程颢:《河南程氏遗书》卷二上,《二程集》,页45。

和目光本身具有了客观性。[201]钱穆将"以道家途径而走向儒家之终极目标"的邵雍的立场归结为"新人本位之客观主义"或"客观的唯心论",[202]但客观概念似乎仍然不能切中邵雍的思想核心,因为他的"心"包含了对"认识"作为一种存在方式的理解,从而毋宁是"存在论"的。"内在的自然秩序的目光或视野"这一概念也许能够揭示邵雍所谓"物物"的内涵。在这里,"内在的自然秩序的目光"与我们今天称之为具有内在深度的自我这一概念有着重要的区别,代表了两种截然不同的秩序观和理解秩序的方法论,但在修辞的层面,这两种不同的秩序观和方法论都带有转向内在的倾向。

张载(1020—1077)之学"尊礼贵德,乐天安命,以易为宗,以中庸为体,以孔孟为法。黜怪妄,辨鬼神"[203],为关学之奠基。在这个意义上,他与先秦礼乐论的联系最为深刻。但是,在张载的思想世界中,礼乐论已经被置于一种新的宇宙论或自然秩序的视野之中了。《西铭》论万物一体、理一分殊,首先确认天地万物与人同为一体,而后归结为天地乃人与万物之本。所谓"民吾同胞,物吾与也"一语真切地揭示了张载思想的核心。[204]在《正蒙》中,他用"太和"描述万有生成变化之总体,但同时又不满足于这一描述性的概念,进而提出"太虚"为宇宙的本体:"太虚无形,气之本体;其聚其散,变化之客形尔。至静无感,性之渊

---

[201] 邵雍:《观物外篇》,《观物篇》,页49。
[202] 这种要求在认知实践中否定个体经验、达到与天地合一的境界的方式,"能以心迹相融,把心的范围放宽了,把人的地位提高了,把主观与客观的界线也冲破了",从而开启了朱子"格物致知"的先河。钱穆:《濂溪百源横渠之理学》,《中国学术思想史论丛》(五),台北:东大图书公司,1978,页60,63,64。
[203] 《宋史》卷四百二十七,《道学传》,《宋史》(三六),北京:中华书局,1977,页12724。理学家们十分重视礼制,但在理论上却把道德论证与天道论关联起来。这反映了宋代社会的过渡性的特征。在贵族制瓦解的过程中,如何建立真正的道德谱系包含着重要的政治含义。二程多次谈及"宗子法",倡导巩固世家的谱系宗法;张载也承认"宗子法"的必要性,但他似乎更重视的是"宗子法"的功能,而不是"宗子法"作为贵族传统世系的意义。参见《张载集》,北京:中华书局,1978,页259。
[204] 张载:《正蒙·乾称篇》,《张载集》,页63。

源;有识有知,物交之客感尔。"[205]这就是许多学者所说的张载的气一元论或气本论的宇宙观,它表现为"气"("太虚")"聚"而为"物"、"散"而为"气"的思辨结构。气本论突破了道家以无为本体的宇宙论,以致被认为是"直接将当世自然科学的最高成果,同传统的《易传》思想融诸一途,从根本上力辟二氏的'浅妄'的'有无'之说,创立了朴素唯物的、辩证的'气本论'。"[206]由于承认物与气的外在性和物质性,张载的气本论以及学以致用的主张为认识自然的活动提供了某些前提。[207]在他的影响之下,关学传统"大抵以实用为贵,以涉虚为戒",[208]并倾向于在实用的意义上解释"道",[209]例如,李复、李冶明确提出"自然之理"和"自然之数"的概念,甚至把天看成是运动中的"物",多少越出了周、邵易学的范畴。[210]

气本论引导人们从世界内部来理解宇宙的本质和根源,从而与出

---

[205] 张载:《正蒙·太和篇》,《张载集》,页7。
[206] 陈俊民:《关学思想流变》,《论宋明理学》(宋明理学讨论会论文集),杭州:浙江人民出版社,1983,页109。
[207] 张载回答二程"关中之士,语学而及政,论政而及礼乐兵刑之学,庶几善学者"的评论时说:"如其诚然,则志大不为名,亦知学贵于有用也。"见《二程粹言·论学》,《二程集》,页1196。
[208] 这是张栻评论关学弟子孙昭远的话。见《张南轩先生文集·跋孙忠愍帖》,丛书集成初编本,1936,页109。
[209] 如李冶说:"由技兼于事者言之,夷之礼、夔之乐,亦不免为一技;由技进乎道者言之,石之斤、扁之轮,岂非圣人之所与乎?"(见《测圆海镜·序》,文渊阁四库全书本,页1。)又如李复认为:"物生而有象,象滋而有数","数出天地之自然也。盖有物则有形,有形则有数也。"(滹水集·答曹铖秀才书》文渊阁四库全书本,页5,2。)这种观点与邵雍《观物外篇》中所谓"神生数、数生象、象生器"的观点截然相反。参见周瀚光:《浅论宋明道学对古代数学发展的作用和影响》,见《论宋明理学》(宋明理学讨论会论文集),杭州:浙江人民出版社,1983,页544。
[210] 李冶说:"谓数为难穷斯可,谓数为不可穷斯不可,何则? 彼其冥冥之中,固有昭昭者存。夫昭昭者,其自然之数也。非自然之数,其自然之理也。……苟能推自然之理,以明自然之数,则虽远而乾端坤倪,幽而神情鬼状,未有不合者矣。"(见《测圆海镜细草·序》,商务印书馆,丛书集成本,1936,页3)李复谈及历法错误引致的"灾异"时说:"此自然之理也。天行不息,日月运转不已,皆动物也。物动不一,虽行度有大量可约,至于累日为月,累月为岁,盈缩进退,不得不有毫厘之差。始于毫厘,尚未甚见;积之既久,弦望晦朔遂差。"见《滹水集·又答曹铖秀才》,文渊阁四库全书本。

世、归隐的佛、道取向划清了界限。气本论与自然之学的探讨可以视为北宋道学的逻辑结果,因为对道德法则的追究一旦与宇宙论的模式相结合,就会要求一种有关自然秩序的知识形式,在这种知识形式中,每一层次的认识都能被安排在一个演绎等级体系中,而处于这一演绎体系的最高位置的就是天道自身。[211] 无论张载的思想有如何的特殊性,构成其气论的更为根本的特点的仍然是一种宇宙秩序的观念,从而不应过分夸大张载的气本论与周敦颐、邵雍的"太极图说"、"先天"象数说的区别。周、邵、张三家都试图构筑宇宙本体论以安置道德伦理和心性理论,从而在基本的思想方式上遵循着天、道、性、心的逻辑结构。张载之学的中心意图不是讨论自然哲学问题,而是如王夫之所说"以立礼为本",[212] 从而气本论应该为"正心"、"尽性"提供依据。[213] 换言之,以"立礼为本"的张载之学同样必须从自然秩序之中引申出日常伦理实践的法则。这就是为什么《正蒙》十七篇遵循了一种内在的逻辑结构或整体秩序:《太和篇》总论万物一体,《参两篇》至《动物篇》(2—5)分论天、地、人、物的"气化"过程,《诚明篇》至《王谛篇》计十一篇则以人道为中心形成人性论、致知论、道德论、政治论,最后之《乾称篇》则再次把"人道"合于"天道",重申"万物本一"、"天人一气"的本体论。"天地之性"与"气质之性"的二分论开启了宋明理学中的一个持久课题,但如果没有"太虚"概念所包含的内在的本质或内在的秩序的含义,上述二分法就缺乏理论的根据。[214] 在这个意义上,张载的气论提供了一种整体性的内在秩序的观念。

---

[211] 朱熹批判地继承了张载对气的看法,在《太极解》和《朱子语类》(一、二)中,他叙述了一种地中心的星云说,具体地表述作为太极之理的呈现的自然现象。

[212] 王夫之:《张子正蒙注》卷八,《船山全书》(一二),长沙:岳麓书社,1992,页335。

[213] 张载云:"由太虚有天之名,由气化有道之名,合虚与气有性之名,合性与知觉有心之名。"《正蒙·太和篇》,《张载集》,页9。

[214] 张载的"性论"仍偏重于宇宙论,故均列入《诚明篇》中,并无专论,这一点似无疑问。关于张载学术渊源的辩证,请参见陈俊民:《张载哲学与关学学派》,台北:台湾学生书局,1990,页7—14;关于张载的心、性观念与宇宙论的关系,参见劳思光:《新编中国哲学史》(三上),台北:三民书局,1981,页179—183。

上述汉宋天论的粗略比较显示了"天理世界观"确立的思想史意义:第一,道学承续了汉代宇宙论的若干因素,如以象数关联天道与人事的方式、如河图洛书等论题的延续、如由宇宙论而延伸出的"科学倾向",等等。但在上述延续之中,我们也能够发现深刻的差异和区别:道学宇宙论是在有关宇宙实在的描述和形而上学的描述之间建立起来的,后一方面的内涵越来越居于中心地位。沿着北宋道学的这一方向,二程、朱熹发展了宇宙万物归于一理和理一分殊、物各有理、各当其分的理论,从道德理论内部提出了认识事物的要求。在理学的框架内,物既是外在的事物,也是人的行为。程颐答"格物是外物,是性分中物?"的提问曰:"不拘。凡眼前无非是物。物物皆有理。如火之所以热,水之所以寒,至于君臣父子间,皆是理。"[215] 物物皆有理的预设要求对具体事物进行认知,而不是按照天人相关的学说进行象数推理,[216] 从而"物"内在化了。很明显,在形而上学的天理世界中,天与人的对应关系不再如汉代天人感应学说中那样具体和明确,天的绝对性逐渐为理的秩序观所取代。第二,沿着初期道学的上述取向,二程提出了天理或理的范畴:理或天理保持了天人之间的内在相关性,但放弃了以自然主义方式建立天人关系的取向,进而将天转化为一种形而上学的范畴。程颢曰:"天者,理也。神者,妙万物而为言者也。帝者,以主宰事而名。"[217] 在这里,天命的观念被保留下来了,但对天、神、帝之间的区分得到了明确,以此为前提,宋儒得以将天命转化为性和理——性和理即自然之理,其中已经没有汉代天命观的那种天与人之间的对位关系。[218] 因此,第三,理或天理不是由上而下的绝对命令,而是一种内在于宇宙、万物和人自身的有待实

---

[215] 程颐:《河南程氏遗书》卷十九,《二程集》,页247。
[216] 伊川批评治象数之学的邵雍云:"尧夫之学,先从理上推意,言象数,言天下之理须出于四者。……要之亦难以治天下国家。其为人则直是无礼不恭,惟是侮玩。"程颐:《河南程氏遗书》卷二上,《二程集》,页45。
[217] 程颢:《河南程氏遗书》卷十一,《二程集》,页132。
[218] 如云:"天命之谓性,此言性之理也。……若性之理也,则无不善。曰天者,自然之理也。"程颐:《河南程氏遗书》卷二十四,《二程集》,页312。

现的本质,从而服从天理亦即服从我们的内在之自然。从太极无极的命题,到物各有理的命题,天理概念构成了对单一中心的宇宙论的有力挑战。在天理观的视野内,现实世界的物质性秩序与理或天理存在着紧张,从而对理或天理的服从既是一种内在的道德行为,又是在物质性秩序之中保持自主性的根据。[219] 由此出发,宋儒确立了宇宙论上的理/气二元论、认识论上的理/物二元论,本性论上的天地之性/气质之性两分法、道德论上的理/欲二分法,以解决所谓应然与实然、价值与事实的矛盾。在这一理气二分的构造中,那种以象数关系直接沟通天人的模式不再有效了。第四,格物穷理的认识论既是修身和自我实现的前提,也是政治共同体的自我完善的途径。"致知在格物,则所谓本也,始也;治天下国家,则所谓末也,终也。治天下国家,必本诸身;其身不正,而能治天下国家者,无之。格,犹穷也;物,犹理也;犹曰:穷其理而已也。穷其理,然后足以致之;不穷则不能致也。"[220] 天下国家之治依赖于"士"的修身和认知实践,这一转变表明儒学与帝王政治的直接关系松动了,理学是由新型的"士"这一阶层发展起来的,他力图在皇权制度与道德判断之间保持一种紧张性的关系。

总之,从汉代宇宙论到北宋天道观的建立是一个转变,后者不再专注于天人感应和天人之间的象数对位关系,而把关注的中心转向人的内在道德品质和道德行为。由天道观演化为天理世界观或所谓"本性论"则是又一个重要转变,由此儒学的道德/政治实践的尺度和根据发生了深刻的转化。这个转化可以归结为:宇宙论转向内在论,道德/政治实践由顺从天的主宰或命令转向顺从内在之自然,人与世界之间的认识关系由对象数关系的建构转向对于事物的具体认知。在上述两重意义上,我们可以看到宋明理学与孔孟之道之间的相似的道德/政治姿态。

---

[219] "性即理也。所谓理性是也。天下之理,原其所自,未有不善。"程颐:《河南程氏遗书》卷二十二上,《二程集》,页292。
[220] 程颐:《河南程氏遗书》卷二十五,《二程集》,页316。

第四节　理的系谱及其政治性

1. 理与礼

为了充分地理解天理成立之意义,在讨论天理世界观的道德/政治内涵之前,我们需要对"理"这一范畴的历史演化作一初步的说明。周初至春秋时期的儒家文献中"理"字仅仅表示疆界的划分和对某种官职(如法官)的称呼,其中《诗经》里有四则、《春秋左传》里有五例,而《书经》、《论语》中均无此字。[221]"理"在战国时代开始流行,但在相关著作中均非居于中心地位的概念。许慎《说文》解释"理"字说:"理,治玉也,从玉,里声","知分理之可相别异也。"[222]段玉裁对此加以引申:"《战国策》郑人谓玉之未理者为璞,是理为剖析也。以成器不难谓之理。凡天下一事一物,必推其情至于无憾,而后即安,是之为天理,是之谓善治。"[223]段氏此说出自《孟子字义疏证》:"理者,察之而几微,区而别之之名。"[224]戴震强调天理就是自然之分理。如果一事一物各有条理,那么"理"就暗含了不同于单向的支配关系的相对性的概念。惠栋引用法家经典,得出"理"字故训说:"理字之义,兼两之谓也。人之性禀于天,性必兼两。在天曰阴与阳,在

---

[221]　谷方:《理的早期形态及其演变》,见《论宋明理学》(宋明理学讨论会论文集),页57—75。本节有关"理"在战国时期的含义的讨论参考此文。此外,张立文主编的《理》(中国哲学范畴精粹丛书,北京:中国人民大学出版社,1991,下同)对理概念进行了系统的梳理和研究,本节关于魏晋和隋唐时期的"理"的讨论,参考了这本书。

[222]　许慎:《说文解字·玉部》,北京:中华书局,1963,页12,1。

[223]　段玉裁:《说文解字注》,上海:上海古籍出版社,1981,页15。

[224]　戴震:《孟子字义疏证》卷上,《戴震全集》(一),北京:清华大学出版社,1991,页151。参见刘师培:《理学字义通释》,《北京大学百年国学文粹·哲学卷》,北京大学出版社,1998,页90。

地曰柔与刚,在人曰仁与义,兼三才而两天,故曰,性命之理。"[225]"兼两"即是相对之意:理以一种对应的方式存在,治道在于情理兼容。[226]

"兼两"之意在早期天道观中有其根据。从商代到周代,天、帝的观念发生了变化,即以礼乐制度来体现天的意志,由君王代行天职,直接担当人民的父母和教师的角色。按照《书经》、《诗经》中的例子,天意并非由君王单方面来表达,而是由君王与人民两个方面共同呈现,君的道德("事天")需要通过能否尊崇民意("事民")来检验。兹举几例:

天亦哀于四方民,其眷命用懋,王其疾敬德。[227]
天矜于民,民之所欲,天必从之。[228]
天视自我民视;天听自我民听。[229]
天聪明,自我民聪明,天明畏,自我民明威。达于上下,敬哉有土。[230]

天意呈现为民意这一训诫的核心在于告诫君王不能将自己的意志作为天意,从而天意具有某种客观法则的品质。因此,顺从民意与顺从天则相辅相成:

帝谓文王:……不识不知,顺帝之则。[231]

---

[225] 惠栋:《周易述·易微言下·理》。在清代考据学的反理学氛围中,惠栋以为好与恶均是理,从而从"兼两"的意义上否定理学家所谓存天理、灭人欲的观点。他说:"《乐记》言天理谓好与恶也。好近仁,恶近义。好恶得其正,谓之天理;好恶失其正,谓之灭天理。《大学》谓之拂人性。天命之谓性,性有阴阳刚柔仁义,故曰天理。后人以天人理欲为对待,且曰天即理也,尤谬。"
[226] 惠栋在《周易述·易微言下·理》引用《韩非子》说:"凡理者,方圆、短长、麤靡、坚脆之分也,故理定而后可得道也。"见《韩非子·解老》,《韩非子集释》上,陈奇猷校注,上海人民出版社,1974,页369。
[227] 《尚书正义·召诰》卷15,北京大学出版社,1999,页395。
[228] 《尚书正义·泰誓》卷11,页274。
[229] 《尚书正义·泰誓中》卷11,页276。
[230] 《尚书正义·皋陶谟》卷4,页109—110。
[231] 《朱子全书》第一册,《诗集传》卷16,上海古籍出版社,2002,667—668。

> 维天之命,于穆不已,于乎不显,文王之德之纯。[232]

惠栋之"兼两"说在语义学上是否成立一向是有争议的。但从相对性的观念出发概括"理"概念的内涵不仅可以在殷商时代的典籍中找到例证,而且也能在战国时代的新的政治观或社会观中找到根据。战国时代是宗法分封制度发生危机的时代:在政治上,周室衰微,各路诸侯纷纷崛起,争夺霸权的过程促进了社会流动,在出身庶人的才智之士转化为士大夫阶层的同时,一些战败的贵族正在失去他们的尊荣,从而导致了原有的贵族封爵体制的危机和解体;在经济上,农民、商人和手艺人等平民阶层获得了发展的机会,经济关系的变化与他们日益增强的对于社会地位和权益的要求相互促进。因此,君主与诸侯、贵族与平民的权力关系发生了相对化的趋势。在这一背景之下,周代天观中那种以民意代表天意并对君王提出制约的观念获得了发展。

我们先看庄子的论述。首先,他认为"理"代表了天的意志和万物的原理。作为原理,"理"这一概念的特性是其抽象性、本质性和绝对性。《庄子·刻意篇》云:"去知与故,循天之理。"循天理的方式在去知与故,而知(智识)与故(诈伪)是与"圣人之生也天行"、"虚无恬惔,乃合天德"的状态相对照的。在庄子看来,天理流行,贯穿万有一切,超越生、死、动、静、祸、福、物、人、鬼、生、死、思、谋、寝、觉等日常现象,从而有关这些现象的"知与故"反而构成了循理的障碍,必须去之。[233]《知北游》:"天地有大美而不言,四时有明法而不议,万物有成理而不说。圣人者,原天地之美而达万物之理,是故至人无为,大圣不作,观于天地之谓也。"[234]"理"在这里是一种普遍主义的原理,而不是关于任何具体事物的知识。其次,庄子将天意与一种自然之天的观念结合起来,并在自然之天的意义上将"民之理"合法化。《庄子·天下》云:

---

[232] 同上,卷19,页723。
[233] 见郭庆藩:《庄子集释》第三册,北京:中华书局,1961,页539。
[234] 同上,页735。

第一章 天理与时势

> 以事为常,以衣食为主,蕃息畜藏,老弱孤寡为意,皆有以养,民之理也。
>
> 诗以道志,书以道事,礼以道行,乐以道和,易以道阴阳,春秋以道名分。[235]

"民之理"的概念暗示君主不能单纯地按照自己的意志进行统治。作为一种符合天意的自然之秩序("天地之理"、"天之理"或自然之条理),"理"或"名分"意味着世界是由具有各自原理的不同力量构成的,从而仅仅按照一种单向的权力关系和意愿行事的方式有违天意。

将人的应然之理与宇宙的本然秩序内在地关联起来的方式并不是道家独有的观念。《韩非子·解老》云:

> 道者,万物之所然也,万理之所稽也。理者,成物之文也。道者,万物之所以成也。故曰:"道理之者也。"物有理不可以相薄,故理之为物之制,万物各异理,万物各异理而道尽。[236]

道是万物的所以然,而理则为万物的构成原理,这个原理因事物的差异而各有不同。"春秋以道名分"之"名分"即指按照各自的道理或分理而形成的秩序。熊十力解释说:"从来解者皆以名分为辨上下之等,此以帝王思想附会,实非春秋旨也。案分者分理,辨物之理以正其名,是为名分。"[237] 名分与礼制秩序相关,所谓物之理即指礼序中的名分。若把这段话与《荀子·儒效》中所谓"诗言是其志也,书言是其事也,礼言是其行也,乐言是其和也,春秋言是其微也",以及汉代扬雄《法言·寡见》篇所谓"说理者莫辩乎春秋"相对照,那么,"名分"或"微"都是在描述《春秋》大义,即按照礼制的观念明辨是非,以为治理的根据,其中均蕴含着相对性的

---

[235] 同上,第四册,页1066—1067。
[236] 《韩非子集释》上,页365。
[237] 熊十力:《读经示要》卷三,台北:广文书局,1960,页145。

观念。

在庄子的著作中,"理"的普遍性和内在性及其对具体知识的否定为"无为"提供论证,而在法家的著述中,"理"的观念则为超越君主意志和君权统治的直接支配关系提供根据。《管子》强调"缘理而动",明显地受到道家学说的影响,但他所谓"循理"并不是在无为的意义上展开的。管子云:"明之以察其性,必循其理";又云:"知得诸己,知得诸民,从其理也。"[238] "人主出言,顺于理,合于民情,则民受其辞。"[239] 君主必须从"理"而行,亦即从"民情"、"民理"而行。如果说庄子将循理与自然之天的观念综合起来,那么,法家则将天所包含的约束性观念与法理联系起来,从而"循理"不仅表现为体察民意,而且也表现为法度的严肃性。《管子·法禁》:"君不能审立其法,以为下制,则百姓之立私理而径于利者必众矣。""君之置其仪也不一,则下之背法而立私理者必多矣。"[240] 类似的看法在其他著作中也可见到,如《吕氏春秋·适音》:"胜理以治国则法立"。法度是一种超越君主个人意志和私人事务、指导君/臣、师/徒关系的普遍秩序,所谓"从道不从君"[241] 或"从理不从师"[242] 的训诫就是明

---

[238] 《管子·君臣下》,《管子校正》卷一一,戴望著,《诸子集成》本,上海:上海书店,1986,页177。

[239] 《管子·形势解》,《管子校正》卷二十,页325。

[240] 《管子校正》卷五,页78、77。

[241] 从臣方面说,"其群臣明理以佐主,故主明";从君主方面说,则需"治之以理,终而复始,主牧万民,治天下,莅百官,主之常也"(《管子·形势解》,见《管子校正》卷二十,页326、324)。此外如:"贤者之事也,虽贵不苟为,虽听不自阿,必中理然后动,必当义然后举,此忠臣之行也。"(《吕氏春秋·不苟论》,《吕氏春秋》卷二四,高诱注,《诸子集成》本,上海:上海书店,1986,页307)"言必当理,事必当务,是然后君子之所长也。"(《荀子·儒效》,《荀子集解》卷四,王先谦注,《诸子集成》本,上海:上海书店,1986,页79)"以理督责于其臣,则人主可与为善而不可与为非。"(《吕氏春秋·行论》,《吕氏春秋》卷二〇,高诱注,页272)"君身论道行理,则群臣服教,百吏严断,莫敢开私焉。"(《管子·七法》,《管子校正》卷二,页30)

[242] 从师的角度说:"故为师之务,在于胜理,在于行义。理胜义立,则位尊矣。王公大人弗敢骄也。"又云:"上至于天子,朝之而不惭。凡遇合也,合不可必。遗(«遺»)释义,以要不可必,而欲人之尊之也,不亦难乎?故师必胜理行义然后尊。"均见《吕氏春秋·劝学》,《吕氏春秋》卷四,页37。

显的例证。在宗法封建制发生危机的时代,血缘宗法的分封关系已经无法有效地对社会进行统治,从而法的关系应运而生。如果"理"代表了一种超越师徒、君臣的绝对等级关系的法度,那么,作为理的制度化的法度也构成了天意的形式。

战国时代的法的关系仍然包裹在礼制秩序的范畴内部,从而"理"与"礼"是可以互换的概念。《管子·立政·爵位》:

> 朝者,义之理也。是故爵位正而民不怨,民不怨则不乱,然后义可理。理不正,则不可以治,而不可不理也。故一国之人不可以皆贵;皆贵则事不成而国不利也。为事之不成国之不利也,使无贵者,则民不能自理也。[243]

按谷方的考证,"理"概念是从礼范畴中转化而来,它一方面是在"礼崩乐坏"的局面下对"礼"的替代,[244]另一方面也包容在礼范畴之中,例如在荀子那里,"理"即"礼"的一部分。[245]但理与礼的相互关系不是固定的,它们既可能相互等同,也可能相互臣属、置换和颠倒。《孟子》、《吕氏春秋》和《荀子》中各有许多理、礼通用的例证,[246]其中"理"高于"礼"的情

---

[243] 《管子校正》卷一,页14。又云:"是故以人役上,以力役明,以刑(形)役心,此物之理也。"(《管子·君臣下》,《管子校正》卷一一,页177)"是故别交正分之谓理。"(《管子·君臣上》,同前,卷十,页165)

[244] 《老子·下篇》第三十八章:"夫礼者,忠信之薄而乱之首也。"见《老子校释》,朱谦之撰,北京:中华书局,1984,页152。

[245] 《荀子·礼论》云:"礼之理诚深矣。'坚白'、'同异'之察入焉而溺;其理诚大矣,擅作典制辟陋之说,入焉而丧;其理诚高矣,暴慢恣睢轻俗以为高之属,入焉而队(坠)。"《荀子集解》卷十二,页237。

[246] 如《孟子·告子下》:"至于心,独无所同然乎?心之所同然者何也?谓理也,义也。圣人先得我心之所同然耳。故理义之悦我心,犹刍豢之悦我口。"在《孟子》一书中,与"义"对举的"理"仅此一见,这里所谓"理"与"礼"相同。又如:《荀子·议兵》中的一段对话:"陈嚣问孙卿子曰:'先生议兵,常以仁义为本。仁者爱人,义者循理,然则又何以兵为?凡所为有兵者,为争夺也。'孙卿子曰:'非汝所知也。彼仁者爱人,爱人,故恶人之害之也;义者循理,循理故恶人之乱之也。'"

况——即"理"作为一种现实秩序的内在本质而存在——仍然是个别的。[247]理与礼的互换证明:理需要依托于具体的礼乐、制度或其他秩序才能获得呈现。

在礼崩乐坏的时代,究竟什么才是真正的礼乐秩序构成了一个问题。儒家的正名学说、墨子的名学思想从不同方向体现了"认识"在"复礼"过程中的重要性,从而在礼乐论的范畴内为一种"认识论"提供了根据。"理"与认识或知识问题发生联系的契机即在于此。《墨子·小取》倡导"察名实之理","摹略万物之然,论求群言之比",要求用一种知识的方式说明理事关系。[248]所谓"察名实之理",即要求对各种事物进行重新审定,按照一定的"理"加以分类和命名,从而厘清名理关系的混乱。"理"的条理含义隐含了对于事物秩序的分类把握,从而这一范畴与一种认识方法("察"、"摹略"、"论求"以及"正名")的概念发生了联系。在上述意义上,"认识"的必要性产生于礼制危机,而与这一认识过程密切相关的"理"范畴与现实的"礼制"之间的某种区分变得不可避免了。由于认知本身以"礼"与"理"的完全合一为目标,从而理与礼的区分仍然是临时的。在战国时代的典籍中,存在大量的例证说明知识问题与道德实践问题是同一问题,如《吕氏春秋》把"理"与某种天命或天志的观念联系起来,要求人们"申志行理"、"当理不避其难",而《韩非子·解老》将"从事"与"缘理"看作是实践过程的有机部分,[249]认为"缘道理以从事者,

---

[247] 如《荀子·乐论》:"礼也者,理之不可易者也。"
[248] 《墨子间诂》卷一一,孙诒让著,《诸子集成》本,上海:上海书店,1986,页250。
[249] "缘道理以从事"将"理"与"事"密切地关联起来,一方面暗示了在道德/政治实践中认知和遵循"理"的必要性;另一方面也表明对理的认知并不在"事"外,而"事"这一范畴必须在礼乐的范围内进行理解。从战国时代的荀子到晚清时代的严复,他们在构思和理解宇宙和道德行为的过程中都试图建立一种"学"的谱系,前者之学建立在"正名"的基础之上,而后者之学则建立在归纳与演绎的逻辑和概念体系之上(所谓"名学")。在这个意义上,作为分类学的"理"概念与近代的科学概念存在着某种内在的关系,这种关系不仅表现为近代中国科学家或科学教育家用"穷理学"、"理学",以及与此密切相关的"格致"概念指称科学的语言实践,而且还表现为科学的知识谱系也被运用于政治、经济和道德的实践。

无不能成。"[250]相对于"天"、"道"等概念而言,战国时代的理仅仅是一种从属性的概念,[251]它不具有天道的那种超越性和本体性,而仅仅是作为一种制约和构成现实关系的内在的秩序力量而起作用的。

2. 玄理与政治

汉承秦制,是一个在政治上中央集权的庞大帝国。为了团结六国贵族势力并从先秦传统中获得政治合法性,汉朝的创建者和统治者不得不把中央集权的官僚制与贵族制度相结合,在皇权一统之下部分地恢复宗法分封制。汉儒言理皆训理为"分"或"离",强烈地暗示了汉代郡县体制与封建潮流并存的格局。《贾子新书·道德说》:"理,离状也。"[252]郑玄《乐记》篇注云:"理,分也。"[253]《白虎通》云:"礼义者,有分理。"[254]《说文·自序》:"知分理之可相别异也。"[255]分理的概念从汉代至清代绵延不绝,它在普遍主义的道德概念内部寻求事物和情境的某种自主性,并在政治的层面为分权主义的(封建的或贵族的)政治观提供认识论的根据。在两汉时代,这一"分"的观念始终约束在君权一统的范畴之内,我们可以将这一状况解读为将郡县与封建综合为一的帝国体制在天道系统中的

---

[250] 《韩非子集释》上,页343。
[251] 沟口雄三指出:"相对于普遍法则的'道',理则是就'事''物'的秩序领域而开始确立的观念领域。""'万物之理'及'道理'等词句所显示的是,相对于万物的超越性实体的'道','理'则是要认识'事''物'亦即万物的内在或本身具有的秩序的一个概念。"战国时代的"理"不像"道"那样具有超越性和实体性,这一概念从"'物之理'、'逆顺之理'等指称某种事物的法则或条理的附属意义成分","转变为含有事物的自然性或必然性意义的概念,从而形成了与'道'和'义'并列的独立的概念领域",已经是汉代之后才发生的事情了。沟口雄三:《中国理气论的形成》,见沟口雄三等编:《在亚洲思考(7)·世界像的形成》,东京:岩波书店,页77—130。
[252] 贾谊撰,阎振益、锺夏校注:《新书校注》,北京:中华书局,2000,页325。
[253] 郑玄:《礼记注疏》卷三十七《乐记》。文渊阁四库全书本。
[254] 班固:《白虎通义》卷下。文渊阁四库全书本。
[255] 见刘师培:《理学字义通释》,《北京大学百年国学文粹》,北京:北京大学出版社,1999,页90。

呈现方式。董仲舒云:"名伦等物,不失其理",[256]"是故春俱南,秋俱北,而不同道。夏交于前,冬交于后,而不同理。"[257]他把礼制秩序和阴阳五行观念相互贯通,从而将事物之理笼罩在他所建构的天人构架内部。

汉末魏晋时代,皇权与贵族的权力关系发生了重大的变化。由皇族和官僚势力构成的世家大族的力量不断扩展,最终从内部瓦解了帝国的统一力量。汉代官吏的选举,地方用察举,朝廷用征辟,但东汉末年,"士流播迁",[258]名实颠倒成为社会混乱的象征。曹丕采纳陈群的建议,设九品中正制,在州郡设大小中正,取在京为官而具才德的本籍人为中正,按德才、门第定为九品,而吏部任官也以此为根据。九品中正制的形成不仅是选举制度史上的划时代事件,而且也是新的贵族制度形成的关键。宫崎市定曾经建议用"九品官人法"称九品中正制,以显示选举制度与贵族官僚制的关系。[259]正是在汉魏之际有关名实的讨论中,"理"成为衡量人的标准。刘劭是曹魏时期以循名质实著称的思想家,所谓循名质实包含了对授官制度的评论和建议。《人物志·九征第一》云:

> 盖人物之本出乎情性。情性之理甚微而玄,非圣人之察,其孰能究之哉![260]

《人物志·材理第四》又云:

> 夫理有四部,明有四家。……若夫天地气化,盈虚损益,道之理也。法制正事,事之理也。礼教宜适,义之理也。人情枢机,情之理也。四理不同,其于才也,须明而章。明待质而行。是故质于理合,合而有明。明足见理,理足成家。是故质性平淡,思心玄微,能通自

---

[256] 董仲舒:《春秋繁露·盟会要》,《春秋繁露义证》,页142。
[257] 董仲舒:《春秋繁露·阴阳出入上下》,《春秋繁露义证》,页342。
[258] 《通典》卷14,《选举二》。
[259] 参见宫崎市定:《九品官人法的研究——科举前史》,东洋史研究会,1965。
[260] 《人物志·九征第一》,(汉)刘邵撰,文渊阁四库全书,第848册,页762。

然,道理之家也。质性警彻,权略机捷,能理烦速,事理之家也。质性和平,能论礼教,辩其得失,义理之家也。质性机解,推情原意,能适其变,情理之家也。[261]

道理即天道之理,事理即政事之理,义理即礼乐教化之理,情理则涉及人事之情感、习惯或意志等方面。[262]对理进行分类的动力是品评人物,即从一理中转换出一系列德目,进而为划分品类提供依据。刘劭根据"理"的分类把人分为"四家",从而为"理"概念转变为一种有关客观世界的分类学提供了基础。在这个意义上,"理"的分类学并非起源于一种认识论或知识论的诉求,而是渊源于汉末魏晋时期有关品评人物的标准(即道德评价的标准)的讨论。[263]正是在这一重构道德谱系和制度关系的过程中,理概念开始把形而上学的道德论与新的社会分工及其知识论联系起来。[264]

郭象(卒于312年)的《庄子注》体现了魏晋玄学的某些新动向。荒

---

[261] 见《人物志·材理第四》,文渊阁四库全书,第848册,页767。牟宗三在《心体与性体》一书中引用了这段话,他认为此段论述将理分为四部,即道理、事理、义理、情理,"宋明儒所讲者当是兼涉'道理'与'义理'两者而一之之学。'道理'是儒家所讲的天道、天命之理。'义理'是自觉地作道德实践时所见的内在的当然之理,亦不只是如刘劭所说之'礼教宜适'之只为外部的。"牟宗三:《心体与性体》,页2。

[262] 牟宗三认为"情理"与"情理之家"大体可包括于"事理"与"事理之家"中。"'事理'是政治性的、历史性的,'情理'则比较偏于社会性的。明'情理'者不必能进而为'事理之家',然'事理之家'必通'情理'。"同上,页2。

[263] 汤一介说:"汉魏之际由于儒家思想统治地位的削弱,因而出现了儒、道、名、法合流的趋势。刘劭的思想正反映了这种发展的趋势,而成为过渡到魏晋玄学的一个环节。"见氏著:《郭象与魏晋玄学》(增订本),北京:北京大学出版社,2000,页19。

[264] 现代新儒学把"理"范畴用于知识分类,其根据即汉魏之际的道德谱系。唐君毅在《中国哲学原论》中区分出"文理之理"(先秦思想)、"名理之理"(魏晋玄学)、"空理之理"(隋唐佛学)、"性理之理"(宋明理学)、"事理之理"(清儒)、"物理之理"(现代思想)等"理"的类别。但唐氏分类按历史的轨迹划分,并不符合刘劭的分类意义。牟宗三的《心体与性体》提出了另一种分类表,把名理归入逻辑,把物理归入经验科学(自然的或社会的)、把玄理、空理、性理归入道德宗教学,把事理归入政治哲学与历史哲学。在理论形式上,牟宗三的观点近于现代知识的分类谱系,但在分类的方法上更像刘劭的分类法。理的分类学意味着,探究"自然"之理始终是和"合理地"建立某种道德/政治秩序相关的。这种秩序首先表现为一种对于宇宙和世界的分类(转下页)

木典俊将郭象著述中的"理"的特征概括为人文主义的转变,即"理"从先秦帝王政治的原理转变为新的一切以人为中心的文化的哲学原理,实现了向"实践哲学"的"一大转变"。[265]这一关于理的人文主义理解包括两个层面:在政治上,"理"的确立标志着古代帝王式圣人的绝对权威发生崩解,从而贵族、僧侣等也能代之而起,成为圣人;在天道论上,理的范畴解构了主宰性的、命定式的天观,将万物齐同的观念发展为每个人都可有志于悟理的"理的哲学"。[266]然而,"理"概念与自然概念的连接并不是郭象的独创,毋宁是对先秦"理"概念(尤其是庄子之"理"概念)的发挥。重要的问题在于,为什么这种作为自然的"理"概念在郭象这里具有了类似于"道"概念的地位?如果郭象的"理"摆脱了帝王政治之理,而成为"以人为中心的文化的哲学原理",那么,这个人又是谁?在这里,与其用"以人为中心的文化"这样的范畴来描述郭象之"理"观,毋宁揭示这一"理"观的政治性。

郭象的"理"概念产生于玄学内部的论辩之中,这些论辩——如曹魏正始年间(240—249)的王弼(226—249)、何晏"贵无"而永嘉前后(290年前后)的裴頠"崇有"——与魏晋时代的政治条件有着密切的关系。王弼认为"物无妄然,必由其理。统之有宗,会之有元,故繁而不乱,众而不惑";[267]进而提出"夫不能辨名,则不可与言理,不能定名,则不可与论实也"。[268]他断言理的成立依赖于名之成立,但最终名与理会归为一,统于

(接上页)学的理解,而在历史的关系中则是对于人的分类的理解,它不可避免地联系着政治、经济和道德关系中的分类标准或等级关系。《心体与性体》,页2—3。

[265] 这种哲学的转变隐含的是圣人观的转变:"在帝王的圣人那里,有至极的'理';在臣民以下的万物那里,也有至分的'理',在这点上两者是齐同的。'理'具有存在的根本之道的意义,所以任何人都可以通过体悟'理'、进行'逍遥游'而成为圣人。"荒牧典俊:《中国对佛教的接受——"理"的一大转变》第2节,《日本语·日本文化研究论集》第4集,大阪大学文学部,1988;转引自沟口雄三:《中国理气论的形成》,见《在亚洲思考(七)·世界像的形成》,页77—130。

[266] 沟口雄三指出:郭象哲学中"自然"概念与"理"概念的组合(如"自然之理","理之自然","天理自然"),为作为"存在的根据性的理"奠定了基础。同前。

[267] 王弼:《周易略例·明彖》,《王弼集校释》,楼宇烈校释,北京:中华书局,1980,页591。

[268] 王弼:《老子指略》,《王弼集校释》,楼宇烈校释,页199。

无体、无名、无不通、无不由的大"道",亦即万物之本体。王弼对"理"的解释建立在其本体论的"无"概念之上,但"无"本身并非没有实质性的内容。就在上引的前一段话的后面,他提供了以简驭繁、层次分明的"理"与品级制度及其宗主关系的历史说明,并将两者一并归纳在王权一统之下的礼仪法制体系之中。他说:"夫古今虽殊,军国异容,中之为用,故未可远也;品制万变,'宗主'存焉。""夫少者多之所'贵'也,寡者众之所'宗'也。"[269]

郭象与王弼的差异集中体现在有与无的关系方面。他一面承续裴頠关于"无"不能生"有"的观点与王弼相对抗,[270]另一面又在有无之间开辟了第三范畴,即"自生"的观念:"夫天地万物,变化日新,与时俱往,何物萌之哉?自然而然耳!"[271]所谓"自然而然"即强调万物皆本,否定万物存在最终的、唯一的起源。在这个意义上,"自生"既表示事物变化的形态,又说明这一变化的无本无根的特性。如果"自生"就是"自生",那么"无"既不能变"有","有"亦不能变"无",生生者即是生者。《齐物论》注:"无既无矣,则不能生有,有之未生,又不能为生,然则生生者谁哉?块然自生耳!"[272]由于事物自生,事物的所以然亦即"自然而然",从而不存在什么绝对的造物主。"明物物者无物,而'物自物'耳,'物自物'耳,故'冥'也。"[273]郭象在有无之间创造出了一种"生生"的"本体论"。

"理"内在于万物,是自然而然之所以然,从而郭象的"理"不像王弼、裴

---

[269] "总其会,理虽博,可以至约穷也,譬犹以君御民执一统众之道也。"《论语》皇疏引王弼,《王弼集校释》,页622。

[270] 裴頠《崇有论》把"理"视为事物的具体规律和内在必然性,但与王弼、何晏的"以无为本"针锋相对,这个"理"不仅有迹可寻,而且它所根据的本体乃是实有,所谓"化感错综,理迹之原也。""生而可寻,所谓理也,理之所体,所谓有也。"关于王弼、何晏等人的"理"概念,参考张立文主编的《理》一书的第三章《魏晋南北朝时期理的思想》,页69—96。

[271] 郭象:《齐物论》注,《庄子》郭象注,上海:上海古籍出版社影印浙江书局本,1989,页10。

[272] 同上,页10。

[273] 郭象:《知北游》注,《庄子》郭象注,页114。

颉论"道"那样非"有"即"无"。郭象用"冥"、"自然"、"必然"等范畴来表述"理"的特征,暗示"理"即自生的本体。《徐无鬼》注:"至理有极,但当'冥'之,则得其枢要也。"[274] 什么又是"冥"呢?《逍遥游》注:"'冥'乎不死不生者,'无极'者也。""夫唯'与物冥'而循大变者,为能无待而常通。"[275] "理"一方面有"至极",另一方面又"畅于无极",[276] 从而对于这一内在的、自然的"理"的追寻只能遵循任性自然、体与物冥的方式。"夫神全心具,则体'与物冥','与物冥'者,天下之所不能远。""既禀之自然,其理已足。""生理已自足于形貌之中,但任之则身存。"[277] 物之自然是内在的,从而"与物冥而无迹"。[278]

但是,"理"并非"无"。郭象思想中的一个极为重要的概念是"迹",它是理解理与礼仪典制的关系的一个关键性的中介。按照"迹"的观念,汉魏经师们奉若神明的"六经"无非是先王之陈迹,从而经典与天道并无直接关系。《天运》注:"'所以迹'者真性也,夫任物之真性者,其'迹'则六经也。况今之人事,则以自然为履,六经为迹。"[279] 按《应帝王》注的说法,"真性"即"所以迹",而"所以迹"即"无迹"。作为"所以迹"的呈现,六经、尧舜不能等同于"所以迹"本身。《外物》注:"诗礼者,先王之陈'迹'也。苟非其人,道不虚行,故夫儒者乃有用之为奸,则'迹'不足恃也。"[280]《则阳》注:"名法者,已过之'迹'耳,而非适足也。"[281] 郭象认为:与其循"迹"寻理,不如在无对、无待的"寂"中"与物冥而无迹";与其机械地复制先王典制,不如顺从自然之理以行事。[282] 郭象关于"迹"与

---

[274]　同上,页131—132。
[275]　同上,页4—5。
[276]　郭象:《齐物论》注,同前,页19。
[277]　郭象:《德充符》注,同前,页35。
[278]　郭象:《人间世》注,同前,页29。
[279]　同上,页82。
[280]　同上,页140。
[281]　同上,页133。
[282]　郭象说:"礼者,世之所以自行耳,非我将;刑者,治之体,非我为;知者,自时之动,非我唱;德者,自彼所循,非我作。"《大宗师》注,同前,页38。

第一章　天理与时势

"所以迹"的关系的讨论,明显地产生于庄子"无为而治"的自然思想。他把礼、刑、知、德看作是一个自然的过程,否定主观意志和人为力量的创生作用。"自然"的范畴把理与非自然的人为之礼(无非是"迹"而已)在逻辑上彻底地分离开来了。[283] 理与迹的区分为宋明理学的理气二元论提供了前提。

从政治的意义看,将理/迹相互分离的目的是通过消解六经和礼法的绝对性以反对"一己专制天下"。但反对一己专制天下不等于非礼无君,无为而治也不同于无治。《逍遥游》注:"夫能令天下治,不治天下者也。故尧舜以'不治'治之,非'治之'而治者也。"[284] 所谓不治而治即循自然之序,在魏晋时代,自然之序的要义在于君臣之"共治"。《齐物论》注:"君臣上下,手足外内,乃天理自然,岂真人之所为哉!"[285] 按此,"天理自然"超越绝对的控制关系,建构相对的分位关系。六经之礼不过是天理自然,如果我们循"理"而直往,自然就是合乎君臣上下、手足内外的秩序了,又有什么必要执着于圣人之言呢?《齐物论》注说:"夫物有自然,理有至极,循而直往,则'冥'然自合,非所言也。"[286] 在这个意义上,郭象虽然不同于裴頠、孙盛之以有攻无、以儒攻道,为帝王秩序提供合法性,但也绝不是蔑视礼法(竹林七贤)、力倡"无君"(鲍敬言)、主张"儒道离"的人物。他上承王弼、向秀、庾峻,代表了晋朝朝野两宜、君臣各守其分的主流思想,[287] 属于"儒道合"(名教与自然的结合)的一派。在郭象这里,提升"理"概念的位置并不是对道统为一的秩序进行彻底否定,毋宁是要求

---

[283] "迹"这一概念在消解经典的绝对权威性时,重视的是历史变化的观念。除了将这一概念与"自然"相结合之外,另外一个方向则是重视"权变"。北宋王安石在《禄隐》一文中区分迹与道云:"如时不同而固欲为之同,则是所同者迹也,所不同者道也。……世之士不知道之不可一迹也久矣。……如圣贤之道皆出于一,而无权时之变,则又何圣贤之足称乎?圣者,知权之大者也;贤者,知权之小者也。"见《临川先生文集》卷67,北京:中华书局,1959,页730—731。

[284] 郭象:《逍遥游》注,《庄子》郭象注,页6。

[285] 郭象:《齐物论》注,同前,页11。

[286] 同上,页17。

[287] 参见侯外庐:《中国思想通史》第三卷,页201,230。

在本体论与认识论合一的基础上把自然与礼序视为冥合的关系。

这种合本体论与认识论于一体的方式渊源于道学,实为理学之先声。[288] 我们可以将郭象的"理"概念归结为对"一种没有绝对支配权力的秩序"或"非单一支配性的秩序"的诉求、向往和论证。田余庆把门阀政治看成是士族与皇权的共治,所谓"皇帝垂拱,士族当权",这"是中国古代皇权政治在特定条件下的变态"。尽管"从宏观考察东晋南朝近三百年总的政治体制,主流是皇权政治而非门阀政治",但后者的势力在特定时期内也可能平行于皇权或超越于皇权。[289] 这一观点与日本学者所说的魏晋时代的国家的"大豪族的形态"的看法相互呼应。宇都宫清吉说:"相对于秦汉时代的政治性,统领六朝时代所有事物的是自律性。秦汉时代是由皇帝在一端,人民在另一端的政治原理统治的时代;六朝时代则不问个人或集团,都由本身的自律原理统制。"所谓个人的自律性并不属于一般人,而只属于豪族,人民、个人等概念在这里都需要历史地理解。在政治形态上,"豪族在社会经济的自立自存性得以强化,庶民为国家和豪族所分割,豪族阶级和社会的分化变得明显。""这时的国家可说采取了大豪族的形态,而豪族好像以庄园作为领土的小国家。"[290] 宫崎市定在分析魏晋时代的地方分权时使用了"分裂时代"这一概念。他所谓"分裂"不但指南北的分裂,而且也指国内的割据倾向。"这种割据的地方势力虽然有封建制度的基础,却没有采用封建制度的形式,个中理由,在于豪族懂得聪明和合理地运用他们势力的方法。这就是说,在当时最下层的乡,豪族的代表者形成了县政府,县的豪族形成了州政府,州的豪族形成了中央政府。地方长官虽然由中央政府推戴的军阀天子任命,但这个

---

[288] 既然圣人礼法不过是"迹",而通达"理"的道路又必须"与物冥而无迹",那么,理与迹这两个范畴就共同构成了对于圣人礼法的绝对权威的质疑——在郭象的时代,这一质疑无疑指向托周典之名所制作的礼仪和制度。对于郭象来说,不是圣人有为而制制礼乐,而是"信行容体,而顺乎自然之节文者,其'迹'则礼也"。《缮性》注,同前,页133。

[289] 田余庆:《东晋门阀政治》,北京:北京大学出版社,1991,页349,359,362。

[290] 宇都宫清吉:《东洋中世史的领域》,《日本学者研究中国史论著选译》(一),页130。

长官正是豪族的代表者,豪族彼此互相承认既得权利,努力保全自己的阶级利益。地方豪族这样做,纵然没有采用封建制度,却因为采用了封建的身份制度,仍然可以将财产传给子孙,又可以让他们的社会地位得以世代相传。从反面去看,豪族是地方的土豪,从正面去看却是官僚的贵族。"[291] 在上述意义上,与其说"理"概念反映了从帝王之理向人之理的转换,毋宁说反映了在皇权与门阀共治的条件下皇权与士族的权力平衡关系。

郭象所勾勒的"物各自造而无所待焉"的世界图景与宋儒的"理一分殊"概念也许没有直接的关系,但两者都包含着历史内涵极为不同的分权主义的共治倾向。理的概念拒绝承认外在于"理"的任何终极实在,蕴含了"治"或分治之治的意义。在这个极为隐秘的方面,我们看到了魏晋玄学与以佛法、佛性、玄悟妙理释理的佛教取向的差别,也看到了玄学与唐宋儒学在解释"理"概念时的更为深刻的一致性。理在物中的观念取消了汉代天观中的皇权和圣人的绝对支配地位,从而为一种在门阀士族与皇权之间建立平衡关系的政治秩序提供了根据。[292] 绝对的君权被消解了,但自立性形式的政治仍然是一种"共治"的形式。更重要的是:根据一种古老的秩序观,道德评价的中心是礼序关系,从而即使仅仅在名义上或形式上维持这一礼序也是必需的。这就是"理"概念地位上升的政治条件:它取消礼序关系的实质内容,但保持其形式内容。我们可以从中看到郡县与封建、中央集权与地方分权、官僚政治与贵族政治相互渗透的历史关系。因此,郭象的自然、生生的本体论和无为而治的政治观仍然保持着君臣上下的秩序观,这是因为门阀政治形式不是一种没有皇权的自治形式,而是以分权形式出现的皇权的妥协形式。

魏晋玄学确立了"理"的形而上学性质,为其后佛教哲学对这一概念

---

[291] 宫崎市定:《东洋的近世》,《日本学者研究中国史论著选译》(一),页158。
[292] 陈寅恪说:"司马氏之帝业,乃由当时之儒家大族拥戴而成,故西晋篡魏亦可谓之东汉儒家大族之复兴。"见《金明馆丛稿初编》,上海古籍出版社,1980,页129。关于郭象思想与门阀政治的关系,参见陈燕谷:《没有终极实在的本体论》,《学人》第9辑,页534,541。

的运用提供了理论资源。[293]魏晋以降,佛教渐盛,以佛性、法性、空无释理之风绵延不绝,支道林、竺道生、僧肇、谢灵运等人莫不如此,其中如支道林以"所以无"、"所以存"为"理",相当于向秀、郭象的"所以迹"、"所以存";僧肇以不有不无、非有非无、又非不有、非不无为理,在思辨水平上超越了郭象的非有非无说,但其论述的方向却一脉相承。[294]及至隋唐,天台、三论、华严、法相、律宗、禅宗各宗以真空、空无道理、佛性、真如、妙悟之心释理,那是非是双遣、双重否定的思辨方式把"理"的非本非始、亦非非本非始的特性在本体论层面极为复杂地表现出来。从后世理学或道学的发展来看,不仅宋学的本体论和宇宙论深受玄学和佛学的启发,而且它界定天理的方式也大受影响。例如,律宗的道宣以妙悟的心释理,禅宗的玄觉以不可思议的玄理释理,三论宗的吉藏以佛性或诸众生觉悟之性释理,都为宋明理学中的心性论提供了思想资源。

柳宗元承续道家自然无为思想,在政治上倡导"克成不战之功,遂治无为之理"。[295]但在唐代政治语境中,他"取圣人大中之法以为理",[296]让我们感到他的自然之说实为言治之语——这个"理"是"经权统一"的治国之道。[297]柳宗元拒绝豪族、藩镇的封建论,认为封建非圣人之意,不过是时势所成,其"言治"的重心脱离了郭象言理的方向,转向了恢复道统的大中至正的原则,后者可以视为对中央集权的合法化论证。在这个意义上,柳宗元对冥悟玄理的否定产生于他的"大中之理"与玄学之理在政治取向上的对立。直到宋代理学的形成时代,普遍而又内在的、拒绝任何终极实在的"理"概念才得以在新的社会/政治条件下重新焕发出巨大

---

[293] 张立文等学者得出的结论是:"王弼、郭象以'所以然'、'必然'释理,而佛教则把理作为甚深法性、佛性,把体理成圣与修禅成佛联系起来,从而体现了佛教哲学范畴的特色。继王弼以无为本之后,理开始作为虚幻的本体,出现在哲学范畴史上,这对于宋明理学以理为本体起了萌发作用。"张立文主编:《理》,北京:中国人民大学出版社,1991,页89—90。

[294] 同上,页95,91。

[295] 柳宗元:《为裴中丞贺破东平表》,《柳河东全集》,北京:中国书店,1991,页543。

[296] 柳宗元:《答元饶州论政理书》,《柳宗元集》,页833。

[297] 柳宗元:《断刑论下》,《柳宗元集》,页91。

的能量——以承认天理(理一)的至高地位为前提,强调理的内在性、分殊性和具体性为特征,宋明学者构筑了不同以往的思想形态。

3. 天理概念的建立

"理"概念的上述运用方式明显地为宋明儒学所继承和发展,格物、穷理、知行合一等范畴包含了早期"理"概念的某些因子。[298]但宋代天理概念的建立仍然是一个包含了全新的历史含义的事件。汉宋之际,佛道二教盛行,"理"与"礼"的分化或多或少地显示了释道二教对于儒学的影响。[299]禅宗讲究至理无言,言语道断,但也承认"至理""假文言以明其旨"。[300]如果理依言备,在名言的基础上对"理"进行分类就成为必不可少的工夫。但是,宋明儒者的"理"带有鲜明的入世倾向,如果仅仅在宇宙论、本体论或本性论的范畴中释"理",也就不能把握天理世界观得以成立的更为广阔的历史动力。正如我们需要从皇权/贵族的共治状态出发来理解郭象的"理"观,探讨宋代天理概念的成立的必由之路是建立这一概念与特定的政治条件的历史联系。但在此之前,我们需要对宋儒的理概念进行扼要的归纳。

天道论的叙述方式承续了汉代天论的一些因素,而"理"概念的建构构成了宋代儒学的一个重要转折和道德评价方式的突破。周、邵、张各家分别提出或运用过"理"这一概念,但"太极"(周敦颐、邵雍)、"太虚"(张载)等范畴在他们的思想体系中居于更为中心的地位。真正在理气二元论(而不是张载的气一元论或邵雍的心一元论)的框架中奠定"理"概念

---

[298] 牟宗三认为宋明儒学的"理"主要指"道理"和"义理"两方面,并强调"'义理'是自觉地作道德实践时所见的内在的当然之理,亦不只是如刘劭所说之'礼教宜适'之只为外部的"。见氏著《心体与性体》,页2。
[299] 支道林《大小品对比要钞序》:"智存于物,实无迹也;名生于彼,理无言也。""理冥则名废,忘觉则智全。"见《中国佛教思想资料选编》第一卷,北京:中华书局,1981,页60。
[300] 玄觉:《禅宗永嘉集》,见《中国佛教思想资料选编》,北京:中华书局,1983,页131。

的地位的,是程颢(1032—1086)、程颐(1033—1108)兄弟,他们断言万物最终归于一理,天、命、性、道只不过是理的不同称谓而已,从而将汉代思想中的那种根据人类社会的类比而设想出来的自然法则转化为"理性的法则"。[301] 汉宋思想的真正分野就是从这里展开的。现代新儒学研究对于二程兄弟的思想作出了严格的区分,除了《二程遗书》中有一部分未注明究竟是二人中哪一位的语录这一技术性的原因之外,问题的真正焦点也集中在如何解释"理"这一范畴。对于二程的仔细区分,尤其是对程颐的特殊推崇,反映了现代新儒学的一个基本预设,即道学家所共同认可的那些道德原则与天道论的自然主义倾向之间存在着难以逾越的鸿沟,北宋道学的宇宙论面临着休谟和康德在他们的道德理论和知识理论中所提出的所谓实然与应然的矛盾。上述预设的确切含义是:第一,如果道德和伦理旨在教化、更正和发展人的德性,它就不可能从实际存在的宇宙世界和人性状况的描述中推演出来;第二,任何按照知识的路径追寻道德法则的努力都将走向歧途。冯友兰的《中国哲学史》对此做了详细的梳理,而牟宗三的《心体与性体》和《从陆象山到刘蕺山》、劳思光的《新编中国哲学史》等著作则将这一观点推到了极致——虽然他们对于道学各有所取,但都试图在实然与应然的矛盾关系中解说道学的思想结构,并把朱子之理与象山之心及其衍生的问题视为摆脱道学宇宙论所带来的固有矛盾的不同方式。二程的重要性即在以"理"这一范畴沟通了天道论的自然主义与道德实践的理性根据,如果说程颢的思想仍然留有道学宇宙论的自然主义倾向,那么,程颐的理气二元论则构成了认知上的突破,为一种成熟的道德理性主义提供了框架。从政治的层面说,"理"这一概念化解了天或太极与君权的直接对应关系,将一种内在条理的观念以及物各有理或理一分殊的预设置于宇宙和世界的中心地位。

程颢在宇宙论的范畴中言"理",从而把"理"视为一种"自然的趋

---

[301] 葛瑞汉(A. C. Graham):《中国的两位哲学家:二程兄弟的新儒学》(*Two Chinese Philosophers:Cheng Ming-tao and Cheng Yi-chuan*, London: Open Court Publishing Company, 1992),郑州:大象出版社,2000,页45—46。

势"。"万物皆只是一个天理,己何与焉?至如言:'天讨有罪,五刑五用哉;天命有德,五服五章哉。'此都只是天理自然当如此,人几时与;与则便是私意。"[302]这段话与注明为明道所言的其他部分的文意是接近的。[303]所谓在宇宙论的框架中展开对"理"的论述,即以理气一元论为"理"这一范畴的前提;如果理为道德的根源,那么,道德实践的唯一取向就是顺从自然之趋势。[304]这一"不言理离物而独存"的取向在坚持宇宙一元论方面与周、邵、张各家非常接近,从而也难以克服他们的宇宙论框架带来的困难。这个困难可以归纳如下:如果万物的运行受到天道的指导,或者就是天道运行的表现,那么,又如何解释万物中那些逆"道"而行的事情呢?如何说明"恶"的可能以及道德生活及其价值判断呢?由于"天道"概念具有强烈的宇宙论特色,因而对"天道"的描述有可能被理解为对事实世界的描述。为宋儒推崇的宗密(780—841)的《原人论》就曾诘问说,如果万物生于"大道",为什么生出了虎狼和桀纣,为什么让颜回这样的圣人早死,为什么婴儿有爱恶之情?正是在这个意义上,天道论的叙事方式很可能包含着事实描述与价值描述的矛盾(亦即实然与应然的矛盾)。[305]换言之,如果天道是万物的起源并存在于万物的运行之中,那么,它就不可能提供确定的价值判断或"善"的依据;如果天道是价值和"善"的起源,那么,它就不可能是一种宇宙实有。从这个角度看,程颢虽然率先将自家体贴出的"理"概念提升到空前的高度,但这一范畴本身并没有克服

---

[302] 《河南程氏遗书》卷二上,《二程集》第一册,页30。

[303] 例如:"天地万物之理,无独必有对,皆自然而然,非有安排也。每中夜以思,不知手之舞之、足之蹈之也。"《河南程氏遗书》卷十一,《二程集》第一册,北京:中华书局,1981,下同,页121。

[304] 《二程遗书》中有一段没有标明是程颢或程颐所言的话被朱子判定为程颢所言,其言曰:"'生之谓性',性即气,气即性,生之谓也。"此可为证。《河南程氏遗书》卷一,《二程集》第一册,页10。

[305] 劳思光把这一矛盾归结为三个方面:(1)实际世界中"生"与"生之破坏"常相依而立,从而宇宙运行之"生生不息"也是不断的"生之破坏";(2)如果"生生不息"被视为道德的原理,而"生生不息"又与"生之破坏"相并而行,则宇宙运行就是善恶不离;(3)如果以这一包含悖论的宇宙运行为基础建立道德实践的标准,则善恶就成为一个相对的概念。见氏著《新编中国哲学史》(三上),页54—55。

上述天道观的矛盾。

程颐对"理"的论述颇为不同,从而被现代儒学研究者推崇为"两千年来最伟大的儒学思想家"。[306]首先,程颐试图把理这一范畴与"气"或具体的事物明确地区分开来,即以气为质、以理为式、以具体事物为形而下、以理为形而上。程颐有关理的论述很多,不能详引,下述各条可以说是代表性的看法:

"寂然不动,感而遂通"者,天理具备,元无欠少。不为尧存,不为桀亡,父子君臣,常理不易,何曾动来。因不动,故言寂然。虽不动,感便通,感非自外也。[307]

物物皆有理,如火之所以热,水之所以寒……[308]

物我一理,才明彼即晓此,合内外之道也。语其大,至天地之高厚;语其小,至一物之所以然,学者皆当理会。[309]

在这一理气二元论中,"理"类似于象数之学中的那种抽离于具体事物的象数,它既统摄宇宙之存在,又能说明万物之应该;但不同于汉代思想中的那种"象天"模式的是:理和具体事物的关系不是象数对位式的。理是永恒的,不因人之知与不知而存在或增减,不因宇宙万物中有无相应的实例而兴废,不因事物和形势的变化而存亡。理所以能够将天、道、命、性等儒学范畴统合为一,原因在于它能够将下述看似矛盾的关系综合在这一范畴之中:一方面,天下只有一理,推之四海而皆准,另一方面,万物皆有理,一物之理即一物之所应该;一方面,万物之理都在我心中,"反身而诚"即能把握天理,另一方面,物各有理,不因人的主观喜好而变动,从而人必须通过具体的认知和实践才能把握事物之理。[310]

---

[306] 葛瑞汉:《中国的两位哲学家:二程兄弟的新儒学》,页32。
[307] 《河南程氏遗书》卷二上,《二程集》第一册,页43。
[308] 《二程遗书》卷十九,《二程集》,页247。
[309] 《二程遗书》卷十八,《二程集》,页193。
[310] 冯友兰:《中国哲学史》下册,页875—876。

其次，由于明确地在理与气之间作出区分，从而从万事万物（即气的范畴）"推"出所以然或应然之理，也就成为儒学必须面对的问题。但这个"推"的过程与汉代象数之学的推类关系有所不同，它十分关注事物的具体性和认知的主体性：

> 格物穷理，非是要尽穷天下之物，但于一事上穷尽，其它可以类推。至如言孝，其所以为孝者如何，穷理如一事上穷不得，且别穷一事，或先其易者，或先其难者，各随人深浅，如千蹊万径，皆可适国，但得一道入得便可。所以能穷者，只为万物皆是一理，至如一物一事，虽小，皆有是理。[311]

理是宇宙之自然，顺从天理亦即顺从自然；自然之理是万物之所以然，从而顺从自然并不等同于随顺万物，而是追究万物之理。由于万物之理皆备于我，从而穷理与一种诚敬的修养工夫密切相关；又由于一物皆有一物之理，从而穷理又无法离开格物的认知程序。上述两个不同的方面共同地将自然法则转化成为理之法则，对于此后儒学的发展和演变有着极为深刻的影响。程颐的理将普遍性（万理归于一理）与多样性（分殊之理，物物皆有理）、内在性（所以然之故，所当然之则，据物以推理）与实在性（天下无实于理者）综合为一，构筑了一个不同以往的"事物之秩序"。

关于朱熹（1130—1200）和陆象山（1139—1193）的不同取向，我在后面的章节中会做较为详细的分析，这里只能扼要地概括其特点，以便展开对于天理世界观的历史含义的讨论。朱子被称为道学的综合大师，他以周濂溪之《太极图说》为骨干，融合邵雍所讲之数、横渠所说之气，及程氏弟兄所说形上形下及理气之分，通过对理/气、太极/无极、性/情、格物/穷理等范畴的解释，创造了一个以天理为中心的形而上学体系。象山之学的要义在"先立其大"，强调道即吾心，但这个心亦即理。"万象森然于方

---

[311] 《二程遗书》卷十五，《二程集》，页157。

寸之间,满心而发,充塞宇宙,无非是理。"[312]朱陆有所谓"性即理"与"心即理"、"格物"与"格此物"的路径差别,但他们的宇宙论和道德论均以理及其秩序观为中心。朱子之"性即理"与象山之"心即理"都在理学的范畴之内,他们之间的区别是以确认"理"这一基本的宇宙秩序为前提的。朱子的"性即理"的命题上承程颐的论述,建立在理气二元论的前提之上,现实事物——包括心——构筑了一个不断变化的、偶然的世界,而"理"却是一个内在于这个世界的、多样而统一的和永恒存在的秩序。象山的看法与邵雍、特别是程颢关系更为密切,他将"宇宙"与"吾心"同一起来,声称"此理塞宇宙,所谓道外无事,事外无道。舍此而别有商量,别有趋向,别有规模,别有形迹,别有行业,别有事功,则与道不相干,则是异端,则是利欲。谓之陷溺,谓之旧窠。说即是邪说,见即是邪见。"[313]因此,象山之"心即理"的命题建立在心物一元论的前提之上。

　　天理概念的确立标志着伦理道德必须以一种先验的理为根据和标准,这一点无论对于朱子还是象山都是适用的:不是具体的制度、礼仪和伦理,而是抽象而遍在的"理",构成了道德的源泉和最高的标准。所有的现实存在都必须经受"理"的检验。正是理概念的确立,使得宋代道学突破了唐代后期儒学所确立的道统论模式。我们不妨对照韩愈和柳宗元的"道"论对开头的论述加以补充。韩愈论道直接体现为"其文诗书易春秋,其法礼乐刑政,其民士农工商,其位君臣、父子、师友、宾主、昆弟、夫妇,其服麻丝,其居宫室,其食粟米、果蔬、鱼肉"。[314]他从《孝经》的"有至德要道"出发,将道落实为由道统谱系所确认的儒家伦理秩序。柳宗元从《易传》的"一阴一阳谓之道"的宇宙论出发构筑了以"道"为核心范畴的逻辑结构,从理论形式方面的贡献看,柳宗元的道论对两宋道学的影响不在韩愈之下。[315]柳宗元说:

---

[312]　陆象山:《象山全集》(四部丛刊本),卷三十四,页38。
[313]　陆象山:《象山全集》卷十五,页55。
[314]　韩愈:《原道》,《韩昌黎集》卷十一。
[315]　张立文:《走向心学之路》,北京:中华书局,1992,页5。

> 故自天子至于庶人,咸守其经分,而无有失道者,和之至也。
>
> 物者,道之准也。守其物,由其准,而后其道存焉。苟舍之,是失道也。凡圣人之所以为经纪,为名物,无非道者。命之曰官,官是以行吾道云尔。是故立之君臣、官府、衣裳、舆马、章绶之数,会朝、表著、周旋、行列之等,是道之所存也。则又示之典命、书制、符玺、奏复之文,……是道之所由也。则又劝之以爵禄、庆赏之美,惩之以黜远、鞭扑、……是道之所行也。[316]

所谓以"物"为"道之准"表示"道"的存在取决于"守物"、"由准"和"咸守其经分","物"构成了直接的判准。在这里,尽管"道"已经被展开在一个宇宙论的架构之中,但纲常、礼仪和制度等物质性存在仍然构成了"道"的前提或衡量"道"的标准。

理学重视道德实践的具体情境和礼仪,但在它的逻辑结构中,"理"是一个内在性的、超越性的和永恒性的存在,不以任何物质性的事物作为标准或前提。在这个意义上,不是具体事物、典章制度和伦理实践提供了判断"理"的标准或赋予了"理"以道德的意义,而是"理"构成了事物、典章、制度、礼乐和伦理实践的标准和根据,并赋予这些物质存在以意义。六经的价值在于它们体现了"天理"。对于朱子而言,"理"是人和物得于天者,它构成了万事万物所以然之根据。[317]各种事物皆有其理,但事物——礼仪、制度、国家和道德实践的形式等等——在时空中的存在与否并不能决定"理"的状态。所谓理气二元的根本意义即在于此。正由于此,"工夫"范畴在朱子理论体系中占据着特别重要的地位,因为"工夫"是沟通实然与应然的唯一途径。"古之圣贤,从本根上便有惟精惟一功夫,所以能执其中,彻头彻尾,无不尽善。后来所谓英雄,则未尝有此工夫,……不能尽善……所谓三

---

[316] 柳宗元:《守道论》,《柳宗元集》卷三,北京:中华书局,1979,页82。
[317] 朱熹云:"太极,形而上之道也;阴阳,形而下之器也。是以自其著者而观之,则动静不同时,阴阳不同位,而太极无不在焉。自其微者而观之,则冲穆无朕,而动静阴阳之理,已悉具于其中矣。"《〈太极图说〉注》,《濂溪集》卷一,页7。

代做得尽,汉唐做得不尽者,正谓此也。"[318]在这里,构成衡量标准的不是三代礼乐或汉唐制度,而是"尽"与"不尽",即符合或体现"理"的程度。

象山将宇宙与吾心合二而一,试图通过心一元论消解了理气二元论所创造的理与物质性世界之间的内在紧张,但他的"心"并不是一种物质性的心,而是充塞宇宙间的理本身。象山派学者杨慈湖(1140—1226)云:"天地,我之天地;变化,我之变化;非他物也。……礼仪三百,威仪三千,非吾心外物也。故曰:'性之德也,合内外之道也,故时措之宜也。'言乎其自宜也,非求乎宜者也。"[319]理充塞于宇宙,宇宙即吾心,心就是理,从而心一元论以一种内在性的方式将"理"归结为"心"。朱子、象山均重视以三纲五常为基本内容的礼仪和制度,但在他们的语境中,三纲五常并不等同于一种物质性的礼仪和制度,而是一种内在的自然秩序。在这个意义上,构成道德判断的基本尺度的仍然是"理"——礼乐、制度或伦理实践的价值和意义取决于它们是否体现或符合永恒而又内在的"理"。

道学宇宙论所体现的道德评价方式既是对先秦礼乐论和汉唐经学所倡导的道德评价方式的一种扬弃(后者的传注形式预设了一种物质性的、命令式的和神学目的论的原初秩序,并把遵循这一秩序作为道德合理性和政治合法性的前提),也是对唐代晚期儒学的一种改造。如果人的道德立场必须从宇宙秩序或本质秩序中引申,那么,如何理解或接近这个秩序就成为一个道德理论的中心问题。那些只是在事物的表面领会宇宙的秩序和意义的人、那些将宇宙理解为与我们的本性(或内在的秩序)没有关系的冷酷事实或抽象命令的人,不能被看作是理解了宇宙秩序的人,因为宇宙秩序或天的过程本身是一个能够而且应该在我们的内在方面获得印证或确认的秩序和过程。正是基于上述判断,以什么方式(认识的、体验的、实践的等等)、从宇宙万物中接收何种信息,也就成为道德理论必须关注的问题。沿着这一逻辑,北宋道学对人、万物和道德的起源的追问必然与一种知识的或认识的理论联系在一起。与天理的合一的道德焦

---

[318] 朱熹:《晦庵先生朱文公文集·答陈同甫》,卷三十六,《朱子全书》第21册,页1590。
[319] 杨简:《慈湖遗书》(大酉山房刊本)卷七,页1—10。

虑最终被转化为如何理解、认识、把握和抵达天理的认知实践。是"性即理"还是"心即理"？是"格物"还是"格心"？是投身现世的实践，还是回归寂静的本心？……道学内部在宇宙论、本体论、心性论和方法论上的分歧、分类和分化几乎全部与此有关。

第五节　天理与郡县制国家

1. 三代想像与礼乐/制度的分化

在天理世界观确立自身的过程中，我们可以看到几个明显的取向：第一，天理世界观是在恢复古代儒学、尤其是孔孟之道的名义下展开的，但宋儒并不准备全盘恢复礼乐论的道德评价方式，也不准备将三代之治的理想直接运用于当代实践；第二，天理世界观在天人关系之中发展道德评价体系，但拒绝将天人关系放置在天人感应的框架内，也拒绝将制度与天之间的关系视为一种神秘的象数对应体系，从而拒绝在自然主义的和主宰性的天观的支配下将现实制度和行为规范理解为符合天意的制度和规范；第三，天理世界观发展为学、修身的程序，在天道与"士"的道德实践之间建立起了直接的桥梁，从而将道德实践再次放置在与"制度"的紧张关系之中。

从上述三重取向，我们可以得出如下的判断：一，天理世界观既以恢复先秦礼乐制度为目标，又拒绝将现实的礼乐和制度作为道德评价的客观基础，这一姿态只能建立于如下判断之上：汉唐以降的制度已经是一种与礼乐相互分离的制度，不能提供道德评价的客观基础，从而必须在制度论之外构想道德评价的前提；二，天理世界观是建立在一种承认变化的历史观之上的，它的复归三代、重构礼乐与制度的统一关系的姿态最终落实在认知、体悟和实践天理的过程之中。因此，它在道德评价上对汉唐天命观和制度论的拒绝并不是对先秦礼乐论的恢复，而是重构天人关系，形成适应时代变化的道德评价体系。三，天理世界观将礼乐与制度的合一作为道德理想，但这一道德理想最终必须落实在"士"的道德实践之中。在上述诸多特点之中，有关礼乐与制度发生了分化的历史意识构成了一个中心问题——如果没有这一分化的意识和视野，就不存在复归先秦儒学和典制的问题，也不存在以天理的范畴重构天人关系的必要性。

礼乐与制度的分化是从儒学的一种特殊视野出发展开的历史描述。因此，一个无法回避的问题是：这一历史视野究竟产生于谁的历史意识？孔子述而不作的方式将圣王典制描述为一种礼乐与制度完全合一（或治道合一）的状态，但这一叙述方式本身，以及他对"君子"的期待，都暗示了礼乐与制度的关系（尤其是礼乐的形式化、空洞化和解体）构成了那些以"士"自任的儒者观察所处时代的内在视野。如前所述，"士不可不弘毅"的道德承担恰恰产生于"礼崩乐坏"的时代，因为正是在封建等级关系溃散的时代，那些从平民阶层中挺身而出的人才能够以天下自任。"礼崩乐坏"既是这一新型的"士"得以产生的条件，又是这些"士"用以描述所谓礼乐与制度分化的道德视野。用礼乐或道德对抗制度的演进是先秦儒学的历史遗产之一，例如，井田制度兵农合一，田赋的目的是为诸侯供给军队，但在战国时代这一制度逐渐演化为一种军械和粮食的分担额（税），[320] 从而鲁国的礼仪学派就曾将法律和税收的发展视为对传统礼仪的侵犯。战国时代各国以君权建设为中心，推动法律和制度的变革，目的是促进生产力和提高军事能力。儒家与法家的分化正是这一过程在思想上的反映。上述潮流最终转化为秦汉时代的郡县制度的形成和皇权中心主义及其相关的法律制度、军事制度和经济制度的确立。在这个新的体制内，即使皇权保留了宗法内容，即使汉代先后分封了异姓和同姓诸侯，封建性的礼乐、制度和文化也早已沦为中央集权政治的附属形式。在这一条件下，礼乐和制度的分化的实质也就是中央集权的郡县体制取代

---

[320] 谢和耐将这些制度的发展解释为军事因素在一个属于宗教和祭祀范畴的社会发生作用和加强诸侯独立性的结果。见氏著《中国社会史》，耿昇译，南京：江苏人民出版社，1995，页55。

周代封建制度的过程。秦汉时代归纳在五礼之中的礼仪大多是为适应皇权体制的至高无上而损益殷周礼仪才发展起来的,它们与所谓三代礼乐已经有了根本的差异。无论是皇权及其礼仪体系,还是郡县制国家的官僚系统和司法、监察制度,无论是王朝的军事制度,还是经济制度和人事制度,都区别于周代封建体制及其原则。从儒学的视野来看,封建向郡县的转化或过渡正好可以被归纳在礼乐与制度的分化这一命题之下。

在礼乐与制度之间作出清晰的区分,并力图在制度之外构筑道德视野,这一努力本身可以视为道学家们与王安石等儒学官僚进行斗争的策略之一。王安石、李觏,以及南宋的程亮都高度重视政府功能,并将解决制度性问题作为思考的重心。借助于这一区分,以及道学观念的确立,他们力图在制度之上形成一种超越性的道德制高点。但这里需要提醒的是:作为一种历史视野,礼乐与制度的分化构成了北宋时代宋儒观察历史的一个普遍性的视野。《新唐书》本纪、志和表为同样重视政府和制度功能的欧阳修(1007—1072)所撰,其《礼乐志》云:

> 由三代而上,治出于一,而礼乐达于天下;由三代而下,治出于二,而礼乐为虚名。
>
> 古者,……凡民之事,莫不一出于礼。由之以教其民为孝慈、友悌、忠信、仁义者,常不出于居处、动作、衣服、饮食之间。盖其朝夕从事者,无非乎此也。此所谓治出于一,而礼乐达天下,使天下安习而行之,不知所以迁善远罪而成俗也。
>
> 及三代已亡,遭秦变古,后之有天下者,自天子百官名号位序、国家制度、官车服器一切用秦,其间虽有欲治之主,思所改作,不能超然远复三代之上,而牵其时俗,稍即以损益,大抵安于苟简而已。其朝夕从事,则以簿书、狱讼、兵食之急,曰:"此为政也,所以治民。"至于三代礼乐,具其名物而藏于有司,时出而用之郊庙、朝廷,曰:"此为礼也,所以教民。"此所谓治出于二,而礼乐为虚名。……[321]

---

[321]《新唐书》卷十一《礼乐志》,北京:中华书局,1975,页307—308。

欧阳修的描述显示：在北宋时代，以礼乐与制度的分离来描述古代历史、权衡三代与秦、汉、隋、唐等后代王朝、说明当世现实的道德/政治状况，已经成为影响深远的历史的、道德的和政治的视野。"礼乐为虚名"说明礼乐仍然存在，但已经形式化了，不但与实质性的政治、经济和军事制度完全分离，而且也无从化民成俗。

司马光（1019—1086）的《资治通鉴》提供了另一例证。该书卷一《周纪一》崇礼尊王，从礼序崩坏的角度论诸侯乱政，其言曰：

> 臣闻天子之职莫大于礼，礼莫大于分，分莫大于名。何谓礼？纪纲是也。何谓分？君、臣是也。公、侯、卿、大夫是也。……故曰天子之职莫大于礼也。[322]

正是站在以礼"辨贵贱、序亲疏、裁群物、制庶事"的立场上，司马光将周代的历史变化放置在"礼"/"智力"、"德"/"才"、"圣人"/"愚人"、"君子"/"小人"等两分法中加以叙述。在论述三家分晋时，温公曰：

> 周室微弱，三晋强盛，虽欲勿许，其可得乎！……今请于天子而天子许之，是受天子之命而为诸侯也，谁得而讨之！故三晋之列于诸侯，非三晋之坏礼，乃天子自坏之也。呜呼！君臣之礼既坏矣，则天下以智力相雄长，遂使圣贤之后为诸侯者，社稷无不泯绝，生民之类糜灭几尽，岂不哀哉！[323]

在稍后的段落中，他又说：

> 臣光曰：智伯之亡也，才胜德也。夫才与德异，而世俗莫之能辨，

---

[322]（宋）司马光编著、（元）胡三省音注：《资治通鉴》第1册，卷一，周纪一，北京：中华书局，1987，页2—3。

[323] 同上，页6。

通谓之贤,此其所以失人也。……是故才德全尽谓之"圣人",才德兼亡谓之"愚人";德胜才谓之"君子",才胜德谓之"小人"。[324]

上述二分法是从孔子关于"礼崩乐坏"的叙述中发展而来,并没有明确地使用礼乐/制度的二分法。但是,《资治通鉴》叙述战国时代到五代的历史,战国之变乱正是秦制的历史根源。礼以"德"和"君子"为中心,而孕育了后来的制度的社会力量却以"智力"和"小人"为中心,两者的差别产生于三代礼乐与后代制度的道德/政治评价尺度的差别。因此,司马氏的历史评价方式与北宋道学的道德评价方式是有着内在的相似性的。

以三代以上和以下对礼乐与制度的关系作出区分显示了宋儒追慕圣王典制和区分封建/郡县的态度,但具体到对唐代制度的判断,这一区分还包含了更为具体的历史内涵。钱穆在评论陈寅恪《隋唐制度渊源略论稿》时把封禅、郊祀、舆服、仪注等等与职官、田赋、兵制等区别开来,其依据之一即欧阳修有关三代上下礼乐的演变。他说:陈氏"详举唐代开国,其礼乐舆服仪注,大体承袭南朝。然礼乐、制度,秦汉以下,早有分别。史书中如职官、田赋、兵制等属'制度',封禅、郊祀、舆服等属'礼乐'。宋欧阳修新唐书礼乐志,辨此甚明。隋唐制度,自是沿袭北朝。陈君混而不分,仅述南朝礼乐,忽于北方制度,此亦不可不辨"。[325] 在这里,钱穆把职

---

[324] 同上,页14—15。
[325] 钱穆:《略论魏晋南北朝学术文化与当时门第之关系》,《中国学术思想史论丛》(三),台北:东大图书公司,1977,页141。我在此还可以补充一点有关南北土地制度的材料,作为钱氏观点的旁证。宫崎市定在《晋武帝的户调式》(《东亚经济研究》十九)中认为"魏屯田继承了(晋的课田法),成为日后隋唐土地法的模范。正是这个魏晋土地法,成为中世和古代区别的一件划时代的重大事件",并把魏的屯田看作是土地国有制度的滥觞。前田直典在《古代东亚的终结》一文中把土地国有制看作是北方民族的影响。他说:"由南北朝时代南朝的占田、公田、课田等与汉朝风习相近一事来看,可以认为,土地制度由汉经魏晋,再传南朝,有其一贯的连续性。而北朝的均田法虽然亦是以以往的公田、屯田、课田为基础,实在是一种飞跃的进步,有征服民族的北方民族的影响,自然不同。北方民族中,现在仍施行强力的土地公有制,古代更加如是。在北方民族成为统治者后,始颁布均田制,明确表示出以土地国有制为主制。"见《日本学者研究中国史论著选译》(一),页142。

官、田赋和兵制统统归入制度,而与礼乐无涉,明确地把这些"制度"从礼乐关系中分离出来,这个看法与上文对周代宗法分封制下礼乐与制度合一的描述并不一致,而是与汉末以降南北关系的演变密切相关的。

对陈寅恪而言,北方制度与南方制度既有明确的区别,又可能"混而不分"。以府兵为例,其"前期为鲜卑兵制,为大体兵农分离制,为部酋分属制,为特殊贵族制;其后期为华夏兵制,为大体兵农合一制,为君主直辖制,为比较平民制。其前后两期分划之界限,则在隋代。"[326]唐代藩镇(如薛嵩、田承嗣之徒)"虽是汉人,实同藩将,其军队不论是何种族,实亦同胡人部落也"。正由于此,他批评欧阳修对于五代的议论"仅限于天性、人伦、情谊、礼法之范围,而未知五代义儿之制,如后唐义儿军之类,实出于胡人部落之俗。盖与唐代之藩将同一渊源者。若专就道德观点立言,而不涉及史事,似犹不免未达一间也",[327]明确地将唐代府兵制度归之于北方传统。[328]再以礼律为例,北方制度与南方礼乐又有相互渗透的部分:"古代礼律关系密切,而司马氏以东汉末年之儒学大族创建晋室、统制中国,其所制定之刑律尤为儒家化。既为南朝历代所因袭,北魏改律,复采用之,辗转嬗蜕,经由(北)齐、隋以至于唐,实为华夏刑律不祧之

---

[326] 陈寅恪:《隋唐制度渊源略论稿》,《陈寅恪史学论文选集》,上海:上海古籍出版社,1992,页534。
[327] 陈寅恪:《论唐代之藩将与府兵》,同前,页383。
[328] 康有为曾有《府兵说》一文(1891年前),所述与陈氏的讨论着眼点不同。他认为府兵恰恰得到了三代的好处,而府兵制废后,三代之兵的精义才开始丧失。但除了在兵制问题上的看法不同之外,他们的论述也有近似的部分,即寓含了将后代兵制与三代兵制作对比的意趣。康有为说:"余读史至唐玄宗去府兵之法,变为彍骑,不禁掩卷而三叹也。曰:古时设兵所以卫国,后世设兵适以病国,则民兵与募兵之为效异也。宋臣苏轼有言曰:'三代之兵,不待择而精。'故何也? 出兵于农,有常数,而无常人,国家有事要人,一家备一正卒。是故老者得以养,疾病者得以为闲民,而役于官者莫非其壮子弟。……唐初,府兵之制,无事将居于朝,兵居于府;有事则下符契文,州刺史与折冲勘契,乃发。国家无养兵之费,将帅不握兵之重,最为近古。开元中,其法寖坏,宰相张说请一切募士宿卫,于是尽废民兵而用募兵,而古者寓兵于农之良法荡然矣。"见《康有为全集》(一),页527—528。

正统。"[329] 孝文帝改制明确地以《周礼》为参考，并以制度改革的形式推进北方民族与南方文化的融合。

欧阳修所表述的制度与礼乐的区别是宋代正统主义的表达。礼乐与制度的合一是儒家的道德理想，但在南北关系的范畴中讨论这一问题表明有关"礼乐与制度的分离"涉及更为具体的历史关系，其中尤其重要的是东汉末期以降形成的南北分裂。"南北的中国史"格局是历史的产物，这是随着长江流域在中国政治生活中的地位的上升才出现的。傅斯年说："到孙吴时，长江流域才有独立的大政治组织。在三代时及三代以前，政治的演进，由部落到帝国，是以河、济、淮流域为地盘的。在这片大地中，地理的形势只有东西之分，并无南北之限。"[330] 公元四世纪，塞外民族匈奴、羯、鲜卑、氐、羌进入北方地区，形成了所谓"五胡乱华"的局面。永嘉之乱之后的三百年间，进入北方的塞外种族占据了居民的一半，族群矛盾极为尖锐。在南北冲突的背景下，礼乐作为一种政治合法性的标志变得极为重要。孝文帝改革的主体部分即礼制改革，其核心是"稽参古式，宪章旧典"、"齐美于殷周"，亦即以《周礼》为根据的周典化体制改革。孝文帝改革以降形成的北朝礼制大致可以区分为祭祀宗庙、葬仪丧服、婚姻定姓氏、三老五更及乡饮等。[331] 太和九年（485年）实行的均田制改革也是同一潮流的产物。在南方，东晋、宋、齐、梁、陈的三百年间，始终奉戴汉族天子，原先居住北方的大族、显贵、甲姓随之迁往南方，造成了皇权衰落、门阀当政的局面，后者在制度、礼乐、学术、文化等方面呈现了自己的力量。上述局面显示出强烈的封建色彩，构成了与注重君主集权的北方制度的重要差别。这一时代的南方礼乐文化是在战争、迁徙和族群冲突的历史过程中产生和传播的，所谓南北冲突不可避免地含有族

---

[329] 陈寅恪：《隋唐制度渊源略论稿》，上海：上海古籍出版社，1982，页100。
[330] 傅斯年：《夷夏东西说》，见《傅斯年全集》，页823。傅先生的这个看法随着三代考古的发展，也许也可以补充、修正的地方。但是，所谓"南北的中国史"产生于东汉末期的社会转变是完全成立的。
[331] 李书吉：《北朝礼制法系研究》，北京：人民出版社，2002，页2。

群冲突的内涵,并促成争夺文化正统性的斗争尖锐化。[332] 儒学的正统主义的视野表现为以南北为视野看待礼乐和制度,并将北方文化归入"制度"的范畴,即不承认北方制度具有礼乐的道德实质。在宋儒的视野内,上述经济、政治制度的变迁不能简单地看作是制度演变的历史,而且还需要看成是礼乐与制度发生分化的历史,即制度从礼制关系中分离出来、不再作为道德合法性的基础的历史。

宋儒以这一方式对汉唐制度与道德的关系作出评价显然有着更为现实的动力,因为宋初制度也是汉唐制度的延伸。在他们看来,唐代以降逐渐实行并在宋代获得扩展的两税法、科举制和皇权一统及其官僚政治取代了三代之礼制的最为重要的内容,即封建、井田和学校。如果说唐虞三代体现了一种德治原则,那么汉唐之制却是一种与道德无涉的制度实施;如果说礼乐包含着品位观念所提供的道德含义,那么制度却具有相对独立的含义,它无法提供道德的普遍基础。换言之,礼乐与制度的分化与其说是一种客观的历史陈述,毋宁说是宋代儒者对于秦汉以来各种社会和伦理变化的总结,他们从礼乐与制度的分化这一视野来判断所处时代的制度和道德状况,并将各种政治、经济和社会问题的讨论纳入一种伦理叙述之中。叶适(1156—1223)是道学的批判者,但同样以三代礼乐与汉唐之法的对比建立评断历史的框架,足见"礼乐与制度的分离"构成了宋代儒学的普遍命题:汉唐"以势力威令为君道,以刑政末作为治体,汉之文宣,唐之太宗,虽号贤君,其实去桀纣尚无几"。与这种汉唐之制形成对照的,是唐虞三代的德治:"唐虞三代,内外无不合,故心不劳而道自存。今之为道者,务出内以治外,故常不合。"[333] 因此,礼乐与制度的分化这一历史观本身蕴含了两种不同的解释方向:应该在现实制度及其政策(包括改革性的制度和政策)之外寻找道德判断的根据,还是通过制度本

---

[332] 晋室南渡与宋室南迁相隔八百年,但情形也有若干相似之处,南方的儒学和文化从此获得了长足的发展,以至桑原骘藏觉得有必要从南北关系的角度重新叙述中国的历史。桑原骘藏:《历史上所见的南北中国》,《日本学者研究中国史论著选译》(一),页19—68。

[333] 转引自钱穆:《象山龙川水心》,《中国学术思想史论丛》(五),页269—270。

身的完善化构筑道德的视野？在两宋时代的政治争论中，道学家们选择前一个方向——这一选择涉及宋学不同派别争论中的各种问题，例如从北宋绵延至南宋的有关王霸问题的争论：司马光、李觏从尊崇皇权出发对霸持肯定态度，而邵雍、程颢则从各自的角度强调无为自然的政治理想和以道德意愿为根据的王道。[334]

"礼乐与制度的分化"这一历史/道德视野密切地联系着唐宋之间的社会结构的转变，而作为这一历史/道德视野的主体的"士"也是这一转变本身的产物。构成唐宋转变的标志的是：一，贵族政治的式微和君主独裁的出现；二，世家大族组织的消亡和以祠堂、家谱和族田为特征的新型家族制度的出现；三，贵族选举制度的衰败与官僚士大夫体制的空前扩展；四，多民族和多权力中心的帝国体制的瓦解与成熟的郡县体制的形成，以及由于"五代十国"的历史和持续的民族冲突而产生的浓烈的族群意识。在"礼乐与制度的分化"的儒学视野内，这四个标志也可以归结为封建与郡县的持久斗争的一部分。从阶级结构的角度看，上述转变孕育于唐代后期，尤其是五代十国时期，其标志是由门阀士族和部曲、奴客、贱民、番匠、奴婢等构成的唐代阶级结构转化为由官僚地主和佃客、乡村下户、差雇匠、和雇匠、人力、女使等构成的宋代阶级结构，在此期间扮演了过渡性角色的是出身科举的衣冠户（宋代的官户）的继续存在和形势户的发展，而这一发展的环节之一是"士"这一社会范畴发生的深刻转变。包弼德将这一发展概括为由唐代以出身为标志的门阀/世家大族到北宋以政事为标志的学者—官员/文官家族再到南宋文人/地方精英的历史过渡。[335]正如孔子时代宗法分封制度的解体让平民阶层的"士"脱颖而出并以天下自任一样，唐代贵族制度及其礼仪关系的解体，为新的"士"登上历史舞台提供了契机；也正像孔子以"礼崩乐坏"的视野重构圣王的礼制一样，宋儒将他们观察到的各种社会问题和危机概括在"礼乐与制度

---

[334] 参见田浩(Hoyt Cleveland Tillman)：《功利主义儒家：陈亮对朱熹的挑战》(*Utilitarian Confucianism: Ch'en Liang's Challenge to Chu Hsi*, Cambridge, MA: the Council on East Asian Studies, Harvard University, 1982)，南京：江苏人民出版社，1997，页35—36。
[335] 包弼德：《斯文：唐宋思想转型》，页37。

分化"的道德/历史视野之中,并通过重构儒学的基本问题介入当代的社会问题,奠定自身的历史位置。

从政治的角度看,"礼乐与制度的分化"的观点是封建向郡县过渡的历史过程的产物,它把郡县制度概括为一种与礼乐相互分离、从而背离了三代封建的道德含义的制度。然而,尽管宋儒普遍地采取复古的姿态,他们还是承认郡县取代封建的历史合理性,从而问题不是简单地恢复古代封建,而是如何在郡县体制之下重构封建的精神及其礼仪条件,构成了理学家的主要关切。他们或者通过科举致仕,直接参与政治实践,将道德与政治凝聚在"士"的角色之上;或者通过重构宗族和地方谱系,形成士绅分权政治的基础,在新型的宗法关系之上确立道德的根据;或者以道学实践为杠杆,远离政治或与制度性实践相抗衡,以"士"的自主性构筑新的道德中心的前提。两宋道学的理论与实践从不同的方面反映了"士"对于所处时代的基本问题的理解、阐释和争论,但我们不能庸俗地将理学归结为以"士"为中心的理论。理学包含了广泛的社会政治思考,它以天理为中心,以格物致知和修身养心的为学方法和道德实践为主要内容,以复宗族、建祠堂、辩田制、论科举、别夷夏、主张地方自治等为主要社会/政治内涵,最终成为内容广泛的形上学、政治和社会辩论的中心话语。

2. "封建"想像:郡县制度下的宗法与家族

东汉至唐末的数百年间,世家大族制度实际上是庄田制经济与门阀士族制度的结合体,这一体制在政治上的分权形态与封建礼仪有着密切的关系。在魏晋门阀体制之下,族长不仅拥有大量土地和财产,而且也将同宗子弟和一些异姓农民纳于自己的户籍,从而使之成为脱离国家户籍的田客、庄户。在战争条件下,门阀制度十分易于发展兵农一体的制度,即将田客、庄户转化为宗部、宗伍、宗兵或部曲,而族长即"宗帅"。唐代社会保留了世家大族体制,但军事化的情形已经逐渐消失。[336]随着均田

---

[336] 徐扬杰:《宋明家族制度史论》,北京:中华书局,1995,页84。

制解体和贵族制瓦解,唐代后期政府不得不建立新的各级政府机构负责征税、组织兵役、管理社会,社会的精英阶层不再单纯地由贵族组成,而包括了地主、商人、职业军人和各类专家。

五代之际是贵族体制彻底崩溃的时代,谱牒之学散乱不堪。李焘(1115—1184)说:"唐末五代之乱,衣冠旧族多离去乡里,或爵命中绝,而世系无所考。"[337]钱大昕(1728—1804)描述魏晋至唐以及五代以降的宗法关系时也说:"自世禄不行而宗法废,魏晋至唐,朝廷以门第相尚,谱牒之类,著录于国史,或同姓而异望,或同望而异房,支分派别,有原有委。五季以降,谱牒散亡。"[338]在唐朝的九品官阶体制中,五品和五品以上的官员的子孙享有为官(需经吏部铨选)的资格。据统计,唐朝三百六十九名宰相,出于九十八家门阀士族,其他各级官僚任官也大略相似。但北宋七十二名宰相中继世为相的仅吕、韩二家,前者三世为相,后者二世为相,且两家原系寒族,均非累代世家。在这一情境中,没落的门阀后裔视为命根子的谱牒之学已经被视同敝屣,伦理和道德法则需要从过时的社会组织形式中解放出来。南宋郑樵(1104—1162)云:

> 自隋唐而上,官有簿状,家有谱系。官之选举,必由于簿状;家之婚姻,必由于谱系。历代并有图谱局,置郎、令史以掌之,仍用博古通今之儒,知撰谱事。凡百官族姓之有家状者,则上之,官为考定详实,藏于秘阁,副在左户;若私书有滥,则纠之以官籍,官籍不及,则稽之以私书。此近古之制,以绳天下,使贵有常尊,贱有等威者也。所以人尚谱系之学,家藏谱系之书。自五季以来,取士不问家世,婚姻不问阀阅,故其书散佚,而其学不传。[339]

北宋时代的大家族并不是唐代贵族的后裔,他们多半依靠科举而进入仕

---

[337] 《续资治通鉴长编》卷一〇三,天圣三年四月条,第八册,中华书局,1985,页2380。
[338] 钱大昕:《周氏族谱序》,《潜研堂集》(吕友仁校点),上海古籍出版社,1989,页451。
[339] 《通志·氏族略》,《通志二十略》,北京:中华书局,1995,页1。

途,并获得显要的地位。在新的社会条件下,宋朝统治者和道学家们出于不同的目的,均试图再建宗法,重修谱牒,确立地主阶级的长久利益,并在政治上为新的集权/分权政治提供理论基础。正由于此,郡县体制之下的封建问题集中在宗法家族制度的演变问题上。

宋代统治者和士绅阶级均试图通过《礼记》所谓"敬宗收族"来重构道德/政治共同体,而具体的方法就是建祠堂、置族田、修家谱。[340] 所谓集权/分权政治是从朝廷和士绅阶级这两个方面来看的。宋朝的绝对君权体制是在与藩镇割据势力的斗争中产生出来的,它的行政、军事和经济制度均以取消贵族体制、防止割据势力为目标。庄田制的瓦解有利于国家将农户纳入国家户籍,形成以个体家庭为中心的、租佃关系普遍化的农业经营体制。这一生产和雇佣关系的相对自由为社会流动性打开了方便之门,原有的社会组织关系面临解体的危险。因此,朝廷鼓励"敬宗收族",目的是以地主制为中心形成支撑中央集权的行政、赋税和兵役体制的社会基础。从士绅地主阶级的角度,以宗法和乡约的形式,在地主制的基础上形成基层地方自治,是在变化的历史条件下形成皇权与宗族共治的政治结构的唯一途径。

正是在这一背景下,道学家们卷入了恢复宗法、重修谱系的努力。宗子法指的是西周的宗法式家族制度,谱牒之学指的是魏晋隋唐时期的世家大族式的家族制度,而他们希望通过重构宗法和谱牒,平息仇怨纷争,均分财富,人人各得其分。张载说:

> 宗子法废,后世尚谱牒,犹有遗风。谱牒又废,人家不知来处。无百年之家,骨肉无统,虽至亲,恩亦薄。

> 宗子之法不立,则朝廷无世臣。……宗法若立,则人人各知来处,朝廷大有所益。……今骤得富贵者,止能为三四十年之计,造宅一区,及其所有,既死则众子分裂,未几荡尽,则家遂不存。如此则家

---

[340] 《礼记·大传》:"是故人道亲亲也,亲亲故尊祖,尊祖故敬宗,敬宗故收族。"《礼记集解》,页 916—917。

且不能保,又安能保国家!

公卿各保其家,忠义岂有不立?忠义既立,朝廷之本岂有不固?[341]

程颐主张建立严格的家法和族规,完全遵循了"齐家治国"的逻辑。他说:

宗子法坏,则人不知来处,以至流转四方,往往亲未绝,不相识。[342]
若立宗子法,则人知尊祖重本。人既重本,则朝廷之势自尊。[343]
虽一家之小,无尊严则孝敬衰,无君长则法度废,有严君而后家道正。
治家者,治乎众人也,苟不闲之以法度,则人情流放,必至于有悔,失长幼之序,乱男女之别,伤恩义,害伦理,无所不至。[344]

与张载、程颐的主张一脉相承,南宋朱熹编辑了《古今家祭礼》、《家礼》等书,并详细地设计了聚族而居的祠堂,通过祭祀祖先和设立族田和宗子,朱熹在郡县时代的地主制的基础上恢复了早期宗法分封的精神或微意。[345]

在《跋三家礼范》中,朱熹明确地将礼与封建问题剥离开来,从而将礼的问题纳入到郡县制度的政治架构内部:

呜呼!礼废久矣。士大夫幼而未尝习于身,是以长而无以行于家。长而无以行于家,是以进而无以议于朝廷,施于郡县,退而无以教于闾里,传之子孙,而莫或知其职之不修也。[346]

---

[341] 张载:《经学理窟·宗法》,《张载集》,页259。
[342] 程颐:《河南程氏遗书》卷一五《入关语录》,《二程集》,页150。
[343] 程颐:《河南程氏遗书》卷一八《伊川先生语》,《二程集》,页242。
[344] 程颐:《周易程氏传》卷三《家人》,《二程集》,页885。
[345] 参见《朱子家礼》,《朱子全书》第7册,页875。
[346] 朱熹:《跋三家礼范》,《朱子全书》,第24册,页3920。朱熹有关宗法和家礼的论述,参见徐扬杰《宋明家族制度史论》,页94—95。

朱熹和王阳明在各自时代倡导和从事的乡约实践可以视为这一宗法与家族实践的扩展：它们都试图在郡县条件下以士绅地主制为基础创造一种与郡县体制相互配合的地方自治形式。由于适应了中央集权的郡县体制而在宋代之后获得了持久的发展，以祠堂、家谱和族田为主要特征的"近代家族制度"成为宋、元、明、清时代的普遍的社会组织形式。然而，也正由于恢复宗法的努力是在郡县体制下的新的社会实践，它无法简单地"回到"宗法分封的西周形式之中。在这一条件下，如何适应变化了的历史条件而汲取封建之精意，也就成为需要认知、理解、体验和实践的事情。天理世界观及其致知的程序为人们综合先儒遗教与历史变化提供了根据和方法，从而也为郡县条件下恢复宗法的努力奠定了前提。

3."井田"想像：商业化过程中的田制、税法与道德评价

贵族制度的瓦解并不是一个突发的和孤立的事件，唐宋之际田制和税法的变化即是贵族制度瓦解的一个环节。北魏以降，土地制度的变革遵循着一个基本的方向，即改变身份性或品级性的豪族地主阴占户口的局面，在均田制基础上发展新的税制。均田制最初施行于孝文帝太和九年，名为"均田"有师法和总结三代井田制度以降的田制传统的意味，其特点是将授田与限田综合在同一土地制度之中，从而在产权形式上造成了土地国有制和私有制并存的土地所有关系。在这个意义上，以损益周代制度相标榜的均田制代表着传统田制形态向土地私有制形态的过渡，而它的废弛正是这一制度内部两种并存的制度形式相互冲突的结果。唐朝的均田令和租庸调法以均田制为前提，颁布于武德七年（624年）。[347]唐均田令按照性别、年龄、官爵等授田，取消了奴婢、部曲和耕牛的受田，禁止在受田不足的狭乡过限占有土田，官人永业田和勋田只能在受田足的

---

[347] 关于租庸调与均田的关系，20世纪50年代在《历史研究》上曾经发生过一场争论，邓广铭认为租庸调与均田制没有关系，而岑仲勉、韩国磐、胡如雷等则持相反意见。参见《历史研究》，1954年4期，1955年5期，等。

宽乡授予。唐中叶时,土地兼并日益严重,人口流亡,均田令保护下的以均田农民和中小地主的经济占据优势的经济关系遭到破坏。[348]均田制的瓦解是土地兼并和土地私有制确立的结果。

  土地占有关系的改变在赋税制度上反映为租庸调制的瓦解,这是因为人口流亡,以人丁为本的租庸调中央正税难以为继。在土地、人口、赋税被地方势力大量侵夺的情况下,唐王朝不得不推行财赋制度的整理和"两税法"改革。代宗大历年间,唐朝赋税收入已经逐渐改为以户税和地税为主。德宗建中元年(780年),宰相杨炎制定了两税法,其大致的内容包括:中央根据财政支出定出总税额,各地按照中央配额向当地人户进行征收;土著户和客居户均编入州县户籍,按丁壮和财产定出户等;春夏两季(六月和十一月)征收两税;取消租庸调和其他徭役;两税按户等纳钱,依田亩纳米粟;田亩税以大历十四年的垦田数为准,平均征收;商人在旅居地交纳其收入的三十分之一的税。[349]

  两税法的施行不仅要求门阀豪族在名义上纳贡,而且也试图借此将他们阴占的隐户客户争夺过来,从而改变了"从口计税"、"以人丁为本"的传统税制。由于两税法以财产的多少为征税的标准,扩大了赋税的承

---

[348] 傅衣凌在谈及均田制为什么不能真正施行时说:"秦汉以后的公田、垦田、屯田、占田、均田都不是夺富者之田,以予贫民,只是国家通过这些制度把荒废的土地和流散的劳动力重新再组织起来,而投入生产,在国家与私人地主进行斗争中,争取一部分的土地和劳动力而已。因而隋唐时代虽继续推行均田制,但地主土地所有仍在继续发展中。特别由于商品经济的发展,工商业的进步,城市成为商业经济的中心,原来中国的商人没有占有土地的权利,而商业资本的发达,却更助长着地主豪强势力的发展,唐宋以后中国土地的集中多通过抵押、典卖而后达到卖断的阶段,就充分说明商业资本和高利贷资本已促使均田制的施行成为不可能。"见氏著《明清封建土地所有制论纲》,上海:上海人民出版社,1992,页10—11。关于均田制问题,请参见武建国:《均田制研究》,昆明:云南人民出版社,1992。

[349] 关于两税法的内容请参见《新唐书》及《旧唐书》之《杨炎传》,《唐会要》卷83《租税》(上),《陆宣公翰苑集》卷22《均节赋税恤百姓》第三条,关于杨炎及其两税法问题,历来研究甚多,李志贤近著《杨炎及其两税法研究》(北京:中国社会科学出版社,2002)一书论述十分详备。

担面,课役不再集中在贫苦农民的头上。[350]又由于以"以资产为宗",两税法的实施从税制上间接地界定了土地私人占有的产权,同时还将"输庸代役"的庸并入两税征收,从制度上取消徭役派征,劳动力不再成为土地产权的附着物。伴随土地私有产权和农民人身权利在税制上得到法律上的明确界定,中央王权和地方地主割据势力在均田授田制下形成的土地产权纠结的关系相对淡化了,两者成为具有各自独立利益的行为主体。[351]这是市场关系和商业文化的基础,也是土地兼并再度扩展的制度的和政策的前提。李翱在《进策问第一道》中批评两税法之后"百姓土田为有力者所并,三分逾一",[352]完全印证了"富者兼地数万亩,贫者无容足之居"的说法。[353]李翱被视为道学先驱,但几乎没有人将他的《疏改税法》、《进士策问第一道》与他对天道的论述联系起来进行理解。

据宫崎市定的研究,两税法的初衷是用铜钱收税,后因钱货绝对量不足而不得不承认用米谷绢帛折纳。[354]宋平定南方诸国之后,整理五代时各国所行的铅钱、铁钱,增铸铜钱,散布民间,政府价格体制和刑法上赃罪的标准也以铜钱结算。[355]这种空前的铜钱经济无疑促进了社会生活的商业化和市场化。在南方铜钱化的同时,南方流行的银块反过来又影响华北,从而形成了官方的价格体制(包括刑法上赃款的计算)以铜钱结算,而民间生意却仍然沿用银块的货币制度,从而形成了"以华北的通货制度扩充和强制南方的政策得到成功"的时代。[356]所谓

---

[350] 参见翦伯赞:《中国史纲要》第二册,页199。
[351] 参见陈纪瑜:《中国封建社会土地及其赋役制度变迁的探讨》,《扬州大学学报》,1998年第3期,总第9期,页70—71。
[352] 李翱:《李文公集》卷三,页6b。
[353] 《陆宣公翰苑集》卷二二《均节赋税恤百姓第六条》。
[354] 关于两税钱的折纳,请参见船越泰次:《唐代两税法的斛斗徵科及两税钱的折䍴和折纳问题》,《日本中青年学者论中国史·六朝隋唐卷》,上海:上海古籍出版社,1995,页485—508。
[355] 关于宋代铜钱和铁钱的流通情况,亦可参见高聪明:《宋代货币与货币流通研究》,保定:河北大学出版社,2000,页35—49。
[356] 宫崎市定:《东洋的近世》,《日本学者研究中国史论著选译》(一),页172。

"通货制度"的扩充表明这一时期长途贸易已经成为重要的经济形式,在这方面,大运河提供的交通便利是一个重要因素,因为沿运河流域流动的商业活动与田制和税法改革相互配合,有力地促进了由商业带动的社会流动。[357]经济史家保罗·贝罗奇(Paul Bairoch)在分析19世纪以前非欧洲传统贸易政策时曾经以宋代为例说,欧洲人关于中国实行自我封闭和对外商的怀疑态度产生于16世纪至19世纪这一时期,而10至13世纪的情况完全不是这样。1137年,宋高宗发布的诏书中有"市舶之利最厚,所得动以百万计,若措置合宜,岂不取胜于民?"等语,足见当时的中国不仅容许与外部世界建立商业联系,而且积极寻求和鼓励这种联系,许多外国商人获准在一些城市开业,并受到热烈欢迎。[358]总之,贸易的发展、城市的扩张、人口的增加和流动性的上升,以及由于宋代在军事上的无能而造成的土地资源的紧张,势必产生出新的社会关系和社会矛盾。

两税法改革为一种更为自由的市场关系提供了条件,但也为土地兼并和两极分化开辟了道路。随着货币经济的发展,实物经济势必深受影响。[359]两税法初施行时,纳绢一匹抵钱三千二三百文,但到贞元十年(794年)前后,纳绢一匹,仅当钱一千五六百文;宪宗元和十四年(819

---

[357] 关于宋代商业和城市发展的情况,参见 L. J. C Ma, *Commercial Development and Urban Change in Sung China* (Ann Arbor: University of Michigan Press, 1971)。

[358] 保罗·贝罗奇认为这种自由贸易政策实行了五百多年,直至1490年,即哥伦布抵达新大陆的前两年,中国才开始实行"贸易保护主义",并在两个多世纪之后的西方入侵时代才进一步得到加强。贝罗奇关于中国实行贸易保护主义的年代仍然值得争论,他对1490年到1800年前后中国对外贸易的估计也许过于保守了。见氏著《经济学与世界史》,见许宝强、渠敬东选编:《反市场的资本主义》,北京:中央编译出版社,2000,页117。

[359] 内藤湖南等学者早就注意到唐宋时代在货币流通方面的变化:唐代铸造了开元通宝,但流通量不大。货币的大量流通到宋代才开始。唐代虽然不是实物经济,但不少物品在利用货币表示价值之余却以绢布来交换。宋代则以铜钱代替绢布、绵等使用,甚至还有纸币流通。参看内藤湖南:《概括的唐宋时代观》,《日本学者研究中国史论著选译》(一),页17—18。

年)绢价已经落至初定两税时的三分之一。[360]《宋史·食货志》说两税法的确立造成了"势官富姓,占田无限,兼并冒伪,习以成俗",[361]《宋会要辑稿·食货·一二》描述了"户口税赋帐笈皆不整举,吏胥私隐税赋,坐家破逃,冒佃侵耕,鬼名挟户,赋税则重轻不等,差役则劳役不均"所导致的矛盾。[362]由于两税法是均田制破产之后的产物,而均田的理念又承自先秦,故儒者们极易在一种三代之治与汉唐之法的框架内批评均田。李觏(1009—1059)以研究《易》和《周礼》见长,也是道学的有力的批判者,他发表了《平土书》、《富国强兵安民策》、《周礼致太平论》和《潜书》等政治性的著作,其中最为重要的思想即"平土"、"均役"和"平准"、"平糴",而"平土"(均田)又是其中的核心部分。针对"法制不立,土田不均,富者日长,贫者日削,虽有耒耜,谷不可得而食也"的局面,他倡导"平田",[363]其原则源自井田:"吾乃今知井地之法,生民之权衡乎!井地立则田均,田均则耕者得食,食足则蚕者得衣。不耕不蚕,不饥寒者希矣。"[364]

宋代道学家们对于宗法和井田的吁求与新市场关系的形成、土地买卖和兼并的发展、皇权的大幅度扩张、严刑峻法的实行以及流民的出现等有着历史的联系。道学家们把封建、井田和学校看作是一种对抗性的、批判性的制度构想,即封建、井田、学校是对皇权和法律扩张、商业文化发展、土地与人口的矛盾、社会流动性上升所做的批判性回应。张载在《经学理窟·周礼》中谴责死刑的泛滥和市场的扩展,他批评说:死刑的泛滥反而导致"今之妄人往往轻视其死",而"市易之政,止一市官之事耳,非王政之事也"。[365]如果把他的批判性观点与恢复井田的主张联系起来考

---

[360] 《陆宣公翰苑集》卷二二《均节赋税恤百姓第二条》、《李文公集》卷九《疏改税法》、《唐会要》卷八四,元和十五年,翦伯赞《中国史纲要》第二册,页199—200。
[361] 《宋史》卷173《食货志》,北京:中华书局,1977,页4164。
[362] 《宋会要辑稿·食货·一二》,台北:新文丰出版公司,1976,页4994。
[363] 李觏:《李觏集》卷第19,《平土书》,中华书局,1981,页183。
[364] 李觏:同上,卷第20,《潜书十五篇并序》,页214—215。
[365] 张载:《经学理窟·周礼》,《张载集》,页248—249。

虑的话,我们可以窥测到一种广泛的社会变动的消息:死刑的泛滥是和社会流动性上升、流民的出现以及宗法关系的破坏密切相关的。正是在这一新的情境中,我们从理学家的著述中听到了《孟子·滕文公上》中那种对于井田和宗法关系的怀旧式的调子:"死徙无出乡,乡田同井,出入相友,守望相助,疾病相扶持。"[366]

张载的《西铭》用乾坤天地包容国家,用孝弟仁爱的家族伦理规范君主和国家的行为,而井田制和宗法制则为家国伦理提供客观的基础。我们可以从他的天道观的逻辑结构之外发现一套按照周代宗法、井田之制进行社会实验的努力。张载说:"治天下不由井地,终无由得平。周道止是均平。""井田至易行,但朝廷出一令,可以不笞一人而定。盖人无敢据土者,又须使民悦从,其多有田者,使不失其为富。借如大臣有据土千顷者,不过封与五十里之国,则已过其所有;其他随土多少与一官,使有租税人不失故物。治天下之术,必自此始。"[367] 由于井田与宗法封建有着密切的关系,他因此又将井田与宗法在一种新的历史形势下结合起来。五十一岁归横渠镇时,张载一边著述,一边置田进行井田的实验,这种土地制度的小规模实验其实是恢复宗法古制的努力。在《经学理窟·宗法》中,他详细地描述了宗子法在财产权方面的含义,从而证明宗子的祭祀权也是一种特殊的经济制度:宗子祭祀时,诸子及其支属中参加祭祀的需要

---

[366] 周代的井田制度带有农奴制的特点,农民的迁徙受到严格的限制。按《管子》中的记载,齐国治都用彻法,治鄙用助法。杨向奎分析说:"居住在都内的是君子,居住在鄙中的是野人。野人居鄙,实在等于农奴,这些农奴行动是不自由的。"这与《周礼》中有关农民迁徙的叙述完全符合,而《周礼》,按杨向奎的解释,反映的是齐国的社会制度。(杨向奎:《从"周礼"推论中国古代社会发展的不平衡性》,《绛史斋学术文集》,上海:上海人民出版社,1983,页25。)孟子在战国时代礼乐分崩的环境中以旧的礼制批判他所面临的问题,同样带有怀旧的特点。我不赞成根据早期井田制度的特点而把孟子的这些说法看成是"骗人"的说法,因为一种论述的出现更为紧密地联系着这一论述的背景条件,孟子的看法不是一般地为早期制度进行合法性论证,而是针对战国时代混乱的局面所作的批判性回应。我们也可以把这种思想看作是以封建的理想对抗正在形成之中的、日渐居于主导地位的郡县体制及其社会风习,这也正是张载的说法如此接近于孟子的原因。

[367] 张载:《经学理窟·周礼》,《张载集》,页248—249。

"以身执事"(即服劳役),不参加的"则以物助之",实则是纳贡。[368] 这是一种不同于两税法、不同于流动性的商业经济的经济形式。在道学家看来,这些经济活动本身包含着道德的意义,这就是古制的精髓。宗法制度是古代礼制的重要基础,也是一个社会得以维系的条件。战国时代士庶关系的混乱起源于由宗法的颓败而产生的阶级分野的变化,所谓大宗不宗小宗崛起,礼崩乐坏,而唐宋时代贵族制度及其礼仪体系的瓦解也具有相似的含义。因此,重修宗法的基本动机起源于重振礼制,而重振礼制的过程不是一个单纯的道德教化的过程,而且也是一个经济性的和政治性的过程。[369]

与张载的看法相互呼应,胡宏(1105—1155)把均田视为恢复"封建"和"井田"等古制的前提,并将井田、封建问题纳入到天理/人欲、公/私等道学范畴之内:

> 均田,为政之先也。田里不均,虽有仁心而民不被其泽矣。井田者圣人均田之要法也。[370]
>
> 井法行然后智愚可择,学无滥士,野无滥农,人才各得其所而游手鲜矣。君临卿,卿临大夫,大夫临士,士临农与工商,所受有分制,多寡均而无贫苦者矣。人皆受地,世世守之。无交易之侵谋也。无交易之侵谋则无争夺之狱讼,无争夺之狱讼则刑罚省而民安,刑罚省而民安则礼乐修而和气应矣。[371]
>
> 故封建也者,帝王之所以顺天理、承人心、公天下之大端大本也。

---

[368] 张载:《经学理窟·宗法》,《张载集》,页260。
[369] 清代吴派学者惠士奇详考周礼,他论"宗"曰:"族繁则涣,族盛则强,是故立大宗以纠合之,检弹之,使一族爱而亲,敬而尊,由是老穷不遗,桀黠者不敢为非,故人人各宗其宗而天下治。所谓族则任宗,宗以族得民者,盖如此。降及春秋,族不任宗,宗不收族,……而宗法坏矣。"杨向奎补充说:"宗以族得民,乃宗法封建社会之基础,春秋而后,宗法制毁,于是周天子不王,大小宗不分,族不得民而七国起,士庶不分矣。"见杨向奎著《清儒学案新编》(三),济南:齐鲁书社,1994,页111。
[370] 胡宏:《知言》卷三,页2b。文渊阁四库全书本。下同。
[371] 胡宏:《知言》卷一,页11a。

不封建也者,霸世暴主之所以纵人欲、悖大道、私一身之大孽大贼也。[372]

值得注意的是,胡宏对井田、封建的论述紧密地联系着他对郡县制度的批判,而对郡县制度的批判又密切地联系着封建关系中的夷夏之辨,从而将田制与礼仪、军事和内外关系密切关联起来。他一方面说"邦国之制废而郡县之制作矣。郡县之制作而世袭之制亡矣",[373]另一方面又断言"制侯国,所以制王畿也。王畿安强,万国亲附,所以保卫中夏,禁御四夷也。""自秦而降,郡县天下,中原世有边鄙之祸矣。悲夫!"[374]按萧公权的看法,"胡氏隐以南渡责任归之宋代郡县集权之制,尤与后来王夫之孤秦陋宋之说相契"。[375]

降至南宋,朱熹的态度一脉相承。在《开阡陌辨》中,朱熹深刻地分析了分封授田制的崩溃所产生的后果,指出"阡陌之地,切近民田,又必有阴据以自私,而税不入于公上者"。他认为商鞅的"开阡陌"、杨炎的两税法等土地制度改革虽然有利于克服井田、授田制破坏的弊端,但却失去了古代圣贤之制的那种精微的道德含义。"尽开阡陌,悉除禁限,而听民兼并买卖,以尽人力;垦辟弃地,悉为田畴,……以尽地利。使民有田即为永业,而不复归授,以绝烦扰欺隐之奸。使地皆为田,而田皆出税,以覈阴据自私之幸。此其为计,正犹杨炎疾浮户之弊,而遂破租庸以为两税。盖一时之害虽除,而千古圣贤传授精微之意,于此尽失矣。"[376]为什么朱子能够从田制的改革中得出"千古圣贤传授精微之意"丧失的结论呢?没有"礼乐与制度的分化"这一儒学视野就无法得出这一结论。因此,宋儒的经济和政治观点必须被纳入一种道德判断方式的转变过程中才能获得恰当的理解。

传统宗法制度所确立的以宗子为中心、以血缘关系界定分位的原则

---

[372] 胡宏:《知言》卷六,页6b。
[373] 同上,页4b。
[374] 胡宏:《知言》卷五,页14b—15a。
[375] 萧公权:《中国政治思想史》(二),沈阳:辽宁教育出版社,1998,页471—472。
[376] 朱熹:《开阡陌辨》,《朱文公文集》,商务印书馆缩印明刊本,页311。

建立在土地占有关系之上,从天子按照宗法分封授田的角度看,这一制度可以被看作是分田制禄的国家行政管理制度的派生物,宗法制的基础在分封世禄,而分封世禄制的基础在于禄田(土地);无禄田则无所谓世禄,无世禄则无所谓宗法。这种宗法伦理及其对土地和劳动力的分配方式要求情法兼容、重义轻利,它势必不赞成用法的形式界定过分明确的土地产权关系。从一种历史的观点来看,井田制度与"开阡陌"的斗争也可以归结为封建与郡县的矛盾,我们从《汉书·食货志》对于秦孝公时代商鞅变法而"坏井田,开阡陌"的记载就可以了解这一点。在朱熹之前,汉代的晁错、董仲舒已经有过类似的言论,他们批评说,"坏井田、开阡陌"造成了土地兼并,贫富分化,商人兼并农人,而农人所以流亡。只有在儒学与制度改革的长久关系中,我们才能了解朱熹对于两税法等制度革新的看法,才能了解为什么他对"乡约"以及宗族伦理投以极大的热情,为什么他的"天理"概念拒绝以现实制度为客观基础,却同时又以宗族伦理为主要内容。

从唐代后期的李翱,到北宋时代的张载,再到南宋王朝的朱熹,我们看到了一条双重联系的线索,即在批判汉唐以来的各种制度及其后果的同时,建构以天道或天理为中心的新的道德谱系。一个自然的问题是:道学家们以三代之治对抗汉唐之法,但为什么他们不以三代礼乐论作为道德/政治评价的基本框架,而是以天道或天理为中心在天道论或本性论的架构内形成新的道德/政治评价方式? 在这里,历史演变和顺应这一演变的意识——亦即对于"时势"的意识——扮演了重要的作用。道学家们以三代之治批评现实制度及其社会后果,但并不认为可以通过恢复井田等旧制就可以解决问题,在整体上,他们毋宁是承认郡县条件下的权力结构的。朱熹说:"封建井田,乃圣王之制,公天下之法,岂敢以为不然! 但在今日恐难下手。设使强做得成,亦恐意外别生弊病,反不如前,则难收拾耳。"[377] 他评论程颢的井田构想说:"程先生幼年屡说须要井田封建,到晚年又说难行,……想是它经历世故之多,见得事势

---

[377] 朱熹:《朱子语类》卷108,页2680。

不可行。"[378]

从上述讨论我们可以得出几个基本结论:第一,朱子赞成遏制土地兼并的趋势及其后果,但认为新的制度创新付出了长远的道德代价;第二,朱子对古代制度的道德含义的追慕并不等同于要求恢复贵族制,因为他所致力的以乡村地主制为基础的"乡约"恰恰是贵族制瓦解之后的产物;第三,朱子对于现实制度的批评建立在一个预设之上,即这一制度无法提供道德评价的客观依据。因此,复归孔孟之道并不意味可以用孔子和孟子所谈论的礼乐制度作为现实的政治方略,而必须重新构思道德实践和道德评价的出发点或客观前提。"理"是一种内在于事物的秩序、尺度和本质,从而对"理"的肯定既不能简单地转变为对事物的肯定,也不能简单地转变为对事物的否定。朱子对于田制、税法以及商人文化的这种既历史地肯定又道德地批评的双重态度典型地体现在他的理欲之辨之中。《朱子语类》卷一二云:"圣贤千言万语,只是教人明天理,灭人欲",但卷一三回答人问:"饮食之间,孰为天理,孰为人欲?"则云:"饮食者,天理也;要求美味,人欲也。"[379]因此,究竟何者为需要去除的人欲,何者为需要保存的合理的愿望,关键在于状态是否恰当,而天理即衡量这一状态是否恰当的尺度。

4. "学校"想像:科举制度、官员任选与道德评价

宋明理学通过重建血缘和地缘共同体的伦理学,扬弃了汉代以降日益发达的制度论,它不像汉代经学那样直接地从属于皇权和政治。天道观的超越性特征产生于儒者对于制度与礼乐分化的历史判断,从而天道和天理的成立包含着一种否定的面向,即从礼制/道德、功能/德性的关系中论证道德合理性的方式不再有效了。因此,道德判断必须诉诸于天理或自家的身心,而不是诉诸现实的制度和业绩。在宋儒的视野中,汉唐以

---

[378] 朱熹:《朱子语类》卷97,页2495。
[379] 朱熹:《朱子语类》卷12、13,页207、224。

降的制度改革创造了一种分离,一种制度、有关这种制度的知识与其他语境(规范、礼仪、目的等等)的分离。科举制、两税法、双丞相制等等只是一些功能性的制度设计,它们不像三代之制那样包含道德的含义,从而被分离出原有的语境。致力于制度改革的王安石就曾慨叹说:"古者一道德以同俗,故士有揆古人之所为以自守,则人无异论。今家异道,人殊德,士之欲自守者,又牵于末俗之势,不得事事如古,则人之异论,可悉弭乎?"[380]在儒者的眼中,汉武表彰六经,光武投戈讲艺,魏孝文欲改戎俗,唐太宗文饰治具,"皆铺张显设以为美观,非见得理义之在人心不可已处"。[381]

    隋代之后,从汉文帝开始正式实行的、延续了八百年的选举制正式地为科举制所取代,以知识为主的选材标准逐渐取代了以德行为主的选择标准。唐代后期,特别是北宋时代,科举制及其内涵经历了重大的变革,它不仅成为选拔官员的途径,而且也是检验士子人格和能力的标准。在这个意义上,科举制度改变的不仅是教育和任官的体制,而且也是道德评价的前提。士大夫阶级正是据此取代贵族阶级成为社会的中间阶层。值得注意的是,在宋儒对三代之治的慨叹中,学制问题居于中心地位。马端临(1254—1323)《文献通考》记载上古至宋宁宗时的典章制度沿革,综合了宋儒的诸多观点,其中卷四十二考"学校",引吕东莱(1137—1181)的话说:

    东莱吕氏曰:"先王之制度,虽自秦汉以来皆弛坏绝然,然其他如礼乐法度,尚可因影见形,因枝叶可以寻本根。惟是学校,几乎与先王全然背驰,不可复考……只举学官一事可见,在舜时命夔典乐教胄子,在周时大司乐掌成均之法……何故皆是掌乐之官掌教?盖其优游涵养,鼓舞动荡,有以深入人心处。……至于不率教者,屏之远方,终身不齿。这又见体用本末无穷。大抵学校大意,唐虞三代以前不做官司看,秦汉以后却做官司看了。所以后世之学不可推寻,求之

---

[380] 王安石:《临川先生文集》第八册,卷75,《与丁元珍书》,商务印书馆,万有文库本,1929,页32。
[381] 参见康有为:《教学通义·立学第十二》,《康有为全集》(1),上海:上海古籍出版社,1987,页132。

唐虞三代足矣。秦汉之事当束之不观。今所详编者要当推此意。大抵看后世,秦汉一段错认教为政,全然背驰。自秦至五代,好文之君,时复能举,如武帝表章六经、兴太学,不足论;如光武为诸生投戈讲义,初建三廱,亦不足论;如后魏孝文,迁都洛阳,欲改戎狄之俗,亦不足论;如唐太宗,贞观之初,功成治定,将欲文饰治具,广学舍千二百区,游学者至八千余人,亦不足道。这个都是要得铺张显设,以为美观。惟是扰攘之国,僻陋之邦,刚明之君,其视学校若敝屣,断梗然而有不能已者,见得理义之在人心不可已处。今时学者多是去看武帝、光武、魏孝文、唐太宗,做是不知这个用心内外不同,止是文饰治具,其去唐虞三代学校却远……如南北朝虽是草创,若不足观,却不是文饰,自有一个不能已处,其去唐虞三代学校却近,惜乎无鸿儒硕师发明之。这般处,学者须深考,其他制度,一一能考,亦自可见学校之所以得失。三代以上,所以设教命官,至理精义当深考。"[382]

在吕氏眼中,三代礼乐与秦汉以后之制度本末完全不同,学校之制尤其如此。即使后世法度具举,不过以法制相临,完全丧失了礼乐之深入人心的道理。上述这段议论是在三代/秦汉、教/政、理义/文饰的对比关系中展开的,唯一能够体现三代学校之精义的是带有封建意蕴的南北朝。在"礼乐与制度的分化"这一特定视野之中,宋儒要求对这一制度性的评价标准进行重新审议,他们认为唐宋之际的改革(特别是九等户制、科举制和两税法的设立)产生了一系列不同于礼乐的、不适合于进行道德论证的制度,从而重新确立道德/政治评价的基本尺度就成为"礼乐与制度的分化"这一历史视野的逻辑结果。

鉴于五代武将专权的教训和门阀贵族制度的瓦解,宋代统治者建立了前所未有的庞大的文官体系和复杂的科举考试科目。据张希清统计,宋代每年科举入士的平均人数为361人,约为唐朝的5倍,元朝的30多

---

[382] 马端临:《文献通考》卷四十二,学校考三,上海师范大学古籍研究所、华东师范大学古籍研究所整理,《传世藏书·史库》,海口:海南国际新闻出版中心,1995,页545—546。

倍,明朝的4倍,清朝的3.4倍,举凡大臣、近侍、边防将军、钱粮官员、知州等官均出于科举之文士。[383] 通过罢"公荐"之制、确立殿试制度、推广抑制权贵子弟的"别头试"、实行"锁院"制度和糊名、誊录法等措施,宋代科举制度为地主阶级和上层农民各阶层士人提供了平等竞争的制度条件。宋代大批名臣官僚出身科举,士大夫阶级的社会地位空前提高。从俸禄的优厚到刑制的礼遇,从官职的数量到言路的空间,"宋朝对士大夫的礼遇是无与伦比的"。[384]

宋初科举承自唐代,但科目减少,贡举常科为进士、诸科、武举、童子等,而以进士科为主。蔡襄是天圣进士,在英宗朝官至三司,他描述科举取士的情形说:"择官在于取士,今之取士,所谓制科者,博学强记者也;进士者,能诗赋、有文词者也;明经者,诵史经而对题义者也。是三者,得善官至宰辅皆由此也。"[385] 与士阶层社会地位的提高密切相关,进士考试重视文词、诗赋,许多出身科场的官员不但是一代名公贤相,而且也是一代儒者文人。诸科考试有所不同,它包括九经、五经、三史、三礼、三传、学究、开元礼、明法等贡举科目,基本内容是死记硬背汉唐注疏。唐代的经学正统《五经正义》在宋初科举中仍有重大影响。按《贞观政要·崇儒学》和《旧唐书·儒学上》的记载,《五经正义》的撰定起于贞观四年唐太宗的诏命,它所以采用注疏的方式,是因为当时的儒者传习师说,"儒学多门,章句繁杂"。[386] 唐太宗要求孔颖达(574—648)和诸儒根据古本考定诸经,以训诂经学的方法统一汉代以来的各派经学。按《新唐书·选举志》,唐代明经取士明确归定了诸经的地位:"凡《礼记》、《春秋左氏传》为大经;《诗》、《周礼》、《仪经》为中经;《易》、《尚书》、《春秋公羊传》、《谷梁传》为小经。"[387] 而明经、进士两科考试,又须"依《六典》所

---

[383] 张希清:《论宋代科举取士之多与冗官问题》,《北京大学学报》1987年第5期。
[384] 苗书梅:《宋代官员选任和管理制度》,开封:河南大学出版社,1996,页3。
[385] 蔡襄:《端明集》卷22《国论要目·择官》,页2ab,文渊阁四库全书本。
[386] 《旧唐书·儒学上》,卷一八九上,中华书局,1975,页4941。
[387] 《新唐书·选举志》卷四十四,页1160,中华书局,1975。相关论述,参见章权才:《宋明经学史》,页16—17。

举,都经过三关"。[388]经学正统与科举考试制度共同构筑了儒学的官方体系。以此为背景,针对科举考试中的经学正统的批判思潮构成了贯穿唐宋儒学的一个重要线索。从庆历新政时期颁布的《详定贡举条制》到王安石变法,改变墨守经义而主张发挥经书义理成为贡举改革中的一个重要潮流。

在上述背景下,北宋时代出现了义理之学与传注之学的尖锐对立。这里所谓义理之学主要针对科举考试中的汉唐传注之学,范围比道学广泛。道学亦为义理之学,它的兴起与批判科举制度及其内容的潮流有着密切的关系。但是,义理之学内部存在深刻的冲突,从李觏、王安石的义理之学与道学之间的尖锐对峙,下延到南宋时期陈亮与朱熹的激烈辩论,不同义理之学的分歧构成了较之义理之学与传注之学的冲突更为尖锐和持久的矛盾。李觏以《周礼》为中心,将礼解释为圣人之法制,在礼的架构中讨论政治体制、土地制度和税制问题,[389]以一种制度论的形式将道学的讨论贬低为玄谈。无独有偶,王安石(1021—1086)也同样高度重视在汉代始列为经典的《周礼》。在熙宁三年被任命为宰相之后,他随即推行新政:熙宁四年二月改革考试制度,六年置经义局,修撰《诗》、《书》、《周礼》三经义,八年颁《三经新义》于学官,"先儒传注,一切废不用。"[390]除了《三经新义》中的三篇序文之外,王安石亲自撰写了《周礼新义》。《周礼新义》序云:

> 士弊于俗学久矣!圣上闵焉,以经术造之,乃集儒臣,训释厥旨,将播之学校,而臣安石实董《周官》。惟道之在政事,其贵贱有位,其先后有序,其多寡有数,其迟速有时。制而用之存乎法,推之行之存

---

[388] 岑仲勉《隋唐史》记载说:明经初试"帖一大经(《礼记》或《左传》)及《孝经》、《论语》、《尔雅》,每经帖十条,能通五条以上者入取",二试"口问大义十条,能通六条以上者入取",三试"答时务策三道,取粗有文理者与以及第。"见氏著《隋唐史》,石家庄:河北教育出版社,2000,页182。
[389] 参看谢善元《李觏之生平及思想》第五、六、七章,北京:中华书局,1988。
[390] 《宋史·列传第八十六》,卷三百二十七,中华书局,1977。

乎人。其人足以任官,其官足以行法,莫盛乎成周之时。其法可施于后世,其文有见乎载籍,莫具乎《周官》之书。[391]

李觏、王安石均以汉代经学为途径,阐发经学义理,以作王朝改革的蓝本。在很大程度上,北宋道学对于汉唐经学的批判同时伴随着与新经学及其改革理论的对峙。我们大致可以将这一对峙概括为:新经学质疑的是科举内容对于治理国家的无用,而道学质疑的则是科举取士制度无法提供道德/政治评价的基础。

我们不妨以王安石改革及其与道学的关系为例。在北宋儒者中,从先王之意的角度批评科举弊端是普遍的看法,王安石后来因推行新政而受到理学家们批评,但他与理学家们在法先王这一点上并没有根本区别。嘉祐四年(1059)王安石赴汴京就度支判官之任,也在此任上,他给仁宗上了万言之《言事书》,批评"今之法度多不合乎先王之政",要求师法先王之意("法其意")以行改革。在论及科举制度时,他对北宋实行的"贤良方正"、"茂才异等"、"进士"、"明经"、"学究"、"明法"等等给予全盘拒绝,尤其反对以父祖恩荫入仕的办法,提出了由乡党推举、朝廷审知其德、行、才、言,然后录用的办法。王安石这些看法并不孤立,他的政敌司马光、吕公著(1018—1089)、韩维(1017—1098)、程颢、孙觉(1028—1090)等均主张废止诗赋、采用经义,在他们的批评意见背后,我们可以清晰地看到一种将三代学校与隋唐科举相对立的思路。王安石的万言书云:"古者天子诸侯,自国至于乡党皆有学,博置教导之官而严其选,朝廷礼乐刑政之事,皆在于学,学士所观而习者,皆先王之法言德行治天下之意,其材亦可以为天下国家之用。"但新的取士制度只是注重博诵强记和文辞,"大则不足以用天下国家,小则不足以为天下国家之用。……今士之所宜学者,天下国家之用也"。[392]在熙宁元年的奏折中,程颢声称:"方今

---

[391] 王安石:《〈周礼义〉序》,《王文公文集》,上海:上海人民出版社,1974,页426。
[392] 王安石:《言事书》,《王文公文集》,页3—6。

人执私见,家为异说,支离经训,无复统一,道之不明不行,乃在于此。"[393]吕公著的见解也相差不远:"学校教化,所以一道德,同风俗之原。今若人自为教,则师异说,人异习。"[394]

上述对于制度的怀疑经常被放置在科举制度与古代礼乐传统(尤其是其学校之制)的对比关系之中,即认为制度的腐败和无能起源于对于传统礼乐制度的背离,从而重新确立礼乐与制度的统一关系就成为儒者们切入当代问题的基本途径。在《乞改科条制》开头,王安石说:"古之取士,皆本于学校,故道德一于上,而习俗成于下,其人材皆足以有为于世。"王安石希望复兴三代的学校制度并非文饰,但又说:"今欲追复古制,以革其弊,则患于无其渐。"[395]可见他的贡举新制仅仅是恢复古制的第一步。王安石的改革除了涉及制度改革(如在中央设立了太学内外上舍,在地方设立地方学校)外,还在内容上废除了诗赋取士和记诵传注经学,转而用经义和论策试士。在新制的有关条目中,进士罢试诗赋、帖经、墨义,改试经义、论、策,从《诗经》、《尚书》、《周易》、《礼记》五经中任选一经为本经,以《论语》、《孟子》为兼经。由于新制规定"务通义理,不须尽用注疏",从而为传注之学的衰亡和义理之学的兴起提供了制度的条件。正是在这个背景下,王安石主持《三经新义》的纂写,以恢复三代之制相标榜以完成新制改革。[396]

新制改革反映了唐宋之际价值的中心日渐从文学转向伦理,废除诗赋、重视策论显示了选官制度日益重视"能力"、"功能"、"制度"而不是"教养"、"道德"、"礼乐"。道学与新经学的冲突就是在这一制度改革的

---

[393] 程颢:《请修学校尊师儒取士劄子》,《二程集》,页448。
[394] 《宋名臣奏议》卷七十八《上神宗答诏论学校贡举之法》,页10,文渊阁四库全书本。
[395] 王安石:《乞改科条制》,《王文公文集》,卷三一,页363。王安石文中提及的改革包括三方面内容:一,进士科考试改为以经义为中心;二,分阶段废止诸科;三,西北五路对策。他的最终构想是废止科举、整顿学校制度,以太学毕业生为官僚。用近藤一成的话说,是要"实现庆历以来许多论者所反复提出的取士与养士的一元化,这是可以肯定的"。参见近藤一成:《王安石科举改革》,《日本中青年学者论中国史·宋元明清卷》,北京:中华书局,1995,页137。
[396] 关于王安石撰定《三经新义》的情况,参见章权才《宋明经学史》,页108—113。

背景之下发生的。王安石没有遵循汉儒惯例,将《春秋》列为一般举子研习和应试之经典,他重视的是作为制度之书的《周礼》,显示了他在经典与制度的关系上更注重整体性的、结构性的关系,而比较忽略历史性的、时间性的关系。熙宁四年(1071)十月,他明令所有"奏补初仕"和得替应"守选"者,均须经流内铨试断案或律令大义,然后再按等第高下分别注官。熙宁六年三月,又扩展此一规定,"凡进士诸科同出身及授试监簿人"若要注官,均须经由这类考试才行。熙宁八年七月又下令,进士高科者亦须试律令大义、断案。[397]对《周礼》的推崇与制度变革有着密切的关系。为什么王安石要如此推重这部为王莽、刘歆用作复古改制的蓝本之用的官制著作呢?皮锡瑞评论说:"王安石创新法,非必原本《周礼》,赊贷市易,特其一端。实因宋人耻言富强,不得不上引周公,以钳服异议。后人谓安石以《周礼》乱天下,是为安石所欺。安石尝云:法先王之正者,法其意而已。此言极其通达。故知其所行法,非事事摹周也。"[398]王安石对制度弊端的总结落在了制度与礼乐的分化这一点上,但他从事的仍然是制度性的改革。在王安石的心目中,《周礼》以官制形式所展示的理想性的制度系统提供了一种制度与道德评价完全合一的模式,从而能够为适应新的政治、经济和社会关系的新制提供道德性的论证。非常明显:王安石倡导新的义理之学有着直接的政治动机,《三经新义》的撰写体现了宋王朝试图统一对经书的解释以实行新政革新的意向。[399]尽管王安石的出发点是三代礼乐与汉唐制度的分化,但他的制度革新和义理之学并不真正在意制度与道德的内在联系,毋宁是以制度性的实践取代儒学的礼乐论,从而在一定程度上让儒学的礼乐论落入了法家制度论的轨道。

---

[397] 相关材料见《续资治通鉴长编》卷二二七、二四三、二六六,相关讨论见邓广铭:《宋朝的家法和北宋的政治改革运动》,氏著《北宋政治改革家王安石》,石家庄:河北教育出版社,2000,页364。
[398] 皮锡瑞:《经学通论·三礼·论周礼在周时初未举行亦难行于后世》,北京:中华书局,1954,页58。
[399] 按李焘《续资治通鉴长编》熙宁六年三月的记载和陈振孙《直斋书录解题》的相关说明,《三经新义》的撰写不但云聚了一批学者,而且也体现了当时最高统治者的意志。

王安石采用的方法是改变教育内容，强化士大夫与制度（国家之用）的统一关系，但在新的制度条件下，师法三代的理想性建议难以完全落实在制度和政策之中，等到王安石自己把持权力推行熙宁变法之时，他所能做的也主要是调整科名、科目。[400]更为严重的是，改革政策没有获得预期效果，却带出了新的问题。一方面，采用经义把太学的师生关系（私情）带进了科场，元丰二年的太学之狱就是在这种情况下发生的；另一方面，王安石废止明经、诸科，转而在进士科中采用经义的做法，仍然不能保障在传统有所不同的北方士人与南方士人之间获得平衡。通过新制革新而重构制度，统一思想和知识，并没有取得礼乐与制度合一的效果。正是针对新制所体现的事功论和新制实施过程中的那些事与愿违的情况，我们在新儒学中可以发现大量用三代礼乐对抗汉唐之法的文字。如《二程文集》卷之六收录《论改学制事目》、《回礼部取问状》以及《论礼部看详状》等文，详尽地叙述了以"利诱"和"好争"为特征的学制之蔽，力图重新恢复"庠序之礼"，延揽"天下道德之士"，保存礼乐的完整性。[401]这一论述的方式影响深远，并不限于北宋时代。《象山先生全集》中就有类似的文字，如卷三一《问制科》、《问唐取民、制兵、建官》谈论唐代以降实行的科举制、均田制、租调制、府兵制和各种官制渐遭破坏或滋生弊端的情况，建议"复三代之法，期月而可，三年有成"。[402]将求道与举业相互对立构成了道学论述中的一条内在的脉络。[403]

在这里，新旧制度的弊端同时提供了把道德与制度加以区分的极好理由——对于那些无法通过科举出仕的人而言，重新建立一种道德的尺度以确定自己的追求是一种自然的选择。在变化了的历史情境之中，以重归三代相标榜可能是一种有力的批判方式，但很少有人真的认

---

[400]　参见邓广铭：《北宋政治改革家王安石》，页51—52。
[401]　《二程集》，页562—576。
[402]　陆象山：《陆象山全集》，北京：中国书店，1992，页231—232，233—235。
[403]　伊川为明道作行状说："先生为学，自十五六岁时，闻周茂叔论道，遂厌科举之业，慨然有求道之志。……明于庶物，察于人伦，知尽性至命，必本于孝悌，穷神知化，由通于礼乐。"《二程集》，页638。

为三代之制能够成为现实的方案和尺度。如果新制的倡导者以国家社稷之用相标榜，那么，怀疑者就必须确立一种新的道德源泉，它既能够体现三代的道德理想，又不是简单地将三代之制作为具体的变革方案。天理世界观正是这一历史夹缝中的产物：一方面，它恢复了道德评价与秩序的内在联系，另一方面，它又没有将这一合一的道德评价方式直接地放置在制度关系之中，从而将自身放置在以皇权为中心的制度一边。在这里，能够体现三代之制的精义的秩序已经被抽象化为一种内在的本质——它的表达方式是"理"、"性"和"心"，等等，而通达这一内在秩序的途径也不再是照搬和诠释经学，而是格物或格心以致知。只有通过格物穷理才能把握道德的精义，也只有能够格物穷理的人——而不是制度评价所确认的人——才能获得道德的合理性。这一独特的道德论证方式使得道学不仅区别于新学制度论，而且也区别于这种制度论所依赖的经学形式：经学及其训诂学方法的核心是追寻古代的礼及其与当世制度的关系，期待古制的复兴，而道学家们大多不再把经书中的内容视为能够沿用于当世之礼，他们更注意追究和思考经书的思想或精神，进而产生了否定汉唐、复兴古代的复古思想。在两宋道学的发展中，四书的地位逐渐超过五经，这与宋代儒者注重经义而非传注考证的态度一脉相承。

　　理学与新学的冲突的确与新、旧党之争密切相关，因此历来有学者把理学视为名豪大族的意识形态。但是，党争发生在青苗法实施之后，与贡举改革无关。理学家们虽然多与新政相对立，但他们代表的是地主士大夫阶级的社会舆论，或者说是作为地方精英的"士"的政治诉求，并没有对于熙宁变法采取全盘否定态度。正是从实际政治问题出发，朱熹肯定王安石变法"合变时节"，"熙宁更法，亦是势当如此"。[404]他本人的著作中存在着大量的经世作品。他与陈亮辨王霸义利，也是对王安石与道学家们的分歧的遥远的回应，其中隐含的问题是如何估价汉唐制度（特别

---

[404] 朱熹：《朱子语类》卷130，页3101、3097。

是吏治)与道的关系。[405] 这里的关键是:批评现实制度不合三代法度并不意味着必须恢复三代之制,而是以"自然之理势"为据构筑新的制度形式,从而弥合制度与礼乐之间的分裂。因此,问题并不在是否重视事功,而在究竟以什么为基础确立道德/政治评价的前提。理学体现了伴随制度改革而产生的伦理判断方式的变化。新政革新实际上顺应着唐代后期以来的历史变化,它的强烈的制度改革的倾向改变了礼乐与制度的传统关系,因而也改变了道德判断的方式:把道德判断的根据确定在制度与功能层面,从而构成了与道学所推崇的儒家礼乐论的冲突。朱子承认变法有"势不容已"的根据,但又强调变法本身不合"三代法度";[406] 但他并不要求简单地回复三代旧制,以求得制度与礼乐的同一关系,而是以道德涵养为根本的为学处世的方式,要求"读书史、应事物之间,求其理之所在而已"。[407]

正是这一以"理"为中心的道德论与王安石、陈亮(1143—1194)等人的王霸事功论构成了真正的分歧。王安石的王霸论包含着道德/事功合一论,而道学家们却更倾向于把事功与道德分离开来,因为道德渊源于"理"这一内在于万物而又不等同于万物的范畴,而不是王霸及其政治制度本身。朱子批评浙东学派的王霸论掩盖了历史中的天理,而洞悉天理的唯一方式是反身穷理:"浙中一般学,是学为英雄之学,……全不点检身心。某这里须是事事从心上理会起,举止动步,事事有个道理。一毫不然,便是欠缺了他道理。"[408] 在以唐虞三代之制批评汉唐以降的制度改革的氛围中,道学提出的核心问题是:新制是功能性的制度,而不是包含了道德意义的礼乐。在制度本身不再提供道德资源的情境中,对道德的

---

[405] 钱穆在论述朱陆异同时谈及浙东学派对宋学正统的冲击,他认为其学术根源可以上溯到北宋荆公温公的经学和史学的分歧。他发挥朱子的话说:"象山只注意在人心哀敬上,东莱重史学,似乎更注意在墟墓宗庙上。故朱子要说,伯恭失之多,子静失之寡。"而陈亮、叶适对朱学的攻击也涉及对历史的看法,他们认为道是从人事现实中生,不承认道可以离人事现实而独立。因此,这一路人更注意研究汉唐制度,尤其是吏治。见《象山龙川水心》,《中国学术思想史论丛》(五),页266—269。

[406] 朱熹:《朱子语类》卷130,页3098。

[407] 朱熹:《答陈师德》,《朱子全书》第23册,页2671。

[408] 朱熹:《朱子语类》卷116,页2801。

追究却变得更为强烈的了,从而宋儒面临了双重的困境:一方面,道德评价不得不诉诸一种超越于现实的制度关系的力量,另一方面,汉唐宇宙论所假定的超越于现实制度的天又恰恰从属于现实制度本身,从而宋儒必须在这一从属于政制论的宇宙论之外发现道德论证的资源。这就是天道观和天理概念得以成立的基本前提:天理、天道是一种超离而又内在于宇宙万物的绝对真理。道德判断中的认识作用和内在性转向是从道德与制度已经分离这一历史判断中产生出来的。

从道德论证的角度看,与其说道学家们更接近于孔子遗教,倒不如说王安石更像是周代传人,因为他把道德与制度看作是完全统一的关系。但为什么王安石反而被看作是背离了儒学精髓的人呢?这是因为在儒学视野中,所谓制度与礼乐的关系反映着封建与郡县的历史演变,制度论是以皇权为中心的郡县制的合法性理论,而道学家则把体现宗法封建的礼乐视为道德/政治判断的依据。在这里,时势已经成为内在于天理的要素。这就是儒学正统主义和历史观的政治核心。朱子所谓不合"三代法度"的批评只有置于这一语境中才能理解。钱穆归纳王安石的王霸论说:

> 依荆公理论,则道德神圣皆即事业。大事业始是真道德,真神圣。佛家以法身为主,依法身而有报身应身,是谓由真转俗。荆公则恰来一倒转。以大人为主,依大人而有圣人神人,则为由俗显真。何以大人即为圣神,事业即为道德,其本在心地。……荆公新政即本此等见解,故青苗均输持筹握算,不害其为王政。[409]

又说:

> 若以二程比之荆公,则荆公虽论性道而更重实际政事。二程鉴于熙宁新法之流弊,故论学一以性道为先,而政事置为后图,……[410]

---

[409] 钱穆:《初期宋学》,《中国学术思想史论丛》(五),页8。
[410] 钱穆:《二程学术述评》,《中国学术思想史论丛》(五),页114。

更为准确地说,理学家与新学的冲突不能被归结为性道与政事之先后问题,而应被理解为两种不同的道德评价方式的矛盾。隐藏在这两种道德评价方式背后的,是它们把皇权及其政治制度置于何种道德地位的分歧。在这个意义上,宋代以降的儒学理论中所谓"实然"与"应然"、"事实"与"价值"的对立产生于关于历史演变的道德/政治判断,即礼乐与制度的分化。

5."内外"想像:南北问题、夷夏之辨与正统观念

在宋儒那里,礼乐与制度的分化表现为现实制度与理想秩序的差别,而理想秩序直接地表现为一种复古的正统观念。这一正统观念不仅能够提供儒者判别礼乐与制度的具体条目(何为制度,何为礼乐),而且还能够建立一种看待制度的判断标准。为什么礼乐与制度的差别需要诉诸正统或道统意识呢?

首先,宋学的正统观、宇宙论及其"知识主义"是在隋唐以降的三教合流的文化氛围中产生的,而三教中真正居于主导地位的是佛教。历经唐朝的灭亡、五代之乱离,以及宋朝立国之后与北方民族的长期对抗,宋代思想要求以儒学统一儒释道三教、扬弃以文字注解为主的汉唐训诂学,并综合复古的倾向和探究真知的努力于一体。正是在与佛、道二教和汉唐经学的斗争中,理学家把"天"置于一种宇宙论和形而上学的框架之中,建立肯定世界的世界观,使之成为统摄宇宙论、自然观、人性论和修养论的基本范畴。这一方式有着古老的根源。[411] 从理学与二氏的关系来看,我们需要注意下述两个方面的问题:第一,理学的观念不是对这些思

---

[411] 新近发现的郭店楚简《成之闻之》篇即以天道论的方式论证求己问题。简文计十段,从君子身教、治民之术、返求诸己、取信于民等方面专论"求之于己"的重要性。最后两段把君子治人伦看作是顺从天德,君子"求之于己"是顺应天常。若从"天降大常"语观之,则天仍含有主宰之天的意味,但从求己以顺天的逻辑看,则"天德"、"天常"带有自然之德或自然规律的含义。参见廖名春:《荆门郭店楚简与先秦儒学》,《郭店楚简研究》,《中国哲学》第二十辑,页52。

想资源的简单复制,相反,它在汲取这些资源的同时包含着对这些资源的反抗和过滤。王夫之说:"庄、老言虚无,言体之无也;浮屠言寂灭,言用之无也。而浮屠所云真空者,则亦销用以归于无体。"[412] 宋儒要想从"本然全体"上击倒佛、老,就必须在宇宙论和本体论上破"无"立"有"、由"虚"返"实",建立一个在体系上与佛、老相对抗的肯定感性现实世界的世界观及其道统谱系。[413] 第二,理学对于佛教、道教的排斥和批判并不仅仅停留在单纯的观念论层面,我们可以在日常生活的礼仪和风俗的演变中看到激烈的斗争。佛教出世主义不仅以抽象的哲理与以孝为中心的宗法伦理进行斗争,而且渗入到家庭内部的仪式如丧葬等活动之中,构成了对传统家庭礼仪的重要威胁,从而辟佛并不是抽象的理论斗争。唐代晚期,李翱(卒于844年前后)著《去佛斋论》一文,批评佛教使"夷狄之风而变乎诸夏",他针对的就是杨垂的《丧仪》,其中有对"七七斋,以其日送卒者衣服于佛寺,以申追福"等佛教仪轨的描述。[414] 在宋代以前,儒者和朝廷官员很少直接关心普通百姓的家庭和宗教实践,但宋儒在发展和更新他们的儒教伦理之时,发现他们不得不与许多日常的习俗进行斗争。按照伊沛霞(Patricia Ebrey)研究,这些新的习俗包括婚俗(嫁妆等)和墓地祭祖仪式(如火葬、祭祖仪式中画像的使用、和尚在葬礼中的角色等等)的变化等。在宋代,人们在坟地祭祀,同宗的亲戚也在春节时于此聚会,坟墓成为祖先崇拜的最为重要的场所。宋儒深知把坟地作为仪式场所并无文献上的根据,但他们力图把这种新的风俗与儒教的"孝"的观念

---

[412] 王夫之:《张子正蒙注》卷九,《船山全书》(一二),长沙:岳麓书社,1992,页362。

[413] 这一特点也体现在北宋道学所依据的经籍上:《论语》、《孟子》和《荀子》并未成为主要文献,《易经》以及受道教影响的"图书"(据河图洛书以言象数)派之易学、《礼记》之《中庸》、可能出于曾子之《大学》成为主要的资料。除了孔孟原典缺少宇宙论和本体论兴趣,宋儒重新发现了儒学典籍也可能是另一原因。张载就曾谈及佛老二氏攻击儒学"有用无体","以为大道精微之理,儒家 所不能谈,必取吾学为正",北宋儒者因而觉得"'吾之六经未尝语也,孔孟未尝及也',从而信其书,宗其道,天下靡然同风,无敢置疑于其间。"(《张载集》,中华书局,1978,页4—5。引文为范育《正蒙》所撰序)侯外庐正是据此认为辟佛的宋儒经常"不是佛学的批判者,而是批判的佛学者"。

[414] 李翱:《去佛斋论》,《全唐文》卷637,上海:上海古籍出版社,1990,页2846。

结合起来。朱子的《家礼》及程颐的更早的议论就表现了这种取向。但是,另外的一些佛教习俗则很难被儒教吸收,例如火葬。火葬在10至14世纪一直很流行,这一仪式不但与传统儒教的仪式差别甚远,而且它所内含的超度的观念也与儒学的世俗价值相互冲突。司马光、程颢和朱熹均对火葬深表震惊,认为这是一种野蛮的习俗。[415]北宋道学关于宗法和祠堂问题的大量讨论在某种意义上可以看作是对上述习俗作出的直接反应。理学的宇宙论、心性论与它的仪式主义有着内在的联系,而这种联系的方式我们也可以从佛教哲学与它的仪式和习俗的联系中找到。

针对佛教在礼仪实践中的影响,道学家重新查核先儒的教导和古代的礼仪,夷夏之辨在确立正统潮流的过程中扮演了重要角色。韩愈《原道》推尊孟子,特引《大学》,提出了"道"的概念,并以孔子之道力辟释老之说,为宋代新儒学的出现提供了历史线索。韩愈的"道"论最终归结为对道统的追溯或建构,而不是对"道"本身进行哲学式的追问。单一明确的道统线索包含着直接的政治意义,即以此拒绝佛老的正统地位,重新奠定儒家之礼仪和制度。正由于此,韩愈辟佛是在夷夏之辨的范畴中展开的。在佛教东传的历史中,我们可以找到若干利用儒学夷夏之辨反对佛教的例证。例如:西晋王浮的《老子化胡经》以旧闻贬损佛教;东晋蔡谟以"佛者夷狄之俗,非经典之制"排诋佛教;[416]南朝宋末顾欢崇老黜佛,以为"佛是破恶之方","道是兴善之术",前者为夷俗,后者为华夏之正统。[417]韩愈的论说方式与此有着明显的连续性:"佛者,夷狄之一法耳,自后汉时流入中国,上古未尝有也。""佛本夷狄之人,与中国言语不通,衣服殊制,口不言先王之法言,身不服先王之法服,不知君臣之义,父子之情。"[418]"今也举夷狄之法而加之先王之教之上,几何其不胥而为夷也。"

---

[415] See Patricia Ebrey, "Women, Marriage, and the Family in Chinese History," in *Heritage of China: Contemporary Perspectives on Chinese Civilization*, ed. Paul S. Ropp (Berkeley: University of California Press, 1990), pp. 214—215.

[416] 《晋书》卷七七《蔡谟传》,页16b,文渊阁四库全书本。

[417] 《南齐书》卷五四《顾欢传》,页10a,文渊阁四库全书本。

[418] 韩愈:《论佛骨表》,《韩昌黎文集校注》,页613—616。

"斯道也,何道也?曰:斯吾所谓道也,非向所谓老与佛之道也。尧以是传之舜;舜以是传之禹;禹以是传之汤;汤以是传之文、武、周公;文、武、周公传之孔子;孔子传之孟轲。轲之死不得其传焉。……"[419]在这个意义上,道统说是和区别夷夏的社会政治动机密切相关的。李翱的《复性书》引证《中庸》、以礼乐为尽性之方法、对《大学》格物致知说加以阐发,但他也与韩愈一样将"道"追溯为一线单传的统系,并以自己为孟子的继承者。冯友兰认为这一道统说受到禅宗传述的宗系的重新启发:禅宗以为佛之心传经历代佛祖,一脉相传,直至弘忍和慧能,而韩愈、李翱以及宋代新儒家也谈论孔门传授心法,并连接起上述谱系。[420]在这个意义上,认定《中庸》与思孟学派的关系并不能为宋明理学找到一线单传的正统根据,理学确立自身的过程始终包含着排斥性的观念。

其次,在夷夏之辨的正统主义的框架内排斥佛、老,呼应了唐宋之际南方与北方的历史冲突。北宋从建国伊始即面临北方和西部民族的压力,始终没有能力收回燕云十六州。北宋王朝北临契丹(辽)、西临党项(西夏)、河西则有吐蕃和回鹘,与西北少数民族的和与战成为北宋时代社会生活中的重要事件,甚至云南大理也对宋朝构成了挑战。1115年女真建立金国,1125年灭辽,1127年北宋颠覆,从此开始了偏安南方的南宋王朝与雄踞北方的金朝的长期对峙。直至统一的蒙古国兴起,并于1234年灭金,南宋王朝从未摆脱源自北方的威胁。1279年,南宋亡于蒙古之手。从公元四世纪的永嘉之乱或晋室南迁到公元十二世纪的靖康之难或宋室南迁,中国历史中两度出现了南北对峙的时代,士大夫阶级有着强烈的分辨夷夏的意识。宋代经学中除《易》、《礼》为大宗外,《春秋》学极为兴盛,《宋史·艺文志》中著录北宋《春秋》学著作竟达一百二十八部之多。被称为道学先驱的"宋初三先生"和其后的知名大儒欧阳修、孙觉、苏辙(1039—1112)等均有《春秋》学著作,两宋之际的胡安国(1074—1138)更是宋代《春秋》学的代表人物。在道学家中,程颐著有《春秋传》、

---

[419] 韩愈:《原道》,《韩昌黎文集校注》,页17—18。
[420] 冯友兰:《中国哲学简史》,北京:北京大学出版社,1985,页298。

张载著有《春秋说》、杨时著有《春秋说》。南宋时代,朱熹未著专门的《春秋》学著作,但他著于孝宗时期的《资治通鉴纲目》却是一部类似《春秋》的著作。他的弟子李方子评论该书云:"义正而法严,辞覈而旨深,陶铸历代之偏驳,会归一理之纯粹……"[421]在这部著作中,"会归一理"与辨别夷夏的正统主义有着内在的联系,如朱熹释"讨伐"例云:"凡正统,自下逆上曰'反',有谋未发曰'谋反',兵向阙曰'举兵犯阙'。""中国有主,则夷狄曰'入寇';……中国无主,则但云'入边'。""凡正统,用兵于臣子之僭叛者曰'征'、曰'讨';于夷狄若非其臣子曰'伐'、曰'攻'、曰'击'。"[422]他在《壬午封事》中说:"为天下国家者,必有一定不易之计。而今日之计,不过乎修政事攘夷狄而已矣。"[423]两宋《春秋》学的重心是尊王攘夷,前者适应着中央集权政治的发展,而后者则因应两宋时代尖锐的民族冲突。胡安国的《春秋传》师承孙复和程颐,以尊王攘夷为中心阐发大一统、正人伦、恤民固本、伸君抑臣、诛乱贼、严夷夏之防以及复仇问题,构筑了一个完整的春秋学体系。[424]正是在这一思想背景之下,道学对佛、老二氏的排斥与尊王攘夷的观念发生了内在的联系。

然而,同样谈论夷夏之辨,道学家的讨论仍然注重如何形成德政、辨别邪正,从而他们在对外斗争之中经常将夷夏关系放置在内部问题之中。这与注重功利效果的儒者对"中国"与"夷狄"所作的明确的空间区分有所分别,如陈亮云:"臣窃惟中国,天地之正气也,天命之所钟也,人心之所会也,衣冠礼乐之所萃也,百代帝王之所以相承也,岂天地之外夷狄邪气之所可奸哉!不幸而奸之,至于挈中国衣冠礼乐而寓之偏方,虽天命人心犹有所系,然岂以是为可久安而无事也!"[425]在这个"中国"与"夷狄"

---

[421] 李方子:《资治通鉴纲目后序》,《御批资治通鉴纲目》卷首下,页7,后序,文渊阁四库全书本。
[422] 朱熹:《御批资治通鉴纲目》,卷首上,页38,文渊阁四库全书本。
[423] 朱熹:《壬午封事》,《朱子文集》,台北:财团法人德富文教基金会,2000,页348。
[424] 关于两宋《春秋》学和胡安国《春秋传》的讨论,参见章权才:《宋明经学史》,页151—181,203—208。
[425] 陈亮:《龙川文集》,四部备要本,卷一,1页上。

的对峙关系中，南宋"中国"的问题主要是在空间上的偏安，换言之，夷夏关系直接地体现为空间上的内外关系。这种从空间关系上将夷夏绝对化的看法也影响到他在时间上注重三代与汉唐之间的联系和连续性，目的是维持对于后代制度的肯定性态度。道学者的论述方式有所不同，他们在三代礼乐与汉唐制度之间构成对比，并以复归三代礼乐制度作为批判汉唐时代形成的各种制度的根据，因此，夷夏关系作为一种道德和礼仪关系不仅存在于内外之间，而且也包含对"中国的"后世制度本身的评价，即夷夏关系不仅存在于内外之间，而且也存在于"中国"内部。例如，唐宋之际的田制和税法改革密切地联系着土地兼并促发的社会矛盾，以及皇权与贵族争夺人口和赋税的持久斗争，而新制度的根源往往源自北方。道学家们批评汉唐制度有违三代之封建、井田和学校的原则，认为它仅仅是一种功能性的制度安排，而不具备道德含义。如果将这一批评与所谓南方礼乐和北方制度的区分相联系，我们可以清楚地观察到这一批评方式中所内含的以南北关系为中心的正统意涵。换言之，正统的观念不仅需要在南北关系、族群认同和文化权力的斗争中进行理解，而且还需要在礼乐道统与制度革新的关系中加以诠释。在这个层面，南北问题不仅是一种民族冲突或内外夷夏的问题，而且已经是如何评判社会制度的合理性和合法性问题。

以天理为中心的理学谱系与现实的制度及其评价体系存在着深刻的紧张，这是因为理学家们对于科举、税法和土地制度的批判采用了重修谱牒、再建礼仪和追慕三代的思想方式，表达了一种从礼乐正统出发批判（外在的和外来的）制度的意味。陈寅恪对隋唐制度的研究是对多民族的郡县制国家的形成过程的观察，他注意到隋唐"文物制度流传广播，北逾大漠，南暨交趾，东至日本，西极中亚，而迄鲜通论其渊源流变之专书，则吾国史学之缺憾也"，并将隋唐制度溯源于（北）魏、（北）齐、梁、陈和（西）魏、周等三大渊源。[426]在《唐代政治史述论稿》开篇，他引《朱子语

---

[426] 陈寅恪：《隋唐制度渊源略论稿》，上海：上海古籍出版社，1982，页515。

类》卷一一六所云:"唐源流出于夷狄,故闺门失礼之事不以为异",[427]用于说明唐代习俗与北方民族的关系,从另一方面揭示了宋代儒学的节操观与北方民族风俗南下的互动关系,亦即夷夏之防的意识如何转化为一种保守的伦理意识。汉魏时代寡妇守节的风俗与区分汉人与鲜卑有关,因为守节被看作是一种传统的德性,这一南朝风俗也为宋儒所继承。根据霍尔姆格仑(Jennifer Holmgren)的研究,宋代妇女再婚的比例很高,寡妇守节的风行在明清时代才达到高潮,宋代政府和道学家把守节作为一种传统德性加以大力倡导、鼓励和奖赏是和区分夷夏风俗直接相关的。[428]歌舞伎和上层妓女的缠足之风起源于晚唐,在宋代开始流行,伊沛霞(Patricia Ebrey)认为这与宋代文化崇尚儒雅的士大夫风尚有关,即在尚雅的男性文化的影响之下,需要构造更为柔弱和儒雅的女性文化。[429]

宋代社会的较为成熟的郡县体制密切地联系着这一时代的族群关系、长途贸易和军事冲突,它的官制、田制和科举制均为沿袭前朝、略作改革的结果,深受北方制度文化的影响。道学家们出于各种原因批评这些制度,而质疑这些制度的合法性和合理性的有效手段之一,便是诉诸正统的观念,以礼乐正统对抗汉唐制度的权威性,并在这一对比中暗示这些制

---

[427] 陈寅恪:《唐代政治史述论稿》,上海:上海古籍出版社,1982,页1。

[428] 霍氏指出这种道德主义与新的财产关系的调整相呼应,促成了后代对于妇女再婚的法律限制和伦理约束:妇女再婚即不能取得她们的嫁妆。她认为这一习俗源自蒙古。按蒙古习俗,丈夫的家族可以将寡妇再嫁给丈夫兄弟,目的是将妇女财产保留在家族范围内,而上述法律即在蒙古习俗影响下形成的。这一论点是否成立,尚待进一步论证。See Jennifer Holmgren, "Widow Chastity in the Northern Dynasties," in *Papers on Far Eastern History* 23 (1981):165—86, 185—86; "Observations on Marriage and Inheritance Practices in Early Mongol and Yuan Society: With Particular Reference to the Levirate," *Journal of Asian History* 20 (1986):127—92.

[429] Patricia Ebrey, "Women, Marriage, and the Family in Chinese History," in *Heritage of China*, pp. 220—221. 类似的情形在清代也有明显的例证:在异族统治的初期,汉族士大夫对于气节、道德和礼仪的推尊达到了极为苛严的程度。女性特征及其贞操观念成为民族意识的一个部分。例如,清廷曾多次规定废除妇女缠足,并制定相应的惩罚措施,但均未奏效。

度本身不过是有违三代之夷制而已。以土地制度为例,南朝的占田、公田、课田承续了汉代公田和屯田的传统,因此可以说,土地制度由汉经魏晋,再传南朝,有着内在的连续性;而北朝的情形却很不一样,因为它的均田法虽然也以公田、屯田和课田为基础,但在制度形式上却是一种有力的土地公有制度,与汉代土地的大量私有地化的情形有所不同。这种土地制度在北方民族成为统治者之后始行颁布,构成了隋唐时代以降土地制度的基本前提。唐朝以公田、屯田、课田为基础,承续并发展了北朝均田制的形式。这是在北方的游牧部落首先实行,而后传播到其他地区的土地制度。在孝文帝确立均田制度之前,拓跋魏就有过计口授田的事实,如《魏书·食货志》说:"既定中山,分徙吏民及徒何种人、工伎巧十万余家以充京都,各给耕牛,计口授田。"[430]《魏书》本纪如《太祖纪》、《太宗纪》以及《恭帝纪》也有类似记载。值得注意的是:初期的政府佃客全部是汉人,而鲜卑部族则别列户籍,这一民族区别直到隋朝才逐渐消除。在一定程度上,北魏时代的六镇起义就是因为那些沦为贱役的鲜卑贵族对于均田制等制度改革的不满。[431]很明显,均田制及其征税办法是和集权国家的官僚行政组织的发展相伴随的,中央政府试图以此安置流民就业,使之成为政府的佃客或农奴。但在意识形态上,这一制度的创设却需要孟子井田制和《周礼》中的均田制作为合法性证明。杨炎两税法改革同样包含了中央政府与贵族争夺户口和赋税的斗争,宋代儒者在三代之井田与汉唐之田制的框架中论述其缺陷,与上述过程一脉相承。在这样的历史语境中,通过确立"天理"的尺度,以对各种历史制度进行审慎地评价,从而在郡县条件下重新确立封建的精神,构成了道学赋予自身的历史任务之一。

天理及其相关主题提供了构建一种道德共同体的思想资源,而复古的取向、尤其是道统的追溯本身也为这一道德共同体提供了区别于其他社会群体的历史根据。"士"以天下为己任的道德承担在一定的条件下可以转化为对于道德共同体的历史命运的责任感。正是在这一逻辑之

---

[430] 《魏书·食货志》,北京:中华书局,1974,页2849—2850。
[431] 杨向奎:《试论东汉北魏之际中国封建社会的特征》,《绎史斋学术文集》,页58—61。

下，理学有可能转化为一种准民族主义的资源。但是，从理学的内在逻辑来看，这一转化仍然主要集中在一种道德主义的取向之内（如仁政或德政的养成），从而区别于被人们称之为"功利主义儒家"的儒者，后者把军事行动及其策略置于解决危机的中心地位。这两种不同的现实取向植根于两种不同的夷夏之辨。

第六节 天理与"自然之理势"

尽管"礼乐与制度的分化"这一认识框架带有浓厚的复古主义和正统主义倾向，但宋儒对于三代的追慕仍然是以承认历史变迁为前提的。天理这一概念本身即蕴含了对时势的理解：既是对时势的抗拒，又是对时势的包容——在宋儒这里，时事日渐被"自然之理势"所取代。天理的观念如果能够得到充分发展，就会与对最好的礼乐制度的思考完全吻合，因为两者都包含了按照自然的理势对究竟何为正当和至善进行判断的内涵。这就是天理的政治性，但这种政治性也可以被解读为它的自然本质。中央集权的政府形式、形式化的考试制度和选官制度、更为自由的税法和商业关系、发达的长途贸易和货币政策、世袭贵族制度的彻底瓦解、地主制的确立和士在社会生活中的地位的大幅度提高，构成了宋代社会体制的主要特征。道学批评这一体制丧失了先秦礼乐的精神，但并未要求完整地恢复三代之制，而是企图在郡县制国家内部恢复封建的精义。"理"这一范畴为损益、评价和探求合适的制度、规范和礼仪提供了根据。天理与郡县制国家的紧张关系，以及天理世界观所内含的对于三代礼乐的想像关系，都使得以天理为中心的宋代思想不可能简单地落入所谓"国民主义"的框架内——虽然它对郡县制国家的批判本身包含了对于郡县制国家的历史合理性的确认。

在这个意义上，天理世界观包含着一种面向历史变化的开放姿态，时势本身构成了天理的内在要素。在与程亮的辩论中，朱熹曾经批评陈亮通过否认三代和汉唐的区别使三代降低到汉唐的水平，以至让后者觉得他将古代与近世历史绝对地区分开来。[432]南宋时代的这场著名的王霸论战更强化了人们的这一印象。然而，朱熹更为重视的是人的内在品质，在他看来天理人欲不必求王伯之遗迹，毋宁求索于吾心义利邪正之间。这一判断方式本身即包含了对时势变化的承认。朱熹说："使夫子而得邦家，则将损益四代以为百王不易之法，不专于从周也。"[433]又说："若夫古今之变，极而必反，如昼夜之相生，寒暑之相代，乃理之当然，非人力之可为者也。是以三代相承，有相因袭而不得变者，有相损益而不可常者，然亦唯圣人为能察其理之所在而因革之，是以人纲人纪得以传之百世而无弊。"[434]"察其理之所在而因革之"之"理"变成了对历史变迁所内含的合理性的确认。因此，道学家们追慕三代，却没有直接地提出三代之制作为道德评价的客观基础，而是重构天理的概念作为道德的根源，因为后者能够帮助我们洞察历史变化的趋势并产生出顺应这一趋势的意志。

《朱子语类》卷139记载朱熹对陈仲蔚问柳宗元论封建的回答，以"自然之理势"等范畴为郡县取代封建的历史提供了合法性：

> 子厚说"封建非圣人意也，势也"，亦是。但说到后面有偏处，后人辩之者亦失之太过。……且封建自古便有，圣人但因自然之理势而封之，乃见圣人之公心。且如周封康叔之类，亦是古有此制。因其有功、有德、有亲，当封而封之，却不是圣人有不得已处。若如子厚所说，乃是圣人欲吞之而不可得，乃无可奈何而为此！不知所谓势者，乃自然之理势，非不得已之势也。[435]

不是封建，也不是郡县是"自然的"，而是封建取代更早的制度、郡县取代封建的历史过程是"自然的"。这里用合于"自然之理势"（或"势不容已"）来描述圣人之意和封建之建立，等于将历史变迁本身纳入道德合理

---

[432] 参见田浩：《功利主义儒家：陈亮对朱熹的挑战》，页96—97。
[433] 朱熹：《答黄直翁》，《朱子文集》卷44，页1986。
[434] 朱熹：《古史余论》，《朱子文集》卷72，页1297。
[435] 《朱子语类》卷139，页3303。

性的论证之中。如果秦击败六国、郡县取代封建均为自然之理势使然,那么追慕三代的宋儒就不能以三代封建的体制本身作为道德评判和政治想像的根据。[436]"秦既鉴封建制之弊,改为郡县,虽其宗属,一齐削弱。至汉,遂大封同姓,莫不过制。"正是从这个角度,朱熹肯定熙宁变法也"势有不容已者",他所批评的仅仅是变法本身"但变之自不中道"。[437]从朱子批评熙宁变法的这两句话我们可以推断:第一,变法是必然的,从而不能以三代封建之陈规指斥变法;第二,"变之自不中道"表明变法本身不能体现历史和道德评价的价值,这里需要一个内在于历史变化而又不能等同于具体变化的自然法则作为评判的标准。自然概念包含了对自然与不自然的区分,而能够帮助人们损益天下变化或区分自然与不自然的即"理",所谓"合天地万物而言,只是一个理","万一山河大地都陷了,毕竟理却只在这里"。[438]从士绅、贵族和皇权的关系来看,理所体现的道德系统是和郡县制度下士绅阶级及其代表的历史趋势密切相关的。

"天道"、"天理"概念一方面直接地标志着道德论证与制度的脱离,另一方面又以恢复礼乐为目的。对礼制的追慕和重申既是对日益脱离礼乐而发展的"制度"的抗拒,又是对"乡约"和"礼制"的必要性的论证,其目的是重新发展以血缘和地缘关系为基础的伦理关系。道学家们关心的是道德评价与制度评价之间的关系问题,他们要求将三代之礼乐转化为一种内在尺度和道德实践的方法。这个实践不是简单地复古,而是通过格物致知,获得对于正确的、合当的、恰如其分的事物之理的认识,从而达到与理的合一。以三代之治对抗汉唐之法,这一论述方式显示出道学家们不是汉唐之际门阀豪族的代表,而是崛起之中的庶族地主利益的传人。在这个意义上,他们对宗子法及其谱牒之学的怀念与其说是要恢复贵族

---

[436] 针对分封与郡县之争,朱熹明确地评论说:"周自东迁之后,王室益弱,……至秦时,是事势穷极,去不得了,必须如此做也。"《朱子语类》卷1324,页3209。

[437] 《朱子语类》卷24,页599。汤勤福曾在对朱子"史学思想"的探讨中详细地分析理、势等范畴在朱子历史观中所起的作用。参见汤著《朱熹的史学思想》,齐鲁书社,2000,页23—31。

[438] 《朱子语类》卷1,页2、4。

制,不如说是要形成新的社会体制——道学是一种郡县条件下的以宗族、乡约和较为完善的王朝体制为现实基础、以天理或天道为超越的原则的道德理论。与孔子一样,道学家们强调道德的秩序是人的实践的结果,但对孔子而言,圣王典制构成了理想秩序本身,而宋儒对三代礼乐的追溯却是达到天理或理的方法。孔子的伦理学的内在紧张存在于他所理想的三代之制与现实秩序之间,而天理世界观的内在紧张则存在于超越而又内在于万物的理与现实秩序之间。

  在作了上述解释之后,让我们回到天理之成立这一更具有哲学意味的命题上来。如果按照朱熹所说,山河大地塌陷也不能影响理的永恒存在,则理是一个纯粹的"存在"领域,与物的世界分属两个世界;在这个意义上,天理概念将汉代宇宙论支配下的天道观转化为一种内在的法则,从而严格地在道德评价中将"实然"与"应然"区别开来。然而,道德理论中的这一命题究竟是普遍的法则,还是历史关系的产物?若干世纪之后,在18世纪的欧洲启蒙运动之中,"实然与应然的不可通约性"构成了近代欧洲伦理学的普遍法则,迄今仍然是困扰西方政治理论、伦理学和形而上学的中心问题。麦金太尔在评论欧洲伦理思想中的事实与价值的冲突时说:"由于取消了道德戒律和事实上的人性之间的任何联系而造成的道德特性的变化,在18世纪道德哲学家们的著作中已有所表现。尽管……各个思想家都试图在其正面论证中把道德置于人性基础之上,但他们在各自作出的反面论证中都走向这样一种越来越无限制的主张:没有任何有效论证能从纯粹事实性的前提中得出任何道德的和评价性的结论"。[439] 他把这一近代伦理学法则与贵族制的衰败联系起来,并断言:仅仅是在"这种古典传统在整体上遭到基本否定时,道德论证的特性才被改变,从而落入某种形式的'是'前提中得不出'应该'结论这一原则的范围之内。"亦即只有在把人视为先于和分离于这全部角色的独立个体时,才可能不再把"人"作为功能性概念。[440] 在这个意义上,实然与应然的冲突或

---

[439] A. 麦金太尔(Alasdair MacIntyre):《德性之后》(*After Virtue*, p. 56),页72。
[440] 同上书,页75。

事实与价值的悖论是欧洲近代个人主义文化的产物。然而,我们早已从宋代天理观的成立过程中看到了某种相似的逻辑,上文即是将理展开为一种历史形式的尝试。

把道德论证从制度规范中分离出来,与其说是一个哲学问题,毋宁是一个历史问题。先秦儒学的道德论证始终体现了一种包含了内在的本质和目的("仁"、"人心")的人概念,但这种内在的本质和目的不是抽象的本质,而是礼乐制度所体现的客观价值。我们可以说一个不具有这种本质、目的的人就很难称之为人,我们也可以说一个不能在礼乐制度中找到自己的客观位置的人就很难称之为人。人和仁正是在这一意义上存在着基本的同一性。从孔子的视野出发,道学家们将所处时代的道德危机解释为礼乐与制度的分化,进而抨击礼乐的形式化、政治制度及其法规与乡约及其血缘伦理的分途、以皇权为中心构筑从上至下的官僚行政制度与以乡约和士绅阶级为基础构筑封建的社会统治的歧异。他们试图对历史关系进行总结,以弥合制度与礼乐的矛盾,并在个人的道德实践中达到与天理的合一。在宋儒的世界中,"礼乐与制度的分化"构成了一个观察历史和现实的道德/历史视野,我们与其把它视为一个历史事实问题,毋宁看作一种历史想像和历史理解问题。通过三代之治与汉唐之法的对比,他们揭示了现实的制度评价与道德评价之间的矛盾。在这个意义上,天理世界观的成立与特定的历史条件和历史动力密切相关:超越以皇权绝对主义为中心的君权神授的天命观念,超越以品级性伦理和门阀豪族体制为中心的礼仪关系,超越郡县条件下的制度评价体系,以一种整体性的、理一分殊的秩序观为前提寻求和论证新的伦理和政治模式。

因此,摆脱礼制论的框架讨论道德问题不是由于北宋道学发现了实然与应然的二律背反这一普遍伦理法则,而是由于如下双重的历史条件:第一,礼乐与制度的分化、特别是科举制和官僚制度的发展,改变了礼乐体系中人与制度的关系,由制度所提供的社会身份和角色不再能够提供道德评价的客观基础和自我理解的礼仪条件;第二,"新阶级"(庶族地主和士绅)拒绝承认传统的贵族制度及其道德正当性,又需要为新的地主制和宗法制提供道德的理论基础,从而构想一种摆脱传统礼制论和天命观的道德评价方式变得极为迫切。[441]礼乐在先秦儒学中代表了一种伦理/政治的法则或规范,而在道学中却是明心见性的"致诚"方法。在天理世界观的框架内,人道的最终根源不是现实秩序中的位置,而是人与天理之间的关系,从而发展一种内在的道德实践方法成为理学家们关注的重要问题。由于"理"内在而又超越,经验世界中的事物及其秩序未必合于该事物的内在的本质或自然,从而"物"的世界与"理"的世界被区分开来了。又由于物与理(或理与气)的区分,"即物穷理"的认识论构成了理学的中心问题,并引发了理学内部的长期争论。在理学的范畴内,认识论问题是道德/政治评价问题的延伸,而道德/政治评价又是一个与内在性密切相关的问题。正是在这个意义上,宋明时代的儒学是一种"性理之学",它已经从一种规范伦理学或制度伦理学转变成为一种道德/政治领域的"形上学"、"心理学"和"认识论"。但是,在这一"性理之学"的背后始终存在着一种有关"礼乐与制度分化"的复古主义的历史视野,而这个历史视野与现实政治之间存在有力的互动关系,从而重构礼乐、政治和经济关系以作为道德判断的客观前提的努力构成了"性理之学"的另一面。

如果建立在应然与实然的区分之上的道德论述标志着某种现代伦理学的起源,那么,天理即是对这一区分的社会基础和历史条件的激烈批判;然而,恰恰是这一批判性的理论本身预设了理/气二元论,从而将克服二元论的分割设定为此后儒学的道德/政治论述的中心课题。在这个意义上,建立在礼乐与制度的分化这一复古主义历史视野之上的天理观本身恰恰提供了实然与应然相互区别的理论论述。我们现在可以转向理学知识论中的理与物的分野说明这一问题。

---

[441] 这一转变的知识基础也是清楚的:从宇宙论方面看,宋明理学在批判汉代儒学及其人格性的天观的同时,在思想和典籍两方面承继了汉代思想的宇宙论兴趣;从心性论方面看,它以儒学的入世观念批判佛教出世观,但也汲取了佛学对主体及其自由的理解。程颐在《明道先生行状》中谈及程颢的一段话可以说是最为精要的概括:"泛滥于诸家,出入于老释者几十年,返求诸六经而后得之。"《河南程氏文集》卷十一,《二程集》,页638。

第二章

物的转变：理学与心学

> 所谓致知在格物者，言欲致吾之知，在即物而穷其理也。
>
> ——朱熹：《大学章句》

第一节 "物"范畴的转化

伴随着天理的成立，古典宇宙论的模式发生了以理气二分为中心的重大变化；程朱以降，不是理、道、太极等有关起源与本体的概念，而是"格物"这一在儒学思想中处于次要地位的主题，成为儒学反复争论的焦点。理学与心学的分化，宋学与清学的殊途，以及儒学内部的其他一些更为细微的差异，几乎均与对这一主题的不同理解有关。这是为什么？

在天道/天理世界观的思想体系里，由于理与气的区分，出现了一个新的概念，即作为事实的"物"概念；又由于这一区分，产生了一个新的主题，即格物致知。"物"与"格物致知"当然不是全新的词汇，但在宋代思想的发展中，它们获得了不同以往的意义。从逻辑上说，"物"的转变源自"气"这一宇宙论概念的转变，而"气"概念的转变则源自"理"概念的确立。中国古代的气概念与阴阳有关，二者均为地理名词，但又非纯地理概念。《汉书·艺文志·数术略》："形与气相首尾，亦有有其形而无其气,有其气而无其形,此精微之独异也。"[1]在古代一元论的宇宙观中,天地宇宙与礼乐制度完全一体,不能将之区分为两个不同的领域。《天官书》云:"天则有日月,地则有阴阳。"[2]太史公以天地同构,列宿与州域并举,从而将天文、地理、制度与礼仪一并放置在精气的范畴之内。在另外的段落中,司马迁还赋予天象与地理以历史变化的含义,将上古至秦汉的时势变迁——如中国与外国、华夏与四夷的关系——纳入阴阳形气的转化之中。饶宗颐将甲骨、金文等资料与《国语》、《左传》等材料相互印证,说明与"形气"相关的天地现象均与"德礼"相关,此亦为佐证。"'德礼'既成为一专词,在《春秋》之世,'礼'亦赋予新之天地意义,与周初之'文'一词,具同等重要位置。"[3]三事(天德—厚生、人德—正德、地德—利用)为德礼之三大目的,而从正德、利用、厚生三事的角度观之,六府(水、火、金、木、土、谷)亦属德礼的范畴。形气/德礼之间不存在宋代理气二元论式的关系。

在先秦儒学的想像和实践之中,礼乐秩序以天为中心和根据,从而礼乐制度本身即天意的展现。在事实评价(形气)与价值判断(德礼)完全合一的语境中,我们很难发现那种纯粹的、孤立的作为事实的"物"范畴。在礼乐范畴中,"物"以类相属,是自然/本然之秩序的呈现,如《周礼·夏官·校人》:"辨六马之属,种马一物,戎马一物,齐马一物,道马一物,田马一物,驽马一物。"郑玄注:"谓以一类相从也。"[4]《左氏春秋》:"百官象物而动",杜《解》曰:"物犹类也……百官皆象其物类而后动,无妄动

---

[1] 《汉书》,北京:中华书局,1962,页1775。
[2] 《史记》卷二十七,中华书局本,页1342。
[3] 饶宗颐:《阴阳五行思想有"形"、"气"二原与"德礼"关联说》,《中国史学上之正统论》,上海:上海远东出版社,页285—288。关于文与礼的问题,请参见本书第三章有关顾炎武的论述。
[4] 李学勤主编:《十三经注疏·周礼注疏》,北京大学出版社,1999,页859。又,《周礼句解》卷8,载宋·朱申解:"一物者谓以一类相从也"。文渊阁四库全书。

也。"[5]《正义》曰:"类谓旌旗画物类也。百官尊卑不同,所建各有其物象。"[6]在这里,自然之分类与制度之分类是完全一致的,从而自然之评价与制度之评价也是完全一致的。礼乐的功能和意义以这一自然观为前提。《周礼·春官·大宗伯》:"以礼乐合天地之化、百物之产,以事鬼神,以谐万物,以致百物。"[7]一方面,礼乐能够让万物处于一种和谐的关系之中,从而"物"或"百物"不是孤立的、客观的事实,而是处于一定的关系、制度、秩序、规范之中的"物";另一方面,礼乐之能如此,又根源于人神相通的宇宙论前提。《礼记·中庸》:"诚者物之终始。"郑玄注:"物,万物也。"[8]《礼记·乐记》:"其本在人心之感于物也。"孔颖达疏:"物,外境也。"[9]诚为宇宙之本性和物之终始,而这也是礼乐的本性和终始,从而"人心之感于物"能够直接地成为乐的根源。如果礼乐秩序亦即宇宙之秩序,那么万物之"物"也就是礼的规范,所谓"百官皆象其物类而后动"可以说是这一判断的最好注解。《周礼·地官·大司徒》:"以乡三物教万民,而宾兴之。"[10]"三物"即六德(知、仁、圣、义、忠、和)、六行(孝、友、睦、姻、任、恤)、六艺(礼、乐、射、御、书、数),从而"物"概念与一整套礼制规范的范畴有着无法分解的关系。由于"物"与"诚"一致,而"诚"为自然的本性,从而"物"即自然秩序的呈现;又由于礼乐直接地体现了自然的秩序(以礼乐为天),从而体现自然秩序的"物"亦即礼乐/制度之

---

[5] 《左传杜林合注》卷19,页11a。文渊阁四库全书。
[6] 《春秋左传注疏》卷23,页8b。文渊阁四库全书。
[7] 有关礼乐与万物的这种合一关系,还有许多例证。裘锡圭辑录了《周礼》、《尚书》、《吕氏春秋》和《淮南子》中若干以乐致物的例证。如《周礼·春官·大司乐》:"以六律、六同、五声、八音、六舞,大合乐以致鬼神示……凡六乐者,一变而致羽物及川泽之示,再变而致赢物及山林之示,三变而致鳞物及丘陵之示,四变而致毛物及坟衍之示,五变而致介物及土示,六变而致象物及天神。"见裘锡圭:《说"格物"》,《文史丛稿——上古思想、民俗与古文字学史》,上海:上海远东出版社,1996,页8—9。
[8] 李学勤主编:《十三经注疏·礼记正义》,北京大学出版社,1999,页1450。
[9] 同上,页1076。
[10] 李学勤主编:《十三经注疏·周礼注疏》,页266。

规范。[11]在这个意义上,"物"包含了规范的意义。张载之学能够在气一元论的框架中追求"以立礼为本"的道学目标,正是根源于这一极为古老的宇宙论与"德礼"之关联。[12]

但是,由于物与自然的关系取决于物的状态,物与自然的关系存在着变数,亦即我们可以根据自然概念将"物"区别为自然之物与非自然之物。在周人以礼乐为天的氛围中,庄子认为仁、义、礼均为自然的状态,但他坚持说:如果有意去"为仁"、"好义"和"行礼"反而是反自然的和伪善的根源,从而现实之礼乐并不能体现天意。这一判断可以归纳为两个层面:第一,仁、义、礼均为自然之物,从而自然之物与仁、义、礼是同构的;第二,一旦人为因素破坏了自然秩序,仁、义、礼即成为不自然的"物",亦即不具有道德含义(宇宙本性)的事实。因此,庄子在这里构筑了自然之仁、义、礼与非自然之仁、义、理的对立。他进一步说:"'失道而后德,失德而后仁,失仁而后义,失义而后礼。礼者,道之华而乱之首也。'……今已为物也,欲复归根,不亦难乎!"[13]"为物"的结果是物失去在自然秩序中的应然位置,从而"为物"之"物"已非"自然的"存在。在这里,自然即仁、义、礼的状态,非自然即非仁、非义、非礼而又以仁、义、礼的形态出现的状态。按照这一逻辑,"自然"范畴与应然秩序的概念密切相关,而"非自然"则表示应然秩序的紊乱,后者仅仅是不具有应然、本然、自然意义的事实。我们也许可以在前述排比句的最后加上"失礼而后物"的说法:仁、义、礼一旦脱离了自然本性就会转化为不具备道德含义和价值之"物"——在这里,反仁、反义、反礼亦即反自然,而反自然意义上的"物"

---

[11] 例如《易·系辞下》:"仰则观象于天,俯则观法于地……近取诸身,远取诸物,于是始作八卦。"(同上,《周易正义》,页298。)物在这里与身相对,但它被组织在象、法等抽象的概念之中。关于先秦"物"的用法,章太炎有《说物》一文,见《太炎文录初编》卷一,《章太炎全集》(四),上海:上海人民出版社,1985,页40。

[12] 宋明理学中的"气"是一个极为重要的范畴。关于这一范畴,海内外许多儒学学者已经做了仔细的分析和梳理。这里限于论题和篇幅,不能全面讨论气这一概念的形成和发展,但需要说明的是:本章所论"物"的变化是在宋明理气论的形成和变化中发生的。

[13] 《庄子·知北游》,见《庄子集释》,郭庆藩撰,北京:中华书局,1961,页731。

即与自然之应然状态相脱离的、作为事实的"物"。

尽管庄子的看法被归于道家的范畴,但他所陈述的天道自然、礼乐秩序与物的转化这三者之间的关系其实正是理学的先声。理学的一个突出特征是将成德的问题与认知及其程序的问题密切地联系起来。正是这一联系构筑了理学道德论述中的一个争论不休的问题,即道德与认知的关系问题。所谓实然与应然、事实与价值的悖论是在道德论述与认知问题的内在连接的过程中被构筑出来的。由于将道德评价从礼乐论的范畴中抽离出来,评价过程与对礼的客观陈述不再是同一的,从而应然与实然或价值陈述与事实陈述从合一转向了对立,即事实陈述(如制度系统提供的客观评价)与道德评价(对于个人道德状况的评价)之间不再具有必然的关系。从认知的角度看,所谓与价值判断完全分离的事实陈述必须预设作为事实的"物"概念,即一个与规范、价值、判断无关的范畴。这是一个与在古典礼乐体系中的"物"概念完全不同的范畴。在理学体系内,作为事实的"物"概念源于礼序的异化:当礼乐制度不再体现天意(天理、本性)之时,礼乐制度也就不再具备道德评价的能力,从而礼乐制度及其设定的规范、形式等就会从评价的体系中飘逸出来,并成为不具有道德含义或价值的事实范畴。程颢《定性书》云:"夫天地之常,以其心普万物而无心,圣人之常,以其情顺万事而无情。故君子之学,莫若廓然而大公,物来而顺应。"[14]他把"仁"解释成与物同体,与庄子的看法是接近的。这与孔子仅在人心人事上说"仁"相去已远。二程、朱子之后,格物致知被置于道德实践的中心位置,恰当地说明了道德实践已经不能与对"物"的认知、体悟分离开来理解。

在这个意义上,儒学范畴内的"物"的转化源于道德评价方式的转变。孔子礼乐论的道德判断建立在礼乐体系的"分位"观念之上,而宋儒天理观的道德判断需要"天理"提供客观基础。宋儒将《论语》、《孟子》的礼乐论和人性论与《中庸》、《大学》所提供的宇宙论和知识论密切地关联起来,从而在孔孟儒学中的作为礼仪规范的"物"概念逐渐地演变为天

---

[14] 程颢:《答横渠张子厚先生书》,《二程文集》卷二,《二程集》,页460。

理框架中的作为一种认识/实践对象的"物"概念。在孔子的礼乐论的框架内,礼乐、制度、规范和行动都是在天的内在秩序之中展开的,从而礼乐、制度、规范和行动自身即是应然之秩序。然而,在天理世界观的范畴内,现实的礼乐、制度、规范和行动与天理之间有着深刻的鸿沟,它们既不体现应然秩序,也不能等同于应然之理,从而成为理与物的二元关系中的"物"。理与气、理与物的分野意味着道德评价与事实评价的分离,也意味着由物寻理的认知实践在道德评价中所具有的重大意义。这里略举一例。《诗》曰:"天生烝民,有物有则,民之秉彝,好是懿德。"这里所谓"物"与《周礼》中"三物"的用法相似,故与"则"同义,都表明特定的制度、行为和规范,或者说物即礼乐规范。程颢在解释这段话时说:"故有物必有则,民之秉彝也;故好是懿德。万物皆有理,顺之则易,逆之则难。各循其理,何劳于己力哉。"[15]有物必有则并不等同于物即是则。程颢将"物"解释为万物,并在"万物皆有理"的范畴内谈论"物",从而懿德不是遵循物之规范而是顺应内在于物之理。根据前者,"物"包含了由制度所规定的道德价值,根据后者,"物"是一种内含了天理却又不同于天理的事实范畴。与程颐、朱熹的理气二元论有所不同,程颢的上述解释带有天道观的深刻印记,但这里有关"顺理"的提法已经将"物"从礼乐体系抽离出来,成为一种宇宙万物意义上的"物"概念。

对"物"的不同解释实际上体现了道德理解的变化,即从礼乐论向宇宙论或本性论转变。在上述《诗经》的例子中,道德评价包含了具有三重因素的结构:人、每一个人置身其间的礼仪(物,则),以及构成了人和礼乐之目的天或帝。作为一种道德体系,这一结构的特点是:人由天所生,天意直接地呈现为"物"和"则",从而人随顺天意的方式即服从体现了天的意志、命令和规范的"物"与"则"。与此相对照,在宋代思想的框架中,"物"不再是一种礼仪制度的规范,以及由此规定的人的行为的内在目的,而是宇宙或自然的、有待自我实现的"物"。在上述转变中,作为事实的"物"上升为重要范畴,同时作为物的认识者和运用者的人(而不是一

---

[15] 程颢:《河南程氏遗书》,第十一,《二程集》,页123。

般礼仪实践者的人）也上升为重要范畴。这一过程是儒学摆脱礼乐论的道德框架的过程。朱子曰：

> 问：虎狼之父子,蜂蚁之君臣,豺獭之报本,雎鸠之有别,物虽得其一偏,然彻头彻尾得义理之正。人合下具此天命之全体,乃为物欲气禀所昏,反不能如物之能通其一处而全尽,何也？
>
> 曰：物只有这一处通,便却专。人却事事理会得些,便却泛泛,所以易昏。
>
> 问：枯槁之物亦有性,是如何？
>
> 曰：是。他合下有此理。故云：天下无性外之物。
>
> ……
>
> 问：枯槁有理否？
>
> 曰：才有物,便有理。天不曾生个笔,人把兔豪来做笔。才有笔,便有理。
>
> 又问：笔上如何分仁义？
>
> 曰：小小底不消恁地分仁义。[16]

人、物,以及人为之物均各有理,这一判断以"天下无性外之物"为前提。按照"性即理"的判断,天下无性外之物的另一表述即天下无理外之物。但是,理一分殊、物各有理的命题不能等同于物即理的命题,恰恰相反,物各有理的判断正好表达了物与理的区别。

在儒学道德论述的转变中,如果没有对礼乐/制度框架的怀疑,"物"就不可能蜕化为事实范畴；如果不能预设一个隐藏在物背后的秩序（天理或性）,也不能出现"格物致知"范畴中的物概念。尽管在其他道学家的论述中也已经蕴含了相似的命题,但格物致知的主题仍然是程朱理学的特色。例如,邵雍在《皇极经世》（卷一一、一二）中反复提及"天地亦万

---

[16] 《御撰朱子全书》卷四十二,性理一,性命条,页31a—32a,文渊阁四库全书本。此条部分内容又见《中庸或问》,《朱子全书》第6册,上海古籍出版社,2002,页551。

物也"、"人亦物也,圣亦人也",力图在"物"的范畴中发现和理解人的地位和价值。他的主观论中包含着"认识"的因素。[17]但是,这里所谓"认识"不是指在主客关系之间展开的认识和研究活动,而是一种反思式的活动,亦即邵雍所谓"反观"——"反观"既不以建立一种人与万物的对立关系(即所谓认识论的关系)为条件,也不以形成一种"以我观我"的反省式的关系(即现代思想之自我意识及其延伸)为前提,"反观"要求的是"以物观物"。以物观物与程朱之格物穷理都以达到所谓"总体之客观"为目的,[18]但其前提是有所区别的:后者清楚地预设了"格"与"穷"的主体和客体,前者却没有说明物与理的区别——所谓以物观物即要求以物的眼光来看待物,而不涉及"物"与"物之性"的分化。

天、地、人等"物"范畴最终从属于"天"或"理"这一内在的本性或正确的秩序。在以天理为中心的世界中,尽管"物"范畴的实在性大大增强了,但"物"并没有完全脱离价值范畴——在这个新的物概念中,价值成了一种内在的和有待实现的范畴。[19]作为宇宙和世界的本质,"天"、"天道"、"天理"均不能通过对于宇宙实在或现实制度的描述而自然呈现,但又内含在宇宙实在或现实制度之中。在朱熹的世界中,事物或个体各有自身的"分殊"之性、道理或"太极",正是这些性、道理或太极使得"物"之类属性成为可能。如果物与其类属性的合一预设了一种至善与和谐的

---

[17] 正由于此,钱穆把邵雍之学概括为"新人本位论":"非离人于物言之,乃合人于物而言之。即就物的范畴中论人,即于物的范畴中发见人之地位和其意义与价值。"他还认为,正是"物"范畴的重要性,使"康节于象数外实则别有见地,其得力在能观物,此一派学问,在中国颇少出色人物。"见氏著《濂溪百源横渠之理学》,《中国学术思想史论丛》(五),台北:东大图书公司,1978,页60—61。

[18] 钱穆:《濂溪百源横渠之理学》,《中国学术思想史论丛》(五),台北:东大图书公司,1978,页62。钱穆比较康节与朱子说:"康节主性情分别论,亦主以理观物论。此与朱子之格物穷理,似乎本末倒置,惟朱子亦莫不因其已知之理而益穷之,则朱子仍是以理观物也。"这都与庄子的以道观物有所不同。

[19] 钱穆比较孔孟的性命与宋儒的天理,认为两者其实很接近。但"惟孔孟从性命向下言到道,便把物的一部分忽略了。宋儒从性命向上言到理,则物的位置便显。横渠《西铭》言,民吾同胞,物吾与也,大抵孔孟注重前一语,不注重后一语。易系传言形而下,亦举器不举物。此亦先秦儒与宋儒不同处。惟中庸多言物,故宋儒言孔孟,必兼阐及于中庸。"见氏著:《程朱与孔孟》,见《中国学术思想史论丛》(五),页206。

宇宙秩序的话，那么，这一"物"概念与机械论自然观支配下的事实概念仍然是有距离的。近代欧洲道德理论中的实然与应然的矛盾产生于双重的分离：一，以机械论的和实证论的秩序观为前提，将事实范畴从价值论中分离出来构成一个独立的领域，二，以自我论的内在性概念为前提，将道德范畴从制度论中分离出来构成一个超越的领域。在理学的语境中，这两个条件至多只是部分的存在：天理概念及其秩序观将事实与价值以一种内在的方式关联起来，从而道德认知的过程并没有彻底摆脱礼制论的框架，只是这种礼制论现在只能以一种内在性的方式来获得表达。因此，从历史的角度看，不是实然与应然的矛盾，而是礼乐论的道德论向天理观的道德论述的转化，构成了宋明理学的中心问题，前者不过是从后者中衍生出的问题。上述道德论述的转变必然影响宋儒对于学术方法的观点：认知的实践包括了校订、考证、注疏等经学方法，但又不能用校订、考证或注疏的方法来加以界定，因为经学方法以复原古代典制及其具体分位为取向，理学方法则试图在一种宇宙秩序关系中通过对万物和自身的本质的知来获得天理——尽管天理必须通过对"物之理"的认知来把握，但"物之理"并不同于物（包括形式化的礼乐制度）本身。从注疏考证向格物（或格心）、格心和穷理的转变不是一个单纯的方法论转变，而是道德评价方式转变的后果。牟宗三曾经从天道观和性理之学的立场将礼教称之为"外部的"，从而清晰地说明了宋明理学已经将个人的道德状态从礼乐关系中抽离出来，并与天理或天性直接地关联起来。[20]

"物"范畴的转变对于确定"格物致知"的含义具有关键性的作用。我在上一章已经论证：唐宋之际发生的身份制度的变化与道德论证方式的转变之间存在着某种相互呼应的关系，即由于新的制度方式（如科举取士制

---

[20] 牟宗三对宋明儒学之"新"的解释可以说从另一方面印证了上述看法。他拈出五点"新"意，其核心观点是：先秦及汉代儒学虽然涉及了践仁知天（孔子）、尽心知性知天（孟子）、"天命之谓性"（《中庸》）、"乾道变化，各正性命"（《易传》）以及"明明德"（《大学》）等命题，但却未能明确地提出仁与天之合一、心性与天之合一、天道性命通而为一、天道实体内在于各个体而为其性等等命题。牟宗三：《心体与性体》，上海：上海古籍出版社，1999，页14—15。

度、土地制度及官制）并不必然地保证制度内部的成员的道德状态,制度本身也就不再能够成为道德评价的客观性基础。例如通过举业而官居高品的人并不见得就是一个道德的人。在这种情况下,道德论证在一定意义上恰恰表现为对于制度框架的否定。但这种否定不是简单地表现为对制度的批判,而是表现为在天理观的框架内重新建立规范与事实、伦理与制度之间的统一关系。道德判断与制度的分离起源于制度本身的异化,而在天道观和天理观的框架内重建道德根据的目的是重构道德判断与秩序之间的关系——这个秩序不是现实存在的事物所构成的秩序,而是这些事物的本性所构成的秩序。总之,由于道德论证的背景条件的转变,道德结论无法像以前那样被合理地论证了。这就是朱子之格物致知论的起源。

道德不再以礼制规范（流品、分位、名器）为客观性基础,而是以天道或形而上学的天理预设为客观性基础,这一转变构成了天道和天理概念在儒学思想中的独特地位：道德论证不再在道德与制度之间进行,而在人与天道或天理的关系中进行。从逻辑上看,天道和天理概念的瓦解可能来自两个方面：第一,如果这一概念再度与现实秩序产生了紧密的联系,天理概念就会丧失其超越性；第二,如果对天理的论证或把握需要诉诸一种摆脱了任何价值含义的"事实"范畴,那么,道德论证就不可避免地陷入实然与应然的矛盾。天理的形而上学性质既无法通过现实的道德和政治实践提供共同的或客观的标准,也不能通过经验的或实证的方式获得论证：天理的客观性依存于人与天的关系的独特的论证途径。因此,理学面临的基本困难是：一方面,它对以礼制或分位为基础的道德论证的超越并不是对礼乐制度的否定,毋宁是对礼乐制度与其内在本性的合一的一种要求；在理学制度化和正统化的过程中,理学对于礼乐制度的批判会不会指向理学自身呢？另一方面,理学不断地诉诸理、性、气、物等范畴对僵化的礼制论进行批判,从而把格物致知置于道德论证的中心,那么,这种"格物"的实践会不会最终从道德评价的视野中分离出来而成为纯粹的认知实践,进而导致整个理学大厦的坍塌呢？这里有必要提及的是：近代科学世界观对于理学的致命攻击建立在原子论的"事实"或"物质"概念之上,它们是古典的"物"概念彻底"去魅"的产物。

第二节　格物致知论的内在逻辑与知识问题

二程对"物"的解释遵循着事理一致、显微一源的原则。一方面，他们注重随事观理，拒绝把事物之本性或天理视为一种外在的规范；另一方面，他们又认为"事"、"物"之"理"是内在的，从而"事"或"物"本身不能直接地等同于规范本身。"物之理"或"物之性"的概念提示了认知的必要性和可能性。如果物各有理，那么，一，格物穷理的含义不可能离开"物"及其特殊的情境来把握；二，格物穷理的目的并不以"物"为宗旨，而是以恢复"物之理"为宗旨。

"物"概念和格物致知命题的重要性集中体现在宋儒对于《大学》的反复论辩与解释之中。《大学》原为《小戴礼记》之一篇，宋代始独立刊行。韩愈的《原道》、李翱的《复性书》均倚重《大学》作为弘扬儒家义理、判别儒与佛的重要文件。北宋司马光亦以格物新解分析道德衰败的根源。[21] 但是，直到二程以"入德之门"和"为学次第"论述《大学》的意义，《大学》在理学中的地位才真正确定。他们整理篇次，重修定本，为朱子与后儒反复改订《大学》、重新诠释其意义开辟了先河。朱子说："子程子曰：'《大学》，孔氏之遗书，而初学入德之门也。'于今可见古人为学次第者，独赖此篇之存，而《论》、《孟》次之，学者必由是而学焉，则庶乎其不差矣。"[22] 在朱子看来，《大学》源自三代大学之教法，其功能是通过礼乐秩序保留仁、义、礼、智的先天之性，"而其所以为教，则又皆本之人君躬行心得之余，不待求之民生日用彝伦之外，是以当世之人无不学。"为学次

---

[21] 关于《大学》改本在理学、考据学与政治三者关系中的作用，参见黄进兴：《理学、考据学与政治：以"大学"改本的发展为例证》，《优入圣域：权力、信仰与正当性》，台北：允晨文化实业股份有限公司，1994，页352—391。

[22] 朱熹：《四书章句集注》，北京：中华书局，1989，页3。

第的根据是礼乐秩序的结构,从而唯有循序渐进,才能"无不有以知其性分之所固有,职分之所当为,而各俛焉以尽其力。此古昔盛时所以治隆于上,俗美于下,而非后世之所能及也!"[23]《大学》通过"为学次第"的表述把身、家、国、天下连接在一起,其最初的根据与礼制论有着密切的关系。但是,朱子认定三代之礼乐已经荡然无存,从而必须另觅蹊径,通过格物追究天理或先天之性,这样才有可能恢复礼乐的精神。正由于此,他明确地把"格物致知"从《礼记》中独立出来,并同《易传》中的"穷理尽性"相结合,使之成为理学方法论的重要范畴。[24]在他拟订的三纲领、八条目中,格物、致知具有为学次第上的优先地位。

朱子学的众多方面具有内在的联系,其核心是以天理为存在根据展开求得天理的程序和过程。根据《大学章句序》的表述,朱熹的"物"概念和"知"概念没有彻底偏离伦理道德行为和伦理道德知识的范畴,从而很难用实然与应然的区别来描述这两个范畴。但格物致知论的确包含着对物的认识。朱熹不喜欢谈论"病根"、"本原"、"心之全体",认为只有通过具体的物的探究才能把握天理。如果把朱子与孔子相比,"物"在朱子思想中的重要性是显而易见的。孔子曰:"五十而知天命",朱注:"即天道之流行而赋予物者,乃事物所以当然之故也"。钱穆评论说:"命为天道,可谓是孔子意,但谓其赋于物,似与孔子意不同。孟子言性,亦仅言人性,中庸始兼及物性。……今朱子言事物所以当然之故,则命赋于物,即在物内,命在物自身而不在外,即亦无命可言。"[25]这是极为精确的观察。朱子论知与行,取知先行后,原因在于行之依据在礼序,而"及周之衰,圣贤

---

[23] 同上,页1。
[24] 一般而言,朱子为《大学》作格物补传,目的不是整理典籍,而是为重新确立道德论证的前提和途径提供经典依据。朱子在《名堂室记》中说,他把《易》之"敬以直内,义以方外"作为"为学之要",却不知从何着手。"及读《中庸》,见其所论修道之教而必以戒慎恐惧为始,然后得夫所以持敬之本。又读《大学》,见其所论明德之序而必以格物致知为先,然后得夫所以明义之端"。(《朱子全书》,第24册,页3732)关于《大学》与理学之关系,尤其是朱子《大学章句》补格物致知之情况,陈来《朱熹哲学研究》(北京:中国社会科学出版社,1993)一书有详尽考订。此不赘。
[25] 钱穆:《程朱与孔孟》,见氏著:《中国学术思想史论丛》(五),页206。

之君不作,学校之政不修,教化陵夷,风俗颓败",[26]如果不能从格物致知开始,怎么才能找到"行"的根据呢？我们可以把这一问题视为格物致知论的根据。

朱子言格物,其最后结论见于《大学章句》之格物补传：

> 所谓致知在格物者,言欲致吾之知,在即物而穷其理也。盖人心之灵莫不有知,而天下之物莫不有理。惟于理有未穷,故其知有不尽也。是以大学始教,必使学者,即凡天下之物,莫不因其已知之理而益穷之,以求至乎其极。至于用力之久,而一旦豁然贯通焉,则众物之表里粗精无不到,而吾心之全体大用无不明矣。此谓物格,此谓知之至也。[27]

综合诸说,朱子的格物致知论包含了下述几个要点：首先,"格物致知"是朱子理学体系的有机部分,它要解决的问题是"理"的自我回归。"理"是宇宙本原和最高伦理道德原则的本体,它经由"气"而派生了万物,所谓"理"的自我回归就是指它如何通过世界万物重新回到自身。但这个回归仅仅是逻辑上的过程,而不是从外到内的过程,因为按照性即理的意思,性无内外,理无内外,天下无性外之物,无理外之物。因此,尽管格物致知的直接表述是人对每一事物的"理"的认识过程和认识的诸形式,但在理学结构中却只是本体"理"自我复归的过程。在这个意义上,"格物致知"是"理"达到自己与自己合一的不可缺少的环节。

其次,理与物的上述关系既为认识过程提供了先验的结果,又为这一过程规定了道德实践的含义。这里所谓道德不是单纯的、如同现代社会作为特定的合理分化的道德领域,因为人伦之理法与庶物之条理之间没有应然与实然的区别。所谓"性即理"的要义即在天为理、在人为性。朱熹在《大学章句》文末强调他所作格物补传"乃明德之善",最终把格致之功归结为使"吾心之全体大用无不明"的道德境界,从而表明格致既是学

---

[26] 朱熹：《四书章句集注》,页1。
[27] 钱穆：《朱子新学案》(中),巴蜀书社,1987,页707。

问之道,更是正心诚意、明明德、止至善的基本方法。在这里,朱熹远离了西周时代"德"概念与礼制的紧密联系,而把"德"解释为一种内在的、建立在宇宙论框架内的道德境界。用他自己的话说:"所谓格物云者,河南夫子所谓'或读书,讲明义理,或尚论古人,别其是非,或应接事物而处其当否',皆格物之事也。"[28]"为此学而不穷天理、明人伦、讲圣言、通世故,乃兀然存心于一草木一器用之间,此是何学问?"[29]格物致知是一种主体的道德实践("心工夫")、一种对于内在本性的反思,而不仅仅是对宇宙万物的认知。因此,明末王塘南说:"朱子之格物非逐外,而阳明之良知非专内";钱穆甚至提出了"朱子心学"的概念,用以批评那些仅仅从知识取向来理解朱子学的观点。[30]但是,格物致知论所预设的道德实践与象山的那种把对家族的爱、哀、敬钦之心扩大于世界宇宙有所不同,"朱子则凝视家族、村落、国家、世界的一切矛盾,为了解决其矛盾起见,而产生主知的穷理学。"[31]

第三,所谓"格物"包含"即物"、"穷理"和"至极"三个方面,这一为学次第以"穷理"为中心。朱熹认为理与气是宇宙和人类的要素,如果理是一种内在的本质和条理的话,那么,所谓"气"则是构成物理的物质和人类的感性存在(感情、感觉、欲望等)。朱子发展了二程的"理一分殊"思想,认为天下万事万物均有一般与个别的理一分殊关系("天下之理万殊"),这种"分殊"不仅指事物的共时性关系,而且指历史的变化和事物的多样性。"一物不理会,这里便缺此一物之理",人心自然之知不等于

---

[28]　朱熹:《答赵民表》,《朱子文集》卷六十四,页3220—3221。
[29]　朱熹:《答陈齐仲》,《朱子文集》卷三九,页1649。
[30]　钱穆说:"朱子所论格物工夫,仍属一种心工夫,乃从人心已知之理推广到未知境域中去"。人心已知之理如慈孝、不忍之心、礼乐制度、治平之道,以至宇宙造化,种种物理现象均包括在内,所谓"理一分殊"也含万理皆属一理的道理,理不离事,亦不离心,理在物中,而皆为吾心所能明。(钱穆:《朱子新学案》(上),巴蜀书社,1986,页93。)钱穆有《朱子心学略》一文,详尽讨论朱子心学的若干命题及其与陆王心学的关系。见《中国学术思想史论丛》(五),页131—158。
[31]　赤冢忠、金谷治、福永光司、山井涌:《中国思想史》,张昭译,台北:儒林图书公司,1981,页247。

穷理之后的知;"理有未穷,知有不尽",非经即物穷理而至其极的切实功夫,不为透底彻骨之真知。正由于此,朱子高度重视"今日格一件,明日又格一件,积习既多,然后脱然自有贯通处"的"次第工程"。[32]"格物之论,伊川意虽谓眼前无非是'物',然其格之也,亦须有缓急先后之序,岂遽以为存心于一草木器用之间而忽然悬悟也哉?!"[33]他在知识上特别强调对"理一"的认识必须经过经验知识的积累和体验,在伦理方面又注意必须经由特殊的具体规范上升到普通的道德原理。因此,尽管"穷理"的最终目的是把握天理,但这一过程本身却广泛地涉及具体事物的性质和规律;"为学次第"中的"即物"是格物致知的不可或缺的环节。

第四,如果我们把即物穷理与理一分殊等范畴综合起来考虑,那么,"格物"的要义就在于把握具体事物的特殊的"理"。所谓"豁然贯通",指的不仅是心之知与物之理的合一,而且也是对事物之理与理本体的合一状态的洞察。理学的认知方式并不是以一种明确的分类学方式把握具体事物在宇宙秩序中的位置,但它承认分殊之性和豁然贯通,也就必然包含一种有关世界的秩序关系的理解。因此,一方面,朱子的事物概念是"分殊"之性,所谓"分得愈见不同,愈见得理大",[34]另一方面,他的自然范畴则是一种品类的存在,一种通过各自的"理"或"性"而呈现出不齐、不和、不平、不同的秩序。这个呈现过程就是理自己与自己的结合。格物论及其程序性所包含的认知的方面是无法否认的,它要求通过对于事物的分类研究来确定宇宙、自然以至社会的秩序总体,就这一点而言,它与作为分类的知识谱系的科学概念并没有那么大的差异。[35]

按照上述分析,格物致知论就是推导应然秩序的方法论。格物致知

---

[32] 《河南程氏遗书》卷十八,《二程集》,中华书局,1981,页188。

[33] 朱熹:《答陈齐仲》,《朱子文集》卷三九,页1649。

[34] 朱熹:《朱子语类》卷六,北京:中华书局,1986,页102。

[35] 但格物之零细功夫最终关注的不是事物的个别性,而是通过致知得到总体。朱子在回答"格物以观当然之理"时说:"格物所以明此心。"(《朱子语类》卷一一八,北京:中华书局,1986,页2856—2857)这当然表明格物的目的不是追求对经验世界的客观了解,但无论是格物的程序,还是明心见性的目的,都是和那种神秘的、主宰性的天观相冲突的。

论在朱子学中的关键地位具有重要的含义。首先,它表明道德评价的客观基础不是现实的秩序——哪怕是相当形式化的秩序,而是宇宙的存在原理。其次,它表明宇宙的存在原理不能离开现实世界和人自身来求得,相反,"理"只有通过"物"与"人"的世界才能呈现。"即物穷理"的命题意味着:天理是一种内在于"物"的"合当如此"的"自然"或"条理"。"理"与"物"的关系没有发展出近代自我概念所预设的与外部世界的截然分离和对立。例如,就理事关系而言,朱子提出"未有这事,先有这理","未有天地之先,毕竟也只是理",但同时又明确地指出他所谈论的理事关系仅仅是一种存在论意义上的逻辑关系,而不是理事之间的实际关系。[36] 二程认为,物即事,而事与理的差别没有大到完全无关的程度,相反,它们存在着内在的一致性。[37]《二程语录》中有"冲漠无朕,万象森然已具",以及"艮卦只明使万物各有止,止分便定"等语,显然把对一理的关注落实在万物的秩序和分位之上。[38] 在这个意义上,"合理"的过程并不需要超越"物"自身,毋宁是回到"物"自身的"合当如此"的自然之中。[39]

---

[36]《朱子语类》卷九五、卷一,北京:中华书局,1986,页2436,1。朱子又说:"今以事言者,固以为有是理而后有是事,彼以理言者,亦非以为无是事而徒有是理也。但其言之不备,有以启后学之疑,不若直以事言,而理在其中之为尽耳。"《中庸或问》卷上,《朱子全书》,第6册,页560。

[37]《二程语录》中有:"物则事也;凡事上穷极其理,则无不通";"随事观理,而天下之理得矣。""至显者莫如事,至微者莫如理,而事理一致,微显一源。"(《河南程氏遗书》卷一五、卷二十五,《二程集》第一册,页143,316,323。)程朱之学受到华严宗的"理事说"之影响,而华严宗的理事观并没有把事的分位差别与理的无分限对立起来。如谓:"能遍之理,性无分限,所遍之事,分位差别,一一事中,理皆全遍。何以故?以彼真理不可分故。是故一一纤尘,皆摄无边真理,无不圆足";"能遍之事,是有分限;所遍之理,要无分限,此有分限之事于无分限之理,全同非分同。何以故?以事无体,还如理故。"《华严发菩提心章》,《大正藏》卷四五,页653。

[38]《二程语录》卷九,卷六,《二程集》,页108,68。

[39] 这就是当代学者用"内在超越"(以区别于基督教文化的外在超越)来描述儒学的道德方式的根据,也是理学与礼教能够在某种历史条件下(如果它被看作是"合当如此"的话)融合为一的理论前提,尽管乍看起来这两个方面(超越性与礼教)并不相互兼容。

作为一种新的道德认知方式,格物致知论坚持透过(而不是按照)实际的秩序追究道德的法则。在这一过程中,程朱提出了一系列微妙的概念——如"止"、"尽"、"合当"等等——重新界定礼乐制度及其分位。这些概念的确切含义是:只有处于"止"、"尽"和"合当"状态之下的君臣、父子、夫妇、友朋等关系才是道德的关系。一方面,这些概念证明现实的礼序关系不是真正的或自然的礼序关系;另一方面,在恰当状态下的君臣、父子、夫妇、友朋等关系即道德关系。这是理学家在天理观的构架内对于礼乐的道德论证方式的恢复,我们从中可以体会到一点与孔子以仁释礼的努力相似的取向:如果人君不能止于仁、人臣不能止于敬,他们就不能承担君臣之义,也不应担当君臣之名。正值高宗内禅,孝宗即位,金势日盛,国事日非之时,朱子对孝宗说:"帝王之学,必先格物致知,以极夫事物之变,使义理所存,纤悉毕照,则自然意诚心正,而可以应天下之务。"作为帝王之学的格物致知与"现实政治及功利态度"确乎截然对立。[40]

朱熹的格物致知论的重心不在物本身,也不在心本身,而在把物和心综合为一的"格"的程序。这个程序为呈现道德和伦理的法则提供了必由之路。朱子学的二重性首先表现为它是以"理"或"穷理"为目标,这个"理"既可能成为现实秩序的根据,但也可能成为现实秩序的否定物。在朱熹的世界里,"性"或"理"表现为事物秩序的一种"合当的"状态,而不是现实的状态。"格物,是穷得这事当如此、那事当如彼,如为人君,便当止于仁;为人臣,便当止于敬。"[41]穷理的关键在于"须穷极事物之理,到尽处便有一个是、一个非,是底便行,非底便不行。"[42]致知的要义在于

---

[40] 例如戊申(淳熙十五年,一一八八),有人劝朱子不要讲正心诚意之论去烦渎上听,他的回答是:"吾生平所学惟此四字,岂可隐默以欺君乎?"刘述先有关"朱子与现实政治及功利态度之对立"的讨论,记录了朱子对皇帝的诤谏若干条,这些诤谏不是议论国是,就是讨论人君如何正心术以立纲纪,一再地说明了朱子的天理概念与现实之间的紧张关系。刘述先:《朱子思想的发展与完成》,台北:学生书局,1982,页356—359。
[41] 朱熹:《朱子语类》卷一五,中华书局,1986,页284。
[42] 同上,卷一五,页284。

"如父子君臣夫妇朋友,合是如何区处?"[43]朱子思想中的"止于"、"当止"、"尽处"等等是极为重要的概念,它不仅是格物的目标,而且也是万物之合于天理的状态。[44]在这里,不是具体的事物(如君臣、父子、夫妇、朋友),而是"合是"、"尽处"、"底"、"止"成为格物致知的中心词。打个不恰当的比喻,朱子追究的最终目标不是存在物,而是存在本身,但这些表达存在的概念本身又将天理放置在一种动态的过程之中,从而清楚地显示出存在(理)离不开存在物(事)的判断。格物致知对事物多样性及其具体语境的理解就是建立在这种理/事、理/物关系之上的。

《大学》及其格物致知论成为朱子之后有关道德论证的焦点和理学的中心论题。对格物致知论的诠释既包含了对存在之理或至善之道的预设,又点明了通过探求各别"事实"抵达天理的途径;如果道德评价不是起源于对于"礼"的实践,而是起源于对于天理的体认,那么,如何认识天理、抵达天理,进而与天理合一就成为理学的中心问题。正由于此,"自宋以后,几乎有一家宗旨,就有一家的格物说"。[45]《论语》、《孟子》、《中庸》、《易传》与《大学》被宋儒划为孔子传统中内圣之学的代表,而在伊川、特别是朱子讲论《大学》之后,《大学》被推为"四书"之首,成为展示新儒学之系统的关键环节。朱子思想以"集大成"为特色,它的各个部分似乎并没有多少独到之处。劳思光因此断言"朱说实是将'天道观'与'本性论'相连而成",也就是把濂溪、横渠和二程之说综合而为一个统一的体系。[46]但是,这只是就宋代理学内部的关系来看是如此。如果从儒学发展的纵贯轴来看,恰恰是伊川和朱子的"格物致知"论(它是天道观和本性论相连的产物)突破了"先秦儒学原有之义","转成另一系统",并以《大学》为中心展开天、理、性、物的相互关系。所以牟宗三

---

[43] 朱熹:《朱子语类》卷一八,同前,页400。
[44] 朱子说:"所以谓之'止其所'。止所当止,如'人君止于仁,人臣止于敬',全是天理,更无人欲,则内不见己,外不见人,只见有理。"《朱子语类》卷九四,页2413。
[45] 嵇文甫:《晚明思想史论》,北京:东方出版社,1996,页175。
[46] 劳思光:《新编中国哲学史》(三上),页315。

说:"宋明儒学中有新的意义而可称为'新儒学'者实只在伊川、朱子之系统。"[47]为什么呢？因为在一定程度上,格物致知论开创了从认知的途径求证道德的方式,而这一认知途径正是天理观的道德评价方式的最为重要的特点。

如果以天理观的成立为标志讨论儒学道德评价方式的转变,那么,我们又如何理解理学家们对于"礼"的研究、恢复和实践？例如,朱子的《仪礼经传通解》对家礼、乡礼、学礼、邦国礼、王朝礼等类型进行整理,并以家族、村落、文化、国家各共同体为基础来解析古代礼制,礼显然仍然居于理学家关注的中心。理学家对礼的热衷与孔子之礼学的差别究竟何在？正如孔子的看法一样,朱熹认为作为道德与礼仪关系之前提的礼乐制度早已衰败；但不同的是:孔子以述而不作和以仁释礼的方式阐释礼乐制度及其伦理关系,而朱熹认为礼现在只能作为一种形而上学的本质("理")而存在,从而恢复礼乐的努力必须通过求证天理或"复性"的次第工程才能达到。按照"性即理"的逻辑,"仁义礼智乃未发之性",[48]它们不是外在的规约,而是"内在的"品质。"理"既超越又制约着具体的礼,或者说,具体的礼是(必须)以"理"为根据的。为什么需要用内在的或遍在的理来规约"礼"呢？因为礼乐本身以及对礼的理解已经外在化了,如同《新唐书》所谓"礼乐为虚名",无法揭示真正的礼乐关系。正由于此,理学家要求从宇宙秩序(天理)中引申出道德秩序,而作为对于宇宙秩序的认知(或实践)方式的格物致知也就成为沟通具体伦理规则与天理的唯一途径。宋明儒学在《大学》问题上的分歧,与其说源于对文献的不断编排和再解释,不如说源于"天理"概念的特质及其预设的论证程序。作为事实范畴的"物"概念对礼制／道德的论述框架形成了冲击,进而也提升了作为"物"的认识者的主体的地位。

---

[47] 牟宗三:《心体与性体》,页16。
[48] 朱熹:《朱子语类》卷六,同前,页104。

第三节 "性即理"与物之自然

朱子强调存在而不是存在物,主要的理由已如上述。这一将存在与存在物相互分离的论述方式直接地渊源于儒学内部对于礼乐的"真实性"的理解。宋代社会处于一个转换的历史时期,而理学家们认为这是一个宗法秩序和谱牒之学遭到严重破坏、从而存在着深刻的道德危机的时代。在理学家的视野中,现实世界及其秩序不能提供道德的基础,道德的基础在于人们对于天理的认知与实践。格物致知的工夫理论要求人们通过在礼序中的实践和内省,超越自己的现实性,以达到与自己的本质合一的目的。在这个意义上,"物"概念的转变只有放在一种道德制度发生变化的条件下才能得到理解。

正由于此,后人对朱子的格物致知论的理解总是这样那样地与道德制度和政治制度发生关系。侯外庐说:"朱熹所谓'格物致知'是'无人身的理性'本身的复归,'物'既非客观事物,'知'也不是对客观事物的认识,其体系是一种狡猾的僧侣哲学,……""这一套农奴制的人生哲学都是由'格物致知'即封建主义的'定理'导出的结论。"[49] 按照这一看法,朱子的格物致知仅仅是推导天理概念的方法论,并不具有认知的意义,而天理才是礼仪秩序的合法性根据。与此完全相反,刘述先截出若干朱子语录,一一论证朱子之圣学及其天理观与科举、功利和皇权的对立,认为朱子以内圣之学为本的政治意识为清流的舆论力量提供了理论源泉;[50] 沟口雄三说:"……从来的看法,认为朱子的自然法完全是君臣的自然法,但朱子以理的名义批判了以皇帝为首的统治者集团,或以理使他提出来的规范秩序得到体系化,有关这些能动的理念……应从别的方面重新

---

[49] 侯外庐:《中国思想通史》第四卷下册,页647。
[50] 刘述先:《朱子思想的发展与完成》,台湾:学生书局印行,1982,页355,362。该书第七章即讨论"朱子与现实政治以及功利态度之对立",对朱子的政治观及其现实际遇详加考订,论证朱子及其思想的批判意义。见该书页355—393。

予以评价。"[51]如果朱子的格物致知论仅仅是推导等级伦理的方法论，那么，如何理解朱子与现实政治之间的那种紧张，又如何理解格物致知论与自然之学的关系呢？这里首先说明第一个问题。

如果把理学、特别是朱子学与社会体制的关系看作是一个流动的、随着社会整体结构的变化而变化的关系，那么，我们也就不难理解为什么新儒家把南宋的朱子奉为圣人，而"五四"人物却认为朱子学是封建法规的集大成者。天理概念包含了一种等级化的秩序观和道德观，但这种道德意识与以皇权为中心的现实政治秩序之间的关系并不是一种稳定的关系。根据上文的分析，汉唐以降礼乐与制度的分化（以及关于这一分化的想像或者对于三代的想像），特别是宋代政治制度自身的演变和发展，改变了礼乐制度与道德评价的统一关系。在这一背景条件下，宋明理学试图超越制度/道德的同一关系，以天理为中心重建新的道德评价方式，实质上是在制度评价之外重建道德谱系。因此，天理观与现实政治及其制度实践的关系包含了内在的紧张。从总体上说，理学家们期待的是一种皇权与民间权力（以地主士绅为中心、以乡约为纽带的乡村自治）达到某种平衡的德治或王道，一种在郡县条件下容纳封建价值的社会秩序。

让我们从分析"性即理"的命题开始讨论理学与历史之间的关系及其转化。汉代宇宙论和北宋天道观碰到的难题之一是如何处理宇宙万物与伦理的关系：假定"物"不再是一个规范性的范畴，而仅仅是事实范畴，那么，我们如何能够从对"物"的陈述中体会我们应该遵循的道德法则呢？天理之成立、理气二元论以及"性即理"的命题就是为了克服这一困难而产生的。[52]程颐说："性即理也。所谓理，性是也"。[53]"性"与"理"

---

[51] 沟口雄三：《中国前近代思想的演变》，页323—324。
[52] 这一命题导源于张载，而后由程朱加以发挥和系统化。张载把宇宙存在区分为作为"万物之一源"的"天地之性"与由"气"形成的、感性的、经验的、包含着"人欲"的"气质之性"，从而为人欲/天理的对立提供了理论前提。承此对立，二程的"性即理"把"理"界定为一种已然本有而又有待实现的存在，从而在逻辑上区分了事物世界与理的世界，这就是理气二元论的产生。
[53] 《河南程氏遗书》卷二十二，《二程集》，页108。

是与现实之等级世界相对立的普遍之性与普遍之理,既无分老幼男女、门第阶级(所谓"理则自尧舜至于途人,一也"),[54]也无分天、地、人、物(所谓"在天为命,在义为理,在人为性,主于身为心,其实一也")。[55]这一命题的双重含义是:通过区别现实世界与天理世界,道德和伦理被描述为超越的世界,完全独立于我们的地位、态度、偏爱和感情,亦即我们的现实存在("气"的世界)。但这里所谓"超越"和"独立"并非超离的意思,因为"理"又内在于我们和我们生存的世界,从而通达应然世界的唯一途径是修身的实践,即在一套完整的程序中获得对天理的体悟与印证。[56]

"性即理"的命题以"复性"取代先秦之"复礼",重建了一种人性的目的论。程朱的性概念在宇宙论或天理观的构架内将己性、人性和物性统合在一起,而不再如孟子那样仅仅涉及人性。用程颢的话说:"圣人之喜,以物之当喜;圣人之怒,以物之当怒。是圣人之喜怒,不系于心,而系于物也。"[57]这里的"心"不是抽象的本质,而是为现实的计虑所困扰的"心";这里的"物"不是经验的事物,而是"物"之自然或"物"之本质。心/物的对立正好论证了"天理"的超验性和客观性。人与物都在性的范畴之内,从而"物"(之自然或本质)能够成为人性的目的。[58]在这个意义上,"性即理"的命题强化了"天"或"理"的内在性和先验性,扬弃了天道概念内含的超越的、命运的和宇宙论的特质。朱熹说:"且如这个扇

---

[54] 《河南程氏遗书》卷十八,《二程集》,页204。
[55] 同上,页204。
[56] 从道德判断的角度看,这种理气二元论可以概括为:我在任何时刻的感受和现实位置并不代表我的本性,从而不能为我提供必须如何生活的指导,但我必须如何生活的问题只能通过我对自己的本性的实现来解决。"存天理,去人欲"的逻辑最初包含了平等主义的因素,因为现实世界的分位并不代表道德的高低,相反,"自尧舜至于途人"都内在地包含了性或理,也都具有抵达天理境界的可能性。
[57] 《河南程氏遗书》卷二,《二程集》,页461。
[58] 钱穆述及程朱与张载的天道观时说:"要之当时程门高第弟子,固未尝无识透西铭理论之脉络者,既主万物一体,乃谓性外无物,又说:性即理也。伊川晦翁见解之背后,莫非有西铭天地万物一体的见解为之撑搁。故朱子大学格物补传,修齐治平明属人事,而须即凡天下之物而格,正为万物与我一体耳。"《辨性》,《中国学术思想史论丛》(五),页252。

子,此物也,便有个扇子底道理。扇子是如此做,合当如此用,此便是形而上之理。……形而下之器中,便各自有个道理,此便是形而上之道。"[59] 通过形而上与形而下的分别,物与理的关系变得清晰了。作为一种自然秩序,理是一种内在于物的、"合当如此"的秩序。

"性即理"的命题还包含了另一特点,即"性"可以区分为普遍的性和殊别的性。按照程颢的看法,性既是道(宇宙的普遍本质),也是气(万物都呈现着性),还是殊别之性(万物各自的独特之性)。[60] "性即气"的命题来自张载,它在一定程度上解释了世界的构成,解释了为什么宇宙以性道为先,却又可能呈现出恶的现象。[61] 如果万物存在着各自类别的"性",那么,天理也就可能包含着"分理"的含义。程颢说:"天地万物之理,无独必有对。"[62] 又说:"圣人致公,心尽天地万物之理,各当其分。"[63] "无独必有对"暗示了事物是在一个各各相对的秩序之中,而"各当其分"则明确地挑明了道德实现与分位观念的内在相关性。这里的"分"较之礼制中的分位有所差别,它要求的是天地万物在"合当如此"的自然秩序

---

[59] 朱熹:《朱子语类》卷六二,页1496。
[60] 关于性即道,明道云:"道即性也;若道外寻性,性外寻道,便不是。"又说:"盖生之谓性,人生而静以上不容说。才说性时,便已不是性也。"(《河南程氏遗书》卷一,《二程集》,页1,10)。"人生而静以上"一语点出性在万有之前即已存在。关于性即气,明道说:"生之谓性。性即气,气即性,生之谓也。人生气禀,理有善恶。然不是性中元有此两物相对而生也。有自幼而善,有自幼而恶,是气禀有然也。善固性也,然恶亦不可不谓之性也。"(同前,页10) 关于殊别之性,明道说:"告子云生之谓性,则可。凡天地所生之物,须是谓之性。皆谓之性则可,于中却须分别牛之性、马之性。是他便只道一般。如释氏说,蠢动含灵,皆有佛性,如此则不可。'天命之谓性,率性之谓道'者,天降是于下,万物流形,各正性命者,是所谓性也。循其性而不失,是所谓道也。此亦通人物而言。循性者,马则为马之性,又不做牛底性;牛则为牛之性,又不为马底性。此所谓率性也。"《河南程氏遗书》卷二上,《二程集》,页29—30。
[61] 如谓:"凡人说性,只是说'继之者善也'。孟子言人性善是也。夫所谓继之者善也者,犹水流而就下也。皆水也,有流而至海,终无所污,此何烦人力之为也;有流而未远,固已渐浊;有出而甚远,方有所浊;有浊之多者,有浊之少者;清浊虽不同,然不可以浊者不为水也。"《河南程氏遗书》卷一,《二程集》,页10—11。
[62] 《河南程氏遗书》卷十一,《二程集》,页121。
[63] 《河南程氏遗书》卷十四,《二程集》,页142。

中占据"合当如此"的位置,亦即"物"回归到自己的"性"。因此,一方面,程颐认为"天下物皆可以理照",另一方面,他又说"有物必有则,一物须有一理",[64]主张尽穷天下万物之理,通过积累而后获得天理。从性之分别到理之分别,不仅穷理尽性的命题已经呼之欲出,而且"理"序的等级性又在形而上学的层面呈现出来了。这就是"理"概念的分类学含义的新形式,也是朱子格物致知论的理论前提。

如果说天道观在进行道德论证的时候,没有能够把现实世界与天道清楚地区分开来,那么,天理概念、特别是"性即理"命题实现了这种分离。"天理"的宇宙图式不单纯是一种由上而下的垂直的体系,而是事物按照各自的理被编织在一起的秩序。"天"、"理"和"性"在朱子的叙述中具有密切的、不可分离的和合一的关系,它们之间的先后至多是一种叙述逻辑上的先后关系。朱子说:"性即理也,天以阴阳五行化生万物,气以成形而理亦附焉,犹命令也",似乎"性"/"理"是具有自己意志的、能发布命令的主宰。但这里的"命令"之前冠以"犹",表示"犹如"、"就像"的意思,而不是说这些范畴真的像上帝那样具有人格和意志。所以朱子接着"犹命令也"之后说:"于是人物之生因各得其所赋之理,以为健顺五常之德,所谓性也。"[65]又说:"五行之生也,各一其性。……太极之全体无不具于一物之中……性即太极之全体",[66]"性只是理,以其在人所禀,故谓之性。"[67]按照这一逻辑,天理(太极)是宇宙万物的根源和依据,而

---

[64]《河南程氏遗书》卷十八,《二程集》,页193。

[65] 朱熹:《中庸章句》,《四书章句集注》,新编诸子集成,中华书局,1983,页17。朱子在《太极图说章句》中还说:"太极,理也;阴阳,气也。气之所以能动静者,理为之宰也。"但这里所谓"理为之宰"仍然是说现象世界的变化受制于内在于它们的规律。

[66]《晦庵先生朱文公文集》卷六十一,《朱子全书》第23册,页2960。不过,按劳思光的分析,朱子虽宗伊川"性即理"之说,但朱子的看法稍异于程子,"而认为'性'字只同于殊别意义之'理','太极'或共同意义之'理'则不可称为'性'"。劳氏的根据是《朱子语类》卷九十四的一段话:"问:先生说太极有是性则有阴阳五行云云,此说性是如何?曰:想是某旧说;近思量又不然。此性字为禀于天者言。若太极只当说理。"劳思光:《中国哲学史》三上,页276。

[67] 朱熹:《答陈卫道》,《朱子文集》,页2899。

万物(由"气"构成)和人又内在地包含了"天理"。所谓"理者天之体,命者理之用。是则不仅无帝在作主,亦复无天之存在。只有一理遂谓之天耳。"[68] 如果天理是主宰性和创生性的主体,那么,为什么朱子要把"格物致知"置于如此重要的地位呢?

按照宋儒的理解,在先秦礼乐文化中,道德评价与人在礼制秩序中的分位完全一致,从而不存在所谓事实与价值、实然与应然的区别问题。然而,在日益发达的行政制度、选官制度、土地制度的背景下,朱子等理学家认为无法通过现实的人伦关系或制度结构来进行道德评价,他们的"明德"、"明命"等命题所针对的正是人之明德为物欲所蔽的状况。格物致知的目的是通过一定的程序澄明父子之亲、君臣之义、夫妇之别、长幼之序、朋友之信,这里所谓亲、义、别、序、信有别于现实制度或礼乐秩序,毋宁是朱子反复论证的"尽处"、"底"、"止"或者"合当"的关系——一种与现实秩序处于紧张关系之中的、有待实现的秩序。因此,仁、义、礼、智虽然为明德所本有,但却需要格物的程序才能呈现。人君、人臣的身份不能代表君之仁、臣之敬,从而君臣的"合当"的关系不仅构成了一种理想的秩序,而且也是对现实之君臣关系的一种批判性的规范。这就是朱子的理气二元论的社会内涵。

第四节 乡约、宗法与朱子学

那么,应该如何从社会生活史的方面理解天理概念及其格物致知论的这种特点呢?这里首先提出两点解释:第一,在科举制和其他政治制度空前发展的背景下,朱子学把制度评价与道德评价区分开来,却又力图在另一层面重建"秩序"(或曰"理序")与道德评价的统一关系,从而此一秩序与彼一秩序之间存在批判性的紧张。第二,朱熹致力于乡约、宗法和

---

[68] 钱穆:《程朱与孔孟》,见氏著:《中国学术思想史论丛》(五),页207。

私学的发展,格物致知不仅是为了论证礼制秩序的必要性,而且也在实践的层面为这种以血缘、地缘和人情为纽带的共同体提供道德的依据。朱子说:"宇宙之间一理而已,天得之而为天,地得之而为地,而凡生于天地之间者,又各得之以为性,其张之为三纲,其纪之为五常,盖皆此理之流行,无所适而不在。"[69]理序不是单纯地由上而下的垂直秩序,而是按照自然/应然的关系建立起来的互补性的等级关系。这是一种广泛的伦理结构。既然朱子的道德论与重建宗法、血缘和地缘关系的努力密切相关,那么,他的道德主张与现实政治的关系在很大程度上也就依赖于宗法、乡约和私学等社会组织及其规则与皇权国家的平衡关系。

但是,这种平衡关系从来就不是稳定的。首先,理学家们的道德学说与他们倡导的"乡约"实践存在内在的联系,而乡约与唐宋以来的制度改革的关系却一直在经历变化。朱子在《开阡陌辨》中肯定杨炎两税法及其土地制度遏制了土地兼并,但认为这种自上而下的法规化的制度不再具有道德意义。他以恢复三代之制相号召,并不是简单地要求恢复古制,而是考虑当下的实践问题:以地主士绅为中心、通过"乡约"和宗法,重建道德、经济和政治相互统一的社会基础。朱熹亲自编写《古今家祭礼》、《家礼》二书,详细设计和制定家族礼义和节序,并论证祠堂和族田的必要性。在恢复宗法和礼仪的背景下,他补充修订了北宋吕氏兄弟在故乡蓝田制定的乡约而成《增损吕氏乡约》。在"德业相劝、过失相规、礼俗相交、患难相恤"的四大纲目之下,乡约公推年长有德者为"约正",再举学有所长、品行方正的二人为辅,每月轮流当值。[70]与这一乡约相互配合,朱熹的祭祀对象不仅是祖先,而且也包括地方先贤。

在宋代,这一乡约构想与以皇权为中心的郡县政治之间存在一种批判性的关系,而到王阳明发起制定并实行"南赣乡约"的时代,乡约法、保甲法的主要功能已经是维持地方之治安,它的道德含义也许是在其次了。

---

[69] 朱熹:《读大纪》,《朱子文集》卷七十,页3500。
[70] 朱熹:《朱子文集》,页3739—3750。

"乡约"是一种以血缘、地缘和人情为纽带建立起来的基层社会关系,而不是单纯在皇权之下由行政官僚实施的法规秩序。狄百瑞(Wm. Theodore de Bary)说:乡约是"地方自治团体的基本'宪章'……它指的是一种契约,由团体中的会员签订以相互保护。这种契约带有强调个人人格的特征,……因为它强烈地强调对于人的需求及欲望的相互尊重,远过于重视产权或物质交换中斤斤计较的利害关系。"[71]这些论述带有强烈的理想色彩,未必能够体现实际的历史关系。日本学者寺田浩明在新近发表的报告《明清时期法秩序中"约"的性质》中归纳说:"所谓的'乡约',一方面从'乡里制约'或'犯约'等语也可看出属于规定了一定范围内成员在伦理上相互督促和生活上相互扶助等义务的规范、规约;同时在另一方面,从'情愿入约'、'同约之人'和'出约'等关于成员资格的三种典型状态看来,乡约也指有领袖、有成员名单、有内外之分的一种具体组织。将两方面合起来看,则可以说乡约的实体就是由集结在一定的规范之下、愿意遵守该规范的人们所构成的一种集团或组织。"无论是战国秦汉时期的军事性的"约",还是宋代之后的乡约,"约"都是以种种努力来形成或达到共通行为规范的社会存在的总体形态。[72]"约"与成文法典的差异是:刑法由国家在广阔范围内强制实施,其实践依赖于形式化的、制度化的权力系统;"约"则带有民间相互交往而形成的特质和情感性的特点,其实践过程依赖于地域或血缘共同体的联系。

朱熹设想通过地方社区在国家干预与家庭利益之间发挥调节作用,从而乡约的自主性含义是分享政府的权威。这是在宋代政府扩张的背景下产生的社会思想。唐代后期、五代到宋代,土地所有制从均田制转向私人土地所有制,在税制方面则是从租庸调制转向两税法。这个变化可以概括为"支配对象的变化,即从专制权力对单丁个人的人身支配转向对户的支配。……宋王朝对农民的统治是通过户等制而实现的",也就是

---

[71] 狄百瑞:《中国的自由传统》,李弘祺译,香港:中文大学出版社,1983,页29—30。
[72] 寺田浩明:《明清时期法秩序中"约"的性质》,见滋贺秀三等著:《明清时期的民事审判与民间契约》,北京:法律出版社,1998,页153。

"以占有土地多少为基础,把农民编成户等,构筑一个阶层,依据这个阶层来贯彻对乡村的统治。"[73]宋代的官僚(官户)大多产生于科举,其主体部分来自本非仕宦之家的地方豪族(形势户),他们享有以免役为主的各种特权。根据周藤吉之的研究,所谓宋代的大土地占有,其实就是形势户和官户的土地占有的发展。"北宋时,不论是华北还是江南,私人的土地占有都有所发展,自北宋末到南宋末,江南的大土地占有大为发展,而且占有者还在大土地上经营庄园。"[74]对于新式官户的形成,那些重视谱牒和身份的北宋理学家当然不会喜欢。

乡约的自治含义是在均田制向私人土地所有制、租庸调制向两税法转变的过程中产生出来的,从而其核心问题是按照什么原则规划新的社会经济制度(特别是地主制),而不在于是否承认皇权的权威。在朱熹生活的南宋时代,乡约的构想包含了两个方面的社会内涵:一方面,乡约体制是以世家大族式家族制度的瓦解为前提的社会体制,它与皇权中心的郡县体制有着密切的关系;另一方面,乡约的社会构想与唐宋以来以皇权为中心的政治、经济和文化制度存在着紧张关系,除了前面提及的道德评价方式的冲突之外,这种紧张关系还体现在以什么为根据组织乡村、分配土地,以及如何评价地主士绅阶级的社会地位等方面。朱子和其他理学家赞成士绅地主制,反对以皇权/官僚体制来组织乡村社会。他们试图以"德治"为原则、通过"乡约"的形式和宗族制度建立地方社区秩序,从而与以皇权为主导的由上至下的秩序观存在着利益冲突。

宗法地主制既包含了平等主义的诉求,也包含了等级制的伦理,地主制与皇权中心的国家体制的冲突关系不是持久不变的关系。例如,家庙、祠堂的含义随时代的演变而变化,它们与皇权及其政治制度的某些紧张

---

[73] 柳田节子:《宋代乡村的户等制》,《日本学者研究中国史论著选译》(五),北京:中华书局,1993,页189。

[74] 周藤吉之:《宋代的官僚制和大土地占有》,《日本学者研究中国史论著选译》(五),北京:中华书局,1993,页166。

关系日益缓解，以致相互协调，共同为新的等级秩序的社会基础创造了条件。[75]北宋之前，家庙仅仅是官僚贵族士大夫的特权，普通百姓（包括中小地主士绅）通常在正厅祭祀。张载开始把这种庶人祭祀用的正厅也称为"庙"，"凡人家正厅，似所谓庙也，犹天子之受正朔之殿，人不可常居，以为祭祀、吉凶、冠婚之事于此行之。"[76]程颐是"历史上第一个正式提出不分贵族士大夫和庶人都建立家庙，并对家庙的规制、陈设提出具体设想的人。"[77]他说："收合人心，无如宗庙。……系人心，合离散之道，无大于此"，[78]要求士大夫之家必须选择洁静之地在房宅之外另建家庙。[79]朱熹借用祭祀乡贤名士的"祠堂"一词，把张、程设想的家庙改称"祠堂"，以之为家族祭祀祖先、团聚族人的中心，提出了设置祭田以保证祭祀的实行和在物质上吸引族人的设想。他倡导"君子将营宫室，先立祠堂于正寝之东，为四龛以奉先世神主"，[80]并从祠堂、族田、祭祀、家法、族长、家族礼仪和各种繁文缛节等方面详细地设计了家族制度。从此之后，士大夫的家庙和庶人的正寝逐渐衰废，祠堂代之而起。[81]朱熹还兴建藏书阁，编写劝俗文字，目的是"强调相互依存，互为奥援，而不以权威或法律的威力来作为推动公众事务的基础。"[82]爱伦·内斯卡（Ellen Neskar）论证说：祠堂建筑兴衰的一项重要因素是与朝廷的关系。在宋代，地方祠堂既不是学术界也不是朝廷的专属特权。事实上，供奉宋代乡贤最好的地方是官学。到了南宋晚期，当道学被尊为朝廷正统时，独立的祠堂建筑立即衰落下来，而朝廷官员对于乡贤祠堂获得更直接的管辖。这实际上是

---

[75] 明清思想家如李贽对礼教和乡约（特别是乡禁约）、戴震对天理和自然之说的激烈批判，从另一方面揭示了这些宗法制度及其伦理对普通人民、特别是妇女的摧残。在"五四"时代的思想视野中，乡村地主制与皇权完全是相互配合的关系。
[76] 张载:《经学理窟·祭祀》,《张载集》,页295。
[77] 徐扬杰:《宋明家族制度史论》,北京:中华书局,1995,页468。
[78] 程颐:《周易程氏传》卷四《涣》,《二程集》,页1002页。
[79] 程颐:《河南程氏外书》卷一,《二程集》,页352。
[80] 朱子《家礼》卷一《通礼·祠堂》,《朱子全书》,第7册,页875。
[81] 徐扬杰:《宋明家族制度史论》,北京:中华书局,1995,页475。
[82] 狄百瑞:《中国的自由传统》,页29。

对朝廷主动权的肯定,也是中央政府控制祠堂的第一步。[83]

阳明学的勃兴与乡村地主制度的发展存在历史的联系。沟口雄三认为,明末的"公"观念、"天理"观念与主张富民分治的君主论互为表里,对于"私"和"欲"的肯定包含着极为具体的经济/政治内容。[84]从前述分析来看,士绅地主制度与皇权的关系存在着更为基本的、相互配合的一面。当道学,特别是朱子学被尊为朝廷正统时,即使要维持朱子的理想,也不再能够简单地重复朱子之所为,例如用修筑墟墓宗庙和追慕先贤的方式建立道德的规范。恰恰相反,只有打破这些变质了的传统方式,才能够达到"正心诚意"的道德目标。这对于理解阳明学及其在明代后期的发展具有重要的意义,因为这一思想脉络中包含的"无人无己"、"赤子之心"等观念和狂狷精神是对繁文缛节和正统礼制秩序的拒绝——在一定意义上,正是这种对于朱子学的反叛恢复了初期宋学所包含的那种平等主义和批判性。在明清时代,地主制和以祠堂族长为特征的宗法制日益成为与上层政治制度相匹配的基层社会体制,地主士绅的权益要求与乡村体制已经被吸纳到王朝体制的轨道之中。"国有律例,民有私约",这一俗语暗含着一种双重的社会结构方式:一方面是以皇帝为权威来源、以官僚为执行机构对民间恶行进行惩戒的成文法典,另一方面则是"在皇帝'一君万民'式的一元性同等支配下,同时又通过相互合意结成种种社会关系的人民以及他们以契约为媒介而形成的经济生活空间"。[85]士绅地主阶级在这两者之间扮演着愈益重要的角色。

明清之际,这种特殊的历史关系已经相当稳固,几乎不再可能用官或

---

[83] 参见 Ellen Neskar 的博士论文《先贤的祭祀》(*The Cult of Worthies*, Columbia PhD. Dissertation, 1993)。根据她的研究,尽管供奉乡贤的祠堂最晚于汉朝时即已开始,但在 1163—1190 年之间,以及 1210—1241 年之间,兴起了一股兴建或重修祠堂的风潮。转见田浩(Hoyt Cleveland Tillman):《80 年代中叶以来美国的宋代思想史研究》,《中国文哲研究通讯》(台北),第三卷,第四期,页 65。
[84] 沟口雄三:《中国公私概念的发展》,《国外社会科学》,1998 年第 1 期,页 64。
[85] 寺田浩明:《明清时期法秩序中"约"的性质》,见《明清时期的民事审判与民间契约》,页 142。

民、国家或社会这样的两极对应模式来加以分析。寺田浩明从两个方面指出了这一点。首先,从"约"的施行来说,这些表面看来相互合意订立的契约,实质上带有权势力量针对该地域其他居民单方发布命令的性质,从而人们可以从中辨识出"自上而下的命令(约束)"与"基于相互合意的合约"这两种契约的混合状态。其次,在郡县体制业已完成的情况下,民间契约不再具有春秋战国时代那些权力主体之间政治性盟约的意义。因此,明末以后,以乡约为中心的伦理规定为《太祖六谕》、《圣谕广训》等皇帝下达的谕旨所取代,乡约组织也渐与保甲制结合,所谓"乡约保甲制"成为主流。清代的乡约成为地方官指导下覆盖所有地区的国家制度,例如雍正朝实行的"摊丁入亩"制就是乡绅和官僚联合施行的。在这种情况下,"乡约"已经成为横跨官、民两大领域的现象,从而很难在朱熹假定的意义上来说明了。[86] 在这一历史脉络下,朱子学所倡导的"乡约"及其伦理成为宗法制度的理论根据,我们也很难发现其道德评价与制度评价的对立关系。当纲常名教("礼教")成为维系基层社会秩序和上层政治制度的意识形态之时,礼乐与制度之间一度出现的那种分化的、紧张的关系重新获得了统一。这一统一当然无法产生宋明儒者想像的三代之德治,因为现实的礼教无法改变它的外在化的特征。了解了这一历史脉络,我们才能理解为什么明末以降的理学思想中蕴含了一种反礼教的倾向(例如李贽对乡约、特别是"乡禁约"深恶痛绝,戴震对天理杀人的严正抗议)——"乡约"与国家制度的内在紧张已经转化为相互配合的关系,它曾经包含的批判性不仅已经蜕化为宗法教条,而且与严密的里甲制度相互配合。

现代中国思想所批判和反对的不仅是朱熹的理论,而且是(主要是)在朱子学影响下形成的宗法教条及其制度基础。因此,对朱子学的批判意味着一种新的社会秩序及其合法性的形成。"五四"新文化运动是在帝制已经瓦解的语境中进行的反帝制运动和共和运动,这个运动的直接目标不再是帝制,而是帝制的社会基础及其意识形态,是士绅地主主导的

---

[86] 寺田浩明:《明清时期法秩序中"约"的性质》,同前,页154。

社会秩序及其道德基础。在伦理上，它要求的是把个人从宗法、家族甚至社区的伦理和政治关系中解放出来，组织成为现代国家法律中的个人主体。这个个体是国家的公民，也是法律的私人主体。以原子论为内核的现代实证主义把人理解为原子式的社会个体，并在个人的名义之下对宗族、家族、地缘和血缘共同体进行解构和批判，从而构筑了以个人主义和科学主义为基本取向和框架的意识形态。

第五节　朱子学的转变与心学

　　关于乡约与皇权制度的关系的讨论为我们重新理解程朱理学与心学的关系提供了具体的背景。朱熹重订《家礼》、《古今家祭礼》以及《童蒙须知》，力主家族礼仪和祠堂，他的道德论证方式似乎正在回到先秦儒学的礼制论的形态之中。但是，当二程、朱熹把天理概念看作是最高的概念的时候，他们已经远离了那种以礼乐制度作为客观依据的道德论证方式，从而恰恰是恢复礼乐的努力改变了礼乐的道德评价方式。宋儒重视墟墓宗庙，以之为德性实践提供某种媒质，但从根本上说，不是墟墓宗庙及其实践，而是天理构成了德性的依据和起源。宋学的正统是重视人生问题和德性问题，并把关于德性的追寻放置在天理的范畴之中，在这一点上，理学与心学并无差别。它们之间的真正差别在于：心学把道德的实践抽离开外在的认知和程序，从而更深刻地包含了良知与现实的紧张关系。朱子的天理观与他的礼制论虽然在实践上一以贯之，但在理论逻辑上却存在着矛盾：一方面，当他在天理与格物致知论的逻辑关系中追寻道德根据之时，朱熹已经远离了那种礼制论的道德论证方式，从而为心学及其流变提供了根据；另一方面，朱子的天理观必须落实于具体的家族礼法和礼仪实践，从而理的抽象性和超越性又不断地为礼制的具体性和外在性所纠缠。理学与心学的发展在后果上其实是极为相似的，即瓦解了主体经验与客观世界之间的有效的对话关系，最终无法提供道德评价的客观基础。

在朱熹的世界里,格物致知、乡约和礼仪的实践包含着与官僚制度之间的矛盾,而在明清时代,朱子学已经成为官学制度的内在要素。这一现象说明:与乡约的演变相似,理学与科举的关系是观察理学与社会体制的关系的一个重要视角。宋代理学发达的背景条件之一是私学的发展,而私学与官学的关系却不像人们想像的那样清晰明了。早期的私学产生于汉代习经之风,在很大程度上是汉代政府要求未来的官吏应修习五经的结果。聚徒讲学需要经济的资助,而九品中正制下的门阀士族制度正好为私学的发展创造了条件。但是,按李弘祺的研究,魏晋之际的官私学在内容上没有多少区分。在隋唐时代,科举制度兴起,而贵族制度瓦解,大规模的私人讲学反而不可能了。代之而起的,是在佛教精舍训练影响之下的书院制度的形成。宋代早期的地方教育体制中并无任何官方兴办的学校的例子,只是在真宗和仁宗时代(11世纪早期至中期),一些地方长吏开始建立学校并给予财政支持。这些学校拥有由官府刻印和赠送的儒家经典,接受政府拨给的学田(通常是五到十顷),兼有校舍,修建孔庙。[87]"官府拨给学田之举更具有特殊的意义,因为此种做法后来便成为中国地方教育的永久的特点,地方教育自后通常自给自足,开支大致由学田租赋支付。"王安石变法和蔡京执政时期,改革者甚至要求将选官取士与地方教育结合起来,此即所谓"天下取士悉由学校升贡"。在这一条件下,科举考试的应举者来源于地方官学的情况发展为常制,从而"使地方官学的目的变得含混不清。"[88]这样的情况一直延续到清末新的学校制度的兴起。

上述背景为理学、特别是朱子学与官学的关系提供了说明。朱熹的乡约不仅是一种乡村自治的构想,而且也是一种大众教育的工具,因为它能够通过地方教育中的普及教育补充官学的社教功能,如书院中的乡约

---

[87] 关于学田地租问题,最为详尽的研究见李文治《明清时代封建土地关系的松解》一书第四篇《明清时代的学田地租》,北京:中国社会科学出版社,1993,页402—442。

[88] 李弘祺:《宋代官学教育与科举》,台北:联经出版公司,1994,页24—25。

讲会制度就受到朱熹的热情肯定和支持。乡学、社学在后代大为流行,影响所及不亚于书院。书院教育的功能之一是调节国家强制与百姓的道德培养之间的紧张关系。元仁宗皇庆二年(1313)诏行科举,按其条例,第一场为明经经疑二问,自四书内出题,用朱熹章句、集注为标准,从此四书和朱子著作取代汉唐之五经成为后世科举考试的标准读本。[89]明太祖时,严格规定经义的题材,考试制度以八股为去取的标准,形成了所谓科目。洪武二年(1369),朱元璋以"治国以教化为先,教化以学校为本"为由,下诏举办各级学校,各府、州、县都办起了学校及闾里私塾。[90]至永乐帝(1402—1424)编撰《四书大全》、《五经大全》、《性理大全》,朱子学的官学地位愈加稳固,直至清末没有改变。由于理学被纳入了它曾经反对和抗拒的科举取士制度之中,从而这一思想体系与制度论之间的紧张关系彻底消失了。在明清时代,朝廷经常通过理学以及民间教育机制——学校、宗族组织、甚至行会——来推动意识形态的统一。清康熙时期,皇帝既重朱子学,也重经学考据,力图合道统与治统于一身。这在早期的理学家固然是始料未及,但他们的思想前提不能不说已经预设了这种后果。

概括地说,一方面,北宋道学和朱子学都包含了科举取士制度及其评价标准的批判态度,但随着朱子学成为科举考试的标准读本,它所含蕴的反对功利及其制度依托的意义瓦解了;另一方面,由于乡约和宗法伦理日益成为与上层政治制度相互匹配的基层社会体制,朱子学所关注的地主乡绅体制不再具有针对由上至下的皇权一统体制的批判含义。如果说理学的产生一定程度上可以解释成为天理、天道从制度评价体系中分化出来的过程,那么,理学的道德评价方式与制度评价的关系也伴随朱子学成为科举考试的钦定范本而发生了历史性的变化。在理学指导下的礼教与皇权制度互为依托构成了明清时代的重要社会特征。只有在这一背景之

---

[89] 经义一道,各治一经,《诗》以朱熹为主,《尚书》以蔡沈为主,《周易》以程颐朱熹为主,《春秋》用三传及胡安国传,《礼记》用古注。

[90] 关于科目、办学、学校的内容,请参见《明史》卷六九《选举志》,卷七十《选举志》二,卷六二《学校志》。

下,我们才能理解阳明学对朱子学的批判和扬弃,也才能理解为什么"五四"以降朱子学及其格物致知论会被理解为一种宗法等级伦理的方法论。因此,如果要保留朱子学所具有的那些批判的遗产,后世的儒者就不能不以更为尖锐的、反朱子学的方式来考虑问题,从而与官学划清界限。这一变化在概念的层次势必导致理、心、性、物以及格物致知等范畴的重要转化。

心学的"格心"之说以一种内在的道德实践排斥一切外在的程序和物质的设计,并以心一元论对抗理气二元论,确立了心的本体地位。[91] 心学包含了一种否定"物"的实在性的价值取向,但与其说这是反对知识的取向,毋宁说是反对南宋之后科举考试的"知识取向"。朱熹博学多识,对于宋代的自然之学有着浓厚的兴趣,他的格物致知论预设了"物"的概念,无意之间为博物学者提供了一个理论上的出发点。南宋后期和元代初期是自然知识(特别是天文、数学等)的黄金时代,在这一知识氛围中,朱子的格物致知论与自然知识产生关联是完全可以理解的。例如,宋元时代流传的《物类相感志》、《格物麤谈》中的"物"概念就明显地指称自然界的事物,而金元间四大医学流派的代表人物之一、朱子的五传弟子朱震亨(1281—1358)的医学著作《格致余论》直接地将"格致"概念用于医学的范畴。这些例子表明格物致知与自然知识之间存在着某些可能的联系。明代思想的主流拒绝用认知的取向谈

---

[91] 钱穆看到了朱陆之间的相似性,因而另辟蹊径,认为晦庵、象山之别的关键不是一般所谓"道问学"与"尊德性",而在是否承认德性的实践需要外在的形式和礼仪:"象山只注重在此心之哀与敬,却不注意到墟墓宗庙如何兴起之具体事实上。……如此心之哀与敬,是德性问题,是直接性的。但修墟墓,建宗庙,此等像是间接性的。工匠之修建,似乎只是一种技,似乎不要哀与敬。但没有墟墓宗庙,此哀敬之心,如何兴起,如何著落。这里却是道问学处要多了些。讨究朱陆异同者,此等处亦宜注意到。"(钱穆:《象山龙川水心》,《中国学术思想史论丛》(五),页265—266)钱穆的观察超越了纯粹观念论的说明,但仍缺少更为具体的历史脉络。这种解释能够说明朱子与象山的差别,却难以诠释整个理学与心学的关系。在我看来,是否重视或反对修建墟墓宗庙和祠堂的问题还应该置于历史的脉络之中加以分析,即墟墓宗庙和祠堂的修建与皇权主导下的制度建设的关系究竟如何?这些宗法建设所提供的道德评价和培养的方式与科举、田制、官制提供的道德评价和培养方式的关系如何?

论道德问题,这一方式历来被看作是对自然知识发展的阻碍。但根据艾尔曼的研究,在南宋和元代之后,"'自然之学'作为官员必备的'博学'之一部分,其地位却得到提高,且得到皇上的支持。另外,经学的普遍性与实学的特殊性间的分野并不成问题。但天文历法之学等等在这官方的三场考试中作为策问必备内容而渗入科考之中。"[92]在朱子之后,"自然之学"已经与朱子学一道成为科举考试的必备内容,在这个意义上的"自然之学"不是一般的关于自然的知识,而是一种体制化的知识。因此,正如存在着两种不同的理学一样,也存在着两种不同的自然之学,即人们对于自然的探究和认识与作为考试制度的特定内容的自然之学。明代学者对科举以及朱子学进行了尖锐的批判,从而也影响了他们对自然之学的看法,但这些看法是对作为一种体制化知识的自然之学的批判。尽管王学及其演变构成了明代思想史的重要内容,但朱子学作为一种官学意识形态的地位始终是稳固的。除了八股取士制度之外,由胡广(1370—1418)奉敕撰写的《性理大全》计70卷成为官方的钦定文本,在这个意义上,所谓理学已经是皇帝的理学,而不是"士"之理学。心学的取向既不能说明心学已经代表了明代主导的意识形态,也不能证明自然之学的衰败。

"自然之学"在科举考试和策问中的地位逐渐下降,与其说这是宋明理学的结果,不如说是受到清代考据学的影响。艾尔曼说:"18世纪晚期,由考据派学者提倡的由'道学'向经史研究的转变,反映了清代社会和科考科目中广泛的教育变化,这种变化使应考者再也不必回答'自然之学'问题。"[93]明代科举的标志正是新儒学与"自然之学"的成功调适,只是到1680年以后,这一特点才逐渐消失。这一研究成果否定了那种习以为常的见解,即认为宋明儒学与科学无法调和,而清代考据学则是现代科学的先声。从心学的内在逻辑来看,它对内在世界的关注强化了

---

[92] 艾尔曼:《晚明儒学科举策问中的"自然之学"》,雷颐译,《中国文化》第十三期,页133。
[93] 同上书,页137。

"心"的内在性和绝对性,从而为把有关自然和社会的知识从道德论的范畴中分化出来提供了可能性。值得注意的是:欧洲近代认识论的确立有赖于主体地位的确立,强调道德自律的近代伦理学与强调对客观世界进行认知的近代认识论之间存在着一种内在的历史关系,亦即没有自律的道德主体就无法建立对于外部世界的客观认知关系。这个逻辑对于理解心学与自然之学的关系也许不是没有启发的。例如,宋濂是明洪武年间诏修元史的总裁官,深于制度典章文物之学,历来被看作是朱学的传人。但他在反复研析天人之理之后却深以"我"之为学问的根基:"世求圣人于人,求圣人之道于经,斯远已。我可圣人也,我言可经也,弗之思耳。""天下之事,或小或大,或简或繁,或亏或盈,或同或异,难一矣。君子以方寸心摄之,了然不见其有余。"〔94〕他以博学的朱学者而为"后来心学一派的先声。"〔95〕

在上述意义上,恰恰是阳明学及其后裔对朱子学的批判承续和恢复了朱子学曾经包含的那些批判力量,从而它们不能简单地被看作是与朱子学截然相反的思想。明代思想正是在这种特定的历史关系中与朱子学对话,重新结构思想的方式并循此发现经典的根据。〔96〕心学没有改变良知和天理的实践内容,它在理论上一直在寻找从内在的心转向社会道德实践的途径。因此,"格心"的实践包含"经世"的内涵可谓势所必至,追

---

〔94〕 罗月霞主编,《宋濂全集》第1册,《潜溪集·潜溪前集》卷四,《蘿山杂言》,浙江古籍出版社,1999,页52。
〔95〕 容肇祖:《明代思想史》,齐鲁书社,1992,页8—9。
〔96〕 例如,阳明学重视本心,但为了论证良知说,阳明不得不在历史中找根据,以致像朱子一样重定大学古本。这就与儒家原始经典发生了纠缠。余英时说:"一涉及经典整理,偏重'道问学'一派的儒者便有了用武之地。宋明以来儒学中不绝如线的智识主义遂因此而得了发展的机会。……从这个观点看,清学便不能是宋明儒学的反命题,而是近世儒学复兴中的第三个阶段。……清学正是在'尊德性'与'道问学'两派争执不决的情形下,儒学发展的必然归趋,即义理的是非取决于经典。但是这一发展的结果,不仅儒家的智识主义得到了实践的机会,因而从伏流转变为主流,并且传统的朱陆之争也随之而起了一种根本的变化。"余英时:《从宋明儒学的发展论清代思想史》,《中国思想传统的现代诠释》,南京:江苏人民出版社,1991,页194—195。

求本体的努力也不能简化为否定有关外部世界的知识。[97]

心学对内在性的强调包含了与现实秩序的紧张关系,但在理论逻辑上却消除了由于区分内/外、心/物而产生的二元性的矛盾。朱子的格物理论否定现实秩序与天理的直接对应关系,要求每一个人在具体的格物实践中求证天理,这不仅在知识上包含了新的生机,而且也在现实中包含了批判性因素。即物穷理的程序预设了事实与价值之间的沟通,从而最终否定认知过程建立在事实与价值的分离的前提之上。但是,朱子学的官学化过程把这一理论中内含的儒学教条与现实秩序吻合起来,从而消解了这一理论的批判性。消解格物致知过程的反思因素只能产生一个结果,那就是通过"物"的绝对化来肯定现实秩序的合法性。因此,如果要恢复朱子学中曾经包含的那些批判性的因素,就必须剔除这个理论中内含的对于事实的崇拜,恢复致知过程的主体性。正是在这个意义上,心学的兴起不能视为对理学的否定,毋宁说是理的内在逻辑的深化和展开。[98] 在这里,"理"成为推动理学转化的内在的动力,因为"理"拒绝把自己看作是现存秩序的实体化。但"理"也不是经验之外的超越观念,而是经验过程的内在要素。理学与心学在明清时代的消长和融合很大程度上来源于一种需求,即拒绝把理实体

---

[97] 钱穆在论阳明的良知概念时就注意到这一概念的两重性:"第一,阳明论良知,并不偏重在心上,而把心和事,内外交融,铸成一片。第二,阳明论良知,并不偏重在人心之同然上,而把人尽其性,分工合作,来完成天下一家万物一体的境界。"见氏著《阳明良知学述评》,《中国学术思想史论丛》(七),台北:东大图书公司,1979,页77—78。

[98] 沟口雄三认为,理学与心学的对立称谓含有把从宋学到阳明学的流变作一个历史割断的危险。它容易导致规矩准绳(理)和人性(心),以及外在的规范和内在的权威(心)相互对立的误解。"从性即理向心即理这一论题的展开,不是从性向心而是从宋代理观向明代理观的展开,也就是从理向理的展开,理的质的展开。……与其说阳明的理学……是对宋代理学的逆反,倒不如说……它是以摸索和创造真正适应明代的理观为宗旨。"沟口雄三:《中国前近代思想的演变》,页62。自1980年代起,陈荣捷(Wing-tsit Chan)、狄百瑞(Wm. Theodore de Bary)等人开始扩大宋代思想研究的范围。狄百瑞在《新儒学正统与心性之学》*Neo-Confucian Orthodoxy and the Learning of the Mind-and-Heart* (New York: Columbia University Press, 1981),以及《新儒学中心的含义》*The Message of the Mind in Neo-Confucianism* (New York: Columbia University Press, 1989)等著述中,放弃了心学源于陆象山、王阳明的看法,转而认为心学源于朱熹及其系统。

化、超验化、外在化,而不是否定理本身。心学认为本体就是道德实践中之本体、工夫就是道德实践中之工夫,不存在一个外在于道德实践的性体或天理。因此,格物致知不是即物而穷其理,而是回到本心。这就是"心即理"的基本含义。为了反对官方朱学将"物"绝对化的倾向,心学发展的结果是把"心"绝对化。这一转变在"物"概念的层面产生了重要的后果,这就是消解"物"的实在性,把它理解为"此物",亦即"心"。

第六节 此物与物

理气二元论的建立为此后儒学提供了发展和挣脱的方向,而元代之后朱子学的正统地位更为此提供了政治性的动力。在整个明朝时期,思想家们的主要努力方向就是攻击、批判和摆脱程朱的理气二元论,从心和物(气)这两个不同的方向追求心一元论或气一元论,以弥合理与气的分离。从14世纪到16世纪,心一元论成为更具吸引力的思想范式,并由此产生了心学与理学的对峙、抗衡和相互渗透。但是,理学与心学的分化并不是在时间关系中展开的自然演化过程,朱子时代的思想论辩和分歧已经为以后的发展提供了某些依据。在南宋时代,朱子之理(尽处、底、止、合当)和陆象山(1139—1193)之心(此物、此知)都预设了天理概念,也都包含了与现实状态之间的某种紧张关系;作为朱子的同时代人,象山明确地以心一元论为其世界观的出发点,以对抗朱子的二元论及其知识方法。在他的思想世界里,天理不仅是自我存在的,而且也是自我展示的,世界万物及其存在秩序本身就是理的展现。因此,天理不是等着被观察、理解和学习的客体,而是心的自我展开。象山主张"先立其大",直接从"正心"开始,通过对古典之礼的实践贯彻宇宙的道理。他的心概念不能视为一种"内在"的心(如现代自我概念所预设的心),而是将整个世界包容在其中的广阔领域。象山声称"心即理",从而所谓"先立其大"或"正心"涉及的也是普遍秩序——亦即"理"——的问题。心学的确立并不在于它提出了一种不同于理的秩序观,而在于它发展了一种能够将宇宙万物囊括在内在性概念之中的修辞和论述方式,并以此克服程朱的理气二元论。

陆象山的若干社会观点与程朱非常接近,但评判的方式和出发点有所不同。例如,对于科举制度及其陋习,象山进行了激烈批评,断言"科举之习"证明了"此道不行"和"此道不明"的状态。这一姿态与程、朱没有多少差别。因此,将"心即理"的命题与"性即理"的命题放置在批判科举制度所蕴含的评价方式的语境中,它们之间的相似之处远远超过了相互之间的分歧。但象山用"内在性的"修辞切入问题,论述角度与朱子之"性即理"已经不尽相同。从他的视野出发,在科举制下,即使是宋儒推崇的《诗》、《书》、《论》、《孟》,也一样会成为"科举之文",从而断然拒绝由经书之学习而知仁义的致知途径。"内"的含义是通过拒绝将"知"的范畴放置在一种认识程序之中展现出来的。陆氏的看法构成了对朱子学的历史命运的精确预见。象山慨叹周道之衰,转而将"正理"寄托于"人心",而不是外在的制度和经典之文。这是另一种思想逻辑。但就试图重新赋予礼仪、制度和知识以一种神圣性的内涵(神圣性在这里并不与日常性相对立)而言,程朱发明天理与象山发明本心的宗旨其实如出一辙。

那么,象山之学能否摆脱朱子学的命运呢?在《与李宰》中,他说:

> 周道之衰,文貌日胜。良心正理,日就芜没。其为吾道害者,岂特声色货利而已哉?……故正理在人心,乃所谓固有。易而易知,简而易从,初非甚高难行之事。然自失正者言之,必由正学,以克其私,而后可言也。此心未正,此理未明,而曰平心,不知所平者何心也?《大学》言"欲正其心者先诚其意,欲诚其意者先致其知,致知在格物。"物果已格,则知自至。所知既至,则意自诚。意诚则心自正。必然之势,非强致也。……自周衰,此道不行;孟子没,此道不明。今天下士皆溺于科举之习。观其言,往往称道《诗》、《书》、《论》、《孟》,综其实,特借以为科举之文耳。[99]

---

[99]《陆象山全集》,卷十一,中国书店,1992,页95—96。

象山力图辨明心之邪正,对外在事物不感兴趣,这与朱子用"尽处"、"合当"等词来诠释事物之理是完全一致的。但是,朱子析心与性、人心与道心为二,主张"心统性情",通过研读、磨炼把握天理;而象山的心是心理合一之心,他所强调的是顺从内心之天理,而不是琐细的格物功夫。他的心不是感性的心,而是千古圣人之心,由心即理的方式体现的是一种内在而又客观的秩序。说它是内在的,是因为这一方式拒绝外在的程序,要求人们审视自己的内心;说它是客观的,是因为这一方式暗示顺从内心同时意味着我们必须超出自身之外,进而发现一种心与理合一的眼光或者视野。在这里,最为重要的不是心与性的实质性区别,而是心这一与内在性更为相关的表述范畴与性这一与客观性更为相关的表述范畴的区别。这一区别背后隐含的是心一元论与理气二元论的对立。这一内在性的语言方式预设了一种抵达天理的内在道路,从而不再需要在理/气、心/物的对立关系之中展开一种认知的实践。在《武陵县学记》中,象山解释"格物致知"说:

> 所谓"格物致知"者,格此物,致此知也,故能明明德于天下。易之穷理,穷此理也,故能尽性至命。孟子之尽心,尽此心也。故能知性知天。[100]

"此物"即此心此理,亦即彝伦良知,从而"格此物"、"致此知"是以"心即理"为前提的。"格物致知"所以需要直指本心,是因为知为"此知",物为"此物",它们都不是外在于人的道德实践的事物。象山的"此物"概念消除了朱子"物"概念所包含的"事事物物"的外在性的客观含义,消除了由于心/物范畴容易导致的内外二元论。当"格物致知"转向了格"此物"的时候,这一命题便将认知与内省合二而一了。在这个前提下,为学次第变得叠床架屋、支离破碎,毫无必要。

象山将格物归结为格心,否定了致知活动的外在性程序,但他的学术

---

[100]《陆象山全集》,卷十九,页152。

的另一面恰恰是对仪式、制度等中介性程序的重视。仪式、制度等中介性程序是实践的展开形式。象山既把"尽心"作为抵达天理的唯一方式,又十分重视冠婚葬祭之仪式、礼法、政教制度在道德实践中的作用,较之程朱在理气关系中展开的认知实践,他的方式更接近于巫史的传统。"心即理"的命题是把宇宙万物包容在心的范畴内部,并用心这一范畴所内含的秩序观重新弥合由于礼乐制度的异化而产生出的价值与物质的分离。因此,仪式、制度体现的是一种实践的结构,一种将心与生活世界的秩序内在地关联起来的中介,一种如同孔子以仁释礼那样将主体经验与礼制秩序结合起来的努力。就重视仪式、礼法等中介性的事物而言,象山之学近乎欧洲宗教对于仪式的依赖,但不同的是:宗教的仪式性贬低世俗生活的地位,而将生活的意义和价值归于上帝或高于日常生活的实体;对象山来说,仪式、制度、程序与修身的实践本身是现世生活的一部分,是家庭生活和礼仪的一个内在的部分,是回到内在于我们的自然的道路,也是回归天意、天命和天理的法门。在儒学世界中,神圣与世俗的区分是多余的,我们可以将之归纳为以神圣为世俗或以世俗为神圣。在这一语境中,"尽心"的范畴与欧洲宗教的信仰概念不是一个东西。这里的关键是:现实的制度——如科举等——已经成为一种与内在的秩序或自然的秩序构成紧张关系的外在规范,并在仪式、礼法和政教与"心"及其预设的天理之间构筑了屏障,从而按照天理的普遍精神重新确立仪式、礼法和政教制度才是心物合一的必由之路。

因此,心这一范畴与外在体制之间的紧张或对立实际上体现的是经由心这一范畴而内在化的仪式、礼法、制度与现实的仪式、礼法和制度的紧张或对立,后者代表了一种与价值、精神或内在秩序分离的物质性现实。如果说朱子之格物致知重视对外物的观察,那么,象山更在意国家法规之外的仪式性的生活规范。在他的世界里,源发自内心的"行为"不是一个纯粹的内在行为,而是一个在一定的彝伦关系中的行为,是心物合一的实践,但这个彝伦关系不能等同于郡县制国家确立的礼乐制度。在他所指涉的彝伦关系中,内在与外在的区分没有意义,内在性的语言并没有产生一种内在化的道德理论。象山之"心"不能被简单地理解为"内在性",他讨论的仪式、制度等等又不能被简单地理解为"外在性"——在周道之衰后,必须通过"正理"、"正学"的实践将内在于"心"的仪式、礼法、制度等延伸到日常生活之中。因此,象山心学预设了两种礼仪制度的对立,即形式化的礼乐制度与包含着封建价值的礼乐制度的对立。在这个意义上,象山的"心"不是对于礼乐制度及其评价方式的拒绝,他的实践主义包含着对于"本心"与礼仪规范之间的同一关系的理解。从取消内外之别的意义上,这一实践主义更接近于先秦儒学的道德评价方式,不同的是:先儒没有用"心"这一修辞来作为一种统摄性的范畴取代能够体现天意的礼乐。

象山之学被视为明代心学的起源或先声,陆王心学的提法就是一个例子。但"起源"或"先声"不能解释一切,更为完整地了解阳明学得以发生的动力还需要别的系谱。王守仁(字伯安,别号阳明,浙江余姚人,1472—1529)上承象山的"心即理",但对此做了更为复杂的诠释。由元至明,朱子学在科举制度中获得正统地位。明代心学的若干命题虽然可以上溯至象山对心的阐发,但这一思潮的兴盛与明代士大夫对在科举体制中获得了正统地位的朱子学的批判运动有着极深的渊源。阳明学是在与朱子学的对抗关系中展开的,但这两者的关系远不只是批判、反抗等否定性的概念所能概括。阳明关注的问题与朱子学的关系极为密切。余英时认为阳明的良知之说可以视为与朱子奋斗的结果,挑明了阳明"心中最大的问题之一还是如何对待知识,如何处理知识",[101]也预示了心学向史学和经学等儒学形态转化的内在动力。阳明对"心"的重视与朱子之格物论之间有着内在的对话关系:他们均预设天理这一普遍的至善的秩序,都关心知识能否达到天理这一根本问题,分歧在于抵达天理的途径和方法。

著名的龙场顿悟起于阳明对格物发生了新解,他突然意识到:只要把格物的物字认作心中之物,一切困难都没有了。《传习录》卷中《答顾东

---

[101] 余英时:《清代思想史的一个新解释》,《中国思想传统的现代诠释》,南京:江苏人民出版社,1991,页215。

桥书》中的这段话甚为出名:

> 所谓致知格物者,致吾心之良知于事事物物也。吾心之良知,即所谓天理也。致吾心良知之天理于事事物物,则事事物物皆得其理矣。致吾心之良知者,致知也。事事物物皆得其理者,格物也。是合心与理而为一者也。

致知格物不是"以吾心而求理于事事物物之中,析'心'与'理'而为二"(即对于事事物物的认识),[102]而是把"吾心之良知"推广到事事物物上。在这里,阳明的心概念从"人心"转向"吾心",与象山的圣人千古之心相比,这一心概念突出了个人的经验和主体性。知即良知,所谓"得其理"不是让客观事物符合它自身的具体规律性,而是符合于"良知之天理"。在这个意义上,格物是一种为善去恶的道德实践,而不是通过良知的认知活动来接近事物的方式,因为良知之天理不是外在于良知的天理,而是良知自身。"吾心之良知"这一概念强调良知与个人实践的密切关系,但这一关系并不暗示良知或致良知的实践是一种外在于社会的实践——在阳明的语境中,不存在原子论的个人概念,人永远处于关系之中,也是关系自身,从而人可以通过自身之良知而建立与世界的内在联系。

也正由于此,"致良知"的命题正是"经世"命题的根源。阳明说:

> 盖"知天"之"知",如"知州"、"知县"之"知",知州则一州之事皆己事也,知县则一县之事皆己事也,是与天为一者也。[103]

如果"知天"之"知"等同于"知州"、"知县"之"知",那么,良知或心就不

---

[102] 王阳明:《传习录》卷中《答顾东桥书》,《王阳明全集》(上),上海古籍出版社,1992,页45。
[103] 同上书,页43。

能被理解为一种内在的事物。如果拒绝外在于日常实践之上的规范、价值或尺度构成了肯定日常生活实践及其价值的动力,那么,为了抗衡这一外在规范或尺度的神圣性和权威性,就必须赋予日常生活实践以神圣性——日常生活是天理这一最高秩序的唯一的呈现者。执着于具体的实践不能等同于执着于个别的目标,恰恰相反,它要求的是按照天理的普遍精神来从事具体的实践,并从具体的实践中达成与天理这一概念所体现的宇宙秩序的协调一致。阳明从心学的逻辑出发重新界定"经世"的含义,这与象山主要在宗法仪式上理解礼乐实践的意义已经有所不同。在象山那里,宗法仪轨与政治制度之间存在着鸿沟,我们可以从这一鸿沟的存在发现宋儒的思想世界中深刻烙印着的封建与郡县、礼乐与制度之间的对立。但是,阳明将"心"从邵雍、象山的本心引申到"吾心"的范畴之下,同时又将"经世"概念与郡县体制下的官僚责任密切关联起来,表明阳明已经重构了个人与制度性实践的内在联系。象山之心一元论以心与郡县体制之外的礼乐实践的合一为前提,而阳明的心一元论则以郡县体制作为实践的制度性基础——礼乐实践已经被收摄于郡县制度的范畴之内了。

在这一逻辑的推动之下,阳明思想中指涉日常生活的"事"概念被置于一系列概念的锁链之中,成为抵达、呈现和实践天理的途径。阳明强调在事上磨炼,反对以读书穷理作为致知的途径,进而否定作为认知方法的格物程序。他说:

> 然欲致其良知,亦岂影响恍惚而悬空无实之谓乎?是必有其事矣。故致知必在于格物。物者,事也,凡意之所发必有其事,意所在之事谓之物。格者,正也,正其不正以归于正之谓也。正其不正者,去恶之谓也。归于正者,为善之谓也。夫是之谓格。[104]

---

[104] 王阳明:《大学问》,《全书》卷二六,《王阳明全集》(下),上海古籍出版社,1992,页972。

训"格"为"正",即以良知之天理来正物或以天理之普遍精神从事具体的实践("在事上磨炼")。这一命题否定的是在心与物之间建立起来的认知关系。在"正物"的诠释中,"物"概念本身发生了重要的转变:作为"事",它是人的活动;作为"物",它是意之所在或意之呈现,"正物"亦即"正念头"。"事"的一个基本特点是将内在与外在综合在一个关系之中,从而在"事"的范畴内,内在与外在的区分反而无法理解了。

如果致知是致吾良心之知于事事物物,那么,致知即依照天理的普遍精神从事具体的实践;如果事和物的范畴与心和意的范畴之间存在直接的连续关系,那么,事、物与心、意的二分法就显得过分僵硬。在心学的视野内,"事"不是一个客观的、可以通过认知的方法加以理解的范畴,而是主体活动的延伸,但这个主体活动不是主体的随意活动,而是与制度性实践活动相关的、能够呈现天理的活动。因此,阳明将"事"与"意"密切地联系起来:

> 意之所用,必有其物,物即事也。如意用于事亲,即事亲为一物;意用于治民,即治民为一物;意用于读书,即读书为一物;意用于听讼,即听讼为一物;凡意之所用无有无物者。有是意即有是物。无是意即无是物矣。物非意之用乎?[105]

把"物"定义为"事"是从主体的道德实践方面说的,而与"事"密切相关的"意"也不能等同于个人的意志,因为"意"与"归于正者"或"为善"的普遍意志和秩序是内在相关的。因此,意、物、事等范畴的内在联系产生于一个更为基本的预设,即世界秩序由至善的理所构成。所谓"事事物物皆得其理",这既是说每做一事需要符合"物"之正理,而不必去追究经书的教条,又是说事事物物之为事事物物是由于它们是天理这一至善秩序的呈现。朱子学与阳明学都预设了天理这一至善的秩序,但当阳明拆除朱子学的那些以与天理合一为目的的认知程序时,事事物物本身的重

---

[105] 王阳明:《传习录》卷中《答顾东桥书》,《王阳明全集》(上),页47。

要性削弱了天理概念的目的论特征。"在事上磨炼"即对当下性的关注，这个当下性以"事"在礼乐制度之中的状态为前提。牟宗三反复论证说：阳明之物包含了超出事的意义，他不仅是从"意之所在"言"物"，而且也从"明觉之感应"言"物"，从而承认"物"作为一种自在的存在。[106] 在这个意义上，阳明的"物"概念包含了"行为物"和"知识物"的双重含义。然而，从上述引证来看，心学之"格物"说以践履概念为中心，它所力图破除的正是内部与外部、主体与客体的两分法，如果仍然要以"知识物"来定义阳明的"物"概念的话，那就必须重新定义知识本身。"行为物"与"知识物"的二分法需要仔细地加以界定。

阳明对"物"的解说密切地联系着身、心、意、知等概念，他所强调的是"物"与身、心、意、知的一体性：

> 先生曰："……只要知身心意知物是一件。"九川疑曰："物在外，如何与身心意知是一件?"先生曰："耳目口鼻四肢，身也，非心安能视听言动？心欲视听言动，无耳目口鼻四肢亦不能。故无心则无身，无身则无心。但指其充塞处言之谓之身，指其主宰处言之谓之心，指心之发动处谓之意，指意之灵明处谓之知，指意之涉着处谓之物，只是一件。意未有悬空的，必着事物，故欲诚意，则随意所在某事而格之，去其人欲而归于天理，则良知之在此事者无蔽而得致矣。此便是诚意的工夫。"[107]

"物"首先被解释为"意之涉着处"，即物不是天下万物，而是作为道德实践的"事物"，从而无法离开实践的动机和实践的过程来讨论"物"。如果"良知"既不依附于外在的事物，也不依托于圣人之言和日常习俗，那么，"物"的实在性（如外在事物或道德知识）也就消解了。"良知"概念包含了对既定知识和秩序的拒绝，从而它对当下性的强调包含了某种思想解

---

[106] 牟宗三：《从陆象山到刘蕺山》，上海：上海古籍出版社，2001，页163—172。
[107] 王阳明：《传习录》卷下，《王阳明全集》（上），页90—91。

放的作用。

消解物的实在性是为了把仁之本心置于事亲、治民、读书、听讼等具体实践之中,但这不是说事亲、治民、读书、听讼等等事物构成了实践的目的。在这个意义上,"良知说"既拒斥物与理的两分法,以及由此派生出的格物程序,又反对用事物的具体性淹没"理"这一概念所代表的秩序。阳明在一体性的构架内论述身、心、意、知、物的关系正是为了克服这一双重错误。万物一体、心理合一的观念预设了特殊的"事"的分类法和依此而起的德目,从而"在事上磨炼"本身预设着一种秩序。所谓"盖'知'天之'知',如'知州'、'知县'之'知'"者,除了强调知州、知县之事"皆己事也"之外(即理在事中),还暗示出人之事天需要在具体的、各不相同的"事"的实践中进行,从而也就将"知州"、"知县"等制度和官职纳入道德实践内部。阳明倾心体用兼备、教养合一的社会体制,但在社会内涵上不仅与孔孟对礼乐的理解相距遥远,而且也与宋儒对郡县制度的怀疑有着相当距离。

一旦存在事与德目的分类,那么,一种学问的方法和机制也就必不可少。在这个意义上,阳明与朱子的差别不在是否承认知识("学"),而在于如何理解知识("学")。阳明论圣人之教以"克其私,去其蔽,以复其心体之同然"为宗旨,但他并不否定具体的"事"之分类和德目:

> 其教之大端则尧舜禹之相授受,所谓"道心惟微,惟精惟一,允执厥中"。而其节目则舜之命契,所谓"父子有亲,君臣有义,夫妇有别,长幼有序,朋友有信"五者而已。唐、虞、三代之世,教者惟以此为教,而学者惟以此为学。当是之时,人无异见,家无异习,安此者谓之圣,勉此者谓之贤,而背此者虽其启明如朱亦谓之不肖。下至闾井、田野、农、工、商、贾之贱,莫不皆有是学,而惟以成其德行为务。[108]

阳明从一种道德的分类转向一种社会分工的分类,并强调每一社会分工

---

[108] 王阳明:《传习录》卷中《答顾东桥书》,《王阳明全集》(上),页54。

本身都蕴含了"学"。在这个意义上,道德实践并不需要一种抽象的或专门化的道德实践形式,因为人类社会活动及其分工形式内部包含了一种内在超越的品质。一个人无论从事何种职业,处于何种地位,都能够通过"在事上磨炼"而成圣、成德。这一逻辑既在社会分工的范围内预设了一种从"以成德行为务"的最终目的出发的平等主义,又把这一目的转化为在社会分工条件下的日常实践的伦理。阳明把道德目标放置在一种带有分工性质的实践之中,从而提供了职业行为的道德基础——当然,他强调的并不是职业伦理问题,而是"知行合一"和日常生活本身的道德化,阳明曰:"学、问、思、辨、行,皆所以为学,未有学而不行者也"。[109] 知识的方法论与实践过程本身具有同一性,从而实践论也可以被理解为知识论。

以成天下所同德为目的、以具体事为之分类为基础、以知行合一的实践为途径,这就构成了阳明的理想社会的模式:这是一个犹如人的机体一般的学校,各人按照自己的才能气质分工合作,并在各自的具体实践之中归于统一的理想。在这个意义上,学校是一个按照普遍的分类法进行分类的分工系统,它承认个体才能的短长,却不承认具体的风俗习惯的独特性,不承认由于历史条件而形成的善恶的标准,因为所有功能性差异均隶属于同一个有机体。在这个意义上,阳明把克服历史、时代和习俗的特性以归于天下所同之德视为"学"的目标。他说:

> 学校之中,惟以成德为事,而才能之异或有长于礼乐,长于政教,长于水土播植者,则就其成德,而因使益精其能于学校之中。迨夫举德而任,则使之终身居其职而不易,用之者惟知同心一德,以共安天下之民,视才之称否,而不以崇卑为轻重,劳逸为美恶;效用者亦惟知同心一德,以共安天下之民,苟当其能,则终身处于烦剧而不以为劳,安于卑琐而不以为贱。当是之时,天下之人熙熙暤暤,皆相视如一家之亲。其才质之下者,则安其农、工、商、贾之分,各勤其业以相生相养,而无有乎希高慕外之心。其才能之异若皋、夔、稷、契者,则出而

---

[109] 王阳明:《传习录》卷中《答顾东桥书》,《王阳明全集》(上),页45。

各效其能,若一家之务,或营其衣食,或通其有无,或备其器用,集谋并力,以求遂其仰事俯育之愿,唯恐当其事者之或怠而重已之累也。故稷勤其稼,而不耻其不知教,视契之善教,即已之善教也;夔司其乐,而不耻于不明礼,视夷之通礼,即已之通礼也。盖其心学纯明,而有以全其万物一体之仁,故其精神流贯,志气通达,而无有乎人己之分,物我之间。譬之一人之身,目视、耳听、手持、足行,以济一身之用。……此圣人之学所以至易至简,……〔110〕

阳明"学校"的分工合作和组织方式已经无从得知,但可以确定:他的学校构想就是带有自治性质的社会本身,从而与他的乡约实践的方向完全一致。因此,我们可以从他的乡约实践猜摸出一点他的学校构想的微意。在著名的《南赣乡约》中,阳明认为民俗之善恶无不由于积习使然,乡民之愚顽完全是"我有司治之无道,教之无方"的结果,因此,设立乡约、协和乡民的目的是"死丧相助,患难相恤,善相劝勉,恶相告戒,息讼罢争,讲信修睦,务为良善之民,共成仁厚之俗"。〔111〕乡约虽然以养成"仁厚之俗"为目的,但具体的操作需要一定的程序、义务和权利关系,例如公推约长,约众必须赴会,约长协调约众以解决民事争讼,约长参照公意彰否人物,等等。我们可以从深受阳明影响的黄宗羲(1610—1695)的《明夷待访录》中发现类似的普遍秩序,在这个秩序中,伦理、政治和经济的关系可以视为天理在具体事物关系上的直接呈现。这种将宇宙秩序、政治关系、伦理行为综合在一种普遍的模型之中的儒学政治论述的根源之一,就是阳明学所体现的心、物、知行和制度的那种联系方式。如果把阳明的心的概念、知的概念与乡约、学校和"知州"、"知县"等制度性的存在联系起来,我们能否说:道德实践与制度的关系已经以一种隐约的方式呈现在心一元论的框架里了?我们能否预见:这种以知行关系连接起来的心性与礼乐制度的联系将再度引导出考证古制的经学潮流呢?

---

〔110〕 王阳明:《传习录》卷二《答顾东桥书》,《王阳明全集》(上),页54—55。
〔111〕 王阳明:《南赣乡约》,《王阳明全集》(上),页599—600。

第七节　无、有与经世

　　阳明后学在致知格物问题上的意见分歧杂陈，但无论左派还是右派，消解"物"的实在性却是相近的取向。所谓"物"的实在性不仅指客观世界的实在性，而且也指经书所指的各项规范的权威性，从而这一对实在性的排斥又可以被解释为对外在性的拒绝，或者说，是对道德实践和认知过程的任何中介物的拒绝。如果人的行为仅仅依赖于人彼时彼地的良知正理的判断，那么，外在规范（包括祖法遗制、经书教条）的权威性就会遭到怀疑。聂豹（字文蔚，号双江，永丰人）之主"归寂"、刘文敏（字宜充，号两峰，吉之安福人）之"以虚为宗"、罗洪先（字达夫，别号念庵，吉永人，1504—1564）之"收摄保聚"、刘邦采（字君亮，号师泉，吉之安福人）之"悟性修命"，均藐视见闻之知、象著之物、动静之心，认为未发之理才是性，进而以主静无欲为宗旨，为学专求"未发一机"（"以未发统已发"）。在批判朱子学正统的氛围中，他们强调本心就是良知，不仅否定了理学内部的知识取向，而且也反对在事上磨炼的工夫理论。聂豹批评学者囿于"道理障"、"格式障"和"知识障"，把"多学而识"、"考索记诵"作为成圣的方式，[112]对于王畿（龙溪）的"格物是致知日可见之行，随事致此良知使不至于昏蔽也"的主张表示全盘拒绝。他有一段话对此作了明确的说明：

　　　　今日格物是致知日可见之行，随在致此良知，周乎物而不过，是以推而行之为政，全属人为，终日与物作对，能免牵己而从之乎？[113]

---

[112] 聂豹：《困辨录》，见《明儒学案》，《黄宗羲全集》第七册，浙江古籍出版社，页442—443。
[113] 聂豹：《致知议辩》，《王龙溪全集》卷六，页12b—13a，台北华文书局1970年影印道光（1822）刊本。下同。（《致知议辩》为聂豹与王畿的对话，故收入《王龙溪全集》。）

他从阳明的良知说出发,却反对通过事物(行为物)抵达良知的观点,从而否定了阳明格以正物的工夫理论:"感上求寂,和上求中,事上求止,万上求一,只因格物之误,蔓延至此。"[114]

聂豹的论述深受佛教和道教的影响,但在宋学传统内部也有其根源,如周敦颐《通书》中所阐发的"主静"和"无欲"之说。按照聂豹的看法,良知本寂,从而只能通过归寂才能发现未发之寂体。知是心之体,这个心之体是虚灵不昧的,因此"致知"就是"充满其虚灵之本体"(所谓"致中")。致知就是归寂。"寂然不动,先天而天弗违者也。格物者,致知之功用,物各付物,感而遂通天下之故。……格其不正以归于正,乃是先师为下学反正之渐,故为是不得已之词。所谓不正者,亦指夫意之所及者言,非本体有所不正也。"[115]从本体上看,朱子所谓的格物工夫毫无根据。聂双江说:

> 良知本寂,感于物而后有知。知其发也,不可遂以知发为良知,而忘其发之所自也。心主乎内,应于外,而后有外。外其影也,不可以其外应者为心,而遂求心于外也。故学者求道,自其主乎内之寂然者求之,使之寂而常定。[116]

"知"是"天之明命"和"性体",并不包含"以此知彼"的含义。在这里,寂静主义包含了两个方面的含义:一方面,"归寂"意味着"知"与外在世界毫无关联,另一方面,以"归寂"为"致良知"的方式必须以世界秩序由至善构成这一思想为前提。

---

[114] 聂豹:《答邹西渠》,见《明儒学案》卷十七,《黄宗羲全集》第七册,页435。
[115] 聂豹:《答亢子益》,见《明儒学案》卷十七,《黄宗羲全集》第七册,页430—431。
[116] 聂豹:《答欧阳南野(三)》《双江聂先生全集》卷八,书一,明嘉靖刻本。(又见《明儒学案》卷十七,《黄宗羲全集》第七册,浙江古籍出版社,页429)。深受聂双江影响的王时槐(字子植,号塘南,吉之安福人)更为直接地定义"知"的含义说:"知者先天之发窍也。谓之发窍,则已属后天矣。虽属后天,而形气不足以干之。故知之一字,内不倚于空寂,外不堕于形气,此孔门之所谓中也。末世学者往往以堕于形气之灵识为知,此圣学之所以晦也。"见王塘南:《答朱易庵》,《明儒学案》卷二十,《黄宗羲全集》第七册,页542。

以"归寂"拒绝认知与道德实践的外在性留有佛教的深刻印记，它很可能导致对于现世生活本身的否定。那么，如何协调"归寂"与肯定现世生活的儒学立场之间的矛盾？正是从这一问题出发，王畿（字汝中，别号龙溪，浙之山阴人）、陈九川（字惟濬，号明水，临川人）、邹守益（字谦之，号东廓，江西安福人，1491—1562）等分别从道之不离、道之无分动静和心事合一等三个方面反对聂双江的观点。对于"归寂"的批判的积极后果是：对符合天理的生活的肯定必须在人的日常生活中寻找。王门后学中除了罗洪先之外大多非难聂双江的看法，但他们又都否认从知识入手求证良知的观点。因此，聂豹与其他王门后学之间的分歧并不在于是否承认"物"的实在性这一点上。这里以王龙溪为例，他的学说在当时和后世中引起的争论集中于《天泉证道纪》中的四无说。龙溪用"无善无恶"界定心、意、知、物，呼唤从"无"上立根，善恶双泯、尧桀两忘。但四无说不是四大皆空，随顺现实，而是以根本的"无"来对抗各种现实的有，其中包含着极为现实的批判锋芒。我们看龙溪对格物致知的解说：

> 格物者，《大学》到头，实下手处，故曰"致知在格物"。若曰格物无工夫，则《大学》为赘词，师门为剩说，求之于心，实所无解。理一而已，性则理之凝聚，心则凝聚之主宰，意则主宰之发动，知则其明觉之体，而物则应感之用也。天下无性外之理，岂复有性外之物乎？公见吾人为格致之学者，认知识为良知，不能入微，致其自然之觉，终日在应迹上执泥有象，安排凑泊，以求其是当，故苦口拈出虚寂话头，以救学者之弊，固非欲求异于师门也。然因此遂斩然谓格物无工夫，虽以不肖"随在致此良知，周乎物而不过"之说，亦以为全属人为，终日与物作对，牵己而从之，恐亦不免于惩羹吹齑之过耳。寂是心之本体，不可以时言，时有动静，寂则无分于动静。……良知如镜之明，格物如镜之照，镜之在匣在台，可以言动静，镜体之明无时不照，无分于在匣在台也。故吾儒格物之功无间于动静……[117]

---

[117] 王畿：《致知议辩》，见《王龙溪全集》卷六，页12b—13a。

龙溪以阳明的"身心意知物是一件"的看法为据肯定格物说。他把"格"字解释为"天然之格式"或"天则",带有老庄顺从天则之自然的味道。"天生烝民,有物有则。良知是天然之则,物是伦物所感应之迹。……物者因感而有,意之所用为物。意到动处,便是易流于欲,故须在应迹上用寡欲工夫。寡之又寡,以至于无,是之谓格物,非即以物为欲也。"[118]天下无性外之理,故亦无性外之物;无性外之物,也就不存在单纯的以知识为良知的那种"格物"工夫。"物是伦物所感应之迹",从而由物而探寻良知亦非通常所谓认知了。所谓"本体即功夫",否定了通过外在于本体的实践来抵达本体的工夫理论。"致知"的实践只需随顺天则之自然,既不需要"闭关静坐,养成无欲之体",也不必读经穷理,"由文字学道"。一方面,用自然、无欲重新解释阳明的良知说为彻底地摆脱道德实践与外在规范性的关系提供了条件,另一方面,把无欲等世俗生活中君子的德性标准归于至善的世界秩序又为一种日常生活中的好的生活标准提供了积极的论述——后者渊源于一种君子或士大夫的生活伦理。在这个意义上,自然、无欲和虚的观念构成了工夫论和经世思想的基础。这是上述两重伦理的结合,即由宋学宇宙论延伸而来的秩序观与生活世界中的士大夫或君子伦理的合二而一。

自然、无欲和虚无的取向与经世的结合实质上是将拒斥"物"的实在性的取向与肯定世界的取向综合起来,从而提供了一种尊重内在主体及其意志的逻辑。经世观念的风行与日趋严重的社会政治危机密切相关,以致人们把经世观念看成一种应对时事的策略性的或功利性的思想。"经世"一词源于葛洪(284—364)《抱朴子·审举》所谓"故披《洪范》而知箕子有经世之器,览《九术》而见范生怀治国之略。"在清代以后的理解中,经世观念与实学的关系更为密切,也常与《易·系辞下》中所谓"精义入神,以致用也"中的"致用"一词连用。1825年,魏源开始编辑《皇朝经世文编》,批评"玄虚之理"、"心性迂谈"等等,进而把民瘼、吏治、边防、国

---

[118] 王畿:《新安斗山书院会语》,《王龙溪全集》卷七。(又见《明儒学案》卷十二,《黄宗羲全集》第7册,页283,文字略有出入。)

用、农桑、政事等置于经世之学的中心地位。经世致用从此成为上承东林、反对王学及其末流的思想运动。但是,经世观念不但发端于鸦片战争之前,说不上是对西方挑战的回应,而且本身就是儒学的基本命题之一。它是理学家和实学家的想法,[119]也是阳明后学的宗旨,那种把经世与王学,特别是阳明后学对立起来的看法其实不过是东林及后人根据自己的历史情境作出的判断。

从心学的脉络看,经世观念与区分儒释有着密切的关系。陆象山《与王顺伯》云:

> 某尝以义利二字判儒释。又曰公私,其实即义利也。儒者以人生天地之间,灵于万物,贵于万物,与天地并而为三极。天有天道,地有地道,人有人道。人而不尽人道,不足与天地并。人有五官,官有其事。于是有是非得失,于是有教有学。其教之所从立者如此,如曰义曰公。释氏以人生天地间,有生死,有轮回,有烦恼,以为甚苦,而求所以免之。……故其言曰:生死事大。……其教之所从立者如此,故曰利曰私。惟义惟公故经世;惟利为私故出世。儒者虽至于无声无臭,无方无体,皆主于经世。释氏虽尽未来际普度之,皆主于出世。[120]

象山之学以心为宇宙全体,从而为学的方式即去除心之蔽进而恢复其本体。不识不知,一任自然,此心就可以应物无穷。以经世区分儒释,这是在入世的前提下谈论"无"了。王龙溪兼四无说与经世观念为一身,多少承续了象山的精神,说明经世的出发点是立足于"无"之上的。"格物"的逻辑前提是"知"的实践性,"闭关静坐"的错误就在这种求道的方式离开了经世的实践,从而如同读书穷理一样,丧失了格物致知的真正要义。知外无物,物外无知,如果脱离悦亲、信友、获上、治民的实践,即无明善用力

---

[119] 关于朱子的经世致用之学,参见汤勤福:《朱熹的史学思想》,页35—43。
[120] 陆象山:《与王顺伯书》,《象山全集》卷二,页1—2。

处。因此,明善与获上、治民、悦亲、信友之功不能分成两截来叙述,格物与践履成为一件事的两种表达。换言之,只有强调知的实践性、否定喜静厌动的归寂,才有可能把致知的实践与经世的目的关联起来、把"反己"的实践与人生的世俗性质统一起来、把理的秩序观与事件的具体情境联系起来。也正由于此,对物的实在性的否定是对致知过程的任何中介或外在性的否定,但恰恰是这一否定本身内含着一种导向现世生活和相对于内在"寂体"而言的外倾的倾向。

在这个意义上,推动"经世"观念复兴的内在根据仍然是阳明的万物一体、知行合一。龙溪说:

> ……若谓格物有工夫,何以曰尽于致知?若谓格物无工夫,何以曰在于格物?物是天下国家之实事,由良知感应而始有。致知在格物,犹云欲致良知,在天下国家实事上致之云尔。
>
> ……………
>
> 圣人之学主于经世,原与世界不相离。古者教人只言藏修游息,未尝专说闭关静坐。若日日应感,时时收摄,精神和畅充周,不动于欲,便与静坐一般。若以见在感应不得力,必待闭关静坐,养成无欲之体,始为了手,不惟蹉却见在工夫,未免喜静厌动,与世间已无交涉,如何复经得世?……[121]

一般而言,心学偏重本体、本心,而忽略气的运行,对于时代的演变、情境的变化和制度性的问题缺乏深入的历史思考。但在作出这一判断时至少应该提出两点补充。第一,这种反历史的思想以本心、童心、赤子之心、本体、此物、虚无来对抗那些以历史陈规和经典教条为法则的权威体制,从而在具体的情境中发挥了尖锐的批判作用。在这个意义上,反历史的思考形式本身具有历史性。第二,对于外在性的拒绝(如龙溪对"无"的重视)表达的是重新建立道德与行为关系的内在连续性,而不是为了否定

---

[121] 王畿:《三山丽泽录》卷一。见《王龙溪全集》卷一《语录》,页11b,12a—13b。

任何现实的制度及其实践，[122]在这个意义上，回到本心、童心、自然和无的取向并不意味着对于任何制度性的实践的否定。因此，一方面，从王阳明到阳明后学（尤其是李卓吾），六经皆史的思想绵延不绝——通过史的观念将经书相对化，进而构成对朱子学正统的批判；另一方面，本心、童心以及自然等等范畴把道德的基础抽离开现实的等级关系，并为情、欲的领域提供了理论的前提。黄宗羲在总结泰州学派健将颜山农（钧）的行为、宗旨时说："率性所行，纯任自然，便谓之道。……凡儒先见闻，道理格式，皆足以障道"，[123]强调立足于纯粹的自然状态以求道，从而将先儒教导、礼仪制度、法律和政治的方式与道、自然、理等最高范畴区分开来。

无论是聂双江的归寂，还是王龙溪的无欲、自然或本体即功夫，都是在特定范围内对等级化的、教条化的伦理关系的否定，他们从不同的方向上要求恢复道德与现实的同一关系。所谓"经世"的观念正是建立在他们对道德与现实的关系的理解之上的。但究竟什么才是真正的现实呢？各自的理解并不相同。在聂双江，这个现实是寂体，在龙溪，这个现实是自然——经世的实践与复归自然的思想存在着紧密的、内在的关联，这是因为自然在这里是作为现实秩序的对立物而存在的，它要求现实秩序恢复到自己的自然之中去。在本体、工夫、自然等问题上，王龙溪、聂双江、李卓吾，以及左派王学的其他人物的看法不一，但他们的批判性都表现为把自然、心性、良知和欲望提升为真正的现实，并以之与现实秩序相对抗。在这个意义上，恢复道德评价与自然的统一关系并不是对孔子的那种君

---

[122] 在修改本章时，读到周昌龙的论文《良知与经世——从王龙溪良知经世思想看晚明王学的真貌》，大旨与我关于阳明后学之经世论的论述相近，但更为系统和专门。在这篇文章中，作者提及龙溪将礼刑等量齐观的一段话，颇可佐证："出礼而入刑，刑所以弼教而兴化也。先正云：'一部《大明律》，其义精于《大学》一书。……《大学》圣贤精微之蕴，乃以听讼次于其间，其旨深矣。……慈和则能爱人，明允则能折狱。素明于礼，已得用刑之本。"（王畿：《王龙溪全集·赠周见源赴黄州司理序》，台北：华文出版社，1970年影印清道光2年重刻明万历刻本，卷14，页965—966）他还论述了李贽游走于无为与有为之间，对兵、食二政的阐述。周昌龙：《良知与经世——从王龙溪良知经世思想看晚明王学的真貌》，《张以仁先生七秩寿庆论文集》，台湾学生书局，1998，页967—969。

[123] 黄宗羲：《明儒学案》卷三十二，《黄宗羲全集》第七册，页822。

子儒的评价方式的恢复,因为后者要求按照礼制把一个人的行为与他的实际身份、在礼仪关系中的位置,以致走路、吃饭、穿着的形式直接地联系起来。毋宁说,王门后学的批判力量恰恰来自对这一套方式的拒绝。

正是在这一点上,泰州派祖师王艮(字汝止,泰州安丰场人,人称心斋先生,1483—1541)的学说显示出独特性。他力图以《孝经》、《论语》和《大学》为范本,在实践层面恢复孔子的那种君子儒的道德理想。心斋没有像龙溪、双江那样以无反有,而是以有反有。他的"淮南格物"理论注重"百姓日用之学",颇有点东林人物顾宪成(1550—1612)、史孟麟(字际明,号玉池,常州宜兴人)指责的那种"饥来吃饭困来眠"的"当下自然"的味道。[124]但较之于李贽所谓"穿衣吃饭,即是人伦物理;除却穿衣吃饭,无伦物矣"[125]的说法,心斋的"自然"和"日用条理"的含义并不相同。李贽蔑视"仁义礼乐"、"刑名法术",融入了更多的佛教和老庄的思想,"自然"概念在他那里是对欲的肯定。按照这一逻辑,自然不仅存在于衣与饭之中,而且就是衣与饭自身,除了衣与饭没有什么特别的自然和条理。心斋的思想较为单纯,学问局限于《孝经》和四书,他的批判力量来自儒学内部的另一个方向,这就是把"物"与"物之所"区分开来,多少有点接近于朱子的"自然"、"尽处"、"合当"的味道。例如他说:

> 夫仁者以天地万物为一体,一物不获其所,即己之不获其所也,务使获所而后已。是故人人君子,比屋可封,天地位而万物育,此予之志也。[126]

---

[124] 顾宪成:《顾端文公遗书》卷一四《当下绎》。又,史玉池《论学》云:"今时讲学主教者,率以当下指点学人,此是最亲切语。及叩其所以,却说饥来吃饭困来眠,都是自自然然的,全不费功夫,学人遂欣然以为有得,见学者用功夫,便说多了,本体原不如此,却一味任其自然,任情从欲去了,是当下反是陷人的深坑。不知本体功夫分不开的,有本体自有功夫,无功夫即无本体。",见《明儒学案》卷六十,《黄宗羲全集》第八册,页843—844。

[125] 李贽:《续焚书》卷一《答邓石阳》,《焚书·续焚书》,北京:中华书局,1975,页49。

[126] 王艮《王心斋全集》卷四《杂著》之《勉仁方》,页7b,台北广文书局1975年影印日本嘉永元年(1846)和刻本。

万物一体的平等观是建立在"物"与"其所"的关系之中的。在这个意义上,仁不是对"当下自然"的肯定,而是物归其所的结果。"其所"是一种理想的状态,它不同于当下的"物"。

但心斋师法阳明,把修身置于核心地位,阐明平等的思想,没有依循朱子通过即物穷理把握"其所"或物之理的旧路。他的格物概念与齐治平的经世目标存在着紧密的联系。在他的思想世界里,"齐治平"不是帝王的特权,而是每一个人修身的产物。如果说龙溪的经世思想建立在他的"无"之上,那么,心斋的经世却是以"有"为前提的。在平等参与政治的意义上,这实在是顾炎武"天下兴亡,匹夫有责"的先声,却没有顾炎武的那种士大夫的特殊使命感和悲剧气氛。"物"在这里被放置在本末范畴的关系之中:

> 物有本末,故物格而后知本也。知本,知之至也。知至,知止也。"自天子"至此,谓知之至也,乃是释格物致知之义。身与天下国家一物也。惟一物而有本末之谓。格,絜度也。絜度于本末之间,而知本乱而末治者否矣。此格物也。物格,知本也,知本,知之至也。故曰"自天子以至于庶人,一是皆以修身为本也。"修身,立本也;立本,安身也。……[127]

世界万物均为一物,从而是无差别的。但同为一物而又有本末,从而"格物"的要义在于分清物之本末。心斋以身为本,家国天下为末,从而本末范畴构成了对于家国天下的伦理优先性的否定。尽管"反己"也包含了"齐治平"的目的论,但"己"的优先性的确含有个体主义的因子。这种个体主义当然不是原子论个人主义,因为心斋的论述同样是以理这一至善的宇宙秩序为前提和目的的。

对于心斋来说,经世的要诀在修身,修身的关键在反己,他的"格物"

---

[127] 王艮:《明哲保身论》,《明儒学案》卷三十二,《黄宗羲全集》第七册,页833。(和刻本卷三的文字与此处引文有出入,此引学案。)

说绕过了认知的环节。心斋把"格"理解为"格式"之"格",那么,格物亦即赋予物以某种格式:

> 问:"格字之义"。曰:"格如格式之格,即絜矩之谓。吾身是个矩,天下国家是个方,絜矩则知方之不正,由矩之不正也。是以只去正矩,却不在方上求。矩正则方正矣,方正则成格矣,故曰物格。吾身对上下前后左右是物,絜矩是格也。……格物,知本也,立本,安身也,安身以安家而家齐,安身以安国而国治,安身以安天下而天下平也。……"[128]

心斋把依照古制行动作为修身的途径,力图恢复道德评价与道德实现过程中的行动、身份与礼制的同一关系。但他没有像阳明、龙溪那样反复研磨诚意、正心、致知、格物的抽象的应有状态,也没有像耿定理、李贽那样力求自我心性上的自得,以致渐趋离经叛道。在道德评价的方式上,他更接近于君子儒的方式,即不是把心性抽象化。在他看来,古代的理想寄存于古代的典制之中,要恢复古代的理想就必须恢复古代的典制,如果一方面以自然、童心否定典制,另一方面又要恢复儒家的道德,那就无异于缘木求鱼。心斋的平等主义虽然直接来自《大学》"修身"条目所谓"自天子至于庶人,壹是皆以修身为本",但他并不认为这种平等主义是对礼仪秩序的超越,相反,平等的特点仅仅在于人必须以修身为本,而修身的实践却离不开古制。[129]因此,他的思想归宿是所谓"乐学"之境,是礼乐的世界。这个"学"不是静坐归寂,不是独善其身,而是安身之法,即在恢复古代典范和礼制的前提下,"学为师也,学为长也,学为君也"。心斋严格按照《孝经》所谓"非先王之法服不敢服,非先王之法言不敢道,非先王之德

---

[128] 《王心斋全集》卷三,《语录下》,页3ab,和刻本,同前。
[129] 心斋说:"身与道原是一件,……尊身不尊道,不谓之尊身;尊道不尊身,不谓之尊道。"(王艮:《王心斋全集》卷三,《语录下》,页6a,和刻本,同上。)对于他而言,"没有良知之外知"的意思不是独重本心,而是将安身、致知与依古典行事看作是同一件事情。(《王心斋全集》卷四,《杂著》,《次文成答人问良知》,页14b,和刻本,同上。)

行不敢行"行事,[130]认为道德实践和道德言论只能存在于道德的形式之中,声称"言尧之言,行尧之行,而不服尧之服可乎?"他依照《礼经》制作五常冠、深衣、大带,古服启行,执笏而坐;又仿制孔子辙环车制,自创蒲轮,招摇道路。[131]心斋不顾历史演变,以盐丁出身而公然复归古儒礼制,反而凸显了儒家道德与现实世界的反讽关系。例如,他要求恢复井田使无游民、要求不以文而以德取人,这种毫无实践可能性的复古主义表达的是对当世的否定态度。当他的"原教旨主义"被斥为异端的时候,还有什么能比这更有力地表达以儒学道统自命的世界对儒的彻底背叛呢?心斋拒绝在历史的变迁和社会制度的演化中理解道德实践的含义,力图把修身实践与古制的关系作为一种孤立的关系来理解,从而与那种把道德实践扩展为在变迁的社会情境中重构礼制秩序的努力的取向背道而驰。

针对阳明后学的修正运动并不仅仅是义理之争的结果,而且也是严酷的政治斗争的产物。东林党以名节相砥砺,视王学末流为洪水猛兽。[132]他们激烈批判"无善无恶"、"万物一体"观念,反对为着"一体不容已之情"而置身体名誉名教以至节操于度外。王学左派与东林都有经世的取向,但前者地位较为边缘(有些则属市民阶层),多以反政治的方式来表达自己的政治性,而后者则从士大夫立场出发直接进入政治斗争。因此,王学左派与东林党人虽然均以经世为目标,但社会政治取向并不相同。顾宪成(字叔时,别号泾阳先生,常之无锡人)、高攀龙(字存之,别号景逸,常州之无锡人,1562—1626)关注"性善"与"持敬"(或谓"小心"),[133]后世

---

[130] 黄宗羲:《明儒学案》卷三十二,同上,页832。
[131] 黄宗羲:《明儒学案》卷三十二,同上,页829—830。
[132] 梁启超认为王学修正运动包含了两个阶段,他说:"王学在万历、天启间,几已与禅宗打成一片。东林领袖顾泾阳(宪成)、高景逸(攀龙)提倡格物,以救空谈之弊,算是第一次修正。刘蕺山(宗周)晚出,提倡慎独,以救放纵之弊,算是第二次修正。"《梁启超论清学史二种》,上海:复旦大学出版社,1985,页138。
[133] 与戴震同时的清代学者彭绍升(1740—1796)的学术近于陆王一派,直接渊源是高攀龙。他评论高说:"高子之言格物,以性善为宗;言主敬,以胸中无丝毫事为本。其善发程、朱之蕴以契思、孟之传者与。"见《读高子书》,《二林居集》,光绪辛巳季春刊本,卷二,页4。

学者常把他们与李材(字孟诚,别号见罗,丰城人)、许孚远(字孟仲,号敬庵,浙之德清人,1535—1604)、邹元标(字尔瞻,别号南皋,豫之吉水人,1551—1624)、冯从吾(字仲好,号少墟,陕之长安人,1556—1627)以及清初的孙奇逢(夏峰,1583—1675)、黄梨洲、李二曲(1627—1705)一并视为"王学修正派"。[134] 顾泾阳自己在解释东林与左派的相似与差别时说:"详释龙溪之旨,总是要人断名根。这原是吾人立脚第一义。……龙溪乃曰:'打破毁誉关,即被恶名埋没一世,不得出头,亦无分毫挂带',则险矣。这便是为无忌惮之中庸立了一个赤帜。……且人不特患有名根,又患有利根。……若利根不断,漫说要断名根,吾恐名根愈死,则利根愈活,个中包裹藏伏有不可胜言者。"[135] 根除名根、利根,就必须先改变"无忌惮"的状态。因此,随之而来的问题就是:如何改变呢?

东林的经世之实学重视名教、节义,倡导格物,已经带有由王返朱的倾向。明清之际思想变化的契机即隐藏于此:首先是把"仁"与"义礼智信"重新关联起来,恢复礼乐制度的严肃性;[136] 其次则是恢复闻见之知、躬行实践的重要性,在理论上反对空谈良知,进而重返格物的旧途径。高景逸云:"姚江之弊,始也扫闻见以明心耳,究且任心而废学,于是乎诗书礼乐轻而士鲜实悟,始也扫善恶以空念耳,究且任空而废行,于是乎名节忠义轻而士鲜实修。"[137] "学"和"行"不是随意当下的学和行,而是在诗书礼乐、名节忠义的具体关系中的"学"和"行";要想探究诗书礼乐、名节忠义的真义就离不开格物的工夫。因此,重新建立致知与格物的内在联系就变得不可避免了:

---

[134] 嵇文甫:《晚明思想史论》,北京:东方出版社,1996,页100。

[135] 顾宪成:《南岳商语》,转引自《晚明思想史论》,页82—83。

[136] 顾宪成云:"程伯子曰:'仁者浑然与物同体',只此一语已尽,何以又云:'义礼智信皆仁也'?始颇疑其为赘,及观世之号识仁者,往往务为圆融活泼,以外媚流俗而内济其私;甚而蔑弃廉耻,决裂绳墨,闪烁回互,诳己诳人,曾不省义礼智信为何物,犹偃然自命曰仁也,然后知伯子之意远矣。"顾宪成《小心斋劄记》,卷一,页4b—5a,冯从吾、高攀龙校,光绪丁丑重刊泾里宗祠藏版。台北广文书局1975年影印。

[137] 高攀龙:《崇文会语序》,《高子遗书》,(明)高攀龙撰,陈龙正编,文渊阁四库全书,第1292册,页551。

> 谈良知者，致知不在格物，故虚灵之用，多为情识，而非天则之自然，去至善远矣。吾辈格物，格至善也，以善为宗，不以知为宗也。故致知在格物一语，而儒禅判矣。[138]

归寂、空无都不是天则之自然，至善存在于格物的实践之中。在这里，重申"物"的实在性正是转变的契机。

明代心学在心物、理气等问题上的分歧与变化是和心学家们的政治立场密切相关的。在上层政治制度方面，阳明主张改革和充实学校制度，冲破身份门第的界限，注重经世的实践，从而为革新腐败政治提供人才资源。学校的构想是恢复礼制秩序的一部分，它与宋代理学家对科举的批判一脉相承。阳明对朱子学的批判与朱子学在科举制度中的正统地位具有内在的历史联系。在基层社会制度方面，阳明重视乡约和保甲制度的设计和形成，认为乡约、宗法等社会关系不能简单地通过国家制度来实施，进而力图形成一种以宗族、血缘、地缘和感情关系为纽带的基层社会体制，而后者需要道德伦理的实践来加以维系。心学的实践为这种社会体制提供了道德的基础和实践的方式，从而良知说必须落实在仁、义、礼、智的具体实践之上。宋明理学是在与佛老二氏的冲突中发展起来的，当佛老的"外部"冲击动摇了正统学术的某些方面时，理学的"内部"批评就开始在承续正统的基本价值的前提下吸纳这些外部冲击。阳明学与禅宗、道教的关系如此，明代后期阳明学的变化也是如此。

在王学左派那里，有关归寂、自然和童心的论述在道德实践的层面提出了个人的自主性问题，他们批判和逃避的对象不仅是科举、官僚制度，而且也包含以乡绅—宗族为核心组织起来的基层社会体制及其道德实践。李贽（号卓吾，又号笃吾，泉州晋江人，1527—1602）力倡童心说，把自然范畴与"吾之条理"、"德礼政刑"彻底分离开来。在他看来，格物就是无物，致知即是使无知，"无学无术者，其兹孔子之学术欤"，[139] 这一对

---

[138] 高攀龙：《答王仪寰二守》，见《高子遗书》卷八上，文渊阁四库全书本。
[139] 李贽：《答耿中丞》，《焚书·续焚书》，北京：中华书局，1975，页17。

义理知识的否定亦即对当下之自然(如欲望、情感等)的肯定。对欲望的肯定是对内在性的一种确认,即内在于我们的自然的一切都是正当的,从而一切学术教条、制度刑政和宗法仪轨全部可以被置于审判席上。这是以欲望的概念重新定义自然,进而重新定义天理。这里的逻辑是:如果天理和自然被视为一种最终的根源,顺从天理和自然也就可以被视为他律的或尊崇外在规范的。这一逻辑可以导出两个截然不同的取向:一方面,把欲望上升为我们应该尊崇的自然可能导致打破任何外在规范并毫无自律地沉溺于欲望之中,从而对欲望的顺从变成了一种内在于我们身体的他律;另一方面,肯定欲望本身还意味着创造欲望得以实现的条件,从而欲望成为现实地考虑理财、兵政、食政、赋税等等问题的动力。从后一方面看,对当下自然、欲望、情感和日常生活的肯定恰恰成为经世之学的动力。李贽对朱子格物说的否定不仅归于"自然"之说,[140]而且还包含着转向经世之学的可能性。然而,当经世说在这个意义上被解释之时,心学的逻辑就开始逸出天理的范畴了。李贽漂泊一生,迁徙和城市生活对于他的价值观的形成有着重要影响。他对凝固的社群及其伦理关系表现出了极为强烈的反感。因此,李贽的思想不能在理学——包括王学——的范畴内加以解释,因为理学和心学说到底是与乡村性的地方社群密切相关的。他的"私"的范畴与明末清初黄宗羲诸人的"私"的讨论也大异其趣,后者是以地主——士绅阶级的契约关系和伦理关系为中心建立起来的所有权关系,而这正是李贽欲加摆脱和抵制的士绅——宗法关系。

个体欲望与宗法以及乡约关系的冲突(李贽对乡约、特别是乡禁约持激烈批评的态度)表明这些基层社会关系已经不再具备朱子时代的批

---

[140] 李贽说:"天下无一人不生知,无一物不生知,亦无一刻不生知者。……虽牛马驴驼等,当其深愁痛苦之时,无不可告以生知、语以佛乘也。……且既自谓不能成佛矣,亦可自谓此生不能成人乎?吾不知何以自立于天地之间也?既无以自立,则无以自安。无以自安,则在家无以安家,在乡无以安乡,在朝廷无以安朝廷。吾又不知何以度日、何以面于人也?吾恐纵谦让,决不肯自谓我不成人也审矣。既成人矣,又何佛不成,而更等待他日乎?天下宁有人外之佛、佛外之人乎?"(见《焚书》卷一答周西岩书,《焚书·续焚书》,页1—2。)在《四书评·大学》中,李贽认为朱子格物补传,纯属无谓。

判性及其与制度的抗衡力。更为重要的是,明清时代出现了所谓士商互动的局面,促成了城市工商业的发展、人口的较大规模流动和货币交换关系的发达。这些新的社会关系与乡约和宗法的伦理之间存在着内在的矛盾。如果乡约、宗法等伦理制度提供了阳明心学的道德实践及其天理观的制度前提,那么,阳明后学在心学的脉络中对这种基层社会关系和伦理关系的批判就必然包含逸出上述社会伦理的特定的联系模式的趋向。在这个意义上,从社会功能的角度说,心学的危机来源于心学与它的制度基础的关系的动摇;从儒学知识的内部关系说,心学的危机则来源于对心学预设的天理与特定伦理模式的那种自然的连续关系的质疑。因此,如果要让心学回到它的"正轨",就必须重新确立心学与制度实践的内在关联,从而将新的伦理规则纳入理学或心学所预设的至善的天理秩序之中。在这里,核心的问题不是让道德评价屈从于制度评价,而是以道德评价为中心重新思考制度的改革和重组,从而使之成为一种与理学秩序观相互吻合的、合乎道德的制度。对于阳明及其追随者而言,道德的制度不是功能性的设置(制度),而是一种合乎天理的秩序,从而无法通过现实制度来加以论证。这一逻辑预示着新制度论的到来和心学的终结。

第八节　新制度论、物的世界与理学的终结

1. 心学的转变与新制度论

重新确立道德的法则及其与制度的关系必须在理论上确立气的中心地位。在经历了气一元论(如张载)、理/气二元论(程朱)和心一元论(陆王)之后,一种试图综合上述各种取向的理气一元论正在形成。王学的转变是以重申"物"的实在性为关键环节的,而正是这一环节使得王学的内部

转变与朱学的关系变得含混了。事实上,重申"物"的实在性不但不是清学的发明,甚至也不是明末气学的创见,几乎在阳明学批判朱子学正统的同时,罗钦顺(字允升,号整庵,吉之泰和人,1465—1547)、王廷相(字子衡,号浚川,河南仪封人,1475—1544)的气学就已经颠倒了朱子学的理气关系,把气视为存在的根源。阳明学的批判力来源于他否认"物"的实在性,把天理与心直接地关联起来;而罗整庵、王廷相则坚持"物"的实在性和有效性,试图从客观的方面为"理"提供基础,以致认为义理之是非需要取证于经书,预言了明末清初儒学的重要转向(顾炎武于明代学者中特别推尊罗整庵)。[141]他们坚持"物"的实在性(以及天理的客观性),认为像阳明那样训格为正、训物为念头之发的说法无法成立,因为这一解释既会使得《大学》的文义陷入同义反复的境地,又无法为判定"念头之正"提供根据。王廷相在《慎言》、《雅述》、《横渠理气辩》、《答何柏斋造化论十四篇》等著作中,反复论证气外无物(指主宰者之物)、无理、无道、无性,其背后的主张就是以理为气。

  罗整庵、王廷相的理气一元论直接针对的是阳明的心一元论,但它们又都反对程朱的理气二元论,从而我们不能用宗朱或宗陆的差异来界定他们的看法。在这里,气和心的对立是次要的,一元论与二元论的对立才更为根本。王廷相之成为一位天文学家和博物学家,不是为了以气来替换理,而是为了重申理的客观性。罗、王的努力不是孤立的现象。阳明的朋友湛若水(字元明,号甘泉,广东增城人)就曾说:释老之虚无,杨朱之为我,墨子之兼爱,无一不自以为"正",我们究竟根据什么来判断其邪正呢?[142]为了追究判断标准,湛甘泉训格为"至其理",并重新解释格物致知的含义说:"至其理云者,体认天理也。体认天理云者,兼知行合内外言之也,天理无内外也。"[143]"物"不是什么"意之所在",而是需要知行并进才能抵达的天理,从而天理有其客观性和实在性。湛氏的批评也许有失阳明原意,但值得注意的是:他的老师陈白沙"是明代学者从朱转陆

---

[141] 罗整庵云:"学而不证于经书,一切师心自用,未有不自误者也。"见《整庵先生困知记》,丛书集成本,卷二,页13。
[142] 湛甘泉:《答阳明论格物》,《明儒学案》三十七,《黄宗羲全集》第8册,页151。
[143] 湛甘泉:《答阳明论格物》,同上,页152—153。

的第一人,……甘泉却依凭师说,作为朱学事实上的支柱,而反抗进一步的革新潮流了。更妙的是,甘泉之学,一传而为何吉阳,唐一庵,再传而为许敬庵,三传而为刘蕺山,从调和湛王,渐变而为王学修正派,以挽救王学末流之弊,而开辟思想史上另一个新的局面……"[144]在这个意义上,心学与理学的通常划分已经无法描述明代思想的复杂性了。

刘宗周(字起东,号念台,越之山阴人,1578—1645)是明末思想之殿军。他以为盈天地间皆心、皆道、皆气,否定理先气后的观点,赞成"气即理"的说法,断言理气心性均为一元。[145]在理气一元的预设之上,蕺山以本末关系取代龙溪的有无之说。在这种本末关系中,经世不是一种道德学说的目的,而是致知诚意的后果。蕺山说:"意也者,至善栖真之地,知在此,物亦在此。"与王艮一样,这里所谓"物"是"物有本末"之物,天下、国、家、身、心、意六项都是"物"。在这六项当中,蕺山强调"意"为本,其余为末。为什么"意"为本呢?在他的语境中,"意"不是《大学》中的那个从属于"心"的"意",而是宇宙本原自身,是"心之所存"或"心之主宰"。如果人心道心只是一心,气质义理只是一性,心一性一工夫亦一,那么作为"心之主宰"的"意"不就是根本之物吗?以意为本不是否定外向的实践,也不单是说在实践论上经世与诚意具有内在的关联,而是说"意"是宇宙的本原。蕺山中年谈"慎独"之学,晚年转而论"诚意为本",但"独之外别无本体,慎独之外别无工夫"的慎独之学与"诚意"之说并没有根本的冲突。[146]

在理气一元论的框架内,格物致知一方面包含外向的经世实践,另一方面又不把这一外向性归结为对外物的认知。慎独之学回到了"在事上磨炼"的格物工夫。[147]刘蕺山认为"格知诚意之为本,而正、修、齐、治、平

---

[144] 嵇文甫:《晚明思想史论》,北京:东方出版社,1996,页176。
[145] 刘蕺山:《子刘子学言》卷二,《黄宗羲全集》第1册,页304。
[146] 刘蕺山:《中庸首章说》,《刘蕺山集》,文渊阁四库全书,第1294册,页510。
[147] 刘蕺山:《证人社语录》云:"陶石梁每提认识二字,果未经认识,如何讨下手?乃门下便欲认识个什么,转落影响边事,愈求愈远,堕入坑堑。《中庸》言道不远人,其要归之子臣弟友。学者乃欲远人以为道乎?"又说:"吾儒自心而推之意与知,其工夫实地却在格物,所以心与天通。"《明儒学案》卷六十二,《黄宗羲全集》第八册,页922。

之为末。"为什么在"格六物"的过程中,"诚意"的主观心性活动能够转化为经世的实践呢？蕺山云：

> 身者天下国家之统体,而心又其体也。意则心之所以为心也。知则意之所以为意也。物则知之所以为知也,体而体者也。物无体,又即天下国家身心意知以为体。是之谓体用一源,显微无间。[148]

在这里,"物无体,又即天下国家身心意知以为体"是一个关键环节。按照这一逻辑,格物致知的关键是知本。只要意诚,则心自正、身自修、家自齐、国自治,而天下太平。"《大学》之教,只要人知本。天下、国、家之本在身,身之本在心,心之本在意。意者,至善之所止也。而工夫则从格致始。……格致者,诚意之功。功夫结在主意中,方是真功夫。如离却意根一步,亦更无格致可言。故格致与诚意、二而一、一而二者也。"[149] 把"意"作为知与物的根本,不仅把"物"限制在前述六物的范围内,而且也从根本上否定了格物致知概念的认知意义。[150] 在蕺山的"致知"范畴中,"物"概念不再具有天地万物之物的含义,而是"本物",按照这一"本物"的概念,甚至阳明的"良知"概念也成为多余。[151]

蕺山之本物与末物的关系是对凌空蹈虚的王学末流的纠正,它为确立个人的认同、判断是非的标准和经世实践的途径提供了前提。《子刘子学言》卷一释"心"云：

---

[148] 刘蕺山：《学言上》,引自牟宗三：《从陆象山到刘蕺山》,页331。

[149] 刘蕺山：《子刘子学言》卷一,《黄宗羲全集》第一册,页286—287。

[150] 刘蕺山说："且《大学》所谓致知,亦只是致其'知止'之知。……知在止中,良因止见。故言知止,则不必更言良知。若以良知之知知止,又以良知之知先而知本,岂不架屋叠床之甚乎？"见《良知说》,《刘蕺山集》卷十一,文渊阁四库全书,第1294册,页520。

[151] 刘蕺山说："合心意知物,乃见心之全体；更合身与家国天下,乃见心知全量。"(《学言中》,《刘子全书》卷十一。)牟宗三评注此条说："案'合心意知物'之物即指意根独体言,即本物也。非天地万物之物。此物字无实义。"见《从陆象山到刘蕺山》,页356。

> 只此一心，自然能方、能圆、能平、能直。……四者立而天下之道冒是矣。际而为天，蟠而为地，运而不已，是为四气；处而不坏，是为四方；生而不穷，是为万类；建而有常，是为五常；革而不悖，是为三统；治而有宪，是为五礼、六乐、八征、九伐。阴阳之为《易》，政事之为《书》，性情之为《诗》，刑赏之为《春秋》，节文之为《礼》，升降之为黄帝王伯，皆是也。只此一心，散为万化，万化复归一心。[152]

蕺山不仅把"心"扩展为万物，而且还把万物之统序归入六经的范畴，不仅回应了阳明"六经者非他，吾心之常道也"的命题，而且也为实践提供了经学的根据。[153]

黄宗羲追随蕺山，认为"盈天地间，一气而已矣"，[154]要求恢复"意"的主宰作用，进而为是非判断和自身行为提供根据和约束。《明儒学案·自序》云："盈天地皆心也，变化不测，不能不万殊。心无本体，工夫所至，即其本体。故穷理者，穷此心之万殊，非穷万物之万殊也。"[155]"盈天地皆心"的命题与"盈天地皆气"的命题看似对立，实则相辅相成，因为：第一，它们都以一元论为前提；第二，蕺山、梨洲之心不是一己之心，而是天地之间的一切，气与心并没有根本的差别。[156]这表明对于王学的修正既不是简单抛弃王学，也不是简单地回到朱子学，毋宁是在对朱子学正统和王学末流的双重批判的基础上重构理学世界观。对于黄宗羲而言，

---

[152]《子刘子学言》卷一，《黄宗羲全集》第一册，页263。
[153] 王阳明：《王阳明全集》（上），同前，页254。王汎森依据蕺山《读书说示儿》认为他已经将阳明的思想颠倒过来，把重心落在了尊经即吾心之常道上。见氏著《清初的讲经会》，《中央研究院历史语言研究所集刊》第六十八本，第三分，1997年9月，页530。
[154] 黄宗羲：《明儒学案·蕺山学案》，《黄宗羲全集》第八册，页899。
[155] 黄宗羲：《明儒学案·自序》，《黄宗羲全集》第七册，页3。
[156] 蕺山说："一心也，统而言之，则曰心，析而言之，则曰天下、国、家、身、心、意、知、物；惟心精之合意、知、物；粗之合天下、国、家与身，而后成其为心。若单言心，则心亦一物而已。"又说："心以物为体，离物无知，今欲离物以求知，是程朱所谓反镜索照也，然则物有时而离心乎？曰：无时非物。心在外乎？曰：惟心无外。"《子刘子学言》，见《黄宗羲全集》第一册，页286，278。

"盈天地皆心"的表述建立在历史研究的基础之上,是对学术史研究的概括。这从上引蕺山之学的观点看也并不突兀。循此逻辑,黄宗羲不是抽象地空谈心性,而是从具体的情境寻找世界的真相和统绪,强调每一个人均能通过具体的实践而获得对于万事万物的把握。

心物范畴本身不能证明知行的正确性问题,如果没有一套有关政治经济制度的理论,儒者很难为知行提供客观的根据。在明末清初"天崩地解"的严酷形势中,政治问题和认同问题密切地纠缠在一起,慎独的道德态度并不足以应对复杂的现实。刘蕺山用物的实在性和工夫的必要性重新解释知行合一的意义,又把万物之秩序与六经之统系联系起来,从而暗示了道德判断的客观基础可以六经为准。王汎森认为蕺山"是受东林学派影响,从外面回到浙中的学者,他带回来的思想气质正好处处与当地浙中王学传统相矛盾",所指就是蕺山思想中已经蕴含了经学的因子。那么,究竟哪些思想与王学相矛盾呢?蕺山的"心外无物"和以"意"为本对王学有所发展,但说不上处处矛盾。他高度重视工夫(本体即工夫)透露了一些对后起王学的不满,而"理即心"的命题其实早已经为高攀龙发明了。但最为不同的,恐怕还是王汎森提及的蕺山思想的第三个特点,即他的两篇《读书说》改变了阳明学中"心"与"六经"之关系:"心不再优先于六经,心的内容反而是应该由六经所决定。"[157]在这个意义上,刘蕺山的理论内部已经蕴含了经史之学的因子了。

那么,这种经史的取向是从哪里来的呢?王汎森详尽地研究了明末讲经会的活动,发现他们的活动多与研读经史有关。除了在学术上反对当时的学风(王学末流、禅学和古文)之外,刘氏的学术转向与经世济民的关怀有关。"刘宗周与黄宗羲强调工夫,强调礼教名节,强调有用之学,他们逐渐觉得不能不在思想体系中为六经三史安排一个位子。"[158]在这个意义上,经学的起源不必单纯地追溯于朱子之格物致知论,心学关

---

[157] 王汎森:《清初的讲经会》,《中央研究院历史语言研究所集刊》第六十八本,第三分,1997年9月,页515。
[158] 同上,页524。

于道德实践的思考也是经学发生的动因之一。从刘蕺山到黄宗羲,其间的师承影响关系不仅在心学之传承,还包含了经史之学的萌芽,而这种经史之学的理论前提在蕺山的理气一元论中已透露了一点消息。从理学源流看,理气一元论既是与朱子学搏斗的结果,又脱胎于阳明之心一元论。钱穆论及清代经学之源流时,一面把顾炎武"以复古者为反宋,以经学之训诂破宋明之语录"看作是吴学之远源,另一面又承章学诚的看法,认为浙东学术与阳明学一脉相承。黄宗羲兄弟驳《易图》、陈乾初疑《大学》、毛西河盛推《大学古本》,力辨朱子,"其动机在争程朱陆王之旧案,而结果所得,则与亭林有殊途同归之巧,使学者晓然于古经籍之与宋学,未必为一物。"[159]

经史之学再度出现不仅因应了现实政治的需要,而且也是对儒学内部的一个长期困惑——如何处理个人的道德实践与经世之业的关系——的解决。从阳明后学重建实践与自然的统一关系,到心斋重建行为与仪礼的统一关系,再到明末清初儒者重建道德与经世致用的统一关系,道德实践的方式和基础发生了重要的转变,但追究道德实践及其前提的努力却一以贯之。黄宗羲弟子万斯同(1638—1702)表述说:

> 今之儒者皆为自私之学,而无克当天心者耳。吾窃不自揆,常欲讲求经世之学,苦无与我同志者……夫吾之所为经世者,非因时补救如今所谓经济云尔也。将尽取古今经国之大猷,而一一详究其始末,斟酌其确当,定为一代之规模,使今日坐而言者,他日可以作而行耳。若谓儒者自有切身之学,而经济非所务,彼将以治国平天下之业非圣贤学问中事哉!……吾窃怪今之学者,其下者既溺志于诗文,而不知经济为何事;其稍知振拔者,则以古文为极轨,而未尝以天下为念;其为圣贤之学者,又往往疏于经世,见以为粗迹而不知为。于是学术与经济遂判然分为两途,而天下始无真儒矣,而天下始无善治矣。[160]

---

[159] 钱穆:《中国近三百年学术史》,上册,北京:中华书局,1986,页320。
[160] 万斯同:《与从子贞一书》,转引自杨向奎著《清儒学案新编》(一),济南:齐鲁书社,1985,页214—215。

万斯同的问题是从个人实践的角度看待经世与修己的问题,他的视野束缚在理学的框架内。蕺山提示了经学的路径,但他的提示还是循着理学的实践论的路径提出的。王汎森认为"这一个重大的困惑后来逐渐被黄宗羲所转手的蕺山理学所解决",显然是因为蕺山之学虽已蕴含了返诸六经的取向,但如果没有黄宗羲的阐发恐怕还很难由隐至显。[161]

新的方向要等到黄宗羲(字太冲,号南雷,人称梨洲先生,浙江余姚人,1610—1695)的新制度论和亭林的经史之学才能确定:梨洲、亭林之学不是简单地返诸六经,而是以礼乐秩序及其演变为基础,重构一套以"社会政治制度"为内在结构的实践论。这一理论的构筑方式改变了理学家们从心性理论出发的内圣外王模式,把道德实践看成是一套社会的、政治的和经济的行为。在明末清初的历史语境中,有关社会、政治和经济的知识在儒学中获得了新的地位和新的价值。政治知识、经济知识和其他知识侧重于人类生活的一些具有自身规律的领域,它们在知识的形态上不同于有关道德和伦理实践的知识。然而,对于这些领域的关注,以及在探讨这类问题时对于原有的伦理和道德实践(如心性问题)问题的疏离,并非源于一种知识领域上的差别和分离。在儒学的视野内,道德和伦理判断与人类生活领域的各个方面具有内在的联系,它们都可以被归纳在礼乐或"事"的范畴之内。由于宋明心性之学以天理、本性、本心等范畴为中心,道德实践与其他社会实践的关系产生了分离,从而构成了理学与心学内部的持久焦虑:究竟应该以何为中心、以何种方式重新建立道德评价与制度性实践的内在联系?在这个意义上,与其说黄宗羲的新制度论是一个儒学发展中的创新或发明,毋宁是儒学道德评价方式的自我回归,它要求将最高的价值赋予人类生活及其制度条件本身,而不是抽象的天理或本心。至少从思想形态上看,从蕺山到黄宗羲,儒学的发展过程隐含着一个难以截然划分却十分明确的转变,这就是从心性论向"社会理论"或"政治理论"的转变;在顾炎武那里,这一转变甚至与"经济理论"联系了

---

[161] 王汎森:《清初的讲经会》,《中央研究院历史语言研究所集刊》第六十八本,第三分,1997年9月,页536—539。

起来。正是由于儒学形式的上述变化,"返诸六经"成为儒者的普遍看法,考据名物制度成为为学之正道,而理学和心学的形式在有清一代遭到了前所未有的质疑和攻击。

黄宗羲的经史之学不仅是一种道德实践论,而且还是一套社会理论,礼制秩序再次构成了儒学思想的内在结构。在明清之际,他既需要对有明一代的政治危机作出深入的分析,又需要通过追溯文化的正统性以对抗异族的统治(以制度论形式隐含的民族思想在王夫之、顾炎武那里更为明显)。在一定的意义上,经史之学是对一个社会群体的存在根据的历史性说明或对这个社会群体的文化根据的确认。因此,新制度论是以特定社会群体及其传统为中心的社会思想,它对个人道德实践的理解是建立在典章、文物、语言、制度等社会共同体的构成条件(群之为群)之上的。在这一儒学形态中,没有对于这些社会构成条件的理解就无法谈论道德实践的问题。在清朝的少数民族专政之下,以恢复三代之治的形式重构社会行为和个人实践的基础,无疑是将道德实践的根据建立在文化和制度的关系之中。当实践的问题变成了社会构成问题的时候,社会构成的方式也就变成了一个实践问题,一个与实践问题密切相关的文化、制度及其正统性的问题。

由此,在《明夷待访录》中,宋明理学内含的三代理想终于能够从一种隐含在理学中的理想转化为明确的分析构架。这一框架的转变是极为重要的,它表明黄宗羲意识到专注于个人道德实践的心性之学无法确立广泛的制度条件,也没有能力提供道德实践的制度前提,从而也就无从提供群之为群的系统解释。他把对气和物的重视转化为一种完整的制度论的思考:作为传统的物质形式,先王之制既是批判腐败政治的尺度,也是构想新的社会的根据。制度论是一种对于文化传统及其制度形式的建构,在异族统治的形势下,它为社会成员提供认同的资源。黄宗羲的新制度论探讨的并不是一种单纯的制度,毋宁是一种新的礼乐体系,它不仅能够通过对社会结构的叙述建立道德评判的根据,而且也能够将对社会结构的叙述转化为道德行为的叙述。章太炎用否定的语调说,梨洲之学"其言有治法无治人者"实与韩非、孙卿相近,"韩非任法,而孙卿亦故隆礼,礼与法则异名耳",[162]从反面道出了《明夷待访录》的特点。新制度论重新确立了社会结构与道德实践的同一关系,但这种同一关系的前提是:这一社会结构不是现实的社会结构。

从理论形式上看,新制度论在各种专门制度之间建立起内在的、相互渗透的关系,显然是综合了郡县与封建的混合制度模型。在这个模型中,我们不能确定其中的任何一种制度或关系——如政治关系、经济关系或道德关系——是这个制度的决定因素,因为它们是联系在一起的整体。《明夷待访录》计十三篇,囊括君、臣、法、相、学校、取士、建都、方镇、田制、兵制、财计、胥吏和奄宦等传统制度的各个方面。在清末社会运动中,"梁启超、谭嗣同辈倡民权共和之说,则将其书节钞印数万本,秘密散布,于晚清思想之骤变,极有力焉",[163]其中尤以原君、原臣、学校、原法和田制各篇影响深远,以致一些学者用现代民权、法律和议会的观念解释黄宗羲"原君"、"原法"和"学校"等等思想,认为他"提出的经济政治法制等方面的原则,与而后西方启蒙主义者所提的原则,几乎如出一辙。"[164]黄宗羲的讨论不仅建立在传统儒学有关三代的想像之上,而且也利用了孟子"民贵君轻"的基本原则和《礼运》之天下为公的社会理想。他没有从程朱或者陆王的门派出发提出问题,而是从他们的思想内部发掘先儒制度的痕迹,并以此为理论依据,建构一套新的共和理想。这部著作与王阳明在《答顾东桥书》中描述的"学校"之制及《南赣乡约》中的具体措施有相近之处:它们都试图把一个社会的内部分工、秩序、义务和权利关系的理解组织在一套生活实践的程序之中。《原君》一篇以"天下之大公"为判准,肯定天下之人的利益,揭露"以为天下利害之权皆出于我"的君主之大私;[165]《原臣》一篇要求臣为天下工作,而"非为一姓也。"[166]这里

---

[162] 章太炎:《非黄》,《太炎文录初编·文录卷一》,《章太炎全集》(四),页125。
[163] 梁启超:《清代学术概论》,《梁启超论清学史二种》,上海:复旦大学出版社,1985,页15。
[164] 沈善洪:《黄宗羲全集序》,《黄宗羲全集》第一册,页12。
[165] 黄宗羲:《明夷待访录·原君》,同上,页2。
[166] 黄宗羲:《明夷待访录·原臣》,同上,页4。

的评判标准不是一般所谓政治制度,而是按照三代的理想设想出来的君臣的"职分",即君臣必须完成自己的"职分",而衡量"职分"是否完善的根据是天下人民的利害。梨洲重视"私"的合理性,但它同样是建立在每一个人的职分的合理性之上的。"职分"观念包含了对于制度的理解,它不是诉诸宋明儒学的天理、心性等概念对君臣进行道德评判,而是以制度性实践作为道德评价的客观依据。在黄宗羲所构筑的道德语境中,制度的含义更接近于礼乐,从而其道德评价方式也比较接近于孔子之礼乐论。因此,这里所谓制度不是从礼乐关系中分化出来的制度,而是包含了道德目标和潜能的礼乐制度。由于存在这样的道德根据,不能尽职的君必须被推翻,不能尽职的臣应该被罢免,合乎职分的私应予保护。这里所谓"职"是分工意义上的职务,但也是以天下人的利益为目的的社会秩序中的应然的职分。道德评判在于"职分"的具体功能,从而一种关于道德根据的制度论与一种对于具体社会分工的研究完全吻合。在这个意义上,儒学的道德理论的转变引导着一种对于社会分工和结构的全新理解。

黄宗羲的新制度论建立在三代与其后历朝的对立关系之上,它在情绪上与宋明以降追慕远古、批评三代以下"天地亦是架漏过时,而人心亦是牵补度日"[167]的说法相互呼应。梨洲的独特性在于把三代之治作为一种完整的社会体制重新加以诠释,并直接地运用于当世,从而三代不仅是批判和想像的源泉,而且还是现实制度的改造原则和一个社会得以成立的构成条件。例如,他在"置相"的名义下讨论了内阁制的原则,在"政事堂"的名义下研究了行政权力机关的内部结构,在"学校"的名义下说明了立法与监督的必要性,在"兵制"的名义下说明了征兵制的必要性,等等。所有这一切都需要一种"法"的精神。《原法》篇云:

> 三代以上有法,三代以下无法。何以言之?二帝、三王知天下之不可无养也,为之授田以耕之;知天下之不可无衣也,为之授地以桑

---

[167] 见陈亮著,邓广铭点校:《陈亮集》(增订本),《壬寅答朱元晦秘书·又申辰秋书》,北京:中华书局,1987,页340。陈亮本人不以此种言辞为然。

麻之;知天下之不可无教也,为之学校以兴之,为之婚姻之礼以防其淫,为之卒乘之赋以防其乱。此三代以上之法也,因未尝为一己而立也。后之人主,既得天下,唯恐其祚命之不长也,子孙之不能保有也,思患于未然以为之法。然则其所谓法者,一家之法,而非天下之法也。……夫非法之法,前王不胜其利欲之私以创之;后王或不胜其利欲之私以坏之,坏之者固足以害天下,其创之者,亦未始非害天下者也。乃必欲周旋于此胶彼漆之中,以博宪章之余名,此俗儒之剿说也。即论者谓天下之治乱,不系于法之存亡。夫古今之变至秦而一尽,至元而又一尽。经此二尽之后,故圣王之所恻隐爱人而经营者,荡然无具;苟非为之远思深览,一一通变,以复井田、封建、学校、卒乘之旧,虽小小更革,生民之戚戚终无已时也,即论者谓有治人无治法,吾以谓有治法而后有治人。[168]

三代之法与后世之"非法之法"的区别不在于是否存在法的制度形式及其复杂程度,而在于法的目的以及按此目的衡量所得的效果。例如,三代之学校与太学、书院、科举的区别在于前者以天下为公而能使人各得其养,而后者则以朝廷之势利为依归,完全不能"公其非是于学校。"[169]黄宗羲要求恢复井田,目的是在土地和赋税制度上取消特权,"将使田既井而后,人民繁庶"。[170]明之盗贼起于重税是清代知识界的共识。"《张太岳集》明税只有二百三十万,至万历间四百万,崇祯八百万。"[171]在《田制三》中,黄宗羲重复了朱子《开阡陌辨》中对租庸调制和杨炎两税法的批评,进而对有明一代的一条鞭法大加抨击。在这里值得注意的仍然是他的在三代与后世之间构成对比的抨击方式:"古者井田养民,其田皆上之田也。自秦而后,民所自有之田也。上既不能养民,使民自养,又从而赋

---

[168] 黄宗羲:《明夷待访录·原法》,《黄宗羲全集》第一册,页6—7。
[169] 黄宗羲:《明夷待访录·学校》,同上,页10。
[170] 黄宗羲:《明夷待访录·田制二》,同上,页25。
[171] 康有为:《南海师承记》卷二,《康有为全集》(二),上海:上海古籍出版社,1990,页515。

之,虽三十而税一,较之于古亦未尝为轻也。"[172]

在儒学的范畴内,复古形式的制度论不能等同于单纯的政治学和经济学。政治学和经济学是一种以制度的功能为中心展开的理论,而儒学的制度论首先是一种道德理论。黄宗羲的新制度论处处涉及利害的问题,并不以狭隘的道德为囿限,但礼乐制度的道德依据本来包含着利害关系,从而谈论利害并不影响它的道德意义。新制度论追求的是在客观制度的基础上确立道德评价的前提,从而把道德批评与功利关系连接起来。鉴于宋明儒者大多疏于经籍制度、独重义理之学,黄宗羲试图在新制度论的构架内重建经史、义理与制度的内在联系。道德评价与德治原则建立在制度性实践的条件下,不必诉诸抽象的天理原则。在恢复古制的形式之下,道德与制度的关系重新获得了生机。这就是《明夷待访录》一书的特殊意义。全祖望论黄宗羲云:"先生始谓学必原本于经术,而后不为蹈虚,必证明于史籍,而后足以应务。元元本本,可据可依",[173]准确地印证了黄宗羲"理学不本之经术,非矜集注为秘录,则援作用为轲传"[174]的要旨。

黄宗羲经历了明末残酷的政治斗争和清兵入关后的艰苦的武装反抗,最终转向学术研究,以王学的训练而直接进入制度层面的创造性诠释,开创了一套规模宏大、见解深刻的政治和经济理论。所谓"原本于经术"和"证明于史籍"包含了新的思想方式,即判断的标准不仅在于个人的慎独,而且在于经史之实践内容。尽管黄宗羲仍然尊奉理学和心学的一些基本概念和价值(特别是慎独、诚意与知行合一),但他的理论方式正在或已经远离了理学的旧路。在此后的漫长岁月中,作为一种朝廷钦定的意识形态,理学仍然占据着支配性的地位,也有许多儒者仍然沿用程朱陆王的思想方式。但是,作为一种理论形态,理学在黄宗羲这里终结了,因为正是在他的理论探讨中,作为理学的基本特征的宇宙论、本体论

---

[172] 黄宗羲:《明夷待访录·田制一》,《黄宗羲全集》第一册,页23。
[173] 全祖望:《鲒埼亭集外编》卷十六《甬上证人书院记》,《鲒埼亭文集选注》,黄云眉选注,济南:齐鲁书社,1982,页347。
[174] 黄宗羲:《陈夔献五十寿序》,《黄宗羲全集》第十册,页661。

和心性论最终让位于一种能将义理与经术、道德和制度构筑在有机关系之中的新制度论。道德评价的客观性由此再度确立起来。这里所谓"终结"一词同时意味着一种完成,因为宋明儒者以追慕三代的方式批评当世,其宇宙论和心性论的主要目标就是追求实然与应然的统一关系。然而,恰恰是宇宙论和心性论的形式本身创造了超越于制度的内在本质,从而导致了道德评价与制度评价的深刻分离。因此,宋明理学需要以自我否定的形式来完成实然与应然的合一。在这个意义上,新制度论重新建立的不仅是道德评价与制度的统一关系,而且也是儒学的一种新的理论形式。在这一新的理论形式中,理学的复古基调最终得以完成。换言之,"终结"并不意味着对理学的简单否定,恰恰相反,"终结"表明理学的内在目标获得了完成。

黄宗羲的新制度论和学术史研究包含了一种对于情境与道德评价的关系的理解,即道德评价总是在特定的制度、特定的情境和特定的知识状况中实现的,从而对于道德的理解必须首先转化为对于历史情境和人对这种情境的态度的理解。清学不是起源于对知识的分类原则或实证方法的变化(如理学、经学和史学的区别和考据的方法)的探究,而是起源于寻求道德评价和规范的客观基础的努力。在《答万充宗论格物书》中,梨洲引瞿汝稷云:"射有三耦,耦凡二人,上耦则止于上耦之物,中耦则止于中耦之物,下耦则止于下耦之物。画地而定三耦应止之所,名之物也。故《大学》言物是应止之所也。格,至也。格物也者,至于所应止之所也。……仁、义、礼、智,后起之名,故不曰理而曰物。"[175]在这一学术的新方式中,"礼"与"物"占据着中心的地位,并构成经学和史学的目标。梨洲弟子万斯大以经学知名,深通三礼,辨"周官"之伪,开怀疑"礼"经之先河。他主张"非通诸经不能通一经,非悟传注之失,则不能通经;非以经释经,则亦无由悟传注之失",[176]深得黄宗羲赞许。戴震、阮元诸人的训诂注疏都是以怀疑传注为前提的,从而梨洲学风正是经学之先导。梨

---

[175] 黄宗羲:《答万充宗论格物书》,《黄宗羲全集》第十册,页193—194。
[176] 黄宗羲:《万充宗墓志铭》,《黄宗羲全集》第十册,页405。

洲的另一个弟子万斯同以史学知名,他的方法论下开章学诚《文史通义》之端绪,从而梨洲之学又不能不说有功于清代史学的复兴。清代汉学的重心在经史之考证与诠释并不是偶然的,清初大儒的经世之学及其影响起着极大的作用。

2. 物的世界及其社会分工

新制度论不是一种静态的社会理论,其中包含了对制度性实践的探讨。颜元(字浑然,号习斋,河北博野人,1635—1704)在重申三代之制的道德目标时,不仅揭露了程朱陆王的虚妄,而且也把清代的考证学及其方法论视为伪儒学。在他的视野里,考证学的深入发展伴随其最初目标的消失,最终陷入为考据而考据的境地。颜元以三代经世之法、大学之制为判准,对佛老二氏、程朱陆王以及所谓汉学一概坚决否定:

> 两宋及今,五百年学人尚行禹益孔颜之实事否?徒空言相续,纸上加纸,而静坐语录中有学,小学、大学中无学矣;书卷两庑中有儒,小学、大学中无儒矣。[177]

与黄宗羲一样,颜元的实学不同于广读经史之学问,它要求的是将古儒圣学运用于当世的实践。在给钱煌的信中,颜元暗斥李塨(1659—1733)受了阎若璩、毛奇龄等汉学家的影响,明确指出离开"经济"的实践无以为儒者:

> 离此(经济)一路,幼而读书,长而解书,老而著书,莫道讹伪,即另著一种《四书》、《五经》,一字不差,终书生也,非儒也。……故仆谓古来《诗》、《书》,不过习行经济之谱,但得其路径,真伪可无问也,

---

[177] 颜元:《大学辨业序》,《习斋记余》卷一,《颜元集》,北京:中华书局,1987,页396。

即伪亦无妨也。[178]

对三代之制的追究不是一种知识的行为,而是一种实践的行为,制度的意义在于它为行为的合理性提供客观的基础。晚年的万斯同读到李塨的《大学辨业》时,感于经史之学与躬行实践的距离,竟"下拜曰:吾自误六十余年矣。"[179] 年届八十的段玉裁对王石臞说:"今日之弊,在不当行政事,而尚剿说,汉学亦与河患同。然则理学不可不讲,先生其有意乎?"[180] 又幡然悔悟说:"喜言训诂考核,寻其枝叶,略其根本,老大无成,追悔已晚。"[181] 这些虽是后话,但足以证明颜元的批评并非空穴来风。

谈论颜李之学重实行的著作已经很多,但明确指出他们的实践观以新制度论为前提的却未之见。颜元的《王道论》(后更名《存治篇》)纵论井田、封建、学校、乡举、里选、田赋、阵法,明显是以三代为法;他的《存学篇》直追孔门圣学,以礼、乐、兵、农、心、意、身、世为正学。[182] 从考证学的角度看,颜元的格物说和三物观有些牵强附会,但根本的指向却极为清楚。章太炎曾概括说:"明之衰,为程朱者痿弛而不用,为陆王者奇觚而不恒,诵数冥坐与致良知者既不可任,故颜元返道于'地官',以乡三物者,德行艺也,斯之谓格物。"[183] 在颜元的实学及其物的世界那里,新制

---

[178] 颜元:《寄桐乡钱生晓城》,《习斋记余》卷三,《颜元集》,页440—441。
[179] 陈训慈、方祖猷:《万斯同年谱》,香港:香港中文大学,1991,页210。
[180] 段玉裁:《与王石臞书》,转引自钱穆《中国近三百年学术史》,北京:中华书局,1986,页366。
[181] 段玉裁:《朱子小学跋》,转引自同上,页367。
[182] 颜元的学术一般认为渊源于胡瑗和张载。《存学编卷一·明亲》云:"宋儒惟胡子立经义、治事斋,虽分析已差,而其事颇实矣;张子教人以礼而期行井田,虽未举用,而其志可尚矣。"(《清儒学案》(一),同前,页310。) 又云:"宋儒胡子外,惟横渠之志井田,教人以礼,为得孔孟正宗。"《存学编》卷二《性理评》,《颜元集》上,页60。
[183] 章太炎:《检论》卷四《正颜》,《章太炎全集》(三),上海:上海人民出版社,1984,页469。太炎详细辨析和驳斥颜元对于三物、六艺的解释,在训诂学的意义上,章氏的批评大抵是站得住的。章氏自注云:"以习行三物为学,无为傅会格物。古之言物,犹今之言事、言件。乡三物者,谓乡学之三件。此为普遍之名,非乡学之专名也。"同上,页469。

度论的确立与理学的终结有着直接的关联。

那么,制度怎样才能为行为提供合理性呢？像黄宗羲一样,颜元把三代之井田、学校和封建置于他的政治思想的中心,但他所谓井田、学校和封建不仅是一种制度,而且是古代礼乐的关键内容,从而回归三代的第一步就是重建礼乐。颜李学派的实践观念是与社会分工的思想密切相关的,颜氏认为两千年来的世界是一个"文"的世界(即章句浮文、虚文道文时文、训诂、清谈、禅宗、乡愿的世界),因为这些文的形式不能在一种明确的分工形式中为行为及其功用提供道德的客观基础。由此出发,他从三代之井田、封建和学校中获得灵感,要求恢复"物"的世界——这个物不是宇宙中的客观事实,而是所谓"六府"、"三事"、"三物"、"四教"。[184] 因此,这是尊奉礼乐制度、彻底实践躬行之实学。在这个意义上,践履不是按照良知冲动而发生的行为,而是在特定的制度形式之中的实践,是把三代之制充实、发挥于自己的时代,进而促进天下的福利、平等、欲望和社会分工的践履。颜元把尧舜六府、周公孔子六艺理解为一个在技术上分工的社会原理,从而在社会分工、知识分类和实践之间构筑了制度的基础。正由于此,他将自己的践履概括为"习行经济"。

分工的社会不是以单纯的功能和效率为重心的社会,在制度与分工过程中建立起来的道德理想是对孔子之"君子儒"的道德理想的恢复。古儒之职分的观念在这里直接地展现为技术的或职能的分工:

> 夫儒者学为君相百职,为生民造命,为气运主机者也。即如唐虞之世,莫道五臣、十六相、四岳、群牧,是大人之学、君子之儒,虽司空之一吏,后稷之一掾,九州牧下之一倅,凡与于三事之中者,皆大人学、君子儒也。夏商周之世,莫道伯益、靡、仍、伊、莱、傅说,十乱诸公,是大人学,君子儒,虽其一吏、一掾、一倅,凡与于三物之中者,皆

---

[184] 六府、三事典出《尚书·大禹谟》及《左传》(文公七年),前者指水、火、金、木、土、谷。后者指正德、利用、厚生。三物典出《周礼》,内容已如前述。四教是文、行、忠、信,源自《论语·述而》。颜元把六府、三事、三物、四教视为古圣人之教,把躬行实践落实到技术、技能的层面,并对各种时文加以彻底的否定。

大人学、君子儒也。孔子之门,莫道颜、曾、七十贤是大人学、君子儒,虽二千九百二十八徒众,但习行一德、一行、一艺,皆大人学、君子儒也。儒之处也惟习行,……儒之出也惟经济。……离此一路,……即另著一种《四书》、《五经》,一字不差,终书生也,非儒也。……此义一明,则三事、三物之学可复,而诸为儒祸者自熄。[185]

大人学、君子儒把人的德行、名分与社会分工中的功能结合起来,其前提是把社会转变成为一个各尽其才的物的世界。颜元深信"本原之地"不在朝廷,而在古典学校,[186]这里与朝廷对举的大学不是作为教育场所的学校,而是"物"的世界自身,亦即古典礼乐意义上的学校。由于物的世界是一个分工的世界,因而伦理的关系建立在一定程度的功利关系之上。这个世界肯定人的品质、感情、欲望和劳动,否定出世、归隐的禅宗道教以及内佛老而外儒学的心性之学。如果说李贽等人是以反叛的形式表达对欲望的肯定,那么,颜元则把欲望、感情、风俗与其他生活要素一并归入物的世界。"六行尤在人情、物理用功。离人情、物理则无所用功,离人情、物理用功则非儒。"[187]物的世界同时就是人情的世界,分工的原则是物的世界的一个部分;知识、技术和感情不是一些客观的领域,而是生生不已、存存不息的宇宙和人类的内在要素。

大人学、君子儒与社会分工的思想联系在一起,道德中心的践履就会向分类的知识转化。这直接体现在颜元的教育构想及其分科原则之中。在《漳南书院记》里,他的文的世界和物的世界的对立直接表现为两种不同的知识及其课程的对立,此即"理学斋"、"帖括斋"与"习讲堂"的对立。"习讲堂"分四斋:"文事",课礼、乐、书、数、天文、地理等科;"武备",课黄帝、太公,以及孙吴五子兵法并攻守、营阵、陆水诸战法、射御、技击等科;"经史",课十三经、历代史、诰制、章奏、诗文等科;"艺能",课水学、火

---

[185] 颜元:《寄桐乡钱生晓城书》,《习斋记余》卷三,《颜元集》,北京:中华书局,页440—441。
[186] 颜元:《送王允德教谕清苑序》,《习斋记余》卷一,同上,页403。
[187] 颜元:《与高阳孙丞渊书》,《习斋记余》卷四,同上,页456。

学、工学、象数等科;而"理学斋"和"帖括斋"(设于院门内)则课静坐和八股举业。按照理学家的观点,习斋的思想是一种技能、技艺的世界观,而从君子儒观点看,这种注重技艺、技能和分科知识的世界观来自三代之德治,从而分工的世界观是从伦理关系的基础上发展而来的。

从黄宗羲到颜元,新制度论的基础是一个以礼乐为形式的"群"的世界。在这个世界中,"私"和"人情物理"得到了肯定,但这一肯定的前提不是原子论的个人概念,而是天下之公。天下之公以肯定天下之私为前提,而天下之私又以天下之公为目的。梁启超、胡适等人把颜元视为清代反理学的实用主义思想家,但颜元恪守儒学正统,个人行为也拘守礼仪,他的学术源于王学和儒学事功派,他对理学和心学的攻击是否能够被归结为反理学还有待深入的研究,原因是:第一,颜元对于程朱陆王的批判建立在他的取今复古的世界观之上,他对先秦礼乐的恢复是内在于理学和心学的基调的。在这个意义上,"物的世界"既是对理学的否定,又是沿着理学的内在逻辑对儒学道统的重新确认;第二,他的所谓"手格猛兽之格"完全不是建立在原子论的实证主义的基础之上,而是建立在对于原始儒学关于礼乐的理解之上,从而包含丰富的道德含义。

颜元思想的特征是一种面向当世、现实和生命本身的复古主义。他界定其格物说云:

> 故吾断以为物即三物之物,格即手格猛兽之格。[188]

又云:

> 按格物之格,王门训正,朱门训至,汉儒训来,似皆未稳。窃闻未窥圣人之行者,宜证之圣人之言,未解圣人之言者,宜证诸圣人之行。但观圣门如何用功,便定格物之训矣。元谓当如史书手格猛兽之格、手格杀之格,乃犯手捶打搓弄之义,即孔门六艺之教是也。如欲知

---

[188] 颜元:《四书正误》卷一《大学》,《颜元集》,页159。

礼,凭人悬空思悟,口读耳听,不如跪拜起居,周旋进退,捧玉帛,陈笾豆,所谓致知乎礼者,斯确在乎是矣;如欲知乐,凭人悬空思悟,口读耳听,不如手舞足蹈,搏拊考击,把吹竹,口歌诗,所谓致知乎乐者,斯确在乎是矣。推之万理皆然,似稽文义、质圣学为不谬,而汉儒朱陆三家失孔子学宗者,亦从可知矣。[189]

理解"手格猛兽之格"的关键是"物"的含义:格物之物不是作为自然中的万事万物,而是"三物"之物,亦即六德、六行、六艺。"手格猛兽之格"是对天理、良知的悬空思悟、口读耳听的拒绝,更是对孔门六艺之教的恢复。这个恢复不是在想像关系中的恢复,而是在人情物理的现实之中的恢复。物具有实在性。这是内在于礼乐、内在于物的世界的知行合一。颜元的格物说揭示了理学的谬误,但并不能在近代实证主义科学观的视野内用"'实征'的知识论"的范畴给予解释。侯外庐认为颜元之学是墨子学术的复活,因为他把礼乐还原为制度与艺术。[190]但把礼乐还原为制度与艺术不正包含着这样一层意思,即制度与艺术必须具有与礼乐一样的道德意义?颜元说:"思周、孔似逆知后世有离事物以为道,舍事物以为学者,故德、行、艺总名曰物。明乎六艺固事物之功,即德行亦在事物内。《大学》明亲之功何等大,而始事祇曰'在格物'。空寂静悟,书册讲著,焉可溷载!"[191]

自宋代以来,三代想像是各派儒学的内在基调,也是儒学内部发生变化和革新的内在动力。汉唐以降的制度革新迫使理学家们另辟蹊径,他们要求恢复三代理想的努力只能在天理、心性等范畴中才能呈现。黄宗羲、颜元的新制度论的特点既不在于对三代的追慕,也不在于重建实然与应然的统一关系,因为这些思想方式是宋明理学的一贯特色。梨洲、习斋的特点在于他们把时代的内容充实到制度的形式之中,把三代之礼治从

---

[189] 颜元:《阅张氏王学质疑评》,《习斋记余》卷六,《颜元集》,页491—492。
[190] 侯外庐主编:《中国思想通史》,第5卷,北京:人民出版社,1956,页374。
[191] 见李塨:《颜习斋先生年谱》卷上,《颜元年谱》,李塨撰、王源订,陈祖武校,北京:中华书局,1992,页55。

理学大厦的内部召唤到外部,从阴暗的背景推至明亮的前台,从零散的制度批评转化为理论的基本结构,从而完成了理学没有完成的任务。从这一视野回望理学内部的争论和转化的历史,我们发现:理学对自身的否定远较它对所处时代的批判更为激进,它的每一次自我更新好像都是对前一次努力的嘲笑和否定。心性之学用天理、心性及其变化无穷的变体批判当世之制度和文化关系,探讨寻找道德实践的根据,但结果却总是导致自身的转型和变化。黄宗羲、颜元以不同的方式将三代想像展现为制度性的关系,进而发现这个世界其实不是人们想像的远古世界,而恰恰是被压抑的、人情物理的当下世界。他们把强烈的复古取向与现实关怀投注在重构礼乐制度的努力之中,其复古主义从未表现为一种凭吊三代或六经的世界的怀旧式情调,而是展现为一种将三代、六经作为从未死亡的精神和普遍价值落实在礼乐/制度的实践之中的努力。[192]正由于此,三代、六经不但昭示着一个理想的世界,而且提供了一种把握人情物理的当下世界的完整视野。在历史的新场面中,一旦三代之制、六经之旨被推到前台,为现实实践提供灵感,那么,对于三代之制、六经之旨的怀疑也就不可避免出现了。疑古的历史潮流正是从考古的现实需求中演化而来的。

---

[192] 下面这段引文出自朱子《答陈师德书》,从中我们可以得出的结论是:明清之际之实学与朱子学之间的距离并不像人们想像得那样遥远。朱子云:"程夫子曰:涵养须是敬,进学则在致知。此二言者,实学者立身进步之要。而二者之功,盖未尝不交相发也。然夫子教人持敬,不过以整衣冠、齐容貌为先,而所谓致知者,又不过读书史、应事物之间,求其理之所在而已。皆非如近世荒诞怪诞、不近人情之说也。……抑读书之法,要当循序而有常,致一而不懈,从容乎句读文义之间,而体验乎操存践履之实,然后心静理明,渐见意味。不然,则虽广求博取,日诵五车,亦奚益于学哉?"见《朱子文集》卷五十六,台北:允晨,2000,页2707,2703。

第三章

经与史（一）

> 行己有耻，博学于文。
>
> 封建之失，其专在下；郡县之失，其专在上。
>
> ——顾炎武

第一节　新礼乐论与经学之成立

1. "礼"和"文"的世界

新制度论恢复了道德评价与制度的内在关联，但这一恢复不是单纯地将制度及其关系视为道德评价的根据，而是将制度纳入道德范畴内部，即在儒学的框架内重新恢复礼乐与制度的一致性。因此，顾炎武（字宁人，学者称亭林先生，江苏昆山人，1613—1682）、黄宗羲关心的是：究竟什么样的制度才包含道德的精义、才能运用于经世的目标呢？考据、训诂和历史的方法在有清一代蓬勃发展，它的初衷就是为了通过追究经义以理解三代之治的典范，从而完成经世的目的。顾炎武之经学与黄宗羲之制度论有着一种内在的连续性，他们都把典章制度、礼乐习俗置于思考的中心，"意在拨乱涤污，法古用夏，启多闻于来学，待一治于后王"。[1]在思

---

[1]　顾炎武：《亭林文集》卷六《与杨雪臣》，《顾亭林诗文集》，北京：中华书局，1983，页139。

想史的脉络中,这一新制度论是以重构礼乐秩序的方式批判独尊内心的晚明学风。江藩的《汉学师承记》严分汉宋,以阎若璩、胡渭为开端论清代汉学师承关系,认为黄宗羲、顾炎武均深入宋儒之室,并非汉学宗主,因此将他们仅列之于附录。但该书卷八论亭林之学末尾录客之对话,还是点出了顾、黄之学所导致的历史转变:"自梨洲起而振其颓波,亭林继之,于是承学之士知习古经义矣。"〔2〕"待一治于后王"意味着他们对于清朝的合法性完全不予承认,也意味着他们对明亡的批判是在宋明民族传统中建立起来的批判;而"习古经义"则将未来之治寄托在由六经所体现的礼乐刑政之上。

　　清兵入关后在扬州、嘉定等地残暴屠杀,而以八旗制度和旗民之分为标志的族群等级制成为清代社会制度的主要特点之一。在这一背景下,黄宗羲、顾炎武等以遗民身份进行了艰苦卓绝的抗战,在他们的思想和学术中贯注着以"夷夏之辨"范畴表述的族群思想。但是,族群意识或夷夏之辨不足以概括顾炎武、黄宗羲的批判性思想的特征。这里有两个值得考虑的因素:首先,他们的抗清斗争和思想实践同时表现为对明亡的历史进行深刻反省;其次,满清征服中原和建立大清王朝的过程包含极其复杂的历史因素,例如汉人降将和军队参与了征服中原和西南的过程,明朝内部的分崩离析和农民起义构成了明朝迅速覆灭的内部原因。因此,对这一过程的思考不可能简单地用"民族意识"或"夷夏之辨"来加以界定。明代晚期集中展现的社会危机为全面检讨政治、经济和文化关系提供了可能性,也为儒学者摆脱宋代以来逐渐形成的思想方式提供了可能性。顾炎武、黄宗羲、王夫之(字而农,湖南衡阳人,1619—1692)等人把道德冲动转化为经世之学的研究,并在制度论或礼制论的框架中探讨道德或规范的含义,以之与现实制度相对立。如前所述,宋明儒者也讨论乡约、宗法、田制、税法等制度问题,但宋明理学的中心部分是以天理作为道德的源泉,从而他们的制度批评无法呈现为一套完整的制度构想。清代儒者的努力恰好相反,他们在制度论和礼乐论的架构中探讨道德的根据,并以此作为制度批评的出发点。在他们

---

〔2〕 江藩:《汉学师承记》,见钱锺书主编、朱维铮执行主编、徐洪兴编校的江藩、方东树《汉学师承记(外二种)》,北京:三联书店,1998,页158。

的思考中,宋明时代盛行的天理、心性学说逐渐退居次要地位。

在晚清民族浪潮中,反清、反满或反清复明的口号成为革命动员的重要因素,从而将满清界定为外族、外来王朝的历史观开始占据主导地位。这一新的内外夷夏观的出现与其简单地被归因于儒学原则本身,毋宁视为对于西方民族主义的回应。正是在这一语境中,人们对顾炎武思想的研究集中于"民族"或"种族"意识之上,反而多少忽略了他的思想的更为复杂的方面。章太炎对以制度论为中心的经世之学多有发挥,进而揭示出隐含在孔子之教、典章文物与经史之学内部的民族主义:

> 故仆以为民族主义如稼穑然,要以史籍所载人物、制度、地理、风俗之类为之灌溉,则蔚然以兴矣。不然,徒知主义之可贵,而不知民族之可爱,吾恐其渐就萎黄也。孔氏之教,本以历史为宗,宗孔氏者,当沙汰其干禄致用之术,惟取前王成迹可以感怀者,流连弗替。《春秋》而上,则有六经,固孔氏历史之学也。《春秋》而下,则有《史记》、《汉书》以至历代书志、纪传,亦孔氏历史之学也。[3]

章太炎的诠释侧重清初经史之学的"民族"方面,并没有特别地追问为什么"民族"思想必须寄托在孔子之教、典章文物与历史之学之上。对于顾炎武而言,经史之学包含对政治、经济和文化关系的全面的检讨,一方面有利于族群的认同,但另一方面又包含了更为广泛的反思性的和批判性的内容。

清初经学的学术和思想的意义并不限于族群思想或者经史之学本身。顾炎武把族群思想和反抗运动转化为一种反思的契机,明确地区分了"保国"问题与"天下"观念,把重建"天下"作为政治与道德实践的基本目标,从而超越了恢复明朝、反对异族统治的范畴。他以极为严谨的方式探讨历史中的人物、制度、地理、风俗,但这类研究不能被看作是一般的经验的研究,因为作者以特殊的方式赋予这类经验研究以普遍的和规范

---

[3] 章太炎:《答铁铮》,载《民报》第十四号,收入《太炎文录初编》,《别录》卷二,《章太炎全集》(四),页371。

的价值和意义。这是理解其经世之学的关键。在深入研究顾炎武的诸多思想和学术命题之前,首先厘清其著述中的"天下"概念与"国"、"君"等概念是极为必要的。顾炎武说:

> 有亡国,有亡天下。亡国与亡天下奚辨?曰:易姓改号,谓之亡国。仁义充塞,而至于率兽食人,人将相食,谓之亡天下。……是故知保天下,然后知保其国。保国者,其君其臣肉食者谋之。保天下者,匹夫之贱,与有责焉耳矣。[4]

天下与国的区分并不以地域范围的大小为判准,也并不以是否存在政治结构为前提。这两个概念表达了两种不同的社会状态:"国"是以一种政治制度维系的社会状态(如一家一姓之国),而天下却是将社会的同一性建立在德治条件下的状态(如超越一家一姓之"国"的礼仪之邦),亦即通过礼乐实践保留着人与天之间的内在联系的礼乐共同体。"天下"与"国"的区分建立在礼乐与王权制度的区分之上。天下概念试图恢复以礼乐实践沟通天人关系的方式,而这一方式正是在礼乐实践向王权过渡的过程中逐渐丧失的。从礼乐共同体的视野出发,在"仁义充塞,而至于率兽食人,人将相食"的条件下,即使"国"(以王权为中心的政治制度)仍然存在,它也不是具有道德一致性的人类共同体,因为这个制度已经失去了与天意的内在联系。天下与国的区别渊源于极为古老的天命观念:远古先民通过祭祀等仪式沟通天人,氏族首领亦即掌控巫术仪式的巫师;随着早期国家的出现,这一沟通天人关系的中介者角色逐渐从巫师、巫君(氏族首领)转化为根据一定制度和礼仪治理国家的君王;正由于此,君王作为天的代表的角色必须以践履礼乐、服从民意为前提,因为礼乐和民意即天命、天意的人间显示。所谓"制礼作乐",即天之礼乐化或天人关系的礼乐化;所谓治道合一,即指制度、秩序和关系都能体现道德含义

---

[4] 顾炎武:《日知录》卷十三《正始》条,顾炎武著、黄汝成集释:《日知录集释(外七种)》,上海:上海古籍出版社,1985,页1015。

（天意）的社会；所谓礼乐共同体，即指政治实践并不外在于道德实践而道德实践又不外在于礼乐制度的社会。如果君王不能真正沟通天人，而只是依靠权力、制度（法律）结构和功能关系维系自己的统治，那么，这个社会就一定是一个缺乏道德一致性的政治共同体，即以外在的强制关系维系的共同体。在这个意义上，"天下"概念不是对政治共同体的拒绝，而是对治道合一的共同体形式的向往。王朝溃灭，而礼仪尚在，则天下不会真正地沦亡；王朝消沉，若礼仪亦随之消亡，则天下沦没。德治状态指能够承载道德意义、道德价值并指导人们的日常实践的政治状态。在抵抗外来侵略的历史情境之中，仍然固守"天下"与"国"的区别意在提出一种道德的观念：国家的政治必须服从于礼仪德性，任何将礼仪德性降低为政治手段的观念都会导致仁义自身的贬值和天下的真正沦亡。以天下与国之区分为前提讨论严酷的政治的和社会的危机，其目的是为士大夫的思想实践提供规范，即号召人们超越"肉食者谋之"的君臣关系，超越单纯的保国观念，而致力于以个人日常生活为基础的礼仪实践，并将"中国"建构为一个礼乐共同体。

  关于经学考证与经世致用的关系已经谈得很多，这里存而不论。我的问题是：在顾炎武和他的追随者这里，道德论证的基本方式为什么从格物与格心的修身实践转向了考文知音以追究古制源流的"知识"实践？道德论证的前提为什么从天理转向了制度与风俗？顾炎武的"天下"观与他的学术方式的关系如何？礼乐的要义是把外在的制度与个人的行为密切地关联起来，即外在制度的内在化和人的情感、欲望、道德需求与礼仪制度之间的和谐合拍。这是在礼乐论的框架中重建制度与道德之间内在关系的尝试。段玉裁后来说："自古圣人制作之大，皆精审乎天地民物之理，得其情实，综其始终，举其纲以俟其目，兴以利而防其弊，故能奠安万世。"[5] 段

---

[5] 这段话原是段玉裁用以解说戴震关于义理、考证、文章三者关系时的话。他接着这段引文说："夫圣人之道在六经，不于六经求之，则无以得圣人所求之义理，以行于家国天下，而文词之不工，又其末也。先生之治经凡故训、音声、算数、天文、地理、制度、名物、人事之善恶是非，以及阴阳、气化、道德、性命，莫不究乎其实。盖由考覈以通乎性与天道。既通乎性与天道矣，而考覈益精，文章益盛，用则施政利民，舍则垂世立教而无弊。"段玉裁：《戴东原集序》，见《戴震全集》（六），页3458—3459。

氏以考证学知名,经世致用的气息已经非常淡薄,他认为以考证方法"以尽天地民物之理"是儒者的根本之道,多少有些为乾嘉时代考证学辩解的意思,但还是从一个方面承续了顾炎武的学术宗旨,揭示了寓含在经学内部的思想前提,即通过考证训诂理解圣王典制的精义("大经大法"),以达到"拨乱世而返之正"的目的。与黄宗羲一样,顾炎武相信经世之道存在于一种制度性的实践之中,但无论是经世之道,还是制度性实践均需要仔细界定:所谓经世之道并不是与个人的道德实践无关的政治、经济或军事事务,所谓制度性的实践也不是按照已有的典制而不考虑具体的情境教条地行事。在新制度论和经学的范畴内,政治、经济、军事和个人的道德实践都被编织在礼制关系及其流变之中。顾炎武的考证学与明道经世的内在关系是通过追究礼制及其变迁表达出来的。他在关中论学时说:"诸君,关学之余也。横渠、蓝田之教,以礼为先;孔子尝言'博我以文,约之以礼';而刘康公亦云'民受天地之中以生,所谓命也;是以有动作礼义威仪之则以定命';然则君子为学,舍礼何由?近来讲学之师,专以聚徒立帜为心,而其教不肃,方将赋《茅鸱》之不暇,何问其余哉!"[6]对他而言,典章制度不是一套僵固的教条和单纯的功能体系,而是存在于日常生活和历史实践之中的规范和秩序,是通过人的具体实践才能完整呈现的、规定着生活的价值的礼制。

顾炎武的经学考证遍及礼乐、制度、典章、风俗、传统、人物、语言、自然等等各个方面,但并非散乱无章的杂凑,它展现的是"礼"与"文"的世界。在他的著作中,"礼"与"文"具有互文关系。这是理解"行己有耻,博学于文"这一著名论题的关键。顾炎武说:

> 君子博学于文,自身而至于家国天下,制之为度数,发之为音容,莫非文也。品节斯斯之谓礼。……传曰:文明以止,人文也。观乎人文以化成天下。故曰:文王既没,文不在兹乎!而谥法经纬天地曰

---

[6] 引自江藩:《汉学师承记》,页156。

文。与弟子之学诗书六艺之文有深浅之不同矣。[7]

"文"不是指文字,不是指文章,而是一种内在的规则、一种合乎礼仪的行动中自然呈现出的条理。"文"的概念与周代的礼仪规范(所谓"周文")有着历史的联系,但顾炎武更强调"文"的内在性,与孔子"以仁释礼"有着相似的意蕴:"制之为度数,发之为音容,莫非文也",举手投足,"文"在其中。"君子为学,舍礼何由"之礼不是狭义的仪礼秩序,而是内在地规范我们的生活的自然/必然的秩序,因此,"文与弟子之学诗书六艺之文有深浅之不同,"尽管也常常以文章的形式出现,但它更像是"观乎人文以化成天下"之"文"。顾炎武曰:

> 文之不可绝于天地间者,曰明道也,纪政事也,察民隐也,乐道人之善也。若此者,有益于天下,有益于将来,多一篇,多一篇之益矣。若夫怪力乱神之事,无稽之言,剿袭之说,谀佞之文。若此者,有损于己,无益于人,多一篇,多一篇之损矣。[8]

这里的大义不仅是文以载道,而且是"文"所以能载道时体现出的那种契合于自然的条理,没有这一前提,"文"之多少是无关重要的。戴震曾经以"条理"说"理":"礼者,天地之条理也;言乎条理之极,非知天不足以尽之。即仪文度数,亦圣人见于天地之条理,定之以为万世法。礼之所设,所以治天下之情,或裁其过,或勉其不及,示之中而已矣。"[9]这与顾炎武讨论文与礼的方式是相近的,稍有区别的地方在于:戴震的"条理"概念与"自然"范畴密切相关,多少带有一种抽象性和超离的意味,而顾炎武把"文"与"礼"这两个观念结合起来,泛指所有的礼乐制度和秩序。也正是为此,他把"考文"的范围扩大到了日常生活实践的所有规范之

---

[7] 顾炎武:《日知录》卷七《博学于文》条,见顾炎武著、黄汝成集释《日知录集释(外七种)》,上,上海:上海古籍出版社,1985,页539—540。
[8] 顾炎武:《日知录》卷十九《文须有益于天下》,《日知录集释(外七种)》,中,页1439。
[9] 戴震:《绪言》卷中,《戴震全集》(一),页94。

中:不单详考六经,而且博通诸子;不单研究九州风俗,而且推敲外国风俗。[10]他不把自己束缚于六经,而是从六经起始旁及其他,甚至引用"外国风俗"或"夷俗"对中国的繁文缛节、重文轻质的风尚给予尖锐的针砭,进而获得知识的解放。为什么如此呢?六经为三代礼制之记载,时移世异,封建变而为郡县,郡县变而为帝国,如果满足于泥古,不但无法完成经世的目标,而且对于所欲"经"之"世"也无从把握了。"博学于文"的主张就是以这种独特的、不断演化的礼制秩序的概念为前提的,它不是对于学者的要求,而是对于"君子"的期待。

因此,"行己有耻,博学于文"作为做人为学的宗旨,关系极为紧密,不能分割开来孤立地讨论。为什么"行己有耻"的道德方式需要"博学于文"加以补充呢?这是因为人的日常生活实践包罗万象,礼乐与制度的范围无比宽广,没有"博学于文"的努力就无法知耻,从而也谈不上真正的"行己有耻"。那么,又为什么"博学于文"主要表现为对经书的考证呢?这是因为礼崩乐坏日久,惟有儒学经籍能够"拨乱反正,移风易俗,以驯致乎治平之用,而无益者不谈。"[11]在这里,最重要的问题在于:道德行为的尺度不是来自单纯的心性实践,而是以具体的礼乐制度作为前提、以特定的历史情境作为参考的尺度。在这个意义上,不能"博学于文"就谈不上"行己有耻",因为我们怎么才能知道"有耻"的根据呢?没有"行己有耻"作为宗旨,"博学于文"就会由于丧失目标而变得毫无意义。[12]

---

[10] 顾炎武:《日知录》卷二十九《外国风俗》条,《日知录集释(外七种)》,中,页2175。
[11] 顾炎武:《亭林文集》卷六《答友人论学书》,《顾亭林诗文集》,北京:中华书局,1983,页135。
[12] 王阳明从礼理关系出发对"博之于文"、"约之以礼"的解释也可参照。《传习录》卷上云:"礼字即是理字。理之发见,可见者谓之文;文之隐微,不可见者谓之理:只是一物。约礼只是要此心纯是一个天理。要此心纯是天理,须就理之发见处用功。如发见于事亲时,就在事亲上存此天理;发见于事君时,就在事君上存此天理;发见于处富贵贫贱时,就在处富贵贫贱上存此天理;发见于处患难夷狄时,就在处患难夷狄上学存此天理;至于作止语默,无处不然随他发见处,即就那上面学个存天理。这便是博学之于文,便是约礼的功夫。'博文'即是'惟精','约礼'即是'惟一'。"《王阳明全集》,上,上海:上海古籍出版社,1992,页6—7。

在这个意义上,黄、顾之学既是一种新制度论,更是一种新礼乐论,而经学和史学就是这种新礼乐论的表达形式。在对理学,尤其是心学的批判之中,这一新礼乐论带有强烈的制度论的取向,因为顾、黄等人认为理学及其主要范畴模糊了道德实践与制度/礼乐的内在关系。顾炎武的关注重心不仅是家国之制,而且还包括日常行为、社会风俗的演变以及天文、地理和自然环境的差异。从某些方面看,这些说法看似与阳明等人并无轩轾,但亭林强调的是:制度设置的根据不是某种心性论或制度论,而是风俗、习惯和历史变迁本身;礼治秩序必须由下至上地形成,制度的改革必须"自正风俗始"。这一点使得他所设想的礼乐共同体与王阳明以心之同然为标的的"学校",甚至黄宗羲以分工、权利、义务、法律、制度为基本结构的社会模型有了重要的区分。简言之,他不是单纯地讨论制度的设计,而是把风俗的转变视为问题的关键,因为在他的理解中,"天下"是一个礼乐共同体,既不是一个以政治制度和法律体系为框架的结构/功能系统,也不是一个产生于共同意志的"心共同体"。《日知录》卷十三就是范围广泛的风俗论,作者纵论周末、两汉、宋世以及后代的风俗,举凡婚姻、田制、人材、道德、迷信、产业、清议等等无不涉及,从而把制度文化等历史内容包容在风俗、习惯等范畴内。"目击世趋,方知治乱之关必在人心风俗,而所以转移人心整顿风俗,则教化纪纲为不可阙矣。"[13]这生动地表明了他对包含着一切文化和政治的秩序的礼与文的理解。顾炎武反对宋明以来空谈心性之风,认为天、道、性、心等等无非存在于礼乐、制度和风俗之中,存在于人的日常生活实践之中。正由于此,训诂、考证之学必须深入所有生活领域,而不单限于六经。著名的《与友人论学书》曰:"窃叹夫百余年以来之为学者,往往言心言性,而茫乎不得其解也。命与仁,夫子之所罕言也;性与天道,子贡之所未得闻也;性命之理,著之《易传》,未尝数以语人。"[14]他所追求的是习六艺之文、考百王之典、综当代

---

[13] 顾炎武:《亭林文集》卷四《与人书》九,《顾亭林诗文集》,页93。
[14] 顾炎武:《亭林文集》卷三《与友人论学书》,同上,页40。

之务，重新追究孔子论学论政之大端，即修己治人之实学。[15]所有这一切都体现在他的《日知录》和《音学五书》之中。

2.经学考证与"物"概念的回归

顾炎武认为理学的方式无法达成经世目标。"心不待传也。流行天地间，贯彻古今而无不同者，理也。理具于吾心而验于事物。心者，所以统宗此理而别白其是非。人之贤否，事之得失，天下之治乱，皆于此乎判，此圣人所以致察于危微精一之间，而相传以执中之道，使无一事之不合于理，而无有过不及之偏者也。禅学以理为障而独指其心曰不立文字单传心印。圣贤之学，自一心而达之天下国家之用，无非至理之流行……"[16]心、理、物、学密切相连，那种将心视为一种孤立的、绝对性的存在的看法无法达成道德判断和经世的目标。这就是顾炎武从宋明义理之学转向制度论或礼乐论的基本根据：心、性、道、理与历史地变化着的礼乐、制度和风俗联系在一起。

顾炎武不是一般地否定理学，而是与方以智所谓"藏理学于经学"的观点一脉相承，把理学纳入经学的范畴之中。将理学转化为经史之学，其实质是要处理普遍绝对之天理与历史演变的关系，其中间环节则是对"经"的理解：经是普遍之理，还是在特定历史语境中产生的对"理"的理解？对于经的追问最终涉及对"理"的理解：普遍的理是永恒不变、超越时间的，还是总是存在于特定的语境之中？如果普遍的理存在于特定的语境，亦即特定的礼乐、制度和其他关系之中，那么，我们如何才能把握这个理？如果理与特定的社会关系密切相关，而这种社会关系的恰当表达是礼，那么，理与礼是什么关系？经学的要义就是通过考证经义获得对于

---

[15] 参看顾炎武：《日知录》卷七《夫子之言性与天道》条，《日知录集释（外七种）》，上，页538。在另一处他又说："自宋以下，一二贤智之徒病汉人训诂之学，得其粗迹，务矫之以归于内，而达道达德九经三重之事置之不论，此真所谓告子未尝知义也。"见《日知录》卷七《行吾敬故谓之内也》条，同前，页575。
[16] 顾炎武：《日知录》卷十八《心学》条，《日知录集释（外七种）》，中，页1397—1398。

古制和古风的理解，从这一古制和古风的历史演变中勾稽圣人的精义，从而将对普遍之天理的探讨落实在礼乐关系的范畴之内。这是沿着黄宗羲的新制度论的同一路线向前推进。新制度论是在经世的动力之下对于先秦礼乐论的恢复，它在形态上与理学的区别并不证明完全背离了理学的内在目标。如果不理解黄宗羲的新制度论（或新礼乐论）与理学的关系，不理解顾炎武考古学的核心在于究明制度或礼乐的真义，也就不可能了解考据学的兴起及其与理学的关系。在礼乐与制度分化的条件下，理学家们认为无法以制度作为道德论证的客观依托，并转而以天道论和心性论作为道德评价的出发点。在明末清初经世致用的思想氛围中，黄宗羲、顾炎武摒弃天道论与心性论的方式，力图恢复礼乐与制度的同一关系，重建道德评价与制度的内在联系，他们的理论方式开始向新制度论或经学转变。正是这一转变为经学的某种史学方向提供了契机：如果经不是圣人对天理的直接表述，而是对特定礼乐制度及其道德评价方式的记载，那么，对于特定礼乐制度的历史探讨就必然是理解"天理"的重要途径。正由于此，无论是黄宗羲对于制度的阐发，还是顾炎武对于古制的考原竟委，均不再把心性置于思考的中心，也不再把抽象的天理看作是道德的最高源泉。在新制度论和新礼乐论的框架内，道德必须是一种关系（制度、礼乐、风俗）的产物，依赖于人在特定礼仪关系中的道德抉择。因此，任何放弃对经典、历史和风俗的研究而凭空构筑道德体系的做法都与新礼乐论的宗旨相背离。

顾炎武所谓"理学，经学也"的命题是对理学、新制度论与考证学的关系的高度概括，它通过经学考证的方法把义理与制度作为一种具有内在联系的、合一的对象加以考究。离开了礼乐论的内在结构，我们无法读懂他的著作。《亭林文集》卷三《与施愚山书》云：

> 理学之传，自是君家弓冶。然愚独以为理学之名自宋人始有之。古之所谓理学，经学也，非数十年不能通也。故曰："君子之于《春秋》，没身而已矣。"今之所谓理学，禅学也，不取之五经，而但资之语录，校诸帖括之文而尤易也。又曰："《论语》，圣人之语录也。"舍圣

人之语录而从事于后儒,此之谓不知本矣![17]

为什么"君子之于《春秋》没身而已矣"?这不仅因为经学之范围极其广阔,没有"没身"其中的功夫无法精通,而且还因为《春秋》包含着礼乐之精义,"没身"于中即没身于特定的礼乐关系之中。也只是在这个意义上,顾炎武才能说"古之所谓理学,经学也",这是对孔子以六经为教的准确阐释:六经记载先王礼仪、制度、行为、品格,而理与义只能通过理解和恢复先王礼仪、制度、行为品格才能获得。《日知录》卷七《夫子之言性与天道》条谈及"动容周旋中礼者,盛德之至也",正可对此作注解。顾炎武说:

> 夫子之文章,莫大乎《春秋》,《春秋》之义,尊天王,攘戎翟,诛乱臣贼子,皆性也,皆天道也。故胡氏以《春秋》为圣人性命之文,而子如不言,则小子其何述乎![18]

性与天道是在政治性的实践之中达成的。这段话不但揭示了道德实践与礼乐的内在的关联,而且改变了单纯从良知来谈论实践的方式。理学与经学的方法论差别至为明显,人们因此多把理学与经学的分别看成是两种知识的形式,以致认为"理学,经学也"的命题"不是说理学等于经学,而是说理学为经学的一部分……"[19]这是对顾炎武命题的重大误解。在这方面,全祖望的"经学即理学也"[20]的命题仍值得考虑:理学与经学之间的关系不是互相隶属的关系,而是同一的关系。从顾炎武的角度看,所谓不存在超越于经学的理学并不是说理学从属于经学,而是说经学的各个部分都以完成理学的内在目标为职志;或者说,没有经学的形

---

[17] 顾炎武:《亭林文集》卷三《与施愚山书》,《顾亭林诗文集》,页58。
[18] 顾炎武:《日知录》卷七《夫子之言性与天道》,《日知录集释(外七种)》,上,页536。
[19] 侯外庐主编:《中国思想通史》第5卷,页206。
[20] "自有舍经学以言理学者,而邪说以起,不知舍经学则其所谓理学者禅学也。"全祖望:《鲒埼亭集》卷十二《亭林先生神道表》,《鲒埼亭文集选注》,同前,页114。

式也谈不上理学的目标。这个内在目标即儒之礼制。"自一身以至于天下国家,皆学之事也;自子臣弟友以至出入往来辞受取与之间,皆有耻之事也。……"[21]对于历史制度、风俗习惯和社会变迁的考察,正是理学的真正事业,它关注的不仅是外在的制度,而且是每一个人的出入往来辞受取与的行为方式和行为动机。在这个意义上,正如不存在经学形式之外的理学,也不存在理学之外的经学考证。理概念与礼概念的互换关系在这里重新出现了。[22]黄宗羲的新制度论是一种非理学的理学形式,顾炎武之经学又何尝不是如此?对他而言,理学不应该是经学的一部分,它就应该是经学。

顾炎武批评晚明学风舍多学而识而求一贯之方、置四海穷困不言而终日讲危微精一,几近深恶痛绝。[23]他也不喜欢象山"自立一说,以排千五百年之学者"的作风。[24]在朱子晚年定论等问题上,顾氏批驳陆王,又有明确推崇朱子的言论,所以学术史上把亭林之学归入朱学者代不乏人。章学诚、龚自珍视亭林之学为朱子五代之传,江藩则说:"梨洲乃蕺山之学,矫'良知'之弊,以实践为主;亭林乃文清之裔,辨陆、王之非,以朱子为宗。故两家之学,皆深入宋儒之室,但以汉学为不可废耳。……"[25]这些看法在近代思想家和学术史家那里得到了呼应:一方面,严复、胡适等人从朱子的格物穷理出发理解近代实证主义和归纳方法,又把重视经验、证据的朴学方法等同于科学方法论;另一方面,钱穆、余英时更注意学

---

[21] 顾炎武:《亭林文集》卷三《与友人论学书》,《顾亭林诗文集》,页41。
[22] 明确提出以礼代理的命题的是凌廷堪(1757—1809),但作为一种思想的取向,这一命题反映的毋宁是清代思想区别于宋明礼学的基本方面。关于凌廷堪及其"以礼代理"说,请参见张寿安:《以礼代理——清中叶儒学思想之转变》,石家庄:河北教育出版社,2001。
[23] 顾炎武《日知录》卷十八《朱子晚年定论》条指责王学末流云:"不学,借一贯之言以文其陋;无行,则逃之性命之乡以使人不可诘。"《日知录集释(外七种)》,中,页1421。
[24] 顾炎武:《亭林文集》卷六《下学指南序》,《顾亭林诗文集》,页131。
[25] 江藩:《汉学师承记》,见钱锺书主编、朱维铮执行主编的江藩、方东树《汉学师承记(外二种)》,北京:三联书店,1998,页158。

术史发展的内在理路,深信清代汉学是宋学内部争论的结果。就源头而言,这些看法的始作俑者还是章学诚——主要是《文史通义》内篇二《朱陆》。早在乾嘉时代,章学诚批评清儒各争门户的陋见,认为清代"薄朱氏之学者,即朱氏之数传而后起者也",并以顾炎武、黄宗羲并峙为例,说明清代学术之源流兼有程朱陆王。虽然"世推亭林氏为开国儒宗",但梨洲之学"上宗王刘,下开二万,较之顾氏,渊远而流长矣。"在这个意义上,清学之源于宋学者何止一条路线![26]

汉宋之间存在联系并无疑问,"经学即理学"的命题就印证了这一点。但问题在于如何理解这种联系。持上述观点的学者大多从知识主义的视野看待朱子学与亭林之学的相似性,以为二者在格物致知和训诂考证方面一脉相承。[27]但如果只是从某些因素观察亭林之学与前代思想的关系,那么,我们为什么不说他的实践观念上承阳明(他也把道德问题理解为出处辞让取予之间),经学乃上承心学呢?在作出这类判断时,关键是要辨明一些更为微妙但却极为重要的差别:知识问题在天理世界观中的意义与在礼制论范畴中的意义是否一样?实践问题在良知范畴中的意义与在礼乐风俗关系中的意义是否相同?经学成立的前提是把礼制作为道德评价和道德实践的客观前提,这与高悬天理和良知的朱子学和阳明学在宗旨和方式上都难以混为一谈。朱子重视四书,而顾炎武突出五经的地位;[28]朱子的格物致知以求得天理为宗旨,而亭林的训诂考证则以求得经义为目的。这不仅是重视考证与注重义理的方法论区别,而且更是他们各自所格之"物"的差别。

---

[26] 章学诚:《文史通义》内篇二《浙东学术》,《章学诚遗书》,北京:文物出版社,1985,页15。

[27] 考证学始自唐人,宋学更为发展,章学诚因此追根溯源,把顾、戴等人纳入朱子学的系谱之中。《文史通义》内篇二《朱陆》,《章学诚遗书》卷二,页15。

[28] 心学兴起之后,《大学》的地位已经下降,而在明末清初之际,《四书集注》的地位也开始下降。张岱的《四书遇》、毛奇龄的《四书改错》都是攻驳《四书集注》的例子,以致清初《四书》作为一个总名是否应该成立也逐渐遭到怀疑。在这个背景下,五经与四书的优先顺序发生了改变。请参见王汎森:《清初思想中形上玄远之学的没落》,《中央研究院历史语言研究所集刊》,第六十九本,第三分,页564—572。

如前所述,不了解"天下"观念的内涵,我们就不可能了解亭林对于经史的考证中透露出的精深的含义:这是士大夫在制度条件全然丧失的情境中保持道德自尊的根据。在晚清以降的思想氛围中,这一含义最易为人忽略。例如,梁启超认为清学开山之祖舍顾炎武无第二人,评价不可谓不高。但他的判断大体从明清思想的转变着眼,一方面以顾炎武对心学和理学的批判作为标准,把孙夏峰、黄梨洲、李二曲划为"明学余波",另一方面又以顾炎武的经学方法论为尺度,抑制反明学的王船山、朱舜水。[29] 经学考证重视广泛地搜求证据,举一反三,通过闻见之知获得经义的理解,以致梁启超、胡适之从他的考证学中发现了科学的方法,却又抱怨考证学主要以古代经籍为对象,不涉及广泛的自然知识,从而未能发展真正的科学研究。这种从科学方法论证亭林独特地位的观点不但无法说明考证方法所要追究的典章制度和礼乐风俗的意义,而且也以一种功利主义的和实用主义的价值抹去了顾炎武思想的核心价值。顾炎武与梁启超、胡适处于两种截然相反的政治/道德的世界之中。无论后者如何评价顾炎武的"科学方法"及其与理学的对立(胡适视顾炎武为三百年来第一位反理学的思想家),他们都有意无意地忽略一个基本的事实:清代经学以反理学相标榜,但它本身也正是儒学的一种特殊的形式。这种科学的或科学方法的现代视野不能理解经学考证的基本出发点:作为考证学对象的"物"既非心学之此物(即"心"),也非理学天道观之宇宙万物("格物穷理"之"物"),既不能被简化为事实的概念,也绝不能在实证主义的范畴中加以理解;毋宁说,经学或新礼乐论之物所要克服的正是这种作为事实的物——亦即从宋学格物致知论和科学方法论所引申出的万物。无论是黄宗羲的新制度论,还是顾炎武的经学考证学,"物"都具有规范、规则的意义,它仅仅存在于礼制秩序之中。"物"概念的规范含义需要与"礼"、"文"等范畴互相印证,它们都是在礼乐论或新制度论的理

---

[29] 梁启超说:"亭林一面指斥纯主观的王学不足为学问,一面指点出客观方面许多学问途径来。于是学界空气一变,二三百年间跟着他所带的路走去。亭林在清代学术史所以有特殊地位者在此。"《中国近代三百年学术史》,上海:复旦大学出版社,1985,页153,157。

论形式中建立起来的,或者说是以礼乐论或制度论为前提才得以建立的。在这个意义上,程朱之物与近代科学的关系还更为接近一些。按照艾尔曼的研究,心学的发展并没有妨碍自然之学的发展,而注重考证方法的清代经学的发展却与自然之学的衰败相伴随。为什么重视经验、归纳和互证的方法论的考证学反而与自然之学的衰败联系在一起呢?"物"概念的转变为此提供了一些解释:考据方法的精密无助于自然之学的发展,这是因为这种方法并不以事实概念为前提,而是以规范、价值、秩序和制度为目的。

这里不妨把顾炎武对"天生烝民,有物有则"的解说与上文曾经提及的程颢以"万物"解"物"作一对比。他说:

> 《诗》曰:"天生烝民,有物有则。"孟子曰:"舜明于庶物,察于人伦。"昔者武王之访,箕子之陈,曾子、子游之问,孔子之答,皆是"物"也。故曰:"万物皆备于我矣!"惟君子为能体天下之物,故《易》曰:"君子以言有物而行有恒。"《记》曰:"仁人不过乎物,孝子不过乎物。"〔30〕

"物"不是事实意义上的"万物",而是道德行为的前提和规范,即古典自然(亦即天)意义上的"万物",从而与"文"的概念或"礼"的概念直接相通。这一"物"概念是清代经史学者的普遍认识,它表达了对程朱格物说的拒绝,也是对先秦"三物"概念的恢复。万斯同(1638—1702)明确地说:"后之儒者,不知物为《大学》之三物,或以为穷理,或以为正事,或以为扞格外诱,或以为格通人我,纷纷之论,虽析之极精,终无当乎《大学》之正训。……将古庠序教人之常法,当时初学尽知者,索之于渺茫之域,而终不得其指归,使有志于明亲者,究苦于无所从入,则以不知物之即三物也。"〔31〕如果"物"为"三物"之"物",那么,这一"物"概念的转变势必改变致知的含义。亭林云:

---

〔30〕 顾炎武:《日知录》卷六《致知》条,《日知录集释(外七种)》,上,页511—512。
〔31〕 陈训慈、方祖猷:《万斯同年谱》,页211。

> 致知者,知止也。知止者何?……"为人君止于仁,为人臣止于敬,为人子止于孝,为人父止于慈,与国人交止于信",是之谓"止",知止然后谓之知至,君臣父子国人之交,以至于礼仪三百,威仪三千,是之谓"物"。……以格物为多识于鸟兽草木之名,则末矣。知者无不知也,当务之为急。[32]

只有将"物"概念恢复为在礼乐、人文和古典的自然范畴(即能够将应然与实然统合在"本然"之中的自然范畴)中建立起来的规范本身,求知的实践才不会与道德实践分离,因为求知的最终目的在于知"止"。"止"不是任何具体的规范,但必须通过各种具体性的规范才能呈现;"止"可以被理解为这些规范的存在根据。与"礼"和"文"的概念一样,"物"的概念必须在最为广泛的意义上理解:"物"存在于"礼"和"文"的世界里,存在于世界的一切礼仪、规范和秩序之中。"物"的世界是一个(古典的)自然秩序的世界,而(古典的)自然秩序的世界就是一个礼与文的世界。离开了新制度论或新礼乐论的背景,我们很难理解这一内在的转变。因此,从表面看,经学考证方法首先是通过对经书的考证恢复经书所记载的圣王典制的神圣性,但它所神圣化的与其说是典制本身,毋宁说是由典制所体现出的人与物(礼乐、制度、规范等等)之间的内在的一致性。在这个意义上,与实证主义对于神学宇宙观的解构完全不同,重视证据和方法的考证学不但没有把世界从传统的神圣性中解放出来,转化成为不具有价值含义的一堆冷冰冰的事实,恰恰相反,它是要建立世界的神圣性或道德本质,进而将事实(物)价值化或价值事实化(物)。经学对于"物"概念的重构因此可以视为对于理学所构筑的忽明忽暗的理(价值)/气(事实)二元论的克服。

"物"概念的恢复与亭林对于实践的理解相互支撑:没有什么专门的道德实践,而只有日常生活的实践,即在特定的规范、制度和形式条件下的实践。他不避各种琐细的工夫,非难理学家的一贯之道,正是为了通过

---

[32] 顾炎武:《日知录》卷六《致知》条,《日知录集释(外七种)》,上,511—512。

这一工作呈现这一制度性或礼仪性实践的历史条件。然而，正如上文所说，知的最终目的不是某种礼仪、规范或行为，而是隐含在人们按照一定的礼仪、规范行动和思考时体现出的"止"的状态。"止"是在动态的过程中体现出来的，如同远古时代的巫师在祭祀过程之中呈现"天意"或"天命"一般。因此，考文知音的实践不是单纯地求知，主张好古敏求、多见而识并不排斥"会通"与"一贯"的重要性：

> 好古敏求，多见而识，夫子之所自道也。然有进乎是者。六爻之义至赜也，而曰知者观其"彖辞"，则思过半矣。三百之《诗》至泛也，而曰一言以蔽之曰思无邪。三千三百之仪至多也，而曰礼与其奢也宁俭。十世之事至远也，而曰殷因于夏礼，周因于殷礼，虽百世可知。百王之治至殊也，而曰道二，仁与不仁而已矣。此所谓予一以贯之者也。其教门人也，必先叩其两端，而使之以三隅反。……岂非天下之理殊途而同归，大人之学举本以该末乎？彼章句之士既不足以观其会通，而高明之君子又或语德性而遗问学，均失圣人之指矣。[33]

为什么必须将会通的观点贯注考证实践之中呢？作为规则或规范的"物"不是僵死的教条，而是随着时代和风俗的变化而不断变易的范畴，因此，认知的实践必须置于一种"史"的观点之中。"史"是一种情境的变化，而不是一种预设目的的过程（如同西方近代的历史观念），它所强调的是人的活动与风俗、习惯和制度的演变之间的内在联系。因此，"会通"即在变化的情境、具体的事件和人物与义理之间进行权衡，从而能够具体地把握、坚守和践履义理。在经史的视野中，没有离开认知的道德实践，没有离开道德实践的认知过程，也没有离开礼乐、风俗和情境变迁的认知/实践形式。所谓"行己有耻，博学于文"的根据即在此。

音学是清代考证学的核心，而顾炎武以此为经世致用的途径。我们不妨问一问：考文知音的方法是如何与礼乐之制关联起来的呢？为什么

---

[33] 顾炎武：《日知录》卷七《予一以贯之》条，《日知录集释（外七种）》上，页549—550。

"读九经自考文始,考文自知音始,以至诸子百家之书,亦莫不然"呢？这是单纯的方法,还是另有内在的目标？[34] 在讨论顾氏的看法之前,需要对音学与礼乐的关系略作分析。按孔子的看法,周礼的衰废始于乐微,以音律为节,又为郑、卫所乱,所谓"礼崩乐坏"即礼制秩序的紊乱。《礼记·乐记》将宫、商、角、徵、羽五音与君、臣、民、事、物之礼序对应起来,认为"五者不乱,则无怗懘之音矣。"[35] "是故先王之制礼乐也,非以极口腹耳目之欲也,将以教民平好恶而反人道之正也。"[36] 考音的出发点是追寻原初的礼乐制度的本意,即正音或正声所代表的礼乐宗旨。《史记·孔子世家》云:

> 孔子之时,周室微而礼乐废,《诗》《书》缺。追迹三代之礼,序《书传》,上纪唐虞之际,下至秦缪,编次其事。曰："夏礼吾能言之,杞不足徵也。殷礼吾能言之,宋不足徵也。足,则吾能徵之矣。"观殷夏所损益,曰："后虽百世可知耶,以一文一质。周监二代,郁郁乎文哉。吾从周。"故《书传》、《礼记》自孔氏。孔子语鲁太师："乐其可知也。始作翕如;纵之纯如,皦如,绎如也,以成。""吾自卫反鲁,然后乐正,《雅》《颂》各得其所。"古者《诗》三千余篇,及至孔子去其重,取可施于礼义。……三百五篇,孔子皆弦歌之,以求合《韶武》《雅颂》之音。礼乐自此可得而述,以备王道,成六艺。[37]

很清楚,考音的目的在正礼乐。孔子弦歌诗三百五篇,使得礼乐能够"得而述",而音又与乐有着直接的关系。"乐"在古代典制中具有至高地位,起着沟通天人、和合内外、协调上下的作用,并与礼、刑、政等一同构成"王道"的四大支柱。《礼记·乐记》："是故先王之制礼乐,人为之节。衰

---

[34] 顾炎武：《亭林文集》卷四《答李子德书》,《顾亭林诗文集》,页73。
[35] 《礼记集解》,页978。
[36] 同上书,页982—983。
[37] 司马迁：《史记》卷四十七《孔子世家》第十七,《史记》(六),北京：中华书局,1982,页1935—1937。

麻哭泣,所以节丧纪也。钟鼓干戚,所以和安乐也。昏姻冠笄,所以别男女也。射乡食飨,所以正交接也。礼节民心,乐和民声,政以行之,刑以防之。礼、乐、刑、政,四达而不悖,则王道备矣。"[38]声音与地域、风俗、好恶的多样性密切相关,声音的变化标志着地域、风俗、制度、好恶的变化或歧异性,而声音转化为乐也即将多样、歧异的声音组织在一种和谐的关系之中。《诗》之风源自各国民歌,孔子弦歌而能使之合于礼乐,则是一个正音的过程。"乐者为同,礼者别异。同则相亲,异则相敬。……礼义立,则贵贱等矣。乐文同,则上下和矣。"[39]此即礼乐与王制之内在的联系。所谓因地制宜、所谓从俗从宜,不但道出了古代礼乐内部的多样性,而且说明了礼乐能够将这种多样性和差异性组织在礼乐关系之中。孔子删诗、正音意在通过分辨音之邪正,论定夷夏文野之别,从而达到"克己复礼"、"天下归仁"的目的。但这里所谓区分邪正、辨别文野并不排斥由于地、俗等原因而产生的多样性,恰恰相反,礼乐的要义即在将这种多样性和差异性纳入一种和谐但并不排斥差异的关系之中。在这个意义上,制礼作乐即以礼别异、以乐主和,达到"乐至则无怨,礼至则不争……合父子之亲,明长幼之序,以敬四海之内"的状态。[40]

然则,何为音之"正"?按司马迁的提示,鲁乐、韶武、雅颂即为正音,但鲁乐、韶武、雅颂之为"正音"并非由于这是鲁之声(相对于郑声、卫乐或其他声音)、宫廷之乐或祭祀之音,而是因为这些音乐体现了"正"本身——"正"或"正音"虽然落实在鲁音、韶武、雅颂之中,但它并不等同于任何一种具体的音乐,"正"指的是音乐的本然状态——由于天的本然秩序体现为礼乐秩序本身,从而这一本然状态必须落实在一种具体的、多样的礼乐关系、礼乐形式之中才能获得表达。《礼记·乐记》云:"凡音之起,由人心生也。人心之动,物使之然也,感于物而动,故形于声。声相应,故生变,变成方,谓之音。比音而乐之,及干戚、羽旄,谓之乐。"[41]乐

---

[38] 《礼记·乐记》,见《礼记集解》下,页985—986。
[39] 同上书,页986—987。
[40] 同上书,页987。
[41] 同上书,页976。

由音生,而音又是"人心之感于物"、"形于声"的结果。这个"物"不只是外物,而是在古典自然的范畴中(亦即文与礼的世界或天本身)被界定的"物",否则怎么能够说"礼、乐、刑、政,其极一也,所以同民心而出治道"呢?[42]由对这样的"物"的反应而产生的"声"即是乐的最初元素,而"声"的变化构成了"音","比音而乐之"则声音最终转化为"乐"。因此,考音离不开具体的声和音,即必须在不同的声和音之间作出辨别,而据以辨别和判断的根据则是音之正,即那个落实在音乐之中的本然的音乐,一种能够超越地方性、差异性而又落实在地方性和差异性之中的存在。根据上述,考音、考字的实践背后一方面隐含着政治/道德的命题,如对礼乐与制度、封建与郡县、多元与一统等问题的探索,另一方面又是对于最高之礼乐(亦即与天共存的"文"与"礼")的追究:前者是对王制的探索,后者是对王制之为王制的根据的政治/美学的理解。

让我们从《音学五书》来理解考证、会通的方法与顾炎武所思考的礼乐的关系,观察格物过程之中发生的"物"的变化。首先,顾炎武自谓"某自五十以后,笃志经史,其于音学,深有所得。"他以考文知音的方式发现礼乐、制度和风俗的真义,"以续《三百篇》以来久绝之传",[43]这既是对宋明学风的批评,也是对秦汉以来的历史的针砭。[44]顾炎武音学上承陈第《毛诗古音考》,不但在音学上的成就远在陈氏之上,而且也赋予了音学以礼乐论的含义。《音学五书序》云:

> 记曰:声成文谓之音。夫有文斯有音。比音而为诗,诗成然后

---

[42] 《礼记·乐记》,见《礼记集解》下,页977。
[43] 顾炎武:《亭林文集》卷四《与人书》二十五,同上,页98。在《亭林文集》卷四《答李子德书》中他更明确地指出:音韵学宗旨就是澄明古义、考证古制,而非为考据而考据。同上,页69—73。
[44] 故钱穆论考证学之兴起云:"故治音韵为通经之钥,而通经为明道之资。明道即所以救世。亭林之意如是。乾嘉考证学,即本此推衍,以考文知音之工夫治经,即以治经工夫为明道,诚可谓得亭林宗传。"亭林音学的目标为通经不错,但通经则以致用为本,因此,在考文知音的过程中所展现的思想世界与乾嘉诸子有着重要的差别。钱穆:《中国近三百年学术史》,上册,北京:中华书局,1986,页134。

被之乐,此皆出于天而非人之所能为也。三代之时,其文皆本于六书,其人皆出于族党庠序,其性皆驯化于中和,而发之为音,无不协于正。[45]

由声到文,由文到音,由音到诗,由诗而入乐,这个过程虽然由人所创制,但在最根本的意义上既不取决于个人,也不取决于任何其他的人为力量,而是一个自然的(本然的)过程,故云"此皆出于天而非人之所能为也"。声成文才能构成音,比音而为诗,从而考音不能离开文字了。六经所体现的言语和声音皆有一定的规则或规律,那是先人根据六书并在族党庠序——亦即礼制关系——中产生出来的。在这样一种礼乐的关系之中,无论如何发音,"无不协于正"。在这个意义上,"正"的根据不在音,而在礼乐关系本身。正是考虑到这一点,顾炎武把对声音的考证视为通达礼乐真义的根本通道,而考证声音的根据又是"文"本身,因为声转化为文才构成了音,没有文也就无从知音。

其次,顾炎武的音论建立在一种历史演化的观念之上:一方面,音及其与文字的关系不断地经历传播、混杂、流变的自然过程,从古代而至秦汉,从秦汉而至隋唐,声音的窜改与文字的稳定性构成了经学研究中的最大的困难,后代学者往往对此不察,以后人的音韵释读古代的文字,从而丧失了古人的精义。另一方面,后代的音又往往提供了了解古代音的某些因素或线索,从而考证方法的途径之一是逐层递进地发现转变的环节,最终恢复古代的音。所谓"考文知音"是穿越历史迷津的通道,但"穿越迷津"本身也即意味着"正音"的求得不可能离开变化的历史过程(迷津)而凭空建构。亭林云:

> 三百五篇,古人之音书也。魏晋以下,去古日远,辞赋日繁而后名之曰韵,至宋周颙、梁沈约,而四声之谱作,然自秦汉之文,其音已渐戾于古,至东京益甚。而休文作谱(四声谱),乃不能上据雅南,旁

---

[45] 顾炎武:《音学五书序》,见《音学五书》,北京:中华书局,1982,页2。

摭《骚》《子》,以成不刊之典,而仅按班张以下诸人之赋,曹刘以下诸人之诗所用之音,撰为定本,于是今音行而古音亡,为音学之一变。下及唐代,以诗赋取士,其书一以陆法言"切韵"为准,虽有独用同用之注,而其分部未尝改也。至宋景佑之际,微有更定。理宗末年,平水刘渊始并二百六韵为一百七。元黄公绍作"韵会"因之,以迄于今,于是宋韵行而唐韵亡,为音学之再变。世日远而传日讹,此道之亡盖二千有余岁矣。炎武潜心有年,既得《广韵》之书,乃始发悟于中,而旁通其说。于是据唐人以正宋人之失,据古经以正沈氏唐人之失,而三代以上之音部分秩如,至赜而不可乱,乃列古今音之变,而究其所以不同。……自是而六经之文乃可读,其他诸子之书,离合有之,而不甚远也。天之未丧,斯文必有呈……〔46〕

诗为古人的音书,但秦汉时代之音已经逐渐背离古代,至魏晋以降由于辞赋的发展而转化为韵;后人的声学以汉魏时代的赋和诗所用之音为标准,导致古音衰亡和今音流行的格局。唐代之后诗赋取士,以陆法言的切韵为准,此后宋元之际又有新的变化,导致唐韵衰亡、宋韵流行的局面。顾炎武断言:由于时间的久远而声音讹传,古人之道衰亡已经有两千余年。从这一历史逐层演化的视野出发,顾炎武确立了一种方法论的原则,即以唐人正宋人之失,以古经正沈约和唐人之失,从而逐渐恢复古音之秩序。亭林特别提及声音的变化与制度之间的关系(如唐代以诗赋取士),从而考文知音离不开对社会流动、制度改革与风俗演变的考察。在正音已失、典籍窜改、难寻真谛的局面下,"三代六经……多后人所不能通,以其不能通而辄以今世之音改之,"于是乎有改经之病。〔47〕从而考证学成为"通经之钥"和"明道之资"的根本途径。魏源云:

---

〔46〕 顾炎武:《音学五书序》,《音学五书》,页 2—3。
〔47〕 亭林又说:"始自唐明皇改《尚书》,而后人往往效之。然犹曰旧为某今改为某,……至于近日,……凡先秦以下之书率臆径改,不复言其旧为某,则古人之音亡而文亦亡。"顾炎武:《亭林文集》卷四《答李子德书》,《顾亭林诗文集》,同前,页 69。

> 盖自四始之例明而后周公制礼作乐之情得，明乎礼乐而后可以读《雅》、《颂》；自迹熄《诗》亡之谊明而后夫子《春秋》继《诗》之谊章，明乎《春秋》而后可以读《国风》。……礼乐者，治平防乱，自质而之文；《春秋》者，拨乱返治，由文而返质。故《诗》之道，必上明乎礼乐，下明乎《春秋》，而后古圣忧患天下来世之心，不绝于天下。[48]

文与质、礼乐与春秋构成了儒学对变化中的理想政治的理解。这段话虽出自公羊家之口，但也符合清代朴学家们的基本看法。试读戴震《尔雅文字考序》，于此不言自明。[49]考音的目的是通过阐明《诗》所蕴含的风俗、礼乐，通六经之文，恢复古制的真义，以之为经世实践的根据。若在这个意义上理解"格物"之"物"，那么，"物"显然不是一般的自然对象（包括声音），而是礼乐教化本身。礼乐教化与天道自然是完全合一的。

考音体现了一种经学考古学的视野，非独研究《诗经》一经的方法；除了音与文的关系之外，言语与书写的关系也是经典研究中的重要问题。所谓"文章至孔子后始成也"，说明古代以言语（声音）为重，而文字（书写）则在其后，因为言语更接近于"自然"。从经学研究的角度看，人们不能不追问一个问题：既然言语（声音）均以文字的方式流布，那么，言语和文字的内在区别何在呢？《论语》曰："为命，裨谌草创之。"《左传》："子产有辞；仲尼曰：'言之无文，行之不远'"。这是在传播的视野中谈论言对文的依赖。古代经传所记，除了那些书信、檄文之外，其余君臣论政，敌邻聘问，朋友赠对，师弟问答，均为面对面的对话的记录，因此，言在流传过程中对文的依赖并不能抹杀言与文的区别。康有为对此曾有精彩辨析："自六经为文言，此外虽《论语》亦语录耳。庄子曰：'辨士无谈说则不乐。'又曰：'子之言者似辨士。'于是纵横家流，如仪、秦、陈轸抵掌说时主，皆以言语。谈天衍，雕龙奭，

---

[48] 魏源：《诗古微·序》，《魏源集》，北京：中华书局，1976，页120。
[49] 戴震云："夫援《尔雅》以释《诗》、《书》，据《诗》、《书》以证《尔雅》，由是旁及先秦已上，凡古籍之存者，综覈条贯，而又本之六书、音声，确然于故训之原，庶几可与于是学……"《戴东原集》卷三《尔雅文字考序》，《戴震全集》（五），北京：清华大学出版社，1997，页2181。

坐稷下谈者千余人,皆以言语。惠施、公孙龙陈坚白,谕马指,皆以言语。宋钘、墨翟游说人国以言语,今考其辞气,皆可按也。"[50]在这个意义上,诸子百家均为书写下来的言语或口语。在言语转化为文字形式的过程之中,为了适应各种关系和需要,人们在书写过程中添加了许多修饰和变化,以致仅仅根据书写本身并不能了解圣王之本义——言语、声音等与礼乐的关系更为直接,而书写过程中的增饰最易掩盖的恰恰是言语、声音等与礼乐制度之间的这种直接关系。例如,《戴记》、《国语》中所载文词繁复,为后人增饰的结果,只有那些简括的文字仍然保留了言语的特点。因此,理解经典中的文字的含义的必要途径是破除后代的各种文字上的增饰而"知音"。《诗经》是各国诗歌的总汇,其声韵、词汇以及音乐体现了各国风俗的特点,如果不知其音而只按文字来理解,也就无从了解《诗经》蕴含的古代风俗以及孔子删诗所包含的礼乐精义(正音)了。

从文字记载方面看,三代之文包含了由礼乐所确定的"定体"和"定名"。定名即在礼乐范畴内加以界定的名分位次,而"言语之定体"则是指按照一定的礼仪规则形成固定的言语格式,例如祝告、加冠、相见、祝贺、盟词、使词等均有一定的格式和修辞,一字不改,天下公行,如后来的帖式之类,这是从远古巫术祭祀的仪式中转化而来的。这些言语的体式至今仍有留存(如在某些书信体中),但后人多误以为文体,不了解对古人来说它们是与仪式、音乐、声调、舞蹈密切相关的语体。如《孝经》:"曾子避席曰:'参不敏,何足以知之?'"《礼记哀公问》:"'寡人固不固,焉得闻此言也?'"《乐记》曰:"乙,贱工也,何足以问所宜?抑诵所闻,而吾子自执焉。"这是辞让而对之体。这些定体因具体情境的流动而有所调整,但基本形式没有变化,从而定体本身保留了"声"、"音"和"乐"的内涵。由于古代言语的地位非常高,从而必须有专门的学问与之配合。《书》:"辞尚体要。"孔子曰:"不学诗,无以言。"换言之,与定名一样,言语之定体也不是人为制造的"体",而是依礼乐而起之"体"。正由于此,我们才

---

[50] 康有为:《教学通义》之《言语第二十九》,《康有为全集》(一),上海:上海古籍出版社,1987,页155。

能理解:"盖古之于言也,礼以定其体,乐以和其气,博依以致其喻,专师以致其精,其行于学者既如此,所以施于民者必不大异。天下同风,无有隔阂之患,无有无用之学,其容貌辞气,其文足观也,其实足既也。言者宣也,上下相宣而无有不治矣。"[51]在这个意义上,"定体"与"定名"体现的是礼乐的体与名,亦即"博学于文"之"文"。亭林云:

> 周礼大行人之职,九岁属瞽史,谕书名,听声音,所以一道德而同风俗者,又不敢略也。是以诗三百五篇,上自商颂,下逮陈灵,以十五国之远,千数百年之久,而其音未尝有异。帝舜之歌,皋陶之庚,箕子之陈,文王、周公之繫,无弗同者,故三百五篇,古人之音书也。[52]

古代各地方言不同、个人习惯不一,以言语为用的前提是言语依一定的体和名来加以表达,否则对话、劝说和交流均无可能。体和名不仅以礼乐为根据,而且就是从礼乐的实践中产生出来的,从而所谓定体和定名并不排斥表述的多样性(声音、文字等等)。

如前所述,亭林之学以复归礼乐为宗旨,而考文知音构成了复归礼乐的基本途径;又由于历史迁流,礼乐的要义不再是自明的,它必须通过一定的形式才能呈现出来,在这个意义上,考文知音的核心在于理解礼乐真谛与历史变迁之间的关系。例如,从语音和文字的变化来看,如何界定言语之"正"?随着言语定名,士大夫朝夕论学,相互比试文词,争相尚雅,出现了雅俗的分野。孔子曰:"言之无文,行之不远。"又曰:"修辞立其诚。"曾子曰:"出辞气,斯远鄙倍矣。"这里所谓"文"、"修"和"远鄙",都是雅的意思,但对于孔子而言,"立其诚"才是真正的雅。后人以为之、乎、者、矣、焉是文章的助词,而古人以之作为言语的助词,但这些词都经过了修辞处理,与口语中的实际语气是不一样的,因为后者被认为太"俗"了。在这个意义上,修辞的发展常常掩盖了礼乐之定名、定体和"声

---

[51] 同上,页157。
[52] 顾炎武:《音学五书序》,《音学五书》,页2。

音",从而形式上的雅俗分殊并不能构成"正"的标准。孔子所谓"修辞立其诚"将"诚"在构成礼乐关系的过程中的意义和作用突显出来,这与他"以仁释礼"是完全一致的。在这个意义上,我们可以理解为什么顾炎武力图破除后代辞赋和音韵而造成的变乱,力图追究古人的正音的内在动力。

上述辨别雅俗邪正的方式是以一定的政治观为前提的。亭林既不相信秦汉之音,也不相信魏晋之音,对于唐宋时代的音韵同样不能信任。秦汉之音相对统一,而魏晋时代则变化繁多,但两者均不构成"正"的标准。顾炎武力图恢复的是周代的音,亦即包含在《诗经》之中而又经过孔子弦歌而入礼乐之音。我们可以从分与合两个方面来发挥这一音学的潜在的意义。从分的方面看,春秋以降,诸侯鼎立,战国时代,七国纷争;学术上百家争鸣,政治上地域分歧,语言上则是"言语异声,文字异形",拨乱反正的要求应运而生。"分"显然并不代表"正"。孔子以言说为主,但却极为重视"正名",他针对的正是春秋时代礼崩乐坏的分裂局面,用礼乐的概念来概括,他要求的即所谓"刑名从商,爵名从周,散名从诸夏之成俗曲期。"由于礼崩乐坏的形势,所谓"正"不可能指现实存在的具体言语文字的存在,而必须是指能够体现礼乐(亦即"文"的世界)意义的言语和文字。从合的方面说,"正名"、"正音"、拨乱反正之"正"不能够等同于按照一定的政治统治对名、音加以统一化,因为"正"只能在顾炎武之"文"与"礼"的范畴中、在乐以主同而礼以别异的氛围中进行理解。例如,秦、汉以后,言语衰落而文字统一,文章昌盛而体制纷纭,加之字句钩棘,"统一"本身非但没有构成"正"的条件,相反却产生了文与文之间的差异(如诗赋与词曲不同,散文与骈文不同,公牍与书札不同,民间通用文字与士人之文、官中之牍不同)和言与文的分野(如各地方言与书写文字不同,士大夫文与市井文不同,文人文与官吏文也不同)。这种制度性的差异不同于礼以别异、乐以主同的局面,包含了内在的断裂和隔绝。在这个意义上,"书同文"亦不意味着得其"正"。在顾炎武的礼乐论中包含了封建的政治价值,它暗示"正音"、"正名"本身能够包容声音、语言、风俗、习惯的多样性。如果将正音之"正"完全归结于一个中心,则此"正"与"官"便合为一体,从而将封建之一统混同于郡县之一统了。下引康有为的这段话正是郡县一统的政治观在音学上的体现,他把正音等同于官话,把不齐之齐等同于用一个规则统合各种规则,实际上与顾炎武对于"音"的理解正好背道而驰:

> 后儒传学,名归于一,故知方言之书,非治国所宜有也。治者所以治不齐者,而使之齐也。具言达名,施行听受,使天下一齐,则周行九州莫不通晓。譬如今所谓正音,官话也。天下皆依于正音之名,而绝其方言,则莫不通矣。[53]

从对"音"、"方言"的不同理解,我们可以看到亭林与南海的政治/礼乐观的深刻区别:亭林之"正"是礼乐论的,它能够包容、甚至鼓励各种不同的地方性的、风俗性的、习惯性的内容,并从"正"的视野来理解这一杂多性,而南海之"正"是制度论的,它要求取消地方性的、风俗性的、习惯性的内容,并使之从属于一种至高的单一性。在顾炎武看来,礼乐是一种自然的秩序,"声成文,谓之音,夫有文斯有音"中的"文"并不是指文字符号,而是指这一文字符号所体现的宇宙之自然或礼乐之精义。没有这一层意思就说不上"发之为音,而无不协于正"。因此,知音考文的目的是了解蕴含在古代经籍内部的那些定体和定名,它们构成先王政教的内涵,同时也体现了孔子删《诗》《书》、定礼乐的宗旨。考文知音在这个意义上成为经世之学的必要内容。[54]

---

[53] 康有为:《教学通义》,《康有为全集》(一),页156。
[54] 正是由于言语负载的上述功能,言语在古代四科(音乐、语言、政事、文学)中居于政事和文学之上,而音乐又在言语之上。这是一种真正的声音中心主义。为什么乐正教国子言语必本于乐德?原因是古代以能够宣扬德行为言语。如阴饴甥之盟国人,国人皆泣;臧洪登坛读盟词,辞气慷慨,观者感动。"古者遒人以木铎徇于道,官师相规,工执艺事以谏,皆言行也。至于先圣垂训,贤师论道,若《戴记》所载,诸子所记,圣为天口,贤为圣译,则言德行,皆言之可贵也。至于治事,上下相际,官民相通,讯讼狱,问疾苦,宣上德,达下情,必言语同声,名号同系,然后能交喻也。若夫敷教读法,苗蛮山谷咸使解悉,言语之用,犹为要矣。"参看康有为《教学通义》,《康有为全集》(一),页157。

3. 经学考证、三代之制与社会思想

有关顾炎武的社会思想,许多学者作了详细的、富于创见的研究。我在此不再一一重复。我的问题是:如果把这些思想放在"政治思想"或通常所谓"制度论"的范畴中,又怎么能够解释他的"物"、"礼"和"文"的观念呢? 政治、经济思想对于功利关系的检讨如何能够被纳入道德的范畴内部呢?《日知录》上篇经术,中篇治道,下篇博闻,共三十余卷,在因原竟委、考证得失的过程中,处处流露经世致用的苦心。他的门人称之为:"综贯百家,上下千载,详考其得失之故,而断之于心,笔之于书,朝章国典民风土俗,元元本本,无不洞悉,其术足以匡时,其言足以救世,是谓通儒之学。"〔55〕《日知录集释》的作者黄汝成更是看到了考证方式与礼制的内在关系:

> 其言经史,微文大义,良法善政,务推礼乐德刑之本,以达质文否泰之迁嬗,错综其理,会通其旨。至于赋税、田亩、职官、选举、钱币、权量、水利、河渠、漕运、盐铁、人材、军旅,凡关家国之制,皆洞悉其所由盛衰利弊,而慨然著其化裁通变之道……〔56〕

亭林之学的各项内容服从于"务推礼乐德刑之本,以达质文否泰之迁嬗"的宗旨,因而政治、经济、军事和道德的历史变迁必须置于礼乐德刑的背景中才能获得理解。这也是理解他所谓"行己有耻,博学于文"的关键:道德实践不是单纯的道德行为,而是所有的日常生活实践,因为并不存在超越于土地、税法、官职、选举、风俗和政治制度的道德实践,也不存在远离日常生活实践的经世之大业。顾炎武在"文"与"礼"的框架内详考各

---

〔55〕 潘耒:《日知录·原序》,见《日知录集释(外七种)》,上,页23。
〔56〕 黄汝成:《"日知录"叙录》,见顾炎武著、黄汝成集释:《日知录集释(外七种)》,上,页7—8。

种礼仪、制度、文物、典章、风俗及其演变,揭示了一个社会得以构成、运动以及运动的指向的实质性的解释。这一方式本身至今不失为一种重要的启示:现代社会理论家们一直在寻找一种实质性的社会理论的可能性,但他们的所有努力——包括对于历史性的发现——都不足以使他们达到这一目标。社会理论始终局限于一种规范式的理论方式之中。

顾炎武在经学的范畴内讨论各种政治和社会问题,这一学术形式不能简单地被看作是"复古的外衣"。没有经学的形式,就不能理解为什么君主论、田制论、清议论、郡县论、保举论、生员论、钱粮论等等能够被理解为礼或文的范畴,为什么他对这些具体的政治、经济和社会问题的考证不是对于一般的事实的研究,而是关于"物"(规范、仪则和礼制)的探讨。理论形式的转变是一种世界观转变的后果,而把理论形式仅仅看作是"外衣"就不能理解世界观转变的真正意义。在我看来,不这样提出问题,就不能理解顾炎武的总体的理论构思,以及他的理论形式发生转化的内在的原因。在这个意义上,我们需要追问:当他逐条分析政治、经济、军事、治学、山川、风俗、疾苦、利病、人伦关系等具体知识时,是否存在内在的结构呢?

顾炎武以考证的方式逐条分析各项事务,他的著作没有表面看来的那种完整结构。这为有些学者将亭林思想放在经济、政治和教育的范畴中分析提供了方便,却同时让他们忘却了这些思想方面是以一种礼制的完整构想相互关联在一起的。阮元说,"世之推亭林者以为经济胜于经史",是把经史与经济分作两截来说,没有挑明亭林之经世之学与经史之学的内在关系。近世学者更越过这层关系,断言亭林好像一位公法学者,"凡公法学上的问题,国家组织、行政系统、公权行使和民意机关,都有一番'援古筹今'的计划。……他对于君主的解释也相当于近代的虚君思想。他主张人民应有公权……"[57]顾炎武确乎是一位社会思想家,但这些社会思想必须置于礼制的结构中才能得到真正的理解,否则他就不属于他的时代,也说不上是一位大儒。我们以新制度论名梨洲之学而以经

---

[57] 侯外庐:《中国思想通史》第5卷,页243,245。

学或新礼乐论名亭林之学者以此。上面的说法是否有些武断呢?

我们不妨从顾炎武与黄宗羲的异同说起。顾氏接读《明夷待访录》之后致信黄宗羲,在表达钦佩之情的同时,说自己的研究同于《待访录》者"十之六七"。仔细观察,《日知录》及他的其他著作均围绕着"复起百王之敝,徐还三代之盛"的宗旨,逐条考据的形式掩盖不了内在的礼制结构:三代礼制的基本原则是考虑现实问题和制度改革的基本原则和内在架构。[58]换言之,正如《明夷待访录》一样,三代之礼制——尤其是井田、封建、学校——构成了亭林之学的内在结构,他对于田制和赋税、郡县与封建、选举和官制的讨论必须被纳入这个结构才能完全把握。例如顾炎武倡导清议、反对科举、主张选举,与北宋诸儒以三代之制对抗科举略为仿佛。"取士之制,其荐之也,略用古人乡举里选之意。"[59]他引用司马光为相时关于选举的若干标准,反复论述"明主劳于求贤而逸于任人"的道理:"善乎子夏之告樊迟也,曰:舜有天下,选于众,举皋陶,不仁者远矣。汤有天下,选于众,举伊尹,不仁者远矣。"[60]

但是,较之黄宗羲的制度论,顾炎武更为注重制度、风俗、学风的渊源流变,他的逐条考证的方法包含着一种对于道德实践与具体情境的关系的理解,而不单单把实践与制度关联起来。如果说黄宗羲的制度论带有一种明显的理想模型的色彩,注重一个社会的内部的结构和机制,那么,顾炎武则更注重风俗和制度的演变。他对田制与税法、郡县与封建、选举与官制的主张无不渗透着一种变与不变的辩证法,绝非泥古不化的礼制论。这种有关"变"的辩证法不是否定圣王之制的意义,而是要求把圣王之制看作是一种适应时代变迁的制度,反对将之视为僵死的教条。例如,他的《生员论》及《生员额数》等文对于科举培养的生员深加指斥,列举乱政、困民、结门户、坏人材四大弊端,认为"废天下之生员而官府之政清,

---

[58] 亭林说明自己致力于"圣贤《六经》之指、国家治乱之原、生民根本之计"探究,目的与梨洲一样都在"复起百王之敝"、"徐还三代之盛"。引自黄宗羲《思旧录·顾炎武》,《黄宗羲全集》第一册,页390—391。
[59] 顾炎武:《亭林文集》卷一《郡县论》九,《顾亭林诗文集》,同前,页17。
[60] 顾炎武:《日知录》卷九《保举》,《日知录集释(外七种)》,上,页692。

废天下之生员而百姓之困苏,废天下之生员而门户之习除,废天下之生员而用世之材出。"[61]但他并不立刻要求尽废生员,而是另外寻找补救的方法,如重建推荐之法另辟出身之路,开人材之路;在生员之外另立"保身家"之爵,听民得买,以使士流不杂;改良科举,限制名额,讲求实学,保证生员不滥,等等。[62]因此,在古今流变的关系中,他反对简单地"借古":

> 以今日之地为不古,而借古地名;以今日之官为不古,而借古官名;舍今日恒用之字而借古字之通用者,皆文人所以自盖其俚浅也……官职郡邑之建置,代有沿革,今必用前代名号而称之,后将何所考焉?此所谓于理无取,而事复有碍者也。[63]

地名、官职、郡邑的建置是不断变化的,从而固守旧章说不上对"理"的尊重,更有碍于事物本身的发展。察乎时变并不是对经书的背叛,《春秋》不正寓含着时事变迁之意吗? 清朝是一个新的、不同于明朝的帝国,它的疆域、官制和政治架构有着与前朝极为不同的设置。[64]把顾炎武的这段话放在清代初期的历史语境中,我们可以触摸到他对新的制度、疆域和官职的宽

---

[61] 顾炎武:《亭林文集》一《生员论》中,《顾亭林诗文集》,页22。

[62] 萧公权论及亭林之生员论时比较亭林与梨洲的异同之处,我觉得应予注意。"梨洲重视士人,欲令天下政事之是非,决于京师郡县学校之公论。今亭林痛斥生员而欲加以缩减废除。其主张不啻与梨洲背道而驰。然而……梨洲所欲倚为天下正论之机关者非寻常场屋中之生员,而为曾经改革之学校。亭林所斥责者乃乱政败俗之生员,而非士大夫之清言正议。一注目于理想中学校之功用,一致意于事实上生员之缺点。非两家对于士大夫在政治上之地位,有根本不同之见解也。"(见氏著《中国政治思想史》(二),沈阳:辽宁教育出版社,1998,页576—577。)但是,梨洲、亭林在政治见解上的一致性不足以说明他们在理论方式上的差异。梨洲之"学校"和他的整个制度论是按照理想的方式建构起来的,从学术渊源而言,更接近于阳明所谓"学校"。而亭林则注重历史的流变,关心如何通过具体的办法、包括补偏救弊的办法,改良现实的状况。他的理想是通过对现实的直接针砭而呈现的,而在实践上又往往考虑因俗而治。

[63] 顾炎武:《日知录》卷十九《文人求古之病》,《日知录集释(外七种)》,中,页1469—1470。

[64] 关于清代官职的设立,参见 Charles Hucker, *A Dictionary of Official Titles in Imperial China* (Stanford: Stanford University Press, 1985)。

容态度。在这里,"民族思想",尤其是汉民族思想,无法概括他对历史变化的理解。这段话含蓄地表达了一种与新的政治现实之间的对话关系。

黄宗羲关注制度的功用和价值,以考证古制精义为目的的亭林之学更为关注实践的情境。顾炎武内心里反对科举、主张选举,但审时度势,仍然建议"用辟举之法,而并存生儒之制"。[65]他把国势衰微归咎于"'小雅'废而中国微,风俗衰而叛乱作矣",颇有怀古的味道,但其实并不贬低后世的有效实践。《日知录》卷十三《两汉风俗》条就是例证:他对东汉之清议颇为推崇,认为"三代以下风俗之美,无尚于东京者。"[66]学风也是风俗的一部分,因而也离不开"变"的观点。顾炎武论学曰:"经学自有源流,自汉而六朝,而唐,而宋,必一一考究,而后及于近儒之所著,然后可以知其异同离合之指。"[67]学有源流,制度又怎能不如此呢?"法不变不可以救今。已居不得不变之势,而犹讳其变之实而姑守其不变之名,必至于大弊。"[68]他的《钱粮论》虽然还打着"先王之制,赋必取其地之所有"的旗号,但具体的征税办法却非古制所能范围。顾炎武一面批评都市与货币,另一面又主张较为自由的经济关系和私有恒产,以致有人说他的经济政策的要点是农业再生产。这哪里还有一点井田之制的味道呢?

顾炎武对于郡县与封建的观点最为知名,他以三代之追慕者而赞成郡县,在制度论的层面明显地带有"混合制度"的特点。"中国"的观念与封建礼仪关系中的内外之别紧密相关,从而郡县体制的形成本身就是对

---

[65] 顾炎武:《亭林文集》卷一《生员论》下,《顾亭林诗文集》,页24。
[66] 顾炎武:《日知录》卷十三《两汉风俗》,《日知录集释(外七种)》,上,页1009。《两汉风俗》条贬斥魏晋,崇仰东汉,实质是排斥玄学,推尊经学。亭林因此说:"汉自孝武表章六经之后,师儒虽盛而大义未明,故新莽居摄,颂德献符遍于天下,光武有鉴于此,故尊崇节义,敦厉名实,所举用者莫非经明行修之人,而风俗为之一变。至其末,朝政昏浊,国事日非,而党锢之流,独行之辈,依仁蹈义,舍命不渝,风雨如晦,鸡鸣不已,三代以下,风俗之淳美,无尚于东京者。……至正始之际,而一二浮诞之徒,骋其智识,蔑周、孔之书,习老、庄之教,风俗又为之一变。夫以经术之治,节义之防,光武、明、章数世为之而未足,毁方败常之俗,孟德一人变之而有余,后之人君,将树之风声,纳之轨物,以善俗而作人。不可不察乎此矣。"
[67] 顾炎武:《亭林文集》卷四《与人书》四,《顾亭林诗文集》,页91。
[68] 顾炎武:《亭林文集》卷六《军制论》,《顾亭林诗文集》,页122。

"中国"的再定义。顾炎武的"封建/郡县混合论"不是产生于对于某种理想制度的形式的考虑,而是产生于他对时代变迁的敏感和对传统、风俗的重视。他的历史视野极为开阔:上至三代,下迄当朝,详考九州风俗,远眺外国风俗,并断言"历九州之风俗,考前代之史书,中国之不如外国者有之矣。"通过将"外国风俗"引入经学考察的视野,顾炎武显然正在超越宋学重夷夏之辨的传统,从而实质性地扩展他的"中国"视野。在儒学的视野中,内外之别是礼乐得以成立的前提,而文野之辨则是"中国"范畴得以确立的前提。因此,承认"中国之不如外国者有之"不但意味着打破内外的严格分野,而且也动摇了文野之别的确定界限。这是清代中期"夷夏相对化"、"内外无别论"的先声。顾炎武引《辽史》,称赞契丹"不见纷华异物而迁"的风俗;引《金史》,说明满洲旧俗"祭天地,敬亲戚,尊耆老,接宾客,信朋友,礼意款曲,皆出自然";引《邵氏闻见录》,表彰"回纥风俗淳厚,君臣之等不甚异,故众志专一,劲健无敌";引《史记》,称道匈奴之轻刑狱、敏于事。对于外国风俗的征引均是对"中国"风俗颓败的批判,也从另一侧面说明清朝的礼仪制度虽然大量地继承了儒学传统和中国之制,但也包含了其他民族的价值和体制。通过对契丹风俗之素朴、满洲礼仪之自然、回纥习俗之平等专一、匈奴制度之自由敏捷,顾炎武展示了对于风俗、制度的正面的、具体的看法。[69]

寓封建于郡县之中的制度构想显然考虑到了历史的演变和各地风俗的差异。这种强烈的变化的意识与疆域、风俗和制度的视野构成了一种内在的关联,与其说这是一种简单的族群思想,毋宁说是对新的超越汉民族观念的帝国体制的思想回应。满洲统一蒙古,入主中原,建立了规模浩大的多民族帝国。面对复杂的内外关系,清王朝因俗施政,针对内地、蒙古、西藏和西南等地区的不同的族群、风俗、政治—法律传统及其他方面的差异,不断调整政策,形成了以中央王权为中心的、以法律和制度的多元主义为特点的帝国体制。清朝帝国在内地实行郡县体制,但在西北和西南则实行了多样化的制度形式,带有鲜明的封建色彩。这一政治现实

---

[69] 顾炎武:《日知录》卷二十九《外国风俗》条,《日知录(外七种)》,中,页2175。

反过来对于中央权力结构产生了重大影响,如理藩院就是清代独特的治边机构。帝国扩张过程从统治的需要内部提出了封建的必要性,满蒙八旗、西南土司、和藩/朝贡/回赐制度与中央/行省体制相并存。顾炎武在《日知录》中所考察的"外国"拥有了王朝体制内的自治权力,它们以特定的、多样的政治形式隶属于中央王朝的政治架构内,其统治模式和臣属关系不但与汉族地区的行省制度有极大差别,而且相互之间也并不一样。"封建"在这里表达的是在与中央王朝关系中的自治形式。作为遗民,亭林没有明确地发表对于清朝帝国及其内外政策的看法,但他如此重视历史流变和内外风俗的差异,反对因循旧制和命名,很难设想他的用夏变夷的主张与正在发生的历史变化无关。

上述关于天下与国的范畴的明确区分表明,顾炎武不是那种单纯以族群认同作为政治和文化的唯一资源的狭隘儒生,但也不能认同于现实的政治体制。因此,天下观念及其内含的礼乐秩序构成了与强制性的、外在性的政治体制的对立。亭林看到了郡县的弊端,但并不赞成僵固地采用封建之制,而是要求把封建的精神注入到郡县制度之中,从而以一种独特的"混合"方式把古制精义与历史情境联系起来。他说:

> 封建之废非一日之故也,虽圣人起,亦将变而为郡县。方今郡县之敝已极,而无圣人出焉,尚一一仍其故事。此民生之所以日贫,中国之所以日弱而益趋于乱也。[70]
>
> ……知封建之所以变而为郡县,则知郡县之敝而将复变。然则将复变而为封建乎?曰不能。有圣人起,寓封建之意于郡县之中,而天下治矣。……封建之失,其专在下;郡县之失,其专在上。[71]

顾炎武没有采用理学家的那种对于封建的理想化的看法,他对封建的态度是一种注重演变和情境的历史的态度。从政治制度的具体作用来衡

---

[70] 顾炎武:《亭林文集》卷六《郡县论》一,《顾亭林诗文集》,页12。
[71] 同上。

量,顾炎武认为封建、郡县各有利弊,只有因势利导,权衡得失,才能形成一套有效的体制。因此,应该创造一种高度自治但并非分裂的政治制度,既保持中央权力的统一,又保存地方权力的自主。这一构想在理论上接近于郭象的那种皇权与大族的"共治状态",但具体的历史内容绝不相同,因为顾炎武对贵族制度并无好感。他在郡县制度和士绅—地主土地制度的前提之下理解地方自治,要求的是一种反贵族制的经济关系。从《日知录》九《封驳》条可知,顾炎武认为士族若能在承平之时不受天子之专制,那么,丧乱之际,他们就能够承担护卫天子和天下的重担。"混合制度"的构想或多或少接近于共和制的政治制度,其核心是以分权为基础(如以县制县、以乡制乡、以保制甲等等)维持天下的共治。

寓"封建"的精神于郡县体制之中的关键是必须以"保民"为政治体制的宗旨。圣人之治以"人道"为起点,包含了变与不变两个方面:制度、典章和礼仪都必须随着"民"的变化而变化,但三代所奠定的礼的精神却是变迁之中的永恒法则。所谓"保民"即需要按照历史的变迁来体现礼乐的基本精神与原则。顾炎武说:

> 圣人南面而治天下,必自人道始矣。立权度量,考文章,改正朔,易服色,殊徽号,异器械,别衣服,此其所得与民变革者也。其不可得变革者,则有矣。亲亲也,尊尊也,长长也,男女有别,此其不可得与民变革者也。自春秋之并为七国,七国之并为秦而大变先王之礼。然其所以辨上下,别亲疏,决嫌疑,定是非,则固未尝有异乎三王也。……自古帝王相传之统至秦而大变。然而秦之所以亡,汉之所以兴,则亦不待谶纬而识之矣。不仁而得天下,未之有也,此百世可知者也。保民而王,莫之能御也,此百世可知者也。[72]

制度因革是在"保民"的前提下顺应历史变化的结果。那么,"保民"的内含又包括哪些方面呢?这可以从民和君两个方面来说。从民的方面看,

---

[72] 顾炎武:《日知录》卷七《子张问十世》条,《日知录集释(外七种)》,上,页528。

"保民"即保护"天下之私":"天下之人各怀其家,各私其子,其常情也。为天子为百姓之心,必不如其自为。……圣人者,因而用之,用天下之私,以成一人之公而天下治。"[73]换言之,顾炎武认为封建/郡县的混合关系首先体现为尊重"民"的私人权利,并在这种"民"的私人权利之上建立"公"的合法性。从君的方面看,"保民"要求一种分权的政治形式:"所谓天子者,执天下之大权者也。其执大权奈何?以天下之权寄之天下之人,而权乃归之天子。自公卿大夫至于百姓之宰、一命之官,莫不分天子之权,以各治其事,而天子之权乃益尊。后世有不善治者出焉,尽天下一切之权而收之在上,而万几之广,固非一人之所能操也。"[74]这两个方面合起来就是在郡县制内部寓含封建之意,即在政治组织形式上把宗法组织与县令单位制结合起来,[75]前者保证基层社会的自治,后者则是郡县制国家的政治形式。在这两重关系中被否定掉的不仅是门阀贵族制度和诸侯封建的政治格局,而且也是皇帝一人专制的格局。权力在这里被理解为一种基于普遍"大众"的权力。

在经世致用的动力之下,亭林把经学考证运用于当世的实践与判断,从而不得不在相当大的程度上把经典相对化。经学和新制度论是理学脱魅的结果,但这一过程是通过将经典神圣化才达到的。在经学的范畴内,三代之治与历代名物、典章、制度以及风俗成为道德的根源,因而考证学的任务是追究先王精义,恢复道德实践与礼乐风俗的同一关系。然而,当顾炎武在经学的形式里为当世实践提供对策的时候,经典的意义就不可避免地相对化了。如果说经学把天道、天理落实于具体的制度和礼乐,从而导致了理学的脱魅,那么,在用世的实践中(作为一种对策论的时候),经学自身也面临着脱魅。

---

[73] 顾炎武:《亭林文集》卷一《郡县论》五,《顾亭林诗文集》,页14。
[74] 顾炎武:《日知录》卷九《守令》,《日知录集释(外七种)》,上,页718。
[75] 用侯外庐的话说,"他主张的县令单位制和他拥护的宗法组织是相关联的。这颇像魁奈的'经济表'(重农学派的经济理论)把资本的流通放在封建农村的框子里去发挥,其内容是市民的要求。炎武则把地方自治的理想放在过时的宗法组织框子里去发挥。……"侯外庐:《中国思想通史》,第5卷,页243。

第二节　经学之转变

1. 经学考证与经学之脱魅

亭林之学以礼制论为内在的结构,又以考证方法和"变"的观点为观察经史的基本方法。这一方法论原则是对理学的义理观的批判,构成了清代汉学的基本前提。戴震在总结惠栋学术时说:

> 言者辄曰:有汉儒经学,有宋儒经学,一主于故训,一主于理义。此诚震之大不解也者。夫所谓理义,苟可以舍经而空凭胸臆,将人人凿空得之,奚有于经学之云乎哉?……故训明则古经明,古经明则贤人圣人之理义明,而我心之所同然者乃因之而明。贤人圣人之理义非它,存乎典章制度者是也。松崖先生之为经也,欲学者事于汉经师之故训,以博稽三古典章制度,由是推求理义,确有据依。[76]

在这里,黄宗羲、顾炎武的预设与戴震的看法之间存在着明显的连续性,他们都强调义理、制度与六经之间的相互依存关系。但在这种连续性的表象下也存在微妙的差别:新制度论及亭林之学完全以制度作为实践的根据,而戴震的观点则具有更为强烈的方法论意识,他反复说明的是理义离不开对于经书及其体现的典章制度的训诂考证。戴震是乾嘉学者中的特殊人物,他重视训诂考证,但又不满于单纯的训诂考证,而强调理义与

---

[76] 戴震:《戴东原集》卷十一《题惠定宇先生授经图》,《戴震全集》(五),页2614—2615。一般认为,戴震此文是在他的学术第二期即乾隆丁丑游扬州晤惠栋之后的文字,更能体现考据学的宗旨。

故训之间的内在联系。从顾、黄之学到乾嘉学术，方法论日益精密，经学自身正在成为一套专门化的知识，它与现实之间的紧张关系日益消失。我想探讨的是：经学自身的转变究竟是在怎样的条件下出现的呢？

对于这一问题，学术史家的回答分为两个方面。较早的看法可以梁启超为代表，他把乾嘉学术及其与现实的关系看成是清代文字狱的结果，认为有清一代的异族统治压抑了清代儒者的思想能力，在学术专业化的氛围中，考证学得以大规模地发展。后起的看法则以余英时为代表，他强调明清学术思想的转向不能用外在的压力来简单地给予解释，这一转向存在着一种内在的理路。我在这里不能一一分析他们的论证，而只想指出如下事实：考证学兴起的时代并不那么单纯。例如颜李之学的兴盛与阎若璩等人的崛起同在一个时代，我们怎能用一个简单的外在条件就把这些复杂的现象概括了呢？在进一步分析清代社会的政治经济条件与经学的关系之前，让我首先从经学的方法论内部来观察这样一些问题：经学的内在结构与它的方法之间是否存在相互解构的关系？考证的方法会不会改变经学得以确立的基本前提？经学之格物会不会转变为对于某种古代事实的研究，而不再具有道德实践及其规范的含义？

首先，顾炎武倡导的经学的内在结构是"礼"与"文"，这两个概念把人、制度、礼仪、风俗和宇宙百物编织在一个复杂而变动的网络里，实际上是要通过礼乐文化沟通天人关系，从而为社会及其成员的实践提供内在于日常礼仪实践的道德目标。考文知音的目的在于为道德实践提供客观条件，即把道德实践与"礼"和"文"的世界密切地关联起来，而不是仅仅从主体心性的角度谈论道德行为和道德判断。在这个意义上，经学考证的对象之"物"不是一件事实，而是道德的规范，但这个规范不是抽象的教条，而是依存于"文"与"礼"的世界。道德的规范内在于风俗、礼乐和认知的行为，却外在于现实的、占据统治地位的制度。"文"和"礼"内在于世界本身，但同时却是一种应然的秩序。因此，"博学于文"不仅是一种知识实践，而且还是一种道德实践，因为这一实践建立在对于现实政治合法性的完全拒绝之上。

然而，考证方法必须预设一种最终正确或真实的存在为前提，从而处处以客观的精神和严密的论证相标榜。无论经学的目的如何,在考证过程中,作为礼制风俗之"物"必须被看作是一种真实的存在或客观的事实,从而"物"概念正在从规范义向事实义蜕变。在这个意义上,经世致用之目的、礼制秩序之内在结构、考文知音之基本手段之间存在着内在的困难和相互矛盾。梁启超曾经举出阎若璩的《潜丘札记》、王引之的《经传释词》、《经义述闻》、陈澧的《东塾读书记》与顾炎武的研究相比较,认为这些经学著作与《日知录》没有可比之处。他的判断标准是亭林著作各条多相衔接,含有意义,而这些经学著作多为随手札记,性质属于原料或粗制品。[77]但这样的说法是相当粗陋的,因为乾嘉学者与顾炎武的区别并不在考证之精密程度和连贯性上。在许多乾嘉学者那里,经学不再具有顾炎武所谓"理学"("理学,经学也")的道德冲动,他们所考的对象虽然还是三代之制(吴派)或名物典章制度(皖派),但考证方法所预设的研究对象——"物"——的性质已经发生了变化。它不是顾炎武、黄宗羲意义上的"物",而是具体的事实——即使这些事实是礼仪、规则或规范。在朴学和史学的视野中,礼仪、规范以及某些儒学的教条都是特定历史情境中出现的"事实",而不是一套普遍的价值。"物"与"事实"的这一区分只有着眼于基本的理论动机才能被理解,从一般方法论的角度是不可能得出这一结论的。按照上文的分析,这一作为"事实"范畴的"物"其实内在于考证方法本身,也内在于黄宗羲与顾炎武的基本学术方式。这表明经学考证方法本身包含着对于礼乐论或制度论的内在结构的解构。

其次,顾炎武把古代典制的意义用于经世的实践,作为"理学"的经学不免带有一些对策论的意义。"变"的历史观来自用世的动机,它包含着对圣王典制的神圣性的破坏。对他而言,"变"包含了两重观点:一方面历史迁流,圣王典制的真义逐渐淹没,经世之学必须越过历史的重重厚障,发掘经典的真义;另一方面,圣王典制的真义并不是一种不变的本质,它存在于特定的历史风俗及其流变之中,因此,经世之学并不以在文字上考出经典的古义为满足,还需要观察历史过程中风俗的演变。前一方面

---

[77] 梁启超:《中国近三百年学术史》,《梁启超论清学史二种》,页162。

为经学之源,后一方面为史学之源。在这个意义上,经学与史学的关系无法截然区分:经学用怀古的方式揭示后世衰败的原因并暗示正确的方向,史学则用面向当世和未来的方式消解圣王典制的绝对权威和儒学的教条主义。这一重视实际效果的方法论势必改变经学追究经典之真义和典制之精微的表面目的,最终导致经典和制度的相对化。

总之,考证方法与"变"的历史观都隐含着"经"之"脱魅"的可能性。从理论的形态上看,这一"脱魅"的过程即经学从一种新礼乐论向历史学的转变。黄宗羲的弟子万斯同论及史学的方法,径直以"实录为指归":

> 盖实录者,直载其事与言,而无所增饰者也。因其世以考其事,核其言而平心察之,则其人之本末十得其八九矣。……凡实录之难详者,吾以它书证之,它书之诬且滥者,吾以所得于实录者裁之,虽不敢谓具可信,而是非之枉于人者鲜矣![78]

"实录"的效果来自"直载其事"的实证方法,而"因其世以考其事"则源于经学的"变"的观点。如果说考证的方法和"变"的历史观均以恢复圣王典制以用于当世为目的,那么汉学实践的结果却是把古代还给古代。章学诚在理论上为这种"实录"找到了一点理论的根据,他说:"三代学术,知有史而不知有经,切人事也;后人贵经术,以其即三代之史耳。近儒谈经,似于人事之外,别有所谓义理矣。浙东之学言性命者必究于史,此其所以卓也。"[79]三代的意义仍在,但已经是史学的对象,这比顾炎武的"变"的观点更为激进,有些接近于法家所谓"五帝不相复,三代不相袭,各以其治,时变异也"的历史观了。章太炎后来总结说:

> 抑自周孔以逮今兹,载祀数千,政俗迭变,凡诸法式,岂可施于鞎

---

[78] 转引自钱大昕:《潜研堂文集》卷三十八《万先生斯同传》,上海:上海古籍出版社,1989,页682。
[79] 章学诚:《文史通义》内篇二《浙东学术》,《章学诚遗书》,页15。

近? 故说经者,所以存古,非以是适今也。先人手泽,贻之子孙,虽污垢佇劣者,犹见宝贵,若曰尽善,则非也。《礼经》一十七篇,守之贵族,不下庶人,皇汉迄今,政在专制,当代不行之礼,于今无用之仪,而欲肆之郡国,渐及乡遂,何异宁人欲变今时之语,返诸三代古音乎?《毛诗》《春秋》《论语》、荀卿之录,经纪人伦,平章百姓,训辞深厚,宜为典常。然人事百端,变易未艾,或非或韪,积久渐明,岂可定一尊于先圣?……故知通经致用,特汉儒所以干禄,过崇前圣,推为万能,则适为桎梏矣。[80]

以变的观点打破经典的教条主义,这本是亭林旧旨。但是,太炎看到的是圣王典制对于今人的束缚,而顾炎武关心的是如果没有一种典制的形式,道德实践即无所依傍。我们不禁要问:当三代典制仅仅是史学的对象而不再具有规范的意义时,如何解决道德评价的问题呢?晚清时代,太炎以一经师而倡导建立宗教解决道德问题,从亭林之学的视野来看,实在超出想像的范围:难道我们需要在经学之外、在礼乐刑政之外别立一个特定的领域(宗教)来管理、协调和维持我们的道德吗?我认为诉诸宗教这一现象本身正是经学脱魅的结果——经学已经不再能够成为道德的客观根据,因而建立宗教才会作为一种道德的诉求提上议事日程。从清初到清末,即使对于经师们而言,圣王典制与道德评价的关系也已经发生了根本性的变化,其间经与史、经与理以及经学不同派别的错综关系发挥了重要作用。

2. "治道合一"与经学的困境

经学的转变有其方法论上的根据,但也离不开政治条件,特别是人们对于这些政治条件所作的反应。黄、顾以新制度论或新礼乐论对抗理学或心学的道德论证方式,力图恢复道德实践与礼乐制度的内在关联。以

---

[80] 章太炎:《与人论朴学报书》,《太炎文录初编》,《文录》卷二,《章太炎全集》(四),页153—154。

礼制作为学术的内在结构可能包含两种截然相反的结果：第一，在否定现实制度的前提下，为道德实践和道德评价提供制度和礼乐的根据；第二，在肯定现实制度的前提下，把制度本身视为道德的制度，从而以道德评价与制度的同一关系为现实政治提供合法性论证。当然也还有第三种结果，就是对现实制度既肯定又否定，从而在学术方式上陷入礼制论与反礼制论的纠缠。换言之，新制度论或新礼乐论的批判性前提是它与现存制度的紧张关系，一旦这种紧张关系消失或缓解，制度论或礼乐论就会转而成为现实制度的合法性论证。这里所谓"紧张关系消失或缓解"包含两层意思：经学学者与现实制度的紧张关系的缓解；现实制度的变革包容了新制度论或新礼乐论的内容，从而消解了它们的批判前提。让我们来看看是否存在着这种可能性。

　　清朝为一少数民族政权，又是一个多民族帝国。这一帝国带有少数民族贵族统治的明确特点，但同时又不得不把帝国的专制控制与文化上的宽容和制度上的灵活性结合起来。为了维系王朝统治，清政府重建儒学正统，以文化而不是种族作为王朝统治的合法性基础。这是在少数民族贵族统治之下形成的多元民族的帝国体制，它不同于宋明时代带有某种准民族国家性质的郡县制国家。在晚清时代，体制内的改革派用文化的同一性对抗种族的民族主义，他们的某些依据就埋藏在清朝帝国的上述特点之中。作为一个征服王朝，清朝必须将自己合法化为"中国"王朝，而要做到这一点，它必须在制度上和文化上重构自己的历史关系。康熙在这方面的贡献最为显著，他废除满洲法律，承继明朝制度，恢复科举，使用汉文，汲取明末士大夫对于明朝历史的反省和总结，促进土地和其他制度的改革，并在儒学的指导下，将治统与道统的合一作为自己的政治理想和治国方针。康熙初登大位时，弘文院侍读熊赐履上书言政，要求皇上考六经之文，鉴历代之迹，体诸身心，以之为敷政出治之本。康熙深以为然，认为"帝王之学以明理为先，格物致知，必资讲论"，特别希望把义理讲章印证于经史精义。[81] 他大肆扩张孔庙仪礼，论四书云："道统在是，

---

[81]《东华录》，台北：文海出版社，影印本，康熙朝，卷四，页9。

治统亦在是",决心集文治武功于一身。康熙于九年(1670)十一月举行经筵大典,三年(1673)之后,他又将翰林院讲官们的隔日进讲改为每日一讲。在实施有效的经济政治改革的同时,康熙于十七年(1678)诏开"博学鸿词科",广揽天下学子。至于朱子升祀殿上,程朱之学极盛一时,诏修《明史》自承统序,安抚遗民,更是成功的文化政策。

康熙时代的朱学复兴与明亡以来士大夫对王学的反省相呼应,在朝有熊赐履、李光地、张伯行、于成龙、陆陇其、杨名时、朱轼等人,在野有陆世仪、张履祥、吕留良、朱用纯诸儒。在野在朝的分别自然会影响学术的思想倾向和政治观点,但有清一代程朱思潮遍及朝野却是清楚的事实,他们的共同特点是排斥明儒之空说心性,而把经世致用作为理学的目标。[82]熊赐履与康熙探讨治道、仁政和解除民瘼的办法,李光地不仅精于理学,而且也参与政事。康熙二十二年福建水师提督施琅攻克澎湖、统一台湾,而建议任命施琅、攻克台湾的就是李光地。李绂为出名的诤臣,他对康熙极为崇仰,说出了"功德至隆,咸五帝,登三皇"这样的颂词,这类看法也同时出自魏象枢、陈廷敬等名臣之口。黄宗羲为反清大儒,但在晚年(1686)却感叹"古今儒者遭遇之隆,盖未有两;五百年名世,于今见之。"[83]与倡导朱学相匹配,康乾时代"上方崇奖实学,命大臣举经术之儒",[84]先后有《图书集成》和《四库全书》之编撰。这些举措最初来自康熙本人

---

[82] 陆宝千说:"清代朱学虽由于圣祖之提倡,成为学术之重心,称盛一时。然在朝人士但以抨击王学为尊朱之表现,门户之见甚深而朱学之理论水准不高……"与此相较,"康熙时代民间之朱学,大体为'王学化'之朱学,即彼等心目中之朱学,乃自'王学透镜'中所见之朱学,非朱学之真也。"参见陆宝千著《清代思想史》第三章《康熙时代之朱学》,台北:广文书局,1983,页119—158。

[83] 黄宗羲:《与徐乾学书》,《黄宗羲南雷杂著稿真迹》,杭州:浙江古籍出版社,1987,页278。相关论述参见黄进兴:《清初政权意识形态之探究:政治化的"道统观"》,见《优入圣域:权力、信仰与正当性》,台北:允晨文化实业股份有限公司,1994,页91—96。黄氏著作对有清一代之治教合一作了详细的考察,除了我在这里引用的文章外,与此问题直接相关的还有《权力与信仰:孔庙祭祀制度的形成》、《学术与信仰:论孔庙从祀制与儒家道统意识》及《孔庙的解构与重组:转化传统文化所衍生的困境》等篇,均见同上书。关于雍正、乾隆时代之"文治",黄著亦有详细讨论,这里不再重复。

[84] 戴震:《戴东原集》卷十二《江慎修先生事略状》,《戴震全集》(五),页2608。

对于经史之学的认识,他说:"治天下之道莫详于经,治天下之事莫备于史","经以明道,史以徵事,二者相为表里而后郅隆可期。"[85]

康熙、乾隆都曾御纂经学著作,其中康熙所纂多为李光地代笔。李光地(字晋卿,号厚庵,福建安溪人,1642—1718)扬朱抑王,撰有性理论著不下五十数种之多。作为御用经学的撰述人,李氏明确地把道统与治统的合一作为评论当世的标准。下面这段话为不止一位学者所引用:

> 臣观道统之与治统,古者出于一,后世出于二。孟子序尧舜以来至于文王,率五百年而统一续,此道与治出于一者也。自孔子后五百年而至建武,建武五百年而至贞观,贞观五百年而至南渡。夫东汉风俗一变至道,贞观治效几于成康,然律以纯王不能无愧。……孔子之生东迁,朱子之在南渡,天盖付以斯道,而时不逢,此道与治之出于二者也。自朱子而来,至我皇上,又五百岁,应王者之期,躬圣贤之学,天其殆将复启尧舜之运,而道与治之统复合乎![86]

李光地以"道与治之统复合"为清朝政治提供道德的论证,实际上重复了康熙本人的看法。[87]他的论证恰恰用了经学的方式,即以三代之制作为楷模,把道德判断、道德实践看作是与政治制度完全统一的过程。李氏视道与治的区分为一种历史的区分,这一观点汲取了清初学者对于理学的批判成果:理学(朱子学)的问题在于道德判断与制度的分离,而这种分离本身不过是特定历史条件下的产物。因此,在经学实践中恢复道德判断、道德实践与制度的统一关系恰好为清朝政治提供了合法性。

李光地利用经学的方式为清代政治提供合法性论证,这一事实迫使

---

[85] 康熙:《御制文集》第一集,卷十九,页3下。
[86] 李光地:《榕村全书》(1829)卷十《进读书笔录及论说序记杂文序》,页3上—3下。
[87] 康熙自己就说:"自古治道盛于唐虞,而其所以为治之道,即其所以为学之功。"又说:"朕惟天生圣贤作君作师。万世道统之传,即万世治统之所系也。自尧舜禹汤文武之后而有孔子曾子子思孟子……盖有四子而后二帝三王之道传,有四子之书而后五经之道备。"《御制文集》第一集,卷十九,页3下—4上,1上—2下。

我们重新考察清代政治与顾、黄之学的关系。我在上文已经谈及,新制度论和新礼乐论本身包含了反抗异族统治的民族意识,它们对于古代典制及其与道德评价的关系的恢复建立在对于现实政治的否定之上。但是,随着清朝统治的稳固和合法化,士大夫与现实制度的关系相应地发生了变化,他们中的许多人是在进入合法体制的前提下从事经学的实践。像李光地这样"以大儒为名臣"(江藩语),身任兵部侍郎和提督顺天学政,与康熙帝过从如此之深的人固然不多,但有清一代为学而徙倚官私之间者不在少数。[88]撇开政治的内涵不言,康熙通经明道的宗旨与经学的初衷在表述上几无差别,这一文化政策及其延续对乾嘉时代的学者产生了巨大影响,他们把精力集中于经书真伪和礼仪制度的探究,而淡化了清初经学中典章文物、语言文字所具有的鲜明的政治含义。

在这一情境中,编辑、考证和研究工作已经消解了经学与现实制度之间的紧张和对立关系,从而完全不同于顾炎武、黄宗羲之学内含的那种批判性和实践性。在"五四"新文化运动的历史视野中,戴震曾被视为反叛性的学者,但他并没有拒绝清代科举和官方经史之学的编撰工作。1773年,东原应召任四库纂修官,所校官书为《水经注》、《九章算术》、《海岛算经》、《周髀算经》、《孙子算经》、《仪礼识误》、《仪礼释宫》、《仪礼集释》、《大戴礼》、《方言》等等。在这一时代,编辑儒学礼仪文献成为官方和私人学者的共同追求。例如,1753年,秦蕙田(1702—1764)的《五礼通考》出版,其中包含了王鸣盛(1722—1798)、钱大昕(1728—1804)和戴震(1724—1777)等人的研究成果。1736年开始、1756年完成的《大清通礼》和1763年刊出的《大清会典》都是在许多经学大师参与下编撰而成。阮元身为乾嘉学派的殿军而又为封疆大吏,扬汉抑宋,又试图在训诂与道义之间两是其说。在考证学的氛围中,他一面对于宋学的性命之说给予深刻的历史分析,[89]另一面又以经学家的身份赞扬朱子,用礼理合一取

---

[88] 参见王锺翰:《李光地生平研究中的问题》,《燕京学报》第1期,北京:北京大学出版社,1995,页111—126。

[89] 参见阮元:《研经室一集》卷十《性命古训》、《研经室续集》卷三《复性辨》、《塔性说》等,见《研经室集》,北京:中华书局,1993,页211—236、1061、1059—1060。

代治道合一,得出的结论竟与崇尚朱学的李光地相差无几:"朱子……晚年讲礼,尤耐繁难,诚有见乎理必出于礼也。古今所以治天下者,礼也。五伦皆礼,故宜忠宜孝即理也。"[90]阮元肯定清朝"崇道学之性道,而以汉儒实之",以学风上的道德义理与礼仪制度的合一为清朝及其文化政策作张本。这种礼理合一、治道合一与道器一体的经学观念相互配合,一方面反映了批判宋学的学术氛围和思想方法,另一方面也开创了研究钟鼎和古文以明礼制(道器合一说)的史学。阮元说:

> 形上谓道,形下谓器。商周二代之道,存于今者有九经焉,若器则罕有存者,所存者铜器钟鼎之属耳。古铜器有铭,铭之文为古人篆迹,……其重与九经同之。……今之所传者,使古圣贤见之,安知不载入经传也?器者,所以藏礼,故孔子曰:"唯器与名不可以假人。"先王之制器也,齐其度量,同其文字,别其尊卑,用之于朝觐燕飨,则见天子之尊,锡命之宠;……然则器者,先王所以驯天下尊王敬祖之心,教天下习礼博文之学,商祚六百,周祚八百,道与器皆不坠也。……先王使用其才与力与礼与文于器之中,礼明而文达,位定而王尊,愚慢狂暴好作乱者鲜矣!……吾谓欲观三代以上之道与器,九经之外,舍钟鼎之属,曷由观之![91]

阮元的这一观点后来为王国维所发展,但大多数学者只能看到他们在金石与文史互证的历史方法上的连续性和史学贡献,却不再关心这一方法论背后隐含的道器不离和礼藏于器的信仰。对于阮元而言,史学方法的确立是以礼制的内在结构为前提的,这里所谓史学是经史之学,是以史证经的努力。但他最终的贡献不在通经致用,而是以精密的考证为近代史学的发展开创了道路。以他对于商周铜器、周公制礼和殷礼的考证为例,它们作为一种道德理论的含义已经如此稀薄,人们只能把这些考证看作

---

[90] 阮元:《研经室续集》卷三《书东莞陈氏"学蔀通辨"后》,《研经室集》,页1062。
[91] 阮元:《研经室三集》卷三《商周铜器说》上,《研经室集》,页632—633。

是单纯的历史研究了。换言之,"治道合一"在知识上的结果之一是经学的"脱魅"或者经学向近代史学(专门的、客观的和实证的)的转变,而这在当时是和"治道合一"的合法化论述相互配合的。

"理学,经学也"的力量来源于它所内含的义理与礼制的合一观,但恰恰是这一观念本身摧毁了"理学即经学"命题的批判性。在顾、黄那里,礼乐与制度、礼制与礼义、治统与道统的内在联系是批判性的来源,此后经学的发展并没有在方法论上改变这一内在联系,但缓解了它与现实制度的紧张关系。问题是:乾嘉诸子对宋学的批判在方法论上难道不是内在于顾炎武、黄宗羲之学的吗?清代"道治合一"观不仅是统治者的观念,而且也有其士大夫方面的基础,这是因为清代思想的兴起本身就是建立在对宋明理学道统观的批判之上的。[92] 比照康熙关于理学与经学关系的论述,阮元的说法没有任何特别之处,略有不同的是,他以臣的身份而谈论忠孝之道,而康熙却以为理学和经学为治道之根基。[93] 追究治道合一其实是宋明理学的一个内在的主题,但这一主题所以是"内在的",是因为理学家和心学家们试图用天理、心性的观念建立对于现实政治之紧张关系。在"治道合一"成为一种现实制度的合法性论证的时候,如果还要保持经学对于现实制度的批判精神,它自身的变化就不可避免了。王夫之的《读通鉴论》中有许多对于清朝所谓治道合一的讥讽,今天读来好像是对清代经学发展的预言。我在这里想要追问的是:除了清朝统治者的文化政策之外,清代政治本身的发展是否为经学与政治的关系的改变提供了社会基础?康熙时代的治绩和有清一代文人的赞美为此提供了若干的例证,有的学者据此承认清朝(特别是康熙)成功实现了道治合一,以致认为清朝的少数民族政权是以"东林派所依据的基盘全部地作为自己的基盘",断言黄宗羲的新制度论"是在清朝政权下站在体制内的

---

[92] 我在上文中谈及的阮元是一个例子,在此之前,费经虞(1599—1671)、费密(1625—1701)父子对以儒生为中心的道统观给予激烈批判,则是另一个证明。
[93] 康熙:"自宋儒起而有理学之名,至于朱子能扩而充之,方为理明道备,后人虽杂出议论,总不能破万古之正理。"《御制文集》第四集,卷二十一,页1下—2上。

立场。"[94]那么,亭林、梨洲之学的实践内容在有清一代的政治和经济实践中究竟居于何种地位?

首先,贯穿《明夷待访录》和《日知录》的政治观念之一,是以士绅—宗法关系为基础重建礼制秩序。这一主张的确为清代统治者所吸纳,其中部分的原因在于清朝是一个少数民族统治的王朝,它在社会构造上重构了贵族制度。在这一背景下,皇权与汉族地主士绅的矛盾也经常让位于它们与贵族阶级的冲突。明末士大夫期望依赖士绅—宗法关系进行地方自治,他们要求重新分配官田的新的权利意识与反君主的政治主张存在密切的联系。黄宗羲用"民土"概念与"王土"概念相对抗,把朝廷的私产(如以官庄形式经营的屯田)视为大私,甚至得出无君的结论。他们的"封建论"(梨洲)、"郡县论"(亭林)和田制论直接体现了地主士绅阶级对皇权的土地扩张的抵制,反映了地主和自耕农阶级以及城市工商业者的权益。士绅阶级的分权要求不是全新的事物,但它与反君主立场的结合却是明末特殊的政治结构的产物。汉代以降,中国专制国家通过特殊的乡村统治形式组织社会,形成了汉代的里制、隋唐的乡里制、宋代的保甲制和明代的里甲制。这些乡村组织的主要功能是征税、维持治安以及组织徭役体系进行大规模的工程开发。但自宋代以来,士大夫阶级对于乡约和宗法制度特别推崇,他们试图以此为基础重建礼乐制度,抗衡皇权的过度扩张。阳明的乡约实践就是最为明确的例证。明朝前期,中央政府经过普遍的户口调查、编制黄册、丈量土地,开始实行里甲制和关津制。[95]明朝中叶,随着土地兼并的加剧,皇公贵族和官宦所占庄田超越往代,而地方士绅和官僚占地情况也同样严重。以下统计可以简略地让我们看到

---

[94] 沟口雄三氏断言"客观地说黄宗羲是在清朝政权下站在体制内的立场。反过来说,清朝的少数民族政权,如无视以黄宗羲为代表的上述的所谓历史之声(正是自私自利的民之声),就不能成立;在汲取明朝政权崩溃的教训下,不以东林派所依据的基盘全部地作为自己的基盘,政权就不能稳固。这也可说是黄宗羲一方的胜利,但胜利的果实却被异族摘取了。"《中国前近代思想的演变》,页248。
[95] 里甲以一百一十户为一里,一里又分为十甲,里设里长,甲设甲长;甲里内的人们互相知保,避免隐藏户口和随意迁徙。关津制则是在各关口设置巡检司盘查行人。

土地兼并和户口状况的急剧变化:明朝初年,全国土地数额为八百五十余万顷,而天顺七年(1463)只余四百二十九万余顷,弘治十五年(1502)实额仅四百二十二万余顷,较之明初,仅有一半。明初全国户口数额为一千六百多万户,永乐间增至二千万户,到弘治四年(1491)仅余九百余万户,不及永乐时的一半。地主隐占户口、农民辗转流亡导致了明万历年里甲制的危机。万历六年,张居正下令清丈土地,共丈出土地七百余万顷,一些勋戚豪强和军官阴占的庄田、屯田也被清查出来。[96]万历九年,张居正开始推行嘉靖初年已在福建、浙江等地实行的一条鞭法,改按户、丁派役为按丁、粮派役,试图均平赋役。[97]上述改革为缓解社会冲突、改善农民处境和地主制的兴起提供了新的历史机遇。然而,到明末,土地兼并再度达到空前程度,农民丧失土地,王公勋戚占田至巨。以此为背景,东林党人代表地方乡绅地主阶层的舆论力量,以"公论"为依托,围绕矿税、庄田问题,对抗中央权力,谋求以士绅—村社共同体作为乡村秩序的基础。[98]

---

[96] 据翦伯赞主编:《中国史纲要》(北京:人民出版社,1979)的说法,这一田亩数额由于各地官吏都改用小弓丈量,有一定的夸张,但毕竟有计划地清出了大批土地。参见该书页186,196。

[97] 《明史》七八《食货》二:"一条鞭法者,总括一州县之赋役,量地计丁,丁粮毕输于官。一岁之役为金募,力差则计其工食之费,量为增减;银差则计其交纳之费,加以赠耗。凡额办、派办、京库岁需、存留、供亿储费,以及土贡方物悉并为一条,皆计亩征银,折办于官,故谓之一条鞭。""嘉隆后行一条鞭法,通计一省丁粮,均派一省徭役,于是均徭、里甲与两税为一,小民得无扰而事亦易集。"

[98] 沟口雄三论及顾炎武《郡县论》中的"天下之私"概念时说:"他所说的'天下之私',不仅是保全富民层的土地,而且还包括富民层在本地的统治权这一阶级的权益。这表明作为士大夫的经世图,是以保全包括农民层在内的生存权利为目的的。也就是说,对于过去的君——官——民这一以官为君的家产官僚的皇帝一元专制体制,他提出了承认富民层在本地的统治权、并以此构成新的专制体制的主张,他的'合天下之私以成天下之公'就是这个意思。黄宗羲批判皇帝的'以我之大私为天下之大公'和以'王土'为'民土'的主张,其论据可以看作是和顾炎武的相同。""地主层打破了一君万民的或所谓个别人身支配的里甲制框架,对下面,他们和佃户、奴仆之间结成新的秩序关系,对地主制结构进行再编和补强;对上面,他们和清朝权力妥协,使这一新的秩序关系作为事实上地主阶级的权力而得到相互补足。总之,他们强化了处于专制权力之下的对本地的统治权。"沟口雄三:《中国前近代思想的演变》,页15—16。

如果说北魏至隋唐时期的均田制旨在打击豪右地主,废除土地的品位等级占有制,体现了皇权与庶族地主相互支持和利用的历史关系;那么,明末的土地改革思想则反对专制国家和王公勋戚的土地兼并,试图在里甲制崩溃的情境下推行乡村地主制。黄宗羲、顾炎武等上承东林党的主张,提出了系统的社会改革方案,其中对于皇权、贵族和国家体制的批判尤为引人注目。

在清代初期的改革过程中,清朝统治者已经在很大程度上把黄宗羲、顾炎武在土地制度、宗法关系和礼仪系统方面的反叛思想转化为一种合法的制度和政策,从而瓦解了乡村自治思想中的反君主意识。康熙八年(1669),清政府下令停止圈地,并要求该年所圈旗地全部归还汉民,另由别处旷土换补。康熙、雍正时代,朝廷下令禁止满洲贵族和汉族地主"增租夺佃";到乾隆时代,有些长工和雇主"共坐同食"、"平等相称",并"不立文契","无主仆之分"。[99]清朝入关后即宣布以明代一条鞭法征派赋役;康熙五十一年(1712),朝廷又针对一条鞭法施行过程中的流弊,宣布以五十年(1711)全国的丁银额为准,以后额外添丁,不再多征,"圣世滋丁,永不加赋。"[100]这条政策和雍正时代施行的地丁合一、摊丁入亩的办法都是明代一条鞭法的继续和发展。乡村地区的某种程度的"自治"是传统帝国制度,尤其是清代社会体制的有机部分。在这个意义上,一方面,清代乡绅的特殊作用的确是以明代里甲制等乡村统治组织的解体和明末乡村自治的思想为前提的,另一方面,与明末地主制对于皇权的解构作用有所不同,清代乡绅恰恰构成皇权在社会基层(特别是乡村)的统治基石。李文治把清代前期的土地关系的变化概括为三个方面:首先是地权分配的变化,即封建所有制有所削弱,农民所有制有所增长;其次是农民阶级和地主阶级相互关系的变化,即官绅地主的权势相对削弱,广大奴仆雇工和佃农或获得解放,或社会地位有所改善;第三则是贵族地主和缙

---

[99] 见《刑部档钞》,《中国近代农业史资料》,页113。
[100] 《清圣祖实录》卷二四九,康熙五十一年二月。参见翦伯赞《中国史纲要》第三册,页264—265。

绅地主的衰落和庶民经营地主的发展。[101] 通过"承认垦民产权"的政策，清王朝重新建立被农民战争打乱的户籍制，把农民编制在一定地区之内，纳入该地都图里甲村社，藉以保证赋税征收。经济史家们认为，清初实行的"更名法"和垦荒政策虽然旨在重新实现农民和土地的结合，以恢复赋役剥削，但其客观后果则是使相当大一部分农民得到土地，从而农民土地所有制获得发展。[102] 康熙、雍正、乾隆三朝废除了旧有的人口税，"摊丁入亩"等改革减轻了农民对朝廷的人身依附。这是皇权、族权与绅权以及国有制、地主所有制和农民所有制达到某种不稳定的平衡的结果。[103]

---

[101] 关于明末清初土地关系的变化以及社会关系的相对松懈，特别是清朝土地制度的形成，请参见李文治：《明清时代封建土地关系的松懈》，北京：中国社会科学出版社，1993。在该书第七篇《论清代前期土地关系的变化及庶民地主的发展》一章中，作者特别指出：清代前期，地主身份地位的变化是：庄田贵族地主逐渐衰落；缙绅地主虽然死灰复燃，相对明代而言，已度过他的极盛时代。更值得注意的是庶民地主的发展。其中又有两种类型，一是以商业发家的庶民地主，一是专事地租剥削乃至直接从事农业生产的庶民地主。他还特别指出，清代的庄田旗地地主是一种世袭特权地主，这种土地占有形式在清初建制不久即开始发生变化。就分布在直隶的旗地而论，土地面积逐渐缩小。这和明代庄田逐渐扩大，由明代前期的数百万亩，到后期扩展为数千万亩，其发展趋势截然不同。参见该书，页513—540。

[102] 同上，页542。清代土地制度的变化不仅表现在地主制的形成，而且还包括农民所有制的出现。因此，经济关系中的矛盾正在从士绅地主阶级与皇权的紧张转向地主所有制与农民阶级的矛盾。关于这一点，请参见史志宏：《清代前期的小农经济》，北京：中国社会科学出版社，1994。

[103] 沟口雄三在分析明末对皇权的批判为什么消失时，显然汲取了清经济史研究的成果。他指出："清朝不同于明朝，它承认地主阶层的权益从而确立了自己的政权。清政权把江南许多明朝的皇庄与王府解放而成民田，除确保自己的北方八旗子弟的被称为旗地的屯田之外，不增加朝廷的私有地。最能说明问题的是雍正年间施行的地丁银制，它将丁税并入地税而形成税制的一体化，这其实是废止了丁税。丁税是古代以来的徭役形态，系指成年男子承担的人头税。这种人头税的废止，意味着放弃了一直延续到明代的一君万民原理，即全体人民都由皇帝统治的原理。于是，代之以土地税的一体化之后，地主想雇几个佃农，可一切都不论而只是个土地所有的问题。这意味着承认地主的土地私有权与地主在私有土地上对农民的统治。""就是说，清朝事实上是承认了地主对乡村的统治从而建立在这一基础之上的皇帝地主联合政权。在这一点上，它与宋至明的王朝具有决定性的区别。""入清后君主批判的销声匿迹，表现了担任明末舆论先锋的乡绅阶层、与同样出身地主阶层而与其共鸣的官僚阶层对清政权政策的基本赞同。"《中国的思想》，页103—104。

谈论清代的专制政治无法回避的是其统治模式的多样性。即使在汉人地区，城市地区总是无法达到乡村地区的自治程度。在明末乡村统治组织解体之后，清代社会形成了自己的统治特色：在满清少数民族专政的上层结构之下，乡绅地主和宗法秩序扮演着愈益重要的角色。清史专家们谈及的士绅阶级和地方宗族力量与皇权的互动关系正是清朝政治结构的特点。换言之，清朝政府在通过八旗制度加强异族统治的同时，也把明末社会的结构性变化吸纳到维护新的王朝体制的轨道之中。概括地说，清代统治的特征除了八旗制度之外，还有两个相关的条件：第一，地方势力，特别是以宗族/村社为纽带的绅权已经日渐强大；第二，王朝的合法性（及其脆弱性）不仅建立在族群等级之上，而且也建立在乡绅权力的基础之上。如果说地主土地所有制和农民所有制的发展是宋明社会变化的延续，那么，这些新的发展在清朝统治结构中则直接地联系着少数民族统治的特点：满清贵族（作为入主中原的少数民族）不得不依赖汉族地主和士绅来维持其在基层的社会统治；清廷出于国家利益不得不在汉族士绅和官员与王公贵族之间获取某种平衡。[104] 在这个意义上，随着清朝的土地制度改革，以士绅地主和自耕农为核心的土地制度逐渐成为清朝政治/经济结构的统治基础，富民阶级的权益要求所包含的反君权内含反而弱化了。顾炎武、黄宗羲对于乡村自主权的要求在清朝已经成为一种制度化的实践，这一历史转化使得地主乡绅在基层社会的统治及其调节作用不再具有反君权的特征，相反，他们倡导的礼制秩序本身已经成为政治合法性的根源。在这一历史情境中，许多士大夫（包括黄宗羲本人在内）对于康熙之治的态度变得复杂起来，其中的一些人不但承认清代政治的合法性，而且入朝做官，甚至挑起新的党争，例如，顺治时代的南人北人之争、康熙时代的南人南人之争就是例证。李光地、徐乾学、熊赐履、高士奇等理学名臣都曾为了自己的名利地位而深陷党争，他们倡言理学，高谈性

---

[104] 顺治、康熙时代，不但起用汉人，而且逐渐地形成了制度。顺治时，范文程、金之俊、洪承畴都入了内阁，到康熙九年以后，改内三院为内阁，满汉大臣都可以入阁做大学士。参见谢国桢：《明清之际党社运动考》，北京：中华书局，1982，页98。

理,而行不践言。明清之际,士林人心之不可恃,令人齿寒。[105]士林政治态度的转变削弱甚至取消了新制度论和新礼乐论的批判性,而清廷在理学名臣的建议之下以治道合一相标榜,更使得梨洲、亭林等人倡导的新制度论和新礼乐论的批判前提在清朝政治中变得含混而暧昧。

但是,我们能否就此认为清朝的少数民族政权是以"东林派所依据的基盘全部地作为自己的基盘",以致黄宗羲的新制度论已经"是在清朝政权下站在体制内的立场"了呢?对此需要具体分析。首先,亭林、梨洲之学是一种广泛的社会理论而不是具体的策论。他们虽然支持土地改革和乡村地主制,但其政治、经济思想并不限于此。事实上,在"封建"、"郡县"等名义下提出的分权思想不能等同于士绅—宗族制度的构想,也不能用"乡约"加以说明。"封建论"和"郡县论"是南宋叶适以来有关分权政治的制度构想的延续,其中心论题是如何用地方分权的形式改进中央集权的弊端,而不仅是以士绅地主为中心的乡村自治。因此,封建论和郡县论并不是一般地谈论乡绅地主和田制问题,而是在国家制度的层面讨论税制、官制、兵制、司法、监督等制度的结构。[106]这也是梨洲、亭林之学的关键内容。其次,清代是满洲贵族统治和疆域扩张的时期,统治者根据少数民族统治和多民族国家的特点实行了一种有利于中央集权的少数民族的贵族专政。在政治、经济、军事和司法等制度形式上,清代特别重视社会的向心力和权力的集中。清朝政府以明制为基础,创立了军机处制、密折制、秘密建储制等,全面推行总督巡抚制,其中央集权的程度远高于

---

[105] 谢国桢:《清初顺治康熙间之党争》,见《明清之际党社运动考》,页96—118。
[106] 分权的思想不一定就是反君权的,例如郭象的思想就包含了一种"共治"的观念。另一方面,中央集权与皇帝专制也是两个相互联系但却不同的政治概念。前者指中央与地方的关系,后者指皇帝与臣僚的关系,但这两个方面时常纠缠在一起。南宋的叶适就说:"今自边徼犬牙万里之远,皆上所自制命……故万里之远,嚬呻动息,上皆知之,是纪纲之责也。虽然,无所分画则无所寄任,天下泛泛焉而已。百年之忧,一朝之患,皆上所独当,而群臣不与也。夫万里之远,皆上所制命,则上诚method矣;百年之忧,一朝之患,皆上所独当,而其害如之何!"(叶适:《叶适集》,《水心别集》卷10《实谋》,《叶适集》,北京:中华书局,1983,页768。)关于中央集权与皇帝专制问题,参看李治安主编《唐宋元明清中央与地方关系研究》,天津:南开大学出版社,1996,页442。

宋明时代。因此,重视分权政治的梨洲、亭林之学很难被纳入"体制内"的框架中理解。康熙十七年(1678)开设博学鸿儒科,朱彝尊、汪琬、毛奇龄、施闰章等均来京应选,但顾炎武、黄宗羲等拒不出山,这与他们思想中内含的特殊的政治认同意识密切相关。

中央集权的概念容易产生一种印象,似乎集权与分权是完全对立的政治形式。但是,历史中的许多集权体制建立在不同形式的分权制的基础之上,很难称之为绝对的集权形式。魏特夫(Wittfogel)等人用"东方专制主义"概念描述中国的传统国家结构,从而将官僚制国家等同于高度中央集权的社会,但"阶级分化社会中只有少数人在城市居住,这表明传统国家对其臣民所实施的行政控制能力是相当有限的。……如果将这类社会与现代国家作对比,那么这一预设根本就是错误的。"[107]这还只是就城市与乡村在帝国结构中的不同位置展开的论述,事实上传统帝国政治结构的多样性不只存在于城市与乡村的差别之中。艾森斯塔德(Eisenstadt)曾经将城邦、封建制、世袭帝国、游牧或征服帝国同"中央集权的历史性官僚帝国"区分开来,[108]并将在汉代开始演化、自唐朝以降定型的"帝制中国政治体制的基本特点"概括为:"自治政治中心的定型化以及皇帝—士大夫联盟在内的统治地位;军队扮演一种重要的角色,其在稳定时期则趋于变成较为次要的;儒教—法家意识形态在中心内的统治地位;还有伴随次属诸取向,尤其是道教取向和佛教取向的一种强有力的混合物。"艾氏的研究是对帝国体制的一种比较类型研究,他强调中国帝制的整体性和稳定性,在这个框架内,他观察到的现象是中国社会是一个阶层自治、自治组织以及任何阶层进入中心的能力都较为薄弱的社会。[109]

---

[107] 安东尼·吉登斯(Anthony Giddens):《民族—国家与暴力》(*Nation—State and Violence*, vol. II of *A Contemporary Criticism of Historical Materialism*, Berkeley: UC Press, 1990),北京:三联书店,1998,页47。

[108] 艾森斯塔德(S. N. Eisenstadt):《帝国的政治体制》(*The Political Systems of Empires*, New Brunswick & London: Transaction Publishers, 1993),沈原、张旅平译,南昌:江西人民出版社,1992。

[109] 引自艾森斯塔德为其著作的中文译本所写的序言,《帝国的政治体制》,页9—11。

如果从历史的变化来说,我们仍然可以发现"帝制中国"的体制包含着极为重要的演变,以致用"帝制中国"这一范畴概括中国的政治文化面临着许多困难。以清朝为例,首先,上述帝国分类至多只具有形式的意义,因为清帝国体制内部几乎包括了除城邦之外的所有类型,即这一中央集权的历史性官僚帝国内部包含了封建制、郡县制、世袭帝国、游牧或征服帝国等诸多因素;其次,艾氏将中国的分层体制概括为四个方面,即(1)作为分层体制的核心焦点的中心的发展,(2)界定身份的政治—文学标准的显著地位以及文士和官员在官方体制中的有限地位,(3)贵族的相对削弱和乡绅地位的增长,以及(4)建构社会等级的若干次属模式的演化。这些描述从总体上揭示了中国帝制的一般特点,但在接受这一基本描述的前提下还需要考虑如下两点:第一,藩镇制度和分封制度是帝国体制中的长久的(而不是偶然的)历史现象,清代的贵族势力与这些制度存在着依存关系;第二,乡绅地位的日渐增长是一个重要的历史现象,但乡绅—宗法体制与政权的关系并不始终是相互加强的关系。在后面(以及第四章和第五章)的讨论中,我们还会再次涉及这两个问题。

　　清朝对于汉民族的统治基本上承续了明朝的制度,即顾炎武等人激烈批判的郡县制度。有关这一体制的中央与地方的关系模式,中国学者作出了长期的研究。我在此根据相关的研究概要地作一点归纳。第一,行政制度。清代在明省级三司并立的基础上,精简都司,总督巡抚统领藩、臬二司综制一省或数省完全固定化,从而形成了督抚承上旨综制封疆,藩臬辖府县分掌政刑的行政统属体制。除此之外,清廷还发展了关于出身、官缺、分层掌铨选、任职回避、皇帝引见等制度和措施,加强朝廷、特别是皇帝对地方官任用铨调的严密控制。"清代中央对地方大吏的行政统属,是以皇帝个人控驭而出现的,故带有中央集权和皇帝专制的双重性质。"[110] 但从官制的形式方面看,中央官制与地方官制处于并列的关系,如总督、巡抚与中央官厅处于平等地位而非隶属关系。第二,财政权力分配。清代财政上的集权性和专制性达到了最高峰。明代中央与地方的财

---

[110] 李治安主编:《唐宋元明清中央与地方关系研究》,页368—369。

赋分配大体是采用集权制和包干制相结合的原则，即在保障朝廷规定的起运、存留比例数额的前提下，各地用存留的财赋安排当地经费支出，存留以外或盈余的部分，全部由地方自行解决，朝廷一般不再干预。而在清代，州县存留的大幅度减少，"悉数解司"和户部严格的"奏销"制度，不仅使汉唐国家财政上的某些区域性或割据性因素荡然无存（如两汉郡守掌财和唐后期两税三分法之类财政区域性或割据性因素），而且连明代的部分包干政策也被砍掉了，致使州县赋税收入（除按额留存等项外），"一丝一粒，无不陆续解送京师"。[111]第三，司法权力。清代地方司法的特色是："督、臬、道、府逐级复审，'一切恩威皆出自上'"。"逐级审转复核的总体效应是地方审判不专，最终有利于中央和皇帝对多数司法权的集中或专制。"[112]第四，军事制度。朝廷对八旗兵实行直接统辖、督抚提镇对绿营兵实行分辖节制，少数民族专政的特点在军事体制上也有清晰的体现。太平天国以后，清代军事制度和财政制度发生了重大的变化，最终成为晚清地方权力增长并促成清朝灭亡的根本原因，但这一事实恰恰从反面证明了有清一代高度集中的中央权力。清代中央与地方的各类权力分配中总督、巡抚是关键。李治安将清代中央集权的特征概括为"督抚分寄制"，它是在传统的郡县制中央集权的基础上，朝廷将控制地方的职责和代表朝廷行使行政、财政、军事、司法等权力，委付给各省总督、巡抚，通过总督、巡抚的"分工性地方分权"，达到高度中央集权的目标。[113]

清代政治的发展过程与它作为一个扩张性的帝国的特点密切相关。满人入关之前曾以大明的"外藩"、"看边"自许，这一历史为其提供了经营边疆的特殊经验。有清一朝成为多民族统一国家的扩张时期，它对边

---

[111] 语见《清圣主实录》卷240，康熙四十八年十一月丙子。地方官府财赋支出收入，统统受朝廷户部的指挥号令，布政使以下的地方官府开支动辄，必须禀报和听命于户部，不能有任何独立行事、任意安排的权力。参见李三谋《明清财经史新探》，山西经济出版社，1990，页280, 296；又见李治安：《唐宋元明清中央与地方关系研究》，页376—383。
[112] 李治安主编：《唐宋元明清中央与地方关系研究》，页406。
[113] 同上书，页428。

疆的经营在历代王朝中最为成功,其统治模式与内地行政制度的建立有着极大的差异。13世纪末,成吉思汗创造的蒙古内部的统一状况瓦解,蒙古各部的竞争重新展开。17世纪初满洲崛起,皇太极在30年代击溃了察哈尔蒙古林丹汗,形成了对内蒙古的统治权,并建立了蒙古八旗制度。在1644年清兵入关之后,清朝先后平定了喀尔喀蒙古、新疆准格尔的反抗。在1696年平定噶尔丹反叛之后,清朝不仅建立了对新疆的统治权,而且打击了16世纪以来形成的蒙古贵族与西藏达赖喇嘛之间的历史联系,为清朝控制蒙古和西藏提供了条件。尽管此后有过反复,但这一时期的战争和征服为乾隆时代在西藏设立噶厦制度提供了历史基础。17世纪80年代,清朝在西南地区平定三藩反叛(1673—1681),实行改土归流,并攻占为明遗民郑成功势力控制的台湾,清朝的帝国体制大致形成。[114] 在西北地区,中央政府以理藩院为协调管理机构,不是以设置边防的统一方式,而是根据各地具体情况,或派兵戍守,或设置军府,或派将军、大臣、都统就地监督和管领。所有的方法都围绕着加强边疆民族与中央政府的统属关系。

  以宋、明时代的政治关系与清朝作一粗略对比,我们可以得出一个基本的结论:宋、明时代产生于民族冲突的历史关系之中,郡县制帝国带有准民族国家的特点,而清朝则是建立在少数民族贵族专政的基础之上的多民族帝国。明清两朝与蒙古、西藏等地区均存在朝贡关系,但这一关系的性质却极为不同。明朝与蒙古的朝贡关系并不包含监督蒙古头领、制定统治规则(包括抽税和刑法)等责任。从政治制度的角度看,清帝国的集权式的政治模式不得不采用某种封建或分封的形式,用以协调和管理不同民族之间的关系;从意识形态方面看,它以儒家"文化"作为统一帝国的伦理基础,同时尊崇佛教和其他宗教,拒绝将"族群"作为政治同一性的前提。汉人的儒学因此成为少数民族统治的合法性依据。清代的集权与分权关系是在皇权、满人贵族、蒙古及其他少数民族、汉人官僚和基

---

[114] 关于西南土司制度问题,参见 John E. Herman, "Empire in the Southwest: Early Qing Reforms to the Native Chieftain System," *Journal of Asian Studies* 56 (1997):47-74.

层社会组织等多重复杂的关系中形成的。在一个层面上的分权形式,很可能在另一个层面是集权;在一个层面上的集权,在另一个层面很可能是分权。例如,清代初期的政治制度建立在八旗制的基础之上,太祖时代所定的八家干国与共同选汗的方法与此存在密切的关系。清太祖的政权带有贵族分权政治的特点,它可以追溯到以八旗制度为基础形成的合议政治体制:"诸子侄既分领部众,各有人户,旗间地位,又平权并列,为了维护这一体制,当然必须有一个能共同接受的领袖,领导协同相处。也可以说有了八旗制度的特殊组织,而后有八家干国的合议政体;八家合议干国的政体,以维系八旗共事分权的组织。"[115]清初的行政体制虽然承自明制,但在内阁之外,别设议政王大臣会议(又称"国议"),议政王大臣会议全部由满洲贵族担任,权力在内阁、六部之上。因此,从清朝统治的内部来看,八旗制带有分权政治的特点,但这一分权政治恰恰是对汉人的少数民族的贵族专政。八家干国体制最终让位于一种更为集权的行政管理机构,即天聪五年设立的六部。太宗时代的中央集权主要是限制大贝勒的权力,[116]这与我们通常所说的入关之后的清代中央与地方关系有所不同。蒙古八旗制度将满洲八旗军政合一、兵民合一的组织形式推广至蒙古各部,但在内容与形式上均与满洲八旗相区别,它的主要目的是将蒙古各旗限制在固定的旗界之内,防止蒙古各部形成统一的力量。在这一分权结构下,蒙古八旗成为满洲八旗的辅助力量。[117]这一分权政策与此后清朝推崇班禅、树立四大活佛系统等措施一样,均以维护安定和帝国的统一为目的。我们很难在集权与分权的对立模式内谈论这一分权措施的意义。

由于存在族群特权,清代的集权与分权问题包含了不同的层面和含义,这一点经常为学者们忽略。在入关之后,清代初期的中央集权问题不

---

[115] 陈文石:《清太宗时代的重要政治措施》,台湾"中央研究院"史语所《历史语言研究所集刊》第40本上册,页299—300。

[116] 参见李宗侗:《清代中央政权形态的演变》,《历史语言研究所集刊》,第37本上册,页101。

[117] 关于蒙古旗制及其内部规则的设立,详见袁森坡:《康雍乾经营与开发北疆》,北京:中国社会科学出版社,1991,页260—286。

能仅仅在中央与地方的关系之中讨论,还需要考虑皇权、八旗、三藩、汉人官员和普通百姓之间的权力关系。那种仅仅以中央与地方关系作为衡量社会关系及专制程度的看法,主要源自现代社会理论对于民族—国家内部关系的研究。这一视野无法揭示多民族帝国的复杂的内部关系,更无法说明少数民族征服王朝的权力关系。玄烨(康熙)亲政时,三北地区动荡不宁,蒙古、准噶尔等贵族势力以割据之势抗拒清朝的统治,闽、粤、云、贵的三藩集团形成了尾大不掉之势。在朝廷内部,辅政大臣鳌拜把持大权,圈地运动和逃人法均在实施,普通农民生活无着,主奴关系极为残酷,满汉矛盾日益深化。上述边疆危机、封建弊端和贵族专政为康熙躬亲大政、独断乾纲提供了背景条件,他以中央集权政策打击和平定蒙古、西藏、新疆的部落势力,为此他笼络汉族官员,缓和满汉矛盾。无论是平定三藩之乱,还是禁止圈占土地和放宽逃人法,都在限制地方封建和八旗贵族势力的同时,缓解了汉人农民和奴仆的处境。在这个意义上,清朝在加强对地方、边疆的控制的同时,缓解了少数民族贵族统治与汉人之间的矛盾,却又为清代后期边疆少数民族与汉族的矛盾(如云南穆斯林与汉人的冲突)预伏了历史的前提。

中央集权的行政体制的形成过程还伴随着皇权与满洲贵族的斗争,它主要表现在削弱八旗贵族的力量。雍正时代军机处的设立就是为了削弱八旗议政的力量,这一事件是清代集权政治最终获得成功的标志。[118] 为了削弱满洲贵族的权力,皇帝必须借助于汉人官僚的力量,从而导致汉人在政治结构中的地位的上升。在这个意义上,集权的方式本身又在某种程度上包含着汉族与满洲贵族之间的分权关系的形成。但这一分权关系没有真正动摇清朝少数民族贵族制度的基本特点。以清朝颁行科举为例,考试的方式实行了一律平等的制度,但建立在考试制度之上的封爵和

---

[118] 参见李宗侗:《办理军机处略考》,载《幼狮学报》第 1 卷第 2 期。关于军机处的功能,也有不同的看法,如庄吉发说,"世宗设立军需房的原因是为了用兵西陲而密办军需,并不是为贯彻中央集权,削减政王大臣的职权,就雍正年间而言,军机处的设立,与独裁政治的背景及发展,不宜过分强调。"庄吉发:《清世宗与办理军机处的设立》,载《食货月刊》第 6 卷,第 12 期,页 23。

任官制度却仍然包含世袭和身份因素。[119]清代中期太平天国运动促成了汉族地方武装势力的发展,汉族官僚的地位也随之明显上升。若从清代中央集权的形成过程来看,这一趋势一直可以追溯到清初皇权与八旗贵族的权力平衡关系之中。朝廷通过制度改革重建皇权与汉族士绅——地主阶级的关系,其权力上的平衡关系与隋唐时代皇权为了平衡贵族阶级的势力而与庶族地主结盟颇有相近之处。

大多数学者都承认有清一朝在实行"从俗从宜"、"各安其习"、"不易其俗"、笼络上层、恩威并重等方面最为成功。清代帝国的扩张使得它不得不在蒙古、西藏和新疆等边疆地区采取更接近于封建的制度形式。多民族帝国与民族—国家的基本政策存在着重要的差别,它的特点一方面是军事和政治的征服和控制,另一方面又挪用《礼记·王制》所谓"修其教不易其俗,齐其政不易其宜"的观念,在西北地区以帝国框架为基本前提实行地方自治性质的制度。与中原地区实行的行省制度不同,边疆区域或少数民族区域的自治制度与皇权的关系并不采取直接的统属模式。在军事征服之后,清朝没有按照内地行政制度对西北社会结构加以改造,而是对地方力量进行分割或平衡,让他们在中央监督之下进行自治管理。内外蒙古的盟旗制度融合了满洲八旗制度、蒙古草原部落领地制及会盟习俗,又按归附先后和对清廷的顺逆情况实行外藩蒙古和内属蒙古的不同的统治方式。[120]蒙古的蒙旗制度虽然仿自满洲八旗,但其性质与满八

---

[119] 参见晏子有:《清朝宗室封爵制度初探》,《河北学刊》,1991年第5期,页67—74;赖惠敏:《清代皇族的封爵与任官研究》,《第二届明清之际中国文化的转变与延续学术研讨会论文集》,台北:中央大学共同学科主编,文史哲出版社,1993,页427—460。

[120] 蒙古地方素因自然关系,分为漠南漠北。前汉匈奴之有左右贤王,后汉匈奴之有南北单于,以及其后之东胡西胡,东突厥,西突厥,大致均以瀚海为界,清时分为外蒙古、内蒙古、厄鲁特蒙古。清代初期讨平察哈尔林丹汉及准噶尔之乱,大漠南北俱入版图,于是仿满洲八旗制度,分内外蒙古为179旗。蒙旗制下的旗是蒙古军事、刑政合一的政权组织。按照学者们的研究,清统治者在征服蒙古诸部的过程中,使蒙古诸部接受了清政权的法令制度,由清廷划定游牧边界和编审户口、任命官员,进而将满洲八旗制度推行于蒙古社会,演变为蒙旗制。参见赵云田:《清代蒙古政教制度》,北京:中华书局,1989,页74;李治安:《唐宋元明清中央与地方关系研究》,页421—422。

旗不同。满清以八旗统治全国,所谓"以旗统兵",但旗无一定治区,满人只有旗籍而没有地方籍。这种旗制是以军事组织的法则规范整个社会一切生活,其特点是军事和民事浑然不分。蒙古之蒙旗制度则不然:第一,蒙旗系以一个部落或一个部落之一部为单位而组成,下辖土地和人民;第二,蒙古之部落虽改旗制,但仅就原有部落加以封建,分封王公,各治一旗,而一旗之中所封王公又不止一人,通过清代之新式的封建,这些原为统治阶级的闲散王公成为蒙古社会之中的贵族等级,享有清廷之封爵俸禄婚姻世职等种种优待;第三,蒙古之部落改旗之后,人民失去部落时代择主之自由,及逐水草而居的流动性,蒙古社会组织及其经济活动的机动性也因此改变。[121]无论是旗制的划分,还是盟长对于各旗的监督,蒙旗制度都是在维护安全、分而治之的原则下实施的。在盟旗制下,清朝派驻将军、库伦边事大臣、参赞大臣等满洲官员,调节外蒙对俄贸易,限制蒙古佛教的势力。[122]但在盟旗制度之下,各旗内部规则的制定遵循着亲族原则、地域原则,尽可能地保持了原有的社会结构。

　　上述基本原则在西藏、新疆和西南各有不同的表现方式。满洲早在入关前即与内蒙古各部达成了联盟或臣服关系,而蒙古与西藏,尤其是黄教有着复杂的历史关系。满洲在入关前就开始担心蒙古与西藏的宗教—政治联盟构成对自身权威的威胁,从而开始涉猎西藏事务。清朝的西藏政策沿袭了元、明两朝的若干遗产,即采用当地宗教力量管理西藏事务,朝廷扮演庇护人的角色。1652 年,在达赖喇嘛访问之后,顺治皇帝承认西藏的蒙古统治者,但同时任命了清朝的行政官员。1717 年准噶尔因达赖继承问题入侵西藏,1720 年,康熙以支持真正的达赖为由派兵入驻西藏,驱逐准噶尔占领者,西藏从此正式成为清朝的藩属。[123] 1723 年雍正召回军队后,西藏内

---

[121] 参看陶道南:《边疆政治制度史》,台北:中华丛书编审委员会,1966,页 7—40。
[122] 关于清朝在蒙古地区的行政体制及其形成,参见 Nicola Di Cosmo, "Qing Colonial Administration in Inner Asia," *The International History Review* 20, no. 2（June 1998）:287—309。
[123] 清朝皇帝与达赖喇嘛的关系极为复杂和暧昧,在互表尊重的同时,又把自己放置在对方之上。See James P. Hevia, *Cherishing Men from Afar*, chapter 2（Durham, NC: Duke University Press, 1995）。

部发生反叛,雍正遂于 1727 年设立了驻藏大臣制度。乾隆十五年(1750),清廷废除了西藏君王的封授,取消西藏地方行政长官第巴制,改由噶厦长官庶政,实行了政教合一、达赖与驻藏大臣协同管理的噶厦体制。这一政策重新确立了达赖作为最高统治者的地位。[124] 1760 年清朝征服新疆地区,根据蒙古、汉族和维吾尔族等不同聚居区的情况,朝廷实行了蒙旗制、郡县制和伯克制(即任命维吾尔族封建主为各类官员,管理南疆各城、村事务),后者是将维吾尔制度纳入理藩院设置的制度内。[125] 新疆东部的乌鲁木齐、吐鲁番、哈密等地由乌鲁木齐都统管辖,下分州县,归理藩院管理。土鲁番、哈密等城市由当地精英进行行政管理。天山以北设立了农垦区,为驻防军队提供经济支持,多数士兵和军队来自新疆内部,但也有少数来自内地的户屯。[126] 在四川、云南、贵州、西康、青海等西南和西北各省,清朝则实行了土司制度,当地官员的官职品位待遇较高,中央政府除了要求按期朝贡和在土司、土官交替之际按规定通报朝廷之外,并不干预它们的内部事务。[127] 雍正时代对西南地区实行"改土归流",中央行政权力对这些地区的控制和渗透

---

[124] 噶厦由三名贵族和一名喇嘛组成。清统治者沿用元代吐藩政教合一的传统,规定达赖喇嘛和班禅额尔德尼既为最高宗教首领,又执掌行政大权。乾隆五十八年(1793),清政府颁布了《钦定西藏章程》,在噶厦体制的基础上,进一步规定驻藏大臣督办藏内事务,具有与达赖、班禅同等的地位。这些措施显然加强了中央权力对西藏的管治。(参见张羽新:《清前期的边疆政策》,见《中国古代边疆政策研究》,北京:中国社会科学出版社,1990;李治安:《唐宋元明清中央与地方关系研究》,页 423—424;陶道南:《边疆政治制度史》,页 98—136。)清朝正式设置驻藏大臣办事衙门是在雍正六年(1728)时代,但早在康熙五十三年,由于藏族内部发生了所谓真假达赖之争,青海诸台吉与拉藏汗几致兵戎相见,康熙乃命户部侍郎赫寿入藏,协助拉藏汗管理西藏事务。这是清朝设置助藏大臣的前奏。(参见《清圣祖实录》卷 236,康熙四十八年正月乙亥;袁森坡:《康雍乾经营与开发北疆》,北京:中国社会科学出版社,1991,页 131。)又,西方学者的有关著作参见 Luciano Petech, *China and Tibet in the Early XVIIIth Century* (Leiden,1972)。

[125] 参见袁森坡:《康雍乾经营与开发北疆》,北京:中国社会科学出版社,1991,页 207—208。

[126] See Nicola Di Cosmo, "Qing Colonial Administration in Inner Asia," p. 298; Waley-Cohen, *Exile in Mid-Qing China: Banishment to Xinjiang* (1758-1820) (New Haven, 1991), pp. 24-32; Dorothy V. Borei, Economic Implications of Empire-Building: The Case of Xinjiang, *Central and Inner Asian Studies*, v, 1991, pp. 22-37.

[127] 参看佘贻泽:《中国土司制度》,正中书局,1947。

第三章 经与史(一)

持续加强,但从基层来看,西南少数民族地区与内地的统治方式仍然存在重大的差异,清朝对于贵州、云南的少数民族的镇压(尤其是云南穆斯林的镇压)和统治更为严酷。[128]这是一个多民族帝国的政治模式,它综合"从俗从宜"(即尊重民族文化和地方风俗)的策略与暴力手段的威胁,将地方自治与强大的中央集权集合在一起,构成了一个郡县与封建相互融合的帝国制度模式。这种规模宏大的帝国体制将古代帝国甸、服制度的构想与宋明成熟的郡县制度结合在一起,完成了清朝对内地、西北和西南的征服、扩张和统治。

上述制度的形成和变化经历了长期的发展过程,有些一直延伸到乾隆时代和更晚的时期。但在顾炎武、黄宗羲的时代,清朝政治的上述特点已经显露雏形和基本格局,早已存在的满、蒙旗制获得了新的发展。有清一代在土地制度和文教制度方面的改革与它的高度集权的政治联系在一起,造成了一种复杂的历史格局。由于满清王朝是一个少数民族政权,身为明遗民的黄宗羲、顾炎武不可能认可这个王朝实行的等级制的民族政策和制度设置,他们的新制度论和新礼乐论把复古与变革融为一体,从两个不同的方向上透露了正统论与反满思想的内在联系。他们的学术思想与异族专制的对立没有获得缓解,他们的总体的政治构想和社会理论也不可能展现为一种政治现实。但是,随着清王朝的较为成功的制度革新,他们的若干政治、经济甚至文化主张却在一种特殊的历史情境中获得了部分的实现,如何面

---

[128] Laura Hostetler 通过查阅贵州地方档案,对18世纪贵州苗族地区的民族史(ethnography)和制图学(cartography)进行研究,认为这些文献对苗民地区的描述显示了中央对非汉族少数民族地区的行政控制的扩大,并称之为"清殖民主义"。(参见 Laura Hostetler, "Qing Connections to the Early Modern World: Ethnography and Cartography in Eighteenth-Century China," *Modern Asian Studies* 34, no. 3 (2000):623-662)清代在三藩之乱后加强了对西南的行政控制,改土归流是最为明显的例证,随着流官的设立和移民的增加,西南地区与内地在制度上的区别明显地缩小了。但在这里有必要提及两点:作者追随有关清代西北的同类研究,将"殖民主义"概念用之于西南,但显然忽略了两个基本事实:第一,从满洲对明朝的征服过程来看,西南问题不能独立于内地问题来讨论;第二,西南地区隶属于明朝版图,清承明制,其对西南的政策与对西北的政策有着明显的差异。此外,在西南地区,清朝对苗民的控制超过对其他民族,而在大凉山的彝族地区以及川西藏区,仍然保留了自治特点,地方风俗得到尊重和保存。

对这一新的变化,成为一代士大夫面临的困局。《日知录》卷二十九除了前面引用过的《外国风俗》条之外,还有《徙戎》、《楼烦》、《吐蕃回纥》、《西域天文》、《三韩》、《大秦》、《干陀利》等条。这些条目一方面对于异族遣史来京,洞悉中国内情,最终形成边患的历史加以提醒,另一面对于历朝处理突厥、鞑靼(中亚)、吐蕃(土鲁蕃与回部,即新疆、宁夏一带)、西域(西藏、尼泊尔、印度)、三韩(东北和朝鲜半岛)、海南诸夷(东南亚各国)的朝贡关系的经验进行总结。[129]这些篇章呼应着清代开国以来的历史实践。

对于清朝政治合法性的暧昧态度也势必渗透到其他生活实践中来。黄宗羲、孙奇逢等人以遗民身份没有入仕,但他们的弟子却成为朝廷重用的大臣,这些日常生活中的变化必定引起深刻的认同危机,儒士们必须在理论上和心理上给出适当的解释。时移事易,降至乾嘉时代,士大夫和学者面对的情境已经与遗民学者有所不同。对钱大昕、戴震等辈而言,黄宗羲、顾炎武作为遗民身份所产生的那种与现实制度整体对立的情境业已消失,专业化的经学研究也逐渐丧失新制度论和新礼乐论的那种理论完整性及其内含的批判力量。经学的专门化、朝廷对经学的倡导,特别是经学学者与体制的关系的改变,共同造成了一种情境:经学实践要么在道与治合一的幻象之下成为现实政治的合法性论证,要么沦为为考证而考证的专门化的研究工作。在这个意义上,能够坚守实事求是的原则从事具体的考证工作已经是学者难得的品质。章太炎非常体察地说:"近世为朴学者,其善三,明徵定保,远于欺诈;先难后得,远于徼幸;习劳思善,远于媮惰,故其学不应世,尚多悃愊寡尤之士也。"[130]朴学之"善"只能在被动的或消极的意义上才能体现:拒绝"谐媚为疏附,窃仁义于侯之门",以"学隐"的姿态从事朴学的工作。

经学礼制论的内在结构不再可能扮演梨洲、亭林之学的那种尖锐的、深刻的批判作用了。因此,当戴震、章学诚和此后的魏源、龚自珍们要对现实制度及其伦理规则进行质疑和变革的时候,他们就必须另辟蹊径,反

---

[129] 顾炎武:《日志录》卷二十九,见《日知录集释》(中),页2175—2201。
[130] 章太炎:《检论》卷四《学隐》,《章太炎全集》(三),页481。

其道而行之,在某种程度上打破礼仪制度与道德评价、治与道的统一关系。然而,在汉学官私合流、蔚为大观的时代,对汉学的批判本身也不得不顾及汉学的形式。戴震、章学诚和后起的今文经学者必须在经史之学内部发掘冲击和打破经史之学的方式,用以表达反叛的思想。经学的形式和冲破这形式的冲突成为这一时代最具批判性的学者的共同特点。清代学术的那些前提是千年来儒学内部不断挣扎和变革的结果,即使是最为反叛的人物也无意轻率地抛弃这些前提。章学诚的下面这段针对清代亦官亦私之汉学的抗议,把世俗学风之下多少带有反叛性的人物的困厄表露无遗:

> 学诚从事于文史校雠,盖将有所发明。然辨论之间,颇乖时人好恶。故不欲多为人知。所上敝帚,乞勿为外人道也。……惟世俗风尚,必有所偏,达人显贵之所主持,聪明才隽之所奔赴,其中流弊,必不在小。载笔之士,不思救挽,无为贵著述矣。苟欲有所救挽,则必逆于时趋。时趋可畏,甚于刑曹之法令也。戴东原尝于筵间偶议秀水朱氏,箨石宗伯至于终身切齿,可为寒心。韩退之《报张司业书》,谓释老之学,王公贵人,方且崇奉,吾岂敢昌言排之。乃知原道诸篇,当日未尝昭揭众目。……[131]

在这一条件下,礼仪制度与道德评价、道统与治统合一的经学形式不再是一种解放的力量,而成为束缚人们的思想能力、压制人们的批判锋芒、维护现存政治制度的形式了。无论在政治上,还是在学术风气上,"治道合一"、"礼理合一"之说形成了空前强大的力量,他们究竟是重新回到理气二元论从主体方面获取批判的资源,还是对"合一"本身重新加以解说,使对"合一"的解释与追求统一性的权力意志区分开来?总之,那些不安分的头脑不得不面对这一迫切的问题:在经学的形式尚未失去其合理性与合法性的时候,批判的思想应该采用怎样的形式呢?

---

[131] 章学诚:《上辛楣宫詹书》,《外集》卷二,《章学诚遗书》卷二十九,北京:文物出版社,1985,页332。

第四章

经与史（二）

> 六经即其器之可见者也。后人不见先王，当据可守之器，而思不可见之道。
>
> ——章学诚:《原道中》

第一节 辟宋与清代朱学的兴衰

戴震（字东原，安徽休宁人，1723—1777）是乾嘉学术的代表人物。说他是代表人物，不但因为他的学术代表了乾嘉考证学的方法论精髓和最高成就，而且还因为他也体现了考证学的内在困境和矛盾，预示了乾嘉学派的终结。这么说并不是附和许多学术史家的旧说。晚清以来，科学方法及其世界观成为新时代的思想标志，梁启超、胡适等追溯清代考证学的成就，认为它是现代科学方法和近代知识主义的先导。胡适对戴东原哲学的评论尤其醒目，他认为东原上承清代"注重实用"（颜李）、"注重经学"（顾炎武）的学术传统，创造了"清学学术全盛时代的哲学"，成为继亭林、习斋之后又一位"反理学"思想家。胡适的哲学概念植根于实用主义的科学方法论，他关心的不是形而上学问题，而是（实用的）知识和（实验的）方法问题，更准确地说，是在知识论和科学方法的基础上重建世界观的问题。[1]在"五四"

---

[1] 例如，他评论东原批评程朱"详于论敬而略于论学"曰："这九个字的控诉是向来没有人敢提起的。也只有清朝学问极盛的时代可以产生这样大胆的控诉。陆、王嫌程、（转下页）

反儒学的视野内,戴震的知识取向、考据方法与《孟子字义疏证》对"以理杀人"的批判桴鼓相应,都是对宋明理学的严正抗议。因此,胡适对戴震的评价是从建立反理学的科学世界观的角度作出的,实证方法与科学世界观是这一评价的两个中心支柱。

清儒的知识主义是以治道合一、理礼合一、以经史之精义印证理学的讲章为前提的,而这也正是康熙、乾隆皇帝亲自倡导圣学的理论前提。考证学对宋明理学的批判源远流长,但它否定宋学的理气二分以及从心求理的致知方法,基本上遵循的还是治道、理礼、礼器合一的儒学正统,在清代统治者也以治道合一相标榜的语境中,这一预设难以构成意识形态上的批判意义。换言之,一旦离开顾炎武、黄宗羲的那种精深的理解和明确的政治取向,考证学的理论前提与清代朱学并无根本差别,那么,我们应该怎样理解它的知识取向和方法论所具有的反理学意义呢?值得注意的是,在乾嘉时代,非议戴震的包括两种人,一种是宋学的门徒,他们对于戴震非议程朱极为痛恨;[2]而另一种人则是乾嘉考证学的代表人物,他们对于戴震的考证学推崇备至,却对《原善》、《绪言》和《孟子字义疏证》大表冷淡。至少从后者的视野看,非议戴震不是因为他在书中提出的"以理杀人"的反理学命题,也不是因为他背离了理礼合一、治道合一、理气(器)一元的经学或清代朱学的命题,而是因为它在方法上和形式上背离了考证学的传统。换句话说,不是反理学,而是某种程度的反汉学或接近于理学,戴震才受到乾嘉学者的"另眼相看"。在这个意义上,他的方式本身包含了一种暧昧性,即以理学的方式反讽汉学,又以汉学的方式批评理学,从而"反理学"一语恐怕

(接上页)朱论学太多,而戴氏却嫌他们论学太略!""这才是用穷理致知的学说来反攻程朱……所以能摧破五六百年推崇的旧说,而建立他的新理学。戴震的哲学,从历史上看来,可说是宋明理学的根本革命,也可以说是新理学的建设——哲学的中兴。"在他的视野中,东原用带有科学方法性质的考证学反对形而上学的理学,创造了一种带有革命性质的新理学。参见胡适:《戴东原的哲学》,上海:商务印书馆,1927,页80—82。

[2] 如翁方纲《复初斋文集》卷七《理说》云:"近日休宁戴震,一生毕力于名物象数之学,博且勤矣,实亦考订之一端耳!乃其人不甘以考订为事,而欲谈性道,以立异于程朱。"姚鼐:《惜抱轩尺牍》(北京:中国书店影印版,1986)卷六云:"戴东原言考证岂不佳,而欲言义理,以夺洛闽之席,可谓愚妄不自量矣。"

难以揭示戴震思想的特点。

经学与理学的关系绝非截然对立已如前述。顾炎武的"理学,经学也"是对理学的批判,却不是对理学的全盘抛弃。朱子学重格物致知,本来有以经书收摄人心、体认义理的倾向,他说:"汉魏诸儒,正音读,通训诂,考制度,辨名物,其功博矣。学者苟不先涉其流,则亦何以用其力于此。"[3]清初以降,许多学者以遗民自任,总结明亡教训,反对空谈心性,朱学复兴与经史之学的兴起可以说是同一潮流的产物。章学诚针砭朴学经师说:

> 今人有薄朱氏之学者,即朱氏之数传而后起者也。……性命之说,易入虚无,朱子求一贯于多学而识,寓约礼于博文,其事繁而密,其功实而难,虽朱子之所求,未敢必谓无失也。然沿其学者,一传而为勉斋(黄幹)、九峰(蔡沈);再传而为西山(真德秀)、鹤山(魏了翁)、东发(黄震)、厚斋(王应麟);三传而为仁山(金履祥)、白云(许谦);四传而为潜溪(宋濂)、义乌(王祎);五传而为宁人(顾炎武)、百诗(阎若璩)。则皆服古通经,学求其是,而非专己守残,空言性命之流也。……[4]

清初朱学与经学一样上承朱子学传统,批评王学"六经为我注脚"。但需要说明的是,自明末以来,对王学的批评并不意味着完全背离王学传统,而是调停朱陆,在注重格物致知的同时,特别重视格物、良知、实践和经世致用。章学诚对浙东之学的评论从另一面为此提供了例证,他认为黄宗羲、万氏兄弟和全祖望等经史学者"多宗江西陆氏,而通经服古,绝不空言德性,故不悖于朱子之教",说明朱陆之辨、理学与经史之分均难以说

---

[3] 朱熹:《语孟集义序》,《朱熹集》,成都:四川教育出版社,1996,页3945。
[4] 章学诚:《朱陆》,《文史通义》内篇二,《章学诚遗书》卷二,页15—16。张舜徽张大实斋之说,以为有清一代学术,无不赖有宋贤开其先。举凡小学、经学、史部考订无不渊源于两宋。参看《史学三书平议》,北京:中华书局,1983,页190—191。

明清代思想学术的实际面貌。[5]清代朱学者如陆世仪、吕留良、张履祥等把躬行实践、经世致用看作是理学的命脉,对于礼法、刑政、学校和田制等经世之学有深入的研究,[6]对于他们而言,三代之制和先儒之言正是民族认同的资源。清初朱学重视民族气节,不但与经学存在联系,而且也在批判王学的同时汲取王学的精髓,在躬行实践的视野内严真假程朱之辨。这是经学与理学之间的纠缠关系。

清初朱学的上述特点与朝廷隆礼尊朱的局面既相对立,又相呼应。正如士林朱学与经学并行不悖一样,官方朱学以反王学相标榜,不但与钦定经学互通声气,而且也在某些方面形成了与顾炎武、吕留良等人的相似取向。这一格局与顾、黄、吕等人的思想实践构成了一种反讽的关系:双方的政治取向截然相反,而某些理论预设却近乎一致。张烈的《王学质疑》是官方朱学的例证,它围绕"心即理"、"格物致知"和"知行合一"三大主题展开抨击,要求格致穷理,返归六经,虽然理论上极为粗疏,但颇能看出清代朱学的一般取向。[7]有清一代反王学蔚成风气,降至乾嘉时代,学者们标榜考文知音而通经明道,处处以亭林的"理学,经学也"相标榜,但他们的考证训诂却距离经世致用的宗旨越来越远,专讲如何以实证虚或以虚证实,在这个意义上,汉宋之分并不足以显示清代思想内部的分化。例如,王夫之历来被视为宋学余波,但也著有《书经稗疏》、《尚书引义》等著作,其中不少部分——如《稗疏》对《禹贡》的分析——稽考周详,即使《四库全书总目》这样的官方著作也承认"是编诠释经文,亦多出新意……驳苏轼传及蔡传之失,则大抵辞有根据,不同游谈。虽醇疵互见,而可取者较多焉。"[8]尽管学术方式不同于顾炎武,但他

---

[5] 章学诚:《浙东学术》,《文史通义》内篇二,《章学诚遗书》卷二,页14—15。
[6] 陆世仪:《思辨录辑要》(丛书集成本)中有关官制、军事、司法、封建、井田、学校等部分,吕留良:《天盖楼四书语录》(周在延编,康熙二十三年刊)、《十二科程墨观略》(天盖楼偶评,康熙刊本)等。参见陆宝千:《清代思想史》第3章《康熙时代之朱学》,台北:广文书局有限公司,1983,页147—158。
[7] 参见张烈:《王学质疑》,同治五年福州正谊书局刊本。
[8] 《四库全书总目》卷一二,经部,书类二,上册,北京:中华书局,1965,页101。

的考证《尚书》也同样并非为考证而考证,而是引《尚书》以推论其大义,"多取后世事为之纠正",对于历朝之失、尤其是明代之弊端,反复致意。"如论《尧典》钦明,则以辟王氏良知。论《舜典》元德,则以辟老氏玄旨。论依永和声,斥宋濂詹同用九宫填郊庙乐章之陋。……论甲胄起戎,见秦汉以后制置之失。论知之非艰,行之维艰,诋朱陆学术之短……"对于其中若干政治性判断,《四库全书总目》则斥为"益涉于权术作用,不可训矣。"〔9〕

一旦离开了清初经世致用的特定氛围和顾、黄、王的遗民之志,考证诸家对宋明理学的否定势必完全陷在方法与知识的考究之中,不复有经世致用和知行合一的政治关怀和道德意味。〔10〕以亭林《日知录》与阎若璩《潜邱札记》有关"武王伐纣"的驳论为例,"亭林本条重在'取天下者无灭国'之义,乃对清之覆明而言。潜邱所驳者,乃在宋商称谓之互易;可谓昧于微言矣。"〔11〕阎若璩的《古文尚书疏证》和胡渭的《易图明辨》也可以看作是反理学的著作:由于《古文尚书疏证》,宋儒视为尧、舜、禹相传的所谓"十六字心传"——即"人心惟危,道心惟艰,惟精惟一,允执其中"——被证明出自伪书(《古文尚书·大禹谟》);"易图"是宋儒性理之学的出发点之一,而《易图明辨》却通过考证将之归为五代道士陈抟伪造的赝品。这种追根寻源的考证并不是清代考证学的独创,毋宁是宋明理学内部即已存在的潜流的发展。但是,宋代的陆象山兄弟、清初的黄宗羲兄弟对于河图洛书的考证旨在批判朱学的形而上学宇宙论,恢复躬行实践的经世意趣,而在清儒这里,上述"辟宋"的例证不过是汉学的知识主义的表现。这种倾向在戴震这样具有义理关怀的人物身上也有所反映,他主要以考据学之方法排诋宋儒,而不敢公然地以躬行实践的义理与宋学相对抗。章学诚对戴氏的理解或有偏颇,但我们不妨视之为对一时风气的批评:"戴氏力辟宋人,而自度践履万不能及,乃并诋其躬行实践,

---

〔9〕 同上,页114。
〔10〕 关于清代《尚书》的辨伪问题,可参见刘起釪《尚书学史》,北京:中华书局,1989,页334—421。
〔11〕 陆宝千:《清代思想史》,同前,页182—183。

以为释老所同,是宋儒流弊,尚恐有伪君子,而戴亦反,直甘为真小人矣。"[12]朱学与经学一道排诋陆王,却因此丧失了躬行实践的精神。在这个意义上,清儒辟宋是绵延不绝的潮流,但以训诂考证菲薄宋学是否具有批判性却是大有疑问的。[13]

在上述背景上观察东原与宋学的关系,我们的结论与胡适自然不同。东原长于考证,学归实事求是,他年轻时曾从婺源江慎修(永)游。江氏深于三礼,立志继承朱子之志完成礼乐的著述。在他的影响下,东原早期学术毫无反朱学的痕迹。用钱穆的话说,他"以义理推宋,以制数尊汉……汉宋并举,无所轩轾。"[14]《与是仲明论学书》是戴震彼时论学宗旨,该书一面重申以字通词、以词通经、以经通道的经学旧旨,一面以"道问学"指斥陆王之"尊德性",却无一词及于程、朱,足见他的考证学与朱学互为表里:

> 经之至者道也,所以明道者其词也,所以成词者字也。由字以通其词,由词以通其道,必有渐。求所谓字,考诸篆书,得许氏《说文解字》,三年知其节目,渐睹古圣人制作本始。又疑许氏于故训未能尽,从友人假《十三经注疏》读之,则知一字之义,当贯群经、本六书,然后为定。……宋之陆、明之陈、王,废讲习讨论之学,假所谓"尊德性"以美其名,然舍夫"道问学",则恶可命之"尊德性"乎?[15]

---

[12] 章学诚:《与史余村》,《章学诚遗书·佚篇》,页644。
[13] 方东树指责乾嘉汉学分工过细,无关"身心性命、国计民生、学术之大",我以为击中了要害:"汉学诸人,坚称义理存乎训诂、典章、制度,……物有本末,是何足以臧也?以荀子'法后王'之语推之,则冕服、车制、禄田、赋役等,虽名圣之制,亦尘饭木胾耳!何者?三统之建,忠质之尚,井田、礼乐诸大端,三代圣人,已不沿袭,又何论后世,而欲追古制乎!"方东树:《汉学商兑》卷下,见钱锺书主编、朱维铮执行主编《汉学师承记(外二种)》,北京:三联书店,1998,页405。
[14] 钱穆:《中国近三百年学术史》,上册,页308,317。钱穆这句话其实源自戴震的《与方希原书》:"圣人之道在六经。汉儒得其制书,失其义理;宋儒得其义理,失其制数……"见《戴震全集》(五),页2590。
[15] 戴震:《与是仲明书》,《戴震全集》(五),页2587—2588。

差异是存在的：朱子格物之物遍及天下万物，而东原的格物说的对象却是六经之名物，虽然他本人对于数学等自然之学有精深的研究。钱大昕总结他的成就说：戴震"讲贯《礼经》制度名物及推步天象，皆洞彻其原本，既乃研精汉儒《传注》及《方言》、《说文》诸书，由声音、文字以求训诂，由训诂以寻义理"。[16] 这是考据学的路数。

经学的形式本身就是对理学的一种批判，但如果把《与是仲明论学书》与顾炎武、段玉裁的观点逐一排出，我们可以发现顾炎武肇其端，惠、戴畅其流，至段、王而大成的经学线索与理学的关系颇有互为表里之处。顾炎武《仪礼郑注句读序》云："后之君子，因句读以辨其文，因文以识其义，因其义以通制作之原，则夫子所谓以承天之道而治人之情者，可以追三代之英，而辛有之叹，不发于伊川矣。如稷若者，其不为后世太平之先倡乎。"[17] 这不是与《与是仲明论学书》前后呼应吗？段玉裁的《戴东原集序》对于顾炎武、戴震因文识义的理解则更深一层，因为他直接把考据训诂的根据溯源于宋儒推重的《中庸》。在他看来，经学的根据在于圣人不能凭空蹈虚而心通义理，如果不能像《中庸》说的那样"本诸身，徵诸庶民，考诸三王而不缪，建诸天地而不悖，质诸鬼神而无疑，百世以俟圣人而不惑"，圣人也无法"尽天地民物之理"。因此，他问道：既然考据为"君子之道"，那么，义理难道不是考据的极致么？玉裁云：

> 夫圣人之道在《六经》，不于《六经》求之，则无以得圣人所求之义理，以行于家国天下，而文词之不工，又其末也。先生之治经，凡故训、音声、算数、天文、地理、制度、名物、人事之善恶是非，以及阴阳、气化、道德、性命，莫不究乎其实，盖由考覈以通乎性与天道。既通乎性与天道矣，而考覈益精，文章益盛，用则施政利民，舍则垂世立教而无弊。……先生之言曰："六书、九数等事，如轿夫然，所以异轿中人也。以六书、九数等事尽我，是犹误以轿夫为轿中人也。又尝与玉裁

---

[16] 钱大昕：《戴先生震传》，《戴震全集》（六），页3429。
[17] 顾炎武：《亭林文集》卷二《仪礼郑注句读序》，《顾亭林诗文集》，页32—33。

书曰:"仆生平著述之大,以《孟子字义疏证》为第一,所以正人心也。"嘻!是可以知先生矣![18]

玉裁批评义理、考据、文章的截然区分,从儒家一贯之道批评后儒强分之为不同领域的做法,不但确切地体现了东原本人的思想,而且也与偏重理学的方东树非汉尊宋的观点十分接近。[19]段玉裁与方东树,一左一右,共同揭示出考据与义理非但不居于对立的地位,毋宁相互支撑,宋学或可视为汉学的导师。

宋明理学本有程朱、陆王之争,明末清初的儒者在论战中各取所需,逐渐引向了经史之学的路途。学术史家习惯于追溯学术发展的内在理路,进而把不同时代的思想因子组织成为一个绵延不绝的线索。钱穆论及吴学的反理学特点时说:

> 亭林为《音学五书》,大意在据唐以正宋、据古经以正唐,即以复古者为反宋,以经学之训诂破宋明之语录,其风流被三吴,是即吴学之远源也。而浙东姚江旧乡,阳明之精神尚在,如梨洲兄弟驳《易图》,陈乾初疑《大学》,毛西河盛推《大学古本》,力辨朱子,其动机在争程朱陆王之旧案,而结果所得,则与亭林有殊途同归之巧,使学者晓然于古经籍之与宋学,未必为一物。其次如阎百诗辨《古文尚书》,其意固犹尊朱,而结果所得,亦使人知通经端在溯古,晋唐以下已可疑,更无论宋明也。……[20]

自康熙崇朱学以后,朱学与经学之间的紧张逐渐消失。理学家的治道合

---

[18] 段玉裁:《戴东原集序》,《戴震全集》(六),页3458—3459。

[19] 戴震:《与方希原书》(1755)说:"古今学问之途,其大致有三:或事于理义,或事于制数,或事于文章。事于文章者,等而末者也。……足下好道而肆力古文,必将求其本。求其本,更有所谓大本。大本既得矣,然后曰:'是道也,非艺也。'"暗示了义理之学的优先地位。《戴震全集》(五),页2589—2590。

[20] 钱穆:《中国近三百年学术史》,上册,页320。

一、理礼合一与经学家的"道器一体"同根同源,如果这个基本预设没有动摇,他们之间就不会出现截然对立的格局。因此,江永、戴震之经学以述朱起脚,朱筠等乾嘉学者仍然推尊程朱。

惠栋(定宇)、戴震分别被看作是吴学与徽学的领袖,也是乾嘉时代辟宋的代表人物。王鸣盛认为"方今学者断推两先生,惠君之治经求其古,戴君求其是,究之,舍古亦无以为是。"[21]钱穆进而分析他们的差异说:

> 徽学原于述朱而为格物,其精在《三礼》,所治天文律算、水地、音韵、名物诸端,其用心常在会诸经而求其通。吴学则希心复古,以辨后起之伪说,其所治如《周易》,如《尚书》,其用心常在溯之古而得其原。故吴学进于专家,而徽学达于征实。

又说:

> 至苏州惠氏出而怀疑之精神变为笃信,辨伪之工夫转向求真,其还归汉儒者,乃自蔑弃唐宋而然。故以徽学与吴学较,则吴学实为急进,为趋新,走先一步,带有革命之气度,而徽学……大体仍袭东林遗绪,初志尚在阐宋,尚在述朱,并不如吴学高瞻远瞩,划分汉宋,若冀越之不同道也。[22]

惠、戴"蔑弃唐宋"、返归汉儒是清楚的事实,但如何理解他们与宋学的关系还需要仔细分析。既然徽学初志尚在阐宋,辟宋自吴学始,那么,我们先看惠栋如何辟宋归汉。

1756年,惠栋重刊南宋王应麟的《郑氏周易》,以汉儒学说为基础,批判王弼以降参入易传中的道家学说。这一学术取向本身与宋儒的道统说

---

[21] 见洪榜:《戴先生行状》,《戴震全集》(六),页3383。
[22] 钱穆:《中国近三百年学术史》,上册,北京:中华书局,1986,页324,320—321。

相互对立,暗含对于宋学中的二氏因素的抵制。《易汉学·自序》云:"六经定于孔子,毁于秦,传于汉。汉学之亡久矣,独《诗》、《礼》、《公羊》三经犹存毛、郑、何三家。《春秋》为杜氏所乱,《尚书》为伪孔氏所乱,《易经》为王氏所乱……。汉学虽亡,而未尽亡也。惟王辅嗣以假象说《易》,根本黄老,而汉经师之义,荡然无复有存者矣。"[23]根据杨向奎的梳理,惠栋辟宋包含两个方面,一是揭露河图洛书之虚妄,二是重新解说"理"观念。他以经学考证的方式对宋儒之"先天"、"无极"的宇宙论给予激烈的批评,揭露《先天图》、《无极图》以及《河图》、《洛书》之伪出。以下两例已为杨向奎所举出。《易例上》破"先天"之说云:

> 《序卦》曰:"有天地然后万物生焉"。干宝注云:物有先天而生者矣,今正取始于天地,天地之先,圣人弗之论也,故其所法象必自天地而还。……[24]

《周易述·易微言上·无》破"无极"之说云:

> 六经无有以"无"言道者,唯《中庸》引《诗》"上天之载,无声无臭。"……无通于元,故元为道之本。……知元之为道本,则后世先天无极之说,皆不可用。[25]

宋元以降,理学纷争,为了颠覆朱学的根基,陆王学者以考据的方式揭露太极图说的虚妄,对于此后经史之学的发展作出了重要的贡献。惠栋对

---

[23] 惠栋:《易汉学·自序》,页1a,丛书集成初编影印经训堂丛书本。文渊阁四库全书本《易汉学·原序》与此略有出入,言"独《诗》、《礼》二经犹存"时未及公羊。《易汉学·原序》原文为:"六经定于孔子,毁于秦,传于汉。汉学之亡久矣,独《诗》、《礼》二经犹存毛、郑两家,《春秋》为杜氏所乱,《尚书》为伪孔氏所乱,《易经》为王氏所乱……汉学虽亡,而未尽亡也。惟王辅嗣以假象说《易》,根本黄老,而汉经师之义,荡然无复有存者矣。"页1a。文渊阁四库全书本。
[24] 惠栋:《易例上》,引自杨向奎:《清儒学案新编》(三),济南:齐鲁书社,1994,页120。
[25] 惠栋:《周易述·易微言上·无》,见《清儒学案新编》(三),页161。

河图洛书的批评其实正是这一传统的继续。他又以考据方法说"理",从管子等著述中引申出"兼两"的含义,进而认定天理兼容阴阳、柔刚、仁义、好恶。这种以训诂方式解构"以天人、理欲为对待"和"天即理"命题的方式,[26]为戴震的理欲之辨铺平了道路。惠栋说理本法家著述,戴震说理则以荀子作底本,都有以人与礼法的关系来解说理的倾向。这是从他们的义理和考证著作中透露出的新制度论的痕迹。

但惠氏之学与宋学的关系远非反理学可以概括。皮锡瑞论及惠栋、戴震等经学大师尽弃宋诠、独标汉帜时特别补充说:

> 惠氏红豆山斋楹帖云:"六经宗孔孟,百行法程朱",是惠氏之学未尝薄宋儒也。戴震……其学本出江永,称永学自汉经师康成后,罕其俦匹。永尝注朱子《近思录》,所著《礼经纲目》亦本朱子《仪礼经传通解》。戴震作《原善》、《孟子字义疏证》,虽与朱子说经牴牾,亦只是争辨一理字。……段玉裁受学于震,议以震配享朱子祠,又跋朱子《小学》,……段以极精小学之人,而不以汉人小学薄朱子小学。是江戴段之学未尝薄宋儒也。[27]

皮氏出身于今文学阵营,他对惠学的判断不只是从红豆山斋楹帖中得出的,还包含今文经学家的敏感。[28]杨向奎说"惠栋治《易》,喜以所谓古字易俗字,尊古文经的体系,却又采取今文家说,多阴阳谶纬之学,因之也谈

---

[26] 惠栋:《周易述·易微言下·理》,见《清儒学案新编》(三),页121。
[27] 皮锡瑞:《经学历史》,北京:中华书局,1989,页313。
[28] 江藩的《汉学师承记》严分汉宋,但他的《宋学渊源记》却与皮锡瑞之《经学历史》同引惠栋楹帖说明清学内部的汉宋纠缠。江藩说:"近今汉学昌明,遍于寰宇,有一知半解者,无不痛诋宋学。然本朝为汉学者,始于元和惠氏红豆山房半农人手书楹帖云:'六经尊服郑,百法行程朱。'不以为非且以为法,为汉学者背其师承,何哉?藩为是记,实本师说。"楹联文字稍有不同,一为"六经宗孔孟",一为"六经尊服郑",或多或少也显示了江藩与皮锡瑞的侧重点。《国朝宋学渊源记》,见钱锺书主编、朱维铮执行主编《汉学师承记(外二种)》,页187。

'天人之道'。可以说,惠栋治经,纯宗'汉儒'……"[29],正好印证了皮锡瑞的看法。在这里,如何理解"纯宗汉儒"还可以推敲:惠栋在文字训诂方面尊古文经体系(以古字易俗字),但在考据背后的义理方面却关心天人之道,取今文家说。他在五十以后专心经术,尤精于《易》。《周易述》、《易例》、《易汉学》及《九经古义》中有关《易经》的论述是清代易学中的重要作品,备受学术史家的称赞。[30]

宋代理学以辟二氏为旗帜,但它的宇宙论和心性论与佛、道二氏的关系极为密切。惠栋抨击河图洛书,以复兴汉学为己任,认为宋儒的先天后天之说渊源于王弼对《易经》的曲解,掺杂了许多老庄的因素,但他又以反宋归汉的方式重构"天人之学",暗通释老之说。在这里,沟通经学与理学的桥梁是汉代今文经和谶纬之学及其道教因子。惠栋公开引用《参同契》,以为可以继绝学、承微言。在《周易述》中,他力攻朱子,但在解释《易》时却多引《阴符经》,这是朱熹极为欣赏并曾加以考订的著作。《阴符经》所谓"天地之道浸,故阴阳胜"深得朱子之心,而惠栋在《易例上》中则说:"阳长阴消,皆以积渐而成。《文言》曰,'其所由来渐矣',故曰,'浸,渐也。'《阴符经》曰,'天地之道浸,故阴阳胜。'《遯》《象传》曰,'小利贞浸而长也',此谓阴阳浸而长也。"杨向奎据此判断说:"汉学发展本来与理学对立,在这一点上,两者又通过《阴符经》结合起来。"[31]惠栋从天象的乖异、卦爻之混乱、阴阳失调和灾异流行观察人事之"失道妄行",完全依循汉儒之天人相关和天人相类的旧说。他的汉学重在易学,又特重阴阳灾异之说,复归汉学与暗通道教并行不悖。这是他在辟宋的同时又能以"天人"之学与宋学对话的主要原因。[32]惠氏易学沟通《易》与

---

[29] 杨向奎:《绎史斋学术文集》,上海:上海人民出版社,1983,页514—515。
[30] 江藩《汉学师承记》说他"年五十后,专心经术,尤邃于《易》。""《周易述》一编,专宗虞仲翔,参以荀、郑诸家之义,约其旨为注,演其说为疏,汉学之绝者,千有五百余年,至是而粲然复章矣。"《汉学师承记(外二种)》,页30。
[31] 杨向奎:《清儒学案新编》(三),页120。
[32] 同上,页7—121。

《春秋》，前者为天学，后者为人事，合之而为天人之学，[33]这种模式与此后公羊学中的天人之学有许多呼应之处。具体地说，"在《易例上·太极生次》中他以为天地万物的发生发展即《易》的发生发展。万物的发展是宇宙的实体，而《易》是宇宙实体的表德。《春秋》纪事，效法于《易》，历代以纪'元'开始，即效法《易》以太极为首。"[34]惠栋追随汉儒将宇宙现象配合于六十四卦之中，[35]又一一分论道、元、诚、性命等等命题，明显地呼应了宋学所谓穷理尽性、天道理气之说。这种合天人于一体的易学宇宙论也是理学的主要来源之一。他在经学的形式下回归了易学宇宙论，不但在古文经学内部开今文经学之先河，而且也为观察人事提供了一个宇宙论视野。[36]

戴震、钱大昕均曾问学于惠栋，又随之辟宋甚烈，汉宋之别在乾嘉学

---

[33] 如《周易述·易微言下》"性命"条云："《文言》曰：乾道变化，各正性命，保合太和乃利贞。《说卦》曰：穷理尽性，以至于命。虞注云：乾为性。《诗·烝民》曰：'天生烝民，有物有则，民之秉彝，好是懿德。'郑笺曰：天之生众民，其性有物象，谓五行仁义礼智信也。其性有所法，谓喜怒哀乐好恶也。然而民所执持有常道，莫不好有美德之人。《大戴·本命》曰：分于道谓之命，形于一谓之性。……化于阴阳，象形而发，谓之生……"见杨向奎：《清儒学案新编》（三），页176。

[34] 杨向奎：《清儒学案新编》（三），页118。他还指出，惠栋"天人之学"结合了《易经》、《春秋》与《中庸》，以发挥"前圣"、"后圣"赞天地化育事。他以《春秋公羊》三世理论配合《易·象传》"云雷屯君子以经纶"的虞氏注解，以为"经纶大经，以立中和之本而赞化育"，指文王演《易》，得《既济》而致天下太平。《中庸》说孔子"祖述尧舜，宪章文武"，是子思知孔子之道，上绍尧舜文武，删《诗》，述《书》，定《礼》，理《乐》，制作《春秋》，亦所以明《既济》之功，而"文致太平"。这些说法是阴阳灾异说的变相提法，是"天人之学"的新理论。（同前，页119。）参见《周易述·易微言上·元》，见同上书，页157—161。

[35] 这种以某一卦配合某一自然现象和社会现象的方式是典型的今文学派的方式，即汉《易》所谓"配"的问题。如《京氏易传》卷二《乾》云："乾，纯阳用事，象配天，属金与坤飞伏居世。……配于人首为首，为君父；于类为马为龙。"见杨向奎：《清儒学案新编》（三），页117。

[36] 为什么易学中的古文经学派也会与今文经学派如此相似呢？这是因为在诸经之中，《易经》的今、古之别有所不同，"一是《易》未遭秦火，文字与师说都可以留传，没有章句训诂上显著不同。二来《易》乃卜筮书，多阴阳灾异，而此乃西汉今文经师所擅长，就此而论《易》学各派都属今文。"杨向奎：《清儒学案新编》（三），页116。

术中势如水火。但如果从学术史的相互传承渗透来看,问题就要复杂很多。戴震之《原善》是经学家最不乐闻的理学著作,但按钱穆说法,却出自惠栋之汉学家法。"东原深推松崖,谓舍故训无以明理义,《原善》三卷,即本此精神而成书。故曰:'天人之道,经之大训萃焉',则东原论学著书,其受松崖之影响,居可见矣。"[37]我们读章太炎《康成子雍为宋明心学导师说》,他的汉宋观实为钱穆此论之先导:

> 汉人短名理,故经儒言道亦不如晚周精至。然其高义傥见,杂在常论中者,遂为宋明心学导师。郑康成说致知在格物,曰格来也,物犹事也。其知于善深,则来善物。其知于恶深,则来恶物。言事缘人所好来也。是乃本于孔子之言我欲仁斯仁至矣。从是推之,我欲不仁,斯不仁至矣。其后王伯安为知行合一之说,则曰知之笃实处即行,行之精明处即知,其于郑义无所异也。王子雍伪作《古文尚书》及《孔丛子》,《古文尚书》所云"人心惟危,道心惟微,惟精惟一,允执厥中"者。乃改治孙卿所引道经之文,而宋儒悉奉以为准,然尚非其至者。《孔丛子》言心之精神是谓圣,微特于儒言为超迈,虽西海圣人何以加是?故杨敬仲终身诵之,以为不刊之论。前有谢显道,后有王伯安,皆云心即理,亦于此相会焉。[38]

这个看法对于清代汉学与理学的关系也颇适用,但需要反其言,即朱子学、阳明学以及易经、道教和谶纬之说也是清代汉学的导师。惠栋在经学内部发掘天人之学的义理,戴震在《法象论》中谈论以易理窥测人事,[39]不都证明了这一点吗?在这一背景下,戴震究竟如何辟宋也就成了一个问题。

---

[37] 钱穆:《中国近三百年学术史》,上册,页327。
[38] 章太炎:《康成子雍为宋明心学导师说》,《太炎文录续编》,《章太炎全集》(五),页63。
[39] 戴震说:"《易》曰:'法象莫大乎天地。'又曰:'成象之谓乾,效法之谓坤。'又曰:'仰则观象于天,俯则观法于地。'夫道无远迩,能以尽于人伦者反身求之,则靡不尽也,……天所以成象,地所以成形,圣人所以立极,一也,道之至也。"《法象论》,《戴震全集》(一),页1—2。

这里还有一个更为重要的疑问:康熙崇朱,一时公卿硕儒趋之若鹜,如果朱学仍为清朝官学,为什么身居京师的乾嘉诸子敢于以辟宋相标榜?为什么惠栋评《毛诗注疏》时所谓"宋儒之祸,甚于秦灰"的激烈言论竟然深得四库馆臣之心?在分析戴震辟宋与吴学的关系之前,有必要从政治与学术的关系略说朱学在清代的命运和变化。梁启超曾将考证学的兴起归诸清代文字狱,这一观点已有不少学者与之驳难,钱穆的上述概括就是例证。但是,文字狱与清代学风变化的关系不容忽视。文字狱首先祸及清代理学,特别是朱子学,间接影响经学家与朱学的关系,他们不得不重新定位自己与朱学的关系。[40]降至雍、乾时代,理学名儒相继凋零,圣学虽然位居正统,但地位已经开始发生微妙变化。在这里起着关键作用的,是官方朱学与朋党的关系,以及民间朱学与民族观念的内在联系,陆宝千《清代思想史》对此有扼要但清晰的叙述。雍正一朝大兴文字狱,先有打击"科甲朋党"的案子,李绂因与田文镜互参案获罪入狱。李绂是一代名臣,为学宗陆而又平分朱陆,是以治道合一称颂康熙朝政的重要人物。科甲朋党案尚未完全结束,1728年,雍正又因湖南秀才曾静上书川陕总督岳钟琪案牵连出影响广泛的吕留良案。吕氏(1629—1683)严守华夷大防,有所谓"苟全始识谭何易,饿死今知事最微"等诗句,为出名的理学家。他在顺治十年中秀才,但后来削发为僧,拒绝应召博学鸿词科和出仕。曾静及其门弟子张熙对吕留良十分崇敬,他们本诸治道合一的宗旨,严守华夷大防,认为皇帝应该由"吾学中儒者做",例如春秋时的孔子、战国时的孟子,秦以后的程朱,而明末的皇帝则应该由吕晚村担任,足见清代朱学者的遭难与民族问题关系密切。[41]吕留良及其弟子推尊程朱本有严辨程朱真伪之意趣,矛头所向,直指康熙利用程朱收拾人心,以及陆陇其、李光地等朱学者颂扬清圣祖治道合一的"文治"。这是以治道合一对抗治道合一。曾静案发后,雍正不但命搜查吕晚村及其弟子严鸿逵、再

---

[40] 雷梦辰:《清代各省禁书汇考》,北京:北京图书馆出版社,1989,页4。
[41] 中国社会科学院历史研究所清史研究室:《清史资料》(第四辑),《大义觉迷录》卷2,北京:中华书局,1983,页48。

传弟子曾严等人的著作,而且特命大学士朱轼等批驳吕留良的《四书讲义》、语录。吕氏及其子遭戮尸,他的后人、弟子均遭杀害或发配,诛及九族。

朋党案和吕留良案对于乾嘉时代的政治以及朱子学的地位具有深远影响。[42] 从朋党问题看,乾隆上承雍正的观点,对于朋党、门户极为警觉,他在高压之外,也力图通过御纂、钦定诸书兼用汉、宋,从理论的层面扫除门户、朋党的前提,这在《清高宗纯皇帝实录》中有着鲜明的印记。例如1758(乾隆二十三年)御纂的《春秋集解》"御制序"讲论《春秋》而言及今文家爱谈的"属辞比事"、"微言大义",并不拘守古文家言;[43] 1782年(乾隆四十七年)"仲春经筵"之时,针对德保、曹秀先讲论《论语》之"知者乐,仁者寿",乾隆以"仁者知之体,知者仁之用"批评朱子"不兼仁知而言",认为他未得孔子精微。[44] 因此,乾嘉时代之辟宋潮流与雍乾时代反对门户、朋党而造成的朱学衰落存在着呼应的关系。从民族问题看,清初民间朱学利用孔孟、六经宣扬族群观念,在夷夏之辨的框架内表达反清的宗旨,王夫之、吕留良都是重要的例证。吕氏极端崇信程朱,贬斥陆王为"阳儒阴释",[45] 含有用朱子学正统排斥夷狄的用心。《四书讲义》利用四书讲论气节问题,例如在解释"微管仲,吾其被发左衽矣"一句时,吕留良说:"君臣之义,域中第一事,人伦之至大,此节一失,虽有勋业作为,无足以赎其罪者。""看微管仲句,一部《春秋》大义,尤有大于君臣之论,为域中第一事者,故管仲可以不死耳。原是论节义之大小,不是重功名也。"[46] 他从三代封建的视野出发,判定秦汉之后的许多(郡县)制度本诸自私自利之心,完全失去了三代之制的精神。"三代以上圣人制产

---

[42] 有关清代朱学与朋党案的关系,参见陆宝千的《清代思想史》(台北:广文书局有限公司,1983),该书对朱学在清代的浮沉与朋党案的关系有扼要但准确的叙述,我在这里的叙述受到陆书相关讨论的启发。

[43] 《清高宗纯皇帝实录》卷五六第二二叶。

[44] 《清高宗纯皇帝实录》卷一一五〇第四—五叶。

[45] 吕留良:《吕晚村先生四书讲义》卷三五《孟子六·滕文公下》,页9a。

[46] 吕留良:《吕晚村先生四书讲义》卷十七《论语十四·宪问》,页9a。

明伦以及封建兵刑许多布置"均按诸天下后世的利益,而"不曾有一事一法从自己富贵及子孙世业上起一点永远占定,怕人夺取之心"。[47]吕氏循理学旧路,批判郡县一统,追慕三代封建井田之制,认为"封建、井田之废,势也,非理也;乱也,非治也",谴责后世君相"因循苟且以养成其私利之心,故不能复返三代。"[48]这是把三代之制看作衡量治乱的根据,暗含对当世的贬斥。雍正在驳斥曾静时批判晚村思想,除了华夷之辨外,也牵涉宋明理学的君臣纲常之说,以及理学家津津乐道的三代之封建。雍正时代因理学得罪的还有谢济世、陆生柟等,前者的罪名是注释《大学》,诽谤程朱;后者的罪名是写《通鉴论》,主张分封,反对郡县。吕留良案之后,雍正不再尊朱,转而多刻佛经,亲选语录,自称圆明居士,以天子之尊,而居一山之主,开堂授徒,程朱之学渐失先前的力量。[49]这与康熙辟佛崇儒形成了尖锐的对比。[50]查阅雷梦辰著《清代各省禁书汇考》,乾隆年间各省奏缴的禁书中仍有许多与吕留良、戴名世等有关的理学著作,如《戴田有四书文》(戴名世著)、《天盖楼四书文》(吕留良评选)、《四书讲义攀龙集》(陈美发集,多引晚村解说)、《四书绎注》(王锬辑,多引晚村评语)等等,我们可以由此推想雍乾之际士林朱学的境况。

在上述背景下,如何估价考证学家们的排诋宋学,是一个需要重新思考的问题。如果没有雍乾之际对于朋党的打击、吕留良案后朝廷对于朱学态度的变化,我们很难想像位居四库馆臣的经学家们敢于公然辟宋。在笃信治道合一、理礼合一的儒学观念方面,经学家与清代朱学者本来并

---

[47] 吕留良:《吕晚村先生四书讲义》卷二九《中庸六》页10a。
[48] 吕留良:《吕晚村先生四书讲义》卷三四《孟子五·滕文公上》页10a。
[49] 陆宝千:《清代思想史》,页158。陆著注意到吕留良案与清代朱学的变化,为我们理解这一时代乾嘉学者对宋学的批评提供了线索。我对戴震思想的诠释也是建立在这一背景之上的。
[50] 满清对于佛教的拒斥与他们对于蒙古在黄教影响下国运衰微的总结有关。皇太极说:"蒙古诸贝子自弃蒙古语,名号俱学喇嘛,卒致国运衰微。"(《清太宗实录》卷18,天聪八年四月辛酉)康熙自幼习儒学,1673年,他对熊赐履等人说:"朕十岁时,一喇嘛来朝,提起西方佛法,朕即面辟其谬,彼竟语塞。盖朕生来便厌闻此种也。"(《康熙起居注》,十二年八月二十六日)

无二致,经史之学蔚为大观与朝廷对于理学的态度的微妙变化恰巧发生在同一时期,训诂考证不仅成为普遍认可的知识形式,而且排诋宋学也成为一时风气,两者之间不能说毫无联系。在这个意义上,与其说经学的兴盛是文字狱的结果,不如说经学的反理学倾向受到了朱学失宠的影响,因此,是否反理学并不是评判清儒的批判性的标准。[51] 在这一氛围中,治道合一、理礼合一的经学前提并未改变,改变了的是梨洲、亭林、晚村等人在这一前提下建立起来的与异族统治分庭抗礼的政治意识。排诋宋儒主要集中于为学的方法方面,并不是对治道合一、理礼合一、礼器合一等清代儒学(包括朱子学)普遍认可的观念和预设的否定。考证学把治道合一、礼理合一的内在理想建构成为一种学术方式,而清朝朱学则以此为皇帝提供合法性论证,它们从"合一"的角度共同否定程朱的理气、治道、礼理二元论,又从礼理、治道、道器的关系出发否定陆王之从心言理,从而扬弃了宋学传统中的那种内与外、理与气、道与器的内在紧张。在这两个方面,考证学与清代朱学之间的差别是有限的。宋儒以天理与现实秩序相对立,从而显示出一个礼乐与制度、身份地位与道德状态相互分离的世界;对他们来说,天理与现实世界的对立恰恰是批判的源泉。顾炎武、黄宗羲用理礼合一、治道合一来否定理气、理欲二元论,用新制度论和新礼乐论重构先儒风俗制度、批判明儒之虚妄,在对抗清朝统治的同时提供道德/政治实践的思想资源和行动指南。当戴震等乾嘉学者重申这些命题的时候,他们既不能像宋儒那样以天理与制度相抗衡,也早已没有亭林、梨洲的那种与现实制度整体对立的情怀。那么,这些命题到底还有多少

---

[51] 降至19世纪,魏源以今文家的身份抨击包括戴震在内的汉学家的考证工作,同时也讥评他们在四库馆内抨击宋学的态度。魏源是在变法改制的时代要求下作出他的判断的,反而以今文家的路数接近了亭林之学的宗旨。他本人对于宋学也有许多批评,但对四库馆臣辟宋的态度却颇为不满。《书"宋名臣言行录"后》抨击纪昀曰:"乾隆中修《四库书》,纪文达公以侍读学士总纂。文达故不喜宋儒,其《总目》多所发挥,然未有如《宋名臣言行录》之甚者也。……昌言抨辟,讫再讫四,昭昭国门可悬,南山不易矣!虽然,吾未知文达所见何本也。"(魏源:《书"宋名臣言行录"后》,《魏源集》上册,北京:中华书局,1976,页217。)这些例证足以说明,仅仅在反理学的意义上谈论东原思想的意义,是没有击中要害的。

批判的意义？戴震辟宋的主要动机和目的是什么？这是检验辟宋反朱的潮流是否具有胡适期待的批判意义的关键。

第二节　经学、理学与反理学

戴震于乾隆丁丑(1757)南游扬州，晤惠栋，学术为之一变：原先"戴学从尊朱述朱起脚，而惠学则自反宋复古而来"，但此后"乾嘉以往诋宋之风，自东原起而愈甚，而东原论学之尊汉抑宋，则实有闻于苏州惠氏之风而起也。"[52]作于乾隆乙酉(1765)的《题惠定宇先生授经图》及后四年为惠栋弟子余萧客《古经解钩沉》所作的序，历来被看作是东原辟宋的宣言。前者曰："所谓理义，苟可以舍经而空凭胸臆，将人人凿空得之，奚有于经学之云乎哉？……圣人贤人之理义非它，存乎典章制度者是也。"[53]后者谓："经之至者道也，所以明道者其词也，所以成词者，未有能外小学文字者也。由文字以通乎语言，由语言以通乎古圣贤之心志，譬之适堂坛之必循其阶，而不可以躐等。"[54]颇有将宋儒义理之学一笔抹杀的味道。

《绪言》和《孟子字义疏证》非议宋儒的"理"观，但在理论形式上却像《原善》一样力图突破经学考证，重新回到理学的道器、理气、理欲、天人、心性、自然/必然等较为抽象的范畴。[55]在这方面，戴震比惠栋走得更远。惠栋述九经古义说："汉人通经有家法，故有五经师。训诂之学皆师所口授，其后乃著竹帛，所以汉经师之说立于学官，与经并行。五经出于屋壁，多古字古言，非经师不能辨。经之义存乎训，识字审音乃知其义。

---

[52]　钱穆：《中国近三百年学术史》，上册，页320—322。
[53]　戴震：《题惠定宇先生授经图》，《戴震全集》(五)，页2614—2615。
[54]　戴震：《古经解钩沉序》，《戴震全集》(五)，页2631。
[55]　翁方纲批评说："近日休宁戴震一生毕力于名物象数之学，博且勤矣，实亦考订之一端耳。乃其人不甘以考订为事，而欲谈性道以立异于程、朱。"翁方纲：《理说驳戴震作》，《复初斋文集》第一册，卷七，台北：文海出版社影印本，1966，页321。

是故训不可改也,经师不可废也。"[56]《周易述》等著作以古文经的家法阐述易理,未尝离开考据的方式直接言道。东原《孟子字义疏证》力图以"疏证"的方式掩人耳目,但义理之学的形式已经昭然若揭。我们比较《原善》及其改本、参看《读孟子论性》与《孟子字义疏证》,义理与考证的关系十分清晰。在《原善》改本的小序中,戴震坦陈:

> 余始为《原善》之书三章,惧学者蔽以异趣也,复援据经言疏通证明之,而以三章者分为建首,次成上、中、下卷。比类合义,灿然端委毕著矣,天人之道,经之大训萃焉。以今之去古圣哲既远,治经之士,莫能综贯,习所见闻,积非成是,余言恐未足以振兹坠绪也。藏之家塾,以待能者发之。[57]

这里明说改本之作是为了担心学者的偏见,所以"据经言疏通证明之"。那么,经言背后是什么呢?我们看《原善》初本开头一节,命题及论述的方式与宋儒言天言理言性的旧路若相枘鼓:

> 善:曰仁,曰礼,曰义,斯三者,天下之大本也。显之为天之明谓之命,实之为化之顺谓之道,循之而分治有常谓之理。命,言乎天地之中昭明以信也;道,言乎化之不已也;理,言乎其详至也。善,言乎无淆杂也;性,言乎本于天,徵为事能也。……[58]

戴震辟宋的主调是以经学考据的方式取代宋儒的义理之学,但他对宋学的最为尖锐的批判恰恰来自《原善》、《绪言》和《疏证》等著作中所讨论的理欲之辨和自然/必然之辨。那么,这些著作与他的考据学真的那么矛盾和对立吗?

---

[56] 惠栋:《九经古义述首》,《皇清经解》,册77,卷359,页1a。
[57] 戴震:《原善》上,《戴震全集》(一),页9。
[58] 同上书,页3。

段玉裁认为戴震对宋学言性言理等等的批判与其经学立场完全一致。他说：

> 盖先生《原善》三篇、《论性》二篇既成，又以宋儒言性，言理，言道，言才，言诚，言明，言权，言仁义礼智，言智仁勇，皆非六经孔孟之言，而以异学之言糅之，故就《孟子》字义开示，使人知"人欲净尽，天理流行"之语病。所谓理者，必求诸人情之无憾而后即安，不得谓性为理。[59]

戴震本人的看法又如何呢？在《疏证》中，戴震不但批评二氏之说，还谴责程朱在理气二分的基础上论学，致使"详于论敬而略于论学"。[60]因此，他的方法绝不是重述义理之学，而是以考据家的办法还各家为各家的位置：[61]

> 仆自十七岁时，有志闻道，谓非求之六经孔孟不得，非从事于字义、制度、名物，无由以通其语言。为之三十余年，灼然知古今治乱之源在是。古人曰理解者，即寻其腠理而析之也。曰天理者，如庄周言依乎天理，即所谓"彼节者有间"也。古贤人圣人以体民之情、遂民之欲为得理，今人以己之意见不出于私为理，是以意见杀人，咸自信为理矣。此犹舍字义制度名物，去语言训诂，而欲得圣人之道于遗经也。[62]

---

[59] 段玉裁：《戴东原先生年谱》，《戴震全集》（六），页3403。据钱穆考证，段玉裁于乾隆丙戌（三十一年）所闻并非《孟子字义疏证》，因为《疏证》成书尚晚。懋堂所见应该是《原善》三篇之扩大本。参见钱穆：《中国近三百年学术史》，上册，页326—327。
[60] 戴震：《孟子字义疏证》卷上，《戴震全集》（一），页166。
[61] 焦循说："循读东原戴氏之书，最心服其《孟子字义疏证》。说者分别汉学宋学，以义理归之宋。宋之义理诚详于汉，然训故明乃能识羲文周孔之义理。宋之义理，仍当以孔之义理衡之，未容以宋之义理即定为孔子之义理也。"焦循：《雕菰楼集》卷十三《寄朱休承学士书》。
[62] 戴震：《与段玉裁书》，见段玉裁：《戴东原先生年谱》，《戴震全集》（六），页3417。

但这里仍有若干疑问。如果批判宋学与汉学的原则完全一致，为什么戴震不循训诂学的旧路却又复归于宋学的命题和形式？为什么戴震在批评宋学理欲观的时候，必须复归理学的本体论和心性论的框架？戴震对宋学义理的具体批评与汉学的前提并无差别，但却以反汉学的形式来表达，这一事实值得我们思考。

我们不妨从章学诚对戴震的评论出发来做些分析。在《书朱陆篇后》、《答邵二云书》及《又与朱少白书》等文中，章氏认为"戴君所学，深通训诂，究于名物制度，而得其所以然，将以明道也。……戴著《论性》《原善》诸篇，于天人理气，实有发前人所未发者……"[63]推定戴震之学上承顾炎武、阎若璩，与朱子家法实有所渊源。章学诚对戴震的天人理气论推崇有加，而最不满于戴震慑于学风时尚和个人位置，心口不一，两是其说，缺乏躬行实践和诚敬的勇气，以致在"不薄朱子，则不得为通人"的潮流中，排诋宋儒唯恐不烈。[64]后世治戴学者大多继承了章学诚把学术分野与心理分析（心术不纯）相结合的思路，但更注重义理、考证的形式差异，很少涉及形式差异背后隐含的思想矛盾及其根源。余英时《戴震与章学诚》一书立论的基调就从章学诚的讨论而来。该书以学术史的分野为背景，从心理角度描述戴震的学术与性格的二重性，生动而流畅。作者在戴震与章学诚的交往关系中论述乾嘉的学术氛围，指出："在考证学

---

[63] 章学诚:《书朱陆篇后》,《章学诚遗书》,页16。
[64] 章学诚还说:"戴氏之言,因人因地因时,各有变化,权欺术御,何必言之由中","其学问心术,实有瑕瑜不容掩者。"(《答邵二云书》,《章学诚遗书》,页645)。在《又与朱少白书》中,他又说:"戴原训诂解经,得古人之大体,众所推尊。其《原善》诸篇,虽先夫子(按指少白父朱筠)亦所不取。其实精微醇邃,实有古人未发之旨,鄙不以为非也。戴君之误,误在诋宋儒之躬行实践,而置己身于功过之外。至于校正宋儒之讹误可也,并一切抹杀,横肆诋诃,至今休、歙之间,少年英俊,不骂程朱,不得谓之通人,则真罪过,戴氏实为作俑。其实初听其说,似乎高明,而细核之,则直为忘本耳。夫空谈性理,孤陋寡闻,一无所知,乃是宋学末流之大弊。然通经服古,由博反约,即是朱子之教。一传为蔡九峰、黄勉斋,再传而为真西山、魏鹤山,三传而为黄东发、王伯厚。……至国初而顾亭林、黄梨洲、阎百诗皆俎豆相承,甚于汉之经师谱系。戴氏亦从此数公入手,而痛斥朱学,此饮水而忘其源也。然戴实有所得力处,故《原善》诸篇,文不容没。"章学诚:《又与朱少白书》,见《章学诚遗书》,页611。

风鼎盛的乾、嘉时代,义理工作最得不到一般学者的同情。而且当时考证学家之鄙薄义理,并不完全因为义理是宋学而然。他们根本不惯于系统性的抽象思考。所以考证与义理之争基本上是源于两种不同形态的认知活动的对立,所谓汉、宋之争不过是其中一个特殊的环节而已。"[65]余英时据此认为戴震以一"刺猬"型的人物而在乾嘉时代成为"群狐之首",遂成就了他在学术上和心理上的一种分裂的人格。章学诚正好相反,他在"狐狸"成群的地方备尝"刺猬"的孤独和艰辛,清楚地看到了戴震的内在本质(刺猬)与外在形象(狐狸)的矛盾,于是一面引以为知己,一面责之为贰臣。

  义理/考证的矛盾能否说明戴震的思想特点及其与章学诚的关系?在回答这一问题之前,我想指出一个基本事实:"义理之学"的范畴比理学更为宽泛,但结合章学诚所谓戴震的贡献不在训诂考据,而在"于天人理气实有发先人所未发"的判断,东原得罪于汉学者的还是他与理学的接近。[66]但是,从学术方法的角度说,章氏学说并不近于宋明理学,毋宁是以承认经学的基本预设(如礼藏于器,治道合一,理礼合一)为前提。他在经学家们面前为戴震辩护,并不是为了说明戴震在"天人理气"方面的贡献。岛田虔次将"六经皆史说"表述为"超越考证学的哲学,同时又是考证学的哲学",[67]大致点出了章学诚学术思想的特点。朱筠、钱大昕对戴震的非议来自经学内部的一种紧张,因为戴震毕竟是考证学之栋梁,而他的《原善》、《疏证》诸书又披着由字通词、由词通道的经学外衣。换句话说,不是戴震的反理学,而是他在形式上对理学的复归,让考证家们感到不安。如果他们真的漠视戴震的《疏证》等书,章学诚、洪榜又何

---

[65] 余英时:《戴震与章学诚》,台北:华世出版社,1977,页86—87。
[66] 章学诚说:"凡戴君所学,深通训诂,究于名物制度,而得其所以然,将以明道也。时人方贵博雅考订,见其训诂名物有合时好,以谓戴之绝诣在此;及戴著《论性》、《原善》诸篇,于天人理气实有发前人所未发者,时人则谓空说义理,可以无作,是固不知戴学者矣!"见《书朱陆篇后》,《文史通义》内篇二,《章学诚遗书》卷二,页16。
[67] 岛田虔次:《六经皆史说》,《日本学者研究中国史论著选译》七,北京:中华书局,1993,页185。

必为之力辨？如果戴震真的回到了宋学的窠臼，而章学诚又全心认为宋明义理之学就是学术的指归，那么，他又有什么必要在经学家们面前为之辩护呢？辩护的基本理由是消除误解，而消除误解的意思不就是说双方其实并不那么对立，或者双方还是存在某些共同的前提么？从章学诚一面说，戴震并没有彻底回归宋学，他毋宁是在经学的形式之中恢复儒学闻道的一贯宗旨，因此也才有一辩的必要性。没有这一面，我们也就无法解释他在朱筠面前为戴震辩护的理由。[68]

章学诚注重"求道"和通变，反对泥古于六经，他的基本理论是"六经皆史"。这个理论是建立在道器一体、理礼合一的前提之上的，在这方面，他与经学家的看法并没有根本的差别。"义理"问题对于一般经学家而言是一个方法论问题，而对章学诚、戴震来说却更是一个儒学的基本取向的问题。章氏对东原之学的兴趣有一个基本前提，即戴震的理学趣味是内在于经学的理学趣味，而他的经学思想的内核又深受义理之学的影响。因此，戴震与理学的纠缠是在经学的形式内部进行的，而理学的因素则表明他在一定程度上希望突破经学的藩篱。章学诚对戴学的分析采用了义理与考据的区分，但如果全面地观察他的学术主张，我们可以发现正是章学诚本人把这一区分视为经学堕落的根源。他要求在经史之学的形式中恢复理气心性和践履问题的讨论，纠正经学强分义理与考证、自陷琐碎支离的学风，但这并不表示他认同理学的形式。在这个意义上，章学诚对东原的批评是在复杂的学术格局、历史脉络和他个人的学术观点中展开的，若我们单以"刺猬"指义理，以"狐狸"指考证有可能落入了严分汉宋（义理、考证）的形式主义。我们需要继续追问的

---

[68] 章学诚《答邵二云书》云："丙戌春夏之交，仆因郑诚斋太史之言，往见戴氏休宁馆舍，询其所学，戴为粗言崖略，仆即疑郑太史言不足以尽戴君。时在朱先生门，得见一时通人，虽大扩生平闻见，而求能深识古人大体，进窥天地之纯，惟戴氏可与几此。而当时中朝荐绅负重望者，大兴朱氏，嘉定钱氏，实为一时巨擘。其推重戴氏，亦但云训诂名物，六书九数，用功深细而已，及举《原善》诸篇，则群惜其有用精神耗于无用之地。仆于当时，力争朱先生前，以谓此说似买椟而还珠。而人微言轻，不足以动诸公之听。"《章学诚遗书》，页645。

是:戴震学术思想上的纠缠到底是如何产生的？该怎样解释他的内在矛盾和思想特点？

戴震思想的多重取向是在复杂的思想氛围中形成的,他批判的对象不仅是宋学,而且是佛、道,尤其是释氏。由于清朝皇帝与喇嘛教的特殊关系,戴震置身的思想情境也有与宋儒颇相似之处,即处于儒释之间的微妙的对抗关系之中。不同的是,一,清代经学的发展已经从根本上瓦解了理学的前提,容不得戴震在理气二元论的前提下或在宇宙论的范畴内重新阐释天理的概念了;二,在清代多元帝国体制内,儒学的至尊地位是以其包容性为前提的,试图像宋儒那样以辟佛的方式建立儒学道统难以获得承认。在这个意义上,戴震的思想情境又比宋儒更为复杂:他要批判的二氏已经不只是单纯的二氏,而且也是渗透在理学中的二氏;他据以批判的儒学传统也不是单纯的汉学传统,而是对汉学有所批判的儒学传统。《孟子字义疏证》卷上有云:"程子、朱子其出入于老释,皆以求道也,使见其道为是,虽人以为非而不顾。其初非背六经、孔、孟而信彼也,……"这是指陈理学与二氏的关系;但他同时又说:"程子、朱子见于六经、孔、孟之言理义,归于必然不可易,非老、庄、释氏所能及",[69]对于二氏与程朱还是有所分别。为什么如此？一方面,戴震所辟之宋学义理并非孔孟之说,而是"异学之言糅之"的结果(如段玉裁所暗示);另一方面,他对二氏的揭露不得不诉诸于某些宋学的主题。辟宋就是辟以儒学形式出现之异学,从而恢复孔孟、六经的宗旨。那么,"异学之言"具体所指为何？"异学之言"所代表的学术风气又是什么？

前面提及的吕留良案与此大有关联。吕案之后,朱学受挫,经学大兴,风气所趋,学者自陷于琐碎的考证,义理心性之学在士人中渐受冷淡。吕留良严分华夷,他对名物制度和先儒义理的考证发挥与黄宗羲、顾炎武声气相通,都包含着通过儒学的研究表达正统观念的努力。但文字狱的残酷现实对那些沉迷理学的人构成了极深的抑制,他们既不能重申程朱陆王之学,又不甘于训诂考据,用世情怀不免与出世之趣有所牵连。彭绍

---

[69] 戴震:《孟子字义疏证》卷上,《戴震全集》(一),页168—169。

升、薛家三、汪缙、罗有高诸人转而以孔、孟、程、朱、陆、王之旨诠释释氏义理，锋芒所向，直指考据学。如彭绍升云：

> 近世学业之弊，在浮文日胜，不知反本。卑者溺帖括，靡曼既不足与言；其粗知从事于六经者，顾往往不求实得于己，而徒欲求取于人，求胜于人。夸多斗靡，党同伐异，虽白首铅椠，著书满家，难免玩物丧志之诮，大可惜也。[70]

他们沟通各家义理，泯灭儒佛之别，流风所被，许多汉学名家也返诸佛门求得心灵的慰藉。惠栋之易学暗通谶纬和道教，并为《太上感应篇》作笺注；程绵庄素闻颜李之学，以为古之害道出于儒之外，今之害道出于儒之中，对于理学曾有深切的批判，但却劝袁枚读楞严。项金门一言以蔽之曰："今士大夫靡不奉佛"，[71]点出了彼时士林风气。因此，所谓"异学之言"即指二氏，而且是杂入儒学义理之中的二氏。彭绍升等以此与考据学相对抗。他称赞戴震不同于时人俗儒的琐碎考证，颇有引为同道的意向，而戴震于彭绍升对考据学者"玩物丧志"的批评心有戚戚焉，但绝不认同彭氏的释氏立场。戴震的理学倾向是在经学内部的理学倾向，即建立在理礼合一、道器一体之上的义理倾向。他自称《疏证》等书以区别正邪为目的，辞锋所指，正是彭氏等人以释氏和道教之旨取代先儒宗旨的风气；他力图以考证与义理相结合，说明理礼合一、道器一体之不可易。对于儒学内部的这一"阐释的政治"，不但《绪言》、《疏证》处处点出其要害，而且洪榜、段玉裁也均有所涉及。

洪榜在《戴先生行状》中说："盖先生之为学，自其早岁稽古综核，博闻强识，而尤长于论述。晚益窥于性与天道之传，于老庄、释氏之说，入人心最深者，辞而辟之，使与六经孔孟之书，截然不可以相乱。"[72]他不但

---

[70] 彭绍升：《与汪大绅》，《二林居集》（光绪辛巳季春刊），卷三，页15。
[71] 袁枚：《答项金门》，《小仓山房尺牍》（随园三十种本），卷七，页8。关于这一时期佛学的状况，参见陆宝千《清代思想史》第5章《乾隆时代之士林佛学》，页197—219。
[72] 洪榜：《戴先生行状》，《戴震全集》（六），页3382。

认为《原善》之作完全是为了辟二氏，而且指出东原"晚益窥性与天道之传"，暗示其晚年著作宗旨是通过重述性与天道以明六经、孔、孟与老、释的区别。在《与朱笥书》中，洪榜进一步讨论东原的《与彭进士绍升书》及《原善》、《疏证》等书，论述扼要精详：

> 夫戴氏与彭进士书，非难程朱也，正陆王之失耳；非正陆王也，辟老释之邪说耳；非辟老释也，辟夫后之学者，实为老释而阳为儒书，援周孔之言入老释之教，以老释之似乱周孔之真；而皆附于程朱之学。[73]

戴氏辟宋、辟二氏非辟宋、辟二氏，而是辟以二氏入儒书。他的理论气魄自然不限于批驳彭绍升诸人。《疏证》等书对宋代以来的各种误解加以厘清，用东原自己的话说，"程子朱子就老、庄、释氏所指者，转其说以言夫理，非援儒而入释，误以释氏之言杂入于儒耳；陆子静、王文成诸人就老、庄、释氏所指者，即以理实之，是乃援儒以入于释者也。"[74]洪榜以韩愈为例比喻东原之辟宋，因为后者正如韩愈"原道"一样，为学宗旨在于"使学者昭然知二氏之非"。考虑到吕留良案之后，朱学受挫、佛学渐起、儒释交错、甚至世宗本人也以居士自居的状况，戴震辟二氏的宗旨反而比他明面上的辟宋更有深意。

乾隆丁酉正月十四日，戴震致书玉裁云："仆生平著述最大者，为《孟子字义疏证》一书，此正人心之要。今人无论正邪，尽以意见误名之曰理，而祸斯民。故《疏证》不得不作。"[75]"无论正邪"的特点是"以意见误名之曰理"，这段话若与洪榜解释《原善》宗旨的一段话参照解读，那么，所谓"以意见误名之曰理"者，不但指理学家言，也指二氏之"私"与

---

[73] 洪榜：《与朱笥书》，见江藩《汉学师承记（外二种）》，页117。
[74] 戴震：《孟子字义疏证》卷上，《戴震全集》（一），页166。
[75] 戴震：《与段玉裁书》，见段玉裁《戴东原先生年谱》，《戴震全集》（六），页3418。

"蔽"。[76]我们再看戴震作于乾隆丁酉四月的《答彭进士绍升书》,亦可以与此互证。彭氏好释氏之学,以孔、孟、程、朱疏证释氏之言,认为孔、孟与佛、道无二,程、朱与陆、王、释氏无异致。[77]一时之间,如罗孝廉(有高)、汪明经(缙)倡和其说。[78]彭绍升《答沈立方》云:"道,一而已。在儒为儒,在释为释,在老为老,教有三而道之本不可得而三也。学者由教而入,莫先于知本。诚知本,则左之右之,无弗得也。"[79]又云:"经云:唯此一事实,余二则非真。于儒佛之间妄生分别,妄论短长,皆途说也。大丈夫所贵,知本耳。诚得其本,则一切差别法无不从此流出,又安肯寻枝摘叶,寄他人之篱下乎?"[80]在这一潮流之中,戴震特意将《原善》和《孟子字义疏证》二书送给彭绍升,其意在辨儒释。彭绍升接读二书之后,显然十分清楚戴震的用意,他在回信中先客套一番,接着说:"绍升懵于学问,于从入之途,不能无异,要其同然之理,即欲妄生分辨,安可得邪?顾亦有一二大端,不安于心者,敢质其说于左右。"[81]所谓"大端",一为天命问题,二为虚寂问题:关于前者,他批评戴震外天而言人的方式和以"分"释命的观点,关于后者,他力证无欲之说,而归根结底,彭氏不能同意的是东原对程朱和二氏的攻击。得彭绍升书后,东原以《原善》、《疏

---

[76] 东原认为二氏"自贵其神识,而儒者在善治事情。凡人之患二:曰私,曰蔽。私生于欲之失,而蔽生于知之失。异氏尚无欲,君子尚无蔽。异氏之学,主静以为至。君子强恕以去私而问学以去蔽,主以忠信而止于明善。……夫以理为学,以道为统,以心为宗,探之茫茫,索之冥冥,不若返求诸六经。此《原善》之书所以作也。"洪榜:《戴先生行状》,《戴震全集》(六),页3386—3387。

[77] 洪榜形容说:"而今学者束发受书,言理言道言心言性,所谓理道心性之云,则皆六经孔孟之辞;而其所以为理道心性之说者,往往杂乎老释之旨。使其说之果是,则将从而发明之矣;如其说之果非,则治经者固不可以默而已也。如使贾、马、服、郑生于是时,则亦不可以默而已也。"《与朱筠书》,见江藩:《汉学师承记(外二种)》,页119。

[78] 如汪大绅说:"缙之游乎儒释,实又见于我孔氏、释迦氏之道几乎若合符节也。其几乎若合符节者也,孔曰无思无为,释曰本无生;孔曰无方无体,释曰当生不生。"汪缙:《与罗台山书》,《汪子文录》,汪子遗稿本,光绪八年刊,卷5,页11。

[79] 彭绍升:《一行居集》,卷四,民国十年金陵刻经处刊,页15。

[80] 彭绍升:《答王凤喈》,同上,卷四,页12。

[81] 彭绍升:《与戴东原书》,《戴震全书》七《附录之二》,合肥:黄山书社,1997,页134。

证》诸书示彭绍升,并答曰:

> 以六经、孔、孟之旨,还之六经、孔、孟,以程、朱之旨,还之程、朱,以陆、王、佛氏之旨,还之陆、王、佛氏,俾陆、王不得冒程、朱,释氏不得冒孔、孟。[82]

若以此书与《原善》、《疏证》互证对读,戴震辟释氏之旨趣甚明。他的重述义理与宋学之辟二氏相若,即为了破除二氏之本体论和心性论,不得不重构儒学的本体论和心性论。

戴震在《绪言》、《疏证》中严守考据学的理论前提是为了排诋宋学,而他的义理之学则起于辟二氏,以及杂入宋学之二氏。从彭绍升以《首楞严》之如来藏释《中庸》所谓"语大语小",[83]罗台山以周易论轮回,[84]以楞严论孟子之求放心,[85]等等,我们不难理解为什么东原著述要从理、天道、才、道、仁义礼智、权等等范畴讲起,为什么他要把字义疏证与义理解释结合起来。所谓以孔孟还之孔孟,以程朱陆王还之程朱陆王,以释氏还之释氏,在研究方法上就必须综合考证与义理,追溯儒学的"原初宗旨"。如果戴震仅仅本诸训诂考证,则无法与二氏之玄理相对抗;如果东原仅仅以义理之学对抗,则混同于程朱陆王,无法正本清源。戴震面对的问题显然比宋儒更为复杂:既然二氏隐藏在理学之中,那么,辟二氏势必就得同时辟理学,在六经、孔孟与程朱、陆、王之间作出严格区分。这也是"字义疏证"的经学形式的理论根据。

从上述讨论,我们可以体会戴震学术和思想处境的复杂性:他几乎同时与宋学、经学中之琐碎考证的倾向和二氏作战。概括地说,他是以训诂考证辟宋,以天道性理辟二氏,以义理之学对抗俗儒之经学。每一面他都有所批判,每一面他又都有所承诺。难怪朱筠、钱大昕辈对于《原善》、

---

[82] 戴震:《答彭进士绍升书》,见段玉裁《戴东原先生年谱》,《戴震全集》(六),页3417。
[83] 彭绍升:《读中庸别》,《一行居集》卷二,页20。
[84] 罗台山:《醉榴轩集叙》,《尊闻居士集》卷二,光绪七年刊,页8。
[85] 罗台山:《与大绅论居士传评语,第六评》,同上,卷二,页21—22。

《疏证》诸书不以为然,以为"可不必载,性与天道不可得闻,何图更于程、朱之外复有论说乎?戴氏所可传者不在此",而洪榜却说"戴氏论性道,莫备于其论孟子之书,而所以名其书者,曰《孟子字义疏证》焉耳,然则非言性命之旨也,训故而已矣!度数而已矣!"。[86] 在这样复杂的处境中,戴震不得不发展出一套能够呼应各方而又有所取舍的学术形式,例如他以训诂考证辟宋,就不得不归于字义、名物和制度;他以天道性理辟二氏,就不得不发挥先儒之理义心性之说;他以义理之学对抗俗儒之琐碎考证,就不得不在考证之外谈论宋学的主题。从孟子入手,以字义疏证的形式表达,在义理上综合孔孟与荀子,我以为这是《孟子字义疏证》一书的基本特色。离开了戴震学术和思想的多面性,就不能理解他的理欲之辨和自然/必然的命题了。

戴震学术的理论形式偏于理学的论辩方式,但基本理论却建立在汉学的前提之上,并没有偏离反对理气、道器二元的经学立场。《绪言》开卷"问道之名义",从道器、阴阳、形上形下、太极两仪之辨推论理气先后,最后得出他的自然/必然之辨。"阴阳流行,其自然也;精言之,期于无憾,所谓理也。理非他,盖其必然也。……圣人而后尽乎人之理,尽乎人之理非他,人伦日用尽乎其必然而已矣。"[87] "必然为自然之极则,而归于必然适完其自然"说不上是全新的观点,[88] 我们在刘蕺山、黄宗羲的"盈天地者皆心"和"盈天地者皆气"的命题中就已经体会了类似的意思。东原的特点在于不是笼统地谈论"气"的问题,而是从事物之"条理"或"分理"出发,认为只有依循事物之"自然"(即自然之条理或分理)才能把握"理",这为一种新的知识的分类学提供了依据,也为我们理解东原学术在自然之学方面的成就提供了一种认识论和宇宙论上的依据。"举凡天地、人物、事为,虚以明夫不易之则曰理。所谓则者,匪自我为之,求

---

[86] 他甚至说,"戴氏之学,其有功于六经、孔、孟之言甚大,使后之学者无驰心于高妙,而明察于人伦庶物之间,必自戴氏始也。"洪榜:《与朱筠书》,见江藩《汉学师承记(外二种)》,页117—119。

[87] 戴震:《绪言》,《戴震全集》(一),页67。

[88] 同上书,页83。

诸其物而已矣。"在解释《诗经》"天生烝民,有物有则"等句时,他把"理"从一般的事物扩展至人事,即"天下之民无日不秉持为经常者也"。[89]在这个意义上,否定私意、考虑事物之分理等命题就与体察民情、重视日常实践产生了内在的联系。

　　自然/必然之辨把"礼"和"理"视为不以个人意见为转移的、内在于人情物理的客观领域,这是荀子的礼制论与庄子的自然说的一种独特的结合。从自然方面说,仁义礼智均出自"性之自然",因此由学而知的礼义不能脱离自然之理,这是对二氏脱离现世谈论自然的批驳。从必然方面说,"礼者,天地之条理也;言乎条理之极,非知天不足以尽之。即仪文度数,亦圣人见于天地之条理,定之以为天下万世法。礼之设所以治天下之情,或裁其过,或勉其不及,俾知天地之中而已矣。"[90]礼为条理,人们就必须通过"学"来理解和接近它,这就是必然的意义。这为辟宋学的理欲二元论提供了理论前提,也为由"学"识礼提供了认识论基础。所谓"因其自然"即顺从"民之理"或事物之条理,而"归其必然"则是说需要通过学问工夫把握自然。[91]很明显,戴震的自然/必然之辨以反对二氏的自然之说和宋儒的理气二分的观点为宗旨,在他看来,理气二分本身来自老庄和释氏之自然之说,并非六经、孔孟的旧旨。如果"理"是"天下之民无日不秉持为经常者",那么,我们就不能从出世的角度(即老释之自

---

[89] 戴震:《绪言》,《戴震全集》(一),页69。如何判断意见与理的差别呢?《孟子字义疏证》说:"曰:心之所同然始谓之理,谓之义;则未至于同然,存乎其人之意见,非理也,非义也。凡一人以为然,天下万世皆曰'是不可易也',此之谓同然。"《戴震全集》(一),页153。

[90] 东原说:"夫人之异于物者,人能明于必然,百物之生各遂其自然也。"他担心的是,老庄、释氏、宋儒均信服道法自然,从而取消了"学"的必要性。戴震:《孟子字义疏证》卷下,《戴震全集》(一),页200。

[91] 东原还把性与命的观念引入对自然与必然的讨论,他说:"古人多言命,后人多言理,异名而同实。耳目百体之所欲,由于性之自然,明于其必然,斯协乎天地之中,以奉为限制而不敢踰,是谓之命。命者非他,就性之自然,察之精,明之尽,归于必然,为一定之限制,是乃自然之极则。若任其自然而流于失,转丧其自然,而非自然也。故归于必然,适完其自然。如是斯'与天地合其德,鬼神合其吉凶'。"《绪言》,《戴震全集》(一),页82。

然)谈论"理",而必须把"理"与"礼"看成内在于日常生活、欲望和情感的存在。[92]

从自然与必然的关系出发讨论理与礼的关系,也就把礼范畴从繁文缛节中区分出来,使之成为一个与事物的内在条理密切相关的观念。这就是顾炎武之"文"与"礼"的互文关系中的"礼",也是"学"的对象。[93]在这个意义上,"学"的意思不是机械地照搬教条,而是广泛地研究和效法自然之条理。戴震崇"礼"与有清一代发达的宗法制度和礼教并没有直接的关系,因为他的"礼"是一种自然的秩序,一种能够协调人的情感、欲望和日常的道德需求的秩序。他综合孟子和荀子的观点,把"礼义"放在自然/必然的范畴中理解,从而在成德问题上回到了礼义与性、理的统一关系之中。戴震说:

> 荀子知礼义为圣人之教,而不知礼义亦出于性;知礼义为明于其必然,而不知必然乃自然之极则,适所以完其自然也。就孟子之书观之,明礼义之为性,举仁义礼智以言性者,以为亦出于性之自然,人皆弗学而能,学以扩而充之耳。荀子重学也,无于内而取于外;孟子之重学也,有于内而资于外。[94]

---

[92] 东原说:"六经孔孟之书,不闻理气之分,而宋儒创言之,又以道属之理,实失道之名义也。"见《绪言》,《戴震全集》(一),页65,66。又,钱穆解释说,"《绪言》主要在辨理气之先后,而《疏证》则主在辨理欲之异同。《绪言》于宋儒程张朱三家尚未认为害道,而《疏证》始拈理欲一辨,力加呵斥。《绪言》开卷首论道之名义,由形上形下道器之辨而及于理气之先后,此在惠氏《易微言》已引韩非子书分说道理二字,谓宋儒说道与理同,只见得一偏,东原似从此点发挥。《原善》只言道与性,亦未及辨道与理也,至《疏证》则开卷即辨理字,全卷十五条均从理字阐述,第二卷始及天道及性,下卷旁及其他。观其目次之先后与文辞之繁省,即可见两书中心思想之转移。惟《原善》三卷中颇已及性情欲异同之辨,……"见氏著《中国近三百年学术史》,页353—354。

[93] 这是戴震重视荀子的原因之一。他说:"盖荀子之见,归重于学,而不知性之全体。其言出于尊圣人,出于重学崇礼义。首之以《劝学篇》……荀子之善言学如是。且所谓通于神明、参于天地者,又知礼义之极致,圣人与天地合其德在是,圣人复起,岂能易其言哉!"《孟子字义疏证》卷中,《戴震全集》(一),页183。

[94] 戴震:《绪言》,《戴震全集》(一),页86—87。

他以荀、孟互证,反击宋学的理气二元论、二氏的形神二元论,[95]并据此建立了理气、形神、礼义与性的内在联系。老庄、释氏的共同特点是"任自然,而不知礼义即自然之极则",[96]而张载、邵雍、程朱、陆王入室操戈的结果却是以释老的观念作为自己的前提。[97]这与"博文约礼"的经学宗旨相去甚远,也完全背离"始条理者,智之事也;终条理者,圣之事也"的孔孟遗教。东原视礼为自然之极则,从而把礼的外在性解释为事物内在的本质。但是,如果没有对自然的认识,就无法了解事物的条理究竟是什么。在这个意义上,礼又是一种衡量的标准。所以他认为可以用礼来检验忠信,而不能以忠信来检验礼。[98]这就是自然/必然之辨在礼义范畴中的体现。

钱穆说"《绪言》惟辨理气,《疏证》始辨理欲",[99]其实是不确的。

---

[95] 东原说:"荀子推崇礼义,宋儒推崇理,于圣人之教不害也,不知性耳。老聃、庄周、释氏,守己自足,不惟不知性而已,实害圣人之教者也。"同前,页111。

[96] "老聃、庄周、告子、释氏,其立说似参差,大致皆起于自私,皆以自然为宗……直据己见而已。"戴震:《绪言》,《戴震全集》(一),页99—101。

[97] 东原说:"邵子之学,深得于老庄,其书未尝自讳。以心为性之郛郭,谓人之神宅此郛郭之中也。朱子于其指神为道,指神为性者,皆转而以理当之。"又批评张载说:"释氏有见于自然,故以神为已足;张子有见于必然,故不徒曰'神'而曰'神有常',此其所见近于孔孟而异于释氏也。……然……其言合虚与气,虚指神而有常,气指游气纷扰,乃杂乎老释之见,未得性之实体也。"《绪言》,《戴震全集》(一),页102—103。

[98] 因为强调礼的重要性,"学"的问题才能如此突出。东原说:"忠信由于质美,圣贤论行,固以忠信忠恕为重,然如其质而见之行事,苟学不足,则失在知,而行因之谬,虽其心无弗忠弗信弗恕,而害道多矣。圣人'仁且智',其见之行事,无非仁也,无非礼义也,三者无憾,即《大学》所谓'止于至善'也。故仁与礼义,以之衡断乎事,是为知之尽;因而行之,则实之为德行,而忠信忠恕更不待言。在下学如其材质所及,一以忠信忠恕行之,至于知之极其精,斯无不协于仁义。"《绪言》,《戴震全集》(一),页95。

[99] 钱穆说:"在《绪言》惟以天地人物事为不易之则为理,至如何而始为天地人物事为不易之则,固未及也,《疏证》始以情欲遂达至于纤悉无憾者为理,而理字之界说遂显。故《绪言》惟辨理气,《疏证》始辨理欲。《绪言》以程朱崇理为无害于圣教,惟不知性耳,《疏证》则以程朱为不知理,同于释老,而大害于世道。故《绪言》尚道问学,重智,所以精察事物之理,而《疏证》则尚忠恕,主絜矩,使人自求之于情。……所谓忠恕反躬者,亦《绪言》所未及,而《疏证》所特详也。故以通情遂欲至于不爽失为理,以推己反躬忠恕絜情为得之所由,实东原晚年最后思想所止,亦《孟子字义疏证》一书所为作也。"《中国近三百年学术史》,上册,页350—351。

《绪言》卷下就有"循理者非别有一事,……于饮食男女之发乎情欲者分而为二也,即此饮食男女,其行之而是为循理,行之而非为悖理而已矣"等语。[100]自然/必然之辨与理欲之辨之间存在密切的关系,它们是同一命题之两面:如果说自然/必然之辨意在辟老庄、释氏以及宋学的自然之说,那么,理欲之辨则辟二氏及理学的无欲说。[101]让我们先来看看自然/必然之辨如何与理欲之辨联系在一起的。《疏证》卷上云:

> 圣人顺其血气之欲,则为相生养之道,于是视人犹己,则忠;以己推之,则恕;忧乐于人,则仁;出于正,不出于邪,则义;恭敬不侮慢,则礼;无差谬之失,则智……岂有他哉?……欲者,血气之自然,其好是懿德也,心知之自然,此孟子所以言性善。……由血气之自然,而审察以知其必然,是之谓理义;自然之与必然,非二事也。……老、庄、释氏见常人任其血气之自然之不可,而静以养其心知之自然;于心知之自然谓之性,血气之自然谓之欲,说虽巧变,要不过分血气心知为二本。荀子见常人之心知,而以礼义为圣心;见常人任其血气心知之自然之不可,而进以礼义之必然;于血气心知之自然谓之性,于礼义之必然谓之教;合血气心知为一本矣,而不得礼义之本。[102]

戴震认为欲望即"血气之自然",必然或理义就在此自然之中,因为必然无非是自然之极则。老、庄、释氏、程、朱、陆、王都用一种返归自然的方法去除欲望,从而将欲望与心知、自然与必然截然分为二物。换言之,若将

---

[100] 戴震:《绪言》,《戴震全集》(一),页110。
[101] 东原说:"宋以来之言理欲也,徒以为正邪之辨而已矣,不出于邪而出于正,则谓以理应事矣。理与事分为二而与意见合为一,是以害事。……自老氏贵于'抱一',贵于'无欲',庄周书则曰:'圣人之静也,非曰静也。善,故静也;万物无足以挠心者,故静也。'……周子《通书》曰:……'……者,无欲也;……'此即老、庄、释氏之说。……人知老、庄、释氏异于圣人,闻其无欲之说,犹未之信也;于宋儒,则信以为同于圣人;理欲之分,人人能言之。"戴震:《孟子字义疏证》卷上,《戴震全集》(一),页160—161。
[102] 戴震:《孟子字义疏证》卷上,《戴震全集》(一),页170—171。

自然与必然看作是对立的两极，那么，欲望与理义就是冲突的，而若将自然与必然看作是相通的，或者必然是对自然的认识而达到的"极则"，那么，人们就不能而且也不应离开欲望（血气心知或我们的现实存在）来谈论自然或必然（理义）。

按照这一逻辑，人们无法离开人的日常生活、离开血气心知来谈论理义。宋儒信奉理欲二分，他们所谓理义不是自然或必然，而仅仅是人的主观意见。戴震说："心之所同然，始谓之理，谓之义；则未至于同然，存乎其人之意见，非理也，非义也。"[103]这里所谓"心之所同然"不是说只要返归本心就能够求得理义，而是说理义必须合乎普通人们共同的感觉和要求，否则理义就不过是一己之意见而已。"天地、人物、事为，不闻无可言之理者也，诗曰'有物有则'是也。物者，指其实体实事之名。则者，称其纯粹中正之名。实体实事，罔非自然，而归于必然，天地、人物、事为之理得矣。""心之所同然"必定是"纯粹中正"之"则"。[104]换言之，理义需要一种共同认可的形式加以判断，此论近于管子、韩非等法家的看法，与荀子之理论更是若合符契。管子、韩非认为君主、师长需要按照内在于事物又超越于具体的权力关系的"理"来进行管理或教育，东原则强调礼就是倚重内在于事物之自然而又对事物进行规范的存在。

戴震及其弟子凌廷堪等人都有以礼代理的想法，这是因为礼可以而且应该从日常生活的实践来把握，而"理"的观念由于经过二氏的淘洗已经变成了一个难以确证的"意见"的领域。如果无法用一种较为客观的标准或自然之则来衡量"意见"，那么，它的运用只能从属于权力的运作。较之管子、韩非的看法，戴震更多地从下层的立场观察理或礼的含义，肯定情与欲的正当性，带有强烈的批判意味：

> 故今之治人者，视古贤圣体民之情，遂民之欲，多出于鄙细隐曲，不措诸意，不足为怪；而及其责以理也，不难举旷世之高节，著于义而

---

[103] 戴震：《孟子字义疏证》卷上，《戴震全集》（一），页153。
[104] 同上书，页163。

罪之。尊者以理责卑，长者以理责幼，贵者以理责贱，虽失，谓之顺；卑者、幼者、贱者以理争之，虽得，谓之逆。于是下之人不能以天下之同情、天下所同欲达之于上；上以理责其下，而在下之罪，人人不胜指数。人死于法，犹有怜之者；死于理，其谁怜之？呜呼！杂乎老释之言以为言，其祸甚于申韩如是也！六经、孔、孟之书岂尝以理为如有物焉，外乎人之性之发为情欲者，而强制之也哉！……[105]

值得注意的是，有清一代礼教大盛，宗法力量极为强大。程朱理学除了在官方制度的运作中起作用，也在基层社会扮演极重要的角色。所谓"治道合一"不仅指朝廷政治，而且也是指基层社会关系能够在道德的范畴内运转。在这里需要把东原的理礼合一与清代社会的理与礼教的合一作出必要的区分。

近代学者常常把东原对"以理杀人"的抗议与对礼教的批判结合起来，原因是宗族、祠堂往往以朱熹制订的《家礼》为各族家典、族规，徽商会馆"专祀徽国文公"，会馆房舍兼为"朱子堂"、"文公祠"，而族长们又常常以理学教条说明礼教的合理性。那么，为什么戴震不是重构"理"的超越性或者"情"、"欲"的本体性以对抗礼教的泛滥，却要把理与礼重新关联起来？理礼合一难道不是礼教的前提么？这可分几层来说。首先，戴震把"理"看成"情之不爽失也，未有情不得而理得者也。"作为"自然之分理"的天理不是超越于"情"的范畴，而是"以我之情絜人之情，而无不得其平是也。"[106]他批评说，程朱与老、庄、释氏之分别无非是用理来替换自然的范畴，严于理欲之分，最终将情和欲排除出了理的范畴。[107]从这种情理合一、理欲一体的观念出发，东原不仅避免了程朱之理欲二分，

---

[105] 戴震：《孟子字义疏证》卷上，《戴震全集》（一），页161。
[106] 同上书，页152。
[107] "于是辨乎理欲之分，谓'不出于理则出于欲，不出于欲则出于理'，虽视人之饥寒号呼，男女哀怨，以至垂死冀生，无非人欲，空指一绝情欲之感者为天理之本然，存之于心。……不幸而事情未明，执其意见，方自信天理非人欲，而小之一人受其祸，大之天下国家受其祸，徒以不出于欲，遂莫之或寤也。"《孟子字义疏证》，《戴震全集》（一），页204。

也排除了晚期王学中的以情为本体的观念。情、欲的范畴内在于理,而理的范畴内在于"礼"。这就是理礼合一的内涵。其次,如前所述,戴震之礼是在顾炎武所谓礼与文意义上的礼,它不是礼教的道德教条,而是宇宙自然、万世万物之条理。因此,理与礼的关联就是理与具体事物的内在规律或特性的关联,它包含了尊重情欲的含义。"礼者,天则之所止,行之乎人伦庶物而天下共安,于分无不尽,是故恕其属也。"这个意义上的"礼"承认"欲"的正当性,而不像程朱理欲二元论那样完全以理制欲。[108] 第三,戴震之"理"包含着一种对于"自然"的认识作用,它用一种以对象为依据的标准(即分理)建立对于事物的分类。这也为他的自然之学的研究提供了认识论的前提。[109] 他说:"举理,以见心能区分;举义,以见心能裁断。分之,各有其不易之则,名曰理;如斯而宜,名曰义。是故明理者,明其区分也;精义者,精其裁断也。不明,往往界于疑似而生惑;不精,往往杂于偏私而害道。求理义而智不足者也,故不可谓之理义。……人莫患乎蔽而自智,任其意见,执之为理义。吾惧求理义者以意见当之,孰知民

---

[108] 戴震:《原善》卷下,《戴震全集》(一),页21。
[109] 本文限于篇幅和论题,未能对戴震在自然之学方面的成就进行详细分析。但我认为东原的自然之学的研究与他的思想方式以及清代的政治语境存在密切的关系。我们很难把有关自然的各种探讨与有关古代制度的考证联系起来,即使这两种研究都需要诉诸某种归纳或演绎的方法论。在理学的传统中,"格物致知"的实践密切地联系着宇宙论的预设,"物"因而突破了古制或道德规范的范围,而转向了宇宙内部的各种事物及其相互关系。因此,自然之学与理学宇宙论存在着历史的联系。在这个意义上,戴震对自然之学的研究与他的经学内部隐含着的理学问题存在着逻辑的联系。另一方面,戴震对数学的研究也是他作为四库馆臣的分内工作。事实上,早在康熙时代,皇帝就优待传教士,对于历算学的推广和研究非常积极。这与康熙早年经历的新旧立法的讼案以及由于在上者缺乏历算知识而造成冤狱的经验或有关系。他在晚年于宫中设立蒙养斋算学,又命专家编纂《数理精艺》等书,选八旗子弟学习算法。算学馆设在畅春园,这是康熙时常驾幸之处,洋教士张诚、白晋等每随行,并住宿于此。这种做法与他早年在殿上祭祀朱子互相呼应。关于这方面的研究,请参见王萍:《清初的历算研究与教育》,载《近代史研究所集刊》(台湾"中央研究院")第3期,页365—369;陈受颐:《康熙几暇格物编的法文节译本》,载《历史语言研究所集刊》第28本,页847,等。

受其祸之所终极也哉！"[110]据此，戴震的宗旨并不是要否定理义，而是要求从自然/必然的内在联系出发重新建立对于理义的理解。老庄、释氏或理学家以求理或自然为名返诸空无的世界，戴震则要求在对事物的研究和理解中体现理义的精神。在这个意义上，他不但把理义与日常生活或人之常情联系在一起，而且要求通过"智"与"学"洞察具体事物的内在规律。因此，戴震的理欲之辨和自然/必然之辨是对"博文约礼"的经学宗旨的再确认。

戴震把法与理对立起来，一方面反对以理制欲，另一方面突出了"法"的问题。这些看法与孟子本义关系不大，而更近于老庄和法家，特别是荀子。[111]为什么他对以理制欲的批判把他引向"法"的问题？如何理解他的"人死于法，犹有怜之者；死于理，其谁怜之？乌呼！杂乎老释之言以为言，其祸甚于申韩如是也"？我们先从政治层面看。章太炎说：

> 戴震生雍正末，见其诏令谪人，不以法律，顾摭取雒、闽儒言以相稽，觇司隐微，罪及燕语。九服非不宽也，而迥之以丛棘，令士民摇手触禁，其蠹伤深。震自幼为贾贩，转运千里，复具知民生隐曲，而上无一言之惠，故发愤著《原善》、《孟子字义疏证》，专务平恕，为臣民愬上天。明死于法可救，死于理即不可救。[112]

太炎所说在具体的政治行为，但如果我们考虑到这种行为发生在以治道合一相标榜的清朝，那么，以道德行为替代法律行为显然要比仅仅使用法

---

[110] 戴震：《孟子字义疏证》卷上，《戴震全集》（一），页153—154。

[111] 其实，东原的自然/必然之辨以及礼与情的关系的论述都与荀子有所联系。《荀子·正名》云："散名之在人者，生之所以然者谓之性。性之和所生，精合感应，不事而自然谓之性。性之好恶喜怒哀乐谓之情，情然而心为之择谓之虑，心虑而能为之动谓之伪。虑积焉、能习焉而后成谓之伪。"荀子的正名思想把性看作是生之所以然，性之好恶喜怒哀乐谓之情，对于情的选择谓之虑，虑积能习而为伪，礼义就从这个过程中产生了。此外，他的分理的概念也可能受到荀子《劝学篇》所谓"礼者，法之大分"的影响，但分理更强调事物内在的条理，而荀子更接近于法家的观念。

[112] 章太炎：《释戴》，《太炎文录初编·文录卷一》，《章太炎全集》（四），页122。

律行为更为严密和残酷。所谓治道合一,在政治上就是取消法的独立性,使之在道德的名义下运作。因此,取消法律并不是取消制裁和刑律的强制行为,而是取消超越于制裁行为之外的道德标准。如果需要重新恢复道德的自主性,那么,就必须首先恢复法律的自主性。换言之,在治道合一的情境中,戴震越是接近于法家的立场,他就越是接近于理学的态度,即要求有一种法律之外的道德判断。

我们需要从一种更为广泛的历史视野来理解戴震对于礼与法的复杂态度,其中宗法制度在清代的起伏变化构成了理解戴震上述观点的关键环节。经学的形式是对宋明天道论和心性论的反叛,它的核心在于把道德实践和道德评价与制度性的实践——尤其是宗法关系——重新联系起来。清初学术的中心问题是礼制,顾、黄、王对于先王政典和语言文字的研究无不以恢复礼乐的完整性为内在的目标,尤其重视宗族及其伦理。这一选择不仅是一种道德的选择,而且也是一种政治的选择,因为正是宗族力量成为清兵入关后持续抗战、支持亡明政权的主体。[113] 顺治时代,江苏溧阳周氏宗族、江西永丰杨氏宗族、福建汀州杨氏宗族都曾因举兵抗清而遭到围剿。这是清初经学的礼制论内含的政治性。但是,经学的礼制论的含义随着宗族力量在清代社会中的地位的变化而变化。康熙以降,清代统治者逐渐改变了对于宗族的排拒和镇压态度,力图重建儒学权威和宗法制度,自觉地把宗族共同体作为维系社会秩序的基层组织。1770 年,康熙颁行"上谕十六条":"敦孝弟以重人伦,笃宗族以昭雍睦,和乡党以息争讼,重农桑以足衣食,尚节俭以惜财用,隆学校以端士习,黜异端以崇正习,讲法律以教愚顽,明礼让以厚风俗,务本业以立民志,训子弟以禁非为,息争讼以全良善,诫窝逃以免株连,完钱粮以省催科,联保甲以弭盗贼,解仇忿以重身命。"[114] 明确地将宗族作为政治统治的结构性的支柱。他不仅在六次南巡过程中多次登岸抚慰大族巨户,而且对宗族共

---

[113] 如明末遗臣所著《莆变纪事》云:"国变以后,丁亥、戊子之乱,山海纠合,乡树一帜,家兴一旅,乡与城仇,南与北敌。"见《清史资料》第一辑,北京:中华书局,1980,页 137。
[114] 《古今图书集成》"交谊典"卷二十七"乡里部",陈梦雷编:《鼎文版古今图书集成》,中国学术类编整理本,台北:鼎文书局,1977。

同体的各要素(族产、族祠、族谱、族机构、族法,即后代)加以法律上的保护。这一倾向在雍正时代获得了新的发展,其基本方向就是政权与族权的高度结合,以法律形式明确规定宗族作为辅助地方政权、维持地方秩序的一级组织,与保甲制度并行。宋代以后宗族共同体普遍建立,但无论在宋元明时代,还是顺治、康熙两朝,宗族在政治结构中的这种法律地位均无先例。在这个意义上,宗族法不但是规范宗族成员的行为举止、维持宗族内部的社会秩序的基本原则,而且也获得了国家的法律保障。[115] 在这一背景下,清代朱子学和经学展开的对礼制的大规模研究和倡导已经失去了清初学术内含的那种反叛性。

宗族力量的壮大意味着它的内聚力和外拒力同步提高,造成了复杂的局面。一方面,各地宗族置产立规,土地、产业的规模日渐扩大,并通过科举入仕等方式渗入国家机器,创造了一种官商密切关联的格局。戴震早年经商,对于徽州商人生活有亲切地体验。按唐力行的研究,徽州各姓均十分重视子弟读书做官,并列之为家典族规之首,清代各省状元数安徽列第三,计十九人,而徽州一府就占四人。[116] 另一方面,宗族势力与商业的结合还造成了一种新的社会控制机制。例如,徽州聚族而居,极重宗法,而商人重视尊祖敬宗的原因"还在收族,即以宗子的身份来管理约束族众,并以血缘亲疏尊卑关系来维护等级森严的管理层次。""徽商还利用宗法制度,强化对从商佃仆的控制。""歧视、迫害佃仆,在徽州已成风俗。嘉靖《徽州府志·风俗》称:'其主仆名分尤极严肃而分别之。臧获辈即盛资富厚,终不得齿于宗族乡里。'康熙府志于此条后附注:'此俗至今犹然。若有稍紊主仆之分,则一人争之,一家争之,一族争之,并通国之人争

---

[115] 参见张晋藩主编:《清代法制史》,北京:法律出版社,1994,页498—505。
[116] 休宁:《茗洲吴氏家典》卷一云:"族中子弟有器宇不凡、资禀聪慧而无力从师者,当收而教之,或附之家塾,或助膏火,培植得一个两个好人,作将来模楷,此是族党之望,实祖宗之光,其关系匪小。"唐力行:《明清以来徽州区域社会经济研究》,合肥:安徽大学出版社,1999,页19。

之,不直不已。"[117]宗法和礼教的严酷性还体现在婚姻关系和妇女地位方面。明清之际,徽州商人四出经商,足迹遍及全国各地,往往在十六岁左右即出门做生意,而在出门之前,许多人即行订婚或结婚。但由于经商之艰难,大部分人经商失败,有家难回,以致"'新婚别'就外出经商,没有子嗣,客死他乡者更是不计其数。大凡徽商所到之地,都有徽人义冢。"[118]徽州商人有早婚和晚育的特点,夫妇间的年龄差,男子比女子平均高出7.9岁,[119]因男子远游他乡而造成的婚姻危机是可以想见的。但也恰恰是商业所导致的社会流动造成了宗族对于妇女贞节的更为严酷的规定。明清之际对于徽州风俗的记载中存有大量节妇及其行状的记载,例如《潭渡孝里黄氏宗谱》就记载了这个商贾之家在明代成化到清代雍正的二百七十年间的四十二个节烈之妇。[120]因此,将戴震"以理杀人"的命题和对情理关系的分析与清代商业的发展联系起来是有相当根据的。[121]

由于宗族与商业的结合,族内或族际因财产纠纷造成的冲突时常发生;又由于宗族规模和势力庞大,宗族与地方政权的关系也错综纠葛。宗族械斗事件频繁,影响了社会治安,宗族力量对司法过程的渗透也破坏了司法程序。雍乾之际以宗族法为核心,已经形成了一个一定程度上独立于国家法律之外的私罚体系。宗族机构不断强化宗族法的强制性力量,私设公堂,置办刑具;对于触犯宗族法的族人行使审理、判决、处罚权,以致各地不断出现宗族直接处死族人的事件。宗族与国家争夺案件审理权

---

[117] 《明清以来徽州区域社会经济研究》,页17,25—26。在该书所收《徽州方氏与社会变迁》一篇中,作者还记载了方氏家族在扑灭佃仆反抗时的残酷屠杀。见该书,页56。
[118] 同上书,页39。
[119] 同上书,页37—38。
[120] 同上书,页45—46。
[121] 吉田纯在《"阅微草堂笔记"小论》(《中国——社会与文化》,第四号,1989,页182—186)中也指出:戴震的论点是从徽州商人家庭的变故中发展出来的。由于丈夫外出经商,妇女就受到更为严重的社会和道德压力。许多商人妻子就是因为被视为败德而走上了自杀之途。这一观点与中国学者对于李贽的妇女观的讨论其实有许多相似之处。参看艾尔曼:《经学、政治和宗族:中华帝国晚期常州今文学派研究》(Classicism, politics, and kinship: the Chang-chou school of new text confucianism in late Imperial China),赵刚译,南京:江苏人民出版社,1998,页7。

第四章 经与史(二) 451

的斗争日渐发展,从而宗族法与国家司法权之间构成了严重的冲突。[122] 1727年,乾隆根据各地宗族滥行族法、侵犯国家司法权的情况,议准条奏,明确指出"生杀乃朝廷之大权,如有不法,自应明正刑章,不宜假手族人,以开其隙",[123]从而废除了雍正五年确立的"允许家法"条例,从法律上限制了宗族司法权。乾嘉时代,各地州县陆续处理了一大批族长或其他宗族首领越权处死、重伤族人的案件。清政权与宗族力量的斗争不仅表现在限制宗族法方面,而且也表现为毁散族产、削弱族长权等方面,但从根本上说,清朝统治者并不想彻底破坏宗族力量,它的目的是把宗族力量限制在稳定社会秩序、帮助地方政府进行管理的层次上,从而把中央集权体制与族权结合起来。

正是在这一背景条件之下,戴震、章学诚从各自不同的方面把道德实践、礼法以及史的观念看成是对知行合一之教的恢复,在他们的思想框架里,政典、刑法和彝伦关系都是礼乐的有机部分。戴震透过对理学的批判公然地批判宗法力量,认为以理杀人较之以法杀人更为残酷,并力图把对礼的解释与法的关系联系起来。他转而注重制度和法律,力图恢复道德评价与制度性实践的关系,这不仅是要在理论上平衡三代礼乐与郡县制国家的内在矛盾,而且也是在实践上寻找宗法礼制与国家法律之间的平衡。如果没有朝廷对于宗法在基层与地方政府争权的处理,戴震的上述看法的确切含义并不易于理解。但是,这并不意味着戴震与朝廷的立场完全一致。在戴震、章学诚那里,经学的批判力量植根于这一核心命题:制度与法律应该是内在于(而不是外在于)道德的存在。这一命题通过强调道德与制度的统一关系构成对理学和宗法关系的批判,同时又以强调制度的道德面向构成对于现实制度的批判。这种思想方式与清初学者以治道合一对抗治道合一的历史情境已经有所分离。清初学者拒绝承认现实制度和法律的合法性,并把追究古代典章文物、重建宗法秩序看作是建立道德基础和民族认同的途径;在他

---

[122] 张晋藩主编:《清代法制史》,页507。
[123] 《钦定大清会典事例》卷八一一,《刑部・刑律》。

们那里,先王政典带有理想主义的鲜明印记:作为有待于后王发现和运用的德治原理,它们非但不能被理解为现实的制度论,而且是以对抗现实制度的形态存在的。与此形成对比的是,乾嘉学者对于宗法伦理的批判并不构成对于皇权的批判,恰恰相反,这一批判正好呼应了皇权抑制宗族的倾向。在戴震看来,顺乎人情之礼一方面是对法的补充、对宗族法的批判,另一方面又是对国家的法律关系的补充和限定,重建礼与法的内在联系。就此而言,在宗族法与国家法之间,戴震倾向于后者。从这个角度看,清初经学是以制度论或礼制论的形式出现的道德理论,而乾嘉制度论和礼论则是对于宗法力量与国家法律体系的一种平衡和综合。

在这一历史条件下,戴震坚守理礼合一、道器一体的汉学立场,他之辟宋、辟二氏以及返诸六经、孔孟,都是从这一儒学"正统主义"出发的。因此,他不可能直接回向理学的立场,用一个超越性的观念对合治道于一体的政治现实进行批评。他指出以理责人较之以法责人可能构成更为严酷的局面,从而暗示现实政治的弊端并不是严刑峻法的结果,而是以理代法的产物。从自然/必然、理/欲之辨出发,他要求重新回向一种新的礼的秩序,即兼容自然与必然、理与欲,既有规矩绳墨,又能合乎事物的内在规律和需求。从政治的角度说,这就是察于民情,实行王道,循"民之理"以建立法度。这一看法使得他与荀子的关系变得复杂起来。戴震反对荀子性恶论,而更接近于孟子的性善说。[124] 但他重视后天知识(学),要求从必然而求其自然,这些观点使他自然地趋向于荀子的观点。一方面,他区分荀、孟,认为:"荀子知礼义为圣人之教,而不知礼义亦出于性;知礼义为明于其必然,而不知必然乃自然之极则,适完其自然也。……荀子之重学也,无于内而取于外;孟子之重学也,有于内而资于外";[125] 另一方面,他又公然承认荀子的性恶论与性善说"不惟不相悖,而且若相发明。……

---

[124] "荀子举其小而遗其大也,孟子明其大而非舍其小也。"戴震:《绪言》,《戴震全集》(一),页87。
[125] 戴震:《孟子字义疏证》卷中,《戴震全集》(一),页183—184。

盖荀子之见,归重于学,而不知性之全体。其言出于尊圣人,出于重学崇礼义。"[126] 章太炎说:

> 极震所议,与孙卿若合符。以孙卿言性恶,与震意佛,故解而赴《原善》。夫任自然者,则莫上老聃矣。寄于儒名,更宾老聃,以孟轲为冢子,斯所谓寓言哉!……念在长民,顾以持法为讳。题旌其名,与《儒行》、《曲礼》无别,令血气不柬者,得介以非修士,牵于性善无诘奸之术,而大臣得挟愚污之人,以渔厚资,货财上流而巧说者用,莫有议其非也。故庄子曰:"唇竭则齿寒,鲁酒薄而邯郸围,圣人生而大盗起。"[127]

所谓自然/必然、理/欲之辨明显出自荀子之性论和《劝学篇》。钱穆断

---

[126] 戴震:《孟子字义疏证》卷中,《戴震全集》(一),页182—183。
[127] 章太炎举孙卿《正名》一首为证,说明戴震从欲言理出于荀子。其言曰:"长民者,辅万物之自然,而不敢为稍欲割制,而去甚、去奢、去泰,始于道家。儒、法皆仰其流,虽有陁易,其致一也。虽然,以欲当为理者,莫察乎孙卿。《正名》曰:凡语治而待去欲者,无以道欲,而困于有欲者也。凡语治而待寡欲者,无以节欲,而困于多欲者也。有欲无欲,异类也,生死也,非治乱也。欲之多寡,异类也,情之数也,非治乱也。欲不待可得,而求者从所可。欲不待可得,所受乎天也。求者从所可,受乎心也。人之所欲生甚矣,人之所恶死甚矣。然而人有从生成死者,非不欲生而欲死也。故欲过之而动不及,心止之也。心之所可中理,欲虽多,奚伤于治?欲不及而动过之,心使之也。心之所可失理,欲虽寡,奚止于乱?故治乱在于心之所可,亡于情之所欲。不求之其所在,而求之其所亡,虽曰我得之,失之矣。性者,天之就也;情者,性之质也,欲者情之应也。以欲为可得而求之,情之所必不免也。以为可而道之,知所必出也。故虽为守门,欲不可去,性之具也。虽为天子,欲不可尽,欲虽不可尽,可以近尽也。欲虽不可去,求可节也。所欲虽不可尽,求者犹近尽;欲虽不可去,所求不得,虑者,欲节求也。道者进则近尽,退则节求,天下莫之若也。"东原之言理欲与荀子的关系昭然矣。章太炎又批评"震书多姗议老、庄,不得要领,而以浮辞相难,弥以自陷,其失也。当是时,学者以老、庄、商、韩为忌,其势不能无废百家。"(《释戴》,《章太炎全集》(四),页123—124。)太炎是时正沉迷老庄和唯识学,他对戴震的批评不以为然。但是,他所谓学者以老、庄、商、韩为忌,至多对乾嘉考证学诸子如此,而对彭绍升辈却不适用。从为学与仕途的关系看,彭绍升、罗台山、薛家三等人均不得志。彭绍升阅历世途,自认不能适用于世,而薛、罗皆黜于礼部,汪则以诸生终。

言:晚周诸子之中,最善斥自然者莫过荀子。"东原即以其意排老释,而复以孟子性善之论移加于荀子"。他所谓"理者就人之情欲求之,使之纤悉无憾之谓理,正合荀卿进近尽退节求之旨。而荀子则要归于礼,曰,人生而有欲,欲而不得则不能无求,求而无度量分界则不能不争,争则乱,乱则穷。先王恶其乱也,故制礼义以分之,以养人之欲,给人之求,使欲必不穷乎物,物必不屈于欲,两者相持而长,是礼之所起也。戴学后起,亦靡勿以礼为说,此又两家思理之相通而至似者也。"[128]

在戴震与荀子的关系中,"学"与礼的关系显然是一个关键环节。[129]重建绳墨或礼义的关键是去私、去偏、去蔽,那么,如何才能达到呢?"人之患,有私有蔽;私出于情欲,蔽出于心知。无私,仁也;不蔽,智也;非绝情欲以为仁,去心知以为智也。是故圣贤之道,无私而非无欲;老、庄、释氏,无欲而非无私;彼以无欲成其自私者也;此以无私通天下之情,遂天下之欲者也。……圣贤之学,由博学、审问、慎思、明辨而后笃行,则行者,行其人伦日用之不蔽者也,非如彼之舍人伦日用,以无欲为能笃行也。"[130]只有通过圣智聪明去除私与蔽,礼义才能在人伦日用中呈现。因此,东原虽然在性恶/性善、理/气等问题上反对荀子和宋儒,却在学与礼的关系方面发挥荀子和程朱的观点。[131]这里的关键是:东原把"学"——即对事物之条理的理解,它势必体现为正名的知识实践——看作是通达理义或礼

---

[128] 钱穆:《中国近三百年学术史》,页357—358,359。
[129] 这并不是说东原混同孟子与荀子,相反,在性论问题上,他有明确的分疏:"荀子以理义生于圣心,常人学然后能明于理义,若顺其自然,则生争夺。弗学而能,乃属之性;学而后能,不得属之性,故谓性恶。而于孟子言性善也辨之曰:'性善,则去圣王,息礼义矣;性恶,则兴圣王,贵礼义矣。'此又一说也。荀子习闻当时杂乎老、庄、告子之说者废学毁礼义,而不达孟子性善之旨,以礼义为圣人教天下制其性,使不至争夺,而不知礼义之所由名。老、庄、告子及后之释氏,乃言如荀子所谓'去圣王,息礼义'耳。……"戴震:《孟子字义疏证》卷上,《戴震全集》(一),页165—166。
[130] 戴震:《孟子字义疏证》卷下,《戴震全集》(一),页204—205。
[131] 程朱之即物穷理不是暗示了从事物之条理出发接近理吗?在东原看来,程朱在"学"的问题上更近于荀子,因此他对程朱与老释的态度有所差别。如说:"程子朱子于老、庄、释氏既入其室,操其矛矣,然改变其言,以为六经、孔孟如是,按诸荀子差近之,而非六经孔孟也。"《孟子字义疏证》卷中,《戴震全集》(一),页187。

义的必由之路。

戴震趋近荀子和程朱的另一原因由他批驳的对象所决定,此即任自然而菲薄后天学习的老、庄、释氏。彭绍升辈上承东林之学,重视本心而疏于问学,[132]而汪绂等人又从朱学汲取灵感,以为"朱子之学诚而已矣,心法之妙敬而已矣。诚,无为也,无思也,无事也,一理之命于天者也。敬,无为也,无思也,无事也,一理之具于吾心者也。……"[133]东原以此不得不详论"学"与"诚",把后天之"学"的问题提到首要的位置。戴震说:

> 古贤圣知人之材质有等差,是以重问学,贵扩充。老、庄、释氏谓有生皆同,故主于去情欲以勿害之,不必问学以扩充之。……荀子谓常人之性,学然后知礼义,其说亦足以伸。陆子静、王文成诸人同于老、庄、释氏,而改其毁訾仁义者,以为自然全乎仁义,巧于伸其说者也。程子、朱子尊理而以为天与我,犹荀子尊礼义以为圣人与我也。谓理为形气所污坏,是圣人而下形气皆大不美,即荀子性恶之说也;而其所谓理,别为凑泊附著之一物,……理既完全自足,难于言学以明理,故不得不分理气为二本而咎形气。盖其说杂糅傅合而成,……[134]

戴震在此批判理学的二元论,但显然对程朱与陆王有所分别。胡适激赏戴震"详于论敬略于论学"的大胆断言,但并不了解这一判断的锋芒也针

---

[132] 允初读杨慈湖书后说:"本心之学,直达而已矣。杨子问于陆子曰:如何是本心?陆子曰:适来断扇狱,是知其为是,非知其为非,即此是本心。杨子曰:如斯而已乎?陆子竦然厉声曰:更何有也!杨子言下廓然。杨子论学也,以绝四为宗,或者疑之曰:是知其为是,非知其为非,而能无意乎? 知归子曰:直达而已矣,何意之有? 子曰:吾有知乎哉,无知也。无知而无不知,是之谓绝四,是之谓本心。"《读杨子书》,见《二林居集》卷二,页3。

[133] 汪绂:《明尊朱之指》,《二录》,汪子遗书本,页5。

[134] 戴震:《孟子字义疏证》卷上,《戴震全集》(一),页167。

对着时人援释入儒的努力。[135] 从后一方面看,戴震的观点不过是正统之中的异端,他要维持的还是理礼合一、道器一体的汉学前提或儒学正统。钱大昕说:"六经者,圣人之言,因其言以求其义,则必自训诂始。谓训诂之外别有义理,如桑门以不立文字为最上乘者非吾儒之学也。"[136] 戴震之论距此可谓既远又近。

戴震是乾嘉时代的杰出人物,他的学问水准和思想能力代表了那个时代的最高水平,却也显示了那一时代的深刻的思想和道德困境。他身居京师,又是公认的学术重镇,对于来自四面八方的挑战和探寻,有着较之他人更为敏感和深切的体会。戴震在汉宋之间往返周旋,在儒释之间来回辨难,在道法之间依违其说,虽欲以儒归儒,以宋归宋,以释归释,以道归道,但最后却仍然在荀孟、汉宋之间调停其说,最后归于理礼合一、道器一体的儒学宗旨和经学教条。戴震的理欲之辨的批判力量建立在这个前提之上,而其限度也来自这一前提。我们从他对"人死于法,犹有怜之者;死于理,其谁怜之?"的呼唤中听到了一种微弱的暗示,这就是治道合一或理法合一构成了最为严重的压制。但暗示仅仅是暗示,那个在法之上能够表达对于死者的同情的超越性的范畴终于没有分离出来,如果那样的话,戴震就成了一个理学家。在他看来,道器一体、理礼合一和治道一致的儒学理想并没有错,问题是如何解释这些基本的原则。他的抗议的严峻性和立论上的正统性,恰恰表达了有清一代士大夫所面临的思想困境:理礼合一和治道合一是内在于儒学的基本命题,它是清代儒学经过艰苦探索得出的结论,从而也构筑了一种难以突破的思想前提;但恰恰是这一思想前提本身已经为他们置身的、试图加以批判的制度所利用。因

---

[135] 东原批评荀子之处多半是在批评程朱,例如他说:"彼荀子见学之不可以已,非本无,何待于学?而程子、朱子亦见学之不可以已,其本有者,何以又待于学?故谓'为气质所污坏',以便于言本有者之转而如本无也。于是性之名移而加之理,而气化生人生物,适以病性。性譬水之清,因地而污浊,……以受污而浊喻性堕于形气中污坏,以澄之而清喻学。水静则能清,老庄、释氏之主于无欲,主于静寂是也。"《孟子字义疏证》卷中,《戴震全集》(一),页187。
[136] 钱大昕:《臧玉琳经义杂识序》,《潜研堂文集》,四部丛刊本,卷二十四,页218。

此，戴震的经学造诣越是深湛，他所感到的压力也就越是巨大；他的义理激情越是浓郁，他的内心的紧张就越是强烈；他对思想困境的洞察越是清晰，他回应这些思想挑战的方式也就越是复杂；他对不同门派和取向的理解越是具体和深切，他的激烈的批判声调就不能不带有更多的曲折迂回。这种思想的复杂性造成了一种心理上和道德上的暧昧，也许可以说戴震因其丰富而略显脆弱。我猜想，戴震不会认可任何一种来自单方面的谴责，他或许认为自己的理论和学术方式能够收摄各种矛盾。无论如何，戴震在几种思想力量之间闪转腾挪、纵横捭阖、各个击破，恰恰说明经学内部蕴含着自我怀疑的因素，它预示着新的变革将从经学内部发展出来。

第三节 六经皆史与经学考古学

1. 自然与不得不然

章学诚(字实斋，浙江会稽人，1738—1801)以"六经皆史"之说抨击训诂考证学的弊端，开疑经之端绪。他痛诋时人学风如骨鲠在喉，即使对戴震，下笔也毫不留情。这种尖锐的文风与章学诚对于学者人格和学术格调的追究造成了一种印象，似乎他的史观与经学完全处于对立的格局。章氏的学术态度极为鲜明，没有戴震心理和学术的那种曲折和分裂，但若仔细琢磨的话，也可以发现一些矛盾的东西。例如，他从学朱筠，认为程朱理学下启清代学术，但基本看法又不同于程朱；他反对空说义理，对阳明攻朱有所非议，同时又认为阳明学下启清代史学之端绪，俨然以浙东学术之殿军自居；他攻击考据学风甚烈，推尊义理之学，但仍然坚持道器一体、礼理合一的观念，距离经学的前提没有那么遥远，以致我们可以说他以批判考证学的方式提供了最为完整的考证学的理据。那么，这种看似矛盾的现象究竟是按照什么逻辑组织起来的呢？

在汉宋互诋、经学蔚为大潮的时代,章学诚重视由博返约,推尊程朱,会通义理,重新把学问的宗旨与求道、经世的宗旨联系起来,更使人觉得他的学术立场接近于理学。[137]但如果我们在讨论他的立论宗旨的同时,也考虑到戴震、焦循等经学家的看法,那么,这些批评既非空山绝响,也说不上与经学截然分途。[138]章学诚与经学家们的根本分歧不在义理与考据的关系,而在六经的位置:在经学家,道自六经出,非由文字训诂而不得门径;在章学诚,六经不足以尽道,他试图在史的范畴中另觅义理的途径。[139]他站在"义理"一边表彰戴震并不是推崇"空说"的宋学,而是看到了东原之学严于训诂考证而又不泥于家法。章氏对戴震的自然/必然之说心有戚戚焉,这一抽象的义理与他的史学的指导思想完全贯通。[140]

章学诚重视义理,但他的义理不是宋明儒学的义理,而是史的观念。

---

[137] 实斋循孔子"下学而上达"的宗旨,认为学于形而下之器能够抵达形而上之道。在他看来,仁义礼智之性即天德,君臣、父子、夫妇、兄弟、朋友之伦即天位,所谓"学"并非专于诵读,而在以"天德"而修"天位"。他这种谈论道德实践的方式很像阳明学的信徒,但若深究起来还是有很大的不同。其中最为重要的是实斋对"学"的演变给出了一个历史的解说。他从道器一体的观念出发,认为官师治教的分化构成了诸子百家出现和后世学术演变的最为重要的动力,也相应改变了学与行、学与思的关系。因此,后世学者已经不可能在三代之制的制度内部以知行合一的方式"学"了。关于这一点,我在下文中将作详细讨论。章学诚:《原学》上,《文史通义》卷二,《章学诚遗书》卷二,北京:文物出版社,1985,页12—13。

[138] 焦循在《与刘端临教谕书》中说:"古学未兴,道在存其学。古学大兴,道在求其通。前之弊,患乎不学;后之弊,患乎不思。证之以实,而能运之于虚,庶几学经之道也。乃近来为学之士,忽设一考据之名目,循……反复辨此名目之非。"焦循:《雕菰楼集》卷十三《与刘端临教谕书》,页25ab,文学山房本。

[139] 凌廷堪总结乾嘉学术的方法论,正可与实斋的看法相互对照:"昔河间献王实事求是。夫实事在前,吾所谓是者,人不能强辞而非之,吾所谓非者,人不能强辞而是之也,如六书、九数、典章、制度之学是也。虚理在前,吾所谓是者,人既可别持一说以为非;吾所谓非者,人亦可别持一说以为是也。如理义之学是也。"凌廷堪:《戴东原先生事略状》,见《校礼堂文集》,卷三十五,北京:中华书局,1998,页317。

[140] 他说:"戴君说经,不尽主郑氏说,而其与任幼植书,则戒以轻畔康成。人皆疑之,不知其皆是也。大约学者于古未能深究其所以然,必当墨守师说。及其学之既成,会通于群经与诸儒治经之言,而有以灼见前人之说之不可以据,于是始得古人大体,而进窥天地之纯。故学于郑,而不敢尽由于郑,乃谨严之至,好古之至,非蔑古也。……"《文史通义》外篇二《"郑学斋记"书后》,《章学诚遗书》卷八,页74。

在这里,史涉及的不是诸多人文学科中的一门学科,而是一种对于儒学传统的理解方式,即儒学的经典即是历史本身的呈现,儒学的道德实践也因而必须被视为一种历史的实践。在这个意义上,"六经皆史"的命题与王学之"知行合一"回答的是同一层次的问题。[141]在《浙东学术》中,章氏认为清代史学上承陆王学术,他对知行合一之教深为信服。但是,在他的史学视野内,知行的关系与制度形式的改变有着历史的联系,从而作为道德实践的知与行是在特定的历史制度和礼仪内部的知与行。仔细地阅读《文史通义》、《校雠通义》以及其他篇章,章学诚在各种不同的语境中反复谈及官师、政教的关系及其变化,他对经学、历史、道德和其他知识问题的讨论几乎均与此有关。在他看来,古代治教未分、官师合一,"司徒敷五教,典乐教胄子,以及三代之学校,皆见于制度,彼时从事于学者,入而申其占毕,出而即见政教典章之行事,是以学皆信而有徵,而非空言相为授受也。"[142]这是知行合一的时代。"官师分而诸子百家之言起。于是学始因人品诣以名矣。……学因人而异名,学斯舛矣。是非行之过而至于此也。出于思之过也。"[143]经学学而不思,诸子思而不学,科举制度以利禄劝儒术,孔子所谓"下学而上达"的宗旨遂完全丢失,从而知行由合而分。章氏把"知"的问题置于制度变化的条件下观察,其视野实际上也是从"礼乐/制度的分化"或"三代以上/三代以下"的儒学观中演化而来。

---

[141] 王学传统中以经为史的观点不绝如缕。王阳明《传习录》已有"五经皆史"的说法,王世贞《弇州四部稿·艺苑卮言》说:"天地间无非史而已。六经,史之理者也。"李贽《焚书·经史相为表里篇》云:"《春秋》一经,春秋一时之史也;《诗经》、《书经》,二帝三王以来之史也;而《易经》则又示人以经之所自出,史之所从来,为道屡迁,变易匪常,不可以一定执也。故谓六经皆史可也。"张舜徽据此推论说:"可知六经皆史之说,早已发于明人,不自章氏始也。推此数家之言,以观古代著述,则何一不可统之于史乎? 龚自珍尝言:'史之外,无有文字焉。'(《古史钩沉论》)非过论也。……举凡六籍所言,可资考古,无裨致用。六艺经传以千万数,其在今日,皆当以史料目之。"(张舜徽:《史学三书平议》,北京:中华书局,1983,页180。)但是,张氏在这里将"六经皆史"命题中的"史"与"史料"相等同,对于"史"这一概念的儒学含义未加说明。"史"作为一种道德实践的根据的含义在这一实证史学观的框架中完全无法得到揭示。

[142] 章学诚:《原学》中,《文史通义》内篇二,《章学诚遗书》卷二,页13。

[143] 章学诚:《原学》中,《文史通义》内篇二,《章学诚遗书》卷二,页13。

他绝不认为像阳明那样谈论"知行合一"就能够恢复"下学而上达"的宗旨,因为"知行合一"不是个人的道德实践方式,而是一个社会的运转形式;它也不是一个简单的道德观念,而是一个历史的观念,是在特定制度条件下的"学"的方式。[144]

章学诚把道器一体、治道合一、理礼合一等命题从"经学"中解放出来,转化为史的范畴。从"史"的视野看待经,或以经为史,即把经视为对先王制度和实践的记录。在这个意义上,"史学"要求将经学放置在历史实践的关系中理解,从而是一种反思性的知识。"六经皆史"不但是对考据学的批判,而且也是对经学的否定,即对以经为经的态度与方法的否定。这一特点在他与戴震、焦循对考据学风的批评之间划出了界限。[145]那么,他是通过什么途径把经学的信念与疑经的史学倾向关联起来的呢?我们先来看看他在《原道上》中的一段话:

> 道有自然,圣人有不得不然,其事同乎?曰:不同。道无所为而自然,圣人有所见而不得不然也。故言圣人体道可也,言圣人与道同体不可也。圣人有所见,故不得不然。众人无所见,则不知其然而然。孰为近道?曰:不知其然而然,即道也。非无所见也,不可见也。不得不然者,圣人所以合乎道,非可即以为道也。……周公……适当积古留传道法大备之时,是以经纶制作,集千古之大成;则亦时会使然,非周公之圣智能使之然也。盖自古圣人,皆学于众人之不知其然而然,而周公又遍阅于自古圣人之不得不然而知其然也。……此非周公智力所能也,时会使然也。……君师分,而治教不能合于一,气数之出于天者也。周公集治统之成,而孔子明立教之极,皆事理之

---

[144] 参看章学诚《经解》上、中、下三篇,《文史通义》内篇一,《章学诚遗书》卷一,页8—9。
[145] 例如焦循说:"自周秦以至于汉,均谓之学,……无所谓考据也。……经学者,以经文为主,以百家子史、天文术算、阴阳五行、六书七音等为之辅,汇而通之,析而辨之,求其训故,核其制度,明其道义,……以己之性灵,合诸古圣之性灵,并贯通于千百家著书立言者之性灵。……无性灵不可以言经学。"焦循:《雕菰楼集》卷十三《与孙渊如观察论考据著作书》,页21b—23a。

不得不然,而非圣人故欲如是以求异于前人,此道法之出于天者也。……后人……盛推孔子过于尧舜,因之崇性命而薄事功,于是千圣之经纶,不足当儒生之坐论矣!……夫尊夫子者,莫若切近人情,不知其实,而但务推崇,则玄之又玄,圣人一神天之通号耳,世教何补焉?[146]

我们可以从三个层面对上面这段话进行分析。第一,学诚以"自然"言"道",反对道器(理气)二元论;他以"不得不然"言"学",反对空言性理。这是戴震之自然/必然之辨的另一表达。"事"有不同,"道"亦有所差别,这与戴震之"分理"说略近。但他们之间存在差别:章学诚偏重于"器"的一面,而戴震却偏重于内在的实质。在这里,他们对"事"的不同理解是一个关键环节。"理在事中"是他们的共同信念,但戴震之"事"侧重日常生活实践(所谓日用饮食),议论的中心是个人的道德实践,而学诚的"事"则是历史性的,他强调事情的变化与制度、言论之间的内在联系,主张透过事情的变化观察古代典制与儒者言论的关系。[147]"事有实据,而理无定形。故夫子之述六经,皆取先王典章,未尝离事而著理。后儒以圣师言行为世法,则亦命其书为经。此事理之当然也。然而以意尊之,则可以意僭之矣。盖自官师之分也,官有政,贱者必不敢强干之,以有据也。师有教,不肖者辄敢纷纷以自命,以无据也。孟子时,以杨墨为异端矣。杨氏无书,墨翟之书初不名经。"[148]换言之,义理和实践的形式与特定的制度形式密切相关:官师政教不分,知行合一就是一种制度性的知识论和实践论,而官师政教分离,义理之学就必须找到另外的方式来表达,诸子学和宋明理学就是例证。知识与制度具有如此内在的联系,六经皆史的观念才能得以成立。

第二,戴震从"自然"/"必然"之辨中引出了理/欲之辨,而章氏则在

---

[146] 章学诚:《原道》上,《文史通义》内篇二,《章学诚遗书》卷二,页10。
[147] 《书教》上云:"古人事见于言,言以为事,未尝分事言为二物也。"章学诚:《书教》上,《文史通义》内篇一,《章学诚遗书》卷一,页3。
[148] 章学诚:《经解》中,《文史通义》内篇一,《章学诚遗书》卷一,页8。

"自然"/"不得不然"之辨中把经学归入了史学的范畴。在这个范畴内,制度、礼乐和义理的形成并不是圣人智慧的成果,而是"时会"所致。"盖自古圣人,皆学于众人之不知其然而然,而周公又遍阅于自古圣人之不得不然,而知其然也。"在这个意义上,圣人"亦不自知其然也"。[149] 章氏从变化的观点观察制度、礼乐和行为,认为秩序本身就是随"事"变化而"不得不然"的结果。换句话说,秩序是人在特定条件下自由行动的结果,而不是规范所有行为的制度。在"自然"与"不得不然"的关系中谈论"道",这表示古代典制本身不是圣王个人作为的结果,而是日常生活变化的产物,由此产生的义理则是圣人对于这一自然过程的"不得不然"的认识。在这个意义上,古代制度并非有意的创制,而是各种合力的自然成果。这是一种典型的演化史观,人的有意志的行为仅仅是自然过程的内在要素,而历史中的秩序则是各种合力运动的产物。"人之生也,自有其道,人不自知,故未有形。"人是群体关系之中的存在,而群体的分工合作、各司其事乃是自然之势,"均平秩序"的义理就是这一自然秩序本身的反映。按照同样的逻辑,长幼尊卑、等级秩序以及各种社会制度都不是圣贤制定的规则,而是自然演化的结果:

> 又恐交委而互争焉,则必推年之长者持其平,亦不得不然之势也,而长幼尊卑之别形矣。至于什伍千百,部别班分,亦各长其什伍,而积至于千百,则人众而赖于干济,必推才之杰者理其繁,势纷而须于率俾,必推德之懋者司其化,是亦不得不然之势也;而作君作师,画野分州,井田、封建、学校之意著矣。故道者,非圣人智力之所能为,皆其事势自然,渐形渐著,不得已而出之,故曰天也。[150]

三代之制是顺其自然而不得不然,古代的典制如此,后世的变革也应顺乎自然,而不应该以个人的意见取代"自然之势"。这个看法与柳宗元以自

---

[149] 章学诚:《原道》上,《文史通义》内篇二,《章学诚遗书》卷二,页 10。
[150] 同上。

然之势论证制度演变的观点一脉相承。章氏认为不存在脱离具体的制度和环境的"道",不存在永久不变的制度和环境,即使井田、封建、学校等三代制度也是时会所致。道器一体是看待历史中的知识、制度与历史变迁的方式,而不再是儒学的道德理想。

第三,章学诚把历史的变迁、社会的分化和制度的沿革看作是一个自然的过程,这一观点改变了经学家和理学家关于治道一体的观念。礼制秩序产生于"事"的变化,而"事"本身则是自然而然的产物。所谓"周公集治统之成,孔子明立教之极",他们的差别并非由于义理不同,而是因为面对的情境不一。圣人制礼作乐、发为文字,并非因为与道同体,宛若神明,而是因乎自然,从世界的阴阳变化之"迹"中体会"道"。在这个意义上,周公、孔子之学是对"自然"的认识,甚至他们对自然的认识行为本身也是自然过程的一部分。如果要体会他们的思想以及相互之间的差别,就必须理解他们的思想得以产生的历史关系。这是他们本人也并不自知其然的"自然之势"。

六经皆史的观念产生于反对离事言理的经学观念,但又反过来对经学的意义产生了疑问:经学把六经视为圣人的微言大义,而不了解"古人不著书,古人未尝离事言理。六经皆先王之政典也。"[151] 即使是《周易》也是言治之书。"道器一体"的观念与"六经皆史"的命题互为表里,它们改变了"经"的意义。这有点像魏晋时代郭象等人的观点:六经非圣人之道,圣人之迹也。章学诚说:

> 《易》曰:形而上者谓之道,形而下者谓之器。道不离器,犹影不离形。后世服夫子之教者自六经,以谓六经载道之书也,而不知六经皆器也。易之为书,所以开物成务,掌于春官太卜,则固有官守而列于掌故矣。书在外史,诗领太师,礼自宗伯,乐有司成,春秋各有国史。三代以前,诗书六艺,未尝不以教人,非如后世尊奉六经,别为儒学一门,而专称为载道之书者。盖以学者所习,不出官司典守,国家

---

[151] 章学诚:《易教》上,《文史通义》内篇一,《章学诚遗书》卷二,页1。

政教，而其为用，亦不出于人伦日用之常，是以但见其为不得不然之事耳，未尝别见所载之道也。夫子述六经以训后世，亦谓先圣先王之道不可见。六经即其器之可见者也。后人不见先王，当据可守之器，而思不可见之道……[152]

若以此引文与《易教》(上、中、下)、《书教》(上、中、下)、《诗教》(上、下)、《礼教》、《经解》(上、中、下)诸篇互相参照发明，我们可以清楚地看到"六经皆史"的命题贯彻于对经学的各个分支的解说。章氏对经书的看法不只是简单说明六经皆王制，而且也是从史的观点解释制度与经、子之书的关系，从而为经、传、子、史及其义例、编类的形成提供一个系谱学的说明。

从系谱学的角度，"六经皆史"说对"经"作为一种知识的形成过程进行追问，它提出的问题是：为什么"经"能够从"史"中分离出来，为什么"道"逐渐地成为一种言说而不再是隐藏于"器"的存在？章学诚认为经史分离是在人们对演化过程的误解中发生的，若用今天的语言表达，就是知识的形成史亦即话语的建构过程。这可以从两个不同的层面来看。首先是"经"与"传"的关系。经典的概念始自战国时代《管子·戒篇》、《荀子·劝学篇》、《庄子·天道篇》等文，但这些篇什中所谓"经"也只是典籍的意思。[153]"经"作为一种知识或话语不是产生于周公制礼作乐、史官记述书写或孔子编撰删节，而是产生在另一个与经书内容没有直接关系的时刻：经学诞生于人们试图把先儒典籍（而不是实际生活过程）作为义理根源的时刻，如果参照《史记·儒林传》、《汉书·儒林传赞》对于汉武帝

---

[152] 章学诚：《原道》中，《文史通义》内篇二，《章学诚遗书》卷二，页11。

[153] 如《管子·戒篇》所谓"泽其四经"之"四经"即"四术"（诗、书、礼、乐），《荀子·劝学篇》所谓"学恶乎始？恶乎终？曰：其数则始乎诵经，终乎读礼其义则始乎为士，终乎为圣人"，这里所谓"经"即指典籍。《庄子·天道篇》的谈及"孔子繙十二经"之语，但《天道篇》为"外篇"，为后人所作，不能算作是战国时代的看法。因此，学术史家们通常认为"把'经'作为中国儒家编著书籍的解释，应在战国以后"，尤其是在汉武帝罢黜百家、独尊儒术的时期。参见汤志钧：《近代经学与政治》，北京：中华书局，1989，页2—3。

时代立五经博士的记载,那么,这一时刻的法定性质是极为清晰的。章学诚从知识分类学的角度指出,这一时刻具体体现为以解经为目的的"传"的出现。何为传呢?孔子死后,微言大义一时将绝,他的弟子门人各以所见所闻记录成文,追踪大义,《左氏春秋》、《子夏丧服》诸篇都名"传"。"而前代逸文不出于六艺者,称述皆谓之传,如《孟子》所对汤、武及文王之囿是也。则因传而有经之名,犹之因子而立父之号矣。"[154]龚自珍《六经正名》深受实斋的影响,他说:"善夫汉刘向(应为刘歆)之为七略也,班固仍之,造艺文志。序六艺为九种,有经,有传,有记,有群书。传则附于经,群书颇关经,则附于经。何谓传?书之有大小夏侯、欧阳,传也;诗之有齐、鲁、韩、毛,传也;春秋之有公羊、谷梁、左氏、邹、夹氏,亦传也。……"[155]"经"若没有"传"的对应关系即不存在,"传"若独立存在即无所谓"传",所以实斋说:"六经不言经,三传不言传,犹人各有我,而不容我其我也。依经而有传,对人而有我。是经传人我之名,起于势之不得已,而非其质本尔也。"[156]后人缺乏这种考古学视野,以传为经,追究圣人微言大义,再也不能理解古代所谓"经"乃是见于政教行事的典章制度。"经"从圣王典制的记述转化为一种知识话语。

其次是"经"与"子"的关系。在实斋看来,周公身逢"经纶治化,一出于道体之适然"、"帝全王备,因殷夏监,至于无可复加之际",因而才能够制作典章、以周道集古圣之成。所谓治道合一,即周公"以天纵生知之圣,而适当积古留传,道法大备之时,是以经纶制作,集千古之大成,则亦时会使然。"[157]孔子生于三代之衰、治教既分的东周,有德无位,无从得制作之权,缺乏治道合一之"时会"。他"于是取周公之典章,所以体天人之撰,而存治化之迹者,独与其徒相与申而明之,此六艺之所以虽失官守,而犹赖有师教

---

[154] 章学诚:《经解》上,《文史通义》内篇一,《章学诚遗书》卷一,页8。
[155] 龚自珍:《六经正名》,张舜徽编选:《文献学论著辑要》,西安:陕西人民出版社,1985,下同,页99。皮锡瑞说:"孔子所定谓之经;弟子所释谓之传,或谓之记;弟子辗转相授谓之说。"《经学历史》,北京:中华书局,1959,页67。
[156] 章学诚:《经解》上,《文史通义》内篇一,《章学诚遗书》卷一,页8
[157] 章学诚:《原道》上,《文史通义》内篇二,《章学诚遗书》卷二,页10。

也。然夫子之时,犹不名经也。"[158]孔子述而不作,并不自以为经,此为"事理之不得不然"。但此后诸子之学以私言的方式与六艺之公言相对,所谓"处士横议,诸子纷纷著书立说,而文字始有私家之言,不尽出于典章政教",[159]六艺之公言遂成为经书。因此,若无子学,亦无经学,经学与子学有一种共生关系。这种共生关系可以概括为:经学是子学形成过程的产物。[160]

"大道之隐也,不隐于庸愚,而隐于贤智之伦者,纷纷有见也。"沉默之时,道显而充实,言说之时,道隐而空虚。这是实斋对经、子的各自特征的概括。道藏于器即道藏于制度和日常实践本身,而不在言论口说之中。因此,"六经皆史"即六经皆先王政典,而所谓"史意"即从六经中所透露的帝王经世之大略而不是圣人的微言大义出发理解经典之意义。正由于此,章学诚要求学问应进于"古",区分出子学所内含的六艺精髓,而不是自陷于考订、义理、文辞的纠缠。但他并不是全盘否定子学的意义,因为从"时会"的观点看,诸子学的诞生也有"不得不然"在。从祖述王制到众议纷纭,这一转变并非撰述者主观意见使然,而是历史变化的一个有机部分。"君师分,而治教不能合于一,气数之出于天者也。"周公能够集羲、轩、尧、舜以来之道法,损益尽其美善,而孔子却必须尽周公之道法,"不得行而明其教",这是自然之势。[161]降至所谓"儒家者流,乃尊六艺而奉以为经,则又不独对传为名也。荀子曰:夫学始于诵经,终于习礼;庄子曰:孔子言治诗书礼乐易春秋六经,又曰繙十二经以见老子。"[162]这也是自然之势。诸子用先王政教典章经纬天下,但六艺宗旨湮没不彰,势必需要经解疏别六经。[163]荀子、庄子皆出子夏门下,他们的言论证明六经之

---

[158] 章学诚:《经解》上,《文史通义》内篇一,《章学诚遗书》卷一,页8。
[159] 同上。
[160] 关于诸子之书,参看宋濂《诸子辨》,见张舜徽编选《文献学论著辑要》,页196—217。
[161] 章学诚:《原道》上,《文史通义》内篇二,《章学诚遗书》卷二,页11。
[162] 章学诚:《经解》上,《文史通义》内篇一,《章学诚遗书》卷一,页8。
[163] 章学诚在《言公》上中说:"诸子思以其学易天下,固将以其所谓道者,争天下之莫可加,而语言文字未尝私其所出也。……诸子之奋起,由于道术既裂,而各以聪明才力之所偏,每有得于大道之一端,而遂欲以之易天下,其持之有故,而言之成理者,故将推衍其学术,而传之其徒焉。"《文史通义》内篇四,《章学诚遗书》卷四,页29。

名起于孔门弟子。

章学诚批评诸子腾于口说,但仍然认为诸子出于六艺,他们的语言不能单纯地看作是私家的语言。在"时会"的意义上,经子之别的绝对界限是不存在的。诸子之起与政教、官师之分存在密切的联系,先王之道存在于众声喧哗之中。因此,站在实斋的考古学立场,若要探究先王之道就必须辨章学术、考竟源流,知道"战国之文,其源出于六艺","诸子之为书,其持之有故,而言之成理者,必有得于道体之一端,而后乃能恣肆其说,以成一家之言也。所谓一端者,无非六艺之所该,故推之而皆得其所本,非谓诸子果能服六艺之教,而出辞必衷于是也。……"[164]他因此特别重视《庄子·天下篇》以及《荀子·非十二子篇》:

> 《汉志》最重学术源流,似有得于太史《叙传》及庄周《天下篇》、荀卿《非十子》之意,此叙述著录所以有关于明道之要,而非后世仅计部目者之所及也。[165]
>
> 六艺之书与儒家之言,固当参观于《儒林列传》。道家名家墨家之书,则列传而外,又当参观于庄周《天下》之篇也。盖司马迁叙传所推六艺宗旨,尚未究其流别,而庄周《天下》一篇,实为诸家学术之权衡,著录诸家宜取法也。观其首章列叙旧法、世传之史,与《诗》、《书》六艺之文,则后世经史之大原也;其后叙及墨翟、禽滑厘之学,则墨支(墨翟弟子)、墨别(相里勤以下诸人)、墨言(禹湮洪水以下是也)、墨经(苦获、已齿、邓陵子之属皆诵《墨经》是也),具有经纬条贯,较之刘、班著录,源委尤为秩然,不啻《儒林列传》之于《六艺略》也;宋钘、尹文、田骈、慎到、关尹、老聃以至惠施、公孙龙之属,皆《诸子略》中道家名家所互见。然则古人著书,苟欲推明大道,未有不辨

---

[164] 章学诚:《诗教》上,《文史通义》内篇一,《章学诚遗书》卷一,页5。
[165] 章学诚:《补校汉艺文志第十》十之三,《校雠通义》内篇二,《章学诚遗书》卷十一,页99。章学诚以《非十二子》篇为《非十子》是据"韩婴诗传引荀子此篇无讥子思、孟子文",推断而得。

诸家学术源流。[166]

通过辨章学术、考竟源流，尽管诸子意见纷呈，我们仍然能够读出六艺之痕迹，读出隐含在知识的分化之中的历史的分化过程。道器一体或六经皆史的命题同样适用于理解诸子学和其他知识——如天文、地理、历算、法律等等——的兴起。在这个意义上，治道合一不是对政治现实的描述，而是观察知识形式的方式，它不但意味着知识的形式（典章制度、经传释辞、义理之言）产生于特定的历史关系，而且还阐明了看待典籍的一些史学原则或者说知识的考古学。如谓："形而上者谓之道，形而下者谓之器。善法具举，本末兼该，部次相从，有伦有脊，使求书者，可以即器而明道，会偏而得全，则任宏之校兵书，李柱国之校方技，庶几近之。……夫兵书略中孙吴诸书，与方技略中内外诸经，即诸子略中一家之言，所谓形而上之道也。兵书略中形势、阴阳、技巧三条，与方技略中经方、房中、神仙三条，皆著法术名数，所谓形而下之器也。"[167] 又如《补校汉艺文志第十》论法律之书说："后世法律之书甚多，……就诸子中掇取申韩议法家言，部于首条，所谓道也。其承用律令格式之属，附条别次，所谓器也。"[168] 几乎所有的知识领域，包括天文、地理、历算等等，都包含着这种道器关系。[169]

---

[166] 章学诚：《汉志诸子第十四》十四之二十三，《校雠通义》内篇三，《章学诚遗书》卷十二，页105。

[167] 章学诚：《补校汉艺文志第十》十之四，《校雠通义》内篇二，《章学诚遗书》卷十一，页99。

[168] 章学诚：《补校汉艺文志第十》十之八，《校雠通义》内篇二，《章学诚遗书》卷十一，页100。

[169] 实斋说："天文，则宣夜、周髀、浑天诸家，下逮安天之论、谈天之说，或正或奇，条而别之，辨明识职，所谓道也。《汉志》所录泰一、五残变星之属，附条别次，所谓器也。地理，则形家之言，专门立说，所谓道也。《汉志》所录《山海经》之属，附条别次，所谓器也。"《补校汉艺文志第十》十之六，《校雠通义》内篇二，《章学诚遗书》卷十一，页99。

2. 道器一体与知识的分类

在对"六经皆史"说作了上述分析之后,我们可以对章学诚所谓道器一体的观念加以总结。这一观念的核心内容包含两个方面。第一,知识、义理和制度是"自然"的历史关系的产物,人们无法孤立地通过义理或道的体认来理解义理或道,也无法通过训诂考证在文义的层面达到对"道"的理解。"儒"是历史的一部分,而不是孔子个人著述的成果;治道关系的分与合也是历史的产物,而不是个人所能为。[170] 如果忽略历史的变迁,典章制度的沿革,而执着于文字训诂,又怎能懂得先儒的宗旨呢?[171] 第二,道器一体的观念不仅是一个本体论的观念,也不仅是一个史学的观念,而且是一种关于知识的理论,它一方面提供看待典籍的具体原则,另一方面也为知识的分类学做出新的说明。道器一体的核心在于区分周公与孔子,辨别学术与政典的关系。"故学孔子者,当学孔子之所学,不当学孔子之不得已。……以孔子之不得已而误谓孔子之本志,则虚尊道德文章,别为一物,大而经纬世宙,细而日用伦常,视为粗迹矣。故知道器合

---

[170] 实斋分析孔子与先王的关系说,"非夫子推尊先王,意存谦牧而不自作也。夫子本无可作也。有德无位,即无制作之权,空言不可以教人,所谓无徵不信也。教之为事,羲轩以来,盖已有之。观《易大传》之所称述,则知圣人即身示法,因事立教,而未尝于敷政出治之外,别有所谓教法也。虞廷之教,则有专官矣。司徒之所敬敷,典乐之所咨命,以至学校之设,通于四代,司成师保之职,详于周官。然既列于有司,则肄业存于掌故,其所习者,修齐治平之道,而所师者,守官典法之人,治教无二,官师合一,岂有空言以存其私说哉。儒家者流,尊奉孔子,若将私为儒者之宗师,则亦不知孔子矣。……贤士不遇明良之盛,不得位而大行,于是守先王之道,以待后之学者,出于势之无可如何尔。"又说:"秦人禁偶语《诗》、《书》,而云欲学法令,以吏为师。夫秦之悖于古者,禁《诗》、《书》耳。至云学法令者,以吏为师,则亦道器合一,而官师治教未尝分歧为二之至理也。"《原道》中,《文史通义》内篇二,《章学诚遗书》卷二,页11。

[171] 因此,章学诚自问自答道:"何以一言尽孔子?则曰学周公而已矣。周公之外,别无所学乎?曰:非有学而孔子有所不至。周公既集众圣之成,则周公之外,更无所谓学也。周公集群圣之大成,孔子学而尽周公之道,斯一言也,足以蔽孔子之全体矣。"章学诚:《原道》上,《文史通义》内篇二,《章学诚遗书》卷二,页10。

一,方可言学。道器合一之数,必求端于周、孔之分。此实古今学术之要旨……"[172]在章氏看来,后世能够看到的书不过是先儒的遗迹和历史的碎片,但被后人编辑为不同的部类。因此,如果不能辨章学术、考竟源流,厘清部次条别的根据,我们就只能迷失于片断的微言大义。所谓即器明道就是要从这些典籍内部寻找到一些线索,通过互证和分类,恢复古代制度和历史关系的内在结构和整体性。

按章学诚的看法,"后世文字必溯源于六艺,六艺非孔氏之书,乃周官之旧典也。"但是,自从官师政教分,诸子并起,后世学术不复为公家著述,而为私家之言。那么,如何才能找到隐含在这些著述之中的"道"呢?《校雠通义》反复运用即器明道的方法说明古书的内涵,在这种方法论的视野内,古代典籍无非是先王之"迹"而非经义本身,知识的分类是对浑然的历史的划分。因此,他遵循的是一条系谱学或考古学的路线,即把经籍分类看成是一种话语,进而对它们的分类法和内在结构进行系谱分析。在这里有一条最为重要的线索,即知识分类学的变化:先秦"六艺"演化为汉人之"七略",汉人之"七略"又演化为晋人及后代之"四部"。这种分类法不仅规范后代对于知识的认识,而且也成为一种钦定的制度化的知识。1772年,即乾隆三十七年,清政府下令在全国范围内征集书籍,次年开设四库馆,对各种典籍进行考证校刊、分类提要,编辑处理了60亿字,缮写1600万页,历时15年,与其事者3800多人。《四库全书》的编撰者多达360人,除了纪昀等学者,也包括三个皇子及大学士、尚书等,俨然是一浩大的国家工程。[173]考证学的兴盛、四库馆臣的地位均与此存在密切的关系。章学诚通过申论道器合一的宗旨,把知识分类学看作是一种历史关系的产物,一种知识的话语,不但动摇了经、史、子、集的严格分野,也包含了对于四库工程以及居于支配地位的考证学和宋学的理论前提的共同的颠覆。他在史学上是推崇刘歆、班固的,但仍然上承《史记·孔子

---

[172] 章学诚:《与陈鉴亭论学》,《文史通义》外篇三,《章学诚遗书》卷九,《章学诚遗书》卷九,页86。
[173] 参见戴逸:《四库全书和法国百科全书》,《乾隆帝及其时代》,北京:中国人民大学出版社,1992,页369—387。

世家》的观点,认为三代官守学业合一,《易》、《诗》、《书》、《礼》、《乐》、《春秋》无非"六艺",这一分类的根据是古代制度。章氏以秦人"以吏为师"比喻说,三代"礼以宗伯为师,乐以司乐为师,诗以太师为师,书以外史为师,三易、春秋亦若是则已矣"。[174]以这种考古学方式讨论七略、四部等分类法,这些分类就不再是一种普遍的知识形式。因此,章氏关心的不是分类在目录学上的意义,而是分类本身能否体现一个社会的构造,以及知识的分类法与制度性的实践之间能否构成一种连贯的关系,能否透过知识的部类呈现出先王政典的精义。

"七略"分类始自汉代刘歆。他的父亲刘向应诏与任宏(负责兵书)、尹咸(负责数术)、李柱国(负责方技)一道,负责分校经传、诸子和诗赋,并总撰各书叙录。[175]梁阮孝绪《七录序》说:"昔刘向校书,辄为一录,论其指归,辨其讹谬,随竟奏上,皆载在本书。时又别集众录,谓之《别录》,即今之《别录》是也。"[176]可见刘向《别录》即纂集众书叙录而成。刘向死后,刘歆领校五经,集六艺群书,继承了父亲校理群书、分门别类的工作,最终完成《七略》,总百家之绪。所谓"七略"即辑略、六艺略、诸子略、诗赋略、兵书略、术数略、方技略。"七略"中除"辑略"为六篇之总最外,其余六大分类与刘向《别录》无异,只是刘向之"经传"变成了"六艺"。[177]章

---

[174] 章学诚:《原道第一·一之二》,《校雠通义》内篇一,《章学诚遗书》卷十,页95。
[175] 《汉书·艺文志·总序》云:"昔仲尼没而微言绝,七十子丧而大义乖。故春秋分为五,诗分为四,易有数家之传。战国纵横,真伪分争,诸子之言,纷然淆乱。至秦患之,乃燔灭文章,以愚黔首。汉兴,改秦之败,大收篇籍,广开献书之路。迄孝武世,书缺简脱,礼坏乐崩,圣上喟然而称曰:'朕甚闵焉!'于是建藏书之策,置写书之官,下及诸子传说,皆充秘府。至成帝时,以书颇散亡,使谒者陈农求遗书于天下。诏光禄大夫刘向校经传、诸子、诗赋,步兵校尉任宏校兵书,太史令尹咸校数术,侍医李柱国校方技。每一书已,向辄条其篇目,撮其指意,录而奏之。会向卒,哀帝复使向子侍中奉车都尉歆,卒父业。歆于是总群书而奏其七略,故有辑略,有六艺略,有诸子略,有诗赋略,有兵书略,有术数略,有方技略。"见张舜徽编选:《文献学论著辑要》,西安:陕西人民出版社,1985,页23。
[176] 阮孝绪:《七录序》,张舜徽编选:《文献学论著辑要》,页26。
[177] 阮孝绪《七录序》说:"以向歆虽云七略,实有六条,故别立图谱一志,以全七限。其外又条七略及二汉艺文志中经簿所阙之书,并方外之经,佛经道经各为一录。虽继七志之后,而不在其数。"同上,页26。

学诚在《宗刘》中高度评价刘氏父子在目录学上的贡献,认为刘氏父子为后世学者提供了编类部次的目录学和文献学范例。[178] 但更为重要的是,他认为知识的分类与古代制度之间应该有内在的呼应关系,写作的方式本身(如私人著述,还是公家著述,是著述还是编辑,是有所发挥,还是述而不作等等)也应该体现古代制度的特点。"七略"分类法的好处就在于"深明乎古人官师合一之道,而有以知乎私门初无著述之故也。"[179] "七略"以"六艺略"居首,反映的是经学的中心思想。章学诚从知识的分类学来观察官师合一之道和私门无著述的历史,是从另一角度重新叙述经学的前提。他说:

> 何则?其叙六艺而后次及诸子百家,必云某家者流,盖出古者某官之掌,其流而为某氏之学,失而为某氏之弊。其云某官之掌,即法具于官,官守其书之义也。其云流而为某家之学,即官司失职,而师弟传业之义也。其云失而为某氏之弊,即孟子所谓生心发政,作政害事,辨而别之。盖欲庶几于知言之学者也,由刘氏之旨以博求古今之载籍,则著录部次,辨章流别,将以折衷六艺,宣明大道,不徒为甲乙纪数之需,亦已明矣。[180]

知识的分类谱系本身是历史演变的结果,其中知识与制度的关系是这一变化的中心环节。

章氏追慕三代知行合一的制度,但无论在制度上,还是在知识分类方面,他都无意回到古代去。在他看来,知识及其分类法的演变是整个历史关系变动的结果,问题在于如何通过变化的知识分类观察历史变动的真

---

[178] 实斋说:"校雠之义,盖自刘向父子;部次条别,将以辨章学术,考镜源流,非深明于道术精微,群言得失之故者,不足与此……今为折衷诸家,究其源委,作《校雠通义》,总若干篇,勒成一家,庶于学术渊源,有所厘别。"章学诚:《"校雠通义"序》,《章学诚遗书》卷十,页95。
[179] 章学诚:《原道第一》一之三,《校雠通义》内篇一,《章学诚遗书》卷十,页95。
[180] 同上。

谛。他对"四部"分类有所批评不是因为"四部"分类改变了六艺或七略的分类,而是因为四部编类不能体现历史制度及其变迁的轨迹。四部分类起源于魏氏代汉的动荡时代。"魏秘书郎郑默始制中经,秘书监荀勖又因中经更著新簿。分为四部,总括群书。"但部类所分,并不精密,"至于作者之意,无所论辩。"[181]此后宋谢灵运作《四部目录》、王俭作《目录》并别撰《七志》,齐王亮、谢朏再造《四部目录》,梁任昉、殷钧亦有《四部目录》。至《隋书·经籍志》,经史子集四部分类(道经、佛经附于其后)得以确立,从此四部分类成为古代目录的正统和主流。[182]比照七略与四部的分类,主要的区别有如下几点:一,古无史名,七略不列史部,不能自别为类;而以太史公之褒贬严谨,史书可以列入《春秋》的序列;[183]二,七略不列集部,理由是古人为文严守专门之学,或为百家,或为九流,或为诗赋,而不像后人文集,难以定其流别;三,七略以兵书、方技、术数为三部,列于诸子之外,而后世皆列为子类,较为简括。从"七略"到"四部",这一知识分类方式的变化是历史和知识变动的结果,章学诚对"四部"的批评并不是对于这一变动的批评,而是认为"四部"分类不像"七略"那样能够充分地反映和体现制度、知识和社会的变化。他总结说:

> 七略之流而为四部,如篆隶之流而为行楷,皆势之所不容已者也。史部日繁,不能悉隶以春秋家学,四部之不能返七略者一;名墨诸家,后世不复有其支别,四部之不能返七略者二;文集炽盛,不能定

---

[181] 长孙无忌:《隋书·经籍志·总序》,张舜徽编选:《文献学论著辑要》,页30—31。

[182] 关于四部之成立,另请参见张寿荣《八史经籍志序》、纪昀《四库全书总目提要序》、钱大昕《论经史子集四部之分》、金锡龄《七略与四部分合论》等。均见张舜徽编选:《文献学论著辑要》,页34—81。

[183] "《尚书》记言记事,《春秋》纪月编年,自古史册,未有评论者也。自左氏传经,既具事之始末,时复诠言明理,附于'君子'设辞,史迁因之,篇终别起,班氏因而作赞,范氏从而加论,踵事增华,遂以一定之科律矣。至于别为一书,讨论史事,其源出于《公》、《谷》,辨别是非得失,又本诸子名家,以谓辨正名物。自唐以前,犹存谆质,入宋以后,腾说遂多。又加科策程式之文,拟策进书之类。……"章学诚:《史考摘录》,《章学诚遗书·佚篇》,页655。

百家九流之名目，四部之不能返七略者三；钞辑之体，既非丛书又非类书，四部之不能返七略者四；评点诗文，亦有似别集而实非别集，似总集而又非总集者，四部之不能返七略者五。凡一切古无今有、古有今无之书，其势判如霄壤，又安得执七略之成法，以部次今日之文章乎？然家法不明，著作之所以日下也；部次不精，学术之所以日散也。就四部之成法，而能讨论流别，以使之恍然于古人官师合一之故，则文章之病可以稍救，而七略之要旨，其亦可以有补于古人矣。[184]

七略重视考竟源流、辨章学术，它的分类法建立在专门之学的观念之上。专门之学的含义体现在七略或者四部的分类法上，也表现在每一具体的史学义例之中。"专门"的含义不仅是指知识的专门化，而且也是指知识的形成史，具体地说就是书的义例和形式本身的历史含义。章学诚论"私门无著述"曰：

> 理大物博，不可殚也，圣人为之立官分守，而文字亦从而纪焉。有官斯有法，故法具于官。有法斯有书，故官守其书。有书斯有学，故师传其学。有学斯有业，故弟子习其业。官守学业，皆出于一，而天下以同文为治，故私门无著述文字。[185]

六经的义例起于学官分守的制度，这表明史学的形式本身即是制度的产物。他进一步分析史的形式与政体的关系说："分国之书，本于《国语》。古者国自为书，夫子作《春秋》，而子夏之徒求得百国宝书，亦未闻有会而合之者也。李巽岩谓'左氏将传《春秋》，先采各国之书，国别为语'。说虽未谛，然合众国而为一书，亦其最初者也。惟《周语》与诸国无别，岂夫子录王风于列国之意欤？抑《诗》亡作《春秋》而《书》亡为《国语》耶？"[186]

---

[184] 章学诚：《宗刘第二》，《校雠通义》内篇一，《章学诚遗书》卷十，页95—96。
[185] 章学诚：《原道第一》，《校雠通义》内篇一，《章学诚遗书》卷十，页95。
[186] 章学诚：《史考摘录》，《章学诚遗书》，页654。

在这样的视野内,章氏对于史书义例的质疑就不是一般的方法问题,而是考察史学的话语形式所掩盖的历史关系了。例如,诸侯争霸是封建之衰的表现,而割据之事则起于郡县,如果将两者混为一谈,别出霸史一门,就明显地违背了基本的历史关系。[187]在这里,封建、郡县之别成为理解史学分类法的一个重要依据。

章学诚的史学是对世界和知识的发展的一种历史叙述,它通过展示历史更替与知识形成史的关系说明知识和制度如何演变为现在的状态。因此,他关心的不仅是理学家们有关如何去知(格物还是格心,读书还是实践,归寂还是入世,等等)的问题,而且更是从制度、知识和道德关系内部说明为什么它们采取了现在的形式。这种对于知识分类法的研究产生了一系列方法论的思考。在章学诚看来,分类及其方法的要义在于适合史学写作所表述的制度和变迁的历史,从而在这一层次上达到"知行合一"。因此,他不相信普遍适用的方法。方法论是历史写作的产物,也必然伴随历史写作方式的演化而转变。例如,古代没有专门义例之学,书成而例自具,就同文成而法自立一样。"左氏依经起义,举例为凡,亦就名类见端,随文著说,未有专篇讨论,自为一书者也。自东观以降,聚众修书,不得不宣明凡例,以杜参差,若干宝、邓粲诸家,见于《史通》所称述者是也。……"又如考订之学,古代也是没有的。"专门家学尊知行闻,一而已矣,何所容考订哉?官师失守,百家繁兴,述事而有真伪,诠理而有是非。学者生承其后,不得不有所辨别,以尊一是。而辨别又不可以空言胜也,则推此证彼,引事切理,而考订出焉。史迁所谓'载籍极博,尤考信于六艺'是也。顾古人以考订而成书,后人又即一书以为考订,则史学失传。"[188]正是由于古代知识的分类法和方法论产生于自身的历史关系,

---

[187] 章学诚:《史考摘录》,《章学诚遗书》,页655。
[188] 实斋具体解释说,"马班诸史,出入经传百家,非其亲指授者,未由得其笔削微意。音训解诂,附书而行,意在疏通证明,其于本书,犹臣仆也。考订辩论,别自为书,兼正书之得失,其于本书犹诤友也。求史学于音训解诂之外,考订在所必资。则若宋洪遵之订正《史记》真本凡例,金王若虚之《史记辨惑》,宋倪思之《班马异同》,吴缜之《新唐书纠谬》诸书,资益后人,岂浅鲜哉!"章学诚:《史考摘录》,《章学诚遗书》,页655。

因此，后世学者如果要真正了解经史的意义，就必须沟通各种义例和方法，从而达到对于历史、知识和人文流变的认识。这就是"通义"和"义旨"的含义。[189]

章学诚对于史学方法的检讨不仅涉及史家个人的"史德"、"史才"、"史识"，而且还涉及史学的制度问题。无论采用个人著述的方式，还是由史官执掌，史学写作都不是单纯个人的行为，因为个人化的写作方式本身就是由社会的分化过程所决定的。章学诚越过了以体裁为标准的史学分类法（如编年体和纪传体之分），重新区分出"撰述"与"记注"（或"比类"）两种史学：前者指通过去取史事而发明义例，而后者指史料的纂集排比，前者多一家著述，后者为馆局纂修。这两种方式都有自己的脉络渊源，并无高低之分。《书教》下云："古今之载藉，撰述欲其圆而神，记注欲其方以智也。夫智以藏往，神以知来。"[190]但章学诚的"史意"说明显地偏向一家著述的"撰述"及其史识，似乎偏离了他的"六经皆史"和书出六艺的观点。[191]为什么如此呢？我们需要从两个层面来看：

首先，章学诚高度重视历史写作中的"史意"。所谓"史意"问题的提出标志着这样一种努力，即在官师政教分离、政治制度由封建而转为郡县

---

[189] 实斋说："通者，所以通天下之不通也。读《易》如无《书》，读《书》如无《诗》，《尔雅》治训诂，小学明六书，通之谓也。古人离合撰著，不言而喻，汉人以通为标目，梁世以通入史裁，则其体例，盖有截然不可混合者矣。……夫通史，人文上下千年，然而义例所通，则隔代不嫌合撰。……"（《释通》，《文史通义》内篇四，《章学诚遗书》卷四，页37。）又说："今先生谓作者有义旨，……毋乃悖于夫子之教欤？……章子曰：天下之言，各有攸当，经传之言，亦若是而已矣。读古人之书，不能会通其旨，而徒执其疑似之说，以争胜于一隅，则一隅之言不可胜用也。……《易》曰：'不可为典要'，而《书》则偏言'辞尚提要'焉；读《诗》不以辞害志，而《春秋》则正以一言定是非焉。……若云好古敏求，文献征信，吾不谓往行前言，可以灭裂也；多闻而有所择，博学而要于约，其所取者有以自命，而不可概以成说相拘也。……"《答客问》中，《文史通义》内篇四，《章学诚遗书》卷四，页38。

[190] 章学诚：《书教》下，《文史通义》内篇一，《章学诚遗书》卷一，页4。

[191] 实斋云："道欲通方而业须专一……学必求其心得，业必贵于专精。"（《博约》下，《文史通义》内篇卷二，《章学诚遗书》卷二，页14）又云："史所贵者义也，而所具者事也，所凭者文也。……非识无以断其义，非才无以善其文，非学无以练其事。"章学诚：《史德》，《文史通义》内篇五，《章学诚遗书》卷五，页40。

的情境中,重新寻找政教官师合一的封建精神,并使之适应于新的历史形势。个人撰述与专家之体是官师政教分离的形式,史学的意义在于从这种道术分裂和文体分流的局面中追根寻源,从历史流变中钩稽出六艺之精义。章学诚对史学撰述方式的看法极大地依赖于他对史学体制与不断演变的社会体制之间的内在联系的理解。例如,《史记》和《汉书》确立了纪传体的传统,并分设本纪、表、志、列传等四个部分,但在东汉至隋代的十三部正史中仅有六部志,无一设表。成于唐代以后的九史均包括志,而七部设表。[192] 如何理解这些史学内部的体制与历史的关系是一个重要的问题,因为即使恢复早期史学的体制也未必能够体现早期史学体制的精义,因为史学体制的含义是在史学与社会体制的互动关系中形成的。在一个变化了的社会语境中承袭旧式的体制并不能保证史学的客观性和意义。我们不妨看一看章学诚对史学方法的论述:

> 三代以上之为史,与三代以下之为史,其同异之故可知也。三代以上,记注有成法,而撰述无定名。三代以下,撰述有定名,而记注无成法。
>
> 周官之法废而《书》亡,《书》亡而后《春秋》作,则言王章之不立也。可识《春秋》之体也。何谓《周官》之法废而《书》亡哉?盖官礼制密,而后记注有成法,记注有成法,而后撰述可以无定名。以谓纤悉委备,有司具有成书,而吾特举其重且大者,笔而著之,以示帝王经世之大略。……至官礼废,而注记不足备其全,《春秋》比事以属辞,而左氏不能不取百司之掌故,与夫百国之宝书,以备其事之始末,其势有然也。马班以下,演左氏而益畅其支焉,所谓记注无成法,而撰述不能不有定名也。故曰:王者迹息而《诗》亡,见《春秋》之用,《周官》法废而《书》亡,见《春秋》之体也。[193]

---

[192] 参见同上,页369—370。
[193] 章学诚:《书教》上,《文史通义》内篇一,《章学诚遗书》卷一,页2—3。

记注与撰述的差别不是一般的方法论的差别,而是官师政教的历史演变使然,即历史的差别。这两种方法本身并无大小之分,重要的是能否适应历史的变化而推明大道。因此,"变"是问题的关键。"至战国而文章之变尽,至战国而著述之事专,至战国而后世之文体备,故论文于战国,而升降盛衰之故可知也。战国之文,奇衺错出,而裂于道,人知之;其源皆出于六艺,人不知也。后世之文,其体皆备于战国,人不知;其源多出于诗教,人愈不知也。知文体备于战国,而始可与论后世之文;知诸家本于六艺,而后可与论战国之文;知战国多出于诗教,而后可与论六艺之文;可与论六艺之文,而后可与离文而见道;可与离文而见道,而后可与奉道而折诸家之文也。"[194]章氏显然认为史学方法的取舍不仅与个人的兴趣和才质有关,而且更是一种历史性的选择。

其次,清朝认可的二十四部正史中的绝大多数为官修正史(唯一的例外是欧阳修的《新五代史》)。杨联升对二十四史中的后九史进行总结,并归纳出这些正史的几个主要特征:一,官修正史均为后朝或更后朝代撰述或编纂的结果;二,修史工作由官方指定的史家组成的专门机构承担;三,这九部著作均为纪传体。[195]这三个特征又派生出官修正史在方法上的一些后果:官修前朝正史同时显示本朝的正统性,褒贬之间也受本朝的影响;官修正史大量依靠前朝皇帝在位时的《起居注》等材料。传统的史家为对后代负责而坚持如实记录的原则是中国编年史学中重要的传统,但这并不能扼止皇帝和宰相对纪实过程的干预,从而造成纪事过程中的讳饰。在18世纪,赵翼就曾在《二十二史劄记》中对正史中的隐讳现象进行批评,而唐代著名的史论家刘知几也在收录于《史通》中的一封信中阐述过官修正史的种种流弊。在这样的对比之下,司马迁所代表的个人修史传统反而突显了更大的可靠性。章学诚对个人修史的重视与上述史学思想有着内在的联系。

---

[194] 章学诚:《诗教》上,《文史通义》内篇一,《章学诚遗书》卷一,页5。
[195] 杨联升:《国史探微》,台北:联经出版事业公司,1983,页351—353。

章学诚对历史演变的理解在他的史学方法中留下了两个表面上相反而实际上相互补充的特征：第一，他推重一家之言、专门著作，反对开局设馆，对集众修书的纂辑比类不感兴趣。[196]第二，他从封建、郡县的历史演变出发，把古代史官的公家著述转化为地方志的撰述，因此要求基层政府建立编撰地方志的专门机构（"志科"）。历来学者重视章学诚与戴震等人在地方志问题上的分歧，即究竟地方志应为地理之书，还是独立的史学学科，不大关心实斋对个人撰述方法的重视与他对公家记述的地方志（记注）的关心之间究竟是什么关系。[197]在我看来，这两个不同的方面建立在一种历史理解之上：前者从官师政教的分离看史学的流变，后者从封建郡县的流变论记述之书的文类变化，两个方面都是以制度与史学写作之间的关系为中心的。章学诚所以强调"方志如古国史，本非地理专门"，[198]要害就在"方志如古国史"这一句上。从国史到方志的转变反映了从封建到郡县的历史转变；但方志的编撰寓含在郡县体制下寄托封建之意则是清楚的。从史学的形式来看，方志的撰述可以追溯到被刘知几称为"郡书"的魏晋时代的地方人物传记集（如《汝南先贤传》、《襄阳耆旧传》等）和《洛阳记》、《吴郡记》、《汉水记》、《庐山记》、《华阳国志》、《洛阳伽蓝记》等。这些郡书和有关一方人、风物、史地的著作的出现与魏晋时代的封建割据局面和九品中正制的推行有着密切的关系。地方志以州县为单位，是郡县制下的产物，但记述方志的意义与古代的国史或魏晋时代的上述著作是相似的。

---

[196] 这并不表示他转向了诸子学或宋明理学的一家之言，而是上承《春秋》大义和史迁通识，在史学写作中通过个人对于历史的真知灼见通古今之变。实斋述《春秋》之意云："嗟乎！道之不明久矣！六经皆史也，……孔子之作《春秋》也，盖曰'我欲托之空言，不如见诸行事之深切著明'，然则典章事实，作者之所不敢忽，盖将即器而明道耳！……道不明而争于器，实不足而骛于文，……而世之溺者不察也！太史公曰：'好学深思，心知其意'，当今之世，安得知意之人，而与论作述之旨哉？"章学诚：《答客问》上，《文史通义》内篇四，《章学诚遗书》卷四，页38。
[197] 参看《文史通义·释通》、《方志略例一·记与戴东原论修志》等文，《章学诚遗书》，页35—37，128，139。
[198] 章学诚：《记与戴东原论修志》，《方志略例》，《章学诚遗书》卷十四，页128。

《大名县志序》云：

> 郡县志乘，即封建时列国史官之遗，而近代修志诸家，误仿唐宋州郡图经而失之者也。《周官》外史"掌四方之志"。注：谓若晋之《乘》，楚之《梼杌》，鲁之《春秋》。是一国之史无所不载。乃可为一朝之史之所取裁。夫子作《春秋》，而必徵百国宝书，是其义矣。若夫图经之用，乃是地理专门。……方志之与图经，其体截然不同，……[199]

章学诚以封建时代的"一国之史"比之于郡县时代的地方志。因此，他在方志的体例上要求囊括人物传记、典章制度和文学记载。这是赓续《春秋》之意而在郡县条件下修缮"天下之史"。[200]如果对章学诚的史学方法、规模和制度加以某种归纳的话，我们可以说，他在史学的层面重申了顾炎武的观点，这就是在郡县的制度之中体现封建的精神。顾炎武的政治观具有混合的特色，而章学诚的史学也同样如此。他深信道存在于自然之势之中。

当我们在这样的规模上理解了章学诚"六经皆史"和"道器一体"的真正含义的时候，他对理学世界观和经学方法论的批评和否定的意义也就清楚了。[201] "道器一体"的观念是对理学的理气二元论的批评，但从另一个角度看又是对理学隐含的预设的肯定，即三代以降，礼乐与制度发生

---

[199] 章学诚：《为张吉甫司马撰大名县志序》，《方志略例一》，《章学诚遗书》卷十四，页129。

[200] 我们在理解这一点时，不妨参考他对"集史"与"通史"的关系看法。实斋说："集史之书，体与通史相仿，而实有淄渑之分。通史远自古初，及乎作者之世，别出心裁，成其家学，前人纵有撰述，不复取以为资，如梁武不因史迁，郑樵不因荀武是也。集史则代有所限，合数代而称为一书，以继前人述作，为一家言；事与断代之史，约略相似。而断代又各自为书，体例不一，集史则就其所有诸体而画一之，使不至于参差足矣。事取因人，义求整齐，与通史之别出心裁，无所资藉，断代之各自为书者，又各不同也。"章学诚：《史考摘录》，《章学诚遗书》，页654。

[201] 如曰："儒家者流，守其六籍，以谓是特载道之书耳。夫天下岂有离器言道，离形存影者哉？彼舍天下事物人伦日用，而守六籍以言道，则固不可与言夫道矣。"章学诚：《文史通义》内篇二《原道》中，《章学诚遗书》卷二，页11。

了分化,而道德评价不得不采用新的形式。在复杂变化的历史关系中,坚持礼制的形式主义是无用的,一味考据古制和经书的礼义也是不够的,重要的是通古今之变,从活生生的生活实践内部来理解世界,从"自然"之中理解"不得不然"。[202]这就是章学诚的历史观。"即事言理"与"离事言道"这两种知识形式是对官师、政教合一与分化的回应,不能简单地看作是圣人或后儒个人的选择。

如果诸子学和理学的论述方式也是历史变迁的结果,那么,"即器明道"的原则就绝不是对诸子学和理学的抛弃,相反,他要求从"后世之书源出六艺"这一基本信念出发,摆脱门户之见,在各种知识的关系之中洞察制度及其演变。[203]《浙东学术》论浙东经史之学与阳明学的关系,绝无贬斥朱学源流及浙西之学的意思,相反却把朱陆纷争放置在各自的历史关系和义理逻辑之中辨别真伪。[204]《朱陆》及《书朱陆篇后》等文批评考据学者对于朱陆的门户之见,但也不是要求回到理学的立场,而是认为朱陆的理论形式乃是特定历史条件的产物。在章学诚看来,服郑训诂,韩欧文辞,周程义理,出奴入主,不胜纷纷,其实均为道中一事,而当世学者各

---

[202] "《易》曰:知以藏往,神以知来。夫名物制度,繁文缛节,考订精详,记诵博洽,此藏往之学也。好学敏求,心知其意,神明变化,开发前蕴,此知来之学也。可以藏往,而不可以知来,治礼之尽于五端也。推其所治之礼,而折中后世之制度,断以之所宜,则经济人伦,皆由此出,其为知来,功莫大也。学者不得具全,求其资之近而力能勉者,斯可矣。"章学诚:《礼教》,《文史通义》内篇一,《章学诚遗书》卷一,页7。

[203] 这一看法其实也不仅是实斋个人的看法,在汉宋互诋、考据大兴的时代,必然也会出现相反的潮流。例如焦循在这方面的观点几乎与实斋如出一辙:"作者之谓圣,述者之谓明。作述无等差,各当其时而已。人未知而己先知,人未觉而己先觉,因以所先知先觉者教人,俾人皆知之觉之,而天下之知觉自我始,是为作。已有知之觉之者,自我而损益之,……而作者之意复明,是之谓述。……孔子……非不作也,时不必作也。……宋元以来,……皆自以为述孔子,而甲诋乙为异端,乙斥甲为杨墨,……果能述孔子之所述乎?"焦循:《雕菰楼集》卷七《述难》二,百部丛书集成初编,上海:商务印书馆,1937,页103。

[204] "朱陆异同,干戈门户,千古桎梏之府,亦千古荆棘之林也。究其所以纷纶,则惟腾空言而不切于人事耳。"实斋没有否定朱陆的性命之说,而是要求把性命问题的讨论放置在史学的框架内。章学诚:《浙东学术》,《文史通义》内篇二,《章学诚遗书》卷二,页15。

矜所见,互相诋毁,无非因为他们丧失了知来藏往的能力。[205]这是一种史的立场,一种把学术变化看成是自然之势的立场:

> 夫天浑然而无名者也,……不得已而强为之名,定趋向尔。后人不察其故,而徇于其名,……而纷纷有入主出奴之势焉。汉学宋学之交讥,训诂辞章之互诋,德性学问之纷争,是皆知其然而不知其所以然也。学业将以经世也,如治历者,尽人功以求合于天行而已矣。……周公承文武之后,而身为冢宰,故制作礼乐,为一代成宪。孔子生于衰世,有德无位,故述而不作,以明先王之大道。孟子当处士横议之时,故力距杨墨,以尊孔子之传述。韩子当佛老炽盛之时,故推明圣道,以正天下之学术。程朱当末学忘本之会,故辨明性理,以挽流俗之人心。其事与功,皆不相袭,而皆以言乎经世也。故学业者,所以辟风气也。风气未开,学业有以开之;风气既弊,学业有以挽之。人心风俗,不能历久而无弊,……非因其极而反之,不能得中正之宜也。[206]

我们从章学诚对于学术流变的分析中再一次看到了东原的"自然"/"必然"之辨的命题,看到了庄子自然之说与荀子礼制论的那种关联。"六经皆史"的命题把经学归于史学,而归于史学亦即归于经世的实践。章氏严守道器一体的观念,对于时学和学者人格有极为严峻的判断,但他的历史观念却在庄子之自然之说与礼制论之间构成了一种内在的联系,这两者之间的共同之处在于"公"的观念,连接的要点则是对如下问题的

---

[205] 实斋说:"三代以还,官师政教不能合而为一,学业不得不随一时盛衰而为风气,当其盛也,盖世豪杰,竭才而不能测其有余;及其衰也,中下之资,抵掌而可以议其不足。大约服郑训诂,韩欧文辞,周程义理,出奴入主,不胜纷纷,君子观之,此皆道中之一事耳。未窥道之全量,而各趋一节以相主奴,是大道不可见,而学士所矜为见者,特其风气之著于循环者也。足下欲进于学,必先求端于道。道不远人,即万世万物之所以然也。……今之学者则不然,不问天质之所近,不求心性之所安,惟逐风气所趋而循当世之所尚,勉强为之,固已不若人矣。……"章学诚:《答沈枫墀论学》,《文史通义》外篇三,《章学诚遗书》卷九,页84—85。
[206] 章学诚:《文史通义》内篇六《天喻》,《章学诚遗书》卷六,页51。

回答:礼是一种外在的规范,还是自然的内在秩序?章学诚把礼视为一种内在的秩序,但所谓"内在"不是指事物或人的先天本质,而是指礼内在于历史关系的变动之中。"道器一体"的命题要求学者从典章制度和现实实践中求道,而"器"的观念则与清代学术关注的典章、礼制存在密切的关系,这些都是典型的儒学命题。在"六经皆史"的视野内,典章制度和学术风尚不是圣哲贤人的精心制作,而是自然之势的结果;道有自然,学有不得不然,不同的知识形式均有其合理性。[207]典章制度、经世实践都不是私人的作为,而是自然之势,六艺经传,多不知作者名,下逮七十子后学所记,也无从考证出于何人之手。这是一种"公"的状态。"古人之言,所以为公也,未尝矜于文辞,而私据为己有也。志期于道,言以明志,文以足言。"[208]在"言公"的观念之下,正统与异端、诸子百家与黎民百姓均有言说的权利。"《易》奇《诗》正,《礼》节《乐》和,以至《左》夸《庄》肆,《屈》幽《史》洁之文理,无所不包;天人性命,经济闳通,以及儒纷墨俭,名鈲法深之学术,无乎不备",[209]以致那些托伪之书及天文、方技、兵书均可称经,[210]"经"的概念由此变成了一个可以随意使用的范畴。[211]

　　章学诚既没有将道器一体的历史观等同于治道合一的政治现实,也没有以理礼合一、道器一体的观念来简单地否定诸子之说和程朱陆王。

---

[207] "盖官师治教合,而天下聪明范于一,故即器存道,而人心无越思。官师治教分,而聪明才智不入于范围,则一阴一阳,入于受性之偏,而各以所见为固然,亦势也。夫礼司乐职,各守专官,虽有离娄之明,师旷之聪,不能不赴范而就律也。今云官守失传,而吾以道德明其教,则人人皆自以为道德矣。故夫子述而不作,而表章六艺,以存周公之旧典也。不敢舍器而言道也,而诸子纷纷,则已言道矣。……"章学诚:《原道》中,《文史通义》内篇二,《章学诚遗书》卷二,页11。
[208] 章学诚:《言公》上,《文史通义》内篇四,《章学诚遗书》卷四,页29。
[209] 章学诚:《言公》下,《文史通义》内篇四,《章学诚遗书》卷四,页32。
[210] 章学诚:《书教》中,《文史通义》内篇一,《章学诚遗书》卷一,页3。
[211] "至战国而羲农黄帝之书一时杂出焉,其书皆称古圣,如天文之《甘石星经》,方技之《灵》《素》《难经》,其类实繁,则犹匠祭鲁般,兵祭蚩尤,不必著书者果为圣人;而习是术者奉为依归,则亦不得不尊以为经言者也。""百家之学,多争托于三皇五帝之书矣,艺植托于神农,兵法医经托于黄帝,好事之徒,传为《三坟》之逸书。"章学诚:《经解》中,《文史通义》内篇一,《章学诚遗书》卷一,页9。

这里的关键是:他的史学把握住了儒学所要回答的基本问题,这就是何为道德的基础,或者说,怎样才能构成一个道德的行为?对于实斋来说,史学的观念不是今人所谓历史学的观念,而是一种关于道德的观念:道德实践和道德的意义仅仅存在于具体的历史关系和经世实践之中,道德实践与历史变迁、道德评价与经世致用是同一件事情。[212]六经皆史、道器一体、即器明道与知行合一可以看作是同一个命题的各种不同的表述。从局部来看,作为史学观念的道器一体,不再等同于官师合一、政教合一、治道合一的观念,它确立的是一种理解"经史"关系的方法论视野。在这个视野中,官师、政教和治道的关系不断地发生变化,但这些变化本身恰恰说明只有遵循道器一体的观念,才能理解先王之道的真正意义:它并不存在于经书之中,而存在于我们的经世实践之中。因此,从总体来看,这些命题所要解决的根本问题是:实践、知识与制度之间究竟是什么关系?我在这里可以用几句话来概括"六经皆史"、"道器一体"命题的内在逻辑:知识应该与实践合一,实践总是内在于制度的实践,制度又总是存在于自然的过程之中;知识是对自然过程的认识,而认识过程又是自然过程的一部分。那么,为什么知识的形式必须超越理学和经学的模式,而采用史学的方式呢?这是因为世界既是一个浑然一体的自然进程,又是一个由各种人、各种力量和各种规则相互作用的结果。自然的进程包含了"不得不然"的分化和组合(如官师政教的分化),从而对于这一自然过程的认识形式就必须包含演化或变的观念。正是这一观念使得史学与理学、经学区别开来,但它们所要回答的问题却是完全一致的。这里的核心问题是:章学诚重视贯通和义理,但他提出的这种史学观念同时是一种道德概念,它完全否定了通过个体或者其他形而上观念形成道德评价的可能性。戴震和章学诚从不同的层面把道德与自然的观念联系起来,但这个自然的观念既非庄子式的自然,也非荀子式的礼制,而是对它们的超越和综

---

[212] "天人性命之学,不可以空言讲也。故司马迁本董氏天人性命之说,而为经世之书……知史学之本于《春秋》,知《春秋》之将以经世……而讲学者必有事事,不特无门户可持,亦且无以持门户矣。"章学诚:《浙东学术》,《文史通义》内篇二,《章学诚遗书》卷二,页15。

合,即内在于礼乐制度和历史演变的自然。礼乐制度是历史演化的自然结果,从而也是内在于人情物理的规范。

综合上述,我们能够从章学诚对于理学和经学的批判和总结中得出一些什么结论呢?首先,理学、经学和史学都是对同一个问题的不同的回答方式,即道德的基础或根据是什么,以及如何才能达到道德的境界?理学家试图在本体论或宇宙论的构架内回答这一问题,而经学家却认为必须回到先儒的遗教。章学诚认为这两种方式都存在着问题,因为它们忘记了道德行为存在于一种实践的结构之中,而这个实践的结构依存于不断变动的制度。因此,实践是一个自然的进程,而这个自然的进程又是以制度及其演变的形式来表达的。在这个意义上,章学诚是较之经学家更接近于经学成立之前提的人。其次,从顾炎武到章学诚,他们对于道德行为的理解构成了一个理学的批判运动,他们都试图把理学(以及心学)的道德实践从形而上的观念中挽救出来,重新置于制度性的实践的框架内。但是,制度性的框架的意义是什么呢?它不能单纯地按照先儒的教义进行理解,也不是将现实的制度作为行动的根据。所谓制度是人的行为的自然结果,是随着自然进程而不断变化的富于弹性的秩序。因此,制度是历史的自然进程的一部分。制度是一种演化的、历史的秩序。顾炎武、黄宗羲、戴震和章学诚的道德观是一种古典主义的道德观,他们都拒绝纯粹自律的道德概念,即把自我或天理建构成为道德根据的道德概念。他们批判的对象当然不是现代的道德观,而是理学的天理概念,但我们从这种批判中不是反而看到了理学世界观与现代世界观之间的更为直接的联系吗?现代主义者把自我观念的形成看成是对于外在权威(如神的法律、自然目的论或等级制度)的摆脱,而对于这些儒者们而言,礼乐制度不是什么外在的权威,而是内在于我们行为的秩序。在章学诚看来,秩序的本质必须在时势与天理之间的平衡之间才能呈现。这是一个自然过程,而对于这一过程的认识行为甚至认识的形式又是这一自然过程的一部分,它以"不得不然"的方式在知识的层面呈现了自然过程的肌理。

这就是知行合一,这就是作为伦理与政治的反思的史学,这就是以史学形式出现的实践论。

第二部

帝国与国家

本册细目

◎ 上卷
　第二部
　帝国与国家 —— 487

第五章　内与外（一）：礼仪中国的观念与帝国 —— 489
　第一节　礼仪、法律与经学 —— 489
　　1. 世界观转变的"内在视野" —— 489
　　2. 今文经学与乾嘉学术 —— 492
　　3.《春秋》在清代经学中的位置 —— 498
　　4. 孟、荀与今古之辨 —— 505
　　5. 礼、法与权 —— 510
　　6. 礼仪、德刑与王朝政治 —— 513
　第二节　今文经学与清王朝的法律/制度多元主义 —— 519
　　1. 宫廷政治，还是合法性问题？—— 519
　　2. 蒙元王朝的合法性与公羊学 —— 522
　　3. 满清王朝与中国王朝的法统 —— 534
　　4. 长城的象征意义及其历史转化 —— 543
　　5. 帝国的法律/制度多元主义及其内在矛盾 —— 548
　第三节　今文经学与清王朝的合法性问题 —— 551
　　1. 奉天法祖与"大一统" —— 551
　　2. "二伯"与"宗文王" —— 559
　　3. "讥世卿"与王朝政治的内在矛盾 —— 565
　　4. "别内外"：外部关系的内在化与"中国"概念的再定义 —— 569
　　5. "大一统"之礼序与夷夏之相对化 —— 573
　第四节　大一统与帝国：从礼仪的视野到舆地学的视野 —— 579
　　1. 大一统、礼仪中国与帝国 —— 579
　　2. 封爵之虚化、郡县制与无外/有外的帝国 —— 585

3. 舆地学的视野与帝国内外关系的转化 —— *590*
4. 西北规划与"海洋时代" —— *603*

第六章　内与外（二）：帝国与民族国家 —— *609*
第一节　"海洋时代"及其对内陆关系的重构 —— *609*
第二节　作为兵书的《海国图志》与结构性危机 —— *619*
1. 从东汉回向西汉 —— *619*
2. 从西北到沿海 —— *624*
3. 以"守"为攻 —— *630*
4. 以陆战对海战 —— *632*
5. 知识、军事与贸易 —— *636*

第三节　朝贡体系、中西关系与新夷夏之辨 —— *643*
1. 以谁为中心：西方、南洋，还是中国朝贡体系？ —— *643*
2. 南洋内部的中西关系 —— *653*
3. 世界范围内的夷夏问题 —— *658*
4. 英国经济或欧洲资本主义崛起的秘密 —— *665*
5. "合省国"的政治结构与大一统的想像 —— *671*
6. 历史预见与现代性的逻辑 —— *675*

第四节　主权问题：朝贡体系的礼仪关系与国际法 —— *679*
1. 朝贡、条约与对外关系 —— *679*
2. 国际法与主权 —— *695*
3.《春秋》、《周礼》与国际法 —— *707*
4. 丁韪良的"古代中国的国际公法" —— *710*
5. "列国之势"、民族—国家与重建儒学的世界图景 —— *721*

第七章　帝国的自我转化与儒学普遍主义 —— *737*
第一节　经学诠释学与儒学"万世法" —— *737*
第二节　克服国家的大同与向大同过渡的国家 —— *744*
第三节　《大同书》的成书年代与早期康有为的公理观 —— *753*
第四节　作为世界之治的"大同" —— *765*
1. 具体的叙述与普遍的叙述 —— *765*

2. 历史的叙述与科学的叙述（种族主义的知识基础） —— 768
3. 帝国之兵书与世界大同之治 —— 772
4. 国家主义与社会主义 —— 777

第五节　经学、孔教与国家 —— 782

1. 大同与国家、皇权与民权 —— 782
2. 《新学伪经考》 —— 793
3. 《孔子改制考》 —— 804
3.1 封建与一统 —— 804
3.2 三统说与孔子之王制 —— 810
3.3 三世说与对皇权中心主义的超越 —— 815

第六节　从帝国到主权国家："中国"的自我转变 —— 821

【上卷　第二部】

帝国与国家

第五章

内与外（一）：
礼仪中国的观念与帝国

> 中国亦新夷狄也。
>
> ——刘逢禄:《秦楚吴进黜中国表序》

第一节　礼仪、法律与经学

1. 世界观转变的"内在视野"

顾炎武考文知音,研讨礼乐、风俗和制度的流变,戴震辟宋归汉,深通名物制度、纠缠于孟荀之间,章学诚揭橥"六经皆史"的命题,对"道器一体"作了创造性的阐释：他们的学术方式各有差别,但都在复古的礼制论、精密的考证方法与"变"、"权"和"自然之势"（通）之间形成张力。这是一种悖论式的方式,一种把复古的正统主义与经世致用的实践取向融而为一的方式。这种思想的局面为乾隆晚期今文经学的异军突起（庄存与转向公羊学是在1780年以后）提供了怎样的思想前提呢？

清代今文经学肇端于乾嘉时代的常州学派，前有庄存与、孔广森，后有刘逢禄、宋翔凤，下接龚自珍、魏源，他们以《春秋公羊传》为中心，以今文的观点遍释群经，并以之回应现实的挑战。庄氏之学不显于当世，庄存与也不是致力于变法改制的政治家，但他开创的清代今文经学传统为刘逢禄所发扬光大，在龚自珍、魏源手中成为观察和评论时事的思想资源，继而又成为晚清变法时代的轰动一时的学术思潮。清代今文经学学者对于礼仪、法律和历史的研究紧密地联系着多民族帝国内部的民族关系、组织社会的基本原则及其内在矛盾、清帝国面临的不断变化的内外关系及其冲突，等等。从清代中期开始，庄存与、刘逢禄、魏源、龚自珍等人不断地在夷夏、内外以及三统、三世等范畴中探讨王朝的合法性问题，并在礼与法的基础上重建关于"中国"的理解。今文经学者在经学的视野内发展出了一系列处理王朝内部与外部关系的礼仪与法律思想，从而为新的历史实践——殖民主义时代条件下的变法改革——提供了理论前提和思想视野。在这个意义上，清代中期开始的今文经学运动是一种有关政治合法性的经学研究，一种政治实践的理论，一种适应王朝体制的历史变化而不断完善的历史观和世界观的建构。

为什么今文经学能够在晚清时代成为囊括各种知识和政治理论的基本框架？它的强烈的政治性，它对清代大一统体制的历史基础和伦理条件的持久追问，它对历史变化的敏感及其学术的灵活性，均为此提供了条件。从今文经学的角度出发探讨晚清思想的转变包含了一个方法论问题，即只有从经学内部的视野进行观察，晚清思想的意义及其变化的轨迹才能充分地展现出来。例如，公羊学为近代科学世界观提供了合法性，但它本身却无法提供这一新的宇宙论和世界观。这一历史关系促成了今文经学内部的变化，它必须超越自己的历史限制，转化为一种包容性的理论。近代科学世界观最终突破公羊学的框架成为新的支配性的知识和信仰。又如，公羊学在"内外"观的框架内理解欧洲资本主义的国家扩张及其主权观念，但它对内外关系的处理方式显然与欧洲殖民主义所推行的主权和国际法观念存在着基本的差异。新的知识和制度是通过政治、经济和军事霸权才建立起自己的支配地位的。

那么,这一过程如何改变和解构了今文经学的世界观并促成了它的内在视野的变化呢?如果把主权、民族关系、法律和礼仪问题抽离经学的视野,我们就无法了解清代政治合法性的那些微妙的历史和伦理内含,无法了解新的内外关系是如何替代、重构旧的内外关系,同时又在新的历史条件下为后者所制约。

今文经学的"内在视野"不是一种僵固的视野,它包含这一视野本身的历史变化,包含促成这一变化的政治、经济和军事冲突与这一视野之间的互动关系。魏源、龚自珍、康有为、梁启超把今文经学用于政治实践和社会批评,他们的贡献并不限于学术方法上对考证学的扬弃。在他们的思想努力下,各种西方知识——政治、哲学、经济、尤其是科学知识——逐渐被纳入公羊学的理论之中,从而公羊学的历史理论与西方政治思想、实证主义的科学宇宙论融为一体,成为一种无所不包的世界观。在这个意义上,今文经学的兴起和变化是对复杂的社会及政治问题的回应,它的意义不能简单地从学术史的角度加以观察。我们无法回避这些问题:公羊学与现代历史观、政治理论和法律的关系怎样?作为一种历史理论和法的思想的公羊学为什么需要一套完整的、一元论的宇宙观作为依据?

无论是经世致用,还是以考证的方法论证经书的真伪,都不是今文经学的独创。清初以降,经学内部始终存在着一种透过训诂考证追究制度、礼乐、历史演变的动力。即使在乾嘉时代,戴震、章学诚等人也没有丧失对于社会问题的敏感和经世致用的意趣,他们洞悉乾嘉考证学的困境,进而在乾嘉学术内部展开出了新的方向。在这个意义上,所谓为考证而考证的风气并不能涵盖所有的古文学者。庄、刘之学与戴、章之学产生于同一时代,如果庄、刘之学包含了对于乾嘉时代的社会危机的回应,那么,戴、章之学不是同样如此吗?今文经学不仅是对乾嘉考证学的反动,而且也是对清初学者经世致用的原则(及乾嘉学术内部已经孕育着的变革因素)的呼应;它们之间的关系极为复杂。如果我们仅仅在微言大义与训诂考证、经世致用与为学术而学术之间界定今古文的差别,势必陷入纠缠不清的境地。

2. 今文经学与乾嘉学术

关于今古文的主要分歧历来说法不一，其中最早的说法源自《汉书·艺文志》关于文字异同的论述和《汉书·刘歆传》所载鲁恭王"得古文于坏壁之中"的材料，后又衍为《周礼》、《左传》、古文《尚书》等以古文书写的典籍是否为汉代刘歆所伪造的争论。[1]龚自珍的《大誓答问·总论汉代今文古文名实》即依此立论，在清代影响广泛。今文即汉代通用隶书，古文即先秦文字。今文学派认为这些以古文写成的文本是伪造之书，古文派大致持相反的立场，由此派生出研究经典应该追究微言大义（今文），还是以考古为主的争论。[2]但这种叙述不足以说明今文经学与古文经学各自取向的真正含义，因此又有各种区分今古的论述出现，如以是否立于学官、师说的差别、出书之早晚、口说与载籍之异等标准区分今

---

[1] "壁中书"包括《礼记》、《尚书》、《春秋》、《论语》和《孝经》。此外，北平侯张苍献《春秋左氏传》，这是"古文"的根据。参见康有为：《新学伪经考》，《康有为全集》（一），上海：上海古籍出版社，1987，页747。

[2] 皮锡瑞对今古文的差别及其历史作了如下概括："两汉经学有今古文之分。今古文所以分，其先由于文字之异。今文者，今所谓隶书，世所传熹平《石经》及孔庙等处汉碑是也。古文者，今所谓籀书，世所传歧阳石鼓及《说文》所载古文是也。隶书，汉世通行，故当时谓之今文；犹今人之于楷书，人人尽识者也。籀书，汉世已不通行，故当时谓之古文；犹今人之于篆、隶，不能人人尽识者也。凡文字必人人尽识，方可以教初学。许慎谓孔子写定六经，皆用古文；然则，孔氏与伏生所藏书，亦必是古文。汉初发藏以授生徒，必改为通行之今文，乃便学者诵习。故汉立博士十四，皆今文家。而当古文未兴之前，未尝别立今文之名。……至刘歆始增置《古文尚书》、《毛诗》、《周官》、《左氏春秋》。既立学官，必创说解。后汉卫宏、贾逵、马融又递为增补，以行于世，遂与今文分道扬镳。"（见氏著《经学历史》，北京：中华书局，1959，页87—88。）关于古文字问题，康有为说："《史籀篇》者，周时史官教学童书也，与孔氏壁中古文异体。《苍颉》七章者，秦丞相李斯所作也。《爰历》六章者，车府令赵高所作也。《博学》七章者，太史令胡母敬所作也。文字多取《史籀篇》，而篆体复颇异，所谓'秦篆'者也。是时始建隶书矣，起于官狱多事，苟趋省易，施之于徒隶也。""其实古无'籀'、'篆'、'隶'之名，但谓之'文'耳，创名而抑扬之，实自歆始。"《新学伪经考》，《康有为全集》（一），页678，685。

古,等等。乾嘉考证学注重文字考证,并从书写文字的角度对经书的早晚和真伪给出鉴定。与此相反,今文经学注重声音的流传,认为《春秋》言微,如果没有师生口说之传,无法窥其大义。在这个意义上,今文经学相信声音(口传)较之书写(载籍)更能体现圣人的真义。[3]然而,即使这一区分也不是绝对的。从考证学的角度说,早期经学、尤其是顾炎武的《音学五书》是清代考证学的经典之作,该书的宗旨是力图通过对声音的考证理解古代经典之文义,进而获取周代风俗和典制的真义。声音在考证学中居于极为重要的地位。从今文学的角度说,今文家虽然重视口说,但未偏废文字考证。康有为说:"《说文》虽有伪窜,而为古今文字之荟萃,学者当识字,不得不读",建议后学认真对待段、王之文字训诂之学,配以《尔雅》、《广韵》的研究。"《说文》形学也,《尔雅》义学也,《广韵》声学也。皆学者所不可废,为国朝专门之学。"[4]经学的中心任务在于通过特定的方法恢复为时间与历史、(多余的)修辞和(文字的)脱漏所遮盖的圣王典制、三代风俗、圣人大义,即礼乐之精义。今文经学派与古文经学派在何为儒之正宗(尊周公还是尊孔子)等问题上存在广泛的分歧,但恰恰是分歧本身突显了二者共享的"正统主义"这一儒学取向。在清代的语境中,有关正统主义的分歧涉及究竟以何者作为正统的根据:族群、地域或者礼仪?

清代今古之学的差别既涉及复杂的学术史问题,也涉及广泛的政治问题。单纯的学术史方法和政治性论述均无法准确地揭示它们之间的联系与差别。因此,我们需要在一种广泛的历史和理论视野中说明今文经学和古文经学的关系。考证学在乾嘉学术中居于主流地位,它的严格的方法论和学术规范迫使今文经学在挑战它的权威地位时不得不经常采用考据学的方式。在这个意义上,今文经学与乾嘉考证学的对立关系是在历史的演变中逐渐形成的。在给庄存与的著作所作的序中,董士锡、魏源

---

[3] 康有为说:"作《春秋》以托王法,其词微,其旨博,故全赖口说",点出了"口说"与微言大义的关系。《南海师承记》卷二,《康有为全集》(二),上海:上海古籍出版社,1990,页498。
[4] 康有为:《南海师承记》,《康有为全集》(二),页445。

不一而同地强调今文经学为"乾隆间经学之巨汇",〔5〕庄氏"所为真汉学者庶其在是!"〔6〕他们以坚持汉学正统的方式来表达今文经学的挑战态度,反而透露了今文经学的边缘地位。这种情况直至今文经学极盛一时的晚清时代才真正改变。例如,梁启超以微言大义与训诂名物描述今古文的差别,不再关心今文经学是否具有经学的正统地位这样的问题。〔7〕他的看法与古文经学者阮元相似,后者称庄存与"于六经皆能阐抉奥旨,不专为汉宋笺注之学,而独得先圣微言大义于语言文字之外",〔8〕同样在经学方法的层面谈论今古文的差异。〔9〕

阮元、梁启超一前一后,一古一今,处于各自时代的学术主流之中,他们在今古文学方面取舍不一,但都从方法论的角度对今古之别作出清晰的界定和分疏。然而,乾嘉时代的今古文学并不像他们表述的那样壁垒森严。实际的情况是,乾嘉学者兼采各种资源,学术研究中今古文经学之间的交叉关系比比皆是。从今文经学方面看,庄、刘之学包含了考证学的诸多要素。庄存与的《春秋正辞》上承元末明初休宁赵汸之春秋学,发挥《春秋》微言大义,对于董仲舒之《春秋繁露》多有汲取。但在他的学术中,公羊学只占一小部分:《味经斋遗书》兼采汉宋,未辨古今,不守门户,对于《易》、《春秋》、《尚书》、《诗》、《周官》、《四书》等均有所涉及,其

---

〔5〕 董士锡:《易说序》,见《味经斋遗书》卷首。
〔6〕 魏源:《武进庄少宗伯遗书序》,见《味经斋遗书》卷首,又见《魏源集》,上册,北京:中华书局,1976,页238。
〔7〕 梁氏说:庄存与"著《春秋正辞》,刊落训诂名物之末,专求其所谓'微言大义'者,与戴段一派所取途径全然不同"。"与戴段一派所取途径全然不同"的说法是否准确,我在下文再作分析。梁启超:《清代学术概论》,台北:商务印书馆,1966,页75。
〔8〕 阮元:《庄方耕宗伯经说序》,见《味经斋遗书》卷首。
〔9〕 阮元晚年对西汉今文经学、特别是《公羊传》有所涉猎,但他的学术贡献主要在以郑、许为中心的东汉古文经学研究。他曾为孔广森《春秋公羊通义》作序,疏理公羊学的源流;在他主持下,由学海堂筹划、编纂的《皇清经解》(1829)收入了庄存与、孔广森、刘逢禄等今文经学家的著作。学海堂的命名是纪念何休,而《皇清经解》的计划也出于刘逢禄的建议。在这个意义上,阮元虽然是一古文家,但他的经学实践与观念已经与今文经学存在密切的联系。

中《周官记》、《周官说》和《毛诗说》等著作基本上属于古文经学的范围。[10]孔广森的《春秋公羊通义》不本何休,反而以朴学的态度归纳公羊的思想,后世学者说他"长于音韵小学,治经殆非所长",是公允的说法。庄存与以《周礼》济《公羊》之穷,孔广森以孟子阐公羊之义,都是家法未严的证明。[11]刘逢禄发挥东汉何休之"三科九旨",开公羊家注重家法之先河,但这一转向恰恰吻合清代经学重视家法的传统。我们看他"爰推舅氏未竟之志"而著的《尚书今古文集解》,其自述凡例为五,第一条就是正文字、审音训、别句读、详同异,在方法上完全师法乾嘉考证学的路数。[12]清代今文经学注重经世致用,对于家法并未如乾嘉学者那样严格。魏源《两汉经师今古文家法考叙》是专论家法的文字,他批评清代学者隆东汉而抑西汉的观点,但并没有简单否定东汉之学,而是以求道的观点统观经学及其家法,试图在历史流变之中找到经世的根据。他说:

  西京微言大义之学,坠于东京;东京典章制度之学,绝于隋、唐;两汉故训声音之学,息于魏、晋,其道果孰隆替哉?且夫文质再世而

---

[10] 阮元《庄方耕宗伯说经序》评庄氏之学云:"《易》则贯穿群经,虽旁涉天官分野气候,而非如汉、宋诸儒之专衍术数、比附史事也;《春秋》则主《公羊》、董子,虽略采左氏、谷梁氏及宋、元诸儒之说,而非如何劭公所讥倍经任意,反传违戾也;《尚书》则不分今古文文字同异,而剖析疑义,深得夫子序《书》、孟子论世之意;《诗》则详于变雅,发挥大义,多可陈之讲筵;《周官》则博考载籍,有道术之文为之补其亡缺,多可取法致用;乐则谱其声,论其理,可补古《乐经》之缺;《四书说》敷畅本旨,可作考亭净友,而非如姚江王氏、萧山毛氏之自辟门户,轻肆诋诘也。"阮元:《庄方耕宗伯说经序》,见《味经斋遗书》卷首。

[11] 用杨向奎的话说:"这也可以说是刘歆的传统,他是以今文学派的世家而提倡古文经。这也许是他们的不得已。公羊学在政治上只能是理论方面的发挥,它是一部历史哲学,不是一部政治纲领,它不具备可运用的典章制度,只是空洞议论,因之要借用《周礼》'以明因监'。"杨向奎:《清代的今文经学》,《绎史斋学术文集》,上海:上海人民出版社,1983,页328。

[12] 他自述的凡例为:"一曰:正文字……审其音训、别其句读、详其衍脱、析其同异;……二曰:微古义……严家法也;三曰:袪门户……四曰:崇正义……五曰:述师说……"刘逢禄:《尚书今古文集解序》,《刘礼部集》卷九,光绪壬辰年延晖承堂刊本,下同。

必复,天道三微而成一著。今日复古之要,由训诂、声音以进于东京典章制度,此齐一变至鲁也;由典章、制度以进于西汉微言大义,贯经术、故事、文章于一,此鲁一变至道也。〔13〕

从训诂、声音到典章、制度,从典章、制度到微言大义,这一"复古"道路把西汉今文经学视为考证学和历史学最终抵达的阶段和目标。魏源以《周礼》、《左传》解证《诗经》,以宋人之说攻驳毛说,在有些经学者看来纯属变乱家法。他的《书古微》上承阎若璩对《古文尚书》、《孔传》的攻击,定《古文尚书》为伪书。上述例证说明,在1886年(光绪十二年)廖平《今古学考》以《王制》、《周礼》判分今古之前,今古文的分别尚未如此明确(廖以《王制》为虞、夏、殷、周四代之制,《周礼》为周代之制);〔14〕在清末康、梁等今文健将与章太炎等古文学者相互攻讦之前,今古门派并不构成清代经学的森严格局。今文经学与古文经学的差异不仅源自学术传承,而且也是清代思想演变的结果。

从考证学方面看,戴震、章学诚对义理的兴趣已如前述,这里不再重复。在他们之前,阎若璩以三十余年的时间研析《尚书》,著《尚书古文疏证》八卷,以繁复的考证断言《尚书》古文二十五篇为伪书。此后惠栋著《古文尚书考》二卷,对于阎氏的研究多所称引,进一步论定郑康成所传之二十四篇,即孔壁真古文,而东晋晚出之二十五篇,与汉书不合,可定为伪书。这些汉学经典在古文经学的范围内开创了疑古的学术风气,为今文经学的疑古思潮提供了学术史的线索。惠栋学术本重汉代谶纬之说,他的归汉也可以看作是今文经学的先导。钱穆论学站在古文一边,但也

---

〔13〕 魏源:《两汉经师今古文家法考叙》,《魏源集》,上册,北京:中华书局,1976,页152。
〔14〕 关于廖平分今古的时间,历来有不一致的说法。综合各种材料和考证,应以1885至1886为准。参见廖平:《今古学考》,《廖平学术论著选集》(一),成都:巴蜀书社,1989,页35—110。杨向奎曾说:"今文经学虽然给王莽夺取政权以许多帮助,但今文经缺少典章制度,所以王莽也取法《周礼》,于是表彰《周礼》,'以明因监'。"又说:"《公羊》和《周礼》虽然在经学上分为今古,这只是经学上的问题,实际上两书的思想内容没有根本不同,都有大一统的要求,也都是要在旧的基础上建立新的一统,这样也就必然陷于自相矛盾而无法解脱。"《绎史斋学术文集》,页2,91。

认为今文经学与乾嘉汉学、特别是惠氏之学有着渊源关系。他说,庄存与不屑于考据,又不能如宋儒在语言文字之外求理,因而"徒牵缀古经籍以为说,又往往比附以汉儒之迂怪,故其学乃有苏州惠氏好诞之风而益肆。……"他的侄子庄述祖(葆琛)的《珍执宧从书》"颇究明堂阴阳,亦苏州惠学也"。[15] 庄、刘之学与惠氏之学有着复杂的历史联系。嘉庆五年,刘逢禄举拔贡生入都,曾就张惠言问虞氏《易》、郑氏《三礼》。张惠言治学由惠氏家法出,刘逢禄的《易虞氏五述序》以家法治易,明显受张惠言的影响。

钱穆批评常州诸贤错把意在考古的惠氏之学当作义理之学,用之于经世的实践,遂致"学术、治道同趋澌灭,无救厄运"的结局,但他的前述评论限于学术传承,未能涉及常州学术与顾炎武、戴震、章学诚之间的历史联系。我们不妨追问:惠栋的辟宋归汉、以"兼两"说理,难道没有隐含政治的和历史的观点吗?刘逢禄《春秋公羊释例序》把公羊学的兴起与清政府在全国范围内征集各种书籍、编撰《四库全书》的浩大工程所导致的学术风气的变化联系在一起,从另一个方面把今文经学视为乾嘉学术的有机部分:

> 清之有天下百年,开献书之路,招文学之士,以表章六经为首,于是人耻向壁虚造,竞守汉师家法,若元和惠栋氏、武进张惠言氏之于易,歙程易畴氏之于礼,其善学者也。禄束发受经,善董生何氏之书,若合符节……[16]

在这个意义上,今文经学与古文经学产生于同一思想氛围之中,吴、皖学术的某些脉络正是常州学派的先声。

---

[15] 钱穆:《中国近三百年学术史》,下册,北京:商务印书馆,1997,页582—583。
[16] 刘逢禄:《春秋公羊释例序》,《刘礼部集》卷三,页22—23。

3.《春秋》在清代经学中的位置

今文经学与清初及乾嘉考证学的关系错综复杂,并不是个别师承和方法论上的似与不似可以解释。今文经学以春秋公羊学为中心,从而《春秋》必然居于六经之首。康有为论《春秋繁露》云:"《春秋》非《诗》、《书》、《礼》、《乐》可比,《诗》、《书》、《礼》、《乐》,略而不详。"[17]清十三经中惟有何休《春秋公羊解诂》为今文家说,因此,不仅清今文学派的出发点是公羊春秋,而且对《春秋》的不同理解也构成了今古之别的最为重要的特征。[18]古文经学以《春秋》为史,重视《左传》的地位;而今文经学以《春秋》为经、为治事之书,注意公、谷二传的解说。康有为认定《春秋》为孔子改制的微言大义,六经为孔子所定律例。[19]从内容上看,今文经学对《春秋》义旨的解说与清初学术存在着极大的差别。例如,顾炎武、王夫之均高度评价《春秋》和《左传》的礼仪内涵,后者有关夷夏之辨的讨论在晚清时代流行一时。今文经学恰好相反,他们利用公羊思想(尤其是董仲舒《春秋繁露》)重新解说《春秋》义旨,力图将夷夏、内外关系相对化。但是,早期经学与今文学派均把夷夏关系视为一种道德的或礼仪的关系,贬低族群之间的绝对差别。从经学史的角度说,他们评价经典的标准不一,却都把《春秋》置于诸经之首,不能说没有相通之处。

《春秋》上记隐(鲁隐公元年即公元前722年),下至哀(鲁哀公十四年,即公元前481年),相传为孔子根据鲁国史官所编《春秋》加以修订而

---

[17]　康有为:《万木草堂口说》"春秋繁露"条,《康有为全集》,第二卷,上海:上海古籍出版社,1990,页383。
[18]　西汉通行今文五经即《诗》、《书》、《礼》、《易》、《春秋》,东汉增加了《孝经》和《论语》,为七经。唐代定《易》、《诗》、《书》、《仪礼》、《周礼》、《礼记》、《左传》、《公羊传》、《谷梁传》为九经,至唐文宗太和年间又增加了《论语》、《孝经》、《尔雅》三经,共计十二经。随着东汉末年古文经学的兴起,今文经学逐渐衰败,至唐仅存何休《春秋公羊解诂》。宋代将《孟子》列入经书,计十三经。
[19]　康有为:《南海师承记》,《康有为全集》(二),页444。

成。今古两派在《春秋》问题上的分歧产生于乾嘉经学对于《春秋》与五经的再解释。[20] 朴学家们热衷于训诂考证,以经世致用为特征的经学逐渐转化为以求真为目标的史学,他们崇《左传》而黜《公羊》、《谷梁》,从而在《春秋》问题上与今文经学的取向截然相反。钱大昕论《春秋》云:"春秋之法,直书其事,使善恶无所隐而已。"[21] 他与王鸣盛都倾向于经史无别。这一看法在章学诚那里演变为"六经皆史"的命题,从而将经史无别论推向了极致。章氏重周公而贬孔子,重经与六艺的关系而反对以传为经的经学方向,对子和传均有所贬抑。在史学视野中,《春秋》无非是史书之一,不再具有所谓"五经之管钥"的至尊地位;孔子为诸子之一,也不具有素王的品质。重《左传》,非《公羊》,崇《汉书》,非《史记》,突出《周礼》的地位,重视刘向、刘歆之七略分类——所有这一切使得章学诚不期然而然地站在了今文经学的对立面——章学诚的时代并无今古对立的格局,从而这一对立本身也是其后经学分化的产物。[22]

章氏不名于当世,刘逢禄也没有对"六经皆史"作出评论。但他条举各例,对钱大昕之经史无别论一一反驳,实际上是对乾嘉时代的学术潮流的一种批评:

> 左氏详于事而春秋重义不重事,左氏不言例,而春秋有例无达例,惟其不重事,故存十一于千百,所不书多于所书……[23]
>
> 《春秋》上记隐,下至哀,以制义法为有所刺、讥、褒、讳、抑、损之文不可以书见也。……[24]

---

[20] 皮锡瑞说:"作《春秋》尤孔子特笔,自孟子及两汉诸儒,皆无异辞。孟子以孔子作《春秋》比禹抑洪水、周公兼夷狄驱猛兽;又引孔子其义窃取之言,继舜、禹、汤、文、武、周公之后;足见孔子功继群圣,全在《春秋》一书。"见氏著:《经学历史》,北京:中华书局,1959,页67。
[21] 参见刘逢禄《春秋论》上、下两篇对钱大昕的反驳,文见《刘礼部集》卷三,页16—21。
[22] 康有为后来说:"唐人尊周公为先圣,而以孔子为先师,近世会稽章学诚亦谓周公乃为集大成,非孔子也,皆中歆之毒者。"《新学伪经考》,《康有为全集》(一),上海:上海古籍出版社,1987,页696。
[23] 刘逢禄:《春秋论上》,《刘礼部集》卷三,页18。
[24] 刘逢禄:《春秋论下》,《刘礼部集》卷三,页19。

刘逢禄的讨论上承唐代陆淳等人的看法，重新提出了春秋三传的位置问题，为在书法、义例的基础上重新阐发《春秋》之微言大义提供了前提。[25]他的《左氏春秋考证》论证刘歆伪造《左传》，正面冲击古文派的经学观、特别是经史无别论，这一解释为后来今文经学家们冲破历史事实的约束而发挥孔子改制的微言大义提供了前提。在他之后，康有为正面批判章学诚的史学论点，认为以周公而非孔子为儒之集大成者势必掩盖孔子创教改制的历史意义。[26]但是，透过上述门户之见和政治语境的差异，经史无别论与今文经学之间的联系仍然有迹可寻。

首先，以《春秋》为"五经之管钥"是儒学、尤其是经学的重要传统之一，针对理学们抬高四书的地位的做法，重新确立《春秋》的中心地位成为清代经学的一个重要步骤。今文经学与古文经学的重要分歧之一是六经是否为孔子所作。古文学派坚持孔子"述而不作"，所谓赞《易》象，删《诗》、《书》，订《礼》、《乐》，修《春秋》，正是"述而不作"的根据。"六经皆史"或"经史无别"的说法将六经视为先王之制的记载，从而突出了周公的集大成者的地位。今文学派（主要是廖平、康有为）认为六经为孔子所作，《春秋》非记事之书，而是孔子托古改制的微言大义；不是周公，而是孔子，才是儒之集大成者（根据即《公羊传》所谓"制春秋之义，以待后圣"）。廖平更本皮锡瑞《经学通论·三礼·论〈王制〉为今文大宗即春秋素王之制》之说，进一步论定今文家推崇的《王制》即《春秋》礼传，为孔子所作。从这个角度看，今古之别，南辕北辙。但是，今文经学把《春秋》

---

[25] 陆淳著有《春秋集传纂例》10卷、《春秋微旨》3卷、《春秋集传辨疑》10卷，他说："《公羊》、《谷梁》，初亦口授。……然其大指，亦是子夏所传。故二传传经，密于《左氏》。《谷梁》意深，《公羊》辞辨，随文解释，往往钩深。"(《春秋纂例》卷一，《三传得失议第二》，页5b—6a，文渊阁四库全书本)《春秋公羊传》相传为子夏的弟子公羊高(战国齐人)所作。从《汉书·艺文志》的记载可知，《公羊》、《谷梁》初由口说，至汉代始以隶书录之，成为今文经学的经典。唐代徐彦作《公羊传疏》引戴宏序文云："子夏传与公羊高，高传与其子平，平传与其子地，地传与其子敢，敢传与其子寿。至汉景帝时，寿乃共弟子齐人胡毋子都著于竹帛。"(《春秋公羊解诂》，何休撰，陆德明音义，徐彦疏。《春秋公羊传注疏》。文渊阁四库全书本。)

[26] 康有为：《孔子改制考》，《康有为全集》(三)，上海：上海古籍出版社，1992，页191。

提高到诸经中最为重要的位置,却与清代经学的传统一脉相承。清初学者以经史之学批判朱子学和阳明学,以新制度论和新礼乐论对抗宋明儒者的天人心性的命题,他们均把探究先王典制、制度沿革和风俗流变视为经学的要务。黄宗羲的《明夷待访录》是以古代典制为蓝本的变法改制理论,顾炎武的郡县论、封建论以及各种制度论则从历史和现实两个方面探讨改制的可能性。他们以礼代理,强调了礼作为一种制度的特点。在这里,核心的问题在于变法改制,变的观念和制度论的结合是清代学术的内在动力。正是在重构礼制的潮流中,《春秋》在五经中的地位获得了明显的上升,从而开启了以史证经的学术方向。前引《亭林文集》卷三《与施愚山书》及《日知录》卷七《夫子之言性与天道》均把《春秋》与孔子的其他著书作对比,声称"夫子之文章,莫大乎《春秋》,《春秋》之义,尊天王,攘戎翟,诛乱臣贼子,皆性也,皆天道也。故胡氏以《春秋》为圣人性命之文,而子如不言则小子其何述乎!"〔27〕顾炎武视《春秋》为寄托了先王政典和判断是非标准的著作,而非单纯的史书;针对宋明儒学的抽象讨论,他把"尊天王,攘戎翟,诛乱臣贼子"视为"性"与"天道"的范畴。这一看法突显了内外、夷夏的礼仪原则,与清代今文经学倡导的内外、夷夏相对化的观点相互对立,但在视《春秋》为刑书方面,顾炎武的看法与今文学观点相距并不那么遥远。

清初经学的上述特点是对重视制度、盛推《春秋》的公羊学复兴的预示。刘逢禄以降,春秋公羊学恢复了汉代公羊学的主要特点,力图将礼义、法律合为一体,而《春秋》正是明礼决狱的典范。刘氏云:

> 学者莫不求知圣人;圣人之道,备乎五经;而《春秋》者,五经之管钥也。先汉师儒略皆亡阙,惟《诗》毛氏、《礼》郑氏、《易》虞氏有义例可说。而拨乱反正,莫近《春秋》,董、何之言,受命如向。然则求观圣人之志,七十子之所传,舍是奚适焉?〔28〕

---

〔27〕 顾炎武:《日知录》卷七《夫子之言性与天道》,《日知录集释(外七种)》,上,页536。
〔28〕 刘逢禄:《春秋公羊释例序》,《刘礼部集》卷三,页23。

又说：

> 或称《春秋》为圣人之刑书，又云五经之有《春秋》犹法律之有断令。而温城董君独以为礼义之大宗，何哉？盖礼者刑之精华也，失乎礼即入乎刑，无中立之道，故刑者礼之科条也。……《春秋》显经隐权，先德而后刑，其道盖原于天。……夫刑反德而顺于德，亦权之类矣。……矫枉者弗过其正则不能直，故权必反乎经，然后可与适道。……故持《春秋》以决秦汉之狱，不若明《春秋》以复三代之礼，本末轻重，必有能权衡者，以君子之为亦有乐乎此也。[29]

刘逢禄恢复了先秦刑德概念，明确地将礼视为刑之精华，将礼刑的观念归纳在法令的观念之中。参照他的弟子龚自珍的《春秋决事比》，这种综合礼义与法律的倾向极为鲜明。龚自珍说：

> 在汉司马氏曰：春秋者，礼义之大宗也；又曰：春秋明是非，长于治人。晋臣荀崧踵而论之曰：公羊精慈，长于断狱。九流之目，有董仲舒一百二十三篇。其别公羊决狱十六篇，颇佚亡。其完具者，发为公羊氏之言，入名家。何休数引汉律，入法家。而汉廷臣援春秋决赏罚者比比也，入礼家矣，又出入名法家。或问之曰：任礼任刑，二指孰长。应之曰：刑书者，乃所以为礼义也，出乎礼，入乎刑，不可以中立。抑又闻之，《春秋》之治狱也，趋作法也，罪主人也，南面听百王也，万世之刑书也。决万世之事，岂为一人一事，是故实不予而文予者有之矣。……[30]

在清代经学的传统中，重新发掘董仲舒及其西汉学术是对以古文为中心的汉学传统的反叛，但若抛开家法的视野专注于问题本身，我们也可

---

[29] 刘逢禄：《释特笔例中》，《刘礼部集》卷四，页21—22。
[30] 龚自珍：《春秋决事比自序》，《龚定庵全集类编》，北京：中国书店，1991，页56—57。

以在顾炎武、戴震的若干讨论中找到类似的主题。今文经学对于《春秋》在五经中的位置的推崇，以及把礼制与法律相互关联的方式，都是清初学术传统的延续。在这个意义上，皮锡瑞的如下辩论就不是无根之论：

> ……云"据鲁、亲周、故殷"，则知《公羊》家存三统之义古矣。云"有贬损，有笔削"，则知《左氏》家"经承旧史"之义非矣。云"垂空文，当一王之法"，则知素王改制之义不必疑矣。《春秋》有素王之义，本为改法而设，后人疑孔子不应称王，不知"素王"本属《春秋》（《淮南子》以《春秋》当一代）。而不属孔子。疑孔子不应改制，不知孔子无改制之权，而不妨为改制之言。所谓改制者，犹今人之言变法耳。法积久而必变，有志之士，世不见用，莫不著书立说，思以其所欲变之法，传于后世，望其实行。自周秦诸子，以及近之船山、亭林、梨洲、桴亭诸公皆然。亭林《日知录》明云，立言不为一时，船山《黄书》《噩梦》，读者未尝疑其僭妄，何独于孔子《春秋》，反以僭妄疑之！[31]

廖平以《王制》为兼采虞、夏、殷、周四代而以殷为主之制，而《周礼》为周代之制。按古文家的看法，孔子自谓"从周"，若宗《王制》，岂非从殷或四代了吗？按今文家的看法，孔子是周人，平日行事，必从时王之制，而在著书立说时却不妨损益前代，所以言"从周"之前，又有"周监于二代"的说法。[32]

其次，"六经皆史"的另一面是六经皆王制，它的核心在于把经书理解为先王之政典的遗迹，同时又把先王之政典看作是经世实践的根据。章学诚从制度与知识的关系的变化出发，强调对于子书和经传的研究应该突破主观的意见，发掘出隐含于诸子和各传内部的六艺精髓。因此，所谓贬低《春秋》的地位不是贬低《春秋》包含的意义，而是把《春秋》视为

---

[31] 皮锡瑞：《经学通论·春秋》，北京：中华书局，1954，页12—13。
[32] 此即皮锡瑞《经学通论·春秋·论〈春秋〉改制犹今人言变法损益四代孔子以告颜渊其作〈春秋〉亦即此意》的要旨。

先王政典和行事的记录。这一观点包含了两种解释的方向,即一方面要求通过历史的解读发现隐含在史书记载之中的先王礼乐和政典的意义,另一方面则以先王政典及其古今流变作为经世实践的依据。章学诚的所谓"义旨"之说与魏晋时代追究圣王之"迹"的想法颇有接近之处,他把六经看作是六艺之"迹",从而发展出了他的经学考古学。在这个意义上,他对《春秋》地位的贬低与顾炎武对于《春秋》的重视同根同源:他们都把经书看成是制度论或礼乐论,并在一种流变的视野中以之作为行动的根据。

顾炎武、章学诚均不主公羊和汉代师说,也绝不赞成《春秋》是孔子"作新王"的"微言大义",但他们的经学实践把制度论而不是宋儒的心性论置于思考的中心,实际上为今文经学之春秋观及其变法改制论的兴起铺平了道路。例如,魏源《学校应增祀先圣周公议》认为五经皆原本于周公,述定于孔子,而"朝廷制度,六官分治,皆《周礼》冢宰、司徒、宗伯、司马、司寇、司空之职;……"进而把各种礼乐制度归为周公之制。[33] 在《刘礼部遗书序》中,他希望后儒继刘逢禄"由董生《春秋》以窥六艺条贯,由六艺以求圣人统纪"。这是以"由六艺以求圣人统纪"的古文观点评论刘氏对于《春秋繁露》的理解,[34] 在阐释的方向上与其说与后来的今文家如康有为、廖平接近,不如说与章学诚及古文家的看法如出一辙。魏源以公羊思想阐释群经,从而混同六经,他与古文家的区别不在是否承续古文经的观点,而在他这种附会一切的方式。龚自珍同样以孔子"吾道一以贯之"的态度看待经学,对于王引之、顾广圻、江藩、陈奂、刘逢禄、庄绥甲等古文经学者和今文经学者一并推荐,他的《六经正名》、《古史钩沉论》等著作对于六经、六艺、七略及经传子史之关系的讨论,均深受章学诚《文史通义》的影响。龚自珍要求以严格正名的态度"以经还经,以记还记,以传还传,以群书还群书,以子还子",写定群经,这些观点让人想起戴震所谓以六经还六经、以孔孟还孔孟、以程朱陆王还程朱陆王、以二氏还二氏的说法,也接近于章学诚明辨源流的史学观点。龚自珍尊重训诂考证在经学中的必要地位,他在《抱小》一文中对于

---

[33] 魏源:《学校应增祀先圣周公议》,《魏源集》,上册,北京:中华书局,1976,页155。
[34] 魏源:《刘礼部遗书序》,《魏源集》,上册,页242。

他的外祖父段玉裁、高邮王引之均投以极高的敬意。[35]他与古文家的的真正差异不在对于经典的理解,而在如何运用经典。如果说章学诚明辨源流,以恢复六艺并用于当世为目的;那么,龚自珍却以"天地东南西北之学"阐发六经、诸子之微言大义,从而将经学问题与舆地学、天文学和各种社会政治问题密切地连接起来。他以为今古之别是在读法上不同,而非文字上的区别。《古史钩沉论二》发挥"六经皆史"云:"周之世官大者史。史之外无有语言焉,史之外无有文字焉,史之外无人伦品目焉。史存而周存,史亡而周亡……夫六经者,周史之宗子也。……故曰五经者,周史之大宗也……诸子也者,周史之小宗也。"[36]在《陆彦若所著书叙》中,龚自珍把六经皆史的命题发展为"五经,财之源也,德与寿之溟渤也",认为离开货殖、农业等经济活动即无法理解经典,[37]从而将"经"的观点从史发展为日常的生活实践。至于《春秋决事比》等著作对于公羊春秋微言大义的发挥则是更为出名的例子了,这里不再重复。

4. 孟、荀与今古之辨

春秋观仅仅是今古交错的一个例证。我们还可以通过他们对于其他诸经的理解证明这一点。今文经学力图沟通孟子、荀子与公羊学,如康有为云:"孔门后学有二大支:其一孟子也,莫不读《孟子》而不知为《公羊》正传也;其一荀子也,《谷梁》太祖也。《孟子》之义无一不与《公羊》合。《谷梁》则申公传自荀卿,其义亦无一不相合……"[38]今文家的上述解释与戴震等经师对孟、荀的解释有何关系?刘师培为古文学者,他的《群经大义相通论》辨析齐鲁之学的异同,其中《"公羊""孟子"相通考》一篇条举七例,得出的结论是"荀子之义多近于谷梁,孟子之义多近于公羊。故荀子之学,鲁学也。孟

---

[35] 龚自珍:《抱小》,《龚定庵全集类编》,页92。
[36] 龚自珍:《古史钩沉论二》,《龚定庵全集类编》,页99—100。
[37] 龚自珍:《陆彦若所著书叙》,《龚定庵全集类编》,页34—35。
[38] 康有为:《南海师承记》,《康有为全集》(二),页442。

子之学,齐学也"。那么,这一论断的学术史根据是什么呢? 刘师培说:

> 公羊得子夏之传,孟子得子思之传。近儒包孟开谓《中庸》多公羊之义,则子思亦通公羊学矣。子思之学传于孟子,故公羊之微言多散见于《孟子》之中。

他以《孟子·梁惠王》下篇"惟仁者为能以大事小,是故汤事葛,文王事昆夷。惟智者为能以小事大……"等语为例,以之与《公羊》"纪季以酅入于齐"等语作对比,认为公羊同样体现了孟子"以小事大"之义。[39]《孟子》与《公羊》是否一家尚待论证,但它们之间存在相近的取向并无疑问,公羊传对于《春秋》的看法最接近《孟子》,如公羊家发挥《春秋》大义的依据之一,便是孟子所谓"昔者,禹抑洪水而天下平;周公兼夷狄,驱猛兽,而百姓宁;孔子成《春秋》,而乱臣贼子惧",[40]今文家倡导的孔子"素王改制说"即根据《孟子·滕文公下》的叙述。[41] 按杨向奎的看法,《孟子》在思想体系上与《左传》的关系更为密切一些,而《公羊》、《荀子》才是具有法家倾向的思想著述。[42] 但是,经过今文经学和经学内部的史学倾向的持久冲击,在刘师培的时代,试图在上述源流之间划出清晰的界限已经

---

[39] 刘师培:《群经大义相通论·"公羊""孟子"相通考》,《中国现代学术经典·黄侃、刘师培卷》,石家庄:河北教育出版社,1996,页575—577。
[40] 《孟子·滕文公下》,《孟子正义》,页459。
[41] 俞樾是章太炎的老师,著名的古文经学者,他在《春秋天子之事论》中也说:"《春秋》一经,圣人之微言大义,公羊氏所得独多,尝于孟子之言见之矣……愚因孟子之言,而益信公羊家记王于鲁之说,故具论之。"见《诂经精舍课艺文》,第三辑(戊辰上),上海图书馆藏,页3—4。
[42] 关于孟子与公羊的关系,学者们看法不一。刘师培《"公羊""孟子"相通考》、刘异《"孟子""春秋"说微》均以为孟子思想多有微言,与公羊相通。杨向奎则认为孟子与公羊在思想体系上并不相通,他曾就此批评刘师培及孔广森等人的混淆孟子与公羊的做法(参见杨向奎:《绎史斋学术文集》,页337—338)。但若不拘泥于学术传承,而把思想的关系看作是一种历史的关系,那么,我们就可以说:清代思想内部出现了一种重视制度、法律和历史因革的思想潮流,戴震之综合孟荀、公羊家之混淆孟子与公羊,都是这一思想潮流的反映。

极为困难了。章学诚以六艺为宗,观察群经诸子,今文经学者继其后,对于乾嘉学者之汉宋、朱陆之辨不以为意,并在"夫圣人之道,大而能博,贤人学之,各得其性所近"的口号下,对于各种学术思想加以综合的运用。[43] 刘师培以一古文家的身份而论孟子与公羊的关系,说明清代经学内部已经存在综合孟子与公羊的倾向。

乾嘉考证学没有今文经学的那种对于王者之事或变法改制的热心,但这一结论并不能自然地转化为另一推论,即考证学方式本身即是对经世致用的背叛。从黄宗羲、顾炎武起,清代学术的政治取向密切地联系着他们对于古代典制的严格考证、精确研究和历史阐释。因此,一个经学家是否直接论政与他的经学研究是否包含了政治的内涵并没有直接的关系。戴震对于孟子的论述就是一个例证。他以自然/必然、理/欲之辨攻击宋儒的心性之学,在发展礼的观念的同时要求以时变的观念对待礼,在重视礼的实践(一种内在于物理人情的礼的实践)的过程中引入荀子的礼制与法的观念。戴震对制度、法律和历史变化的理解与公羊学有着某种微妙的呼应关系,因为他和公羊家对孟子和荀子的解释均渊源于对古代礼制、法和制度的重视。这种思想方式的侧重点与理学有着明显的分野。清代经学的礼制论是对宋明儒学的天人心性论的批判,黄宗羲、顾炎武和戴震都有以礼代理、以制度论代心性论的倾向。在戴震那里,这种对于制度的兴趣表现在他对荀子的矛盾态度之中:他对孟子义理的解释每每以一种特殊的逻辑与荀子的礼义、尚法和崇学的观念相合,以至在礼与法、先天之善与后天之学之间构成了一种紧张关系。《孟子字义疏证》以释孟的方式反击宋学的天人心性之说,恢复礼的观念的中心地位,但它对荀子学术的兼容却包含了某种将孟子法家化的意趣。从这方面看,他的《疏证》包含了今文经学者后来发展了的那种倾向。

清代公羊家视孟子为公羊学的先导,以之作为解释《春秋》之微言大义的根据。刘师培的观点其实是对清代公羊家看法的继承与发挥。例

---

[43] 魏源:《"论语""孟子"类编序》,《魏源集》,上册,页145—146。

如，廖平《今古学考》论证孟子、荀子均依《王制》立说，而更早的孔广森在《春秋公羊通义序》中发挥孟子所谓《春秋》"天子之事也"的说法，论公羊与孟子之相通云：

> 经有变周之文，从殷之质，非天子之因革耶？甸服之君三等，蕃卫之君七等。大夫不世，小国大夫不以名氏通，非天子之爵禄耶？……内其国而外诸夏，内诸夏而外四裔，殆所谓天下之本在国，国之本在家者与？愚以为公羊学家独有合于孟子。……故孟子最善言《春秋》，岂徒见税亩、伯于阳两传文句之偶合哉。[44]

他把《孟子》中有关礼序的论说等同于天子之事，亦即将孟子法家化，从而达到礼法合一的效果。在这个意义上，今古文学派在孟子、荀子问题上的分歧背后，也还存在内在的联系。刘逢禄亦云：

> 昔孔子有言：吾志在《春秋》；又曰：知我者，其唯《春秋》乎，罪我者，其唯《春秋》乎！盖孟子所谓行天子之事，继王者之迹也。传《春秋》者，言人人殊，唯公羊五传，当汉景时，乃与弟子胡毋子都等记于竹帛。是时，大儒董生下帷三年，讲明而达其用，而学大兴故。其对武帝曰：非六艺之科、孔子之术皆绝之，弗使复进，汉之吏治经术彬彬乎近古者，董生治《春秋》倡之也……[45]

今文家通过对孟子的解释而把《春秋》等同于孔子的制度论，皮锡瑞不但混同孟子与公羊，而且公然将朱子、孟子与公羊归为一家。在我看来，这一看法并非出自家法的视野，而是从清代中叶以后日益流行的史观中得出的结论。《经学通论》卷四《春秋》云："论《春秋》大义在诛讨乱贼，微

---

[44] 孔广森：《春秋公羊通义序》，《春秋公羊通义》，石印本，上海：鸿宝斋，清光绪十七年（1891）。
[45] 刘逢禄：《春秋公羊释例序》，《刘礼部集》，卷三，页23。

言在立法改制。孟子之言与公羊合,朱子之注深得孟子之旨。"[46]我们找不到戴震关于"诛讨乱贼,微言在立法改制"的论述,但在《孟子字义疏证》中,他通过重新界定荀子而突出了制度、法律和权(变)的观念,却有明确的例证。若将皮锡瑞的这段话与顾炎武的《春秋》论相较,真正被省略了的是"攘戎翟"一条。

道德论与制度论的内在联系是先秦儒学的重要特点,所谓德刑的观念就是集中的表达。孟、荀之分野是先秦儒学内含的道德论与制度论发生分化的征兆。当戴震解释孟子而又兼容荀子的时候,隐含在孟子思想中的法家因子也就被突出出来了。按刘师培、杨向奎的看法,荀子与公羊本是一家,都属于接近法家的儒学系统。刘师培《"公羊""荀子"相通考》云:

> 昔汪容甫先生作《荀卿子通论》,谓《荀子·大略篇》言《春秋》,贤穆公善胥命,以证卿为《公羊春秋》之学。又惠定宇《七经古谊》亦引《荀子》周公东征西征之文以证《公羊》之说,则《荀子》一书多《公羊》之大义,彰彰明矣。吾观西汉董仲舒治公羊春秋之学,然《春秋繁露》一书多美荀卿,则卿必为公羊先师。且东汉何邵公专治公羊学,所作解诂亦多用荀子之文……

他举出的例子是:《公羊》"讥世卿",《荀子》则有"尚贤使能,则等位不遗"的观点;《公羊》倡大一统,《荀子》也有相似观点,如《王制》所谓"四

---

[46] 皮锡瑞:《经学通论》四《春秋》,页1。皮氏又云:"孟子说《春秋》,义极闳远。据其说,可见孔子空言垂世,所以为万世师表者,首在《春秋》一书。孟子推孔子作《春秋》之功,可谓天下一治,比之禹抑洪水,周公兼夷狄、驱猛兽;又从舜明于庶物,说到孔子作《春秋》,以为其事可继舜、禹、汤、文、武、周公。且置孔子删《诗》《书》、订礼乐、赞《周易》,皆不言,而独举其作《春秋》,可见《春秋》有大义微言,足以治万世之天下,故推尊如此之至。两引孔子之言,尤可据信。是孔子作《春秋》之旨,孔子已自言之;孔子作《春秋》之功,孟子又明著之。……是《春秋》微言,大义显而易见,微言隐而难明,孔子恐人不知,故不得不自明其旨。其事则齐桓、晋文一节,亦见于《公羊》昭十二年传,大同小异。足见孟子《春秋》之学,与《公羊》同一师承,故其表彰微言,深得《公羊》之旨。"同前,页1—2。

海之内若一家",等等。[47]杨向奎肯定刘师培的观点,并发挥说:"《公羊》和荀子属于一个学派,他们是儒家而接近法家。在政治理论上他们主张改制,但提出的办法并不彻底,因此他们一方面主张改制,一方面又提倡复古,未免进退失据而不能自圆其说。"[48]所谓改制,是指他们尊重历史的演变和潮流,强调应该建立大一统的郡县国家;而所谓复古,则是说他们又把三代之封建作为内在的理想。

5. 礼、法与权

无论如何断定《王制》、《周礼》,它们均为"制度之书"。然而,如果没有洞察历史与现实的能力,要想在圣王礼制与历史流变、道德实践与法的关系、郡县之一统与三代之封建之间保持平衡,难免"进退失据"。以法令断案的方式判断是非,就有必要讨论"权"(权衡、权便)的重要性。值得注意的是,经与权的矛盾是公羊思想的一个最为内在的特点,它在义法上的所谓"实与而文不与"就是鲜明的例证:"文不与"为经,"实与"是权。[49]《春秋公羊传·桓公十有一年》以

---

[47] 刘师培:《群经大义相通考·"公羊""荀子"相通考》,《中国现代学术经典·黄侃、刘师培卷》,页596—601。

[48] 杨向奎:《"公羊传"中的历史学说》,《绎史斋学术文集》,上海:上海人民出版社,1983,页87。

[49] 如《春秋公羊传·僖公元年》解"齐师,宋师,曹师次于聂北,救邢"一句,言"救不言次,此其言次何? 不及事也。不及事者何? 邢已亡矣。孰亡之? 盖狄灭之。曷为不言狄灭之? 为桓公讳也。曷为桓公讳? 上无天子,下无方伯,天下诸侯有相灭亡者,桓公不能救,则桓公耻之,曷为先言次而后言救? 君也。君则其称师何? 不与诸侯专封也。曷为不与? 实与,而文不与,文曷为不与? 诸侯之义不得专封也。诸侯之义不得专封,其曰实与之何? 上无天子,下无方伯,天下诸侯有相灭亡者,力能救之,则救之可也。"(见李宗侗注译《春秋公羊传今注今译》,上册,台北:台湾商务印书馆,1973,页167—168。)这里说及齐、宋、曹之军队救邢而不能言救,又问为什么说齐国军队先驻扎在那里,而不说救,答案是齐桓公是君。但为什么先说驻扎,而后又说救呢? 因为原则上不许诸侯专封疆,但实际上却是准许的,只是在文章中不能挑明。这就是所谓"实与而文不与"。

具体的情境解释"权"的意义。郑庄公葬礼之后,宋人逮捕了郑国宰相祭仲,逼迫他将忽赶走而立突(突为宋国外甥)。祭仲因此面对一个两难抉择:若不从其言,则君必死、国必亡,若从其言,则君可以生、国可以存。祭仲权衡轻重,选择了后者。《公羊》称赞祭仲能够在这种情况下行"权":

> 权者何?权者反于经,然后有善者也。权之所设,舍死亡无所设。行权有道,自贬损以行权,不害人以行权,杀人以自生,亡人以自存,君子不为也。[50]

清代今文经学对于内外关系及变法改制的思考无不渗透了"权"的思想,前引刘逢禄《释特笔例中》所谓"刑反于德而顺于德,亦权之类"就是典型的例证,它在刑德之间对"权"做出重要规定。

然而,"权"的思想并不是今文经学的专利,而是儒学的一个基本命题,如《孟子·梁惠王上》云:"权,然后知轻重。度,然后知长短。物皆然,心为甚,王请度之!"[51]顾炎武、戴震等人既然重视制度与法律,就不得不在谈论礼与法的同时反复论辩"权"的重要性,从而把主观意志和历史情境在伦理和政治中的意义凸现出来。戴震通过释孟而突出"权"的重要性,这对理学家而言实在是出乎意料的事情:

> 权,所以别轻重也。凡此重彼轻,千古不易者,常也。常则显然共见其千古不易之重轻。

又云:

> 而重者于是乎轻,轻者于是乎重,变也。变则非智之尽能辨察事

---

[50] 同上,页65。
[51] 孟子:《梁惠王上》,见《孟子正义》,上,焦循撰,北京:中华书局,1987,页87,

情而准,不足以知之。……知常而不知变,由精义未深,所以增益其心知之明使全乎圣智者未之尽也。[52]

"权"是经由主观意志而对情境、法律、义理作出的一种综合判断和取舍。参照《孟子字义疏证》所讨论的自然/必然、情/欲、礼/法等基本主题,我们不难理解"权"何以成为调节这些范畴的重要概念。

戴、章之学与今文经学都内含了一种时变的观念,它为法和礼之兴废提供了正当性。在我看来,清代经学中经典之祛魅恰恰起源于此:如果一切都是历史演化和利益权衡的结果,那么,经学家们赋予三代礼乐和先王政典的那种道德含义也就必然相对化了。变法改制的实践是以制度与历史流变的关系作为合法性的,这一合法性论证不但消解了制度与道德的绝对联系,而且也导致了经典之权威性的丧失。问题的复杂性在于:变法改制是对既成法规和礼仪的反叛,但这一过程对于道德合理性的需求却比承平时代更为强烈。在这一背景之下,今文经学者一方面努力区分"变"与"不变"、区分制度之沿革与不变之道,另一方面则引入谶纬之说、暗通宋儒之天人论,直至以近代科学的观念重构宇宙论和历史观。科学世界观对谶纬及迷信的揭露并没有掩盖这一事实:它们都产生于制度改革对于世界观的需求之中,时变的观念与对于宇宙论的需求是同时发生的。因此,现代思想的发生与其是一个"脱魅"的过程,毋宁是一个重构"巫魅"的过程。今文经学内部的转变与这一矛盾有着极为密切的关系。

戴震、章学诚之学对于社会危机的回应方式极为曲折,他们的批判性思想没有直接呈现为现实的制度改革方案或策论,毋宁是一种以先王政典为依据的道德理论。换句话说,他们的主要关怀是在变动的历史关系和日常生活中重新阐发礼乐或礼制的意义,缺少今文经学的那种强烈的政治意识和变法诉求。我们无法把戴、章之学看作是对乾嘉时代社会动荡的直接回应,毋宁是在清代政治和社会的关系内部探讨一种更为合理

---

[52] 戴震:《孟子字义疏证》卷下,《戴震全集》(一),页203。

的礼制论的尝试。[53]因此,"权"、"变"的思想主要出现在一种道德理论和历史叙述之中,并没有直接表述为变法改制的思想。粗略地说,戴、章之学注重礼制及其历史流变,而今文经学强调法律与政治的改革;戴、章之学以变与不变的辩证法追寻历史中的先王遗教,而今文经学则以变的观念提供制度改革的合法依据。制度与法,而不是礼制与道德,构成了今文经学的中心主题。今文经学的政治和现实关怀远远超出了复古的礼乐论和道德论的范畴。离开特定的政治关系根本无法说明今文经学的独特性及其礼制论的政治含义。

6. 礼仪、德刑与王朝政治

从上述多少有些杂乱的线索中,我们可以归纳出一些初步的结论。

第一,清代经学是对宋明理学的反动,它以研析经典、回归先王典制作为中心任务。在经学的脉络中,宋明义理之学丧失了它的合法性。因此,当经学家们不满于经学的束缚而试图寻找突破的契机的时候,他们或者如戴震那样在"字义疏证"的形式中复活宋学的主题,或者如章学诚那样在史学的框架中破除考证的绝对权威,或者重新编排汉代学术的位置,从而为在经学方式内部寻找变革的动力提供经典的依据。这些变化并没有超出治道合一、礼理合一的经学前提。在这个意义上,清代经学为当时学者规定了一个学术轨道和方向,即使是最为反叛性的学者也难以在宇宙论、本体论或心性之学的架构里发展新的理论,他们必须通过重新解释

---

[53] 乾嘉时代孕育着重要的社会危机是确实的,如下事例是思想史家常常提出的例证:1774年(乾隆三十九年)山东清水教王伦发动的寿张农民起义、1781年(乾隆四十六年)苏四十三等领导的西北回族和撒拉族起义、1786年(乾隆五十一年)林爽文领导的台湾民众起义、1795年(乾隆六十年)湘、黔苗民起义、1796年(嘉庆元年)川、楚、陕白莲教起义、1813年(嘉庆十八年)李文成、林清领导的八卦教起义,等等。但是,从基本的方面看,乾隆时代是一个统治基本确立的所谓"盛世",满汉矛盾和各民族之间的关系明显地获得了缓和。因此,仅仅条举上述事件是很难确切地说明这些社会危机与经学的关系的。

和发现经典的精义，疏理出新的礼制论或制度论作为变革的前提。正由于此，虽然许多今文经师对于宋学抱有极深的同情和理解（例如庄存与在《春秋正辞·奉天辞》中混淆汉宋，用二程的语录解释《春秋》），但他们并不是以宋学的方式建构自己的理论，而是在经学内部另辟蹊径，通过复活汉末以降湮没不彰的今文经学作为突破口。

第二，清代经学始终包含着追随先王典制与尊重历史演变的紧张，我们也可以把它表述为礼乐与制度、封建与郡县的矛盾。在经学的语境中，封建/郡县、礼乐/制度的矛盾代表着古代典制与历史流变的辩证关系，它体现在几个不同的层面。其一，清代经学力图在制度的层面综合三代封建与郡县制度，在井田、学校、封建的理想与钱粮、生员、大一统政治之间形成一种平衡。顾炎武的天下观、郡县论、风俗论以及考文知音以追寻古制精义的方法，都表达了这一看似矛盾的理论追求。其二，清代经学在道德实践的层面综合先王礼制与日常生活中的欲望，力图在必然与自然、理与欲之间形成内在的连贯性。戴震批判以理杀人，综合孟、荀和庄子，沟通经学与义理之学，都可以视为在道德论的层面平衡礼制（先王典制和宗法伦理）与自然（历史流变、制度与法律）的努力。其三，清代经学以变易或时势的观念理解六经皆史、道器一体的命题，把顾炎武有关郡县和封建的礼制论和政治观落实为一套叙述历史的方法，从而在史学的层面把封建的精神注入郡县的体制之中。章学诚对于六经与先王政典的关系的检讨、对于学者人格的严峻要求、对于个人著史（追溯封建的精神）与公家修史（郡县制下的封建关系）的历史关系的分析，无不体现出在先王典制与历史流变之间寻找中介的追求。这三个层面相互渗透，最终把变革的意志与对古代典制的理解融合为一体。

在清代经学内部，先王政典与历史流变、封建与郡县、天下与国家、三代制度与经传史述、个人欲望与礼制秩序之间存在着内在而持久的紧张，它们构成了清代经学的创造力、想像力和局限的根源。经学批判理学的天道观和心性论，目的就是重建上述两个方面的平衡关系。但是，这一理论努力很快产生出新的危机，因为它无法克服如下矛盾：一方面，经学以追寻三代礼乐和先王政典之精义为目的，但它的"变"的历史观却反对教条地照搬经典,以复古的方式变革现实制度;另一方面,"变"的观念为历史制度的沿革提供了合法性,却缓解了以三代礼乐对抗现实制度的道德批判。从顾、黄之学到戴、章之学,学术的方式一再变化,其动力就是在演变的历史观念与礼制规范之间不断产生的紧张和矛盾。这种紧张和矛盾最终转化为一种内在于经学的历史冲动,即通过经学实践寻找变革的根据与变革的意志的冲动。然而,"变"的观念是一种看待历史中的制度、道德和礼乐的方式,它本身并不能提供变革的依据。因此,经学家们不得不依赖"权"的经验过程。权变的观念为在经学内部展开政治策略的讨论提供了理论上的空间,也为突破经学的藩篱提供了内在于经学的根据。

清代经学的上述矛盾和冲动为今文经学的异军突起提供了前提和条件:它不仅把《春秋》看作是先王政典的记述,而且还看作是孔子的变法理论;它不仅把历史看作是"自然之势"的结果,而且还看作是主观意志(改制)的产物;它也不仅把"变"的历史观演绎为一套古代历史的经典叙述,而且还不断地寻找制度改革的根据与方案——从今文家的《王制》、古文家的《周礼》到西方的各种政教知识,无不涉及。在这里,政典和法变成了与人的主观变革的意志密切联系的领域:文王之法、大一统观念既不是自然演化的结果,也不是圣王之治的遗迹或经典之教条,而是孔子因应时势为新王所立之法或微言大义。变法的观念把这些原则从经史范畴中解放出来,组织到现实的变革方案之中。在这个意义上,不是学术门派上的分野,而是这一思想重心的转变,才是经学内部的根本性的转变。学术方式的选择毋宁是这一转变的结果,它改变了清代经学的那种尊重先王典制和历史流变的自然的秩序观,转而为一种意志主义的变法论和实用主义的经学观提供了根据。

第三,今文经学的经世思想以礼为根据,以王朝政治实践为中心,它在恢复清初诸儒的儒学命题之时,没有清初大儒的那种强烈的夷夏情节和隐藏在正统主义背后的反叛倾向,毋宁是在承认王朝合法性和历史演变的前提之下展开的。这一学术重心的转变的最为重要的动因,无疑是清代作为一个少数民族统治的多民族帝国这一政治现实。但从经学内部来看,这一转变也与学者身份的变化密切相关。与乾嘉考证学的代表人物相比,今文经学不同阶段的代表人物与王朝政治的关系极为紧密,他们或者是朝廷重臣,或者是变法改制的中心人物。庄存与(1719—1788)以一甲第二名为翰林院编修,乾隆帝以"所进经义,宏深雅健,穿穴理窟",命入南书房行走,历任湖北正、副主考官,湖南学政,詹事府少詹事,浙江正主试,顺天学政,内阁学士兼礼部侍郎;刘逢禄(1776—1829),1819年(嘉庆十九年)进士,改翰林院庶吉士,散馆授礼部主事,道光四年(1824),补仪制司主事。他的祖父刘纶仕至文渊阁大学士、军机大臣、太子太傅。刘氏弟子龚自珍、魏源仕途不顺,但都曾久居京师,或入幕府参与政事。在危机四伏的时代,他们以边缘的角色处于国家政治的中心地带,进而把一种较为激进的政治视野带入经学的世界。康有为、梁启超、谭嗣同等人是晚清改革运动的中心角色,他们所以能够进入宫廷政治,不但因为他们的政治参与意识,而且也因为在他们的手里公羊学已经是一种政治变革和法律变革的理论,一种融汇各种西方知识、为现实变革提供范式的理论。若仅仅在今文经学对于微言大义的阐发与乾嘉汉学的训诂考证上做文章,既无法说明今文经学的真正意义,也不能解释清代经学内部不断发生的持续变动。

对于制度和法律的关注甚至渗透到那些处于更为边缘的学者的著述之中。艾尔曼曾以恽敬(字子居,阳湖人,生乾隆二十二年,卒嘉庆二十二年,庄氏家族的知交,与庄述祖同时)为例证明这一点。恽敬的《三代因革论》八篇对三代之治的态度侧重在制度论的一面,完全忽略它作为道德根源的经学传统。他对三代的解读与清初诸儒没有多大关系,倒与雍正对曾静的批驳若相桴鼓:他以制度与人情、封建与历史变迁的关系为纽带,发展出了一套变法的理论。[54]在他的笔下,先王之道无非是适合时变的法律和制度,人们不能离开利害关系来谈论先王典制的神圣性;并

---

[54] 艾尔曼(Benjamin A. Elman)的《经学、政治和宗族——中华帝国晚期常州今文学派研究》*Classicism, Politics and tinship: the Chang-chon school of new text confucianism in late impericl china.*(赵刚译,南京:江苏人民出版社,1998)一书对恽敬的思想给予了恰当的重视和分析。参看该书页 215—222。

田、封建以及民兵、官役等制度绝非神圣不可更动的制度,因为它们本身就是圣人根据情势而制定的政策。在这个意义上,像宋儒那样以三代之制批评汉唐之法,不过反映了儒者自身的局限而已。[55]既然"天下无无弊之制,无不扰民之事,当择其合时势而害轻者行之",[56]那么,人们有什么理由用三代之制贬斥汉唐时代的兵制、田制等等因应时代变化的制度呢?在这一功利性的历史视野中,恽敬推崇汉唐之法,公然为商鞅和秦政辩解,认为秦朝的人口、疆域发生了变化,绝无可能僵化地效法三代:"夫法之将行也,圣人不能使之不行;法之将废也,圣人不能使之不废。"[57]

第四,在清朝的特定语境中,对于历史和制度演变的肯定必然涉及族群关系问题。今文经学对历史流变的关心和"行权"的思考集中在改变清初经学的内外观,它以春秋公羊学之内外例消解早期经学和理学思想中的强烈的民族意识和夷夏之别。当今文经学者把顾炎武、黄宗羲开创的经史之学转化为一种政治理论的时候,他们不仅在改变经学的内部规则,而且也通过这种改变重建自己的认同:如果不能在制度内部找到弥合夷/夏、内/外关系的方法,也就找不到变法改革得以实践的前提。正由于此,顾炎武、黄宗羲和王夫之学术中的那种强烈的反抗性和民族意识在今文经学中淡化了,它们被转化为一种取向相反的思考,即以文化而不是族群或族性作为政治认同的根据,进而泯灭内外、夷夏之别,重建清朝帝国的合法性。在顾炎武、黄宗羲、王夫之、吕留良那里,三代之制既是经学或理学的内在结构,也是道德认同(民族认同)的资源和政治实践的根据。这一取向针对的是满清少数民族帝国的征服政策、族群等级和贵族政治,从而带有强烈的正统主义和夷夏观念。今文经学多从王朝变革的角度考虑问题,他们把制度看作是内外互动的结果,从而以取消内外的严格分野为取向、以治道、权变和法律关系为中心建构王朝的合法性理论。今文经

---

[55] 恽敬批评他们"过于尊圣贤而疏于察凡庶;敢于从古昔而怯于赴时势;笃于信专门而薄于考通方,岂足以知圣人哉!"见《三代因革论·八》,《大云山房文稿》初集卷一,页17,商务印书馆,1936年。
[56] 恽敬:《三代因革论·七》,页16。
[57] 恽敬:《三代因革论·四》,页10。

学的历史观与帝国时代的价值观念既相配合,又相矛盾。我把这种矛盾关系概括为:承认清朝的合法性及其法律和礼仪改革的基本方向,力图以文化、礼仪而不是族群作为政治共同体的基础,在破除夷夏、内外的严格分野的旗帜下,对于清朝政治中的种族族群等级关系给予批判。

从主导的方面看,今文经学是一种"大一统"王朝的合法性理论,它所内含和发展出的变法理论既不是以遗民自居的学者的批判性思想,也不是四库馆臣的那种亦官亦士的暧昧的经学研究,甚至不同于以清流自居的讽喻和"公论"。在晚清时代,它是在清王朝的政治体制内部出现的、以改革派自居的汉人官员的变法理论。因此,不是反抗性的民族思想,而是功利性的制度(礼仪)关系,才是今文经学关注的中心。正由于此,我把这一经学重心的转变概括为:从礼制论或礼乐论向制度论和法制论转变,亦即从清代经学的批判传统(以及乾嘉学者的考证学方向)向今文经学家的政治理论或变法方略转变。礼仪问题在今文经学中的中心地位产生于制度与法律改革对于道德合理性的需求:法律必须具有礼的道德含义,这就是礼刑观念在今文经学中复兴的根本原因。这一转变的关键环节是改变中国社会的政治认同的基础:即从族群认同转向文化认同,从夷夏之辨转向内外无别,从一种准民族国家的民族思想转向至大无外的"大一统"逻辑。变法改制论因此必然与重新界定"中国"的含义紧密地纠缠在一起。

总之,今文经学的主要特点是取消内外的严格分野、注重制度本身的历史演变、把礼仪的同一性(实质上也是制度和法律的同一性)作为多民族王朝的统一性的前提。这是今文经学的政治实践的前提,也是新的礼仪和道德评价的历史前提。这一政治前提为今文经学在晚清民族主义的汹涌浪潮中的最终消沉埋下了伏笔:如果说"大一统"的合法性理论以儒教礼仪为基础、以从俗从宜为原则、以逐渐取消内外(即种族界限)为取向,那么,殖民主义和资本主义的市场扩张却激发了以政治主权为基础、以普遍主义的法律为原则、以严格区分内外(种族差别)为取向的民族主义浪潮。这是多民族帝国的认同政治与民族主义的认同政治的冲突,前者以文化(礼仪和制度)作为政治社群的基础,而后者以种族作为政治社群的前提。这一历史性的冲突改变了今文经学持久关注的"内外"关系的性质,文化与种族的不同取向正是这一历史性冲突的集中表现。

第二节　今文经学与清王朝的法律/制度多元主义

1. 宫廷政治,还是合法性问题?

艾尔曼的《经学、政治与宗族》一书以经学与政治的关系为杠杆,观察今文经学的政治意义,内容丰富、考证严谨,为清代今文经学的研究开辟了新的研究视野。针对那种以魏源、龚自珍为中心构筑今文经学图景的史学倾向,他指出:庄存与曾置身于中华帝国政治舞台的中心位置,相形之下,龚、魏尽管被20世纪的历史学者一致赋予重要位置,但在当时不过是处于政治边缘的小人物。[58]这一视野上的转换自然地引申出了一个思想史问题:如果今文经学并非因晚清变法运动而起,那么,今文经学兴起的动力究竟是什么?艾著把宗族、政治与经学组织在他的研究视野之中,并以和珅事件作为推动这三者关系互动的政治杠杆。[59]以此为契机,艾尔曼在经学、宗族与王朝政治的错综复杂的关系中展开他对常州学派的研究,揭示了乾隆时代今文经学兴起的社会条件。在他看来,庄存与转向公羊传是一种政治性的和策略性的选择,因为公羊学的微言大义为

---

[58]　艾尔曼:《经学、政治和宗族》,页2。
[59]　魏源写于道光初年的《武进庄少宗伯遗书序》中的一段话为此提供了根据:"君在乾隆末,与大学士和珅同朝,郁郁不合,故于《诗》、《易》君子小人进退消长之际,往往发愤慷慨,流连太息,读其书可以悲其志云。"这段话在抄本中隐去,代之以"君尤研悟律吕,不由师受,神明所传,匪道匪器,勿可得而详云"等语,足见和珅事件在道光年间仍有其敏感性。魏源:《武进庄少宗伯遗书序》,《魏源集》,上册,页238。

庄存与提供了一种"经学的遮掩,特别是孔子褒贬传统的历史掩饰",可以间接表达他对当时政治的批判,特别是对和珅及其同伙的不满。在这个意义上,今文经学的崛起不是经学观念渐变的结果,而是乾隆时代士大夫们在与和珅作斗争的过程中产生的政治性抉择:它是"19世纪'清议'的先声,也是东林党人反对阉党传统的余响",[60]从而与晚清以回应西方挑战、进行变法改革为中心的今文经学没有直接的联系。

常州学派与王朝政治的关系为今文经学的兴起提供了重要的契机。在这个意义上,不是经学家们津津乐道的家法,而是经学与政治的视野,才是解读今文经学的基本方法。但是,把今文经学的兴起归结为庄存与与和珅的政治斗争的结果虽然不乏根据,但也面临一些难点。[61]更为重要的是,这一解释把政治的视野局限于宫廷政治,或多或少地弱化了今文经学与更为广泛的社会政治之间的联系,从而难以解释今文经学为什么如此重视皇权、法统、律例等问题。今文经学处理的各种政治性的议题有着较之和珅事件和宫廷政治广泛得多的政治内涵。今文经学将制度、法律和皇权问题置于思考的中心,从而它的礼制论密切地联系着有关法律、制度和王朝合法性的思考。这一转变改变了理学的道德中心论的内在结构,充分地发挥了清初经学已经展开的治道合一、理礼合一、礼刑合一等主题。如果仅仅将公羊学的兴起看作是明代东林党的遗响,那么,如何解释今文经学的上述理论特点呢?

我在此试图从另一个方向上扩展艾尔曼的"经学与政治"的视野。今文经学利用了清代儒学的反理学倾向,把一种有关道德关系的思考转

---

[60] 艾尔曼:《经学、宗族与政治》,页15,77,79。

[61] 刘大年举了两个例子作为反证:第一,庄存与和孔广森都讲公羊,谁先谁后,不易说清楚。孔任翰林院编修,著《春秋公羊经传通义》,1786年去世;庄存与的《春秋正辞》应该作于1786年辞官回常州之后。如此,则今文经学产生于政治斗争就不能成立。第二,公羊学本来就有所谓"春秋讥世卿"、"春秋为贤者讳"等说法,又有三科九旨"诛贬绝"等说法,因此以这些春秋公羊学的义例说明其政治内涵,不大说得清楚。我认为刘大年针对艾著的上述分析值得考虑,但如果以此否定今文经学的政治性则不能成立。这是因为"政治性"包含着广泛的内含,未必就是宫廷政治。参见刘大年:《评近代经学》,朱诚如主编《明清论丛》第一辑,北京:紫禁城出版社,1999,页2。

化成为一种有关王朝合法性的理论,其中最为重要的部分即今文经师对于康、雍、乾三世以来所确立的内外关系和秩序的思考和批评。庄、刘之学产生于被视为盛世的乾嘉时代:汉族人民的大规模的反满斗争已经结束,蒙、藏、回部等西域地区已被纳入帝国秩序内部,旗民杂处的格局亦已形成。清朝统治空前巩固,而正在降临的新的危机尚未被人们充分了解。清代今文经学的政治意义需要与清代帝国的特殊结构联系起来考虑:清朝是一个通过不断的征服、扩张、族群隔离与族群融合而建立起来的帝国,它的帝国制度及其等级结构建立在族群特权、制度的多样性和类似封建的多元权力中心的基础之上。[62]今文经学的意义必须在政治的视野中才能得到把握,但这一"政治"的含义却超出了宫廷政治和宗族关系的范围。在清代中期,它所处理的是清王朝的法统与满汉关系、汉人官员的政治认同和政治地位,以及如何把礼的观念扩展到国家的内外政策之中,等等。换言之,清代中期的今文经学回答的是如下两个问题:第一,应以何种原则为依据建立清朝帝国的法统?第二,又以何种原则为依据形成汉人官员在这一法统中的合法性?艾尔曼详尽研究的和珅事件及汉人宗族谱系与上述两个问题具有密切的关系:庄、刘之学反复论辩的夷夏、内外等主题均涉及满汉问题。庄存与、刘逢禄身居要津,对于朝廷权力架构中满洲贵族与汉人官员的关系极为敏感,但从儒家伦理出发,如果仅仅把满汉问题理解为个人仕途问题不免过于简单了。对于他们来说,满汉问题不是个人地位和宫廷政治问题,因为它紧密地联系着清王朝作为一个少数民族王朝的政治特点。正由于此,庄、刘之学具有理论的系统性,他们讨论的是帝国的政治合法性问题。今文经学把帝国政治结构与多元民族的状况作为理论的出发点,从儒学的视野出发对康熙、雍正、乾隆时代的政治、法律和制度进行批判性总结,在承认王朝合法性的前提下,批判

---

[62] James L. Hevia 把清代看作是不同于其他朝代的、继元代之后的另一个例外,即这是一个帝国(empire)。我认为他对清帝国的多元权力中心、(封建式的)多元政治结构的描述是可信的,但如何理解这一"帝国"与"中国"的历史的关系还值得斟酌。这一点,我稍后再加论述。see James L. Hevia, "Chapter 2: A Multitude of Lords", in *Cherishing Men From Afar* (Durham: Duke University Press, 1995), pp. 29—56.

帝国体制内的族群等级制,超越宋明理学和清初经学的夷夏之辨。[63]因此,尽管清代中期的今文经学对于王朝的法律实践影响甚微,但究竟应该如何把握清代今文经学对礼制、法律和皇权的持续关注却是一个重要的思想史问题:今文经学是一种有关王朝政治的合法性理论。

2. 蒙元王朝的合法性与公羊学

清代政治面临的一个基本问题是合法性问题,即如何将满洲王朝重构为一个中国王朝。作为一种政治合法性的理论,今文经学、尤其是春秋公羊学提供了新王朝如何从儒学礼仪和法律体系中汲取合法性资源的主要途径。从一种长远的历史观点来看,公羊学的正统论、"三统说"、大一统以及法律观点早已不是单纯的儒学理论,而是秦汉以后历代新朝建立合法性的主要根据之一,它甚至很难放在清代今文经学的范畴中给予学术史的论述。[64]历来的相关研究都强调清今文经学在18世纪末叶兴起的突发性,认为除了个别例外,东汉以降今文经学已经湮没不彰。这些讨论从学术史的角度展开论述,很少涉及公羊思想与历代王朝政治合法性的关系。然而,如果要讨论清今文经学与政治的关系,离开这一脉络是无法理解今文经学的政治含义及其演变的。兹举几例说明。明朝王祎的《正统论》云:

> 正统之论,本乎《春秋》。当周之东迁,王室衰微。夷于列国,而楚及吴、徐,并僭王号。天下之人,几不知正统之所在。孔子之作《春秋》,于正必书王,于王必称天。而僭窃之邦,皆降而书子,凡以

---

[63] 就此而言,较之东林反对阉党的传统,他们与王朝政治的关系要紧密得多,也很难在士林与朝廷之间的二元关系中给予解释。对今文经学的理解依赖于我们对于政治的理解,依赖于我们对于庄存与、刘逢禄的今文经学的叙事策略与他们置身其中的清朝政治的关系的理解。

[64] 关于统纪之学及一统观念的考证溯源,饶宗颐《中国史学上之正统论》(上海:上海远东出版社,1996)一书论述最为详备,兹不赘言。

著尊王之义也。故传者曰:"君子大居正。"又曰:"王者大一统。"正统之义,于斯肇焉。欧阳修氏曰:正者,所以正天下之不正也;统者,所以合天下之不一也。由不正与不一,是非有难明,故正统之论所为作也。[65]

方孝孺(字希直,台之宁海人)《后正统论》亦云:

> 正统之名,何所本也?曰:本于《春秋》。何以知其然也?《春秋》之旨虽微,而其大要,不过辨君臣之等,严华夷之分,扶天理,遏人欲而已。[66]

王祎认为《春秋》之正统说起源于克服天下不一、是非难明的格局的要求,而方孝孺则强调正统论的内外、等级观可以上溯到《春秋》的宗旨之中,两者的侧重有所区别。在朝代更迭之际,学者、谋士和皇权自身均试图在一种体制化的关系中挪用公羊学的义旨,力图建立新朝之正统。这与他们是否今文经学者并无关系。按"三统说"的观点,任何一个新王朝的正统都建立在对前两个王朝的礼仪、法律和制度的继承、综合和改造之中。清朝需要师法元、明二朝,将自身纳入中国王朝谱系之中建立自己的正统和对汉人及其他民族的统治。元、明二朝也同样如此。

然而,究竟以何者作为正统的依据呢?各朝根据自身的特点建立自己在朝代更迭谱系中的地位,但同时也必须提出一定的合法性论证。例如,宋、明两朝面临北方民族的威胁,他们以明确的内外夷夏关系作为正统的依据,但这种内外夷夏关系并不是单纯的族群关系和地域关系。王祎论宋之正统云:

> 及宋有天下,居其正,合于一,而其统乃复续。故自建隆元年,复

---

[65] 王祎:《正统论》《王忠文公集》卷1,页7—8,上海:商务印书馆,1936,万有文库。
[66] 方孝孺:《后正统论》,《逊志斋集》卷2,四部丛刊本,页55。

得正其统,至于靖康之乱,南北分裂。金虽据有中原,不可谓居天下之正。宋既南渡,不可谓合天下于一。其事适类于魏、蜀、东晋、后魏之际,是非难明,而正统于是又绝矣。自辽并于金,而金又并于元,及元又并南宋,然后天下之正,合天下于一,而复正其统。故元之绍正统,当自至元十三年始也。由是论之,所谓正统者,自唐、虞以来,四绝而四续。……[67]

金据中原,不能为正,宋既南渡,亦不能以为正,从而地域、族群都不是"正统"的根据。元之正统建立在它承宋而起与统一天下两者的合一。方孝孺对正统与夷狄之辨更为关注,他说:

苟以夷狄之主,而进之于中国,则无厌之虏何以惩畏?安知其不复为中国害乎?……凡所当书者,皆不得与中国之正统比,以深致不幸之意,使有天下者,惩其害,而保守不敢忽。使夷狄知大义之严,正统之不可以非类得,以消弭其侥觊之心,则亦庶乎圣人之意耳。[68]

所谓"正统之不可以非类得"是严格区分夷夏界限的说法,内含着很深的族群观念。王祎的看法与方孝孺的看法明显地存在着差异,但他们出于不同的理由都把宋之正统与金之据有中原区分开来。正统之绝续是一种历史叙述,何为绝、何为续涉及不同时代、不同人物的正统论。明代儒者严分夷夏内外的正统观与宋代儒者(如欧阳修)的正统论相互呼应,恰好构成了与金、元、清等少数民族王朝的合法性论证的鲜明对比。

在深入讨论清代政治与公羊学的关系之前,有必要简要地分析蒙元王朝的政治合法性问题及其与公羊学的关系,因为清朝的法统不仅包含了对明朝之"正统"的继承,而且还包含了对蒙元汗统的综合。关于这一

---

[67] 王祎:《正统论》,《王忠文公集》,卷1,页9。
[68] 方孝孺:《后正统论》,《逊志斋集》卷2,四部丛刊本,页56—57。

点,我稍后再作补充论述。与清朝一样,元朝也是一个少数民族统治的多民族帝国,蒙古统治者面临着如何将自身纳入中国王朝谱系之中的问题,亦即如何建立自己的正统并实施对汉人及其他民族的统治的问题。这一问题早在征服南宋之前即已纳入规划之中。《元史·刘整传》云:"至元四年十一月,(整)入朝,劝伐宋,曰:'自古帝王非四海一家不为正统。圣朝有天下十七八,何置一隅不问,而自弃正统耶?'世祖曰:'朕意决矣!'""伐宋"不仅出于军事和经济的考虑,而且还与建立帝国正统密切相关。饶宗颐评论说,"故元之有宋,即为争取正统,此正统即大一统之意也。"[69]所谓"元之有宋"即元通过征服宋朝而上承宋朝,这一继承正统的方法正好来源于汉代公羊学之三统说。为什么继承宋统才能确定元之大一统呢?这也需要在宋以来正统观的视野中加以解释:按照内外夷夏的划分,宋代表了这一时代的正统,而辽、金不能纳入正统谱系内部。这一划分与公羊学之内外例的含义完全吻合。杨维桢《正统辨》云:"世祖以历数之正统归之于宋,而以今日接宋统之正自属也。"针对"接辽以为统"的议论,他进一步论证说:"中华之统,正而大者,皆不在辽、金,而在于天付生灵之主也昭昭矣。然则论我元之大一统者,当在平宋,而不在平辽与金之日,……不以天数之正,华统之大,属之我元,承乎有宋,如宋之承唐,唐之承隋承晋承汉也,而妄分闰代之承,欲以荒夷非统之统属之我元,吾又不知今之君子待今日为何时,待今圣人为何君也哉?"[70]他明确地排除了赓续辽、金以立正统的可能性。

但是,元朝建立在蒙古帝国的基础之上,它的族群关系、等级体制和帝国规模既不能简单纳入宋朝的统序,也不能简单地比照金之统序。宋儒的那种严分夷夏的礼序观念不可能为元朝的正统性提供论据。1272

---

[69] 饶宗颐:《中国史学上之正统论——中国史学观念探讨之一》,上海:上海远东出版社(原版香港:龙门书店,1977),1996,页57。饶氏的著作对中国史学上的正统观念进行了系统的分析、整理和节录,是一部极为重要的史学著作。

[70] 见陶宗仪:《辍耕录》卷三,丛书集成本,上海:商务印书馆,1937,页55(杨维桢的《东维子集》卷首即《正统辨》,系据《辍耕录》本录入,故引《辍耕录》)。又见贝琼:《清江贝先生文集》卷2《铁崖先生传》,四部丛刊本,页19。

年,忽必烈汗为征服南宋,宣布定国号为元。这一名号源自一个女真人的建议。在宣布新国号的同时,忽必烈汗还于同年十一月十五日废除了金泰和时期确定的《泰和律》。(按,唐代以后的律典均直接间接地受到唐律的影响,宋、金、明律均承唐律,而清律承自明律。)《泰和律》颁布于1201年,按《金史·刑法志》,该律承自唐律,为金(1115—1234)所使用。1234年,蒙古征服女真,但《泰和律》直到1272年才被忽必烈废止,从此没有恢复。从法律的角度看,元朝没有恢复宋之《刑统》,也取消了金之《泰和律》,未再颁布正式的律典,[71] 从而成为中国历史中没有正式颁布新法的唯一朝代。艾森斯塔德(S. N. Eisenstadt)曾经观察到:"绝大多数官僚制政体都有众多的法律政策——尽管其在每一个官僚制政体中的相对优势和重要意义,从一个案例到另一个案例是处处不同的。"[72] 为了限制贵族的、宗法的、宗教的和其他民族的法律自治,各朝在各自统治的初年颁布法典,实际上是为了以典章化和统一化的方式调节这个领域和各个地区的法律活动。因此,颁布新律和不断促进法律的典章化和统一性是为了让法律实践与官僚制帝国的政治体制尽可能地吻合起来,并置于皇权的控制之下。正由于此,缺乏统一的典章一方面反映了各种法律自治的现实,另一方面则标志着王朝的官僚化程度和皇权绝对性的程度的低下。

与其他具有更为鲜明的法律倾向的帝国不同,中华帝国的法律也被视为礼的具体化。不过,这一独特性不应无限夸大,因为几乎所有早期帝国(罗马帝国、拜占庭帝国、萨桑波斯帝国等)的统治者都"试图将他们

---

[71] 宫崎市定说:"有元一代,确实没有颁布过新律。元代所编撰的法典,是在宋代敕令格式的基础上补充断例而成的《大元通制》,它堪称是综合性的六法全书。"见氏著《宋元时代的法制和审判机构》,《日本学者研究中国史论著选译》(八),北京:中华书局,1992,页271。

[72] 艾森斯塔德:《帝国的政治体制》,南昌:江西人民出版社,1992,页142。艾氏的这部著作运用结构—功能的方法研究帝国体制,目的是论述历史上的官僚帝国与现代国家的双重特点(专制与民主)的关系。对于这部著作的批评,请参见丹尼斯·史密斯(Dennis Smith):《历史社会学的兴起》(*The Rise of Historical Sociology*, London: Polity Press Limited,1991),周辉荣、井建斌等译,上海:上海人民出版社,2000,页24—28。

自己和他们建立的政治体制装扮成特定的文化象征和文化使命的载体。……这些社会的统治者总是力图使自己被人看作为这些文化取向与文化传统的鼓动者和拥护者，并且将他们的政体表述成该取向与传统的承担者。"[73] 如果说律构成中国帝国合法性的一个基本要素的话，那么，这是因为对于王朝合法性的论证建立在一种特殊的礼序观之上。从瞿同祖"中国法律的儒家化"的角度看，[74] 律与礼的这一关系是帝国时代中国法律和王朝合法性的基本特征，而各种敕令、政策和条例则是因时而变的对于永久法律框架的补充。王朝的统治者可以颁布律典，但他不能专断地制定律典；律典的历史性构成了一种权威，并对皇权和王朝的合法性提供了制约。朝廷当然可以根据历史的变化来修改法律，但除非它合法地和合理地修改法律，否则，这些修改本身就会反过来危及朝廷及其政策的合法性。律典是儒学价值和体制的法律基础，一旦这一律典处于虚空或暧昧的状态，儒学价值和体制本身也就势必处于飘摇的境地。正由于此，从儒者的视野来看，未能颁布律典本身构成了王朝合法性的危机。王恽《请论定德运状》明确地将五运说、大一统说用于说明元朝"正统"之暧昧和确定德运之必要：

> 盖闻自古有天下之君，莫不应天革命，推论五运以明肇造之始。如尧以火，舜以土，夏以金，殷周以水木王，汉唐以火土王是也。据亡金泰和初，德运已定，腊名服色，因之一新。今国家奄有区夏六十余载，而德运之事未尝议及，其于大一统之道似为阙然。何则？盖关系国体，诚为重大事。况际今文治熙兴，肆朝章，制仪卫。若德运不先定所王，而车服旗帜之色将何尚矣？[75]

在朝代更迭的模式中，颁布新法与建立王朝正统之间具有不可分离的关

---

[73] 同上，页145—146。
[74] 瞿同祖：《中国法律之儒家化》，《瞿同祖法学论著集》，北京：中国政法大学出版社，1998，页361—381。
[75] 王恽：《请论定德运状》，《秋涧集》卷85，页5a，文渊阁四库全书本。

系,如果无法在法律的形式上将不同时空的法律判断统一起来,一个王朝的法统就难以确立。王恽对于元朝正统的暧昧状态的思考势必转化为关于确立新法或新王问题的讨论。

这种将五行说与大一统思想结合起来的论述方式上绍董仲舒的《春秋繁露》。杨奂《正统八例总序》驳斥以世系论正统之说,将正统的根据转化为新王之治本身,并引用《公羊》之"内外例"作为正统的根据。这显然是因为蒙元以外族入主中原,必须重建内外关系才能确立自己的合法性。他说:

> 《公羊》曰:"录内而略外。"舍刘宋取元魏,何也?痛诸夏之无主也。大明之日,荒淫残忍抑甚矣。中国而用夷礼,则夷之,夷而进于中国,则中国之也。且肃宗扫清钜盗,回銮京阙,不曰复而曰与,何也?暴其自立也。……王道之不明,赏罚之不修久矣。然则发天理之诚,律人情之伪,舍是孰先焉?曰通载者,二帝三王,致治之成法;桀纣幽厉,致乱之已事也。曰通议者,秦汉六朝隋唐五季所以兴亡之实迹也。[76]

这是以礼仪为中心,将内外夷夏关系相对化,从一种历史变化的观点论述正统。也是基于这一理解,杨奂依循公羊学的解释,承孔子作《春秋》之微言大义,将历史叙述转化为一种治世之法律。修端、陶宗仪、贝琼、马端临、张绅、陈桱、吴澄、吴莱等从不同的角度和方面论述了修史与建立正统之关系。修端论辽、宋、金之正统问题,反对以地域或族群作为正统的根据。"或者又曰:辽之有国,僻居燕云,法度不一,似难以元魏北齐为比。愚曰:以此言之,肤浅尤甚。若以居中土者为正,则刘石慕容符姚赫连所得之土,皆五帝三王之旧都也。若以有道者为正,符秦之量,雄材英略,信任不疑;朱梁行事,篡夺内乱,不得其死,二者方

---

[76] 杨奂:《正统八例总序》,《还山遗稿》上,引自苏天爵编《元文类》,卷32,商务印书馆,1936,页418—419。

之,统孰得焉?夫授受相承之理,难以此责,况乎泰和初朝廷先有此论。……中州士大夫间,不知辽金之兴,本末各异。向使《辽史》早成,天下自有定论,何待余言?"[77] 他试图以修撰辽史的办法来确立谱系和正统。

按照同一逻辑,元代士大夫努力汇集以前的法律,呼吁重建法律系统,但朝廷修订律令的事务从未真正完成。元朝覆灭后,明太祖认为元亡的一个重要原因就是没有颁布律令,从而迅速恢复了法律体制。从这一角度说,不但元代士大夫恢复法律系统的努力与公羊学的"三统说"相互吻合,而且明朝对于元朝灭亡的解释也可以纳入"三统说"的范畴之中。元朝为什么没有颁布律典是一个复杂的问题,这里不能作出系统讨论。然而,为了展开后面的论述,有必要扼要地提及两种主要的相关观点。一种观点突出蒙元王朝作为帝国的特点,即这是一个蒙古人直接统治的、族群和文化多元的王朝,从而与带有"准民族—国家"特点的汉人王朝宋朝有着极大的区别。如果说宋之《刑统》、金之《泰和律》都可以归纳为某种带有准民族—国家特点的历史官僚制帝国的法律,那么,这些法律体系无法适应蒙元帝国的多元族群关系和蒙古人在蒙元帝国内部的特权地位。[78] 另一种看法则强调唐宋时代的社会结构转变对于元代社会的影响,认为元代法律采用断例的方式恰恰导源于宋代以来的社会转变。宫

---

[77] 修端:《辩辽宋金正统》,苏天爵编《元文类》卷45,页653,万有文库本。此处引文又见《秋涧集》卷100,玉堂嘉话卷之八,文字略有出入:"座客又云:辽之有国,僻居燕云,法度不一,似难以元魏北齐为比。仆再拜而言曰:以此责之,朕浅尤甚,若以居中土者为正,则刘石慕容苻姚赫连所得之土皆五帝三王之旧者也。若以有道者为正,苻秦之量,雄材英略,信任不疑,朱梁行事,篡夺内乱,不得其死,二者方之,统孰得焉夫。授受相承之理,难以此责,况乎泰和朝廷先有此论……中州士大夫间不知辽金之兴,本末各异者,向使泰和间若是,《辽史》早得修成,天下自有定论何待余言。"(页6a—7a)

[78] 参见植松正:《元初法制论考——重点考察与金制的关系》,《日本中青年学者论中国史·宋元明清卷》,页298—328,以及 John D. Langlois, Jr., "Law, Statecraft, and The Spring and Autumn Annals in Yuan Political Thought", in *Yuan Thought, Chinese Thought and Religion Under the Mongols*, eds. Hok-lam Chan and Wm. Theodore de Bary (New York: Columbia University Press, 1982), p. 95。

崎市定说："元代未曾颁布律令,这绝非因为元是异民族统治的王朝。相反,它正是中国自身在经历了唐至宋的社会大变迁后,已无暇顾及像中世一样立法的结果。"元代法制中的断例具有从中世向近世过渡的"蒙古式的即在当时是西方式的特点。"[79]宋朝作为"准民族—国家"的论点是宫崎市定的主要贡献之一,他的这一论点并未局限于对宋代政治制度和经济制度的界定,还涉及对于整个中国历史或东亚历史中的"近代性"的确认;强调蒙古断例的"西方式的特点"是与这一有关"近代性"的基本论点直接相关的。宫崎市定拒绝承认元朝的族群统治构成了基本政治结构和社会结构的改变,目的是为了论证宋元之间的断裂是次要的,而连续关系则是主要的。这与他所论述的"中国之近世"始于10世纪即宋朝的建立的历史观相互吻合。

元朝"遵用汉法"而组织自己的政治结构是清楚的,但在宋朝郡县制国家与元朝帝国体制的连续关系之中也存在重要差别和断裂的部分:第一,元朝建立在不断扩张的蒙古帝国的基础之上,它的草原帝国特性使得它的领属观念不像宋朝那样明确清晰。例如,从所有权关系来看,草原的财产占有关系与农耕社会是不同的:草原始终是一种集体所有的财产,只有牲畜才会纳入私人财产的关系之中。这也就意味着:以土地占有关系为基础的中原法律体系与草原占有关系之间存在着不相适应的部分。尽管宫崎市定所说的唐宋转变对元代法律体制有着重要的影响,但《宋刑统》所内含的法律关系无法简单地移植到草原帝国的权利系统之中恐怕也是一个不能忽视的因素(在后面的论述中,我将说明清代《大清律例》与《蒙古律例》并存的状况,其中也涉及同样的问题)。第二,元朝还面临如何将汗统与中国皇权相结合的问题:一方面,元朝的中央政府组织以今河北、山东、山西为"腹地",并在周边各地设置行省(行中书省),从而与唐宋以来逐渐形成的官僚制国家体制有着明显的承续关系,在这个官僚制国家的政治结构中,统一的、非私人性的法律系统是必不可少的;另一

---

[79] 宫崎市定:《宋元时代的法制和审判机构》,《日本学者研究中国史论著选译》(八),页252。

方面,元朝"北踰阴山,西极流沙,东尽辽左,南越海表",[80]其疆域之辽阔甚至汉唐也无法比拟,但这一地域的广阔性也造成了一个后果:即使在鼎盛时期,蒙古帝国也未能形成统一的政体。为了控制和林、云南、回回、畏吾、河西、辽东等地,元世祖封诸子为镇守各地的王,从而在一定程度上恢复了宋代以前的分封制度。元朝建立之时,成吉思汗建立的跨越欧亚的蒙古帝国已经碎裂为钦察、察合台、窝阔台、伊儿等独立的汗国,元朝皇帝虽然在名义上仍然是统领各国的大汗,但这已经不能被视为一个统一的政治实体。艾森斯塔德以"内部条件的不适当性"为由,将蒙古帝国列为"建立中央集权政体的不成功尝试的两个案例"之一:"当统治者表现出明显的自治政治目标和以建立新的行政机关与政治机关为取向之际,现存条件却不总是必然地适合于此种机关的持续发展。……该机关的非制度化在较短时期内便损害了统治者建立某种中央集权政体的尝试。可以说,这种政体通常'退化'成为各种类型的'前中央集权'政体——世袭制帝国,二元化—征服者帝国,抑或封建国家。"[81]从元朝内部的政治结构来看,蒙古、色目、汉人和南人的四等区分及其在政治、经济和军事体制中的进一步体制化,都使得这一社会结构区别于宋代的社会构造。

我的问题是:这一特殊的帝国内外关系和政治—法律情境对于士大夫的政治观究竟有什么影响?这一政治—法律情境与元代公羊学之间有着怎样的关系?兰格洛伊斯(John D. Langlois, Jr)指出:在中国士大夫中,《泰和律》的废除产生了两个相互有关的运动,一个是呼吁重建新律的运动,而另一个则是在相关的儒学典籍中寻找法律资源的运动。在这一历史关系中,元代士大夫特别重视将《春秋》视为刑书的汉代公羊学观点,从而将《春秋》视为一部可资运用的法律经典。按照他们的理解,春秋公羊学不仅提供了道德的资源,而且还提供了法规和程序的资源,它既能帮助统治者贯彻统治秩序,也能够为官僚学者向统治者建言和劝谏提供

---

[80] 《元史》卷五八《地理志》,页1345,中华书局,1976年。
[81] 艾森斯塔德(S. N. Eisenstadt):《帝国的政治体制》(The Political Systems of Empires),沈原、张旅平译,江西人民出版社,1992,页29—30。

根据,并据此将各种规定和辅助性的司法程序看成是律的等同物(他们将这类临时性法规与唐律作对比,从而将它们纳入律的范畴,虽然这种类比本身是勉强的)。[82]如果没有元代政治—法律的特定情境,我们就无法理解为什么许多士大夫努力从"刑书"的观点研究《春秋》。根据李则芬的考证,元代总共出现了213种有关《易经》的著述,149种关于四书的研究,有关《春秋》的讨论达到127种之多。[83]兰格洛伊斯的研究已经举出了下述各例,我在这里根据其他材料对他的论述进行补充性的说明。

例证之一是胡祇遹(1227—1293)。在《读〈春秋〉》、《论治法》等著作中,他讨论了蒙古和中国法律的差异,以及融会二者形成形式统一的法律体系的必要性。在他看来,由于律典的缺乏,各个层次的地方政府各有不同的行政系统、法律、案例,中央政府的六部则各有自己的"议",各部首长又各有自己的"论"。因此,无论从统一法律体系的角度,还是从管理多民族帝国的角度,加强中央权力、保持社会关系的平衡、重建统一的法律体系都是极为必要的。这一论点从另一个方面说明了蒙元帝国包含着权力的多中心化的格局,而这种权力的多中心化与司法权的分裂状态存在着联系。《泰和律》的废止很可能出于胡氏的建议。在《紫山大全集》卷二二中,胡氏认为亡金之制和《泰和律》不适用于蒙古人和汉人,他说:"即今上自省部,下至司县,皆立法官,而无法可检,泰和旧律不敢凭倚,蒙古祖宗家法汉人不能尽知,亦无颁降明文,未能遵依而行。"[84]在现实中,元代的法律改革沿着不同的方向发展,即依靠条画(条格)和判例来补充法律的不完备。但胡氏对于《泰和律》之不适用的论述并不是简单地支持这一方向,相反,他要求的是创立新的法统。

吴澄(1249—1333)和吴莱(1297—1340)是另外两个例子。按《宋元学案》,吴澄从学于程若庸,为朱子四传,但《诸经序说》等著述证明,他在理学门径之外,亦致力于经学的研究,并涉及今文和古文的问题。在论述

---

[82] John D. Langlois, "Law, Statecraft, and The Spring and Autumn Annals in Yuan Political Thought," 见注[78]所引书,页89—152。

[83] 李则芬:《元史新讲》,第一卷,台北:中华书局,1978,页6。

[84] 胡祇遹:《论定法》,见《紫山大全集》卷二十二,文渊阁四库全书本。

《春秋》三传之得失时,他认为"说《春秋》有实义,有虚辞。不舍史以论事,不离传以求经,不纯以褒贬疑圣人",并主张沟通《易》与《春秋》,倡导"经固不出于史"。[85]这一"取中"的看法实际上否定了独重《左传》的传统,突出了公、谷二传长于释义的特点。[86]在《学统》和《策问》中,吴澄对中央权威和法律问题进行了讨论。《〈春秋〉纂言》可以视为一部经学著作,在"总例"中,吴氏按照《春秋》为刑书的观点将春秋义旨分为七类,即除了吉礼、凶礼、宾礼、军礼、嘉礼等五礼之外,再附加天道和人纪,从而《春秋》成为处理各种人类问题的基本原则。[87]吴莱的《渊颖吴先生文集》中也有相关论述,他触及了《春秋》有关"夷夏"以及"经制"、"权宜"等问题。在《改元论》一篇中,他对改元之说不以为然,并因此重新解释《春秋》纪年的原则。这至少证明元代士大夫在论证元之正统时广泛地考虑了公羊学的一些基本义旨。[88]

欧阳玄(1283—1357)并非公羊学者,他是欧阳修的后代,专攻《书经》。但他广泛地运用《周礼》、《尚书》、《周易》等经典论述颁布法律和以法治人的重要性,在取向上与上述带有浓厚公羊学倾向的著作极为相近。按饶宗颐的说法,宋代的《春秋》之学有南北侧重的差别:

> 北宋重尊王(孙复著《春秋尊王发微十二篇》可见之),南宋重攘夷(胡安国著《春秋传》可见之)。……尊王,故张大大一统之说,此欧公正统论之得《春秋》者在此也。元世以夷狄入主中国,其言正统

---

[85] 吴澄:《易象春秋说》,见《宋元学案》卷九十二《草庐学案》,《黄宗羲全集》第六册,杭州:浙江古籍出版社,1992,页606。
[86] 吴澄:《春秋序录》,见《宋元学案》卷九十二《草庐学案》,《黄宗羲全集》第六册,页593—594。
[87] 吴澄上承宋学,对于汉儒附会经说不以为然,他更倾向于朱子、邵雍关于《春秋》直书其事而善恶自现的观点。但同时也引用邵雍关于历史统纪的说法,为元提供合法性论证。见吴澄:《春秋诸国统纪序》(《吴文正公集》卷20)和《皇极经世续书序》(《吴文正公集》卷16)。
[88] 吴莱:《改元论》,《渊颖吴先生文集》卷5,页10a—14a,文渊阁四库全书本。

者,亦只能援大一统一说以立论。……[89]

公羊学将《春秋》视为刑书、视为新王、视为秩序本身,从而提供了元代士大夫讨论皇权一统和统一法律的资源。[90]这些著作均非专门的公羊学著作,而是将帝国的法律、制度、皇权和历史正统性问题与春秋公羊学的视野结合起来的经世作品。《春秋》及其大一统学说为中央权力的集中化和司法体系的统一化提供了理论基础,而士大夫对《春秋》及其法律含义的重视恰恰对应了元代帝国体制的内在困境,即权力的多中心化与缺乏统一的司法体系的政治现实。

3. 满清王朝与中国王朝的法统

利用"三统说"和《春秋》公羊学的法律含义来论证新朝的合法性,这一事实表明王朝的合法性依赖于一种历史传统。合法性不仅建立在王朝统治者的力量上,而且也有赖于公众的承认和判断,以及他们的习俗、惯例及其因时而变的诉求。在这个意义上,所谓"专制王朝"也不可能仅仅建立在统治者的权力意志的基础之上。"元世以夷狄入主中国,其言正统者,亦只能援大一统一说以立论",这一状况对于清而言也极为相似。满洲为女真部族,自认为金之后代,努尔哈赤建大金国,必对金宋之间争夺正统的斗争极为熟悉(这里无法展开有关满洲与女真的复杂的历史关系的论述)。早在与宋朝的斗争中,金即关注自己的统系的合法性问题。《大金德运图说》记载了金代官僚士大夫从五德之说而展开的正统观,其中所载赵秉文、黄裳、完颜乌楚、王仲元、舒穆噜世勋、吕子羽、张行信、穆颜乌登、田庭芳等德运议,均以三统之说和"大居正"、"大一统"等概念为金朝提供论证。《张行信议》云:

---

[89] 饶宗颐:《中国史学上之正统论——中国史学观念探讨之一》,页56。
[90] 以上讨论均参见 Langlois, "Law, Statecraft, and The Spring and Autumn Annals in Yuan Political Thought",注[78]所引书,页90—152。

若考国初自然之符应,依汉承周、魏承晋之故事,定为金德,上承唐运。则得天统,合祖意,古典不违,人心亦顺矣。[91]

《黄裳议》云:

《传》曰:"君子大居正。"又曰:"王者大一统。"正者,所以正天下之不正;统者,所以统天下之不一也。由不正与不一,然后正统之论兴;正统之论兴,然后德运之议定。自近代言之,则唐以土德王,传祀三百,土生金,继唐而王者,德当在金。……我太祖之兴也,当收国改元之初,谓凡物之不变,无如金者。且完颜部色尚白,则金之正色。自今本国可号大金。神哉斯言!殆天启之也。继以太宗,遂平辽、宋。夫辽、宋不能相正,而我正之;不能相一,而我统之。正统固在我矣!……[92]

《穆颜乌登等议》云:

自古推定德运者多矣。有承其序而称之者,有协其符而取之者。故二帝三王,以五行相因,备载于汉史,此承其德运之叙而称之者也。迄于汉世,不取贾谊、公孙臣之议,卒以旗帜尚赤,此协其断蛇之符而取之者也。由是观之,承德运之序,协天之符瑞,乃明哲所行之令典也。钦惟太祖,一戎衣而天下大定,遂乃国号大金,以丑为腊。是时虽未尝究其德运,而圣谋自得其正,其与天之符瑞粲然相合矣!……[93]

上述例证说明:金统治者承续了中国之正统说,并明确地用三统之说为金提供正统的根据。《大金德运图说》附《历代德运图》排列了从伏羲至宋

---

[91] 《右谏议大夫吏部侍郎张行信议》,见《大金德运图说》,文渊阁四库全书本(下同)。
[92] 《应奉翰林文字黄裳议》,见《大金德运图说》。
[93] 《朝请大夫应奉兼编修穆颜乌登等议》,见《大金德运图说》。

之列代德运,显然已经将金置于中国王朝的统系之中。

女真部族显然对于儒教传统内部的这一特殊的合法性理论并不陌生。努尔哈赤姓爱新觉罗,"爱新"的满文意思是"金","觉罗"的意思是"姓",全名意即女真之遗族。万历四十四年(1616)正月,在统一了女真五部和海西四部之后,曾经为明朝将军的努尔哈赤宣称大金国(史称后金)成立,都城赫图阿拉,年号天命,并于天命三年(1618)以"七大恨"告天,誓师攻明。1635年(明崇祯八年、金天聪九年)11月22日,即农历十月十三日,清太宗皇太极下诏上太祖尊谥为"武皇帝",又绘太祖战绩,仿帝皇实录之例,特制满洲之名以入之〔即改诸申(女真)为满洲〕。伴随改名满洲而来的是禁止使用容易引起汉人敏感的女真族名和诸申旧号,改金之国号为清,称年号曰"崇德",追尊四世,俨然备太庙之制。所有这一切均暗含着皇太极决心成为中国皇帝兼蒙古大汗、公然以有天下自期的意向。如果说努尔哈赤的"七大恨"宣告了另立天下的意愿,那么,皇太极的改名实践却表达了重建正统的动机,因为废除女真和金的称号暗含了重新将自己纳入"中国"范畴的可能性。然而,即使从皇权的角度看,由于统合了汗统和皇帝的双重内含,当清朝统治者将自身纳入中国王朝谱系之中的时候,"中国"的含义与宋明时代已经有了重要的差异。

按清史学者的研究,"清"有与"明"比美之意,太宗改元"崇德"(与崇祯相比)可为旁证。[94]清朝入关之后不久即放弃了自己的法律传统,1646年公布的法律条例几乎照搬了明代法律。[95]在政治制度上,清承续了明制的许多部分。因此,在晚清时代,今文经学者为了论证满清王朝作为"中国"正统的合法性,有"本朝在明太祖治内"的说法,亦即通过论证

---

[94] 金启孮:《从满洲族名看清太宗文治》,见王钟翰主编:《满族历史与文化》,北京:中央民族大学出版社,1996,页13。

[95] Derk Bodde and Clarence Morris, *Law in Imperial China:Exemplified by* 190 *Ch'ing Dynasty Cases with Historical , Social , and Judicial Commentaries* (Cambridge , Mass:Harvard University Press,1967) ,p.60.

清朝法统上承明制来确立满人统治的正当性。[96] 1634 年(明崇祯七年、金天聪八年)12 月,蒙古墨尔根喇嘛带着嘛哈噶喇像(元帝师八思巴为元世祖忽必烈汗铸造的金佛像,也是元朝历代皇帝即位前必须供奉的铸像)投降,皇太极在盛京建寺供奉;1635 年 5 月,他下令选译辽、宋、金、元史,并从察哈尔林丹汗处获得传国玺,以此证明自己承元朝皇帝兼蒙古大汗之法统。正由于此,蒙古各部除承认清帝为中国皇帝外,还一并承认清太宗皇太极继承了成吉思汗之汗统。清代扶植喇嘛教,独尊元代帝师八思巴之法裔章嘉呼图克图为国师,并因元之旧规命章嘉司内蒙及内地宗教。值得注意的是,皇太极改名满洲仅在他下令选译辽、宋、金、元史和获得传国玺之后四个月,目的是明确的:否认满洲为女真人或金人之后,确认清帝为中国皇帝和蒙古大汗、清朝为中国王朝和天朝帝国。[97] 上述安排完全按照"三统说"来建立清朝的正统,很可能出于汉人的建议。雍正后来在反驳陆生枏的《封建论》时说:"中国之一统始于秦,塞外之一统始于元,而极盛于我朝,而皆天时人事之自然,岂人力所能强乎?"[98] 这个看法是直接承续了皇太极时代对于清帝国的构想的。这意味着:公羊学的政治理论不仅内含在王朝更迭的体制化运作之中,而且已经转化为一种系统化的礼仪和制度系统。这些有关合法化的礼仪论和政制论并没有标注公羊学的名目,但暗示了公羊学与王朝政治体制的内在的对话和呼应关系。不理解这一点就无法掌握清代今文经学的历史根据,也就不可能把握清代今文经学与清帝国的合法性之间的内在联系。

清朝是一个多民族的、多文化的、贯通内陆与海洋的帝国。作为从北方入主中原的王朝,清朝不得不面对明末清初的反抗运动和儒学传统内

---

[96] 康有为:《万木草堂口说》"春秋繁露"条,《康有为全集》第二集,页388。
[97] 关于皇太极改名一事,参见孟森:《满洲名义考》,《明清史论著集刊续编》,北京:中华书局,1986,页 1—3;金启孮:《从满洲族看清太宗文治》、赵展:《对皇太极所谓诸申的辨正》,均见王钟翰主编:《满族历史与文化》,页 12—17,18—31。
[98] 雍正:《驳封建论》,《清世宗实录》卷八三,雍正七年七月。

部根深蒂固的夷夏之辨。[99]因此,建立清朝正统的一个重要杠杆是满汉关系的调整,以及为了调整这一关系而产生的"满汉一体"论、夷夏相对论及其与帝国的制度和法律的多元主义的矛盾。康熙以降,清王朝确立儒学的正统地位,承续前朝制度和法律,在建立完备的法律系统(其内容含括刑事、民事、行政、诉讼和狱政等)的同时,以礼理合一、治道合一相标榜,把儒学奉为正统。清代制度和法律改革的关键议题是修正早期统治中的满族特权、确立康熙倡导的所谓"满汉一体"的原则。清史专家曾经注意到如下史实:1727年,雍正即曾下令规定大学士除领班外,余者不分满汉,只"以补授先后为序",[100]并告诫内阁"用人唯当辨其可否,不当论其为满洲、为汉人也"。[101]为了缓和旗、民矛盾,他还确立了一系列的管理制度和法律条文,力图在制度上和法律上缩小满汉差别。[102]乾隆登基之后,对于用人制度上偏于满洲的情形极为注意,他说:

> 满汉均为朕之臣工,则均为朕之股肱耳目,本属一体,休戚相关。至于用人之际,量能授职,唯酌其人、地之相宜,更不宜存满、汉之成见。边方提、镇,亦唯朕所简用耳,无论满、汉也……嗣后若有似此分别满、汉,歧视旗、民者,朕必从重议处之。[103]

这段话针对的是副都统布延图有关闽、粤、桂、黔、滇五省提督、总兵参用满洲的主张。清兵入关获益于明朝降将,为了收买这些汉人将领,清朝允许汉人在西南拥有兵权和统治权。在平定三藩之后,特别是乾隆

---

[99] 自元援一统之说论证自己的法统,有关夷狄与正统的关系的讨论也在汉族士大夫中逐渐展开。如明方孝孺置夷狄之统于"变统",暗含攘夷之义,与皇甫湜取《春秋》之义不帝元魏之说相呼应。方孝孺重视夷狄问题受到明初倡导夷夏内外之辨的胡翰的影响,后者著《正纪》,批评唐太宗以夷狄自处。参见饶宗颐:《中国史学上之正统论——中国史学观念探讨之一》,页57。

[100] 《雍正朝起居注》五年九月二十二日。

[101] 《上谕内阁》六年十月初六日。

[102] 参见张晋藩主编:《清朝法制史》,北京:中华书局,1998,页484—485。

[103] 《清高宗实录》卷八。

时期,督、抚、藩、臬全用满人,从而如何平衡西南的权力关系和重新界定汉军旗人的地位成为朝廷必须面对的重要课题。按清代法律史家的看法,弘历(乾隆)对布延图的批评虽有袒护满员,使之免受上五省苗、民杂处、地方劳苦的一面,却从用人行政上严饬了歧视满、汉的看法。[104] 这种"满汉一体"的主张最终落实为两类法律的制定:第一,将一些"民人之例"扩大到旗人犯罪;[105]第二,允许汉军的低等官员("文职自同知等官"、"武职自守备等官"以下的"微末之员",及"未经出仕者"和"另记档案及养子开户人等")出旗为民。[106] "朝廷发布出旗为民令与例的目的,虽为部分地解决旗人生齿日繁而造成的国家供养困难、增加汉缺满缺得补的机会,但客观上对消除旗民界限、缓和满汉矛盾确是有一定积极作用的。"[107]

在多元的制度、法律、文化和民族状况下,清统治者力图从儒学中发掘一种能够容纳各种差异的普遍原则,以之作为统领整个立法过程的基本前提。为了适应入关以后的新形势,满族统治者利用儒教礼仪作为自己的合法性依据,不但公开倡导满汉一体,而且在科举考试中恢复了儒学诸经和汉文的合法地位。但这一过程同时孕育着某种危险性,因为儒学

---

[104] 张晋藩主编:《清朝法制史》,页486。以下有关乾隆的刑法改革的叙述均参见该书页486—487。

[105] 如旗人犯死罪,非常赦所不原而"家无以次成丁者"或"亲老丁单者",均"照民人之例"准其留养(《清高宗实录》卷四三七,乾隆十八年四月己酉)。

[106] 《清高宗实录》卷一八九,乾隆八年四月戊申。乾隆七年颁布汉军出旗为民之令;八年、十九年、二十八年又先后作了详细规定,其要点为:一、"与民人一例编入保甲";二、"男女听与民婚配";三、愿者可以"补绿营";四、应袭世职可以"随带出旗""照汉人世职办理";五、世职、进士、举贡生监并候补、候选、降调、捐职衔等员,"均归入汉班考试补用"。(见《清高宗实录》卷一六四,七年四月壬寅;二、三、四,见卷四六九,十九年七月甲午;五、见卷六八一,二十八年二月癸丑。)对于八旗另记档案之人的出旗为民,则有如下定例:一、准出者,文武官署理者不准实授,本任俟吏、兵二部议以汉缺用,外任及绿营各员病故革退者免捐纳,候补者并进士、举贡生监之考试录用,归吏、兵部办理;二、闲散人,本旗询明愿隶何处,咨该地方官入籍;三、现当差人停其调选;四、有阵亡人,仍准支其俸饷;五、外省驻防闲散,由将军、大臣询咨办理(《清高宗实录》卷五〇六,乾隆二十一年二月庚子)。

[107] 张晋藩主编:《清朝法制史》,页487。

礼序观念及其夷夏之辨都包含排斥性的观念。因此,利用礼仪的过程必须是一个重新诠释礼仪的过程,也是一个将礼仪抽象化的过程。康熙特别强调"孝"是统领清朝法律和制度的基本原则。孝被视为儒学伦理和儒学礼仪的核心,但也是所有社会群体普遍认可的道德原则。尽管"以孝治天下"并非清朝的独创,而是汉代以来中国王朝力图儒法兼容的传统之一,但在清代多民族和多元文化并存的条件下,将孝的伦理普遍化、抽象化,从而为不同社群提供共同的伦理基础,显然包含了特殊的政治意义。在儒教礼仪中"孝"与"忠"是密切相关的两个基本价值,但康熙和雍正很少谈论"忠"的原则,他们使用更多的是"义"、"勇"、"质"、"文"等儒学语汇。这一情况直到乾隆时代才有所改变。[108] 在明亡之后的岁月中,"忠"的原则包含了鼓励汉人忠于明朝、抵抗满清统治的危险性,因此,必须将"孝"从这一历史关系中抽象出来。从政治制度的角度看,"孝"的原理必须是"抽象的",因为清朝的政治结构在很大程度上承续了秦汉以降逐渐发展起来的官僚政治体制,从而与西周宗法分封制度截然不同。"封建"概念无法表述帝国的政治结构和国家行政体系,我们只是在上层贵族体制(满洲八旗)、带有分封性质的少数民族体系(蒙古八旗),以及地方性的宗法关系之中可以找到"封建"的因素。在这个意义上,"孝"的原则与制度安排之间的关系具有某种抽象的特征。没有这一抽象化的过程,清帝国就难以在多元民族和多元文化的条件下构筑"中国认同",也难以将自己的征服史转化为中华帝国历史链条中的一环。

抽象的孝道原则总是与一定的制度安排相互配合,否则抽象的礼仪原则——如孝——无法转化为一种政治合法性的根据。那么,我们从哪些方面可以观察到法律和制度中的"孝"的原则呢?除了我们已经讨论了的清代对宗法制的倡导之外,孝的原则也渗入到法律制度内部。按清代律例,在判处死刑或长期劳役时,如果犯人是年老体弱的父母的独子,

---

[108] 关于乾隆对忠的重视与这一时期社会政治变化的关系,参见 Pamela Kyle Crossley, *A Translucent Mirror*, pp. 89-128。她的著作参考了 Abe Takeo 的研究,"Shicho to Ka I shisho", *Jimbun Kagaku* 1, no. 3 (December 1946): 150-154。

其罪行可以获得减免,这是从更早时代中国法律中继承而来的规范。[109]在 1805 年,这一法律规定也被写入《蒙古律例》:如果父母年老体弱,罪犯可以在家服侍父母以替代牢狱惩罚。此外,对于辱骂、殴打和杀害长辈和父母者给予严厉惩罚。[110] 在这个意义上,立法过程与"孝"的儒家伦理建立了内在的关系。伴随着旗人风习的汉化过程,清代统治者在探索"满汉一体"、重建旗民关系方面得出了极为重要的经验,其中一个重要的方面即在理论上将礼仪而不是族群作为统治的合法性根据。雍乾时代确立的旗人法令可以区分为一般法令和专门法令。一般法令包括:旗人命案与满洲相杀例;文、武旗员丁忧例;旗员终养例;更定旗员子弟随任之例;关于旗臣俸饷问题的法令;驻防兵丁置产留葬例;私当军器治罪专条。专门法令包括:逃人法、承袭恩荫法和维持满洲旧俗的"家法",等等。[111] 所有这些具体法律条文的制定均以各种不同的方式与孝的原则相联系。

为了适应多民族帝国的政治秩序,在确保中央控制的前提下,清朝以较为灵活的方式处理文化和法律的多样性与一致性的关系。康熙所谓"合内外之心,成巩固之业"就是这一努力的表达。清统治者把武力征服与制度改革相结合,在西北采用"修其教不易其俗,齐其政不易其宜"的方针,先后制定了《蒙古律例》、《回疆则例》等少数民族地区的法律,并于乾隆十五年至十六年间确立了西藏噶厦制度、颁布《西藏善后章程》。西南地区的土司制度因镇压三藩造反(1673)和"改土归流"而改变,到乾隆时代,苗族、彝族和其他少数民族的大规模的抗清斗争告一段落。在这个清朝统治较为稳固、民族矛盾相对缓和的历史时期,清廷以淡化"夷夏之防"为取向,先后颁布并实施了一系列的法令,重建法律与道德秩序。随着清代帝国内部族群和社会关系的变化和融合过程,法律和制度方面的趋同成为某种趋势。值得注意的是,清朝统一了长城内外,法律与地域的

---

[109] 此条承自《明律例》。见《大清律例汇辑便览》卷四,《名例下》,《犯罪存留养亲》条。
[110] 参看《大清律例汇辑便览》,卷二十九,《刑律·骂詈》,《骂尊长》条、《骂祖父母》条;卷二十六,《刑律·人命》,《谋杀祖父母父母》条;卷二十八,《刑律·斗殴》,《殴祖父母父母》条;等等。
[111] 参看张晋藩主编:《清朝法制史》,页 487—496。

统一性成为实施法律的一个重要优先因素。例如,蒙古的法律在清朝统治时期不断地发生变化。游牧社会与农耕社会存在着不同的所有权概念:游牧社会的基本生产资料是畜群而非土地,"畜群构成了季节性迁移放牧生活的基本财富,并体现着它的财产体制的性质,因而游牧社会常常将牲畜的个人所有权与土地的集体占有权结合起来。"[112]考虑到牲畜在游牧民族和内地民族生活中的不同意义,理藩院曾建议:如果汉人偷的是蒙古人的牲口,那么罪犯必须按照《蒙古律例》判罪,而汉人若偷的是汉人的牲口,则罪犯应该按照内地刑律治罪。[113]按照这一法律多元主义的原则,《蒙古律例》中的大量的赔偿规则不适用于汉人,即蒙古受害人可以得到物质赔偿,而汉人受害者不能享受同等法律待遇。1761年,《蒙古律例》增加了一个条款,即蒙古人在内地犯罪按内地刑律治罪,相应地,内地汉人在蒙古犯罪按蒙古律例治罪。按此地域优先原则,《蒙古律例》适用于长城以外的地域,不再如早期那样考虑受害者的族群身份。这些条款反映了清代长城内外日益密切的社会关系和民族混居的局面,也是朝廷加强帝国法律的统一性的结果。乾隆早期的《蒙古律例》完全不同于当地的司法文献和法律用语,采用分章(12)的成文法形式,使用蒙语、满语和汉语等三种文字,体现了清代司法体系一化的趋向。到19世纪,除了个别条款之外,蒙古法律与内地法律已经没有太大的差别,蒙古各部必须遵循相同的律例。

但是,清代社会制度和法律体系仍然体现了某种多元的特点。作为一个多元性的帝国,清代并没有将内地法律强加给蒙古人,也没有取消《蒙古律例》。同时,其他一些因素也影响了清朝法律系统的统一,如随着外蒙古的臣服,内外蒙古在法律和制度方面越来越相近,但与蒙古关系密切的准噶尔的法律却极为不同。清朝对准噶尔的战争损失惨重,为了更为有效地控制准噶尔,朝廷在当地实施了严厉的法律。除了蒙古律之外,有清一朝在维族地区有"回律"、藏族地区有"番律",以及为维护蒙藏

---

[112] 佩里·安德森:《从古代到封建主义的过渡》,郭方等译,上海:上海人民出版社,2001,页234。
[113] 《清高宗实录》卷342,乾隆十四年六月。

贵族特权的《理藩院则例》、《西宁番子治罪条例》和《苗例》等。"从俗从宜"的政策与不同民族臣服于清朝的方式密切相关,"宜俗"的另一面是政治控制、军事征服和暴力统治。上述因素使得清代的制度和法律内部始终保存着差异性。有鉴于此,一些法律史家用"清帝国的法律多元主义"(legal pluralism)概念讨论蒙古和其他少数民族的法律及其与内地法律的关系。"法律多元主义"指的是一种法律情境,即统治者根据人种、宗教和民族对人口中的不同的群体实施不同的法律体系。[114] 如果把这一概念移用于其他方面,我们也可以说清朝存在着一种"制度多元主义"。

4. 长城的象征意义及其历史转化

在清帝国的幅员内部,法律和制度的多元主义既包含了平等的意义,又包含了歧视的政策。这是帝国体制的内在的矛盾。[115] 康、雍、乾三朝在处理满汉关系方面取得了重要的成就,但满蒙贵族统治的基本要素并未因此改变。八旗制度包含了严格的族群分野,亦即旗人与民人之别:满、蒙旗人和汉军八旗与汉民之间有着内外之分。那些长期居于关外、在满洲征服中原的过程中立下汗马功劳的汉军旗人在清朝政治中拥有一定的优先地

[114] Dorothea Heuschert,"Legal Pluralism in the Qing Empire: Manchu Legislation for the Mongols", *The International History Review* 20, no. 2 (June 1998):310-324. 作者的"法律多元主义"概念源自 John Griffiths, "What is Legal Pluralism?" *Journal of Legal Pluralism* 24, no. 5 (1986):39。

[115] 在清代历史研究中,有关清代法律和民族关系的讨论一直是一个重要的方面,这些成果为重新理解清代思想史的诸多课题提供了重要的线索。关于清代立法与民族关系的讨论,我主要参考和引用了张晋藩主编的《清朝法制史》、袁森坡著《康雍乾经营与开发北疆》等书,这些著作对于相关资料的整理和叙述为我对今文经学的历史意义的讨论提供了资料、佐证和背景。此外,我也参考了若干英文著作,如 Joseph F. Fletcher, *Studies on Chinese and Islamic Inner Asia* (Aldershot, Hampshire: Variorum, 1995); Pamela Kyle Crossley, *A Translucent Mirror: History and Identity in Qing Imperial Ideology* (Berkeley: University of California Press, 1999), 以及 Mark C. Elliott, "The Limits of Tartary: Manchuria in Imperial and National Geographies", *The Journal of Asian Studies* 59, no. 3 (August 2000):603-646。

位,但在血统上他们仍然被拒绝承认为满人(除了少数例外)。此外,在满人的用语中,又有内外八旗之分(内八旗指内务府八旗)。在这个意义上,"内"中又有"内"。政治和法律体制的多元主义体现的恰恰是清朝统治者的政治基础的多重性,族群和血统在王朝的政治、军事、法律和等级关系中居于极为重要的地位。作为一个少数民族王朝,清统治者不仅力图以这种多元主义维系王朝的统一与完整,同时也以这种多元性确保满人的文化认同。清王室对于自己的起源地满洲地区的风俗、地域采取了特殊的保护措施、政策和法律,其祭祖的礼仪、教育的政策和地理的规划都包含了与内地不同的内容。从1671年开始,康熙确立了"东巡"制度,即皇帝定期赴东北地区祭祀祖先并视察,乾隆、嘉庆、道光等皇帝均曾多次"东巡"。乾隆于1743、1754、1778和1783年先后访问东北地区,对这一区域旗人子弟的教育、满人文化的保存和满汉关系极为重视,并先后颁布过一些相关的政策和法令。[116] 这些政策和法令中的一些内容不仅与康熙以降确定的"满汉一体"的原则相互矛盾,而且也与东北地区民族混居的长久历史相互冲突。

作为一个边疆区域,长城内外在漫长的历史过程中构成了游牧民族和农耕民族之间进行贸易和交往的中心区域。因此,强制性地推行族群

---

[116] Mark C. Elliott 对清代满洲认同问题进行了探讨,强调东北地区在礼仪、地理、单一祖先崇拜等方面形成了自己的特殊的认同,并把这一过程与日本操纵下的满洲国的实践联系起来。满清王朝有意识地保持自己的认同是一个历史事实,但如何从清帝国的法律多元主义或制度多元主义的角度探讨帝国的认同本身及其内在矛盾,是一个更为根本的问题。Elliott 的叙述以满洲作为一个独立国家或地区的认同为前提。从清代历史来看,帝国体制本身就是一种多元性体制,从而包含了对地方认同和民族认同的共同承认,但这种多元性体制及其对地方和民族认同的承认是以保持帝国的统一性为前提的。在多民族王朝内部,清统治者为了维护王朝的统治,实行了一系列措施促进满汉和其他民族的平等,从而与它的多元性的、等级性的帝国制度产生了内在的矛盾。满洲问题由于涉及清帝国的起源问题以及满人在王朝中的特殊地位问题,尤其显现出矛盾。在这个意义上,如何处理"满洲叙述"与"大清叙述"的关系仍然值得研究。事实上,清王朝始终为这一矛盾所困扰,而晚清民族主义的两个方面——即章太炎式的反满的民族主义和康、梁式的大民族主义(即以"中国"为单位的民族主义)——就是以此为历史前提的。因此,从单一方面考虑清帝国认同问题难以全面地说明清朝的认同问题。See Mark C. Elliott, "The Limits of Tartary: Manchuria in Imperial and National Geographies", *The Journal of Asian Studies* 59, no. 3 (August 2000):603-646.

保护政策必然构成排他性的或歧视性的后果。从某种意义上说，清王朝的统治越是稳定，社会制度和法律的同质化程度也就越高，而制度和法律的同质化程度越高，制度和法律中的那些多样性（包括特权、特殊保护等等）就越显现出一种内在的不协调和矛盾。例如，在颁行各种法令的过程中，旗民共处的原则没有完全落实，清代社会存在着以法律和制度的方式规定的族群不平等和族群隔离，从而与清政府宣称的"满汉一体"原则相互冲突。从法律方面看，清朝保留了法律规定的族群特权，如满、蒙贵族可以免除所有的肉体刑罚，而汉人官员却不能，《大清律例》"犯罪免发遣"条即为优待旗人而设。从制度方面看，族群特权是清代政治制度中的明显特点，如理藩院在历朝治边机构中是权力空前的机构，其官员以满、蒙为主而以满人为中心，边疆各地的驻防将军、都统、大臣均不任命汉人；汉档房中有品级较低的汉军旗人官员，但绝无汉族官员。[117]清代重建科举制度，并以汉文作为科考的基本语言。这一政策以满汉平等为原则，力图为新的王朝政治提供基础。但乾隆东巡时发现许多满族子弟已经不会说满语，也不会满族赖以征服天下的骑射技术，感到大为惊讶。清廷因此于乾隆二十年（1755）二月甲寅日规定：在东三省、乌拉齐等地选用人材，"考试汉文永行停止"，其赞礼郎一职嗣后亦"著将伊等一并入选"，[118]从而取消了对东北各少数民族在备用上的限制，扩大了他们入选的仕途。这一新的政策明显地与科举考试以汉文为标准语言的政策存在冲突。根据张晋藩等人的研究，乾隆时期有关旗人的法令中有一项专门内容，即维持满洲旧俗，尤其是骑射、满语和满文。为了防止旗人荒疏骑射，乾隆一再严申八旗内、外官员禁止坐轿，声明对于骑射、满语不谙者要从重治罪。他把满语、骑射等列为官员升等的规则。以下是乾隆时代这类规则之显例：乾隆四十一年（1776）八月丁巳日定例规定，对一切世职承袭者的考试"俱射三箭"，而后"再定等第挑选"。[119]乾隆五十九年（1794）

---

[117] 参看袁森坡：《康雍乾经营与开发北疆》，北京：中国社会科学出版社，1991，页293。
[118] 《清高宗实录》卷四八二。
[119] 《清高宗实录》卷一〇一五。

四月,乾隆见到太原总兵德龄用汉文奏折,不仅传旨申饬,而且下令:"通谕直省满洲提镇等,嗣后如仍有以汉字折具奏者,定行治罪。"[120]

清帝国的建立使得长城沿线的冲突从一种王朝或部落间冲突转化为王朝的内部冲突。在《中国的亚洲内陆边疆》一书中,拉铁摩尔批判传统的、以南方社会为中心(或以运河为中心的)的历史叙述,把"边疆区域"在中国历史演变过程中的作用凸现出来,进而以长城两侧农耕和游牧两种社会形态的互动关系为背景,重构长城在"内亚洲"的中心地位。在他看来,界定中国历史和内部疆域的不是长城这一清晰的"边界",而是围绕长城的、由南到北不断伸延变化的一系列"边疆区域"。草原社会是历史的产物,其中的许多部落原先就是从农业社会中被驱赶出来的、与汉族祖先同族的所谓"落后"部落。草原社会与农耕社会是在历史的互动和纠缠中产生的两种社会实体,它们不是天生的两个不同性质的部落。从长城中心的观点看,所谓边疆区域的含义并不仅仅是从内地或中原区域的角度、而是从长城内外相互关系的角度作出的界定。边疆区域的含义是互为边疆,长城内外从来不是明确的民族分界线,[121]长城沿线民族关系的历史也不能仅仅按照政治归属关系来进行考察。按历史记载,中原王朝与西域的关系至少可以追溯到公元前126年张骞出使西域。汉(公元前206—公元220)、唐(618—907)帝国的军事控制延伸到西域内部,而蒙元王朝(1234—1368)的建立则带动了方向相反的历史流动,即中亚地区向中原地区的迁徙、贸易和文化交往。与元朝相比,明朝的行政版图明显缩减。在军事失败的氛围中,明末朝廷对西北和东北的政策较为收缩,内外差别和夷夏之防在士人和社会中渐成风气。[122]但在鼎盛时代,朝廷

---

[120] 《清高宗实录》卷一四五一,乾隆五十九年乙亥。

[121] See Owen Lattimore, *Inner Asian Frontiers of China* (New York: America Geographical Society, 1940).

[122] 关于明末辽东地区的满汉关系,特别是抚顺的历史,Pamela Kyle Crossley 在 *A Translucent Mirror* (Berkeley: University of California Press, 1999)中通过佟氏案例和汉军八旗的历史给出了很好的叙述。满汉交错的关系不仅是清朝的现实,而且也是满人入关前的现实。See "Part I: The Great Wall", pp. 53-128.

对西域的远征和兴趣(弗来彻曾特别提及明朝对蒙古马的兴趣)始终存在。[123]洪武四年(1371),元辽阳行省平章刘益归降明朝,献辽东州郡地区和兵马钱粮册籍。此后,明于得利嬴城置辽东卫,于辽阳置辽东都司、于黑龙江下游特林置奴儿干都司,并推行屯田、兴修水利、开放马市贸易。永乐以后,归附明朝的明廷内官亦失哈(亦作亦什哈)九次下东洋,试图打通中国通往亚洲各地和太平洋沿岸的岛屿,以及亚美沿岸大陆的通道。[124]

在建立王朝法统的过程中,清朝参考了元、明两朝的制度和礼仪,制度和法律的多样性一般而言有着某种历史依据。明朝以朝贡贸易的形式与中亚各部进行贸易和外交往来,禁止私人商贩赴中亚直接贸易,但实际上非法的私人贸易活动从未终止。为了控制西南,清朝鼓励汉人往云贵地区移民。西南的大部分地区及台湾在明朝已经纳入行政版图,而西北和东北地区是满、蒙的起源地。以此为背景,清朝对西南以及台湾的政策不同于对蒙古、西藏和新疆的政策:西北和东北地区设置了极为复杂的自治性的地方政府或政治架构,禁止汉人向东北和西北地区大规模移民,只是有条件地准许汉人在这一地区通商,而在西南,改土归流之后普遍实行了流官制度,鼓励汉人移民,在朝廷政策的影响下,汉人移民与当地少数民族(回民、苗民等)产生了许多冲突。[125]从今文经学的观点来看,这一举措符合"通三统"的原则。

---

[123] Fletcher, "China and Central Asia,1368-1884", in *Studies on Chinese and Islamic Inner Asia*, ed. Beatrice Forbes Manz (Hampshire: Variorum, 1995), p. 207.

[124] 关于亦失哈,见《明英宗实录》卷一百八十六,《辽东志》卷五。关于明代东北的情况,参见杨旸主编:《中国的东北社会(十四—十七世纪)》,沈阳:辽宁人民出版社,1991。

[125] 其高潮是1873年对于云南穆斯林的残酷镇压,以及在清政府政策引导下产生的汉人与当地穆斯林的冲突,在这场镇压之后当地穆斯林人口大幅度减少。这虽然是19世纪下半叶的事情,但由此可以看到清朝在西南的官方政策最终导致的一些结果。参见杰奎琳·阿米霍-侯赛因(Jacqueline Armijo-Hussein):《历史的追忆:中国西南之穆斯林与1873年大屠杀》("Narratives Engendering Survival: How the Muslims of Southwest China Remember the Massacre 1873"),见 *The Trace* No. 2, Hong Kong: Chinese University of Hong Kong Press, 2001, pp. 293-322。

第五章 内与外(一):礼仪中国的观念与帝国

5. 帝国的法律/制度多元主义及其内在矛盾

清朝的建立标志着长城的边疆含义逐渐消失,从而为后来今文经学者将内外、夷夏相对化的原则贯彻到西北地理的研究之中提供了制度的前提。从清帝国统治的角度说,长城的边疆意义的丧失也产生了新的问题,即在法律多元主义的条件下,如何平衡不同法律的运用范围与内外平等的关系。在民族混居的情况下,法律多样性与族群等级制发生了关联,而移民人口的扩大更增加了矛盾的严重性。清朝在边疆地区实行屯田,但禁止汉人到东北开垦。早在康熙时代,山东、山西、直隶的农民就因土地兼并或天灾而大批逃往关外。至乾隆时代,山东流民迁徙至塞外的人口更多,乾隆六年(1741),奉天各属新编人口仅一万三千八百余人,至乾隆四十六年(1781)已经达到三十九万人。1747年2月一个月,即有二三千人。[126] 乾隆三十六年(1771)吉林各属新编人口五万六千余人,至乾隆四十五年(1780)已经达到十三万五千余人。[127] 流民先是被迫季节性佣工,而后逐渐成为定居者,满汉通婚的情形也很多。随着大量内地移民进入蒙古地区,有关蒙古人与汉人的法律争端也随之多了起来,族群问题进入了司法过程。由迁徙而导致的族群融合并没有促进法律的统一,恰恰相反,在一定程度上反而打破了上述统一化趋势,这是因为满、蒙贵族担心本族地区为汉人同化,从而丧失自己的族性认同。乾隆十四年(1749),朝廷以蒙古人土地日窄、牧业萧条为由,派大臣至卓索图盟查处,将蒙古典给汉人的土地分别年限赎回,下令汉人离开新置的产业返回原籍,严禁卓索图盟、昭乌达盟、察哈尔八旗再典出土地。[128] 由于汉民的抵制,这项政策未能真正实施,但事件本身表明了清代移民和垦荒政策中

---

[126] 《清高宗实录》卷284,乾隆十二年二月。

[127] 这是根据乾隆《盛京通志》卷二四《田赋》、卷三六《户口》、卷三七、三八《田赋》统计字核算而成。见翦伯赞《中国史纲要》第三册,页268。

[128] 关于内地流民进入塞外的情况,均参见袁森坡:《康雍乾经营与开发北疆》,页410—411。

包含的民族矛盾。乾隆时代仍视东北各少数民族为满族的"同族",并以法律的形式对他们实行优待。乾隆五年(1740)十二月丁已日制定的《红、白事件行赏章程》扩大了雍正时代朝廷规定的赏借范围,不但保证了中、下级旗官红、白事件有赏,而且扩大行赏范围至一般笔帖式、兵丁、拜堂阿等。[129]这种特殊的民族法还伴随着雍、乾时代的封禁政策,即严禁汉民对东北土地的开垦,严禁汉民及东北少数民族人等偷刨人参、私采矿藏,严禁汉族商人无票进入东北经商,等等。[130]

从处理边疆民族的政策方面看,清代统治取得了很大的成功,但这并不是说只要建立了某种法规化的制度就能保障它的统治原则的连续性和完整性;相反,清朝统治者不得不持续调整它的边疆政策,除了武力镇压之外,还必须建立相应的机构,在上述各个方面保持平衡。在北方,除了早期为处理蒙古事务而设的理藩院外,在雍正平定青海和硕特蒙古贵族罗卜藏丹津的武装反叛之后,朝廷先后颁布"青海善后事宜十三条"、"禁约青海十二事",设置西宁办事大臣,将青海的一部分归入四川境内,另一部分归于理藩院管理;在征讨准噶尔的过程中还创设了重要的中央机构军机处。乾隆时代增修了《蒙古律例》,在外蒙等地进一步推行蒙旗制。这些法律、规章、制度的设定过程包含了一些族群隔离政策,例如"内地民人不许娶蒙古妇女",汉人不得学习蒙古和维吾尔文字,蒙古人不得学习汉文书等。[131]在南方,雍正即位之后,除了继续在苗族聚居地区及附近地区"安塘汛"、"修城垣"、"设重兵"以及"划行政"之外,还制定了《保甲条例》、实行"改土归流",即废除土司制度,改派普通行政官员,并对西南少数民族地区的民族、人口、风俗和经济(纳税可能性)进行大规模调查,加强西南地区的中央集权化。乾隆时代对于蒙古、苗族、回族、维吾尔族等少数民族的政策和立法有许多重要的成果,如在立法过程中考虑民族特点,允许法律上的某些特殊性,但我们不难发现其中包含的

---

[129] 《清高宗实录》卷一三三。
[130] 参见张晋藩主编:《清朝法制史》,页498—501。
[131] 《大清会典》卷六四《理藩院》。

集权、强制拓殖、封禁和族群分离的倾向。乾隆二年制定的《台湾善后事宜》"严禁民人私买番地",完全延续了康、雍两朝的规定:留台汉人严禁进入"番地",若与番民成亲,必须离异治罪。凡此种种,与雍正、乾隆标榜的"满汉一体"原则颇相冲突。如果把这种法律状况与清代社会的"内外"观联系起来观察,我们看到的是一种带有内在矛盾和冲突的历史图景。清代统治的重要基础是满族特权和八旗制度,以及中央/地方的统属关系。但是,作为一个少数民族王朝,如果不能以制度化的方式缓解民族矛盾,在法理和道德关系上对其他民族、特别是汉族作出相应的让步,王朝秩序即无以安定。因此,如何缓和满汉矛盾,安抚并发挥汉族臣民在治理国家和发展生产中的积极性,一直是清朝统治者关心的关键问题。

上述各个方面(连同我们在第四、五两章中讨论的中原地区的法律和礼制的多样性)证明:清朝政治结构体现了一种混合的原则,即平等的原则与等级的原则、礼仪的原则与族群的原则、郡县的原则与封建的原则的结合;这样一个包含了各种不同的法律体系、礼仪原则的共同的法律和政治秩序促进了有关政治合法性的思考。这一混合方式是维持多民族帝国的政治格局的重要保障,也一度或一直是中国的政治、经济和社会生活的多元性的法理和制度的保障。这就是公羊学在清代复兴的基本背景。庄、刘之学用儒学的礼仪关系作为重新定义"中国"的基本前提,从而力图排除按照族群意义上的夷夏关系来定义"中国"的方式,并在"大一统"的范畴之下处理多元与统一的关系。庄存与、刘逢禄在朝廷内部身任要职,对于清朝的法律、制度、政策的多样性和历史基础有着相当的了解,对于朝廷内部的满汉关系的实质、尤其是满人贵族的特权地位更是极为敏感。在春秋公羊学的框架内,庄存与、刘逢禄试图以"内外"问题来探讨王朝内部的满汉关系以及中央王朝与边缘区域的关系,以儒家礼仪为基础重构多民族王朝的合法性。因此,这一"内外"问题的社会背景条件是多民族王朝的政治架构,而不仅仅是宫廷政治。值得注意的是,公羊学理论是汉人官员和儒者的理论,而不是满族统治者的理论,它用内外、夷夏等主题讨论王朝政治的合法性,一方面呼应了雍正以来批判三代封建和夷夏之防的官方理论，[132]另一方面又力图将处于被统治地位的民族成员的平等要求转化为一种合法性要求，从而具有反对帝国的族群等级制的倾向。在这个意义上，尽管清代公羊学的"大一统"思想和礼仪中国的观念产生于帝国体制内，但这一理论不能等同于帝国逻辑，它包含了对于帝国的族群等级制、世袭贵族制和暴力倾向等重要特点的批判。作为一种政治合法性的理论，清代公羊学所处理的问题包含了内在的紧张性，以致在一定的条件下它可以从一种批判性的理论转化为一种变革性的、甚至革命性的理论。这是我们理解清代中期的公羊学的一个基本前提。

第三节 今文经学与清王朝的合法性问题

1. 奉天法祖与"大一统"

在上述背景下，今文经学以内外关系为中心，以重新阐释《春秋》包含的微言大义为方法，在礼仪和法的双重关系中重构多民族王朝的合法性。清代法律系统的最突出的特征之一就是在同一王朝内部各种司法管辖权和各种法律、制度体系的共存和竞争。正是这种司法管辖权和法律/制度体系的多元性使得王朝无法离开对"大一统"的合法性和权威性的依赖。在我看来，清代今文经学在很大程度上可以视为一种王朝的政治合法性理论，其中既包含了对于清朝合法性的论证，也包含了对于清代政

---

[132] 针对汉族人民和儒者的复古主义和民族思想，雍正将华夷之辨视为古代疆域狭窄的产物，他说："三代以上之有苗、荆楚、玁狁，即今湖南、湖北、山西，在今日而目为夷狄可乎？"他用舜为东夷、文王为西夷为据，论证满汉一体，"本朝之为满洲，犹中国之有籍贯"。他反对的是所谓"以华夏而有异心"。《大义觉迷录》卷1，页5a，八册线装本。（又见中国社会科学院历史所清史研究室编《清史资料》第4辑，北京：中华书局，1983，页5。）

治制度内在矛盾的批评。今文经学是汉人学者对乾隆时代社会问题的回应,也是对于清代开国以来处理内外关系及其秩序观的批判性的总结,这是它把制度、法律和礼仪置于思考中心的根本原因。

庄存与、刘逢禄是清代今文经学的开创者,从经学与政治的关系的角度看,他们的经学研究提供的是有关清代统治合法性的思考。庄、刘以经学的形式处理法律、制度和礼仪问题,力图为各项政治、经济和文化事务提供基本原则。他们的研究是一种带有规范意义的研究。在这个意义上,清代今文经学不但是对汉代今文经学的复兴,而且也是针对当代问题的思考。刘逢禄将《春秋》视为"万世法":

> 盖《春秋》垂法万世,不屑屑于一人一事,而诸贤又无殊无绝特之行,可以为世立教,故别录于诸弟子之记,其慎也如此。是以论王政则曰:谨权量,审法度,修废官;又曰:兴灭国,继绝世,举逸民,六者行而王政立矣。《春秋》讥税亩田赋,谨权量也;改制质文,审法度也;详官制,修废官也;嘉死位,兴灭国也;明氏族,继绝世也;褒贤良,举逸民也……楚庄、秦穆虽贤,仅使之长帅族类,相与亲诸华,渐王化,中国之政,罔或干焉,辨内外也。……[133]

《春秋》之义是超越时代的普遍真理,《春秋》之法是指导各代政治、法律、田制、官制、人材等各项制度的普遍法律,《春秋》之旨是探讨"辨内外"这一"中国之政"的基本途径,而今文经学则是阐释这一"万世法"的正确方法。今文经学这种直接介入社会政治方式为我们在公羊学与清代政治之间往来穿梭提供了经典的和方法论的根据。

庄存与(1719—1788)的《春秋正辞》分为九个"正辞",亦即庄存与之"九旨",它们分别是奉天、天子、内、二伯、诸夏、外、禁暴、诛乱、传疑。如果将这九个主题与何休的三科九旨作对比,那么,在《春秋正辞》中,三统、三世等公羊学的核心命题明显地不居于中心地位,它们仅仅附属在

---

[133] 刘逢禄:《释九旨例下·襃例》,《刘礼部集》卷四,页11。

《奉天辞》的十个子目之中,分别处在四和九的位置,是边缘性的主题。《春秋正辞》的论述结构可以概括如下:以"建五始"和"宗文王"为法与礼的基础,以"大一统"及其"内外"关系为论述的中心,以"讥世卿"为政治取向,以"孝"作为礼仪的原则。从《春秋正辞》的叙述结构来看,"奉天辞"、"天子辞"强调王朝和天子与天和天的意志的关系,并以此作为新王朝的合法性根据。其他七个方面,即内、二伯、诸夏、外、禁暴、诛乱和传疑均从各个方面涉及礼序中的内外问题。这一论述结构将"内外"问题置于中心,明显地以探讨"内外"问题为基本的出发点。庄存与通过各种论述取消了内外的严格分野,以"夷狄入中国则中国之"为基本的价值取向,[134] 以礼仪而非族群作为王朝认同的前提,呼应了清代法律和礼仪改革的主导倾向。历来学者对于庄存与的今文经学研究评价不高,因为他没有像刘逢禄那样严格按照何休三科九旨的家法整理和阐释《春秋》。然而,庄氏学术更多地受到董仲舒《春秋繁露》的影响,没有严格按照东汉何休的"三科九旨"展开论述,相反,却更为自由地将政治性的见解渗入他的《春秋正辞》之中。正由于此,我把《春秋正辞》当作一部理解清代政治结构及其合法性的著作来进行诠释。[135]

为什么庄存与的春秋观将"大一统"理论与"内外"或"夷夏"的命题密切联系起来,而对"三统"、"三世"之说不甚措意?首先,从经学内部来说,大一统和内外问题与三统、三世密切相关,从而只要不是固守经学的

---

[134] 孙春在的《清末的公羊思想》(台北:台湾商务印书馆,1985,页27)首先注意到《春秋正辞》以内外例为中心,该书对于清代公羊思想作了虽然扼要但却系统和准确的梳理。

[135] 从思想史的角度看,庄氏之春秋论虽然缺少严密的系统性,却以一种明确的政治视角切入经学研究,在今文经学春秋观的基础上,发挥和演绎了一套关于多民族帝国的政治合法性及其礼仪基础的经学思想。这是一部不闻于当世却实属罕见的开创性著作。从经学史的角度看,清代今文经学由庄存与肇端,而刘逢禄才是为今文经学奠定学术基础的人物,所以大多数学者从学术史的角度将清中期今文经学的解释集中于刘逢禄。如杨向奎说:"清代中叶的公羊家对后来最有影响的是刘逢禄。"(见氏著:《绎史斋学术文集》,页341)孙春在说:"刘逢禄是常州学派的重镇,也是清代公羊学中承先启后的人物。"(见氏著:《清末的公羊思想》,台北:台湾商务印书馆,1985,页32)艾尔曼说:"刘逢禄在许多方面都是常州今文经学发展至顶峰的象征。"(见氏著:《经学、政治和宗族》,页149)

家法,经学文献本身可以提供这种过渡的根据。以三世说为例,《春秋》把鲁隐公至鲁哀公的历史分为三世:昭、定、哀为"所见世",文、宣、成、襄为"所闻世",隐、桓、庄、闵、僖为"所传闻世"。何休的著名讲解是:

> 于所传闻之世见治起于衰乱之中,用心尚粗粗,故内其国而外诸夏,先详内而后治外,录大略小,内小恶书,外小恶不书,大国有大夫,小国略称人,内离会书,外离会不书是也。于所闻之世见治升平,内诸夏而外夷狄,书外离会,小国有大夫,宣十一年秋晋侯会狄于攒函,襄二十三年邾娄劓我来奔是也。至所见之世著治太平,夷狄进至于爵,天下远近小大若一,用心尤深而详,故崇仁义,讥二名,晋魏曼多、仲孙何忌是也。所以三世者,《礼》"为父母三年,为祖父母期,为曾祖父母齐衰三月"。立爱自亲始,故《春秋》据哀录隐,上治祖祢。[136]

所传闻世为衰乱世(鲁隐公至鲁僖公,计96年),所闻世是升平世(鲁文公至鲁襄公,计85年),所见世是太平世(鲁昭公至鲁哀公,计61年)。"夷狄进至于爵,天下远近小大若一"是太平世的标志。突出内外例的意义暗示清代正在从升平向太平过渡。因此,内外例的突显事实上离不开"张三世"的历史叙述框架。如果总括"三世"说的内涵,那么,它在时间的轴线和空间的轴线上均遵循由近及远、重近轻远的法则,从而突显出礼序是从"尊亲"("孝"的价值是其内在的灵魂)展开的。这也是为什么"三世"的逻辑是愈近愈好,以致身居礼崩乐坏之际的孔子能够在所见的时代里发现太平的秩序。若从衡量"三世"的内容看,则衰乱/治平和内外/夷夏构成了基本的判断标准。乾嘉时代的庄、刘注重空间关系(内/外、夷/夏),而清末的康、梁把达尔文主义的进化和进步概念引入对"三世"的阐述,从时间的轴线上将"三世"理解为一个直线进化的历史过程。

其次,突出内外问题是一种政治性的选择。如果说王朝自身的合法

---

[136] 何休:《春秋公羊解诂》隐公元年"公子益师卒",见李学勤主编《十三经注疏·春秋公羊传注疏》,北京大学出版社,1999,页24。

化主要依赖三统说及其相关礼仪，那么，汉人学者关心的主要不是王朝法统的建立问题，而是王朝内部的社会关系、尤其是族群关系问题。依《左传》的说法，《春秋》"内其国而外诸夏"、"内诸夏而外夷狄"，并没有混同诸夏、夷狄于一统的暗示，而清代今文经学的大一统观念或大同观念建立在取消夷夏内外的绝对分野的前提之上。今文经学在这一问题上的观点明显地是在自我发挥。如果没有特定的政治动力和背景，是很难理解这一点的。在清代中期以前的社会里，清王朝一直被汉族士大夫视为外来政权。清代大一统政治是对夷夏关系的重新调整，它安排前朝遗绪，力图恢复儒学的正统地位，但在汉人学者的眼里，清朝无法以一种王朝赓续的模式建立自己的合法性。[137] 这里的困难是：清朝力图以儒学正统为王朝统治提供合法性，从而它必须排除自己在塞外的历史谱系才能被纳入中国王朝的连续关系之中。在《春秋正辞》中，"三统"、"三世"这两个极为重要的主题仅仅处于"奉天"辞的子目之中是有其理由的，因为清朝"奉天承运"，它作为"新王"的合法性首先来自"天"而不是"祖先"。清代士大夫确认清朝合法性的前提是把清朝纳入中国王朝延续的历史内部、使之成为王朝延续的一个阶段或环节，从而将那些"非中国的"部分排除在叙述之外。这一叙事策略恰好与上文论述的清朝建立法统、名号的过程和方法完全一致。庄存与对于"内外"的辩证、对于"二伯"的重视，部分地可以看作是在这个方向上对清代统治合法性的认可。上述两重因素为庄存与以内外例为中心发挥公羊思想提供了背景和条件。

---

[137] "三统"说建立在"变"和"循环"的历史观之上，它认为每一朝代均有自己的一统，并承应天命遵循"黑统"、"白统"和"赤统"循环往复。当某一朝依天命而归于一统时，即必须按照此统的定制"改正朔，易服色"，从事"礼乐征伐"。夏（黑统或人统）、商（白统或地统）、周（赤统或天统）三代的制度均参照这一循环"因革损益"。如《尚书大传》云："夏以孟春月为正，殷以季冬月为正，周以仲冬月为正。夏以十三月为正，色尚黑，以平旦为朔；殷以十二月为正，色尚白，以鸡鸣为朔。周以十一月为正，色尚赤，以夜半为朔。不以二月后为正者，万物不齐，莫适所统，故必以三微之月也。"这是一种把统系与因革关联起来的历史观，董仲舒《春秋繁露·三代改制质文》及东汉《白虎通·三正·三正之义》均本"天有三统"之说而阐释了这一观念。另外，三统说又与乐理有关，如《汉书·律历志》云："三统者，天施、地化、人事之纪也。故黄钟为天统，林钟为地统，太族为人统。"

我们先看《外辞第六》如何为王朝兴替提供合法性论证。"楚子蔡侯次于厥貉"条的议论似乎是一种赤裸裸的权力崇拜：

> 窃钩者诛，窃国者为诸侯，后世日毁圣人而疑天道。然则何事知其代之也？曰所以明天道而达王事也。王者天之继也。王不讨罪，天诛加焉而人不知，犹之乎不诛尔，天诛不若王诛之为明也。天下不可以一日无王者，此之谓天道善人……[138]

"王事"为天道之体现，因此，即使不符合常规和礼仪，新王也具有合法性。在这里新王的确立涉及易姓更王，而非继前王而王。公羊家将"西狩获麟"等语解释为"受命之符"，显然将"新王"的根据建立在天命观念之上。"三统说"的意义即在易姓更王的过程中确立"新王"的合法性。在这个意义上，"三统说"、"三世说"等今文学宗旨被置于"奉天辞"的子目中是恰如其分的。

对于清代汉族士大夫而言，清朝作为外来政权的性质是难以回避的：如果没有天意的支持，即使直接援用"三统说"也无法令人信服地将满清王朝界定为中国王朝；如果"新王"不能提供自己的合法性，那么，"作新王"的命题就等于是把"窃国者侯"变成了天道。"新王"不可能仅仅以暴力作为自己的合法性。《春秋正辞》以奉天、天子两个正辞为开端，明确地暗示在皇权之上尚有更高的原则。[139]"王事"无非代天而行，如果违背天意而导致天下怨愤，王即丧失合法性。[140]在《奉天辞》中，"大一统"居

---

[138] 庄存与：《春秋正辞·外辞第六》，《皇清经解》卷三八二，页6。
[139] 就在上述关于"王事"的引文之后，庄存与提醒说，"王事"之上尚有天的存在，从而呼应了《春秋正辞》一书的总体的思想结构。按天的另一面是民，这是孟子的遗教。庄存与也把"民"作为《春秋》的重要主题，所谓"民者，《春秋》之所甚爱也，兵者，春秋之所甚痛也"。庄存与：《春秋正辞·外辞第六》，《皇清经解》卷三八二，页10。
[140] 庄存与《春秋正辞·外辞第六》云："虽以死惧之，而民不畏然，则乱臣必诛，贼子必诛，……《春秋》即天下之人之心而明示以不义，即天下之人之心而众著之以义。以义死之，而弗敢犯也；以不义赂之天下，而途之人莫之从也。为人子者，冠以著代昏授之室，必将敬且哀也。……《春秋》使人知其代之者……"《皇清经解》卷三八二，页6。

于"建五始"和"宗文王"之后,表明这一原则需以承天继祖为前提。这一经学的叙述结构本身是一种基本原则的体现,即礼仪的合理性是政治合法性的基础,而这种礼仪的合理性必须建立在一种宇宙论的前提之上。正是在这个意义上,《春秋正辞》的叙述结构以经学的方式恢复了宋学的天人二元论,这与庄存与试图在宇宙论的背景上论述经学的结构完全一致。《八卦观象解》云:

> 天地设位,悬日月,布星辰……故画州土,建君臣,立律历,陈成败,以示贤者,名之曰经。贤者见经,然后知人道之务,则诗、书、易、春秋是也。易有阴阳,书有九章,诗有五际,春秋有灾异。皆列终始,推得失,考天心,以言王道之安危,言天下之至赜而不可恶,言天下之至动而不可乱,盖三才之道备矣。[141]

在宇宙论的视野内安排诸经,这对"大一统"的命题至关重要。如果说汉代宇宙论为变法改制论提供了合法性,那么,庄存与在这里把"大一统"安排在一种宇宙论(或天论)的视野中究竟是什么意思呢?

宗法继祖原则(即孝的原则)是规范皇权的基本礼义,也是清代法律的基本原则。但这一原则在清代政治语境中隐含了两个内在的矛盾。第一,清朝被广泛地视为一个征服王朝,尽管它在自己的体制内部实行宗法祭祖的原则,但如果将这一原则运用到王朝的合法性论证之中,那么,如何界定清朝与前朝——即明朝——的合法继承关系?当清朝把自己理解为"新王"之时,它不能依靠宗法祭祖原则来论证自己的合法性,在这一语境中,它需要"天"的支持("建五始")。第二,清朝帝国的取消内外、满汉一体等原则无法与宗法继祖原则相匹配,因为清代社会的满洲贵族特权恰恰以宗法血缘关系为根据。因此,如果不同时标举"奉天"和"宗文王"的原则,"讥世卿"就缺乏根据,亦即无法将批评的矛头深入到王朝政治合法性的前提之中。"世卿"是和宗法封建的原则共存的。《天子辞第

---

[141] 庄存与:《八卦观象解》篇上,页27—28,《味经斋遗书》本,光绪八年刊。

二》云：

> 周德之衰，箕子先戒曰：于其母好德，汝虽锡之福，其作汝用咎，乖离不和，殃祸所起。官人以世，实违天纪。[142]

《内辞第三上》又云：

> 天下无生而贵者，皆其父母之子也。文王、武王之生，何遽异于当世之君乎！[143]

庄存与把尊奉天子视为重要原则，但为什么又同时对皇权世袭表示怀疑？这是因为：第一，"大一统"的原则是对周代封建制的扬弃，它对封建礼仪的需求不是建立在宗法分封的基础之上，而是建立在郡县制度的基础之上；第二，皇权是清代贵族制度的核心。有清一代，宗室、觉罗均为皇室的直系或旁系子孙，世袭王爵罔替的有十二家，均为皇室贵胄。因此，"讥世卿"的矛头不可能绕过皇帝：皇帝无非人子，若不能遵从天命、躬行圣德，必将导致天下乖离、祸乱频生的局面。这是对于皇权的基本理解：皇权不是不受约束的绝对权力，天命、礼仪和道德是皇权行事必须遵循的基本规则。庄存与把"大一统"的命题置于"建五始"的天道论与"宗文王"的礼制论的命题之后，这一安排本身的意义在他"讥世卿"的实践中充分地显现出来。换言之，法统的建立不能以宗法分封关系的连续性为依据，而必须参照天意，重构社会关系，进而提出这一关系的伦理原则，才能获得自己的合法性。

庄存与对"大一统"命题的阐述既是对满清合法性的论证，也是对王朝政治的讥评。但他的核心论点是要求清王朝将先王礼仪作为政治合法性的基础。我们可以从三个方面说明这一问题在清代社会的意义：从王

---

[142] 庄存与：《春秋正辞·天子辞第二》，《皇清经解》卷三七五，页7。
[143] 庄存与：《春秋正辞·内辞第三上》，《皇清经解》卷三七七，页11。

朝内部政治的角度说,如果不能以礼仪为基础破除满汉和各少数民族的严格分野,选贤与能,那么,王朝的大一统政治就缺乏合法性;从王朝制度建设的角度说,如果不能从宜从俗、尊重各民族的特点和传统,那么,王朝势必陷入持久的民族冲突之中;从汉族人民及其官员的角度说,如果不能以"内外"例缓解异族统治造成的紧张,个人的认同和出处即无法安置。因此,庄存与在《春秋正辞》、《春秋举例》、《春秋要旨》等著作中处理的是清代政治和思想中的持久课题。为什么这一课题在庄、刘今文经学中变得如此突出?我认为原因包含了三个方面:第一,与遗民学者、甚至乾嘉汉学家们不同,庄、刘是身居要职的汉人官员和精通儒学的学者,他们确实是从儒学义理内部考虑王朝的合法性问题;第二,乾隆时代是一个以制度建设的方式重构和完善法律规章的时期,他们希望这些法律和制度的改革能够符合自己理想;第三,身为汉人而高居朝廷大臣,他们既对满汉不平等、世卿擅权等现象深怀不满,又不可能彻底否定王朝的合法性。他们试图以今文经学为依据,重构一套泯灭夷夏、取消内外的大一统理论作为王朝的合法性理论。因此,"大一统"的命题不能等同于帝国的国家政策,它包含了对于帝国的族群隔离政策、族群等级制度的批判,我把这一命题理解为汉人儒者在承认满清王朝合法性的前提下对于民族平等的思考。

2."二伯"与"宗文王"

天的意志必须具体地体现在历史关系之中或者说体现在某些奉天承运的历史力量的身上。"大一统"的命题是对礼崩乐坏的局面的回应,那么,由谁来具体地实践"大一统"的天意,又有什么方式可以面对礼崩乐坏的局面?庄存与转述董仲舒的话说:"今师异道,人异论,百家殊方,指意不同,是以上无以持一统,法制数变,下不知所守。臣愚以为诸不在六艺之科、孔子之术者,皆绝其道,勿使并进,邪辟之说灭息,然后统纪可一而法度可明,民知所从矣。"〔144〕《春秋公羊传》开篇《隐公元年》以特殊的

---

〔144〕 庄存与:《春秋正辞·奉天辞第一》,《皇清经解》卷三七五,页3。

书法阐明"大一统"的观念,暗示"大一统"并不是隐公时代的政治现实,它毋宁是一种要求或理想。[145]后代公羊家把这看作是孔子的特殊的书法,以之为新王立法。庄存与以书法入手解释"大一统"的含义,暗示了"新王"出现的历史必要性和历史必然性。他追随何休"五者同日并建,相需成体,乃天人之大本,万物之所系,不可不察也"的说法,称这段话中元、春、王、正月、即位五条同时出现为"建五始";又引孔子"从周"之语,要求在"礼"的基础上"六合同风,九州共贯"。[146]因此,在王室衰微、礼崩乐坏的背景下拨乱反正,必须依赖新的政治力量。

"大一统"的诉求与乱世现实的关系提供了"二伯"登场的基本背景。庄存与先后在《内辞》、《二伯辞》和《诸夏辞》中反复论及二伯的意义,为诸侯称王提供合法性。我们不妨将庄氏的解说与他明显有所师承的赵汸的相关解说加以对照。赵汸《春秋集传自序》说"二伯"云:"方天命在周未改,而上无天子,下无方伯,桓、文之功不可诬也,是以圣人详焉,故曰'其事则齐桓、晋文'。"[147]在解释春秋之霸时,他又进一步申论说:"诸侯不王而霸者兴,中国无霸而荆楚横,大夫专兵而诸侯散,此《春秋》之实也。"正由于此,《春秋》以笔削的书法,用"实与而文不与"的修辞,表达圣人的义旨。[148]《春秋》公羊学中的"实与而文不与"的书法主要是为了克服礼仪与现实需求的矛盾。对清代今文经学而言,这一解决矛盾的方法恰好适应了他们以尊崇礼仪为前提承认清朝统治合法性的要求。庄存与发挥说:

> 周公欲天下之一乎周也,二之以晋则不可,其不可于是始,君子

---

[145] 原文为:"元年春,王正月。元年者何?君之始年也。春者何?岁之始也。王者孰谓?谓文王也。曷为先言王而后言正月?王正月也。何言乎王正月?大一统也。公何以不言即位?成公意也。……"《春秋公羊传今注今译》,李宗侗注译,页1。
[146] 庄存与:《春秋正辞·奉天辞第一》,《皇清经解》卷三七五,页3。
[147] 赵汸:《春秋集传自序》,《宋元学案》九十二《草庐学案》,《黄宗羲全集》第六册,杭州:浙江古籍出版社,1992,页627。
[148] 他具体解释说:"于是有去名以责实者,诸侯无王,则正不书王;中国无霸,则诸侯不序君。大夫将略其恒称,则称人。"同上,页629。

谨而志之,欲天下之一乎周也。……《春秋》有所愤乎此也,亦有所乐乎此也。[149]

"一乎周"是理想的状态,但并不存在实现此一理想的条件。按周之制度,礼乐征伐自王者出,诸侯不得主诸侯之命,但既然"一乎周"不可得,也只能行"实与而文不与"的权宜之计。[150]《诸夏辞第五》文公元年"卫人伐晋"云:"诸侯无伯,亦《春秋》之所恶也。则其不主晋何?曰:诸侯之无伯也,晋襄公始为之也,不主晋于是始而王道行矣。桓文作而《春秋》有伯辞,实与而文不与也。"[151]顾栋高《春秋大事表》四《列国疆域表》记述了春秋兼并的格局:鲁兼九国之地,齐兼十国之地,晋灭十八国,楚吞并四十二国……各国战争不断:秦晋互攻之战十八次,晋楚大战三次,吴楚征伐二十三次,吴越互攻八次,齐鲁交兵三十四次,宋郑之战计三十九次。史家因此感叹封建为祸之烈,"而知天下不可以一日而无伯也。"[152]所谓"大一统"恰恰来自天子病弱、诸侯称王的局面。二伯的出现预示着霸权的必要性和一统天下取代诸侯纷争的趋势,从西周封建的角度看,这一过程恰恰是权力下移的过程,庄存与以"实与而文不与"的方式给予肯定。

"实与而文不与"意味着一种内在的矛盾,即政治合法性与道德合理性的矛盾。庄存与赞成大一统,而又以"宗文王"为礼义之大宗,力图把宗法道德的合理性与郡县一统的政治联系起来。因此,他的论述重心不在改制,而在端正礼仪,即强调新王的道德合理性。庄氏关于"春秋大一统者,天地之常经,古今之通谊也"的论述源自董仲舒,但如果对董、庄有关大一统的阐释略作比较,其间的差异十分明显。董仲舒以变法改制为

---

[149] 庄存与:《春秋正辞·天子辞》,《皇清经解》卷三七六,页15。
[150] 例如,《内辞第三·来聘》条云:"齐桓主中国,则陈不知有楚患,国家安宁而志一,以奉王事,嘉好之使,接于我焉。志陈之聘我,则中国诸侯见矣。终《春秋》而一志聘者陈与郑尔。何言乎陈侯使女叔来聘,言齐桓之力,安中国而义睦诸侯也。"庄存与:《春秋正辞·内辞第三》,《皇清经解》卷三七八,页20。
[151] 庄存与:《春秋正辞·诸夏辞第五》,《皇清经解》卷三八一,页12b—13a。
[152] 顾栋高:《宋郑交兵表叙》,《春秋大事表》卷37,页1a。文渊阁四库全书本。

宗,《春秋繁露·楚庄王》云:

> 《春秋》之道,奉天而法古。是故虽有巧手,弗修规矩,不能正方圆;虽有察耳,不吹六律,不能定五音;……《春秋》之于世事也善复古,讥易常,欲其法先王也。然而介以一言曰:"王者必改制自僻者。"……若一因前制,修故业而无有所改,是与继前王而王者无以别。受命之君,天之所大显也。……今天大显已物,袭所代而率与同,则不显不明非天志。故必徙居处,更称号,改正朔,易服色者,无他焉,不敢不顺天志而明自显也。[153]

这是他对《春秋》大义的创造性发挥,明确地将改制置于复古之上。再看《天人三策》,武帝追问的是礼乐为什么失效,而不是为什么必须恪守礼乐。他说,五帝三王之道,改制作乐而天下洽和,百王同之。而那些恪守三代之制的所谓"守文之君、当涂之士"却无法改变大道微缺、桀纣横行的局面。武帝不能不问:这一切应该如何理解,又靠什么来解决?董仲舒的议论海阔天空,但归结到底不过是以"更化则可善治,善治则灾害日去,福禄日来"来回应武帝所谓"改制作乐"而已。[154] 庄存与发挥董仲舒《天人三策》中的议论,以王受天命、正百官、统率万民、诸侯供奉等原则来解释"建五始",但明显地把重振礼乐而不是改制作为论述的中心。他引何休的话说:"政莫大于正始。故《春秋》以元之气,正天之端;以天之端,正王之政;以王之政,正诸侯之即位;以诸侯之即位,正境内之治。诸侯不上奉王之政,则不得即位。"[155] 这是要求严正礼仪。

礼崩乐坏的局面虽然为"二伯"的出现提供了合理性,但"二伯"或者"新王"必须严格按照礼仪行事才能获得自己的合法性。回溯康熙以降祭祀朱子、恢复科举、重建宗法、再申礼仪、标榜"治道合一"等政治实践,我们

---

[153] 董仲舒:《春秋繁露》卷一《楚庄王第一》,页7—8。中华书局,1991。
[154] 《汉书·董仲舒传》,北京:中华书局,1962,页2495—2505。
[155] 庄存与:《春秋正辞·奉天辞第一》,《皇清经解》卷三七五,页2。

不难理解清王朝为什么必须以端正礼仪而不是实行变法来建立自己的合法性。值得注意的是，庄氏对"二伯"的处理清楚地说明他是从汉人官员的立场诠释清代的法统。在庄存与的时代，满汉问题仍然居于极为重要的地位，承认"新王"与严正礼仪遂成为一带有内在紧张的命题。这里仅举一例。按《隐公元年》的记载，隐公让位于桓公，而桓公后来却弑其兄隐公。公羊家以为《春秋》的记载包含了对于隐公让位的谴责。据此，庄存与指出：

> 《春秋》之志，天伦重矣，父命尊矣。让国诚，则循天理、承父命不诚矣。虽行即位之事，若无事焉。是以不书即位也。君位，国之本也。南面者无君国之心，北面者有二君之志，位又焉在矣！十年无正，隐不自正，国无以正也。元年有正，正隐之宜为正，而不自为正。不可一日而不之正也！[156]

庄存与对"大一统"的解释不同于董仲舒对汉武帝有关"更化"的建议，毋宁是要求皇帝严正纲纪、以礼仪为治国的前提。因此，"大一统"在这里既不是对皇权的无条件肯定，也不是对皇帝的变法改制建议，而是以之作为理想政治的规范和构想。如果将这一解释放置到清代的语境中，我们有理由推论说：它隐含着汉族官员对于清代统治者的道德要求和对政治现实的批判性看法。

《奉天辞第一》的叙述逻辑是从"建五始"至"宗文王"，而后再论"大一统"和"通三统"。在这里，庄存与真正重视的是"建五始"所表现出的受命于天的合法性和"宗文王"的基本原则，从而将"变"（从新开始）与"不变"（师法先王）结合起来。[157]"大一统"必须以这一变与不变的辩证

---

[156] 庄存与：《春秋正辞·内辞第三》，《皇清经解》卷三七七，页3。
[157] 关于五始与新统的关系，《文选》汉王褒《圣主得贤臣颂》云："记曰：共（恭）惟《春秋》法五始之要，在乎审己正统而已。"关于五始，颜师古注云："元者，气之始；春者，四时之始；王者，受命之始；正月者，政教之始；公即位者，一国之始；是为五始。"唐吕向注："正位以统理天下。"参见饶宗颐：《中国史学上之正统论——中国史学观念探讨之一》，页3。

第五章　内与外（一）：礼仪中国的观念与帝国

法为前提。"建五始"为新王的出现提供合法性,这是董仲舒所谓"奉天"的义旨。但为什么"作新王"的同时不是另立制度仪轨,而是"宗文王"呢?在庄氏的语境中,"建五始"与"宗文王"的命题还有着复杂的关系。我们先看"宗文王"条:

> 公羊子曰:王者孰谓?谓文王也。闻之曰:受命之王曰大祖,嗣王曰继体。继体也者,继大祖也。不敢曰受之天,曰受之祖也,自古以然。文王,受命之祖也,成、康以降,继文王之体者也。武王有明德,受命必归文王,是谓"天道"。武王且不敢专,子孙其敢或干焉。命曰文王之命,位曰文王之位,法曰文王之法。所以尊祖,所以尊天也。[158]

如果庄存与要求的只是周代的分封继祖的宗法原则,那么,他的"大一统"观念也就仅仅限于"供奉王室",并无更深的义旨。[159]但是,庄氏之学分明以"内外"例及"讥世卿"为宗旨,对于世袭的贵族制度充满了愤懑之情。《春秋正辞》的叙事结构寄寓了改变宗法分封原则的内涵,"供奉王室"实际上体现了皇权与贵族之间的矛盾和皇权绝对性的要求。清代今文经学对皇权绝对性的诉求构成了一条不绝如缕的线索,从庄存与对皇权一统的要求,到康有为对"摄政"的抨击和皇权绝对性的重申,都表达了一种建立权力一统的政治观。

"宗文王"的原则与公羊学所谓"一乎周"的构想完全吻合,但公羊之"一乎周"并不是单纯地强调宗法分封的原则,而是为新王立法。[160]这一

---

[158] 庄存与:《春秋正辞·奉天辞第一》,《皇清经解》卷三七五,页3。
[159] 陈其泰在分析庄存与的"大一统"与"宗文王"时说,庄氏公羊学"利用公羊学来宣传王权神授、天人合一、君臣名分不可逾越的观点……其学术宗旨分明在于'供奉王室'。"陈著是公羊学研究中的新著,但上述分析似乎没有能够触及庄氏观点中更为隐微的方面。见氏著:《清代公羊学》,北京:东方出版社,1997,页64。
[160] 《春秋公羊传·文公十有三年》云"世室屋坏"条:"世室者何?鲁公之庙也。周公称大庙,鲁公称世室,……周何以称大庙于鲁?封鲁公以为周公也。……然则周公之鲁乎?曰:不之鲁也。封鲁公以为周公主。然则周公曷为不之鲁?欲天下之一乎周也。"李学勤主编《十三经注疏·春秋公羊传注疏》卷第十四,页302。

点与"大一统"的基本价值完全吻合。如前所述,理解"一乎周"的关键在于:其时诸侯纷争,并无"一乎周"的局面。在这一语境中,承天继祖的宗法原则是对皇权和政治秩序的规范,并不要求以分封的方式行之于诸侯。换句话说,"一乎周"是"大一统"的别词,而很难直接与封建划等号。在这个意义上,周之法统变成了对于皇权一统的道德要求和合法性论证,却不再是殷周制度中的宗法分封原则。"大一统"、"一乎周"隐含着另一层义旨,即要求重建礼法,限制世卿擅权和贵族分权。庄存与以"天无二日,地无二王,国无二君,家无二尊,以一治之也"来发挥"大一统"的含义,一面是对君权的维护,另一面则暗含对世卿擅权和贵族特权的严厉贬斥:世卿擅权和贵族特权是对"大一统"的破坏和对"一乎周"的背叛。"宗文王"、"一乎周"是一种抽象的礼仪原则,而不是附丽于某个特定统治民族的歧视性政策或观点,庄存与试图以此作为王朝合法性的前提。

3."讥世卿"与王朝政治的内在矛盾

春秋时代礼乐崩坏造成的结果之一是权力下移,即权力从周天子下移到二伯,从国君下移到世卿。但世卿的地位也是建立在宗法封建的关系之上,从而也同样摆脱不掉因淫暴而败亡的命运。据顾栋高《春秋大事表》,《春秋》书诸侯杀大夫者四十七,书大夫之为他国所执者十四,书放其大夫者二,书卿士大夫公子出奔者共五十七,春秋中期之后卿大夫自相杀者不可胜数。[161]"讥世卿"在《春秋正辞》中居于重要的位置,除了这是《春秋》学的重要内容之外,也因为这一主题与庄氏所处的时代和庄氏本人的政治观有着密切的关系。庄氏之学对"世卿"的批判合乎清朝政治的合法性原则,也呼应了康、雍、乾三代皇帝对于门户、朋党和贵族阶层的打击、批评和压制。这里有着更为明确的政治内含。《天子辞第二》之"王臣会陪臣"条告诫说:"天子微,诸侯相为朋党,小役大,弱役

---

[161] 参见徐复观:《封建政治社会的崩溃及典型专制政治的成立》,《两汉思想史》第一卷,上海:华东师范大学出版社,2001,页43。

强,……内有小恶,君子当先自详,正躬自厚而薄责于人,……"[162]"讥世卿"与"大一统"相互配合,都是建立在清朝统治原则之上的、体制内部的经学教条。在这个意义上,庄存与对腐败、擅权等现象的批判毋宁是对清朝政治原则的重申,而不是否定,这是因为康、雍、乾三世都经历着为皇权一统和削弱贵族势力而进行的斗争。"大一统"、"宗文王"与"讥世卿"的关系极为密切。《内辞第三下》"大夫卒"条云:"……见成襄而下,公子无复为大夫,则亲亲之道缺,而世卿之害家凶国,为王法所必禁矣。富哉!《春秋》之辞之指乎言尽于此而已乎!"[163]

按魏源的提示和艾尔曼的研究,庄氏今文经学的宗旨与和珅之祸关系密切。和珅(1750—1799)出身于一个中上等的满洲武官家庭,乾隆三十四年(1769)承袭父职任三等轻车都尉世职,三年后授三等侍卫。乾隆四十年(1775)年升为御前侍卫兼正蓝旗满洲副都统,从此节节攀升,先后担任户部侍郎、户部尚书、军机大臣、内务府大臣、步军统领、崇文门税务监督、御前大臣、正蓝旗、镶黄旗等副都统、四库全书正总裁、理藩院尚书、经筵讲官、国史馆正总裁、文渊阁提举阁事、清字经馆总裁、吏部尚书、协办大学士、文华殿大学士、殿试读卷官和太子太保等职,并先后被赐一等男爵、三等忠襄伯和一等嘉勇公等,长期把持吏、户、刑三部及内务府、三库、理藩院、健锐营等等事务,集政治、经济和文化权力于一身,并与皇室不断联姻。在他从政二十年期间,吏治败坏、贿赂公行,造成了一个极为腐败的国中之国。[164]艾尔曼对和珅擅权与庄、刘之学的关系给予了充分和深入的分析。但如前所述,《春秋正辞》的意义绝不限于此。自皇太极、顺治时代起,清朝在继位问题上风波迭起,康熙时代围绕立储问题在皇子、大臣和皇帝本人之间引发的激烈斗争,更是正史、野史的材料和雍乾时代街谈巷议的故事。雍正时代皇帝与其他王室成员的斗争对于乾隆

---

[162] 庄存与:《春秋正辞·天子辞第二》,《皇清经解》卷三七六,页10。
[163] 庄存与:《春秋正辞·内辞第三下》,《皇清经解》卷三七九,页5。
[164] 参见冯佐哲:《和珅略论》、《略谈和珅出身、旗籍问题》、《有关和珅家族与皇室联姻的几个问题》和《和珅犯罪案档》等文,见《清代政治与中外关系》,北京:中国社会科学出版社,页1—53。

时代仍然有着重要的影响。殷鉴不远,庄存与之"讥世卿"是对清朝政治合法性的思考和论证,也是对于历史的经验总结。

清朝政治的合法性建立在一种极为微妙而脆弱的平衡关系之上,它的政治原则包含了内在的矛盾。八旗制度的设立、政府机构的多重构架、政府官员的权力设置,以及宫廷内部等级制度的形成,均以制度的方式区分内外、满汉和等级差别,这与今文学者设想的礼仪原则相互矛盾,也与清朝统治者宣称的立国原则有所轩轾。为了维持满、蒙、汉各族的权利平衡和少数民族专政的法统,清朝统治者把消除内外夷夏的差别作为自己的合法性根据。例如,在文官考试方面,清廷继承前朝的科举制度,力图保证各族士子均有入仕的机会。但作为一个以少数民族的贵族等级制为基础的王朝,它以制度化的方式预设了满人的优先权。这是世卿及其政治得以产生的制度条件。上述矛盾尤其表现在科举考试及其任官制度之中:一方面,清朝采用汉语作为考试的基本语言,反对在考试内容上给予满人优待或特权,但另一方面,为了保障满人参与政治的权利,缓解满、蒙、汉在文官考试中的不平衡状况,它以一种对立的形式在各在京机构分设两缺(或满、蒙、汉三缺),同时划分各缺所属的族群范畴,限定补选范围,防止汉人扩张。这种特殊的倾斜政策与科举人材原则相互冲突,明显地把贵族分封制度中有关族群和世族的标准纳入到选拔官员的程序之中。清朝官僚制度本身内含了一种所谓平等原则与等级政策之间的矛盾。[165]

庄存与历任湖南、顺天学政和湖北正、副主考官,深知考试制度的弊端,他积极向乾隆建言对地方生员人数作出限制。1758年,他曾以严格的管理校正旗人考试中的恶劣风气,从而引起旗人的骚乱,庄氏本人也遭同僚的弹劾。最后乾隆皇帝保护了他:他官居内阁学士,一人兼职两斋。为什么庄存与能够摆脱弹劾并再受重用?他与乾隆帝的特殊关系固然是原因之一,但我认为更重要的是他本人所持的立场与清廷政策大致相符。

---

[165] 参看陈文石:《清代满人政治参与》,载《历史语言研究所集刊》(台湾"中央研究院"历史语言研究所编辑)第48本,页551—552。

清朝政治制度的内在危机在于：它把自己的合法性同时建立在族群平等与族群等级、科举与选举、平民与贵族等相互对立的原则之上。王朝的安危系于维持上述平衡，而庄存与的批评触及了清代政治结构的一个最具敏感性又最需要平衡的部分："讥世卿"并不违背王朝国家的基本原则，恰恰相反，它是清朝统治得以维持的基本条件。

因此，庄存与对上述矛盾的揭示不是对于清朝政治合法性的怀疑，毋宁是基于清朝政治合法性的基本原则来揭示清朝政治的内在矛盾。《天子辞第二》云：

> 公羊子曰：讥世卿。世卿非礼也。其圣人之志乎？制《春秋》以俟后圣。后世之变，害家凶国，不皆以世卿故，圣人明于忧患与故，岂不知之，则何以必讥世卿？告为民上者，知天人之本，笃君臣之义也。告哀公曰：义者，宜也，尊贤为大。……是故非贤不可以为卿。君不尊贤则失其所以为君。彼世卿者，失贤之路，蔽贤之蠹也。……世禄，文王之典也；世卿，非文王之典也。无故无新，惟仁之亲，尊贤养贤之家法也。……如曰：仕者不可世禄，国可以无世臣，则非讥世卿之指也。[166]

世卿非礼，违背了春秋的基本原则。"非礼"不是个别人行为不端的产物，而是一种制度性的失衡。"宗文王"的原则就是衡量制度是否端正的准绳。在上述引文中，庄存与对世禄、世臣与世卿加以谨慎的区别，目的是把宗法分封原则与世卿擅权区分开来。他关心的是在政治上如何开辟贤者之路，在道德上如何远播孝子之行。庄存与注《天王使仍叔之子来聘·桓公五年》条曰："公羊子曰：'讥父老，子代从政也。贤者之路绝矣！孝子之行薄矣！'"[167]

---

[166] 庄存与：《春秋正辞·天子辞第二》，《皇清经解》卷三七六，页11。
[167] 同上，页8。

4."别内外":外部关系的内在化与"中国"概念的再定义

按照"讥世卿"的逻辑,庄存与的公羊思想中包含了激进化的可能性,他对皇权和天子地位的论述就透露出了一点消息。但是,《春秋正辞》的宗旨不是颠覆王朝的合法性,而是考虑如何消解内外、夷夏之别,根除清代政治结构中的内在矛盾,从而以礼仪作为多民族帝国的合法性前提。这是对于帝国秩序中的族群等级制的排拒,也是对于儒学传统中的民族意识的扬弃:"大一统"是对早期帝国的征服政策的修正,它力图建立一种消解内/外、夷/夏之防或将内/外、夷/夏相对化的政治关系。因此,我们应该在"大一统"的诉求与帝国政策之间作出区分。《春秋正辞》扬弃汉唐公羊学以"三统"为中心的传统,转而以"内外"问题为中心,它的宗旨在于用"大一统"的义旨改造帝国秩序中的族群等级关系:内外问题既是清朝统治的合法性根据,也是清朝政治的最为根深蒂固的矛盾。如果不能在理论上澄清这一问题,汉族士大夫无法在政治上获得平等地位,也无法为自己在王朝政治中的地位提供根据。在这个意义上,"内外"问题与其说是一个政治合法性问题,毋宁是一个个人的出处问题或认同问题,它居于这一时代道德问题的中心地位;从多民族王朝的政治统治方面看,如果不能有效地缓解民族矛盾,并在制度上作出相应的安排和保障,则王朝自身无法克服自己的合法性危机。这是清代儒者面对的极为严峻的问题。

上述对于"讥世卿"的分析为我们理解"内外"例在庄氏之学中的意义提供了前提。在满清外来王朝的统治下,"内外"的意义发生了根本性的变化:内外关系从帝国体制下的内外/夷夏关系转向了王朝内部的内外/族群关系,从而改变了内外例在何休"三科"中的意义。这是从帝国政治向"大一统"政治的转化。何休云:"三科九旨也者,新周、故宋、以《春秋》当新王,此一科三旨也。又云所见异辞,所闻异辞,所传闻异辞,二科六旨也。又内其国而外诸夏,内诸夏而外夷狄,是三科九旨也。"[168] "内外"例即三科九旨中的第三科,庄存与对此十分清楚。他以公羊之义解说《周易》时明确地指出:公羊之"讥世卿"依循的正是"内其国外诸夏,虚内事外则讥之"的原则:

> 《春秋》内其国外诸夏,虚内事外则讥之。诸侯为天子之守臣,正乎柔,而不以不利自疏。为天子得民,以得乎天子,顺从者咸应而比之。自内独为王之所亲,柔中也。维君子使不失民者,不自失也。[169]

但是,《春秋正辞》之"讥世卿"暗含了对于王朝内部世卿擅权的批判,他的讥评的重心随之也发生了变化:"内外"问题变成了一个王朝政治结构的内部问题。按照"大一统"的原则,"内外"不是中央王朝与外部世界的关系,而是王朝内部的等级关系。在这个意义上,"大一统"是至大无外的秩序,它的"内外"关系是王朝内部的"内外"关系。

庄存与有关内外、夷夏问题的思考和发挥预示着一个基本的结论,即必须在中国之礼仪的基础上形成多元民族共存的制度形式,从而取消内外、夷夏的绝对差别。因此,"中国"不是明确的政治疆域、不是单一的族群、不是对外事务中的主权观念,而是一种礼仪关系。这是一种"礼仪中国"的观念。"中国"概念构成了帝国臣民的新的认同的根据,它是居于统治地位的少数民族与处于被统治地位的多数民族之间相互运动的产物,也是清代帝国内部政治和社会关系的结果。这一观念构成了庄氏之"大一统"思想的核心部分,也是"天下"观念的具体化。在这里,关键的问题是:"礼仪中国"的观念是对帝国时代的族群等级制的超越,也是对以族群关系为基础的王朝等级秩序的讥评。"内外"例的实质不是处理内与外的关系,而是处理中国社会内部的等级关系。以"内外"来标示等级关系的主要形式,是因为族群关系居于清代政治和社会等级的中心地

---

[168] 见《监本附音春秋公羊注疏隐公卷第一》,北京:中华书局,1980年,影印《十三经注疏》,页2195。
[169] 庄存与:《味经斋遗书·彖象论》,页3。

带。我们看《外辞第六》如何论证"夷狄"与"中国"的关系：

> 楚有四称,自本逮末,无过曰子。犯中国甚,与中国并,以至下者本之,恶其僭名也。人之在僖之篇,齐桓同好,内王贡也。子之自成之身,晋景不正,楚讨陈也。襄昭往焉,外之奈何？夫子适焉,谓诸夏何言？曰夷狄之有君,不如诸夏之亡也。楚子轸知大道矣。[170]

齐、晋、秦虽然各有自己的特点,但均接近于周王室所在的地区,可以明确地划入"中国"的范畴。楚国地处长江中游,是夷夏之间的文明。齐、晋、秦的作为可以在王霸的范畴中叙述,而楚国却涉及了夷夏之辨。那么,依靠什么才能克服夷夏之辨这一困难呢？此即礼仪。上述引文的核心就是:《春秋》尊礼重信,信重于地,礼尊于身,任何以地或以身为标准裁定是非的方式均违背了礼仪原则。然而,如果礼仪是区分夷夏的最为重要的标准,那也就意味着一种转化的可能性,即一旦夷狄臣服于礼仪,它也可以成为"中国"或"诸夏"。这就是"夷狄入中国即中国之"的基本前提。在这个意义上,任何以地域或身份为根据所作的判断（判案）或规定反而违背了礼仪原则。《诛乱辞第八》襄公三十年"夏四月蔡世子般弑其君固"条问该条为什么不书日,答曰:"不尽其辞也。既尽其尊亲之辞矣。不日何也？夷狄则尽之,中国而夷狄则夷狄之,以同而异也。"[171]"中国而夷狄则夷狄之"是"夷狄入中国则中国之"的反用,它们共同揭示了"中国"与"夷狄"的概念不是族群的概念,而是礼仪或文化的概念。"中国"如果丧失了礼仪,则"中国"即为"夷狄"。因此,通过对"内外"例的上述阐释,夷夏关系可以按照人们对待礼仪的态度来决定。

那么,"中国而夷狄则夷狄之"或"夷狄入中国则中国之"的具体的礼仪根据是什么？此即庄氏的"宗文王"原则。我把它归结为以孝子

---

[170] 庄存与:《春秋正辞·外辞第六》,《皇清经解》卷三八二,页1。
[171] 庄存与:《春秋正辞·诛乱辞第八》,《皇清经解》卷三八四,页12。

之行,行王者之事。这一原则的特点是先把孝悌等礼仪与王者之礼仪区分开来(道德与政治的区分),而后再将孝悌的原则扩展到王事的范畴之中:

> 为人之祖若父,莫不欲其子孙之仁且孝,欲其子孙之仁且孝,必以中国之法为其家法……[172]

这是对"宗文王"原则的灵活运用,但恰恰是这一灵活运用暴露了"礼仪"的内在裂痕:庄存与不得不把孝的原则与忠的原则区分开来,因为"夷狄犯中国"怎么可能符合"忠"的礼仪呢?

庄存与显然意识到了这一明显的矛盾。在解释僖公元年"楚人伐郑"、僖公二年"楚人侵郑"及僖公三年"楚人伐郑"诸条时,他从"楚何以称人"的书法入手对此给予变通的说明。庄存与说:四夷不臣服中国,以楚国为最近。但在桓公召陵之盟以后,楚开始称臣,所以僖公诸篇开始称楚为"人"。庄存与反用了"文与而实不与"的书法,把四夷对于中国的态度与对于君臣之礼的态度区分开来:即使实际上违背了礼仪,但只要名义上遵从礼义,那么,礼序就仍然存在。楚国虽然侵犯了中国,但它恪守臣之名义,《春秋公羊传》仍以"人"称之。庄存与发挥说:

> 自时厥后,虽犯中国,不敢犯天子,于是乎楚恒称人然。……《春秋》于病中国甚者,辨其等也严,而王制正无缺矣。[173]

这里的关键修辞是把中国与天子区别开来:天子代表礼仪,而中国则是政治和疆域的实体。如果入中国之夷狄仍然恪守君臣之礼,那么,中国即应以"人"称之。若将此条与僖公十五年"楚人败徐于娄林"条作对比,两者正好构成了一种互补的关系。"楚人败徐于娄林"条云:"夷狄相败何以

---

[172] 庄存与:《春秋正辞·外辞第六》,《皇清经解》卷三八二,页7。
[173] 同上,页3。

书？中国救之则亦中国也。"[174] 总之,"中国"与"夷狄"的关系不是绝对的,礼仪的形式才是永久的原则,但这种礼仪的形式不必是一种实质性的关系,它毋宁是一种永恒的抽象原则,从而能够在承认一些最为基本的原则——如孝的原则——的前提下容纳不同的文化、习俗、制度和法律的多样性。

庄存与在这里又一次从法过渡到礼仪的问题,并以之作为王朝政治合法性的基础:它是对"大一统"的论证,也是对"宗文王"的要求。如果没有这一以礼仪为中心建立起来的夷夏之辨,我们很难设想晚清时代清朝及其士大夫自诩为"夏"而将西方视为"夷"的历史想像,也很难理解"中体西用"的确切含义。

但这一切都不是庄氏所能设想的事情了。

5."大一统"之礼序与夷夏之相对化

刘逢禄(1776—1829)是庄存与的外孙,他所活动的时代已在嘉道年间。一个风雨飘摇的时代正在来临。他的系统研究不但推进了庄存与开创的今文经学,而且也为他的弟子龚自珍、魏源等人在今文经学的启发下阐述帝国时代的经世之学创造了条件。刘逢禄对清代公羊学的贡献主要表现为如下几点:第一,他以严谨的考证学方法研究公羊学说,以今文的观点研读诸经,从而把今文经学的范围从《春秋》一经的研究扩展到五经的范围。第二,在这一前提之下,他明确地以今文经学的立场回应和介入了经学内部的争论(例如他的《春秋论上》对钱大昕的春秋观给予直截了当的批评),引起了占据主流地位的考证学派的重视,也为今文经学对于

---

[174] 该条全文为:"入僖之篇,始人之也。其称人曷为始于此论? 齐桓之功也。四夷病中国,莫楚若近也,不自以为天子臣。桓公为召陵之盟,复职贡于周室焉,来盟以定约束,举其臣之名,且氏之,列为诸侯,以承天子。故于僖之篇始人之也。君子以桓之与楚不逾节矣。自时厥后,虽犯中国,不敢叛天子,于是乎楚恒称人然。不言楚子也。春秋于病中国甚者,辨其等也严,而王制正无缺矣。"庄存与:《春秋正辞·外辞第六》,《皇清经解》卷三八二,页3。

《春秋》义理的解释奠定了方向。[175]第三，在清代公羊学的脉络内部，他批评孔广森之三科九旨"不用汉儒之旧传，而别立时月日为天道科，讥贬绝为王法科，尊亲贤为人情科，如是则公羊与谷梁奚异、奚大义之与有"，[176]重新确立了公羊学的家法，把东汉何休的三科九旨作为理解《春秋》大义的基础。[177]最后这一点的重要性在于：它把存三统、张三世、异内外与王鲁改制说重新确定为今文经学的基本理论和主题，在经学的内在脉络中论证了春秋公羊学及其各项义例的普遍意义，从而为清代中、后期的改革思想提供了思想资源。[178]

《春秋公羊释例》（又名《春秋公羊经何氏释例》）是刘氏公羊学的代表性作品，全面地整理了何休解诂的基本原则。在抄录编撰的形式下，通过重申何休的三科九旨，刘逢禄落实了孟子对于孔子作《春秋》为"行天子之事，继王者之迹"的评论，将公羊学说诠释成为一种普遍适用的政治理论。[179]

---

[175] 例如，魏源的《公羊春秋论》即以反驳钱大昕之"春秋之法，直书其事，使善恶无所隐而已"的观点，从而以春秋书法、义法作为阐释《春秋》的出发点。见《魏源集》，上册，北京：中华书局，1976，页130。

[176] 刘逢禄：《春秋论下》，《刘礼部集》卷三，页19。刘逢禄在《申谷梁废疾序》中又说："谷梁子不传建五始、通三统、张三世、异内外诸大旨，盖其始即夫子所云中人以下不可语上者，而其日月之例，灾变之说，进退予夺之法，多有出入，固无足怪……"《刘礼部集》卷三，页24。刘氏的上述观点也为魏源等后世今文经学者所汲取，如魏源《公羊春秋论下》批评孔广森之三科九旨"不用汉儒之旧传，而别立时月日为天道科，讥贬绝为王法科，尊亲贤为人情科。如是，则《公羊》与《谷梁》奚异？奚大义之与有！"见《魏源集》，上册，页133。

[177] 刘逢禄云："无三科九旨则无公羊，无公羊则无春秋，尚奚微言之与有！"《春秋论下》，《刘礼部集》卷三，页20。

[178] 刘逢禄说："春秋立百王之法，岂为一事一人而设哉！故曰：于所见微其词，于所闻痛其祸，于所传闻杀其恩，此一义也，谷梁氏所不及知也。于所传闻之世，见拨乱致治，于所闻世，见治升平，于所见世，见太平，此又一义也。即治公羊者，亦或未之信也。孟子述孔子成春秋于禹抑洪水、周公兼夷狄之后，为第三治，请引之以告世之以春秋罪孔子者。"《春秋论下》，《刘礼部集》卷三，页20—21。

[179] 他在论述董仲舒对公羊学说的运用时评论说："是时大儒董生下帷三年，讲明而达其用，而学大兴故。其对武帝曰：非六艺之科，孔子之术，皆绝之，弗使复进，汉之吏治经术彬彬乎近古者，董生治《春秋》倡之也。"刘逢禄《春秋公羊释例序》，《刘礼部集》卷三，页22。

这是明确地将公羊学视为政治实践的根据。以此为前提,他的《春秋公羊释例》就不再是一些孤立条文的考订,而是以"天子之事"为经纬的、有着内在联系和逻辑的思考。[180] 刘逢禄以为何休"修学卓识,审决白黑而定夺董胡之绪、补庄颜之阙、断陈(元)范(升)之讼、箴明赤之疾",故"寻其条贯,正其统纪,为《释例》三十篇;又析其凝滞,强其守卫,为《答难》二卷;又博徵诸史刑礼之不中者,为《礼议决狱》二卷;又推原左氏谷梁氏之失,为申何难郑二卷,用冀持世之志……"[181] 明确宣示自己的经学考证是对公羊学的恢复,从而存在着内在的理论结构和方向。《春秋公羊释例》是一部包容性很强的著作,除了何休之三科九旨,孔广森的九旨也在考订之列。但是,刘逢禄的三十条释例有着明显的中心,并非随意的逐条考证。与庄存与的《春秋正辞》相比,张三世、通三统和异内外等汉代公羊学命题重新被置于中心地位,而"建五始"、"宗文王"等条成为相对次要的条目。[182]

在《春秋论下》中,刘逢禄从学术史的角度分析公羊与左氏、谷梁的差异,认为如果没有"张三世、通三统之义以贯之",则"其例此通而彼碍、左支而右绌",[183] 把"内外"问题重新置于"三统"、"三世"说的框架内。由于依据何休三科九旨解释春秋公羊学,而何休的三科包含明确的内外夷夏之辨的观念,从而刘逢禄的思想中也包含了相关内容。但这并没有从根本上改变庄存与以来确定的内外相对化的基

---

[180] "先汉之学务乎大体,故董生所传,非章句训诂之学也。"刘逢禄:《春秋公羊解诂笺序》,《刘礼部集》卷三,页28。
[181] 刘逢禄:《春秋公羊释例序》,《刘礼部集》卷三,页22—23。
[182] 如"建五始"的论题只是在《释特笔例下·建始》条简略地讨论,此后在《释礼制例下》论"娶归终始"条内有所涉及,完全没有庄氏《春秋正辞》中的地位。见《刘礼部集》卷四,页23,31。
[183] 刘逢禄说:"《春秋》之有公羊也,岂第异于左氏而已,亦且异于谷梁。……使无口受之微言大义,则人人可以属词比事而得之。赵汸、崔子方何必不与游夏同识,惟无其张三世、通三统之义以贯之,故其例此通而彼碍左支而右绌。是故以日月名字为褒贬,公谷所同,而大义迥异者,以谷梁非卜商高弟,传章句而不传微言,所谓中人以下,不可语上者与。"《春秋论下》,《刘礼部集》卷三,页19。

本原则。在刘逢禄这里，三统、三世说也可以视为一种特殊的修辞，经由这一修辞的处理，清朝在王朝更迭的谱系中的位置获得了确认。"春秋大一统"按照礼序组织天下，从而它的内外不是一种绝对的内外，而是礼仪内部的内外。这不但暗示了新朝的合法性植根于王朝更替的谱系之中，而且还表明"大一统"正是三世进化的结果。《春秋公羊议礼》云：

> 春秋大一统，尊亲之化，及于凡有血气，天地之所以为大也。然必以诸夏辅京师，以蛮夷辅诸夏。京师方千里，诸夏方千里者八，蛮貊方千里者十有六。所以必三等者，别朝聘、奔丧、会葬、疏数之期而已，非异教也。寰内诸侯以五年再朝为正。诸侯五年一朝，蛮夷终王世，见其子弟有愿入国学者，受之；不能者，勿强也。故何氏曰：王者不治夷狄录会戎，来者勿拒，去者勿追也。[184]

再看《秦楚吴进黜表序》对内外/夷夏的表述：

> 余览《春秋》进黜吴楚之末，未尝不叹圣人驭外之意至深且密也。……然则，代周而改周法者，断自秦始，何其辞之博深切明也。秦始小国僻远，诸夏摈之，比于戎狄。然其地为周之旧，有文武贞信之教，无敖僻骄侈之志，亦无淫泆昏惰之风，故于诗为夏声，其在春秋，无僭王猾夏之行，亦无君臣篡弑之祸。故《春秋》以小国治之，内之也。吴通上国最后，而其强也最骤，故亡也忽焉。秦强于内治，败淆之后，不勤远略，故兴也勃焉。楚之长驾远驭强于秦，而其内治亦强于吴，故秦灭六国而终覆秦者，楚也。圣人以中外狎主承天之运，而反之于礼义，所以裁成辅相天地之道，而不过乎物。故于楚庄秦穆之贤而予之，卒以为中国无桓文则久归之矣，何待定哀之末，而后京师楚哉。于吴光之败陈许，几以中国听之，慨然深思其故，曰：中国亦

---

[184] 刘逢禄：《春秋公羊议礼·制国邑第五》，《刘礼部集》卷五，页13。

新夷狄也。……故观于诗书知代周者秦,而周法之坏,虽圣人不可复也。观于《春秋》知天之以吴楚狎主中国,而进黜之义,虽百世不可易也。张三国以治百世圣人忧患之心,亦有乐乎此也。[185]

刘逢禄以何休的《春秋》学为典范,从而与庄存与的《春秋》学有所区别,"别内外"仍然是他坚持的春秋学宗旨。但从上述引文看,他把《春秋》进黜之义转化为对于礼仪的绝对性的重申:符合礼仪的即为中国,违背礼仪的就是夷狄。"中国"在这里成为礼仪中国,而不是任何以族群、疆域和霸权为根据的政治实体。

刘逢禄以礼仪为中心重建了"中国"的观念,这是在承认清朝政治合法性(即承认清朝也是"中国")的前提下,为以三代之礼观察政治现实提供根据。他重申三统、文质之说,在郡县体制下倡导封建的精神,都建立在对《春秋》礼义的阐释之上。对于刘逢禄而言,礼不是抽象的道德,而是由内及外、由夫妇之道及于国家政治和法律的秩序。[186]这一看法支配了他对《春秋》的解释,也意味着他以宗法封建及其内外秩序作为"大一统"的神髓。夷夏关系的相对化不是对京师、诸夏、蛮貊的礼序关系的改变,而是要求将这些关系看作是一种内部的关系,一种礼的关系。[187]在这个意义上,刘逢禄对于"王鲁"或"作新王"的解释就成为对于封建礼仪的重申和郡县制度的讥评。从《公羊》及何休以大一统和地方分权的郡县官僚体制为理想来看,刘逢禄试图将大一统的观念与周初封建的理想

---

[185] 刘逢禄:《秦楚吴进黜表序》,《刘礼部集》卷四,页45。
[186] "人所以贵于物,莫先于夫妇之别,夫妇正,则父子亲……春秋之义,大夫不外娶,谓越竟而旷官也;国君不内娶,谓近渔色且贱,非所以奉宗庙,义不得专封也。世子不外娶,恐贰君也……《春秋》始于元,亦终于麟,拨乱世,法文王而已矣。法文王,刑于寡妻以御于家邦而已矣。造端乎夫妇,而察乎天地盛德之至也。"刘逢禄:《释礼制例下·娶归终始》,《刘礼部集》卷四,页31—32。
[187] "盖圣人之教,博文约礼,易象诗书,皆以礼为本。春秋常事不书,固非专为言礼,然而变礼则讥之,辨是非,明治乱,非礼无以正人也。……后有王者,仪监于兹,所谓循之则治,不循则乱者也。"刘逢禄:《春秋公羊议礼叙》,《刘礼部集》卷五,页1。

第五章 内与外(一):礼仪中国的观念与帝国

结合起来。[188]《释内事例上·公终始》从三代之制论及"世衰道微,既无誓教之礼,竞立私爱,更相篡弑……封建之意微矣",进而为王鲁变法提供正当性:"周道既伤,舍鲁奚适,历十二公之事,不能不喟然而叹也。……故《春秋》者,禁于未然,礼义之大宗也。"但是,从礼义角度看,鲁无王之名,因而王鲁必须采用实与而文不与的义法。"故《春秋》始元终麟,而鲁无终始。无终始者,无正也,安有国哉。"[189]恰恰由于王鲁无终始,因而孔子之法不是周代一代之法,而是万世之法。[190]

也是在这个意义上,《释兵事例·侵伐战围入灭取邑》将天下乱象归之为郡县之蔽,进而以三代之封建作为弭兵禁暴的根本方略。"大一统"与"封建"的紧密联系是刘逢禄"大一统"思想的重要特点。下面这段引文可以与《秦楚吴进黜表序》对照阅读:

> 郡县之法,势不能重其权,久其任,如古诸侯也。一旦奸民流窜,盗贼蜂起,其殃民而祸及于国。秦汉之忽亡,晋季之纷扰,视三代之衰则悌矣。夫王灵不振,九伐之法不修,则去封建而乱亡益迫……三季之失,非强侯失之,失驭侯之法也。……然则《春秋》救周之敝将奈何?曰制国如周初,公侯之国不过方百里,伯子男之国不过方七十里,如五十里,其军赋之法,大国千乘,寓农者十万人,次五百乘,次二百五十乘,则五万人及二万五千人……故皆称人以听于方伯,其诸侯世子既教于学,而誓于天子。……贤圣之才不世出,则莫若修封建之

---

[188] 刘逢禄高度重视制度的严格性,对于公羊、何休"崇让"的精神有很深的保留,坚持制度对于人情的优先性。这一点似乎又证明他对郡县体制的某种肯定。皇权不可让渡的观点后来在康有为的今文经学中发展为重要的主题。关于"让国"问题,锺彩钧《刘逢禄公羊学概述》有较专门的讨论,见《第一届清代学术研讨会·思想与文学·论文集》(高雄:国立中山大学中国文学系编印,1989),页164—169。
[189] 刘逢禄:《释内事例上·公终始》,《刘礼部集》卷四,页33—34。
[190] "子曰:如有用我者,吾其为东周乎? 盖伤本之失也。夫用圣人者,天也;天不欲孔子救东周之乱,而命以《春秋》救万世之乱,圣人曷敢以尊亲之讳,辞天讨之柄哉。世之罪孔子者,其知孔子者邪? 其不知孔子者邪,非孔子所知也。"刘逢禄:《释内事例上·公终始》,《刘礼部集》卷四,页35。

制,得如齐桓晋文者以为方伯连帅,则灭亡之祸可弭,而侵夺之罪可正。君国子民,求贤审官,以辅王室,以救中国,持世之要务,太平之正经,诗终殷武之意也。[191]

郡县制度具有明确的法律形式,政体过于庞大,缺少行权的灵活性,从而易致祸国殃民的局面。这里的问题是:为什么刘逢禄承认二伯的作用,却又认为必须"治国如周初",否定郡县制国家的合法性?一个重要原因是:郡县制国家的清晰的内外关系和僵硬的制度和法律正是礼序衰亡、战争纷扰的原因。刘逢禄对于郡县的批评与庄存与对于世卿的讥评似乎有所矛盾,但他们都不是简单地复古倒退,而是要求以礼仪作为中国的基础,以行权(即根据具体形势加以变通,注重制度的灵活性)为手段,以否定夷夏、内外的绝对差别作为"大一统"政治的前提。这是对早期帝国政治的超越。

第四节　大一统与帝国:从礼仪的视野到舆地学的视野

1. 大一统、礼仪中国与帝国

清朝综合封建与郡县的传统经略西北和西南,并在中原区域实行旗民杂处原则,这是新的王朝体制的核心内容。在这个意义上,清朝是一个不同于宋明郡县制国家的、带有若干封建特点的王朝体制。概括地说,清王朝是一个幅员辽阔、族群复杂、文化多样的政治共同体,它把早期在武力征服的基础上形成的帝国制度发展成为一种新的体制,综合地方封建

---

[191] 刘逢禄:《释兵事例·侵伐战围入灭取邑》,《刘礼部集》卷四,页38—39。

(八旗制、土司制、噶厦制等)、行政制度(中央权力、行省制度和官僚体系)、军事占领与和藩政策,力图在承认礼仪、文化、历史的延续性的基础上建立共同体的多元的法律和制度前提,并以此作为对外关系的基础。春秋公羊学与汉、清两朝的"大一统"体制存在密切的关系。如果说顾炎武、章学诚等人从不同的层面试图混合封建与郡县,那么,今文经学者则通过取消内外、夷夏的绝对界限,在封建、郡县等概念之下,建构以多民族王朝为内含的"大一统"理论。

庄存与、刘逢禄的"内外观"为今文经学的"大一统"理论提供了基础。在今文经学者的术语中并没有"帝国"概念,他们更常使用的一个词是人们熟悉的"大一统",但这两个概念很容易混为一谈,原因是这一概念与秦帝国及其郡县制度的建立有着历史的联系。今文学者的"大一统"概念源自《公羊》中"王正月"一节,但在《史记·李斯传》和《秦始皇本纪》之后,这一概念与郡县制有了联系。"一统"一语见于《史记·李斯传》和《秦始皇本纪》。"廷尉斯等皆曰:'昔者五帝地方千里,其外侯服夷服,诸侯或朝或否,天子不能制。今陛下兴义兵,诛残贼,平定天下,海内为郡县,法令由一统,自古以来未尝有,五帝所不及。……''今海内赖陛下神灵一统,皆为郡县,诸子功臣以公赋税重赏赐之,甚足易制。天下无异意,则安宁之术也。置诸侯不便。'……分天下以为三十六郡,郡置守、尉、监;更名民为'黔首'。"[192]在秦始皇的语境中,李斯所议"大一统"包含了削平诸侯、建立以绝对皇权为中心的帝国制度的含义。然而,在汉儒的使用中,这一概念逐渐与三代的想像关联起来,如董仲舒《春秋繁露》之《三代改制质文篇》即按三统论证"三代必居中国,法天奉本,执端要以统天下、朝诸侯也",将"统天下"与"朝诸侯"关联起来。在庄、刘的语境中,"大一统"理论承认王朝的合法性及其一统体制,但对于帝国的武力征服、族群隔离和贵族世袭制度进行批判,从而不能等同于帝国概念。他们的"大一统"观念与礼仪中国的观念更为接近,都是一种以历史为据的理想化的抽象概括。为了分析的方便,首先需要在封建、郡县、帝国和

---

[192] 司马迁:《史记》(一)卷六,北京:中华书局,1985,页236,239。

"大一统"的关系中对"大一统"概念加以扼要的界定。在清代政治和今文经学的语境中,"大一统"是强烈关心王朝政治的、作为被压迫民族成员而又高踞庙堂的汉族儒者的政治理想和论述,它以承认王朝合法性为前提,把民族平等、社会平等和礼仪关系的诉求扩展为一种政治共同体的构想。我们所以把这一论述(或话语)与封建、郡县、帝国等制度形式进行比较,是因为在漫长的历史过程中,这些制度形式本身也经常作为一套论述(或话语)而存在。以"大一统"为特征的共同体构想区别于封建、郡县和帝国,理由如下:

第一,不同于秦代以郡县制取代封建制为内含的一统观念,在庄、刘的语境中,"大一统"及其礼仪中国的概念一方面承认皇权和郡县制的历史合理性,但同时保留了对于封建礼仪的尊重,尤其承续了先秦时代的甸、服(如刘逢禄按照甸、服的原则计算夷服、藩服的距离,说服越南使团接受中国皇帝的敕令)观念和《周礼》中的礼仪秩序,赞成《周礼》所谓从俗从宜的政策。作为一种政治构想,"大一统"对郡县制度进行讥贬,其目的是在郡县时代建立分权/限权、选贤与能、由近及远的政治架构,在民族平等的基础上尊重各民族的文化和制度特点。因此,大一统或礼仪中国虽然均以三代之制、特别是周代封建为根据,但并不以恢复世袭贵族和宗法分封制为取向,毋宁说承认了郡县制的历史合理性。这一"封建"构想与王朝政治现实之间有着历史的联系:清朝幅员辽阔,由不同民族和区域组成,并按照具体的情况综合朝贡关系、行政管理和区域自治等因素,以一种内外礼序——而不是西周封建制下的宗法分封及诸侯并立——作为王朝政治的原则。有清一朝在内地实行郡县制度,而在西北、西南等少数民族地区则根据不同的情况,在帝国架构内建立不同的制度,设置不同的行政机构。蒙古旗制、西藏噶厦体制、西南土司制度,等等,都是按照当地特点和历史形势设定的制度,它们之间并不像宗法封建制下的诸侯国,它们与中央王朝的关系也不同于诸侯国与周王的关系。在这里应该特别指出的是:"大一统"和"礼仪中国"都是一种理想化的礼仪关系,它们不能等同于清朝的政治现实。清朝以从俗从宜相标榜,但在实践上却建立了族群等级制,并不断地将西北和西南地区的自治权力收回中央管理。

在这个意义上,"大一统"和"礼仪中国"所尊崇的封建礼仪是一种能够容纳文化差异性而又保持帝国统一的礼仪,它与帝国的现实之间存在内在的紧张。

第二,"大一统"及其礼仪中国的概念承认历史的变化,从而以现实的态度接受郡县制的政治架构,但同时对帝国实行的郡县制度给予激烈批判,并特别重视在郡县条件下兼采封建制。郡县制度有两个主要特点:一是严格区分内外、森严夷夏之防,二是以统一的行政体制管理地方,从而把传统分封关系转化成为明确的中央/地方、中心/边缘关系。从分封与郡县的区别来看,郡县的守、令与封君的区别包括如下几个方面:首先,朝廷有权随时任免守、令,但不能随意撤换封君;其次,朝廷直接控制郡县的赋税并负责郡县的支出,但不能直接从封国获取赋税,也不必要提供封国直接的财政支出;第三,郡县制度以官僚政治体制为基本的制度框架,而分封体制则以封爵的形式保持中央与地方的关系。[193] 郡县制包含了皇权的绝对性,而封建制则承认权力的多中心化。"大一统"的叙述与郡县制的诉求并不完全一致:它要求取消内/外、夷/夏的绝对界限(所谓"华戎同轨"、"夷夏合一"),在建构政治制度时尊重地方士绅分权、少数民族的风俗和传统的政治构架,从而带有多元主义的特点。事实上,"大一统"概念既可能与郡县制相关,也可能与封建制度相关,因为封建制度并不排斥一统观念。孔子所谓"礼乐征伐自天子出"不正是要求分封条件下的"一统"吗?清朝是继蒙元之后、由少数民族一统全国的多民族王朝,它一方面汲取宋、明时代的制度成果,另一方面却不得不与这两个朝代的强烈的族类意识、明确的边界观念进行斗争。康熙尊崇程朱,但他对程朱的利用以完全消解内含其中的民族思想为前提,将之视为"非此不能知天人相与之奥,非此不能治万邦于衽席,非此不能仁心仁政施于天下,非此不能外内为一家"的治术。[194] 在《中俄尼布楚条约》之后,1691

---

[193] 徐复观在谈到秦之郡县时还特别提及另外两点,即"秦之郡县,有主管武力的尉;但似乎实际上没有武力,更不能直接出兵";"由朝廷派遣监察御史,负对地方官守监督之责。"见氏著:《两汉思想史》第一卷,上海:华东师范大学出版社,2001,页78。
[194] 康熙:《御纂朱子全书》御制序,页3a。

年5月(康熙三十年),康熙发布上谕,禁修长城,除了经济上的考虑之外,清朝帝国深入大漠南北、天山南北、青海、西藏(更不用说它自己的起源地东北),规划了新的统治范围,并在某些地区(如清俄边境)确定了外部边界,则是更为重要的原因。康熙对于边疆的理解完全不同于宋明时代的当政者:对外,西北地区的一些明确边界已经确定;对内,原有的边疆区域已经成为内陆地区。这一完全不同以往的边疆政策意味着"内部"的含义发生了根本的变化。在这一背景之下,清王朝承续宋明时代的郡县制度,同时又按照封建的原则建构满蒙旗制、西藏噶厦制度、西南土司制度等等,将中央权力控制与原有社会统治结构结合起来,形成所谓远近大小若一的王朝体系。"大一统"的理想与上述政治实践存在着呼应关系:今文经学批判宋明儒学中盛行的夷夏之辨,以取消内外的封建取向抨击宋明时代的郡县制度,实质上是在承认清朝合法性的前提下,消解以种族(族群)复仇为取向的汉族民族主义,建立容纳文化和制度的多元性的王朝体制。这一取向在晚清民族主义浪潮中暴露得最为明显。

第三,"大一统"及其礼仪中国的概念与帝国均具有取消外部的倾向(今文经学所谓"详内而略外"正适合于"大一统"和帝国的特点),它们不像宋明理学那样具有清晰明确的对于外族的排他性观念。但"大一统"与帝国之间存在着微妙的紧张关系:"帝国"这一概念一般指一种政治体系,它包括幅员辽阔并高度集中的领土,以及复杂的多元民族和文化关系。这一体系以帝王和中央政治机构为中心,凭借暴力(贡品和赋税)和贸易垄断来保证经济从边缘向中心流动。早期的清代帝国可以视为建立在族群统治基础上的扩张性的政治、军事和经济共同体,它以武力征服、军事占领和朝贡贸易作为主要的统治手段,保留了以族群等级和族群分离为特点的、建立在强权基础上的贵族制度。"大一统"的特点是礼仪关系与政治秩序的合一,它要求取消帝国时代的族群隔离政策、封建贵族等级制和赤裸裸的武力征服。"大一统"与帝国的含混关系部分地起因于这一事实:倡导"大一统"的儒家学者大多承认清王朝的统治合法性,承认满清在征服中原、平定西北和西南之后建立的领土广大、民族多样的王朝的合法性,从而与帝国政治存在着历史的重叠关系。魏源的《圣武记》对于大清文治武工的详细记载，即表明了这一点。但魏源、龚自珍的帝国倾向是在"海疆不靖"之时才发展起来，它是对鸦片战争和欧洲殖民主义的到来作出的反应。关于这一点，下文将作详细分析。

今文经学者要求统治者尊重王朝内部或朝贡体系内部的族群、宗教、语言和文化的多元性，认为王朝的礼仪基础及其道德含义不应成为排斥其他文化价值和政治传统的依据。在这个意义上，"大一统"不能等同于王朝政治的现实，而是一种有待实现的儒家文化理想。但这一理想是从帝国政治中演变而来的秩序观，因为清代帝国体制内部的确包含了若干类似自治性的采邑或封地，包含了宗教信仰的多元性。例如，在平定四川藏区的反叛之后，为了保持权力平衡关系，清朝并没有将这一地区归入达赖的管辖，而是让其他宗教势力（如红教）保持优势，目的是平衡达赖黄教的力量。[195] 因此，"大一统"区别于郡县、封建、帝国，但又包含了郡县、封建、帝国的诸多因素。它的礼仪中国的观念是对帝国政治的批判，也为殖民主义时代中国"主权国家"的主权形式提供了文化的而非种族的前提。但这一儒学的特殊形态不应成为帝国历史的证明，似乎帝国真的建立在一种纯粹礼仪的基础之上；作为一种政治合法性的理论，今文经学与帝国之间存在着既相重叠又相矛盾的关系。为了与古文经学相抗衡，刘逢禄不得不严守家法，他对"三统"、"三世"、"内外"的叙述不能充分体现今文经学作为一种政治理论和实践指南的品质。今文经学作为经世之学的特点要到龚自珍、魏源的手中才能发挥得淋漓尽致。他们涉猎广泛，词锋锐利，在一个危机四伏的时代以今文经学的视野观察极为广泛的社会问题，从而促成了今文经学视野本身的变化，也对清末改革思想产生了深远的影响。然而，当我们把注意力集中在他们对清朝内部政治的批判的时候，从内外观的角度看，他们的"中国"视野已经逐渐地与帝国的视野相互重叠。这一点尤其集中地表现在他们的舆地学视野之中。

---

[195] 除了新疆、西藏、蒙古、西南等大片地区外，其他地区还有一些更小规模的自治地区，如四川西部的藏族和其他民族聚居区等。关于清朝对这一地区的征服和管治，参见 Joanna Waley-Cohen, "Religion, War, and Empire-Building in Eighteenth-Century China", *The International History Review* 20, no. 2 (June 1998): 336-352。

2. 封爵之虚化、郡县制与无外/有外的帝国

龚自珍(1792—1841)的学术渊源极为深厚,但他不像刘逢禄那样严守家法,而是致力于"天地东西南北之学",以一种帝国的地理/风俗学为中心展开自己的知识实践。他是道光年间的进士,先后担任宗人府主事、礼部主事。1819年赴京参加礼部会试,落选,从刘逢禄学习公羊学,开始用公羊春秋的观念通释五经,1823年间写作的《五经大义终始论》和《五经大义终始答问》是这方面的代表作;至于《六经正名》、《大誓问答》等经学著作都很难被概括在公羊学的范畴里,其中许多观点与古文家更为接近。魏源《定庵文录叙》评价龚氏之学云:"于经通《公羊春秋》,于史长西北舆地。其文以六书小学为入门,以周、秦诸子吉金乐石为崖郭,以朝章国故世情民隐为质干。晚尤好西方之书,自谓造深微云。"[196] 舆地学本来是经史之学、尤其是史学的一个内在的部分。[197] 龚自珍的学术视野深受章学诚"六经皆史"说的影响,史学的视野、特别是舆地学的视野与经学研究相互交织。综合经学与舆地学构成了龚氏之学的一个重要特点,其他各种知识和经世主张均被编织在经(公羊学)与史(舆地学)的经纬之中。就对大一统的理解而言,他与刘逢禄的主要区别是:刘特别重视封建的价值,对郡县持有激烈的批判态度,而龚在形式上保留了对封建的尊重,但基本上已经把"大一统"建立在郡县的构想之上。龚自珍《答人问关内侯》云:

---

[196] 魏源:《定庵文录叙》,《魏源集》,上册,页239。

[197] 康有为后来在《南海师承记》中说:"读史当通地理,则《地理志》宜先读。然古之某州郡必先明为今某省府,乃能了然,故以看地图为先。今地图无绝佳者,胡文忠《大清一统地舆图》(武昌刻本)稍详矣;次则李兆洛、董方立之图;又次则仅有郡县之图,亦当日挂左右。然后取《历代地理沿革图》、《历代地理韵编》考之,则得其涯略矣。……至《天文图》、《地球图》、《五大洲图》、《万国全图》皆当悬置壁间,能购天球、地球尤佳。……凡考地图,《舆地经纬度里表》宜通。……"(《康有为全集》(二),页448)这些评论已经是19世纪晚期今文经学者的说法,但恰好可以说明今文经学与舆地学视野之间的内在联系。

> 汉有大善之制一,为万世法,关内侯是矣。汉既用秦之郡县,又兼慕周之封建。侯王之国,与守令之郡县,相错处乎禹之九州,是以大乱繁兴。封建似文家法,郡县似质家法,天不两立。天不两立,何废何立?天必有所趋,天之废封建而趋一统也昭昭矣。然且相持低卬,徘徊二千余年,而后毅然定。何所定?至我朝而后大定。

所谓关内侯,是汉代之虚爵,有封建之名,而"无社稷之祭,无兵权,无自辟官属"。[198]"关内侯"的设置典型地反映了将封建礼仪虚化的构想,反对实质性的分封制度和相应的礼仪价值,削弱世袭贵族传统和封建体制内的传统忠诚,并为这些阶层提供在中央集权体制框架内获得发展的机会,其中的关键是将贵族封爵与领土权完全分离,从而在确定中央主权的绝对支配地位的条件下将各种分治机制纳入中央官僚体系之中。以关内侯的方式对封建力量作出妥协,但削弱世袭俸禄制在王朝政治中的影响,这是维持郡县帝国的一统政治的方式之一。龚自珍的建议触及了王朝合法性建构中的一个关键问题,即中央皇权试图限制贵族的权力,并创造更具有弹性的身份群体,但这一集权过程仍然依赖于占有地产的世袭贵族或宗教精英所使用的身份象征,因为后者是体现和维持礼制的完整性的根据。这也是为什么贵族阶层在与皇权抗衡的过程中也不断地诉诸于祖宗的规矩和礼制。在清代的政治语境中,用关内侯的设置来暗喻对八旗、土司和世袭贵族等制度的讥评,这一传统从龚自珍到康有为几乎没有终止。[199]龚自珍用春秋公羊学之文质概念描述封建与郡县,认为"大一统"的特点在于综合文质,废除封建,以汉代关内侯的设定为"万世法",从而开始改变刘逢禄著述中"大一统"与"封建"之间的紧密的、内在的联系。

---

[198] 龚自珍:《答人问关内侯》,《龚定庵全集类编》,页208。
[199] 康有为说:"古之诸侯,即今之士师(应即土司),各君其国,各子其民。自汉有关内侯,始为内臣,与诸侯不同。本朝之高丽、缅甸、安南,每年亦受正朔称臣,略有不同。但入秦称臣,已在国则称王,亦立纪元,此不必计也。今之督抚直一使臣耳。滕子来朝,此条甚奇。若不知孔子托王改制,借褒贬以进退诸侯之意,无可通矣。"《南海师承记》,《康有为全集》(二),页483。

这一趋向在晚清时代康有为的大一统论述中更为明确。

由此可见,当龚自珍倾向于郡县制度的时候,在他的论述中,礼仪与制度之间的分野就重新出现了:关内侯是一种礼仪性的设置,而郡县制度才是帝国的实质。这是"讥世卿"的今文经学主题的灵活运用。为了弥合封建礼仪与政治制度之间的冲突,龚自珍运用三代之文质概念,将郡县制度的构想纳入"质"的范畴之中,从而赋予这一制度以礼仪的正统性。清朝平定三藩后,所有的元功亲王,全部留在京师,而"宗室自亲王以下,至于奉恩将军,凡九等,皆拨予之以直隶及关东之田,以抵古人之汤沐邑。以汉制准之,则关内侯也。功臣自一等公以下,……皆予俸,……亦皆关内侯也。"[200]"大一统"保持封建之虚爵,承续郡县之实质,在皇权一统之下综合文质,而以"质"(即郡县制)为主。这是从制度层面对"大一统"加以界定,也是在制度层面对"讥世卿"宗旨的进一步发挥。这里的核心是:封建礼仪必须作为一种抽象的礼仪才能作为大一统的前提。正因为如此,如果按照今文经的家法理解龚自珍也就无法了解公羊学在他的思想发展中的意义。在这里,最为重要的是观察公羊学论题为他的思想和学术活动提供了怎样的视野,他的西北舆地之学、他的政论和策论、他的经学研究与公羊学之间构成了怎样的一种关系。

从经学的角度看,早期今文经学突出内外与三统说,而龚自珍突出了三世说的意义。他把"三世"说发展为透视历史的基本理论,并以"太平世"观念批判"夷夏之辨",明确地把春秋公羊学的大一统观念与宋明儒学内含的民族思想对立起来。这一观念不仅体现在他的今文经学研究之中,而且也体现在他的政论之中。准噶尔初平之后议善后之策,龚自珍作《御试安边绥远疏》,缕述清朝帝国内部关系及统治之术,他的视野远迈"夷夏之防",而将清朝"中外一家"的格局与"前朝"清楚地区分开来:

> 国朝边情边势,与前史异。拓地二万里,而不得以为凿空;台堡相望,而无九边之名。疆其土,子其民,以遂将千万年而无尺寸可议

---

[200] 龚自珍:《答人问关内侯》,《龚定庵全集类编》,页209。

弃之地,所由中外一家,与前史迥异也。[201]

正是从这一"中外一家"的视野看待"中国",龚自珍才会把他的视野投向遥远的边陲。在帝国的视野内,这些区域不再是"外部":《蒙古像教志序》对于黄教源流及其与国朝之关系详加论述;《蒙古水地志序》考索蒙古各旗及其地理状况;《蒙古声类表序》以中原音韵为参照,研究蒙古、西藏和回部地区方言音韵,对各部经典及其翻译加以论述;《蒙古字类表序》追溯"国书之祖"的蒙古文字,兼及满、蒙文字的差异;《蒙古氏族表及在京氏族表总序》钩稽蒙古氏族渊源,补正《元史》之不足;《蒙古册降表序》记录"国朝公主之适外藩者";其他如《蒙古寄爵表序》、《青海志序》、《乌梁海表序》都是对西北少数民族及其历史地理状况的研究。所有这些文献展示出的是一个多民族帝国的文化和政治视野,它的基本特点是以礼仪秩序取代单纯的夷夏、内外之辨,而后再将这一抽象的礼仪关系实体化,并转向具体的地理、风俗、人口、文化、语言的描述和研究。这类知识的发展与清王朝的政治架构存在着密切的关系,它反映了清朝对于帝国的幅员、文化多样性、民族和风俗的变化的明确意识。这类著作带有调查、实证和客观陈述的特点,但如果离开了清朝政治的上述特点,我们无法理解为什么在这个时期,大量的学者转向了舆地学的研究。

如果说"关内侯"是一种将封建礼仪(世袭贵族俸禄制)虚化的设置,那么,西北舆地学和行省制则是实质性地扩展郡县一统体制的构想。龚自珍的舆地学著作与他的《五经大义终始答问》及1825—1832年写作的《古史钩沉论》等今文经学著作之间有着内在的呼应:今文经学的通三统、张三世、异内外和大一统理论为多元民族和文化的帝国图景提供了理论视野,而帝国图景本身又提供了经学理论以实质内容。与庄存与、刘逢禄一样,龚自珍关心满汉关系和作为"遗民"的士大夫在当朝的出处问题,但这一问题愈益紧密地与他对大一统王朝的历史叙述联系在一起。

----

[201] 龚自珍:《御试安边绥远疏》,《龚定庵全集类编》,页187。该疏竟因楷法不中程,不列优等。

在《古史钩沉论》中,他以三世说论宾宾之礼,以箕子的遗民身份暗示汉人士大夫在清朝的地位和言行的根据。但他的论述已经不再局限于个人的出处问题上,而是与"大一统"的理想联系在一起。在理解这一点时有必要注意两点:第一,大一统观念是对宋明以来的汉族民族主义的批评;第二,龚自珍对西北的重视与清代起源于东北和蒙古地区有关,从而不应把这一思想看成是一种"汉族中心主义"的观念。龚自珍说:

> 问:太平大一统,何谓也?答:宋明山林偏僻士多言夷夏之防,比附春秋,不知春秋者也。春秋至所见世,吴楚进矣,伐我不言鄙,我无外矣。诗曰:毋此疆尔界,陈常于时夏。圣无外,天亦无外者也。然则何以三科之文内外有异?答:据乱则然,升平则然,太平则不然。[202]

"太平大一统"或"太平世"在这里是对宋明理学内含的"夷夏之防"或内外之别的排斥,所谓"据乱则然,升平则然,太平则不然"。在龚自珍的视野内,《春秋》大义处处以破除内外、淡化夷夏、至大无外的观念颠覆和修正帝国的族群隔绝、武力征服和世袭等级。满清王朝以泯灭内外和夷夏之防相标榜,但在它的民族平等和文化多元的原则之下,仍然是一整套军事控制、文化规训和族群特权的策略。龚自珍《与人笺》(即《与人论青海事书》)对于清代"崇黄教微指"的阐释、对于青海地区满、蒙、藏之相互关系的探讨即为例证,他提供的是如何保持统治稳定的统治术。[203]因此,无论以《春秋》为鉴,还是以帝国政治、军事关系的现实为参照,取消内外、夷夏的绝对界限都不是太平原则的永久实现,毋宁是对王朝政治关系的一种批判性的建议。

在上述语境中,夷夏、内外等命题已经被置于舆地学的视野内,从而与帝国的知识相互重叠。龚自珍、魏源等人以帝国内部的有志之士自居,他们

----

[202] 龚自珍:《五经大义终始答问七》,《龚定庵全集类编》,北京:中国书店,1991,页82—83。

[203] 龚自珍:《与人笺》,《龚定庵全集类编》,页206—207。

已经将清朝政府所谓"满汉一体"落实在具体的知识实践之中,对他们来说既不需要论证清朝帝国的合法性,也不需要为自己在帝国内部的行动提供合法性。魏源《默觚上·学篇九》论述"三代以上,君师道一而礼乐为治法;三代以下,君师道二而礼乐为虚文"的儒家伦理,强调"古者岂独以君兼师而已,自冢宰、司徒、宗伯下至师氏、保氏、卿、大夫,何一非士之师表?"并提出了所谓"以经术为治术"的主张。[204] 道不但可以落实在礼乐上,而且也应该落实在兵刑、食货上。因此,道不再是对抗现实制度的理论根据,而是在制度范围内行动的伦理。从经世的角度看,这是对顾炎武、黄宗羲的经世精神的恢复,但这一恢复中也隐含了一个极为重要的转变:魏源的讨论中已经没有顾、黄等人与清朝之间的紧张关系,他关注的中心已经是"国家"本身。如果道德应该建立在事功之上,经术应该转变为直接的治术,那么,统治的合法性是所有上述推论的基本前提。这一经世论的前提对清代后期改革运动产生了重要影响:改革或建立现代国家的运动不是以解构帝国构架为导向,即不是以民族或区域为取向将帝国分裂为多个民族—国家,而是以整体的帝国作为变法改革的对象,从而使之适应民族—国家时代的新形势。这是龚自珍、魏源等人卷入舆地学研究的基本背景。

3. 舆地学的视野与帝国内外关系的转化

舆地学的兴起与清代初期士大夫的经世传统存在密切关系,但清初舆地学与稍后的舆地学存在重要的差异。顾炎武的《天下郡国利病书》辑录二十一史及天下郡国志书、一代名公文集、章奏文册之类,"一为舆地之记,一为利害之书",从而在经学传统内部开创了舆地学的传统。他的经世目标集中在如何融会封建和郡县的政治架构,反对帝国一统的世袭官僚政治。清儒注重汉代典籍,对于《汉书·地理志》等有所研究,他们的学术渊源与传统经史之学关系密切。但舆地学在清代的发达更多地来自帝国的西北事务,那些关心边事的儒者对于西北和西南边陲给予特

---

[204] 魏源:《默觚上·学篇九》,《魏源集》上册,北京:中华书局,1976,页23—24。

别的留心。明末清初以来传教士带来的测绘和制图技术在西北和西南边疆的边界勘查和地图制作过程中获得了实际的运用,[205]例如康熙时代制作的《皇舆全览图》的三个版本(1717—1721)均由耶稣会士协助绘制,在征服西北的过程中,康熙曾亲自向耶稣会士学习几何学并用于地理测定。[206]值得注意的是,在同一时期,俄国人和欧洲人也在从事有关俄国版图及其与清朝及蒙古边界地区的地图的绘制。俄国于1721年战胜瑞典,扩张帝国的意识更为强烈。根据彼特·普尔度(Peter C. Perdue)的研究,1723年,瑞典战俘菲力甫·约翰·斯特尔伦伯格(Philipp Johann Strahlenberg)在莫斯科刻制了一幅包括俄国全境、中亚、蒙古和部分中国地区的地图,并于1730年以德文发表,而后在1736年以英文发表,在欧洲有重要影响。地图的标题很长:"一个欧亚北东部的历史地理描述;更确切地说,是关于俄国、西伯利亚、大鞑靼——包括它们古代和现代的状态的描述;包括32个鞑靼民族方言的多种文字表;喀尔木蒙古声韵词汇表,一幅包含所有这些国家的规模宏大和精确的地图,刻线变化表示亚洲的锡西厄人的古代"(*An Historico-Geographical Description of the North and*

---

[205] 李约瑟认为中国传统的测绘和制图技术为明清耶稣会士带来的西方测绘和制图学在中国的发展提供了前提(see Joseph Needham, Geography and Cartography, *Science and Civilization in China*, Cambridge, 1954, iii, pt. 22. 497-590),而新近的研究则认为西方制图学对中国制图技术影响很小,例证之一是《图书集成》中所收的地图省略了大量的细节,也没有经纬线。(Cordell D. K. Yee, "Traditional Chinese Cartography and the Myth of Westernization", in *Cartography in the Traditional East and Southeast Asian Societies*, vol. 2, book 2 of *The History of Cartography*, eds. J. B. Harley and David Woodward (Chicago: University of Chicago press, 1994), pp. 170-202.)普尔度指出:耶稣会士在中国刊行的地图包括两个版本,一个是精确的、范围广阔的、严格的版本,其中有经纬线的标志,而另一种更为公开的版本却没有经纬线的标志。前一个版本供朝廷用作军事战略,后一个则在中国广泛发行。但其实朝廷的秘密版本在欧洲却广泛发行,d'Anville 在 du Halde 的 *Description de la Chine* 中发表了大规模的地图。关于制图学在17—18世纪帝国边界测定中的运用。See Perdue, "Boundaries, Maps, and Movement: Chinese, Russian, and Mongolian Empires in Early Modern Central Eurasia", *The International History Review* 20, no. 2 (June 1998):263-286.

[206] Walter Fuchs, *Der Jesuiten-Atlas der Kanghsi-Zeit* (Beijing, 1943), see Perdue, "Boundaries, Maps, and Movement", p. 274.

Eastern Part of Europe and Asia; *but more particularly of Russia*, *Siberia*, *and Great Tartary*; *both in their Ancient and Modern State*; *Together with An entire New Polyglot-Table of the Dialects of* 32 *Tartarian Nations*; *and a Vocabulary of the Kalmuck-Mungalian Tongue*, *as also a large and accurate Map of those countries*, *and variety of cuts*, *representing Asiatick Scythian Antiquities*)。很明显，这部地图事实上是有关俄国和远东地区的人类学描述。斯特尔伦伯格以乌拉尔山为界区分了亚洲与欧洲，这一区分为稍后俄国历史学家和地理学家达兹希杰夫(Vasilii Tatishchev)以乌拉尔山为界区分欧洲和亚洲的边界提供了基本根据。[207] 如果把这部著作与同一时期欧洲传教士们有关中国的研究报告——如杜赫德(Jean Baptiste Du Halde)出版于 1735 年的《中华帝国全志》(*Description geographique*, *historique chronologique*, *politique de L'empire de La Chine et de la Tartarie Chinoise*)，亦即《中华帝国及鞑靼之地的地理、历史、编年、政治和自然描述》——放置在一起讨论，我们可以发现它的出现并不是偶然的。勘界的需求和帝国的视野从外部为清代舆地学的发展提供了条件。

从舆地学的发展来看，清代舆地学与追溯蒙元帝国的征服史有着内在的关系，其中包括对蒙元帝国向欧洲的扩张(我在讨论魏源时会再次提及这一点)的兴趣。在整理和收集四库全书的过程中，清代学者从《永乐大典》中发现了《元秘史》和《皇元圣武亲征录》，从而元史及相应的史地学研究渐受重视，促进了清代学者对于西北舆地和历史的研究。[208] 这一知识的视野与清代统治者为了帝国统治而开展的知识工程有着呼应关系。[209]

---

[207] Philipp Johann Strahlenberg, *An Historico-Geographical Description of the North and Eastern Part of Europe and Asia* (London, 1736). 相关讨论见 Perdue, "Boundaries, Maps, and Movement", pp. 281-282。

[208] 祥伯:《近二百年国人对于中亚地理上之贡献》，中央亚细亚协会编《中央亚细亚季刊》第二卷第四期，页 9—11；王聿均:《徐松的经世思想》，中央研究院近代史研究所编《近世中国经世思想研讨会论文集》，1984，页 181—197。

[209] See Joseph Fletcher, "Ch'ing Inner Asia c. 1800", in *The Cambridge History of China*, vol. 10, eds. D. Twitchett and J. K. Fairbank (London: Cambridge University Press, 1978); Kent Guy, *The Emperor's Four Treasuries: Scholars and the State in the late Ch'ien-lung Era* (Cambridge, Mass: Harvard Council on East Asian Studies, 1987).

因此,舆地学在清代的发达不能仅仅视为士大夫经世取向的结果,在一定意义上,它更是帝国知识工程的有机部分。从康熙时代开始,清朝即开始了对全国的地理测绘工作,先后绘成《皇舆全览图》和在此基础上修订而成的《乾隆内府铜板舆图》,并纂修了《大清一统志》、《西域通志》(及清末在此基础上修成的《新疆通志》等)。这类研究均由朝廷主持,个人著述并不多见。康熙、雍正、乾隆三朝用了70年的时间平定新疆。乾隆以降,伴随对西域各部的收复,交通流畅,移民日增,人们对于新疆、回部和蒙古的研究兴趣大增。但嘉庆、道光之前,西北地理的研究并不发达,私人著述的水平也不高。[210] 从17世纪开始,俄罗斯帝国处于扩张过程之中,新疆、蒙古与俄罗斯的边界形势极为复杂,危机不断。《中俄尼布楚条约》签订后,张鹏翮的《奉使俄罗斯日记》、钱良择的《出塞纪略》和徐元文的《俄罗斯疆界碑记》先后刊行,同时刊行的戍边遣臣方式济的《龙沙纪略》、杨宾的《柳边纪略》、吴振臣的《宁古塔纪略》等也是对中俄边疆地理的描述。嘉庆中期,中俄在恰克图贸易问题上争端迭起,西北不靖成为士大夫经世思想内部的一个重要因素。强烈的边患意识(包括对于边界、边疆、人口、风俗和地理情况、管治范围的意识)促进了西北地理研究的研究。[211] 1806年,曾经对西北地理作过研究的俞正燮发表了《俄罗斯长编稿跋》,次年著成《俄罗斯事辑》一文,对俄罗斯方隅、历史沿革和中俄争端的历史进行了详细说明,并指出雍乾之际"俄罗斯方西向用兵,故无南侵意也",[212] 从而将中俄关系引向了更为广泛的战略视野。此后,张穆以松筠著于1805年的《绥服纪略图诗》补俞著之阙,著成《俄罗斯事补辑》一文。这些著作与嘉庆

---

[210] 如永贵的《新疆回部志》、沈宗衍的《蒙古沿革志》、马思哈的《塞北纪程》、殷化行的《西征纪程》、方观承的《从军杂记》、七十一的《西域闻见录》等等。其中以永贵的《新疆回部志》和七十一的《西域闻见录》成就较大。相关讨论参见郭双林《西潮激荡下的晚清地理学》,北京:北京大学出版社,2000,页78。
[211] 如徐松的《西域水道记》卷五对于大清与俄罗斯的边界形势及其历史有详细的叙述,对于俄罗斯的情况也有所介绍。
[212] 俞正燮:《癸巳类稿》,卷49,商务印书馆,1957。相关论述参见郭双林:《西潮激荡下的晚清地理学》,页87。

末年龚自珍、程同文辑录的《平定罗刹方略》都是对中俄边疆地理和中俄关系的研究。严格地说，这类研究不能简单归于地理学或舆地学的范畴，它们的描述包含了对于这一地区的广泛的民族、民俗、语言、宗教和各种文化的调查，极大地扩展了顾炎武开创的舆地学和风俗论视野。

清代士大夫对西域的研究成果累累，它们是清代帝国知识的重要部分，如梁份的《西陲三略》(即《西陲亥步》、《西陲图说》和《西陲今略》)，祁韵士的《外藩蒙古回部王公表》、《藩部要略》、《西域释地》、《西陲要略》(后更名《新疆要略》)，徐松的《西域水道记》、《新疆识略》及《汉书西域传补注》，洪亮吉的《塞外记闻》、《天山客话》、《伊犁日记》、《塞外录》、《天山纪程》及《万里荷戈集》，傅恒的《皇舆西域图志》及《西域同文志》，七十一的《西域闻见录》、《回疆风土记》、《新疆纪略》、《新疆舆地风土考》、《西域旧闻》及《军台道里表》，纪昀的《河源纪略》、《乌鲁木齐杂记》及《乌鲁木齐杂诗》，林则徐的《荷戈纪程》，以及魏源的《答人问西北边域书》，等等。1807年，伊犁将军松筠命时在帐下的戍臣、前宝泉局监督祁韵士纂辑地志，经松筠厘定，庚宁增绘舆图，得《西陲总统事略》12卷，卷一至卷四总论新疆形势，五至七卷论伊犁境内事，八至十卷分论伊犁以外各城之事，十一卷记外裔，十二卷为杂文。1814年，松筠再次出任伊犁将军，再命时在幕前赎罪的前湖南学政徐松修订《伊犁总统事略》，后者经过实地考察，于1820年(嘉庆二十五年)纂成《伊犁总统事略》，由松筠进呈道光帝，道光作序，并赐名《新疆识略》，该书的《新疆水道总叙》和《新疆水道表》对新疆的十二条河流和湖泊做了记载。祁韵士、徐松等人的西北地理研究完成于效力伊犁将军期间，不能算作纯粹的私人著作。但他们的研究在清朝士大夫中影响广泛，也证明汉族士大夫已经将帝国及其疆域内部的危机视为经世的要旨。对于清代舆地学研究而言，1820年颇为特殊：就在这一年，徐松从新疆释还，围绕在他身边的学者(包括张穆、沈垚、程同文、魏源、龚自珍、杨亮、俞正燮、董佑诚、陈潮等)都是官位不高却关心朝政和社稷命运的人物，他们共同形成了一个研究舆地学的氛围。身居外省的李兆洛、姚莹、王鎏等也与这个圈子往来密切。[213] 也在这一年,新疆回部张格尔在英国和浩罕势力支持下反叛抗清,攻击喀什噶尔边境。张格尔是回部首领大和卓木的孙子,1756年大和卓木在小和卓木的策动下起兵反清,宣布成立巴图尔汗国,1759年兵败后在逃往中亚的途中为巴达克山部落所杀。1820年的起事未获成功,但此后数年反叛从未停息,终于在1826年借浩罕国之兵攻克喀什噶尔、英吉沙尔、叶尔羌和和阗等地,控制了新疆的半数领土,直到1827年才为清军击溃。这就是19世纪20年代清代舆地学者高度重视西北的基本背景。

  从内外观的角度看,这类舆地学或风俗学研究已经与帝国的视野完全相互重叠,由明代知识所塑造的内外夷夏观及其建立在这一内外夷夏观之上的"中国"图景在这里彻底地改写了:长城内外,而不是江南和运河流域,成为观察和理解中国问题的杠杆。清朝统治者倡导满汉一体、中外一家,这一观念是以帝国的疆域和管治范围为依据的。皇帝和大臣能讲满、蒙、汉语,甚至维语和藏语,这是少数民族王朝的重要特点。乾隆十五年(1750)庄亲王允禄等主撰了《同文韵统》六卷,"以印度(梵文)五十字母、西番(藏文)三十字母参考同异,而音以汉字,用清语(满文)合声之法为准。"二十八年(1763),大学士傅恒等主撰了《西域同文志》24卷,"分四大纲,……首列清文,次列汉字,次列三合切音,次列蒙古、西番、托忒、回(维文)字,使比类可求。"[214] 类似的例子还可以举出若干。这些帝国文化建设与龚自珍的观点相互呼应,都对"夷夏大防"、"内中华而外夷狄"的观点给予有力的反击。参照龚自珍的其他奏议书疏,如《拟进上蒙古图志文》、《上镇守吐鲁番领队大臣宝公书》、《上国史馆总裁提调总纂书》、《拟上今方言表》、《北路安插议》、《御试安边绥远疏》等等,可以清晰地观察到一个幅员辽阔、层次复杂、无分内外却又文化多样的中华帝国的政治蓝图。这是一个完全不同于理学的夷夏之辨、不同于郡县制国家的内外差异、当然也不同于欧洲民族—国家的内部同质化的政治视野。

---

[213]　参见郭双林:《西潮激荡下的晚清地理学》,页80—83。
[214]　参看袁森坡:《康雍乾经营与开发北疆》,页565。

在这个视野中,"中国"只有组织在一种由近及远的礼序关系中才能构成内外呼应的政治秩序,它是历史渐变的产物,也是不断变迁的历史本身。从庄存与、刘逢禄到龚自珍,"中国"概念与"汉"或"汉人"等范畴相互区别。

与庄存与、刘逢禄的著述不同,龚自珍和上述经世著作基本上不再从满汉平等的角度讨论帝国内部的内外夷夏问题,相反,它们通过地理、风俗、军事、经济等方面的研究把这些区域纳入帝国视野内部。龚自珍对于西北史地、宗教和文化的研究与西北边务及徐松周围兴起的西北史地研究密切相关。他的著作中包括了大量有关蒙古、西藏、青海和回部的文字,视野远迈长城边墙,呼应了康、雍、乾三世统一北疆的军事征服和政治实践。其中最为著名的应该是《西域置行省议》、《御试安边绥远疏》、《上镇守吐鲁番领队大臣宝公书》以及《蒙古图志》(残稿)、《上国史馆总裁提调总纂书》等。龚自珍所谓"天地东西南北之学"中的"天地东南西北"不是一般的比喻,而是一种建立在严格的地理学和族群文化研究基础上的知识。按吴昌绶《定庵先生年谱》,"天地东南西北之学"始于道光元年龚自珍在国史馆任校对官期间,时馆中方重修《一统志》,"先生上书总裁,论西北塞外诸部落沿革,订旧志之疏漏,凡一十八条。先是桐乡程春庐大理同文修《会典》,其理藩院一门,及青海西藏各图,皆开斜方而得之,属先生校理,是为天地东西南北之学之始,而于西北两塞外部落,世系、风俗、山川形势、原流分合,尤役心力,洞明边事,雅称绝诣。自撰《蒙古图志》,订定义例,为图二十有八,为表十有八,为志十有二,凡三十篇,大兴徐星伯舍人松,精于西北地理,先成哈萨克、布鲁特二表,先生叹为当代奇作,遂沿用之。"[215] 从经学的角度看,龚自珍以舆地学方式在多民族王朝的视野内钩稽中国的面貌,拓宽了清初诸儒对文字、音韵和风俗的考据,使之扩展到有关边疆区域及其文化的研究,展示出极为开阔的历史视野。

清代中期的边疆研究是与清代前期对于边疆的重视和平定三藩、改

---

[215] 吴昌绶:《定庵先生年谱》,《龚自珍全集》,上海:上海人民出版社,1975,页604。

土归流的军事征服和政治改革密切相关的,但在嘉庆中期之后,这一边疆研究融汇了新的危机意识:对于西域的叙述包含了对于沿海危机的思考。陈澧序李恢垣《汉西域图考》云:

> 《两汉西域传》所载,最远者大秦、安息。今则大秦之外,西北海滨之人,已夺据天竺,距云南仅千余里,自中国罢兵,议款,增立互市,游行天下,而馆于京师。安息之外,西南海滨之人,入中国千余年,生育蕃多,散处各行省。近且扰乱关陇,用兵未休。呜呼!其为中国患如此,而中国之人,茫然不知所自来,可不大哀乎。……[216]

这里有两点值得注意:第一,作者在汉代西域的视野中谈论清代面临的西部问题,提示了清代学术对于汉代知识的兴趣包含了对汉帝国的历史视野的兴趣(如新疆在公元1世纪首次为汉代控制);第二,作者提及"西北海滨之人,已夺据天竺",说明重构两汉西域地图本身包含了对英国和其他欧洲国家占领印度并向西(新疆、西藏)及东、北扩张的回应;文中提及早已入中国的"西南海滨之人"以及内部紊乱,说明这一时代的西北舆地学内含的危机感不仅针对北方强邻,而且也涉及其他地区。[217]我们很难确证西北研究与南洋地理研究之间的直接联系,但西北舆地学包含了对其他沿海区域的敏感则是肯定的。事实上,与徐松圈子有所来往的李兆

---

[216] 陈澧:《东塾集》,关于龚自珍与清代史地学的关系,以及上述引文,均参见朱杰勤:《龚定庵研究》,上海:商务印书馆,1930,页109—162。

[217] 值得注意的是,在嘉庆时代,东南沿海各地的基督教会士也正在向中国内地输入西方地理学知识。除了招收南洋华侨子弟入英华书院(马六甲,1818)等学校学习外,他们还出版了《察世俗每月统计传》(马六甲,1815—1821)、《天下新闻》(马六甲,1828—1829)、《东西洋每月统计传》(先在广州,后在新加坡,1833—1837),其中发表了不少地理学文章。1806年,王大海的《海岛逸志》刊印问世,该书是对爪哇及附近岛屿的地理、物产、形势、华侨生活、风尚,以及荷兰、英国、法国的方位、人种、服饰、制作、贸易、性情和风尚的介绍。1820年,杨炳南记录整理了谢清高对南洋的叙述,刊行了95则《海录》,涉及了南洋和欧洲各国的地理、风俗、人情、宗教和国政。参见郭双林:《西潮激荡下的晚清地理学》,页88—89。

洛就曾对谢清高《海录》中的资料加以整理和附图,题名《海国纪闻》,又以《海国辑览》为题将辑录的资料附在书后。龚自珍的学术上承经学的史地传统,但他的舆地研究包含了全新的因素:第一,清初顾炎武等人通过典章、文物、语言、风俗和制度的研究提供了民族认同和道德判断的根据,而龚自珍等人则通过蒙、藏、回部的历史追溯"国朝"(满清)的渊源,构建出新的"大一统"图景和历史脉络;在前者的视野中,上述各部尚属"外国风俗"的范畴,而在后者的视野中,这已经是"中国"的有机部分。第二,清初学者关注明亡的教训,地理和风俗的考证密切地联系着他们在异族入侵的氛围中重构认同的努力,而龚自珍、魏源等人对西北的研究与帝国的视野完全一致,他们对西北边疆的研究已经渗透着东南沿海的危机。

"大一统"构想与帝国秩序存在着历史的呼应关系,它们的共同特点是取消内外差别,不断地将外部组织到内部政治和文化关系之中。在这个意义上,"大一统"把帝国征服的历史作为历史接受下来。事实上,在舆地学的范畴内,早期大一统观念内含的封建论和礼仪观正在为一种更为实用的经世主张所取代,从而大一统与帝国之间的紧张关系日渐消失。这并不是说今文经学的"大一统"观念是对帝国的种族(族群)主义、暴力倾向的认同。所谓至大无外,即承认中国是民族、风俗、语言、宗教、文化和地理极为复杂和多样的"中国",它的礼仪基础不应妨碍文化、语言、宗教和政治结构的多元性。这一特点与民族国家的高度的同质化倾向有着明显的差别。在朝贡礼仪的视野内,"中国"是一种政治秩序,也是一个礼仪秩序,它既不以种族(族群)为前提,也不划定明确的内外界限。王朝国家对基本礼仪的尊崇并不意味着必须按照某一种文化或宗教的价值统摄所有民族的文化及其价值,恰恰相反,礼仪是一种政治秩序的形式,它的伦理性质在多元帝国的政治关系中仅仅扮演了形式的因素。但清帝国的朝贡网络与条约确定的边界相互并存,帝国内部的"无外"并不意味着没有明确的边界。在这个意义上,我们也很难确定龚自珍的"中外一家"没有预设"外部"。

仔细研读龚自珍的经世作品,我们可以发现"大一统"观念正在发生微妙的变化:如果说原先的"大一统"观念与帝国政治的重叠集中表现在对文化多元性的保存这一点上，那么，在龚自珍这里"大一统"观念正在为一种内部同质化的取向提供合法性。这预示着"大一统"从一种对于帝国的批判观念向统一国家的合法性观念的转变。当然，对龚自珍而言，这一转变本身还是极不清晰的。在他看来，无论是今文经学的大一统理论，还是在这个理论指导下的经世知识——例如对这个多民族帝国的地理和风俗的描述和研究——都不是为了炫耀地广民众，而是以经世致用作为基本的目标。我们需要把这些文字与魏源的《海国图志》及《圣武记》联系起来阅读，它们从不同的方面回答时代的课题。龚自珍于嘉庆二十四年己卯春应恩科会试，不售，留京师，始从刘逢禄受《公羊春秋》，治西京之学，明周以前家法。一年后，会试仍下第，多习当代典制。就在这一年，他在写作《西域置行省议》、《徽州府志氏族表序》的同时，还写作了已经亡佚的《东南罢番舶议》，显示了他对西域内陆、东南沿海和长江流域及其相互关系的理解。这是《西域置行省议》开头的文字：

> 天下有大物，浑员曰海。四边见之曰四海。四海之国无算数，莫大于我大清。大清国，尧以来所谓中国也。[218]

在这里，大清虽然为最大，但已经被置于无数"四海之国"之间。按吴昌绶《定庵先生年谱》，《西域置行省议》成于道光元年，即1821年，该年觉罗文庄公（宝兴）任吐鲁番领队大臣，龚自珍上书，"备论天山南路事宜，及抚驭回民之策，并录《西域置行省议》献之，盖议迁议设，撤屯编户，尽地力以济中国之民，实经画边陲至计。"[219] 在这篇经世之作中，龚自珍回应的不仅是西域的内外问题（回民或俄罗斯边界危机），而且也是整个中国的内外问题。他系统地阐述了大清各地方的经济和人口的变化，指出"今中国生齿日益繁，气象日益隘，黄河日益为患"，如果对应之策依旧是增加捐赋、提高盐价等等，显然无济于事。因此，他建议在西部建立行省，

---

[218] 龚自珍：《西域置行省议》，《龚定庵全集类编》，页164。
[219] 吴昌绶：《定庵先生年谱》，《龚自珍全集》，页604。

从内地大量移民,开发西部。[220]这是以开发西部来回应内部的人口与土地的压力,但也是为面对"海洋时代"的新危机而构筑的战略构想。这一构想的核心是以郡县方式治理西域,即将皇权的管理范围直接地渗入边陲地区,通过改变内部的政治结构促进帝国的经济一体化,进而改变原有的以从俗从宜为特点的多元性的制度设置和以"西域治西域"的设想。该议因书法不中式而被搁置一边,但在晚清时代却为李鸿章所激赏。李氏称之为"定公经世之学,此荦荦大者",具体的建议则在光绪朝卒设施。[221]

帝国作为一种政治体系也是经济统治的手段。在朝贡体制基础上形成的政治体系包含了制度的多样性,但同时也削弱了中央权力直接支配经济和资源的能力。中国的国家组织是一种郡县制国家与多民族帝国的复合体,这两个方面以王朝国家的形式连接在一起。尽管中央集权的程度已经很高,但如果考虑到西北、西南等地区的制度形式的多样性及其与内地的差异,我们可以清楚地看到中国的政治统一建立在"王朝"延续这一政治形式之中。这也是为什么"三统说"在王朝继承过程中如此重要的原因。在这一政治统一之下,始终存在着中央与边陲、多数民族与少数民族、统治民族与其他民族的复杂关系及其制度形式,王朝形式提供了一种能够使其各种部分相互兼容的基本社会统一,并造成了一种特殊的混合型的国家类型。尽管存在着权力集中的趋势,但清朝国家始终没有能够将地域、民族和生产方式的多样性压缩在一个单一的政治架构之中,形成西欧绝对主义国家和日本、俄罗斯等近邻对手那样的更为紧密的国家结构,以致清末的革命者从革命的角度发现了专制国家与社会结构之间的这种松散关系:孙中山抱怨集权政治的中国是"一盘散沙",章太炎认为专制主义的中国是一个真正的"无政府社会"。近代民族主义的中心任务就在于用不同形式将这一多重社会组织到一种单一的政治架构内部。比较1800年以后中国与英国的内外关系,我们可以清楚地看到两者

---

[220] 龚自珍:《西域置行省议》,《龚定庵全集类编》,页165。
[221] 这是《龚定庵全集类编》所收《西域置行省议》中后人所加的文字,见该书,页164。

之间的差别,即清朝在名义上或礼仪上维系着朝贡关系,但这一关系缺乏实质性的经济意义;而英国的外交关系、军事征服和贸易往来构成了一个严密的体系,它的内部经济极大地依赖于印度的"贡品"。在内外压力之下,为了获取更多的中央税收、支配更多的资源、直接协调和处理区域性的移民问题、加强边疆的抗御能力和调节并控制各种权力中心,清朝政府趋向于更为集中的、同质化的政治制度和财政制度,力图将王朝国家内部的多重因素纳入一个更为单一的政治结构内部。正由于此,单一的国家结构的形成无法离开中国与外部的关系及其变化。

龚自珍的《西域置行省议》就反应了这一要求,从而可以视为清朝帝国转化为现代形式的中央集权国家的预兆。我们一般将中央集权的或绝对王权的国家视为传统国家,从皇权在政策决定中具有最后的裁决权而言,绝对王权的概念具有有效性。在中国历史中,包括在清代历史中,中央集权形式包含了财政、税收和军事等方面中央政府的支配权,关于这一点我在论述清初经学时已经进行了讨论。但是,在清代帝国的范围内,皇权或中央权力事实上受到各个方面的限制:除了帝国的礼仪系统对于皇权和中央权力的限制之外,边疆区域、朝贡关系和带有封建特点的制度形式(如西藏的噶厦制度、西南的土司制度、内外蒙古的八旗制度,以及西域回教地区的自治形式,等等)都使得中央权力无法直接行使对于地方事务的干预。从这个角度说,现代国家对于社会的组织和干预能力要比帝国体制强大很多,尽管从权力制衡的角度看,权力行使的过程必须受到法规化的制度、程序和道义的约束。随着内部社会危机和外部压力的增长,在鸦片战争之前,帝国体制内部已经开始了制度改革的压力,其主要特点是建立更为有机的、强大的中央集权国家,加强军事动员和税收的能力。权力的集中和军事工业的兴起都是这一过程的最为重要的因素,而西域置行省的建议及其数十年后的实践就是这一权力集中趋势和内部制度的同质化倾向的表达。恰恰是这一集权取向的国家建设从帝国内部铺设了通向所谓"民族—国家"的道路。中国作为一个共和国的形式是从帝国模式中直接脱胎而出,它的民族主义动员在民国建立后迅速地转化为"五族共和"的政治主张,说明新的"共和国"只是在民族—国家体系的成员的意义上才能被描述为民族—国家。这一语境中的民族自决是典型的"政治自决",而不是以种族为中心的认同政治。我在以后的讨论中将把这一过程称之为"帝国向主权国家的自我转化"。

龚自珍的构想预示了一种社会变革的组织方向,即为了确保中国的国家利益和解决内外危机造成的困境,必须在行政体制和税收方面更为一体化,从而将帝国的疆域与管治问题更为密切地联系起来。这是帝国体制向现代集权国家过渡的前提。作为一个少数民族统治的王朝,而且是地域如此庞大、人口如此众多、族群关系如此复杂、政治文化如此多元、扩张如此迅猛的帝国,清王朝不仅需要处理它的不断扩展的边疆事务,而且还必须在中国腹地解决满汉及其他民族关系带来的种种紧张。一旦外部威胁出现,内部立刻可能出现离心倾向,因此,它对外部威胁最为自然的反应势必是从加强内部的统一性开始。在龚自珍的时代,他的建议没有获得采纳。如果参照左宗棠《统筹新疆全局疏》(1878),龚的建议早了半个多世纪。清代晚期实施的一系列政策和改革可以说是对龚自珍的建议的遥远的呼应:新疆于1884年设立行省;理藩院于1906改为理藩部,1907年设立负责蒙古移民事务的特别机构;1907年奉天、吉林、黑龙江省成立,东北与内地形成一致的行省体制;1909年设立处理边疆事务的殖边学堂,等等。更为重要的是:随着辛亥革命的成功和清朝帝国的瓦解,上述过程并未停止。革命没有沿着帝国内部民族自决的方向发展,相反,在殖民主义的氛围中,革命者创造的国家恰恰遵循着他们的论敌康有为等人的变革逻辑,即实现从帝国向主权国家的转化。作为一个传统帝国转化而来的主权国家,在民族—国家体制占据支配地位的世界体系中,中国不可能完全摆脱其帝国遗产造成的困扰。

今文经学的最为重要的任务之一,就是在理论的层面解决上述矛盾,以一种特殊的"内外"观在清帝国的政治框架内诠释满汉和其他少数民族的关系,缓解夷夏之辨带来的族群中心主义。清代公羊理论通过一系列复杂的义例阐释王朝的法律、礼仪和文化制度,在尊重历史演变和寻觅微言大义之间构成张力,为多民族王朝时代的政治实践提供了较为完善的理论。从清初儒学到今文经学始终关注如何将封建的精神、制度的多样性注入郡县制度内部,内外问题的思考因此和一种富于弹性的制度设置密切相关。然而,在龚自珍、魏源的时代,鸦片危机已经爆发,"内外"的含义正在发生变化:从长城两侧转向海洋,从满汉一体转向新的华夷之辨。今文经学的变法论从此被组织在新的内外、夷夏关系之中。龚自珍的构想实际上改变了今文经学传统内的"封建"与"大一统"的辩证关系,他开始寻求一种中央国家能够在全国范围内直接控制财政、税收和军事的政治架构,从而解决清朝帝国面临的内外挑战。鸦片战争之后,舆地之学从西北转向了"海国",内外关系从王朝内部的"中外一体"转向了欧洲殖民主义时代的华夷之辨。因此,我们需要追问:清代的华夷之辨究竟是儒学传统的遗存,还是欧洲殖民主义时代的政治条件和历史关系的产物,抑或内外交错的结果?

4. 西北规划与"海洋时代"

龚自珍的帝国规划以经略西北为中心,对于蒙古、青海及回部等地区的历史、地理、制度、风俗、语言和文化作出了深入的分析。这一"中国"图景取消长城作为内外边界的象征意义,淡化或消解宋明和清初时代盛行的夷夏之辨,因而也汲取了今文经学的内外观;但其间的差别是明显的:"西域置行省"是一种郡县制构想,它改变了清代初期从俗从宜的边疆政策,也改变了刘逢禄以来重视封建价值的取向。这预示着大一统观念与郡县构想之间的新的连接。它所勾勒的帝国蓝图与一个世纪之后西方历史学家所谓内亚洲的描述颇为接近,而战略意图恰好相反。龚自珍的边疆论重视西北而对东南避而不谈,但这并非因为他对东南沿海不加重视,恰恰相反,他的西北论是清代经世之学的典范,也是对于海洋时代或欧洲殖民时代的回应。这是他的西北论不同于同时代人之舆地之学的重要特点。

从地理学的视野来看,清代中期对于海洋问题的忧患不是直接表现为对于海洋贸易体系和霸权关系的认识,恰恰相反,士大夫们首先将视野投放到西北区域,这表明在士大夫和王朝统治者的心目中,西北及中俄两大帝国之间的关系是更为重要的关系,而海洋压力则是后来居上的问题。龚自珍的《西域置行省议》对于西域边防、移民政策、屯垦方略、设置行省等详加论述,但如前所述,他的看法包含了对于海洋威胁的敏感。这种敏感宛如一种挥之不去的烟雾,缭绕在这一时代敏感的士人对于世界的理解之中。魏源是龚自珍的好友,在《答人问西北边域书》中,针对时人所谓"捐西守东"的议论,他以汉唐历史和当代现实为参照给予尖锐批驳:"或谓地广而无用,官糈兵饷,岁解赔数十万,耗中事边,有损无益。曾亦思西兵未罢时,勤三朝西顾忧。且沿克鲁伦河长驱南牧,蹂躏至大同、归化城,甘陕大兵不节解甲,费岂但倍蓰哉!"他关于内地人口日孳、亟需移民塞外、开发西北的主张与龚自珍如出一辙。[222] 早在康熙、雍正时代,清朝统治者即已意识到东/西、南/北之间的战略关系,1673 年至 1681 年发生在西南诸省的三藩之乱对于西北边事的影响是激发这一战略意识的重要因素。道光二十二年(1842),《南京条约》签署,魏源深受刺激,于是勉力完成酝酿了十多年的著作《圣武记》,并自述其旨云:"晚侨江、淮,海警飚忽,军问沓至,忾然触其中之所积,乃尽发其椟藏,排比经纬,驰骋往复,先取其涉及兵事及议论若干篇,为十有四卷,统四十余万言,告成于海夷就款江宁之月。"[223]《圣武记》是对鸦片战争的直接回应,却几乎没有涉及东南沿海问题,它的主要内容是清代开国、平定三藩、康乾时代巩固统一的战争,以及对苗民、白莲教、天理教等起义的镇压,从而书的中心部分是西北和西南的战争与统一。但是,《圣武记》与《海国图志》之间存在着呼应关系,包含着对于日益逼近的来自海洋的威胁的敏感。收入光绪四

---

[222] 魏源:《答人问西北边域书》,见贺长龄辑:《皇朝经世文编》卷 80。1870 年代,李鸿章步曾国藩之后尘,主张"暂弃关外,专清关内",发展海防,左宗棠反驳说:"若此时即拟停兵节饷,自撤藩篱,则我退于而寇进尺。不独陇右堪虞,即北路科步多、乌里雅苏台等处,恐亦未能晏然。"他在通筹新疆全局时所上《遵旨统筹全局折》抄录了魏源的全部主张(左宗棠:《复陈海防塞防及关外剿抚运粮情形折》,《左文襄公全集奏稿》,卷 46);参见郭双林:《西潮激荡下的晚清地理学》,页 94。
[223] 魏源:《圣武记》,上海:世界书局,1926,页 1。

年(1878)上海申报馆铅印本内的《道光洋艘征抚记》[224]是第一部直接记录鸦片战争过程的著作,若干内容与《筹海篇》重叠。此外,在重辑本《海国图志》对于越南的描述中,收入了《圣武记》中有关越南在唐代、特别是明代以及清代的地位和相互关系的描述。魏源对于鸦片战争失败的总结首先是从帝国内部的视野(包括朝贡视野)展开的:英国等西方国家、甚至越南等从前的属国都曾利用被解散的中国兵勇或中国海盗作为向导,因此,抗御外敌的方法之一是用某种准军国民主义的方式加强帝国内部的统一,消除海洋威胁与促进内部统一具有连带关系:

> 故昔帝王处蒙业久安之世,当涣汗大号之日,必巚然以军令饬天下之人心,皇然以军食延天下之人材。人材进则军政修,人心肃则国威遒,一喜四海春,一怒四海秋。五官强,五兵昌,禁止令行,四夷来王,是之谓战胜于庙堂。[225]

这里明确地要用军令收拾人心、号令天下、招揽人材。在这一战略视野中,庄存与、刘逢禄处理的帝国内部的满汉、夷夏、内外关系没有简单地为海洋关系所取代,相反,龚自珍、魏源,以及更后来的康有为、梁启超等人对这一成果进行了转化、发展和利用,并将之运用于新的历史条件下的变法实践。[226]

在这个意义上,海洋与内陆的互动关系在这里有着无可忽视的作用。清代中期以降的西北论不是传统经世论的简单延续,它的出现与新的历史变动、特别是沿海的压力有着密切的关系。龚自珍以"西北不临海"揭

---

[224] 关于该文的祖本及作者曾经有过争论,参见姚薇元:《再论〈道光洋艘征抚记〉的祖本和作者》,见杨慎之、黄丽镛编:《魏源思想研究》,长沙:湖南人民出版社,1987,页278—291。

[225] 魏源:《圣武记叙》,《魏源集》,上,页167。

[226] 他们与章太炎等反满的民族主义者的论辩是建立在今文经学内外观的基础之上,也是建立在帝国处理内部民族关系的历史实践的基础之上。辛亥革命之后,孙文为民国提供的五族共和构想完全离开了他早期的反满民族主义,反而与康、梁的内外观更为一致了。

示西北地理的特点,他的内心深处对于海洋时代的到来满怀忧惧。若把他的西北论与他的朋友魏源写于同一时期的文字相互比较,这一点格外清晰。在《明代食兵二政录叙》中,魏源说:

> 黄河无事,岁修数百万,有事塞决千百万,无一岁不虞河患,无一岁不筹河费,此前代所无也。夷烟蔓宇内,货币漏海外,漕艖以此日蔽,官民以此日困,视倭患尤剧也。……[227]

魏源揭示了漕运的衰落、国库和民力的凋敝与鸦片贸易之间的内在的联系。在中国内部经济危机与广泛的国际条件联系起来的背景下,用传统方式解决危机显然无济于事。正是在这个意义上,西北论不同于传统的经世论,它是面临海疆、背靠西北的构想,回应的是"夷烟蔓宇内,货币漏海外"及"视倭患尤剧"的新局面。龚自珍的《东南罢番舶议》已亡佚,我们无从窥其"罢番舶"的具体建议,但他对鸦片贸易、白银漏海外等危机深怀忧惧则有《送钦差大臣侯官林公序》(戊戌十一月)为证。他在信中为林则徐仔细分析了东南贸易、关税、民情、吏治、兵器(火器)等状况,并对海战与陆地作战的区别以及对应之策作出恳切建言。龚自珍对海防、贸易及其对于"中国十八行省,银价平、物力实、人心定"所起的作用,有着极为清醒的认识。[228]如林则徐所言,"责难陈义之高,非谋识宏远者不能言,而非关注深切者不肯言也。"[229]

但是,即使在所谓海洋时代,大陆力量对于国家的兴衰也是极为重要的因素。在这一前提下,我们重新回顾龚自珍在1821年有关西北论与海洋之间的曲折关系的论述,不能不感觉到他对历史形势的敏感:

> 西北不临海,……今西极徼,至爱乌罕而止;北极徼,至乌梁海总

---

[227] 魏源:《明代食兵二政录叙》,《魏源集》,上册,页165。
[228] 龚自珍:《送钦差大臣侯官林公序》,《龚定庵全集类编》,页224。
[229] 此引林则徐复龚自珍信,附于《送钦差大臣侯官林公序》,《龚定庵全集类编》,页224—225。

> 管治而止。若乾路,若水路,若大山小山、大川小川,若平地,皆非盛京、山东、闽、粤版图尽处即是海比。西域者,释典以为地中央,而古近谓之为西域矣。……世祖入关,尽有唐、尧以来南海,东南西北,设行省者十有八,方计二万里,积二百万里。古之有天下者,号称有天下,尚不能以有一海,……今圣朝既全有东南二海,又控制蒙古喀尔喀部落,于北不可谓隃。高宗皇帝又应天运而生,应天运而用武,则遂能以承祖宗之兵力,兼用东南北之众,开拓西边。远者距京师一万七千里,西藩属国尚不预,则是天遂将通西海乎?未可测矣。[230]

> 版图起辽海。濒海而西,置行省者十有八,尽版图以纪行役,相距至万有三千里而极。[231]

《西域置行省议》的直接动机是通过设置行省,促进内地往新疆的移民,稳定新疆内部的民族反抗,对抗沙俄的威胁,并寻找通往西海的道路。乾隆于1758—1759年间征服新疆,此后该地区持续了六十年的和平。这一局面的产生首先在于清朝强大的军事控制和对新疆各部的瓦解,其次则由于清朝从当地精英中找到了合作者,允许地方权力按照伊斯兰法进行统治。但是,1820年前后情况发生了重要的变化:白莲教起义对王朝权力构成了重大威胁,苗民起义重新萌发;1813年,天理教起义直接冲击了紫禁城;随着俄罗斯帝国重新向东扩展,清俄边界再度陷入危机。在这一背景下,新疆地区出现了严重的不稳定。[232]龚自珍从清代立国的过程追溯东南往西北的移民和开拓历史,关注的主要问题是西北地区的民族反抗、俄国威胁,而对应的策略则是设置行省、促进移民、增强西北地区的纳税能力等等。

然而,在他的描绘中,遥远的"海"始终是西北图景中的重要部分,海岸线在广阔的亚洲腹地的衬托下清晰呈现出来了。中国历史叙事的基本

---

[230] 龚自珍:《西域置行省议》,《龚定庵全集类编》,页164。
[231] 龚自珍:《送广西巡抚梁公序》,《龚定庵全集类编》,页227。
[232] 关于这一时期清朝在这一地区的军事和政治统治和面临的反抗,参见 Fletcher, *Studies on Chinese and Islamic Inner Asia*, pp. 220-221。

脉络历来以黄河、长江和运河流域为中心,西北始终是含混而遥远的边疆;海洋贸易和交往在中国历史中是悠久的因素,但从未居于支配地位,清代尤其如此。现在,这个边疆区域及其历史地理的面貌呈现在由大陆和海洋的内在联系构成的历史的地平线上。西北轮廓的清晰化是海洋时代的军事和经济扩张的产物。龚自珍提及了打通"西海"的可能性,很可能是指横贯中亚地区通往印度洋的出海口。在这里,我们也许应该提到1820—1821年是清代鸦片进口的一个转折关头,鸦片进口量达到了5000箱(每箱65公斤,价值1000—2000鹰洋)左右,并以迅猛的态势持续上升。因此,我们仍然可以说,龚自珍的西北论与哥伦布对美洲的发现有着一种历史的关系。用拉铁摩尔的话说,哥伦布时代并不是天然的海洋时代,从一开始,它以海洋时代的面目出现,部分的原因就是因为它是对于以"大陆"的权力分布和结构为基础的利益关系的反应。[233] 与此相反,龚自珍的西北论既是对清朝社会危机的反应,也是对所谓"海洋时代"——以军事、工业和政治制度的扩张为实质内容的时代——的反应。如果说海洋时代以民族—国家体系的扩张为标志,试图通过赋予中国北方少数民族地区以民族—国家的性质来瓦解原有的朝贡关系和多元性的礼仪制度,那么,清帝国出于内部动员和免于分裂的局面,就不得不相应地改变内部的政治结构,通过加强内部的统一性,把自身从一种"无外"的多元性帝国转化为内外分明的"民族—国家"。民族—国家时代的统一与分裂的张力不同于帝国时代的分合趋势,前者涉及一种世界性的规则性变化,其核心的概念是形式平等的、以国际性承认为前提的单一主权。如果从帝国架构转向单一主权国家的架构是现代中国形成的历史前提,那么,帝国建设(empire building)过程中逐渐发展和深化的皇权中心主义与民族—国家建设(state building)的中央集权倾向就是一个相互重叠的过程。正由于此,作为一种王朝的合法性理论,今文经学在晚清国家建设过程中扮演了重要的角色。

---

[233] Lattimore, *Inner Asian Frontiers of China* (New York: American Geographical Society, 1940); *Asia in a New World Order* (New York: Foreign Policy Association, Incorporated, 1942), p. 8.

第六章

内与外(二):
帝国与民族国家

> 曷谓道之器?曰礼乐;曷谓道之断?曰兵刑;曷谓道之资?曰食货。
>
> ——魏源

第一节 "海洋时代"及其对内陆关系的重构

如果把龚自珍、魏源的西北论放在中国历史的南北关系中考察,那么,这是一次历史的倒转:传统由北往南的迁徙、扩张、征服和贸易路线,现在开始转向了一个相反的方向,即由南往北运动。我们应该如何理解这一转向?在分析长城沿线的历史互动时,拉铁摩尔(Owen Lattimore)曾明确地区分出"前西方"(pre-Western)与"后西方"(post-Western)两种不同因素,并把这两种因素的交互作用看作是塑造新的边疆关系的基本动力。[1]在

---

[1] 1925年,拉铁摩尔(Owen Lattimore),一位美国商业公司的雇员,首次访问他称之为"中国的内蒙古边疆"(the Inner Mongolian Frontier)的西北地区,开始了一系列以长城

这一视野中,以往中国社会的持续变动——族群关系、国家制度、经济制度、风俗文化和移民结构等因素的变动——主要不是远洋贸易或跨海征服,而是一种"内亚洲"的运动,一种大陆内部由北向南的运动。与此相反,"海洋时代"(maritime age)是欧洲资本主义及其海外扩张的代名词:在西方和日本的侵略、占领和扩张之下,铁路、工业、金融等来自海洋的新因素把旧有的边疆关系扩展到更广阔的范围,以至如果不能找到新的范畴就无法描述这种既新又旧的历史关系。拉铁摩尔敏锐地观察到:

> 中国现代的边疆扩张事实上意味着在早期历史中形成的人口和权力的运动路线的明显转向。导致这一转向的最为重要的动力,始终是工业化的力量,这一力量是从外部、从西方和日本的工业、商业、金融以及政治和军事的活动中发展出来的,也是从海上强加到中国的身上,并在沿海区域发生作用。[2]

如果说由北往南的运动以战争、朝贡、贸易、移民、法和礼仪的重构为主要特征,那么,从沿海向内陆扩张的运动路线则伴随着下列概念的频繁出现:贸易、条约、边界、主权、殖民、工业、金融、城市化、民族—国家。在拉铁摩尔看来,17世纪的满洲入关是长城沿线的边疆力量向内冲击的最后

沿线为中心的长途旅行和内亚洲的研究。在哈佛大学人类学系、美国地理学会、《太平洋事务》(Pacific Affairs)杂志、太平洋关系研究所国际处(the International Secretariat of the Institute of Pacific Relations)的支持下,他先后完成了有关中国西北边疆和亚洲秩序的众多研究著作,开创了美国中国史研究的重要传统。拉铁摩尔的访问和研究本身是海洋力量深入到遥远的内陆边疆的证明,这一力量以极为迅猛的速度摧毁或削弱传统的中国机制和行为方式——朝贡关系、处理王朝内外事务的法律、礼仪和制度,等等。拉铁摩尔对于长城内外的历史关系具有敏锐的洞察力,对于西方殖民主义持批判态度,但在民族主义的视野内,他将近代帝国主义和殖民主义创造的国家关系模式用于观察传统帝国的关系,从而忽略了现代中国的制度、疆域、人口和民族结构与清王朝的内在连续性。see Owen Lattimore, *Inner Asian Frontiers of China* (New York: American Geographical Society, 1940); *Asia in a New World Order* (New York: Foreign Policy Association, Incorporated, 1942).

[2] Lattimore, *Inner Asian Frontiers of China*, p. 15.

一波,从此之后,大陆内部的运动必须以新的时代即所谓"海洋时代"来加以界定。

拉铁摩尔对于西方殖民主义给予尖锐的抨击,他对以长城为中心的边疆区域的描述包含了深刻的历史洞见。但另一方面,他的"内亚洲"描述是美国中国研究中的"沿海—内地"模式的雏形,也是"海洋史观"的投射。在清代历史中,由南往北的迁徙运动并不始于欧洲的入侵或远洋贸易的发展,毋宁是清兵入关、建立统一王朝的必然产物。中国的南北关系的复杂互动有着较之拉铁摩尔的描述更为复杂、多样和内在的动因。综合地看,导致这一历史运动路线转向的基本条件包含了三个方面:第一,清王朝是从北方入主中原的帝国,它在一统全国、定都北京、平定三北之后,势必将内地的经济和文化关系带入它的发源地东北和西北地区;随着长城的边疆含义的消失和内地人口日孳,长城两侧的边疆区域成为清王朝的腹地。清初开始的沿着关内向关外发展的运动——移民、通婚、相互同化,以及相应的法律调整——都证明由南往北的运动源自清王朝的一统之势。随着边界的北移,清代士大夫势必把西北视为王朝国家的内部事务。龚自珍的西北论是清代经世传统的一个有机部分,我们在上一节讨论的大量的西北舆地研究就是这一帝国经世传统的表达。第二,清朝的帝国扩张和建设同时伴随着俄罗斯帝国的扩张,从而维护东北和西北的中俄边疆区域的安定成为清朝政治和经济的重要内容。围绕这一关系而产生的划界条约、贸易条约同时还联系着新疆、特别是准噶尔地区的战争和征服活动。随着外部边界的确定、跨国贸易和军事冲突的发展,不但清代士大夫对西北边疆的关注和研究日益发展,而且中央对这一区域进行有效控制的需求也日益强烈。清代对于西北和新疆的所谓"回乱"(如1862—1863年的伊斯兰起义)的镇压密切地联系着帝国边界的内外压力和联系。第三,清代后期开发西北的动议是在人口与土地的矛盾加剧、东南地区面临鸦片贸易和军事压力、白银外流和清政府财政入不敷出的背景下提出的。它既是清代初期开始的历史运动的延续,也是对于来自"海洋"的压力的回应。那种将清代南北关系的转折单纯视为海洋压力和工业化的结果——即西方影响——的看法需要修正。

海洋时代用贸易和条约的方式建立自己的法理基础,并将原有的贸易和政治体系——如朝贡体系——贬低为传统的、非现代的体系。海洋时代包含了丰富的内容,但在扩张主义的支配下,这一时代的中心主题变成了海洋霸权问题,从而人们通常把海洋军事力量支配世界政治、经济的权力关系视为海洋时代的主要特征。美国海军战略家马汉(Alfred Thayer Mahan)发表于1890年的著作《从历史看海洋霸权的影响》(*The Influence of Sea Power upon History*,1660—1783)对海洋的影响给予了清晰的论述。该书以历史为例证明,自古典时代以来,无论战时还是平时,海洋关系都对国际斗争(通过海军角逐)和国家富强(通过海洋贸易)具有深刻影响。水路交通运输不仅便捷、便宜,而且也让各国在共同的海洋通道上竞争(而不是在各自国家的领土内),军事保护(对于商业运输)和军事存在(保障航运通道的畅通)变得不可避免。海洋霸权国家能够自由地将军队运往任何地区,在这一情境中,那些无力支配海洋的国家必将遭受军事和商业两个方面的巨大损失。[3] 正是由于海洋力量对于民族—国家体系、现代贸易体系和民族—国家内部的权力构架均具有深远影响,马汉的著作才会被西奥尔多·罗斯福(Theodore Roosevelt)、威廉二世(Wilhelm II)等政治家、军事家和许多海军将领所引用。然而,许多民族—国家以获取海洋霸权为目标,但只有少数国家成功了,原因何在? 马汉指出这一竞争中的六个关键条件:地理位置;自然条件;疆域幅员;人口多寡;民族性格;政府的性质和政策。他的总的观察是:1. 较之时刻准备在陆地抗拒外敌的国家,那些不用操心陆地防卫和扩张的国家更容易发展海洋力量;2. 拥有良好的海港和通道的海洋国家更易于发展海洋力量;3. 土地和气候条件恶劣的国家更倾向于海外拓殖,而人口对于远洋贸易和海军则是

---

[3] 这是他的第一部论述海洋霸权的著作,此后又有两部,一起被称为"影响三部曲" (three influence books): *The Influence of Sea Power upon History*, 1660-1783 (1st ed., Boston,1890,repr. London,1965); *The Influence of Sea Power upon the French Revolution and Empire* (London, 1982); *Sea Power in its Relations to the War of* 1812 (London, 1905)。

关键因素之一。[4]参照上述六个条件,我们可以发现:清朝虽然拥有良好的海港和海岸线,内地人口和土地的矛盾也对海外拓殖提供了压力(民间移民从未终止),但这些条件并没有促成清朝的对外殖民政策。主要原因在于:1.清朝幅员辽阔,拓殖主要发生在帝国疆域内部(如对西北和西南的移民);2.由于在相当长的时期里,军事压力主要来自北方,清朝的军事重心始终放置在西北的防卫和扩张,从而王朝政策明显地向内陆倾斜;3.郑成功的袭扰和沿海走私行为促使清朝在沿海实行封禁政策,中断了明朝充分发展了的航海能力和对海洋的兴趣,人口与贸易的海外扩展主要是私人性质或走私性质的。

直到鸦片战争之后,海洋时代的战争和军事关系才逐渐成为汉族士大夫论述的基本出发点,并促成了士大夫对清朝历史、文化认同、国家改革和中国的地缘政治关系的重新认识。从这一角度,我们可以发现清代后期至民国时期的民族主义存在着三个基本的面向:第一,在"海国"时代,以取消大陆的内/外、夷/夏的绝对差异为取向,在新的国际竞争中重构中国"内部的同一性",即以多民族帝国作为主权的民族—国家的政治、经济和军事前提。这是龚自珍思路的进一步发展,它把帝国的政治实践、今文经学的内外观和民族—国家时代的压力综合在一起。第二,改变重视大陆、轻视海洋的国家政策,以发展海洋军事工业带动民用工业和其他工业的发展,形成军民一体的社会格局。第三,通过重建海洋军事力量带动国家的工业化和商业机制,恢复对于南洋的控制力(尽管最终以甲午战争的失败告终)。新的夷/夏、内/外之分是在民族国家的内外观及其主权观念的基础上展开的,它把帝国视野作为这一内外观的"内"的部分,从而实际上重构了帝国关于自身和世界的知识。正是在这里,我们再次看到了晚清民族主义本身与今文经学视野的历史联系,也说明了为什么清末的反满革命论者——如章太炎——必须在经学上以古文经学反对今文经学。革命党人将西方的民族主义转化为夷夏之防、汉族中心主义

---

[4] 关于海洋霸权的影响和限制的讨论,参见 Paul Kennedy, "The Influence and the Limitations of Sea Power", *The International History Review* 10, no. 1 (February 1998):2-17。

和中华道统观,以之作为汉民族动员的根据,进而与满汉一体和无分夷夏的帝国政治观和经学观相抗衡。康、梁等人则坚持清朝的法统,强调无分夷夏的政治视野,并以此作为新的民族主义的前提。梁启超称这两种民族主义为大民族主义(中华民族主义)和小民族主义(反满的汉民族主义)。值得注意的是,在民国成立之后,小民族主义重新让位于大民族主义,孙中山对他的民族主义的修改就是一个鲜明的例证:他把反满的民族主义变成了五族共和的民族主义,即一种反民族主义(种族主义)的民族主义。从一种历史的视野来看,这种反种族主义的民族主义与清代今文经学倡导的取消夷/夏、内/外的大一统观念相互重叠,从而证明了近代中国认同与帝国传统的内在的联系。

正由于此,龚自珍和拉铁摩尔(Owen Lattimore)一样都是从大陆与海洋的对立关系中理解新的历史运动,虽然他的表述远不像后者那样清晰。在发表于1940年的《中国的边疆》(*Inner Asian Frontiers of China*)一书中,拉铁摩尔以海洋为背景勾勒以长城为"中心"的"亚洲大陆",若以此与上引龚自珍的说法相互比较,我们可以看到他们之间的既相对立、也相呼应的关系:

> 在太平洋和曲折向南、分割中国印度的帕米尔高原之间,横亘着满洲、蒙古、新疆和西藏。这是内亚洲的屏障,世所罕知的边疆之一,它们一方面是中国地理和历史的边缘,另一方面也是海洋的边缘。[5]

拉铁摩尔两次使用了"边缘"概念,暗示"内亚洲"已经成为中国与"海洋"之间的边疆区域,这一修辞的含义在下文中会逐渐呈现出来。以长城为中心的内亚洲描述模糊了"内外"的绝对意义,从而与今文经学的"内外"观存在某种相似之处。但这一相似之处背后隐含着深刻的差异:"内亚洲"已经被置于"中国"与"海洋"之间的边缘地带或边疆区域。上述历史地理视野把清朝对于主权的捍卫看作是大陆力量与海洋力量的较

---

[5] Lattimore, *Inner Asian Frontiers of China*, p.3.

量,把贸易、殖民、政治、工业等新的权力关系转化为普遍性的世界关系,把其他有关内外关系的法律和道德准则贬低为传统的、不合时宜的知识,从而为一种新的历史视野的出现提供了前提。[6]这一视野包含了两个表面相反而实际相成的方面:

第一个方面是地区(region)视野的建构。"内亚洲"和"远东"概念将中华帝国及其周边地区建构成为一个"地区",它忽略或贬低长城沿线边疆的内部复杂性及其与关内的互动历史,并把这一充满了特殊的"内外"关系的大陆按照战略目的切割成为一个统一的整体,从而使之与"中国"区分开来。"中国"在这里主要指汉人活动的中原区域。这个整体不是长时段历史的互动关系的产物,不是各民族人民日常交往的历史的产物,而是战略研究视野中的"远东地区",它的实质是西方殖民主义关系中的边疆区域和地缘政治的战略构想:通过将"内亚洲"建构成为一个独立的地区,将中国与中亚、西亚及欧亚大陆的传统联系分割开来。

第二个方面是"民族—国家"视野的建构。"民族—国家"范式是一种反历史的知识规划,它以反对传统帝国规划的名义切割长期的民间交往的历史,按照种族和地缘战略关系将历史区域分割成为不同的"民族—国家",否定或无视这些民族之间的长期的、制度性的和非制度性的(民间的)历史联系,从而无意之间将殖民主义建构"新边疆"的努力以

---

[6] 拉铁摩尔本人对于农耕社会与草原社会的历史关系有着极为深入的观察,但他的导论部分仍然以民族—国家模式来理解中国内地与北方的关系。我在上一章曾经提及拉铁摩尔批判传统的、以南方社会为中心的历史叙述,把"边疆区域"在中国历史演变过程中的作用凸现出来,从而以长城两侧农耕和游牧两种社会形态的互动关系为背景理解长城在内亚洲的中心地位。但是,拉铁摩尔没有能够将这一互动的历史关系贯彻到他对现代国家的理解之中,例如,从长城沿线的变化的历史关系出发,为什么还要将一种并不存在的政治结构(民族—国家)强加到这些地区呢?为什么仍然将长城作为清晰的内外边界、将三百年前的明代的版图作为"中国"的标准版图呢?这一视野在他发表于1945年的中国历史的标准读本中表现十分清楚,参见 Owen Lattimore and Eleanor Lattimore, *The Making of Modern China*, *A Short History*(London: George Allen & Unwin Ltd, 1945), pp. 18-20。

"民族—国家"的模式合法化。"民族—国家"概念以民族作为基本范畴切割社会的内在结构(文化、宗教、种族和政治方面的传统联系),把其他历史关系和政治形式贬低为次要的、落后的关系和政治形式,并通过这一过程将自己建构成为普遍的政治法则。民族—国家观念建立在一种清晰明确的内外、主客关系之上,边界和主权观念就是这一新的内外观的主要表达。按照这一规划,连同清朝起源地在内的三北地区就被分割为外在于中国的、多个相互独立的"民族—国家",从而将近三百年来各民族之间的复杂关系以"民族—国家"的范式一刀切断。"地区"概念与"民族—国家"概念相互配合,将错综复杂的传统关系纳入殖民主义的世界体系之中。与传统帝国时代的军事征服和政治冲突及其平衡方式不同,现代中国所面临的统一与分裂的冲突已经被置入一种新的世界规划,冲突及其解决冲突的方式都已经被放置在民族—国家及其规则之中。在这个意义上的统一与分裂的问题恰恰是贬低和废黜传统政治关系和规则的结果。

但这一过程不是单向的。我在讨论龚自珍有关西域置行省的建议时已经指出:面对东南沿海的压力,清朝的帝国建设与国家建设存在着趋同的过程,即改变帝国内部的多元权力中心的格局而趋向于内部统一的过程。清代是一个扩张性的帝国,但它的扩张方式和内容因时、地和对象而存在极大的差别。以蒙古为例,早在清兵入关之前,满蒙关系已经极为密切,大部分蒙古部落自愿依附于崛起的满洲势力。1636年,南部蒙古(大致相当于今内蒙古)已经效忠满洲,而到1691年,喀尔喀蒙古也臣属清朝。臣服的直接原因不是武力征服,而是由于它想用清朝的力量排除准噶尔的威胁。西北各部中对清朝进行了最为持久的抵抗的是准噶尔,清朝对准噶尔的镇压也尤其严酷。17世纪20年代满洲与蒙古缔结的一系列条约为满洲入侵明朝提供了新的力量,也为蒙古在清朝内部的特权地位提供了条件。蒙古社会在清朝内部保存独特的和相对自主的政治和法律体制是以此为历史前提的。然而,在地位稳固之后,清朝采取了一系列的措施促使内部关系的同质化或权力集中趋势。促成清代中央集权形成的动力包括了如下一些方面。第一,在满清入关以后,适应着满人统治地位的稳固,处于特殊地位的满蒙关系从相对平等的关系向有利于满清的方向发展。根据蒙古法律的研究,这一过程事实上始于清兵入关之前,1631年至1632年以后,已经见不到满蒙双边共议法律的记载。[7]第二,康熙平定三藩、雍正改土归流、镇压苗民起义、发动对四川大小金川地区的藏族土司的战争等事件加强了清帝国在西南的统治,西南与内地的制度差别大大缩小了。但这一集中趋势尚未发展到完全同质化的程度:西北地区没有实行内地行政制度,西南少数民族地区——如四川藏区、凉山彝区等——仍然保持着部分自治特点。第三,从康熙到雍正时代,平衡满洲贵族势力始终是皇权必须面对的挑战。朝廷为此提高汉人官员的地位,实行了包括摊丁入亩等经济政策在内的新政策,试图改变满人贵族的特殊地位。第四,清朝中央集权国家的形成不仅源自王朝的内部因素,而且也来自外部。中国的农村土地占有关系和城市经济并不是迫使国家高度集权的主要动力,康熙、雍正以来宗族和乡绅势力在基层的扩张就是一个例证,它局部地分解了基层国家的权力,也在很大程度上平衡了满洲贵族对于社会的控制。如果没有康熙、雍正时代针对西北和西南的战争,满洲贵族就难以如此紧密地被组织在皇帝周围,并强化中央政权对地方权力的支配力。清朝前半期的主要压力来自中国与俄罗斯边境以及相互连接的区域,如准噶尔的持续不断的战争和回族的反抗。

清帝国的扩张、征服和稳固始终与俄罗斯帝国的扩张、征服和稳固相伴随:15至16世纪,莫斯科公国吞并了诺夫哥罗德、喀山和阿斯特拉罕,疆域扩张了十一倍;17世纪,俄罗斯吞并了西乌克兰以及白俄罗斯的一部分;到18世纪,它已经夺取了波罗的海沿岸、乌克兰的其余部分以及克里木。18世纪后叶,中英鸦片贸易持续上升,东南沿海的压力急剧发展;而俄罗斯又重新东扩,中俄边境陷入危机,并促成了西北地区的反抗运动。贸易、战争和内部危机的多重压力迫使清帝国加强中央权力,从而为帝国向民族—国家的转化提供了前奏:一方面,备战的局面势必导致对于

---

[7] Dorothea Heuschert, "Legal Pluralism in the Qing Empire: Manchu Legislation for the Mongols", *The International History Review* 20, no.2 (June 1998):313.

更高税收的需求，而税收的提高有赖于一定的制度框架；另一方面，增加税收依赖于相对集中的权力机制，从而极易导致地方精英的对抗情绪和少数民族地区（主要是那些改变原有的统治结构而设置统一行政体制的地区）的军事反抗。在上述压力之下，王朝试图建立更为统一的行政体制和单一的主权源泉。龚自珍要求在西北设立行省的动议就是一个明确的——但尚未付诸实施的——征兆。在这个意义上，在欧洲殖民主义扩张与帝国的权力集中化之间存在着一种互动的关系：贸易和战争不仅通过军事、工业和市场的活动直接地改造原有的大陆关系，而且也通过这一历史形势迫使王朝进行制度改革，将原有的多元性帝国的制度格局改造为或自我改造为"民族—国家"。如果说殖民主义用一套完整的知识（配合着武力的征服和商业的渗透）对这个大陆进行重新规划，那么，龚自珍和他的追随者则在今文经学、经世之学和王朝一统的视野中重建对西北的理解。考虑到清初以降持续发展的由关内向关外的人口迁徙，龚自珍"西域置行省"的建议在提出移民规划的同时，也把郡县制度扩展到了西域地区。这一构想是对清代边疆政策的重大修改，它势必强化中央政府对于西域地区的行政管理，在制度上使得清代帝国具有更为统一的或者同质化的特点。如果把他的这一建议放置在俞正燮等人有关俄罗斯边境的讨论的语境之中，我们可以对中国在东（内陆）西（海洋）两侧面临的挑战得到一个更为全面的理解。

龚自珍的建议与欧洲殖民主义的到来恰好发生在同一时刻，它们共同发现并促成西北意义的根本性的变化，但视野和立场则尖锐对立：欧洲人将传统帝国的含混的边疆区域视为主权明确的边界，把由贸易、迁徙、战争和统治而形成的大陆看成是相互孤立的民族—国家，以民族—国家的族群、主权和边界观念重新界定内与外，从而为新的夷夏之辨提供前提；龚自珍的西北论恰好相反，他的设置行省的建议试图将西北与内地在制度上统一起来，从而为清朝帝国蜕变为统一的"民族—国家"（事实上从来不是以民族为单位的国家）或绝对国家提供前提。这两个截然相反的方向均以建立内部同质化的国家结构为取向，区别只是在于前者把民族作为建构这种同质性的国家的前提，而后者则以多元性帝国作为新型国家的前提。这一视野从两个不同的方向构成了对今文经学和帝国秩序的内外观的挑战。在这个意义上，即使龚自珍的西北论是对内地社会危机的直接回应，这一结论也不应否认问题的另一方面：西方—海洋—资本主义权力—东南沿海的危机是推动西北论产生的最为深远的动力和促使帝国内部实行更为同质化的制度的根本动因。在这一基本动力之下，今文经学的"大一统"观念遭遇了极为严峻的挑战，它所内含的对于民族平等的呼求、对于多元性的政治制度的构想、对于夷夏之辨的批判势必向一种新的历史关系转化。对于今文经学者而言，积极面对这一形势并构想新的方案，正是"行权"义旨的最好表达。西域置行省的构想暗示了现代发展过程的基本逻辑，即如果中国要在世界经济和贸易的网络中扮演一个独立的角色，它就绝不能是相互分离的或过分松散的经济单位，而要维持这一经济单位的整体性，同时就有必要进行行政制度的改革，在皇权之下实行准民族国家的组织架构。戊戌维新运动和康、梁的政治实践可以说是这一思路的自然延长。

现在我要回到内/外、夷/夏的关系上来，追问如下问题：上述新的变化是如何被感知的，又是经由何种方式获得理解的？在什么时候，又是经由何种方式，夷/夏、内/外关系被抽离了帝国的礼序关系，进而成为所谓"外交事务"？在什么时候，又是经由何种方式，这一经学主题被组织到晚清变法论的框架内？

第二节　作为兵书的《海国图志》与结构性危机

1. 从东汉回向西汉

在鸦片战争和不平等条约签订之后，新的国际关系并没有立刻取代帝国处理"内外"关系的原则和法律；相反，朝廷和士大夫力图通过改造旧有的"内外关系"的原则和法律以适应新的国际关系，进而为面向西方的政治改革和知识重组提供礼法的根据。通过相互承认关系形成的主权是一种平等的形式，但这一平等的主权形式恰恰必须以不平等的条约来建立。因此，中国士大夫必须在这一形式主权之外发掘自己的合法性资源，从而在世界范围内确立自己的安全和繁荣的前提。魏源的思想实践就是这一努力的表现：他一方面主张学习西方的工艺技术，强化自己的防卫能力，倡导"师夷长技以制夷"；另一方面则重构自己的历史传统和世界图景，将中国置于这一世界图景内部加以概括。不平等条约的签订是军事实力对比的产物，因此，对于主权国家地位的论证势必产生于一种极为浓厚的军事关系之中。《圣武记》、特别是《海国图志》中展现出的内外层次复杂的世界图景就是这一努力的明确表达，前者通过帝国征服史的叙述为鸦片战争后的历史形势进行铺垫，后者则在一种世界性的地理学视野中为中国的军事、经济和文化政策提供蓝图。这两个方面构筑了鸦片战争前后清代士大夫对于合法性和主权问题的最为深刻的理解。今文经学的内外观在重构这一世界图景及其权力关系的过程中扮演了重要的角色。

在分析魏源的内／外、夷／夏观之前，我首先说明几个基本论点：第一，今文经学的相对化的内外观为龚、魏、康、梁等今文学者以较为开放的姿态面对西方提供了根据，正是在这一过程中，他们的内外概念本身发生了根本的变化，即从帝国内部的礼序关系转化为主权国家之间的内外关系。第二，内外关系的新模式不是对欧洲民族—国家模式的简单移植，而是对朝贡关系的传统脉络的重构，即将帝国的政治、军事和经济实践从西北内陆扩展到沿海和南洋，从而规划出一种新的内外关系的模式。第三，内外关系的相对性不仅表现在重建帝国范围内部的中心—边缘关系，而且也表现为在传统朝贡区域内部来把握中国与西方国家的关系。但这一内外关系的相对化与其说是代表了"夷狄进至于爵，天下远近大小若一"的儒者理想，毋宁说是体现了内外关系的重大紊乱，今文学者据此认定中国正在从升平世向据乱世的方向滑动。一方面，传统内外观和帝国政治视野在建立新的世界观的过程中发挥了重要的桥梁作用,它们将截然对立的夷夏关系建构为层次复杂的内外关系;另一方面,夷夏关系的紊乱为重新拟定内外关系提供了根据。在这个意义上,内外关系的演变并不意味着今文经学的内外观被彻底抛弃了,恰恰相反,在制度改革和创造新的民族认同的过程中,这一内外观以曲折的方式为多民族主权国家的框架提供了历史前提。第四,新的夷夏观包含了对于殖民主义时代的深沉忧虑,但这种深沉忧虑不是直接表现为对外抗拒的激进姿态,而是转化为加强内部同一性的努力。在这一民族主义逻辑的推动下,内部的夷夏之相对化与清晰的内外关系相互照应,满汉矛盾和族群平等问题让位于一种新的夷夏之辨。汉族知识分子俨然以帝国天下为己任,从而早期今文经学与帝国视野之间的那种紧张几乎完全消失了。从这个角度说,无论自觉与否,阐释新的时代危机的过程恰恰成为汉族知识分子将自身从从属地位提升为社会主体的方式和途径。

魏源(1794—1857)是上述演变的一个重要环节。作为清代经世之学的重要倡导者,魏源的学术渊源遍及汉宋,很难简单地被归结在今文经学的范畴内。他29岁中举,后屡试不第,捐资为内阁中书。52岁始中进士,分发江苏,历任东台、兴化知县、两淮盐运司海州分司运判、高邮州知州。在1814年入京后从刘逢禄治公羊学之前,他已经向胡承珙学习汉学,从姚学塽学习宋学。从经学历史的角度来看,魏源是推动清代今文经学从尊崇何休转向尊崇董仲舒的关键人物。魏源在1829年前后著述了《董子春秋发微》(七卷),从尚存的序言中,我们可知他对孔广森、刘逢禄"止为何氏拾遗补缺"有所不满,认为应该阐发董仲舒的著作,"其书三科、九旨灿然大备,且弘通精淼,内圣而外王……"[8]在此之前,孔广森、刘逢禄的公羊学以疏释何休为主,自魏源起,贬低东汉、崇仰西京、踵武《繁露》、批评《解诂》成为重要的经学方向(虽然他的解经方法仍然遵循三科九旨之说),从而一定程度地恢复了庄存与对董氏学术的兴趣。这一转变意味着西汉经学的改制论逐渐成为清代

---

[8] 魏源:《董子春秋发微》,《魏源集》,上册,北京:中华书局,1976,页135。

今文经学的中心问题。[9]杨向奎、孙春在均论述过魏源在今文学历史转变中的意义,并认为这一向西京之学的偏斜与他对宋学的研究有关。[10]魏源之学本有理学的因子,他对宇宙论和义理问题有着强烈兴趣。西汉之学的复兴与魏源对宋学的态度很可能有着某些关联,但这种关联仍然以如下差异为前提:清代中期以后的宋学思潮带有森严的夷夏之防的观念,明显地与魏源的"师夷"思想相抵牾,[11]而夷夏相对化的观念并不是《春秋》和《公羊》的主旨,而是董仲舒《春秋繁露》的创新之一。

随着这一阐释重心的转化,魏源重新解释了三统、三世说,其中"三世"观尤为特殊。这是清代今文经学以内外例为中心向以三世说为中心转化的征兆。我们先看他以进化的观点解释三代:

> 后世之事,胜于三代者三大端:文帝废肉刑,三代酷而后世仁也;柳子非封建,三代私而后代公也;世族变为贡举,与封建之变为郡县何异?三代用人,世族之弊,贵以袭贵,贱以袭贱,与封建并起于上古,皆不公之大者。虽古人教育有道,其公卿胄子多通六艺,岂能世世皆贤于草野之人?⋯⋯春秋诸卿,有公族,有世族,其执政之卿,谋国之大夫,无非此二族者。⋯⋯单寒之子无闻焉。秦人崛起,乃广求异国之人而用之。⋯⋯由是六国效之,⋯⋯气运自此将变,不独井

---

[9] 魏源在《董子春秋发微序》中说:"《汉书·儒林传》言'董生与胡毋生同业治春秋',而何氏注但依胡毋生条例,于董生无一言及;近日曲阜孔氏,武进刘氏皆公羊专家,亦止为何氏拾遗补缺,而董生之书未之详焉。⋯⋯其书三科、九旨灿然大备,且弘通精淼,内圣而外王,蟠天而际地,远在胡毋生、何邵公章句之上。⋯⋯故抉经之心,执圣之权,冒天下之道者,莫如董生。"《魏源集》,上册,页135。

[10] 杨向奎:《绎史斋学术文集》,上海:上海人民出版社,1983,页377。

[11] 魏源对此给予严厉抨击:"三代以上,天皆不同今日之天,地皆不同今日之地,人皆不同今日之人,物皆不同今日之物⋯⋯岂独封建之于郡县,井田之于阡陌哉?故气化无一息不变者也,其不变者道而已,势则日变而不可复者也。⋯⋯宋儒专言三代,三代井田、封建、选举必不可复,徒使功利之徒以迂疏病儒术。⋯⋯"魏源:《默觚下·治篇五》,《魏源集》上册,北京:中华书局,1976,页47—49。

田、封建之将为郡县、阡陌而已。孔子得位行道,必蕃有以大变其法,举四科以代豪宗,……秦、汉以后,公族虽更而世族尚不全革,九品中正之弊,至于上品无寒门,下品无世族,……自唐以后,乃仿佛立贤无方之谊,至宋、明而始尽变其辙焉,虽所以教之未尽其道,而其用人之制,则三代私而后代公也。[12]

"三代私而后代公"的观念是儒学历史观的倒转,它对魏源理解三统、三世说提供了新的因素。魏源论三统并没有特殊之处,[13]但他的三世说却渗透了上述历史演变的理论:"今夫赤子乳哺时,知识未开,呵禁无用,此太古之无为也。逮长,天真未漓,则无窦以嗜欲,无芽其机智,此中古之无为也。及有过而渐喻之,感悟之,无迫束以决裂,此末世之无为也。"[14] 又曰:"三皇以后,秦以前,一气运焉;汉以后,元以前,一气运焉。"[15]这一三世观"在一个个'气运'之中又分为数个阶段",[16]是后来康有为在三世的每一世中再分三统的先声。它所内含的进化和退化观——与龚自珍的三世说一道——为政治变革提供了理由。

与龚自珍的任意发挥相比,魏源的经学研究更为严谨。在今文经学的重心从东汉向西汉转变的过程中,他"以辨伪的态度来批判古文学,一方面促成了今文学的全面研究,另一方面也形成了今古文学的鲜明壁垒。"[17]他的《书古微》、《诗古微》等著作是辨明《毛传》、《大小序》、《古文尚书》和《孔传》为伪书的代表作,提示了此后廖平、康有为等人的经学方向。但是,我们不能因此将魏源的思想束缚在纯粹经学的框架中来理解,也无法离开他的与时俱进的思想特点说明其经学研究的内涵。龚自

---

[12] 魏源:《默觚下·治篇九》,《魏源集》上册,北京:中华书局,1976,页60—61。
[13] 如云:"君子读三颂而知圣人存三统之谊……三统之谊,更相嬗者更相师,故后王之于前王,犹弟子之于先师……道一而文质一、统一而王国侯邦一、治一而孙子功臣与胜国嗣一。"魏源:《书古微》,《皇清经解》卷一三〇七,页22。
[14] 魏源:《老子本义》,页3。
[15] 魏源:《古微堂内集》卷三,页10。
[16] 孙春在:《清末的公羊思想》,页55。
[17] 同上,页55—56。

珍在《乙丙之际著议》、《壬癸之际胎观》、《古史钩沉论》、《尊隐》等著述中描述了一个风雨飘摇的末世图景，呼吁"一祖之法无不敝，千夫之议无不靡，与其赠来者以劲改革，孰若自改革"；[18]魏源则从经学内部对此作出了有力的回应。他在漕运、盐政、河工等问题上的策论与经学思考密切相关。他对经学内外观的发挥联系着复杂变化的世界关系，无论在规模和内含上都超出了传统经学的藩篱。

2. 从西北到沿海

内外问题仍然是魏源思想的重要主题，但其含义开始发生变化。《默觚》一书刊于魏源逝世后二十一年，并非经学著作，很可能代表了他早期的思想。书中的若干命题明显地上承刘逢禄的公羊观点，保留了早期今文经学在针砭帝国的征服政策和族群等级制过程中形成的取向。魏源批评宋明郡县制度的狭隘性，表彰封建的好处，并将之归结为礼乐之天下与"夷狄与中国为一"等两个方面，弥漫着一种关于春秋以前无分内外的想像。从儒学的发展来看，批评郡县并无新意，而主张无分内外则是今文经学的独特观点。《默觚下·治篇三》云：

> 三代以上之天下，礼乐而已矣；三代以下之天下，赋役而已矣。……春秋以前之诸侯，朝聘而已矣；春秋以后之诸侯，攻战而已矣；……春秋以前，有流民而无流寇；春秋以后，流寇皆起于流民……读《诗》则《硕鼠》"适彼乐郊"，《黄鸟》"复我邦族"，《鸿雁》劳来中泽，未闻潢池揭竿之患，此封建长于郡县者一也。春秋以后，夷狄与中国为二；春秋以前，夷狄与中国为一。读《诗》与《春秋》，知古者名山大泽不以封，列国无守险之事，故西戎、徐戎、陆浑之戎、赤狄、白狄、姜戎、太原之戎，乘虚得错处其间。后世关塞显要，尽属王朝，而长城以限华、夷，戎、狄攘诸塞外，此郡县之优乎封建者一也。由前三说观之，五伯者，

---

[18] 龚自珍：《乙丙之际著议第七》，《龚自珍全集》，上册，中华书局，1959，页6。

三王之罪人,中夏之功臣;由后一说观之,七雄、嬴秦者,罪在一时,功在万世。[19]

以五伯为中夏之功臣,七雄、嬴秦为万世之功臣,这是公然地将庄存与《春秋正辞》隐含的义旨宣示为政治宣言。从政治制度的角度看,他对封建的仰慕并不意味着他真的要恢复封建,否则他就不会对五伯、七雄、嬴秦给予如此敬意。"是以忠、质、文异尚,子、丑、寅异建,五帝不袭礼,三王不沿乐。况郡县之世而谈封建,阡陌之世而谈井田,笞杖之世而谈肉刑哉?"[20]三统、三世说均包含了历史变迁的意识,从而即使"郡县之世而谈封建"也不能等同于回到封建的礼仪关系。封建不可以恢复,后人能够做的是将封建之礼带入历史的变化之中,此即顺时或维其时,亦即复礼。魏源断言:"君子之为治也,无三代以上之心则必俗,不知三代以下之情则必迂。"封建变而为郡县,井田变而为阡陌,租、庸、调变而为两税,两税变而为条编,兵甲变而为府兵,府兵变而为彍骑、营伍,这是宇宙和世界的合法则的运动。夷夏的相对化是历史发展的产物,今天还有谁能够分别"淮、徐孰戎、夷之种?"同样,沿海地区的"茶黄互市,为制夷之要",[21]绝不能再以夷夏大防为由加以拒绝。

上述"封建"观与其说是对三代的恢复,毋宁说是以历史变化为前提,以礼制为基础,力图将封建的精神注入郡县制度之中,进而达成包含内在多样性的大一统政治秩序。"夷狄与中国为一"是三代之理想,没有一定的转化的过程,不考虑历史本身的变化,这一理想无法落实为具体的实践。今文经学中包含着反对严分中国与夷狄,尊重不同民族的文化、宗教和制度,力图在礼仪的基础上形成远近和合的礼乐秩序的内在脉络。但如果认为这真是对三代的恢复未免过于幼稚,因为"内外"秩序是以帝国及其礼制秩序作为前提的。在新的语境中,"夷狄与中国为一"必须有

---

[19] 魏源:《默觚下·治篇三》,《魏源集》,上册,页42。
[20] 魏源:《默觚下·治篇五》,《魏源集》,上册,页48—49。
[21] 同上,页47—49。

一个基本的前提,即所谓"中国"与"夷狄"均已被置于帝国的政治架构内部,从而夷夏之相对化成为——也只能成为——帝国内部的平等要求。在今文经学中,变法改制最终成为中心问题是有着自己的逻辑前提的:无论是夷夏之相对化,还是"内诸夏而外夷狄",都要求以帝国的疆域、人口、朝贡关系、多民族状况为前提。这是对帝国内部政治秩序的重构,其特点是在平等的名义下达到内部统治关系的同质化。从最终的结果来看,这一取向与今文经学的封建观恰好相反,却适应着置身于民族—国家体系内部的帝国的自我转化。在抗拒殖民主义侵略的过程中,这一趋向变得更为明显。

我们不妨从经学内外两个方面观察这一点。魏源的《公羊春秋论》可以作为经学内部的例子。在这篇论文中,魏源根据孟子的说法,把孔子之王鲁改制视为禹抑洪水、周公兼夷狄之后的"第三治",因此"孔君之书,避《春秋》当新王之名,而未尝废其实也。……《春秋》因鲁史以明王法,改周制而俟后圣,犹六书之假借,说《诗》之断章取义"。既然《春秋》"立百王之法",那么,变法改制的基本内容就可以用《春秋》的义例给予说明。魏源说:

> 其言曰:"《春秋》有变周之文,从殷之质。"非天子之因革耶?甸服之君三等,藩卫之君七等,大夫不氏,小国之大夫不以名氏通,非天子之爵禄耶?上抑杞,下存宋,褒滕、薛、郏娄仪父,贱谷、邓而贵盛、郕,非天子之黜陟耶?内其国而外诸夏,内诸夏而外夷狄,非天子之尊内重本耶?避王鲁之名而用王鲁之实,吾未见其不倍上也。[22]

孔子重新拟定礼序,明辨是非标准,并把"内其国而外诸夏,内诸夏而外夷狄"这一"尊内重本"的法则置于新制度的重要地位。内外的次序问题在这里重新被突显出来了。

《道光洋艘征抚记》则可以视为经学外部的例子。李慈铭《越缦堂日

---

[22] 魏源:《公羊春秋论下》,《魏源集》,上册,页133—134。

记》光绪六年六月初二日质疑《道光洋艘征抚记》的作者归属,其中一段以春秋公羊学之家法说明此文可能是魏源的作品。他说:"《夷舶入寇记》上下篇……传是魏默深作,即《圣武记》目录所载《道光征抚夷艘记》,或又云张亨父作。观文笔殊沓拖,不及前记之叙次简老;惟上下篇之论似默深所为。上篇之论颇引《春秋》、《公羊》,亦默深家法。……"[23]《征抚记》详细地叙述了鸦片战争的始末和失败的原因,分析形势,功过人物,但这些历史经验也被作者纳入春秋之义、尤其是内外观之中加以解说。李慈铭不敢断然否认《夷舶入寇记》为魏源所做者以此。以下两节是最为明确的例子:

> 论曰:《春秋》之义,治内详,安外略。外洋流毒,历载养痈。林公处横流溃决之余,奋然欲除中国之积患,而卒激沿海之大患。其耳食者争咨于勒敌缴烟;其深悉详情者,则知其不由缴烟而由于闭市。其闭市之故,一由不肯具结,二由不缴洋犯。然货船入官之结,悬赏购犯之示,请待国王谕至之禀,亦足以明其无悖心。且国家律例,蒙古化外人犯法,准其罚牛以赎,而必以化内之法绳之,其求之也过详矣。水师总兵奏褫审讯,而仍以掣肘免罪,曷不以外洋没产正法之律惩之乎?……西洋之长技,尽成中国之长技,……夫是之谓以治内为治外,奚必亟亟操切(外洋)从事哉?[24]
>
> 曰:《春秋》之谊,不独治内详于治外,亦责贤备于责庸。良以外敌不足详,庸众不足责也。吾曰勿骤停贸易,世俗亦言不当停贸易。世俗之不停贸易也,以养痈。曰英人所志不过通商,通商必不生衅,至于鸦片烟竭中国之脂,何以禁其不来,则不计也。设有平秀吉、郑成功枭雄出其间,觎我沿海弛备,所志不在通商,又将何以待之,则亦不计也。与吾不停贸易以自修自强者,天壤胡越。望之也深则求之也备,岂暇与囊瓦、靳尚之徒,较量高下哉?……始既以中国

---

[23] 李慈铭:《越缦堂日记》,第36册,上海:上海商务印书馆影印本,1936,页8。
[24] 魏源:《道光洋艘征抚记上》,《魏源集》,上册,页185—186。

之法令,望诸外洋;继又以豪杰之猷为,望诸庸众;其于救弊,不亦辽乎!〔25〕

一方面,魏源揭示了鸦片战争失败的内部原因,主张改革内政、善用人材,从而符合《春秋》详内略外的原则;另一方面,他又主张利用外洋法律和技术以扼制鸦片输入,同时开通贸易,利用西方国家的利益冲突阻止英国的霸权。"尽收外国之羽翼为中国之羽翼,尽转外国之长技为中国之长技,富国强兵,不在一举乎?"〔26〕这是所谓"夷狄入中国则中国之"或"夷夏之相对化"原则的灵活运用。

魏源之内外观已经与庄、刘之学相去颇远。鸦片战争迫使中国在一种军事关系中确立自己的主权地位、捍卫自己的利益和疆域,从而重新调动帝国时代武力征伐的军事经验成为魏源等人面对新的历史形势的基本方式之一。如果说庄、刘的内外观的核心是礼,那么,魏源的内外观的基石则是兵。但这二者并非截然对立:礼以兵(帝国之霸权)为前提,兵以礼为指归(以军事实力重构礼制秩序)。龚自珍、魏源时代的变革思想是中国近代民族主义论述的滥觞,而这一民族主义论述恰好直接表现为对于帝国历史和文化的叙述。民族主义叙述与帝国叙述之间存在着相互叠的关系。从主导的方面看,帝国与民族—国家的这种重叠关系决定了中国民族主义论述不是以种族差异、而是以消灭内/外、夷/夏的绝对差异作为基本的出发点。这与欧洲民族主义以种族、语言、文化的特殊性和单一性抗拒帝国的多民族、多语言、甚至多宗教的特点存在重大的差别。魏源的内/外、夷/夏观是对新的外部威胁的反应,它承续了早期今文经学以取消内/外、夷/夏的绝对差别为特点的"中国"观,但主要目的不是以这一"中国"概念(及其内含的族群平等的诉求)对抗帝国的武力征服和族群等级制(以礼克兵),而是从对外军事战略的角度来看待内/外、夷/夏关系,力图恢复帝国武力征伐时期的视野和精神。这是以兵为礼的历史

---

〔25〕 魏源:《道光洋艘征抚记上》,《魏源集》,上册,页186。
〔26〕 魏源:《道光洋艘征抚记下》,《魏源集》,上册,页206。

前提。

军事和战争不仅塑造了欧洲国家体系,而且也对国家的内部制度产生了重大影响。对于非欧洲国家而言,军事建设及其制度对于民族建设、制度改革和边界划分具有更为决定性的影响。[27]儒学从来就是与特定的政治结构和权力关系密切相关的,它绝不仅仅是一种"心性之学",现代国家与暴力的内在联系对于儒学的演变势必产生重要的影响。在魏源那里,儒学(特别是今文经学)有关内/外、夷/夏的礼仪叙述已经转化为一种军事战略和策略的叙述,以致早期今文经学与帝国之间的紧张关系几乎完全消失了。现代世界的军事性质决定了礼仪关系与军事关系的紧密联系。在魏源的著作中,不但《圣武记》(包括《道光洋艘征抚记》)、《元史大理传叙》、《关中形势论》、《王蕳符坚论》、《书金史完颜元宜传后》等史学著作可以视为兵书,而且《海国图志》本身就是一部兵书。这部著作第一次以较为翔实和准确的地理学知识(以及有关全球各区域和国家的政治、经济、风俗、物产的知识)确定了中国在殖民主义时代的位置,把内陆帝国置于海洋时代的复杂网络内部,从而为大陆帝国向海洋时代的主权国家的转变提供了知识上的根据。这不是一本单纯的地理学著作,而是——首先是——一部军事著作。[28]"地理学"在现代知识体系中的重要性是由近代世界体系的军事性质确定的,或者说是由近代贸易对于军事及其技术的依赖确定的。英国殖民主义的贸易不是自然的、自发

---

[27] 参见 Morris Janowitz, *Military Conflict:Essays in the institutional Analysis of War and Peace* (Beverly Hills:Sage,1975)。

[28] 对于《海国图志》的兵书性质,反而是正在致力于民族—国家建设的日本人看得更清楚一些。盐谷世弘在《翻刻〈海国图志〉序》中说:"此编则原欧人之撰,采实传言,而精华所萃,乃在筹海、筹夷、战舰、火攻诸篇。夫地理既详,夷情既悉,器备既足,可以守则守焉,可以款则款焉,左之,右之。惟其所资。名为地志,其实武备之大典。"(盐谷世弘:《宕阴存稿》卷四)南洋梯谦在《〈海国图志〉序》中说:该书是"天下武夫必读之书",应广为刊布,为国家所用。吉田松阴说:"清魏源筹海篇,议守、议战、议款,凿凿中窍,使清尽用之,固足以制英寇而取鲁(俄)佛(法)矣!"(吉田松阴:《西游日记》,《野山狱文稿》,页23)均见萧致治:《评魏源的〈海国图志〉及其对中日的影响》,《魏源思想研究》,页344。

的、私人性质的贸易,它是一种置于国家军事保护——尤其是具有远洋能力的海军——范畴内的贸易,并起着整合以英国为主导的世界经济的作用。魏源论东印度公司的职能云:

> 方其通商他国之始,造船炮,修河渠,占埠头,筑廛舍,费辄巨万,非一二商所能独任,故必众力易擎,甚至借国王赀本以图之,故非公司不为功。[29]

这是对英国殖民贸易的准确概括。英国对华鸦片贸易不但具有在军事保护下的走私贸易的性质,而且还是一种将英中贸易纳入资本主义贸易结构的强制行动。[30] 如果没有将远洋贸易置于军事保护之下,如果没有贸易往来、军事占领与国家保护的相互联系,英国就不可能建立自己的经济霸权,而这一经济霸权反过来又加强了英国的海上军事力量对其他地区的渗透能力。

3. 以"守"为攻

《海国图志》从最初的五十卷本(1842)、六十卷本(1847),发展到一百卷本(1852)。关于该书最初的成书年代曾有不同意见。据吴泽、黄丽镛考证,魏源自道光二十一年(1841年)六月在京口(镇江)受林则徐嘱撰《海国图志》后即开始撰写,至道光二十二年(1842)冬成书。从卷一、卷二《筹海篇》中的若干事例来看,他们的推断完全成立。[31]《筹海篇》共计收入《议守》(上、下)、《议战》、《议款》等四篇文字,检讨鸦片战争时期的军事经验和教训,详细说明海洋时代抵御外敌的战略、战术和长远方

---

[29] 魏源:《海国图志》卷二《筹海篇议款》,《海国图志》,陈华、常绍温、黄庆云、张廷茂、陈文源共同点校注释,长沙:岳麓书社,1998年11月1版,页38。
[30] 魏源在《道光洋艘征抚记》中对此已经有了清醒的认识,他对英国鸦片贸易的非私人性质和军事后果具有深刻的洞察。这是他制定应对方略的基本前提。
[31] 吴泽、黄丽镛:《魏源〈海国图志〉研究》,《魏源思想研究》,页292—333。

略,其核心是以"守"为中心,展开守、战、款等不同的战术或策略。在现代化理论的框架内,《海国图志》的"兵书"性质几乎完全被"改革开放"或"向西方学习"的叙述所掩盖,以致"师夷长技以制夷"的军事主张成为了向西方学习的经典表述。在《圣武记》中,魏源坦陈这其实是祖宗制敌之法。"先朝近事,典在府册",为今之计,无非是推而广之,以御外侮。[32]《道光洋艘征抚记》所引林则徐奏议中更有"可以敌攻敌,中国造船铸炮,至多不过三百万,即可师敌之长技以制敌"之语,[33]清楚地说明这一主张是从林则徐的克敌制胜的"兵法"中引申出来的。该书六十卷本的原叙中明确地说:

> 是书何以作?曰:为以夷攻夷而作,为以夷款夷而作,为师夷长技以制夷而作。……然则执此书即可驭外夷乎?曰:唯唯,否否!此兵机也,非兵本也;有形之兵也,非无形之兵也。[34]

区分兵机和兵本、有形之兵和无形之兵的动力源自一种自觉的认识,即在海国时代,中国与西方的对抗不是简单的军事问题。

针对鸦片战争以来"非战即款,非款即战"的舆论和策略,魏源提出了"以守为战"和"以守为款"的战略和战术。从战术上说,"守"的要诀是"一曰,守外洋不如守海口,守海口不如守内河;二曰,调客兵不如练土兵,调水师不如练水勇。"[35]这一战略取决于两个条件:首先,欧洲国家(特别是英国)拥有先进战舰的优势,敌我双方武器、装备和战斗人员的质量差别悬殊;其次,大陆帝国善于陆战,而海洋帝国善于海战。中英战

---

[32] 首先注意到这一点的是徐光仁《试论魏源向西方学习的思想》,《华南师范学院学报》,1981年第2期,又见杨慎之、黄丽镛编《魏源思想研究》,长沙:湖南人民出版社,1987,页125。
[33] 魏源:《道光洋艘征抚记上》,《魏源集》,上册,页177。
[34] 魏源:《海国图志》原叙,《海国图志》,页1。
[35] "以守为战,而后外夷服我调度,是谓以夷攻夷;以守为款,而后外夷范我驱驰,是谓以夷款夷。"魏源:《筹海篇·议守上》,《海国图志》卷一,页1。

争必须以"守"为中心,从地缘战略上说,所谓以守为中心也是陆战对海战的基本方式。[36] 在《议守上》的末尾,魏源将这一战术验之于历史,发现了许多以守为攻的战例。[37] 1616 年,东印度公司驻大莫卧儿皇帝宫廷的大使劝告英国负责人说:"你们如果想获利,就应坚守这条规则:在海上的和平交易里寻求利润;因为维持驻军并在印度的陆地上作战无疑是大错特错。"[38] 对照魏源以陆战对付海战的策略与西方战略家的看法,立刻可以发现他抓住了中西军事斗争的要害。只要有机会,欧洲人不会放弃攻城略地的机会,如他们对南亚和东南亚地区的侵略、掠夺和领土占领,但从战略和战术上看,魏源以鸦片战争为根据所作的战略分析是恰当的。

4. 以陆战对海战

以陆战应对海战的方式决定了魏源的用兵策略,这是他在《议守下》中论述的就地练兵之法:以军民联合的方式回击来犯之敌。他反对劳民伤财、劳而无功的往来调兵之法,强调就地招募兵勇。陆战需要"服水

---

[36] 中国火炮列岸排列,方向固定,如果在外海迎敌,英国兵舰不但进退灵活,而且规模和硬度都很大,很难击中要害(桅和头鼻)。因此,只有引入内河,从旁击之,方能奏效。同样的道理也适用于火攻。在宽阔的海面上,以火舟袭击成功的可能性极小。魏源举了三个战例作为自己的战略和战术的参照:第一是安南诱英兵舰于内河并大举击溃的过程,其次是梁化凤以陆战方式在长江沿岸力挫郑成功水师的例子,最后则是三元里区区义兵"围夷酋,斩夷帅,歼夷兵"克敌制胜的条件。它们都是"步步为营,以守为战之法"的具体战例。

[37] 如清朝因缅甸守备严谨而攻占未果,俄国诱敌深入、利用天时地利先后打败英军和法军,又如缅甸、安南"一胜以陆兵之节制,一胜以水战之诱伏"击退英军,后者提供了中国的传统属国抗击侵略的例子(这为魏源以重建传统朝贡关系对抗西方军事征服的战略思想提供了伏笔)。这些例子的基本内含是以弱胜强、以内陆为依托击退外来攻击和侵略的历史经验。魏源:《筹海篇·议守上》,《海国图志》卷一,页 15。

[38] *The Embassy of Sir Thomas Roe to the Court of the Great Moghol*, 1899, II, p. 344, cite par G. M. Cipolla, op. cit., p. 117, 转引自费尔南·布罗代尔 Fernand Braudel:《15 至 18 世纪的物质文明、经济和资本主义》,北京:三联书店,1993,第三卷,页 569。

土"、"熟道路"和"顾身家"的"土著之兵",内河作战或近海作战也以招募熟悉水情的当地水勇为上策。鸦片战争期间,英军雇佣了大批被清军解散的水勇。他们熟悉当地情况和军事设施,为英军提供了重要的情报来源。因此,魏源建议就地练兵,即把那些械斗之民、烟盐私贩、海盗枭匪统统纳入到地方武装的行列之中,一方面可以节约军饷,另一方面也避免这些人为英国人所收买,并附带解决地方治安问题。[39]魏源的上述思想是从东南亚、印度的历史经验和鸦片战争的实际情况出发的。在各国的印度公司蓄养的军队里,绝大多数兵员是本地人。在1763年左右的巴达维亚,每1000到1200名"各个国籍"的欧洲士兵配有9000至10000名马来辅助人员和2000名中国兵。[40]招募印度人(所谓土著雇佣军)征服印度是欧洲殖民者的重要发明,也是鸦片战争中英国人(以及后来抗日战争时期日本人)对付中国人的基本方法。如果没有本地商人和官员的合作,鸦片贸易无法顺利进行,这是林则徐禁绝鸦片时碰到的最大难题。布罗代尔谈论南亚和东南亚的商业活动时提到:成千土著经纪人包围欧洲人,主动提供服务,其中有埃及的摩尔人、无所不在的亚美尼亚人、婆罗门商人、莫卡的犹太人、广州、澳门和万丹的中国人,还有古杰拉特商人、科罗曼德尔沿海商人以及爪哇人。"随着时间的流逝,帮助、合作、勾结、共处乃至相依为命,逐渐成为理所当然。"[41]截然分明的夷/夏、内/外概念根本无法描述如此错综复杂的关系。如果不从内部开始改革,则无法抗御外敌。

正由于此,魏源论"兵"既关注具体的战略战术,也关注长治久安的方略。在他的视野中,"兵"的含义远比单纯地谈论攻防之术广泛,所谓"兵列五礼,学礼宜及",[42]它本是礼的一个重要组成部分。魏源

---

[39] 魏源:《筹海篇·议守下》,《海国图志》卷二,页16—22。
[40] 费尔南·布罗代尔:《15至18世纪的物质文明、经济和资本主义》,第三卷,页564。
[41] 同上,页565。
[42] 魏源举例说:"'有文事者必有武备','好谋而成','我战则克','学矛夫子,获甲三百'。特兵危事而括易言之,正与兵书相背故也。"见《孙子集注序》,《魏源集》,上册,页227。

的一系列著作揭示了礼仪秩序背后的军事关系,他不仅把理或道作为礼仪来理解,而且还把礼仪的实践落实为用兵之策和经济筹划。在《孙子集注序》中,他精确地概括了《周易》、《老子》等著作内含的军事思想和兵法:

> 《易》其言兵之书乎!"亢之为言也,知进而不知退,知存而不知亡,知得而不知丧",所以动而有悔也,吾于斯见兵之情。《老子》其言兵之书乎!"天下莫柔弱于水,而攻坚强者莫之能先",吾于斯见兵之形。《孙武》其言道之书乎!"百战百胜,非善之善者也;不战而屈人之兵,善之善者也。故善用兵者,无智名,无勇功",吾于斯见兵之精。故夫经之《易》也、子之《老》也,兵家之《孙》也,其道皆冒万有,其心皆照宇宙,其术皆合天人、综常变者也。[43]

《易》、《老》为言兵之书,《孙武》为言道之书,这一论断揭示了道与兵的辩证关系。对照《海国图志》原叙中一段叙述,我们可以清楚地看到言兵之书如何与言心、言道、言治之书合而为一:

> 明臣有言:"欲平海上之倭患,先平人心之积患。"人心之积患如之何?非水、非火、非刃、非金、非沿海之奸民、非吸烟贩烟之莠民。故君子读《云汉》、《车攻》,先于《常武》、《江汉》,而知《二雅》诗人之所发愤;玩卦爻内外消息,而知大《易》作者之所忧患。愤与忧,天道所以倾否而之泰也,人心所以违寐而之觉也,人才所以革虚而之实也。……寐患去而天日昌,虚患去而风雷行。[44]

修撰《海国图志》的主要动机是提供具体的对策和方略,同时通过地理学的形式重新拟定世界的内外关系,并把"内诸夏而外夷狄"的礼仪视野转

---

[43]　魏源:《孙子集注序》,《魏源集》,上册,页226—227。
[44]　魏源:《海国图志》原叙,《海国图志》,页1—2。

化为自我改造的动力,力图将近代军事关系转化到社会体制内部。[45]军事胜利的获得还必须诉诸外交手段和朝贡关系,分化敌人,联合友军,构筑复杂的御敌网络。《议战》和《议款》两篇将外交关系、朝贡礼仪和贸易往来与退敌之术密切地结合起来,从而把《议守》上下篇的具体战术放置在宽广的战略关系之中。这最好的说明了礼与兵之间的错综关系。

《议战》一篇以"以夷制夷"为基本战略,以陆攻与海攻为攻击方法,在广阔的历史地理图景和错综复杂的战略利益关系中展开论述。英国与俄罗斯、佛兰西(法国)和弥利坚(美国)存在利益冲突,同时又与中国传统的朝贡国廓尔喀(尼泊尔)、暹罗(泰国)、安南(越南)存在矛盾斗争。因此,魏源断言:陆路的进攻应该联合俄国和廓尔喀,争夺的焦点在印度。康熙曾经利用荷兰以款俄罗斯,又联合俄罗斯以逼准噶尔,这一历史经验提示人们可以利用英俄矛盾,抗拒英国入侵。1691年,英国以兵舶东、南、中三印度,俄罗斯则由黑海、里海间取游牧诸部,与西、中二印度接壤,因此,围绕东南印度的鸦片生产,英俄之间构成了对抗的形势。廓尔喀(尼泊尔)地处后藏之西,印度之东,与英属印度存在矛盾。1815年,英属印度入侵廓尔喀,并最终形成《苏格里协议》,获取了不少廓尔喀国土。1841年廓尔喀因英国罢市而向清朝驻藏大臣表示愿意出兵攻击印度。以此为根据,陆攻的办法应该是让廓尔喀攻击印度东部,俄罗斯直捣印度西部,两相夹击,英属印度可告瓦解。[46]海路的进攻则需要利用法国、美国与英国的矛盾。美国殖民地曾经发起反抗英国统治的独立运动,英国

---

[45] 魏源之去弊之议可视为变法的前奏,他曾说:"君子不轻为变法之议,而惟去法外之弊,弊去而法仍复其初矣。不汲汲求立法,而惟求用法之人,得其人自能立法矣。"(《默觚下·治篇四》,《魏源集》,上册,页46。)按照上述宗旨,一方面,有效的军事行动必须以"去伪、去饰、去畏难、去养痈、去营窟"即去"人心之寐患",以及"以实事程实功,以实功程实事"即去"人才之虚患"为前提(《海国图志》原叙,《海国图志》,页2)。

[46] 魏源:《筹海篇·议战》,《海国图志》卷二,页24—25。

与荷兰、法兰西曾为争夺印度而斗争。[47]在中国的对外贸易中,英国与其他西方国家存在着利益冲突,从而联合其他西方国家共同对付英国的战略具有现实的可能性。[48]上述构想体现了一种变通的夷夏观。在中华帝国悠久的军事历史中完全可以找到类似的例证,如汉用西域攻匈奴,唐用吐蕃攻印度,用回纥攻吐蕃,康熙用荷兰夹板船攻台湾,又联合俄罗斯威逼准噶尔,用南怀仁制火炮以剿三藩,取西洋人入钦天监以司历官,等等。

5. 知识、军事与贸易

中国与英国之间早已存在广泛的贸易关系,如果单纯从市场的角度说,中国市场的自由度和某些方面的发达程度较之英国也许更为宽广。构成两者之间的实质性差别的是贸易与国家军事保护的关系:由于郑成功势力的袭扰,清代对沿海实行了封禁政策,从而大多数沿朝贡路线发展的贸易是民间贸易或者走私贸易,得不到国家的有组织的军事保护;英国的海洋贸易正好相反,它们完全置于英帝国的军事保护之下。《筹海篇》的重要结论之一是贸易问题必须同时作为军事问题来理解。魏源的军事战略以"守"、以陆战为中心,但他非常清楚地了解海战之不可避免:长途贸易的高额利润、航海技术的迅速发展、西方国家的扩张政策、英国税收和金融体制对于鸦片贸易的依赖、西方贸易与军事的紧密结合、中国作为物产丰富的大国——所有这些因素决定了一个海洋角逐时代的到来,"非海战不可矣"。他的这一看法对其后洋务运动的海军建设有着重要的影响,1910年清朝设立海军部可以说是这一看法在政治制度上的体现。欧洲对亚洲的贸易建立在两重力量之上,第一是美洲出产的大量白银,第二是操纵自如、装有多种帆具从而

---

[47] 魏源误将《明史》中的佛郎机(葡萄牙)当作法兰西(法国),因此,在历史叙述方面有些错误。
[48] 魏源:《筹海篇·议战》,《海国图志》卷二,页25—26。

能够顶风行驶的战舰。当前者出现短缺现象,后者随即以军事力量保护鸦片走私以换取新的进出口平衡。因此,解决鸦片贸易争端必须通过"师夷长技以制夷"的"强兵"之策,实质性地加强军事实力,制度性地完善贸易与军事保护的关系。[49]

"师夷之长技"的首要条件是了解"夷情"。是否知悉对方内部情形并设法保护自己的军事和商业秘密,正是中西之间在处理贸易等问题时的主要区别之所在。中国茶叶等明码标价,而洋商公司严禁雇员泄漏商业秘密。[50]正由于此,"欲制外夷者,必先悉夷情始。欲悉夷情者,必先立译馆、翻夷书始。欲造就边才者,必先用留心边事之督抚始。"[51]根据调查的结果,"夷之长技三:一战舰,二火器,三养兵、练兵之法。"[52]前两个方面涉及军事技术,而最后一点则涉及制度及其方法。魏源据此建议:一、在广东虎门外之沙角、大角二处设置造船厂和火器局各一,聘请法国和美国技师和工匠,司造船械,再请西方的柁师司教行船演炮之法,同时改革贸易方法,取消技术垄断。二、形成军民和军商两用的制造网络,一方面准许西方国家以军舰、火炮折抵贸易出超额,即以转让进出口利益来购置船械武器,另一方面准许沿海商民自愿仿造厂局以造船械,自用或出售均听其自由,从而构筑民间与国家在外贸和军事斗争中的联盟关系。民间船只平时用于商业用途,战时可以改造成军舰。[53]军事技术可以转向商业用途,例如造船厂不必单造军舰,也可以制造商船,以此促进中国沿海商人与南洋的贸易联系,扩展远洋贸易。三、以军事化、特别海军建设为中心改造现有的政治、经济和教育体制,从而为有效的军事动员提供

---

[49]　魏源:《筹海篇·议战》,《海国图志》卷二,页26—29。
[50]　"故洋商遇地方官询以夷事,皆谬为不知,而中国用人、行政,及大吏一举一动,彼夷翻无不周知。"魏源:《英吉利国广述中》,《海国图志》卷五十二,页1437。
[51]　魏源:《筹海篇·议战》,《海国图志》卷二,页26。
[52]　同上。
[53]　自造的和购买的船炮和培养的兵士分布沿海各省,最终达到自造船炮、培训水师、裁汰冗员、节约兵饷、"中国水师可以驶楼船于海外,可以战洋夷于海中"的目的。魏源:《筹海篇·议战》,《海国图志》卷二,页27。

体制保障,即在漕运、交通、科举及军队建设中提高水运和海战能力。[54]

如果仅仅探讨军事战略和战术、总结鸦片战争失败的经验教训,为什么魏源要在一种极为广阔的地理学视野和世界史图景中展开他的战略思考呢? 为什么一部"兵书"需要用一种历史地理学的方式来呈现呢? 魏源以世界史或地理学方式展开军事战略体现了他对危机的理解和把握,即鸦片贸易不是简单的中英两国之间的纠纷,中国面临的危机是一种结构性的危机,从而具体的军事战略和战术必须置于结构性的视野之中。鸦片、白银、税收以及围绕对华贸易而产生的西方国家之间的冲突是一种新的世界关系的产物。种植印度鸦片的土地是官地,种植和走私鸦片是英国最大的利源,没有任何可能在闭关的条件下禁绝鸦片贸易。因此,除了对内管理和限制之外,唯一的方式是以贸易方式让英国和其他西方国家获得足够的利益,使之达到所谓"上无缺税,下无缺财"的状况。魏源建议减免洋米的进口税,增加湖丝、茶叶等中国出口货物的出口税,以合法的放权让利换取西方国家取消走私性质的鸦片贸易。这是基于新的国际贸易关系和中国处理朝贡关系的一贯做法而采取的"款夷"之策。[55]鸦片贸易对中外贸易关系和各自内部金融平衡具有重要影响,它反映了英国、印度和中国之间的白银与其他商品(棉花、棉制品、绢、茶、陶瓷)的交换关系的变化。魏源问道:茶叶出口和鸦片进口均始自康熙时代,为什么道光时候发生了重大的变化呢? 以道光十七年(1837)广东与英国的贸易为例,英国从广东购出的湖丝、茶叶、白矾、串珠、樟脑、桂皮、瓷器、大黄、麝香、赤布、白糖、冰糖、雨伞等,合价银约21816000元,而出口中国的

---

[54] 魏源的具体建议如下:1. 改漕运为海运并由战舰护航;2. 水师提镇大员进京必乘海船;3. 商人运货可以申请官方战舰护货;4. 改变国家武生、武举人、武进士等考试科目专重陆营科(弓马技勇)的情况,在闽粤增设水师科,并承认熟悉船炮技艺者为科甲出身;5. 水师将官必须由船厂、火器局(或舵工、水手、炮手)出身,改变传统的评价标准。魏源对英军、葡军的严明纪律和绝无反顾的勇气留有极为深刻的印象,深知西方之长技不仅在于技术方面,而且还在练兵、养兵得法。因此,他建议清军师法西洋养兵、练兵之法,汰其冗员,增补精锐,保证足够的兵饷,利用缉捕海盗和烟贩、追剿寇贼和护航水运以及增加出洋机会等方法训练水师和绿营。

[55] 魏源:《筹海篇·议款》,《海国图志》卷二,页40—41。

棉花、洋米、大呢、羽纱、哔叽、羽缎、洋布、棉纱、水银、锡、铅、铁、硝、檀香、乌木、象牙、珍珠、胡椒、沙藤、槟榔、鱼翅、鱼肚、花巾、洋巾等合价银14478000元,少于进口货价银7000000余万元。[56]这方面的状况基本上是康乾以降进出口贸易的延续。鸦片入中国始自康熙时代,初以药材上市,到乾隆三十年(1765)每年进口不过200箱。然而,英国东印度公司于1557年获得了它在孟加拉的最早领土权,又于1765年将其领土权扩大到了比哈尔(Bihar),在1773年,它获得了向中国走私鸦片的垄断权。到嘉庆末年,每年走私鸦片已经达到3000箱。道光十七年(1837)一年间英国销售到中国的鸦片达到四万箱,合价银22000000元,从而导致了中英贸易进出口差额的逆转。同年,美国从中国进口的货品合价银13277000元,出口到中国的货品合价银3670000元,逆差9600000元,但同样没有补银,因为美国的逆差数额从出口中国的土耳其鸦片中扣去了。魏源因此说:"故知洋钱流入内地,皆鸦片未行以前夷船所补之价,至鸦片盛行以后,则绝无货价可补,而但补烟价,洋钱与纹银皆日贵一日矣;漕务、盐务、边务,皆日困一日矣。"[57]这是一笔极为精确的计算。如此巨大的经济利益一旦无法调和,必然转化为军事力量的较量,从而对于政治、经济和其他问题的探讨最终都必须回到军事力量的对比之中。

  18世纪末至19世纪初,英国的以棉工业为中心的产业革命促进对原棉市场和棉制品市场的需求,进而引发了世界市场的总体变化。英国产业资本家对于以往垄断印度贸易的东印度公司表示了强烈的不满,并于1814年废止了该公司对于印度贸易的垄断。针对日益扩大的中国茶叶出口,18世纪后叶(1780年以后),英国开始大规模地向中国输出鸦片,从而不再以输出本国白银的方法购买中国货物。滨下武志将这一转变归结为"构筑起向印度出口棉制品、向中国出口印度鸦片、从中国进口茶叶的对亚洲三角贸易结构。这是将英国在亚洲必须获得的三要素——

---

[56]　魏源:《筹海篇·议款》,《海国图志》卷二,页36。
[57]　同上,页37。

棉制品市场、茶叶、统治印度的财源,与牺牲强制种植鸦片的印度农民和强制消费鸦片的中国人民结合在一起的结构。作为鸦片和白银交换而产生的印度——中国贸易对英国本土经济具有重要作用:东印度公司预先将资金贷给印度或广东的地方贸易商人,在他们将所得之银两汇往伦敦之际,以偿还贷款的形式让其购买公司商业票据,纳入公司向本国的汇款(Home Charge)及分红汇款这种掠夺殖民地的汇款渠道,最后通过伦敦金融市场的吸收,将中国贸易的结算(公司对中国贸易的垄断于1834年停止)组成殖民地汇款制度的一环。"1784年,美国的"中国皇后号"货船抵达广东,中国对美国的茶叶出口自此大幅度增加,大量白银随之流入。"从18世纪末到19世纪初,由于产业革命的发展,这一时期英国和原棉供给市场美国的关系更加紧密,伴随于此,伦敦金融市场于19世纪20年代完成了向国际市场发展必须实现的向公开市场的转化。其结果,伦敦金融市场得以向世界贸易提供大量的资金和信贷,促进了贸易的扩大,中国茶叶的对美出口也构成了其中的一环。也就是说,在华的美国商社在美国持有的对英棉花出口的债权基础上,发行汇往伦敦的商业票据,以此确立进行美国贸易的结算方法,这正是实用于茶叶贸易的方法。这一美国——中国——印度三国间的贸易关系及结算关系,就是中国结成的贸易关系的另一半。"上述两种贸易均在伦敦金融市场结算,"其背后都存在着英国棉工业的世界市场,即国际性金融网和殖民地掠夺的结构性连接。中国作为其中的一环,被转嫁了对印度殖民地的掠夺。"[58]鸦片战争之后,欧洲和美国分别以生丝和棉花贸易为由,加速了航运交通的革新。1844年,中美《望厦条约》签订,预示着跨太平洋贸易的迅速增长。1848

---

[58] 滨下武志:《资本主义殖民地体制的形成与亚洲——十九世纪五十年代英国银行资本对华渗入的过程》,《日本中青年学者论中国史》(宋元明清卷),上海:上海古籍出版社,1995,页614—616。(译文略有改动)作者以19世纪中期中国的金融贸易为例,指出资本主义列强向亚洲特别是向中国金融渗透的深化,是与美国、澳大利亚的黄金发现所导致的国际金融市场的扩大过程密切相关的。从金融的角度观察,中国近代经济被编织在以伦敦为中心的整个世界一元化国际结算构造之中。在这个意义上,亚洲的"近代"是在经济上逐渐被包容进以欧洲为中心的世界近代历史的过程,其特征就是金融性统治——从属的关系。

年,美国海军事务委员会的成员 T·波特勒·金(T. Butler King)向国会众议院提交了一份报告,建议在美国的太平洋沿岸修建一条通往中国的航线,目的是垄断中国的棉花市场,在向中国销售棉纺织品的贸易中与英国竞争。这一建议在 1865 年获得批准。[59] 宋代以后的财政在土地课两税之外,也对商品课税(其中盐税一直是重要的项目),商人的集税份额在国家税收中的比例越来越大。但晚清以降,由于海外贸易的发展,新的关税收入大增,据清朝末期的统计,中央户部的年收入中,海关税所显示的数字是 72%,而盐税仅占 13%。[60]

因此,结构性的危机是:鸦片贸易以极为不平等的、强制的(军事保护下的走私贸易)方式将中国纳入以伦敦为中心的国际贸易网络内部。强制实施的对象不是贸易(它早已存在),而是贸易中的不平等的、甚至是非法的关系。它的主要特点是将中国作为进出口的主体贬低为殖民贸易体系的边缘区域。沃勒斯坦把这一"现代世界体系"描述为"有异于帝国、城邦和民族国家"的体系,"因为它不是一个政治实体,而是一个经济实体。……它是一个'世界体系',并非由于囊括了整个世界,而是由于它大于任何从法律上定义的政治单位。它还是一个'世界经济体',因为这个体系各部分之间的基本联系是经济的,尽管这种联系在某种程度上是由文化联系而加强的,并且终于(我们将会看到)由政治安排甚至联盟而加强的。"[61] 沃勒斯坦特别强调资本主义世界经济的特征是政治与经济的分离,即资本主义以前的世界经济以帝国的形态加以控制,而"现代资本主义的技巧和现代科学技术……使这个世界经济体得以繁荣、增殖和扩展,而没有出现一个统一的政治结构",从而可以看作是多中心的。但正如帝国"能凭借暴力(贡品和赋税)和贸易中的垄断优势来保证经济

---

[59] 德捏特:《美国人在东亚》,纽约:1922,页 4;马文涣:《国会辩论中显示的美国对华政策》,上海:1935,页 39。均见 M·G·马森(Mary Gertrude Mason):《西方的中华帝国观》(*Western Concepts of China and the Chinese*),北京:时事出版社,1999,页 171。
[60] 宫崎市定:《东洋的近世》,《日本学者研究中国史论著选译》第一卷,页 178。
[61] 伊曼纽尔·沃勒斯坦(Immanuel Maurice Wallerstein):《现代世界体系》(*The Modern world-System*),第一卷,北京:高等教育出版社,1998,页 12。

从边缘向中心流动",[62] 上述资本主义体系也同样具有——甚至更为依赖——军事暴力的性质。在欧洲的历史中,中心国家是那些强大的绝对主义国家,它们的特征是发达的中央集权的官僚体制和大量常备军,而边缘国家的特点则是缺少强大的国家。在将其他经济和社会贬低为边缘区域的同时,西方国家以走私、殖民、强制贸易和军事征服的形式向其他地区扩张,但这一取向同时又促成和鼓励那些传统帝国向主权国家的形式转化。

由于这一经济体系的运动依赖于军事暴力和高度同质化的政治结构,它也势必鼓励其他地区和国家为协调和处理贸易问题而加强军备、强化国家的政治架构和运转能力。魏源说:"武备之当振,不系乎夷之款与不款。"[63] 贸易、条约和其他国际关系完全依赖于军事的平衡状况,这是一个结构性的而不是局部性的问题。上述历史条件提供了贸易问题转化为"师夷长技以制夷"的军事策略的动力,而"师夷长技以制夷"的军事策略又转而成为变法改制的国家建设的动力。作为一部言兵之书,《海国图志》引人注目地采用了地理学、甚至世界史的方式,以军事、贸易、政治结构和地域关系为纽带构筑了复杂的互动网络。魏源显然相信:中国面临的挑战是一种体系性的、结构性的挑战,因而无法局限于具体的战争和贸易来理解和回应这一挑战。他对美国和其他西方国家的民主制度的介绍适应着一个基本的目标,即强化国家的组织力量和动员力量,形成举国一致、令行禁止、能够进行有效的国际竞争的统一制度。[64] 从魏源开始,晚清士大夫对于民主政体和教育(大学)体制的介绍、倡导和建设不是源

---

[62] 同上,页12。
[63] 魏源:《筹海篇·议战》,《海国图志》卷二,页26。
[64] 大谷敏夫在《〈海国图志〉对"幕末"日本的影响》一文谈到阿部正弘政府中臣僚如川路圣谟、佐久间象山等均受到《海国图志》的影响。这个政权是在幕府宣布放弃专制地位、朝廷与包括诸藩在内的各种势力相结合之后,以建立联合政权为目标的政权。它的口号是"公武合一论",形态则是要形成全国统一体制,以应付国难。在对外方面,阿部政权与列强签订通商条约,成为走向开国的一个起点;在对内方面,又坚决贯彻实行了幕政改革。此后的天皇绝对主义政权遵循了阿部制定的方向。《魏源思想研究》,页361—362。

于理性、自由或者民主的理念,而是源于对军事动员、军事工业和军事能力的关注。[65] 所谓社会体制的理性化或者现代化的最初动力是社会体制的军事化。现代国家及其制度的形成与军事化有着更为内在的历史联系。

第三节　朝贡体系、中西关系与新夷夏之辨

1. 以谁为中心：西方,南洋,还是中国朝贡体系?

在《海国图志》原叙中,魏源以"彼皆以中土人谭西洋,此则以西洋人谭西洋也"概述该书"异于昔人海图之书"的特点。[66] 咸丰二年(1853)撰写的《海国图志》后叙引述明万历年间利马窦的《坤舆图说》和艾儒略之《职方外纪》,以及清代在钦天监供职的南怀仁、蒋友仁之《地球全图》,说明西人著述的极端重要性。葡萄牙人玛吉士的《地理备考》、美国人裨治文的《美理哥合省国志略》、英国人马礼逊的《外国史略》、德国传教士郭实腊的《贸易通志》(以及《万国地理全图集》)、[67] 美国传教士祎理哲(魏源误为英国人)的《地球图说》、美国传教医师培瑞的《平安通书》等外国地理学著作是《海国图志》的主要参考书,引用率极高,提供了较之

---

[65] 中国的现代大学体制首先产生于北洋水师学堂等军事院校的设立就是一个典型的例证。王韬在讨论英国的议会制度的时候明确地将这一民主体制与军事动员联系起来。他在收录于《漫游随录》(岳麓书社,1985)中的《纪英国政治》一文中议论说:"国家有大事则集议于上下议院,必众论佥同,然后举行。如有军旅之政,则必遍询于国中,众欲战则战,众欲止则止,故兵非妄动,而众心成城也。"
[66] 魏源:《海国图志》原叙,《海国图志》,页1。
[67] 魏源没有注明此书出处,据熊月之的考证,很可能就是郭实腊的《万国地理全集》的另一版本。见熊月之:《西学东渐与晚清社会》,上海:上海人民出版社,1994,页260。

以往的地理学著作准确得多的地理学知识。长期以来,中国学者大多沿着魏源本人提示的两点(即"以西洋人谭西洋"和"师夷长技以制夷")发展他们对《海国图志》的论述,即一方面从方法论上说明《海国图志》把实地考察与版本考证相结合,参照西方近代地理学的成果,使得中国的西方地理学达到了空前的高度,另一方面则把这部书看作是近代中国人学习西洋、摆脱华夏自我中心观的开始。《海国图志》对于洋务运动和变法维新运动均有重要影响,而人们对这两个运动的意义也主要是从"师夷"(从工艺技术到制度文化)的角度展开的。

但是,如熊月之已经统计的,《海国图志》引述了一百多种中外著作,其中历代正史占二十多种、中国古代有关域外地理的著作和相关著述约七十余种,西人著作仅二十种。"以西洋人谭西洋"或"师夷"说明了《海国图志》异于其他著作的特点,却不能概括该书提供的总的世界图景和战略思想。大量中国文献的存在说明传统视野对于魏源建构新的世界图景起着极为重要的作用。《海国图志》对"海洋时代"的地理和地缘关系的叙述隐含了对于中国周边地区的关系理解。作者没有采用侯、甸、男、采、卫、蛮、夷、镇、蕃的传统九服之说,也没有像后来的薛福成、廖平那样采用九大州的分类法,而是采用了欧洲通行的五大洲说作为叙述各地区的基本架构(尽管他明确地批评了五大洲说),但是,这一世界图景遵循着一种由近及远的叙述策略,我们仍然可以感觉到这一世界图景的内在的或隐含的结构。南洋在叙述中的相对中心的地位只有在这一视野中才能成立。从百卷本《海国图志》体例来看,卷一、卷二为《筹海篇》(计四篇),卷三、卷四是各种地图,其中卷三为海国沿革各图、地球正背面图和亚细亚洲各图,卷四为利未亚洲各图,欧罗巴洲各图、亚墨利加洲各图。亚细亚洲各图放在卷三各总图中而不是安排在卷四各洲地图中,突出了亚洲在海洋时代的世界体系中的重要地位。卷五至卷十八为东南洋各国历史及其沿革,卷十九至卷三十二为西南洋各国历史及其沿革,卷三十三至卷三十六为小西洋各国历史及其沿革,卷三十七至卷五十三为大西洋各国历史及其沿革,卷五十四至卷五十八是有关俄罗斯和北欧的叙述(置于北洋的范畴内),卷五十九至卷七十是关于外大西洋即美洲的叙述。余各卷分论教门、历法和其他各种策略和资料。上述安排遵循了由内及外的传统内外观。对南洋内部的错综交织的夷夏关系的探讨服从于一个更为基本的目的,即有效地恢复帝国朝贡体系的传统地位。

《海国图志》重构了世界图景,它既不是单纯谈论西方地理的学术著作,也没有将海洋时代视为与大陆时代截然区分的时代。这是一部以中国及其朝贡体系为中心展开的有关世界地理、社会沿革和各民族风俗、文化、制度的人类学著作。从地理学的角度说,这部著作与清代西北地理研究在方法上和动机上有着许多重叠,它的纂修方法和目的与稍早一些俞正燮的《俄罗斯事略》等著作对于北方边疆的研究一脉相承,只是随着侧重点转向殖民时代的国家关系,海洋的地位明显上升了。清代有关东南沿海的地理研究远不如西北地理是一个基本事实,清初赵翼的《平定台湾述略》、林谦光的《台湾纪略》和《澎湖纪略》、张汝林的《澳门形势篇》和《澳番篇》,以及七十一的《番社采风图考》均极简略,真正像样一点的研究要到嘉庆中期以后才开始出现。[68]《海国图志》无疑是这一时代记述和图录东南沿海和海洋时代的最为完备的著作。[69]从该书对明代资料的引述来看,魏源对海洋的理解与明代海洋观之间存

---

[68] 如1806年问世的王大海的《海岛逸志》详细记载了爪哇及附近岛屿的地理、物产和华侨生活,甚至还粗略地描述了荷兰、英国、法国等欧洲国家的方位、人种特点、服饰、语言、制作、贸易、性情、风尚等等。又如1820年由谢清高口述、杨炳南记录的《海录》计95则,记载了南洋、印度、欧西诸国(尤其是英国、葡萄牙)的地理、风俗、物产、国政、宗法、水陆路程等。郭双林:《西潮激荡下的晚清地理学》,页88—89。

[69] 谈论魏源的贡献并不能掩盖他的著作与前人和同时代人的著作之间的交叉重叠,例如郭双林即指出:"在叙述世界各国地理情况时,《海国图志》基本上是按照陈伦炯的《海国闻见录》之例,以中国为起点,按中西交通中帆船西行途经各地的顺序为先后,先亚洲,次非洲、欧洲,最后是美洲。可以说,《海国图志》在体例上基本上是对传统编纂方法的一种继承和发展。"(《西潮激荡下的晚清地理学》,页113)这里有两点值得提出来讨论:第一,传统中国地理学及其蕴含的历史观对魏源仍然有着重要的影响,在分析《海国图志》时必须将这一潜在的传统视野放置在重要的位置,而不是忽略这一视野;第二,按照我在上一节的论述,《海国图志》本身具有"兵书"的性质,因此,这一传统视野事实上是一种帝国战略的视野。魏源关于西洋的看法正是在这双重视野中展现出来的。

在密切的联系。

简·凯特·列昂娜德(Jane Kate Leonard)的《魏源与中国对海洋世界的再发现》(Wei Yuan and China's Rediscovery of the Maritime World)一书是最近二十年来有关魏源及其《海国图志》的研究中最具创见的作品,该书在中国与南洋国家传统的朝贡关系的背景上,分析了《海国图志》以南洋为中心的海洋世界观(Nan-yang-centered perspective on the entire maritime world)。作者认为这一以南洋为中心的海洋观修正了以日本和印度洋为东西两极的传统描述方法,批判了清代忽略南洋的国家政策,突出了加强海军力量以保持中国与南洋的战略关系的重要性。[70] 列昂娜德认为《海国图志》是对明代海洋观的恢复,从而把南洋和朝贡关系问题引入对该书的论述。这是一个重要的贡献。但这部著作在分析了南洋问题之后就停止了,以致很容易导致一个结论,即《海国图志》仅仅是以南洋关系为中心的著作。近代中国史研究、尤其是经济史研究中的海洋中心论不是孤立的现象,[71] 这是因为有关近代世界体系的讨论是以海洋贸易为网络建立起来的。布罗代尔是这方面的最有影响的人物,他认为中国是一个巨大的整体、一个原始经济体系的中心。中国的周围存在着若干与之相互联系的原始经济——西藏、日本(到16世纪为止)、南洋群岛、印度支那。他提及了西藏,但论述的重心是南洋。与其说南洋是中国的边缘区域,毋宁说它构成了以中国为中心的经济体系的例外:马六甲是印度通往中国的交通枢纽,货币不求自来;苏门答腊的西端盛产香料,有若干因为开采金矿而兴起的城市;爪哇岛人口众多,已经存在初步的货币生活。[72] 这是欧洲人最感兴趣的地区,也是欧洲进入中国经济区的主要通道。宫

---

[70] Jane Kate Leonard, *Wei Yuan and China's Rediscovery of the Maritime World* (Published by Council On East Asian Studies, Harvard University, and distributed by Harvard University Press, 1984), p. 3.
[71] 浜下武志的著作《近代中国的国际契机——朝贡贸易体系与近代亚洲经济圈》虽然以朝贡贸易为中心展开对亚洲经济圈的论述,但他的重心显然在海洋方面。他的后续论述更显示出对海洋理论的强烈兴趣。
[72] 费尔南·布罗代尔:《15至18世纪的物质文明、经济和资本主义》,第一卷,北京:三联书店,1992,页535。

崎市定、浜下武志均从不同方面运用"海洋理论"观察中国及其周边关系，从而将论述的重心转移到日本、朝鲜、东南亚及其与中国大陆的关系方面。从总的倾向来说，海洋论述以欧洲资本主义的长途贸易及其推动下形成的贸易网络为中心，从而以不同方式贬低了内陆关系在现代世界体系中的作用。

确认《海国图志》的"兵书"性质对于我们理解这部著作的思想宗旨极为重要。从一种军事的思考出发，魏源强烈反对"捐西守东"，主张以陆战对付海战，高度重视大陆在海洋时代的意义，力图在海洋与大陆的双重关系中展现中国朝贡体系的内在网络及其面临的危机。因此，尽管他高度重视南洋问题，但《海国图志》提供的是一个中国及其陆、海朝贡网络为中心的世界图景。与《圣武记》和原先的西北地理学著作不同，《海国图志》将内陆关系置于海洋关系之中加以讨论。海洋中心论、尤其是以民族—国家为中心的海洋时代论述是殖民主义时代的产物，它贬低其他地区——尤其是大陆——在近代历史中扮演的极为重要的角色。对于魏源来说，这是一个不得不面对的挑战，他的以守为攻的基本战略决定了他以大陆为依托抗拒海洋压力的取向。中国朝贡体系的形成和变化是帝国网络从内陆关系向沿海扩展的结果。如果我们把《海国图志》与《圣武记》及魏源稍后对于元帝国历史的研究（尤其是他的《元史新编》95卷）结合起来看，那么，他显然视中国为大陆帝国和海洋帝国的复合体。《圣武记》以大清国的文治武功为经纬，《海国图志》试图恢复明代以前海洋帝国的历史网络，而元史的修纂更直接地将欧亚大陆和太平洋沿海的关系连接起来。这些著述范围各异，基本的出发点却较为一致，即把传统帝国的视野和西方地理学知识结合起来，建立对于"海洋时代"的内外关系的总体理解。居于这一总体理解之核心的，是重建帝国对于自己的朝贡网络和贸易关系的军事保护。从现实的角度看，西洋现在不是一个有限的地理区域，而是深入世界各地的殖民和贸易关系。这是以大陆为依托抗击海洋力量这一战略的依据。因此，上述战略构想本身是现实形势和帝国视野的双重关系的产物。魏源举了三个古代军事斗争的例子说明"西南洋"的重要性，每一个例子中涉及的军事路线都与鸦片战争时代的军事形势和路线有关:第一,唐太宗贞观中,王元策用吐蕃之兵攻击印度——这是廓尔喀攻击孟加腊时的行进路线。第二,元太祖兵至北、中二印度而返,及宪宗命诸王旭烈先攻取西印度(魏源误以为西亚的伊朗、阿拉伯、土耳其均为西印度),而后回取五印度——这是俄罗斯侵逼温都斯坦之路。第三,明代郑和以舟师破锡兰山,俘其国王归献诸朝——这是粤夷兵船赴南印度之路。魏源说"志西南洋,实所以志西洋也",[73]不了解上述军事构想是很难确切地理解这句话的含义的。

魏源多次提及廓尔喀和俄国等内陆国家在抗击英国方面可能具有的重要作用,把西北朝贡关系与南洋朝贡关系共同视为维持中国稳定和安全的重要方面。在《海国图志》中,"西南洋"指与中国西部存有陆地边界的印度大陆,"北洋"指与中国北部存有大陆边界的俄罗斯,魏源对于这两个大陆及其与中国的战略关系有专门论列。正如龚自珍关于西北的论述一样,在魏源的视野内,与中国西北和西南相连接的西亚、印度和俄罗斯是通向遥远的海洋的大陆地带,大陆关系(如中俄关系)与海洋密切相关。值得注意的是,《海国图志》以西方近代地理学的五大洲说为基本的叙述框架,但《国地总论·释五大洲》篇根据佛典有关四大洲的论述批驳了"西洋图说"中的五大洲说。[74]魏源以《说文》"水中可居曰州"为据,反对将陆地上仍然可以连贯的部分强行区分。按照这一标准,欧洲、非洲和亚洲应该被视为一洲(相当于释典中的南赡部洲),南北美洲亦应被视为一洲(相当于释典中的西牛贺洲),至于释典所说的其他两洲(北具庐洲和东胜神洲)应该在北冰洋和南冰洋。光绪年间,金希甫、薛福成等人对上述看法进行了反驳。[75]他们以西方近代地理科学的成就为据,批评魏源的四洲说过于"闳大不经",但均没有将魏源的上述看法与他对海

---

[73] 魏源:《五印度国志》,《海国图志》卷十九,页666—667。
[74] 魏源在浙江杭州曾从钱伊庵(东甫)学习释典,"求出世之要,潜心禅理,博览经藏。延曦润、慈峰两法师,讲楞严、法华诸大乘。"魏耆:《邵阳魏府君事略》,《魏源集》,下册,页848。
[75] 关于清代地理学中五大洲说的普及、大九洲说的重新"发现",以及有关四洲之说的论辩,参见郭双林:《西潮激荡下的晚清地理学》,页258—267。

洋/大陆的战略关系的看法联系起来观察。对于魏源来说,大陆是抗拒海洋压力的腹地,也是迂回包抄海洋势力的通道。

我们可以从重构帝国历史的努力来观察魏源关心的大陆与海洋的关系问题。元史的研究在清代士人中蔚成风气,稍早的有邵远平的《元史类编》、钱大昕的《补元史·艺文志》、《补元史·氏族表》和《二十二史考异》等,魏源时代则又有汪辉祖的《元史本证》和徐松的《元史西北地理附注》。元史的修订与西北地理学的兴起属于同一潮流,它与清帝国西北疆域的扩展以及中俄边境区域的动荡存在着历史联系。魏源是这一潮流中的人物之一,他的95卷《元史新编》完成于他在高邮知州任上被免职(1853)之后,但资料收集工作早在纂修《海国图志》时期即已开始。元帝国横跨欧亚,罗马帝国深入非洲和亚洲,魏源对帝国的规模、幅员和统治方式有着根深蒂固的看法。他论罗马帝国云:"是时欧罗巴、利未亚二洲,及亚细亚西境,周回数万里,尽入版图,惟罗马国独立行政于天下,四国之使云集于罗马,皆纳款献赋焉。"[76] 又论亚洲对欧洲的扩张云:"忽有中国东北方游牧之匈奴族类,举兵西向,戮杀男女老幼,而日耳曼又渡河据其国,瓜分其地,裂土操权。于唐玄宗时,回回人来侵,佛国并力击退。"[77] 从帝国视野来看,欧洲、亚洲和非洲之间存在着经由战争、贸易、占领和文化传播构成的历史联系,使臣、耶稣会士、商人、军队和移民是进行跨帝国旅行的主体。即使哥伦布的远航也是追溯帝国的传统路线的产物,它的最初目标不是美洲,而是东方的亚洲。魏源对于欧、亚、非之间的历史联系的洞察是通过重构帝国历史来完成的,它的目的是建立跨越国界、合纵连横的战略关系。

西南洋不是孤立的大陆,它的重要性来自与南洋的历史和现实关系。南洋是印度对中国和日本贸易的重要通道,在世界贸易关系中居于重要地位,而荷兰和英国的东印度公司正是掌握和控制这一交叉路口的主要机器。布罗代尔在分析荷兰人进入印度的过程时评论说:"如果没有与

---

[76] 魏源:《大西洋各国总沿革》,《海国图志》卷三十七,页1112。
[77] 魏源:《佛兰西国总记下》,《海国图志》卷四十二,页1221。

印度的联系,任何人在南洋群岛都不能立足,因为印度控制着从好望角到马六甲和马鲁古的南洋经济世界。"[78]反过来,只要了解南洋在世界经济中的枢纽地位,就无法忽略印度的极端重要性。下面这段话说明了"西南洋"(南亚和西亚地区)在魏源的战略构想中具有重要地位:

> 东印度为英夷驻防重镇,凡用兵各国,皆调诸孟加腊,每卒月饷银约二十元,又与我属国缅甸、廓尔喀邻近,世仇。故英夷之逼中国,与中国之筹制英夷,其枢纽皆在东印度。南印度斗出南海,有佛兰西、弥利坚、葡萄亚、荷兰、吕宋各国市埠环列,而英夷之市埠曰曼达萨喇,曰孟迈,皆产鸦片烟,与孟加腊埒,各国不得分其利,恒外睦内猜,故我之联络佛兰西、弥利坚,及购买船炮,其枢纽皆在澳门与南印度。中印度为英夷与俄罗斯相拒之所,中惟隔一兴都哥士大山,俄罗斯逾山则可攻取温都斯坦,英夷设重兵扼守之,故我之联络俄罗斯,其枢纽在中印度。不悉东印度之形势,则不知用廓夷,虽有犄角捣批之策,而不敢信也。不知南印度之形势,则不知用佛兰西、弥利坚,欲行购造兵船之策,而未由决也。不知中印度、北印度之情形,则不知联俄罗斯,方询俄罗斯国都与英夷国都远近,不知其相近者在印度边境,而不在国都也。[79]

魏源清楚地了解印度在世界经济和贸易中的地位,但他更关注的是如何才能利用欧亚大陆内部的地缘关系和历史联系构筑对抗英属印度的战略形势和军事联盟。

西南洋叙述中最为重要的内容包括两个方面。首先是西方国家在这个地区的相互关系及其军事、贸易网络,这是鸦片贸易的根源。在最初的版本中,魏源扼要地介绍了印度的历史、物产,尤其是英国对印度的军事征服、统治范围,以及麻尔洼地区的鸦片生产。在后来重辑的《五印度总

---

[78] 费尔南·布罗代尔:《15至18世纪的物质文明、经济和资本主义》,第三卷,页234。
[79] 魏源:《五印度国志》,《海国图志》卷十九,页666。

述》版本中,他追溯了明万历时代荷兰商船进入印度并设立公司(公班衙)的过程,以及荷兰、法国和英国为争夺南洋和印度贸易利益而发生的一系列斗争。作为群商捐资共作贸易的商会,英国的"公班衙"(即东印度公司)与英国政府之间存在密切的关系,具有垄断的性质,它购地开埠、开衅战斗,进行殖民统治,不是一个纯粹的商业机构。魏源用"开垦愈广,钱货益增,船舶满海,筑城建邑,商变为君"来描述荷兰人对台湾的占领,同样说明了商业与政治之间的密切联系。[80]在战胜了荷兰、法国之后,英国据地极广,但"不尽贸易,惟务治国",以致赴广东采购茶叶的商船在道光十四年(1834)时竟然"不利于市"。这一状况促使英国人利用非法的鸦片贸易获取超额利润。[81]其次是印度与中国西北和西南边疆——尤其是西藏和新疆——的地缘联系。东印度的东面是缅甸,北印度的东面是廓尔喀(即今尼泊尔)及西刻等国。这几个国家均靠近西藏,并与清朝保持着朝贡关系。到魏源撰修《海国图志》的时期,西刻、廓尔喀等被英国人攻服,东印度的孟加拉已经与西藏互市。北印度与俄罗斯接壤,并因争夺鸦片贸易利益而战争不休。出于战略的考虑,魏源认为中国应该联合曾经入侵西藏的廓尔喀,目的是外抗英国,内稳西藏,重建稳定的朝贡关系。[82]乾隆时代清军攻击廓尔喀时,英国人曾从南面攻击其边境,导致廓尔喀献宝求和、遵约班师。由于廓尔喀与英国存在着仇衅,道光二十年(1840)英国兵舰入侵中国沿海时,廓尔喀曾入禀驻藏大臣,表示愿意出兵"往攻底里属地,以助天讨",但驻藏大臣搞不清楚"底里"即指英国而贻误兵机。这是魏源建议联合廓尔喀攻击英国的背景。与此同时,俄罗斯"与我互市,则有陆而无海",而英国"与我互市,则有海而无陆",如果让俄罗斯海船到广东进行贸易,就有可能利用美、法等国与英国的矛盾,实现所谓"以夷攻夷"之策。[83]这一建议的背景是:乾隆时代开放洋禁,但惟独禁止俄罗斯船开舱,因为清朝早已在蒙古边境与俄罗斯

---

[80] 魏源:《五印度总述上》,《海国图志》卷十九,页671。
[81] 同上,页671—672。
[82] 魏源:《东印度各国》,《海国图志》卷二十一,页727。
[83] 同上,页729—730。

互市,担心对俄开放东南市舶会影响蒙古的经济。

魏源对于南洋的描述具有深刻的预见性。1860年前后,英国人对印度、缅甸和中国西部之间的地区重新产生强烈的欲望。太平天国导致了缅北八莫镇的一条商业路线无法起用,但在1860年这条线路重新畅通。英国人办的一份叫作《周六评论》的报纸上曾经发表文章,清晰地论述了联系印度、缅甸和中国西部的重要性。他们希望改善从上海和中国其他沿海城市到仰光或孟加拉湾港口之间的海上贸易航线,目的是能够在战争条件下保障仰光及其他毗邻港口与公海之间的航线。如果英国与中国之间的航线缩短三分之一,运输费用和其他花费也会大幅度减少。1868年,英属印度政府派遣探险队开赴云南,但因缅甸国王希望垄断与中国的贸易而没有成功;此后英国人又从别的路线深入缅甸,试图打通去往中国西南的贸易路线。为了探明沿着长江和西藏抵达印度的路线,他们从云南丽江出发前往雅鲁藏布江上的萨地亚,并从这里前往加尔各达。[84] 由于路途艰险,探查活动没有获得预想的成功,但这些构想涉及了殖民时代的大陆与海洋之间的密切联系,从而也证明了魏源的战略构想包含了深刻的洞见。

《五印度国志》中提及俄罗斯与英国争夺印度利益的斗争,说明西南洋与俄罗斯(即魏源所谓"北洋")具有内在的关系。在《俄罗斯国志》中,魏源引用《康熙平定罗刹方略》的材料问道:当年俄罗斯驻守雅克萨、尼布楚二城者,每城仅数百,而清朝在黑龙江的军队多达数千,攻破这两座城市非常容易,但为什么康熙不是以兵克之,而是两次致书察罕,又寄书荷兰,然后确定疆界? 这里的关键是:联络俄罗斯的目的是扼制与俄罗斯接壤的准噶尔和廓尔喀,维护中国西北的稳定。这一御边柔远的历史事件寓含着丰富的意义,所谓"志北洋,亦所以志西洋也。"[85] 俄罗斯横跨欧亚大陆,族群复杂,曾击败波兰十部落、土耳其、瑞典和法国十三万之众。它的重要性更在于这是一个与满洲、蒙古等中国边疆接壤的帝国。俄国与清朝早有划界条约,并在北京设有馆舍,

---

[84] M. G. 马森:《西方的中华帝国观》,页172—173。
[85] 魏源:《俄罗斯国志》,《海国图志》卷五十四,页1479。

对俄关系是清代对外关系的重要内容。在魏源看来,如何联合俄罗斯以稳定内部边疆、共同对抗英国对远东地区的渗透就成为中国重要的战略选择。从魏源对康熙平定罗刹的分析和态度来看,他显然希望以共同利益为基础、以互利条约为形式,在欧亚大陆腹地形成反击英国和其他海洋力量的防线。

2. 南洋内部的中西关系

借助于西方近代地理学的成就,魏源订正了传统地理学的许多讹误,扩展了明代和更早时期中国对于海洋的理解和看法;但正如"师夷长技以制夷"这一主张所暗示的,《海国图志》的真正动机仍然是考察中国与西方的关系。这部著作的独特之处是把中西关系视为深入中国朝贡体系内部的关系,以叙述东南洋、西南洋和其他地区的方式来叙述中国与西方的关系。宋明时代中国的海上扩张和稍后欧洲对亚洲的征服构成了这一叙事的遥远的历史背景。明朝于1368年赶走了蒙古人,中国帆船远航锡兰、霍尔木兹海峡乃至贞治人的非洲东海岸,驱赶或扰乱了穆斯林贸易。远东成为"幅员最大的经济世界",其中伊斯兰、印度和中国构成了远东的三大经济世界。"伊斯兰以红海和波斯湾为基地,控制着从阿拉伯到中国的一系列沙漠地区,横亘亚洲大陆的腹地;印度的势力遍及科摩林角以东和以西的全部印度洋;中国既是内陆国家(其影响直达亚洲的心脏),也是海洋国家——太平洋的陆缘海以及沿海各国都在它的势力范围之内。"[86]布罗代尔感叹说:"东方的嗓门从此比中央或西方更高。……正是在这个时期,这一广阔无边的超级经济世界的极点将稳定在南洋群岛,那里出现活跃的城市,如万丹、亚齐、马六甲以及晚起的巴达维亚和马尼拉。"[87]但这个世界并不单纯是一个亚洲世界,从1498年5月27日华斯哥·达·伽马抵达卡利卡特起,葡萄牙人、荷兰人、英国人、

---

[86] 费尔南·布罗代尔:《15至18世纪的物质文明、经济和资本主义》,第三卷,页558。
[87] 同上,页559—560。

法国人以及其他一些欧洲国家的人先后进入亚洲地区。"三个经济世界说来已经不少,但随着欧洲的入侵,第四个经济世界又挤了进来。"[88]

魏源在 19 世纪中叶准确地把握了南洋的上述特点,并以此为基点展开对于中西关系的讨论。他以"志南洋实所以志西洋"概括《海国图志》的宗旨,说明中西关系在一定程度上可以被理解为帝国朝贡网络内部的关系。在《海国图志》中,构成"南洋"这一区域的特点的,不是亚洲与欧洲作为两个各自独立的地缘单位的关系,而是在南洋区域内部存在的错综复杂、犬牙交错的内外关系。南洋是一个区域,同时又是一个四通八达的枢纽。西方国家及其经济和军事力量进入了南洋朝贡体系内部,以致传统的内外概念无法表达复杂的历史关系。因此,一方面,魏源通过"师夷"与"制夷"的辩证法重新界定夷夏范畴〔即把朝贡关系的中心区域视为统一的整体("夏"),而把在此之外的区域视为"夷"〕;但另一方面,他又叙述了印度、伊斯兰文化以及"西洋"在南洋朝贡区域内的强大存在。这是内/外、夷/夏关系出现紊乱的征兆。《叙东南洋》开篇说:"志海国莫琐于《明史·外国传》",但该传"西洋与南洋不分","岛国与岸国不分","同岛同岸数国不当分而分"。接着又指出:

> 天地之气,其至明而一变乎?沧海之运,随地圜体,其自西而东乎?前代无论大一统之世,即东晋、南唐、南宋、齐、梁,偏隅割据,而航琛献赆之岛,服卉衣皮之贡,史不绝书。今无一登于王会,何为乎?红夷东驶之舶遇岸争岸,遇洲据洲,立城埠,设兵防,凡南洋之要津已尽为西洋之都会。地气天时变,则史例亦随世而变,志南洋实所以志西洋也。故今以吕宋、荷兰、佛郎机、英吉利、布路亚五国纲纪南洋,其越南、暹罗、缅甸、日本四国,虽未并于洋寇,亦以事涉洋防者著于篇,而朝鲜、琉球,洋防无涉者不及焉。[89]

---

[88] 费尔南·布罗代尔:《15 至 18 世纪的物质文明、经济和资本主义》,第三卷,页 562—563。
[89] 魏源:《叙东南洋》,《海国图志》卷五,页 347—348。

在这里,魏源以五个欧洲国家"纲纪"南洋:荷兰、英国、吕宋(西班牙)、佛郎机(法国)、布路亚(葡萄牙)。

恰恰是在这种追溯失落的帝国视野的过程中,"海洋时代"的世界图景逐渐露出了它的真实面貌:"海洋时代"是"西方"深入亚洲朝贡网络内部的时代,从而中西关系、南北关系、甚至西方国家之间的关系均成为帝国网络的内部关系。荷兰人于明万历年间进入中国人口较多的爪哇,随后法国在清代嘉庆年间征服荷兰,取而代之成为爪哇的总管。几乎同时,英国与法国大战,并帮助荷兰人再攻呀瓦洲,重新获得统治权。[90]朝贡体系的内/外、夷/夏关系怎么可能准确地描述这类冲突和斗争的性质呢?因此,不是单纯地英国入侵或鸦片贸易,而是朝贡网络本身的紊乱,构成了中国安全的真正威胁。在这个意义上,头痛医头、脚痛医脚无济于事,最为重要的是审时度势、合纵连横,重建朝贡体系的内/外、夷/夏网络,为中国的安全构筑有效的保护地带。这就是为什么作为兵书的《海国图志》同时又必须是一部关于全球地缘关系的人种、风俗、宗教、文化、贸易和政治的百科全书。

在《海国图志》对东南洋的描述中,越南、暹罗、菲律宾、缅甸、日本、爪哇等国家和地区居于重要地位,而越南首当其冲。魏源说:"越南自汉、唐、明屡隶版图,列郡县,事灿前史,惟其与西洋交构,则皆在本朝,于中国洋防最密迩。雍正初,红夷兵舶由顺化港闯其西都,而西都以水攻沉之;嘉庆中,复由富良海口闯其东都,而东都以火攻烬之。鸷鸟将击,必敛其形。未闻御大洋横行之剧寇,徒以海口炮台为事者。越南之禁鸦片,与日本禁耶稣教同功,与酒诰禁群饮同律。咄咄岛邦,尚能令止而政行。"[91]在这一传统帝国视野中,越南具有特殊的重要性:第一,越南是邻近中国的藩属国(魏源引徐继畬的《瀛环志略》云:"安南至五代时,乃列外藩。"),但内部纷争,并对中国在该地区的地位造成过威胁。魏源引述了《圣武记》中有关安南部分的讨论,特别突出了明嘉靖和清乾隆时期越南

---

[90] 魏源:《英荷二夷所属葛留巴岛》,《海国图志》卷十三,页526。
[91] 魏源:《越南》,《海国图志》卷五,页359。

的内部纷争和朝廷的对越政策。第二,越南以一小国而战胜了强于自己的大国,除了前面引及的对西方殖民者的军事胜利外,它还曾"大胜中国之舰",如乾隆五十四年(1789)阮惠击溃两广总督孙士毅军,并以兵篡国,招募中国海盗,入寇闽、粤、江、浙等地。越南在军事上以小胜大、以弱胜强的经验足资借鉴(魏源还引徐继畲《瀛环志略》、郁永河的《裨海纪游》、叶钟进《英吉利夷情纪略》、余文仪《台湾志》等书中的有关记载,详细说明越南水、陆战的经验);第三,越南因内部冲突而引入外来势力,导致西方对这一地区的渗透。

  百卷本《海国图志》卷七、卷八都是对暹罗历史及其演变的概述,作者将中国与暹罗的关系看作是中国朝贡体系的典范关系。法国对安南和英国对缅甸的控制威胁了中国的安全,而暹罗恰恰与安南、缅甸相接。因此,清廷于乾隆和嘉庆年间先后册封暹罗,起到了西制缅甸、东制越南的效用。从地缘政治来看,暹罗是中国与南洋群岛之间的重要通道,南洋群岛则是欧洲人进入亚洲的枢纽,稳定了与暹罗的关系也就获得了抗御西方的屏障。魏源从朝贡贸易和闽、粤沿海的民间迁徙两个方面说明中国与这些地区的关系。卷九《暹罗东南属国今为新嘉坡沿革》对马六甲、太呢国、吉兰丹、丁加罗、彭亨、柔佛等东南亚地区进行了广泛描述,中心问题是东南洋内部的中西关系。魏源引述《明史》等资料说明马六甲等地与中国的藩属关系,以及葡萄牙人对这一地区的早期渗透。早在明正德时期,当中国沿海的移民开始他们下南洋的历程之时,葡萄牙人因互市争利而兴兵攻击马六甲,获得了大量的利益。这一区域形成了复杂的华洋杂处的局面。每年有上百艘中国商船到暹罗运送货物,五万华人常驻此地,并与英国人、美国人互市,每年货价约价银5000000元,而中国与暹罗之间的官方朝贡关系也维持良好。魏源例举大量的例子说明新嘉坡、吉兰丹等地区的贸易与华人移民的关系。"以上数国,闽粤人多来往贸易者。"[92]

  西方国家在东南亚的成功不仅取决于武备、贸易和狡计,也取决于这

---

[92]　魏源:《暹罗东南属国今为英吉利新嘉坡沿革》,《海国图志》卷九,页439。

个地区的内部纷争和中国在对东南亚政策上的一系列失误。没有内部的配合或紊乱,西方不可能如此迅速地获取成功。明万历二十八年缅甸兴兵攻占秘古,康熙三十九年(1700)秘古联络荷兰等一同攻占缅甸。此后缅甸部落复起,灭秘古,攻占了若干地区。由于缅甸占领的区域麻尔古与英属孟阿腊接壤,英国遂于道光六年(1826)攻击缅甸。缅甸军队与英军几度作战,留下可观的战绩。这是南洋朝贡体系的内部纷争引入外敌的一个例子。当欧洲国家利用军事和政治力量保护自己在南洋的商业利益的时候,清朝却专注于西北事务,放弃了保护南洋地区的中国商人和华裔居民的责任。驻守爪哇的荷兰人在战争后将流戍西陇的流人撤回,调遣无辜的汉人往代,汉人拒绝后遭到当地番目的袭击和迫害。福建总督得闻后以"被害汉人,久居番地,屡奉招徕,而自弃王化,今被其戕杀,孽由自作"为由,拒绝承担保护责任。[93] 与此相似,大量居住在吕宋(菲律宾)、爪哇等地的华人和商贩遭受残害,中央政府反应迟缓,束手旁观。荷兰以鸦片烟引诱爪哇人,使其丧失反抗能力,而中国置若罔闻,以致多年之后,鸦片流毒中华,造成了极大的困境。中国朝贡体系的紊乱是区域内部贸易、西方入侵、朝廷政策失误并主动放弃责任等多重因素促成的结果。正由于此,恢复唐、宋、特别是明代的海洋观也是在重构王朝对于朝贡体系的基本责任。一个正面的例子是:康熙时代台湾初定,有人廷议放弃台湾,专守澎湖,后经施琅力争,认为如果台湾不归中国,必归荷兰,康熙听从了他的建议,于是在台湾设官置戍。

  清帝国的政治、军事保护与民间的海外商业活动完全分离,而欧洲国家、尤其是英国却建立了兵商合一的贸易体制。早在明嘉靖年间,葡萄牙人控制了马六甲,荷兰人稍后在天启、崇祯年间战胜了葡萄牙,也进入了这一区域。清嘉庆年间,英国先是以其他地区交换对马六甲的控制权,而后又在嘉庆二十三年(1818)袭而据之,并置城戍兵、开垦土地、招集商民,形成新的州府和商业都会。清道光十四年(1834),西方各国、中国、越南、暹罗等国家在新加坡的交易货物达到了价银10000000元。魏源对

---

[93]　魏源:《英荷二夷所属葛留巴岛》,《海国图志》卷十三,页157。

贸易的关注总是密切地联系着军事战略的考虑。他不仅注意到新加坡开埠与马六甲衰落的联系,而且也注意到新加坡在战略上的重要性——这是从印度绕至中国的中间站。英、美等国,尤其是英国在这一区域设立书院,聘请华人教师教授汉语,出版中国经史子集、图经地志,洞悉中国国情,而中国却对彼方毫无洞察。魏源认为这是一个极大的危险,它从另一方面说明了"师夷"的重要性以及"师夷"与"制夷"之间的辩证关系。

3. 世界范围内的夷夏问题

《海国图志》勾勒的是一个世界性的图景,而不是帝国内部的图景。魏源必须发展一种新的内外观才能把握这一新的现实。因此,他的内/外、夷/夏观与早期今文经学之间存在重要差别:

> 于是从古不通中国之地,披其山川,如阅《一统志》之图,览其风土,如读中国十七省之志。岂天地气运,自西北而东南,将中外一家欤?[94]

我们可以将这段话与前一节论及的龚自珍《御试安边绥远书》(清帝国开拓边疆之后的"内外一家"观)加以对比:同样谈论"内外一家",龚自珍以帝国幅员为一家,而魏源谈论的已经是一种全球的历史关系。康熙皇帝制作《皇舆全览图》的目的是将帝国的辽阔疆土全部收入他的视野,龚自珍的论述可以说与此密切配合。魏源则试图以地图的方式把世界收入眼底,让人如阅《一统志》。如果说帝国的内外一体、夷夏无别论是以至大无外的帝国政治和文化作为前提的,那么,在新的全球图景中,以中国为本位来谈论"无外"是很难做到了。这一新的历史视野为康有为四十年后构想"异日大地大小远近如一"的大同世界提供了知识上的前提。

魏源因此不得不重新定义夷夏概念,其特点是:1. 沿袭庄存与、刘逢

---

[94] 魏源:《海国图志》后叙,《海国图志》,页70—71。

禄以来的夷夏论述,抹去这一对概念的地理和种族含义;2.庄、刘等今文家在帝国范围内展开夷夏论述,而魏源则将这一论述推向更为广阔的范围,从而事实上承认了"中国礼仪"外部存在着"礼仪之邦"。新的"中外一家"论以对外部的承认或者说一个多元文明的世界(而不是文野之别的世界)为前提。《西洋人玛吉士〈地理备考〉叙》云:

> 夫蛮狄羌夷之名,专指残虐性情之民,未知王化者言之。故曰:先王之待夷狄,如禽兽然,以不治治之,非谓本国而外,凡有教化之国,皆谓之夷狄也。且天下之门有三矣,有禽门焉,有人门焉,有圣门焉。由于情欲者,入自禽门者也;由于礼义者,入自人门者也;由于独知者,入自圣门者也。诚知夫远客之中,有明礼行义,上通天象,下察地理,旁彻物情,贯串今古者,是瀛寰之奇士,域外之良友,尚可称之曰夷狄乎?圣人以天下为一家,四海皆兄弟,故怀柔远人,宾礼外国,是王者之大度;旁咨风俗,广览地球,是智士之旷识。彼株守一隅,自画封域,而不知墙外之有天,舟外之有地者,适如井蛙蜗国之识见,自小自蔀而已。[95]

为了获取内部的平等和承认帝国的合法性,早期今文经学采取了通过泯灭内/外、夷/夏的绝对界限来重新定义中国的策略。魏源将这一策略扩展到世界的范围之内:夷狄等称谓不单指中国周边的民族或地区,也不仅用于本国与他国的区别。夷狄概念是在教化与非教化的差别中建立起来的,也即是以帝国及其周边地区的关系为中轴建立起来的。这一看法事实上切近于欧洲人的历史观:古代欧洲的地理划分并非以欧洲为界,而是由希腊和罗马人开化了的地中海流域为界的。在很大程度上,欧洲本身还属于希腊人和罗马人所称的"蛮族世界",即外部世界。欧洲的中心筑有一条与中国长城功能相似的、沿着莱茵河与多瑙河的长城,这是罗马帝国用以抵御蛮族的工事。欧洲的个性只是在中世纪才以基督教的形式确

---

[95] 魏源:《西洋人玛吉士〈地理备考〉叙》,《海国图志》卷七十六,页1888—1889。

定下来。魏源描述罗马帝国及其周边的关系说:"初罗马征服各国之后,其边外夷狄尚未收服,后嗣遂欲穷兵绝域,深入沙漠,穷追至北海,犁庭扫穴,伏尸百万,始能征服。"[96] 在这个意义上,夷夏与内外这两组概念开始发生分离,即外部不能简单地被定义为夷狄,夷狄未必在外部。"天下一家"以承认内外的现实界限为前提,同时也就承认了帝国外部存在礼仪教化之邦。这是帝国向民族国家转化的征兆,也是康有为声称九大洲各有教主、泰西亦为诸夏(具有不同的"统"的诸夏)的先声。威斯特伐里亚和会之后,欧洲民族—国家形成了一种以相互承认为特征的国际法关系,但这种相互承认的主权关系以"文明国家"或基督教国家为前提,所有欧洲之外的国家并不在这一相互承认的范畴之内。只是在鸦片战争时代,为了让中国以主权身份签订不平等条约,这一民族—国家的承认关系才开始扩展至其他地区。关于这一问题,我将在下一节中详细讨论。

但是,夷夏内外的文化意义并没有彻底地相对化,儒家教化仍然居于这一夷夏观的中心。我们不妨以《海国图志》关于"西印度"的描述来观察这一点(魏源将西亚地区错误地放置在西印度的范畴内)。在介绍西南洋诸国时,除了讨论西亚国家的地缘重要性〔如"东、西、南皆界海,北界都鲁机(土耳其)……形势亦居要害",以及欧洲人和美国人在这一地区的贸易和军事存在,等等〕之外,魏源辟专卷分别论述了回教、天主教等起源、特点和相互关系,显示了他对宗教问题在西亚社会和世界关系中的作用的高度重视。在卷二十四《西印度西阿丹国沿革》的结尾,魏源把

---

[96] 魏源:《大西洋各国总沿革》,《海国图志》卷三十七,页1112。同卷又引《欧罗巴各国总序》下云:"自罗马西都陷于夷狄之后,迨当唐中宗嗣圣年间,英吉利南边膏腴之地归于萨索尼亚夷国,奥卢地归于法郎古夷国,西班亚归于厄都夷国,……于是罗马国之……政事、律例、风俗、衣冠、言语、人名、国号,尽变夷俗。……"(同上,页1113)。在这类用法中,夷狄包含未开化的意思。一个更为明显的例子是,在《佛兰西国总记下》中,魏源引用《外国史略》的说法,云:"佛兰西国,古时亦山林之蛮夷,久渐向化,然性好勇,……"(《海国图志》卷四十二,页1220)。这里的夷概念是贬义的(即归于文明与野蛮的框架内),但却不能说是中国中心的,因为在这里,夷是在与罗马帝国及其文明的关系中被界定的。

西亚宗教与佛教问题联系起来:

> 佛教兴于印度,以慈悲寂灭为归,中土士大夫推阐其说,遂开禅悦一派。《摩西十诫》虽浅近,而尚无怪说,耶稣著神异之迹,而其劝人为善,亦不外摩西大旨。周孔之化,无由宣之重译,彼土聪明特达之人,起而训俗劝善,其用意亦无恶于天下,特欲行其教于中华,未免不知分量。摩哈麦本一市僧,忽起而创立教门,其礼拜与天主教同。……乃自李唐以后,其教渐行于西域,今则玉门以西,尽亚细亚之西土,周回数万里,竟无一非回教者?鸱枭嗜鼠,蜈蚣甘带,孰为正味乎?正难为昧任侏僬者深求也。惟腥膻之俗,蔓延中土,刚狠毒鸷,自为一类,非我族类,实逼处此,终贻江统忧尔。[97]

在卷二十五《各国回教总考》的开头,魏源更明确地说明了考证回教源流的动机:

> 今天山以南,玉门以西,环葱岭东西南北,延及咸海、里海之左右,分亚细亚洲之半,蔓延及于内地各府、厅、州、县,无不有清真寺、礼拜寺者,中土士大夫之无识者或从之。其人率阴鸷,寡廉耻,甘居人下,而中怀叵测,自为一族。海宇承平,可无大患,然其凶狠猛烈之气,固难化也。考回回教。[98]

仔细地推敲魏源对于伊斯兰教、犹太教和基督教的讨论,我们可以概括出一些基本的特点。

首先,在面对种族问题时,魏源的夷夏观显得较为开明,但一旦面对文化和宗教问题,"非我族类"的观念重新被提了出来。为什么会如此呢?这是因为清代今文经学的夷夏观和清帝国的所谓"满汉一体"论都

---

[97] 魏源:《西印度西阿丹国沿革》,《海国图志》卷二十四,页785。
[98] 魏源:《各国回教总考》,《海国图志》卷二十五,页791。

是对内部族群关系的讨论，其核心在于服从圣人王化，而不在区分种族。这种反种族主义的夷夏观取消夷/夏、内/外的绝对差异，但所谓"取消差异"是以儒学礼仪这一普遍的文化同一性为基础或前提的。因此，较之种族差异，文化差异是为更为根本的差异。魏源在信仰和习俗问题上时时露出偏见，与他在族群问题上的开明观点恰成对照。例如，在《天方教考》的结尾，他议论说："删经定制，集群圣大成而所定之制若此，所自援之儒教仅如此，又何暇与议五伦？何暇与议六合？"[99]在分析天主教时，他又认为天主教法大多剽窃释氏，其中涉及的儒书也无非"因缘假借以文其说，乃渐至蔓衍支离，不可究诘，自以为超出三教上矣"。[100]他对天主教的研究很大程度上依赖于明代传教士利玛窦、庞迪我、艾儒略、毕方济、高一志、溥泛际等人的著作，但基本态度也好不了太多：

> 西洋人之入中国，自利玛窦始。西洋教法传中国，亦自此三十五条始。大旨多剽窃释氏，而文词尤拙。盖西方之教，惟有佛书欧罗巴人取其意而变换之，犹未能甚离其本。厥后既入中国，习见儒书，则因缘假借以文其说，乃渐至蔓衍支离，不可究诘，自以为超出三教上矣。
>
> 西域三大教，天主、天方皆辟佛，皆事天，即佛经所谓婆罗门天祠。其教皆起自上古，稍衰于佛世，而复盛于佛以后。然吾读福音诸书，无一言及于明心之方，修道之事也。……印度上古有婆罗门事天之教，天方、天主皆衍其宗支，益之谲诞，既莫尊于神天，戒偶像、戒祀先，而耶稣圣母之像，十字之架，家悬户供，何又歧神天而二之耶？……[101]

魏源不但将天主教溯源于亚洲，而且还溯源于印度婆罗门传统和佛教。为什么如此？第一，如果天主教、天方教均可以溯源于佛教，那么，儒教与

---

[99] 魏源：《天方教考》，《海国图志》卷二十五，页803。
[100] 魏源：《天主教考》，《海国图志》卷二十七，页835。
[101] 同上，页835，838—839。

这些宗教的关系也就可以视为中国内部的关系(自明代以来,天主教问题的确包含了"内部性")。第二,以此为前提,儒学处理内部差异的方式和方法也可用于处理这类"外部"关系。清代经学传统本有以儒归儒、以释氏归释氏、以老庄归老庄的考证传统,在这个意义上,严格区分儒学与西亚、欧洲宗教的方式也可以被看成是在儒学传统中严格区分儒释的方式。因此,魏源对西方宗教和文化的探讨实际上恢复了清代经学——特别是古文经学——以考证方法严分儒、释、道的宗旨。在谈论天主教与印度传统的关系时,他议论说:"董子曰:'道之大,原出于天',故吾儒本天,与释氏之本心,若冰炭,乃天方、天主,亦皆本天,而教之冰炭益甚,岂辨生于未学,而本师宗旨,或不尽然欤?"[102]如果我们了解了上述逻辑,他的这种议论也就毫不足怪了。

其次,即使如此,反对严分内/外、夷/夏的取向仍然在魏源的宗教观中留下了痕迹。他对异教持有相对宽容的态度,力图从各种宗教中找到一些可以普遍认可的信念:

> 周孔语言文字,西不逾流沙,北不暨北海,南不尽南海,广谷大川,风气异宜,天不能不生一人以教治之。群愚服群智,嚣讼服正直。文中子曰:"西方之圣人也,中国则泥。"庄子曰:"八荒以外,圣人论而不议,九州以外,圣人议而不辨。"或复谓,东海西海,圣各出而心理同。则又何说焉?[103]

其他地区的人民没有尊奉儒教有其现实条件(交通阻隔,很难要求远方的人民也信仰儒教),但不同宗教和信仰之间也必定存在沟通的可能性。例如,伊斯兰教的基本宗旨意在劝善惩恶,并无大错。宗教问题各有信仰,很难以单一的标准判断"孰为正味"。这不是一种原教旨主义的态度。上引第一节谈及佛教东传,中原士大夫推阐其说,实际上暗示了各种

---

[102] 魏源:《天主教考》,《海国图志》卷二十七,页839—840。
[103] 同上,页840。

宗教之间存在重叠的部分。但是，无论是对其他宗教的宽容，还是谈论各宗教之沟通，基本尺度仍然是儒教："天方教之事天，同于儒之事上帝，而吸取释教礼拜斋戒、持诵施舍、因果浅近之说以佐之，大旨亦无恶于世教。其以天地日月为上祭，山川水土为中祭，宗庙坟墓为下祭，不废神祇人鬼，亦胜天主教之偏僻。"[104] 他对基督教中耶稣代神天以主造化之说持有怀疑，同时认为《神理论》近于儒学上帝造化之说（以及《易经》所谓"阴阳不测之谓神，妙万物之谓神，不疾而速，不行而至之谓神"之说）。

《海国图志》对宗教的关注与其说是宗教的，毋宁说是俗世的。魏源对西亚、非洲和宗教问题的关心与他对南洋的关注一样，也来自对西洋以及中国与西洋的关系的理解。《利未亚洲总说》对亚洲、欧洲和非洲之间的交通枢纽和文化联系作出了说明：英国火轮递送文书的路线是从印度洋驶至亚丁，入红海至苏伊士，行旱路至地中海东南隅，而后再用火轮接递西驶，出直布罗陀海口，约五十天可达英国首都。自明以前，欧罗巴通中国，皆由此路。[105] 魏源对摩洛哥、阿尔及利亚、利比亚、突尼斯等国家和地区的描述意在说明非洲与欧洲、特别是罗马的历史关系。《天主教考》特别说明耶稣教义起源于亚洲，西行至欧洲，而后又随殖民路线流传到美洲。《旧约全书》"半是亚细亚之西希伯来人所录，半是欧罗巴之东希腊人所录"。[106] 在这个意义上，我们能够清楚地区别欧洲和亚洲吗？在他看来，欧洲统治的中心是意大利，它不仅是中国与欧洲的关系的起源，而且也是现代欧洲文明的根据。我们很难确证魏源是有意地还是无意地误解了中世纪帝国与欧洲民族国家的关系、尤其是政教分离的情况，他比附说：西方各国国王即位需要教皇册封，从而教皇的地位犹如西藏之政教合一的达赖喇嘛，罗马教廷任命的各国大主教犹如住持蒙古各部之胡土克图。[107] 按照这一判断，尽管中西冲突是利益的冲突，但在这一利益关系背后隐藏着更为深刻的文化差异。这一叙述提供了新的夷夏之辨

---

[104] 魏源：《天方教考》，《海国图志》卷二十五，页802。
[105] 魏源：《利未亚洲总说》，《海国图志》卷三十三，页989。
[106] 魏源：《天主教考》，《海国图志》卷二十七，页833。
[107] 魏源：《大西洋欧罗巴洲各国总叙》，《海国图志》卷三十七，页1092。

和内外之分的合理的和合法的根据。在魏源对于各宗教起源的论述中，文化差异被压缩在一个极为有限的范围内。当夷/夏、内/外的差别被置于宗教、伦理和文明程度的框架中加以界定的时候，借鉴和学习西方国家的制度、技术和方法也就无损于上述差别的清晰界定。这是"师夷长技以制夷"这一命题得以成立的基本前提，也是魏源对欧美制度和技术进行广泛的、肯定性的介绍的基本前提——从船炮技术和贸易方式到政治制度和法律体系，从民主实验到殖民经验，所有这一切都是无关夷/夏、内/外的实质差别的"用"的范畴。这是晚清时代中体西用论的滥觞。魏源对西方各国"自国王以及庶民皆奉天主耶稣之教，纤毫异学不容窜入"[108]的狭隘态度持有明显的贬斥和批判。在他看来，英国、法国等民族国家与罗马帝国的根本差别在于：帝国关心宗教和文化价值，而民族国家对此并不在意，它专注于贸易和商业活动，即以军事的方式保障互市的顺利进行。"兵贾相资"构成了英国称霸世界的根本秘密。魏源告诫说："善师四夷者，能制四夷，不善师外夷者，外夷制之。"[109]

4. 英国经济或欧洲资本主义崛起的秘密

鸦片战争明确地提示了中国面临的主要威胁来自欧洲，特别是英国。所谓"师夷"之"夷"也即指英国和其他西方殖民国家。它们构成了帝国的真正的"外部"。康熙于五十年（1711）十月壬子诏谕说，"海外如西洋等国，千百年后，中国恐受其累，此朕逆料之言。"魏源把康熙的上述预言展开为历史和地理的叙述。他的欧洲叙述有两个特点：第一，他把欧洲视为充满了利益冲突、文化差异（语言、宗教和政治制度）和变化的权力关系的世界，从而订正了明代以前中国人将意大利（大秦）或葡萄牙（佛郎机）等同于欧洲各国的错误看法。如果与晚清和"五四"时代流行的"东西文化"的总体描述方式中的"西洋"相比，魏源的欧洲观要丰富得多。

---

[108] 魏源：《大西洋各国总沿革》，《海国图志》卷三十七，页1097。
[109] 魏源：《大西洋欧罗巴洲各国总叙》，《海国图志》卷三十七，页1093。

他叙述了罗马帝国的崩溃与分立的民族国家的产生,[110]叙述了伊斯兰帝国与罗马帝国的战争,叙述了天主教与新教的冲突,叙述了欧洲的地理环境、国家制度、学校和知识、赋税和刑政,等等。最为重要的是,他叙述了葡萄牙、西班牙、荷兰、俄国和英国等欧洲国家的权力消长,从而为中国人理解欧洲的崛起、构思应对的策略提供了重要的视野。第二,他把欧洲内部的冲突及其军事和贸易扩张放置在世界各区域的广阔舞台中观察,从而欧洲的工业化和对外扩张不再是一个单向的事件,欧洲内部的社会、政治和军事关系的改变密切地联系着其他地区发生的变化。魏源在欧洲、尤其是英国的崛起与地缘关系、生态环境、内部压力、海外贸易,以及诸如中国等地区的对外政策和贸易政策造成的结果之间建立起了历史联系。

英国是作者关注的重心。《大西洋欧罗巴洲各国总叙》云:"今志于英夷特详,志西洋正所以志英吉利也。塞其害,师其长,彼且为我富强。"[111]鸦片战争期间,魏源深入浙江前线,并根据英国俘虏的口供撰写了《英吉利小记》。百卷本《海国图志》卷三十七至卷五十三均为有关欧洲国家的介绍,其中卷五十至卷五十三是英国部分,叙述周详。《英吉利总记》简略介绍了英国的法院、议会、内阁、枢密院、军队、政治生活、税收及其国家财政、银行,等等,[112]显然将英国内部制度的改革看作是它的霸权地位的有效支柱。但是,英国内部政治制度与中国发达的官僚制度存在着相似之处,从而很难被看作是直接的决定因素。[113]更重要的是,英国是一个"割据他洲之藩属国甚多"的帝国,其特点是在互相远离的地区大量殖民,通过造船业和设商埠的方法构筑贸易网络。[114]因此,英伦三岛的内部制度不足以说明英帝国的特点。魏源最为关心的问题是:为什么别的

---

[110] 他引徐继畲《瀛寰志略》云:"前五代之末,罗马衰乱,欧罗巴遂散为战国。"魏源:《大西洋各国总沿革》,《海国图志》卷三十七,页1104。

[111] 魏源:《大西洋欧罗巴洲各国总叙》,《海国图志》卷三十七,页1093。

[112] 魏源:《英吉利总记》,《海国图志》卷五十,页1380—1383。

[113] "……外有国帑、银库、律例、国玺、国内事务、藩属地、水师务、印度部、商部、兵部各大臣,有要务则国王召议事百十三员会议,与中国军机、都察院无异。"《英吉利国广述上》,《海国图志》卷五十一,页1422。

[114] 魏源:《英吉利国广述上》,《海国图志》卷五十一,页1405。

国家没有发展成为英国式的帝国呢？或者说，究竟是哪些因素使得英国从一个海洋岛国转变成为控制世界贸易和拥有如此多藩属国的世界霸权？我们从他的叙述中可以得出一系列相互关联的、综合性的结论：

第一，英国人口和土地的矛盾促使了技术革新，形成了工商业人口大于农业人口、长途贸易远盛内部贸易的格局。英国人口的相当部分转化为移民，但岛内人口仍然不断增加，从魏源写作《海国图志》往前推算四十五年，英国本土人口增加了八百万以上。"人烟稠密，户口繁滋，田园不足于耕，故工匠百有三十五万户，多余农夫三之一。不止贸易一国一地，乃与天下万国通商也。"[115] 人口的高速增长、土地资源的限制和海外长途贸易共同造成了新的劳动分工，彻底转化了原有的农业社会的基本结构。魏源收集到的数据是：英国总人口中农业占百分之三十，矿业占百分之十，制造业占百分之十，商业占百分之二十，其他人口为教师、律师、医生、武士、水手，等等。

第二，英国工业的主要内容是纺织业，它以羊毛和棉花为原材料，同时需要工业和能源支持，即机器和它的动力——煤炭。[116] 幸运的是，英国的国内资源和美洲、印度的资源恰好提供了纺织业的必要的和方便的条件。苏格兰拥有大量的草场，足资游牧，提供羊毛，美洲则是棉花的源源不断的供应者。东北藏有富饶的煤矿、锡矿和铁矿，每年出铁价银二千万余两、锡价银三十四万余两，铅价银八十三万余两，而煤炭最多，达到每年合价银二万四千余石。"每年出煤五万二千五百余万石，矿深一百三十九丈。每年以一千二百万石制火炮、刀剑，约价银五千一百万两。作工者三十万。棉花多运自花旗，每年约三百四十五万石，价银四千二百八十万两。……绵羊毛，每年产九十三万石，由外运入者四十二万石。"[117] 换言之，英国的自然物产及其与美洲的联系使得它获得了工业发展的优越条件。魏源在一段按语中说："英吉利……所以骤致富强，纵横于数万里

---

[115] 魏源：《英吉利国广述上》，《海国图志》卷五十一，页 1407。
[116] 魏源说："制造之匠，纯用火机关，所藉以动机关者，煤炭。"同上，页 1420。
[117] 同上，页 1420。

外者,由于西得亚墨利加,东得印度诸部也。"[118]英国的发展是国内条件与国外条件——尤其是它对美洲和印度的殖民——恰好吻合的偶然结果。[119]

第三,英国经济对于长途贸易的依赖,以及大量的海外殖民,促成了英国造船和军事技术的长足发展,也形成了军事与商业的密切联系,而这两个方面又反过来加强了英国在海外进行拓殖的能力。英国商业不同于传统商业的最为重要的特征不是自由市场或自由贸易,而是军事保护,即军事与商业的紧密联系。英国"推广贸易之法,有火轮船,航河驶海,不待风水。"[120]但是,丹麦、荷兰、西班牙、法国等国家均有海外扩张的倾向,并与英国先后存在重要冲突,从而贸易的争夺势必带动军事的抗衡。在计算了英国海军的船只和大炮数量之后,魏源注意到一个基本事实:英国的海上活动超出欧洲范围是在明万历年间,当时西班牙垄断着海洋贸易。英国首先战胜西班牙,而后又击败荷兰、法国,最终获得了通商的主导权。因此,通商权实际上产生于治海权。

---

[118] 魏源:《英吉利广述中》,《海国图志》卷五十二,页1436—1437。

[119] 彭慕兰(Kenneth Pomeranz)对16至18世纪的长江中下游经济与英国经济进行对比,他认为在这个时期中国与英国的经济指数极为接近,中国市场中的资本配置、劳动力和土地可能比英国更为自由,但为什么工业革命在英国发生了?他的解释是:中英之间的真正差异产生于1800年以后的英国经济的飞跃:英国具有方便的煤炭供应和美洲的丰富资源。工业革命并不是从欧洲的长期优越条件中平稳地发展出来,英国的飞跃产生于下述条件:它的煤炭供应靠近水源和海港,从而使得蒸汽机的运用较为经济。但中国的煤炭主要集中在西北,距离手工业发达的江南非常远,若要用西北的煤炭来支持江南的早期工业将是极为昂贵的,因此也没有产生相应的技术更新。此外,作者认为长途贸易和军事竞争也是普遍的现象,但欧洲的特点是对海外贸易进行军事和政治保护。这一看法来自近代中国人(从魏源到王赓武)对于中西关系的比较研究和观察。See Kenneth Pomeranz, *The Great Divergence: China, Europe, and the Making of the Modern World Economy* (Princeton, NJ: Princeton University Press, 2000). 另参见王赓武的文章《没有帝国的商人》(see Gengwu Wang, "Merchants without Empire", in *The Rise of Merchant Empires*, ed. James Tracy (Cambridege: Cambridge University Press, 1990), pp.400-421。

[120] 魏源:《英吉利国广述上》,《海国图志》卷五十一,页1408。

自嘉庆十九年,西方列国大臣会议结和戢兵以后,兵船惟巡海护货而已。[121]

其在东印度各国采买,亦设大班诸人,遇有可乘隙,即用大炮兵舶占踞海口,设夷目为监督,以收出入税。先后得孟剌甲、新埠及新加坡等处。……其用兵饷费出于公司各港所征收税,公司得收三十年,期满始归其国王。凡用兵只禀命而自备资粮,以故到处窥伺。[122]

航海技术和军事力量是英国贸易发展、广泛通商和在全球各地殖民、开埠的基本条件。[123]正是根据上述观察,魏源建议以造船业为中心加强民间商业与国家军事保护之间的联系。从军事工业发展到民用工业的洋务运动遵循的正是这一路线。

第四,与贸易与军事的内在联系有关的是:英国的贸易并非自发的民间贸易,而是一种以东印度公司(大公班衙)为组织形式的垄断性的和转口性的贸易。这是获取超额利润的制度条件。与中国帆船的自发贸易极为不同,英国商人"所市皆非本国土产,皆采买他国,犹以万达剌沙暨东印度各国采买最众,易茶丝等货以归,各国及俄罗斯西境皆就近至彼国转贩。"在这里,垄断是以高利润为目的的长途贩运活动的有效的组织形式。英国于乾隆四十几年在中国创立公司,"公司者,国中富人合本银设公局,立二十四头人理事,于粤设总理人,俗谓大班、二班、三班、四班……"它开始进口的茶叶、生丝有限,但随后数量大增,"其茶叶收赋极重,约埒中国买价,又禁他人不得置,即船主、伙长等人置者,到日交公司酌领价值,由是富强日盛,有大、二、三、四等头人以治政事。"[124]公司的股份性质并没有影响其垄断性。这种垄断性不但促成了走私贸易的大规

---

[121] 魏源:《英吉利国广述上》,《海国图志》卷五十一,页1409。
[122] 魏源:《英吉利国广述中》,《海国图志》卷五十二,页1436—1437。
[123] 例如,道光三四年间,公司因为缅甸西南的必姑港土产丰盛,因而立刻派兵船占据。虽然后来为缅甸击败,但这一以军事带动贸易的方式是始终一贯的。见魏源:《英吉利国广述中》,《海国图志》卷五十二,页1439。
[124] 魏源:《英吉利国广述中》,《海国图志》卷五十二,页1435—1436。

模发展,而且能够影响政府决策、支配军事力量对有组织的走私活动进行保护(在自由贸易的名义下)。无论是公班衙或是公司的译名均突出了"公"的特点,这里所谓"公"概念与"官"的概念、合伙的概念有着微妙的关系。事实上,即使在东印度公司解散之后,英国政府仍以军事方式保护商业运输。没有组织和垄断,商人就很难借助于军事力量强行打开市场,也很难把商业力量转化为殖民地的政治力量。正因为如此,魏源认为必须解散公司,瓦解对方势力,否则很难制御英国的对华侵略和渗透,包括鸦片贸易。

第五,长途贸易的风险和对货币交换的依赖促成了英国保险业的发展、金本位制的形成和税收结构的完善化。由于担心货船存失不定,船主或货主约人担保,如果货船平安抵达,每银百两保价三四元,如果货船不幸沉没,则保人赔偿船主银二万两。这类与海外贸易直接相关的体制伴随着英国国内和国外发达的税收制度,造成了国家能力的空前提高。魏源引述道:"英人所收税饷,五印度居其大半。……岁入税饷,除还商民利息外,每年约得二千余万两,所出亦二千余万两。"税收的增加使得英国能够养兵:它不仅拥有驻扎本国的军队,还有驻扎殖民地的军队,以及着招募的当地"土兵"。[125] 魏源对于以英国为中心的金融体制重构世界经济的过程没有作出清晰的说明,但他简略地提到了金本位制的确立:英国以金为硬通货,每金三两,分作银价二十二块,其银再分铜钱,兼用银票、钱钞等货币,与金银同价。由于发达的贸易、健全的系统和金本位制的确立,英国银行享有最好的信用,也奠定了英国作为金融中心的地位。参照魏源在《道光洋艘征抚记》和《筹海篇》中关于鸦片贸易和白银危机的关系的讨论,以及《海国图志》有关美洲盛产黄金的叙述,这里关于英国的金融、保险和金本位制的叙述显然是在广阔的世界史背景中建立起来的。魏源对鸦片贸易与白银外流问题有着清晰的认识,但对银本位制的衰落与美洲黄金生产及其在以伦敦为中心的金融体系中的作用之间的联系似乎缺乏认识。魏源关注的基本问题是:英国殖民主义创造了一种

---

[125] 魏源:《英吉利国广述中》,《海国图志》卷五十二,页1447—1448。

以军事、垄断、占领、转口贸易、工业和金融信贷为纽带的世界市场,它的内部分工和制度发展与世界市场之间存在着密切的互动关系。这是英国称霸和富强的真正基础。正由于此,他力图摆脱头痛医头、脚痛医脚式的方案,从南洋、俄罗斯、西亚等各个方面展开"中国问题"的脉络,进而勾勒了一个中国置身其间的相互联系的、互动的世界图景。

5."合省国"的政治结构与大一统的想像

　　魏源对于英国的政治制度作了介绍,但与他对美国独立的历史经验和民主制度的重视相比,我们看不出他对英国制度的特别热情。在《墨利加洲总叙》的开头一节,他一连用了六个儒学传统中最高的褒词赞扬美国奋起反抗(武)、远交近攻(智)、联邦政治(公)、选举制度(周)、平等贸易(富)、不凌小弱(谊)的精神、制度和政策。魏源叙述了哥伦布、麦哲伦、德·伽马对美洲的发现,却几乎没有提及欧洲殖民者对印第安人的种族屠杀。居于他的描述中心的,是美国独立运动及其对英国的反抗,以及美国政治制度的独特性。从夷夏观的角度,我们不妨提一个问题:美国人口主要由英格兰、苏格兰、荷兰、西班牙、德国、法国、瑞典等欧洲移民(尤其是英国移民)构成,与欧洲人并没有种族上的区别("新国人物规模、体制,皆不异于英吉利"[126]),但为什么魏源对美国的态度明显地区别于他对欧洲国家的态度?首先,鸦片战争时期,美国政府和多数的领事、商人均对英国的野心持反对态度,驻华公使马夏尔(Humphrey Marshall)支持中国保存领土主权,从而在中美之间产生了一种亲近气氛。其次,魏源关心的是政治方面,即不同国家的对外态度及其内部制度,种族问题显然不在中心地位。从前者看,美国反抗英国的殖民统治、建立独立的新兴国家,它在贸易和外交方面不像传统殖民国家那样咄咄逼人;从后者看,美国放弃了奴隶制度,黑人的地位有所提高,采用了联邦政治,体现了种族平等的取向。这些都是魏源对美国表现出较大热情的原因。

---

[126] 魏源:《弥利坚即美里哥国总记上》,《海国图志》卷五十九,页1627。

美国的吸引力不仅来自它与欧洲国家的差别,而且还来自与中国的相似性。魏源从来没有简单地将中国与欧洲民族国家进行对比,相反,他对以族群为中心的分离倾向持有贬斥态度。在论述夷狄与中心的关系时,他暗示了罗马帝国与周边的关系与中国及其朝贡体系的关系存在着相似之处。在魏源看来,美国是一个文化和族群多元但却统一的帝国,它与欧洲民族—国家的模式完全不同(稍有相似的是瑞士)。美国的多民族状况没有影响国家的统一,这对以维护帝国的内在完整性为前提的晚清知识分子来说是一个极其重要的暗示。在谈到美国富饶的矿业资源、发达的交通时,魏源特别提及美国与中国的一个相似之处,即在多元民族状况下拥有统一的语言,从而构成了与欧洲复杂的语言状况的重要区别。因此,那种以语言、种族和宗教为主要内含的欧洲民族主义模式既不适合于中国的情况,也不适合于美国的情况。他引用《美里哥国志略》的材料证明说,美国与中国的地理位置"东、南、北皆无异",[127]在幅员、种族、文化和语言状况方面均存在相似性。

美国的另一吸引力来自其政治体制与中国的极大差异,即民选总统制。英国、德国等国家仍然是君主国家,从政治结构的角度看,似乎与中国皇权中心的政治制度差别不大。[128]美国的各州(即他所谓部落)设有州长位置,但没有国王(如同英国),起统帅作用的是"别公举一大头目总理之",这是美国称为"合省国"(United States)——译为"兼摄邦国"——的原因。[129]魏源反复提及总统由各部和人民公选,任期四年、两任以后不得连任,以及完全铲除世袭制,等等,对于"公选、公举之权,不由上而由下"的民主制度显然存有极大的热情。[130]值得一提的是:如何解决世

---

[127] 魏源:《弥利坚即美里哥国总记》,《海国图志》卷五十九,页1622。
[128] 半个世纪之后,康有为也曾就此作过比较,他说:"考之地球,富乐莫如美,而民主之制与中国不同;强盛莫如英德,而君民共主之制,仍与中国少异。惟俄国其君权最尊,体制崇严,与中国同。"康有为:《译纂俄彼得变政记成书可考由弱致强之故折》,见故宫博物院藏内府抄本:《杰士上书汇录》卷一。
[129] 魏源:《弥利坚即育奈士迭国总记》,《海国图志》卷六十一,页1676。
[130] 魏源:《弥利坚即美里哥国总记》,《海国图志》卷五十九,页1635。

袭制度带来的弊端始终是清代有识之士关心的重要课题，"讥世卿"和"不拘一格降人材"更是自庄存与到龚自珍的今文经学传统的基本主题之一。对于魏源来说，总统制及其选举制度与中国世袭皇权和贵族制度构成了鲜明对比，提供了解决避免"世卿"擅权的重要途径，为选贤与能的理想的人材任用制度提供了可能性。

上述两个方面均与美国的联邦体制密切相关。从今文经学的视野来看，联邦主义的政治观与融合封建和郡县的大一统构想有着某种相似性，它们都是能够将帝国理想保存在一种平衡的政治结构之中的政治架构。"大一统"的含义是在郡县框架下恢复封建的精神，形成融分权与集权为一体的制度结构。在清代特殊的历史条件下，这一制度构想包含着对于"中国"的再定义，即在尊重各民族文化和制度的前提下，以某种普遍伦理（如"孝"）为基础形成统一的政治关系。在魏源看来，美国联邦制正是这样一种融会中央集权和地方分权的政治结构。"美理哥有都城之官，有各部落之官。各部落内，一首领，一副领，议拟人员无定数。……统领每年收各省饷项，除支贮库不得滥用外，每年定例享禄二万五千元。……"[131] 陆续成立的新州保持着自己的自治权，但并未如同欧洲国家那样采取民族—国家的独立模式，而是加入联邦，成为联邦政治体系的一个具有自主权和独立特色的部分。

因此，联邦政治体系是一种内外分明又相互联系的政治秩序。从多元政治的角度看，"新国制例有五，一曰国例，为二十六部所通行；二曰部落例，各部不同；三曰府例，每府亦不同，惟生于斯者守之；四曰县例，各县自立其规，各民自遵其制；五曰司例，亦由司自立，惟所属者遵之。此五例中，又小不能犯大，如司则不得犯县例焉。"[132] 这是强调联邦政治中的分权或封建方面。从统一国家及其行政制度的角度看，"立一国之首曰统领，其权如国王；立各部之首曰首领，其权如中国督抚；一部中复分中部落若干，如知府；再分小部落若干，如知县。其国都内立六政府，如六部尚

---

[131] 魏源：《弥利坚即美里哥国总记》，《海国图志》卷五十九，页1632。
[132] 同上，页1633。

书,惟无工部,而有驿部。"[133] 这是强调联邦政治与郡县制度的相似之处。魏源以儒学的语言翻译《独立宣言》的各条款云:

> 上帝生民,万族同体,各异性命,使安其分。又恐民之强凌弱,众凌寡,蠢顽之无教,故又立国主,以范围之,扶植之,非使其胺削之也。我国旧无渠长,及英吉利来王我地,臣我民,我民亦欢然而奉之。……[134]

这里有两个要点,一是万族同体和各安其分(即多元一体的政治结构),二是英王无道,各部才告独立。独立战争结束后,君长立,法制定,确立新统,文武分立,安内攘外,通商各国。一个崭新的帝国诞生了。魏源对美国的兴起及其内部制度的描述让我们听到了春秋公羊学的韵味:"故虽不立国王,仅设总额,而国政操之舆论,所言比施行,有害必上闻,事简政速,令行禁止,与贤辟所治无异,此又变封建、郡县官家之局,而自成世界者。"[135] 魏源从美国的联邦主义政治中看到了一种大一统的现实,或者说,他对美国联邦主义政治采取了一种"大一统"的理解。魏源这一在政治统一的前提下构思政治制度的态度为后来的今文经学者所继承,但联邦主义的制度设计却为康有为所明确拒斥,后者试图把地方自治(裁撤行省,保留府以下的自治单位)与中央集权相结合,避免在分权的名义下造成国家分裂和军阀政治。[136] 魏源和康有为在联邦主义问题上的不同看法部分地应该归咎于各自所处的政治和社会环境的差异:魏源写作《海国图志》的时代内忧外患正在浮现,但太平天国运动尚未席卷中国,国家权力尚有自我改革的权威和能力;而康有为的时代风雨飘摇,经过太平天国的打击,地方势力空前发展,中央政府的权力明显下降。根据他的判断,在国家能力极度衰落的环境中,骤然实行以省为单位的分权行动,

---

[133] 魏源:《弥利坚即美里哥国总记》,《海国图志》卷五十九,页1635。
[134] 同上,页1624。
[135] 魏源:《弥利坚即育奈士迭国总记》,《海国图志》卷六十,页1662。
[136] 参见康有为:《废省论》,《不忍》,一期,页5—11;《废省议》,《不忍》,二期,页21—29;《存府议》,《不忍》,二期,页43—47。

无异于分裂和动荡的开始。

魏源对于三权分立的政治结构没有显示出对总统选举制和联邦主义的那种热烈态度。他称议会为"议事阁"或"选议处",重视其议事功能(如谓"凡国中农务、工作、兵丁、贸易、赏罚、刑法、来往、宾使、修筑基桥之事,皆此时议之"),却几乎没有提及它是一个立法机构,具有罢免总统的权力。[137](他在谈论法院的功能时涉及了"会议制例",显然将立法与司法的问题放在一起了)就行政权力而言,他认为美国制度与中国制度之间相隔并不那么遥远。例如,他将美国行政权力及各部称之为"吏政府"、"户政府"、"兵政府"、"水师兵部"、"礼政府"、"驿政府"等六部,完全按照中国的六部的结构进行叙述,唯一的差别是没有工部,而代之以驿部。至于司法问题,魏源将之比喻为都察院,其中特别提及了法官不能兼任立法的议员的回避原则。[138]他对法制问题关注较多,对于量刑的标准、条例和罪名均有详细介绍,远远超过他对立法问题的关心程度,这与中国法律体系专重民法或刑法有关。此外,他对美国的济贫制度、特别是教育制度颇有好感,认为这种教育制度注重专科的实用知识。在叙述教育制度时,他以中国的秀才、举人等制给予比附说明。

6. 历史预见与现代性的逻辑

魏源有关联合俄罗斯、美国等等的策略在当时均告失败,但这与其说是一种策略性的错误,毋宁说是实力对比的结果。无论是"以夷制夷",还是"师夷长技以制夷",都需要相应的国家能力和灵活的政治策略。晚清时代清廷内部以及知识分子中间曾有联俄还是联英、日等争议,但没有一次不是以交割或租借土地、赔款或出让利权为代价。郑观应说:"所谓势均力敌,而后和约可恃,和约可订,公法可言也。"没有实力,即使理全

---

[137] 魏源:《弥利坚即美里哥国总记》,《海国图志》卷五十九,页1633。
[138] 同上,页1633。

在我,"公法亦不可恃。当今之世,智取术驭,甘言难凭。"[139]在《海国图志》问世之后的数十年间,欧美各国在世界各地展开了空前激烈的竞争,以亚洲为例,1878年至1880年英国发动第二次对阿富汗的战争,逼迫阿富汗成为英国的保护国;1884年至1885年,俄国拥兵西亚,与阿富汗发生军事冲突;1874年至1887年,英国侵略马来亚地区,使之正式沦为殖民地;1885年至1886年,法国和英国分别入侵越南和缅甸,使之沦为法属和英属殖民地;暹罗为英国与法国瓜分。随着瓜分进程的发展,帝国主义国家之间的冲突也日益加剧,1898年美国与西班牙的战争是重新瓜分世界的开端,但这种冲突并没有使得其中任何一国决定与中国结盟,恰恰相反,西方国家之间在划分势力范围方面达成了某种默契,战争在中国本土多次爆发。伴随着1857年英法联军入侵、1884年中法战争、1894年中日战争、1900年八国联军入侵,一系列不平等条约相继签订。1897年至1898年间,德国占领胶州湾,山东成为其势力范围;英国占领威海卫,其势力扩张至长江流域;法国占领广州湾,与英国协议把广东、广西、四川划为两国势力范围;福建则成为日本的势力范围。1899年,美国在"门户开放政策"的名义下要求"机会均等"地瓜分中国利益。

然而,上述事件与其说证明了魏源的战略构想的失败,毋宁说证明了他的深远的历史预见和清朝国家能力的严重衰败。即使在19世纪,魏源的战略构想也部分地获得了实现。参照日本的近代化,这一点就更为清楚。1850年至1853年,相继有四部《海国图志》传入日本,但当时的日本奉行锁国政策,并颁布了天保镇压西学令,《海国图志》被禁止发行。1854年3月日本被迫与美国签订神奈川和亲条约,允许美国船只在下田、函馆两个港口采购食品和加煤,又相继与英国、俄国、荷兰缔结和亲条约。恰在此时,15部《海国图志》再次传入日本,七部御用,八部市面发售。1854—1856年间,翻刻的版本达到20多种,出现了许多翻译、训解和刊刻,对日本的开港、款夷、师夷、改革和国家军事化的近代化路线产生了

---

[139] 见《郑观应集》,上,页801—802。

重要的影响。[140] 1854年,日本的吉田松阴在阅读了《海国图志》后批评说,"清之所应虑者,非在外夷,而在内民也。何以默深于此不及一言耶?"[141]又说,魏源的"以夷制夷"(即联合俄、美、法之力用以遏制英国)之策"知其一未知其二。凡夷狄之情,见利不见义。苟利则敌仇亦成同盟,苟害则同盟亦成敌仇,是其常也。"[142]但是,1850年至1860年间,清政府的师夷之策就是从两个方面展开的:一方面是借助于"夷力"镇压太平天国运动,另一方面酝酿兴办军事工业和民用工业,目的是培养国家力量。研究者们已经从曾国藩、李鸿章、左宗棠、冯桂芬、薛福成等洋务派的言论和实践中找到了他们与魏源思想的直接联系,也从郑观应、康有为、梁启超、严复等改良派那里发现了魏源思想的延续和发展。自《海国图志》行世以来,为洞察夷情而设立的报刊、译书局、学会等等更是层出不穷。[143]

从长期的视野来看,魏源的预见性更为明显:第一,他发现了现代世界的商业、经济、政治与军事之间的相互依赖关系,从而试图以军事战略和军事工业的方式带动国家建设和民间工商业的发展,同时试图通过内部制度改革促进军事、经济的发展。1860年至1890年间,清政府创办了二十多个军工企业,而后又向交通、运输、采矿、冶炼和纺织等民用工业方面发展。在中国早期工业化阶段,民间资本主义工商业举步维艰,几乎难以生存,而官办或官督商办成为中国早期资本主义工业发展的垄断形式。(这并不是说魏源主张官督商办的垄断形式,从他鼓励民间参与船炮制造的主张来看,他是支持私营企业介入现代工业——包括国防工业——的)洋务运动对新学、机器、制造、商业的推动与魏源的想法一脉相承,它的"以商敌商"、以政

---

[140] 萧致治:《〈海国图志〉及其对中日的影响》,《魏源思想研究》,页350—351。
[141] 吉田松阴:《野山狱文稿·读筹海篇》,转引自大谷敏夫:《〈海国图志〉对"幕末"日本的影响》,《魏源思想研究》,页364。
[142] 吉田松阴:《野山狱文稿·读甲寅伦敦评判记》,同上,页364。
[143] 1862年,总理衙门附设京师同文馆,以培养精通外国语言和其他知识的人材为目的。1863年,上海同文馆成立(亦称广方言馆),同年,广州同文馆(广方言馆)成立,1868年起,江南机器制造总局附设的翻译馆开始译书,1873年,该局主办的《西国近事汇编》创刊,大量介绍西方国家的情况。这一大潮经百年而未衰。关于西学东渐的描述,参见熊月之著《西学东渐与晚清社会》,上海:上海人民出版社,1994。

府支持私人企业、以股份公司形式推动贸易等重商主义政策也与魏源的主张前后呼应。第二，他发现了现代世界体系内部的联系，反对以孤立的方式对抗外敌，主张以"师夷"和合纵连横的战略改变总体的形势。从长期的历史视野来看，孙中山的联俄联共，蒋介石的与美国结盟，毛泽东的倒向苏联和第三世界理论，邓小平时代媾和美日以及在苏美之间建立战略平衡关系，直至当代中国以亚洲大陆为腹地与中亚和西亚国家建立广泛联系，同时面向海洋，积极参与东盟论坛，都可以说是对魏源勾勒的国家战略的一种印证。更为重要的是，国家能力与世界形势和军事策略的关系提供了晚清的对外认识最终转向内部变革的基本逻辑。魏源的经世实践和批判精神在《海国图志》中以"师夷"的方式呈现，他对西方国家的内部制度在推动和维持富强或霸权方面所起到的作用高度重视。《海国图志》对英国、美国和其他欧洲国家的行政、司法、立法、财政、商业和军事等制度的详加介绍，其目的盖出于此。因此，在民族—国家竞争的时代，兵书的含义发生了变化，即从一种较为单纯的用兵之策转化为一种更为复杂的治国方略。现代国家制度可以被看作是一种准军事动员体制。魏源通过对西方、尤其是英国的研究洞察了现代资本主义经济发展与国家力量的联系，从而不但揭示了殖民主义的内在动力，而且也复制了其发展逻辑。

欧洲殖民主义促使中国向民族—国家的方向转化，但这一过程是以帝国遗产为历史前提，同时又是通过恢复帝国的历史遗产和视野的方式展现出来。海洋时代及其国家关系为新的夷夏观的产生提供了历史条件，但恰恰是在建构这一新的夷夏观（"师夷长技以制夷"）的过程中，魏源重新发现了明代以及更早时期中国与南洋的关系，重构了中国的朝贡网络，并以此为中心展开他对欧洲、美洲等其他地区的地理学描述。在这个意义上，他把恢复明代或更早时期朝廷处理朝贡关系的礼仪和法律准则视为中国的重要任务。从朝贡关系的视野展示新的世界图景意味着：国家主权的源泉可以追溯到《周礼》、春秋公羊学所描述的那些历史关系之中，朝贡体系和条约体系的关系不是截然对立的。面对外来的压力和愈益强烈的变革要求，龚自珍、魏源、康有为、梁启超等今文经学者不断地把对外来力量的回应转化为内在制度的变革，这一事实证明国家间关系或秩序的确立与内部制度和礼仪原则的重组之间具有深刻的互动关系。当国家建设被置于世界民族国家体系的范畴内部的时候，国际范畴中的内外关系的绝对化同时也被转化为国内关系中的内外关系的相对化和同质化。中国的洋务派、改良派和日本的近代化运动均建立在一个前提之上，即只有建立统一的内部政治权威才能最为有效地获取国际承认。民族主义、军国主义、国家主义、帝国主义和制度改革的构想之间的联系建立在一种新的全球关系之中。无论实际结果如何，加强国家的内部权威恰恰成为国家获取国际承认的前提条件。经学处理内外夷夏关系的那些原则逐渐运用于国际关系，这一转变恰当地说明了近代主权原则如何瓦解了那种相对化的内部社会关系和富于弹性的制度条件。在《海国图志》对于世界关系的叙述中，早期今文经学内含的那种对于帝国暴力和等级关系的批判在这一语境中逐渐地消失了，我们几乎无法区分它的批判性视野与帝国视野之间的真正差别。

第四节　主权问题：朝贡体系的礼仪关系与国际法

1. 朝贡、条约与对外关系

在欧洲霸权的入侵和支配之下，中国和日本等东亚国家出现了民族主义浪潮。这一民族主义浪潮的第一波是在夷夏内外之防的框架内展开的民族主义，我们可以将之称之为"官方民族主义"。本尼迪克特·安德森（Benedict Anderson）在《想像的共同体》（*Imagined Communities*）一书中将"官方民族主义"形容为民族与王朝制帝国的刻意结合，以之区别于民族主义的其他三种类型（即美洲殖民地的民族独立运动、欧洲大众民族主义、殖民地民族解放运动）。在欧洲的语境中，这种"官方民族主义"是对1820年以降蔓延欧洲的群众性的民族主义的反动,其表现之一即王朝制帝国(英国、俄罗斯等)在其统治范围内建立强制性的教育,将主体民族的方言作为普遍的民族语言。[144]安德森对"官方民族主义"的观察是在帝国与大众民族主义(语言民族主义或方言民族主义)的对立的和天然矛盾的关系中展开的:将帝国与民族强制地结合为一体的官方民族主义是对地方性的和分离型的民族主义的反应。

但是,在亚洲尤其中国的语境中,分离型民族主义对于促进帝国与民族之间的结合仅仅起到了部分作用,我们可以看到这一民族主义的另外两个根源。第一,帝国建设与国家建设之间始终存在着并行和重叠的关系,从而近代民族建设的过程是以帝国的国家传统为前提的。从政治形态上看,在清朝内部发展起来的大众的和革命的民族主义虽曾采取反满的历史姿态,但最终形成的仍然是五族共和型的帝国型民族—国家;从文化形态看,近代语言民族主义从未以方言为主导的取向,大众民族主义重新激活的是在帝国传统内部的、相对于贵族文言的白话文。[145]这一语言民族主义以民族建设的框架整合多元文化传统,形成了近代"国语";但它主要是以大众的、平民的和现代的价值为取向替代文言的正宗地位,作为一种书写语言系统,这一以口语相标榜的白话文在任何意义上都不是方言民族主义的范本。第二,王朝制帝国的民族主义是对欧洲的国家体系及其规范的反应,这个反应不能简单地归结为单一帝国体制对民族—国家的国际体系的反应。清朝与欧洲列强之间的冲突不是一般的国与国之间的冲突,而是两种世界体系及其规范之间的冲突,即两种国际体系及其规范的冲突。安德森曾以丸山真男所分析的日本的尊皇攘夷论为例,将日本民族主义的特征放置在儒学的"华夷内外观"与欧洲国际法所确认的相互承认的主权原则的对比关系之中,其结论是:"欧洲的"民族意

---

[144] 本尼迪克特·安德森(Benedict Anderson):《想像的共同体》(*Imagined Communities*, London:Verso,1983),上海世纪出版集团,2003,页100—111。
[145] 抗日战争时代(1937—1945)曾经出现过大规模的有关地方形式和方言土语的讨论,但其内部的取向仍然以"全国性的民族形式"为主导。参见本书附录之一《地方形式、方言土语与抗日战争时期"民族形式"的论争》一文。

识以国际社会的意识为前提,而受制于"夷夏之辨"的东亚国家却不能了解"国际"的含义。除了安德森引用的相关段落之外,丸山真男在解释福泽谕吉的《唐人往来》和《劝学篇》时还曾评论说:

> 在这里(指《劝学篇》中有关国际间应通行的"权理通义"时的一段话。——作者注),"中华—夷狄"的傲慢态度受到了挑战,而代之以"于正理面前,非洲黑奴亦应敬畏。于正道面前,英美军舰亦不足恐"的新型国民的自尊态度。[146]

在这里,"中华—夷狄"被视为缺乏平等的国际面向的儒教主义的和帝国体制的自我中心论,本·安德森进而将这一国际意识的匮乏解释为日本民族主义与帝国主义模式之结合的根源之一。[147]这一看法在中国研究领域中同样存在,例如费正清断言中国的朝贡体系和"夷夏之辨"缺乏平等尊重的概念,从而阻碍了中国政治民族主义和国际贸易体制的形成。

近代中国的民族建设是否包含"国际性的面向"是一个值得思考的问题。首先,在讨论中国民族建设的"国际面向"之前,有必要说明一个基本事实:在少数民族统治的清代社会,夷夏内外的概念并不居于主流地位,它在晚清的再度兴起其实是对欧洲入侵的思想回应。这里有两点值得提出:第一,在18世纪,今文经学学者主张夷夏相对化和内外无别论,在承认满清统治的合法性的同时,蕴含了民族平等的观念。第二,朝贡体制与条约体制的规范性对立事实上并不能说明清代社会的内外关系,因为这一体制本身包含了多种关系模式,其中条约关系或国际关系即是重要的内容之一。今文经学对于内外、夷夏以及大一统问题的探讨是对清王朝政治合法性的研究,它不但提供了有关帝国内部关系的极为丰富的思考,而且也涉及了王朝与外部世界的关系及其规范。因此,对今文经学及其政治实践的研究也能够帮助我们理解清王朝的内外关系及其演变。

---

[146] 丸山真男:《福泽谕吉与日本近代化》,区建英译,上海:学林出版社,1992,页150。
[147] 同上,页113—114。

在讨论今文经学如何转化为晚清改革的主要思想源泉之前,我们不妨观察一下如下现象:一、清代士大夫如何挪用儒学经典重建自己的世界观和权利意识,以适应魏源描述的这种新的世界关系及其变化;二、西方传教士、法学家和中国知识分子如何从不同的角度挪用儒学经典进而为国际法的合法性和国家主权提供论证。民族国家时代的基本特点是以严格的相互承认的主权关系划定内外界限,在原则上确立不干涉内政的原则。这种以承认主权为特点的主权观为晚清时代重申内/外、夷/夏之防提供了背景。如果说早期的公羊学致力于处理王朝国家内部的不同民族之间的关系,在作出礼仪区分的过程中,强调夷夏、内外之间的灵活的、变通的、等级与平等相互交织的交换关系,那么,现在它必须考虑民族国家之间的现实的政治、经济、军事、外交等关系。晚清时代的"华夏中心主义"论述与今文经学取消内/外、夷/夏的严格分野的传统恰好相反,它以严格的夷夏之防为前提。夷夏大防的观念与一系列丧权辱国条约所体现出的那种严格的内外差异(主权关系)有着内在的呼应关系,它对清代今文经学长期倡导的取消内/外、夷/夏的绝对差异的大一统观念提出了挑战,反而呼应了理学传统中的夷夏之防的保守言论。正是在这一背景之下,西方化的民族主义思潮与内含着强烈的攘夷色彩的理学同时活跃起来,激发起一场尖锐的思想冲突。因此,我们需要追问:这一"华夏中心主义"是从哪里产生出来的呢?在清代的历史语境中,这一新的"夷夏之辨"是中国历史传统的必然产物,还是新的历史条件的结果?

其次,晚清时代,满汉大臣和士大夫中以锁国方式对抗外患的议论不绝如缕,1900年更出现了以义和团运动和反教运动为标志的排外浪潮,[148]

---

[148] 从阮元主持修撰的《广东通志》混同美国与非洲等情况来看,即使博学的士大夫阶级对于西方世界的知识也是极为贫乏的。在魏源的《海国图志》之前,清代政治和知识分子对于海洋时代缺乏深刻的理解。这应该归因于两个因素:第一,满洲起源于长城以北地区,它的地缘政治视野和对外政策经常集中在长城沿线的边疆区域;第二,由于郑成功在沿海地区的袭扰,清代统治者对于海洋或沿海地区的策略一直以控制反叛力量为主要导向。因此,清朝与海洋世界之间的关系从来不居于中心地位,它的注意力主要集中在沿海区域对于维护帝国内部安全中的作用之上。

从而那些对于西方有所接触、主张变法改革和文化革新的知识分子对中国社会的"天朝心态"进行了尖锐的和富于历史洞见的批判。但是,这并不证明清代社会对于外部世界毫无所知,更不证明清代社会对于外来文化完全拒斥。除了我们已经讨论过的有关帝国内部的族群关系之外,清朝在处理与西方传教士和其他帝国的事务方面有一定的经验。例证之一:17世纪60年代,新安人杨光先编写的《辟邪论》和《不得已》两书对于天主教在中国的活动(除传教外,也卷入对中国山川形势、兵马钱粮的描绘)表示忧虑,他在汤若望被罢斥后任钦天监正,以回回历排斥西方历法,但因推算历法不验而被康熙罢免。[149] 康熙重新安排南怀仁(比利时人)接任钦天监正,大批传教士因南怀仁的举荐和引进,出入北京和宫廷。例证之二:在同一时期,清朝将对俄战争中俘虏的俄罗斯人妥善安置,其中一些在盛京和北京安家落户,后因人数增多,遂在镶黄旗下专编一个俄罗斯佐领,住在东直门内。清政府还赐给庙地作为教堂,即尼古拉教堂,俗称"罗刹庙",又称北馆或北堂,由俘虏中的东正教司祭列昂捷夫主持,并允许俄国政府更换教士。例证之三:《中西纪事》三《互市档案》中记载了康熙二十二年(1683)平定台湾之后,东南各省请开海禁,二十四年设广东澳门、福建漳州、浙江宁波、江南云台山四榷关与外国通商的情况,并宣布对荷兰、暹罗和其他国家实行免税和减税的政策。例证之四:雍正六年(1728)年6月25日签订的《中俄恰克图条约》以恰克图为两国贸易的商场,允许俄国向北京派遣教士的权利。耶稣会士的活动经常带有盗窃情报的性质,如他们参与了绘制《皇舆全览图》的工作,此后不久巴黎就出现了副本;位于东郊民巷的"南馆"(及圣玛利亚教堂)的东正教布道团由俄国的外交部管辖,实质上是俄国政府的一个间谍机关。[150] 同样的情况也出现在中国方面,例如耶稣会士曾经将俄国地图和情报传送给清朝。在帝国体制内,王朝根据具体的远近亲疏关系确

---

[149] 见《清史稿》卷二百七十二,列传五九《汤若望,杨光先,南怀仁》,北京:中华书局,1977,页10019—10025。

[150] 戴逸主编的《简明清史》对此有更为详细的描述,见该书页119—122。

第六章　内与外(二):帝国与民族国家

定朝贡的性质,以礼序的观念和王朝政治的方式处理内外关系。因此,无论朝贡关系还是礼序观念均不应被理解为一种纯粹自我中心的、完全封闭的统一模式。

　　第三,清代的内外、夷夏关系层次极为复杂,从满汉、满蒙到其他各种后来被视为外交事务的关系,都被纳入到这一"朝贡关系"中理解。朝贡制度至少在公元5世纪已经形成,从形式上看它是一种以中国为中心向外扩展的体系,如果与欧洲国际法所表达的、运用于民族—国家之间的法律规范相比较,朝贡体制没有国内法与国际法之间的形式差异。中央王朝与朝贡国的关系既不能按照现在的国际关系来理解,也不是不存在与国际关系重叠的部分。朝贡体系的独特性和含混性造成了理解上的困难,这是因为人们总是这样或那样地将朝贡体系放置在民族—国家的条约体系的背景中加以理解。例如,费正清将朝贡体系看作是影响中国顺利进入条约体系的障碍,[151]而滨下武志等则正好相反,他强调近代条约关系对朝贡体系的颠覆本身在若干方面继承了朝贡体系的历史关系。[152]但是,如果把朝贡关系与条约关系以一种明确的方式区分开来,我们也就无法解释《中俄尼布楚条约》、《中俄恰克图条约》等条约的含义:这些条约与朝贡体系是重叠的。另外一些学者在比较中国与西方的文化区别时,使用了礼仪与法律的二分法,并将这一二分法用于解释朝贡与条约的区分。然而,从一种历史的视野来看,这一区分仍然是含混的,因为如上所述,中国朝贡网络内部包含了条约体系和贸易。[153]从康熙时代起,清朝形成了一整套有效处理夷/夏、内/外关系的理论、礼仪和法律。在政治构架的层面,伴随清朝帝国的扩张,它设立了处理内外事务的多重政治架

---

[151]　John K. Fairbank, ed., *The Chinese World Order: Traditional China's Foreign Relation* (Cambridge, Mass: Harvard University Press, 1968).

[152]　滨下武志:《近代中国的国际契机——朝贡贸易体系与近代亚洲经济圈》,朱荫贵、欧阳菲译,北京:中国社会科学出版社,1999。

[153]　费正清本人就使用了条约体系一词,见 Fairbank, *The Early Treaty System in the Chinese World Order* (Cambridge, Mass: Harvard University Press, 1968)。在另一著作中他也探讨了中国的沿海贸易和外交: *Trade and Diplomacy on the China Coast: The Opening of the Treaty Ports, 1842-1854* (Cambridge, Mass: Harvard University Press, 1953)。

构,如为管理蒙古事务而设的理藩院(1638年)、承续前朝而设的礼部、处理内外事务的特殊机构军机处。直到咸丰时代,为了适应西方国家的外交礼仪,清政府设立了总理各国事务衙门,用以主持和处理中国与西方国家之间的条约关系。这些多重的机构设置反应了帝国的内外关系的多重性和复杂性,朝贡性的礼仪关系与帝国之间的条约关系以制度的方式存在于帝国体制内。

早在顺治、康熙时代,清统治者已经以礼仪与法律形式分别与俄国、英国、法国、荷兰、日本、暹罗、朝鲜、越南等国缔结条约或调整关系。当"朝贡"概念运用于这类国家关系时,我们很难用后来的国际关系的范畴来区分礼仪与外交的实质性差别,这是因为所谓现代国际关系是在欧洲国际法的规范性体系之中加以界定的。朝贡关系本身是一种由朝贡国与中央王朝之间的亲疏关系和力量平衡所塑造的关系,没有预设形式平等的主权国家概念,从而在国家之间并不存在一种规范性的法律系统加以调节。然而,尽管中国处于朝贡体系的中心地位,但各朝贡国在礼仪关系上存在着各自表述的情形。朝鲜和日本同被看成清朝的朝贡国,但它们在与清朝的关系中享有完全不同的地位。朝鲜是明朝藩属国,曾派兵援助明朝对后金及清作战;后来清军攻入朝鲜,逼迫朝鲜国王去明年号,奉清正朔,称臣纳贡,从而在征服的基础上建立了朝贡关系。1875年,朝鲜女王要求清朝册封她的儿子为王位继承人。[154]但即使如此,在19世纪西方和日本的外来压力到来之前,清朝并不干涉朝鲜的任何内部事务,朝鲜也没有长驻北京的使臣(越南、琉球的国王也经清朝册封,同样没有常驻使臣)。日本与清朝的正式关系始自康熙十二年(1673),主要是贸易往来,但由于德川幕府采取锁国政策(包括禁止日商来华、禁止金银外流、限制双边贸易额、限制华商自由处置货物、没有固定的贸易法、进口税名目繁多、单方面操纵货价),两国关系不很密切。[155]在这个意义上,朝

---

[154] Key-hiuk Kim, *Korea, Japan, and the Chinese Empire, 1860-1882* (Berkeley: University of Colifornia Press, 1980), p. 249.
[155] 《清史稿》卷一百五十八,志一百三十三,邦交(六),"日本",页4617—4644。

贡关系不是一种同质的关系。即使以朝鲜、越南、琉球、老挝等纳贡国为例,朝贡关系也并不相同。根据1818年清廷的记载,朝鲜一年中四次纳贡,老挝十年中一次纳贡,暹罗三年中一次纳贡。但纳贡次数并非一成不变,而是因时而异的。

朝贡关系可以表述为一种等级性的礼序关系,但它并不必然意味着中央王朝有权干预朝贡国的内部事务;清廷的官方记载与其他国家或政治实体对这一关系的理解存在着极大的差异。[156]在这个意义上,朝贡关系不是由单方面确定的等级体系,而是由多重关系的实践和参与而形成的一种历史性的关系。清朝绝不是一个没有外部关系的帝国,它与朝贡国的双边关系经常具有国家间关系的性质。值得注意的是:清朝的对外关系(尽管在朝贡的名义下)包含了与其他帝国(俄国)和西方国家的交往,从而朝贡关系与条约关系并不是两种截然相反、无法兼容的关系。韦伯根据现代社会的特征界定了国家的三个条件:第一,固定的行政官员;第二,这些官员能够坚持合法地垄断暴力工具;第三,他们能够在既定的地域内维持这种垄断。简单地说,他将行政权力、暴力工具和领土权视为现代国家的主要特征。[157]上述三个特征均可以描绘清代帝国与现代中国的国家特征,从而这一概括无法清楚地区分民族—国家与早期帝国的差异。通常被描述为民族—国家特征的主权概念同样如此,因为"这些概念在产生之时,就并不仅仅是对统治进行描述的新颖语汇"。[158]民族—国家论述以民族认同、主权观念、关税、清晰的边界作为自己的标志,从而它的自我界定总是建立在与"外部"的关系之上,带有强烈的内部同质化和外部异质化倾向。内外差别与严格分野是民族国家的必要前提,但在一定程度上也是清朝统一帝国的特征。按照有些学者的看法,清朝对于西北地区的统治完全具备现代国家的所谓领土主权内容:

---

[156] See Joseph F. Fletcher, "China and Central Asia, 1368-1884", in *Studies on Chinese and Islamic Inner Asia*, pp. 206-224, 337-368.

[157] 参见安东尼·吉登斯(Anthony Giddens)的有关讨论,见《民族—国家与暴力》(*The Nation-State and Violence*),胡宗泽、赵力涛译,北京:三联书店,1998,页19。

[158] 安东尼·吉登斯:《民族—国家与暴力》,页22。

一、有效的行政区划和行政管理;二、定期定额征收赋税的制度;三、加强边防建设,包括驻军、屯垦、设置驿站、卡伦、鄂博,定期巡边,等等。[159] 这是疆域与行政管理密切联系的例证。边疆或边陲(frontier)与国界或边界(border)的区别也被视为帝国与民族—国家的主要区别。边疆或边陲指某国家的边远区域(并不必然与另一国家毗邻),中心区域的政治权威会波及或者只是脆弱地控制着这些地区,而国界则是区分两个或更多国家的明确的地理分界线。吉登斯论证说,"国界只是在民族—国家产生过程中才开始出现。"那些在国界地区生活的群体常常具有混合的社会和政治特征(这一点与早期帝国并无差别),但他们从属于特定国家的行政管辖。[160]

按照民族—国家产生的标准叙述,直到 18 世纪,边疆才发展成为国界,即彼此公认的边界。克拉克(G. N. Clark)在讨论欧洲边疆与边界问题时特别指出:直到 1718 年佛兰德斯条约才出现了文字上的第一次划定国界。[161] 然而,这一判断是错误的。1670 年至 1690 年间,清朝与俄国的关系出现了长期的危机,主要原因是西伯利亚地区少数民族的归属问题。在平定三藩(1681)、征服郑氏家族控制的台湾(1683)之后,清朝终于腾出手来处理北方问题,并于 1689 年 9 月 7 日与俄国缔结了《中俄尼布楚条约》。该条约的主要内容之一是控制边界地区的少数民族的流动,因为双方均担心边疆区域的少数民族逃往对方领土,从而损害帝国利益。划界问题和贸易问题的确定与此密切相关。条约以拉丁文本为正式文本,同时附有满文本和俄文本,并在界约订立之后,以满、汉、俄、拉丁文刻之于石,作为永久界碑立于清俄边界。它的实质内容——如以外兴安岭和额尔古纳河划定中俄东段边界、毁雅克萨城和迁俄人出境、禁止越界侵略和双方随时交换逃人、清俄修好并发展双边贸易,等等——证明国界概念、主权观念(包括相互承认的主权)以及贸易准入问题均不是"海洋时

---

[159] 袁森坡:《康雍乾经营与开发北疆》,中国社会科学出版社,1991,页 558。
[160] 安东尼·吉登斯:《民族—国家与暴力》,页 60。
[161] G. N. Clark, *The Seventeenth Century* (Oxford:Clarendon Press,1947), p.144.

代"的特产,也不能被看作是民族—国家的排他性特征。东段边界划分涉及各自行政权力在明确边界范围内的管理权,逃人法涉及国籍和行政权力对拥有本国国籍的人的排他性的管理权(从而意味着边疆区域的居民已经被定义在中央行政管理划定的国界范围内),双边贸易协定(即使沿用朝贡的概念)涉及以国家作为分割市场的单位的商业交换。《中俄尼布楚条约》反映了这一地区对于国界、国籍和行政统治范围的明确意识,界约明确规定边境之民过往边界必须持有"文票"和"路票",其作用相当于现在的"护照"。[162]

《中俄尼布楚条约》的签订并没有保障中俄之间一劳永逸的和平关系,清俄之间的领土和人口的归属争议是通过一系列条约逐渐确立的。满人、蒙古各部和西藏存在着极为错综复杂的纠葛,在康熙和雍正时代,准噶尔的扩张和反抗成为清代最为重要的战争和边事。事实上,清俄之间的一系列边界条约总是受到边界内部民族关系的影响。1721—1722年,俄国沙皇彼得一世曾派人劝诱准噶尔部的策妄阿拉布坦臣属俄国,但策妄"拒绝转入俄罗斯国籍,并且没有接受翁科夫斯基所提出的关于在汗国领土上修筑要塞并派俄军驻防其中的建议"。[163] 1733年,在准噶尔为策旺阿拉布坦和噶尔丹策凌服务了16年的瑞典人(前俄国战俘,后在流放西伯利亚时为准噶尔俘虏)回到瑞典,他随身携带了两幅准噶尔地图,其中一幅为噶尔丹本人所绘,另一幅则是中国朝廷原件的复制品。据说噶尔丹不仅是一个武士,而且还是一个学者,对于武器制造、交通路线、城市和邻近的统治者有强烈兴趣,其政治目标是统一廓尔喀和准噶尔蒙古,对抗康熙的清朝帝国。他的地图是元朝以来第一幅蒙古草原部落自己绘制的地图(虽然许多部分不准确,并没有确定清晰的边界),显示出

---

[162] 按照何星亮的研究,"文票"和"路票"在19世纪40年代为"牌照"取代,而到19世纪50年代,"执照"一词代替了"牌照",1885年后"护照"一词基本上代替了"执照"一词,成为固定名词。见氏著:《边界与民族》,北京:中国社会科学出版社,1998,页6。
[163] 兹拉特金:《准噶尔汗国史》,页354,转引自戴逸主编:《简明清史》,北京:人民出版社,1991,页164—165。

对于地理位置及其命名的敏感。[164]在击败准噶尔和大小和卓木之后,乾隆朝于1762年设伊犁等处将军及其相关机构,沿边界驻军,设卡巡逻;嘉庆年间,仅伊犁地区一处,就有卡伦83处。但在太平天国起义和第二次鸦片战争时期,俄国宣称西部疆界未定论,并于咸丰八年五月初三日(1858年6月13日)迫使清政府签订《中俄天津条约》,后又续定《中俄北京条约》(1860),重新拟定清朝西部地区两国边界走向。[165]此后,非法的《中俄里瓦机条约》(1879,即由崇厚擅自与俄签订的《中俄条约十八条》)、《中俄改订条约》(1881,即由曾纪泽代表签订的《圣彼得堡条约》)以及随后的五个子约(即1882年10月28日签订的《中国伊犁界约》、1882年12月8日签订的《中俄喀什噶尔界约》、1883年8月12日签订的《中俄科塔界约》、1883年10月3日签订的《中俄塔尔巴哈台西南界约》、

---

[164] John Baddeley, *Russia, Mongolia, China: Being Some Record of the Relations between Them from the Beginning of the XVIIth Century to the Death of the Tsar Alexei Mikhailovich AD 1602-76* (London, 1919), pp. 166-217; Paul Pelliot, *Notes critiques d'hisstoire Kalmouke', Oeuvres Posthumes* (Paris, 1960), p. vi; Maurice Courant, *L'Asie Centrale aux 17e et 18e siecles: Empire Kalmouk ou Empire Mantchou?* (Paris, 1912); G. Henrik Herb, "Mongolian Cartography", in *Cartography in the Traditional East and Southeast Asian Societies*, vol. 2, book 2 of *The History of Cartography*, eds. J. B. Harley and David Woodward (Chicago: University of Chicago press, 1994), pp. 682-685. Peter C. Perdue 根据上述资料和研究对这一过程进行了叙述,参见 Perdue, "Boundaries, Maps, and Movement: Chinese, Russian, and Mongolian Empires in Early Modern Central Eurasia", *The International History Review* 20, no.2 (June 1998):279-380。有意思的是,在诸多西方学者对清朝征服西北的历史的论述中,基本上用中国人(Chinese)这一概念描述康熙、雍正与准噶尔及俄国的军事冲突,多少将民族国家的视野带入对西北和西南少数民族区域的历史描述。但从另一个角度看,这一修辞事实上承认满清这一征服王朝作为"中国"的合法代表,模糊了汉人与满蒙贵族的冲突和征服关系,重新在清的合法统治的范畴内确定了"中国人"的范畴。从一种历史视野的角度说,这一修辞(不论其政治含义如何)与清朝统治者的"满汉一体"和今文经学的"夷狄入中国则中国之"似乎一脉相承,区别只是他们将满汉之外的少数民族地区看作另一种情形。民族—国家论述在有关"中国"的讨论中明显地具有内在矛盾。
[165] 参见何星亮:《边界与民族》,页12—13。按作者的研究,清朝失去土地的原因之一是条约俄文本与汉文本在"中国现有卡伦"和"中国常住卡伦"的翻译错误;另一原因则是约文的含糊不清。同上书,页13—16。

1884年6月3日签订的《中俄续勘喀什噶尔界约》)相继签订,俄国占据了大片清朝统治的领土。值得注意的是:这些谈判涉及了分界之后边境人民的归属问题(如中俄塔城谈判中涉及的边境两侧的哈萨克居民的归属问题),并由于中方的坚持而决定尊重当地人民的归属意愿。何星亮在1983年发现的哈萨克察合台文书之一《光绪九年七月初六日之札》C条为中俄两国分界线的规定,E、F、G、H各条为"给予这些地方居住的哈萨克特别的札谕",分别是:"E.愿归大清国之哈萨克来大清国属地;愿往大俄国之哈萨克到大俄国属地。大俄国之人不得阻拦愿来大清国之哈萨克;大清国之人也不应阻挡要往大俄国之哈萨克;哈萨克人可以自由选择。""F.此种随意迁移的自由,仅限一冬,在入冬牧场之前有这一自由。""G.此后,欲归原地,或仍有愿由此国移入彼国常住者,以及逃离者,概不准允,不予收留。且一经捕获,即送交所属国斩首。""H.两国之民进出边界,若无证书,捕获治罪。"[166] 清俄双方对双方交界地区的统治领域、边界和臣属范围有着清晰的意识,并力图通过双边承认关系将领土和人口的归属权确定下来。勘界技术的运用、勘界过程的复杂性和条约的多种语言文本的形式都表示双方需要一种客观的、能够被双方或第三方评估的标准,这一点与民族—国家间的条约形式没有区别。如果把中俄划界问题放置在同一时期的国际条件下,我们可以观察到各大帝国相继在17世纪开始以条约形式确定边界:1639年,奥斯曼帝国(Ottomans)与波斯萨法维帝国(Safavids)为确定有争议的边界而签订条约;1699年,奥斯曼帝国与哈布斯堡帝国签订条约并确定双方边界;从17世纪中期到18世纪早期,俄国与周边国家签订了一系列划界条约。这类划界工作需要新的技术和被认为客观公正的知识,从而测绘和制图技术获得了发展。[167] 上述新的发展正是帝国时代向民族—国家时代转化的征兆。

清朝帝国的对外关系被赋予了礼仪的性质,即所谓朝贡关系。这里

---

[166] 何星亮:《边界与民族》,页69。此处使用的是作者提供的哈萨克察合台文书的汉译文。

[167] 普尔度认为帝国划界及其技术的发展的主要目的是控制人口流动,参见 Perdue, "Boundaries, Maps, and Movement",页264—265。

所谓礼仪既是一种道德/政治关系,也是一种法律/经济关系,它的内含的复杂性依存于实际的历史关系的复杂性。拉铁摩尔以长城为中心详尽地描绘了中国边疆区域的状况,西方理论家们也经常以此作为区分古代边墙、边疆与现代国界的根据。但是,如果把17世纪的中俄划界考虑在内,进行比较的尺度就不一定在帝国与民族—国家之间,而且也在帝国范畴内部了。中俄划界条约及其确立的边界与长城具有不同的性质,它所蕴含的主权观念与现代国家没有根本差别。[168] 无论是朝贡关系,还是帝国间的交往,清朝都发展了丰富的礼仪和法律规范,也发展了与外国政府进行谈判的技巧、技术和程序,而不只是随机地处理它的对外关系。为了适应不断变化的内外关系,通过丰富和发展既存的礼仪和法律规范,在鸦片战争之前的历史时期里,清朝成功地处理了区域内部的朝贡关系和帝国之间的条约关系。经学所处理的礼仪问题——尤其是它所涉及的内外关系及其相应的礼仪规范——就包含了相关的思考。《春秋》义例或《周礼》不仅是学者研究的对象,而且也是礼仪或礼法的根据,这些儒学经典处理家庭继承权的纠纷、死者是否应著丧服到君臣之礼、朝贡关系、对外事务等各个层次的问题。清朝统治者自觉地援用《周礼》和儒家学说处理边疆事务,形成了一种具有弹性的制度结构和规范性的理论。

那么,究竟是哪些因素构成了帝国之间或宗主国和朝贡国之间的关系模式与民族—国家的关系模式的基本区别呢? 首先,早期帝国之间的条约或朝贡关系的礼仪协定并不奠基于一种"国际法"之上,它们或者是力量对比、文化交往的产物,或者是内部关系的扩展。当涉及帝国之间的关系时,帝国之间的缔约是力量对比和对相互规范的认可的产物。条约本身并不建立在一种超越国内法或国内礼仪系统的规范性法律体系之

---

[168] 吉登斯论证说,"在非现代国家中,围以城墙的边界依然是边陲地区,它们远超出了中央国家机构的日常管辖范围,国家越大,则情况越是如此。无论罗马还是中国,就'民族主权'这一术语的当代含义来说,其城墙均无法对应于'民族主权'的界线。"相反,"国界作为主权的分割线,它必须获得与之相关的所有国家的一致同意。"(同前,页62)可惜的是,"长城"的历史和象征性过于巨大,以致《中俄尼布楚条约》及其划界协定完全被忽略了。

上。其次,朝贡体系内部的某些政治实体具有国家的各种特征,如朝鲜、越南、琉球等等,而另一些则很难用国家来形容,如西南土司。无论属于哪一种情况,它们与帝国瓦解的产物或民族自决的产物的民族—国家有着重要的区别。朝贡体系内部的协定或条约不是形式上平等的国家间的条约,毋宁是特定礼仪关系的产物。从中国方面看,这一礼仪和规则的体系以中国为中心,从而有人将这一体系视为中国中心的朝贡体系。这一观点认为清朝和朝贡国按照特定的礼仪规范建立外交关系,中国在其中享有明确的中心和优越地位,朝贡关系基本上是中国国内关系的延伸,在这个意义上,朝贡体系并不存在国际与国内的明确区分。滨下武志将朝贡关系概括为:"朝贡国以接受中国当地国王的承认并加以册封,在国王交替之际以及庆慰谢恩等等之机去中国朝见;是以举行围绕臣服于中央政权的各种活动,作为维系其与中国的关系的基本方式。"根据他的划分,朝贡关系中的宗属关系包含了各个不同的层次,大致可以区分为六种类型:1. 土司、土官的朝贡;2. 羁縻关系下的朝贡(明朝时期的女真及其东北部,清朝时期的西藏和新疆等);3. 关系最近的朝贡国(朝鲜、越南等);4. 两重关系的朝贡国(琉球等);5. 位于外缘部位的朝贡国(暹罗等);6. 可以看成是朝贡国,实际上却属于互市国之一类(俄罗斯、欧洲诸国)等。[169]在互市类型中,朝贡关系最接近于后来所谓外交关系和对外贸易关系,而在朝贡圈内部,居于中心的中国并不依赖朝贡国的贡品维持自己的经济运行,在大多数情况下,中央国家为了维持礼仪上的崇高地位,必须对朝贡国进行回赐。这种朝贡—回赐的关系或者是等价的,或者是回赐超过朝贡的价值,从而朝贡关系具有经济贸易往来与礼仪往来的双重性质。在这一情况下,礼仪形式上的不平等与实质上的对等关系、朝贡关系的礼仪性质和朝贡贸易的实质内容相互重叠。

但是,从朝贡体系的其他参与者的角度看,这一等级化的朝贡关系也包含了相对性的关系,我们可以将这一相对性的关系概括为从其他国家的

---

[169] 滨下武志:《近代中国的国际契机——朝贡贸易体系与近代亚洲经济圈》,朱荫贵、欧阳菲译,北京:中国社会科学出版社,1999,页35—36。

立场出发展开的对于朝贡体系的不同于中国的解释空间。朝贡礼仪的等级性主要是从中国的视野展现出来的,但朝贡国也可能对这一朝贡等级关系作出另外的解释。作为两个帝国之间的条约,《中俄尼布楚条约》和《中俄恰克图条约》同样可以说明朝贡关系中的另一种对等模式:两国之间有关划界、逃人、贸易的条约采用了特定的平等条约形式(如以拉丁文作为文本的正本,俄文和满文为副本),从清朝管理机构的角度看,这一平等条约关系仍然可以纳入朝贡的等级体系之中。在这个意义上,尽管朝贡礼仪体系本身并不提供国际与国内的明确区分,但在具体的实践中仍然包含着清晰的差异,否则我们就很难解释中俄之间的划界条约了。滨下武志曾以《中日辛未条约》(《日清修好条约》)为例,说明即使在中国占主导地位的情况下,条约也体现了两国关系的平等关系,"可以说已经达到了相互承认领事裁判权等具有近代国际关系平等性特征的条约。……但是,从日本方面看到的这个条约的平等性,假如从中国方面看的话,是否也具有同样的平等性还依然存在疑问。……因为在中国对外认识的前提中,中国的对外秩序(对国内秩序亦然),其基础是建立在'礼'之上的尊卑秩序,皇帝位于这个秩序的顶点……"[170]在滨下武志之前,佛莱彻(Joseph F. Fletcher)以明朝皇帝与西藏达赖喇嘛的关系说明朝贡关系的各自表述和修辞策略中隐含对等关系的可能性,从而表明朝贡关系中的对等性因素不仅存在于海洋朝贡网络之中,而且也存在于大陆朝贡网络之中。[171]在民族—国家成为主导性框架的条件下,这一礼仪关系不是被理解为分离主义的根据,就是被证明为主权不可分割的根据,却几乎没有人说明:与朝贡关系的上述种种因素相比,民族—国家体制是一种全新的体制。这里的真正问题是:礼仪的等级性与各自表述和解释的自主性之间的确有可能构成一种实质性的相对平等关系,而这种对等性是在一个与民族—国家范式截然不同的历史范畴中展开的。因此,我们需要进一步追问:朝贡关系的等级性与对等性

---

[170] 同上,页49。
[171] Joseph F. Fletcher, "China and Central Asia, 1368-1884," in *Studies on Chinese and Islamic Inner Asia*, pp. 206-224, 337-368.

存在于怎样的政治/经济/文化条件之下？它们的平衡是如何被破坏的？

朝贡体系的成立以参与这一体系的国家共享某种特定的世界图式和礼仪规则为前提，传统王朝体制或帝国体制为此提供了支持。我们以艾尔曼已经论述过的清朝与越南的朝贡关系来说明这一点。1824年，道光皇帝在致越南国王敕令中称越南为"外夷"，引起越南使团的不满。他们建议使用"外藩"取代"外夷"。由于产生了礼仪/外交冲突，朝廷令时在礼部任职的刘逢禄处理此事。作为一位礼部官员和经学学者，刘逢禄根据《周礼》关于夷服与藩服的区别，对越南使团作出了礼仪解释：首先，夷服较之藩服距离京畿地区近两千里（夷服在7000里之外，藩服为9000里之外）；其次，据《说文解字》，"夷"字不像"物"部首的字那样具有轻蔑的含义。他还援引1770年乾隆帝《满洲源流考》及《孟子》中有关舜为"东夷"、文王为"西夷"的说法，说服了越南使团。[172]在朝贡关系面临新的困难的时代，为什么刘逢禄能够援用经学视野和方法处理这类"外交事务"？第一，从刘逢禄个人来说，他承续了清代今文经学破除内/外、夷/夏绝对界限的看法，进而以六合一家、华夷一体的观念解说王朝的内外政策、处理朝贡关系中的纠纷；在这次外交纠纷中，刘逢禄对夷字的解释清楚地说明了这一点。第二，从清朝帝国的内外关系来说，《周礼》和王朝礼序提供了一种普遍主义的礼制和法律规范，这一礼制和规范在当时得到朝贡体制内各国的认可。朝贡礼仪系统被视为普遍有效的礼仪系统，大清可以作为这一等级体系的最高部分获得承认，从而并不需要超越王朝或国家的国际组织作为这一国际关系规范的代表机构；但如果清朝缺乏对于邻国的尊重以及邻国之间的相互尊重，则朝贡礼仪就无法真正维持。从历史的角度看，如果越南与中国并不共享同一世界关系的图式和礼仪系统，那么，无论如何解释夷这一概念，两国之间仍然不可能达成协议，从而表明朝贡体系具有"相互间的"性质。刘逢禄向越南使团解释一

---

[172] 台北故宫博物院藏刘逢禄《传稿》no.4455(1)。在讨论清代中期的今文经学时，艾尔曼根据刘逢禄《传稿》的资料，叙述了刘逢禄在礼部对外事务方面的贡献，见艾尔曼：《经学、政治和宗族》，页151。

事发生在著名的马嘎尔尼(George Lord Macartney)使团访华(1793)之后31年、鸦片战争爆发之前16年。

2. 国际法与主权

19世纪的一个全球性现象是欧洲国家与亚洲、非洲等地区的政治实体签订了一系列双边或多边条约,并通过这些条约将后者的领土、主权和利益以"合法的"形式转移到欧洲国家手中。在以后的很长岁月中,有些欧洲学者声称:这一过程基于合法的双边条约、多边条约或协定,从而是"平等的"。这里有四个问题需要追问:第一,在整个19世纪,欧洲国际法的律师们把国际法定义为文明国家间的法律,从未承认亚洲和非洲等地区的政治实体是国际法的主权单位,那么,我们应该如何将这一观点与他们"合法转让"亚洲和非洲国家的主权、领土和财富的实践相互吻合?第二,亚洲和非洲的许多国家和社会拥有自己的法律和礼仪规范,在上述"转让"过程中,这类法律和规范起着怎样的作用?第三,在这一过程中,如果亚洲和非洲国家与欧洲国家并不共享同样的规范性意识和规范性的制度,那么,一种"双边的"或"多边的"协议或条约是如何"合法地"产生的?第四,在欧洲列强与中国等亚洲国家签订条约的过程中,原有的欧洲国际法被推广到了欧洲之外,从而为国际法的普遍主义创造了历史前提,那么,我们应该如何理解国际法及其所代表的国际秩序的普遍主义性质?民族—国家及其主权是欧洲国际法的普遍主义的产物,还是欧洲国家与世界各地区的战争、交往和互动的产物?正如大沼保昭(Onuma Yasuaki)所说,要回答这样的问题,首先必须回答一个基本问题:什么是国际法?[173]

欧洲国际法把主权建立在独立国家之间的相互承认之上,从而构成了对于传统主权概念的挑战。在16和17世纪,面对欧洲的宗教战争,伯

---

[173] Onuma Yasuaki, "When was the Law of International Society Born? – An Inquiry of the History of International Law from an Intercivilizational Perspective", *Journal of the History of International Law* 2 (2000):1-66.

丹(Jean Bodin)和霍布斯(Thomas Hobbes)认为建立政治秩序的最佳途径就是法的单一性或单一源泉(即以国家主权为中心的政治一元论)。根据这一法的单一性的解释,内部的反抗被规定为非法,因此主权概念与国家权威机构存在着相互依存的关系。在这个意义上,主权首先意味着国家内部的权威组织及其有效控制的范围,它是创制新法律并使其臣民无条件服从的权力。但是,对内主权本身包含着内部事务的排他性的处置权,它势必与外部发生关系。在威斯特伐里亚(Westphalia)和会的影响下,上述对内主权概念逐渐被替换为相互承认的主权概念,它把对主权源泉的追诉从内部统治的合法性转向了外部的承认关系,[174] 在法理上与帝国统治权和封建领主制划出了重要的界限。[175]

从历史的角度看,国际法产生于欧洲绝对主义国家向民族—国家体系的过渡过程之中。"虽然常设性外交在封建时代就已有一些先例,但是,绝大多数外交仍只是在16世纪及以后才开始发展起来的,这最为简洁地说明了这样一个事实:新型的国家体系刚刚开始形成。在这种新型的国家体系中,战争如同在它在传统国家中那样,占据主导地位,但与此同时,新的体系的形成也依赖于国家之间相互承认对方拥有合法的自主性领土。"[176] 在西

---

[174] 这一合法性原则本来是以国内权威的合法性为前提的,因此这一主权原则可以发展为主权不受干涉的原则。
[175] 霍布斯对主权的论述是以欧洲封建制度的主权分裂为背景的。欧洲封建制度是经济剥削和政治权威的一种法律融合体,它的分封性的权力结构包含了多元的权力中心。农民归属于领主的司法权下。但是,封君领主又通常是一个更高的封建领主的封臣。佩里·安德森指出:"这种依附性的、与军役相联系的土地使用权链条,向上扩展到这个体系的最高峰(大多数情况下是君王),对他来说,对所有土地最终在原则上拥有最高所有权。……这样一种体系的结果是,政治主权从未集中在一个单一的中心。国家的职能被分解为垂直向下配置的,在每一层水平上,政治与经济的关系在另一方面是整合的。这种主权的划分与分配是整个封建生产方式的要素。""君主是他封臣的一个封建宗主,他与他们以互惠的忠诚纽带约束在一起,而不是位居他臣属之上的最高君主。……整体而言,他与人民没有直接的政治接触,因为对他们的司法是通过无数层的分封制而归附施行的。"佩里·安德森(Perry Anderson):《从古代到封建主义的过渡》(*Passages from Antiquity to Feudalism*),郭方、刘健译,上海:上海人民出版社,2001,页151—155。
[176] 安东尼·吉登斯:《民族—国家与暴力》,页107—108。

方国际法学界和国际关系学界,欧洲国际法的产生通常可以追溯到17世纪荷兰神学家葛罗秀斯(Grotius)的《战争与和平法》,见用于威斯特伐里亚和会,欧洲学者将之溯源于古希腊之近邻同盟规约及罗定海法(Rhodian Sea law)。威斯特伐里亚和会因此被视为权力重叠的中世纪(the medieval world of overlapping authorities)与民族—国家的分野。在17世纪以前,欧洲某几个国家的代表也会在某个地点聚会,但"威斯特伐里亚会议(30年战争的结果)在各方面都与这些聚会十分不同,它类似于欧洲全局会议,因为它的关切点在于安排和解决欧洲不同国家之间的关系。……要明确地承认其他国家的合法性,承认凡是国家都无权以其他国家为代价来普遍推行自己的行政原则和法律。不过,与此同时它又是'无政府'的原则,因为每一个国家在其自身的主权获得承认时,也须承认其他国家具有独立的主权领域。"[177] 主权国家体系以条约体系(treaty system)为形式,对传统主权概念进行了转化。

在殖民地民族解放运动对欧洲国际法进行重新界定之前,主权国家概念主要局限于欧洲国家之间。当欧洲国家与其他地区的国家签订条约时,它们也预设某种主权国家的存在,但在这一时刻,主权概念完全是形式主义的,它根本不能描述实质的国家关系。[178] 但是,为什么这一典型

---

[177] 同上,页109。
[178] 斯蒂芬·克莱斯纳(Stephen Krasner)指出:从威斯特伐里亚和会到代顿协议,几乎所有主要的和平协议均出现过违背威斯特伐里亚主权的现象。他举了几个例子:1. 作为一个权威机构,欧盟违反了威斯特伐里亚主权有关成员国主权的自主性概念,但这一制度安排符合国际法律主权的概念,即它的合法性建立在成员国和平协商同意的基础之上;2. 香港是中国的一部分,但它在国际法律主权的意义上又有权加入国际组织,拥有不同于大陆的护照和独立的签证系统。这一情况接近于中国朝贡关系内部的权力架构。在当代的政治语境中,主权概念又开始发展出新的含义,即相互依赖的主权(interdependence sovereignty),即国家控制跨边界活动的能力(如产品、技术、资本、观念和人口的跨国流动),以及国际司法的主权,即法律独立和领土化的政治实体必须获得承认的原则(每一国际法律主权有权进入任何非强制性协约)。所有这些方面都说明了威斯特伐里亚主权概念的自我矛盾。因此,借用瑞典社会学家尼尔斯·布朗松(Nils Brunsson)的概念,国际法所创造的关系是一种"有组织的虚伪"(organized Hypocrisy)。引自 Stephen Krasner 于 2000 年 11 月 7 日在 Wissenschaftskolleg Zu Berlin 所做的报告"The Rules of Sovereignty: How Constraining?"以及他惠赐的论文"Globalization and Sovereignty"和"Organized Hypocrisy in 19th Century East Asia"。

的欧洲国际法能够转化为一种"国际法",即一种在欧洲之外也获得认可的规范体系?对此,我们可以做出两点初步的回答。首先,启蒙运动的历史视野及其自然法观念为形式主义的主权概念提供了普遍主义的基础,它把国际法看作是人道主义在国际关系领域的表现(所谓人道和互尊原则的实现),从而认定这是一种纯粹的现代现象。[179] 这一典型的规范式叙述把实质的不平等关系替换为形式的对等关系,并以这一形式的对等关系与朝贡体系等其他地区的规范体系相对立,从而为帝国主义的行径提供了借口。[180] 其次,19世纪以来,许多被殖民或被侵略国家接过了上述启蒙主义的普遍权利的口号,通过民族解放运动和反殖民斗争,实行民族自决,建立主权国家,从而在一定程度和范围内赋予上述形式主义的主权概念以某些实质的内容。在后一个意义上,当代世界的"主权"范畴已经不能简单视为欧洲国际法规定的产物,它还包含了在反对殖民主义、寻求被压迫民族的民族自决过程中的历史经验和成果。因此,对于国际法体系包含的欧洲中心主义的批判不能简化为对于当代主权概念的全面的否定。

在19世纪的语境中,欧洲与亚洲、非洲国家间的条约是欧洲推行帝国主义政策的产物,从而作为这些条约的规范基础的国际法其实只是欧洲的国际法。如果我们把目光从启蒙主义的普遍主义观点移向更为主流的欧洲中心主义叙述,这一点更为清晰。按照这种更为主流的观点,"国际法"并不包含不同文化和社会在处理国际关系时所取的原则之间的对话和商榷,它是彻头彻尾"西方的"或者"欧洲的"。英国法学家劳伦斯(Lawrence)在他的《国际法原理》(*The Principle of International Law*)中说:

> 国际法产生于古代西方的希腊、罗马,而后逐渐扩展实行于那些在欧洲领土之外但采用了西方文明的国家。[181]

---

[179] F. de Martens, *Traité de Droit International*, trans. Alfred Leo (Paris, 1883-1887), p. 34.
[180] 例如,日本把对朝鲜的侵略和条约的签署视为一种解放,即从中国与朝鲜的朝贡等级关系中解放出来,从而把朝鲜纳入了形式上平等的条约体系。这一看法至今仍有市场。
[181] T. J. Lawrence, *The Principles of International Law* (Boston: Macmillan, 1923), p. 26.

这句话包含了两层含义:第一,国际法不但是欧洲人的独创,而且也实行于欧洲之外,前提是"采用西方文明之国家";第二,国际法不是民族—国家的产物,而是早期希腊和罗马帝国的法律秩序。劳伦斯还提及了欧洲领土之外的国家为什么,以及如何采用了西方文明。另一些西方学者则明确地说:国际法是基督教的产物,其他文明如中国文明不可能出现国际法。[182] 1905 年,拉萨·奥本海默(Lassa Oppenheim)在他的《国际法》(*International Law*)中论证说:

> 作为主权的和平等的国家之间的法律,建立在这些国家的共同认可基础上的国际法是现代基督教文明的产物。[183]

按照他的看法,国际法产生于独立国家和独立国家的共同体的出现这一17世纪的欧洲现实之中。国际法规则的确立与基督教之间的确存在着历史联系。中世纪欧洲并不是由具有同一性的政治单位组成的,它的政治版图犬牙交错,存在着不同的臣属关系、不对称的主权和不规则的飞地。这一情境无法产生正式的外交关系,因为不存在伙伴之间的一致性或对等关系。"由所有人组成的拉丁语基督教世界的概念为各种冲突与决断提供了一个普遍主义框架。这是各种异质的极端特殊主义的政治单位必不可少的对应体。"这种封建的金字塔结构在文艺复兴时期并入了中央集权化的君主国,从而产生了国家间施加压力、进行交流的正规体系,如定点大使馆、常设外事机构、秘密外交通道,等等。[184] 由于出现了众多的平等的和独立的国家,"民族法(Law of Nations)现在成为一种必要。""既然这一法律的许多原则已经或多或少地组织或出现在葛罗修斯的原理之中,既然葛罗修斯的体系提供了当时国际关系的大部分的法律基础,……葛罗修斯的著作获得了

---

[182] W. E. Hall, *International Law* (Oxford:Clarendon Press,1880), and T. D. Woolsey, *Introduction to the Study of International Law* (London:Sampson Law,Marston,Searle & Rivington,1879).
[183] Lassa Oppenheim, *International Law* (London:Longmans, Green, and Co. ,1905), p. 44.
[184] 佩里·安德森:《绝对主义国家的系谱》(*Lineages of the Absolutist State*),刘北成、龚晓庄译,上海:上海人民出版社,2001,页22—23。

一种世界性的影响,以致他被正确地视为'民族法之父'。"[185]独立国家体系的出现伴随着传统欧洲帝国的瓦解,这一过程也被看作是欧洲"现代"的发生,从而欧洲内部政治关系的演化被视为一种现代进程。在这个意义上,以相互承认为标志的实证主义的国际法观念事实上与启蒙主义的国际法观念存在着内在的历史联系,[186]它们在基督教文明或欧洲启蒙主义的框架内共同为国际法构筑了一种欧洲现代性的视野。

正由于此,在19世纪,这一普遍主义的国际法体制仍然是一种地区性的法律体制,全球范围内的大多数人口和地区并不认同这一体制。事实上,直到1844年,美国人还以一种否定性的方式承认中国司法权的自主性和西方法律的边界。就在这一年,《望厦条约》的美方谈判代表顾盛(Caleb Cushing)曾经处理过一桩美国人与中国人的斗殴事件,他拒绝向中方交出凶手,并坚持按照美国法律审判。这一案件成为对有关被中国人控告的美国人进行法律审判的先例。在1844—1845年的美国《上议院文件》(第2届议会第28次会议文件第58号)中载有顾盛的下述评论:

> 无论什么情况下,美国对自己的一个公民的人身和自由进行的法律审判都不应向任何外国作出让步,除非这个国家是我们的民族大家庭中的一员,换句话说,是一个基督教国家。
> 基督教国家要通过条约紧密地团结起来,这个条约必须规定彼此的权力、相互的义务。他们熟悉在他们当中得到广泛认可和普遍接收的一些基督教信条和惯例,这些可以被称之为基督教国家共同的法规,然而这些法规事实上只能是基督教国家的法规,因为它们不可能为任何一个伊斯兰或者异教国家所熟悉和认识,而这些国家却

---

[185] Lassa Oppenheim, *International Law*, pp. 54, 58.
[186] 在欧洲法学界,围绕葛罗修斯的地位问题存在长期的争论,例如有人将现代国际法的产生溯源于以Francisco de Vitoria为代表的西班牙学派。See Onuma Yasuaki, "When was the Law of International Society Born? – An Inquiry of the History of International Law from an Intercivilizational Perspective", *Journal of the History of International Law* 2 (2000): 1-66.

占据了地球上的大部分地盘……[187]

顾盛承认中国和其他地区并不承认基督教国家的国际法规,并注意到这些非基督教国家占据了地球上的大部分地区。因此,基督教国家之间的条约和法规建立在一个内外分明的世界关系之上,亦即基督教世界与非基督教世界或异教世界的区分之上。治外法权的概念正是以此为前提的,它包含了对欧洲基督教国家的法律规范的边界的理解。只是在漫长的20世纪里,欧洲国际法才逐渐地从一种"欧洲的"或"基督教的"国际法扩张为一种世界秩序,它所预设的规范性的平等的国家体系成为支配性的秩序。构成这一转化的两个政治条件是:第一,欧洲国家与其他地区的主权单位建立了广泛的条约关系,从而为将实质不平等的国家关系转化为形式平等的国家关系提供了历史条件;第二,伴随着殖民主义和资本主义在世界范围内的扩展,亚洲、非洲、美洲各地的反殖民运动开始向民族自决运动和建国运动转化,从而欧洲国际法所确定的相互平等的主权国家概念开始扩展为可以运用于全世界的国际关系准则。当代世界的主权概念可以说是上述双重运动的结果。在这里需要提出的是民族解放运动在重构欧洲主权概念过程中的作用:它把这一概念与各个地区的传统的主权形式联系起来,从而我们不能将当代世界的主权概念完全等同于殖民主义的主权概念,也不能将当代世界的主权概念完整地回溯至威斯特伐利亚主权概念。

与以中国为中心的朝贡体制、伊斯兰世界的法律体制,以及其他规范性体系一样,16—18世纪的欧洲国际法也是一种区域性的普遍主义体系。在这一视野内,19—20世纪形成的新世界秩序的确是一种特殊的例外。如果我们把魏源的《海国图志》中收录的带有经线和纬线的全球地图与传统地图相互比较,这一点尤为清晰:这些地图之间的差别不是中国地图与世界地图的差别,而是传统的天下与今天的世界的差别。没有这一特定的全球形象,康有为就不会在经线、纬线的框架内构筑大同的世界和儒学的普遍主义。《大同书》对于世界的构想极为强烈地和典型地显示了知识的转变与

---

[187] 引自 M. G. 马森:《西方的中华帝国观》,页180。

理想蓝图的转变之间的互动关系。对于亚洲国家来说,欧洲国际法的推行与其说是国家之间的相互约定,毋宁说是殖民主义政策的强制结果。

我们不妨以19世纪的清朝为例。首先,清朝是一个自主的政治实体,它的主权或统治权来自于内部统治的合法性,并诉诸于历史关系的演变和传承。儒学(包括朱子学和经学)及其指导下的法律体系构成了王朝的合法性理论。其次,作为世界上最为强盛的王朝之一,清朝和其他国家从未怀疑过中国的主权合法性。清代帝国具有复杂的行政权力、法律系统、领土权和国际关系,后者不仅指许多学者提出过的东亚朝贡体系,而且也是指17世纪以来它与俄国和其他欧洲国家缔结的一系列双边条约。因此,当欧洲国家利用欧洲国际法来推销它们的主权概念时,确认主权的含义既不是指清代是否是一个合法的统治实体,也不是指它是否是一个获得西方国家承认的、具有签署条约能力和权威的主体。在鸦片战争之后的历史语境中,欧洲国际法的真正功能是以"承认关系"作为逼迫清朝臣服于欧洲主导的世界秩序的根据,并将传统东亚区域的规范体系——朝贡体系——贬低为落后的、不平等的体系。在这个意义上,形式平等的主权概念与军事征服和不平等贸易密切相关,最终以不平等条约的形式确定下来。换言之,中国作为主权国家的地位必须以一种扭曲的形式——即不平等条约的形式——才能建立。这里的悖论是:一方面,西方国家强迫中国设立海关、通商口岸,割地赔款,极为严重地损害了中国的内部主权(霍布斯意义上的),但另一方面,这一对于内部主权的损害同时赋予中国作为一个独立国家的司法主权,亦即对中国的国际司法主权的承认以破坏和贬低国内主权为前提。这是一个历史的讽刺:臣服关系的形成等同于主权的确立,"自由贸易"或割地赔款成为现代主权概念的历史前提。[188]

---

[188] 不平等条约以承认严格的主权分割为逻辑前提,但这一严格的主权分割又以侵犯和损害主权为历史前提。如《南京条约》以签约的形式确认清朝在国际政治关系中的主体地位,但这一条约本身恰好"是中国丧失关税自主权的第一步,这个过程一直发展到委派一名英国公民(R. Hart)担任海关总监的地步,此人从1863年至1908年一直在任。"保罗·贝罗奇:《经济学与世界史》,见许宝强、渠敬东编选《反市场的资本主义》,北京:中央编译出版社,2000,页132。

因此，我们可以把欧洲殖民主义时代的特征概括为如下两点：第一，它要求以国际法为准则建立一种霸权的国际关系的结构，并以此为基础推行有利于殖民者利益的贸易、殖民和外交关系；第二，为了达到这一目的，它必须按照自己的准则将正在剥夺的对象建构成为形式上平等的主体。所谓不平等条约的含义就包含了上述两个相互矛盾的方面：一方面，按照条约关系，缔约双方均为主体，从而参与缔约的王朝、城邦和政治实体在这个意义上都是主权国家；另一方面，将这类政治实体建构成为主体（主权国家）的唯一目的是赋予它们以转让内部利益的合法前提。承认关系中的主权并不是主体间的平等关系，而是以契约形式合法地剥夺边缘地区的资源和劳动力的合法条件。如果没有15世纪末期开始的欧洲殖民扩张和殖民统治，没有伴随殖民主义在世界范围引发的反抗和欧洲新型国家之间的冲突和杀伐，就不会出现"欧洲国际法"向普遍主义的国际法的过渡。殖民主义史学曾经把鸦片战争解释成为自由贸易与闭关锁国的冲突，但大量的研究证明：鸦片战争是列强试图把中国纳入由其操控的国际贸易关系之中时发生的，而触发这一战争的条件之一恰恰是中国法律与英国法律在国际交往中的冲突，[189]从而鸦片战争可以从贸易与法律的双重关系中给予解释。从贸易的角度看，西欧国家尝试用本国的工业产品替换白银作为等价物与中国进行茶叶和生丝贸易，缓解中欧贸易中白银流出的问题。它们的尝试未获成功，因而转而利用多角贸易关系和多角结算的方法来达到目的。滨下武志说：

> 构成英印中三角贸易关系重要一环的鸦片贸易，其实质却是一种走私贸易，在中国沿海进行的鸦片交易必须采用白银支付的手段才能进行，从而导致了中国白银需求量的增加和白银价格的上升。……在观察亚洲和西欧主要通过茶叶和白银进行的对应的贸易历史过程时，可以说鸦片战争是处于这两者关系的延长点上，并因西欧习惯在

---

[189] 鸦片战争爆发的触发点之一是围绕如何处置一个在中国杀人的英国水兵的法律争端：林则徐坚持以清律论处，而义律认为应该按英国法律处理。

多角贸易中把鸦片贸易合法化和扩大茶叶采购市场的企图而引起的。……"自由贸易"这一主张并非是英国近代产业资本家阶层独自垄断的名词,同时也是地方贸易商人为实现自身利益时使用的时髦口号。[190]

但这一贸易冲突的结果最终显现在法律和主权范畴之上:在1839—1840年之后的多次战争和谈判期间,欧洲列强力图用"国际公法"将走私贸易以及对于中国领土和主权的侵犯合法化。1842年8月29日签署的《南京条约》将鸦片战争(1839—1842)的实际目的(迫使中国疆域向英国贸易开放)和长远后果(将中国纳入欧洲国际法规范下的不平等的主权体系之中)揭示得清楚不过。

鸦片战争以后中国与欧洲国家缔结的各项条约不仅是对中国的主权和利权的侵犯,而且还是对以中国为中心的朝贡体系及其规范的无情打击。英国对泰国、缅甸、西藏的侵略、操纵和渗透,法国对越南、柬埔寨的控制,俄国对新疆和东北的渗透,不仅构成了对原有的朝贡网络的破坏,而且也鼓励了朝贡国或地区内部的分离倾向。在欧洲条约体系的扩张中,条约体系所内含的形式平等的国家关系为朝贡地区内部的民族主义提供了理论的前提。值得注意的是,1884年中法战争和1894—1895年甲午战争对于晚清士大夫的心理刺激甚至超过了鸦片战争,这是因为后两场战争涉及的不仅是中国与法国、中国与日本的双边战争,而且还涉及中国朝贡体系及其规范的彻底瓦解,前者涉及中国与最为接近的朝贡国越南的关系,后者涉及另一最为接近的朝贡国朝鲜的地位,以及处于朝贡圈内却又地位特殊的日本与中国的关系。按康有为的自述,《大同书》的构思始于1884年中法战争的刺激,他涉足政治的第一个文本《上清帝第一书》对中国危机的表述是:"琉球灭、安

---

[190] 滨下武志:《近代中国的国际契机:朝贡贸易体系与近代亚洲经济圈》,北京:中国社会科学出版社,1999,页11—12,168—213(译文略有改动)。Stephen Lockwood, *Augustine Heard and Company 1858-1862*; *American Merchants in China* (Cambridge, Mass.: East Asia Research center, Harvard University, 1971).

南失、缅甸亡,羽翼尽翦,将及腹心。……日谋高丽……英启藏卫……俄……迫盛京……"[191]可见重构世界秩序的动力与朝贡体系的危机存在着密切的关系。早在1882年,朝鲜李朝政府与英美各国缔结通商条约一事即已引起清朝政府的不安。马建忠为此出使朝鲜,在他的出使记录中,我们可以看到他对朝鲜避开清朝私自与英美等国缔约的愤怒。马建忠要求朝鲜在对外条约中明确申明"为中国属邦,则在我既存藩服之名,在彼亦无碍平行之体"。[192]中法战争期间,中国使节郑观应责备暹罗多年不对中国朝贡,同时又对华商征收人头税,他希望暹罗能够在中法战争中援助越南,承担朝贡体系内部的责任。由此可见,欧洲国家在亚洲的殖民战争和渗透的结果不是孤立的战争胜负问题,而且也是原有的朝贡体系和规范秩序的瓦解问题。

中日甲午战争和随后签订的《马关条约》在晚清思想史中更是极为重要的转折。首先,中日冲突始于日本对朝鲜的侵略和中国作为宗主国对朝鲜的行使保护权的冲突,从而战争的失败不仅打击了中国本身,而且也破坏了原有的朝贡关系网络。参照明万历二十年至二十六年(1592—1598)的援朝御倭(丰臣秀吉为首的军事封建主领导下的日本)战争,我们可以清楚地发现清朝援助朝鲜抗击日本入侵遵循着一贯的朝贡模式,从而对于清朝而言,战争本身是维持朝贡体系的必要步骤。其次,尽管日本在所谓朝贡关系中地位极为特殊,享有完全的主权国家地位,但从中国礼仪秩序的角度说,中日战争不仅是两个平等国家间的战争,战争的结果也不仅是两个国家之间的输赢问题,它也是整个朝贡体系的象征性能否继续维持的问题。康有为在《上清帝第二书》(即著名的《公车上书》)中描述了《马关条约》公布后的社会震动:"窃闻与日本议和,有割奉天沿边及台湾一省,补兵饷二万万两,及通商苏、杭,……阅《上海新报》,天下震动;闻举国廷诤,都人惶骇。又闻台湾臣民不敢奉诏,思戴本朝。"他特别警告说:"窃以为弃台民之事小,散天下民之事大,割地之事小,亡国之事

---

[191] 康有为:《上清帝第一书》,《康有为政论集》,上册,北京:中华书局,1981,页52。
[192] 马建忠:《适可斋纪言纪行》,参见滨下武志:《近代中国的国际契机》,页284。

大……何以谓弃台民即散天下也？天下以为吾戴朝廷，而朝廷可弃台民，即可弃我；一旦有事，次第割弃，终难保为大清之民矣。"[193] 割让台湾不仅是朝廷军事失败的象征，而且也意味着合法性的危机。这是一种由外及内的危机感、一种体系性的崩溃的预感。随着中法战争、甲午战争等一系列失败，不仅中国在朝贡体系中的地位彻底动摇了，而且朝贡体系本身也随之土崩瓦解。欧洲国际法预设的形式平等的主权概念一方面为区域内部的朝贡国提供了民族主义的新的规范，另一方面又帮助日本等国家以形式平等的主权概念与原有的朝贡国缔结不平等条约，进而为它对亚洲国家的殖民战争和侵略提供根据。"欧洲国际法"通过直接缔结不平等条约和鼓励原朝贡国脱离朝贡体系的双重形式将自己确立为普遍的法则，从而原有的朝贡关系及其普遍规范不再被承认为"普遍规范"。正由于此，朝贡体系的崩溃是内外互动的产物。

从1884年到1895年，尽管清朝尚未瓦解，但中国的帝国体系却趋于崩溃。这一体系的崩溃同时也是一种普遍认可的法律和礼仪规范的终结，它提供了重构儒学普遍主义及其世界秩序观的基本动力和必要性。欧洲的扩张不仅是军事和贸易的扩张，而且也是一种新型的国家体系的扩张，一种调节和控制这一新型国家体系的规范的扩张，一种有关这一体系的合法性知识的扩张。正是在这个意义上，清朝面临的危机不仅是军事、经济实力对比中的危机，而且还是一种道德体系和知识体系的危机，一种规模深广的合法性危机。如果说欧洲国际法及其形式平等的主权国家等概念为欧洲国家对亚洲和其他地区的殖民和控制提供了合法性，那么，没有一种新的、超越旧有的朝贡等级体系的普遍主义视野，也就无法对抗和拒绝这一欧洲霸权的法律和礼仪规范。因此，超越帝国时代的不合时宜的朝贡模式与超越欧洲特殊主义的普遍主义，成为相互重叠的问题。在这一双重困境之中，清朝国家需要形成的是两重结构的制度体系：一方面，通过进入民族—国家体系将原有的帝国体制改造成为主权国家的模式，另一方面，承认原有朝贡国的主权国家的身份和平等地位，将中

---

[193] 康有为：《上清帝第二书》，《康有为政论集》，上册，页114。

国置于国家体系之中。前者要求帝国内部体制的合理化和同质化,后者要求修改原有的朝贡规则,修订自我中心的世界图景。

3.《春秋》、《周礼》与国际法

对于中国而言,威斯特伐里亚主权概念与干涉和侵略密切相关,但恰恰是这一依托于干涉与侵略的主权概念把主权承认(即不干涉内政)预设为主权的前提。由于缔约过程经常发生在殖民国家与尚未获得承认的主权单位之间,因而缔约本身有一个基本前提,即承认以内部政治权威和持久的历史传统为根据的实质性的主权概念。威斯特伐里亚主权概念无法完整地解释中国(和其他地区)的主权含义。部分地是为了让中国自愿地服从于国际法的秩序,部分地出于对西方社会内部的种族偏见的批评,一些协助西方政府工作的传教士力图在国际法的承认主权与中国传统法律和礼仪资源之间建立桥梁,通过将中国主权纳入殖民主义的世界体系之中来确立新关系。[194] 从 19 世纪后期开始,一些西方传教士和法律史家开始运用一个新的概念,即"中国古代国际公法"。

为什么这些传教士要以重新解释中国传统的方式来普及国际法呢? 在 19 世纪以前,耶稣会采用了服从中国法令、遵循中国风俗、学习中国语言和文化,及传播科学知识的方式吸引中国官吏和士大夫。这一过程产生了几个不同于武力传教的后果:第一,把西方知识与中国文化和习俗联系起来,从而以儒学或其他传统方式诠释宗教教义、西方法律和文化及自然知识;第二,逐渐形成传教士与中国朝廷和士大夫的密切关系,通过内部的转化达到将教义和其他欧洲知识普遍化的效果。第三,一些传教士从中国的文化中体会到这个文化的某些魅力和传统之悠久,感觉到了欧

---

[194] 传教士卷入国际法问题的翻译和讨论并不奇怪,在 15 世纪末期之后,欧洲传教士经常伴随欧洲远征军或所谓海外征服者一道活动,在传教的同时,"管理归教的居民,征收货币税或实物税、香料税。"德·穆朗:《在华法国耶稣会士的功勋》,页 15,巴黎:1928,转引自戴逸主编:《简明清史》,页 123。

洲社会内部的种族和文化偏见,试图在欧洲文明与中国文化之间建立联系,进而呼应启蒙主义的普遍主义信念。第四,随着欧洲的世界性扩张,欧洲国际法的运用范围已经超出了欧洲国家之间,从而如何解释"基督教国家间"运用的国际法的普遍适用性——亦即为什么欧洲国际法可以用于那些并未采用"文明国家"(基督教国家)形式的国家或地区呢?——构成了欧洲社会有关国际法问题的讨论的重要问题。正是在上述背景下,在18—19世纪,许多欧洲传教士对中国法律知识做了大量介绍,例如,托马斯·斯当东(George Thomas Staunton,1781—1859)在他年仅12岁时(1792年)随父跟随马嘎尔尼使团访华,从1800年起,他开始翻译《大清律例》,并于1810于伦敦出版;当时的《爱丁堡评论》发表多篇评论对这一翻译工作给予高度评价。这表明:在传教士文化和启蒙运动的知识传统的影响下,近代欧洲对于中国的法律传统存在着一定的认识。1894年,在为《翰林论文第二辑:中国人的历史、哲学和宗教文集》(*Hanlin Papers, Second Series, Essays on the History, Philosophy, and religion of the Chinese*)所写的序言中,美国长老会传教士丁韪良(W. A. P. Martin)用建立中国与西方古代——特别是罗马和希腊——的联系的方式来说明自己的研究目的,除了论证罗马帝国和其他欧洲地区与中国长久交往的历史之外,他还以马克斯·穆勒(Max Müller)的比较文献学为例(后者论证了印度人和欧洲人在种族上的联系),试图说明中国语言和印欧语系的更早的、更为基本的联系。[195]这是另一种夷夏之相对化的观念。这本论文集不仅收录了《柏拉图与孔子》、《笛卡尔之前的笛卡尔哲学》等论文,而且还包括有关中国古代的国际法和外交的论文。[196]上述看法在欧洲法

---

[195] 丁韪良本人对中国文化、特别是哲学和文学均非常爱好,深为仰慕。参见 Esson MacDowell Gale, *Salt for the Dragon: A Personal History of China, 1908-1945* (Ann Arbor and East Lansing: Michigan State College Press, 1953). 参见萧公权:《近代中国与新世界:康有为变法与大同思想研究》,汪荣祖译,南京:江苏人民出版社,1997,页340。

[196] W. A. P. Martin, *Hanlin Papers, Second Series, Essays on the History, Philosophy, and Religion of the Chinese* (Shanghai: Kelly & Walsh. The Tientsin Press, 1894), pp. x, 199-206, 207-234.

学领域中显然有一定的影响,例如,巴黎大学的法学教授路易斯·勒·佛尔(Louis le Fur)认为国际法源于自然法则,任何地区都可能出现国际法,中国也不例外:

> 中国古代已具有许多国际公法之高尚原则,此种高尚原则,在欧洲15世纪之后,方始兴盛。例如非议国家绝对自主说,国家平等说,国家互助说,战争正义及排除战争、掠夺说等是。因实行国家互助,各国且创立一种特别税则,以备救助他国饥荒、水灾、地震等患难之用。然而由此等国际公法之高尚原则观之,则中国古代之国际公法,固甚完美矣。[197]

上述看法利用了儒家礼仪、道德与制度、法规的内在联系,从不同方面注意到《周礼》、《春秋》和其他历史典籍中有关处理邦国和朝贡关系的一些原则和特点。

"中国古代国际公法"的观念与鸦片战争后西方殖民者的逻辑并不一致。在第一次鸦片战争之后24年的1864年,由惠顿(Henry Wheaton)原著、时任同文馆总教习的丁韪良以及多位中国人翻译为中文《万国公法》的《国际法原理》(Elements of International Law)一书出版。1858年,丁韪良曾在《天津条约》谈判期间为美国公使列卫廉(William B. Reed)担任翻译官,此后还曾受聘在英法联军与满清政府就大沽口军事冲突的外

---

[197] Louis le Fur, *Précis de Droit International Public* (Paris: Dalloz, 1939, pp. 20-21),译文见洪钧培编著:《春秋国际公法》,台北:台湾中华书局,1971,页6。又,洪均培引用比利时神父、比利时中国学会会长望海(Louis Van Hée, 1873-1951,中文名中文名为"赫师慎")《春秋国际公法》一书序言,认为中国存在国际法,基本证据如次:第一,中国古代不但具有国际公法之学说,而且具有实质的法规;第二,春秋时期提供了丰富完善的国际法思想及例证,如各国设有外交官吏,以之管理外来商人及接受他国要求设立友好通商等条约之使节;第三,中国古代具有国际法产生的根本原则,既有实质的正式的独立平等之国家,又有共同遵守之国际法规。(见该书第9-10页)但经过反复查找,未能找到洪氏引用的这部著作。

交谈判中担任翻译。[198] 由美国人充当国际法的翻译和介绍有一定的必然性,因为鸦片战争时期美国没有直接卷入英国的军事行动,并支持保持中国主权。丁韪良担任同文馆总教习的时期正值蒲安臣(Anson Burlingame)担任驻华公使期间(1861—1867),后者与清廷有着密切的关系,清朝和普通中国士大夫并不了解美国国内已经开始了排华浪潮,而美国传教士对中国文化的偏见正是这一浪潮的始作俑者。《国际法原理》(《万国公法》)的翻译是继林则徐于 1839 年组织翻译瑞士法学家滑达尔(Emmerich de Vattel,1714—1767)的《国际法》(Le Droit des Gens)之后又一将国际法翻译为中文的尝试,但两者的目的是截然有别的。丁韪良自称的动机之一是"注意到中国缺少这样的著作",但这一动机背后当然还有更为深刻的动机:第一是实际的,即以欧洲国际法为准则确立中国与西方之间的交往规范;第二是理念的,即力图将欧洲的自然法原理普遍化,从而让中国人在这一普遍主义原理的前提下接受欧洲"国际法"的合法性。这位传教士对于国际法与"中国人的精神"的解释更带有欧洲启蒙主义的思想特点。[199]

4. 丁韪良的"古代中国的国际公法"

然而,在翻译了《万国公法》之后的第 17 年,丁韪良提出了中国古代的国际公法概念,1881 年,他在德国柏林的东方学者协会(the Congress of Orientalists)以《古代中国的国际公法》为题(International Law in Ancient China)发表演讲,参照惠顿(Wheaton)、沃尔赛(Woolsey)、伯伦知理(Bluntschli)和其他西方法学和政治理论家的理论,以数万言的篇幅论述

---

[198] 关于晚清国际法的翻译及其政治,丁韪良参与英法联军与清政府谈判的情况,请参见王健:《沟通两个世界的法律意义——晚清西方法的输入与法律新词初探》第四章,北京:中国政法大学出版社,2001,页 138—186;Lydia H. Liu, "Legislating the Universal: The Circulation of International Law in the Nineteenth Century", in Tokens of Exchange, ed. Lydia H. Liu (Durham: Duke University Press, 1999), pp. 127-164.

[199] 丁韪良译、惠顿著:《万国公法》,译者序,北京:京师同文馆,1864,页 1。

"古代中国的国际公法"。这篇演讲于 1883 年发表于《国际评论》一月号 (*the International Review*, January, 1883),后来又与《古代中国的外交》 ("Diplomacy in Ancient China")一文一道收入《翰林论文第二辑》。他的演讲从中国与西方的条约开始:

> 近来的各条约已经将中国政治家的注意力转移到国际法的主题上来,经由这些条约,尤其是诸如永久使馆等交往形式的确立,中国已经被带入了与西方国家的更为接近的关系之中。
> 对于他们来说,这是全新的学习,其中涉及在过去两千年的历史过程的任何阶段中,他们的先辈完全难以想像的观念。然而,正如我们努力要证明的,在他们的早期历史中,他们拥有对这一问题的某些回答。[200]

他在北京东方学会所作的另一演讲《古代中国的外交》几乎以同样的态度开始:

> 对于中国人来说,国际外交是一种新的艺术,但又是一种他们表达了奇异的倾向的艺术。我认为,我们将要开始的这一探索表明:对于他们来说,这毋宁是复活一种失落的艺术,——在创造这一艺术的过程中,他们能够声称他们拥有比所有现存国家早得多的有关这一艺术的优先权。
> 在著名的周代,随着圣人的出现,它们的著述支配了帝国的思想,外交也由此产生。……外交可以被定义为国家间交往的艺术。它预设在平等前提下进行相互交往的国家的存在。这既说明了为什么它能够在周代流行,而在随后的两千年中消失殆尽,以及为什么今天又重新复活,如同一条河流,穿越地下,而后又上升到地面。正如

---

[200] Martin, "International Law in Ancient China", in *Hanlin Papers*, *Second series*, *Essays on the History*, *Philosophy and Religion of the Chinese*, pp. 111-113.

> 礼仪是由个人组成的社会的产物,外交产生于由国家组成的社会。鲁宾逊·克鲁梭在孤岛上度过了他的一生,几乎很难能够产生良好教养的规则,尽管他是"所有他探索过的地方的君主",但他从未使用过外交。秦朝的胜利,导致了许多国家在这一地区消失……这是外交的死亡打击。帝国从此成为不可分割的存在,从鞑靼的沙漠到缅甸的边界,从喜玛拉雅山麓到东海沿岸。没有竞争者,在地球的表面没有平等的对手。信使不必从一个朝廷到另一朝廷执行他们的秘密使命。联盟不再形成,……[201]

问题是清楚的:作为一个一统天下的帝国,中国没有外交、没有国际法,它像荒岛上的鲁宾逊一样,是一个孤独的君主。只是在鸦片战争之后,在中国与西方国家签订了一个又一个条约之后,中国才被带入这个"被公平地称之为文明世界的公法之剑下"。"这是引导中国接受与其他国家平等相处的步伐,在过去的三个世纪里,中国总是习惯于按照朝贡的方式对待它们。"[202]

究竟以何种方式才能引导中国人进入这一"文明国家间的"相互承认的国际公法体系,究竟以何种理由让中国愉快地签订、确认和落实中国与欧美国家之间的条约?丁韪良首先勾勒了一种能够将中国历史纳入欧洲历史的历史叙述:

> 他们的现代历史肇端于基督教时代两个世纪。按照我们的目的,它(指中国的现代历史。——笔者注)可以划分为三个时代。第一,从古罗马与迦太基间的三次布匿战争时期到经由好望角通达印度的路线的发现;第二,包括三个世纪半有限的贸易交往时期;第三,始于1839年的所谓"鸦片战争"以降的六十年的条约

---

[201] Martin, "Deplomacy in Ancient China", in *Hanlin Papers, Second series, Essays on the History, Philosophy and Religion of the Chinese*, pp. 142-144.
[202] Martin, "International Law in Ancient China", in *Hanlin Papers, Second series, Essays on the History, Philosophy and Religion of the Chinese*, pp. 111-113.

时代。[203]

在第一个时期,中国几乎丝毫未受那些震动了西方世界的事件的影响,仿佛置身于另一个星球;在第二个时期,中国人意识到了主要的现代欧洲国家的存在,但对欧洲国家的多样性和这些遥远的强权的重要性没有足够的认识;在第三个时期,苏伊士运河和西伯利亚铁路的开通将中国与它的危险的强邻连接起来,终于迫使他们认识了欧洲国家的军事力量。这就是中国步入起点平等的国家体系的过程。在这一历史形势之下,欧洲人应该如何对待中国,中国人又应该如何适应这一新的时代呢?丁韪良在柏林和北京的两篇演讲指明了道路:国际法、外交等与其说是欧洲人强加给中国的,毋宁说是在新的时代里重新复活的中国传统。在他的笔下,不仅孔子成为鲁国的外交部长,而且列国的纵横家们也扮演着职业外交家的角色。"后封建的欧洲"与"前帝国的中国"两者在时间上相隔两千年、在空间上相隔数万里,但却被建构成为具有家族相似的国家体系。几乎与晚清以降所有的主流论述一样,秦汉以降的统一帝国时代被理解为一个与"现代"相互对立的历史存在。

按丁韪良的看法,在过去的两千年中,中国是一个一统大国,缺乏形成国际法和国家间外交的双重条件,即独立国家的存在与平等基础上的交往。这个看法不是将中国看作一个国家,而是一个自足的、没有外部的世界体系。至少从汉、唐、宋、元、明、清诸朝丰富的外交实践来看,这一看法并不具有坚实的历史依据。丁韪良的上述论点实际上是为了论证另一个论点,即在秦汉之前,尤其是在东周列国的形势中,中国有着丰富的"国家"文化:第一,如同从罗马帝国中分解出来的欧洲国家一样,周代的分封国家是帝国分化的产物和独立的国家;第二,这些国家不同于希腊周边的野蛮部落,它们继承了帝国的法律和文明,从而是文明的、平等的国家。[204]第三,尽管他没有明确说明,但通篇贯穿的是:战国时代的动荡、

---

[203] Ibid., p. 113.
[204] Ibid., pp. 113-115.

战争和分立是一种具有形式平等的理性的国家体系。孔子将礼乐征伐不由天子出的局面看作是礼崩乐坏的标志,而在欧洲和美国著作家的视野中,这一局面恰恰孕育着"理性化"的秩序。

在这个意义上,丁韪良的阐释不仅是策略性的,而且也是理论性的,它深深地扎根在欧洲近代理性主义的预设之中。马克斯·韦伯将他阅读的各种传教士有关中国的描述放置在更为完整的理性化视野中观察,从而在《儒教与道教》中,我们不难找到从周代列国竞争的形势中归纳出的政治理性主义——正如基督教国家之间的战争与理性的关系一样,周代的政治理性也被归因于国家间的竞争、战争、协商、结盟等权力关系。在他看来,周帝国的统一主要表现为"文化的统一",而不是表现在偶尔举行的诸侯集会之中。作为最高祭司的皇帝拥有仪式上的特权,但这并不能防止军事叛变的发生。"就像罗马帝国的主教声称在宗教会议上具有主座地位一样,中国的皇帝或其使节,也要求在诸侯的集会上享有主座地位,这在史书里屡见不鲜。然而,当个别大的封臣成为强有力的王室大管事(庇护者)的时候,对此权利则视若无睹(可是这在经典理论上仍是一种违犯礼仪的行为)。此种诸侯的集会颇为频繁。"[205]在这个意义上,诸侯国之间的关系的构成正如基督教国家之间的关系一样,是以一种特殊文野之别为前提的。这些文明国家之间的战争成为政治理性主义的根源。韦伯论述道:

> 列国政治所显示出的实际上不是这么回事,而毋宁是大小封臣间的无情的争斗。小封臣随时伺机争取独立,而大诸侯则一心一意地想趁机吞并邻国。结果,据史书所载来判断,整个时代充满空前血腥的战争。尽管这样,理论(上)并非毫无意义,确切地说它是文化统一性的重要表现。此种统一性的代表者是文人,亦即能够断文识字的人,诸侯利用他们合理地进行统辖以增强国力,这和印度王侯之利用婆罗门、西方的诸侯之利用基督教的教师,如出一辙。……

---

[205] 马克斯·韦伯(Max Weber):《儒教与道教》(*Konfuziamismus und Taoismus*),南京:江苏人民出版社,1993,页50。

> 战国诸侯为争夺政治权力的竞争，导致诸侯的经济政策的理性化。文人就是政策的执行者。商鞅，文人的一个代表，被认为是理性化内政的创始者；另一个文人魏冉，则创建了理性的国家军队制度，使秦国后来得以凌驾于他国之上。[206]

丁韪良的观点与此可以互相参证：他们实际上都是在19世纪欧洲理性主义的视野中、在由理性化观念所构筑起来的帝国—国家二元论的框架中看待中国的历史。

如果说欧洲国际法预设了"文明国家之间的"法律的概念，那么，周代的公法也不适用于"蛮夷"的范畴，诸侯国之间的法律建立在内外夷夏的划分之上。很明显，丁韪良在周代与罗马帝国、诸侯国家与欧洲民族—国家之间成功地建立了联系，为将"文明国家之间的"和"平等的"这两个特征赋予战国时代的列国提供了前提：

> 因此，如果我们转向这一时期的历史，寻找这样一种本土的制度，我们将会发现，如果不是制度本身，也至少是这一制度存在的证明。正如我们已经说过的，我们发现了一组国家，它们中的许多就好像是西欧伟大国家的延伸，用种族、文学、宗教将自己凝聚在一起，进行积极的贸易和政治交往。如果没有一种国际法（ius gentium），这些交往实践是很难实现的。我们发现了按照一定礼仪的使节的交换，一种精致的文明的象征。我们发现了庄严签订的并存放于称之为"盟府"之地的条约。我们发现了经过仔细研究和实践的权力的平衡学，它对强者的侵略进行控制和对弱者的权利进行保护。我们发现了在一定程度上受到承认和尊重的中立的权利。最后，我们还发现了一种致力于外交的职业阶层，虽然，说实在的，他们的外交与

---

[206] 同上，页51,53。

马基雅维利时代的意大利国家的外交实践并不一样。[207]

通过仔细地阅读孔子、孟子、诸子百家、稗官野史,尤其是《周礼》,丁韪良发现了国际公法的踪迹:使节的交换、条约的签订与保存、战争与和平的法规、中立的地位和权利、职业外交的出现,等等。参照他在别的段落中的讨论,我们可以作出若干补充:

一、领土权和边界:周王朝的十二个诸侯家的领土划分对应着天的神圣秩序,从而在特殊的天文学和地理学视野中建立起划分边界、确立领土不可侵犯的原则;

二、诸侯国与卫星国:如同在"神圣罗马帝国"统治下的存在于德国境内的复杂多样的政治组织一样,十二个分为五等爵位的国家下属若干更小的政治实体,但它们均尊崇天子的崇高地位;

三、盟约:《春秋》和《左传》所描述的盟会具有促进国际友好关系的功能,这一合法的盟会制度构成了这一时代国际公法的基础;

四、国际公法是文明国家间的法律:蛮夷不在《周礼》管治的范围之内,它们是"我们的天敌"("our natural enemies");

五、特使制度:存在着大量的在各诸侯国之间传递信息、谈判条约的外交官员。[208]

丁韪良还特别从古代典籍中总结出"战争法"的若干规定:

一、非战斗人员的生命和财产应该得到尊重;
二、合法的战争必须宣战,并让对方有应战的准备;
三、师出有名;

---

[207] Martin, "International Law in Ancient China", in *Hanlin Papers*, *Second series*, *Essays on the History*, *Philosophy and Religion of the Chinese*, pp. 116-117.
[208] Ibid., pp. 118-120. 上述关于古代国际公法的归纳,参见注[197]。

四、保持权力平衡始终被承认为战争的理由;

五、国家存在的权利;

六、中立的权利。

经过上述论证,丁韪良预言这样一个时代已经到来了:"一些中国的葛罗修斯仔细地收罗这些散乱的暗示,就如同那个卓越的荷兰人在希腊和意大利的国际关系中寻找痕迹一样。"[209]不过,最终来担任这个"中国的葛罗修斯"的人似乎正是丁韪良本人:"我们已经向你们证明:古代中国的国家有一部成文的或不成文的、发达的或不那么发达的法律,这是诸侯国在和平与战争中承认的法律。《周礼》和这一时期的其他历史著作证明了这一点。"[210]

在为古代中国存在国际公法这一论断欢欣鼓舞之前,我们应该考虑在怎样的情境中、出于什么理由、由谁将《周礼》《春秋》以及其他古代遗产看作是"国际法"。首先,丁韪良对中国历史中的"国际法"的承认是在鸦片战争发生之后的年代,即在英国等欧洲国家按"国际法"规则强制中国接受众多不平等条约之后。问题是:为什么丁韪良在决定翻译《国际法原理》和担任谈判翻译的过程中没有直接引用《周礼》、《春秋》义例、《大清通礼》或《大清律例》?其次,丁韪良曾经留心明代耶稣会传教士的著作,特别推崇利玛窦的那种"合儒、补儒、超儒"的翻译策略,即把西方思想包装上中国外衣再作为普遍真理传播给中国人。在这个意义上,把《周礼》及其他中国遗产理解为"国际法"不过是为了将"国际法"本身作为一种植根于自然法原理的普遍知识和秩序推广到中国和亚洲地区。发明古代中国的国际公法的目的,旨在让"他们在自己的历史记载中找到了与我们的现代国际法相通的惯例、言辞、观念;由于这一事实,他们更倾向于接受基督教世界的国际法,后者没有那种地球上所有国家最终达致

---

[209] Ibid.,p.118. 上述关于古代战争法的归纳,参见注[197]。
[210] Ibid.,p.141.

和平与正义的乌托邦观点",[211] 从而以古代中国的法律来否定当时中国的法律,以周代、甚至战国的逻辑否定过去两千年的帝国一统的逻辑。在这一逻辑之下,承认中国历史中存在"国际法"既不是要以中国的方式处理中国的事务,也不是要参照中国的法律遗产修订国际关系的一般原则。丁韪良的目的无非是:在把中国纳入欧洲"万民法"秩序之后,通过论证这一欧洲法律与中国古代遗产的"不谋而合"将这一强制过程自然化和合法化。

"国际法"的合法性建立在两个基本前提之上:世界各地的政治实体转化为形式平等的主权单位,从而落实"国际"关系的含义;世界各地人民对于支配国际关系的规范的普遍承认。从这样的视野来理解丁韪良所谓中国古代的"国际公法"概念,我们可以清楚地看到这一套用包含的实质含义:

第一,在周代封建制的范畴内,诸侯国之间的关系无法等同于主权国家之间的关系;按照封建礼仪,这些诸侯国均臣属于按照宗法封建原则居于最高地位的周王,从而并不是形式上平等的主权单位,亦即缔结盟约的主体不具有"国际法"所预设的作为相互平等的主权单位的国家的含义。以"外交"概念为例,鲁隐公元年(前722年)祭国君出访鲁国,《春秋》记作"祭伯来朝",《春秋谷梁传》隐公元年解释说:"寰内诸侯,非有天子之命,不得出会诸侯,不正其外交,故弗与朝也。"作为周天子畿内的诸侯,祭国未得王命而私自出访,故不记"来朝"而仅记作"来",表示这是违背礼仪的对外活动。这里的"外交"即非礼的"境外之交"。[212] 丁韪良将秦汉以后的一统帝国视为中国"外交"传统的中断,这一判断从周代外交的性质与秦汉以后是否存在外交这两个方向上都需要加以质疑。按照黎虎的研究,恰恰是汉唐时期,中国第一次打开大门与外部世界发生外交关系,并拥有了真正国际意义的外交。他把汉唐时代的外交格局和体系区分为三个层次:一、中原王朝与地处后来的中亚、西亚的贵霜帝国、大宛、

---

[211] Ibid., p.141.
[212] 参看黎虎:《汉唐外交制度史》,兰州:兰州大学出版社,1998,页1。

康居、安息等,地处后来的欧洲的大秦,地处后来的南亚的身毒、天竺、黄支、掸国等,海东的三韩、日本等,以及中南半岛诸国;二、中原王朝与周边少数民族政权之间的外交,如汉代的匈奴、南北朝时代的柔然和突厥、唐代的回纥、土蕃、南诏、渤海等;三、中国境内各独立政权之间的外交,如三国时期、东晋十六国、南北朝时期的国家间关系。在他的分类中,先秦时期仅仅是古代外交的萌芽期,汉唐时代才是古代外交制度的确立和成型时期,而宋元明清时期则是古代外交制度持续发展和转型的时期。[213]

第二,在清朝与周边国家签订的各项法律责任和义务中,双方按照具体的情境、互相认可的(传统的)礼仪规则对互市、朝贡和互信的各项条款进行阐释。这些协议的根据是历史形成的制度、礼仪、规则、外交惯例,以及中国与缔约对象的关系的性质和缔约的具体情境。这些关系按照一定的礼仪等级关系进行解释,但这种礼仪等级关系并不意味着缔约双方不具有任何对等的性质。无论是《周礼》和《春秋》义例,还是刘逢禄在处理夷夏观念时所表达的经学思想,虽然不能在欧洲的自然法或成文法的意义上进行理解,但的确是一种从中国传统和历史情境中产生出来的外交实践。《春秋》、《周礼》以及经学家们对这些典籍的解释既是对古代典制的记录,也提供了重新解释这些典制的线索。

第三,在儒学和中国历史的语境中,实际的历史关系对于这些原则是如此重要,以至一旦将这些原则抽象化,就失去了理解这些原则的可能性。《春秋》、《周礼》等典籍中谈及的"国"或"邦国"与欧洲国际法中的国家(主权国家或民族国家)是两种不同的概念,从属于不同的关系模式。丁韪良在欧洲国际法的视野中条列中国古代典籍中的所谓"国际公法诸原则",从而将这些原则抽离了它们的具体历史语境。在他对"中国古代国际公法"阐释中,最为重要的部分是对"国"和"国际"这两个概念的普遍运用:主权的、形式平等的国家单位变成了贯穿古今中外的普遍存在,从而用以约束形式平等的主权国家体系的法律规范也就成为古今中外概莫能外的普遍法则。欧洲国家的海外殖民同时伴随着一种新型的国

---

[213] 同上,页 10。

家体系及其规则的扩展，没有这一背景，丁韪良就没有将《周礼》、《春秋》中的"国"附会为主权国家、将诸侯国之间的关系附会为国际关系的动力和必要性。

丁韪良将周代诸侯国之间的战争与和平关系视为形式上平等的邦国之间的关系，将分封制度下的"礼乐征伐"等同于民族国家关系，从而势必混淆周代分封体制下的礼乐制度与欧洲国际法的实质差异。不止一位学者对国际法术语与中国的语词之间的关系进行研究，指出这些语词的相关性是翻译过程的产物，并不具有天然的联系或本质的一致性。例如，丁韪良等人曾经为将 Right 一词翻译为汉语"权利"颇费踌躇，因为汉字"权"具有"权力"、"特权"、"权势"等贬义，而这些含义与国际关系没有任何内在的联系。[214]在翻译过程中，他从不同的意义上对"权"概念加以运用和修饰，如制定律法之权（Rights of civil and criminal legislation）、平行之权（Rights of equality）、掌物之权（Rights of property）、国权（National right）、私权（Private right）等。"但译本里的'权（利）'并非概指原著中的 right；实际上，英文里的 authority, sovereignty, power, privileges 等语词，也都视不同情形而被译成中文的'权''权利'。"[215]我在此要补充的是：春秋公羊学的术语中的确包含处理"国"与"国"关系的"权"概念，它表示的是在特定情境中主体所作的权变、权衡，这种权变、权衡是在礼仪原则和具体情境之间的往复协调。在儒学礼仪和法律的构想之中，内外的区分是礼仪的区分或者说内外本身就构成了礼仪的前提。清代公羊学力图消除内外夷夏的严格区分，把礼仪关系由内及外地展现出来，否认礼序关系的绝对性，重视具体的情境、条件和行为的动机。因此，对于国际法的运用也是在原则与权宜之间作出的平衡。刘逢禄把《春秋》视为万世法，即具有普遍意义的法典，但这一万世法的核心是强调判断是非与具体情境的关系，从而反对将某一原则视为永久不变的普遍法则。这就是今文经学如此

---

[214]　See Lydia H. Liu, "Legislating the Universal: The Circulation of International Law in the Nineteenth Century", *in Tokens of Exchange*, pp. 127-164.

[215]　王健：《沟通两个世界的法律意义——晚清西方法的输入与法律新词初探》，页168，以及221—229。

强调经与权的辩证关系的基本原因。在这个意义上,"权"这个概念与成文法意义上的权利条款有着重要的区别,也没有自然法意义上的自然权利的含义。"权"指的是在主体意志、具体情境与"礼"之间进行协调、变通的行为方式,离开了具体情境无法"行权"。前引刘逢禄所谓"刑反德而顺于德,亦权之类"就是一个例证,它把刑与德、权与道组织在一种辩证的历史关系之中。今文经学的春秋观与国际法的最为重要的差异是:后者把某些原则和规则作为普遍的法律,而前者却强调应该在具体的、变动的历史关系中判断是非、形成断案,从而拒绝将某一规则当作永久不变的成文法典。

5."列国之势"、民族—国家与重建儒学的世界图景

上述讨论证明:《周礼》、《春秋》的确处理诸侯国之间的战争与和平关系,但它们与所谓"国际法"并不具有法理上的共同基础。那么,丁韪良为什么会作上述论断呢?我在此姑且抛开他个人的动机问题,转而从诠释的可能性着眼来理解这一问题。在一定意义上,《春秋》、《周礼》和欧洲国际法都是在特定情境中加以灵活运动的原则和规则,从而它们都包含着被灵活解释的可能性。清朝在缔结条约过程中对于"国际法"采取的是一种实用的态度,即在情境与礼仪的相互协调过程中作出选择。值得注意的是:一方面,丁韪良明确地以《春秋》作为古代中国国际公法的法典,另一方面,在举证的过程中,他主要援引《周礼》作为早期国际公法的资源。那么,为什么他要"以《周礼》济《公羊》之穷"来解释古代的"国际公法"?为什么他对《周礼》具体条款的论证本身带有公羊学的特点,却主要用《周礼》与欧洲国际法进行相互比较?更有趣的问题是:作为外国传教士,丁韪良当然不需要恪守经学的家法,但为什么类似的情形也出现在清代经学学者的论述之中?以刘逢禄为例,他在处理越南事务时援用《周礼》而不是《春秋》,与今文经学排斥《周礼》而崇公羊的特点恰成对照。

这里的基本原因包含两个方面:从欧洲国际法的角度说,葛罗修斯的《战争与和平法》在自然法与万民法之间作出区分,把国际法视为各个国家在交往中共同遵守的规则,而不是自然法论者所理解的理性规

则,[216]这一点得到了此后国际法学者的认可。自然法与万民法的区分将国内法与国际法明确地区分开来,即在国际关系的原则中贯彻一种成文法的立场。从中国古代典籍的角度说,《春秋》文字简短,寓褒贬之义,而《周礼》收录周王室官制和战国时代各国制度,并在增减排比中体现儒家的政治理想;公羊学对《春秋》的解释必须诉诸于具体的语境,解释过程过于曲折,而《周礼》记载的典章制度具有某种程度的成文法典的特点。在讨论庄存与的《周官记》对《周礼》的运用时,杨向奎说:"以《周礼》济《公羊》之穷,这也可以说是刘歆的传统……公羊学在政治上只能是理论方面的发挥,它是一部历史哲学,不是一部政治纲领,它不具备可运用的典章制度,只是空洞议论,因之要借用《周礼》'以因明监'。"[217]在实际的政治实践中,《周礼》是不断被加以灵活运用的礼仪规则(而不是成文法),但在形式上最接近成文法。汉代王莽变法、宋代王安石变法均以《周礼》作为根据。在董仲舒和清代公羊家的阐释中,《春秋》义例表述的国与国之间的关系包含了中国与夷狄之间的差别,但它们之间不存在绝对的内外之别,而《周礼》对于甸、服、夷、藩等概念却有着较为明确的规定。因此,在国际法的意义上挪用《周礼》更为顺理成章。从经学的内部分野来看,今文经学本来可以区分为两个不同的传统,蒙文通将之归纳为以《谷梁传》为起点的汉代鲁学(廖平属此传统)和以《公羊传》为起点、依赖纬书解

---

[216] 这一区分对当代万民法和国际法的讨论仍然起着重要的作用。例如罗尔斯在《万民法》中将万民法严格地限定在政治的范畴之内,从而万民法(law of peoples)概念指的是适用于国际法及其实践的原则与规范的一种权利和正义的政治观念。值得注意的是,罗尔斯也用这一概念表达各民族人民的法律中那些共同的东西,但他排除了在自然法的基础上或以特定正义观为前提形成万民法。他以这些法律为中轴,并用正义的原则对他们加以综合,使之成为各民族人民的法律。用他的话说:"这种正义观念将指导各民族的行为趋向另一方向,趋向为其共同利益而考虑的普遍制度的规划。"(John Rawls,"The Law of Peoples",*Critical Inquiry*,Autumn 1993:60)鸦片战争之后,欧洲殖民者强行推行"国际法",目的是达到进入和占有其他国家的市场和资源,罗尔斯的万民法关注的是人权、主权和文化多样性的关系问题。关于罗尔斯的万民法理论的讨论,参见汪晖:《承认的政治、万民法与自由主义的困境》,见《死火重温》,北京:人民文学出版社,2000,页325—336。

[217] 杨向奎:《清代的今文经学》,《绎史斋学术文集》,页328。

经的齐学（康有为属此传统），前者主要依赖《周礼》来解释今文经。[218]《周礼》有方三万里、九服诸说，较之《王制》方三千里在疆域上要开阔许多。因此，循鲁学路线的廖平就曾以此为据将《周礼》看成是全球的法典。[219]

　　清代的帝国建设与国家建设之间存在重叠关系，从而清王朝也具有主权国家的若干特征。事实上，汉唐以降的帝国体制本身体现了一种较为成熟的国家形式，并有成熟的古典外交的法律、礼仪和制度与之相配合。用周代封建制来贬低秦汉以降的中国传统本身是欧洲近代国家的历史视野的产物——欧洲民族—国家的自我确认是在与基督教帝国和奥斯曼帝国的对立关系中确立起来的，按照这一国家与帝国的对比，竞争性的国家关系总是优于大一统帝国的模式。从经验的层面来观察，欧洲国际法是在合法条约中不断被违反的法典，与其说它提供的是一种至高的、普遍认可的原则，毋宁说它从来就是实用主义的或者说依赖于权力关系才能实际运用的话语，这是为什么在17和18世纪欧洲国家也能够在自己的法律规范与清朝的礼仪规范之间找到合适的空间，缔结双边条约。正如《周礼》、《春秋》等处理帝国内部事务、朝贡关系和对外关系的礼仪法则可能被用于国际关系的实践一样，国际法也经常被用于国内关系。在国际法介绍到德国时，它主要不是用于在神圣罗马帝国的范围内建立主权自治，而是用于阐释宗教宽容的原则以解决德国的宗教冲突。在19世纪，巴尔干地区的主要国家关心的是少数民族权利的问题，这在拿破仑战争之后的和平协议中有着明确的表达。1999年北约根据国际法干涉主权国家内政，并将威斯特伐里亚主权概念运用于解决民族—国家内部的民族自治权。在这个意义上，国际法的历史是不断被挪用的历史，如同《春秋》和《周礼》不断被挪用一样。因此，丁韪良所解释的古代中国的"国际法"、"外交"与欧洲"国际法"和近代"外交"的关系还应该给予更为复杂的历史考察。

　　欧洲国际公法的霸权是外在力量与内在力量互动的产物。在国际法与《春秋》、《周礼》以及清代礼仪和法律之间建立的联系是一种重要的策

---

[218] 蒙文通：《井研廖季平师与近代今文学》，参见萧公权：《近代中国与新世界：康有为变法与大同思想研究》，汪荣祖译，南京：江苏人民出版社，1997，页59。
[219] 参见黄开国：《廖平评传》，南昌：百花洲文艺出版社，1993，页64。

略,它为国际法在中国语境中的合法化提供了传统的前提。但这种普遍主义的公法观并不仅仅是丁韪良和其他传教士的创造物,它也是中国士大夫自觉努力的结果。如果将丁韪良对《春秋》和《周礼》的挪用与晚清今文经学者对于儒学典籍的再解释加以对比,我们可以看到许多相似和吻合的部分,如:用夷夏相对化的原则来处理国与国的关系,即将原先的"夷"视为文明国家;在春秋或战国的列国之势与欧洲民族—国家体系之间建立联系,否定大一统的帝国体系和朝贡关系;建立形式平等的外交,取代等级化的礼仪关系;用真正的"古代"否定秦汉以来的"古代",颠覆后者的权威性和合理性,等等。从这个角度说,将《春秋》、《周礼》或《大清通礼》在国际关系中的运用视为西方霸权的直接投射同样存在问题,因为这是多面互动的产物。一方面,在清朝的历史中,从17世纪开始,这些儒学典籍和法律系统已经用于处理外交事务,从而朝贡体系本身包含了条约关系的内容;另一方面,恢复《周礼》和《春秋公羊》的意义是晚清思想的一个重要方面,它并不是丁韪良等传教士的发明。例如在《春秋董氏学》中,康有为引用说:

> 《春秋》之所恶者,不任德而任力,驱民而残贼之;其所好者,设而勿用,仁义以服之也。……《春秋》爱人,而战者杀人,君子奚说善杀其所爱哉?故《春秋》之于偏战也,犹其于诸夏也。引之鲁,则谓之外;引之夷狄,则谓之内。比之诈战,则谓之义;比之不战,则谓之不义。故盟不如不盟,然而有所谓善盟;战不如不战,然而有所谓善战。不义之中有义,义之中有不义。辞不能及,皆在于指,非精心达思者,其孰能知之?(《竹林》)[220]

---

[220] 康有为:《春秋董氏学》卷一,《康有为全集》(二),页647。从春秋之世的观点看待国际关系是清代中期以降逐渐形成的一种思想方式,《万国公法》翻译发表之始,张斯桂在序文中就曾将"春秋之世"的儒学视野与欧洲列国之势相比拟,晚清时代郭嵩焘、郑观应、薛福成、王韬、马建忠、梁启超、唐才常、朱克敬、宋育仁等等均曾以公法通《春秋》;而自"中国古代的国际公法"的观念盛行之后,许多人更直接地将国际法与《春秋》、《周礼》做比较。本章主要在今文经学的范围内展开讨论,故主要论述限于魏源、康有为、廖平等人。有关晚清国际法的输入,田涛的近著《国际法输入与晚清中国》(济南:济南出版社,2001)已有详细介绍和研究。

从汉代以来,《春秋》常常被视为刑书,它也处理国家间的冲突、判断战争的性质。

我们把上面这段引文与丁韪良在《古代中国的国际公法》的末尾一段话加以对比,可以清楚地看到《春秋》被定义为"国际公法"的内在逻辑:

> 在所有这些历史著作中,有一部著作被公认为国际法。我指的是孔子编辑的《春秋》……当地的作者认为这部著作的褒贬是一种不能上诉的断案,它所具有的约束力比陆军和海军还要强大。中国的政治家已经指出了那一时代与现代欧洲的分立格局的相似之处。他们在自己的历史记载中找到了与我们的现代国际法相通的惯例、言辞、观念;由于这一事实,他们更倾向于接受基督教世界的国际法,后者没有那种地球上所有国家最终达致和平与正义的乌托邦观点。[221]

这就是丁韪良在欧洲国际法的意义上挪用《周礼》和《春秋》的基本背景和动机,也是今文经学力图将传统的夷夏范畴相对化,从而造成一种对等的关系结构的基本背景。在鸦片战争、《中英南京条约》,以及随后发生的一系列战争和签订的一系列条约之后,晚清社会的"内外"范畴发生了根本变化,它们不再是帝国内部的内外关系或者朝贡关系中的内外关系,而是民族—国家间的内外关系。中国必须把自己看作是列国并争时代的一个主权国家。在这一情境中,清代士大夫不得不问自己:中国处理各种内外事务的礼仪和法律遗产是否还具有作用和意义? 在刘逢禄的时代,他可以用儒学的遗产处理对外事务,但在龚自珍、魏源之后,这样的机遇不复存在。这是一个新的时代、一种新的关系、一种新的危机,以及一种新的知识霸权。传统帝国的礼仪模式无法有效地处理对外关系,必须改

---

[221] Martin, *Hanlin Papers, Second series, Essays on the History, Philosophy, and Religion of the Chinese*, p. 141.

变内外政治架构才能适应这一新的现实。这一情境将今文经学的内外观推向了一个新的领域,即国际关系的领域,不仅为重构内外范畴的内涵创造了条件,而且也与其他因素一道促成了经学本身的变化。事实上,变革的思想与对外部世界或者更准确地说对外部世界的压力的理解是不可分割的,晚清变法自强运动的根本动力是通过内部改造获得国际竞争中的平等的主权地位。

中国的世界图景和礼仪系统建立在中央与边缘、内与外的关系模式之上,从而中国的危机不但表现为一种国家危机,而且表现为一种"系统"危机。如果说鸦片战争可以被视为两个国家之间的战争,那么中法战争和甲午战争却意味着中央与边缘、内与外的范畴彻底动摇,朝贡体系及其礼仪规范陷入崩溃境地。前者激发了以军事工业为中心的洋务运动,而后者却促使晚清士大夫重构新的世界图像,再造儒学的普遍主义。康有为《万木草堂讲义》中即有《春秋万国公法补正表》、《中国律例出于〈春秋〉考》、《中国律例号政出于〈春秋〉考》的条目。[222] 此后中国的国际法观念的形成与这一思路有着密切的关系。[223] 康有为清楚地看到传统的世界网络正在为全球性时代所取代,从而力图在儒学的基础上综合各种知识为这个时代提供规范与说明。晚清士大夫强烈地意识到,如果孔子学说仅仅是为中国立万世法,那么,在列国竞争的时代,中国只能划疆自守,以海为限,最终丧失自己立足的法理的和实际的根据。[224] 因此,当务之急不是强调中国传统的独特性,而是重新结构新的世界图景,以儒学

---

[222] 康有为:《万木草堂讲义》,《康有为全集》(二),页574—575。

[223] 陈顾远著《中国国际法溯源》(上海:商务印书馆,出版时间不详)和徐传保编著《先秦国际法之遗迹》(中国科学公司,1931)等著作是在同一思路下展开的有关"中国国际法"的讨论。这些著作将国际法之主体、国家之要素、国际法主体之序列等问题放置到"中国国际法"或"先秦国际法"的范畴内,并以此为前提考订"先秦国家之数目"、"先秦国家之性质"等。

[224] 廖平在《井研县志·艺文志·地球新义提要》中说:"使圣经囿于禹域,则祆教广布,诚所谓以一服八者矣。……苟画疆自守,以海为限,则五大洲仅留尼山片席,彼反得据彼此是非之言以相距,而侵夺之祸不能免矣!"成都巴蜀书社1992年《中国地方志集成·四川府县志辑》第四十册影印《光绪井研志》卷十三艺文志三,页22ab。

的内在脉络作为建立普遍主义世界观和公法的依据。没有这种建构普遍主义公理观和公法观的思想氛围，儒学就不可能实现自己的真正转化；没有这种普遍主义，中国就必须屈从于一种外来的规则。

在今文家中，以《周礼》为"全球万世法"的最为重要的例子是廖平。他恰于戊戌前后经历自己的经学第三变。为了把孔子放置在全球关系之中，他不惜改变尊今抑古的经学态度，转而将古文经学看作是孔子学说的大统学派。在《地球新义》、《周礼新义》、《皇帝疆域图》和《续知圣篇》等标志这一转变的著作中，他发展了一种广泛的舆地学视野，疆域问题突显为大同之学的前提。"皇帝王伯之分，由疆域大小而出，欲明三（皇）五（帝）大同之学，不得不先言舆地，盖风土政治，皆由舆地而出，欲明皇帝之学，不得不先考疆域。"[225]廖平将孔子的学统区分为小统（即中国万世法）和大统（即全球万世法），并以一种舆地学的关系对此作出具体解说：经传中凡以"小"字标目者为"小统"（如《诗经》中的"小雅"、"小共"，《周易》中的"小畜"、"小过"，《礼记》中的"小戴礼"、《礼运》中的"小康"、邹衍的"小九州"等）；经传中凡以大字标目者则为"大统"（如《周礼》的"大行人"、《诗经》中的"大雅"、《周易》中的"大畜"、《礼运》中的"大同"、邹衍的"大九州"等。[226]）区分大小统的主要标志是：第一，疆域大小的区别。[227]他用《商颂·长发》中的"大球小球"比附大九州和小九

---

[225] 廖平：《治学大纲》之"渊源门"（另有"世界门"、"政学门"、"言语门"、"文学门"、"子学门"等节目），见《六译馆丛书》，第52册，成都：四川存古书局，民国十年版，页129。

[226] 参见《道家儒家分大小二统论》（旧题井研施焕撰）如下语："按六经三传有帝王二派。王统五洲，地仅五千，风俗政教，大抵相同，故可以王制之法划一而治。至于帝统，地合全球，时尚不同，文质相反，……不可以一隅刊定之法治之。故老庄之说在于自然任人，而不持一定之见。中国之化不能治全球。"《地球新义》，卷下，1935年刻本，页45。出版地不详。按"大九州"系战国齐人邹衍之说，指中国以外的大陆。《史记·孟子荀卿列传》："儒者所谓中国者，于天下乃八十分居其一分耳。中国名曰赤县神州。赤县神州自有九州，禹之序九州是也，不得为州数。中国外如赤县神州者九，乃所谓九州也。于是有裨海环之，人民禽兽莫能相通者，如一区中者，乃为一州。如此者九，乃有大瀛海环其外，天地之际焉。"

[227] 廖平：《书经周礼小大分统表》，见《书经周礼皇帝疆域图表》卷42，《六译馆丛书》第43册，四川存古书局刊印，民国四年版，页109。

州、用大九州和小九州指称全球和中国；又以《诗经》和《周礼·大司徒》中的词句为例，认为其中已经包含了五大洲之说，[228]西方地理学的五大洲说是对孔门经传的推衍和发挥。第二，空言（即孔子寓于六经而未尝实现的理想）与行事（中国历史中已经付诸实践的事情）之区分。根据廖平的划分，"小统说"以《春秋》为经，《王制》为传，从而今文学所宗之《王制》不过是小统之学，其适用范围在地域方三千里的小九州；"大统说"以《尚书》为经，《周礼》为传，并囊括所有的经史子集，从而为古文所宗、为今文所排拒的《周礼》成为大统之学，其适用范围在地域方三万里的大九州，亦即中西交通的全世界。在《周礼新义》中，廖平根据"《周礼》十一言'周知'，郑注云：'周，犹徧也'"，论定《周礼》为大统皇帝，周知天下之书。"[229]

为什么廖平一反他经学二变严分今古的路子，转而把《周礼》定为"大统"的经典呢？在《书经周礼皇帝疆域图表》之《跋》中，廖氏受业弟子黄镕有云："西汉博士识其小者以适时宜，一切远大之规，阙如不讲。迨汉季发得《周礼》，竟莫知'辟雍'、'巡守'之仪，乃欲以泥远之小道，出应大敌；降而愈趋，又欲以修身以治天下。"[230]廖平认为汉代博士因为汉代疆域适用于小统规模，遂以《春秋》、《王制》说经，师弟传授，相沿日久，以致遗忘皇帝师说。而汉代以降的两千年，前贤囿于《禹贡》区域，把用于全球范围的六经缩小为适用于中国的法典。在这个意义上，《周礼》不是全球万世法又能够是什么呢？[231]廖平认为：西方入侵恰恰为"大一统"的实现提供了条件，因为它打通了五洲，"外国日强，即圣经版图日廓之

---

[228] 廖平：《地球新义》单册，《释球》（资阳任峄撰），光绪戊戌（1898），资阳活字排印，页1。参同书廖氏撰《易说·八卦分中外九有图》，及1935年二卷本之《齐诗六情释》等。另，"大球小球"为《诗经》中的说法。
[229] 廖平：《周礼新义凡例四十七条》之"'周'字名义"，见《周礼订本略注附周礼新义》；《六译馆丛书》第44册，四川存古书局，民国六年版，页1。
[230] 廖平：《书经周礼小大分统表》，见《书经周礼皇帝疆域图表》卷42，《六译馆丛书》第43册，页117。
[231] 关于廖平大统小统及其皇帝疆域的推衍，参见黄开国：《廖平评传》，页168—178。

兆也。"[232] 上述讨论已经将传统的由内及外、由近及远的帝国视野组织到新的舆地学和政治架构之中。在著于1897年的《五等封国说》《三服五服九服九畿考》等以古代舆地和礼仪范畴为基础的著作中,廖平建立了一种将经学视野与西方地理学知识融为一体的新世界观。他说:"海外九州即禹州之推广,由小化大,其道不改,故海外之实法,即在《王制》,而不必别求新奇也。同而不同,不同而同,所谓损益可知,百世不惑者,其道不远矣。"[233] 当舆地学的视野从"中国"转向了"世界",即使仍然遵循"王化由近及远,由小推大"的规则,[234] 内外、远近和大小的含义已经随之演变了。从近代地理学和欧洲政治理论的视野来看,廖平的上述看法无异于痴言谵语,但如果我们将这些怪异的讨论放置在世界关系重新组合的历史语境之中,仍然可以找到这些论述得以发生的动力和取向。

今文经学者在郡县/封建的关系之中理解历史的演变,他们把殖民主义时代主权国家间的冲突和斗争看成了春秋战国时代诸侯相争的局面。与廖同时代的康有为以儒家"大同"思想为背景构想新的世界关系、规则和管理。从经学的角度说,如果不能将世界纳入儒学框架中进行解说,儒学也就无法成为普遍"公理"或"公法"。那么,康有为是如何将世界关系纳入三统之内,从而用三世、内外或其他义例讨论世界关系的呢?他说:

> 孔子以元统天,与佛氏之言三十六天无异。印度三时:春、夏、冬,以四个月为一时。缅甸二时,每时六月。俄十二月为正。欧洲英、法等俱十一月为正,皆在孔子三统之内。……春秋时,鲁之于周,犹高丽之于我清。汉人黑服,即本朝之天青褂,孔子制也。欧洲俱尚黑,且以一打锺为第二日。外国行吉礼,全是用白,俄则用红。[235]

---

[232] 廖平《地球新义》卷上《书出使四国日记论大九州后》(威远胡翼撰),光绪戊戌(1898),资阳活字排印,页58。
[233] 廖平《地球新义叙》,见《地球新义》卷上,1935年刻本,页1。出版地不详。
[234] 廖平《重订谷梁春秋经传古义疏》之《凡例》,光绪26年(1900),日新书局刻本,页4。
[235] 康有为:《万木草堂口说》"春秋繁露"条,《康有为全集》(二),页426—427。

从今文经学的角度说,只有在世界关系均被纳入三统之内时,大同或世界之治的问题才具有合法性。康有为的大同构想同时伴随着对以民族—国家为基本政治形式的世界关系的思考。[236]他以春秋列国比喻民族—国家并列的格局,以战国相争说明礼序的紊乱。"方今列国并争,必千数百年后乃渐入大同之域",中国显然处于"据乱世"的环节之中。[237]正由于此,中国必须以一种区别于大一统帝国的态势进入这一世界格局:

> 夫中国二千年来,以法治天下,而今国势贫弱,至于危迫者,盖法弊致然也。夫祖宗法度治天下,数百年矣,岂敢谓法之不可行哉？以国朝法度,皆因沿明制故也。……窃以为今之为治,当以开创之势治天下,不当以守成之势治天下,当以列国并立之势治天下,不当以一统垂裳之势治天下。……[238]

这一描述修订了庄存与、刘逢禄等人以夷夏相对化来暗喻中国处于升平向太平过渡的阶段的做法,所谓"列国并争"暗示世界正在据乱阶段,必须以严格的内外区分为前提建立法度,以军事化的方式进行社会动员。内部关系的强化或同质化伴随着一个相反相成的趋势,即外部关系的严格区分或异质化,而这一异质化的目的不是为了孤立于世界,恰恰相反,是为了确立中国在新的世界关系中的主权地位,承认形式平等的和主权的国家体系的合法性。然而,"列国并争"的概念不仅说明了古代国家的

---

[236] 早期今文经学中谈论郡县、封建和大一统,而此时最为常见的概念则是"列国"。它以春秋战国时代的纷争局面比喻民族国家时代的基本格局。1895 年,康有为将李提摩太翻译的《列国变通兴盛记》和《列国岁计政要》二书与《泰西新史揽要》一并上呈光绪皇帝。

[237] 康有为:《大同书》,北京:古籍出版社,1956,页 117。戊戌失败之后,康有为游历欧美,对先前认为欧美已经达到升平世的说法作出修正,其根据之一便是各种欧洲的新理论仍以民族国家的竞争为中心。在《意大利游记》中,他说:"今观孔子三世之道,至今未能尽其升平之世,况太平世大同世乎！今欧洲新理,多皆国争之具,其去孔子大道远矣,……吾昔者视欧美过高,以为可渐至大同,由今按之,则升平尚未至也。"

[238] 康有为:《上清帝第三书》,《康有为政论集》,上册,北京:中华书局,1981,页 140。

分封关系的实质,而且也暗示民族—国家体系的特点:"战国之诸侯,为今之属国,强则服之,弱则叛焉。"[239]

"国际法"及其规范下的国际关系以主权国家为单位,它必须预设严格的内外关系和以清晰的边界为轮廓的统治范围,军事问题的中心地位密切地联系着主权和边界的明确化。清代帝国的满汉一体政策和今文经学的夷夏之相对化提供了内部同质化趋向的合法性,进而为在新的国际条件下把帝国转化为统一的主权国家提供了历史的和理论的前提。清代中期禁绝鸦片贸易的实践、随后签订的各种不平等条约,以及各种抗击侵略的运动,从不同方面将中国带入到一个以相互承认主权为特点的条约体系之中。在一个以强权的公法作为法理基础的国际关系中,要想获取平等地位,唯一的办法是把中国放置在列国纷争的环境中、以改变原有的"一统之法"来实现变法图强。正是在这个时刻,《春秋》大义与国际法的关系才得以建立。康有为说:"古者不盟,结言而退,即《谷梁》'诰誓不及五帝,盟诅不及三王,交质子不及二伯'之意。约言之,即今之立和约。宋朝以后,道、咸以前,多主不得与外国立和议,祇行得尊周室攘夷狄之义,然近今立和议不用杀牲歃血。"[240]今文经学的义例为"和约"提供了合法性。

在上述条件下,传统经学的内外观必然发生变化。这一变化包括两个方面:第一,通过帝国内部的内外关系的相对化,力图将适用于内地体制的政治架构转移到原有的边疆区域,从而使得内部朝贡关系向直接管理的政治形式转化,建立帝国政治权威的单一源泉;第二,把中国作为一个总体置于新的世界关系或海洋关系之中,从而在国际关系的范畴内严格区分内外,将中国从一个无分内外的多元民族和文化的帝国转化为一个主权国家。上述例证说明,内外观的转变并不意味着传统朝贡体系及其礼仪系统丧失了意义。在寻找自己的主权源泉的过程中,清代士大夫恰恰是通过恢复朝贡体系的视野来重构"中国"的历史基础,这个基础不

---

[239] 康有为:《南海师承记》卷二,《康有为全集》(二),页498。
[240] 康有为:《南海师承记》卷一,《康有为全集》(二),页484。

在"中国"本身,而在广阔的世界关系之中。正是由于"关系"本身的意义大幅度提高了,清朝处理内外事务——朝贡关系、条约关系等等——的经验才变得如此重要。为了维护帝国的内部同一性并抵御外部威胁,清朝政府将朝贡、互市、条约等关系均纳入礼序关系之中,从而一方面以礼仪的微妙差异取代严格的内外界限,另一方面又用复杂的制度设计处理具体的利益关系,[241]为建立更为统一的内部统治秩序提供条件。从洋务运动到戊戌维新,军事化始终是变革的基本内容,所谓内外夷夏的礼序关系首先是一种军事关系。康有为说:

> 三代仁政,寓兵于农,唐代盛强,府兵之力。近者发逆之难,各省团练,咸能保卫桑梓,以报国家。今环球数十国,皆以民为兵,我当此时,亦宜复古,请令各行省二十丁而抽一,除官人及士人外,年自十八至四十,皆列尺籍以为团兵,以五年选为战兵,余皆留团,有事则调遣,无事则归耕,岁月之暇,随营训练,统以绅士,给以军械,每月三操,终岁大校,命中者赏以功牌。中国民籍四万万,可以得二千万有勇知方之兵团,退可以守,进可以战,声威之盛,冠于四海,是谓起民兵而立团练。[242]

他还就重建八旗、绿营、海军、军械、武备学堂等做出具体建议。如果早期今文学的中心在于重建礼仪,那么现在礼仪问题同时也是军事问题。"三代仁政,寓兵于农",以及民间起兵的思想,是对儒学传统的重新发现。古代的井田制度是礼仪的一个部分,也是兵制的一个部分。用徐中

---

[241] 在这个意义上,《周礼》或《春秋》义例的运用应该被看作是在特定历史条件下对历史经验的继承。这类关系是依据具体情境确定的,它们不应被理解为纯粹的对外关系。事实上,即使在更早的时期,这些儒学经典也已经不是单纯地处理家庭、宗族和朝廷的礼仪关系的法典,它是有效地处理国家事务和国际事务的根据,从而也可以成为现代主权的根据。

[242] 康有为:《上清帝第三书》,《康有为政论集》,上册,北京:中华书局,1981,页142—143。

舒的话说:"田之初义为田猎,为战阵,两千余年学者已罕知此义。"[243]这是有大量历史根据的说法,康有为显然也持此观点。《左传》"隐公五年"云:"故春蒐、夏苗、秋狝、冬狩,皆于农隙以讲事也。三年而治兵,入而振旅,归而饮至,以数军实。"《公羊》"桓公四年"何休注云:"田者蒐狩之总名也,古者肉食衣皮服,捕禽兽,故谓之田。"《谷梁》"昭公八年"云:"古者蒐狩以习武事。"《周礼》"大司马"云:"中春教振旅,司马以旗致民,平列陈为战之陈……遂以蒐田。"[244]周代封建及其制度本身均带有军事化的特点。康有为在民族—国家竞争的新形势下恢复了三代封建的军事含义,这一点对于我们理解民族—国家的动员机制具有重要的意义。

正如葛罗修斯的《战争与和平法》标题所示,国际法处理的是战争与和平的法则,军事关系是国家关系的重要内容。对于康有为、廖平而言,如果葛罗修斯的个人的著作可以作为"公法"运用于民族—国家的竞争关系,为什么《春秋》就不可以作为列国竞争时代的基本法则、孔子的"礼运"或"大同"思想就不可以作为超越列国并争之世的万世法?"天下无王,斯赖素王",[245]这是康有为对素王的表述。素王处理的问题不限于中国问题,而且也涉及天下问题。在这个意义上,《春秋》从孔子有关周制的著述变成了世界的公理和公法,孔子本人因此成为素位而行的"制法之王"。孔子和葛罗修斯以个人著述而为世界的法则,但不同的是:孔子以制"义"为主,而葛罗修斯则以制"例"为主;孔子关注的超越竞争之世的"公理",而葛罗修斯关注的是竞争过程的"公法"。清代今文经学者对于《周礼》既吸收又批判、对于《春秋》义例进行灵活的再解释,部分的原因在于,他们需要的不是一套现成的规则,而是在具体的、变化的历史情境中处理各种事务的能力和变革的根据,从而能够让自己以经典为根据实行前所未有的变革。

晚清之际,改革的士大夫在列强之间的纷争中看到了利用"公法"的

---

[243] 徐中舒:《井田制度探原》,《徐中舒历史论文选辑》,下,北京:中华书局,页713。
[244] 均见徐中舒《井田制度探原》,《徐中舒历史论文选辑》,下,页713—714。
[245] 康有为:《孟子诗亡然后春秋作解》,《万木草堂遗稿》卷一,台北,成文出版社,1978,页7。

可能性，试图将列强之间相互承认的"公法"援引到中国与西方的关系之中。薛福成以日本的经验为例论证说，"近闻日本与美议立新约，美许归复日本之权利，日本许增两口通商以酬答之。夫此有所增，彼有所答，是各为相让，实无所失也。而有事时可得合纵连横之助，又何惮而不为哉！"[246]但"公法"的实际运作依赖于国家力量的大小。郑观应和康有为的两段话把这个简单的道理说得再清楚不过。郑观应云：

> 欲公法之足恃，必先立议院，达民情，而后能张国威，御外侮……中国户口不下四万万，果能设立议院，联络众情，如身使臂，如臂使指，合四万万之众如一人，虽以并吞四海无难也。何至坐视彼族越九万里而群逞披猖，肆其非分之请，要以无礼之求，事无大小，一有龃龉动辄称戈，显违公法哉！[247]

康有为说：

> 祖宗之法，以治祖宗之地也，今祖宗之地不能守，何有于祖宗之法乎？即如此地为外交之署，亦非祖宗之法所有也。因时制宜，诚非得也。……今为列国并立之时，非复一统之世，今之法律官制，皆一统之法，弱亡中国皆此物也，诚宜尽撤，即一时不能尽去，亦当斟酌改定，新政乃可推行。[248]

在这里，康有为明确地将一统之制与列国之制区分开来，但其重心并不是改变"一统"的疆域及统治权，而是从改变官僚行政制度和法律入手。内部制度的改造以"列国并立"的局势为根据，以国家的军事化和经济发展

---

[246] 薛福成：《敌情》，《皇朝经世文三编》卷54，页20。
[247] 郑观应：《议院上》，《盛事危言》卷四，夏东元编《郑观应集》上卷，上海人民出版社，1982，页313。
[248] 康有为：《康南海自编年谱》光绪二十四年戊戌正月初三，北京：中华书局，1992，页37。

为中心,[249]这是帝国向民族—国家实现自我转化的基本条件。康有为几乎接受了所有欧洲国家的价值和制度,尤其是国际公法、国际外交、宪政改革、市场制度等等,但他始终坚持的一个基本价值是"大一统",即保持帝国的基本架构,不是退回春秋战国的分立格局,而是以"中国"作为一个国家单位进入新的世界秩序。他的政治思想和经学观念的各个方面均密切地联系着这一基本立场。

"大一统"的价值、礼仪中国的观念与近代中国的国家建设明显地存在着重叠关系,但前者提供的理想模式与民族—国家的构想存在着深刻差异:民族—国家以建构民族性(及其与它者的关系)作为基本的前提,而"大一统"和礼仪中国的观念却反对严分内外和夷夏之防、反对族群隔离政策和我族中心意识。这是一种文化多元、无分内外的"天下"的想像和规划:以礼仪关系(或称文化)作为多元性的政治共同体的基础,以不同族群和地区之间的边疆区域(而非边界)作为联系的纽带。在民族—国家的时代,清末今文经学一方面顺应变化的形势,为以民族—国家为导向的变法改革提供思想源泉,但另一方面却力图重构儒学的普遍主义,为一种以大同为导向的世界治理(the world governance)提供价值和规范。在欧洲国际法日益成为普遍秩序的基础的过程中,廖平、康有为依据儒学礼仪规划的"万世法"几乎没有获得任何实质的成果。但是,他们从这一重构世界图景的活动中逐渐展开的"大同"构想,对资本主义世界关系的分析,尤其是这一世界关系所依赖的国家、边界、阶级、性别等等级关系的尖锐批判,却带有深刻的预见性和洞察力。在这一现代性批判中,我们可以清晰地看到公羊学的历史观及其儒学视野与新的世界图景和知识的冲突与交织。

---

[249] 在1895年5月29日的《上清帝第三书》中,康有为说:"治体既举,则兵备宜修,然近之言事者,莫不知言器械军兵矣。然兵无一能练,器无一能用,则以有末而无本故也。昔战国之世,魏有苍头,齐有武骑,秦有百金死士,楚能投帙伐宋。近者德、法之役,十三日失和,十七日即移兵二十四万,度礼吴河而压法境矣。盖列国并争,无日不训讨军实,戒惧不急,国乃可立。"(《康有为政论集》,上册,页141)从这个角度说,国家军事化是制度改革的主要推动力之一。

我们从上述各个层面的分析得出的一个基本结论是：清代中期开始的冲突不仅是国家间的冲突，而且也是两个世界体系及其规则系统的冲突。欧洲人建构的帝国与国家的对比关系、中国士大夫建构的一统之势与列国并争之势的历史图景，以及后来在学术研究中形成的朝贡与条约的二元论，都是这一世界性的规则冲突在知识上的表现。正由于此，这一冲突在知识上的反应并不局限于军事策略的讨论，而是自我改革的总体构想：在两种不同的世界图景的对抗、互动、渗透之中，以对方及其规范系统为参照，重新安排自身在一个新的世界图景之中的位置，确定自身与其他国家的关系，并决定内部改革的方案。在这个意义上，中国现代民族主义从一开始就带有清晰的国际性的面向。当大众的和革命的民族主义取代王朝制帝国的民族主义而成为主流之际，正在转型的帝国传统与一种世界主义的（康有为、梁启超）和国际主义的（孙文、毛泽东）取向的结合，构成了近代中国民族建设的最为重要的特征。这一民族主义的世界主义特点与丸山真男所描述的缺乏国际面向的"尊皇攘夷论"截然不同。正是从这里出发，我们现在可以转而讨论康有为所代表的思想取向：皇权中心主义的帝制改革与大同主义的未来方向是如何综合在一起的？

第七章

帝国的自我转化与儒学普遍主义

> 盖孔子立天下义,立宗族义,而今则纯为国民义,此则礼律不能无少异,所谓时也。
>
> ——康有为

第一节 经学诠释学与儒学"万世法"

儒学的变化产生于它的经典原理与社会变化之间不断出现的矛盾和张力。为了适应社会变迁对儒学义理和命题的挑战,各代儒者发展了丰富的经学诠释学(从而能够将新的社会关系组织到经学的视野之中),用以在变化的历史情境中维持儒学的"万世法"地位。可以说,恰恰是维持儒学的普遍适用性的努力本身导致了儒学形态的不断变化。儒学普遍主义产生于儒者立场、社会情境与儒学经典之间的往复协调、随机变化和弹性诠释。为了适应帝国体制的建立和礼仪、风俗的嬗变,以及随着地域扩张而产生的新的族群关系,今文经学发展了极为复杂的诠释经典的方式。作为一种经学诠释学,今文经学在清代中期、特别是后期异军突起,再次通过三统、三世、内外及改制等经学主题解释和协调历史情境与儒学原典之间的内在矛盾,重构儒学的普遍主义。

为了论证新教伦理与资本主义的内在联系,韦伯曾在一种对比的关系中讨论儒教伦理的一般特征。在他看来,由于儒教伦理中缺乏自然与神之间、伦理要求与人的缺点之间、罪恶意识与救赎需要之间、尘世的行为与彼世的报答之间、宗教义务与社会政治现实之间的任何紧张性,从而也就谈不上以不受纯粹的传统与习俗约束的内在力量去影响生活方式的问题。儒教社会的内在凝聚力起源于家内孝道。"真正的中国经济组织能够达到何种强大的程度,大致相当于孝道所调节的这些个人团体所能达到的程度。……伦理的宗教——尤其是新教伦理的、禁欲的各教派——之伟大成就,在于冲破了氏族的纽带,建立起信仰共同体与一种共同的生活伦理,它优越于血缘共同体,甚至在很大程度上与家庭相对立。从经济上看,这意味着商务上的信赖是以个人在实际职业工作中经受考验的伦理品质为基础的。"[1]这里仅就韦伯关于儒教理性主义的基本论点作一些分析,以便展开对于近代儒教普遍主义的论述。[2]韦伯认为儒教与家庭伦理的稳固联系导致了儒教对于"客观理性化"的一种限制,即它力图以氏族方式将个人一再地从内心上与其氏族成员牢固地联系在一起,从而缺乏一种介于伦理与市民生活方式之间的中间环节。韦伯着重讨论的是经济生活方式问题,从另一个角度看,这一家庭伦理也难以发展出一种理性化的国家及其相互关系的伦理。然而,韦伯的论点与其说是对儒家伦理的精确论述,毋宁是基督教世界的现代性的自我理解。在王朝演变的历史中,儒学以富于变化的方式处理政治、经济和各种社会问题,并将其伦理落实在一系列无法用家庭来加以概括的社会构造之中。正如我对庄存与、刘逢禄、魏源、龚自珍等清代儒者的思想视野的讨论所显示的,儒学的伦理及其历史观是一种不断适应变化的伦理和历史观,反血缘和地缘的思想因素完全可能被组织到儒学的形式内部,那种将儒学伦理限制在家庭伦理或血缘共同体范围内的论点是一种过于狭隘的看

---

[1] 马克斯·韦伯:《儒教与道教》,洪天富译,南京:江苏人民出版社,1993,页265—266。
[2] 关于韦伯有关中国宗教的讨论及其局限,我在别处已经有专门的讨论,兹不赘述。汪晖:《韦伯与中国的现代性问题》,《汪晖自选集》,桂林:广西师范大学出版社,1997,页1—35。

法。但为什么韦伯所概括的这一欧洲现代性的自我理解恰恰成为晚清变革运动的问题框架？在民族主义的潮流中，改革者和革命者将他们面临的困境解释为血缘和地缘关系的限制，从而将创造新型的社会共同体的努力与摆脱地缘、血缘关系的过程联系起来。在这里值得一提的是两个要点：第一，欧洲民族主义的普遍特征同样是超越地缘、血缘等地方性因素，创造作为"想像的共同体"的民族—国家。因此，韦伯描述的伦理差异不能被解释为儒教或中国传统与基督教或西方传统的冲突，而是民族主义、工业化和城市化过程所产生出的伦理冲突。第二，儒学并不缺乏构造超越家庭孝道的伦理诉求，例如，康有为就在儒学的背景上重构古代的天下概念，为新的国家政治结构和全球关系创造一种普遍主义的儒学伦理。他的儒学普遍主义不但以跨越家内伦理为特点，而且包含了否定家庭制度的思想内涵，但对康有为而言，这两个特点并不构成对他所信奉的儒学或孔教的解构。

列文森（Joseph R. Levenson）对东西方关系的讨论深受韦伯的影响。他用语汇的变化（vocabulary change）与语言的变化（language change）来描述两种不同的中西交往的情境。"语汇变化"指并不伴随社会整体变化的纯粹知识上的接触，外来文化只是丰富了原有的"语言"（文化的规则）；而"语言变化"是指外来知识的变迁伴随着深刻的社会变迁，从而重构、更新或替换了原有的"语言"（文化规则）。在17世纪，欧洲的造船技术和哥白尼天文学传入中国，丰富了中国有关航海和天文的知识，顾炎武以一种平静而坦然的态度接受这一新的知识；但在19世纪、特别是鸦片战争之后，西方知识的闯入伴随着社会关系的总体变化，人们无法像顾炎武那样平静地谈论西方天文学的长处。在列文森看来，前者是语汇的变化，后者则是语言的变化。[3] 把19世纪的"巨变"理解为整个社会规则转变是一个复杂的论题，我在这里不能详细评论。然而，据此认为中国历史中的各种变化仅仅是"语汇的变化"大概只能视为欧洲现代性的"自我

---

[3] Joseph R. Levenson, *Confucian China and Its Modern Fate: The Problem of Intellectual Continuity* (Berkeley: University of California Press, 1966), pp. 156-163.

确证"。唐宋转变、元帝国和清帝国的建立都在不同的方面改变了原有的社会体制,儒学普遍主义表像下包含了极为深刻的规则的变化(或"语言的变化")。晚清时代重构儒学普遍主义的努力既是一种语汇的变化,也是一种语言的变化,但这两个方面均可追溯到比19世纪更早的时期。汉代儒学、宋代儒学和清代儒学是基于不同情境、以不同方式重构儒学普遍主义的结果。这是儒学发展的基本样态。清朝通过残酷的征服建立了少数民族王朝,对于那些生活于王朝内部的儒者而言,怎样才能将儒学的普遍主义落实在一个"外来王朝"的体制内呢?庄存与、刘逢禄等人以一种相对化的夷夏观重新定义"中国"概念,一方面在承认清朝少数民族统治合法性的前提下表达汉族士大夫的平等诉求,另一方面也在变化的历史条件下维持儒学的正统地位和普遍意义,重构政治和文化认同的基础。

鸦片战争以降,内外关系发生了深刻变化,如何确定"中国"的位置和儒学的适用范围成为儒者无法回避的挑战。魏源对"外部"有深刻的了解,但仍然试图以佛典的四洲说对各洲进行描述;廖平承其后,以大小九州的地理学含义维持儒学的"普遍主义"。他们的努力与最为保守的官僚和士大夫的取向截然相反,但在维持儒学普遍主义方面却颇为一致:维新者力图将新的变化和知识组织到儒学视野中去,从而通过扩展这一视野重构儒学的普遍主义,而守旧者或者宣称"古已有之"以排挤新知,或者断言新知均为异端邪说以抵制新知,他们力图将"外部"纳入传统知识视野之中来处理,进而维持儒学普遍主义的幻觉。普遍的知识如果不是"无外的",也必须是"正统的"。今文经学内外观的演变密切地联系着族群关系、地域幅员和制度结构的变化。清朝纵贯内陆和海洋,是一个族群关系极为复杂的多元性帝国。它打破了宋、明时代郡县制国家的历史局面,以恢弘的气势建构了一套适应疆域变化和族群关系的知识体系。四库全书的编纂、清代经学的发达、舆地学的空前发展、礼仪和法律的多样性,构筑了完全不同于宋明时代的知识图景和帝国视野。今文经学有关内/外、夷/夏关系的相对化的诠释策略(及其在清代舆地学中的表现)清楚地说明了新的帝国疆域和族群关系对儒学形态产生的影响。没有对于清帝国内外关系的诠释也就不能维持儒学"万世法"的地位。

然而,在"海国"时代,"至大无外"的帝国视野不再是一种"无外的"视野。所谓"天朝"帝国的崩溃首先是一种世界观的崩溃:无论帝国的视野如何恢弘,无论帝国对文化和族群的包容力多么强大,以帝国为中心和边界建立起来的知识无法提供一种关于世界总体的知识。如何诠释那些起源于西亚并传播于世界各地的各种宗教的特殊价值?如何解释罗马帝国的灿烂文明、大英帝国的船坚炮利、美国社会的进步与繁荣?如何解释清帝国在军事上的明显失败和技术上的明显落后?近代欧洲的惊人发展、朝贡体系的内外纠葛、英国军舰的明确挑战、科学技术的日新月异,以及随之而来的有关"外部"的越来越精确的知识——所有这一切均不在传统儒学的解释范畴内。"外部"的清晰存在强烈地动摇了"万世法"的普遍性。"自尔之后,吾中国为列国竞争之世,而非一统闭关之时矣。列国竞争者,政治工艺文学知识,一切皆相通相比,始能并立,稍有不若,即在淘汰败亡之列,……"[4]中国不再是天下,而是"列国"之中的一国,这是康有为对民族—国家时代的概括。晚清儒学面临的最大困境是:随着帝国成为世界资本主义的边缘区域,儒学"万世法"同时沦为一种不合时宜的"地方性知识"。儒学"万世法"建立在儒学礼仪与"中国"之间的内在的历史关系之上。一旦"中国"无法抽象为普遍的礼仪原则,一旦风俗、族群、地域等等超出"中国"的范围(即无法纳入"内部"),一旦"中国"的存在不再能够自我界定或必须由"外部"来加以界定,这一"万世法"的普遍性和适用性必然面临危机。当刘逢禄说"中国亦一新夷狄"的时候,他正在通过确认清朝的法统将"中国"重新纳入礼仪内部。但对康有为而言,问题不在作为地域和民族的中国是否与儒学礼仪吻合,而在即使两者相互吻合也无法确定儒学礼仪的普遍价值。对"外部"的承认和对"外部承

─────────
[4] 康有为:《请广译日本书派游学折》,《康有为政论集》,上册,北京:中华书局,1981,页301。

认"的需求构成了这一危机的深刻内含。1864年,第一部翻译为中文的"国际法"著作经由传教士之手呈现在国人面前。"万国公法"这一标题明确地告诉人们:第一,"公法"是超越中国礼仪、法规和原则的普遍主义法则;第二,那些长期被视为"万世法"的儒学经典及其内含的礼仪准则是一种过时的、不适用的、不具有普遍价值的地方性知识;第三,"中国"必须遵守这一普遍的公法而不是儒学的"万世法"才能跻身"世界"。在此前的一系列屈辱条约中,清朝政府和士大夫们已经开始了解这一国际公法的实际含义。因此,传统的儒学"万世法"与晚清重构儒学普遍主义的努力存在着语境上的基本差别。儒学如果不再是一种普遍法则,它还能成立吗?

上述历史变化并不能简单地归结为外部的变化,它与清朝社会内部产生的危机有着内在的呼应关系。对清代的儒者而言,这是内外紊乱的标志。太平天国、捻军起义、回民起义等激烈地呼应着外部冲击,从不同的方向上改变了清朝社会的政治、地域和族群关系。其中太平天国运动的持续时间、波及范围和军队规模在中国农民战争中是罕见的。为了镇压太平天国运动,清政府不得不重用汉人官员,赋予他们真正的兵权,从而提高了汉人官员的地位;随着太平天国运动的发展和抵抗太平军的过程,清代中期开始出现了孔飞力(Philip A. Kuhn)所说的"地方军事化"现象。按照他的解释,这不仅是清王朝衰败的根源,而且也是传统社会结构转变的根源,因为正是在这一过程中,士绅阶层不再扮演国家行政机构与地方社区之间的中介角色,王朝得以运转的社会关系发生了结构性的变化。[5]太平天国运动的文化后果包含了两个方面:第一,它创造或传播着新的、与儒学普遍主义对立的普遍主义知识。在拜上帝教的名义下,这一运动将各种西方价值、政教观念与中国传统的平等主义结合在一起,不仅在意识形态的层面激烈冲击传统知

---

[5] Philip A. Kuhn, *Rebellion and Its Enemies in Late Imperial China*, *Militarization and Social Structure*, *1796-1864* (Cambridge, Massachusetts: Harvard University Press, 1970), pp. 1-36.

识和制度,而且也在政治实践和政治理论上提出了土地改革、男女平等和种族压迫等问题。第二,它以巨大的动员力量质疑满人统治的合法性,重新提出了区分内/外、夷/夏的必要性,实际上是在拜上帝教的普遍主义框架内以一种准民族主义的取向反对帝国的政治体制。当今文经学力图在承认帝国的政治体制的前提下将内/外、夷/夏关系相对化之时,太平天国用激烈的语言("清妖"等)重构内/外、夷/夏的明确差别,这既是明末清初盛行的夷夏之辨的回音,又是清末民族主义汹涌浪潮的端倪。太平天国对满人统治合法性的质疑是在明确的族群关系和拜上帝教的普遍主义(人人平等)的框架中展开的。这一运动的失败并没有导致反满的民族主义的消退,稍后兴起的清末民族主义运动再次诉诸反满的声浪,并将反满主义与更复杂和多样的普遍主义知识——如民族—国家的知识、科学技术的知识、工业化的知识,等等——结合起来。如果说太平天国诉诸于上帝的知识、普遍平等的价值观、新的土地政策和种族观,那么,晚清民族主义则诉诸于民族—国家的政治模式,以及自由、平等和共和的价值观。它们均以前所未有的力度震撼着儒学"万世法"的基础。

清代公羊学的阶段性变化密切地联系着上述过程:在庄存与和刘逢禄为代表的发创阶段,今文经学注重王朝的合法性和内外关系问题,从而"内外例"和"讥世卿"成为重要的经学主题;在龚自珍和魏源为代表的扩展阶段,随着内外问题从帝国内部的族群问题扩展为帝国疆域内部的管治方式及其改革问题,舆地学和其他经世之学被组织到经学视野内部,从而极大地摆脱了经学的原有框架;在以康有为、廖平为代表的兴盛阶段,欧洲中心的"全球知识"正在成为支配性的知识,如果无法在儒学内部发现能够包容这一"全球知识"的框架,并按照这一新的儒学普遍主义设计变革的蓝图,儒学就无法避免没落的命运。上述各阶段相互渗透又相互区分,清晰地表明了经学内部的变化与历史语境之间的互动关系。学者们通常将1884年前后视为晚清今文经学的开端,但划分时期的尺度并不完全一致。从经学内部看,廖平于1886年发表《今古学考》以《王制》和《周礼》平分今古,在清代经学的脉络中划下了一个重要的分界点。廖平孕育这一思想的时期正是1884年前后。[6]从更为广阔的角度看,标志清末经学变化的是如下现象:伴随"改制"、"三世"和"大同"等主题上升为中心主题,"内外"、"讥世卿"等主题的地位相对降低,王朝改革与全球关系被纳入了一种反思性的视野之中。这一过程促使清代今文经学从一种王朝的合法性理论转化为一种王朝的变法改制理论,从一种有关中国的万世法转化为有关世界的普遍真理,并最终导向对以民族—国家、殖民体系和工业化过程为基调的全球关系进行批判性的反思。因此,晚清儒学普遍主义关注的不仅是"中国"问题,而且也是"世界治理"的问题。

第二节　克服国家的大同与向大同过渡的国家

晚清儒学——特别是今文经学——的思想意义只有纳入"重构儒学普遍主义"的语境中才能获得真正的理解。康有为是清代今文经学的殿军,也是重建儒学普遍主义的最为重要的人物。他的著作明显地贯穿着两条线索,即变法强国的线索和大同世界的线索,前者贯穿了他的政治实践,后者贯穿了他对这一实践过程及其语境的全面思考。康有为显然看到了西方的海洋贸易力量和军事力量的扩张背后的政治构架,即强有力的国家及其政治体制。因此,与魏源一样,他力图以复制西方富强逻辑的方式回应海洋时代的历史挑战,即以君权为中心、以孔子及其儒学为依据、以变法改制相号召、以工业化和军事化为手段,重构强大的"中国"。

---

[6] 根据廖平的自述和学者的考证,《今古学考》的基本思想孕育于1883年或1885年期间。但关于廖平经学一变的时间,学术界有不同的看法,如1883、1884或1885。孙春在以1884年王闿运的《春秋例表》和廖平的《何氏公羊春秋十论》为清末公羊学的开端,同时也按廖平《经学四变记》的说法,认为1883年为经学第一变之始(见氏著《清末的公羊思想》,页75—76)。黄开国则以更为仔细的考证将经学第一变的时间认定为1885年,他的主要根据是《今古学考》本身。(见氏著《廖平评传》,页50)

与魏源一样,康有为对民族—国家相互竞争的新格局有着清楚的了解,他对中国及其危机的感觉是在大清帝国及其朝贡关系的范围内建立起来的。[7] 1888年底,《上清帝第一书》撰成,康有为感叹国事蹙迫,危急存亡,要求皇上下诏罪己,及时图治。我们不妨注意一下他的急切语调背后的地缘政治图景:琉球灭,安南失,缅甸亡,羽翼尽失,将及腹心;日谋高丽,伺吉林于东;英启藏卫,窥川、滇于西;俄筑铁路于北而迫盛京;法煽乱民于南以取滇、粤;教民、会党偏江楚河陇间将乱于内。这一图景与其他灾难相互伴随:水灾、风灾、地震,祸不旋踵;京师兵弱财穷,风俗颓败,纲纪散乱。这是一种由外及内的叙述,危机的征兆首先表现在朝贡体系的外层:琉球、安南、缅甸、高丽、西藏,而后是川、滇、粤等。康有为要求在兵、刑、赋、税、教、养和吏制等各个方面实行变法,挽救"中国"的衰败;[8]而在政治变革方面,他认为关键在于改变慈禧摄政的局面,以光绪帝为中心,师法西方,重构政治、经济和军事制度,发动一场真正的变法强国运动,以维持中国的法统和内部的稳定。为了推动这样一场运动,就必须在理论上颠覆现存体制的合法性。《新学伪经考》、《孔子改制考》等著作是沿着这一思路在儒学内部展开的"革命运动",它们的出现意味着今文经学正在从帝国的合法性理论向变法改制理论转化。所谓变法改制,中心的问题是国家体制。正由于此,变法改制论说到底是一种国家理论。

　　在进行上述政治实践的同时,康有为始终关心着另一个更为遥远的问题,即大同问题或如何克服国家及其边界以创造一个普遍世界的问题。在大同的视野中,康有为将主权国家的实践看作是祸乱的根源,以一种大

---

[7] 1883年12月,康有为致信邓给谏(铁香),对于英法联军烧毁圆明园、法国吞并越南并窥视滇、粤深表愤怒;1884年中法战争改变了越南作为中国朝贡国的地位,康有为也深有感触。参见康有为:《致邓给谏铁香书》,《康有为全集》(一),页3—6。

[8] 康有为:《上清帝第一书》,《康有为全集》(一),页353—362。同年,在致潘文勤的信中,他也分析了俄国、日本对中国东北地区的威胁,英国占领缅甸后对滇、藏的窥视,法国获取越南后对东南亚其他国家及中国云南地区的渗透,呼唤"外夷之逼已极,岂能待十年教训乎?""夫以中国二万里之地,四万万之人,二帝、三王所传礼治之美,列祖、列宗缔构人心之固,君权之尊,四洲所未有也。使翻然图治,此真欧洲大国之所望而畏也。"康有为:《与潘文勤书》,《康有为全集》(一),页314。

同主义的世界概念否定以民族—国家的政治结构和以海洋军事力量作为历史基础的资本主义。这是一种与韦伯所说的和平主义的儒学伦理密切相关的世界态度。[9]为什么康有为一面积极投身国家建设的实践，另一面又把自己的心力倾注在如何克服国家及其后果的问题上？这里陈述几点理由：

首先，"以往主要的'世界文明'都不是主要靠海上力量才建立起来的，它们不像西方这样，依赖于全球规模的海上贸易的发展以及殖民主义的发展。……如果没有西方'普遍主义'的创发，那么，商业资本主义以及随后工业资本主义在全球的扩张，就不可能会发生；不过，这主要还基于其他一些原因。与之相关的主要现象应该说是欧洲海上力量方面的优势，它促使商业资本主义能大规模地扩展至全球的许多地区。"[10]"西方'普遍主义'的创发"与欧洲贸易和殖民体系的扩张存在密切的联系。这一"普遍性知识"把所有其他地区的知识贬低为地方性知识，从而将自身的特殊主义包裹在普遍主义的表象内。因此，对英、法、日、俄等国家的入侵和渗透的抗拒必然包含着对这一"普遍知识"的抗拒。康有为试图创造一种基于全球关系的普遍伦理，在这一伦理视野中，欧洲中心主义的普遍主义被还原为欧洲特殊主义。在《大同书》中，康有为不是以民族—国家、也不是以帝国为中心讨论具体的政治架构问题，而是以地球为单位讨论"世界治理"问题，其实质是在否定民族—国家及其体系的基础上重新构思全球的政治构架。他以公羊三世说为据叙述全球历史，今文经学的应用范围随之突破了"中国"的范畴。

其次，康有为上承前代的儒学万世法信念，拒绝将儒学、特别是今文经学看作是一种仅仅适用于特定地域和特定社会的知识，力图将儒学扩展为一种能够适应变化的普遍知识。他将19世纪的新局面归结为从大一统时代向列国并争时代的过渡，而儒学普遍主义的特点就是克服"列

----

[9] 马克斯·韦伯：《儒教与道教》，页195—196。按韦伯的看法，这种和平主义信仰最晚起于汉代，其基础是对官僚制和向天投诉之权利的理想化反映。不过，在康有为这里，和平主义与克服官僚制、恢复三代理想的大同主义存在更密切关联。
[10] 安东尼·吉登斯：《民族—国家与暴力》，页114—115。

国"时代,在另一层面重建"大一统"的体制。正如早期今文经学一样,这一新的儒学普遍主义既是对国家(诸侯)逻辑的克服,又是对国家(大一统帝国)建设的论证。欧洲殖民主义以民族—国家和工业化的形式扩展自己的势力,并构筑了个人主义、理性主义和民族主义三位一体的普遍主义知识和社会群体的互动规则。在康有为这里,"大同"逻辑与"强国"逻辑存在着冲突关系,因为强国运动以抵抗殖民主义为基本诉求,但它所遵循的基本逻辑毋宁是对上述普遍主义知识的重申和肯定,即复制欧洲殖民主义和工业化的路线,通过将自己建构成为"主权国家"对抗外敌的入侵与挑战。如果儒学普遍主义的最终目的不是简单地复制其富强逻辑,而是批判这一进程,它就必须提出超越这一进程的理论逻辑和构想。在这个意义上,重构儒学普遍主义的努力势必构成对于以民族—国家、殖民体系和资本主义关系的反省和批判。

　　第三,大同的构想实质上建立在对国家的否定之上,因为后者具有明显的专制倾向。然而,"大同"逻辑对国家的批判建立在一种历史演化的概念之上,即从传统社会向国家转变,再从国家向大同转变,从而对国家的克服又必须以国家为前提。在这个意义上,"大同"逻辑不但提供了强国逻辑的世界观前提,而且又包含了个人主义、理性主义和民族主义的知识体系。因此,"大同"在这里是一种紧张和矛盾体的综合:现实世界的对抗关系与知识上的对抗关系构成了一种内在的张力,我们可以将之初步地概括为"超越现代性"的逻辑(它表现为大同的理想和世界治理的构想)与"现代性的逻辑"(以强国运动为目标的变法改制论)之间的冲突。既不是大同逻辑,也不是富强逻辑,而是超越民族—国家的大同逻辑与寻求富强的强国逻辑之间的持久纠缠、矛盾和分离,构成了康有为思想的内在基调。在一定程度上,"三世说"、"素王说"替代其他义例上升为这一时期今文经学的主要命题是和弥合上述矛盾的努力密切相关的。早期今文经学对内外相对化的重视在这里仍然起着作用,但侧重点有所变化,即从对内外夷夏关系的讨论转向了"春秋言太平,远近大小如一"和"地球一统"的探讨。太平、地球一统是"内外例"在新的历史语境中的转化,在这一视野中,内外、夷夏彻底地相对化了。

康氏的儒学普遍主义是在一种科学宇宙论的背景上建立起来的,从而不同于更早时期的儒学形态。这是一种科学的"天人"学说。他的问题极为明确:如果不能重新确认儒学的普遍价值,又如何把握当代世界的变化、提供变法改制的依据?或者说,如果不能解释当代的变化,又如何维持儒学的普遍主义?在这个层面,变法改制的逻辑依赖于儒学知识的普遍性。儒学普遍主义建立在礼仪关系的普遍性之上,因此,如果把以礼仪为中心的儒学知识视为一种普遍性知识,那就必须建立礼仪与世界之间的普遍联系,从而颠覆儒学礼仪与中国之间的"内在的"或"历史的"联系。在这个意义上,礼仪的普遍性意味着:第一,礼是一种普遍的世界关系(从而礼与中国之间的绝对联系松动了);第二,礼必须顺应时代变化,吸纳新的因素(从而对礼的尊崇并不等于恪守旧礼,礼的普遍性与特定的礼制——如周礼——的关系也松动了)。从上述两个方面可以推出一个基本的结论:"以王者制礼,轨范万方"之礼是时王之礼,从而是特殊的;而由圣人揭示出的人性自然或"通变以宜民"是素王之礼,从而是普遍的。[11]

知识或礼仪的普遍性并不源自权威性的实践,而是源自一种先天的、抽象的本质。康有为运用抽象的方法,把儒学礼仪与圣王实践之间的历史关系分离开来,从而赋予礼或仁一种"自然的"的性质。他说:

> 孔子曰:"安上治民,莫善于礼。"礼也者,人道之自然,物理所必著,上自太古狉榛之世,外至蛮夷蕃部之愚,未有能绝去之也。……人生而有父子长幼,则坐立必有等焉;……人生而有饮食、衣服、宫室,则制度必有别焉;人聚则有部落,役服则君臣上下朝聘相见之仪出焉。人道有生必有死,则慎终追远而祭奠之礼兴也。……虽古今不同,中国、夷狄殊异,其所以合好去恶,安上治民,其揆一也。[12]

---

[11] 康有为:《教学通义》,《康有为全集》(一),页143,149。
[12] 同上,页142。

礼不是先王制定和实践的典章制度,而是"人道之自然,物理所必著",即一种与普遍主义的自然法极为相似的最高原则。我把这一礼概念称为"自然礼"的观念。在这一"自然礼"的观念之上,又形成了"自然仁"的观念。礼以普遍的和自然的本性为前提,这个普遍的和自然的本性是超越中国、甚至人类本身的"仁"的观念。"仁"不仅是人的道德本质,而且是整个世界和宇宙的本质。人与动物界的差别不是"仁"的差别,而是"智"的差别。在这个意义上,康有为恰恰回到了宋儒的普遍主义天理观的逻辑之中:"仁"和"礼"是超越文化差异和历史经验的先验的和客观的知识。《康子内外篇》(1886)云:

> 物皆有仁、义、礼,非独人也。鸟之反哺,羊之跪乳,仁也。即牛、马之大,未尝噬人,亦仁也。鹿之相呼,蚁之行列,礼也。犬之卫主,义也。惟无智,故安于禽兽耳。人惟有智,能造作饮食、宫室、衣服,饰之以礼乐、政事、文章,条之以伦常,精之以义理,皆智来也。……故惟智能生万理。……仁者,天地凡人类之同也。……[13]

"仁"是宇宙内一切事物的共同本质,而"智"则是人类文化的独特起源。在写于同一时期的《实理公法全书》等著作中,这一儒学范畴内的"仁"与"智"的区分转化成为"公理"与"公法"的区分。

在变法实践的语境中,儒学普遍主义不得不与一种儒学实用主义相调和。"自然仁"或"自然礼"的观念为儒学普遍主义提供了某种理论的框架,却不能解决儒学面临的历史挑战。作为一种普遍主义的知识,儒学必须适应变化的历史形势,对人们生活于其中的现实关系及其明显变化作出解说。例如,全球一统、"师夷长技",如何"监二代"?康有为因此将穿西服、改西制、学西学统统纳入三统说内部,从而以取消"三统"说的历史性来保持"三统说"的普遍意义。又如,"夷夏之相对化"适用于帝国幅员内部的族群关系,但在民族—国家并列的时代,如果不能严格区分内外

---

[13] 康有为:《康子内外篇》,《康有为全集》(一),页190—192。

如何维持民族的独立、如何寻求国家的富强？相对化的"内外例"不适用于国际关系的主权原则，绝对化的"内外例"易于导致帝国的内部分裂。康有为因此把"内外"的相对化与维持帝国的统一和完整结合起来："外部"不再是由近及远的礼序关系中的"外部"，而是与"内部"相互区别的新的世界中心。再如，伴随汉人官员地位的提高，通过"讥世卿"来抒发政治意愿的需要大为弱化了。因此，不是"讥世卿"，而是按照变化的普遍法则对制度自身进行改造，构成了康氏学说的核心主题。循此逻辑，"内外例"、"讥世卿"等主题在今文经学中的位置下降了，而"三世说"、"大同说"和"大一统"等主题却上升为基本的叙述框架和宗旨。在康有为的思想中，三世说的地位尤其重要，它一方面是叙述全部世界历史的框架，另一方面也为变法改制提供历史依据和未来的方向。

清末的儒学普遍主义与其说起源于帝国的扩张，不如说起源于一种绝望感，一种无法把握"外部"和"内部"的紧张（它经常表述为"外部"已经渗透到"内部"之中），一种对于"万世法"蜕变为"地方性知识"的忧虑。没有对"中国"的地理、制度、经济和文化等各个方面的限度的理解，没有对非儒之书、知识和信仰的承认，亦即没有对于"外部"的明确认识，也就不存在重建儒学普遍主义的动力。这里仅举一例。康有为在《日本书目志》中说：

> 政治之学最美者，莫如吾六经也。尝考泰西所以强者，皆暗合吾经义者也。泰西自强之本，在教民、养民、保民、通民气、同民乐，此《春秋》重人、《孟子》所谓"与民同欲，乐民乐，忧民忧，保民而王"也。……岂知吾之掌故，历秦、元诸霸朝，已非中国先圣经义之旧，而礼失求野，外国乃用吾经义之精。孔子之为《春秋》也，夷而进于中国则中国之，楚庄救郑则中国之，不予荀林父敌夷狄而进于中国也。晋伐鲜虞，卫伐凡伯，杞用夷礼，则戎狄之中国而退为夷狄也。《春秋》之义，惟德是亲，日本未足以语是。然译泰西之书而能保养其民以自强，其政治亦可借鉴矣。[14]

---

[14] 康有为:《日本书目志》卷五,《康有为全集》(三),页743—744。

> 圣人之为治法也，随时而立义，时移而法亦移矣。孔子作六经，而归于《易》、《春秋》。易者，随时变易。穷则变，变则通。孔子虑人之守旧方而医变症也，其害将至于死亡也。《春秋》发三世之义，有拨乱之世，有升平之世，有太平之世，道各不同。一世之中，又有天地文质三统焉，条理循详，以待世变之穷而采用之。呜呼！孔子之虑深以周哉！[15]

康有为将西方强盛的根源解释为一种政治知识，而这种政治知识与六经所蕴含的政治理论恰好吻合。按照"夷而进于中国则中国之"的原则，借鉴西方和日本的政治实践完全合乎圣人遗教。因此，承认中国的限度、承认外部的知识并不等于承认儒学仅仅是一种地方性的、特殊的知识，恰恰相反，通过灵活的——也许是牵强的——诠释，"外部"的知识被重新纳入经学"内部"。这一点完全符合"夷狄、中国，论德不论地"（或称夷夏相对化）的今文经学宗旨。[16] 在儒者看来，内外交错、礼失诸野并不影响六经的普遍意义，问题在于如何诠释其意义，而儒学本身已经包含了适应变化的原则和诠释策略。在"列国并争"时代，儒学"万世法"的地位取决于能否将西方知识纳入儒学"内部"。孔子学说不正是对紊乱的历史关系作出的解说么？在康有为这里，"通三统"变成了借鉴西方各种政教知识的经学根据，[17]"张三世"转化为适合整个人类进化法则的普遍公理，"别内外"被置于中国与西方之间，从而原有的内外无别论变成了"大民族主义"或"多元的民族—国家"论述的根据。《日本书目志》出版于1898年春，撰写时间应该在1897年11月15日（光绪二十三年十月二十一日）之前，[18] 但对康有为来说，这种重构儒学普遍主义是很早开始的思想实践，并不局限于一部著作。在《大同书》、《新学伪经考》、《孔子改

---

[15] 康有为：《日本书目志》自序，《康有为全集》（三），页583。
[16] 康有为：《万木草堂口说》"春秋繁露"条，《康有为全集》（二），页422。
[17] 上述看法中的一些观点，如每一世内部再分三统等，只能代表这一时期康有为的观点，但重构儒学普遍主义的努力却是一以贯之的。
[18] 证据是梁启超在这一天以《读日本书目志后》为题在《时务报》发表了文章。

制考》等著述于不同时期的著作中,我们均可以发现以大同、三世等学说为框架总结历史发展、囊括各种知识的踪迹。

关于康有为的变法改制实践及其在经学中的体现,已经有许多著述加以探讨。《新学伪经考》(1891)、《孔子改制考》(1892—1898)和《春秋董氏学》(1893—1897)是康有为今文经学著作的代表作品,前两部在变法改革运动中更是轰动一时。如果没有一种新的儒学普遍主义作为依据,康有为怎么可能掀动如此剧烈的思想风暴?[19]清末今文经学的主要特点是在全球背景中重构儒学普遍主义,从而创造一种以现代世界的变化为背景的经学知识。变革的理论是以此为根据的。《大同书》发表很晚,通常也不被视为一部经学著作,但正是这部书综合了各种自然科学和社会科学知识,把儒学的一些基本宗旨和今文经学的三世进化说发展成为描述世界的框架、判断世界的准则,从而在最大程度上恢复了儒学的普遍主义。康有为的儒学普遍主义以世界、以宇宙为背景,追问中国在世界和宇宙中的位置,以及可能选择的道路。在这个儒学普遍主义视野中,"中国"不再是普遍礼仪的代名词,也不再是至大无外的帝国,而是地球万国之中的一个守旧的国家,一艘航行于铁舰争胜的大海之上的衰朽的木船。即使儒学是中国的万世法,在这样一个广阔无垠的世界里,它的有效性也是值得怀疑的。康有为问道:如果六经是万世法的话,为什么中国这艘大船上的舵工榜人都是盲人聋者呢?如果中国摆脱危机的唯一办法就是顺从列国竞争的"战争"逻辑,那么,除了提供变法改革的理论合理性,亦即顺从世界变化的逻辑之外,儒学是否还能成为反思整个进程的普遍主义知识?

因此,恢复儒学的普遍主义就必须将儒学从与"中国"的单一联系中解放出来,同时将"中国"放置在"世界"的内部,重构"中国"与"世界"的关系。一方面,越是缺乏把握世界的能力,就越是需要建立或恢复普遍主义的视野,从而将无法把握的"外部"或"例外"纳入熟悉的经验之中;另

---

[19] 《孔子改制考》是改制变法的理论著作,其卷七云:"大儒者,善调一天下者也,……与时迁徙,与世偃仰,千举万变,其道一也:是大儒之稽也",足见改制本身必须以儒学普遍主义为前提,而如何让儒学适应变化的历史条件,则是变法论的核心部分。见《康有为全集》(三),页196。

一方面,越是了解世界的现实,就越是需要通过变革将"内部"建构成为统一的、有效率的整体,从而把"内外无别"的"中国"退转为一个具有明确外部的主权单位。康有为在这一悖论之中展开了他对大同的恢弘构想。儒学与"中国"的内在联系松动了。与庄存与、刘逢禄不同的是,康有为不是执著于"中国"的再定义,而是着眼于世界的再组织。儒学的普遍性不再单纯地依赖于"中国"这一概念,正如西方的科学和政治学说一样,它是世界和宇宙的普遍法则。

第三节 《大同书》的成书年代与早期康有为的公理观

确定《大同书》的成书年代及其与康有为其他著述的关系是一个重要的问题。《大同书》的甲部和乙部于1913年发表于《不忍》杂志,较完整的稿本刊于作者逝世之后8年的1935年。康有为在1919年所写的《大同书题辞》中明确地将《大同书》的写作年代定为1884年。[20]《大同书》甲部《入世界观众苦·绪言》存有1884年中法战争期间避兵于澹如楼作《大同书》的记载。[21]最为完整的说法见《康南海自编年谱》"光绪十年甲申(一八八四)":

> 春夏间寓城南板箱巷,既以法越之役,粤城戒严,还乡居澹如楼。早岁读宋、元、明学案、《朱子语类》,于海幢华林读佛典颇多,上自婆罗门,旁收四教,兼为算学,涉猎西学书。秋冬独居一楼,万缘澄绝,俯读仰思,至十二月,所悟日深。因显微镜之万数千倍者,视虱如轮,

---

[20] 康有为《大同书题辞》云:"吾年二十七,当光绪甲申(一八八四年),清兵震羊城,吾避兵居西樵山北银塘乡之七桧园澹如楼,感国难,哀民生,著《大同书》。"见《大同书》,中华书局1935年本卷首。
[21] 康有为:《大同书》,页1。

见蚁如象,而悟大小齐同之理。因电机光线一秒数十万里,而悟久速齐同之理。知至大之外,尚有大者,至小之内,尚包小者,剖一而无尽,吹万而不同,根元气之混仑,推太平之世。……其道以元为体,以阴阳为用,理皆有阴阳,则气之有冷热,力之有拒吸,质之有凝流,形之有方圆,光之有白黑,声之有清浊,体之有雌雄,神之有魂魄,以此八统物理焉;以诸天界、诸星界、地界、身界、魂界、血轮界,统世界焉。以勇礼义智仁五运论世宙,以三统论诸圣,以三世推将来,而务以仁为主,故奉天合地,以合国合种合教一统地球。……[22]

按照康有为提供的多种材料,《大同书》作于1884年。

但是,许多学者对这些证据持怀疑态度:《题辞》为1919年重印《大同书》甲部、乙部时所写,《自编年谱》完成于1899年(其中"光绪二十一年"以前的部分为1895年前所写)。此外,《大同书》是康有为极为重要的著作,为什么他的上述引文没有明确提及《大同书》的书名呢?更为明显的反证是:《大同书》提及的若干事件发生在1884年之后,如"海牙和平会议"召开于1899年,光绪丁亥香港华洋船惨祸发生于1887年,陈千秋死于1895年,康广仁经理之上海不缠足会成立于1897年,等等。康有为掩盖《新学伪经考》、《孔子改制考》所受廖平影响,又曾出于政治需要重新编撰戊戌奏稿。这些事实加强了人们对作者在《大同书》成书年代问题上"作伪"的怀疑。例如,汤志钧即以上述例证为据,认为康有为提供的材料是作者倒填著述年月的结果。他不仅否认《大同书》作于1884年,而且还根据梁启超为《大同书成题辞》所加附注中的说法,进一步认定《大同书》作于1902年。[23]

---

[22] 康有为:《康南海自编年谱》(外二种),北京:中华书局,1992,页12—13。
[23] 梁启超说:"先生演《礼运》大同之义,始终其条理,折衷群圣,立为教说,以拯浊世。二十年前,略授口说于门弟子,辛丑、壬寅间(1901—1902)避地印度,乃著为成书。启超属亟付印,先生以为方今国竞之世,未许也。"汤志钧:《论〈大同书〉的成书年代》、《〈大同书〉手稿及其成书年代》,均见氏著《康有为与戊戌变法》,北京:中华书局,1984,页108—133。

《大同书》中记载的若干事件晚于 1884 年是一个基本事实，但这并不足以否定该书的部分初稿始撰于 1884 年。这里做如下几点澄清。首先，作者对最初文稿进行反复修改和增删是常有的事情，定本中出现晚于 1884 年的事件并不能自然地引申出一个结论，即康有为在 1884 年没有开始《大同书》的撰写，也不能证明 1902 年的稿本是《大同书》的最初版本。"1902 年说"出自梁启超，但梁本人曾提供过完全相反的、更为确凿的证据。如《三十自述》云："辛卯，余年十九，南海先生始讲学于广东省城长兴里之万木草堂"，"先生时方著《公理通》、《大同学》等书，每与通甫商榷辨析入微，余辄侍末席，有听受无问难，盖知其美而不能通其故也。"[24]梁启超从康有为学始于 1890 年，《康南海自编年谱》"光绪十六年庚寅(1890 年)三十三岁"条有着与梁启超上述说法相互呼应的部分。在写于 1901 年的《康有为传》中，梁启超提及"先生乃著《春秋三世义》、《大同学说》等书，以发明孔子之真意，此为孔教复原之第二段"，并对大同学说的内容作了有系统的介绍。这至少表明 1901 年以前已经存在《大同书》最初手稿，1902 年始撰《大同书》的说法并不成立。[25]在《清代学术概论》中，梁启超重申万木草堂时期即已存在《大同书》稿本，称"有为虽著此书，然秘不以示人，亦从不以此义教学者。谓今方为'据乱'之世，只能言小康，不能言大同；言则陷天下于洪水猛兽。其弟子最初得读此书者，惟陈千秋、梁启超，读则大乐，锐意欲宣传其一部分。有为弗善也，而亦不能禁其所为，后此万木草堂学徒多言大同矣。"[26]按此推论，至少在 1890 年以前，即已存在《大同书》部分草稿。

否定《大同书》撰述于 1884 年的另一理由是"康有为的援引今文，是在一八八九——一八九〇年与廖平初晤之后，(康)为了表明自己'一无剿袭，一无依傍'，就得填在一八八九年之前；……"[27]此外，《康南海自

---

[24] 梁启超:《三十自述》,《饮冰室合集·文集十一》,页 16。
[25] 梁启超:《康有为传》,见《康南海自编年谱》(外二种),页 249。
[26] 梁启超:《清代学术概论》,见朱维铮校注《梁启超论清学史二种》,上海：复旦大学出版社,1985,页 67。
[27] 汤志钧:《论〈大同书〉的成书年代》,《康有为与戊戌变法》,页 123。

编年谱》光绪六年条下曾有"是岁,治经及公羊学,著《何氏纠缪》,专攻何劭公者。既而自悟其非,焚去"[28]的记载,表明康有为早年确曾对今文经学持批判态度。光绪六年亦即1880年,康有为在这年接触今文学说,并"自悟其非",不能说明1884年前后他仍然拒斥公羊思想。梁启超曾说:"有为早年,酷好《周礼》,尝贯穴之著《政学通议》,后见廖平所著书,乃尽弃其旧说。"[29]康有为早年酷好《周礼》是事实,据《康南海自定年谱》记载,他攻《周礼》、《仪礼》、《尔雅》、《说文》等古文经学的典籍在光绪四年(1878),早于他攻何休并"自悟其非"两年。梁氏提及的《政学通义》即《教学通义》,该书著成于1886年,康有为自定《万木草堂丛书目录》注此篇云"少作,已佚。"手稿今已发现,刊于1987年版《康有为全集》第一卷中。这部著作包含了今文经学的明显痕迹,梁启超的说法并不准确,试申述如下。

首先,《教学通义》一面称颂周公经纶之迹,另一面也以"三世说"和今文经学的若干取向对古文经学传统进行明确的批判。作者关注的问题是以通变的方式保持孔子学说的普遍价值。以《王制》和《周礼》判分今古始于廖平,但从庄存与、刘逢禄起,以今文家的身份而称引《周礼》者大有人在。在这个意义上,即使如梁启超所说,康有为以《周礼》贯穿《教学通义》也并不能说明作者其时并无今文观点。该书《从今第十三》议论"清谈孔、孟然且不可,况今之清谈又在许郑乎?",对古文学者推崇的许、郑之学表示厌倦;《尊朱第十四》明确提及儒学变乱始自刘歆,推崇朱子贯通诸经,足见康有为在1886年对刘歆作伪一事已有明确的看法。[30]《春秋第十一》完全尊公羊学的路径:贬低《左传》,抬高《公》《谷》,以为"今欲见孔子之新作,非《公》、《谷》不可得也。"康有为说:

  《春秋》者,孔子感乱贼,酌周礼,据策书,明制作,立王道,笔则

---

[28] 康有为:《康南海自编年谱》(外二种),页10。
[29] 梁启超:《清代学术概论》,见《梁启超论清史二种》,页63。
[30] 康有为:《教学通义》,《康有为全集》(一),页137—138。康有为还说,"孔子曰:'吾从周。'故从今之学不可不讲也。"

笔,削则削,所谓微言大义于是乎在。传之于子夏。……《公羊》、《谷梁》,子夏所传,实为孔子微言,质之经、传皆合。《左氏》但为鲁史,不传经义。……而讥世卿、明助法,讥丧昏娶,定百里之封,逮三等之爵,存三统之正,皆孔子制作之微文,与周公之礼绝异。孔子答颜子问"为邦"而论四代,答子张问"十世"而言"继周"。孟子述舜、禹、汤、文、周公而及孔子,则曰:"王者之迹熄而《诗》亡,《诗》亡而后《春秋》作。"其辟许行,亦以孔子作《春秋》,继尧、禹、周公之事业,以为天子之事。孔子亦曰,"知我"以之,"罪我"以之。良以匹夫改制,无征不信,故托之行事,而后深切著明。……故自周、汉之间,无不以《春秋》为孔子改制之书。……[31]

无论在安排经典的位置方面,还是在解释《春秋》的义旨方面,上述引文完全是今文家的口吻。这些线索表明康有为已经在转向公羊学的过程之中,此时距离廖、康会晤尚有三年的时间。

其次,以春秋三世说划分历史是《大同书》的基本的叙述框架,也是康有为援引今文的重要特点,《教学通义》中是否存在相关的痕迹呢?我们看下面这段话:

《春秋》之学,专以道名分,辨上下,以定民志,其大义也。自汉之后,《春秋》日明,君日尊,臣日卑。依变言之,凡有三世:

自晋至六朝为一世,其大臣专权,世臣在位,犹有晋六卿、鲁三家之遗风,其甚者则为田常、赵无卹、魏鳌矣。

自唐至宋为一世,尽行《春秋》讥世卿之学,朝寡世臣,阴阳分,嫡庶辨,君臣定,篡弑寡,然大臣犹有专权者。

自明至本朝,天子当阳,绝出于上,百官靖共听命于下,普天率土,一命之微,一钱之小,皆决于天子。……且《春秋》之显孔子之功,非徒施于中国,又莫大于日本焉。日本自与隋、唐大通,以中国之

---

[31] 康有为《教学通义》,《康有为全集》(一),页124—125。

经学为学，《春秋》及《通鉴纲目》大行焉。于是在宋时源赖氏以大将军霸天下，镰仓氏继之，足利氏继之，德川氏继之，凡所为封建、兵刑、用人、行政皆自将军出，历六百七十六年，其天皇守府，而卒不敢易名号、废其君。今王睦仁卒得起而废之。人士咸有《春秋》之学，莫不助王，而睦仁复其故统，盖所谓《春秋》之力、孔子之道，至是而极大矣。故谓后世皆《春秋》之治，诚所谓继周者也。[32]

将这段话与《大同书》丙部《去级界平民族》中的一段话加以对照，不难发现两者之间的某些相似的痕迹：

中国当《春秋》以前有封建世爵，诸侯既世其国，大夫又世其家，故虽以蕞尔之诸侯，……皆以世卿为之；士人、民家，则虽以孔子之至圣，仅摄相事，颜、闵之上贤，不得一命。当时虽无印度之弊，颇类欧洲之中世，日本维新以前矣。自孔子创平等之义，明一统以去封建，讥世卿以去世官，授田制产以去奴隶，作《春秋》、立宪法以限君权，不自尊其徒属而去大僧，于是中国之俗，阶级尽扫，人人皆为平民，人人皆可由白屋而为王侯、卿相、师儒，人人皆可奋志青云，发扬蹈厉，无阶级之害。此真孔子非常之大功也，盖先欧洲二千年行之。中国之强盛过于印度，皆由于此。……故孔子之于天下，不言治而言平，而于《春秋》三世进化，特以升平、太平言之也。[33]

《教学通义》将"三世"具体地划分为晋至六朝一世、唐至宋一世、明至清一世，与《大同书》中的划分有所区别，但它们都明显地将"封建"和世袭贵族制视为祸乱的根源，暗示了大一统的价值取向。康有为的"三世说"不是对于历史的客观叙述，而是一种可资灵活运用的看待世界的方式，如何划分三世依具体需要而定，很难一概而论。更重要的是：《教学通义》

---

[32] 康有为：《教学通义》，《康有为全集》(一)，页125—126。
[33] 康有为：《大同书》，页109—110。

和《大同书》不仅把春秋"三世说"运用于中国历史,而且也运用于世界各地区的历史之中。前者将日本天皇制的恢复和"三世"问题联系起来,表达自己倡一统、废封建、勤王变法的构想,后者用"三世说"论证印度、欧洲中世纪和美国近代史,针砭贵族制、奴隶制和阶级制度造成的弊端,说明平等与太平的关系。在这个意义上,上述两部著作都将今文经学视为理解中国历史和世界历史的普遍法则。[34]

上述讨论证明:1. 康有为转向今文经学并非全受廖平影响;2. 论定《大同书》写于1902年并不确切;3. 从1884年起直到1913年《大同书》部分手稿发表,甚至更晚时期,康有为一直在扩充、修改、增补、甚至部分地重写《大同书》的过程之中。1902年是康有为对已有手稿进行较为系统的修订和大规模增补的一年。现存《大同书》稿本还存在1902年之后修改和增补的痕迹,如康有为将1904年和1906年访问意大利、1905年访问加拿大和美国、1906年访问西班牙的观感写入了《大同书》。按梁启超所说,康有为在万木草堂时期拒绝发表《大同书》,完整的文本在身后才得以出版。如果康有为有心在这一问题上表现自己的先见之明,他为什么在生前根本没有发表全书的打算呢?[35] 我的基本看法是:康有为对《大同书》的思考、撰述、修订、增补持续了二三十年的时间,这一事实说明该书既是他的思想的出发点,也是他最终抵达的目标。《大同书》的完整稿本形成于何时并不影响这一基本论点。

---

[34] 除了三世说之外,康有为也对三统说作了类似的处理。如云:"现欧洲多尚白,亦行孔子三统之白统也。"又云:"欧洲吉事用白,凶事用黑。印度以正五九废刑。""孔子之鲁,即佛之西天。日本之明治,安南之宽永,即孔子立元之义也。"康有为:《万木草堂口说》"春秋繁露"条,《康有为全集》,第二册,页384—385。

[35] 陈慧道的《康有为〈大同书〉研究》(广州:广东人民出版社,1994,页1—13)认为《大同书》作于1884年至1902年间,我认为他的结论是可以接受的,虽然个别论证仍有待确证(如《礼运注》究竟是《大同书》以前的作品,还是以后的作品,仍有争议)。另外,1902年仍然不是最后定稿时期,可以说这是贯穿1884年以降康有为思想实践全部过程的著述。此外,朱仲岳发表于《复旦学报》1985年第2期的文章《〈大同书〉手稿南北合璧及著书年代》一文,通过对收藏于上海市文物保管委员会的《大同书》稿本和天津图书馆收藏的《大同书》稿本的研究,也证明《大同书》的成书有一个不断修改的过程。

康有为的晚年著作《诸天讲》可以视为《大同书》的续编，因为康有为在1884年前后构思《大同书》的出发点是以几何学、天文学为基础讨论"公理"和"公法"问题，思考的框架不仅超出了舆地学意义上的"中国"，而且也超出了地球本身。[36]他显然希望发现一种超越地球上的文化差异的更为客观的视野，并以此为基础建立新的普遍主义。这是综合科学主义世界观和传统宇宙论的产物，一种在欧洲自然法观念影响下重新修订传统宇宙论的结果。值得注意的是，对于康有为来说，这一宇宙普遍主义与他对孔子的尊崇并不矛盾。康有为曾对陈千秋、梁启超讲述自己关于大同的想法说：

> 吾乃告之以孔子改制之意，仁道合群之原，破弃考据旧学之无用，……既而告以尧舜三代之文明，皆孔子所托，闻则信而证之；既则告以人生马，马生人，人自猿猴变出，则信而证之。乃告以诸天之界、诸星之界、大地之界、人身之界、血轮之界，各有国土、人民、物类、政教、礼乐、文章，则信而证之。又告以大地界中三世，后此大同之世，复有三统，则信而证之。[37]

在《孔子改制考》中，他又说：

> 故夫孔子以元统天，天犹在孔子所统之内，于无量数天之中而有一地，于地上无量国中而为一王，其于孔子曾何足数！[38]

---

[36] 康有为于1891年给沈子培的信中说："其后兼读西书，穷心物理，二十七岁所悟（即1884年。——引者注），知诸星之无尽而为天，诸天，亦无尽也。知视蚁如象，巢蚁蝼亦无尽，盖知大小无定而无尽也。……日光之来照吾，已阅十二年。电力之行也，一瞬已二十八万里，乃悟吾所谓万亿年者，真顷刻也，而吾之顷刻，乃他物以为万亿年者也，乃悟长短久暂之无定而无尽也。故视天地甚小，而中国益小；视一劫甚短，而一身益短也。……"见《致沈子培书》，《康有为全集》（一），页544。
[37] 康有为：《康南海自编年谱》（外二种），页19。
[38] 康有为《孔子改制考》，《康有为全集》（三），页226。

"大地之界"之上尚有诸天之界、诸星之界,但所有这一切均在"孔子以元统天"的范畴之内。如果说《大同书》是儒学普遍主义的"外篇"(即地球内部的世界秩序),那么,《诸天讲》则是儒学普遍主义的"内篇"(即宇宙万有的存在原理)。在这个意义上,"大同"思想只是他有关"公理"和"公法"的思考的一部分。

《大同书》的思想要素极为繁杂,除了三世大同说之外,也包含大量佛、道、朱子学、阳明学、西方政教、地理和科学知识,其中有些片段明显源于《万国公报》和其他通俗出版物。在深入分析《大同书》的基本内容之前,我们不妨对1884年前后康有为阅读、写作的情况进行一些考察,说明《大同书》的基本主题得以形成的知识条件和思想脉络。光绪二年(1876)至光绪四年(1878)年底,康有为从朱次琦学。朱次琦"发先圣大道之本,举修己爱人之义,扫去汉宋之门户,而归宗于孔子",[39]对于康有为对儒学的基本理解和态度产生过重要影响。《大同书》的出发点是"入世界观众苦",明显带有佛教痕迹,康有为早期求学过程也提供了相关线索。1879年(光绪五年)正月,康有为开始用心佛道之书,舍弃考据帖括之学,专意养心。他自述云:"既念民生艰难,天与我聪明才力拯救之,乃哀物悼世,以经营天下为志……俯读仰思,笔记皆经纬世宙之言。"佛典的阅读没有让他产生避世的念头,却激发起了以天下苍生为念、以整个地球和人类为"经世"("去苦求乐")对象的冲动。康有为转向经世的道德动力与他对阳明学和佛学的研究有着明显的关系。他没有把上述道德冲动限制在修身的范围内,在他看来,既然以天下为念,就必须把传统经世之书如《周礼》、《王制》、《太平经国书》、《文献通考》、《经世文编》、《天下郡国利病全书》、《读史方舆纪要》与西方之书如《西国近事汇编》、《环游地球新录》和其他作品一同作为参考,完整地理解世界的变化。这一年,康有为恰巧有机会访问香港,对当地宫室之瑰丽、道路之整洁、巡捕之严密留有深刻印象,"乃始知西人治国有法度,不得以古旧制之夷狄视之",并因此"复阅《海国图志》、《瀛寰志略》等书,购地球图,渐收西学之

---

[39] 康有为:《康南海自编年谱》(外二种),页7。

书,为讲西学之基矣。"[40]

上述记载中最为值得注意的是他把各种经世之学、西方知识与通过佛学和道家学说思考天人关系和宇宙本体结合起来。他对西方的研究不是单纯地为了研究西方,甚至也不是如魏源那样意在"师夷长技以制夷",而是为"经营天下"提供理论的和知识的准备。康有为集中阅读西学的另一高潮是构思《大同书》的前一年,即1883年,学习的重心从前一阶段的地理和政教等知识扩展到更为广泛的科学和历史:"读《东华录》、《大清会典则例》、《十朝圣训》,及国朝掌故书,购《万国公报》,大攻西学书,声、光、化、电、重学及各国史志,诸人游记,皆涉焉。于时,欲辑万国文献通考,并及乐律、韵学、地图学。是时绝意试事,专精问学,新识深思,妙悟精理,俯读仰思,日新大进。"[41]《万国公报》、《西国近事汇编》、《海国图志》、《瀛寰志略》等报刊和著作中有关西方、科技和未来世界的讨论为《大同书》提供了新的知识背景和想像力的源泉。

在新的知识视野中,"中国"从"宇内"转化为"国家",康有为所要经营的"天下"不再是"中国"的别称,而是整个世界。反过来说,尽管"中国"问题是他关心的头等问题,但这一问题本身已经不再是单纯的"中国"问题,从而不可能在孤立的"中国"范畴内解决。在1883年至1888年赴京赶考并著《上清帝第一书》(1888年12月10日)之间,盘旋在康有为心头的显然是一个更为抽象、也更为广泛的问题,即如何寻找一种世界的"公法"和宇宙的"公理"以解决中国和整个人类面临的困境。为了完成这一任务,他一方面需要发明一种超越具体文化差异和更为客观的视野,另一方面又必须重新构筑儒学普遍主义与这个公理世界之间的关系。如果儒学"万世法"地位没有发生根本的动摇,康有为又何必如此费心地综合各种知识重建普遍的"公理"和"公法"呢?继1884年悟大小久速"齐同之理"、"推太平之世"之后,康有为于1885年"从事算学,以几何著《人类公理》,……检视书记遗稿,……乃手定大同之制。"次年,他的《康子内

---

[40] 康有为:《康南海自编年谱》(外二种),页9—10。
[41] 同上,页11。

外篇》"内篇言天地人物之理,外篇言政教艺乐之事。又作《公理书》,依几何为之者",并研究天象和历法问题,试图对地球及其文明分布作出新的解释。[42]这里值得提出的是,今文经学包含了对律法和天象的研究,从而也较容易包容新的自然知识。1887年是康有为赴京并涉足政治活动的前一年,按孔子的说法,这是他的"而立之年"。康有为记载说:

> 是岁编《人类公理》,游思诸天之故,则书之而无穷也。作《内外篇》,兼涉西学,以经与诸子,推明太古洪水折木之事,中国始于夏禹之理,诸侯犹今土司,帝霸乘权,皆有天下,三代旧事旧制,犹未文明之故。推孔子据乱、升平、太平之理,以论地球。以为养兵、学语言,皆于人智人力大损。欲立地球万音院之说,以考语言文字。创地球公议院,合公士以谈合国之公理,养公兵以去不会之国,以为合地球之计。[43]

上述记载中最为值得注意的有两点:第一,康有为以内外区分天地人物之理和政教艺乐之事,从而将他的变法改制思想作为"外篇"置于"公理"体系之中。第二,三代旧事旧制并非公理,毋宁是在特定情境中形成的礼乐体系,从而不是一成不变的普遍原则。康有为认为人类知识更新的两个基本条件是交通和语言,一旦交通和语言为人类交往提供了新的范围,礼仪、制度和其他知识势必发生变化,而圣人就是能够因应这些变化创造新的规则的人物。正由于此,在科学技术和人类交往日益发达的晚清时代,局限于"中国"的范围无法保障儒学的普遍意义,孔子的三世学说必须置于地球以致宇宙的范围内加以解说。[44]

---

[42] 康有为:《康南海自编年谱》(外二种),页13—14。
[43] 同上,页14—15。
[44] 关于康有为此时提及"三世说"是否为后来为掩盖他受廖平影响所加,学者们有不同的意见。需要提及的是:公羊三世说是今文经学的重要主题,即使在清代今文学中,三世说的重要性也非始自廖平,我在前文论及的龚自珍和魏源均曾给予高度的重视。

《人类公理》是否即《大同书》的初始稿本,抑或其他著作,我们不能确知。但如果对照这一时期的其他作品如《民功篇》、《教学通义》、《康子内外篇》、《万身公法书籍目录提要》、《实理公法全书》、《公法会通》,康有为的自述完全可以得到印证。这些著作包罗万象,从唐虞三代礼制的兴起,到历代政教制度和学术的发展,从宇宙自然的科学原理,到人类社会的基本法则,康有为试图构筑一种包容历史变化和普遍原理的整体性的世界观。一方面,在《民功篇》、《康子内外篇》、《教学通义》中,他以历史考察的方式,论证先王之道在"通变以宜民",圣王礼制和法规均是因民需和适时变的产物,从而反对将之作为万古不变之道;另一方面,在有关公理、公法各篇中,他试图以几何、实测之学等宇宙原理为基础,探讨人类生活的制度和伦理,从而将圣王义理重新组织到一个更具普遍性的和科学性的体系之中。《实理公法全书》对实理和公法的区分是一个重要的理论前提,实理即普遍的原理,公法即根据普遍原理而人为设定的法律或规则,如人的物理特点、人的自然本性等等均为实理的部分,而围绕人的自主权设定的法律则是公法。在这个意义上,人类公法的根据不是先王政典或历史变化,而是一种抽象的、超越的和客观的原理。这一原理必须通过几何、实测(实证或实验)等科学方式才能获得。科学在这里是作为一种超越具体历史关系、超越具体权力关系的客观标准而被运用的。

"实理公法"以地球为单位形成公理和公法。《万身公法书籍目录提要》及《实理公法全书》最后一节(即《整齐地球书籍目录公论》)把《地球正史》、《地球学案》、各国例律、各国字典、万国公法等等列为必要的参考著作。"公法乃地球上古今众人各出其心思材力综合而成",最有益于人道。康有为并不指望立刻用这一普遍主义的公法取代历史形成的法律和风俗,相反,他建议因俗制宜,寻找既定礼仪关系与公理、公法的会通之处,从而渐进地推行公法。[45] 三世进化说用一种目的论的历史叙述将现实关系与未来的大同世界关联起来。康有为对公理和公法的探讨依循了儒学的道德分类法,如夫妇、父母子女、师弟、君臣、长幼、朋友、礼仪(上

---

[45] 康有为:《公法会通》,《康有为全集》(一),页308—309。

帝名称、纪元纪年、威仪、安息日时)、刑法、教事、治事(官制、身体宫室器用饮食之节、葬、祭)等,但在他看来,这些分类法不是儒学的专有物,毋宁是依公理而成立的公法系统。在公理和公法的论述框架中,道德谱系以几何公理为根据,它的普遍性(作为公法)依赖于更为客观的和普遍的知识。先王政典的普遍价值在此相对化和历史化了,没有一种更为普遍和客观的知识视野,先王政典的神圣性就不可能消解。《大同书》的构思和写作历经数十年,具体内容的修改、增删不可避免,但这种融会公理、公法和历史以形成一种将历史的变化和普遍主义知识相互贯通的努力却一以贯之。

第四节 作为世界之治的"大同"

康有为在酝酿和写作《大同书》的过程中不止一次阅读《海国图志》。把《大同书》与魏源的《海国图志》放在一起讨论也许不无理由:第一,这两部著作都是以全球为对象的著作;第二,这两部著作又都是因为"中国"问题而展开的对世界的探讨;第三,这两部著作看待世界的方式深受今文经学的影响。[46]以《海国图志》的世界描述为背景,也许可以更为清晰地显示《大同书》的思想特点。为了论述的方便,我在此略前详后,在一种比较的视野中阐述《大同书》的意义。

1. 具体的叙述与普遍的叙述

《海国图志》是对世界的现实关系进行的一种历史—地理描述;魏源利用了大量的西方地理学知识,但全书处处征引历史,看待世界的框架深

---

[46] 康有为早年研读《海国图志》,但伴随地理学知识的丰富,他对《海国图志》的误谬之处有所批评。但这并未影响他对舆地学视野的关注。参见《南海师承记》,《康有为全集》(二),页451。

受帝国视野的影响。《大同书》是对世界的想像关系进行的一种历史虚构式的叙述；康有为利用宗教、哲学和科学知识建立看待世界的更为超越的视野，它虽然使用了儒学的知识，但在上述视野中，帝国和儒学的知识仅仅是一种"地方性知识"。只是在与公理相互吻合的时候，儒学才具有普遍意义。康有为力图寻找一种超越"中国"问题的视野来看待"中国"与世界，其方式是把几何学和地理学知识与佛教世界观结合起来，对世界"众苦"进行平面分类，如将"苦"区分为人生、自然和社会之苦（社会之苦又可以区分为社会身份的差别、中心与边缘的差别、兵役和捐税的折磨、社会制度的差别，等等），等等。这种分类法忽略历史的渊源关系，把自然灾难、社会疾苦并列为人类和世界的基本特点。在"天灾之苦"的范畴中，康有为除列入火灾、水灾、疾病之外，还列入舟船覆沉之苦、汽车碰撞之苦；在"人道之苦"的范畴中，除了列入鳏寡、孤独、疾病之外，还列入贫穷和贱者（奴隶等）之苦，从而社会问题不再是历史问题，而是生存的本体论问题。在这个意义上，乐和苦这类抽象的概念取代现实世界的历史关系，构成了康有为对世界进行叙述的基调。

康有为将"众生苦"的视野与去苦求乐的现世取向结合起来，构成了一个外释内儒的思想体系。内儒是根本的，但外释也极为重要，因为只有在这个佛教世界观的框架内，儒学义理才能获得一种超越具体历史关系的普遍适用性。[47] 康有为显然需要一种本体论来表达新的普遍主义，而儒学似乎并不能提供这一框架。按康有为的说法，孔教即佛法之华严宗，"故夫人道者，依人以为道。依人之道，苦乐而已，为人谋者，去苦以求乐而已，无他道矣。""故有父子、夫妇、兄弟之相亲、相爱、相收、相恤者，不以利害患难而变易者，人之所乐也。……圣人者，因人情之所乐，顺人事

---

[47] "乐"比"苦"更为根本，它构成了生活的意义和目标。梁启超极好地概括了乃师有关"法界的理想"的含义："华严奥义，在于法界究竟圆满极乐，先生乃求其何者为圆满，何者为极乐。以为弃世界而寻法界，必不得为圆满，在世苦而出世苦，必不得为极乐，故务于世间造法界焉。……于是原本佛说舍世界外无法界一语，以专肆力于造世界。先生常言，孔教者佛法之华严宗也。何以故？以其专言世界，不言法界，庄严世界，即所以庄严法界也。"梁启超：《康有为传》，《康南海自编年谱》（外二种），页264。

之自然,乃为家法以纲纪之,曰:'父慈、子孝、兄友、弟敬、夫义、妇顺。'此亦人道之至顺,人情之至愿矣,其术不过为人增益其乐而已。"[48]国土、部落、君臣、政治之法无非是圣人"顺人事之自然"、"为人免其苦"而制定的规划,一旦人类的制度、礼仪和道德本身成为痛苦之源,那么,无论其为国法、军法、家法或其他什么神圣大法,均为违背人道的法则。在康有为对众生苦的叙述中,我们仍然可以体会到儒学、特别是今文学的一些基本宗旨,但儒学义理的普遍性事实上已经相对化了。例如,甲部第一章《人生之苦》的第一条论"投胎之苦"、第五章《人情之苦》的第七条论"阶级之苦"对于世袭贵族制度给予批判,深合今文经学讥世卿的宗旨,但已经扩展为对阶级问题的思考。康有为说:

> 中国有一事过绝大地者,其为寡阶级乎!……孔子首扫阶级之制,讥世卿,立大夫不世爵、士无世官之义。经秦汉灭后,贵族扫尽,人人平等,皆为齐民。……遂至于全中国绝无阶级,以视印度、欧洲辨族分级之苦,其平等自由之乐有若天堂之视地狱焉,此真孔子之大功哉![49]

按此,孔子学说的伟大成就是去除了阶级的分野。在我们已经引用过的丙部《去级界平民族》中的一段话中,去除阶级的问题与"去封建"、"大一统"、"讥世卿"等今文学宗旨密切相关,从而暗示了阶级问题与国家体制之间的历史联系:

> 自孔子创平等之义,明一统以去封建,讥世卿以去世官,授田制产以去奴隶,作《春秋》、立宪法以限君权,不自尊其徒属而去大僧,于是中国之俗,阶级尽扫,人人皆为平民,人人皆可由白屋而为王侯、卿相、师儒,人人皆可奋志青云,发扬蹈厉,无阶级之害。此真孔子非

---

[48] 康有为:《大同书》,页5—6。
[49] 同上,页45—46。

常之大功也,盖先欧洲二千年行之。[50]

然而,康有为对孔子学说的坚守以服从更为基本的公理为前提,因此,他不得不将孔子学说抽离具体的历史关系。例如,他认为三代有井田以授民,不存在奴隶,后世为奴者为战争使然,如蒙古以兵力灭服各国,从而将蓄奴的"胡狄之俗"引入中原。又如,刘歆伪《周官》之制,从而导致孔子真义尽失,以致八旗制度包含了奴隶制的因素。康有为呼吁:"今宜发明公理,用孔子之义,引光武之制,将所有奴籍悉予除免……"[51]

2. 历史的叙述与科学的叙述(种族主义的知识基础)

在《海国图志》中,"科学"知识(如地理学知识)是更为现实地、真实地描述世界的手段,科学技术本身被描述为一种可以运用的力量,但科学本身并不是看待全部世界的框架。《海国图志》对地缘关系的叙述隐含了极为广阔的帝国战略的视野,而科学技术不过是"长技"而已。在《大同书》中,"科学"知识是一种客观知识、一种看待世界的框架、一种重新规划世界关系的原理、一种"自然法",从而总是与本体论或宇宙论的视野结合在一起。因此,《海国图志》对世界图景的描述同时包含了对于历史关系的追索,而《大同书》对世界关系的重构却是对于历史关系的否定。在甲部《入世界观众苦》之后,康有为正式展开他对大同世界的构想,而首要的问题就是"去国界合大地"。他按地理学知识将地球分为南北两半,各为五十度(总记百度),东西亦为百度,每度之中分为十分,实方百分;每分之中分为十里,实方百里。人以度为籍,自治政府亦以度为主,全世界以大同纪年、度量衡皆同,使用普遍语言和历法。康有为用今文学的三统、三世说为上述规划作出说明,如谓"孔子立三正:周建子,商建丑,夏建寅皆可,而以建寅为正。若今欧美则近于周正建子,日本从之;

---

[50] 康有为:《大同书》,页109—110。
[51] 同上,页111—112。

俄则用商正建丑为近"云云,力图将孔子学说扩展到全球范围之中。但是,这是一种反历史的分类法,一种否定传统历史联系的分类法,在这一分类框架中,任何历史学说均必须服从于这一科学分类法才能获得自己的合理性。这是科学主义的普遍主义。

然而,上述科学的方式与今文学的某些传统存在相同之处。早期今文学即有以律立法的传统,从董仲舒到孔广森的春秋义例,均带有这一特点。今文经学的"内外例"在《大同书》中也有类似的运用。乙部第一章《有国之害》对于中国与四夷的关系、地球与宇宙的关系给予彻底地相对化,认为内/外、夷/夏、封建/郡县,以及各种疆界、区别均应予以否定。[52] 康有为追索古今中外攻城略地的历史,认为国家愈繁、疆界愈严,则战争愈频。在这个意义上,"本孔子大一统之言为'定于一'之说"也就成为去国弭兵的根据。"罢封建而立郡县……实因孔子大一统之义,得保民息兵之宜者也。自是以后,中国一统,虽累朝之末犹有争乱,中叶安宁率得数百年,人民得父子夫妇白首相保者,比之战国首虏之祸,其相去岂不远哉!"[53] 在康有为看来,大一统是一种和平主义的或弭兵主义的政治伦理。按照"大一统"的逻辑,郡县比封建好,统一比分裂好,帝国一统比诸国纷争好,而最终的解决办法是解除军队、废除国界、实现大同。"内外相对化"的原则在这里直接表现为对于国界以及由此引发的战争的厌倦。然而,"国者人民团体之最高级也;自天帝外,其上无有法律制之也",那么,去国弭兵的依据何在呢?这就是"公理"或"势之自然"。"夫国界进化,自分而合,乃势之自然。"[54] "势之自然"一方面符合公理,另一方面恰恰又是弱肉强食的法则,在这个意义上,"强大国之侵吞小邦,弱肉强食,势之自然,非公理所能及"又是公理的体现或者"大同之

---

[52] 康有为说:"古者以所见闻之中国四夷为大地尽于此矣,今者地圆尽出,而向所称之中国四夷乃仅亚洲之一隅,大地八十分之一耳。……""三代之封建诸侯,即唐、宋之土司也。土司之始,如今亚齐诸酋,溪涧稍隔,无船渡之,即别立国,无量小土司并吞而后为大鬼主、都大鬼主。……"同上,页55—56。
[53] 同上,页58。
[54] 同上,页69。

先驱"。[55]康有为以反历史的、公理化的方式反思弱肉强食的世界,却又把历史变动的强者逻辑转化为公理的具体承担者。

从表面看来,康有为的"大一统"概念是对种族主义的批判,但其结果却是对种族主义逻辑的确认。今文经学的"大一统"观念包含了对内/外、夷/夏相对化的思考,而相对化的根据是历史和文化关系的演变。在公理主义的框架内,内/外、夷/夏相对化的"大一统"逻辑已经建立在科学的分类法之上,从而康有为陷入了以肤色和血液划分种族的科学偏见。在丙部《去级界平民族》和丁部《去种界同人类》中,他用"大一统以去封建"、"讥世卿以去世官"和"授井田以去奴隶"的平等主义说明孔子的教义,明确地将阶级、民族、国家和种族的等级差别视为大同的敌人。但是,如果我们稍加留心就会发现,同样是谈论内外、夷夏的相对化,这里的叙述增加了新的"科学"成分。早期今文经学以礼仪或文化作为"内/外、夷/夏相对化"的根据,不仅包含了对于清朝社会关系中的制度化的等级政策的否定,而且还包含了对于以种族或族群划分社会等级的知识的否定。"礼仪中国"的概念就是建立在这双重否定之上的。在《大同书》中,康有为虽然承续了内外、夷夏相对化的宗旨,但在科学公理观的背景上,他重新引入关于种族的"客观知识",从而他对种族主义的批判变成了对种族主义前提的确认。在这里,"族"或"种族"的概念,以及据以划分种族的尺度——肤色或血液——已经成为先决前提,从根本上改变了以礼仪和文化为基础的夷夏观或内外观。康有为问道:欧洲的罗马、条顿和斯拉夫种族相近,易于合一;亚洲的华夏族、蒙古族、日本族同被教化,面目相同,亦易同化;但白种、黄种、棕色人种和黑种之间如何同化呢?我们无法确切地知道《大同书》中有关种族的论点是在哪个时期添加进去的,但这一种族主义的知识和观点在晚清政治中扮演过重要的角色。例如,甲午战争以后,日本为了平衡俄国的对华影响,以种族主义的亚洲观笼络维新派的士大夫,郑观应、谭嗣同、徐勤、唐才常等均曾受其影响。徐勤(时在日

---

[55] 康有为:《大同书》,页69—70。

本办学)说:"日本处士,仁哉侠哉!日日以亡中国为忧,中国亡则黄种瘠;黄种而瘠,日本危哉!于是上自政府,下逮草野,群有心捄世之人,创立兴亚义会,冀扶黄种,保亚东,毋尽为俄、德诸雄蚀。"[56]日俄战争时期,中国留学生以黄种相号召,支持占据了中国土地的日本。

夷/夏、内/外是早期儒学典籍的基本范畴,但在这些典籍中,夷夏关系和内外关系被理解为一种礼仪、风俗和文化的差等关系。《大同书》中以肤色、血统作为划分种族的方式是全新的,它植根于一种科学的观念。由于接受了肤色、血统等"客观的"科学知识,种族差异被视为天然的、无法相对化的界限。如果说夷/夏、内/外基本上属于礼仪、文化等范畴,那么肤色、血统则必须置于一种生物学或生理学的范畴内才能解决。这是为什么康有为费尽心机地考虑如何在白色人种和黑色人种之间进行配种。康有为设想的办法包含了两个层面:第一,以白种作为各种族的最高等级,从而种族改良必须以白种作为标准;第二,改良的方法包括迁地之法、杂婚之法、改食之法和沙汰之法,等等。这与今文经学的夷夏观和内外观相去万里,与康有为奉为公法的孔子学说毫无关系。康有为的平等观在这里以等级化的种族观为基本前提,从而实现大同的过程势必以转化以至消灭低等种族为前提。康有为说:

> 夫欲合人类于平等大同,必自人类之形状、体格相同始,苟形状、体格既不同,则礼节、事业、亲爱自不能同。夫欲合形状、体格绝不相同而变之使同,舍男女交合之法,无能变之者矣。[57]
>
> 夫大同太平之世,人类平等,人类大同,此固公理也。然物之不齐,物之情也。……非然者,虽强以国律,迫以君势,率以公理,亦有不能行者焉。[58]

---

[56] 引自《唐才常集》,湖南省哲学社科研究所编,北京:中华书局,1980,页178。
[57] 康有为:《大同书》,页118。
[58] 同上。

在普遍主义公理观的框架内，在所谓天演之公理的范畴内，对差异的认可不是导向一种承认差异的平等主义，而是导向以白色人种为标准进而取消种族差异的平等主义。这种普遍主义毋宁是一种以白人为中心的社会达尔文主义。有必要指出的是，科学知识在形成这一种族主义观点的过程中仅仅扮演了一定的角色，更为根本的是历史因素。康有为崇仰美国的政治文化，认为这一政治文化中保留着的对黑人的种族歧视和蓄奴制度带有历史的和科学的合理性。[59] 科学在这里是一种典型的合法化知识。如果把这些论述与《海国图志》中最具宗教和文化偏见的部分进行相比，魏源也显现出更多的宽容和理解，他从来没有把不同宗教和文化的差异看作是一种无法改变、从而必须加以消灭的先天差异。在《海国图志》对于世界关系的现实主义的描述中，并不包含《大同书》据以观察世界的那种超越于文化差异和历史关系之上的至高无上的公理和貌似客观的知识。儒学本身的神圣性仍然是魏源据以观察世界的基本尺度。

3. 帝国之兵书与世界大同之治

《海国图志》解释了海洋时代的权力关系的历史基础和复杂网络，其目的不是重构整个世界，而是保护自己不受外敌侵犯；它的兵书性质的标志即注重战略、战术和具体历史关系的讨论，从未以一种抽象的普遍法则对其他文明、民族、国家进行通盘规划。魏源对清朝社会痛下针砭，但他的改革构想更多地源于历史的灵感、帝国的经验、对导致世界格局变化的那些基本力量的洞察。《大同书》恰恰相反，它以弭兵去国为中心，以取消历史的时空关系为取向，以普遍公理为根据，通盘规划世界，设计普遍主义的公法体系。大同与传统社会体制的根本差别不仅在于它是一种全球治理形式，而且还在于它以科学知识为基础对世界进行划分，完全排除

---

[59] 康有为说："美国人言平等，而不肯举黑人入仕，不许黑人入客店，不许黑人坐头等车，同席有黑人者，虽宦学必不齿焉，即有贤总统力扶之而无补也，实色不同也。"同上，页115—116。

各种传统的地缘、种族、文化和历史因素。《海国图志》强调师夷,但基本的叙述框架却是以中华帝国的网络为中心的;《大同书》以孔子三世说作为叙述世界的框架,但在普遍主义的视野内,"西方"知识(国家、种族、性别等等)已经成为支配性的价值。在这个意义上,《大同书》是一个反现代性的现代性文本,也是一个非西方的西方知识谱系。

对于康有为来说,资本主义、工业革命和殖民过程不同于传统帝国的力量,它们改变了世界关系的基础,从而对这一过程的反抗必然最终不是对于西方的反抗,而是对于构筑现代世界的基本规则的反抗——因此,不是以帝国对抗帝国,而是彻底修改游戏规则,才有可能解决中国和人类面临的问题。修改规则的前提是进入同一游戏过程,亦即融入新的世界体系之中,彻底消除内外、夷夏、种族、国家、性别等等界限,进而以一种"客观知识"或普遍公理为依据,以反历史的方式构筑世界治理体系。对于规则的反抗是一种内部的反抗。值得注意的是,当1884年康有为构思大同问题时,直接触发他的是中法战争和内忧外患,但去国弭兵的大同主义却建立在对于全部历史关系的否定之上。乙部《去国界合大地》的第一章为《有国之害》,从中国历史和其他地区的历史等不同方面系统地描述国家、战争和人民承受的苦难。[60] 康有为利用内/外、夷/夏之相对化的逻辑,明确地将"中国"看作是不断扩展和建构的过程,而这一过程的直接动力就是不断的兼并。这一历史观可以说是后来古史辨派、特别是顾颉刚的"层累造成的古史说"之先声。"古者以所见闻之中国四夷为大地尽于此矣,今者地圆尽出,而向所称之中国四夷乃仅亚洲之一隅,大地八十分之一耳。"国家兼并的历史亦即战争攻伐的历史,古今中外概莫能外。康有为因此设想一种最终的解决办法,即按照公羊学的三世进化之说,设想一种世界治理体系。这个世界治理体系的基本特点是:它是反国家的,但不是无政府的。

从今文经学的发展来看,康有为的大同构想极大地扩展了龚自珍排

---

[60] "自有人民而成家族,积家族吞并而成部落,积部落吞并而成邦国,积邦国吞并而成一统大国。凡此吞小为大,皆由无量战争而来,涂炭无量人民而至,然后成今日大地之国势,此皆数千年来万国已然之事。"同上,页54。

除"封建"的观点,把"一统"概念扩展到全球范围之内。大同的历史前提不再是庄存与、刘逢禄梦想的封建礼仪的世界,而是对于"封建"的彻底的根除,这是因为"去封建"体现的正是"国界进化,自分而合"的"势之自然"。[61] 在这个意义上,康有为不但贬低三代,非议春秋,高度评价秦之一统,而且对于印度、西亚、南亚和欧洲各处的历史给予同样的分析,如说:"若夫欧洲,封建千年。德侯三十万,法十一万,奥、英各一万余,近已并于一王权。"他甚至认为俄国吞并北亚、法国吞并安南、突尼斯、英国吞并缅甸、日本占领高丽、琉球,以及欧洲殖民者对非洲的瓜分,统统视为去封建而进于一统的标志。[62] 因此,康有为的"大同说"和公政府的构想既是对战争和兼并的否定,同时又将战争与兼并作为抵达大同的通道。如果我们把他的上述思想放置在晚清改革运动的脉络中观察,其实质的含义也不容忽视。甲午之后,列强瓜分中国的进程明显地加快了,推动变法运动的士大夫力图以"合邦"、"卖地"、"签约"的方式求得暂时的缓解。杨深秀上书光绪,分析俄、德、法等国瓜分中国的意向,建议说:"近日危局非联合英、美、日本别无图存之策。""就愿我皇上早定大计,团结英、美、日本三国。勿嫌合邦之名之不美,诚天下苍生之福矣。"[63] 为了实现变法维新的基本目标,康有为本人就曾主张"卖地筹款"。如果国家兼并本身也是通向大同的途径,那么,上述令人骇怪的主张也就获得了某种合法性。

由于在公羊三世说的框架中讨论问题,康有为对于联邦和大同之间关系的想像多少与经学家所理解的封建与郡县(一统)的关系相似。在讨论合国的构想时,康有为区分了三种体制:各国平等联盟之体,各联邦自行内治而大政统于大政府之体和取消邦国、各建自立州郡而统一于公政府之体。按照三世说的划分,上述三种政体分别归入"联合之据乱世之制"、"联合之升平世之制"和"联合之太平世之制",相互之间存在着一

---

[61] 同上,页69。
[62] 同上,页70。
[63] 《戊戌变法档案史料》,页170。相关讨论参见罗耀九:《戊戌维新派对帝国主义的认识与反帝斗争的战略策略思想》,《论戊戌维新运动及康有为、梁启超》,广州:广东人民出版社,1985,页58—59。

种逐层进化的关系。其中联邦加大政府之体(即联合之升平世之制)最为接近三代、春秋的"封建"的体制。[64]康有为把龚自珍以非封建或将封建礼仪虚化的诉求扩展到了全球范围,例如德国、美国的联邦制其实就是将封建虚化的国家形式。在这个意义上,康有为对大同初始阶段的构想仍然保留了某些"封建"价值的因素,但这种封建价值已经获得了其现代形式,即联邦政治的形式。事实上,即使在全面大同的阶段,康有为构想的没有政党竞争、议会争吵、官僚腐败的政治形式也留有儒者对于三代的想像痕迹:

> 然太平世人德至美,教学尤深,议员为贤哲高流,固无此野蛮之举动也。太平之世只此公政府、各度政府、地方自治局三级。地方自治局,乡也;各度政府,邑也;人类不能无者也。

在灵活的分工之下,"大同之世无有民也";举世管理世界,"无有官也";职务有高低,但职务的履行是高度灵活的,在履行职务之外,"全世界人皆平等,无爵位之殊,无舆服之异,无仪从之别。"[65]

资本主义、工业革命和殖民主义促进了人类交往的可能性,从而上述历史想像中的政治形式可以在新的历史条件下扩展为全球的政治形式。大同世界是一个建立在交通和通讯高度发达的技术条件下的地球村,原有的以国家或民族为单位的自治权力不再有效。[66]康有为以"度"划分大同世界的政治单位,摒弃了所有的传统概念,如家、族、乡、国、洲等;在

---

[64] 如康有为说:"各联邦自理内治而大政统一于大政府之体,若三代之夏、商、周,春秋之齐桓、晋文,今之德国是也。普王与各联邦王公平等,与齐、晋同,然桓、文之霸权,体未坚固;若三代之与德,则统一之体甚坚固矣。……此联合之升平世之制也。"见《大同书》,页70—71。

[65] 同上,页260—261。

[66] "凡大同之世,全地大同,无国土之分,无种族之异,无兵争之事,则不必划山为塞,因水为守,铲除天险,并作坦途。……铁道横织于地面,汽球飞舞于天空,故山水齐等,险易同科,无乡邑之殊,无僻闹之异,所谓大同,所谓太平也。""大同之治体,无国种,无险要,故分治之域,不以地势为界而但以度为界,每度之疆,树石刻字以表之。"同上,页255—256。

这一政治架构中,不但封建自治的因素完全消失了,而且联邦政治的自治形式也告瓦解。"故合全地之大,经纬纵横,划为百度,每度立一政府,合数千小政府,而公立全地大政府,不可少,不可多,不可加,不可减矣。"[67]为什么以"度"作为行政单位、又为什么"度"必须大小适中以至不可稍少、稍多、稍加、稍减? 第一,"度"不以国家、种族、地势为单位,其规模以不能大到再设下属行政单位,也不能小到无法进行全球管理的程度,因此,以"度"划分自治单位可以获得最大的效率;第二,"度"是一种自治单位,其特点是摆脱地缘、文化、种族等因素、铲除政治结构异化的基础,把"自治"落实到最基层的社会。"大同之世,全地皆为自治,官即民也,本无大小之分……"[68] "故太平世之农场即今之村落焉。其地方政治,即农场主主之,而商店长、邮、电、飞船局长、铁路站长佐之,不必设乡官焉",其他如工场等等也依此类推。[69] 上述观点与康有为在现实政治中的自治观点具有平行关系。他主张有效能的中央政府(以"为民"为中心的功能性的机构)与较小的地方行政机构的二元体制,反对元以来推行的以行省为单位的自治形式,因为行省制效率不高,易于社会分裂。正是从上述考虑出发,他把中央集权的必要性(尤其推崇三代的政体)与社会自治或公民自治——即主张基层社会的自我管理——结合起来。[70] 像魏源一样,康有为对美国和瑞士的联邦制抱有兴趣,但在现实政治中,他对联邦制和中国的行省制采取坚决否定态度。[71] 康有为和梁启超有关

---

[67] 同上,页257。
[68] 同上,页256。
[69] 同上,页267。
[70] 参见康有为发表于1903年旅居印度时的作品《官制议》,见《新民丛报》35—50期。相关讨论,参见萧公权:《近代中国与新世界:康有为变法与大同思想研究》,页246—261。
[71] 参见康有为的《海外亚美欧非澳五洲二百埠中华宪政会侨民公上请愿书》(1907),《康南海先生文钞》,第五册,"奏议",页17—19;《裁行省议》(1910),《康南海先生文钞》,第四册,页28—46;《废省论》(1911),《不忍》一期,页5—11;《中华救国论》(1913),《康南海先生文钞》,第一册,页1—22;《论共和立宪》,《万木草堂遗稿》,卷一,页69—71。有关论述参见萧公权:《近代中国与新世界:康有为与大同思想研究》,页254—261。

地方自治的构想与国家主义的论述基本上是围绕这一轴心展开的。关于这一点，我在讨论梁启超的部分再做详细的阐述。

有关大同之制或世界治理的论述集中在乙部《去国界合大地》和辛部《去乱界治太平》两个部分中，前者讨论了实现大同的过程和方向，后者具体表达了大同世界的政治架构、经济关系和社会模式。大同的初始阶段即设立公议政府阶段各国主权仍然很大，这一阶段的主要任务是通过公议政府制定各国公律，统一关税、度量衡、语言文字，等等，这一按照联邦构想设定的政治形式是进一步合国、合种、合教以至无种、无国、无教的过渡形式。从具备完善的政治架构而言，大同对国家的否定是建立在世界政府的基础之上的，即在世界范围内建立治理体制。因此，大同既是对国家的否定，也是一种放大了的、没有外部的国家。大同世界分为两级政府，即全地大同公政府和各度政府。公政府的政体构成分为二十四个部分：民部、农部、牧部、渔部、矿部、工部、商部、金部、辟部、水部、铁路部、邮部、电线部、船部、飞空部、卫生部、文学部、奖智部、奖道部、极乐部、会议院、上议院、下议院、公报院。各度政府的结构与公政府结构相似，计十八个部分，公政府的职能部门为部，度政府的职能部门为曹。其他各项差别为：渔业归入农曹；增设医曹；邮、电、船、飞空归公政府管辖，因而度政府不设分曹。大同政府的设置与通常的国家政体设置的区别是没有常备军、司法和外交。议会的设置也略有不同，即公政府的上议员由各部代表担任，度政府的上议员由仁者或智者担任，而下议院不设议院，由全体人民公议。由于政体建立在灵活分工的基础上，从而议院本身是公或度政府的一个部分，不是两权分立体制。

4. 国家主义与社会主义

《海国图志》的历史地理叙述勾勒了一个内外紊乱的世界，但基本的目标是要在国家竞争的世界中形成内外有序的秩序、确立中国的主权，以竞争的态势进入一个由商业与军事霸权主导的世界体系；因此，它的努力方向是复制欧洲近代化的逻辑，发展资本主义经济、强化国家及其军事力量,以帝国为中心重建朝贡网络,从而最终维护中国的传统。龚自珍、魏源均利用今文经学的内外观试图将帝国内部的差异相对化,同时在帝国与外部的关系中确定明确的边界和内外关系。这是帝国向国家转化的重要环节。在这个意义上,魏源提供的世界视野为近代国家主义的观念提供了前提。《大同书》恰好相反,它试图勾勒一个与现实世界截然相反的世界法则,不但消除竞争、军队和杀伐,而且要取消上述现象的基础,即国家、主权、阶级、私有财产,以及性别差异。在这个意义上,"海国"是对资本主义逻辑及其历史基础的描述和确认,而"大同"则是对资本主义逻辑及其历史基础的取消和否定。

《大同书》不仅对国家、民族和种族等问题进行反思,而且还对阶级、性别和财产权等资本主义的内在逻辑进行批判。这一批判被放置在公羊三世说和普遍主义的平等观的框架内,因而从形式上看这一批判不是对于资本主义的特定历史逻辑的批判,而是对于人类生活中的一种普遍现象的批判。在过去的研究中一直存在着《大同书》究竟是一部空想社会主义的著作(针对资本主义的著作),还是一部资产阶级启蒙的著作的争论。《大同书》关注的是重新规划世界关系问题,它以合大地、同人类为前提,而合大地、同人类又以国家兼并、科技发展和生产方式的转化为前提。在这个意义上,大同逻辑直接针对的是现代资本主义,孔子学说的意义也只有在克服资本主义内在逻辑的意义上才能够是普遍的。但是,大同学说是普遍的真理,其有效性不限于某个历史时期或某个特定社会。按照据乱、升平和太平的逻辑,每一阶段都包含着向大同的过渡。孔子创立了平等之义,去封建、讥世卿、授井田、去奴隶、限君权,中国成为一个"阶级尽扫,人人皆为平民,人人皆可由白屋而为王侯、卿相、师儒"的"无阶级"社会。[72] 中国社会的衰败正是由于背弃了孔子的教诲,重构了等级体系。美国革命、法国大革命以平等为取向,由它们开创的现代社会的某些方面不仅体现了孔子去阶级的平等主义价值,而且也预示了大同世界的人类关系。

---

[72] 康有为:《大同书》,页109—110。

《大同书》戊部《去形界保独立》把升平、太平的平等主义延伸到女性解放问题之中,谴责人类历史中的性别歧视为"天下最奇骇、不公、不平之事,不可解之理",呼吁"以公理言之,女子当与男子一切同之;以实效徵之,女子当与男子一切同之。此为天理之至公,人道之至平,通宇宙而莫易,……"[73]尽管康有为的男女平等构想是一种大同伦理,但他批判的直接对象还是中国的传统和西方的遗存。康有为举出"不得仕宦"、"不得科举"、"不得充议员"、"不得为公民"、"不得预公事"、"不得为学者"、"不得自律"、"不得自由"八条,从社会的观点分析历史中的男女不平等,并引申出"为囚"、"为刑"、"为奴"、"为私"四条,论证女性的苦难。[74]他对妇女解放的讨论基本上针对的是传统的习俗、制度和文化,提出的解决办法也以"升平"而非"太平"为主。在该部第七章《抑女有害于立国传种,宜解禁变法,升同男子,乃合公理而益人种》、第八章《女子升平独立之制》和第九章《男女听立交好之约,量定限期,不得为夫妇》中,康有为阐述了妇女解放与国家富强的关系,从教育、法律、风俗、习惯、婚姻制度、服饰等方面提出了变革的方案。

《大同书》对家族制度的批判同样具有双重意义。己部《去家界为天民》以天伦与人伦相对照,认为父子之道是天性,但父子关系不必是亲生关系或婚姻关系的产物。"父之于子,不必问其为亲生与否,凡其所爱之妇之所生,则亦推所爱以爱之,推所养以养之,此实太古初民以来之公识、公俗也,然实父子之道所以立者也。"[75]通过将父子之道归入"公识、公俗"或天性范畴,康有为在父子之道与夫妇和家族制度之间划出了界限,因为后者是认为的产物。按三世说的逻辑,家族制度是孔子为"据乱世"所制作,在升平和太平的时代,这一制度本身必须废弃。家族制度的主要弊端在于"生分疏之害",即同姓者亲之,而异姓者不亲,最终导致异姓之间的竞争和仇杀;在国家竞争的时代,家族制度缺乏超越宗族认同之上的动

---

[73] 同上,页126—127。
[74] 同上,页127—146。
[75] 同上,页169。

力,从而导致"以一国而分为千万亿国,反由大合而微分焉"的局面。[76]

家族制度与地缘、血缘和风俗密切相关,大同世界则以齐风俗、一教化为前提。在这个意义上,"去家"也就成为太平大同的前提之一。但"去家"不是去世界或佛教之出家,因为大同的逻辑以"求乐"或"乐生"为本。如果取消现存的婚姻制度、家族制度,那么,如何处理自由的两性关系及其后果?康有为的答案是人类再生产的社会化。他对这一社会化的体制作出了详细的构想:一、公养制度:设立人本院,照顾孕妇,实行胎教,免除父亲的责任;设立育婴院抚育婴儿,免除母亲的工作;设立怀幼院,教育三岁以后之儿童。二、公教制度:设立蒙学院,教育六岁以上儿童;设立小学院,教育十至十四岁儿童;设立中学院,教育十五岁至十七岁少年;设立大学院,教育十八岁至二十岁青年。三、公恤制度:设立医疾院,给人治病;设立养老院,照料六十以上不能自养之老人;设立恤贫院,帮助贫而无依者;设立养病院,为废疾者提供康复条件;设立化人院,处理死者事务。这是一种三代之制式的社会主义构想。

除了人类自身的再生产的社会化之外,《大同书》还详细地阐述了生产和分配制度的社会化。梁启超所说"社会主义派哲学"在这里得到了集中的表达。[77]康有为认为现代世界的基本法则是社会达尔文主义。"近自天演之说鸣,竞争之义视为至理,故国与国陈兵相视,以吞灭为固然,人与人机诈相陷,以欺凌为得计。百事万业,皆祖竞争,以才智由竞争而后进,器艺由竞争而后精,以为优胜劣败乃天则之自然,而生计商业之中尤以竞争为大义。"[78]竞争法则起源于私有财产制度,所谓"夫以有家之私及私产之业,则必独人自为营业,此实乱世之无可如何者也。"[79]农业因此不能均产而有饥民、工业因此劳资纠纷将成国乱、商业因此产生欺诈并造成产品过剩。康有为提出的相应措施以实行公有制为前提,即公农、公工、公商。公农的措施包括:举天下之田为公有,禁止土地买卖,政

---

[76] 同上,页172。
[77] 梁启超:《康有为传》,《康南海自编年谱》(外二种),页253。
[78] 康有为:《大同书》,页236。
[79] 同上,页237。

府立农部规划天下之田,各度政府立农曹、农局具体掌管农业生产。这是一种计划农业的思想:统计人民需要的食品及其种类,根据各地特点,实行机械化农业和农、林、牧、渔多种经营;根据全球人口和各地所需,将农业产品交由商部统一分配,真正做到地无遗利、农无误作、物无腐败、品无重复余赢,为未来节省资源,为人民节省精力。公工的措施包括:生产资料悉归公有,由公政府之工部和度政府之工曹统一管理和经营。工部和商部通力合作,调查适宜办厂的地址、究明产品和技术的条件、弄清消费者的取向,实行计划生产和销售。计划工业的思想主要是避免工人与机器的矛盾,避免生产过剩,促进科学发现的技术转化。公商的措施包括:全球商业归公政府之商部管理,它根据工、农业生产的状况和全球人民的需要协调生产和消费,按照人口及其需求状况调度各地产品。各度政府及其下辖各区域分设商曹、商局、商店。此外,全球交通统一管理("公通"),开发自然也由公政府管理("公辟")。值得注意的是,康有为的公有制并不废除货币,而是通过"公金行"协调经济和消费活动,调节工、农、商、交通、通讯和其他社会福利,以及个人的经济活动。由于担心公有制度导致效率低下和缺乏活力,他还建议进行竞美、奖智、奖仁等活动,并实行禁懒惰、禁独尊、禁竞争和禁堕胎等"四禁"。

  公有制取消私有产权,从而取消了传统的权利概念。但是,康有为认为这一体制建立在一种更为广泛的权利即人权之上,后者以每个人的自立为前提。按照《大同书》的逻辑,私有制产生于家庭制度,而家庭的成立以男女不平等为条件。康有为推论说:

  故全世界人欲去家界之累乎,在明男女平等各有独立之权始矣,此天予人之权也;全世界人欲去私产之害乎,在明男女平等各自独立始矣,此天予人之权也;全世界人欲去国之争乎,在明男女平等各自独立始矣,此天予人之权也;全世界人欲去种界之争乎,在明男女平等各自独立始矣,此天予人之权也;全世界人欲致大同之世、太平之境乎,在明男女平等各自独立始矣,此天予人之权也;全世界人欲致极乐之世、长生之道乎,在明男女平等各自独立始矣,此天予人之权也;全世界人欲炼魂、养神、不生、不灭、不增、不减乎,在明男女平等各自独立始矣,此天予人之权也;欲神气遨游、行出诸天、不穷、不尽、无量、无极乎,在明男女平等各自独立始矣,此天予人之权也。[80]

在这个意义上,公有制的全面实现以男女平等之人权为基础。

第五节 经学、孔教与国家

1. 大同与国家、皇权与民权

如果《大同书》的写作贯穿康有为政治思想的始终,那么,我们无法回避下述三个问题:第一,康有为用一种相对主义的观点观察宇宙间的现象,从而将"中国"问题贬低为天地之间的小问题(所谓"故视天地甚小,而中国益小"),但他为什么仍然以救"中国"为念呢?[81]第二,《大同书》对国家持强烈批判态度,但为什么在写作该书的过程中,康有为对皇权又给予积极肯定?第三,为什么《大同书》对国家政治结构的批判与他的变法改制实践并行不悖?在进入对《新学伪经考》、《孔子改制考》以及《春秋董氏学》等经学著作的解读之前,我首先扼要地回答上述三个问题。

从政治理论的角度说,上述问题均可以在今文经学的理论范畴内获

---

[80] 同上,页252—253。
[81] 康有为说:"知大小无定而无尽也……悟长短久暂之无定而无尽也。故视天地甚小,而中国益小;视一劫甚短,而一身益短也","因是一不忍之念,先不忍其所生之国,而思救之,遂遭奔播以至于今矣。然见其大者,虑忽于微也,则凡人伦事物之间,生于今世及中国者,必循其时与其地之俗,而不逾焉。罗念庵曰:'未能凑泊,即以未能凑泊为工夫;更无彼岸,即以不到彼岸为究竟。'以斯为安身、安心、受用之所,天地我立,万化我出矣。"《致沈子培书》(1891),《康有为全集》(一),页544—545。

得解释。第一个问题可以置于"三世说"的框架中理解：首先，无分内外的太平世恰恰以礼序森严的升平世为前提，从而对"中国"的否定必须以拯救"中国"为条件。1895年，康有为赴桂林讲学，有学生问及《大同书》的问题，他说："今方为据乱之世，只能言小康，不能言大同，言之太早，转有害而无益。"[82]这就是康有为关于历史演变不可躐等进化的理论。其次，"中国"概念本身包含了大同的意义，因为"中国"不是民族—国家，也不是帝国，而是一种文化的象征和载体。按照康有为的理解，中国与西方列强的冲突不仅是一般的国家间的冲突，而且也是文化规则的冲突。拯救中国在这个意义上包含了一种文化的承诺，即对儒学普遍主义的承诺，而儒学普遍主义——亦即视孔子学说为万世法——不仅是中国的礼仪和法律前提，而且也是世界的礼仪和法律前提。他遵循孔子学说，用"正名"的方式确定儒学的范围和"中国"的含义：

> 客家即苗氏，非皇帝种也。贵州，明以前为罗斯鬼国。云南，元所改；贵州，明所改。公孙龙子讲坚白，名学也。欧洲学派似公孙龙。外国名号，俱出印度。日本、安南、高丽，皆孔子范围。[83]

在这里，他把"中国"概括为超越族群（如苗民）、地域（云、贵），以至文化（名学）的范畴，将孔子学说视为超越"国家"范畴的教义（"日本、安南、高丽，皆在孔子范围"）。如果救中国与重振孔教礼乐相互匹配，那么，这一过程不是与大同并无根本冲突了吗？从今文经学的角度看，康有为、廖平等人均已从"三统说"内部推衍出有关中外关系的论点。以对康有为有过影响的《知圣篇》为例，廖平推论三统之说起于《诗》之三《颂》，他的两个相关结论是：第一，"'鲁、商'二字即'文、质'，'文、质'即中外、华洋之替字。中国古无质家，所谓质，皆指海外。一文一质，谓中外互相取法。为今之天下言之，非古所有。"第二，"《诗》言皇帝、八王、八监、十六牧事，就大一统言之，

---

[82] 廖中翼：《康有为第一次来桂林讲学概况》，《桂林文史资料》第二辑，页52。
[83] 康有为：《万木草堂口说》"春秋繁露"条，《康有为全集》（二），页422—423。

此百世以下之制，为全球法者也。《尚书》言四代之制，由一化四，此三统变通之意也。一竖一横，一内一外，皆'治''平'之教。……六经统为素王，万世之大法也。"[84] 如果中外关系可以用"文质"的范畴加以解释，则中外的冲突也必须以文化或礼仪的方式加以解决。康有为循此路径，把"中国"理解为一种文明概念或文化概念，从而将"救国"与重建儒学的普遍主义联系起来。

第二个问题可以在"内外例"的范畴内回答：清朝的法统与皇权的形成有着密切的关系。如何把统帅自己部落的汗王转化为对于各民族（内外）具有普遍统治权的皇帝，这是满清王朝的首要的合法性问题。康有为对帝国内外关系及其历史演变有着清晰的认识，一方面，他利用今文经学之"内外例"，重申"夷狄、中国，论德不论地"的原则，加强帝国内部关系的统一性；另一方面，他又重新解说三统，将满洲王朝纳入中国王朝的连续关系之中，从而微妙地确定中国的认同。例如，他以阴阳交替解说王朝更迭，说明清朝与明朝的连续性及其与"外部"（非我族类）的关系。"圣人言天地一阴一阳，言人理并归于阳。本朝在明太祖治内。佛与孔子极相反，然后能立。圣爱其同类，不同类者杀之可也，若同类者不得杀也。此圣人大义。"[85] 清统治者所谓"满汉均为朕之臣工"，以及"无分内外"、"中外一家"等说法提供了一种可能性，即以清帝国的扩张范围为背景，通过对各种文化的抽象化的处理，将皇权转化为"中国"的统一性的象征。没有这一象征，满、蒙、汉、回、藏等就无法构成统一的"人民"，中国中心的朝贡体系的实质的和象征的体系就无法建立起来。正是在这一语境中，康有为通过解释孔子对天子祭天的论述，重构皇权与中国统一的历史关系。[86] 在

---

[84] 廖平：《知圣篇》，《廖平学术论著选集》（一），成都：巴蜀书社，1989，页180—181。
[85] 康有为：《万木草堂口说》"春秋繁露"条，《康有为全集》（二），页388。
[86] 《康子内外篇·阖辟篇》云："故居今日地球各国之中，惟中国之势独能之。非以其地大也，非以其民众也，非以其物产之丰也，以其君权独尊也。其权之尊，又非势劫之、利诱之，积于二帝、三王之仁，汉、唐、宋、明之义，先圣群贤百千万人、百千万年讲求崇奖激励而成之。故民怀旧俗，而无外思；臣慕忠义，而无异论；故惟所使也。故挟独尊之权，诚如阖辟之术，则人材之乏不足患，风俗之失不足患，兵力之弱点不足患，一二人谋之，天下率从之，以中国治强，犹反掌也，惟此时之势为然。"康有为：《康子内外篇》，《康有为全集》（一），页165—166。

晚清改革运动中,皇权中心主义一方面包含针对后党的直接政治目的,另一方面也是一个强化"中华民族认同"的社会运动。以朱子学为基础的《大清通礼》确定了宇宙秩序与清朝遵循的礼仪习俗的关系,而皇权作为维持政治秩序的象征同时也负有维持礼仪习俗的责任,从而皇权不仅是一种政治性的权力,而且也是礼仪和文化统一性的象征。

那么,如何才能在复杂的内外关系中确立皇权的中心地位呢?康有为说:"当时诸侯皆祭天地,孔子定为天子祭天地。孔子之义在立差等,全从差等出;佛法平等,即无义也。"[87]一方面,孔子以立差等的方式确定了皇权的绝对地位,但另一方面,这一绝对地位是以孔子立教和孔子为圣王的形式确立的,从而皇权中心不仅是一种政治关系,而且也是一种礼序关系,即皇权的合法性建立在礼仪/制度的前提之上。下述引文即这一特殊的皇权中心主义的经学表达:

> 孔子言天道也,阴阳齐举;人道也,并为于阳。故国只有一君,家只有一主,妻亦从夫之姓。……孔子以元统天,作天为一小器皿,有元以统之。……天者,万物之本;祖宗,类之本;君、师,治之本,礼之本。孔子一切制度,皆从夫妇、父子始。[88]

皇权中心主义并不意味着皇帝本身拥有统治其臣民的绝对权力,这是理解康有为皇权论的重要环节。我们需要在多重语境中诠释其意义。

首先,在太平天国运动之后的语境中,重构皇权中心主义,并力图将皇权中心主义与儒教普遍主义结合起来,有着极为具体的含义。巴斯蒂(Marianne Bastid)详尽地研究了太平天国运动之后"君主政体的宗教性和礼仪性的衰落",她指出"由于太平天国并未质疑君主政体本身的原则,因而他们针对'天国'这一异端所作的文化宣战就不是为捍卫

---

[87] 康有为:《万木草堂口说》"春秋繁露"条,《康有为全集》(二),页386。
[88] 康有为:《万木草堂口说》"春秋繁露"条,《康有为全集》(三),页425—427。

帝制本身,而是从整体上来捍卫儒家伦理道德与信条。"[89]这一从政治史角度作出的论断恰好与康有为从孔子改制论出发为皇权所作的辩护相一致。从1861年北京政变到1875年两宫太后"垂帘听政",朝廷内部有关摄政、继嗣、继统等问题发生过一系列事件和争论,除了实际的政治权力斗争之外,也还涉及皇帝权威的基础和规则等礼仪问题,其中最为重要的即由皇位与皇帝的分离而产生的"摄政"的合法性问题。1861年8月22日,英法联军入侵北京之后一年,咸丰帝卒;同年8月24日皇长子宣布继承大统。由于皇帝年幼,围绕太后摄政问题,朝廷内部以肃顺为中心的八位御前大臣与后党势力发生冲突,至11月北京政变,肃顺等被革职、受审和处死,太后以皇帝名义宣布"垂帘听政"。按照巴斯蒂的研究,首先奏请太后摄政的监察御史董元醇对于太后摄政的倡议包含了三个相互关联的方面,即皇权实体的化身,维系臣民对皇帝尊崇的纽带,以及政治惯例对变化的形势的适应。皇帝的权威不能是抽象的,如果皇帝年幼无法亲政,太后必须以摄政的方法维持皇帝的实体地位。[90]

围绕"摄政"的合法性问题,清廷内部展开了有关皇权性质的争论,分歧的要点是:支持太后摄政者把皇位理解为统治权的实际需要,即国家一统的需求产生了皇位,从而摄政是必要的;反对太后摄政者认为君主政体是一种制度,皇位和帝制本身就是国家存在的保障,"摄政"既无先例,也无必要。1875年1月12日,同治帝驾崩,死后无子,太后以"训谕"为名立年仅三岁的同治的表弟载湉为皇太子及咸丰养子。两天之后,谕旨宣布太后"垂帘听政"。"1879年与1898年之间,官员们被迫表达了他们对于皇权施行的观念,而未涉及它的本质或地位。随着时间的推移,经过慈禧与光绪的争权出现了事实上分担皇帝权力的现象,这一分权逐渐被

---

[89] Marianne Bastid, "Official Conceptions of Imperial Authority at the End of the Qing Dynasty", in *Foundations and Limits of State Power in China*, ed. S. R. Schram (London: London School of Oriental and African Studies, University of London, 1987), pp. 147-186. 该文已经译为中文,见巴斯蒂:《晚清官方的皇权观念》,《开放时代》,2001年1月号。

[90] Ibid, pp. 147-186.

接受并进一步加剧。"1886年12月起,光绪开始亲自朱批奏章,1889年3月4日正式亲政,但慈禧仍然有权过问所有奏折、呈报和决策,包括高官的任命也需经她批准。皇权处于一种分裂和分立的状态。"正如皇权可以像政府职位一样分割已为人接受,君主政体自1898年面临威胁以来,也纯粹被作为一种理性的政治制度来捍卫,而未涉及它的神圣本质及宗教功能。这标志着那种将皇帝的地位等同于任何政府高官的趋势的继续。因而1898年对于维新派观点的理论上的反驳来自于地方绅士及职位较低的省级官员而非朝廷大臣。"[91]这一历史语境为我们重新理解康有为的经学著作提供了重要的线索:一方面,康有为重新确认皇权中心主义,确认王位的神圣地位,以批驳盛推周公的古文经学为名,完全排除了"摄政"在皇权行使过程中的合法性;另一方面,他以孔子改制相标榜,将先王、后王、素王、圣王、制法之王等神圣范畴加诸孔子而非皇帝,将王位的神圣性置于制度的神圣性的前提之上,从而为形成一种西方式的政教分离的社会体制提供了内在于儒学的根据。中国的皇权传统与庞大的官僚制传统密切相关,皇权绝对主义从来不能描述中国皇权的实际状态。无论是皇权,还是贵族,都受制于礼仪、制度和官僚体系的平衡,从而皇权与贵族之间的矛盾也不是绝对的。

康有为对皇权中心主义的论证包含了对摄政的正统性的排斥,但他采用的是重申孔子遗教的方式,显然预设了在皇权之上的礼仪权威。事实上,即使在慈禧"垂帘听政"时期,她也不得不遵循一些皇室礼仪和《垂帘章程》的制约。例如,戊戌政变之后,慈禧谋废光绪帝位,但"顾宫议垂定,而必得南省各督抚之同意,方敢实行。及密询两江总督刘坤一、两湖总督张之洞等"。[92]但刘坤一上折称"君臣之分已定,中外之口宜防",坚决反对废光绪帝之议,[93]而张之洞也"不敢苟为异同。"[94]慈禧即使在政变之后也不能废黜光绪帝的根本原因在于清代的皇权传统和儒学有关

[91] Ibid., pp.147-186.
[92] 宋玉卿编:《戊壬录》(不分卷),《立储始末》,见《清代野史》第一辑,页352。
[93] 王无生:《述庵秘录》,《光绪帝之几废》,见《清代野史》第三辑,页352。
[94] 天睨:《清代外史》第七篇第十一章《皇嗣之变更》,《清代野史》,第一辑,页151。

皇位的礼仪观限制了她的野心,而晚清中央与地方的权力平衡关系也制约她的行动。[95]

其次,康有为的皇权中心论包含了相互矛盾的两重特点,即一方面确立君权的绝对中心地位,另一方面以孔子及其代表的价值、礼仪和制度限制皇权的运用范围。皇帝是权力的中心,但他的权力从来不是绝对的,因为行政、司法和道德权威遵循着一套规则。中心权力本身包含了一种区分,即法权与法令的区分:孔子是制法之王,体现着最高的公正,而皇帝则依据这一根本大法行使权力,他的法令限制在法权规定的范畴内。这样,康氏一面以皇权为中心,另一面又大张旗鼓地谈论孔子改制,以孔子为圣王、为权威的唯一源泉,构筑了一种以皇权为中心又限制皇权的运用范围的理论。这是以儒学为形式的君主立宪论。因此,除了关心皇权与摄政的关系问题之外,康有为倡导皇权中心论是和下述考虑密切相关的:中国只可行立宪,不可行革命;中国只可中央集权与基层自治相结合,不可行分省自治。这一基本观点在戊戌变法失败后以更为明确的方式表达出来。1902年,在《答南北美洲诸华商论中国只可行立宪不可行革命书》中,康有为在对皇帝不得复辟,以及西后、荣禄仍柄大权的局面表示愤慨的同时,又对法国革命及其专制后果表示疑问,倡导学习欧、美各国"行立宪法、定君民之权"。他以春秋三世说为据,反对以革命方式"超跃而直入民主之世界":

> 夫孔子删《书》,称尧、舜以立民主;删《诗》,首文王以立君主;系《易》,称见群龙无首,天下治也,则平等无主。其为《春秋》,分据乱、升平、太平三世。……今日为据乱之世,内其国则不能一超直至世界之大同也;为君主专制之旧风,亦不能一超至民主之世也。……若必即行公理,则必即日至大同,无国界、无家界而后可,必妇女尽为官吏而后可,禽兽之肉皆不食而后可,而今必不能行也。仆在中国实首创言公理,首创言民权者,然民权则志在必行,

---

[95] 参看杨珍:《清朝皇位继承制度》,北京:学苑出版社,2001,页539—581。

公理则今日万不能尽行也。……凡君主专制、立宪、民主三法,必当一一循序行之,……[96]

君主立宪被认为是从"朝廷国家"向"民权国家"的过渡形式。

为什么不能以革命方式废除满洲皇帝、形成大众民主?第一,皇权的废止意味着国家控制能力的丧失和分裂局面的出现。"然以中国土地之大,人民之众,各省各府,语言不相通,各省各府,私会不相通,各怀私心,各私乡土,其未大成也,必州县各起,省府各立,莫肯相下,互相攻击,各自统领,各相并吞,各相屠城,流血成河,……内乱相残,必至令外人得利也。"[97]在同年春天给梁启超等人的书信中,他反对简单师法欧洲的民族自决和各省自立模式,并援引印度为例,论证各省之独立与印度亡国奴种的关系。对于梁启超等人倡导十八省自立的言论,康有为给予严厉斥责,他警告说:"若吾国各省自立之后,必旋(踵)即灭,吾同胞即遇至文明之国,苟非王者,至不能与其民齿,……呜呼!数千年完全宏大之神州中国,吾同胞何为有分裂自立之思想,而求速灭亡之哉,真可为大变异与大不可思议矣。""移而攻满洲,是师法印人之悖蒙古而自立耳,则其收效亦与印度同矣。""其能合数十封建小国为一统而变法者,则小如日本,亦复强盛;其散一统以分为数十小国者,虽大如印度,亦即败亡。"[98]康有为对于分省自治、联邦或邦联构想所蕴含的族群冲突和国家分裂持有极深的忧虑,对于这一局面与外来势力之间的互动关系也有深刻的洞察。他对"革命"的批判主要不是对于"革命手段"的批判,而是对于"革命"的诉求和"革命"背后的"中国"观念——即以民族自决和各省分立为内含

---

[96] 康有为:《答南北美洲诸华商论中国只可行立宪不可行革命书》,《康有为政论集》,上册,页475—476。
[97] 同上,页479—481。
[98] 后又针对"联邦之说"补充道:"自吾愚妄无知之门人梁启超、欧榘甲等妄倡十八省分立之说,至今各省分争若此,此则梁启超之功也。……"康有为:《与同学诸子梁启超等论印度亡国由于各省自立书》,《康有为政论集》,上册,页502—503,500,497,504,505。

的未来中国的构想——的批判。

第二,除了对光绪本人的期待之外,康有为对皇权的维护还包含着超越满汉、内外之辨以重新界定"中国"的动机。用他的话说:

> 谈革命者,开口必攻满洲,此为大怪不可解之事。夫以开辟蒙古、新疆、西藏、东三省之大中国,二百年一体相安之政府,无端妄引法、美以生内讧,发攘夷别种之论以创大难,是岂不可已乎?……然则满洲、蒙古,皆吾同种,何从别而异之,……且中国昔经晋时,氐、羌、鲜卑入主中夏,及魏文帝改九十六大姓,其子孙遍布中土,多以千亿,……又大江以南,五溪蛮及骆越、闽、广,皆中夏之人,与诸蛮相杂,今无可辨。当时中国民数,仅二三千万,计今四万万人中,各种几半,姓同中土,孰能辨其真为夷裔夏裔乎?……若夫政治专制之不善,则全由汉、唐、宋、明之旧,而非满洲特制也。……若国朝之制,满、汉平等,汉人有才者,匹夫可以为宰相……今革命者,日言文明,何至并一国而坐罪株连之;革命者,日言公理,何至并现成之国种而分别之,是岂不大悖谬哉!……国人今日之所当忧者,不在内讧,而在抗外也。……昔戊戌在京时,有问政体者,吾辄以八字言之,曰"满、汉不分,君民同体"。……故只有所谓中国,无所谓满洲。帝统宗室,不过如汉刘、唐李、宋赵、明朱,不过一家而已。……[99]

这是基于一种特定的"中国"和"中国人"的概念才能够产生的思想:中国和中国人不是根源单一的种族或族群,而是随着历史的演变和族群的混杂而形成的族群和民族,任何对于内部分裂的理解或种族主义的理解都与"中国"这一独特的概念相互冲突。我们必须在这一广阔的"中国"概念和政治观的前提下理解康有为的经学思想:《新学伪经考》、《孔子改制考》和《春秋董氏学》等著作把孔子供奉为唯一的教主、

---

[99] 同上,页487—489。

圣王、制法之王,不但彻底否定周公摄政的合法性,而且拒绝承认其他任何势力分享孔子的"王"位。这一叙述表达了一种王权不能分割、君权必须置于中心和中华一统的历史观念和政治寓意。这就是康有为以封建与一统的冲突为中心来描述和解释儒学与其他各种学说和政治的关系的基本理由。

最后,这一捍卫皇权和国家的坚定姿态与康有为的大同思想有着内在的联系。在《新学伪经考》和《孔子改制考》中,康有为对皇权神圣性和唯一源泉的倡导包含了一种极为醒目的特征:他所推尊的绝对王权不是历史中的帝王,而是孔子;他所倡导的王位的神圣性,源自孔子制作的礼仪和制度的神圣性。一方面,六经出于孔子,另一方面,六经"以制度为大纲"。[100]因此,制度的神圣性高于任何现实权力的神圣性,因为前者渊源于圣王孔子的亲自制作。换言之,康有为恢复了王权的神圣性,但这一恢复仍然建立在对礼乐、制度的优先性的前提之上。

也正是在这个意义上,我们对第三个问题的回答与前面两个问题密切相关,它需要在《春秋》"作新王"或"夷狄之有君,不如中国之亡也"的范畴内解释,即礼序的重要性超过了君权的重要性。这一原理可以被理解为:一旦集权国家形成,国家与君主之间的分离也就开始了。首先,如果礼序的存在是中国存在的前提,那么,在皇权主导的改革向"国家主义"的方向转变之后,对皇权的否定并不意味着中国的灭亡。[101]在建立集权国家、形成内部主权的单一性的过程中,君主通常把自己看

---

[100] 这是廖平《知圣篇》中的话。廖平没有像康有为这样将孔子定一尊与排斥"摄政"直接相互关联。廖平说:"今使《尚书》实录四代之文,事多沿革,每当廷议,各持一端,则一国三公,何所适从?孔子不能不定一尊以示遵守,亦情势之所必然也。既文质之迥殊,又沿革之互异,必欲斟酌美善,垂范后王,沉思默会,代为孔子筹画,则其笔削之故,有不待辨而自明者矣。"《廖平学术论著选集》(一),页185,182。

[101] 这一过程与18世纪以前的欧洲强国运动有着相似的部分,即不是以作为整体的民族国家为中心,而是以君主为中心培育民族感情,实现其政治目标。欧洲民族—国家以绝对主义国家作为自己的历史基础或前提,而绝对主义国家必须塑造自己的绝对君主或英雄人物。伊曼纽尔·沃勒斯坦:《现代世界体系》,第一卷,北京:高等教育出版社,1998,页182—183。

作是民族的代表,即代表自己的民族行使统治权。王权形式的集权国家向民族—国家的过渡的主要形式就是国家与帝制分离、君主与国家的分离。其次,由于绝对君主的普遍权力建立在作为一种普遍存在或具有内在一致性的"人民"概念之上,而"人民"的同一性来源于君主代表的民族的同一性,因此,一旦国家与君主的关系开始分离,主权在民就会成为民族—国家的主导政治理念。晚清强国运动包含了加强皇权的内涵,但无论从今文经学的政治理论,还是从具体的变法构想来看,康有为参与的变法运动并不是塑造绝对君主的文化运动,恰恰相反,变法的目的是君权与国家的分离,从而达到"中国"与自己的文明(孔教)的合一。清代面对着内部民族主义的挑战,为了维持帝国的合法性,就必须找到适应这个社会大部分成员共同认可的形象。在变法运动中,康有为和他的追随者利用今文经学发展了孔子的素王形象,并通过对春秋学的解释为当代变法改革提供历史合法性。以君主立宪为方向的政治变革蕴含着对君主权力本身的否定。下面这段引文经典地说明了康有为的思想逻辑:

> 天下之所宗师者,孔子也,义理、制度皆出于孔子,故经者学孔子而已,孔子去今三千年,其学何在?曰在六经,……凡为孔子之学者,皆当学经学也。……然则孔子虽有六经,而大道萃于《春秋》,若学孔子而不学《春秋》,是欲其入而闭之门也。……孔子所以为圣人,以其改制,而曲成万物、范围万世也。其心为不忍人之仁,其制为不忍人之政。仁道本于孝弟,则定为人伦。仁术始于井田,则推为王政。孟子发孔子之道最精,而大率发明此义,盖本末精粗举矣。《春秋》所以宜独尊者,为孔子改制之迹在也。《公羊》、《繁露》所以宜专信者,为孔子改制之说在也。能通《春秋》之制,则六经之说,莫不同条而共贯,而孔子之大道可明矣。……苟能明孔子改制之微言大义,则周秦诸子谈道之是非出入,秦汉以来二千年之义理制度所本,从违之得失,以及外夷之治乱强弱,天人之故,皆能别白而昭晰之,振其纲而求其条目,循其干而理其枝叶,

其道至约,而其功至宏矣。[102]

以孔子为圣王,以《春秋》为典制,同时意味着制度和礼仪高于皇帝本身。孔教一统既为以儒教为中心实行政教分离体制提供了前提,又为超越皇权与国家的大同体制提供了转变的内在逻辑。尊崇孔子与孔学在这个意义上成为变法改制的同义语,因为三代礼法是孔子创制的结果,从而复归三代之治的方式不在古文家们所注重的"祖述王制"而在"创制"的行为和过程本身。在政治的层面,皇权中心主义是帝国与民族—国家之间的过渡环节,而在礼制的层面,皇权中心主义无非是施行孔子所订立的王制的历史条件,也是向大同过渡的一个桥梁。这是皇权及其权力体制自我转化的内在逻辑。

2.《新学伪经考》

光绪十四年戊子(1888)五月,康有为赴京乡试,时年31岁。九十月间,他感于国势日蹙,决心上书请及时变法,但因文辞激烈,未能上达,遂转而"发古文经之伪,明今学之正,既大收汉碑,合之《急就章》,辑《周汉文字记》,以还《仓颉篇》之旧焉。"[103]次年九月,他离开北京,经杭州、苏州、九江、武昌等地,于年底回到广东。光绪十六年庚寅(1890年)居于广州安徽会馆,并于一二月间会见南来广州参加《国朝十三经疏》的编撰工作的廖平。[104]廖平于1888年著成《辟刘篇》和《知圣篇》,开始了他的所谓"经学六变"中的第二变,但当时并未付梓。《辟刘篇》今不存,但据此篇改定的《古学

---

[102] 康有为:《桂学答问》,《康有为全集》(二),页52—54。这里需要略作补充的是接近孔子的门径问题,即"由孟子而学孔子,其时至近,其传授至不远,其道至正,宜不歧误也。孟子于孔子无不学矣,而于'禹抑洪水,周公兼夷狄',述及孔子,即舍五经而言《春秋》,于'禹恶旨酒,汤执中,文王视民如伤,武王不泄迩、不忘远,周公思兼三王',述及孔子,亦舍五经而言《春秋》。"
[103] 康有为:《康南海自定年谱》(外二种),页15—16。
[104] 参见黄开国:《廖平评传》第7章,页237—279。

考》刊于光绪二十三年(1897)、《知圣篇》刊于光绪二十八年(1902)。这两部著作的最初版本均非廖平最早的稿本,其中包括了廖平"经学三变"的思想。光绪二十三年(1896),廖平著《经话甲编》,其中第107、108条指陈康有为《新学伪经考》得自《知圣篇》。[105] 廖、康的关系问题成为学术史上的一段公案。较早的学术史著作如钱穆的《近三百年中国学术史》和晚近的著作如黄开国《廖平评传》已经对《知圣篇》与《孔子改制考》、《古学考》与《新学伪经考》之异同作了基本的梳理,康有为受到廖平的影响和启发可以认为是定论。

按《康南海自编年谱》光绪十六年庚寅(1890年)记载,陈千秋、梁启超分别于该年六月和八月成为他的学生。陈三月以客人的身份拜访时,康有为"乃告之以孔子改制之意,仁道合群之原,……"并涉及大同思想,这是《康有为自编年谱》中首次谈论孔子改制问题,在时间上晚于廖、康会面。[106] 次年秋七月,《新学伪经考》初刻,1894年遭清政府毁版。1898年重刻并呈光绪帝,随后又遭毁版。《孔子改制考》著成于1894年,大同译书局初刻于1897年冬,于1898年初始面世。按《康南海自编年谱》首次提及《孔子改制考》在光绪十八年条下,并云"是书体裁博大,自丙戌年与陈庆笙议修改《五礼通考》,始属稿,及己丑在京师,既谢国事,又为之。"另外,光绪二十年甲午条下有"著《春秋董氏学》及《孔子改制考》"的记载。[107] 丙戌年为光绪十二年,即1886,己丑年为光绪十五年,即1889,而光绪二十年甲午为1894年。由此可以推断,《孔子改制考》的写作经历

---

[105] "己丑在苏晤俞荫甫先生,极蒙奖掖,谓《学考》为不刊之书。语以已经改易,并《三传》合通事,先生不以为然曰:'俟书成再议'。盖旧误承袭已久,各有先入之言,一旦欲变其门户,虽荫老亦疑之。乃《辟刘》之议,康长素逾年成书数册,见习俗移人,贤者不免。""广州康长素奇才博识,精力绝人,平生专以制度说经。戊己间从沈君子丰处得《学考》,谬引为知己。及还羊城,同黄季度过广雅书局相访,余以《知圣篇》示之,……后访之城南安徽会馆,……两心相协,谈论移晷。明年闻江叔海得俞荫老书,而《新学伪经考》成矣。甲午晤龙济斋大令,闻《孔子会典》也成,用孔子卒纪年,亦学西法耶稣生纪年之意,然则《王制义证》可以不作矣。……长素刊《长兴学记》,大有行教泰西之意,更欲于外洋建立孔庙。"《经话甲编卷一》,《廖平学术论著选集》(一),成都:巴蜀书社,1989,页447—448。
[106] 康有为:《康南海自定年谱》(外二种),页19。
[107] 同上,页21,25。

了若干年的时间。从时间上看,康有为受到廖平的影响极有可能,从内容上看,廖、康著述之间的重叠和相似之处一目了然。[108] 对照《知圣篇》、《古学考》与《孔子改制考》、《新学伪经考》,我们可以清楚地找到两者的相互重叠之处:如刘歆乱伪说、孔子素王说、孔子著六经说、托古改制说,等等。

然而,康有为并非完全承袭廖平。在他的上述两部著作中不仅包含了廖平很少论述的诸子改制、以民为归和三世说等等问题,我们已经证明康有为在更早时期已经开始怀疑刘歆作伪。更重要的是,廖平著述虽然也包含一定的政治寓意,但他缺乏康有为对于政治的洞见和直接的政治动机。康氏对于变法改制——如设议院、开学校、妇女平等——的具体规划只有置于他的政治观中才能得到理解。戊戌政变之后,廖平授意他的儿子师慎著《家学树坊》,内列《知圣篇读法》澄清四益(廖平自号)之学与康有为之学的差别,其中一节云:"自某等(指康有为等)托之《公羊》,以为变法宗旨,天下群起而攻《公羊》,直若《公羊》故立此非常可骇之论,为教人叛逆专书,遂云凡治《公羊》,皆非端人正士。呜呼!何以解于董江都?"[109] 这虽是为了在政变失败的环境中撇清廖氏公羊学与康有为政治思想的关系,但也在一定程度上说明了廖、康公羊学的基本差异。从今文经学的发展来看,改制论和素王论都隐含于董仲舒《春秋繁露》之中,随着魏源等经学家将今文学的重心从何休转向董仲舒,变革的主题已经逐渐呈现。清代公羊学者将视野从《春秋公羊传》的"受命改制"扩展为制度改革的设想,从而"王制"问题成为一个中心问题。这一转向可以追溯到宋翔凤[110](虽然集中的论述始于廖平)。在这个意义上,无论是廖

---

[108] 关于此案的较为系统的检查,见黄开国:《廖平评传》第7章,页237—279。
[109] 引文见黄开国:《廖平评传》,页156—157。
[110] 宋翔凤著于1840年的《论语发微》(原题《论语说义》)开始用制度问题判分今古:"今文家者,博士之所传,自七十子之徒递相授受,至汉时而不绝。如王制孟子之书所言制度,罔不合一。自古文家得周官经于屋壁,西汉之末祕之中秘,谓是周公所作……或者战国诸人,周公之制作,去其籍而易其文,以合其毁坏并兼之术,故何君讥为战国阴谋之书。……积疑未明,大义斯弊。"(《皇清经解续编》,卷三八九,页三。)又云:"孔子为言,损益三代之礼,成春秋之制,将百世而不易,何止十世乎?……孔子作春秋,以当新王而通三统。"(同前,页13。)

平对"王制"的讨论,还是康有为对改制的具体构想,均非凭空而来。在今文经学的变迁脉络和康有为本人的思想轨迹中,《新学伪经考》和《孔子改制考》的创制均有迹可寻。没有这样的准备,我们很难想见康氏在廖、康会面后能够在如此之短的时间内出版规模如此宏大的《新学伪经考》。鉴于这些原因,下述讨论不再纠缠于廖、康之异同及其影响关系,而将康有为经学著作的基本主题及其政治含义置于讨论的中心。

让我从《新学伪经考》开始。古文经学以古文、古经相标榜,为什么康有为称之为"新学"?按他的解释,"古学"之名源于诸经出于孔壁,写以古文,如果孔壁的故事是虚假的,古文亦为伪撰,"古文"即为"新文",从而不应以"古"名之。刘歆为新莽时代之新臣,从而他的"古经"实为"新学"而已。在同一个意义上,后世所谓"汉学",亦即贾、马、许、郑之学,"乃'新学',非'汉学'也;即宋人所遵述之经,乃多伪经,非孔子之经也。'新学'之名立,学者皆可进而求之孔子,汉、宋二家退而自讼,当自咎其夙昔之眯妄,无为谬讼者矣。"[111] 很明显,对新学的贬斥与对新政的贬斥完全一致。康有为抨击"新学"的目的并不在于论证一个具体的历史公案,他的野心要大得多。《新学伪经考》开宗明义,宣称二千年来之经学为伪学、二千年来之礼乐制度为伪法:

> 始作伪乱圣制者自刘歆,布行伪经篡孔统者成于郑玄。阅二千年岁、月、日、时之绵暧,聚百、千、万、亿衿缨之问学,统二十朝王者礼乐制度之崇严,咸奉伪经为圣法,诵读尊信,奉持施行,违者以非圣无法论,亦无一人敢违者,亦无一人敢疑者。于是夺孔子之经以予周公,而抑孔子为传;于是扫孔子改制之圣法,而目为断烂朝报。六经颠倒,乱于非种;圣制埋瘗,沦于雾雾;天地反常,日月变色。以孔子天命大圣,岁载四百,地犹中夏,蒙难遘闵,乃至此极,岂不异哉。……夫始于盗篡者,终于即真;始称伪朝者,后为正统。……[112]

---

[111] 康有为:《新学伪经考》,《康有为全集》(一),页572—573。
[112] 同上,页572。

上述摧破廓清的力量是《新学伪经考》引起剧烈思想震动的基本原因。然而，如果没有更为明确的政治含义，这部著作就不会被视为变法理论的基石，也不至于1894、1898两遭毁版。历来对于"《新学伪经考》之要点"的讨论集中于梁启超所作的几点概括："一、西汉经学，并无所谓古文者，凡古文皆刘歆伪作；二、秦焚书，并未厄及六经，汉十四博士所传，皆孔门足本，并无残缺；三、孔子时所用字，即秦汉间篆书，即以'文'论，亦绝无今古之目；四、刘歆欲弥缝其作伪之迹，故校中秘书时，于一切古书多所羼乱。五、刘歆所以作伪经之故，因欲佐莽篡汉，先谋湮乱孔子之微言大义。"[113]问题是：在上述经学主题背后是否还存在着更为具体的义旨？

我们需要从康有为的具体阐释出发。首先，揭露伪经的出发点之一是证明秦火并未灭绝六经。康有为重新解释秦始皇焚书坑儒，在政治、礼仪和语言等层面复原在那一历史关头封建与一统的激烈冲突，并以此作为断定经书真伪和传承关系的突破口。今古文问题始于秦火，从而重新解释焚书坑儒成为无法绕过的问题。在这里，表层的问题涉及六国之书是否尽焚，而深层的问题则关涉究竟应该以一统（郡县）还是以封建作为政治制度的前提这一政治性问题。因此，论证焚书问题与一统问题是密切相关的。《史记》之《李斯传》云："会诸侯服秦，譬若郡县。夫以秦之强，大王之贤，……足以灭诸侯成帝业，为天下一统，此万世之一时也。"《秦始皇本纪》又云："议海内赖陛下神灵一统，皆为郡县。"《公羊传》"君子大居正"和"王者大一统"二语很可能导源于此。[114]康有为对于伪经的驳斥明显地包含对于"一统"的论证。《新学伪经考》有关六经未因秦火而亡缺的讨论包含了如下方面：第一，焚书之令，但烧民间之书，而博士所职（如《诗》、《书》、六艺、百家）未遭秦火。[115]秦"以吏为师"，设立学官，

---

[113] 梁启超：《清代学术概论》，《梁启超论清学史二种》，页63—64。
[114] 参见饶宗颐：《中国史学上之正统论——中国史学观念探讨之一》，香港：龙门书店，1977，页3。
[115] 相关考证参见崔适：《史记探源》卷三，郑樵：《通志校雠略》，以及王国维：《汉魏博士考》］（《观堂集林》卷四）等著作。

废除私学,是以统一帝国的法令、制度和礼仪为前提的。如果一统时代先儒之学未废,则一统时代本身的合法性也就仍然可以成立。第二,在文字层面,康有为把文字异形视为诸侯异政的表达,攻击刘歆伪造"古文",断言先秦籀、篆虽有承变,但无大异。[116]他说:

> 孔子手写之经,自孔鲋、孔襄传至孔光十余世不绝,别有秦、魏之博士贾山、伏生及鲁诸生手传之本,师弟亲授,父子相传,安得变异?则汉儒之文字即孔子之文字,更无别体也。子思谓"今天下书同文",则许慎"诸侯力政,不统于王,分为七国,文字异形",江式表谓"其后七国殊轨,文字乖别,暨秦兼天下,丞相李斯乃奏蠲罢不合秦文者",卫恒《四体书势》谓"及秦用篆书,焚烧先典而古文绝",皆用刘歆之伪说,而诞妄之謷言也。[117]

按照这一解释,今文直承孔子,无有变异,更无别体。许慎等古文经学者的批判不仅是文字学上的批判,而且也是政治理念和历史理解上的批判,因为古文学者承认"文字异形"的前提是"诸侯力政,不统于王"或"七国殊轨"。[118]如果孔子时代并无文字异形的局面,岂不是说一统的局面乃是先儒的正统,而诸侯封建反而是"篡"、"摄"之伪政吗?非常明显,有关秦火的讨论直接关涉郡县与封建、一统与分封的政治判断:秦火起于郡县

---

[116] 他还具体地论述说:"秦始皇帝初兼天下,丞相李斯乃奏同之,罢其不与秦文合者。斯作《仓颉篇》,中车府令赵高作《爰历篇》,太史令胡毋敬作《博学篇》,皆取《史籀》大篆,或颇省改,所谓'小篆'者也。'小篆'与《史籀》相同,但颇省改,而《仓颉》、《爰历》、《博学》俱小篆,犹可考,则籀、篆及汉儒文字无异也。是时秦烧灭经书,涤除旧典,大发隶卒,兴役戍,官狱职务繁,初有'隶书'以趣约易,而古文由此绝矣。"康有为:《新学伪经考》,《康有为全集》(一),页784。
[117] 同上,页687。
[118] 康有为论证说:"'史籀'说见前,为周史官教学僮书。孔子书'六经'自用籀体,自申公、伏生、高堂生、田何、胡毋生以来之文字,未有云变,非如歆所伪古文也。左氏不传《春秋》,《传》为歆伪……《中庸》为子思作,云:'今天下书同文.'则皆用籀体,安得'文字异形'?此古学家伪说。锺鼎字虽多异,不知皆伪作者。"同上,页784。

与封建的冲突,那么,秦实行郡县符合六经吗？在康有为之前,廖平已经论定"秦改郡县,正合经义,为'大一统'之先声。礼制:王畿不封建,惟八州乃封诸侯。中国于'大统'为王畿,故其地不封诸侯。"[119]然而,廖平的讨论集中在经学的层面,并不关心封建与郡县的政治寓意。《新学伪经考》从这一点出发,在各个不同的层面展开一统（至尊）与封建（并列）的关系,用繁复的例证论证皇权中心主义和孔子的至尊地位,从而为大一统体制或郡县国家体制提供义理的基础。在慈禧摄政和地方分权的语境中,康有为一面倡导大一统和郡县制度,另一面猛烈抨击"居摄"、"篡位"和封建,清楚地显示了他的政治寓意。

其次,几乎按照同一逻辑,康有为论证了六经的单一源泉和孔学的至尊地位。《史记》列孔子于"世家",康因此断言:"言'六艺'者皆出于夫子,可谓至圣","六经笔削于孔子,礼、乐制作于孔子,天下皆孔子之学,孔子之教也。"[120]六经的至尊地位与孔子的无并地位相互支撑,其结果:一、重申六经的内涵和次序为《诗》、《书》、《礼》、《乐》、《易》、《春秋》,[121]从而排除了古文经《易》、《书》、《诗》、《礼》的排列顺序,并将后世列为"经"的若干著述——如《论语》、《孝经》、《王制》、《经解》、《学记》等,以至小学——重新贬低为传注,确保六经的绝对的、神圣的地位。二、秦火未灭绝六经,西汉经学因此具有正统地位,后世增删的文本必须排斥,从而确立经学诠释学的唯一的"正确文本"。三、贬低文王、周公的地位,确立孔子作为圣王的绝对的和唯一的地位。刘歆作伪,"于《易》则以为文王作上、下篇,于《周官》、《尔雅》以为周公作","举文王周公者,犹

---

[119] 廖平:《知圣篇》,《廖平学术论著选集》（一）,页188。
[120] 康有为:《新学伪经考》,《康有为全集》（一）,页692。
[121] "六经之序,自《礼记》、《王制》、《经解》、《论语》、《庄子·徐无鬼》、《天下》、《列子·仲尼》、《商君书·农战》、《史记·儒林传》,皆曰《诗》、《书》、《礼》、《乐》、《易》、《春秋》,无不以《诗》为先者。《诗》、《书》并称,不胜繁举,辨见卷二者,无疑义矣。自歆定《七略》,改先圣《六经》之序,后世咸依以为法,则无识也。"（康有为:《新学伪经考》,《康有为全集》（一）,页792。）又,六经之序所以不能淆乱,原因是各经包含了特殊功能,如了《诗》以道志,《书》以道事,《礼》以道行,《乐》以道和,《易》以道阴阳,《春秋》以道名分。

许行之托神农,墨子之托禹,其实为夺孔子之席计,非圣无法……"[122]
四、贬低诸子的位置,认定诸侯各国同样尊崇孔子之教,从而将列国之势纳入孔子的一统天下。"七十子各散游诸侯,大者为师傅卿相,小者友教士大夫,虽以七国之无道,盖无不从孔子之教矣。"老、墨、名、法、农、战各家均与孔子分庭抗礼,恰恰证明孔子的崇高地位。诸子并存、诸教相杂表明大一统的时代尚未来临,这一九流并立的局面要到汉武帝时代董仲舒请"诸不在'六艺'之科,孔子之术者,绝勿进"始告终结。[123]从上述各个方面可以看出:康有为阐述六经的单一源泉和孔学的至尊地位仍然以去封建、大一统为中心。

第三,我们再看康有为对历史编纂学与知识分类学的理解。以孔子为圣王,即须以六艺为法。与章学诚等人一样,康有为对于历史编纂学和知识分类学的理解建立在编纂体制与历史的互动关系之上,但他们对"七略"分类的态度截然相反。对于历史编纂体制和知识分类体制的批评包含着复杂的政治寓意。在康有为的叙述中,学术思想上的九流并置与孔子之一统共主的地位的对峙对应着一种政治现实,即诸侯(封建)与一统(郡县)的对峙、周边(夷)与帝国(夏)的冲突。只有准确地体现了上述关系的历史变化的历史学体例和知识分类才是正确的体例和分类。一方面,历史变化是史学体例和知识分类的基本尺度,另一方面,审定史学体例和知识分类又是澄清历史关系的必由之路。在这个意义上,康有为肯定《史记》、否定《汉书》的根据与章学诚等人肯定《汉书》、非议《史记》的做法无异。例如,《史记》列有《儒林传》,并列诸子,这一"以儒列于六家"的叙述策略恰好体现了"其时未绝异教"的历史特点,从而《史记》"以'儒'与'道'、'墨'班,犹辽、夏之人乐与宋并称,夜郎欲与汉比,亦其宜耳。"[124]汉代以后,孔教独尊,历史关系发生了重大变化,但自汉至明,各史仍因循旧制,列《儒林传》,不但不能体现历史的演化,而且彻底颠倒

---

[122] 康有为:《新学伪经考》,《康有为全集》(一),页692。
[123] 同上,页693—694。
[124] 同上,页694。

了历史关系。

历史编纂学和知识分类学是历史/政治关系的体现,从而对于知识分类(如刘歆之"七略")和历史编纂学(如班固《汉书》)的内在矛盾的揭示必然涉及对历史/政治关系的理解和重新整理。史学体例和知识分类有着特定的政治寓意,决非孤立的学术史问题。这一点,我在论述章学诚之史观时已经作了详细的分析。康有为与章学诚在史学取舍上的分歧主要在于政治观的差别,即对封建与一统的态度上的差别:康视一统为中国文明的正道,章视封建为中国礼仪的前提。在戊戌前后的语境中,康有为迫切地需要形成一种皇权中心主义,力图以帝制为依托进行改革,对于摄政或分权之议持有批评态度。他的这一政治立场同时表现为他的经学观和历史观。例如,他批判刘歆臆造三皇、变乱五帝,认为"蚩尤为古之诸侯,而少皞亦古之诸侯,与蚩尤同。非五帝,更非黄帝之子甚明。"[125]这是对于帝位秩序的重申。又如,《汉书·王莽传》记载莽引《尚书·康诰》"王若曰:'孟侯,朕其弟,小子封。'"康有为指出这是周公居摄称王之文,并论证说:"《春秋》:'隐公不言即位,摄也。'此二经,周公、孔子所定,盖为后法。观此,知歆之伪撰《左传》书法,所以翼成王莽居摄而篡位者也,不闻《公》、《谷》有是义。"[126]上述例子清楚地呈现了康有为肯定《公》、《谷》,排斥《左传》的政治含义,即排斥"居摄"、"篡位"并要求"正位"。

综合上述各点,我们得到的一个基本结论是:孔子之学是分裂之乱世中体现统一的唯一力量。所谓《春秋》"作新王"的意义正在于此。孔子生于"礼乐征伐自诸侯出"的时代,不得不应聘诸侯,以答礼行谊。但是,孔子学说并不代表诸侯的利益,恰恰相反,它体现的是先王之教。所谓"述而不作,信而好古"的方式本身就是对"礼乐征伐自诸侯出"的针砭。孔子究观古今之篇籍,迺称曰:"大哉,尧之为君也!唯天为大,唯尧则之。巍巍乎其有成功也,焕乎其有文章也。"又曰:"周监于二代,郁郁乎文哉!吾从周。"康有为诠释说:"于是叙《书》则断《尧典》;称《乐》则法

---

[125] 康有为:《新学伪经考》,《康有为全集》(一),页612。
[126] 同上,页613。

《韶舞》；论《诗》则首《周南》；缀周之《礼》；因鲁《春秋》，举十二公行事，绳之以文、武之道，成一王法，至获麟而止。盖晚而好《易》，读之韦编三绝，而为之传。皆因近圣之事，以立先王之教。"[127] 同样的道理，七十子无论散游诸侯，抑或隐而不见，仍然是天下并争的局面中的一种内在的统一力量。康有为费尽心力证明孔子学术未亡于秦火，反反复复说明齐鲁之间儒学未绝，汉代学术正是孔学正传，不是为秦皇辩解，而是将孔子之学视为一种克服天下并争之势的力量。

值得注意的是：除了通过崇奉孔子一统之学来表达大一统（或反对分封制）的政治构想外，经学叙述与政治叙述的完全合一也包含对皇权发展过程中的正统性的论证。对伪经的揭露即是对伪政的揭露，通过对王莽篡汉与刘歆篡孔的直接联系，康有为实际上触及了光绪时代由于太后摄政所导致的皇权危机。康有为说：

> 王莽以伪行篡汉国，刘歆以伪经篡孔学，二者同伪，二者同篡。伪君、伪师、篡君、篡师，当其时，一大伪之天下，何君臣之相似也！[128]

《新学伪经考》对于刘歆篡孔、王莽篡汉的揭露是对皇权正统的论证。在慈禧摄政的语境中，重新拟定正统、端正皇位包含对清朝政治的针砭。没有上述政治与学术的重叠关系，也就难以解释康有为揭露伪经的动力：

> 然歆之伪《左氏》在成、哀之世，伪《逸礼》、伪《古文书》、伪《毛诗》，次第为之，时莽未有篡之隙也，则歆之畜志篡孔学久矣。遭逢莽篡，因点窜其伪经，以迎媚之。歆既奖成莽之篡汉矣，莽推行歆学，又征召为歆学者千余人诣公车，立诸伪经于学官，莽又奖成歆之篡孔矣。篡汉，则莽为君，歆为臣，莽善用歆；篡孔，则歆为师，莽为弟，歆

---

[127] 康有为：《新学伪经考》，《康有为全集》（一），页703。
[128] 同上，页723。

实善用莽;歆、莽交相为也。至于后世,则亡新之亡久矣;而歆经大行,其祚二千年,则歆之篡过于莽矣。而歆身为歆臣,号为"新学",莽亦与焉,故合歆、莽二传而辩之,以明新学之伪经云。[129]

王莽篡汉以刘歆篡孔为根据,刘歆篡孔则为王莽篡汉作佐证,二者互为君师,相须而行。[130]我们不妨将这段话与《春秋董氏学》中有关"天子不臣母后之党"的引文相互参照:

《春秋》立义,天子祭天地,诸侯祭社稷,诸山川不在封内不祭。有天子在,诸侯不得专地,不专封,不得专执天子之大夫,不得舞天子之乐,不得致天子之赋,不得适天子之贵。君亲无将,将而诛。大夫不得世,大夫不得废置君命。立适以长不以贤,以贵不以长。立夫人以适不以妾。天子不臣母后之党。[131]

康有为对皇权的论证最终没有落实在皇权本身之上,而是落实在孔子的特殊地位之上。

从经学的层面看,《七略》独尊"六艺"为一略,统冠群书以崇孔子,体现了孔子的正统地位已经确立的历史局面。在这个意义上,以六艺为一略是一种叙事体制,它与《汉书》尊高祖为《本纪》、《宋史》尊艺祖为《本纪》的含义完全一样。如果孔子的地位如同汉高祖、宋艺祖,那么,从编史体例的角度说,七十子后学就应该同列《本纪》,享有汉之文、景、武、昭,宋之真、仁、英、神一样的地位,退一步也至少应为"宗室诸王"的地位;与此相应,名、法、道、墨诸家的地位约略仅相当于"汉之有匈奴、西

---

[129] 同上,页723。
[130] "歆作伪经,移孔子为周公,又移秦、汉为周制,微文琐义,无一条不与孔子真经为难,而又阴布其书于其党,借莽力征求天下学者读之,与向来先师之说相忤,无一可通者,学者盖无不疑之,人人皆积怨愤于心矣。歆又以其新说作《周礼》,莽用以变易汉制,天下苦其骚扰,莫不归咎于国师之策……"同上,页743—744。
[131] 康有为:《春秋董氏学》卷一,《康有为全集》(二),页639。

域、宋之有辽、夏、金、元",从而应该在归类上明确与儒家相区别,列为《传》的范畴。正是从这里出发,康有为指责《七略》未能将诸子列于"异学略"的范畴,反而以儒与名、法、道、墨并列,"目为诸子,外于六艺,号为九流,"从而把大一统的历史局面等同于"陈寿之《三国志》、崔鸿之《十六国春秋》、萧方之《十国春秋》"所描述的列国并争之势,其荒谬如同"光武修汉高之实录,而乃立《汉传》、《匈奴传》、《西域传》、《西南夷传》并列……"[132]康有为的核心论点在于:汉代以降的知识分类和历史编纂体例颠倒了礼序关系,将一统之势混同于诸侯封建的局面。在这个意义上,否定刘歆《七略》与重建孔子的圣王地位具有密切的、不可分割的关系,而重建孔子的圣王地位同时也是对政治领域的"篡位"、"摄政"的讥评。[133]

3.《孔子改制考》

《新学伪经考》中的上述思想在《孔子改制考》中得到更为充分的发展,作者"以孔子所制之礼,与三代旧制不同,更与刘歆伪礼相反,古今淆乱,莫得折衷,考者甚难,乃刺取古今礼说,立例以括之。"[134]康有为把皇权中心论与孔教至尊论结合在一起,论证孔子作为圣王的改制实践。《孔子改制考》的政治含义包含了下述几个方面:

3.1 封建与一统

在《孔子改制考》中,诸侯并立与诸子并起这两个历史现象之间存在着一种历史联系和隐喻关系:诸子纷争和诸教并起的思想局面亦即诸侯分裂、战火不息的时代的表达;孔子创教改制的努力与文王制礼作乐、一

---

[132] 康有为:《新学伪经考》,《康有为全集》(一),页695。
[133] 康有为说:"歆每事必与(刘)向反,而最恶《春秋》之诛乱贼,至其所尊者则周公也。""周公践天子之位,皆歆杜撰以媚莽者,不足信。"同上,页992,1011。
[134] 康有为:《康南海自编年谱》(外二种),页20。

统天下的政治实践完全一致。在这个意义上,孔子即文王。换言之,孔子创教改制与诸子创教攻儒的关系本身就是历史中"一统"与"封建"的关系。《孔子改制考》的卷二至卷六分别为"周末诸子并起创教考"、"诸子创教改制考"、"诸子改制托古考"、"诸子争教互攻考"和"墨子弟子后学考"。卷七至卷十三考定孔子改制的具体内容,而后卷十四至卷二十再次讨论孔子儒学与诸子创教的斗争,分别为"诸子攻儒考"、"墨老攻儒尤盛考"、"儒墨争教交攻考"、"儒攻诸子考"、"儒墨最盛并称考"、"鲁国全从儒教考"、"儒教遍传天下战国秦汉时尤盛考",最终以卷二十一"汉武帝后儒教一统考"作为全书的结束。儒教一统是诸家并起创教、经过漫长斗争而归于一的结果。汉代大一统局面确立了儒教一统的地位,从而也暗示了孔子为汉制法的义旨。康有为说:

> 诸子十家,其可观者,九家而已。皆起于王道既微,诸侯力政,时君世主,好恶殊方。是以九家之术蜂出并作,各引一端,崇其所善,以此驰说,取合诸侯。……使其人遭明王圣主,得其所折中,皆股肱之材已。……若能修"六艺"之术,而观此九家之言,舍短取长,则可以通万方之略矣。[135]

诸子蜂起与诸侯力政密切相关,时君世主好恶殊方正是各派创教改制的动力。非但孔子,墨子、管子、晏子、棘子成、宋钘、尹文、杨子、惠子、许子、白圭、公孙龙、邓析、道家、法家、名家、阴阳家、纵横家、兵家等等无不创教、改制、托古。这是一个封建割据、诸侯并争的世界。在这个意义上,"新王"的确立是历史的选择,也是孔子之教优于他者的证明。康有为力证孔子创教,但并不否认诸子教义包含的洞见和意义。孔子处于"礼失而求诸野"的局面之中,他的意义在于能够折衷诸家,舍短取长,创造出一种完备的教义。

康有为讨论诸子创教与孔子改制意在讨论中国历史中的封建与一统

---

[135] 康有为:《孔子改制考》,《康有为全集》(三),页38—39。

的关系,即以孔教一统作为中国的归宿。我们应该如何理解这一比喻性的关系?首先,在康有为的叙述中,教归于治,治亦归于教,政教分离是经乱政篡的结果,而"百川异源,而皆归于海;百家殊业,而皆务于治"反而是早期政教关系的表征。[136] 这一观点与康有为后来关于地方自治的政治观点相互呼应:

> 古者以封建而治民,不能行封建,故遂疏阔不修。……夫地方自治,即古者之封建也。但古者乱世,封建其一人,则有世及自私争战之患,此所以不可行也;今者升平,封建其众人,听民自治,听众公议,人人自谋其公益,则地利大辟,人工大进,风俗美而才智出。若美国之州郡并听自治,此则古公侯大国之封建,与德国联邦同矣。[137]

他重视郡县、一统,希望以郡县一统的态势融合地方分治。诸子创教和孔子一统在经学的层面寄托了这一政治的构想。按照他的解释,诸子创教最终归于"治",从而在诸子创教与诸侯并立之间,亦即在教与治之间,并不存在截然的区别。因此,一统与封建的斗争不仅是一种政治斗争,而且还是一种教义和信仰的冲突。

其次,先秦诸侯纷争、诸子互攻的局面与列国并起、文明冲突的殖民时代也构成了一种比喻性的关系。周末诸子并起创教,各承夏禹以降的知识和智慧,特立独行,作论聚徒,改制立度,思易天下。但因各人材质相异,各明一义,互有偏蔽,不能沟通,最终导致了互攻的局面。他循此思路发挥道:

> 外国诸教亦不能外是矣。当是时,印度则有佛、婆罗门及九十六外道并创术学,波斯则有祚乐阿士对创开新教,泰西则希腊文教极盛,彼国号称同时七贤并出,而索格底集其成。故大地诸教之出,

---

[136] 康有为:《孔子改制考》,《康有为全集》(三),页23。
[137] 康有为(笔名:明夷):《公民自治篇》,《新民丛报》第七卷,页28。

尤盛于春秋、战国时哉！积诸子之盛，其尤神圣者，众人归之，集大一统，遂范万世。……天下咸归依孔子，大道遂合，故自汉以后无诸子。[138]

一统与封建的关系不仅可以说明诸子并起的局面，也可延用于对外国诸教的描述。因此，"天下咸归依孔子"描述的固然是汉代以后罢黜百家、独尊儒术的时代，却也暗喻世界范围内诸教并争、咸归一统的必然趋势。在这里，以"并争"这一状态为中心，诸侯封建、诸子互攻和民族—国家冲突这几种历史现象之间获得了联系，从而针对上述三个方面的"大一统"、"独尊儒术"和"大同"这三者之间也构成了一种寓意联系。下面这段话引自《万木草堂讲义》，可以与《孔子改制考》中有关诸子互攻创教的讨论相互参照：

> 通考地球自禹时始。地球由昆仑大初起而定。孔子分天子、诸侯、大夫三等。《春秋》专削大夫之权。乱世，削大夫。升平世，削诸侯。太平世，削天子。……至孔子改制而后文明。汉朝与罗马同。……国立得多，战斗必多。贵州、云南之间土司遍有。……泰西三代：巴比伦、希腊、埃及。……君挟民权，巫挟神权。种族、语言俱从印度出。……孔子者，火教也，以太阳为主。[139]

康有为显然没有局限于"中国"的范畴来讨论"并争"的局面。春秋诸子、各国宗教和各路诸侯的共同特点是囿于各自对世界的判断和理解，无法"判天地之美，析万物之理，察古人之全，寡能备于天地之美，称神明之容。""后世之学者，不幸不见天地之纯，古人之大体，道术将为天下裂。"[140] 大一统、儒教和大同就产生于对于这样一种综合的、一统的视野的需求，

---

[138] 康有为：《孔子改制考》，《康有为全集》（三），页11—12。
[139] 康有为：《万木草堂讲义》，《康有为全集》（二），页561—563。
[140] 康有为：《孔子改制考》，《康有为全集》（二），页16。

产生于它对诸子、诸教和国家冲突的克服和吸纳。

为什么康有为对孔子改制的论证必须通过诸子创教、诸教互攻、诸教攻儒和儒教一统的考证来表达呢？为什么他甚至将民族—国家冲突的格局比喻为诸教互攻而非直接的政治冲突呢？除了以广博的引证反击古文学派的流行观点这一技术层面的考虑，以及用学术的修辞表达政治意志之外，我认为最为重要的原因在于：一、康有为把"中国"视为一种文明，而不单纯是一个国家；他也把19世纪国家间的冲突同时理解为一种文明的冲突。在这个意义上，政治冲突可以表述为文明冲突或宗教冲突。二、康有为把儒教视为对于各家学说的历史综合和平衡，而不是将儒教看作是各派之中的一派。上述两点集中在他对儒教及其力量的解释上：儒教体现的是一种综合的历史关系，一种文明的形式，而不是一种取向单一的学说。它是孔子创教的结果，也是历史关系和历史冲突的产物。康有为从不掩盖孔子是无数创教诸子之一人。一方面，只有在这样一种复杂的历史关系之中，孔教与其他各教的尖锐的对立（例如孔子与杨朱）和微妙的差异（例如孔子与墨子）才能显现出来，另一方面，也只有各种思想之间的互相攻击才能创造一种综合各家学说的情境，提供各教分化和综合的可能性，从而最终将儒教一统视为历史运动的自然结果，亦即天命所归。

这里仅举卷十八《儒墨最盛并称考》为例，分析康有为如何论证孔子创教的含义。该卷之后仅有三卷叙述儒教在历史中的全面胜利，即卷十九"鲁国全从儒教考"、卷二十"儒教遍传天下战国秦汉时尤盛考"和卷二十一"汉武帝后儒教一统考"。很明显，对儒墨互攻和并称的讨论是孔教一统得以确立的最后战役。孔、墨均以仁立教，俱道尧、舜，同以学问、制度胜人，无地而为君，无官而为长，即使是内部的分化也有着相似的方面：儒分为八，墨分为三。在战国时代，儒、墨弟子形成了半分天下的局面，万乘之主莫能与之争。墨教成为孔教一统天下的劲敌。在这里，孔、墨所同——如"皆称先王"，从而"于古有徵"；如"兼爱天下"，从而"生民共慕"——均为诸子所不能而孔、墨所以行天下者。儒、墨的不同之处在厚殓与节葬、在贵公与贵兼、在人死有命与人死无命、在以文乱法与以武犯禁,但最终决定各自命运的,是"周室衰而王道废"的历史局面。孔教盛行的原因在于大化而已!因此,康有为上承今文学的观点,以为孔子是"受命之王"。[141]如果没有鲁国尽行儒教和七十子游历四方作为前提,如果没有列国战争的武力倾向以显示儒教文治的价值,尤其是如果没有汉代一统的政治格局,"难与进取,可与守成"的儒教无以一统天下。在这个意义上,我们可以理解为什么康有为如此奇特地将君权一统与孔教一统联系在一起。康有为评论说:"秦以武力得天下,然能立博士,以尊孔子之经,且多至七十人,孔子之学亦盛矣。"[142]

"汉武帝罢黜百家专崇儒教",董仲舒推明孔氏、立学校之官、州郡举茂材、孝廉,君权一统与孔教一统合二而一。"孔子制度,至孝武乃谓大行,乃谓一统,佛法之阿唷大天王也。自此至今,皆尊用孔子。"[143]这是一种独特的政教合一体制,即承认皇权的世俗权力,并以此为依托,尊孔子为圣王、尊孔教为国教。创设制度的孔子不是圣王又能是什么呢?孔子创教之后其服谓之儒服、其书谓之儒书、其口说谓之儒说、从其教者谓之儒生,那么,儒不是孔子所创之教又能是什么呢?在《南海师承记》中,康有为将汉武之尊孔子与"阿唷大天王之尊佛、罗马之尊穆罕穆德"并提,并慨叹说所有这一切"同在汉时,亦一奇也。"[144]这一政教合一体制的含义是:以孔子为中心,立学校、行选举、崇礼仪,托古以改制。大一统的局面不是先王遗制,而是孔子创立的新制,从而孔教本身包含了法新王的义旨。在晚清变法的语境中,辨明孔子为教主、儒为教号遂成为变法改制以行一统之制的基本根据。[145]也是在这个意义上,春秋公羊学对新王

---

[141] 康有为:《孔子改制考》,《康有为全集》(三),页480—490。
[142] 同上,页514。
[143] 同上,页525。
[144] 康有为:《南海师承记》卷二,《康有为全集》(二),页499。
[145] 在《孔子改制考》的最后一卷即卷二十一中,康有为在"汉武后崇尚儒术盛行孔子学校之制"的标题下,详细叙述孔子学校的内容,以及王莽篡汉和拨乱反正的过程;在"汉武后崇尚儒术盛行孔子选举之制"标题下,以《史记·儒林传》等文献的记载为据,分析孔子之学立学官选举的过程。

的论证一方面间接地表达了对传统体制的攻击,另一方面又直接提示了晚清政治改革的基本方向。[146]

3.2 三统说与孔子之王制

如果诸教之间的冲突与统一同时可以表达为政治上的封建与一统,那么,作为教主的孔子势必也就是一统天下的圣王。正是在这个意义上,康有为论定孔子为"文王",《春秋》为"作新王"。按照康的界定,文王为"中国"之圣王,从而孔子的圣王形象及其制作礼仪的方式和内容也就可以为中国皇权中心主义("新王")提供论证。这一论证包含了两个方面,即一方面孔子为天下的、普遍的教主,另一方面孔子又为中国之圣王。为这一双重身份提供论证的是公羊学的三统说、夷夏论和封建/一统的辩证关系。康有为引用《春秋繁露·三代改制》篇说:

> 古之王者,受命而王,改制称号正月,服色定,然后郊告天地及群神。远追祖祢,然后布天下。诸侯庙受,以告社稷、宗庙、山川,然后感应一其司。三统之变,近夷退方无有,生煞者,独中国然。而三代改正,必以三统天下。曰三统五端,化四方之本也。天始废始施,地必待中,是故三代必居中国。……[147]

董仲舒《春秋繁露·三代改制》篇所述天统要义有三:一、朝必于正月,贵守时;二、居必于中国,内诸夏而外夷狄;三、衣必纯服色,表明服色之改易。行此三项,则可一统天下。康有为据此将"三统说"在清代今文学中

---

[146] "伪《周官》谓儒'以道得民',《汉·艺文志》谓儒'出于司徒之官',皆刘歆乱教倒戈之邪说也。汉自王仲任前,并举儒、墨,皆知孔子为儒教教主,皆知儒为孔子所创。伪古说出,而后吻塞掩蔽,不知儒义。以孔子愉述'六经',仅博雅高行,如后世郑君、朱子之流,安得为大圣哉?章学诚直以集大成为周公,非孔子。唐贞观时,以周公为先圣,而黜孔子为先师,乃谓特识,而不知为愚横狂悖矣。神明圣王,改制教主,既降为一抱残守阙之经师,宜异教敢入而相争也。今发明儒为孔子教号,以著孔子为万世教主。"康有为:《孔子改制考》,《康有为全集》(三),页191。

[147] 同上,页252。

的地位提高到空前的程度,实际上把变法改制视为新统建立的必由之路。"王正月"本来指易姓之君承天应变以改制,但在这里,易姓问题没有涉及,而改制本身已经是一场真正的革命。康有为自己解释说,"孔子每立一制,皆有三统,若建子建寅建丑,尚白尚黑尚赤,鸡鸣平旦日午为朔,托之夏殷周者,制虽异而同为孔子之乏说,皆可从也。"[148] 从公羊学的角度看,"通三统"是从礼仪过渡到政治合法性的关键环节,也是"新王"通过变法建立自己的合法性的程序和依据。《春秋繁露·楚庄王》云:"王者必改制"。按康有为的解释,孔子为制法或改制之"新王",受命于天,易姓更王,从而不同于继承前王衣钵的帝王。"若一因前制,修故业,而无有所改,是与继前王而王者无以别",[149] 又如何建立自己的法统呢?在"孔子为新王"条下,康有为大量引用董仲舒《春秋繁露》有关"作新王"和"通三统"的论证,这是因为在"三统说"的框架内,称王必然意味着改制。[150]

在康有为看来,孔子的王者身份最为集中地体现在"制法之王"这一范畴之中:这是不救一世而救百世、不为人主而为制法的王者。自刘歆以《左氏》破《公羊》,以古文伪传记攻今文之口说,以周公易孔子,以述易作,孔子才从一代王者的身份蜕变为博学高行之人,"非复为改制立法之教主圣王,只为师统而不为君统。诋素王为怪谬,或且以为僭窃。尽以其权归之人主。于是天下议事者引律而不引经,尊势而不尊道。"康有为不仅将教主、素王与圣人的概念相互区分,而且还区分出天下归往的圣王与帝王或郡王等世俗权力。王即教主,即制法之王,即以元统天的孔子。[151]在这里,王是一个绝对的单数,它不适合于无数国家的国王、甚至无数星

----

[148] 康有为:《康南海自编年谱》(外二种),页20。
[149] 康有为:《孔子改制考》,《康有为全集》(三),页230。
[150] 如谓:"《春秋》作新王之事,变周之制,当正黑统。而殷、周为王者之后,绌夏,改号禹谓之帝,录其后以小国。故曰:绌夏、存周,以《春秋》当新王(《繁露·三代改制》)。""故《春秋》应天作新王之事。时正黑统,王鲁,尚黑,绌夏,亲周,故宋……(《繁露·三代改制》)。"同上,页229。
[151] 同上,页225—226。

球的统治者。孔子代表的是一种绝对王权,一种普遍君主,一种大一统意义上的君统。在这里有两点值得注意:第一,对孔子改制的考证包含了君权一统和王权至尊的确认;第二,对于君统的强调以对君统或王权的重新界定为前提:"王"是天下归往的"制法之王",是以元统天的宇宙之王,从而与按照律法或依据势力治理国家的帝王或受封之爵位无关。"法"不同于律例或刑典,它是圣王所创的基本规则,即义理、制度和礼仪。按康有为的界定:"凡大地教主,无不改制立法也。……中国义理、制度,皆立于孔子,弟子受其道而传其教,以行之天下,移易其旧俗。若冠服、三年丧、亲迎、井田、学校、选举,尤其大而著者。"[152]

制法之王与帝王存在着明确的区分。但当康有为将人们熟悉的文王、先王、后王等概念全部加在孔子头上的时候,这一制法之王与政治性王权的区分变得模糊了。按"三统说"推论,孔子质统为素王,文统则为文王。又按荀子"孔子仁知且不蔽"、庄子"《春秋》经先王之志"和孟子"先王有不忍人之心,斯有不忍人之政矣"等说法,孔子被推定为"先王"。康有为说,"凡孔子后学中引礼,皆孔子之礼。所称'先王',皆孔子,非三代先王也。"[153]又说:"夏、殷无征,周籍已去,共和之前不可年识,秦、汉以后乃得详记。"因此一切有关上古的考古均不可信,"三代文教之盛,实由孔子推托之故。"[154]在这里,以孔子替换尧、舜、周文,不仅为托古改制论提供了根据,而且也确认了孔子的王者地位。荀子"法后王"的命题与政治性的王权关系更为密切,康有为将这一命题改造为孔子即为"后王"的命题,并论证说:

> 当荀子之时,周德虽衰,天命未改,秦又未帝,而立爵名从周,与商并举,则所谓"后王"者,上非周王,后非秦帝,非素王之孔子而何?孟子称孔子为"先王",荀子称孔子为"后王",其实一也。云"爵名从

---

[152] 康有为:《孔子改制考》,《康有为全集》(三),页249。
[153] 同上,页235—237。
[154] 同上,页2。

周",而刑名、文名不从周,则所谓后王正名者,非孔子而何?然则以为礼名、刑名、文名为周人之旧,而非孔子所改制者,其误不待言矣![155]

如果说在荀子之前,禹、汤、文、武可以称之为先王,可为百王之法,那么,后王之道起于礼崩乐坏的局面,荀子所谓"礼者,忠信之薄,而乱之首"也。康有为断言:"凡荀子称'后王'者,皆孔子也。"[156]参照他在其他地方所作的相关讨论,孔子作为法律、制度的缔造者和执行者的形象更为鲜明:

> 孔学之聚讼者,不在心性而在礼制。……胥吏办一房之案,当官办一时一朝之案,儒者办天下古今之案,其任最大。天下古今之案,奉孔子为律例。若不通孔子之律例,何以办案?若能通之,则诸子、《二十四史》、一切群书,皆案情也。不读律,不审案,则不得为官吏。不通孔子律例,不审天下古今大小一切案,岂得为儒生?日抱案而不知律,则无星之秤尺,无以为断案之地。若仅读律而不详览案情,亦无以尽天下之变也。故通经之后,当遍览子史群书。无志于为官吏者,是甘心于下流;无志于办天下古今大案者,是甘心为愚人也。[157]

礼制与律例、经书与断案的区分已经极为模糊。

如果仅仅为变法改制,用"三统说"和据鲁、亲周、故殷的义旨也就足够了,并无必要将历史中的帝王、圣王、先王、后王全部归于孔子一身。康有为所要论证的显然是孔子的绝对王权地位。下面这段话清楚地证明了这一点:

> 其他绌虞、绌夏、五帝、九皇、六十四民,皆听孔子所推。姓姚、姓

---

[155] 同上,页238。
[156] 同上,页239。
[157] 康有为:《南海师承记》,《康有为全集》(二),页443。

姒、姓子、姓姬,皆听孔子所象。白黑、方圆、异同、世及,皆为孔子所制。虽名三代,实出一家,特广为条理以待后人之行,故有再、三、四、五、九之复。博厚配地,高明配天,游入其中,乃知宗庙之美,百官之富,别有世界,推之不穷。……惟孔子乃有之。[158]

孔子以其改制而曲成万物、范围万世,他的地位高于一切帝王。但如果古代帝王均为孔子所推、所象、所制,圣王与王权之间的差异势必变得极为模糊。康有为明确地说:"其心为不忍人之仁,其制为不忍人之政。仁道本于孝弟,则定为人伦;仁术始于井田,则推为王政。"[159]《春秋》以国家和君王为中心,从而今文经学是一种国家理论。《春秋董氏学》云:

> 故卫子夏言:"有国家者,不可不学《春秋》。不学《春秋》,则无以见前后傍侧之危,则不知国之大柄,君之重任也。……"……故予先言《春秋》详己而略人,因其国而容天下。春秋之道,大得之则以王,小得之则以霸。故曾子、子石盛美齐侯。安诸侯,尊天子,霸王之道,皆本于仁。仁,天心,故次以天心。……以仁为天心,孔子疾时世之不仁,故作《春秋》,明王道,重仁而爱人,思患而豫防,反覆于仁不仁之间。此《春秋》全书之旨也。《春秋》体天之微,难知难读,董子明其托之行事以明其空言,假其位号以正人伦,因一国以容天下,而后知素王改制,一统天下,《春秋》乃可读。[160]

"国家"和"有国家者"在这里居于真正的中心地位。"《春秋》之法,以人随君,以君随天。""故屈民而伸君,屈君而伸天,《春秋》之大义也。"(《玉杯》)[161] 屈君以伸天是抽象的,而屈民以伸君是具体的。清末的国家建设和共和构想包含着对于社会成员身份的重新理解:主权国家是一

---

[158] 康有为:《孔子改制考》,《康有为全集》(三),页255。
[159] 康有为:《南海师承记》,《康有为全集》(二),页441—442。
[160] 康有为:《春秋董氏学》卷一,《康有为全集》(二),页636。
[161] 同上,页639。

种特定的政治秩序,它要求这个秩序中的成员按照国家的需求承担从纳税到服兵役等一系列义务。"国法也,因军法而移焉,以其遵将令而威士卒之法之行于国,则有尊君卑臣而奴民者矣。家法也,因新制而生焉,以其尊族长而统卑幼之法行之于家,则有尊男卑女而隶子弟者焉。"[162]

3.3 三世说与对皇权中心主义的超越

孔子托尧、舜以改制,而尧、舜为中国存在之前的太平世的象征,从而皇权中心主义的改制论包含了一种自我否定的逻辑,即从中国大一统向太平(世界或宇宙)大一统的转变。"孔子作《春秋》以立主之制,非特治一世,将以治万世也。……《春秋》言天子一位,所以防后世隔绝之弊也。读《公羊》先信改制,不信改制则《公羊》一书无用之书也。"[163]从今文经学的角度说,不但用以论证孔子绝对中心地位的素王、圣王、先王、后王、制法之王等概念本身包含了对于世俗王权(后世相互隔绝的根源)的否定,而且今文经学的"三世论"也提供了对皇权中心主义(或国家主义)进行自我否定的理论根据。圣王因时而确定自己的历史任务,所谓"《春秋》乱世讨大夫,升平世退诸侯,太平世贬天子"。[164]"据乱世"则必须确立绝对王权,扼制大夫擅权;"升平世"则必须建立王权一统,斥退诸侯封建;"太平世"则对王权本身加以贬斥,建立一个无君的礼乐世界。"三世说"在绝对王权、绝对国家与大同世界之间构筑了因应时世、自我变化的内在逻辑,从而在《孔子改制考》与《大同书》之间建立了内在的联系。

"三世进化"的学说与"孔子定削封建大一统之制"是相互配合的。"大一统"是对诸侯封建的否定,也是对国家竞争的否定,但同时实现"大一统"的途径本身恰恰是建立国家权威。康有为说:"《王制》有一千八百国之说,此云不合事理,则周时必无此制,而为孔子所改者明矣。百里亦

---

[162] 康有为:《大同书》,页7。
[163] 康有为:《南海师承记》卷二,《康有为全集》(二),页553。
[164] 康有为:《孔子改制考》,《康有为全集》(三),页246。

孔子之制，此发明孔子建国之义。"[165]这里的"建国之义"指建立郡县制的一统国家，它本身就是对封建国家或诸侯并置的否定。《史记·秦始皇本纪》曰："李斯议曰：'周文、武所封子弟，同姓甚众，然后属疏远，相攻击如仇雠，诸侯相诛伐，周天子弗能禁止。今海内赖陛下神灵一统，皆为郡县，诸子弟功臣以公赋税重赏赐之，甚足易制。天下无异意，则安宁之术也。置诸侯不便。'"康有为评论说："《春秋》开端发大一统之义，孟荀并传。李斯预闻斯义，故请始皇罢侯为郡县，固《春秋》义也。有列侯则有相争，故封建诚非圣人意也。"[166]

康有为对三世关系的重构构筑了一种独特的逻辑，即把建立作为国家的"中国"视为禹夏以来一统与封建斗争的开端，同时以孔子托古（尧、舜）的方式对这一过程进行自我否定：如果尧、舜为太平盛世，则太平盛世存在于包括中国在内的国家并不存在的时代。因此，一方面，孔子制作《春秋》以王天下，另一方面，《春秋》三世的逻辑本身又预示了"新王"无非是一个过渡、一个程序。夏如此，秦如此，汉、唐亦莫不如此：

> 秦、汉诸子，无不以"六经"为孔子所作者。《书》言稽古，使为当时之史笔，则无古可稽。中国开于大禹，当夏时，必有征伐之威加于外夷者，故世以中国为中夏，亦如秦、汉、唐之世交涉于外国者多，故号称中国为大秦、为汉人、为唐人也。当舜之时，禹未立国、安得有夏？而《舜典》有"蛮夷滑夏"之语，合此二条观之，《书》非圣人所作，何人所作哉！[167]
>
> 尧、舜为民主，为太平世，为人道之至，儒者举以为极者也。……尧、舜在洪水未治之前，中国未辟，故《周书》不称之。……由斯以推，尧、舜自让位盛德，然太平之盛，盖孔子之七佛也。……孔子拨乱升平，托文王以行君主之仁政，尤注意太平，托尧、舜以行民主之

---

[165] 康有为：《孔子改制考》，《康有为全集》（三），页275—276。
[166] 同上，页276。
[167] 同上，页283。

太平。[168]

　　盖夏为大朝,中国一统,实自禹平水土后。乃通西域,故周时动称夷夏、华夏,如近代之称汉、唐。故虽以孔子之圣,便文称之,亦曰猾夏也……《春秋》、《诗》皆言君主,惟《尧典》特发民主义。自"钦若昊天"后(指《尚书·尧典》的一段话。——笔者注),即舍嗣而巽位,或四岳共和,或师锡在下,格文祖而集明堂,辟四门以开议院,六宗以祀,变生万物,象刑以期刑措,若斯之类,皆非常异议托焉。故《尧典》为孔子之微言。素王之巨制,莫过于此。[169]

从中国与尧、舜太平世的上述关系出发,我们也可以解释为什么"内外例"在《新学伪经考》、《孔子改制考》和《春秋董氏学》中没有被突显为中心主题。如果与庄存与、刘逢禄相比较,康有为对这一义例解释有所变化,即从强调夷夏之相对化到突出"变化"的法则:"《春秋》之常辞也,不予夷狄而予中国为礼。至邲之战,偏然反之,何也?曰:《春秋》无通辞,从变而移。今晋变而为夷狄,楚变而为君子,故移其辞以从其事。……"[170]"内外"是封建时代的特殊问题,而康有为关注的中心是用一统之制或郡县国家克服过度内部分权的政治结构,从而为国家的自我否定、亦即内外差别的自我否定创造前提。但这并不意味着内外问题已经彻底消失,恰恰相反,内外问题被极为微妙包裹在孔子创一统之制的叙述之中了。这里的真正问题是:为什么在力图以皇权为中心推进国家改革的过程中,不是以皇权而是以孔教作为变法改制的合法性论证?为什么如此突出孔子与诸子(诸侯)、夷狄的斗争,并以孔教作为"王"、"天下"和"一统"的历史根据?一方面,"新王"与皇帝的差别在义理方面:孔子的"仁"观念及其衍生的大同思想包含了对王制本身的超越,从而"作新王"的义旨包含了"大同"的含义或逻辑;另一方

---

[168] 康有为:《孔子改制考》,《康有为全集》(三),页333。
[169] 同上,页338。
[170] 康有为:《春秋董氏学》卷一,《康有为全集》(二),页646。

面,普遍主义的儒教包含了对王朝内部族群关系或内外之别的克服,它把所有社会关系纳入"礼序"关系之中,并最终提供了克服内外、夷夏的基本逻辑。在这个意义上,孔子的圣王地位是克服内外问题的基本策略。

更为重要的是:孔子之制是普遍的制度,太平世是超越中国和夷夏范畴的概念,如果孔子之学是普遍主义的儒学,那么,它所倡导的制度必然不能视为任何一个中国朝代的制度。与《孔子改制考》中将议院、共和、男女平等等西方制度纳入孔子之制相互呼应,康有为在《万木草堂讲义》中更为直截了当地说:"外国全用孔子制。……《王制》,孔子之制,并非周制。春秋不过百余国。……夏、商、周皆是孔子制。"[171] 不但议会、学校等等如此,而且服饰、时间也如此:

> 三代全行西派,以短衣为尚。孔子之道本天,以元统天。[172]
> 凡向来主祭之人甚重,如孔子号乾坤之子,孔子之义以仁为主,故有王者无外之义。……现泰西作事,日以九点钟至四点钟散,夜亦以九点钟至四点钟散,正得孔子朝夕之意。宋朝凡知州朝时,有过阙奏折,正孔子敷奏之意。凡学者读书必博通今古中外,然后可施诸事。[173]

变法改革必须学习西方之制,但西方之制并非西方之制。西方制度是一种普遍的制度,但恰恰因为它是普遍的制度,所以不能称为西方的制度,而是孔子之制——此即康有为接受欧洲普遍主义时的自我理解。

1898 年 6 月 19 日,康有为经昼夜写黄,将他编辑的《日本明治变法考》、《俄大彼得变政致强考》、《突厥守旧削弱记》、《波兰分灭记》、《法国革命记》进呈御览,并同时呈上《孔子改制考》、《新学伪经考》和《春秋董

---

[171] 康有为:《万木草堂讲义》,《康有为全集》(二),页 599—600。
[172] 同上,页 565。
[173] 康有为:《南海师承记》,《康有为全集》(二),页 481—482。

氏学》的刻本。与此同时,他上折《请尊孔圣为国教立教部教会以孔子纪年而废淫祀折》。这份奏折的三个主要论点值得注意:第一,他批评中国尚为多神之俗,"淫祠遍地,余波普荡,妖庙繁立于海外,重为欧、美所怪笑,以为无教之国民,岂不耻哉?"[174]要求专奉孔子为教主,从而在宗教的层面反应了一统与封建的冲突和罢黜百家的取向。第二,以西方政教分离为参照,以民族国家并争的局面为前提,一方面倡导孔子为大地绝对教主,另一方面改变治教合一的旧俗,转奉政教分离的趋势,从而为世俗皇权留下空间。康有为说:

> 夫孔子之道,博大普遍,兼该人神,包罗治教,固为至矣。……因此之故,治教合一,奉其教者,不为僧道,只为人民,在昔一统闭关之世也,立义甚高,厉行甚严,固至美也。若在今世,列国纵横,古今异宜,亦少有不必尽行者。其条颇多,举其大者,盖孔子立天下义,立宗族义,而今则纯为国民义,此则礼律不能无少异,所谓时也。……若不以孔子大教为尊,则人心世道不可问,故今莫若令治教分途,则实政无碍而人心有补焉。[175]

以时代变迁为理由,在尊孔子为教主的同时,悄悄地抹去了孔子作为圣王的地位,从而为政教分离和以皇权为中心推进制度改革提供了理论的空间。然而,如果孔子之世与当今之世有据乱世和升平世之别,存在着治教合一与治教分离的政治差异,那么,随着升平向太平的过渡,孔子的至尊无二地位的最终确立,治教关系必将再次由分到合。对于康有为而言,这是皇权与孔教、国家与大同之间的辩证法,也是在列国竞争之世以君主立宪为中心实行变法的理论基础。君主或皇权是一个过渡,一个方式,孔教及其制度才是最为根本的普遍法则。

---

[174] 康有为:《请尊孔圣为国教立教部教会以孔子纪年而废淫祀折》,《康有为政论集》,上册,汤志钧编,北京:中华书局,1981,页280。
[175] 同上,页282。

这份奏折的最后一个特点是公开要求启用孔子纪年，即在帝国向主权国家转化的过程中同时强调变革和重构"正统"的必要性。欧阳修有所谓"正统之说始于《春秋》之作"的说法。饶宗颐云："正统之确定，为编年之先务，故正统之义，与编年之书，息息相关。"又云："'统'之观念与历法最为密切，盖深为《周易》'治历明时'一义所支配。《封禅书》云：'推历者以本统'。"[176]纪年问题在春秋公羊学中居于重要地位，因为《春秋》以事纪年，区分宾主，历代诠释者对于《春秋》中的正闰问题作出了繁复的解释。纪年与创设新统密切有关，所谓"统纪"并称，所谓"王正月"，均暗示纪年的开创的象征性。《公羊传》隐公元年："何言乎王正月？大一统也。"何休注："统者，始也……莫不一一系于正月，故云政教之始。"康有为比较中、西、印历法变化，承今文家法，主孔子纪元，即以孔子为改制之圣王之意。"何休注天子得改元，诸侯不得改元。《左氏》则以为诸侯得改元矣。……孔子三统皆托古。"[177]"然《春秋》以寓政制，其文犹代数，故皆称托，不过借以记数耳。数不能直叙，代以甲子、天元。天下无有甲子、天元之诡者，又何疑于《春秋》乎？"[178]在这份奏折中，康有为建议以孔子纪年，他虽然没有公开呼吁尊孔子为"王"（而是教主），但参照公羊学三统说中蕴含的易姓革命的含义和纪年问题在构筑大统中的位置，这一呼吁显然包含了激进变革和创造新统的意义：就王朝而言，这是在保留皇权连续性的前提下重构整个体制的呼吁；就中国的变革而言，这是以孔子作为维持内部的文化统一性和抗衡西方普遍主义的基本方略。

---

[176] 饶宗颐：《中国史学上之正统论——中国史学观念探讨之一》，香港：龙门书店，1977，页1，6。饶氏并举唐陈鸿年《大统纪序》云："学乎史氏，志在编年。贞元丁酉岁，乃修《大纪》三十卷，正统年代随甲子，纪年书事，条贯兴废，举王制之大纲。'（《唐文粹》九五）既名其书曰《大统纪》，又揭正统年代随甲子之义。"
[177] 康有为：《南海师承记》卷二，《康有为全集》（二），页506。
[178] 康南海：《春秋董氏学》卷二，页683。

第六节　从帝国到主权国家："中国"的自我转变

康有为的经学研究和政治实践不仅代表着清代今文经学的终结,而且也体现着戊戌变法运动的理论的和实践的方向。但这两个方面均不足以说明这些学术著作和政论的思想史意义。我从下述几个方面扼要地概括康有为思想的历史含义:

第一,康有为从经学内部重新勾勒当代世界的特点和中国在其中所居的位置,从而为变法改革奠定了基本方向。"今略如春秋、战国之并争,非复汉、唐、宋、明之专统,所谓数千年未有之变也。……今当以开创治天下,不当以守成治天下,当以列国并争治天下,不当以一统无为治天下。"[179] 用"列国并争"这一概念描述世界局势亦即将《春秋》义旨与民族—国家体系的特点关联起来,从而在经学内部找到了以国家建设为中心的变革方案的基本依据和发展逻辑。在这里,无论"并争"还是"一统"均不是描述"中国"的状况,而是描述世界的局势,对这两种世界状况之间的差异的描述部分地取决于"中国"在其中所处的位置:"并争"意味着"中国"处于弱势的或者边缘的位置,"一统"意味着"中国"处于强势的或中心的位置。相应于"一统"局面的是无外的帝国,而对应着"并争"状态的则是内外分明的民族—国家。在戊戌前后的上清帝诸书、奏折和文章中,康有为首先论证了中国朝贡体系的危机和清帝国本身面临的威胁,呼吁师法日本和西方实行变法改制,即将帝国体制改造成为国家体制。他对政治制度、军事体制、教育体制、科学技术体制、经济体制、国内交通体制、官僚体制、新闻体制和外交体制作出了全面的建议,并试图付诸变法改制实践。这是晚清时代最为全面的、也最具有世界观意义的变法纲领。

---

[179] 康有为:《上清帝第四书》,《康有为政论集》,上册,页151—152。

第二，在促进中国的国家建设的过程中，康有为总结清代今文经学的成果，重新解释"中国"的含义，一方面排除种族的因素，另一方面拒绝以行省为单位或联邦制的分权诉求，从而在文化上为"中国"寻找认同的根据、在政治上为"中国"发现一种反民族主义的（反民族自决的、反种族中心论的）国家建设理论。康有为的理论包含着较之任何传统理论都更为强烈的集权倾向，但同时这种集权倾向又是帝国建设过程中不断获得发展的倾向的自然延续。康有为政治构想的中心问题是：反对世袭贵族传统和地域性的自治制度，反对帝国分裂为多个民族—国家或联邦政体的欧洲模式，反对法国大革命开创的民族主义传统，通过皇权主导的行政改革，将帝国直接转化为主权国家，进而以统一的"中国"置身"列国并争"的世界体系之中。如果说董仲舒的《春秋繁露》论证的是帝国的必要性，[180] 那么，康有为的《春秋董氏学》和其他经学著作讨论的则是在民族—国家时代如何使得中国从一个帝国直接过渡为主权国家的必要性。因此，统一国家与以何种文化和制度形成这一国家就成为康有为政治纲领的最为关键的部分，它包括了下述各个层次的内容：

一、以皇权为中心推动国家改革，以孔子学说和孔教为中心建立国家认同，把"中国"建立在一种文明论的基础之上，从而既不是以政治结构，也不是以种族或血缘，作为"中国"认同的前提。在这里，新的皇权主义与传统的皇权存在着重要的区别，它代表着一种新的时代精神和激情，即国家主义的精神和激情。皇权中心主义代表了一种用新的国家体制取代旧式贵族权力和宗法分封权力的特点，并力图重新构筑地方权力和社会结构，形成一种更为形式化、趋同化的政治形式。在这一国家主义的构架内，官僚等级制和法律系统是一种带有普遍性的制度，即这种制度具有与其他国家的体制相互接近的趋向。这一带有普遍性的国家制度不是欧洲国家形式的延伸，而是对于"中国"的政治文化的复归。康有为认为"中

---

[180] 董仲舒对于帝国必要性的论证，参见 Michael Loewe, "Imperial Sovereignty: Dong Zhongshu's Contribution and His Predecessors", in *Foundations and Limits of State Power in China*, S. R. Schram ed. (Hong Kong: Chinese University Press, 1987), pp. 33-58。

国认同"是超越王朝变迁、种族关系和政治取向的普遍前提,其基础是儒学普遍主义。也正是从这一产生于帝国历史和儒学氛围之中的中国观出发,康有为反对革命,主张改良:所谓"革命",即以法国大革命所创造的民族主义模式冲决旧制度,通过改变帝国时代的内部族群关系,进而改造国家的政治关系;所谓"改良",即在帝国时代形成的文化认同的基础上将帝国直接转化为主权国家,通过维持中央权力的统一、鼓励基层社会的自我管理来改造国家的政治和经济结构。[181] 革命是建国的策略,而改良则是帝国自我转化的途径。

二、为了将帝国直接转化为国家,就必须排除帝国内部的族群矛盾,将"中国"作为超越族群关系的政治的和文化的象征。民族—国家体制的主要特点在于内部的统一,即族群、语言、文化和政治制度的高度一体化,而帝国则包含了极为复杂的族群、语言、文化和制度因素。作为一个帝国,中国的基本特点即内部关系松散和文化关系多样,所谓"民既不预国事,惟知身家亲族而已,余皆外视,故其甚者,姓与姓分,乡与乡分,县与县分,省与省分。国朝龙兴东土,奄有中夏,兼定蒙古、准回、卫藏,为大一统,皆因其旧俗而治之……"[182] 在列强邻迫、帝国不得不向主权国家过渡的过程中,必须谨慎处理帝国内部的族群差别、政治疆界和风俗之异,从而将帝国直接转化为统一的主权国家,以应付内外挑战。

三、为了克服帝国内部多元种族及其政治体制造成的分裂威胁,康有为重新定义"中国人"的概念,否定本质主义的夷夏观念和汉族单一性。北魏时代魏文帝改姓是否定单一民族神话的最好例证:皇族改拓拔为元

---

[181] 《答南北美洲诸华商论中国只可行立宪不可行革命书》云:"谈革命者,开口必攻满洲,此为大怪不可解之事";"君而无道,不能保民,欲革命则革命耳,何必攻满自生内乱乎?"又谓:"统计欧洲十六国,除法国一国为大革命,实与俄之一国为专制者同,皆欧洲特别之情。其余十余国,无非定宪法者,无有行革命者。然法倡革命,大乱八十年。……"他把获取政权自由与革命区别开来:"吾四万万人之必有政权自由,必可不待革命而得之,可断言也";"吾今论政体,亦是'满汉不分,君民同治'八字而已!故满汉于今日无可言者也,实为一家也"。见《康有为政论集》,上册,页487,489,475,495—505。

[182] 康有为:《请君民合治满汉不分折》,《康有为政论集》,上册,页340—341。

氏、献帝兄纥骨氏改为胡氏,次兄普氏改为周氏,次兄拓跋氏改为长孙氏,次弟丘敦氏改为丘氏,命令功臣九十九大姓全部改为汉姓,以致"今之大姓,十九魏裔",又何谈单纯的"汉种"? 在康有为看来,立宪国会、三权鼎立之义,司法独立、责任政府之例,议院选举之法,各国通例具存,是并不难以模仿的,而形成举国同体之势则是更为长远、也更为艰难的事业。正是基于上述考虑,康有为不但把"中国"与朝号(清朝)相互区分,而且试图以"中国"或"中华"作为内部统一的主权国家的国号和认同的根据。[183] 在这里,变革的依据不是对"正统"的否定,而是对"正统"的再阐释。在晚清政治语境中,对"正统"的依赖是帝国向主权国家的自我转化的模式的必然反应:变革不能转化为对于帝国体制的彻底瓦解。

四、以削封建、建一统为理论背景,反对联邦、邦联等可能导致分裂的分权体制,但同时主张君主立宪和地方分权,即将地方基层分权与中央权力组织成为一种独特的政治体制,通过某种方式的分权将国家行政体系渗透到整个社会,从而取消帝国分裂的危险。这一政治构想以"列国并争"、诸强环视的国际条件为前提,同时也是比较中国与欧美各国的历史条件之后作出的判断,带有某种共和制的特征。如果把这些叙述与他在《大同书》中反对国家的言论加以对比,我们可以发现他所反对的国家与他所批评的"联邦"均与"民族—国家"模式有关。在《大同书》中,他反对民族—国家,倡导大同世界,而在《孔子改制考》和其他政论中,他反对以省为单位的自治形式(联邦或邦联),赞成以帝国的一统之势列于列国竞争的世界关系之中。这是在帝国范围内反对再行民族自决。康有为的这些思想触及了中国政治变革的一个基本特点,即在保存帝国幅员、人口状况和文化认同的前提下实行政治变革,从而如何保持国家的统一和变

---

[183] 康有为说:"中国向用朝号,乃以易姓改物,对于前代耳,若其对外交邻,自古皆称中国。今东西国称我,皆曰支那,而我经典无此二文,臣细绎音义,支那盖即诸夏之音,或即中华之转也。古称诸夏,或曰诸华,频见传记,盖华夏音近而中诸音转,其蒙、回、卫藏,咸令设校,教以经书文字语言风俗,悉合同于中土,免有歧趋,伏惟今定国号,因于外称,顺乎文史,莫若用中华二字。皇上维新,尚统一而行大同……"《请君民合治满汉不分折》,《康有为政论集》,上册,页341—342。

革国家的体制成为考验整个改革过程的主要问题。这在一定程度上可以看作是一个独特的中国问题。

近代西方的民主改革与民族主义存在着内在的关系:在从帝国内部分裂出自决的民族国家的过程中,民族共同体成为国家的载体,民族成员的权利平等成为民族—国家的法律和政治制度的基本特点。"启蒙运动产生的政治和社会哲学是宗教的,因为它们把终极意义和神圣不可侵犯性归属于个人的头脑——紧接着还必须补充说归属于民族。个人主义和理性主义的时代也是民族主义的时代:个人是一位公民,公众的意见不是人类的意见,而是变为法国人的意见、德国人的意见或美国人的意见。个人主义、理性主义和民族主义——民主的三位一体之神——在立法机构地位的提高和司法机构创制法律作用的减弱(美国除外)中找到了法律表达;在个人行动(特别是在经济领域)摆脱了公共机构的控制中找到了法律的表达;在要求刑法和民法的法典编纂中找到了法律表达;在致力于使个人行为的法律后果(特别在经济领域)具有可预见性中找到了法律表达。"[184]然而,中国的国家建设基本上是一个帝国向主权国家的自我转化过程,从而如何保持中央权力以维持国家的统一、如何将社会成员从特定的地缘关系中解放出来并组织成为主权国家的权利主体,如何在不同地区和文化的认同之间形成平等的和具有各自特点的政治结构,势必成为中国政治制度、法律体系、区域关系和公民权利问题的基本问题。由于主权国家与帝国体制的内在连续,国家内部的政治关系不可能达到欧洲民族—国家的那种紧密程度,分离和统一的紧张总是随着内外关系的变化而起伏。无论后来的政治家和知识分子是否认同康有为的政治抉择,但他所思考和面对的问题至今仍然是中国社会面对的重要问题,也是中国社会体制变革和国家认同问题中的最为关键的部分。

第三,康有为把儒学普遍主义视野与各种西方科学、政教知识结合在

---

[184] 哈罗德·J·伯尔曼(Harold J. Berman):《法律与革命:西方法律传统的形成》[*Law and Revolution:The Formation of the Western Legal Tradition* (Harvard University Press, 1983), p.32],贺卫方等译,北京:中国大百科全书出版社,1996,页37。

一起,构想了一个乌托邦的大同远景。这一带有浓郁社会主义色彩的大同预言与他反复讨论的普遍主义的孔教世界相互呼应,提出了超越国家、种族、阶级、性别和其他等级关系的构想。如果把康有为的大同构想与他在经学形式中表达的国家理论加以对比,大同与"大一统"的国家模式之间也存在着共同之处,即对民族—国家模式的否定。《大同书》的首要政治含义是对国家的超越:康有为在重构皇权中心主义的同时,显然看到了近代国家本身的不可避免的专制性质和国家理论的深刻的专制主义特点。这是一个超越近代中国正在努力追求的资本主义现代性的诉求,一个反现代的现代性纲领,一种将"中国"组织到资本主义世俗化进程之中的宗教化的反抗。这一构想一方面遵循了直线进化的时间逻辑和乐观主义的前瞻态势,遵循了19世纪有关民族—国家、疆域、主权、种族和劳动分工的基本预设,同时却以此为前提,构筑了一个反论式的大同世界。如果说重构儒学普遍主义、重构儒学普遍主义所论证的大一统帝国的逻辑是一种为了"现代"而重构过去的努力,那么,建构大同的世界及其管理规则则是为了"现代"而建构未来的努力。无论这个世界是否总是以一种儒学普遍主义的形式出现,它的大胆的、遥远的设想的确植根于近代历史的变迁脉络和内在矛盾之中,以致这一构想本身成为中国现代性问题的一个症候,一个不断被回顾、不断被总结、不断被重新激发和重新批判的思想源泉。在这个意义上,不是这一构想是否现实,而是激发这一构想的现代矛盾本身,构成了现代中国思想的回顾和前瞻姿态的根源。尽管康有为理论中包含着一种类似于欧洲民族—国家形成过程中的集权趋势,但他的改制论和大同理论框架却带有一种针对着这一世俗的集权趋势的社会主义倾向。如果说欧洲的社会主义是从基督教传统中发展起来的一种针对民族—国家的世俗宗教的历史运动,[185]那么,康有为的大同

---

[185] 伯尔曼说:"自由的民主是西方历史中第一个伟大的世俗宗教——第一个脱离传统基督教同时又从基督教中接收了神圣含义和某些主要价值的意识形态。但是,自由的民主在变成一种世俗的宗教时,随即面临一个对手,即革命的社会主义。……社会主义的法律基本原理虽然区别于自由民主制的法律基本原理,但却表明了它们在基督教中有着共同的渊源。"同上,页38。

构想则是从儒学传统中发展起来的针对分立的民族—国家构想的思想挑战，而这个挑战的目的恰恰又是要将中国转化为"国家"。正如康有为本人所预见到的，这一乌托邦远景无法解决当时中国的现实问题，但透过构筑这一乌托邦远景，现代世界所面临的深刻矛盾却呈现出来了。对于正在致力于现代化过程的中国和世界而言，这一远景不但揭示了这一进程本身的矛盾，而且在现代化规划之外提供了一个道德的面向，从而为现代社会的自我批判和想像力提供了可能性。

第四，乌托邦远景与以帝国为历史前提的国家主义的纠缠，再加上一种以孔子为教主的宗教倾向，为变革本身提供了一层宗教改革的色彩。康有为的儒学普遍主义将孔子作为教主，从而也赋予了他参与的变革一种准宗教革命的色彩。1856年，托克维尔曾用"以宗教革命形式展开的政治革命"一语概括法国大革命的特征，因为这场革命是一场"激发布道热诚的政治革命"。按照他的说法，宗教的惯常特征是把人本身作为考虑对象，而不去注意国家的法律、习俗和传统在人们的共同本性上加入什么特殊成分。托克维尔的宗教革命概念建立在两种不同的宗教概念的区分之上，这就是古代希腊罗马帝国的异教和基督教的区别。"异教或多或少与各国人民的政体或社会状况有关，在它的教义中保留着某个民族的而且常常是某个城市的面貌，异教因此通常局限于一国的领土，很少越出范围。异教有时导致不宽容和宗教迫害，但是布道热诚在异教中却几乎完全看不到。因此，在基督教到来以前的西方，也就没有大规模的宗教革命。基督教轻而易举地越过那些曾经阻挡异教的各种障碍，在很短时间内就征服了大部分人类。"[186]在这一区分之下，他把世俗的法国革命视为一场宗教革命，因为"宗教把人看作一般的、不以国家和时代为转移的人，法国革命与此相同，也抽象地看待公民，超脱一切具体的社会。它不仅仅研究什么是法国的特殊权利，而且研究什么是人类在政治上的一般义务和权利。"[187]我们从康有为的改革理论中同样看到这种普遍主义

---

[186] 托克维尔：《旧制度与大革命》，北京：商务印书馆，1992，页52。
[187] 同上，页52。

特点：他研究的是"中国"的社会和政治形式，但也是人类的社会和政治形式。无论儒教，还是用以对世界进行重新分类的科学知识，都带有这一普遍主义的特点。托克维尔把法国大革命的普遍主义归结为超越国家、地域和特殊政体、法律的特征，并以人和人类概念的普遍性抵抗制度的地域性和文化的特殊性。但他也在不经意中提及了帝国内部异教与基督教的差别，暗示了基督教作为一种帝国宗教的特征。康有为的大同概念是对人类状况的描述，但这一概念是从"中国"这一概念的普遍性中衍生和发展而来的。"中国"概念预设了"天下"概念，普遍主义儒教超越某个地域、某个民族和某个特定王朝的法律和政治体系，它以普遍的"中国"概念、"天下"概念或"大同"概念重构特定时代的政体、法律和习俗。康有为的强有力的国家主义倾向因此也体现为一种在政治上超越国家的无政府主义倾向和在文化上超越任何特殊论的普遍主义倾向。

在这个意义上，近代国家主义也是以一种准宗教革命的形式出现的，它注定地与超越国家的普遍主义密切相关。但是，正如法国大革命归根结底是一场社会政治革命一样，国家主义改革和此后的革命都带有一种相似的趋向，即摧毁残存于帝国内部的"封建"制度或贵族等级，代之以更一致、更简单、以人人地位平等为诉求的社会政治秩序。变革的思想、感情、习惯和道德都是以这一秩序观为想像的源泉的。这一制度及其秩序观究竟在多大程度上是一种创新，又在多大程度上是一种对于昔日源泉的恢复？从康有为运用自然科学和西方政治、教育和法律的知识规划未来世界来看，他的努力是创新的，但就这些新的知识和规范的历史展开来看，他的努力正如他的今文经学形式一样不过是漫长历史演变的继续。皇权中心主义、隐藏在这一皇权中心主义背后的权力集中趋势、中央国家对于帝国内部政治、法律的多元性的否定，以及为这一帝国建设服务的经学传统，都是在帝国自身的历史演变中不断再生的。因此，我们可以把近代中国的国家建设视为帝国本身的自我转化。康有为参与策划的戊戌变法运动以失败告终，但他规划的政治变革的基本方向并未从此被埋葬。如果说中央集权制是传统帝国体制的一个部分，那么，康有为的思想和变法实践同时也表明：新的社会对于集权体制的依赖远远超过了帝国，以致它对国家内部的多样性、权力和文化的多元性都怀抱着较之早期帝国强烈得多的敌视态度。这就是传统郡县体制不断扩展,而传统帝国范畴内的其他自治形式却日益萎缩的主要原因。中央集权及其与之配合的行政体制并不是改革或革命的创新,而是旧制度的遗存,但这个旧制度的遗存所以能够在新的社会中不断发展,是因为只有这个部分能够适应新的社会需求。现代国家对于某些传统政治形式的敌视态度不能仅仅在专制国家的传统内部寻找根源,而且还需要在更为广阔的、以民族—国家体系为基本政治形式的世界关系之中寻找前提。这是我们通过解读康有为的几部主要经学著作和《大同书》所得到的基本结论。

让我引用康有为有关三世和大同的叙述来结束对他的儒学普遍主义的讨论:

> "三世"为孔子非常大义,托之《春秋》以明之。所传闻世为据乱,所闻世托升平,所见世托太平。乱世者,文教未明也;升平者,渐有文教,小康也;太平者,大同之世,远近大小如一,文教全备也。大义多属小康,微言多属太平。为孔子学,当分二类,乃可得之。此为《春秋》第一大义。[188]

---

[188] 康有为:《春秋董氏学》卷二,《康有为全集》(二),页671。

汪 晖

现代中国思想的兴起

下 卷

第一部

公理与反公理

生活·讀書·新知 三联书店

Copyright © 2024 by SDX Joint Publishing Company.
All Rights Reserved.

本作品版权由生活·读书·新知三联书店所有。
未经许可，不得翻印。

图书在版编目（CIP）数据

现代中国思想的兴起 / 汪晖著. -- 4版. -- 北京：生活·读书·新知三联书店，2024.11. -- ISBN 978-7-108-07928-2

Ⅰ.B26

中国国家版本馆 CIP 数据核字第 2024A6H254 号

第一部

公理与反公理

全书总目

二十周年纪念版前言

如何诠释"中国"及其"现代"?(重印本前言) —— 1

前言 —— 1

导论 —— 1
    第一节 两种中国叙事及其衍生形式 —— 2
    第二节 帝国/国家二元论与欧洲"世界历史" —— 23
    第三节 天理/公理与历史 —— 47
    第四节 中国的现代认同与帝国的转化 —— 71

◎ 上卷
    第一部
    理与物 —— 103

第一章 天理与时势 —— 105
    第一节 天理与儒学道德评价方式的转变 —— 105
    第二节 礼乐共同体及其道德评价方式 —— 125
    第三节 汉唐混合制度及其道德理想 —— 155
    第四节 理的系谱及其政治性 —— 187
    第五节 天理与郡县制国家 —— 212
    第六节 天理与"自然之理势" —— 254

第二章 物的转变：理学与心学 —— 260
　　第一节 "物"范畴的转化 —— 260
　　第二节 格物致知论的内在逻辑与知识问题 —— 270
　　第三节 "性即理"与物之自然 —— 279
　　第四节 乡约、宗法与朱子学 —— 284
　　第五节 朱子学的转变与心学 —— 291
　　第六节 此物与物 —— 298
　　第七节 无、有与经世 —— 310
　　第八节 新制度论、物的世界与理学的终结 —— 324

第三章 经与史（一） —— 345
　　第一节 新礼乐论与经学之成立 —— 345
　　第二节 经学之转变 —— 382

第四章 经与史（二） —— 411
　　第一节 辟宋与清代朱学的兴衰 —— 411
　　第二节 经学、理学与反理学 —— 429
　　第三节 六经皆史与经学考古学 —— 458

◎ 上卷
　第二部
　帝国与国家 —— 487

第五章 内与外（一）：礼仪中国的观念与帝国 —— 489
　　第一节 礼仪、法律与经学 —— 489
　　第二节 今文经学与清王朝的法律/制度多元主义 —— 519
　　第三节 今文经学与清王朝的合法性问题 —— 551

第四节 大一统与帝国：从礼仪的视野到舆地学的视野 —— 579

第六章 内与外（二）：帝国与民族国家 —— 609
第一节 "海洋时代"及其对内陆关系的重构 —— 609
第二节 作为兵书的《海国图志》与结构性危机 —— 619
第三节 朝贡体系、中西关系与新夷夏之辨 —— 643
第四节 主权问题：朝贡体系的礼仪关系与国际法 —— 679

第七章 帝国的自我转化与儒学普遍主义 —— 737
第一节 经学诠释学与儒学"万世法" —— 737
第二节 克服国家的大同与向大同过渡的国家 —— 744
第三节 《大同书》的成书年代与早期康有为的公理观 —— 753
第四节 作为世界之治的"大同" —— 765
第五节 经学、孔教与国家 —— 782
第六节 从帝国到主权国家："中国"的自我转变 —— 821

◎ 下卷
　　第一部
　　公理与反公理 —— 831

第八章 宇宙秩序的重构与自然的公理 —— 833
第一节 严复的三个世界 —— 833
第二节 "易的世界"：天演概念与
　　　　民族—国家的现代性方案 —— 844
第三节 "群的世界"：实证的知识谱系与社会的建构 —— 882
第四节 "名的世界"：归纳法与格物的程序 —— 897
第五节 现代性方案的"科学"构想 —— 920

第九章 道德实践的向度与公理的内在化 —— 924
 第一节 梁启超的调和论及其对现代性的否定与确认 —— 924
 第二节 "三代之制"与"诸科之学"(1896—1901) —— 929
 第三节 科学的领域与信仰的领域(1902—1917) —— 956
 第四节 科学与以人为中心的世界(1918—1929) —— 995

第十章 无我之我与公理的解构 —— 1011
 第一节 章太炎的个体、自性及其对"公理"的批判 —— 1011
 第二节 临时性的个体观念及其对"公理"的解构
   ——反现代性的个体概念为什么又以普遍性为归宿？ —— 1021
 第三节 民族—国家与章太炎政治思想中的个体观念
   ——在个体/国家的二元论式中为什么省略了社会？ —— 1047
 第四节 个体观念、建立宗教论与"齐物论"
   世界观对人类中心主义的扬弃
   ——在无神的现代语境中，什么是道德的起源？ —— 1078

◎ **下卷**
 第二部
 科学话语共同体 —— 1105

第十一章 话语的共同体与科学的分类谱系 —— 1107
 第一节 "两种文化"与科学话语共同体 —— 1107
 第二节 中国科学社的早期活动与科学家的政治 —— 1125
 第三节 世界主义与民族—国家：
   科学话语与"国语"的创制 —— 1134
 第四节 胡明复与实证主义科学观 —— 1145
 第五节 作为"公理"的科学及其社会展开 —— 1169
 第六节 现代世界观与自然一元论的知识分类 —— 1200

第十二章　作为科学话语共同体的新文化运动 —— *1206*
　　第一节　"五四"启蒙运动的"态度的同一性" —— *1206*
　　第二节　作为价值领域的科学领域 —— *1208*
　　第三节　作为科学领域的人文领域 —— *1225*
　　第四节　作为反理学的"新理学" —— *1247*

第十三章　东西文化论战与知识/道德二元论的起源 —— *1280*
　　第一节　文化现代性的分化 —— *1280*
　　第二节　东西文化论战的两种叙事模式 —— *1289*
　　第三节　东/西二元论及其变体 —— *1292*
　　第四节　新旧调和论的产生与时间叙事 —— *1296*
　　第五节　总体历史叙事中的东/西二元论及其消解 —— *1309*
　　第六节　总体历史中的"东西文化及其哲学" —— *1314*
　　第七节　从文化观的转变到主体性转向 —— *1327*

第十四章　知识的分化、教育改制与心性之学 —— *1330*
　　第一节　知识问题中被遮蔽的文化 —— *1330*
　　第二节　张君劢与知识分化中的主体性问题 —— *1343*
　　第三节　知识谱系的分化与社会文化的"合理化"设计 —— *1370*

第十五章　总论：公理世界观及其自我瓦解 —— *1395*
　　第一节　作为普遍理性的科学与现代社会 —— *1395*
　　第二节　科学世界观的蜕化 —— *1403*
　　第三节　现代性问题与晚清思想的意义 —— *1410*
　　第四节　作为思想史命题的"科学主义"及其限度 —— *1424*
　　第五节　哈耶克的科学主义概念 —— *1438*
　　第六节　作为社会关系的科学 —— *1454*
　　第七节　技术统治与启蒙意识形态 —— *1486*

附录一
地方形式、方言土语与抗日战争时期"民族形式"的论争 —— *1493*

第一节　作为"民族形式"的"中国作风"与"中国气派"
　　　　——共产主义运动中的民族主义政治与文学问题 —— *1495*
第二节　"地方形式"概念的提出及其背景
　　　　——战争对乡村与都市关系的重构 —— *1499*
第三节　"地方性"与"全国性"问题 —— *1503*
第四节　方言问题与现代语言运动 —— *1507*
第五节　"五四"白话文运动的否定之否定 —— *1526*

附录二
亚洲想像的谱系 —— *1531*

第一节　"新亚洲想像"的背景条件 —— *1531*
第二节　亚洲的衍生性：帝国与国家、农耕与市场 —— *1539*
第三节　亚洲概念与民族运动的两种形式 —— *1552*
第四节　民主革命的逻辑与"大亚洲主义" —— *1565*
第五节　多个历史世界中的亚洲与东亚文明圈 —— *1574*
第六节　互动的历史世界中的亚洲 —— *1592*
第七节　一个"世界历史"问题：亚洲、帝国、民族国家 —— *1603*

参考文献 —— *1609*

人名索引 —— *1666*

本册细目

◎ 下卷
　　第一部
　　公理与反公理 —— 831

第八章　宇宙秩序的重构与自然的公理 —— 833
第一节　严复的三个世界 —— 833
1. 翻译与文化阅读 —— 833
2. "集体的能力"与以"虚"受物、
　　以"无"为用的"中央集权" —— 837
3. "名的世界"与"易的世界" —— 841
**第二节　"易的世界"：天演概念与
　　　　　民族—国家的现代性方案** —— 844
1. 天演概念与易学宇宙观 —— 844
1.1 关于社会达尔文主义 —— 844
1.2 赫胥黎的循环进化与斯宾塞的单向进化 —— 846
1.3 "天演"概念建构的易理逻辑 —— 851
2. 社会进程、伦理原则与国家问题 —— 857
2.1 赫胥黎进化范畴中的三重领域和三重规则 —— 857
2.2 斯宾塞的放任主义与"控制的集中化" —— 860
2.3 任天为治、保种进化与尚力问题 —— 863
2.4 群己权界、无为之治与中央集权 —— 873
第三节　"群的世界"：实证的知识谱系与社会的建构 —— 882
1. "群"概念的分化特征与总体性 —— 882
2. 以"群学"为要归的分科之学 —— 889
第四节　"名的世界"：归纳法与格物的程序 —— 897
1. "穆勒名学"中的归纳/演绎、实验/直觉 —— 897
2. "真"与"诚"的互换与格物的程序 —— 903
3. 对直觉主义的批判与朱陆之辨 —— 908

4. "意验相符"与不可知论 —— *915*
   第五节 现代性方案的"科学"构想 —— *920*

第九章 道德实践的向度与公理的内在化 —— *924*
   第一节 梁启超的调和论及其对现代性的否定与确认 —— *924*
   第二节 "三代之制"与"诸科之学"(1896—1901) —— *929*
   1. 公羊学与变法：康有为的影响 —— *929*
   2. 三代之制、诸科之学与群的理想 —— *935*
   3. 认知与修身：作为道德实践的科学方法 —— *951*
   第三节 科学的领域与信仰的领域(1902—1917) —— *956*
   1. 科学、宗教与知识论问题 —— *956*
   2. 两种理性、功利主义与近代墨学研究 —— *970*
   3. 进化概念、民族主义和权利理论 —— *979*
   第四节 科学与以人为中心的世界(1918—1929) —— *995*
   1. 文明危机与进化论的道德视野 —— *995*
   2. 知行合一、纯粹经验与人的世界 —— *1000*

第十章 无我之我与公理的解构 —— *1011*
   第一节 章太炎的个体、自性及其对"公理"的批判 —— *1011*
   1. 个体概念为什么是临时性的和没有内在深度的？—— *1011*
   2. 认同问题为什么被理解为一种道德的取向？—— *1014*
   3. 个人观念的反道德方式及其对确定价值的追寻 —— *1017*
   第二节 临时性的个体观念及其对"公理"的解构
         ——反现代性的个体概念为什么又以普遍性为归宿？—— *1021*
   1. 现代性的态度：把个体纳入群体进化的时间目的论之中 —— *1021*
   2. 反现代性的态度：拒绝将个体与
      群体进化的历史目的论相联系 —— *1027*
   3. 否定性的自由：个体观念的内涵与
      对"公理"世界观的批判 —— *1031*
   4. 自然法则与人道原则 —— *1037*
   5. 无我的个体不能成为道德的起源 —— *1040*

6. 阿赖耶识、无我之我与重归普遍性 —— *1043*

第三节 民族—国家与章太炎政治思想中的个体观念
——在个体/国家的二元论式中为什么省略了社会？ —— *1047*

1. 个体概念为什么是反国家的和无政府的？ —— *1047*
2. 在个体/国家二元对立的论述模式中，
   如何理解个体/民族的关系？ —— *1051*
3. 个体/国家的论述模式与晚清国家主义 —— *1057*
4. 在个体/国家的二元论述模式中，
   为什么省略了社会范畴？ —— *1061*
5. "群"之否定（1）：从个体角度批判代议制与平等问题 —— *1064*
6. "群"之否定（2）：对商的否定涉及由谁来分享国家权力 —— *1067*
7. "群"之否定（3）：学会、政党与国家权力扩张 —— *1069*
8. "群"之否定（4）：个人、民族主义及其
   对士绅—村社共同体的否定 —— *1070*
9. "个体为真，团体为幻"的多重政治内涵 —— *1075*

第四节 个体观念、建立宗教论与"齐物论"
世界观对人类中心主义的扬弃
——在无神的现代语境中，什么是道德的起源？ —— *1078*

1. 无神论与以重建道德为目的的宗教实用主义 —— *1078*
2. 依自不依他与佛教三性说 —— *1084*
3. 宗教本体论与个体的意义 —— *1090*
4. 齐物论的自在平等：体非形器、理绝名言、涤除名相 —— *1093*
5. 个体/本体的修辞方式与自然之公 —— *1100*

下卷 第一部

公理与反公理

第八章

宇宙秩序的重构与自然的公理

> 小之极于跂行倒生,大之放乎日星天地;隐之则神思智识之所以圣狂,显之则政俗文章之所以沿革,言其要道,皆可一言蔽之,曰'天演'是已。
>
> ——严复

第一节 严复的三个世界

1. 翻译与文化阅读

对于晚清时代的士大夫而言,1894—1895 年甲午战争的失败是一个象征性的事件。它意味着以洋务运动为标志的改革的失败,也意味着即使有所改良,传统的制度和知识谱系也不足以应对严峻的现实。在士大夫心理严重受挫的背景下,重构新的世界观和知识的系统,进而为制度的改革创造理论的前提,成为迫切的任务。严复在晚清思想中的特殊地位和贡献就在于:他以进化论和现代科学方法为背景建立了一个完整的新宇宙观,并在欧洲自由主义思想的支持下,提出了一套变革的方案,从而有力地回应了新一代知识分子的内心焦虑和时代的挑战。

但是,严复的思想活动的意义需要时间的过滤才能充分地展现出来。在他的同代人看来,严复的影响主要得自他的翻译才能,以及他对近代西方思想的深刻的了解。梁任公称"几道先生为清季输入欧化之第一人",[1]而吴汝纶初读《天演论》译稿之际,便惊叹"盖自中土翻译西书以来,无此宏制,匪直天演之学,在中国为初凿鸿蒙,亦缘自来译手,无此高文雄笔也。"[2]翻译在那个时代的思想生活中具有特殊的意义,严复的贡献就在于:通过翻译活动,他把近代欧洲的思想和观念编织进了汉语的广阔空间,从而在两种语言之间创造出了一种特殊的文化。尽管严译概念中的绝大部分最终都为日本转译的新名词所取代,商务印书馆在严译名著8种后附《中西译名表》共收词482条,其中被学术界沿用的仅56条,[3]但利用古典语言翻译外来词的做法显然给他的同时代人留下了极深的印象。

严复的翻译,特别是对斯宾塞、赫胥黎、穆勒和斯密的著作的翻译,几乎穷尽了中国古典的语汇,其中相当一部分如果不是由于这些西方典籍的翻译,已经近于死亡。这是一个创造性的过程:西方的思想激活了汉语的古老语汇,而汉语的丰富内含改造了西方的概念。天演、自繇、内籀、公理、群学、储能、效实,以及物竞天择、适者生存等等,在严复那里不是孤立的概念和翻译的用语,它们与传统的汉语世界建立了一种紧张而又内在的相关性。"新理踵出,名目纷繁,索之中文,渺不可得……一名之立,旬月踟蹰,我罪我知,是在明哲。"[4]这些典雅的文辞构筑出一个既熟悉又令人惊异的思想空间,我把它称之为"名的世界"。这个"名的世界"并不是概念的堆积,它们相互之间存在着内在的逻辑关系。对于晚清士大夫和年轻一代的学子来说,它们如同符咒一般重新组织了他们的生活和世

---

[1] 见孙严群为严复《天演论》所作的序,严译名著丛刊、赫胥黎著《天演论》,北京:商务印书馆,1981,(下同),页iv。
[2] 吴汝纶:《桐城吴先生全书·尺牍》,卷一,页159,答严又陵。此后,他在给《天演论》所做的序文中亦称:"自吾国之译西书,未有能及严子也。"《吴汝纶序》,见严译名著丛刊,赫胥黎著《天演论》,页vi。
[3] 见熊月之:《西学东渐与晚清社会》,上海:上海人民出版社,1994,页701。
[4] 严复:《"天演论"译例言》,严译《天演论》,页xii。

界：从外在的自然到内在的道德，从物种的由来到人类的历史，习以为常的经验迅速地被吸收到一种新的逻辑之中，一种新的构造之中，一种新的运动之中。新的概念及其蕴含的内在逻辑的组织力是惊人的，变革的必要性几乎不再需要证明，因为它不过是这幅世界图景中的某个规定的局部而已。我们可以理解，置身这一世界观变化（或思想史的范式转换）的人所感到的内心震动该是多么强烈："赫胥黎氏以人持天，以人治之日新，卫其种族之说，其义富，其辞危，使读者怵焉知变，于国论殆有助乎？是旨也，予又惑焉。"〔5〕

从外国学者的眼光来看，严复的意义似乎有所不同。如同托克维尔之于美国人，在西方学者的眼中，严复是一位来自东方的西方评论家，他们从中吃惊地照见了自己已经淡忘的形象。"严复站在尚未经历近代化变化的中国文化的立场上，一下子就发现并抓住了这些欧洲著作中阐述的'集体的能力'这一主题。"〔6〕史华兹在仔细的比较分析之后得出的结论是：严复充分地发挥了关于能力的概念，并在使个人主义作为发挥能力的手段之后，把公心置于自由思想的中心位置。他显然觉得这在很大程度上是由于严复过于关注国家目标，以至产生了对自由主义的歪曲和误解。〔7〕不过，史华兹的更为重要的论断在于，这些误解和歪曲经常是包含在欧洲思想家的理论逻辑之中的，而这些欧洲思想家并不了解这一点。例如，能力问题曾经是文艺复兴时期的中心议题之一，但在这种能力已经获得胜利的情境中，对能力问题的关注似乎没有必要继续下去了。在史华兹的论题里，"公心"与国家目标的关系是不言而喻的，从而这一问题被置于个人自由/国家的关系之中加以讨论。但在我看来，严复显然把"公心"看作是一种较之国

---

〔5〕 同上，页 vii。
〔6〕 路易斯·哈茨的序文，见本杰明·史华兹：《寻求富强：严复与西方》，叶凤美译，江苏人民出版社，1989，（下同）页 1—2。
〔7〕 史华兹一方面觉得在近代世界里，没有一个社会不具备国家力量而能幸存下来。但他仍然相信，凡在价值观念被认为是达到强盛的手段的地方，这些价值观念就很可能是靠不住的、无生命力的和被歪曲了的。他慨叹说，无限追求富强的浮士德式宗教与社会—政治价值观念（甚至是更加基本的人类价值观念）的实现，这两者的关系究竟如何，对我们来说，完全像对他们一样，仍然是一个谜。同上，页 235。

家问题更为广泛的问题,它与个体自由的观念并不抵牾。"[8]

在为本杰明·史华兹的杰出著作《寻求富强:严复与西方》所做的序文中,路易斯·哈茨发挥作者的观点说:"严复认为,除开西方作者们所说的诸多的'个人主义'或'放任主义'而外,'集体的能力'这一主题体现了欧洲走向近代化的运动,而这一主题所以尚未为西方评论家特别关注,显然是因为它常常是被通过其他观念加以表达的。但今天,西方已在不知不觉中进入一种新的境况,卷入了许多明显在经历'近代历史'的国家的事务中,这必将使处在新境况中的西方对自己思想史上的这些问题作一回顾。严复的看法,在极大程度上,很可能最终会成为我们的看法。"[9]严复的确不可能自始至终确切地阐释他的自由思想的观点,因为他所依赖的经验对象("西方")是如此地不确定、如此地不平衡、如此地充满了差异。但他还是通过那些特殊的概念构筑出了"西方"的完整形象。史华兹没有象当今的许多理论家那样斥责严复的"西方主义",相反,他从严复的观点中看到了深藏的、几乎已被忘却的欧洲历史的集体记忆:西方思想所表达的有组织的力本论精神仍是西方的特点和冲击力的关键所在。换言之,严复对自由的工具化理解恰恰揭示了西方社会在自由与极权的形式之间的徘徊:"工业主义手段和关心国家(或超国家的)力量之间从未隔着一道铁壁。如果自由主义或社会主义的价值观念是近代社会'合理化'的副产品,那么,它们必然与这种合理化的各个方面(政治的、军事的和经济的)有关。国家和军事力量的成长是与工业化的进展成正比的。"在这个意义上,"实现富强的手段就是天生带有等级制性

---

[8] 严复曾经用"公"的概念解释西方社会的民主制度,这在晚清知识界并不是特别特殊的情况。早在1844年,梁廷枏出版了中国人编写的第一部系统的美国通志。在述及美国政治制度时,他说:"彼自立国以来,凡一国之赏罚禁令,咸于民定其议,而后择人以守之。未有统领,先有国法,法也者,民心之公也。……"(梁廷枏:《合省国说》,卷二,页13)但是,为什么他们用"公"的观念来描述这种制度呢?"公"作为一种价值明显在他们观察西方民主制度之前即已确立。因此,他们对西方社会的观察为"公"的价值提供了新的内容。

[9] 史华兹:《寻求富强:严复与西方》,页1—2。

质的和权力主义的,这一点已经得到充分的证实。"[10]在冷战的氛围中,史华兹通过严复看到了"西方精神"中深藏着的国家主义和崇尚权力的内蕴,他试图重申自由的绝对的、自主的而非工具的价值地位,以克服"西方精神"中过度的力本论观念。也许我们可以推论说,史华兹对严复的观察建立在社会/国家、自由/干预、个人/组织等自由主义社会理论的基本范式之上。这些基本范式起源于16世纪至19世纪欧洲资产阶级与封建国家进行斗争的历史,并在斯宾塞的社会学、穆勒的政治论、斯密的经济学中得到了理论的表达。但是,这些基本范式能否作为近代中国社会变革的理论力量,则依赖于完全不同的历史条件。因此,严复的翻译和阐释活动经历着双重的范式转移:一方面是史华兹已经指出的中国思想的范式转移,另一方面则是"西方理论"自身的范式转移,后一方面在史华兹的视野中已经被解释成为严复对"西方理论"的歪曲与误解。[11]

2. "集体的能力"与以"虚"受物、以"无"为用的"中央集权"

在我看来,严复对"集体的能力"的关注没有任何难以理解之处,这与欧洲自由主义思想关于国家干预问题的讨论没有多大的相关性。与其

---

[10] 同上,页234—235。

[11] 胡志德(Theodore Huters)通过审视1895年以后严复早期写作中的紧张,重新检讨中国知识分子如何吸收西方思想的问题。他认为,一方面,就严复而言,这些写作通过勾勒新的、西方的思想与中国过去的陈腐思想的尖锐对比,表明了加速改革的迫切性。另一方面,也常常发现这些从西方进口的新的概念与中国思想的本土概念存在潜在的相似性。严复试图通过一种修辞方式解决这种最终的紧张,即通过过分强调中国与西方的话语差异来拒绝本土思想的有效性。他的这种动机的大部分来自他的这种感觉:在他之前的洋务思想家已经失去了推动变革的思想力量,这是因为他们急于宣称西方的新思想与中国的本土事物存在太多的联系。反讽的是,稍后的知识分子出于同样的前提经常把严复描述成与中国传统思想模式作了太多妥协的人物。Theodore Huters, "Appropriations: Another Look at Yan Fu and Western Ideas,"见《学人》第9辑,南京:江苏文艺出版社,1996,页259—356。

说斯宾塞、穆勒的思想中内含着的逻辑使他得出了力本论的和国家主义的结论,不如说自由资本主义的历史及其创造的全球关系迫使他得出这样的结论。[12] 即使如此,史华兹的结论也仍然值得思考:严复竟能够穿透"歪曲"和"误解",直接地抓住那些连欧洲作者自己也不了解的内在的逻辑。这肯定不是他深入地研究这些思想和理论的结果,这有他的如此众多的"歪曲"和"误解"为证。救亡的急务对他的理解产生了极为重要的作用,但是,这一急务能够提供如此的洞察力也令人难以置信。严复对"西方"及其理论的解释具有连贯的逻辑和体系性,这迫使我们不得不回到哈茨提及但却未能深述的"尚未经历近代化变化的中国文化的立场"。实现富强与等级制和权力主义的关系是在现代性的逻辑中建立起来的,但是,这种"尚未经历近代化变化的中国文化的立场"难道是和这种等级制和权力主义完全一致的吗?严复的确没有把自由、平等的价值当做自由主义所理解的价值来看待,但是,那些支配他理解"西方"的思想方式,例如"公心"的观念,是否隐含了某些与等级制和权力主义相对立的价值呢?这是严复的"群的世界"(亦即社会)的关键问题之一。

严复在为老子作评点的时候,曾经就中央集权问题作过有趣的说

---

[12] Herbert Spencer 的 *The Study of Sociology*(即严译《群学肄言》)一书结论部分谈到英相 Mr. Gladstone(1809—1898)对宗教和科学的看法,严复特别加了一节按语,其中涉及对干涉主义的看法。他说:"葛莱斯敦最信宗教,意以宗教为地维天柱,非此则人道将废,而世不知为何如世也。故于百年来教力之衰,常抱无穷之戚,……自斯宾塞指其与格物为反对,葛颇不自安,复数番致书自解。略谓吾之前言,非与格物为难也,特以谓宗旨所存,末流多过。譬如自由之说兴,而穷凶之孽,或由此作。即持干涉之义者,而民直(即俗所谓权利与他书所谓民权)或以见侵。设仆云然,未必遂为自由之反对,抑亦非尚法者之叛徒也。至于天演本宗,仆固未喻,何必为局外之毁乎?与执事各守封疆可耳,无取为之角距也。"《群学肄言》一书全书仅两处按语,此为一处。原文中并无葛氏的这段辩解性的文字。从这段引文看,似乎暗示干涉主义可能会侵害民权,但这种关系也并不是必然的关系。见万有文库本《群学肄言》,商务印书馆,1931,(下同)页355—356。有关 Gladstone 的段落,见 Spencer, *The Study of Sociology* (Ann Arbor: The University of Michigan Press, 1961), p. 358。

明。他说:"近人颇尚中央集权之政策,读《老子》知惟以'虚'受物,以'无'为用者,乃能中央集权也。"[13]这当然也是他的"公心"的表现,我们能否将这样的"中央集权"看作是国家主义呢?他在"黄、老之道"与君主之"儒术"之间构成对立,并把这种对立与民主制和君主制的对立关联起来,明显地体现了一种放任主义的倾向。这种倾向与他对国家危亡的关注并无丝毫矛盾之处。[14]当严复在中西对比的关系中阐释近代西方思想的特质的时候,"中国"总是一个负面的形象和价值,然而,如果深入地去观察,我又觉得这些"负面的"形象和价值仍然渗入了他对"正面的西方"的理解之中。这使我感到:严复揭示出的那些欧洲思想家自己未曾觉察的前提,如力本论和国家主义,并不能完整地体现他本人的思想。在严复构筑的世界观里,存在着某种与这些前提直接冲突的价值和逻辑。很显然,这些价值和逻辑与自由主义的价值并没有什么关系,尽管他确乎在老子和中国传统的典籍中发现了一种独特的"自由"理念。[15]

严复晚年曾经感叹他这一辈的学人"虽皆各具新识,然皆游于旧法之中";[16]在给熊纯如的信中,他还谈及对庄子终生喜好,说自己的思想"往往不能出其范围"。他评论新知识分子的特点说:

> 晚近中国士大夫,其于旧学,除以为门面语外,本无心得,本国伦理政治之根源盛大处,彼亦无有真知,故其对于新说也,不为无理偏执之顽固,则为逢迎变化之随波。何则?以其中本无所主故也,……

---

[13] 《"老子"评语》,《严复集》第4册,页1079—1080。
[14] 严复说:"夫黄、老之道,民主之国之所用也,故能长而不宰,无为而无不为;君主之国,未有能用黄、老者也。汉之黄、老,貌袭而取之耳。君主之利器,其惟儒术乎!而申韩有救败之用。"这里提出申、韩救败之用是颇有意思的,这显然是说一定程度的集权和法制是一种工具性的东西,而不是目的。同上,页1079。
[15] 在为《老子》第18章所做的评点中,严复说:"故今日之治,莫贵乎崇尚自由。自由,则物各得其所自致,而天择之用存其最宜,太平之盛可不期而至也。"同上,1082。
[16] 《严几道晚年思想》(即"严几道与熊纯如手札"),香港:崇文书店,1974,页113。

> 比辈人数虽重,大都富于消极之道德,乏于积极之勇气,……[17]

晚年严复似乎是"背离西方退回到传统",但史华兹非常有力地论证说,他的晚年思想与他早年对斯宾塞、穆勒和甄克思的理解是一脉相承的,从而"背离西方"之说未必确切。[18]更重要的是,严复早年对传统的抨击并不意味着他在传统之外,相反,"本国伦理政治之根源盛大处"恰好是他解释欧洲思想家的著作的基本背景。这个背景对于当时的士大夫而言并无任何新奇之处,但就像西方的读者已经忘却了斯宾塞、穆勒著作中的深藏的逻辑一样,他们看到的是他对西方的理解,却看不见这种理解中深藏的逻辑和结论。然而,我不仅深信这种深藏的逻辑的存在,而且认为离开这种逻辑便无法揭示严复思想的更为基本的方面。

更为重要的是,严复对个人自由与公心和国家的关系的解释并不仅仅源自老庄思想或易学宇宙观,而且深刻地植根于近代中国的历史形势。我在下文中将详细论述的问题之一就是:在晚清中国的语境中,"群"或"社会"的范畴是和创造民族—国家的历史任务直接相关的。换句话说,近代中国的变革涉及的不仅是现代国家的创造,而且是现代社会的创造,而这两者的关系是互相依赖的。西方社会理论和经济理论中的那种社会/国家二元论起源于资产阶级占据市民社会并与贵族国家相抗衡的历史,而在晚清中国,社会范畴则适应着创造现代国家的历史需要。在这一语境中,近代欧洲历史中的那种社会/国家的二元论无法描述晚清中国的历史条件。严复对斯宾塞、斯密和穆勒的某些改造必须被置于这一历史情境的差异中才能得到理解。

---

[17]《严几道晚年思想》(即"严几道与熊纯如手札"),(同前)页58—60。严复说,庄子"其言曰:名,公器也,不可以多取;仁义,先王之遽庐也,止可以一宿而不可以久处。庄生在古,则言仁义,使生今日,则当言平等自由博爱民权诸学说矣。庄生言儒者以诗书发冢,而罗兰亦云,自由自由,几多罪恶假汝而行。甚至爱国二字,其于今世,最为神圣矣。然英儒约翰孙有言,爱国二字,有时为穷凶极恶之铁铰……"

[18] 本杰明·史华兹:《寻求富强:严复与西方》,页209—210。

3. "名的世界"与"易的世界"

　　因此,建立一种新的视野来看待严复便不可避免了。这种视野既不同于梁启超、吴汝纶的传统眼光,也不同于史华兹、哈茨的自由主义。与其说它是"尚未经历近代化变化的中国文化的立场",不如说是正在经历近代化变化的中国文化的立场。严复在为《天演论》和《穆勒名学》所做的序文和按语中,曾用《易》理阐西学,人们多半以古代佛经翻译的"格义"说为解,似乎这仅仅是一个技术或工具的问题。但学术史家钱基博却不这样看,在出版于1936年的著作《经学通志》中,他把严复作为晚清经学的代表人物之一,赫然列之于"易学家"之列,而严复的易学代表作就是《天演论》。[19]这位江南世家出身、观点略显保守的学者的看法看似古怪,但却反映了哈茨所谓"尚未经历近代化变化的中国文化的立场"和清代学术传统的一般观点,也在一定程度上合乎严复本人的自我理解。[20]我当然不会像钱基博那样把《天演论》看作是易学著作,但是,"易学世界观"是否贯注于严复对近代西方思想的理解,并构成了某种体系化的逻辑,以及这种逻辑与他明确解释的价值之间的关系如何,是值得深入研究的。

　　如果说自繇、平等、天演、群学等等概念在社会运动中具有非凡的"组织力",并构筑了新的世界图景和运动方向,那么,在严复自己的思想和翻译实践中,还存在着另外一种"组织力",它把归纳方法、个人主义、重商主义、集体主义和民族思想等相互冲突的思想因素联结成为一种有序的结构。这种"组织力"是严复思想体系的"世界观"特性的标志,它植根于那个时代仍然存活的文化方式之中,并为严复游走于两种语言之间的方式提供了有力的根据。正是在严复所依赖的文化的视野中,近代欧洲的自由思

---

[19]　钱基博:《经学通志》,中华书局,1936,页38。
[20]　严复在《译"天演论"自序》中说:"近二百年,欧洲学术之盛,远迈古初,其所得以为名理、公例者,在在见极,不可复摇。顾吾古人之所得,往往先之,此非傅会扬己之言也,吾将试举其灼然不诬者,以质天下。"他所举的例子即是《易》。《天演论》,页 ix。

想背后隐藏的那种力本论和国家主义才如此鲜明地凸现出来。"名的世界"与"易学的宇宙论"是合二而一的。我们需要通过前者理解世界的整体关系,我们需要通过后者了解"名的世界"建构的基本规则。

严复的翻译活动及其创造的"名的世界"与"易的世界"的双重结构,提出了一些观察近代中国思想的理论方式问题。晚清中国思想普遍地接受了一种康德主义的观点,即我们之所以能认识这个世界并掌握它的真理,仅仅因为心灵为其知性规定了一整套范畴,并通过这些范畴把在经验中所给予的东西组织起来。事物的确定性质及其关系,起源于思维加之于世界的概念构架。这些概念构架赋予确定无形式的东西以确定的形式。然而,在翻译的实践中,范畴的无时间性和无变化的观点明显地受到了挑战,因为康德所确定的那些先验范畴仅仅是通过翻译活动才被植入另一个语言(文化)系统之中的。更重要的是,解释特定时代的范畴不能与解释这一时代的思想框架相混同。为了说明思想框架,就必须回溯整个的历史,即展示认知与自我认识两方面的生成历史。范畴的生产与思想框架的联系是历史地生成的,它们无法分开,但在分析过程中却不应混同。

严复通过他的翻译活动创造的不仅是一个新的宇宙观,而且是一个用各种新的命名组成的世界图景。近代科学思想输入的重要一环是名学的复兴,从墨子名学的再发现,到穆勒逻辑学的译介,都表明新的世界图景的创造依赖于新的概念体系。严复批评中国语言过于含混,认为"语言之纷至于如此,则欲用之以为致知穷理之事,毫厘不可苟之功,遂至难矣。……治科学者,往往弃置利俗之名,别立新称,以求言思不离于轨辙,盖其事诚有所不得已也。"[21]他还指出中国虽有训诂的传统,却没有对概念进行界说的方式。因此,他力图在汉语的世界中创造出一种既能在汉语中找到渊源,又不致混同于一般语言的名词体系。可以说,通过《天演论》、《群学肄言》、《法意》、《穆勒名学》、《原富》等著作的翻译,以及他主持的"名词研究会",严复创造了一个独特的"名的世界",个人、种族、国家、自然、社会的各个方面都需要在这个"名的世界"中加以仔细地界

---

[21]《穆勒名学》部甲,北京:商务印书馆,1981,页35。(下同)《严复集》第4册,页1031。

定。"名的世界"不仅是中国人重新理解和控制自己的世界的方式,而且也是现代社会体制得以形成和建立的基本前提。只有在这个意义上,我们才能理解,严复的论敌——如章太炎——竭力地用唯识学和"齐物论"世界观对抗"名的世界"的真正含义:章太炎的"齐物的世界"与严复的"名的世界"是两种完全不同的世界构想。"名的世界"是一个力图通过知识的合理化而抵达的合理化的世界体制,"名"的关系的界定主要建立在事物的功能关系之中;而"齐物的世界"是对"名"的彻底摒弃,因而它实际上完全否定了事物之间的功能性的关系。通过功能性关系的界定,"名的世界"实施了对世界的各种关系的控制,并把它们置于一种等级结构之中;而放弃对世界的功能关系的界定则意味着对一切等级结构的否定,从而也是对一切制度性的实践的否定。非常明显,在严复那里,"名的世界"具有广泛的包容性。"故名学之所统治者不独诸科学已也,即至日用常行之事,何一为名学之所不关乎?"这里所说是名学,但用之于他的"名的世界"也完全是恰当的。[22]

值得提出的是,对于严复来说,"名的世界"是一个科学的世界,"易的世界"也同样是一个科学的世界,而"群的世界"则是在科学方法和科学知识谱系中呈现其内在的结构的。这三个相互关联又相互区别的世界包含了严复对于整个世界的理解,从而构筑了一个完整的世界观。

本章试图在这样的视野中研究严复"以认知为中心建立起来的含政治、道德与自然为一体的公理观"。我从三个方面展示这个"公理观"的内涵和逻辑:1."易的世界":天演概念与民族—国家的现代性方案;2."群的世界":实证的知识谱系与总体性问题;3."名的世界":归纳法与格物程序;从时间顺序来看,严复的翻译实践是从赫胥黎的《天演论》始,中间是斯宾塞的《群学肄言》等,而后才是《穆勒名学》。所有这三个方面的问题及其相关关系,不仅在严复写于1895年的几篇重要论文中即已奠定,而且在严译《天演论》中也已得到了初步的表达。

---

[22]《穆勒名学》,部首·引论,页8。

第二节 "易的世界":天演概念与民族—国家的现代性方案

1. 天演概念与易学宇宙观

1.1 关于社会达尔文主义

天演或进化问题作为一种近代科学思想的重大发现构成了严复思想的中心问题,但正是这一问题把他与社会达尔文主义联系起来。我把严复关于自然和社会的看法归结为一种以公理为核心的宇宙论和世界观。严复的"群"和"群学"概念把社会理解为一种道德实在,而他的归纳法的程序及其与天理的关系也预设了宇宙的道德性质。严复的"科学"不仅是一种形而上学体系,而且是以"群学"为中心建立起来的、以"群"的等级关系为基础的结构—功能系统。这样一种特殊的公理观与社会达尔文主义在原理上无疑是对立的,但为什么严复又对斯宾塞主义如此感兴趣呢?

史华兹著作中最为精彩的篇章也许就是他有关严复与斯宾塞的关系以及严译《天演论》的讨论。严复作为一位社会达尔文主义者的形象也正是在严复与斯宾塞、赫胥黎的错综复杂的关系中建立起来的。史华兹正确地指出,严复的所有观点都与斯宾塞体系的一些组成部分相关联,[23]但他的整个论证的中心并不是从体系上来看待严复与斯宾塞的关系,而是

---

[23] 史华兹举出如下方面:一元论的准泛神论的自然主义;把宇宙想像成"取之不尽的"复杂多样的力和能力的"仓库";斯宾塞所揭示的达尔文的机械进化论;对社会机体作生物学的类比;对自由主义观的特殊揭示;所有这些都带有斯宾塞的灵感。《寻求富强:严复与西方》,页63—64。

研究严复对国家富强的关注及其与斯宾塞学说中的那种自由主义论题的关系。"严复从斯宾塞的解放个人'才能'的观点中找到了人类自由的概念。民众的德、智、体能力在一个由自由制度及无拘束的经济领域内的生存竞争所构成的环境中茁壮成长。同时,所有这些被解放了的能力组织起来、融合到一起了,他们'合志'为社会机体即民族—国家的富强服务,而民族—国家也必须进行社会机体一级的生存竞争。"[24] 换句话说,严复的强烈的民族主义和社会达尔文主义倾向使得他无法真正理解斯宾塞的那种"放任的个人主义"以及自由主义对个人价值的尊重,歪曲了斯宾塞最深奥的主观感觉的价值观念。[25] 从这样的基本判断出发,史华兹认为严译《天演论》的基本倾向是和赫胥黎的《进化论与伦理学》完全相反或对立的。这种对立可以被理解为一种曲解了的斯宾塞主义与赫胥黎的伦理中心主义的冲突,也可以被理解为社会达尔文主义与抨击社会达尔文主义的伦理观的冲突。[26]

史华兹的论述是极为复杂而有力的,他所根据的不仅是严复的文章和按语,而且还有赫胥黎对斯宾塞把生物学的类比运用于复杂的人类社会的批判为证。因此,如果我们希望检验他的论断,就不仅需要研究严复的具体观点,而且还需要重新解释赫胥黎和斯宾塞的观点,并在三者之间建立起一种比较关系。在进入这个分析过程之前,我还是愿意指出:史华兹显然忽略了一个基本的方面,即斯宾塞和赫胥黎关注的主要是一个社会内部的生存斗争和伦理,他们处理的问题与马克思所处理的资本主义社会中的阶级关系十分接近,虽然在方式上极为不同。个人/国家的关系在他们那里首先涉及在什么基础上建立社会共同体的同一性。然而,严复面对的则是如何在殖民主义的世界氛围中确定生存权利的方式。在面临外来侵略的历史情境中,自由主义所假定的那种国家/社会的二元论几乎是无效的,因为只有形成自主的民族—国家才能保护"社会",同时只

---

[24]　同上,页67。
[25]　同上,页69。
[26]　同上,页93。

有形成"社会"的同一性，才能为国家的富强创造条件。在赫胥黎的著作中，他曾把殖民地与种植园相比拟，实际上也就把土著居民归结为"人为世界"之外的宇宙进程。我们不难注意到他的洋溢着道德激情的演讲在涉及作为"园艺世界"的殖民地时的那种平静的语调。[27]这种语调与严复渴求富强的急切情绪的确形成了尖锐的对照。对于努力摆脱"土著"困境、把自己提升为"园艺世界"的严复来说，最为重要的当然不是"园艺世界"的内部规则，而是如何才能形成"园艺世界"，从而获得进入"社会进程"的权利。无论是进化论，还是社会有机体理论，都曾被严复用于在与外部世界的权力关系中界定国家与社会的同一性，这一点史华兹的判断并不错。如果民族主义概念能够被恰当地用于那些为摆脱被奴役地位而致力于民族同一性的创造和主权国家的建立的知识分子的话，严复就是一位民族主义者。但史华兹的错误在于：这一意义上的民族主义不仅与社会达尔文主义没有什么必然的联系，而且也与自由主义理论中的社会/国家关系没有多大关系。

1.2 赫胥黎的循环进化与斯宾塞的单向进化

从严复与斯宾塞、赫胥黎的思想关系来看，我们所面对的是三个复杂的体系性的思想，任何个别观点上的差别都可能掩盖了某些结构上的关系，而结构上的类似也可能隐含了具体观点的对立。例如，赫胥黎的确反对斯宾塞把适合于宇宙进程的原理运用于社会进程，但他也充分地注意到忘却人类作为一种动物这一基本事实的危险。因此，他一方面受到那

---

[27] 赫胥黎在他的著作中对于以进化论为理由而进行的弱肉强食感到愤慨，他也谴责了"种族主义"，但仔细地阅读能够帮助我们理解，他针对的主要是一个社会共同体内部的生存竞争。例如他说："使我感到惊讶的是，有这么一些人，他们习惯于图谋主动或被动地灭绝人们当中的弱者、不幸者和多余者，他们为自己的这种行为辩护，自称这是由宇宙过程所批准的，是保证种族进步的唯一途径；假如他们坚持下去的话，必然会把医学列入妖术中，而且把医生看作是不适于生存的人的恶意的保护者；在他们撮合婚姻时，种马繁殖原则产生了主要影响；因此，他们的整个一生都是在培育一种抑制自然感情和同情心的高贵技艺。"赫胥黎：《进化论与伦理学》，《进化论与伦理学》翻译组译，科学出版社，1971，(下同)页25—26。

些经济学家的攻击,他们用适者生存的生物学原理论证经济竞争的野蛮体系的正当性,而另一方面,他又遭到那些道德家的批判,他们认为接受进化论将摧毁道德的基础。[28]在这个意义上,我们不仅要解释严复与赫胥黎和斯宾塞在观点上的差别,而且还需要建立起一种理解的框架,从而使我们能够从结构上理解他们之间的关系。

赫胥黎曾经明确地说,他的《进化论与伦理学》一书就是要"澄清那种看来对许多人已证明是障碍的东西,这就是指那种表面上的反论:伦理本性虽然是宇宙本性的产物,但它必然是与产生它的宇宙本性相对抗的。"[29]但他立刻补充说:"如果没有从被宇宙过程操纵的我们祖先那里遗传下来的天性,我们将束手无策;一个否定这种天性的社会,必然要从外部遭到毁灭。如果这种天性过多,我们将更是束手无策;一个被这种天性统治的社会,必然要从内部遭到毁灭。"[30]赫胥黎这里所指的正是宇宙进程中的生存竞争的本能,他称之为"自我肯定"(self-assertion)。赫胥黎的演讲具有一种希腊悲剧式的调子和视野:在希腊悲剧中,除了事物本质的那种深不可测的非正义性之外,还有什么共同的主题呢?除了其所表现出来的由本人亲手造成的,或他人的致命罪恶活动所造成的无辜者的毁灭之外,还有什么使人更深刻地感觉到是真实的呢?[31]为了反驳斯宾塞的那种伦理自然主义,赫胥黎在伦理的裁判席上为宇宙定罪,但如果我们更深入地理解他的思想,他的希腊悲剧式的态度,那么,问题显然就变得复杂起来。

尽管赫胥黎有达尔文的"斗犬"之称,但他的进化概念不仅不是生物

---

[28] *The Essence of T. H. Huxley*, edited by Cyril Bibby (London: Macmillan and Company Limited,1967), p.156.
[29] 赫胥黎:《进化论与伦理学》,页 iii。
[30] 同上,页 iv。
[31] 赫胥黎举例说,俄狄浦斯的心地是纯洁的;是事变的自然程序——宇宙过程——驱使他误杀其父而成了他母亲的丈夫,使他的人民遭难,并使他自己急速毁灭。在这里宇宙过程像似被判定为有罪的。但是,这种对宇宙过程的宣判实际上是以承认宇宙过程与社会过程的不可避免的关系为前提的。在这个意义上,如何解释所谓宇宙过程与社会过程的对立就成了一个问题。参见同上书,页 41。

学和人种学的概念,而且具有某种古老的循环论的特征。这一点显然是被许多人忘却了。在《进化论与伦理学》一书中,进化论指的是宇宙总体的变迁过程或者自然状况的不稳定性,在知识上至少可以回溯到公元前六世纪的恒河河谷和爱琴海亚洲沿岸的发源地。赫胥黎把希腊爱奥尼亚和印度早期哲学家思想中的关于现象世界的变化多端、无始无终的理解,以及宇宙过程与人类正义的解释,看作是进化理论的先导。因此,整个的文明史和哲学学派都与进化的问题关联起来,他们从各自的理论出发为宇宙过程辩解、定罪,并不断从对大宇宙的研究转向小宇宙的研究,发展出各不相同的伦理学。因此,实体、梵、阿德门、轮回、涅槃、羯磨等古老概念都可以看作是对宇宙进化的解释。

　　古代思想的一个极为重要的特征就是有关变异与轮回的观念,如果用这些思想来解释进化的概念,那么,一个最为明显的结论便是彻底改造那种直线进化的理念。事实上,赫胥黎的进化概念本身具有深刻的循环论的特征,它和章太炎所说的"俱分进化论"更为接近:宇宙过程的进化表示一种前进的发展,即从一种比较单一的情况逐渐地演化到一种比较复杂的情况,但其含义已经被扩展到包括倒退蜕变的现象,即从一种比较复杂的情况进展到一种比较单一的情况的现象。[32]"进化论并不鼓励对千年盛世的预测。倘若我们的地球业已经历了亿万年的上升道路,那么,在某一时间将要达到顶点,于是下降的道路将要开始。最大胆的想像也不敢认为人的能力和智慧将能阻止大年的前进。"[33]换句话说,进化过程仅仅表示所有的事物都显示出"变异的趋向"。然而,这种进化概念不仅排除了创世说或其他超自然干涉的存在,而且也排除了偶然性的概念。进化不是对于宇宙过程的解释,而仅仅是对该过程的方法和结果的综述。无论是从无到有、从简至繁,还是从有到无、从繁至简,宇宙的变化都完全

---

[32] 他举例说,古生物学为我们提供了确实的理由来设想,倘若这些下等的本地植物的祖先系统上的每一环节被保存下来,并能为我们所见到,那么,整个系统就会表现为一系列复杂性逐渐减小的趋同类型,一直到比我们已发现过生物遗骸的任何时代还要遥远的地球史上的某一时期,它们会消融在动物和植物的界限还不分明的那些低等类群之中。同上,页4。

[33] 同上,页59—60。

受到秩序的支配,这种秩序在无限的时间和无限的空间里产生不断的变化,而由知识产生的信念则在一种永恒的秩序中找到它的目标:所有的事物都在努力完成它们进化的预定过程。[34]因此,赫胥黎在否定单线进化概念的同时,并没有否定宇宙过程受控于秩序和目的的判断,而仅仅是把超自然的干涉严格地排除在其以后的进程之外。

赫胥黎的这种循环论的进化概念与斯宾塞的关键概念"进化"构成了尖锐的对比,后者的进化概念是一种由简至繁、不断分化与整合的过程,因此,它绝不是循环论的。斯宾塞在《第一原理》(*First Principle*)、《综合哲学》(*Synthetic Philosophy*)以及《社会学原理》(*Principles of Sociology*)等书中阐述的进化概念具有广泛的体系性,它主要涉及了无机进化(如天文学问题,地球的起源等)、有机进化(由各种等级的生物群、植物、动物所表现的物理现象、更为特殊的精神现象)以及超有机进化(亦即社会现象)等三个方面的内容。[35]但最为重要和引人注意的是他对超有机进化的描述。帕森斯(Talcott Parsons)说:"斯宾塞关于社会的思想包含了三个主要的和基本的实证主义理论观念:第一,社会作为一个自我调节的体系的观念,第二,功能分化的观念,第三,进化的观念,所有这三个信念在今天仍然保持着像他当年写作时一样的重要性。"[36]正是由于斯宾塞的进化概念是和社会作为一个自我调节的系统的观念、功能分化的观念密切相关,因此,他用这一概念表示日益上升的分化(即功能的特殊化)和整合(即结构上分化出来的部分的相互依赖和功能协作)过程。他相信这样理解的进化可以在宇宙的所有领域,包括无生命的自然中观察到,但我们无需推敲这个宇宙论的问题,因为这一概念与物理学或天文

---

[34] 赫胥黎谈论康德的星云假说时说,"很可能像康德所说的那样,预先注定要演化成为一个新世界的每一团宇宙岩浆,不过是其已消失的前身同样预先注定的结局。"同上,页5—6。

[35] Spencer, *Synthetic Philosophy*, vol. I (New York: D. Appleton and Company, 1890), pp. 3-7.

[36] Talcott Parsons, "Introduction," in Herbert Spencer, *The Study of Sociology* (Ann Arbor: The University of Michigan Press, 1961), pp. v-vi.

第八章　宇宙秩序的重构与自然的公理

学的相关性或不相关性并不能预定它是否能够运用于人类历史。就生物学而言,今天没有人挑战这一观点,即分化和整合程度较高的有机体是通过一个复杂的、延伸了无数代的过程而从较为简单的有机体发展而来的。

但是,在斯宾塞看来,人类社会及其制度由简至繁的进化趋势甚至较之有机体的进化更为明显,个体发生的社会类似物是组织单位根据先前存在的模式进行复制的过程,如公司新机构的开张,军队建立新的团队等等。除了这种复制之外,我们可以看到许多从简单到复杂的转化过程,当社会结构的新的类型产生的时候,它们与种系发生非常类似,它们的结构较之它们从中产生的结构更为复杂(分化和整合的程度更高)。这可以从工业和军事组织方面观察到。有机体进化也是从简单到复杂,但后者并不取代前者。人类社会集聚的进化过程的更为引人注目的特点却是相反的:复杂的结构不仅是从简单结构中发展而来,而且后者还要通过吸收、扑灭的方式取代前者。例如,国家不仅从部落发展而来,而且还取代它们,以至不再有部落作为独立的政治实体。[37]斯宾塞大量讨论政治、经济机构和总体社会结构的进化过程,在这方面由简至繁的过程似乎准确无误。但是,如果我们回过头来观察宗教、家族、家庭以及道德、宗教、艺术等文化变迁,他的描述的弱点便暴露无遗。例如中央国家的形成是和家族网络的衰败联系在一起的,语言方面的语法简化也可以看作一例。也许斯宾塞可以争辩说:家族的简化是和别的社会网络的复杂化直接相关的,因此,它并不证明总体社会结构的简化。他把维多利亚英国的家庭模式看作是人类婚姻的最终形式,并勾勒出从乱交、一夫多妻或一妻多夫制到一夫一妻制的连续关系。但正如人类学家已经证明的,这些婚姻形式不仅在不同的历史时期都存在,而且它们也伴随着相应的复杂的政治形式。[38]

---

[37] See Stanislav Andreski,"An Introductory Essay," Herbert Spencer: *Structure, Function and Evolution* (London: Thomas Nelson and Sons Ltd.,1971),pp. 8-10.
[38] Ibid,pp. 11-13.

1.3 "天演"概念建构的易理逻辑

那么,严复是如何处理赫胥黎和斯宾塞在进化问题上的歧异观点的呢?在《译"天演论"自序》中,严复用《易传》、《老子》和宋明理学的语言发展了一种独特的解释,并用一种特殊的逻辑弥合了赫胥黎和斯宾塞在进化问题上的分歧。史华兹主要从斯宾塞对于天地万物的想像与中国宇宙论的思想模式的相似性方面对此作出解释,但几乎没有涉及严复的看法与赫胥黎的关系。他指出,在斯宾塞的含糊的、泛神论的、自然主义的、内在论的一元论中,各种现实现象都"脱胎"于唯心论的"绝对实在",并通过空间、物质、时间、运动、力这些饶有趣味的范畴发生联系。[39]而所有这一切都特别地适合于用中国古代的典雅文辞加以译述。然而,在《进化论与伦理学》一书中,赫胥黎已经为严复在古代思想与进化论之间找到了桥梁。除了斯多葛学派的本性或自然(nature)概念之外,还有希腊的逻各斯、中国的道、印度的梵和阿德门,这些最终永恒实体不仅是宇宙的源泉,而且是道德的起源。[40]在赫胥黎所解释的斯多葛学派的nature概念所具有的本性和自然的双重含义启示下,严复用"天演"概念这一具有自然与伦理双重意味的词来译述evolution概念便是非常自然的。我认为这一切强烈地暗示了严复关于中国古代思想的永恒价值的观点,并直接地导致了他把赫胥黎和斯宾塞的相互冲突的进化概念一同纳入他的"易学世界"之中。在《译"天演论"自序》中,他一反那种反对用中学比附西学的姿态,由衷赞美说:"今夫六艺之于中国也,所谓日月经天,江河行地者尔。……近二百年,欧洲学术之盛,远迈古初,其所得以为名理、公例者,在在见极,不可复摇。顾吾古人之所得,往往先之,此非傅会扬己之言也,……"[41]

严复对自己的文化如此自信,显然是受到了赫胥黎和斯宾塞的影响。

---

[39] 史华兹:《寻求富强:严复与西方》,页47。
[40] 赫胥黎:《进化论与伦理学》,页52—54。
[41] 严译《天演论》,页viii—ix。

他用一种独特的逻辑重新解释了赫胥黎和斯宾塞的进化理论,而对他们之间在进化问题上的分歧完全不予理会。这并不是因为他不了解赫胥黎和斯宾塞之间的矛盾,而是因为他的易学宇宙论和解释逻辑完全能够消解这种矛盾。《周易》依据卦爻象的变化推算人的命运,其中不仅含有某种逻辑推演和理智分析的因素,而且也用阴阳变易的法则解释宇宙和人类生活中的一切问题。在讨论严复对穆勒逻辑学的理解时,我会详尽地分析他的"归纳逻辑"与理学的"格物程序"之间的关系。值得注意的是,宋明道学体系赖以出发的思想资料和理论思维形式,是通过易学而形成和发展起来的。理学中的"格物程序"所以能从具体的物理而推出性理,并最终抵达天理,是和它接受了易学宇宙论那种把天道与人事相关联的论述方式无法分开的。"那种把宋明道学视为'人学'或'仁学',进而将中国哲学的特点简单地归结为伦理型的哲学,是由于没有看到或者忽视易学在其哲学体系中的地位而产生的一种片面见解。"[42]易学世界中的那些重要范畴如太极、乾坤、阴阳、道器、理事、理气、形而上和形而下、象数、言意和神化等等,在整个中国思想中具有极深的影响。环绕着"一阴一阳之谓道"的变化法则,易学思想在历史中不断地得到阐释,取象说、取义说、象数学派、义理学派都通过易学的范畴构筑了各自对于世界的整体解释。严复在晚清民初时代被学术史家视为"易学家",恰好在于他用赫胥黎、斯宾塞和穆勒等人的理论重新诠释易理,从而在新的知识条件和社会状况下,发展了易学的宇宙论。

正是在易学宇宙论的框架中,严复把进化的概念解释为天演的范畴,并将归纳(内籀)和推理(外籀)的科学方法与周易的象数之学关联起来。严复用阴阳变易的逻辑把各种传统范畴和现代概念纳入天演的过程之中,以一种特殊方式重新诠释了穆勒、赫胥黎和斯宾塞的学说。在天演的范畴中,这些学说的差异性消失了,而代之以一种内在的同一性和相关性。严复的推论过程包含了一些明确的步骤,第一步是把易理中的隐显关系与穆勒关于归纳与演绎的逻辑学关联起来:

---

[42] 朱伯崑:《易学哲学史》上册,北京大学出版社,1986,页5。

> 仲尼之于六艺也,《易》、《春秋》最严。司马迁曰:"《易》本隐而之显,《春秋》推见至隐。"此天下至精之言也。始吾以谓本隐之显者,观《象》《系辞》以定吉凶而已;推见至隐者,诛意褒贬而已。及观西人名学,则见其于格物致知之事,有内籀之术焉,有外籀之术焉。内籀云者,察其曲而知其全者也,执其微以会其通者也;外籀云者,据公理以断众事者也,设定数以逆未然者也。乃推卷起曰:有是哉! 是固吾《易》、《春秋》之学也。迁所谓本隐之显者,外籀也;所谓推见至隐者,内籀也,其言若诏之矣。二者即物穷理之最要途术也,而后人不知广而用之者,未尝事其事,则亦未尝咨其术而已矣。[43]

在这里重要的不仅是把归纳和演绎逻辑与"本隐而之显"、"推见至隐"在方法论上关联起来,而且更为重要的是把归纳和演绎的逻辑理解为阴阳、隐显、有无的变易过程。如果隐显、阴阳和有无是宇宙变易的法则,那么作为科学方法的归纳与演绎就是这种变易法则在知识上的表现。因此,归纳和演绎的逻辑必然是以一种特殊的宇宙论为前提的。

通过科学方法与变易的宇宙法则的关联,科学世界观作为一种掌握和控制变易过程的认识方式,也就与易学宇宙论直接地建立起了联系。这就是第二步。"夫西学之最为切实而执其例可以御蕃变者,名、数、质、力四者之学是已。而吾《易》则名、数以为经,质、力以为纬,而合而名之曰《易》。大宇之内,质、力相推,非质无以见力,非力无以呈质。凡力皆乾也,凡质皆坤也。奈端(牛顿)动之例三,其一曰,静者不自动,动者不自止,动路必直,速率必均。此所谓旷古之虑,自其例出,而后天学明,人事利者也。而《易》则曰:乾其静也专,其动也直。"[44]名数质力不仅是科学的专门学科,而且成为宇宙的基本构成力量,易学宇宙论的内在结构重构了它们之间的关系。因此,人们能够用这些专门的知识及其相关关系把握和推论宇宙变易的方式和途径。力、质等物理学概念在宇宙变易的

---

[43] 严译《天演论》,页 viii—ix。
[44] 同上,页 ix。

过程中就是乾坤、动静、隐显的代名词。归纳和演绎逻辑所以能够适用于名数质力等各个知识领域,不过是因为它们都是宇宙阴阳变易的呈现方式,因而具有宇宙论意义上的同一性。

易学宇宙论的阴阳、动静、乾坤、隐显的范畴,以及在这一框架内解释的内籀/外籀、质/力等相关概念,体现了关于宇宙的循环论的理解。从这方面看,严复的易学世界观与赫胥黎的带有循环论特色的"宇宙进程"是完全一致的。但另一方面,易学宇宙论的运用范围是和斯宾塞的进化论相似的,它们都把有关变易过程的描述贯彻到宇宙、世界和人类社会生活等一切领域之中。在这方面,易学宇宙论与赫胥黎有关宇宙进程和社会进程相互对立的观点相互矛盾,而与斯宾塞的进化概念更为接近。严复对斯宾塞的兴趣在一定程度上在于他把进化概念用于宇宙、世界和人类的所有领域,而斯宾塞由简至繁的进化概念的最为引人注目的应用正是在社会进程之中。这里的困难是:易学宇宙论与斯宾塞的由简至繁的进化概念相互冲突,而与赫胥黎的循环论的宇宙进程更为接近;与此同时,易学宇宙论的那种贯通天、地、人的结构与赫胥黎拒绝将自然规则运用于伦理领域的思想相互冲突,而与斯宾塞的综合哲学原理更为相似。

因此,如何克服这两个方面的矛盾就成为形成"天演"概念的第三步骤,其途径是以易学中的爻变观念或变易观念化解进化与循环之间的冲突。[45] 严复说:

---

[45] 易学中的爻变和变卦是与占筮相关的。一卦卦辞的内容是有限的,只观卦辞,不足以应付所占之事,还要观爻辞。但一卦之爻辞有六条,其内容各不相同,有的其吉凶占语又相矛盾,所以只能选其中的一爻作为推断的主要依据。此爻即可变之爻,即本卦中的九、六之数或老阴、老阳之象。爻变即一和——两画互变后,形成另一卦即之卦。这样,又多了一卦的卦辞和爻辞,作为判断所占之事的复杂情况了。此即变卦说的由来。变卦说虽出于占筮时对《周易》中卦爻辞的取舍,但提出一个重要观点:所占之事的吉凶,取决于可变之爻,爻变则成为《周易》筮法中的中心观念。此即后来《系辞》中所说"爻者言乎变者也"、"刚柔相推而生变化"。参见朱伯崑:《易学哲学史》上册,页22。

> 后二百年，有斯宾塞尔者，以天演自然言化，著书造论，贯天地人而一理之，此亦晚近之绝作也。其为天演界说曰：翕以合质，辟以出力，始简易而终杂糅。而《易》则曰："坤其静也翕，其动也辟"。至于全力不增减之说，则有自强不息为之先，凡动必复之说，则有消息之义居其始，而《易》不可见，乾坤或几乎息之旨，尤与热力平均、天地乃毁之言相发明也。此岂可悉谓之偶合也耶？[46]

严复首先肯定斯宾塞的"贯天地人而一理之"的逻辑，而后再对由简至繁的进化过程加以重新界说。他把"始简易而终杂糅"的进化观放在易学的"翕""辟"概念之中，最终再一次将宇宙理解为动静相续的过程，而能量守恒定律为这一循环过程提供了新的本体论的依据。[47]这与其说是对斯宾塞的进化概念的肯定，不如说是改造。只有理解了上述过程，我们才能理解"天演"概念的实质内含：

> 凡兹运行之理，乃化机所以不息之精，苟能静观，随在可察：小之极于跂行倒生，大之放乎日星天地；隐之则神思智识之所以圣狂，显之则政俗文章之所以沿革，言其要道，皆可一言蔽之，曰"天演"是已。[48]

天演概念的建立经历了一个较之一般想像更为复杂的推理过程，这一概念不仅不能一般地还原为进化概念，而且在许多方面是和进化概念相冲突的。它以易学逻辑为框架，以动静相续的循环论为特征，以天地人

---

[46] 严译《天演论》，页 ix。
[47] 这一点与赫胥黎的看法是完全一致的。他曾以植物的生长为例，指出其从种子到植物再到种子的过程适合于所有生命的进化。"我们只要看一看世界的其他方面，循环进化从各个方面都表现出来。诸如表现在水之流入大海复归于水源；天体中的月盈月亏，位置的来回转移；人生年岁的无情增加；王朝和国家的相继崛起、兴盛和没落——这是文明史上最突出的主题。"《进化论与伦理学》，页 34。
[48] 严译《天演论》，页 5。

的统合结构为内含,以归纳和演绎逻辑为知识形式,以现代物理学的质力观念为科学根据。值得注意的是,"所谓质力杂糅,相剂为变者,亦天演最要之义。"但在循环进化过程中,也存在着最终的不可消失的事物,即"力"。"前者言辞以散力矣,虽然,力不可以尽散,散尽则物死,而天演不可见矣。是故方其演也,必有内涵之力,以与其质相剂,力既定质,而质亦范力,质日异而力亦从而不同焉。"[49]质的差异提供了"力"的运作的不同形态和规则,但"力"的永恒存在则是"天演"的根据。严复在自己的传统中重新诠释"天演"概念,这使他与斯宾塞主义保持了距离。值得注意的是,进化概念的流行远在达尔文发表他的《物种起源》(1859)之前,但这本书的初版本中根本没有使用过这一概念。"在达尔文自己的著作中,'自然选择'并不必然含有'适者生存'的引申意。达尔文只对探索实际发生的生物变异的普遍性解释感兴趣,并无兴趣宣示进化过程总是'向前的'和'向上的'。"对于斯宾塞具有更为直接影响倒是拉马克。[50]严复对天演概念的诠释包含了对于达尔文学说的更为贴切的理解,也融入了他在特定历史形势中的发挥和引申。事实上,清代易学研究包含着许多自然科学的因素,例如焦循的《学算记》和《易学三书》由数学形成"易"学,并由易学形成一套世界观。他的易学以数理或抽象的量变(旁通、相错、时行)通释一切,是一种否定"质"的变迁、仅从数量关系看待事物演变的形式主义的均衡论和演绎法。与此相比,严复的天演概念中却包含了更为实质性的力和质的关系,"适者生存"的斗争也因此才能在这个天演世界观中扮演重要的角色。均衡与和谐是最终的,但这种均衡与和谐却需要反均衡的、反和谐的人类活动才能抵达。如果我们真的可以把《天演论》放在清代易学的序列中观察的话,那么,这一著作的出现意味着易的世界内部包含着一种反抗的力量,它有可能在特定时刻打破对立统一的均衡世界。曾有学者认为焦循的易学、特别是其中的"易通"的观念反应了嘉庆初期中西交通中的商业观念和商品交换的关系,这种看

---

[49] 严译《天演论》,页7—8。
[50] 李欧梵:《知识源考:中国人的"现代"观》,《天涯》1996年3期,页101。

法略显机械却不无道理,因为抽象的数量关系未必不是在现实的利益关系的激发之下才获得表达的。如果说19世纪生物进化的观念是在那一时代经济学的竞争观念的刺激下产生的,那么,天演范畴则是在殖民主义时代对世界现实作出的概括,它与严复翻译工作中的经济学、政治学和社会学存在着内在的呼应关系。"天演"概念在严复思想中居于中心地位,因此,如果不能理解这一概念的复杂结构也就不可能理解他的伦理观念和政治思想。

2. 社会进程、伦理原则与国家问题

2.1 赫胥黎进化范畴中的三重领域和三重规则

天演概念是一个总体的宇宙观念,它的主要内含不仅在自然方面,而且更在社会和伦理方面,所谓"推之农商工兵语言文学之间,皆可以天演明其消息所以然之故"。[51]我们仍然需要在严复、赫胥黎和斯宾塞的三重关系中理解这一点。

赫胥黎的进化概念所具有的循环论特征并不仅仅渊源于古代思想,而且也来自他对宇宙进程和社会进程之间的冲突的理解。宇宙进程产生了一些短暂的生命形式,并分化出与这一进程相对立的世界。然而,包括史华兹在内的大多数的论者都注意到赫胥黎反对混同宇宙进程与社会进程的观点,却没有注意赫胥黎不是在一种二元结构中阐述这一问题,而是在三重关系中解释进化过程。《进化论与伦理学》一书的基本结构就是在进化的范畴中区分出三重领域、界定三种规则,并研究这三重领域和三种规则的关系。这三个领域就是自然的领域、人为的领域和社会组织的领域,而与之相适应的三种规则就是自然选择的规则、科学的规则和伦理的规则。宇宙过程受到自然力的支配,但人类却试图按照自己的意图、力量创造一个人为的世界,赫胥黎把这一过程称为"园艺过程",他曾用开

---

[51] 严译《天演论》,页8。

拓殖民地与这一过程作类比[52]。在"园艺过程"中起作用的人的肉体、智力和道德观念是宇宙过程的产物,是自然界的一部分;但这一过程本身与"通过自然状态起作用的同一宇宙能力,是互相对抗的,而且在人工的和自然的东西之间到处都表现出同样的对抗性。"[53]不仅是自然状态同园地的人为状态相敌对,而且用以创立和维持园地人为状态的园艺过程原理同宇宙过程原理也是对立的。后者的特点是紧张而不停的生存斗争,前者的特点是排除引起斗争的条件来消灭那种斗争。但是,第三个领域即"社会进化"的领域是一种性质上根本不同的过程,它既不同于在自然状态中引起物种进化的过程,也不同于在人为状态中产生变种进化的过程。通常所谓的社会中的生存斗争,乃是一种不是为了取得生存资料,而是为了取得享受资料的斗争。正是在这样一种社会关系中,人必须学习"自我约束"和断绝欲念,这就是人作为一种"政治动物"的特质。上述三个领域的界定本身是一个宇宙进程的分化过程,它最终还将还原到宇宙进程之中。"摆在人类面前的是一种用以维持和改进一个有组织的政体的人为之国的不断的斗争,以与自然之国相对抗。人在这种社会中并通过这种社会可以发展出一种有价值的文化,这种文化能够维持和不断改进自身,直到我们地球的进化开始其下降的过程,于是宇宙过程将恢复其统治;而自然之国将再一次在我们星球表面上取得优势。"[54]

赫胥黎的三分法引申出的一些重要结论,能够为我们理解严复思想的一些相关方面提供可能性。首先是对科学与政治的关系的理解。赫胥黎的"园艺世界"是人与宇宙过程相对抗的产物,宇宙过程遵循物竞天择、适者生存的原则,而科学技术的目的却是消除"不适的"条件,以促进公民的天赋能力在与公益一致的情况下达到自由发展的目的。伦理学家

---

[52] 赫胥黎形容说,英国殖民者在塔斯马尼亚登陆后,发现自己处于"自然状态"中,而后他们着手消灭这种状态,于是引进英国的动物、植物和人,从而在旧的自然状态范围内,开创了一个新的植物区系和动物区系,以及一种新的人群。赫胥黎:《进化论与伦理学》,页11—12。
[53] 同上,页8—9。
[54] 同上,页31。

和政治学家的任务应该是用其他科学工作中所采用的同样的观察、实验和推论的方法,去确定最有助于达到此项目的的行动方针。园艺世界是人为了获取生存资料而创造的,在"园艺"意义上的"社会"不可避免地仍是生存斗争的一种不完备的工具,因而其基本原则仍然是宇宙进程中的天赋的"自我肯定"倾向。赫胥黎相信科学的发展在不远的将来将在实践(伦理)领域内造成一次伟大的革命。但是,这却不等于说,科学原则能够成为真正的伦理原则。这是因为园艺过程仍然是一种生存斗争的过程,如果行政长官在单纯是科学原则的指导下思考问题,他就会像园丁一样采用有系统地消除或排除过剩者的办法来对付这种极其严重的困难。病人、老人、残疾人和过剩的婴儿就会像园丁根除有缺陷的、多余的植物那样被淘汰掉。正是在这个意义上,赫胥黎坚定地批判了斯宾塞等人的那种将宇宙进化的原理试用于社会和政治问题的做法。[55]

然而另一方面,赫胥黎坚持伦理过程与自然过程的对立,以及科学原则与伦理原则的对立,在政治上却有可能导致一种国家/社会至上论。假定"园艺过程"依赖于提高效率的工艺及其管理,从而为"科学管理"的正当性提供了合法性;那么,在社会进程与宇宙进程的对抗中,对抗的主体也是"有组织的政体的人为之国"而不是个人,它同样要求对个人的"自我肯定"本能的约束。赫胥黎描述的伦理过程指的是社会结合的逐渐强化的过程。这种伦理过程进展到能保障社会中每个成员都获得生存资料的程度,事实上就结束了。如果说园艺过程中行政权威的建立是为了有组织地征服自然以获取生存资料,从而遵循"自我肯定"的规则,那么,社会中的生存斗争却是为了获得"享受资料"。这个社会过程应该遵循的是"自我约束"(即亚当·斯密所称的良心)的伦理原则,它用道德的方式要求人的行为符合国家的法律和社会的规则,从而把自然人的反社会倾向约束在社会福利所要求的限度之内。换句话说,个人作为"政治动物"

---

[55] 赫胥黎说:"我仍然不得不承认这种把进化原理应用到人类社会来的严格的科学方法,是很难用于实际的政治领域的;这并不是由于大多数人缺乏愿望,而是由于有一个原因,那就是不能指望单凭人类自己会有足够的智力来选择最适的生存者。"同上,页24。

必须服从于"有组织的政体的人为之国"的基本规则。[56]因此,赫胥黎设想,"让财富和权力掌握在那些赋有最大的能力、勤勉、智力、顽强意志且不是缺乏同情心的人性的人们手里,那是很理想的。只要争取享受资料的斗争有助于把这样的人们置于拥有财富和权势的地位,那就是一个有助于造福社会的过程。……这个过程,和在自然状态中使生物适应于当时条件的那种过程,并无真正相似之处;和园艺家的人为选择,也没有任何相似之处。"[57]这就是赫胥黎的伦理原则在政治上的表达。

2.2 斯宾塞的放任主义与"控制的集中化"

斯宾塞的《社会学原理》(*The Principles of Sociology*)论证了三个主要观点:第一,社会能够按照日益分化和整合的概念加以分类;第二,存在着一种整体社会结构类型以及部分结构类型如工业、政治和牧师等的必要的起源关系;第三,能够在长时段中辨别出趋向于复杂化的总趋势。[58]这三个方面的内容都是和进化这一更为基本的概念联系在一起的。斯宾塞的伦理学植根于生物学和社会学,它们都是进化过程及其目标的表达。个人和集体实践的价值都必须根据它们是否有助于这个目标而得到估价。这个观点预设了一个未加证明的前提,即人类行进的总趋势一定是善;斯宾塞没有提出任何观点反对休谟的论题,就从实然跨越到应然,[59]从而论证了上述三个方面的伦理正当性。如果把斯宾塞的放任主义放在这个框架中理解,那么,斯宾塞实际上是在暗示,自由放任主义是合乎进化法则的社会模式,而进化过程自身已经设定了善的目标。因此,抑制这一过程,如赫胥黎那样的"自我约束"机制,反而违反了进化的过程及其最终

---

[56] 同上,页31。
[57] 同上,页29—30。
[58] Spencer, *Principles of Sociology* (Hamden, Connecticut: Archon Books, 1969), p. xix.
[59] 安德列斯基说,斯宾塞的进化伦理提供了某些判断善恶的指导,而语言哲学家关于人们怎样谈论伦理的讨论却不能。无论斯宾塞对与错,他总是能够运用他的巨大的理论力量来处理重要的问题,提出这样一些我们可能不同意、但却不能忽略的观念。Herbert Spencer: *Structure, Function and Evolution*, p. 32.

的目的。在这个意义上,赫胥黎的"自我约束"的伦理过程有可能导致个人对群体(国家和社会)的臣服,因为"自我约束"的含义是共同体的优先性;而斯宾塞则否认宇宙进程与社会进程的对立,因而宇宙进程的进化法则(适者生存)是一种预设了最终的善的法则。

放任主义观点和理论逻辑中蕴含的集权倾向构成了斯宾塞社会学的内在悖论。我认为,这一悖论直接地起源于19世纪社会学奠基其上的双重知识根源,即古典经济学和生物学的观念。19世纪中期的生物学从经济学中获得启发,这表现在经济竞争概念与自然选择(适者生存)概念的相关性之中。从经济与社会秩序的关系来看,斯宾塞的放任主义反对那种认为通过人的行为目标就能够简单地控制人的社会行为。[60]他明确地说,他支持那些一直在降格的自由企业的、反中央集权的、资产阶级(也即独立的中小商人、农庄主、手艺人)的理想和利益。从放任主义的经济学观点来看,社会伦理遵循的不是赫胥黎的那种"自我约束"的规则,而是自由竞争的规则。事实上,斯宾塞非常强调生物学从政治经济学那里得到了许多东西,但也认为在达尔文之后,已经不可能按照那些经济学家的狭窄方式理解社会。因此,政治体系必须被看作是经济体系的一部分,而不仅是从外部作用于经济体系的东西。反过来,在这个体系背后,存在着习俗和传统的巨大网络,这个网络虽然不能被清晰地分析,但它们的重要性却是能够认识的。这个总体构成了一个演化的系统,而这个演化系统又是有机生命的更为一般的进化的延伸。这就是将两者联结在一起的总的观念。[61]

---

[60] 帕森斯(Talcott Parsons)断言:"基本上,斯宾塞所做的——在他的《社会学原理》中表现得尤为充分——是把经济学家的原则运用到作为整体的社会之中。这一时期的放任主义(laissez-faire)取向——这是一个他不愿意用到他自己身上的概念——在这样一种语境中肯定是有效的,在其中,它反对这种幼稚的信念,即认为通过决定人的行为目标就能够简单地控制人的社会行为。在这种联系中,他有一个非常清楚的公式,它不仅是关于计划可能失败的方式的公式,而且是关于……有计划的行为的未曾预期的后果的重要性的公式。"Parsons, "Introduction," in Herbert Spencer, *The Study of Sociology* (Ann Arbor: The University of Michigan Press,1961), p. vi.

[61] Ibid., pp. vii-viii.

第八章 宇宙秩序的重构与自然的公理

但是，正如T. H. 赫胥黎和L. 沃德(Lester Ward)在当时即已注意到的，斯宾塞关于社会的有机论观点与他的极端的放任主义在各个方面（如它的经济学、教育政策和公共健康）都不协调，[62]因为有机类比表明了控制的集中化的不可避免性（如果不是可欲性的话），以及部分（即个人）屈从于能够被中央器官照管的总体的利益。我已经说过，斯宾塞的进化理论有一个没有明言的前提，即进化过程的总趋势是导向善，那么，按照这一逻辑，有机体的集中化趋势就必须得到正面的评价。经典的自由主义者们正是据此认为，斯宾塞的社会理论将把他引向拥护权威主义的集体主义(authoritarian collectivism)的某些形式，因为有机论把这种神经系统的较大的集中形式，亦即部分对整体的更大程度的臣服，看作是较高阶段的展示。斯宾塞著作的编辑者斯坦尼斯拉夫·安德列斯基甚至断言，"他的系统比马克思的阶级斗争理论更能为社会主义（如它所实际施行的而不是祈求的）提供逻辑的正当性；从中人们能够推导出阻止统治者手中的权力过度集聚的首要需求，从而力图用小的私人财产作为抗拒傲慢的官僚体系的堡垒。"[63]换句话说，赫胥黎的"伦理进程"通过"自我约束"的原则强调个体对整体的义务，从而带有某种共同体至上主义的倾向；而斯宾塞的有机体观念也导致了同样的结论。但他们有关伦理实现的预设却是截然相反的：前者把伦理原则建立在社会作为一种道德实在的前提之上，而后者则把伦理原则建立在宇宙进程的总趋势本身的合目的的特征之上；前者要求对抗宇宙进程及其自然选择的原理，而后者则否定人为秩序的必要性，强调自然选择乃是贯穿自然、社会和伦理领域的普遍原则。

---

[62] 在这类问题上，斯宾塞的观点是非常激进的。"斯宾塞立场中最为极端的部分，或许是他对所有国家资助的教育的根本拒绝。从最批判的观点看，他认为这瓦解了个人责任的原则。对于个人来讲有什么决定比结婚和生孩子更重要的决定呢？作出这一决定的个人必须完全对它的后果负责，因而在他遇到困难时，没有任何公共权威能够帮助他摆脱困境。如果这就是斯宾塞关于教育的观点，那么，很清楚，英国和美国的福利国家形式多年来一定已使坟墓中的斯宾塞辗转反侧。"*Ibid.*, p. ix.

[63] Herbert Spencer: *Structure, Function and Evolution*, ed. Stanislav Andreski, p. 28.

2.3 任天为治、保种进化与尚力问题

严复对赫胥黎和斯宾塞的差异是非常清楚的。在《译"天演论"自序》中,他明确地说:"赫胥黎氏此书之旨,本以救斯宾塞任天为治之末流,其中所论,与吾古人有甚合者,且于自强保种之事,反复三致意焉。"[64] 这句话涉及了两个基本问题:第一,是遵循斯宾塞的"任天为治",还是根据赫胥黎的理论以人的道德主体性对抗宇宙进程及其适者生存的伦理?第二,"自强保种"的含义是什么?

严复的社会概念、伦理原则和政治观都建立在"天演"这一更为基本的范畴之上,他对斯宾塞和赫胥黎的取舍也都必须与他的"天演"范畴联系起来才能得到解释。值得注意的是,严复用荀子的"群"概念表达人类社会与自然界的差异(人之异于禽兽),从而肯定了社会的道德实质;但他并没有追随赫胥黎把自然过程与伦理过程对立起来的看法,而是赞同斯宾塞的看法,用"天演"的法则"举天、地、人、形气、心性、动植之事而一贯之"。[65]无机界、有机界、精神、社会、道德之本原、政教之条贯、保种进化之公例,以至农、工、商、兵、文学、语言、女权、民主、宗教、国家、种族,都必须纳入"天演"的范畴中加以理解。[66]"天演"概念作为一种宇宙运行的常理具有普遍伦理法则、历史哲学和价值源泉的多重含义,它是万物殊异和变迁之中的终极不变性,也即《政治讲义》中所谓"道"。[67]

正是在这里,似乎出现了一种道德主义和自然主义的"矛盾",亦即是遵循自我约束的道德以与宇宙进程相抗衡,还是"任天为治",遵从自然的法则?一方面,承认"天演"是普遍的常理,那么就必定会追随斯宾塞的"任天为治"、并把自然选择理解为宇宙进程和人类生活的道德基

---

[64] 严译《天演论》,页 x。
[65] 同上,页 4—5。
[66] 同上。
[67] 《天演论》中关于"天演"的下述描述与老子对"道"的描述是颇为相似的:"故知不变一言,绝非天运。而悠久成物之理,转在变动不居之中","虽然,天运变矣,而有不变者行乎其中。不变惟何?是名天演"。同上,页 2。

础。另一方面,强调人类社会具有区别于自然界的先天的"群性"或"人道",那么就必定会追随赫胥黎的"自我约束"原则、并把社会进程与宇宙进程的关系理解为对抗的关系。从社会伦理的角度看,这一问题的核心是:是遵循物竞天择、适者生存的原则,还是遵循自我约束的原则?如果这的确构成了一种"矛盾"的话,那么,这一"矛盾"是内在于"天演"概念之中的。

从最为明显的方面看,严复是肯定自然选择的规则的。他用体用关系来解释现象界的运动规则与不变之道的关系,即以"天演"为体,以"物竞天择"为用:

> 以天演为体,而其用有二:曰物竞,曰天择。此万物莫不然,而于有生之类为尤著。物竞者,物争自存也,以一物以与物物争,或存或亡,而其效则归于天择。天择者,物争焉而独存。……天择者择于自然,虽择而莫之择,犹物竞之无所争,而实天下之至争也。斯宾塞尔曰:"天择者,存其最宜者也。"[68]

物竞与天择在根本上是一致的,物竞是天择的途径,它遵循自然选择的基本法则。在天人关系上,严复反对赫胥黎"以物竞为乱源,而人治终穷于过庶"的看法,[69]把斯宾塞的放任主义看作是黄老之学,并认为推动人类行为的基本动力是生存的欲望和需求。因此,在这个意义上,"任天为治"并不是无所作为,而是确认生存欲望的正当性,并鼓励人为此而奋斗。在这里,斯宾塞的"任天为治"和黄老的顺性自然都和对人的生存本能(即赫胥黎所谓"自我肯定"的倾向,严复译为"自营")的肯定联系起来。如果说"进化"一词表述的是一种客观的必然规律,那么"天演"概念还是一种价值观念和行动准则。实际上,在严复那里,"天演"之"体"与"物竞天择"之"用"都含有某种指导意义,"必然"与"必须"在这两组概

---

[68] 同上,页2—3。
[69] 同上,页35。

念中异常含混地结合在一起,而无论是严复本人还是中国的读者,都忽略其作为一门科学的价值(必然),而强调在当时的形势下人们应该遵循的准则(必须)。自然进程通过自然界内部的各种事物的"自我肯定"的倾向而运作,因此,在"物竞"与"天择"这两个概念中,严复从重视人的意志和力量的角度特别注意"物竞"的原则,因为"天"的意志将以"物"的斗争而实现,但在确定哪一种斗争合乎天意方面,"天择"又具有决定性的意义,这就是前引所谓"天择者,存其最宜者也"的真正含义。

史华兹正确地指出,严复从西方思想中看到了一种力本论的观念,并把它用于社会进程,特别是民族的兴衰。他认为《原强》中严复所谓对民德、民智、民力的概念来自斯宾塞"著名的体力、智力、道德的三结合体。"[70] 但已有论者指出,除了"力"的概念之外,德、智概念只不过是《大学》中"诚正修齐"的概括而已。[71] 严复用质、力相推的概念解释宇宙的形成,认为民族(国种)的形成一如动物和植物的生长,都是宇宙运动中的"力"的结果。从内部来看,"国种之始,无尊卑、上下、君子小人之分,亦无通力合作之事。其演弥浅,其质点弥纯,至于深演之秋,官物大备,则事莫有同,而互相为用焉。"[72] 换言之,社会的形成是初民社会分化与整合的结果,它也是由力质相推而来。作为一种法则,物竞天择、适者生存的有效性建立在宇宙运行的永恒的"力"的运动之中。

但严复的"尚力"观点能否等同于社会达尔文主义仍需要进一步检讨。我们需要追问的是:既然严复同时确定"群"(社会)是一种不同于自然界的道德实在,那么,他的尚力论和物竞天择的主张究竟是在什么意义上运用的呢?严复在《原强》中曾经区分了两种不同的"群"概念,它们对于理解"物竞天择、适者生存"的社会含义是极为重要的。

---

[70] 史华兹:《寻求富强:严复与西方》,页54。
[71] 李强:《严复与中国近代思想的转型——兼评史华兹"寻求富强:严复与西方"》,《中国书评》(香港),1996年2月总第九期,页105—106。李强在查阅了大量斯宾塞的著作之后并未发现史华兹这一论断的出处。他断言,"这一说法更多地来自对传统儒家思想的领悟,而与斯宾塞关系似乎不大。"
[72] 严译《天演论》,页7。

第一种涉及人类为获取自己的生存而摆脱自然控制的过程,这一过程中的"群"和"种"是一种生物学概念。在介绍达尔文的《物种起源》时,严复描述物竞天择的状态说:

> "物竞"者,物争自存也;"天择"者,存其宜种也,意谓民物于世,樊然并生,同食天地自然之利矣,然与接为构,民民物物,各争有以自存,其始也,种与种争,群与群争,弱者常为强肉,愚者常为智役。及其有以自存而遗种也,则必强忍魁桀,趫捷巧慧,而与其一时之天时地利人事最其相宜者也。此其为争也,不必爪牙用而杀伐行也。习于安者,使之为劳,狃于山者,使之居泽,以是以与其习于劳,狃于泽者争,将不数传而其种尽矣。物竞之事,如是而已。……民人者,固动物之类也。[73]

在物竞天择、适者生存的自然过程中,"群"和"种"几乎等同于动物种类的关系,任何一种动物,包括人类,都必须遵循适者生存的原则。

第二种"群"概念则是指伦理之"群",亦即社会及其内部关系,尤其是一种道德本性。在《"群学肄言"自序》中,严复反对日本用"社会"译 society,而喜好用传统概念的"群"来译,史华兹的解释是,严复认为"'群'字更接近西方的 society 作为一个社会集团而不是作为一个社会结构的概念。"[74] 但这一解释显然是错的,这不仅因为严复的"群"概念中并不缺乏社会结构的内涵,而且还因为这一概念是在荀子思想、斯宾塞社会学和赫胥黎的"伦理过程"的多重关系中得到阐释的。它既标志着一种社会群体或社会结构,同时又表示这个群体或结构赖以形成的道德本质。[75] 我们可以肯定的是,"物竞天择、适者生存"的法则和严复的尚力论主要是在第一个层面使用的,而不是在社会伦理领域运用的。

---

[73] 严复:《原强修订稿》,《严复集》第 1 册,页 16。
[74] 史华兹:《寻求富强:严复与西方》,页 88。
[75] 参见严复:《原强》,《严复集》第 1 册,页 6。

严复区分上述两种"群"的方式非常接近于赫胥黎的三个领域的划分,即在自然过程中,人遵循适者生存、物竞天择的自然法则,用于获取生存资料的各种技巧、力量和意志为创造"适"的环境得到肯定;而在社会共同体内部,人必须遵循人伦法则。换言之,"物竞天择、适者生存"不适用于赫胥黎所涉及的"社会过程"(亦即社会内部的物质分配过程),而仅仅是"园艺过程"的自然法则。同时,也正如赫胥黎说的那样,社会进程本身虽然与宇宙进程相对抗,但它不仅是宇宙进程达到一定阶段的产物,而且最终也将回到宇宙进程之中。那是以人类的消亡为标志的。因此,尽管存在着社会伦理与宇宙伦理的冲突,但实际上,社会过程本身也经常包含了自然进程的因素。例如,由于繁殖而产生的争夺生存资料的斗争。

然而,假定物竞天择、适者生存的原则仅仅适用于获取生存资料的"园艺过程",那么,严复把它适用于"保种进化"不是社会达尔文主义又是什么?对此问题需要作仔细的辨析。

首先,进化的法则所以成为一个道德命令是"进化保种"或"合群进化"的自然结果,它不是鼓励社会内部的弱肉强食,而是为族群的生存而与"自然"作斗争。我认为,严复在这里受到了赫胥黎的"园艺过程"的描述的影响。赫氏曾以开拓殖民地与园艺过程作比较,在这个比喻中,不仅殖民地的自然环境被看作"宇宙进程"的一部分,而且殖民地的"土著"也被看作"宇宙进程"的一部分。当殖民者按照"自我肯定"的生存需求消灭和克服环境中的"不适"因素时,殖民地居民正是这些因素中的主要内容。因此,殖民地居民不在"园艺过程"的内部,从而不可能进入赫胥黎所谓"社会过程"。"社会过程"所应遵循的"自我约束"原则完全不适用于他们。赫胥黎的上述观点如实地反映了帝国主义殖民活动的思想基础。正是在"合群保种"的意义上,严复完全站在斯宾塞一边,批评赫胥黎要求放弃"自我肯定"的自然本性的社会伦理,因为理性的知识通过排除自然本性而最终毁灭了人的生存能力。对于日益陷入它者的"园艺进程"而面临灭顶之灾的殖民地人民而言,"设弃此自然之机,而易之以学问理解,使知然后为之,则日用常行,已极纷纭繁赜,虽有圣者,不能一日行也。"[76]尚力、尚同,并从各自争存的原始斗争,转向"保种进化",为"国种"和"国群"的形成和保存而奋斗,这就是"物竞天择,适者生存"的主要含义。这种含义中不仅包含了"群体"的重要性的观点,而且还包含了通过这种斗争形成"群"的愿望,而"群"作为社会结构体系是完全迥异于自然世界的(异于禽兽的)人道世界,从而也必须遵循"人道"的原则。赫胥黎的"园艺过程"以及殖民地的比喻涉及的并不是国家与国家之间的关系,而是某一人类群体与自然界(包括"土著")的关系。严复从一个被殖民社会的立场提出"自强保种",从而也从另一方向把自己的奋斗看作是一个"园艺过程"。

其次,如果上述观点成立的话,那么,它同时也意味着严复接受了斯宾塞的文明阶段的概念,并承认在不同的文明阶段存在着不同的社会原则。文明阶段概念并不是斯宾塞的独创,更早的作者如弗格森(Adam Ferguson)、孔多塞(Condorcet)已经对它们作出了详尽的合理分析。斯宾塞对社会形态学的贡献主要是引入了社会复杂性作为一个统一的半数量化的分类基础,而其他作者的谱系未能展示这种内在的统一性。文明阶段论一方面建立在社会进化的观念之上,另一方面也以形态学的方式提供了社会发展的目标和模式。对于严复来说,文明阶段概念为解决救亡与伦理的冲突提供了适当的途径。[77]严复于1904年翻译出版了甄克思(E. Jenks,1861—1939)的《社会通诠》(*A History of Politics*),该书即是以文明阶段论为基本框架,把社会进化区分为蛮

---

[76] 严复说:"斯宾塞、赫胥黎二家言治之殊,可以见矣。斯宾塞之言治也,大旨存于任天,而人事为之辅,犹黄老之明自然,而不忘在宥者已。赫胥黎……独于此书,非之如此,盖为持前说而过者设也。……物莫不慈其子姓,此种之所以传也。今设去其自然爱子之情,则虽深谕切戒,以保世存宗之重,吾知人之类其灭矣。此其尤大彰明较著者也。由是而推之,凡人生保身保种,合群进化之事,凡所当为,皆有其自然者为之阴驱而潜率,其事弥重,其情弥殷。"严译《天演论》,页16。

[77] 夏曾佑在《社会通诠·序》中说:"言变法者,其所志在救危亡,而沮变法者,其所责在无君父。夫救危亡与无君父不同物也,而言者辄混……自生人之朔以迄于今,进化之阶,历无量位。——位中,当其际者,各以其所由为天理人情之极而畔之,则人道于是终。"严译《社会通诠》,商务印书馆,1981,页vi。

夷社会（图腾社会）、宗法社会和国家社会（军国社会）三个阶段。甄克思把"兵事之演进"视为国家社会的起源，"此人道之可为太息流涕者也，而无如其为不可掩之事实。问今日巍然立国，其始有不自战胜而存者乎？"[78]严复根据甄克思的阶段论，也在中国的历史范畴中区分了唐虞以前的蛮夷社会、唐虞至周的宗法社会、秦至清代的由宗法社会向国家社会过渡的时期，而这个过渡时期占据主导地位的显然是宗法社会的倾向。因此，中国社会被界定为"宗法之社会而渐入于军国者"。[79]严复强调中国社会的宗法性质，显然包含了双重的动机：一方面，如果不能通过自身的奋斗而获得主权国家的地位，也就不可能实现他的"群治"的理想，因此，他把中国向现代国家的转变视为关键问题；另一方面，他认为宗法社会的特征之一是重视"种"界而忽略国界，而在近代世界的历史形势下，他认为国家主义或军国主义要比"民族主义"更为重要。换句话说，严复试图回避"内部的民族主义"问题，亦即满汉冲突的问题，并用"外部的民族主义"，即在近代民族国家体系中的主权地位问题，取而代之。正是后一点引起了章太炎、汪精卫等致力于排满革命的革命党人的强烈反感。[80]值得提出的是，甄克思的著作有着明显的社会达尔文主义倾向，却以极为尖锐和明确的方式揭示了现代国家取乱侮亡、兼弱攻昧的残酷历史。现代主权国家的政治制度、宗教风俗、经济体制等等，都是一种历史进化的产物。假定民主政治、个人权利和私人化的宗教

---

[78] 严译《社会通诠》，页65。
[79] 同上，页15—16。
[80] 汪精卫在《民族的国民》一文中分析了欧洲民族主义的历史，并归纳出民族同化的四个公例。他针对严复说："夫几道明哲之士也，其所译'社会通诠'有云：'宗法社会，始以屠族为厉禁，若今日之社会，则以广土众民为鹄，而种界则视为无足致严。'此其言当诚也。然几道案语言外之意，则有至可诧者。观其言曰：'中国社会，宗法而兼军国者也，故其言治也，亦以种不以国。（中略）是以今日党派虽有新旧之殊，至于民族主义则不谋而合，今日言合群，明日言排外，甚或言排满。（中略）虽然，民族主义将遂足以强吾种乎？愚以决其必不能矣。'几道此言，遂若民族主义为不必重，而满为不必排者。此可云信公例矣，而未可云能审我民族公例上之位置也。……"《民报》第一期。

和经济制度代表了某种价值的话,那么,这种价值不是起源于"善"的动机,而是起源于"恶"的历史。

第三,严复对于"天"的理解包含了道德的预设,从而他的"任天为治"并不能一般地理解为人作为动物的自私本能。在为《天演论·卷下·论十六·群治》所作的按语中,他针对赫胥黎的"自营"(自我肯定)概念说:"大抵东西古人之说,皆以功利为与道义相反,若薰莸之必不可同器。而今人则谓生学之理,舍自营无以为存。但民智既开之后,则知非明道,则无以计功,非正谊,则无以谋利,功利何足病?问所以致之之道何如耳。"[81]严复重新界定了"功利"概念,即只有"明道"、"正谊"的"功利"才成其为功利。他接着用刘禹锡、柳宗元的天论与理学的天道观相对比,指出他们之间的分歧也正是赫胥黎与斯宾塞的分歧:

> 前篇皆以尚力为天行,尚德为人治。争且乱则天胜,安且治则人胜。此其说与唐刘、柳诸家天论之言合,而与宋以来儒者,以理属天,以欲属人者,致相反矣。大抵中外古今,言理者不出二家,一出于教,一出于学。教则以公理属天,私欲属人;学则以尚力为天行,尚德为人治。言学者期于征实,故其言天不能舍形气;言教者期于维世,故其言理不能外化神。……[82]

严复的格物致知论已经包含了从对自然之物的研究而获得最终的天理的逻辑,这一逻辑在这里再一次表现为对自然本性中内含的"合理的"逻辑的肯定,亦即对最终的公理的肯定。在这个意义上,"物竞天择,适者生存"的规则在运用过程中也仍然需要进行重新界定,即在什么意义上,一种行为才是"物竞",什么事物才是"适者"?

在我看来,把严复的"尚力"论和天演观念等同于社会达尔文主义不过是用一种道德的批判遮盖了现代社会起源的真相。在解释现代国家产

---

[81] 严译《天演论》,页92。
[82] 同上,页92。

生的现代政治理论中,同一性的获得、合法性的实现以及社会整合都是作为一般系统问题列出的。但正如哈贝马斯所说,这些概念的系统理论的再阐释,遮盖了对政治统治而言本是构成性的联结要素。[83]在社会进化的过程中,不同形式的同一性得到了发展,例如宗法社会、帝国、城市国家、民族国家等等。所有这些都表达着不同的政治秩序与不同生活形式(性格、气质、民族精神)的结合。现代化理论把国家结构与民族结构作为两个不同的、但又相互依存的过程来处理是正确的,但这一理论主要从社会发展的合理化过程(其中一些激进的方面则用阶级冲突来加以解释)来解释现代国家的合法性,却不去研究一种政治价值获得承认的国家冲突和种族冲突的根源。严复对"尚力"问题的讨论不是在一个民族国家内部的关系中、而是在殖民主义的世界政治体系中解释上述问题。他所涉及的也不是一般的国家与国家的关系,而是讨论中国在世界殖民主义体系中的处境。史华兹几乎没有区分严复在民族冲突中对"国家"的看法与他在国家内部关系中对国家的看法,却从自由主义的社会/国家二元论出发把这两个方面共同归结为"国家主义"。例如他一再地说,严复歪曲了斯宾塞最深奥的主观感觉的价值观念,"斯宾塞的美国解释者,如把他的思想解释为经济个人主义和反中央极权下的经济统制的哲学家的萨姆迪·尤斯曼,他对斯宾塞心中意图的推测,比中国的这个念念不忘以国家力量为目的的不在位政治家的推测要准确得多。"[84]但是,在晚清王朝岌岌可危的条件下,严复所涉及的问题与"中央极权"又有什么相关性呢?

现代国家合法性的建立包含国内和国际两个方面。欧洲资产阶级国家可以被理解为一种经济系统分化的结果,这个经济系统通过市场调节生产过程——这是一种非中心化的、非政治的手段。欧洲社会的政治经济结构是和资产阶级占据市民社会并与封建国家相抗衡的历史直接相关

---

[83] Jürgen Habermas, *Communication and the Evolution of Society*, trans. Thomas McCarthy (Boston: Beacon Press, 1976), p. 180.
[84] 史华兹:《寻求富强:严复与西方》,页69—70。

的,这也是自由放任主义产生的历史前提。另一方面,现代国家是作为一个国家系统出现的,按照沃勒斯坦的说法,这个国家系统产生于"欧洲世界经济"(即欧洲国家统治的世界市场)之中,因此,国家的合法性问题不能仅仅在国家与社会的二元论中解释,而必须和世界资本主义的政治、经济和军事关系联系起来才能得到真正的理解。[85]用严复自己的话说:"(主权国家)外对于邻敌,为独立之民群,此全体之自由也;内对于法律,为平等之民庶,此政令之自由也。"[86]在19世纪的中国社会变革中,晚清王朝的合法性的丧失不仅是一个国内事件(如满汉冲突),而且是一个国际事件,因为它无法应付新的世界挑战。在这个意义上,创造新的社会同一性并建立相应政治统治,就不可能仅仅是在内部的关系中确立国家的合法性,而且必须在与外部世界的主权关系中界定自己的合法性。在近代国家的形成过程中,民族(种)作为一种集体同一性是一种意识结构,它不仅使得大众的社会动员成为可能,而且为建立相应于外部主权国家的政治结构以及国际间的关系准则提供可能性。在1897年发表的有关德国占据胶州半岛的文章中,严复反复提及"开化之民,开化之国,必其有权而不以侮人,有力而不以夺人",并呼吁在人与人之间、国与国之间建立平等的公理和公法,并以此为根据形成判断是非曲折的公论。[87]这表明严复的"公心"、"公理"、"公德"观念远远超出了国家的观念,它们又怎能被理解为社会达尔文主义呢?[88]

---

[85] Habermas, *Communication and the Evolution of Society*, pp. 189-190.
[86] 严复:《宪法大义》,《严复集》第2册,页241。
[87] 严复:《驳英"太晤士报"论德据胶澳事》,《严复集》第1册,页55。在《拟上皇帝书》中,他又说:"盖今日各国之势,与古之战国异。古之战国务兼并,而今之各国谨平权。……使中国一旦自强,与各国有以比权量力,则彼阴消其侮夺觊觎之心,而所求于我者,不过通商之利而已,不必戎我之土地人民也。"《严复集》第1册,页62。
[88] 严复也一贯反对极端的排外主义。在《与外交报主人书》中,他区分了两种不同的"排外":"夫自道咸以降,所使国威陵迟,驯致今日之世局者,何一非自侮自伐之所为乎,是故当此之时,徒倡排外之言,求免物竞之烈,无益也。与其言排外,诚莫若相勖于文明。果文明乎,虽不言排外,必有以自全于物竞之际;而意主排外,求文明之术,傅以行之,将排外不能,而终为文明之大梗。"《严复集》第3册,页558。

2.4 群己权界、无为之治与中央集权

严复既被看一位自由主义者,也被理解为一位保守主义者。史华兹所作的关于严复的自由平等理念与国家富强的关系的解释,可以说沟通了严复的上述两种形象。这是他在比较了斯宾塞《社会学研究》(The Study of Sociology)中有关抨击立法干预进化过程的观点与《群学肄言》中的译文后得出的结论。[89] 这里的问题仍然是个人的自由与国家的关系。但是,在讨论严复对穆勒的《群己权界论》和亚当·斯密的《原富》的翻译问题时,史华兹的解释遵循了经典自由主义的一般看法,不仅明显地曲解了严复的观点,而且也没有重新反思重商主义与市场社会形成的复杂关系。例如,他完全没有考虑卡尔·博兰尼(Karl Polanyi)在《巨变:当代政治、经济的起源》(The Great Transformation: The political and Economic Origins of Our Time, Beacon Press, 1944)中对英国市场社会形成的分析,即全国性市场的出现并非地区性或远程贸易逐渐扩张的结果,而是由于国家有计划的重商主义政策。[90] 史华兹引证埃利·赫克谢尔(Eli Heckscher)的《重商主义》(Mercantilism)一书,强调重商主义要求把一切经济活动从属于国家政权的利益,因而是斯密的死敌;而严复恰恰将斯密的经济自由主义歪曲为重商主义。[91] 但事实上,严复对重商主义的批评在《原富》

---

[89] 史华兹说:《社会学研究》中有斯宾塞猛烈抨击立法干预进化过程的一段很有代表性的话:"劣等的政治阴谋家以为通过立法机关的适当设计和应有的明智的工作,就会产生有益国家的作用而无任何有害的反作用。他期待愚者变成聪明人,劣者逐渐养成高尚的品行。"经过严复的意译,这段话就变成了:"故谓国群盛衰,尽由法制。恃吾法制,弱民可使为强国,贫民可使为富国,愚民可使为智国,此何异梦食求饱者乎!"(《群学肄言》,《严译名著丛刊》第4册,页4。)见《寻求富强:严复与西方》,页89。

[90] 根据博兰尼的分析,全国性市场的造成只是某些建国策略的副产品;在这些策略中,经济发展被视为国力的基础。可是即使是全国性市场的出现,仍不足以促成市场社会的充分发展。市场社会的充分发展,有赖于其他方面的变革:土地、货币和劳动力的商品化。参见《巨变:当代政治、经济的起源》一书第十三章及被译者用作该书导论的Fred Block and Margaret R. Somers的文章。见黄树民、石佳音、廖立文译本,页255—270,13;台北:远流出版事业股份有限公司,1989。

[91] 史华兹:《寻求富强:严复与西方》,页105—121。

(部丁)"按语"中随处可见,史华兹对重商主义及其与经济自由主义的关系的分析也需要重新检讨。又例如,他将功利主义的穆勒解释成为把自由理解为目的的思想家,而认为严复以富强为目的的自由观是对穆勒的歪曲。[92]然而,严复的自由观在某些方面较之穆勒更为激进,因为在他所心仪的老子本体论中,自由不过是自然的状态而已,而"公"的观念并不是与自由观念相互冲突的观念,它不过是自由的另一种表达。

严复不仅是穆勒的《论自由》(严译《群己权界论》)和亚当·斯密的《国富论》(严译《原富》)的翻译者,而且是近代中国阐释自由观念的第一人。在《论世变之亟》中,他把自由与不自由看作是中国和西方文明的主要差异。

> 夫自由一言,真中国历古圣贤之所深畏,而从未尝立以为教者也。彼西人之言曰:唯天生民,各具赋畀,得自由者乃为全受。故人人各得自由,国国各得自由,第务令毋相侵损而已。侵人自由者,斯为逆天理,贼人道。……故侵人自由,虽国君不能,而其刑禁章条,要皆为此设耳。中国理道与西法自由最相似者,曰恕,曰絜矩。然……中国恕与絜矩,专以待人乃物而言。而西人自由,则于及物之中,而实寓所以存我者也。[93]

自由在这样的诠释中并没有被简化为富强的工具,而是一种"天理"和"人道"。但是,在此时的严复眼里,"自由"并不是一种先天的本质,它仅仅是西方文明的"天理"和"人道",虽然他竭力主张这是中国文明最为缺乏而必须学习的。然而有趣的是,在《"群己权界论"译凡例》中,他根据穆勒和斯宾塞的理论,以及卢梭的"民生而自繇"的理念,把自由理解为

---

[92] 关于以上两点,李强在《严复与中国近代思想的转型——兼评史华兹"寻求富强:严复与西方"》一文中有较为深入的分析。我认为他对这一问题的陈述是有力的。《中国书评》(香港),1996年2月总第9期,页109—115。
[93] 严复:《论世变之亟》,《严复集》第1册,页2—3。

一种绝对的本质,所谓"夫人而自繇,固不必须以为恶,即欲为善,亦须自繇",但由于考虑到自繇与社会和他人的关系,严复反而转向了他在《论世变之亟》中力图加以区分的中国的恕和絜矩之道与西方自繇的同一性:"自入群而后,我自繇者人亦自繇,使无限制约束,便入强权世界,而相冲突。故曰人得自繇,而必以他人之自繇为界,此则《大学》絜矩之道,君子所恃以平天下者矣。"[94]这样,自由作为一种伦理规范而被确立了。

严复对自繇的理解仍然需要在他的"天演"范畴中加以解释,而天演范畴与斯宾塞的"进化"观的差别也同样存在于他对自由的看法之中。首先,他从"民德演进"的角度阐释自繇观念,其根据是斯宾塞在《伦理学原理中的公正》(*Justice: Principle of Ethics*)中阐释的自由与责任的关系。在这个意义上,史华兹断言严复将穆勒纳入斯宾塞的思想框架中理解并不是没有理由的,但这绝不意味着严复的自由观具有斯宾塞式的社会达尔文主义色彩。严复说,斯宾塞"言人道所以必得自由者,盖不自由则善恶功罪,皆非己出,而仅有幸不幸可言,而民德无由演进。故惟与以自由,而天择为用,斯郅治有必成之一日。"[95]他强调的是自由与个人责任的问题。但这个责任主要指的是个人对自己的行为和命运的责任。例如斯宾塞反对一切国家资助的公共教育及其机构设置,因为这严重损害了个人责任的原则,有什么事比结婚和生育更应该是个人选择的结果呢?在这个意义上,公共教育会妨碍个人对自己的行为负责。因此,这里所谓的"善恶功罪"或个人责任与国家问题无关,相反,它仅仅是个人自由的前提之一。

事实上,严复把自由置于"天演"的过程中加以解释,在区分自然进程与社会进程的方式上,多少具有赫胥黎的色彩,而不是斯宾塞的方式。例如他说,现实世界中并无作为真实的、完全的自由之物,因而只有上帝才能享有自由;而自然进程中的动植物没有自己的意志,"不由

---

[94] 严复:《"群己权界论"译凡例》,《严复集》第1册,页132。
[95] 同上,页133。

自主,则无自由,而皆束缚。"唯有"人道"即社会是"介于天物之间,有自繇亦有束缚。治化天演,程度愈高,其所得以自繇自主之事愈众。由此可知自繇之乐,惟自治力大者为能享之。"[96]斯宾塞试图从进化原理中推导出伦理规范,但他没有克服休谟关于没有价值前提便无法从实然中推出应然的困难。严复也同样试图用"天演"范畴解释一切,但他显然意识到仅仅陈述进化的事实无法推导出伦理的规则,因而不引人注目地引入了赫胥黎式的天人对立的观念,进而把本体论的自繇与社会责任关联起来。在《"老子"评语》中,他在"往而不害,安、平、太。"句上批注曰:"安,自由也;平,平等也;太,合群也",[97]也是要在自由平等的价值与社会伦理关系之间建立起联系。自由、平等和合群是在演化的关系中形成的,它们不能被看作是相互孤立或对立的价值,这是因为这些方面都是演化的结果。1906年前后,他在给夏曾佑的信中论及国家与政制,用一种特殊的方式把老子式的"无知观"扩展到国家与政府的范畴,从而把演化的观念与政治理论联系起来。"国群者,有机之生物也,其天演之所历,与动植同。使其天演程度稍高,则有不可离之现象,政府是已。政府之成,有成于内因者,有范于外缘者。内因,宗教为之纲;外缘,邻敌为之器。……或曰:政制者,人功也,非天设也,故不可纯以天演论。是不然,盖世事往往虽为人功,而不得不归诸天运者,民智之开,必有所属,而一王法度,出于因应者为多。饮食男女万事根源方皆以此为由所设施者,出于不自知久矣,此其所以必为天演之一物也。"[98]

严复关于老子思想中的自由观念的解释进一步说明了严复与斯宾塞的分离。值得注意的是,严复是把老子看作是"言治之书"的,他对老子的诠释也经常涉及政治制度问题。在《"老子"评语》中,他用老子思想内涵的本体论自由与穆勒和斯宾塞的自由观相互发明,但难以克

---

[96] 同上,页133。
[97] 严复:《"老子"评语》,《严复集》第4册,页1090。
[98] 严复:《致夏曾佑·三》,《严复合集》5,台北:财团法人辜公亮文教基金会,1998,页86—87。

服它们在"天演"问题上的分歧,特别是斯宾塞的由简至繁的进化单线论与老子的那种返朴归真思想的对立。"老子哲学与近世哲学异道所在,不可不留意也。今夫质之趋文,纯之入杂,由乾坤而驯至于未济,亦自然之势也。老氏还淳返朴之义,独驱江河之水而使之在山,必不逮矣。"[99]在这一问题上严复并没有简单地追随斯宾塞,相反,他认为无论是"物质而强之以文",还是"物文而返之使质",都"违自然,拂道纪",而"今日之治,莫贵乎崇尚自由。自由,则物各得其所自致,而天择之用存其最宜,太平之盛世可不期而自至。"这也是他注释"以无为用"的"玄"字时提出"惟以'虚'受物,以'无'为用者,乃能中央集权"的根据。[100]"夫黄、老之道,民主之国之所用也,故能长而不宰,无为而无不为;君主之国,未有能用黄、老者也。汉之黄、老,貌袭而取之耳。君主之利器,其惟儒术乎!"[101]

"公"或"公心"的问题的确构成了严复著作中的核心问题,但这一问题同样必须从他对"天演"概念的诠释中加以解释,而不能仅仅在个人自由与国家的关系中理解。严复的自由观不仅渊源于穆勒,而且植根于《周易》、老子和庄子思想。易学宇宙论的那种周而复始的循环论在一定程度上消解了斯宾塞的由简至繁的进化目的论,而老庄思想中的自由观念与"公"的观念不仅不是冲突的,而且就是同一件事。《庄子·应帝王》:"汝游心于淡,合气于漠,顺物自然而无容私焉,而天下治矣。"郭象注曰:"任性自生,公也;心欲益之,私也;容私果不足以生生,而顺公乃全也。"[102]公在这里就是自由的状态。这种自由观较之穆勒要激进得多,因为自由已经不是一种价值,而是一种本然的状态。

在晚近的研究中,严复的《"民约"评议》被诠释为中国新保守主义的

---

[99] 严复:《"老子"评语》,《严复集》第4册,页1082。
[100] 同上,页1082,1080。
[101] 这是批在"明白四达,能无为乎?生之蓄之,生而不有,为而不恃,长而不宰,是谓玄德"数句之上的。《"老子"评语》,《严复集》第4册,页1079。
[102] 郭庆藩:《庄子集释》,第1册,中华书局,1985,页294—295。

理论起源,[103]似乎是从反面印证了史华兹的观点。但他们都未能指出严复的思想转变与他的"天演"概念的关系,也未能指出这种"天演"概念中内含的自然主义与伦理主义的二元对立。在我看来,《"民约"评议》与严复早期在《论世变之亟》《原强》等文章中所解释的社会观念在逻辑上并没有根本冲突。严复的易学世界观始终未能真正克服斯宾塞的自然主义与赫胥黎的伦理主义的二元对立,这使他不可能彻底地成为一位政治上的放任主义者。他晚年政治观点的变化是和他的易学世界观中包含的那种赫胥黎式的伦理主义直接相关的。我在讨论赫胥黎的园艺过程和伦理过程时已经指出,他的道德激情及其对物竞天择、适者生存的"自我肯定"倾向的抨击,使他相信社会过程应该遵循的是"自我约束"(即亚当·斯密所称的良心)的伦理原则,这种原则用道德的方式要求人的行为符合国家的法律和社会的规则,从而把自然人的反社会倾向约束在社会福利所要求的限度之内。赫胥黎从他的道德考虑得出的结论是国家权力应该掌握在那些既有能力、又有同情心的人手中。这种观点不仅支配了严复对卢梭的评价,而且也影响了他在袁世凯称帝过程中的政治态度。

近代欧洲政治思想中的社会契约论渊源于霍布斯的《利维坦》(Leviathan)和洛克的《政府论》,前者把社会契约和君主的产生归结为早期社会争夺生存资源的弱肉强食的斗争,从而具有性恶论的特点;而洛克的政治论则基于性善论的观点,他把契约的制定看作是克服后天的社会等级的形成的方式。卢梭的民约论继承了洛克的天赋人权观念,并要求法律和制度的建立必须以自然权利为前提。严复正确地指出,卢梭的《民约论》虽然表面上沿用了霍布斯的概念,但更多地却是师承洛克的观念。

《"民约"评议》从两个不同的方向展开对自然权利理论的批判。第一个方面是从方法论的角度出发的,他认为洛克的宪制论(Constitut-

---

[103] 萧功秦:《当代中国新保守主义的思想渊源》,《二十一世纪》(香港),1997年4月号,总第40期,页126—135。

ionism)和卢梭的"自然之境",都是一种虚拟的前提,无法用实证的方式加以检讨。"卢梭之说,其所以误人者,以其动于感情,悬意虚造,而不详诸人群历史之事实。"[104] 严复强调自由平等与法律的关系,并主张社会制度的设置不应该根据某种抽象的假定,形成"华胥、乌托邦之政论,"而必须"见诸事实","用内籀外籀之术"得出公例。[105] 第二个方面则从赫胥黎有关人生而不平等的预设出发,也是更为根本的方面。他对卢梭的三个原则——即民生而自由,天赋权利相同和以社会契约为社会基础——的批判,都是从这一基本假定开始的。严复引证赫胥黎的观点,指出从医学的观点看,婴孩不仅具有先天差异,而且也无社会平等,而在社会生活中,无论是个体之间,还是族群之间,都存在着生存斗争。[106] 因此,自由平等必须依赖法律施行,而并不是起源于人的内在本质。严复说:

> 夫言自由而日趋于放恣,言平等而在在反于事实之发生,此真无益,而智者之所不事也。自不佞言,今之所急者,非自由也,而在人人减损自由,而以利国善群为职志。至于平等,本法律而言之,诚为平国要素,而见于出占投票之时。然须知国有疑问,以多数定其从违,要亦出于法之不得已。福利与否,必视公民之程度为何如。往往一众之专横,其危险压制,更甚于独夫,而亦未必遂为专者之利。[107]

严复不承认自由平等是一种自然存在,而是一种政治和法律的存在。因此,他的自由平等观念的核心是一种消极的平等和自由,它是以承认先天的不平等和自由为前提的。严复对社会的理解建立在赫胥黎的伦理过程之上,因而是道德主义的,他特别强调自然资源和社会资源的有限性和需

---

[104] 严复:《"民约"评议》,《严复集》第2册,页340。
[105] 同上,页337。
[106] 同上,页336—337。
[107] 同上,页337。

求的无限扩张的矛盾,主张用契约方式建立"社会一切权利",[108]从而远离了斯宾塞的自由放任主义。但是,严复并不认为伦理规则是一种纯粹主体的创制,他要求在实证的基础上加以制定。在实践上,他拥护中小私人产业的合法性,反对社会主义的平等,则是和斯宾塞的观点极为相近的。

史华兹特别强调斯宾塞的自由放任主义,并把严复对国家和秩序的关注与这种自由放任主义相对立。他追随了赫胥黎、沃德等人关于斯宾塞的自由放任主义与其有机系统具有内在矛盾的看法,认为斯宾塞学说中内含了导致集权和专制的可能性。但他显然没有注意到斯宾塞学说中所包含的体系概念也可能发展成为一种各种力量的平衡的观念。"这个体系是在各种力量的平衡的基础上运作的。就后一点而言,他非常明确地一再要求关注平衡的重要性,如同在利己主义和利他主义取向之间的平衡一样,并坚持认为偏于一极是有害的。"[109]斯宾塞的立场中未能区分个人主义的伦理学的和社会学的意义,从而忽略了伦理愿望的自由和个人责任对于社会中的规范秩序的体制化的依赖程度。[110]而这一点直到杜克海姆(Durkheim)的《社会分工论》(*The Division of Labour in Society*)才

---

[108] 同上,页339。

[109] see Spencer, *The Study of Sociology*, pp. vi-vii. 这是帕森斯为该书所写的导言中的话,他接着还说:"他在很大程度上不同于那些经济学家,例如他断然承认传统的信念和事件的积极意义,以及过快地、不分青红皂白地变革传统的危险性。从什么构成理性的计划行为这一历久常新视野看,他始终一贯地坚持各种力量的总体平衡是必须认真考虑的。他认为,最为普遍的谬误是,把某些因素孤立出来加以控制,并期待预期后果的发生。"

[110] 帕森斯批评说:"这里的关键不是政治态度,而是潜藏在背后的社会学思考。用斯宾塞自己的术语说,这首先忽略了在社会人口能力的最大发展中的正面的社会利益。它忽略了这一事实,即在一个工业化的社会中,家庭在它自己的领域内拥有足够的责任,较之于私人企业所能提供的,不断提高的生产力能够被有限优先用于不仅更为有效的、而且也更为普遍化的教育。更重要的是,确实,公共教育对于机会平等的暗示。""在所有这些思考背后,是社会停泊于共同价值以及它们在个人人格方面的内在化,这两个方面斯宾塞都未及考虑。一旦这样作了,在一定程度上,斯宾塞当做个人责任的非理性的放弃的大部分就可以被看作是同一价值的运用中的自然延伸,这个价值赋予了维多利亚个人主义在更为分化也更为复杂的社会条件下的意义。"Ibid., pp. ix-x.

得到清晰的分析。这个秩序涉及杜克海姆称之为"有机的一致性"（organic solidarity）的"契约"体系，它的因素不能从个人契约团体的需要中获得，而是依赖于共同的价值和体制化的规范，这些价值和规范必须在分析中作出区别性的处理。[111]

严复对社会伦理问题的思考明显地具有把个人的自由平等与秩序相关联的倾向，这种秩序也可以被理解为杜克海姆称之为"有机一致性"的契约体系，严复称之为"群"。通过"群"的概念，严复要求的是一种平衡的机制和平衡的伦理。"任情而至于过，其始必为其违情。饥而食，食而饱，饱而犹食；……至违久而成习。习之既成，日以益痼，斯生害矣。故子之所言，乃任习，非任情也。使其始也，如其情而止，则乌能过乎？学问之事，所以范情，使勿至于成习以害生也。斯宾塞任天之说，模略如此。"[112]在这里，斯宾塞的"任天为治"被转变成为一种通过功能分化而达致平衡的中庸之道。"群"的概念不仅把社会理解为一种有机的道德实在，而且也试图把个人责任的考虑放置在"群"的共同价值之中加以考虑。在他关于"群"和"群学"的讨论中，政治制度、经济制度和文化价值的确立都必须以科学的方法加以实证的研究，从而构筑出一个以一个复杂的知识分类学为前提的社会分工系统。换言之，一个社会平衡系统的建立需要确切地知道各种平衡的临界点在哪里，从而在"自我肯定"与"自我约束"之间建立起一种平衡关系。"公"的观念正是这种平衡的表达。

---

[111] Ibid., pp. viii-ix.
[112] 严译《天演论》，页16。严复这种试图在情与理之间建立平衡的努力也是和斯宾塞相反的。斯宾塞不再被接受的部分之一是社会学与心理学的边界。这里的关键是斯宾塞认为"感情的"因素总是与"理智的"因素相对立的观点。这就是说，他把人的动机的情感的或感情方面的因素主要看作是对理智的正确合理运作的干扰。这基本上说明他不理解这一点，即认知和情感因素必须整合在一起进而形成理性选择的基础，虽然他对情感在行为动机中的重要性也有一些模糊的看法。然而，考虑到各个方面的问题，斯宾塞以来，获得了最大进步的领域之一一直是"社会心理学"，它把社会结构与个人人格联系起来。在这方面严复的观点反而与那种系统平衡的观点更为一致。

第八章 宇宙秩序的重构与自然的公理

第三节 "群的世界":实证的知识谱系与社会的建构

1. "群"概念的分化特征与总体性

严复心目中的科学不仅是一种形而上学体系,而且是一种以社会学为中心或指归的知识谱系,这和斯宾塞思想明显有关。斯宾塞坚定相信所有科学的统一性:不仅因为在科学研究的各个领域都同样地遵循基本的逻辑方法,而且也因为所有存在领域的主要过程是基本一致的,这在他的《综合哲学体系》(System of Synthetic Philosophy)中已经作了连续地论证。

但社会学与分科之学的关系问题不能仅仅在斯宾塞的理论中寻求解释,而需要首先回到严复的总体性的思想方式中加以解释。我所说的总体性是指在社会生活、知识领域和自然秩序之间建立普遍性联系的认知方式。如果说穆勒对不可知论的兴趣引导他在现象世界与本体世界之间划分出明确的界线的话,严复则不然,他相信自然的公理与社会的公理之间的关系不仅是相关的,而且是直接贯通的。科学是一种形而上学体系,因而科学问题就不仅是科学问题,而且是普遍的社会问题,是遍及德、智、体、政、教、艺等各个领域的问题。科学与形而上学之间的联系意味着:只有从局部问题转向总体性问题,才能理解局部问题的含义;与此相应,某一种公理的发现将会在各个局部引起革命性的变化,亦即总体性的变化。

总体性观念是和某种程度的体系概念和功能分化概念相关的,在这方面斯宾塞显然是一个重要的源泉。帕森斯曾经从他的"作为自我调节体系的社会"概念出发,断言"自我调节的体系与功能分化这两个观念的结合使得斯宾塞非常接近于社会学和相关学科中的现代'功能'理论的立场。"[113]一方面,体系是在各种力量的平衡基础上运作的,因而斯宾塞一向坚持各种力量的总体平衡,并认为把某些因素孤立出来加以控制并期待预期后果的发生是一种普遍的谬误;另一方面,"斯宾塞思想的第二个主要焦点也与经济学和生物学有关,即功能分化的概念。这在很大程度上涉及他使用的有机体的类比……这清楚地意味着分化的因素是相互依赖的,而优势也是从中自然生长出来的。在这方面,较之在一个经济学的框架中,斯宾塞更清楚地说明这些持续地存在于我们时代的重大问题之一,即如何才能在一个不断地趋向于提高相互依赖性的系统中保存——不用说加强——个人的自由?"[114]

"总体性"并不是一种权宜性的策略考虑,而是一种思想方法。在甲午战败后的历史情境中,这种总体性的思想是全面改革的意识形态基础,因而我们总能在这种思想方法的总体性中看到作为一个总体的社会或国家的内在结构。"总体性"思想方法的特点是拒绝在自然、社会和人生的各种关系中作出完全不可通约的划分,并坚持对任何事物的认识必须与对总体问题的理解关联起来。这种认识方式无法用归纳法加以说明。如果说穆勒承认不可思议的本体,并把这一本体从认知的活动中分离出去的话,那么,对于严复来说,"常道"是遍在的,它虽然不能还原为具体的知识性论断,但在各个局部的关系中,我们能够体会这种常道的存在。对于严复来说,相互依存的功能关系首先是从否定的方面表现出来。在《原强》及其修订稿中,严复在论述了"群学"问题之后,率先提出甲午战败不能理解为一次战争的失败,而应理解为整个中国的衰败:不是一个方面的失败,而是民力、民智、民德的全面的衰败。古代中国"耕凿蚕织,城郭邑居,于是有礼乐刑政之治,有庠序学校之教。通功易事,四民肇分",因而即使落败于匈奴,也仍然能"以法胜"。[115]然而,在西洋与中国的对比中,优劣关系是总体性的。在严复看来,某个社会分支的发展,如"官

---

[113] Parsons, "Introduction," in Spencer, *Study of Sociology* (Ann Arbor: The University of Michigan Press, 1961), p. vii.
[114] Ibid., p. vii.
[115] 严复:《原强修订稿》,《严复集》第1册,页22。

工兵商法制",依赖于相关的学术发展,而学术发展依赖于有效的方法论,而有效的方法论依赖于"自由"、"民主"。[116]没有总体性的思想方式,便不存在从某一具体问题导向其他问题的逻辑,因而也不存在从一局部性失败推导出总体性变革的方案。

严复的总体性思想集中体现于他的"群"和"群学"的概念。"群"概念是在达尔文学说的激发之下产生的,但它的内涵却与物竞天择、适者生存的概念相互冲突。我已经指出过,《原强》一文对达尔文的物竞天择、适者生存的解释也涉及了"群"和"种"的概念,但那里的"群"和"种"概念与严复的"群"或"群学"中的"群"概念没有任何关系,它不仅是一种描述性的概念,而且也主要是在人与自然界的关系中界定的"群"和"种"概念,因而据此把严复的进化观归结为一种社会达尔文主义的观念,是没有说服力的。[117]严复的"群"概念既是一种指称先天的人的类本性的形而上学概念,又是一种从自然范畴中分化出来的社会组织的概念。在严复所叙述的达尔文的"群"概念与他的"群"概念之间存在着不能忽视的界限,就如同《天演论》的"天"概念与他所翻译的斯宾塞《群学肄言》中"天"概念的差别一样。[118]

但是,"群"概念并不仅仅是一种形而上学概念,也不仅仅具有伦理学的含义。严复引用荀子的"群"概念解释斯宾塞的"社会"范畴,但没有详尽地讨论这一概念的内涵。通观他在若干文章和按语中的叙述,严复

---

[116] 严复:《原强修订稿》,《严复集》第1册,页23。
[117] 史华兹从这一段话中得出的结论是:"严复在对达尔文主义的主要原理的初步解说中,用语就已经是社会达尔文主义的了……在这里,达尔文的生物进化作为一门科学的价值并未使严复产生多大的兴趣,尽管这门科学有宝贵的价值。很明显,严复强调的是竞争(一种确定无疑的活力)的价值观,强调的是在竞争形势下,潜在能力的充分发挥。因此,'爪牙用而杀伐行'的形象描绘非但未使他沮丧,反而使他兴奋。"《寻求富强:严复与西方》,页41。
[118] 严复:《群学肄言》按语:"中国所谓天字,乃名学所谓歧义之名,最病思理,而起争端。以神理言之上帝,以形下言之苍昊,至于无所为作而有因果之形气,虽有因果而不可得言之适偶,西文各有异字,而中国常语,皆谓之天。如此书天意天字,则第一义也,天演天字,则第三义也,皆绝不相谋,必不可混者也。"《严复集》第4册,页921—922。

所描述的"群性"和他强调的"公心"之间具有内在的相关性,从语源上看,也都与荀子的概念有关。《荀子·正名》中的一段话解释了他的思想的核心:"以仁心说,以学心听,以公心辨。""公心"是"辨"的标准,而"辨"又是"人之所以为人者"的要素,一如"群"是"人之贵于禽兽"的本性一样。荀子言"辨"而通于"分",所谓"人道莫不有辨,辨莫大于分"(《荀子·非相篇》)。"分"涉及的是"礼"的秩序和社会政治中的名分。"合群明分"的含义在于必须拨乱反正,使人人得其名分,从而建立一种理想的社会政治秩序。因此,"群"概念不仅是形而上学概念,而且是一种社会政治秩序的表达。在"群"概念的意义结构中,(明)"分"、(反)"正"和"公心"的关系是极为重要的。

严复在解释斯宾塞的《群学肄言》时,一方面从荀子的"民生有群"概念出发确认了社会的道德本质("群也者,人道所不能外也。"),另一方面特别地强调"群"概念是一种有序的等级化的结构—功能系统:"凡民之相生相养,易事通功,推以至于兵刑礼乐之事,皆自能群之性以生"。[119] 因此,"群"概念的主要特征是它内含的分化概念和等级性,我们不仅可以把它解释为有关社会、国家和个人之间的分/合关系,而且也有充分的证据说明严复的"群"概念包含了社会分工的意义。在上引这段话中,已经包含了建立在有机关系之上的结构—功能关系,而在《原强》中,生物学与社会的类比关系非常明确地建立在结构功能关系之上:"所谓群者,固积人而成者也。不精于其分,则末由见于其全。且一群一国之成之立也,其间体用功能,实无异于生物之一体,大小虽殊,而官治相准。"[120] 严复用"分"/"全"、"体用功能"来描述"群"的内在构造,显然是把社会看作是一个类似于生物体的结构—功能系统,尽管他并没有使用这样的词汇。严复的"群"概念虽然包含了分化的关系,但这种分化关系必须建立在一种总体的理解方式之上才能得到正确的理解。所谓"一群一国之成立",意味着"群"的形成与国家的建立之间具有内在的对应关系,从而

---

[119]　严复:《原强》,《严复集》第1册,页6。
[120]　同上书,页7。

"群"与"国"的关系不能在西方社会理论的社会/国家二元论中获得恰当的解释。

"群"概念中包含的分化内含表现在两个方面,首先是个人与国家之间的分化。在讨论作为公民的个人与国家的关系时,严复认为中国古典文献中缺少个人的概念并不能说明"中国言治之偏于国家"。他举出《史记》中的"小己"概念,认为这一概念就是"个人"概念。值得注意的是,在理解"小己"概念及其与国家的关系时,严复特别地强调"分"的概念,亦即"小己"与国家的分化或分位关系,以及这一分化或分位所遵循的基本规则(秩序)。但是,这一"小己"概念是相对于总体而言的,"小己"与"总体"的关系在世界的各个层面都有所体现,而并不仅仅是在国家与个人之间。严复说:"所谓小己,即个人也。大抵万物莫不有总有分,总曰'拓都',译言'全体';分曰'么匿',译言'单位'。笔,拓都也,毫,么匿也。饭,拓都也;粒,么匿也。国,拓都也,民,么匿也。社会之变相无穷,而一一基于小己之品质。是故群学谨于其分,所谓名之必可言也。"[121]群、群学与分的相关性就是这样建立起来的。

其次,作为一种有序的等级化的结构—功能体系,"群"概念内含的分化和分位不仅存在于国家与个人之间,而且表现为一种社会分工体系。值得注意的是,这种社会分工体系是与国家作为一个最高管理者的职能无法分开的。严复说:"群有数等,社会者,有法之群也。社会,商工政学莫不有之,而最重之义,极于成国。"[122]在这里"社会"的范畴与商、工、学、政的分工直接相关,而国家也是从"社会"的等级和秩序关系中产生出来。

在晚清时代,"群"概念的流行与中国面对的迫切的、全面性的改

---

[121] 严复:《"群学肄言"译余赘语》,《严复集》第1册,页126。
[122] 同上,页125—126。他还从文字学的角度论证中国概念与西学概念的吻合:"西学社会之界说曰:民聚而有所部勒(东学称组织)祈向者,曰社会。而字书曰:邑,人聚会之称也。从口,有区域也,从卪,有法度也。西学国之界说曰:有土地之区域,而其民任战守者曰国。而字书曰:国,古文或,从一,地也,从口,以戈守之。观此可知中西字义之冥合矣。"同上,页126。

革任务相关：重新提供中国社会的文化、道德和政治认同的基础；对原有的国家权力进行有效变革和制衡并恢复其行政能力；实现社会动员，使整个社会通过一系列社会机制的建立而运转；以上述条件为基础，有效发展国家的经济、军事和科技能力，建立现代民族国家，并以主权独立为前提发展国际关系。"群"概念的含义及其转化是在这一复杂的历史过程中展示出来的，它们的各种歧异的用法一方面有其字源学的基础，另一方面则表明了它的体系性的意义结构。用"群"概念来翻译society（社会）这一西方概念显然包含了严复关于一个"社会"应然的秩序的理解：它需要一定程度的分化，使得社会的各个部分处于一种"正确的"秩序之中，从而实现"公"的理想。因此，总体性的含义不是浑然无分，恰恰相反，它是要建立一种以"分"为特征的完整的等级化的结构—功能体系。"个人"的自主性就是建立在这种以"分"为特征的社会组织关系之中的。

  但是，严复思想方式的主要前提之一，是社会的变革以知识的变革为前提。因此，"群"概念指涉的是"社会"的范畴，但对这一范畴的理解却首先需要还原到知识的领域之中。古典社会学家把社会理解为一种道德实在，这为"群"概念与"society"概念的互译创造了条件。但是，"群"概念并不仅仅意味着一种道德本性，而且还意味着以"群"这一最高目标为中心而展开的分层的、等级性的秩序。在严复的著作中，社会的结构与知识的谱系具有明确的同构关系，因而"群"的等级性的秩序首先呈现为以"分科"为特征的等级性的知识谱系。

  严复以天、地、人的结构建立一种自然知识、社会知识和道德知识的谱系，在这个谱系中居于最高地位的是"玄学"或"炼心制事"之学，居于底层的是算学、化学、电学、植物学，处于中间层次的是农学、兵学、航海、机械、医药、矿务。换言之，各种知识不仅以"玄学"为最高目的，而且按照"玄学"的规划被组织在一种等级性的知识秩序之中。不过，他在这里所用的"玄学"概念已经是和"群学"概念直接相关的概念了。严复指出，西方社会从底层的生活和生产方式，到上层的国家制度，"其为事也，一一皆本诸学术；其为学术也，一一皆本于即物实测，层累阶级，以造于至精至大之涂,故蔑一事焉可坐论而不足起行者也。"[123] 这是说西方社会的功能运作以科学为根据,并按照实证的方法进行社会分层,最终构成了一个总体。在1898年发表的《西学门径功用》中,严复以科学知识为模型,建构了一种知识秩序。他把"学问之事"分为"专门之用"与"公家之用",算、测、化、电、植物诸学是专门的学问,"其用……虽大而未大也,公家之用最大。公家之用者,举以炼心制事是也。故为学之道,第一步则须为玄学。……人不事玄学,则无由审必然之理,而拟于无所可拟。"[124] 严复这里所谓"玄学"包括两种知识,一种是数学和微积分,这是一种能够对事物的"必然之理"进行总体把握的知识,而不是一般的形而上学,另一种则是包括政治、刑名、理财、史学等科目在内的"群学",这些知识能够对社会问题进行总体把握。

"玄学"与"群学"概念的互换在这里显然是为了强调知识与人心的问题,亦即作为道德实在的社会与人的本性具有内在的连续性。从"群学"方面说,"玄学"概念加强了"群学"的形而上学特征;从"玄学"方面说,"群学"概念又在一定程度上消解这一概念的抽象性。在严复的使用中,"群学"概念越来越具有中心的地位,这表明他真正关心的不是一般的天人关系,而是社会内部的组织和伦理关系。严复说:"夫惟人心最贵,故有志之士,所以治之者不可不详。而人道始于一身,次于一家,终于一国。故最要莫急于奉生,教育子孙次之。而人生有群,又必知所以保国善群之事,学而至此,殆庶几矣。"[125] 我曾经谈及日本思想家西周在孔德影响之下形成的知识谱系,以及他对"统一观"问题的论述,严复的论式与之非常接近。但西周的"统一观"主要是一种形而上学或哲学,而严复用社会学以及数学统摄各种学科,却包含了更强的知识论倾向。也正由于此,在严复的知识谱系中,始终占据核心地位的不是一般的形而上学,而是"群学"。

---

[123] 严复:《原强修订稿》,《严复集》第1册,页22—23。
[124] 严复:《西学门径功用》,《严复集》第1册,页94。
[125] 同上,页95。

2. 以"群学"为要归的分科之学

严复对社会学的关注在知识上直接渊源于斯宾塞,但他的动机却和19世纪下半叶在欧洲发展起来的社会学不一样。根据沃勒斯坦等人的研究,社会学在欧洲的出现,主要是因为"当时的一些社会改革协会所从事的工作在大学里得到了制度化,经历了一次转变。迄今为止,这些协会的首要任务就是去处理由于城市工人阶级人口的激增而引起的不满和骚乱。通过把他们的工作移进大学校园里,社会改革者在很大程度上放弃了他们针对立法而进行的积极的、直接的游说活动。不过,社会学还是一直都保持着对普通人以及现代性的后果的关注。或多或少这也可能是为了彻底割断社会学与社会改革组织之间的渊源关系,社会学家开始培养一种实证主义信仰,这种信仰与他们所秉持的现时取向结合在一起,便把他们也带到了注重研究普遍规律的学科阵营里。"[126] 严复的动机似乎完全不同,作为一位直接支持国家的制度改革、特别是教育制度改革的官员,他关心的是如何在各种知识与社会的道德目标和政治统治之间建立一种整体的和有序的关系。

"西学",特别是自然科学的传入是"寻求富强"的基本条件,但是,任何局部的变化和发展都无法推动国家和社会的进步。在《原强》及其修订稿中,严复强调指出,民族的强盛和社会的建立,都必须以民力、民智、民德三项条件为前提,缺一不可。"是故西人之言教化政法也,以有生之物各保其生为第一大法,保种次之。……至于发政施令之间,要其所归,皆以其民之力、智、德三者为准的。"[127] 通过一种特殊的、具有整合功能的知识的运作,把各种知识的运行纳入先定的轨道,建立等级化的知识谱系,并以此为原则改革教育制度,正是社会学变得如此具有迫切性的历史

---

[126] 《开放社会科学—重建社会科学报告书》,Immanuel Wallerstein,等著,刘锋译,香港:牛津大学出版社,1996,页16—17。
[127] 严复:《原强修订稿》,《严复集》第1册,页18—19。

原因。[128]

严复对社会学和其他社会科学的兴趣不能仅仅看作是一种知识的兴趣,还应该被理解为对于一种知识制度的兴趣。西方社会科学的形成大致是在1850至1945年期间。在这一历史时期,人们界定了一系列的学科,这些学科共同构成了一个可以"社会科学"名之的知识领域。实现这一点的步骤是,首先要在主要大学里设立一些首席讲座职位,然后再建立一些系来开设有关的课程,学生在完成作业后可以取得该学科的学位。训练的制度化伴随着研究的制度化——创办各学科的专业期刊,按学科建立各种学会(先是全国性的,然后是国际性的),建立按照学科分类的图书收藏制度。[129]然而,对于严复来说,社会学的重要性不仅在于它作为一个特殊的社会科学学科的意义,而且在于它作为一种能够安排各种知识的秩序、从而安排社会的秩序的功能。在他看来,国家的政令所以不能有效地组织和动员社会,主要的原因在于政令的施行总是具体单一的,缺少总体的考虑,"不明群学之理。"[130]他在《译"群学肄言"自序》中说:

> 群学者何?用科学之律令,察民群之变端,以明既往测方来也。肄言何?发专科之旨趣,究功用之所施,而示之以所以治之之方也。故肄言科而有之。今夫士之为学,岂徒以弋利禄、钓声誉而已,固将于正德、利用、厚生三者之业有一合焉。群学者,将以明治乱盛衰之由,而于三者之事操其本耳。[131]

在严复的时代,社会学具有世界观的特征,它尚未退化为一种专门的

---

[128] 斯宾塞理论最初被介绍到中国是在1890年。那一年基督教传教士编辑、出版教科书的机构(1877年成立于上海)益智书会(School and Textbook Series Committee)出版和审定教科书98种,其中就有颜永京翻译的斯宾塞著作《教育学》的一部分,题为《肄业要览》。这是第一部斯宾塞著作的中文译本,内容涉及的正是教育。
[129] 沃勒斯坦等:《开放社会科学》,页26。
[130] 严复:《原强》,《严复集》第1册,页6。
[131] 严复:《译"群学肄言"自序》,《严复集》第1册,页123。

学科。因此,社会学的传入虽然与实证主义的关系极为密切,但在晚清时期,社会学却被理解为一种知识的知识或科学的科学。它与1920年代以后日渐发展起来的那个称之为"社会学"的学科有着重要的区别。作为一种"科学的科学",晚清时期的社会学提供的是分科的依据和方法,而不是通过田野调查的方法形成的结构—功能主义的社会研究,但这两者在知识上的承续关系则是不可否认的。"群学"的目的一方面是通过具体的知识领域从不同方面理解社会,另一方面,则是以一种总体的视野建立各种知识领域(从而各个社会领域)的内在相关性。

"群学"的核心是"宗天演之术,以大阐人伦治化之事",但从知识论的角度看,却是用方法论的原则将各种知识组织成为一个有机的、连续性的谱系。严复阐释斯宾塞的社会学说:

> 又用近今格致之理术,以发挥修齐治平之事,精深微眇,繁富奥殚。其论一事,持一说,必根据理极,引其端于至真之原,究其极于不遁之效。于五洲殊种,由狉榛蛮夷,以至著号开明之国,挥斥旁推,什九罄尽。而于一国盛衰强弱之故,民德醇漓合散之由,则尤三致意焉。……其宗旨尽于第一书,名曰《第一义谛》,通天地人禽兽昆虫草木以为言,以求其会通之理,始于一气,演成万物。继乃论生学、心学之理,而要其归于群学焉。[132]

严复的"群学"概念具有体系性的特点,这在他对斯宾塞的阐述中清楚地表现出来。如果说斯宾塞的社会学有着广泛的包容性,那么,严复的"群学"概念的范围远远超出了社会学的范畴,他把各种知识置于社会学的指导之下,这是因为社会学是直接服务于国家及其政策的学问。严复要求在知识上严格分科,不是一般地为了发展科学技术,而是因为具体知识领域的发展乃是"群学"发展的前提。严复说:

---

[132] 严复:《原强修订稿》,《严复集》第1册,页16—17。

是故欲为群学,必先有事于诸学焉。不为数学、名学,则吾心不足以察不遁之理,必然之数也;不为力学、质学,则不足以审因果之相生,功效之互待也。名数力质四者之学已治矣,然吾心之用,犹仅察于寡而或荧于纷,仅察于近而或迷于远也,故必广之以天地二学焉。……虽然,于群学犹未也。盖群者人之积也,而人者官品之魁也。欲明生生之机,则必治生学;欲知感应之妙,则必治心学,夫而后乃可以及群学也。且一群之成,其体用功能,无异生物之一体,小大虽异,官治相准。知吾身之所生,则知群之所以立矣;知寿命之所以弥永,则知国脉之所以灵长矣。一身之内,形神相资;一群之中,力德相备。身贵自由,国贵自主。生之与群,相似如此。此其故无他,二者皆有官之品而已矣。故学问之事,以群学为要归。唯群学明而后知治乱盛衰之故,而能有修齐治平之功。呜呼!此真大人之学矣![133]

严复的"群学"虽然强调实证的方法,但这一知识体系并不是建立在原子论的基础之上的,而是建立在生物学的有机体概念之上的。他注重分科之学的必要性,但这种分科之学的前提是知识体系本身的有机性。对于他来说,世界的最小物质不是原子,而是细胞,是具有内在生命并与周围世界分享同一生命总体的存在。如果说社会或"群"的各个分支具有功能上相互依赖的关系,那么,这种关系也构成了各个知识分支的关系,所谓"功效相待也"。因此,名、数、炙、力、生理、心理诸学以至社会学之间也存在着一种功能性的依赖关系。换言之,严复的知识谱系也具有一种结构功能系统的特征。

如果说"群学"概念规定了社会的道德性质,那么,在"群学"统率下的各种知识领域都具有最终的道德含义。生物学的有机体概念为严复的知识体系提供了知识发展的目的和指向,并建立了自然知识、社会知识、道德知识之间的连续关系。在前面的引文中,严复曾把"群学"定义为

---

[133] 同上,页17—18。

"以科学之律令,察民群之变端",似乎要求把自然科学的方法直接用于社会研究,但是,如果我们整体地理解严复关于分科的思想,那么,他要求的并不是直接用一种科学方法统摄整个的社会领域,而是要求在各个分支学科(如名数质力等科)贯彻科学的方法。严复在《政治讲义》中说:"是故取古人谈治之书,以科学正法眼藏观之,大抵可称为术,不足称学。诸公应知学术二者之异。学者,即物而穷理,即前所谓知物者也。术者,设事而知方,即前所谓问宜如何也。然不知术之不良,皆由学之不明之故;而学之既明之后,将术之良者自呈。此一切科学所以大裨人事也,今吾所讲者,乃政治之学,非为政之术,故其涂径,与古人言治不可混同。"[134]由于学科之间具有内在的连续关系,而具体的科学研究中内含了道德的指向,因此,它们的进步和发展能够最终有益于社会的总体进步和秩序。在这个意义上,严复的社会观与其说是实证主义的,不如说是形而上学的。

严复把分科的设想与"群"的目标相关联,明显地赋予了科学知识以道德的性质。在晚清变革的语境中,这一思想方式是和改革知识制度的考虑完全一致的。[135]鸦片战争促成了洋务运动的发生和"新教育"运动的兴起,从1862年(同治元年)开始,清朝政府先后设立了京师同文馆、上海广方言馆、广东同文馆等外国语学校、福建船政学堂、上海机器学堂等工业技术学堂、天津水师学堂、江南水师学堂、天津武备学堂等军事学堂。这些新式学堂以西学为样板,分别以分科的形式设立了各种自然科学、技术、管理和语言课程。严复本人就是从福建船政学堂毕业,而后多年就职于天津水师学堂。但是,新式学堂仅仅是一种技术性的学堂,从教育的制度看,科举制度仍然是一种支配性的知识制

---

[134] 严复:《政治讲义》,《严复集》第5册,页1248。
[135] 严复对科举的抨击与对道学的批判是密切相关的,因为道学不仅把人束缚于书本知识,而且完全缺少基本的分科知识。"夫学术之归,视乎科举;科举之制,董以八股;八股之义,出于集注;集注之作,实惟宋儒;宋儒之名,美以道学。""支那积二千年之政教风俗,以陶铸此辈人材! 为术密矣,为时久矣。"《道学外传》,《国闻报》,1898年6月5日,光绪二十四年四月十七日。

度。两种教育体制并存的格局用体制化的方式说明了"中体"与"西用"的关系。在有些新学堂内部,知识的分科也仍然统摄于儒家的义理之学。例如,严复曾经就读的福建船政学堂除了开设外文及专业技术课程之外,还要讲读《圣谕广训》、《孝经》,并兼习策论,"以明义理而正趋向"。光绪元年(1875)二月,礼部奏请开"艺学科","凡精工制造、通知算学、熟悉舆图者,均准与考。"[136]光绪二十四年(1898)一月,严修奏请设"经济专科",其中包括政治、外交、算学、法律、机器制造、工程设计等专门知识。[137]但是,这仅仅是新添内容,八股和诗赋小楷仍是正宗。在严复看来,教育制度及其知识体制也正是社会的构造方式,新的知识制度的建立寓含着新的社会体制的结构。用"群学"来统摄诸学的目的正在于此。《救亡决论》以变科举、废八股为变革要旨,并以斯宾塞的《劝学篇》为根据,指出"西洋今日,业无论兵、农、工、商,治无论家、国、天下,蔑一事焉不资于学。"[138]

严复的既分化又统一的知识谱系只有置于有机论的框架中才能理解。[139]在严复的论述中,的确存在着某种矛盾:一方面他反复说明中学与西学在目的上的一致性,如谓"中国以学为明善复初,而西人以学为修身事帝,意本同也";[140]另一方面又认为"中西学之为异也,如其种人之面目然,不可强谓似也。故中学有中学之体用,西学有西学之体用,分之则两立,合之则两亡";[141]一方面他反复论证各种知识之间具有内在的连续性,"艺政二者乃并出于科学,若左右手";[142]另一方面又认为知识的分化和分科适应着社会分工的需要,在学与政之间应该建立起以分化

---

[136] 舒新城编:《中国近代教育史资料》上册,北京人民教育出版社,1961,页30。
[137] 同上,页34。
[138] 严复:《救亡决论》,《严复集》第1册,页48。
[139] 严复说:"一国之政教学术,其如具官之物体欤,有其元首脊腹而后有其六府四支,有其质干根荄而后有其枝叶实华。"《与"外交报"主人书》,《严复集》第3册,页559—560。
[140] 严复:《救亡决论》,《严复集》第1册,页49。
[141] 严复:《与"外交报"主人书》,《严复集》第3册,页559。
[142] 同上,页559。

为特征的功能性的互动关系。[143]正是在一种有机论的关系中,"群学"及其对各种知识的统摄关系有效地论证了社会制度设计中的分化与统一关系。严复相信通过规定学术与国家活动之间的既分化又相互促进的关系,能够促进民权、民主和自由的价值的最后实现。在这个意义上,以"群学"为要归的科学谱系表达的正是一种合理分化的现代性的社会体制,各种学术之间的等级关系提供了这个社会分工体制的等级性的构造。各种知识之间的关系表达的是社会分工过程中的社会关系。因此,"科学"是一种以知识形式表达出来的社会分化形式,这种分化形式经由科学谱系的合理安排而获得了客观的、必然的、功能性的品质。

"群学"与逻辑学一道为知识的分科提供了根据。[144]无论从名学的角度讨论分科,还是从功能的角度制定分科的知识谱系,都意味着知识自身的内在规律。严复以"群学"统摄分科之学,并把这一知识谱系理解为社会的构造和理论的设计。这表明在他的心目中,社会和国家是一个结构—功能系统,而知识的功能就是从各个具体的领域研究这个系统的具体分支的运作方式。沃勒斯坦等人曾经论证说,决大多数以研究普遍规律为宗旨的社会科学,首先都要强调它们与历史学之间的区分。从方法论的角度看,这类社会科学的目标是要得出被假定制约着人类行为的一般法则,因而偏爱通过系统方法而获取的证据(例如调查数据)以及受控的观察,而不大喜欢普通文献及其他残剩资料。它们力图把握各种必须

---

[143] 他认为传统教育的特点就是治学与治事无法区分,从而影响了知识的进步和政治的发展。"土蛮之国,其事极简,而其人之治生也,则至繁,不分工也。国愈开化,则分工愈密,学问政治,至大之工,奈何其不分哉!"他要求真正地建立起各种适应社会分工的专门之学,而同时,从事专门之学的人又不是特定社会领域的活动家,从而在学术与政治之间形成一种有效的分化关系,这种分化关系同时有助于政治和学术秩序的建立。参见:《论治学治事宜分二途》,《严复集》第1册,页88—90。

[144] 严复论名学与分科的关系说:"名学者,详审于原、委之际,证、符之间,则范之公例大法焉而已矣。使是二者之相属,诚有不容疑、不可倍之公例大法行于其中,则凡一切分科之学,析理之书,与斯人之一言一行,与是例是法不可不合;不合则失诚而为妄,而委与符皆违事实矣。""名者言语文字也。言语文字,思之器也;以之穷理,以之喻人,莫能外焉。于是乎有界说之用,亦于是乎有分类之学。"《穆勒名学》部首·引论,页9、10。

当做个案来加以研究的现象（而非个别事实），强调有必要将人类现实分割成不同的部类以便分析。这类社会科学认为，采取严格的科学方法不仅是可能的，而且也是应该的（例如，可以从理论出发提出假设，然后再通过严格的、如有可能甚至是定量的程序来对其进行验证）。[145]严复"群学"的指归是大体相似的，因为在"群学"的统摄下，分类的原则和逻辑的原则适合于从自然科学到社会科学的各个领域，从而使之与一般所谓人文学科区别开来。例如他在翻译法国巴黎法典学堂讲师齐察理的著作时，特别提及齐察理的"群学"纲要中列入了法学、国计学、政治学、宗教学和言语学，却没有历史学。"所不举历史为科者，盖历史不自成科。一是群学，乃（及）一是格物之学皆有历史。历史者，所以记录事实，随所见于时界而历数之，于以资推籀因果揭立公例者之所讲求也，非专门之学也。"[146]

然而，从另一方面看，严复的知识谱系是建立在有机体理论之上的，而有机体自身的生长和发展却是一个历史事件。因此，他虽然否定历史作为一门独立学科的地位，但却强调历史的普遍性和本原地位。从历史的角度论述普遍公例的存在，正是有机论的知识谱系的重要标志："有科学即有历史，亦有历史即有科学，此西国政治所以成专科。问中国古有此乎？曰有之。如老子，如史迁，其最著者。而《论》、《孟》、《学》、《庸》，亦圣人见其会通，立为公例，无疑义也。顾中国古书之短，在德行、政治杂而不分。而西国至十九世纪，政治一门已由各种群学分出，故其理易明，其学易治。"[147]

在严复的知识论和社会理论中，演化概念或历史概念是至关重要的。这不仅因为这一概念及其内含的"物竞天择、适者生存"的范畴已经被组织到民族主义话语之中，而且还因为他要处理的是社会分工、社会类型与社会变化的关系。严复在这方面受到斯宾塞的影响，但他从未像某些美国社会学家（如 L. Ward 及其论著 *Pure Sociology*）那样，把斯宾塞学说仅仅看作是一种社会的静态分析（a static analysis of society）。通过他的政

---

[145] 沃勒斯坦等：《开放社会科学》，页27。
[146] 严复：《"国计学甲部"（残稿）按语》，《严复集》第4册，页847。
[147] 严复：《政治讲义》，《严复集》第5册，页1244—1245。

论和按语,一方面,严复提供了一种社会和知识的结构—功能分析的框架,特别是以知识门类和行业分工为核心形成的分类体系,这种分类体系为某种类型的"社会"建构提供了依据;另一方面,他把社会理解为一个本质上不断变化的过程,一个进化过程中的变异和秩序的复杂后果。也许正是由于后一方面,严复经常被看作是一位把生物过程与社会过程混同为一的社会达尔文主义者,或者至少是直线进化的历史观的权威解释者。然而,"群"和"群学"概念的形而上学性质清楚地表明这种观点不过是对他的简化而已。斯宾塞学说与赫胥黎的进化概念是联结他的知识论与他的历史观的桥梁。严复的知识谱系与他所描述的"社会"范畴一样都具有分化与整合的双重特征,而这种分化与整合只有通过一个更为基本的概念才能被充分理解,这个概念就是"天演"。

第四节 "名的世界":归纳法与格物的程序

1. "穆勒名学"中的归纳/演绎、实验/直觉

在探讨了他的易的世界和群的世界之后,让我从严复关于逻辑学问题的观点入手,进入对他的"名的世界"的研究。逻辑学的任务之一是对概念进行定义、界定、分类和推演概念之间的关系,而在晚清的氛围中,逻辑学是一切现代科学的方法论基础。

严复心目中的科学既是一种形而上学体系,也是一种以归纳法追究事物的因果关系和最终真理的方式。"执果穷因,是惟科学",[148]他强调的是用实证的方式追究"真"的问题。然而,以实证为指归的归纳法在严

---

[148] 严复:《译"群学肄言"自序》,《严复集》第1册,页123。

复那里以什么方式与形而上学体系并行不悖呢?[149]利奥塔曾经指出,科学知识一方面需要哲学知识对其进行合法化论证,另一方面科学的方法论诉求最终却否定了任何非实证的知识,这就是导致所谓"合法化解体"的内在悖论。严复的"科学"观念中明显包含了实证的方法与形而上学体系这两个方面,他不仅把科学看作是西方强盛的原因,而且也看作是中国问题的核心。史华兹曾经大胆断言,严复翻译的《穆勒名学》这部解释归纳与演绎方法的著作是其综合思想体系的基本原理。[150]那么,这两者之间是否构成了一种自我解构的关系呢?我在这里首先分析严复对归纳法的理解,而后再回过头来解释他的作为形而上学体系的科学。

严复论及归纳法的地方很多,他认为整个现代科学,包括他所崇仰的斯宾塞学说、亚当·斯密的经济学以及政治学都是建立在实证的和归纳的基础之上的。在他的心目中,逻辑学是一切学说的基础,从而也预设了一切事物中普遍存在着某种规律性。严复认为一切公例也都来自归纳法,所谓"公例无往不由内籀,不必形数公例而独不然也。"[151]"盖天生人,与以灵性,本无与生俱来预具之知能。欲有所知,其最初必由内籀。……但内籀必资事实,而事实必由阅历。"[152]因此,各种科学——包括自然科学和各种社会科学——都必须建立在经验归纳的基础之上。[153]在后来被编者标题为《论今日教育应以物理科学为当务之急》的讲演中,严复特别强调"物理科学"在各种学科中的基础地位,他在一个小注中说,"但言物理,则兼化学、

---

[149] 史华兹正确地指出:"严复认为科学必然是指斯宾塞的整个形而上学体系。穆勒也许已讲清楚了科学的逻辑方法,但他没有动摇严复关于斯宾塞的综合哲学是通过最严格的归纳逻辑原则得来的这一信念。"他甚至还提及严复在1895年的论文中已经将斯宾塞主义与中国玄学的主流即一元论的泛神论相提并论。《寻求富强:严复与西方》,页191。

[150] 同上,页177。

[151] 《穆勒名学》部乙按语,《严复集》第4册,页1050。

[152] 严复:《政治讲义》,《严复集》第5册,页1243—1244。该文于1906年(光绪三十二年)由商务印书馆出版。

[153] 严复谈及政治性和法律时说:"大抵治权之施,见诸事实,故明者著论,必以历史之所发现者为之本基。其间抽取公例,必用内籀归纳之术,而后可存。若夫向壁虚造,用前有假如之术,(西人名学谓之 a' prior)立为原则,而演绎之,及其终事,往往生害。"《"民约"评议》,《严复集》第2册,页337。

动植、天文、地质、生理、心理而言",显然认为这些学科都可以用归纳法为原理。他批评中国传统教育"外籀甚多,内籀绝少,而因事前既无观察之术,事后于古人所垂成例,又无印证之勤,故其公例多疏,而外籀亦多漏。"[154]

最能证明严复对归纳法的重视的例证,是他于 1900 年至 1902 年间翻译了穆勒(John Stuart Mill ,1806—1873)的巨著《演绎与归纳的逻辑体系》(*A System of Logic, Ratiocinative and Inductive*, 1843)的前半部,并以《穆勒名学》为题于 1905 年出版。这是严复翻译生涯中最为艰巨的工程。此后他又于 1908 年翻译了耶芳斯(W. S. Jevons, 1835—1882)的《名学浅说》(*Primer of Logic*, 1876),于次年出版。严复自述后者是为了弥补未能译出穆勒著作的后半部之憾。[155]

穆勒的《演绎和归纳的逻辑体系》(以下简称《逻辑体系》)是一部激进的、经验主义的著作,它既遭到传统主义者的攻击,也遭到来自孔德和实证主义者的抨击,因为它背离了逻辑学的主要传统。事实上,我一直有些奇怪:为什么严复没有像他的日本先驱西周那样选择孔德的著作,而是把斯宾塞和穆勒放在他的思考的中心位置呢?[156]斯宾塞的综合哲学明显的是要重写孔德的实证哲学,但孔德作为哲学家的能力似乎更为强大,而斯宾塞在经验社会学方面似乎更为"科学"。在某种意义上,斯宾塞的《社会学原理》似乎是从孟德斯鸠的《法意》和亚当·斯密的

---

[154] 严复:《论今日教育应以物理科学为当务之急》,《严复集》第 2 册,页 283,281。
[155] 严复说:"不佞于庚子、辛丑、壬寅间,曾译穆勒《名学》半部,经金粟斋刻于金陵。思欲赓续其后半,乃人事卒卒,又老来精茶短,惮用脑力,而穆勒书精深博大,非澄心渺虑,无以将事,所以尚未逮也。……因取耶芳斯《浅说》,排日译示讲解,经两月成书。……"《"名学浅说"序》,《严复集》第 2 册,页 265。
[156] 我们完全有证据相信严复对孔德是有相当了解的。例如他在早期的译作《国计学甲部》(残稿)的按语中就曾说,"群学西曰梭休洛支。其称始于法哲学家恭德。彼谓凡学之言人伦者,虽时主偏端,然无可分之理,宜取一切,统于名词,谓曰群学。即如计学,亦恭德所指为不能独立成专科者也。虽然,此自理解言之,固如此耳。独功之事,每降愈繁,学问之涂,定不如此。假使理言日富,即计学岂无可分? 如钱币、如赋税,此在他日皆可别成一学者也。盖学士用心,当以专论而密,虽明知其物之统于一郛,而考论之时,自以分画为便故也。"尽管"科学"概念源自孔德的分科谱系,但严复仍然觉得孔德在分科问题上不够精密。《"国计学甲部"(残稿)按语》,《严复集》第 4 册,页 847—848。

《原富》发展而来,而主要地不是从孔德的乌托邦那里汲取养分。这一点与严复在经济学和法学方面的选择完全吻合。孔德发展了社会体系的各个部分相互依赖的概念,斯宾塞则在几个方面发展了孔德的思想,斯坦尼斯拉夫·安德列斯基(Stanislav Andreski)把它概括为三个方面:"第一,赋予这一概念以经验的血肉,第二,在此基础上发展出更为专门的原则,第三,把重点从纯粹的知识因素转向社会结构。"[157]严复对知识论的兴趣很大程度上源自对知识与社会的关系,特别是从知识体系的关系中理解社会的构造方式。在这方面斯宾塞显然能够提供更多的东西。

那么,严复又是怎样在穆勒与孔德的关系中作出选择的呢？我们不妨对此作出一些猜测性的分析。在某种意义上,孔德的体系似乎是更适合严复的需求的:他既注重归纳逻辑,又提供了完整的知识分类学,他的知识进步的三段论也合乎进化论的原则。[158]穆勒与孔德一样,认为"外部对象的一切特征,都以我们对这些对象的感觉为基础,而且可以把它们规定为'对象引起感觉的能力'。"[159]但是,孔德认为一定要通过解剖学和生理学才能发现心灵的规律,他的科学方法完全排除了心理学,也把政治经济学看作是形而上的而不予考虑;穆勒的经验主义受到他父亲的联想心理学的深刻影响,他并不像孔德那样认为现象具有客观实在性,而把外部世界看成是一种"心理学的现象",外部世界和自我及其存在是两个心理事实。换句话说,事物本身没有什么自身的规律,事物的因果性联系不过是纯粹的心理的结果。因此,穆勒的归纳逻辑中隐含更深的是休谟的不可知论。那么,把科学理解为"黜伪而崇真"的严复,为什么却对穆勒更感兴趣呢？为什么在如此强调

---

[157] Stanislav Andreski, "Introductory Essay: Sociology, Biology and Philosophy in Herbert Spencer," in Spencer, *Structure*, *Function and Evolution*, ed. Stanislav Andreski (London: Thomas Nelson and Sons LTD, 1971).

[158] 事实上,穆勒的这部著作也得到了孔德的高度评价。他说:《演绎和归纳的逻辑学体系》是对"实证的方法中特有的精深和作用"给以评价的"珍贵的著述",称赞他对于归纳逻辑学的理论叙述"深远而巧妙"。Auguste Comte, *Discours sur L'esprit Positif*, Paris, 1844, 转引自欧力同:《孔德及其实证主义》,上海社会科学院出版社,1987,页165。

[159] 穆勒:《三段论逻辑和归纳逻辑的体系》,转引自欧力同:《孔德及其实证主义》,同上,页166。

物理科学的元科学地位的同时,严复不是倾向于孔德的"社会物理学",而更热衷于更具主观论色彩和不可知论的穆勒呢?这是需要回答的第一个问题。我的一个相关回答是:穆勒的主观论色彩与不可知论在某些方面是和斯宾塞非常相似的,虽然他们各自工作的领域完全不同。

与这一问题直接相关的问题是,严复是在什么意义上讨论归纳逻辑的?这里首先需要澄清的误解是:穆勒的逻辑学体系并不像许多人认为的那样,"把演绎逻辑和归纳逻辑对立起来,并排斥演绎逻辑。"[160]实际上,对于穆勒来说,对立并不在演绎和归纳二者之间,而是在演绎和实验之间。[161]穆勒在感觉论的基础上强调"实验"是一切知识的来源,他发展培根逻辑学,重新建立了一套全归纳式的逻辑。契合法、差异法、同异法、剩余法和共变法等归纳五法的确具有实证主义的特点,但是,这不等于说归纳逻辑和演绎逻辑是截然对立的。[162]穆勒承认在复杂的推理过程中我们似乎用三段论的形式进行推论,但那种看上去像是三段论的推理其实只是可以还原为一些"标记"的归纳。所谓"标记的标记",指的是对先前的归纳的标记。我们的记忆没有好到能够将大量细节加以有序整理,以至不用一般命题就能够进行推理的程度。因此,在推论过程中,我们就要借助于"标记的标记"(先前的归纳),并将本来是归纳性的和实验性的科学门类变成纯粹的推理的科学。在这个意义上,演绎并不是与归纳相对立的推理方式,而是它的极端形式。[163]

---

[160] 《"穆勒名学"出版说明》,严译名著丛刊《穆勒名学》,商务印书馆,1981,页 v。

[161] "夫外籀不与内籀对也,实为内籀之一术。"《穆勒名学》部乙,页 229—230。

[162] 穆勒说:"如果一项科学是实验性的,那就是说那些呈现出各种特殊面貌的新情况迫切需要一套新的观察和实验方式,即一种新型的归纳。如果一项科学是演绎性的,那就是说,其结论来自以归纳为基础而引出一种新型情况的步骤,并且审定这些新情况具有那种不能被直接观察到的标记的标记。" *A System of Logic: Ratiocinative and Inductive, Being a Connected View of the Principles of Evidence and the Methods of Scientific Investigation, in Collected Works of John Stuart Mill*, volume vii (University of Toronto Press & Routledge & Kegan Paul, 1974), pp. 219-220. 参见威廉·托马斯:《穆勒》,李河译,中国社会科学出版社,1992,页 74—75。

[163] 威廉·托马斯:《穆勒》,页 74。

穆勒对演绎性科学如数学的解释与其说是否定演绎逻辑,不如说是对呼威理(William Whewell,1794—1866)的直觉主义的批判。因此,我们需要在归纳逻辑与直觉主义的对立、而不是归纳逻辑与演绎逻辑的对立之中理解穆勒的逻辑学理论。例如,像数学这样完全演绎性的、丝毫不需要经验和实验的科学在什么意义上是"真"的呢?呼威理以及直觉主义者声称,因为我们不能想像几何公理是假的,所以它们才是真的。穆勒反驳说,它们是从我们的经验中归纳总结出来的,我们之所以无法想像它们是假的仅仅是因为联想习惯的力量。直觉主义者说,几何公理不是对这一特例或那一特例为真,而是普遍必然地为真。穆勒的回答是,他的论敌错误地把一种习得的能力当成了直觉:联想律表明了人们是怎样会假定确切的真理就是必然的真理。[164] 穆勒把归纳定义为"为发现并证实一般命题的活动",他并不把一般命题中蕴含的因果关系当做自然力量,而视其为人们对预测的陈述。换言之,"原因"不过是一直不变的先行事件,"结果"则是那种一直不变的后继事件。科学的任务就是从只意识到自然之有序性的弱归纳走向记录着一贯规律的强归纳。[165]

穆勒对数学和几何学的看法通常被看作是《逻辑体系》一书的薄弱环节,但联系他反对直觉主义的观点却非常可以理解。他对意志和个体特性的观点同样如此。直觉主义者宣称我们对自己的意志的了解是独立于经验的,是被构造的先验知识,而穆勒则认为,意志只是与其他原因相同的一个自然原因。[166] 正像威廉·托马斯所说的那样,穆勒的这种观点

---

[164] 参见同上,页75。穆勒认为,说必然真理存在于数学之中这也是纯属幻觉。"所有数都必须是关于某物的数目,不存在作为抽象物的数目。数字10肯定意味着10个物体或10种声音或脉搏的10次跳动"(John Stuart Mill, *A System of Logic Ratiocinative and Inductive*, in Collected Works of John Stuart Mill, vol. vii, p. 254.)穆勒的结论是,那些所谓"精确科学"的高度精确性不是它们准确描述了实在对象(因为自然界中不存在直线,并且数目也不是实在对象),而是因为它们给出了精确的推理。

[165] 穆勒问道:"最少又最简单的假定是什么?如果有的话,它是否来自自然的整个存在秩序?" *Ibid.*, p. 317. 参见:威廉·托马斯:《穆勒》,页76—77。

[166] 穆勒说:"我们的意志引发了我们的身体活动,就像寒冷造成了冰,或者火花引爆了火药,仅此而已。作为我们心灵的一种状态,意志就是一个先行事件,随意志而动的肢

本来是针对"原始拜物主义",早期人类以这种观点把有关活力的观念扩大到围绕他们的没有意识的事物上。但是,穆勒决心证明直觉主义是错误的,因此他极力避免对个体特性作任何一种考虑,他的联想主义思想背景倾向于这样的信念:环境就是一切,个体没有意义。穆勒把心灵视为一个被动的储存器,这种观点暗示的意思是我们对自然规律的认识来自"对经验的一次一次概括"。[167]它着重于那些与心灵发生联系的事实,而忽视探索事实的心灵。而直觉主义者却认为我们只能从一种理论开始研究,如果不借助理论,我们就看不出那些规律是规律。[168]因此,我们可以说,穆勒的逻辑学是主观论的,但却是反意志主义的。

在对穆勒的逻辑学作了简要的说明之后,我们可以回答上述三个问题了,即严复是在什么意义上追究"真",或者,他的归纳主义倾向与主观论的关系如何? 严复是在什么意义上讨论归纳逻辑,或者他是把归纳与演绎相对立,还是把实验与演绎相对立? 严复对待直觉主义的态度如何? 对我而言,上述问题不是逻辑学的问题,而是思想史的问题,即严复对归纳法的讨论和介绍体现了怎样的文化含义?

2."真"与"诚"的互换与格物的程序

我们首先讨论严复对"真"的看法及其求证过程。首先需要指出的是《穆勒名学》对"真"(truth)概念的翻译。穆勒原著导论第三节标题为"Or the art and science of the pursuit of truth?"(逻辑是追求真的技艺和科学吗?),[169]严复译为"论名学乃求诚之学术"。[170]在译文中他不仅将真

体活动就是其结果。我想,这种先后顺序不是一个关于直接意识的论题……" Collected Works of John Stuart Mill, vol. vii, p. 355. 参见威廉·托马斯:《穆勒》,页 80。

[167] 威廉·托马斯:《穆勒》,页 80—81,83。
[168] 穆勒认为这种直觉主义的理论假设不过是"纯粹的虚设","除了一个个地试用理论假设直到有一个与现象相符合,它根本算不上像样的归纳。" Collected Works of John Stuart Mill, vol. vii, pp. 490,503. 参见威廉·托马斯:《穆勒》,页 83。
[169] Mill, A System of Logic, in Collected Works of John Stuart Mill, vol. vii, p. 6。
[170] 《穆勒名学》部首引论,页 4。

理概念译为"诚",而且把"名学"(逻辑学)看作是"一己用思求诚之所当然"的为己之学。[171] 求真与求诚的互换意味着,对事物的规律的探讨是和人的内在的状态有关的。这里试举一例。穆勒原文为:

> They may all be regarded as contrivances for enabling a person to know the truths which are needful to him, and to know them at the precise moment at which they are needful. Other purposes, indeed, are also served by these operations; for instance, that of imparting our knowledge to others. But, viewed with regard to this purpose, they have never been considered as within the province of the logician. The sole object of Logic is the guidance of one's own thoughts... [172]

[笔者试译如下:它们(指逻辑学的命名、分类、定义及其他程序)可以被看作是一些设计,这些设计使人能够了解他所必需的真,而且恰是在这些真为他所需要的那个时刻了解它们。这些程序也服务于其他目的;例如,把我们的知识传递给别人。但是,就这个目的而言,它们从未在逻辑学的范围内被考虑。逻辑学的唯一目的是指导个人的思想……]

严复译文为:

> 人之生也,非诚无以自存,非诚无以接物。而求诚之道,名学言之。夫求诚所以自为也,而有时乎为人。为人奈何?设教是已。教人常以言词,然其术非名学之所治。名学所治者,不外一己用思求诚

---

[171] 《穆勒名学》部首·引论,页5。严复的翻译显然是把认知问题与道德实践问题作为一个问题的两个方面加以讨论的。例如,他译穆勒的原文说:"诚者非他,真实无妄之知是已",并加按语说:"穆勒氏举此,其恉在诚人勿以推知为元知,此事最关诚妄。"《严复集》第4册,页1028。

[172] Mill, *A System of Logic*, in Collected Works of John Stuart Mill, volume vii, p. 6.

之所当然。[173]

严复是一位精通英文和中国古典文字的学者,他在翻译过程中的遣辞造句决不应该理解为"误译"。显然,严复心目中的"真"不仅是一种自然之真理,而且是一种道德的知识。[174]名学作为"求诚之学"以命名、概念、分类、界定的方式获得真理。穆勒的主观论的逻辑学在严复的译文中自然地被赋予了道德性的含义,并与儒学的"为己"与"设教"观念获得了内在的关联。如谓:"至于谕人教人之道,则又有专术焉以分治之……名学所论人心之能事,皆自明而诚,其明其诚,皆以自为。"[175]

从上述翻译状况来看,严复在1895年2月写作的《论世变之亟》中的两句名言,即"于学术则黜伪而崇真,于刑政则屈私以为公而已"[176],就不能不再作解释了。值得注意的是,既然严复认为政治学和法律都不过是科学的分支,那么,知识上辨别真伪,政治上区分公私,就是密切相关的,因而必定存在论证真伪、公私的程序。换言之,归纳逻辑必定在这两个领域都是有效的。在一定意义上,真的概念、诚的概念、公的概念和群的概念具有内在的同一性,它们都可以被看作是社会、国家、世界、宇宙的真理状态。归纳逻辑的效能就是在上述各个领域提供抵达这种真理状态的途径。因此,归纳逻辑可以被看作是一种方法论的程序。

那么,严复是怎样把这一方法论原则贯彻于自然与社会领域的呢?这一方法论程序的具体过程怎样呢?严复在1895年3月发表的著名文章《原强》中对此有明确的解释。在这篇文章中,他从荀子所谓"人之所以异于禽兽者,以其能群也"一语中拈出"群"概念,用以命名斯宾塞"大阐人伦之事"的社会学("群学")。"群"概念在一定程度上可以被理解

---

[173]《穆勒名学》部甲·引论,页4—5。
[174] 在理学的语境中,"诚"既涉及"人之道",亦涉及"天之道"。如包恢《三陆先生祠堂记》卷三十六发挥陆象山之学说:"诚之者人之道也,由大而化则为圣,而入于不可知之神,是诚者天之道也,此乃孟子之实学也。"
[175]《穆勒名学》部甲·引论,页5。
[176] 严复:《论世变之亟》,《严复集》第1册,页2。

为某种人的本性,以"群学"命名社会学,显然表示社会学不仅是探讨社会的学问,而且也是体现某种先验本质的知识。假定"群"是社会学的真理的话,那么,它显然是一种先行存在的真理。

因此,接下来的问题便是:我们通过怎样的程序才能由这一先行的真理达到后继的真理呢?严复认为斯宾塞的方法和论旨"与吾《大学》所谓诚正修齐治平之事有不期而合者,"只是《大学》引而未发,语焉不详,而斯宾塞的著作"其持一理论一事也,必根柢物理,征引人事,推其端于至真之源,究其极于不遁之效而后已。"[177]"诚正修齐治平"包含了一种道德和政治实践的程序,但这种程序与认知活动的程序并没有根本的差别。所谓"根柢物理,征引人事"当然具有归纳和实证的含义,但更重要的是它提出了一个认知的程序,这就是朱熹"即物"、"穷理"、"至极"的次第工程,在这个程序中,"推其端于至真之源"显然是在归纳基础上的演绎。按照穆勒的逻辑,它可以被看作是归纳的极端形式。

在谈及斯宾塞的《劝学篇》时,[178]严复详尽描述了这个认知程序的具体过程:

> 天下沿流溯源,执因求果之事,惟于群学为最难……格致之学不先,褊僻之情未去,束教拘虚,生心害政,固无往而不误人家国者也。是故欲治群学,且必先有事于诸学焉,非为数学、名学,则其心不足以察不遁之理,必然之数也;非为力学、质学,则不知因果功效之相生也。力学者,所谓格致七(之)学是也。炙(质)学者,所谓化学是也。名数力炙(质)四者已治矣,然其心之用,犹审于寡而荧于纷,察于近而迷于远也,故非为天地人三学,则无以尽事理之悠久博大与蕃变也,而三者之中,则人学尤为急切;何则?所谓群者,固积人而成者也。不精

---

[177] 严复:《原强》,《严复集》第1册,页6。
[178] 严复在1897年曾将斯宾塞的《社会学研究》(The Study of Sociology)的前两章译为《砭愚》和《倡学》,并准备以《劝学篇》为题在《国闻汇编》上发表。但1897年底至1898年初,《国闻汇编》在连载了《砭愚篇》之后,并未续载《倡学篇》。直到1901—1902年间,严复完整地译出该书,定题为《群学肄言》,并于1903年出版。

于其分,则末由见于其全。且一群一国之成之立也,其间体用功能,实无异于生物之一体,大小虽殊,而官治相准。故人学者,群学入德之门也。人学又析而为二焉:曰生学、曰心学。生学者,论人类长养孳乳之大法也。心学者,言斯民知行感应之秘机也。盖一人之身,其形神相资以为用;故一国之立,亦力德相备而后存;而一切政治之施,与其强弱盛衰之迹,特皆如释民所谓循业发现者耳,夫固有为之根而受其蕴者也。夫唯此数学明,而后有以事群学,群学治,而后能修齐治平,用以持世保民以日进于郅治馨香之极盛也。呜呼!美矣!备矣。[179]

显然,严复的认知程序以及因果关系的认定是以一种整体论的世界观为前提的,这个世界观与理学及其天理观念具有内在的相似性,知识的各种分类与世界的有机结构直接相关。社会与国家是一种体用功能系统,在知识上则表现为不同类别的知识之间的相互依赖关系。因此,严复的"求真"过程非常类似于朱子学的那种以"天理世界观"为前提的"格物穷理"的次第工程:先推求名数质力等自然之理,而后以此推求"天地人"之理,尤其是人之理,而后再以此为基础推求"群"之理,其基本目的则是"修齐治平"而达"郅治馨香之极盛"的世界。自然、心理与社会均有客观的"理",但它们之间不是各自独立而是相互联系的;它们仅有层次之别而无性质之分,这种层次之别是以它们与"修齐治平"的终极目标的关系远近而确定的。这里同样含有"理一分殊"的预设,并相信自然与人文之理在本质上是一致的。"求真"也即"穷理",而"穷理"的目的在于人事,但最根本普遍的"理"又依存于各种自然事物的"理",从而获得"群"之"理"也即"修齐治平"之道的过程绝不能不以"穷"自然事物之"理"为前提。[180]西方科学的方法与治国平天下具有内在一致性:"以格致诚正为

---

[179] 严复:《原强》,《严复集》,第1册,第6—7页。
[180] 在《原强》修定稿中,严复认为斯宾塞的"群学""用近今格致之理术,以发挥修齐治平之事,精深微妙,繁富奥殚。……"进而指出:"学问之事,以群学为要归。唯群学明而后知治乱盛衰之故,而能有修齐治平之功。呜呼!此真大人之学矣。"《严复集》第1册,页16,18。

治平根本。"[181] 从"格物致知"到"修齐治平"的推理逻辑明显地依赖于一种有机论的预设，即不仅这个世界的各种物质性的事物之间存在连续关系，而且这个世界的物理现象与精神现象之间也不存在断裂。连续性是上述格物程序的最为基本的形而上学预设。

3. 对直觉主义的批判与朱陆之辨

心灵与物理世界的连续关系经常导致意志论和认识论上的直觉主义。阳明心学就是一个例证。但是，在穆勒的影响下，严复不仅把归纳看作是演绎的基础，而且把演绎看作是归纳的极端形式，"夫外籀不与内籀对也，而实为内籀之一术"，[182]"内外籀之相为表里，绝非二途"，甚至"数学公例亦由阅历"，[183]"公例无往不由内籀，不必形数公例而独不然也。"[184] 在他那里，构成对立的并不是归纳与演绎，而是实验与直觉主义，或者更直接地说是格物的实践与良知。严复对归纳逻辑的重视是和对人的亲身实验的行动主义主张完全一致的。

穆勒把求得真理的方式区分为两种，一种是凭借直接的经验，而另一种则是从这种直接经验中推论出来的。他讨论直接知识时使用了直觉（Intuition）和意识（Consciousness）的概念，但其含义与直觉主义者并不相同，他强调的是直接经验。严复把运用直觉和意识而直接得知的知识译为"元知"，把利用推理（inference）所得的知识称为"推知"，并追随穆勒提醒人们不要误将"推知"当做"元知"。"元知为智慧之本始，一切知识，皆由此推。"[185] 严复非常清楚，逻辑学不同于一般的知识，它注重研究的是"推知"而非"元知"，因为推知易失，元知无妄，关键在于如何检验推知

---

[181]《严复集》第 1 册，第 126 页。
[182]《穆勒名学》，页 229—230。
[183]《"穆勒名学"按语》，《严复集》第 4 册，页 1050。
[184] 同上，第 4 册，第 1050 页。
[185]《穆勒名学》部首·引论，页 5。

的程序。[186]"名学者,学学也。……凡一切分科之学,析理之书,与斯人之一言一行,与是例是法不可不合;不合则失诚而为妄,而委与符皆违事实矣。"[187]注重推论程序的严格性必然要求命名、界定、分类的严格性。严复的科学知识论的核心不是一般地将归纳与演绎相对立,而是注重实验与推论过程的严格程序,并以之与所谓"师心自用"的直觉主义相对立:"不实验于事物,而师心自用,抑笃信其古人之说者,可惧也夫!"[188]

穆勒逻辑学对直觉主义持批评态度,并特别注重实验和认知程序的严密性,这为严复提供了一种回到理学语境中讨论问题的适当途径。严复的归纳主义倾向来自穆勒以及培根、洛克,但实际上又是针对着"其例之立根于臆造,而非实测之所会通"[189]的中国传统学术,尤其是陆王心学而发的。就归纳与演绎的关系而言,他的观点接近于朱子关于"格物"与"致知"、"积累"与"贯通"的关系。如果仅仅强调亲身实验,反对直觉主义,那么,严复也可以在各种传统的自然知识与理学之间作出对比,而不必在理学的两种学派之间进行选择。[190]但他注重的显然不仅是实验的观念,而且还是知识能否自然地导出合理的宇宙秩序。因此,他需要的科学不仅是自然科学和

---

[186] 严复翻译谓:"故名学所讲,在于推知。谓其学为求诚之学,固也;顾其所重,尤专在求。据已知以推未知,征既然以睹未然。其已知、既然,为公例可也(此为外籀术),为散著可也(此为内籀术)。名学所辩论,非所信者也,在所据、所征以为信者。盖信一理、一言者,必不徒信也,必有其所以信者;此所以信者,正名学所精考微验而不敢苟者也。"《穆勒名学》部首・引论,页7。

[187] 参看《穆勒名学》,部首・引论,页9。Mill, *A System of Logic*, in *Collected Works of John Stuart Mill*, pp. 10-11.

[188] 《穆勒名学》按语,部(甲)篇二论名,页36。

[189] 《严复集》第4册,第1047页。

[190] 严复没有在理学与各种自然之学,如方术、堪舆、医学、星卜等之间进行比较,而是在理学的两种派别之间进行比较。这并不是偶然的疏忽,在《"穆勒名学"按语》中,严复曾对此作出过说明。他指出,按照穆勒的逻辑学,科学认识的程序是从实验而转向演绎,但不能因此认为外籀与内籀(归纳)无关。相反,归纳是更为根本的。中国的旧学所以"多无补者,其外籀非不为也,为之又未尝不如法也,第其所本者大抵心成之说,持之似有故,言之似成理,媛妹者以古训而严之,初何尝取其公例而一考其所推概者之诚妄乎? 此学术之所以多诬,而国计民生之所以病也。中国九流之学,如堪舆、如医药、如星卜,若从其绪而观之,莫不顺序;第若穷其最初之所据,若五行支干之所

第八章 宇宙秩序的重构与自然的公理

技术,而且是一种形而上学;他面对的问题不仅是归纳与实验的科学方法及其技术效能,而且是如何把归纳、实验的方法与某种先验的"公理"统合在一种认知的程序之中。在这个意义上,一般的自然之学并不能满足严复的需要。我们必须在这种对形而上学的需求中才能理解严复的叙事转换。

严复在甲午战败后发展了一种中西对比式的叙事,这种叙事方式被看作是开创了整体论反传统主义的先河。史华兹正是据此把严复看作是价值观念的真正变革者。换言之,他正是着眼于严复对传统的否定性评价展开他对严复的研究,并从这一基点出发讨论严复以"寻求富强"为轴心的思想含义。但我们把这一对比式叙事置于上述认知程序中观察,含义却发生了微妙的变化,这种变化显然没有为史华兹所察觉。

中西尖锐对比的论式是在著名的《论世变之亟》中提出的,目的在强化变革的必要性。如谓:

> 尝谓中西事理,其最不同而断乎不可合者,莫大于中之人好古而忽今,西之人力今以胜古;中之人以一治一乱、一盛一衰为天行人事之自然,西之人以日进无疆,既盛不可复衰,既治不可复乱,为学术政化之极则。
>
> 中国最重三纲,而西人首明平等;中国亲亲,而西人尚贤;中国以孝治天下,而西人以公治天下;中国尊主,而西人隆民;……中国重节流,而西人重开源;……其于为学也,中国夸多识,而西人尊新知。其于祸灾也,中国委天数,而西人恃人力……[191]

正是在这种对比式叙事中,严复颠覆了那种视中国为礼仪之区、异域为犬羊夷狄的看法,提出师法西洋以寻求富强之术的全面的改革主张。[192]但

分配,若九星吉凶之各有主,则虽极思,有不能言其所以然者矣。无他,其例之立根于臆造,而非实测之所会通故也。"《严复集》第4册,页1047。

[191] 严复:《论世变之亟》,《严复集》第1册,页1、3。
[192] 同上,页4。"夫士生今日,不睹西洋富强之效者,无目者也。谓不讲富强,而中国自可以安;谓不用西洋之术,而富强自可致;谓用西洋之术,无俟于通达时务之真人才,皆非狂易失心之人不为此。"

是,变革的必要性并没有对严复显然了解的下述两个问题作出回答:首先是如何避免西洋文明所造成的那种垄断、贫富不均和穷兵黩武？其次是中国与西方的上述差异及其后果是如何产生的？[193]换言之,严复的叙事转换与对西方现代性的后果的反思密切相关。

严复不得不在对比式叙事之外,给出一个历史性的叙事对此加以说明。"黜伪崇真"与"去私存公"的描述无法解释现代西方社会的经济和技术的垄断、社会的贫富贵贱的分化,以及对外的军事扩张,这与严复的"公"的社会理想无法吻合。"夫自今日中国而视西洋,则西洋诚为强且富,顾谓其至治极盛,则又大谬不然之说也。"[194]史华兹曾说,贯穿于严复的所有著作的论题,即对西方"公心"的赞美,很难被还原为斯宾塞学说的任何一个部分,他猜测这是建立在严复自己对英国生活的公正观察之上的。[195]但是,这种"公"的理念却既不是得自斯宾塞,也不完全是得自他对英国的观察,因为严复的观察中包含了完全与"公"相对立的社会状态。"公"的理念是和他对"天理世界观"的熟知直接有关的,他只是在西方社会的政治制度和某些社会习惯中发现了能体现这种"公"的例证。严复既需要强烈的对比方式论证师法西洋的必要性,又需要保持对西洋的批判态度,就后一方面而言,这种在一定程度上超越具体社会形态的"天理"式的"公"观念就是必不可少的。但是,既然严复已经把科学作为中国面临的基本问题,他就必须在科学内部发现一种内在的价值和动力,

---

[193] 请参见《原强》及其续篇中的相关论述。
[194] 严复:《原强》修订稿,《严复集》第1册,页24。严复说:"夫古之所谓至治极盛者,曰家给人足,曰比户可封,曰刑措不用。之数者,皆西洋各国之所不能也。且岂仅不能而已,自彼群学之家言之,且恐相背而驰,去之滋远焉。盖世之所以得致太平者,必其民之无甚富亦无甚贫,无甚贵,亦无甚贱;假使贫富贵贱过于悬殊,则不平之鸣,争心将作,大乱之故,常由此生。二百年来,西洋自测算格物之学大行,制作之精,实为亘古所未有。民生日用之际,殆无往而不用其机。加以电邮、汽舟、铁路三者,其能事足以收六合之大,归之一二人掌握而有余。此虽有益于民生之交通,而亦大利于奸雄之垄断。垄断既兴,则民贫富贵贱之相悬滋益远矣。尚幸其国政教之施,以平等自由为宗旨,所以强豪虽盛,尚无役使作横之风,而贫富之差,则虽欲平之而终无术矣。……"
[195] 史华兹:《寻求富强:严复与西方》,页64。

这种价值和动力能够通过对科学及其方法的追求自然地导致一种较为合理的和公平的世界秩序。

严复著作中发生的一种叙事上的微妙转变很少引起人的注意，这就是通过历史的回溯，把《论世变之亟》中的强烈的中西对比转化为理学与心学的对比，既保持对至尊的"天理"的敬畏之情，又能够解释中国衰败的原因。在这一转变过程中，穆勒把实验与直觉主义相对立的论式提供了桥梁：心学被理解为师心自用的直觉主义，而朱子学的格物致知论则与归纳和实验的观念具有内在的一致性，尽管朱子学本身由于限于读书穷理从而也必须加以改革。[196] 在为《穆勒名学》撰写的一段按语中，严复引述了穆勒批判呼威理有关"理"根于人心而与感官实验无关的观点，并把穆勒的观点看作是对"良知说"、特别是陆学的否定。[197] 这种在方法论层面的批判与严复从历史角度作出的判断完全吻合：

> 夫西洋之于学，自明以前，与中土相垺耳。至于晚近，言学则先物理而后文词，重达用而薄藻饰。且其教子弟也，尤必使自竭其耳目，自致其心思，贵自得而贱因人，喜善疑而慎信古。其名数诸学，则藉以教致思穷理之术；其力质诸学，则假以导观物察变之方，而其本事，则筌蹄之于鱼兔而已矣。……夫朱子以即物穷理释格物致知，是也；至以读书穷理言之，风斯在下矣。[198]

在以"废八股"为要旨的《救亡决论》(1895.5)中，严复借腐儒的话说，如果"救亡而以西学格致为不可易"，那么，"格致何必西学，固吾道《大学》

---

[196] 1906年，在《"阳明先生集要三种"序》中，严复仍然坚持他对实验与归纳的观点，并据此批判阳明学。他说："知者，人心之所同具也；理者，必物对待而后形焉者也。是故吾心之所觉，必证诸物之见象，而后得其符。……王子尝谓：'吾心即理，而天下无心外之物矣。'又喻之曰：'若事父，非于父而得孝之理也；若事君，非于君而得忠之理也。'是言也，盖用孟子万物皆备之说而过，不自知其言之有蔽也。"《严复集》第2册，页238。

[197] 严复：《"穆勒名学"按语》，《严复集》第4册，页1049。

[198] 严复：《原强》修订稿，《严复集》第1册，页29。

之始基也。"但是,格致的方法过于烦琐,效果也不清楚,陆九渊已有"逐物破道之讥",王阳明更有"格竹子"的无效实验。"'格'字当以孟子格君心之非,及今律格杀勿论诸'格'字为训,谓当格除外物,而后有以见良知之用,本体之明。"[199]通过如上设问,严复把问题转向了中国思想的内部讨论,其核心是:应该通过"格物"的程序(亲身实验的、归纳的)获得对世界的理解和掌握,还是剔除外物,师心自用,把认知的心灵当做唯一的对象?

严复的回答显然是前者:

> 应之曰:不亦善乎,客问之也。夫中土学术政教,自南渡以降,所以愈无可言者,孰非此陆王之学阶之厉乎!……盖学术末流之大患,在于徇高论而远事情,尚气矜而忘实祸。夫八股之害,前论言之详矣。而推而论之,则中国宜屏弃弗图者,尚不止此。[200]

严复不仅批评科举制度的弊端,而且也批评那些超脱于"制科"的文人,因为这些超脱之士所重的也仍然是"无用"、"无实"的文、词、学案、考据等等。"由后而言,其高过于西学而无实;由前而言,其事繁于西学而无用。均之无救危亡而已矣。"[201]他在救亡图存与朱陆之辨的双重语境中断言:

> 惟是申陆王二氏之说,谓格致无益事功,抑事功不俟格致,则大不可。夫陆王之学,质而言之,则直师心自用而已。自以为不出户可以知天下,而天下事与其所谓知者,果相合否?不径庭否?不复问也。自以为闭门造车,出而合辙,而门外之辙与其所造之车,果相合否?不龃龉否?又不察也。……盖陆氏于孟子,独取良知不学、万物

---

[199] 严复:《救亡决论》,《严复集》第1册,页43。
[200] 同上,页43。
[201] 同上,页44。

皆备之言,而忘言性求故、既竭目力之事,惟其自视太高,所以强物就我。后世学者,乐其径易,便于惰窳敖慢之情,遂群然趋之,莫之自返。其为祸也,始于学术,终于国家。[202]

严复由对"科学"的倡导而入于理学不同学派的评判,穆勒的逻辑学对归纳程序的研究提供了沟通的桥梁。但我们也可以反过来说,理学的格物程序为严复理解穆勒的逻辑学提供了前提,并构成了严复理解西方科学的认识框架。这里的悖论是:理学既是其批判的对象,又是立论的基础。对于严复来说,从中西对比的叙事转向理学内部派别的对比是意味深长的:这一叙事转换不仅维护了中国文明自身的价值,而且自然地保存了格物致知活动的更为基本的前提,即物物平等、本无大小、久暂、贵贱的"公理":

一理之明,一法之立,必验之物物事事而皆然,而后定之为不易。其所验也贵多,故博大;其收效也必恒,故悠久;其究极也,必道通为一,左右逢原,故高明。……此又《大学》所谓"知至而后意诚"者矣。且格致之事,以道眼观一切物,物物平等,本无大小、久暂、贵贱、善恶之殊。庄生知之,故曰道在屎溺,每下愈况。王氏窗前格竹,七日生病之事,若与西洋植物家言之,当不知几许轩渠,几人齿冷。……率天下而祸实学者,岂非王氏之言欤?[203]

严复用理学与心学的辩论解释格致问题,目的不仅在于论证西方格致之学作为救亡之学的必要性,而且还在于超越体用之争。他认为"公"、"群"的理想内在于人的认知实践(所谓"以道眼观物"),因而通过认知的实践能够发现和保存"公"的价值,这也为批判西方的社会垄断、分配不均和扩张主义提供了内在于科学和技术实践的前提。

───────────

[202] 同上,页44—45。
[203] 同上。

在这一过程中,严复对科学及其方法的理解与朱子学的格物程序逐渐地吻合起来。例如,他把"科学认识"理解为"即物穷理",而"即物穷理"又包括三个层次,"一曰考订,聚列同类事物而各著其实。二曰贯通,类异观同,道通为一。考订或谓之观察,或谓之演验,观察演验二者皆考订之事而异名者。"由于贯通过程包含演绎成分,"故所得之大法公例,往往多误,于是近世格致家乃救之以第三层,谓之试验。试验愈周,理愈靠实矣,此其要也"。[204] 从重视经验到推崇归纳,从考定贯通到反复试验,这显然是用实证主义的科学观来重新解释传统的"即物穷理",但这并不意味着后者仅是述词,恰恰相反,这种实证主义科学观仍然受制于"修齐治平"的儒学思维方式,其标志就是严复内心中的各种"专门之学"是以"炼心之事"为终极境界,以"修齐治平"为其目的。因此,严复说:"大《易》所谓圣人有以见天下之会通以行其典礼,此之典礼,即西人之大法公例也。"他一方面要求师法西方,"读无字之书",另一方面,又强调"以炼心积智为第一要义。"[205] 事实上,严复对自由的理解就隐藏在他对认知过程的解释之中:自由也是"至诚"的状态。[206]

4. "意验相符"与不可知论

1903 年,穆勒的逻辑学前三卷译毕后的一年,严复开始为熊纯如重新编辑的老子经典做按语。史华兹曾说,乍一看,几乎不能想像有比穆勒的《逻辑体系》和老子的《道德经》更不相容的两种精神产品了。但他还是断言:"如果说为赫胥黎、穆勒和孟德斯鸠的著作所加的按语里包含有对老庄的赞美;那么,对《老子》所作的评语毫不含糊地证实

---

[204] 严复:《西学门径功用》,《严复集》第 1 册,页 93。
[205] 同上。
[206] 严复说:"群学之有公例,而公例之必信,自我观之,且由心志之自繇。脱非自繇,则自之用不彰,其得效或以反此。夫人事之难测,非曰〔此〕中无因果也,乃原因复杂,难以尽知。而使有人具无垠之智慧,如《中庸》所谓至诚,如佛氏所谓天眼通,则据己事以推未然,……"《"国计学甲部"(残稿)按语》,《严复集》第 4 册,页 848。

第八章 宇宙秩序的重构与自然的公理

了严复完全信奉达尔文和斯宾塞。"[207] 史华兹认为严复与穆勒共同的基本态度，是反对一切先天观念、先验的主观思想范畴和直觉知识的概念。然而，严复并不完全反对在现象的不断变化背后有一个客观的合理秩序的观念，而且他没有能觉察出哲学的困境就在于力图完全通过归纳法得到这样一个秩序。因此，"严复继续深深地感到需要宗教和形而上学，而对构成穆勒《逻辑体系》基础的合理的、有限度的实证主义，他则完全没有提及。"[208] 史华兹指出严复对形而上学的保留是正确的，但是，如果认为这种形而上学与穆勒学说相冲突，或者完全外在于穆勒的逻辑学，则有可以商榷之处。《逻辑体系》一书中并不缺乏关于不可知的"本体"的讨论。严复在《穆勒名学》的首条按语中指出，逻辑学概念在语源学上源自逻各斯概念，而逻各斯犹如"佛氏所举之阿德门，基督教所称之灵魂，老子所谓道，孟子所谓性"，"《天演论》下卷十三篇所谓'有物浑成字曰清净之理'"。因此当归纳主义之父培根说"是学为一切法之法，一切学之学；明其为体之尊，为用之广，则变逻各斯为逻辑以明之"的时候，他似乎暗示逻辑学的"学学"的地位是和逻各斯的地位相似的。[209] 这一点对于穆勒来说同样如此。

那么，我们能否通过这种"一切法之法，一切学之学"达到"阿德门"、"灵魂"、"道"、"性"、"清净之理"呢？严复在这一问题上多少有些矛盾，但基本的倾向是清楚的。他在《穆勒名学》按语中曾经用逻辑学的方式断言不存在超越于对待性关系的存在，如佛教所谓真如，基督教所谓上

---

[207] 史华兹：《寻求富强：严复与西方》，页189。
[208] 例如他断言：严复是否接受了穆勒关于"世界的关系结构的客观性"的不可知论，这还是有疑问的。"斯宾塞曾在他的《第一原理》中说，可知世界不能像穆勒想要我们相信的那样，是与不可知的（或用斯宾塞的话，即'不可思议的'）世界截然分开的。恰恰相反，斯宾塞指出，可知的世界只有根据空间、时间和自然规律等这样一些范畴才能被理解；这些范畴则被认为既是客观的和普遍的，而它们本身又是不可理解的。现象的不断变化是被组织在合理的秩序中的，这种合理的秩序发源于终极的不可思议的'道'。因此，严复在哲学上所师承的是斯宾塞而不是穆勒。"史华兹：《寻求富强：严复与西方》，页186—187。
[209] 严复：《"穆勒名学"按语》，《严复集》第4册，页1027—1028。

帝;[210]但在翻译穆勒有关康德的现象与本体的论述时,他译本体为"净"和"自在世界",现象为"发见"和"对待世界",并将穆勒的一段话译述为:"吾得为学者正告曰:人心于物,所谓知者,尽于觉意;至其本体,本无所知,亦无由知。"[211]在接下来的一段按语中,严复说:

> 右所紬绎,乃释氏一切有为法皆幻非实真诠,亦净名居士不二法门言说文字道断之解。及法兰西硕士特加尔出,乃标意不可妄,意住我住之旨,而《中庸》"诚者物之始终,不诚无物"之义,愈可见矣。[212]

严复在注释中几乎重复了休谟有关因果律的问题,即现象出现的先后秩序并不能确定它们之间的因果关系。"何则?屈伸存于一物,而起灭不为二事故也。噫!考理求极,恒言诚有可用之时,顾其理者常不及其梦,当者常不如其谬。此察迹正名之学,所以端于无所苟也。"[213]穆勒《逻辑体系》第3章第8节论述"心"(mind)的问题,他一方面把心看作是一种能感觉和思维的主体,并认为心之本体也是物质;另一方面又认为存在着导致思维、感觉的外因,这两者都是不可思议的本体。穆勒从他父亲的联想心理学中得出的结论是:认知活动无法逾越感觉的边界,而本体问题是不可知的。因此,外物是心灵的外因,通过感觉而呈现;心灵则是内因,是包含灵性、能感觉从而能产生意念的主体,"顾吾于形体、心神,舍其所循附发现之德相、

---

[210] 严复:《"穆勒名学"按语》,《严复集》第4册,页1033。严复说:"天下无无对独立者也。往者释氏尝以真如为无对矣,而景教(本为耶稣教之一宗,今取之以名其全教;名家固有此法)则以上帝为无对矣;顾其说推之至尽,未有不自相违反者。是以不二之门,文字言语道断,而为不可思议之起点也。"

[211] 严复:《"穆勒名学"按语》,《严复集》第4册,页1034—1035。《穆勒名学》部首引论的最后一节论述"理学"(即哲学、形而上学)与"名学"(即逻辑学)的关系说:"名学固无待于理学,而理学欲无待于名学则不能也。盖理学之无待于名学者,惟其言觉性、元知,事取内观,辩证道断者耳;自此以降,但有原、委之可言,证、符之足论,则必质成于名学,而一听名学之取裁焉。……"这段译文大致反映了穆勒的原意,承认形而上学所讨论的觉性、元知,不能通过逻辑方式获得。《穆勒名学》部首引论,页12。

[212] 严复:《"穆勒名学"按语》,《严复集》第4集,页1035。

[213] 《"穆勒名学"按语》,页1035。

意念,以形气之囿,均之无能思议。"[214]

穆勒的《逻辑体系》有一种极端的经验主义倾向,它对直觉主义的批判有时显得有些过分。这与他本人持有的那种不可知论似有抵牾之处。他一方面承认自然之公例,另一方面又否认数学的公理性。但穆勒《逻辑体系》的内在困难恰好适合于严复的双重需求:在用归纳与实验抨击陆王心学和传统知识的同时,保留对于形而上学的需要——严复显然夸大了《逻辑体系》一书中对于"本体"问题的关注。因此,我们在严复那里看到的是一系列悖论:他一方面持赫胥黎的"人之知识,止于意验相符"[215]的唯感觉论,另一方面又用穆勒关于"自在之物"即"本体"的观点批评培根否定本体或"最大一门"的看法,并用朱子关于"太极无极"的思想解释了现象与本体的关系;[216]一方面,他接受斯宾塞"万物本体虽不可知,而可知者止于感觉"[217]的看法,因而反对空谈本体,另一方面,他又强调本体的存在并未超出感觉的范围,从而判定本体与现象具有因果关系,而后者恰恰是感觉经验可以认知的界域;[218]一方面,他追随穆勒认为一切存在都以对待的方式存在,另一方面,他又认为"言无对、太极,而犹设言诠者,其于言下已矛盾矣。此吾所谓对待公例者也";[219]一方面,他把穆勒所论证的"自然公例"等同于"道家所谓道,儒先所谓理,《易》之太极,释子所谓不二法门;必居于最易最简之数,乃足当之",并反复地用易学阐发穆勒关于数学的观点,另一方面,他又竭力否认数学和《周易》的那种原理性质:穆勒否认从形数中能推导出其他知识,而严复则不承认《周易》的卦爻能够直接推穷人事。[220]

---

[214] 《穆勒名学》部(甲)篇三,页59—60。
[215] 严复:《"天演论下"按语》,《严复集》第5册,页1378。
[216] 严复:《"穆勒名学"按语》,《严复集》第4册,页1039—1040。《易》言太极无极,为陆子静所不知,政亦为此。朱子谓非言无极无以明体,非言太极无以达用,其说似胜。"
[217] 同上书,页1036。
[218] 同上书,页1037—1039。严复说:"然'在'实与'有'同义,既有矣,斯能为感致觉,既感既觉,斯有可言,何可废乎?"又说:"盖我虽意主,而物为意因,不即因而言果,则其意必不诚。"
[219] 同上书,页1039。
[220] 同上书,页1051—1052。

由此看来,严复在同一时期对《逻辑体系》和《道德经》感兴趣,便不再是不可理解的问题了。严复心目中的科学是一种形而上学体系,其所以如此,是因为他把科学问题看作是解决政治、社会、道德问题的基本途径。归纳逻辑、实验的观念涉及的是认知的问题,但也不仅是认知的问题。尽管老子学说与穆勒学说相差千里,但严复从中都找到了他所需要的东西:正如《逻辑体系》一样,老子学说不仅提供了"无对待"、"无有文字言说"、"不可思议"的"常道"、"常名",而且还提供了关于事物的因果关系解释。[221]严复从"天地不仁,以万物为刍狗"的命题中,看到了"天演"的规律和"达尔文新理";[222]从"以道佐人主者,不以兵强天下"的命题中,看到了"一国之主权……不必定于帝王"和孟德斯鸠"伐国非民主事"的政治原理;[223]从"强行者有志"的命题中,看到了中国富强所必需的"强行者"的意志……在这个意义上,科学的公理正如"常道"、"常名"一样,能够提供我们关于世界的完整的解释。史华兹在他的著作中也发现了严复思想的双重性,即:"一方面,面向富强,面向力本论的信条、活力、维护自我权利、竞争和发挥全部的人类能力;而另一方面,仍然面向神秘主义,在神秘主义中为人生的痛苦寻找安慰,这种神秘主义竭力否认整个感觉到的世界及其全部成果的重要性。"他得出的结论是,"对于严复来说,整个进化过程背后的'不可知',也就是他躲避人生风暴的最终避难所。"[224]史华兹显然没有发现严复的双重倾向之间是有着内在的程序的。无论是力本论还是实证的方法,都

---

[221] 严复在评注《老子道德经》第1章时说:"不言无物,而曰无欲。盖物之成,必有欲者,物果而欲因也,弃果言因,于此等处,见老子精妙,非常智之可及也。"《"老子"评语》,《严复集》第4册,页1075。

[222] 同上,页1077。

[223] 同上,页1087。

[224] 史华兹:《寻求富强:严复与西方》,页98—99。关于严复经常在中国历史中寻找例证的做法,史华兹的解释是:"他的部分目的也许是教学法性质的,是在以熟悉的东西解释不熟悉的东西。而事实上,这一教学法的目的就包含在他的语言中,因为他使用的大多数中国术语本身就与先秦思想和宋代思想的各种流派有关。"他还认为:"正在讨论的问题确实跨越了时间、地点和文化的界限,并且没有理由先验地认为不应当在某些问题上把赫胥黎、荀子和柳宗元联系起来,用以反对斯宾塞、老子和朱熹。"同上,页102。

是通向最终的伟大神秘的途径,甚至是唯一的途径。如果我们把这种分歧置于严复的"认知程序"之中,我们就可以发现,对终极的敬意虽然是不言而喻的,但更重要的是他的程序预设了对自然的研究能够直接地抵达"天理"的过程,也预设了"天"的双重性质。关于这一点,我在讨论严复的"天演"观念时已经作了分析。

第五节　现代性方案的"科学"构想

现在我们可以对严复的"科学观"及其与他的三个世界的关系进行扼要的总结:

首先,科学既是实证精神的表现和结果,同时又是"天演"这一普遍原理和第一推动力的显现。作为普遍原理,它不仅揭示了世界变迁的图象和前景,而且规定了人们行动的准则和价值的取向。"天演"是自然现象,又是道德命令,是对世界状况的说明,又是对人和种族的召唤;它体现为自然的淘汰,也表现为人类按照自身的主观意志而进行的奋斗与挣扎。严复思想的各个方面都必须置于与天演范畴的关系中才能得到解释。天演范畴具有进化与循环的双重特性,它不仅为归纳和演绎的科学方法提供了宇宙论的说明,而且也把人类社会与自然进程置于同一又对抗的关系之中。在严复这里,"科学"概念和宇宙图景的显现具有特殊联系。

其次,科学所提供的那些技术和工艺为利用自然界而富国强兵创造了基本条件,同时它所发现的"秩序"又正是我们智慧秩序的源泉和原则,这一点逻辑地导致他把社会学置于"科学的科学"的位置,因为正是后者体现了这种"秩序"———一种从自然到社会的相互具有必然联系的等级结构。这个等级结构按照分化与整合的规则进行运作,低级的部分是高级部分的基础,高级部分则是低级部分的归宿。物理、化学、生物的自然之"知"逻辑地导向伦理、社会之"知"。"群学"实际上是把各种社会现象放在一定位置上的"科学之王"。从这方面看,科学的实用主义是双重的:技术工艺与建立"秩序",而后者也就是传统"治平"观念的实质含义。正是通过天演、归纳与演绎、以群学为要归的知识谱系,严复构筑了一个"社会"与"国家"的模型,它们的合法性的基础就是建立在易学世界观和科学方法论之上的。因此,在严复这里,社会与国家是一种现代性的创制,而不是历史延续的结果。

第三,如果说严复的"科学观"与"格致"学说存在历史的联系,那么这种联系还不仅存在于他的"科学方法"与传统格致论的直接承继与发展之中。更重要的是,严复试图用科学的定理与方法来重建过去由理学来承担的宇宙本体论、人类社会秩序和伦理规范,也即整个传统的秩序与意义系统。这表明:严复对科学的理解是与对整个旧秩序——政治秩序、伦理秩序及其宇宙符号系统(后者是前者的合理性和合法性的源泉)——的怀疑重建相关的。理学就其本质而言是一种"普遍存在秩序",其功能是使得中国人按照特定的观念和思想框架来理解世界,从而把自我、社会和宇宙视为一个具有意义的秩序世界。借助于理气、心性、知行、格致、天人等等范畴,理学为人们创造了一种宇宙认知图式的世界观,用以理解世界的本质和身在其中的位置,获得生存的意义和来龙去脉,最终用这种意识形态的符号系统作为社会关系、社会价值和规范的意义基础。严复心目中的科学不是一种无休无止、无一定目标的研究;它是信仰的源泉,这些信仰不是宗教的先验命题,而是经过检验的、具有实证依据的信仰。从这个意义上说,他寻求的不是对于那些规律与信仰的无休止的怀疑,不是一种追求最新解释的研究,不是以对事物自身的追根究源为目标,而是通过对具体知识的研究寻求通达最终真理的途径。通过天演、自繇、平等、内籀、外籀、群、群学等等范畴,严复不仅为人们创造了一种宇宙和世界的认知图式,而且为创造一种以民族—国家为内含的社会提供了科学的模型。这种模型并不是随心所欲的构想,而是世界存在的秩序的呈现。"格物"的实践和知识的分科体系都是为了达到对这种秩序或"理"本体的认识。尽管天演过程无休无止,归纳与演绎的实践循环相续,但就人类实践的目前阶段来说,在实证的基础上完善知识的谱系,从而为制定一种完整的和科学的现代性方案创造条件,仍然是一种道德(天道)的召唤。

人的有意识的创造行为正是"天择"的前提。

从整体上说,严复的三个世界都包含着一种对整体秩序的追求,"即物实测"的实证的科学方法和分科的知识谱系因而也具有相应的逻辑指向。由于"群"概念的引入和阐释,严复的知识谱系和社会构想不仅具有有机论的特点,而且也具有分化与整合的功能体系的特征。这为民族同一性以及现代社会和国家的形成提供了"合法化知识"。追求技术工艺的进步而达到"富国强兵"仅是其实用主义的第一个方面,更重要的是要提供或发现一种世界秩序,从而为人们提供价值与意义的源泉及行为准则。正是后一方面,使我们看到了严复"科学"概念与理学"格致"概念的内在联系。正如格物致知的方法在传统知识中的地位一样,自然科学、社会科学——总之,以"群学"(社会学)为分科的原则、以实证为基本方法的知识谱系——扮演着的不仅是一种知识的专门研究,而且具有一种伦理学的职能,它们重新确定宇宙和社会的分位,从而为道德实践(囊括一切实践的道德实践)提供客观的前提。在这个意义上,实证的方法论似乎正在摧毁传统的神秘主义,但其科学观所含蕴的那种完整的意义结构在某种方式上是与理学家的某些愿望同时发生的。实际上,严复内心里期待的是通过对于世界秩序的科学发现进而澄清我们混乱的意识,把握存在的原则,构筑以社会分工和政治组织为特征的现代社会体系。他对"群学"的理解同西周对"统一观"的看法一样,都是在设想科学的谱系能够勾画出一幅包含所有基本法则在内的、最终、最完整的图像。严复似乎相信信任的必要性超过怀疑的必要性,他对世界和中国社会的"科学构想"具有深刻的世界观的特性。尽管他对未来图景的理解完全建立在一种科学构想之上,但这种科学构想却并不构成对传统习俗的全面的否定。

"名的世界"、"易的世界"和"群的世界"不仅是相互关联的,而且也都服从天演的运行。严复的天演范畴不仅包含着进化与循环的双重特性,而且也始终存在着自然主义和道德主义的冲突。我们在严复世界中倾听关于宇宙进程和社会进程的创造性的、乐观主义的、洋溢着斗争意志的声音的同时,还能听到另一组低徊的旋律,那是对同一个进程的道德的谴责和有关无限轮回的悲天悯人的沉思,那似乎是在说:这一切一切都将回到那个永恒的神秘之中。因此,我们在严复的三个世界内部看到了相互瓦解的力量,这些力量所以能够存在于同一个世界是因为严复的独特的易理逻辑。但是,我们不是已经从中分辨出达尔文、赫胥黎、斯宾塞、穆勒、斯密的激昂声调,以及与它们相呼应的老子、庄子和无为的召唤了吗?

严复为中国近代思想提供了最完整的现代性方案,但他的思想的内在方面也包含了对这个现代性方案的极为深刻的怀疑。

第九章

道德实践的向度与公理的内在化

> 十九世纪者,平民主义之时代也,现在主义之时代也。虽然,生物进化论即日发达,则思想界不得不一变,此等幼稚之理想,其谬误固已不可掩。
>
> ——梁启超

第一节 梁启超的调和论及其对现代性的否定与确认

梁启超对世界的看法有许多变化,但基本上,他把世界看作是一个以人及其功利关系为中心的道德系统。作为一种道德存在的人的观念为社会的自治和国家的建设提供了前提,而社会与国家的框架又提供了人的生活的功利基础。在重新结构宇宙观的历史时期,梁启超的政治、社会和自然的观念不可避免地与近代科学问题发生密切的关系。正如严复一样,他也是在一种新的知识谱系的背景上考虑有关国家、社会、教育制度改革和人的日常生活的构想。在对科学的阐释中,他从来没有放弃对人的道德状态及其制度保障的关注,从而他的科学观念含有深刻的道德主义色彩。这种道德主义不是强调单纯的道德实践,而是把社会制度、甚至国家制度的设计和实践理解为一种具有道德实践含义的活动。这是一种功利主义的道德谱系。将仁爱与科学理性密切地联系起来是晚清至"五四"时代的启蒙主义的内在特点,这一联系建立在对传统道德及其形式的非人道性质的控诉之上。这是一种人文主义的科学观,它一方面拒绝天理概念的压迫性质,另一方面又对自然秩序所支持的道德价值抱有信心。梁启超的政治生涯跌宕起伏,政治观点几经变迁,宛如湍急的长河,但他的思想和内心世界却也潜伏着温和、沉静和内省的旋律。贯注梁启超一生思想和事业的关键问题之一正是这种人文主义的科学观,它如同一条不太显眼的纽带,把他的政治理论、伦理思想、自然观念和宗教观点编织在一个复杂多变的构架里。我们循此能够找到他的思想变化的基本脉络。如果说严复的自然观念如同流行之天理笼罩着宇宙和世界,那么梁启超却在科学知识与道德实践之间形成某种平衡,从而他的自然观念宛如一杆对称的天平,将科学与自由意志、客观世界与认识主体、作为自然规律的真理与作为道德法则的公理悬挂在两侧,而中间的轴心就是人的世界。在平衡两者关系的过程中,一方面道德生活为自然及其法则所渗透,而另一方面自然及其法则又必须配合道德的内在要求。如果说梁启超的道德观与科学理性相调和,那么他的科学世界观却又具有某种内在论的特征。

"新文体"是梁启超著作的重要特征,他用生动平白的语言介绍了各种各样西方学术,从自然科学到社会科学,从政治制度到经济制度,从道德实践到教育体制,笔触无所不包,并略带感情。这些大量的著作奠定了他作为一位启蒙宣传家的卓越地位。但是,从师从康有为起,中国古典时代的体制和思想就一直是他追慕的对象,不管他如何有力地抨击自己的传统,这种追慕正如他的文体一样,在他的著述中成为一种内在的、时隐时现的基调。直到他的晚年,在漫游欧洲、美国并亲身体验第一次世界大战的后果和文化震撼之后,他的追慕又一次成为自觉的思想实践,转化为对于现代性的忧思,以至新的一代把这位启蒙老战士看成是守旧营垒的一员。在康德、詹姆士等西方思想家影响下,梁启超重新解释王阳明的"知行合一"概念和中国思想传统,试图为道德的自主性奠定世界观的前提,并以此调和科学与自由意志、实然与应然、客观世界与认识主体的二元性对立，重构经验世界的完整性，因为他将现代性的困境视为科学理性片面发展的结果。从政治和道德实践来看，他对人的内在性的关注并没有建立在单纯的原子论的个人主义之上，也没有建立在个人主义的心理学之上，在他的世界里，所谓"经验世界的完整性"是建立在作为共同体成员的个人及其道德自觉的前提之上的。梁启超的思想是一种共和主义（共和在这里并不单纯是西方共和主义的延续，毋宁是三代之治的构想在现代环境中的转化）和个人主义的伦理的综合。在"五四"以后，他集中探讨道德、教育和历史问题，但他的更为根本的目标并没有改变，那就是为中国社会构筑一种对现代历史具有反思意义的文明图景。对于新的一代而言，梁启超的这种姿态不仅是保守的，而且也是对他早年思想的背叛。然而，如果仔细地去分析他一生的思想，那么，我们就会发现：即使在1902年之后的最为活跃和激进的时期，梁启超也从未象康德那样建立起两个完全不可通约的世界，对他而言，天平的两侧总有某种无形的轴心将它们联系在一起。他的调和的性格和他所熟悉的儒学思想引导他处于某种中间地带。作为对于现代文明危机和中国社会困境的思考，梁氏的科学观与严复、章太炎、胡适、陈独秀等人有着重要的区别，他更接近于陆王心学、詹姆士的实用主义以及柏格森、倭铿等欧陆生命哲学的立场。他的最为重要的特点是用一种内在论的方式理解科学认识，从而为科学的发展和文明进化提供道德的视野。这种明确的思想努力在很大程度上是对欧洲战争经验和美国资本主义进行反思的结果。如果说严复为国家建设（state building）、社会建设（society building）以及市场建设（market building）提供了基本方案，那么，梁启超则试图把科学转化为个人或公民建设（individual building or citizen building）的动力。科学及其方法论的内在化满足了"新民"的启蒙目标，提供了把认知与修身相结合的具体途径。梁启超是进化论宇宙观和历史观的最为重要的解释者和宣传者，但他的道德视野在很大程度上改变了进化的途径和标准。

斯宾塞的"一元论迷信"和"宇宙整体"曾经使得威廉·詹姆士感到愤怒，因为这种"一元论"及其整体主义是和他的多元论的个人主义截然对立的,也与整个犹太—基督教传统的某些主要倾向相背。[1]这一区别或多或少说明了严复与梁启超的差别。在关于严复的讨论中,我们已经涉及了他的宇宙论和知识谱系与斯宾塞的联系,而本章所要讨论的梁启超却是詹姆士的热烈的推崇者。当然,用斯宾塞与詹姆士的差别来叙述严复与梁启超的差别仅仅是象征性的,我们也可以在他们对传统思想的选择中找到类似的差异。一个象征性的例子是:严复从朱子的"即物穷理"说出发接近了"西学格致",而对王阳明却持批判立场;梁氏则从早年到晚年都对阳明学深感兴趣,并试图从"知行合一"概念中发现现代科学观的基础。[2]梁启超几乎像严复一样关注中国的制度建设,但他有关制度的思想却更多地建立在德治的构想之中,即如何才能使一种共同体的实践建立在其成员的德性的展现之中。他早年对公羊学的服膺似乎就是这种道德主义的制度观念的表现。这表明:即使在科学思想逐渐在近代中国流行之时,也仍然存在着理解科学的不同方式和据以理解科学的不同资源。

当列文森试图在感情与理智、历史与价值的范畴里寻找梁氏复杂变化的观点背后的不变性或"同一性"时,[3]"同一性"的概念恰恰暗示了他的思想缺乏真正的合乎逻辑的联系和延续性。但张灏已经指出,在许多情况下,传统对于梁启超来说不仅是一种情感,而且也是一种价值。就我的观察来说,梁启超的宇宙论和知识论的某些特征——例如那种内在化的知识视野——几乎贯穿了他那情感丰富、复杂多变、自称"太无成见"[4]的思想历程,并表现在他对中国政治和社会的基本看法和改革设想之中。就这一点而言,我的观点与列文森恰好相反:梁启超的思想是存在着某种同一性的,这种同一性多少是和斯宾塞和詹姆士的那种差别相关的,它不但表现为一种价值或感情,而且还表现为一种观察世界的方法。

---

[1] 本杰明·史华兹:《寻求富强:严复与西方》,叶凤美译,江苏人民出版社,1989,页48。
[2] 参见汪晖:《赛先生在中国的命运》,《学人》丛刊第1辑,江苏文艺出版社,1992。
[3] 参见列文森:《梁启超与中国近代思想》,四川人民出版社,1986。
[4] 梁启超:《清代学术概论》:"启超与康有为最相反之一点,有为太有成见,启超太无成见。"见《梁启超论清学史二种》,上海:复旦大学出版社,1985,页73。

梁氏曾是科学及其宇宙观和方法论的热情宣传者,又曾被陈独秀、胡适等人斥为科学的敌人。[5]就科学概念及其运用而言,梁氏从西方和中国的科学家和哲学家那里都得到了启示。培根、笛卡尔、达尔文、康德、詹姆士、杜威、柏格森同儒家哲学、佛教经典、墨子等中国传统思想和人物共同构成了他对"科学"的阐释基础。更有意义的是,这些思想和人物既是他的"科学"思想的重要源泉,又是他据以遏制"科学"引发的人类危机的思想资料。他的思想变迁的内在逻辑很大程度上就隐藏于他对这些思想传统的选择和解读方式之中。更为重要的是,近代中国几乎没有一个思想家像他那样涉及了那么多的领域,卷入了那么多的社会运动,经历了那么剧烈而复杂的变化,从而他的科学思想遍布于政治、经济、法律、文化和科学等等各个方面。因此,即使从技术上看,要用一章的篇幅探讨他的思想和学术的各个方面也是完全不可能的。我不得不一再地限定我的论述领域,以使论题更为集中,即以他的科学观为描述的线索,探讨他的社会思想的一些主要内含。

梁氏关于"科学"的文章集中分布于三个时期,即1896至1901年,1902至1904年,1918至1927年。这样的时期划分是和他的政治思想和政治生活的变化密切相关的,每个时期都有着表述"科学"的独特概念群。这些概念群与他的政治思想和社会态度的微妙变化存在着紧密的联系,从而对他的科学观的分析也一定会涉及他的思想的其他方面的变化。[6]我的方法是:1.描述梁氏"科学观"的基本概念及其在不同时期的演变过程,分析这些概念之间的相互关系和实际运用;2.研究梁氏"科学观"的基本概念与其东西方来源的关系,在思想学术史的背景上展示这些概念的含义及其演变逻辑。3.阐释梁氏"科学观"的内在逻辑的思想史含义,并对此作出基本估价。纵观他一生的奋斗和追求,我把他的态度归结为一种对于现代性的否定与确认的双重性,即一方面不断地寻求现代性的

---

[5] 参见陈独秀、胡适为《科学与人生观》所作的序文,见该书上册,上海亚东图书馆,1923。
[6] 这三个时期也被看作是《时务报》时期,《清议报》、《新民丛报》时期和学者生涯时期。

各种方案、价值和目标,另一方面又从各种复杂的资源中探讨批判和修正这些方案、价值和目标的可能性。这两个方面并不是孤立地存在于他的思想实践之中,而是相互交织在一起的。因此,对现代性的否定与确认几乎是同时发生的。

第二节 "三代之制"与"诸科之学"
（1896—1901）

1. 公羊学与变法:康有为的影响

梁启超于1887年入广州学海堂研习汉学,但在1890年认识康有为以后,很快中止学海堂的学习,成为康的弟子,并于次年开始在万木草堂断续学习了四年。在那之后的十年间,梁启超的思想深受康有为的影响。梁启超拜师的时刻,也正是康有为自己的思想发生重要转变之后不久。在19世纪80年代的前期,康有为仍然师法宋儒,即使在其后的岁月中,根据梁启超的回忆,康也曾要他的弟子研读历史、宋儒(陆王)和西学。[7]这一经历直到梁启超欧游之后重新回向儒学、特别是阳明学才充分显示出意义。

在19世纪90年代,康氏对梁启超的影响主要在他的公羊学和变法论方面。光绪九年(1883),康有为勤读各种有关历史、制度、音乐、声韵以及地理书籍,转而师法汉儒。五年之后(1888),康氏"发古文经之伪,明今学之正",[8]并于三年后出版《新学伪经考》,公开与理学决

---

[7] 梁启超:《三十自述》,《饮冰室合集·文集》(以下简称《文集》)之十一,页16—17。
[8] 康有为:《康南海自编年谱(外二种)》,光绪十四年(1888),北京:中华书局,1992(下同),页16。

裂。[9]萧公权以《实理公法》、《康子内外篇》都没有使用"公羊"和"礼运"中的名词为据,认为康有为在光绪十四年(1888)之后才信奉公羊学。但按照我对《教学通义》的解读,康有为思想中的公羊因素至少在1886年即已有所表现。光绪十七年(1891),梁启超与陈千秋一道听康有为讲解《公理通》和《大同学》的详细内容,十分着迷,深受影响。[10]在梁启超入万木草堂学习的几年间,康有为得公羊学之助,重新研习儒学经典,分别在光绪十八至二十二年(1892—1896)和光绪二十至二十二年(1894—1896)年间写成《孔子改制考》和《春秋董氏学》,目的是根据公羊春秋学,尤其是董仲舒的《春秋繁露》和《礼记》、《论语》、《孟子》和《荀子》中所说的王制,重建孔子所见的制度。[11]

梁启超的早期知识论的最为重要的特点是将知识问题与制度关联起来。他把"诸科之学"与三代之制紧密地联系在一起,从而古代圣王制度成为理解其"诸科之学"的关键环节。19世纪90年代是梁启超师从康有为的时期,他的思想活动几乎以康有为的变法思想为基本纲领,他对"知识"问题的看法也是康有为及其代表的群体的变法思想的一个组成部分。康有为思想受陆王思想的影响,但却不满意"心学"过分强调个人的道德,而忽略社会制度的探讨。[12]《康南海自编年谱》中自谓早年"酷好周礼,尝贯穿之著《政学通议》",这种对制度的敏感与他的老师朱次琦的"以经世济民为归"的取向相结合,构成了康有为摆脱传统经学、寻求制度层面的革新的一个重要动力。他的"大同之制"、"人类公理"都不是一般玄谈,而是一种制度的设计。康氏转向公羊学的动力既植根于他的学术思想的变化,也联系着明确的社会和政治的目的,因为公羊学之"今学

---

[9] 萧公权:《康有为思想研究》,汪荣祖译,台北:联经出版事业公司,1988(下同),页46。
[10] 萧公权:《康有为思想研究》,页52。
[11] 康有为:"以孔子所制之礼,与三代旧制不同,更与刘歆伪体相反,古今淆乱,莫得折衷,考者甚难,乃刺取古今礼说,立例以括之"。他把是书内容概括为"孔子定说"、"三统说"、"存旧"、"辟伪"、"传谬"等五个方面。《康南海自编年谱(外二种)》,光绪十八年(1892),页20—21。
[12] 萧公权:《康有为思想研究》,页59。

口说,三统大义"是变法的理论的和制度的依据。梁启超在《清代学术概论》中说康有为是用公羊学来变法的第一人,至少符合康氏本人的动机。

为什么康有为之治公羊学不经意"于其书法义例之小节,专求其微言大义,即何休所谓非常异义可怪之论者"?为什么他的《春秋董氏学》和《孔子改制考》独重董仲舒?我在第八章中已经对此做了详尽的分析。塑造"改制"的孔子形象并以古代制度的因革作为"一种政治革命社会改造的"蓝本是康有为的主要动机所在。所谓"通三统"之"三统",意指夏商周三代不同,应该随时因革;所谓"张三世"之"三世",意指据乱世、升平世、太平世,愈改而愈进。梁启超在《读"春秋"界说》中张扬其师说:

> 子曰:"知我者其惟春秋乎!罪我者其惟春秋乎!"夫作春秋,何以见罪?孔子盖逆知后世必有执布衣不当改制之说,而疑孔子之僭妄者,故先自言之也。……孔子改制之说本无可疑,其见于周秦诸子两汉传记者极多,不必遍举……黄梨洲有《明夷待访录》,黄氏之改制也;王船山有《黄书》,有《噩梦》,王氏之改制也;冯林一有《校邠庐抗议》,冯氏之改制也。[13]

康有为用公羊三世说建立了一个进化的历史观念,把现代制度革新的合法性建立在三代之制及其因革关系之中。"《春秋》始于文王,终于尧舜,盖拨乱之治为文王,太平之治为尧舜,孔子之圣意,改制之大义,《公羊》所传之微言第一义也。"[14]具体说来,"尧舜为民主,为太平世,为人道之主,儒者举以为极者也……孔子拨乱升平,托文王以行君主之仁政,尤注意太平,托尧舜以行民主之太平。"[15]康有为把议会制度、男女平等等现代思想贯注到他的春秋三世之义中,他抨击荀学、刘歆和朱子的"假学说"和"假制度",矛头所指就是专制制度。在这种对传统制度学说的批

---

[13] 梁启超:《读"春秋"界说》,《饮冰室合集·文集》之三,页15。
[14] 康有为:《孔子改制考》,北京:中华书局,1988(下同),页285。
[15] 康有为:《孔子改制考》,页283—284。

判中,我们能够体会到一种孟子和心学的道德主义,即制度的设计必须源自主体的道德自觉。

但是,与其说康有为追求的是实现西方的新制度,不如说是要在帝制内部完成制度革新。如果我们把康有为的变法思想放在王朝变法的传统中考察,就不难发现他的变法模式与诸如王安石的新学、新政模式存在许多相似之处。所谓托古改制正是王朝变法的旧途径,而从学制改革进而至于政治和经济制度的革新,更是自古而然。追慕三代、师法先王、先论学制、再论井田,目的是为新政、新法提供合法性。因此,正如"进复古制"对于王安石新学、新政的革新意义一样,在康有为那里,春秋三世之义和孔子所追慕的三代之制就不仅具有形式上的意义,而且还包含具体规范的含义。按照康有为的看法,三世的每一世均对应着相应的政治的制度,而他试图实行于中国的制度革新正是三代之共和。这当然不是说他要照抄三代之制,而是说他要把平等的理想表述为一种古代的制度,进而为当代改制提供楷模。

康有为把孔子的理想和三代的制度的特点归结为"天下为公",其道德的根据是自治的理想。他说:

> 孔子之道,其本在仁,其理在公,其法在平,其制在文,其体在各明名分,用在与时进化。[16]
>
> 天下为公,一切皆本公理而已。公者,人人如一之谓,无贵贱之分,无贫富之等,无人种之殊,无男女之异。分等殊异,此狭隘之小道页;平等公同,此广大之道页。无所谓君,无所谓国,人人皆教养于公产,而不恃私产,人人即多私产,亦当分之于公产焉,则人无所用其私,何必为权术诈谋以害信义?[17]

---

[16] 康有为:《春秋笔削大义微言考自序》,《康南海文集》卷五,台北:文海出版社,1972,页11—12。

[17] 康有为:《礼运注》,见《孟子微·礼运注·中庸注》,北京:中华书局,1987,页240。

康有为的乌托邦思想植根于儒学的"仁"的理想。梁启超在《南海康先生传》中说:"先生之哲学,博爱派哲学也。先生之论理,以'仁'字为唯一之宗旨。以为世界之所以立,众生之所以生,家国之所以存,礼仪之所以起,无一不本于仁。"[18] 如果"仁"具有把纷争的人类社会结合成为一个和谐的兄弟会的话,那么,它的力量不仅仅来源于单纯的道德力量和抽象的哲学教条,而是以一套制度为依托的。从改制的角度说,天下为公的原则必须以具体的制度来体现。康有为倡导三代之治,但他所尊的制度不是尧、舜、文王的遗制,而是孔子归诸圣王的理想制作。重新解释儒学的谱系是为了重建制度。康有为的弟子欧榘甲据此把康有为的释经、改制的要义作了如下表达:

> 中国之坏,自人心始,人心之芜,自学术始,学术之谬,自六经不明始,六经不明,未有变法之方也;……[19]

中国面临的危机首先被界定为"人心"问题,而制度变革正是从如何才能改变"人心之衰"开始的。

正像康有为一样,梁启超也试图用三代之制容纳各种新的知识和制定相应的变法规划。如果认为这仅仅是为了抵御保守派的批评而做出的权宜之计是不公正的,因为三代之制的框架包含了特殊的理想。像康有为一样,梁启超深信中国必须实行民主与立宪,并逐步形成行政、立法和司法三权分立的局面。但是,他们同时相信中国虽然在实践上落后于西方,但决不意味着孔子的学说和古代的理想制度不包含这些重要的内容。换言之,变法不仅可以远取泰西,而且也应该师法三代。对于梁启超来说,远取泰西和师法三代都可以通过贯彻一种特殊的教育和知识制度来实现。这就涉及晚清教育改革中的"设科"问题,而"设科"问题正是"科

---

[18] 梁启超:《南海康先生传》,《饮冰室合集·文集》之六,页71。
[19] 欧榘甲:《论中国变法必自发明经学始》,《知新报》第三十八册,1897年11月24日(光绪二十三年十一月初一日)。

学"概念得以产生的重要一步,因为"设科"不仅需要形成特定的分类原则,而且还需要用学科制度的方式把这种分类体制化。分类的学科规划与关于新社会的重新结构具有内在的联系。

在1902年之前,梁氏从未正式使用"科学"一词。在他的著述中,这一概念的首次出现是在1902年发表的著作《地理与文明之关系》(1902年2月)一文中。在这篇文章里,梁启超以附注形式把"科学"定义为"成一科之学者谓之科学,如格致诸学是也",[20]显然接受了孔德"分科之学"的概念。在1902年以前,特别是在变法时期,梁启超力主"兴学设科",但各科的分设远较"格致"的涵义广泛,原因在于诸科的设置必须置于三代之制的框架内。在这个意义上,诸科的设置不仅基于知识分类和分科教育的需要,而且也包含了对于社会的结构和功能的解释。在《变法通议·论科举》(1896)一篇中,梁启超要求废除科举,建立新学,即使不能"远法三代,近采泰西",也应"用汉唐之法,多设诸科"。"设科"内容包括:"明经一科","明算一科"、"明字一科"、"明法一科"、"使绝域一科"、"通礼一科"、"技艺一科"(以明"格致制造之理")、"学究一科"……[21]梁启超追慕三代,却没有象宋儒那样贬低汉唐之法,这是因为哪怕稍有现实感的人也会意识到变法的任务带有制度创制的性质,而这种制度不可能完整地体现道德的理想。

上述"诸科"的内容融政治、道德和科学即"政"、"教"、"艺"为一体,这种"诸学"的分科是以什么原则进行的呢?或者,设立"诸科"服从于什么目的?梁启超说:

> 吾今为一言以蔽之曰:变法之本,在育人才;人才之兴,在开学校;学校之立,在变科举;而一切要其大成,在变官制。[22]

梁启超把"育人才"、"开学校"、"变科举"和"变官制"看作是一个连续

---

[20]　梁启超:《地理与文明之关系》,《文集》之十,页113。
[21]　梁启超:《变法通议·论科举》,《文集》之一,页27—28。
[22]　梁启超:《变法通议·论变法不知本原之害》,《文集》之一,页10。

的过程。这显然和他的老师康有为宣讲的"春秋三世之义"若合符契。因此,人才、学校、科举和官制不是漠不相关的问题,而是社会制度设计的必要部分,其核心在人的培养或德性的条件。正由于此,诸科的设置一定也包含特定的结构,梁氏说:"今日之学,当以政学为主义,以艺学为附庸;政学之成较易,艺学之成较难;政学之用较广,艺学之用较狭。"在他看来,知道一点西洋的政治理论是容易的,但真正能够讲求古今中外治天下之道的人则少之又少,倘若"于吾中国之情势政俗未尝通习,则其言也,必窒碍不可行。非不可行也,行之而不知其本,不以其道也。"[23]

2. 三代之制、诸科之学与群的理想

梁启超的教育构想虽然明显地受到现代西方历史的启发,但其根据却与黄宗羲一样,是"三代之制"。用"三代之制"诠释和实践近代的平等主义包含着许多意味深长的含义,其中最为重要的是:变法改制的目的不仅是实现行政和国家制度的现代化,而且还将通过恢复三代的理想创造一种超越现实目标的蓝图。三代之制的理想不仅包含了对君主专制的否定,也包含了对社会财富的公平分配的构想,以及对社会分工和创造力的充分灵活性的想象。这一点与康有为的变法思想基本一致。在康有为的变法计划中,改革的目的不仅是竞逐富强,而且也是全人类共享自由和平等的永久和平。君主立宪不过是变法计划中的一个过渡阶段。[24]对于梁启超来说,通过制度的民主化而促进中国政治的现代化,必须有一个基本的程序,这个程序本身也可以说就是制度性的。无论他一生中对阳明学如何喜好,他这种对制度的关心与言心言性的理学颇为异趣。

关于"三代之制"的具体内容——如井田问题——至今仍有争议,[25]

---

[23] 梁启超:《变法通议·学校余论》,《文集》之一,页62。
[24] 参见萧公权:《康有为思想研究》,页182—183。
[25] 参看朱执信等著:《井田制度有无之研究》,上海,华通书局,1930。

但人们普遍地相信它体现了古代贵族政治和经济制度的历史内含,在这一点上学术界没有根本的分歧。在进入对梁启超的"学制"构想的分析之前,我们不妨首先讨论"三代之制"在近代历史中是否具有实质性的意义,或者它仅仅是一种正当化的资源这一问题。首先,上古三代(夏、殷、周)之遗制,即井田、封建和学校不仅在明清之际被反复引用,而且也是晚清时代政治和经济变革纲领的依据。它的作用在于为改革提供正当性论证。所谓封建制,如赵翼所说,"自古皆封建,诸侯各君其国,卿大夫亦世其官,成例相沿,视为固然。"[26]明末以来,"封建论"成为富民阶级要求限制皇权、实行某种程度的地方自治的口号。与这种贵族制相配合的经济制度即井田制。《孟子·滕文公》对夏、商、周三代的授田制的描述为今人提供了窥视井田制的基本材料:"夫仁政必由经界始,经界不正,井地不均,谷禄不平,是故暴君污吏必慢其经界。经界既正,分田制禄,可坐而定也。……方里而井,井九百里。其中为公田,八家私百里,同养公田,公田事毕,然后敢治私事,所以别野人也。此其大略也。"这是一种按照定数分田制禄、实行租税合一的分封授田制。《左传》昭公七年曰:"天子经略,诸侯正封,古之制也。封略之内,何非君土?食土之毛,谁非君臣?"[27]这进一步表明了这是一种天子支配下的"土地国有制",个人仅仅是土地财产的使用者而不是真正所有者。但在历史的变动之中,这种分封授田制遭到破坏,从而产生新的土地兼并。用王夫之的话说:"三代之国,幅员之狭,直今一县耳。仕者不出于百里之中,而卿大夫之子恒为士,故有世禄者有世田,即其所世营之业也。名为卿大夫,实则今乡里豪族而已。世居其土,世勤其畴,世修其陂池,世治其助耕之氓。……"[28]井田之制历来聚讼纷纭,汉儒视之为古人致治之本,在儒家的理想中,显然是天下财产可以一时均分的例证,但近人多相信为带有奴隶制特征的经济制度。从王安石新政改革以来,对井田的追慕都包含着反对土地兼并和重新分

---

[26] 赵翼:《廿二史札记》卷二,"汉初布衣将相之局条",北京:中国书店,1987,页21。
[27] 引自杨伯峻编著《春秋左传注》,北京:中华书局,1981,页1283—1284。
[28] 王夫之:《读通鉴论》卷十九,《船山遗书》本,页十六。

配土田的含义。在晚清的语境中,封建和井田制度的讨论体现的是政治制度上要求某种程度的地方自治、经济制度上要求某种程度的平等的意向。

正由于此,尽管革命党人和无政府主义者不可能真正赞成古代遗制,但在反清革命的语境中,却有可能利用其平等和自治的原则。例如胡汉民曾经以"井田制"为根据,提出土地改革的纲领。他说:

> 惟土地国有,则三代井田之制已见其规模,以吾种智所固有者行之于改革政治之时代,必所不难。……至由种种原因而生地主制度……使全国困穷,而资本富厚悉归于地主。……盖专制政府之富,民之贼也,而民权立宪国家之富,犹共产也,夫均地之政至平等尔。[29]

刘师培作为无政府主义者并不赞同"国有"的主张,却建议"尽破贵贱之级,没豪富之田,以土地为国民所共有,斯能真合于至公。"[30]中国同盟会的"平均地权"主张和孙中山的"民生主义"都包含了相近的平等原则。非常明显的是,井田制的示范作用仅仅在于它为平等的土地分配提供了佐证,而这一概念所包含的贵族制的历史含义已经消失。

"封建"概念在明末清初曾经作为对抗专制皇权的议题,其中最为著名的便是顾炎武的《郡县论》。晚清时代,革命党人即曾注意到太平天国时代的地方军事化,以及地方政府的军政和财政权力从中央转向地方的过程,并认为这是中央集权的地方分权之始。[31]黄遵宪在一次演讲中说:

> 所求于诸君者,自治其身、自治其乡而已矣。某利当兴,某弊当

---

[29] 胡汉民:《民报之六大主义》,《民报》第3号,页12—13。
[30] 刘师培:《悲佃篇》,《民报》第15号,页16。
[31] 汪兆铭:《满洲立宪与国民革命》,《民报》第8号,页33—54。

革,学校当变,水利当筹,商务当兴,农事当修,工业当劝,捕盗当讲求。……诸君诸君,能任此事,则官民上下,同心同德,以联合之力,收群谋之益,生于其乡,无不相习,不久任之患,得封建世家之利,而去郡县专政之弊。由一府一县推之一省,由一省推之天下,可以追共和之郅治,臻大同之盛轨。[32]

事实上,辛亥革命前后的地方自治运动涉及政治、经济、军事的独立,以及地方议会的产生等各个方面,辛亥革命后的联邦共和制政体和联省自治运动,都可以看作是明清两朝有关封建和郡县之争的现代延续。[33]代表贵族制的"封建"概念在这里已经转化为通过地方分权以限制中央集权的命题。正如希腊民主制度为现代民主提供了典范一样,三代之制也为现代中国的改革和革命提供了资源。

在戊戌变法时期,"学校"改革一方面被看作是实践古代遗训,另一方面也被理解为政治变革的先导。以学校对抗科举本来是宋明理学中的一个重要的理想,清初黄宗羲的《明夷待访录》明确地把学制与皇权对立起来,把学校理解为公其是非的机关。"学校,所以养士也。然古之圣王,其意不仅此也,必使治天下之具皆出于学校,而后设学校之意始备。……盖使朝廷之士,闾阎之细,渐摩濡染,莫不有诗书宽大之气,天子之所是未必是,天子之所非未必非,天子亦遂不敢自为非是,而公其非是于学校。是故养士为学校之一事,而学校不仅为养士而设也。"[34]康有为在他的早期著作《教学通义》中,"上推唐、虞,中述周、孔,下称朱子,明教学之分,别师儒官学之

---

[32] 黄遵宪:《黄公度廉访南学会第一、二次讲义》,《湘报》1898年3月11日第五号(光绪二十四年二月十九日),页17—18。
[33] 封建概念在新文化运动之后普遍地与宗法制概念一道被激烈地批判。然而,正如沟口雄三教授已经指出的,"'封建'一词在中国,从明末清初到清末,作为包含反皇帝专制与要求地方自治的概念,毋宁说是一个积极的概念。而由于内有军阀得势、外有列强干涉的复杂的历史推移,一时兴起的地方自治与地方分权化的动向很不成熟,毋宁说是反过来收束于官僚制的中央集权国家。这一点有必要引起我们的注意。"《中国的思想》,北京:中国社会科学出版社,1995,页118。
[34] 黄宗羲:《明夷待访录》,《黄宗羲全集》,第一册,页10。

条,举'六艺'之意,统而贯之,条而理之,反古复始,创法立制",试图公学、私学兼而有之,道德、技艺双修,以"六艺"为古凡民之通学,而非"士"这一阶层之专能。[35]梁启超的学校构想与此极为相近,只是多了几分公羊学的色彩。他师法康有为的历史观和改革论说:"世界之运,由乱而进于平,胜败之原,由力而趋于智,故言自强于今日,以开民智为第一义。"[36]既然"智"开于"学","学"立于"教",因而以"育人才"、"开民智"为直接目的的"学校"实际上是"变法"、"自强"的政治运动的一部分。隋唐以降只有考试制度,而没有系统的教育制度,因而梁启超与宋代以降的许多儒学先辈一样认为急需在全国范围——从京师至乡村——恢复古代的学校制度。对于学校及其知识制度的构想,体现的是变法的最终理想。如果说井田和封建概念对于近代社会变革方案曾经有过指导作用,那么,梁启超以恢复"三代之学制"的姿态倡导教育改革,就不能简单地看作是对欧洲或日本的现代教育体制的抄袭,而是包含了特定的文化内容的。

首先,恢复"三代之学制"的理念不仅是对科举制度的批判和否定,而且也包含了对现代职业化教育的反省。这表明梁氏的改革目标虽然包含了特定的政治内含,但不仅仅是"现代的"。它不是以"知识"的授受为中心,而是以"育人"为中心。梁启超批判了那种把学校当作"智识贩卖所"的办学方针,强调"诸科之学"是以"人"的合理结构(全面发展)为准则的。这种涵括"教"、"政"、"艺"的"诸学"只是在"艺"的层面直接关涉科学、技术和工艺。这种完整的设置为"艺"规定了政治的和道德的目的。事实上,梁氏教育思想的核心是陆王学派的养性论,知识和智力的教育必须以道德教育为指导。[37]正是在这一意义上,梁氏称他所谓"学校"系指"家有塾,党有庠,术有序,国有学"的"三代"之"学校之制",因为"三代之学制"把"教"、"政"、"艺"完美地实现于人生的各个阶段,从而造成了一种和谐的社会。[38]梁启超满怀憧

---

[35] 康有为:《教学通义》,《康有为全集》(一),页81,90。
[36] 梁启超:《变法通议》,《文集》之一,页14。
[37] 梁启超:《读书分月课程》,《饮冰室合集·专集》(以下简称《专集》)之六十九,页3。
[38] 梁启超:《变法通议·论科举》,《文集》之一,页21。

憬之情地描述道：

> 学校之制，惟吾三代为最备。家有塾，党有庠，术有序，国有学，立学之等也。八岁入小学，十五而就大学，入学之年也。六年教之数与方名，九年教之数日，十年学书计，十有三年学乐诵诗，成童学射御，二十学礼，受学之序也。比年入学，中年考校，以离经辨志为始事，以知类通达为大成，课学之程也。……故使一国之内，无一人不受教，无一人不知学。兔罝之野人，可以备干城，小戎之女子，可以敌王忾，贩牛之郑商，可以退敌师，斫轮之齐工，可以语治道。听舆人之诵，可以定霸，采乡校之议，可以闻政，举国之人，与国为体，填城溢野，无非人才，所谓以天下之目视，以天下之耳听，以天下之虑虑，三代盛强盖以此也。[39]

"三代之学制"在这里被描述为天下万众一心、与国一体的状态，但这种团体主义似乎也内在地包含了平等权利的可能性。这不仅表现在每个人都有受教育的权利，而且也表现在无论男女或其他社会身份，人人都可以担当军事、政治、经济的工作，从而这些职业分类不再是把社会加以等级化并导致社会分化的方式。政治权力、军事权力不是某些人或阶级的特权，而是一种平等权利。换言之，社会的动员和组织不是依靠强制性的制度实施，而是源自一种社会的平等与和谐的关系，它势必建立在一种有关共同体成员的责任和德性的前提之上。"三代"的道德理想不是抽象的教条，它的道德客观性也不是源自例如天理这样的形而上观念或上帝的绝对命令，而是以一种社会的平等制度和灵活的功能分配为依托的。平等不是一种抽象的价值，而是一种制度的构想。

教育的普遍性预设了政治和其他社会权利和社会责任的普遍性。在这个意义上，"三代之学制"既为政治制度的改革提供了理论上的依据，

---

[39] 梁启超：《变法通议·学校总论》，《文集》之一，页14—15。

也为这种变革提供了最终的方向和某种渐进的途径。需要提及的是,康有为、梁启超的改革设想之一是实行地方自治。他们认为民主政府是建立在地方自治的基础之上的,而地方自治既需要民众的参与,又需要民众自身的准备。这就是康有为所谓"地方之治,皆起于民"的理论构想。"三代之学校"的构想是与从基层开始实施人民参政的变法构想完全一致的,它是在新的历史条件下对于今文经学的封建传统的再阐释。"三代之制"一方面论证了人民直接参与地方政治和国家政治的正当性和必要性,另一方面它所设想的教育程序为这种民众的地方政治参与积累了"人"的资源。[40]

诉诸三代之制,以建立一种从基层到天下国家的学制,这是自王安石以来的一种"变法理想"。这一理想的核心不仅是为国家变革培育人才,而且是通过这种普遍的学制达到"道德一于上,习俗成于下"的功效。[41]对于康、梁来说,这一理想的特征更在于"学"的由基层而至国家(由下至上)的结构所体现出的社会自治原则。一般而言,地方自治原则包含了两重内容:首先是居民自治原则,即地方事务由居民意志决定,居民对地方行政管理具有自主的且有效的管理权和监督权;其次是团体自治,即形

---

[40] 康、梁都认为权力需要下放,但中国面临的问题又恰恰是中国人的政治准备匮乏。如1898年,康有为的门人麦孟华在京师内外传闻民权之说时,发表了这样的感想:"中国之民未能自事其事,即不能自有其权,未能事事而畀以权,则权不再秀民,而在莠民。"麦孟华:《论中国宜尊君权抑民权》,翦伯赞等编:《戊戌变法》,第3册,上海:上海人民出版社,1957,页13。

[41] 如王安石《临川先生文集》卷三九《上仁宗皇帝言事书》追述古代的学制说:"古者,天子诸侯,自国至于乡党皆有学,博置教导之官而严其选。朝廷礼乐刑政之事皆在于学。士所观而习者,皆先王之法言德行,治天下之意,其材亦可以为天下国家之用。苟不可以为天下国家之用则不教也。苟可以为天下国家之用者,则无不在于学。"王安石改革科举制度和学校制度包含了制度的方面和内容的方面。他改组太学和地方学校,在中央设立太学内外上舍,在地方积极设立地方学校,撤换不称职的师资,改派了一批经过遴选的师资;同时,设置改变科举,用经义和论策试士,废除诗赋取士和烦琐的记诵传注经学;设置经义局,训释《诗》、《书》和《周礼》三经义,并编纂《字说》,为新法提供理论根据。关于王安石的改制内容,参见侯外庐:《中国思想通史》第四卷上册,页434—441。

成以地域或行会为基础的公共自治团体。[42]康有为、梁启超从学制问题进入对于地方自治的思考自然还包含着对于"人"的一种设计,即这种自治是建立在"人"的培育或德性的培育的基础之上。这一构想与他们对"群"概念的阐释具有重要的联系。

"群"的原则对梁启超的影响不限于戊戌变法时期。例如,梁启超在戊戌变法之后曾经用"群"概念指称学校、学会、商会、国会等社会组织,而这些组织的功能之一就是实行自治,进而成为民主制度的基础。他在《商会议》中就曾说:

> 商会者何,欲采泰西地方自治之政体,以行于海外各埠也。西人论国之政体有二端,一曰中央集权,二曰地方自治。中央集权者,一国之有政府,综揽国之大事,整齐而划一之是也。地方自治者,每府每州每县每乡每埠,各合其力,以办其本府本州本县本乡本埠所应办之事也。……大抵其地方自治之力愈厚者,则其国基愈巩固,而国民愈文明。何以故?盖国也者,积民而成者也。……地方自治者,民生自然之理也。[43]

地方自治的形式表达的是一种非形式化的政治形式,它要求人民自身的自治能力。下面引述的是一段梁启超描述地方自治的文字,如果与前引"三代之学制"的文字作一比较,我们不难发现两者之间的某些相似或相关性:

> ……每一乡必有乡社,有事集绅耆而议之,一地方之议会也。议定则交里长而行之,一地方自置之行政官也。乡间有讼狱,非大事不入公堂,惟控诉于绅耆而决之,一地方之裁判也。乡中应办之事需财

---

[42] 参看华伟、于鸣超:《我国行政区划改革的初步构想》,《战略与管理》1997年第6期(总25期),页2—3。

[43] 梁启超:《商会议》,《文集》之四,页1。

力者,则集乡人而共科课之,一地方之租税也。有警则各乡自办团练,一地方之兵制也。其市集之地,每一街有一街之坊约焉,即一街之自治也。每一行有一行之会馆焉,即一行之自治也。然则吾中国于地方自治之制,实已与西国暗合。[44]

地方自治的这种因地制宜、因人制宜的方式,与梁启超更为理想化地描述的学校之制的相似或相通之处是不难体会的。梁启超在这篇《商会议》中就曾明确地把"广兴教学"、"革除恶俗"以及"恤救患难"、"便利交通"作为伸张民权、实行变法的前提。[45]不过,梁氏在政治层面提及的地方自治基本上是以地方乡绅为主体的自治共同体为基础的,而他的学制构想则包含了更为广泛的"民治"设想。如果说前者直承他自己推重的黄宗羲的"分治"模式,那么,后者则包含了更为接近于社会主义的社会理念。

学校与宪政的关系在清末民初也有更为明确的表述。1905年清政府派遣端方等五大臣出洋之时,梁启超曾经参照上海自治体制和自治运动的成果,为之起草宪政报告,康有为则放弃了他早期认为中国人民尚未为立宪参政作好准备的看法,主张立即立宪。在《海外亚美欧非澳五洲二百埠中华宪政会侨民公上请愿书》(1907)中,康有为为了论证宪政的必要性,同时说明了"学校"与宪政准备之关系:

在明诏已许行矣。所以迟迟者,或疑于民智未开,资格未至耳。夫以中国之大,四万万人之众,学校之盛,当讲求新学之殷,通于中外之彦,殆不可数计,而谓区区数百议员,竟无此资格之人才,此不独厚诬中国,自贬人才……欲定宪法之宜否,与其派一二不通语文之大臣,游历考察,不如全国会之民献千数百英彦之才,而公定之。[46]

---

[44] 同上,页1。
[45] 同上,页4—6。
[46] 康有为:《海外亚美欧非澳五洲二百埠中华宪政侨民公上请愿书》,《不忍》,四期,1913年5月,页3—4。

康有为的上述阐释已经是1907年的事情,他在戊戌变法时期还认为中国人民尚未做好立宪的准备。但在他的思考中,学校与宪政、特别是人民的普遍参与的关系却是十分清楚的。他的弟子梁启超持有相同的看法。康有为所谓"四万万之众"的概念是超越了乡绅或士绅共同体的范畴的。

"三代之制"与地方自治的关系不仅是康、梁等人的想法,也是戊戌变法至辛亥革命时期不同政治派别的共同观点之一。这些政治构想构成了晚清共和主义思想的基本内容和前提。值得注意的是,清朝政府与革命党人都对地方自治感兴趣,这使得地方自治这一命题的含义变得不那么单纯。清朝筹备立宪的内容明确地包含地方自治的构想,例如1907年清政府下令民政部"妥拟自治章程",10月通谕各省督抚在省会速设咨议局,同时筹划各府州县议事会。1908年8月,清廷批准颁布宪政编查馆拟定的预备立宪逐年筹备事宜清单,安排了地方自治的具体步骤:第一年颁布城镇乡地方自治章程;第二年筹办城镇乡地方自治,设立地方自治研究所,颁布厅州县地方自治章程;第三年至第五年筹办、续办城镇乡地方自治和厅州县地方自治;第六年城镇乡地方自治一律成立;第七年厅州县地方自治一律成立。1909至1910年间,清廷先后颁布了《城镇乡地方自治章程》和《京师地方自治章程》、《府厅州县地方自治章程》,确立了把地方自治作为立宪的根本、城镇乡为自治的初基的原则。[47]

与此相应,孙中山在辛亥革命之后多次谈及中国的政治秩序的关键在于地方自治,地方政府是国家的基石,而户口、道路和学校是所有地方自治政府必须关注的事情。直至1924年春天,他在《建国大纲》中又一次提出以县为基本单位的地方自治政府在由"军政"转向"宪政"的过程中具有重要性。在所谓"训政时期",政府必须派遣经过考试认为合格的人员到各县协助人民筹备自治。[48]值得注意的是,《建国大纲》所提的"训政时期"包含了对于中国人民的一种基本估计,即他们需要经过一个

---

[47] 均见华伟、于鸣超:《我国行政区划改革的初步构想》,《战略与管理》,1997年6期(总25期),页3。
[48] 参见萧公权:《康有为思想研究》,页211—212。

特殊的训练的过程才能进入宪政时期。但是,在戊戌变法时期,为了要求变法,孙文也曾用三代之制来评价中国人民的政治参与能力。在1897年与宫岐滔天等日本朋友的谈话中,孙文说:

> 人或云共和政体不适支那之野蛮国,此不谅情势之言耳。共和者,我国治世之神髓,先哲之遗业也……不知三代之治,实能得共和之神髓而行之者也……试观僻地荒村,举无有浴政〔清〕虏之恶棍……皆自治之民也。[49]

梁启超的"三代之学制"以及地方自治构想是晚清思潮的一个表征,但对他来说,长幼有序、天下为"公"的"三代之学制"并不只是政治改革的蓝本,而且也是在"政"、"教"、"艺"三方面均衡发展的"人才"的有序结合。这种结合被称之为"群"。"三代之制"把整个社会变成了"学校",它既是达到理想社会的方法即"群术",又是理想本身。"群"的概念在这一时期的中国思想界十分流行,但各个思想家对这一概念的解释也有所不同。"举国之人,与国为体"的说法标明"三代之制"内含着国家主义的内容,但这种国家主义并非主张强权,毋宁是通过一套受学的程序而自然形成一套平等的、富有弹性的秩序。事实上,"三代之学制"的重心不在国家而在通过"人"的培养而自然形成的"群"的自治,我们很难用国家主义的观念来表述这种带有浓厚儒学色彩的"群治"。

正由于此,"群"的概念不能简单地等同于国家或社会的概念。根据梁氏在许多场合对这一概念的解说,我们可以对他的"群"概念作出如下解说。第一,"群"是"不学而知不虑而能"的"天下之公理"和"万物之公性",亦即宇宙万有的先验本质和最高原则。从内容上说,它不是一国一家一姓的"公理",而是"天下"、"万物"的"公性",它为人与自然、天下与

---

[49] 孙文:《中国必先革命而后能达共和主义》,《孙中山全集》第一卷,北京:中华书局,1981,页172—173。

国家、天下与个人、国家与国家、国家与个人、个人与个人的相互关系规定了普遍法则。因此,"群"既是必然之理,又是必须之则,是自然之理与道德之理的合一。第二,作为一种普遍的法则,"群"在政治和道德的各个层面规定了善恶的标准,所谓"道莫善于群,莫不善于独"——作为"群"的对立面,"独"也被表述为"己"、"私"的概念,所谓"人人皆知有己,不知有天下","君私其府,官私其爵,农私其畴,工私其业,…家私其肥,宗私其族……师私其教,士私其学"。[50]这不仅表明"公/私"、"群/己"之别是遍及社会各领域的绝对对立,是善恶所由分,是非所以立,而且也说明"独"和"私"的范畴意味着某种社会职业和社会身份的垄断。与这种凝固化的社会等级制相反的,就是"群",就是"三代之制"的理想,即把社会身份、社会职业转化成为一种具有公共性身份,而这种公共性身份又能够直接表达主体的道德自觉。第三,为了避免误解,梁氏还步严复之后尘,区分了"蝗螽蜂蚁之群"与"人道之群"亦即"形质之群"与"心智之群"。更准确地说,这两种群体的划分的基本标准是他们是否能够自我组织。按照康有为"以群为体,以变为用"的变法原则,梁氏借助"心智之群"的概念引入的却是"议院"("国群")、"公司"("商群")、"学会"("士群"),[51]换言之,"群"概念的政治内含在于用特定的组织形式把中国人组成为一个政治实体,而这一切都有赖于"学"。"群"与"学"的这种内在关系的核心在于,社会组织不应该是一种强制性的、外在于人民自身的组织,而是一种人民自治的形式。这种自治形式建立在人民的道德能力之上。透过"教"、"政"、"艺"一体的"诸科之学"和"以群为体,以变为用"的原则,我们清楚地看到了"学"的功能和目的是使人能"群":在人与自然、天下、国、家以及自身的关系中达到普遍和谐,换言之,"学"必须服从于以"群"为内容的道德政治理想,所谓"知识贵群也。是故横尽虚空竖尽劫,劫大至莫载,小至莫破,苟属有体积有觉运之物,其所以生而

---

[50] 梁启超:《说群序》,《文集》之二,页4。
[51] 梁启超:《变法通议·论学会》,《文集》之一,页31;《说群序》,《文集》之二,页3。

不灭存而不毁者,则咸恃合群为第一义。"[52]

如果"三代之制"的核心是"群",那么,作为"万物之公性"和"天下之公理"的"群"也是知识的本质与目的。梁氏按照"政"、"教"、"艺"(或"学")的结构来引进西学,目的在于构筑一种能够符合或达到"群性"的知识谱系。因此,"群"的理念决定了梁启超知识谱系的分类原则。在1896年所作的《西学书目表》[53]及其序例[54]中,西学被分为三类:"学"类含声光化电等自然科学,"政"类含史志及各种政治法律及社会行业的制度,"杂"类含报章、格致、游记等等。梁氏把"诸学"作为直接关涉"政"、"教"的"群术",因而反对将诸学"强为分类"。他说:

> 凡一切政皆出于学,则政与学不能分,非通群学不能成一学,非合遮政不能举一政,则某学某政之各门,不能分。[55]

按照这种"整体观"的看法,诸学之别只是层次性的,而非类属性的。区别各种知识的标准是抽象性的程度或者实证性的程度,这当然是接受实证主义科学概念的结果。但是,实证主义的观念在这里已经被组织到对于"群"的理解之中。所谓"先虚而后实,盖有形有质之学,皆从无形无质而生也",对于"政"事诸书,更须以"群"的范围、程度为准则。[56]正由于"以群为体",对西学的引入才不应被解释成"舍中学而言西学"的"无本"之学;[57]换言之,"西学"与"三代之学"的内容不一,但结构与归趋

---

[52] 梁启超:《说群一·群理一》(1897),《文集》之二,页5。
[53] 上海时务报馆石印线装一册(光绪二十二年),北京图书馆藏《质学丛书》册八至册九收入此书。
[54] 梁启超:《"西学书目表"序例》,《文集》之一,页122—126。
[55] 梁启超:《"西学书目表"序例》,《文集》之一,页123。
[56] 《"西学书目表"序例》:"盖有形有质之学,皆从无形无质而生也。故算学重学为首,电化声光汽等次之,天地人物等次之,医学图学全属人事,故居末焉。西政之属,以通知四国为第一义,故史志居首,官制学校政所自出,故次之,法律所以治天下,故次之,能富而后能强,故农矿工商次之,而兵居末焉……"《文集》之一,页124。
[57] 《西学书目表后序》,《文集》之一,页129。

却是一致的。

"群"概念在梁启超知识论和制度论中具有中心地位,这表明他的思想的核心部分始终是共同体观念及其在道德上的优先性。在著名的《十种德性相反相成义》中,他排列出独立与合群、自由与制裁、自信与虚心、利己与爱他、破坏与成立等各项德性的对立,但是这些德性明显地服从于一个更高的德性,那就是共同体的德性。最近二十年来,似乎不断有人认为这种对于"群"的重视构成了对自由主义原理的误解,因为把"群"的德性置于个人独立和自由之上很可能是中国专制主义的起源。他们根据对于个人主义的一种"原子论"的理解,拒绝承认个人及其权利是社会交往关系的结果。这种批判的准则,即使按照哈耶克的看法,也不过是一种伪自由主义,因为他的"真正的个人主义"主要是一种旨在理解那些决定人类社会生活的力量的社会理论;其次,它是一套源于这种社会观的政治行为规范。这一事实本身就足以驳倒那种最愚蠢的一般误解,即认为个人主义当然以孤立的或自足的个人的存在为先决条件。[58]但不幸的是,许多人正是根据那种原子论的个人主义来批判梁启超的观点,似乎梁启超真的把社会整体理解为自成一体的存在,并且独立于构成社会的个人之外。这种看似有理的解释不仅在理论上是简陋的,而且也是对梁启超思想的歪曲。

首先,梁启超在这篇文章中把个人的独立看成是"大群"的前提,这一看法恰恰建立在他对中国古代的地方自治传统的理解之上。梁氏说:

> 合群云者,合多数之独而成群也。……吾中国谓之为无群乎,彼固庞然四百兆人经数千年聚族而居者也。不宁惟是,其地方自治之发达颇早,各省中所含小群无数也。……然终不免一盘散沙之诮者,则以无合群之德故也。合群之德者,以一身对于一群,常肯绌身而就群;以小群对于大群,常肯绌小群而就大群。夫然后能合内部固

---

[58] F. A. 哈耶克:《个人主义与经济秩序》,贾湛、文跃然译,北京:北京经济学院出版社,1989,页6。

有之群,以敌外部来侵之群。乃我中国之现状,则有异于是矣。[59]

梁启超的"合群"论一方面强调的是个人的独立,另一方面是强调超越"小群"而就"大群",其现实的动机是针对会党林立的局面而要求把这些力量组织到国家的民族主义之中。梁启超的地方自治观念在这里与新的国家认同有着内在联系。

梁启超对共同体道德的关注是和他对共和主义的理解密切相关的,这在他的《新民丛报》时期所写的有关共和政治的政论中可以得到明确的证据。那么,这种对共同体观念的优先性的强调是否是一种专制主义呢?这种民族主义是不是与民主政体或共和政治截然对立呢?这也涉及对欧洲民族主义和共和主义的理解。梁启超的"群"的概念融合了儒学的传统与近代欧洲思想的要素,这一概念与井田、封建、学校的政治构想的联系已如前述。现在我从另一不同的方向简略地讨论欧洲传统中的共和主义和民族主义的关系。民族运动的榜样一直都是法国大革命中产生的共和政体的民族国家,在这个意义上的民族主义是指具有相同历史命运的民众把自己看作是拥有相同种族、相同语言的集体。他们的认同不仅表现为出身相同,也表现为他们都是具有政治行为能力的国家公民。[60] 因此,共和主义代表着一种旨在部分地恢复麦金太尔称之为古典传统的东西,因为"18 世纪共和主义是一项……恢复有德性的共同体的运动。可是共和主义所体现的这项运动,在其表达方式上,所继承的是来自于罗马而不是从希腊源头并且是通过中世纪的意大利的共和政体流传下来的东西。……这个传统的核心所在乃是公共利益(善)的观念。这个观念在特征上既先于又独立于个人欲望和利益的总和,个人的德性(virtue)不多不少只是让公共利益为个人行为提供标准。各种德性

---

[59] 梁启超:《十种德性相反相成义》,原载 1901 年 6 月 16 日、7 月 6 日《清议报》第 82、84 册,见《文集》之五,页 44。

[60] See J. Habermas, "Struggles for Recognition in the Democratic Constitutional State," in Multiculturalism: Examining the Politics of Recognition, edited with an introduction by Amy Gutmann (Princeton, N. J.: Princeton University Press, 1994), p. 118.

(virtues)乃是那些维持那种绝对忠诚的各种气质。因而共和主义跟斯多亚主义一样,把德性(virtue)放在首要位置而把各种德性(virtues)放在第二位。"[61]

共和主义作为一个古典传统曾经是与国家的和教会的绝对专制主义相并存的,但"它并没有由于那些国家的和教会的绝对专制主义的庇护而受到损害。……相比之下,共和主义从中世纪和文艺复兴时期共和政体的体制中继承了那种对于平等的热衷。"按照布鲁克(Gene Brucker)的看法,团体精神根本上就是平等主义的,它甚至可以被看作是行会、政治团体等后来被称为市民社会的道德基础,也是共和主义的正义概念的缘由。[62]包括 J. L. 塔尔蒙、以赛亚·柏林和丹尼尔·贝尔等作者都在共和主义对公德的尊奉中发现了极权主义甚至恐怖的起源,这也就是中国的作者们从晚清"合群"观念中找到同样性质的东西的理论根据。然而,正如麦金太尔所作的反驳那样,对德性的任何尊奉是如此有力,以致它本身就会有极为巨大的作用。所以,"与其说对德性的尊奉本身,还不如说对德性的尊奉得以在政治上制度化的方式,引起了一些至少是尊奉者们所憎恶的后果。事实上,大多数现代极权主义和恐怖跟德性尊奉毫不相干。因此,……18 世纪共和主义对道德的忠诚是一种比这些著作家所认为的更为严肃的要求。"这种极权主义垮台的真正教训毋宁是:"当你试图重新创造的那种道德表达方式一方面与普通大众不相容,另一方面又与知识精英格格不入时,你不能希望在全民族范围内重塑道德。"[63]梁启超对"群"及其道德基础的尊奉同样如此,他本人在袁世凯帝制运动中的行为深刻地表明了这一点。以恐怖方式将道德强加于人既不是共和主义、

---

[61] MacIntyre, *After Virtue*, pp. 236-237,中译本《德性之后》,页 298。按中译本中对单数德性(virtue)和复数德性(virtues)有一注释,有益于我们对此问题的理解:"德性(virtue)与各种德性(virtues)的区别在于,前者指这个时代的思想家尤其是共和主义者所强调的与公共利益相关的公民德性(Civil Virtue)或公共德性(Public Virtue),后者是从古代和中世纪继承下来的德性,这些德性仅与个人生活相关。"

[62] 《德性之后》,页 298—299。
[63] 同上,页 299—300。

也不是梁启超设想的那种地方自治运动的特征,从而也不可能是他的"群"概念的直接后果。不了解这一点,我们就不能了解他在20世纪20年代对现代社会及其制度形式所作的道德评价,也不能理解他在戊戌变法时期对自治团体的推广和宣传。

就我的论题而言,讨论"群"概念的政治含义的目的,是了解梁氏所设想的知识谱系及其制度方式的政治/道德含义。(我在这里用"政治/道德含义"而不用"政治的和道德的含义",旨在表明梁启超的政治观与他的道德观乃是同一个东西,因而不存在政治领域和道德领域的截然划分)以下的讨论将表明,这种含义对于理解他的"科学方法"同样具有重要意义。

3. 认知与修身:作为道德实践的科学方法

假定"三代之学制"是以"群"或"公"为中心建立起来的知识制度,那么,它还需要在各种知识门类中贯彻一种认识方法,从而保证知识的获取不致偏离"群"或"公"的理念所规定的道德轨道。如何才能保障这一点呢?唯一的途径就是把认知活动转化为道德实践或修身的方法。这样,传统的格物致知论的内在逻辑便在梁启超构想的普遍适用的科学方法中重新呈现了。值得注意的是,由于"群"和"公"的概念都是在公羊三世说的框架中加以解说的,因而它虽然涉及了诸如国会、商会、学会等现代社会的组织形态,但"群"或"公"概念却并不就是民族国家概念。"国群"与"天下群"在这一概念中是相互渗透的。直到1902年梁启超撰写《新民说》时,"群"概念与民族国家的关系才明确起来,那时他放弃了关于太平世天下一统的理念。换言之,"群"概念向民族国家理念的转变需要新的世界秩序观的支持,这种秩序观与公羊三世说的天下概念及其世界图景是非常不同的。关于这一点,张灏的下述结论非常准确:"1902年新民理想形成的意义并不局限在一个成熟的民族国家思想的出现,它还表达了一种新的世界秩序观,这种新的世界秩序观透露了为中国人所久已认识但从未接受的政治现实的意义和关系。"[64]在这个新的世界秩序的图景中,种族、肤色、生存竞争以及历史问题逐渐地进入中心的位置,群概念与种族主义问题产生了新的联系。[65]

但是,在1890年代,"群"概念的道德性质仍然居于核心地位。梁启超认为,知识的目标是"群"和"公"的理想,而"群"、"公"总是为"己"、"私"所遮蔽,那么,对客观规律(公理)的科学发现在方法上就是摒除"私"见的过程。如果用理学的术语来表述,对世界的科学认识也即"存天理去人欲"或"去私存公"。在理学家那里,"天理"与"人欲"之分也就是公私之分,王阳明说"去得人欲,便识天理"(《传习录上》),而天理即良知,因此以"去私"为途径达到"天理"的过程又与人的"灵明之觉"联为一体。梁氏利用佛教的术语来表达科学认识与"公私"的关系,[66]但其内在逻辑无疑植根于理学的修身论,特别是格物致知论。

---

[64] 张灏说:"梁服膺民族国家理想得到了以社会达尔文主义为核心的新的世界秩序观的支持。在考虑到传统的中国世界秩序观是由儒家士绅设计出来的时候,一般必须区分两个层次。就哲学层次来说,支配中国人世界秩序观的是天下大同的乌托邦理想,正如王阳明所说的天下一家。但就政治层次或一般层次来说,中国人的世界秩序观为中国中心论的意象所支配,在中国中心论的意象中,中国被设想为由无数不同类型的附属国围绕的世界中心。不管这两个层次之间有多大的差异,它们的共同之处,即是大一统的理想,在前者为天下一统,在后者为有等级的一统。""晚清思想的一个有趣特征是,在力图适应因西方扩张而形成的新世界现实中,在一些中国士绅身上出现了一种求助于天下大同哲学观的明显趋向。……到19世纪末梁成为思想舞台上的重要人物的时候,阻止他承认国家为'最上之团体'的,不是早已被西方扩张击碎的中国中心论的世界观,而是天下大同的道德观。"参见张灏:《梁启超与中国思想的过渡(1890—1907)》,南京:江苏人民出版社,页111—113。

[65] 在《新民说》中,他甚至勾勒出一幅等级化的种族图景:"由此观之,则今日世界上最优胜之民族可以知矣。五色人相比较,白人最优。以白人相比较,条顿人最优。以条顿人相比较,盎格鲁撒克逊人最优。此非吾趋势利之言也,天演界无可逃避之公例实如是也。"《新民说》,《饮冰室合集·专集》之四,页9。

[66] 据孙仲愚《日益斋日记》载,梁启超、谭嗣同等人于1896年"纵谈近日格致之学多暗合佛理,人始尊重佛书,而格致遂与佛教并行于世。"见《梁启超年谱长编》,丁文江、赵丰田编,上海:上海人民出版社,1983,页57。

在1900年写作的《自由书》的《惟心》、《慧观》两篇中,梁氏引述佛教唯识宗的观点,指出"境者心造也,一切物境皆虚幻,惟心所造之境为真实",意思是说人们把对世界的认识等同于世界本身,所谓"知有物而不知有我,谓之我为物役,亦名曰心中之奴隶"。因此,不仅对世界的认识需要破除自我的幻觉,而且唯有去除了"物役"或"心中之奴隶"的"我"才是真正的"我"[67]——去除了"人欲"或"私"的"灵明之觉"。梁氏所描述的认识过程显然预设了宇宙万象中包含了统一的"理",从而有可能从一物之理推出普遍的理。这就如理学家所谓"观物"或"以物观物"而能尽于道一样。例如,北宋道学的代表人物之一邵雍就说:

> 夫所以谓之观物者,非以目观之也。非观之以目,而观之以心也,非观之以心,而观之以理也。……圣人之所以能一万物之情者,谓其圣人之能反观也。所以谓之反观者,不以我观物也。不以我观物者,以物观物之谓也。[68]

换言之,对"物理"的认识取决于特定的认识方法,这种认识方法必须保证人能够以物观物,亦即所谓"不我物,则能物物。"那么,什么才是以物观物呢?按照理学的观点就是:自我不能局限于单一的经验存在的层面,而必须超越这种存在成为一个与宇宙合一的认识主体。这一过程不仅是一个认识过程,而且也是成圣的过程。在这个意义上,梁启超的科学认识方式保留了理学修身论的深刻印记。

梁氏标举"三界惟心",独重主观,但实际上却是要在"观察"世界时超越和摒除一己之私见,以达到对"公性"、"公理"的认识。这里既包含了对客观世界的"理"的预设,也包含了对主体认识世界和把握世界的能

---

[67] 梁启超:《自由书·惟心》,《专集》之二,页46。
[68] 邵雍:《观物内篇》,见《道藏》本《观物篇》,上海:上海古籍出版社,1992年影印,页23—24。

力的肯定；这种能力是建立在天道论的基础之上的。在《慧观》中，梁氏举牛顿、瓦特、哥伦布、莎士比亚、达尔文等为例，指出他们所以能发现"定理"、"心理"、"大理"乃在于他们能"慧观"，也就是祛除"私念"直接抵达宇宙的真谛：

> 学莫要于善观，善观者观滴水而知大海，观一指而知全身，不以其所已知蔽其所未知，而常以其所已知推其所未知，是之谓慧观。[69]

我们不妨随意摘出一段儒学语录加以比较。唐代思想家李翱的《复性书》曾对宋代理学、特别是"性"的概念产生重要影响，他说：

> 子思曰：唯天下至诚为能尽其性，能尽其性则能尽人之性，能尽人之性则能尽物之性，能尽物之性则可以赞天地之化育，可以赞天地之化育则可以与天地参矣。[70]

"尽性"是目的，达到此一目的需要一定的途径或方法，那就是先"尽人之性"，而后才能"尽物之性"，最终达到"与天地参"的境地。梁氏的"慧观"内含的就是这种先正己而后方能"尽物之性"的逻辑。

我在此所以举李翱为例，而不谈二程或朱子，是因为梁启超的"慧观"正如李翱的"无虑无私"的"正思"一样，留有佛教的深刻印记。他们都比较注重"寂然不动"，而不似宋儒兼说"感而遂通"，认识过程带有强烈的"超离意味"，与朱子那种强调在事事物物上下功夫的思路完全不

---

[69] 梁启超：《自由书·慧观》，《专集》之二，页47—48。
[70] 李翱：《复性书》上，《李文公集》，卷二。劳思光指出："李氏以为《中庸》乃子思所作，故引《中庸》此段而冠以'子思曰'。《中庸》此段乃日后宋儒理论中'本性论'一支之根源，李氏则以此'尽性'之说连通《中庸》与《易传》。盖《易传》虽有'穷理尽性以至于命'之语，其意实不甚明确；而《中庸》此段则明确肯定人物各有'性'，而'尽性'即为价值所在，乃中国经籍中最早言'本性论'之资料也。"见劳思光：《新编中国哲学史》，（三上），台北：三民书局，1983，页29。

同。[71] 李翱本人曾经受知于梁肃,他对《大学》、《中庸》和《易传》的解释也受到佛教的影响,可以视为援佛入儒的例证。梁启超的知识面极为庞杂,兼好儒佛,他的慧观在内心的澄明与物理的呈现之间建立了一种自然的对应关系,这与天台宗所谓止观似乎也有些相似。梁肃《止观统例》云:

> 夫止观何谓也？导万化之理而复于实际者也。实际者,何也？性之本也。物之所以不能复者,昏与动使之然也。照昏者谓之明；驻动者谓之静,止观之体也。在因谓之止观,在果谓之智定。[72]

但从更为根本的人生态度方面看,梁启超的"慧观"并不具有出世的取向,相反,倒是肯定这个世界和它的认识者的。这种肯定的取向也表现为他对经验的重视。"慧观"从方法上看更注重演绎(由"已知"推知"未知"),但这种演绎不同于从概念到概念的推论,而是力图把经验组织到推论过程之中。梁启超一方面把科学发现同人的经验(过去的经验即"已知",未来的经验即"未知")过程相联系,另一方面又强调了观察对象的客观性。在这个意义上,他的认识方法不仅包含了对客观世界进行认知的意愿,而且还包含了认识自然之真理的预设,因而不能完全等同于理学的修身实践或天台宗之止观。

更为重要的是,"群"的概念意味着认知者与认知对象的同一性,这种同一性最终引导梁氏把科学认知活动与先验的"群"性关联起来。梁启超认为世界由64种"原质"构成,每一事物均由"质点"相"群"而成,事物的性质及其在生存竞争中的命运("物"以群相竞)是由"群"的程度决

---

[71] 李翱说:"曰:敢问致知在格物何谓也？曰:物者万物也。格者来也、至也。物至之时,其心昭昭然明辨焉,而不应于物者,是致知也,是知之至也。知至故意诚,意诚故心正,心正故身修,身修而家齐,家齐而国理,国理而天下平。此所以能参天地也。"(李翱:《复性书》中,《李文公集》卷二)这里以"不应于物"解释格物致知,颇有些与道家的任自然、佛家的无所执着趣味相关。梁氏的慧观也可作如是观。
[72] 《大藏经》卷四十六,页473。

定的。从最低级的物质到最高级的人脑活动(知识)都取决于"群"性。从"已知推其所未知"的依据就是由于"群"是"万物之公性"和"天下之公理"。从这个意义上说,"三界惟心"与"万物贵群"都表示"天地间之物一而万,万而一者也",[73] 内心的澄明与对公理、公性的"慧观"由此而统一起来,"格物"与"格心"不过是同一事件而已。对于格物与格心的关系,梁启超一时尚未加以理论上的清理。但在以后的阶段中,他不断用西方哲学和中国思想来解释这一悖论,最终在王阳明的"知行合一说"中发现了最完美的表述。其所以如此,是因为梁氏是以人和世界的统一关系为中心来把握"诸科之学"和科学认识的方法;对"公理"的发现一方面联结着主体的"去私"过程,另一方面联结着"群"的理想。无论是"诸科之学"的内容,还是"致知"的方法,都表达了一种自然、道德和政治的和谐关系和灵活的分类原则。这种和谐关系与灵活的分类原则与他所构想的社会制度和分工方式完全合拍。从"学"或"艺"的层面说,它们既有其道德的基础,又必须受道德的制约。这也是梁氏总是试图在科学与道德和宗教之间保持一种平衡的出发点和理论基础。

第三节　科学的领域与信仰的领域
（1902—1917）

1. 科学、宗教与知识论问题

梁启超在流亡日本途中便开始学习日语,这似乎意味着他的下一个时期的思想活动不可避免地与日本文化以及经由日本而看到的西方文化

---

[73] 梁启超:《自由书·惟心》,《专集》之二,页45。

产生更深刻和更广泛的联系。1899年初夏,康有为被迫离开日本,远赴加拿大,梁启超在知识界所处的领袖地位更显突出了。他与革命党人的关系日益密切,以至康有为命令他立刻离开日本,远赴夏威夷,而他在夏威夷凭借孙文的介绍广泛地接触华侨,后来竟加入了三合会并成为头领。尽管在政治观点方面,他并没有完全赞成孙文的革命主张,但上述行为和言论表明,他的思想产生了重大的变化。

在晚清思想史上,1902年似乎是一个重要的转折点。1901年,《清议报》因火灾停刊,梁启超于1902年2月设法在日本横滨创办了《新民丛报》。"新民"是《大学》中的概念,它不仅成为这份报纸的标题,也成为梁氏思想的核心主题。《新民丛报》存活了五年,它与它的主持者一道,成为1902—1907年间中国知识界的主要阐述者和代言人。梁氏正是在这一时期通过对西方文明的大规模译介开始了一次重要的思想启蒙运动。这是一个革命与君宪的分歧明显地加剧的时期,激进的情绪和反满的暗流正在漫延,以至包括梁启超在内的许多康有为的追随者也开始同情革命。在这样的氛围中,近代西方学术和知识越来越成为改革和革命的知识分子的主要依据。在1905—1907年间,革命与改良的论战爆发,梁启超成为一方主笔,显示他并未真正转变为革命党人。但是,在摆脱"以西学缘附中学"[74]的过程中,梁启超在"保教"和革命等政治问题上与康有为发生分歧,[75]明显地流露出同情革命的迹象。

从思想的更为内在的方面看,梁启超借助于康德和王阳明的思想逐渐发展出一种接近于二元论的世界观,从而表明他的思想发生了重大的变化。他一如既往地对阳明学加以阐释和发挥,但不再和公羊学理论关联在一起,而是和康德以及其他西方哲学家的思想相互渗透,他表达出的

---

[74] 梁启超:《保教非所以尊孔论》,《文集》之九,页56。
[75] 如梁启超在给康有为的一封信中反对康有为对儒学的态度,他说:"弟子以为欲救今日之中国,莫急于以新学说变其思想,然初时不可不有所破坏,孔学之不适于新世界者多矣,而更提倡保之,是北行南辕也。"丁文江:《梁启超年谱长编》,页277—278。

思想不仅是修身论的或知识论的,而且更是政治性的。[76]1897年他在长沙时务学堂时的那些激进思想在这一时期得到了更为充分的发展。"春秋三世"说的基本表述框架被摒弃了,西方哲学和科学的概念成为梁氏思想的主要用语。梁启超不仅对近代科学的历史、特点、哲学基础以及某些重要的科学学说详加解说,而且利用科学的定理和方法解释文明的成因、政治的变迁和其他历史问题。细致的观察会发现:他的解释方式已经与康有为的那种唯物论的伦理观颇为不同,这就是对于自然一元论的摒弃和二元论的道德观的建立。[77]在某种意义上,对于梁启超来说,从一元论向二元论的转变几乎同他的政治观的转变一样重要。这一转变是和他的社会思想的重点从制度革新到"新民"的转变完全合拍的。

在《康子内外篇》和《实理公法》中,康有为的伦理观有些接近于张载的天道观,他认为天的运行是气的活动的结果,宇宙万有的生存演化与人道是同一的。他说:

---

[76] 严复晚年致熊纯如信中的一段评论正可以从反面作注解:"……至于任公妙才,下笔不能自休。自《时务报》发生以来,前后所主任杂志几十余种,而所持宗旨则前后易观者甚众,然此犹有良知进行之说为之护符。顾而至于主暗杀,主破坏,其笔端又有魔力,足以动人。主暗杀,则人因之而侧然暗杀矣;主破坏,则人又群然争为破坏矣。敢为非常可喜之论,而不知其种祸无穷。……""任公则自挈身海外以来,常以摧剥征伐政府为惟一之能事,《清议》《新民》《国风》进而弥厉,至于其极,诋之为穷凶极恶,意若不共戴天,以一己之于新学,略有所知,遂旧制一无可恕,其辞俱在,吾岂诳哉。"几月后ում熊纯如另一信又提及当年他曾致书梁启超,劝他不要写作过多,以免日后后悔,梁氏"当日得书颇为意动而转念,乃云吾将凭随时之良知行之",严复于此特别注到:"任公宋学主陆王,此极危险。"《严复集》第三册,页632,648。
[77] 张灏曾经论述过康有为如何把大乘佛教与儒学结合起来,其中也涉及一元论世界观的问题。他说:"最使康感兴趣的佛学教义是华严宗。大乘佛教的总的倾向是以一元的世界观取代小乘佛教的二元世界观:在轮回和涅槃之间不存在裂隙,轮回实际上即是涅槃的显示,因而涅槃不必在轮回之外去追求。这种一元论被华严宗继承。根据华严宗的教义,现象和本体之间相互贯通,相互同化,其结果是两者融合为一个有机的整体。因而华严宗世界观的主要教旨是全部即是一,一即是全部。""虽然康知道佛教最初的二元论世界观,但他的佛教研究最终表现为一元论的世界观,否定存在着精神界与有限界的分离。……康说道,儒家即是佛教的华严宗。"张灏:《梁启超与中国思想的过渡(1890—1907)》,页28。

> 夫天之始,吾不得而知也。若积气而成为天,摩励之久,热重之力生矣,光电生矣,原质变化而成焉,于是生日,日生地,地生物。物质有相生之性,在于人则曰仁,充其力所能至,有限制矣,在于人则曰义。人道争则不能相处,欺则不能相行,于是有信,形为仁之后,有礼与信矣。而所以有此四者,皆由于智。人之有大脑小脑也,脑气筋之有灵也……合万亿人之脑而智日生,合亿万人之脑,而智日益生,于是理出焉。……自羲、轩、神农以来,中国于是有智;欧洲自亚当、衣非(夏娃)以来,于是有智。
>
> ……夫有人形而后有智,有智而后有理。理者,人之所立。……故理者,人理页。若耳目百体,血气心知,天所先与。婴儿无知已有欲焉,无与人事也。故欲者,天也。程子谓天理是体认出,此不知之言也,盖天欲而人理也。[78]

康有为肯定欲的正当性,也肯定理是自然进化的产物。这一观点几乎是贯穿晚清时代直至五四时代的基本看法。他深信自然的运行之中包含着仁、义、理、智、信等"人之道",从而自然自身就是道德的源泉。这一观点不仅与宋儒的天道观直接对应,而且也可以在近代中国思想——如本书所讨论的《新世纪》群体、《新青年》群体,以及科学家群体的自然一元论的宇宙观和知识谱系中——得到印证。正由于此,梁启超试图利用康德哲学和阳明学重新诠释自然与社会、天道与人道的二元关系,其思想史含义是不应忽视的。我们可以说,从梁启超开始,现代中国思想中发展了一种利用康德哲学改造阳明学的倾向,这就是按照康德的二元论改造阳明学的一元论,从而以科学/道德的二元关系重新界定道德和知识的边界及其相互关系。这种科学/道德二元论也扩展到知识与信仰、科学与宗教、理性与直觉等等二元关系之中。

自17世纪以来,宗教与科学的冲突不断地引起一批激烈的知识分子公开地进行交锋。如同怀特海所说:作为两种人类生活中最强大的普遍

---

[78] 康有为:《康子内外篇・理气篇》(外六种),北京:中华书局,1988,页28—29。

力量,"宗教的直觉"与科学的"精确观察和逻辑的推理"似乎彼此是对立的。[79]但梁启超的特点之一却是:他几乎是非常自然地把更深刻的宗教和更精微的科学调和起来。科学的确证明了"宗教之迷信"的虚妄,但那只不过使宗教更为精纯,从而能同科学一样面对变化。在梁氏的思维逻辑中,科学与宗教有一种独特的"连带关系":国家的命运取决于国民的智力,智力的增减取决于国民的思想,思想的高低取决于国民的习惯信仰,而"宗教"就是"铸造国民脑质之药料"。[80]因此,知识问题与宗教问题就被纳入了一个有机的过程:科学的功能之一是澄清而不是否定宗教信仰,而"宗教"的功能之一是澄清而不是淆乱国民的思想,以使之能够更有效地接受科学知识。这里隐含了一种观点:对知识的掌握,或对科学的发现,紧密地联系着人的思想、信仰和道德状态。梁启超对培养国民的智力、信仰和习惯及其与国家命运的关系是一贯的,但是,他不再一般地讨论"学校"问题,而把"宗教"的必要性提上了日程。

仅仅指出梁氏"科学"概念与"宗教"概念并存的特点是不够的,重要的是发现梁氏对"科学"的阐释如何逻辑地导向他对宗教的肯定,他又是通过何种中介把"科学"与"宗教"相关联,以及这种关联的知识后果是什么。梁启超把科学与宗教直接关联起来的现实动力是他对保教运动和思想的支持。关于"保教"在晚清中国和梁启超思想发展中的意义,张灏已经作了清晰的说明。"'保教'或'传教'思想的形成,暗示着一种强烈的意识:中国处在一场深刻的文化危机中。因为在中国传统里,宗教和政治密切融合,'传教'思想在'经世'思想中是不明显的。不需要对经世和传教作任何的区别,因为儒家的经世首先包含了宣传儒家道德信仰以教育和改造人民的任务,这被认为是理所当然的。因此,传教思想与经世理想的区别不仅意味着政治与儒学的传统结合不能再被维持了,而且还表明一部分中国士绅意识到19世纪末中国面临的挑战不仅是一个社会政治问题,而且还是一个宗教和文化问题。因此,除了保护

---

[79] 怀特海,A. N.:《科学与近代世界》,北京:商务印书馆,1959,页173。
[80] 梁启超:《论支那宗教改革》,《文集》之三,页55。

中国作为一个社会政治实体这一问题之外,还必然产生如何保留中国文化认同的问题。"[81]

早期的梁启超赞成保教的原因涉及认同问题,因为他意识到中国改革的师法对象"西方"不仅是一群国家,也是一个独特的文明。如果文艺复兴和宗教改革对欧洲的现代发展作出了巨大贡献,那么中国社会的变革和再组织就不能不考虑宗教和信仰的问题。换言之,梁启超的保教动机在相当大的程度上是包含了政治的考虑的,所谓"夫天下无不教而治之民,故天下无无教而立之国,国受范于教",就充分地表明了这一点。[82]也正由于此,对宗教必要性的考虑就不可能转化成为对于科学的否定,恰恰相反,宗教和科学是中国的社会变革和文化认同的双重基础和资源。在这里"宗教"指的是儒教,科学则是西方的现代文明。在别的文章中,这两个方面也可以被归结为中学和西学:"舍西学而言中学者,其中学必为无用;舍中学而言西学者,其西学必为无本。"[83]换句话说,宗教/科学、中学/西学都是中/西二元论的变体。

梁启超对"科学"的界定是在"方法论"的意义上作出的。在《格致学沿革考略》(1902)中,他把"格致学"同"形而上学"相对立,指出其方法上的特征是"藉实验而后得其真"。[84]但这并不是他对科学方法的完整阐述。[85]在这一时期的文章中,梁氏把以培根和笛卡尔为代表的经验主义和理性主义视为"格物"与"穷理"的不同的方法论,实际上是从客体的方面和主体的方面来理解科学方法的性质:

---

[81] 张灏:《梁启超与中国思想的过渡(1890—1907)》,页81。
[82] 梁启超:《复友人论保教书》,《文集》之三,页9—10。
[83] 梁启超:《西学书目表后序》,《文集》之一,页126—127。
[84] 梁启超:《格致学沿革考略》,《文集》之十一,页3。
[85] 在《自由书》中,梁启超译述了《加藤博士天则百话》,内中包含了对科学问题的理解。其中第一条是"实学空理之辨",加藤弘之批评时人把哲学、心理学、社会学等讥为不能"应用"之"空学",指出"学科之虚实真伪,不在其所研究之客体,而在其能研究之主体",而且"今日……治此等学科者,……往往依严格的科学法式,以求其是。"又说:"群治开化,决非徒恃有形之物质也,而更赖无形之精神,无形有形,相需为用,而始得完全圆满之真文明。"《专集》之二,页92—93。

> 及倍根出，专倡格物之说，谓言理必当验事物而有征者，乃始信之。及笛卡尔出，又倡穷理之说，谓论学必当反诸吾心而自信者，乃始从之。……二贤者，近世史之母也。[86]

值得注意的是，即使是在对培根的观察、实验方法的解说中，梁氏也强调这种"格物"方法与主体去除"先入为主"的私见之后的精神状态相关，即"物观"与"心观"的合一。正是在这一意义上，他引用朱子"格物致知"说比附培根的观察实验方法，这不仅因为朱子"因其已知之理而益穷之"的说法证明了"实验与推测相随"，[87]而且梁氏本人是把对客观世界的认识同人的道德状态相关联的。这逻辑地导向他对笛卡尔的演绎方法的推重，因为后者从理论上论证了认识过程与人的主体性的统一关系。

梁氏认为世界万物之中的普遍公理（"大理"）存在于各事物的相互联系之中，唯有"智慧"能呈现这个公理及其各别显现，这当然也意味着对万物之理的洞察有赖于对"智慧"自身的了解。既然如此，推论与综合就较归纳实验具有更为根本的方法论意义。[88]值得指出的是，如果科学认识活动与修身具有内在的关联，那么，科学认识活动在道德实践中的意义也就被确定了。

在讨论笛卡尔的方法论时，梁氏区别了"意识"与"知识"两个范畴，"意识"是自由的、无限的、不受对象控制的，而"知识"则受物象制约，是有限的；自由"意识"判断事理，而"知识"呈现事理。梁氏敏锐地感到笛卡尔的怀疑主义背后"有不容疑之一物存"，这就是能思想的和思想着的我[89]——不以外物为转移的自由心灵就被作为"科学认识"的基础。梁氏引孟子语论述道：

> 耳目之官不思，而蔽于物。物交物则引之而已。心之官则思，思

---

[86] 梁启超：《论学术之势力左右世界》，《文集》之六，页112。
[87] 《近世文明初祖二大家之学说》，《文集》之十三，页4。
[88] 同上，页10。
[89] 同上，页7。

则得之,不思则不得也。此天之所以与我者。先立乎其大者,则其小者不能夺也。[90]

孟子在此谈及的心物关系实际上指的是善恶关系。物,事也;利欲之事交引其精神,心官不思善即失其道而陷为小人。梁氏引孟子解释笛卡尔唯心的理性主义,也就把科学认识中的主客关系引向了"心思礼义"("大体")与"纵恣情欲"("小体")的善恶对立。[91]孟子主张"先立其大"、"不以物蔽",梁氏据此解释笛卡尔的方法论,认为"自由之性,无自欺之心"是笛卡尔"穷理学之第一义也"。[92]他不仅把孟子的道德学说等同于笛卡尔的理性主义认识论,而且在哲学上论证了二者的一致性。

这种超越了物欲或私利的自由之性的含义已接近于王阳明的"良知"概念。实际上,梁氏以朱子释培根,以孟子释笛卡尔,从思路上说是把欧洲哲学中的经验主义与理性主义在方法论的意义上理解为程朱"格物"与陆王"格心"的区别,而他所期待的就是把这两方面综合为一种达到"天理"的完整的认识程序。[93]梁启超用"格物派"与"穷理派"来概括培根、笛卡尔的思想路线,他说:

> 甲倚于物,乙倚于心;甲以知识为外界经验之所得,乙以智识为精神本来之所有;甲以学术由感觉而生,乙以学术由思想而成。[94]

这样,心物关系就构成梁氏科学观的中心问题。

梁氏对康德哲学的重视就在于它"和合两派,成一纯全完备之哲学",展示了一种对于心物关系的独特理解。尽管如时人所说,梁氏"用

---

[90] 梁启超:《近世文明初祖二大家之学说》,《文集》之十三,页8。
[91] 参见《孟子正义》,北京:中华书局,1987,页792—795。
[92] 梁启超:《近世文明初祖二大家之学说》,《文集》之十三,页9。
[93] 梁氏后来评述"儒家哲学"时认为朱陆二派"各有好处,都不失为治学的一种好方法。"《儒家哲学》,《专集》之一百三,页47。
[94] 梁启超:《近世文明初祖二大家之学说》,《文集》之十三,页10。

他不十分懂得的佛学去解释他更不甚懂得的康德","其纰谬十且八九也",[95]但透过他对康德"纯粹理性"与"实践理性"概念的含混阐释,梁氏的确找到了他所需要的东西:为科学认识、道德和宗教信仰建立一种关系准则。

在讨论康德的"纯粹理性"("纯智","纯性智慧")时,梁氏考虑的是知识的性质、限度及其与理性的关系。一方面,知识依赖于人类的感觉经验,是知觉器官在理性规约下接触外物的结果;另一方面,感觉经验的对象是"现象"而非"本相"("本相者,吾所触所受之外")。[96]如果说后一方面为他的道德学说留下了余地,那么他对前一问题的关注焦点也并不在感觉经验或现象世界,而在"理性的功能"上。他把康德的理性批判的基本问题——先天的综合判断是否可能的？——表述为:"我之智慧以何因缘而能使物各呈现象？""众多感觉,以何因缘能使就绪？"[97]这一问题使梁氏模糊地感觉到:心灵能动地把感觉经验的质料组织于概念化的现象世界的秩序之中("理性""总彼感觉而使就绪"),因此知识就直接地关联于理性的"视听"、"考察"和"推理"能力,"时间"、"空间"、"原因"、"结果"、"现象"、"公例"等等范畴并不表现"物"的关系或存在,而是为控制我们生活于其中的世界而"实用地"(pragmatically)加以采纳的程序的观念和规则("实我之智慧能自发此两种形式[指时空]以被诸外物云尔……皆非真有,而实由我之所假定者也")。[98]正是按照这一逻辑,梁氏在《新民议》中断言"天下必先有理论然后有实事,理论者实事之母也"。[99]更重要的是,这里所谓"理论"即儒学之"知","实事"即儒学之"行",故而他说,"凡理论皆所以造实事,……其目的之结果,要在改良人格。……故理论而无益于实事者,不得谓之真理论"。[100]

---

[95] 贺麟:《康德黑格尔哲学东渐记》,《中国哲学》第二辑,三联书店,1980。
[96] 梁启超:《近世第一大哲康德之学说》,《文集》之十三,页51。
[97] 同上,页52。
[98] 同上,页53—56。
[99] 梁启超:《新民议》,《文集》之七,页104。
[100] 同上,页104。

当梁氏把知识论中的主客关系或心物关系理解为"知行"关系时,知识论的问题便被转换为道德论的问题;从他对康德哲学的解释来看,这一转换又是由康德关于知性的本质、能力和界限的观点逻辑地引申出来。根据康德"实践理性"与"纯粹理性"的概念,梁氏区分了超验世界和经验世界的不同性质,并认为实验的物理学方法只能适用于可经验的现象世界,它无法解决诸如灵魂之有无、世界的原因、时空有无开端、上帝是否存在等超验性问题。从方法论的角度说,"即物穷理"的归纳方法不能被用于这一领域。这些问题只能用"推理力以窥测之而已"。[101]梁氏列举了康德所称的那些著名的"二律背反"命题,指出问题就产生于"以一己智慧之所见直指为事物之本相",[102]混同了现象与本质、必然性("不可避之理")领域与自由领域的界限,从而不是因为我们缺乏回答这些问题的证据,而是因为这些问题本身是错误的。

对于梁氏而言,上述区分的直接意义是引申出道德的本质:

> 道德之性质不生不灭,而非被限被缚于空劫之间者也,无过去,无未来,而常现在者也。人各凭藉此超越空劫之自由权,以自造其道德之性质。[103]

作为以自身为目的的道德命令起源于人的"良知"的自由本质,因而"良心之自由,实超空间越时间,举百千万亿大千世界无一物可与比其价值者也",[104]自由的权利以人对"良知"的服从为前提,如同公民自由以服从国家主权一样。借助于康德的"两种理性"的概念,梁氏把理智与自由意志划分为两个并行不悖的领域,但同时要求理智的运用应当服从道德的目的。梁氏说:

---

[101] 梁启超:《近世第一大哲康德之学说》,《文集》之十三,页57。
[102] 同上,页58。
[103] 同上,页60。
[104] 同上,页62。

> 以自由为一切学术人道之本,以此言自由,而知其与所谓不自由者并行不悖,实华严圆教之上乘也。呜呼圣矣![105]

实际上,梁启超介绍"实践理性"的动因就是诉诸道德良知为个人的行为和各种社会关系"立法"——这里所谓"法"是不同于科学所描述的自然法则的道德法则,它脱离经验而有效,它不告诉我们情况是什么,而是情况应该是什么,在这种情况下,任何理性的存在应做什么。因此,在这一领域内,"知行"完全合一,所谓:"若践履道德之责任者,即以践履此责任为目的,既践履则目的已全达矣。"[106] 正是在这一意义上,梁启超把康德与王阳明视为同类:

> 王阳明曰:"一点良知是汝自家的准则。汝意念著处,他是便知是,非便知非,更瞒他些子不得。汝只要实实落落依著他做,善便存,恶便去。"是亦以良知为命令的,以服从良知为道德的责任也。阳明之良知即康德之真我,其学说之基础全同。[107]

我们暂时还来不及对王阳明的"良知"、"知行合一"概念与康德的"实践理性"的区别作出分析,[108] 但是,王阳明的良知说和知行合一都不包含二元论的含义。引出这段文字是为分析20年代梁启超基于儒学立场(特别是王阳明"知行合一"概念)对科学的批判性见解提供线索,那时他更倾向于把"知行合一"与詹姆士的"彻底的经验主义"和"实用主义"相关联。在此,我们关心的是他在"纯粹理性"与"实践理性",科学认识与道

---

[105] 同上,页59。
[106] 同上,页63。
[107] 同上,页63。
[108] 在同文中,梁氏认为康德"以良知说本性,以义务说伦理","其言空理也似释迦,言实行也似孔子,以空理贯诸实行也似王阳明。"(同上,页49—50)在《新民说·论私德》中,他又指出康德与王阳明"桴鼓相应,若合符节","东海西海有圣人,此心同,此理同。"(《专集》之四,页139)

德实践之间所做的区分的重要结果:他对科学与宗教这两个似乎对立的领域抱有同样热忱。如果神学或形而上学的信仰建立在道德意志的基础上,那么,作为实践理性的假定,它们就不应被当作真实的东西来了解。宗教信仰的本质不在于它的那些关于世界起源的超科学假说,而在于它给道德的经验和行为提供支持。作为自由意志的领域,宗教信仰与科学研究的规则并行不悖,但不受后者的制约。

循着"纯粹理性"与"实践理性"的区别及其相互关系的解说,我们可以找到梁启超自相矛盾、变幻不定的宗教观——他既承认科学与宗教的对立,又对宗教怀有神圣的情感——的内在逻辑。这就是对宗教的伦理主义理解。[109]我们先来看看他对宗教的批判和否定是在什么意义上作出的。一般说来,对宗教的怀疑是近代科学的必然结果,梁氏的宗教批判也基于科学的立场。他说:

> 哥白尼……天文学之既兴也,从前宗教家种种凭空构造之谬论,不复足以欺天下,而种种格致实学,从此而生。[110]

达尔文进化论不仅揭示了物竞天择的原理,而且改变了人们的历史观。

---

[109] 从日常伦理的角度考虑宗教问题几乎是近代中国思想的重要特色之一,章太炎对佛教的态度就是例证。梁启超的观点与他的老师康有为也是接近的,都可以被看作是一种儒家立场,即不重视教派及其特殊的教法,而专注于道德实践的后果。康有为在《康子内外篇·性学篇》中说说:"今天下之教多矣,于中国有孔教……于印度有佛教……于欧洲有耶稣,于回部有马哈麻。自余旁通异教,不可悉数。然余谓教有二而已。其立国家、治人民,皆有君臣父子夫妇兄弟之伦,士农工商之业,鬼神巫祝之俗,诗书礼乐之教,蔬果鱼肉之食,皆孔氏之教也……其戒肉不食,戒妻不娶,朝夕膜拜其教祖,绝四民之业,据四术之学,去鬼神之治,出乎人情者,皆佛氏之教也。耶稣、马哈麻一切杂教,皆从此出也。……然则此二教者,谁是谁非,谁胜谁负乎?曰:……孔子之伦学民俗,天理自然者也,其始作也;佛教之去伦绝欲,人学之极致也。……无孔教之开物成务于始,则佛教无所成名也……佛以仁柔教民,民将复愚,愚则圣人出矣,孔教复起矣。……是二教者终始相乘,有无相生,东西上下,迭相为经也。"《康子内外篇(外六种)》,北京:中华书局,1988,页13。

[110] 梁启超:《论学术之势力左右世界》(1902),《文集》之六,页111。

梁氏断言:"凡人类智识所能见之现象,无一不可以进化之大理贯通之","故进化论出,而前者宗门迷信之论,尽失所据"。[111]根据近代科学的原理,诸如上帝创世、末日审判以及天国等教旨"与格致学理不相容,殆不可以久立"。[112]科学对宗教的批判表达的是人对思想蒙昧、教主专制的反抗,对真理的追求起源于人的自由的激情。因此,梁氏的宗教批判既源自科学的逻辑又基于自由意志的内在要求,他从文明进化的历程着眼,指出宗教迷信"禁人之怀疑,窒人思想自由",虽曾有功于人类进化的初期,却与现代文明不相容。"科学之力日盛,则迷信之力日衰;自由之界日张,则神权之界日缩。"[113]如果说作为道德范畴的信仰是自由意志的设定,那么历史上的宗教恰恰又是对自由意志的摧残。在这一意义上,科学对宗教的批判的根本意义就在于:它为自由意志恢复了活力。

从上述意义上说,梁氏对宗教的批判隐含着真正的宗教动机,但我们也可以说他对宗教的肯定源自某种非宗教动机,前者指的是他对不受经验世界束缚的自由意志的肯定,后者指的是他把宗教理解为对于安排我们的现世生活有用的东西。在《论宗教家与哲学家之长短得失》(1902)中,梁启超说:"言穷理则宗教家不如哲学家,言治事则哲学家不如宗教家",宗教不仅为历史上的英雄提供了热忱、无畏和献身精神的源泉,而且还能"震撼宇宙,唤起全社会之风潮"。[114]一方面,梁氏所谓"宗教思想"几乎等同于理想主义或对信仰的忠诚与献身,正是在这一意义上,他把宗教视同唯心哲学,以至把鼓励了明末儒者风节的王学(心学)视为"宗教之最上乘者"。[115]另一方面,这种对人的自由意志的称颂又是和"治事"的功利动机相关的,因为在梁氏看来,宗教思想使自由的人群趋于团结和统一,给挫折的人群带来安身

---

[111]　梁启超:《论学术之势力左右世界》(1902),《文集》之六,页114。
[112]　梁启超:《论宗教家与哲学家之长短得失》(1902),《文集》之九,页48。
[113]　梁启超:《保教非所以尊孔论》(1902),《文集》之九,页52—53。
[114]　梁启超:《论宗教家与哲学家之长短得失》,《文集》之九,页44—45。
[115]　同上,页46。

立命的希望,为茫茫尘海的众生寻找解脱的可能,为整个社会建立道德规范,给脆弱的人性注入无畏、勇猛的活力。所有这一切都为社会提供了自治的可能。这足以证明:宗教的力量就是信仰或自由意志的力量。

> 苟既信矣,则必至诚,至诚则能任重,能致远,能感人,能动物。[116]

如果用梁氏的概念来表述,那么宗教是达到"群治"的必要条件。

基于"宗教与迷信常相缘"的事实,梁氏的态度颇为复杂:

> 故言学术者不得不与迷信为敌,敌迷信则不得不并其所缘之宗教而敌之,故一国之中,不可无信仰宗教之人,亦不可无摧坏宗教之人……虽然,摧坏宗教之迷信可也,摧坏宗教之道德不可也。道德者天下之公,而非一教门之所能专有也。苟摧毁道德矣,则无忌惮之小人,固非宗教,而又岂足以自附于哲学之林哉![117]

头绪似乎相当复杂,理路却已渐渐清楚。梁氏把宗教迷信与宗教道德相区别,前者属于事实的范畴,后者属于自由意志的范畴;宗教迷信(如创世、末日审判等等)以已被证明为真的真理形式呈现在人们面前,也即以现象世界的方式而被陈述,既然如此,当适用于现象世界的科学证明这种陈述为伪时,它们的真理性也就不复存在。在这个意义上,科学的发展意味着宗教的衰亡:它所以会衰亡是由于它对信仰的陈述方式本身是错误的。宗教道德恰好相反,作为人的自由意志的表达,它超越时空,没有因果;实际上它就是作为道德命令而存在,任何对现象世界的陈述,既不能证明其真,亦不能证明其伪:它与科学并行不悖。

---

[116] 同上,页49。
[117] 同上。

2. 两种理性、功利主义与近代墨学研究

梁氏不可能像一位西方哲学家那样,把康德的逻辑始终如一地贯穿在他的思想活动之中,但他对"两种理性"概念的接受也有其传统的知识基础。我在此要特别提及的是梁氏对墨学的研究,这项工作一直持续到他的晚年。自汉武帝定儒术于一尊,除晋鲁胜、唐乐台二人之外,墨学几绝。直至清初,墨子学说渐受注意,顾炎武、傅山均曾赞扬墨学,颜元学说则被学术史家看作是六经其表而墨学其里。墨学复兴始自乾嘉,如张惠言的《墨子经说解》、王念孙的《读墨子杂志》、毕沅的《墨子注》等等,而汪中则以"墨子固非儒而不非周也"等说重新彰显儒墨并称的历史,可以说是晚清诸子学复兴的先导。晚清、特别是"五四"之后,人们对墨学的兴趣主要来自墨子的所谓"科学精神"。如梁氏《墨经校释·自序》云:

> 在吾国古籍中,欲求与今世所谓科学精神相悬契者,墨经而已矣。……其于智识之本质,智识之渊源,智识之所以浚发运用,若何而得真?若何而堕谬,皆析之极精,而出之极显。[118]

但是,与胡适等人把"墨学的根本观念"理解为科学方法不同,梁氏在阐释中并不独重墨子的"应用主义"、"实利主义"和逻辑学理论,而强调墨学的各个方面均源于墨子的根本精神——"兼爱"。《墨子学案》云:

> 墨学之全体大用,可以两字包括之,曰爱曰智。尚同兼爱等十篇,都是教"爱"之书,是要发挥人类的情感。经上下经说上下大取

---

[118] 梁启超:《墨经校释·自序》,《专集》之三十八,页1。梁氏在二十年代比较先秦诸子,说:"墨家对于知的方面,极为注重。以知识作立脚点,为各家所不及。……对于客观事物,俱有很精确的见解……",又说:"荀子很受他们(指墨家)的影响,对于知识,以有条理有系统为必要,他的解蔽正名诸篇,所讨论的都是知识的问题,譬如论理的凭藉是什么……"《儒家哲学》,《专集》之一百三,页25—26。

> 小取六篇,都是教"智"之书,是要发挥人的理性,合起两方面,才见得一个完全的墨子。[119]

梁氏把"爱"与"智"理解为情感的领域与理性的领域,这表明他的情感概念不是基于本能冲动的非理性概念,而是以道德律为基础的实践理性或道德理性的概念。

由于梁氏始终把《尚贤》、《尚同》、《兼爱》、《非攻》、《天志》、《明鬼》、《非命》等篇与《经上下》、《经说上下》、《大取》、《小取》等篇作上述分别的处理,即把墨子的教理与它的知识论区分为两个相互独立的范畴,[120]他对墨子的科学精神的分析就完全限制在经验和理性的范畴之内。在《墨子论理学》中,梁启超从"释名"、"法式"、"应用"、"归纳法之论理学"等四方面研究墨学的知识论,认为墨子是二千年前"东方的培根","经上下经说上下大取小取诸篇,皆言物理学",他还断言近代科学对"归纳法"的倚重决定了"历史学"、"物理学"在一切学说中的"根原地位"。[121] 1921年他在《墨子学案·墨家之知识论》中又从"能知之具"(知,材也)、"智识之主观条件"(虑,求也)、"智识之客观条件"(知,接也)和"主观客观交相为用"(恕,明也)等四个方面讨论"知识"的来源和本质。梁启超并不关心诸如概念、逻辑等是否主观的先验存在,而是以经验主义和实验主义为基准来理解科学的性质,他说:"原察耳目之实,就是'亲知',就是科学根本精神……墨家言可算得彻头彻尾的实验派哲学"。[122]

既然梁氏对墨子"科学精神"的阐释限制在理性或经验世界的范畴内,墨学的"科学方法"就不可能逻辑地导向无神论。梁启超不想用"科学方法"来统一墨子的思想,恰恰相反,他强调墨子的"教主"身份,认为他的宗教思想从"兼爱"观念衍生出来。他说:"所谓天志者,极简单而独

---

[119] 梁启超:《墨子学案·墨子之知识论》,《专集》之三十九,页37。
[120] 梁氏于1904年分别撰写《子墨子学说》和《墨子论理学》,可说是明显的例证。
[121] 梁启超:《墨子论理学》,《专集》之三十七,页70—71。
[122] 梁启超:《墨子学案·墨家之知识论》,《专集》之三十九,页36—37,40。

一无二者也,曰爱人利已是已";[123] 所谓"鬼神论,非原本于绝对的迷信,直借之以为改良社会之一方便法门云尔,故其辩鬼神有无之一问题,不于学理上求答案,而于实际上求答案";[124] 而"非命"说的建立乃是因为如果承认"定命",则"人类便没有了自由意志,那么,连道德标准都没有了,人类便没有了自动力",从而也无法进行新的创造。[125]

梁氏明确地认为墨子的宗教是以道德律为基础的或谋求道德律指导的宗教。因此,"天志"、"明鬼"和"非命"的教义作为自由意志的自我设定只能在道德实践的范畴内获得意义,任何理性的或科学的方式都不能证明或证伪这些教义的实在性。作为"不可思议之部分者",教义"是终非可以吾侪有限之识想而下断案也",因为它们并非"绝对的信仰",而是"借以为检束人心改良社会之一法门",[126] 这表明教义本身就是一种道德法则。实际上,只有把教义理解为人的自由意志的设定,才能解释墨子为什么既讲"天志",又谓"非命",这里的关键是必须把作为万物之尺度的"天"理解为主体的准则:"墨子之天志,乃景教的而非达尔文的","天志"与"非命"都是主体的自由意志的表达。[127]

罗素曾这样概括《实践理性批判》的基本思想:道德律要求正义,也就是要求与德行成比例的幸福;只有天意能保证此点,而现世显然没有保证;因此存在神和来世;而且自由是必定的,否则就会没有德性这种东西了。[128] 这也可以说是梁启超诠释墨子宗教思想的基本思路:

> 要而论之,道德与幸福相调和,此墨学之特色也,与泰西之梭格拉底康德,其学说同一基础者也。所谓道德者何,兼爱主义是已,所

---

[123] 梁启超:《子墨子学说》,《专集》之三十七,页10。
[124] 梁启超:《子墨子学说》,《专集》之三十七,页11。
[125] 梁启超:《墨子学案》,《专集》之三十九,页25。
[126] 梁启超:《子墨子学说》,《专集》之三十七,页12。
[127] 梁启超:《子墨子学说》,《专集》之三十七,页6。梁氏指出"天志"与《诗》所谓"帝谓文王,不大声以色,不识不知,顺帝之则"的"则"相似,属于主体,而不同于"天生烝民,有物有则"的客体之则;故而"天志"亦可说是从"兼爱"演绎而来。
[128] 罗素:《西方哲学史》(下),商务印书馆,1976,页253。

> 谓幸福者何,实利主义是已,而所以能调和之者,惟恃天志。[129]

"天志"、"兼爱"、"非攻"、"明鬼"、"非命"、"节葬"、"非乐"、"尚贤"、"尚同"都是按道德律的要求提出的,它们的职责不是描述或规定实际的事物,不产生理论意义上的知识,而只是一些实践的命令和行为的准则;它们不可能在科学、理性的意义上得到证明,而只能体现为人对这些道德命令的"践行"。梁氏称"墨子为中国独一无二之实行家"[130]者以此,称其为"一位'知行合一'的人,以为知而不行,便连知都算不得了"亦以此。[131]他一一分析了"尚贤说与实行之关系"、"非命说与实行之关系"、"明鬼说与实行之关系"、"天志说与实行之关系",终于发现"墨学之实行,则固以道德责任为前提"。[132]墨子轻生死,忍苦痛,日夜不休,以自苦为极,"摩顶放踵利天下为之","非于道德之责任认之甚明不可,又非于躯壳之外,更知有鬼之乐,有天之福,以与其现在所受苦痛相消不可"。[133]

同样是谈"知行合一"和功利主义,梁氏对墨学的诠释以道德律为基础,而胡适却站在"实用主义"的立场上解释墨子的教义。胡适说:

> 阳明偏向"良知"一方面,故说"尔那一点良知,是尔自家的准则……"墨子却不然,他的是非的"准则",不是心内的良知,乃是心外的实用。简单说来,墨子是主张"义外"说的,阳明是主张"义内"说的。阳明的"知行合一"说,只是要人实行良知所命令。墨子的"知行合一"说,只是要把所知的能否实行,来定所知的真假,把所知的能否应用,来定所知的价值。[134]

---

[129] 梁启超:《子墨子学说》,《专集》之三十七,页10。
[130] 梁启超:《子墨子学说》,《专集》三十七,页41。
[131] 梁启超:《墨子学案》,《专集》之三十九,页30。
[132] 梁启超:《子墨子学说》,《专集》之三十七,页47。
[133] 同上,页48。
[134] 胡适:《中国哲学史大纲》卷上,上海,中国哲学史大纲,1935,页158。

这样，胡适就把"兼爱"等教义作为一般知识来对待，它们都必须接受"效果"（是否"有利于人生行为"）的检验。"好听的名词或几句虚空的界说算不得真'知识'，真'知识'在于能把这些观念来应用"。胡适指出墨学的特点就是对一切事物问一个"为什么"，而对"为什么"的回答也就是对其"功能"（"用处"）的解释。当胡适把对道德的践行理解为对知识的应用时，他也就把"知行"这一道德范畴的问题转换成了科学范畴的问题，从而"实用主义地"解决了墨学的内在矛盾。[135]

如前所述，梁氏对墨子"知行合一"的解释是在道德实践的意义上进行的，因此，他虽然也重视"效果"或"实利主义"，但这种"效果"或"功利"的意义在性质上不同于胡适的概念，其关键在于他不打算像胡适那样混同墨学的宗教精神与科学方法的界限。这并不是说梁启超不重视效果问题，相反，他虽然不象胡适那样成为实用主义的信徒，但在介绍和接受功利主义学说方面，他却是胡适的先导。这里的关键不在于是否注重效果，而在于如何界定功利和效果。在《乐利主义泰斗边沁之学说》中，梁启超接受了边沁（Jeremy Bentham）的善即快乐或幸福、恶便是痛苦的功利主义（Utilitarianism）观点，进而把道德界定为"专以产出乐利预防苦害为目的"。但这里所谓利益却是某种整体的利益，故而梁启超总括边沁学说，以为："人群公益一语，实道德学上最要之义也"。[136]

从表面看，墨子倡兼爱尊苦行，与边沁所谓善即快乐幸福的原则不相容，但如果把"兼相爱交相利"的"利"与边沁的快乐幸福原则都理解为人类"公益"的话，那么墨学在本质上就既是道德的又是功利的。在这里，关键是必须把"利"界定为公益而不是私利或对于利益的个人主义解释。梁氏把墨子言利的原则归结为三条：

1. 凡事利余于害者谓之利，害余于利者谓之不利；
2. 凡事利于最大多数者谓之利，利于少数者谓之不利；

---

[135] 同上，页154—158。
[136] 梁启超：《乐利主义泰斗边沁之学说》，《文集》之十三，页31—32。

  3.凡事能使吾良心泰然满足者谓之利,否则谓之不利。[137]

熟悉功利主义学说的人立即可以发现这三条规则是从边沁哲学中抽绎出来而缘附于墨子的。但更重要的是,梁氏在墨子学说中发现"乐利与道德,沟涌无间",从而他一方面使"利益"道德化,另一方面又使道德"功利化"。在《子墨子学说》中,他甚至认为"生计与道德有切密之关系",生计学(Economy)恰恰就是道德的"大原"。[138]这种认为道德是对人类幸福有利的事物的观点拆除了道德与科学之间的屏障,因为人类幸福在此是一个科学事实,属于心理学、社会学以至经济学的范畴。1921年,当梁氏重新阐述"墨子之实利主义及其经济学说"时又比喻说:"墨子是个小基督,从别方面说,墨子又是个大马克思",[139]实际就是指墨子的宗教理想与功利主义的相互关系,不过那时他对墨子的功利主义已不像早年那样充满赞美之情,因为它未能给人留下充分的自由领域。[140]

  对道德的功利主义解释并不是梁启超的发明,他的老师康有为早在1901年就试图把孔子之道与某种欢乐式伦理结合起来。在《中庸注》中,康氏说:

> 孔子之道因于人性,有男女、饮食、伦常、日用,而修治品节之,虽有高深之理,卓绝之行,如禁肉去妻、苦行练神,如婆罗门九十六道者,然远于人道,人情不堪,只可一二畸行为之,不能为人人共行者,即不可以为人人共行之道,孔子不以为教也。[141]

这一观点在《大同书》中表达为"普天之下,有生之徒皆以求乐免苦

---

[137] 梁启超:《子墨子学说》,《专集》之三十七,页29。
[138] 同上("墨子之实利主义"节),页19。
[139] 梁启超:《墨子学案·墨子之实利主义及其经济学说》,《专集》之三十九,页20。
[140] 同上,页21。
[141] 康有为:《中庸注》,见《孟子微·礼运注·中庸注》,北京:中华书局,1987,页197。

而已":[142]

> 夫生物之有知者,脑筋含灵,其与物非物之触遇也,即有宜,有不宜;有适有不适。其于脑筋适且宜者,则神魂为之乐;其与脑筋不适不宜者,则神魂为之苦。况于人乎?脑筋尤灵,神魂尤清,明其物非物之感入于身者尤繁多、精微、急捷,而适不适尤著明焉。适宜者受之,不适宜者拒之,故夫人道只有宜不宜……为人谋者,去苦以求乐而已,无他道矣。[143]

康有为的功利主义伦理观并非直接得自边沁,他从孔子思想中挖掘改革的思想源泉。这也意味着,梁启超对墨子的解释和对边沁的利用并非偶然。

用功利解释道德当然削弱了道德的纯粹性,[144]但对梁氏来说,对功利和效果的衡量是以"公益"、"群治"和"良心"为准则的。因此,他的观点与其说是胡适式的实用主义,毋宁说是道德主义,他深信:科学、理性的正当行使就是用于道德目的。然而,把道德世界与现实世界相沟通,这暗示了可能存在一种超越于经验世界和超验世界之上的普遍原理,这就是被达尔文证明了的进化论及其物竞天择、适者生存的原理。这一原理与康德哲学的矛盾由于梁氏对前者的道德化解释而暂时被忽略了。梁启超在《天演学初祖达尔文之学说及其略传》(1902)中说:

> 此种学术,不能但视为博物家一科之学。而所谓天然淘汰优胜劣败之理,实普行于一切邦国种族宗教学术人事之中,无大无小,而一皆为此天演大例之所范围。不优则劣,不存则亡,其机间不容

---

[142] 康有为:《大同书》,北京:古籍出版社,1956,页9。
[143] 康有为:《大同书》,页5—6。
[144] 罗素说:"康德的准则所提的好象是美德的一个必要的标准,而不是充分的标准。要想得到一个充分的标准,我们恐怕就得放弃康德的纯形式的观点,对行为的效果作一些考虑。"《西方哲学史》(下),北京:商务印书馆,1976,页254。

发,凡含生负气之伦,皆不可不战兢惕厉,而求所以适存于今日之道云尔。[145]

对于梁氏而言,进化论或天演论并不仅仅是对世界万物的由来与演化的科学描述,而且是对宇宙有目的的信念的证明[146]——只有符合宇宙目的的观念和行为才是正确地体现了物竞天择这一普遍规则的行为和观念,换言之,物竞天择也是具有内在目标的。梁启超对进化论的解说回向了一元论的天道观,与他对康德和阳明学的解说明显地存在矛盾,但他对此似乎从未加以认真地对待。

在介绍英人颉德(Benjamin Kidd)的《泰西文明原理》和《社会进化论》(梁译《人群进化论》)时,梁启超引证颉德之说,把"进化"概念同"进步"概念相等同。他所谓"进步"指的是"人类全体之永存之进步"("公"、"群"),一切不利于人类进步的"天然性"(如利己心)也就是"个人的"、"非社会的"、"非进化的"(即"己"或"私")。[147]这样,为了适应"进化"的法则,人类就必须"节性"亦即抑制"天然性"以养成"公德"。因此,以"牺牲个人现在之利益以谋社会全体未来之利益"的宗教倒是最符合自然淘汰的目的的。梁氏引用颉德的观点并发挥说:

> 苟欲群也,欲进化也,必不可不受此制裁。宗教者,天然性之反对者也,补助者也,常有宗教以与人类天然之恶质相抗,然后能促人群之结合,以使之进步。[148]

自然淘汰之目的,在使同族中之最大多数得最适之生存,而所谓

---

[145] 梁启超:《天演学初祖达尔文之学说及其略传》,《文集》之十三,页18。他还曾说:"及达尔文出,……是故凡人类智识所能见之现象,无一不可以进化之大理贯通之。"见《论学术之势力左右世界》,《文集》之六,页114。

[146] 在《中国专制政治进化史论》中,梁氏云:"进化者,向一目的而上进之谓也。日迈月征,进进不已,必达于其极点,凡天地古今之事物,未有能逃进化之公例者也。",《文集》之九,页59。

[147] 梁启超:《进化论革命者颉德之学说》,《文集》之十二,页80。

[148] 同上,页80。

> 最大多数者，不在现在而在将来，故各分体之利益及现在全体之利益，皆不可不牺牲之以为将来达此目的之用。于是首明现在必灭之理与现在灭然后群治进之义。[149]

"进化论的标准"在这里成为一种有利于"群"的理想的道德性的标准，自然与对自然性的抑制（道德）、利益与至善就这样统一于"进化"的"天理"之中。非常明显，梁启超的进化观在这里主要表达为关于群体或集体的进化，而不是个体的进化。在某种意义上，群体的进化依赖于个体的自我牺牲和对个体欲望的抑制。实际上，赫德的社会伦理在处理群体与个体的关系时，是和达尔文进化论有关种和个体的理论非常相似的。生存竞争在这个意义上是人类或种群进步的阶梯。在淘汰那些不能适应进化法则的事物的过程中，个体的死亡成为进步的必然途径。因而梁启超说："故死也者，进化之母，而人生之一大事也，人人以死而利种族，现在之种族以死而利未来之种族，死之为用不亦伟乎！"[150] 死亡不仅关系到群体的利益，而且也关系到群体的未来的利益。在梁氏看来，那些能够致力于未来的种族，其进化的程度较之那些仅仅为目前的利益而奋斗的种族更高。在"进化论"被作了如上解释之后，梁氏把它作为普遍原理或一贯之理应用于史学、政治学、经济学、社会学、宗教学、伦理道德学等各个领域；这一被改造了的科学原理的普泛化运用与其说是科学主义的，不如说是道德主义的，因为当它被作为历史哲学来运用时，它在达尔文学说中得以展现的科学论证过程和方法已不具任何重要性。

梁氏对达尔文学说的上述理解方式与他早期的思想明显具有连贯性，那时他在"公羊三世说"的基础上理解"进化"概念。如果没有对于科学原理的内在化的理解，这样的进化概念就不可能建立起来。在他的视野中，孔子思想的首要含义就是"进化主义"，"三世"观与达尔文、斯宾塞

---

[149] 同上，页81。
[150] 同上，页82。

学说之间几无差别。[151]达尔文对于人类和其他物种由来的历史性(在因果关系之中)考察和实证分析终于被适用于道德目的,并为梁氏的历史学方法论奠定了科学与道德的双重基础。不过,把科学适用于道德目的与把科学等同于道德毕竟是不同的,梁氏对康德"两种理性"的含混解释在这里仍然起着重要作用。在这里值得提出的问题是,对于进化的上述解释与梁启超的民族主义的关系究竟如何呢?

3.进化概念、民族主义和权利理论

梁启超的独特的进化概念使他与严复的进化观区别开来,也使他对欧洲各派社会思想有所批评。例如一方面,梁启超象斯宾塞一样把进化看作是贯穿一切领域的法则,并从知识的角度断言:"近四十年来之天下,一进化论之天下也。……科学(此指狭义之科学即中国所谓格致)盛而宗教几不保其残喘。进化论实取数千年旧学之根柢而摧弃之翻新之者也";另一方面,他又指出斯宾塞的综合哲学"自谓借生物学之原理,以定人类之原理。而其于人类将来之进化,当由何途,当以何为归宿,竟不能确实指明,而世界第一大问题,竟虚悬而无薄。"[152]梁启超批评的当然不止斯宾塞,也包括马克思、边沁、亚当·斯密和李嘉图等等。根据颉德的观点,梁启超判断说:

> 今世政治学家、群学家之所论,虽言人人殊,要之皆重视现在,于未来少所措意焉。……如所谓社会论、国家论、人民论、民权论、政党论、阶级论等,虽其立论之形式不同,结论各异,而其立脚点,常在于是。……

---

[151] 梁氏在《论支那宗教改革》一文中认为中国落后的原因是"误六经之精义,失孔教之本旨,"而孔教本旨的第一条就是"进化主义";"春秋之立法也,有三世。一曰据乱世,二曰升平世,三曰太平世。……此西人打捞乌盈士啤生氏等,所倡进化之说也。……"《文集》之三,页55,58。

[152] 梁启超:《进化论革命者颉德之学说》,《文集》之十二,页79。

> 十九世纪者,平民主义之时代也,现在主义之时代也。虽然,生物进化论即日发达,则思想界不得不一变,此等幼稚之理想,其谬误固已不可掩。质而论之,则现在者,实未来之牺牲也。若仅曰现在而已,则无有一毫之意味,无有一毫之价值。[153]

梁启超认为亚当·斯密、穆勒、斯宾塞、马尔萨斯、李嘉图、边沁、奥斯丁等都是这种"现在主义"的代表,因为他们的自由主义经济学、功利主义伦理学,以及现代国家理论、综合进化理论都注重于现在而无法回答人类未来的归宿问题。对斯宾塞的批评表明他不是简单地赞同进化理论,而把进化的道德视野看作是更为根本性的东西。[154]因此,对于梁启超来说,最为重要的不是进化的一般概念,而是如何界定进化的规律。

那么,什么才是代表未来的利益或力量呢?我们仍然需要回到他的"群"的理想之中。在梁启超所说的"群体进化"之中,"群"概念所蕴含的道德理想成为更为基本的原则,即所有有害于群体未来利益的因素都不能被理解为符合进化的法则。[155]换言之,道德的准则不仅是群体的利益,而且是群体的未来利益。因此,对个体而言,这不仅是一种激进的集体主义,而且还是一种激进的未来主义。从"人类全体之永存之进步"的角度看,进化过程意味着单纯的个体的生存斗争乃是基于人性中最"个人的"、"非社会的"和"非进化的"所谓"天然性",从而进化的道德描述

---

[153] 梁启超:《进化论革命者颉德之学说》,《文集》之十二,页84、86。

[154] 他说:"斯宾塞非全忘未来者,彼尝言曰:人群之进化,实由现在之利益与过去之制度相争,而后胜于前之结果也。又曰:国界必当尽破,世界必为大同。此皆其理想之涉于未来者也。虽然,彼其所根据者,仍在现在。彼盖欲以现在国家思想扩之于人类统一之全社会,未足真称为未来主义也。"同上,页85。

[155] 梁启超说:"颉德以为人也者,与他种动物同。非竞争则不能进步,或个人与个人竞争,或人种与人种竞争,竞争之结果,劣而败者灭亡,优而适者繁殖。此不易之公例也。而此进化的运动,不可不牺牲个人以利社会(即人群),不可不牺牲现在以利将来。故挟持现在之利己心,而谬托于进化论者,实进化论之罪人也。何以故,现在之利己心,与进化之大法无相关故。非惟不相关,实不相容故。此现在之利己心,名之为'天然性'。"同上,页79—80。

就是节制"天然性"的过程。换言之,"群性"意味着一种人的社会性的特质。我在此指出的,是梁启超思想的一个不为人注意、却十分重要的方面,即他对科学及其认识方法的理解包含着去私存公的"群"的理想,从而他的科学概念包含了一种道德的内在向度,而这种以节制自己的私见的科学认识方法,完全符合梁启超的以节制"天然性"为特征的"群体进化"观。这也意味着科学实践是人产生自己的"社会性"的独特途径。

在梁启超的内在化的科学概念与他的"集体主义"政治理论和历史理论之间存在着某种内在的联系。上文引述过梁启超的如下观点:"天下必先有理论然后有实事,理论者实事之母也。凡理论皆所以造实事,虽高尚如宗教家之理论,渊远如哲学家之理论,其目的之结果,要在改良人格,增上人道无一非为实事计者。"[156]这就是梁启超所理解的知识、人格、实事之间的关系。梁启超先是从公羊学的构架中讨论"群"概念,而后把它用于民族—国家的政治含义。这一政治观的转变包含着"群"概念作为一种"去私"的知识方法的功能转换。即使在"群"概念转向指称民族—国家概念时,它也包含了特定的价值目标,这种价值目标对民族—国家和公民的含义的解释有着重要的影响。由于梁启超对进化论的解释涉及的不止是道德问题,而且还涉及对个人在历史演进中的权利的判断,因而梁启超对群体进化的叙述也经常被看作是对自由主义的个体本位的权利理论的背离。汪精卫在与《新民丛报》的论战中就曾明确地指出这一点。梁启超的君主立宪论,开明专制论,以及他对德国国家主义理论的愈益强烈的兴趣显然加强了这一判断。我认为梁氏的群体进化论及其道德视野的确包含对个体主义的权利理论的一种限制性的理解,这种限制表现在两个不同的层次:首先,他强调个人权利与某种共同体利益的协调;其次,他认为个人权利必须是在公民具有充分的运用能力的条件下才能充分发挥。这两个方面都密切地联系着他的政治态度。因此,我们首先需要回答的问题是:第一,"群"概念的价值目标对自由主义权利理论的修正是如何发生的? 第二,进化理论的道德视野与社会达尔文主义的关系如何?

---

[156] 梁启超:《新民议》,《文集》之七,页104。

我们首先探讨第一个问题,即梁启超的"集体主义"及其与自由主义个人权利理论的关系。梁启超的"新民说"包含了对个人权利的辩护,但张灏指出,这种辩护本身带有一种强烈的集体主义特色,并与自由主义产生了歧异。[157] 这一基本判断的理论根据是自由主义的权利理论,特别是卡尔·弗里德里克(Carl J. Friedrich)在《人类和他的政府:政治学的一个经验主义理论》(Man and His Government: An Empirical Theory of Politics)一书中关于两种自由概念的解释。弗氏说:"当人类或以个人或以集体方式从事政治活动和当他们达到从事政治活动的程度时——也就是说,选择、决定、或对之发表意见而不受他人干预时,他们应被认为是自由的。……如果这种活动主要是指在私人范围内人们可以做他想做的事,我们可以称为独立的自由;如果这种活动主要是指参与群体活动,那么就是参与的自由。"[158] 据此,梁启超的自由观念被看作是一种参与的自由,而不是独立的自由。这也基本符合梁启超的思想特征,例如梁氏说:

> 一部分之权利,合之即为全体之权利,一私人之权利思想,积之即为一国家之权利思想。故欲养成此思想,必自个人始。
>
> 国民者一私人之所结集也,国权者一私人之权利所团成也。……其民强者谓之强国,其民弱者谓之弱国……其民有权者谓之有权国。[159]

但是,梁启超在《新民说》中曾经列举出自由的六个方面,即平民的平等

---

[157] 通过对梁启超的自由观念的不同方面进行细致的梳理,张灏的结论是:"梁的自由思想在发展中国家的许多人中是非常典型的。他们同样优先关注国家独立的自由和参与的自由。但当形势需要的时候,他们往往为了前者而牺牲后者。不管这些自由思想是如何地流行,它们与近代自由主义思想的主流无关。近代自由主义思想的主流,以摆脱公众控制的独立之自由为核心。当然,这些思想与古代希腊政治思想理解的自由相似。"张灏:《梁启超与中国思想的过渡(1890—1907)》,页 144。

[158] Carl J. Friedrich, *Man and His Government: An Empirical Theory of Politics* (New York: McGraw-Hill, 1963), pp. 253-255.

[159] 梁启超:《新民说》,《专集》之四,页 36、39。

权利,公民参与政治决策,殖民地的自决权,宗教和信仰自由,国家主权和独立,劳工摆脱被奴役地位等。他从历史角度分析中国社会与欧洲社会的差别,特别指出中国没有欧洲社会的等级制度和宗教传统等等独特的历史特点,从而断言在上述六项自由中仅有人民参政和建立民族国家两项与中国面临的问题关系密切。换言之,梁氏的自由观不仅内容广泛,而且也包含了对历史的基本判断。梁氏虽然把自由作为一个至高的理念,但他对自由的阐释也包含了关于民族独特性——或者更准确地说,自由与历史语境的关系——的理解。

因此,究竟如何理解梁启超的自由观念与英国自由主义差别,如何分析梁启超以"群"为中心的自由观念与他的进化概念的关系,以及他的带有社会达尔文主义色彩的历史理论,仍然需要进一步分析。首先,我们需要明确地说明,梁启超的民族主义概念建立在民族—国家与共和政体的联系之上。我在上文中已经提及民族运动与法国大革命中产生的共和政体的民族—国家具有历史性的联系,因此,民族主义与民族共同体成员作为国家公民的身份认同是直接相关的。梁启超身处民族主义运动的中心,与章太炎等人不同的是,他特别注重的是所谓"外竞"(即外部的民族主义)而非"内竞"(即内部的民族主义),并明确地把民族主义和一个国家的民主化关联起来。[160] 在这个意义上,梁启超的"新民"方案几乎完全遵照了欧洲民族运动的模式。

"新民"概念包含了对国民能力的培养的重要的政治内含,关于这一点许多论者都已作了充分的说明。那么,为什么梁启超所设想的民族—国家与共和政治的这种关联并没有倾向于个体本位的权利自由主义呢?这似乎是引起研究者批评的关键所在。我认为,与其说梁启超的取向源于他对个人权利的忽视,不如说他所处的历史位置和他对"国家"、"社会"范畴的理解决定了他对现代民主政治的理解。在《论近世国民竞争之大势及中国前途》中,梁启超把他的"群"的概念、"进化"或"竞争"的概念组织成为一幅"国民竞争"的世界图景。在他看来,当代欧美诸国的

---

[160] 同上,页 16—23。

竞争与传统封建割据，或者秦始皇、亚历山大、成吉思汗、拿破仑的帝国征伐颇为不同，因为"其争也，非属于国家之事，而属于人群之事，非属于君相之事，而属于民间之事，非属于政治之事，而属于经济之事，"一句话，现代之争"起于国民之争自存。"[161]这是从一个特定历史位置上观察到的历史特征。

正是在这个意义上，梁启超认为，如果要中国适应当代世界的竞争之势，那么，首先必须改变国家的性质，即把国家从一家之私转化为国民国家。"国民国家"这一概念源自日本对民族—国家的翻译，它揭示了主权概念背后隐含的社会关系。事实上，伯丹、霍布斯的主权概念是在国王主权（royal sovereignty）与君主权力（lordly power）的对比之间展开的，前者是尊重臣民的人格和财产的君主国，而后者则是不受限制地统治其臣民的帝国。[162]但是，欧洲王权国家对臣民财产权的尊重的前提是世袭贵族制度，后者能够有效地抑止君主权力。清朝是一个带有某种贵族制度色彩的王朝，但在雍正以后，贵族对于皇权的抑止能力已经被限制在极小的范围内。今文经学的中心主题之一是"讥世卿"，并把对"世卿"的讥评与对皇权的限制关联起来，这是因为限制皇权的真正力量来自礼仪、制度和官僚制国家本身。在这个意义上，国民国家的概念与贵族制是没有关系的，前者立足于平等的国民的自主能力及其对国家主权的决定关系。尽管梁启超的论述重点转向了民族竞争问题，但是，他对当代世界竞争形势的理解也影响了他对中国社会的内部改造的看法，即既然竞争是以国民间的竞争的形式出现，那么，内部改造的关键就在于人民的群体自觉和能力的培养。梁启超在新政及其酝酿时期对地方自治运动可能导致的分裂后果感到忧虑，但他对国家前途的看法与他从1890年以来所关注的地方自治，以及与地方自治直接相关的道德培养计划，并不是截然对立的：他始终把国家看成是一个共同体成员的自治成果。这一点似乎与他对世界

---

[161] 梁启超：《论近世国民竞争之大势及中国前途》，《文集》之四，页59。
[162] 参见佩里·安德森：《绝对主义国家的谱系》，郭方等译，上海：上海人民出版社，2001，页399。

竞争形势的了解完全能够吻合。

从这样的视野来看,梁启超的国家观念也是需要重新予以界定的。他的"群"观念为他的国家概念提供了某些有别于今天的国家观念的内涵,即国家作为一个具有道德一致性的自治共同体。我们首先应该理解的是:他的国家观念不同于现代人所理解的国家。对于现代人而言,国家就是一套制度安排,一个官僚化的统一体,政府不代表也不体现公民的道德共同体,从而这样的国家是强加在缺乏道德一致性的社会之上的结构。但是,梁启超的国家观是和他的"群"概念联系在一起的,这种"群"被看作是一个道德的和政治的共同体,对于这个共同体的忠诚是这个共同体成员的道德实践的一部分,从而也是其政治实践的一部分。因此,自由主义政治理论与梁启超的国家观念的差异,可以被理解为两种完全不同的国家观的冲突,而不是对于同一种国家的两种不同态度。"现代系统的政治观,不论是自由主义的,还是保守主义的;不论是激进主义的,还是社会主义的,都不得不拒斥属于真正维护德性的传统的观点:因为现代政治观本身在它的制度形式中体现了对传统的系统的摈斥。"[163] 梁启超的国家主义当然受到了德国国家主义的影响,但他对"群"的理解,以及从这一"群"观念中发展起来的国家观及其道德概念,都是和现代国家概念存在重要差异的。这一点对于理解梁启超对现代社会的批评具有重要的意义。

讨论梁启超有关国家的看法所碰到的一个难题,在我看来,还不是两种自由的观念,而是为什么梁氏思想中有关人民自治的思想会与国家主义关联起来?梁启超关于地方自治的思想和"新民"的看法包含着对人民的道德能力的关注。这种内含着公羊学和陆王心学的道德观可以说是他的人民自治思想的基础,现在又转化为国民教育的一部分。"群"概念一方面是一种针对君主集权的分权主张,另一方面又是针对现代个人主义权利理论的集体诉求,那么,"群"的道德理念为什么在梁启超那里能够适应似乎完全不同的政治模式呢?换言之,为

---

[163] MacIntyre,《德性之后》,页321。

什么自治的思想不是向个人主义权利理论以及共和政治发展，而是向君主立宪或开明专制发展呢？我认为最为重要的现实理由产生于当时的政治语境和梁启超作为一个民族主义者对这一语境的基本判断，即在帝国主义时代，地方自治的政治模式很有可能成为中国内部瓦解的根源。

但除此之外，也还有着更为隐蔽的理由。问题的一个可能的方面隐伏于梁启超关于中西历史的比较之中。梁启超认为中国和欧洲在汉代以前的历史是极为接近的，但汉以后的历史却截然不同。这主要表现为两个方面，即分裂与统一、贵族制与平民制的区别。"列国并争，比于合邦统一，则合邦统一者为优；有阶级之民，比于无阶级之民，则无阶级者为优。"[164]尽管如此，梁启超承认恰恰是由于中国文明的这些"优点"，使得人民因"不见他人之有权"或"因无阶级自安之故"而"不求自伸其民权也。"因此，鉴于当代世界的新的变化，中国"今日当于退步求进步，或者我中国犹有突飞之日乎。"[165]换句话说，当代世界的竞争是"人人为其性命财产而争"。[166]在梁启超看来，正是在这个竞争过程中，西方发展起一系列的个人权利，保证平等对待公民所享有的各种尊重。这种权利自由主义及其在法律上的体现就是把个人权利置于集体目标之前。但是，个人主义的权利理论不仅是以欧洲社会的阶级结构为历史背景的，而且也要求像中国这样的社会以新的形式重新分化为阶级。无论梁氏怎样要求师法西方，激烈地抨击中国的闭关锁国，他的内心里都保留着一种对于古代制度的理想主义态度，并认为强烈地追求权利是和权利的不平等相关的，这从另一个方面证明了例如像三代那样平等的社会才是真正自治的社会。因此，对于梁启超来说，问题不是是否赞成个人主义的权利理论，而是是否赞成一个相对平等的社会重新分化为阶级社会，一个社会应该是一个道德共同体，还是一个缺乏道德一致性的"程序的共和国"？在这

---

[164] 梁启超：《论中国与欧洲国体异同》，《文集》之四，页66。
[165] 同上，页67。
[166] 梁启超：《论近世国民竞争之大势及中国前途》，《文集》之四，页59。

个意义上,梁启超与现代个人主义权利理论的分歧起源于两种不同的社会观。

如果把这种关于道德共同体的观点与梁启超的地方自治构想联系起来,那么,我们可以发现:他的自治观及其道德含义主要是以区域性的社群为模式,而不是以民族—国家作为想像的社群。这种社会观支配了他对现代西方社会及其制度形式的理解。1903年初春,梁启超对美国进行了长时间的实地考察。美国的经验使他对民主制度的阴暗面及其与经济自由的关系有了进一步的了解。值得注意的是,梁启超是从竞争、垄断和阶级的分化的角度理解现代社会的,从而他对民主和现代社会的理解不仅仅是一种政治理论方面的观点,而且也涉及整个社会的运作过程及其社会分化。因此,个人主义权利理论与经济竞争的关系是他思考个人权利及其后果的关键问题,也多少使他的观点带有一些社会主义色彩。用他自己的话说,"生计界组织进化之现象,与政治界殆绝相类。"[167] 他以美国历史为例,指出美国历史中以小工商业、有限公司和托辣斯为代表的经济形式分别对应着殖民时代、分治时代和帝国主义时代的政治形式。他意识到资本主义的发展伴随着日益加强的垄断趋势,而这种垄断趋势的结果,是一种更为严密的统治结构的出现。政治上的帝国主义与经济上的垄断关系的形成是密切相关的。我深信,这一思考正是他的激进的集体主义和未来主义的主要源泉。他追问的是:究竟什么力量支配着当代世界的运动?这种运动的最终后果是什么?单纯地谈论自由是否能够长远地保障社会的利益?他对个人权利问题的考虑不可能与这些问题完全无关。

在上述意义上,梁启超不仅从政治理论角度考虑个人权利问题,而且也是从一个较为整体的观点来理解社会的发展。把当代世界理解成为一个"国民竞争"而不是"国家竞争"的时代,这一基本判断建立在对当代世界竞争的深刻的经济性质的理解之上。梁启超说:

---

[167] 梁启超:《二十世纪之巨灵托辣斯》,《文集》之十四,页38。

> 斯宾塞言,野蛮之群,以产业机关为武备机关之供给物。文明之群,以武备机关为产业机关之保护物。吾以为文明之极则。岂惟武备机关为然耳,乃至政治上一切机关,悉为保障生产之一附庸。[168]

梁启超的这一判断也是对晚清时期的"军国民主义"思潮的修正,这一思潮的最为重要的解释者就是严复及其翻译的《社会通诠》。"军国民主义"强调的是国家的有组织的军事和政治力量,而在以经济竞争为特征的时代,问题的重心转向了每一个生产者的能力及其自我组织功能。在《二十世纪之巨灵托辣斯》一文中,梁启超从生产组织和生产方式的变化的角度,观察托拉斯(trust)和经济帝国主义的发展,并从这一角度重新检讨经济自由主义理论及其与个人权利理论的关系。他的一个基本判断与当代政治理论中有关垄断和控制的探讨是极为接近的,这就是从干涉主义到自由主义的发展并不是一个纯然进化的过程,相反,经济自由主义的发展孳生了帝国主义和社会主义运动,从而重新导致了干涉主义的出现。[169]

梁启超把托拉斯的发展看成是自由竞争的恶果。在这样的视野中,自由竞争的理论就不是理论的金科玉律,而是特定历史条件的产物。他不仅指出了自由竞争与16、17世纪的重金主义和18世纪重农主义的并非截然对立的关系,而且也把亚当·斯密的自由竞争理论看作是这一历史的结果。自由在这里不是抽象的个人权利,而是通商、交易、生产制造、买卖、劳动力的自由。自由也不是一种天然的权利,而是国家、社会的"一切生计政策。"[170] 自由竞争导致了生产力的发展和技术的革新,但也产生了供应和消费关系的失调,导致生产过剩,并引发经济危机和小企业的破产等一系列后果。经济危机的过程加剧了劳资冲突,因为资本家为了降低成本,不得不克扣工人工资,雇佣童工或妇女。因此,社会遂出现

---

[168] 梁启超:《二十世纪之巨灵托辣斯》,《文集》之十四,页33—34。
[169] 同上,页34。
[170] 同上,页35。

自发的保护主义运动:

> 举天下厌倦自由,而复讴歌干涉。故于学理上而产出所谓社会主义者。于事实上而产出所谓托拉斯者。社会主义者,自由竞争反动之结果;托拉斯者,自由竞争反动之过渡也。

梁启超把托拉斯定义为"自由合意的干涉"。在这种垄断性的干涉过程中,早期自由主义为之辩护的"个人独立之小商渐次绝迹,相率而走集于有限公司之旗下。"托拉斯的出现为自由竞争提供了一幅大鱼吃小鱼的景观。[171]《二十世纪之巨灵托辣斯》分十二个方面叙述了托拉斯之利,又从十个方面解释托拉斯的弊端。他的重点显然在于托拉斯的长远后果。除了从经济角度批评托拉斯由于权力高度集中而难以监督、用不正当手段阻碍自由竞争、减少劳动力报酬、对原材料生产者和消费者进行不公正掠夺等等之外,梁启超显然注意到托拉斯可能导致的政治后果,即它的"广大之支配权,与适当之自治,不能相容",如果没有适当的监督,托拉斯最终"可以举七千余万之自由民,悉奴隶于托辣斯专制团体之下。"[172]值得注意的是,梁启超并不是简单地否定托拉斯的功能,相反,他从工人工资的增长来观察托拉斯,赞成有关托拉斯有利于经济形态向社会主义的过渡的社会主义观点。综合各种对托拉斯的赞成和反对意见,梁启超倾向于利用国家的监督权和关税政策对托拉斯进行干涉,而不是对托拉斯加以封杀。

然而,作为一个致力于中国民族主义运动的思想家,梁启超更加关注的是托拉斯的垄断特征及其效率势必推动海外市场的扩张,并自然地倾向于帝国主义政策。如果自由竞争会导致垄断和控制,那么,经济自由主义就会最终削弱社会自治的能力。这就是梁启超批评亚当·斯密等人是现在主义者,而没有关注人类的未来利益的理由。从这一角度看,梁启超

---

[171] 同上,页36。
[172] 同上,页52,54。

对一定程度的国家干涉的诉求恰恰是和自治的理想相关的，即过度的放任主义可能导致社会和人民自治能力的丧失。因此，我们不能简单地指责梁启超忽略了个人的自由权利，而仅仅关注参与权的问题。公民的参与权难以与他们的个人权利截然分开。从一个落后的、被殖民的国家的角度来看，不受限制的自由竞争和市场理论在国内和国际两个不同的层面都密切地联系着垄断集团的活动，从而构成了对社会利益的威胁，最终不可避免地导致自发的保护主义。这种保护主义运动的方式之一，很可能就是梁启超设想的"自治"运动。因此，自治的想法在针对皇权的时候是一种民主分权的要求，而在针对由自由竞争所导致的垄断和控制的时候，也仍然是一种民主分权的要求，只不过这两种分权要求的含义颇为不同。这种分权的基础植根于一种群体的道德一致和道德自觉。在这里，对于道德共同体的理解并没有发展成为极权主义或集权主义。确实，这种对于道德共同体（"群"）的理解常常是和梁启超的民族主义联系在一起的，自由主义者正是据此怀疑这种道德共同体主义可能成为社会达尔文主义或极权政治的根源。然而，梁启超所理解的"国家"并不是一套单纯的政治结构，而是一个建立在其成员共同认可的道德一致性基础上的共同体。这一基础不仅是共同体成员的自治能力，而且也是各个小的自治共同体。那么，这个共同体是按照某种外在的政治意志形成的，还是一种历史进化的产物呢？如果把梁启超有关自治的想法与清代学术对于风俗、制度和历史演变的探讨联系起来观察，那么，这种共同体概念与一种基于历史演变的自然观存在着联系，即它是以地缘、血缘和其他社会关系为纽带逐渐形成的社会关系。正是在这个意义上，梁启超所理解的国家和社会是和我们熟悉的政治学教科书中所描述的国家和社会截然有别的存在。

　　在这个前提上，梁启超虽然确定当代世界的竞争是"国民竞争"，但并不等于说他认为竞争的胜者就是合乎道德的。他从"国民竞争"的态势中理解了中国民族主义运动需要从形成或培养"国民"开始，但他对"国民"作为一个道德共同体成员（在"群"的范畴中，不存在道德共同体与政治共同体的严格区分）的理解植根于他对社会作为这样一种特定的道德共同体的理解。如果我们了解了梁启超关于生存竞争的上述看法，他对进化论所作的道德化的解释就不难理解了。在很大程度上，梁启超的进化理论是对社会达尔文主义的严厉的抨击和重大的修正。因此，我们在什么意义上称他为社会达尔文主义者似乎成了一个需要严格分析的问题。我在此并没有否认梁启超曾经受到过社会达尔文主义的影响这一事实，例如他对种族及其等级划分的看法就留有这一思想的印记。[173]在《论政府与人民之权限》中，梁启超不仅说过"今地球中除棕黑红三蛮种外，大率皆开化之民矣"这样充满种族偏见和文化偏见的话，而且认为政府权限问题是和"人民文野之程度以为比例。"[174]但是，若从社会政治和经济思想的角度看，梁启超的道德视野则完全不应被简化为社会达尔文主义。

梁启超在新政前后的思想逐渐转向国家主义，这有他的开明专制论和国家理论为证。他借助于伯伦知理（Johann Kaspar Bluntschli, 1808—1881）和波伦哈克等德国国家主义理论阐释国家、国民、民族等的相关关系，把国家视为一个有机体。[175]值得注意的是，晚清国家主义的兴起并不是某种理论传播的结果，它深刻地植根于这一时期的历史形势之中。我认为至少有这样三个方面：

第一，突出国家概念是为了把国家置于种族之上，反击清末革命的排满主义，为君主立宪提供理论的根据。梁启超说：

> 伯氏固极崇拜民族主义之人也，而其立论根于历史，案于实际，不以民族主义为建国独一无二之法门。诚以国家所最渴需者，为国

---

[173] 在《新史学》中，梁启超论及历史与人种的关系，接受欧洲民族主义叙述的一些基本看法。他先区别出"有历史的人种，有非历史的人种"，然后根据人种学家的观点，把白种和黄种人作为"历史的人种"，并从中再区别出世界史的人种和非世界史的人种，等等。这种等级性的种族分类学的确包含着社会达尔文主义的观点。《文集》之九，页11—20。

[174] 梁启超：《论政府与人民之权限》，《文集》之十，页3。

[175] 伯伦知理的国家主义首先在日本传播，梁氏显然也是在日本开始接触他的学说的。明治32年（1899），东京的善邻译书馆翻译出版了他的《国家学》一书，计5卷。

民资格。……两年以来,民族主义稍输入于我祖国,于是排满之念,勃郁将复活。今吾有三问题于此,曰:汉人果已有新立国之资格乎?……曰:排满者,以其为满人而排之乎,抑以其为恶政府而排之乎?……曰:必离满洲民族,然后可以建国乎?抑融满洲民族乃至蒙苗回藏诸民族,而亦可以建国乎?[176]

国家问题在晚清语境中不可避免地涉及满人统治问题,因此,对于梁启超的君主立宪主张不应简单地置于是国家主义还是自由主义的问题中加以解释,而且更需要置于如何对待满清这一少数民族统治的问题之中给予分析。异族统治和中国认同问题是晚清思想和晚清社会变动的根本问题之一。

第二,伯伦知理的国家主义也包含了限制君权权力的看法,即国家是一个有自身意志的有机体,即使是皇帝也应该遵循这种意志,而不应将自己的私人意志强加于国家。伯伦知理推崇君主立宪,主张把主治权与奉行权分离开来,实则带有虚君共和的味道。对于梁启超来说,伯伦知理的理论适应着他的政治观,这是因为这一理论把国家看作是一种自主性的存在,从而"国家主义"成为利用国家及其行政组织摆脱君权的直接统治和种族统治的一种方式。同时,这种国家主义仍然包含着选举和民众参与的因素,因而梁启超不会认为这种国家理论已经完全背离了他的关于人民自治的观点。按照他的观点,自治的形式可能区分为自发的和由政府培养的两种不同形式,即使在后一种形式中,自治也仍然是存在的。[177]

第三,既然梁启超仍然把保存清王朝作为改良的前提,那么,君主立宪就成为他的政治调和主义的基本选择:这一选择既避免了排满,也避免了革命,同时也适应了他对当时中国人民的自治能力的估计。事实上,革命党人正是从这三个方面激烈地批判他的国家理论。汪精卫采用斯宾

---

[176] 梁启超:《政治学大家伯伦知理之学说》,《文集》之十三,页74—75。

[177] 梁启超在《上摄政王书》中说:"各国之自治可分两种,其第一种由于自然发达者,其第二种由于政府助长者……吾中国则属于第二种者也。"见《梁启超选集》,上海:上海人民出版社,1982,页82。

塞式的国家有机体学说,严厉批评国家的干涉政策。他针对梁启超和《新民丛报》的君主立宪论说:"论者以开明专制,望之今日之政府,吾则以民权立宪,望之今日之国民。……其第一之论据,则以为国民之能力,终远胜于政府之能力也。……其第二之论据,则以我国民必能有民权立宪之能力也。"[178]值得注意的是,改良与革命在社会变革的策略和道路方面判然有别,但他们之间并没有隔着一道铁壁。例如,革命者也相信中国在采用西方的民法、商法之时,也应该考虑中国关于民事、商事的习惯,从而"采各国共通之法理,衡本国特有之惯习,二者不能偏废者也。"他们反对的是一种传统本质主义,即认为中国与欧西的习惯、制度不同,因而就必然不能采用欧西的民法、商法等等。汪精卫甚至也以三代之制作为国家公法的例证,他说:"公法者,关于国家之权力之发动之法也。中国自尧舜以来,已知国以民为本,三代之书莫不勖王者以敬天,而又以为天意在于安民,王者当体天之意求有以安民者,不然,则降之大罚,故三代之际,对于王者之制裁力,遥视后者为强,此中国道德法律之精神也。"[179]

梁启超与革命者的主要分歧在民族主义和如何估价当时中国人民的自治能力方面,而不在是否承认自治和共和制度的必要性方面。这一点汪精卫在驳斥梁启超和《新民丛报》时已经说得非常清楚。《新民丛报》第7号第33页回应道:

> 共和之真精神,在自治秩序,而富于公益心。(所以能行议院政治者在此)国民心理而如是者,则共和不期而自成,美国是也;或且无共和之名,而有其实,英国是也。苟不能如是,而惟嚣嚣然求自由求平等,是未形成国家以前原始社会之心理,而决不可谓为今世共和国民之心理也。(自由、平等固共和精神之一部分,然必与自治心、

---

[178] 参见汪精卫:《驳"新民丛报"最近之非革命论》,其中第一部分就是《关于波伦哈克学说之评说》,《民报》第四期,页28—29。
[179] 同上,页31。

公益心相合,乃能成完全之共和心理。苟为离自治心、公益心而独立之自由平等,则正共和精神之反对也。)

汪精卫在辩论中指出,梁启超和《新民丛报》的这些论述"虽未明认我前提,而实已默认我前提也,吾何多辨焉?论者欲谓我国民未有民主立宪之能力,必否认此前提而后可,不能否认,则吾所谓我国民有民主立宪之能力者,将一语足以撼之也"。[180] 我认为梁启超的政治观中一直存在着关于自治的思想。这种自治不能简单地等同于有关地方自治或联省自治意义上的自治概念,虽然在特定的历史语境中这二者不无关系。如果我们考虑到梁启超有关三代和新民的解释,那么,我们可以说,自治不仅表现为个人的道德程度,而且也是一种群体能力的表达。他的群治的理想不仅在一定意义上就是人民自治的思想,而且也可以被看作是共和原则的表达。

梁启超对于专制皇权和托拉斯式的控制同时加以批判,因为这些力量都构成对人民自治的否定。当国家面临分裂或失序的时刻,梁启超不再在政治上呼吁地方自治,却把国民的自治能力当作是统一国家的前提。换句话说,自治的思想在一定意义上不是一种实际的政治观点,而是一种基本的原则和价值。这一原则与现代个人主义存在着区别,但绝不是极权主义的根据。相反,这一原则的信奉者对于帝制运动和现代形式的社会专制持有基本的批判立场。梁启超有关进化的道德视野是在群体的和谐自治中呈现出来的。事实上,正是由于对于人民自治和共和政治的信念与对人民实行自治的能力的估价相互矛盾,梁启超才提出了他的"新民"思想。"五四"时期普遍流行的"改造国民性"命题正是革命之后的新文化人物对这一思想的回归,这些新文化人物如果不是辛亥革命时代的"老革命",就是革命时代造就的新人物。他们都是共和制度的信奉者。

---

[180] 汪精卫:《再驳"新民丛报"之政治革命论》,《民报》第 7 期,页 26—29。

第四节　科学与以人为中心的世界
（1918—1929）

1. 文明危机与进化论的道德视野

1918年底开始的历时十四个月的"欧游"是梁氏从政治转向学术的转折时期，但"欧游"本身只是激发和强化了梁氏思想中固有的和已经萌发的思想因素。[181] 从现代思想的发展来看，梁氏在"欧游"中关于科学与文明的思考，从一个特殊角度回答了"五四"东西文化论战的根本问题，并直接地引发了1923年"科学与人生观"问题的讨论。

《欧游心影录》的中心论题是欧洲文明的危机与中国文明的生机，或者说，是对现代文明危机和中国社会问题的根本出路何在的探讨。第一次世界大战暴露了现代社会隐伏着深刻的内在矛盾，作为人的创造的科学与文明恰恰导致了人自身的危机。这对一直以学习西方为要务的中国知识分子所产生的精神震动是不言而喻的。忽略这些问题是不可能的，通过对这些问题的批评而放弃改革也是不可能的。梁启超对达尔文、穆勒、边沁、施蒂纳、基尔凯廓尔、尼采等人的学说，特别是"科学万能"的倾向，展开了尖锐的批判，其着眼点并不在于否定"科学"及其规则，而在于说明现代人运用"科学"的方式背离和埋没了道德目的。因此，从根本上说，梁氏所指称的文明危机与其说是科学的危机，不如说是道德的危机——作为道德源泉的自由意志的危机：

---

[181] 早在1918年初，梁氏与张君劢就有过发起松社计划，"以读书、养性、敦品、励行为宗旨"。见《梁启超年谱长编》，页859—860。

>　　……后来冈狄（孔德——引者）的实证哲学和达尔文的种源论同年出版，旧哲学更是根本动摇。老实说一句，哲学家简直是投降到科学家的旗下了。依着科学家的新心理学，所谓人类心灵这件东西，就不过物质运动现象之一种……这些唯物派的哲学家，托庇科学宇下建立一种纯物质的纯机械的人生观……其实可以叫做一种变相的运命前定说，不过旧派的前定说，说运命是由八字里带来或是由上帝注定；这新派的前定说，说命运是由科学的法则完全支配……于是人类的自由意志，不得不否认了，意志既不能自由，还有什么善恶的责任……这不是道德标准应如何变迁的问题，真是道德这件东西能否存在的问题了……[182]

尽管危机的本质是道德性的，但其直接的原因却是"科学的学说"和"科学的物质应用"。然而，在一个致力于社会改革的中国思想家看来，"科学"及其文明的危机不应直接导向如西方思想中的反科学倾向或非理性主义，因为中国面临的处境是双重的：既需要科学的发展，又需要重建道德秩序。从梁氏思想的内在理路看，他真正关心的是科学的行使必须适合于道德目的，而不是"菲薄科学"。[183]梁氏最后十年思想活动的很大部分是围绕"科学与以人为中心的世界"的关系这一轴心问题展开的。问题的关键在于：如何把心物的二元对立统一于人的生活，或者说，以人的生活为中心来重新解释外部世界与人的自由心灵的关系。

在"欧游"之后以至"科玄论战"前后的一段时期，梁启超的观点有些摇摆不定：一方面，他把科学从具体学科及其物质运用中提升出来，把它归还给人的精神创造，从而在科学与道德之间寻找一种内在的"同一性"；另一方面，他又竭力限制科学的适用范围，从而把科学与道德区分

---

[182]　梁启超：《欧游心影录·科学万能之梦》，《专集》之二十三，页11。
[183]　他在《欧游心影录·科学万能之梦》的末尾自注道："读者切勿误会因此菲薄科学，我绝不承认科学破产，不过也不承认科学万能罢。"在《先秦政治思想史》中他又说："科学之发明进步，为吾侪所不能拒且不应拒"，"吾侪今日所当有事者，在'如何而能应用吾先哲最优美之人生观使实现于今日'。"《专集》之五十，页182。

为两个性质上截然不同的范畴。后一方面显然是在康德"两种理性"概念影响下的判断。尽管存在这种逻辑上的困难,梁氏的基本倾向仍然是清楚的:必须以人为中心,在科学与道德、必然性与自由之间达到一种和谐与平衡。许多学者都注意到梁氏在《欧游心影录》和"科玄论战"中的科学与自由意志的二元论观点,他的基本看法是:"人生关涉理智方面的事项,绝对要用科学方法来解决;关涉情感方面的事项,绝对的超科学"。[184] 他不同意张君劢独尊自由意志,也不赞成丁文江"迷信科学万能","要把人生观统一",[185] 而倾向于对这两个范畴作出更精确的界定。正如上一节已分析过的,梁氏的情感概念直接地与自由意志相关,受道德律的控制,从而不属于"纯粹理性"的领域。梁氏的上述二元论观点显然来源于康德"两种理性"的区分。

但是,梁氏的二元论观点并不彻底,虽然他使用了两次"绝对"这个字眼。在梁氏的思想中,萌发了一种调和二者并寻找它们的内在"同一性"的愿望。梁氏的策略是:首先,把科学的"结果"与"科学本身"区别开来,把数、理、化等概念与"科学"概念区别开来,从而突出了超越具体科学和科学的物质结果的"科学精神"的概念,这一概念一端联系着具体的科学研究,一端联系着人的心灵。其次,把政治学、社会学、经济学等协调社会发展的"非物质的"学说引入科学范畴,从而在科学内部发展某种心与物的平衡。1922年8月,梁氏在南通应邀为中国科学社年会发表演说,他定义"科学精神"道:"有系统的真知识,叫做科学。可以教人求得系统之真知识的方法,叫做科学精神",而作为科学精神的对立面的"笼统"、"武断"、"虚伪"、"因袭"、"散失"等等非科学或反科学的痼疾显然又都是一些道德性的精神病症。在这个意义上,求真知求因果(系统)的科学研究过程本身就是道德完善的过程。[186]

如果科学可以被抽象为一种精神和方法,那么人类对"真"的追究与

---

[184] 梁启超:《人生观与科学》,《人生观之论战》(中),上海:泰东图书局印行,1923,页90。
[185] 同上,页88。
[186] 梁启超:《科学精神与东西文化》,《文集》之三十九,页3。

对"美"的创造就具有了共同的基础。不过,梁氏对"真美合一"观念的论证却是从客观方面作出的。在《美术与科学》一文中,梁氏指出现代文明起源于文艺复兴,而后者的主要成就却在美术。既然美术与科学分属"情感"与"理性"这两个绝然对立的领域,"为什么这位暖和和的阿特先生,会养出一位冷冰冰的赛因士儿子?"[187]梁氏认为这是因为科学与美术都需从观察自然入手,都是"自然夫人"的儿子;既然如此,"真美合一"就不仅是一种理想境界,而且是一种必将来临的现实:他期待着"科学化的美术"和"美术化的科学"。[188]梁氏曾把美术与"趣味"相联系,而"趣味"又来自"对境之赏会与复现"、"心态之抽出与印契"、"他界之冥构与蓦进"等心灵的自由活动。[189]在这个意义上,"美术化的科学"就意味着"科学"自身可以建立在情感与理性、自由与必然性的和谐关系之上。

这种调和的企图与前述二元论观点的区别非常重要,它不仅使梁氏在"进化论"问题上的观点发生变化,而且提示了梁氏思想的发展路向:他试图克服心与物、情感与理智的二元对立。在《欧游心影录》中,梁氏曾把欧洲文明危机归咎于达尔文学说对宗教和道德的破坏,但同时他又感到"进化论"可以与自由意志相调和:

> 柏格森拿科学上进化原则做个立脚点,说宇宙一切现象,都是意识流转所构成,……都是人类自由意志发动的结果。所以人类日日创造,日日进化……连科学和宗教也渐渐有调和余地了。[190]

在柏格森、倭铿和杜里舒(Hans Driesch,1867—1941)等人的影响下,梁氏逐渐把"进化"理解为有机界在人的自由意志的发动下的发展过程:有机界本身是消极的,惰性的,是不具任何形式和能动性的,而自由意志给有机界带来活力和秩序,因此进化过程就是人的自由创造的过程。正由于

---

[187] 梁启超:《美术与科学》,《文集》之三十八,页7。
[188] 同上,页12。
[189] 梁启超:《美术与生活》,《文集》之三十九,页22—23。
[190] 梁启超:《欧游心影录》,《专集》之二十三,页18。

此,梁启超在激烈抨击"科学征服哲学"的倾向以及"进化论"的同时,他仍然建立起一种"生物学的世界观",并把它贯彻到他的"历史研究法"之中,以修正他早期的那种较为机械的地理决定论的历史观。[191]

梁氏对"进化论"的肯定是在上述框架中进行的,因此,他对进化论的激烈攻击就不像表面看来的那样自相矛盾,因为这种攻击的出发点也是自由意志,而作为攻击对象的进化论却是未经柏格森等人改造过的、实证的、因果律的、决定论的历史观念。梁氏对"生物学历史观"的自我质疑起源于他对"文化"和"创造"这两个概念的分析:"文化者,人类心能所开积出来之有价值的共业也","创造者,人类以自己的自由意志选定一个自己所想要到达的地位,便用自己的'心能'闯进那地位去",如此,"文化"作为自由意志的创造就"绝对不受任何因果律之束缚限制",从而与自然界分属完全不同的范畴。[192]在1922至1923年于南京金陵大学第一中学所作的两次演讲中,梁氏对他刚写完不久的《中国历史研究法》作了重要修正:第一,归纳法只能整理史料,却无法说明人类的自由意志的独创性;第二,历史现象中与自然系同类的事物可以因果律或必然的法则来说明,但作为人类文化创造的历史却纯属自由意志的领域;第三,历史的"进化"只适用于人类平等和一体的观念及"文化共业",而实际的进程却是非进化的。[193]

梁启超关于"进化论"及其历史观的评价似乎自相矛盾,但基本的价值立场却是恒定的:把自由意志视为构成和控制全部生命活动和历史创造的力量。透过他的变幻不定的观点,我们发现他始终关心的问题是:"精神生活与物质生活的调和问题","个性与社会性之调和问题",他确信"此两问题者非得合理的调和,末由拔现代人生之黑暗苦痛以致诸高

---

[191] 梁氏早年曾把"地理学"当作"诸学科之基础",而现在他认为"生物学"应该承担这种角色。参见他的《地理与文明之关系》,《文集》之十,页106;《生物学在学术界之位置》,《文集》之三十九,页21。
[192] 梁启超:《什么是文化?》(1922),《文集》之三十九,页98—100。
[193] 梁启超:《研究文化史的几个重要问题》,《文集》之四十,页1—7。

明"。[194]换言之,梁氏需要的是一种克服了科学与道德、理性与情感、必然性与自由的二元对立的思想体系,而人的生命活动本身是克服这种二元对立的唯一途径。

2. 知行合一、纯粹经验与人的世界

正是为了调和与克服科学与自由意志的对立,梁氏在他生命的最后阶段全面地回向儒学立场,重建以"人"为中心的世界。他确信"此合理之调和必有途径可寻,我国先圣,实早予吾侪以暗示"。[195]那么,中国思想以什么方式消解了上述二元对立呢?梁氏说:

> 中国学问……与其说是知识的学问,毋宁说是行为的学问。中国先哲虽不看轻知识,但不以求知识为出发点,亦不以求知识为归宿点。……中国哲学以研究人类为出发点,最主要的是人之所以为人之道,怎样才算一个人,人与人相互有什么关系。[196]
>
> 西方所谓爱智,不过儒家三德(智仁勇)之一,即智的部分。[197]

在梁氏看来,以人为中心的儒学体系并不是反知识和反科学的,而只是为知识和科学提供了出发点和归宿。针对时人把儒学斥为"玄学"的论点,梁氏并不为"玄学"辩护,而是澄清儒学与"玄学"的差别:"儒家本来不是玄学","儒家与科学,不特两不相背,而且异常接近,因为儒家以人作本位,以自己环境作出发点,比较近于科学精神,至少可以说不违反科学精神。"[198]

以人为出发点来调和科学与道德的关系,这逻辑地导向他对朱熹

---

[194] 梁启超:《先秦政治思想史·结论》(1922),《专集》之五十,页182—184。
[195] 同上,页184。
[196] 梁启超:《儒家哲学》,《专集》之一百三,页2。
[197] 同上,页3。
[198] 梁启超:《儒家哲学》,《专集》之一百三,页10。

"涵养需用敬"、"进学在致知"的二分论的批判态度,即否认知识与道德为二事。[199] 与此相应,梁氏认为孔孟以至陆王的心性之学悬置本体论(宇宙本根论)而注重人的日常的道德实践,因而并非凭空蹈虚之学。实际上,梁氏早年即受康有为之影响研读陆王,他在《南海康先生传》中曾经说及康氏对陆王的喜好,还在《论中国学术思想变迁大势》中认定康有为由朱次琦引导而深窥陆王之学。这一方面反映了康有为学术渊源的一个重要方面,也体现了梁氏自己的趣味和取向。梁氏认为道德实践与科学认识只是同一事件,其根据正是王阳明的"良知即天理"的命题。天理与人欲相对,认识"天理"的过程也即"去人欲"的过程,故而钱穆说:"天理人欲同样是人情,其别只在公私之间"。[200] 梁氏则把"良知"与功利主义(私欲)相对立,[201] 这都表明"致知"与"去私"的道德实践密切相关,这和梁氏早年关于"群/己"、"公/私"关系的观点完全一致。

由于梁氏试图用人的实践来调和科学与道德的关系,因此,尽管他非常清楚王阳明的"知行合一"概念与"良知"说主要是道德论和价值论的问题,但他仍然确信"知行合一"的概念从根本上解决了知识与道德的统一性。从这一意义上说,梁氏晚年的"科学观"就隐藏在他的道德论的内在逻辑之中。梁氏的基本论点是:阳明的"知行合一"说虽然排斥书册口耳上的知识,但并非排斥知识本身,而是要为知识建立一个准则("要有个头脑")。知识一方面是"诚心发出来的条件",另一方面它自身又依赖以"主观的良知为判断",知识既然发源于人的求知动机,而动机也就是"诚意",那么对世界的认识与良知的展现就统一于人的认识活动之中。[202] 在1927年写作的《王阳明知行合一之教》中,王阳明在梁氏笔下既是一位"极端的唯心论者",又是一位"极端的实验主义者",他把禅宗

---

[199] 梁氏在朱陆之辨问题上趋向于"发明本心"的陆子,认为朱子"带点玄学色彩"(指其太极无极之辨)。
[200] 钱穆:《阳明良知学评述》,《中国学术思想史论丛》(七),东大图书公司,1986,页72。
[201] 梁启超:《王阳明知行合一之教》,《文集》之四十三,页34。
[202] 同上,页35。

与颜习斋、贝克莱与詹姆士的特征集于一身。[203] 这种描述实际上是用人的实践来消解心物的对立,把道德论与知识论统一于人的活动的连续性之上。

尽管梁氏并没有像詹姆士(William James,1842—1910)那样用"纯粹经验"这个概念表述其思想,但他对阳明"身心意知物"的统一性的解释非常接近詹姆士的"彻底的经验主义"和实用主义,而后者在20世纪20年代被普遍承认为一种关于"科学"的哲学以至科学方法本身。如所周知,"实验主义"在20世纪20年代的中国广为流行,但影响主要来自胡适力倡的杜威,而不是梁氏注重的詹姆士。罗素说:"在詹姆士和杜威博士之间,有一种着重点上的差异。杜威博士的见地是科学的,他的议论大部分出自对科学方法的考察,但是詹姆士主要关心宗教和道德"。[204] 就某种意义而言,杜威与詹姆士的差别也是胡适和梁启超的差别,其表现之一,即梁氏并不是像胡适那样主要从科学方法论的角度来阐释实验主义,而是从哲学本体论的意义上说明心物关系的统一性。胡适关心的是科学问题,梁启超关心的是道德、宗教及其与科学活动的关系问题。因此,他对王阳明"知行合一"概念的解说尽管与詹姆士、杜威的"实验"概念有关,但更与他们的"经验"概念相联系,虽然梁氏很少直接使用这一概念。

詹姆士在《真理的意义》的序言中把"彻底的经验主义"(Radical Empiricism)概括为"一个假定"、"一个事实的陈述"和"一个概括的结论"。它的假定是:"只有能以经验中的名词来解释的事物,才是哲学上可争论的事物",[205] 这意味着"实在不过就是'所知'那样的东西";[206] 事实的陈述是:"事物之间的关系,不管接续的也好,分离的也好,都跟事物本身一样地是直接的具体经验的对象";[207] 概括的结论是:"经验的各个部分靠着关系而连成一体,而这些关系本身也就是经验的组成部分。总之,我

---

[203] 同上,页36。
[204] 罗素:《西方哲学史》(下),北京:商务印书馆,1976,页374。
[205] 威廉·詹姆士:《实用主义》,北京:商务印书馆,1989,页159。
[206] 威廉·詹姆士:《彻底的经验主义》,上海:上海人民出版社,1965,"编者序言",页4。
[207] 威廉·詹姆士:《实用主义》,页159。

们所直接知觉的宇宙并不需要任何外来的、超验的联系的支持;它本身就有'一连续不断的结构'"。[208]詹姆士假定世界万物均由一种原始素材或质料即"纯粹经验"(pure experience)构成,这样,认知作用也就被解释成纯粹经验的各个组成部分之间可以发生的一种特殊关系,而这种关系本身就是纯粹经验的一部分,"它的一端变成知识的主体或担负者,知者,另一端变成所知的客体"。[209]在别的地方,他还从心理学的角度把这一概念称为"思想流"、"意识流"或"主观生活之流"。作为"世界的不能再分解的东西"(罗素语),经验既非精神的,也非物质的,相反,这二者都是由经验构造出来。詹姆士的经验概念是对传统哲学中意识与自然、认知者与被认知、此一心灵与彼一心灵、这一事物与那一事物的二元分割的一种克服,即把上述的二元性仅仅视为经验关系的各种差别。[210]在这个意义上,观念的真实性就是它证实本身的过程,真理是一种关系——不是我们的观念同非人的实在的关系,而是我们经验的概念方面与感觉方面的关系。[211]

梁启超不是哲学史家,他对詹姆士的认同关键在于后者提供了克服心与物、认知与被认知的二元对立的途径。这也是他把阳明的"知行合一"还原或转换为"心物合一"和"心理合一"来加以解释的原因。从阳明学的方面看,合知行的目的在于克服朱子把"格致诚正"分解为知识之事与修身之事的"二分论";阳明用孟子的"不学而能"的"良知"即主观的"是非之心"解释"知"的性质,从而把"诚意"与"致知"联为一事。这当然也就涉及到"格物"的"物"、"致知"的"知"与"正心"的"心"、"诚意"的"意"之间的关系,即它们是不同性质的事物,还是共同事物中的各关系项之间的差异?梁氏的"心物合一"说就是从阳明对此问题的解释中抽绎出来。阳明说:"要知身心意知物,是一件"(《传习录·陈惟浚记》),

---

[208] 同上。
[209] 威廉·詹姆士:《彻底的经验主义》,页2—3。
[210] 同上,"编者序言",页4—5。
[211] 参看威廉·詹姆士:《实用主义》,页103;艾耶尔:《二十世纪哲学》,上海:上海译文出版社,1987,页93—95。

又说:"身之主宰便是心,心之所发便是意,意之本体便是知,意之所在便是物"(《传习录·徐爱记》)。梁氏据此从下述方面论证"身心意知物"只是一个共同的原始材料的各关系项,这个共同的原始材料就存在于它们的相互关系之中("意"是一个特别重要的概念)。

首先,他运用生理学和心理学的方式把"身"的存在置放于"心"对"身"的主宰关系之中,而"心"的活动就是"意"。"意"在与"心"的关系中是"能知",在与"物"的关系中是"所知"。论证心物关系的关键之一由此就在于如何界定"物"的性质及其与"意"的关系。梁氏的解释方法是先把"物"的范围从有形物质扩展到抽象事物,如事亲、治国、读书等等,指出这些不同的认识对象有其普遍形式即"意之所在"。梁氏说:

> 凡不在我们意识范围内的物(即阳明所谓意念不涉着者),最多只能承认他有物理学上数理学上或几何学上的存在,而不能承认他有伦理学上或认识论上的存在。[212]

这与詹姆士对经验的陈述如出一辙:"当然,不能经验的事物也尽可以存在,但绝不构成哲学争论的题材"。[213] 从心理方面说,"意不能悬空发动,一发动便涉着到事物",从物方面说,"心外无物",物不能离开"心"而独立存在。因此,"心无体以万物之感应为体","知"就是"意之本体"。

以上是就"心物合一"论述"知行合一"的哲学基础,梁氏还从"心理合一"的角度论证同一问题。阳明的"心即理"是针对朱子"格物而穷其理"而言的,他认为"就事事物物上求其所谓定理"是"析心与理为二"(《答顾东桥书》)。梁氏按照阳明的看法把"理"解释为"吾人应事接物之条理"而非自然界之物理,这样,对"理"的追求就是"返诸本心"。不过,在现代思想的语境中,"理"已不可能局限在道德、修身的范畴中,当这种对"理"(在现代语境中扩大了内涵的"理")的认识被归结为"正心

---

[212]　梁启超:《王阳明知行合一之教》,《文集》之四十三,页40。
[213]　威廉·詹姆士:《实用主义》,页159。

诚意"时，似乎也表明对客观世界的认识过程是与人的道德状态紧密相关的。对于梁启超而言，"心理合一"与"心物合一"是同一问题，他引王阳明《答罗整庵少宰书》说：

> 理一而已。以其理之凝聚而言则谓之性，以其凝聚之主宰而言则谓之心，以其主宰之发动而言则谓之意，以其发动之明觉而言则谓之知，以其明觉之感应而言则谓之物。故就物而言谓之格，就知而言谓之致，就意而言谓之诚，就心而言谓之正……

以心物合一、心理合一为前提，"格致诚正"不是几件事的"次第"而是一件事中包含的条件。简言之，根据"身心意知只是一物"的哲学理论，归结到"格致正修只是一事"的实践法门，这便是阳明学的全体大用，也是"知行合一"的精义所在。[214]

梁氏消解"心物"关系的努力并不是独重本心，而是追求"人我一体"、"天人合一"的状态，摒除"间形骸分尔我"的"私"见；这既是对和谐完美的社会理想的表达，又是针对近代科学文明把人与物、主体与客体对立起来并造成物对人的统治的抨击。尽管这一论述过程的出发点是恢复人的自由意志，重建道德本体，但梁氏的论述方式却不再把自由意志与科学（对客观世界的认识）作为对立的或不相关的两极加以叙述，而是用"心物合一"、"心理合一"、"知行合一"来调和上述的二元性现象，回应科学文明的挑战。梁氏不仅否定那种认为王学"为顿悟，为排斥知识，为脱略实务"的观点，而且把痛斥"主静之说"的颜元及其"践履之学"视为王学的延续，其理由是他们都主张"知识必由实际经验得来"，与"近世詹姆士杜威辈所倡实验主义同一口吻；以极端唯心派的人，及其讲到学识方面，不独不高谈主观，而且有偏于纯客观的倾向，浅见者或惊疑其矛盾，殊不知他的心物合一论心理合一论，结果当然要归着到此点"。[215]他又说：

---

[214] 梁启超：《王阳明知行合一之教》，《文集》之四十三，页39—48。
[215] 同上，页49。

> 盖在心物合一的前提之下，不独物要靠心乃能存在，心也要靠物乃能存在。心物既是不能分离的东西，然则极端的唯心论，换一方面看，同时也便是极端的唯物论了……夫曰："行是知的功夫"，"行是知之成"，此正实验主义所凭藉以得成立也。[216]

尽管作为道德实践论的"知行合一"说不同于作为本体论、真理论和方法论的"实验主义"，但从思想史的角度看，梁氏的解释方式却的确与"彻底的经验主义"相似。更重要的是，这种对"知行合一"的实验主义解释把中国传统的道德论与现代科学观连结起来，从而为其后的中国人理解道德与知识的相互关系开启了重要的思路。

梁氏用"心物合一"、"心理合一"解说"知行合一"，仍然保留了心与物的概念，但它们只能在人的一种持续性的活动中才能被构成造出来，而不是各自独立的实体。这很可能是在詹姆士机能心理学的影响之下作出的明确诠释。梁启超把"身心意知物"解释成由神经受刺激引起的一系列感觉所组成的绵延的"意识流"（stream of consciousness），并认为作为"意之本体"的"知"是一种"非心非物"、"即心即物"的类似于詹姆士的"纯粹经验"的东西。他像詹姆士一样，把认知作用（尽管王学的"致知"属于道德范畴）解释成纯粹经验（尽管他没有使用这一概念）的各个组成部分相互之间可以发生的一种特殊关系；这种关系本身也是经验的一部分，它的两端分别是知识的主体和所知的客体。由于实用主义真理论把真理的真实性理解为它在经验中证实本身的过程和在实践中被证明有效的过程，这很自然地使梁氏联想到"知行合一"概念：知必须在"行"中证实自己，也必须在行中被证明有效。梁氏说："依阳明看法，你们卖的买的（指学生在现代学校中得到的知识——笔者注）都是假货，因为不曾应用的知识绝对算不了知识，"他套用阳明"未有知而不行者，知而不行，只是不知"的话补充道："未有不行而知者，不行而求知，终久不会知"。实际上，他是从实践与效果两方面把"学与行打成一片"，即便是学问思辨

---

[216] 同上，页49。

之"知"也具有"行"的性质。[217]

不过,从"应用"、"效果"的意义上解释"知行"范畴与其说是王学理路,不如说是颜李学风。就梁氏来说,在阳明学与实验主义之间有一个理解的中介或过渡,这就是他在《中国近三百年学术史》中称为"实践实用主义"的颜李学派。其实早在《清代学术概论》(1920)和《颜李学派与现代教育思潮》(1923)中,他就认为颜李之学与詹姆士、杜威相像且"更加彻底",[218]至1924年的《近代学风之地理的分布》、《明清之交中国思想界及其代表人物》和《戴东原哲学》,他更明确地说:"他们是思想界的大炸弹……他们的学说,和现代詹姆士、杜威等所谓之'唯用主义'十二分相像。"[219]值得注意的是,在前述诸文中,梁氏始终强调颜李对于程朱陆王及传注考证的"推陷廓清"、"两皆唾弃"的"大革命",还曾特别指为"王学之反动",[220]而在《王阳明知行合一之教》、《儒家哲学》(1927)中却论证阳明学与颜李的相近之处。[221]那么,这种微妙变化隐含了怎样的意义呢?或者说,为什么会发生这种变化呢?回答这一问题应当注意梁氏讨论问题的角度。当梁氏强调颜李之学的"革命性"时,他首先看到的是颜李之学在体系、内容上对理学的批判,方法的变化(践履、手格猛兽之"格"等等)是由内容的差别而产生的。尽管程朱陆王在认识"天理"的方法上有主外、主内之别,但作为先验精神本体的"天理"却是两派认识论的共同前提和归宿,而颜元却否认先验"天理"的存在,他的知的对

---

[217] 同上,页30。
[218] 梁启超:《颜李学派与现代教育思潮》,《文集》之四十一,页3。
[219] 梁启超:《明清之交中国思想界及其代表人物》,《文集》之四十一,页33。
[220] 梁启超:《清代学术概论》,《专集》三十四,第七节,页16—17。
[221] 关于颜李与王学的关系,学术史上向来说法不一。《四库全书总目》卷九十七、阮元《国史儒林传》、钱林《文献征存录》卷二都认为颜学"大抵源出姚江",又"自成一家"。现代学者如胡适、侯外庐、陈登原等都把颜元视为彻底的"反理学"思想家。姜广辉则认定颜学上承胡瑗、王安石、张载而非王阳明,在体系上属"事功之学"系统,而不是"理学"系统。笔者以为,思想史上的承续关系不同于考据学意义上的承续关系,对前述不同看法,可以从不同层面来考虑。从考据学的意义上,笔者取姜广辉的意见。见姜广辉:《颜李学派》,中国社会科学院,1987。

象是客观存在的事物和存在于客观事物之中的"条理",所谓"见理于事"、"寓知于行",都是对先天知识的否定。这种"事功之学"与以"致良知"为核心的王学道分为二,"践履"也不是为了推至心中固有之知。

但是,当梁氏把王阳明与颜习斋在"实验主义"的意义上统一起来时,他是在一种抽象的意义上考虑到"行"与"践履"所含有的"亲身实践、实验和运用"的方法论意义,而前提是他已对"知行合一"的哲学基础即"心物合一"、"心理合一"作出了上述阐释。梁氏曾引王阳明《答东桥书》"食味之美恶,必待入口而后知……路歧之险夷,必待身亲履历而后知……"等语,这与颜氏的认识论在理路上的确具有相似的"实践"的含义。梁氏把颜学纳入王学中来理解,一方面是用颜李的"实践"与"事功"及"物"的实在性改造阳明学,使之与近代科学精神与方法产生相关性,另一方面又用"心物合一"和"知行合一"修正颜氏过于"唯物"的倾向,从而在注重科学方法的同时为道德实践和自由意志的活动提供本体论和认识论的依据。

梁启超对"身心意知物"及其相互关系的阐释在理论上是对科学与道德、理智与情感(包括宗教信仰)的二元性的克服。这是一个既相信科学又坚持人的自由意志的学者的最终选择:他拒绝接受近代认识论的"主体—客体"的二元对立,试图找寻一种和谐的、道德化的方式处理宇宙万物的相互关系。在他看来,科学不仅应当适合道德目的,而且它本身作为人的活动就是具有道德性的——求真的过程与求美、求善(去"私"、克"己")以达到"天人合一"境界的过程完全一致。正如詹姆士所说:理性主义有宗教无事实,经验主义有事实无宗教,"你需要一个结合两种东西的哲学体系,既要有对于事实的科学的忠诚并且愿意考虑事实,简言之,就是适应和调和的精神;还要有对于人类价值的古老的信心和随之产生的自发性,不论这种信心是具有宗教的风格还是具有浪漫主义的风格。"[222]詹姆士在他的"纯粹经验"中找到了建立这种调和哲学的根据,而梁启超却在这种"调和"的冲动中重新发现了中国思想的现代意义。

---

[222] 威廉·詹姆士:《实用主义》,第13—14页。商务印书馆,1989。

作为对于人类文明危机和中国社会出路的思考,梁启超的观点在当时没有引起广泛的重视。对于"新一代"来说这不啻是一个时代落伍者的复古呓语而已。[223] 然而,梁氏艰苦的思想探索不仅闪烁着一种植根于传统的理想主义的光芒,而且也是对现代性所作的自觉批判。对于一个把自己的一生献给现代中国的社会、国家和人的自我改造的人而言,对于一个致力于不懈地寻求各种现代性方案的知识分子而言,这种思考所包含的自我批判的意味是极为深刻的。梁启超以他对中国思想的再发现结束他一生的探求,与其说这是对自己的文化的回归,不如说是对他追求的目标的怀疑。这种怀疑并没有转变成为对于现代性的全面的否定,恰恰相反,它是内在于他的那些以寻求现代性为特质的思想内部的。

本章旨在阐释和厘清梁氏科学观的基本概念、逻辑理路,及其与道德、政治和宗教的关系。在很大程度上,这种阐释的明晰度远远超过了梁氏经常显得含混不清的表达方式——这种含混不是语言风格上的,而是逻辑上的。依据梁氏的著述及其思想来源复现其思想的逻辑结构和变动过程当然具有阐释的冒险性,但我还是确信这种阐释方式在思想史研究中是完全必要的,因为任何一种思想观点都不会是孤零零的,虽然它们有时显得是如此。我的论述证明:梁氏思想的变化不仅是因时而异的,而且是有其内在逻辑的,是从他赖以建立其思想体系的那些基本概念及其相互关系的运动中产生的。在许多方面,他只是澄清了他早年的思想,而不是背弃了那些思想,他的许多说法不一的观点也并不像乍看起来的那样自相矛盾——这当然不是说完全不存在矛盾。尽管我用逻辑的方式呈现梁氏科学观的内在理路,但在此我却乐意声明:梁启超的哲学信仰的动机基本上是审美的而不是逻辑的,他似乎有一种一贯倾向,即把哲学和思想看作是表达对世界的一般态度,而不是沿着逻辑理路去追问一系列问题的正确结论。这一点是他与詹姆士之间的最为重要的相似之处。詹姆士

---

[223] 陈独秀指责梁氏在"科玄论战"中的立场是"骑墙态度",胡适则宣传梁氏是变法维新以来公然毁谤科学的第一个"自命为新人物的人"。见《科学与人生观》陈序和胡序,上海亚东图书馆,1923。

曾说:"哲学史在极大程度上是人类几种气质冲突的历史……他(指哲学家)的气质给他造成的偏见,比他那任何比较严格的客观前提所造成的要强烈得多。正像这个事实或那个原则那样,气质也会这样那样地给他提供证据,造成比较重感情的或者比较冷酷的宇宙观",并在文学、礼仪、政治等方面留下影响。[224] 从梁氏的始终如一的倾向看,他似乎总有一种调和的冲动,想在"较重感情的或者比较冷酷的宇宙观"之间保持一种平衡状态:他相信科学,重视事实和实验,尊重客观规律与理智态度;但同时,他又热衷于道德和宗教,渴望为自由意志开路,用乐观主义的趣味态度面对人生的有限性。在这方面,与其说他有着一种分裂的气质,倒不如说在他的情感与理智之间存在一种张力,他先被康德吸引,后又欣赏詹姆士可能正基于这一事实。不过,如果我们要是还记得本章第一部分曾引述的那种自由和谐、长幼有序、其乐融融的"三代之制"的话,那么我们也就明白梁启超在阐发他的思想,完成他一生的种种追求时,内心深处荡漾着的是怎样的一种诗意的理想情怀了。

---

[224] 威廉·詹姆士:《实用主义》,商务印书馆,1989,页7—8。

第十章

无我之我与公理的解构

> 其所谓公,非以众所同认为公,而以己之学说所趋为公。然则天理之束缚人,甚于法律;而公理之束缚人,又几甚于天理矣。
>
> ——章太炎

第一节 章太炎的个体、自性及其对"公理"的批判

1. 个体概念为什么是临时性的和没有内在深度的?

章炳麟(1868—1936),字枚叔,号太炎,光复会领导人之一。1903年发表《序革命军》、《驳康有为论革命书》,并因《苏报》案被捕入狱。1906年6月29日,章太炎刑满出狱,东渡日本,主持《民报》笔政。从第7号起(1906年9月5日出版)至第24号《民报》出版时被封(1908年10月10日出版)止,章太炎在发表大量的政论的同时,还发表了一系列哲学和宗教学的论文,为他的社会政治观点提供理论的依据。由于章氏的文章大量发表于具有广泛影响的同盟会机关报上,并有一批相应的文章与之呼应,我以章氏为个案所作的研究在一定程度上也是对这一时期以报刊为媒介形成的社会思想氛围的分析。

章太炎早年同情康、梁的改革思想,如为强学会捐钱,并不惜谢本师以为《时务报》撰稿,但自28岁起即分别今古,发表了大量古文经学的论述,如《今古文辨义》(1899)、《驳箴膏肓评》(1902)、《春秋左传读叙录》(1907)、《刘子政左氏说》(1909)、《驳皮锡瑞三书》(1910),以及收录在《訄书》(1899)等作品中的经学论述。但是,章太炎正面展开对于今文经的辩论已经在戊戌之后,他的政治思想也很难在经学的框架中给予解释。1905—1907年间,处于上升之势的革命党人与康、梁等流亡者之间展开了正面的政治论战,正是在这样一种特定的思想氛围中,章氏不仅对康有为、梁启超、严复等人的社会政治主张进行严厉批判,而且试图重新构筑一个与以"公"、"群"和"进化"观念为基础的科学世界观截然相反的世界观。他公开提出并阐述了"中华民国"的观念,同时也在哲学上论证了他的新世界观的一系列核心观念,如"个体"、"自性"、"齐物"、"平等"等等。这些观念早已超越了今文经学和古文经学的范畴。章太炎的个体、自性概念是对用进化论和现代科学方法重建宇宙秩序的努力的否定,也是对把公理内在化为个人和民族的道德的否定。章太炎用个体、自性及其相关话语攻击国家、政府、家族、社会以至人类自身,同时又试图以此建立新的宗教和革命的道德,最终通过运用唯识学思想对庄子《齐物论》的解释,完成了他的新世界观。

与严复、梁启超等现代科学思想和方法的热情倡导者不同,章太炎对于现代中国的科学宇宙观进行了尖锐的批判。20世纪的头十年是章太炎思想的最为复杂难解的时期,也是他的一生事业中最为重要的时期。一方面,他为文古奥,又习用索解为难的佛教语汇表述他的社会思想,另一方面,他的以自性、个体为肯定性概念的思想体系与他正在从事的社会目标之间有着明显的矛盾。因此,无论从写作的形式还是从写作的内容来看,章太炎的思想都包含了内在的悖论,其中最为重要而明显的是这样两组悖论:个体观念是现代思想对传统思想进行批判的主要的道德资源,也是中国现代反传统主义的出发点之一,但对章太炎来说,这个观念却是反现代的和自我否定的;自性和个体的观念构成了对一切普遍性的观念和集体性的认同的否定,但对章太炎来说,最为重要的现实任务莫过于形成民族认同,建立中华民国。一些学者在"现实任务与未来理想的矛盾"的框架中解释章太炎的思想悖论,而另一些人则将之归因于章太炎思想的急剧变化和混乱。所有这些解释均未深入章氏思想的内在逻辑,对理解中国现代认同及其多面性而言并不能提供有意义的解释。从思想史的脉络来看,我们必须面对如下问题:章太炎基于对现代性的批判(尤其是对现代时间观念即直线进化的时间观念的批判)提出的个体观念,在他的学生鲁迅那里成为现代道德观和文学观的核心理念;而"五四"文学和思想中的个体观念已然成为整个现代思想的有机部分,它的合理性恰恰建立在进步的时间观念之上。章太炎的自我否认的、反现代的个体观念如何可能成为现代认同的思想资源的呢?

在章太炎那里,个体观念不是本质主义的概念,它自身即包含了自我的否定或解构。理解这一思想的有效途径之一是在其运用中、从否定的方面把握其内容,即个体观念如何构成了国家、政府、众生、社会、人类等等的否定,但只此是不够的。因为批判的展开必须展示其肯定性的内容:章太炎不仅用原子的观念、自性的观念来论证个体观念较之那些集体性观念的优越性,而且又从自性的观念引出真如的观念,并由此演为齐物的宇宙原理和平等的道德论。正是在齐物论的宇宙模式中,章太炎重新理解社会的构成、种族共同体的特性、人类社会存在的原理,等等。那么,原子论的自然观念、佛教的自性观念如何成为个体观念的源泉,又如何构成个体观念的否定的呢?如果仅仅从社会政治的层面理解个体观念的含义,我们就有可能把这一观念化约为针对康有为、梁启超以及革命党人政治主张的现实对策,而忽略了这一观念在整个现代认同形成中的作用;如果仅仅独取观念的内在展开,我们就只能陷入有关佛教和庄子的复杂观念的抽象思辨之中。因此,我的分析从下述方向展开:首先分析个体观念是如何建构和展开的,其次分析这一观念在展开过程中的直接的社会政治含义,最后分析完整的新世界观是如何重新理解现实世界并确定其道德的指向。我的讨论主要集中在章太炎1906—1910年间的思想活动,分析的线索虽然照顾到时间的先后和章太炎本人的思想变化，但我更关心的是问题的构成和文本间的关系。这些问题是：临时性的个体观念及其对以"公理"为特征的现代性世界观的批判；现代民族国家与章太炎社会政治思想中的个体观念；个体观念与"齐物论"的世界观。

2. 认同问题为什么被理解为一种道德的取向？

个人的自我归宿感是一个现代事件。我为什么属于自己（而不是他人，如家族、社会、国家），为什么这种对自己的归宿感能够成为拒绝他人干涉的道德资源？"自己"这个词在此已经不只是一种空间上的指称，而且是一个具有内在性深度的自我概念：个人是具有内在性深度的自我。那么，这个自我又是如何为现代人提供个人权利的合理性和合法性的基础的呢？我与我自己是什么关系？我与他人或他事物是什么关系？个体、个人和自我及其相关话语构成中国现代认同的重要内容，它涉及个体与其他事物如自然、社会、国家、民族、性别及其他群体的复杂关系。本章所要讨论的是这种关系是如何被历史地建构，在这种临时性的个体概念的视野内，现代思想的那些最为基本的假定——自然、公理、进化论、民族、国家、社会，等等——如何呈现了它们内在的矛盾和遮蔽性？

如果说严复重建宇宙自然、社会和国家的秩序的努力是寻求认同的方式，那么，章太炎用自性、个体作为重要的出发点也涉及同样的问题。因此，问题不在是否存在认同问题，而是以什么作为认同的基本标准，或以什么作为认同的前提。在讨论西方的自我观念与现代认同的关系时，查尔斯·泰勒（Charles Taylor）这样规定他所说的"认同"的含义：

> ……这一问题经常同时被人们用这样的句子来表述：我是谁？但在回答这个问题时一定不能只是给出名字和家系。如何回答这个问题，意味着一种对我们来说什么是最为重要的东西的理解。知道

我是谁就是了解我立于何处。我的认同是由承诺(commitments)和自我确认(identifications)所规定的,这些承诺和自我确认提供了一种框架和视界,在这种框架和视界之中,我能够在各种情境中尝试决定什么是善的,或有价值的,或应当做的,或者我支持的或反对的。换言之,它是这样一种视界,在其中,我能够采取一种立场。[1]

反过来说,一旦失去这种承诺和自我确认,人们就会感到不知所措,无法判断事物对他们的意义。这就是所谓"认同危机"——一种不辨方位的尖锐表述:

> 人们经常用不知他们是谁来表述,但这个问题也可以视为他们的立场的彻底的动摇。他们缺少一种框架或视界,在其中,事物能够获得一种稳定的意义,某些生活的可能性可以视为好的或者有意义的,另一些是坏的或者不重要的。所有这些可能性的意义是不确定的、易变的,或者未定的。这是一种痛苦的和恐惧的经验。[2]

查尔斯·泰勒的《自我的根源—现代认同的形成》(Sources of Self: The Making of the Modern Identity)一书集中讨论了这种现代认同的三个方面:现代内在性,即我们是具有内在深度的存在的意识和与之相关的我们是自我的观念;从现代初期发展而来的日常生活的形成;作为一种内在道德源泉的表现主义的自然概念。[3]对于严复来说,认同的基础在于宇宙运行的公理,对于梁启超来说,认同的基础在于内在化的公理,而对章太炎来说,认同的基础则是个体与自性。

个体与自我观念本身也是依据情境的变迁而改变的,"自我居于角

---

[1] Charles Taylor, *Sources of the Self: The Making of the Modern Identity* (Cambridge: Harvard University Press, 1989), p. 27.
[2] Ibid., p. 27.
[3] Ibid., p. 28.

色中，而角色的整体性就是一个角色的整体。"〔4〕休谟和洛克这样的经验主义者力图孤立地依据心理状态或事件阐明个人身份，但他们的论题缺乏相应的背景条件，而缺乏背景条件，许多问题都无从理解。"这种背景条件是一个故事的概念和一个故事所需要的角色整体的概念提供的。正如一个历史不是行为的一种连续，而一个行为的概念是为着某种目的从这历史中抽取出来。……在一个历史中的多种角色不是许多个人的集合，而个人的概念是从一个历史中抽取出来的角色的概念。"〔5〕没有历史的个体不能被理解为一种肯定性的概念，它仅仅意味着它自身与历史之间的否定性的关系。任何自我都是和特定的社会身份密切联系着的，当自我概念被表述为对于一切社会身份的反叛或否定的时候，它的历史性就必须在这种反叛与否定之中寻找。〔6〕

正是在这个意义上，"个人的解放"不应仅仅当作一个思想的和道德的本质命题，而且还应当看作是一个内涵不断变化的政治的、经济的、文化的和科学的命题。在严复和梁启超那里，个人、个体及其自由的命题是和国家、社会、公理、自然、科学、进化等等范畴紧密地联系在一起的，以至如果你若不了解国家、社会、公理、自然、科学、进化等等范畴的含义，你也就无法建立对于个体与自我的了解。然而，章太炎的个体概念却是建立在自身的绝对性之上的，它与国家、社会、科学、自然、公理、进化等等普遍原则构成了一种相互否定的关系。我们既无法用先秦语言中的"己"的含义或者佛教思想中的"我"的范畴来解释章太炎的个人及其相关话语，

---

〔4〕　Alasdair MacIntyre,《德性之后》，页274。

〔5〕　同上，页274。

〔6〕　麦金太尔提醒我们说，"自我不得不在社会共同体中并通过它的成员资格发现它的道德身份，如家庭、邻居、城邦、部族等共同体，但并不意味着，自我必须接受这些形式的共同体的特殊性的道德限度。但没有这些道德特殊性作为开端，就决不可能从任何地方开始；而对善和普遍性的寻求就出自于这种特殊性的向前的运动。但是，特殊性决不可能被简单地滞留在后面或遗忘。摆脱特殊性进入完全普遍性的准则的领域，并认为这种普遍准则是人本身所有的观念，不论在18世纪的康德哲学的形式中，或在某些现代分析道德哲学的描述中，都是一种错觉，并且是一种有着痛苦后果的错觉。"同上，页279。

也无法规定中国现代思想中相关话语的本质内含。我们所能指出的仅仅是在所有这些否定性的关系中个体究竟意味着什么。但是,这丝毫不意味着章太炎的个体概念必须在与上述范畴的关系之外才能加以阐释。恰恰相反,这一概念的可阐明性就存在于它们的相互关系之中。在这个意义上,如果把章太炎的个体观念与认同问题关联起来的话,那么,它就只能通过否定性的关系才能获得表达,也即通过一种特殊的取向才能获得表达。

3. 个人观念的反道德方式及其对确定价值的追寻

白鲁恂(Lucian W. Pye)在《中国政治精神》(*The Spirit of Chinese Politics*)一书的序言中断言中国现代的心理震撼并不是所谓认同的问题,他说:

> 在适应由于现代世界之冲击而引起的文化变迁的种种要求时,大多数处于过渡阶段的亚洲和非洲民族都受到强烈的心理震撼,它常常被描述为一种认同危机。但对中国人来说,问题并不出在认同方面。相反,他们的焦虑和迷茫却有着与众不同的缘由,这可追溯到中国传统文化的一种特殊敏感性,即敏于感受权威对人类感情的潜在破坏的性质所具有的重要意义。在权威、秩序、礼仪和对感情的抑制之间所存在的密切心理联系系统都指向深层的文化意识:一个人只有作为社会的人才能发现自身的意义。这种关于自我的关键性意识一定起源于对集体的归宿感,它对攻击本性起到了一种绝对重要的作用。[7]

中国现代思想中的个人观念与对集体的归宿感的联系是非常显然的。弗里德里克·詹姆逊(Fredric Jameson)从"跨国资本主义时代的第三世界

---

[7] Lucian W. Pye, *The Spirit of Chinese Politics* (Cambridge, Mass: The MIT Press, 1968), p. xviii.

文学"视野出发,在另一不同的层次上论证说:"第三世界的文本,甚至那些看起来好象是关于个人和利比多趋力的文本,总是以民族寓言的形式来投射一种政治:关于个人命运的故事包含着第三世界的大众文化和社会受到冲击的寓言。"[8]基于对西方的自我批判,詹姆逊把自以为是世界主宰的西方看作是奴隶主,它把所观物缩减为分裂的主体活动的一堆幻象:

> 这种观点是孤立和缺乏个人经验的,它掌握不住社会整体,象一个没有集体的过去和将来的、濒死的个人躯体。这种没有个人位置的个人和结构主义为我们提供了萨特式的否认事实的奢侈,让我们逃脱了历史的梦魇,但是同时也注定我们的文化染上心理主义和个人主观的"投射"。基于自己的处境,第三世界的文化和物质条件不具备西方文化中的心理主义和主观投射。正是这点能够说明第三世界文化中的寓言性质,讲述关于一个人和个人经验的故事时最终包含了对整个集体本身的经验的艰难叙述。[9]

在詹姆逊看来,个人与集体之间的这种寓言式的联系不是从中国文化传统中演生出的独特现象,而是由第三世界在与第一世界的对抗性关系中的位置所决定的普遍性的特征。按照他的看法,中国的个人观念和经验寓含着整体性的经验,对个人和个人经验的叙述同时就是对集体和集体经验的叙述。然而,詹姆逊完全没有涉及个人与民族的集体经验之间的关系是如何或以何为中介建立起来的。在这样的条件下,用与心理主义有特殊联系的概念即认同(identity)来表述中国现代思想中的个人与自我问题是否有意义? 此外,中国的现代文化震撼是否仅仅与个人对集体的归宿感相关? 在进一步追问之前,也许有必要对认同一词作更为精确的解释。查尔斯·泰勒在讨论所谓"认同危机"(identity crisis)时说,由

---

[8] Fredric Jameson, "Third-World Literature in the Era of Multinational Capitalism," *Social Text*, No. 15 (Fall 1986): 65-88, 69.

[9] Ibid., 85-86.

于认同问题与意义和价值相关,因此,在认同(identity)与取向(orientation)之间存在基本的联系。换言之,知道你是谁也就是在道德的空间里作出自己的取向:正是在这个空间里,诸如好与坏,值得做与否,什么对你是有意义和重要的,什么是微不足道的或第二位的等等问题出现了。[10]

那么,认同与取向的联系是如何构成的呢?或者为什么我们用道德的取向来取代我是谁这样的问题呢?对这一问题的回答首先是历史的,因为这样的问题在现代问题发生之前颇为不同。中国的传统"五伦"思想以确定无疑的方式规定了那个时代的道德取向和认同,以"天"、"天理"和"天道"为中心建立起来的宇宙图式用普遍性的概念来解决认同的问题。然而,章太炎的个人和自我概念的出现意味着:无论是"天"、"道"等传统的普遍性概念,还是"自然"、"进化"、"公理"、"群"、"社会"以及国家、种族等范畴,都不能解决认同问题。"天"、"道"、"自然"、"公理"及其预设的家、国、社会等普遍性范畴与道德必然性的关系不再是自明的了。换言之,不是科学对公理、规律的预设,也不是现代国家及其必要性,最终瓦解了自然主义范畴的合法性含义,而是个体、自性等概念才真正构成了对自然主义范畴的真正挑战。

例如,包括普实克在内的许多中国文学史家都把"五四"以后的中国现代文学的主要特征视为"主观主义和个人主义"的文学,其理由是现代文学作品特别突出地体现了创作者的个性并成为表达其情绪和心态的方式;[11]与此相关的是,"五四"文学的基本主题就是作为个人的主人公("五四"文学流行自传式的叙事方式,人们有理由把人物与作者的关系理解为一种自我表现式的关系)与整个外部世界的尖锐对立,这个外部世界是包罗万象的传统社会。现代文学史家通常把这种个人主义看作是在社会的结构性变化中个人从传统中获得解放的表征。从"五四"往前追溯,在1906—1911年间,章太炎、鲁迅等人把以普遍性的名义出现的政

---

[10] Taylor, *Sources of the Self: The Making of the Modern Identity*, p. 28.
[11] Jaroslav Prusek, *The Lyrical and The Epic: Studies of Modern Chinese Literature*, ed. Leo Oufan Lee (Bloomington: Indiana University Press, 1980), p. 1.

府、聚落、人类、众生、世界、公理、进化、惟物、自然、义务、责任等等视为没有"自性"的事物,并通过这种否定性的方式提出个人自主性的问题。换句话说,个人观念是作为"公"的替代物出现的,它以反对普遍性概念的方式来重建道德的基础。因此,个人观念一方面同样面对"公"、"群"观念所面对的那些社会问题,另一方面又与"善"的问题相关:在宇宙和社会中,什么是具有"自性"因而是本然的善的事物?只有当个人及其自主性成为本然的善的时候,个人与社会的对立才能构成道德性的善恶对立。在这个意义上,个人观念、自我意识与善的问题具有内在的联系。

查尔斯·泰勒用这样的问题来表述西方思想中认同问题的非历史方面:为什么我们用我是谁这一问题来思考基本的取向?对我是谁的追问把人作为潜在的对话者置于对话者的社会,因为对我是谁的回答总是伴随我与他人的关系的界定。[12]个人无法离开这些关系来回答他对自己提出的这个问题,他所能回答的是他立于何处,他想要回答的是什么。因此,我们总是自然地倾向于用谈论我们的基本取向来取代我是谁的问题,失去了这个取向,或者不能发现它,也就是不知道我是谁。一旦获得了这个取向,确定了你回答问题的立场,也就得到了你的认同。就这一点来说,尽管在中国现代思想中很少出现我是谁的追问,然而,个人和自我作为一种独特的价值判断的源泉提供了道德的空间,在这个道德的空间中,人找到了自己的方式、自己在这个空间中的位置、事物对我们具有的意义,等等。在这个意义上说,我无法同意说中国不存在认同的问题,或者把这个问题置于个人与集体的社会性关系之中,而否认这种个人与集体的关系是和认同问题密切相关的。詹姆逊的问题涉及了个人与集体的寓言性关系,他并不认为这种寓言性关系与认同问题相关,因此,他没有进一步分析个人与集体的关系是如何历史地构成的。

就对中国现代思想中的个人和自我的观念及其运用的研究而言,我的动机并不仅仅是抽象地讨论中国的现代认同与个人观念的关系,我所特别注重的是个人观念的历史建构,或者说是个人观念的谱系学。"语

---

[12] Taylor, *Sources of the Self: The Making of the Modern Identity*, p. 29.

言科学,特别是对语源学的研究,给道德观念的历史发展带来了什么样的启示?"[13]尼采的上述问题提示我们从语源及其运用的角度,而不是用现成的理性来解释和规范人的行为准则,揭示道德(或反道德)观念产生的自然、社会、生理甚至病理条件,发掘人们在不同时期、不同条件下创造不同的价值判断的原始动力。

如前所述,与"公"、"群"观念不同的是,个人和自我观念是以反道德的方式出现的,但这种"反道德的方式"应该被理解为一种从反方向上寻求确定价值的行动。中国现代思想中的个人观念是作为所有普遍性概念——如"自然"、"公理"、"国家"、"团体"等等——的对立物来界定自己的,然而,如果我们把个人观念置于近代中国的语境中来观察它的起源和运用,我们将会发现,这种对人的自主性、独自性和唯一性的强调恰恰以那些普遍性观念所要解决的问题为其目标。换句话说,如果公、群观念在晚清社会具有实际的政治意义,那么个人观念也将同时是政治性的概念。

第二节　临时性的个体观念及其对"公理"的解构

——反现代性的个体概念为什么又以普遍性为归宿?

1. 现代性的态度:把个体纳入群体进化的时间目的论之中

欧洲思想中的现代观念与个人、自我的观念密切相关。在18世纪,心理学、哲学和文学都发展了关于人的自我的研究,对人的感情的细致探

---

[13] Friedrich Nietzsche,《论道德的谱系》(*On the Genealogy of Morality*, ed. Keith Ansell-Pearson Cambridge: Cambridge University,1994),周红译,北京:三联书店,1992,页37。

索和心理动机的分析,以及多愁善感的个人感情的培养。对个人幸福的考虑越多,道德、社会、国家对个人来说就越加成问题。个人如何同他人的生活联结在一起,集体生活又如何超越于个人生活?这就是启蒙运动的实践问题。通过各种讨论,现代欧洲思想达成了一个默契:为自然所规定的个人是原始的既与的事实,是简单的自明的事实,一切超越个人的关系都必须以个人作为解释的出发点。就这点而言,17世纪的自然主义形而上学形成了18世纪伦理学的背景——在18世纪,人们更多地按照原子论类比来考虑个人的含义,而17世纪则更多按照单子论类比来考虑问题。[14]

章太炎后来也发展了类似原子论的个人观念,但他的个人观仍然与18世纪欧洲的个人观念存在重要的差别。因为,一方面,他的个人的观念极少涉及心理和情感的问题,另一方面,在他思想方式中,个体观念最初是在"群"与"独"的思想范畴中得到解释的,因而社会、国家(它们都在"群"的范畴之内)作为首先考虑的范畴渗入了对个人的论述。1894年8月,章太炎撰《独居记》,后改名《明独》收入《訄书》,列于《明群》一文之后。文中说:"夫大独必群,不群非独也","大独必群,群必以独成","小群(指家族),大群(国家)之贼也;大独,大群之母也","故夫独者群,则群者独矣。"[15]通观全文,章太炎对"独"的重视来自"独"对"群"的意义,因此他一再强调的问题是什么才是真正的"独":有利于"大群"即整体的社会和国家的"独"。"独"必须以"群"及其需要为指归,因而"独"意味着责任、义务和对私利及狭隘的团体利益(如家族利益)的摒弃。因此,在"独"和"群"构成的等级结构中,"群"是更为本质和重要的范畴。

就政治意义而言,章太炎当时所谈论的"群"也并未超出康有为所谓"合大群而后力厚"的主张。他在《明群》一篇中说:

> 今之合群明分者,莫亟于学士,是何也?将以变法为辟公,必使

---

[14] 文德尔班:《哲学史教程》下卷,商务印书馆,1993,第688页。
[15] 章太炎:《明独》,《章太炎全集》第3卷,上海:上海人民出版社,1984年版,页53—55。

> 天下之聪明耳目,相为视听,股肱毕强,相为动宰,则始可以御内侮,是故合群尚已,……[16]

这是对康有为变法主张及其实践的肯定。他还从社会发生的角度讨论"群"与"君"的关系,把"群"视为"君道":"群者,争道也。……明其分际,使处群者不乱。故曰:君者,群也。"[17]"群"是使人类社会得以形成的秩序和制度,其中也包含了归类和等级(明其分际),这与荀子所谓"合群明分"大致相似。在变法时代,"群"直指社会的构成物,如商会、学会、学堂、报刊和议会等等,故而章太炎在同一时期的文章中说:"上书则新旧杂糅,而持新者制之;群议则新旧杂糅,而持旧者制之。故据乱则通封事,乱已则置议院",[18]"议院者,定法之后之所尚,而非所取于法之始变也,"[19]"学堂未建,不可以设议院;议院未设,不可以立民主。"[20]商会、学会、学堂、报刊以至议会都是逐渐从王朝政治中分离出来或独立形成的范畴,也是近代"社会"和"国家"观念形成的制度基础。

"群"的观念与"公"或"公理"的观念在晚清中国的语境中是可以互换使用的概念。这一概念的流行与社会的观念和进化论的观念具有紧密的联系。严复在1903年翻译的斯宾塞(Herbert Spencer)的《群学肄言》(*The Study of Sociology*)中说:

> 群学者何?用科学之律令,察民群之变端,以明既往测方来也。……斯宾塞尔……殚年力于天演之奥突,而大阐其理于民群,……[21]
> 群也者,人道所不能外也。群有数等,社会者,有法之群也。社

---

[16] 章太炎:《明群》,《章太炎全集》第3卷,页52。
[17] 同上,页51—52。
[18] 转引自汤志钧《章太炎年谱长编》上册,北京:中华书局,1979年版,页101。
[19] 章太炎:《明群》,《章太炎全集》第3卷,页52。
[20] 章太炎:《变法箴言》,《经世报》第一册,光绪二十三年七月出版,又见汤志钧编:《章太炎年谱长编,1868—1918年》,上册,北京:中华书局,1979,页47。
[21] 严复:《译〈群学肄言〉自序》,《严复集》第1册,北京:中华书局,1986年版,页123。

会,商工政学莫不有之,而最重之义,极于成国。[22]

"群学"是科学律令(天演之公理)在有关人类社会的知识领域的展现,社会的内在构造和等级秩序也是科学公理的物质性的展现。这种以进化论为基础的社会观念构成了整个中国现代思想的最为重要的基础之一。不仅康、梁的"三世进化"和立宪主张奠基其上,而且孙文和其他激进分子的主张也以进化论的社会观念为依据。就在《民报》的《发刊词》上,孙文用"群"和进化的观念来论证他的三民主义:

> 夫缮群之道,与群俱进,而择别取舍,惟其最宜。此群之历史既与彼群殊,则所以掖而进之之阶级,不无后先进之别。余维欧美之进化,凡以三大主义:曰民族,曰民权,曰民生。……[23]

社会统治的技术方式是和社会的组织方式一同进化的,不同的社会集团具有不同的历史组织方式,从而社会统治的技术方式也有所差异。

晚清至"五四"时代中国思想界的重要特征就是在社会进化的意义上来讨论社会和个人的观念及其意义。由于"进化"是一种"科学公理",因而社会和个人的进化不过是"公理"的物质性的展现。进化的观念提

---

[22] 严复:《〈群学肄言〉译余赘语》,同上,页125—126。严复特别将中国、日本和西方的社会观念作一总合的观察:"尝考六书文义,而知古人之说与西学合。何以言之? 西学社会之界说曰:民聚而有所部勒(东学称组织者)祈向者,曰社会。而字书曰:邑,人聚会之称也。从口,有区域也,从巴,有法度也。西学国之界说曰:有土地之区域,而其民任战守者曰国。而字书曰:国,古文或,从一也,地也,从囗,以戈守之。观此可知中西字之冥合矣。""东学以一民而对于社会者称个人,社会有社会之天职,个人有个人之天职。或谓个人名义不经见,可知中国言治之偏于国家,而不恤人人之私利,此其言似矣。然仆观太史公言《小雅》讥小己之得失,其流及上。所谓小己,即个人也。大抵万物莫不有总有分,总曰'拓都',译言'全体';分曰'么匿',译言'单位'。笔,拓都也;毫,么匿也。饭,拓都也;粒,么匿也。国,拓都也;民,么匿也。社会之变相无穷,而一一基于小己之品质。是故群学谨于其分,所谓名之必可言也。"

[23] 孙文:《〈民报〉发刊词》,见《辛亥革命前十年间时论选集》第2卷,上册,北京:三联书店,1963年版,页81。

供了社会走向新的未来的动力、目标,这就是所谓"现代性"的时间观念在中国发生的理论依据。进化指的是社会群体的进化,作为一种对历史的描述方式,它提示了宇宙和人类社会的最终的理想。现代思想对个人观念的阐释建立在这样一种群体的和进化论的现代性观念之上,其逻辑的结果就是:必须把对个人的权力、义务和责任的考虑置于社会的利益和历史的最终目标之下来衡量。梁启超在《新民说·论自由》中区分出政治自由、宗教自由、民族自由和经济自由等四项自由,其中政治自由又分为三种,即"平民对于贵族而保其自由"、"国民全体对于政府而保其自由"、"殖民地对于母国而保其自由",从而自由问题被看作是一个具有历史性的问题。[24] 在这样的历史视野中,晚清思想着重强调了自由与群体的关系,这就是所谓"自由是团体的自由,不是个人的自由",[25] "吾侪求总体的自由者也,非求个体的自由者也,以个体之自由解共和,毫厘而千里也"。[26] 进化论的"群己"观最终表达为这种被历史化了的自由观。

在这样的语境中,晚清个人观念的提出与"群"的观念直接相关。严复在翻译穆勒(J. S. Mill)的《群己权界论》(*On Liberty*)时,将 individual 一词译为小己,将 society 译为群、国群或国人,也都是在这种进化的社会观念的支配下对个人所作的理解和阐释。换句话说,个人不能被单独理解,而必须被作为一种"关系"来理解。如果不存在作为"关系"范畴的"群",也就不可能存在个人的范畴。因此,个人不是自然的范畴,不是指单个活动的、具有自主性的人,而是一种关系的构成物。这种与"群"紧密相关的个人范畴明显的是近代思想家构筑民族—国家理论和社会观念的一个有机的组成部分。

这种个人/群的论述模式也经历一些历史性的变化。在辛亥革命之后,特别是在"五四"反传统主义的文化运动中,个人与社会的关系经常被解释成为一种对抗性的关系,个人更多地被置于传统与现代、新与旧的思想框架中加以理解。在"五四"思想和文学中,个人观念自身成为道德

---

[24] 梁启超:《新民说》,《饮冰室合集》第三册《专集》之四,页40。
[25] 梁启超:《新民说·论自由》,《新民丛报》第7、8号,1902年5月,《饮冰室合集》第三册《专集》之四,页44。
[26] 陈天华:《论中国宜改创民主政体》,《民报》第1号,1905年11月。

和价值的源泉,但是,它所以能够成为这样一种源泉,却是因为个人的观念与社会的进步、对传统的反叛等现代观念具有内在的联系。在那个时期的相互矛盾和冲突的讨论中,个人、个体和个位等等观念成为较之国家、社会、家庭等集体性概念更为重要的概念,但这丝毫也不意味着这个时代的人们已经普遍地相信绝对的个人是唯一值得注意的事情。毋宁说,个人的解放是通向群体、社会和国家的真正解放的基本条件,它不过是现代性的目的论历史观和民族国家理念的独特的呈现形式。

现代启蒙思想试图规定时间的内在的目的论和人类历史向之而行的归宿地,正如福柯(Michel Foucault)在分析启蒙与现代性时所指出的:

> 启蒙的分析——把历史规定为人类向成人状态的过渡——把当代现实与整个的运动和它的基本方向联系起来。但是,与此同时,它表明,在这个特定时刻,每个个人是怎样以一种特定的方式对整个过程负责。[27]

换句话说,在这种启蒙的分析中,个人的存在和工作的意义是同他所存在的特定的时刻——现代——相联系的,而这种联系与对整体历史及其通向特定目的的过程反思具有内在关联。这种被福柯称之为"现代性的态度"标志着一种归宿的关系并经常被表述为一种任务,一种把当代现实与什么相联系的模式,一种由特定的人们所做的志愿的选择,一种思想和感觉的方式,甚至是一种行为和举止的方法,简言之,一种精神气质。因此,了解现代性的个人观念的有效的途径,就是了解这种个人的观念是如何建立它与当代现实、进而与整体的历史过程的关系的模式的。把个人与群、与处于过去和未来之间的特定时刻(时代)、与进化的人类整体历史相联系的模式,构成了一种道德的空间;在这种空间中,个人得以确定他的道德的取向、责任、义务和生存的意义。

---

[27] Michel Foucault, "What is Enlightenment?" in *The Foucault Reader*, ed. Paul Rabinow (New York: Pantheon Books, 1984), p. 38.

2. 反现代性的态度：拒绝将个体与群体进化的历史目的论相联系

正是由于个体观念的内涵依赖于它与对整体历史的反思模式的关系，因此，要清楚地解释章太炎的个体观念及其内含，就必须从分析他对整体历史以及个体与这个整体历史的关系的阐释开始。我已经提及章太炎的个体观念及其对现代性的批判，这一命题的含义首先是指他的个体观念与整体历史的联系模式是反现代的，即他拒绝把个体与进化论的历史目的论相关联，拒绝承认个体的道德取向依赖于社会整体的价值，拒绝把对个体的存在理由的确认视为通达任何其他目标的方式，并由此形成他的社会政治思想：个体不是国家和法律的公民，家庭和社会的成员，历史和道德的主体，与作为客体的自然的关系中的主体……总之，个体不能通过它与其他任何普遍性事物的联系来界定它的意义和位置。换句话说，它把自己建立在"无"之上，因为就如同原子构成了自然界一样，社会由个体构成，从而只有个体本身才是真实的。[28]

与此同时，章太炎的个体观念与真、自性等观念直接有关，这意味着个体观念在与其他事物的否定性关系中有其自身的肯定性内容；但这些用以确认个体对于普遍事物优先性的概念最终也构成了个体概念的自我否定。在进一步探讨这一复杂的问题之前，我先引出章太炎在狱中研读《瑜珈师地论》期间对"真"的解释，这一解释同时有助于我们理解他的另一概念即"自性"：

---

[28] 章氏在个体与普遍性问题上的看法颇接近于尼采。尼采说："要是一切统一性都是组织同一性，那会怎样呢？可是，我们信仰的'事物'仅仅被进而设想为不同的谓语的证据。假如该事物'起了作用'，那也就是说：我们认为，一切其余特性即这里平常存在的一时潜在的特性，乃是现在出现的个别特性的原因。即，我们认为事物特性的总和——x——它就是 x 特性的原因。但是，这有多么愚蠢和荒谬啊！一切统一性都不过是作为组织和配合的统一性。无非就像人的群体就是某种统一性的情形一样。也就是说，它是原子论无政府状态的反面，因此，一种意味着统一的统治产物却是不统一的。"《权力意志》，张念东、凌素心译，商务印书馆，1991，页208—209。

第十章　无我之我与公理的解构

> 《说文》真,仙人变形而登天也。从匕从目从乚丨丨所乘载也。𠊳,古文真。案古文下从六,即从卵而合之,盖多细胞生物必有死,而单细胞生物万古不死。卵字作双耳相背,象多细胞也;𠀎字合而一之,则单细胞也。真人不死,必化单细胞物,故从乚𠀎也。[29]

相对于细胞而言,个体并无自性,但就社会而言,个体却具有真实性,因此它是它自己的立法者。从这个意义来说,章氏所谓多细胞与单细胞的关系也就是无自性与有自性的关系。关于自性,章太炎曾多次作过解释,如谓:

> 自性者,不可变坏之谓。情界之物,无不可坏;器界之物,无不可变;此谓万物无自性。[30]

又谓:

> 凡云自性,惟不可分析、绝无变异之物有之;众相组合,即各各有其自性,非于此组合上别有自性。……[31]

这样,在最基本的意义上,所谓自性就如同当时物理学所认识的物质的最终的、不可分析的构成物——原子。在这个意义上,章太炎的自性概念似乎含有实证主义的意味,从唯识学的立场看,也明显地存在堕入法我之危险。换言之,真、自性和原子都是宇宙和世界的终极本源和构成要素。然而,对章氏来说,自性与单细胞的比附是临时性的,自性最终不同于原子。[32]在稍后的段落中,我还将指出,对宇宙最终构成物的理解是章太炎的批判思想的出发点,也是他对个体的既肯定又否定的双重态度的理论来源。

---

[29] 章太炎:《章太炎释真》,《国粹学报》"撰录栏",乙巳年第2号出版,1905年3月25日。
[30] 章太炎:《辨性》,《章氏丛书·国故论衡》,页148。
[31] 章太炎:《国家论》,《章太炎全集》第4卷,1985年版,页457。
[32] 同上。

章太炎对进化论的批判首先是对历史目的论和历史决定论的否定，即对由启蒙运动所创制的一种以普遍主义的理性概念和不可逆转的时间观念为基础的历史观的否定。晚清思想对进步和进化的理解集中于达尔文的进化论及其社会运用方面，而章太炎的理解却要深刻得多。在许多方面，他对进化论的理解较之《天演论》的翻译者严复更为准确和深刻。赫胥黎在《进化论与伦理学》中明确地指出，进化不仅具有从相对一致的状态趋向相对复杂的状态的进步现象，而且具有"从一种复杂的状态趋向相对一致的状态的进步的退化变态现象。"[33] 赫胥黎在书中广泛探讨人类的困境与进化的关系，他的主题之一是不同文化对待罪恶和痛苦的态度这一始终与进化过程相伴随的问题，其中也涉及了印度文化从对"苦"的理解出发不再理睬整个的进化过程。与用斯宾塞思想解释赫胥黎的著作的严复相比，章太炎的《俱分进化论》不仅抓住了赫胥黎的要旨，而且深化了对社会达尔文主义的批判。在这篇文章的开头，章太炎明确地指出他所批判的对象，是起源于黑格尔的历史哲学的总体历史观念，而不是达尔文的生物进化论，从而显示了他的理论洞见：

> 近世言进化论者，盖昉于海格尔氏。虽无进化之明文，而所谓"世界之发展即理性之发展者"，进化之说蘖芽其间矣。达尔文、斯宾塞尔辈应用其说，一举生物现象为证，一举社会现象为证。如彼所执，终局目的，必达于尽美醇善之区，而进化论始成。[34]

---

[33] 赫胥黎：《进化论与伦理学》，纽约，1925，页6。转引自本杰明·史华兹：《寻求富强：严复与西方》，叶凤美译，江苏人民出版社，1989，页94。

[34] 章太炎：《俱分进化论》，《章太炎全集》第4卷，页386。类似的观点在其他文章中也多次出现，并且把对进化论的和目的论的时间观念的批判与对整个启蒙主义的意识形态，特别是其人道主义的批判联系起来。例如在《五无论》中，他说："或窃海格尔说，有无成义，以为宇宙之目的在成，故惟合目的者为是。夫使宇宙而无所知，则本无目的也；使宇宙而有所知，以是轻利安稳之身，而倏焉生成万物以自蠹。……然则宇宙目的，或正在自悔其成，何成之可乐？调御丈夫，当为宇宙之忏悔者，不当为宇宙所漂流者。且人之在斯世也，若局形气以为言，清净染污，从吾志耳。安用效忠孝于宇宙目的为？若外形气以为言，宇宙尚无，何有目的？世之论者，执着有生，而其终果于

章太炎认为赫胥黎从生物角度、叔本华从非理性角度对这种理性进化论的批评未能击中要害,因为这种历史观的真正核心问题并不是客观地陈述生物和社会的历史,而是通过这种历史叙事确定价值和道德的起源,进而提供社会认同的资源。因此,对进化论的批判主要是对历史目的论的批判,而后者需要在道德的领域进行;章太炎并不否认作为"客观事实"的进化(即变化),而是否认这种进化具有向善的道德含义:

> 虽然吾不谓进化之说非也。即索氏(指叔本华——作者引)之所谓追求者,亦未尝不可称为进化。若云进化终极,必能达于尽美醇善之区,则随举一事,无不可以反唇相稽。彼不悟进化之所以为进化者,非由一方直进,而必由双方并进。专举一方,惟言智识进化可尔。若以道德言,则善亦进化恶亦进化;若以生计言,则乐亦进化,苦亦进化。双方并进,如影之随形,如罔两之逐影。非有他也,智识愈高,虽欲举一废一,而不可得。曩时之善恶为小,而今之善恶为大;曩时之苦乐为小,而今之苦乐为大。然则以求善求乐为目的者,果以进化为最幸耶?其抑以进化为最不幸耶?进化之实不可非,而进化之用无所取,自标吾论曰:俱分进化论。[35]

章太炎批判国家、社会、团体等人类文明"理性化"的产物也是基于这种善恶俱进的非历史目的论判断。他说:

> ……国家未立,社会未形,其杀伤犹不能甚大也。既而团体成矣,浸为戈矛剑戟矣,浸为火器矣,一战而伏尸百万,蹀血千里,则杀伤已甚于太古。纵令地球统一,弭兵不用,其以智谋攻取者,必尤甚

行杀,曷若生杀两尽之为愈也?至其所谓人道者,不知以宇宙目的为准耶?抑以人类天性为准耶?若以宇宙目的为准者,已如前驳;若以人类天性为准者,人之天性不能无淫,犹其天性不能无杀。以淫为人道不可断者,何不以杀为人道而不可断乎?……"见《章太炎全集》第4卷,页439—440。

[35] 同上,页386—387。

于畴昔。何者?杀人以刃,固不如杀人以术。……[36]

他的结论是,在低级哺乳动物直至人类的历史中,善与恶同时并进。[37]其所以如此,用章太炎的佛教语言来说就是:一是由于熏习性,这是说生物本性无善无恶,但一切生物无不从于进化之法而行,故必不能限于无记(按即无善无恶),而必有善恶种子与之杂糅,且"种种善恶,渐现渐行","熏习本识,成为种子,"[38]生物进化的程度"愈进而为善,为恶之力亦因以愈进,此最易了解者";二是由于我慢心,由有末那执此阿赖耶识以为自我,念念不舍,于是生四种心,在"好真、好善、好美"而外,复有一好胜心,善恶亦随之而生。[39]章太炎用这些佛教语词所要表明的基本问题就是,人类文明的发展并不是一个随时间的不可逆转的进化而不断进步的过程,现代社会的观念、制度和物质的发展并不是一个合目的的过程,相反,它所蕴含和制造的恶较之古代有过之无不及。

3. 否定性的自由:个体观念的内涵与对"公理"世界观的批判

章太炎所谓善恶俱进并不就个体而言,而是"就一社会一国家中多数人类言之",他所着眼的不是知识、物质和制度的变化,而是这些变化对于道德的意义,这里所谓道德也不是一般所谓"公德"、"私德",而是一种基于"真如平等无别异"的本体论原理的平等观念。这里特别应当指出的是,章太炎所反对的不是作为历史过程的(他所谓"客观的")进化,他的论旨也主要不是证明现代社会较之古代社会更为残酷,而是通过历

---

[36] 同上,页387。
[37] 章氏说:"由是以观,则知由下级之乳哺动物,以至人类,其善为进,其恶亦为进也。"同上,页387。
[38] 同上,页389。按章太炎的看法,种子有"本有"、"始起"(新熏)两种,"本有"种子没有善恶,"始起"种子有善恶。
[39] 同上,页389。

史过程的再叙述瓦解现代价值来源的"公理"、现代性的知识体系和基于这种"公理"化的现代知识体系而产生的现代性的态度。对进化论历史观的批判仅仅是他对"公理"化的现代知识体系的批判的一个有机部分,这在他写于两年之后、刊于《民报》第22号(1908年7月10日出版)上的《四惑论》中已经非常清楚。章太炎说:

> 昔人以为神圣不可干者,曰名分。今人以为神圣不可干者,一曰公理,二曰进化,三曰惟物,四曰自然。有如其实而强施者,有非其实而谬托者。要之,皆眩惑失情,不由诚谛。[40]

实际上,进化、惟物和自然也都是作为科学"公理"而成为中国现代意识形态的构成要素的,或者说,进化、惟物和自然的思想只有被理解为"公理"才能成为中国现代认同的基本资源和中国现代政治思想的理论基础。章太炎对"公理"世界观的揭露和批判因而特别地涉及现代社会的认同和政治思想的基本出发点等问题。

值得注意的是,章太炎的个人观念及其内含正是在对"公理"的批判过程中呈现出来的,从而这种个人观念是从否定的方面关涉现代认同和社会政治思想的基础问题。章太炎说:

> 公理者,犹云众所同认之界域。……然此理者,非有自性,非宇宙间独存之物,待人之原型观念应于事物而成。[41]

"公理"是存在的,但它不是宇宙的原理或先验规则,而是人的观念建构,即把事物建构成为一定的认知体系中的存在,"公理"不是物的本性,而是人的创制——不是人类的共识,而是个人的学说。因此,"公理"的创制过程并不是"公"的展现,而是"私"的曲折的表象。从社会功能的角

---

[40] 章太炎:《四惑论》,《章太炎全集》第4卷,页443。
[41] 同上,页444。

度,章太炎说:

> 若其以世界为本根,以陵藉个人之自主,其束缚人亦与言天理者相若。……其所谓公,非以众所同认为公,而以己之学说所趋为公。然则天理之束缚人,甚于法律;而公理之束缚人,又几甚于天理矣。[42]

"个人之自主"在这里成为一种至高的原则,它拒绝任何以公理、社会和世界等名义出现的集体性观念,这些观念在整个现代革命的过程中表现为一种现代性的态度:

> 彼其言曰:不与社会相扶助者,是违公理;隐遁者,是违公理;自裁者,是违公理。[43]

我在上文已经提及,现代性的态度的特征之一是进化论的和目的论的历史观,它把个人及其生存的意义与合目的的历史过程的当代时刻相关联。置身于种族革命和社会革命的过程中,章太炎否认社会对于个体的决定意义和优先性,捍卫个体退守、隐遁和自杀的自主权,其政治性含义接近于依赛亚·柏林所说的"否定性自由"。[44] 也正是在这个意义上,章太炎把他对个体自主性的强调与对自由的理解联系起来,只是他对个人及其自由的论证方式是从他的自性、原子和真的宇宙构成原理中展示出来。

在章太炎的理解中,作为公和公理的对立物的个人及其自由包含这

---

[42] 同上,页444。
[43] 同上。
[44] 依赛亚·柏林将自由区分为否定性的和肯定性的两种含义。他将自由的首要的政治含义称之为"否定性的自由"。他解释说,这一概念涉及对下述问题的回答:"在什么样的领域中,主体——个人或由个人所形成的群体——可以或应该不受他人干涉地是其所是,或做其能做的事?"而肯定性自由所要回答的则是:"什么,或谁,是控制或干涉的来源,这种干涉能够决定某人做这而不做那,是这而不是那?"Isaiah Berlin, *Four Essays On Liberty* (Oxford New York: Oxford University Press, 1989), pp. 121-131.

样几层含义:

首先,个人是绝对自主的存在,"非为世界而生,非为社会而生,非为国家而生,非互为他人而生。故人之对于世界、社会、国家,与其对于他人,本无责任。"[45]换句话说,个人不是世界的分子、社会的成员、国家的公民、宗教的信徒、他人的亲朋,从而不存在独立的个人之上的任何命令或他律,无论这种命令或他律是法律、教义、自然法,还是社会责任和义务。"我既绝对,非他人所得与其毫毛。"[46]个体是个体自身的绝对者,他不隶属于任何的"关系"范畴。

其次,个人的自由以无害于人为界,这种自由的根本意义在于拒绝的自由;任何以社会、历史或必然性等"公"的形式为由而产生的对个人的要求都是对自由的否定。个人自由的真正含义不是个人能做什么,而是个人可以不做什么;退守、隐遁和自杀行为是个人自主性的最高表现,这是因为这些行为是一种否定性的行为,它们不是表明个人能够做什么,而在表明个人可以面对"神圣不可干者"——诸如责任、义务等等——而做出拒绝的姿态。换言之,个人的自主性才是绝对的,"责人以'无记'以上,而谓之曰公理,则束缚人亦甚矣。"[47]像黑格尔、普鲁东那样"以互相牵掣为自由","使万物皆归于力,故持论至极,必将尊奖强权。名为使人自由,其实一切不得自由也。"[48]相对于天理,公理"以社会常存之力抑制个人","束缚无时而断","无逃于宙合",故"公理之惨刻少恩,犹有过于天理"。[49]在这个意义上,现代社会组织及其意识形态对个人的压抑远甚于专制社会及其以"天理"为中心概念的伦理体系。

第三,章太炎把这种绝对的个人观念同时理解为一种以不齐为齐的法则,从而这一观念被最终归结为齐物的宇宙原理和历史观念。作为一种宇宙原理,它也提供认知世界的方式和应对世界的伦理。这也就意味

---

[45] 章太炎:《四惑论》,《章太炎全集》第4卷,页444。
[46] 同上,页447。
[47] 同上,页446。
[48] 同上,页445。
[49] 同上,页449。

着它的个人观念与它的否定对象——公、群、公理等现代世界观——一样,试图解决的是社会认同的基础问题,只不过它不是以普遍性的概念、而是以绝对的个人自主性作为真正的社会法则。章太炎说:

> 庄周所谓"齐物者,非有正处、正味、正色之定程,而使万物各从所好"。其度越公理之说,诚非巧历所能计矣。若夫庄生之言曰:"无物不然,无物不可。"与海格尔所谓"事事皆合理,物物皆善美"者,词义相同。然一以为人心不同,难为齐概;而一以为终局目的,藉此为经历之途。则根柢又绝远矣。[50]

在齐物思想与黑格尔的历史理性的明确对比中,这种齐物思想与个人观念构成了一种反决定论和反目的论的宇宙观。关于这一点,我在论述他的《齐物论释》时再作详论。

章太炎对进化、惟物和自然的批判同样是对"公理"的迷妄和假象的揭露,这三个方面都与近代思想以科学及其公理性作为社会变革的理由相关。可以说,他对公理世界观的解构实践,是通过对进化论的历史目的论、惟物论的历史决定论和科学主义的自然观念的具体分析展现出来的。章太炎的哲学批判方式并不复杂,他在认识层面试图证明:进化、惟物和自然等科学思想归根到底无非是人的理智活动而已。首先,进化并不是世界的状态,而是人的意识的建构,用佛教的术语说,无非是缘识而成。"所谓进者,本由根识迷妄所成,而非实有此进。……借观地球,无时而不绕日,乃其所旋轨道,惟是循环周转,非有直进之途。"[51]其次,科学所研究的物质不是自存的物质,而是被纳入特定视野的物质,它只能通过因果律来呈现自身。因此,科学首先把世界建构成为它的对象,并纳入它的范畴关系加以解释。在这个意义上,"惟物"是虚妄的,科学只不过是关于世界的解释体系,它并不能解释世界自身。"应用科学者,非即科学自

---

[50] 同上,页449。
[51] 同上,页449。

体;而科学之研究物质者,亦非真惟物论。是何也?言科学者,不能舍因果律。因果非物,乃原型观念之一端。"承认因果的存在,也就承认物之外仍有别的东西存在,也就不能以惟物相标榜。即使是原子,也仍是"軼出经验以外,以求本根于无方分者。"[52] 第三,既然作为科学认知对象的"物"是被科学建构起来的,因此,以物为内容的自然也必然没有自性,因为"自然"不过是由科学建构起来的认识对象而已。"知物无自性之说,则自然之说破。……近人又言自然规则,乃合自然、法尔为一谈。言法尔者,本谓离心不得一法,即此法者,亦心之尔餤迷惑所成。言自然规则者,则胶于自性,不知万物皆展转缘生,即此展转缘生之法,亦由心量展转缘生。"[53]

章太炎认为知识的推论永远类似于一种还原,它从复杂到简单,从表面上的多样性达到构成这种多样性的基础的同一性,即心之所造。[54] 这种思维方式的主要特征就是抹杀人的意识的各层次的差别和多样性,而只是把这种差别和多样性视为一种假象和迷妄。通过清除这些假象和迷妄,人们认识中的各事物的形态和重要性上的差别消逝了;他举例说,在感觉中,只有光相与火相,而不存在日与火,"日与火者,待意识取境分齐而为之名。"[55] 章太炎的意图之一,乃是扫除一切由科学的信仰、传统的

---

[52] 同上,页452。
[53] 同上,页454—455。中国思想中的自然概念即"本然的样子"的意思,这一概念与中国思想中的"公"观念具有内在的联系。章太炎用自性的观念来驳斥自然的观念,也就是对公的观念的批判,如《无神论》:"虽然,亦不得如郭自然之说,夫所谓自然者,谓其由自性而然也,而万有未生之初本无自性,自性既无其自,何有其然。"
[54] 同上,页453。章太炎特别将科学与惟物论作出区别,主要是为了不致使科学成为外在于人自身的存在,进而成为压迫个人的东西。他引用休谟说:"科学之说,既得现象,亦必求其本质。而吼模之说,惟许现象,不许本质,则原子之义自摧。由是观之,惟物论成,则科学不得不破。世人之矜言物质文明者,皆以科学揭橥,而妄托其名于惟物,何其远哉!"章太炎似乎倾向于用感觉论的方式来消灭心物二元对立,实际上是要消灭由名相而来的虚妄和等级:"即实而言,惟物之与惟心,其名义虽绝相反,而真惟物论,乃即真惟心论之一部。所以者何?不许因果,不许本质,惟以现所感触为征,此则所谓'现见别转,远离一切种类、名言、假立,无异诸门分别'者,是正惟心论之见量。……"
[55] 同上,页453。

习俗和知识的命名所建立并竭力加以维护的种种人为的差别即所谓名相。他力图表明,现代性的历史观和宇宙观所说的那些特殊的规律,以及由这些规律所产生的新的道德意识和社会认同,仅仅是一种与实际状态相距甚远的假设和子虚乌有。进化与退化、苦与乐等等并没有高低之分,也不存在理论形态的根本性的差别,相反,所有这些区分和差别都可以归结为一堆无差别的感觉。这从认识论的层面为他的基于"真如平等无别异"的本体论原理的平等观念提供了基础。

就把判断与知觉相同一的方法论而言,这些想法类似于(仅仅是某种程度的类似)爱尔维修(Helvetius)在他的《精神论》(De l' Esprit)中的观点,即认为一切精神活动都能还原为判断,而判断只不过是把握个别观念之间的异同。但对异同的辨识是以意识的一种原始活动为前提的。这种活动类似于、甚或等同于对某种可感性质的知觉。当爱尔维修将判断与知觉相等同的时候,"伦理准则的大厦和知识的逻辑层次结构就被摧毁了。这两座建筑之所以被夷为平地,是因为据说知识的唯一不可动摇的基础是感觉。"卡西勒(Ernst Cassirer)指出,尽管爱尔维修的方法论构成了18世纪的特征,但他的这种观点是和法国启蒙哲学和百科全书派完全对立的。[56] 章太炎的特点在于:他虽然强调知识(名相)与感觉的联系,但他对这种感觉本身同样持怀疑态度。

4. 自然法则与人道原则

进化、惟物和自然等现代观念涉及的似乎是自然历史、自然规则和世界的物质起源等等问题,但这只是其外表,而不是它的理论核心。章太炎把它们作为"公理"世界观的构成部分进行分析,这种批判策略清楚地显示我们不应到自然哲学,而应到伦理学中去寻找这一理论核心,虽然这种"公理"伦理学是以"公理化"的自然观念或宇宙论作为他的理论资源的。

---

[56] Ernst Cassirer, *The Philosophy of the Enlightenment*, trans. Fritz C. A. Koelln and James P. Pettegrove (Boston: Beacon Press), p. 27.

换句话说,进化、唯物和自然以及现代思想对这些观念的辩护,并不是纯粹的科学教条或形而上学教条,而是一种律令。这种律令不仅旨在确立一种关于物性的论点,而且旨在命令和禁止。从表面看,这些观念及其辩护如同一种严格和一贯的决定论体系,按照其逻辑,人们不应当用人或以人的主观性来解释的任何特性强加于自然。因此,自然中没有正义或非正义,也没有善或恶。在自然中,一切生物、一切事件,就价值和有效性而言都是平等的。一切现象都是必然的;生物的既定属性和它的生存环境,决定了它只能象它实际活动的那样活动。把这种有关物性的论点推及人及其活动,也就成为关于人的原子论的理解:原子的结构形成了人,不取决于人的主观性的原子的运动决定了人的性格和命运。

但是,章太炎发现,这种唯物主义的陈述中却隐含了一种深刻的对抗。因为正如18世纪欧洲启蒙哲学——如霍尔巴赫(Holbach)的《自然的体系》(*System of Nature*)——那样,这些有关自然的观念只是一个更广泛的整体的前奏,仅仅是有关社会体系和普遍道德的基础;这些观念的真正倾向只是在社会和道德领域才清楚地显现出来。

> 余谓进化之说,就客观而言之也。若以进化为主义者,事非强制,即无以使人必行。彼既标举自由,而又预期进化,于是构造一说以诬人曰:"劳动者人之天性。"若是者,正可名进化教耳。[57]

进化或者公理并不是物性自身,而是关于物性的强制性规定。用这种强制性规定作为社会的行为规范和价值标准则是社会专制的认识论起源。章太炎说:

> 若是而主持强权者,亦可为训令以笼人曰:"服从强权者,尔之天性然。"此与神教之说,相去几何?[58]

---

[57] 《章太炎全集》第4卷,页451。
[58] 同上,页452。

> 以自然规则本无与于人道,顺之非功,逆之非罪云尔。今夫进化者,亦自然规则也。……个人欲自遏其进化,势非不能。纵以个人之不进化,而风靡多数,使一切皆不进化,亦不得为个人咎。以进化者,本严饰地球之事,于人道初无与尔。然主持进化者,恶人异己,则以违背自然规则弹人。……今之尊信自然规则者,一则废之,一则举之,自为矛盾而不悟。……昔之愚者,责人以不安命;今之妄者,责人以不求进化。二者行藏虽异,乃其根据则同。……[59]

章太炎坚持区别自然规则与人为规则,他清楚地看到了这种关于自然事件具有绝对必然性的观念已经陷入了它自己织就的推理之网。因为按照这种观念,我们有什么权利谈论规范?又有什么权利提要求和作出评价?这些观念不是把"必须"都看作"必然"了吗?难道我们能指引"必然"、规定它的道路和归宿吗?[60]现代世界观由公理、进化、惟物、自然等等"根识迷妄"所成,而如果允许迷妄来造就道德秩序,那么这些迷妄的"公理"就会构成危险的专制统治。因为在这里它不仅取消了人的知识,而且从根本上剥夺了人——不是普遍的人,而是具体的个人——的幸福和自由。只有彻底消除诸如"公理"、"进化"、"惟物"、"自然"等等概念或名相,才能使自然的秩序不致遭受由这些概念或名相构成的超自然世界的干涉、威胁和颠覆。

---

[59] 同上,页456—457。

[60] 章太炎对进化论和有关自然的观念的批判方式有些接近于弗里德里希大帝(Frederick the Great)对霍尔巴赫《自然的体系》一书的回答。弗里德里希大帝反驳说:"在作者罗列了全部证据,以表明人的全部活动是受一种宿命的必然性所支配的以后,他不得不得出这样的结论:我们只是一架机器,只是由一种盲目的力量所牵引的木偶。可是他接着来了个180度大转弯,突然爆发出一种反对牧师、政府和我们的整个教育体系的热情。他甚至认为,能够这样做的人是自由的。与此同时,他又竟然向他们证明他们只是奴隶!多么愚蠢,何等的胡言乱语!……如果万物是由必然原因所推动的,那一切劝告、指教和赏罚岂不是既多余又无法解释了吗?……"See Cassirer, *The Philosophy of the Enlightenment*, p. 71.

5. 无我的个体不能成为道德的起源

就理路而言,章氏对"公理"世界观的批判来自佛教的宇宙"真实"学说,特别是它的缘起论和无常论;但这不等于说章氏的思想就是佛教思想的推衍。当他把个人的自主性与上述种种"公理"相对立时,这些"公理"就不过是环绕个人、压迫个人的专制力量。在这个意义上,个体或个人虽然也并没有"自性"可言,但却是一种相对而言较为真实的存在,甚至是道德的基础。1907年,章太炎答复别人对他在《民报》上大谈佛学的指责时说:

> 要之,仆所奉持,以"依自不依他"为臬极。[61]

对于章氏来说,这种"依自不依他"的观念就是王阳明的"自尊无畏",就是上自孔、孟、荀,下迄程朱陆王颜李的"自贵其心,不援鬼神"的"汉族心理","盖以支那德教,虽各殊途,而根原所在,悉归于一,曰'依自不依他'耳。"[62] 章太炎甚至说,象王学那样"或不免偏于我见","然所谓我见者,是自信,而非利己……犹有厚自尊贵之风,尼采所谓超人,庶几相近。(但不可取尼采贵族之说)。"[63] 个体与自我蕴含了道德的意义,而道德则是"复兴诸华"的基础。[64] 这种对个体和自我观念的理解也影响了他对佛教的理解,例如他有意无意地忽略了法相、禅宗的诸多差异,认为"法相、禅宗,本非异趣",其理由就是"至于自贵其心,不依他力,其术可

---

[61] 章太炎:《答铁铮》,《章太炎全集》第4卷,页374。
[62] 同上,页369。
[63] 同上,页374—375。
[64] 章太炎说:"然所以维持道德者,纯在依自,不在依他……而今世宿德,愤于功利之谈,欲易之以净土,以此化诱贪夫,宁无小补?然勇猛无畏之气,必自此衰,转复陵夷,或与基督教祈祷天神相似。……至于社会相处之间,稍有信仰,犹愈于无执持。今之所志,但欲姬、汉遗民,趣于自觉,非高树宗教为旌旗,以相陵夺。"同上,页374—375。

用于艰难危急之时,则一也。"[65]

但是,个体与道德的上述联系不能被简单地加以理解,这是因为章太炎所谓"自性"、所谓"我"是与个体及其"我见"有重要区别的概念,它的意义只能在佛教"无我论"的理路中才能彰明显现。个体对于公理、进化、惟物、自然以及政府、国家、社会、家族等等具有优先性,但这种优先性只是由于它更接近于、而非等同于"自性"而已,最终它也应如其他没有自性的事物一样归于"无"。换句话说,个体观念在章太炎的论述过程中是一个临时性的概念。个体与道德的关系建立在个体与"无我论"中"我"这一从佛教缘起论中派生的概念的复杂关系之中。佛教所谓"我"是主宰与实体的意思,"寻其界说,略有三事:恒常之谓我;坚住之谓我;不可变坏之谓我。质而言之,则我者即自性之别名。此为分别我执,属于遍计所执自性者。"[66]而所谓"无我"则是说一切存在都不是独立不变、自我存在、自我决定的实体,也没有自我主宰的我或灵魂。从缘起论的观点说就是,一切事物和现象都在相待的关系中和条件下产生,从而是因缘所成的、相对的和暂时的。章太炎在《人无我论》中认为现代物理学对原子的发现破除了"人我"的观念,但它又将所谓自性归诸"他种根力,又堕法我之谬论",因此,章太炎对"我"的破除也是在"人无我"和"法无我"两个层面上进行的,但其重点是"人无我"。[67]从唯识学的立场出发,章氏首先区别所谓"常人所指为我"与"邪见所指为我"。前者如孩童堕地已有顺违哀乐之情,在整个生命过程中"无一刹那而不执有我见"。"此

---

[65] 同上,页369—370。正如已有学者指出的,章太炎完全是站在法相宗的立场上来看待禅宗的,他进而也在法理上忽略二者的差别:它们虽然都以《楞伽》为宗经,但所取并不相同。法相取于《楞伽》的是"五法、三自性、八识、二无我";而禅宗则取宗说二通、"不说一字"以及关于禅的思想等等;禅宗属于"真心一元"论,法相属于"阿赖耶缘起"论,一以"真心"为本原,一以"妄心"为本原;就"自贵其心,不依他力"而言,禅宗所贵在"真心",法相所贵在"赖耶",前者"依自力""直指人心",见性成佛,所谓"顿门";后者,则须历经"三大阿僧祇劫"方能成佛,所谓"渐教",有大不同。见郭朋、廖自力、张新鹰:《中国近代佛学思想史稿》,成都:巴蜀书社,1989年版,页361。
[66] 章太炎:《人无我论》,《章太炎全集》第4卷,页419。
[67] 同上,页419。

为俱生我执,属于依他起自性",[68]也即由各种因缘而成的具有相对的自性的我。章太炎所说的"无我"之"我"则是在"遍计所执自性"的意义上陈述的"邪见所指为我",也就是他在《无神论》一文中所说的"惟我论"。"僧佉(译曰数论)之说,建立神我,以神我为自性三德所缠缚,而生二十三谛,此所谓惟我论也。"[69]

章氏在讨论"惟我"问题时并不限于佛教资源,他也从西方现代思想中寻找解释,费希特和叔本华即是他的例证。如谓:"似僧佉派而或进或退者,则前有吷息特(费希特——引注),后有索宾霍尔(叔本华——引注)是也。"这些惟我论的特点是"以为智识意欲,互相依住"。[70]值得注意的是,章氏在此提及的费希特和叔本华的各不相同的唯心主义都是"从康德在阐述物自体概念中交织着的种种敌对思想发展而来"。[71]文德尔班(Wilhelm Windelband)在讨论费希特对知识学的基本问题即"经验的基础是什么?"时指出:"知识学力求证明:一切经验的意识即使它的目标集中在存在,客体,事物,并将这些当作自身的内容,归根结底,它的基础还是存在于意识对自身的原始关系上。"[72]自我意识构成了费希特唯心主义的原则。从主观方面说,这一唯心主义原则认为知识学只从知性的直观出发发展自己的认识,意识只从它对自身行为的反省出发而进行自己的活动;从客观方面说,日常生活中的所谓事物和客体以至康德所谓物自

---

[68] 同上,页419。《成唯识论》卷一(《大正新修大藏经》第三十一卷第二页)释"俱生我执"谓:"俱生我执,无始时来,虚妄熏习内因力故,恒与身俱,不待邪教及邪分别,任运而转,故名俱生。"《瑜珈师地论》卷七十三(《大正新修大藏经》第三十卷第七〇三页)释"依他起自性"谓:"云何依他起自性? 谓从众缘所生自性。""依他起自性,由何故依他? 答:由因缘故。"关于章太炎对这两个概念的讨论,已有学者作了研究,参见郭朋、廖自力、张新鹰:《中国近代佛学思想史稿》,页373—375;姜义华:《章太炎思想研究》,上海:上海人民出版社,1985年版,页369。

[69] 章太炎:《无神论》,《章太炎全集》第4卷,页395。

[70] 同上,页395。

[71] Wilhelm Windelband, *Lehrbuch der Geschichte der Philosophie*, 14. Ausg., revidiert von Heinz Heimsoeth (Tübingen, 1950), p.488. 见中译文德尔班《哲学史教程》下卷,罗达仁译,北京:商务印书馆,1993年版,页778。

[72] 同上,页799—800。

体都是理智的功能,从而客体只为主体而存在,知识的对象就是理性体系。叔本华在费希特的影响下,从"德性主义"的立场跃进到对万物本质的认识。"作为观念的世界"只能是现象;客体只有在主体中才有可能,客体被主体的形式所决定。从知识学的意义上说,只有直观才能理解世界的本质,而这种直观是这样一种直观:"凭借这种直观,'认识主体'通过自身直接呈现为意志。"由此也就解决了外部世界之谜:物自体就是意志。[73]章太炎对惟我论的批判的核心就在于,他不承认"知识意欲"是单一、普遍的宇宙意志,是一与全,是道德的根源。"惟我之说,与佛家惟识相近,"其区别在于"佛家既言惟识,而又力言无我。"[74]这样一来,章太炎"无我论"和"无神论"的论旨就与康德的物自体理论极为接近:通过对我、物、神的解析,达到对阿赖耶识或真如的确认。"依他起"之"我"只是证明了阿赖耶识和真如的存在,后者正如康德的物自体一样不是现象界的、可以用知觉感知的具体事物,也不是随个别事物的差异而变化区别的灵魂,而是含藏万有的普遍本质和一切见相的起源。

6. 阿赖耶识、无我之我与重归普遍性

理解这一点对理解下述问题至关重要:个体观念瓦解了作为伦理基础和道德源泉的"公"观念——从"公理"化的现代世界观到家、国、社会之"公"伦理,但它本身也是"无我"的,这是否会导向道德的虚无主义呢?或者,如果个体人是无我的,那么存在不存在真正的自我呢?如果存在,这种自我与个体人是怎样的一种关系呢?章太炎说:

> 遍计所执之我,业已瓦解。虽然,人莫不有我见,此不待邪执而后得之。则所谓依他起之我者,虽是幻有,要必依于真相。譬如长虹,虽非实物,亦必依于日光水气而后见形。此日光水气是真,此虹

---

[73] 同上,页810—811。
[74] 章太炎:《无神论》,《章太炎全集》第4卷,页395—396。

是幻。所谓我者,亦复如是。昔人惟以五蕴为真,仍堕法执,又况五蕴各分,别自成聚,岂无一物以统辖之者?故自阿赖耶识建立以后,乃知我相所依,即此根本藏识。此识含藏万有,一切见相,皆属此识枝条,而未尝自指为我。于是与此阿赖耶识展转为缘者,名为意根,亦名为末那识。念念执此阿赖耶识以为自我,此不必多有证据,即以人之自杀者观之,亦可知已。[75]

"所谓依他起之我"虽然是依据了"真相"也即真如或阿赖耶识而起,但仍然是一种"幻我"、"我相"或现象之我。值得注意的是,通过对"我相"的揭露,章太炎试图分解出在人的意识之外的"真相"。章太炎以自杀为例说,以"救我"为目的的自杀者不以"形体为我",因而在形体之外必有所谓我者。自杀可以被解释为一种途径,一种摆脱为世界所缚的形体之我而达于真我的道路。这种自杀者之我因此就是幻形为我的阿赖耶识。与没有实体性、普遍性和永恒性的"我相"相比,阿赖耶识才是真正的自我:它是普遍的、永恒的和自主的"完全自由之我"。它一方面是人我和一切万物的起源,另一方面又存在于一切事物之中。这就是所谓"一切众生,同此真如,同此阿赖耶识","是故此识,非局自体,普遍众生,惟一不二。"[76]

章太炎在这里将超越形体的我、阿赖耶识和真如当作同一事物,是

---

[75] 章太炎:《人无我论》,同上,页424。章太炎在《菿汉微言》(页2)中也曾涉及相同的问题,他说:"佛法虽称无我,只就藏识生灭说耳。其如来藏自性不变,即是佛性,即是真我,是实,是遍,是常。而众人未能自证,徒以生灭者为我,我岂可得邪?……今应说言:依真我(如来藏,是实、遍、常),起幻我(阿赖耶,非实、遍、常);依幻我,说无我;依无我,说真我。"晚清思想界也经常将佛教有关我、真我以及真如的讨论与西方思想作比附,如梁启超《近世第一大哲康德之学说》云:"佛说有所谓真如。真如者,即康德所谓真我,有自由性者也。有所谓无明。无明者,即康德所谓现象之我,为不可避之理所束缚,无自由性者也。"

[76] 章太炎:《建立宗教论》,《章太炎全集》第4卷,页414—415。同样的看法还见于《人无我论》:"至阿赖耶识为情界、器界之本,非局限于一人,后由末那执著,乃成我相。……若阿赖耶识局在体中,则虽以千百妙语成立无我,不过言词之异同,而实已暗认有我矣。"同上,页427。

"一切众生"共同具有的连生体,而不把阿赖耶识说成是"一切众生"各自具有的不同个体。这样,他所谓我就与个体区别开来了。已有学者指出这种看法并不符合唯识思想。按唯识宗看法,阿赖耶识虽然以真如为实性,但毕竟是"一切众生"所各自具有的一种主体现象,而不象真如那样是遍有的。[77]这也证明了章太炎所谓"识所幻变之我"不是通常与肉体或物质相对的精神或灵魂,因为灵魂"为东西所共许,原其本义,特蠢尔呼吸之名","乃个人所独有",而阿赖耶识"为情界、器界之本,非局限于一人,后由末那执着,乃成我相。"[78]他甚至把孔子所谓"克己复礼为仁"中的克己解为杀己,从而论证说:"仁者我之实性,形体虽亡,而我不亡,故仁得依之而起。"[79]真我、阿赖耶识、真如、仁都是超越变化、生灭和具体事物的世界本体和实、遍、常的存在,也即"无我之我"。"必依他起之我相,断灭无馀,而圆成实自性赫然显现。当尔所时,始可说有无我之我。"[80]既然章太炎认为阿赖耶识不能局限于个人,那么他所谓"恒常"、"坚住"、"不可变坏"之"我"就是一种"大我",一种类似于康德"物自体"的超越现象界的宇宙本原。就"无我之我"与道德的关系而言,章氏谓:"然则能证无我,而世间始有平等之大慈矣。"[81]对于章氏来说,平等的原则不是伦理的规定,而是本体的状态。这就是他将惟识思想与庄子的《齐物论》相关联的内在基础,也是他从否定公、群的个体走向至高的、超越个体的公的思想桥梁。

章太炎从捍卫个人自主性出发对公理世界观的批判至此达到了对个人及其自主性的否定。"所谓我者,舍阿赖耶识而外,更无他物。此识是

---

[77] 参见郭朋、廖自力、张新鹰:《中国近代佛学思想史稿》,页378。
[78] 章太炎:《人无我论》,《章太炎全集》第4卷,页427。这一问题也涉及到轮回观念。章氏说:"无我之与轮回,非特不互相抵触,而适足以相成。所以者何?恒常之谓我,坚住之谓我,不可变坏之谓我。若其有我,则必不流转以就轮回。……正惟无我,乃轮回于六趣耳。"章氏没有回答在既无灵魂又无我的情况下,谁是轮回的承担者的问题;但实际上,轮回只是在无我状态下呈现,也是从无我之我的观点上才能发现的。
[79] 同上,页425。
[80] 同上,页428。
[81] 同上,页427。

真,此我是幻。执此幻者以为本体,是第一倒见也。"[82]个人是无我的、因而是无实体的、变动不居的、非普遍的存在。因此,作为五蕴和合而成的无自性事物,个人与他的对立物如公理、进化、惟物、自然、政府、国家、社会、聚落等等集体性观念一样,不过是幻觉而已。不仅如此,个体在意识中"执藏识以为自我,以执我之见见于意识,而善恶之念生",从而个体之自我也绝无可能成为道德的源泉,毋宁是罪恶的渊薮,纷争的蛊惑,等级的起源。[83]章太炎不是把个人而是把对无我的证明视为宇宙间的普遍和绝对的平等的前提,这是因为无我论才是通达真我和本体即阿赖耶识和真如的必由之路。换言之,章太炎从个人的自主性开始,到否定公理世界观和各种以"公"的名义出现的事物,最终达到的并不是绝对自主的个体,而是本体论意义上的普遍性。这种普遍性是宇宙的原理,因而也是社会应该遵循的伦理和道德。这意味着章氏并未以个人自主性作为终极的道德基础,而只是以个人自主性作为针对"公理"和"公"的世界模式的批判性的前提。"无我之我"才是本原性的存在,是摆脱一切束缚的主体,进而是"平等"这一宇宙原理的基础。当章太炎把阿赖耶识与仁作类比的时候,他实际上已经在本体论的意义上接受普遍原理亦即"公理"的思想了,只是他的普遍原理并没有如公理世界观那样以"公"的名义对个体人直接提出制约性的要求,特别是没有在社会的等级结构的关系中形成制约性的道德伦理。阿赖耶识是超越人我与法我的本原性存在,如果它可能构成一种召唤的话,那么这种召唤是超越宇宙间的一切等级而直接与平等的个体对话的。正如我已经指出的,近代思想中的公、群观念的使用方式与荀子以礼制为其内核的群的政治理想具有重要的联系,而章太炎在这里用佛教语言所表述的公的思想却与庄子所谓"天无私覆,地无私载,天地岂私贫我哉?"的自然之公、特别是其宇宙论意义上的平等观存在内在的相似性。[84]"自然之公"是宇宙的本性,而不是可以被掌握

---

[82] 章太炎:《建立宗教论》,《章太炎全集》第4卷,页406。
[83] 章太炎:《五无论》,《章太炎全集》第4卷,页436。
[84] 章氏对个人及其自由的论述中基本上不涉及"社会"的范畴。因此,他的个人观念尽管有其政治意义,但却不是通常政治理论中界定的个人概念。

并利用的规则。宇宙的存在和呈现本身就是他的原因,它没有别的原因。

通过对普遍性(公理或公)的否定,最终达到对普遍性的肯定,新的认同基础得到了确认。这个奇异的推理过程是在佛教唯识宗和老庄思想的语言中建构起来的,我将在对他的齐物论的宇宙模式和本体论的分析中着重进行解释。但是,在此之前,我们将首先回到章氏的社会政治思想及其历史语境中,因为这些看似难解而且自相矛盾的抽象的观念论是与章氏直接面对的社会政治问题紧密相关的。这就是说,在进一步分析章氏的宇宙论或本体论之前,我们将提供理解他的宇宙论和本体论的知识社会学背景。

第三节　民族—国家与章太炎政治思想中的个体观念

——在个体/国家的二元论式中为什么省略了社会?

1. 个体概念为什么是反国家的和无政府的?

章太炎的个体观念不仅仅是一个哲学的或道德的概念,而且是——首先是——一个政治概念。这是因为个体观念是在与以"公/群"为核心概念的现代世界观的对立中展示其意义的,而"公/群"观念在晚清的语境中绝不仅仅是一种抽象的道德观念,而是现代民族—国家及其社会组织形式如商会、学会、国会、政党以及士绅—村社共同体的代称和道德基础。公理、进化、惟物、自然等现代观念的运用是围绕着建构民族—国家这一中心而展开的,或者说,它们是中国现代民族—国家话语的最重要的和最活跃的部分。我在这一部分设定的问题是:章太炎的个体观念与民族—国家的话语建构是什么关系?更直接地说,作为"中华民国"这一概念的首创者和晚清种族革命的理论制造者,民族主义构成了章氏一生文字生涯和革命实践的特别重要的内容,但同时,章氏的临时性的个体概念不仅构成了对国家、政府和各种以建立现代民族—国家和进行社会动员为目的的社会团体的批判和否定,而且还构成了对民族概念的最终抛弃。如果说个体概念是现代民族—国家话语的重要部分的话,那么,这一概念又如何、在什么意义上构成了对民族—国家话语的否定:这一悖论是如何构成的?个体概念的这种政治性的运用同时呈现了这一概念建构的社会语境。如果说个体和自我概念与种族、国家、社团、聚落等等概念涉及中国的现代世界观的不同侧面及其构成方式,对它的解释也将回答章氏以否定普遍性为特征的个体观念为什么又以普遍性为归宿。

章氏的个体概念的政治含义首先体现为这一概念对国家概念和政府概念的否定,因此,这是一种反国家的和无政府的个人概念。在《五无论》、《国家论》以及《代议然否论》等文中,章太炎将他在《四惑论》、《人无我论》、《无神论》等文中的论述逻辑直接转向政治领域,个体、自性等概念成为批判国家、政府以及代议制等现代国家机器的理论上的出发前提。章氏在《国家论》一文中提出了排斥国家的三条理由:

> 一、国家之自性,是假有者,非实有者;二、国家之作用,是势不得已而设之者,非理所当然而设之者;三、国家之事业,是最鄙贱者,非最神圣者。[85]

在这三条理由中,第一条理由是原理性的理由,后两条理由是从第一条理由发展出来的。也正是在国家是否具有自性的讨论中,章太炎把个体与国家放在截然对立的关系中。章氏首先重复了他在讨论佛教唯识宗的自性观念时的近于原子论的观点,即自性是不可分析、绝无变异的存在,"众相组合,即各各有其自性,非于此组合上别有自性。"正如一切物体与原子的关系一样:

---

[85] 章太炎:《国家论》,《章太炎全集》第4卷,页457。

> 凡诸个体,亦皆众物集成,非是实有。然对于个体所集成者,则个体且得说为实有,其集成者说为假有。国家既为人民所组合,故各各人民,暂得说为实有,而国家则无实有之可言。……要之,个体为真,团体为幻,一切皆然。[86]

章太炎把原子论的物质观念与社会国家的构成作类比,意在否定国家为主体和人民为客体的国家学说:

> 国家之为主体,徒有名言,初无实际……或曰:国家自有制度法律,人民虽时时代谢,制度法律,则不随之以代谢。即此是实,故名主体。此亦不然,制度法律,自有变更,非必遵循旧则。纵令无变,亦前人所贻之'无表色'耳。[87]

值得注意的是,在论及国家与个体的关系时,章氏所讨论的是谁是主体的问题,但他并不认为个体的主体性是绝对的,它只是在与国家以及其他社会团体的关系中具有相对的优先性而已。换言之,章氏"国家论"中的个体概念也仍然是一个临时性的概念。既然个体仅仅"对于组合之团体,则为近真",[88]其本身也是"伪物",那么国家是一种"假有"的结论就不只是推论的结果,也是它在物的秩序中的"分位得然也。"[89]章氏并未论述自性观念与"分位"观念的相关关系,因为从原理上看,自性观念是排斥任何等级性的秩序和对待性的关系的,但是,为什么又认为世界有某种分位即秩序呢?这种分位与秩序一方面是为强调个体的优先性而设定的,另一方面章氏所讨论的问题不是本体论问题而是政治问题。因此,

---

[86] 同上,页457—458。
[87] 同上,页459。所谓"表色",章太炎解释说:"凡言色者,当分为三:青黄赤白,是名显色;曲直方圆,是名形色;取舍屈伸,是名表色。凡物皆属显色、形色,凡事皆属表色。表色已过,而其所留遗之功能,势限未绝,是名无表色。"
[88] 同上,页459。
[89] 同上。

"分位"指涉的并不是宇宙的先验模式,而是现实的社会体制和政治结构。这种将个体、国家与自性置于一种等级关系中的论述模式又一次证明了个体概念的直接的政治性。

我们可以将章太炎从个体问题出发展开的国家批判归结为三个方面。首先,个体对于集体的优先性的论证针对的是国家主权的观念(也就是邹容、陈天华、孙文、梁启超、严复等共同论证的总体之自由对于个体之自由的优先性的观念),这一论证的依据是唯识思想的自性概念。但是,从是否具有自性的观点来讨论国家是否拥有主权,这表明章氏在此论述的主权概念不涉及国家与国家之间的关系,在后一方面,章氏是坚定的民族主义者(而不是国家主义者)。其次,否定国家的地理设定和等级结构具有实体意义。"天高地下,本由差别,妄念所生,一切分位,随眼转移,非有定量。……乾坤定位,准此可知,名分之执,亦由斯破坏矣。"[90]从无差别的观念出发,没有自性的国家无论其外延(国界)还是其内部的等级构造都不过是"妄念"的产物。最后,对国家的主权、界域和等级结构的虚幻性的分析最终导致了他的第三个结论:国家不是道德的源泉而是罪恶的渊薮,个体才是价值的创造者。根据上述引文,个体是指"各各人民",即不是人民这一总名,而是每一个体。拥有主权的不是国家,也不是作为总体的人民,而是个体即"各各人民"。这不仅因为"凡诸事业,必由一人造成,乃得称为出类拔萃",集体性的事业既非抽象的团体之功,也非团体的元首之誉,而是个体的创造。[91]

隐藏在上述结论背后的,是对集体性事业有无权力处理个体的生命并诠释其意义的质疑。从现代革命的历史来看,这一问题既涉及革命的理由、革命的召唤是否道德的问题,也涉及那种将自己与总体历史过程相关联的现代性的态度是否合理的问题,还涉及现代民族—国家及其事业是否具有天然合法性的问题。比之于舍生赴死而绝不牵连他人的宗教性事业,章氏说:

---

[90] 同上,页461。
[91] 同上。

> 国家事业则不然。其为种族革命欤？政治革命欤？社会革命欤？必非以一人赴汤蹈刃而能成就。我倡其始，而随我以赴汤蹈刃者，尚亿万人。……而独尸是语，以为名高，斯亦何异于盗窃乎？[92]

在章氏的眼中，以社会改造和国家事业为职志者，如尧舜，如华盛顿、拿破仑，如巴枯宁、克鲁泡特金，都不可与为普度众生而只身赴难的释迦、伊壁鸠鲁、陈仲子、管宁诸公相比，因为前者的声名建立在别人的牺牲之上。

2. 在个体/国家二元对立的论述模式中，如何理解个体/民族的关系？

在国家与个体的二元对立的论述模式的另一面，是章太炎的激烈的民族主义。一个合乎逻辑的追问是：民族与个体的关系又如何呢？对这一问题的解释首先涉及如下问题：对于章太炎来说，国家与民族是什么关系？作为激烈的民族主义者，章氏对国家的否定发生在怎样的历史语境中？与所有这些问题相关的一个甚为重要、影响深远的问题是：为什么章氏的论述模式是个人/国家的二元论，而不是个人/社会/国家的更为复杂的论述模式？"社会"范畴在章氏的论述模式中居于什么地位？

在现代中国民族主义的各种讨论中，国家、国家主权和国家的制度结构（立宪、代议制和官僚制度）是最为重要的论题，也是中国民族主义与传统的华夏中心主义有所区别的主要标志。作为一种群体认同意识，中国思想中的族类和文化观念都起源很早，如《左传》所谓"非我族类，其心必异"，如《礼记》所谓"有知之属，莫不知爱其类"，如荀子所谓"先祖者，类之本也"。根据王尔敏的研究，春秋时代的族类有不少是指宗族派系，但也有不少与种族（族群）的自我体认相关，这就是《左传》、《论语》中的夷狄与诸夏的分别。这种种族（族群）上的正统意识得到了文化上的自

---

[92] 同上，页462。

我认同的确认,孔子所谓"微管仲吾其被发左衽矣"就是明证。但是,正如许多学者都已提及的,在中国民族的斗争与同化过程中,族类的观念不如文化观念之深入人心,甚至可以说"由文化而泯除种界的区别,是自先秦以来政治理想的传统。"[93]从华夏中心与四夷的关系看,同化的形式主要不是设重兵置总督,而只是奉行中国的一册正朔即可。上古中国的中国中心说体现为王畿与五服的观念,它是以帝王为中心向外推移的差等关系之理想。[94]就制度形式而言,对四夷的关系主要由礼部而不是外交部或殖民部主持,这明显地说明维持王道中心的是集政统与道统于一身的天子,而不是国家。在这种外推式的结构中,最难以产生的是国与国之间的对等关系。正是在这个意义上,传统中的"中国"概念虽然具有复杂和多面的含义,但主要是一种所谓"有文化的邦土之体认",而不是民族—国家。[95]因此,中国概念与诸夏概念是同一的,它主要是基于文化与族类的统一观念。自清代中叶庄存与、刘逢禄倡公羊说,它的泯灭"内外"和"夷夏"的观念成为晚清今文经学运动的一个核心思想,康有为、梁启超把这一观念用于改良的政治实践,即使像章太炎这样的古文家也深受影响。成于戊戌之前的旧《訄书》以"客帝"和"分镇"的观念讨论清代政治的变革问题,前者承认了清帝的合法性,后者则是地方分权政治的理论表达。在这个意义上,章氏在1903年发表于《苏报》的《驳康有为论革命书》重申种族革命的观念,不但是对民族主义的体认,而且也是对于自己曾经信奉的泯灭内外和夷夏的公羊思想的否定。换言之,从清代思想的演变的角度看,章太炎的民族思想是在摆脱公羊学转而复归宋儒的春秋观的过程中发展出来的。所谓宋儒的春秋观的核心即夷夏之辨。

晚清中国民族主义从重申夷夏之防的观念开始,并在鸦片战争之后

---

[93] 王尔敏:《中国近代思想史论》,台北:台湾商务印书馆,1977年版,页210。
[94] 《史记·夏本纪》:"令天子之国以外五百里甸服","甸服外五百里侯服","侯服外五百里绥服","绥服外五百里要服","要服外五百里荒服。"《史记》卷一,北京:中华书局,1982年版,页75。
[95] 参见王尔敏:《"中国"名称溯源及其近代诠释》、《清季学会与近代民族主义的形成》二文,见《中国近代思想史论》,页447—486,页209—232。

逐渐地与欧洲的国家主权概念相结合。到甲午战争失败、维新运动兴起的时期,主要来自西方的"国家"观念不仅已经成为中国现代民族主义的最为显著的特征,而且也是贯穿不同政治集团的政治话语的中心概念。"民族—国家"的观念经由朝廷的政治改革方案(以奏折、上谕的形式)、民间知识分子的宣传(以文章、刊物的形式)和革命党人的理论与实践(以演说、文章、刊物和海外活动的形式)而被建构起来。早在1850年代,冯桂芬就说:"今国家仍以夷务为第一要政,而剿贼(太平天国)次之。贼可灭夷不可灭,一夷灭,百夷不俱灭。……今海外诸夷一春秋时列国也。"[96]戊戌运动之初,康有为说:"当以列国之势治天下,不当以一统垂裳之势治天下。"[97]梁启超直接把"国"的概念与"一统"及"天下"的概念相对立:"我支那人非无爱国之性质也,其不知爱国者,由不自知其为国也。中国自古一统……谓之为天下,而不谓之为国,……自数千年来,同处于一小天下之中,未尝与平等之国相遇,盖视吾国之外,无他国焉。"[98]在一系列文章中,梁氏也将个人或自我与国家(群)相对立,但他的取向恰与章太炎相反,即把中国积弱的原因归结为"人人心目中但有一身之我,不有一群之我"。[99]梁氏说:

> 国家思想者何?一曰对于一身而知有国家;二曰对于朝庭而知有国家;三曰对于外族而知有国家;四曰对于世界而知有国家。[100]

---

[96] 冯桂芬:《显志堂稿》卷一,页11。
[97] 康有为:《公车上书》,《戊戌变法文献汇编》第2册,台北:鼎文书局,页140。类似的看法如徐勤《总论亚洲》:"列国并列,则民智而国强;国势统一,则民愚而国弱。"(麦仲华辑:《皇朝经世文新编》卷一下,页一八下)又:汪康年《中国自强策》中:"中国自古独立于亚洲之中,而其外皆蛮夷视之,素以君权为主,务以保世滋大为宗。故其治多禁防遏抑之制,而少开拓扩充之意。"(同上,页三下。)
[98] 梁启超:《爱国论》,《饮冰室合集·文集》之三,上海:上海中华书局,1947年版,页66。
[99] 梁启超:《中国积弱溯源论》,《饮冰室合集·文集》之五,页23。
[100] 梁启超:《新民说·论国家》,《饮冰室合集·专集》第三册之四,页16。

国家概念是在与个人、家庭、外族和世界的相关关系中建立起来,但梁氏在此省略掉的是种族与国家的关系,这一省略的政治含义十分明显,即淡化满汉之间的民族主义冲突,而强调中国作为一个多民族国家的统一性。国家而非种族成为真正的主体和现代认同的源泉,并重构了中国人关于世界秩序的想像结构。

孙中山认为中国自秦汉以后就是民族国家,因此在中国"民族主义就是国族主义。"与梁启超一样,孙中山也是将国家概念与家族和宗族作为对立的两极来加以论述的。不过应当提及的是,孙文的上述看法发表于1924年中华民国已经成立的时代,这与他于1906年在《民报》周年纪念大会上的演说对民族主义的阐述颇有不同,那时他虽然不赞成民族革命就是尽灭满洲民族的看法,但他强调中国人已是"亡国之民",并把"种性"和建立汉人的政权作为民族主义的主要内容。[101] 这意味着他的国族主义是作为已经建立了汉族统治的政治家对"民族—国家"的阐述,因此多民族统一国家的思想是与维护汉族主权的合法性直接相关的。尽管上述近代人物所谓国家的内涵各不相同,但是,民族—国家作为西方现代性的最重要的成果已经重构了中国思想的世界图式。国家认同的要求意味着国家自身是真正的主权单位:这种国家主权并不仅仅是对其他国家而言,也是对国家内部的个人、家族、宗族和种族等社会群体而言。在这个意义上,为了获得有效的社会动员,国家的自主性意味着个人、家族等社会单位的自主性的丧失或部分丧失。

在建构民族—国家话语的历史语境中,章太炎对国家的否定姿态的含义究竟如何?首先需要提及的是,章氏在文化立场上并未拒斥"国"的概念。作为近代中国"国学"运动的主要倡导者,他对"国粹"即语言文字、典章制度、人物传记的整理、阐释正是整个现代中国民族—国家观念建构过程的一个重要部分。1905年2月,国学保存会的机关刊物《国粹

---

[101] 关于民族主义即国族主义的看法见孙中山《三民主义》,《孙中山全集》第9卷,北京:中华书局,1981,页184—185。《"民报"周年纪念大会上的演说》,见《辛亥革命前十年间时论选集》,第2卷,上册,北京:三联书店,1978,页535—536。

学报》在上海创刊时,仍在狱中的章太炎在该刊发表了他入狱前的四封信和狱中的"漫笔",自称"上天以国粹付余";[102] 1906年章氏主持《民报》时期,国粹派的排满复汉思想大量见于该刊。王缁尘编著《国学讲话》论及国学时说:

> 国学之名,古无有也。必国与国对待,始有国家观念,于是始以己国之学术称为国学。[103]

这大体说出了国学与国家思想的关系。黄节在《国粹学报叙》中将国体与国学并列而论,其言曰:

> 吾国之国体,则外族专制之国体也;吾国之学说,则外族专制之学说也。[104]

但是,这里所谓"国学"的"国"指的是汉族之"国","学"亦汉族之学,其直接的对立面是"夷族"专制和"胡学"。[105]因此,"国粹"或"国学"概念中的"国"主要是针对异族特别是满族统治而产生的种族的和文化的概念,而后才是现代国际关系中的政治性的国家概念。[106]章太炎在《东京留学生欢迎会演说辞》中将他的民族主义思想概括为两句话:"第一是用宗教发起信

---

[102] 章太炎:《章太炎癸卯【】(狱)中漫笔》,《国粹学报》第8期撰录第5页,上海,1905。
[103] 王缁尘:《国学讲话》,上海:世界书局,1935,页1—3。
[104] 黄节:《国粹学报叙》,《国粹学报》第1期,1905年3月23日,上海,页3。
[105] 黄节:《国粹学报叙》,《国粹学报》第1期,页3。在同文中,他又说:"不自主其国,而奴隶于人之国,谓之国奴;不自主其学,而奴隶于人之学,谓之学奴。"
[106] 如许守微:"国粹者,一国精神之所寄也。其为学本之历史,因乎政俗,齐乎人心之所同,而实为立国之根本也,源泉也。是故国粹存,则其国存,国粹亡,则其国亡。"许守微:《论国粹无阻于欧化》,《国粹学报》1905年第7期社说,页2。又如邓实:"国学者何,一国所有之学也。有地而人生其上,因以成国焉……","国学者,与有国以俱来,因乎地理根之民性,而不可须臾离也。"邓实:《国学讲习记》,《国粹学报》1906年第19期社说,页4。

心,增进国民的道德;第二是用国粹激动种性,增进爱国的热肠",而提倡国粹"只是要人爱惜我们汉种的历史。"[107]尽管"国粹"的倡导与抵制欧风日雨的动机有关,但其主要的内容却是从文化上论证反满的必要性。章氏坦承他的思想上承蒋氏《东华录》和郑所南、王船山的思想,他关注的是种族和文化的自主和纯洁,其逻辑的结论也就必然是"排满革命"。

章氏对"国家"的否定显然不在文化的层面,而在政治的层面。就直接的针对性而言,晚清国家话语是在清朝政府的奏议、文牍之中产生的,所谓国家的主体不言而喻地指称清朝政府。在《新民丛报》的文章中,国家概念的运用强调的是中华民族共同体,即由于文化的同化作用而产生的多民族统一的国家。因此,国家概念在康、梁等人的话语中不仅是针对列强的侵略而提出的主权思想,而且是(主要是)针对排满革命的主张而提出的修辞策略,即用文化的同一性而非种族及其文化的纯洁性作为国家的基础,进而用国家的概念来批判政治革命和社会革命的思想。章氏的民族主义注重的是国内的种族关系,康、梁的民族主义注重的是国际关系。1903至1906年间,对美国作了实地考察之后的梁启超已经不再把国家与民族作为同一概念来运用。他援引伯伦知理关于国民与民族之差别的理论,认为"国家为完全统一永生之共同体",这个政治有机体由国民及其活动之精神而成就;民族则是由同一语言风俗和同一精神性质所构成,在其没有成为一种国民人格和法团时,民族就不是国民,因而也不是国家。在分析了国家构成(多民族之国家、单一民族之国家及多国家之民族等等)的诸种类型之后,梁氏的问题是:

> 爱国之士之所志,果以排满为究竟之目的耶,抑以立国为究竟之目的耶?

梁氏认为中国的问题不在满人或对于满人之媚,而在汉人对于独裁

---

[107] 章太炎:《东京留学生欢迎会演说辞》,《民报》第6期,页4,1907年1月。又见《章太炎政论选集》上册,北京:中华书局,1977,页272—276。

之媚,从而将问题从种族问题转变为政治问题。他直指章太炎所说"不能变法当革,变法亦当革"的排满主义,认为后者将"建国主义一变而为复仇主义"。基于对章氏排满革命论的批评,梁启超提出了两种民族主义的模式,即"小民族主义"和"大民族主义",前者指的是汉族对于国内其他种族的关系,后者指的是"合国内本部属部之诸族以对于国外之诸族是也"。在他的"大民族主义"的概念背后则隐含着中国文化对于满洲及其他民族的同化能力的预设。[108]

3. 个体/国家的论述模式与晚清国家主义

显然,章氏对国家的否定与他的排满的民族主义有深刻联系。但这仍不能解释为什么他对国家的批判采取了"国家/个人"相对立的论述模式。对此,我们需要从相反的方向分析他的论敌有关国家的论述。

梁启超访美归来后对美国的民主制度及他曾信奉的西方自由主义深表怀疑,他转而赞成德国国家主义的政治理论,特别是伯伦知理和波伦哈克的国家理论。梁氏介绍了伯伦知理对卢梭民约论的批判,认为民约论者混淆了国民与社会的差别。梁氏说:

> 国民者,一定不动之全体。社会则变动不居之集合体而已。国民为法律上之一人格,社会则无有也。故号之曰国民,则始终与国相待而不可须臾离。号之曰社会,则不过多数私人之结集。[109]

除了前已论及的国民与民族的关系之外,梁氏引述伯伦知理和波伦哈克

---

[108] 梁启超:《政治学大家伯伦知理之学说》,《饮冰室合集·文集》之十三,页72—76。
[109] 同上,页68。在梁氏的观点背后,是他的政治态度和政治信仰的重大转变,在《梁任公先生年谱长编初稿》中有如下记载:"从前所深信的破坏主义和革命排满的主张,至是完全放弃,这是先生政治思想的一个大转变,以后几年内的言论和主张,完全站在这个基础上立论。"转引自《辛亥革命时期期刊介绍》第1册,北京:人民出版社,1982年版,页162。

第十章 无我之我与公理的解构

的国家理论包含了下述几层意思:

首先,与个体集合而成的社会不同,国家是有精神意志、肢体结构、自由行动和发育过程的统一的有机整体。以此为理由,他赞成伯伦知理对卢梭的民权和民约论的批判,主张"国家主权"不能为任何个人所分享。[110]

其次,就政体而言,伯伦知理认为君主立宪较之其他政体、特别是共和政体为最良政体。这不仅因为共和政体的成立依赖于特定的历史条件,而且它将立法权(多数决定)与行政权相分离的做法可能削弱国权。共和政体标榜自由平等,但实际上既鄙视下等国民,又猜忌俊杰。按照波伦哈克的看法,共和政体将统治主体与统治客体相混同,在人民之外没有国家的位置。从直接的政治结论来说,梁氏想说的是:"我中国今日所最缺点而最急需者,在有机之统一与有力之秩序。而自由平等直其次耳。"[111]

第三,主权既不属于君主,也不属于社会;既不在国家之上,也不在国家之外;国家及其宪法就是主权的来源。梁氏特别驳斥主权为私人之集合权或未能成为法人的民族之主权的看法,认为有主权则有国家,无主权则无国家。[112]

第四,从国家目的来说,伯伦知理虽然试图在以国家自身为目的与以国家为"各私人"即国民之工具这两种观点之间保持某种平衡,但基本的倾向却是明确的国家目的论:"国家目的为第一位,而各私人实为达此目的之器具也。"[113] 关于国家的上述看法最终导致梁氏转而认为在中国的具体情境中,"开明专制"甚至较之君主立宪更为合适。[114]

现在我们可以清楚地看到章太炎从个体角度对国家进行批判的真正

---

[110] 同上,页70—71。
[111] 同上,页69,页77—86。
[112] 同上,页86—88。
[113] 同上,页88。
[114] 参见梁启超:《开明专制论》,《饮冰室合集·文集》之十七。张灏指出:梁启超最关心的不是"开明专制",而是一个更广泛的问题,即"国家理性"。换句话说,梁氏与西方政治思想中自马基雅维里直至黑格尔以来的思想倾向完全一致,他们最关心的是有关政府确保国家生存和安全的理性行为,而不考虑它在道德和意识形态方面的后果。"国家理性"明确地证明政府这种最高政治目的的理性行为的合理性。梁对"开明专

理由,这就是对国家作为首要政治价值的观点的彻底否定。对于个体而言,国家没有自己的特性,也绝非具有内在生命的有机体;对于个体而言,国家没有主权,只有个体——"各各人民"——才是主权的拥有者;对于个体而言,国家是专制的工具和罪恶的渊薮,而绝不是道德的来源;对于个体而言,一切对待性的关系都是不平等的起源,宇宙和世界在本体论的意义上就是平等而无差异的。从政治层面看,章太炎的个体概念的最重要的政治含义是对"开明专制"和"君主立宪"的政治主张的全面否定,但问题的核心却仍然是要不要满人统治这一民族主义问题。

鲁帕特·埃默森(Rupert Emerson)曾经指出,19世纪伯伦知理和德国其他政治理论家所提倡的有限的君主立宪制,无非是试图通过立宪方法,防止君主的意志趋于专断,从而保证君主忠于国家,对国家作出最大的贡献。[115]梁启超的开明专制论和伯伦知理的有限君主立宪制把国家奉为最高价值的目的,似乎都包含了对君主专制进行限制的含义。梁启超在写作《政治学大家伯伦知理之学说》时,从伯伦知理那里得到的启示之一是有关民族和国家的区分,即作为一个法人团体的国家与作为以共同的语言、宗教、习俗和种族为根据的民族的区别。他开始认为民族主义作为一种建立现代国家的途径或方式,也可能导致分裂的后果,因为中国是一个多民族的社会。因此,国家目的论在晚清的语境中明确地包含着对于内部民族主义或他称之为"小民族主义"的否定。不言而喻,对于章太炎等人来说,这种国家目的论恰恰是维护清朝统治的理论工具。正如朱执信在《心理的国家主义》一文中说的,梁启超的《新民丛报》、杨度的《中国新报》和《东方杂志》等刊物中所谓"国家","舍满政府而外,他更

制"的兴趣是他关心"国家理性"的一个自然发展。但在这方面必须指出的是,他不是对开明专制本身感兴趣,而是把它当作在帝国主义时代解决中国国家安全和生存问题的一个理想的和有效的方法。这大致也可以解释梁对君主立宪和开明专制的矛盾心理。Hao Chang, *Liang Ch'i-cháo and Intellectual Transition in China*, 1890-1907 (Cambridge: Harvard University Press, 1971). 此据中译本《梁启超与中国思想的过渡(1890—1907)》,崔志海、葛夫平译,南京:江苏人民出版社,1993,页181—183。

[115] Rupert Emerson,《近代德国的国家和主权》,纽黑文,1928,页1—4,转引自张灏:《梁启超与中国思想的过渡(1890—1907)》,江苏人民出版社,1993,页183。

无所指"。[116] 反过来看，章氏的《中华民国解》反复论证中国的国家与种族的统一性。"建汉名以为族，而邦国之义斯在。建华名以为国，而种族之义亦在。此中华民国之所以谥。"他断然拒绝将中国解释为地域的概念、将中华解释为文化的概念，都是为强调中国概念的种族性质。[117] 他也强调国家主权的概念，但他的主权概念完全是种族的主权概念，而不是政治的主权概念。"吾向者固云所为排满洲者，亦曰覆我国家，攘我主权之故。"[118]

值得注意的是，梁启超与章太炎关于民族主义的争论早在1903年即已发生，章氏在1907年再论国家问题已经具有更为直接的政治性。这不仅因为《民报》与《新民丛报》及《中国新报》等改良派报纸的论争涉及革命还是改良的尖锐对立；而且还因为1905至1907年间，"预备立宪"之"新政"已经是清朝政府的国家行为。1905年底，清朝政府派载泽、端方、戴鸿慈、李盛铎、尚其亨等五大臣赴日本和欧美各国考察宪政，流亡中的梁启超为他们草拟若干奏折。1906年清廷宣布预备立宪，"大权统于朝廷，庶政公于舆论，以立国家万年有道之基"，"但目前规制未备，民智未开"，只能先从官制入手。从《清末筹备立宪档案史料》所收资料来看，整个"预备立宪"涉及官制、议院、咨议局和地方自治、法律和司法、满汉关系、教育、财政和官报等方面，其基本的构想是以清廷为中心，建立起一套类似于欧美现代国家的等级性的官僚体制，进行有效的社会动员，由上至下，"各明忠君爱国之义，合群进化之理，勿以私见害公益，勿以小忿败大

---

[116]　朱执信：《心理的国家主义》，《民报》第21号，1908年6月，页22—34。
[117]　章太炎：《中华民国解》，《章太炎全集》第4卷，页253。他所批判的对象是"金铁主义说者"，实际所指当是杨度发表于《中国新报》第2号（1907年2月）上的论文《金铁主义说》等。杨度认为富国强兵、军事立国"特以之对于外，而非以对于内"，实行"经济的军国主义。"在论及君主立宪时他涉及了满汉问题："君民之间，久无所谓满汉问题云云者，不能及于皇室，皇室直立于满汉问题之外耳。"他的看法是君主是国家的一个机关，只有专制政体君主与立宪政体君主的区别，不存在满汉问题。"君主为一国之代表，而非一族之代表。"在他的"君民一体，满汉平权"的口号背后是用国家问题来掩盖种族问题。参见杨度：《国会与旗人》（《中国新报》第7号），《金铁主义说》（《中国新报》第2号）等文。
[118]　章太炎：《中华民国解》，《章太炎全集》第4卷，页256。

谋,尊崇秩序,保守和平,以预诸立宪国民之资格,有厚望焉。"[119]可以说"预备立宪"是清廷与流亡知识分子的共谋产物,以清廷的合法性为核心的国家主义及其价值是"新政"时期社会氛围的主要特征之一。[120]杜赞奇(Prasenjit Duara)将清末新政视为"与现代化和民族形成交织在一起的中国模式的国家权力的扩展",这是因为"所有的中央和地区政权,都企图将国家权力伸入到社会基层,不论其目的如何,它们都相信这些新延伸的政权机构是控制乡村社会的最有效的手段。"[121]

4. 在个体/国家的二元论述模式中,为什么省略了社会范畴?

在清末特定的国家主义氛围中,章太炎用个体的真实性否定国家的虚幻性,用个体的否定性自由批判民族—国家的总体之自由,临时性的个体概念便具有了广泛的政治含义。章氏有关个体/国家的二元论述结构中有一个应予特别注意的省略,这就是对社会概念的省略。章氏用语中并非没有社会概念,我所谓省略是指他并没有从国家/社会/个人的三重关系来讨论个人问题,而是把国家与社会视为与个体相对立的组织形态;这样,社会与国家及政府的互动的和制约性的关系也就不在讨论的范围之内。中国现代性思想的主要特征之一就是社会观念的形成,所谓"公/群"概念的流行与西方思想中有关"社会"的学术和思想的传

---

[119] 《宣示预备立宪先行厘定官制谕》,《清末筹备立宪档案史料》上册,北京:中华书局,1979年版,页44。

[120] 清廷宣布"预备立宪"之后,康、梁极为兴奋。康有为说:"此一诏也,即将数千年来国为君有之私产,一旦尽舍而捐出,公之于国之臣民共有也。此一诏也,即将数千年无限之君权,一旦尽之,而捐立法权于国会,捐行政权于内阁。"(《救亡论》,此据《辛亥革命时期期刊介绍》第1册,页178。)梁启超则说:"从此政治革命问题告一段落。"(同上,页178。)

[121] Prasenjit Duara, *Culture, Power, and the State: Rural North China*, 1900-1942 (Stanford University Press, 1988), pp.3-4. 此据中译本《文化、权力与国家——1900—1942年的华北农村》,王福明译,南京:江苏人民出版社,1994年版,页2—3。

入有直接联系。康有为、梁启超等对"学群"(学会)、"商群"(商会)和"国群"(国会)的理论探讨和政治实践,都是以社会/国家(主要是皇权)的关系为轴心来展开的,也就是以如何形成社会的力量以限制皇权并完成社会政治制度的社会改造为宗旨的。对于梁启超、严复等人来说,个人的自主性与社会契约团体以至现代国家体制的建立有绝大关系:一方面,具有自主性的社会团体是进行社会动员以建立现代国家的中介组织,另一方面,自主性的社会团体与国家的制约性关系为个体的自由提供了公共空间。这就是许多西方学者用"市民社会"(civil society)和"公共领域"(public sphere)的范畴来解释近代中国"群"的理论与实践的原因。换句话说,梁、严等人的个体观念是在"群"和民族国家范畴中的个体观念。"吾中国所以不成为独立国者,以国民乏独立之德而已"[122],梁启超对个体独立的表述以建立国民的道德为手段、以建立独立的民族国家为目的,而社会团体的形成则是一个中介环节。

但是,章太炎的个体概念不仅是反国家的,而且也是非社会的。正如《四惑论》所云:"人类所公认者,不可以个人故,陵轹社会;不可以社会故,陵轹个人。"这里所谓社会意指包括国家、政府和一切以人为原子而组织起来的社会团体。个人不以国家、社会、他人而生,因而也不承认法律、责任和义务等等。[123]从是否具有自性这一立场出发,章氏矛头所指远远超越了对国家的否定:

> 非直国家,凡彼一村一落,一集一会,亦惟各人为实有自性,而村落集会,则非实有自性。[124]

在事物的整体性秩序中,所有组织而成的事物都没有自性。《五无论》全面表述了章氏社会思想的诸方面,即无政府、无聚落、无人类、无众生、无

---

[122] 梁启超:《十种德行相反相成义》,原载1901年6月16日、7月6日《清议报》第82、84册,后收入《饮冰室合集·文集》之五,页44。
[123] 章太炎:《四惑论》,《章太炎全集》第4卷,页444—449。
[124] 同上,页458。

世界。他把"五无"的实践过程分为三个阶段,即无政府、无聚落为一期,无人类、无众生为二期,无世界为三期。"五无"的推论过程首先把个体作为构成一切社会组织的原子来看待,而这些组织则是没有自性的对待性关系,因此在社会层面,对国家和其他社会组织的否定起源于将个体从一切对待性关系中解放出来的要求。这意味着章氏的社会思想不仅是无政府的,而且是无社会的。但是,作为社会原子的个体本身也是可分的,因为"若云原子,本无方分,互相抵触而后见形者。既无方分,便合浑沦为一,何有互相抵触之事?故知原子云者,徒为妄语。"[125] 这就是他对人类、众生和世界也一并否定的理由。

我在此侧重分析章氏对各种社会群体的否定的政治内含,这就是他的所谓"无聚落"的思想。但在具体分析他的论点之前,首先需要回答如下问题:为什么章太炎在批判国家的同时,连同梁启超等人特别注重的自主性的社会团体也一同否定?按照西方、特别是西欧的历史经验,市民社会以及在此基础上产生的公共领域,不是限制国家权力、形成民主社会的根本条件么?这里根本的问题是,章氏所谓"社会"是包括国家在内的各种非个人的集合体,而不是在国家之外的、与私人领域具有特殊联系的市民社会。在晚清的语境中,无论是形成都市契约团体的动力和实践,还是重新阐释并利用以宗族—士绅为核心的村社共同体的社会功能,都是以建立现代国家、实现社会动员为目的的。西欧市民社会的形成过程,也是现代民族国家形成和发展的过程;晚清各种社会团体则是在国家机器衰败的背景下倡导、产生和形成的;欧洲市民社会以及在此基础上形成的公共领域对专制国家具有重要的限制功能,进而成为民主制度的社会基础,而清朝政府和部分知识分子利用都市团体和士绅—村社共同体却有着不同的意义:这些社会组织以建立民族国家为主要目的,对它们的社会功能的理解、倡导和建立本身就是一种国家的或准国家的行为。晚清学会、商会和其他一些团体的组织者和参与者经常是与政府关系密切的士绅、知识分子,有些就是官员,这些社会组织的出现是晚清自上而下的国家改革

---

[125] 章太炎:《五无论》,《章太炎全集》第4卷,页435。

运动的一部分，甚至有关宗法社会的讨论也是在它的组织功能对于现代国家的意义的层面进行的。这一切证明：这些社会组织的行为与国家行为之间并无明显的界线，它们本身就是国家政权建设（State-making），特别是国家权力向基层渗透以加强政治和经济控制的重要手段。国家问题是整个社会活动的中心问题。这也可以从晚清"群"概念的模糊性中得到解释：一般社会组织如商会（商群）、学会（学群）与国家组织如国会（国群）都可以用"群"的概念来指称，而"群"的最高等级即"大群"则是指国家。如果上述看法成立，那么，章氏对"聚落"和各种社会"群体"的批判就是他的国家批判的一个组成部分，这也就解释了为什么他在否定国家的同时，连同一切团体都加以否定，并置之于个体的对立面。

5."群"之否定（1）：从个体角度批判代议制与平等问题

在以西方民族—国家为蓝本进行国家建设的清末"新政"的背景下，章氏对政府通过议院的设立和地方自治向基层社会扩张国家权力持激烈的批判态度。他首先涉及的是其上层的结构，即被梁启超称为"国群"的议会，特别是在"预备立宪"中谈得甚多的代议制。章太炎对议会的攻击始于《驳康有为论革命书》（1903），到"预备立宪"时期以《代议然否论》最为著名。许多学者对章氏批判议院的观点进行分析和梳理，在此不一一重复。我要特别提出的是，章氏对代议制的否定与国家通过建立自己的组织体系对基层进行控制的过程具有深刻联系。[126] 换言之，章氏批判

---

[126] 有关章氏对批评代议制的主要观点，可参见王汎森：《章太炎的思想及其对儒学传统的冲击》，台北：时报文化出版有限公司，1985年版，第5章第3节。我在这里着重提及的是，无论是清朝政府还是立宪派官员，他们都十分自觉地看到了代议制的功能是国家权力的扩展、渗透和巩固。如《御史徐定超请速设议院保互华侨以维人心弥民变折》即指出上、下议院及各级谘议局有六便：便于对不同地区进行因地制宜的控制；便于官绅联络，互相监督；便于将立法、行政和司法相分离；便于以地方自治为基础，解决当地问题；便于以国会认可的形式来确定和更改行政法令；便于通达下情，以静制动地对待地方性的社会问题；等等。见《清末筹备立宪档案史料》下册，页603—604。

代议制的最为重要的理由是反对国家用议院的形式进行社会组织和动员。这包含这样几层意思：

首先，代议政体是封建之变相，其主要的弊害是以贵贱等级来组织社会。这也涉及章氏对中国历史形态的独特看法。他认为中国的专制制度较之西方和日本的立宪制度是更为平等的社会形态。章氏说：

> 不悟彼之去封建近，而我之去封建远。去封建远者，民皆平等；去封建近者，民有贵族黎庶之分。与效立宪而使民有贵族黎庶之分，不如王者一人秉权于上，规摹廓落，则苛察不遍行，民犹得以纾其死。[127]
>
> 必欲阁置国会，规设议院，未足佐民，而先丧其平夷之美……是故选举法行，则上品无寒门，而下品无膏粱。名曰国会，实为奸府。[128]

议员表面代表人民，实际依附政党，"故议院者，国家所以诱惑愚民，而钳制其口者也。"[129]

其次，章氏深刻地意识到，在中国各级地区设立议院不仅操作上（特别是众多的人口与有限的议员、庞大的地域与选民的教育程度之间的矛盾）极为困难，而且更重要的是，设立议院的目的是在经济上对基层社会进行控制，特别是解决中央政府难以解决的纳税问题。章氏细致分析了以纳税多寡来确定选举权可能造成的问题，又指出：

> 且所为代议者，欲使增益租赋之令，不自上发，而自下裁定之。今为繁殖选权，则于代议未行之前，先武断以增租赋，于因果又适为颠倒矣。[130]

中央政府利用选举和地方议院的设立，以政治形式重建村社体制，国家机

---

[127] 章太炎：《代议然否论》，《章太炎全集》第4卷，页300。
[128] 同上，页301—302。
[129] 章太炎：《五无论》，《章太炎全集》第4卷，页431。
[130] 章太炎：《代议然否论》，《章太炎全集》第4卷，页303。

构可以利用地方力量解决租赋问题并对社会进行控制。代议制原来是为了扩大民权,但实际上却由于财富的不平等,扩大了政治的不平等,造成了新的社会等级结构。从国家权力扩张的角度来看,代议制加强了国家对基层社会的政治和经济控制。

最后,章氏认为议会制使议员(豪民)特权合法化,这也与民生主义的经济平等原则相冲突。章氏在提出一系列"抑官吏伸齐民"的理想主义政治方案的同时,特别提到他的经济方案,我们可以简要地概括为:"均配土田","官设工场","限制相续"(财富继承),"公散议员"(使政党不敢纳贿),官/商严格分开(防止其借政治以自利),等等。[131] 表面上看,章氏的这些主张与孙中山的民生主义基本相似(他自己也使用民生主义的概念),但内容却十分不同,这主要是他对资本主义、特别是资本的活动采取严厉的批判态度。他所谓"均配土田",不限于露田池沼,也包括山林场圃甚至牲畜,明显地具有打击资本活动的意图。他所说的"官立工场"与孙中山的大企业国有不同,并无"发达资本"的内容,而只是从反对私人工商业出发的。这与孙中山借"发达国家资本"来发展资本主义经济的主张正好相反。[132] 在《五朝法律索隐》等文中,他特别推崇传统的"重农抑商"论,主张实行贱商的《晋令》,并把社会动乱归之于"尊奖商人"。[133] 联系章氏在《四惑论》中对新式工业和技术的反对态度,他的上述看法明显地具有反现代的特征。

值得注意的是,章氏对国家的否定是从个体的立场出发的,但这种个体立场完全没有发展成为私人占有权的经济思想;相反,无论在政治权利的层面,还是在经济权利的层面,个体的概念都是与平等的概念(而不是权利的概念)紧密相关的。在经济占有权的意义上,无论是他所谓土田之"均配",还是工场之"官立",都体现了一种"公"的原则。

---

[131] 章太炎:《代议然否论》、《五无论》,《章太炎全集》第4卷,页307—308,430—431。
[132] 参见赵靖、易梦虹主编《中国近代经济思想史》下册,北京:中华书局,1985年版,页488—502。
[133] 章太炎:《五朝法律索隐》,《章太炎全集》第4卷,页84。此文原载《民报》第23号,收入《太炎文录》时有些改动。

如果考虑到个体概念是在与公理世界观的对立中展示其特征的,那么,在具体的社会政治和经济思想的层面,个体观念与公的价值的关联就特别值得注意。这有助于我们理解章氏对普遍性的批判为什么又以普遍性为归宿。

6. "群"之否定(2):对商的否定涉及由谁来分享国家权力

章太炎对商人及其团体的批评曾经引起他究竟是地主阶级代言人,还是民族资产阶级中下层或自耕农以上阶层的代言人的争论,[134]却很少提及他对"商"的批判是他的国家批判的一个组成部分,具体地说,就是对清朝政府的"新政"以及改良主义者有关观点的否定。在《五无论》中,章太炎明确地将对议院的批评与对商人的批评结合在一起,其中核心的问题是由谁来分享国家权力?官与商的问题一方面涉及商通过对国家的渗透获得特殊的利益,另一方面涉及国家通过商业活动扩大国家权力、盘剥民间社会,其中得利者仍是豪右而已。章氏在分析了日本议会的腐败情况之后说:

> 设议院者,不过分官吏之赃以与豪民而已。返观专制之国,犹无斯紊乱也。……专制之国,商人无明与国家分权之事,及异于专制者则不然。……是故有共和政体,而不分散财权,防制议士,则犹不如专制政体之为善也。[135]

章太炎着眼于商会与国家权力的关系来讨论"商"的问题,这在晚清的语境中不难理解。从郑观应早期所写的《商战》(上、下)、《商务》(一——五),我们已可知中国的国家主权和利益意识与商战有极大的关

---

[134] 参见李润苍:《论章太炎》,成都:四川人民出版社,1985年版,页32—60。赵靖、易梦虹:《中国近代经济思想史》下册,页488—502。

[135] 章太炎:《五无论》,《章太炎全集》第4卷,页431—432。

系。在谈及商会的自治功能时,郑观应说:

> 各国每埠皆设有商会,京都设商务总会,延爵绅为之领袖。其权与议院相抗,如有屈抑,许诉诸巴力门衙门。故商人恃以无恐。[136]

康有为《公车上书》里也论及商会的政治功能,并建议"今各直省设立商会、商学、比较厂,而以商务大臣统之……"[137]1896年初,总理衙门在《奏复请讲求商务折》指出设立商务局旨在"官商一气,力顾利权,此周官保富之法,行之今日尤为切要。"[138]戊戌运动之后,商务局一度受挫;1904年清政府颁布《奏定商会简明章程二十六条》,商部劝办商会。1905年之后的"新政"期间,政府与商会的活动发生了较为密切的联系,1907—1908年两次举行全国商业代表大会,讨论商法,供政府参考。在商会的历史中,它与政府的关系是一种控制与反控制的关系。一方面,在"预备立宪"时期,商会是支持政府的最为重要的社会力量之一。例如上海商务总会主办的《华商联合报》盛赞预备立宪是"举二千年之魔障摧而廓之……"呼吁人民采取行动协助朝廷立宪。[139]商会积极参加和支持宪政活动,特别是地方自治活动、咨议局和地方议会的活动等等。另一方面,商会与国家之间也有重要的利益冲突,因为国家劝办商会的目的是"广开利源",必然伴随苛捐杂税、侵夺商利和出卖利权的行为,而商会的"振兴工商"则有商人自己的利益在内。对于章太炎来说,国家与商会(商人)双方既合作又冲突的关系,一方面证明国家无法通过利用商业活动使自己的体制合理化,另一方面又证明商会等非国家组织其实是一些准国家组织。这也就是章太炎对"商"大加讨伐的根本原因。

---

[136] 郑观应:《商务二》,《郑观应集》上册,上海人民出版社,1982年版,页608。
[137] 康有为:《公车上书》,《康有为全集》(二),上海:上海古籍出版社,1990,页92。
[138] 《戊戌变法》第2册,神州国光社1953年版,页399—400。
[139] 金贤采:《宣统元年颂辞》,《华商联合报》第1期,转引并参见虞和平:《商会与中国早期现代化》,上海:上海人民出版社,1993年版,页85—86。

7."群"之否定(3):学会、政党与国家权力扩张

在都市团体中,除商会外,学会与政党是最重要的团体。章太炎对政治团体的批判着眼于国家的权力运作及其道德后果。

自强学会以后,帝制晚期的学会大多为政治性团体,也是中国现代政党的雏形。对学会倡导最力的是梁启超,他用"群"的概念来表述各种社会政治有机体,它们的主要功能就是将中国人结合为统一的国家。梁氏在《变法通义·论学会》中将社会团体分为三种,即:

> 国群曰议院,商群曰公司,士群曰学会,而议院公司,其识论业艺,罔不由学,故学会者,又二者之母也。……学会起于西乎,曰:非也;中国二千年之成法也。[140]

张灏指出,梁启超所以赋予学会如此重要的地位,是因为他认为学会构成了国家建设(State-making)的一种组织纽带。学会不仅担负着对人民进行训练的任务,而且也是形成一定政治认同的途径;因此,学会成了将复杂多样和组织松散的中国社会联合为一个统一的、具有凝聚力的国家的必不可少的环节。[141]晚清立宪运动时期的政党与学会之间有很深的联系。

章太炎对这些政治团体的批评主要是就它们与国家权力的关系进行的。章氏说:"要之,国有政党,非直政事多垢黷,而士大夫之节行亦衰。直令政府转为女闾,国事夷于秘戏,……"由政党中选出的议员"一朝登王路,坐而论道,惟以发抒党见为期,不以发抒民意为期,乃及工商诸政,则未有不循私自环者。"[142] 1911年10月,他发表了《诛政党》一文,认为

---

[140] 梁启超:《变法通议·论学会》,《饮冰室合集·文集》之一,页31。

[141] 张灏:《梁启超与中国思想的过渡》(Liang Ch'i-ch'ao and Intellectual Transition in China, 1890-1907, pp. 107-109.),页76—77。

[142] 章太炎:《代议然否论》,《章太炎全集》第4卷,页309。

"近世朋党者,新党所从出,政党又新党之变相。中国大局,已非往代,朋党猥贱,甚于古人,""朋党之兴,必在季世","天下之至猥贱,莫如政客",中国政党,"非妄则夸"。他"校第品类",分为七类,举凡康、梁之学堂、上层立宪分子、推动立宪运动的政闻社,以至各类资政员、谘议局员,及立宪派的士绅等等均在其列。[143]他对政治团体的否定也是双向的,即一方面它们是有自身利益的社会集团,阻碍了国家建设的合理化,另一方面中国政治团体的活动又是国家行为的一部分。这也是他在辛亥革命后随即主张"革命军起,革命党消"的理论基础。

8. "群"之否定(4): 个人、民族主义及其对士绅—村社共同体的否定

在"五无论"的论述结构中,对"聚落"的破除主要指向因地缘和血缘而成的宗族和部落。值得注意的是,对聚落的否定紧随对政府的破除,从而也需要在政治层面理解章氏的这一独特思想。

> 凡兹种族相争,皆以有政府使其隔阂,假令政权堕尽,则犬马异类,人犹驯狎而优容之,何有于人类?[144]

然而,章氏的无政府思想并非无条件的"无政府主义",在他看来,政府起源于战争,如果战争不绝,政府也就不能一日废弃。"是故政府者,非专为理民而设,实与他国之政府相待而设。他国有政府在,即一国之政府不得独无。"[145]因此,无政府的含义是破除国界、统一语言,进而全面地息争。

所谓"无聚落"也正是在全面地息争这一意义上提出的,因为即使

---

[143] 汤志钧编:《章太炎年谱长编》上册,页352—360。
[144] 章太炎:《五无论》,《章太炎全集》第4卷,页432。
[145] 同上,页432。

国界破除、政府泯灭,而人类所居处的自然条件不一,以种族、语言或地域的差异而形成的自然聚落之间仍会合旅相争,并产生出新的国家和政府。

> 是故欲无政府,必无聚落。农为游农,工为游工,女为游女。……苦寒地人与温润地人,每岁爱土,易室而居,迭相迁移,庶不以执着而生陵夺。斯则无政府者,必与无聚落说同时践行也。[146]

章氏这里所谓聚落主要指以地域分布而成的部落组织,虽然具体所指语焉不详,但没有疑问的是,他对聚落的否定起源于对国家和政府的否定。值得注意的是,章太炎所谓"农为游农,工为游工,女为游女",强调的是对地缘、行业和血缘关系的摆脱,其中地缘和血缘问题涉及他对中国宗法制度的理解。在《〈社会通诠〉商兑》一文中,他针对甄克思关于宗法社会"重民而不地著"的观点,指出中国的宗法社会与田土的关系极深,是祖先崇拜与土断之制的结合。

章氏对宗法制的批判是与他对民族主义的理解深刻地联系在一起的。他反对严复按照甄克思的学说将中国社会视为"宗法而兼军国者也"的看法,指出严氏对宗法之"法"的理解只涉及种而未涉及"国",从而误将民族主义作为一种"普遍之广名"。为什么章氏在批判国家的同时又提出"国"的问题呢?这是因为他把排满的民族主义运动理解为一种争夺主权的政治斗争,他说:

> 今吾党所言民族主义,……所为排满洲者,岂徒曰子为爱新觉罗氏,吾为姬氏、姜氏,而惧子之淆乱我血胤耶?[147]
>
> 吾党所志,乃在于复我民族之国家与主权者,若其克敌致果,而满洲之汗,大去宛平,以适黄龙之府,则固当与日本、暹罗同视,种人

---

[146] 同上,页434。
[147] 章太炎:《"社会通诠"商兑》,《章太炎全集》第4卷,页331—332。

顺化,归斯受之而已矣。[148]

章氏所谓国家及其主权不是指国际政治关系中的(多)民族—国家及其主权,而是指中国疆域中的汉"民族之国家与主权"。在获得民族—国家的主权之后,绝不以宗族血缘的理由而排外,这样,他就把满汉斗争视为争夺国家领导权的政治斗争。所谓"摄取国家观念于民族主义之中",也就是在这个意义上进行的。[149] 在章氏看来,如果承认甄氏所谓宗法社会即民族主义社会的观点,那么,中国的宗法社会却容忍异族的统治。他特别指出民族主义的政治性,用中国社会的民族领导权即他所谓主权概念来批判宗法社会,并建立完备的组织体系,以军国社会的形式实现社会的动员。[150]

显然,章氏对宗法社会的批判似乎突出了"国"的概念,但他所谓"国"是指汉民族之"国"。他要破除宗族及其伦理体制,而将民族中的个体从血缘与地缘的关系中解放出来,直接组织到民族—国家之中。[151] 这也是他以个体/国家的论述模式而不是个体/社会/国家的论述模式讨论中国问题的主要原因之一。在这种论述模式背后,仍是他的政治性的反满思想。

另一方面,章氏虽然在排满的意义上提及了"国"的政治性概念,但在晚清的语境中,他对宗法制的否定同样是和反对国家及其权力扩张的考虑联系在一起的。在"新政"时期,国家官吏和立宪派的知识分子对"地方自治"的考虑就是要借助于士绅—村社共同体来加强国家力量。在《清末筹备立宪档案史料》中收有大量有关"地方自治"的奏折,其中心的议题就是国家如何利用士绅、宗族、自然村的体制对社会进行盘剥、组织、动员和控制。例如《南书房翰林吴士鉴请试行地方分治折》云:

---

[148]　章太炎:《"社会通诠"商兑》,《章太炎全集》第4卷,页332。
[149]　同上,页331—333。
[150]　章氏说:"民族主义者,与政治相系而成此名,非脱离于政治之外,别有所谓民族主义者。"《"社会通诠"商兑》,《章太炎全集》第4卷,页331。
[151]　较早提出这一观点的是王汎森《"群"与伦理结构的破除》一文,见《章太炎的思想》,页243—249。

然又恐权集中央,彼国臣民或但知有服从之义务,而不知有协赞之义务也,则又有地方分治之制以维之。其法凡郡县町村悉举明练公正之士民以充议长,综赋税、学校、讼狱、巡警诸大政,各视其所擅长者任之,分曹治事,而受监督于长官。……遇有重大事件,则报告于中央政府,以行其赏罚。……夫官吏士民,同属朝廷臣子,官即已仕之民,民即未仕之官,……必待官民之合力分治者。[152]

清末新政要求村庄建立一套财政制度以资助兴办新学堂、新的行政组织和自卫组织,并且国家开始不断地向农村摊款(其数量远超出田赋的数倍),用于支付巨额赔款和后来的混战。根据杜赞奇(Prasenjit Duara)对1900—1942年的华北农村的研究,摊款从根本上不同于田赋和过去的其他捐税,它不是按丁口或私人财产分配,而是按村庄为单位分摊。由村庄制定自己的摊款方式,从而使村庄具有征款权力进而发展起了村庄预算。随着新式学校的建立,公共事业的扩大,为监督这些新事物并分派、征收摊款,新型的村庄领导组织亦得到加强。[153]清政府一面需要培养一批地方领导来进行社会组织和动员,实现国家的目的,另一面又必须避免社会和法统的危机,尊重传统的权威和体制。这就是士绅—村社共同体(村庄是其自然形式)在晚清社会成为如此重要的话题的原因。

实际上,利用宗法社会进行地方自治"佐国家养民"的思想早在冯桂芬的《复宗法议》等文中已露端倪,在戊戌运动之后、特别是新政时期,这一思想成为当时刊物所讨论的重要议题之一。例如蛤笑于1908年在《东方杂志》上发表《论地方自治之亟》一文,认为中国宗法社会"族制自治极发达",历经二千年专制政体之摧残而仍能延续至今,正说明"吾族自治之能力"。他将乡约之制、郡县之公局与西方社会的地方议会相比拟,论

---

[152] 《清末筹备立宪档案史料》,下册,页711—712。
[153] 杜赞奇:《文化、权力和国家——1900—1942年的华北农村》(*Culture, Power, and the State: Rural North China, 1900-1942*, p.4.),页3。

证中国自治的存在。[154]比他更早,攻法子在《浙江潮》上发表《敬告我乡人》一文,明确指出:

> 中国各地方有绅士,孟子所谓巨室是也。凡地方公事,大都由绅士处理,地方官有所兴举,必与绅士协议,绅士之可否,即为地方事业之兴废。故绅士者,实地方自治之代表也。欲问中国地方自治体何在,则绅士是矣。绅士所得干预之地方公事,其范围与各国地方自治体略同,而时或过之。如各国地方自治体无兵权,而中国则有事时,绅士得以办团练是也。……故中国之地方自治,真有相沿于自然之势,有自治之实,而无自治之名。……盖近世之国家,先有国家,然后有种种机关,非的论也。然以言中国之地方自治,则谓为与国家同时并生盖无可议。[155]

---

[154] 蛤笑:《论地方自治之亟》,《东方杂志》5卷3期,1908年4月。文中说:"吾国素为宗法之社会,而非市制之社会,故族制极发达,而市邑自治甚微弱。论者遂谓宗法为初民集合之原体,而大有障碍于人群进化。此其说,证以欧西之历史,则固然矣。然亦盍思夫吾族自治之能力,绵绵延延,经二千余年专制政体之摧残剥蚀,而懋遗一线者,固重赖此宗法之制乎?乡约之制,一市府议会之规模也;郡县之公局,一都邑议会之形势也;善堂公所,一医院卫生局之筚路蓝缕也;市镇之团练,一民兵义勇之缩本影相也;墟庙之赛会,一祆祠教堂之仪制也。礼失而求诸野。里乘流传,固无一不具地方自治之性质者。不过其组织未进于精严,进化乃形其濡滞耳。以是之故,而遽谓吾民无与外族竞存之资,不亦诬乎?"又见《辛亥革命前十年间时论选集》第3卷,页9—10。北京:三联书店,1977。

[155] 攻法子:《敬告我乡人》,《浙江潮》第2期,1903年3月出版。值得注意的是,作者在文中把自治看作是国家的间接管理。他说:"自治云者,对乎官治而言。近世之国家,其行政之机关,大别为二:一曰官府,一曰自治体。官府为国家直接之行政机关,以直接维持国权为目的,如外交、军事、财政之类,皆官府所司之政务也。自治体为国家间接之行政机关,以地方之人治地方之事,而间接以达国家行政之目的,如教育、警察及凡关乎地方人民之安宁幸福之事皆是也。直接之行政名曰官治,间接之行政名曰自治。……自治之制,盖所以补官治之不足,而与官治相辅而行……自治之精神,在以国家之公务为地方生存之目的,而以地方之力行之。故自治体者,由地方而言则为地方之行政机关,由国家而言则仍为国家行政机关之一部分也。……自治体云者,以国家公共之事务视为地方固有之事务,而施行公共团体是也。"又见《辛亥革命前十年间时论选集》第1卷下册,页497—501。

但是,满清政府利用地方自治以扩张国家权力的尝试并不完全成功,国家财政收入的增加与地方上无政府状态是同时发生的,这是因为国家对乡村社会的控制能力低于其对乡村社会的榨取能力。正式的国家政权可以依靠非正式机构来推行自己的政策,但它无法控制这些机构,其结果国家机构的合理化受阻于地方官吏的腐败,而国家权力的延伸又意味着社会的进一步被压榨和破产。杜赞奇用吉尔茨(Clifford Geertz)的"内卷化"概念来形容晚清国家政权扩张的特点,他指出:"在内卷化的国家政权增长过程中,乡村社会中的非正式团体代替过去的乡级政权组织成为一支不可控制的力量。"在这样的条件下,国家政权内卷化指的是国家机构不是靠提高旧有或新增(此处指人际或其他行政资源)机构的效益,而是靠复制或扩大旧有的国家与社会关系——如中国旧有的赢利型经纪制来扩大其控制力,这不仅使旧的经纪层扩大,而且使经纪制深入社会的最底层——村庄。[156] 章太炎对地方选举及豪右的看法已经显示了他对这一过程具有很深洞察,但他在当时更注意的,可能是以地缘和血缘关系为基础而形成的自治性组织及其行为是国家行为的一部分。

9. "个体为真,团体为幻"的多重政治内涵

现在我们可以更深入地理解"个体为真,团体为幻"这一命题的历史含义了:

首先,章太炎没有采用个体/社会/国家的论述模式,而是用个体/国家的二元对立的论述模式来讨论个体与国家的否定性关系,这是因为在国家权力扩张的历史语境中,社会实际上正在被国家所挤压,各种社会团体包括士绅—村社共同体、商会和城市行会、学会和政党,以至介于政府与民众之间的中介性的国家组织——议会,都是以国家建设为基本目的组织和运转的。作为排满的民族主义者,章氏拒绝任何旨在巩固和发展

---

[156] 杜赞奇:《文化、权力和国家——1900—1942年的华北农村》(*Culture, Power, and the State: Rural North China, 1900-1942*, pp. 74-77.),页66—68。

满清国家的社会行为,这些社会行为也同时被视为国家行为。个体与国家的对立模式由此发展成为个体与包括非国家的社会组织在内的"国家"的对立模式。因此,与其说章氏省略了社会的范畴,不如说他对社会作了国家化的理解。这种个体/国家的二元对立的论述模式对于中国现代政治思想的影响极为深远,其表征之一就是:启蒙知识分子习惯于在个人与国家的二元关系中获得政治认同(无论是对抗的还是同一的),而较少研究个体与国家之间可能存在的社会中介和公共空间。

其次,在个体/国家的论述模式中,个体不再是一个抽象的哲学观念,而是一个具有复杂的意义构成的概念。作为绝对主权又绝对平等的存在,个体的意义是在具体的社会语境中展现出来的,其核心就是对一切"强为分界"的对待性关系——诸如民族主义,国家主义,村落思想,宗法思想——的激烈否定：[157]对于国家来说,个体概念既是无政府思想的基石,又是人民(各各人民)主权的宣言;对于现代官僚体制来说,个体概念既是对一切理性化的社会等级的破除,又是对政治平等的内在要求;对于经济体制来说,个体概念既是平均地权的理由,又是国家公有的社会主义思想的源泉;对于都市团体来说,个体概念既是对契约关系的否定,又是对个人/社会/国家的论述模式的拒绝;对于宗法制村社来说,个体概念既是对作为国家权力扩张的工具的士绅—村社共同体(特别是宗族血缘与地缘关系)的批判,又是对中国传统的伦理结构的全盘性否定。就最后一点而言,我想简要指出的是,章氏虽然在文化和学术上倡导"国粹"以及中国的传统,但他从个体角度所做的对于宗族和其他社会团体的否定,却提供了中国现代反传统主义的思维逻辑。"五四"反传统思想的中心主题之一就是这种个人与家族制度及传统伦理的对立,这种对立已经是一种尖锐的善恶对立。值得特别提出的是,章氏激烈的个体概念既未成为资本主义私人占有权的思想来源,也未成为以民主为特征的现代国家制度的理论前提,换句话说,他的个体观念及其相关话语并不会促成西方式的个人主义文化;相反,个体概念在政治、经济和社会领域却发展出了

---

[157] 章太炎:《五无论》,《章太炎全集》第4卷,页429—430。

一种政治上无政府的、经济上社会主义的和社会上反等级（组织）的思想取向。个体概念与普遍平等的内在关系揭示了个体概念与"公"观念的隐秘的联系。[158]

第三，在现实政治的层面，个体对国家和任何社会群体的激烈否定都与排满的民族主义有深刻联系，因为这里所谓国家和社会群体是以清朝政府为合法权威的。这样，个人概念与民族概念之间的理论上的否定性关系（民族当然也是一种团体）便具有了现实层面的紧密的相关性，或者可以说是某种隐喻性的关系。对于章氏来说，中国民族—国家的建立就是汉民族对国家主权的拥有，即汉民族对满清的政治统治权的剥夺，而个体概念在原理上论证了满清政府的国家建设的虚幻性；在这个意义上，个体概念是中国现代民族—国家话语建构的一个组成部分、一个具有自我解构机制的部分。

第四，个体概念同时是一个自我否定的概念，因而也是一个自我超越的概念。章氏从个体与国家、政府的对立之中论证这些集体性事物的"无自性"，最终指出这些无自性的事物仍然是人的创造，因而提出无人类的概念；又考虑到人类进化历史，为避免微生物通过进化而再造人类及其社会，提出无众生的概念；最后根据世界本无的佛教原理，提出无世界的概念。实际上，所有这些近乎奇谈的概念均来源于佛教"人无我"和"法无我"的原理。个体概念所以是自我否定的，是因为个体"常执藏识以为自我，以执我之见见于意识，而善恶之念生"，而这种自我或我见都是在对待性关系中产生的偏见与幻觉。[159]换言之，章太炎所谓个体与真正的（永恒的、实在的和普遍的）"我"是分离的，这种个体是没有本体的个体。因此，个体本身不是具有自性的事物，不能成为道德认同的最终源

---

[158] 这种"公"的思想在民族主义问题上的体现就是将墨子式的"爱无差等，施由亲始"的"公"伦理扩展为民族间的关系："吾曹所执，非封于汉族而已。其他之弱民族，有被征服于他之强民族，而盗窃其政柄，奴虏其人民者，苟有余力，必当一匡而恢复之。……欲圆满民族主义者，则当推我赤心救彼同病，令得处于完全独立之地。"同上，页430。

[159] 同上，页436—437。

泉。个体概念由此成为一个自我超越的概念：它必须在它之外寻找本体或自性。个体与自性（"我"）的分离是章氏临时性的个体概念的最深刻的特征。这种分离决定了个体没有自己的深度或内在性，不能成为价值认同的基础，也决定了章氏思想的内在逻辑：对个体的强调最后却导致对个体本身的否定，对宗教、信仰和普遍的宇宙模式的追究。这就是他的"建立宗教论"和"齐物论"的宇宙模式得以产生的思想动力。

在寻求现代认同的过程中，个体与自性或我的分离意味着另一个寻找认同的历程：个体对自性或我的渴念，如同人对影子的寻求。这将是我对"五四"的阐释中要讲述的故事：个体的内在深度的形成。

第四节　个体观念、建立宗教论与"齐物论"世界观对人类中心主义的扬弃

——在无神的现代语境中，什么是道德的起源？

1. 无神论与以重建道德为目的的宗教实用主义

章太炎的临时性的个体概念产生了一个重要的问题：个体概念只是在与公理、进化、惟物、自然、国家、社会及其他社会群体的否定性关系中具有优先性，它本身也是没有自性的存在。那么，它对上述事物进行批判的道德基础是什么呢？如果个体是无我的，它本身不能提供认同的最终基础；如果个体不能依据自身确定道德取向，它就必须在个体之外寻找认同的基础或价值的来源。这一问题的另一方面就是：在个体之外寻找道德基础的努力势必导致对普遍性或个体之外（也可能内含个体）的他者的肯定。我对章氏的个体概念与宗教、道德和"齐物论"世界观的关系进行研究，旨在讨论章氏的完整的新世界观中个体的位置：这个似乎极为抽象的新世界观与他从个体角度对普遍性事物的批判是怎样的关系？在个

体之上或之外的那个价值源泉是什么？但是，在到达他的齐物论世界观之前，我首先分析的是他的"建立宗教论"。

章氏建立宗教的构想是在现代条件下发生的，这意思是说，章太炎不得不面对现代知识学语境对他的多重压力。"建立宗教论"的前提之一是经过现代知识洗礼的无神论，这明显地解释了章氏宗教思想与现代性的知识谱系的深刻联系。章氏并不清楚，他对神学目的论的批判已在很大程度上瓦解了建立宗教的知识学基础和在现代条件下建立宗教的可能性，对他最为重要的仍然是建立宗教的世俗含义。换言之，章氏"建立宗教论"的内在逻辑可能是对宗教的形成前提的最严重的打击，这深刻地说明，在现代语境中对现代性的知识谱系的自觉的批判和反抗本身，在很大程度上受制于现代性的逻辑。在我看来，章氏从"建立宗教"的道德考虑，转变为超越道德和宗教信仰的范畴、建构"齐物论"的宇宙本体论，是在现代知识语境的压力下寻求价值和认同基础的不得不为的选择。

章太炎的宗教思想的发展有一个重心的转移过程，即从对世界起源的唯物论诠释转向对宗教的道德意义的关注。章氏早年的著作如《膏兰室札记》、《菌说》、《訄书初刻本》等从不同方面对中国和西方宗教的神创论和神学目的论进行批判，主要的理论依据是中国思想中的唯物论传统（特别是王充的思想）和近代西方的自然科学。他的看法是"天且无物，何论上帝"，[160] 世界万物"自生"、"自为"，而"天道无为"。[161] 既然"万物自生"，又何来天或上帝的创造，又何有"天道"、"天命"？[162] 值得注意的是，他对神创说和神学目的论的批评建立于近代物理学的原子论之上，即从对物质的最小的构成物的论证入手讨论世界的起源，这与他论证个体与团体的关系时所采用的方式是一样的。"凡物之初，只有阿屯"，[163]

---

[160] 章太炎：《膏兰室札记》，《章太炎全集》第1卷，页292。
[161] 同上，页243。
[162] 章太炎：《訄书初刻本》，《章太炎全集》第3卷，页19。又：章氏在《儒术真论》及《视天论》(1899)中将天视为自然，将命视为遭遇，显然是发挥荀子的思想。见《章太炎政论选集》上册，北京：中华书局，1977年版，页118—125, 125—127。
[163] 章太炎：《菌说》，《章太炎政论选集》上册，页131。

他接受康德的星云假说。[164]

章氏对万物起源的解释有两个重要的预设:首先他假定世界万物的产生是由于变化或演化;其次这种演化的动力是"各原质皆有欲恶去就,欲就为爱力、吸力,恶去为离心力、驱力,有此故诸原质不能不散为各体,而散后又不能不相和合。"[165]这意味着,章氏对世界起源的原子论解释有很深的物活论的特点,他将精神动物与其他物质都视为具有"欲恶去就"的愿望与能力,并以"致力以自造"和"以思自造"的形式各自适应环境而变化。这是中国现代自然观的主要特征之一。[166]章太炎否定在物质之外存在超验的精神,也拒绝接受目的论的历史观。针对谭嗣同将以太当作性海的观点,章氏指出"原质有形,即以太亦有至微之形,固不必以邈无倪际之性海言也。……以知识为全体,亦不能出乎官骸之外也",坚持的是以物质为基础的形神统一观。[167]

章太炎的无神论思想在他日本时期的重要论文《无神论》中得到全面的发挥,但他那时对神教的批判不再集中于世界物质起源的解释,而在于探讨宗教的建构基础以及这种宗教建构的方式可能造成的后果,如:"世之立宗教、谈哲学者,其始不出三端:曰惟神、惟物、惟我而已,"他分别评论说:

> 惟我之说,与佛家惟识相近,惟神、惟物则远之。佛家既言惟识,而又力言无我。是故惟物之说,有时亦为佛家所采。……何也?惟物之

---

[164] 章太炎:《五无论》,《章太炎全集》第4卷,页435。

[165] 章太炎:《菌说》,《章太炎政论选集》上册,页131。

[166] 中国现代科学观和自然观的物活论特征在章太炎的论敌吴稚晖那里也显现得极为清楚。吴在二十年代成为中国现代宇宙论和科学观的重要阐述者,在"科学与人生观"的讨论中发挥了重大作用。在1906—1908年间,他的科学和自然思想成为中国无政府主义思想的基础。章氏对公理、进化、唯物、自然等现代性世界观的抨击,部分地就是针对吴稚晖在法国参与编辑的无政府主义刊物《新世纪》的。详见本书第十二章第四节。

[167] 章太炎:《菌说》,《章太炎政论选集》上册,页134。有关章太炎早期的无神论思想,参见肖万源《中国近代思想家的宗教和鬼神观》第6章,合肥:安徽人民出版社,1991。

说,犹近平等;惟神之说,崇奉一尊,则与平等绝远也。欲使众生平等,不得不先破神教。故就基督、吠檀多辈论其得失,而泛神诸论附焉。[168]

这样,章氏对宗教有神论的批判重心就从宇宙构成原理的分析转向了以"众生平等"为核心价值的社会伦理的讨论。尽管他批评康德在纯粹理性与实践理性之间的区分失之于自相矛盾,但当他从道德角度考虑宗教问题时,他自己在无神论与建立宗教论之间所面对的问题却与康德十分相似。

在无神论的前提之下建立宗教,章太炎关心的是宗教对于道德形成的意义,这就是他所谓"用宗教发起信心,增进国民的道德"。换句话说,章太炎试图将宗教作为一种世俗力量加以利用。在《革命道德说》等文中,章氏从许多方面讨论道德的意义,强调"道德衰亡,诚亡国灭种之根极也","道德堕废者,革命不成之原"。[169]而章氏所谓革命"非革命也。曰光复也。"[170]从这个观点来看,章氏对宗教的倡导也可以说是他的种族革命的道德思想的一个有机部分。"世间道德率自宗教引生",[171]"若没有宗教,这道德必不得增进",[172]"欲兴民德,舍佛法其谁归?"[173]针对别人对他用《民报》"作佛报"的指责,章氏论证说:要实行《民报》的六条主义,唯有佛教可以创造实行这种主义的人,"以勇猛无畏治怯懦心,以头陀净行治浮华心,以惟我独尊治猥贱心,以力戒诳语治诈伪心。"[174]

---

[168] 章太炎:《无神论》,《章太炎全集》第4卷,页395—396。
[169] 章太炎:《革命道德说》,《章太炎全集》第4卷,页277,284。
[170] 同上,页276。
[171] 章太炎:《建立宗教论》,《章太炎全集》第4卷,页418。
[172] 章太炎:《东京留学生欢迎会演说辞》,《章太炎政论选集》上册,页272。
[173] 章太炎:《答梦庵》,《章太炎政论选集》上册,页394。
[174] 同上,页395。章氏认为在晚清中国的语境中,除佛教外,已经很难用其他的思想资源来培育革命的道德,他在《建立宗教论》中说:"今之世,非周、秦、汉、魏之世也,彼时纯朴未分,则虽以孔、老常言,亦足化民成俗。今则不然,六道轮回、地狱变相之说,犹不足以取济。非说无生,则不能去畏死心;非破我所,则不能去拜金心;非谈平等,则不能去奴隶心;非示众生皆佛,则不能去退屈心;非举三轮清净,则不能去德色心。"《章太炎全集》第4卷,页418。

在不承认上帝、神、天、天道等超验实体的存在的前提下，章氏又把宗教作为道德的起源，这势必引申出一个问题，即在无神的宗教中什么是道德的起源？如果没有上帝或天等超验存在，由谁发出绝对命令或提供存在的正当的原理？与此相关的问题是：如果存在无神的宗教，那么，宗教的基础又是什么呢？章氏在此问题上陷入了现代知识语境中的二难困境：现代性的知识体系瓦解了宗教的信仰基础，但同时科学和其他现代知识不仅没有解决生存的意义问题，也未能适当地解决正义、道德和美的问题。章太炎对宗教的考虑不可能绕过现代科学和现代性的知识体系对宗教及其信仰的毁灭性的打击，同时又无法依据现代知识本身重建价值的源泉。章氏对佛教唯识宗的选择正是在这一两难困境中作出的。

章氏一面主张用宗教建立道德，另一面又认为唯有佛法于中国最为恰当。那么，宗教是什么，佛法是不是宗教？在回答这一问题时，章氏给自己设定了一系列疑问：如果说有所信仰就是宗教，那么各种知识学问（除怀疑论外）没有一项不是宗教；如果以崇拜鬼神为宗教，那么道教、基督教和伊斯兰教都是宗教，而佛教反而六亲不近、鬼神不礼、相信"心、佛、众生，三无差别"，不在心外求佛，那还算不算宗教呢？足见信仰不能作为宗教的标志。[175] 章氏将宗教作为救世的工具已经有相当的宗教实用主义的倾向，所以他才会说"道德普及之世，即宗教消熔之世"，[176] 在批判康有为定孔教为国教、尊孔子为教主的行为时，他强调孔子是宗师而非教主，而将孔学变为宗教无非"杜智慧之门"，进而贬斥宗教为"至鄙"。[177] 他把知识的重要性提高到宗教之上（所谓"学术申，宗教诎"[178]），似乎又是站在现代知识学的立场对宗教采取否定的态度。把宗教作为道德的起源，这一命题本身是对现代性的知识体系的限度的质疑；但同时现代知

---

[175] 章太炎：《论佛法与宗教、哲学以及现实之关系》，《中国哲学》第6辑，北京：三联书店，1981年版，页299—300。
[176] 章太炎：《建立宗教论》，《章太炎全集》第4卷，页418。
[177] 章太炎：《驳建立孔教议》，《章太炎全集》第4卷，页198，194。
[178] 章太炎：《訄书重订本》，《章太炎全集》第3卷，页283。

识本身又构成了对宗教的质疑。[179] 这是一个现代语境中的悖论。章氏对佛教唯识宗的选择就是试图解决或在一定程度上弥合在宗教与知识之间的裂缝。他解释说：

> 佛法只与哲学家为同聚，不与宗教家为同聚。……佛陀菩提这种名号，译来原是"觉"字。般若译来原是"智"字。一切大乘的目的，无非是"断所知障"、"成就一切智者"，分明是求智的意思，断不是要立一个宗教，劝人信仰。……试想种种物理，无不是从实验上看出来，不是纯靠理论。哲学反纯靠理论，没有实验，这不是相差很远么？佛法的高处，一方在理论极成，一方在圣智内证。岂但不为宗教起见，也并不为解脱生死起见，不为提倡道德起见，只是发明真如的见解，必要实证真如。发明如来藏的见解，必要实证如来藏。与其称为宗教，不如称为"哲学之实证者"。……[180]

章氏将佛教的内证与物理学的实证相统一，进而在知识的问题与对真如的理解之间架起桥梁。章氏没有意识到，当他论证佛的本旨不是道德与宗教，而是对真如与如来藏的发明和实证时，他已接受了现代知识对什么是知识的意识形态规定，即知识是实证的，只有实证的知识才是有效的。[181] 知识的这种现代规定导致了宗教的衰亡。在下文中，我们会发现，他对佛教的这种理解正是他从建立宗教的道德意图走向齐物论宇宙观的内在动

---

[179] 章太炎在批判基督教时，除了指责基督教的上帝观和创世说"与平等绝远"，又为帝国主义所利用之外，特别提出的就是它为"物理学士之所轻"，为"诸科学之所轻"，"刓其一陬，以杜塞人智虑，使不获知公言之至，则进化之机自此阻。"《訄书初刻本》，《訄书重订本》，《章太炎全集》第3卷，页92, 292, 15。

[180] 章太炎：《论佛法与宗教、哲学以及现实之关系》，《中国哲学》第6辑，页300。

[181] 章氏最推崇的是法相宗，主要的原因之一就是法相的严密的逻辑体系与近代学术相近。他说："然仆所以独尊法相者，则自有说。盖近代学术，渐趋实事求是之途，自汉学诸公分条析理，远非明儒所能企及。逮科学萌芽，而用心益复缜密矣。是故法相之学，于明代则不宜，于近代则甚适，由学术所趋然也。"《答铁铮》，《章太炎全集》第4卷，页370。

力之一。

但章氏又分明是要建立宗教,并以之形成国民的道德的。既然章氏重视的是宗教的道德功能而不是宗教绝对主义,他对宗教的多元主义态度就极为自然。他说:

> 宗教之高下胜劣,不容先论。要以上不失真,下有益于生民之道德为其准的……若于人道无所陵藉,则亦姑容而并存之。[182]

"上不失真"是对现代知识的回应,"下有益于生民之道德"则是种族革命的宗教实用主义。因此,我们追问的重点将是他的宗教的内涵,而不是形式(即是什么教什么宗),更准确地说,是他的内涵与他的形式之间的实质性关系。正是在这样的条件下,我回到本文的论题,即在无神论的前提下,道德合理性的来源是什么?既然章氏已经从个体为真的立场将普遍性事物置之道德可能性之外,个体在他建立宗教的努力中居于何种地位?直截了当地说:个体思想是否构成章氏所要建立的道德的源泉,或者,他的宗教是否个体(与上帝或神相对应)的宗教?如果是或部分地是,那么,他为什么不直接地用个体主义作为他的道德基础,而要将这种个体的思想纳入到佛教唯识宗的本体论之中?这一问题我已在第一节有所涉猎,这里将详细地展开。

2. 依自不依他与佛教三性说

章氏建立宗教以激励人的道德勇气和不顾利害、蹈死如饴的革命意志,个体在他的佛教思想中成为重要的资源。为了论述方便,我再详细地引证第一部分已经涉及过的内容。章氏说:

> 明之末世,与满洲相抗、百折不回者,非耽悦禅观之士,即姚江学

---

[182] 章太炎:《建立宗教论》,《章太炎全集》第4卷,页408。

派之徒……仆于佛学,岂无简择?盖以支那德教,虽各殊途,而根原所在,悉归于一,曰'依自不依他'耳。……佛教行于中国,宗派十数,独禅宗为盛者,即以自贵其心,不援鬼神,与中国心理相合。……"

又曰:

法相、禅宗,本非异趣。……自贵其心,不依他力,其术可用于艰难危急之时,则一也……
三论继兴,禅宗、法相接踵而至,宗派虽异,要其依自则同……
要之,仆所奉持,以"依自不依他"为臬极。

"依自不依他"将"自"与"他"相对立,显然在另一层面再现了个体与团体(个体之外的一切他者)二元对立的论述方式。但是,章氏在论及"不依他力"的同时,与之并提的是"自贵其心",而且认为"相宗、禅宗,其为惟心一也。"[183]由此推论,"依自"之"自"指的不是自己的肉身而是"心","依自"亦即"依自性",即"惟心"。除了与"不依他力"相呼应之外,"自贵其心"还与"不援鬼神"相并提。这表明"心"与鬼神无涉。

但是,否定鬼神并不能自明地证明如下问题:这个"心"究竟是个体的心,即主观的心呢,还是遍在的心,或客观的心呢? 如果"心"指的是个体的主观的心,那么,个体就构成了道德和价值的源泉;如果"心"指的是真如,那么,个体就只不过是证实真如—如来藏(章氏一面要实证真如—如来藏,似乎真如—如来藏是外在于个体的;另一面又说"圣智内证",似乎真如—如来藏又是内在于个体的)的工具而已,它本身并不构成价值和道德的源泉。章氏有意无意地混同法相宗的"惟心"与禅宗的"惟心"的差别,但无论是阿赖耶识之心,还是真如,都不是个体之心(虽然可能是遍在的,即阿赖耶识与个体非一非异),则十分明确。因此,个体在章氏佛法中的位置决定于"心"的性质以及个体与心的关系。对此问题的解释需要回到他的宗教

---

[183] 章太炎:《答铁铮》,《章太炎全集》第4卷,页369,369—370,371,374,370。

本体论、法相唯识学的三性论及阿赖耶识论的内在逻辑之中。

我们先分析章氏对法相唯识学的三性说的解说。他说:"以何因缘而立宗教?曰:由三性。三性不为宗教说也。"[184]这意思是说宗教的起源是三性,但三性是一种自在的存在,并不因宗教之有无而生灭。三性说是唯识学的重要原理,它所要解释的问题是:宇宙人生是唯识所现,但为什么人们对此不能体会,却认为客观的存在与自己没有关涉,个人在宇宙之中极其渺小呢?三性说探讨的是人们日常生活的知识是如何构成的,事物的实际情况怎样,这种实际情况的现象与本质,等等。[185]何谓三性?"一曰:遍计所执自性;二曰:依他起自性;三曰:圆成实自性。"[186]

遍计所执自性是指普遍计较所执著的诸法自性,也是一切语言所表达的现象。这是说人们日常的知识一切都是错觉。"本来是自识以阿赖耶识所变现的事物(依他起相)为所缘缘而于自识生起影象,却执为心外实有。"[187]章氏把这一自性说成是"惟由意识周遍计度刻划而成",举凡色空、自他、内外、能所、体用、一异、有无、生灭、断常、来去、因果等对立范畴及其表述物,"离于意识,则不得有此差别。"[188]就此来说,自/他、个体/他者的对立范畴都不过是意识刻画而成的幻觉,是没有实性的。[189]

---

[184] 章太炎:《建立宗教论》,《章太炎全集》第4卷,页403。
[185] 周叔迦:《周叔迦佛学论著集》,上集,北京:中华书局,1991,页323—326。
[186] 章太炎:《建立宗教论》,《章太炎全集》第4卷,页403。
[187] 周叔迦:《周叔迦佛学论著集》,上册,页324。
[188] 章太炎:《建立宗教论》,《章太炎全集》第4卷,页403。
[189] 章太炎对遍计所执自性的解释与《成唯识论》卷八的解释有些出入。据郭朋等学者的研究,这些差别主要是如下三点:第一,"惟由意识周遍计度"中的意识应包括第七识即末那,但章氏所指却仅为第六意识。第二,色空等本身并不就是遍计执,妄执它们为实有,才是遍计执。第三,意识所缘的影像相分可以说是不离意识的,而宇宙万有的本质相分,则只是第八意识之所变现,而不是第六意识之所变现,特别是"若体若用"中的体并不是"离于意识"而不得有的。第四,说所有这些范畴都是"其名虽有,其义决无"是很成问题的,因为"绝无"的只能是遍计执,而决不能是依他起(更不能是圆成实);而"若色"等等的本身,却多是依他起,而非遍计执。(参见《中国近代佛学思想史稿》,页374。)对于本文所论的个体问题而言,章氏对这一问题所作的解释造成了一些理解上的困难,这是因为如自他这样的范畴在依他起自性的意义上与在遍计所执自性意义上是不同的。这种不同可以被简单地概括为绝无与幻有的差别,幻有并非绝无。

关于依他起自性，章氏解释说："第二自性，由第八阿赖耶识、第七末那识，与眼、耳、鼻、舌、身等五识虚妄分别而成。"[190]按周叔迦的分析："依他起自性是一切事物由于种子遇缘生起现行的现象，就是心法（精神作用）、心所有法（心理作用）、色法（物质）、心不相应行法。这些法都是依托众缘而生起，如幻假有而无实体。"[191]五尘（色、声、香、味、触，章氏此处用"即此色空"来表述，并不准确）由五识虚妄分别而成。"即此色空，是五识了别所行之境；""即此自他，是末那了别所行之境；"而所有上述范畴又都是"阿赖耶识了别所行之境。……此数识者，非如意识之周遍计度执着名言也。即依此识而起见分相分二者，其境虽无，其相幻有。是为依他起自性。"[192]

对于本文来说，在第二自性中，值得注意的是种子、心及其与阿赖耶识的关系。章氏说："赖耶惟以自识见分，缘自识中一切种子以为相分。故其心不必现行，而其境可以常在。末那惟以自识见分，缘阿赖耶以为相分。即此相分，便执为我，或执为法，心不现行，境得常在，亦与阿赖耶识无异。"[193]换言之，赖耶缘色空、自他、内外、能所、体用、一异、有无、生灭、断常、来去、因果以为其境，而此数者各有自相，并不互相归属，这是因为色空、自他等虽无自性，但却是以阿赖耶识含藏的一切种子为相分的依据的。

这里所谓种子并非各各独立的、最小单位的一粒一粒的实体。"种子者，以有能生的势用，故名种子，"所以它又称功能、习气、气分。[194]熊十力分析说：种子之说又分法相家义和唯识家义，前者所谓种子"非离诸

---

[190] 章太炎：《章太炎全集》第4卷，页403。按，此处将第六意识排除在依他起之外，也是有违于论义的，章氏对第二自性的解释也有若干概念不清楚之处。有关章氏对依他起自性所做的解释上的含混之处，可参见郭朋等著《中国近代佛学思想史稿》，页375。《成唯识论》对依他起下的定义是："众缘所生心心所体及相见分，有漏无漏，皆依他起；他依众缘而得起故。"所谓心心所，熊十力《佛家名相通释》有极清楚的解释，佛家针对将心理解为一整个的事物的观念，将心析为八识，这样心已非整个的物事，而后又更于每一心之中分为心与心所。心是一，心所便多，心所虽多，皆依一心而与之相应合作。心以一故，乃于诸心所而为之主。见该书页17—18。

[191] 周叔迦：《周叔迦佛学论著集》，上册，页324—325。

[192] 章太炎：《章太炎全集》第4卷，页403—404。

[193] 同上，页403—404。

[194] 熊十力：《佛家名相通释》，北京：中国大百科全书出版社，1985，页18—19。

行别有实物之谓,只依诸行有能生势用,而说名种子,"而唯识家说种子则"异诸行而有实物",亦即事物各有自种子为生因。"但诸行是所生果法,而种子是能生因法,能所条然各别,故前七识(此即诸行)之种子,可离异前七诸法,而潜藏于第八赖耶自体之中,为赖耶所缘相分,……即赖耶自家种子,为赖耶自体所含,而亦是赖耶所缘相分。(既为相分,明明是独立的物事。)据此,则种子与诸行,各有自性。易言之,即种子立于诸行之背后,而与诸行作因缘,亦得说为诸行之本根,故谓其种子离异诸行而有实物。"[195] 章氏显然不只是以此破执,而且欲有所立,因此倾向于后者之义是自然的:

> 种子识者,即阿赖耶。凡起心时,皆是意识,而非阿赖耶识。然此意识,要有种子;若无种子,当意识不起时,识已断灭,后时何能再起?……由此证知,意虽不起,非无种子识在。[196]

至于心,章氏已经说"心不现行,境得常在,亦与阿赖耶识无异",可见心也不是与具体事物同体的心,而是事物背后的原因和自在的存在。章氏论证说,境缘心生,心缘境起,若无境在,不是也就不能立心为有了么?但是,当疑心遮心之时,并无他物能疑心遮心,因此,"即此疑心遮心之心,亦即是心",这个心是不能疑也不能遮的心,亦即区别于所谓"起心"(凡起心时,皆是意识)之心的。[197] 一方面以种子说破除人我、法我之执,另一方面

---

[195] 熊十力:《佛家名相通释》,页19—20。由于唯识家认为"彼计诸行,(以非一,故云诸。)各各有自种子为生因",并建立种子,以说明宇宙万象,所以熊十力认为唯识家之种子说"盖近于多元论者"。章氏后来用唯识义理解释庄子《齐物论》,特别强调其多元论的宇宙观,这可以说是理路上的原因之一。

[196] 章太炎:《建立宗教论》,《章太炎全集》第4卷,页413。关于阿赖耶识与种子的关系,章氏在《人无我论》中亦有论述:"故自阿赖耶识建立以后,乃知我相所依,即此根本藏识。此识含藏万有,一切见相,皆属此识枝条,而未尝自指为我。于是与此阿赖耶识展转为缘者,名为意根,亦名为末那识,念念执此阿赖耶识以为自我。"见《章太炎全集》第4卷,页424。

[197] 章太炎:《建立宗教论》,《章太炎全集》第4卷,页413。

论证诸法乃因缘所成,依他而起,故是假有而实无。但虽是假有,却是遍计所执自性与圆成实自性所依,也是人我见、法我见所依。[198]换句话说,一方面章氏所谓"为真"的"个体"并无实性,但另一方面对个体的虚无化的理解却导致了对阿赖耶识、心等超验范畴的信仰。章氏在演说中谈到法相宗的"万法唯心",指出一切有形的色相、无形的法尘,都是幻见、幻想,并非实在真有,[199]因此,现世事物不能成为偶像。在这个意义上,依自不依他和自贵其心所依之"自"、所贵之"心",也可以说是非一非异、非内非外、非自非他的,是通过个体人的断惑证真而体会到的阿赖耶识和真如。

如何理解圆成实自性呢? 章氏说:"第三自性,由实相、真如法尔而成,亦由阿赖耶识还灭而成。在遍计所执之名言中,即无自性;离遍计所执之名言外,实有自性。是为圆成实自性。"[200]圆成实自性也就是真如、法界、涅槃,章氏认为与柏拉图的理念相似。[201]圆成实自性是由人空、法空所显而圆满成就的诸法实性,也是诸法平等的真如。它是周遍的、常住的、真实的,却无相可得。缘此实性才能认清遍计所执而不再执为实有,能断除染分依他起性以后,证得圆成实自性。[202]

只有理解了章氏的圆成实自性与他的"依自不依他"及"自贵其心"的关系,我们才能了解他的"自"的真正含义,以及这种"依自"的原则与他的建立宗教论的内在的联系。章氏在批评各种宗教主张之后说,"今之立教,惟以自识为宗。识者云何? 真如即是惟识实性,所谓圆成实

---

[198] 周叔迦:《周叔迦佛学论著集》,上册,页325。
[199] 章太炎:《东京留学生欢迎会演说辞》,《章太炎政论选集》,上册,页274。章氏在同文中将康德的"十二范畴"比作相分,将叔本华的"意识说"比作"十二缘生"。从这一点入手,我们也可以了解章氏的法相唯识学与建立宗教论的关系。
[200] 章太炎:《建立宗教论》,《章太炎全集》第4卷,页404。
[201] 郭朋等指出章氏在此的表述亦有语病。首先是真如、实相本身就是圆成实自性,所以"由实相、真如法尔而成"的说法不准确。但是,从章文后面的表述来看,他的理解是将真如、实相与圆成实自性理解为同一事的。其次,"由阿赖耶识还灭而成"之"还灭"应为转依,"而成"应为"而证"。见《中国近代佛学思想史稿》,页375—376。
[202] 参见周叔迦:《周叔迦佛学论著集》,上册,页325。《成唯识论》释圆成实自性云:"二空所显圆满成就诸法实性,名圆成实。显此遍常,体非虚谬。……此即于彼依他起上常远离前遍计所执,二空所显真如为性。"

也。"但由于圆成实自性太冲无象,要想进入,则不得不依赖于依他起,直到证得圆成,依他自除,所以"今所归敬者,在圆成实自性,非依他起自性。……一切众生,同此真如,同此阿赖耶识。"这个识是遍在的,而非局限于某一事物的。[203]因此,依自不依他的"依自"要在"不依他",即这个"自"不能在"依他起自性"的意义上理解,而只能在圆成实自性的意义上理解。所以这个"自"虽指人自己的本性,但此自己又非小己,而是我与万物同体之本来清净体性,是普遍众生,惟一不二,超越个体的。这样,"依自"的道德指向"特不执一己为我,而以众生为我","一切以利益众生为念,其教以证得涅槃为的。"[204]

3. 宗教本体论与个体的意义

在解释了章氏对三性说的理解之后,我们可以讨论他的宗教本体论了。章氏指出一切哲学、宗教都要建立一物以为本体,而历来宗教家所犯的最大错误莫过于误将神我、物质和神教当作本体:

首先,主张神我的学说将"我"视为一种永恒的实体,而不知道这种"我"不过是"我见"或意识的产物。从唯识学的立场看,所谓"我"者就是阿赖耶识,而绝非个体。所以,"此识是真,此我是幻,执此幻者以为本体,是第一倒见也。"[205]

其次,把物质,特别是不可分的原子视为世界的本体也同样不真实。虽然有人认为物质的构成是"无厚"的,即没有形式的,进而认为在色、声、香、味、触等感觉之外仍有"力"的存在,但是,既然没有离开"力"的五尘,也没有离开五尘的"力",那么,物质的构成就一定依赖于五尘和力的缘生,"既言缘生,其非本体可知。然则此力,此五尘者,依于何事而能显现? 亦曰心之相分,依于见分而能显现耳。此心是真,此质是幻,执此幻

---

[203] 章太炎:《建立宗教论》,《章太炎全集》第4卷,页414—415。
[204] 同上,页415—416。
[205] 同上,页406。

者以为本体,是第二倒见也。"[206]

第三,有神论的宗教本体论可以区分为一神、多神及泛神诸种,但其起源或者是因崇拜一物以躲避烦恼、祈求幸福,或者是因困惑于宇宙的无穷、神秘和不可把握而崇拜一物以明信仰。所以"此心是真,此神是幻,执此幻者以为本体,是第三倒见也。"[207]

特别值得注意的是,在讨论宗教本体的同时,章氏还讨论了柏拉图的理念(他称之为伊跌耶,即 idea)说。他拒绝接受柏拉图将个体的存在理解为兼有与非有(即个体不等于理念,但也不离于理念)的看法,从唯识学立场出发,他坚持认为"成此个体者,见、相二分之依识而起也。非说依他起自性,则不足以极成个体也。"[208]在作了上述批判之后,章氏的结论是建立宗教既不能在万有之中横计其一为神(如物质,如个体),也不能在万有之上虚拟其一为神(如上帝),因为他们不是依他起就是遍计执。所有哲学、宗教诸师都是在他们所建立的本体之中再来构画内容,较计差别。换言之,都是没有自性和本体的存在,是意识的产物。就个体而言,它也不过是由意识所构画的名相而已,从而是没有内在性的深度的个体。

总之,在判断事物的合法性时,个体与上帝、诸神及物质都不能成为依据,只有"敬于自心"才是正途。这个自心是对外界而言的,这个外界

---

[206] 同上,页406。章氏早期宗教思想主要在批判有神论,而此时他的批判则特别指向唯物论,这一点与他对现代性的怀疑、特别是对科学主义的质疑有关。在《论佛法与宗教、哲学以及现实之关系》中,他对三性说的解释主要是针对唯物论的,所谓"追寻原始,惟一真心","唯物论说到穷尽,不能不归入唯心。"(《中国哲学》第六辑,页304。);在《规〈新世纪〉》一文中,他针对《新世纪》的科学宣传指出,科学"诊察物形,加以齐一,而施统系之谓",然而,"万状之纷纭,固非科学所能尽。"他评论了西方科学的缺失,指出哲学研究的重要性,实际上是对以《新世纪》为代表的科学信仰加以批判。(见《民报》二十四号,页44—47。)

[207] 同上,页406—407。

[208] 同上,页407。章氏同时还分析了康德的《实践理性批判》与《纯粹理性批判》的内在矛盾,即他一方面在自然的意义上将时空理解为无,进而不能肯定上帝的存在,但另一面也将自然界与自由界相区别,认为来生存在的可能性不能排除;从唯识学立场说,"非说依他起自性,则不足以极成未来,亦不足以极成主宰也。"同文,页408。

也包括个体在内。章氏建立的宗教是无神的宗教,是以"自识为宗"的宗教,也是敬于自心的宗教,但是,这个自识、自心不是个体的自我意识,不是个体的内心体验,不是人类中心主义范畴内的自我,而是真如,是惟识实性,所谓圆成实自性。个体是无我的,我是世界的本体,这个我就是真如和阿赖耶。从建立宗教的意义上说,社会批判的道德源泉就是这个超越个体之我。在这个意义上,章太炎对外在强制力量的批判超越了启蒙主义的人类中心主义的框架,从而激发了一种古老的非人类中心主义的宇宙论和本体论在现代语境中的批判意义。

尽管如此,章氏没有简单地否定个体之自我,因为人只有通过依他而起之自我,而达到圆成之路。这个看法包含着对现世的某种肯定。在日本时期的一篇讲稿中,章太炎特别指出佛法中原有真谛、俗谛二种,不能离开俗谛去讲真谛,例如因为心是人人所能自证,所以大乘所谓"万法惟心"说来才没有破绽;如果俗谛中不可说心,也就不能成立这个真谛。在《建立宗教论》中,他仔细地区分了情界与器界的差别,但在这篇讲稿中他却批评《瑜珈师地论》将植物、矿物视为无生命的器界而将之排除在情界、众生之外,强调在"万法惟心"的前提下一切平等,都具有生命的色彩,这种物活论观点从另一方面看也是"齐物论"的观点。[209] 章氏曾借用费希特的话说,从单一律来看,我就是我;从矛盾律来看,我所谓我就是他所谓他,我所谓他就是他所谓我;从充足律来看,无所谓他,即惟是我。[210] 对于充足律意义上的我,章氏是有所肯定的。充足律意义上的"我"一方面是证得真如的途径,另一方面也是他由佛教的寂灭观走向现世的通道,甚至可以说是他的建立宗教的唯识思想与齐物论宇宙观之间的重要的桥梁:如果宇宙间的一切都是"我"的话,那么无论他们之间有多大的差别,他们终究是自在平等的。

---

[209] 章太炎:《论佛法与宗教、哲学以及现实之关系》,《中国哲学》第6辑,页301。章氏的这种看法当然是与佛教的业报轮回之说相冲突的,但他此处所关心的并不是佛理的问题,而是齐物平等的问题。就在这篇讲稿中,他已经指出佛法不是宗教,可以放大眼光,自由研究,不必纠缠于一门一派。

[210] 章太炎:《建立宗教论》,《章太炎全集》第4卷,页415。

在解释了章氏的个人概念的基本逻辑之后,让我们转向他所建构的非人类中心主义的世界观本身。

4. 齐物论的自在平等:体非形器、理绝名言、涤除名相

章氏曾以"始则转俗成真,终乃回真向俗"自评学术思想之变迁,[211]他对佛教俗谛的解释中已经突出了"以众生同此阿赖耶识,故立大誓愿,尽欲度脱等众生界,不限劫数,尽于未来"的人间关怀,[212]他的"齐物论"宇宙观的形成则可以说是回真向俗的标志。用他自己的话说即"佛法应务,即同老庄";"所以老庄的话,大端注意在社会政治这边,不在专施小惠,振救贫穷","世间法中,不过平等二字。庄子就唤作'齐物'。"[213]但是,这个平等不是人类平等、众生平等或天赋人权意义上的平等,而是哲学本体论意义上的平等:平等是真如和道的存在状态。换言之,对于章氏来说,平等不是一种道德要求,而是一种自然状况,只不过这种自然状况被我们日常的知识、语言遮盖了。[214]

章氏对齐物意义上的平等的最简要的解释是:

体非形器,故自在而无对;理绝名言,故平等而咸适。

又谓:

---

[211] 章太炎:《菿汉微言》,《章氏丛书》本,页45。
[212] 章太炎:《建立宗教论》,《章太炎全集》第4卷,页415。
[213] 章太炎:《论佛法与宗教、哲学以及现实之关系》,《中国哲学》第6辑,页307—308。章氏强调说,在世间法中,"若专用佛法去应世务,规画总有不周。若借用无政府党的话,理论既是偏于唯物,方法实在没有完成。唯有把佛(法)与老庄和合,这才是'善权大士',救时应务的第一良法。"同文,页310。
[214] 佛家历来攻击道家之自然,但章氏在这一问题上却站在一超越宗派的立场肯定自然,他说:"且如老庄多说自然,佛家无不攻驳自然,说道本来没有自性,何况自然? 那么,我请回敬佛家一句,佛法也有'法尔'两个字,本来没有法性,何况法尔? 人本无我,没有自然;法本无我,连法性也不能成立了。"同上,页301页。

第十章 无我之我与公理的解构

> 《齐物》者,一往平等之谈,详其实义,非独等视有情,无所优劣,盖离言说相,离名字相,离心缘相,毕竟平等,乃合《齐物》之义。[215]

因此,平等的原理建立于体非形器、理绝名言和破除名相之上,而这三个方面实际上指的是同一件事,即宇宙的本体是如何存在的?个体如何达到这个本体或与这个本体相同一?[216]

所谓"体非形器"是说宇宙的本体如道、真如虽然是天地万物所以生之总原理,但却是"自本自根"、无始无终、无所不在的自然存在,而不是具体而有形质的事物,也即超越时空的存在。具体事物的存在总是以其他事物的存在为条件的,而这个本体却是"无待"的。换句话说,体既非一神、众神和泛神,也不是物质、原子或以太,更不是主观的自我,因为所有这些宗教哲学所设定的本体,都是由人的意识和语言在相待的关系中制造出来的。这些形器之"体"不仅是一种人为的(而非自在的)存在,而且以神、物和我的名义制造崇拜,形成不平等的关系。因此,"体非形器"的思想可以说是非宗教的思想。但是,体非形器并不仅仅是对宗教等级关系的否定,而是整个平等性的依据,也可以说是一种自然(不是自然界之自然,而是原来的样子之自然)的思想,老子所谓"道法自然"是对"体非形器"的极好注释。在章氏的语式中,体非形器与自在无对有一种因果关系。"无对"作为对自在之体的解释,涉及什么才是"自在",而"自在"即是齐物意义上的平等。章氏说:

> 若其情存彼此,智有是非,虽复泛爱兼利,人我毕足,封畛已分,乃奚齐之有哉。[217]

---

[215] 章太炎:《齐物论释》,《章太炎全集》第6卷,页3,4。
[216] 有关章氏《齐物论释》的基本倾向,已有学者作了梳理,请参见王汎森:《章太炎的思想(一八六八——一九一九)及其对儒学的冲击》第5章第7节;姜义华:《章太炎思想研究》,第6章第4、5节。
[217] 章太炎:《齐物论释》,《章太炎全集》第6卷,页4。

本体既无形器,也无善恶,如果形迹上彼此分界,道德和情感上分出你我,则既非自在亦非无对。在这个意义上,章氏说,兼爱为"大迂之谈",偃兵是"造兵之本";如果祈祷上神,那也是顺之则宁,逆之"虽践尸蹀血,犹曰秉之天讨也。"[218] 就此而言,宗教和道德的信条无非是以天、神、爱的名义实施压迫的工具,故与平等绝异:"夫然,兼爱酷于仁义,仁义惨于法律,较然明矣。"[219] 所以,体非形器也意味着无上无下,无大无小,无内无外,无善无恶,无爱无憎,无你无我,这就是"自在而无对"的绝对平等。

所谓"理绝名言"是对以"公理"的名义出现的规则的拒绝,因为在齐物平等的条件下,不存在善者改造不善以使归于善的理由(理,或公理)。章氏释《齐物论》中子綦与子游的对话云:

> 《齐物》本以观察名相,会之一心。故以地籁发端,风喻意想分别,万窍怒号,各不相似,喻世界名言各异,乃至家鸡野鹄,各有殊音,自抒其意。天籁喻藏识中种子,晚世或名原型观念,非独笼罩名言,亦是相之本质,故曰吹万不同。使其自己者,谓依止藏识,乃有意根,自执藏识而我之也。[220]

世界本由藏识而起,而藏识是自在平等的。依藏识而起的万物各自不同,但一往平等,故各有道理。这就是所谓家鸡野鹄,各有殊音,自抒其意。

章氏在这里用唯识学解庄子的本体论,但在对待世界万物的各有其理方面,章氏显然接受了庄子的看法。冯友兰在解释庄子的自由与平等思想时曾说,庄学从人与物应有绝对平等的观念出发,以为凡天下之物无不好,天下之意见无不对,而这是庄学与佛学的根本不同处,因为佛学以为凡天下之物皆不好,天下之意见皆不对。[221] 章氏的特点是在世间的意义上肯定物(包括人)各有己及己之理,但这些平等的物与平等的理最终

---

[218] 同上,页4。
[219] 同上,页4。
[220] 章太炎:《齐物论释》,《章太炎全集》第6卷,页8。
[221] 冯友兰:《中国哲学史》,上册,北京:中华书局,1961,页288。

第十章　无我之我与公理的解构　　　　　　　　　　　　　　　　　　　　1095

又被归为本然的平等或谓遍在的、超越了名言的理。如说:"齐物者,吹万不同,使其自己",这是对物各有己的肯定;但接着说"其要在废私智,绝悬娖,不身质疑事,而因众以参伍",[222] 将对物各有己和理的肯定与废除私见和利益众生相联系。

那么,这两个方面是如何统一的呢? 试看章氏对《齐物论》有关"正处"、"正味"和"正色"的解释。庄子的意思是,如果若必执一以为正处、正味、正色,那么,物各有所感,谁能够知道什么是天下之正处、正味、正色呢? 如果不执一以为正处、正味、正色,那么,各物所感即天下之正处、正味、正色。章氏用佛教语言解释说:

> 所以者何? 迷亦是觉,物无不迷,故物无不觉。今云无知,虽一切知者亦何能知之,然则第二第三两问皆不可知(第二问是"子知子所不知邪?"第三问是"然则物无知邪?"——作者注),唯第一问容有可说(第一问是"子知物之所同是乎?"——作者注)。触受想思,唯是织妄,故知即不知也。达一法界,心无分别,故不知即知也。……所谓不知即彼所知,此亦以为不知此之不知,又应彼所谓知矣。……必谓尘性自然,物感同尔,则为一概之论,非复《齐物》之谈。[223]

物各缘识而起,此是所同;但物在何种条件下、以何种感觉缘识而起,即使释迦本人亦不能知。既然如此,视天下之意见皆如自然之"化声",恰恰是从道、真如或阿赖耶识的观点观物。这就如庄子《秋水篇》所谓"以道观之,物无贵贱。以物观之,自贵而相贱。以俗观之,贵贱不在己。以差观之,因其所大而大之,则万物莫不大;因其所小而小之,则万物莫不小。……"[224] 换言之,章氏所谓"理绝名言"、"平等而咸适"的观点是以某种超越的视点为基础的。这种"此亦一是非,彼亦一是非"非无是

---

[222] 章太炎:《原道》上,《国故论衡》,大共和日报馆,1912年版,页159。
[223] 章太炎:《齐物论释》,《章太炎全集》第6卷,页42—43。
[224] 庄子:《秋水篇》,引自郭庆藩:《庄子集释》第3册,北京:中华书局,1961年版,页577。

非，而是对以己之是非为天下之是非的是非观的否定。从肯定方面说，这一否定就是"万物与我为一"的"心观"、"道观"（而非物观、俗观、差观、功观、趣观）。在这样的视点内，才能达到以不齐为齐的"齐物"之境。

所谓破除名相则是抵达齐物之境的唯一途径。章氏说：

> 齐其不齐，下士之鄙执；不齐而齐，上哲之玄谈。自非涤除名相，其孰能与于此。

又谓：

> 人心所起，无过相名分别三事，名映一切，执取转深。是故以名遣名，斯为至妙。[225]

章氏之齐物乃"以不齐为齐"，即承认万事万物各有差别，这与明代李贽所谓"物之不齐，又物之情也"的看法甚为相近，但他达到这种平等境界的方式却具有更为强烈的佛学意味，这就是"自在无对"、"理绝名言"。换言之，唯有离言说相、离名字相、离心缘相，才能达到不齐而齐的境界。名相未除，即有形器、分别和等级；既然知识由概念或名相构成，那么能够体证真如的就只能是无知识的经验亦即佛家所谓现量。冯友兰曾借用詹姆士（William James）纯粹经验（Pure experience）概念解释这种无知之知，即对于所经验，只觉其"如此"（that）而不知其是什么（what）；即只是纯粹所觉，而不杂以名言分别。[226] 这也就是章氏所谓"以名遣名"。经验之物是具体的，而名之所指则是抽象的，是经验的一部分，也即主观的观念之一部分。故以名字相，实有所亏。绝待无对，则不知有我，若本无我，虽有彼相，谁为能取？如果彼我皆空，妄觉无从生起。"由是推寻，必有真心为众生公有，故曰

---

[225] 章太炎：《齐物论释》，《章太炎全集》第6卷，页4。
[226] 冯友兰：《中国哲学史》，上册，页298。

若有真宰……即佛法中如来藏藏识。"[227]换言之,只有涤除名相,才能绝待无对,只有绝待无对,才能体证真如。所谓"涤除",所谓"离言说相"、"离名字相"、"离心缘相"都意味着无知之知不同于原始的无知,即经过有知识的经验而得之纯粹经验。[228]由此,涤除名相仍然是对我见、我相的摒除,是对"众生公有"之"真心"的呈现。

章氏的齐物思想从建立宗教的道德考虑再一次回向对宇宙之自然("道法自然"意义上的自然)的解释,而没有停留或归向一种人类中心主义的世界观。但是,这种解释自然的动力当然是为人类社会的合理状态寻找依据。那么,以不齐为齐的合理状态是否象有的人说的那样是"多元主义"呢?在回答此问题之前,我们先来考虑齐物思想的政治内容。章氏的以不齐为齐的宇宙论具有直接的政治性是极为明显的,其中常为人所引用的是他对文野之别的非议。章氏说:

> 或言《齐物》之用,廓然多涂,今独以蓬艾为言,何邪?答曰:文野之见,尤不易除,夫灭国者,假是为名,……如近观世有言无政府者,自谓至平等也,国邑州间,泯然无间,贞廉诈佞,一切都捐,而犹横箸文野之见,必令械器日工,餐服愈美,劳形苦身,以就是业,而谓民职宜然,何其妄欤!故应务之论,以齐文野为究极。[229]

在批判帝国主义以文明与野蛮的名义进行侵略的同时,他也批评宗教。如谓:

> 墨子虽有禁攻之义,及言《天志》《明鬼》,违之者则分当夷灭而不辞,斯固景教天方之所驰骤,……盖藉宗教以夷人国……返观庄生,则虽文明灭国之名,犹能破其隐慝也。[230]

---

[227] 章太炎:《齐物论释》,《章太炎全集》第6卷,页11—12。
[228] 冯友兰:《中国哲学史》,上册,页302。
[229] 章太炎:《齐物论释》,《章太炎全集》第6卷,页40。
[230] 同上,页40。

文/野、圣/凡、正统/异端之别都是人为的虚构,目的是为侵夺他人张目。章氏对文野之别的批判明显地与他的民族主义相呼应,他的宗教批判也是其民族主义的一个有机部分。值得注意的是,章氏在批评文野之见时特别提到无政府主义(主要针对《新世纪》)对科学基础和物质享受的追求,将之也归为文野之见,足见章氏的齐物平等观念具有深刻的反现代、反进化、反文明的特征。

从政治思想的角度说,章氏是将绝对的自由、绝对的平等与一切秩序和制度作为对立的两极的。章氏的自由思想的核心是顺性自然、无分彼此、摆脱一切制度和秩序而绝对逍遥,故而只有绝对的平等,即以不齐为齐,才能达到绝对的自由。因此,齐物论宇宙观在政治上的表达就是"五无"的思想,在观念上的表达就是"四惑"思想。章氏借助于《齐物论》与唯识学的思想所提出的以不齐为齐的平等思想中的确包含着对事物的多样性、意见的歧异性、立场的多元性的尊重,但是,这种齐物平等的观念即使能够导致一种政治上的多元主义的后果,也不能简单地等同于哲学上的多元论。威廉·詹姆士在《多元的宇宙》一书中认为,注意并重视事物的可变性,事物在存在中的和彼此相互联系中的多样性,以及处于发展过程中的世界的未经修饰的性质,这些都是具有经验主义倾向的思想家的特点。[231] 从这些方面看,章氏的齐物思想确有多元论的特点。但是,从本体论来看,章氏对多样性的看法是由一个超越的视点统摄的,这个超越性的视点是宇宙的本体和万物存在的原理,从根本上说,他的多元论是一种超越于人类中心主义的古典宇宙论的产物。因此,在对宇宙多样性的描述的背后是对那个没有形器的体的肯定。这就是道、真如、阿赖耶识。世界确乎是多元的,但多元的世界无非缘识而成。在这个意义上,以不齐为齐的世界描述在本质上是否多元论又大有疑问。作为一种社会政治思想的多元主义主要指的是社会中不同集团,如教会、工会、职业团体、少数民族、妇女等享有的独立自主权,政治多元主义学说的特征也主要体现为对具有独立自主权的集团的社会功能的肯定。但是,章氏齐物思想中的基本单位并不是集

---

[231] 威廉·詹姆士:《多元的宇宙》,北京:商务印书馆,1999。

团(如果有集团,必然有秩序、等级和分别),而是个体(物与人),对宇宙万物多元存在的论证依赖于"以道观物"的视点,而在这个视点内,社会的政治制度和一切秩序(无论这种秩序是政治性的还是道德性的)都是对个体的损害和侵夺。在前一部分我已经对章氏关于国家、议院、社团、村社等集体性存在的批判作了分析,在这样的政治思想的前提下,将章氏的齐物思想等同于作为一种社会政治思想的多元主义是有欠考虑的。

5. 个体/本体的修辞方式与自然之公

上述分析再次提供了分析和总结章氏个体概念的机会:

首先,从建立宗教的道德考虑到齐物论的宇宙存在模式的解释,个体的意义发生了一些重要的变化。在建立宗教论的框架内,个体的最深刻的特征就是无我,也即个体与自性即我的分离。就遍计所执自性而言,个体以及自/他的区分仅仅是意识的产物,是一种没有内在深度和实体性的抽象观念,是一种无内容的名言,也就是一种妄执或妄念;就依他起自性而言,个体以及自/他的区分是依他而起的幻有,是达到或证得圆成实自性、真如和阿赖耶识的工具或通道。既然章氏建立宗教的目的是革命道德的形成,那么,在佛教三性说的框架内,他所要力证的是日常生活之中的个体所欲、所思、所畏皆为虚幻,并进而对人伦日常的、具有生命、意识、情感和心理活动的个体加以虚无化;而他所要论证的"我"(亦即真如、阿赖耶识)则是超越于个体和人伦日常的普遍、永恒和真实的存在。

因此,道德的起源是超越个体的真如和阿赖耶识,个体非但不是道德的起源和认同的基础,而且由于他是意识的、情感的、心理的和具有语言能力的存在,反而成为证得真如的障碍。换言之,三性说中的个体没有个人自主权可言。这种情况在齐物论的宇宙存在模式中有所不同,发生变化的主要原因在于这种宇宙模式并非以道德为指归。如果说"以不齐为齐"的"齐物"思想也是某种道德的话,那么,这种道德不是人伦日常意义上的道德(虽然它对人伦日常具有指导意义),而是庄子所谓"形非道不生,生非德不明"意义上的道德。江袤云:

> 无所不在之谓道,自其所得之谓德。道者,人之所共由;德者,人之所自得也。[232]

不过,对于齐物平等思想来说,这里所谓人所共由和自得应该改为物所共由和自得,盖在齐物的意义上人与物并无差别。

在这个意义上,齐物意义上的个体并不专指个人,而是泛指宇宙中的一切存在,从而"齐物"的世界不是人类中心主义的世界。"以不齐为齐"的平等是宇宙的一种存在状态,但也是一种不承认原则的原则或不承认公理的公理:它不承认任何高于个体的规则和公理,并强调任何个体都有自己的规则和道理。既然语言或名相是一种抽象的普遍性,因此语言或名相也是高于个体的知识、规则和公理,故在涤除之列。"以不齐为齐"的绝对平等观在一定程度上可以视为对个体的自主性的尊重,但是,这种自主性是在任何秩序(包括语言秩序)之外的自主性,它毋宁是道德即万物所以存在的原理的体现。齐物平等意义上的物(兼人)是有生命(即活的、动的、变的)、有位置、有独特性的存在物,但仍很难说是有内在性深度的个体。超越名相和秩序的个体是一种纯粹经验,因此,它也可以说是反知识的、反理性化的、反现代的(实际上也是超越时间和空间的,因为空间和实践也是名相而已)个体。

其次,章氏在三性说和齐物论的框架内讨论个体及其自主性问题,这意味着个体问题是在本体论和宇宙论的原理中提出的。换言之,至少在形式上,个体概念与社会、集体等概念无关,当然也就与白鲁恂所说的"集体归宿感"无关,而恰恰与个体在宇宙中的位置和存在方式的体认这一认同问题有关。无论是对个体自主性的论证,还是对个体真实性的怀疑,都不在个体/社会、个体/集体、甚至个体/自我的关系之中。这种个体/本体的特殊修辞方式决定了章氏的自由和平等概念是超社会的。

因此,物与物(包括人与物、人与人、物与物)之间的平等关系是一种宇宙的存在原理和本然(自然)状态,自由则是这种原理和状态的另

---

[232] 焦竑:《老子翼》卷七引,渐西村舍刊本,页38。

一种表述方式。尽管章氏暗示这种原理也应当是支配国与国、人与人之间关系的政治的和道德的原理,但是,这种自由和平等概念既不涉及权利的概念,也不涉及义务的概念;它们既不属于法律的范畴,也不属于道德的范畴,当然更不涉及占有关系的范畴;我们已经知道在"以不齐为齐"的境界中,吹万不同,物各有己,而且各有其理,但我们不知道己与己之间、理与理之间是否需要某种协调和规范;换句话说,在章氏的论述模式中,个体与本体之间没有任何中介,特别是与社会的概念无涉。章氏的自由平等概念中既没有个人先于社会结构的原则,也没有社会形态先于个人现象的原则。因为"社会的"这个词意味着一种秩序,一种名相,一种对待性的关系,一种普遍性,一种专制和暴力的可能性。就此而言,章氏的个体概念及其相关话语涉及政治性的和社会性的运用,但却不是政治学的和社会学的运用。这不仅使章氏的个体概念及其论述模式与梁启超、严复等人在群/己、社会/个人的论述模式中的个人概念相区别,而且也同近代西方社会思想对个人及其与社会的关系模式的讨论大不相同。

第三,章氏的建立宗教论突出了"依自不依他"、"自贵其心"的思想,但是这里的"自"与"心"是圆成实自性和超越个体之真心;同样,章氏的齐物论宇宙观强调"以不齐为齐"的物各有己的思想,但是,"不齐"与"己"都是对一种更高的状态的印证。"以不齐为齐"是"以道观物"的产物。换句话说,对依自的强调和对公理的破除,所达到的结论并不是个人的绝对自主性,而是一种至高的宇宙原理,即"公"的思想。这种"公"不是一种礼制之公,也不是一种社会之公,而是一种绝对平等的自然之公。现在我们不妨重温《庄子·应帝王》:

> 汝游心于淡,合气于漠,顺物自然而无容私焉,而天下治矣。

郭象注曰:

> 任性自生,公也;心欲益之,私也;容私果不足以生生,而顺公乃

全也。[233]

"依自"也好,"不齐"也好,都是"无私"的状态,亦即"公"的状态。章氏的个体概念之所以是临时性的,归根结底,只有"公"才是永恒的自然状态。换言之,章氏虽然用个体对抗国家,似乎是极端的个体主义者,但个体对他而言并非价值源泉和认同的基础;相反,价值源泉和道德基础渊源于一种独特的自然状态,这种状态是无私之公。

---

[233] 郭庆藩:《庄子集释》,第1册,页294—295。

汪　晖

现代中国思想的兴起

下　卷

第二部

科学话语共同体

生活・讀書・新知　三联书店

Copyright © 2024 by SDX Joint Publishing Company.
All Rights Reserved.

本作品版权由生活·读书·新知三联书店所有。
未经许可，不得翻印。

图书在版编目（CIP）数据

现代中国思想的兴起 / 汪晖著. -- 4版. -- 北京：生活·读书·新知三联书店，2024. 11. -- ISBN 978-7-108-07928-2

Ⅰ. B26

中国国家版本馆 CIP 数据核字第 2024A6H254 号

第二部

科学话语共同体

本册细目

◎ 下卷
　　第二部
　　科学话语共同体 —— 1105

第十一章　话语的共同体与科学的分类谱系 —— 1107
　　第一节　"两种文化"与科学话语共同体 —— 1107
　　第二节　中国科学社的早期活动与科学家的政治 —— 1125
　　第三节　世界主义与民族—国家：科学话语与
　　　　　　"国语"的创制 —— 1134
　　第四节　胡明复与实证主义科学观 —— 1145
　　　　1. 在实证主义笼罩下对实证主义的怀疑 —— 1145
　　　　2. 形而上学前提与对实证主义科学观的确认 —— 1151
　　　　3. 作为关系的真与作为先验原理的社会和国家 —— 1159
　　第五节　作为"公理"的科学及其社会展开 —— 1169
　　　　1. 科学的、道德的与合理的 —— 1169
　　　　2. 科学与政治及其他社会事务 —— 1177
　　　　2.1 科学、大同与国际关系 —— 1177
　　　　2.2 科学与共和政体 —— 1178
　　　　2.3 科学与学术和教育 —— 1180
　　　　3. "科玄论战"的序幕：科学与人生观问题（以杨铨为例）—— 1182
　　　　4. 对进化论的怀疑与现代文化论战 —— 1189
　　第六节　现代世界观与自然一元论的知识分类 —— 1200

第十二章　作为科学话语共同体的新文化运动 —— 1206
　　第一节　"五四"启蒙运动的"态度的同一性" —— 1206
　　第二节　作为价值领域的科学领域 —— 1208
　　　　1. 陈独秀：从实证主义到唯物主义 —— 1211

2. 科学概念与反传统运动 —— *1215*
   3. 启蒙主义的科学概念及其意义 —— *1221*
  第三节　作为科学领域的人文领域 —— *1225*
   1. 胡适的科学方法与现代人文学术 —— *1225*
   2. 科学方法与人文科学家的社会角色 —— *1236*
  第四节　作为反理学的"新理学" —— *1247*
   1. 吴稚晖与反传统主义科学观 —— *1247*
   2. 通俗化的形式与常识批判 —— *1249*
   3. 自然过程与历史过程 —— *1259*
   3.1 科学的宇宙观：排除创世观念与宇宙过程的目的性 —— *1260*
   3.2 科学的人生观：天理的衰亡与人的衰亡 —— *1267*
   3.3 是机械论还是有机论？ —— *1272*
   4. 是"反理学"还是"新理学"？ —— *1276*

第十三章　东西文化论战与知识/道德二元论的起源 —— *1280*
  第一节　文化现代性的分化 —— *1280*
  第二节　东西文化论战的两种叙事模式 —— *1289*
  第三节　东/西二元论及其变体 —— *1292*
  第四节　新旧调和论的产生与时间叙事 —— *1296*
  第五节　总体历史叙事中的东/西二元论及其消解 —— *1309*
  第六节　总体历史中的"东西文化及其哲学" —— *1314*
  第七节　从文化观的转变到主体性转向 —— *1327*

第十四章　知识的分化、教育改制与心性之学 —— *1330*
  第一节　知识问题中被遮蔽的文化 —— *1330*
  第二节　张君劢与知识分化中的主体性问题 —— *1343*
   1. 对心理学的人文主义理解 —— *1344*
   2. 对社会科学的人文主义理解 —— *1353*
   3. "人生观"问题与重建知识谱系 —— *1360*
  第三节　知识谱系的分化与社会文化的"合理化"设计 —— *1370*
   1. 知识分科与现代社会分工 —— *1370*

2. 教育改制、分科设置与知识谱系的划分 —— 1376
3. 心性之学与现代化的文化设计 —— 1383

第十五章　总论：公理世界观及其自我瓦解 —— 1395
　　第一节　作为普遍理性的科学与现代社会 —— 1395
　　第二节　科学世界观的蜕化 —— 1403
　　第三节　现代性问题与晚清思想的意义 —— 1410
　　第四节　作为思想史命题的"科学主义"及其限度 —— 1424
　　第五节　哈耶克的科学主义概念 —— 1438
　　第六节　作为社会关系的科学 —— 1454
　　1. 自然/社会二元论 —— 1454
　　2. 市场/计划二元论 —— 1460
　　3. 晚清国家对"市场"和"社会"的创制 —— 1477
　　第七节　技术统治与启蒙意识形态 —— 1486

附录一
地方形式、方言土语与抗日战争时期"民族形式"的论争 —— 1493

　　第一节　作为"民族形式"的"中国作风"与"中国气派"
　　　　　　——共产主义运动中的民族主义政治与文学问题 —— 1495
　　第二节　"地方形式"概念的提出及其背景
　　　　　　——战争对乡村与都市关系的重构 —— 1499
　　第三节　"地方性"与"全国性"问题 —— 1503
　　第四节　方言问题与现代语言运动 —— 1507
　　第五节　"五四"白话文运动的否定之否定 —— 1526

附录二
亚洲想像的谱系 —— 1531

　　第一节　"新亚洲想像"的背景条件 —— 1531

第二节　亚洲的衍生性：帝国与国家、农耕与市场 —— *1539*
第三节　亚洲概念与民族运动的两种形式 —— *1552*
第四节　民主革命的逻辑与"大亚洲主义" —— *1565*
第五节　多个历史世界中的亚洲与东亚文明圈 —— *1574*
第六节　互动的历史世界中的亚洲 —— *1592*
第七节　一个"世界历史"问题：亚洲、帝国、民族国家 —— *1603*

参考文献 —— *1609*

人名索引 —— *1666*

下卷 第二部
科学话语共同体

第十一章

话语的共同体与科学的分类谱系

> 科学的本体，还是和那形上的学同出一源的……
> ——任鸿隽

第一节 "两种文化"与科学话语共同体

"五四"新文化运动是晚清以降的知识氛围和制度建设的过程的产物，它不是一个孤立的、仅仅由几个文人构成的社会运动。但迄今为止，有关"五四"新文化运动的研究仍然集中在以《新青年》、《新潮》和那些直接参与了文化论战的刊物和群体方面。在新文化运动中建立起来并长期流行的旧/新、传统/现代、东方/西方、落后/进步等二分法的话语模式都建立在一种能够据以区分它们的新的知识条件之下。如果没有晚清和民国以来在教育制度和知识谱系方面的深刻变化，我们很难设想这一运动能够成为现代中国历史中如此重要的段落。晚清至"五四"时代的知识分子的政治观和社会立场各不相同，但究竟是什么力量、在何种知识条件下，新的知识群体能够把自己看成是"新的"、"现代的"或者"西方化的"社会群体？在追问这一问题时，我们首先注意到的是：在中国现代思想研究中，科学共同体及其文化实践是经常被忽略的部分，以致按照通常的历史构图，现代启蒙运动似乎仅仅是一些人文知识分子的活动的产物。为什么我们在探讨近代文化运动时会自觉地和不自觉地将科学共同体置于我们的视野之外呢？在这里，我们首先涉及的是仍然制约着我们的知识体制和观念的"两种文化"的区分，亦即科学文化与社会文化的分类。在晚清和民初的氛围之中，这一分类代表着一个社会关系重构的过程：它不仅在空间的意义上把科学文化与其他文化区分开来，而且也把这种划分本身纳入一种时间的和文明论的框架之中。科学一方面提供了新/旧、现代/传统、西方/东方、进步/落后的基本分界，另一方面又将自身置于一种与其他领域完全区分开来的、独立于社会、政治和文化影响的位置上。然而，这一与社会相互区分的独特位置恰恰构成了科学群体及其实践在社会领域中的权威性。在这个意义上，不了解自然科学的发展、科学知识的普及以及随之产生的"两种文化"的格局，就无法了解现代思想和文化运动的基本脉络；不了解近代科学群体的活动、知识分类的变化以及这些活动和变化对社会和文化领域的重构，也就不可能真正了解"五四"新文化运动的背景条件，以及他们究竟是在什么样的知识力量之下完成其文化使命。

近代科学期刊的刊行、科学教育的普及和科学共同体的形成是现代启蒙运动的先决条件和这一运动的有机部分。作为一种独特门类的科学刊物的诞生是现代社会"两种文化"的形成的标志。所谓"启蒙"也可以视为"两种文化"形成的历史过程。在晚清革命与变革的风潮中，许多相对专门的科学刊物应运而生，它们与众多的社会文化刊物相映成趣，却又独具特色。据不完全统计，从1900到1919年五四运动前不到20年的时间里，共有一百多种科技期刊创刊：自然科学期刊24种（综合性9种，数理科学9种，地学2种，生物学2种，气象学2种）；技术科学期刊73种（综合性13种，工业12种，交通运输14种，农业29种，水利5种）；医学期刊29种。辛亥革命后六、七年间创办的刊物比过去的总和增长了两倍。除了1912年农林部办的《农林公报》、1907年广东农工商总局办的《农工商报》等少数报刊属于官办外，大多数科技期刊是由科学团体、大学和一些私人创办的。其中最为著名的当然是中国科学社的《科学》月刊、以詹天佑为代表的中华工程师学会办的《中华工程师学会会报》、最早的科学团体中国地学会办的《地学杂志》等等。[1]清末民初的科学期刊涉及各种专门的知识和技术领域,这从它们的刊名即可见一斑:《中外算学报》(上海,1902,杜亚泉)、《实业界》(上海,1905,美洲学报社)、《北直农话报》(保定,1905,保定高等农业学堂)、《湖北农会报》(1905,武昌,湖北全省农务总会编辑)、《学报》(1906,上海,上海学报社)、《医药学报》(1907,日本千叶,中国留学生组织"中国医药学会"机关刊物)、《理工》(1907,上海,理工学报社编辑)、《卫生白话报》(1908,上海,卫生白话报社)、《铁道》(1912,上海,中华民国铁道协会编辑,该会会长孙中山、副会长黄兴)、《浙江省农会报》(1913,杭州,浙江省农会编辑)、《云南实业杂志》(1913,昆明,云南行政公署实业司编辑)、《电气》(1913,北京,中华全国电气协会编辑)、《博物学杂志》(1914,上海,中华博物学会编辑)、《中华医学杂志》(1915,上海,中华医学会机关刊物)、《清华学报》(1915,北京)、《精神杂志》(1919,日本神户,中国精神研究会编辑)……这些刊物大多是普及性的或介绍性的,没有多少独创性的成果,其意义不仅在于为新一代专业知识分子和专业文化的形成提供养料,而且还在于它们在文化方面的影响。科学杂志的创办者分布全国各地,大多是专业的科学和技术团体,其中一些水平较高的刊物来自留学国外(如美国和日本)的年轻知识群体。通过科学知识的普及、科学思想的宣传和科学组织网络的形成,一种新的知识社群和文化氛围出现了。自那时起,无论在社会成员的组成上,还是出版物的类别划分上,都鲜明地呈现了科学文化和人文文化(或日常文化)的差别。"两种文化"的形成是现代社会的一个极为重要的成果,它以专业知识和专业化的知识体制的方式对社会文化进行重新分类。在一定意义上,不了解这些特殊的知识类别及其在社会生活中产生的极为巨大的影响,就不可能了解"启蒙"或"现代性"问题在那一社会语境中的含义。正因为如此,需要回到科学知识、科学体制和科学观念的问题上来,重构科学家共同体与新文化运动之间的有机互动关系。

---

[1] 张小平、潘岩铭:《中国近代科技期刊简介》(1900—1919),《辛亥革命时期期刊介绍》IV,北京:人民出版社,1986,页694。

从晚清时代新学运动的发展到民国成立后科学共同体的逐渐形成是一个连续的历史过程。如果将晚清知识分子的科学宣传和实践与民国之后的科学共同体及其实践进行对比，我们可以发现一个明显的转折：以中国科学社等科学共同体的成立及其专业性的学术期刊的出现为标志，民国时代的文化领域出现了科学文化与人文文化的明确区分，而晚清时代的科学宣传则是变法改革和革命宣传的有机部分，严复等先驱者并没有在社会分工上构成一个区别于其他知识分子的独特社群。那些相对专门的晚清科学刊物主要以启蒙宣传和普及教育为目的，科学的价值和意义始终被放置在它与社会和政治的内在联系之中。近代最早的科学刊物是由傅兰雅主编、1876年上海格致书室发售的《格致汇编》（初为月刊，后为季刊，1890年停刊），那是一本通俗科学刊物。中国人自己创办的科学刊物可以追溯到《亚泉杂志》、[2]《科学世界》[3]和《科学一斑》[4]等刊

---

[2] 《亚泉杂志》创刊于1900年11月29日（光绪二十六年十月初八日），主编是后来成为《东方杂志》主编的杜亚泉，并由他在上海开办的亚泉学馆出版发行，上海北京路商务印书馆印刷。《亚泉杂志》为半月刊，铅印、竖排、线装本、二十五开、单色花边封面、考贝纸、每册正文16页，共出10册，1901年6月9日（光绪二十七年四月二十三日）停刊。本章有关《亚泉杂志》的讨论资料参考了范明礼《亚泉杂志》一文，该文见《辛亥革命时期期刊介绍》第1辑，北京：人民出版社，1982。这是笔者所见唯一一篇系统介绍《亚泉杂志》的文章。又，亚泉学馆以集体研习各种科学为旨趣，1900年成立于上海，创办人绍兴杜炜孙（即杜亚泉），除发行《亚泉杂志》外，又编发《中外算学报》（石印小本，每期约20余页）。《出版大事年表》："亚泉学馆出版《亚泉杂志》，为国人自编科学杂志最早之一种。"见张静庐编：《中国近代出版史料》第2编，北京：中华书局，1957，页427。

[3] 《科学世界》由上海科学仪器馆编辑发行，上海英租界南四川路的中西印书局活版部铅字印刷，竖排，大三十二开本，蓝底白字彩色封面。杂志为月刊，1903年3月出第1期，第8期后未能按时出版，至1904年年底出11—12期合刊，便告停刊；此后到1921年7月复刊，至1922年7月出了5期，最后停刊。本章有关《科学世界》的讨论资料参考了范明礼《科学世界》一文，该文见《辛亥革命时期期刊介绍》第1辑。这也是笔者所见唯一一篇系统介绍《科学世界》的文章。

[4] 《科学一斑》由科学研究会（该会由上海龙门师范学校的成员组成，该校前身为汤寿潜任院长的龙门书院）编辑发行，1907年7月（光绪丁未六月）在上海创刊，月刊，汤奇学曾专门调查此刊，但仅见四期，停刊时间不详。参见汤奇学：《科学一斑》，《辛亥革命时期期刊介绍》第2辑，北京：人民出版社，1982。

物。这些刊物的出现与现代社会日益增长的知识普及和教育改革直接相关。科学/政治、科学/时代、科学/文明是这些刊物中流行的论述方式,这些论述方式不仅用科学的政治、时代和文明意义为体制化的科学研究提供正当性说明,而且也为科学和科学家在现代社会体制中的地位和意义提供合法性论证。

与专门化的科学研究形成对比的是:晚清科学刊物在科学/政治、科学/文明、科学/社会、科学/文化、科学/国家的"启蒙"框架内谈论科学的意义、介绍科学的成果。从20世纪以来,科学的概念和思维习惯越来越深入地影响人们对社会的理解,然而在其发展的初期,科学却需要借助于日常生活的概念来解释他的研究对象。也许正是由于这个原因,科学的思想逐渐转变成为支配我们理解社会的基本方法。在变革的氛围中,科学概念的运用范围远远越出了特殊技术(奇技淫巧)的范畴,成为合法性的来源,虽然它自身的合法性还需要政治、经济、文化和新的时间观念(特别是时代概念)的证明。人们争论进步与倒退、争论革命与改良,一如科学共同体争论真理与谬误,因此,社会运动的合法性模式与科学的合法性模式是极为接近的。在这一时期,科学力图从其他领域汲取力量用以证明自身的意义,但也力图为政治、经济、文化和其他社会事务提供认识的原理。科学作为合法性源泉与有待合法化的知识的双重特点,深刻地体现在科学/政治、科学/文明、科学/时代等有关科学的叙事方式之中。[5]

科学与其他知识领域的这种未分化状态体现在人们对科学的最初命名之中:许多知识分子和士大夫用"理学"、"格致学"等传统概念来命名科学。"科学"概念源于日本思想界对于 science 的翻译,最早的使用者是

---

[5] 弗·利奥塔(Jean-François Lyotard)在《后现代状况》(*The Postmodern Condition*, Minneapolis: University of Minnesota Press, 1984)中对科学知识和叙事知识作出区分,这一区分对于我们理解早期科学的合法性问题仍有帮助。在那时,科学作为一种元话语的地位尚未形成,它的合法性需要叙事知识的帮助,也即需要非科学知识的帮助或者论证。值得注意的是,这一简单的事实暗示着一个重要的判断:科学作为元话语的地位并不是绝对地取决于科学话语自身的特征,而是取决于特定的历史形势,特别是知识形势。在缺少这种历史形势的语境中,科学话语自身不能自我证明,因而也不能成为其他历史实践的合法性论证。在那时,它需要其他的知识为之提供论证。

西周(1829—1897),他于1874年在《明六杂志》上首次将science译为科学。在中国,科学一词在甲午前后传入中国,但比较广泛的运用是在1902年以后。在相当长的时期里,这一概念与"理学"、"格致"等概念同时并存。[6]事实上,西周本人曾接受严格的朱子学训练,后来又深好徂来学。在著名的《百一新论》中,他第一个把philosophy译为哲学,但在此之前他也曾用"性理学"、"理学"、"穷理学"、"希贤学"、"希哲学"等理学概念翻译哲学。在《百学连环》中,他将"百科学术"区分为"普通学"和"殊别学",又将后者分为"心理上学"和"物理上学",而"物理上学"中又包含"格致学"和其他学。足见这一时代的哲学与科学仍然处于相互连接和未截然区分的状态之中。在《尚白札记》中,西周强调"百科学术"与"建立统一观"之关系,从而把"哲学"置于"诸学之上之学"的地位。[7]这一诸学与某一灵魂之学的关系在严复那里也获得了表达,不过严复将西周所谓诸学与哲学的关系置换为诸学与群学的关系,从而群学成为百科学术的灵魂和统帅。无论是建立"统一观",还是以"群学"统帅诸学,都表示早期的理学、穷理学、格致学、科学等概念与宋明理学在功能上是存在相似性的:它们均以建立对于宇宙和世界的普遍性的知识为目的。换言之,这些命名不但产生于"理"概念与条理、规律等概念的长久联系,也产生于这一概念运用的范围和广度。即使在1902年之后,"理学"概念仍然流行,例如1906年11月15日在上海创刊的月刊《理学杂志》(小说林宏文馆合资社编辑发行,薛蛰龙主编)直接用"理学"命名,它的宗旨是为中国的富强而普及科学。《亚泉杂志》第七、八、十册刊有《日本理学及数学书目》一篇,开列"理学总记"书目36种,物理学书目64种,化学书目86种,天文学书目4种,气象学书目7种,博物学书目18种,……加之生物学、人类学、动物学、植物学、地质学、地震学、矿物学、算术、代数学、几何学等等各科书目,总计理科书目377种,数学书目531种。除数学外,其他各科均归入"理学"范

---

[6] 关于科学概念的起源,我在《赛先生在中国的命运:中国近现代思想中的科学概念及其使用》一文中已经做了比较系统的分析,该文见《学人》第一辑,又见《汪晖自选集》,桂林:广西师范大学出版社,1997,页208—269。
[7] 麻生义辉编:《西周哲学著作集》,岩波书店,昭和八年,页5。

畴。[8]杜亚泉在为译作《定性分析》所作的后记中谈及化学书时说,其中蕴涵了"天下万物之原理","读分原辨质之书,知分类定性之理"。这种"理"已经体现为包括76种元素的化学元素图表,及各种"新学理"。[9]所谓"分类定性之理"意味着总体的"理"包含着可分性或"分理"(如同戴震使用过的"分理"的概念),这为现代学术分科提供了原理上的依据。《科学世界》所载"社说"四篇即有三篇以"理科"、"理学"命名科学。[10]虞和钦《原理学》明确地把理的概念作为宇宙世界与人类社会的联系纽带,他说:

> 理学者,乃以至广至渺之世界观念,而与社会以直接之益者也。其目虽多,而以有实用之智识为尤要。渺远之星球,荒古之地质,人不能用也,有理学焉,则不知者知。腾空之雷霆,弥山之矿石,人不能知也,有理学焉,则不用者用。……[11]

自然知识与社会生活的这种密切的联系产生于民族主义的潮流之中,从而科学话语构成了民族主义话语的有机部分,它对"理"、"公理"的强调在某些情形下甚至直接演变成为一种民族—国家的观念。

在这个意义上,不仅科学的分析方法建立在一种新的宇宙观的基础之上,而且现代国家和社会的形成也需要一种新的科学宇宙观的支撑。科学刊物的编者无一例外地强调科学本身的重要性,但也无一例外地从社会政治角度论证科学的意义和价值。这对中国"科学"概念的形成产生了重要影响。杜亚泉的《亚泉杂志序》、林森的《科学世界·发刊词》、

---

[8] 《亚泉杂志》第七册,1901年2月8日(光绪27年2月初8),第八册,1901年3月23日(光绪27年3月23日),第十册,1901年4月23日(光绪27年4月23日),分别刊有:《日本理学书目》(七),页10—13;《日本数学书目》(八),页7—9;《日本算学书目》(十),页8—10,三册为连载。
[9] 杜亚泉:《定性分析·后记》,《亚泉杂志》第十册,光绪27年4月23日,页7。
[10] 这四篇"社说"是:王本祥《论理科与群治之关系》、虞和钦《现今世界其节省劳力之竞争场乎》、虞和钦《原理学》、虞和钦《理学与汉医》。四篇同出于第一编第一期,光绪29年3月1日。
[11] 虞和钦:《原理学》,《科学世界》第一编第一期,页2。

《科学一斑·发刊词》都把科学与政治的关系当作首要问题。这些刊物虽然都已运用"科学"概念,但同时却也保留着其他多种用法,表明科学概念尚在形构之中。杜亚泉用"政治与艺术之关系"作为他的主要用语,"政治"指内治外交、兵政工商、士风学政等各种社会生活领域,"艺术"则明显涉及"航海之术"、"军械之学"、"蒸汽、电力之机"、"铅字、石印之法"等科技实业等领域。在这里,"艺术"既没有从实业中完全分化出来形成独立的概念,也没有包含科学知识与艺术领域的严格分界。亚泉显然是在一个特定的意义上强调"艺术"是对事物——无论什么性质的事物——的规则的认识。如谓:

> 自其内部言之,则政治之发达,全根于理想,而理想之真际,非艺术不能发现;自其外部观之,则艺术者固握政治之枢纽矣。[12]

"政治"与"艺术"的关系犹如大脑与身体的各种器官或船长与船员的关系,如果没有后者,前者就只能沦为空头政治。值得注意的是,在"艺术"/"政治"的上述关系中,"政治"本身被自然化了,即政治成为某种服从于自然规律的行为。这里当然还没有技术统治的观念,但是,这种把政治技术化的设想,不仅为职业性的政治活动提供了基础,而且也在政治日益成为社会的中心问题的现代情境中,论证了科学和技术的政治意义。

民族主义无疑是最为重大的政治,那么,科学与这一政治的关系究竟应该如何建立呢?杜亚泉说:

> 吾恐吾国之人,嚣嚣然争进于一国之中,而忽争存于万国之实也。苟使职业兴而社会富,此外皆不足忧。文明福泽乃富强后自然之趋势。天下无不可为之事,惟资本之缺乏为可虑耳,吾愿诸君之留意焉。亚泉学馆辑《亚泉杂志》,揭载格致算化农商工艺诸科学,其目

---

[12] 杜亚泉:《亚泉杂志序》,《亚泉杂志》第1期,光绪26年10月8日。

的盖如此。[13]

杜亚泉要求人们把纷争的关系从国内转向国际,并指出竞逐富强的"资本"就是科学知识本身。在这个意义上,科学的意义不仅在于它对事物内在规律的理解,而且更在于一项更高的事业。国家富强、文明福泽与对事物的认识构成了一个意义的连锁关系。王本祥《论理科与群治之关系》一篇,明显与梁启超《论小说与群治之关系》相呼应,从另一个方面论证了杜亚泉的逻辑。"群治"是指社会制度和秩序,这一概念是在"群学"(社会学)的意义上使用的。所谓"理科"与"群治"之关系实际就是科学与社会政治的关系。王本祥的立论建立在对"帝国主义"时代中国富强的迫切性的认识之上,如谓:"通世界万国,有急剧的战争,有平和的战争,或战以工,或战以农,要莫不待助于理科。是故,理科者,实无形之军队,安全之爆弹也。……生存竞争将于斯卜之,优胜劣败将于斯观之。"[14]

把科学比喻为"无形之军队,安全之爆弹"自然是从功能的角度作出的判断,而这个判断来源于对时代的判断,即科学是这样一种工作,对于这个时代而言它不仅是必要的,而且是必须的。忽略这样一种工作,也就是背离这个时代,以及这个时代所指向的未来方向。这样,对科学的看法便与所谓现代性的态度关联起来。王本祥在《汽机大发明家瓦特传》的结论中说:

> 今夫吾中国理科实业之不发达,基于何原因乎?荐绅先生、名教硕儒,视即物穷理为支离琐碎之学,农工实业为鄙夷可耻之事,此数千年来相传之恶因也。比年以来,欧风美雨,由印度洋、太平洋卷地而来,青年学子,手掇一卷,志浮气麤,日日言政治、言法律、言军备,一似彼族所恃以膨胀者,斯数者外,别与他事,而薄视理科实业等学

---

[13] 同上。
[14] 王本祥:《论理科与群治之关系》,《科学世界》第一编第一期,光绪29(1903)年3月1日。

为形而下者,非高尚优美之事,不足学,不足以副吾大志,以拯中国也。……夫二十世纪,生产竞争最激烈之时代也。欲图生产力之发达,必致力于实业。欲求实业之飞扬跋扈,又必乞灵于理科,此尽人所知也。今彼方亟亟日从事于生产力之准备,而吾顾放言高论漠不加察,数十年后,几何不胥我四万万同胞而尽为饿殍也。揣其意亦不过以实业之事非理科不能行。而理科之学又精微艰深,难于猝解,故为是狂语以欺人耳。虽然,推其所以致此之由,亦由吾国理科教育素乏注意,而讲求者又廖廖无人,势力单薄,不足以唤醒社会也。吾草瓦特传,吾愿吾国民知实业为生产竞争之铁甲舰、开花弹,而理科又为实业之基本金。[15]

在这篇文字中,王本祥不只是提到了理科与社会政治、特别是救亡图存的关系,而且提到了时代的概念,这个时代的概念以"生产竞争"和"生产力之发达"为特征。科学作为实业的基础,构成了生产竞争和发展生产力的根本要素。在这个意义上,科学的工作是一种时代的工作。科学具有一种改造世界的力量。[16] 科学的启蒙意义主要存在于它与时代的这种内在关系之中。"理科教育"的重要性不仅在时代的意义上充分地显现出来,而且成为传统思想方式(重文轻实)的对立面。由于将时代范畴引入对科学的论述,科学/政治的论述模式也就同时转换为科学(现代)/传统的对立关系。

与《亚泉杂志》、《科学世界》相比,《科学一斑》涉及的知识领域更浅显,但内容也更驳杂,举凡教育、国文、历史、地理、数学、理科、博物、图画、体操、音乐、手工、附录、法政等13个栏目,问题繁多。从这些栏目的设置,我们可以发现它在内容上与当时新式学堂的课程相近。这表明:科学

---

[15] 王本祥:《汽机大发明家瓦特传》,《科学世界》第一编第五期,1903年6月1日(光绪29年六月朔日),页12。

[16] 王本祥在《电气大王爱提森传》的后记中说:"余草爱提森传,而著录其种种发明,余非传爱提森也,余欲示电气学之势力有改造世界之能力也。……"见《科学世界》第一编第五期,1903年6月1日(光绪29年六月朔日),页7。

刊物的出现与中国现代教育制度的建立具有内在的联系,现代中国社会的基本认同的形成需要现代职业化的教育作为重要的基础。该刊的《发刊词》认为中国的社会改造关键在办教育,"唤起国民本有之良能,而求达于共同生活之目的。"值得注意的是,《科学一斑》将中国的问题归结为缺乏"公理思想,道德思想"和"团结力",开出的药方是普及教育,而教育的内容则是包罗万象的科学知识,即以分科为特征的专业化教育。"公理"存在于各种类别的知识之中。正由于此,《科学一斑》认为几十年来,中国"以兵战、以商战、以工艺战、以政治战、以铁路、航路、矿山、工厂战,以租借条约、外交手段、势力范围战,以殖民主义、帝国主义、民族主义战,无不着着失败而谗焉有不可终日之势。"为什么呢?"学术之衰落乃使我国势堕落之大原因也。"举凡哥白尼、亚当·斯密、卢骚、孟德斯鸠、笛卡尔、富兰克林、牛顿、瓦特、边沁、斯宾塞等各种知识领域中的人,无不具有左右政府及世界发展的能力。在这个意义上,"科学者,文明发生之原动力也。"[17]

文明及其相互竞争问题是中国科学概念的重要历史内涵。在这个时代,人们公认科学研究及其创造的社会规范是西方社会在文明竞争中获胜的主要原因。因此,客观知识的概念与文明概念之间存在紧密的关系。正是在这一背景下,晚清科学刊物还发展了在文明冲突论中理解科学的方式,其主要的特点就是将科学放置于东方文明/西方文明、精神文明/物质文明的关系中考察科学的意义。在"五四"以后有关科学与玄学的论战中,这种文明二元论对现代知识体系的分化提供了历史的背景。《科学一斑·发刊词》在中国/西方的文明比较中,认为中国"文学盛而科学衰",文学指经学、理学、老学、佛学、考据学、词章学,而科学指政治、军事、经济、医学、哲学、物理、化学、数学、伦理、外交等。发表于该刊第三期的《伦理学卮言》说:

> 精神之文明为我国所固有,其不逮西洋者,物质之文明耳,此差足自豪者也。今西洋方以物质之文明为基础,合精神而一之。中国

---

[17] 卫石:《发刊词》,《科学一斑》第1期,1907年6月,页1—2。

乃不知吸取物质之文明,联合精神之文明以补我之短,反欲舍固有之精神,别求所谓物质文明者。亦思精神不存,物质将焉附耶?[18]

淬厉我所固有者,采补我所本无者,由普通学而蕲进于专门学,以从事于改革之事业;始由一部分,继及于全部分。[19]

科学/社会政治、科学/帝国主义时代、科学/生产力及竞争、科学/传统、科学/文明冲突构成了这一时期科学概念运用中的几种主要的理解方式。但是,科学刊物的重要影响不仅源于这些刊物强调科学在上述关系中的独特的、不可取代的功能,而且还因为科学刊物以其特殊的知识景观重构了人们对自然和人类自身的基本理解。在这方面,最重要的是科学刊物把各种具体学科的概念介绍到一般社会,进而以这些概念为基础,重构人们对世界和自我的理解。我们所了解的世界图景很大程度上依赖于我们用以观察世界的概念体系,而这些概念体系最终能够提供看待我们自身及其与环境的关系的依据。时间、空间、元素、电气、汽、能量、地史统系……等等概念不仅扩展了人们对宇宙自然的看法,而且也根本改变了人们对世界的想像图景。由于这些抽象概念的出现,人们建构世界关系的能力大大地增强了——这些概念意味着各种新的发现和发明的出现,以及通过这些发明和发现对自然的控制。

在新的宇宙观形成的过程中,任何具体的科学发现都可能被引向对人的理解。这里预示着对自然的探索和控制与对人的探讨和控制的关系。如果人的喜怒哀乐也可以被理解为一种自然现象,那么,人就有可能成为自身的客体。例如虞和钦在讨论气象学时说:

气象学者,包含风土、天气及地文诸学,而讲究大气之物理的诸现象,以精测其变化之原因者也。约言之,亦可谓之大气学,凡风雨、阴晴、寒暖、干湿,皆此学之所统辖也。故大气者,实陆地、洋海、河

---

[18] 《伦理学卮言》,《科学一斑》第 3 期,1907 年 8 月,页 138。
[19] 卫石:《发刊词》,《科学一斑》第 1 期,1907 年 6 月,页 5。

川、沼湖、山林、植物、禽兽及人类生命之攸关。微此则宇宙皆空,万物俱死。又推其极,则凡人类之喜怒哀乐,亦无不与此相关联。然则气象学者,范围至广,关系至大,非人类必要研究之学问乎。[20]

对气象的科学研究与人的日常感觉关联起来。这对现代历史中不断产生的环境决定论的文化论述模式具有重要的影响。实际情况是,对自然的控制本身逐渐地成为社会控制的模型。例如在王本祥对生物学的效用的讨论中,生物学不仅对工业、农业等各种人类活动具有重大影响,而且对社会国家的建构也具有不可或缺的作用:

> 生物学之研究,影响于社会如是,读者诸君,度无不知其价值与位置矣。夫拟国家为有机体,则斯学即为体中必不可缺之一器官;喻社会为微妙器械,则斯学尤为旋转圆滑之机关,而不可一时无。斯固今日学界之公言也。[21]

就在《科学世界》出版的年代,梁启超正在介绍德国国家主义理论,特别是伯伦知理和波伦哈克的国家有机体理论。在这种国家理论中,国家是一种有精神意志、肢体结构、自由行动和发育过程的有机整体,因此,在国家与个人、朝廷、外族和世界的关系中,国家及其主权具有无可争议的优先性。这种国家理论在晚清语境中的实际政治含义就是通过君主立宪而建立现代国家。在这里,我们不仅看到了科学理论对于社会政治的意义,而且清楚地看到了科学刊物的政治倾向。但是,这种政治倾向已经是通过科学的原理进行寓意地表达,从而说明科学正在成为新的政治论说的元理论。

科学进步要求国家和社会的安定,这种意识使得早期的科学刊物几乎都自然地倾向于改良和君主立宪,而对革命保持距离。对于科学群体

---

[20] 虞和钦:《气象学略史》,《科学世界》第一编第五期,1903年6月1日(光绪29年六月朔日),页1。
[21] 王本祥:《论动物学之效用》,《科学世界》第一编第二期,1903年4月1日(光绪29年四月朔日),页4。

而言,君主立宪的政治主张包含着两重意义,即试图把整个社会生活引导到职业和技能的事务之中,从而减弱社会的政治性;科学技术的研究和运用过程体现了一种对于社会和国家的责任,从而确保了社会的进步,职业化的工作本身蕴含了政治的和道德的意义。如《亚泉杂志》云:

> 设使吾国之士,皆热心于政治之为,在下则疾声狂呼,赤手无所展布,终老而成一不生产之人物;在朝则冲突竞争,至不可终日。果如是,亦毋宁降格以求潜心实际,熟习技能,各服高等之职业,犹为不败之基础也。[22]

《科学世界》以"发明科学基础实业,使吾民之知识技能日益增进"[23]为宗旨:

> 极意研求企实业之改良,而图种性之进步,则固吾人对社会国家之义务,不可一日废也。[24]
>
> 现今世界大势,勿徒空谈哲理,扩张政权,唯尊尚理学节减劳力,则效果有不胜言,而富强可待也。[25]

这种对科学的倡导一方面是针对满清政府的无能愚昧与中国文化的重文轻实,另一方面也以科学实业救国的方略反对过于激进的革命。因此,科学的提倡与立宪的政治主张在一个特定的语境中具有了某种相关性。"立宪之实行与否?其权固国民主之,政府不得与也。英国之行宪法也,非由三百数十万人公函力争而得乎?日本之行宪法也,非由多数国民迫胁要求而得乎?"[26]在这里,最为激进的要求就是上书以迫使清

---

[22] 杜亚泉:《亚泉杂志·序》,《亚泉杂志》第1期,1900年10月8日(光绪26年十月初八)。
[23] 《〈科学世界〉简章》,《科学世界》第一编第一期。
[24] 林森:《发刊词·一》,《科学世界》第一编第一期。
[25] 虞和钦:《现今世界其节省劳力之竞争场乎》,《科学世界》第6期,页1。
[26] 《伦理学卮言》,《科学一斑》第3期。

政府立宪。

科学从改良的理论基础转变为激进的文化和政治理念是一个无法仅仅在科学的范畴内说明的问题。然而,变化的激进性首先在自然观的方面体现出来。科学的知识,特别是那些诸如元素、原子、类的进化等抽象的概念及其在现实生活中的技术展现,逐渐但却是相当彻底地改变了原有的自然概念。作为一个客观的、可以被掌握的对象的自然逐渐地从那个本然的自然和道德的宇宙中分化出来。这个自然以及对这个自然的控制过程并不像今天这样缺乏诗意,它们毋宁是人的创造性的展示。新的自然概念的激进性在于:通过对自然的技术化的展示,那个曾经提供人们道德资源和政治合法性的天、天理都不再是超越的,而是可以通过科学认识和技术进步加以控制和理解的,从而我们可以自由地建构我们的世界。在这里,根本性的转折是对技术发明的诗意看法。换言之,自然的奥妙不再是它自身的神秘性,而是在技术、工具、仪器中展现出来的无限的可能性,由于这种可能性是可以控制和把握的,它同时也就成为了世界的必然性。我们不妨看一看科学的各种成果如何激发和重构了人们的日常想像空间,这种日常想像空间又如何引导人们对自然的技术控制。在《科学世界》的1、3、5、8、10、12诸期上连载了小说《蝴蝶书生漫游记》,该作由日本木村小舟原著,茂原巩江译意,王本祥润辞。这篇小说的主人公是一位喜爱研究动物、植物和矿物的"蝴蝶书生",他在花园中采集昆虫标本时梦遇自称"做作物主"的八十老翁。老翁不仅告诉他许多关于地球形成和生物进化的道理,还让他"飞行器乘风游漫汗,无线电通信慰寂廖","月界旅行广寒宫旧迹模糊,火星初航探险家精神勃发","游海底初试潜行船,讲电学预测新世界","海市蜃楼抉醒人间迷信,龙宫别墅饱看水族生灵",亲历"练兵场大开盛会",目睹"八行星议讨彗星",最终"汗漫游重回旧世界,进化论鞭辟美少年",于是在博士父亲的鼓励下决心精研科学。小说的意义主要不在于艺术的方面,而在于它提供了一种想像的空间。在这种想像的空间中,人通过飞行器、潜行船、无线电、望远镜等等想像中的科学器械改变了自己与宇宙自然的关系。新世界的形象正是在这种想像性的图景中展现出来。

科学期刊是晚清社会文化氛围的历史产物，同时也是这个氛围的创造者。上述科学期刊对科学意义的表述表明这一时期的科学期刊本身并没有构成一个完全区别于其他专注于社会政治问题的期刊文化。但在民国成立之后，这一知识格局发生了重要的变化：伴随着专门性的科学研究体制的形成和教育体制中科学学科与人文学科的严格区分，一种新型的社群或共同体出现了。这个共同体以客观的、以探求真理为唯一目的的方式将自身与其他政治和文化领域区分开来，从而在科学文化与其他文化之间构筑了两种文化的明确的区分。"两种文化"的概念意味着一种明确的、界线分明的区分：科学期刊所刊登的文章主要是介绍或者提出与社会问题无关的知识问题。[27]科学家讨论问题的方式是一种特殊的训练的结果，他们的知识包含了教育体制、知识类别、技能训练等等因素；在这个意义上，对科学家的权威性的尊重来源于一种体制性的力量。所谓"两种文化"的区分为科学的特权提供了理论的基础。从制度的层面看，科学共同体与近代国家的关系是一个值得深入分析的课题。韦伯曾经把体制化的自然科学研究看作是知识官僚化的特征，而研究机构的建立和扩大促进了官僚制度的进一步发展。也正由于此，科学研究的体制化必然通过国家和其他制度因素扩展至社会文化领域，并在其中扮演极为重

---

[27] "两种文化"的概念是 C. P. Snow 在 1959 年的政治和知识语境中提出的，有特定的针对性和背景(参见 C. P. 斯诺：《两种文化》，纪树立译，北京：三联书店，1994)。但是，"两种文化"的区分本身有着深远得多的背景，正如沃勒斯坦在谈及英国皇家学会与经典科学观的关系时说的那样："几个世纪以来，所谓经典的科学观一直占据主导地位。它基于两个前提，一个是牛顿模式，认定有一种对称格局存乎过去与未来之间。这是一种准神学的视界：如同上帝一样，我们也能够达致确实性；既然万物共存于永恒的现在，因此我们不必区分过去和未来。第二个前提是笛卡尔的二元论，它假定自然与人类、物质与精神、物理世界与社会精神世界之间存在着根本的差异。托马斯·胡克(Thomas Hooke)曾于 1663 年为皇家学会草拟了一份章程，他为该学会确立的宗旨就是'通过实验手段增益于万物的知识，完善一切手工工艺、制造方法和机械技术，改进各种机器和发明。'他还补充了一句话，强调皇家学会'无涉于神学、形而上学、伦理学、政治学、修辞学或逻辑学'。这些章程已体现出，认识方式分化成了斯诺(C. P. Snow)后来所说的'两种文化'"。沃勒斯坦：《开放社会科学》，牛津大学出版社，1996，页 2—3。

要的角色。例如,中国科学社和《科学》杂志的早期活动具有特殊意义,它不仅可以被看作是中国科学共同体的诞生,而且也可以看作是近代中国的"两种文化"的制度化实践的开端。

无论是"两种文化"的区分,还是科学家所谓与政治无关的宣称,都无法揭示科学共同体及其科学实践自身的社会性。我在这里试着提出一个新的、区别于科学共同体的概念用以表述"两种文化"之间的复杂的互动关系,这就是"科学话语共同体"。在一定的意义上,"两种文化"的概念正是对科学文化的合法性论证,这一区分使得科学家的活动从社会生活中分离出去,却同时保持对社会生活的深刻影响。所谓"科学话语共同体"指的是这样一个社会群体,他们使用与人们的日常语言不同的科学语言,并相互交流,进而形成了一种话语共同体。这个话语共同体起初以科学社团和科学刊物为中心,而其外延却不断扩大,最终通过印刷文化、教育体制和其他传播网络,把自己的影响伸展至全社会,以至科学话语与日常话语的边界重新变得模糊。这是一个双向的过程:一方面,科学家群体的科学思想包含着重要的社会文化内含,他们对一系列问题——如科学与道德、科学与社会政治、科学与人生观、科学思想中的进化论,以及科学的知识分类等——的阐释是对当时的文化论战的直接参与;另一方面,越来越多的不属于这个共同体的人也开始使用科学家的语言,并将这些语言用于描述与科学无关的社会、政治和文化问题,产生了极为深远的历史后果。这两个方面的有效互动造成了一种新的局面:科学话语共同体的话语实践和社会实践逐渐地用完整的科学知识谱系取代了天理宇宙观,从而为反传统的文化实践提供了自然观的前提。严复、梁启超所倡导的那些观念在这里转化为一种社会体制性的运动。

"科学话语共同体"的观念特别强调的是:科学话语的传播是一个复杂的社会过程,科学实践本身是社会实践的一个有机部分。个别科学家的工作并不能直接给一般社会提供普遍认可的科学概念,他们的成果必须有一定的传播手段才能得到社会的认可。我在这里指的还不仅是科学家们直接卷入的思想启蒙活动,例如科学刊物在发表研究论文的同时,也如其他人文刊物一样,在刊首登载"社说"、"论说"、"时评"、"来论"等等，用科学思想进行社会宣传；更为重要的是，科学家的工作成为其他文化活动的基本范式，他们利用科学语言对日常语言进行的改造就是最为重要的例证。晚清以降开始了一个意义深远的语言改革运动，其中知识分子和科学家共同体拟定科学专名、使用标点符号和横排书写的工作是一个特殊的部分，这些成果的普及不仅得到了国家和社会的承认，而且就是在国家支持下的制度性实践的一个部分。中国的现代人文语言和日常语言的某些形式是在科学语言的实践中逐渐形成的。在这种制度性实践的背后，隐含了有关科学发展与文明进化的关系的理解，即科学的发展模式也应该是文明进步的模式，科学研究的理性化模式也是社会发展的理性化目标。通过对科学及其制度性实践的合法化过程，不同文明（主要是指西方文明和东方文明）的等差关系以"科学"的标准稳固化了。

这一文明论的标准成为近代中国文化和社会论争的关键内容。正由于此，文化论战最终总是被引向有关科学和知识问题的辩论，而关于科学问题的讨论也总是文化论战的重要主题。在这个意义上，科学话语共同体并不等同于科学家共同体，其范围较之后者要广泛得多。处于"科学话语共同体"中心地位的是科学家、科学刊物以及散布在各个知识领域的知识分子及其出版物，他们共同构成了一种文化的运动。以《东方杂志》、《新青年》等刊物及其群体为例，他们基本上不属于科学家群体，但其中许多作者却使用"科学语言"分析社会文化问题，成为不断扩展的现代科学话语共同体的重要部分。实际上，中国最早的科学刊物《亚泉杂志》的创办者杜亚泉本人，也是"五四"时期《东方杂志》的主编和东西文化论战的一方代表。在1923年前后发生的"科学与人生观"的论战中，支持科学派的不仅有胡适、丁文江等《科学》月刊的直接撰稿人，还有吴稚晖、陈独秀等文人，他们共同构成了一种独特的话语氛围，甚至连他们的反对者，如梁启超，也不得不使用他们的语言，从而科学话语共同体将科学派及其反对者共同地纳入科学的话语帝国内部。从这次论战的主要内容看，几乎所有问题都是对早期科学刊物中各种有关科学与社会问题的讨论的重复和再思。"五四"新文化运动可以说是科学话语共同体的文化运动:各不相同的文化群体所以被视为同一个文化运动,是因为他们拥有某种可以相互交流的语言和符号系统。我稍后还将进一步论证:中国现代的知识体系和不同学科话语——不仅是自然科学的学科话语,而且还包括中国社会科学和人文学科的话语——最初都是在科学家共同体对科学语言的试验和改造中形成的。处于"科学话语共同体"边缘地位的是那些接受了新知识教育的学生、官员和市民阶级。作为新的教育制度和知识制度的产物,或者是新文化运动的参与者,他们正在把科学知识及其观念理解为一种看待世界的正确方法,并把这种理解扩展到日常生活的各个方面,从而为一种新的社会伦理和行为方式的形成提供了最为广泛的社会基础。在这里,如果没有一种制度性的创制和实践,也就没有可能形成广泛的科学话语共同体;如果没有科学刊物、科学共同体、从小学到大学和研究所的教育和研究制度,科学话语的权威性就不可能形成,以科学话语为自己的核心内容的文化运动也就无法获得真正的胜利。

第二节 中国科学社的早期活动与科学家的政治

科学话语共同体的形成与国家建设的潮流密切相关,但它并不是一个单一社会的产物,而是一个国际性的事件。正如民族—国家是新的国际性的规则的产物,中国科学话语共同体的形成与近代科学作为一种普遍知识的霸权有着密切的关系。中国科学社成立于1914年。当时可称研究科学的机构仅有一个地质调查所,专门学术团体仅有詹天佑等组成的中国工程师学会。中国科学社及其《科学》月刊是现代中国最为重要、时间持续最长的科学团体和科学刊物,它的组成、活动和出版既是一个跨越国界的过程,也是国家的开放政策的结果。中国科学社的成立对于中国科学团体的建立起了重要的示范作用。继科学社之后,中国工程学会

(后来与老的中国工程师学会合并)、中国化学会、化学工程学会、物理学会、生物学会、植物学会、动物学会等等先后成立。[28]在中国现代语境中,科学体制的形成、科学团体的建立、科学刊物的出版、科学概念的流行不是孤立的、游离于其他社会领域的事件,而是具有深刻的社会和文化动力和后果的事件。有组织的科学研究不仅为科学话语共同体的形成提供了前提条件,而且也把自身牢固地组织在社会文化活动的中心地带。

1914年夏天正值第一次世界大战爆发前夕,中国科学社的成立渊源于美国康乃尔大学的几个中国学生对这一敏感时代的时政的议论。他们对时政的议论没有产生具体的政治方案,相反是要创办一种科学刊物。虽然初始的动机是考虑到"科学发明之效用于寻常事物而影响于国计民生者",但刊物的宗旨"专以阐发科学精义及其效用为主,而一切政治玄谈之作勿得阑入焉。"[29]《科学》杂志是否真正实现了不谈政治的宗旨暂且不论,重要的是这种将科学与政治截然分开的方式已经在一定程度上脱离了晚清时代的科学刊物所惯用的科学/政治、科学/文明、科学/时代的修辞方式。这些年轻学人深信他们拥有一种独特的科学语言,这种科学语言一方面与社会政治相隔绝,另一方面又对"国民生计"具有根本性的影响。换言之,科学团体、科学研究、科学语言、科学家的生活方式能够以一种与社会无关的方式对社会产生示范作用。假定科学即将或已经成为统治国家和社会的知识生活的精神运动和精神进步的表征,那么,它的特征之一恰恰是与政治和道德没有关系。与其把这一现象看作是科学区别于社会文化的独特本质,毋宁看作是科学作为一种社会文化的社会特权。那么,科学的这种特权、进而科学家的这种特殊的社会身份是如何获得的呢?我已经扼要地提及了

---

[28] 任鸿隽:《中国科学社社史简述》,《文史资料选辑》第15辑,页2—3,中国人民政治协商会议全国委员会文史资料研究委员会编,中华书局,1961年。

[29] 同上,页3。又,《科学》1915年1月25日例言云:"为学之道,求真致用两方面当同时并重。本杂志专述科学,归以效实。玄谈虽佳不录,而科学原理之作最取,工械之小亦载,而社会政治之大不书。"页1。

这一问题的诸多方面,现在我们需要具体分析科学刊物的内容以深化我们的理解。

先从科学社的组织体制的形成开始。1920年,中国科学社在南京社所召开第五次年会,并庆祝图书馆和社所的成立。下面所引的这段话是时任社长的任鸿隽在此次会议上的开幕词,特别涉及了科学社的体制的社会意义:

> 现在观察一国文明程度的高低,不是拿广土众民、坚甲利兵作标准,而是用人民知识的高明,社会组织的完备和一般生活的进化来做衡量标准的。现代科学的发达与应用,已经将人类的生活、思想、行为、愿望,开了一个新局面。一国之内,若无科学研究,可算是知识不完全;若无科学的组织,可算是社会组织不完全。有了这两种不完全的现象,那末,社会生活的情形就可想而知了。科学社的组织,是要就这两方面弥补缺陷。所以今天在本社社所内开第五次年会,并纪念社所及图书馆的成立,是一件极可庆幸的事。……[30]

任鸿隽的讨论建立在一个基本预设之上:科学的发展与运用改变了整个人类生活,科学体制的模式不仅应该成为社会的模式,而且也是文明程度的标准。科学的模式提供了社会进化的范例,人类对完美的追求必须被纳入科学的轨道之中。知识、社会组织和一般生活的进化在这里被作为并列的文明进步标准,从而表明文明的进步是可以按照自然规律加以解释的现象。非常清楚的是,一旦承认了科学的至上地位,也就必须承认"科学文明"(西方文明)的至上地位。这也说明了近代文明或文化论战为什么总是与"科学"问题紧密相关:科学体制的合法性的来源建立在科学的观念和"现代文明"(西方文明)的成就的基础之

---

[30] 任鸿隽:《中国科学社社史简述》,《文史资料选辑》第15辑,页8;又,杨铨在《科学》月刊第一卷第七期发表《学会与科学》一文,论及学会的功能:"今之科学昌明之国,莫不自有其学会为崇学尚能之劢,其选会员也唯谨无滥……";"然学校不过科学之母;……忧世之士欲图学术之昌明者其以学会为当务之急乎。"页707、711。

上。因此,科学社虽然以研究科学为职志,但其意义却需要从社会组织的完善和科学知识的完善等方面加以衡量。在这里,任鸿隽没有使用韦伯式的"理性化"的概念,但他所谓"社会组织的完备和一般生活的进化"的概念,明显是指现代社会和文明需要用理性化的程度来检验,而现代科学的发展与运用恰恰为现代社会提供了理性化的具体途径。换句话说,有组织的科学研究或者科学研究的组织体制不过是现代社会和现代国家的最好模型。

正由于此,中国科学社的活动绝不限于科学研究。除了创办具有专业性研究特点的《科学》月刊之外,在1933年中国科学社还创刊了普及型刊物《科学画报》。[31]中国科学社一方面出版论文专刊(多为外文)、科学丛书、[32]科学译丛、[33]为科学共同体的内部活动提供基地,另一方面又建立图书馆、[34]生物研究所、[35]举行年会和演讲、[36]陈列展览、[37]设立奖金、[38]成立科学图书仪器公司(1929),组织参加国

---

[31] 该刊先是半月刊,1939年改为月刊,图片新颖,印刷精良,销数达20000以上。1949年后由上海科学普及协会接办。

[32] 如赵元任:《中西星名考》、吴伟士:《显微镜理论》、锺心煊:《中国本目植物目录》、章之汶:《植棉学》、谢家荣:《地质学》、蔡宾牟:《物理常数》;集体写作的有《中国科学二十年》、《科学的南京》等;关于科学史料的有:李俨《中国数学史料》、张昌绍:《中药研究史料》、罗英:《中国桥梁史料》等。

[33] 如汪胡桢、顾世楫合译德国旭克立许著《水利工程》二巨册,杨孝述译的英国物理学家布拉格讲《电》,陈世璋译的《人体智识》,俞德浚、杜瑞增合译的尼登讲《人类生物学》,叶叔眉、蔡宾牟合译的《俄国物理学史纲》二巨册,庶允译《最近百年化学的进展》,任鸿隽译《爱因斯坦与相对论》等。

[34] 科学社成立之初即设有图书馆委员会,1919年南京社所成立即在北楼设立图书馆;1929年又在上海设立明复图书馆。该馆于1956年改为上海市科学技术图书馆。

[35] 1922年在南京社所设生物研究所,这是当时国内仅有的几个科学研究机关之一。

[36] 自1916年起,中国科学社每年举行一次年会,至1948年共举行26次,会址除美国、南京、北京、上海等大都市外,也在杭州、南通、苏州、青岛、镇江、西安、重庆、广西、昆明、成都、庐山等地举行,使得一些偏远地方也得到科学家莅止,进而开通风气。

[37] 南京生物研究所成立后即经常陈列动、植物标本,1931年明复图书馆新建成立时,举行了版本展览会10天。

[38] 科学社设立和代管的奖金计7种。

际学术会议,参加国内教育活动,如与其他教育机构联合举办科学教育演讲会,设立科学咨询处,等等。所有这些活动都预示着中国社会正在朝向一个技术化的方向重组,虽然在初期,这些活动完全是局部性的。

一种普遍的知识和一个跨越国界的组织的形成被看成是一个民族—国家的文明程度的标志,这一逻辑上的悖论植根于启蒙时代有关科学作为一种有组织的研究的构想之中。社会机构和科学研究组织的关系曾经是培根《新大西岛》的关键内容之一。在《新大西岛》中,培根的大胆幻想勾画了社会机构和知识之间关系的特殊方案———一种严格意义上的科学技术的有组织的研究。正如许多西方学者认识的那样,发展有组织科学研究的这一思想具有深远影响,它提供了一份工业发达国家已经实现了的、远远超过17世纪思想水平的永久遗产。[39]现在,这份遗产有了它的中国后代:不仅对自然的探索本身成为社会和国家行为的一部分,而且这种探索的组织方式构成了现代社会和国家的典范。假如科学组织的方式是一种科学的方式,那么现代社会也应该遵循这种方式。对自然的有组织的研究在这个意义上成为一种政治隐喻,科学的方式本身也就具有政治的涵义。值得注意的是:科学研究与社会生活之间的关系不是直接的,相反,科学研究者必须保持与政治、道德和其他社会利益的距离,而这种距离恰恰保证了科学体制作为现代社会模型和理想的地位。

新的科学共同体承担着科学的研究和发现的任务,同时也对科学的

---

[39] 威廉·莱斯(William Leiss)在他的《自然的控制》(*The Domination of Nature*,1974)一书中把培根的《新大西岛》和摩尔的《乌托邦》看作是欧洲思想的两个乌托邦模型。他指出,后人对《新大西岛》有着明显一致的态度,"有条理地组织科学研究的思想和政府与研究组织必须结成同盟的思想在培根去世后不久就引起轰动……""但是那些对《新大西岛》的精妙思维十分尊敬的人却几乎从未充分地和具体地考察过培根所描绘的科学技术进步观念的范围。这种疏漏非常重要,因为在《新大西岛》中,社会机构和科学研究组织的关系是该文启示的一个关键方面。这是在与摩尔的《乌托邦》的比较中培根的思想能够得到令人惊异的更高评价的重要原因。"威廉·莱斯:《自然的控制》,岳长龄、李建华译,重庆出版社,1993,页56。

运用有着直接的影响。这种运用的过程密切地联系着社会的其他进程。因此,科学工作者的工作方式包含了推动整个社会制度发展和道德进化的精神。中国科学社正式成立时,由董事会征求会员同意,指定由胡明复、邹秉文、任鸿隽三人草拟了11章60条的社章,在全体会员讨论后表决通过,同时选举任鸿隽为社长、赵元任为书记、胡明复为会计、杨铨为编辑部部长,以及五人董事委员会,商定每年10月25日为本社成立纪念日。中国科学社从一开始就如此郑重其事地"民主化"和"程序化",一方面从内部保证了这个社团能够持久地运作,另一方面也说明这些参与者明显地是要用实际的组织行动来参与社会的改造。中国科学社体现的不仅是一种有组织的科学研究的思想,而且是一种研究组织如何与国家建立联系的思想。

科学社的组织以"科学的"方式为基础,但这种"科学的"组织方式本身不仅是一个社会行为,而且还预示着一个更为广泛和深远的社会过程,亦即社会组织和社会生活的理性化:"科学"本身是社会体制建构的原理。中国科学社作为一个私人组织的学术团体,开始即以英国的皇家学会为楷模,除介绍科学之外,它注重实行科学研究,并为民众公益事业服务。[40] 科学社的社员按照不同的入社原则分为六类,即普通社员、永久社员、特社员、仲社员、赞助社员和名誉社员。[41] 从这六种社员的分布,我们可以看出科学社作为一个科学团体的内部组织与外部联系。科学社的成员以普通社员亦即科技工作者为主,1914年成立时仅35人,到1949年

---

[40] 任鸿隽:《中国科学社社史简述》,《文史资料选辑》第15辑,页4—5。
[41] 普通社员的标准是:凡研究科学或从事科学事业,赞同本社宗旨,得社员二人之介绍,经理事会之选举者;永久社员的标准是:本社社员一次或三年内分期纳费一百元者,为永久社员;特社员的标准是:本社社员有科学上的特殊成绩,经年会过半数之选举者;仲社员的标准是:凡在中学五年以上之学生,意欲将来从事科学,得……经理事会之选举者;赞助社员的标准是:凡捐助本社经费在五百元以上或于他方面赞助本社,经年会过半数之选决者;名誉社员的标准是:凡在科学学术事业著有特殊成绩,经年会过半数之选决者。

已经发展到3776人。[42]特社员十余人,包括蔡元培、马君武、张轶欧、周美权、葛利普等。赞助社员二十余人,包括徐世昌、黎元洪、熊克武、傅增湘、范源廉、袁西涛、王搏沙等。名誉社员是张謇和美国的爱迪生。科学社的办事机构初为董事会,1922年在南通开第7次年会时分设董事会与理事会,理事会由竺可桢、胡明复、任鸿隽、丁文江等科学工作者担任,董事会共九人,多为政治家和社会名流:张謇、马良、蔡元培、汪兆铭、熊希龄、梁启超、严修、范源濂、胡敦复。此外科学社还在美国成立了分社、在中国十几个城市成立了社友会。从科学社的组织网络可以清楚地看出,尽管科学社是一个以研究科学为目标的社团,但其形成和发展是一个复杂的社会工程。

民国时期的许多重要政治家的参与不仅保证了科学社能够在政治极其不稳定的历史形势中持续发展和生存,同时也证明了作为一个民间组织的科学社与中国现代国家的建立和现代社会的组织有着重要的联系。中国科学社在海外成立,三年后迁返中国,先在上海大同大学,后在南京东南大学,最后是在南京社员王伯秋等创议和社会上有力人士的赞助下,

---

[42] 按每五年统计,历年的社员增长情况如下表:

时间:	1914	1919	1924	1929	1934	1939	1944	1949
人数:	35	435	648	981	1500	1714	2354	3776

(上表见任鸿隽:《中国科学社社史简述》)

又,1923年,任鸿隽在《科学》月刊1923年1月20日曾经发表过《中国科学社之过去及将来》一文,内中收有民国九年科学社书记报告所载社员统计,现转录如下,页5—6:

表一:以学科分

学科:	普通	土木	矿冶	机工	电工	农林	化学	生计	物算	化工	医药	生物	共计
人数	150	46	41	39	39	35	32	29	29	27	24	8	503

表二:以现在地分

地点:	江苏	上海	南京	其他	直隶	北京	天津	四川	湖北	福建	江西	河南
人数:	108	64	94	13	74	55	19	28	14	6	6	5
地点:	哈尔滨	香港	广东	山东	奉天	云南	山西	安徽	湖南	广西	陕西	未详	总计
人数:	4	4	4	2	2	1	1	1	1	1	1	5	276
国外	美国	法国	日本	英国	瑞士	新加坡							总计
人数:	201	11	11	2	1	1							227

注:此表统计数字似不准确,有些部分分列数字与总记数字不合,但从中仍可见学社当时状况之一斑。

由北洋政府财政部拨给南京成贤街文德里官房一所为社所。在晚清至现代中国的历史中,民间社团、刊物林立,但几乎都很短命。能够维持三年以上就算是很长的。中国科学社能如此长久地存在,根本的原因在于:(1)中国各派政治力量在科学问题上具有共识,即科学是现代社会必备的条件,科学的不发达是中国在国际竞争中失败的主要原因,科学是进步的标志。正因为如此,科学社实际上是在不同社会力量的支持下运作的。(2)社会上有力人士的参与不仅在经济上保证了科学社和《科学》月刊的生存,而且这些参与者的特殊地位暗示了国家对于科学共同体的支持。科学社的资金除了社员的会费、事业的收入外,大量依靠捐款。1918年科学社办事处迁回国内后即发起五万元基金募集活动,并得到蔡元培、范源濂等教育界领袖人物的支持。他们分别写了《为科学社征集基金启》和《为中国科学社敬告热心公益诸君》两文。蔡元培在文中说,在科学万能的时代,中国仅有此一科学社是中国之耻,如果不能维持这样一个科学社的发展更是中国之耻。他特别指出欧美各国政府对科学的投资,进而呼吁"吾国政府若社会之有力者,必能奋然出倍蓰于社员所希望之数以湔雪吾国人漠视科学之耻也。"〔43〕范源濂从当今"科学世界"的实业、战争等方面说明"科学不发达者,其国必贫且弱",进而向社会呼吁捐款。〔44〕科学社的基金监察员初为蔡元培、范源濂和胡敦复等三人,后来添推中国银行总经理科学社董事宋汉章担任保管和经理任务。至1935年,科学社的基金除用于投资上海社所及图书馆外,尚存各种款项大约40万元有余。科学社有意识地在政治和经济(实业)界扩展自己的组织成员,表明他们不是关在实验室里的迂腐儒生,而是具有政治经济眼光的现代知识分子。正是在这样一个复杂的社会关系网络中,科学社和《科学》杂志才能一面声称自己与政治的隔绝,一面深信自己的工作对社会具有重要的、甚至是决定性的影响;科学家的工作才能一面为常人所不解,一面对常人具有示范作用。

---

〔43〕 蔡元培:《为科学社征集基金启》,任鸿隽:《中国科学社社史简述》,《文史资料选辑》,第15辑,页9。
〔44〕 范源濂:《为中国科学社警告热心公益诸君》,同上,页9—10。

科学家的工作不仅具有一种示范能力,而且还具有一种特殊的支配能力,这种特殊的支配能力不是表现为政治领域中对他人的强力控制,而是表现为一种制造规范并让他人自愿服从的能力。[45]这种支配能力表面看来是由特殊的知识或技能提供的,但更深刻的力量来自社会的体制性因素:近代资本主义世界体系的扩展是以民族—国家体系的形式展开的,而教育、科技体制成为民族—国家建构的基本条件。这两个方面相互渗透:有组织的科学研究只能在民族—国家的体系内才得以发展起来,而现代国家权力的实践又以科学发现及其组织模式为自己的楷模。[46]上述背景产生了两个相反相成的后果:一方面,科学家的社会地位的形成是和现代国家的建立直接相关的,科学家的重要性不仅来自他们对知识的掌握,而且来自一种体制性的需要;另一方面,科学知识作为一种被普遍认可

---

[45] 利奥塔在分析"合法化"问题时的如下说法对于我们理解科学的合法化问题不是没有启发的。他以民法为例分析说,"公民的特定范畴一定扮演一种特殊行为。合法化是这样一个过程,在这一过程中,立法者被授权颁布作为规范的法律。再以科学陈述为例,它臣属于这一规则:为了被接受为科学的,它就必须满足于一些特定的条件。在这一情况下,合法化是一个过程,通过这一过程,处理科学话语的'立法者'被授权规定一些固定条件(一般而言,这些条件是内在一致性和实验证明),科学共同体据此决定一个陈述是否应当容纳在科学话语之中。"*The Post-modern Condition*, p. 8.

[46] 早期的科学研究基本上是由个人进行的,因此科学家的活动与艺术家的活动环境是相似的。但是,19世纪晚期以来,科学家的工作经常与工业和国家联系起来,进而使得科学成为一种社会力量。根据布鲁诺·拉陶尔(Bruno Latour)的解释,帕斯铁尔(Pasteur)在法国宣称他已经制造了一种能够治疗流行炭疽病的血清时,他的这一结论并没有通过科学家的重复实验加以合法化,而是经由三个拥有证明这一结论的权力机构加以合法化的:科学共同体,奶制品加工和生产者以及国家。拉陶尔的结论不是"社会"影响科学的过程,而是实验室成为社会权力的模式。从福柯的主题出发,即知识/权力的关系成为现代社会的主要特征,拉陶尔不仅把这一关联看作是科学真理的状况,而且相反地,他强调传统的体制性的权力从实验室中获取力量,而在20世纪,实验室成了商品和社会权力的生产者。因此,他强调科学不是如马克思和马克思主义者阐述的那样附着于资本,而是成为资本的一种关键性的形式,这种形式以实验室作为它的生产基地。科学包含了一些艺术(工艺)的特征,但是,科学发现的过程已经永久地从任何类似于自主的领域的东西中摆脱出来了。See Bruno Latour, *The Pasteurization of France*, trans. Alan Sheridan and John Law (Cambridge, Mass: Harvard University Press, 1988).

的客观知识提供了一种与文化多元性因素不同的要素，使得人类生活的许多方面被置于一种可以进行客观评判的状况之中。客观知识的观念遮盖了知识得以生产的社会体制和知识规范的要素，进而成为现代人所普遍接受的信仰。这种信仰最终证明，对科学的各种定理和方法的陈述对整个社会文化的变迁具有重要的作用。我主要以历史最长、影响最大的《科学》杂志的早期活动为对象。构成我的历史描述的中心内容的是：现代科学共同体的形成与现代社会体制的关系，科学思想以何种社会体制（教育体制、科研体制等）为基础将特定的知识转变为社会信念，科学家的知识活动如何成为现代国家中的规范性力量，科学研究中的概念如何重构我们的世界经验，现代思想如何从这种概念的创制中获得力量，为什么专门的学科概念被用于社会文化的领域，以及科学思想在社会思想的生产中的作用，等等。

第三节　世界主义与民族—国家：科学话语与"国语"的创制

科学家的权力首先表现为他们具有制造新的概念并用这些新的概念对世界的各种现象进行命名的权力。现代世界观——我指的是一种支配我们对于外部世界和我们自己及其相关关系的看法的概念体系，其作用一方面是提供我们理解并控制世界的概念范畴，另一方面是帮助我们在这个范畴体系中（因而也是在这个世界中）重建自己的位置——的形成，看似与科学家的工作联系不大，但实际上却在一定程度上依赖于科学家的工作。这些工作不仅确立了科学事业的社会意义，而且最终将科学领域的一些基本成果和规范普及为社会的常识。科学知识的合法性的建立也是一种新的判断标准的建立，现代世界中的一切似乎都需要经过它的检验，从而科学知识以一种"客观的"方式对世界进行编排：正确与错误，正常与反常，先进与落后，文明与愚昧，合理与不合理，等等。利奥塔（Jean-Francois Lyotard）曾经把科学话语的合法化问题与立法过程相比较,他说:"自柏拉图以来,科学的合法性问题就与立法者的合法性问题密切相关。由此看来,决定何者为真的权力并不能独立于何者为正义,尽管源于这两种权力的陈述具有性质上的差异。关键的问题是,在被称为科学的语言与称为伦理和政治的语言之间存在严格的内在关联:他们都发源于同样的视野,同样的'选择'——如果你愿意的话,这种选择可以被称为西方的(Occident)。"[47]在近代文明的冲突中,科学扮演了双重角色,它既是立法者,又是西方文明的特征,其奥秘在利奥塔本人并未明言的陈述中已经分明地表达出来了。

中国科学社的"科学实践"在语言方面产生出深远的后果。正是通过他们的活动,汉语开始经历它的技术化过程。这个技术化过程的第一步是生产和制定单义的、精确的、适合于技术操作的概念,我在此指的是科学名词的制定和审查工作。早在1908年,清政府添设学部(教育部),内设审定名词馆,学部尚书荣庆聘严复为审定名词馆总教习。[48]现在这项工作由严复那样的翻译者和文人之手转向了科学共同体的集体研究。1916年科学社即设有"名词讨论会",讨论结果随时发表于《科学》杂志。科学社同人明确地将名词的译述视为"正名之业":

> 译述之事,定名为难。而在科学,新名尤多。名词不定,则科学无所依倚而立。本杂志所用各名词,其已有旧译者,则由同人审择其至当,其未经翻译者,则由同人详议而新造。将竭鄙陋之思,藉基正名之

---

[47] Jean-Francois Lyotard, *The Post-modern Condition*, p. 8.

[48] 1908年(光绪34年)至1911年三年间,严复一直担任此项职务。但是,据章士钊说,"(民国)七年(1918年),愚任北大教授,蔡校长(元培)曾将先生(严复)名词馆遗稿一部,交愚董理,其草率敷衍,亦弥可惊,计先生借馆觅食,未抛心力为之也。"(转引自王栻:《严复传》,上海人民出版社,1957,页65)严复在就任此项职务期间,兼任许多其他职务,包括资政院议员、宪政编查馆二等咨议官、度支部(财政部)清理财政处咨议官、福建省顾问官。1910年(宣统2年)被特授为海军协都统,次年又特授为海军部一等参谋官。晚清审定名词馆的设定无疑是和西学的传入和教育体制的改革有关,但是,由于没有专门的科学家群体的工作,这项工作仍然具有深刻的官僚和文人性质,严复担任这项工作的上述状况,大致说明了这一点。

业。当世君子，倘不吝而教正之，尤为厚幸。[49]

1922年以后，科学社参加了江苏教育会、中华医学会等团体组织的名词审查会，每年开会进行审查，积累了大量资料。1934年国民党政府设立了国立编译馆，此类审查工作开始由政府机关集中办理，但所有材料，大部分仍是根据科学社及三数团体已有的成绩。[50]科学专名的确定不同于一般的名词的流行，后者主要是靠约定俗成，并保留了语言在交流中的多义性，无需专门的机构一一审定。科学名词却需要专业化的审定程序。科学名词的审定也不同于科学家个人的科学研究，新名词需要得到国家和社会的公认，而前提是科学共同体的认可。审定科学名词的工作保证了科学共同体内部的交流和理解，并为科学话语共同体的扩展提供了条件。科学共同体的名词审定经由国家的确认，进入小学、中学和大学的课本，并通过各种出版物普及到一般社会。科学话语的流行依赖于科学共同体、国家教育体制和印刷文化的社会活动。今天流行的诸多物理、化学、生物、地理、天文及其他学科的概念都是在科学社等科学共同体的工作中被确认的。诸如各种元素的概念、身体的概念、地理的概念和天体的概念现在已经是我们日常用语的一部分，这些概念不仅从根本上重构了我们对于宇宙、世界和人类自身的认识，而且也在一定程度上迫使人们逐渐放弃"天然的语言"。宇宙、自然和人自身在这种精确的语言中只有一种展现方式，从而古代语言所展现的宇宙存在的多种可能性日渐地消失了。现代汉语中大量的新的词汇是在有意识的、有方向和目的的设计中完成的，是一个技术化过程的产物，而不是自然的产物。由于这些新的概念的单义性和明确的方向指向，在这种语言中展现的世界也是按照

---

[49]《科学》创刊号例言，1915年1月25日，页2。《科学》第2卷第7期的《名词讨论：名词讨论会缘起》又说："名词，传播思想之器也，则居今而言输入科学，舍审定名词未由达。""科学名词非一朝一夕所可成，尤非一人一馆所能定。""因有名词讨论会之设，为他日科学界审定名词之预备。"胡先骕的《增订浙江植物名录》(7卷9期)、《说文植物古今证》(10卷6—7期)都是例证。

[50] 任鸿隽：《中国科学社社史简述》，《文史资料选辑》第15辑，页21。

特定的方向建构起来的。语言的技术化不仅是科学共同体内部的需要,而且也是现代社会作为一个技术化的社会的构造的内在的需要。[51]

科学语言的流行也伴随着对世界和知识进行分类的过程,这个过程首先是通过科学刊物的栏目设置"自然地"展现出来的。"栏目"在这里也可以被理解为一种科学的世界构造。从1915年创刊至1950年停刊(1957年又以季刊形式继续刊行),《科学》杂志共出32卷,以每卷12期,每期60000字计算,应有两千余万字。根据任鸿隽的统计,每期除了科学消息、科学通讯等不计外,以长短论文8篇计算,应有论文3000余篇。假定平均每人作论文3篇,则有作者1000余人通过《科学》而以所作与当世相见。[52]在创刊之初,《科学》杂志以内容划分栏目,其中包括通论、物质运用及其应用、生物科学及其应用、历史传记、杂俎等五项。另外,"其余美术音乐之伦虽不在科学范围以内,然以其关系国民性格至重,又为吾国人所最缺乏,未便割爱,附于篇末。"[53]将美术、音乐列入《科学》杂志的内容是极为重要的安排,这表明在中国初期的科学共同体的共识中,科学不仅安排人类的知识,而且安排人类的感觉和心理。在以后的论述中,我将证明这种安排有其知识学的基础:作为一种完整的客观的知识体系,科学内部虽然存在层次上的差别,但并没有性质上的差别,因为至少在当时,认知领域、道德领域和审美领域并未发生明确的分化。

这一点是极为重要的。尽管科学社和《科学》月刊的实践体现了一种专业化的特点,但是,知识领域的这种未分化状态也深刻地体现在科学共同体的科学语言与其他语言的关系之中。《科学》月刊是专业性的科学刊物,杂志语言形式上的创新主要是出于科学研究的基本需要。这份刊物是最

---

[51] 语言的技术化过程在今天已经进入到电脑复制和翻译机器的阶段,这一过程的前提之一便是语言的技术化。或者也可以说,语言的技术化内在地包含了被技术化地处理的可能性。正像海德格尔所说:"人与语言的关系包含在一个变化中,这个变化的后果我们还没有估量。这一变化的过程还无法直接地抑制住。反正它悄悄地进行着。"转引自冈特·绍伊博尔德:《海德格尔分析新时代的科技》,宋祖良译,中国社会科学出版社,1993,页188。
[52] 任鸿隽:《中国科学社社史简述》,《文史资料选辑》第15辑,页13。
[53] 《科学》创刊号例言,1915年1月25日,页2。

早采用横排和新式标点的印刷物之一（更早时期传教士们编撰的中西辞典采用了横排的形式），这是因为科学论文及其内含的公式、图表等无法以竖排及无标点的方式表现。对此，《科学》月刊曾经作过专门说明：

> 本杂志印法，旁行上左，兼用西文句读点乙，以便插写算术物理化学诸方程公式。非故好新奇。读者谅之。[54]

然而，这种技术上的需要迅速地被作为现代语言的规范接受下来，并成为中国现代文化运动的突破口。很显然，早期科学语言与日常语言或文学语言在形式上没有截然的区分，也正由于此，科学语言的变革能够成为新的日常语言和文学语言的创新源泉。尽管汉字及其书写是一个古老传统的产物，但中国现代语言、特别是中国现代语言的书写形式也是以科学语言为元形式的。值得注意的是，有关现代汉语的讨论，除了普通话问题外，最为重要的研究和讨论集中于现代汉语的语法问题上，而"语法"问题的特点就是用一种元语言的形式对现存语言进行规范和改造，使之在单义的、明确的方向上展示意义。横排、新式标点的使用为现代语法研究提供了极为重要的内容和工具。在这个语法学的框架内，语言可以被理解为纯粹的形式、工具、手段。[55]这当然不是一次性完成的状态，而是一

---

[54] 同上，1915年1月25日，页2。
[55] 冈特·绍伊博尔德在探讨海德格尔对技术思考时解释说："我们所探讨的人对全体存在者的技术统治不是直接地、无任何手段就发生的，而只能通过某些统治工具如机器技术和自然科学等才发生。在这些手段中也包括语言，它甚至是最根本的最原始的'手段'。因为只有通过它，才显示和表现出人们称之为世界的东西，而技术的世界只显示在技术的语言中。不可想像，用本来诗的语言（它使事物的表现以多种方式加以解决，不是在主体的制造的意义上加以解决，而是使事物本身的存在具有不同的表现可能性）会发生技术统治形式。这样，任何世界都有与它相对应的语言；语言没有单纯的反映功能，而是本身参与到当时世界的发生。""由于语言的这种技术化，真正的丰富的语言必定萎缩，语言的死亡伴随着语言的齐一化而出现：现实的语言的生命在于多义性。把生动活泼的语词转换成单义地机械地确定的符号系列的呆板性，这是语言的死亡和生活的凝固和萎缩。"冈特·绍伊博尔德：《海德格尔分析新时代的科技》，页186—187。

个漫长"理性化"过程。

我之所以如此强调现代白话文经历了技术化的过程,是因为白话文本身并不是全新的创制。唐代口语文学的存在由于敦煌发现的古写本而得到确认。宋代的评话、元代的杂剧,以及宋代以后儒者、僧侣的语录,元代由蒙语译出的皇帝敕语、圣旨和颁布的法律,以及明代的小说都是白话口语的见证。正由于此,不是白话,而是对白话的科学化和技术化的洗礼,才是现代白话文运动的更为鲜明的特征。白话文与文学语言的特殊关系是在"五四"新文化运动之后形成的。胡适等人有关新文学的历史叙事注重于为白话寻找历史合法性,而忽略了这种现代语言与科学语言的关系。其实,1916年,就在《新青年》杂志孕育白话文运动之前,胡适在《科学》月刊第二卷第一期发表了他写于1915年6月的长文《论句读及文字符号》及两篇附录《论无引语符号之害》和《论第十一种附号(破号)》,这些文章不仅发表于首用横排、标点的《科学》月刊,而且在某种意义上也是对于《科学》月刊的形式的一种说明。《论句读及文字符号》分三个部分,分别是"文字符号概念(无符号之害)"、"句读论"和"文字之符号及其用法"。文中规定了符号十种,在引论部分,他讨论没有文字符号的三大弊病:一为意义不能确定,容易误解,二为无以表示文法上的关系,三为教育不能普及,[56]实际上指明了语言改革的基本方向。

胡适在1915年间开始考虑中国语言的变革问题并非偶然。早在1887年,黄遵宪在《日本国志·文学志》中已经论及改革文字的"简易之法",1888年裘廷梁明确将白话作为"维新之本"。[57]在辛亥以前,吴稚晖等人曾在《新世纪》上谈论过废除汉字,转学世界语或其他西方文字的问题。与胡适同时在美国的锺文鳌广散传单,极力诋毁汉文,主张采用字

---

[56] 胡适在同年7月2日的日记中自跋云:"吾之有意于句读及符号之学久矣,此文乃数年来关于此问题之思想结晶而成者,初非一时兴到之作也。后此文中,当用此制。"转引自胡适《四十自述》,见吴福辉编《胡适自传》,页101,南京:江苏文艺出版社,1995。
[57] 《论白话为维新之本》,《中外大事汇记》,广益书局。

母,以求教育之普及。[58]那一年恰好东美的中国学生会新成立了一个"文学科学研究部"(Institute of Arts and Sciences),胡适是文学股的委员。他与赵元任商量将"中国文字的问题"作为本年文学股的论题,并各自作文讨论这个问题的两个方面。赵元任专论《吾国文字能否采用字母制,及其进行方法》,此后他又写了几篇长文论证中文能用音标拼音。赵后来是《国语罗马字》的主要制作人,而他此时有关中国拼音文字的论文已经为此做了准备。[59]1915年8月,与赵元任的论题相应,胡适作一英文论文《如何可使吾国文言易于教授》,主要就汉文与教育普及的关系立论。他的主要看法是:在当时条件下,文言不可废,因此汉文问题的中心是"汉文究可为传授教育之利器否?"他的答案是汉文所以不易普及,原因不在汉文,而在"教之之术"之不完善。在他看来汉文是"半死之文字",不能用教活文字(如白话,如英语和法语等)的方法教授。教活文字的方法应该多用"朗诵"的方法,而教死文字的方法却只能用翻译的方法。他认为汉语是视官的文字,而西语为听官的文字。字母文字能传声,但不能达意,象形会意文字能达意,却不能传声。"今之汉文已失象形会意指事之特长;而教者又不复知说文学。其结果遂令吾国文字既不能传声,又不能达意。"他主张认真学习文法(他显然深受《马氏文通》的影响),"采用一种规定之符号,以求文法之明显易解,及意义之确定不易。"[60]那

---

[58] 锺文鳌是当时清华学生监督处的一个怪人,是个基督徒,受了传教士和青年会的很大的影响。据胡适说,他在华盛顿的清华学生监督处做书记,职务是每月寄发各地学生应得的月费。他想利用他发支票的机会做一点社会改革的宣传。他印了一些宣传品,和每月的支票夹在一个信封里寄给我们。内容如"不满二十五岁不娶妻"、"废除汉字,改用字母"等等。胡适当时并不满意锺文鳌的看法,曾经写信骂他,指责他不懂汉文,不配谈改良中国文字的问题。见胡适《四十自述》,收入吴福辉编《胡适自传》,页97—98。

[59] 同上,页98。

[60] 胡适:《四十自述》,同上书,页99—100。又见《留学日记》,台北:商务印书馆,1958,页758—764。前引关于句读的论文见《科学》月刊第2卷第1期。胡适在《"尝试集"自序》中引及《如何使吾国文言文易于教授》,其中有这样的话:"文言是半死之文字,不当以教活文字之法教之。""活文字者,日常语言之文字,如英法文是也;如我国之白话是也。"足见当时的讨论基本上是用日常口语来改造书面语。

时胡适不反对字母拼音的中国文字,但尚未想到白话可以完全代替文言,所以只是提出改良文言的教授方法。胡适和赵元任的论题大体提示了汉语现代化或科学化的几个最基本方面即拼音化、符号化和文法的建立。

有关中国文字的讨论最初涉及的是日常语言问题,但在1915年夏天,胡适与任鸿隽、杨铨、唐钺及梅光迪等人的辩论将这一问题扩展至中国文学问题上来。换言之,文学革命的问题是"从中国文字转到中国文学"的。在这些人中,梅光迪较为保守,不承认中国古文是半死或全死的文字。值得注意的是:除梅之外,其他诸位均是《科学》月刊的创始人和主要作者。更重要的事实是,这时的《科学》月刊已经开始使用横排和新式标点,足见胡适的看法并非空穴来风。仔细分析胡适的回忆,我们可以断言,当时没有发生过有关白话文字及其文法、符号是否适用于科学的讨论,相反,对于新式白话能否产生真正的文学革命却存在严重的分歧。任鸿隽对科学抱有极深信念,但并不相信白话能够滋生出一种审美的革命,他用"文学今革命,作歌送胡生"的讽喻对胡适的文学语言实验表示不信任。[61] 1916年间,在胡适的朋友中,发生了关于"作诗如作文"的激烈论战,这也是新文化运动的前奏。所谓"作诗如作文"的核心是日常语言(以口语化为取向,以声音为中心)能否成为文学语言(书面语,以意义为中心),从表面看与科学语言无涉,但显然已经预设了这种语言与科学语言的内在联系。

这个问题也可以与黄遵宪的"我手写吾口,古岂能拘牵"(诗《杂感》)参照来理解。黄遵宪之"吾口"是针对旧诗格律的束缚而言,也是和他在文体上主张"崇白话而废文言",使之"适用于今,通行于俗","欲令天下之农工商贾妇女幼稚,皆能通文字之用"的主张直接相关的。[62] "白话"或"吾口"是和"文言"相对的书面语,而不是以地方口语为特征的口语。换言之,"白话"或"口语"仍然是一种标准的通行书面语,而不是真正的口语。中国并没有标准的口语,口语即是方言。尽管现代文学的早

---

[61] 胡适:《四十自述》,见吴福辉编《胡适自传》,页102。
[62] 黄遵宪:《学术志二·文学》,《日本国志》第33卷,台北,文海出版社,1974年版,页816。

期实验中也不乏用方言的例证,如刘半农和刘大白的诗歌,但基本的方向是创造新的统一的"国语"。而拼音化、符号化和文法问题正是创造标准国语的基本途径。

因此,国语问题与语言的科学化问题存在着历史的联系,而切入口是标准书面语的改造。从另一个角度说,这场争论不仅是文言与白话的论争,而且也是科学语言能否适用于文学创作,特别是诗歌创作的问题。但在当时,问题并没有这样提出,相反,"五四"新文化运动的主流已经以普遍适用的科学观念为文学和其他人文领域的变革提供合法性证明了。在1916年2月与梅光迪的通信中,特别是在同年6—7月间与任叔永、杨铨、唐钺等人的讨论中,胡适的白话文学主张除了他日后反复谈及的看法外,还涉及白话是"文言之进化"的问题,其中第一、二条是:"从单音的进化而为复音的","从不自然的文法进而为自然的文法"。[63]文言与白话的区别被理解为不自然与自然的区别,而这种区别则是在科学观念的影响下,将中国文字与西方文字进行对比的过程中形成的。白话文运动从引进西方语言的符号系统开始,而首先实行这种符号系统并发表有关理论的刊物不是人文刊物,而是科学刊物。《科学》月刊从注重审定科学名词的工作,到首先倡导和论述新的文法和标点符号,表明科学共同体正在着手创造一种新的语言——在当时的语境中,这种新的语言即科学的语言。从胡适等人的讨论来看,这种科学语言又应当是日常语言和新的文学语言的典范。对于"五四"新文化运动的参与者而言,评价现代语言、进而现代文学的尺度显然是:恰当、精确和真实。这提示我们,现代文学运动中的现实主义主张始终占据主导地位是有着更为深刻的背景条件的:即使没有列宁的现实主义的"镜子"理论,科学化的语言的内在要求也同样会构筑出详细的标准。

现代语言的某些形式采用了科学语言的形式无非表明这样一个事实:现代语言也如科学一样应该是世界主义的。尽管中国并没有像许多

---

[63]《藏晖室札记》卷十二、卷十三,引自《胡适研究丛录》,北京:三联书店,1989,页114—115。

知识分子设想的那样废除汉字、采用世界语,但是,科学规则及其语言被普遍认可为一种中性的规则和语言,因而也是一种世界主义的语言。晚清以降,中国的语言变革一直存在着一种世界主义的冲力。从以西方语言为规范建立自己的语言学(《马氏文通》),到"五四"时期废除汉字的激烈主张,再到三、四十年代的拉丁化运动和1949年后的拼音化运动,汉语在欧化取向支配下形成的世界主义倾向是极为明显的。较之日本、韩国的近代语言运动,这一点尤为突出。日、韩两国的文字运动首先是摆脱汉字的束缚,进而以方言为基础,创造新的文字。因此,日、韩两国的语言变革一方面为民族认同提供了资源,另一方面也是以民族主义为其动力。与此相对照,中国的语言变革是"走向世界"的文化运动的一部分,它的特点是废除语言的传统的或民族的特性,试图用一种普遍主义的(科学的、世界主义的)原则改造书面语。这当然并不意味着中国的现代语言变革与民族主义无关,相反,在科学的世界主义视野中,现代语言同时又是作为一种民族—国家的语言而被创造出来的。值得注意的是,"五四"新文化运动在一开始是一个语言的现代化运动,口语、白话、新式标点被理解为建立现代民族—国家的"国语"运动和形成现代文化和现代文学的启蒙运动,而它在文化上的取向却是世界主义的和普遍主义的。

白话文运动以言文一致相标榜,表面上是用口语改造书面语,但最后不仅书面语被改造了,而且现代口语也随之发生了变化:它是以普遍规范废除方言的特征——尤其是方言的语音——为基本取向的。因此,现代中国的普遍语言的形成过程具有了世界主义和民族主义的双重特征。在当时,这两种倾向都被看作是科学化的倾向。伴随着这一运动的深入发展和国家的直接参与(制定白话课本等),在20世纪20年代以后,中国的语言——首先是书面语——发生了根本性的变化。这一事实意味着:中国的现代日常语言、文学语言和人文话语都是在科学话语的实践中孕育成熟的,也是以科学化作为变革的方向和理由的。与这一事实相关的另一事实是:至少在1923年"科学与人生观"论战之前,中国现代人文学者的主要工作是从事现在被称为"文学"、"哲学"和"历史学"的"科学工作"。这一双重事实证明:在中国现代初期的文化语境中,科学话语不仅不是人文话语的他者，反而是人文话语的基础。从语言形式的变革来看，中国新文化运动与科学话语共同体的形成几乎是同一事件。科学话语与人文话语的这种"通约性"只是在1923年"科学与人生观"论战以后才逐渐分解，而它的前奏则是东西文化论战。

　　人文话语（humanistic discourse）的形成是西方现代文化的重要事件之一。所谓"人文话语"在最一般的意义上指的是与社会科学和自然科学相反的人文学科的语言。"人文的"（humanistic）一词暗示一切民族、所有时代的男人和女人拥有某种共同的本质，这种本质把人与动物和非生物区别开来。这一区别也是人文话语和科学话语相互区别的前提，因为人文话语被理解为人类主体本身的反思性的话语。人文话语与科学话语的这种现代分化在理论上的论证可以追溯到康德有关"纯粹理性"与"实践理性"不可通约的界说。当然，"人文的"一词在欧洲的语境中还与非宗教或反宗教的意义相关。科学的与人文的区别是宗教衰落的结果之一，也可以说是韦伯所谓西方文化的理性化的结果。哈贝马斯曾把现代性的知识后果解释成为知识、道德和审美等领域的合理分化，这一划分明显地与康德在他的三大批判中所作的纯粹理性、实践理性和判断力的区分有关，其中最为重要的是：现代性的知识体系被区分为现象的知识、道德的知识和审美的知识，而各自的原理具有根本性差异。科学认识只能解释现象世界，却不能解决道德和审美的问题，那是实践理性和判断力的领域。人文话语与科学话语的区别导源于纯粹理性与实践理性的区别。

　　作为一个自觉的语言创造过程，中国现代语言的创造者们试图以科学话语为蓝本创造新的人文话语，并力图用科学话语的语法建构人文话语的内在语言结构。现代人文话语当然有其传统的语言基础，但它的确又是按照现代语言的规范重新加以创制的结果。更为重要的是，中国现代文化的特征可以被描述为一个文化冲突过程，在这个过程中，各种问题——包括知识问题——均被组织到一个更为基本的文明冲突或文化冲突的框架中来展开。这个文明问题或文化问题的核心就是科学问题，因为现代文明/西方文明被理解为科学文明。正是由于现代性问题与文明冲突问题具有内在的联系，科学及其世界观才变得如此重要：它被指认为现代文明的特质。道德与艺术作为独立的领域,不是如欧洲社会那样从旧的宗教世界观中分化出来,而是从科学实践及其话语中逐渐分化出来,但这个过程已经是中国现代知识体系的内部分化。

现在我们需要讨论的是:在中国的近代文化运动中,科学话语共同体依据什么样的逻辑将现象知识、道德知识和审美知识整合为一种科学知识?这样提问仅仅是为了理解的方便,实际上的问题是相反的:对于当时的科学工作者来说,科学知识内部从未出现过所谓分化问题,文学、道德、历史和哲学不过是科学的有机部分。所以真正的问题是:科学知识在何时及何种条件下分化为自然科学、社会科学与人文科学的知识?从这个问题出发,我们才能讨论科学、道德和艺术这三个领域的分化(这种分化发生了没有?相关关系如何?)。在中国的现代性话语的形构过程中,为什么对传统世界观的反叛不是直接地表现为知识问题、道德问题和审美问题的理性分化?在这一历史前提下,知识问题的道德方面和审美方面是如何展开的?对这一问题的回答同时也是对我在本节开头提到的问题的回答:为什么中国科学家抱持这样的信念,即他们的与社会日常语言无关的科学语言可以解决社会的日常问题,他们的与社会日常生活无关的工作方式对社会具有示范作用?

为了澄清上述问题,让我对中国科学社及其机关刊物所表达的科学观加以系统的疏理。

第四节　胡明复与实证主义科学观

1. 在实证主义笼罩下对实证主义的怀疑

中国科学社的成员大多在国外接受了系统的科学训练。他们的知识的准备和论述的系统性远在《亚泉杂志》、《科学世界》和《科学一斑》等刊物之上。这些新一代科学家已经开始从科学认识的内部展开对于道德、政治和审美的论述，而不再简单地用政治、文明、时代等外在因素为科学提供合法性说明。中国科学社的同仁们对科学的观念、科学的知识分类、科学的宇宙观、科学的人生观等问题进行了长期的、较为系统的分析和论辩，最终在自然一元论的基础上提供了一个较为完整的知识的分类谱系。在我看来，"五四"新文化运动在知识方面的基础就植根在这一知识的谱系之上。科学/政治、科学/文明、科学/公理等修辞方式并没有消失，但获得了新的论述形式：科学作为一种对于自然的研究必须内在地包含政治、文明、公理以及相关逻辑。

　　正如这一时代普遍性的思潮一样，中国科学社同仁的科学观明显地受到近代实证主义科学观的影响。"求真致用"[64]是这个科学观的最基本方面。也正由于此，许多思想史家使用"科学主义"的概念来描述他们的科学概念及其运用，他们借助于波普尔和哈耶克的理论批评中国现代思想中的所谓"科学主义"和实证主义。"科学主义"这一概念预设了科学与社会的本质性区别，认为现代社会的诸多危机产生于一种方法论的误用，即将实证主义的科学方法错误地从自然对象转向人类社会自身。然而，科学主义不是一个单纯的思想方法问题，而是一个历史的关系和历史的过程，在这个过程中，科学发现不仅与工业、技术和军事等科学的运用过程联系在一起，而且也被看作是组织社会和国家的基本方式。实证主义的认识方法是这一过程的产物，而不是相反。科学技术对人类社会的渗透和重构是伴随着有组织的研究和生产过程一同发展起来的，从而科学方法和技术手段在人类生活中的运用从一开始就不是一种单纯的方法论错误的产物。中国科学社的组织、它的语言实践及其对于现代中国国家建设和社会组织的意义，再次证明了这一过程的广泛性。换言之，把科学方法运用于社会实践和各种知识领域是现代经济体系和民族—国家建构的基本需求，它的核心逻辑在于：科学的发现、科学对于工业的促进、科学对于现代化的意义依赖于相应的政治、社会和文化体制。当一个社

---

[64]《科学》月刊第一卷第一期《例言》，1915年1月25日，页1。

会进入现代化的竞争轨道之时,按照科学的模式重构国家、社会、伦理、文化和语言就成为这一进程的具体议程。因此,当人们批评中国科学家的科学观及其内含的科学主义时,还需要考虑这些理论与这一进程的关系。事实上,中国科学共同体内部包含着对实证主义科学观的怀疑因子,他们力图在科学领域与社会领域之间划出鲜明的界限。但无论是方法论上的自觉,还是知识领域上的分界,都没有阻碍科学群体和文化群体自由地将科学问题衍生至社会政治问题。因此,真正深刻的问题毋宁是:为什么对实证主义的批判和对"两种文化"的划分本身构成了科学的越界旅行的基本前提?

让我从科学的宇宙观、科学的精神与科学的方法等方面来探讨这个问题。《科学》月刊第一卷第一号刊登了任鸿隽的《说中国无科学之原因》一文,作者在文中批评中国自秦汉以来的文化重当然而忽略所以然,在方法上"骛于空虚而引避乎实际",从而没有产生研究科学之方法。对于中国文化的这种空洞但流行的批评建立在他的科学观念之上:

> 科学者,智识而有统系者之大名。就广义言之,凡智识之分别部居,以类相从,井然独绎一事物者,皆得谓之科学。自狭义言之,则智识之关于某一现象,其推理重实验,其察物有条贯,而又能分别关联抽举其大例者谓之科学。[65]

从这样的科学概念出发,他与同时代许多人一样将科学归结为方法,特别是归纳的方法。用任鸿隽的话说就是"归纳法者实验的也","归纳法者进步的也"。归纳法的合理性来源于实验和进步的双重标准,而实验和进步又是现代文化的价值标准。从这一点推论,知识的系统性问题并不是归纳法优于其他方法的真正根据,因为归纳的方法产生出系统的知识,"驰于空想,渊然而思,冥然而悟"[66]的传统不是也产生了系统的知识

---

[65] 任鸿隽:《说中国无科学之原因》,《科学》第1卷第1期,页8。
[66] 同上,页9。

吗？为什么前一种知识更真或正确呢？这里涉及一系列的价值判断问题，也涉及科学哲学长期以来讨论的问题：科学的知识和理论与其他知识或理论的界限是什么？归纳法的优越性建立在什么样的前提之上？以及如何界定"系统"和"知识"的概念，等等。

任鸿隽一方面认为科学是以实验及推理而得到的正确的知识，歌颂科学所带来的物质进步，但另一方面又把科学当作"穷理"之学，强调科学的目的是超功利的：

> 科学的本体，还是和那形上的学同出一源的。……这理性派的主张，就成了现今的玄学，或形上学（玄学也是哲学一部分）。实验派的主张，就成了现今的科学。他们两个，……虽然形象不同，却是同出一父。[67]

任鸿隽没有进一步讨论"正确的知识"与形而上学的关系，在实证主义科学观流行的语境中，他强调的是实证、实验的科学方法，以及科学在物质与精神等方面的实际后果。我的问题是，如果将归纳作为科学知识的方法论基础，那么，在现代中国的语境中，这种归纳的认识论原则是如何预设它的认识对象的？既然归纳被作为一种区别于想像或是推理等认识原则的科学方法，那么这两种不同的方法是如何预设各自不同的认识对象的？这两个问题用历史的方法来表述就是：当科学话语共同体确立科学作为一种真正的知识时，它还预设了知识的对象，即宇宙的本质。

从文化的变迁的角度看，科学概念的提出的真正含义是重新确认宇宙的本质。在这里存在的不只是科学家关心的问题，而是一切有思想的人都会感到兴趣的问题。如同卡尔·波普尔所说，"这是一个宇宙学的问题：了解这个世界的问题，包括了解作为这个世界的一部分的我们自

---

[67] 任鸿隽：《何为科学家》，《科学》月刊第4卷第10期，1919年6月20日，页920、921。另参见他的另一篇文章《吾国学术思想之未来》，其中说："科学为正确智识之源，而正确智识之获得，固教育之第一目的也。"见《科学》月刊第2卷第12期，1916年12月25日，页1294。

身,我们的知识的问题。"[68]整个科学,包括它的形而上学部分,也包括科学家们所理解的科学方法,科学与非科学的分界问题,如同哲学一样,都涉及对宇宙学的理解。换句话说,在科学/传统的二元论中讨论归纳法的意义,核心的问题是用科学的宇宙观来代替传统的宇宙观,而宇宙观的改变必将涉及一系列的价值观的变化,因为伴随着宇宙观的改变,人与世界的关系变化了,人不得不重建自己在世界中的位置,而重建自己的位置的过程又涉及一系列的重新判断的过程。问题不仅在于是否重视归纳法,而且在于如何理解归纳法:它是科学得以产生的原则,还是建立在一种先验原理(无法用归纳法检验的)前提之上的方法?是科学的结果(用归纳的方法得出的结果)自明地产生一套宇宙观,还是科学也需要宇宙观的支持?在归纳与实证的观念流行的语境中,科学与宇宙观的关系经常被理解为生产与被生产的关系。1923年有关"科学与人生观"讨论集中于科学的结果能否产生正确的人生观,但科学的宇宙观(它经常被视为人生观的科学基础)究竟是一种假设,还是科学试验的客观结果,仍然悬而未决。这些问题最终涉及的是:近代中国的科学思想的世俗化运动是一种科学运动,还是一种形而上学运动?形而上学一词在此并无贬义。如果推进这个运动的科学家明确地知道这个运动的形而上学前提,那么,他们与实证主义的关系就不像表面的那样单纯。

早在1915年,胡明复就已经认真地思考过"科学的宇宙观"对于科学知识的成立所具有的决定性意义。在《近世科学的宇宙观》一文中,胡明复在界定科学的宇宙观的基本特征时指出:科学的宇宙观一方面是科学的产物,另一方面又是"科学发达的必须的动因":

> 自科学之观点观察宇宙,有上述之三特性。而上述之三特性,又为科学发达必需之原因。不有上述之三特性,则无科学;故欲有科学,则不可不先假设科学自己之可能为其起点,即不能不先假设宇宙之有此三特性。是以先有科学的宇宙观而后有科学,有科学而后科学的宇

---

[68] 卡尔·波普尔:《科学哲学的主要问题》,《科学知识进化论》,三联书店,1987,页4。

宙观有真正价值。则科学的宇宙观,科学之结果,亦科学之起点也。

胡明复所谓构成科学的前提的"三特性"指的是宇宙事物的三个特征:1.事物之相互关系,非临时的与例外的,而为不易的与公共的;没有关系,即无事物;因此,宇宙就是种种关系之总称;2.宇宙事物,严守通例;这是因为宇宙为一个统系而有一个不易之通律,凡事物皆其统系之一部分,凡事物之关系,皆其统系通律之一例,故事物皆因果相承,知其通律则可推知未来之事物;3.宇宙之组织为有秩序的。大的统系配列各小统系,而每一较小的统系又各自有其通律。不仅物质界是宇宙中之一统系,生物界是宇宙中之一统系,而且思想界也是宇宙中之一统系,因此,思想及其相互影响也同样遵守宇宙的基本规则。[69]

上述看法的重要性在于:中国现代科学世界观中包含着认识世界的两种根本不同和互不相容的方法。但是这种方法上的内在矛盾并存于同一个世界观中,并以这种并存的方式构筑了一个似乎统一的世界观。这种科学世界观的内在矛盾所以没有表现为尖锐的冲突,是因为这两个方面都不以对方为对立面,而是共同以传统世界观的某些方面为对立面。[70] 一方

---

[69] 胡明复:《近世科学的宇宙观》,《科学》第 1 卷第 3 号,1915 年 3 月 25 日,页 255—261。

[70] 麦金太尔曾论证过 18 世纪欧洲思想中的一个重要现象,即经验主义和自然科学在同一文化中并存。经验主义的经验概念是 17 和 18 世纪的一种文化创造。这种概念是为解决 17 世纪认识论危机而创造的,人们想用它来弥合似乎与是、表象与现实之间的裂缝。与此相对照,自然科学的观察和试验概念则趋向于扩大似乎是与是之间的距离,在现象与实体、幻象与真实之间创造了新的区分形式。此外,经验主义者的概念倾向于对构成我们知识的和我们知识基础的基本要素进行区分,信念和理论是否能被证明为正确的,取决于对经验的基本要素的判断。但在这个意义上,自然科学家的观察就不是基础。因此,经验主义和自然科学在同一文化中并存,确是有点异乎寻常,因为它们代表了认识这个世界的两种根本不同和互不相容的方法。但在 18 世纪,双方不仅可以并存于同一个世界观中,而且可以以同一世界观来表达。这就意味着,这种世界观在根本上自相矛盾。而这种内在矛盾的含混不清,则是因为这个世界观在什么是要否定的和什么是要排斥的这问题上的一致程度:他们一致否定和排斥的,在很大程度上是亚里斯多德的古典世界观的所有那些方面。A. MacIntyre,《德性之后》,北京:中国社会科学出版社,1995,页 101—103。

面,胡明复完全按照实证主义的科学概念规定了宇宙的规则,另一方面,他又将这些实证主义的科学定理解释成为科学所以能够成立的假定前提(即未经验证的前提),进而明确地指出了科学不是自明的存在,而是以一种宇宙观(信仰)为其假设的基点。如果科学是以信仰作为出发点的,那么它在起源上就是无法实证的。就此而言,胡明复的科学宇宙观是对实证主义科学概念的重要修正。特别重要的是:他发现科学的结果也是科学的起点,亦即是说,按照归纳、实证和实验的原则所得出的具体的科学结果有一个假设的前提,因此不能被视为纯粹的客观的真。这里存在着一种阐释学循环。在这个意义上,胡明复对经验科学及其规则的强调并不是反形而上学的,相反,他对科学的宇宙观的阐述表明以实证和归纳为方法论特征的经验科学与形而上学之间并没有严格的界限。如果考虑到大多数中国近代知识分子都是以实证主义科学观为依据批判中国传统思想方法,特别是所谓"驰于空想"的形而上学方法,那么,胡明复的上述观点就显得别具一格。

2. 形而上学前提与对实证主义科学观的确证

根据上文的论证,胡明复的朴素观察与卡尔·波普尔1934年出版的《科学发现的逻辑》以及此后《猜想与反驳》等一系列重要著作对于自然科学的认识论的检讨非常接近。[71] 但是,这种理论上的相似性并不意味着他们的社会判断也是相似的。相反,在相似的理论前提下,他们推导出了不同的社会政治取向。至于他们的取向为什么如此不同,则需要在另一种社会文化语境中另作分析。波普尔的出发点是归纳问题与分界问题。所谓归纳问题指的是归纳推理是否得到证明,或者在什么条件下得到证明的问题。简单地说,波普尔追问的是,一个建立在归纳基础上的全

---

[71] 参见 Karl Raimund Popper, *The Logic of Scientific Discovery* (London: Hutchinson, 1959); *Conjectures and Refutations: the Growth of Scientific Knowledge* (London: Routledge & K. Paul, 1969).

称陈述是否为真,如经验科学的假说及其理论系统是否可以按照归纳推理得到证实。[72]波普尔对归纳逻辑的批判直接地导向了分界问题。他明确地指出:摒弃归纳逻辑的主要理由正好是:它并不提供理论系统一个经验的、非形而上学性质的恰当的识别标志;换言之,它并没有提供一个恰当的"分界标准"。[73]现代实证主义者认为他们必须在经验科学同形而上学之间发现一种可以说在事物本性中存在的区别,进而以归纳逻辑证明形而上学和宗教陈述都是无稽之谈。因此,实证主义者真正想完成的与其说是成功地进行分界,毋宁说是最后推翻和消灭形而上学。但是,由于归纳主义者未能在科学系统和形而上学系统之间划出一条分界线,从而使二者处于同等地位;实证主义没有把形而上学从经验科学中清除

---

[72] 传统归纳主义认为,经验科学可以以他们所谓的使用"归纳方法"的事实为特征。根据这种观点,科学发现的逻辑就是归纳逻辑,即归纳方法的逻辑分析,其特点是从单称陈述(有时也称作"特称"陈述,例如对观察和实验结果的记述)过渡到全称陈述,例如假说或理论。但是,波普尔认为,经验的——观察或实验结果的——记述首先只能是单称陈述,不能是全称陈述。人们说从经验得知全称陈述的正确性,实际上是说,人们能用某种方法把这个全称陈述的真理性还原为一些单称陈述的真理性,而这些单称陈述根据经验得知是真的;这就等于说:全称陈述是以归纳推理为基础的。波普尔指出,问是否存在已知是真的自然定律,不过是用另一种方式问归纳推理在逻辑上是否得到证明,而要找到一种证明归纳推理的方式,我们就必须首先确立归纳原理。但是,根据波普尔的分析,归纳原理本身也是一个全称陈述。如果认为归纳原理的真理性来自经验,那么,导致归纳原理的引进的同样一些问题也就再次产生了。为了证明这个原理,我们应该运用归纳推理;而为了证明这些归纳推理,我们就该假定一个更高级的归纳原理;如此等等。这样,想把归纳原理建立于经验之上的企图就破产了。波普尔说:"归纳原理是我们借以把归纳推理纳入逻辑上可接受的形式中去的一个陈述。""这个归纳原理不可能像重言式或分析陈述那样的纯逻辑真理。的确,假如有纯逻辑的归纳原理的话,就不会有归纳问题了;因为在这种情况下,所有的归纳推理就不得不被看作纯逻辑的或重言式的变换,正如演绎逻辑中的推理一样。因此,归纳原理必定是一个综合陈述,即必定是这样一个陈述:它的否定并不自相矛盾,而在逻辑上是可能的。因此就发生了为什么应该接受这样一个原理,以及我们怎样才能根据理性的理由证明接受这个原理的问题。"参见《科学发现的逻辑》第一章,见《科学知识进化论》,页16—17。

[73] "找到一个使我们能够区别经验科学为一方与数学、逻辑以及'形而上学'系统为另一方的标准问题,我称之为分界问题。"同上,页22。

掉,却使形而上学侵入了科学的领域。[74] 按此逻辑,波普尔指出,应作分界标准的不是可证实性,而是可证伪性;证伪法不以任何归纳推理为前提,而只以其正确性没有争议的演绎逻辑的重言变换为前提。[75] 非常清楚的是,波普尔的证伪观念的前提是,如果科学具有形而上学前提,那么就不能以证实的方式来证明某个科学结论为"真"。"真"(可证实性)与形而上学是对立的。

我在此将胡明复与波普尔的科学观相对比,绝不是为了用波普尔来证明胡明复的观点的正确性或谬误。我要提出的问题是:中国现代科学思想并不像许多人想像的那样完全是实证主义的,科学思想对传统形而上学的批判也并没有在逻辑上证明科学与形而上学的分界。然而,在对科学的形而上学前提作了肯定性的判断之后,胡明复却沿着与波普尔相反的方向发展了他的科学观:首先,在认知的层面,胡明复不认为"真"与形而上学截然对立,因为存在着真的形而上学(如科学的宇宙观)与假的形而上学(如传统的宇宙观)的区别,从而"真"本身成为了一个价值判断的领域,而不是事实的领域。其次,在社会文化的层面,他对科学的形而上学预设——正如实证主义科学观一样——不仅提供了贬斥传统世界观的最为有力的前提,而且发展出一种科学认识与社会国家及其他生活领域的关系的看法。因此,我们需要分析的是:在相近的前提之下,为什么胡明复与波普尔发展了完全不同的思想方向?

---

[74] 同上,页23—24。

[75] 波普尔没有宣称形而上学毫无价值,而是将形而上学区分为帮助或阻碍科学前进的形而上学。他倾向于认为,假如没有对纯思辨性质的、有时甚至相当模糊的思想的信仰,科学发现是不可能的;这种信仰,从科学的观点看来,是完全没有根据的,因而在这个意义上是"形而上学的"。波普尔说:"我不要求一个科学体系能一劳永逸地在肯定的意义上被选拔出来;我要求它具有这样的逻辑形式,它能在否定的意义上借助经验检验被选拔出来:一个经验的科学体系必须可能被经验反驳。""经验方法的特征是:它以一切可以设想的办法使受检系统接受证伪的态度。它的目的不是去挽救那些站不住脚的系统的生命,而是相反,通过比较,通过使所有系统处于最残酷的生存竞争中,来选择其中最适者。"同上,页28—29。

胡明复一方面承认科学具有形而上学前提,另一方面认为科学宇宙观作为一种正确的宇宙观有助于新社会的建设和日常生活领域的规划。这与波普尔的科学思想在政治领域的发展正好相反。波普尔对归纳作为科学的认识原则的怀疑发展成为"易错论":即使在最高成就中,原则上人的理性是可能犯错的,认识不断进步,但并不存在不能怀疑和不能修正的真理。波普尔的这种科学理论在他的政治哲学和社会哲学中成为基本的原则,这一点库恩说对了,他提供的不只是科学的分界标准和验证原则,而是一种意识形态和行动的准则。[76]如果将科学领域的结论移用于社会领域就是科学主义的话,波普尔本人就是科学主义者。[77]对于波普尔来说,当他确定无疑地相信科学中有效的在政治中也有效的时候,当他在原则上拒绝社会科学和自然科学及人文学科方法的区别时,他显然

---

[76] 在《历史决定论的贫困》(The Poverty of Historicism)、《开放的社会及其敌人》(The Open Society and Its Enemies)等书中,波普尔用他的科学的认识原则与柏拉图、黑格尔、马克思进行论争,把他们视为极权社会思想的主要来源。他的批判的核心在于:这些思想家试图在一种历史和社会的领域中,以因果律来预测社会变化的最终目的,进而把自己的学说理解为规定世界是什么、世界的目标是什么的原理和蓝图。柏拉图的善的理念、黑格尔的绝对精神、马克思的历史发展规律的学说,都体现了那种为假说作最终论证的倾向和把握总体意义的企图,都是不可反驳的科学,所有这一切都是和他的证伪观念背道而驰的。他批判将乌托邦设想转为社会实践,抨击极权的国家制度压制了日常生活中的自由活动,明显地是从他的批判的实在论引申出政治和道德的后果。他的开放社会的概念同样如此:波普尔从他的科学哲学的可错论出发,论证民主制度是唯一不用暴力就可以进行改革的政府形式,是一个与乌托邦式社会设计不同的并不完满的社会技术,是以减少痛苦而不是增加运气为目标的、能够承认自己的政治主张可能是错的政体。《开放社会及其敌人》与哈耶克(F. A. Hayek)的《通往奴役之路》(The Road to Serfdom)及《科学的反革命》(The Counter-Revolution of Science)都产生于第二次世界大战期间的黑暗年代,他们对"理性的滥用"(the abuse of reason)的批判性思考成为战后西方思想界对科学主义进行反思的理论源泉。
[77] 按照哈耶克的较为狭隘的定义,科学主义描述的是一种完全非科学的态度,这种态度机械地、不加批判地将科学的思想习惯用于完全不同的领域,在确认它的研究主体之前即声称知道研究这一对象的最合适的途径。因此,科学主义是和科学的观点相对立的偏见。Hayek, The Counter-Revolution of Science (Indianapolis: Liberty Press, 1979), p. 24.

也是一位科学主义者。[78]托马斯·库恩(Thomas S. Kuhn)从常规科学与非常规科学的区别出发指出的那样,波普尔"提供的是一种意识形态,而不是一种逻辑,他提供的是行动的准则而不是方法论规则"。[79]在我看来,科学主义不仅是一种简单的思想方法,而且是一个社会的构造法则:对于自然的征服本身必然包含了对于社会的控制和规划,从而社会的内部控制从来就是和发展征服自然的技术条件和社会条件密切相关的。在这个意义上,对于自然与社会的区分本身恰恰掩盖了征服自然活动的社会性质。因此,即使在理论上了解了科学方法的限度也并不必然保证把科学方法的运用范围限制在自然方面,相反,把自然科学的方法运用于社会领域也不必然直接导致社会控制的思想。波普尔是后一方面的例证,胡明复则为前一方面提供了说明。

胡明复确认科学方法建立在形而上学的预设之上,实际上证明了科学领域与其他日常生活领域没有明确的分界。如果科学是一种正确的信仰,那么,科学对人们的日常生活产生影响则是无疑的。我们需要追问的是:他是如何、或以何种方式将对自然的认识与社会国家的观念相关联的呢?问题需要在几个层面展开:首先,在肯定了科学的形而上学前提之后,胡明复并没有像波普尔那样对归纳原则进行批判,相反他仍然把归纳原则看作是科学的本质。在《科学方法论一,科学方法与精神之大概及其实用》一文中,他把科学的本质归结为科学的方法,这种科学的方法虽

---

[78] 他与哈耶克的共同之处只是在对理性的存疑态度,即相信理性是可错的。在这个意义上,不仅从实证主义的观点看,波普尔的证伪主义是否确定了一种科学的分界标准是有疑问的。此外,请参见艾耶尔:《二十世纪哲学》第四章第三节《卡尔·波普尔论归纳问题》。维也纳学派的当代传人艾耶尔(A. J. Ayer)从实证主义的方向对波普尔的证伪观念解决了归纳问题表示深刻怀疑,他说:"如果这些假说通过了检验并不能获得更大的可靠性,那么我们还检验它们干什么?这不仅仅是遵守博弈规则的问题,而是要为我们的信念辩护。如果认为检验的整个过程都不能提供这种辩护,那么这种检验就是无意义的。""不仅如此,而且当我们考虑到归纳理论深深地侵入了日常的说话方式中时,要说我们并不是用归纳的方式来进行推论这种狂妄言论显得多么滑稽可笑。……"上海:上海译文出版社,页152—153。

[79] 托马斯·库恩:《是发现的逻辑还是研究的心理学?》,见伊姆雷·拉卡托斯、艾兰·马斯格雷夫编,周寄中译:《批判与知识的增长》,页19,华夏出版社,1987。

然兼有归纳与演绎两种,但"余所欲特别注重者,为其归纳之性,不有此性,科学已失其为科学……"[80]另一方面,胡明复认为这种归纳的科学方法实际上是一种"精神",在方法与精神之间没有任何的过渡或区别。这是因为科学知识对于人类道德、思想和文化等非科学领域具有重大的影响:

> 于此遂不得不合科学之方法与精神二者为一谈。精神为方法之髓,而方法则精神之郭也。是以科学之精神,即科学方法之精神。[81]

精神作为一种形而上学领域为什么与实证的科学方法合二而一呢?这涉及问题的第二个层面:即如何理解归纳原则。基于对精神与方法的理解,胡明复将归纳的科学方法等同于"求真"的精神。这种"求真"的精神不但对于"排除迷信与盲从"具有重要的批判作用,而且在结果上可以伴随科学的发展而使得"风俗道德与宗教"更加纯粹,以达到一种"真境"。[82]

那么,这种"真"或"真境"在性质上是可以被归纳法证实的客观本质,还是一种主观的看法呢?如果是前者,归纳问题就可能被证明;如果是后者,归纳逻辑的真理性就需要重新考虑。胡明复在《科学方法论二,科学之律例》一文中发展一种近乎二元论的看法。"真"在这里被视为"事变之通则"。那么,这种通则是"自然的真理"即"真界之真正事变",还是"外界事变印于吾脑中之影象"呢?胡明复指出:外界事物反映到人脑中时,中介层次极为复杂,因此,科学所发现的事物的规则不可能是客观的事变,而一定是"吾人脑中所有外物之影象耳";"科学之律例殆非真正之真理,盖吾人意象中之真正事物也。"从这种主观论的观点出发,胡

---

[80] 胡明复:《科学方法论一,科学方法与精神之大概及其实用》,《科学》月刊第 2 卷第 7 期,1916 年 7 月 25 日。关于科学与宗教的关系,胡明复主要参考的是 Andrew D. White,*A History of the Warfare of Science with Theology in Christendom*,1914,Introduction,页 722。
[81] 同上,页 722。
[82] 同上,页 722、723。

明复不仅把"真"看作是有待证实的客观规律,而且把这种"真"或"规律"理解成人的主观创造("为人类之所产出")。"科学之目的无非欲于脑中构一简彻易通之意象之世界,以代表外方自然之真象,务求其毕肖而后已。"[83]按此推论,归纳法不是一种证实真理的方法,而是一种建构真理的方法。换言之,"求真"的科学方法对旧宗教旧道德旧风俗进行批判,目的并不是在原则上排除形而上学的信仰,而是"纯化"这种信仰。[84]归纳主义的科学原则对各种旧观念、旧习惯、旧信仰的激烈的批判表明的不是一种事实,而是一种未言明的立场和态度:这种立场和态度起着一种替代世界观的作用,而不是一种阐明事实真相的中性的科学工具。

胡明复的上述观点以一种含混的方式论证了科学的方法(归纳的方法)一方面具有认知的功能,另一方面具有创造意义的功能:

……"知"真,则事理明(认知),是非彰(判断),而廉耻生(道德)。知"真"则不复妄从而逆行。此为中国应究科学之最大原因。[85]

非常明显,胡明复原则上不承认关于社会的知识与关于自然的知识具有性质上的区别,他说:"且夫社会之事变,亦自然之现象也,何独不可以科学之方法解决社会上之问题?"[86]但是,科学的社会后果(富国强兵、促进民智、民德发育等等)并不是科学的实用性的标志,相反,科学遵循的

---

[83] 胡明复:《科学方法论二,科学之律例》,《科学》月刊第 2 卷第 9 期,1916 年 9 月 25 日,页 957—963。这篇文章的参考书是 K. Pearson, *The Grammar of Science*, 3rd. ed., vol. I, Chs. II (London, 1911); W. S. Jevons, *The Principle of Science* Ch. XXXI (MacMillan, 1887)。皮耳生的著作在 1923 年"科学与人生观"的论战中,一再被引用。

[84] 胡明复说:"……此种精神……几无日不与旧迷信旧习尚旧宗教旧道德相搏战,然其结果则不特科学自身之发展而已也即风俗道德与宗教亦因之日进于纯粹,而愈趋于真境。"见胡明复:《科学方法论一:科学方法与精神之大概及其实用》,《科学》月刊第 2 卷第 7 期,1916 年 7 月 25 日,页 722—723。

[85] 胡明复:《科学方法论一,科学方法与精神之大概及其实用》,《科学》月刊第 2 卷第 7 期。同上,页 723—724。

[86] 同上,页 724。

是一种"纯智"的原则,"科学不以实用始,故亦不以实用终",作为科学精神的"求真"是一种超功利的"自然之势"。[87]这种"自然之势"的后果则是实用的,即在认知上导致科学的新发现和宇宙观的大改变,在日常生活中改变人的生活态度、交往方法、社会行为、道德思想,"于社会上造一新思潮,新文化",更不用说物质文明的发展。[88]

胡明复的"求真"规定中隐含了一种形而上学预设,即"自然之势"——自然本身中蕴涵了一种内在的逻辑,这种逻辑与人的主观的实用要求无关,却总是能够保证道德、智慧、审美和物质的发展与和谐:

> 夫未知其有用而终竭终身之力求之者,其间殆有一种不可思议之精神在。……朴完卡雷(Poincare)曰:"……且纯智中之至美,为自存,为无待,为无上自珍。为科学,故科学家乐为捐生,虽人生之乐利犹为其次焉"。
>
> 自然之美,在其简而通。……简而通,故宜于知识;宜于知识,故最宜于实用。……论者慎勿以为今日欧美之文化为其有科学之实用也,……其主原则则在其民族之爱自然之至美,爱自然之至美,故乐于求真理。……盖方法与精神本为一体,不有其精神而求通其方法,末由也。[89]

因此,胡明复的实证主义的科学原则是以一种审美主义的宇宙论为前提的。这种审美主义的宇宙论确认自然具有一种无为之为、无用之用的"势"或逻辑秩序。由于这种"自然之势",对于自然的审美情感能够转化为认知的意愿,而这种认知的意愿又能够逻辑地转化为"实用"。方法与精神所以是一体的,是因为方法不过是依循了自然的逻辑,而自然的逻辑是一种自然的形而上学,这种自然的形而上学一旦被人所把握就转化为方

---

[87] 同上,页725。
[88] 同上,页725。
[89] 同上,页726—727。

法。"自然之势"一方面是宇宙的形而上学,另一方面则是人的主观体悟,因为从主体的角度说,"自然之势"也无非是"简彻易通之意象的世界"。

简要地说,胡明复对"真"的理解建立在一种建构主义的基础之上。科学认识的建构过程不是随意的,不是一味地追求创造和利用,而必须依从"自然之势"。建构主义方式和顺应"自然之势"的取向与通常所谓实证主义的取向截然不同;沿着这两个基本预设,也完全推导不出滥用理性以控制世界的结论。

3. 作为关系的真与作为先验原理的社会和国家

胡明复认为自然科学与社会科学之间没有原则上的界限,自然领域与社会领域共享某种原理。这个看法与前述波普尔的看法是相近的。那么,他们主要差别何在?对于波普尔来说,人的理性是可错的这一原则同时也就是民主制度(作为一种承认自己可能是错的政体)的原则。这里,"人的理性是可错的"一语中的理性是指个人的理性。胡明复同样主张民主的国家制度和个人主义的文化,但是,这种社会思想却建基于上述的"自然之势",这种自然之势不是"个人的理性",而是一种自然的理性:

> 且夫社会国家之康健稳固,全系于社会国家中个人之责任心。人类无群,无以自存,故有社会,有国家。故国家社会为民有,为民造,为民主,而国民对于国家社会遂有其应尽之责。科学审于事理,不取意断,而惟真理是从,故最适于教养国民之资格。审于事理,则国家社会与个人之利害关系明。不从意断,则遇事无私。惟真理是从,故人知其责之所在。[90]

胡明复在这里已经将"国家"、"社会"、"个人"等现代范畴及其相关关系作为一种"自然的秩序"接受下来,并作为推论的前提。在以"故"作为转

---

[90] 同上,页724。

折词的句式中,因果关系被先验地确定了。然而,也正是这种先验的因果关系设定,我们看到了胡明复的"自然之势"的历史含义:社会国家作为一种自然存在的秩序建基于"个人之责任心"。在社会国家这一自然范畴中,个人以一种集体性的方式即"民"的方式而存在,个人责任表现为作为"国民"的责任。由于社会国家被理解为一种自然的范畴,因此,个人对于社会国家的责任被理解为对于自然真理的遵从。然而,个人并不能自然地理解并掌握自然之真理,而必须通过"科学"的方法和实践才能理解并把握这种"自然之真理",进而摆脱"臆断"。在胡明复的论述中,"真理"不能被还原为个人,或者个别事物、个别元素,而应该被表述为一种依存和利害关系,如国家、社会和个人的关系。这一论述方式清晰地说明了现代国家和社会的合法性对于自然主义范畴的依赖,尽管这一范畴本身已经烙上了科学的印记。

胡明复的科学概念与波普尔的科学概念的主要差别最终体现在他们对社会、国家和个人及其相关关系的理解中,在方法论上,他们对"真"的论证分别被归结为关系和个体。就此而言,波普尔比胡明复更具有实证主义的特点。现代科学,包括自然科学和社会科学,按其方法论的特征,基本上可以被描述成是一种"个人主义的"科学,或者是一种分析还原和理智重建的原子论。这种个人主义的科学或原子论的科学,把整体——自然和社会——视为可以用还原分析的方法分解为它们的构成物,然后试图按其互动关系对这个整体进行理论重建。在现代科学——特别是实证科学——的上述认识论模式中有一个形而上学预设,即原子或个人是最终的真实存在,享有本体论的优先性。在社会领域中,这种思想模式可用"社会学的个人主义"(sociological individualism)来描述,它认为社会是个人的一种集合,个人之间的关系完全是外在的,社会安排被理解为对于具有能力、愿望和需求的个人的要求的一种回应。[91] 在这个意义上,相对于个人,社会仅仅是第二现实,或者说仅仅是本体论意义上的第二状态,仅仅是孤立的个人的人为创造。尽管波普尔对逻辑实证主义给以无情批判,但是,就他

---

[91] M. Ginsberg, *On the Diversity of Morals* (London, 1956), p.151.

的个人主义观念与科学方法的关系来说,他其实仍然是一位修正的新实证主义者。在著名的《开放社会及其敌人》一书中,波普尔说:

> 所有社会现象,特别是所有社会体制的功能,应当总是被理解成人类个体(human individual)的决定、行动、态度的结果……我们决不能满足于用所谓的"集体"(国家、民族、种族,等等)来解释。[92]

他在评论穆勒的心理主义时称赞说,心理主义(psychologism)坚持集体(如国家或社会群体)的"行为"(behaviours)和"行动"(actions)必须被还原为人类个体的行为或行动。波普尔坚持各种各样的现象——社会的、经济的、政治的等等都只能在集体或者个人的范畴中解释。他对柏拉图、黑格尔的批判集中在他们的这样一种预设即社会或国家较之个人更"真实",他确信这种思维方式最终会导致反个人的极权主义。从这样一种思维立场(either collectives or individuals)出发,波普尔激烈地强调个人较之社会更为真实,各种现象只能用一种纯粹个人主义的概念来加以解释。(这种个人主义的说明方式符合公理的、经验的科学要求,而绝非主观的或反思的)这是一种彻底的分析的经验主义。

胡明复的观念看似与波普尔相似,但有根本的不同,因为他不是把个人,而是把关系(作为人的先验本性)作为最终的"真"。胡明复说,社会国家的健康与稳固依赖于社会国家中的个人的责任心。因此,社会/国家/个人的相关关系已经作为一种先验关系而被接受,不存在超然于社会国家的个人。这样,一方面似乎是说国家社会依赖于个人,或个人较之国家社会更真实;另一方面则是说个人的责任心是以国家社会为基本指向。同时,国家社会的形成是由于"人类无群,无以自存",因而社会国家依赖于人类个体的一种先天的类本性,即"群"。我们不应忘记"群"这一概念在近代中国的语境中是"社会"和"国家"概念的代用词。国家是民造、民

---

[92] K. R. Popper, *The Open Society and Its Enemies* (London: Routledge and Kegan Paul, 1966), vol. 2, pp. 98, 91.

有、民主,作为"民"的个体因此对于国家具有责任。科学是对事理或真理的探讨,而胡明复断言这种真理能够证明国家/社会/个人的责任关系,进而有益于形成个人作为国民即集体之一员的责任感。个人的责任感是以社会/国家/个人的先定关系为前提的。

胡明复的这种推论方式虽然极为朴素和简单,并且也没有上升到完整的社会理论的层次,但是,作为一种建立在他的科学观念基础上的社会理论却包含重要的意义。他的这种推论方式不同于波普尔的社会学的个人主义,因为他从来没有预设一种原子的个人作为最终的实在。从这点出发,我们也许可以从一种悖论式的关系找到胡明复的这种科学观上的"社会主义"或"自然主义"与哈耶克的方法论的个人主义(methodological individualism)的相似之处。[93]哈耶克说,这是一种"真正的个人主义":

> 它主要是一种旨在理解那些决定人类社会生活的力量的社会理论;其次,它是一套源于这种社会观的政治行为规范。这一事实本身就足以驳倒那种最愚蠢的一般误解,即认为个人主义当然以孤立的或自足的个人的存在为先决条件(或把其观点建立在该假设之上),而不是从人们的全部性质和特征都是由其在社会中的存在所决定的这样一种思想观念出发。[94]

因此,我们在理解社会现象时没有任何其他方法,只有通过那些作用于其他人并且由其预期行为所引导的个人活动的理解来理解社会现象。[95]与方法论的个人主义者一样,胡明复相信个人不可能是单独的个人,而是群体中的个人,社会秩序与人类行为都不可能从单一的个人活动中得到

---

[93] 参见 Madison, par Gary B.: "How Individualistic is Methodological Individualism?" 这篇论文是作者提交给学术会议的论文,感谢林毓生先生将此文的打印稿寄给我参考。我对波普尔和哈耶克之间的关系的理解和分析深受此文的启发。

[94] Hayek, F. A.:《个人主义与经济秩序》,贾湛、文跃然译,北京经济学院出版社,1989,页6,页15。

[95] 同上,页6。

解释。

但是，这种相似性是极为表面的，它们建立在不同的预设之上，因而也具有不同的理论取向。其中最为重要的区别是：胡明复虽然以社会行为为他的基本前提，但这种社会行为的前提是以一种超个人的、客观的自然和谐作为出发点的，他并不相信个人行为能够自发地导致社会的和谐。因此，所谓关系是一种先验的存在和规范，而不是经验的结果。换句话说，个人只有服从自然的和谐，社会才能够获得自己的秩序。胡明复的科学观明显地试图保留科学的形而上学前提，并且把这种前提作为一种客观性的依据。我们在这里看到的不仅是中国的"天"、"天理"与"公"伦理的结构，而且看到的是对近代情感主义和主观主义的社会伦理观念的抵制。正是在这些方面，胡明复的科学思想与康德以降的西方思想中的二元论区分开来，因为他的"自然"概念不承认诸如客体与主体、科学与伦理、纯粹理性与实践理性的二元划分。但是，胡明复不但没有回答"客观性"的真正意义是什么，他甚至也没有意识到这一问题，而仅仅是以一种武断的信念取代了对于这一问题的认真探讨。也许可以勉强地说，他粗略地思考了科学宇宙论是否以"真"为基础，以及以什么标准衡量判断"真"的问题，却从来没有涉及科学宇宙论及其人生论是纯粹的形而上学虚构，还是以某种社会体制为基础的知识这一更为关键的问题。换言之，他所预设的国家、社会和个人的关系是道德客观性的基础，还是科学合理性所要论证的秩序？这种社会体制的运行能够保障它的内部成员自觉地遵从和信奉这种宇宙论及其论证逻辑，还是为了保障这种社会体制的运行强制地要求它的内部成员信奉并按照预定的规则行动？离开了后一方面的分析，也就不可能提供所谓道德论证的客观前提。[96]

---

[96] 为了说明问题，我在此先简要地解释哈耶克的方法论个人主义的理论后果。哈耶克的看法针对的主要是有关社会的彻底的集体主义理论，这种理论认为能够直接把社会整体理解为自成一体的存在，并且独立于构成他们的个人之外。通过这样一种方法论的个人主义，哈耶克对于理性主义者的假个人主义进行抨击，因为这种假个人主义也会导致实际上的集体主义（这当然是指卢梭和重农学派）。无论是集体主义还是这种假个人主义都意味着一种理性的过度运用，而哈耶克的中心论点是所有人类事物

个人主义的政治含义在认识论层面表现为：理性（大写的 R）不能被理解为自我存在的个人的一个组成部分；理性基本上是主体间的存在。理性不是属于作为孤立的、动物式的个人，而属于作为社会成员的个人，属于置身于具体的主体间的、交往实践的复杂网络中的参与者。[97] 在《科学的反革命》一书中，哈耶克说：

> 虽然我们的文明是个人知识积累的结果，但它并不是由个人脑海中的所有这些知识的自觉清晰的结合所造成的，相反，它的那些我们未作理解即加以使用的象征形式——如习惯、体制、工具和概念，社会之中的人从中得益，却不能完全地占有。人已经获得的许多最伟大的成就不是自觉明确的思想的成果，也较少地是许多个人的精心协调的努力的结果，而是一个过程的结果，在这个过程中，个人一直扮演着他从未充分理解的角色。[98]

从对个人知识局限性的认识，哈耶克得出了他的具有重要实践性的结论：需要对所有的强权或专制给以严格的限制。但是，哈耶克立刻补充说，他的真正的个人主义反对的是利用强权来产生组织或协作，而不是这种联系或协作本身，相反，坚定的个人主义者应该是一个自愿协作的人。因此，一方面真正的个人主义不是无政府主义，不否认强制力量的必要性，

中所发现的秩序都是个人活动的不可预见的结果，而不是人的精心设计的结果，那些由自由人的自发联合所制造的事物，往往比他们个人的头脑所能全部理解的东西更加伟大。哈耶克把从笛卡尔、卢梭及法国大革命到现代社会主义者处理社会问题的态度，看作是社会契约个人主义和社会制度"设计"理论的发展，而与之相对立的则是一种旨在使自发的社会产物之形成易于理解的理论。在假定人的理性是有限的、可错的，以及由此出发引申出政治上的反社会主义观点等方面，哈耶克与波普尔有重要的相似性，然而他们的推论方式却具有重要区别，哈耶克断然地拒绝对社会问题作一种原子论的分析。这是因为哈耶克坚信，人类的理性（Reason）并不如理性主义者假定的那样，存在于特殊的个人身上，相反，这种理性存在于一种人与人的交往或相互作用之中，任何个人的贡献都要受到其他人的检验和纠正。

[97] 同上，页 15。
[98] Hayek, *The Counter-Revolution of Science*, pp. 149-150.

并且任何有效的个人主义秩序必须是非常有组织的,另一方面,它所强调的不过是这样一种事实,即人类理性有意识创造的那部分社会秩序仅仅是全部社会力量的体现,也就是说,国家作为一个精心组织和有意识指导的力量的体现,应该只是我们所谓的"社会"这一极为丰富的有机体的一小部分。显然,哈耶克把认识论领域中对科学主义的批判引向政治领域,其结果就是对国家作为一个有计划的强制力量进行限制,力图将国家仅仅作为一种框架,在这个框架内人们可以在最大范围内自由联合(因此,不是有意识地指导)。[99]

胡明复的论述与哈耶克、波普尔的论述的主要区别既产生于理论上的差异,也导源于社会语境的差别。哈耶克对科学主义的批判有其知识源泉,[100]但是,更重要的问题在于,哈耶克的论述与波普尔一样产生于自由主义与社会主义的论战的语境中。他们两人在对待科学、理性等问题上的微妙而重要的差别,并没有在政治哲学上产生严重分歧。对国家权力的限制的设想,是和反对社会主义的理性设计、维护自由主义的民主制度的考虑紧密联系在一起的。在这里暗含的前提是——正如麦金太尔(Alasdair MacIntyre)在 *After Virtue* 一书中所谈及的那样——在现代政治论争中,"我们只有两种社会形态可以选择,其一由个人的自由和任意选择占主导地位,其二由官僚政治所统治,从而限制个人的自由和任意选择。在这样一种深刻的文化一致性条件下,现代社会的政治学在自由及

---

[99] Hayek, F. A.:《个人主义与经济秩序》,页16—17,页20—21。

[100] 哈耶克把哲学分成大两类型,一个是构造论理性主义(constructivist rationalism),另一个是进化论理性主义(evolutionary rationalism)。笛卡尔、霍布斯、卢梭、边沁被说成是构造理性主义,亚当·斯密、柏克、孟德维尔、托克维尔、休谟是进化论理性主义。按照他的看法,构造论理性主义是一个相信可以把演绎推理应用于人类事务的哲学学派。它相信社会、语言和法律是由人创造的,因此人可以按照一种人类生活的理性设计来对这些制度进行重新建构,甚至可以将他们彻底改变。社会主义思想就是对这种传统的逻辑结果。进化论理性主义相信社会、语言和法律都是以一种演化的方式发展起来的,而不是由任何人设计出来的,因而也就不能以演绎推理暗示出的任何方式来加以重新建构。哈耶克本人属于此一传统。霍伊:《自由主义政治哲学》(C. M. Hoy, *A Philosophy of Individual Freedom*),刘锋译,三联书店,1992,页5—6。

集体主义观点之间摆动就是毫不奇怪的了,这种自由除了是缺乏个人行为的规则以外,就什么都不是,而集体主义的控制方式只是用来限制个人利益的无政府状态。"[101] 但是,如果这两种模式都让人难以接受,那么,是否还存在别的、哪怕仅仅是理论上的可能性呢?

大多数西方作者对于欧洲—民族国家的福利制度以及集权倾向的批判没有或很少涉及民族—国家的政治形式与他们向往和推崇的自由主义经济制度之间的内在的、难以分割的历史联系。从历史分析的角度看,欧洲思想家对国家集权的批判是以现代国家自主性的确立为前提的,问题仅仅是政治制度的选择,因而并不需要讨论国家和民族的认同问题。换言之,个人自由与限制个人自由的问题是在一个没有明言的前提下进行的,那就是民族—国家的前提。因此,个人自由与限制个人自由的讨论涉及的是在国家范围内权利及其限度的问题。与之相对照的是,胡明复对科学及其社会功能的考虑集中在如何促进个人的国家认同和社会认同,而不是集中在这个国家应该依据何种政治伦理原则,以及建立何种政体问题上。为什么对于胡明复来说,中国作为一个国家、一个社会共同体的整体意义是先验的?为什么他认为科学认识本身有助于中国人理解自己与社会国家的关系,并以这种关系为原则重新规划个人的伦理和行为方式?这是因为他试图在专制国家与个人权利之间作出有利于前者的判断,还是因为民族—国家体系的扩展正在把当代世界的所有地区囊括其中,以至个人的权利范畴必须纳入民族—国家的关系模式中才能得到法理上的确立?国家与社会在这一关系中所以是先验的,恰恰是因为它们并不是个人生活的经验的现实。在这里成为国家的合法性论证的并不是哈耶克指责的个人的理性,而是他在理论上特别加以申述的"关系"本身。换言之,民族—国家成为个人权利的先决条件,从而这一先决条件本身规定了个人权利的基本限度。哈耶克对社会契约论和自然权利观念的批判包含了对于民族—国家的权利体系的批判,但是,如果不能揭示这一权利体系与征服自然、扩展市场与民族国家体系的扩张的历史关系,而仅

---

[101] 麦金太尔(MacIntyre):《德性之后》(*After Virtue*, p. 35),页46。

仅把问题设定在国家和个人的关系的层面,就无法揭示这一过程的真正动力。他把制度本身(包括国家制度)看作是个人间的互动关系的自然产物,不仅包含了对于民族—国家作为一种共同体的潜在的预设,而且也模糊了民族—国家作为一种政治体系形成的深刻的经济、军事和政治性质。把个人理解为"公民"或"社会成员"是现代政治学的前提,而近代中国的知识分子的理论活动似乎就是为这一前提提供前提。在中国现代科学家那里,作为一种关系的个人必须按照这种关系行事,因为这种关系既是自然的本质,也是人的属性。在胡明复看来,科学的宇宙观不仅有助于中国现代认同(modern Chinese identity)的形成,而且也有助于个人的自主性(作为民族—国家的一种权利与责任的体系)的确立,它不但是一种关于自然的观念,而且是一种伦理的要求。科学的宇宙观所内含的普遍联系的观点提供了国家、社会、个人等范畴及其相互关系的认识论基础。在这里不存在利用强权建立协作和组织的任何暗示,但却包含了对于国家的预设。

在建立民族—国家、寻求富强的历史关系之中,胡明复没有摆脱中国现代科学思想中的那种科学/政治、科学/国家、科学/文明的论述模式,毋宁是以他的独特方式加强了这种论述模式。他一方面坚持了一种理想主义的科学观,认为科学的归纳逻辑建立在一种形而上学的前提之上,从而"科学不以实用始,故亦不以实用终";他还批评实证主义的原子论观点,并把"关系"(而不是原子)作为世界的基本要素。但另一方面,他又暗示非功利的科学能够达到富国强兵、增德开智的实际效果。在这样一种悖论式的方式中,隐含了既不同于波普尔,也不同于哈耶克的形而上学预设,我把这种预设称之为先验的"公"。这种"公"既不是个人的理性(reason),也不是人类的理性(Reason),而是一种自然的理性,用胡明复的语言说就是"自然之势"。这种"自然之势"是事物中的内在的、先验的关系,在社会/国家/个人之间/它体现为一种正确的秩序,这种秩序也是国家、社会、个人的先验的本质。科学的方法实际上是人的先验本质的一种展现,而人的先验本质就是"自然之势"本身。在这个意义上,科学的方法是以自然的先验本质为前提的。这当然是一种循环论证。这种循环论证的奥秘在于：它把国家、社会和个人等现代范畴及其相关关系的历史模式作为先验的本质，而科学作为一种探讨自然本质的方法，有助于人们理解这种本质，进而以这种本质为前提进行自我确认。由于"公"或"自然之势"既不隶属于个人，也不隶属于人类及其历史关系，从而是一种先验的、遍在的形而上学预设。因此，它既是自然的真理，也是道德和政治的真理，以及审美的真理。在这里，问题是：为什么"公"或"公理"式的科学观念能够提供对于国家、社会和个人及其相互关系的基本论证？为什么"自然之势"和科学的公理能够转化成为民族主义国家论述的哲学基础？这是由于实证主义的思想方法，还是基于中国思想中的"公"或"公理"的形而上学预设，以及运用这一预设的历史关系——形成现代国家及其权利体系的历史语境？我的回答是后者。

霍克海默曾说："实证主义者所理解的现代科学，主要涉及关于事实的论断，因此预设了普遍的生活和特殊的知觉的分化。现代科学把世界作为一个事实和事物的世界，未能将世界向事实和事物的转化与社会过程联系起来。事实概念是一个产品——一个社会异化的产品；在这个概念中，交换的抽象目标在特定的范畴中被理解为所有经验目标的模式。"[102] 在胡明复的论证中，特别值得注意的是，他明显地把关系而不是事实放在首位。他虽然没有反过来自觉地考虑事实概念的相对性，但特别强调科学作为一种精神原则的意义。他认为实证主义的科学原理是以无法实证的信仰为前提的，从而没有脱离人的主观性和社会性来讨论科学问题。他对形而上学前提的保留不是为了用科学来论证主观性本身，相反，在社会运用的层面，他试图用一种主客关系的模式来保留社会伦理和价值的客观性。"公"的意思不是指人的主观价值，也不是指作为认知对象的客观性，而是指一种宇宙中的关系。科学是"自然之势"的体现，从而它所体现的理性不是一般认知关系中的知性（这种知性赋予世界以结构），而是一种关系，它能够体现为人们对于世界的复杂关系的主观把握能力。同时，这种对客观性的保留也没有变成一种纯粹的客观性，因为

---

[102] M. Horkheimer, *Eclipse of Reason* (New York, 1974), pp. 81-82.

这种客观性是以科学宇宙观的设定为前提的。在科学观的层面,对客观性的保留体现为一种理想主义的科学观念,即否认科学本身具有功利目的。在下文中,我们将会发现这种理想主义的科学观(以形而上学自然观为依据)的核心并不在于科学有没有实际的社会后果(对于中国思想家来说,这是不言而喻的),相反在于它在否定了传统的外在权威(专制国家、等级制度,等等)之后,能否提供道德和价值的客观性的来源。为什么科学与"公"的自然秩序在近代中国思想中能够构筑起这样的关系?一个有待论证的假设是:这些思想家不是从主观的方面、而是从客观的方面,寻找道德和价值的合理性源泉。胡明复的看法与中国的天道观念与"公"的伦理结构似乎存在着难以察觉的关系。在我看来,这种联系的后果是双重的:它既是对于新的社会关系的合法性论证,又是对于这个新的社会关系的道德批评。用形而上学的"关系"观来否定实证主义的原子论恰恰源自对于国家与社会进行合法性论证的需求,而用"自然之势"来保留道德判断的客观性则是为了以科学为前提重建道德的法则。

第五节　作为"公理"的科学及其社会展开

1. 科学的、道德的与合理的

科学与道德的关系始终是中国现代科学观的核心方面,这在1923年的"科学与人生观"的论战中表现得很明显。在"五四"以后中国思想的氛围中,对于道德问题的论证已经直接地与柏格森的直觉主义、尼采的超人观念等非理性主义或情感主义相关联,"人生观"派论证的主要是主体的自由意志问题。科学家群体坚持科学能够解决人生问题,他们与道德主义者的分歧不是他们不关心道德问题,而是他们坚持道德应该具有某种客观的标准,或超出个人经验的标准。因此,在这个意义上,他们比道德主义者更坚持自然的形而上学性质。值得一提的是,中国科学社成立于第一次世界大战期间,其时欧洲知识分子正在思考科学与战争等不义行为的关系。中国科学社的科学宣传从一开始便带有一种内在的紧张,他们必须证明科学与"不义"之间并不存在任何必然的联系。他们的科学思想中渗透了一种更深的信念,即科学不仅仅是一种可以被利用的知识,而且是一种理想的政治、道德、审美境界的基础;科学知识不仅是西方文明的特质,而且也是普遍的宇宙原理。在这样的视野中,科学不是一种工具,而是一种内在的模型,整个世界将以这个抽象的模型为典范而展现出来。中国科学社对于科学的道德和审美特性的表述恰恰来源于欧洲战争危机,以及知识分子对于科学与战争的历史联系的思考;他们把科学提升为整个世界的未来规范和价值源泉,恰恰是要论证科学与社会危机的内在的对立。这一科学的道德冲动无疑强化了中国科学社的科学观念的内在张力:科学既是一种与社会无关的自然研究,又是一种能够以与社会无关的方式提供文明范例的知识实践。

  科学的上述形而上学预设并不是胡明复个人的观念,而是科学家群体的普遍信念。科学是以宇宙的先验公理(我们已经知道,这种先验前提既是科学的出发点,也是其结果,即正确的知识)为前提的,这种先验的公理是一种普遍的原理,因此对科学的探讨不仅可以丰富人类的物质文明,而且能够培养人类的道德和审美趣味。在试图重建世界观的过程中,对科学的质疑经常来自道德领域,从而对科学的辩护也必须首先在道德领域发展起来。科学家共同体洋溢着对于科学的乐观主义氛围,这与同一时期(第一次世界大战前后)欧洲知识分子对科学文明的悲观看法正好形成对照。从斯宾格勒《西方的没落》及其社会反响来看,对理性的质疑是这一时期西方思想的基调之一。与此形成鲜明对照的是,当战争摧毁了许多人对现代的梦想的时刻,中国思想家要论证的恰恰是科学的合理性和必要性。这种必要性和合理性所以首先建立在科学与道德的关系之上,是因为第一次世界大战前后的危机激发起了欧洲和美国的许多知识分子对于科学文明的疑虑。中国科学家群体身处西方的语境内部,他们了解正在发生的战争危机,以及由此而来的深刻的悲观主义。换言之,他们对科学的乐观看法本身隐含了对于现代文明危机的思考,乐观主义的态度本身是对危机及其批评的反应。因此,他们的科学观一方面与中国的思想和社会语境密切相关,另一方面也与他们对文明危机的诊断有关,即现代的文明危机是科学的危机吗?如果现代文明危机的核心是道德的危机,那么是科学还是别的什么力量摧毁了道德的可能性和合理性?进而,现代道德危机的根源是什么?科学在解决这种道德危机方面能够发挥什么作用?总之,如果要捍卫科学的合法性就必须首先陈述科学与道德的关系。

《科学》月刊的《发刊词》明确地涉及了科学与道德、宗教的关系:

> 不宁唯是科学与道德,又有不可离之关系焉。……人之为恶,固非必以是为乐也。辨理之心浅。而利害之见淆;故有时敢为残贼而不顾。自科学大昌,明习自然之律令,审察人我之关系,则是非之见真,而好恶之情得。人苟明于经济学之定理,知损人之终于自损也,必不为以邻为壑之行。明于社会学之原理,知小己之不能独存,而人生以相助为用也,而人偶共作慈祥岂弟之心油然生矣。又况以科学上之发明,交通大开。世界和同。一发全身之感,倍切于畴昔。狭隘为己之私,隐消于心曲。博施济众。泽及走禽。恤伤救难。施于敌土。四海一家。永远和平,皆当于科学求之耳。奚假铄外哉。……为芸芸众生所托命者,其唯科学乎,其为科学乎![103]

科学所以具有道德的必然性,是因为包括经济学、社会学等科学知识是对宇宙间的关系的揭示,这种宇宙间的关系是先验的存有的公理,是与一切"私"(即孤立的或不正确的关系)相反的。《科学》月刊第1卷第4期是"战争号",科学家直接面对他们所倡导的科学在战争中所起的毁灭作用,但这并未妨碍他们对科学的道德信念。为什么如此呢?关键在于对科学的成果可以有不正确的使用,但科学本身的形而上学前提(公理)本

---

[103] 《发刊词》,《科学》月刊第1卷第1期,1915年1月25日,页5—7。

身并未因此而被摧毁。

这种论式与理学家的理气二分的观念如出一辙,传统天理观为科学家群体提供了超越科学技术与文明危机的历史联系的认识论框架。按照这一论式,主观的个人意志,甚至群体意志,都有可能影响科学的不正确使用,但是,科学的依据并不在人(包括个人和群体)的意志和选择,而在客观的宇宙原理(公的原理)。对于科学成果的不正确运用,将最终被科学的内在逻辑或先验前提所克服。杨铨在《战争与科学》一文中说:

> 科学者其原理应用一本之大同主义者也。吾人之有近世文明,实科学共和寡战三物之功。科学与吾人共和,而寡战乃得实行。……科学者人类平等之基也。……[104]

"大同主义"是科学的先验前提,因为"大同"是宇宙的自然关系。共和制度以科学为基础,这无异是说:共和制度是一种自然的制度,或体现了自然秩序和关系的制度。在这里,科学的道德意义明显地是经过了一种有关"公"与"私"的关系的阐释才获得的,即科学的认识是一种"公理",而"公理"则是对"私见"或"偏见"的克服。道德的合理性不可能来自个人主体本身,而是来自对个人之私的克服。这种克服过程就在认知过程中,表现为个人主体对既内在于自身、又遍在于客观世界的"公理"的发现与遵从。在这个意义上,道德作为一种具有先验性的公共性原则,是对"私"的克服,或对"私"的规范;科学与道德都是对"公"即绝对知识的一种确认方式。也是在这个意义上,科学与道德的关系被理解为《大学》所谓格物致知,如唐钺所说:"'大学'言正心诚意而推本于格物致知。是说也,骤观若迂阔而实有至理存焉……"[105]在《科学与德行》一文中,他从若干方面讨论了科学与道德的关系,其中核心的论题是科学与道德虽然分属不同的领域,但是,就终极目的而言,对事实的认识与对公理的

---

[104] 杨铨:《战争与科学》,《科学》月刊第1卷第4期,1915年4月25日,页356、357。
[105] 唐钺:《科学与德行》,《科学》月刊第3卷第4期,1917年4月25日,页404。

体悟没有根本的差别:

> ……然公理一也;而见诸人事者,往往为小我(或一身,或一家,或一国皆是)之异所羼杂。人各以其所私为公,而公理遂为天下裂。此其弊惟科学为能救。科学者,以客观之事理为题,不与宗教政治之参术主观见解者同科。虽科学者所持学说间有不同,然学说者其过渡,非其终点。终点维何,事实是已。……是故科学定理,以人类为公。人惟于此有所浸润,而后服从公理之心切;而一切以私见为公理与夫不认有公理之蔽可以袪个人服公之心切,斯社会团合之力强。此科学之有裨于进德者四也。[106]

按照上述逻辑,科学定理包含了"以人类为公"的道德的和社会的必然性,科学的因果律也必然地适用于"寻常日用之间"。科学认知的精意与躬行实践的德行是相通的。

在这个意义上,实证主义的科学观念被用于道德领域,因为在自然规律与道德律令之间没有根本的、明确的界限:

> ……实证者,谓止于科学的根据也。自生物学实证群性为保种之要件及其他事实以来,人知道德律令乃自然律令,既非圣人之制作,亦非上帝之权衡;而道德乃有科学的根据。唯其有科学的根据,而后人生循理处善出于心悦诚服,而非由外铄我。此科学之有裨于道德者六也。[107]

把因果律、验证原则引入道德领域必然意味着决定论的逻辑同样适用于非科学领域,因为在原理上,不同领域之间分享共同的公理。唐钺把孟子的"逸居而无教则近于禽兽"看作"是伦理家之主前定说也",把近代法律

---

[106] 同上,页405—406。
[107] 同上,页407。

之不罪白痴视为"法律家之主前定说也"。"夫伦理,法律,以意志自由为根据者也;而施教行法,犹不能不采前定说。其他人事,更无论矣。"[108] 自由意志的领域就这样与因果律的领域发生了关联。由于科学是对先验公理的论证,因此无论科学在现实世界中的功用如何(是进德还是丧德),科学本身的意义不会改变。[109]

中国科学家群体对科学的尊重主要来自对于道德的客观性的尊重。这种客观性使得科学的原理与科学的运用过程区分开来。他们相信现代文明的危机乃是由于"私见"横行,即各种主观主义和情感主义主宰了现代社会道德领域。这种潜在的信念并未发展成为系统的理论,但在他们的整个论述方式中仍然是十分鲜明的。任鸿隽的《说"合理的"意思》一文更清楚地论证了"理"的先验性。服从这样的"理"既是一种道德命令,也是一种科学方法。他说,"合理的"意思是合于推理(反思和判断的连续作用)所得的一定方式;但"合理的"并不是合于推理的主观观念,乃是合于推理的客观的结果。那么,这种客观的结果是什么呢?

> 客观的结果,为推理所寻求,最重要而且有价值的,只有一件,就是天地间事物的关系。或这件事有时为那件事的原因,那件事有时为这件事的结果,我们也可以说是原因和结果的关系。[110]

但是,因果关系靠什么来验证呢?既然一件事物与另一件事物的关系是由人指认的,那么,谷物的成长与施肥的因果关系,又如何与谷物的成长与祈祷的关系相区别呢?任鸿隽分别举了"合理的"与迷信、盲从古说、任用感情的区别,实际上是说"合理的"是一种可以用实证的方式加以证明的定理。他特别指出,"合理的"一词虽然与西文中的理性相关,但这种"合理"之"理"并不是人的理性,而是客观的自然关系。正如波普尔论

---

[108] 同上,页409。
[109] 同上,页410。
[110] 任鸿隽:《说"合理的"意思》(1919),《科学》月刊第5卷第1期,1919年12月10日,页3。

证的那样,以实证的方法来证明哪种关系为"合理的"依赖于一种归纳的原理,但这种归纳原理不能够被归纳法所证明,而只能是先验的。波普尔以此为据对实证主义的科学观念进行激烈批判,而对已经确认了(无论是自觉的还是不自觉的)科学的形而上学前提的中国科学家来说,这并不证明实证主义的科学规则是错的,因为从一开始他们就为归纳原理提供了形而上学的(而非实证的)证明。"客观的"这个词在这个意义上就是"合理的",而作为客观的自然关系的"理"同时又是一种形而上学预设。这种逻辑上的困难无疑是说,人的理性虽然是可错的,但"理"是无错的(是客观的,因而也是形而上学的)。这也无疑是说,道德与认知是完全统一的,正如格物与致知是同一事件一样。从世界观的替代来看,这样的科学世界观当然是对理学世界观的一种结构性替代,但替代的过程中却留下了理学世界观的内在结构。在这个内在结构中,自然领域与伦理领域难以产生真正的分化。

"理"既然是普遍的,对"理"的探求也不会仅仅限于自然现象。如同黄昌谷所说,"科学的范围,不但是专说自然现象的学问,就是把一切哲理与政治诸学问,都包括在内。"[111]在作了这样的解释之后,他特别将中国的知行观念与科学问题关联起来,因为在他看来,科学除了注重实证之

---

[111] 黄昌谷:《科学与知行》(1920年10月10日),《科学》月刊第5卷第10期,页960。从知行合一问题出发来讨论科学问题,一方面改变了知行概念的传统涵义,另一方面也揭示了中国思想家对自然的理解仍然具有深刻的主体论色彩,这在引用王阳明时表现得最为鲜明。如果我们将这种自然观与霍尔巴赫的《自然的体系》的无神论和唯物主义作对比的话,问题就更清楚了。在《自然的体系》中,所有的合目的性,所有的自然秩序都只不过是人类心灵中的现象。自然本身只知道原子运动的必然性,其中并无依赖于目的或规范的价值规定。自然符合于规律这条原则既存在于据我们看来系无目的的或不合目的性的、无规则的或异常的事物中,也存在于我们判断为符合于我们的意图或习惯以及我们同意为合目的的事物中;在两者中同样的逻辑严密性起着作用。智者应该把自然的冷漠无情变成自己的;他应该看透所有目的概念的相对性,没有真正的规范或秩序(参见文德尔班:《哲学史教程》下卷,页679—680,北京:商务印书馆,1993)。这种赤裸裸的自然主义不可能提供知行范畴的基础,因为知行范畴预设了宇宙和道德的目的。在知行合一的科学概念中,科学行为作为一种对自然的探讨是一种合目的的行为,这种目的是宇宙秩序提供的,也是道德行为必须的。

外,就是"认定求知求用的宗旨,力行无倦","此种精神,恰与王阳明所主张'知行合一'的学说相合……其结果非但学问和事业日渐发达,而道德人生方面亦间接接受其影响。"[112] 值得注意的是,对于科学与道德实践的关系的理解,伴随着中国科学话语共同体对于中国道德衰败的历史判断。正是基于这种历史判断,科学的道德功能才会受到如此重视:

> 中国"知行"的问题,本来是一个道德的问题。中国对于道德一层,向来极看重,……然而千年来何以道德无进,反而日退一日?近来学者更是无行了:重名利,言不有信,行不顾言,比诸欧美,远不如了。这又何故呢?可见改良道德,决不是单讲道德可以成功的。……兄弟以为就是这个知行问题,论其所以在泰西与在中国不同之原因,还须在有科学无科学上着想。我们细究上说科学的两种特性(指实证与求知致用。——引者),可说完全代表"知行合一"的精神;在进一层说,此种"知行合一"的精神,在泰西可以说是科学的产物。……因为要讲知行合一,须求如何可以行,故须先致知。要求致知,故须格物。格物故须观察,须实验。观察实验犹不足,故又佐以理论,理论不全则复辅以实验。理论既立,则物理自明,即可进求应用,实行理想了。所以科学非特具求知求行的精神,且具致知与致行的能力:惟其有此能力,故其精神能常保存光大。此种精神,更镕化于教育中,渐渐推行及于社会生活上,即成了一种"知行合一"的美习惯。这样讲来,科学的功大矣。……正是中国救贫救病维一(原文如此——作者)的根本方法。[113]

知识、道德、美在"知行合一"的科学实践中完美地统一了,而这种统一正是中国复兴的目标和前提。通过对"知行合一"的科学解释,黄昌谷改变了"实践"概念的含义:实践不再仅仅是一个道德概念,而且更是一个科

---

[112] 黄昌谷:《科学与知行》(1920),《科学》月刊第5卷第10期,1920年10月10日,页960,961。
[113] 同上,页961—962。

学概念，但是，这个科学概念本身包含了道德的含义。如果用西方思想的范畴来叙述的话，新的"知行合一"论已经将理论实践与伦理实践统一在同一个过程中了。

对于科学的道德理解，是促成中国科学家在第一次世界大战的语境中仍然对科学持有乐观看法的主要原因。就在上引的同一篇文章中，黄昌谷曾经谈及德国和日本的科学发展，他认为德国的失败并非科学的失败，而是因为注重功利太过，丧失了科学的道德本义；而日本的明治维新，则受阳明学说的影响极多，"故虽受科学之赐，亦未尝不可归功于阳明学说。现在我们中国，正宜效法日本，从事研究科学，力求致知致行，急起直进。……"[114] 这一乐观预言很快就被日本的军事扩张打破了，但这一预言所依赖的伦理却仍然是现代中国思想中的根深蒂固的主题之一。

2. 科学与政治及其他社会事务

科学与道德的上述关联方式也普遍地存在于科学与政治、科学与教育、科学与战争（与和平）、科学与哲学（与人生观）等关系之中：科学是对先验的公理的揭示，而政治、教育、道德等等的合理性都建立在这种公理之上。因此，科学为其他社会领域提供的，是通达公理的途径。

2.1 科学、大同与国际关系

正像杨铨谈到战争问题时说的，科学以大同主义为其原理，从而是人类平等的基石，和平反战的根据，"使科学进行不已，则大同之梦终将有见诸实事之一日。"[115] 为什么科学具有天然的和平倾向呢？何鲁的《科学与和平》一文，首先从科学与道德关系论证科学为"入德之门"。他的论述逻辑是：科学是对真理的探求，而探求真理的人需要有判断力，这种判断力超越一般功利，从而使人能"诚"：

---

[114] 同上，页967。
[115] 杨铨：《战争与科学》，《科学》月刊第1卷第4期，1915年4月25日，页357。

> 惟覃思精研,乃能揭造物之隐,亦所以寿也,其不屑于趋逐末利与不知廉耻……利之所在,人所争也。权之所在,人相倾也。凡此皆人群和好之梗也。惟真理之所在,则人人求所以阐明之。欧美科学团体,林立星罗,声誉隆然。胼相人类,社会阶级以及国界均自然破除。人类智识有限,宇宙事理无穷,不如此不足以有为也。……[116]

作者也从科学的功能方面论证科学改进了人类生存、交往的条件,"人群易以接近",则"大同之基"始成。这在功能层面证明,科学对和平的贡献主要来自它对自然原理的揭示,这种自然原理也是人的道德原理和人类社会的交往原理。"民族真正和平,其惟科学所致之和平乎!科学无国界,无种族界,无意识界,一归于真理。夫有据,故无争,无争即和平。……"[117]

2.2 科学与共和政体

科学与战争的关系涉及民族国家间的关系,科学与共和政体的关系则是民族—国家的内部关系。有关这一问题的讨论补充了胡明复对国家、社会和个人的先验公理的说明。这种关系在中国的语境中也涉及科学与革命的意识形态的关系。杨铨译述了美国印第安那大学教授哈格利(M. E. Haggery)的论文《科学与共和》,文中说:

> 革命者,今世界之一部分也。国之兴亡,键在齐民……革命之火不燃于表面;其起也在隐秘之所,而于幽处厚集其势力以推翻现存之学说……使吾人果得新共和,则科学以千百攻击,粉碎旧理想,廓清旧道学,而易以建新之材有以致之。……
>
> 第三而更精细之科学与共和之关系,则为二者皆不愿故步自封,亦不能因人为是。科学不能永守一己成之世界学说,共和拒绝永久

---

[116] 何鲁:《科学与和平》,《科学》月刊第5卷第2期,1920年1月10日,页123—124。
[117] 何鲁:《科学与和平》(续),《科学》月刊第5卷第4期,1920年4月10日,页328。

不变之律法。

欲绘世界图或建造一首尾连贯之思想制度者,常不得志于科学或科学之士。……科学家深入自然界复杂有形之实境,而知由此发见简单一致意念之难。……

共和亦然;……欲求稳固之政府者,求之帝制犹胜共和。……[118]

共和与科学之间具有原理上的一致性,因此科学的发展也能够自明地论证共和制度是一种最合理的制度。用科学的原理论证共和制度,并不等于科学的原理能够构筑出完整的共和制度的蓝图,因为科学本身并不意味着最终的知识,而是意味着对于最终的知识(公理)的无穷尽的探求。在这个意义上,作为共和原理的科学并不等同于对社会制度和社会过程的完整的理性设计。过探先在《科学》月刊第4卷第8期译述了康乃尔大学农学院院长培蕾的论文,题为《永久农业与共和》。在这篇文章中,作者针对中国农业社会的特点,试图对共和制度作历史化的处理,而不是把共和制度本身视为绝对的理想制度:

专专制之君主,人以为共和之证。然其人民之程度,或与共和有霄壤之别。复一君主之王位,人以为共和失败之证,然真共和亦有以此而巩固焉。故共和云者,非政治之形式,乃社会中人人德智之发育,公共事业之自动,所致之现象。自由非共和,共和之人民,须受法律之制限,特其法律之制限,须出于自动耳。所谓自治是也。[119]

共和不仅是一种政治制度,而且是"个人感觉之表现",并且以日常生活、文明程度、知识之进步、职业的分配、思想的自由为基础。就作为农业国的中国而言,共和的前提是土地及其所有权之自由,如果不能摆脱土地垄

---

[118] 杨铨译、Haggery, M. E.:《科学与共和》,《科学》月刊第2卷第2期,1916年2月25日,页143—144、页151、页152、页153。

[119] 过探先节译、培蕾博士文:《永久农业与共和》,《科学》月刊第4卷第8期,1919年4月20日,页720。

断,共和即不能实现。[120]由于科学思想正是唤起人们的道德要求、昭示世界的正确秩序的主要来源,因此即使在社会的实践层面,科学也是共和制度的基础和前提。

2.3 科学与学术和教育

正如《科学》月刊《发刊词》表明的,"世界强国,其民权国力之发展,必与其学术思想之进步为平行线,而学术荒芜之国无俸焉。"[121]从欧洲的经验看,"文学复兴之后,人竞文彩,则赫胥黎斯宾塞尔之徒,又主张以自然科学为教育学子之要道",这不仅因为科学促进了知识的增长,而且对于道德的发展具有决定意义:"为芸芸众生所托命者,其唯科学乎,其唯科学乎!"[122]在科学/文明冲突的论述方式中,中国的落后势必会导致中国学者反思中国的学术及其与西方科学的关系。

> ……何以今日中国的学问和事业仍旧这样不发达?这就是因为科学的致知致行的方法尚未得门径,所以求知求行之精神遂亦无从发育,无从光大。至于教育的方法,则更未研究,于致知致行的方法和精神上均不加注意,所以无致知致行的习惯。……[123]

如果科学与知行合一具有内在的关系,那么科学的匮乏就不仅是方法、技术的匮乏,而且是道德和美的匮乏。黄昌谷把中国科学的不发达归罪于"没有致知致行的方法"和"没有致行的习惯"两项,已经在整体性的文明比较关系中,认定中国在科学与道德两个方面都处于劣势:

> 为什么自东西交通以来,讲到学问和事业,无论是精神上的,或物质上的,只有中国人学西洋人……就是我们中国人自幼至老,毫没

---

[120] 同上,页717—724。
[121] 《发刊词》,《科学》月刊第1卷第1期,1915年1月25日,页3。
[122] 同上,页5、页7。
[123] 黄昌谷:《科学与知行》,《科学》月刊第5卷第10期,1920年10月10日,页962。

有养成实行的习惯。[124]

对于中国社会衰败的历史表述,最终体现为对中国学术历史的总结。

王班在《中国之科学思想》一文中从历史与民性两方面分析中国学术的变迁轨迹。在作者看来,诸子学中隐含了许多与近代科学思想相同的内容,如墨家和名家的"定名之严确",如庄子对于"天然现象观察之微密",如惠施的"超脱及合理之思想",如墨翟、公输班等"贵思想之实地应用"。更明显的自然是宋儒的"格物致知"及对宇宙现象的观察思索。但是这一切并没有造成中国科学发展的历史形势:从方法论的角度说,1. 宋儒所谓格物之物没有定义,因而也没有格物之方法;2. 宋儒言天道,陷入了阴阳家的分配之说;3. 宋儒之心性是内观之学,鄙视试验与观察;从历史方面看,中国的学术专制是中国学术未能获得发展的原因:

> ……惟以学术的专制而言,则全世界无逾于中国者。学术之专制,有政府之专制,与学者之专制。因有政府之专制,然后有学者之专制。开吾国政府学术专制之端者,厥为吾国之"先王"。有吾国"先王"神道设教之学术专制,然后有秦史治学术之专制,然后有汉阴阳家学术之专制,然后有唐宋词赋学术之专制,明清八股学术之专制。吾国数千年来,学风之隆替,学术之变迁,全视朝廷之提创与否。[125]

从科学角度对中国学术历史的总结,从思想层面发展到政治层面,得出的是对于专制制度及其文化的彻底否定。

这种否定的另一面,就是以西方近代教育为榜样,在小学的时候教会孩子观察自然现象和游戏的习惯,在中学的时候培养少年审求美恶、模仿实行的美德,在大学的时候更教以"有条理和统系的理论,同时复教以试验,令他们自己求知求行,以养成其爱实行的习惯。"最后将这些学校教

---

[124] 同上,页964。
[125] 王班:《中国之科学思想》,《科学》月刊第7卷第10期,1922年10月20日,页1022—1023。

育的方法应用于社会。[126] 为什么对于学生的训练以科学为中心,而不是更全面和广泛地涉及道德、审美和知识呢? 这是因为中国科学话语共同体普遍地相信:"科学当然之目的,则在发挥人生之本能,以阐明世界之真理,为天然界之主,而勿为之奴。故科学者,智理上之事,物质以外之事也。"科学不仅"直接影响于社会与个人之行为",而且于审美之事亦相关,"美术无它,即自然现象而形容以语言文字图画声音者是矣。吾人之知自然现象也愈深。则其感于自然现象也愈切。……"科学对于教育的重要性"不在于物质上之智识,而在其研究事物之方法。尤不在研究事物之方法,而在其所与心能之训练。"如果说教育的本旨是"自知与知世界",那么科学就是"自知与知世界"的条件与方法。[127]

3. "科玄论战"的序幕:科学与人生观问题(以杨铨为例)

1923年2月,北京大学教授张君劢在清华演讲,这篇演讲后来以《人生观》为题发表在《清华周刊》272期上。张氏的演讲引发了中国现代思想史上影响深远的"科学与人生观"或"科学与玄学"的论战。但实际上,科学与人生观的讨论远早于这场大论战。在1915—1923年这段时间里,《科学》月刊的作者已经就这个问题进行了很多讨论,而且"科学与人生观"论战的基本问题也已经在这些讨论中提出。在有关科学与道德及其他问题的关系的讨论中,实际上已经涉及了"科学与人生观"问题。我在上文曾经谈及科学话语共同体的基本信念:科学不仅促进了知识的增长和物质的发展,而且对于重建信仰、道德和审美习惯具有决定性的意义。"故无科学智识者,必不足解决人生问题矣。"[128]——这是任鸿隽在《科学与教育》一文中的断言。

---

[126] 黄昌谷:《科学与知行》,《科学》月刊第5卷第10期,1920年10月10日,页965。
[127] 任鸿隽:《科学与教育》,《科学》月刊第1卷第12期,1915年12月25日,页1343、1347、1349、1352、1344。
[128] 同上,页1344。

科学话语共同体普遍相信科学能够解决人生问题,但也并非毫无疑虑。就我所见,对"科学万能"的明确质疑也来自《科学》月刊。1919年间,《科学》月刊第5卷第8期"杂俎"栏发表署名佛(可能是杨杏佛,即杨铨。——作者)的文章,题目就是《非"科学万能"》。作者说:

> 科学万能之说创自何人,殆不可考。初涉科学藩篱者,每好以此称扬科学,毁科学者亦多集矢此说,其实皆非真知科学者也。科学之材料诚无垠,谓其研究万有可也。然研究万有者未必万能。试以科学所已知之事物与未知者较,犹微云之在太空耳。疾病、饥寒、天灾、人祸方相寻而未已。即此物质之世界,去吾人所梦想之极乐乡,尚渺乎其远,科学何以敢以一得遂自命万能乎。……
>
> 然以科学不能万能为科学病,又不可也。科学不以已有之成绩自豪,亦不以未知之无涯自馁。本其科学之方法努力前进,虽未敢以必达真理之终鹄许人,然循此以进,必率人类日趋光明之域,则可自信也。易言之,谓科学万能固非,谓科学必不能何事,亦非也。飞渡大西洋,世界通电昔视为诞语者,今皆为事实矣。未来不可知。科学,事实之学也,就事言事,科学之真值自见,能不能皆属玄谈,无关宏旨也。[129]

从已知与未知的关系来讨论科学,一面强调科学并非万能,另一方面则断言科学具有解决一切问题的可能性。在这种质疑中,作者并没有区分出科学与非科学的领域,从而未能构成科学能否解决人生问题的真正回答。

真正提出了上述问题的是那些接触到欧洲和俄国的反现代思想的人们。也在1919年,《新教育》2卷1期发表了蒋梦麟关于托尔斯泰人生观的论文,《民心周报》2卷5、6两期又发表了胡宣明、聂其杰两位同译的托尔斯泰名言。托尔斯泰的反战思想以及他对科学文明的非议态度,对中国思想界明显地产生了影响。就在这样的背景之下,《科学》月刊第5卷第5期发表了杨铨的《托尔斯泰与科学》的长文,以作回应:

---

[129] 佛:《非"科学万能"》,《科学》月刊第5卷第8期,1920年8月10日,页852。

> 托尔斯泰(Lev N. Tolstoy)十九世纪之大改革家,而亦文学界思想界之钜子也。……其所言行无不以人类幸福为归宿。……深慨宗教沦夷,近世文明流毒之甚,因抨击一切文化殆无完肤。……惟托氏语多有激而发,读者不察或不免断章取义之失。其攻击科学之言尤易滋误解。……[130]

由于托尔斯泰的巨大的道德声望,杨铨对科学的辩护不得不采取谨慎而仔细的分析态度。与"科学与人生观"论战中科学派的看法相比较,杨铨的看法和态度显然不那么独断。他一一介绍托尔斯泰对科学的批判的四大要点,逐一加以评论。其中第一点最为重要,即"科学不能解释生命之意旨",这也基本上是"科玄论战"的主要分歧点。杨铨将托氏论点分为四个小命题,核心的问题是:如果生命中存在永恒的意旨(物质性的死亡无法消解的意志),那么科学对物质世界的解释能力就与对生命问题的解释能力成反比;用人类形而下需要之研究,"以释此主要唯一之生命问题,是为不可能。"换言之,实证科学对于因果律的揭示无法解释人类的生命活动。[131]对于这个问题,杨铨的回答明显地具有妥协色彩:

> 吾人于此点所当察者第一为"生命"一名词之命意。托氏所指实为精神界之生命,此属于宗教与哲学之范围,科学当然不能过问也。科学所研究之事物以吾人官能知觉所能及为限;超乎官能知觉以外者,既非科学方法所能证验解释,则科学亦惟有自认不知而已。……
>
> 科学果涉及题外以强解生命问题乎?……使其所指为精神界之生命也,则当然不属于科学,虽有科学家强为之说,不成科学,但能视为其个人所发表之哲学观念而已。……[132]

---

[130] 杨铨:《托尔斯泰与科学》,《科学》月刊第5卷第5期,1920年5月10日,页427。
[131] 同上,页427、428。
[132] 同上,页428、429。

杨铨在捍卫科学的地位的同时,以能否验证为尺度明确了科学与宗教或哲学观念的分界,精神领域与物质领域作为两个性质不同的领域被区别开来。这种妥协用对科学的适用范围的限制坚持了实证主义的科学概念,又为"人生观"领域留下了形而上学的余地,在原理上背离了胡明复有关科学的形而上学前提的解释。

托尔斯泰对科学质疑的第二点是"科学不以人类幸福为目的"。[133] 托氏的看法是从社会等级与科学命题的选择的关系着眼的。托氏的观点是,科学命题的选择与科学家自己对问题的重要性的判断相关,而科学家多属上流社会,因而在选题上也多选与上流社会关心的问题相关的问题。在这个意义上,所谓"为科学尽力科学"是站不住脚的。更重要的是,在社会结构不合理的条件下,"一切征服天然之胜利,徒以增加此压制之力而已。"[134] 在这个问题上,杨铨的观点比较明确,他既不承认科学的选题以眼前之利定其去舍,也不承认科学之被利用是科学的责任。这样他也就把政治社会与经济制度之不良与科学的发现与应用区别开来。这也意味着科学的发现逻辑并不能自明地解决社会政治经济问题。

托尔斯泰的第三个论点是科学与迷信相伯仲,"科学与迷信,所异者不过其知识时代之先后。"[135] 杨铨对此问题的回答重复了科学之要素在其方法的论点,试图将知识与科学作出某种区分。"科学之要素在其方法,科学知识不过用此方法所得之结论耳;……"[136] 科学的知识可变,而实证的方法不可变。从这种实证主义的科学观念出发,他引证 W. F. Barrett 的 *Psychical Research* 一书中的论点,认为"凡指定之原因与悬拟之影响无关,所发生不根事实之信仰,及因以信仰可以祸福而行之迷信举动,均为迷信。"[137] 他的结论是:

---

[133]　同上,页429。
[134]　同上,页430。
[135]　同上,页433。
[136]　同上,页434。
[137]　同上。

> 使无科学之方法,虽益以新知识,不能变迷信为科学也。……迷信与科学所异不在知识之广狭,而在方法之有无,明矣。[138]

托尔斯泰对于科学的质疑的最后一个要点是"科学既为职业,则不得谓裨益人类。"[139] 职业化的方式是一种功利行为,而托氏所谓道德行为必须是超功利的。杨铨并未否定道德行为与功利行为的界限,而只是对科学家的工作重作界定而已。他的看法是,大多数重要的科学家并不以科学作为生活的手段,因为他们的正式职业是教育或工业等等。像"达尔文、厄斯台特、安培耳、法勒第、恺尔文诸人之发见发明,为世界之公物,文化之基础,无与于个人之衣食,更彰彰在人耳目,无待言矣。不特此也,即使科学家而以科学为职业;苟其功业有益人类,远过其所食社会之报酬,仍有受社会崇拜之价值。……"[140]

在文章的结尾,杨铨把卢梭的返自然与托氏的重人道相并提,充分地理解托氏对科学文明的批判的历史合理性。但他的结论是:

> 十九世纪欧美物质文明之进化一日千里,社会道德常有奔驰不及之势;托氏欲挽狂澜不惜屈理求之,其迹可谅,其人格益不可及矣。吾国科学尚无其物,物质文明更梦所未及,居今而言科学之弊与物质文明之流毒,诚太早计矣。欧美物质势力集中于资本家,社会结构因以不稳,此又吾国习应用科学者所当引为前车,勿使未来之托尔斯泰复哀吾国也。[141]

由于从一开始,杨铨就接受了信仰、道德领域与实证科学领域是不可通约的这一判断,他对科学的辩解实际上反证了科学与人生观论战中人生观

---

[138] 同上,页434。
[139] 同上。
[140] 同上,页435—436。
[141] 同上,页436。

派一方的观点。如果人生意义的问题无法用科学的方法来检验和论证,那么,科学在文化变迁中的作用就十分可疑,因为科学既无法证明也无法证伪某种信仰或道德观念,这两个领域具有本质性的差别,不可通约。循此逻辑,杨铨实际上并不特别反对托尔斯泰关于欧美科学文明导致道德衰败的判断,只是修正说,中国在文明进化的现阶段,尚不存在此种危机而已。

也许正是意识到这种分析方式无法为科学提供真正的道德基础,杨铨对科学的人生观问题继续思考。1921年10月,他在南京高师附中补习班发表题为《科学的人生观》的演讲,后来又发表在《科学》月刊第6卷第11期上。在这篇文章中,杨铨把人生观看作是"生命目的之指南",而科学的人生观与其他人生观——如宗教的人生观、美术的人生观、战争的人生观、实利的人生观都有根本差别。这种差别主要表现在,上述各种人生观均以人的主观性为依据,从而在不同程度上是主观主义、情感主义、实用主义和功利主义的,而科学的人生观却超越主体的功利和情感、以客观性为基础。作者具体地分析说,像托尔斯泰所持的宗教人生观"悲天悯人,以救世为怀",其基础当然是一种主体的信念;像安诺德(Arnold)、葛尔德斯密斯(Goldsmith)和中国的诗人墨客所持的美术的人生观"趋重感情方面,以美术的眼光解释人生",其基础是情感主义;达尔文、尼采则持战争的人生观,因为物竞天择的生物学说用于人类,即是战争的人生观,而超人学说也同样是一种战争的人生观,因为它相信战争为人生重要之元素,战争绝迹能使优秀者退化,明显地是一种强者哲学;实利的人生观则以实用、实利为行为、学说的指归,中国学说大抵是这样一种功利主义和实用主义,"我国古今各书以人生观为宇宙观,专求致用。其所研究之学问不能轶出政治社会之范围,求其超然于人事之外纯粹研究宇宙现象者几不可得,壹是以利为归,此所以科学幼稚,始终不能发达也。"[142]

科学的人生观与上述诸种人生观完全不同,它不以主体的意志、信

---

[142] 杨铨:《科学的人生观》,《科学》月刊第6卷第11期,1921年11月20日,页1111—1119。

念、情感、力量和利益为基础,而是以宇宙的意志和规则为基础:

> 科学的人生观乃客观的,慈祥的,勤劳的,审慎的人生观也。何谓客观的?不以一己之是非为是非,凡一切事物俱以客观态度觇之。曷云乎慈祥?即与宇宙之形形色色表有同情。……曷云乎勤劳?以求真理为毕生之事。求真无终止之日也,故科学家亦无作工休止之日,……只求真理,不知实利……曷云乎审慎?凡有所闻,必详其事之原委条件,无囫囵入耳之言,亦无轻率脱口之是非。盖科学家对于一切事物俱存怀疑态度,忍耐求之,不达到真理目的不止也。[143]

科学的人生观是客观的,但绝不意味着这种客观的人生观会如尼采所指责的那样,形成客观的、无己的人(selfless man),因为坚守科学真理需要遗世独立、不屈不挠的浩然之气。

另一方面,科学的人生观虽然强调超然于实用与功利,但这种超然的人生观本身也具有实际的意义,这就是救亡图存的历史任务:

> 吾人当知武力之威权虽足以亡人国,而不能灭人格,惟学术之破产则人虽不亡我,而我且自亡矣。今日所以言科学的人生观者,以诸君皆抱学术救国之志,故愿以此互勉也。[144]

更重要的是,这种客观的人生观当然也是价值的选择,杨铨在论证科学的人生观是实事求是、自甘淡泊的人生观的同时,还指出这种人生观具有天然的德谟克拉西精神:

> 无强弱,有是非……其拥护真理也,无宗教,无阶级,无国家,惟知有真理而已……可知科学的人生观无阶级,无虚荣心,至平等,至

---

[143] 同上,页1112—1113。
[144] 同上,页1119。

高尚也。[145]

民主与科学都被理解为一种大同主义,而大同主义又被理解为一种宇宙的原理。无论是民族主义,还是绝对平等的价值观,当然都不是超历史、超民族、超阶级的理念和价值,但是,杨铨的论证方式恰恰证明了这样一种努力:他企图发现一套合乎理性而又绝对公正的道德原则。这种道德原则是普遍的和绝对的,是超越一切历史性的文化传统、宗教背景、政治秩序和道德结构的,因为它是以宇宙的自然秩序为基础的,或者说,它就是这种自然秩序本身。了解欧洲思想的人当然会发现,这种努力在18世纪的启蒙运动中,是如何地强烈和具有广泛影响力。

4. 对进化论的怀疑与现代文化论战

自晚清以降,进化论提供了进步的社会观念的自然观基础。现代变革的概念——政治变革、道德变革和文化变革——以进化的观念为前提。进化的概念提供了关于未来的指向,关于现在的界定,关于传统的批判框架,并把这种直线进步的理念伸展到社会和文化的各个领域。科学的道德基础的一部分也是由进化论的观念所构成的,因为不仅科学本身是进步的体现,而且科学对未知领域的无穷探索也是进化和进步的精神的自我展现。"新"的概念、"现代"的概念在19世纪末至20世纪的大部分时期,为中国的现代性的思维逻辑奠定了目的论的框架和价值的指向,而这一切都有其自然观的基础,这就是进化论。这里只是略略提及而无需作更多论证的是《新青年》、《新潮》等以"新"命名的刊物,它们对传统的批判的最为引人注目的特征之一,即是对科学和民主的阐扬,而这两大旗帜又都是以进化论为自然观和历史观的前提的。正是进化论为中国思想文化界提供了现代性的时间观念。因此,对待

---

[145] 同上,页1115、1116。

进化的态度，多少决定了中国思想文化界对待现代性的态度。在上文中所涉及的托尔斯泰和尼采对科学和物质文明的批判，突显出他们对现代性的激烈的批判姿态。中国科学话语共同体对托尔斯泰、尼采的抵制与批判，体现的是现代与反现代的冲突，这种冲突的首要表现即是时间观念的冲突。尼采思想中的永久循环的时间观念及其与进化观念所构成的悖论结构，托尔斯泰强烈地要求在自然与道德领域之间划分出截然有别、以致相反的界限的思想，都是对进化的自然观念与进步的历史观念的深刻质疑。

在当代学术的讨论中，对现代性的质疑的子题之一——对进步或进化的时间观念的质疑——已经成为中心议题之一。然而，大多数讨论只是把这一质疑视为人文领域的主题，例如对《学衡》派的重新评价，几乎没有人从自然科学的发现和运用的角度对此加以评述。然而，历史的事实告诉我们的是一个相反的现象：对中国现代性问题的检讨始终是和对科学主义的清算相联系的，这一清算的理论前提之一就是自然领域与人文领域的二元划分。然而，现代性的知识规划正是从这种将主体与客体截然分化的过程中产生的。从这样的视角对现代性的质疑，乃是现代性的知识结构的一部分。对进化论的批评首先是一个科学事件，而后才是一个文化事件。"五四"时代发生的诸多文化论战，如《新青年》与《学衡》的论战，有一个科学领域中的前奏，那就是科学共同体对进化论的科学检验。这里的重要事实是：尽管现代中国思想不断地引证科学思想、特别是进化论作为他们的社会观念的基础，然而中国科学家群体对社会进化论的态度却并非毫无保留。这一点多少有些令人意外。在1915至1923年这段时期里，从第一卷起，《科学》月刊在发表介绍和运用进化论的文章的同时，即发表了大量批评进化论的文章。这一事实——科学家群体对进化论的矛盾态度——几乎从未引起人们的注意：科学家群体为什么在中国反传统的语境中反复思考进化论的缺陷？《科学》月刊群体与《新青年》群体为什么在这一问题上的态度如此相异（虽然也有交叉）？如果进化观念为现代认同提供了自然观基础的话，科学家群体对进化论的质疑与他们对"现代"的态度

的关系如何？（我们当然不会忘记,科学和科学家在这一时期的文化语境中,正是进步、现代的代名词）

深入地分析上述问题,我们会发现科学家对待进化论的态度紧密地联系着他们的文化态度,但这是科学家共同体对进化论进行与文化无关的科学检测的社会后果。《科学》月刊对进化论的质疑始于该刊第1卷第7期钱崇树的《天演新义》一文。这篇文章引用英国遗传学家贝曾（William Buteson）的观点,从生物学角度对达尔文的生物进化论进行质疑,并没有涉及进化论在其他领域的意义。[146] 首先将这一讨论引入文化和其他领域的是植物学家胡先骕。这位幼读诗书的学者,1913—1916年间在加州大学伯克利分校念书。1923—1925年重返美国,在哈佛大学获得植物学博士学位,也聆听过白璧德（Irvine Babbitt）的新人文主义议论,不过那已经是他发表批判进化论的文章、参与"五四"时期的文化论战之后的事情。作为植物学家的胡先骕在"五四"新文化运动中成为《学衡》派的主将之一,他对新文化运动的批判与他对进化论的思考具有密切联系。如果考虑到他与胡适都在《科学》月刊上发表有关进化论的文章,而观点截然相反,那么,我们就不会认为有关进化论问题的争议无足轻重。

胡先骕的论文《达尔文天演学说今日之位置》连载于《科学》月刊第1卷第10期和第2卷第7期上。这篇文章试图对达尔文学说进行分疏,批判的矛头主要指向将进化论用于人类社会的达尔文主义。胡氏指出,在欧洲,特别是在德国,科学家对达尔文学说的批判虽然没有完全动摇其基础,但进化论的弱点已经不可回避。他把达尔文的理论区分为"天演

---

[146] 钱崇树《天演新义》:"……以为微异不可以历久而传;即传亦不能积微成著以生新种。盖物各有性,譬诸花色花香,皆本其香色之性;……而性又以物种而殊。……"见《科学》月刊1915年7月25日,页785。此外,鲍少游在第4卷第4期,1918年12月10日,页367—368上译述的《论人类之化学的成分》一文,从化学角度对生物进化论进行质疑,其言曰:"然而生物进化论者,果能发见人类之先祖乎？秉直言之,则生物进化论者之权能,只能断定人类与猿猴为同一先祖所生而已。……要之,人类先祖之诠索研究,宜脱离生物进化论者之手,而另讲求研究之法。""人类最先之先祖厥惟元素。故今有妙法可以探索人类之先祖者,则据生理化学以研究人类究为何元素所造成者是也。……本文但考察人类之化学的成分,欲以是解决人类先祖问题者也。"

说"(达尔文主义)(Darwinism)、"有生天演"(有机进化论)(organic evolution)和"庶物同源"(物种进化论)(theory of decent)三种,并认为知识界的主要错误在于混淆了三者之间的差别。不同领域的"分化",不同领域之间的不可通约性,是胡氏全部论证的基石。值得注意的是,这种"分化"和"不可通约性"不仅是后来《学衡》派的主要的理论前提,而且也是科学与人生观论战中"人生观"派的主要论点。"故达氏天演学之末运者,非有生天演或庶物同源之说之末运也",而是进化论在社会领域中的运用即社会达尔文主义:

> 今日反对达氏学说之趋向。虽然,达氏学说之影响于人心者已深;五十年来群学哲学,倚以立论,政治宗教,因以易趋。一旦达氏学说摇动之谣生,人类思潮,将为之骚动矣。达氏学说,攻之最力者斯为德人。……故年来书报,要能以天演真象,详加讨论。……而天择不足独为种原之理,亦因以彰焉。然亦非谓达氏之说遂全遭指斥也。[147]

胡氏在文中并没有全盘否定达尔文的进化学说,但他引用杜里舒(Diresch)等人对进化论的严厉抨击,基本的倾向是批判性的。[148]

在1916年发表的续篇中,胡先骕又介绍了美国斯丹福大学昆虫学教授开洛格(Kellogg)的观点。他一一分析了生物进化论与宗教哲学、教育以及社会学的关系,最后的总结明显地是从基础上动摇近代以来在中国也十分流行的社会学观念:

> 自达氏学说首创以还,以生物而言群治者,一时蜂起,然治斯学者每知生物学不详,……如禀性之遗传,物竞之硕果,互助之发达(development of mutual aid)等,皆生物学中未定之论,而适为群治学

---

[147] 胡先骕:《达尔文天演学说今日之位置》,《科学》月刊第1卷第10期,1915年10月25日,页1161—1162。值得注意的是,在1923年"科学与玄学"论战中,杜里舒正是玄学一派引用的主要思想资源之一。

[148] 同上。

家立论所本也。……[149]

胡先骕对进化论的批判要点是：进化论不是一种普遍的法则，尤其不能适用于社会文化领域。在"五四"新文化运动中，这一要点成为《学衡》派区别自然科学与人文科学、反对激进反传统、试图以平和折中的态度解决文化问题的基础。换言之，胡氏对进化论的批评最终体现为他对现代性的历史观念的拒绝。

无论是从科学角度，还是从社会角度对进化论的批评，都触及了中国现代思想的核心问题。正由于此，欧美和中国科学界对进化论的质疑不能不引起激烈的文化论争。问题的展开首先依赖于对进化论的科学论证，因此就有了像钱天鹤译述的《天演新说》那样的关于进化论的科学解说。[150]但是，非常明显的是，关于进化论的讨论不仅是一场自然科学的讨论，而且是有关现代历史观的争论，其核心是以进化论为自然科学基础的时间观念或历史目的论是否为"真"的问题。问题不仅需要在科学的层面加以解决，而且更需要在文化、历史和社会的层面给以确证。

正是在这一关键性的历史语境中，1917年初，日后成为新文化运动领袖之一的胡适在《科学》月刊发表了《先秦诸子进化论》。除引论外，胡适一一论证了老子、孔子、列子、庄子、荀卿、韩非的进化论，从人文历史领域论证了作为公理的进化论：

> 先秦诸子的进化论……虽然不同，然而其间却有一线渊源不断

---

[149] 胡先骕：《达尔文天演学说今日之位置——美国斯丹福（Stanford）大学昆虫教授开洛格（Kellogg）造论》，《科学》月刊第2卷第7期，1916年7月25日，页780—781。

[150] 钱天鹤译：《天演新说》，《科学》月刊第4卷第12期，1919年11月1日，页1209—1214。该文译自美国遗传学报1917年正月号。文首说："进化者，进步也；发达也；分析也；数十年前已有其说，非近世科学之新产物。然曩者属虚想的，哲学的，而今则渐为理论的，实验的耳。……"在分析了 Geffroy St Hilaire, Lamark, Nageli, William Bateson, Darwin, Wallace，以及 Thomas Hunt Morgan 等人的各种学说之后，文末的结论是："综上所述，可得一结论曰，动植物之有变异，由于生殖质之有变异；生殖质之有变异，由于所含遗传性之不同。遗传性所在地，为生殖细胞内之染质线。故染质线实为各遗传性之发祥地。……"

的痕迹。先有老子的自然进化论,打破了"天地好生"上帝"作之君作之师"种种迷信。从此以后,神话的时代去,而哲学的时代来。孔子的"易"便从这个自然进化上着想。……后来列子、庄子、荀子都承认这个"由简而繁"的进化公例。列子庄子时代的科学理想比孔子时代更进步了。墨子时代的科学家,狠晓得形学、力学、光学的道理。……所以列子、庄子的进化论,较之老子更近科学的性质……他两人都把进化当作一种无神的天命。因此生出一种靠天,安命,守旧,厌世的思想。所以荀子韩非出来极力主张"人定胜天"以救靠天的迷信。……却不料……被李斯推到极端。……[151]

从自然的进化论,到哲学的进化论,再到科学的进化论,在胡适的笔下,进化概念笼罩了整个历史的视野,并规定和论证了人在历史和生活中应当采取的积极的人生姿态。

另一位进化论的捍卫者唐钺也像胡适一样,试图重申进化的普遍法则与人的主观能动性的关系。他拒绝那些将尼采式的扶强抑弱归罪于进化论的指责,重申了严复所译《天演论·群治篇》中的"公理":

治化愈浅则天行之威愈烈。惟治化进而后天行之威损。理平之极,治功独用而天行无权。当此之时,其宜而存者,不在宜于天行之强大与众也;德贤仁义,其生最优。……故天行任物之竞以致其所为择;治道则以争为逆节,而以平争济众为极功。[152]

从胡适到唐钺,对进化论的辩护恰恰就是批判者所着意的方面,即这一科学定理完全适用于社会、历史、道德和政治。

关于进化论的讨论最终涉及的是对近代文明的评价。这种评价以及由此产生的分歧的焦点是:西方的现代历史进程,以及产生于西方的现代

---

[151] 胡适:《先秦诸子进化论》,《科学》月刊第3卷第1期,1917年1月25日,页40—41。
[152] 唐钺:《科学与德行》,《科学》月刊第3卷第4期,1917年4月25日,页409。

性方案,导致了历史的进步,还是历史的灾难?中国是否需要采纳这样的现代性方案?对于中国年轻的科学家群体来说,对近代文明的态度也同时是对科学的态度,因为西方近代文明被普遍地视为科学文明。1924年1月,就在"科学与人生观"的论战余音不绝之时,《科学》月刊发表社论回应这场论战,明确地指出了问题的核心所在:

> 欧洲大战既兴,全球震动,论者推原祸始,因国际资本主义之冲突而致怨于物质文明之过量发达,因物质文明而迁怒于科学,于是十九世纪托尔斯泰、尼采辈诅咒科学之论调复为当代救世之福音。昔之因物质文明而崇拜科学者,今则因同一之物质文明而诋毁之。潮流所被,中国亦沐其余波,此中国思想界之所以于今日学术荒芜民生凋蔽之际而忽有反科学之运动也。年来国事日非,风俗奢靡,工商业复一蹶不振,人心消极,对于一切新政新学皆抱怀疑之态度,宗教玄渺之思想遂乘之而起,此反科学运动之原于国内者,又其一也。故分析言之,今日反科学之思潮受国内国外之影响者各半,而其根本原因则皆起于误认西方文物为科学本身之一点。果如西国已食物质发展之惠,而蒙战祸,犹不能罗织株连归罪科学,而况中国之倒行逆施,自甘暴弃,本于科学风马牛不相及乎。夫科学之为科学,自有其本身之价值,不因物质文明之有无而增减。即物质文明之本身,亦但只利用厚生,造福人类,未尝教人以夺地杀人也。……
>
> 虽然,反科学运动于科学未始无功。打破盲从科学与附会科学之陋习,使科学之真精神因以大明,唤起提倡科学者之觉悟,知空言鼓吹清谈研究之无益于事,此皆今日从事科学事业者之药石也。……[153]

这里所引已是后话,但显然是科学共同体内部讨论多年达成的基本共识。

---

[153] 佛(应是杨铨):《科学与反科学》,《科学》月刊第9卷第1期,1924年1月20日,页1—2。该文是以社论的名义发表的。同期发表的还有另一社论《科学教育与科学》(署名永,估计是任鸿隽),也是针对"科玄论战"中的问题而发。

科学家共同体以科学为志业，并不断声称他们的工作不以科学之外的因素为目的，但是，第一次世界大战引发的各种文明论争，持续地对他们的工作意义提出质疑。为科学而科学的理想主义、为富强而科学的现实主义、为人生而科学的道德主义、为完美而科学的审美主义并行不悖，交替地出现在科学家共同体的科学观念之中。针对不同的问题，不断地变换上述立场，是科学共同体的自觉不自觉的论辩策略，其基本的取向则是为现代文明和科学辩护，并把科学与现代性作为中国社会发展的基本战略和未来方向。

问题首先涉及对中国文明和中国学术思想的评价。早在1916年，任鸿隽即将学术区分为"主观"的文学、"客观"的科学和介于二者之间的哲学。他重复了自晚清到现代中国知识界的流行说法，即中国的文化或文明及其学术思想是"文学的"，现代的发展已经昭示只有科学才是"正确知识之源"。"科学以穷理，而晚近物质文明，则科学自然结果，非科学最初之目的也"，科学是一种取向于客观的学术上的"物质主义"，却不是功利上的物质主义。如果不遵循这种科学的方法，"不足尽人之性"，更不能对现代的复杂的社会组织进行有效的管理。他反问道："吾人何以不持黄虞三代无为而治之义"，反而追求更复杂的政治思想呢？"曰：由科学进化之学，知返古之不可能也。"[154]

也正是从这种进化论的历史观出发，任鸿隽多年以后在一次讲演中断言：

> ……我所讲的近世文化，并不包括东方文化在内，因为我们承认东方文化，发生甚古，不属于近代的。……我们所讲的是西方文艺复兴以后发生的文化了。……我说近世的文化是科学的，和近人所说近世文化的特采是科学发明，科学方法等等，有点不同。因为前者是说近代人的生活，无论是思想，行动，社会组织，都含有一个科学在内，后者是说科学的存在和科学的结果，足以影响近代人生活的一

---

[154] 任鸿隽：《吾国学术思想之未来》，《科学》月刊第2卷第12期，1916年12月25日，页1289—1296。

部分罢了。[155]

任鸿隽所谓近代文化是科学的文化,意思是:文化的近代性或现代性本身是"科学的"或以科学为标志的。中国或东方文化尽管与近代文化同处于当今的世界,但却不是近代文化的一部分。东方与西方的文化冲突在这个意义上被处理为古代与现代的冲突,而在内容上则是非科学与科学的冲突。这种文化的历史描述的基调是进步的历史观念。他依照玛尔芬(Marvin)的看法,将现代社会的发展归结为知识、权力和社会组织的"进步"。知识和权力涉及的是对自然的了解和掌握,而社会组织的发展则涉及所谓整个现代资本主义社会的结构,其中最重要的是民主制度——政治参与权的普及——的建立、机会均等的平民体制的形成和追求效率的社会取向,这三个方面是对独裁政治、封建等级制度及其社会取向的否定。

任鸿隽把这个过程理解为"合理的"过程,因为人类对于自然、社会和道德的取向都以普遍适用的科学为基础。国家制度、社会组织——不仅包括民族国家内部的政治、经济和文化组织,还包括超越国界和种界的国际组织,如各种团体的国际组织和各种主义的世界同盟——以及追求效率的方式,体现了现代社会的基本特征,即科学的(也是"合理的")特征。与之相伴随的则是"合理的"人生态度和价值取向:

> ……我们晓得科学的精神,是求真理,真理的作用,是要引导人类向美善方面行去,……我们可以说科学在人生态度的影响,是事事要求一个合理的。这用理性来发明自然的秘奥,来领导人生的行为,来规定人类的关系,是近世文化的特采,也是科学的最大的贡献与价值。……"科学是服从人道的律令,要推广生命的领域的。"[156]

---

[155] 任鸿隽:《科学与近世文化》,《科学》月刊第7卷第7期,1922年7月20日,页629—630。该文是作者在1922年中国科学社春季讲演的第一讲,其时"科玄论战"尚未发生,但"科玄论战"所涉及的各种问题已经是"五四"新文化运动以来整个文化界的主要议题的一部分。

[156] 同上,页638—639。

科学等于合理,是因为科学不仅是对自然的规律的探求,而且是对人道的法则的遵循。如果近代文化是科学的文化的话,无异于说近代文化是合理的和人道的文化。近代的知识体系、控制系统和社会组织框架的合理性就此建立起来了。

科学、进步与近代文化的"合理"关系一旦建立起来,中国社会发展的基本方向也就明朗了。但是,面对西方科学界和社会思想界对进化论、科学文明和现代性的种种质疑,对历史发展的直线描述变得难以令人置信了。更重要的是,进化论的法则在历史领域是抽象的,进步的概念也不能提供社会变革的具体方案。即使科学话语共同体对近代文明持完全肯定的态度,也不能保证这一共同体中的不同派别在政治和文化的战略上保持一致。胡先骕等人对进化论的质疑最终体现为保守主义的文化态度和现实策略,这种态度和策略是和清末以降中国科学家群体的保守主义和改良主义的政治态度和政治策略极为吻合的,而与《新青年》等人文学者共同体完全不同。科学家共同体一方面要捍卫科学的尊严和普遍意义,另一方面也要建立区别于其他共同体的文化、政治态度和战略,便不能不对科学的历史观加以更复杂的解说。因此,我们看到:同样是以进化论为合理性的基础,科学家共同体并没有像《新青年》群体那样把进化论当作激进主义政治变革和文化变革的理由,相反,社会进步是在一种保守与革新的张力中完成的。

1918年春天,《科学》月刊第4卷第4期以头条位置发表了任鸿隽译述、Oberlin大学教授梅加夫(Maynard M. Metcalf)于1917年在中国学生会的演说,题为《科学与近世文明》。[157] 在这篇论文中,作者用"相反之力相成"的力学原理解释从自然到社会的一切现象,指出进步的动力来自一种力学的平衡。这种新的历史动力学解释的意义是:对历史进步的描述不再是简单的直线进化,而是经由两种相反的力量相抗衡的结果,虽然这种抗衡本身并没有改变历史发展的基本趋向。那么,在社会领域,这种相反的力量分别是什么呢?

---

[157] Maynard M. Metcalf 著,任鸿隽译:《科学与近世文明》,《科学》月刊第4卷第4期,1918年12月10日,页307—312。该文最初发表在美国的《科学月刊》(*The Scientific Monthly*)5月号上。

二力者何？曰保守，曰革新。易词言之，前者笃附旧习，社会之所以可久。后者趣重新知，社会之所以前进也。今欲觅相当名词以命此二力，前者吾得命之曰习旧主义（traditionalism），后者吾得命之曰科学精神（scientific spirit）。

今之科学家，动辄诋保守主义之为害，顾吾人于自然法则之研究，不尝见有惰性与动力二者之相互为用乎。且惰性之重要，固不视动力有所未减也。

其在社会，保守与革新二主义，诚宜各据所宜，相互为用。无如此二主义者，常不易调剂而得其平。欧洲中世纪黑暗时代，保守与习旧主义深中于人心，其结果则沉滞现象弥漫社会。反之，法国革命，是为革新主义当阳时代。溃决横流，不加裁制，其结果乃如烈火爆发，玉石俱焚。……[158]

在这篇文章中，作者对保守与激进作了一种折中的处理，实际上是在政治和文化的激进主义潮流中为保守主义提供学理上的依据。保守主义的意义不仅在于淬炼"新理"，使之在斗争中臻于完善，而且更在于保护和促进社会稳固，"习惯为社会生命之原，无之是无社会也。"而根据作者的看法，保守主义也有"有理"与"无理"之别，"科学精神"就大多包含"有理的保守主义"。[159] 现代文化激进主义强调个人的独立和解放，并认为这种个人的自由才是现代社会得以形成的前提。

然而，中国现代社会发展的关键一步恰恰是建立现代民族—国家，因此，社会整体的动员较之个人发展更为根本。我在上文仔细地分析了胡明复关于个人、社会和国家的看法，类似的论述结构在这里已经表现为对于保守主义文化政治的"科学论辩"：

……独立不羁之精神，乃其群生命之所系。但个人主义主张太过，亦足为社会之灾。守旧与独立，社会与个人，相反相为用，而后生

---

[158] 同上，页308。
[159] 同上，页309。

气乃出。[160]

然而，从中国的实际状况看，"中国受保守主义之统治，殆数千年，……今日之急务，莫如科学精神之普及，俾思想之趋于一偏者，得其平衡，而后有进步可言。"[161] 由此，作者的结论仍然是科学救国：

> ……个人及国家之要道，未有如发明真理，与其坚贞之志为真理役而不悔者也。中国复兴之机，必于此求之。[162]

进步的历史观经过某种改造，不仅提供了保守主义文化和政治的科学基础，而且也解释了直线进化观念所受到的挑战。不管进化论的历史观念受到了多么严厉的科学质疑，在科学家群体中并没有真正发展出对现代性及其时间观念的深刻批判。不过，这些质疑确实使得科学家群体对社会过程及其变革保有较之同时代文化知识分子更为审慎的态度。更为重要的是，对进化论的科学质疑第一次在科学内部提供了反思有关"现代"的各种神话的视角。

第六节　现代世界观与自然一元论的知识分类

不管科学话语共同体内部存在多大的差异，通过反复地讨论，一种普遍的、客观的知识体系还是逐渐地形成了。科学观念对现代思想产生如此重要的、甚至是决定性的影响，首先是由于科学话语共同体自觉地从具

---

[160] 同上，页310。
[161] 同上。
[162] 同上，页312。

体的研究领域中提升出具有普遍性的科学方法,其次是这种科学方法被普遍地认可为一种能够在形式上和内容上检验一切事物的途径和标准。通过科学方法的普遍运用,现代思想试图对整个经验领域重新进行解释,而这种解释活动迫切地需要一种系统的知识整体。在这里,知识整体的意思是,无论知识处理的是自然问题,或者社会问题,还是人自身的问题,都遵循同样的规则。科学不多不少等于全部的知识领域。就科学实践、社会实践与道德实践的关系来说,都是同一种实践。因此,整体的科学知识谱系不仅重新定义了知识的内容,而且定义了另一个相关的关键概念,即实践概念。

围绕着科学与人生观的关系、科学与近代文明的关系,以及进化论问题的争论表明,除非科学知识能够提供道德的基础和历史的目标,能够通过客观的知识论证提供社会正义的标准,能够解释认识主体的心灵活动,特别是权利、道德和信仰的根源,科学知识才能作为一种唯一的知识、科学实践才能作为唯一的实践得到确认。换言之,科学知识的整体必须证明:不存在超越科学的其他知识(如道德知识、宗教知识或审美直觉),也不存在超越科学实践的其他实践(如道德实践、信仰实践和审美实践)。根据我对科学共同体的科学观念的描述,我们已经清楚地看到,有关科学世界观的论证集中于两个层面:首先是科学方法如何预设宇宙间所有事物的普遍联系,其次是科学对自然的探讨如何同样适用于人类的道德和社会政治事务。这意味着不仅需要以现代科学史的模式解释宇宙和伦理的起源,而且还要按照现代科学史的模式理解人类的全部历史。但是,建立这种历史理解需要知识上的前提,首先是必须论证那些——无论在传统世界观中,还是在现代西方思想中——被理解为不可通约的领域,实际上服从同一种自然规则的支配,因此,对这些不同领域的解释不过是同一个知识体系的不同层面罢了。

问题首先表现在心理学、社会学、哲学与科学的关系上,即科学以及科学的方法能够解释人的心灵活动和信仰吗?早在《科学》月刊创刊号上,赵元任即发表《心理学与物质科学之别》一文,他的基本论点是:心理学研究经历之自然与直接之方面,物质科学研究经历之推想与间接之方面;心理学研究经历之系于个体及其存在各情形之方面,物质科学研究经历之不系于经历之人而关于自存事物者。[163] 区别是明显的,但二者都是对经验的不同方面的研究。赵元任没有提及詹姆士的心理学研究,不过把问题落实于"经验"概念很可能是受到了他的启发。至于社会学,则更是科学的一支,"社会学,科学也。诸君习此学,不得以哲学目之,尤不得以文史等学之性质目之。……社会学之发达,实因生物学发达之故。"[164] 在这段话中,重要的不是作者将社会学归入科学,而是他把科学与文史哲诸科严格区分开来。就科学与哲学等学科的关系而言,中国科学家群体并无独特的观点,主要的论述来自西方现代思想关于相关问题的讨论。例如,1920 年,王琎翻译发表了威尔斯的(Prof. Wells)《哲学与科学》一文。这篇论文首先分析了希腊古典时代的物理学、化学、天文学、地质学等领域与现代科学的区别,特别指出只是在近代文明中,这些学科才从哲学或神学的领域中分化为独立的领域,获得自己独立的方法。根据作者的看法,哲学不能独立存在,"欲言哲学,必指明何物之哲学,如物理哲学,化学哲学,生理哲学,宗教哲学之类。"[165] 在这个意义上,作者的结论是:

> 吾为斯言,非谓哲学之不成科学或无关于科学也。但欲明哲学之价值,不在科学之上,而在科学之中。科学在需要之界限中,当以哲学为器具,为方法。惟妄尊哲学,而不认其有辅助之职务,则非但有害于科学,而更有害于哲学。[166]

上述结论把哲学作为具体科学学科的方法论。这样,伴随自然科学逐渐从古典哲学和神学中分化出来的近代过程,哲学逐渐地丧失了笼罩一切知识的地位,并转化为各个分化出来的独立学科的一部分。这对于科学

---

[163] 赵元任:《心理学与物质科学之区别》,《科学》月刊第 1 卷第 1 期,1915 年 1 月 25 日,页 14—21。
[164] 秉志:《生物学与社会学之关系》,《科学》月刊第 6 卷第 10 期,1921 年 10 月 20 日,页 977。
[165] 威尔斯著,王琎译:《哲学与科学》,《科学》月刊第 6 卷第 4 期,1921 年 4 月 20 日,页 357。
[166] 同上,页 358。

家群体建立普遍的知识谱系具有重要性,因为在这个谱系中不存在作为一种学科的哲学的位置。事实上,这种对哲学的理解方式是对中世纪神学和 19 世纪形而上学传统的批判。哲学作为一种反思的方法:这恰恰是古典希腊思想对哲学的理解。

《科学》月刊第 2 卷第 8 期和第 9 期连载了 J. Arthur Thomson 的《科学之分类》(*Chapter IV*, *An Introduction to Science*),译者是唐钺。作者首先介绍了培根、孔德、斯宾塞、皮耳生等人的科学分类,特别推重皮耳生(Karl Pearson)的《科学文法》(*Grammar of Science*)中的科学分类。[167]综合各种分类方法,作者最后将科学分为两种大的统系,即 1. 抽象的、范式的、方法学的科学(Abstract, Formal, or Methodological Sciences);2. 具体的、描写的、或经验的科学(Concrete, Descriptive, or Experential Sciences)。抽象科学包括(由低到高)算学、统计学、名学、形上学;"抽象科中,算学为植基,而玄学为会极。"具体科学包括社会学、心理学、生物学、物理学、化学等五个基本科,每个基本科还派生出若干引伸科。[168]

通过特殊的分类方法,作者不仅把社会学、心理学与其他自然科学列为"五大基科",而且将形而上学领域也纳入了科学的范畴,从而改变了将科学与形而上学相对立的启蒙主义思想结构。在作者的具体分科中,显然也存在明显的不同领域的分化,例如作者将社会学、心理学与生物学、物理学、化学等区别为不同类型,而没有采取皮耳生的分类法,将社会学作为生物学的一个分支。这种分化的根据"不在其取材之不同,而在其所以处材之范畴(categories)之有异。两科之材料可同;不同者乃在其所赴之鹄,基本之概念,方法之条目耳。"[169]在上述分类法中,作者虽然也照顾到学科的对象的区别(即李凯尔特所谓"质料的分类原则"),但更为关键的分类原则是方法、范畴(即李凯尔特所谓"形式的分类原则")。对

---

[167] J. Arthur Thomson, *An Introduction to Science*(Chapter IV),唐钺译《科学的分类》(上),《科学》月刊第 2 卷第 8 期,1916 年 8 月 25 日,页 835—849。

[168] Thomson, *An Introduction to Science*,唐钺译《科学的分类》(下),《科学》月刊第 2 卷第 9 期,1916 年 9 月 25 日,页 964—977。

[169] 唐钺译:《科学的分类》,《科学》月刊第 2 卷第 9 期。同上,页 973。

于作者来说,采用什么样的分类并不重要,不可忽略的问题是:这样一种明晰的知识谱系能够证明各种知识的相关关系,并印证这个知识谱系本身的"自完一贯与否"。[170]因此,作者的分类原则必须能够提供科学的普遍意义。在文中,他反复论证不同的学科之间的相互发明和会通之处,从自然到人类,从生物到历史,莫不如此。作者的最终目的显然是要"以科学的婍修为根据"建立"吾人纯智之世界观":

> 条分缕析之事终,而群科一贯之理见;吾人于此大有快慰之情焉。虽讨论异其书,讲演异其师,试验异其居,然此特为便事计而已;若究其极,则凡百科学均为一种训练之各部,一种方术之异例。其致力虽殊而赴的则一。此的无他,使自然秩序之大难题日趋明瞭(不曰解决者,盖此难题或永无解决之日也)而已。群科合而成真理之完体;科科之相剂愈殷,则其价值愈峻。哲家石也(即Philosopher's Stone。——引者注),学典也,大学也,最近之科学会通也,其蕲响莫不在是矣。[171]

科学话语共同体通过科学分类最终建立了一种统一的、一贯的世界观或"真理之完体"。从信仰、心理、社会、生理到各种自然现象,从认识的主体到认识的对象,都被组织到具有分科特征的公理世界观之中。在这个公理世界观中,虽然也存在着某种人文、社会、自然的区别,但这种区别是极为含混的,因为这种区别并不属于"异质"的领域,而只是某种范畴上的差别,从而是可以通约的。更重要的是,如果借助于特定的范畴、方法和训练,我们就能够了解包括我们自身在内的世界,那么,我们自身也就被构思为客观世界的组成部分。在这个一贯世界观中,不存在纯粹的主观直觉。如果世界本身的发展存在着某种目的的话,科学的实践就是一种合目的的行为,一种提供意义的行为。正是在这里,科学的分类体

---

[170] 同上,页973。
[171] 同上,页974。

系为五四启蒙运动提供了思想基础,在这个运动中,东西方文化冲突问题最终被理解为中国文明与客观的规则之间的较量,文明冲突也因此被理解为知识冲突。按照霍克海默和阿多尔诺对康德的解释,启蒙的理性不过是意味着,它按照自己的一贯性将个别的知识汇集为体系。理性的规律就是概念等级建设的指针。从启蒙的意义看,思维形成统一的科学的秩序,并且从原理中推导出对事实的认识,从而可以按照意愿得出公理、先天的观念或极端的抽象。[172] 我们将会看到,在1923年的"科学与人生观"的论战中,正是这种一贯世界观或启蒙世界观受到了挑战:玄学派要求的是进一步的分化,犹如欧洲现代思想对宗教一贯世界观所进行的分化与重建一样。值得注意的是:这个分化过程要求将信仰、道德、审美等价值和意义的领域从现代科学世界观的"真理之完体"中解放出来,从而从人文领域的自主性的方向上重新确认了科学共同体在确立自身的特殊地位时的预设,即科学与其他社会领域的严格区分。

---

[172] Max Horkheimer and Theodor W. Adorno, *Dialectic of Enlightenment* (New York: Seabury Press, 1972), pp. 81-82.

第十二章

作为科学话语共同体的新文化运动

> 现在世上是有两条道路:一条是向共和的科学的无神的光明道路;一条是向专制的迷信的神权的黑暗道路。
>
> ——陈独秀

第一节 "五四"启蒙运动的"态度的同一性"

"五四"时代对中国知识分子来说不啻是一个辉煌的梦想,一段不能忘怀的追忆。它意味着思想的自由,人性的解放,理性的复归,永恒正义的为时已晚却又匆匆而去的来临。如果"神话"这个概念表达了一种以令人神往的独特形式所展示的未来,并通过一种具体行动预示着这个未来的实现,那么,"五四"就是这样一种神话。然而,"神话"还有另一面的含义,即这是一个为后人所建构的历史形象,一旦我们历史地面对"五四"所代表的文化的和社会的取向,就会发现这其实是一个庞杂的、缺乏内在逻辑的思想洪流:各种思想的流派,如无政府主义、马克思主义、实验主义、工团主义、社会主义、自由主义、国家主义等等,各种学术的知识,如经济学、心理学、美学、社会学、政治学,以及各种自然科学等等,构成了一个心智上的解放时代。

然而,庞杂和缺乏内在逻辑能否构成"五四"作为一个思想时代的否证呢?我的回答是否定的。正像卡西尔在论述18世纪欧洲的启蒙运动时所表述的:"启蒙思想的真正性质,从它的最纯粹、最鲜明的形式上是看不清楚的","在这种形式中,启蒙思想被归纳为种种特殊的学说、公理和定理。因此,只有着眼于它的怀疑和追求、破坏和建设,才能搞清楚它的真正性质。这整个不断起伏的过程是不能分解为个别学说的单纯总和的。"[1]欧洲启蒙运动试图摒弃17世纪形而上学的抽象演绎的方法,并将分析还原和理智重建的理性主义方法贯彻到各个知识领域之中,从而尽管启蒙运动内部存在着相互矛盾或各不相关的方面,但"理性"的方法论仍然构成了欧洲启蒙运动的历史同一性。"五四"新文化运动力图用各种各样的新知识来取代以天理为中心的儒学世界观,并将这一意识形态的斗争扩展到社会生活的各个领域。如果说用"方法论"这一概念无法充分地揭示"五四"新文化运动的历史特征的话,我认为用"态度的同一性"来描述这一运动是合适的。[2]胡适在总结"五四"新文化运动时回顾说:"据我个人的观察,新思潮的根本意义只是一种新态度。这种新态度可叫做'评判的态度'……'重新估定一切价值'八个字,便是评判的态度的最好解释。"[3]这种评判的态度表现为两种趋势:一方面是讨论社会、政治、宗教和文学的种种问题,如孔教问题、文学改革问题、国语统一问题、女子解放问题、贞操问题、礼教问题、教育改良问题、婚姻问题、父子问题、戏剧改良问题……等等;另一方面是介绍西洋的新思想、新学术、新文学、新信仰,如《新青年》的"易卜生号"、"马克思号",《民铎》的"现代思想号"、《新教育》的"杜威号",《建设》的"全民政治"的学理,以及北京

---

[1] 卡西尔:《启蒙哲学》,济南:山东人民出版社,1988,页5。
[2] 用"态度的同一性"这一概念来描述"五四"新文化运动的特征是我在拙文《预言与危机:中国现代思想中的"五四"启蒙运动》(原载《文学评论》1989年3—4期)提出的。关于这一概念的内涵和运用,参见拙著《无地彷徨:"五四"及其回声》,杭州:浙江文艺出版社,1994,页3—50。
[3] 胡适:《胡适文存》卷四,上海:亚东图书馆,页1022—1023。

的《晨报》、《国民公报》、《每周评论》，上海的《星期评论》、《时事新报》、《解放与改造》，广州的《民风周刊》等报刊杂志介绍的种种西方学说。胡适把这两种取向归纳为"研究问题"与"输入学理"。

将"评判的态度"贯彻到各种知识领域和社会生活领域，这表明"五四"新文化运动包含着一种内在的自觉，即试图用一种新的价值、公理重构天理世界观覆盖下的知识和生活领域。因此，尽管"五四"的"态度的同一性"并不能被归结为一种"方法论"，但"方法论"也确实是它的一个有力的意识形态武器。正如科学家共同体试图将科学的信仰和方法带入政治、经济、社会和文化的各个方面一样，"五四"新文化运动也是一个科学话语共同体的运动，即一个将科学的信念、方法和知识建构为"公理世界观"的努力。甚至那些从道德、审美和人生观领域质疑科学原理的普遍性的潮流也是这一公理世界观建构过程的必不可少的方面。"五四"新文化运动的主流派可以被视为一些以"科学家"自命的人文学者，他们的使命与那些用即物穷理的方法探知天理并力图在日常生活实践中践行此天理的理学家们有着某种家族相似性。在这个意义上，"五四"新文化运动在反理学的旗帜下展开的建构科学宇宙观的努力也可以被理解为创建"新理学"的尝试。让我们在"科学话语共同体"的范畴内观察"五四"新文化运动，以及这一运动与科学家共同体的话语实践和社会实践的互动关系。[4]

第二节　作为价值领域的科学领域

人的认识图景的不断改变是科学对社会和道德哲学立即产生影响的一个直接的结果。从17世纪起，欧洲就开始了道德的和哲学的思想科学

---

[4]　有关这一运动的内在矛盾及其自我解构这里不能详尽讨论，请参阅拙文《预言与危机：现代中国思想中的"五四"启蒙运动》。

化的一个持续不断的过程。在它的最极端的表现形式中,科学主义的潮流试图与宗教、传统知识和哲学完全决裂。它超越了认识的界限,并且它在号称科学的基础之上促使社会向乌托邦转变。[5]类似的情形同样发生在近代以来的中国,中国科学家群体和启蒙主义刊物典型地表现了这一趋势。科学家共同体与其他文化工作者一道建立了一个完整的科学分类谱系,自然界和社会的一切问题都被纳入这个谱系中加以解释。国家、社会和个人的权利及其关系在这个谱系中得到说明,世界运行的基本法则成为人们面对世界、并在世界中活动的基本依据和道德原则。在"五四"时代,《新青年》和它的代表人物陈独秀、胡适从不同的角度和方面加强了这个谱系的权威性和科学方法的普遍意义。值得注意的是,《新青年》以及它所代表的新文化运动体现了现代中国思想的持久的激情,它的最为重大的成果就是推进语言、文化和价值的改革,但这个运动与我们已经讨论过的科学共同体推动的实证知识的科学运动其实是同一个运动。他们共同开创或发展了一种现代语言,共同解构或重构了传统知识,共同建立了关于宇宙、世界、国家、社会、个人和伦理的新的图式。例如,为了捍卫新的文学主题和伦理原则,周作人开始引证霭理斯的科学著作《性心理学》为郁达夫的文学作品《沉沦》辩解。各种文本可以按照科学谱系的分类法加以分类,但它们都隶属于那个更高的谱系。这一方式隐含的判断就是宇宙和世界的最终的同一性,以及探讨世界的不同方面时的方法论的同一性。我把以《科学》月刊和《新青年》为代表的相互交叉的两个群体称之为"科学话语共同体"。他们用不同的方式共同创造了一种新的关于"人"和世界的知识。

讨论陈独秀和以《新青年》为中心的"新文化运动"的"科学"概念及其使用,必须特别地注意他们的社会角色与其使用方式之间的关系。在这一时期,中国出现了一个在传统社会中从未出现过的知识分子集团,他们通常聚集在当时的大学体制(大学可被视为准科学共同体)

---

[5] 参见 Joseph Ben-David, *The Scientist's Role in Society*, chapters 6-9 (Englewood Cliffs, N. J.: Prentice Hall, 1971).

中。由于科举制的废除，这批知识分子失去了进入中国政治体制的途径，而他们与西方文化的接触使之成为一个介于两种文化之间的特殊角色：他们在一个正在改变的社会中寻求与他们的兴趣一致的知识结构，并以此为依据进行其思想的和智力的活动。大学体制在现代社会发生了变化，一方面，在知识分子看来，大学是这个国家的自由智力活动的唯一体制化组织，也即是在一个古老的专制社会中享有自由和民主特权的先例，因此他们在这一体制中的活动本身对于社会而言具有明显的示范作用；另一方面，大学的这种地位和特权不过是北洋军事政权的恩赐，而不是一项自由事业的发展结果，但它也是民族国家体系形成之后任何一个统治者为加强自己的力量而不得不作出的让步或选择。因此这是一种建立在统治者的诺言基础之上的不稳定的地位，国家的统治者把大学和它的成员视为培养专门人才的场所，允许他们利用自己的地位追求纯学术和科学。知识分子既需要作为社会先知进行活动，又不能失去大学的自由特权，于是最适合的方式莫过于把他们的思想活动和社会宣传同时视为一种"科学的"活动，一种以科学原理为依据的自由探索。[6]这一时期发生在新文化运动与林琴南之间的斗争以及蔡元培利用大学特权而作出的回答，正恰如其分地揭示了大学体制和身处其中的新文化运动者的双重位置。

陈独秀及其同伴不是科学家，而是试图把科学适用于社会政治和伦理道德领域并进而提出其变革方案的启蒙者。作为刊物的编者和撰稿人，他们实际上是以思想先知的身份推进一种广泛的群众性的运动，用科学及其他西方价值观去召唤那些迷失于旧世界观中的国人，进而改造社会。这样一种先知与布道者的角色规定了他们的"科学观"的基本方面，了解这一点甚至比了解其"科学"概念的文字规定更为重要。

---

[6] 刘半农、钱玄同所演的著名的双簧戏（即王敬轩信及答复）引起社会反响之后，陈独秀立即以"讨论学理之自由，乃神圣自由也"加以保护。见《答崇拜王敬轩者》(1918年6月15)，《新青年》4卷6号，页628。1919年3月陈独秀又有《关于北京大学的谣言》一文，也表明身处大学体制内的新文化人物的特殊处境。

1.陈独秀:从实证主义到唯物主义

作为《新青年》的主编,"反传统"思想运动的领袖,陈独秀关注更多的是"科学"能提供给他多大的反叛的或革命的思想力量,而不是"科学"自身的特点。尽管如此,我们仍然可以从他的众多文章里发现其有关"科学"概念的简单但却明了的定义。从《新青年》创刊到他接受马克思主义并成为中国共产党的最早领导人,他的"科学"概念在基本的方面虽然没有变化,但无疑也存在重要的发展,即从孔德、穆勒的实证主义"科学观"转向唯物主义的"科学观"。

在著名的《敬告青年》一文中,"科学"一词与"实利"、"常识"、"理性"、"实证"相关联,其对立面则是"虚文"、"想像"、"武断"等字眼。特别值得注意的是,他把穆勒(J. S. Mill)的"功利主义"和孔德(A. Comte)的实验哲学同倭铿(R. Euken)和柏格森(H. L. Bergson)等为1923年"科学与人生观"论争中"玄学"一派推崇的生命哲学家相提并论,这一方面表明陈独秀对西方思想了解颇浅,另一方面却更证明了他的"科学"概念特别注重人的主观性。陈独秀认为倭铿和柏格森"虽不以现时物质文明为美备,咸揭橥生活(英文曰 life,德文曰 Leben,法文曰 lavie)问题,为立言之的",在这里,"生活神圣"的概念是与"厚生利用"的概念相通的,也即从功利的意义上把穆勒和孔德与倭铿和柏格森统一起来。

"生活"不仅意味着目的,而且还意味着一个经验过程,一个主观与客观相互关联的领域,从而以此为根据的"科学观"必然具有经验主义的色彩:

> 科学者何?吾人对于事物之概念,综合客观之现象,诉之主观之理性而不矛盾之谓也。想像者何?既超脱客观之现象,复抛弃主观之理性,凭空构造,有假定而无实证,不可以人间已有之智灵,明其理由,道其法则者也。……
>
> 凡此无常识之思惟,无理由之信仰,欲根治之,厥维科学。夫以

> 科学说明真理，事事求诸证实，较之想像武断之所为，其步度诚缓，然其步步皆踏实地，不若幻想突飞者之终无寸进也。宇宙间之事理无穷，科学领土内之膏腴待辟者，正自广阔。青年勉乎哉！[7]

陈独秀把科学理解为主客观的统一，而主观之理性实际上是指已有的经验知识。因此，他的科学概念推崇经验归纳。在天津南开学校的题为《近代西洋教育》的演讲中，他引述孔德的观点，把人类进化分为"宗教迷信时代"、"玄学幻想时代"和"科学实证时代"，认为欧美自18世纪起已渐从第二时代进步到第三时代，"一切政治、道德、教育、文学，无一不含着科学实证的精神"。他进而主张学校教育应以日常生活知识、技能和实地练习为主，这显然是《敬告青年》一文中的"生活"概念之两重含义（即实用与实践）的具体化。[8]在发表于1918年8月的《圣言与学术》一文中，陈独秀批判历代论家"多重圣言而轻比量"，所谓比量系因明学术语，乃取众象以求通则之谓，在陈独秀看来，这与西方"归纳论理之术，科学实证之法"相近，而与之相对的"重圣言"即"取其言以为演绎论法之前提，保无断论之陷于巨谬乎？"因此，他的结论是："今欲学术兴，真理明，归纳论理之术，科学实证之法，其必代圣教而兴欤。"[9]

即使到1923年，陈独秀仍然坚持孔德的三个时代的进化说是科学的定律，但作为唯物主义历史观的信徒，他已不是把"生活"而是把"物质"作为其实证基础，因为"生活"概念留有心物二元论的色彩。总括地看，陈独秀的历史唯物主义的"科学"概念包含下述几个方面的内容：第一，人类与自然界都是一种客观的物质，因而都为自然法则所支配，都可以找到客观因果关系。"宇宙间物质的生存与活动以外，世人多信有神灵为之主宰，以宗教之所以成立至今不坏也。然据天文学家之研究，诸星之相毁，相成，相维，相拒，皆有一定之因果法则。"因而诸如地质、生物、人类

---

[7] 陈独秀:《敬告青年》,《新青年》第1卷第1号,1915年9月15日,页5—6。
[8] 陈独秀:《近代西洋教育》,《新青年》第3卷第5号,1917年7月1日,页1—4。
[9] 陈独秀:《随感录·十九》,《新青年》第5卷第2号,1918年8月15日,页156。

等等皆可以找出其客观规律,"一无逃于科学的法则"。[10]第二,既然人类社会与自然界都受制于客观的因果法则,那么科学的、实证的方法就不仅适合于自然领域,而且普遍地适合于社会生活的一切领域,因此科学的方法是万能的。陈独秀承认现实的科学发展尚未能解决所有问题,但他确信科学所显示出的进化潜能对于一切"宇宙之谜"均可作出有效解答。[11]早在1915年,他把科学精神称为"现实主义","此精神磅礴无所不至,见之伦理道德者,为乐利主义;见之政治者,为最大多数幸福主义;见之哲学者,曰经验论,曰唯物论;见之宗教者,曰无神论;见之文学美术者,曰写实主义,曰自然主义";[12]到1923年,他把这种"现实主义"精神更明确地解释为"科学的观察、分类说明等方法",并认为自然科学的方法完全适用于社会生活,其根本点在于自然界和人类社会的现象都是客观的、"死板板的实际"。因此,陈独秀认为科学的特征是寻找纯客观的实际之因果关系,而彻底地否定人的主观作用(这与现代科学中的"假说"观念有重大分歧)。[13]第三,唯物史观是对一切社会现象的科学解说,其核心是经济对于制度、宗教、思想、政治、道德、文化、教育等上层建筑的决定作用;他以此分析了张君劢所称九项人生观,一一指出其不同的客观因果关系,进而否认个人主观的直觉的自由意志的作用。[14]

陈独秀的"科学"概念本身较之严复和同时期的胡适更为简单粗糙,几乎只是一组相关的信条。但这恰好揭示了陈独秀"科学"概念的本质:这是一种准宗教信仰,是在传统价值破毁之后重新思构宇宙、世界和社会的秩序及相互关系并赋予它们以意义的观念系统,陈独秀不仅在历史的

---

[10] 陈独秀:《科学与神圣》,见《独秀文存》,合肥:安徽人民出版社,1987,页551。类似的说法在《今日之教育方针》(1915年10月15日)、《人类真义》(1918年2月15日)中也可见到,在前文中他用"现实"的概念替换了"生活"的概念。
[11] 陈独秀:《答叶挺》(1917年2月1日),见《新青年》第2卷第6号,页4;《再论孔教问题》(1917年1月1日),见《新青年》第2卷第5号,页1—4。
[12] 《今日之教育方针》,《新青年》第1卷第2号,1915年10月15日,页3—4。
[13] 《科学与人生观序》,《新青年》(季刊)第2期,1923年12月20日,页31—36。
[14] 参见《科学与人生观序》和《答适之》(1923年12月9日),见《科学与人生观》,上海:亚东图书馆,1923。

意义上把科学与人权(后又称为民主)视为现代文明之舟车的"两轮",而且明确"主张以科学代宗教",声明"人类将来真实之信解行证,必以科学为正轨,一切宗教,皆在废弃之列"乃是他的"信仰"。[15]在《克林德碑》一文中,他以先知和教主的姿态说道:

> 现在世界上有两条道路:一条是向共和的科学的无神的光明道路;一条是向专制的迷信的神权的黑暗道路;我国民若是希望义和拳不再发生,讨厌像克林德碑这样可耻纪念物不再竖立,到底是向那条道路而行才好呢?[16]

实际上,《敬告青年》一文中所谈"科学"乃是其"新教六义"之一,其根本精神在于指导"新青年"建立新的信仰和人生观。正由于陈独秀关注的是人生总体的问题,他本人在方法上就不能不倾向于他自己肯定的"归纳"原则的另一方面即"演绎",这在他写于1916年9月的文章《当代二大科学家之思想》中即有所流露,从而使他的"科学观"显现了西周之迷恋"统一观"、严复之醉心"群学"相近的某种特征:

> 英史家嘉莱尔(Carlyle)所造英雄崇拜伦,罗列众流,不及科学家,其重要原因盖有二焉:其一,前世纪之上半期,尚未脱十八世纪破坏精神,科学的精密之建设,犹未遑及,世人心目中所拟英雄之标准与今异也;其一,当时科学趋重局部与归纳,未若综合的演绎的学说足以击刺人心也。二十世纪科学家之自负,与夫时代之要求,与前异趣。诸种科学,蔚然深入。综合诸学之预言的大思想家,势将应时而出。社会组织,日益复杂。人生真相,日渐明了。一切建设,一切救济,所需于科学大家者,视破坏时代之仰望舍身济人之英雄为更迫切。[17]

---

[15] 陈独秀:《再论孔教问题》,《新青年》第2卷第5号,1917年1月1日,页1。
[16] 陈独秀:《克林德碑》,《新青年》第5卷第5号,1918年10月15日,页458。
[17] 陈独秀:《当代二大科学家之思想》,《新青年》第2卷第1号,1916年9月1日,页1。

这篇文章介绍了俄国生物学家梅特尼廓甫和热力学定律的倡导者阿斯特瓦尔特,但陈独秀的兴趣却更在于科学家的科学发现在"道德意见"、"幸福公式"和人类文明中的意义。

2. 科学概念与反传统运动

"科学"概念在陈独秀这里似乎已与理学"格致"概念脱尽了干系,至少在语词上是如此。但是,他对"科学"概念的使用却总是令人想起二者之间确曾存在的关联。倘若我们使用"相关性"这个概念来表述陈独秀的"科学"概念与理学的关系,那么这种"相关性"可以从反面的和正面的不同层次来描述。

从表面看,陈独秀的"科学"概念与儒学,特别是理学具有明显的"反相关性",即他的"科学"概念的内涵是在与儒学的对立和否定关系中展现出来的。实际上,从《敬告青年》一文起,陈独秀为"新青年"所规定的人生六义就是和他所理解的儒学精神相对称的,他所描述的现代文明图景和理想之未来也是和儒学支配下的传统世界相对称的。"五四"时代的"反传统"集中体现于反孔运动,而"反孔"的更真切的内涵是反对宋代以来的礼教,因此这一运动实际上是对宋明理学及其物质形态的全面反叛和冲击。当时的尊孔者中有人把三纲五常作为名教之大防,以为礼教乃孔门精义;但亦有人把原始儒教与宋以后之孔教加以区别,以为前者是"民间化之真孔教",后者是"君权化之伪孔教",三纲五常之说出于纬书,原始孔教与此不同。陈独秀的看法是:中国的孔教是一以贯之的思想体系,"三纲说不徒非宋儒所伪造,且应为孔教之根本教义","朱子不过沿用旧义,岂可独罪宋儒?"[18]这说明陈独秀之反孔包含宋明理学,特别是以三纲五常为核心的礼教。

陈独秀和《新青年》的反孔运动实际上是整个时代的"反传统主义"和"偶像破坏运动"的同义语,因为"孔教"在概念上几乎和"传统"、"偶

---

[18] 陈独秀:《宪法与孔教》(1916年11月1日),见《新青年》第2卷第3号,页4。

像"等词没有差别。1916年8月孔教会头领陈焕章上书复会后的国会，要求定孔教为国教，康有为则在《时报》发表《康南海致北京政府书》（1916.9.20）提出"以孔教为大教，编入宪法，复祀孔子之拜跪"，"今中国不拜教主，岂非自认为无教之人乎？则甘认与生番野人等乎？"同年11月12日，参、众两院中赞成孔教为国教的一百多名议员在京成立国教维持会，通电吁请各省督军支持。一时间，"国教请愿运动"在全国掀起。在这样的背景下，陈独秀、吴虞、钱玄同、高一涵等人在《新青年》上发表了大量反孔论文，李大钊等人也在《甲寅》等其他刊物相互呼应。

反孔教运动可以说是《青年杂志》创刊初衷的自然发展。虽然反孔运动具有直接的政治含义，陈独秀等人也是以思想自由、信仰自由和民主政治的原则作为其主要依据，但是，这一运动的内容又不仅仅是政治性的，它涉及道德、伦理、个人的发展、家族制度、国家体制和人类未来等各个方面，其中伦理道德和信仰的合理性问题则是一个特别重要的方面。在《驳康有为致总统总理书》中，陈独秀声言"信教自由，已为近代政治之定则"，从而把孔教与帝制视为具有内在联系的两方面；同时他又以科学和科学家的名义，"指斥宗教之虚诞，况教主耶？"[19]在《宪法与孔教》一文中，陈独秀引人注目地指出："盖孔教问题不独关系宪法，且为吾人实际生活及伦理思想之根本问题也"，"孔教之精华曰礼教，为吾国伦理政治之根本"，从而明确地把孔教问题引向伦理和社会其他方面：

> 故今所讨论者，非孔教是否宗教问题，且非但孔教可否定入宪法问题，乃孔教是否适宜于民国教育精神之根本问题也。此根本问题，贯彻于吾国之伦理、政治、社会制度、日常生活者，至深且广，不得不急图解决者也。[20]

陈独秀的"解决方式"除民主政治原则外，就是"科学"的原则："增强自然

---

[19] 陈独秀:《驳康有为致总统总理书》，《新青年》第2卷第2号，1916年10月1日，页2、页3。
[20] 陈独秀:《宪法与孔教》，《新青年》第2卷第3号，页1、页2—3。

界之知识,为今日益世觉民之正轨。一切宗教,无裨治化,等诸偶像,吾人可大胆宣言者也。"[21]

在讨论孔教与现代生活的关系时,陈独秀灵活地运用了进化论、热力学定律和经济学等科学"定律"。他说:

> 宇宙间精神物质,无时不在变迁即进化之途。道德彝伦,又焉能外?"顺之者昌,逆之者亡",史例俱在,不可谓诬。此亦可以阿斯特瓦尔特之说证之;一种学说,一种生活状态,用之既久,其精力低行至于水平,非举其机械改善而更新之,未有不失其效力也。此"道与世更"之原理,非稽之古今中外而莫能破者乎?
>
> 现代生活,以经济为之命脉,而个人独立主义乃为经济学生产之大则,其影响遂及于伦理学。故现代伦理学上之个人人格独立,与经济学之个人财产独立,互相证明,其说遂至不可摇动;而社会风纪,物质文明,因此大进。中土儒者,以纲常立教。……适与个人独立之义相违。……[22]

正是以此为"科学"根据,陈独秀展开了他对现代政党、妇女参政、男女交往、夫妇父子关系、礼法异同、丧葬仪式……等从人伦日用到家国社会各方面的观点,从而阐明了"法律上之平等人权,伦理上之独立人格,学术上之破除迷信,思想自由"的现代价值观。[23]

正是在对孔教的批判过程中,陈独秀把"科学"不仅作为孔教的对立物,而且作为孔教的替代物加以肯定。发表于1917年元旦的《再论孔教问题》郑重地声明"科学"是现代的信仰,而孔教则是传统的因袭,两者所要解决的问题都是"信仰"问题,只是方式对立:

---

[21] 同上,页1。
[22] 陈独秀:《孔子之道与现代生活》(1916年12月1日),《新青年》第2卷第4号,页2、页3。
[23] 陈独秀:《袁世凯复活》(1916年12月1日),《新青年》第2卷第4号,页3。

> 余之信仰。人类将来真实之信解行证，必以科学为正轨，一切宗教，皆在废弃之列；……盖宇宙间之法则有二：一曰自然法，一曰人为法。自然法者，普遍的，永久的，必然的也，科学属之；人为法者，部分的，一时的，当然的也，宗教道德法律皆属之。……人类将来之进化，应随今日方始萌芽之科学，日渐发达，改正一切人为法则，使与自然法则有同等之效力，然后宇宙人生，真正契合。此非吾人最大最终之目的乎？或谓宇宙人生之秘密，非科学所可解，决疑解忧，厥惟宗教。余则以为科学之进步，前途尚远。……真能决疑，厥惟科学。故余主张以科学代宗教，开拓吾人真实之信仰，虽缓终达。……〔24〕
>
> 余辈对于科学之信仰，以为将来人类达于觉悟获享幸福必由之正轨，尤为吾国目前所急需，其应提倡尊重之也，当然在孔教、孔道及其他宗教哲学之上……〔25〕

上述引文无非证实：陈独秀的"科学"概念虽然完全指称现代自然科学和社会科学，但其使用范围却主要在伦理道德和信仰的领域，"科学"在此是作为建立合理的人生原则、社会秩序和信仰的有效武器而被运用的，其功能是"修身之根本"，而"修身"或称"伦理的觉悟"则是赢得民族和国家的富强的基本前提。"科学"在西方近代社会的发展得益于启蒙主义的认识论倾向，即把人与自然、人与社会的关系理解为"主体—客体"关系，从而在二者之间建立一种认识与被认识、征服与被征服、掌握与被掌握的关系；因此，在这个意义上，"科学"认识是人类主体对于客观世界的一种活动，正是在这种活动中，人类征服自然的技术和科学日益发达，人类自我控制的社会体制日益精密。但是陈独秀和《新青年》同人应用"科学"概念的主要目的却是改造人的主观精神活动，或者说是通过"科学"而达到对自己的精神状态的再认识，也即"科学"是人进行自我反思的工具，人类社会的进步则是这种自我反思的自

---

〔24〕 陈独秀：《再论孔教问题》，《新青年》第 2 卷第 5 号，1917 年 1 月 1 日，页 1。
〔25〕 同上，页 3。

然结果。

于是,在"科学"概念的运用过程中,其功能却在无意之中接近了儒学"格致"概念,尽管从最直接的动机看"科学"概念是用来反儒学的。因此"科学"概念的现代运用与儒学"格致"概念的"相关性"不仅是负面的,而且是正面的,其基本表现是:一、这两个概念均被置于道德伦理领域中运用;二、这两个概念都包含了一种关于"格致正诚修齐治平"的内在逻辑指向,尽管这几个动词后面的宾词在内容上已十分不同;三、这两个概念都在不同程度上涉及人与物的关系,但最终却被还原到人与自身的关系之中;四、这两个概念都具有准宗教倾向,都作了一种关于世界无限完美的预设。这是一个耐人寻味的现象:"格致"概念在历史演变过程中逐步地摆脱理学的范畴体系,最终在与西学的接触中成为 natural philosophy 和 science 的述词,转化为一个崭新的概念。随着人们对 science 的认识日渐深入,"格致"这一留有儒学印记的概念被彻底地替换为"科学"概念,但是,这个新概念在运用中却不知不觉地呈现了"格致"概念在儒学范畴中的某些根本性特征,这表明了历史对于反叛者来说有着多大的制约力量。我们不应忘记:这种历史的延续恰恰发生在使用者决定与历史彻底决裂的时刻。

陈独秀的"科学"概念在其运用过程中呈现的上述特点是"五四"启蒙思想的独特表现,从而也可以视为这一时代启蒙思想运动的一般特征。在《新青年》创刊后不久发表的一系列文章里,陈独秀反复地阐述了两个相关的问题。第一是中国社会的问题同时也是中国人的问题,因此改造中国社会的问题也就是中国人的自我反省与更新的问题(改造国民性):

> 盖吾人自有史以讫一九一五年,于政治、于社会、于道德、于学术,所造之罪孽,所蒙之羞辱,虽倾江汉不可浣也。当此除旧布新之际,理应从头忏悔,改过自新。……吾人首当一新其心血,以新人格;以新国家;以新社会;以新家庭;以新民族;必迫民族更新,吾人之愿始偿,吾人始有与皙族周旋之价值,吾人始有食息此大地一隅之资

格……[26]

这样,社会改造这一存在于人(主体)与社会(客体)之间的实践活动,就被表述为人(主体)与自身(主体)之间的道德实践活动,家庭、国家、民族、社会这一多层结构的问题的解决也自然地被表达为人"从头忏悔,改过自新"进而"一新其心血,以新人格"的自然结果。

那么,依靠什么才能"一新其心血"呢?这也即与上述问题紧密相关的第二个问题。合乎逻辑的回答不是明之中叶传入的"西教西器",不是清之初期传入的"火器历法",不是清之中世的"制械练兵之术",不是清之末季的"富强之策"和"变法之术",不是民国初元的"民主共和"及其与"君主立宪"之讨论,而在于"吾人最后之觉悟"。"觉悟"这一概念虽然有其对象,即对什么觉悟,但基本方面是在人的主观(心性)活动的范畴之内。"觉悟"对于陈独秀而言包含两个基本层次,首先是"政治的觉悟",即对自身作为公民的自觉和对现代政治潮流(即由专制政治趋于自由政治,由个人政治趋于国民政治,由官僚政治趋于自治政治这一"进化公例")的认识,其核心是"多数国民能否对于政治,自觉其居于主人的主动的地位为唯一根本之条件";其次是"伦理的觉悟",而正是"伦理之觉悟"才是较之政治觉悟更为基本的"吾人最后觉悟之最后觉悟",其原因从西方说则"西洋之道德政治,乃以自由、平等、独立之说为大原",从中国说则"儒者三纲之说,为吾伦理政治之大原,共贯同条,莫可偏废",从而社会政治、经济、法律的变革必然以个人、家庭的伦理变革为前提。[27]当陈独秀把"科学"作为获得此种"性理之知"(伦理觉悟)并进而达于"治平"目标的手段时,其运用方式也就变成了"格物致知"式的思维模式了。实际上,"觉悟"概念的含义本身就意味着对人生的意义与目的、世界国家人民之间的相互关系和位置、人的行为准则等等的洞悉。[28]

---

[26]　陈独秀:《一九一六年》(1916年1月15日),《新青年》第1卷第5号,页2。
[27]　陈独秀:《吾人最后之觉悟》,《新青年》第1卷第6号,1916年2月15日,页1—4。
[28]　同上。

3. 启蒙主义的科学概念及其意义

陈独秀的"科学"概念及其运用方式对于那一时代的知识分子来说具有普遍意义,我在此只能举例加以说明。例证之一是李大钊,他于1917年2月4日的《甲寅》日刊发表《自然的伦理观与孔子》一文,呼应《新青年》的反孔运动,其立论方式是把"自然之真理"规定为伦理观之源泉,即把道德规定为"宇宙现象之一",从而伦理道德现象必然"循此自然法而自然的、因果的、机械的以渐次发生渐次进化"。按此逻辑,社会政治以道德伦理为基础,而道德伦理(性理)又以自然之理(物理)为依归,那么人的道德自觉和政治自觉也就必得以认识自然现象、获得知识(格物)为途径了。

另一个明确地把人生观问题与科学问题联结在一起的例子是学生辈的傅斯年,他在分析了诸种人生观之后,把自然科学的原理用于人生社会,就人生的性质——生物上的性质、心理学上的性质、社会学上的性质、未来福利及求得方法,与人生的效果(生活永存的道理)两方面断定人生真义。傅斯年的道德怀疑论无疑是以"科学"为其起点与归宿的。傅的文章把柏格森、倭铿与达尔文、孔德、斯宾塞一并归入"进化学派",那种把"进化"作为宇宙公理的精神显然贯穿其间。[29]值得注意的是,"五四"一代已经注意到柏格森的"直觉"概念与实证科学的分析归纳的区别,例如刘叔雅在《新青年》4卷2号的《柏格森之哲学》一文中,即把生物学等实证科学的功能限制在研究"有形之符号",而"求其得绝对之实在而非相对之知,置身其内而非由外察,直觉而非分析,超脱一切言辞翻译符号,则独有形而上学耳",柏格森之"直觉哲学"亦即"无取于符号"之形而上学。但是,即使如此,那一代人仍然普遍地把 intuition 作为一种科学方法论,把 creative evolution 理解为"进化论"这一"科学原理"的最新运用。这一点与1923年"科学与人生观"论战中的情况既有联系又有区

---

[29] 傅斯年:《人生问题发端》,《新潮》第1卷第1号,1919年1月1日,页5—17。

别。最后,我想举陈大齐《辟灵学》一文为例,该文针对"上海有人设坛扶乩,取乩书所得,汇刊成册,名曰《灵学丛志》,并设灵学会,以徒事灵学之普及"等现象,用现代心理学的成果揭示人的变态心理等自然现象。但这一"科学"运用的范例最终又被引入社会政治及伦理范畴:陈大齐把"灵学"主张同康有为不设虚君国终不治的主张加以类比,从而以类比方式否定了康有为的社会政治观点。[30]

倡导"科学"不是为消灭信仰,而为了改变信仰,这样的逻辑必然重新把"科学"纳入准宗教范畴之中。早在"五四"之前,深受严复、章太炎影响的鲁迅在写了一系列有关科学的文章之后,重新考虑迷信、宗教与科学的关系。在1908年发表的一篇未完成的论文中,他认为宗教迷信起源于人对自然的不可思议的虔敬之心和超越现世生活的向往,它是人类生存的必不可少的凭依,"非信无以立,宗教之作,不可已矣"。正是依赖于信仰和宗教,人类才获得了秩序和意义,"愿吾中国,则夙以普崇万物为文化本根,敬天礼地,实与法式,发育张大,整然不紊。覆载为之首,而次及于万汇,凡一切睿知义理之帮与帮国家族之制,无不据是以为始基焉。"因此他疾呼"伪士当去,迷信可存"。那么这种宗教迷信又怎样与科学相并存呢?他的结论是:"以科学为宗教",他先是借海克尔(E. H. Haeckel)《作为宗教和科学之间的纽带的一元论》一书中的观点,主张建立"一元论的宗教",别立"理性之神祠,以奉19世纪三位一体之真者。三位云何?诚善美也",而后又引尼采超人学说,认为它"虽云据科学为根,而宗教与幻想之臭味不脱,则其张主,特为易信仰,而非灭信仰昭然矣。"[31]这是迄今所见较早、也较明确地把"科学"同宗教相提并论的文章。尽管鲁迅、《新世纪》的作者和严复等人对"科学"的理解不尽相同,各自与传统思维方式的关联也判然有别,但由于面临相似的"秩序与意义的危机",从而他们对"科学"概念的使用也显示了某种相似的特征。

"五四"一代的功利主义和准宗教的科学观与其"科学"概念的伦理

---

[30] 陈大齐:《辟灵学》,《新青年》第4卷第5号,1918年5月15日,页370—385。
[31] 鲁迅:《破恶声论》,《鲁迅全集》第8卷,北京:人民文学出版社,1982,页27—29。

化、政治化的使用方式是完全一致的,但我们不能由此得出结论说那一代人完全不考虑或不理解那种为认识而认识的、以科学自身为目的的理想主义科学观。实际上,正是陈独秀本人首先提出了"勿尊圣"、"勿尊古"、"勿尊国"的"学术三戒",〔32〕要求"学术独立"。他说:

> 中国学术不发达之最大原因,莫如学者自身不知学术独立之神圣。譬如文学自有其独立之价值也,而文学家自身不承认之,必欲攀附六经,妄称"文以载道","代圣贤立言",以自贬抑。史学亦自有其独立之价值也,而史学家自身不承认之,必欲攀附《春秋》着眼大义名分,甘以史学为伦理学之附属品……医药拳技亦自有独立之价值也,……必欲攀附道术…方"与天地鬼神合德",方称"艺而近于道"。学者不自尊其所学,欲其发达,岂可得乎?〔33〕

前面已提及的傅斯年在题为《中国学术思想界之基本误谬》一文中批评中国学术不"以学为单位"(即以学为科之科学)而"以人为单位"(即学人而非学学之学),且"好谈致用,其结果乃至一无所用。"〔34〕这无疑表明学术价值的独立乃是知识分子现代意识觉醒的内容之一,不过,这种对学术与知识的独立价值的重视本身也有明显的"致用"倾向:对传统学术价值观念和传统学术态度的批判与否定。独立的宣言恰恰表述了一种反叛的姿态。然而,作为一种价值观,这种"学术独立"的观念在一定程度上仍然影响了部分知识分子的纯知识追求。

如果要对陈独秀和《新青年》群体的科学观进行基本的总结的话,那么,非常明显的是,必须把他们的科学观与"启蒙"的使命联系起来。陈独秀不仅试图按照现代科学史的模式来理解人类历史,而且也试图按照这种模式来改造历史。这种启蒙的世界观包含了一些基本的前提:

---

〔32〕 陈独秀:《随感录(一)》,《新青年》第4卷第4号,1918年4月15日,页341—342。
〔33〕 陈独秀:《随感录(十三)》,《新青年》第5卷第1号,1918年7月15日,页76。
〔34〕 傅斯年:《中国学术思想界之基本误谬》,《新青年》第4卷第4号,1918年4月15日,页328—336。

首先,科学是理解宇宙真理、并通达完美的世界的一种方式。与理学家们的看法不同,对于陈独秀来说,完美的世界并不存在于先验的宇宙秩序之中,而仅仅存在于通过科学的方式所进行和推动的历史进步之中。因此,"进步"的概念是和"觉悟"的概念联系在一起的,因为所谓觉悟即是按照科学的方式来理解世界,并把这种理解付诸行动。很显然,上述理解的前提是:建立科学进步的概念与历史发展的概念的内在关系,即知识与实践的统一性。换句话说,陈独秀的科学观是和休谟以后许多西方思想家的看法相悖的,这些思想家认为道德理论和国家理论的规范原理完全不能从经验科学的原理中推论出来。在这里,科学进步的概念是建立在经验论基础上的,完美不是通过某种预设,而是通过一系列的科学实践而获得的。

其次,觉悟的概念把科学与正确的信仰和知识联系在一起,从而将所有的宗教、哲学、道德和政治的见解和信仰视为偏见。它们所以是偏见是因为它们对世界的理解与现代科学史的模式如果不是相互冲突,也是完全无关。正是在这个意义上,科学与启蒙的关系凸现出来了:科学作为一种"求真"的认识方式改变了既往的偏见,科学作为一种"求真"的机制成为社会和国家组织的典范。因此,启蒙的含义在这里就是通过传播科学的知识,促使社会摆脱一切政治、道德、宗教的偏见,完成公共教育的任务,为社会和国家的体制化的变革提供知识上的和信仰上的支持。这样,科学的概念是和政治制度的完善化和人类道德的完善化的理念直接相关的,从而科学不仅是回答世界的经验问题,而且也要回答有关规范的问题。在对世界的规律的认识和对人的道德能力的认识这两个方面,并没有任何的冲突。上述推论的前提是:所有传统的知识,无论是道德的知识,还是宗教的知识,或是其他形式的知识,要么经过科学的再解释而成为科学的问题,要么就是作为虚假的问题予以消除。

第三,假定我们能够按照自然科学模式来促进人的道德进步,那么,这种道德的进步就不仅涉及个人的道德实践问题,而且要求在文明化的共同生活形式上的改变。因此,陈独秀说的是"以新人格"、"以新国家"、"以新社会"、"以新民族",等等。上述推论的前提是:文化或文明不能被安排在多元主义和相对主义的框架中来理解，而只能被置于普遍主义的进化法则中来理解，在这种普遍主义的法则中，文化的相对性丝毫不能改变进步的必然性和必要性。因此，科学及其标准不仅是西方的个别的标准，而且是普遍的人类精神。

第四，陈独秀等人并没有解释科学的认识方式如何转化为技术的进步，转化为经济的发展，转化为合理的社会组织，他关注的是通过什么样的精神活动来传播知识、推动文明的进步。因此，文明的进步表现为按照规律运行的认识过程，也表现为传播知识的实践。由于引入了孔德的三个时代的概念和达尔文主义的历史观，科学的认识进步在社会的发展上也展现为一种自然的演化过程。工业革命、共和制度和社会组织的有序化都不仅是一种认识论意义上的设计，而且是一种合乎自然规律的演化。这样，人的意志和主动的行为（推动文明进步的意愿）与历史的自然法则之间获得了一种统一性：人的有目的的行为是自然规律的自然展现。

上述诸要点揭示了启蒙的科学观的基本内涵。

第三节　作为科学领域的人文领域

1. 胡适的科学方法与现代人文学术

罗素关于科学家的看法对于我们分析陈独秀与胡适的区别颇有启示。他说："显出科学家本色的，并不在他所信的事，而在乎他抱什么态度信它、为什么理由信它。科学家的信念不是武断信念，是尝试性的信念；它不依据权威、不依据直观，而建立在证据的基础上。"[35] 胡适不仅把科学的理论视为假说，而且当他把科学观念应用于人生观领域时，他称

---

[35] 罗素：《西方哲学史》下册，商务印书馆，1976，页46。

这种所谓的"科学的人生观"为"建筑在二、三百年的科学常识之上的一个大假设"。[36]这种"假设"观念表明,较之陈独秀的教主姿态,胡适应用"科学"概念的方式更具科学家本色。

作为一位自居为科学家的人文学者,胡适深信经验科学的研究方法同样适合于人文对象,因此,对"科学方法"的普遍适用性的信念正是他自居于"人文科学家"角色的理由。实际上,胡适的"科学"概念几乎等同于"方法论"的概念:一切体现出实证、归纳、实验等近代科学方法特征的研究都被视为"科学"——从达尔文的进化论到赫胥黎的实证主义,从杜威的实用主义到墨子、程朱和清代的中国学术,正是由于把"科学"与"科学方法"相等同,胡适才会把墨子、朱熹和清代朴学大师视为"科学家"。

有证据表明,早在接受系统的西学训练之前,胡适已从中国传统内部熟悉了那种纯机械论的因果关系观点(范缜、司马光是其主要来源),[37]理学与中古道教的那种宇宙运动不息、无始无终、无为而无不为的自然主义天道观为他接受"进化"(天演)的观念提供了基础。[38]程朱理学的"即物穷理"、"学原于思"等命题使胡适注意方法的重要性,而"格物致知"说所包含的"大胆的疑古,小心的求证"的"严刻的理智态度"[39]正是日后他在实证主义和实用主义影响下提出"大胆假设,小心求证"的所谓"科学的方法"的传统基础。这同时意味着,胡适对"科学方法"的理解深刻地受制于中国的传统学术,特别是宋学的"格物致知"和朴学的训诂考据的方法论。因此,讨论胡适的"科学方法"的适当途径是把它置于赫胥黎、杜威等西学理论与传统学术的双重制约之中加以观察。

胡适对程朱"格物致知"说的理解揭示了他自己的方法论的两个主要特点:归纳与疑古。"他们把'格'字作'至'字解,朱子用'即'字,也是'到'的意思。'即物而穷其理'是自己去到事物上寻出物的道理来。这

---

[36] 胡适:《科学与人生观·序》,《胡适文存》二集卷二,上海:亚东图书馆,1924,页27。
[37] 详见胡适1906年发表于《竞业旬报》上的小说《真如岛》。
[38] 《胡适的自传》(口述史),《胡适研究资料》,北京:十月文艺出版社,1989,页325。
[39] 胡适:《读梁漱溟先生的东西文化及其哲学》,《胡适文存》第2集卷2,上海:亚东图书馆,页81。

便是归纳的精神"。[40] 值得注意的是,胡适并不孤立地看待"格物致知"的方法论,他实际上是把程朱理学的出现视为"现代的中国文艺复兴"的一环,"是属于'现代'(这个范畴)之内的"——胡适所说的"现代中国"的概念是指对中古宗教的反抗、对佛教和一切洋教的怀疑。在胡适看来,宋儒在《大学》中找到的具有归纳精神的"格物致知"的方法论恰恰是反叛宗教的怀疑主义的新方法和新逻辑,其性质等同于培根的"新工具"(novum organum)和笛卡尔的方法论(discourse on method)。既然程颐把"物"的范围扩展至宇宙万物,那么,"'致知在格物'是把你的知识延伸到极限,这便是科学了"。[41] 在胡适看来,朱子本人便是一位科学家,其标志就是他对古籍的处理每每使用新方法,不拘旧说,多有创新,因此清代学术并不是反对朱熹和宋学,恰恰相反,近三百多年来的学者是承继了朱子治学精神的。[42]

但是,胡适对程朱理学的态度是复杂的,这首先来源于他对理学的二重性的认识:"理学"既是中古宗教的反抗,又是"禅宗道家道教儒教的混合产品",前者主要体现为"进学则在致知"的方法论,后者则体现为"涵养须用敬"的宗教态度。[43] 由于朱子期待的"一旦豁然贯通"的境界与程颐所谓"物各付物,不役其知"的观点都是没有假设的被动观察,从而这种观察也不可能得到主体的经验验证,正是在这一意义上,胡适才一面在实证的立场上批判陆王心学的"反科学"本质,[44] 一面对陆九渊、王阳明"致良知"说所包含的自动精神和独立意识加以肯定,并在一定程度上暗示这种主观性的学说与"大胆的假设"的现代科学方法具有相通之处:

> 程朱的格物论注重"即物而穷其理",是很有归纳精神的。可惜

---

[40] 胡适:《清代学者的治学方法》,《胡适文存》卷2,页208。(注:《胡适文存》凡未标明集数而仅标明卷数者,均为第1集)
[41] 《胡适的自传》(口述史),《胡适研究资料》,页325—326。
[42] 同上,页327。
[43] 胡适:《几个反理学的思想家》,《胡适文存》第3集卷2,页112—113。
[44] 胡适:《读梁漱溟先生的"东西文化及其哲学"》,《胡适文存》第2集卷2,页81。

他们存一种被动的态度,要想"不役其知",以求那豁然贯通的最后一步。那一方面,陆王的学说主张真理即在心中,抬高个人的思想,用良知的标准来解脱"传注"的束缚。这种自动的精神,很可以补救程朱一派的被动的格物法。程朱的归纳手续,经过陆王一派的解放,是中国学术史的一大转机。[45]

胡适认为程朱一系由于没有认识的程序和科学的器械,因而不得不把"物"的范围从"自一身之中,至万物之理"缩小到"穷经,应事,尚论古人"三项,而陆王心学虽然认为"意所在之事谓之物","格物"即"格心",但既然"心外无物",那么这物的范围看似极小,却又大到无穷;加之"六经为我注脚"、"虽其言之出于孔子,不敢以为是也"的独立精神,陆王心学恰恰可以救正程朱的"支离破碎"。中国学术的"转机"正在程朱陆王的相互撞击之中,其标志就是清代学者用陆王的主动精神来改造朱子的"格物致知"的实证方法,从而形成"实证"与"假设"兼备的"朴学"方法。如果说宋儒的"格物致知"缺乏认识的程序和方法的话,那么清学的特点就在于为认识对象提供了"下手处"。

胡适把"朴实"分为四个大类,除训诂学未作英文对译外,其他三大类均用英文对译:文字学对译为 Philology,校勘学对译为 Textual Criticism,考订学对译为 Higher Criticism。综合地看,胡适所谓"清代学者的科学方法"包括下述四个方面:第一,研究古书时每立一种新见解必须有"物观的证据"(即实证法);第二,所谓"证据"完全是"例证",而"例证"就是举例为证;第三,举例作证是归纳的方法,举例不多即是类推(analogy)的证法,举例多了便是正常的归纳法(induction)(二者无性质之别,只有程度不同);第四,"朴学"的归纳不是"不役其知"的被动格物,而是以假设作前提的,因为举例作证之前已有了某种在观察了一些个例之后假设的通则,然后用这通则所包含的例来证同类的例。在这一意义上,这种以个例证个例的方法本质上是把这些个例所代表的通则演绎出来,因此

---

[45] 胡适:《清代学者的治学方法》,《胡适文存》卷2,页215—216。

"朴学"方法是归纳与演绎并用的科学方法。[46]上述各点可被归纳为两句话:"(1)大胆的假设,(2)小心的求证。假设不大胆,不能有新发明。证据不充足,不能使人信仰"。[47]

现在我们可以把胡适对杜威的"五步法"的解释与上述朴学方法加以对比。杜威哲学的基本观念是:经验即是生活,生活即是应付环境,知识思想是人生应付环境的工具。据此,他把思想的过程分为五步:"(一)疑难的境地;(二)指定疑难之点究竟在什么地方;(三)假定种种解决疑难的方法;(四)把每种假定所涵的结果,一一想出来,看哪一个假定能够解决这个困难;(五)证实这种解决使人信用;或证明这种解决的谬误,使人不信用。"[48]杜威的"五步法"的特点是:第一,思想起源于实际生活的困境,也即起源于运用又终于运用,思想的过程也是经验知识的积累过程,是过往经验的运用过程;第二,思想的作用包括归纳与演绎两种基本方法,"五步法"中第一步到第三步偏向归纳法,第三步到第五步则偏向演绎法;第三,"五步法"中最重要的是第三步即提出假设,它是承接归纳与演绎的关键;第四,假设的观念是与实验的态度紧密联系的,因为假设必须用它的实践效果来证明。杜威一再强调"真正的哲学必须抛弃从前种种玩意儿的'哲学家的问题',必须变成解决'人的问题'的方法",[49]因而"五步法"在本质上是一种生活实践的方法。胡适把这"五步法"归纳为三步:"(一)从具体的事实和境地下手;(二)一切学说理想,一切知识都是待证的假设,并非天经地义;(三)一切学说和理想都须用实行来试验过,实验是真理的唯一试金石",[50]他进而把这三步同清代学术方法一样归结为"大胆的假设,小心的求证"。足见胡适认为朴学的训诂、考据与杜威的"五步法"在方法上是一致的。

在把朴学与实验科学相比时,胡适认为"尊重事实,尊重证据"的科

[46] 胡适:《清代学者的治学方法》,《胡适文存》卷2,页220—221。
[47] 同上,页242。
[48] 胡适:《实验主义》,《胡适文存》卷2,页120。
[49] 同上,页116。
[50] 胡适:《杜威先生与中国》,《胡适文存》卷2,页201。

学方法在应用中也可被表述为"大胆的假设,小心的求证"。[51]这一转义实际上是为论证二者的本质一致性作理论依据。据此他得出结论说:西方近代科学与朴学都是这一方法的结果:

> 顾炎武、阎若璩的方法,同葛利略(Galileo)、牛敦(Newton)的方法是一样的:他们都能把他们的学说建筑在证据之上。戴震、钱大昕的方法,同达尔文(Darwin)、柏司德(Pasteur)的方法,也是一样的:他们都能大胆的假设,小心的求证。[52]

正是基于这一判断,胡适对杜威的"五步法"的解释"朴学化"了。他举的例子是毕沅、王念孙对《墨子·小取篇》"举也物"一句中"也"字的不同解释。

胡适对杜威"五步法"的"朴学化"解释并不能掩盖两者之间的差别,相反,当他力图用现代科学方法的术语解释朴学方法时,恰恰表明了他自己的科学方法的真正性质。就杜威的"五步法"与朴学方法的比较而言,起码有下述几方面应予注意:

第一,尽管胡适赋予朴学方法以"假设"的方法论特征,但他在此曲解了"假设"的真正含义。胡适把"大胆的假设,小心的求证"说成是"尊重事实,尊重证据"的"应用化表述",这本身就很勉强。如果说"实证"即"拿证据来"是胡适科学方法的中心概念,那么杜威的"五步法"的中心概念则是"假设"。胡适从赫胥黎的实证主义中看到了证据对于宗教信仰的冲击,他深信反宗教的科学在本质上应当是由"确凿事实"业经证明的知识,科学的诚实性要求放弃一切未经证明的东西。以证据为中心概念的怀疑主义深信任何一个表达了"确凿事实"的单个命题可以证伪一个普遍的理论,严格的逻辑演绎只能使我们推导(传导真理),而不能证明(确立真理),因此,对证据的强调也包含了对"归纳逻辑"的无条件信任。

---

[51] 胡适:《治学的方法与材料》,《胡适文存》第3集卷2,页188。
[52] 同上。

但是,"假设"概念实际上回避了知识即表达了"确凿事实"的"事实命题"这一判断,而把它作为一种应付问题的手段,其检验标准不是证据,而是效用,这样真理也就是有用的假设,既然"有用"总是特定条件下的"有用",因而"真理也随时改变",[53]真理是人造的、有效的、可证伪的、不确定的假设。假设这一概念含有对"事实命题"的确实性的怀疑。尽管胡适在介绍实用主义真理观时对此持理解与赞成态度,并一再加以宣传,但一旦进入方法论领域他立即站在传统经验论的立场,把证据而不是效用作为真理的唯一验证。对证据有限性的考虑没有导致下述结论:"在非常一般的条件下,不论证据是什么,一切理论的概率都是零;一切理论,不仅是同样无法证明的,而且是同样无概率可言的。"[54]因此,胡适从未达到对证据和举证方式的怀疑这一认识。在《五十年来之世界哲学》中,胡适把赫胥黎、克里福(William K. Clifford, 1845—1879)的实证的怀疑主义与詹姆士对实证的怀疑加以对比(后者是实用主义假设观念的应用),他显然不能容忍这种"假设"观念的意志主义色彩和宗教气息,进而指责詹姆士的宗教态度是一种"赌博的态度"。[55]由于在抽象的理论上胡适完全信仰实用主义,因此他试图使用"假设"的概念来解释"朴学"的举证过程,但这种解释只是证明了胡适自己对"假设"的理解罢了:

> 汉学家的长处就在他们有假设通则的能力。因为有假设的能力,又能处处求证据来证实假设的是非,所以汉学家的训诂有科学的价值。[56]

这里的所谓假设通则其实只是"举例"法的一种补充。"假设的用处就是能使归纳法实用时格外经济,格外省力"。[57]

---

[53] 胡适:《实验主义》,《胡适文存》卷2,页98—102。
[54] 伊·拉卡托斯:《科学研究纲领方法论》,上海译文出版社,1987,页16。
[55] 胡适:《五十年来之世界哲学》,《胡适文存》第2集卷2,页250—257。
[56] 胡适:《清代学者的治学方法》,《胡适文存》第3集卷2,页188。
[57] 同上,页230。

其次，胡适把"归纳法的真义"理解为"举例"已经大大简化了归纳的复杂过程，而他把演绎视为以个例证个例的过程中暗含的通则作用表明他不理解科学的抽象。胡适意识到"举例法"无法穷尽例证，因此指出了假设通则的必要性，"有了这个假设的通则，若再遇着同类的例，便把已有的假设去解释他们，看他能否把所有同类的例都解释的满意。这就是演绎的方法了。"[58]朴学中的考据方法是鉴别古代文字的读音、字义和古代书籍之著作、文句的真伪，其作用是订正事实，不是研究理论，是鉴定事实的真伪，不是发现事实的因果法则，其中搜求事实、求出共相、分类排列等等虽然与近代实验科学有相通之处，但朴学显然没有发展出一套以概念来检验概念的理论体系。胡适在许多文章中曾多次谈到演绎的重要性，他说："弥尔和倍根都把演绎法看得太轻了，以为只有归纳法是科学方法。近来的科学家和哲学家渐渐的懂得假设和证验都是科学方法所不可少的主要分子，渐渐的明白科学方法不单是归纳法，是演绎和归纳互相为用，忽而归纳，忽而演绎，忽而又归纳；时而由个体事物到全称的通则，时而由全称的假设到个体的事实，都是不可少的"。[59]但是，这种来自西方科学理论的观点一旦还原到具体的操作程序，胡适就表现出了中国学术传统——从"格物致知"的朱子学到清代学者的治学方法——注重经验实证和归纳的倾向。正如已有学者论证的：这既体现在胡适常常以历史考证来说明假设的提出和验证，而且还体现在他忽视"运用数学方法进行严密的论证推导"。[60]因此，尽管胡适在理论上较严复更重视演绎的作用，但并不真正理解演绎的意义。胡适对证据与归纳的偏重来源于"朴学"传统，又因赫胥黎的怀疑主义而加强。赫胥黎对证据与事实的注重是直接针对宗教神学的演绎体系的，面对一切迷信，一切传说，他的实证主义的根本原则就是"拿证据来"。胡适在"重估一切价值"的

---

[58] 同上。
[59] 胡适：《清代学者的治学方法》，《胡适文存》第3集卷2，页206。
[60] 王鉴平、胡伟希：《传播与超越》，学林出版社，1989，页120。该书对实证主义在中国的影响作了详细的分析。就笔者所见，现代思想家中对数学在科学方法中的作用作过深入论述的是李石岑，见《李石岑论文集》第1辑，商务印书馆，1924。

潮流中使用"实证"原则,也自然地把演绎视为传统神学信仰的方式:"一般人并不需要什么细密的逻辑。这些形式化的推理只有在一个信仰系统受到攻击、推翻至无可立足的情况下,才派得上用场",[61]"两千年来西洋的'法式的论理学'(Formal Logic)单教人牢记 AEIO 等等法式和求同求异等等细则,都不是训练思想力的正当方法"。[62]他始终强调"真切的经验"与"假设"的关系,[63]不了解现代科学中的初始的假设已变得越来越抽象,演绎性越来越强,许多科学定理是无法用经验加以验证的。

第三,对实证与归纳过于倚重构成胡适所总结的"朴学"方法与杜威"五步法"和近代科学的区别,在一定程度上,这种区别来源于这两种方法体系所应用的不同对象——实际上,无论是"朴学"还是胡适本人的方法论都着眼于文史训诂领域,都具有历史学方法论的特点。胡适对清学的对象及其局限虽有明确的分析,但对自己所设计的方法论的适用范围却未加以谨慎的限定。因此,他对清学的批评的某些内容对他本人是同样适用的。1928 年 9 月,胡适发表《治学的方法与材料》一文,检讨从梅鹜的《古文尚书考异》到顾颉刚的《古史辨》,从陈第陈第的《毛诗古音考》到章炳麟的《文始》,指出这些研究"方法虽是科学的,材料却始终是文字的",并以此说明中西科学在近三百年中走过的完全不同的道路。这一总结不仅针对"朴学",而且涉及"五四"以来的"整理国故"运动,就胡适而言显然有自我反省的意味。胡适终于发现,研究对象不仅"规定了学术的范围,材料可以大大地影响方法的本身"[64]:文史考证只能搜求材料,却不能捏造材料,只能尊重证据,却不能创造证据,因而也就不可能达到近代科学的基本方法即实验方法或称创造证据的方法。胡适把实验的方法视为"自由产生材料的考证方法",即创造出原先不存在的条件以证明假设的方法。西方学者从自然界的实物下手,造成了工业文明,而"我

---

[61] 《胡适哲学思想资料选》(下),上海:华东师范大学出版社,1981,页 108。
[62] 胡适:《实验主义》,《胡适文存》卷 2,页 126—127。
[63] 同上。
[64] 胡适:《治学的方法与材料》,《胡适文存》第 3 集卷 2,页 197。

们的考证学的方法虽然精密,只因为始终不接近实物的材料,只因为始终不曾走上实验的大路上去,所以我们的三百年最高的成绩终不过几部古书的整理。"[65]可以肯定的是,作为对自己尊重的"科学方法"的一种批评,对"实验方法"的推崇明显地含有对于学术的社会效用的关注。就杜威的"五步法"与"朴学"方法而言,"实验方法"正是前者独有,而后者全无的,很可能正是意识到这一点,胡适才在《几个反理学的思想家》中特别举出颜元,因为颜元把"格物"之"格"理解为"手格猛兽之格",即"犯手去做"。在胡适看来,颜元所谓"心中醒,口中说,纸上作,不从身上习过,皆无用也"的主张正是"颜李学派的实习主义(Pragmatism)"。[66]这种补充论证可以视为一种对传统学术方法进行现代化释义的努力。

　　清代学术方法与杜威的"五步法"都被胡适归结为"大胆的假设,小心的求证"的"科学方法",但上述比较说明两者有微妙而又重要的区别:一、前者重实证和断定真伪,后者重假设和实际效果;二、前者重归纳,后者重演绎;三、前者重搜求,后者重创造亦即实验。这种各有侧重不是绝对的,但无疑又是明显的。胡适通过中国的学术方法来接近和理解西方科学方法,同时也就把西方学术方法"朴学化"了。我不是从胡适对实用主义理论的直接介绍来理解其"科学观",而是从他对具体科学方法的解释来理解其"科学观",这是基于以下判断:胡适对西方科学方法的中国化的解释和对中国学术方法的现代化释义才真正揭示了他的"科学方法"的独特性质。必须说明的是,上述分析主要着眼于操作程序,并不能完整地说明胡适的"科学方法"。除了实证与假设的具体操作之外,胡适的方法论特别注重"历史的方法——祖孙的方法",即寻找一个制度或学说的前因后果,指出其历史背景,了解其历史地位,并根据其在历史过程中的结果来评判其价值。[67]关于胡适的"历史方法"所包括的"明变"与"求因"两个环节及其与进化论的关系,关于这一方法所包含的"因果关

---

[65]　胡适:《治学的方法与材料》,《胡适文存》第3集卷2,页201。
[66]　胡适:《几个反理学的思想家》,《胡适文存》第3集卷2,页133。梁启超《中国近三百年学术史》亦直称颜李为"实证实用主义",认为其精神纯为"现代的"。
[67]　胡适:《杜威先生与中国》,《胡适文存》卷2,页200—201。

系"的理解及其局限,已有学者详加讨论,兹不赘。不过可以肯定的是,这种"历史的态度(the genetic method)"一旦进入操作程序,仍然会被纳入到前述的几种方法之中。

科学方法对于实验主义信徒胡适来说具有根本性的意义,因为胡适不仅把实验主义看作是"科学方法在哲学上的运用",而且认为它本身就是一种方法论或工具论,[68]其功能就是用实际的效果来规定事物(objects)、观念(ideas)和信仰(定理圣教量之类)的意义。实用主义作为一个完整的体系包括本体论、伦理观、真理论、实在论等等,胡适所以直称其为方法论是由于实用主义重新解释了"经验"概念。杜威认为世界的本原是"纯粹经验"或"原始经验",这种"经验"是"人和环境相互作用的统一体"。这种"经验"与"自然"的统一把自然界"统一"于人的主观经验之中,这样一来,一方面实在(reality)成为人类制造之中的和改造过的实在,经验成为第一源泉,另一方面,知识的对象就不是思维的出发点,而是思维的终结,是思维的探索和试验过程本身所产生的东西。据此,胡适认为"经验全是一种'应付的行为';思想知识就是应付未来的重要工具",[69]如同杜威所说:"认识就是行动",而不是消极的直观的记录事实,"所有概念、学说、系统,……都必须被视为假设……都是工具……它们的价值不在于它们自身,而在于它们所造成的结果中显现出来的功效"。[70]按此逻辑,经验等于应付的行为,而认识也是行为,于是知与行是完全统一的。作为认识方法的"五步法"既是认识的程序,也是行为的程序,甚至可以说它揭示了经验的结构。因此,胡适把实验主义完全作为方法论或工具论正是基于"知行合一"的"经验"概念,而"知行合一"恰恰是中国传统思想中的一个重要命题:胡适深好的墨子不仅有过"取实予名"的看法,而且它所谓"三表"("三法")是指判断言论的是非真伪必须根据圣王的历史经验("上本之于古者圣王之事")、百姓的直接经验("下原察

---

[68] 胡适:《五十年来之世界哲学》,《胡适文存》第2集卷2,页257—258。
[69] 同上,页262。
[70] 杜威:《哲学的改造》,北京:商务印书馆,1962,页78、85。

百姓耳目之实")和实际的政治效果("发以为刑政,观其中国家百姓人民之利");[71] 至于朱熹的"知行常相须",王阳明的"以知为行"、"知行互含"、"知而必行"的"知行合一"说,都在一定程度上体现了"知行功夫、本不可离"[72] 的思想。我们据此可以假设:胡适把实验主义理解为方法论既有其实验主义理论内部的根据,亦有中国的传统思想方式作为其认识的"前结构"。

2. 科学方法与人文科学家的社会角色

在讨论了胡适的"科学方法"的特点与性质之后,我们可以进一步研究和观察这种"科学方法"对于胡适的多重社会角色的意义。在我看来,不是胡适的多重社会角色规定了他的科学方法的性质,而是他的科学方法的性质决定了他的社会角色。对于胡适来说,科学的要义并不在于具体的技术存在,也不在于专门的科学研究对象,相反,科学的核心在于它的方法,这种方法与具体的科学的关系,类似于数学与各具体科学的关系。换言之,科学表现为它的元方法论,它可以被理解为一种形而上学。这种元方法论具有把一切事物对象化并植入稳定的秩序之中的本能。历史、语言、文学、思想和社会在科学的方法论视野中普遍地具有它们的对象性。这种对象性可以转化为具体学科领域的安排,从而被置于认知者(主体)与认知对象(客体)的单一的关系之中。语言、历史、文学、思想、社会等等因此而被组织成为具有"对象性"的领域。胡适的多重"身份"也因此可以被看作他的科学方法的具体的"展现方式"。

首先,胡适并不是严格意义上的科学家,而是按科学家的模式来修正自己的行为的人文学者。由于他把科学的本质理解为"科学方法"的应用,并通过严密的论证把中国传统学术方法(主要是"格物致知"的归纳法与朴学的训诂学、考据学方法)视为与西方近代科学方法性质相同的

---

[71] 《墨子·兼爱下》。
[72] 王阳明:《传习录·答顾东桥书》。

"科学方法论",从而也就为他的人文研究规定了"科学"的性质。他把历史学、文学、语言学等等人文领域视为经验的实在学科,并把哲学探索看作是经验科学研究的一种方法。人文学科在本质上不仅是美学的和道德教育的工具,而且是与经验科学性质一致的科学,甚至在一定意义上被作为经验研究的模型。约瑟夫·本-戴维曾把这种现象称为"人文学科的自我指认"(按自我指认即以理想中的某人或某物自居的心理)。作为在与经验科学无关的领域利用"科学"的威望的倾向,这种"人文学科的自我指认"涉及两个基本预设:1.科学的方法是普遍有效的方法;2.人文领域与自然现象没有本质上的界限,因而它完全可以同后者一样被加以研究。胡适不止一次地宣称:

> 我这几年做的讲学的文章,范围好像很杂乱,目的却很简单。我的唯一目的是注重学问思想的方法。故这些文章,无论是讲实验主义,是考证小说,是研究一个字的文法,都可说是方法论的文章。[73]

胡适不仅把"整理国故"的工作视为"大胆假设,小心求证"的"科学方法论"的运用,并以传播科学精神和科学法则为基本目的,而且他甚至把他的新诗创作也看作是一种科学实验:不管最初的动机如何,胡适的《尝试集》的题名与实验主义确有相关性,他把这本诗集作为"文学的实验主义"的理论假设的一种论证。[74]在讨论科学家共同体的语言实践时,我讨论过胡适及其同伴对中国语言的改造实践。在这里需要补充的是,胡适的文学实践是他的语言实践的一个部分。文学和语言首先被确定为一种特殊的对象,从而被安排在科学的秩序之中。胡适从语言问题转入文学问题是极为自然的,因为语言学内在地要求根据语法、词源学、文体学、音韵学和诗学去设想所需研究的语言,而胡适的诗歌创作实践是有关"白话能否成为诗歌语言?"这一语言学课题的研究

---

[73] 胡适:《自序》,《胡适文存》第3集。
[74] 《胡适研究资料》,页244。

的一部分。胡适的文学课题的别的部分则是根据有关学科的构想,借助于图书馆和资料的收集来详尽地研究文本的真伪、作者的家世及其与文学片断的关系。[75]胡适和整个新红学派的《红楼梦》研究的确实践了他们对科学方法的理解,这样的文学研究与其他科学的行动方式没有根本的区别。"一门这样操作的科学必然错过语言和文学创作的特有的和基本的东西。它使它们脱离开它们特有的世界,以便使它们成为它研究的对象。"[76]

按照胡适的逻辑,科学方法是一种普遍的、唯一有效的方法,任何问题都需要通过特定的方法的或技术的程序来展现它们的真相,因此,人在道德、审美等领域的自主性就不过是科学的对象之一。其结果,胡适不仅是倡导科学方法的启蒙宣传家,而且他也躬行实践,成为在语言、文学、历史和哲学领域进行探索的科学家。这种以科学家自居的人文学者身份具有双重效用:

其一,他把他的"反传统的"直接动机隐藏在"科学研究与实验"的旗帜下,从而以"科学"的名义宣判"一切成见"的死刑,公布"新思想"的价值。胡适这样谈论"整理国故"的含义:"用评判的态度,科学的精神,去做一番整理国故的功夫","从乱七八糟里面寻出一个条理脉络来;从无头无脑里面寻出一个前因后果来;从胡说谬解里面寻出一个真意义来;从武断迷信里面寻出一个真价值来","各家都还他一个本来真面目,各家都还他一个真价值";[77]又说:"用精密的方法考出古文化的真相,用明白晓畅的文字报告出来,叫有眼的都可以看见,有脑筋的都可以明白,这是化黑暗为光明,化神奇为臭腐,化玄妙为平常,化神圣为凡庸,这才是重

----

[75] 海德格尔的下述看法对我们理解胡适的文学和语言研究的意义是有帮助的。海德格尔说:"语言学使各民族的文学成为解释的对象。文学的书面的东西总是语言表达的东西。当语言学研究语言时,它对它的加工是按照对象的方面,这些方面由语法、词源学、比较语言史、文体学和诗学所确定的。"引自冈特·绍伊博尔德:《海德格尔分析新时代的科技》,第190页,宋祖良译,中国社会科学出版社,1993。
[76] 冈特·绍伊博尔德:《海德格尔分析新时代的科技》,第190页。
[77] 胡适:《新思潮的意义》,《胡适文存》卷4,页162—163。

新估计一切价值。他的功用可以解放人心,可以保护人们不受鬼怪迷惑。"[78]于是,"捉妖"、"打鬼"的"反传统"动机在这里被表述为"科学研究"的自然结果,是"历史真相"的客观展现。在胡适的史学方式和史学观念中,"条理脉络"、"前因后果"和"真意义"是科学方法的自然展现,它的主要特点是历史学的史源学考证。这也是他把科学方法与朴学传统相关联的主要理由。在他那里,史源学考证指的是原始资料的发现、整理、确证、利用、解释和保管的整个过程。他也把这个方法叫做谱系学(祖孙的方法)的方法。"祖孙的方法"把历史建构成为对象,也就把"过去"稳定为"消失的东西",同时也是有因果联系的东西。[79]

其二,他为科学研究建立了独立的价值准则,而这种"为真理而求真理"的价值立场又为以学术为职业的人文学者提供了职业依据。1919年8月,胡适在回答毛子水的文章中坚决反对把"整理国故"视为"应时势之需",因为那样"便是古人'通经而致治平'的梦想了",[80]他主张"用科学的研究法去做国故的研究,不当先存一个'有用无用'的成见",因为"做学问不当先存这个狭义的功利观念。做学问的人当看自己性之所近,拣选所要做的学问,拣定之后,当存一个'为真理而求真理'的态度。研究学术史的人更当用'为真理而求真理'的标准去批评各家的学术。学问是平等的。发明一个字的古义,与发现一颗恒星,都是一大功绩。"[81]在胡适的这段话里,我们感受到一个在大学体制中承担与自然科学研究

---

[78] 胡适:《整理国故与打鬼》,《胡适文存》第3集卷2,页211—212。
[79] 海德格尔的看法是,历史学的设想必然要求史源学考试作为"原始资料发现、整理、确证、充分利用、保管和解释等的全部过程。"绍伊博尔德解释说,在历史研究中,原始资料的存在只有在下列情况中才能对解释来说是可使用的,即当原始资料本身在历史解释的基础上得到确证。……通过这一方式,可以被看作历史文献的东西可能性,一般说来可以被看作"历史"的东西的可能性,都在科学上内在地被限定了。因此,历史学日益成为内在的、自身循环的活动。通过这样的活动,"恰恰确保了操作对存在者的优先地位。"冈特·绍伊博尔德:《海德格尔分析新时代的科技》,第183页,宋祖良译,中国社会科学出版社,1993。
[80] 胡适:《论国故学》,《胡适文存》第3集卷2,页286—287。
[81] 同上。

者相似职业的人文学者的内心压力:他必须赋予自己的没有直接效用的工作以与实验科学相似的价值。但更重要的是,他试图说明自己所做所为的"最终意义"——如同韦伯所说:只要涉及真正的"最终问题",对于我们来说,目的恰恰不是既定的。胡适以极其矛盾的态度,试图把"知识价值"作为最终意义,以平衡特定历史情境对"科学"提出的功利要求。科学的动机与目的被还原到自身,这就对从事科学的人的诚实性提出了要求:以崇敬的心情把他们的自由激情转化为对对象的不带偏见的解释。然而,胡适没有意识到,科学研究的独立价值的前提,是按照科学方法的要求首先把自己建构成为科学认识过程的"主体",而这个"主体"只是在他与他的对象的关系中才能确认。因此,"职业化的科学研究"是胡适信奉的科学方法在历史中的展现方式之一,其特征是在特定的情境中消灭人的生存的多义性,使他的活动获得明确的方向。

其次,对于胡适这样一位对社会政治抱有同学术研究一样兴趣的自由主义者来说,经验科学象征着一个尚未达到又不断被改进的目标:创建一种新的社会秩序及其调节机制,使事物能够通过理智的和客观的程序逐步得到改善,而不必用暴力或革命来改造社会。"科学"及其"研究方法"因此而成为胡适的政治哲学的依据,这表明:自居于科学家的自由主义者的角色建基于下述信念,即用对待具体的自然科学问题的实验方法来解决具体的社会问题是完全自然的,是无需论证而不证自明的。换句话说,在用科学方法研究社会之前,这种方法已经内在地把社会建构为一个对象,这个对象的形态只能在科学的方法和程序中才能展现出来。"社会"在这里也是科学及其方法论的自然延伸。正是在这样的前提下,我们才能理解,为什么在"问题与主义"的论战中,自由主义者胡适不是以"自由主义"的政治构想与"马克思主义"或其他特指的"主义"论争,而是以他的"科学方法"为论战的武器。不是"主义"与"主义"的冲突,而是"问题"与"主义"的对立,构成了一种关于社会道路的讨论。"社会"首先是作为"问题"的领域进入讨论的视野的。论战双方的这种不对等的着眼点恰恰揭示了胡适参与论战的方式:以科学家的角色而非自由主义者的身份来表达其自由主义思想。胡适的社会哲学在步骤与逻辑上完全等同于他所谓"大胆的假设,小心的求证"的"三步法":一、"细心考察社会的实在情形"(即从具体的事实和境地下手);二、"一切学理,一切'主义'都是这种考察的工具"(即"都是待证的假设,并非天经地义");三、"有了学理作参考材料,便可使我们容易懂得考察的情形,容易明白某种情形有什么意义,应该用什么救济的方法"(即实验与验证)。[82] 从方法上看,"怀疑——实证——假设——实验——求证"构成了其内在的逻辑程序。此后胡适把上述看法明确地规定为"三步功夫":

> 先研究了问题的种种方面的种种事实,看看究竟病在何处,这是思想的第一步工夫。然后根据于一生经验学问,提出种种解决的方法,提出种种医病的丹方,这是思想的第二步工夫。然后用一生的经验学问,加上想象的能力,推想每一种假定的解决法,该有什么样的效果,推想这种效果是否真能解决眼前这个困难问题。推想的结果,拣定一种假定的解决,认为我的主张,这是思想的第三步工夫。凡是有价值的主张,都是先经过这三步工夫来的。[83]

从理论上说,胡适并不否定"主义"的功用,他把"主义"理解为针对具体问题的假设。他与李大钊、蓝志先的分歧在于:他认为任何假设都必须从具体的问题下手,因而必须把注意的中心从目的转向具体的操作方法。他多次把社会问题比作病理现象,以为综合症的治理依赖于分析出具体的、个别的病因而对症下药,从而否定了综合的"根本解决"。胡适把他的具体实证法与效果验证法归结为"历史的态度":

> 凡对于每一种事物制度,总想寻出他的前因与后果,不把他当作一种来无踪去无影的孤立东西,这种态度就是历史的态度。我希望中国的学者,对于一切学理,一切主义,都能用这种历史的态度去研

---

[82] 胡适:《问题与主义》,《胡适文存》卷2,页147—148。
[83] 同上,页152—153。

究他们。[84]

胡适对于历史与社会的理解在此被表述为一个科学家对于研究对象的理解,从而他的"科学方法"不言而喻地、合乎逻辑地导出了他的历史观:

> 文明不是笼统造成的,是一点一滴的造成的。进化不是一晚上笼统进化的,是一点一滴的进化的。……解放是这个那个制度的解放,这种那种思想的解放,这个那个人的解放,是一点一滴的解放。改造是这个那个制度的改造,这种那种思想的改造,这个那个人的改造,是一点一滴的改造。
> 　　再造文明的下手功夫,是这个那个问题的研究。再造文明的进行,是这个那个问题的解决。[85]

胡适用"科学的"立论方式否定了"革命"在历史进程中的意义,建立了一种改良的社会改造观。"科学"及其"方法"而不是自由主义的理论原则,构成了胡适的自由主义社会观的重要基石。这种"科学"概念的独特运用令人想起程朱"今日格一件,明日格一件"而后始得总体的"次第工程"。"问题"与"主义"的论争是"支离"功夫与"根本解决"的论争,这种论争方式也多少令人想起理学与心学的对立方式。

最后,作为自居为科学家的人文学者,胡适还承担了同陈独秀一样的启蒙者角色,"科学"概念最终被适用于人生观领域,从而科学与大众意识形态取得了牢固联系。就科学本身而言,大众化的趋势即使不与科学的专业化、精确化完全对立,也无助于科学自身的发展。胡适在人生观领域对科学的绝对权威的捍卫表明:他试图用科学重建宇宙、世界、社会、个人及其相互关系的秩序系统,并为人生提供价值与意义的源泉。正是这

---

[84]　胡适:《问题与主义》,《胡适文存》卷2,页196—197。
[85]　胡适:《新思潮的意义》,《胡适文存》卷4,页164。

一动机使一向主张具体与实证的胡适向往某种"最低限度的一致"。[86]胡适深信人生观与知识经验之间的对应关系,深信知识的普及可以使民众获得相对一致的人生观。因此,他实际上相信客观知识的习得恰恰是获得"统一观"的基本前提。值得注意的是,胡适讨论"科学的人生观"的方式较之陈独秀更具科学家本色:他用"科学方法"来表述他的人生观,从而潜在地表明了"科学方法"的普通适用性。胡适把"科学的人生观"视为建立在已知事实之上的"大规模的假设",是可以跟着新证据不断加以修正、因而也无往而不胜的信仰。[87]在为1923年"科学与人生观"讨论集撰写序文时,他为他的"自然主义的人生观"规定了十条教义,实际上是由各门自然科学和社会科学知识编织起来的一种宇宙图式,这种宇宙图式提供了宇宙、社会、人生的运动的因果解释与人生的本质和意义。[88]

那么,胡适把科学与自然主义人生观相联系,这与理学有何关系呢?这一点至为重要却几乎不被人注意。根据胡适的看法,所谓"科学与玄学"的争论其实"只是理学与反理学的争论的再起。丁先生是科学家,走的是那条纯理智的格物致知的路。张先生推崇'内心生活',走的仍是那半宗教半玄学的理学的路",[89]张君劢是"新宋学",尤其是陆王学派的复活,丁文江遵循的则是从"格物致知"到朴学的知识论传统。如果我们把胡适的这种看法置于他对理学的总看法中,问题就变得更为复杂。胡适认为宋明理学的兴起是宋儒反抗佛教和道教的出世宗教观的结果,但这种反叛同时留有佛道二教的深刻印记,那就是理学的"居敬"、"主静"、"无欲"的宗教气息。其结果,理学内部产生了两种不同的趋向,即"涵养须用敬"的宗教态度和"致知在格物"的知识取向,"中国近世思想的趋势在于逐渐脱离中古的宗教,而走上格物致知的大路",[90]朴学在这一意

---

[86] 胡适:《科学与人生观·序》,《胡适文存》第2集卷2,页23。
[87] 同上,页15。
[88] 同上,页27—28。
[89] 胡适:《几个反理学的思想家》,《胡适文存》第3集卷2,页155。
[90] 同上,页152。

义上可以被视为具有"反理学的使命"的运动。[91]胡适的上述看法可以被加以引申的解释:理学本身具有一种分裂的格局与趋势,其标志就是它的宇宙本体论和道德伦理规范与它的知识论处于对立状态。中国近世思想的发展"用程、朱来打陆王,用许慎、郑玄来打程、朱,甚至于用颜元、戴震来打程、朱、陆、王,结果终不免拖泥带水,做个'调人'"。[92]原因何在呢?原因就在"格物致知"的知识论只是独立地发展,却没有以此为根据重建宇宙本体观、道德伦理规范以形成涵括本体论、人生论和知识论的"统一观"——用一种完整的"新理学"来取代旧理学。正由于此,胡适特别地推崇吴稚晖《一个新信仰的宇宙观及人生观》——吴稚晖指出了"科学"与新信仰的关系,阐明了人生观与宇宙观、道德论与真理论的统一关系,以现代科学知识作基础建立了一种完整的宇宙秩序及其内在运动规则的假说。

由此,"格物致知"的知识论倾向与宇宙本体论、人生论不再处于分裂状态而达到了一种新的和谐,从而规定道德伦理关系、指导人生行为、提供价值与意义成为"科学宇宙论与人生论"的重大使命。正如胡适在讨论皮耳生的实验主义时所说:"科学的目的只是要给我们许多有道理的行为方法,使我们从信仰这种方法生出有道理的习惯。这是科学家的知行合一说",[93]科学对宇宙性质的理解最终被导向道德存在与社会存在。换言之,胡适推崇科学及其万能的方法在当时是想从传统社会及其意识形态的控制下获得自由,可是这仅仅是为了能使人们更加充分地受到自然的"支配":支配人对于自然本身的信念,要求人像科学一样把自己完全服从于自然的理想,总之,作为渴望自由的表达方式,"科学的人生观"寻求的恰恰是自然对人的支配。尽管胡适相信技术的进步提供了人的自由、想像力、美感和道德责任的说明,并把美、诗意、创造的智慧注入他的自然主义人生观,但"在那个自然主义的宇宙里,在那无穷之大的

---

[91] 胡适:《几个反理学的思想家》,《胡适文存》第3集卷2,页153。
[92] 同上,页158。
[93] 胡适:《实验主义》,《胡适文存》第3集卷2,页88。

空间里,在那无穷之长的时间里,……天行是有常度的,物变是有自然法则的,因果的大法支配着他——人——的一切生活,生存竞争的惨剧鞭策着他的一切行为,——这个两手动物的自由真是很有限的了。"[94] 就此而言,我们可以看到科学概念在人生观领域的运用与理学在功能上的相似性。实际上,正是这种功能上的相似性表明:"科学"是作为摧毁和替代传统文化形式的力量而进入"人生观"领域并获得其意识形态意义的。

胡适曾把"科学"定义为"一种思想和知识的法则",同时又"牵涉到一种心理状态和一种行为的习惯,一种生活方式",[95] 也许我们还可以补充说它还涉及一种政治哲学。"科学"的上述多方面含义明显地对应着胡适的多重社会角色:以科学家自居的人文学者、自由主义者、启蒙思想家。胡适对"科学"概念与"科学方法"的理解和运用与他所扮演的社会角色有重大关系,同时又深刻地受制于中国的思想和学术传统,那些在一般意义上被视为"科学主义"的特征与上述两方面有着密切的关系,因而理应获得更为复杂的理解。

中国思想家几乎是在对西方科学本身缺少系统学习和训练的情境下讨论"科学"问题,他们的"科学"概念是由孔德、赫胥黎、斯宾塞、罗素、杜威等人对科学的哲学解释与中国传统的知识论、道德论、宇宙论共同构成的。中国的固有概念提供了他们了解西方近代科学的前提,而他们所接触到的西方科学思想常常加强而不是削弱了传统思想方式的固有逻辑。当胡适等人自觉地寻找中国学术传统与西方近代科学的本质一致性时,他们是想以此证明"科学"的法则无论对于西方还是东方都是普遍适用的。这种论证方式不仅为他们对科学的认识提供了框架,而且把他们的理解牢固地置于传统的认识方式之中——对于以"反传统"相标榜的他们来说,这是令人深思的。

从一般现象看,中国思想家对实证主义和实用主义的科学概念感

---

[94] 胡适:《科学与人生观·序》,《胡适文存》第 2 集卷 2,页 27—28。
[95] 《胡适研究资料》,页 269。

到强烈兴趣,这种兴趣很大程度上来源于对经验归纳方法的信任和"致用"的偏好。正如我已分析的,经验归纳方法与"即物穷理"的"积累"功夫相关,"致用"则是历史情势和知识传统的共同需要。不过,"科学"概念与传统知识论的联系还不仅仅在于对操作程序的理解,更重要的是,中国思想家在把科学理解为一种合乎理性的方法论的同时,还深信科学本身提供了一种关于宇宙、世界、社会、人生具有有机联系的图式,这个宇宙图式具有目的论和道德论的性质,它规定了宇宙运动的最终指向(真、善、美),昭示了人们应当怎样思考和行动的基本准则(从政治准则到道德准则)。这种认为自然界与社会具有本质一致性的看法,这种认为自然法则与人的道德准则具有内在联系的观点,这种把知识论和方法论最终导向宇宙论和道德论的逻辑指向,都是和中国传统思维方式,特别是宋明理学之天道观相关的。于是,我们看到,从"格致"到"科学"的过程表现为"格致"概念沿着"即物实测"与"经世致用"的思路逐步地摆脱理学范畴的过程,在其终点,"格致"概念在语词上替换为与理学无关的"科学"概念;然而,当这一概念在语词上摆脱了理学的束缚之后,它在被使用的过程中恰恰获得了"格致"概念在理学范畴中的某些根本性的特点。正是这些特点揭示了20世纪中国的"思想革命"在多大程度上是一种语言的幻觉。中国思想家讨论"科学"时的那种自相矛盾、含混不清的状态虽然也导源于西方对这一概念的论争与矛盾,但中国思想家在这种含混与矛盾状态中表现出的自信(而不是困惑)或许最典型地表达了他们对"科学"概念的理解方式。

但把丰富的历史归结为几条抽象的结论是不明智的。事实是:历史正是在这种含混与矛盾中发展,如果我们了解现代性问题得以发生的条件,我们就不会简单地认为上述现象仅仅是一种历史的"重复"与"循环"。科学概念与"世界观"的越来越紧密的联系表明的并不仅仅是中国思想家与传统的内在联系,而且是现代社会建构方式与我们视之为古代的社会的某种程度的同构关系。最为重要的是:现代社会与古代社会一样都需要用"自然的"范畴为等级化的社会提供合理性和合法性。

第四节 作为反理学的"新理学"

1. 吴稚晖与反传统主义科学观

吴稚晖不是一个深刻的和影响深远的历史人物,但他的科学概念的运用方式、内涵与性质及其与中国思想传统的关系特别清晰地反映了现代反传统主义的某些重要特征。作为一个坚定的科学思想的宣传家,吴稚晖的通俗化的表达形式适应着诉诸公众而非科学理性的启蒙目的,他所推进的科学思想的世俗化运动是一种对于传统宇宙观和人生观的"常识批判"。较之陈独秀、胡适的思想和表达方式,他的科学宇宙观和人生观也许更广泛地代表了那一时代已经逐渐成形的新的意识形态。吴稚晖的"科学"概念的文字表述虽然具有机械论性质,但他在运用过程中却又把生命、过程和目的等历史学范畴引入了对宇宙自然的描述,体现出有机论的特点或生物学宇宙论的色彩。他的科学宇宙论和人生论的"现代"性质同时揭示了它与中国传统天道观、特别是气一元论的内在联系,并且在从宇宙论过渡到人生论的结构特征和具体表述方面,都存在着与它所自觉反对的"理学"传统的相似性。

吴稚晖(1865—1953),幼名纪灵,弱冠前因极好宣城诗,取名朓,字稚晖,三十后改名敬恒,别字朏盒,晚年自号朏盒老人。考其生平,戊戌年前虽曾尝用拼音,但基本教育与一般传统士子无别,惟光绪二十八年壬辰(1892)始见"南菁书院"山长黄以周书斋中之"实事求是,莫作调人"座右铭,终身奉为圭臬。自戊戌年正月元旦上书光绪力请变法之后,吴稚晖开始了他的政治生涯,但仍以任教、办学、作文、倡群智为主。1903年卷入苏报案,1905年结识孙中山并入同盟会,终生为国民党元老,但作为著名的无政府主义者并未由此尽入仕途。从早年在家乡设馆办学到创办中法大学(里昂,1921),吴稚晖一生担任的各种教职不下数十,而影响至大者则是他的那些庄谐杂陈、嬉笑怒骂的文章。除政论外,遍及科学、教育、语言文字、音韵、哲学和无政府主义等领域。自1907年与张人杰(静江)、李煜瀛(石曾)等创办《新世纪》周刊始,吴稚晖就成了一位著名的科学宣传家,科学成为他的所有思想活动的基本前提和组织要素。从1910年译《天演学图解》、《物种原始》(亦名《荒古原人史》),1910年写《上下古今谈》,至1923年以《一个新信仰的宇宙观及人生观》为科学与玄学论战铁锤定音,1924年为《民国日报》作《科学周报编辑话》21则及发刊词,吴稚晖无愧为一位把科学革命与思想运动联系起来的最为重要的代表,他建立了现代中国第一个完整的、系统的和激烈反传统的科学宇宙观和人生观,并发明和运用了一整套普及技巧推动科学思想的世俗化运动。吴稚晖与政治、报刊和教育的特殊联系无疑扩大了他的思想的社会影响,综其一生,可谓生前显赫,死后哀荣,既得孙中山、蒋介石等政治家的推重,[96]又为胡适等知识界领袖所激赏。[97]不过,从思想学术史的角度看,吴稚晖虽曾引起高慕柯(Michael Gasster)、郭颖颐等学者的注意,但仍可谓门庭冷落,与他当时造成的广泛影响颇成对照,这大约是因其行文之通俗而缺乏耐人寻味的深刻性所致。然而,"通俗"恰恰表明了他的思想与一般社会的普遍而密切的联系,这对于研究"科学"概念的实际运用而言具有特殊意义。所以"通俗化的形式"恰恰是理解其思想史意义之下手处。

我把"反传统主义"与"科学观"这两个并无逻辑联系的概念拼合为一也许不甚准确,但仍有重要的历史理由。如果说科学革命的成果提供了新的思维习惯、新的探究方法,并改变了人们对整个宇宙的看法,那么,对于中国的激进的士子们而盲,真正激动人心的并不是沿着科学革命的战略路线继续前进,而是把科学运动的成果作为"反传统"思想运动的理

---

[96] 参见蒋中正《吴敬恒先生百年诞辰颂词》,其中提及孙中山曾称其为"革命的圣人"。张文伯:《吴稚晖先生传记》(上册),台北:传记文学社,1969,页1—6。
[97] 胡适在《几个反理学的思想家》中把他与顾炎武、颜元、戴震相并立,称为"最具历史眼光的""反理学思想家",《胡适文存》第3集第2卷,上海亚东图书馆。

论依据和"反传统主义"的逻辑前提。他们对宇宙图景的看法乃是基于人类历史生活与自然过程的一种独特类比。从这方面看，吴稚晖当得起是一位如 Alfred Forke 所称的现代中国有代表性的思想家。[98]

2. 通俗化的形式与常识批判

在 1923 年"科学与人生观"的论争之中，以丁文江和张君劢为代表的两派人物主要由一批著名的科学家、哲学家、教授或人文学者构成。不管他们对问题的阐述包含了多少混乱和自相矛盾，从形式上看，他们还是遵循了"学术讨论"的基本方式：各自引经据典，援例论证，虽然时有不合学者风度的攻击，但一般而言是以"学术论文"的形式说明各自的观点。论争涉及许多具体的专门的学科领域，学者们为压倒对手而引出了大量西方科学家、哲学家的名字及其对中国读者来说不知所云的理论。这种严肃的、学究式的方式具有一种自足性，即问题需要在知识进展的常规形式中得到解决，而不必诉诸"理性"之外的仲裁者。

吴稚晖几乎是本能地讨厌这种"主旨所在，大家抛却，惟斗些学问的法宝"[99]的"学理化混战"，他撇开众多的技术性讨论，而把问题直截了当地归结为对待"物质文明"的态度，从而改变了论战的学术性质。在扫除了"科玄论战"的异常浓郁的学术色彩之后，他便在每一个可能的观念领域内同时开展了一场气势磅礴的科学思想的世俗化运动，从而揭示了这一论战与"五四"新文化运动及东西文化论战的直接联系。吴稚晖有意识地把科学思想中的那些经院化的语词转变为世俗的用语，充分发展了一种幽默的风格，天真而又诙谐，调侃而显机智，故弄玄虚而又让人明白，题目庄严而笔调滑稽，如同流行小说一样易于阅读，似乎是要让科学

---

[98] A. 福克：《中国哲学史》，汉堡，1938 年德文版，页 646，转见郭颖颐《中国现代思想中的唯科学主义》，南京：江苏人民出版社，1989，页 27。

[99] 吴稚晖：《箴洋八股化之理学》，《吴稚晖先生全集》第 6 卷，上海，1927，页 39。（下称《全集》）

宇宙观成为老幼咸宜、妇孺皆知的玩意儿。吴稚晖如此行文，不仅仅因为他的幽默的天性和传统的文人化的教育，还因为他自觉地意识到自己正处于一个普遍转折的关节点：科学世界观正在明显地成为一种更为普遍的思想习惯，而他显然力图加速这一进程。这场论战来得正是时候，它正好与整个正在衰败中的新文化运动结合为一整体——很明显，它本身并不完全是科学思想自身的逻辑产物。作为新文化运动的主要领导人之一，胡适清楚地看到了这一点，他惊呼："这才是真正的挑战！""从此以后，科学与人生观的战线上的押阵老将吴老先生要倒转来做先锋了！"[100]

> 我做这篇文章，是拿着乡下老头儿靠在"柴积"上，晒"日黄"，说闲空的态度，来点化我，解释我自己的一刹那的。我固然不配讲什么哲理，我老实也很谬妄的看不起那配式子，搬字眼，弄得自己也头昏脑胀的哲学……不如靠在柴积上的日黄中，无责任的闲空白嚼了出来，倒干脆一点了。[101]

1924年，吴稚晖为《科学周报》写了发刊词和21则编辑话，他依然自喻为不懂科学的"科渣"，说他自己的文章也是"学了杭育的朋友，每次胡诌几句故事，尽我杭育家说笑的职分"而已。[102] 在《一个新信仰的宇宙观及人生观》这部重要著作中，他援例举譬，起而把自己（人）视同茅厕中的石头，终于又将庄严的人生观归结为"吃饭"、"生小孩"和"招呼朋友"三项。吴稚晖的轻佻、不正经的文字当然绝不意味着他的文章不具有严肃的思想，恰恰相反，正是他而不是丁文江，把科学与人生观的讨论从含混不清的争辩引入目标清晰的文化河床，从而确立了他作为中国最重要的科学思想的宣传家的地位。他的引人注目之处在于：作为一个谙练世故的人，他知道什么是时尚，他写出的恰恰是人们所需的；换言之，他的重要

---

[100] 胡适：《科学与人生观·胡序》，上海：亚东图书馆，1923，页20—21。
[101] 吴稚晖：《一个新信仰的宇宙观及人生观》，《全集》第4卷，页8。
[102] 吴稚晖：《科学周报编辑话·一》，《全集》第1卷，页11—12。

性恰恰是他对科学的非学者化的态度和所谓"实事求是，莫作调人"的斩钉截铁的反传统姿态。

吴稚晖讨论"科学观"时采用的通俗化形式当然表现了他一贯的个人风格，但其含义是颇为丰富的。在进入他的科学观及宇宙观、人生观的大厦之前，我们不妨从远处眺望一下这座大厦的造型及其与周边环境的关系，或许会看到一些意想不到的风景。

首先，当科学家和哲学家对科学的性质、后果及其与其他领域的关系争执不下时，文人们介入了，他们以一种非常迅速的文学方式行使了另一种职能——把科学成就转变为一种新的生活观和宇宙观；完成这一转变的不是科学家本人，而是吴稚晖这样的饱受传统文人教育的文学家及其后继者。从这方面看，以吴稚晖作"科学"讨论的"先锋"，这无异说推动科学成就的普及的伟大运动是一个文学运动，就是说，决定历史的下一个转折，决定中国现代社会发展进程的不是那个时期的科学发现，而是由吴稚晖、胡适、陈独秀等人推进的文学运动。吴稚晖谐谑的文风和荒唐的讨论方式正是这一运动的文学性质的适当表达。

其次，当吴稚晖以文学的方式介入这场席卷知识界的争论之时，他也改变了论战的基本方向：诉诸理性的普及读物，而不倚托于学术界，这一策略本身就有重要意义。这表明知识界的思想的和学术的论争不再诉诸科学理性这一仲裁者，而是诉诸于公众——主要是那些接受或同情现代文明的人们。吴稚晖的这种趣味盎然且又通俗易懂的写作方式改变了"理性"这个词的本意，它不再是那种分析还原和理智重建的认识方法，也不再是需要经过长期的、系统的和强化的训练才能获得的事情，而是我们今天应该称为"常识"的东西——任何一个具有"常识"（这些"常识"的对立面则是传统的观念和生活方式）的人都可以声称他有"理性"。在知识的纷争中诉诸公众的裁决，这一直是恪守传统的人的特权，因为公众的"常识"总是和传统知识相关的。吴稚晖敢于在这场论争中以如此方式诉诸公众，显然表明这一时期中国已经出现了新的社会力量，他们将保证知识界的领导权握于传播"新知"的人之手。

文学化的写作方式把科学、理性转变为"常识"，实际上也就是把探讨真理的过程和方法——其方向和结果是有待证实的未知数——转变为确凿无疑的事实；在人们的广泛的应用过程中，常识是不需要进行反思和检验的出发点和依据。关于科学与常识的区别，吴稚晖曾说：

> 知识是跟时代进步的，说不定在现在所谓科学，三四百年后都会变常识，现在的理想，将来也许变成事实。[103]

这显示出科学的陈述只是一些有待证实的预设，而常识则是已经证实的知识，把科学作为常识来处理当然也就是唤起一种信任以至信仰的态度而非怀疑和实证的努力。实际上，吴稚晖的根本目的并不在于推进科学的发现，而是传播"常识"——一种与传统知识（迷信）完全不同的"常识"：

> 国民常识之有无及完全与否，质言之，即国之文明野蛮所由分。其常识之输入法，约略有二。
> 一、对于人生最不可缺之知识，又几乎为全世界人类普遍所应知之事物，可以编成系统者，则输入之以学校教育。
> 二、各适乎四周之现象，又四周现象所随时变动呈露之事物，不能悉循系者，则输入之以社会教育。
> ……其人与世界相见之常识，永永趋合于完全之状态，不至甚露窘缺者，非资于社会教育不可……。[104]

"国民"是其对象，"学校教育"、"社会教育"是其手段，"常识"是其内容。我们由此不难理解吴稚晖一生以"学校教育"和"社会教育"为基本职责的理由。"常识之有无及完全与否"涉及人生观和宇宙观的真切、正确与完善，故吴稚晖云：

---

[103] 吴稚晖：《科学与人生》，《全集》第1卷，页3。
[104] 吴稚晖：《中国之社会教育应兼两大责任》，《全集》第5卷，页28。

> 即如奥远的哲学,言感情的美学,甚至瞬息万变的心理,琐碎纠纷的社会,都一一立在科学的舞台上,手携手地向前走着。人们的思想,终容易疏忽,容易笼统,受着科学的训练,对于环境一切,都有秩序的去观察整理;对于宇宙,也更有明确的了解,因此就能建设出适当的人生观来。[105]

以传播"常识"的姿态传播"科学",这表明吴稚晖关心的对象不是自然本身,而是关于自然的观念,而整个传统的思想体系和心理习惯都是从这些错误的(不合科学的,已为科学证伪的)自然观念中滋生的。

从这一意义而言,吴稚晖对传统所作的常识批判是一种宗教批判——那些占统治地位的、形而上学的、政治的、道德的、法律的、国家的观念都是不合常识的观念,并束缚和限制着人们的思想和现实行为。因而吴稚晖合乎逻辑地向人们提出一种道德要求,要他们用科学的意识来代替他们现在的意识,从而消除束缚他们的限制。因此:

> 什么叫做科学?就是有理想,有系统,有界说,能分类,重证据的便是……[106]

> 如此,科学者,让美学使人间有情,让哲学使情能合理,彼即由合理得到真正合理之一部分。美学随宇宙而做工不完,哲学随宇宙而做工不完,科学区域,亦即随宇宙向日而扩大,永永不完。物质文明之真正合理者,固是他管辖,精神文明之真正合理者,亦是他管辖。[107]

由于把科学作为常识来处理,是否科学的问题才能转换为"是否合理"的问题;吴稚晖及其同道的科学概念的广泛运用是以这一转换为前

---

[105] 吴稚晖:《科学周报发刊语》,《全集》第1卷,页10。
[106] 吴稚晖:《补救中国文字之方法若何》,《全集》第3卷,页50。
[107] 吴稚晖:《一个新信仰的宇宙观及人生观》,《全集》第4卷,页138。

提的。由于吴稚晖的科学批判或常识批判模拟了一种宗教批判的方式，因此，他的思想世界中充满一系列二元性的对立：物质文明/精神文明、器艺/道术、社会主义/宗教、无政府/国家、新文学/旧文学、杂交/婚姻……所有这些二元对立都被他表述为科学/迷信、真理/谬误、常识/野蛮的对立。在这些科学/非科学的对立背后隐含的是合理/不合理的对立，因为在吴稚晖的运用中，科学作为一种普遍性的原理存在于自然与社会的所有领域之中。他说：

> 东方学者之意中，视物质与名理，每有形上形下之分……殊不知物质与名理，决不能分上下。理学至隐，必藉质学显之。故科学之名词，不专属于物质，其表则名数质力，其里则道德仁义。凡悬想者，为哲理，而证实者，乃科学。道德、仁义，不合乎名数质力者为悬想，为名数质力理懂之者，是为科学……[108]

如此，道德、仁义及其他范畴的问题均可用"科学"的实证来证明其合理与否，哲学与科学都是对于宇宙现象的解释。换言之，科学自身蕴含着一种道德理性，亦即"公理"。

我们不妨观察一下"科学公理"在吴稚晖及其同人的"革命思想"中的运用及其意义。早在1907年6月，吴稚晖同张静江、李石曾在巴黎创办《新世纪》周刊，宣传无政府主义革命，并把它视为"科学公理"。在该刊创刊号上揭载的《新世纪之革命》一文称：

> 科学公理之发明，革命风潮之澎涨，实十九、二十世纪人类之特色也。此二者相乘相因，以行社会进化自然之公理。盖公理即革命所欲达之目的，而革命为求公理之作用。故舍公理无所谓为革命，舍革命无法以伸公理。[109]

---

[108] 吴稚晖：《书神州日报"东学西渐篇"后》，《全集》第2卷，页99。
[109] 《新世纪之革命》，《新世纪》第1号，1907年6月22日，页1。

从吴稚晖一生的著述和《新世纪》的整个倾向来看，这种以科学公理为出发点和最终归宿的"革命思想"并不限于政治领域，而是遍及政治、道德、宗教、种族、语言文字等一切领域，这当然也和他们所谓"无政府主义革命"的广度和深度相关。

在吴稚晖及其同人的文章中，作为无政府革命的基础和目标的"科学公理"就是真正的自由平等，从而实现"公理"也就是实现"公正"或谓"良德之进化"：

> 革命凭公理，而最不合公理者强权……强权最盛者为政府，故排强权者倾覆政府也。[110]

在达致无政府的途径方面，吴稚晖特别重视教育，这是因为无政府主义对自由的追求"乃本乎人人自具之良德"[111]：

> 无政府主义者，其主要即唤起人民之公德心，于个人与社会之相互……
>
> 公德者，教育之极则……所以无政府革命，无所谓提倡革命，即教育而已。[112]
>
> 故除以真理公道所包含之道德，——即如共同，博爱，平等，自由，等等，以真理公道所包之知识，——即如实验，科学等等，实行无政府之教育，此外即无所谓教育。[113]

吴稚晖深信科学自身就含有道德必然性，或谓科学有一种向善的冲动，如同人类本身就是"进化向善之一物，非有我无人之一物也"。[114]无

---

[110] 民：《续普及革命》，《新世纪》第17号，1907年10月12日，页2。
[111] 吴稚晖：《皇帝》，《全集》第7卷，页1。
[112] 吴稚晖：《无政府主义以教育为革命说》，《全集》第8卷，页72。
[113] 吴稚晖：同上，页74。
[114] 吴稚晖：《书神州日报"东学西渐篇"后》，《全集》第2卷，页101。

政府的目标是自由平等博爱的道德理想，但教育的内容却不必是直接道德性的，"足以当教育二字之名义者，惟有理化机工等科学实业也"。吴稚晖等人深信科学隐含着道德性的理想，即使这种理想尚未展现出来，科学却有一种在整个进化过程中超越自身的内在冲力。吴稚晖的科学概念的这种内在性与超越性的特点是和他的自然的观念的性质相关的，关于后者下文将有详细讨论。

宗教与无政府的对立也即与科学的对立；这里所谓宗教又并非仅仅实指诸如儒教、佛教、基督教等具体的宗教，而是指一整套不合科学常识的思想和道德观念。

> 与科学及公理为反对者，即迷信与强权也。于宗教中，用祸福毁誉之迷信，行思想之强权。于政治中，用伪道德之迷信，行长上之强权。于家庭中，兼用以上之两种迷信，行两种之强权。[115]
>
> （甲）宗教信神道，无政府尚科学（无神）；（乙）宗教辅政府，无政府敌政府；（丙）宗教主安贫守分，无政府以平等为原理，以冲突为作用；（丁）宗教轻女子，无政府主男女平等。
>
> ……宗教乃伪德之迷信，无政府乃科学之真理也。[116]

很显然，科学作为客观真理的权威性实际上完全依赖于人们的政治信念。科学自身蕴含着道德必然性这一观念，仅仅是在确证自己的政治和社会观念的过程中才确立起来。吴稚晖从"实证"与"合理"的双重意义阐释宗教与科学的对立：

> 宗教之虚妄，早以科学之真实，为归纳法推定之，故以宗教之迷信，阻塞思想之自由，其发挥良德者少，以科学真理，发明道德为进

---

[115] 真：《祖宗革命》，《新世纪》第2号，1907年6月29日，页3。
[116] 革新之一人：《续革命之原理》（真译），《新世纪》第23号，1907年11月23日，页1。

化,其符合良德者多……[117]

科学与无政府主义的理念结合在一起,构成了一种激进主义变革观,在这种"普及革命"的思想体系中[118],宗教迷信与科学公理的冲突被表述为一切现存秩序与人类的道德理想的对立。

吴稚晖的激进的反传统主义科学观不单超越了对所谓"三纲五常"的否定,而且发展为对一切现存的伦理形式的批判。在婚姻关系问题上,他已不是一般的提倡恋爱自由,而且对婚姻形式本身持否定态度,《评鞠普君男女杂交说》一文站在"科学上之定理"的立场,指出"异类相交,则所生良"的事实,并相信"自由配合""亦为进化界中必然发生之事实";[119]在他终生从事的文字改革的事业中,吴稚晖的激进思想也是以"科学"为根据的。对于无政府主义者来说,改革以至废除汉字既是无政府思想的有机部分,也是科学公理的必然要求。吴稚晖和《新世纪》同人把废除汉字、普及"万国新语"(世界语)作为"求世界平和之先导也,亦即大同主义实行之张本也",[120]"苟吾辈而欲使中国日进于文明,教育普及全国,则非废弃目下中国之文字,而采用万国新语不可"。[121]吴稚晖说:

> 科学世界,实与古来数千年非科学的世界,截然而为两世界。以非科学世界之文字,欲代表科学世界之思与事物,牵强附合,凑长截短,甚不敷于应用……不能与世界共同进化而已。[122]

从世界主义的立场出发,他认为:

---

[117] 吴稚晖:《宗教问题》,《全集》第 6 卷,页 19—20。
[118] 参见民:《普及革命》,该文连载于《新世纪》第 15、17、18、20、23 号,1907 年 9 月至 11 月。
[119] 吴稚晖:《评鞠普君男女杂交说》,《全集》第八卷,页 19。此外,载于《新世纪》的文章《续革命原理》第 30 号,1908 年 1 月 18 日,页 1。对废除婚姻和家庭亦有非常明确的观点,以为此亦"社会革命之要端"。
[120] 醒:《万国新语》,《新世纪》第 6 号,1907 年 7 月 27 日,页 3。
[121] 醒:《续万国新语之进步》,《新世纪》第 36 号,1908 年 2 月 29 日,页 2。
[122] 吴稚晖:《书神州日报"东学西渐篇"后》,《全集》第 2 卷,页 99。

> 今日欧美的物质文明,并非西学,乃是人类进化阶级上应有的新学。[123]
>
> 世界既有其物,固必普及于人类者也。[124]

吴稚晖在科学世界/非科学世界的二元对立的格局内,不相信语言文字"都是'习惯'演成的",而要"人为"地"制造"新文字。[125]他考虑过径用世界语,亦考虑过先采英文或法文"为学校人人必习之文字",或"用汉语拼了音,另造一种新文字"。[126]

吴稚晖及其同人的"科学"概念的运用范围远不止此,几乎涉及了人类生活的所有领域。尽管他们对"科学"的信念及其对旧秩序的否定建立于"进化"这一普遍原理之上,但其结论却与自然科学意义上的进化理论无关。所谓:

> 进化者前进而不止,更化而无穷之谓也……
> 苟其不进或进而缓者,于人则谓之病,于事则谓之弊。夫病与弊皆人所欲革之者。革病与弊无他,即所谓革命也。[127]

从达尔文的进化理论中引申出激进主义的革命原理,而不是如胡适等人那样从这一理论的渐进观点出发建立改良主义的社会思想,这表明"进化"理论只是作为一种不言而喻的"理由"成为他们的思想出发点,并藉此促使社会向乌托邦的转化。马克斯·韦伯曾经论证科学的本质是变化,它无视与事物终极意义有关的命题,总是朝着存在于无限之中的目标挺进,那么,吴稚晖等人把"科学"作为"常识"来把握的方式却等于是在假定确实有已完成的科学,并可以据此建立一种假言演绎体系,使人们可

---

[123] 吴稚晖:《补救中国之方法若何》,《全集》第3卷,页50。
[124] 吴稚晖:《书神州日报"东学西渐篇"后》,《全集》第2卷,页99。
[125] 吴稚晖:《补救中国之方法若何》,《全集》第3卷,页36。
[126] 同上,页23。
[127] 真:《进化与革命》,《新世纪》第20号,1907年11月2日,页1。

以根据各种原则、公理来解释自然、社会并塑造出科学的人生观。至少就科学概念的运用而言,吴稚晖的看法确实揭示了现代社会的一个重要的特点。

吴稚晖的宗教批判与他的"科学方式"之间存在着矛盾。吴稚晖利用实证实验的科学揭去世界神秘的面纱,把关于这个世界的一切神圣观念清除出这个世界,并使世界成为一个服从因果法则、可加利用但没有意义的地方,因为经验论的世界观在原则上排除了旨在于世界内部寻找"意义"的思想方式。然而,也正是吴稚晖本人把科学革命的成果作为业经证实的公理,并从中演绎出了人类生活的最终意义和基本原则。宗教批判从一开始就具有宗教性的前提,吴稚晖对此有着自觉的认识,他把他的科学宇宙观和人生观称为"一个新信仰的宇宙观及人生观"。[128] 传播一种新的信仰这一事件本身就意味着诉诸公众而不是理性,其目的从一开始就不是追究真理,而是灌输常识,吴稚晖的通俗易懂、幽默风趣的文体正是"布道"的适当形式。

3. 自然过程与历史过程

如果说吴稚晖的科学观从一开始关注的就不是自然本身而是关于自然的观念,那么他的著述活动的中心任务自然也就是重新解释宇宙现象。对于吴稚晖来说,自然的观念乃是一切其他观念的基础或前提,因此,新的宇宙观不仅在形态上必须同旧的宇宙观相区别,而且这个宇宙观的核心即自然的观念还必须逻辑地引申出人的历史活动的理由、目的与方式。当我们从"外观上"观察了吴稚晖的"一个新信仰的宇宙观及人生观"之后,这一点已很清楚:自然科学并不是他在回答自然是什么的时候应该考

---

[128] 为了使自己的宗教批判同宗教区别开来,吴稚晖有意识地把宗教与信仰——特别是非宗教的信仰区别开来,他说:"故宗教一名词,最好严格的限制了以神为对象……若将许多无神的信仰,羼入宗教学,虽是学问家所许,必非宗教家所乐……"《一个新信仰的宇宙观及人生观》,《全集》第4卷,页12。

虑的唯一思想形式,对自然的陈述依赖于历史过程,这不仅是说"科学的事实"总是指"在某个时刻某种条件下已被观察到的"历史事实,而且是说吴稚晖用一系列"科学事实"建构其宇宙论的过程,不过是他利用"科学事实"解决他所面临的历史课题的过程。从这一点出发,我们便可以洞悉吴稚晖的哲学宇宙论中的两个部分即自然过程与历史过程的有机联系和相互制约。

从康有为对"诸天"的持久观察,到谭嗣同用"以太"对宇宙及其现象命名,直至吴稚晖的自觉的宇宙论构想,自然的观念始终是被反思的课题,并不断地获得新的特征。以此为基础的越来越激进的思想活动随之也被赋予了新的面貌。说中国近代的思想发展以自然的观念为基础,并不是说自然的观念是在脱离当时的社会政治及伦理思想的情形下首先产生的,也不是说当一种宇宙论成型之后,人们便在此基础建立激进的、反传统的思想体系;我所指的是一种逻辑关系而非时间关系,而在思想史的过程中,时间关系和逻辑关系常常正好相反。从特定意义上看,社会思想家对宇宙论的反思和运用,就如同一个从事具体科学研究的科学家对其工作原理的反思与运用。对于宇宙论的内部结构的观察是理解以此为基础的思想活动的前提。吴稚晖的宇宙论与传统天道观存在着某些联系,但其直接来源是西方现代科学革命的成果和以此为基础的宇宙论方面的发展。

3.1 科学的宇宙观:排除创世观念与宇宙过程的目的性

从表面看来,吴稚晖的宇宙观及人生观始终围绕着物质/精神的关系问题,并毫无疑义地倾向于物质一元论。在《与友人论物理世界及不可思议书》中,他说:

> ……居此人境,止有物质;并无物质以外之精神。精神不过从物质凑合而生也。用清水一百十一磅,胶质六十磅,蛋白质四磅三两,纤维质四磅五两,油质十二两,会逢其适,凑合而成一百四十七磅之我。即以我之名义盲从此物理世界之规则,随便混闹一阵……各自

分离而后止。……因用清水油胶等质团合之一物,从团合后之精神,发生思虑,必不能出于物理之外……[129]

吴稚晖的这些说法使学者们相信他是一个机械论者或哲学唯物主义者,似乎他的宇宙观和人生观如同拉美利特的《人是机器》、霍尔巴赫的《自然的体系》一样,完全是建立在牛顿物理学的基础之上。[130]这种观点几乎完全没有考虑吴稚晖的宇宙论与中国传统天道观的关系(下文将详论),而且也忽略了吴稚晖的宇宙论的另一直接源泉即进化论对他的影响。

在深入吴稚晖的宇宙论内部之前,我们不妨先指明科学史的一个基本事实:把进化观念引入自然科学的一个否定的结果就是抛弃了机械的自然概念。一部机器基本上是一个完成了的产品,或说一个封闭系统,当它被制造之时并无机器的功能可言。所以它不可能发展,因为"发展"指的是一个东西致力于成为它还不是的东西(如从婴儿成长为成人),而机器自身在未完成状态干不了任何事情。机器的运转是循环式的,对它自身而言则是不断的损耗而非发展。因此,R.G.柯林武德曾经断言:

> 把一件事情描述成机械的同时又是发展的或又是进化的,这是不可能的。有些发展着的东西可以把自己造成机械,但它不可能就是机械,因此,在进化论中,自然中可能有机械,但自然本身不可能是一个机器,并且不仅它作为整体不能,而且它的任何一个部分都不能用机械的术语完全描述。[131]

但是,在逻辑上不能成立的观点在历史上却完全可能。吴稚晖就试图把宇宙描述成既是机械的又是进化的,他几乎完全没有意识到这种描述方

---

[129] 吴稚晖:《与友人论物理世界及不可思议书》,《全集》第4卷,页1。
[130] 郭颖颐:《中国现代思想中的唯科学主义》,南京:江苏人民出版社,1989,页33,39。
[131] R.G.柯林武德:《自然的观念》,吴国盛等译,北京:华夏出版社,1990,页15。

式有什么矛盾或悖谬之处,因为对于一个"科学"信仰者而言,这两方面都是以"科学"的定理为基础的。考虑到吴稚晖的科学宇宙论的直接任务是:1.肯定西方物质文明,掊击东方"精神文明",2.排除上帝这一造物主的地位和一切"创世"的宗教观念,他用明确的语言强调宇宙作为机械的"物理世界"便是可以理解的。

然而,吴稚晖的宇宙论在整体上有着更为强烈的有机论性质,却是一个具有深刻含义的事实。他说:

> 在无始之始,有一个混沌得着实可笑,不能拿言语来形容的怪物,住在无何有之乡,自己对自己说道,闷死我也!……说时迟,那时快,自己不知不觉便破裂了,这个破裂,也可叫做适如其意志,所谓求仁得仁。顷刻变起了大千宇宙,换言之,便是说兆兆兆兆要我。他那变的方法,也很简单。无非拿具有质力的若干"不可思议"量,合成某某子。合若干某某子,成为电子。合若干电子,成为原子。合若干原子,成为星辰日月,山川草木,鸟兽昆虫鱼龟。你喜欢叫他是绵延创化也好,你滑稽些称他是心境所幻也得。终之他是至今没有变好,并且似乎还没有一样东西,值得他惬意,留了永久不变。这是我的宇宙观。[132]

吴稚晖的宇宙观不同于古希腊的宇宙观,也不同于文艺复兴的宇宙观,[133]尽管它的表述方式是文学化的,但我们仍可以从中离析出这一宇宙观的现代特征:

第一,这一宇宙论的表达是基于一种自然过程与人类的生命过程亦即历史过程之间的类比,它不同于希腊宇宙观的那种大宇宙的自然和小宇宙的人的类比,也不同于文艺复兴的宇宙论的那种作为上帝手工制品的自然与作为人的手工制品的机械的类比。居于这一宇宙观的中心图景

---

[132] 吴稚晖:《一个新信仰的宇宙观及人生观》,《全集》第4卷,页37。
[133] 关于这两种宇宙观的命名,请参见柯林武德《自然的观念》一书。

的,是作为历史思想的基本范畴的过程、变化和发展等概念,而这些概念是和生物学领域的重大发现即进化理论相关的。正如生命过程一样,这个"怪物"的变化之中并无不变化的基底,也没有变化的发生所遵从的不变化的规律。如同柯林武德在讨论现代宇宙论时所说:

> 人的自我意识,在这种情形中的群体意识,以及他自己群体活动中的历史意识,再次为他关于自然的思想提供了一条线索。变化或过程这些科学上可知的历史概念,在进化的名义下被应用于自然界。[134]

实际上,正是由于吴稚晖是基于生命、历史与自然的对比来建立其宇宙论,他才能基于同一原理来同时阐述他的"宇宙观"和"人生观"。

第二,这一宇宙论借用了传统物理学中的"物质"概念来表达世界的一元性质,但这一"物质"概念却是超越物质/精神、有/无的二元范畴的概念,即物质的每一部分不是简单地位于这里或那里,而是位于一切地方:"举现象世界,精神世界,万有世界(有),没有世界(无),适用时间空间的,不适用时间空间的,顺理成章的,往来矛盾的,能直觉的,不能直觉的,合成一个东西",即他所谓"一个"。[135]尽管吴稚晖仍用"物质"这一概念来表述这个放弥六合、退藏于密的"一个",但这一概念已经具有生物学意义上的"生命"概念的特征,是一个介于物质与心灵之间的概念,故而吴稚晖说:"我所谓一个,是一个活物",由它转化或发展而来的现象也因而"通是活物",甚至包括"无"在内。[136]从整体上看,吴稚晖的宇宙论具有生物学宇宙论的一般特征,即世界是一个无始无终的生命的历史,她要造出更加具有生命力的、强壮而有效的机体。

第三,这一宇宙论用"质"与"力"这两个传统物理学概念暗示了"生

---

[134] 柯林武德:《自然的观念》,页13。
[135] 吴稚晖:《一个新信仰的宇宙观及人生观》,《全集》第4卷,页13。
[136] 同上,页17—19。

命力"这一概念。吴稚晖认为从茅厕中的石头到号称"万物之灵"的人都是"活物",而"活物的界说"即(1)要有质地,(2)能感觉。在这里,吴稚晖把导致人类感觉的神经系的功能及运转与石头的化合作用相并提,倘说他的观点是"唯物主义"的话,那么它的意思仅仅是指吴稚晖试图用物理化学结构来解释生理学的功能,而在强调"活物"这一点上则表明他已用生物学的观点改造了上述物理化学的概念。在此,我们应特别注意吴稚晖对质与力这个概念的解释及其与生命(活物)的关系:

> ……万物有质有力……无无质之力,亦无无力之质。质力者,一物而异名。假设我们的万有,方其为"一个"之时,就其体而言曰质,就其能而言曰力,加以容易明白的名称,则曰活物。及此一个活物,变而为万有,大之如星日,质力并存;小之如电子,质力俱完。故若欲将感觉的名词,专属于动植物,亦无不可……我以为动植物且本无感觉,皆止有其质力交推……譬之于人,其质构而如是之神经系,即其力生如是之反应。所谓情感,思想,意志等……质直言之曰感觉,其实统不过质力之相应……万有皆活,有质有力,并"无"亦活,有质有力。……〔137〕

吴稚晖把世界万物及其运动归结为质与力的观点似乎是机械论的,但值得注意的是作为"活物"标志的"力"却是物质自身具有的能量或冲动,并非如机械运转时的力是由一个外在于机械的他者输入的。从这一点来看,我们发现,吴稚晖把自然中的一切归为一个词"物质"的做法,同柏格森把生物学作为自己的出发点,最终把整个自然界还原为"生命"的做法,并无多大差别:他们强调宇宙是一个创造性的进化过程,这个过程既无外来的动力因,亦无预定未来的终极因,如同一个服从于自身固有的力量的宏大的即兴创作,无目的,无针对性,无内在的指导原则。正由于此,吴稚晖在批评张君劢等人借尼采、柏格森而为"精神原素"张目的同

---

〔137〕 吴稚晖:《一个新信仰的宇宙观及人生观》,《全集》第4卷,页26—27。

时,又说尼采的权力意志、柏格森的"宇宙是一个大生命",是"千对万对",唯一需要修正的是生命与意志等概念应被替换或归结为"质力"概念。[138] 透过这种差别,我们可以看到他们之间的共同前提,即宇宙是一种依据自身的创造性、导引性力量而运动的进化过程。就完全没有自觉的目标意识而言,它与物质相似而与心灵有别;就它是一个相连的过程,一个按自身的"感觉"不断适应新的环境而变化自身的过程而言,它又与心灵相似。"活物"这一概念暗含着的这种生命力具有内在论的特点:生命力与所有机体的联系既是内在的又是超越的,如同柯林武德在描述生物学宇宙论时所说的,所谓内在的,就是仅存在于这些机体之中;所谓超越的,便是它寻求自身的实现,这种寻求不仅在单个机体的生存之中,也不仅在某个物种的生存之中,而是总能够并且总要努力为自己在新的物种中找到更充分的实现。[139]

第四,这一宇宙论由于建立在进化论的基础上,从而将被机械自然观排除了的观念即目的论的观念,重新引入宇宙过程。就此而言,吴稚晖的宇宙论内部的确存在着机械论观点(质力交推无目的可言)与生物学观点的矛盾。这是由于这一宇宙观是建立在自然的运行与人的生命过程和历史过程的类比之上,而后者则把自然进化的概念转换成了进步的概念,吴稚晖自然地倾向于后者。从宇宙万物由无处不在的"物质"构成而言,"充塞宇宙者,事物二者而已",[140]"杂有善恶",其运动变化无穷,并无目的可言。但是,从人类史(作为宇宙进化的一部分)观点来看,进步概念虽然并未预示着一个凝固的终极目标,却意味着一个向着某种既定而永远不能达到的目标的前进过程。这一过程是自然的自发过程,它本无道德性可言,但是,人作为自然的平等一员理应遵循自然的规则,因此,进步过程以及人对进步的态度就具有了道德意义。吴稚晖生动地说:

---

[138] 吴稚晖:《一个新信仰的宇宙观及人生观》,《全集》第 4 卷,页 31—33。
[139] 柯林武德:《自然的观念》,页 149。
[140] 吴稚晖:《书神州日报"东学西渐篇"后》,《全集》第 2 卷,页 69。

> 自从我们不安本分，不甘愿做那听不到，看不见，闻不出，摸不着的一个闷死怪物，变了这大千宇宙，我们的目的何在呢？我是不敢替我自己吹牛皮的，却逼住我不得不说他是要向真美善！[141]

把"真美善"引入宇宙过程，这就为科学提供了合理性和合法性的基础。"科学"与理学、考据学以及美学、文学、宗教学的差别，被解释为在自然进化过程中的成熟与不成熟的差别；[142]物质文明作为"人类进化阶级上应有的文明"[143]是有其生物学依据的，"科学理想的细胞原虫，未尝不潜伏在吾人脑子之中，与人类的气化相应"。[144]

因此，这种以物质本性为基础的科学决定了人类生活的政治状态、道德状态和生活方式，"能倾翻较不正当的世界，进于较正当"，"要完全一切理想的道德，只有科学万能"。[145]吴稚晖一方面说自由、平等、博爱、公理、大同的实现是自然的过程或品物进步的过程，另一方面又指出"人类向于进化，本由良德"：

> 人者，能以人工补天行，使精神上一切理想的道德无不可由之而达到又达到者也。[146]

这不啻是说自然的进化过程同时又是人的自由创造过程或道德理想的实现过程。吴稚晖针对梁漱溟、梁启超等人问道：

> 当初漆黑一团，变动而为万有，绵延而亘无穷，时时倾向于真善美，难道整备如此的苟延残喘，敷衍这持中的么？所以反对物质文

---

[141] 吴稚晖：《一个新信仰的宇宙观及人生观》，《全集》第4卷，页39。
[142] 同上，页127，132。
[143] 吴稚晖：《补救中国文字之方法若何》，《全集》第3卷，页47。
[144] 同上，页50。
[145] 吴稚晖：《科学周报编辑话·十》，《全集》第1卷，页70。
[146] 吴稚晖：《书排满平议后》，《全集》第1卷，页70。

明，几无异自己萎缩其精神，还有什么精神文明可言。[147]

对于进化过程的道德评价是着眼于手段（物质的还是精神的，科学的还是宗教的）与目的（真善美）的关系作出的。吴稚晖的这种既无止境又有目标趋向的进化观念是一种历史观念，它意味着一个不断上升的过程和时间系列，世界始终为壮美的事物、广阔的未来敞开着，而绝不如康有为、梁启超那样把"三代之制"作为人类理性的顶峰，并把自己的一切作为归结为恢复这个最高点的理想。在质力相交的自然过程与趋向真美善的历史过程之间似乎存在着矛盾，但对吴稚晖而言这二者的类比是完全统一的。

总的看来，吴稚晖的宇宙论的形成是基于自然过程与历史过程、生命过程的类比，是机械论宇宙观与进化论宇宙观的独特结合，世界的运动是质力相交的物理运动，又是具有内在性基因和超越性自动力生命（有机体）的过程。它拒绝普遍的规则与秩序，又具有内在的趋势目标，并进而具有衡量事物的道德性的准则。如果说每一次宇宙论运动都引发出一个兴趣焦点由自然向精神的转变，那么吴稚晖的宇宙论从一开始就是把历史过程和生命过程作为出发点的。

3.2 科学的人生观：天理的衰亡与人的衰亡

对于吴稚晖来说，人生观与宇宙观的关系如同具体工作对于原理的关系，二者的联系如此紧密，以致所有关于人生的观点都建立在宇宙论的前提之上，后者通过前者的运用而显示出实际的意义，并为未来提供新的信念和一贯性。相对于宇宙论的抽象原理，人生观具有具体的历史针对性，而恰恰是这一人生观及其与它的论争对象的关系揭示了吴稚晖宇宙论的形成过程和历史（而非自然的）内涵。我已指出过：人生观对宇宙论的依赖是指逻辑关系而非时间关系。因此，当我揭示吴稚晖的人生观的诸要素及相互关系时，也将扼要地说明这些正面叙述背

---

[147] 吴稚晖：《一个新信仰的宇宙观及人生观》，《全集》第4卷，页61。

后的潜台词。

首先,吴稚晖对人作了一种纯粹生物学的解释。他用特有的滑稽语调说:"人便是宇宙万有中叫做动物的动物。人又便是动物万类中叫做哺乳动物的哺乳动物",他后脚直立,前脚为手,是"能作诸多运用的动物"。人脑较大,组织较复杂,但也不外是"内面有三斤二两脑髓,五千零四十八根脑筋,比较占有多额神经系质的动物"。[148]吴稚晖的这一表达基于他的宇宙论的一条基本原则,即宇宙万有尽管千差万别,但都可归结为他所谓"一个",这个"一个"本质上是物质性的,却又是"活物",因为他的"质"同时含有"力",而"力"则是驱动世界变化的动因。人作为一个有机体也由质力构成,在性质上与其他宇宙现象并无任何差别。

吴稚晖的这种描述方式的潜在含义是对宇宙诸现象中的等级差别的取消,其核心是对人作为宇宙中心或"万物之灵"的观念的否定。"宇宙除'一个'外无绝对性的东西,止有相对性的罢了"。从茅厕里的石头到其他动植物如苍蝇、树木等等,都是由质力构成的"活物",虽有差异却无高低。[149]在这个取消绝对性而只有相对性的世界中,一切事物如上帝或作为"万物之灵"的人等等绝无神圣性可言。从吴稚晖对"人"及宇宙的界定中,我们可以读出两层含义:(1)用世界的绝对统一性和相对差异性来取消中心,代之以一个多元的世界整体。这当然构成了上帝等神圣观念的取消,因为宇宙万有中并无任何居于其他事物之上的圣物,也不存在绝对的中心。这是用物质的普遍性对抗宗教的神圣性。(2)如果说文艺复兴时代的人们曾通过对人的礼赞来反叛宗教,亦即通过人这一中心的建立来取代宗教的神圣地位,那么,吴稚晖的相对主义(他的确受到爱因斯坦的启发)在否定宗教中心的同时,也取消了人这一中心,其核心是否定人的精神优越性。这就是吴稚晖用脑髓、神经系等物质性概念来描述人的特性的原因:既然有质即有力,那么"精神"不过是生物器官的功能(力)而已。

---

[148] 吴稚晖:《一个新信仰的宇宙观及人生观》,《全集》第4卷,页40—41。
[149] 同上,页22。

从这两方面看，吴稚晖对"人"的定义虽然没有涉及"精神"，却是在物质/精神的二元对立的框架中形成的。他的矛头所向，是梁启超、梁漱溟、张君劢的儒学伦理观以及他们所标举的尼采、柏格森、欧力克、倭铿等人，特别是他们的自由意志、精神原素、权力意志、生命直觉等概念。在1923至1924年的语境中，把人视为"万物之灵"已不具有"五四"前后的那种追求人的解放的意义，而是重新归向传统文化特别是以修身为核心的儒家文化的述词，这个概念是和西方的物质文明相对称的。梁启超、张君劢等人把尼采、柏格森与孔儒学说相沟通，以为他们的生命哲学也就是二千年前中国"生生为易"的人生观；在吴稚晖的眼里，超人哲学、生命意志学说再次把人奉为精神之王，无非是为宗教或玄学留下一席反物质文明的基地而已。[150] 他在此用纯粹的生物学眼光描述"人"的概念，就是为了把"人"复归于自然的物质境界，并暗示"人"同自然物质一样不仅是平等的，而且是可以用科学方法加以观察和控制的。他的这一命题表明：伴随着天理、天道、天命或其他最高精神实体的衰亡，"人"也随之衰亡了。因此，当"五四"人物标举上帝之死的口号时，它们也预告了人之死。

第二，吴稚晖宇宙论的另一基本原则是宇宙及其万有不仅是物质性的机体而且还是过程，物质和活动不是两个而是一个东西，其关系是"体"与"能"的关系。这个过程是向真美善的创造性的推进，而不是无限的循环；在整个进化过程中，机体不断地获得并产生新形式。从这一宇宙论原则出发，吴稚晖推导他对"生"的定义：

> 什么叫做生？……便是兆兆兆兆刹那中，那位或造或幻或变的赵老爷，或钱太太，……从出了娘胎，到进着棺木……他或她，用着手，用着脑筋，把"叫好"的戏，或把"叫倒好"的戏，演着的一刹那，便叫做生……生者演之谓也……。[151]

---

[150] 吴稚晖：《一个新信仰的宇宙观及人生观》，《全集》第4卷，页32—33。
[151] 同上，页41。

作为所谓"整个儿'一个'的分裂的变相"之一，人的生命过程在本性上是不断求变的，它既不会反顾，也不会停滞。吴稚晖特别声明他说"人生"便是"两手动物唱戏"并非戏言，而是对人生的敬重，其含义是说他对人的进化过程持一种积极肯定态度，在当时则是直接针对梁漱溟关于世界文明的三种路向而说的。所谓"三种路向"即"意欲而前"的欧洲路向，"意欲向后"的印度路向，"意欲自为调和持中"的中国路向。梁氏宣称西方文化在危机之中，人类文化将出现"中国文化之复兴"，这无疑是对新文化运动的选择的宣判。吴稚晖把"生"作为宇宙进化的自然形式，目的是重新确认为新文化运动肯定过的所谓"意欲向前"的物质文明。这同强调"人"的物质性以对抗所谓"精神"（东方文明）的含义是完全一致的。[152]

第三，整个宇宙过程有两个主要特征，即时间和空间，它们共同构成了人生的舞台：

> 从"无始之始"，到"无终之终"，这条时间线，就是宇宙万有唱戏的季候。"人生"也在中间占有演唱的钟点。从"无内之小"，到"无外之大"，这个空间场，就是宇宙万有唱戏的台盘。"人生"也在那里头占有舞蹈的角隅。
>
> 所谓人生，便是用手用脑的一种动物，轮到"宇宙大剧场"的第亿垓八京六兆五万七千幕，正在那里出台演唱。请作如是观，便叫做人生观……[153]

吴稚晖最终归结说，他的人生观便是：吃饭，生小孩，招呼朋友三项。吃饭表明了生命的物质性需求，生小孩表明爱情之类精神现象不过是种的延续的内在要求，招呼朋友表明人类的道德（如自食其力，不阻碍他人，相互扶助）乃是宇宙过程的基本规则，而所有这一切都有赖于物质文明的

---

[152] 吴稚晖：《一个新信仰的宇宙观及人生观》，《全集》第4卷，页44—47。
[153] 同上，页43—47。

进步,因而也都可以用科学加以研究和控制。吴稚晖指出人可以"人工"补"天行",促进道德理想的实现,实质上是说道德理想的实现植根于人控制自然、利用自然的能力的进步。他对人的自由意志的称赞等同于对物质文明的肯定。

既然人类生活是由吃饭、生小孩、招呼朋友的物质性过程构成,那么一切非物质性的精神原素,如梁漱溟所谓"直觉—良知—非量—良心",如理学家们爱用的孟子所谓"四端"即"辞让"、"是非"、"恻隐"、"羞恶",都并非人的先验存在。在吴稚晖的世界里,既不存在超然于物质的"天理流行",也不存在脱离物质的先天直觉。人的认识能力是随着人对自然改造亦即品物的进步而前进的,这种进步是由人的理智对物质规律的把握程度决定的。从这一点出发,吴稚晖的唯物的、进化论的人生观包含了对理智的充分肯定:

> ……人……接触外物,则造感觉;迎接感觉,则造情感;恐怕情感有误,乃造思想而为理智;经理智再三审查,使特种情感恰象自然的常如适当,或更反叫理智之蔽,是造直觉;有些因其适于心体,而且无需审检,故留遗而为本能。如是每一作用,皆于神经系增造机械,遂成三斤二两脑髓,又接上五千零四十八根脑筋。[154]

本能、直觉、情感不仅起源于物质性的感觉,而且必须接受理智的过滤。如同胡适所说,吴稚晖的上述观点不过是"要人平日运用理智,养成为善的能力,造成为善的设备",其核心在于强调"为善"的道德要求与"能力"、"设备"的依存关系,[155]这就是他的"人生观"的意义所在。

吴稚晖最终把他的新信仰归结为七条:(1)精神离不了物质;(2)宇宙都是暂局;(3)古人不及今人,今人不及后人;(4)善亦进化,恶亦进化(暗示进化过程或走向真善美的过程是无限的,以及理智的重要性);

---

[154] 同上,页95—96。
[155] 胡适:《科学与人生观·序》,《科学与人生观》,上海亚东图书馆,1923,页26—29。

(5)物质文明将促使人类的合一,并解决各种疑难;(6)道德及文化结晶,文化(物质文明)的高低决定道德的高低;(7)"宇宙一切"均可以科学解说("科学万能")。[156]

总的说来,吴稚晖的人生观是从他的宇宙论的基本原则逻辑地推衍出来的,二者是高度一体化的。但从吴稚晖许多论点的直接针对性来看,科学的发现并不是他的科学宇宙论和人生论的直接起源,后者也不是前者的逻辑结果。吴稚晖的宇宙论和人生论所要解决的不是科学问题,而是历史问题,是走什么样的道路才能解决中国的危亡地位的问题,也是生存于宇宙中的人应确立何种人生准则的问题。从这一点看,吴稚晖基于一种历史过程和自然过程的类比来建立其宇宙论,便是毫不足怪的了。

3.3 是机械论还是有机论?

吴稚晖把他的宇宙论称为一种信仰,这表明他清楚地知道他的观点并未得到科学的实证。吴稚晖著作的意义主要是在思想史方面,而不是科学史方面。在对吴稚晖的宇宙论及人生论作了上述分析之后,我们可以先从西方宇宙论的发展角度观察其历史特性:它是机械论的吗?

在欧洲的宇宙论思想的发展过程中,机械论宇宙观(它也被柯林武德称为文艺复兴的宇宙论)是对希腊宇宙论的一次革命,后者具有有机论、内在论和目的论的特征。根据柯林武德的精辟的解说,希腊自然科学是建立在自然界渗透或充满着心灵(mind)这个原理之上的。希腊思想家把自然中心灵的存在当作自然界规则或秩序的源泉,而正是后者的存在才使自然科学成为可能。他们把自然界看作是一个运动体的世界。运动体自身的运动,按照希腊人的观念,是由于活力或灵魂(soul)。但是他们相信,自身的运动是一回事,而秩序是另一回事。他们设想,心灵在他所有的表现形式(无论是人类事务还是别的)中,都是一个立法者,一个支配和调节的因素。由于自然界不仅是一个运动不息从而充满活力的世

---

[156] 吴稚晖:《一个新信仰的宇宙观及人生观》,《全集》第4卷,页106—128。

界,而且是有秩序和有规则的世界,他们理所当然地认为,自然界不仅是活的而且是有理智的(intelligent);不仅是一个自身有灵魂或生命的巨大动物,而且是一个自身有心灵的理性动物。世界上的一切造物都代表了这种充满活力和理性机体的一个特定部分。可以说,被苏格拉底、柏拉图和亚里士多德所研究的心灵,始终首先是自然中的心灵,是通过对身体的操纵显示自己的、身体中的和身体所拥有的心灵。因此,希腊思想家一般总是当然地把心灵从根本上归属于身体,认为它与身体一起生存在一个紧密的联合体之中。很显然,希腊宇宙论乃是基于一个类比之上的:即自然界同个体的人之间的类比。[157]

文艺复兴的机械自然观是在哥白尼(1473—1543)、特勒西奥(1508—1588)和布鲁诺(1548—1600)的工作中,开始与希腊自然观形成对立面的。如果说希腊自然观基于自然与个体人之间的类比,那么,机械自然观则基于自然与机器之间的类比,但这一类比是以非常不同的观念秩序为先决条件的。首先它基于基督教的创世和全能上帝的观念,其次,它基于人类设计和构造机械的经验——上帝之于自然,就如同钟表匠或水车设计者之于钟表或水车。[158]这一类比的核心在于精神与自然是分离的,简单说就是:精神创造自然,或者说,自然是精神自主和自存(self-existing)活动的产品。柯林武德扼要地概括了机械宇宙论与希腊宇宙论的对立:

> 不承认自然界、不承认被物理科学所研究的世界是一个有机体,并且断言它既没有理智也没有生命,因而它就没能力理性地操纵自身运动,更不可能自我运动。它所展现的以及物理学家所研究的运动是外界施与的,它们的秩序所遵循的"自然律"也是外界强加的。自然界不再是一个有机体,而是一架机器:一架按其字面本来意义上

---

[157] 参见柯林武德:《自然的观念》的导论及第一部分第一、二、三章。
[158] 参见柯林武德:《自然的观念》的导论及第二部分第一、二、三章,R.霍伊卡:《宗教与现代科学的兴起》第一章,钱福庭、丘仲辉、许列民译,成都:四川人民出版社,1991。

的机器,一个被它之外的理智设计好放在一起,并被驱动着朝一个明确目标去的物体各部分的排列。[159]

像希腊思想家一样,文艺复兴的思想家们把自然界的秩序看作是一个理智的表现,只不过对希腊思想家来说,这个理智就是自然本身的理智,而对文艺复兴思想家来讲,它是不同于自然的理智——非凡的创造者和自然的统治者的理智。这个差别是希腊和文艺复兴自然科学所有主要差异的关键。

从上述比较来看,吴稚晖的宇宙论既不同于希腊宇宙论,也不同于机械宇宙论。作为一位宗教批判者,吴稚晖否认任何非物质性的原因存在,他强调整个世界及其运动是一种由质与力相交的物理运动,自然内部没有作为一种导引力量的心灵(有机论),自然外部也不存在精神创造者(机械论)。从他把自然归纳为"质力"的内在机质,并把精神活动视为物质运动而言,吴稚晖的宇宙论含有某种程度的机械论性质。但是,吴稚晖又认为自然的运动是一个"活物"的运动,在自然要素内部存在着一种自动力。从特定过程看,自然运动是无目的和偶然的,从整个过程看,自然运动又是一个趋向真善美的有目的的过程。这似乎又在暗示自然本身是一个有机的生命体,它存在着一种趋向真善美的内在基因,就如同植物种子中含有花果的生长基因一样。由此看来,吴稚晖的"质力"及"活力"的概念与希腊思想家的"心灵"与充满活力和目标的自然概念又具有相似性。更为重要的是,如果自然是一架机器,那么人就必须从它的创造者那里得到目标与规则的启示;如果自然本身蕴含着真善美的趋势,人们则需要依循宇宙自然的运动来建立自己的人生观。对于吴稚晖来说,他显然更倾向于后者。

吴稚晖的宇宙论的有机论特征直接导源于进化论。正是这一理论把自然解释成一个自然的变异或进化的过程。它启示人们:自然同人类史一样是由物竞天择、适者生存的规则所控制的。"物竞"与"适者"的概念暗示自然过程是一种有意志的生命过程,万物都为生存而奋斗,为存在的

---

[159] 柯林武德:《自然的观念》,页5。

权利而改变自己、使自己更强健。但同时，这又是"天择"的过程，是充满偶然性的纯自然过程。我们已提到过，希腊宇宙论是基于自然与个体的人的类比，机械论宇宙论是基于自然与机器的类比，而吴稚晖的宇宙论则是基于自然与历史的类比：历史是自然过程，又是有意志和目标的活动；历史充满了偶然性，又具有"进步"的特征；历史的动力是由历史内部的各种因素的关系而产生的，它没有外部的操纵者，但历史的过程又不同于个体生命那样是循环的（如同种子—植物—种子那样），而是不可重复地向前渐进的。进化理论坚持认为一切被视为不变的东西实际是变的，从而消除了自然界中变与不变因素之间非常古老的二元论。如同柯林武德所言："在进化的自然观基础之上逻辑构造出的自然科学将追随历史的范例，将它所关心的结构分化为功能，自然将被理解成由过程组成，自然中任何特殊类型的事情的存在，都被理解成一个特殊类型"。[160]

吴稚晖不是一个自然科学家，但从他早年的译著和20年代被称为"杭育"的文章，我们可以说：现代科学的成果，特别是进化论和相对论都对他的宇宙观的形成具有重要意义。他的宇宙论的深刻的生物学特征是显而易见的。吴稚晖的"物质"概念中含有某种与希腊宇宙论相近的有机论性质，但其科学渊源却是现代的。吴稚晖在进化概念的启示下，把物质描述为过程和活动，或某种非常像生命的东西，但我们却不能说他的观点是泛灵论、物活论。如同柯林武德指明的，现代宇宙论只能产生于对历史研究的通晓，尤其是通晓那些置过程、变化和发展概念于图像中心的历史研究，而进化的概念则是产生这一新宇宙观的第一个重要的转折点。把吴稚晖的宇宙论同亚历山大、怀德海等人的现代宇宙论加以对比也许并不恰当，但我们仍可以说，吴稚晖的非学术的、多少有些逻辑含混的宇宙论的确具有某种现代特征：怀德海不是坚持实在是个有机体，自然是个过程，实体和活动不是两个东西而是一个东西么？

如果说机械论自然观隐含了一个外部的第一推动者，那么这一观念的确是和基督教传统中的创世观念相关的。吴稚晖的传统中没有这种基

---

[160] 同上，页17。

督教观念,他强调自然及其物质的自身运动,强调人的历史活动与自然的谐和性,这不仅是他的宗教批判的直接目标决定的,而且是他赖以思考的那个非基督教的文化传统决定的。这也就提出一个新的问题:以"反理学"为特征的新宇宙观与理学世界观的关系究竟如何?

4. 是"反理学"还是"新理学"?

吴稚晖介入"科学与人生观"讨论的第一篇文章题为《箴洋八股化之理学》,开宗明义,他把张君劢一派当作理学的现代遗存。四年之后,胡适在上海东亚同文书院讲演《中国近三百年的四个思想家》,借顾炎武、颜元、戴震和吴稚晖四人描述1600年以来中国思想中的反理学思潮。事过境迁,徘徊反省,胡适重吊"科学与玄学论战"的古战场,才真正体会了吴稚晖用"理学"喻"玄学"的深意:"原来这场争论还只是拥护理学与排斥理学的历史的一小段"。[161]他又进而发现张君劢的《人生观》所谓"精神文明"即孔孟至宋元明之理学家"侧重内心生活修养"之结果,而丁在君之"科学文明"也直指理学家的"精神文明"。故而胡适总结说:

> 丁先生是科学家,走的是那条纯理智的格物致知的路。张先生推崇"内心生活",走的仍是那半宗教半玄学的理学的路。[162]

以胡适的地位与声望,他竟把顾、颜、戴三大思想家与吴并列,落笔之重,评价之高已不待言。胡适注重的是"反理学"的彻底性。他标举顾炎武,重视的是他的考文知音的实证的"科学研究法"对于理学"主敬"态度的掊击;他推崇颜习斋,关键在于颜元的躬行实践形成了对高谈性命之理的宋明儒者的批判;至于戴震则不仅"是个很能实行致知格物工夫的大学者",而且"认清了理学的病根在于不肯抛弃那反人情性的中古宗教态

---
[161] 胡适此文后改题为《几个反理学的思想家》,收入《胡适文存》第3集第2卷,页154。
[162] 同上,页155。

度,在于尊理而咎行气,存理而去欲,故而他的新理学只是拼力推翻那'杂糠傅合'的,半宗教半玄学的旧理学",并从推翻理气、理欲二元论入手建立他的新理学。[163] 从具体的研究方法,到唯物论的宇宙论,这在胡适的眼中乃是科学精神在方法论和哲学中的体现,而科学精神在本质上就是反理学的。胡适认为,吴稚晖在这两方面表现出的坚定态度都超迈前人。

吴稚晖的宇宙论与人生论的确含有"反理学"的直接针对性。这种"反理学"特征可从下述几个方面来理解:第一,吴稚晖从比较文化史的角度把"理学"作为印度佛教的变种,在他的文化比较史论中,阿拉伯、印度等宗教性强的民族"一为神秘,一为玄虚,简直是半人半鬼的民族",而中国古代的传统却是"一老实农民,没有多大空想,能建宗教"。[164] 这种对理学的宗教性的排斥不仅含有对中国古代传统的体认,而且还让人想起北宋道学力排佛老、回归先秦儒学的努力。吴稚晖说:

> 现在读起十三经来,虽孔圣人孟贤人直接晤对,还是温温和和,教人自然。惟把朝奉先生等语录学案一看,便顿时入了黑洞洞的教堂大屋,毛骨悚然,左又不是,右又不是。[165]

通过恢复儒学的正宗来攻击理学的做法虽然可以说是颜元、戴震以来的一种反理学传统,但也是宋明儒学排斥佛老的一贯方式。

第二,吴稚晖用物质文明的尺度衡量道德水平,实际上是用物质一元论来取消以修身为特征的理学的所谓精神的或道德的优势。在他眼里,西方的工业革命和科学文明不仅具有物质优势,而且举凡仁义道德、孝悌、忠信、吃饭、睡觉,无不"叫做高明",这可以说是对"理学"的精神优先性观点的一次颠倒。

第三,从前两点出发,吴稚晖也如戴震一样试图用一种新的哲学来批

---

[163] 同上,页138。
[164] 吴稚晖:《一个新信仰的宇宙观及人生观》,《全集》第4卷,页120。
[165] 同上,页121。

判理学的理气、理欲二元论,进而形成他的"漆黑一团"的宇宙观和"人欲横流"的人生观。与丁文江等人相比,吴稚晖具有更深的历史眼光,他意识到张君劢人生观的问题并不在于他是"玄学鬼",而是在于他的"玄学"本身是宗教性的。所以他说张的"人生观是误在他的宇宙观"。[166]因此,吴稚晖以建立科学的"新玄学"自命,"做一番大规模的假设";[167]换句话说,吴稚晖决心用一种一元论的玄学去对抗二元论的理学,并从这种新的玄学中滋生他的人生观。

吴稚晖用一种结构完整的"新玄学"对抗旧理学,却在不意之间在结构形态上产生了与理学的相似性,即都是以重建人生观为己任而诉诸宇宙论,而后归结到人伦日常,亦即都是要从宇宙(天)过渡到人(伦理),使天人相结而合一。吴稚晖的宇宙论乃是基于一种自然与历史的类比,从逻辑上看,他的宇宙论先于人生观,但从时间关系看,他是为论证已有的人生观才用宇宙论来武装自己。他的宇宙论不仅起源于人生观与历史观,而且以后者为目标。所以他的宇宙论也并不是真正的宇宙论,而是一种信仰,它从属于人生观。从结构上看,吴稚晖的"新玄学"与宋明理学都具有本体论(自然本体)——宇宙论(世界图式)——人性论——认识论——伦理学(回到本体论)的内在程序。吴稚晖坚持从宇宙论的立场直接地推论他的人生观,他的特点在于严格坚持一元论宇宙观的逻辑,并把它推展到人生论中去,从而把人性理解为一种"物质性",在一个与心学截然相反的方向上构成对理学二元论的批判。

现在我们可以回到胡适用"反理学"来描述吴稚晖的思想这一问题上来。作为哲学史家,胡适当然知道理学"是禅宗道家道教儒教的混合产品",其主要观念"是古来道家的自然哲学里的天道观念,又叫做'天理'观念"。[168]但是,胡适实际上完全不重视周敦颐、张载和朱熹的宇宙论,而把小程子所谓"涵养须用敬"、"进学则在致知"作为理学的核心和

---

[166] 吴稚晖:《箴洋八股化之理学》,《科学与人生观》(下)。
[167] 胡适:《几个反理学的思想家》,《胡适文存》第3集第2卷,页168;吴稚晖:《一个新信仰的宇宙观及人生观》,《全集》第4卷,页15。
[168] 胡适:《几个反理学的思想家》,《胡适文存》第3集第2卷,页112。

近世哲学的两条路向之由来,他基本上是站在"格物致知"的路线上批判"主静"、"持敬"的宗教态度。这就不难理解,他在概括"反理学"思潮时,虽曾举出黄宗炎、毛奇龄对"太极图"等宇宙论的批判,却未作详论;他关心的是费密、颜元对心性之学的抨击,是颜元、戴震、袁枚对"不近人情的"理学人生观的揭露,是顾炎武、戴震、崔述对"求知识学问的方法"的寻求与建立。透过他对理学与反理学的描述,我们可以看到胡适所谓"反理学"的核心即:反对理气二元论的玄谈,反对理欲二元论并由此肯定世俗情欲,注重科学方法。他既没有分析理学内部的气一元论与理气二元论的关系,也没有从结构上考虑吴稚晖的宇宙论与人生论与理学的相似性。值得注意的是:吴稚晖的宇宙论及人生论与宋明理学都起源于一种"常识批判"。吴稚晖针对的是梁漱溟等人把精神文明和物质文明分割为对立两极的二元论,他要证明的是人的精神生活植根于物质生活这一常识。这种常识批判终于要上升到宇宙论的高度,乃是因为只有在理论上肯定了人与天作为感性物质存在的实在性和合理性,承认了这种存在处于不断的变化生灭运动的过程之中,才能充分肯定"渴饮而饥食,戴天而履地"的合法性和合理性。同时,人的日常生活及其方式总有一定目的,遵循一定的规范和秩序,因之在理论上也就得去寻找、探讨、论证这种普遍规则、秩序和目的(认识论)。[169]在讨论宋明理学对佛老二氏的批判时,许多思想史家都已经论证过理学家的斗争策略,即力图在有限的、感性的、现实的(也是世俗的、常识的)伦常物理中,去寻求和论证超越这有限、感性、现象的无限、理性和本体。这样也就逐渐地把规律、程序、目的从物质世界中抽象出来当作主宰、支配、统治后者的东西了。吴稚晖坚持他的物质一元论,从宇宙论的高度论证不存在物质世界之上的主宰、规范与秩序,后者只是作为物质自身的特性而存在。从这一意义上,吴稚晖的确是反理学的,但他是用一种新理学来反抗和替代旧理学:他把宇宙的物质特性作为规则抽象出来,要求人们服从它的指导与制约,从而以最为明确而简单的方式将天理世界观替换为公理世界观。

---

[169] 李泽厚:《中国古代思想史论》,页226。

第十三章

东西文化论战与知识/道德二元论的起源

> 近年中以输入科学思想之结果,往往眩其利而忘其害。
>
> ——杜亚泉

第一节 文化现代性的分化

"五四"新文化运动,特别是《新青年》、《新潮》以及其他激进的文化刊物,引发了文化界有关东西文化的文化辩论。《东方杂志》、《甲寅》、《学衡》、《国学季刊》等刊物及其作者与以陈独秀、胡适为代表的"新文化运动"展开文化辩论。1923年的"科学与人生观"论战(又称"科玄论战")是东西文化论战的一个自然的发展。那么,东西文化论战是如何过渡到"科学与人生观"论战的呢? 以往的相关研究主要是在科学主义与反科学主义的范畴中论述"科学与人生观"论战的历史含义,而本章则试图将这场讨论与现代知识体系的重构和文化现代性的分化关联起来。简要地说,晚清以降的中国近代思潮以公理/科学世界观替代天理世界观,在知识上逐渐地形成了完整的科学知识谱系,在这个知识谱系中,道德、信仰、情感、本能等领域与其他知识领域并未发生严格的分化,它们都是科学知识体系的一个组成部分。但是,伴随中国现代社会的变化和"五四"以后文化冲突的加剧,知识领域也开始了相应的变化,其主要的特征就是一批深受西方思想影响的人文主义者力图将道德、信仰、审美等领域与知识领域分化为不同的领域。这是一个始终没有完成的中国现代思想的"主体性转向"的过程。在这个意义上,"玄学派"对科学世界观的批评不能被简单地理解为对现代性的批评,恰恰相反,他们的思想努力促成了知识领域的现代性分化。知识领域的分化不是一般地表现为关于客体的知识与关于主体的知识的分化,而是首先表现为东西文化论争的形式。理性与直觉、知识与道德、认识与情感等领域的分化,是从中国思想家有关东西文化差异的讨论中孕育出来的,不同知识领域的不可通约性产生于有关文化间的不可通约性的讨论。因此,"主体性转向"的直接结果不是关于主体的哲学和心理学的发展,而是关于中国文化的特征、意义的考查。在这个意义上,关于玄学、直觉与科学、认识的不可通约性的论述,直接地关涉在中国/西方的文化关系中建立中国文化主体性的问题。梁漱溟、张君劢成为现代新儒家的开创者与上述背景有关。东西文化论战的双方都预设了有关历史发展的宏伟叙事和科学论述的前提,从而也表明这场论战不能简单地被理解为现代与反现代的冲突。无论是文化论战,还是知识辩论,都是中国现代思想的内部冲突。

中国近现代思想的主要特征之一,是调和机械论世界观与目的论世界观,进而把科学技术的进步与社会政治、道德信仰以致审美领域的发展在知识上联结成为一个整体。所谓科学世界观指的就是这样一个普遍性的知识体系,它为现代中国社会的体制变革和文化发展提供思想依据和意识形态基础。在这种世界观中,科学和技术成为社会合理化的模式,或者说,科学技术具有了某种范式的特点。然而,把科学技术理解为历史进步的范例必须有一些前提,而最重要的就是,必须按照启蒙主义的思想和实证主义的观点来估价和理解科学技术本身,从而论证科学技术作为能够解决各种问题的机制也同样适用于人类的历史事务。从严复到吴稚晖,中经陈独秀、胡适和胡明复等科学家,中国现代思想一方面借助于科学的概念重新解释自然界和人类,另一方面又试图利用这种新的自然观念及其解释方法,为宇宙和人类社会提供一种合目的的历史品质。在我对吴稚晖的论述中,已经集中地讨论过这种宇宙观所具有的机械论与物活论的双重特征。

在中国现代思想语境中,这种调和论产生于现代思想与天理世界观的分离过程之中。在晚清至五四的历史时期里,从主导的方面看,中国思想家强调科学思想是对客观的现实世界(包括宇宙自然界和人类生活的世界)的研究和认识,试图用"客观知识"取代天理世界观,而不是从主观的或个人的方面对这个传统世界观进行反叛。按照这个基本目标,中国现代思想把各种问题——自然问题,社会问题,道德问题,审美问题,形而上学问题——汇合为一个基本的问题,即科学知识体系的问题,用当时的语言说就是科学的宇宙观和科学的人生观的问题。

科学宇宙观的形成既然是一个从传统思想中分离出来的过程,在其初期,它就只能在传统的思想方法中活动,而传统思想方法中的共同因素是它们的世界观中的道德中心主义或人类中心主义性质。在传统天理世界观中,形式上天理处于传统世界观的顶端,但实际上对天理的体认不仅首先是一个道德实践过程,而且天理本身的意义也只能体现在政治和道德的日常实践中。作为一种替代性的世界观,科学宇宙观似乎首先是对于自然的哲学解说,但它需要完成的却不只是关于自然的知识问题,而且是有关道德、政治和审美等各种人类生活的问题。科学宇宙观试图揭示出世界的整体性和目的性,并通过这种整体的和合目的的宇宙论解决政治、道德、审美等社会和人生问题。考虑到天理世界观与传统政治制度、家族制度和伦理体系的内在关系,科学世界观对天理世界观的替代明显具有结构性替代的特征。换句话说,科学世界观及其知识谱系并不是通过瓦解和分化天理世界观的内在结构而产生的,而是在特定的历史动力之下,完成对天理世界观的结构式的替代,因而在结构上恰恰保存了天理世界观的主要特点。

在韦伯和哈贝马斯的理论体系中,文化的现代性表现为一种理性分化的特征:从宗教和形而上学之中分离出三个自律的范畴,即现代科学、自主的艺术与伦理和法律的理性主义。这种分化当然是以宗教世界观中的认识潜能的分化为基础的,但是,这些认识潜能在传统世界观中却不是以如此对立的形式存在。哈贝马斯曾经试图用简明的方式对韦伯的合理化概念进行阐释,他指出上述现代意识结构产生于世界观合理化的普遍—历史过程,即宗教—形而上学世界观的脱魅。在韦伯的视野中,三重结构的现代意识与现代职业文化具有内在的联系,因为现代职业的分化既是现代意义结构的历史后果,也是信念伦理学的一种补充。文化价值的领域(认识的观念、规范的观念、审美的观念)与文化行动体系(科学活动、宗教活动、艺术活动)紧密关联。从意识结构的角度说,上述三个合理性领域的分化提供了看待世界的三种基本的观点,即客观化的(科学的)、符合规范的(道德和法律的)和审美的(艺术的和情感的);在这样的视点中,世界也被区分为客观的、社会的和主观的三个方面。这样,相应的观念(从科学和技术,法律和道德,艺术和"恋爱学"各个领域中提出的观念)与利益联系在一起,并体现在相应的不同的生活秩序中。

那么,上述"分化"是在什么意义上被理解为文化的合理化的呢？既然韦伯和哈贝马斯明确地将合理化过程理解为欧洲历史的特征,那么,我又是在怎样的意义上借用合理化的概念的呢？

"合理化"概念明显地与韦伯理论有关,也与哈贝马斯有关韦伯的解释有关。但是,我的这一临时性借用不仅旨在表明中国社会和思想的现代转变与韦伯所描述的西方现代性的发生所具有的深刻差异,而且还试图解释隐藏在这种差异背后的内在关联。我在本书的许多章节反复地分析了中国现代思想中的"科学"概念与中国思想传统的关系,并在这种关系中解释了这一概念的中国用法的种种特点,但我的目的并不仅仅在于论证中国现代思想的特殊性和差异性。"科学"概念的诞生和功能都必须在现代语境中给以解释,而所谓"现代语境"则体现为由西方资本主义的兴起而产生的广泛而剧烈的政治、经济、军事和文化的交往和冲突,这种冲突和交往导致了民族—国家的政治体系和国际劳动分工的经济体系的形成,并在许多方面把各民族、地区和国家组织到全球化的历史进程之中。这个全球化的进程在一定程度上可以被描述为消解或消灭文化差异性的过程,尽管差异性本身并没有彻底消逝。在这个意义上,科学及其制度性的实践为现代社会提供了普遍适用的范例或模型,从而也是消解这种差异性的最为重要的普遍主义力量。现代资本主义及其在全球范围内的扩张,最终也模糊、甚至消解了科学及其制度性的实践与欧洲理性主义的历史联系。在我看来,揭示西方理性主义的文化历史地成为一种普遍的文化,并不是一般地重申普遍主义的文化观点,毋宁是揭示(西方)文化的特殊性如何转变为控制当代世界的普遍性。

如所周知,韦伯是从这样一个双重性的问题入手来开始他的研究的,即为什么在西方——而且仅仅是在西方才显现出来的那些文化现象,存在于一系列具有普遍意义和有效性的发展中?[1]韦伯的确不仅把理性主义看作是在欧洲产生的普遍现象,而且也认为理性主义就是欧洲文化的一种特质。然而,问题也恰恰在于:通过资本主义关系的全球化,这种文化特质成为了一种"现代"世界的普遍特质。[2]哈贝马斯在讨论欧洲现代思想中的普遍主义时说:"韦伯在这场争论中(指历史主义和普遍主义的争论)采用了一种谨慎的普遍主义立场;他不认为理性化过程是西方的特殊现象,尽管理性化出现在世界所有的宗教中,但只是在欧洲才成为理性主义的一种形式,这种理性主义形式作为西方的特征是特殊的,作为现代性的特征却是普遍的。"[3]因此,"现代性"问题所要处理的是一种普遍的历史现象,这种现象所以是普遍的,是因为它脱离了

---

[1] 马克斯·韦伯著,于晓、陈维纲译:《新教伦理与资本主义精神》,北京:三联书店,1987,页4。
[2] 在论及韦伯的论点及其与普遍主义的关系时,哈贝马斯指出,"普遍主义的立场不必非得拒绝'人类文明'的多元主义及其历史表象的不一致性;但是,它认为这种生活形式的多样性仅仅限于文化内容,并认为,每一种文化,只要它要达到一定的'意识自觉'和'升华',就一定共享关于世界的现代理解的特定的形式特征。因此,普遍主义的预设涉及一些这样一些现代生活形式的必要的结构特征。" Jürgen Habermas, *The Theory of Communicative Action*, vol. 1, trans. Thomas McCarthy (Boston: Beacon Press, 1984), p. 180.
[3] Ibid., pp. 154-155.

产生它的特殊历史文化(即欧洲的基督教文化,更具体地说,是所谓西方文化的理性主义,Occidental Rationalism),并历史地具有了某种形式化的特征。

但是,这种形式化的特征并不意味着现代历史是超越文化的共生现象,在形式化的掩盖下是资本主义方式的全球扩张的历史和本土历史的断裂。正是在这一过程中,几乎所有民族和地区都被组织于国家/社会/个人的形式之中,几乎所有现代国家内部的个人都逐渐被组织在职业化的分工体系、行为模式和价值取向之中——尽管就具体内容而言,不同地区和国家仍然保留着某种文化的特点。在这个意义上,我所探讨的所谓"合理化"问题是一种资本主义条件下的普遍现象,而不是西方理性主义的表征。也是在这个意义上,全球化进程中的"资本主义"已经不是欧洲特定历史阶段中的资本主义。严格地说,全球化的历史进程不仅改变了各民族和地区的历史,而且也消灭了那种植根于欧洲历史文化中的资本主义。[4]我们所描述的现代"资本主义"不仅超出了民族—国家的范畴,而且其内部的组织形式和文化内容都不能以西方文化的理性主义加以概括。韦伯曾经指出过合理化现象的多样性,即从不同的视点和结果来看,存在着不同的"合理化"和"不合理化"。然而,"合理化"和"不合理化"作为一种形式特征却在全球化的历史进程中被组织到资本主义生产方式和日常生活的具体内容之中了。

无论是韦伯,还是哈贝马斯,他们对合理化过程的分析紧密地联系着欧洲历史,特别是新教伦理及其与现代资本主义的关系。对于我们仍然具有启示意义的是:韦伯是从意识结构的合理化这一视点来观察社会合理化的过程的。"世界观的合理化导致了文化的认识因素、判断因素和表现因素的分化,并在这个意义上,导致了对于世界的现代理解。"[5]也是在相似的意义上,中国思想家为了论证道德、艺术和社会领域的自主性

---

[4] 无论是马克思或是韦伯,他们对资本主义的研究和描述都没有脱离欧洲历史。按照他们的资本主义概念,当代"资本主义"已经不是资本主义。
[5] Habermas, *The Theory of Communicative Action*, vol. I, p.176.

而反复强调这些领域与科学领域的分化。这种意识领域的分化的社会内容包括:(1)对于以科学发展为范例的现代社会而言,自主的道德和艺术领域是一种反现代的文化。但是,如果我们把思想领域有关道德、审美领域的自主性的论证与现代社会体制或社会行动体系相关联的话,这种自主性在功能上为现代社会的合理分工创造了前提。(2)以"分化"为特征的知识体系直接地为现代教育制度的学术分科提供了理论的基础,而"分科"的方式则是以早期的科学观念为范例的。如果说早期的"分科之学"主要体现为"富国强兵"的政治经济需要,那么,新的"分科"则表明中国社会结构正在发生制度性的重组:道德、审美和法律的领域伴随现代化进程而呈现出自身的独特性和规律。(3)伴随道德和审美的领域从科学领域中分化出来,以科学发展为范式的现代进程本身开始成为反思的对象。但是,这种反思在功能上仍然是社会现代化过程的一个部分。(4)通过意识领域的"分化",我们可以观察社会合理化的过程,其特点是合理化的社会分工。不同的知识领域被规划成为特定的领域,这些领域必须通过一定的教育机制和训练才能被掌握,即使是艺术领域也是如此。专门化的知识分工是社会生产和再生产的需要,这种生产和再生产需要一定的社会规模,也需要"标准化"。因此,我们能够据此推论说,现代社会的组织方式和它的评价系统是以科学作为范例的。在科学与现代社会之间存在着一种同构的关系,或者说,科学正是现代社会得以成立的基础。

晚清至现代时期,中国社会伴随都市的发展和教育体制的变革,显然也发生了新的知识的分化和职业的分化。"分化"在知识领域体现为新学内部的知识分科。我已经指出过,中国的科学概念是和新学的"分科"问题相关的。[6]但是,就意识结构而言,中国科学世界观的兴起与其说是一个传统世界观的分化过程,毋宁说是一个结构性的替代过程,即用一贯的科学世界观替代一贯的天理世界观,而不是将天理世界观分化为知识、道德和审美等有效性的特定领域。对知识谱系重加整理,并在科学

---

[6] 汪晖:《赛先生在中国的命运:中国近现代思想中的科学概念及其使用》,《学人》第一辑,南京:江苏文艺出版社,1992。

思想的统一范畴内对各个知识领域进行重新安排,当然也具有韦伯所说的"合理化"倾向。但是,这种知识谱系的安排并没有促使知识、道德和审美分化为完全不同的领域。相反,道德、心理、审美等领域不过是普遍的科学知识的一个特殊的分支罢了。这在严复等人的思想中表现得极为清楚。吴稚晖等人甚至认为新学中无须设立道德伦理课程,因为自然科学——诸如物理、化学等——已经蕴含了道德的必然性,换句话说,德育与智育没有也无须发生分化。在他们的构想中,根本不存在作为一个领域或科目的德育。

晚清以后的社会变化,特别是社会团体、教育制度、法律和其他社会领域的改革提供了新的社会背景。在五四以后的时期里,意识领域的分化过程终于缓慢地发生了,其主要的特征就是在知识上将关于主体的知识与关于客体的知识逐渐区分开来。西方现代伦理学、心理学和文学的大规模译介,为这次转向提供了知识上的准备。但更重要的背景则是:伴随西方思想对现代性的反思,特别是对科学文明的反思,中国思想界对于科学及其世界观的有效性产生了程度不同的怀疑。借助于尼采、柏格森、倭铿等人的哲学,中国的人文主义者们对上述替代性的科学世界观及其知识谱系给予激烈的批判。正像尼采等人一样,他们对科学文明持悲观态度,并从伦理价值的取向上怀疑现代社会的合理化进程。在他们的社会理论中,科学技术丧失了范例的价值地位。但是,所有上述知识领域和教育体制的变化是和这样一个更为基本的问题相关的:在各种社会分工和职业化的训练之外或之上,现代国家通过教育体制把人训练成为公民,从而道德和法理教育不可避免地获得自己的独立地位,并经常被置于其他专业教育之上。

因此,在现代中国的历史情境中,新的知识领域不是从宗教和形而上学的世界观中分化出来,而是从统一的科学世界观中分化出知识、道德和审美等独立范畴。假定我们临时地借用韦伯的观点,把现代化理解为社会的合理化,把现代性理解为三个合理性(即科学、道德和艺术)的复合体及其紧张对立的关系,把意识领域的上述"分化"理解为文化现代性得以建立的条件,那么,玄学派对科学世界观和人生观的批判就不能简单地看作是对现代性的批评,而是文化现代性得以建立的分化过程的体现。

换言之，玄学一派对人生领域与科学领域的严格区分，以及这种严格区分在知识的现代分化和现代教育的学科建设中所起的作用，都是中国现代性形构过程中的重要事件。这里所说的不仅是人文领域与科学领域、人文话语与科学话语在思想和教育体制中因此而发生严格分化，进而重构了知识的基本结构；更为重要的是，在知识领域提出的这种分化的趋势，分别地对应着社会现代化的不同领域和"文化行动体系"，即科学认识的、道德和法律的与审美表现的世界秩序。在这个意义上，玄学派所做的工作首先是一种知识的分化工作。这种知识的分化工作以关于主体的知识与关于客体的知识的区分为轴心，不仅为现代学术和教育体制的内部安排提供了理论的支持，完成了现代性的知识构成和体制重组，而且为现代社会的"合理化"秩序和"文化行动体系"提供了意识的前提。中国作为现代国家的制度安排即是以这种知识的分化为前提的，当然，我们也可以反过来说，现代国家的制度安排本身为知识领域的上述分化提供了社会的和政治的动力。在这个意义上，通过完成韦伯所描述的那种现代性的文化安排，玄学派的"反现代"倾向真正促使现代思想在基本的结构上摆脱了传统的天理宇宙论。在这样的视野中，对于"科玄论战"的解释不能再停留在观念史的范围内，不能简单地将这场论战理解为科学主义与反科学主义的冲突，而必须将这场论战看作是现代知识体系重组的重要环节，这种现代知识体系的重组为中国现代社会和国家的制度安排和文化安排提供了合法性的论证。

我的分析集中于"五四"东西文化论战和"科玄论战"及其历史关系，但这决不应简单地理解为：这两场论战决定了整个中国现代知识体系的走向。我只是把它们作为中国社会思想和知识体系重构的一个有机的环节进行案例分析。"五四"东西文化论战的叙事及其内容涉及现代化过程中中国文化的主体性问题，或者说，寻求现代化过程中的文化认同问题。然而，在论辩的过程中，文化的问题逐渐地演变成为知识的问题，文化认同的问题也逐渐地演变成为现代知识体系的重构的问题。通过梳理和研究东西文化论战及其与科玄论战的历史联系，我试图揭示出在科玄论战的抽象论争中所隐含的文化问题。

第二节　东西文化论战的两种叙事模式

"科学与人生观"论战直接延续了五四时期东西文化论战的许多基本主题。但是,这场论战以明显的专业化的学术形式区别于此前有关文化问题的各种论战。所谓专业化的学术形式是指这样一种形式:参加讨论的人都是经过专业训练的学者,他们使用的语言也是由专业化的知识处理过的语言,而不是日常语言,他们都必须遵循某种共同认可的规范,尽管他们所持的具体观点大相径庭。专业化的讨论还意味着这样一个历史事实:在现代中国,已经出现了以学术为职业的社会群体,他们对文化的讨论在一定程度上已经与大众的日常生活脱离了具体的联系。在这场讨论中,学者们要区分的是科学的有效范围多大,是否存在不同性质的知识,讨论的问题也主要在原理的层面或元理论的层面展开,而不是在经验的层面或历史的层面展开。

尽管已经发生的论争没有达成真正的共识,在许多时候仍不免情绪化的谩骂,但是,采用元叙事的方式或哲学的方式进行论战已经表明:双方相信通过这种哲学讨论,能够获得一致看法,那就是正确的知识。假定文化论争的最终结果是确认各自的文化立场、重申各自的文化价值的话,"科学与人生观"的讨论的最终结论不是文化立场问题,而是真理问题,是真理与谬误的区分问题。换言之,各种文化的、社会的和政治的分歧在这场讨论中已经被处理为对某种公理进行科学论证和检测的问题。针对论战中的一些越轨行为,梁启超在论战开始后不久发表了著名的《关于玄学科学论战之战时国际公法》,试图为论战规定一个共同认可的规则。梁启超用战争中攻守双方来比喻科学和玄学双方,暗示了这场论战具有公平游戏的性质:争辩的目的是为了达成共识;以某种共同规则为前提;对话者相互平等。梁氏的"公法"包括两条:第一,问题集中,针锋相对,剪除枝叶。第二,措辞庄重,态度恳挚,不得谩骂。[7]这是此前发生过的所有文化论战都不具备的特征。梁启超不仅相信讨论中的公共规则,而且相信在这种规则的基础上的讨论能够达成某种共识或以达成共识为目的,因为论战的指向是唯一的真理。值得注意的是,梁启超在这场论战中明显地偏向于玄学派,而他对论战的上述基本预设却反映了一种被广泛接受的实证主义的科学信念:科学陈述必须受制于规则,并以达成共识为目的,而不能只专注于表达的实用性。

在《后现代状态:关于知识的报告》(*The Postmodern Condition: A Report on Knowledge*)中,利奥塔(Jean-Francois Lyotard)曾区分出两种相互冲突的合法化话语,即科学与叙事。他认为科学始终同叙事相冲突。由于科学在陈述有用的规则和探索真理的范围内不受限制,它就应该对它自己的游戏规则提供合法性证明。[8]科学知识不得不求助于公开的或隐蔽的叙事知识程序,因为科学语言游戏在追求真理性陈述的同时,并无方法和能力依靠自身来证明自己的合法性。但是,另一方面,从科学知识的眼光来看,叙事知识根本就不是知识,而只是寓言和偏见。[9]由此,利奥塔揭示出认识论的科学世界观所造成的合法性危机。[10]在深入分析"科

---

[7] 梁启超:《关于玄学科学论战之"战时国际公法"》,《科学与人生观》(上),上海亚东图书馆,1923。
[8] Jean-Franscois Lyotard, *The Postmodern Condition: A Report on Knowledge* (Minneapolis: the University of Minnesota Press, 1989), p. xxiii.
[9] Ibid., p. 29.
[10] 杰姆逊(Fredric Jameson)在讨论利奥塔的合法性危机的主题时说:"……更为科学的时代的特征之一,最为显著的资本主义本身,就是面对那些和科学或实证主义有关的抽象的、定性的、或逻辑及认知程序的知识时,叙事或说故事式的知识的主张便开始相对地退却了。这段插曲再次将《后现代状况》的论断复杂化了,因为它把自身变成了它所要诊断的状况的一种症候——正象它在本文中举出其他任何发展一样,它自身向叙事论式的回归充分表现了它自身也是陈旧的认识的和认识论的科学世界观的合法性危机的好例子。利奥塔确实勾画了科学分析中的一种新的发现:科学试验与许多较小的叙事或制造出的故事很相似。另一方面,悖论的是,这种本质上是关于'真理'的叙事观点的复兴,以及在现存社会体系中到处活动的小叙事单位的活力,伴随着这样问题:叙事功能普遍地经历着更加全球化的和整体性的'危机',因为,就我们所见的,旧的合法性的伟大叙事在科学研究中已经不起作用——这也意味着它在别的方面也不再起作用(如我们不再相信政治或历史的目的论,不再相信历史——民

学与人生观"论战的具体内容之前,我首先提出的问题正是形式方面的问题:为什么这场论战采用了"理论"方式,即元叙事的方式,而不是如同前此的文化论证那样采用历史或文化叙事的方式?中国现代文化论战是如何从历史叙事的基本形式过渡到理论叙事的基本形式的?五四启蒙运动的历史叙事如何内在地依赖于元叙事,科玄论战的元叙事又如何依赖于历史叙事?中国现代思想对现代性的质疑如何依赖于现代性的历史叙事,并促成了现代知识体系的重构?中国现代性的知识体系的结构是如何脱胎于有关历史和文化的叙事的?

在论述中国早期科学刊物的科学观念时,我曾经着重指出当时的科学概念是在科学/政治、科学/文明、科学/时代的修辞方式中提出的,这表明科学需要有关政治、文明和时代的历史叙事对自身进行合法性证明:科学的意义和价值是由它的政治、文化、时代的特殊功能提供的。在晚清民初中国的语境中,科学还没有能够用关于自身的元叙事来证明自身,它必须用"通俗"知识来论证自身。这一事实也表明,科学用何种方式进行合法性证明依赖于特定的社会语境,历史叙事和元叙事都有其历史性。

在现代中国的语境中,科学叙事与历史/文化叙事的差异当然还有更深刻的历史根源和思想前提。我在此首先提及,在下文中将作详论的,是民族及其文化与未来世界的关系。科学叙事体现了一种世界主义的倾向,即历史时间的推进将最终导致一个统一的、消灭了民族及其文化的世界;在这个世界里,所有的文化问题都可以通过(实证)科学的方式得到解决。文化叙事也同样包含了一种世界主义的倾向,但是,这种世界主义倾向需要通过文化的抉择来达到。这样,不同的民族文化孰优孰劣、能否调和、是否通约,就成为有关世界和民族命运的严重问题。

族国家、无产阶级、政党、西方——的伟大"推动者"和"主体")。我相信,如果采取进一步的分析的话,这个明显的矛盾能够解决,但利奥塔在现在的文本中似乎不愿这么做。这个进一步的分析就是:不是断言伟大叙事的消逝,而是断言它们的如同以往的潜在运作,它们在我们的当下情境中作为一种'思考'和行动方式的无意识结果的继续。"参见 Fredric Jameson,"Forword,"in *The Postmodern Condition*, pp. xi-xii.

科学叙事和文化叙事，都不是针对具体历史问题的具体历史解答，而是重新解释我们与未来的关系的方式，通过各自的解释，它们为现实的社会变革提供价值的来源。

第三节　东/西二元论及其变体

上述情况在五四时期以鲜明的形式表现出来。

东西文化论战以历史/文化叙事的形式展开，双方对东西文化的合法性论证依赖于各自关于文化的历史叙事。这次论战以"文化"和"文明"为主题，论争的焦点是究竟以什么文化及其价值为准则或目标确立中国社会、文化、国家的变革方向。在晚清至五四时期，西方文明被论战的双方普遍地视为科学文明或科学文化，分歧仅仅是对这种文明的评价。这表明：科学的合法性是由特定的文化或文明形态提供的，而不是由科学的原理提供的。正如陈崧指出的，自鸦片战争以降，文化论战迭起，学校科举之争、中学西学之争、旧学新学之争、文言白话之争、东方文化西方文化之争，等等，环环相扣，从未间断，五四东西文化论战只是在规模和时间上将这些论战推向高潮罢了。[11]从 1915 年《青年杂志》与《东方杂志》就东西文化问题展开论战起，论战持续了十余年，参与者数百人，发表文章近千篇，专著数十种。内容繁富，问题广泛，形式多样。在这样的形势下，论争不可能局限于专门化的学术讨论之中，只能采用"通俗"知识的形式：用"非科学的"政治、宗教、文化、文明、道德或一般常识性话语来论证科学的范围、限度、意义和危机。不过，非常明显的是，一般常识性话语也诉诸元叙事，那就是以进化论为基础的关于历史发展规律、历史的目的和意义的抽象解说，而分歧的焦点最终也会归结为对于

---

[11] 陈崧：《"五四前后东西文化问题论战文选"前言》，《五四前后东西文化问题论战文选》，北京：中国社会科学出版社，1985，页 1。

这种元叙事的判断。

除了上述论争方式的变化之外,从五四文化论战到"科学与人生观"论战,最为重要的变化是前者的东/西二元论转化成为后者的科/玄二元论。这种转化主要是由非主流派完成的。实际上,在晚清以降的科学/文明、科学/时代、科学/政治的论述模式中,科学只是暂时地代表西方文明,因为从长远的观点看,科学是一切文明的基石和方向。在进化论的历史时间意识的支配下,东西文化的对立不过是新与旧、传统与现代的对立,这种对立终将伴随科学的发展而消失,并不能构成稳定的二元关系。改变这种一元论历史观的,恰恰是所谓"保守派"的东/西二元论,这种二元论用空间的关系替代新派的时间关系,从而将东/西作为稳定的表述范畴。从五四以前的东/西二元论到五四以后的科/玄二元论的转变,揭示了这两次论战的内在联系,特别是东/西与科/玄之间的历史关系。科学/道德/情感的区分并不是在认识论的逻辑中发生的,而是在特定的历史关系中发生的,虽然在科玄论战中,这种区分完全采用了认识论的形式。与此同时,这种转变也决定了这两次论战的重要区别。我在此首先分析这种转变是如何发生的,即东/西文化的二元论如何衍生为科学与人生观的二元论。

五四东西文化论战以文明问题为中心,因此所有问题都围绕东西方文明的特征、优劣而展开。东西文明的二元论是论争双方的共同预设,但如果我们将他们对这两种文明及其相互关系的判断纳入各自的历史观中来看,差异仍然是明显的。我把这种差别解释为整体论的历史观与二元论的历史观的差别。简明地说,各民族文化之间是否具有共同的本质,因而享有共同的价值标准、发展规则和未来目标?整体论的历史观对此持有肯定的回答,二元论的历史观对此则持有否定的回答。伴随当时形势的发展,特别是战后欧洲思想的变化,中国的东西文化论战也明显地出现了不同的阶段。按照学术界通常的划分,一般可以分为三个阶段,即1915—1919年的东西文明优劣论,1919—1920年的东西文明能否调和论,1920—1923年围绕梁启超的《欧游心影录》、梁漱溟的《东西文化及其哲学》而引起的对欧洲现代文化的再评价。每个阶段之间的连续性显而易见，但也存在明显的差别。为了说明问题，我在此用分析案例的方式简要解释这些不同论战的形式、问题和隐含的叙事。

东西文明优劣论并不是五四文化论战的独创，而是晚清以降中国思想的主要特征之一。洋务派为"师夷长技"而发明"西学源出中国说"，用中国文化为科学技术提供合法性证明。在甲午战争失败后，严复、梁启超等人发展了中西对比的论述模式，坚持文明的异质性，为全面引进西方科学技术和社会政治经验提供思想依据。对东西文化进行举例式的对比，这种历史叙事明显地依赖于有关历史进化规律和最终目标的元叙事，否则这种历史叙述本身无法为变革自身的文化和社会提供价值的标准。如果不能将异质的文化安排在统一的历史进程之中，那么，人们有什么理由相信另一种文化能够为自己的文化提供变革的规范呢？[12]五四东西文化论战的双方都坚持文化或文明的异质性，并在东/西对比的论述模式中各执一词。为什么共同坚持东/西对比的论述模式，所得的结论却截然相反？这显然表明：在这种非常接近的对比式描述背后，还隐含着更为根本的历史叙事。正是这种隐含的历史叙事为文明的对比关系提供了取舍的标准。

1915年创刊的《青年杂志》第1卷第1号揭载了陈独秀的《法兰西人与近世文明》一文，将近世文明的特征描述为"人权说"、"生物进化论"和"社会主义"。贯穿在这篇文章中的文明框架是一种时间性的框架，而不是空间性的框架。陈独秀说：

> 近世文明东西洋绝别为二。代表东洋文明者，曰印度，曰中国，此二种文明虽不无相异之点，而大体相同，其质量举未能脱古代文明之窠臼，名为近世，其实犹古之遗也，可称曰近世文明者，乃欧罗巴人

---

[12] 关于西学源于中国说，请参见《筹办夷务始末》同治46.45a（台北：文海出版社，页4449）。严复在《论世变之亟》中比较"中西事理"说："尝谓中西事理，其最不同而断乎不可合者，莫大于中之人好古而忽今，西之人力今以胜古；中之人以一治一乱、一盛一衰为天行人事之自然，西之人以日进无疆，既盛不可复衰，既治不可复乱，为学术政化之极则。……"《严复集》第1册，页1。

之所独有,即西洋文明也,亦谓之欧罗巴文明。[13]

陈独秀的历史叙事明确地将东方/西方的文明关系理解为古代/现代的文明关系,从而将东西方文化的时空并列关系改写为一种时间关系。

在汪叔潜的《新旧问题》一文中,这种时间关系被明确为新旧关系:

> 吾何为而讨论新旧之问题乎？见夫国中现象,变幻离奇,盖无在不由新旧之说,淘演而成。吾又见夫全国之人心,无所归宿,又无不缘新旧之说,荧惑而致。政有新政旧政,学有新学旧学,道德有所谓新道德旧道德,甚而至于交际酬应,亦有所谓新仪式旧仪式,上自国家,下及社会,无事无物,不呈新旧之二象。……所谓新者无他,即外来之西洋文化也;所谓旧者无他,即中国固有之文化也。[14]

文明关系被定义为新旧关系,在这种时间框架中,"新旧之不能相容,更甚于水火冰炭之不能相入也。"正是在不可逆转的时间观念的框架中,欧美各国之家族制度、社会制度以至于国家制度"无一焉可与中国之旧说勉强比附者也。"[15]这种在时间框架中发展起来的文明比较论,再次重复了严复式的中西对比的二元论模式。然而,这种二元论是一种临时性的二元论,因为这种对立不过是要论证中国的变革必须以西方现代文化为准则和目标而已。陈独秀在《东西民族根本思想之差异》一文中,分别论证了东西思想的"若南北之不相并,水火之不相容"的三大差别:西洋民族以战争为本位,东洋民族以安息为本位;西洋民族以个人为本位,东洋民族以家族为本位;西洋民族以法治为本位,以实力为本位,东洋民族以感情为本位,以虚文为本位。[16]但清楚的是:在进步的时间轴线上,这

---

[13] 陈独秀:《法兰西人与近世文明》,《青年杂志》第1卷第1号,1915年9月15日,页1。
[14] 汪叔潜:《新旧问题》,《青年杂志》第1卷第1号,页1,页3。
[15] 同上,页3、页4。
[16] 陈独秀:《东西民族根本思想之差异》,《青年杂志》第1卷第4号,1915年12月15日,页1—4。

种文明差异只能被解释为先进与落后的差异,从而也是可以通过历史的进步而克服的差异。这是一种历史差异,而不是本质论的差异。

第四节　新旧调和论的产生与时间叙事

如果将这种东西文明的对比描述放置于空间性的叙事中,问题就可能发生变化。杜亚泉等人的东西文明论当然是最明显的例证。甚至李大钊在采用了地理环境决定论的解释模式之后对文明差异的解释也具有了某种反时间的倾向。在《东西文明根本之异点》一文中,李大钊可能受到了论敌的影响,也将东西文明的差异理解为"静的文明"和"动的文明"的差别,并排列出自然/人为、安息/战争、消极/积极、依赖/独立、苟安/突进、因袭/创造、保守/进步、直觉/理智、空想/体验、艺术/科学、精神/物质、灵/肉、向天/立地、受制于自然/征服自然等各项对立。李大钊把文明的上述差异的动因归结为"自然之影响",特别是地理环境的决定作用:"南道文明者东洋文明也。北道文明者西洋文明也。南道得太阳之恩惠多,受自然之赐予厚,故其文明为与自然和解与同类和解之文明。北道得太阳之恩惠少,受自然之赐予啬,故其文明为与自然奋斗与与同类奋斗之文明。"[17]这

---

[17] 李大钊:《东西文明根本之异点》,《言治》季刊第 3 册,1918 年 7 月 1 日,页 1。梁漱溟在评论李大钊的这篇文章时,一针见血地说,李大钊虽然暗示"两文化的调和",但却把"逼到眼前的题目看作未来的事业,"而他"说东洋文明的短处大约有数端,头一端便是'厌世的人生观不适宜于宇宙进化之理',已把印度化一笔勾销。又说须要把静止的精神根本扫荡,而李君所以诠释东方文明的就是'静的文明'四字,那么与根本扫荡东方文明何异? 李君却还要说'东西文明互有短长,不宜妄为轩轾',岂不太客套了么? ……从前维新家的头脑是中西合璧的,是矛盾不通的,东方化就容留下了。现在新思想家很能领会西方化——这也因为问题渐渐问到文化的原故——他的主张要一贯的,要彻底的,那里能容东方化呢?"我们暂且不论梁漱溟的价值判断和文化立场,他对李大钊的东西文明论的实际内涵作了透彻的概括。见《"东西文化及其哲学"导言》,《梁漱溟全集》第 1 卷,济南:山东人民出版社,1989,页 258—259。

种环境决定论的历史叙事明显地将文明差异置于空间关系中来观察，从而与关于文明关系的时间叙事相区别。

在这样的叙事框架中，东西文明的差异就不能简单地作价值判断。李大钊说：

> 东西民族因文明之不同，往往挟种族之僻见以自高而卑人，近世政家学者颇引为莫大之遗憾。平情论之，东西文明互有长短，不宜妄为轩轾于其间。[18]

李大钊的社会政治倾向与陈独秀没有根本差别，但战后欧洲思想对现代文化的反思和批判显然对他的文明观起了重要作用，他不可能简单以欧洲文明为未来发展的标准。问题是如果东西文明的关系不是时间上的新旧关系，而是空间上的并列关系，那么，李大钊就必须发展出超越两个文明的二元叙事来为变革提供依据：

> 以余言之，宇宙大化之进行，全赖有二种之世界观鼓驭而前，即静的与动的，保守与进步是也。东洋文明与西洋文明，实为世界进步之二大机轴，正如车之两轮、鸟之双翼，缺一不可。而此二大精神之自身，又必须时时调和，时时融会，以创造新生命而演进于无疆。……俄罗斯之文明诚足以当媒介东西之任，而东西文明真正之调和则终非二种文明本身之觉醒万不为功。所谓本身之觉醒者，即在东方文明，宜竭力打破其静的世界观，以容纳西洋之动的世界观；在西洋文明宜斟酌抑止其物质的生活，以容纳东洋之精神的生活而已。[19]

李大钊的社会主义倾向（通过对俄罗斯的推重）是通过文明调和的叙事

---

[18] 李大钊：《东西文明根本之异点》，《言治》季刊第3册，页3。
[19] 同上，页4。

表达出来的。文明的调和作为一种超越单一文明视野的叙事构筑了一种新的历史发展观,这种历史发展观具有明显的超验性和非历史性。在这种超验的历史叙事中,科学不再作为西方文明的特质出现,而成为一种超越种族、文化、地域和时间的普遍价值。李大钊引用吉普林(Kipling)的诗句发挥说:只有在上帝的裁决面前,东西双方才是绝对的,而来自地球两极的新青年则应拒绝东西畛域之见和种族血缘之分:

> ……竭力铲除种族根性之偏执,启发科学的精神,以索真理。奋其勇气以从事于动性之技艺与产业。此种技艺与产业足致吾人之日常生活与实验之科学相接近。如斯行之不息,科学之演试必能日臻于纯熟,科学之精神必能沦浃于灵智。此种精神即动的精神,即进步的精神。一切事物无论其于遗袭之习惯若何神圣,不惮加以验察而寻其真,彼能自示其优良者即直取之,以施于用,时时创造,时时扩张,以期尽吾民族对于改造世界文明之第二次贡献。[20]

文明调和论并没有改变李大钊对于中国文明的激烈批判,但却改变了东西文化论战的叙事方式。动的、进步的和科学的文化等原先被视为西方文明的特质现在被组织到一种超越具体文明和种族的更大的叙事之中,在这个叙事中,人们的行为以追索"真理"为目标,历史的发展也以"真理"的达至为终极。如果历史以追索"真理"为目标,那么作为追索"真理"的唯一方式的科学就成为现代人类生活的唯一方式;如果在东西文明二元论中科学需要文明和历史作为合法性论证,那么在现在的叙事中科学则成为了合法性的源泉和历史的元叙事。本质主义的真理概念是整个叙事的核心。在东西文化冲突的语境中,科学、进步等价值的中立化和客观化抚慰了中国人一面抵抗西方入侵、另一面接受其价值的内心冲突。甚至陈独秀在《随感录》(一)中也同样提出了超越国家和历史的"学术"概念,他认为学术乃"吾人类公有之利器,无古今中外之别,""吾人之于学术,只当论其是不是,

---

[20] 同上,页7—8。

不当论其古不古;只当论其粹不粹,不当论其国不国。以其无中外古今之别也。"[21]新文化阵营的文明论依赖于超历史和超文明的科学叙事,因为在西方文明本身面对合法性危机的历史时期,只有这种超历史的叙事能够提供关于历史发展的方向和目标,在抽象的层次上重建为文明调和论瓦解了的时间叙事,进而为社会和文化的变革提供合法性证明。

围绕东西文明能否调和的争论一度甚为激烈。李大钊的例子表明,新文化阵营并非始终如一地坚持文明不能调和,论战双方对两种文明的独特性的论述也有许多重合之处。为什么论式上的相似性得出的却是截然相反的结论呢?对此显然需要在当时的社会政治语境中理解,特别是在袁世凯的改制及其失败的背景中理解。在1913年至1916年袁世凯策划扩大总统权力并实行帝制期间,如何制定国家体制曾经是几派政治力量较量的焦点。梁启超、杨度等人的立宪主张中即包含了关于新旧调和的观点,袁世凯的宪法顾问有贺长雄、古德诺的制宪理论中则明确地含有"求新旧思想之联络"的主导倾向。例如有贺氏说:

> 无论何国宪法一律不得与历史相离,现在国家权利之关系乃从已过之关系自然发展而来者也。……若将本国之过去置而不过,仅观外国之现在操切从事宪法之编纂,深恐法理上无须采用的规条亦一并采用,致遗后日莫大之货源,亦未可知也。[22]

---

[21] 陈独秀:《随感录》(一),《新青年》第4卷第4号,1918年4月15日,页341。有意思的是,就在陈独秀为引进西学而倡导"勿尊圣"、"勿尊古"、"勿尊国"的学术"三戒"的同时,钱智修从相反的方向同样提出了"以学术为学术之目的"的看法。他针对的是新文化运动在倡导新学时的功利主义倾向,这种功利主义被归纳为以应用为学术之目的、以通俗主义和平凡主义为学术之形式、以多数人的意见和享受为学术标准、以排斥权威和领袖人才为学术之特征、以推尊欧美为学术的取向等"五事"。作者的结论是:"亦惟以国家之力助少数学人脱离社会之拘束,俾得从容治学而已。"钱智修:《功利主义与学术》,《东方杂志》第15卷第6号,1918年6月,页1—7。钱早年毕业于上海复旦公学,曾在商务印书馆编译所任职,1920年杜亚泉辞去《东方杂志》主编后,钱任主编达十余年。对于钱氏的观点,陈独秀在《质问"东方杂志"记者——"东方杂志"与复辟问题》一文中曾经给以严厉批判,因为超越功利主义的观点在"东方杂志"派的论述中,无非是反对文化变革的借口而已。

[22] 有贺长雄:《观奕闲评》,1913年8月校印,页1—2。

强调与自身历史的联系的另一面是反对以西方国家的宪制为中国宪制改革的蓝本,从而为袁世凯的帝制自为提供理论的根据。[23]新文化运动激烈的西方化倾向也需要在这种特定的政治背景中理解。

然而,历史观方面的分歧也是极为重要的。从历史叙事的角度看,论战最终涉及承认还是拒绝现代性的时间目的论,亦即文明的冲突和调和是否应该而且能够被安排在进步和进化的历史时间框架之中。事实上,"调和派"正是通过对于整体论的进步时间观的消解,逐渐地完善他们的二元论的论述模式。伧父(杜亚泉)在1916至1917年间发表的文章,如《静的文明与动的文明》、《战后东西文明之调和》和《迷乱之现代人心》,是"五四"以后有关新旧文化能否调和的争论的先导。著名的《静的文明与动的文明》一文坚持文明的差异渊源于特定的社会历史条件,东西文明"乃性质之异,而非程度之差";社会形成的历史不同也决定了社会存在之观念全然殊异。作者承认文明的相互接近和调和"为势所必至",但中国社会和观念的基本形态却不必以西方文明为依归。[24]《战后东西文明之调和》一文以第一次世界大战为背景,分析现代文明的危机。作者认为"东西洋之现代生活,皆不能认为圆满的生活;即东西洋之现代文明,皆不能许为模范的文明。"[25]

在讨论战后文明的发展时,杜亚泉提出了"经济/道德"的二元论,这是他的文明二元论的一次发展:"文明之定义,本为生活之总称,即合社会之经济状态与道德状态而言之。"[26]经济/道德的二元论明显地承续

---

[23] 参见《有贺顾问之宪法讨论及总统月旦》(《宪法新闻》第8期,1913年6月1日,页1—2)、《古德诺拟中华民国宪法草案》(《宪法新闻》第13期,1913年7月27日,页1—18)、《古顾问之宪法意谈》(《宪法新闻》第12期,1913年6月29日,页2—5)等。
[24] 伧父:《静的文明与动的文明》,《东方杂志》第13卷第10号,1916年10月10日,页1—8。
[25] 伧父:《战后东西文明之调和》,《东方杂志》第14卷第4号,1917年4月15日,页1—7。
[26] 伧父:《战后东西文明之调和》,《东方杂志》第14卷第4号。杜亚泉将精神与物质、道德与经济划分为不同的文明类型和领域的观点是重要的变化。他早期的文章并不如此,充分地表现出对宇宙的整体主义理解。如1905年发表于《东方杂志》第2卷第4号,1905年4月25日,页73—74上的文章《物质进化论》云:"宇宙间事事物物,……类别之为三:曰物质、曰生命、曰心灵。总括之则曰现象。""一切学术,虽科目甚繁,皆可以

了晚清以降在中国社会广为流传的物质(文明)/精神(文明)、科学(文明)/道德(文明)二元论,差别仅在于物质/精神或科学/道德二元论是两种文明的代称,而经济/道德的二元论虽然暗示了东西文明的差别,但也指任何一种文明所必须具备的条件。杜亚泉用经济而不是科学来表述西方文明的优势,实际上是把科学贬低为"发达经济之手段",从而将科学与任何更高的目标区别开来:

>……近年中以输入科学思想之结果,往往眩其利而忘其害。……至科学上之学说,如竞争论、意志论等,虽各有证据,各成系统,但皆理性中之一端,而非其全体,当视之与诸子百家相等,不可奉为信条。吾人当确信吾社会中固有之道德观念,为最纯粹最中正者。……却不可以此自封自囿。世界各国之贤哲,所阐发之名理,所留遗之言论,精深透辟,足以使吾人固有之观念益明益确者,吾人皆当研究之。[27]

杜亚泉从经济、社会、道德等各个方面瓦解西方社会伴随科学、经济和现代政治制度的发展而进步的神话。按照他的判断,战后西方思想趋向于社会主义,在道德上接近于东方思想,因此,"吾人之天职,在实现吾人之理想生活,即以科学的手段,实现吾人经济的目的。以力行的精神,实现吾人理性的道德。"[28] 经济/道德的二元论作为一种历史叙事方式,仍然隐含了整体进步的历史观念,但较之直线进化的科学历史观,显然复杂得多。

> 此统之。何则?学也者,自客观言,乃就宇宙间本有之定理定法研究而发明之,以应用于世之谓。自主观言,乃由所感所知者,进于演绎归纳之谓。宇宙间三者以外,别无现象,则所谓定理定法者,即在此现象之中;所感所知者,亦感知此现象而已。故此三象者,一切学术之根据。其直接研究之记载之者为物理学(包化学博物学言)、生理学(包生物学言)、心理学。以此三科为根据地,应用其材料,而有种种工艺、航海、机械之学,医药、卫生、农林、畜牧之学,伦理、论理、宗教、教育、政法、经济之学;又统合三科,研究其此现象之实体,而有哲学。"

[27] 伧父:《战后东西文明之调和》,《东方杂志》第14卷第4号,页6—7。
[28] 同上,页7。

在"五四"以后,大约自1919年秋起,章士钊在上海、广州和杭州等地发表一系列演讲,引发了有关新旧"调和"、"折中"的论争。这场论争在许多方面重复和发展了杜亚泉的经济/道德的二元论。如果比较前一阶段以东西文明关系为中心展开的论战,这次论争的内容没有根本的改变,但重点落在新旧关系的讨论之中。把东方/西方、精神/物质、信仰/科学的二元置于新旧的时间关系之中,这表明现代性的时间观念(时代概念)已经深入人心,并成为各种社会力量就文化问题进行论争的合法性资源。这显然也是因为,对于东方与西方文明各自特征的描述,并不能为当代的选择提供自明的标准。我们也可以看到,《新青年》与《东方杂志》对中国和西方文明的描述也有许多相似之处。因此,对文化问题的讨论不可能仅仅依赖于历史叙事,而必须诉诸于一个更高的元叙事。《新青年》派提出了以进化论为科学基础的历史观念,而《东方杂志》派则提出了新旧调和论。问题由此从历史描述和归纳转向了哲学层次,分歧的焦点在于是否接受现代性的历史观念,即历史是如同直线一般从过去发展到现在,进而走向未来吗?所有有关历史哲学和历史时间的讨论最终又将转化为历史叙事,这种历史叙事反过来提供当代文化选择的历史理由或历史合法性。《东方杂志》、《甲寅》、《学衡》等刊物对现代性的质疑是以对现代性的时间观念的承诺为前提的,因为他们也不得不把"时代"概念置于至关重要的地位。正由于此,我才把它们与新文化阵营的关系视为中国现代思想的内部关系,它们之间的分化也才能被解释为文化现代性的分化。

杜亚泉发表于1919年9月的论文《新旧思想之折中》充分表现了这一点。在这篇文章中,作者一反以东/西文明比较为主的论述方式,转而讨论新/旧的哲学关系。促使这一转变的要素之一是"时代"概念的重要性大大增强了。与《新青年》群体把"时代"概念与"新"的概念紧密联系的修辞方式形成尖锐对比的是,杜亚泉竭力通过时代的变化消除新旧之间的截然对立,进而瓦解现代性的时间目的论。[29]在杜亚泉的论述中,新旧关系的哲学探讨与历史叙事相互依赖:

---

[29] 参见汪晖:《韦伯与中国的现代性问题》,《学人》第6辑,江苏文艺出版社,1994。

>……新旧二字,在现时之意义颇为复杂,若仅以单简之观念,为现时思想界派别之标志,则诚有似旧非旧,似新非新,浑混而不易明者。盖新旧二字,本从时间之观念发生,其间自含有时代关系。时代不同,意义亦异,即如戊戌时代之新旧与欧战以后现时代之新旧,意义自然不同。[30]

值得注意的是,杜亚泉对新旧关系的含混处理并没有真正消解"新"的优越性。他把戊戌时期的中国思想概括为"仿效西洋文明者为新","固守中国习惯者为旧",而根据他对战后欧洲社会和思想的了解,他认为真正的"新"思想是"创造未来文明者为新","维持现代文明者为旧"。[31]现在,"新思想"是能够包容旧思想的思想,也是批判现代思想的思想。杜亚泉利用了"新"的权威性对中国的新思想进行抨击,这也表现在他对科学概念的运用中。一方面,他用"操科学以杀人,利于刀兵"来批评现代文明,并将科学与道德或精神完全分割为不同的领域;另一方面,他要求中国人对中国固有的文明"以科学的法则整理而刷新之,其为未来文明中重要之一成分",并争辩说:

>然以时代关系言之,则不能不以主张刷新中国固有文明贡献于世界者为新,而以主张革除中国固有文明同化于西洋者为旧。故现时代之所谓新旧,与戊戌时代之所谓新旧,表面上几有倒转之观。然详察之,则现时代之新思想,对于固有文明乃主张科学的刷新,并不主张顽固的保守,对于西洋文明亦主张相当的吸收,惟不主张完全的仿效而已。若以戊戌时代之思想衡之,固在不新不旧之间也。[32]

杜亚泉用"新"、"科学"为保存旧文明、维护"公"观念、反对极端个人主义和消费主义辩护,实际上是以反现代的方式对现代性的承诺:这种论述

---

[30] 杜亚泉:《新旧思想之折中》,《东方杂志》第16卷第9号,1919年9月,页1。
[31] 同上,页2。
[32] 同上,页2—3。

方式表明"新"和"科学"已经成为合法性的基本的资源。

在新旧调和论的论战中,两派的真正分歧是一种态度上的分歧。正如福柯所说,所谓现代性主要指一种态度,而不是一个历史时期。他把现代性的态度理解为一种人与当代现实的关系模式,一种特定人群的自愿的选择,一种思想、情感、行动和行为的方式。[33]蒋梦麟的《新旧与调和》一文如此生动地印证了福柯的描述:

> 新思想不能用时代来定,也不能以西洋输入的来做标准。……新思想是一个态度,这一个态度是向那进化一方面走,抱这个态度的人视吾国向来的生活是不满足的,向来的思想,是不能得知识上充分的愉快的。所以他们要时时改造思想,希望得满足的生活,充分愉快的知识活动。……"新"是一个态度。求丰富生活,充分愉快的知识,活动的态度,不是一个方法,也不是一个目的。"旧"是对于这新态度的反动,并不是一个方法,也不是目的。新旧既不是方法,又不是目的,所以不是两个学派。两个学派之中能容调和派,新旧之间是用不着调和派。[34]

在"调和派"对蒋梦麟的批评中,杜亚泉提出了一个新的二元论,即情感/理智的二元论,用以解释态度与思想的区别。[35]这种情感/理智的二元

---

[33] Michel Foucault, "What is Enlightenment?" in *The Foucault Reader*, ed. Paul Rabinow (New York: Pantheon Books, 1984), p.39.
[34] 蒋梦麟:《新旧与调和》,《晨报》,1919年10月13、14日,第5版、第7版。
[35] 蒋梦麟的看法遭到杜亚泉(伧父)的反驳,他于1919年11月在《东方杂志》第16卷第11号上发表《何谓新思想》一文说:"态度非思想,思想非态度,谓思想是态度,犹之谓鹿是马耳。"杜亚泉把态度视为感情的表现,而思想则是理智的表现,从而态度与思想的区别被划分为感情与理智的二元论。他例举中西的各种思想,如民主的经济思想、互助的进化思想,公产的社会主义,或国家的社会主义等,指出他们并未揭橥"新思想"的旗帜;"而揭橥新思想者,其所谓新思想,并不属于前述种种,其惟一之主张,为推倒一切旧习惯,此种主张,适与新思想之定义相凿枘。新思想依据于理性,而彼则依据于感性……"(第2—5页)

论与此前的精神/物质的二元论和此后的人生观/科学的二元论遥相呼应。如果我们细加分析,这种将文化和社会问题纳入上述二元论模式的方式,已经渗透到新旧及其相关关系的解释之中,从而逐渐地改变了进化论历史观中的新旧关系。

1919年11月,章士钊在寰球中国学生会发表题为《新时代之青年》的演讲,直接引发了新旧调和论的论战。章氏的讨论仍从重新定义"时代"概念入手,即"新时代"是一个"崭新时期",还是一个"世世相承连绵相续"的过程?章士钊首先发展了一种整体的历史观,用以瓦解现代性的历史时间,特别是历史分期观念:

> 新知代云者,决非无中生有天外飞来之物,而为世世相承连绵不断,……是历史为活动的整片的,如电影然,动动相续,演成一出整剧,……上古与中古之分,中古与近代之分,在何年何月何日何时何分钟何秒钟,殆无史家可以言之。[36]

他进而将这种历史观念诉诸"宇宙最后之真理":

> 宇宙最后之真理,乃一动字,自希腊诸贤以至今之柏格森,多所发明。柏格森尤为当世大家,可惜吾国无人介绍其学说,总之时代相续,状如犬牙,不为栉比,两时代相距,其中心如两石投水,成连线波,非同任作两圆边线,各不相触。故知新时代之所谓新,亦犹前言一种权宜之词耳。……宇宙之进步,如两圆合体,逐渐分离,乃移行的而非超越的……则最后之新社会,……固仍是新旧杂糅也。……调和者,社会进化至精之义也。[37]

章士钊建立了一种特殊的推理叙事:宇宙的进步前后相续,故而社会的变

---

[36] 章行严:《新时代之青年》,《东方杂志》第16卷第11号,1919年11月,页159。
[37] 同上,页160。

化前后相续，因此，人们对社会与文化应持调和的态度。章氏的反现代性的态度同样诉诸于一种科学主义的元叙事，即把自然运行的原理、社会历史的变化和人的文化态度理解为同一的问题。这再一次表明，尽管章士钊与新文化运动处于对立的两极，晚清以降影响日渐深巨的现代历史观及其宇宙论已经是新旧双方共同认可的前提。

新旧相续的宇宙论和历史观当然是为了否定新文化运动的"创造"、"解放"、"破坏"等现代性命题。从东西文化关系转向新旧关系，明显地是从空间关系转向时间关系。这种转向表明了章士钊等人与现代性的历史观念的暧昧关系。但是，更重要的是，在这种时间关系中，章士钊再一次提出了物质/精神、科学/道德的二元论。在他这里，这种物质/精神、科学/道德的二元论不再仅仅是一种东西文明二元论的表达，而被置于一种普遍性的时间关系之中。换言之，宇宙和社会本身是由两种不同性质的东西构成，因此社会的进步需要展现为不同的方向。在"如两圆合体，逐渐分离"的"宇宙之进步"中，不仅存在新旧的复杂关系，而且不同性质的事物也具有不同的新旧关系。这样，在宇宙进化的时间关系中，出现了不同方向的"进步"，例如科学的进步与道德的进步很可能方向完全相反，但是，这种方向相反的运动都是"宇宙之进化"的一部分。正由于此，章士钊对"解放"、"进步"的现代观念的质疑不是一般地否定这些观念，而是首先问"其物之本质如何？"[38]在欧战结束的历史语境中，章氏找到了说明他的物质/精神二元论的最好例证。在他看来，欧洲战争是科学、物质、经济的战争，"经此结果，科学方面物质及经济方面之必生绝大变化，"但与此同时，"社会风纪，败坏不少。""总之，欧洲之所应为，一面开新，必当一面复旧。物质上开新之局，或急于复旧，而道德上复旧之必要，必甚于开新。……新机不可滞，旧德亦不可忘，挹彼注此，逐渐改善，新旧相衔，斯成调和。"[39]

新旧调和的命题不仅适用于物质与道德之间，而且也适用于东西文

---

[38] 同上，页161。
[39] 同上，页162。

化的道德领域之间。道德可以分为西洋的和中国的,但这两者并非绝对隔绝,而应相互调和。章氏批评中国道德过分注重个人的独善,而忽略了人的社会性,因而在国际竞争的环境中,难以凝聚成为有机的社会和国家。"今日国家之存亡,纯卜之于社会全体,而国政之出于何途,社会道德之养成何象,纯由社会自决。"[40]这显然是西方国家的政治成就。正是在这个意义上,章氏一方面主张保存固有之道德学问,另一方面又需要养成公民的意识,"求以人民之公意与共和之蟊贼相搏战,以搏最后之胜利。"[41]章士钊并没有明确提出"内圣外王"的命题,但他对东西方道德问题的阐述却与现代新儒家重新解释"内圣外王"完全一致。通过这样的解释过程,在时间轴线上展开的新旧调和论,同时又展现为东方与西方、精神与物质或者道德与科学的既相区别,又相渗透的二元关系。

章士钊在新旧相续的时间关系和"宇宙之进化"的基本原理中,再次分化出东方与西方、科学与道德的异质关系,显然对进化论的和目的论的历史观提出了质疑。新旧调和论触及了直线进化的现代历史观的要害,新文化阵营必须发展出更为复杂的历史叙事才能维持关于进步的观念和现代文化的合法性。张东荪的《突变与潜变》一文是对章士钊的反驳,这篇文章集中在新旧关系之中,完全没有涉及科学与道德、东方与西方的二元论。他用突变论重新解释进化关系,实际上是把黑格尔的辩证法用于解释自然和社会中的对立和统一。从量变到质变的突变论一方面论证了新旧之不可调和,另一方面又在时间的轴线上保证了事物的同一性。[42]更有分量的批判文字来自李大钊。《物质变动与道德变动》从理论上批判了章氏的"物质开新、道德复旧"的新旧调和论,其理论的资源是达尔文的进化论和马克思的历史唯物主义。通过进化论,李大钊论证了道德并非超自然的、超物质的存在,它的"基础就是自然,就是物质,就是生活

---

[40] 同上,页163。
[41] 同上,页164。
[42] 东荪:《突变与潜变》,《时事新报》,1919年10月1日。

的要求。简单一句话,道德就是适应社会生活的要求之社会的本能。"[43]根据马克思的唯物史观,人类社会一切精神的构造都是表层构造,只有物质的经济的构造是这些表层构造的基础构造,因此,思想、主义、哲学、宗教、道德、风俗、法制、政策等等都伴随物质的变动而变动。基督教的灵肉对立、康德的二元论、费希特的主观的自我都是特定时代的社会状况和知识状况的表现。在现代,通过科学技术和生产力的发展,"自然现象、人类社会都脱去神秘的暗云,赤裸裸的立在科学智识之上,见了光明。以美育代宗教的学说,他就发生于现代了。"[44]李大钊的论述不仅否定了新旧调和论,而且否定了物质/道德的二元论。[45]

在新旧的时间框架或者现代资本主义的全球性扩张背景中来检讨科学/道德的二元关系,这表明问题已经从文化民族主义的范畴转向了对现代性本身的反思。论述的中心不仅是中国寻求现代性的努力是否得当,而且是作为一个世界性现象的现代性是否面临内在的危机。第一次世界大战无疑为这种反思提供了契机。李大钊、陈独秀等人当然承认西方社会、特别是资本主义的发展所引发的社会和文化矛盾,但是,他们显然把这种矛盾看作是历史进程的必然的和必要的部分。[46]他们对历史的解释方式也体现了马克思主义本身的理论特征。我指的是这一理论体系的双重特征,即反对资产主义现代性的现代性理论。在李大钊等人的理论实践中,对资本主义的理论批判同时建立在现代性的历史发展观念之上。

---

[43]　李大钊:《物质变动与道德变动》,《新潮》第 2 卷第 2 号,1919 年 12 月 1 日,页 211。
[44]　同上,页 216。
[45]　李大钊的另一篇论文《由经济上解释中国近代思想变动的原因》则从现代历史的变化解释了东西文明问题。他一方面承续了东西文明为静的文明和动的文明的二分法,另一方面则指出,现代资本主义的扩张所引发的全球化过程已经改变了原有的东方社会的经济形态,从而适应传统经济结构的孔子伦理也一并失去效力。这实际上已经暗示,在资本主义时代,原有的东西文明的二元论已经不能成立。《新青年》第 7 卷第 2 号,1920 年 1 月 1 日,页 47—53。
[46]　陈独秀对新旧调和论的批判见于他的文章《随感录(七一)》。在这篇文章中,他把道德的衰败理解为东西方共存的状况,反对用东西二元论来解释道德与科学的二元论。他指明的共同方向是抛弃私有制,从而根本改变社会道德的腐败,因为道德的腐败是东西方共同的私有制的产物。见《新青年》第 7 卷第 1 号,1919 年 12 月 1 日,页 116—118。

第五节　总体历史叙事中的东/西二元论及其消解

在欧战所引发的对现代文明的怀疑情绪中,梁启超的《欧游心影录》和梁漱溟的《东西文化及其哲学》再次揭橥东方与西方的文化对立和差异,但这种东西文化的二元论与早期的中体西用论并不相同。他们对中国文化的倡导不是以论证文化的异质性或不可通约性为目标,而是以诊断和挽救现代性的危机为目的。在这个意义上,东西文化的二元论已经被安排在宏大的、总体的人类历史进程的叙事之中,从而表明梁启超、梁漱溟对(以西方文化为代表和源泉的)现代性的批判本身包含了对现代性的历史观念的承诺。他们的理论与马克思主义一样,也是一种反现代性的现代性理论。区别当然是明显的:马克思采用的是一种典型的科学叙事,而两位梁先生采用的则更多的是文化叙事和历史叙事。在欧洲语境中,对现代性的批判直接诉诸对现代性的生成原理的批判,如马克思对资本主义生产方式的分析,韦伯对官僚化过程的分析,尼采对资本主义精神的分析;这些分析并不涉及不同的文化和文明之间的选择问题。在中国的语境中,中国思想家对现代性的批判却首先表现为在东西文化之间进行选择,对现代性的检讨也主要基于不同的文化原理的比较分析。然而,这也并没有妨碍它们的共同之处:对现代性的批判本身同时接受了现代性的一系列前提,如民族—国家的历史叙事,如有关人类历史的宏伟叙事,如进化论和目的论的历史观,等等。欧洲思想的社会原理分析和中国思想对文化原理的分析都诉诸一种作为元叙事的历史哲学。

梁启超的《欧游心影录》连载于1920年3月至8月的《晨报》副刊,当即引起轰动。这篇名文对欧战以后的欧洲状况作了全面的分析。由于梁启超直接从见闻中研究欧洲状况,因此他对西方社会危机的分析没有如别人那样放在东西对比的模式之中。梁氏对欧洲和中国的分析已经被置于整体的人类历史和全球化视野之中。在他的分析中,第一次世界大战是"人类历史的转捩","不是新世界历史的正文,不过是一个承上启下的转捩段落罢了。"[47]因此,无论是他对西方社会的诊断,还是对中国社会和文化的期待,都是对作为一个总体历史问题的现代性的反思。从这样的视野出发,梁启超对欧洲危机的分析涉及现代性问题的诸多方面:民族自决(民族—国家问题)与国际冲突,资本主义经济危机,阶级冲突与社会革命,进化论和个人主义等西方社会思想的危机,科学及其"纯物质的纯机械的人生观"对宗教信仰和道德的毁灭,科学主义的文学活动(自然主义的文学活动)的困境,以及社会思想之矛盾与悲观。但是,梁氏并未因此对世界前途抱持绝对悲观,甚至也没有对西方现代性赖以建立的前提进行彻底否定。相反,他深信"个性发展"、"自我发展"提供了西方社会克服危机的动力。他的论据是:克鲁泡特金"从科学上归纳出来"的互助论、詹姆士"用科学研究法"提出的"人格唯心论"、柏格森的"直觉的创化论"等,都再次论证了"进化"的原理。因此,"个人主义、社会主义、国家主义、世界主义种种矛盾,都可以调和过来了。""就学问上而论,不独唯心唯物两派哲学有调和余地,连科学和宗教也渐渐有调和余地了。"[48]西方社会的危机并没有动摇梁氏对社会变革的信心,也没有导致他将西方的种种现代性设计看作是危机的根源,相反,他仍然相信现代性是一个未完成的方案。[49]

在梁启超的叙事中,中国及其文化的前途就被植入了有关世界历史的宏伟叙事之中。中国社会与文化的复兴在这种叙事中也因此获得了它

---

[47] 梁启超:《欧游心影录》之"欧游中之一般观察及一般感想"上篇"大战前后之欧洲",《"饮冰室合集"专集第五册之二十三》,页2—4,页4—18。
[48] 同上。
[49] 梁启超说:"以上所述几家学派,都是当本世纪初期早已勾出萌达,但未能完成,未能普及,便碰着这回大战。当战争中,人人都忙着应战,思想界的著述,实在寂寥,所以至今没见什么进步,将来能否大成,和康德、黑格尔、达尔文诸先辈的学说有同等的权威,转移一代人心,也不敢必。但是欧人经过这回创巨痛深之后,多数人的人生观因刺激而生变化,将来一定从这条路上打开一个新局面来,这是我敢断言的哩。"同上,页18。

的世界意义,成为论证总体历史发展的一个重要论据。在《欧游心影录》的下篇《中国人之自觉》中,梁启超对中国前途的意见完全是从他对世界历史的宏大叙事中衍生出来的。按照他的通向世界大同的世界历史观,他要求建立"世界主义的国家",从而在世界主义和国家主义之间获得某种调和;按照他的通向人类普遍解放的世界历史观,他要求抛弃阶级政治,走向全民政治,"从国民全体下功夫";他也把个人的自立和解放看作是"国家生存的第一义"。[50]尽管梁氏批判了现代西方文明的种种弊端,但是,他的未来设想并没有脱离西方提供的现代性框架,也并未脱离他本人早期所倡导的改革理想。略须提及的是,他放弃了战前深受德国思想影响的国家主义主张,转而强调社会的自治,在法制之下重组社会团体,从而一定程度上回到了他早期的关于"群"的观念之中。他对社会主义的批评基于一种"精神与方法"的二分法,即赞同社会主义的精神,但不赞成将社会主义作为一种方法引入中国的社会改造。[51]实际上,他认为在现代历史的发展序列上,中国尚未到达倡导社会主义的程度。所有这一切都表明,梁氏对中国问题的看法依存于有关总体历史的宏大叙事。

更为重要的是,梁启超认为获得个性解放(作为国家解放和人类解放的前提)的前提是"思想解放"和"彻底"地摆脱一切文化偏见。在此有两点值得特别注意。第一,梁氏提出思想解放的历史前提是"欧洲现代文化,不论物质方面精神方面,都是从'自由批评'产生出来。"这种自由批评经过匡正审择和相互浚发,"真理自然日明,世运自然日进。"换言之,思想解放——"将自己的思想脱掉了古代思想和并时思想的束缚,独立自由的研究"——是作为欧洲现代历史的特征而被发现的。[52]因此,思想解放虽然以求"真"为目的,却需要诉诸西方历史的叙事才能证明自己的合法性。第二,这种依赖于历史叙事的抽象原则追求的却是摆脱任

---

[50] 梁启超:《欧游心影录》之"欧游中之一般观察及一般感想"下篇"中国人之自觉",《饮冰室合集》第五册之二十三,页21—24,页32—34,页25—27,页27—28,页35,页35,页36,页37—38。
[51] 同上,页32—34。
[52] 同上,页25—27。

何历史性和文化,设定出类似科学实验室的文化真空环境。梁氏说:

> 总要拿"不许一毫先入为主的意见束缚自己"这句话做个原则。中国旧思想的束缚固然不受,西洋新思想的束缚也是不受。……我们须知,拿孔孟程朱的话当金科玉律,说他神圣不可侵犯,固是不该,拿马克思、易卜生的话当作金科玉律,说他神圣不可侵犯,难道又是该的吗?我们又须知,现在我们所谓新思想,在欧洲许多已成陈旧,被人驳得个水流花落。就算他果然很新,也不能说"新"便是"真"呀![53]

梁氏针对的当然主要是惟"新"是从的文化倾向。但是,他提出的方案却比任何人都更接近于实证主义的科学原则。按照梁氏的看法,任何文化的和历史的因素都是偏见,都有碍于获得真理;任何按照某种历史的或文化的原理看待问题的方法都是错误的方法,都有碍于思想的解放和个性的发挥。而这两方面又同时构成了通往未来理想世界的巨大障碍。在梁氏未曾明言的层面,已经预设了脱离历史和文化的抽象人性和脱离历史和社会的抽象的认识空间。在这种严格的实证科学的预设之中,对于社会和历史的分析不再能够采用历史叙事和文化叙事的方式(即"不科学的方式"),而必须采用"科学叙事"或元叙事,才能得到"真值"。无论如何,在梁氏的论述中,科学叙事与历史叙事的差别已经十分清楚地显露出来,而通过西方历史叙事,科学叙事的合法性得到了确认。

按照梁氏自己的逻辑,他与许多中国文化的辩护者不同,因为他对中国文明及其意义的解释不是从中国文化的价值观出发的,而是从上述"科学的"认识原则出发的。他通过孔、老、墨及禅宗的思想得出的结论,并不是文化的结论,而是科学的结论。换言之,中国思想和文化的合法性不是来自孔、老、墨、佛,而是来自科学的叙事。不过,正如利奥塔所说,任何科学叙事都需要历史叙事作为合法性的来源。梁氏的实证科学的原则

---

[53] 同上,页27—28。

依赖于关于人类历史的宏大叙事,因为只有后者才能提供科学认识的意义和目的。梁氏说:

> 人生最大的目的,是要向人类全体有所贡献。为什么呢? 因为人类全体才是"自我"的极量,我要发展"自我",就须向这条路努力前进。为什么要有国家? 因为有个国家,才容易把这国家以内一群人的文化力量聚拢起来,继续起来,增长起来,好加入人类全体中助他发展。所以建设国家是人类全体进化的一种手段,就象市府乡村的自治结合,是国家成立的一种手段。[54]

在这样的前提之下,梁氏提出的文化方案是"拿西洋的文明来扩充我的文明,又拿我的文明去补助西洋的文明,叫他化合起来成一种新文明。"[55]但十分清楚的是,以欧洲的民族—国家为模式创建现代国家,是加入"人类全体进化"的基本方式。梁启超分明要捍卫中国的文化和学术,却又主张摒弃一切文化的偏见。这对梁氏来说并不矛盾:中国文化的重要性并不在于它是中国的,而在于它提供了克服现代文明危机的可能性。梁氏认为西洋文明"总不免将理想与实际分为两橛,唯心唯物各走两端",而孔、老、墨和禅宗学派虽殊,"'求理想与实用一致',却是他们共同的归着点","都是看出有个'大的自我'、'灵的自我'和这'小的自我'、'肉的自我'同体,想要因小通大,推肉合灵。"[56]这种"心物调和"的哲学不仅与欧洲新思想相通,而且有利于整个世界克服现代文化的危机。通过中西文化的"化合作用"而构筑出一个新的文化系统,"叫人类全体都得着他好处。"[57]

上述分析清楚地证明:梁启超本人的文化观点已经被安排在超越文化和历史的科学叙事和总体性的历史哲学之中。在梁氏的视野中,任何文化的叙事都是偏见。尽管梁氏本人并不十分熟悉科玄论战中所涉及的

---

[54] 同上,页35。
[55] 同上。
[56] 同上,页36。
[57] 同上,页37—38。

那些理论,但他对超越文化偏见的科学叙事和总体性的历史哲学的倡导,却预示了继东西文化论战而起的科玄论战必须采用的独特的论辩形式,即超越文化和历史来讨论(科学)知识问题。

第六节　总体历史中的"东西文化及其哲学"

梁漱溟出版于1921年底的《东西文化及其哲学》被视为梁启超的《欧游心影录》(1919)与张君劢的《人生观》(1923)之间的中间环节。这部影响深远的重要著作提供了与新文化运动相对抗的文化历史观。"文化"概念在梁氏的著作中既是中心论题,也是核心概念。通过完整的叙事,"文化"概念获得了精神生活、社会生活和物质生活等的复杂的含义。关于《东西文化及其哲学》的文化概念和相关的文化问题,许多学者已经作了详细的讨论。[58]我在此侧重讨论梁漱溟在表达他的文化态度时所诉诸的叙事形式,特别是东西文化的范畴如何衍生出其他哲学、思想范畴,并通过这些范畴构筑出总体的历史观和宇宙论。

梁漱溟的"文化"论的第一个特点,是一方面强调东西方文化截然异质、不可调和,另一方面又认为这两种文化的关系问题是一个总体问题。在他的表述中,"西方化"和"东方化"都不是某一个民族或者国家的问题,而是"世界的问题"。[59]"所谓东西文化问题(的)不是讨论什么东西文化的异同优劣,是问在这西方化的世界已经临到绝地的东方化究竟废绝不废

---

[58] 请参见 Guy S. Alitto, *The Last Confucian: Liang Shu-ming and the Chinese Dilemma of Modernity*(University of California Press,1986). 中译本艾恺著,王宗昱、冀建中译《最后的儒家——梁漱溟与中国现代化的两难》,南京:江苏人民出版社,1993,第4、5章。
[59] 梁漱溟:《"东西文化及其哲学"导言》,《梁漱溟全集》第一卷,济南:山东人民出版社,1989,页256,261。

绝呢?"[60]尽管梁氏被视为新文化运动的主要批判者之一,但实际上他的一些重要判断并不同于当时的一些文化保守主义者,而与陈独秀、李大钊等新文化运动的代表人物更为接近。例如他相信中国近代的改革运动的根本问题"既不是什么坚甲利兵的问题,也不是什么政治制度的问题,实实在在是两文化根本不同的问题,"从而同意了"五四"新文化运动的"思想革命"的前提。[61]或者说,梁漱溟与《新青年》同人是站在同一历史前提上展望中国和世界的未来。对于李大钊、梁启超以及美国的杜威、日本的北聆吉的不同程度、不同方式的文化调和论,梁漱溟表现出了更为坚决的态度:

> 现在西方化所谓科学(science)和"德谟克拉西"之二物,是无论世界上哪一地方人皆不能自外的。所以,此刻问题直截了当的,就是东方化可否翻身成为一种世界文化?如果不能成为世界文化则根本不能存在;若仍可以存在,当然不能仅只使用于中国而须成为世界文化。[62]

如果西方化和东方化问题是世界历史的总体问题,那么,又如何理解东西文化的异质性呢?对于梁漱溟来说,这个问题首先是一个哲学问题,即怎样理解文化的问题。按照他对唯识学的理解,"尽宇宙是一生活,只是生活,初无宇宙。由生活相续,故尔宇宙似乎恒在,其实宇宙是多的相续,不似一的宛在。"[63]在这个如同生命之流不断变动的宇宙中,"文化"是什么呢?

---

[60] 同上,页261。
[61] 同上,页256。
[62] 梁漱溟:《东西文化及其哲学》,《梁漱溟全集》第一卷,页338。梁氏特别指出,像陈独秀那样认为"假如采用西方化,非根本排斥东方化不可"是对的,"可以说是痛快之至。"关于西方化,梁氏一再说,"我观察西方化有两样特长,所有西方化的特长都尽于此。我对这两样东西完全承认,所以我的提倡东方化与旧头脑的拒绝西方化不同。所谓两样东西是什么呢?一个便是科学的方法,一个便是人的个性的伸展,社会性发达。前一个是西方学术上的特别精神,后一个是西方社会上特别的精神。"页349。
[63] 同上,页376。在另一处,他又说:"宇宙不是一个东西而是许多事情,不是恒在而是相续,吾侪言之久矣。宇宙但是相续,亦无相续者相续即无常矣。宇宙即无常,更无一毫别的在。而吾人则欲得宇宙于无常之外,于情乃安此绝途也。"同上,页432。梁氏的佛教宇宙论显然是在柏格森的启发之下发展起来的,在《东西文化及其哲学》的第

你且看文化是什么东西呢？不过是那一民族生活的意欲（Will）——此所谓"意欲"与叔本华所谓"意欲"略相近，——和那不断的满足与不满足罢了。通是个民族通是个生活，何以他那表现出来的生活样法成了两异的采色？不过是他那为生活样法最初本因的意欲分出两异的方向，所以发挥出来的便两样罢了。然则你要去求一家文化的根本或源泉，你只要去看文化的根原的意欲，这家的方向如何与他家的不同。你要去寻这方向怎样不同，你只要他已知的特异采色推他那原出发点，不难一目了然。[64]

在这里，梁氏的多元宇宙论是以不同的"民族生活的意欲"为单位的，而"文化"就是不同的"意欲"的展现方式。非常明显的是，梁漱溟对文化或文明的解释依赖于一种个体生命与文明的比喻关系，或者说，他是把文化或文明解释为一种生命体，一种具有意志和态度的存在。东西文化所以是截然相异、不可调和的，是因为作为文化的起源的"意欲"完全不同。

考虑到文化或文明在梁氏那里是民族生活的方式或者民族的"意欲"的结果，因此，我们可以据此推论，他将民族理解为一种具有意志的生命体。[65]这就是梁氏文化观的民族主义的前提。就民族主义和反现代（反科学、反机械、反工业）倾向而言，梁氏的文化观与德国浪漫主义也有相似之处：他们都拒绝承认欧洲启蒙主义的普遍"理性"和抽象个人，并用民族生活的"意欲"以及由此产生的文化同一性，取代启蒙思想家假

4章，他特别介绍了柏格森的看法说："宇宙的本体不是固定的静体，是'生命'、是'绵延'，宇宙现象则在生活中之所现，为感觉与理智所认取而有似静体的，要认识本体非感觉理智所能办，必方生活的直觉才行，直觉时即生活时，浑融为一，没有主客观的，可以称绝对。"同上，页406。

[64] 同上，页352。
[65] 梁漱溟特别声明"文化与文明有别。所谓文明是我们在生活中的成绩品——譬如中国所制造的器皿和中国的政治制度等都是中国文明的一部分。生活中呆实的制作品算是文明，生活上抽象的样法是文化。不过文化与文明也可以说是一个东西的两方面，如一种政治制度亦可说是一民族的制作品——文明，亦可说一民族生活的样法，——文化。"同上，页380。

设的人类同一性。"意欲"既非普遍的理性,也非个人的"意欲",同时也不是自然的"意欲",而是民族的"意欲",或以民族生活为基本单位的"意欲"。在梁漱溟之前,梁启超对德国国家主义的有机体理论已经作过系统的介绍。不过,梁漱溟的文化理论并没有直接地转变为国家政治理论。更为重要的是,他的以民族生活为单位的文化是一种世界主义的总体文化,而不是民族主义的文化,因为他的以民族生活为单位的文化所要解决的不是个别民族的生存问题,而是世界文明的总体问题。梁氏"民族生活的意欲"概念在拒绝启蒙主义的普遍理性的同时,也接受了世界主义的一些前提。我在此提及梁氏的文化论与近代民族主义的关系,目的是要提醒人们注意梁氏理论不仅是对西方现代性的批评,而且也接受了西方现代性的诸多理论前提。民族—国家范畴仅仅是其中之一,有关总体历史的宏伟叙事则是更深刻的部分。不过,由于"意欲"与民族生活具有内在的联系,因此,由"意欲"之别而产生的文化的不可调和性,显然与民族的共同体的特质有关。

根据上述文化或文明与个体生命的类比关系,梁氏以"西方化"为比较的基准,区分出西方、中国和印度三种文化"路向",即:

> 西方化是以意欲向前要求为根本精神的。或说:西方化是由意欲向前要求的精神产生"赛恩斯"与"德谟克拉西"两大异采的文化。[66]
> 中国文化是以意欲自为、调和、持中为其根本精神的。
> 印度文化是以意欲反身向后要求为其根本精神的。[67]

这三条路向的相互关系在现代的语境中首先体现为梁氏所谓"东方化"与"西方化"的不可通约的关系。科学/艺术、科学/玄学、理智/直觉等等主题在梁氏的著作中无非是"西方化"和"东方化"的各自特征,是不同的

---

[66] 同上,页353。
[67] 同上,页383。

"意欲"的结果,而不像"科玄论战"双方那样将之处理为两种不可通约的知识。换句话说,"科学的精神"与"艺术的精神"、"科学的方法"与"玄学的方法"、"爱重自由"与"放弃人权"、"法治"与"人治"不是同一个空间和层面的不同的精神、方法和政治见解,而是完全不同的(有着各自起源的)、不可调和的文明特征,从而不能用科学讨论的方式决定其真理与谬误。[68]

更为重要的是,科学与玄学,或者理性与直觉的不可通约性,是由民族文化的不可调和性决定的,而不是因为这是两种不可通约的知识,即关于客体的知识与关于主体的知识。文化及其民族性成为科学、道德和审美领域发生分化的决定性的要素,从而深刻地揭示了中国现代知识体系分化的文化动力。在这里,值得注意的是从文化问题到知识类型问题的过渡。梁氏虽然是在讨论东西文化的差别,但在叙事的过程中,他通过一系列的修辞层面的置换和推理,把文化问题转变成了科学与玄学、理智与直觉的关系问题。知识类型上的差别由此又反过来成了文化类型上的差别。相应地,文化类型上的差别也构成了知识类型上的差别。我们大致可以将之归纳为:

东方＝玄学＝艺术＝意见＝玄谈＝本体＝私德＝古化＝第二、三路向

西方＝科学＝学术＝知识＝论理＝现象＝公德＝今化＝第一路向

如何决定这两者之间的关系,依赖于讨论问题的具体语境。梁氏没有利用纯粹理性和实践理性的康德式区分,建立知识领域与道德领域的不可通约性。然而,通过东西文化不可调和的论述,科学与玄学等领域之间,

---

[68] 梁氏说:"这种一定要求一个客观共认的确实知识的,便是科学的精神;这种全然蔑视客观准程规矩,而专要崇尚天才的,便是艺术的精神。大约在西方便是艺术也是科学化;而在东方便是科学也是艺术化。""西方的文明是成就于科学之上;而东方则为艺术式的成就也。"同上,页355。

已经分化出不可通约的鸿沟。这意味着张君劢的论题已经包裹在梁氏的文化论的内在逻辑之中了。不过差别仍然是明显的：在"科玄论战"中，科学与玄学是两个不同的领域，而在梁氏的文化论中，它们主要指称两种文化。"科学"并不只是知识问题，正如"玄学"并不只指道德问题，它们都是包罗万象的政治、经济、文化、伦理、道德的问题，即不同的文明问题——科学的文明与玄学的文明。在科学的文明中，所有科学、政治、经济、道德、法律、思想等等都是科学的、理智的、认识的，而在玄学的文明中，所有的科学、政治、经济、道德、礼法、思想等等都是玄学的、艺术的、直觉的。因此，在科学的文明中，不存在科学与道德的不可通约性，因为存在着科学的道德；在玄学的文明中，也不存在道德与知识的不可通约性，因为存在着道德的知识。不可通约性仅仅存在于两种文明之间。

在表层的叙述中，梁氏的讨论非常接近张君劢的论题。例如他一再指出：玄学的方法得到的是主观的意见、采用的是玄谈、讨论的是本体，而科学的方法得到的是知识、采用的是论理、讨论的是现象，"玄学所讲的，与科学所讲的全非一事。科学所讲的是多而且固定的现象……玄学所讲的是一而变化、变化而一的本体。"[69]如果不论梁氏讨论东西文化及其哲学的语境，这里的讨论似乎与"科玄论战"的论争没有差别。不过，如前所述，这种科学与玄学的对比描述仅仅是两种不同的"意欲"的展现，或者两种文化的表征而已，他的描述可以被理解为不同的文化取向。因此梁氏说："当知中国人所用的有所指而无定实的观念，是玄学的态度，西方人所用的观念要明白而确定，是科学的方法"，[70]从而将科玄之别与中西之别关联起来。他甚至完全违背自己的历史描述，断言中国"有

---

[69] 同上，页　　。在另一处，他又说："西方人走上了科学的道，便事事都成了科学的。起首　　然界的东西，其后种种的人事，上自国家大政，下至社会上琐碎问题，都有许　　专门的学问，为先事的研究。因为他总要去求客观公认的知识，因果必至的　　分可靠的规矩，而绝不听凭个人的聪明小慧到临时去瞎碰。所以拿着一副科　　法，一样一样地都去组织成了学问。"页355。
[　] 同上，页359，页359，页349，页355。

玄学而无科学",近代西方则"有科学而无玄学"。[71]这鲜明地表现出:科学与玄学的对立不是一个抽象的知识问题,而是一个文化问题,一个东西文化的根本差异问题。科学与玄学的分化,以及由此引申出的论理与直觉、理智与感情、客观与主观、社会与个体、现象与本体……的分化,起源于宇宙中的神秘力量,是由文化及其根源——"意欲"——的不同方向决定的。假定我们承认梁氏文化论的民族主义前提,那么,我们也可以说,在他的文化论中,科学与玄学的划分本身,起源于民族性的界定或者民族生活样式的划分。在"科玄论战"中,这种隐含的前提已经淹没在知识论的构架中了。

然而,当梁氏将"西方化"和"东方化"理解为总体的历史问题的时候,他就必须在同一种文化即所谓世界文化中处理科学与玄学等问题,而不是仅仅将二者处理为历史中的东西对峙关系。这意味着"科学"或者"玄学"等等不只是某一种文化的特征,而且也是一种特殊的知识类型,尽管这种特殊的知识类型或者知识取向可以被解释为某种文化的特征。需要特别提出的是,"世界文化"的概念与"东方化"或者"西方化"的概念是完全一致的,因为所谓"东方化"和"西方化"仅仅是东方化的世界文化或者西方化的世界文化罢了。在梁氏的论述中,玄学、艺术、直觉等等并不只是出现在他对东方的描述中,而且也出现在他对西方现代文化的描述之中。然而,那些出现在西方世界中的直觉、玄学和艺术等等不过是世界的东方化的未来预兆。因此,东方与玄学、直觉、艺术等特征之间仍然有一种天然的关系:玄学的、艺术的、直觉的就是东方的,东方的特征就是玄学、艺术或直觉,而不论艺术、直觉或玄学是出现在地域上的东方或西方。正如中国或印度也存在科学或者理性,但那并不是其东方性的标志,而是存在于东方的"西方化"的表征罢了。

在这个意义上,梁氏对"东方化"和"西方化"的描述存在着明显的含混,因为他显然是以近代西方和中国、印度为具体的论述对象,但同时,在他的整体论述中,"东方化"和"西方化"又是一种抽象的玄学本质,而不

---

[71] 同上,页359。

是具体的历史特征。按照这一论述逻辑,只要出现了诸如玄学或直觉之类的特质,无论它们出现在什么地域或什么时间范围,它们都是"东方化"的体现。实际上,无论梁氏承认还是不承认,"东方化"是在"西方化"的发展过程中有待发现或者已经发现的异己品质,这种品质——按照梁氏的三条路线次第进化的逻辑——又是世界历史的另一个阶段罢了。我在这里使用"次第"概念,是因为梁氏认为只有经过了西方化才能达到中国化,这也是他对科学与民主全盘接受的原因。离开了"科学"与"民主"的"西方化",我们不能了解什么是"东方化",也不可能达到"东方化"。甚至"直觉"这样的概念也不可能出现。所以梁氏说:"我民国七年(1918)夏间在北京大学提倡研究东方化,就先存了西方化的观察而后才发的。"[72] 在《东西文化及其哲学》一书中,马赫、皮耳生、彭家勒对早期科学主义的批判,罗素的宇宙论,柏格森的宇宙本体和直觉、生命、绵延等概念,倭铿的宗教观,克鲁泡特金的互助论,现代社会主义,特别是基尔特社会主义等西方思想,构成了梁氏重新解释现代历史变迁的主要依据。他对中国思想,特别是孔子思想的解释很大程度上依赖于西方思想对现代性的反思。

在梁氏的叙事中还存在着与上述问题直接相关的另一含混或悖论,即时间叙事的悖论。这一悖论与他对现代历史的判断相关联。梁氏对中国文明或者玄学的赞赏源自他对进化的历史观的批判。他把这种"贵新"的时间观理解为科学的"公例原则",而科学的原则仅仅是西方文明的特质或西方化的特质。按照他的次第进化的历史观念,科学原则只能适用于西方化的世界历史时期,而不是普遍适用的公理。因此,梁氏用一套更为宏大的历史叙事,取消了科学叙事的合法性。在这个意义上,梁氏对现代性的时间观念,特别是传统/现代、古/今、新/旧的二元区分的抨击,不过是要用他的东西二元论加以重新解释而已,而东西二元论已经被安排在次第进化的时间序列中了。梁氏说:

---

[72] 同上,页349。

> 科学求公例原则，要大家共认证实的；所以前人所有的今人都有得，其所贵便在新发明，……当然今胜于古。艺术在乎天才秘巧，是个人独得的，前人的造诣，后人每觉赶不上，其所贵便在祖传秘诀，而自然要叹今不如古。……明白这科学艺术的分途，西方人之所以喜新，而事实日新月异；东方人之所以好古，而事事几千年不见进步，自无足怪。……因为西方的文明是成就于科学之上；而东方则为艺术式的成就也。[73]

东西关系在这里被解释成为科学与艺术的关系、古与今的关系。通过对科学进行文化处理，科学进步的原则相对化了。不过，科学原则的相对化并没有影响梁氏用西方—中国—印度的次第进化的时间观念来解释世界历史。他一方面在价值上排斥科学主义的进步的观念，另一方面却在叙事的层面将进步的观念糅合到宇宙生命变化的观念之中，以之作为历史叙事的基本框架。这种总体历史的叙事框架与梁氏对现代历史的判断有关，即对于中国文化来说，现代历史仅仅是西方化的结果，以科学和民主为特征的现代历史是外来的历史，"现代"起源于断裂，而非延续。[74]这种断裂的西方化或者断裂的现代性一方面证明了中国文化与西方文化的不可调和，另一方面却也证实了现代历史正在成为总体历史，因为西方化通过与中国和其他文化的接触日益成为世界历史的现代特征。中国愈是西方化，也就愈接近于作为世界文化的中国文化，即作为西方化的未来的中国化。

在《东西文化及其哲学》的前三章，各种知识问题是笼罩在东西文化

---

[73] 同上，页355。
[74] 梁漱溟说："我可以断言假使西方化不同文明接触，中国是完全闭关与外界不通风的，就是再走三百年、五百年、一千年也断不会有这些轮船、火车、飞行艇、科学方法和'德谟克拉西'精神产生出来。这句话就是说：中国人不是同西方人走一条路线。因为走的慢，比人家慢了几十里路。若是同一路线而少走到别的路线上去，别一方向上去，那么，无论走好久，也不会走到那西方人所达到的地点去的！……中国人另有他的路向态度与西方人不同的，就是他所走并非第一条向前要求的路向态度，……即所谓人类生活的第二条路向态度是也。"同上，页392—393。

问题的视野之中的;但第四章《西洋中国印度三方哲学之比较》则为文明或文化的比较提供了完整的知识谱系。文明的差别是通过这个普遍性的知识谱系才呈现出来的。这个知识谱系明显地参考了康德以降西方思想对知识、道德和信仰问题的反思,特别是柏格森等人对科学文明的批判和对形而上学的研究,虽然梁氏声称他"研究知识所用的方法就是根据唯识学"或"唯识学的知识论"。[75]梁漱溟用"思想"或"广义的哲学"来命名他的知识谱系:即由思想(广义的哲学)派生出哲学和宗教两类知识,而哲学又可以区别为形而上学、知识、人生三类知识。这样一种知识分类为西洋、中国和印度三种文化提供了统一的比较标准,即从诸如宗教、形而上学、知识、人生等方面观察各种文化的态度、倾向和成就。[76]

梁氏不是将宗教和形而上学放在知识论中,而是将知识论与宗教、形而上学放在并列的、异质的位置上。在他的论述中,形而上学与知识的分化起源于英国经验主义对欧陆理性主义的批判,特别是休谟所谓"科学是知识,形而上学的说法不是知识"的观点,以及后来康德关于现象与本体、纯粹理性与实践理性的分疏。[77]值得注意的是,梁氏的直觉概念渊源于柏格森,但是,在涉及形而上学与科学的关系时,他显然强调分化的重要性,而不同意柏格森的整体论。"柏格森说'生命'、'绵延'是整的不可分的,这实在有点不对,因他堕于'常见'。"[78]他对唯识学的解释中,

---

[75] 在这一章的开始部分,梁氏说明他要研究的是思想问题;但他又说:"思想就是知识的进一步,观察思想首宜观其方法,所以我们要先为知识之研究。"按照他的唯识学的知识论,他指出知识的构成就是由于"现量"、"比量"、"非量","此三量是心理方面的三种作用,一切知识皆成于此三种作用之上。"不过,梁氏对这三量的解释,明显参照了现代西方的知识论。例如他将"现量"解释成为感觉(Sensation),将"比量"解释成为"理智"("我们心理方面去构成知识的一种作用"),将"非量"解释成为"直觉"。梁氏说:"以上所说是构成知识的三种工具。一切知识都是由这三种作用构成。虽然各种知识所含的三种作用有成分轻重的不同,但是非要具备这三种作用不可,缺少一种就不能成功的。"这样,三种不同的认识类型都统摄于"知识"之下。同上,页395—401。
[76] 请参见梁氏根据他的知识分类提供的文明比照表。同上,页396。
[77] 同上,页403。
[78] 同上,页414。

就包含了对经验领域与形而上学领域的严格区分。[79]在梁氏的论述中存在着一种内在的冲力,即力图将现象与本体、自然与主体、知识与形而上学、知识与行为、科学与宗教、认识与情感、认识与直觉等等区分为不同的领域,否定以科学方式解决人生、道德、信仰、感情的普遍主义观点,从而在更大的谱系内(他所谓"思想")将科学与其他领域置于平行位置。换句话说,他相信诸如道德、信仰、审美、情感等问题,具有完全不同于科学知识的前提;而西方化社会的主要危机就在于试图用科学的观念和方法去解决不同领域的问题。梁氏当然没有意识到,尽管他的知识谱系与科学主义的知识谱系具有重大的差异,但是,无论在结构上,还是在方法上,他的新谱系都与科学知识谱系相似:都具有客观的、普遍主义的特征。[80]

这一点也完全适用于他的文化—历史观:即他的文明路向不是一种主张或主观的意见,而是一种客观的事实,就如同他的对手将进化论的历史观视为科学分析的客观结果一样。[81]通过知识与宗教及形而上学的关系的论证,梁氏证明的是印度文化的成就和人类历史的第三条路向;通过科学与玄学或形而上学的关系的论证,梁氏证明的是中国文化的成就和人类历史的第二条路向。这种三元划分的轴心是知识和科学,亦即西

---

[79]　梁氏在《印度哲学概论》第三篇第三章讲知识之界限效用问题时,已经有详细的分析。在《东西文化及其哲学》中,他对此也作了说明。同上,页414。

[80]　例如,梁氏在讨论宗教问题时说:"所谓宗教的,都是以超绝于知识的事物,谋情志方面之安慰勖勉的",从而将宗教与(科学)知识分化为不同的领域。但是,他立刻声明他的看法与赫克尔、倭铿不同,因为前者的一元教、后者的精神生活"都是要变更宗教面目的",而他本人却是要追寻"宗教的本质——本来面目"。"他们的说法都是拿着自己意思去说的,我们纯就客观的事实为材料而综合研寻的,其方法原不同。方法所以不同,因为我们只想知道宗教的真相,而它们则想开辟宗教。凡意在知道宗教真相的,我们的说法大约无疑问的了。"梁氏没有说明他的宗教观与(实证主义的)科学方法的关系,但内在的关联是极为清楚的。同上,页417—418。

[81]　梁漱溟在《东西文化及其哲学》第五章的开头说:"我们讲未来文化,并不是主张世界未来应当用某种文化,只指示现在的情形正朝着某方面走去。完全就客观的事实来看,并没有一些主观的意见在内;个人的主意是无效的。我们从客观的观察所得,看出为现在全世界向导的西方文化已经有显著的变迁,世界未来的文化似不难测。"同上,页488。

方文化的成就和第一条路向。因此,我们可以说,科学(西方)/信仰(印度)/玄学(中国)等三个领域以科学为轴心建立起了三种文化的取向。用梁氏自己的话说就是:西洋生活是直觉运用理智的;中国生活是理智运用直觉的;印度生活是理智运用现量的。[82]

在梁氏的文化论述中,诸如科学、宗教和玄学等领域的分化,以及由此展开的理智与直觉、知识与情感等方式之间的分化,都是临时性的分化。按照梁氏的"世界文化三期重现说",文化发展的每一阶段都是以上述三种文化路向之中的一种为主导形式的;西方化阶段的科学、中国化阶段的玄学、印度化阶段的宗教都是统摄性的文化,在各自的历史阶段,知识、道德、信仰以至艺术都服从于占据主导地位的文化。例如在西方化阶段,道德、艺术都是科学的道德和艺术,而在中国化阶段,知识、信仰也都是玄学化的知识和信仰,等等。在这个意义上,诸如知识、道德和审美等领域并非不可通约的分化关系。按照梁氏的描述,现代社会正在经由西方化向中国化转变,而中国化的主要特征——据梁氏的解说——"其大意以为宇宙间实没有那绝对的、单的、极端的、一偏的、不调和的事物;……一切都是相对,没有自己在那里存在的东西",[83]因为宇宙不过是生生不息的大流,人们对待世界的态度"完全要听凭直觉"。[84]这就是中国文化的底蕴,是孔子思想的特质。在这个意义上,他本人似乎又回到了他已经批评过的柏格森的整体论。

在梁漱溟的论述中,知识、道德、审美等领域的分化起源于文化的分化,而这三个领域的同一性也渊源于文化的同一性,例如在西方化的世界

---

[82] 参见同上,页485—487。梁漱溟解释说,西洋对待自然、宗教、社会、艺术的态度都是理智的和科学的,但是,推动理智进行活动的却是"直觉"。中国对待自然、社会和艺术的态度是直觉的,但这种直觉不同于本能,而是产生于极早成熟的极高的文化,"为其圣人一天才领着去作以理智运调直觉的生活,却其结果只成了这非高非低浑沌难辨的生活、文化。"梁氏所谓印度的路其实指的只是佛教,而不是其他的印度文化,其核心是"最排斥理智和直觉——他们所谓比非量。……所以姑且就说印度生活为理智运用现量。"

[83] 同上,页444—445。

[84] 同上,页454—455。

里,知识、道德、审美等领域都具有科学化的特征。在这个意义上,分化与同一都植根于三种文化的区别与转化。梁漱溟将这个转化过程区分为事实层面、见解层面和态度层面的转化,而所有这些方面都涉及对所谓"西方化"或者现代性的批评。在事实层面,西方化的现代社会是以人与自然的分化,人与社会的分化,人与机器的分化,以至社会分工的分化为特质的,资本主义经济(消费本位的经济)和近世的国家就是这种分化的历史结果,而现代社会主义就是要以社会本位和分配本位来改造现代资本主义,从而自然地走向了中国文化的阶段。所谓见解的变迁,梁氏指的是心理学的变迁,即从对意识的关注转向对无意识的关注,进而发现"人类心理的重要部分也是不在知而在情和意。"[85]这些发现最终用感情、直觉、伦理的方式取代了科学的认知方式,并转向了中国文化的礼乐文化。关于态度的变迁,梁氏指的是从向外观察转向向内观察,从科学、科学方法及其进化论,转向生命和人事。即从以理智来观察外界物质(西方化),转向用直觉来研究内在生命(中国化),再转向用现量来理解无生本体(印度化)。而世界历史的现阶段则显然处于从科学转向直觉的历史时期,亦即从西洋化转向中国化的历史时期。[86]通过从西洋化时期向中国化时期的转变,他所描述的知识的分化也将最终消失在新的文化同一性之中。按照他的文化理论的逻辑,知识的分化本来就是文化分化的表征,如果不存在文化的分化,那么,这种知识上的分化也就不复存在。

梁漱溟的文化理论已经被广泛地视为现代新儒家的先声,也被看作是世界范围内的反现代化思潮的一个组成部分。通过上述分析,我们可以得出下述几点结论:首先,梁氏的理论包含了对现代性的反思和批判,但是,这种反思和批判却承认了现代性的一系列重要的前提,如民族—国家的前提,如知识分化的前提;其次,在叙事方式上,梁氏拒绝承认他的历史叙事是从特定的文化价值和视野出发的,转而强调他的叙事的"客观性"、真实性和价值中立性,从而在批判西方科学的各种表现的同时,把

---

[85]　同上,页496。
[86]　同上,页504。

实证主义的科学原则作为他的理论前提;第三,尽管梁氏的文化理论在内容上不同于"新文化运动"的现代方案,但与他的对手一样,梁氏的理论也是一种宏伟叙事,他的历史文化叙事正是以这种有关历史发展的叙事为内在的结构的。梁氏理论的上述方面证明:在中国现代历史中,以诉诸中国文化或传统对现代性的批判本身,已经深深地陷入了现代性的知识前提之中。

第七节　从文化观的转变到主体性转向

东西文化论战与"科玄论战"的最为显著的区别是前者采用了历史文化叙事的方式,而后者却如此明显地采用了知识叙事的形式。如果说"科玄论战"以"人生观"问题为契机,为现代知识谱系的重构,特别是科学、道德和情感作为不同领域的分化,提供了理论的准备,那么,根据我对东西文化论战的研究,这种分化并不是在"知识论"的构架中产生的,而是在东西文化论战有关文化差异的论战中孕育成熟的。在现代中国历史中,知识领域的分化的直接动因是文化的冲突。与之相应,"科玄论战"的知识冲突也不能掩盖它的文化冲突的内涵。对科学与现代性的反省,在中国的语境中,同时也是对晚清以降中国面对的文化冲突的反思,尤其是对西方文化和中国文化的关系的反省。

从梁漱溟的文化理论,到张君劢的"人生观"问题,中国现代思想中开始了漫长的、从未真正完成的"主体性转向"。这种主体性转向为中国现代知识体系的重构提供了重要的理论基础。在现代西方思想中,所谓主体性转向主要是对以存在及其规律为研究对象的理性主义哲学体系的批判,因为后者,特别是黑格尔哲学,建立了解释一切事物的体系,却忘却了每个个人的主观性。在尼采等人的视野中,哲学的任务不是通过科学的认识论、通过理性去认识和确定客观世界的存在及其规律性,而是要揭示和阐释存在的意义,从个人、个人的感情、情绪、体验中探索人的纯主观性,从而发现人的自由的、创造性的活动和人的真正存在的基础和原则。这种纯主观性是产生一切客观性的基础。西方思想中的主体性转向明显地产生于对现代性及其知识谱系的反思,在论述的形式上,则表现为对黑格尔的形而上学体系和启蒙运动的"主体—客体"的认识论模式的批判和拒绝。中国现代思想中的"主体性转向"受到西方思想的影响(尼采、柏格森等等),但在中国的语境中,问题仍然首先与文化问题相关。东西文化论战所显示的是:中国现代思想中的所谓"主体性转向",并不仅仅是从对客观世界(自然和社会)的认识转向对个体的内在世界的体察,而且是一种文化的转向,即以反思西方现代性为契机,重新发现中国文化的价值与意义。主体性问题在这里决不仅仅是个人主体性的问题,而且是民族文化的主体性的问题。[87]知识问题与文化问题如此密不可分,正如历史叙事与科学叙事无法分离一样。在比较性的视野中,这种"主体性转向"也同样导致了"本能、信仰和情感作为同理性一样重要或比理性更重要的力量重新出现"。[88]知识谱系的重构与欧洲现代性向世界扩张的全球化背景直接相关。然而,与欧洲相比,中国发生的上述变化首先意味着在一种全球视野中对文化变迁的重新描述。对这种总体历史变迁的观察支配了中国思想家对自己的文化的重新解释和发挥。正由于此,"主体性转向"在中国的思想语境中一方面具有深刻的文化民族主义内涵,另一方面这种文化民族主义又不过是现代资本主义全球化过程在中国的独特的一种文化表现罢了,它承续了欧洲现代性的一系列理论的和实践的前提。

---

[87] 在后殖民主义理论的影响下,这一现象很可能被置于主体/他者的框架中加以解释,梁漱溟等人的思想努力也可能被解释为将中国文化"他者化"的努力。不过,如果我们充分考虑到中国现代语境的复杂性,那么,我们也将发现这种思想努力并不仅仅是针对西方文化的反应,而且也是针对整个现代文化的反应,首先是对已经逐渐卷入现代过程的中国现代性问题的反应。

[88] 1995年12月31日,美国《华盛顿邮报》列出了14个"千年之最",上引句子是所列"千年之最"的第三条"最大的讽刺"。列举者显然是站在现代理性主义的立场来看待本能、信仰和情感作为巨大的力量的出现的,但是,从长的历史时段来观察,至少在欧洲思想的发展中,这一转变本身无疑是极为重大和深刻的历史现象。转引自《参考消息》1996年1月5日的法新社报道,中文题为《成吉思汗名列榜首》。

梁漱溟的例子充分地表现了中国知识分子试图通过恢复自己的传统而进入新的全球化过程的努力。值得注意的是，作为东西文化论战和"科玄论战"的一方代表，梁漱溟、张君劢后来都被看作是中国现代新儒家的开创性人物，这表明梁氏的文化理论、张氏的"人生观"问题，为新儒家的发展提供了理论的前提、知识的准备和基本的视野——虽然他们之成为新儒家的第一代宗师不过是后来人的追述而已。如果从现代知识体系的重构这一角度来观察，那么，我倾向于将新儒家的兴起理解为中国现代知识体系形构过程中的"主体性转向"的一部分。现在，我将转入"科玄论战"的知识论争来观察这次"转向"的细节和过程。

第十四章

知识的分化、教育改制与心性之学

> 若吾人略仿孔德时代三分之法,而求现时代之特征之一,吾必名之曰:"新玄学时代"。
>
> ——张君劢

第一节 知识问题中被遮蔽的文化

如果说东西文化论战用文化范畴遮盖了知识问题,那么,"科学与人生观"论战却在知识的表象中遮盖了文化的冲突。我的基本看法是,"科/玄"知识二元论与"东/西"文化二元论之间具有内在的、密切的联系。采用"知识论争"的形式不仅是以承认超越文化价值的"真理"即"科学"为前提的,而且是以承认只有这种特殊的论争形式才能通达"真理"为前提的。知识论争的形式不过是文化冲突的结果,即居于支配地位的文化成为普遍的文化的结果,但是,"知识"形式也并不能等同于历史地产生了这种知识形式的特定文化(西方文化)。张君劢试图用"人生观"问题批判科学的知识谱系,却事实上为新的知识分科提供了理论前提,其特征是将知识、道德、情感等领域分化为异质的领域,从而用一种分化的方式重建了知识谱系。值得特别提出的是,张君劢的知识谱系与现代社会分工、特别是现代教育体制的重组具有密切的关系,从而他对科学谱系的攻击,以及他的以"分化"为特征的知识谱系的重构活动绝不仅仅是一种纯粹的智力活动。知识谱系的合理分化首先是一种对于现代社会的合理化设计,其次也可以被理解为一种现代化的行动纲领。张君劢通过"人生观"问题重建知识谱系的努力与"五四"以后教育改革、特别是二十年代初期的学制改革具有内在的呼应关系。在批判西方科学文明的过程中,张氏重新提出了"心性之学"的问题,并被广泛地看作是现代新儒学的代表,但是,他的"心性之学"已经脱离了理学的语境,针对的是作为普遍的世界问题的现代性危机,即政治领域的国家主义和民族主义、经济领域的工商政策和知识领域的科学主义;"心性之学"不是作为一个历史的范畴,而是作为一个普遍的范畴出现在张氏的论述之中,因此,"心性之学"体现的不是特定文化的取向,而是普遍的知识体系的最为重要的部分,这个部分对于其他知识领域具有指导意义。简言之,张氏对现代性危机的诊断是现代性的文化设计和行动纲领的有机部分。

战后欧洲知识界对现代性的反思促成了中国思想界的某些方向性变化。梁漱溟、梁启超等人对以科学发展为特征的欧洲文明危机进行批判性思考,最终导致了这样的局面:科学不再能自明地提供社会变革的范式,中国现代思想也不能简单地从自然科学的形而上学中得到支持,他们必须重新思考"道德"——政治道德、社会道德、个体的伦理实践——的基础。[1]在稍后的段落中,我还将论证:这种思想的方向性变化伴随着社会的制度性实践,特别是教育体制的改革。

对科学文明的批判性思考在两个相关的方向上展开:在文化上,通过在与西方文明的对比关系中建立中国文化的主体性,否定西方文明的普遍意义;在知识上,通过"科学与人生观"的二元分化,伦理学、心理学和其他社会科学逐渐地从自然科学的完整体系中分化出来,从而否定科学

---

[1] 如张君劢说:"吾国自海通以来,物质上以炮利船坚为政策,精神上以科学万能为信仰,以时考之,亦可谓物极将返矣。"《再论人生观与科学并答丁在君》(中),《人生观之论战》(上),张君劢编,泰东图书局,中华民国十二年十二月出版(下同),页67。

公例或科学规则的普遍意义,实际上是在知识的领域重建人的主体性。[2]这两个方面既有呼应的关系,也有相互否定的关系,这是因为一方面人生观的诸特征被用来描述中国的文化特征,而另一方面,人生观问题是作为一种普遍的问题出现的,它并不特指某种文化。

用普遍的问题(人生观)来对抗普遍的知识(科学),而不是用特定的文化(中国)去对抗优势的文化(西方),这表明在中国知识分子的心目中,所谓"文明危机"已经不是某个文明的危机,而是整个人类文明的危机,这在梁漱溟的理论表述中已经非常清楚。在这个意义上,张君劢及其支持者提出人生观问题或玄学问题,也表明了他们对"时代"特征的把握:

> 此二三十年之欧洲思潮,名曰:"反机械主义"可也,名曰:"反主智主义"可也,名曰:"反定命主义"可也,名曰:"反非宗教论"亦可也。若吾人略仿孔德时代三分之法,而求现时代之特征之一,吾必名之曰:"新玄学时代"。[3]

"新玄学时代"的另一表述也可以说是反科学时代。在1923年的讨论中,对科学的质疑不是表现为一般地对科学及其后果的否定,而是试图对知识领域进行重新规划,把晚清以降逐渐形成的完整的科学谱系分化为不同类型的知识谱系,并将"玄学"置于这个知识谱系的顶端。知识领域的分化最初是以科学体系(分科之知识)的分类学为其知识学基础和前

---

[2] 他现代新儒学即以文化的自主性和个人的自主性为目标。例如贺麟在《文化与人生》(商务印书馆,1941)中发表了《儒家思想之开展》一文,他说:"就个人言,如个人能自由自主,有理性,有精神,则他便能以自己的人格为主体,以中外古今为用具,以发挥其本性,扩展其人格。就民族言,如中华民族是自由自主,有理性有精神的民族,是能够承继先人遗产,应付文化危机的民族,则儒化西洋文化,华化西洋文化也是可能的。如果中华民族不能以儒家思想或民族精神为主体去儒化或华化西洋文化,则中国将失掉文化上的自主权,而陷于文化上的殖民地。"引自《评新儒家》,罗义俊编,上海:上海人民出版社,1989,页33。

[3] 张君劢:《再论人生观与科学并答丁在君》(中),《人生观之论战》(上),页64—65。

提的,在那个分类的完整体系中,不同的知识领域虽有某种程度的区别,但仍有其内在的同质性。正如我已经论证的那样,促成科学体系最终分化为异质的领域的真正动力,是中国知识分子在东西文化冲突中寻求中国文化自主性的努力。知识领域的分化以东西文化二元论为文化动力,并最终以曲折的形式保留了文化与知识之间的隐秘的联系。

知识领域的分化以其迅速和简单的方式完成了自己的过程:重新检讨以自然一元论为基础的科学谱系及其分科原则,把研究的重点转向心理学领域,通过对经验主义认识论和感觉论的心理学提出尖锐挑战,对"科学的知识论"或"科学的宇宙观"的适用范围提出了质疑。在"五四"新文化运动之后的氛围中,对心理学问题的关注与当时的文学倾向是完全一致的:对于更深刻的人的自我的研究,对于人的感情的细致探索,对于人的心理动机的深入分析,对于新的道德基础的不懈思考。冷酷的因果律和必然性即使不能被抛弃,也必须被限制,个体的创造性及其与历史生活的关系需要重新解释。总之,自然科学的方法和规律不再能够提供道德与伦理的基础,以自然科学的发展为特征的西方文明也不再能够提供文化的示范,中国人既需要回到主体方面,也需要回到自己的文明之中寻求解决现代文明危机的途径。

因此,"东/西"文化二元论与"科/玄"知识二元论的关系是极为紧密的。对人的内在性和主体性的思考直接起源于对现代(西方)文明危机的反思,因为这种文明被理解为压抑和规范了人的自由的"物质性"的文明。在《再论人生观与科学并答丁在君》的下篇中,张君劢重新解释了精神文明与物质文明的二元论。他指出,尽管所有文明中都存在精神与物质的区分,但用这种二分法来指称中国和西方两种文明却有着明确的规定性。二元论的修辞方式包含了这样一种努力:以文化差异的描述为中心,建构自身文化的主体性。因此,文化主体性的基础不是自身的历史,而是与异文化(强势文化)的对比关系。换句话说,东/西二元论作为一种建构力量,并不把中国文化或者西方文化作为具有客观性的或者主体性的对象,而是把东/西关系作为对象;东/西关系具有一种纯粹的"关系性质",它们无法离开对方建立自己的主体性或客体性。在这种关系中,文化的自主性、异质性、神秘性被剥夺了,"关系"自身成为首要的和支配的力量。从文化的二元论到知识的二元论的过渡则更进一步,因为后者彻底清除了文化的历史性。在知识的二元论中,"关系"是一种形而上学的建构,主体与客体都被吸纳到等级性的关系之中。把"人生观"领域建构成为一个独立的领域是这样一种努力:拒绝把主体自身作为受制于"科学"及其规律的自主的主体。但是,当这个领域作为一种特定的、区别于科学的知识领域——如人文领域和社会科学领域——建构起来的时候,这个领域本身又一次地把主体及其"人生观"展现为单纯的对象,从而使之成为"知识"的等级体系中的存在物。因此,"人生观问题"的悖论在于:无论如何强调人的活动及其意志的自主性、无规律性和自由本质,当"人生观"作为一个与"科学"领域相区别的领域被提出的时候,它的自由本质已经是知识活动的对象,从而也被安排在"知识"的谱系之中。

根据张君劢的说法,西洋文明所以是物质文明,是由以下四个特征决定的:(1)以力学机械主义解释生物、心理、甚至人生的一切现象;(2)学术发展重在"有形之制作",而国家充当"发明"保护者的角色;(3)全国的心思才力倾注于国内工业和国际贸易;(4)国家以拓地致富为惟一政策,从而形成经济和军事的殖民。[4]与此相对照,中国文明也有四个相应的特征:(1)"无定一尊之宗教",因而对自然的研究欠缺;(2)以农立国,故工商和工业不发达;(3)以锁国为政策,不存在经济和军事的殖民主义;(4)人生观方面尚中庸,既没有机械主义和目的论,也没有个人主义与社会主义。[5]换言之,中国精神文明在这里不仅被设想为西方现代性的对立物,而且还提供了一些迥异于西方思想和社会构造方式的根本原则。

对于中国的思想界来说,这种反思的时代意义是清楚的:西方现代文明能否作为中国社会改革的范本?文化的发展是否在一个进化的序列之上?但是,我的论述的重心不仅在于揭示文化与知识的紧密联系,而且在于观察知识如何从文化中分化出来——尽管这种分化从未彻底实现。我

---

[4] 张君劢:《再论人生观与科学并答丁在君》(下篇),《人生观之论战》(上),页79。
[5] 同上,页79—80。

主要是在三个层面使用"分化"的概念:首先是知识如何从文化中"分化"出来,其次是道德、审美领域如何从普遍的科学谱系中"分化"出来,第三是这种思想领域的"分化"与社会体制的变化的关系如何。因此,也可以说,作为一种历史现象和一种理论视野,"分化"概念是我阐释"科学与人生观"论战的关键点之一。

张君劢从一开始就把问题放在"科学与人生观"的对立关系之中,目的在于用"人生观"的自主性、多样性、偶然性、单一性来反对普遍主义的"科学",因为"科学"是"世界主义"的,没有种族文化的差别。例如,"天文学,世界统一者也,未闻有所谓英国天文学法国天文学也";[6]而"精神科学",如政治学、经济学、心理学、社会学等等,却没有"牢固不拔之原则"。[7]值得注意的是,张君劢不止一次声明中国的文化主张德化之大同、反对种族之分立,但是,他的"文化"概念与梁漱溟一样却是以"民族"或"种族"为基本单位的。在这里,"人生观"的多样性是和"民族"文化的多元性直接相关的,在没有追问人生观与民族的关系的建构过程之前,"民族"已经成为人生观的有机内容。用精神的多样性来对抗科学的普遍性,用多元的文化和历史来对抗"科学文明"(西方文明)的普遍意义,用主体的差异原则来对抗"科学"的同一原则或公例原则,这就是"科学与人生观"作为一组对举的修辞模式的历史含义。我们可以把张君劢的"人生观"问题看作是寻求差异与偶然性的努力。在这种以差异性和偶然性为特征的文化观和社会观中,没有进化的必然法则,也没有发展的力学规律。如果考虑到他的人生观问题与潜在的"民族文化"的前提的关系的话,那么,多样性、偶然性、差异性的人生观问题及其对普遍性、必然性、同一性的"科学"的对抗,深刻地隐含了弱势的文化和民族对"普适性文化"的拒绝。因此,"人生观问题"可以作为民族主义的知识前提。

因此,并不奇怪的是:在科玄论战中,玄学派直接讨论的是个体的感情、心理和创造性等问题,但更为关切的是(民族)文化的自主性,以及道

---

[6] 张君劢:《再论人生观与科学并答丁在君》,《人生观之论战》(上),页29。
[7] 同上,页29。

德、社会和国家的构成原理。一方面个人需要从科学世界观的框架中解放出来,另一方面个人需要重新了解个人与他人、本民族与它民族、本国家与它国家联结在一起的原则——这种原则作为一种集体生活的原则又是超越于个人生活之上的。正是在这个意义上,"人生观"被定义为"我"与"他者"关系——从亲缘关系到社会关系,以至自然关系。实际上,无论是东西文化论战的双方,还是科玄论战的双方,文化、道德、社会和国家问题都是关注的中心。这两次论战是在同样的背景下提出新的社会伦理和道德实践问题。

但是,差异仍然是明显的:东西文化论战把这个问题放在文化范畴中考虑,而"科玄论战"则在知识范畴中检讨。对于前者,论战的核心是以哪一种文化及其价值为道德和审美的基础,对于后者,讨论的中心问题却是:道德、审美的基础是科学的领域还是人生观的领域?梁启超、张君劢等人试图以主体及其内在世界的独特性为出发点,重新解释社会生活和道德生活的原则,但是,这种"回到主体"的努力却与原子论的个人观念不相干。因为,与"精神"或"人生观"范畴相对抗的"科学"范畴不只是一种知识体系,而且还是一种特殊的文明类型,从而"精神"或"人生观"不只是一种"科学"之外的抽象领域,而且还是一种特殊的文明和文化的特征。

在18世纪欧洲启蒙哲学中,伦理实践问题是和原子论的类比相关的,即"为自然所规定的个人系原始的既与的事实,系简单的自明的事实,一切超越个人的关系都必须以个人作为解释的出发点。"〔8〕但是,即使像胡明复那样坚持实证主义的基本原则的人,也不是将个体而是将"关系"置于科学认识和伦理实践的中心。而现在,通过对科学世界观的批判,玄学派从主体的方面寻求道德基础:一方面这与重建民族文化的主体性直接相关,另一方面则是针对欧洲个人主义文化和科学文明危机所作的探索。在这个意义上,玄学派的逻辑中包含着内在的矛盾:他们讨论的是个体的心理、情感和创造性,而要探索的却是以这种个人主体性解决

---

〔8〕 文德尔班:《哲学史教程》,下卷,北京:商务印书馆,1993,页688—689。

个人主义文化的危机。

特别值得注意的是,在科玄论战中,历史文化问题终于转变成为抽象而普遍的知识问题,并采用了现代西方哲学的讨论方式:文化认同问题逐渐被知识问题所取代。我把这一过程称之为"分化"的过程。人生的意义、道德的本原、心理和情感的本体不再建立在文化的价值及其制度性实践之中,而需要到心理学、伦理学、美学等知识领域中寻求答案。知识不再是文化的一个附属物,它本身获得了自主性:自己的问题、语言和逻辑。对道德的坚守不再是对文化及其价值的坚守,而是在与科学知识的关系中坚守道德领域的自主性,并形成与科学认识相并而行的自主的道德知识领域。其结果就是:社会生活中的道德和情感需求被转化为关于道德领域的自主性的知识探索。普遍的科学知识体系开始分化为不可通约的、具有自主性的不同领域。

科玄论战把文化论战转化为一场学术论争,其未言明的预设正是这样一种信念:超越文化的知识形式可以解决文化问题。普遍主义的"知识"预设了某种"人的本质特征",并以这种"本质"的结构为自己的结构。这显然是"启蒙"的历史后果。但是,在历史学的意义上,这些知识形式本身并不是超越文化的,因为超越文化的知识形式无非是欧洲社会的科学、人文和社会科学知识罢了。因此,一旦把论战的"科学"方式视为普遍适用的、中性的方式,"西方"的方式作为普遍原则的地位便确定了,西方的"科学原则"对于其他的文化价值的优越地位也便确定了。在以后的段落中,我们还会看到,西方的"科学原则"最终贯彻到中国的教育体制和学术分科体系之中,从而以体制化的方式奠定了它的优越地位。

从命题上看,科玄论战几乎就是贯穿19世纪欧洲哲学的主要议题的重复,没有独创性可言。如果说丁文江的知识论主要来自英美经验主义哲学和知识论,那么,张君劢的理论资源则主要来自他曾留学的德国。作为一位立宪主义者,张君劢的政治思想一直深受英美政治哲学的影响,但在1913年至1915年间,他曾在柏林大学政治学系学习,开始对德国的哲学和社会主义思潮有所了解。1918年,他应梁启超之邀同赴巴黎和会,终于重返欧洲。1920年的新年,他在德国见到了倭铿(Rudolf Eucken,

1846—1926）并成为后者的信徒。通过倭铿，他开始对康德、黑格尔等德国哲学家大感兴趣。这种兴趣产生了重要的后果，那就是他试图通过德国理性主义重新规划中国的知识谱系和教育体制。在这样的背景下，我们可以理解张君劢在与丁文江相互指责对方"袭取"西方学术成果之后的一段话。他总结说：

> 今中国号为学问家者，何一人能真有所发明？大家皆抄袭外人之言耳。各人读书，各取其性之所近者，从而主张之。然同为抄袭，而有不抄袭者在，以各人可以自由选择也。适之何尝不抄袭杜威？公产党何尝不抄袭马克思？以吾观之，即令抄袭，不足为病；惟在君既已标榜不袭取主义，而其文字，不顾他人之版权，至于如是，……[9]

他甚至更进一步指出，丁文江与他之间的分歧，在学理上几乎就是英国经验主义与德国理性主义的分歧，虽然他本人期待的是"融会而贯通，以期超于英德之上而自成一家言"。[10]如果以梁漱溟的东西文化论作比较，那么，非常显然的是，作为文化范畴的中国与西方已经让位给"英国经验主义"和"德国理性主义"。就在"科玄论战"过后不久，罗志希在一本题为《科学与玄学》的书中将丁文江与张君劢的论争的主要分歧归结如下：

> 丁君方面之倾向 张君方面之倾向
> 洛克的经验论对抗康德二元论
> Lockian Empiricism vs. Kantian Dualism
> 马哈—皮耳生知识论对抗杜里舒生机论

---

[9] 张君劢：《再论人生观与科学并答丁在君》（中），《人生观之论战》（上），页44—45。
[10] 同上，页53—54。张君劢显然是想调和英德思想，但他的调和基点还是康德的"纯粹理性"与"实践理性"的二元论，或者说是"因果律"与"自由"的二元论，所谓"有觉摄而无概念，是为盲目；有概念而无觉摄，是为空洞。"因此，张氏希望，"继今以后，诚能本康氏之说：以施之于英德之哲学，英德之伦理学，英德之生物学，英德之教育学，必能有所发明，而于学术界有一称新贡献。"同上，页55。

Mach-Pearsonian vs. Drieschean Vitalism
赫胥黎存疑论对抗倭铿精神论
Huxleyean Agnosticism vs. Euckenian Spiritualism [11]

张君劢试图按照德国唯心主义哲学为中国提供一种区别于英美思想的知识模型,并以之作为现代中国的知识谱系、道德谱系和教育体制的前提。在这里,问题的重要性并不在是否援用西方学术的成果,而在为什么中国社会的文化问题需要用诸如心理与物理、直觉与理性、道德与认识等特殊的知识范畴来把握?为什么有关中国社会和文化问题的讨论转换成了西方不同的学术派别之间的理论差异?在科玄论战的模式中,中体与西用的差别、东方文明与西方文明的对峙已经退居次要地位,代之而起的,是科学与玄学、物理与心理、理性与直觉的对立。这种对立是超越文化差异的对立,是无论在东方还是在西方都存在的对立,是宇宙的存有方式,是一种元对立。基于这些二元对立而产生出的结论不是针对某一种文化和某一个社会的结论,而是对整个人类文明的结论。

换言之,用知识问题来取代文化问题意味着:这些产生于特定历史和文化的知识是普遍的知识,这些知识所要解决的问题是普遍的人类问题。"普遍的人类问题"必须用"普遍的"论争方式(即科学的方式)和"普遍的"概念和语言来表达,而这些"普遍的"因素只能通过"抄袭外人之言"达到。非常清楚的是,采用"知识论争"的形式是以承认超越文化价值的"真理"即"科学"为前提的,而"科学"与"抄袭外人之言"的论争形式的关系表明:在采用知识论争的形式(西方科学的形式)之前,我们已经承认了只有这种形式能够通达"真理"。因此,文化间的等差观念经由这种普遍的或曰"科学的"论争形式而合法化了。在这里,明显的悖论是,讨论

---

[11] 罗志希在丁文江的知识谱系中没有列入詹姆士,因为他认为詹姆士并不像丁文江那样抹煞或鄙弃玄学;在张君劢的知识谱系中没有列入柏格森,因为他觉得张氏的论调中倭铿与杜里舒的空气较柏格森为重。同时,他还指出,列出上表并不是说丁、张二氏就是上述各西方思想家的代表,因为这些思想家之间的关系是很复杂的。罗志希:《科学与玄学》,页5—6,上海:商务印书馆,1927。

的出发点是寻求"差异",而讨论的方式却为普遍性创造了基础。

在上述意义上,知识问题仅仅是遮盖了文化的冲突,但没有也不可能改变冲突的文化内涵。毋宁说,知识论争的形式不过是文化冲突的结果,即居于支配地位的文化成为普遍的文化的结果。我把张君劢等人抵拒科学的普适性的斗争理解为一种文化斗争,即拒绝承认不同文明间的等差观念的斗争。不过,这种反抗的方式已经决定了斗争的结局,因为"反抗"是在承认对方的规则为普遍规则的前提下进行的。正是在这个意义上,一旦承认了"科学"及其方式的普遍性,文明间的等差关系就被决定了。

但是,所有这一切都不应抹煞如下事实:在现代性的全球扩张中,中国知识界为捍卫自己的文化自主性作出了自己的努力。这种努力不再像梁漱溟那样主要诉诸"文化"及其差异,而是诉诸"精神"的自主性。但是,这两种取向都是对现代性的针砭。张氏的下述结论与梁启超、梁漱溟几无差别:

> 我的意思,就是要诸君认清今后发展之途径,不可蹈前人之覆辙。什么国家主义,军阀主义,工商主义,都成过去;乃至思想方面,若专特有益于实用之科学知识,而忘却形而上学方面,忘却精神方面,忘却艺术方面,是决非国家前途之福。方今欧美先知先觉,在精神方面提倡内生活,在政治方面提倡国际联盟,这种人已经不在少数;只看我国人如何响应他,必可以达到一种新境界。而亚美两洲之中国美国,尤为地大物博,非若欧洲地小国多,故适于提倡大同主义,观威尔逊之热心国际联盟,于吾国大同思想之发达,是其证明。[12]

张氏的判断可议之处甚多,但也反映了当时知识界的重要动向。在反思现代社会危机的过程中重新回向传统,显然是梁启超、梁漱溟和张君劢以及《学衡》派的共同取向。

例如,就在引起这场争论的头篇文章《人生观》的后半部分,张君劢

---

[12] 张君劢:《科学之评价》,《人生观之论战》(上),页103—104。

在列数了诸种科学与人生观的对立之后,笔锋一转,说:

> 自孔孟以至宋元明之理学家,侧重内生活之修养,其结果为精神文明。三百年来之欧洲,侧重以人力支配自然界,故其结果为物质文明。[13]

这显然是在重复杜亚泉等人的观点。他又说:

> 方今国中竞言新文化,而文化转移之枢纽,不外乎人生观。吾有吾之文化,西洋有西洋之文化。西洋之有益者如何采之,其有害者如何避之;吾国之有益者如何存之,有害者如何革除之;凡此取舍之间,皆决之于观点。观点定,而后精神上之思潮,物质上之制度,乃可按图而索。此则人生观系于文化者,所以若是其大也。[14]

这无异于说,直觉、自由意志等抽象的哲学范畴仍然是"系于文化者",或者说,文化提供了这些范畴以实践的内容。

所有这些都揭示了知识论争所隐含的"东/西文化"问题。换言之,张君劢试图通过对"人生观"问题的探讨,把道德、感情、审美等领域从"科学谱系"中分化出来。这个分化过程涉及了心理学、伦理学和社会学等知识领域的特性,进而为人文学科和社会科学的自主性提供了理论前提。但是,讨论"人生观"问题的意义绝不仅限于此,更重要的意义是,能否独立于科学知识及其规律而提供另一种知识,这种知识明显地具有一种伦理学的职能,或宗教替代物的功能。如果我们把文化的危机理解为价值的危机的话,对"人生观"问题的思考就是以形而上学的方式来解决这种"价值的危机"的尝试。在知识上寻求差异的努力,不仅是为文化的差异提供证明,而且也为新的社会文化取向提供论证。这些取向大致包括:以君子为己之学对抗功名富贵之争,以审美和艺术

---

[13] 张君劢:《人生观》,《人生观之论战》(上),页9。
[14] 同上,页11—12。

的态度对抗急功近利的态度,以生命意志对抗知识的必然性,以精神的自主性抵抗物质文明及其机械主义,以大同主义或国际主义对抗国家主义或帝国主义。

这表明:无论是对人生观问题的讨论,还是对文化及其差异性的坚持,都含有政治选择的意味;因此,人生观问题和文化问题都不是抽象的哲理问题,尽管这种抽象的讨论显然有其深远的知识学上的后果。消解历史发展的必然性意味着一种反动,一种对于新文化运动及其价值观的反动:无论是君主、民主,还是资本主义、社会主义,都不过是历史中的偶然现象,中国有什么理由一定走这样的道路?张君劢因此说:

> ……故曰人生者,变也,活动也,自由也,创造也。惟如是,忽君主,忽民主,试问论理学上之三公例,曰同一,曰矛盾,曰折中何者能证其合不合乎?论理学上之两大方法,曰内纳,曰外绎,何者能推定其前后之相生乎?忽而资本主义,忽而社会主义,试问论理学之三大公例,何者能证其合不合乎?论理学上两大方法,曰内纳,曰外绎,何者能推定其前后相生乎?[15]

这就是人生观问题所隐含的政治性。在"五四"文化论战之后,中国知识界关注的问题正在由"文化"转向"政治",知识论争背后隐含的文化也日益地与政治选择密切相关。对历史必然性的拒绝同时也是对特定的政治主张的批判,例如对马克思主义的批判,已经是非常明显的事情。这也从一个侧面表明:从文化选择到政治选择,中国知识界关注的问题正在发生深刻的变化。诸如君主、民主、资本主义、社会主义这些现代世界中的"普遍"问题正在取代文化选择的内涵。中国正在卷入现代世界的"全球化"历史进程,面临现代世界面临的"普遍"问题,这些"普遍"问题需要"普遍"的知识形式来表达。不待言,这种"普遍"的知识形式表现为传统

---

[15] 张君劢:《再论人生观与科学并答丁在君》(上),《人生观之论战》(上),页35。

知识形式的有效性的丧失和中断,也表现为外来的历史及其知识形式成为"我们"的历史及其知识形式。"现代性"的全球扩张需要"现代性"的知识谱系为其提供合法性和合理性。这个知识谱系为人、社会、历史和自然提供了新的、完整的和普遍的叙事程序。"科学与人生观"的论战正是在这一背景中发生的。

第二节 张君劢与知识分化中的主体性问题

现代科学,以及工业、经济、国家等等按照科学方式进行的实践,对现代生活产生了巨大的影响,由此也产生了以科学的方式指导人们的生活、确定生活的意义的努力。科学的这种作用仅仅在"现代"时期才开始,而指导人们生活、确定生活的意义作为一种历史实践却自古而然。因此,现代性的含义之一,就是在生活的上述领域,科学及其方式替代旧有的世界观,成为观察和理解世界的基本原则。韦伯把这个过程称之为"脱魅":"合理的"经验知识开始重新解释世界,并把世界的种种现象纳入因果关系的机制之中。

在这个意义上,张君劢对科学及其适用范围的质疑明确地指出:科学对人们的日常生活领域缺乏指导的能力,因此,他要从事的似乎是一种相反的劳动——在日常生活领域祛除因果关系的机制,并把这种因果关系看作是一种纯粹的虚构。日常生活的领域必须重新置于神秘的、非决定论的范畴之中。这样,他的努力在知识上的结果就是:为社会、道德、信仰、审美等领域争得自主权。相应于心理的自主性,我们有了自主的心理学;相应于社会的自主性,我们有了自主的社会科学;相应于审美的自主性,我们有了自主的艺术;相应于信仰的自主性,我们有了自主的宗教;相应于道德的自主性,我们有了自主的伦理学……这些生活领域需要从普遍性中分化出来,这些知识领域需要从科学的谱系中独立出来。

然而,张君劢的思想努力面对了一个更为基本的悖论:当他在与科学及其对象的差别中建立人的主体性的时候,也同时把自然及其存在物建构成为没有自主性的"客体"或"对象"。从而,人的自由的另一面是人的对象的不自由,即能够被人所创造的技术规划、利用和研究的没有自主性的客体。科学技术思想得以确立的前提恰恰是作为主体的人的权威性和自由,人在宇宙中的主宰地位。[16]因此,在研究张君劢思想时,我们不得不一再追问的问题是:分化,从哪里分化？自主性,从哪里产生？独立性,独立于谁？张君劢思想的历史含义就隐藏在这些问题之中,甚至他本人也并不清楚。为了回答这些问题,我首先进入张氏思想的推论过程。

1. 对心理学的人文主义理解

文德尔班曾经把决定19世纪哲学运动的因素归结为这样一个问题,即关于现象界的自然科学概念对于整个世界观和人生观应有多大意义的问题。[17]欧洲17世纪的形而上学和18世纪的启蒙哲学主要受到自然科学思想的支配。关于现实世界普遍符合规律的观点,对于宇宙变化最简单因素和形式的探索,对于整个变化基础中的不变的必然性的洞察——所有这些因素决定了理论研究,从而也决定了判断一切事物的观点:特殊事物的价值要以"自然的事物"作为标准来衡量。

但是,这种机械论的世界观受到了德国哲学的抵抗:科学方法所取得的一切知识不过是现象形式,只不过是内心世界自身符合目的地向前发展

---

[16] 张君劢关于主体的思想中缺少章太炎在《齐物论释》和佛学著作中的那种"遍在"的概念。在章太炎的思想中,个体并不是单指人,而且也指物,从而个体与本体之间保持了一种对话的关系,个体的自主性因而也包含了"物"所具有的自主性。"存在者为了新时代的人而规定自身;人唯一地获悉自己是主体,是基础的东西,正是因为没有本体论的自主再能与他对立。这个过程才使人有可能操纵和统治存在者。"冈特·绍伊博尔德:《海德格尔分析新时代的科技》,宋祖良译,中国社会科学出版社,1993,页194。

[17] 文德尔班:《哲学史教程》下卷,北京:商务印书馆,1993,页859。

的工具;对特殊事物的真正理解势必要决定该事物在符合目的的生活联系的整体中的意义。[18] 换言之,精神生活在什么意义下、在何等范围内从属于自然科学的认识方式,构成了欧洲思想冲突的核心问题。围绕有关心理学的任务、方法、体系、意义等问题的激烈争论就是在这样的背景下产生的。例如约翰·斯图亚特·穆勒在观念和经验论上将人们带回休谟的联想心理学的观点。在他看来,人们用不着去追问物质本身和心灵本身究竟是什么,相反应该从这样的事实出发:物质状态和心理状态呈现为两种完全不能比较的经验领域,作为心灵生活规律的科学,心理学必须研究心灵所构成的事实本身而不可将这些事实归因于另一种存在领域的规律。[19]

有趣的是,张君劢正是借助于穆勒的心理学问题来提出他的"人生观"问题,并向机械论的科学宇宙观提出挑战。所不同的是,穆勒将心理学局限于纯粹的经验研究,在问题与方法的基本原则上完全与哲学脱离了。"它承认了观念和冲动的机械作用是解释心灵变化的唯一原则;它的认识论基础简直是彻底地实证主义的。"[20] 正由于此,在19世纪一般的科学关系中别具特色的变化是心理学从哲学中解脱出来,因为在它力图为自己建立纯粹经验科学的立足点时,一开始便无力抵御科学方法的入侵;根据科学方法,心理学应该被当作生理学或普通生物学中的一门专门学科。[21]

但是,张君劢借助于穆勒和威廉·詹姆士心理学所要论证的,却是

---

[18] 同上,页859。
[19] 同上,页878—879。
[20] 同上。
[21] 沃勒斯坦等人在调查西方学术制度的过程中指出,心理学的研究基本上没有被归入社会领域,而主要地被归入医学领域。这意味着,心理学的合法性取决于它与自然科学关系的紧密程度。而且,实证主义者基于与孔德相同的前提("眼睛不能看自己"),也把心理学推到这个方向。只有建立在生理学乃至化学基础上的心理学才具有科学的正当性。因此,这些心理学家力图"超越"社会科学,把心理学变成一门"生物"科学。结果,在绝大多数大学里,心理学都将其阵地从社会科学系转移到自然科学系。当然也有某些心理学家侧重分析社会中的个体,但社会心理学未成功地确立起一种充分制度化自律性,它被心理学排挤到一个边缘位置上,在很多情况下,它被吸纳为社会学的一个分支学科,才得益幸存下来。沃勒斯坦等:《开放社会科学》,牛津大学出版社,1996,页23—24。

"人生观"或精神领域、社会发展和文化变迁的基本原则,即形而上学、生命意志和自我意识,而其核心是人的自由意志。张君劢无意将心理学局限于纯粹的经验研究,相反,他要通过心理学与其他科学的差别来论证"玄学"的必要性,从而在方法上和原则上恢复被实证主义科学所摧毁了的形而上学和自由意志的尊严。因此,他的理论取向更接近于康德、费希特、叔本华和柏格森,而不是穆勒和詹姆士,后者不过是他论证道德领域和精神领域自主性的工具而已。

因此,对于张君劢来说,解决文化危机的途径不是否定科学的哲学基础,而是要求在科学及其分科原则之外,为其他文化领域,如宗教、道德、艺术、社会等建立哲学或玄学的基础。张君劢显然觉得,玄学本身并不是这些具体领域的替代物,例如心理学不是情感本身,宗教哲学不是实际的宗教,理论伦理学也不是实际的道德行为;但是,当这些精神领域的感情源泉开始枯竭的时候,玄学能够为重新发展这些领域提供理论的支持,进而导致知识领域的分化。因此,尽管"科学与人生观"论战直接反映了一种社会思潮的冲突,但其重要结果之一却是重建知识谱系。

1923年年底,张君劢应泰东图书局之请,编选出版了《人生观之论战》一书。在为这部论战汇编所写的序中,张君劢开门见山地引用穆勒出版于1843年的著作《演绎的和归纳的逻辑体系》(张译为《伦理学》)中关于"人生问题未达科学之境"的慨叹,并指出这一问题在此后的80年间不仅纷争不绝,而且毫无解决之可能。张氏根据穆勒的著作,把上述问题归结为物理与心理的差别,从而将整个讨论的重心移向了心理学问题。他引用说:

> 人有两方,一曰物理,(中略)一曰心理:关于物理者,(指生物方面)已有若干条真理为专家所同认;(中略)若夫心理公例与社会公例,远不如物理方面,求其得人之部分的承认而不可得,故其能否成为科学,(严格之意义)亦尚相持未决焉!(伦理学第六卷五〇二三页)[22]

---

[22] 张君劢:《人生观之论战序》,《人生观之论战》(上),页2。

值得注意的是，穆勒对心理与物理的差别的洞察并没有妨碍他在方法上促进心理学和社会学的科学化，而张君劢的努力方向则正好相反，他明确地致力于心理学、社会学和政治学与物理学、天文学等科学领域的严格分离。张君劢批评穆勒所举心理公例，认为除联想说外，穆勒没有提供任何新的例证。穆勒意识到社会研究较之个人心理研究更难，但他仍然根据个人心理研究中的公例，认为社会也按照一定的公例活动；而张氏则说："穆氏所举个人心理公例，既不满人意，则其所谓社会公例之价值，亦可推见。"[23] 尽管心理学在过去80年中逐渐从哲理的发展为实验的，但并没有解决诸如"觉之测量，思之何自而成，自觉性与脑神经之关系，其异说纷起，百年前与百年后如出一辙！"[24]

张君劢与丁文江都曾举出威廉·詹姆士的心理学作为他们各自的论据。丁文江把詹姆士与赫胥黎、达尔文、斯宾塞、皮耳生、马赫等一道称之为"研究过哲学问题的科学家"，其理论的特点则是"存疑的唯心论"，理由是"他们以感官感触为我们知道物体惟一的方法，物体的概念为心理上的现象。所以说是唯心，感官感触的外界，自觉的后面，有没有物，物体本质是什么东西：他们认为不知，应该存而不论，所以说是存疑。"[25] 张君劢针锋相对，他引用詹姆士本人的话说：

> 盖今所谓心理学者，粗疏的事实之贯串耳，各人意见之争执耳，说明的性质之分类与总括耳，划分吾心为种种情态之成见耳，自信脑神经系为心理作用之条件之成见耳，除此而外，他无所有，若求有如物理之公例，依因果原则而穷其所届者，实无一事而已，何也，物理学上之公例，有所谓端焉，（下坠体之迟速，与时间为正比例，下坠体之迟速端也，时间亦端也）端既定，而后公例乃立；今端之不知，则公例

---

[23] 同上，页2—3。
[24] 同上，页3。
[25] 张君劢：《人生观之论战序》，《人生观之论战》（上），页4。丁文江：《玄学与科学——评张君劢的〈人生观〉》，《人生观之论战》（中），页11。

何自而成乎？故曰心理学非科学也,乃成科学之希望尔！[26]

他的结论是：

> 故心理现象不为科学支配之语,非我一人之私言,乃有识所同认焉。夫人生关键,不外心理,舍心理则无所谓人生,今心理既不为科学所支配,则人生问题,尚何公例,尚何科学可言乎？[27]

丁文江与张君劢在詹姆士问题上的争论当然也反映了詹姆士学说自身的特点。如同罗素所说的那样,"威廉·詹姆士的哲学兴趣有两个方面,一是科学的一面,另一面是宗教的一面。在科学的一面上,他对医学的研究使他的思想带上了唯物主义的倾向,不过这种倾向被他的宗教情绪抑止住了。"[28]他的彻底的经验论的特征之一是否定主体客体关系是根本性的关系,从而也否定了"认识作用"的事件,在此事件中,有个实体即认识者或称主体,察知另一个实体,即被认识的事物,或称客体。[29]与许多经验主义者一样,詹姆士对事物的描述也是从部分开始,并且使整体成为一个第二等的存在。作为休谟的后继者,他既不把个别事实拉到实体上去,为它所固有,也不把它们拉到一个绝对精神上去,以为它所创造。[30]

---

[26] 张君劢：《人生观之论战序》,《人生观之论战》(上),页4。
[27] 同上,页5。
[28] 罗素：《西方哲学史》下卷,页369,商务印书馆,1976。
[29] William James, "The Function of Cognition," in *Pragmatism and the Meaning of Truth* (Cambridge: Harvard University Press, 1975), pp. 179-198.
[30] 但是,詹姆士的彻底的经验主义的特点是认为"仅有一种原始的素材或材料",世界的一切都是由它构成的。这种素材他称之为"纯粹经验",认识作用就是纯粹经验的两个部分之间的一种特别关系。主客体关系是导出的关系："我相信经验并不具有这种内在的两重性"。经验的一个已定的未分割部分,可以在这种关系中是认识者,在那种关系中是被认识的东西。用詹姆士自己的话说就是："连接各经验的关系本身也必须是所经验的关系,而任何种类的所经验的关系都必须被算做是'实在的'和该体系里的其他任何东西一样。"普通的经验主义者不顾这个事实,一向倾向于抹煞事物的各种连结,强调事物的各种分离。贝克莱、休谟、詹姆士·穆勒、约翰·穆勒无不如此；

张君劢对詹姆士的理解体现了一种人文主义的心理学观点,按照 J. P. 查普林(James P. Chaplin)和 T. S. 克拉威克(T. S. Krawiec)的看法,这种观点"同传统心理学没有联系(实际上它常常采取反对一般科学的立场),它却已经发展成为一个广泛的运动。"[31] 这个广泛的运动不仅仅发生在心理学领域内,正如张君劢对心理学的评论并不是、或并不仅仅是心理学的问题。在人本主义的观点和有关的纲领中,人被视为一种自由的力量,有对自己的行为进行选择的能力。这种对个人的自由和尊严的强调在另一个方向上就是个人必须对他或她的行为和选择负责,从而把道德的基础建立在个人的主体性之上。

非常明显的是,张君劢对心理学的人本主义理解包含了对自然一元论、还原主义机械论和决定论的拒绝,因为决定论与机械论心理学(以及一般科学)被认为是同抽象的、人为的"本质"打交道并忽略了使人和低等动物区分开的那些特征。更为重要的是,张君劢将"科学"与"人生观"问题截然区分,不仅明确地指明科学在理解人性方面完全无效,而且与那些极端的人本主义者一样,认为现代社会的许多问题都是科学技术与专家政治蔓延滋长造成的,[32] 从而心理学的人本主义理解被归结为现代文明批判的一部分。

其结果自然促使理性主义去努力加上一些超经验的统一者、一些实体、一些理智的范畴和力量、或者一些自我,来矫正它的各种不连贯性。在詹姆士看来,如果经验主义是彻底的,对各种事物一视同仁,不管是连接或者是分离,对每个事物都是按照它的票面价值来对待,那么其结果就不会招致像这样人为的矫正了。詹姆士的这种"彻底的经验主义"即使在罗素看来也具有两面性,即宗教的和科学的,而在丁文江和张君劢看来则分别是反宗教的和反科学的。又,詹姆士在谈及约翰·斯图亚特·穆勒时说,他"把物理的事物和自我二者都说成是由不相连续的一些可能性组成的,以及联念和心尘论之把整个的经验一般地化成七零八碎,都可以做为我上面所说的意思的例证。"威廉·詹姆士著、庞景仁译《彻底的经验主义》,上海:上海人民出版社,1987,页22—23。

[31] James P. Chaplin and T. S. Krawiec, *Systems and Theories of Psychology*, 4th ed. (New York: Holt, Rinehart and Winston, 1979), p. 15. 中译本《心理学的体系和理论》,林方译,北京:商务印书馆,1989,页34。
[32] Ibid. pp. 15-16. 中译本,页34。

我们当然不会忘记,张君劢的论敌正是利用了科学心理学的决定论和机械论特征为科学的普适性辩护,而这种决定论和机械论的心理学观点又为自然一元论的科学谱系提供了支持。在讨论中国科学社的早期活动和《科学》月刊时,我已经谈及科学家群体在西方思想的影响下建立完整的科学谱系的努力,例如早在1916年,唐钺在《科学》月刊第2卷第8—9期即已翻译J. Arthur Thomson的《科学的分类》,那篇译文有明显的自然一元论的特征。自然一元论的基本观点是把自然科学看成一个谱系,根系是物理学、化学和其他物理科学,而上部的分支是生物学、生理学和心理学。尽管这种谱系也承认物理学和化学与生物学、心理学的差别,但是,这种差别不过是由于前者研究最简单、最基本的物质形态,而后者则研究自然界最复杂的有机化合物。所以,查普林和克拉威克推论说,假如所有的科学都沿着单一的连续系统排列,那么,按照这一观点,心理学在理论上就可以还原为生理学;而生理学又可以还原为研究有机化合物的物理学和化学。[33] 心理学中的因果决定论和机械论观点就是以这种自然一元论为知识上的前提的。

在张君劢的论敌中,最精通现代心理学的是唐钺,他也是自然一元论的科学谱系的主要倡导者。他曾经发表过两篇较为重要的论文,分别论述心理与情感是否受制于决定论和机械论的问题,明显地以自然一元论为假设的前提。《心理现象与因果律》一文开宗明义,声明"我这篇文的主意,在说明一切心理现象是受因果律所支配的!"[34] 唐钺当然承认有因论并不意味着已经"证实一切心理现象都是有因的,然而

---

[33] Ibid. p. 23. 中译本,页23。
[34] 唐钺:《心理现象与因果律》,《人生观之论战》(中),页93。唐钺关于因果律的讨论没有什么新意,不过他论及康德的先验范畴时的话与本文所论内在的联系。他说:"无因论者(为便利见,我称主张心理现象,是不受因果律所支配的人做无因论者;下文仿此)一定要引康德的主张,说因果律是理性中所固有的,是先乎经验的范畴。……康德说一切现象,都是受因果范畴的支配,心理现象当然不能除外。因为他主张本体不可经验,所经验者都是现象。心理现象,是经验内的事,当然不是本体。"页94。

据我们的经验,许多心理现象是有因的。"[35]他从八个方面批评心理现象"无因论",其基本结论是重复德国哲学家鲍尔森(F. Paulsen)的观点,即有因与自由并行不悖。他深信因果律流行于心理界和自然界,并引用鲍尔森的话说:

> 两界中都没有孤立或无定律的元素;……人人默默地假定现在完全相同之内部的及外界的情境之下,一定有相同的结果;一样的观念,一样的情绪,一样的意志,必随一样的刺激而生。自由与得正当了解的因果性,完全没有冲突的;自由不是超越法律的支配。伦理学对于一种内生活的自由,等于无定律无条贯的,实在没有趣味的。反之,绝对不相联系的元素,与过去未来没有因果关系的孤立的意志,假如真有,就是意志的错乱,不! 就是心灵生活的完全破坏。假如后事一点儿不为前事所决定,那末,当然不能有练习与经验这种的事情,主义与决心,教育与公共制度,也没有效力。总而言之,没有因果性,就没有目的性。[36]

唐钺的意思非常清楚:因果律提供目的性,而目的性提供伦理的基础和自由的内涵。以探讨因果关系为特征的科学,无论是自然科学还是社会科学,不仅不与自由意志(如果存在的话)相冲突,而且在知识上提供了自由意志的方向感或目的性。[37]

关于心理现象与因果律的关系涉及的是道德伦理与知识的关系,而关于情感是否可以分析则关涉审美与爱的领域是否在"科学"的范畴之

---

[35] 同上,页97。
[36] 同上,页105。
[37] 知识与意志的关系也被表述为知识与人生观的关系,因为人生观被论证为自由的、直觉的。因此,对因果律的论证就是要说明"人生观是因知识而变的"。唐钺说:"例如,柯白尼太阳居中说,同后来的达尔文的人猿同祖说发明以后,世界人类的人生观起绝大变动;这是无可疑的历史事实。若人生观是直觉的,无因的,何以随自然界的知识而变更呢?"同上,页103—104。

内。换言之,讨论心理学问题的意义在于:道德、情感和审美的领域是否具有自主性。唐钺的另一篇文章《一个痴人的说梦》副题为"情感真是超科学的吗",针对的是梁启超在《人生观与科学》一文中的著名观点,即:

> 人生问题,有大部分是可以——而且必要用科学方法来解决的。却有一小部分——或者还是最重要的部分是超科学的。[38]

梁氏所说的"超科学的"部分"或者可以说是生活的原动力,就是'情感'"。[39] 对于唐钺这样的自然一元论者而言,梁氏问题的尖锐性并不因其调和的姿态而稍减。唐钺坚持认为:

> ……美不是超乎理智的东西,美感是随理智的进步而变化的。这种理智的成分,可以用科学方法支配的。其不可分析的部分,就是美的直接经验的性质;那是科学的起点,而且理智事项也都有这种不可分析的起点的。[40]

爱憎等感情也一样可以分析,"至于情感的事项的'超科学'的方面,不过是'所与性',是理智事项及一切其他经验所共有的,是科学的起点;我们叫他做'神秘',也未尝不可;不过这种的'神秘',同'平常'的意义

---

[38] 《人生观之论战》(中),页85—86。
[39] 梁氏说:"情感表出来的方向很多。内中最少有两件的的确确带有神秘性,就是'爱'和'美'。'科学帝国'的版图和威权无论扩大到什么程度,这位'爱'先生和那位'美'先生依然永远保持他们那种'上不臣天子下不友诸侯'的身份。"梁启超表面说这只是一小部分,但同时又将人类生活的大部分归为神秘的爱情、信仰、主义和各种情绪。在梁启超的论说中,科学与美、爱等领域的对立渊源于理性与情感的二元对立。同上,页89—90。
[40] 唐钺补充说:"这种起点,就是所谓'所与性'(givenness)。'所与性'本身,不特不可分析,也是不必分析;我们所要分析的,是一个'所与'同别的'所与'的关系,就是要有审美其他'所与'而这一个'所与'才能发生。至于要分析'所与'的本体,是无意义的问题,好象问白色为什么是白色,或是问第一个以前还有第一个没有,一样。"同上,页111。

无别罢了。"[41]唐钺保持了对"第一推动力"的不分析态度(即丁文江所谓"存疑的唯心论"),却捍卫了自然一元论的科学谱系的完整性。

张君劢与论敌的冲突不仅表现了不同的文化取向,而且也表现了不同的理论取向。如果"科学谱系"的捍卫者试图为人的道德行为和情感方式奠定客观的基础的话,那么,张氏则认为这种以"因果律"为特征的"客观性"损害了人的主体自由,从而也瓦解了道德和审美的基础。他对心理学领域的独立地位的辩护源自对人的主体的自由或自主性的捍卫,他把这种自由理解为目的的源泉和道德的前提。这种主观主义和情感主义的理论取向以科学与人生观的二元论为知识学基础,明显地促成了自然一元论的科学谱系的分化,即把"人生问题"置于"科学"谱系之外,并成为独立自主的领域。

正如我在论述梁漱溟时已经指出的,对于心理领域的自主性的辩护同时也是对于"中国文化"的主体性的辩护,因为这个"文化"在与"西方文化"的对比关系中被理解为心理的、直觉的和非理性的文化。但是,张君劢的自主性不仅是文化的自主性,作为一位热衷于社会主义政策和立宪政体的创制的人,他对人的自主性的要求密切地联系着人的社会权利和法律地位。没有这种自主性,我们该如何论证人在现实生活中的各种自主权利呢?

2. 对社会科学的人文主义理解

张君劢对社会学的批评与他对心理学的看法在逻辑上是一致的。他明显地接受了经验主义者的看法,将社会视为个人的一种积集,把社会现象看成是个人行为的一种结果。按照他的逻辑推论,如果个人的心理和行为不受因果律支配,那么,由个人行为而成的社会行为则无"公例"可循。值得注意的是,他选择了孔德和马克思作为科学社会学的典范进行批评,而他的出发点明显地带有人文主义倾向。

---

[41] 同上,页115。

张氏的问题仍然从穆勒开始。穆勒从人文主义角度批评孔德的实证主义社会学,张君劢引用说:

> 社会之现象,即人性之现象,由外界情状影响于人类而生也。假令人之思,觉,与行为之现象,(注意假令二字,谓有无公例,不敢断也。)受一定公例之支配,则社会现象亦受一定公例之支配。何也,社会现象果也,个人心理因也。然即令吾人关于社会之智识之确实,一如天文学,(注意即令二字)而谓遵其公例,可以推算千百年后之历史,一如吾人之于天体然,是必无之望也。[42]

张君劢对孔德社会学的批判明显地包含了对个人的自由与尊严的捍卫,这种个人/公例的二元对立源自一种人文主义与反人文主义的对立。但是,很明显的是,他对穆勒的解释是不全面的。穆勒虽然没有像孔德那样恢复"社会物理学"那样的概念,但他相信社会研究也能成为天体力学那样的科学。[43] 在针对马克思的科学社会主义时,张君劢的看法则体现为对"社会进化公例"、特别是经济决定论的唯物史观的否定。他引用德国经济学家海克纳的话说:

> 马克思恩格尔之社会主义,所以与以上各派不同者,即在其生计的定命主义。其意味社会主义的秩序,不以人类之理智与善意为基础,乃由进化的趋向所生之必然之结果也。(中略)故吾人之职责,不在发现进行之应如何,而在但指示其变迁之何若,依其所言,似为一种听其自然之态度,顾马氏辈弊精劳神于劳动党之组织

---

[42] 张君劢:《人生观之论战序》,《人生观之论战》(上),页5。
[43] 穆勒说:"(涉及到人的科学)远不具备天文学领域中业已实现的精确性标准。不过,它没有任何理由不能成为像现在的潮汐学或以前的天文学那样的科学,当初天文学计算也只不过是掌握了主要的现象,而对各种摄动现象则无能为力。" John Stuart Mill, *A System of Logic: Ratiocinative and Inductive*, vol. 8, *Collected Works of John Stuart Mill* (Toronto: University of Toronto Press, 1974), p. 863.

者何耶？[44]

张君劢把问题归结为"生计条件为主"还是"人类心思才力为主"的对立，即历史的动力，诸如革命的发生，制度的创建和衰败，源自某种可以用科学公例衡量的因果关系，还是人的自由意志？张君劢重复了诸如物理／心理的差别，并用詹姆士对心理学状态的估价来描述社会学的特征。他的结论是：

> 个人心理与社会生活之超于科学外也若此，故我从而断之曰：人生观，主观的也，直觉的也，综合的也，自由意志的也，起于人格之单一性者也。……十九世纪以来，欲进人事于科学之迷梦，今可以觉醒矣？[45]

根据上述理由，张君劢把心理学和社会学归之于人生观领域，以之作为与科学性质不同的独立范畴。[46] 科学寻求规则、公例和同一性，而人的自由意志却是自主的、创造的、差异的和不断变化的。

在"科学与人生观"的对抗之中讨论社会学问题不是偶然的，因为中国早期的科学观念深受孔德、斯宾塞的影响，例如在严复的思想中，社会学明显地居于科学之王的位置。因此，如果社会学必须置于科学谱系之外，那么，科学的合法性本身也将受到挑战。孔德说过："科学应当或以自己的方法，或以自己在各方面的成果，决定社会理论的重新组织。将来，一旦系统化后，科学就将与人类在地球上的活动共存，永远成为社会秩序的精神基

---

[44] 张君劢：《人生观之论战序》，《人生观之论战》（上），页6—7。
[45] 同上，页8—9。
[46] 针对胡适之"科学的人生观"，张君劢说："科学之大原则，曰有因必有果，既已以求因果为归束，故视此世界为一切具在，而于此一切具在中求其因果之相生。换词言之，以各物为闭锁的统系（Closed system）是也。此法也，施之物质，以其本为空间之体，故天文物理化学之公例，因以发现焉，反是者，人生之总动力，为生之冲动，就心理言之，则为顷刻完变之自觉性，就时间言之，则为不断之绵延。惟如是，欲改造之为闭锁的统系，决不可得施！"同上，页11。

础。"[47]如所周知,孔德社会学是仿照自然科学的模式建立的,不仅就其经验主义方法和认识论基础而言是如此,而且就其服务于人类这一功能而言也是如此。他的学说的两大支柱是社会动力学和社会静力学,即关于社会进步和社会秩序、社会变化和社会稳定问题的探讨。这种自然主义的社会学既可以解释人类的历史发展,又可以预见其未来的进程。[48]

不过,张君劢在"规律"问题上对孔德的批评并未击中要害,因为孔德对历史规律的信任是有信仰的前提的,即科学预见的产生以人们相信社会发展遵循一定规律为前提,如果人们认为社会事件"总是面临立法者、人和神的偶然干预的干扰,科学的预见就不可能产生。"[49]换句话说,孔德社会学包含了教导人们认识并利用规律去实现自己的集体目的的特殊功能。[50]在这个意义上,张君劢与孔德思想的真正分歧并不在于社会现象是否具有规律,而在于人们的行为应当接受科学及其揭示出的规律的指导,还是遵循我们的自由意志?在社会行为的层面则是:是否承认社会秩序对于人们行动的制约,以及人们能否在这种必然性的范围之内自由地安排自己的社会?[51]道德、审美和情感的目的是符合客观的秩序和规律,还是主体的自由创造?

---

[47] 奥古斯特·孔德:《实证政治体系》,第四卷,附录,页161,《对科学和科学家的哲学研究》(1825年),引自雷蒙·阿隆著、葛智强等译:《社会学主要思潮》,上海:上海译文出版社,1988,页1。
[48] 刘易斯·A·科瑟著:《社会学思想名家》,石人译,北京:中国社会科学出版社,1990,页1—2。
[49] 哈里特·马蒂诺编译:《奥古斯特·孔德的实证哲学》,第2卷,伦敦:Bell,1896,页215。引自科瑟:《社会学思想名家》,页2。
[50] 孔德说:"我们将发现,除非使社会现象服从于各种永恒的自然规律,否则就无法实现秩序与和谐,这些规律将给各个阶段确切地规定出社会行动的限度和性质。"《奥古斯特·孔德的实证哲学》,第1卷,页216。引自《社会学思想名家》,页3。
[51] 孔德认为,一旦人们承认了科学在指导人类事务中的权威地位,他们就会放弃对"自由研究权利或者毫无拘束的道德自由信条"的虚幻要求。只有那些愿意服从科学方法论的严格限制而尊重科学根据的人才能在指导人类事务中享有发言权。个人意见的自由在天文学或物理学中毫无意义,将来,这种自由在社会科学中也同样是不合适的。科学研究迫切需要对无效的和不受拘束的乌托邦主义加以严格限制。《社会学思想名家》,页4。

张君劢对孔德和马克思的批评都着眼于"进化"的规律,而很少区分他们有关"进化"的解释之间存在的深刻差异。[52]孔德和马克思的思想中都包含了人类进步的法则,但是,孔德的三段论具有强烈的精神论或唯心论倾向,而马克思则把人类物质条件的进化以及人类为生存而结合的不同方式作为他的出发点。孔德把人类历史划分为神学的、形而上学的和科学的三个阶段,明显依据了一种人类历史与个体成长的历史之间的隐喻关系。尽管他把人类的每一精神时代与相应的特殊社会组织和政治统治类型联系起来,也承认诸如人口的增长、分工的发展对社会进化的强大推动力,但是,他解释人类进步的主要依据仍然是智力的演进和心灵的发展。[53]马克思对社会的理解具有鲜明的整体论——普遍联系的——的特点:社会不仅是有序的整体,而且是发展着的整体,其中任何一个部分,无论是法典、教育制度,还是宗教制度、艺术制度,都不能从它们本身来理解。人生来即面对着财产关系亦已确定的社会,从而也是社会关系的总和。[54]就人生观或世界观问题而言,马克思相信"统治阶级的思想在每一时代都是占统治地位的思想。这就是说,一个阶级是社会上占统治地位的物质力量,同时也是在社会上占统治地位的精神力量。支配着物质生产资料的阶级,同时也支配着精神生产的资料。"[55]各种政治、伦

---

[52] 张君劢虽然也指出马克思与穆勒、孔德相异,但主要是说"马氏著书,与两氏同不脱十九世纪中叶之彩色,即社会进化有一定公例,而为科学方法所能适用是也。马氏自名其主义曰科学的社会主义,以别于翁文辈之乌托邦的理想,且推定生计上之进化,遵正反合之唯物史观之原则,故资本主义之崩坏为不可逃之数。"《人生观之论战序》,《人生观之论战》(上),页6。
[53] 参见科瑟:《社会学思想名家》第一章,阿隆:《社会学主要思潮》第二章。
[54] 关于物质生活与人的意识的关系,马克思在下述这段耳熟能详的话中有精确的表达:"人们在自己生活的社会生产中发生一定的、必然的、不以他们的意志为转移的关系,即同他们的物质生产力的一定发展阶段相适合的生产关系。这些生产关系的总和构成社会的经济结构,即有法律的和政治的上层建筑竖立其上并有一定的社会意识形式与之相适应的现实基础。物质生活的生产方式制约整个社会生活、政治生活和精神生活的过程。不是人们的意识决定人们的存在,相反,是人们的社会存在决定人们的意识。"《马克思恩格斯全集》,第13卷,人民出版社,1965,页8。
[55] 《马克思恩格斯全集》,第3卷,人民出版社,1965,页52。

理、哲学和宗教的世界观产生于社会分化成阶级的过程中,体现着现存的阶级关系。社会历史的进步是社会关系冲突的结果。

张君劢对上述差异的忽略建立在他的"科学与人生观"的二元论式之上:科学表现为因果律和公例,而人生观则体现为人的自由意志。在张氏看来,孔德和马克思在不同的方向上将他们的理论建立在因果律和整体论的公例规则之上,因而都是对人的自由意志的否定。张氏显然更注重对马克思的批判,这与陈独秀等人的理论实践有关。在为《科学与人生观》所作的序中,陈独秀从唯物主义的基本原则出发推定张氏所举的九项人生观都能够为社会科学所解释,例如他断言"大家族主义和小家族主义,纯粹是由农业宗法社会进化到工业经济军国社会之自然之现象"等等。[56]张氏反驳说,陈氏所举不过是社会科学家的事后说明,而不是"对于此九项之态度之变迁之动因,何自而来也。"[57]张君劢对于社会发展"规律"——特别是从经济角度推论资本主义的崩溃和社会主义的胜利——的批判不是一种政治批判,而是一种知识批判,即以具体例证否认社会"规律"的存在,进而将社会科学排除出"科学"之外。但是,这种"知识批判"并非没有"政治性",[58]则是显而易见的。

事实上,张君劢在访欧期间,接近过考斯基(Karl Kautsky, 1854—1936)和伯恩斯坦(Eduard Bernstein)等欧洲社会主义运动的理论家和领导人,认同德国社会民主党的路线,主张一种合法的社会主义或者说议会道路的社会主义。因此,他提供给中国的是一条既非资本主义,也非基尔特社会主义,又非共产主义的立宪社会主义道路,一种既非传统式,也非英美式,更非俄国式的德国政治模式和哲学模式。在1920年,他曾就费

---

[56] 陈独秀:《"科学与人生观"序》,《科学与人生观》(上),上海亚东图书馆,1923,页5。
[57] 张君劢:《"人生观之论战"序》,《人生观之论战》(上),页7。
[58] 张氏说:"然自今日观之,以欧洲而言,资本主义之成熟,英远在俄上,顾劳农革命,何以不起于英而起于俄乎?以俄与德较,则德资本主义之成熟又在俄上,何以德之革命成绩,反居俄后乎?且以俄论,私有财产之废不及二年,而已许私人买卖私人土地所有权,且大招致外国银行与外国资本家,不知此等翻云覆雨之局,又遵科学的社会主义全书中何种公例乎?……"《"人生观之论战"序》,《人生观之论战》(上),页6。

边主义和苏维埃等问题与张东荪进行论战。张君劢认为革命是变革旧生活的合法途径，而革命正是起源于人的自由意志。张君劢的革命观是建立在他对理性的信任的前提下的：一方面理性是自由的，另一方面理性又不是情感主义的。他用前者反对英美的经验主义，用后者反对俄国的激进革命思想。正是因为这种德国哲学式的理解，他拒绝环境决定论和历史决定论，也拒绝那种激进的宗教狂热式的革命（如列宁的革命），这两者都构成对人的自由意志的否定。作为一个终生的立宪主义者，张君劢信奉德国的社会民主和社会革命：以立宪形式建立代议制和直接民主相结合的政体。在张君劢这里，自由意志问题为民主（社会民主）的基础——人民公意，而非英雄意志；立宪，而非暴力革命；公平的混合经济（既不是私有化也不是国有化），而非垄断——提供了理论的前提。我们不妨把他的哲学理论与他论述中国政治的文字（如《中国前途》）参照阅读。

通过将心理学、社会学排除出"科学"的范畴，"科学与人生观对举"的修辞方式的含义逐渐明确了：以寻求因果规律为归宿的科学无法解决人生和社会的问题，因为人生和社会的范畴，即"人生观"的范畴，是自由的范畴。严格地说，这个范畴也不是知识的范畴。因此，人生观问题的提出涉及的是知识及其分科原则的有效性问题。

正如我在别处已经论证的那样，晚清以降，知识谱系及其分科原则不仅是汉语中"科学"（"分科之学"）概念得以产生的基础，而且分科的知识谱系是作为天理世界观及其分类原则的替代物出现的。正如天理世界观及其分类原则与古代世界的政治制度和伦理原则直接相关一样，分科的知识谱系不仅构筑了现代的知识类型，而且为现代世界的社会分工和制度性实践提供了知识上的证明。在这个意义上，张氏的"人生观问题"对分科的知识谱系构成了尖锐挑战，这种挑战不只是为人的自由和自主性寻找证明，而且也是对现代社会制度及其分工原则提供理论的再论证。正是基于上述理解，我不是直接从他的"人生观"的九项原则开始讨论，而是首先探讨他对心理学和社会学的理解，以及这种理解对整体论的科学谱系的挑战。在这样的背景下，"人生观"问题的含义才逐渐地清晰起来。

3."人生观"问题与重建知识谱系

除了为《人生观之论战》一书所作的序言之外,张君劢在这场论战中总计发表了五篇文章,除了在清华的演讲《人生观》和《科学之评价》,张氏的其他三篇论文实际上是一篇长文的上、中、下三部分,即《再论人生观与科学并答丁在君》。从人生观问题的提出到同一问题的归结,问题的含义显然发生了变化。我所要揭示的是这种变化中的文化逻辑——虽然我知道张君劢本人大概不会喜欢这个概念本身,他的理论特征是拒绝逻辑和规律的。

张君劢的《人生观》一文是在清华大学的演讲,听众是即将赴美的理工科学生。他的演讲虽然提到了人生观与科学的区别,但与知识分科问题基本无关。张氏的目的显然是对这些以科学为职业的中国学生进行"人生观"教育:科学不是世界上的一切,西方的文明不是唯一的标准,人生观问题说到底还是一个文化问题。

但是,张君劢讨论问题的方式本身颇为别致:他并没有说中国的文化及其价值怎样,也没有提醒学生们如何恪守中国的传统,而是首先论述人生观的含义和范围,而后分析人生观与科学的基本区别,最后解释人生观的几组不同取向。张氏对人生观的定义是从"人生观之中心点"即"我"与"非我"的几组关系中推出的。这几组关系包括:1. 生育关系——父母;2. 配偶关系——夫妇;3. 团体关系——社会、国家;4. 财产关系——私有制、公有制;5. 物质关系——精神文明、物质文明。他依据这五类关系,列出九项人生观问题及其不同的取向。[59]张氏没有明确指出他赞成哪

---

[59] 这九项人生观问题及其不同取向是:1. 就我与我之亲族之关系:a. 大家族主义,b. 小家族主义;2. 就我与我之异性之关系:a. 男尊女卑,b. 男女平等,c. 自由婚姻,d. 专制婚姻;3. 就我与我之财产之关系:a. 私有财产制,b. 公有财产制;4. 就我对于社会制度之激渐态度:a. 守旧主义,b. 维新主义;5. 就我在内之心灵与在外之物质之关系:a. 物质文明,b. 精神文明;6. 就我与我所属之全体之关系:a. 个人主义,b. 社会主义(一名互助主义);7. 就我与他我总体之关系:a. 为我主义,b. 利他主义;8. 就我对于世界之希望:a. 悲观主义,b. 乐观主义;9. 就我对于世界背后有无造物主之信仰:a. 有神论,b. 无神论,c. 一神论,d. 多神论,e. 个神论,f. 泛神论。张君劢:《人生观》,《人生观之论战》(上),页2—3。

一种人生取向,而是紧接着指出,人生观"无一定之解决"。也正是从这一点出发,他分析了人生观问题与科学的五大差别:科学为客观的,人生观为主观的;科学为论理学方法所支配,而人生观则起于直觉;科学可以分析方法下手而人生观为综合的;科学为因果律所支配,而人生观则为自由意志的;科学起于对象之相同现象,而人生观起于人格之单一性。[60]

人生观的上述特点规定了科学的限度。张君劢说:

> 科学无论如何发达,而人生观问题之解决,决非科学所能为力,惟赖诸人类自身而已。而所谓古今大思想家,即对于此人生观问题,有所贡献者也。……彼此各执一词,而决无绝对之是与非,盖人生观,既无客观标准,则惟有反求之于己,而绝不能以他人之现成之人生观,作为我之人生观者也。[61]

张氏的人生观问题明显而简陋地表达了主观论的倾向,不承认人生观问题有任何客观的标准,也不承认他所说的"我"与"非我"的关系的历史性。不过他还是通过分析几组人生观问题,暗示了他对"正确的"人生取向的看法:1. 在物质与精神的关系中,不宜重外轻内;(批评物质主义)2. 在男女之爱方面,不必将男女恋爱、反抗家庭制度作为人生之第一义;(批评恋爱至上主义)3. 在个人与社会的关系中,知识发展应重个人;财产分配,应均诸社会;(主张社会协调发展和社会平等)4. 在国家主义与世界主义的关系中,主张和平,向往大同,但亦应注意国家主权。但是,既然没有客观标准,确定价值的取向或人生观是否正当,就成了一个难以解决的问题。

直到现在,我仍然把张氏放在康德主义的思想序列中进行分析,这显然是由于他的二元论的思想方式。沿着这种二元论的思想方式,张氏不仅否定了伦理认识论,即以物理学方法导出的伦理观,而且也否定了伦理自然主义,即按照演化论的模式发展的伦理观。但这并不意味着他是一

---

[60] 张君劢:《人生观》,《人生观之论战》(上),页4—8。
[61] 同上,页8—9。

位彻底的康德主义者,或者形而上学论者,尽管他的"人生观"问题包含了对人的自主性的捍卫。张君劢的核心论点之一是:在人生的领域,不存在绝对的真理,也不存在客观的标准。那么,康德的绝对命令的位置也显然是非常可疑的了。

现在的问题是:为什么张氏《人生观》一文引起的争论主要不在"人生观"的取向及其标准方面,而在"科学与人生观"的关系方面？为什么"科学与人生观"问题发展成为科学的知识论及其分类原则是否可靠的问题？首先,从人生观问题的讨论转向科学与人生观的关系的论辩,除了张氏本人的因素外,丁文江对张氏《人生观》一文的回应起了决定性的作用。在这篇题为《玄学与科学——评张君劢的"人生观"》的文章中,丁文江的第一个问题就是:"人生观能否同科学分家"？能否在科学方法之外寻求人生观的是非真伪？而根据他的定义,"科学方法不外将世界上的事实分起类来,求他们的秩序。等到分类秩序弄明白了,我们再想出一句最简单明白的话来,概括这许多事实,这就叫做科学的公例。"[62]科学能否同人生观分家的问题,以及科学方法能否适用于人生观领域的问题,由此便被转换为"科学的智识论"的问题:科学的知识论及其分类原则如何处理人生观与科学、精神科学与物质科学的关系。[63]

丁文江的知识论在处理物质与精神的关系时明显地在经验论上回到了感觉论的心理学,特别是休谟和穆勒的联想心理学观点。他引用摩尔根(C. Lloyd Morgan)的《动物生活与聪明》(Animal Life and Intelligence)一书,将外界的物称为"思构(Construct)"。按照这种"思构"的物质观,物质被理解为"许多记存的觉官感触,加了一点直接觉官感触。"[64]至于"思想如何复杂,总不外觉官的感触——直接的是思想的动机,间接的是思想的原质。但是受过训练的脑经,能从甲种的感触经验,飞到乙种;分析他们,联想他们:从直接的知觉,走到间接的概念。"[65]丁文江推论说,

---

[62] 丁文江:《玄学与科学——评张君劢的"人生观"》,《人生观之论战》(中),页3。
[63] 同上,页6。
[64] 同上,页6—7。
[65] 同上,页7—8。

物质本来就是心理上的觉官感触，由知觉而成概念，由概念而生推论，而"科学研究的不外乎这种概念同推论，有什么精神科学，物质科学的分别？又如何可以说纯粹心理上的现象不受科学的方法的支配？"[66]既然感官感触为我们知道物体惟一的方法，物体的概念为心理上的现象，那么，科学的知识论也就是涵括一切的完整体系。

因此，以丁文江的挑战为契机，张氏的论述重心开始转向知识论问题，特别是知识领域的区别与分化。在他的《再论人生观与科学并答丁在君》的上、中、下三篇中，前两篇分别以物质科学与精神科学在"公例"问题上的差别和科学的知识论是否正确为论述的中心。在上篇第一节《物质科学精神科学之分类》中，张氏指出各国科学家和哲学家均普遍承认科学之可以分类，但分类的方法各不相同。他本人的物质科学/精神科学则脱胎于德国哲学家翁特（Whilhem Wundt）的确实科学（Exakte Wissenschaft）/精神科学（Geisteswissenschaft）的二分法。[67]不过，翁特的分类中虽然承认这两个领域的差别，但仍然是在科学分类法的范畴内部，而张氏则认为"精神科学，依严格之科学定义，已不能认为科学，则即此标准，已足以证之。"[68]换言之，张氏坚持物质与精神领域的不可通约性，即心物二元论。

坚持心物二元论的理论含义是在人生观领域拒绝客观的、因果律的法则，这种法则在历史观方面的体现就是进化之公例。因此，对于心物二元论的理论解说包含了对科学史的重新解读，特别是对以近代物理学方法为基础的各种科学的再认识。[69]值得提出的是，正是通过进化论，普

---

[66] 同上，页8—9。

[67] 翁特所谓确实科学包括数学、物理学、化学和生物学，精神科学包括心理学、文字学、历史学、文字历史的学、社会学、法律学、生计学。见张君劢：《再论人生观与科学并答丁在君》（上），《人生观之论战》（上），页18。

[68] 同上，页19。

[69] 张氏说："十八世纪以降，有欲以物理学之方法施生物之现象者，于是有李尔之地质学（Lyell, 1797—1875），有拉马克之动物学（Lamarck, 1744—1829）。至达尔文之《物种由来》一书既成，而后各国翕然宗之。以在君之语言之，则以为生物学之进化论皆已解决矣。虽然，果解决耶？果未解决耶？"《再论人生观与科学并答丁在君》（上），《人生观之论战》（上），页21。

适的科学法则才逐渐地成为衡量文明之进步与落后的标准。科学的观念首先是进入历史领域,而后才成为心理、道德和审美的准则的。对于张君劢来说,詹姆士、柏格森、杜里舒等人的哲学,以及现代生物学对达尔文主义的批判,为重新界定科学的范围提供了条件。首先,他借助于英国生物学家托摩生(Sir John Arthur Thomson,1861—1933)的理论,论证生物进化过程中因果关系的含混性,进而将生物学与物理学区分开来;其次,他检讨汉姆霍尔兹(Hermann von Helmholtz)、米勒(Georg Elias Müller,1881—1921)等人的实验心理学,特别是范希纳(Fechner)的范希纳－韦伯公例(Weber-Fechner Law)(即感觉与刺激之对数为比例),指出"所谓实验心理者,大抵所试验者,以五官及脑神经系为根限,若此者,谓为生理的心理学则可,谓为纯正心理学则不可。……若不问思想,……是所实验者,乃生理非心理也。"[70]因此,心理学不仅不是确实科学,而且较之生物学距离科学更远。他引证柏格森和詹姆士,阐明"人生本为自觉性",决无公例可言。[71]

张君劢对科学"公例"的质疑也受到本世纪初的科学发现的启发,如1905年爱因斯坦狭义相对论发表,1908年明可夫斯基(Hermann Minkowski)的四度几何说公布,1915年爱因斯坦广义相对论成立,所有这些重要的发现改变了近代物理学的视野。张君劢显然已经注意到他所描述的心理学等领域的特点并不仅仅适用于这些领域,甚至现代物理学的新发现也不能被理解为近代物理学的逻辑发展。但是,张君劢显然不准备就这些新发现发展一套新的科学哲学,他也并不想认真讨论科学史中的范式转换与信仰等领域的关系——如托马斯·库恩所做的那样。所有这些科学领域中的重大发现都被他组织到有关科学领域与精神领域不可通约的论证之中,从而在理论上使他更接近于康德界说两种理性的传统。根据他的看法,科学适用于事物的空间关系,而不适用于时间领域,因为时间与生命或生活力(Vital Force)有着内在的联系。据此,他归结出四

---

[70] 同上,页23。
[71] 同上,页24。

条规则,论证科学中的进步法则无法适用于人生领域:

> 第一、凡在空间之物质易于试验,而生物学之为生活力 Vital Force 所支配者,不易试验,至于心理学则更难。
> 第二、凡在空间之物质,前后现象异于确指,故其求因果也易;生物界前后现象虽分明,而细胞之所以成为全体,其原因已不易知,若夫心理学则顷刻万变,更无固定状态可求。
> 第三、三坐标或四坐标,验诸一质点之微而准者,可推及于日月星辰,此尤为生理学所不能适用之原则。
> 第四、物理上之概念,曰阿顿,曰原子,曰质量,曰能力,此数者得之抽象而绝不为物体之具体的实在 Concrete Reality(此名之义见詹姆士书中)所扰,至于生物学,有所谓种别,有所谓个性;而心理学为尤甚,因而生物心理两界日为个性之差异所扰,而不易得其纯一现象(Uniformity)。[72]

张氏按照上述四项原则,把心理学、经济学(生计学)、政治学、社会学和伦理学都归之于"精神科学",因为这些学科没有坚固不拔之原则,也没有物理学中的那种精确不易之公例。[73] 值得注意的是,张氏把他所谓"精神科学"中的种种变化归结为无"公例",却不认为爱因斯坦对牛顿物理学的冲击也是无"公例"的表现。这表明:张氏并不想深究知识的形成

---

[72] 同上,页27—28。
[73] 例如,他引用穆勒的话说:"余之《生计原理》一书之目的,于前人等,曰在所假定之状态下,求种种原因之作用之科学的了解。虽然,于前人异者,不以此种状态为一成不变的。盖生计学中概括之论,不生于自然界之必至,而起于社会之制度,故为暂时的,因社会之进步而变迁也。"他有以政治学为例说:"岂惟生计,政治亦然。近年以来,狄骥(Duguit)、拉司几(Laski)、柯尔氏(Cole)反对国家主权说,乃欲以社会职司(Function, Service)之说代之,自其说出,于是治者被治者之关系为之一变焉。议会之选举,曰不以地域为标准,而以职业为标准,又为之一变焉。既无主权,而一切人同居于服务之地位,则权威义务之说,必从而铲除,又可知焉。读者试一思之,号为科学者,而其根本观念可以一朝推翻若是其易,是尚得谓为科学乎?"同上,页30—31。

问题,而注重于划出知识与非知识、科学与非科学的界限。他引证英国经济学教授欧立克(E. J. Urwick)的《社会进步之哲学》(*Philosophy of Social Progress*)一书说:

> 科学之所能为力者,不过排除某种行为之方法,不过确定所以达某部目的之条件。至于全社会大目的之决定,吾人所应选择之方向之决定,则非科学范围内事。……全社会之大目的,吾人名之曰社会幸福,无定的也,无限的也,人类生存之第一条件,即在将其所谓大目的,时时加以划定,以达于更美之境。而此划定之行为,谓为一部分起于生活变化之冲动的可也,谓为一部分起于有目的之半理性的可也,谓为一部分起于理想化的亦可也。[74]

换言之,社会的目的、幸福和价值都在科学范围之外。

张氏区分物质科学与精神科学是从他对精神与物质、理智与情感、理性与直觉的区分中引申出来的,这一点显示了他与梁漱溟等人的文化论的内在联系,但他的表述本身已经没有任何文化意味。对于人生的偶然、自由和创造性的思考开始把他导向欧洲思想传统中的不可知论。他一再引用康德的断言命令(Categorical Imperative)、倭铿的"精神生活"、柏格森的"生命力"、詹姆士的"经验"、欧立克的"生活冲动"和"精神元素",以及直觉、自由意志等概念,为精神领域的自主性创造理论基础。在这个意义上,他显然超出了区分精神科学/物质科学的意图,而把人生观置于科学之上的地位:"人生观超于科学以上,不能对抗,故分家之语,不能成立。"[75]值得注意的是,对于张氏来说,人生观与科学的对峙已经不只是东/西文化的对峙,而且更是唯心/唯物的对峙。他这样表述他与丁文江的关系:

---

[74] 同上,页32—33。E. J. Urwick, *Philosophy of Social Progress* (London: Methuen & Co., 1920).
[75] 同上,页40。

> 在君如能弃其唯物主义或唯觉主义（如皮耳生是也）从我而为唯心主义者，则人生观虽出于自由意志而不至于不可以一朝居者，其义自可豁然贯通。[76]

正是在这种对峙关系中，张君劢不仅要确定科学与人生观领域的界限，而且要确定人生观问题对于科学问题的优先性。这突出地表现在他对"科学的知识论"的批判之中。

张君劢根本不承认"科学的知识论"这一概念，因为他拒绝接受科学的分类谱系有任何客观性。"知识论者，哲学范围内事也，与科学无涉者也。……千差万别，几于不可爬梳。"[77]针对丁文江等人的经验主义或唯觉主义知识论，张氏反复引证德国理性主义传统，捍卫人的主观性。丁文江一再引证皮耳生、马赫，而张氏也依据德国思想传统——驳斥。例如他批评皮耳生将世界的最终的不可分析的元素归结为官觉之印象，因为根据他的看法，当人们给各种感觉命名的时候，已经存在着一种论理的意义。[78]又例如，他认为人类之于世界，辨真伪求秩序为惟一要义，而辨真伪求秩序之标准即"论理的意义也。"[79]再如，马赫、皮耳生都把因果律解释成为"现象之先后秩序"而非必然性，而张氏则坚持说，因果律内含坚实的必然性，但只适合于物理现象。[80]

张君劢本人非常清楚上述分歧并不是他与丁文江的理论分歧，而是英国和德国的思想传统的分歧。根据他的解释，英国思想"以外释内，故为后天主义，唯觉主义"；德国思想"以内释外，故为先天主义，唯心主义"。前者在哲学上体现为洛克、休谟的感觉论和经验主义，在伦理学上体现为边沁的功利主义，在生物学上则体现为达尔文的生存竞争微爱积淀说，在心理学上则体现为英美行为主义，在教育学上则体现为环境适应

---

[76] 同上，页41。
[77] 张君劢：《再论人生观与科学并答丁在君》（中），《人生观之论战》（上），页46。
[78] 同上，页48。
[79] 同上。
[80] 同上，页50。

说;后者在哲学上是康德的纯粹理性说,伦理学上是康德之义务说,生物学上是杜里舒的生机主义,心理学上是思想心理学,教育学上是注重精神之自发。[81]然而,张氏并不主张全面地倒向德国思想传统,相反,他认为应当调和二者,回到康德的折中主义,即纯粹理性与实践理性的二分法。有趣的是,他认为中国学者最适合担当此任,这不是由于他们自己的思想传统,而是由于他们是在英德传统之外,没有先入之见。因此,中国思想的任务便不再是阐发自己的传统,而是"以调和英德之说为己任,则于学术界必能自辟途径,而此业正为吾国人所应努力。"[82]

张君劢所致力的调和努力当然有其知识论的结果:通过对"科学之限界"的反思,提出新的知识谱系。这种知识谱系能够包容科学与"科学以外之知识"。"科学以外之知识"概念的提出意味着:那种把科学当作全部知识的看法,那种把科学实践当作一切实践的观点,需要彻底重组。科学不再是不多不少等于全部知识,而仅仅是全部知识中的一部分,而且并不是最为重要的一部分;实践不再是不多不少等于科学实践,而仅仅是实践中的一种实践,而且是不甚重要的一种实践。非常明显的是,建立在自然一元论基础上的科学谱系尽管包含了知识分科的原则,但同质性程度很高;而建立在心物二元论基础上的知识谱系则含有不可通约的知识部类,这些知识部类的自主性程度足以为自身提供内在的原理和逻辑,它们之间并不享有同一性:无论是公例,还是方法,或者别的什么。

张氏举出道德(如忠信)、审美(如品乐)、生死问题等"科学"之外之"知"来检讨科学的界限,他的基本结论并无独创性可言,基本上仍是重复托摩生的观点,即除了科学知识之外,至少还存在哲学、美术和宗教等三种不同的知识。哲学(形而上学)处理科学方法不能处理的宇宙本原问题,美术处理科学方法无法处理的审美和情感问题,宗教则处理科学方法难以解决的意义问题。这样,"科学"不再是包容一切的知识,相反,它是知识之一种。形而上学、审美、宗教以及道德领域已经从"科学"的谱

---

[81] 同上,页53—54。
[82] 同上,页56。

系中分化出来,并与之并列为独立的知识领域。

但是,这种并列关系中仍然有统摄与被统摄的关系,因为"分科"本身需要诉诸各科之上的原理——形而上学:

> 虽然分科之研究,不得已也,分科之学之是非,当衡诸于诸学上之最高原理,而融会贯通之,是之为形而上学。形上学者,诸学之最终裁判官也。[83]

科学的范围被限于物质领域,分科的规则由形而上学统摄,自由意志是人类活动的根源和责任的基础。张氏的理论渊源明显来自詹姆士、柏格森和倭铿,但在分科的原则和内容上也非常接近于日本近代思想家、"科学"一语的首创者西周:他曾把哲学视为"科学的科学",把"统一观"的形成看作是最为重要的使命。张氏的独特性仅仅是:他不再承认"科学"是一切"知识"。对他来说,形而上学不是"科学的科学",而是"知识的知识"。根据上文的分析,张君劢不只是要求在科学知识领域之上保留"形而上学"的领地,而且还要求在科学知识之外,建立自主性的心理学、社会学、政治学和经济学等领域。值得注意的是,政治、社会和心理等领域的自主性不仅在知识的分类中得到表现,而且也一定要在制度化的实践中体现出来。[84]

---

[83] 张君劢:《"人生观之论战"序》,《人生观之论战》(上),页15。

[84] 张君劢的老师梁启超早在1896年就曾上书张之洞,议改书院课程,提出"日本变法以学校为最先,而日本学校以政治为最重",进而建议用政治学院之意,设立经学、史学、地学、算学课程,以时务一门课程为诸学之归宿。(梁启超:《上张南皮张尚书论改书院课程书》,舒新城:《中国近代教育史资料》下册,北京人民教育出版社,1961,页934—936。《中国近代教育大事记》,上海教育出版社,1981,页74。)又如,1897年,贵州学政严修奏请设经济专科。一为岁举,一为特科。先举特科,次行岁举。特科内容"或周知天下郡国病,或熟谙中外交涉事件,或算学律学,擅绝专门,或格致制造,或创新法,或堪舆历之选,或工测绘之长",分为内政、外交、理财、经武、格物、考工六事。等等。在这些早期分科之中,经济、政治等领域的地位的形成,明显地与社会政治需要相关。参见总理衙门、礼部:《会奏遵议贵州学政严修请设经济特科疏》,舒新城:《近代中国教育史料》第4册,页81—85。《中国近代教育大事记》,页80。

第三节　知识谱系的分化与社会文化的"合理化"设计

1. 知识分科与现代社会分工

通过检讨和重构知识谱系，张君劢奠定了他对知识问题的基本原则。在科学与玄学的关系上，这个基本原则的理论含义是"科学决不能支配人生，乃不能不舍科学而别求一称（种）解释于哲学或玄学中（或曰形上学。）"[85]根据张氏的自述，这一判断可以分为三个要点：

> 一、官觉界以上，尚有精神界。学问上之是非真伪即此精神界之综合作用之表示。
> 二、官觉与概念相合知识乃以成立。然除学问上之知识外，尚有宗教美术，亦为求真之途径。
> 三、学问上知识之成立，就固定状态施以理智之作用。若夫生人所以变迁之故，则出于纯粹心理，故为自由的。伸言之历史之新陈代谢，皆人类之自由行为故无因果可言。[86]

张君劢对科学谱系的攻击，以及他的以"分化"为特征的知识谱系的重构活动绝不仅仅是一种纯粹的智力活动。知识谱系的合理分化首先是一种对于现代社会的合理化设计，其次也可以被理解为一种现代化的行动纲

---

[85]　张君劢：《再论人生观与科学并答丁在君》（下），《人生观之论战》（上），页69。
[86]　同上。

领。[87]值得注意的是,张君劢并不是以综合来对付科学谱系的分化,相反,他是以一种更大规模的"分化"来批判科学内部的分化或分科。通过论证信仰、道德、审美、科学等领域的不可通约性,或者说,通过把信仰、道德、审美等领域从科学谱系中分化出来,张君劢建立了一种更加广泛的分类的原则。正是在这个意义上,张氏一方面反对以科学的分类方式设计社会的合理化模式,另一方面,他又是在一种分类原则的基础上提出他的社会设计。因此,我仍然把他的教育改革方案或社会改革方案看作是一种合理化设计,这种合理化设计本身的确包含了对各种启蒙的合理化模式的批判。或者说,他的这种合理化设计是对启蒙的科学范例进行批判的结果。

作为一种合理化设计和行动纲领,张君劢与他的论敌一样,把"学习"作为理解世界和改造世界的基本方式。不过,丁文江等人强调的是科学对未知世界的无穷探索能够获得最终的真理,而张氏的看法却不是以科学的"求真"为目的的:

> 教育之方法,无论或隐或显,常以若干人生之理想为标准。标准定而后有科目之分配。我之视人生观为自由意志的,故教育方法为一种。皮耳生与在君以人生观为可以统一的,故其方法又为一种。[88]

但无论如何,上述两种"学习"都包含了"实用的价值问题。"[89]"学习"

---

[87] 我在下文中将解释我在什么意义上使用"合理化"概念和为什么使用这一概念。鉴于韦伯的合理化概念与新教伦理的关系,我在此提及一个与本文关系不甚明显的问题,即晚清末年的教育制度的合理化实践与基督教的关系。早在1896年,中华教育会召开第二届大会,主席潘慎文作《教育会与中国整个教育的关系》的演讲,提出:"作为基督教教育家协会,我们要用在我们能力范围内,以各种方法控制这个国家的教育改革运动,使之符合于纯粹的基督教的利益。"大会根据他的意旨,组织"改革教育委员会",研究如何为中国拟定"合理"的教育制度。《中华教育杂志》第17卷第7号(1896),页345—348。
[88] 张君劢:《再论人生观与科学并答丁在君》(下),《人生观之论战》(上),页70。
[89] 同上,页70。

的特征是通过一套制度化的实践,将学习者培养成为现代社会和国家的公民和专门家。

因此,"学习"及其制度,特别是教育制度,不仅涉及学习和教育的具体内容,而且还包含了一种社会的合理化设计。这种合理化设计不仅构成了教育的目的,从而规定了教育的内容,而且也是一种社会的合理化模型。学科和课程的安排对应着社会和国家的制度性安排,教育制度的结构不过是社会制度结构的理想化形式。正由于此,张君劢在开展他的批判之前,曾引用皮耳生讨论"科学与公民"的观点说:"事实之分类也,求其先后之序也,乃科学之所有事也。此祛除成见,以事实为本之精神,不独科学家应有之,即一般国民亦无不有之。"[90]事实的分类和求证真实都是科学研究的基本特征,把这种科学的模式作为社会的模式不仅是启蒙的理论后果,而且也是社会"合理化"的特征。[91]因此,"合理化"概念在这里意味着认识论意义上的科学进步与特定时代的道德和政治实践的一种联系,从而也预设了理论理性与实践理性的某种统一性。在这个意义上,张君劢的科学与人生观的二分法即使在他自己的用法中也并不是完全贯彻到底的。如果公民的产生是知识规划的结果,那么,知识的规划与国家的关系就是必然的了。在这个意义上,张君劢并没有真正摆脱把科学和技术作为历史范例的观点。

但是,如果科学和技术能够作为社会发展的范式的话,那么,科学和技术也必然能够替代形而上学而成为解决人类的意义问题的机制。也正

---

[90] 同上,页70。
[91] 哈贝马斯在分析西方社会思想中的社会合理化论题时首先分析了孔多塞(Condorcet)的《人类心灵进步的历史图景概要》(*Sketch for a Historical Picture of the Progress of the Human Mind*),他指出,在这部书中,自然的数学科学提供了合理性的模式,牛顿物理学就是这种模式的核心,它揭示了研究自然的真正方法。孔多塞注意的是科学的"文化意义",即在方法上获得保证的理论知识的增长对人类心灵,以及整个生活的文化语境的发展究竟产生了什么影响。哈贝马斯说,孔多塞想按照现代科学史的模式来理解人类历史,也即把人类历史理解为合理化的过程。Jürgen Habermas, *The Theory of Communicative Action*, trans. Thomas McCarthy, vol. 1 (Boston: Beacon Press, 1984), pp. 145-146.

是在后一点上,张君劢对科学文明保持悲观看法,他不仅认为现代文明的危机是科学的危机,或由科学的发展导致的危机,而且他从伦理价值的取向上认为科学已经丧失了它的范式的价值地位。[92]因此,他需要发展出一种既具有科学分类意义又超出科学范式的社会机制,为合理化的现代社会寻找道德实践的基础。

他对现代教育的批评集中体现了他的合理化设计。这种批评并不构成对"知识与公民"、"教育与国家"等前提的挑战,相反,他正是以这些重要的关系为出发点的。他的问题毋宁是单纯的"科学教育"能够培育出现代的公民吗?玄学教育与公民教育的内在联系部分地解释了张君劢集"心性之学"的阐释者与立宪活动的推动者二任于一身的事实。正是在这里,张君劢在科学谱系之上重新分类的意义凸现出来了:分类的原则依据的是他对现代社会的合理化安排的理解,而教育制度则是现代社会结构的理想化模式。张君劢对以科学分类模式为范式的现代教育制度表示了深刻怀疑,[93]并提出了相应的改良措施。他归纳出的五大弊病是:(一)19世纪后英德各国列自然科学于学校科目之中,但这些科目如物

---

[92] 在这方面——既对合理化过程抱持悲观看法,又试图用合理化的观点观察历史,张君劢有些与韦伯类似的地方。哈贝马斯在讨论韦伯的理性主义(Rationalism)时说:"在历史哲学中,科学和技术是一种合理化的模式。韦伯并不拒绝它们的范式特征。然而,就其作为进步概念的模式而言,科学和技术必须在启蒙和实证主义的意义上进行估价;即它们的被特征化了的解决问题的机制同时对物种历史能够产生重要影响。19世纪晚期的资本主义文化批评——尼采及其同时代人的生活哲学即是其最有影响的代表——直指这种替代形而上学的重估。韦伯也持有对科学文明的这种悲观评价。他从伦理价值的取向出发,对他在现代社会中观察的合理化过程深为怀疑,以至在他的合理化理论中,科学和技术丧失了它们的范式特征。韦伯的研究集中于目的—合理行为的体制化的道德实践基础方面。"Ibid. ,p. 155。

[93] 张君劢说:"十九世纪之初,科学的信仰,如日中天,故赫胥黎辈毅然与宗教家抗,要求以自然科学加入学校教育科目中。今其行之也,暂者数十年,久者已及百年,利害得失,皎然大明。谓将自然现象详细分类,且推求其秩序,谓将望远镜仰察天空之虚漠,用显微镜俯视生物之幽微……已足以尽教育之能事乎?不独此所不适用(教育上不能无伦理,即教育非自然科学所能范围之明证),以云今后,更无论矣。"《再论人生观与科学并答丁在君》(下),《人生观之论战》(上),页74。

理、生理等等均以官觉为基础,从而导致"官觉发达之过度";[94](二)科学以对待(Relative)以因果为本义,物理、生理、心理、生物、社会等科目都以因果解说,使学生"几忘人生在宇宙间独往独来之价值";[95](三)科学知识谱系把人生意义局限于官觉所及之物,人生完全为物质的欲望、一时之虚荣和权利义务的观念所笼罩;[96](四)科学以分科研究为基本方法,因而"答案常限于本范围内";分科的细密"致人之心思才力流于细节而不识宇宙之大";[97](五)现代教育以现时的经济制度为准,人才的培育是以社会的分工为目标的,从而完全忽略了"全人格之活动"和"全人格之发展"。[98]

在上述五条中,第四、五两条明显地有一种对应关系,即教育的分科和社会的分工之间的对应关系。针对这些弊病,他的建议有三条:(一)学科中应加超官觉超自然(Supernatural)之条目,使学生知宇宙之大,减少物质的欲望,"发达其舍己为人为全体努力之精神";[99]换句话说,张氏建议在现代教育制度中设立政治学、社会学、伦理学、哲学等科目;(二)学科中应增加艺术之训练,使人获得悠然的享受和丰富的精神创造力;[100]从而能够从因果论的机械关系中摆脱出来;(三)"学科中应发扬人类自由意志之大义,以鼓其社会改造之勇气",[101]目的是打破学院与社会的藩篱,以公民伦理改造职业伦理。

张氏对全面发展的自由人的期待包含了对以科学发展为范例的社会

---

[94] 张君劢:《再论人生观与科学并答丁在君》(下),《人生观之论战》(上),页73。
[95] 同上。
[96] 同上。
[97] 同上,页74。
[98] 同上。
[99] 同上。
[100] 同上,页75。
[101] 同上。值得注意的是,张君劢对自由意志的呼吁包含了对社会历史中的革命现象的观察,他显然把革命看作是自由意志的产物,是摆脱历史规律的例证。如说:"以云自由意志之教义,世界之社会革命党已行之而大奏功,德俄两帝国之推翻,皆此种教育为之也。"

合理化模式的反感,他认为科学的分科和社会的分工都是对人的精神的阉割,并把人束缚在因果律和进化规则之中。张君劢希望用人的自由意志打破"规律"的约束,而"革命"就是自由意志突破自然规律的束缚的历史例证。他举出了德国和俄国的革命,举出了社会改造派的教育思想作为范例。正是在这个意义上,张君劢的"人生观"问题及其知识规划可以被理解为对现代性的质疑。

但是,张君劢并不是一般地反对知识的分科和社会的分工,他的理论主张的核心是在科学分类谱系之上重建知识谱系,这个知识谱系包含了五个方面的内容,即形上、艺术、意志、理智、体质。

> 要之,自欧洲社会革命与其青年运动观之,理智以外之人类潜伏的心能,隐而未发者,正未可限量。诚能迎机道之,则物质制度与精神自由之间,抱持现状与打破现状之间,自有一条平和中正之道。[102]

张氏试图提出一种平衡发展的知识的和制度的分类体系,通过训练和教育建立合理的社会:每一个受教育者不仅应当成为专门知识的占有者和使用者,而且还应该是合格的"公民"——追求正当、合乎道德的生活,遵守正当、合乎正义的秩序,从而把专业化的训练和工作转化成为一种目的—合理的行为。非常明显的是,张君劢的理论方式接近于《学衡》派或阿诺德(M. Arnold)的人文主义理想,即要求人性圆满和谐的发展、自由的思想、摆脱成规、唤起自主的意识,[103]然而,这种人文主义理想并非基于某种完美的人性,而是基于一种社会的需要并必须诉诸某种规范式的训练。正如西方大学的自由民教育(liberal education)一样,张君劢所构想的人文教育也是一种职业教育。这种教育的真正结果不是人性的完整,而是现代社会通过教育制度而进行的一种"公民"训练或模塑。因

---

[102] 同上,页77。
[103] 参见 Matthew Arnold, *Culture and Anarchy*, edited with an introduction by J. Dover Wilson (Cambridge:Cambridge University press,1959),p.134.

此,关于道德和人性的探讨不断地被转换为知识分科的问题就丝毫不奇怪了。有关这一点,我们可以在上述讨论与教育改制的呼应关系中更为清楚地表现出来。

2. 教育改制、分科设置与知识谱系的划分

张君劢的上述分类谱系是以"五四"前后的教育体制改革为背景的。

辛亥革命以后,民国既立,伴随政体革命的是教育革命。1912年1月19日教育部颁布了普通教育暂行办法通令。[104] 在这次学制改革中,"普通教育废止读经,大学校废经科,而以经科分入文科之哲学、史学、文学三门,是破除自大旧习之一端。至现在我等教育规程,取法日本者多,……日本学制,本取法欧洲各国,惟欧洲各国学制,多从历史上渐演而成,不甚求其整齐划一,而又含有西洋人之习惯;日本则变法时所创设,取西洋各国之制而折衷之,取法于彼,尤为相宜。"[105] 1912年的教育改革的宗旨是"注重道德教育,以国家为中心,而以实利教育与军国民教育辅之。"[106] 美育也列入了中小学及师范院校的教则内。当时也有人提出应将世界观问题列入教则,未获通过。值得注意的是,文、史、哲三大学科是作为经科的替代物而得以建立的。

1912年学制的制定是以发展资产阶级民主和促进资本主义经济为出发点的。国民教育和专业分科相结合构成了它的主要特点。袁世凯当政时期,配合着恢复帝制的需要,北洋政府也实施新的教育改革。这次教育改革的主要特点是一方面继续晚清以降日益发展的科学技术和实用教育,另一方面则把1912年学制的国民教育中的公民道德教育改为"尊孔读经"。一些学者在比较1915年与1912年的教育方案时,认为1915年

---

[104] 参见《1912年1月19日教育部公布普通教育暂行办法通令》和《1912年1月19日教育部公布普通教育暂行课程标准》,朱有瓛主编:《中国近代学制史料》第三辑上册,页1—6。
[105] 参见《1912我一:临时教育会议日记》,同上,页8—9。
[106] 同上,页12。

方案不仅主张"尊孔读经",而且也反对以促进资本主义经济为出发点的实用教育,看来并不是恰当的评价。事实上,自晚清以降,特别是1905年新政之后,科技和实业教育已经日渐成为教育体制改革的核心,也是新旧两派的共识,即使袁世凯也不能——其实也不想改变科学技术作为现代世界中不可或缺的力量这一现实。1915年初,北洋政府以大总统令形式先后公布《特定教育纲要》和《颁定教育要旨》。《特定教育纲要》第三项概述教育宗旨为"注重道德、实利、尚武,并运之以实用",并将道德、实利、尚武、实用视为当时教育中最为缺乏的内容。"是宜重加规定,以道德教育为经,以实利教育、尚武教育为纬;以道德实利尚武教育为体,以实用主义为用(实用教育,以各学校注重理、化、博物等实科之实验为始;尚武教育,以自初等小学注重体育卫生,加以军队束伍进退之法为始)。"[107] 1915年"纲要"对1912年学制的最重大的变动是在道德教育方面,核心是配合帝制运动。"纲要"改变了采用日本单一制的普通教育体制,改取德法制,关键内容是要在普通教育中恢复平民和贵族的等级制教育。[108] 同样以道德教育为经,但1912年学制废除读经,"公民道德"的内涵则是自由、平等、博爱的资产阶级价值观,而1915年的"纲要"和"要旨"却尊孔、尚孟、研究性理、崇习陆王之学,并在中小学重设"读经一科",大学则设经学院。

新文化运动在批判孔教、传播科学与民主思想的同时,以民主教育和科学教育为中心提出了一系列的改革措施。1918年12月,教育部曾组织由范源濂、蔡元培、陈宝泉、蒋梦麟等参与的教育调查会,于1919年4月,提出教育宗旨应为"养成健全人格,发展共和精神",并对此作出具体解释。所谓健全人格,即(1)私德为立身之本,公德为服役社会国家之本;(2)人生所必须之知识、技能;(3)强健活泼之体格;(4)优美和乐之感情。所谓共和精神,即(1)发挥平民主义,俾人人知民治为立国之

---

[107]《1915年1月袁世凯:特定教育纲要》,同上,页44。
[108] "纲要"说:"按中国普通教育,采日本单一之制,小学只有一种。在只求识字之平民子弟与有志深造之士族子弟,受同式之教育,于人情既有未顺,于教育实际亦多违碍。……是宜取法德制,分小学为二种:一国民学校,……一预备学校……"同上,页45。

本;(2)养成公民自治习惯,俾人人能负国家社会之责任。[109]

上述宗旨与张君劢的想法基本是一致的。但由于新文化运动特别注重科学教育,并普遍地认为科学教育本身的重要性"不在于物质上之智识,而在其研究事物之方法。尤不在研究事物之方法,而在其所与心能之训练",[110]因此,所谓公民教育落到实处,便是科学教育。例如蒋梦麟就说:"欲养成头脑清楚之国民,科学其圣药也。"[111]"五四"知识分子普遍地把观察、实验等科学实践视为祛除私见、获得"真实正当之知识"的唯一途径,[112]以至一些教育家开始以实验、测量等科学方法研究教育问题,促进教育的科学化。[113]针对"尊孔读经"的道德教育,新文化运动者普遍地相信,科学教育和科学研究本身包含着一切道德内容。因此,新文化运动虽然与先前的各种教育改革运动一样关注道德问题,但"道德问题"在一定意义上却已经被理解为"科学"问题。

也正是在这样的背景下,由蔡元培任校长的北京大学开始进行改制(1917),并深刻地影响了全国的高等教育改革。改制的宗旨是要把大学办成研究学问的专门学府,以研究学问为天职。[114]虽然当时也在校内组织了进德会,但目的是改变读书做官的习气,号召学生端正态度,专心于学问。专业教育既是知识分类的结果,也是社会分工日益细密化的需要。在学科和课程设置方面,北京大学改变了文、法、理、商、工五科并立的格局,逐渐将学校改造为现代综合性大学的体制。经过几次变革之后,1919年,北大废除了文、理、法科之名,改门(如史学门、地质学门)为系,全校共设数学系、物理系、化学系、地质学系、哲学系、中文系、英文系、法文系、德文系、俄文系、史学系、经济系、政治系、法律系等14个系。废除科、门

---

[109] 《教育杂志》第11卷第5号,1919年5月20日。参见陈学恂主编、高奇分卷主编:《中国教育史研究·现代分卷》,上海:华东师范大学出版社,1994,页7。
[110] 任鸿隽:《科学与教育》,《科学》第1卷第12期,1915年12月25日,页1352。
[111] 蒋梦麟:《世界大战后吾国教育之注重点》,《教育杂志》第10卷第10号,1918年10月20日,页136。
[112] 任鸿隽:《科学与教育》,《科学》第1卷第12期,页1343—1352。
[113] 陈学恂主编、高奇分卷主编:《中国教育史研究·现代分卷》,页10。
[114] 蔡元培:《就任北京大学校长之演说》,《蔡元培选集》,中华书局,1959,页23。

而改为诸系并列的格局,在分类原则上明显地受到自然一元论的科学谱系及其内部分科原则的影响。不同的类别构成了独立的学科,从而也是隶属于更加广泛的科学研究的有机部分。学术的专业化特征包含了基本的科学原则:将上述各学科作为客观的对象加以研究。在这个意义上,并不存在有关主体的知识与有关客体的知识的性质差别。用张君劢的语言说,这种教育制度把各种知识纳入因果关系的框架,从而忽略了"全人格之活动"。

张君劢的知识谱系包含了形上、艺术、意志、理智、体质的分类原则,作为一种设计,它明显地具有对于现代专业化教育的批判意向。张君劢的知识分类方式一方面针对的是新文化运动的"科学观",另一方面则是针对专业化的现代教育。在这个意义上,张氏的知识分类原则不仅是批判性的,而且是建设性的,因为他的知识分类原则也为在现代教育制度中建立对应的分科体系提供了理论前提。"五四"前后的教育改革、特别是普通教育改革已经包含了这种分类原则。在这个意义上,张氏的见解也有制度性的实践为依托。[115]

从1915年第一次全国教育联合会上湖南省提出改革学制系统案,到1922年9月教育部在北京召开学制会议,其间先后出现过十几个省的学制改革方案。1922年可以说已经形成了一个学制改革讨论的高潮,许多学者、教育家和教育团体纷纷发表关于学制改革的见解。[116]在这样的背

---

[115] 有关这次教育改制,许多教育史专著都已经作了较为详备的介绍。本文主要依据的是陈学恂主编、高奇分卷主编的《中国教育史研究·现代分卷》。

[116] 陈学恂主编、高奇分卷主编的《中国教育史研究·现代分卷》页19—20对这方面的情况作了如下描述:1922年1月,舒新城在《教育杂志》上发表《中学学制问题》;陶行知在《新教育》上发表《我们对于新学制草案应持之态度》;《教育与职业》杂志于1922年2月也发表了不少教育界人士对于新学制草案中关于职业教育的意见。6月《教育杂志》还出版了"学制课程研究专号",发表了关于课程学制改革的文章30余篇,载有李石岑、黄炎培、庄启、俞子夷、舒新城、余家菊、吴研因、廖世承、周予同等人的文章。7月中华教育改进社在济南召开第一届年会讨论了学制改革的问题。这些讨论除对全国教育会联合会制定的学制草案提出优缺点外,还积极地阐述了他们的改进意见和学制改革的主张。如陶行知著文制定学制"应当用科学的方法态度,考察社会

景下，教育部于1922年9月召开学制会议，对全国教育会联合会提出的学制系统草案进行讨论和修订；并于同年11月1日以大总统令公布了《学校系统改革案》，这就是出名的"壬戌学制"。[117] 由于"壬戌学制"包括了初等教育、中等教育和高等教育三个等级的学制改革方案，而初等和中等学制中尚不能如高等学制那样实行完全专业化的教育，因此，这个学制的若干方针多少包含了"全人格之活动"的因素。尽管中等教育以普及教育为主，但也兼设各种职业科，除了一般中学外，也设职业学校。[118] 这个学制明显地采用了美国"六三三制"，这与"五四"前后大批留美学生归国，且国人对日本普遍反感有关，因为此前的中国教育在取向上师法日本为多。至于职业教育的兴起，则反映了第一次世界大战期间中国民族工商业的发展对教育提出的需求。

张君劢在清华的演讲是在1923年的2月，壬戌学制则公布于1922年11月，而新课程的设置则是在1922年至1923年间陆续完成的。1922年10月全国教育会联合会第八届年会在京组织第一次会议，组织了"新学制课程标准起草委员会"，对中小学课程拟定了纵横坐标，此后在12月又在南京开会，通过中小学毕业标准；1924年4月在上海举行第三次委员会会议，制订小学及初中课程纲要，6月制订高中课程总纲。对于大学和专门学校的课程，一时尚未着手，仍按民初课程标准参照执行。上述中小学纲要于1923年6月由全国教育会联合会刊布。这套课程标准虽非政府教育部门制定，也未经政府正式颁布，但教育部曾经通令试用，各地

个人之需要能力，和各种生活事业必不可少之基础准备，修正出一个适用的学制。至于外国的经验，如有适用的，采取他；如有不适用的，就回避他。本国以前的经验，如有适用的，就保存他；如不适用就除掉他。去与取，只问适不适，不问新和旧。能如此，才能制成独创的学制——适合国情，适合个性，适合事业学问需要的学制。"陶行知：《我们对于新学制草案应持之态度》，《陶行知全集》第一卷，湖南教育出版社，1985，页191。

[117] 这个学制系统是根据下述7项标准制定的：1.适应社会进化之需要。2.发扬平民教育精神。3.谋个性之发展。4.注意国民经济力。5.注意生活教育。6.使教育易于普及。7.多留各地方伸缩余地。见陈学恂主编、高奇分卷主编《中国教育史研究·现代分卷》，页21。

[118] 有关壬戌学制的具体内容，请参见《中国教育史研究·现代分卷》，页24。

也均照此施行。[119]

首先,根据小学课程标准纲要,小学课程分为国语、算术、公民、卫生、历史、地理、自然、园艺、工用艺术(旧称手工)、形象艺术(旧称图画,新加剪贴及塑造)、音乐、体育,共十二科目。值得注意的是,为了表明各科性质,以及力求与初中衔接便利,上述十二科目按照六个学科加以说明:1. 卫生、公民、历史、地理属社会科;2. 地理的一部分属自然科;3. 园艺附入自然科,兼属艺术科;4. 工用艺术属艺术科,兼属社会科;5. 形象艺术属艺术科;6. 音乐属艺术科,或以方面得附于体育科。从知识分类的角度看,这六科实际上只不过是社会、自然和艺术及体育四科的变数。

其次,在初级中学的课程纲要中,课程分为社会科(公民、历史、地理)、语文科(国语、外国语)、算术科、自然科、艺术科(图画、手工、音乐)、体育科(生理、卫生、体育)等六科。高级中学课程标准纲要的课程设置较为复杂,因为采用了综合中学制和学分制、选科制,并依地方情形分设普通科和职业科。职业中学当然以职业为主要目的,分为师范、商业、工业、农业和家事诸科。而普通科也开始分为注重文学及社会科学和注重数学和自然科学两组。这两组的差异主要表现在分科专修科目的设置方面,文科必修课中包含特设国文、心理学、论理学、社会学及自然科学等,而理科必修课中则包含三角、高中几何、高中代数、解析几何大意、用图器、物理、化学、生物等。但是,值得注意的是,这两组的公共必修课程却完全相同,即国语、外国语、人生哲学、社会问题、文化史、科学概论和体育。较之小学课程,中学课程除了在知识领域的扩张外,特别设置了人生哲学和社会问题以及文化史的科目。

第三,师范教育除了高级师范以外,还有初级、后期和高中师范三种。后期师范和高中师范科的公共必修课程与高中普通科相同,但增设了音乐一科。专业必修科包括心理学、教育心理学、普通教学法、各科教学法、小学各科教材研究等,选修科目则分为文科、理科和艺术科三组。

---

[119] 以下各项资料均参见陈学恂主编、高奇分卷主编《中国教育史研究·现代分卷》第一章《新文化运动推动下的教育改革与壬戌学制》。

壬戌学制和课程纲要都是在美国教育的影响下产生的,学科的设置和课程的标准内容较为复杂。在20世纪20年代的中国,能够施行这些学制和课程的学校只是大城市中的少数学校,因此在试行几年之后,教育部对之进行了多次的调整和修改。不过,壬戌学制和课程纲要所体现出的分科原则对于本文的研究而言仍然是极为重要的,因为这个学制和纲要一方面体现了明显的注重实用的倾向,另一方面则将文化讨论中的知识谱系及其分科原则贯彻为制度化的教育实践。公民教育、道德教育、审美教育、自然知识教育、职业教育和体育逐渐地构成了完整的分科体系。这种分科体系在结构上与知识界在文化讨论、特别是"科学与人生观"论战中提出的知识分类谱系具有结构上的相似性,从而也揭示出知识论战与现代社会设计的内在的关系。张君劢等人提出的"人生观"问题当然并不是直接地讨论学制问题,但是,他对科学教育和职业化教育的批评,特别是他的知识分类原则,都与现代教育体制、特别是分科原则具有内在的联系。这当然不是说他的看法直接影响了学制的改革,而是说,他的知识谱系及其分类原则从意识的方面为我们了解现代社会的教育体制、现代社会的分工原则提供了理论的视野。而后者也为我们理解"玄学"与现代性的关系提供了契机。

亨特(Ian Hunter)在讨论人文学科的自我理解时说:"自由民教育(liberal education)并不是没有目的,而是具有多种不同的社会目的;事情因此不是文化与功用相互对立,而是培育工作的功用价值(有多大)的问题。""这种教育所包含的文学艺术、身体规训、自我管理和表达的技巧,都以公民质素作为人格培养的目的。这是一种包含礼貌修养、雍容仪表、品味体态、举止应对、交际技巧等在内的特殊配套。"[120]因此,"完人"教育不仅不是非功利的,而且它本身就是一种特殊的文化产品或者特殊的职业教育。用罗斯布赖特(S. Rothblatt)的话说:"自由民教育所关注的是明确的目标和可见的特质、(受过这种教育的)明证就是表露在行为中的

---

[120] 亨特:《充当一种志业的人格》,《学科·知识·权力》,香港岭南学院翻译系文化/社会研究译丛编委会编,牛津大学出版社,1996,页133—134。

风格、品味、时尚、仪态……礼貌教育是有用的,它能够缓和阶级差异,容许某种程度的社会流动。"[121] 张君劢所讨论的人生观问题及其在知识分科方面的表现当然不能简单地等同于 18 世纪英国的自由民教育,因为那时的英国还仅仅是一个自主的行业公会,没有形成统一的国民教育制度,重要的公职人选都是由有名望的人推荐,没有竞争性的选拔制度,而管治的网络还没有通过新的官僚技术配置伸展到社会生活各方面去的政治地理空间。因此,用亨特的话说:"自由民教育被功能性地整合到社会空间里去,以及其功用可以被计算的程度,本身(其实)也是历史上机缘凑合地出现的事情,视乎某种管治技术的配置和计算的形式。"[122] 而张君劢提出人生观问题的语境是完全不同的,其主要的特征是中国作为新生的现代国家正在建立它的完整的国民教育制度,并通过竞争性的选拔制度,配合社会的劳动分工。在这样的情况下,道德和审美教育被功能性地整合到社会的空间里,则是必然的了。在这个意义上,我在此讨论张君劢的人生观问题与社会功能的关系问题并不是要把这一问题简化为一般社会功能问题,而是着眼于在现代国家制度建设的语境中,道德技术如何获得社会配置的问题。这种社会配置过程与思想家、甚至制度设计者的原初动机并不见得完全一致,甚至也可能没有直接的关系。

3. 心性之学与现代化的文化设计

现在的问题是:在什么意义上,张君劢对知识和教育的思考可以被解释成为一种"合理化设计"呢? 更为重要的是,这种设计是在怎样的文化视野中形成的,它预定了怎样的文化后果?[123]

---

[121] S. Rothblatt, *Tradition and Change in English Liberal Education: An Essay in History and Culture* (London: Faber & Faber, 1976), p. 26.
[122] 亨特:《充当一种志业的人格》,《学科·知识·权力》,页 136。
[123] 哈贝马斯承认韦伯的理论包含了一些相对主义的预设。如果韦伯不是从一种文化的特殊性中追溯西方理性主义的特殊性,而是从现代资本主义状况下的理性化过程的选择模式中追溯这种特殊性,那么这些相对主义预设就不存在。韦伯自己也谈及合

正如韦伯一再提醒的那样,"合理性"概念可能意味着非常不同的东西,例如它既可以表现为用精确的概念对世界的理论把握,也可以表现为运用精确的计算进行社会实践。但最终它们仍然不可分地联系在一起。[124]尽管韦伯对理论合理性与实践合理性作出了区分,但是,他的主要兴趣显然在实践的合理性方面。正如哈贝马斯所说,目的—合理行为的概念是理解合理性这一多重概念的关键,"当目的、手段和附带的后果成为行为的取向之时,这种行为就是目的—合理的(purposive-rational)行为。"[125]韦伯阐释这种"合理的"行为的出发点之一是"技术",他曾经把"依据经验和反思而进行的自觉的和系统的手段"之运用称之为"合理的技术"。[126]"技术"概念在此是一个没有特殊化的普遍概念,例如可以有祈祷的技术、审美的技术、思想的技术、教育的技术、政治统治的技术等等:任何一种能够允许再生产的行为规则或规则系统,无论是方法论的规则或是习惯的规则,只要参与者能够从观察者的视野预测或计算它,那么,这种规则或规则系统就是一种"技术"。[127]

我也正是在这个意义上将张氏的构想看作是一种合理性的设计。因

理化概念的多样性,他说:"所有上述事例涉及的是特殊构成的西方文化的'理性主义'问题。现在,用这一概念许多各不相同的事物能够被理解……例如,存在着神秘内省的'合理化',而从生活的别的立脚点来看,那是一种特别的'不合理的'的行为;经济生活、技术、科学研究、教育、战争、法律处理和行政的合理化也完全一样。更进一步,这些领域的每一个从非常不同的最终观点和结果看是合理的,而从另一观点看则是'不合理的'。因此,具有极不相同特征的合理化存在于各种文化及其生活的各方面。从文化历史的角度区分这些合理化的差异,就必须是哪些领域、在哪个方向上合理化了。这就是为什么我们首先要历史性地研究和解释西方理性主义的特殊性,以及现代西方理性主义的特殊性。"J. Habermas, *The Theory of Communicative Action*, vol. 1, p. 181.

[124] Max Weber, "The Social Psychology of the World Religions," in *From Max Weber: Essays in Sociology*, eds. Gerth and Mills (New York: Oxford University, 1946), p. 293.
[125] 德文为 *Zweckrational*,也译作"instrumentally rational", in Max Weber, *Economy and Society: An Outline of Interpretive Sociology*, G. Roth and C. Wittich eds., vol. 1, (Berkeley: University of California Press, 1978), p. 26.
[126] Ibid., p. 65.
[127] J. Habermas, vol. 1, *The Theory of Communicative Action*, p. 169.

为,尽管张君劢的"人生观"问题具有很深的反科学和反技术倾向,但是,通过重建知识谱系及其分科原则,特别是把这种知识分科问题贯彻到专业化的教育体制和社会化的行为规范之中,他试图在社会实践上形成一套有效的社会组织方式。换句话说,张氏的"人生观"问题及其知识分类一方面强调的是道德、审美、信仰等反技术的倾向,但另一方面这些反技术倾向本身却是通达合理化社会的一种途径,一种技术,一种制度性的设计。也正是在这个意义上,张君劢对知识谱系的重构和教育体制的设想也是一种"技术"——一种能够克服现代社会的危机的"技术"。张君劢在理论上不承认道德、情感、审美活动是可以预测和计算的,但是,作为一种社会行动的方案,他在知识上已经将道德、情感和审美建构为一个独立的、拥有自身规则的领域,从而也将这些领域作为通达合理社会的方式或"技术"来处理了。在此需要补充说明的是,张氏此时的论述重点在道德和情感领域的自主性,基本上没有涉及法律的自主性问题,但是,正是他本人一直致力于宪政改革,并被看作是中国现代民主制度的主要理论设计者之一。

张氏曾经明确地谈论过"人心或思想的合理性"问题,他是在精神的自主性与现代社会的关系中界定这种合理性的。他说:"人的理智自主是现代的真正动力。……在宗教方面,它叫良心自由;在哲学和科学方面,它叫做理性论(rationalism)与经验论(empiricism);在政治和经济方面,它叫做人权与自由竞争。虽然在不同领域中有各种不同的表现,但它们却出于同一个来源,那便是人心或思想的合理性。"[128]换句话说,思想的自主性是社会合理性的源泉和工具,它不仅不是纯精神性的和形而上学的,而且是社会的、政治的、经济的、法律的、伦理的、知识的合理性的基础。思想的自主性也不是反科学的,相反,它是科学的前提。他也曾用"理性主义"和"德智主义"表明他的思想的自主性或合理性的含义:"德智主义,即德性的理智主义,或曰德性的唯心主义","在知识方面为范畴

---

[128] 张君劢:《中国现代化与儒家思想复兴》,王禹九译,见《中西印哲学文集》(上),程文熙编,台湾学生书局,1981年版,页581。

为论理方法,在行为方面为道德为意志自由。"[129]值得特别注意的是,张氏是把"人的理智自主"当作"现代的真正动力"的,这一点与西方启蒙思想家的"现代性方案"如出一辙。例如哈贝马斯就把"主体的自由"视为"现代性方案"的标志,他指出,在社会领域,"主体的自由"的实现就是由民法保障的对自己利益进行合理性追求的空间(张氏所谓"自由竞争");在国家领域,"主体的自由"表现为参与政治意志形成过程的平等权利(张氏所谓"人权");在私人领域,"主体的自由"体现为伦理的自主和自我实现(张氏所谓"良心自由");在公共领域,"主体的自由"展现为社会和政治权力合理化的过程,这一过程是通过反思的文化实现的;[130]在科学领域,"主体的自由"则保障了知识的积累来源于个人的自由的和创造性的工作;"主体的自由"还是自主的艺术和普遍的道德和法律得以建立的前提。如果张君劢通过把精神与物质、人生观与科学建构为不同的领域,并赋予前者以鲜明的、强烈的自主性的话,那么,这种建构活动当然可以被理解为一种建设现代社会的合理化的技术方案。这一方案的哲学基础是德国理性主义,政治构想是德国社会民主党的温和的社会主义及其立宪政治。

但是,这种方案的"技术性"并不是一般的技术,而是一种反技术的"技术"。"技术"包含了对感情和习惯的摒弃,而体现为一种对世界和自我的方法论的处理,也即运用一定的方法论的程序将世界和人生客观化,从而使之成为可以观察和研究的对象。因此,所谓把文化问题处理成为知识问题,也就是对文化及其价值进行技术化的处理的过程。通过这样一种技术化的处理,对世界现象的批判便不再是基于文化的、感情的和习惯的好恶,而是基于一种"客观的"观察和反思。为了获得这种"客观的"视野,知识必须从文化中分化出来,成为一种非历史的、从而也是非文化的领域。更重要的是,新的知识谱系适应着教育体制及其学术分科的现

---

[129] 张君劢:《张东荪著〈思想与社会〉序》,《中西印哲学文集》(上),页121—122。
[130] Habermas, *The Philosophical Discourse of Modernity*, trans. Frederick Lawrence (Cambridge, Mass:The MIT Press,1987),p.83.

代需求，进而成为对现代人进行社会训练和知识训练的机制或"技术"。知识及其制度性的实践是生产国家公民和专业人员的唯一合法途径。

然而，问题似乎相当复杂：一方面，张氏通过对"人生观"问题及其知识分类谱系的阐释，把文化问题转变成为一种知识问题；另一方面，他在论争的总结性的部分又重新提出了"中国文化"或"可以安心立命"的中国"精神文明"的意义问题。[131] 在这里值得注意的是，张氏提出"文化"问题的方式是一种文化方式，即从一定的文化或历史视野出发讨论中国的文化价值，还是一种知识方式，即从一种客观的观察者的立场探讨中国文化的特定价值的时代意义？在经过了从文化到知识的转变之后，我们不能不问：张氏为什么以及在什么意义上又回向了文化？

我的看法是：张君劢所谓"文化"在这里是克服资本主义的社会设计的一部分，它要完成的使命不是中国文化的使命，而是作为现代资本主义的对立物的"社会主义"的使命，这就是他一度标举"社会主义"的原因。在1920年代的初期，社会主义不仅被普遍地看作是资本主义的替代物，而且也被看作是某种具有与中国的文化特性相关的历史阶段。既然资本主义与科学构成了现代西方文明的特征，那么东方文明作为西方文明（资本主义和科学）的"它者"也天然地倾向于社会主义。张君劢的老师梁启超在他的《欧游心影录》中就曾有过相关的论述，虽然在现实的政治选择方面，他并不是社会主义者。对于张君劢而言，"社会主义"需要"文化"的资源，而"文化"在资本主义的历史情境中又必须以"社会主义"为目的。张氏用"国家主义"、"工商政策"、"自然界之智识"概括"现代欧洲文明之特征"，并针对性地引用1922年沪上"国是会议"宪法草案说：

> 我国立国之方策，在静不在动，在精神之自足，不在物质之逸乐，在自给之农业，不在谋利之工商，在德化之大同，不在种族之分立。[132]

---

[131] 张君劢：《再论人生观与科学并答丁在君》（下），《人生观之论战》（上），页80。
[132] 同上，页84。

中国文明的特点是在对举式的方式中建构起来的,因而自然地被描述为现代西方文明的对立物:对进步观念的否定,对消费主义的批判,对工业—贸易文明的拒绝,对民族主义的怀疑。张氏清楚地知道,面对欧洲资本主义的经济扩张主义、军事和政治的殖民主义,中国不可能安守旧章,他的对策不是简单地回向传统,而是"赞成发展工商之策","反对富之集中,故主张社会主义之实行。"[133]"社会主义"和中国文化都被理解为克服现代西方文明危机的有效途径。

"社会主义"在此是"公道"的代名词,也是社会财富的分配体系的公平原则,其对立面是以效率和功利为目的、以财产的私人占有为形式的社会体制。[134]换句话说,社会主义与资本主义是两种所有制形式,两种"合理的"社会体系。"社会主义"不是历史的复活,而是根据某种"合理的筹划"而产生的一种现代性的创制,在具体规划上,它最接近于德国式的社会民主和立宪制度。与资本主义一样,这种社会主义是一种能够再生产的制度。值得注意的是,正是在提出了"社会主义"主张之后,"中国文化"作为一种对策、一种"社会主义"的文化资源、一种能够克服社会主义自身的矛盾的力量出现了。按照张氏的说法,他提出"文化"问题是要克服以"公道"为本的"社会主义"在教育学术和财富创造方面产生的负面影响,[135]从而"文化"成为"社会主义"的补充。因此,尽管张氏最终从知识问题回向了文化问题,但在政治层面,他的"文化问题"意味着一种解决现代困境的方法和"技术",一种自觉的创造性活动。文化传统在这里成为"国人之努力"和"国人之创造"的源泉。[136]

在这个意义上,我们可以概括地了解张氏重新提出儒学问题——特别是"心性之学"——的两个基本前提:(1)"心性之学"已经脱离了理学的语境,它针对的是作为普遍的世界问题的现代性危机,即政治领域的国家主义

---

[133] 同上,页83。
[134] 同上。
[135] 同上,页83—84。
[136] 同上,页84。

和民族主义、经济领域的工商政策和知识领域的科学主义;[137](2)"心性之学"不是作为一个历史的范畴,而是作为一个普遍的范畴出现在张氏的论述之中,因此,"心性之学"体现的不是特定文化的取向,而是普遍的知识体系的最为重要的部分,这个部分对于其他知识领域具有指导意义。

基于上述两个前提,张君劢重新阐释了心性之学与考据之学的关系。我已经说过,对于张氏而言,"心性之学"与"考据之学"不仅是中国历史中的两种学派,而且主要是知识领域中的两种相互冲突的普遍倾向——所谓"普遍倾向"即超越历史和文化差异而存在的倾向。换言之,"心性之学"与"考据之学"的冲突不是中国学术史中的汉宋之争,而是人类思想、特别是现代思想中的两种不同的知识取向的冲突。他对二者的把握与他对英国经验主义和德国理性主义的理解如出一辙。这两种知识取向的位置需要通过知识谱系的系统安排给以决定。因此,张氏的所谓"心性之学"和"考据之学"都具有深刻的反历史倾向,它们都可以被理解为人类理智的构造。[138]

---

[137] 张君劢倡导修身正己,"以言治国,则富国强兵之念在所必摒,而惟求一国之均而安可矣。吾惟抱此宗旨,故于今日之科学的教育与工商政策,皆所不满意,而必求更张之。然以今日之人类,在此三种网罗(指国家主义、工商政策、自然界之知识等现代西方文明的三大特征——引者注)之中,岂轻轻提倡'内生活'三字所得而转移之者?故在锁国农国时代,欲以'求在我'之说,厘正一国之风俗与政治,已不易矣;在今日之开国与工商(原文误为国)时代,则此类学说,更不入耳。然吾确认三重网罗实为人类前途莫大之危险,而尤觉内生活修养之说,不可不竭力提倡,于是汉学宋学之得失问题以起。"《再论人生观与科学并答丁在君》(下篇),《人生观之论战》(上),页85。

[138] 张灏在谈及20年代中国思想的论争时曾对新儒家与实证派(指古史辨派)的冲突加以解释,他也提及这两派的讨论令人想起清代汉学与宋学的长期之争。"汉宋之争的关键也是在于了解孔子学说与中国文化遗产的进路上彼此互不一致。汉学主客观的、经验的、考据的进路;宋学则持主观的、义理的进路。'五四'后的论争双方对于是否承续汉宋之争已不在意了。当对方经常以清代朴学家自视之际,相对的,新儒家却以宋明理学之义理进路的现代斗士自居。实则,这两次论争之间并没有什么承续关系可言。'五四'后的论争是发生于当代思想危机的脉络里,而汉宋之争则是传统中内在发展的结果。外国的影响并没有参与到汉宋之争,可是却在最基本的方面影响了新儒家及其对方。……新儒家反科学主义之源于西方的冲击,就如同源自传统的影响一般;而导致使新儒家去肯定传统的进路,缘于与西方的接触和传统哲学的钻研。"张灏:《新儒家与当代中国的思想危机》,见《评新儒家》,罗义俊编,上海人民出版社,1989,页55。

张君劢对心性之学和考据之学的解释建立在一种具有普遍意义的比喻之上，这个比喻简单得没有任何历史和文化的牵挂。这就是人的内外之别：

> 以一人之身言之，衣履外也，皮肉亦外也，脑神经亦外也，其足乎己而无待于外者，果何物乎？吾盖不得而名之矣。举先圣之言以明内外之解释。孟子曰："求则得之，舍则失之，是求有益于得也，求在我者也。求之有道，得之有命，是求无益于得也，求在外者也。"孔子曰："君子素其位而行，不愿乎其外，……正己而不求于人则无怨。"孟子所谓"求在我，"孔子所谓"正己，"即我之所谓内也。[139]

"考据之学"与"心性之学"——或曰汉学宋学——首先被界定为内外之别，而内外之别又被视为通达同一目标——即"尧舜禹汤文武周公孔子之道"——的不同"方法"。[140]但是，"尧舜禹汤文武周公孔子之道"并不只是中国文化的"道"，而是普遍的"道"。"若夫汉宋之争，与（欧洲思想中的）唯心唯物之争，则人类思想上两大潮流之表现，吾确信此两潮流之对抗，出于心同理同之原则。"[141]这样，不仅"道"是普遍的，而且通达"道"的方式也是普遍的：内外之别等于汉宋之别，汉宋之别等于唯心唯物之别。

基于上述比喻关系，张氏列出了两个表来证明汉宋之争与唯心唯物的类同关系，第一表列出培根、洛克、边沁、休谟等"欧洲唯物派之言"与王引之、顾亭林、阮元、戴东原、章学诚等"汉学家之言"，一一对比它们之间的相似性；第二表列出康德、柏格森、倭铿等"欧洲唯心派之言"与孔子、孟子等"孔孟下逮宋明理学家之言"，捉对相较它们之间的类

---

[139] 张君劢：《再论人生观与科学并答丁在君》（下），《人生观之论战》（上），页84—85。
[140] 同上，页85。
[141] 同上，页86。

同。[142]他的结论是：

---

[142] 第一表分两栏：
欧洲唯物派之言：
倍根云，事实之收集。
陆克云，一切意象由经验而入。
唯用主义者云，意象之有益于人生者为真。
边沁云，宇宙之两主宰，曰苦曰乐，乐为善，苦为恶。
英美学者好用沿革的方法。
休谟氏云，经验之往还不已，于是有习惯上之信仰。

汉学家之言：
王引之云，遍为搜讨。
顾亭林云，多学而识。
阮元云，学者……实事求是，不当空言穷理。
顾亭林云，文之不关于……当世之务者，一切不为。戴东原云，仁义礼智，不求于所谓欲之外，不离乎血气心知。
章学诚云，六经皆史。
阮元云，理必出于礼，又云理必附于礼以行。

第二表亦分两栏：
欧洲唯心派之言：
康德分人之理性为二：其在知识方面，曰纯粹理性，能为先天综合判断；其在人生，曰实行理性，能为自发的行动。
康德云，关于意志之公例，若有使之不得不然者，是为断言命令。
康德云，伦理上之特色，为自主性，为义务概念。唯心派好言心之实在。
柏格森云，创造可能之处，则有自觉性之表现。
柏格森云，本体即在变中。
倭伊铿云，人生介于物质精神之间，贵乎以精神克物质。

孔孟下逮宋明理学家之言：
孟子曰，人之所不学而能者，其良能也；所不虑而知者其良知也。又曰，仁义礼智，非由外铄我也，我固有之也。
孟子曰，舜之居深山之中，……闻一善言，见一善行，若决江河，沛然莫之能御也。
孔子曰，为人由己，而由人乎哉？又曰古之学者为己，今之学者为人。
又曰君子喻于义，小人喻于利。
理学史上有危微精一之大争论。
子曰，惟天下至诚……能尽物之性，则可以赞天地之化育。

> 吾以为汉宋之争（原文误为事）即西方哲学界上心为白纸非白纸之争也。惟以为白纸也，故尊经验。惟以为非白纸也，故觉摄与概念相合而后知识乃以成立。汉宋两家之言亦然。……[143]

张氏并不否认汉宋之学各有所长，唯心唯物各有其理，但是他无疑倾向于"心性之学"或德国唯心主义。这种将朱陆之辨和汉宋之争比喻为欧洲的理性主义和经验主义的方式，最为明显地解释了张君劢的思想特质。理性主义与经验主义的分歧的核心在于"知识"的解说，而宋明理学有关"理"的争论并非指认知之理，也不是讨论知识问题。用欧洲思想中的问题解说中国思想的问题，突出地说明张君劢的儒学观念已经无法回避"知识"这一现代社会的中心问题。

尽管张氏对汉宋之学与欧洲思想的关系的比附性说明忽略了各自的历史性，但他的论争方式本身却并非没有历史理由。这种历史理由就植根于晚清以降"扬汉抑宋"的思想史倾向。比附不自张君劢始，而恰恰是从他的对立面开始的。为了倡导科学思想，中国思想家试图从中国的思想传统中寻找"科学"的合法性，从而也对传统作了"科学化"的阐释。梁启超的《清代学术概论》已有明显的痕迹，而胡适不仅对清学推崇备至，而且反复地说明朴学的方法与西方科学方法的一致性。丁文江也认为"科学方法和近三百年经学大师治学方法是一样的。"[144] 这样，"考据之学"的取向被理解为"科学"，而"科学"又被理解为现代西方文明的主要特征，因此，作为"考据之学"的对立物，"心性之学"便成为抵抗现代西方文明所引发的社会危机的精神源泉。在这个意义上，"心性之学"与康德、

　　　　子曰，易不可见，乾坤或几乎息矣。
　　　　子曰，克己复礼为仁。
　　　　子曰，君子终日乾乾，夕惕若，厉无咎。
　　　　以上见张君劢：《再论人生观与科学并答丁在君》（下），《人生观之论战》（上），页86—88。
[143]　同上，页91。
[144]　转引自张君劢：《再论人生观与科学并答丁在君》（下），《人生观之论战》（上），页89。

柏格森、倭铿等人的思想一道,成为反科学和反技术的"技术"。

但"心性之学"不仅是"技术",而且是一种理论:

> 抑自理论实际两方面观之:宋明理学有昌明之必要二:惟以心为实在也,故勤加拂拭,则努力精进之勇,必异乎常人。柏格森云:"人类中人类之至精粹者中,生机之冲动而无所阻,此生机的冲动所造成之人身中,则有道德的生活之创造流以驱使之。……道德的人者,至高度之创造者也,其行动沉雄,能使他之行动因之而沉雄,其性慈祥,能焚烧他人慈祥之炉火,故道德的人……形上的真理人之启示也。"此言也,与我先圣尽性以赞化育之义相吻合。乃知所谓明明德,吾日三省,克己复礼之修省功夫,皆有至理存乎其中,不得以空谈目之。所谓理论上之必要者也。[145]

由于心是实在,因此道德生活是人的主要特征,道德实践也必然具有理论的必要性。不过,"新宋学之复活"主要的还是在于它的实践意义:

> 当此人欲横流之际,号为服国民之公职者,不复知有主义,不复知有廉耻,不复知有出处进退之准则,其以事务为生者,相率放弃责任,其以政治为主者,朝秦暮楚,苟图饱暖,甚且为一己之私牺牲国家之命脉而不惜! 若此人心风俗,又岂碎义逃难之汉学家所得而矫正乎? 诚欲求发聋振聩之药,惟在新宋学之复活,所谓实际上之必要者此也。[146]

张氏反用管子的话说:"知礼节而后衣食足,知荣辱而后仓廪实。"[147]通过"心性之学"建立道德的基础,而道德充实的后果则是衣食仓廪的足实。换言之,"心性之学"与"考据之学"、人生观问题与科学世界观、唯心主义与唯

---

[145] 同上,页92。
[146] 同上,页92—93。
[147] 同上,页93。

物主义预设了相似的社会目标,但同时也预设了不同的方法和途径。通过"心性之学",张君劢为他的社会设计提供了"新宋学"或"新儒学"的视野,亦即通过道德实践及其准则的施行,建立人与他人、社会、国家、世界和自然的合理关系。在这个视野中,他的知识谱系及其分类原则,他依据这种知识谱系和分类原则而提供的制度化的蓝图,以至他对道德问题的考虑,都是"合理的"设计———一种针对现代资本主义的"合理化"过程的"合理的"设计。

伴随着"心性之学"与"考据之学"被理解成为两种不同的普遍性知识,"汉宋之争"的历史含义消失了。中/西之别首先被解释成科/玄之别,而后又被看作是汉/宋之别,以及心/物之别。在这种以分化为特征的逻辑中,问题的历史性逐渐淡化,文化问题逐渐地转换成为知识问题。通过上述转换,中国文化与西方文化实际上成为两种知识范畴,从而它们之间的差异以知识的形式普遍化和稳固化了。张君劢与后来的"新儒家"不尽相同,他的"心性之学"没有多少家法的含义,他的"道统"则是心同理同的普遍的"道"。因此,无论是"心性之学"还是"道"的观念都不是对特定的文化的坚守,而是对普遍的真理的寻求,尽管这种普遍真理表现为对人生观的差异性的坚持。如果以熊十力之后的"新儒家"为参照系,张君劢和梁漱溟都不能算做是谨守家法的"新儒家",他们的文化观具有明显的世界主义倾向。然而,我仍然确信,"新儒家"的问题意识正是在这种特定的知识背景中产生的。[148]

---

[148]　1957年,由旅居美国的张君劢提议,唐君毅起草,经过多次往还商讨,牟宗三、徐复观、张君劢和唐君毅四人于1958年1月在《民主评论》及《再生》杂志同时刊出了著名的宣言,即《为中国文化敬告世界人士宣言——我们对中国学术研究及中国文化与世界文化前途之共同认识》,又名《中国文化与世界》。这篇宣言被视为当代新儒家的重要文献,因而张君劢也与梁漱溟、熊十力一道被后世新儒家指认为现代新儒家的第一代宗师。在有关现代新儒家的研究中,"科学与人生观"论战也自然地被理解为"当代新儒家的方向起源"。(参见林安梧:《当代新儒家述评》,《评新儒家》,页143。罗义俊编,上海人民出版社,1989。)不过,如果把新儒家作为一个学派,我更同意余英时的观点,即"新儒家应以唐君毅、牟宗三、徐复观三位先生为代表,……张君劢先生和他们三位的思想仍有很大不同。"(参见余英时:《从传统迈入现代的思想努力》,同上书,页193。)

第十五章

总论：公理世界观及其自我瓦解

第一节 作为普遍理性的科学与现代社会

科学概念的广泛运用构成了20世纪中国思想的主要特征之一。在晚清以降的中国思想氛围中，科学是解放的象征和召唤，也是各类社会文化改革的客观根据。作为一种替代性的公理世界观，科学不仅证明了新文化人物所期望的变革的必要性，而且也提供了这种变革的目标和模式。科学的力量在于它将普遍主义的世界观与一种民族主义的/世界主义的社会体制密切地关联起来，最终通过合理化的知识分类和社会分工将各种类型和取向的人类生活囊括在它的广泛的谱系内部。

作为一种对客观真理的理解的科学概念为新文化运动提供了社会历史变革的"必然性"，从而后者能够以客观真理的概念跨越事实与价值的二分法。[1]从新文化运动的主流来看,陈独秀、胡适、吴稚晖、丁文江等人是当时知识分子的激进派,他们的"科学兴趣"源自对社会、政治、经济及文化的关怀。例如,在实用主义的影响下,胡适把科学等同于方法论,他自己并没有意识到当他把这种方法运用于政治、道德和人文学术时,其中已经蕴含了一种认识世界的框架。从新文化运动的边缘群体来看,那

---

[1] 事实的真理与价值的真理能否如此明晰地区分开来,是另一需要探讨的问题。这种二分法的普遍化是和近代西方思想的发展密切相关的。我在本书的若干章节陈述了中国思想的某些原理,其中之一即是价值和事实无法区分的宇宙观。这种宇宙观发生的动力与哈耶克论述的科学主义的认识方式并没有直接的相关性。值得注意的是,道德知识与自然知识的清楚区分是在特殊的宗教语境中建立起来的,培根在阐述人类控制自然的观念时,曾把宗教和科学看作一种共同的努力,即补偿被逐出伊甸园所受到的伤害。"人由于堕落而同时失去他的清白状态和对创造物的控治。然而,这两个失去的方面在此生中都可能部分地修复,前者靠宗教和信仰,后者靠技艺和科学。"(*The New Organon*, in *The Works of Francis Bacon*, eds. J. Spedding, R. L. Ellis, and D. D. Heath, vol. IV, London: Longman, 1862-74, pp. 247-248)威廉·莱斯解释说,这个论述的后续部分建立在两个前提之上:首先是关于原罪引起的两种不同结果的原先的区分,即道德清白的丧失和控制的丧失;其次是这样一种宣称,即两种不同的机制(宗教和科学)被用于消减伴随的罪恶。这个区分能够让培根相信,通过科学的进步控制自然的观念不妨碍上帝的计划;相反,正是通过这些艰难的步伐,神的旨意"你额上的汗水浇灌了你口中的面包"被实现了。但是,培根意识到,在反对社会促进科学发展的背后,是对人会因扰乱了自然事务的秩序而惹怒上帝的恐惧,因此他竭力强调科学工作的清白。培根说:"判断善与恶是道德知识的野心勃勃的和狂妄的要求,最终,人可以反叛上帝并为自己制定法规,是诱人的形式和方式。"("Preface to The Great Instauration", *Works*, IV, p. 20)这样,价值问题构成了"科学的"知识领域之外的一个独立的课题,自然知识与道德知识的区分逐渐地成为现代思想的基本原则,并延伸出事实与价值的区分。培根是通过对堕落的解释和他的相关观点即有关自然运行的知识无法增进我们对上帝的计划的认识建立了这种区分。自然就像是工匠制作的产品,它表现了制作者的能力和技巧而不仅是他的形象。培根的论述中潜存着一种二元关系:一方面,控制自然的合法性——亦即技艺和科学的"道德清白",控制自然正是由它们完成的——产生于神所授命的人和自然的关系,换言之,培根是诉诸人在堕落前的状态来对人对自然的控制加以正当化的;另一方面,通过技艺和科学恢复对地球的统治对于重建清白状态毫无帮助,因为那是一个完全不同于宗教领域中的道德知识和信仰问题。然而,莱斯问道,为什么恢复神的遗产不是道德进步的结果而只能是科学进步的结果呢? William Leiss, *The Domination of Nature*(Montreal & Kingston: McGill-Queen's University Press, 1994), p. 52.

些对科学的绝对统治地位进行质疑的知识取向也被纳入了一种合理化的知识体制之中：无论是从"文化差异"出发对西方科学文明的挑战，还是从道德、审美或情感等领域的自主性出发对科学主义的质疑，都被转化到一种体制化的、合理化的和科学化的知识分类和体制框架内部。梁启超、梁漱溟、张君劢以及《学衡》派的思想的、知识的和社会的努力体现的正是"文化"、"道德"、"审美"、"情感"等范畴逐渐被转化为现代教育和研究体制的特定领域的命运。科学及其引发的自然观的变化不仅支配了我们关于自然的知识，而且也规划了我们对于社会和我们自身的认识。[2]从这个角度说，科学的"公理世界观"改造、置换和取代传统的"天理世界观"的过程构成了现代思想转变的一个基本方面。这一新世界观为现代社会的知识的和体制的分工和专业化过程提供了根据。从科学及其社会运作与国家建设的关系来看，科学问题本身就是一个社会问题，科学的公理观取代天理世界观的过程体现了社会主权形式的巨大转变。

为什么我们可以将科学及其霸权的形成与近代社会的主权形式的转变联系起来？首先，科学世界观的支配地位建立在国家对于知识、技术和工业发展的依赖之上，也建立在社会的基层结构的转变之上。从晚清时代到民国时期，天朝帝国正在各种力量的推动下发生深刻的转化，而科学世界观及其知识谱系正是实现这一转化的重要动力之一。天朝帝国是一个以农业为主的社会，其内部主权的最为集中的表达即在全国范围内集中的土地所有权。帝国的土地所有权既可能表现为传统国家土地国有制形态（通过屯田、营田、垦田、草田、公田、官田、占田、均田、露田对劳动力进行军事的和政治的编制），也可能表现为豪族或庶族的地主所有制，以

---

[2] 丁·拉维茨概括所谓的科学的"意识形态"，即科学家和非科学家都具有的科学概念，他认为这种意识形态历来具有三个成分：科学作为对工业具有重要意义的技术，科学作为有其自身价值的知识形式，和科学作为摆脱独断态度的一种手段。William Leiss,《自然的控制》(The Domination of Nature, Beacon Press, 1974)，岳长龄、李建华译，重庆出版社，1993，页4。该中文本与我使用的英文本版本不同，该版中的序言在后来的版本中阙如。故本文凡引用该版序言处均用中文本，其余则用1994年英文版。

及帝国扩张过程中形成的分封性的贵族体制，如蒙旗制和土司制。上述土地占有关系的政治或社会形式是宗法、乡约、保甲制以及边疆区域的分权形式。所有这些权力关系均在礼仪和制度的规划下从属于以皇权为中心的王朝国家，后者以这一对内主权为依托构筑以朝贡网络为其礼仪形式的世界关系的格局。朝贡体系是一种由内及外的主权形式，它既包括帝国共同体内部的多元权力中心之间的经济、政治和礼仪关系，也包括帝国与其他帝国或政治共同体的外交关系。朝贡体系与民族—国家间的条约体系的主要差异在于朝贡体系没有制定一种形式化的平等主权关系。这并不是说朝贡关系的等级形式不包含某些实质性的交互性和平等性，例如，清朝是朝贡体系的中心之一，它在朝贡范畴内对朝鲜、越南和其他朝贡国行使册封权，但朝贡国对朝贡和册封关系也拥有自己的解释权，它们经常以各种礼仪形式表达与中心的某种对等关系。朝贡—回赐关系中的经济补偿则是这一体系内部的交互性的另一表达形式。因此，朝贡体系所体现的主权关系是一种形式的等级性与某些内容的交互性相互交织的体系。

现代国家的主权是一种世界政治体系和经济关系的产物。伴随现代国家在贸易、军事和外交等方面的主权地位的确立，社会内部的经济、政治和道德关系也随之变化，其标志为：一、以民族—国家的形式主权体系改造原有的帝国体系，在单一主权的概念之下建立人民与国家的统一关系，一方面瓦解原有的多元权力中心的帝国体系，另一方面以单一主权的形式确立民族—国家与其他政治实体的国际关系；二、帝国权力或皇权代表着一种多样文化关系中的群体关系，而民族—国家则将这一多元文化关系的群体关系构想为一个整体的人民主体，从而将主权与一个具有单一意志的人民纳入民族的框架之内。这就是"民族之人民"的概念的起源。这一人民主权概念的形成与民族—国家体系的主权关系的形成是相互促进的。现代国家对人民的构想并不仅仅是一种意识形态的工程，而且更是以国家主权为依托进行的社会再造工程。三、人民的形成需要以法的形式将个人从族群的、地域的和宗法的关系中抽象或分离出来，并建构成为形式平等的国家公民，后者以个人的或集体的形式参与到国家主权的活动之中。这一政治过程同时伴随着工业的发展、都市的扩张、货币权力的增长、行业性社会组织的形成，以及市场体制的建立等等，所有这些方面极大地扩张了对自由劳动力的需求。现代国家的法权体系最终以个人财产权为核心来建立形式平等的个人权利即是这一双重过程的产物。在这个意义上，现代法权体系的非身份性的个人原则体现了社会体制变迁的内在要求：民族—国家的主权形式与帝国时代的法律多元主义不能匹配；以士绅和村社为中心的地方性的社会网络也无法适应国家的和工业的社会组织形式。这两个方面都要求着在自然权利观念或契约论主导下的一种个人的自主性。在这一背景之下，实证主义和原子论的科学观从自然观的方面提供了一种新的社会构成原理，即将个人视为社会的形式平等的原子，并通过自我或主体性的概念将个人从各种血缘、地缘和其他社会网络中抽象出来，从而一方面瓦解了天理世界观与宗法、血缘及地缘共同体之间的内在联系，另一方面改变了政治主权的构成原理。科学思想在反对宗法、实行共和等道德/政治方面所获得的道德优越性是以上述社会主权关系的转化为根据的，而科学话语共同体有关科学与共和的关系的讨论也以此为背景。

因此，我们可以从原子论的科学观与社会构成的关系上清楚地观察到科学世界观与社会体制的合法性的内在联系：公民的非身份性是在原子论基础上的一种法律抽象，它从自然观和社会本体论方面确认了新的道德/政治权利的合法性和合理性。现代主权的建构是以将个人从区域和家族等社会网络中解放出来为前提的，自由和解放的核心在于将一种非身份性的、形式平等的权利主体作为建构国家和社会体系的基础范畴。在现代主权关系中，个人与国家构成了最为活跃的两极：无论是资本主义的私人占有形式，还是社会主义的集体所有或国家所有形式，这两种对立的社会体制均将公民在法理上视为非身份性的个体。这一公民权利体系构成了按照一定的社区及其身份系统所确立的契约关系和道德谱系的深刻挑战，而科学世界观为这一新的主权关系提供了合法性：在晚清民初，以原子论为核心的科学实证主义风行一时，瓦解了作为王朝政治和宗法、地缘关系的合法性理论的理学世界观；在"五四"时代，科学世界观反对家族制度及其伦理关系，为原子论式的个人主义及其在婚姻和社会事务方面的合理性提供了论证;在中华人民共和国成立之后,科学世界观为构筑较为完善的宪法体系并将公民组织成为一个按照一定目标行动的具有意志的整体提供了依据。所有这一切都表明:科学世界观不仅是一种文化运动的旗帜,而且也是现代国家的合法性基础——它的权利理论和法律基础是以原子论的抽象个人为前提的。抽象个人与原子论的这一历史联系说明原子论并非建立在实证原则的基础之上,而是建立在一种抽象的假定之上。原子论自然观与理学世界观的冲突产生于道德谱系与制度背景的转化之中:道德论述的背景条件正在从地缘、血缘共同体转向现代国家的抽象的法律主体。

现代国家的主权形式及其法理基础的变化与新的知识和意识形态的生产过程密不可分,从而重构教育体制和知识谱系成为现代主权建构的重要方面。1906年,维持了1300年的科举制及其知识谱系瓦解,新式教育制度及其科学知识谱系的合法性得以建立。民国政府和短命的袁世凯帝制于1912年、1915年和1923年分别颁布了以日本、欧洲和美国为典范的学制,从此之后的每一次国家变革都伴随着教育体制及其知识谱系的变化。尽管存在着各种变异的条件,欧洲普遍主义不可避免地通过这一体制化过程而成为这一教育和知识体制的主宰性因素。晚清民初学制的制定与晚清以来的留学生政策以及官员、士大夫的出国考察有着密切的关系。1915年学制得到了欧洲人的直接指点。正如现代国家的建立是民族—国家体系扩张的有机部分一样,现代中国的教育制度包含了双重的面向,即通过专业性的分工和知识分类谱系将民族教育体制与全球教育体制综合在一个过程之中,从而为新的劳动分工和社会运转方式提供了知识体制的保障。在这个体制内部,知识的生产逐渐地转变为专业行为,即使以启蒙者自任的知识分子也必须是以大学或研究机构为基地的专业化的学者。学制改革和科学共同体的建立为一种新的知识权力提供了前提,它在知识权威的保障下重新审定"常识",剔除不合规范的知识,决定知识的分类标准。在新的知识谱系中,传统世界观及其知识谱系只能作为新学教育的某些组成部分和因素(如道德课程、传统教育等等),从而不再具有"世界观"的特性。从"东西文化论战"到"科玄论战",对文化的自主性、独特性和内在价值的肯定最终被纳入一种合理分化的知识谱系之中。对伦理、审美、情感和文化等领域的自主性的辩护的最终结果是确立了它们在合理化的知识体制或科学帝国内部的一席之地。国民教育和以新的社会分工为根据形成的专业教育构成了教育体制的基本框架。

与教育制度的改革相配合，在国家的支持下，专业性的科学研究体制逐渐形成。在晚清和民初，这个体制以英国皇家学会及其宗旨为楷模；在20世纪中期以后，这个体制以苏联科学院及其宗旨为榜样；在20世纪末年，这个体制转而以西方（主要是美国）体制为变革的方向。每一次体制性的变革都预设了普遍主义的模式。科学共同体的组织原则与民族—国家的组织原则大体相似，它的行为方式为国家及其公民提供了榜样。这是现代知识体制和权力关系与现代主权形式之间的同构关系的前提。科学研究制度促进着科学、工业与国家的结合，这种结合一方面为工业生产力的成倍增长提供了条件，另一方面则为国家在国际竞争中取得优势地位提供了前提。正由于此，一方面，国家把大学和科学研究体制当做知识（生产力）的生产基地，从而也在一定范围内给予这些体制以某种自由特权，例如允许遵循国际的通用标准，并在专业主义的前提下为知识生产提供一定的自主空间；另一方面，科学共同体也以真理与民族利益之间的关系为根据，为科学探索寻求自主空间。在稳定的体制条件下，国家对教育和科研的直接干预限制在那些与敏感的政治和社会问题直接相关的领域内，从而大学和科学研究制度——尤其是自然科学和技术科学的研究——的一定程度的独立性得到保护。但国家与教育体制和科研制度的关系是不稳定的，在若干历史时期，国家及其主导意识形态完全主导了教育和科研的方向，从而暴露了民族—国家的法律体制所保障的文化自主性的脆弱地位。大学知识分子与国家的关系不同于通过科举获得地位的士大夫与朝廷的关系，他们以专业化的形式介入社会活动，但通常并不直接介入官僚政治活动。通过科学共同体和大学的活动，"科学文化"成为社会生活中的特殊部分，从而现代社会以"两种文化"及其分界作为自己的特征之一。

传统与科学的二元性对立构成了近代国家推动的社会改造运动的标志性的特征，从而国家建设过程也可以视为一个传统的改造过程。在上述意义上，科学世界观及其体制的霸权与国家理性的霸权的确立是同步的。在20世纪的初期，伴随着中国科学社这样的科学研究团体以及随后的更为专门化的学会的出现，科学的方法论的和专门化的特征变得日益鲜明，但这一方法论的和专门化的研究形式（一种与日常社会生活形式相互区别的形式）并不意味着一种非社会的或非国家的形式的出现，恰恰相反，科学研究的体制本身与国家理性之间存在着密切的联系。值得注意的是，正是在欧洲国家卷入两次世界大战的时刻，科学世界观在中国社会确立其至高无上的霸权地位。主权国家之间的毁灭性的战争、由于科学技术的发展而发生的新的暴力形式，以及人们对于科学与道德、科学与文明之关系的反思，均没有动摇科学世界观的霸权，相反，这一竞争式的世界图景强化了主权国家对于科学和技术的需求，从而推动了科学技术的发展、职业化的研究方式、国家对于科学和技术的控制，以及科学世界观的支配地位。事实上，尽管两次世界大战及其灾难激发了人们对科学技术及其现代运用的反思，但战后科学技术在工业和军事方面的运用却有增无减。因此，下述悖论式的历史现象并不令人惊讶：当第一次欧洲世界大战激发起欧洲知识分子对于科学和科学主义的批判性反思时，中国正在经历它在20世纪的第一场以确立科学世界观的霸权地位的启蒙运动；当第二次世界大战期间的有组织的或民族—国家的高技术暴力震惊世界之时，中国知识分子正在为民族解放而奋斗，那些针对科学霸权及其技术运用的反思性的思想和概念没有引起人们的丝毫兴趣。民族—国家及其竞争模式为科学技术霸权的扩张提供了政治的依据，而资本主义市场的利益最大化原则又从另一层面为技术的更新提供了经济的动力。在这一条件下，即使全球化促使了民族—国家地位的改变，科学技术的霸权地位也不会动摇，因为由市场原则为轴心所构筑的社会模式仍然依赖着非身份性的个人权利体系和效益最大化原则。国家和市场的动力均与科学的世界观及其技术性的延伸有着密切的关系。

19世纪和20世纪的思想史始终笼罩在事实与价值、认知与实践、纯粹理性与实践理性的二元论的影响之下，以致无数的著作贡献给了在这两个领域之间建立明确分界的努力，其动力即在通过这一区分限制"物"

的世界的霸权。但是,科学及其知识谱系并没有因此从一种普遍主义的宣称和知识谱系的位置上向后退却,恰恰相反,通过将实证性的科学的领域退入自然科学的范畴,科学的边界反而极大的扩张了。实证主义的、原子论的科学观受到了来自两个方面的严重挑战:一方面,科学的领域不再是古典物理学所代表的领域,另一方面,科学知识的领域合理地分化为自然的知识、社会的知识、道德的知识、审美的知识。然而,自然科学、社会科学和人文科学的划分不但复制了分类性的科学谱系的原则,而且以一种形式化的分工模式规定了这些领域的专业原则。在这个意义上,对原子论的和实证主义的科学概念的挑战最终不是限制而是扩展了科学原则的霸权。例如,民国成立后,科学家共同体以他们特殊的方式广泛地讨论科学与道德、科学与社会政治、科学与人生观、科学思想中的进化论问题,在严格的方法论基础上描绘出分类的知识谱系——这个知识谱系囊括了旧有世界观涉及的各范畴,如道德、政治、信仰等等,但与这些范畴在旧有世界观中的含义不同,它们现在是作为一种科学分类谱系中的、按照实证性程度的高低进行排序的特定领域出现的。在"五四"时代,这一实证主义的知识谱系遭到了严峻的挑战,以致梁漱溟、张君劢和《学衡》派对普遍主义的科学概念的攻击导致了知识谱系和知识体制的重新结构,但其结果却是道德、审美和情感等范畴被作为一种合理化的知识领域镶嵌入知识的谱系和体制之中。知识谱系的内部关系发生了变动,但合理化的分类原则及其体制化过程并没有改变。在这个意义上,对自然科学领域的限制和对一元论科学主义世界观的批判恰恰成为科学领域和科学理性无限扩张的前奏。

第二节　科学世界观的蜕化

我们不妨从内在危机的角度观察"科学世界观"的自我解构如何促成了科学理性及其霸权的进一步扩张。"科学世界观"的第一个危机是它的"世界观"特性与它对科学方法的宣称之间的悖论关系。"科学世界观"用于摧毁旧有价值观的主要工具是现代科学的实证方法，按照这种方法论原则，一切不能通过实验加以验证的知识都是"伪知识"，是形而上学的迷信。然而，"科学世界观"无法摆脱它自身的形而上学特性和整体论的方式。一方面，"科学世界观"对变革力量和新制度的合法性论证需要整体论的论述方式，另一方面，"科学世界观"用以摧毁旧制度和旧观念的实证方法也构成了对自身的整体论观念的挑战；前者需要宇宙论、本体论、信仰的支持，而后者却否定任何终极基础和统一原则的存在。在严复的世界里，社会学构成了囊括宇宙自然和人类社会的知识体系的灵魂，因为社会学能够提供知识体系以一种目的论的指向（"群"、"公"的价值）。但是，社会学作为科学的权威性建立在它对实证方法的贯彻之上，而这一方法并不能保证"群"和"公"的道德取向，从而社会学作为科学的特性与作为"世界观"的特性之间存在着内在的裂痕。如果知识与道德目标之间缺乏内在的联系，那么，普遍的知识谱系、实证性的方法、学问的专门化，及其工业化的运用，与严复和梁启超所确立的以"群"为中心的那个目的论的知识谱系就成为两重截然不同的东西。我们无法将严复的易学宇宙论及其运转模式与科学技术的生产和运用过程内在地联系起来，我们也无法把梁启超的能够产生出道德含义的实践方法与科学发明和运用的认知、发明和运用过程联系起来。科学方法的霸权是通过否定科学与价值的直接联系（这是科学作为一种世界观得以成立的前提）才获得的。

科学世界观与国家的制度性实践的悖论关系是科学世界观遭遇的第二个危机。在实证方法的有效性动摇了早期科学世界观所依赖的"终极基础"和"统一原则"之时，现代国家的知识制度加速了这种"终极基础"和"统一原则"的瓦解。现代国家依靠的是分科的、专门的、具有可操作性的、制度化的（科学）知识实践——无论这种知识是关于自然的知识，还是关于社会的知识，有效性和可操作性始终是内在于这一制度运作的首要尺度。在这一制度语境中，早期科学世界观的道德目的论与以效能及其对国家的贡献为唯一原则的科学体制构成了深刻的冲突。辛亥革命以前的科学刊物——如《亚泉杂志》、《科学世界》和《科学一斑》——展示了一种功能主义的科学观,科学的意义被置于科学/政治、科学/文明、科学/时代的论述模式之中,从而科学自然地被赋予了道德/功能的必然性。然而,分科的知识谱系及其制度化实践致力于该学科的发展,其分科原则与特定的道德目的没有任何关系,从而功能与价值之间缺乏内在的联系。[3]尽管国家试图赋予这种新的知识和从业方式以道德的含义,但这种道德含义无非是在国家理性规划下的功能关系。道德与制度的分化不仅是现代社会制度、包括教育制度的主要特点,而且也是这一体制的主要目标。正是在这一条件下,梁启超追问:那些凭借高分考入学校或者出国留学的人,那些在专门领域获得了地位和能力的人,究竟是不是道德的人呢?学校究竟应该是知识的贩卖所,还是应该像三代的大学那样成为人的全面成长的途径呢?这种追问与程颐等理学家对科举与道德的关系的质疑遥相呼应。

科学研究团体的建立同样如此。科学共同体(如中国科学社,1915)保持着对社会、政治、道德、伦理的强烈兴趣,并在自然一元论的基础上把他们的科学知识的运用扩张到社会领域,但其宗旨是通过实验的手段进行科学研究,促进科学的技术化运用及其与工业的联系。科学共同体一方面信仰自然一元论的科学谱系,另一方面又以制度的方式把自然与人类、物质与精神、物理世界与社会精神世界的二元论固定化,从而保障科学共同体在现代社会中的特殊地位。在现代条件下,科学研究已经转化

---

[3] 洋务运动导致了一些西式学堂的建立,但这些以军事实业为中心建立起来的学堂完全外在于科举制度。换句话说,尽管严重的危机迫使清朝政府开始学习西方的科学技术和军事知识,但"体"与"用"仍然是以教育制度的形式固定化了的。在戊戌变法期间,贵州学政严修曾向光绪建议,为提拔新政人才,应于八股取士的普通进士科外,另设一种特别的进士科——经济特科,凡长于内政、外交、理财、军事、工程等人才,无论已任未任,仿过去博学鸿词科例,由大官推荐。凡被推荐的人,即可参加考试,录取后,其地位、出路即与普通的进士相等。他还主张这种考试应即举行,"以后或十年一举,或二十年一举,候旨举行,不为常例。"光绪接受了这个建议(光绪二十四年正月,即1898年2月),可惜未及举行考试,政变即发生了。见《清德宗实录》卷四一四,页4—5,载"中国近代史资料丛刊"《戊戌变法》第二册,神州国光社,页9。

为一种有组织的研究体系，从而国家理性能够迅速地将科学领域的成果和方法转化到其他社会领域之中。例如，科学家共同体拟定科学专名的工作、首先使用横排和西式标点（1916）的尝试，以及白话汉语的使用，都得到了国家和社会的承认，并转化为制度性实践（教育和媒体等）的一个部分。中国的现代人文语言和日常语言的某些规范（如标点、横排）是在科学语言的实践中逐渐形成的，以致在初始阶段，我们很难将这种语言截然地区分为科学语言和人文语言。[4] 这一制度性实践隐含了有关科学发展与文明进化的关系的理解，即科学的发展模式应该是文明进步的模式，科学研究的理性化也是社会发展的目标。当各种科学专名通过媒体、课本进入人们的日常生活时，试图依托传统资源阐释科学和世界的努力便黯然失色了。

在讨论科学共同体的知识实践的社会/文化意义时，不能不提及科学共同体的边界的不断扩展，以致在描述现代文化活动的主体时，"科学话语共同体"的概念是一个较之科学共同体的概念更为有效的概念。科学共同体是科学话语共同体的一个虽然重要但却有限的部分。科学话语共同体是指那些运用科学的或准科学的语言、利用科学的公理化的权威从事社会文化活动——其中也包括科学和技术活动——的知识群体。《新青年》、《新潮》等知识分子群体可以视为科学话语共同体的重要部分，尽管他们并不直接从事自然科学的研究和运用。这些文化知识分子不仅赋予自己的文化活动以科学的意义，而且在话语形式上也开始模仿科学的语言，以致他们讨论问题的方式、建立文化团体的形式都包含了对科学共同体及其规则的模仿。科学话语共同体利用大学、报刊、课本广泛地表达他们的思想倾向、价值判断，并不断地试图影响社会和国家的实践。科学家共同体把自己看作是一种区别于一般社会主体的主体，即一批在分科

---

[4] 关于方言、现代语言运动与民族主义的关系，请参见拙文《地方形式、方言土语与抗日战争时期"民族形式"的论争》，《学人》第10辑，南京：江苏文艺出版社，1996，页271—312；另见：Wang Hui, "Local Forms, Vernacular Dialects and the War of Resistance against Japan: The 'National Forms' Debate" (part 1 and part 2), *The UTS Review* 4, no. 1 (May 1998): 25-41, and *The UTS Review* 4, no. 2 (November 1998): 27-56.

的和专门的知识体制中活动的人物,他们拥有客观的认识对象、使用客观的方法、获取特殊的训练和从事专门的研究。与此同时,这一特殊的社会主体的组织和行为方式又能够成为一般社会群体的楷模,因为按照自然一元论的科学知识谱系,道德、信仰、情感、本能等领域是科学知识体系的一个组成部分,从而科学活动本身蕴含着道德的必然性。换言之,科学共同体的活动包含了普遍的和分化的双重原则。那些主张限制科学的运用范围的知识分子和人文学者的基本立场即以其分化的原则攻击其普遍的原则,主张将道德、信仰、审美等社会生活领域从(自然的或科学的)普遍的知识领域中分化出来,以形成自身的自主性。如果把这一"主体性转向"理解为中国现代人文学科的诞生的话,那么,所谓人文学科不是产生于对"人"的理解或者对"人"作为一种复杂的社会关系的理解,而是产生于对于那些无法在经济规律、政治权利和科学实践的范畴中加以解释和规定的领域的界定和区分。在这个意义上,人文学科与其说是对人的发现,毋宁说是对那些(个人的或集体的)道德、审美以及无意识、潜意识领域的发现。[5] 现代人文学科是对"人"的瓦解,而不是对人的完整性的重构,因为伴随人文学科从科学中分化出来,人的概念也从自然的客观性和社会经济的客观性中分离出来。人现在是道德的主体,是和自然相区别的主体,亦即伦理学、心理学、文学、历史学等学科研究的对象。这种对于"人"的分化的理解是和知识的分化和制度化相关的:在这个知识和制度的谱系之中,"人"的现实关系需要按照分化的原则来进行理解。[6]

因此,人文学科的自主性是对科学共同体得以建立的那个分化原则

---

[5] 福柯认为古典知识中不存在人。而在我们发现人的地方存在的是表现事物秩序的话语的权力,或者说表现事物秩序的词语秩序的权力。这一敏锐观察对于我们也许不无启发意义。参见 David Macey, *The Lives of Michel Foucault* (London: Hutchinson, 1993),p.170.

[6] 在晚清时代,"群"、"社会"和"国家"范畴的引入导致了对人的重新界定,即人是"国民";在20世纪三十年代以后的知识活动中,这种关于"人"的现实关系的理解被建立在"阶级"概念之上。如果说现代制度设计与有关"人"的分化关系的理解密切相关,那么,现代革命的道德基础则是建立在重构"人"的现实完整性之上的。

的普遍性的重新确认。有关知识类别的讨论与现代社会分工、特别是教育和科学研究体制的重组关系密切。知识谱系的合理分化首先是一种对于现代社会的合理化设计，其次也可以被理解为一种现代化的行动纲领。在这个意义上，张君劢对科学谱系的攻击，以及他的以"分化"为特征的知识谱系的重构活动绝不仅仅是一种纯粹的智力活动。张君劢通过"人生观"问题重建知识谱系的努力与"五四"以后教育改革、特别是二十年代初期的学制改革具有内在的呼应关系。他对"心性之学"的重构被后人广泛地看作是现代新儒学的滥觞，但这一"心性之学"明显地脱离了理学的语境，致力于在知识和社会的体制中为道德、审美和情感等领域的自主性和知识谱系的重组提供理论的根据。在张君劢那里，"心性之学"的功能和德国唯心主义的功能没有什么差别。在这个意义上，玄学知识分子对现代性危机的诊断是现代性的文化设计和行动纲领的有机部分。

科学及其制度的普遍化为不同文化提供了普遍适用的衡量标准，从而为不平等的、等级化的全球关系和国内关系创造了文化前提。从上述分析来看，为此作出贡献的不仅是科学思想的传播者及其科学制度的实践者，而且也包括科学及其制度的批判者和挑战者。在现代中国的语境中，以文明论为话语方式的民族主义思潮构成了对科学知识谱系的第一个严重挑战和批判。如果说"科玄论战"以"人生观"问题为契机，为现代知识谱系的重构——特别是科学、道德和情感作为不同领域的分化——提供了理论的准备，那么，这种分化并不是在"知识论"的构架中产生的，而是在晚清以降的东西文化论战有关文化差异的论战中孕育成熟的。东西文化论战的各方都用中国/西方、静的文明/动的文明、中学/西学、精神文明/物质文明等二元论作为建立自己论据的基本前提，并在这一框架内把科学、知识、理智、功利与西方、动的文明、物质文明联系起来，把道德、精神、直觉、审美与东方、中国、静的文明、精神文明联系起来，从而原先的文明论的二元论蜕变为科学/道德、知识/情感、理智/直觉等新的知识论的二元论。换言之，知识的分类与文明论的分类法密切相关，但却采用了更为客观的、中立化的形式。在现代中国历史中，知识领域的分化的直接动因是文化的冲突。与之相应,"科玄论战"的知识冲突也不能掩盖它的文化冲突的内涵。对科学与现代性的反省,在中国的语境中,同时也是对晚清以降中国面对的文化冲突的反思,尤其是对西方文化和中国文化的关系的反省。

杜亚泉、梁漱溟、《学衡》群体、张君劢等人在20世纪二十年代开创了现代中国的一套新的道德论述,并以此对抗主流的现代意识形态。但是,他们的中心论题是以现代性的纲领及其中心思想范畴为前提的。因此,他们的反科学主义的道德中心论或文化论仍然是现代性的思想纲领和命题的内在的、固有的内容。由他们推动的思想潮流促进了中国思想的主体性转向,但其结果却是普遍主义知识霸权的扩张。欧洲思想中的所谓主体性转向直接表现为对黑格尔的形而上学体系和启蒙运动的"主体—客体"的认识论模式的批判和拒绝,并转而从个人、个人的情感、情绪、体验中探索人的主观性,而在中国现代思想中,所谓"主体性转向"首先是一种文化的转向,即以反思西方现代性为契机,重新发现中国文化的价值与意义,从而中国/西方作为一种文化的和知识的二元论构成了这一论述的基本轴心。这一轴心的形成是以寻找民族文化的独特性、差异性或本真性为目标的,与赫尔德所发展的那种浪漫主义的民族主义更为接近。梁漱溟的"意欲"概念、张君劢的"人生观"问题都以民族主体性为前提,在文明论上都是特殊主义的,因而也可以看作是民族主义的理论前提。然而,历史悖论是:知识的分化渊源于文化差异的论述,但知识论争的形式却掩盖了这一冲突的文化内涵。通过激烈的论战和科学知识谱系的重组,中国和西方的不平等的文化关系最终被纳入了知识领域的分类关系,并以制度化的形式得以确认。由此可见,以差异和分化的知识观和文明论为内核的文化理论不是削弱而是强化了普遍主义的前提。分化的知识论在现代思想冲突中居于弱势地位,但在现代社会体制的形成过程中却是普遍遵循的一般原则。上述思想家所代表的文化潮流代表了现代道德运动的主要方向,而缺少这个道德的面向,现代性的纲领和分类原则就无法完整地笼罩现代世界的生活领域。这就是现代道德主义的真正位置。[7]反传统主义的科学纲领、反科学主义的道德/文化中心论,再加上马克思主义的革命理论,为我们提供了现代社会秩序的关键的理论联系方式。正是在这个意义上,现代性的纲领并不是由某一个思想群体单独完成的,它的分类原则也不是由某些理论家制定的;恰恰相反,现代性的纲领的各个组成部分及其分类原则是在相互冲突的思想之间逐渐形成的。因此,理解这些思想的含义,首要的,就是理解构成它们之间相互关系的背景条件。

第三节　现代性问题与晚清思想的意义

在上述意义上,现代思想的兴起不但可以表述为科学世界观获得霸权地位的过程,而且也可以表述为科学世界观本身的蜕变过程,其主要的

---

[7] 与我的上述论述形成参照的,是麦金太尔在欧洲语境中所阐述的关于韦伯的世界观与尼采主义的关系。麦金太尔指出尼采的非理性主义以及马克思主义对官僚统治的批判都包含了韦伯世界观的那些前提,尼采对于道德谱系的揭示、马克思主义的革命理论,最终都回到了由韦伯所代表的那种现代性的前提之中。我认为现代新儒学及其前驱对现代社会的道德批判同样如此,他们的理论与马克思主义的革命理论一样,都有助于重新建构新的合理化的社会建制。麦金太尔说:"当代已把它自己表现为以韦伯的思想为主导;并且我也注意到了,尼采的中心论题是以韦伯的中心思想范畴为前提的。因此尼采预言式的非理性主义(说他非理性是因为他的问题自然没有解决,而他的解答又否定理性),仍然是我们文化的韦伯式管理方式内在固有的,不论什么时候,那些深受这个时代的官僚政治文化影响的人,每当他们在他们是什么和他们做什么这个问题上找遍了别的,最后想到其道德基础时,总会发现那隐蔽的尼采式的前提。因此,可能可以有信心地预言:在这个极成问题的官僚政治管理的现代社会背景条件下,将会周期性地并恰恰体现预言性非理性主义的社会运动,尼采的思想是这种非理性主义的先驱。实际上,恰恰因为和就当代的马克思主义在实质上是韦伯式的而言,我们不仅能够预期右翼的预言性非理性主义,而且也能预期左翼的预言性非理性主义。60年代学生的激进主义在很大程度上就是这种非理性主义。"MacIntyre,《德性之后》,页143—144。

形式是知识的分化原则和体制的专业化原则逐渐剔除其"世界观特性"的过程。如前所述,科学世界观对天理世界观的反叛具有结构性替代的特征,而一旦这一世界观的霸权地位得以确立,它自身亦即面临"分化"的命运。分化得以发生的动力在于:一方面,实证主义的科学概念无法将科学领域与形而上学领域真正区别开来,从而它对实证方法的诉求在瓦解传统世界观的同时也瓦解了科学世界观的形而上学的基础;另一方面,科学公理严格地建立在科学共同体的规范和实证和实验的方法之上,传统意义上的道德共同体与科学实践过程缺乏内在的联系,从而科学公理与伦理世界的关系存在着深刻的暧昧性。科学世界观声称科学自身蕴含了道德的必然性,但它的方法论和制度性实践均无法转化为具体的政治、伦理和审美实践。这一"科学世界观"的"脱魅"标志着科学体制的发展已经是一个自我合法化的过程,科学实践从伦理、审美等领域的退出标志着科学体制及其运行已经不再需要一个外在的世界观的合法性论证。

我们不妨从晚清公理世界观的构筑、内在矛盾、转化以及解体来观察这一过程。晚清思想的主要特征是天理世界观的崩溃和建构新的公理观的努力,以致我们可以把这个时代称之为"世界观的时代"。晚清思想从两个不同的方向不断地回向"原初":一方面是回向"原初问题",如宇宙的本原、人类的起源、社会的公理等等,另一方面是回向伟大的创始者及其理想的制度,如孔子、老子、墨子、佛祖和三代之礼乐等等。这些"公理世界观"具有"可教义化知识的形式",它们从各自不同的方向上论证着终极式基础、统一化原则,并把世界作为一个整体(自然和人类世界)来加以解释。经今文学运动、经古文学运动、荀学复兴运动、墨学复兴运动、唯识学复兴运动,以及道家思想、法家思想的复兴潮流在晚清时期应运而生,也随着历史的变化和它们在社会意识形态中的位置的变化而消长,但所有这些思想运动都力图构筑一种关于世界的完整的解释,亦即一种普遍主义的公理世界观。"世界观"复兴在一定程度上可以看作是西潮冲击的产物,但它们大多建立在传统资源的基础之上,并与民间习俗保持了一定的亲缘关系。在"千年未遇之大变局"中,晚清知识分子试图重构公理世界观,全面地解释宇宙运动的法则、世界变动的规律、政治/道德的基础、情感/审美的根据,以及能够发现真理的普遍方法。科学思想在当时所以是"世界观的",是因为它正在以天理世界观的结构方式取代天理世界观。"世界观"的复兴意味着彻底重组传统的时间观和空间观,并在这种新的时空关系中确定新的社会体制的位置和运动的方向。

"世界观"复兴的标志之一是大量新概念的传播。晚清思想采用的那种复兴古代学说的方式使得这些新的概念经常表现为古代概念的重新使用,但无论是这些语词的内涵还是它的运用方式都发生了根本性的变化。借用叔本华的概念,社会世界涉及的是"意志与表象"的世界,因而各种新概念和旧语词的传播和复活标志着重新建立世界的表象。作为意志与表象的世界既是心理学意义上的表象,也是戏剧和政治意义上的表象。世界观的建构过程本身是社会世界及其不同的力量争夺语词的斗争过程——词语的改变亦即世界表象的改变,从而改变语词也是改变事物的一个方法。如果说词语在很大程度上制造了事物,那么改变政治从本质上也是改变词语的过程,从而政治变革和社会变革不得不从反对词语的斗争开始。[8]在近代中国思想中,那些最大规模地和最有效地传播和使用新语词的作者和刊物,也可以说就是对近代中国思想产生最大影响的作者和刊物。新的概念及其相关关系正是在重新构筑"现代中国"的表象时建立起来的,而这一表象的建立依赖于新的概念及其分类法,例如公/群、国民/种族、个人/社会、阶级/国家、自然/社会、自由/专制、统治/人民、改良/革命,以及社会关系中的各种等级构造。

科学的权威性正是在不断引进西方现代科学技术,并在教育制度中设置新的学科的历史情境中逐渐地建立起来的。这一过程伴随着一个用新的语词重构世界观的过程。在进化论和实证主义的视野中,任何有效的"世界观"及其对"公理"的承诺均必须以"科学"及其概念为前提。科学世界观的建构过程可以概括为"科学的公理化"过程,其任务是把科学纳入世界观的论述之中,从而形成一种科学的世界观。"科学的公理化"

---

[8] P. Bourdieu,《文化资本与社会炼金术》,包亚明译,上海人民出版社,1997,页135—136。

与"公理的科学化"有所区别,后者指在科学霸权形成的条件下,任何公理性的论述均必须被论证为科学的论述,而前者的合法性仍然需要一种公理性的论证。在晚清时代,由于科学的权威性尚待建立,从而文明、进步、发展、国家、道德等范畴均被用于对于科学的意义和价值的确认。也正由于此,在这一过程中被公理化了的并不仅仅是科学,而且也包括人们认可的各种自然、政治、道德的公理。自然、政治、道德的三重结构是科学世界观和天理世界观这两个相互斗争又相互渗透的公理观的普遍特性。在这个意义上,"科学世界观"("公理世界观")既是西学东渐的结果,又脱胎于中国的天理世界观。我们可以在"群"、"公"、"个人"、"公理"、国家和社会等晚清思想的核心主题中找到上述两种公理观的双重因子。

严复以理学、易学和实证主义为背景建立起来的公理观、梁启超以心学、今文经学和德国唯心主义为背景建立起来的公理观、章太炎以唯识学和庄子思想为背景建立起来的反公理观,构成了关于现代世界和中国的多种改造方案的三个代表性的方案。它们之间的悖论或相互解构为重新思考现代性问题提供了不同的视角。在上述三个以公理为中心建构起来的思想体系之中,严复和梁启超代表了两种主流的方向:[9]作为理学世界观和一元论自然观的一种结合,严复的公理观强调世界的内在同一性,认为可以通过格物穷理或实证的方法来理解宇宙、世界和人自身的内在规律性;而由心学、今文经学与二元论哲学(特别是德国唯心主义哲学)综合而成的梁启超思想则强调在自然世界与道德世界之间存在深刻的鸿沟,唯一能够沟通这两个世界的方式是"知行合一"的实践。上述两种"科学世界观"都预设了认知(科学)与实践(道德)在方法论上的同一性:格物致知与知行合一既是认识世界的方式,也是去私存公的道德实践。值得注意的是:理学世界观综合了宇宙论方面的理气二

---

[9] 梁启超的反思性的思考的高峰是在"五四"以后的时期,但我在这里不是按照时间的顺序将他的反思纳入"五四"范畴之中,而是从思想的形态上将其视为晚清思想的延续。

元论和认识论方面的主客二元论倾向,但在晚清思想的脉络中,由这一理学世界观出发所建立的科学世界观却具有一元论的特征;与此相反,心学在与理学的论争中强调心物一元,但在晚清思想的脉络中,从王学出发建立道德学说的思想家却多半采取物质/精神、科学/道德的二元论。在这个意义上,上述理论差异最终导致了"五四"时代两种科学观的分化。

严复首先引入了进化论和以社会学为基础的科学知识谱系,在他的宇宙一元论框架内,进化论和实证知识的方法本身包含着道德的含义和目的。正如欧洲一元论宇宙观一样,这个"新宇宙论所设定的无限宇宙,在空间广延和时间绵延两方面,都是无限的,其间永恒的物质依照永恒而必然的法则,无止境、无目标地运动着。这个无限宇宙秉承了神的一切本体属性,不过也仅仅秉承了这样一些属性,其余的都被远遁的上帝随携而去了。"[10] 与欧洲宇宙论有所不同的是:在严复这里,新宇宙论保留着"易学宇宙论"的基本框架。在这个框架内,作为一个自然的进程,宇宙统合了天、地、人的基本公理,并将单线进化与循环变化的双重逻辑综合为一。正如理学宇宙论相信道德真理是宇宙运行的自然呈现一样,严复一方面赋予宇宙进程以总体的和合目的的特性,另一方面又认为必须通过人的主动的努力建立科学、技术、工业、国家以及各种制度与某种更高的目的的内在联系,从而完成宇宙自然进程的道德目标。正由于此,严复的易学宇宙论与一个以社会学为中心的知识谱系相互支撑。严复的"易学宇宙论"认为宇宙的运行先验地预设着"公"的理想,现代社会的分化最终将统摄于"天演"或"公理"的合理关系之中,这一乐观信念建立在上述以社会学为中心的知识谱系的逻辑构造之上。在这个体系中,天演概念不能化约为进化或进步概念,因为这一概念也包含了由易理所阐释的循环论的历史观和宇宙论。

为什么近代科学知识谱系必须以社会学为中心?社会学及其统辖的

---

[10] Alexandre Koyre, *From the Closed World to the Infinite Universe* (Baltimore: Johns Hopkins University Press, 1957), p. 276.

知识谱系在中国的出现不能仅仅被看作是一种知识的传播活动和翻译活动,它与"社会"的兴起恰好发生在同一时刻并不是偶然的。"社会"范畴是一种创制,它首先是被这些接触了西方知识并对西方近代社会有过近距离观察的人构造出来的,而构造的方式之一即建构一种适合于"社会"规划的知识谱系,使得"社会"知识成为一种普遍主义知识的有机的和最为重要的部分。在这个意义上,"社会"从家庭、家族、伦理关系,以及皇权中分化出来与其说是一个自然的过程,毋宁视为一个突发的事件或知识规划和国家干预的结果。这里所说的"社会"指的是在一种目的论的规划中形成的新秩序,而不是作为历史演化的产物和日常生活领域的要素。在社会学的规范式叙述中,"社会"是把作为历史的要素(如家庭、村社和交换关系等等)组织到新型秩序中的一种规划。正由于此,社会与家族、皇权、宗法等社会组织形式的二元论构成了知识分子启蒙话语和现代国家话语的重要内含。汉娜·阿伦特(Hannah Arendt)在讨论欧洲社会的兴起时曾把"社会"的兴起与经济学的出现关联起来,她的表述恰恰与我在前面讨论的"以社会学为中心的知识谱系"问题构成对比。她说:"近代的平等是以内在于社会中的顺从主义(conformism)为基础的,它之所以可能,是因为行为(behavior)取代了行动(action),成为人类关系的最主要的形式。""正是这同一种顺从主义(它假定人们是守规矩的,并且彼此之间都不会针对对方采取行动)奠定了近代经济科学的基础。经济学的诞生与社会的兴起恰好发生在同时,它携带着其主要的技术工具,即统计学,成为一门标准的社会科学。只有当人成为社会生物,并一致遵循某些特定的行为模式,从而使那些不遵守规则的人能够被看成是反社会的或反常的时,经济学(直到近代为止,它一直都是伦理学和政治学的一个不太重要的部分,并建立在这样一个假定之上,即人们在经济活动方面与在其他方面一样均以相同的方式行动)才获得了一种科学的性质。"[11]作为一种"科学"的政治经济学在亚当·斯密等人那里的出现是和"社

---

[11] Hannah Arendt, *The Human Condition: A Study of the Central Dilemmas Facing Modern Man* (Garden City & New York: Doubleday Anchor Books, 1959), pp. 38-39.

会"的兴起直接相关的,因为这种"社会"的兴起过程创造了自由主义经济学家称之为"经济人"而马克思主义者称之为"社会化的人"的动物。然而,在晚清中国,经济学和其他科学均从属于以社会学为中心的科学知识谱系,这一差异构筑了在中国语境中观察经济与社会相互关系的一个视野:与其说经济的变化促成了社会的变动,毋宁说现代经济及其行为模式的确立是重构"社会"秩序的结果。

严复对分科知识所内含的道德目的的强调是和他对现代社会的劳动分工和专业化的认识密切相关的。[12]在日益发达的社会分工和知识分工的过程中,如果学问自身没有道德必然性,就必须从外部强加给学术以道德规则,从而构成对于知识的自主性的极大妨碍。严复一方面通过他的翻译活动建构新的、等级性的知识谱系,另一方面则力求赋予这一知识谱系以道德的含义,目的是把宇宙自然进程和科学探索过程与"诚"、"公"和"公理"等价值关联起来。在这个意义上,由"以社会学为中心的知识谱系"所完成的知识的(也是社会的)规划不止是要求科学的发展,而且是要求人们的行为遵循特定的模式,并将那些不遵守规则的人和行为视为反社会的、反常的和不道德的。这一正常与反常的划分密切地联系着对合目的的(正常的)和不合目的(反常的)的宇宙和人类现象的界定。在通过宇宙论来维持正常/反常的关系模式这一点上,严复的知识谱系与理学是极为相似的。以社会学为中心的科学知识谱系体现了一种内在的一致性,它表达的不是一种自然的关系,而是一种关于"社会"及其环绕着它的宇宙自然的政治理想。按照这种理想,社会将被完全淹没在常规化的日常生活之中,它与内在于它自身中的科学观达到了和谐一致。这种对于世界的同质性规划已经成为当代社会的主要特征之一,但在当时却包含着对于传统政治形式的否定,即对由某一个人或某一种血缘形式对社会进行统治的模式的否定。按照科学的规划,现代社会应该是一个由原子论个人组织起来的分工系统的自

---

[12] 他说:"国愈开化,则分工愈密,学问政治,至大之工,奈何其不分哉!"严复:《论治学与治事宜分二途》,《严复集》第1册,北京:中华书局,1986,页89。

然运作。[13]很明显,这个知识重构过程包含了对皇权和宗法社会及其合法性的解构,并为大众社会的萌芽提供了根据。无论严复思想内部包含了多么复杂的、甚至悖论性的因素,构成他的社会思想的主导方面的,仍然是以天演论和以社会学为中心的知识谱系所构筑的完整的现代性方案。在这个意义上,严复是中国历史中构筑现代方案的纲领性的人物。

知识与社会及其相互关系也是梁启超思想的中心问题。他通过报刊、结社和其他方式促成近代"社会"形成,并用一种知识的规划为这一"社会"的构筑提供合法性的论证。基于一种道德自主性的认识,梁启超担心科学的过度扩张最终阉割人的道德主体性和审美主体性,因而拒绝将整个社会和人的行为纳入统一的、由科学法则指导的模式之中。正由于此,他的"社会"概念和"国家"概念植根于一种"群"的道德理想,是一种具有道德一致性的、与传统社群具有亲缘关系的共同体。如果说严复的知识论带有原子论的、实证主义物理学的特质,那么,梁启超的知识论却具有更为深刻的道德论色彩,其社会范畴较为强调共同体的意义和个人之间的调适。例如,他的社会概念与儒学对于古代学校的理想极为相似,灵活的社会分工、"公其是非"的政治思想、紧密的社群关系和道德主义是这一社会模式的内在特点。梁启超把德国唯心主义(尤其是康德主义的二元论)与王阳明的心学结合起来,辅之以三代之学制和汉唐之学的构想,力图缓解"科学规划"所造成的道德危机。他对宇宙演变的描述

---

[13] 限于篇幅,我没有能够详尽地探讨严复对穆勒的《群己权界论》和斯密的《原富》的翻译和注释(我将在别的地方对此进行专门探讨)。界定人的自由和权利、规划不受干涉的市场模型都是当时的"社会"建构的一部分。晚清思想研究中经常涉及所谓"国家建设"(nation-state building)问题,却完全没有讨论社会建设(society building)、市场建设(market building)和个体建设(individual building)问题,从而忽略了现代中国问题的总体性,也忽略了现代各种社会理论的基本模型与历史之间的复杂关系。阿伦特指出:"整齐划一的行为适合于统计学的规定,因此也适合于具有科学正确性的预见,它不能用'利益的自然和谐'这一自由主义的假设(它是'古典'经济学的基础)来加以解释。引进'共产主义神话'的是自由经济学家而不是马克思,他们假定,整个社会有一个单一的共同利益,它通过'看不见的手'指导人的行为,使他们彼此冲突的利益达到和谐。"(*The Human Condition*, p.40.)这意味着统计学法则将在此后的社会中扮演越来越重要的角色。

环绕着科学与自由意志、客观世界与认识主体、作为自然规律的真理与作为道德法则的公理之间的关系而展开，从而在自然与社会、纯粹理性与实践理性之间划出了明确的界限。作为现代教育改革的倡导者，梁氏按照政、教、艺的结构进行知识的划分，一面促进自然科学的发展，另一面探寻自主的道德领域的成立。他所构想的以"群"、"公"为依归的社会范畴有些类似儒学的礼乐共同体，是一种能够将社会行为与道德评价的客观机制连接起来的系统。在这个系统里，科学的认知过程甚至能够转化成为"去私"的道德实践，以致那些无益于道德实践的知识、方法、机制可以被排除出"科学"实践的范畴本身。

如果把梁启超的看法与严复加以对比的话，分歧并不在对先验的"公理"或"天理"的预设，而在人与这种先验本质的关联方式：严复认为可以通过实验的方式建立人与物的认知关系，并经由一套认知程序，抵达最终的真理；梁启超则试图在实践（知行合一）的概念之上重建最终的真理的概念（天理或良知），亦即把人的社会和道德实践与"公理"问题在根本上结合起来。这也深刻地影响了他对进化论的看法：进化论不是对于世界万物由来和演化的科学描述，而是对宇宙有目的的证明，因而物竞天择是具有内在的目标的。如果一种行为有损于人类多数利益和道德目的，那么它就是对天演和进化的自然律的悖逆，从而进化论的标准是一种有利于"群"或"公"的价值实现的标准。在1923至1924年的学制改革时期，梁氏反复强调王阳明的知行合一论、颜习斋的"践履"与"事功"论对于现代教育的意义，都是为了克服知识的专门化导致的认知与规范、理论与实践的分离。与严复的易学宇宙论相比，梁启超的公理观具有内在化的特点，即公理不是直接从宇宙的运行中演化出来，而是从人的内在的道德实践中体现出来。因此，必须建立内在的道德标准才能判定宇宙和世界的运行是否合乎"天演"的自然法则，从而关键的问题不是"天演"过程自身有无目的，而是必须建构一种社会伦理以界定这一过程的道德含义。在梁启超的世界里，"群"是一个核心的观念，它既指称一个具有高度自治能力的、自由的、由下而上构筑起来的社会，又指称一种建立在这一民间社会之上的道德原理。在这里，"群"或"社会"不是作为国家的对立物或者民间/国家二元关系中的范畴而是作为社会的构造方式而存在的。

科学的公理化一方面起源于科学自身的合法化需求,另一方面则起源于对于科学技术的社会后果的道德限制。然而,对于章太炎来说,"公理"不过是一种压迫和支配性的权力,现代社会在"公理"的名义下实施对个人的压迫,其程度远甚于古代社会及其以"天理"概念为中心的伦理体系。章太炎同样利用了现代物理学的原子概念,并把它用于社会领域:个体犹如原子,是世界的原初因子,任何群体性的事物及其运行法则都是压迫个体的权力和虚假的幻象,甚至原子概念本身也是幻象。在唯识学和庄子《齐物论》的基础上,他构筑了一个与"公理世界观"截然相反的世界观,我把它理解为"否定的公理观"或自我否定的公理观,其特点是对各种现代性方案——国家建设、社会建设、个体建设——的全面的否定。因此,"否定性的公理观"注定是一种批判性的世界观,它无法、也不愿提供"现代性方案",因为它从根本上否定了现代性的时间目的论。这个以佛教唯识学为理论框架的公理观的感召力来自佛教立场与儒学和礼教的对立——在晚清时代,后者被广泛地视为皇权和满洲王朝的合法性资源。章太炎把现代革命的道德基础和政治议题组织到他的抽象思考之中,赋予他的抽象思考以现实的尖锐性。他以否定的方式攻击儒学、礼教和皇权,并将这一攻击扩展至他的论敌所倡导的各种现代性方案。如果严复、梁启超的公理世界观是对现代国家和现代国家体系的合法性论证,那么,"否定的公理观"对公理的否定则必然包含对于民族—国家和民族—国家体系的否定;如果晚清时代的大多数知识分子仅仅注意个别政权(晚清政府)的病态并由此论证国家建设的必要性,那么,章太炎则试图将对个别政权的否定与对国家模式本身的否定联系起来。这是一个民族主义者对于民族主义方案的攻击,这一悖论本身揭示了章太炎的自我否定的个人主义和自我否定的民族主义的特色。

章太炎对"科学公理"的揭露建立在两个基本原则之上。首先,他利用主观认识论的原则区分出两种自然概念:科学所研究的自然不是自存的自然,而是被纳入特定视野和范畴中的自然(即为科学所建构的自然),从而这一自然是缺乏内在本质的(没有自性)的自然,它呈现自身的唯一方式是因果律。从这一论点出发,他得出一系列结论:"唯物"和"自然"的观念是虚妄的,作为解释体系的科学并不能解释世界自身;"公理"、"进化"不是宇宙的原理或先验规则,而是人的观念建构;"公理"的创制过程与其说是(作为自然本性的)"公"的展现,毋宁是"私"的曲折的表象。因此,"公理"是控制和支配的代名词。其次,他把自然的运行从目的论的框架中解放出来,否定进化的道德含义,从而拒绝把个体与进化论的历史目的论相关联,拒绝承认个体的道德取向依赖于社会整体的运行法则,拒绝把个体看作是群体进化的工具:个体不是国家和法律的公民,家庭和社会的成员,历史和道德的主体,"主(人)—客(自然)"关系中的主体……总之,个体不能通过它与其他任何普遍性事物的联系来界定它的意义和位置。这种原子论观念的彻底运用恰恰颠覆了在实证主义科学观的基础上建构起来的社会概念。

  章太炎的独特的个体或个人观念的历史含义需要在"现代社会"建构的过程中加以理解。严复和梁启超均承认"个人"对于"社会"建构的重要意义,他们或者从自由主义政治学和经济学、或者从传统思想中的"私"观念出发,重新寻找个体的合法性基础。17世纪以来的欧洲政治学说的基本公式——从契约与交换的抽象法律形式中发展而来的以个人为构成元素的社会模式——构成了他们各自社会观的核心部分。在这个基本公式中,现代社会(商业社会)是孤立的合法主体的契约关系的综合,而这一契约关系得以建构的前提即原子论的观念,用福柯的话说,个体是"规训"的特殊权力技术所制造的一种实体:"当时存在着一种将个人建构成为权力与知识的相关因素的技术。个人无疑是一种关于社会的'意识形态'呈现中的虚构原子。"[14]换言之,严复、梁启超用知识的谱系构筑"社会"的前提条件是同时构筑出构成该社会的原子的"个体"。由于科学的知识谱系将原子(个人)视为理所当然的基本的和自然的单位,从而掩盖了"个体"在创制"社会"过程中的被生产和创制的过程。章太

---

[14] Michel Foucault, *Discipline and Punish: The Birth of the Prison*, trans. Alan Sheridan (New York: Vintage Books, 1977), p.194.

炎的个体概念与晚清以降中国思想的主流完全相反，他拒绝承认个体与"社会"、"国家"等集体性范畴之间的逻辑联系，从而把个体作为揭露"社会"和"国家"的虚幻性的出发点，并最终将个体自身视为主观建构的领域。因此，他的个体概念不仅是一个临时性的概念，而且是一个自我否定的概念。唯识学思想为章太炎提供了一种特殊视野，即一切事物和现象都是在相待的关系和条件下产生的，因而是因缘合成的、相对的和短暂的。个体对于公理、进化、唯物、自然以及政府、国家、社会、家族等等具有优先性，但这种优先性只是由于它更接近于、而非等同于"自性"而已。在完成了其解构使命之后，个体也应如其他没有自性的事物一样归于虚无。在章太炎的否定性的公理观中，个体的虚无化不是整个宇宙和世界的虚无化。他从个体的自我否定出发，发展了"无我之我"的概念和"齐物平等"的自然观：所谓"无我之我"是指真如、阿赖耶等独立不变、自我存在、自我决定的主体或世界的本体；所谓"齐物平等"，即以宇宙之本然差异为自然的平等。章氏要求"自识为宗"、"敬于自心"，似乎是对个体价值的重视，但在否定的公理观内部，所谓自识、自心并不是个体的自我意识或个体的内心体验，而是超越个体之我。这个超越个体之我构筑了对现实世界的各种构造的否定关系。"齐物平等"的自然概念产生于同一种原理，其特征是把个体范畴从人扩展到物。章太炎用庄子的"齐物"概念解释平等的意义，但这个平等不是严复、梁启超的"公理"思想蕴含的现代平等观，即不是天赋人权意义上的平等，而是一种自然状况：不是人类的状况，而是自然的状况，不是世界的状况，而是宇宙的状况。简言之，"公理"观念要求建立一种平等的"关系"，而"齐物"思想则是对一切"关系"的否定。由于"关系"总是通过语言和命名来呈现，从而以破除关系为特点的"齐物"状态就是对一切语言和名相的破除。宇宙本体摆脱了名相（语言）的束缚，也就摆脱了自/他、你/我、彼/此、内/外、大/小、爱/憎、善/恶的差别与关系，从而成为自本自根、无始无终、无所不在的自然。宇宙之自性存在于它的否定性之中。

"齐物论"的自然观是对现代科技的自然意识形态的一种否定，在这种意识形态中，自然不过是作为在质上不可分化、量上无限可变的"它者"和"物质"。在章太炎看来,只要世界的"关系"性质没有改变,在个人、社会集团、国家和自然之间就必定存在着广泛的等级结构和分配不均,名相和一切等级性的世界关系就将作为控制的工具起作用。科学的发展、社会的建构与新兴阶级和被压迫国家进行的争夺平等权利的斗争相互联系,从而包含了解放的意义,但这一解放并不致力于彻底改造以等级关系为基本形态的社会关系,从而向平等社会转变本身变成了新的等级化的压迫形式的重构。因此,章太炎试图在个体/本体的关系中建立平等观念,用以区别各种在个体/社会、社会/国家、国家/世界的模式中形成的社会理论。他的论证逻辑如下:A,宇宙万物均为个体,从而物与物、人与物、人与人的关系是同构的;B,既然人与物均为个体,那么恢复物的自主性也是消除支配的关系的前提;C,人的自主性的建立以人与物的不平等关系为前提,从而原子论个人及其契约模式不是一种本体论意义上的平等。章太炎的"本体的公理观"或者"齐物论的世界观"不是对世界的某个方面的构想,而是整体的世界构想。因此,当他提出新的"自然"概念的时候,实际上是在提出一整套与严复、康有为、梁启超、孙文等人的现代性方案完全不同的原则。这个原则无法在国家、商会、学会、政党、士绅—村社共同体,以及其他社会体制形式中实现,与其说这个原则是现实制度的改革原则,毋宁说是一种"否定性的乌托邦"。[15]

这个否定性的乌托邦的实践意义并不都是否定的。以知识与教育问题为例,章太炎基于他的平等自然的观念强调教育对国家控制的摆脱,[16]断言现代教育制度仍然受制于朝廷或国家,必然导致学术的衰败。[17]从注重私学、反对官学的传统出发,他承续的是明清之际书院制

---

[15] 请参见拙文:《个人观念的起源与中国的现代认同》,《中国社会科学季刊》总第九辑,1994年秋季号。

[16] 近代学会的设立看似民间行为,但实际上与国家体制的关系极为紧密,这与传统私学与官学的关系并没有那么大的差别。章太炎反对这种关系,强调学会只能由民间设立。章太炎:《论学会有大益于黄人亟宜保护》,《章太炎政论选集》,中华书局,1977,页12—13。

[17] 《与王鹤鸣书》,《章太炎全集》卷四,上海人民出版社,1985,页152—153。

度的反叛性格,所谓"群流竞进,异说蜂起,"[18]是非曲折,由学者自己选择,而无需国家设定的标准。他的学校体现的是"自拔于草野之间"的自然精神。[19]另一个与现代科学思潮直接对立的例子是倡导"文学复古"论和对小学的研究。[20]章太炎破除名相,反对康有为、吴稚晖把语言降格为工具(康有为)、把汉语贬低为"野蛮"(吴稚晖)的工具主义语言观,但不是一般地否定语言的作用,而是强调语言与人之间的自然关系。"文字者语言之符,语言者心思之帜。虽天然言语,亦非宇宙间素有此物,其发端尚在人为,故大体以人事为准。人事有不齐,故言语之字亦不可齐。"[21]"齐物世界观"否定文/野、圣/凡的分别,也拒绝在语言上接受强权的支配。

章太炎的"齐物的世界"与严复的"名的世界"是两种完全不同的世界构想。"名的世界"是一个力图通过知识的合理化而抵达的合理化的世界体制,"名"的关系的界定主要建立在事物的功能关系之中;而"齐物的世界"是对"名"及其逻辑关系的摒弃,从而物的关系建立在由语言所界定的功能性关系的否定之上。通过功能性关系的界定,"名的世界"实施了对世界的各种关系的控制,并把它们置于一种等级结构之中;而放弃对世界的功能关系的界定则意味着对一切等级结构的否定,从而也是对一切等级性的制度实践的否定。在章太炎的视野中,摆脱"强制"和"等级"并不同于当代社会理论在社会/国家的二元论中建立起来的观点(如国家不应直接干涉市民社会和市场),他揭示的毋宁是国家和社会团体的构造方式本身的压迫本性。如前所述,章太炎是激烈的民族主义者和

---

[18] 引自汤志钧:《章太炎年谱长编》,中华书局,1979,页793。
[19] 黄宗羲说:"所谓学校者,科举嚣争,富贵熏心,亦遂以朝廷之势利一变其本领,而士之有才能学术者,且往往自拔于草野之间,于学校初无与也。……于是学校变而为书院。有所非也,则朝廷必以为是而荣之;有所是也,则朝廷必以为非而辱之。伪学之禁,书院之毁,必欲以朝廷之权,与之争胜。"黄宗羲:《明夷待访录·学校》,《黄宗羲全集》第一册,页10—11。
[20] 参见木山英雄:《"文学复古"与"文学革命"》,《学人》第10辑,江苏文艺出版社,1996,页239—269。
[21] 章太炎:《规新世纪》,《民报》第24号,1908年10月10日,页15。

共和制度的开创者,在他的理论与实践之间存在着深刻的鸿沟。通过创造了一种自我否定的或临时性的个人主义和自我否定的或临时性的民族主义,他得以在推动社会运动的过程中反对运动对于个体的压抑,在强调个人自主权的同时实施自我否定。

晚清时期的两种不同的公理观与两种取向上有所差异的民族—国家的理论存在着内在的关系:一种是以"公"、"群"观念为核心,在共同体的功能必要性(适者生存的国际环境)和道德实质的双重基础上,发展个人、社会与国家的学说;另一种是以个体观念为核心,以个体与民族之间的临时性关系为中介,发展出一种临时性的和自我否定的个人、社会和国家学说。这两种学说都曾借助于原子论的个人观念用以批判理学世界观,但又都没有停留在原子论的基础之上;它们都曾论证国家和社会的必要性,但又都没有把国家和社会及其相关关系看作是最终的目标。在他们的运用中,"公"、"群"和"个体"概念保存了对于某种"自然状态"的理解,并以此为依据,在建构现代方案的同时对这个方案进行批判性的反思。晚清公理观内含的这种自我否定的逻辑不是现代科学谱系及其制度性实践的产物,而是渊源于在传统世界观内部的形态有所区别的公理观本身。在社会科学自身正在致力于"否思"的时刻,这一公理观提供了一种批判性地反思现代性及其危机——尤其是现代知识谱系(作为反思性科学的人文学科和社会科学)与现代性的相互生成关系——的智慧的源泉。

第四节 作为思想史命题的"科学主义"及其限度

从科学作为一种国家的和社会的理性的角度来看,那种将近代思想中的科学问题放置在"科学主义"范畴内的思考方式有着先天的缺陷,因为它未能揭示出科学世界观在现代世界的真正地位。在19世纪后期和20世纪的前期,作为启蒙运动的一个有机的和特别重要的组成部分,科学世界观致力于解构身份性的社会体制和价值观,从而激发了几代人的批判灵感和乐观主义。因此,在20世纪80年代中期之前,几乎没有人怀疑科学及其价值观在现代中国历史中的持久的解放作用。对于科学主义的批判性思考是在80年代后期的世界性转变的背景下发生的,这个世界性转变的基本特点即全面总结社会主义的历史及其意识形态特征,正是在这一潮流中,科学主义概念被用于描述社会主义的国家体制及其意识形态的总体论特征。约瑟夫·本-戴维(Joseph Ben-David)的《科学家在社会中的角色》(The Scientist's Role in Society)、郭颖颐(D. W. Kwok)的《中国现代思想中的唯科学主义》(Scientism in Chinese Thought 1900-1905)相继于1988和1989年译为中文,而哈耶克从方法论的个人主义的角度对科学主义的分析也几乎在同时成为中国知识界的话题。上述著作的领域和取向各有不同,但他们均试图以事实与价值、实然与应然、科学与道德等二元论反击一元论的科学主义,并以这一二元论为框架明确地将科学与科学主义区分开来。迄今为止,有关国家主义和极权主义的讨论都是在欧洲思想的框架和欧洲的历史经验中形成的,其中右翼可以哈耶克的思路为代表,他认为极权主义产生于唯理主义对理性的信任和滥用;左翼则可以马尔库塞的思考为代表,他认为危机渊源于17、18世纪的理性主义和乐观主义的哲学传统与非理性主义合流,它们共同产生了一种关于种族和民族的特殊学说,以致那种将人视为哲学主体的一般理论被现代思想抛弃了。前者将危机解读成为理性的滥用,而后者则把危机解读成为血缘和国家的力量剥夺了理性的能力。在这两种截然对立的思路背后,我们也能够找到某些相近的理论前提,例如他们都批判将自然科学的逻辑与社会科学的逻辑合而为一的实证主义。然而,正如我在上文中表述的,自然与社会的性质区分、自然科学与社会科学的方法论差异并没有瓦解科学的普遍主义,毋宁在另一个分类原则上扩张了这一普遍主义的适用范围。

欧洲思想对"科学主义"及其社会特征的描述极大地影响了人们对近代、特别是"五四"以来倡导科学的社会文化运动的看法。在这种"科学主义"的解释视野中,人们开始认为中国现代思想具有与欧洲历史中的"科学主义运动"相似的特征,科学概念的社会运用不再被诠释为一种解放的力量,而是一种专制的根源。换句话说,科学主义之成为批判性反思的对象在一定程度上是社会主义失败的产物,以致科学主义与社会主义可以视为一物之两面。社会主义的国家实践大规模地诉诸科学主义话语,并以最为典型的国家理性形式突显科学的价值,从而以科学主义及其危机来解读社会主义的国家实践无疑接触到了某些实质性的问题。然而,科学世界观的霸权并不仅仅隶属于社会主义的国家实践,恰恰相反,新的社会体制的霸权正是在科学精神对于社会主义实践的解构性批判的过程中确立的。在这个意义上,社会主义国家实践的瓦解并没有导致作为一种普遍理性的科学的瓦解,后者通过不断地瓦解不适用的社会体制和价值(将其贬低为非科学的)而强化和重构自身的霸权。

在这个意义上,对于现代思想中的科学问题的思考需要从反思科学主义概念本身开始。科学主义概念带有浓厚的英美自由主义特色,在一定程度上,它是对于启蒙运动的理性主义传统的批判。这一概念也为那些研究科学史的学者所接受。例如,本-戴维曾对17世纪法国的科学主义运动(Scientistic Movement)进行研究,他认为Scientistic Movement这一概念较之Scientific Movement更准确地揭示了科学主义运动的本质及其与专门科学家的活动的区别。这一运动是"那些在一般意义上与科学有关系的人的行为":

> 科学主义运动的参加者是这样一群人,他们相信科学是求得真理和有效地控制自然界以及解答个人及其所在社会中问题的一种正确途径,即使这些人可能并不懂得科学。在这种观点中,经验科学和数学科学是解决普遍问题的一种模式,也是世界无限完美的一个象征。"运动"这个词的含义是指该集团努力奋斗以传播自己的观点,并使其成员作为一个整体而被社会接受。当运动达到了它的目标,并且社会实际上采纳了它的价值观时,体制化就开始了。[22]

---

[22] Joseph Ben-David, *The Scientist's Role in Society* (Englewood Cliffs, N. J.: prentice Hall, 1971), p. 78.

这一描述预设了一种与社会过程无关的"科学"实践,从而得以在理论上把科学主义与科学区分开来。约瑟夫·本-戴维的通俗表达并未致力于揭示"科学主义"理论流行一时的更深刻的历史内涵,即在西方知识界由新康德主义激发的有关自然科学和社会科学的方法论差异的讨论,以及这一方法论讨论中深藏的政治内涵。[23] 他从科学史的角度提供了科学主义运动与科学的差别,却没有真正深入地分析特定的历史氛围、社会条件与科学发现之间的复杂关系。在这里,真正的问题是:科学主义的存在方式可以采用体系化的意识形态形式,但也可以采取反意识形态的体制化方式;科学主义与其说是一种意识形态,毋宁是现代社会的构造法则,它并不能通过诸如事实与价值、实然与应然、科学与道德等二元划分加以克服,因为后者同样被纳入了现代社会的合理化过程。

科学主义在20世纪80年代的中国的复兴与二元论世界观的复兴有着密切的关系,现代新儒学和康德哲学的回流都是这一思潮的反映。那些最敏感的知识分子把专制主义理解为一元论世界观的结果,并在理论上划分出实然与应然、主体与客体的界限,进而建立一种二元论的世界图式。正是在这种二元论的视野中,近代中国思想中的科学概念及其运用呈现了一元论的特点,从而它的主要缺陷被归结为没有恪守认知与规范的严格分界,从而把自然科学的方法运用于社会文化领域。"科学主义"概念为这一现象提供了最好的说明。然而,我们究竟应该将科学主义理解为一种意识形态,还是一种社会体制的合法性源泉?在深入分析这一问题之前,我们首先需要说明的是:中国思想对科学概念及其方法的广泛

---

[23] 自从狄尔泰和新康德主义的西南学派以来,历史科学和自然科学采用原则上不同的方法已相沿成习。狄尔泰把自然科学所特有的因果"解释"的方法,同历史、人文科学所特有的直观"理解"方法区分开来,而文德尔班和李凯尔特则更加激烈地把实在分割成两个截然不同的部分。康德学派把自然理解为规律支配下的事物的存在,自然科学的"合规律的"性质正与这种观点相呼应;历史则被认为由大量受价值支配的、基本上没有联系的、只具"个别性"的事实集合而成,而只有描述性的"个性描述的"方法才能理解这些事实,依此而成为处于一切理性分析的彼岸的东西。参见 Alfred Schmidt,《马克思的自然概念》(*Der Begriff der Natur in der Lehre von Marx*, Frankfurt a. M. : Europ? ische Verlagsanstalt, 1962),商务印书馆,1988,(下同)页41—42。

运用并不是单纯追随实证主义方法论的后果。[24]只有着眼于社会体制的转变过程本身,我们才能理解为什么作为一种解放力量出现的科学主义的意识形态能够迅速地转化为一种知识的和体制的霸权;反过来,要理解这一社会体制的转变过程又需要摒弃科学主义概念内部所包含的那种"科学的/科学主义的"二元论。[25]近代知识分子从各自的社会需要出发诉诸科学的"公理",目的是为自己从事的社会事务提供合法性的论证,从而科学概念的内涵与运用者的多重社会身份具有密切的联系。在这个意义上,在诠释科学概念的运用时,重要的是说明人们在什么样的社会条件和文化条件下运用这一概念,而不是在科学与科学主义的简单区分中分辨人们能否将科学的概念和法则运用于社会生活。从思想史的角度看,现代中国思想中的科学概念不断地跨越事实与价值、描述与判断、科学与批判、理论与实践的严格分界,它专注于具体的历史问题,而并不关心如何处理认知与规范的关系这一休谟式的哲学问题。因此,近代中国思想的真正问题与其说是如何处理认知与规范的关系问题,不如说是在怎样的历史条件下、基于什么理由,认知与规范的关系没有成为问题?或者,在怎样的历史条件下、基于什么理由,这一问题构成了问题?换言之,我们需要处理的不是休谟和康德的普遍命题,而是这一命题与它的背景条件的关系。

首先,将国家极权和总体计划的经济模式的思想方法根源归结为

---

[24] 从思想资源来看,孔德的社会学思想影响了中国的科学概念的形成,但远不如斯宾塞的社会学对中国思想的影响那样直接,而按照理查德·霍夫施塔特的观点,斯宾塞恰恰是一个"放任的个人主义"和具有古典经济正统观念的哲学家。参见理查德·霍夫施塔特:《美国人思想中的社会达尔文主义》,波士顿,1955。见本杰明·史华兹:《寻求富强:严复与西方》,叶凤美译,江苏人民出版社,1989,页53。

[25] 从概念方面看,现代中国思想中的科学概念包含了自然、道德和政治三方面内容,它一方面是在扬弃古代的格致概念的过程中产生的,但另一方面又保留了理学世界观的那种体系性的特征,即使是在语词的变迁中也显现出了格致(以及天理)概念与科学(以及与公理)概念的历史关系;因此,这一科学概念与 science 的关系并不像字面翻译的对应关系那样简明。但是,科学概念在运用过程中呈现的特点不能仅仅被归结为传统思想方式的作用,它还需要置于近代中国的世界观转变和社会结构的变化中理解。

科学主义是自由主义者和某些左翼理论家的共同看法,但这一洞见没有能够提供科学主义得以产生的社会动力。在哈耶克等人的理论的影响下,人们将科学主义与一种整体主义的思想方法密切地联系在一起。例如,有人把中国思想的整体论特征与斯宾塞(Herbert Spencer)、亚当·斯密(Adam Smith)等中国现代思想的"西方源泉"相比较,结论是:中国思想未能真正理解这些西方先贤的经济自由的概念和社会/国家的理论,最终导致了国家至上论。这种整体主义的认识论就是科学主义的表现。但是,他们没有提及的是:当斯宾塞、亚当·斯密在谈到一个"社会"(society)时,主要是指他们熟悉的民族—国家的社会,因此,社会(society)、民族(nation)和国家(country)这些词是可以互换的,[26]而中国近代思想家在阐述国家和社会这样的范畴时,不是谈论某种他们身在其中、十分熟悉的社会,而是试图用这些概念重构自身的社会关系,并将民族—国家、法制化的社会组织和市场经济作为这一重构过程的基本方向。换句话说,"民族—国家"、"社会"以及"市场"并不是一种熟悉的自然存在,也不是已经定义得很好的、界线非常明确的实体,它们是社会变革的主要目标,也只能在与外部的、同样没有得到清晰界定的力量的关系中获得把握。因此,中国近代思想的整体论和目的论特征与这一"现代性"建构或创制的过程存在密切的关系,从而不能被简化为某种思想方法的结果。在我看来,与其用科学主义范畴批评近代思想的历史解释方式,不如把问题转向对"民族—国家"、"市场社会"及其动力的追问:它们是一种自然进化的产物,还是在外部压力之下、由某些社会力量进行主导和建构的结果?因此,问题隐含在命题的背后:当人们把市民社会、自由市场以及个人权利的范畴作为与"国家"及其极权主义对立的范畴运用时,并没有追问"社会"、"市场"和"个人"是否像"国家"一样也是一种"科学规划"的结果,没有相应地考虑"国家

---

[26] 如《国富论》的原题是 *An Inquiry into the Nature and Causes of the Wealth of Nations*,亚当·斯密给其中的一章定题为"How the Commerce of the Towns Contributed to the Improvement of the Country",史华兹:《寻求富强:严复与西方》,页109。

建设"与"社会建设"(society building)、"市场建设"(market building)和"个人建设"(individual building)是不是一个连续的、相互支撑的过程。这些理论家通过批判近代中国思想中的"科学主义",重申国家/社会、计划/市场二元论(即认为国家是规划的结果,而社会和个人是自然的存在),却很少从历史过程本身出发论证自由"不是一种自然的状态,而是一种文明的造物。"[27]

鉴于哈耶克的科学主义概念在当代中国思想和思想史研究中的影响,我在下文将对此作详细的分析。这里需要约略提及的是:哈耶克社会理论的主要目标是重构存在于社会世界中的各种自生自发秩序。这一主要目标说明:自生自发秩序存在于社会事务之中,但却不能等同于社会事务或社会世界。[28]哈耶克所反对的"设计"(design)可以被归结为一种认识论谬误,却不能被理解为对于各种有意识行为和制度创制的否定。在这个意义上,自生自发秩序与社会组织的区别必须在一种严格的理论意义上才能界定,因为在实际的社会运动中,自生自发秩序与社会的组织秩序是难以截然区分的。哈耶克特别关注自生自发秩序与组织秩序的区别,并在这个层面检讨国家、法律与这种自生自发秩序的关系,却较少明确地区分"自生自发秩序"与"市场"范畴及社会范畴的差别,这或多或少是因为在规范的层次上,他正好是以价格体系的运动作为论证自生自发秩序的切入点,而没有对现代价格体系的形成进行历史性的分析。哈耶克理论的这一特点使得他的许多追随者把"市场"和"社会"范畴直接等同于自生自发的秩序,而没有意识到必须在作为历史演化范畴的"自由"

---

[27] Friedrich A. von Hayek, *The Constitution of Liberty* (Chicago: The University of Chicago Press, 1960), p. 54.
[28] 哈耶克把这种自生自发秩序与按中央指令行事相对立,这是他的理论鼓励了某些追随者用市场/计划二元论解释社会现象的主要原因。但是,从哈耶克本人的行文来看,他仍然是把"自生自发秩序"看作是隐藏在社会事务内部的秩序,而不是把自生自发秩序等同于"社会事务"本身。参见 Hayek, "Kinds of Rationalism," in *Studies in Philosophy, Politics and Economics* (London: Routledge & Kegan Paul, 1967), p. 71.

与近代的"社会"范畴之间给出理论上的划分。[29]事实上,如果市场和社会范畴可以等同于"自生自发秩序",那么,就没有必要发明这一含混的概念;如果"自生自发秩序"可以等同于某种特定的社会形态,那么,"自生自发"的含义就极为可疑。这一理论上的暧昧导致了明显庸俗化的意识形态后果,这就是:把现实中的或历史中的"市场"、"社会"范畴看作是与"国家"范畴截然对立的、自由的和自发的范畴,从而掩盖了近代"市场"、"社会"与近代"国家"同时生长、相互交错的历史过程。出于同样的原因,科学主义概念一般也限制在描述思想方法的谬误及其在"国家"实践中的后果,却很少被用于分析"市场"和"社会"的活动。然而,自然演化是否包含人们的有意识的创造过程?它们之间又是什么关系?从历史的角度看,现代市场秩序和社会秩序与其说是自然演化的结果,毋宁被视为有意识的创制;现代市场社会不能被自明地看作是一种"自生自发的秩序",毋宁是对"自生自发秩序"(包括旧有的市场和社会关系)的规约、控制和垄断。如果这些被视为"自生自发秩序"的范畴也与人的主观意志的范畴存在着历史联系,那么,我们如何能够断然地将"市场"和"社会"视为自由的范畴,并以之与国家这一"专制的根源"相对立呢?

其次,西方思想界对科学主义的批判是和休谟提出的那种事实与价值、描述与评价、科学和批判的截然划分的传统直接相关的,经验主义的哲学和社会思想传统把这一划分看作是我们的第一原则。在认识论层面,科学主义被看作是一种实证主义的错误,它严重违背了上述第一原则,即把有关事实的陈述直接地转换成为价值的判断。然而,从事实中无法引申出价值这一判断究竟是一个普遍的命题,还是一个历史的命题呢?

---

[29] 例如,G. C. Roche III 说:"在很大程度上,我们要感谢哈耶克的洞见,是他使我们现在认识到了自由与社会组织的密切关系以及自由与法治的密切关系……'自生自发的秩序'概念是哈耶克最伟大的发现,亦是其法学和经济学的根本原理。这项发现可以追溯到亚当·斯密及其'看不见的手'的比喻,亦即认为'市场'是人类社会内的陀螺仪(gyroscope),它不断产生着自生自发秩序。" "The Relevance of Friedrich A. Hayek," in *Essay on Hayek*, ed. F. Machlup(London: Routledge & Kegan Paul, 1977), p. 10. 转引自邓正来:《知与无知的知识观——哈耶克社会理论的再研究》,《自由与秩序:哈耶克社会理论的研究》,南昌:江西教育出版社,1998,页76。

回答这一问题的最好方法是重新分析"事实"概念的历史谱系。"事实"概念具有古老的根源,但在古典时代,这一概念本身就包含了评价的内涵。麦金太尔因此断定,只是在这一概念从产生它的背景条件中分离出来的时候,"事实"与"价值"的分离才成为一个"普遍的"哲学命题。[30]这一判断的含义是:近代思想把"事实"从一切评价中分离出来、建构成为一个中性的、客观的领域,因而这一概念不是自明的客观实在,而是实证主义对于"客观"的现代建构。此即19世纪欧洲哲学中"认识论"的起源。这一时代的理性主义和经验主义都力图从形而上学上为客观领域划定界线,并为自然科学的价值提供逻辑—心理学的基础。自胡塞尔以来,哲学和社会理论的根本特征之一就是反思这种建立在实证主义基础上的事实/价值的分裂,进而试图克服经验/规范的断裂,以及由此派生的理论与实践的分离。这一努力集中于哲学的层面,表现为不同的形式和方向,但核心问题是清楚的,即重新构思理论真理的概念,建立真理与自由之间的内在的关系。[31]在晚近西方社会思想对现代性问题的反思中,认知、规范与判断之间的悖论关系一直是各派别的理论关注的焦点,而重新沟通认知与规范、理论与实践的目的之一就是克服科学主义及其社会后果。换言之,不是确认事实与价值的二元论,而是寻找沟通事实与价值的途径,构成了现代性反思的主要方向。在这一脉络之下,我们究竟应该如何理解中国思想中的那种不断跨越事实与价值、实然与应然的二元对立的思想方式呢?[32]

中国当代思想对科学主义的检讨与20世纪80年代后期的文化氛围

---

[30] Alasdair MacIntyre, *After Virtue: A Study in Moral Theory* (Notre Dame: University of Notre Dame Press, 1984).

[31] Thomas McCarthy, "Translator's Introduction," in Jürgen Habermas, *Legitimation Crisis* (Boston: Beacon Press, 1975), p. x. (下同)

[32] 1987年,夏绿蒂·弗思(Charlotte Furth)的博士论文《丁文江——科学与中国的新文化》(*Ting Wen-jiang*, Harvard, 1970)中文译本由湖南科学技术出版社出版,1989年,郭颖颐(D. W. Kwok)的著作《中国现代思想中的唯科学主义》(*Scientism in Chinese Thought 1900-1950*, New Haven: Yale University Press, 1965)由江苏人民出版社出版。尤其郭颖颐的著作,明确地诉诸科学主义范畴,对中国现代思想中的科学观及其在其他领域的运用进行了系统的批判,并对当代中国思想产生了一定的影响。

紧密相关,它主要地不是有关"知识"的检讨,而是关于文化、政治和意识形态的反思。这是一个孕育着巨大的历史变动的时期,对现代化问题的思考与对国家社会主义及其制度形式的反思紧密地联系在一起。如果说在思想解放运动初期,"科学"原则及其广泛的社会运用曾经是批判专制主义的有力武器,那么,现在,这一原则及其社会运用又被理解为专制主义的根源。在这一时期,文学和思想的领域内都开始出现了对现代化的意识形态进行重新思考的迹象。例如在一系列的寻根文学的文本中,"传统"不再是反叛的对象,而是我们自身行为价值的依据;"自然"不再仅仅是无生命的客体,相反却成为具有生命的存在,因而也被用于对"文明"(作为征服自然的结果和形式)的抵抗;在思想方面,一些具有重要影响的当代知识分子开始关注现代"新儒家"的理论,现代化过程中的伦理和道德问题成为思考的主题。在轰动一时的有关主体性问题的讨论中,康德式的二元论构成了对唯物主义自然观和历史观的挑战,科学与道德、理性与非理性的二元对立的论述模式已经隐隐出现。主体性概念在抽象的陈述中表达的是对政治自由和征服自然的意愿,在1978年以来的主导性的思想框架之中,这一概念致力于对极权主义的历史实践(总体性的经济、政治和意识形态模式)的批判,并为朝向全球资本主义的改革意识形态提供某种哲学基础。换言之,在制度变革的语境中,对现代性的反思被纳入对中国社会主义实践的批评之中,却没有能够把这一反思扩展成为对于启蒙运动以来的现代历史及其后果的反思。对科学主义的检讨一方面满足了批判"现代性后果"又保存现代价值的心理愿望,另一方面又是一种政治意识形态批判(以科学/道德二元论对抗科学一元论)。

西方思想界关于科学主义的理论思考产生于第二次世界大战和战后的政治、经济和文化氛围之中,它也可以被看作是西方知识界对法西斯主义和斯大林主义的反思。[33]有关"科学主义"的理论思考以检讨启蒙运

---

[33] 例如哈耶克就说,有关18世纪以降的理性的逐渐的滥用的一般描述必然伴随着有关在极权主义之下的理性的衰败的讨论,后者指的是法西斯主义和共产主义。这一说明简要地揭示了他的《科学的反革命》一书与《到奴役之路》的内在的联系。See *The Counter-Revolution of Science*(Indianapolis:Liberty Press,1979),p.11.(下同)

动以来西方的社会理论和知识架构为己任,但其历史含义却主要是对计划经济模式及其极权主义政治的批评,因此,有关科学主义的思考自然地倾向于自由主义,特别是哈耶克式的自由主义。我们几乎无法将哈耶克(F. A. Hayek)的《科学的反革命》(*The Counter-Revolution of Science*)与他的《到奴役之路》(*The Road to Serfdom*)[34]以及《个人主义与经济秩序》(*Individualism and Economic Order*)[35]分离开来理解。我们甚至可以进一步地推论说,自由主义的结论和对社会主义的批评比有关科学主义的理论思考更深刻地支配了中国思想界和美国中国学界关于"科学"问题的反思。这一逻辑如此强烈,以至近代中国思想的内在政治冲突都被忽略不计,胡适这样的自由主义者、吴稚晖这样的无政府主义者、陈独秀这样的马克思主义者都被看作是科学主义的信徒,而"科学主义"则是极权主义的思想根据。在这样的条件下,我们不得不考虑:在理解现代思想及其政治后果的过程中,"科学主义"这一范畴是否过于抽象而缺乏真正的解释力?

这种含混的推论方式并不只是中国研究领域的独特现象。哈耶克对把科学领域的认识方式移用于社会领域深恶痛绝,而波普尔却自然地将他对科学问题的思考运用于社会政治领域,但他们对极权主义和总体计划的厌恶却如出一辙。几乎与他们同时,德国思想家雅斯贝斯的名著《历史的起源与目标》(1949)在更为宏大的历史视野中对现代科学和现代技术进行反思,他的结论之一同样是对社会主义和总体计划的否定和对"自由的市场经济"和不干涉主义的隐秘的迷恋。[36] 1989年,雅斯贝斯的这部著作与哈耶克的《个人主义与经济秩序》几乎同时译为中文出

---

[34] 参见 Friedrich A. von Hayek, *The Road to Serfdom* (London: Routledge & K. Paul, 1976)。
[35] 参见 Hayek, *Individualism and Economic Order* (Chicago: University of Chicago Press, 1969)。
[36] 雅斯贝斯的下述说法是颇具代表性的:"我们可以看到我们面前的两种主要倾向,如果我们明确地行动,我们总是要二者择一,作为我们决策的根据。要么我们在自由选择中面对各种各样的命运。在各种力量相互影响的种种机会中我们是有把握的,尽管它们频频引起许多荒谬,但总是有纠正它们的机会。要么我们面对伴随着精神和人性毁灭而由人们从总体上计划的世界。" Karl Jaspers, *The Origin And Goal of History* (New Haven: Yale University Press, 1953);《历史的起源与目标》,魏楚雄、俞新天译,北京:华夏出版社,1989,页205。

版。这些著作都是对纳粹德国国家主义、战后欧洲的福利主义和斯大林主义的反思。相互冲突的理论逻辑(如哈耶克、波普尔、雅斯贝斯之间)并未导致相互冲突的结论,这表明对科学主义的理论反思并不仅仅是"理论的",而且是"意识形态的"。在战后欧洲知识界和20世纪80年代中国知识界,"科学主义问题"的提出反映了重新思考极权主义国家体制、经济体制和意识形态的理论旨趣。

但是,同样是对极权主义的思考,马尔库塞、卡尔·博兰尼的理论实践和历史研究却与上述作者的看法极为不同。他们从各自的角度认为自由主义与极权主义、自律性市场与法西斯主义之间并不是对立的关系。马尔库塞把现象学和经验论视为世界进入极权主义的标志,而博兰尼则从英国资本主义的历史中发现了自由放任主义(Laissez-faire)曾经是一种好战的信条。[37]换句话说,计划经济与市场经济都存在着通向极权主义的可能性,那种把反思极权主义垄断为某一种、甚至某一派理论的特权的做法,特别是将其他思考极权主义的理论归入极权主义的做法,就如同标举市场化而实行垄断的资本主义一样,如果不是毫无反思能力的结果,就是精心结构的思想专制。在这里,问题的核心并不在于是否应该对计划经济和极权主义进行清算,而在于如何理解计划经济和极权主义的起源,以及对计划经济和极权主义的否定是否仅仅逻辑地指向某一正在退场的社会形态,从而为另一不平等的、垄断的、也是真正现实的社会秩序提供合法性。因此,我的基本理论立场是:坚持社会理论和社会批判的内在整体性。对现实的社会主义的批判或对现实的资本主义的批判,都不应简单地被导向肯定它们各自的对立面。相反,马克思主义和某些自由主义者所揭示出的不同社会形态的内在矛盾,应该被看作具有内在关

---

[37] 麦金太尔曾批评马尔库塞仅仅根据海德格尔和金蒂雷(Gentile)这两个极其例外的人物就作出如下论断,他指出,维也纳学派的哲学家是激进分子和社会主义者,是全体一致地反纳粹的。现象学家的政治记录也是良好的。按照这一逻辑,无论在欧洲,还是在中国,对极权主义的批判经常采用了马克思主义的思想形式,那么,前述人物试图把欧洲思想的理性主义传统看作是极权主义起源的看法,也同样是有疑问的。参见 Alasdair MacIntyre, *Marcuse* (New York: The Viking Press, 1970)。

联的方面。在我看来,某种学说的观点只有置于一定的社会的和历史的背景中才是可理解的,但是如果我们要从哲学理论和社会结构类型两者的联系中归纳出更一般的观点,就必须深入这项理论提出和运用的具体语境,而不能在观念论的层面进行一般推论。

在中国现代思想的领域中,关于早期科学思想的探讨迅速地转变为关于上述社会、政治和经济实践的批评,"科学主义的解释模式"显然提供了阐释的方向。在这一思想氛围中,对科学主义的检讨过分地囿限于内部的视野来观察半个世纪以来中国的政治经济实践(以计划经济与无产阶级专政为特征),而忽略了科学及其方法论的广泛运用与整个现代历史(资本主义发生以来的历史)的内在关系。从西方思想的方面看,对纳粹主义和斯大林主义的批判如果不能与对整个现代性问题的批判性思考联系起来,就会把这种批判转变成为对于现存的政治经济制度的辩护,从而掩盖社会专制的真正起源,掩盖殖民主义的历史及其在当代的遗产。事实上,纳粹主义与斯大林主义产生于不同的经济和政治基础和不同的社会文化条件,把它们的重大差异混为一谈本身就包含了对重大历史差异的掩盖。在回顾和反思近代和现代中国的历史时候,人们总是习惯地把某一个历史时期或历史过程(如中国革命)看作是一个整体加以否定或肯定。这种整体主义的历史观不仅掩盖了复杂的历史图景,而且总是把对过去的否定或肯定引向对于当代社会的肯定或否定。我们需要追问的是,为什么作为对现代资本主义的批判的社会主义运动最终采取了民族—国家的形态?国家形态与现代资本主义经济和政治结构的历史关系如何?现代中国历史与当代社会的技术发展和社会变化表明,不论其制度形式如何,东西方社会都有可能陷于"极权的福利国家"或者"计划控制的社会"的相似情境。如果现代社会——无论是社会主义的还是资本主义的,是东方的还是西方的——不是一个简单的整体,而是一个复杂的、具有内在矛盾和张力的社会,那么,过往的历史实践能否提供一些新的选择的可能性呢?在知识已经成为支配性的资源的历史情境中,"科学主义的解释模式"无法提供理解当代社会变化的历史视野。

就中国现代思想研究而言,"科学主义的解释模式"所产生的教条主义谬误也是非常明显的。这种谬误来自它的反历史方法,来自它对科学自身的捍卫和对科学的意识形态的非历史的谴责。在现代中国历史中,"科学"是一种控制的力量,但也是一种解放的力量。例如晚清以降,特别是五四时代,"科学"的意识形态曾经为新一代提供了各种想像的可能性和实际的解放力量。在当代历史的某些时刻(如70年代末期和80年代的初期),"科学"几乎同时发挥了它的控制和解放的双重职能。从表面看,科学的"解放"和"控制"功能主要表现在人与自然的关系的改变,更为根本的含义则是人与人的关系亦即社会关系的改变。科学的解放与控制功能的发挥依赖于具体的社会条件,依赖于由谁来运用以及如何运用科学的权威力量。"科学主义的解释模式"对于科学的意识形态的批判完全不能区分它在特定历史情境中的功能性差别。法伊尔阿本德(Paul Feyerabend)的如下解说揭示了"科学主义的解释模式"在历史研究中的根本错误:

> 这种态度(我们姑且称之为"科学主义的态度"——引者注)在17、18世纪甚至19世纪中是完全有意义的,那时科学只是许多相互竞争的意识形态的一,国家还没有宣布支持科学,对科学的决意研究被其他观点和其他机构大大地抵消了。当时,科学是一种解放力,这并不是因为它发现了真理或正确的方法(虽然科学的辩护者们假定这就是理由),而是因为它限制了其他意识形态的影响,因此给了个人以思想的余地。当时也没有必要坚持考虑问题B。当时仍然十分活跃的反对科学的人试图表明科学的方向错了,他们贬低科学的重要性,而科学家不得不回答这一挑战。科学的方法和成就经历了批判性的争论。在这种情况下,一个人献身于科学事业是完全讲得通的。产生这种献身精神的环境把科学变成了一种解放力。[38]

---

[38] Paul Feyerabend,《自由社会中的科学》Science in a Free Society (London: Verso/NLB, 1982),兰征译,上海译文出版社,1990,(下同)页77—78。引文提及的"问题B"是指

这并不等于说这种献身精神必然具有解放作用。在科学或任何其他意识形态中，没有什么东西能够使它们生来便有解放力。意识形态可以退化，成为独断的宗教。因此，"解放"和"控制"是一个变动的过程。无论是解放的力量还是控制的力量，这里的"科学"都是指它的意识形态功能和社会构成力量。"解放"和"控制"之间的关系不能像科学主义的解释者那样分属"科学自身"和"科学的意识形态"。换言之，如何评价现代中国思想中的科学问题，并不取决于我们对于"科学的本质"或者"科学的意识形态的本质"的理解，而取决于我们对于不断变动的意识形态状况或社会形势的理解。

第五节　哈耶克的科学主义概念

自20世纪70年代末期以来，布鲁诺·拉陶尔（Bruno Latour）和斯蒂夫·沃尔迦（Steve Woolgar）等人就发展了一种科学人类学方法，他们象研究土著的人类学家那样，对科学家群体的研究过程进行近距离的观察。这种人类学分析的最为重要的特征就是摆脱那种把科学活动区分为"社会因素"和"技术因素"的二元论，而传统的科学社会学就是建立在这种二元论之上的。"这种区分（指科学活动的社会因素和技术因素的区分——引者）是非常危险的，这不仅因为它完全不能检验技术问题的本身，而且还因为社会的影响仅仅在外部干扰的最为显著的例子中才是明显的。

关于科学的任何讨论中都会产生的两个问题之一。这两个问题是：（A）什么是科学？——科学如何进行？什么是它的结果？它的标准、程序、结果如何不同于其他领域的标准、程序、结果？（B）科学的真正伟大之处何在？——什么东西使得科学优于其他形式的存在、因而使用了不同的标准、获得了不同的结果？什么东西使得现代科学优于亚里士多德派的科学，或优于霍皮人的宇宙论？法伊阿本德特别提到：在回答"问题B"时，我们不得用科学的标准来判定不同于科学的学科。在试图回答问题B时，我们考察的就是这种标准，所以我们不能使它们成为我们判定的基础。同上，页75。

更重要的是,这个区分的使用不能检讨它作为科学活动的资源的重要性。"[39]通过检验科学文献、实验室活动、科学的制度性语境,以及使得发明和发现被接受的手段,拉陶尔等人不仅论证了只有通过科学的实践才能理解科学,而且也表明:社会语境和技术内容对于适当地理解科学活动都是必要的。

因此,他们关心的是"科学事实的社会建构"(the social construction of scientific facts),以及"如何通过社会来理解科学家和工程师"(how to follow scientists and engineers through society)。[40]但这里所谓"社会建构"并不是指科学研究中的那些非技术因素,如规范和竞争等等,而是指科学知识的社会建构过程,亦即科学家使得他们的观察获得意义的过程。例如科学家必须从无序的观察中整理出秩序,以使某一观察得到表达(接受),而要让自己的解释获得合法性,又必须从自己的语言和概念中排除掉"社会的"因素,从而在"技术过程"中接受共同体的检验。拉陶尔认为科学家从自己的语言和概念中排除"社会的"因素这一过程本身就是一种社会现象。[41]我们也可以在女性主义有关科学是一种社会实践的论述中得到印证。[42]然而,科学人类学的这些发现并没有真正改变社会理

---

[39] Bruno Latour and Steve Woolgar:*Laboratory Life*:*The Social Construction of Scientific Facts*, Beverly Hills and London:Sage Publications,1979,p.32.

[40] 这分别是 Brono Latour 的两部著作的副题,一部即《实验室的生活》(*Laboratory Life*),另一部是《行动中的科学》*Science in Action*(Cambridge,Massachusetts:Harvard University Press,1987)。他的《法国的巴氏灭菌法》*The Pasteurization of France*(Cambridge,Massachusetts:Harvard University Press,1988)也同样遵循了"科学人类学"的方法。

[41] Bruno Latour and Steve Woolgar 在 *Laboratory Life* 一书中为了检查科学事实的建构过程,介绍了这个由不熟悉科学的人建立的实验室的一般组织(Chapter 2),揭示了实验室的部分成就的历史如何被用于解释一个"不容质疑的"事实(a"hard"fact)的稳定性(Chapter 3),分析了事实得以建构的宏观过程的一部分,以及事实一词的悖论(chapter 4),观察了实验室中的成员如何为他们的事业和具体工作获得意义(chapter 5)。

[42] 女性主义者断言:"与经验主义教条所言恰好相反,使用同类的分析范畴来理解科学和社会同样有效……对物理和化学内通常产生的信念,我们应该以解释人类学、社会学、心理学、经济学、政治学和史学探究中产生的信念的同样方法来解释。"这包含了两个步骤:将科学知识非自然化(denaturalizing),确认赖以进行非自然化的诸种史学、

论对于科学问题的观察方式,科学主义概念在当代理论中的活跃就是明证,因为这一概念正是建立在拉陶尔等人竭力摆脱的那种社会(social)/技术(technical)二元论之上的。在这个意义上,科学主义概念不仅产生于对社会现象的错误观察,而且也产生于对科学实践的错误理解。如果社会/技术的区分是科学活动的重要资源,那么,我们也需要追问:这种二元论在社会实践中的含义是什么呢?

我在此试着对哈耶克的早期著作《科学的反革命》(The Counter-Revolution of Science)一书(特别是它的理论部分)作出简要的分析。这部著作最初发表于1952年,主要思想形成于40年代,它用一种关于知识的理论建构自己的社会哲学。哈耶克本人的知识观和社会理论在1950—1960年间发生了一些变化,但这种从知识理论推导社会哲学的方式可谓一脉相承。[43]《科学的反革命》一书的中心任务是思考社会理论的方法论问题。这部著作所以能够成为"科学主义解释模式"的重要理论资源,是因为它从观念史的角度清理欧洲思想中的理性主义和实证主义传统,提供了把科学主义与社会主义关联起来的理论逻辑。[44]哈耶克分析的不

批判理论和精神分析的方法。女性主义者批判物理学的典范地位,宣称:较诸物理学,"批判和自省的社会科学"能够为其他科学提供更适当的研究模式。Sandra Harding, *The Science Question in Feminism* (Ithaca: Cornell University Press, 1986), p.92 and p.44。David R. Shumway & Ellen Messer-Davidow, "Disciplinarity: An Introduction," *Poetics Today* 12, no.2 (Summer 1991): 201-225.

[43] 关于哈耶克的思想变化,参见邓正来《自由与秩序:哈耶克社会理论的研究》,页105—106。他从概念层面观察哈耶克的变化,认为这一变化是由于引入"无知"这个概念而引起的。这是一个从"分立的个人知识观"到"无知"意义上的"默会知识"(tacit knowledge)观的转化。"诸如'知识'、'意见'(opinions)、'信念'(beliefs)、'理念'(ideas)等术语开始为'无知'(ignorance)、'必然的无知'(necessary ignorance)、'不可避免的无知'(inevitable ignorance)等概念所替代。"在《科学的反革命》一书中,作者的用语还多停留在知识、意见、信念和理念等概念上,但这些概念正是哈耶克后来论证的"必然的无知"的概念前提。

[44] 哈耶克的《到奴役之路》、《个人主义与经济秩序》和《自由秩序原理》的中文本相继出版,但这部有关科学主义的理论著作迄今为止仍未译为中文。不过,许多读者从这些著作之间存在着的相互映证关系,已经在完整地阅读之前接受了这部著作的一些浅显的结论。例如,在《个人主义与经济秩序》第1章第3节,哈耶克把英国思想家的

是科学的近代发展及其与社会历史的关系,而是自法国百科全书派、圣·西门直至孔德、黑格尔以来的社会理论的发展及其认识论谬误。换言之,哈耶克关心的不是科学的结论和方法能否影响人们的日常思想和价值,以及这种影响是否有效和正确,而是社会科学对科学方法的不加限制的运用及其社会后果。对科学主义的检讨在认识论上构成了对哈耶克本人曾经信奉的实证主义(特别是实证主义经济学)的否定,也使他的著作成为反思实证主义和唯理主义的当代经典。

哈耶克对实证主义的批判是建立在自然与社会二元论之上的。这种二元论的核心观点是:自然科学方法的内在合理性并不意味着可以将对象没有的秩序强加于对象(社会)。因此,我在这里使用的自然/社会二元论主要是指哈耶克试图在研究对象的区分上建立自然研究与社会研究的方法论差异。他在批评经济学中的各种实证主义倾向时说:"我认为,目前许多关于经济理论和经济政策的争论,都源于对社会问题的本质的误解,而这种误解又源于我们把处理自然现象时养成的思维习惯,错误地

"真正的个人主义"与法国笛卡尔学派的个人主义加以对比,他说:"倘若我们从笛卡尔、卢梭以及法国大革命到仍然富于特征的工程师们处理社会问题的态度,来进一步追溯一下这种社会契约个人主义或社会制度'设计'理论的发展,一定是很有趣的事情。"在为这段话所做的注解中,他提到了他发表在 *Economica*(1942)上的论文《科学主义与社会研究》("Scientism and the Study of Society")。在稍后的段落中,他又指出:"社会设计的理论必然导致这样一种结论,即只要社会过程受人类理性的控制,它们就能够为人类的目标服务,因此,这就直接导致了社会主义。"至于《科学的反革命》一书的较为深刻的部分,则未曾有人进行研究和分析。我在此不是以郭颖颐的著作为分析对象,而是以哈耶克的著作为分析对象,一方面是为了较为准确地概括有关科学主义的理论,另一方面则是因为哈耶克在20世纪八十年代以至今天的中国知识界都具有重要的影响。1989年以后有关激进主义和英国自由主义的讨论的理论资源之一,就是哈耶克式的自由主义。应当说明的是,哈耶克在书中的论述并没有直接地研究计划经济和社会制度问题,但是,他对社会科学中的科学主义的研究明显地寓着着对于社会主义、极权主义和计划经济的思考。我所说的"科学主义的解释模式"并不是严格地指哈耶克的理论,而是依据这种理论对中国历史进行解释的思想史和社会史模式。较之哈耶克的理论,中国研究领域中有关"科学主义"的讨论完全没有达到应有的思想深度,从而我们不能在哈耶克的理论与这些论述之间划等号,但为了在理论层面澄清我对问题的看法,直接地叙述哈耶克的理论可以使问题更为明朗化。

转用于社会现象。"[45]哈耶克揭示了科学不是对自然本身的认识,而是一种主客体关系的建构;他还指出,科学知识并不是全部知识的概括,因为还存在着许多许多未经组织的却极为重要的知识,"即有关特定时间和地点的知识,它们在一般意义上甚至不可能称为科学的知识。"[46]然而,这种关于科学知识的限度的洞见没有发展为对认识自然的活动本身的社会性质的检讨。既然哈耶克认为科学认识的对象不是自然本身,而是人们对于自然现象的主观建构,那么,认识和控制自然为什么仅仅是科学本身的事业,而不是一项广泛的社会任务呢?[47]在这一语境中,技术扮演着与科学远为不同的角色,因为它和人的欲求的领域、社会关系的领域和权力的领域有着更为密切的关系。在这个意义上,我对哈耶克有关实证主义的批评的批评建立在两个层面:第一、科学认识过程对社会性的排除本身就是一种社会现象,因而绝不能用科学知识与社会知识的二元论来加以区分;第二、即使在建构主义认识论的构架里解释对于自然的研究,也不足以解释科学主义的谬误,这是因为社会控制与对于自然的控制是具有历史的联系的。

哈耶克本人曾经非常明确地批判了渊源于希腊思想中的"自然"(natural)与"人为"(artificial)的二元论。他说:"古希腊人的这种关于

---

[45] 哈耶克:《个人主义与经济秩序》,贾湛、文跃然译,北京:北京经济学院出版社,1989,页75。哈耶克对古典经济学的批评可以说是集中要害的,但他对实证主义的检讨仍然建立在自然与社会的二元论之上。在我看来,问题恰恰在于这种自然与社会的分化本身应该是检讨的对象。因为当自然转变成为科学的对象,并且只能在主体与客体的二元关系中呈现自身的时候,自然的性质发生了根本的改变。科学技术时代的兴起是和人们对自然的理解的变化密切相关的。科学主义的论式捍卫的正是这种自然/社会二元论。

[46] 哈耶克:《个人主义与经济秩序》,页76—77。

[47] 哈耶克后来受到迈克·波拉尼的《个人知识》(*Personal Knowledge*)影响,在《感觉秩序》(*The Sensory Order*, London: Routledge & Kegan Paul, 1952)中,他承认人的心智本身就是一种社会和文化构成的产物,并认为知识实质上是实践性的知识。但即使如此,他仍然拒绝知识社会学的概念,因为他认为既然人的心智是社会和文化构成的产物,没有能力使自身与那些使它进行分类的规则相分离,那么,心智也就不可能充分地解释其本身的运作。(参看邓正来:《自由与秩序:哈耶克社会理论的研究》,同前,页108—114)《科学的反革命》一书对曼海姆的知识社会学的批评,可以说就是上述思想的前奏。

'自然的'与'人为的'二分观后来演变成了理论发展方面的重大障碍;这种二者必居其一的排他性二分观,不仅是含糊的,而且确切地讲也是错误的。"[48]这种二元论是现代唯理主义或"伪个人主义"的思想渊源。正是从对于这种二元论的批判出发,哈耶克把自己的社会理论及法律理论建立一种三分观之上,"它须在那些自然的现象(即它们完全独立于人之行动的现象)与那些人为的……现象(即它们是人之设计的产物)之间设定一种独特的居间性范畴,即人在其行动与其外部环境互动的过程之中所凸显的所有那些产生于人之行动而非产生于人之设计的制度或模式。"哈耶克关注的中心问题是自然/人为二元论有可能导致在自然/社会二元论范式中形成"一元论的社会观",以及"以人之理性设计的立法为唯一法律的社会秩序规则一元观";他的理论不仅是对计划经济或福利国家的批判,而且也包括了对于自然法理论、法律实证主义和多数民主式的"议会至上"论的批判。[49]在这个意义上,哈耶克对实证主义的批判的确要比波普尔这样的思想家彻底一些。

但是,哈耶克并没有彻底摆脱自然/社会二元论的影响。这不是因为他对自然/社会二元论保持着同情的态度,而是因为他对科学主义的批判没有发展成为关于科学的社会理论,却通过将"科学主义"排除出科学的范畴,转而为科学及其历史的自主性辩护。哈耶克说:

> 就这一概念的真正含义而言,科学主义描述的是一种绝对非科学的态度,它涉及的是将(科学的——引者)思想习惯机械地、毫无批判地用于那些不同于形成这些思想习惯的领域的方面。科学主义观点区别于科学观点,……在它确定自己的主题之前,它即已宣称知道探讨这一主题的最为合适的途径。[50]

---

[48] Hayek, *New Studies in Philosophy, Politics, Economics and the History of Ideas* (Routledge & Kegan Paul, 1978), pp.4-5. 关于哈耶克有关自然/人为二元论的分析,参见邓正来:《社会秩序规则二元观——哈耶克法律理论的研究》(未刊稿),页3—4。
[49] Ibid., p.96. 译文引自邓正来《社会秩序规则二元观》(未刊稿),页6。
[50] Hayek, *The Counter-Revolution of Science*, pp.23-24.

在这里,"科学主义"概念的前提之一,是重新研究科学方法的特征及其与社会研究的差别,而没有注意科学方法本身包含的社会性,也没有讨论科学认识过程对于社会性的依赖。哈耶克认为,现代科学逐渐从古代思想的方式中解放出来,其标志之一,就是它从研究观念转向研究"客观的事实"。换言之,现代科学不再研究人对世界的看法,也不再把习用的概念看作是真实世界的表象。[51]"科学感兴趣的世界不是我们的概念的世界,甚至也不是我们的感觉的世界。它的目标是生产出一个有关我们对于外部世界的全部经验的全新的组织"。[52]科学的世界因此可以被看作是能够让我们在不同的知觉经验之间建立起联系的一组规则,它不仅需要修改我们的日常概念,远离官觉,而且需要用一种不同的分类法来取代它们。[53]

---

[51] 传统的思想方法一直致力于人的观点和意见的研究,这不仅因为那时的主要学科是神学或法律,也不仅因为人们普遍地相信事物的理念包含着超越的实在,通过对理念的研究才能真正地接近事物的特质,而且人们总是按照自己的形象阐释外部世界。因此,对外部世界的兴趣总是转向对心灵的解释。Ibid. ,pp. 28-29.

[52] Ibid. ,pp. 38-39. 现代科学的主要任务是通过系统的实验不断地修正和重构概念,目的是得出普遍适用的规律。在这一过程中,日常经验、感觉、概念和观察必须让位于一种对于外部世界进行分类和有序化的新的方法。

[53] 哈耶克没有分析"外部世界"在科学方法的视野中发生的变化,因而也没有如胡塞尔那样分析这个为科学所重构了的"外部世界"与日常生活世界的关系,对他来说,问题不在于科学家构筑的图景在多大程度上合乎事实,而在于他所建构的另一个世界如何把个体变成了这个世界的一部分。值得注意的是,概念及其分类法把混沌的无序的感觉和知觉材料组成一个贯通的结构,从而产生了精确知识的经验形式。这一看法本来也可能导致对"控制"的反思,例如霍克海默尔就曾指出,"不管公理的自我限制,它把自己建构成为客观的和必然的:它把思想转变成为一个事物,一个工具——这就是它自己对它的命名。"思维的演绎形式"反映了等级和强制"并第一次清楚地揭示了知识结构的社会特性:"思维的普遍性,由推理逻辑而得以发展——对概念领域的控制——是建立在对现实的控制基础上的。"逻辑范畴假定普遍对于特殊的权力,在这方面它们证明了"社会和控制彻底的统一性",就是说,证明了在人类社会中个人服从整体的普遍存在。(Max Horkheimer and Theodor W. Adorno, *Dialectic of Enlightenment*, trans. John Cumming, New York: The Continuum Publishing Company, 1972, p. 25 ,and pp. 20-29.)然而,哈耶克坚持在认识论的层面讨论"理性"问题,从而切断了从科学方法论的反思发展出有关科学的社会理论的可能性。

那么，在这个方法论的转换中，我们如何观察现代科学与现代社会的内在的关系呢？如何分析科学与需求的领域、与投资的领域的关系呢？如何观察科学研究与生产和销售的关系呢？哈耶克的理论基本上没有探讨这一问题。正是在这个意义上，我认为哈耶克关于自然科学与社会科学的方法论差异的讨论并没有彻底摆脱自然／社会的二元论。古代的自然概念（无论是希腊的还是中国的）均有"本然"的含义，而不是在自然／社会二元论框架中的现代自然概念，古希腊哲学中的自然／本性（nature）与人为（nomos or thesis）的区分与我在这里所说的自然与社会二元论存在着重要的区别。"自然"范畴经历了从总体范畴转向一个能够作为对象加以把握的范畴的过程，正是在这一过程中，自然与社会的对立和差异才如此鲜明地凸现出来。这种差别的含义意味着这种二元论的一个现代倒转，即社会范畴（人为的）变成了自然的（不能控制的）范畴，而自然范畴变成了可以控制的范畴。换言之，在有关认识自然（科学）与认识社会（社会科学）的方法论差异的讨论中（这种方法论差异最终被归结为对象差异，即自然现象与社会现象的差异），省略或遮盖了由于科学技术活动而产生的自然与社会的关联。因此，这一陈述方式的更深刻的前提是，控制自然与控制社会没有、也不应该有任何关系，相反，自然是可以控制的（它不会导致社会控制），而社会则应当是自主的（它既不是控制自然的结果，也不提供控制自然的动力）。

"科学主义的解释模式"在批判"理性的滥用"的同时，包含着对社会的自主和自然的控制的双重肯定。哈耶克论证说，社会科学研究的不是事物之间的关系，而是人与事物、人与人之间的关系，[54]从而也可以被

---

[54] 哈耶克在解释社会科学的对象时说："在一定程度上，人有一个固定的图像，作为能思想和能被理解的人的整个存在的图景是相似的。在科学用文字方式完成它的工作，并且在人的智力过程中未留下轻微的未加解释的残余之前，我们心灵的事实必须保留的不仅是需要被解释的数据，而且还是这样一种数据，那些精神现象指导的人类行为的解释必须奠基其上。这里出现了一组科学家不能直接处理的问题。也不清楚的是，科学一直使用的特殊方法是否适用于这些问题。这里的问题不是人的外部世界的图像距离事实有多远的问题，而是由于他的行为，并在他拥有的观点和概念支配之下，人如何建造另一个人在其中成为其一部分的世界。'人们拥有的观点和概念'并不是仅仅指他们关于外部自然的知识。我们指的是一切有关他们自己、他人、外部世

描述为道德科学,因为它所研究的是人的有意识的行为。社会科学的对象不是科学所界定的"客观事实",而是人类行为,这种行为是由行动着的人自己界定的。因此,社会科学的对象是人的有意识的和反思的行为。[55]在自然科学中,客观事实与主观意见构成了简单对比,但这一对比完全不适用于社会科学,因为社会科学的对象和"事实"(facts)也是"意见"(opinions)——那些行动着的人的意见,他们的行为构成了我们的研究对象。换句话说,社会科学不过是一种人文科学,它研究的是个人心灵的现象或者精神现象,而不直接处理物质现象。这些现象所以能够被理解,仅仅由于我们的研究对象具有与我们结构相似的心灵。[56]哈耶克后来对科学与社会研究作了如下区分:"科学家倾向于强调我们确知的东西,这可能是极为自然的事情;但是在社会领域中,却往往是那些并不为我们所知的东西更具有重要意义,因此在研究社会的过程中采取科学家那种强调已知之物的取向,很可能会导致极具误导性的结果。"[57]这一看法构成了对实证主义社会理论的否定,但在另一方面也限定了社会科学的认识范围,因为"如果社会学不能以一种彻底的方式被用于对科学知识的分析,那也即意味着科学不能科学地理解自己。"[58]

哈耶克指出社会科学必须区分两种不同的观念,进而提出了方法论

界,简言之,所有决定他们的行为的一切,包括科学自身的知识和信念。这就是社会研究和道德科学召唤他们的领域。" Hayek, *The Counter-Revolution of Science*, p. 39. 又见 Hayek, "Scientism and the Study of Society: Part I," *Ecomomica* 9 (August 1942): 277-278.

[55] 例如人的劳动工具不能简单地被界定为客观事实,它取决于人如何看待它。"工具"之为工具是在行动着的人的界定中呈现的。"工具"的物理特性不能构成社会科学研究的对象。

[56] 社会科学研究的是人的历史,因此,社会科学的理论陈述的有效性就在于它对人的历史的陈述。如果我们观察的对象不具有与我们相似的心灵,那么,这样的历史研究就与自然科学没有区别了。当我们谈论人的标志时,我们总是暗示着某种熟悉的精神范畴的存在。就此而言,德莫克利特说得对:人为一切人所知。Hayek, *The Counter-Revolution of Science*, pp. 138-139.

[57] 哈耶克:《自由秩序原理》,邓正来译,北京:三联书店,1998,页 19—20。

[58] 这是 David Bloor 在 *Knowledge and Social Image* (London: Routledge, 1976) 中的话, Bruno Latour 和 Steve Woolgar 把这句话写在他们的著作 *Laboratory Life: The Social Construction of Scientific Facts* 的卷首, see *Laboratory Life*, p. 7。

的个人主义。这种方法论的个人主义把社会设想成为一个交往的领域,认为每一个个人对决定市场(以及社会)秩序的因素具有"必然的无知"。[59]在自然科学中,研究对象和我们的解释之间的对比是和观念与客观事实之间的区别相一致的,而在社会科学中,我们则必须在两种观念之间划出界线:一种是构成了我们所要解释的对象的观念,另一种是我们自己(也包括我们正在研究其行为的人)已经形成的关于这些现象的观念。例如,社会、经济体系、资本主义、帝国主义等仅仅是人们形成的有关集体的观念和临时性的理论,社会科学家必须避免把这些"伪实体"视为"事实"。[60]社会科学的出发点应当始终是指导个人行为的概念,而不是他们有关自己行为的理论化的解释。哈耶克把这一点称之为"方法论的个

---

[59] 哈耶克对"必然的无知"的阐释集中于他后期的社会理论,但是,从他早期著作中有关个人知识的限度的研究中,我们已经能够发现通向这一"无知"的知识观的道路。参见哈耶克:《不幸的观念:社会主义的谬误》,刘戟锋、张来举译,北京:东方出版社,1991,页124;《自由秩序原理》,页19。

[60] 哈耶克的这种观点与纯粹经验论的还原主义表面上是冲突的,但仔细分析还是有着内在的相关性。还原主义内含的逻辑是为了理解实在,我们必须把实在还原到它们的最小的可分成分,而哈耶克则强调从社会观念中分离出个人行为的概念。他们对集体性观念的排斥是完全一致的,他们从对集体性观念的排斥发展到对社会契约理论的否定的逻辑也是一致的。例如边沁就曾说,为了方便起见,人们在同一个名称下把许多事物联结在一起,但严格地说来,这些名称只是一些"虚构"。有一些虚构观念是有用的,使我们可以方便地描述许多属于同一种类的事物,诸如财产、社会或国家。但其他一些虚构则是容易导致误解的,它们本不是事物的名称,但人们却通常以这种方式来使用它们。这些概念包括责任、权利、义务、荣誉、共同体——如果我们把它们当做代表着独立自主事物的名称来使用,它们就会成为危险的名词。诸个体出于其本性追求它们自己的利益,因此,一个共同体在其各个成员的利益之外不会再有什么额外的利益。边沁认为,一旦我们能够解释出这样一些虚构观念的本质,大部分社会问题就会迎刃而解。如果一般概念在分析中可以"分解"为它们的要素,那么我们最终就可以制订出一张政治伦理学的理性词汇表,并在此基础上确立一个稳固的"思想结构"。我在此无意将哈耶克与边沁哲学混为一谈,哈氏绝不会赞同边沁设计的那种适合于某个处女地的法律程序,也不会赞同边沁思想中的权威主义和干涉主义,因为边沁口头上赞成斯密和李嘉图的自由主义经济理论,但他希望国家以另一种方式干预经济生活,如他希望英格兰银行国有化,希望由政府机构控制教育和研究,希望政府确定价格并保证最低限度的工资收入。参见 William Thomas, *Mill* (Oxford: Oxford University Press, 1985)。中译本见威廉·托马斯:《穆勒》,李河译,中国社会科学出版社,1992,页11—12,28。

人主义"(methodological individualism),这种方法论的个人主义是和社会科学的"主观主义"(subjectivism)紧密相关的。[61]

尽管哈耶克举出了一些具体的例子用以论证上述两种观念的差别,但并没有任何明确的标准能够将二者清楚地区分出来。如果不是从理论立场和结论、而是从推论过程来看,"新左派"的代表人物、自由主义的敌人马尔库塞也同样持有相似的看法。在《单向度的人》一书中,他认为先进社会的技术产生了社会同一化的后果,这种同一化后果通过满足社会各阶层的物质需求,产生了一种奴役力量,进而消解了人们的批判理性。基于他的批判立场,他要求区分两种需要,一种是"虚假的需要",即"那些特殊的社会利益集团为了压制个人而加之于个人之上的需要,"而另一种则是真实的需要。[62]这两种需要只能由自由的个人来回答,但只要他们生活在发达资本主义的社会中,他们就不是自由的。麦金太尔针对马尔库塞的问题问道:马尔库塞怎样获得了谈论别人真实需求的权利?他如何逃脱影响其他人的那种思想灌输?[63]这个问题对哈耶克来说几乎是完全适用的,他和马尔库塞同属于一个思想时代,这个思想时代的特征之一就是:"事实"范畴成为一个与评价相对立的领域,从而主观/客观、事实/价值的二元论变成了所有推论的基本前提。关于这一问题,我在有关宋明理学中的"物"概念的讨论中已经作了详细的分析。

哈耶克对科学主义的批判正是建立在社会科学证据的"主观的"特征之上。根据他的看法,科学主义的谬误是双重的,因为它将实证主义的谬误转向了另一个不同于自然的领域,从而导致了"理性的滥用"。这种"理性的滥用"表现为三个主要的特征:

---

[61] 与此相对照,科学主义方法恰好相反,它不愿从决定个人行为的主观概念出发,从而导致了它所力图避免的错误,即把那些集体当作了事实,而那些集体不过是抽象化或一般化的理论结果。科学主义者不了解,并不存在超然于组织的具体形式而存在的抽象的社会生产能力,社会领域中的唯一事实就是具体的人的存在,他们为具体目的而行动,并且拥有关于行动手段的具体的知识。

[62] Herbert Marcuse, *One-Dimensional Man* (Boston: Beacon Press, 1964), p.5.

[63] MacIntyre, *Marcuse* (New York: The Viking Press, 1970);中译本《马尔库塞》,邵一诞译,中国社会科学出版社,1992,页82。

(1)与"主观主义"相对应的"客观主义"。[64]这种客观主义指的是竭力消除人类心灵活动的主观特征的社会研究。对主观性的否定意味着,社会研究者能够拥有一种特殊的心灵和绝对的知识,从而无须关注研究对象的看法,因为他能够预知和决定一切。[65]在哈耶克看来,社会研究中的"客观主义"为以"总体计划"和精英政治为特征的社会方案提供了认识论的基础。

(2)与方法论的个人主义相对应的"方法论的集体主义"。这种集体主义把诸如社会、经济、资本主义、特殊的工业、阶级或国家等整体视为给定的对象,并相信通过观察这些整体的活动,我们就能够找出它们的规律。[66]"集体主义"的谬误被归结为:它误把人们用以解释个别现象之间关系而建构起来的那些临时性的理论、模式当作了科学研究中的事实,不了解个案与整体的关系仅仅是我们的认识模式的建构,那种认为整体的观点能够使我们依据客观的标准辨别整体的看法不过是一种幻觉。

---

[64] 哈耶克认为,客观主义的科学理论的潜在含义是,科学已经告知我们,一切事物能够最终被化约为能量,人也因此应当按照他的计划处理各种事情,不是根据他们具有的具体用途,而是把这些事物作为抽象的能量的互换单位加以处理。此外,更为普遍的例子是,社会产品的生产及其数量的"客观的"可能性使得这种社会产品作为物理事实成为可能。社会产品经常在作为整体的社会的假设的"生产能力"的数量估计中找到表达。关于人的客观需要的说明也具有相似的性质,在那里,"客观的"仅仅是一种名目,它实际表达的是对于某个人有关人们应当要什么的观点。The Counter-Revolution of Science, pp. 91-92.

[65] "客观主义"拒绝承认这一事实:不仅诸如概念、理念等精神实体,而且所有的精神现象、官觉和意象,都只能被看作是由大脑进行的分类活动;我们所观察的属性不是客体的特征,而是据以对外部刺激进行分类和组织的途径。"客观主义的"方法如同自然科学一样把人类行为看作是"事实的"领域。(参见 Chaper 5, Ibid., pp. 77-92.)哈贝马斯在批评胡塞尔对客观主义的批判时说:"胡塞尔虽然批判科学的客观主义式的自我了解,却受制于另外一种客观主义,这种客观主义通常附属于传统的理论概念。"换言之,胡塞尔对实证主义的批判隐瞒了知识与人类兴趣的关联(哈贝马斯:《知识与人类兴趣:一个概观》,收入黄瑞祺著《批判理论与现代社会学》,台北:巨流图书公司,1985,页251)。哈耶克对社会科学的"客观主义"的批判是有理由的,但是,如果这种批判导向对自然科学的"客观主义"的看法,则同样隐瞒了知识与人类兴趣的关联。

[66] 换句话说,"集体主义"方法不是从对象的内部、从构成对象的要素(个人态度的知识)出发来理解社会,而是从外部直接地观察社会整体。参见 Chaper 6, Ibid., pp. 93-110.

(3)与社会理论的建构主义相对应的"历史主义"。[67]历史学家在反对理论的错误运用过程中造成了一种印象,即社会科学方法和自然科学方法的区别也就是理论和历史的区别,从而把历史学看作是对社会的经验研究。[68]历史主义者未能理解的是历史研究中的系谱方法其实与理论方法一样包含了理论的抽象,诸如政府、贸易、军队和知识等概念并不只是个别观察到的事实,而只能在一种结构关系中才能被理解,这种结构关系只能用系统的理论加以界定。历史主义(从黑格尔到马克思)对历史发展规律、阶段的解释是典型的科学主义谬误。[69]

根据哈耶克的解释,上述三个方面共同导致了一种结果,即由于缺乏社会现象的建构理论(compositive theory of social phenomena),社会科学无法解释许多人的独立行为如何构成连贯的整体和持续的关系结构,从而误把这种社会结构看作是精心设计的结果。[70]所谓"理性的滥用"

---

[67] 哈耶克解释说,把历史主义看作是科学主义的产物多少有些令人惊异,因为通常人们把历史主义看作是处理社会现象时应该遵循的、不同于自然科学模式的对立方法。但他仍然把历史主义看作是科学主义的典型形态。哈耶克分析了新旧两种历史主义:旧的历史主义把历史学家的任务与科学家的任务加以对比,拒绝承认历史的理论科学的可能性;新的历史主义则相反,它把历史看作是通向社会现象的理论科学的唯一道路。然而,这两种历史主义的极端形式是极为接近的,因为它们都为历史学家的历史方法向科学主义的历史主义的过渡创造了可能性,这种历史主义力图使得历史学成为一种"科学"、一种社会现象的唯一的科学。不过,哈耶克还是对以伯克(Edmund Burke)和亚当·斯密(Adam Smith)为代表的历史学派表示了某种同情,他们反对将社会体制看作是有意识设计的结果,而把它们视为许多个人的孤立行为的未预期的后果,从而暗示了建构主义理论的运用。See Chapter 7, Ibid. ,pp. 111-140.
[68] 哈耶克说,历史主义不是由历史学家们创造的,而是由那些专门化的社会科学家创造的,特别是那些渴望找到一种通往他们的学科理论的经验道路的经济学家创造的。在他们那里,历史学成为有关社会的科学的源泉,它既是历史的,也能生产出我们希望获得的有关社会的理论知识,例如历史发展的规律、阶段、制度等等。Ibid. ,p. 114.
[69] 从黑格尔、孔德、特别是马克思,直到桑巴特、斯宾格勒都是哈耶克所谓的历史主义的代表。他批评说,通过这些理论,特别是马克思主义,科学主义获得了如此广泛的影响,以至许多马克思主义的敌人也按照它的理论概念思考问题。
[70] 哈耶克对知识社会学的方法给以尖锐批评,他认为知识社会学是从外部而不是从内部观察世界。他针对曼海姆的理论说,如果我们知道我们当下的知识的形成条件和决定因素,那么它们即不再是我们的当下的知识。宣称我们能够解释我们的知识也就

(the abuse of reason)(哈耶克著作的副题)就是指这样一种要求,即对一切事情——包括人的心灵的成长——加以控制。这种认识论上的客观主义、集体主义和历史主义直接地导致了政治上的极权主义、经济上的集体主义和历史目的论。[71]换句话说,科学主义是社会控制的意识形态基础。正如我在前面的一个注释中已经提到的,哈耶克的"社会现象的建构理论"与经验论的还原主义——即把事物分解为其最小要素的习惯——并不像表面看来的那样抵牾,它们都批判那种假定国家是源于某种契约关系的看法和美国和法国革命者所宣称的自然权利理论。对国家、法律的支配范围的限制的构想,正是从方法论的个人主义中逻辑地产生出来的。因此,对科学主义的认识论批判与哈耶克的经济自由主义理论密切相关:这两个方面都反对对社会和市场的有计划的控制和支配,并把社会和市场设想成为一个自然的、依循某种自身秩序的发展领域。

例如,在《个人主义与经济秩序》中,他对个人知识的有限性的思考转向了对价格体系的研究以及对于中央控制的经济方式的批评,他的结论是:方法论的个人主义的最为完整的体现正是"人类偶然发现的、未经理解而学会利用的"价格体系,它不但使劳动分工成为可能,而且也有可能在平均分配知识的基础之上协调地利用资源。在这个意义上,市场价格体制就是一种交流信息的机制,它"能协调不同个人的单独行为,就像主观价值观念帮助个人协调其计划的各部分那样。"[72]个人知识必然是

是说我们知道得比我们知道的更多。Hayek, *The Counter-Revolution of Science*, p. 159.

[71] 哈耶克尽管承认方法论的集体主义与政治集体主义的逻辑上的差别,但他显然相信这两者之间的连带关系。没有方法论的集体主义,政治集体主义也就被剥夺了它的知识基础:如果不相信有意识的个人理性能够掌握社会和人性的所有目标和知识,那么有关这些目标能够被有意识的取向所获取的信念便失去了基础。持续地追求这一目标必将导致这样一种制度,在其中,所有的社会成员成为单个的指导性的心灵的单纯工具,一切自发的社会力量也因此而被摧毁。这就是哈耶克所说的科学文明时代的危机。Ibid., pp.161-162.

[72] 哈耶克最为反对的观点就是把价格协调机制本身看成是人类精心设计的结果。因为价格体系是一种人类偶然发现的、未经理解而学会利用的体系。哈耶克:《个人主义与经济秩序》,贾湛、文跃然等译,北京:北京经济学院出版,1989,页81。

有限的(或在某种程度上无知的),因此,社会经济问题"只能以非集权化的方法来解决它",因为只有这种方法"才能保证及时利用有关特定时间和地点之具体情况的知识"。[73] 哈耶克的这些观点是建立在知识与市场的逻辑关系中的,但绝不仅仅限于市场、也绝不仅仅限于经济学,"它与几乎所有的社会现象,与语言以及大多数文化遗产都有关系,它真正构成了一切社会科学的中心理论问题。"[74]

哈耶克通过知识的个人性质、知识的分立特性(division of knowledge)以及由此产生的"必然的无知"来论证市场模型和社会自治的合理性,通过价格体系的理想模型来论证他的知识论的正当性。他认为人类能够发展起劳动分工这一现代文明的基础,是因为人类碰巧发现了一种使其成为可能的方法。如果人类没有发现这种方法,他们可能仍会发展起另一种完全不同类型的文明。[75] 哈耶克把劳动分工看作是一种方法论的后果,而没有从具体的生产和贸易过程研究劳动分工的起源。从价格体系出发研究自生自发秩序的特点可以理解为是一种规范式的叙述,但是,如果把劳动分工的形成看成是碰巧发现了一种方法的结果却令人难以理解,因为这种规范式的理论难以产生出一种关于经济过程和社会过程的实质性的研究。因此,当我们转向观察现实的市场社会和价格体系的形成的时候,这个从知识论出发的规范式研究就不得不转向一种社会史的解释。例如,价格体制是中国市场改革的关键环节,在国家的主导之下进行价格闯关是20世纪80年代最大的国家行为,这个行为的完成密切地联系着20世纪80年代末年剧烈的社会转变、冲突和国家暴力。这一历史转变清楚地证明了如下事实:如果没有国家的干预和暴力的实施,市场制度就不可能形成。哈耶克的晚期著作中的一些观念表明他对这些问题也有某种程度的自我意识。他从"必然的无知"观出发提

----

[73] 哈耶克:《个人主义与经济秩序》,页79—80。
[74] 同上,页83。
[75] 哈耶克认为劳动分工起源于价格体系的作用,这在理论上是有根据的。他的错误在于:他把所有这一切归结为一种方法,而不是归结为一个交往的历史过程。参见《个人主义与经济秩序》,页83。

出"自生自发秩序"的观念,并认为这种自生自发秩序不仅是在行动者的交往行为中产生的,而且也是在行动者与他们并不了解但却支配他们行为的社会行为规则的互动关系中形成的。然而,这种所谓第三范畴无法提供明确的判断尺度,用以确认在什么范围内计划的运行超出了自生秩序的范畴。试想:如果人们总是在某种"无知的"状态下行动,那么,我们如何区分自由与计划呢?事实上,我们无法在知识论的层面对这两种行为作出明确的、界限分明的区分,而只能在社会史的层面讨论这一问题。在这个意义上,人们通常追问的那种问题——究竟是市场调节好,还是计划支配好?理性能力的边界在哪里?理性设计重要,还是传统的演化更妥帖?我们是否有能力了解支配我们的行为规则的那些规则?——几乎都是一些没有最终答案的问题。更有意义、也更为真实的毋宁是一系列历史问题:(1)市场社会是历史进化的自然结果,还是有意识的政治干预才最终促成的历史事件?(2)市场社会的一般行为规则是文化传统的自然传承,还是特定制度安排进行规训的结果?(3)市场社会是由单纯的价格机制协调运作的领域,还是各种政治、经济、文化和其他因素角逐的战场?(4)计划经济及其后果是在怎样的政治、经济和文化条件下出现的?这里的关键是经济与政治的关系问题:在什么意义上,在何种程度上,近代欧洲已经经历的、当代中国正在经历的经济与政治的分离是一种"分离",在什么意义上、在何种程度上,这种"分离"根本没有发生?

在这个意义上,认识论意义上的事实/价值的二元论、社会理论意义上的自然/社会的二元论、经济学意义上的市场/计划二元论和政治学意义上的社会/国家二元论之间不仅存在着内在的联系,而且也相互支撑。对于"计划"和极权主义政治的批判与一种所谓"理性的滥用"的"认识论谬误"密切相关。因此,我们有必要从科学认识论层面的自然/社会、客体/主体二元论的分析,转向对市场/计划、社会/国家二元论的检讨。自由主义社会理论对极权主义政治和经济的研究是建立在科学认识论的基础上的。如果自然/社会二元论是一种认识论的谬误,那么,市场/计划、社会/国家的社会理论范式是否需要重新加以检讨呢?

第六节　作为社会关系的科学

1. 自然/社会二元论

在此，有必要将社会/国家、市场/计划二元论同自然/社会二元论在理论上密切地联系起来，在认识论的和历史的双重视野内对这三种二元论进行分析。哈耶克对社会理论的批评是在自然领域与社会领域的对比中进行的，当他在原理上论证现代科学的方法论特征时，并没有思考为什么这种方法论与古代的自然学说发生了差异？[76] 在哈耶克的理论中，缺少关于科学和技术的"内在的"联系的详尽讨论，他对科学方法的主观建构特点的阐述没有涉及这些概念是可操作的、因而先验地适合于技术应用的概念，这使它与先前的科学区别开来。核物理学家海森堡（Werner Hisenberg）曾把人类对自然的态度的变化形容为"从沉思的（a contemplative one）转变为实用的（the pragmatic one）"，而所谓"实用的"是指：科学探索的实际目的"不再是自然自身，而是它有什么用"，从而自然科学变成了技术科学。科学描述的不是自然本身的图画，而是我们与自然的关系。[77] 因此，让·拉特利尔才会说："科学作为理解实在的方法主要不是

---

[76] 约翰·赫尔曼·兰道尔（John Herman Randall）在比较亚里士多德与现代的理论的时候，发现前者的认识重点是事物的"为什么"，而后者作为一种对改革世界方法的研究，主要问"怎么样"。John H. Randall, *Aristotle* (N. Y. : Columbia University Press, 1960), pp. 2-3. 实际上，许多学者都曾谈到，古代人对自然的研究并不必然地与征服自然的技术动机有关，科学和技术的这种关系只是在近代才发展起来的。

[77] Wemer Hisenberg, *Physics and Philosophy*, trans. A. J. Pomerans (London: Hutchinson, 1958), pp. 196-197; *The Physicist's Conception of Nature*(N. Y. : Harper and Row, 1962), p. 24.

依靠想像,而是依靠行动,这就是'知识就是力量'之含义。……科学不再只是获取知识的方法,也不再只是知识体系,而是极为重要的社会文化现象"。[78]哈耶克对自然科学方法的研究揭示了现代科学具有一种根本的工具主义的概念结构,却没有由此推导这种概念结构的先验的技术特征,进而把科学理解为一个行为体系,而正是后者明确地把科学与控制自然的活动直接地关联起来。[79]事实上,哈耶克的方式并不是偶然的,现代思想发展了对科学的哲学思考,却没有产生相应的"技术哲学",这就是明证。[80]

这样,一方面,哈耶克对科学方法的分析实际上已经暗示了现代科学无法脱离人对自然现象的探求来研究自然现象,并只能在人与外部自然的相互作用中寻找研究的题材;但另一方面,他却放弃了分析为什么现代科学不再是对自然的沉思,而是一种我们与自然的(实用)关系的建构这一历史问题。如果现代科学及其方法是人类对待自然的一种历史形式,

---

[78] Jean Ladriere:《科学和技术对文化的挑战》,北京:商务印书馆,1997,页2。

[79] 简单的批评总是不公正的。哈耶克指出了"自然"在科学世界中的工具性特征是极为深刻的看法。例如他说:"对于科学而言,人的业已形成的、足以指导他的日常生活的世界图像,以及他的感知和概念,不是研究的客体,而是一个有待完善的不完美的工具。科学不是对科学与人的关系感兴趣,也不对这样一种方式感兴趣,在这种方式中,现存的世界观指导人的行动。它毋宁是这样一种关系,或者这样一种改变这些关系的持续的过程。当科学家强调说,他研究客观事实的时候,他的意思是试图独立地研究人们思考和从事的世界里的事物。对他而言,人们持有的关于外部世界的图景总是一个有待克服的阶段。"(*The Counter-Revolution of Science*, pp. 38-39.)我在这里仅仅是说,哈耶克在谈论"外部世界的图景总是一个有待克服的阶段"的时候,没有接下来分析这个"克服"过程的社会性,并且他所谓工具也没有直接地与控制概念关联起来。总的说来,哈耶克的理论中缺少科学与技术的必要的联结的论述。

[80] 关于这一问题,Mary Tiles & Hans Oberdiek 出版的新著 *Living in a Technological Culture: Human Tools and Human Values* 进行了值得注意的讨论,他们拒绝简单将技术看作是应用科学。他们问道:"我们常常说生活于一个技术的时代。这究竟意味着什么?技术这一概念还包含了什么含义?生活于一个'技术的文化'中意味着什么?"(见该书 p. 9, London and New York: Routledge, 1995。)技术和科学并不是天生地联结在一起的,把技术看作是一种运用科学或科学的运用仅仅是一种现代理解。在这个意义上,科学和技术的临时的联系恰好创造了一种"技术的文化",而这种"技术的文化"把现代文化与先前的文化区别开来。

那么，我们就不仅需要追问作为科学对象的自然与先前的自然的差别，还要追问这种作为对象的自然与社会的关系，以及自然科学方法形成的社会动力学。在对自然科学方法的社会动力学的追问中，控制"自然"与社会控制之间的关系必将占据重要的地位。在这里，自然是指作为对象的自然，即不仅存在于客体/主体的认识关系，而且存在于对象/占有者的历史关系中的自然。哈耶克把这样的"自然"看成是"理性"的范畴，而卢卡契则把这样的"自然"看作是一种社会范畴。[81] 作为社会范畴的"自然"概念是从资本主义的经济结构中产生出来的，因而无法脱离具体的历史关系来加以把握。

"科学主义的解释模式"所内含的自然/社会二元论本身揭示了这一解释模式的反历史倾向，因为它不承认自然与社会的对立不过是控制自然的历史过程——特别是资本主义过程——的产物（意识形态）。[82] 在科学方法的范围内讨论人对自然的掌握，而不是在社会关系的范畴内讨

---

[81] 这是卢卡契在《历史与阶级意识》一书中表述的著名观点。卢卡契说："在资本主义社会中的人面临着他自己（作为阶级）创造的现实，这现实对他来说将是异化的自然现象。……这种概念根本在于资产阶级分子在他与世界的关系中理解自身。这样，自然这个词就包含了多层意思。我们早已注意到康德阐述得最为清楚，但自开普勒、伽利略以来，作为控制已发生的'规律系统的总和'的自然概念，本质上并没有发生变化。这一概念是从资本主义的经济结构中产生的，这已得到了反复的证明。与这一概念并行发展的还有另一种自然概念，它包含着完全不同的含义，价值概念就是与第一种自然概念完全不同的。"（乔治·卢卡契：《历史和阶级意识》，张西平译，重庆出版社，页152）不过，这个观点的更为经典的阐释者是马克思。马克思在《德意志意识形态》中说："我们仅仅知道一门唯一的科学，即历史科学。历史可以从两方面来考察，可以把它划分为自然史和人类史，但这两方面是密切相联的；只要有人存在，自然史和人类史就彼此相互制约。"（《马克思恩格斯全集》第3卷，人民出版社，1965，页20。）对于马克思来说，自然界和人类的对立是意识的构造，这种意识形态的构造从历史中排除掉人对自然的生产的关系。

[82] 人从自然中分化出来被看作是人类形成的必要一步，因此，从初民时代起，人与自然之间就存在着某种对立，但这种对立从未像资本主义时代这样具有整体性质。古代社会的神话、巫术世界观用一种特殊的方式把人与自然的关系表达出来。科学建立了一种完全不同于日常生活世界的概念体系，只是在这之后，这个体系与生活世界的关系才真正分离开来。

论支配自然的实践,也就回避了有关支配自然的主体的社会分析,因为科学知识本身的确并不直接导致对外部世界的控制。[83]在认识论的范畴中,科学,及其经由技术对自然的占有,经常被描述为人类与自然的关系的新的变化,但是,这一描述通过对"人类"这一抽象主体的表述而遮盖了控制自然的活动实际上总是和特定的社会冲突相关的,也即与社会领域中的控制和反控制的冲突相关。这种冲突既表现为某个社会共同体内部的阶级的或其他的社会关系,也表现为不同的社会共同体(特别是不同民族—国家)之间的不平等关系。实际上,只有把自然科学和社会科学的差别局限于方法论的层面,自然与社会的关系才能以如此截然的方式分离开来。[84]但这种分离本身不过是一种虚构。"一旦自然和社会分离的幻觉被放弃,社会发展作为一系列日益复杂的自然状态的真正性质就变得明显了。"[85]正是在这个意义上,自然(客体)/社会(主体)的二元论是一种现代意识形态,在这种意识形态中,自然范畴作为社会的对象没有任何自主性可言,因而是可以控制的,而社会范畴相反却应该是"自

---

[83] 威廉·莱斯的如下讨论是极为有力的:技术能力的水平是规定一定历史时期社会冲突将采取的形式的一个重要因素。这就是为什么谈论"人对自然的征服"或"人对自然的统治"是荒谬的:这项事业的假定的主体是不存在的。这里的"人"是一种抽象,当它以这种方式被使用时,只是隐蔽了一个事实,即在人与人的现实暴力斗争中技术工具发挥一部分作用。隐含在人的概念中的普遍性——人类作为一个整体,在和平的社会秩序中联合起来并最终决定它在自由条件下的生存的观念——还尚未实现。Leiss, *The Domination of Nature*, pp. 121-122.

[84] 下述引文典型地说明了哈耶克在方法论层面建构"人"或"我们"(自然的对立物)作为这一抽象主体的方式。他说:"但是,这个事实的后果是什么——人们通过知觉和概念来理解世界及其相互关系,而这些知觉和概念被组织在一个对所有对象完全一样的精神结构之中? 对于这个活动的网络我们能说些什么呢?——在这种网络中,人被他们拥有的这类知识所指导,在任何时刻,这个网络的绝大部分对人而言是共同的。尽管科学在所有时候都忙于修改人所占有的外部世界的图像,尽管对于科学而言这个图像总是临时的,但如下事实作为特定事件的巨大原因和结果的现实并未改变:人拥有确定的图像,所有我们认为能够思想和理解的存在的图像在一定程度上是相似的。"*The Counter-Revolution of Science*, p. 39.

[85] 自然与社会的"这种分离正像人类社会一样古老;然而只是在现代西方社会它才提升到指导人类行为的自觉原则的地位"。威廉·莱斯:《自然的控制》,页5。

然的",即不受控制的。"科学主义的解释模式"通过论证自然科学与社会科学的差别,再一次确证了自然与社会的对立——这种对立不仅保障了"社会"对自然的控制能力,而且也遮盖了"社会"为争夺对自然的控制而产生的冲突。[86]

建立在上述二元论基础上的解释模式具有明显的观念论倾向,它不是直接地分析政治经济过程,而是在认识论的层面推论政治经济实践的谬误。哈耶克对科学主义认识方法的分析有许多深刻的洞见,但是,如果由此认为极权主义政治和计划经济的实行不是其他历史条件及其合力的产物,而仅仅是一种错误的认识方式所导致的后果,那就过分简单了。在这一推论的过程中,科学认识中的实证主义方法和社会运动中的社会主义理论和实践具有方法论上的同质性。然而,把科学主义的思想方式与社会主义相关联不过是一种历史隐喻,这种历史隐喻没有涉及科学主义产生的社会动力,也拒绝承认控制自然与控制社会的必然联系,却把社会

---

[86] 哈耶克把自然科学领域看作是一个受到人的理性控制的领域,而社会领域则应当是"自然的"或"个人主义的"领域,也即通过自然的交往行为而形成自由的社会。但是,一个不能自我控制的社会也不可能控制自己对自然的无休止的剥夺。在法兰克福学派看来,对自然的控制受控于人的理性,而由于资本主义社会受它的自身的生活过程所支配,因而它的理性带有非理性的、神秘的和宿命的性质。霍克海默尔把资本主义生产的无政府状态表征如下:"这个过程不是在自觉意志的控制下完成的,而是作为一种自然的过程实现的。日常生活是以盲目的、偶然的、片面的形式,从各个个人、各种工业、各个国家的混乱而无秩序的活动中产生的。"(《唯物主义和道德》,载《社会研究杂志》,第二卷,第二册,莱比锡,1933,页 167;转引自 A. 施密特:《马克思的自然概念》,商务印书馆,1988,页 33。)因此,核心的问题不是自然与社会的关系,而是社会生产的方式。A. 施密特说:"未被社会组织起来的对自然的控制,无论怎样高度发展,也依然从属于自然。"这一看法与马克思把迄今为止的人类社会历史视为"自然史的过程"密切相关,马克思说:"经济学规律,在一切……无计划生产中作为人对它们没有支配力的客观规律,采取自然规律的形态与人们对立。"(《反杜林论》,转引自同上书,页 35)施密特解释说:"马克思把'社会经济形态的发展'当做一种'自然历史过程'来对待,这意味着他从严格的必然性来看待历史过程,而和先验构成的或心理的解释原理无涉。他把个人的活动方式理解为客观过程的各种功能,在迄今为止的历史中,个人一直不是作为自由的主体,而是作为'经济范畴的人格化'出现的。"(同上,页 36)

主义的历史运动看作是某种观念的结果。在集体主义的认识方法与总体计划之间、在建构主义的认识论与市场经济之间建立起必然的联系，明显地遮盖了以控制自然为目标的科学发展与资本主义及其伴生物（社会主义和各种社会保护运动）的历史关系，也遮盖了社会控制与以追求控制自然相标榜的现代化运动的必然联系。现代社会面临的困境如果仅仅是一种错误的思想方法的后果，就没有必要检讨整个的现代历史进程，包括科学技术发生和发展的社会历史过程。换言之，在观念论的层面对现代社会问题的检讨不会导致对现代性的全面反省。在这里，问题的焦点不是赞成或是不赞成计划经济或市场经济、集体主义或个人主义，而是如何分析和理解现代社会面临的危机，特别是这种危机的动力何在。

然而，我在这里对国家/社会二元论的批评并不是对于这两个范畴的否定，甚至也不是对于哈耶克的自生自发秩序观念的简单抛弃。我所要求的是把对于社会控制的研究不仅建立在一种方法论的基础上，而且建立在一种历史关系的基础之上。国家或其他社会组织对个人或日常生活领域的过度干预常常是由一些无组织的力量推动的，例如金融资本主义的破坏作用导致了对于新的干预的需求，因此，如果我们放弃对于这些社会力量的实质性的研究，而仅仅在规范层面论证"理性的滥用"，那就不可能揭示现代社会控制及其形式的真正动力。确实，哈耶克的国家范畴并不是简单地自外于自生自发秩序的范畴，因为国家——作为一种最大的组织——并不仅仅是一个行动者，而且还是一个"遵循规则的行动者"，[87]但如果放弃对于实质性的社会过程的分析，我们如何才能把国家在自生自发秩序中的特定行动与它们所遵循的特定性质的社会秩序规则结合起来进行分析呢？在这里，自生自发秩序概念提供的理论洞识恰好因为它的形而上学性质而无法提供具体的历史分析的根据和途径。从历史研究的角度说，我对社会/国家二元论的反思并不是对中国研究领域中的社会史研究范式的否定，它要求的是在这类研究中充分注意"社会"

---

[87] 邓正来：《社会秩序规则二元观》（未刊稿），页3。

这一概念本身内含的组织因素。国家和社会都不是外在于传统的历史关系的存在,也不能等同于自生的秩序。在现代历史的发展中,各种原有的习俗、传统和秩序不断地被组织到社会或者国家的范畴之中,因而如果不对这些因素的转化进行历史分析,而是简单地把它们作为自生自发的存在,那么,我们怎么有可能理解现代社会的内在危机呢?

2. 市场/计划二元论

哈耶克认为科学主义的最为严重的后果是导致了国家以总体计划的形式直接干预社会事务,从而破坏了社会的自我运作功能。国家的社会专制和经济计划化在这里被归结为一种植根于实证主义之上的错误的科学观念的产物,而等价交换的自律的市场和自由交往的市民社会又为这一认识论批判提供了内在的历史依据。事实上,哈耶克关于个人知识有限性的讨论最终被用来论证"价格体系如何能够""协调不同个人的单独行为"的问题,"就像主观价值观念帮助个人协调其计划的各部分那样。"[88] 但是,价格体系的这种协调作用仅仅是一个社会创建市场制度时的组织原则和信念,它的形成是各种社会力量交互运动的结果,从而不能化约为一种单纯的方法。从历史的观点看,价格体系的运行深受各种社会因素的影响,如果把哈耶克在规范层次的叙述转化到现实的市场之中,那么,它就不仅是一种虚构,而且也是一种掩饰——对于隐藏在市场表象背后的垄断或支配力量的掩饰,也是对无辜人民在市场关系中所遭受的伤害的掩饰。[89] 在理论层面,这种叙述完全离开了哈耶克理论的语境,却也显示出一种规范式理论的运用限度。例如根据国际清算银行的统计,全世界每天在国际金融市场上的外汇交易量平均一万亿美元。从道理

---

[88] 哈耶克:《个人主义与经济秩序》,页80—81。
[89] 参见 Chapter 12 "Birth of the Liberal Creed", and Chapter 13 "Birth of the Liberal Creed (Continued): Class Interest and Social Change", in Karl Polanyi, *The Great Transformation: The Political and Economic Origins of Our Time* (Boston: Beacon Press, 1957), pp. 135-162.

上说,只有在国际贸易发生的时候才会有外汇交易的需要。但实际情况是世界每天国际贸易发生量只占这个数字的 0.02%。也就是说,一年的全球实物贸易也不够外汇市场一天的外汇交易量。因此,在信用高度发展的金融王国里,虚拟经济的发展确实可以不顾实物经济的情况而独立运作,实物经济确实已经失去了对虚拟经济运作的影响力。[90] 东南亚金融风暴的原因之一,正是这种虚拟经济的变幻莫测的力量。在这样的现实面前,认为市场社会就是通过价格机制运作的"自由"领域,不是十分荒谬吗?

按照哈耶克的科学主义概念,极权主义既非起源于马克思关心的阶级关系和阶级冲突,也非卡尔·博兰尼分析的市场的不断扩张(自由主义的组织原则)与抵抗这种扩张的社会保护措施的冲突及其长远的制度压力,更不是韦伯讨论的官僚化过程,而是一种过于相信理性能力的认识方法,一种基于这种认识方法的政治经济支配。值得提出的是,哈耶克的方法论的个人主义及其"必然的无知"概念本来包含着对古典经济学的尖锐批判,因为按照他的看法,"经济运算所依赖的'数据'从未为了整个社会而'赋予'一个能由其得出结论的单一头脑,而且也绝不可能像这样来赋予。"[91] 这一论点不仅构成了对计划经济模式的否定,也构成了对于那些崇尚统计的经济学范式的否定,这些经济学范式是以"理性人"或"经济人"的预设为前提来计算或确定经济运行的规律的。事实上,哈耶克本人也不是一般地反对"计划",而是集中讨论"应该怎样制定计划:是由一个权威机构为整个经济体系集中地制定?还是由许多人分散地制定?"[92] 但是,由于他只是在"知识在社会中的利用"的层面检讨中央计划、个人计划和有组织的工业计划之间的差别,因而没有能够从一种历史

---

[90] 罗峪平:《人民币怎样跨世纪——访中国银行国际金融研究所所长陶礼明》,《三联生活周刊》1998 年第 2 期(1998 年 1 月 30 日),总第 56 期,页 21。
[91] 哈耶克:《个人主义与经济秩序》,同前,页 74。
[92] 哈耶克在三个层面谈论计划,即"……中央计划,即根据一个统一的计划管理整个经济体系。而竞争则指由许多单独的个人所制定的分散的计划。居于这两者之间的是代表有组织的工业的计划,这种计划许多人谈及但一旦看到便很少有人喜欢,它就是垄断"。哈耶克:《个人主义与经济秩序》,同前,页 76。

的视野考虑这几种计划的互动关系。哈耶克顽固地拒绝知识社会学,这一态度使他丧失了检讨"认识论"视野的限度的可能性,丧失了理解科学和技术活动与社会结构的相互作用的可能性。正由于此,他没有能力对自由资本主义转化为垄断的资本主义的历史过程作出分析,也没有能力对社会主义运动如何从资本主义的市场关系中孕育和发展而来作出理论解说。在有限的理论视野中,他把这几种"计划"仅仅视为"不同种类的知识"所导致的结果。[93]

在我看来,哈耶克社会理论的那些独特的洞见没有为当代自由主义提供灵感,相反,它的一些理论特点(例如他不得不在规范层面叙述他的中心范畴,而无法对此进行实质性的社会研究)却限制了人们的理解。"庸俗的自由主义者"经常越过哈耶克对实证主义社会理论和古典经济学的批判,把他对各种集体主义经济学或社会主义的经济计划的批判性剖析转化成为对现实市场秩序的合法性论证。他们关心的仅仅是为现实秩序辩护,而不是对正在大规模实践的制度改革进行批判性反思。这些"自由主义者"所以能够如此庸俗地利用哈耶克的理论,部分地应该归咎于这一事实:尽管哈耶克对自然/人为二元论有着明确的认识、对实证主义进行了批判,但他并没有能够彻底地清理科学/社会科学、自然/社会、社会/国家、市场/计划的二元论,没有提供理解市场形成和计划模式形成的历史分析。但是,在哈耶克与他的某些中国信奉者之间作出区分是完全必要的,因为这些信奉者不仅没有解决上述理论困难,反而掩盖了哈耶克理论中包含的洞见。在当代中国的庸俗讨论中,这些"自由主义者"以批判传统社会主义为掩护,用各种古典经济学预设论证现实的市场范畴

---

[93] 因此,哈耶克认为,中央计划、个人计划和组织计划的优劣"就在于不同种类知识的重要性:是那些更可能为特定个人所支配的知识重要呢?还是那些我们认为更会被经适当挑选的专家所组成的权威机构所掌握的知识重要?"他所强调的自然是一种个人的知识的重要性,这种知识被称之为"有关特定时间和地点的知识,它们在一般意义上甚至不可能称为科学的知识。但正是在这方面,每个人实际上都对所有其他人来说具有某种优势,因为每个人都掌握可以利用的独一无二的信息,而基于这种信息的决策只有由每个个人作出,或由他积极参与作出,这种信息才能被利用"。哈耶克:《个人主义与经济秩序》,同前,页76—77。

及其不平等结构的合理性。正是在这种精心营造的历史迷雾中,他们不仅复活了(也许从未死去)那些甚至已经被哈耶克本人所摒弃的古典经济学前提(如经济人的预设),而且也在英国经验主义的旗号下恢复了实证主义的权威性以及原子论的个人观。他们意识到社会的自我保护运动包含了破坏市场运行法则的可能,因而将之归结为违背"经济人"或"理性人"规范的"民粹主义",却没有意识到新的社会冲突正是市场制度扩张的结果。因此,我认为这些"庸俗的自由主义者"从来没有真正的"社会"观点。鉴于哈耶克理论及其传播过程的上述特点,我在下文中对市场/计划、社会/国家二元论的检讨与其说是对哈耶克的理论清理(我在这里来不及探讨哈耶克的保守主义理论与贵族主义的关系),不如说是针对更为广泛的社会思潮和理论思潮进行的理论的批评和历史的分析。

在社会/国家、市场/计划的二元论式中,"社会"范畴可以被看作是一种受到自律的经济活动支配的范畴,因此,自律的社会可以被理解为市场社会。主流的自由主义和马克思主义经济学(我在这里指的不是马克思本人的理论,而是以社会主义计划经济为核心的社会主义经济学)在许多方面截然相反,但都把现实的资本主义等同为理想的"自由市场",从而接受了"自由市场"模型这一假设,并以之作为各自理论的出发点。[94] "自由市场"模型建立在一系列有关个人行为的预设之上,其核心是:消费者在有限预算的约束下为了追求利益的最大化而作出"理性选择",从

---

[94] 参见许宝强:《反市场的资本主义》,《香港社会科学学报》第8期,1997年秋季号,页179。他在文中指出:"这两种经济学说(即自由主义的和马克思主义的)均接受了把现实的资本主义等同为理想的'自由市场'这种假设;而在分析架构上,它们亦是同宗同源。这也是为什么'分析的马克思主义'(Analytical Marxism)能容易地采用主流经济学所发展出来的分析工具,例如一般均衡模型(General Equilibrium Model)和理性选择(Rational Choice),但却同时可以对主流经济学作出(主要在结论上)严厉的批评。(见 Roemer 1988; Gintis and Bowles 1990)"许文的讨论明显地受到了 John E. Roemer 的 *Free to Lose: An Introduction to Marxist Economic Philosophy* (Cambridge, Mass: Harvard University Press,1988)以及 Herbert Gintis and Samue Bowles 的 *Democracy and Capitalism: Property, Community, and the Contraditctions of Modern Social Thought* (London: Routledge & K. Paul,1986)的影响。

而构成对货品和劳务的需求;生产者为了获得利润的最大化而作出"理性的选择",从而构成了货品和劳务的供应。上述两个方面的互动决定了市场价格,成为消费者与生产者的"理性"竞争行为的唯一参照系。因此,市场的运作不仅被看作是个人寻求利益的自然现象,而且也被理解为"理性"选择的结果。[95] 在这里的确存在如何理解亚当·斯密所谓"无形之手"的问题。在庸俗的经济学家那里,"无形之手"建立在"经济人"或"理性人"的假说之上。[96] 所谓"经济人"和"理性人"的预设总是从个别行动者开始,因而要论证"寻利"的自然动机,就必须把个人从社会关系中分割出来。这一方法论隐含的前提是:否认社会安排和文化所造成的人类行为的差异。然而,不仅早期的社会、甚至当代世界的某些地区,如中国华北和西北农村,经济——即确保人类生计的安排——埋藏在社会关系之中,受到宗教、文化、政治和其他的社会安排的制约,[97] 个人的经济获利取向只扮演了次要的角色。换言之,自由主义和社会主义经济学都

---

[95] 同上,页178。

[96] 哈耶克认为亚当·斯密不能为"经济人"的假设负责,并指出这一概念是那些"社会心理学家"对斯密的误读。但同时,他也承认这一误解有其历史原因:19世纪古典经济学家,尤其是约翰·斯图亚特·弥尔和赫伯特·斯宾塞所受的法国和英国传统的影响几乎一样多,"因此,所有完全违背真正个人主义的概念和假设已经被当做了个人主义理论的基本核心。"哈耶克对"经济人"概念的批评起源于他对"真正的、反理性主义的个人主义和假的、理性主义的个人主义之间的"明确区分。他认为"经济人"概念本身就是一个完全违背真正个人主义的概念和假设。他指出,"经济人"是许多庸俗的经济学家"根据严格的理性行为假设以及错误的理性主义心理学得出来的,因此这些结论有很大缺陷。但是实际上,亚当·斯密及其信徒们根本没有作此假定。……斯密并不十分关心人类处于最好境遇时可以暂时取得的成功,他关心的是个人处境最坏时,应该尽可能地减少使他干坏事的机会。斯密及其同代人所提倡的个人主义的主要价值在于,它是一种使坏人所能造成的破坏最小化的制度,而对这一点则很少有人谈及"。哈耶克:《个人主义与经济秩序》,同前,页11—13。

[97] 参见 Karl Polanyi, *The Livelihood of Man*, ed. Harry W. Pearson (New York: Academic Press, 1977), pp. 5-56. 关于中国农村的讨论参见黄宗智(Philip Huang)的有关著作,如《华北的小农经济与社会变迁》,香港:牛津大学出版社,1994;《中国研究的规范认识危机》,香港:牛津大学出版社,1994;《长江三角洲小农家庭与乡村发展》,北京:中华书局,1992等。此外,《读书》1996年第10期上的一组讨论,总题为《乡土中国的当代图景》,其中释然对中国西北农村的讨论涉及的正是这一问题。

犯了违反历史事实的错误,即把只有在19世纪欧洲的自律的市场社会中居于主导地位的原则看作是在整个人类历史中居于主导地位的原则。从话语实践的角度看,"理性人"概念不过是要求人成为社会生物,一致遵循某些特定的社会模式,进而将那些不遵守规则的人视为反常的或反社会的。正是在这个意义上,汉娜·阿伦特断言近代的平等建立在顺从主义(conformism)的基础之上,而近代经济学的科学地位正是以这种顺从主义(适合于统计学的整齐划一的行为方式)为前提的。[98]在今天,我们有理由进一步追问:现代市场社会究竟是一个自律的、自然发生的范畴,还是制度安排的结果? 就中国资本主义和市场社会的产生而言,我们可以确定的是:无论是晚清时代,还是20世纪的后叶,中国的市场社会一方面是国家改革政策的结果,另一方面则不得不接受已经形成的国际市场制度的规范。在任何意义上,中国市场社会都不是自然进化的产物,也绝非"自然的"或"自由的"领域。政府活动与市场活动的相对分离本身就是一种制度安排,它的实质是把国家转化成为一种内在于市场调节的因素。

因此,我们必须追问:"经济人"或"理性人"的预设是如何构筑的? 汉密尔顿(David Hamilton)的论文《亚当·斯密与教室的道德经济学》("Adam Smith and the Moral Economy of the Classroom")对于我们理解这一问题颇有意义,他把我们引向了一个意想不到的方向,即教室的发明与政治经济学的关系。[99]根据汉密尔顿对教室的系谱研究,他发现发展了分班教学法的,是在1774到1827年担任格拉斯哥大学(Glasgow University)逻辑学教授的迦丁(George Jardine),而更早的源头就是迦丁的老师、于18世纪六十年代任该校道德哲学教授的亚当·斯密,他的《道德情感理论》(《国富论》可以被视为该书的延续)就是当时道德哲学课的讲义。在这部著作中,他提出了关于自我的两个部分的解释,即作为审察者的我和裁判的我与被审察者的我和被裁判的我的区分。这个区分克服了霍布斯在《利维坦》(Levia-

---

[98] Arendt, *The Human Condition*,这里采用了刘锋的译文。见汪晖、陈燕谷主编:《文化与公共性》,北京:三联书店,1998,页74—75。

[99] David Hamilton, "Adam Smith and the Moral Economy of the Classroom," *Journal of Curriculum Studies* 12(1980):281-298.

than)中的疑难:自利的个体是不理性的,因而理性的社会必然需要专制的统治者。这是因为自我的"审察者"或"裁判者"部分能够控制另一半,从而取代了外在的裁判者或管理者,主体为自己提供自动的导向。在这样的基础上,才有可能设想追求自身利益不是单纯的自私自利,主体的"理性"最终能够统合个人利益与社会利益。然而,汉密尔顿的研究证明:这种新的哲学解决方案只是教学规训方法被转向经济学领域的结果,"经济人"或"理性人"只是考试/审查这种规训形式的产儿。"斯密其实是格拉斯哥大学首创的一种以考试为基础的学习方法的先行者,这种方法强调在课室这种教育新场所内的竞争与合作。斯密的'理性'新主体,只不过是那种经常把考试的教育实践方式内化了的主体。它完全不是纯粹理性的载体,而只是盛载着学科规训制度下的权力/知识关系。"[100]霍斯金(K. W. Hoskin)和麦克夫(R. H. Macve)不无讽刺地发挥道:"……表面上保证经济学维持主要优势的基石,即经济学家及经济人的'理性',竟然只是经济学不可能在学科规训制度框框以外存在的标志。过去被确认的事实崩溃了,经济学内会计概念的重要性呈现了新的意义。"[101]汉密尔顿的研究从一个特定的方面论证了自由的主体与制度安排的关系。

那么,历史中的"自由市场"模型究竟怎样呢？许多经验研究已经证明:各种生产因素(劳动力、土地和资金)的不完全自由正是资本主义生产方式的核心。[102]早在20世纪40年代,卡尔·博兰尼(Karl Polanyi)就驳斥了那种认为19世纪资本主义乃是中世纪以来市场活动持续扩张的自然

---

[100] K. W. Hoskin and R. H. Macve, "Accounting as Discipline: The Overlooked Supplement," in *Knowledges: Historical and Critical Studies*, eds. Ellen Messer-Davidow et al (Charlottesville: University of Virginia, 1993), pp. 25-53. 该文中译文题为《会计学:一门学科规训》,见《学科·知识·权力》,页85。此外,刊于同书的Keith W. Hoskin:《教育与学科规训制度的源起》("Education and the Genesis of Disciplinarity: The University Reversal, Knowledge: Historical and Critical Studies in Disciplinarity")也引述并阐释了David Hamilton的成果。见同上书,页23—55。

[101] Ibid., pp. 85-86.

[102] Immanuel Wallerstein, *The Capitalist World-Economy: Essays* (Cambridge & New York: Cambridge University Press, 1979), p. 134.

结果的观点,他指出,在 19 世纪以前,由于种种社会、宗教和传统规范,资本主义发源地——欧美地区——的市场从来没有全面"自由地"发展起来,成为社会的支配力量,相反,国家对市场的管理限制了它的影响。英国从商业化的重商主义社会转变为市场社会,既非不可避免,也不是自然进化的结果,全国性市场的出现恰恰是由于国家的有计划的重商主义政策,亦即某些建国策略的副产品。重商主义是欧洲绝对主义时代的主导原则,用赫克谢尔(Hecksher)的话说,"国家是重商主义经济政策的主体又是其目标。"为什么如此呢?"因为重商主义无疑要消灭地域障碍以便在全国范围内进行贸易,并为商品生产努力建立起统一的国内市场。由于重商主义深信世界的商业与财富发展是有限的,因而,为增强与他国国力相关的本国国力,就要鼓励商品出口,严禁金锭金币出口。"[103] 从表面看,重商主义政策与以政治经济体系的严格分离为特征的自由放任主义相互冲突,但它们在历史中的关系却是相互纠缠的。"16 世纪以降,市场既为数众多,又很重要。在这种市场制度下,它们事实上成为政府的主要的关切方面;但还没有出现通过市场控制来控制人类社会的征兆。相反,调节和管辖较之以往更为严格;并不存在自我调节的市场的概念。"[104] 因此,要了解这一转变,就必须了解 19 世纪发生的前述转变。在分析了市场机制与工业生产的关系之后,博兰尼指出劳动力、土地和货币为了工业生产的需要而在市场之中被组织起来,并成为被买卖的商品。这类虚构的商品为整个社会提供了重要的组织

---

[103] 佩里·安德森(Perry Anderson):《绝对主义国家的系谱》(*Lineage of the Absolutist State*),刘北成、龚晓庄译,上海:上海人民出版社,2001,页 21。

[104] Karl Polanyi, *The Great Transformation* (Boston: Beacon Press, 1957), p. 55. Fred Block and Margaret R. Somers 发挥博兰尼的观点指出:全国性市场的造成只是某些建国策略的副产品;在这些策略中,经济发展被视为国力的基础。可是即使是全国性市场的出现,仍不足以促成市场社会的充分发展。市场社会的充分发展,有赖于其他方面的变革:土地、货币和劳动力的商品化。见该书中译本《巨变:当代政治、经济的起源》,黄树民、石佳音、廖立文译,远流出版事业股份有限公司,1989,页 3—52。此外,请参看 Perry Anderson: *Lineages of the Absolutist State* (London: New Left Books, 1974); John Merrington, "Town and Country in the Transition to Capitalism," *New Left Review* 93 (Sep. -Oct. 1975):71-72。

原则,并以各种方式影响到社会的所有制度。按照这个组织原则,一切能够妨碍市场机制运行的安排和行为都是不能允许的。

然而,这一假定同时又不能适用于劳动力、土地和货币,因为如果允许市场机制成为主宰人类命运、自然环境和购买力大小的唯一力量,社会就会趋于毁灭。[105] 这就是为什么国家与企业对自由市场的精心创造必然地伴随了自发的、未经计划的保护运动,包括英国在内的所有欧洲国家都经历了在自由贸易和自由放任之后的干涉主义时期。"19 世纪社会史因而是一个双重运动的产物:与真正的商品相关的市场组织的发展伴随着它在虚构的商品方面的限制。因此,一方面,市场扩展到全球,货品数量增加到不可思议的程度;另一方面,一整套手段和政策已经被整合到强有力的机制之中,它们被用于限制与劳动力、土地和货币相关的市场行为。尽管金本位制下,世界商品市场、资本市场和金融市场的组织为市场机制提供了前所未有的动力,但同时也产生了另一个更为深入的运动以对抗市场经济的有害影响。社会保护自己,反对内在于自我调节的市场制度的危害——这就是这个时代的历史的综合特征。"[106] 最近的金融危机和世界各地对于金融管制的需求,证明博兰尼的上述断言至今没有过时。如果自由市场与保护运动的冲突逐渐破坏了 19 世纪稳定的基础,从而导致了第一次世界大战的发生,那么,当代世界面临的危机又如何呢?

---

[105] 劳动力这种商品的任意堆积、无限制使用或不加使用都必然影响到人类个体——他恰巧是这种商品的拥有者。在处置劳动力的同时,市场制度不可避免地要处置这个人的生理的、心理的和道德的特质。剥离了文化制度的保护罩,人类也就会在这种社会暴露的影响下消失;他们作为罪恶、是非颠倒、犯罪、饥荒等社会动乱因素的牺牲者而死亡。自然蜕变为它们的元素,街坊和风景受损,河川污染,军事安全破坏,生产食品和原料的能力被摧毁。最终,受市场调节的购买力也会周期性地消灭一些企业。参见 Polanyi: *The Great Transformation*, p. 73.

[106] *Ibid*., p. 76. 博兰尼描述市场社会的基本矛盾说:"其中之一是经济自由主义的原则,其目的是要建立一个自我调节的市场,它受到商业阶级的支持,并在很大程度上把自由放任主义和自由贸易作为手段;另一原则是社会保护的原则,目的是保护人类、自然及生产组织,它依赖于最直接受市场制度所伤害的人的支持——主要的但不完全地是劳动阶级与地主阶级,它使用保护性立法、限制性的公会,以及其他干涉工具为其手段。" Polanyi, *The Great Transformation*, p. 132.

当代世界的一些现象被归结为全球主义,它的核心是用市场的跨国运动取代国家的概念,从而改变那种将民族或者国家作为定义市场或分割世界市场的等级单位的习惯观点。但是,无论在民族—国家内部,还是在外部,自由市场的观念都不是现实。以鸦片战争时代的贸易关系为例,西方和中国的某些学者把中英冲突归结为清朝不能容忍英国的自由贸易,但实际上在鸦片贸易发生之前,中国的商品如茶叶和生丝持续地出口欧洲,而欧洲的白银相应地流入中国。在这一背景之下,西欧等国的重金主义者对白银的流出持批评态度,并寻求一种不用白银结算而能获得中国商品的办法。最终他们利用英国、中国和英国殖民地印度的三角贸易关系形成了鸦片贸易,这种贸易的实质是一种走私贸易,而不是自由贸易。林则徐在禁烟运动中并没有禁止其他商品的自由贸易,而是禁止非法的鸦片贸易。因此,鸦片战争的爆发不是自由贸易与反自由贸易的斗争,而是西欧国家用武力威胁把走私性质的鸦片贸易合法化的结果。[107]根据布洛克(Fred Block)对美国经济的研究,直至19世纪中期,农业部门仍占美国生产总值的60%,而在此部门的经济活动中,不少是自给自足的家庭经营方式,也有不少是奴隶或合作种植的方式,市场竞争机制并不居于主导地位。在制造业方面,小生产商是当时美国制造业的主要经营单位,生产活动则多是通过外发(putting out)或外包(subcontracting)来进行,生产合约的价格并不是由供求决定,而是由外发商与承包者通过集体商谈,根据传统的社会规范所决定。由于劳动者大部分是自雇,所以劳动市场是欠发达的。这就是说,资本家之间或劳动者之间的竞争是不完全的,从而不存在理论上的"自由市场"关系。[108]

---

[107] 滨下武志对鸦片贸易的过程重新进行分析,他特别提及了英国商人在英国、印度和中国之间的多边贸易中的作用,并得出结论说:"看来,'自由贸易'这一主张并非是英国近代工业资本家阶层独自垄断的名词,同时也是地方贸易商人为实现自身利益时使用的时髦口号。"见氏著《近代中国的国际契机——朝贡贸易体系与近代亚洲经济圈》,朱荫贵、欧阳菲译,北京:中国社会科学出版社,1999,页11—12。

[108] Fred L. Block, *Postindustrial Possiblilities – A Critique of Economic Discourse* (Berkeley & Oxford: University of California Press, 1990), pp.56-59. 参看许宝强的《反市场的资本主义》,《香港社会科学学报》第8期,1997年秋季号。

另一个反对国家造就市场的更为有力的说法来自当代的全球化过程本身,即贸易全球化以及独立于国家的自主市场——如电脑空间和欧盟——的形成。这些事实证明市场的跨国运动已经成为当代世界的重要现实,也表明了以民族—国家为单位界定市场关系已经过时。在这里需要把市场制度的制定与民族—国家观念区分开来。国家与市场的传统联系从来没有证明市场是可以用民族或国家来界定的,殖民主义时代的市场活动从来就是跨越国家边界的活动,布罗代尔把这种长途贸易看作是欧洲资本主义的起源。但这一切并不证明市场与国家政策无关,对市场的占领、对信息的控制以及对工艺技术的掌握已经成为比对领土的征服更为重要的外交政策的筹码。当代全球化的经济活动不但与民族—国家关系密切,而且还与民族—国家行为方式的改变有关。早就有欧洲的评论家指出,当欧洲联盟想要"调节"交通或通讯的时候,它就会制定出一些规章制度。欧洲竞争法案就是一部巨大的用来制定反对规章制度的规章制度的机器。在全球化进程的最大推动力的美国,国会已经通过了对35个以上的国家实施经济制裁的表决,它们涉及世界贸易总额的20%左右。这表明,对市场的控制并不仅仅是资本主义发展初期的情形。在资本主义发展过程中,旧有的非"自由市场"因素显著减少,但新的非"自由市场因素"却不断涌现,除了不断出现的国家对经济干预的增加之外,另一个非"自由市场"因素便是大企业集团及其特殊的垄断形式的兴起,而不管这些集团是国内的还是跨国的。[109]因此,资本主义"一贯地、顽固地依靠法理上的和事实上的垄断,不顾在这方面反对它的激烈行动。今天,人们将其系统称为'组织',这个组织继续在绕开市场。人们认为这是个真正新的事实。

---

[109] 例如美国国营部门在19世纪中期仍然微不足道,但到20世纪中期,却占全国工资支出总额的11.7%。其他西方福利国家的情况就更为明显。大型企业集团经常通过内部资源调拨来取代市场交易,并不惜忍受短期损失以扩大垄断能力,它们的运作逻辑不但不依据市场竞争规律,反而是反市场的。(参见许宝强《反市场的资本主义》,《香港社会科学学报》第8期,1997年秋季号,页180。)哈贝马斯在《合法性危机》一书中的基本观察也大体相似,他从合法性角度阐述了反市场资本主义导致的全面的社会危机。

然而,错了。"[110] 正是在这个意义上,布罗代尔把资本主义看作是反市场的。

资本主义是各种手法、程序、习惯、竞争性能的总和,这是布罗代尔经过仔细观察得出的结论。作为一小部分人的特权,资本主义必然是社会秩序的一种现实,也是政治秩序的一种现实,甚至是一种文化现实。这一点无论在一个社会的内部关系中,还是在国际性的关系中都是如此。[111] 如果我们简单地用经济学的规则来说明资本主义与自由市场的关系,就会掩盖货币、城市和交换等古老的因素被组织到资本主义霸权形成历史中的复杂图景。从国际贸易来看,"自由贸易"起源于棉纺工业的说法只是一个神话,18 世纪到 19 世纪的英国对自由放任的解释仅仅是指在生产上免于管制的自由,贸易并不在内。只是到了 19 世纪 30 年代之后,经济自由主义才开始具有十字军般的热诚,而自由放任则成为一种好战的信条,一种不妥协的残暴行为的动力。正由于此,卡尔·博兰尼认为国际自由贸易就是一种信仰。[112] 我并不是说世界上从来没有过自由贸易,而只是说它仅仅是偶发的特例,贸易保护主义才是常态。许宝强的概述性研究表明,欧洲社会和美国在 19 至 20 世纪的大部分时期里,贸易保护主义占据明显的优势。[113] 换言之,"自由贸易"论如此盛行不过是资本主义霸权意识形态控制公众舆论的结果。博兰尼和布罗代尔都已经证明:长途贸易往往比内部市场更早出现,它不是基于人类寻利的倾向自然地从内部市场延伸出来,而是由探险、掠夺和战争等活动引发,为了达到某种

---

[110] 布罗代尔:《资本主义的动力》,杨起译,北京:三联书店,1997,页 76。
[111] 布罗代尔:《资本主义的动力》,页 10,43。
[112] Polanyi, *The Great Transformation*, pp. 137-139.
[113] Paul Bairoch 指出,欧洲在 19 和 20 世纪这二百年中,只有四分之一时间,即 1860 至 1892 年间,以及 1970 年以后,可以算作是对外贸易相对自由的时期,其他四分之三时间,以及 16 至 18 世纪的"重商主义"黄金时代,贸易保护主义明显占优势。美国的情况则更为明显,在 Smoot Hawley 关税法案实施后的 1932 年,美国的平均关税率曾上升至 59% 的水平。虽然此后关税率不断下降,但一些非关税保护措施,例如"自愿出口限制"(voluntary export)、"多织维协定"(multifiber agreement)、"产品标准需求"(product standardization requirements)却不断增加。参见许宝强《反市场的资本主义》,同前,页 182。

传统宗教、习俗和法律上的目的而产生。"我们的结论是:虽然人类社群似乎并未存在于外部贸易之前,但这种贸易却不一定伴随着市场。对外贸易起初更主要地是起源于冒险、勘探、狩猎、抢劫和战争,而不是以货易货的交易。它也很少意味着作为双边的和平,即使它包含了双方,也是基于互惠主义原则,而不是交换原则。"[114]

在《15至18世纪的物质文明、经济和资本主义》中,布罗代尔拒绝像经济学家那样用经济法则来解释交换的不平等,因为他发现"经济不平等纯属社会不平等的翻版。"[115]这一思想的最直接的体现就是他在资本主义和市场之间作出基本的区分:市场是联系生产和消费的纽带,而资本主义只关心交换价值。因此,市场以竞争为主宰,在市场经济条件下的交换是平等的,而资本主义则制造和利用其垄断地位,从而造成交换的不平等。布罗代尔不止一次揭露"自由放任主义"或斯密的"无形之手"创造出的"自动调节的市场"如何是一个幻象:"在生产与消费之间,市场仅仅是个不完善的连接件,光是它的'局部性'就足以说明它是不完善的了。"[116]在个人的交易活动与国内市场之间、在国内市场与远程贸易之间并不存

---

[114] Polanyi, *The Great Transformation*, p. 59. 后期的长途贸易当然带有一定的寻利性质,但在中心与边缘的依附关系中,内部市场的发展仍然步履维艰。

[115] 布罗代尔把不平等看作是迄今为止人类社会的一个基本特征,"因为人是社会的动物,人在一定程度上是社会集体的受害者;没有不平等,没有等级制,集体也就不可能存在。经济不平等是社会不平等的必然后果。"布罗代尔:《资本主义论丛》,顾良、张慧君译,北京:中央编译出版社,1997,页9。

[116] 布罗代尔使用"市场经济"与"资本主义"这两个概念,目的是把这两个领域区别开来。"让我们再重复一遍,这两类活动——市场经济和资本主义——直至18世纪仍是势单力薄的,人类行动的主要部分被包含、淹没在物质生活的广大范畴中。如果说市场经济在扩展,已经覆盖了很广阔的地盘,取得了可观的成就,它却常常缺乏厚度。我或对或错地将欧洲旧制下的现实称作'资本主义',它属于一个光辉的、精良的但是狭窄的层次,它还拢不住经济生活的全部,没有创造出——例外正可证实规律——独有的、自身趋于普及的'生产方式'。这个资本主义通常被人们叫做商业资本主义。它还远远未能抓住和左右整个市场经济,尽管市场经济是其不可或缺之先决条件。然而,话又说回来,资本主义在国内、国际、世界范围内所扮演的角色已是很明显的了。"如果我们要理解他所说的市场经济和资本主义,那么,我们就必须把它们放在与"物质生活"这一范畴的关系中加以考察。布罗代尔:《资本主义的动力》,北京:三联

在自然的发展关系。相反,在那一时期里,由于西方殖民主义的逼迫,拉美、南亚、非洲、东南亚等经济落后地区的贸易政策相对欧美等地反而"自由"得多。[117] 这不仅说明了全球性市场的不平等条件,而且揭示了经济不平等仅仅是社会不平等的必然结果。斯塔夫里亚诺斯(L. S. Stavrianos)因而指出:"所谓第三世界,既不是一组国家,也不是一组统计标准,而是一组关系———一种支配的宗主国中心与依附的外缘地区之间的不平等关系,这些地区过去是殖民地,今天是新殖民地式的'独立'国。"[118] 因此,从历史的角度看,没有各种超经济的社会力量,特别是政治权力的干预,市场经济就不可能产生。市场经济不是自然进化的结果,而是一种创制。

按照博兰尼的看法,自律性市场必须将社会在体制上分割为经济领域与政治领域,这一二分法从社会整体的角度看只不过是对自律性市场的存在的说明。无论在早期欧洲的部落社会、封建社会或重商主义的社会,还是在晚清以前的中国社会,都未曾出现分离的经济体制。例如,周代的贵族政治与井田制度相伴随,所谓"普天之下,莫非王土;率土之滨,莫非王臣。"冯友兰曾说:"所谓王土王臣,在后世视之,只有政治的意义,然在上古封建制度下,实兼有经济的意义。上述社会之诸阶级,亦不只是政治的,社会的,而亦且是经济的也。盖在上古封建制度下,天子,诸侯及卿大夫,在政治上及经济上皆为人民之主。"[119] 这种经济/政治/文化相互缠结的方式并不是中国的独有现象,按照博兰尼的理解,欧洲只是在19世纪才经历了摆脱这一模式的"巨大的转变"。"在19世纪社会,经济活动被抽离并输入到一个独特的经济动机之中,这确实是一个奇特的转折。

书店,1997,页29,25—26。
[117] Paul Bairoch, *Economics and World History-Myths and Paradoxes* (Chicago:The University of Chicago Press,1993),pp. 41-42,172-173.
[118] L. S. Stavrianos:《全球分裂》,上册,迟越、王红生译,商务印书馆,1995,页17。
[119] 他举例说,周以土地封其子弟为诸侯,即使其子弟为其地之君主兼地主也。诸侯再以其地分与其子弟,其子弟再分与庶人耕种之。庶人不能自有土地,故只能为其政治的经济的主人作农奴而已。见冯友兰:《中国哲学史》,上海:商务印书馆,1934,页32—33。

某种程度上服从于它的需求,这样的一个制度是无法运作的。一个市场经济只能存在于一个市场社会。这是我们在分析市场制度时所得出的结论。"[120]

但是,如何理解这一"巨大的转变"仍然是一个有待探讨的问题:它是制度安排的结果,还是市场自然发展的产物?被描述为"在国家之外的市场",是否真的是一个自由的领域？19世纪经济史和当代世界的垄断现象表明:市场的运作不仅带有制度安排的鲜明印记,而且从未摆脱支配性权力的操纵。自由放任本身就是由国家强制实行的,自由市场的大路建立在干预主义的地基之上。因此博兰尼才会说:经济自由是一个社会计划,自由放任不是达成某一目标的手段,而是有待达成的目标。自由市场的引进不但没有消除对干涉和控制的需求,相反却扩大了它们的范围。[121]在这个意义上,博兰尼所说的"巨大的转变"(其标志是经济与政治的分离)很可能根本没有发生,发生的不过是经济与政治的关系的某些重要的改变。如果说在自然经济条件下,价值规律保持着它的透明性,而市场社会的特征之一却是经由垄断和制度安排而获取超额利润。市场社会不仅不像有些当代中国经济学家和知识分子期待的那样保护私人领域,相反,市场与支配性的权力之间的"看不见的"关系不断地将"私人领域"转化成为"社会的"领域。市场社会是对"价值规律"的否定,而不是对"价值规律"的肯定。正是在这个意义上,"个人对财富的占有,如同积累过程的社会化一样,归根结蒂不会尊重私有财产。一切意义上的私人性都只会妨碍社会'生产力'的发展,因此私有制必须被推翻,而代之以社会财富的越来越快的增长过程。这一认识并非马克思的发明,而是这个社会的本质所在。"[122]阿伦特的上述断言揭示了现代社会主义运动得以发生和发展的动力,这种动力是植根于市场社会的运行法则内部的。假定从发生学的角度讨论各种社会计划的话(包括社会主义的国家计划及其后果),我们显然不能单纯地在两种不同的知

---

[120] Polanyi, *The Great Transformation*, p. 71.
[121] Ibid., pp. 135-150.
[122] Arendt, *The Human Condition* (Garden & New York: Doubleday Anchor Books, 1959), pp. 59-60.

识类型和知识论的对立之中给予解释。例如从政治体制的角度看，国家总体计划是现代民族—国家体制的产物，而民族—国家体系乃是全球市场的政治形式。离开了这种政治形式，国际劳动分工就不可能实现。

社会/国家、市场/计划的二元论完全建立在民族—国家的内部关系之上，然而，市场社会关系的扩展明显地是一个全球事件，否则我们根本不能理解中国社会在近代发生的重大的、从内部来看几乎是偶然的转变。但是，这一转变不能被简化为如下结论，即中国或者亚洲的市场是完全从外部强加的，或者市场仅仅是近代资本主义的产物。恰恰相反，作为交换活动的市场如此古老，以至我们难以确定它存在的久远年代；现代世界强加给我们的不是市场，而是一套新的制度安排，以及从这种制度安排中获得利益的权力关系。当中国以计划经济模式及其政治形式出现的时候，丝毫不意味着它彻底地摆脱了市场，毋宁说，它以特定的内部组织形式加入到以民族—国家为其政治形式的国际市场及其经济/政治/军事竞争之中。促成这一制度选择的动力，除了意识形态方面的考虑，更为重要的是民族—国家之间的竞争和效率问题。如果认为公有制和计划经济是一种违背效率原则的经济形式那就错了，因为它是为了加入国际竞争而发展起来的、以高效率为目标的经济形式。换言之，社会主义的国家实践原以为是对市场社会或资本主义社会的摆脱，最终却不过是扮演了市场社会的一种特定的政治经济形式。

从历史的角度看，市场/计划的二元论建立在封建主义/资本主义/社会主义的三重时间关系之中，它们分别被界定为前市场制度、市场制度和后市场制度。然而，最近几十年来有关前现代社会的研究已经证明：前现代社会并不是自然经济范畴中的一个封闭的、完全自给自足的结构，因为在前现代社会里到处都有市场，以至有学者认为：中国历史中的小经营生产方式（特别是农业领域），"是支撑现在中国的开放政策和所谓'社会主义市场经济'的发展的主要条件之一。"[123] 中国学者关于明清经济史的

---

[123] 中村哲：《中国前近代史理论的重构》，《中国前近代史理论国际学术研讨会论文集》，武汉大学中国三至九世纪研究所编，武汉：湖北人民出版社，1997，页9。

大量的实证研究清楚地证明了市场并不是一个简单的现代产物。东亚地区不仅存在着吴承明、黄宗智所讨论过的那些非资本主义的市场和商品交换，而且还存在着由滨下武志和茂木敏夫研究过的朝贡体系，他们在不同方面描绘了中国和东亚地区存在的相当活跃的市场和贸易体系。在一篇提纲挈领的文章中，印度学者乔杜里研究了1800年以前亚洲的商业资本主义和工业生产，他指出亚洲经济发展之所以不同于欧洲，原因不在马克思提出的生产方式理论，而需要用远程贸易演变的条件来解释。[124] 至于社会主义国家，"第一、分析家们越来越一致地认为，社会主义和共产主义国家并没有真正地、最终地摆脱世界市场；第二、在每个社会主义国家内部都进行过一场长期的辩论，其主题是，在国内市场实行某种放开会得到什么好处。在辩论中甚至产生了一个新概念：'市场社会主义'。……人们通常将竞争和垄断看成是资本主义市场的两极，而布罗代尔则视之为不断斗争的两个结构，在这两个结构之中，他只把垄断定性为'资本主义'。"[125]

在这个意义上，我们必须把现代"国家"的产生及其对内部社会的重新塑造与市场时代的降临密切地关联起来，而不能仅仅把"市场社会"的形成看成是一个单纯的经济事件，或者简单地把国家与市场作为对立的两极加以处理。当代社会流行的市场/计划二元论掩盖的正是资本主义与政治的关系。如果我们承认资本主义与垄断的持久的关系，那么，也需要同意另一个判断，即一切垄断皆具有政治性。"如果没有一种政治保证你就永远不能支配经济，永远不能扼杀或限制住市场的力量，要想设立非经济性的壁垒，不让人家涉足经济交易，要想将非分的价格强加于人，要想保证非优先性的采购，不依靠某个政治当局的力量是做不到的。认为没有国家的支持、

---

[124] 他说："三大类亚洲工业产品（纺织、五金、陶瓷）在整个印度洋地区开展大宗贸易，甚至远销地中海。商人在远方市场和地方性生产之间起着必不可少的纽带作用。但是，不可能把商人和工匠之间存在的十分特殊的社会和经济关系归纳为马克思规定的从封建生产方式过渡到前资本主义生产方式必须经历三个阶段的公式。……"乔杜里：《1800年以前亚洲的商业资本和工业生产》，见布罗代尔：《资本主义论丛》，顾良、张慧君译，中央编译出版社，1997，页18—19。

[125] 布罗代尔：《资本主义的动力》，页84。

甚至在反对国家的情况下也能成为一个(布罗代尔定义下的)资本家,那简直是一个荒诞的想法。"[126] 因此,一方面,国家过于强大的地方,市场或市民社会及其运作就会受到破坏,另一方面,一个市场社会的形成又依赖于国家的干预和安排。按照博兰尼的分析,自由市场依赖于国家的计划,而国家对市场的限制却是自然而然产生的。这一判断与我们的日常知识似乎完全相反,却更符合实际,即自由放任是精心刻划的结果,而计划经济却是自然产生的。如果我们要清算计划经济的罪过,那么,我们就必须检讨计划经济模式从自由市场的内在矛盾中产生出来的漫长历史过程。

3. 晚清国家对"市场"和"社会"的创制

现代国家是作为一个国家系统出现的,这个国家系统产生于"欧洲世界经济"——由欧洲国家统治的世界市场——之中。[127] 换言之,现代国家是资本主义制度运作的一个组成因素,这是因为以欧洲为中心的世界体系的扩展不仅是一种经济和军事关系的扩展,而且还是一种国家体系的扩展,它把其他地区的传统政治形式——如中国及其朝贡关系——贬低为次要的、附属性的形式。中心与边缘的力量分化并不意味着任何一个单一的国家都已获得控制世界范围内各种交换关系的力量,它仅仅意味着现代国家的形成不仅与内部的经济环境有关,而且也与外部的经济环境有关。[128] 国家主权的特定形式是根据与其他国家的主权关系而确定的,这种主权关系不能仅仅被理解为一种国际的政治关系,而且也必须被理解为一种国际市场中的经济关系。为了获取经济关系中的平等机会,第三世界国家以民族独立的方式争取自决权,并利用国家主权保护自己的利益。这一问题明显地需要在资本主义发展的全球关系中给以

---

[126] 布罗代尔:《资本主义的动力》,页85。
[127] Immanuel Wallerstein, *The Modern World-System* (New York: Academic Press, 1974).
[128] J. Habermas, *Communication and the Evolution of Society*, trans. Thomas McCarthy (Boston: Beacon Press, 1979), p. 190.

解释。[129]

让我们回到晚清以降的中国历史中来观察上述结论。近代中国的"主权"意识是在国际商战及其对关税壁垒的保护性需求中诞生的,这生动地说明了市场社会体系与民族—国家的内在的、决定性的关系:民族—国家和民族—国家体系乃是现代国际和国内市场社会的上层政治结构。换句话说,我们必须从19世纪市场制度的扩张(国际自由贸易、竞争性劳动市场及金本位制联为一体)与民族—国家的建构的关系着眼,观察经济自由主义为何能够转变为一种世俗的信条。康有为曾说:"凡一统之世,必以农立国,可靖民心。并争之世,必以商立国,可侔敌利……古之灭国以兵,人皆知之;今之灭国以商,人皆忽之。"[130] 在《日本书目志》中,他针对"经济帝国主义"的威胁,要求政府改变重农轻商政策,为工业化和市场提供相应的条件。康有为的观点不是放弃农业,而是要把农业从维持生产者的生计的运作方式,转向大量生产,投入市场,赚取利润,亦即是要求用市场经济的方式从事农业生产,并为工业和商业的拓展提供条件。[131] 1870—1890年代,郭嵩焘、薛福成、马建忠、郑观应、陈炽、康有为和其他清朝官员都曾先后呼吁政府采用重商主义政策,师法西洋的经济政策,为市场经济作出相应的制度安排。

通过国家的制度安排形成市场经济并不是晚清中国特有的现象。萧公权在谈及康有为的经济改革计划与日本明治维新的关系时曾说:"康氏的计划与日本经验相合之处,不止一端:诸如政府起领导作用,皇帝扮

---

[129] Mostafa Rejai 在他和 Herbert Waltzer, Alan. Engel 等合著的书中谈到:"殖民地民族主义的基本目标,是在终止帝国主义的统治;而在其自己的土地上,创立一个与其他主权国家立足平等的国族(formative nationalism)。"(恩格尔等著:《意识形态与现代政治》,张明贵译,台北:桂冠图书股份有限公司,1985,页51)但是,他和许多研究殖民地人民的民族主义的人更多地关注殖民地民族主义的暴力倾向(如他们特别关注 Frantz Fanon 所说的那种"殖民地人民发现其自由是在暴力中,并且透过暴力找到自由"的宣称),却对殖民地在反抗外来势力时的制度创制及其动力问题缺少深入的说明。
[130] 见翦伯赞等编:《戊戌变法》,第2册,上海:上海人民出版社,1957,页145。
[131] 萧公权:《康有为思想研究》,汪荣祖译,联经出版事业公司,1988,页285。

演重要角色,私人企业为基本动力,以及教育与经济现代化齐头并进。"[132] 清朝政府并没有完全实行康有为的计划,但它逐渐地推行一套能够发展市场和贸易的政策,则是非常清楚的事实。在某种意义上,清朝政府对市场的干预既是现代国家的起源,也是市场社会(按照博兰尼的看法,市场社会与市场是两个不同的概念)的起源,而它的最为深远的动力就是全球市场社会及其运行规则与民族—国家的政治体系的互动关系。近代中国改革运动的经济目标始终是利用国家的力量为市场社会提供制度性的安排,而国家力量的衰败使得许多中国的知识分子感叹中国无法像明治维新时代的日本那样拥有政治的统一意志。因此,以发展经济为理由而加强统一国家的力量成为自晚清以降中国历史中的重要现象。国家的强大的组织和干预能力恰恰起源于市场社会的基本逻辑之中。民族—国家和民族—国家体系应该被理解为国内市场和国际市场关系的政治结构,这个政治结构不仅保护市场社会的运作,而且也调节市场与社会之间的冲突,因为它本身就是市场社会的一个内在的因素。因此,对于国家控制或社会控制的研究必须重新建立在对市场社会的活动方式的持久的和广泛的观察之上,因为市场与国家的关系从来不能简化为一种二元论的关系。古典经济学一直采用政治经济学的方式,正是因为经济与政治难以截然区分。在经济日益发展为一种自律的领域的过程中,经济与政治的关系发生了重大的、难以估量的变化,但二者之间的那种相互渗透关系从来没有终止。市场与权力的内在关系证明的无非是:现代世界不平等的起源既是政治性的,也是经济性的。对于历史研究来说,这是一个必须时刻牢记于心的问题。

在国际性的关系中界定国家主权、呼吁公民对国家目标的认同,这与在国内关系中设定国家对社会的干预边界或程度没有直接的关系。社会/国家、市场/计划的二元论首先产生于经济自由主义对干预主义的批判,但这一批判不仅与强大的国家相并存,而且还保留了更早时期市民社会在与封建国家争夺空间的斗争中形成的理论兴趣。欧洲近代社会思想

---

[132] 同上,页319。

是在资产阶级市民社会和资产阶级民族国家的共时性扩张中产生的,市民社会的发展与国家的强大具有密切的关系。在这样的背景下,我们才能理解亚当·斯密、大卫·李嘉图等政治经济学家利用个人主义、自由的市场和经济规律的范畴抵制国家的干预政策的历史含义。如果说对干预主义的批判前提是强大的、自足的国家,那么这个前提在晚清和民初时代并不存在。例如,晚清社会的主要趋向是地方分权现象的出现和中央权力的急剧缩减。一方面,镇压太平天国的过程导致了地方军事化和地方权力的增强,这是一个被迫的国家放权过程,另一方面,晚清改革过程中的一些制度设计则是国家进行自我改造的例证。早在光绪元年(1875),军机大臣文祥就曾密奏光绪皇帝,建议采用欧美议院制作为改革的范本。身为商人的郑观应和身为大臣的康有为都曾讨论过议会制和颁布宪法的必要性,这表明晚清改革运动不能够简单地从国家/社会的对立关系加以观察。经过戊戌变法及其失败,这些建议最终成为晚清政府的"新政"措施之一。实际上,戊戌变法运动本身就是晚清国家的自我改造运动,这一运动的失败并不意味着这一自我改造运动的终结,相反,从那时开始,国家的自我改造采取越来越激进的方式。1905—1906年的新政改革的措施甚至较之康有为在戊戌变法时期的建议还要彻底。

以分权为特征的改革运动是一种国家改革运动,它试图通过加强地方士绅和地主阶级的力量重组社会秩序,提高国家的运作效能。然而,清朝国家的自我改革运动面临的威胁不仅来自王朝内部,而且也来自直接针对王朝自身的下层革命运动。晚清和民初的革命思想和革命运动首先是对异族统治和皇权的批判和否定,而后又发展成为对士绅地主制度的批判和否定。晚清革命者已经意识到加强地方乡绅/地主制度的力量以及地方分权改革都是晚清国家建设的一部分,因而这些制度和改革是和皇权的合法性密切相关的。在辛亥革命之后,这一看法日渐流行。这就是晚清改革的悖论:王朝合法性对地方自治的依赖与地方自治对王朝合法性的瓦解相并存。如果说明末清初的"封建"思想(如顾炎武)是通过确认地主土地所有制来限定君权所有制,那么,清末民初的均田主张却包含着对土地私有制的激烈的批判,这种批判的根据之一是对皇权及其社会基础的否定,另一根据则是清代中期以降日渐发展的土地兼并。

胡汉民、刘师培、孙中山的平均地权的主张各有不同,却都表达了对私人财产权的怀疑和否定。但这种怀疑和否定首先针对的是皇权之大私和过度的兼并,它在思想的脉络上更接近于黄宗羲在《明夷待访录》中以恢复井田的名义表达的平均土地理想。[133] 换言之,在辛亥革命前后,限制私有权的思想并不是国家的政策,而是那些与国家为敌的人的主张,因为在他们看来,这种制度不仅制造了社会的不平等,而且就是专制制度的经济基础。因此,在晚清时代,限制私有权的思想与国家计划毫无关系,它是针对土地兼并和皇权扩张作出的自然反应,而不能被简单地看作是反市场的或主张计划的。人们可以批评这些革命者的观点不符合当代自由主义的原理,却不得不承认这种限制私有权的思想是晚清共和思想的有机部分,它与在政治上建立立宪的、保障个人基本权利的、民主参与的共和国的构想紧密地联系在一起。晚清共和主义者们认为,当时的土地所有制(包括地主所有制)与专制皇权之间的确存在着相互支撑的关系。这与明末的情况有所不同,因为那时的田制论和封建论是以对抗皇权、要求地方自治或分权的形态出现的,黄宗羲关于井田制的观点看起来是要恢复古代的土地国有制,针对的却是有明一代的官田所有制。如果我们仅仅简单地谴责近代中国思想中的反私有权思想,认为这种思想否定了经济自由、导致了国家所有制的出现,那么,我们又如何理解皇权与地主土地私有制的相互支撑的关系呢?这表明,对于现代中国历史和思想中的基本问题,需要置于更为长远的历史关系中加以考察。我在此绝不是在倡导传统的公有制,而是着重指出一个基本思想:限制私有权的思想与限制国有权的思想均产生于具体的历史关系、特别是特定的政治/经济结构之中,它们都不是单纯的某种思想方法(如相信个人知识的有限性,或者相反,相信人的理性能力)的结果。我们无法根据一个最佳的理性选

---

[133] 参见黄宗羲:《明夷待访录》中的《田制》一、二、三各篇,见《黄宗羲全集》,第一册,浙江古籍出版社,1985,页22—35。

择对它们进行筛选和评判。

近代中国社会思想的产生一开始就面临了一种全球性的经济、政治和军事关系,"共同体"的问题如此真实,以至它无法通过还原主义的方式归结为个人的具体事务。换言之,我们既不能从个人的经济动机出发解释中国社会的结构性变化,也不能从个人的政治动机出发解释中国的国家结构的革命性转变。近代社会改革必须被看作是在一个更为广泛的制度安排中实施的,"社会"和"市场"都可以被看作是一种由国家直接推动的制度安排,甚至国家本身也是在世界性的变迁中自我重新变革的结果。晚清国家必须从它的传统形式转化为民族—国家,无论在国际事务中,还是在国内事务中,国家及其合法性都面临深刻的危机。因此,"社会"主要不是产生于资产阶级抵御国家干预的自我保护功能,而是处于衰落过程中的国家进行自我改造的产物,即力图通过制定改革政策建立特定的社会团体,以取代一部分国家功能,重建国家的合法性,进而为新的民族同一性的形成创造前提。国家对经济活动的制约方式在很大程度上植根于如下事实:国家必须以特定的方式参与国际市场的经济活动和民族—国家的政治体系。从基本的方面看,资产阶级市民社会与国家的对立并不构成晚清社会的主要内容,晚清社会思想也根本不是在这种对立之中进行的。当晚清思想家利用"公"和"群"的概念论证社会和国家的必要性的时候,他们否定的是一家一姓的"私"的王朝,而要形成的则是现代国家和社会。在一定意义上,"社会"是他们建构国家的途径。我们甚至可以说,"社会"和"市场"是经由部分改革知识分子的设计、由晚清王朝和初期的民国加以体制化的结果。换言之,"社会"和"市场"是国家计划的一部分,是国家的改革政策的产物,从而它们无法成为一种"自主性"或"自律性"(autonomy)范畴。我这样说,并不是否认中国历史中早已存在的那些区域性市场和社会交往机制,恰恰相反,我强调现代"社会"和"市场"是对早先的各种社会因素和制度因素的改造和重构,这种改造和重构从一开始就是通过社会的上层结构(国家)的干预实施的。

正由于此,我们发现,那些诉诸社会和市场的自律和自由的知识分子最终仍然是一些国家主义知识分子，他们从未像"关心社会的国家功能"那样关心社会的自我保护——我在这里指的是下层社会的自我保护运动，如工人、农民、妇女、少数民族和其他边缘群体的命运和社会运动。那么，为什么现代知识分子总是趋向于精英式的制度设计、趋向于从"国家"问题的角度考虑社会问题呢？对于这一问题，我们可以从不同角度加以解释。但有一个原因却难以回避，这就是：在晚清以降的思想氛围中，"国家"的必要性不是从社会内部的关系中加以论证的，而是在殖民主义时代的国际关系中提出的。人们普遍地相信，只有通过国家把民族组织成为一种法人团体或政治、经济和军事单位，才能够有效地保障社会内部的安全。世界资本主义关系为国家的"必要性"提供了论证，而这种"必要性"论证又掩盖了借助于国家建设形成新的社会统治的过程。无政府主义在晚清时代和民国初年极为盛行，但大部分无政府主义者逐渐转化为国民党人或共产党人，这种转变的关键不能仅仅从他们的个人动机中猜测，而必须考虑他们是在怎样的世界关系和国内关系中转向了形态各异的政治活动。殖民地国家在民族独立和解放运动中普遍地强调社会的优先性，并最终造成了对个人自由的损害。这一历史现象不仅仅产生于"传统"（这绝不是说传统不重要），而且也和现代世界体系的历史关系存在着基本的联系。这个世界体系是以民族—国家作为其政治形式的。本书的若干讨论显示："社会"和"市场"连同它们的创造者"国家"在某种意义上都与"知识规划"的过程密切相关。因此，我们需要认真探讨的是现代社会形成的动力学及其多样的历史后果，而不是僵化地在市场/计划、社会/国家的二元论中做二者择一的取舍。

在晚清民初的民族自强运动中，中国知识分子对世界的整体解释可以被理解为对国家的合法性的一种论证，但他们要证明的不是原有的政治秩序的合法性，而是如何、以及为什么必须通过变革去运用政治力量，实现那些对构成社会同一性具有意义的各种价值。哈贝马斯曾说："合法性冲突不得不与集体同一性的定义相联系，而集体同一性又只能以这样一些结构为基础，这种结构使统一得以建立，并保证着共识——诸如语言、种族背景、传统或者(确实还有)理性——的进行。"[134]欧洲社会的合法性的冲突与阶级结构和经济关系密切相关,而在晚清社会,国家组织及其社会同一性则是民族冲突的必然前提。正是在这样的条件下,晚清时代的知识分子论证变革和新的社会政治体制的正当性,就必然赋予他们的"科学思想"以世界观的性质,即对宇宙、世界、政治和伦理作出整体解释。"科学"成为创制新的制度形式的根据。我们可以说这种论证具有整体论的特征,但我们却不能将之归结为科学主义——这种科学主义可以被看作是市场/计划、社会/国家的二元论的认识论基础。[135]

在晚清直至当代中国的历史语境中,市民社会与国家的对立从来没有构成人们关注的中心问题。从晚清思想来看,"公"、"群"概念既指国家,也指社会,它们为国家和社会提供了自由和谐的宇宙论基础。在形成社会的同时形成国家,或者通过社会组织的建立(如商会、学会、媒体以及国会)来重建国家的制度,是晚清社会思想的中心主题。加强国家的力量与加强社会的力量在这里是同一问题的两个方面,它们都依存于适应国际经济体制和政治体制的基本目标。这就是严复、梁启超的思想活动的基本含义:他们对"群"、"公"和"社会"范畴的解释是一种话语实践,目的是形成与民族国家相对应的"社会"。在这个意义上,晚清社会思想的任务并不仅仅是要形成民族国家,而且是要形成相应于民族国家的社会形式。"国家"和"社会"都是一种现代性的创制。在古老帝国跻身民族—国家体系的困境中,当代社会理论中的社会/国家二元论不仅无法恰当地解释晚清时代中国思想的历史意义,而且也误导了有关中国社会民主化改革的政治想像。值得注意的是,当代社会理论有关社会专制起源的讨论一直是建立在社会/国家二元论基础之上的,如果我的上述推论合理的话,那么也就意味着:在晚清语境中,"社会"或"市场"范畴难以

---

[134] Habermas, *Communication and the Evolution of Society*, p. 182.

[135] 这一问题的提出是针对那种过分简化的理论模式,而不是为了论证某种经济和政治理论的合法性。在晚近有关东亚国家在经济发展中的作用的分析,也都是从效率角度即组织发展资本主义经济方面分析的。如何建立关于苏联、东欧和中国等社会主义国家的国家实践的理论解释,仍然是一个悬而未决的问题。

构筑出与国家范畴相对应的领域,在这个意义上,我们必须重新探讨社会专制及其可能性的起源。在这里,问题的核心是需要从总体上把握现代社会的基本特征。我在讨论严复的思想含义时已经涉及了这一问题。

卢卡契在讨论历史唯物主义的职能变化时,曾把18、19世纪初理论科学的极大高涨看作是资产阶级社会结构和进化的结果。"经济、法律和国家在这里(这些理论中——引者注)作为严密的体系呈现出来,这种体系借助于它们自己的力量达到完善,借助于它们自己固有的规律,控制着整个社会。"[136] 换言之,历史唯物主义不过是资本主义社会的自我认识。卢卡契把马克思主义中经济(基础)和政治(上层建筑)的区分归结为资产阶级社会中的经济和政治的分离,而在我看来,更为准确的说法应该是:经济基础和上层建筑的区分起源于资产阶级社会有关这一分离的自我认识。这一自我认识可以被归纳为:在资本主义社会中,国家不干预市场的经济运作,而在前资本主义时代,"国家并不是社会经济管理的一个协调,它不过是未被协调的统治本身。"[137] 这一自我认识所以是可疑的,是因为资产阶级民族—国家体系正是现代资本主义的政治形式,国家不是外在于市场社会的存在,而是市场社会运作的内在要素。因此,与其说国家与经济发生了分离,不如说国家与经济的关系发生了某些变化。在这个意义上,自由主义和社会主义经济学都以社会/国家、市场/国家的二元论为理论的元范式,从而都是资本主义社会结构和进化模式的自我

---

[136] 乔治·卢卡契:《历史和阶级意识——马克思主义辩证法研究》,张西平译,重庆出版社,1989,页247。

[137] 同上,页63。他还指出,在那种社会中,商业的作用较小,社会各个部分的自治程度更高(例如在农村中的公社),要不然就是在社团的经济生活中和生产过程中完全不起作用。在这种情况下,国家作为已组织起来的统一体,在社会的现实生活中继续保持着一种极不稳固的支撑作用。社会的一部分仅仅是生活在那种完全不依赖国家命运的"自然"存在之中。这个看法,与马克思的观点是一致的。马克思说:"这种自给自足的公社不断地按照同一形式把自己再生产出来,当它们偶然遭到破坏时,会在同一地点以同一名称再建立起来。这种公社的简单的生产集体,为揭示下面这个秘密提供了一把钥匙:亚洲各国不断瓦解,不断重建和经常改朝换代,与此截然相反,亚洲的社会却没有变化。这种社会的基本经济要素的结构,不为政治领域中的风暴所触动。"《马克思恩格斯全集》第23卷,北京:人民出版社,1956,页396—397。

认识。社会/国家、市场/计划的二元论是资产阶级借助于市民社会的政治经济活动与封建国家争夺生存和发展权利的斗争的理论表达。在解释近代中国和当代中国的社会转变时,这种模式的解释力是十分有限的。

第七节　技术统治与启蒙意识形态

在"科学主义的解释模式"中所暗含的那种自由与计划的二元论几乎完全不能描述当代世界的图景。科学及其技术后果在全球经济和政治制度的变化和差异性之中是一种超越一切差异的力量。哈贝马斯曾指出,科学和技术已经成为主要的生产力的来源,它独立地创造着剩余价值,逐渐地取代市场经济中的等价交换原则,进而成为保障资本主义体制合法性的意识形态。科学技术(作为生产力)在实现对自然的统治的同时,也以意识形态的方式实现了对人的统治。[138]"科学主义的解释模式"对总体计划的揭露与哈贝马斯对晚期资本主义社会中国家干预的分析不是没有相近之处的,它们都可以被看作是对科学主义的批判,也都可以被看作是对自由资本主义的某种理想化描述。[139]

但这种相似性同时表明,科学主义或者技术统治是自科学技术成为

---

[138]　Habermas, *Legitimation Crisis*, trans. Thomas McCarthy (Boston: Beacon Press, 1975). (下同)

[139]　哈耶克的个人主义强调的是没有外部强制干预的个人间的理性,而哈贝马斯则致力于研究"交往行为"。他们两者都把社会科学中的实证主义看作是科学主义的方法论根源。例如哈贝马斯说:"历史—诠释科学也可以按照自然科学的模式,构成一种科学主义意识。甚至口头流传下来的科学思想似乎也可以在理想的共识性中汇集成一个事实的宇宙。尽管人文科学(历史—诠释科学)通过理解去把握它的事实,尽管人文科学对于发现普遍规律并不怎么关心,然而,人文科学和经验—分析科学却有着共同的方法意识,即用理论观点去描述结构化的现实(或现实结构)。历史主义已经成了科学的实证主义。"哈贝马斯:《知识与人类兴趣:一个概观》,中译文收入黄瑞祺著《现代批判社会学》,台北:巨流图书公司,1985,页247—248。此处译文经曹卫东根据德文原文校译,有重要的改动。

世界的最为重要的构成力量以来的普遍现象,而不是社会主义的专有物。伴随着西方工业社会从"自由的"资本主义向"组织的"资本主义的过渡,经济领域的集中化、组织化和管理化逐渐成为重要的趋势,而国家对社会生活的干预幅度也明显地增强。[140]哈贝马斯曾把战后资本主义发展概括为三个方面:在生产力方面,科学技术成为第一生产力;在生产关系方面,资本的集团所有逐渐向资本的国有化转化;在上层建筑方面,形成了以"经济计划化"为中心的运行机制。科学技术作为意识形态的职能在另一方向充分地展示出来:它把社会生活中的人与人的关系不断地转换为人与自然的关系,从而导致了政治参与意识的衰落、社会关系的技术化和单向度的人。

与此相应,在冷战结束之后,中国、东欧、前苏联国家以及其他亚洲国家明显地加速了市场化改革,国有企业的私有化运动是这个市场化改革的国内目标之一,而进入全球市场则是这个改革的国际方向。在一定程度上,这些国家的市场化改革正是国家计划的一个部分。[141]更为重要的

---

[140] 市场经济的"自然法则"的观念体现了一种反对控制的看法,因为这种规则被认为是自然的,而不是人为的。但是,资本主义经济危机摧毁了这种信念并为广泛接受管理的资本主义(即国家广泛地对市场进行调控的资本主义)铺平了道路。威廉·莱斯把这种市场经济的"自然法则"看作是古代自然主义的遗存。但是,恰恰是资本主义本身破坏了自然主义行为模式赖以建立的一切社会基础。在古典自然主义中,社会等级被视为自然的秩序。然而,资本主义发展了一切个人完全平等的观念,以及自然和社会之间对立的观念,而恰恰是社会与"自然"的分离放松了对社会交往的限制并为生产力的巨大发展创造了条件。这就是控制自然发展成为一种基本社会意识形态的历史背景。Leiss, *The Domination of Nature*, p. 182.

[141] 有关东亚经济起飞的讨论对此是可以作注释的。一般来说,解释东亚经济奇迹的理论大致可以分为两派,一种是文化论,一种是制度论。文化论者是对韦伯命题的再解释,他们强调儒家文化对现代化的支持作用;制度派强调儒家文化圈内部的发展差异,从而强调制度安排在东亚经济中的作用。以中国为例,20世纪70年代末期开始,国家实行改革开放政策,大幅度地改变原有的制度和政策,经济状况发生了迅速惊人的变化。这种情况就只能在制度安排的框架中解释。国家在经济过程中的作用极为复杂。相关讨论参见:庞建国:《"国家"在东亚经济转化中的角色》,苏耀昌、赵永佳:《综论当前关于东亚发展的几种观点》,见罗金义、王章伟编:《奇迹背后:解构东亚现代化》,牛津大学出版社,1997,页25—56,1—24。

是，在实施对自然的有组织的控制，并通过这种控制行为组织社会方面，东西方社会不仅没有根本的差别，而且也相互促进。值得思考的问题是，在自由的市场经济中，是什么力量促使它选择了新的控制形式？在计划经济的模式中，是什么动力促成了它向市场的转化？它们的相互渗透构成了全球资本主义体系的新的形式。

马克思曾经深入地分析对自然的控制与劳动过程的关系，从而表明他试图把科学和技术理解为一种社会关系。马克思指出：在资本主义社会中，人们对自然的控制总是受到雇佣劳动这一特定形式的影响，从而预言只有在无阶级的社会条件下，才能实现真正的自由，即"社会化的人，相互联合的生产者合理地安排他们与自然之间的物质交换，使它处于他们的共同控制之下，而不允许它的盲目力量来左右他们。"[142] 然而，"马克思恩格斯无法预料在理性的控制下引起人与自然物质相互转换的某种全球统一社会秩序形成的可能结构。他们无法预见科学和技术的发展已成为社会主义和资本主义国家之间残酷斗争的重要工具，或者说社会主义内部的'社会化过程'会因来自资本主义社会的强大军队和意识形态压力的影响而变形。"[143] "科学"的控制特性既没有随着计划经济的变革或传统的社会主义运动的消亡而消失，也没有伴随资本主义全球化的过程而减弱，相反，它通过科学技术与现代化目标的结合成为最为有力的统治意识形态和最为突出的"现代性之后果"。因此，这里首先涉及的不是对国家干预模式的价值判断，而是这种模式的社会起源，以及如何估价计划在国家政治生活中的实际效能。[144] "科学主义的解释模式"致力于对极权主义及

---

[142] 马克思：《资本论》第三卷，北京：人民出版社，1963，页 800。恩格斯进一步断言：在社会主义条件下，人将第一次成为"自然的真正主人，因为并据此，他们成了自己社会化过程的主人。" Frederick Engels, *Anti-Dühring* (Moscow: Foreign Languages Publishing House 1954), p. 392.

[143] Leiss, *The Domination of Nature*, p. 85.

[144] 麦金太尔曾经议论说："计划的思想、中央权力有效性的思想，恰好是在计划必定是无效率的（除去在极小的范围内）的历史时期占据了统治地位。我们这时代令人印象最深刻的政治事实，是政府被迫接受的大多数政策所具有的偶然性质。这种偶然性质是由种种无法控制的事件的合力作用造成的，虽然那些当权者坚持认为这些事件是为

其意识形态的批评,却未能说明现代科学技术成为一种普遍力量的历史动力,特别是它的运用过程与资本主义过程的历史的和逻辑的联系。这一解释模式把现代社会的危机归结为思想方式(以及由此而产生的社会构造方式)的危机,从而无法把科学问题作为一个现代文明问题来思考,即现代文明是一个科学技术的文明,它的构造方式本身就是由科学技术为原形和以征服自然为动力的。把问题设定在"理性的滥用"的层面,就无法对"理性的形式"——科学和技术——的社会起源及其后果进行反思。如果社会控制产生于社会制度和经济制度的理性设计方式,那么,它就不过是一种对于自然科学方法的误用的结果。这一结论有意无意地是在暗示:在自然的控制与社会的控制之间没有必然的联系。在我看来,"科学主义的解释模式"集中讨论社会科学对自然科学方法的误用,实际上正是在加强(虽然不是直接地)启蒙运动以来的科学意识形态,即科学的"真理"诉求与它的方法论的必要性联系在一起,因而科学能够免于社会和历史处境的影响。科学是真理,并由于此而能够用它的程序来表达它自身,经由这种程序它的研究对象获得了理解。由此,科学的自我批评就在它自身的规范性结构的疆域内进行。科学的学科制度坚持着一个不容质疑的原则,即只有那些被吸收为科学共同体的人(经过训练,拥有资格证明)才有资格承担科学工程所需要的革新。[145] 资本主义的社会关系的普遍化和超越文化和制度差异的科技的普遍化是同步的,[146]以至

计划思想所支配,事实上却是他们主观意愿的产物。"他进而指出,正因为发达工业社会是不连续的和不和谐的,非技术的因素可以发挥重要的动因作用。政治传统、文化制度、决策行为都可能不期然而然地产生比在过去较统一的社会中更大得多的影响,这些因素可能导致不同的发达工业社会朝向不同的方向变化。麦金太尔(MacIntyre):《马尔库塞》,邵一诞译,中国社会科学出版社,1992,页92—93。

[145] Stanley Aronowitz, *Science as Power* (Minneapolis: University of Minnesota Press, 1988), p. viii. (下同)

[146] 值得提出的是,无论是资本主义的社会关系的普遍化还是科学技术在全球范围内对各种文化和制度的渗透,都使得当今的资本主义日益脱离它得以产生的历史,并获得它自身的形式。"全球资本主义"的这种反历史特征与科学技术的形式化特征具有内在的联系。

我们今天更有理由像雅斯贝斯那样断言:

> 自从有记载的历史开始以来,没有一个事件像它那样里里外外地彻底改变了世界。它带来了前所未有的机会与冒险。我们在技术时代生活了刚刚一个半世纪,这个时代只是在最近几十年中才获得充分的统治地位。这一统治现在正增强到其无法预见的地步。至今为止,我们只不过部分地认识到这惊人的后果。现在,整体存在的新基础不可避免地奠定了。[147]

无论是戴维式的通俗描述,还是哈耶克的理论分析,都局限于科学与非科学的界限,他们都没有发展出真正的有关科学的社会理论。阿伦诺维茨(Stanley Aronowitz)说:

> 启蒙的意识形态,特别是它的科学和技术的模式,一方面以个人驱动的市场关系的预设为出发点,另一方面又以关于理性的普遍性的诉求为前提,因此,这一内在的矛盾阻碍了社会理论的产生。至多,自由主义占据保守的社团主义作为基地。但是,原生的自由主义暗示社会是由个人构成的,个人选择是集体联系的基础。由此产生了作为科学发现场所和科学真理的法庭的"科学共同体"的社会学概念。也因此,科学共同体是由联系的个人组成的,他们之间的联合则取决于他们的训练和知识,这个群体使得决定哪一种陈述在科学上具有有效性成为可能。
>
> 很明显,这样的社会概念起源于占有的个人主义。没有社会生活的真正"结构",也没有超越个人决定的任何关系。[148]

从这一观点来看,"科学主义"概念极易导致这样一种判断,即科学主义

---

[147] 雅斯贝斯(JK. Jaspers),《历史的起源与目标》魏楚雄,俞新天译,华夏出版社,1989,页73。
[148] Aronowitz, *Science as Power*, p. 34.

运动仅仅是科学共同体之外的运动,它暗示这个运动与科学实践没有任何关系,它还暗示科学共同体与任何政治、经济和文化的实践没有任何关系。这一有关科学自主性和科学发现机制的自主性的看法包含着更深的含义:那些与科学相关的社会文化运动不过是"伪科学的"活动。这种明确的区分掩盖了科学共同体的科学活动与政治经济活动的内在联系,也捍卫了科学的绝对权威性。

在这方面,福柯有关话语结构(discursive formation)的观念对于我们的理解具有启示意义。这一概念把社会群体与话语在空间上关联起来,坚持话语与权力的内在的联系,从而表明各种话语共同体也是一种政治/经济结构(political/economic formations),那些被视为知识的东西也总是处于特定的支配关系之中。[149]阿伦诺维茨指出,现代社会中的权力不是自成一体地运作,即既不是强制地实施,也不是经由制度的支配。就政治经济领域的权力运作而言,当代世界的权威的诉求越来越依赖于合法化知识的占有,而在这种合法化知识中,科学话语是最高的知识形式。尽管科学共同体可能被描述成参与国家的关键决策的显著的权力中心,但是,科学的权力远远地超越了特殊的科学机制本身。[150]只要科学不被理解成为一种话语的实践而居于绝对公理的地位,它的绝对权力就不会削弱。

因此,需要检讨的不仅仅是对科学的"误用",而是科学作为一种社会关系的特性。"科学主义的解释模式"通过社会领域与自然领域、社会知识与自然知识的分离,进一步地遮盖了科学的这种社会关系的特性,它在分析科学方法的"误用"的同时,实际上又一次从反面讲述了关于人类控制自然的伟大成就的故事。"科学作为对真理的约束、契约和对真理生产的仪式化的程序,千百年来已经横贯全部的欧洲社会,如今已经被普及为所有文明的普适的法则。这种'真理的意愿'的历史是什么,它的后果如何?它与权力的关系如何交织在一起?"[151]在"科学主义的解释模

---

[149] Ibid.,p.34.
[150] Ibid.,p.ix.
[151] 福柯(Michel Foucault):《关于权力的地理学》,见《权力的眼睛——福柯访谈话录》,严锋译,上海人民出版社,1997,页202—203。

式"中,我们无法回答这样的问题。在"科学主义"的范畴内解释极权主义和总体计划的起源,并把这一解释简单地指向现代社会主义的实践,实际上正是遮盖了现代性问题的总体性特征。如果福柯的上述问题值得回答的话,我们就不得不认真地思考以民族—国家体系为基本政治形式的资本主义与社会主义的共有历史前提:对进步的信念,对现代化的承诺,民族主义的历史使命,以及自由平等的大同远景,特别是将自身的奋斗和存在的意义与向未来远景过渡的这一当代时刻相联系的现代性的态度,等等。正是对这些问题的思考把我们带入现代思想得以发生的各种历史条件和久远的历史过程之中,因为现代性充满豪情甚至傲慢地加以拒绝的历史本身蕴含着克服现代性危机的可能性和启示。

附录一

地方形式、方言土语与抗日战争时期"民族形式"的论争

现代民族—国家的形成与以方言为基础创造书写语言的过程明显地具有历史联系,这一点已经为许多学者所关注。[1]雅各布·布克哈特在《意大利文艺复兴时期的文化》中曾经描述过但丁的方言写作如何在与拉丁文的对抗中使得托斯卡纳方言成为新的民族语言的基础。[2]此后,欧洲许多国家都发生了类似的情况。在东亚地区,日本和韩国相继采用自己的方言抵抗汉语的影响,创造了自己的民族书写语言。正是基于这样的原因,柄谷行人在讨论德里达《书写语言学》(*Of Grammatology*)一书时反复强调的是:语音中心主义(phonocentrism)并不仅仅是"西方的"问题,而是在民族国家形成过程中"世界各地无一例外地出现了同样的问题。"[3]

---

[1] 参见柄谷行人:《民族主义与书写语言》,《学人》第9辑,江苏文艺出版社,1996,页95。
[2] 雅各布·布克哈特:《意大利文艺复兴时期的文化》,页371—372,商务印书馆,1979。布克哈特还描述说:"更重要的是人们普遍无须争辩地把纯正的语言和发音当作宝贵而神圣的东西来尊重。这个国家一个地方接着一个地方地正式采用了这种典范语言。"同上,页373。
[3] 柄谷行人:《民族主义与书写语言》,《学人》第9辑,页94。

但是,中国的情况似乎有所不同。第一、白话文运动与现代民族主义运动的关系虽然显而易见,但它完全不能被看作是一个方言运动,作为一种书面语系统,白话文对文言的替代也不能被描述为语音中心主义。在这里,并不存在用一种民族语言去取代另一种帝国语言的问题,如用意大利语、法语、英语取代拉丁语的问题,也不存在用日本方言或韩国方言取代汉语的问题。这里存在的是用一种汉语书面语系统取代另一种汉语书面语系统的问题。第二、以语音为中心的运动并不仅仅是现代民族主义的特产,而且也是帝国时代的遗存。例如,雍正八年,因为福建、广东人不通官话,朝廷下令在四个城市设立正音馆教学官话发音,并规定举贡生童不能说官话的人不得参加考试,以三年为限。雍正十一年,又展限三年。从帝国时代的文化政策来看,这一王者"整齐民风"之政实际上是以书写语言为中心的,因为正音的标准是官话的发音,而官话在这里不是一般的京畿地区的方言,而是以官方书写语言为内在规则的语言,所有俗字俗语并不进入正音的范畴。在中国新文学运动的历史中,多次出现过有关方言的讨论、研究和运用的运动,其中最为重要的一次是抗日战争时期有关"民族形式"的讨论。在这次讨论中,地方形式、方言土语与民族主义运动取得了直接的联系,并构成了对现代白话文运动的挑战。但是这次挑战最终以失败告终,现代白话文作为一种普遍的民族语言的地位并未动摇。

本文试图通过对"民族形式"讨论中相关问题的研究,对上述问题作出解答。紧接着三十年代的文艺大众化运动,在1939年至1942年间,"民族形式"的讨论在中国文艺界轰动一时。1943年以后讨论虽然逐渐趋缓,但仍余音不绝,"民族形式"问题成为中国思想和文艺发展中的持久主题。讨论首先在延安展开,柯仲平、陈伯达、周扬、艾思奇等人参加了讨论,随后重庆、成都、昆明、桂林、晋察冀边区以及香港等地数十种报刊卷入讨论,先后发表了近二百篇论文与专著,其中最为引人注目的,是向林冰与葛一虹等人围绕"民间形式"是否民族形式的中心源泉的论争。这场讨论涉及了文艺的民族形式、民间形式、大众化等问题,而隐含在各种分歧的观点背后的,则是关于如何评价"五四"文学运动,如何在民族战争的背景下重新审视"五四"所确立的新/旧、现代/传统、都市/乡村的二元对立关系,如何处理1928年"革命文学"论争和三十年代左翼文艺运动所建立起来的阶级论的文艺观,如何在语言和形式上具体地理解地方、民族和世界的关系,等等。我把这些问题大致归纳为:地方形式与民族形式、旧形式与民族形式、民间形式与民族形式、大众文化与民间形式、民族形式与国际主义、民族形式与文化领导权问题。所有这些问题都绕着"抗战建国"和如何"抗战建国"的"民族"目标。文学及其形式在讨论中成为形成"民族"认同和进行"民族"动员的重要方式。

本文既不准备重复已有的讨论,[4]也不准备涉及上述所有问题,而只是首先从一个很少被人涉及的方面开始我的讨论。这个方面就是"民族形式"讨论中的地方形式问题,特别是方言土语问题。

第一节 作为"民族形式"的"中国作风"与"中国气派"
——共产主义运动中的民族主义政治与文学问题

众所周知,"民族形式"的讨论正式起源于毛泽东的讲话。1938年10月,毛泽东在中共中央六届六中全会上作题为《中国共产党在民族战

---

[4] 如阪口直树:《关于"民族形式"的论争》,日本《野草》杂志1974年4月号;杉木达夫:《有关文艺的"民族形式"的论争》,日本《中国文学研究》杂志1977年12月号;黎活仁:《"民族形式文艺"论争》,1973年4月香港《文津》创刊号;刘泰隆:《关于"民族形式"论争》,《学术论坛》1980年第3期(7月15日),《试谈民族形式论争的评价中的几个问题》,《中国现代文学研究丛刊》1981年第1期;戴少瑶:《"民族形式"论争再认识》,《重庆师范学院学报》,1982年第2期(4月15日)。此外,中国大陆较为重要的现代文学史著述均对"民族形式"论争作了介绍和研究。特别值得提出的是,广西人民出版社于1986年出版了由徐迺翔编选的《文学的"民族形式"讨论资料》一书,收录了许多难以查找的资料文献和资料索引,为进一步研究提供了线索。本文引述的相关文章,大多已收入该书。可惜的是,近些年来有关这一问题的研究几乎没有进展。

争中的地位》的报告,并于同年 11 月 25 日以《论新阶段》为题发表于延安《解放》周刊 57 期。这篇文章的《学习》一节主要讨论"马克思主义在中国具体化"的问题,并不直接涉及文艺问题。毛泽东强调将革命理论、历史知识和实际运动结合起来,他说:

> 成为伟大中华民族的一部分而和这个民族血肉相联的共产党员,离开中国特点来谈马克思主义,只是抽象的空洞的马克思主义。因此,使马克思主义在中国具体化,使之在其每一表现中带着必须有的中国的特性,即是说,按照中国的特点去应用它,成为全党亟待了解并亟须解决的问题。洋八股必须废止,空洞抽象的调头必须少唱,教条主义必须休息,而代之以新鲜活泼的、为中国老百姓所喜闻乐见的中国作风和中国气派。[5]

三十年代中后期至四十年代初期是毛泽东思想形成的重要时期,在这一时期的众多文章中,毛泽东试图从历史的角度重新思考中国问题的特殊性和中国革命的特殊性。民族战争促使毛泽东重新界定中国社会的主要矛盾,并将中国革命的任务更密切地与民族革命问题联系起来。在同一篇文章的开头,毛泽东首先讨论国际主义和爱国主义的关系,他提出"只有民族得到解放,才有使无产阶级和劳动人民得到解放的可能。……因此,爱国主义就是国际主义在民族解放战争中的实施。"[6]值得注意的是,毛泽东所说的"中国作风和中国气派"是在国际/中国的关系中提出的,即在民族战争的背景下,国际共产主义运动应该与被压迫民族的民族斗争结合起来。民族问题,而不是阶级问题,成为抗日战争时期中国共产主义运动的主导性问题。在国际共产主义运动和马克思主义的理论框架内,"民族"问题是相对于"国际"问题——无产阶级的普遍解放——的

---

[5] 毛泽东:《论新阶段》,1938 年 11 月 25 日延安《解放》周刊第 57 期,页 4—37。又见《中国共产党在民族战争中的地位》,《毛泽东选集》,页 522—523,北京:人民出版社,1966。

[6] 同上,508—509。

"地方性"问题。[7]我们当然不会忘记,在共产主义运动的范畴内提出"民族"问题有着具体的政治含义和历史背景:通过诉诸"民族"问题,获得共产主义运动内部的民族自主性。更通俗的说,摆脱共产国际的支配,使中国共产党成为一个具有独立自主权的政党。

在大众化讨论和民族战争的背景下,毛的讲话在文艺界引起的直接反响就是文艺的"民族形式"问题。什么是或如何才是"中国作风和中国气派",怎样形成"中国作风和中国气派",逐渐成为"民族形式"讨论的核心问题。"中国作风和中国气派"的概念不仅揭示出"民族"概念与"中国"概念的直接关系,而且也暗示了"民族形式"的讨论与中国特色的马克思主义的关系。首先将毛泽东的讲话与"民族形式"问题关联起来的是柯仲平。1939年2月7日延安的《新中华报》发表柯仲平的《谈"中国气派"》一文,他按照毛泽东的提法加以发挥,提出"每一个民族,都有自己的气派。这是由那民族的特殊经济、地理、人种、文化传统造成的。""最浓厚的中国气派,正被保留、发展在中国多数的老百姓中。"[8]在这里,"每一个民族"是在现代民族国家的意义上使用的民族概念,即在现代民族国家的范围内,各少数民族和各地方(地区)与主体民族一道共同构成统一的现代民族。"中国作风和中国气派"指涉的是现代民族国家体系中中国的文化同一性问题。

第三世界民族国家的形成是现代性的历史成果之一。在对抗帝国

---

[7] 共产主义运动成为民族主义运动的一个组成部分,或者,民族主义运动成为共产主义运动的一个组成部分,是现代中国历史中值得注意的现象。欧洲民族—国家的形成与资产阶级社会发展的历史密切相关,因此,所谓民族—国家在欧洲主要是指资产阶级民族—国家。国际共产主义运动的兴起不仅针对资产阶级社会,也针对资产阶级民族—国家,所谓"工人阶级无祖国"的口号即是与此相关的例子。但是,在包括中国在内的许多第三世界国家,共产主义运动历史地成为民族主义运动的一部分,并逐渐摆脱共产国际的控制或操纵,在共产主义运动内部形成"民族自主权"。在这个意义上,共产主义运动本身也成为创建民族—国家的政治的和文化的动力之一。以"左翼"文化界为主产生的"民族形式"的讨论,显然也表现了中国马克思主义与民族主义的历史关系。
[8] 柯仲平:《谈"中国气派"》,1939年2月7日,延安,《新中华报》第4版,1939年2月7日。

主义的殖民活动过程中，新的、超越地方性的民族及其文化同一性逐渐形成，为独立的、主权的现代国家创造了条件。"民族—国家"模式基本上是以近代欧洲主权国家的形成为原形的，这一模式诉诸种族、语言、宗教等等作为民族主权的基本理由。在殖民主义时代，第三世界国家的民族自决运动也明显地诉诸欧洲民族国家的主权模式。但是，在世界范围内，单一民族国家是极为罕见的，许多研究欧洲历史的学者也证明即使在传统上被视为单一民族的国家也不是单一民族。就中国而言，建立现代国家的过程，并不仅仅是一个民族自决的过程，而且也是创造文化同一性的过程，即创造超越并包容地方性和汉族之外的其他民族的文化同一性。文化同一性的创造不仅诉诸种族、语言和传统，而且也诉诸时代，因此，这种文化的同一性被理解为"新"的同一性。20世纪四十年代发生的"民族形式"的讨论就是形成和创造现代民族文化同一性和主体性的努力之一。

值得注意的是，讨论发生在延安、重庆、成都、昆明、香港、桂林、晋察冀等地区，显然超越了阶级和党派的范围，但无论从讨论的直接起源来看，还是从讨论的主导方面来看，"民族形式"的讨论主要是在"左翼"文化界进行。与此同时，尽管讨论不可避免地诉诸柯仲平所说的经济、地理、种族和文化传统来界定和说明"民族形式"，但几乎所有的讨论者都认为"民族形式"并不是现成的形式，而是需要创造的新形式。这显然意味着在"抗战建国"的总目标下，各派政治和文化力量都认为"民族形式"是一种现代形式。"民族形式"既不是"地方形式"，也不是"旧形式"，既不是某个多数或少数民族的形式，也不是某个阶级或阶层的形式。所有这些已有的或现存的形式仅仅是"民族形式"的素材或源泉，却不是"民族形式"本身。其理由显然是：在帝国主义的殖民体系中，中国作为一个"民族"既不是某个地区，也不是某个种族，而是一个现代国家共同体。由此，"形式"不是某种地方性的形式，也不是某个种族的形式，而是一种现代的、超越地方性的形式，是一种新的创制。"创造性"是"民族形式"的主要特点之一，从而也表明了"民族形式"问题与现代性的关系。

第二节 "地方形式"概念的提出及其背景
——战争对乡村与都市关系的重构

那么,创造新的民族形式的资源是什么呢?"民族形式"讨论中的一个重要但常常被忽略的问题即"地方形式"的问题就是在这个意义上提出的。对这一问题的探讨最终引发了"民间形式"是否"民族形式的中心源泉"的大争论。

在进行现代民族总动员的战争背景中,提出"地方性"问题初看起来有些奇特,但深入分析却理固有然。首先提出这一问题的是陈伯达。他在1939年4月16日《文艺战线》第3期发表《关于文艺的民族形式问题杂记》呼应毛泽东有关"中国作风和中国气派"的观点,在文章的第13节,他提到了"地方形式"的概念:

> 民族形式应注意地方形式:应该好好研究各地方的歌、剧、舞、及一切文学作品的地方形式之特性。特别是各地方的文艺工作者应注意在自己的地方形式上发挥起来。但这不是说,除了地方形式,就没有别的。可注意的:中国各地方的语言极不一致,而许多地方风俗习惯也有极大的差别,在国内不同的民族中更其是这样。但是曾经有人说到,在中国占最大多数的汉民族中,却有一种统一的汉文字,这点是对的。不但文言,就是白话,一样的东西在各地方的汉民族中,大体上都是可以看得懂的。《三国演义》,《红楼梦》,《水浒》,《儒林外史》,这些伟大的民族作品,在各地方的汉人中,只要是稍受过教育的,都可以看懂的东西,这是事实。这就是全国性的民族形式。又如"京戏",在全国也相当普遍。这些全国性的东西,不但不应抹

煞,而且要更大的注意,更大地加以发挥。[9]

"地方形式"的概念表明"民族形式"既是一个总体概念,也是一个可分的概念,因为存在着"全国性的民族形式"和地方性的"民族形式",后者还包含了"国内不同的民族"的"地方形式",如方言和地方习俗等。陈伯达所谓"在国内不同的民族中"一语揭示了他的"民族形式"概念中的"民族"一词完全是在现代民族—国家的意义上使用的政治性概念,而不是一般的种族或族群概念。"少数民族"概念与"地方"概念的互换使用也表明"民族形式"讨论中的"民族"概念是和现代国家的概念不可分割的。"地方形式"的概念既包含了大众化的问题,也包含了"民族形式"的特性问题。在讨论"地方形式"问题时,陈伯达提到了地方语言和书面语的问题,特别是汉文字的统一性。那么,在中国民族战争背景下,为什么会提出"地方性"的问题?"地方形式"与中国新文学的传统是怎样的关系?

为了分析这一问题,我先简要地讨论"民族形式"问题提出的历史条件。

促使"民族形式"讨论发生的动力之一是文学家的社会流动,即近代以来第一次出现的大规模的由都市向边缘地区的文化流动。中国新文学的形成过程是和大批知识分子从边缘区域、乡村以及海外向北京、上海、南京等都市流动和集聚的过程相伴随的。由于大学、报刊和国家机构在中国都市迅速发展,晚清以降,中国的文学家和知识分子以大学、报刊和部分国家机构为根据地,逐渐地形成文学和知识群体。早期的乡土文学都是离乡背井的文人在都市中的写作实践。在大都市的背景中,故土的文化或者西洋的文化需要经过都市文化的过滤和洗礼才能被不同的人群所接受。都市文人的多元的乡土背景也决定了单一的地方文化难以被人们所普遍接受。在现代都市文化中,特别是现代都市的印刷文化和教育

---

[9] 陈伯达:《关于文艺的民族形式问题杂记》,原载1939年4月16日《文艺战线》第3期。

体制中,逐渐地形成了以传统书面语为基础而形成的超越地方语言的现代"普遍语言",尽管在具体的创作实践中,这种"普遍语言"也可能具有某种程度的"地方特色",例如采用一些方言词汇和语式,甚至利用某些方言音韵。

但是,自抗日战争爆发以后,北平、天津、上海、南京、武汉等大都市相继失陷,原先集聚在这些大都市里的文学家主体开始往西南、西北等地区转移。这一过程还伴随着一系列的大学的迁徙,文化产业的转移,新、老刊物在边缘地区的兴起等文化事件,重庆、成都、延安、昆明、桂林、香港等地成为新的文化中心。文化中心转移当然不只是文化机构和文化人的转移,而且还是读者群和整个社会环境的变化,特别是城市与乡村关系的变化。整个抗日战争时期的中国文学面临自觉的调整和被迫的转移,这都是和上述历史性变迁直接相关的。自觉的调整如1938年3月27日中华全国文艺界抗敌协会(简称"文协")成立于武汉,各种不同政治倾向的文艺家在抗日的旗帜下结成同盟,推动抗日文化活动"下乡"和"入伍",鼓励作家深入抗战的现实,组织作家战地访问团,等等。1938年4月郭沫若主持的军委会政治部第三厅在武汉创建。同年八月,"第三厅"将各地来武汉的救亡戏剧团体和文艺工作者,以上海的救亡宣传队为骨干,组成九个抗敌演剧队,四个抗敌宣传队,一个孩子剧团和电影放映队等,出发去全国各地巡回演出,进行抗日的文艺宣传。[10] "地方性"问题是和文艺家离开都市、进入不同方言区同时发生的。在面对边缘区域的文化环境时,文学家的创作本身不得不重新调整,以适应读者群和地方性的文化,这就是"被迫的转移"。

实际上,不仅是"民族形式"的论争,而且更是上述文化迁徙活动本身,深刻地重构了都市与乡村的文化关系。这就是所谓"民间"问题出现的历史契机,正如向林冰在与郭沫若的争论中说:"我们要将都市化、文士化的民间文艺和本格的、农村的民间文艺区别开来。在后者之中,是左邻右舍的话柄代替了古典,以口头韵代替了诗韵及'十三道辙儿',以

---

[10] 参见唐弢、严家炎主编《中国现代文学史》第三卷,北京:人民文学出版社,1980,页5。

土语方言代替了文言成分。"[11] "民族形式"讨论中的"地方形式"问题的提出,也是对以都市为中心的"现代文化"的挑战,因为都市文化与殖民文化不可避免地存在着深刻联系。在这样的挑战中,核心的问题就是"民间语言"的问题。例如高长虹甚至断言"民间语言,是民族形式的真正的中心源泉"[12],而他所谓"民间语言"也主要是指乡村的民间语言。

　　文学的平民化和大众化是五四以来中国新文学讨论中的持久主题。但是,"五四"文学革命的所谓"明了的通俗的社会文学"[13]和"平民文学"[14]主要是针对贵族文学和古典文学而言的;而三十年代有关文艺大众化的探讨则和阶级问题直接相关。[15]从"五四"的"文学革命"到三十年代的"革命文学",内容发生了巨大的变化,但从形式和阅读对象来看,它们基本上是都市文学。[16]以白话为特征的现代书面语通过中小学课本和报刊杂志广为流行,成为一种现代统一国家的"普遍语言"。但是,所谓"普遍语言"也主要是都市生活中的书面语,它的流行并没有取代方言的存在。后者主要地体现为口语的语式、词汇和方音。广大的农村地区由于识字率极低,书面语并不是广为流行的"普遍语言"。抗日战争时期的"文学大众化"讨论明确地将大众化问题与民族问题联系起来,其最初的契机是读者对象的变化。诸如"战壕文艺"、"乡村文艺"的口号[17]

---

[11] 向林冰:《关于民族形式问题敬质郭沫若先生》,1940年8月6、7、9、16、19、20、21日重庆《大公报》副刊《战线》,第四版。
[12] 长虹:《民间语言,民族形式的真正的中心源泉》,1940年9月14日《新蜀报》副刊《蜀道》。
[13] 陈独秀:《文学革命论》,1917年2月《新青年》第2卷第6号,页1。
[14] 周作人:《平民文学》,1919年1月19日《每周评论》第5号第2版,署名仲密。
[15] 鲁迅:《文艺的大众化》,1930年3月1日,《大众文艺》第2卷第3期,页639—640。
[16] 例如胡风就说:"以市民为盟主的中国人民大众底'五四'文学革命运动,正是市民社会突起了以后的,累积了几百年的,世界进步文艺传统底一个新拓的支流。"胡风:《论民族形式问题底提出和争点——对于若干反现实主义倾向的批判提要,并以纪念鲁迅先生逝世四周年》,1940年10月25日《中苏文化》第7卷第5期,页41。
[17] 郭沫若、老舍、张申府、潘梓年、夏衍、臧云远、郁达夫、吴晗如、北鸥:《抗战以来文艺的展望》,1938年5月10日《自由中国》第1卷第2期,页112。其中"战壕文艺"、"乡村文艺"的口号为潘梓年所提,见《三、抗战以来文艺工作者的任务》。

和"文章下乡"、"文章入伍"的号召〔18〕表明,文学大众化的讨论目的在于使艺术成为"唤醒大众、组织大众的武器"〔19〕,利用"旧形式"的问题或者"旧瓶装新酒"的问题主要是"从一定的政治宣传的效果上出发"〔20〕。这一时期广泛出现的小型文艺作品,如战地通讯、报告文学、街头剧、街头诗、朗诵诗、通俗文学等等,都是以一般大众为主要对象。应当特别提及的是,在进行广泛的抗战动员过程中,抗战时期的文学形式已经不仅仅是书面文学形式,而且还大量地包括了各种戏剧、戏曲、说唱、朗诵等表演形式。在广大的乡村,印刷文化不再是唯一的主导文化。方言土语和地方曲调问题所以成为一个突出的问题,显然与文学体裁及其表现方式的变化有关。

第三节 "地方性"与"全国性"问题

问题在于都市文学运动,特别是白话文运动是和现代国家的创制直接相关的文化活动。超越方言的普遍的现代语言的形成,是中国作为现代"民族—国家"的文化前提之一。换言之,现代白话是典型的"民族形式",但在抗日战争的特殊形势下,这种超越地方性的"民族形式"却受到质疑。

"民族形式"的讨论一方面是文学大众化讨论的延续,另一方面将"民族"作为新艺术的内在要素(形式与内容)提出。在全国性的民族动员过程中,新艺术首先面对的是"民族形式"的创造与"地方形式"的关

---

〔18〕 中华全国文艺界抗敌协会(简称"文协")1938年3月27日在武汉成立。"文章下乡、文章入伍"的口号就是在"文协"成立大会上提出的。
〔19〕 田汉:《抗敌演剧队的组成及其工作》,1942年7月《戏剧春秋》第2卷第2期,页1。
〔20〕 吴奚如、胡风都持这种态度。见胡风、绀弩、吴组湘、欧阳凡海、鹿地亘、艾青、奚如、池田幸子:《宣传文学旧形式的利用》(座谈会记录),1938年5月1日《七月》第3卷第1期。

附录一 地方形式、方言土语与抗日战争时期"民族形式"的论争 1503

系,而不是三十年代都市文学论争中的文艺与阶级性问题。这首先是因为当时的战争不是阶级战争,而是民族战争,其次则是因为由于日本占据了北京、上海等大都市,中国的文艺家主体从都市进入了广大的乡村和边缘城市。在新的历史条件下,民族形式问题和大众化问题不是抽象的理论命题,而是具体的创作问题:用什么形式,特别是语言,以谁为对象。

较之陈伯达,领导民众剧团在陕北和晋察冀地区活动的柯仲平对此问题的讨论就更加具体。他在《介绍"查路条"并论创造新的民族歌剧》一文中形容他们的抗日戏剧是"以民主为基础,而同时是具有旧戏形式的优点,从吸收了旧的艺术技巧而发展的秦腔新剧。"《查路条》采用了秦腔和郿鄠的一部分曲调,不仅在乡村演出中获得成功,而且在延安公演时也颇受知识分子的赞美,柯仲平因此相信"这剧有地方的特点,而同时是已经超出地方戏的境界了。"在这篇文章的第二部分《关于"查路条"》的最后部分,他总结说:

> 当我们在陕北民众中公演时,因演员都是本地人,说本地话,唱本地调,本地民众尤其感觉亲切有味的。在今天,我们的大城市,主要的交通路线被敌人占领,很多地方的联系都是非常困难的。我们的动员工作,最主要的,不能不是各地的乡村。在乡村活动,艺术上的地方性,是被提到首要的地位上来了,不过,一般地方性也是可以转化为全国性(尤其今天,人口流动性极大的时候)。因中国地方原是中国的一部分,除比较特殊某些部分外,都有可以使全国通过了解的现实生活,有相距不很远的共通语言。某种创作,在强调地方性时,而又能发挥地方性中所存在着全国共通性,那末,这创作就能是地方性的艺术,而又是全国性的艺术了。《查路条》一剧,已开始表现出这个优点。
>
> 若在其他地方演这个剧,可以把这地方一部分土语,改用那地方的同意义的言语,以便增加上演的效力。[21]

---

[21] 柯仲平:《介绍"查路条"并论创造新的民族形式》,1939 年 6 月 25 日《文艺突击》新 1 卷第 2 期。

与陈伯达一样,柯仲平认为"地方形式"有利于或能够转化为"全国性"的资源。换言之,"地方形式"并不是、也不应该是地方认同的资源,而是民族认同的资源。演剧过程可以不断地改变方言形式,因为方言的运用在此不是为了形成地方认同,而是"民族认同"。

这一点是文艺家们提出"地方形式"问题的前提。冼星海在《论中国音乐的民族形式》中强调说:

> 中国民族既是伟大的,因而文字、语言、风俗、习惯都有很复杂和特殊的不同。如果真正要应用民族形式而得收效的话,第一、我们要统一语言和文字。第二、我们要改良固有的古乐,使这些古乐经过现在科学的改造和方法,能够应用在乐曲里面,表示着更民族化的音色。[22]

杜埃也说:"我们要在这些各各不同的地方形式中,找出它们之间的共通性,全国性,这才是完整的民族形式。"[23]宗珏甚至断言:

> 最有地方性的东西,在民族生活的深广的意义上说,也就是最有民族性。因为一个大民族的形成,大抵是从许多地方性的特点上融合沟通起来的。

按照这一逻辑,"'有地方性就有世界性',也就是有民族性。"在他的视野中,地方形式问题还包含了西南和西北的少数民族文艺的问题,"这问题,在统一抗战中的今日,并且还有着特殊深刻的政治意义。""我们必须要在一个大前提下,把他们的民族形式发展起来,使之成为抗战文学中底一支有力的民族部队。""不论是全国性的民族文艺形式,或是地方性的,少数民族的文学,它都必然是以抗战为内容的。这和政治上的民族统一

---

[22] 冼星海:《论中国音乐的民族形式》,1939年11月16日《文艺战线》第1卷第5期。
[23] 杜埃:《民族形式创造诸问题》,1939年12月11—12日香港《大公报》《文艺》副刊。

战线的要求,无疑的正相一致。"[24]

问题在于"地方形式"、"少数民族形式"与"民族形式"之间,"地方性"、"少数民族"与中国"民族性"之间的关系,并不是完全一致的关系,在某种条件下,"地方性"可能成为"全国性"的障碍。在"民族形式"的讨论中,没有证据表明"地方性"问题与地方政治和地方文化认同的直接联系,从都市进入乡村和边缘区域的知识分子并不代表地方性的文化。但是,我们不能不考虑中国现代历史中的长期的政治和军事割据的现实,也不能不考虑少数民族的生活区域及其文化的特殊性。在清代的地方军事化的过程中,[25]伴随中央主权的弱化,地方的政治军事力量在整个国家的结构中日益重要。辛亥革命以后,以各省的督军和军阀为主要的政治军事力量,形成了地方割据的政治格局,地方文化与地方政治的关系显然是当时政治文化版图的重要内容。即使在抗日战争时期,各派政治军事力量在抗日的旗帜下接受国民政府的领导,但这并没有改变地方的政治军事的分割局面。加以交通困难,普遍口语不可能在这些地区普及。方言的运用是不可避免的。

从新文学发展的历史来看,对于民族性与地方性的关系的关注,可能导向两个方面的结论。一个方面是站在"五四"新文学的立场,即"国语的文学、文学的国语"的立场,批判和改造方言和地方形式,进而形成普遍的民族形式;另一方面则站在地方形式的立场或乡村文艺的立场批评五四新文学的都市化或欧化倾向。其中最为敏感和重要的问题是方言与普通话的关系。但是,直到"民族形式"讨论兴起之前,对"五四"文化运动的批评主要是从阶级论的立场出发的,几乎从未将"地方性"或"方言土语"作为批判的出发点。离开都市、进入特定区域(地方)的文学家的活动不太可能完全回避该地区的政治军事和文化的现实。如果地方形式和方言土语问题与地方政治认同发生直接的联系,那么,对于统一的民族

---

[24] 宗珏:《文艺之民族形式问题的展开》,1939年12月12—13日香港《大公报》《文艺》副刊。

[25] 参见 Philip A. Kuhn: *Rebellion and Its Enemies in Late Imperial China: Militarization and Social Structure*, 1769-1864 (Cambridge: Harvard University Press, 1980)。

国家的形成而言则是重要的威胁。因此,在不得不使用方言的情境中,不断地强调地方性与全国性的辩证统一关系便是非常自然的了。

第四节 方言问题与现代语言运动

黄药眠分析这一问题说:

> 第一个问题是普通话和方言之间的矛盾的问题。李大钊先生曾经提到,我们如果要真正做到大众化和中国化,我们必须更多的应用地方土语,这是完全对的。可是在这里有人说,如果作家们都用他们家乡的土语,那末结果他们的作品只有他们的同乡能懂得完全,而别的地方的人就很难懂,这样一来,岂不是反而不大众化吗?我想在这里的确存在有一个矛盾,而这个矛盾的解决的办法,就是以目前所流行的普通话为骨干,而不断的补充以各地的方言,使到它一天天的丰富起来。虽在最初的时候,看起来未免有点生硬,或甚至还要加以注释,但习惯用久了,它也就自然的构成为语言的构成部分。此外,我们也不妨以纯粹的土语来写成文学,专供本地的人阅读,这些本地文学的提倡,一定可以发现许多土生的天才。这些作品,我想在将来的文艺运动上,是必然的要起决定的作用的。[26]

黄药眠虽然意识到方言与普通话的矛盾,但他基本上认为方言能够丰富普通话,进而成为普通话的有机的构成成分。

然而,问题显然较之黄药眠在这里分析的要复杂,因为向林冰等人已经将包括方言在内的"民间形式"作为"民族形式"的中心源泉,并以此为出发点对"五四"以来的文化成果进行严厉的批评。在民族战争的背景

---

[26] 黄药眠:《中国化和大众化》,1939年12月10日香港《大公报》《文艺》副刊。

下,以地方性为特征、以方言土语为媒质、以地方文艺为形式的"民间形式"构成了现代文化运动的批判的否定。在《论"民族形式"的中心源泉》一文中,向林冰指出:"在民族形式的前头,有两种文艺形式存在着:其一、'五四'以来的新兴文艺形式;其二、大众所习见常闻的民间文艺形式。那么,民族形式的创造,究竟以何者为中心源泉呢?"[27]他的结论是:

> 民间形式一方面是民族形式的对立物,另方面又是民族形式的同一物;所以所谓民间形式,本质上乃是一个矛盾的统一体,因而它也就是赋有自己否定的本性的发展中的范畴,亦即在它的本性上具备着可能转到民族形式的胚胎。[28]
>
> 民间形式的批判的运用,是创造民族形式的起点;而民族形式的完成,则是运用民间形式的归宿。换言之,现实主义者应该在民间形式中发现民族形式的中心源泉。[29]

向林冰已经明确地用"民间形式"作为批判"五四"文化运动的出发点。他认为如果像"五四"那样用新兴的形式作为民族形式的中心源泉,而将民间形式溶解、拆散在新的文艺形式中(如将民间语汇组织在现代白话文中),"则由于口头告白性质的被去势,必致丧失大众直接欣赏的可能。"[30]向林冰在这里提到了民间文艺的"口头告白性质",表明他的"民间文艺"概念与口语、方言以及其他表演形式具有内在的联系。这种民间文艺取向,明显地与在都市文化中发生的现代语言运动的基本取向相冲突,尽管二者都以民族主义为基本的动力。

现代白话的形成和倡导是中国知识分子寻求现代性的历史产物,我们至少可以在两个最基本的方面理解现代语言运动与现代性的关系。首

---

[27] 向林冰:《论"民族形式"的中心源泉》,1940年3月24日重庆《大公报》副刊《战线》,第四版。
[28] 同上。
[29] 同上。
[30] 同上。

先是现代语言运动是一个反传统的、科学化的和世界化的语言运动,其次是现代语言运动是形成现代民族国家的普遍语言的运动。近代以来的文学变革总是伴随着语言的变革,学术界通常认为现代白话运动的基本的线索是言文一致,也就是日常口语与书面语的一致。从黄遵宪的"我手写吾口,古岂能拘牵",到"五四"白话文运动,现代文学运动及其推动者明显地把这场运动理解为日益口语化的语言运动,这种口语化运动包括了口语的语法结构、词汇和语音。

就"言文一致"的取向以及这种取向与民族主义的关系而言,中国的现代语言变革与日本、韩国的情况相似。[31]但是,从民间范畴或方言土语的范畴对现代语言运动进行质疑,却提出了"言文一致"的实际历史含义究竟是什么的问题,即在什么意义上,现代语言运动是以口语化为取向的呢?从语言变迁的角度,"五四"以来的文化运动的含义如何?

我们先来看看 日本、韩国的情况。公元5世纪前后,汉籍传入日本,成为流行的日本的书面语系统。然而,日本人是用自己的读音训读汉字。大约在六世纪左右出现的万叶假名利用了汉字,[32]但在使用中无论读音还是含义都发生了变化。这样在日本就形成了两套阅读系统,一套是万叶假名这一日本本土的语言符号,虽然符号本身是汉字。9世纪出现了平假名和片假名,在符号上部分地替代了汉字。[33]但是,万叶假名的语法结构与汉语完全无关。另一套阅读系统是经由朝鲜传入日本的汉语文献,从汉字符号、词汇和句法都保留了汉语的原貌。明治维新之前方言的使用非常普遍,不同的诸侯的领地(藩)使用不同的方言,相互很难交流。伴随交通的发展,明治维新以后(明治18年),三宅米吉在言文一致

---

[31] 中国的言文一致问题也明显受到日本的影响。如黄遵宪于1897年撰写的《日本国志》,共40卷,主张了解世界,了解外事,了解当代。他主张重视声、光、化、电等自然科学的研究,并就日本如何解决民众识字问题,提倡中国文言与语言必须统一,要求创造一种"明白晓畅,务期达意","适用于今,通行于俗"的新文体。(《日本国志》卷三十三)与日本相比,这里的关键是:中国知识分子提倡的是一种文体的创造,而不是文字的创造。
[32] 《万叶集》的成书年代大约在7—8世纪,记载民间歌谣和宫廷贵族的诗歌创作。
[33] 假名的对立面是真名,《万叶集》即用真名即汉字,假名有临时性的意思。真名又称男假名,因男人才能接受汉字典籍的教育;女手是指平假名,《源氏物语》即用平假名。

运动的背景下,提出在全国进行方言调查,意思是要用方言为共通语的资源,而标准化的基础则是东京方言。岛野静一郎于明治18年提出采用东京语作为言文一致的基础。[34] 片山淳吉将言文一致问题与小学课本联系起来。以小学教科书为首的、以庶民为对象的普通民众的读物,都要实行言文一致:口语与书面语的统一。因此,言文不一致除了在句法、词汇方面表现出来之外,还在声音与文字的差别中表现出来。江户末年和明治初年出现的言文一致运动,一方面要求在文体、句法和词汇方面采用日常口语的方式,另一方面则用假名部分地取代汉字系统,而假名是一种拼音文字。明治33年(1900),文部省颁布了《小学校令施行规则》,其中第三条国语条,提出了注重普通话的问题。次年又颁布了《高等师范学校寻常小学国语科实施要领》,正式提出教授国语的语言应以东京中产阶级以上通行的正确的发音和语法为基础。[35] 总之,现代日本语的形成是以方言为基础、用拼音的方式创造不同于汉语的书面语系统。

  韩国的情况与日本的情况也很相似。早在15世纪韩国即已制定了"训民正音",但处于支配地位的仍是汉文。民族文字的普及是在门户开放的近代化过程中发生的,那时出现了继承谚文体的国文体和国汉文体。与中国的白话相似,谚文体在古典小说和日常生活中曾部分地使用过,是最接近言文一致的文体。到开化时期,这一文体发展为言文一致的国文体。但是,这种国文体并没有成为通用的文体,而是新确立的在汉文体上加助词、与言文一致有距离的国汉文体成了通用文体。最终则是以国汉文体为基础,形成了言文一致的国汉文混用体,并被固定下来。伴随这一过程,国文运动中出现了另一个重要的课题,即谚文拼写方法的标准化。在训民正音制定之后的五个世纪中,由于没有国文化和通用文字化,它的

---

[34] 东京语言包括雅文、公文和日用文,作为全国通用的文字汉字(其特征是言文不一致)有价值,因为平假名的发音非常不统一,在这个基础上用东京的语音。

[35] 本文关于日本语言问题的讨论均来自下列两部著作的有关部分:《常用国语便览》,冢田义房、加藤道理等编著,邦岛书店,昭和六十年第5版,页6,10,48;《近代文体发生史的研究》,山本正秀著,岩波书店,1993年6月7日第3次印刷,页262—298。上述资料都是在孙歌女士的帮助下查阅的,特此致谢。

拼写方法逐渐混乱,因而到了19世纪末期,人们迫切希望对不同的拼写方法加以研究,并进行统一。1907年开始研究、1909年完成的"国文研究议定案"是开港时期国文研究的总结。它阐明了国文的渊源、字体以及发音的沿革,主张删去原"训民正音"中制定的而到开港时期已经不用的8个字母。这样就大幅度地对当时混乱的国文标记法进行了整理。这个"议定案"与后来殖民地时期的国文研究相结合。1933年制定了"国语正字法统一案"。我们可以归纳出韩国语言变革的几个特点:摆脱汉字的束缚,谚文拼写方法的标准化,语音的统一。[36]日本、韩国的语言运动与民族认同的形成直接相关,在语言上以民族书面语和标准语音为取向摆脱汉语的束缚,创造出新的或新旧互用的现代书面语系统。由于语言运动与民族主义有直接的联系,而民族主义的取向在这里直接地体现为以口语(方言)为中心重新创制语言,因此,普遍的民族语言的创造是和民族"语音"问题(方言)紧紧地关联在一起的。

中国言文一致运动与日本、韩国的言文一致运动在方向上是相似的,即创造出新的民族语言。但是,中国的语言运动,特别是白话文运动不存在摆脱汉字符号的问题,也不存在以语音为中心重新创制书面语系统的问题。(试图摆脱汉字的努力,如下文将要论及的国语罗马字运动和拉丁化运动均告失败)由于不存在用"民族语言"("民间语言")取代帝国语言的问题,白话文运动并不是在本土语言/帝国语言的对峙关系中提出问题,而是在贫民/贵族、俗/雅的对峙关系中建立自己的价值取向。白话文运动的所谓"口语化"针对的是古典诗词的格律和古代书面语的雕琢和陈腐,并不是真正的"口语化"。实际上现代语言运动首先是在古/今、雅/俗对比的关系中形成的,而不是在书面语与方言的关系中形成的,即白话被表述为"今语",而文言则被表述为"古语",今尚"俗",古尚"雅",因此,古今对立也显现出文化价值上的贵族与平民的不同取向。

例如1908年《民报》停刊后,章太炎、钱玄同即合办白话杂志,称为《教育今语杂志》,这表明晚清至"五四"的白话文运动的发生在价值的取

---

[36] 姜万吉:《韩国近代史》,北京:东方出版社,1993,页302—305。

向上是和"今"、"新"和其后的"现代"观念相关的,虽然白话本身并不仅仅是现代的。现代白话的主要源泉是古代的白话书面语,再加上部分的口语词汇、句法和西方语言及其语法和标点。在中国的书面语系统中,已经存在着文言与白话的对峙,这种对峙不能简单地被理解为文言与口语的对峙。以白话书面语为主要来源的现代白话的基本取向不仅是反对文言,而且也是超越方言,创造出普遍语言。其后来的结果就是以北京语音为标准音、以北方话为基础制定"普通话"方案,即创造以方言为基础又超越方言的普遍口语。[37]

"口语化"的内涵是反对古典化和要求通俗化,在形式上表现为文白

---

[37] 类似的过程不独现代为然,古代亦复如此,超越方言的过程显示出语言变革过程的政治性,即中心与边缘、正统与地方、上层与下层的等级关系。例如《论语·述而》载:"子所雅言,《诗》《书》、执礼,皆雅言也。"按照近世看法,"雅"训为"夏",西周都丰镐被指认为夏故都,所谓雅言、雅诗都是以西周京畿的方言为官话、语音为标准音。刘台拱《论语骈枝》曰:"夫子生于鲁,不能不鲁语,惟诵《诗》读《书》、执礼,必正言其音,所以重先王之训典,谨末学之流失。"刘宝楠《论语正义》卷八曰:"周室西都,当以西都音为正。……夫子凡读《易》及《诗》《书》、执礼,皆用雅言,然后辞义明达,故郑以为义全也。后世人作诗用官韵,又居737临民,必说官话,即雅言也。雅言之为正言,雅音之为正音,即为此也。《毛诗序》谓:"雅者,正也。"又谓:"言天下之事,形四方之风,谓之《雅》。""以一国之事,系一人之本,谓之《风》。""风"者地方性和方言之谓也。如《汉书·地理志下》:"凡民涵五常之性,而其刚柔缓急,音声不同,系水土之风气,故谓之风;好恶取食,动静亡常,随君上之情欲,故谓之俗。"应劭《风俗通义·自序》:"风者,天气有寒暖,地形有险易,水泉有美恶,草木有刚柔也。俗者,含血之类,像之而生。故言语歌讴异声,鼓舞动作殊形,或直或邪,或善或淫也。"又曰:"圣人作而均齐之,咸归于正;圣人废,则还其本俗。"《左传·襄公廿九年》"为之歌小雅"孔颖达疏曰:"天子以政教齐正天下,故民述天子之政,还以齐正而为名,故谓之雅。"《诗经·毛诗序》郑注曰:"雅既以齐正为名,故云以为后世法。"今人于迎春说:"'正'与'政'通。《毛诗序》既训雅为正,又以政解之,以'言王政之所由兴废'为雅,这虽然是根据儒家政教观点的进一步发挥,但在王道政治哲学源远流长的中国文化传统里,却也算不得于古无据的虚语妄言。'言王政事,谓之雅'(《释名·释典艺》),这成了汉代乃至其后若干世纪中学人士夫无可动摇的共识。"(以上均参见于迎春:《"雅""俗"观念自先秦至汉末衍变及其文学意义》,《文学评论》1996年第3期,页119—120。)关于古代语言与文字的分歧及其在文学上的体现,请参见郭绍虞:《中国语言与文字之分歧在文学史上的演变现象》一文,《照隅室古典文学论集(上编)》,上海古籍出版社,1983。

对立,在内容上则是雅俗两分。这种对立并不自现代始,只是现代人赋予这种对立以"现代"的意义而已。[38] 换句话说,文白对立的格局并不是民族问题发生之后产生的问题。反对古典的死文字必然会涉及活的用语,从而也会涉及方言问题。20世纪二十年代,以"北京大学方言调查会"(1924年1月)的成立及其对民间歌谣的研究为开端,开始了中国语言研究的描写语言学时期,其特点是以活的语言为对象,描写语音,并以之与切韵音系比较,寻找从古到今的音变规律。[39] 但是,直到20世纪五十年代以后,方言研究的重点才从具体方言及其古今流变转向方音与普通话的比较。寻求方言与普通话的对应规律,当然是为推广普通话服务的。[40] 可以说,在那以前,方言与普通白话的对比关系主要建立在书写语言方面,如方言词汇的运用等等。白话的"口语化"主要是在语法结构和词汇方面,而主要不是在语音方面。在这个意义上,它与文言一样是一种书面语系统,并没有标准不变的发音系统。[41]

换言之,所谓"口语化"仅仅发生在现代标准书面语的形成过程中,因为就口语(声音)而言,只有方言,而没有普遍的口语。显然,北京话和北方话也是方言,它们所以成为一种"普遍的民族共同语言"是因为现代

---

[38] 王充:《论衡·自纪》云:"经艺之文,贤圣之言,鸿重优雅,难卒晓睹。世读之者,训古乃下。盖圣贤之材鸿,故其文语与俗不通",已经谈及俗言与文语的对立。应劭《风俗通义序》:"言通于流俗之过谬,而事该之于义理也","今俗语虽云浮浅,然贤愚所共咨论,有似犬马,其为难矣。"至于话本小说的白话与诗词散文的文言的对峙,则明显地表现出语言的阶层性和价值的取向。

[39] 参见周振鹤、游汝杰著《方言与中国文化》,页12—13,上海:上海人民出版社,1986年。"北京大学方言调查会"发表方言调查书,提倡调查、记录和研究活的语言,设计了一套以国际音标为基础的记音符号,并且用它们标注了十四种方音作为实例。赵元任的《现代吴语的研究》(1928)是第一部以现代语言学方法调查方言的经典著作。在他和李方桂等人倡导下,由中央研究院史语所进行过六次规模很大的方言调查。三、四十年代出版过十来种方言著作。见同上,页13。

[40] 1956年起,有组织地在全国范围内进行以县为单位的方言普查,共完成了1849个点的调查,写出了1195种调查报告,正式出版有关于江苏、河北、安徽、四川等地的方言调查。此外,还有许多学术论文、专著和资料出版。参见《方言与中国文化》,页13。

[41] 在汉藏语系中,汉语是最重要的语言,它包括七大方言,即官话、吴语、赣语、客家话、湘语、闽语、粤语,其中官话的使用人口占汉族总人口的70%以上。

国家的制度性的实践和规定。索绪尔说:"一旦被提升为正式的和共同的语言,那享有特权的方言就很少保持原来的面貌。在它里面会掺杂一些其他地区的方言成分,使它变得越来越混杂,但不致因此完全失去它原有的特性。"[42]这种索绪尔称之为"文学语言"的语言不仅指文学作品的语言,而且在更一般的意义上指各种为整个共同体服务的、经过培植的正式的或非正式的语言。[43]就其与现代民族主义的关系而言,"普通话"是进行社会动员、形成民族认同的重要资源之一。在"五四"新文化运动时期,白话文的倡导主要是书面语问题,基本不涉及方音问题。[44]这是因为在近代民族主义的潮流中,中国社会动员的基本取向,是将不同地区和阶层组织到民族主义的目标之中,完成建立现代统一国家的任务,而不是形成地方割据,语言运动则是这个民族主义运动的有机部分。在没有普遍语音的前提下,只能通过书面语的统一达到"国语"的目标。[45]"国语"概念的提出和使用表明,"五四"白话文运动的基本方面不是召唤用真正的口语(即方言)来进行文学创作,而是以白话书面语为基础、利用部分口语的资源形成统一的现代书面语。这就是为什么"国语"概念一方面明显地针对传统书面语,另一方面则以方言为潜在的对立面。"五

---

[42] 索绪尔:《普通语言学教程》,商务印书馆,1985,页273。
[43] 索绪尔说:"文学语言不是一朝一夕就能普及使用的,大部分居民会成为能说两种语言的人,既说全民的语言,又说地方上的土语。"他举法国和意大利为例,在中国这种情况也是相当普遍的。见同上,页273—274。
[44] 声音的问题与罗马字问题有更密切的关系,"五四"前后,钱玄同、傅斯年、蔡元培、黎锦熙、赵元任等人都发表文章讨论过这一问题。不过,胡适、陈独秀的文学改良和文学革命论主要的是讨论书面语问题,特别是文学书面语问题。关于拼音化问题,下文将另作讨论。
[45] 书面语的特征之一就是摆脱方言的限制,这一点古今皆然。例如阮元《文言说》(《研经室三集》卷二)曰:"且无方言俗语杂于其间,始能达意,始能行远。"钱穆《读"诗经"》(《中国学术思想史论丛(一)》,东大图书有限公司,1976)曰:"在中国古代,语言文字,早已分途;语言附着于土俗,文字乃臻于大雅。文学作品,则必仗雅人之文字为媒介、为工具,断无即凭语言可以直接成为文学之事。"关于言文分殊及其与雅俗问题的关系,参见于迎春:《"雅""俗"观念自先秦至汉末衍变及其文学意义》,《文学评论》1996年第3期。

四"前后有关罗马字拼音的讨论关注的是统一语音的问题,而不是方言问题。"国语"运动在语言上为现代统一国家提供依据和认同的资源,而方言及其与地方认同的内在关系,则有可能是进行国家动员的障碍。总之,尽管方言被理解为普遍语言的构成要素,特别是词汇的资源,但是,现代语言运动却绝对不可能以方言为变革取向。

在上述背景下,我们也就可以理解为什么现代书面语的一些基本规范并不是口语或方言提供的。例如首先使用横排和新式标点的刊物是1915年创刊的《科学》月刊,该刊采用这种形式是为了刊登科学论文和科学公式,在形式上完全是用西方语言的方式为规范的。中国近代民族主义运动和文化上的西化运动相伴而行,在中国现代语言改革运动中,这种西方化的趋势表现为以西方拼音文字为取向的语言世界主义。吴稚晖等人在辛亥革命前曾经主张废除汉字,即使不能马上使用世界语,也可以先用英语或法语。[46] 五四一代中很多人认为汉字是蒙昧大众的工具,是罪恶传统的最难以对付的敌人。例如钱玄同说:"欲废孔学,不可不先废汉文。"[47] "汉字不革命,则教育不能普及,国语的文学决不能充分的发展,全世界的人们公有的新道理、新学问、新智识决不能很便利、很自由的用国语写出"。[48] 在白话文运动之后,语言问题始终是文艺论争的中心问题之一,例如,1930年以降的大众化运动,1932年关于"中国普通话"(文学语言)的论争,1934年的大众语论战,以及拉丁化运动,等等。所有这些语言变革运动都与创造新的民族语言有关,而在取向上则深受西方拼音文字的影响。事实上,从《马氏文通》以来,中国的文法也是按照西方语言的基本规范建立的。

中国现代文学运动的持久影响之一,是为现代书面语的形成创造条件、规范和习惯,进而形成一种"普遍语言"。这种普遍语言在功能上为

---

[46] 醒:《万国新语》,《新世纪》第6号,1907年7月27日,页3。吴稚晖:《补救中国之方法若何》,《吴稚晖先生全集》,卷三,罗家伦、黄季陆主编,台北:中国国民党中央委员会,党史史料编撰委员会,1969,页23。
[47] 钱玄同:《中国今后之文字问题》,《新青年》第四卷第4号,1918年4月15日,页350。
[48] 钱玄同:《汉字革命》,《国语月刊》第一卷第七期"汉字改革号",民国十一年八月二十日,页7。

统一国家提供了语言上的依据,同时,在取向上,又与西方语言逐步接近,即所谓科学化、逻辑化、拼音化。换言之,这种新的普遍语言具有世界主义和民族主义的双重取向和双重功能,即用"科学化"的方式形成普遍的现代民族共通语言,这就是普通话。这当然不是说现代中国语言和文学运动中没有利用"方言"的尝试,但是,从总的方面看,这些尝试——如刘大白、刘半农用方言写作的诗歌——显然没有能够成为主流。大众语运动也曾涉及方言的问题,但是,大众语问题与阶级问题明显有关,而下层阶级的语言作为一种"语言"提出,主要不是在地域性"方言"的范畴之内而是在阶级性"方言"范畴内。不过应该注意的是,阶级问题是超越民族性的问题,阶级论的框架明显地具有世界主义的倾向,而世界主义倾向经常能够容纳地方性,但却排斥民族性。当然,这几个方面的关系并没有逻辑上的必然性,而主要是由历史情境决定的。例如,与大众语运动关系密切的拉丁化运动就产生了十余种方言方案,而在抗日战争的历史条件下,方言方案本身又为进行广泛的群众动员创造了条件,成为民族主义运动的有机部分。

如果我们把注意力更多地集中于晚清以降的汉字改革运动与拼音化的关系方面,亦即书写语言与声音的关系方面,现代中国民族语言的形成与西方化的历史联系(亦即其世界主义取向)就更加明显。正如语言学家已经注意到的,清末的拼音文字运动与西方传教士的传教活动有着密切的关系,其渊源可以上溯到明万历三十三年(1605)利马窦在北京出版的《西字奇迹》一卷,这是第一份系统运用拉丁字母拼注汉字读音的方案。明天启五年(1625)法国耶稣会传教士金尼阁(Nicolas Trigault, 1577—1628)对利马窦的拼音方案加以修订,完成了用罗马字注音的汉字字汇《西儒耳目资》。[49]他们的简易的拼音方法立刻引起了中国好些音韵学家对于这种拼音文字的向往。[50]如同陈望道所说:"他们所作是为他们同伴的方便,常用罗马字母来注汉字的读音,就此引起了汉字可用字

---

[49] 参见黄德宽、陈秉新:《汉语文字学史》,安徽教育出版社,1994,页340。
[50] 如方以智就说:"字之纷也,即缘通与借耳。若事属一字,如远西因事乃合音,因音而成字,不重不共,不尤愈乎?"《通雅》卷一。

母注音或拼音的感想,逐渐演进,形成二百年后制造推行注音字母或拼音字母的潮流。"[51]他把这个"为西人自己计划便于学习汉字的时期"称为"拼音、注音的潮流"的第一阶段。[52]值得注意的是,在晚清时期,把拼音与方言联系在一起的,仍然是传教士的活动,即陈望道所谓"随地拼音、专备教会中人传道给不识字人之用的时期",这就是"教会罗马字运动"。为了传教的需要,传教士陆续将《圣经》译成各地的口语体,有些用汉字,有些就用罗马字。据统计,19世纪末到20世纪初,至少有十七种方言用罗马字拼音,不同方言译本的《圣经》广为流行。[53]"教会罗马字运动"与汉字体系明显地发生了冲突,一些传教士进而主张用罗马字拼音代替汉字,推行拼音文字。这表明,早期语言运动中的口语化运动不仅是一种方言口语的运动,而且是西方宗教文化和语言对中国文化和语言的侵蚀,它并不是一种语言上的民族主义运动,毋宁是一种语言上的殖民主义运动。

但是,非常明显的是,这场运动对其后的中国现代语言改革运动产生了重要的作用,并逐渐地从方言注音转向统一语言和语音的创制,即在民族主义的动力之下,以拼音化为主要方式促进统一语音的形成。从1892年福建同安人卢戆章(1854—1928)出版《一目了然初阶》(中国切音新字厦腔)到1911年辛亥革命,开始了中国拼音文字创制的第一个时期,其间有28种切音字方案问世,以王照(1895—1933)和劳乃宣(1843—1941)的方案影响最大。王照在日本假名的影响下创制"官话字母",于1900年出版《官话合声字母》,以北京音为标准音,采用双拼制,拼写白话。[54]劳乃宣的"合声简字"是根据王照的"官话字母",补充南方话特有的因素,拼读南方方言的拼音方案,他的目的是"以土音(南方方言)为简易之

---

[51] 陈望道:《中国拼音文字的演进——明末以来中国语文的新潮》,复旦大学语言研究室编:《陈望道文集》第三卷,上海人民出版社,1981,页157。
[52] 同上,页159。
[53] 倪海曙:《中国拼音文字运动史简编》,时代出版社,1950年再版;黄德宽、陈秉新:《汉语文字学史》,合肥:安徽教育出版社,1990年11月,页341。1850年厦门话罗马字《圣经》即已印行,到1926年销售达四万余部。1921年闽南教区发行的146,967部出版物中,有五万部是用方言罗马字印刷的。1891至1904年,罗马字《圣经》的总销售数量达137,870部。
[54] 王照:《官话合声字母原序》,参见《汉语文字学史》,页343。

阶,以官音(北京音)为统一之的",进而普及教育,统一国语。[55] 1910年,严复在审查"陈请推行官话简字"的六件说帖后拟出报告说:"大旨谓我国难治之原因有二:教育不普及也,国语不统一也,而皆以不用官话拼音文字之故。"[56]这表明,创建现代民族国家的运动与以方言为基础创制共同语言的过程相伴而行。民国成立后,国语统一的进程明显地加快。

与教会罗马字运动相比,中国知识分子和现代国家推进的语言改革运动在语音问题上是极不相同的:前者表现为方言罗马字注音,后者则表现为用统一注音来克服方言的差异。民国成立后的"注音字母"方案是晚清切音字运动的结果。1912年北京召开"中央临时教育会议"提出"采用注音字母案",1913年教育部召开"读音统一会",审定一切字音的法定国音,核定所有音素总数,采定表示每一音素的字母。[57]统一语音的"注音字母"方案提供了"五四"白话文运动兴起的背景:白话文运动虽然不是以声音为中心重新创制书面语的运动,却包含了重新审定统一发音的过程。就在胡适发表《文学改良刍议》,从内容与形式两方面讨论文学改良问题不久,钱玄同、傅斯年等人开始从废除汉字和拼音化等方面提出更加激进的语言改革方案。《新青年》、《新潮》、《国语月刊》等刊物先后发表文章,讨论汉字改革,例如傅斯年的《汉语改用拼音文字的初步谈》一文,明确提出应该用拼音文字代替汉字;[58]钱玄同的《汉字革命》认为汉字的根本改革就是"改用罗马字母式的字母"。[59] 1923年钱玄同向"国

---

[55] 劳乃宣:《简字丛录:致中外日报书》,转引自《汉语文字学史》,页343。
[56] 转引自同上书,页344。
[57] 参见《汉语文字学史》,页344—345。"读音统一会"会长为吴稚晖,副会长为王照,会议共审定国音6500多字,每字下注明"母"(声母)、"呼"(四呼)、"声"(四声)、"韵"(韵部),另外附带审定了600多个俗字和学术新字。会议还决定采用以章太炎"纽文"、"韵文"改造而成的审音用的"记音字母",经过修订,形成一套正式的"注音字母"方案及七条推行办法。
[58] 傅斯年:《汉语改用拼音文字的初步谈》,《新潮》第一卷第三期,民国八年三月一日,页391—408。民国八年三月一日。此文后又重新节录刊载于《国语月刊》一卷七期的"汉字改革号",1922年8月20日,页187—196。
[59] 钱玄同:《汉字革命》,《国语月刊》一卷七期"汉字改革号",民国十一年八月二十日,页19。

语统一委员会"提出了《请组织国语罗马字委员会案》,目的是组织一个"国语罗马字委员会"具体研究、征集各方意见,"定一种正确使用的'国语罗马字'来。"1926年9月,"国语罗马字拼音委员会"正式开会议决通过《国语罗马字拼音法式》,并呈请教育部公布。[60] 中国汉语史专家认为,"国语罗马字是清末汉字改革运动以来第一个接近成熟的拼音文字方案,它不仅考虑到文字体系的完整性和汉语本身的某些特点,在符号的选择上还具有国际化观点,理论和技术上较以前的各种拼音文字方案都有新的创造和发展,在汉字改革运动史上,国语罗马字运动有着重要的地位。"[61]

中国现代民族语言与"国际化观点"之间始终存在紧密的联系。1933—1934年间,正当国内有关"文言、白话、大众语"讨论发生之际,发生在苏联远东的拉丁化新文字运动也开始介绍到国内,并迅速引起反响。[62] 拉丁化运动与大众语问题具有密切的联系,其文化上的动力已经包含阶级论和国际主义的观点,而不只是民族语言问题。拉丁化运动宣告了国语罗马字运动的结束。在取向上,拉丁化运动没有特别强调"国语"问题,反而出现了大量的方言拉丁化方案,如上海、广州、潮州、厦门、宁波、四川、苏州、湖北、无锡、广西、福州、温州等方言都有了拉丁化方案。与本文讨论的"民族形式"问题直接有关的是,在抗日救亡运动高涨之际和抗日战争全面爆发之后,拉丁化运动适应了动员群众、普及教育、宣传抗日的需要,迅速席卷全国。不仅出版物之多前所未有,而且诸如成千上百的难民新文字班、"农民新文字夜校"、大批"拉丁化干部训练班",以及各类

---

[60] 1926年11月9日,由"国语统一筹备会"非正式公布了此方案;1928年9月,北伐之后,在蔡元培的努力下,大学院(教育部)始将此方案作为"国语字母第二式"正式公布。但一般社会对此方案反应冷淡,仅在文化人中间有些讨论。参见黄德宽、陈秉新:《汉语文字学史》,页347。
[61] 同上书,页347,倪海曙:《中国拼音文字运动史简编》,页113页。
[62] "拉丁化新文字"方案的出现与苏联的文化扫盲运动关系密切。1921年代,瞿秋白在苏联首先研究汉语拉丁字母的拼写问题。1928年,他和吴玉章、林伯渠、萧三及苏联专家郭质生、龙果夫等经过一年的研究最后写成了《中国拉丁化字母》,规定了字母及几条简单的规则。此后,这项运动在远东工人中展开,并取得显著成绩。参见《汉语文字学史》,页348。

相关协会组织的建立,都是清末以来拼音文字运动的高峰。[63]事实上,拉丁化运动在取向上与国语罗马字运动的冲突在当时即已显露,一些主张国语罗马字的学者予以坚决抵制,发表过一些极为尖锐的批评文字。[64]拉丁化运动最终失败的原因固然很复杂,但没有形成真正的"文学语言"(索绪尔意义上的文学语言)则是可能的原因之一。

可以肯定的是,中国、日本、韩国的现代语言运动都是以民族主义为动力形成"民族语言"的过程。除了早期"教会罗马字运动"和拉丁化运动之外,中国的语言改革运动的基本方向是向统一的书面语系统和统一的国语发音系统努力,为形成新的统一的民族语言创造条件。因此,以白话文运动为标志的现代语言改革并没有创造新的书面语符号,也没有用一种方言语音为中心再造书面语系统。统一语音的努力并不是为了再造汉字,而是为了克服方言的语音差异。方言问题始终不是中国现代语言运动的核心问题,毋宁说,克服方言的差异才是现代语言运动的主流。[65]

正由于此,"地方形式",特别是"方言"问题在"民族形式"讨论中凸现出来,与近代以来的语言运动的基本方向是相冲突的。战争造成了事实上的割据形势,也迫使文人远离大都市,置身于陌生的方言环境。新文

---

[63] 参见同上书,页349—350。据统计,从1934年8月到1937年8月,全国各地成立的有年月可考的拉丁化团体有70多个,出版书籍61种,发行达12万册以上,创办刊物36种,40多种报纸杂志曾登载提倡拉丁化文章或出版专号,67种刊物采用拉丁字母作报头,制定和公布拉丁化方案13个。1937年抗战爆发后,仅上海一地1937—1940年就出版拉丁化书籍54种,创办刊物23种,成立团体6个,在48所收容所办了一百几十个难民新文字班。仅延安一地,1935年冬设立"农民新文字夜校"达100所,红军战士能写新文字的至少有两万人;1940年11月成立"陕甘宁边区新文字协会",毛泽东、朱德、孙科等七人为名誉理事,林伯渠、吴玉章等45人为理事。

[64] 参见同上书,页350。

[65] 例如,早在1912年民国成立之初,为适应新的形势,中央教育部特组织临时教育会议,征集全国教育家于北京,决定实行新的学制,其中涉及国语统一办法。据《1912年我一:临时教育会议日记》载:"其中有一大问题,是国语统一办法。现在有人提议初等小学宜教国语,不宜教国文;既要教国语,非先统一国语不可。然而中国语言,各处不同,若限定以一地方之语言为标准,则必遭各地方之反对,故必有至公平之办法;国语既一,乃定音标。"见朱有瓛:《中国近代学制史料》第三辑上册,上海:华东师范大学出版社,1990,页9。

学的创造者们首次直接地面临都市的"普遍语言"与乡村的"方言"的对立。从方言立场或地方形式的立场对新文学的历史提出挑战,是和实际的政治形势相关的。但是,这种特定的政治形势并没有改变或偏离建立自主的民族—国家的民族主义轨道。因此,地方形式问题所引发的争论不能不按照现代民族主义的基本逻辑向前发展。例如潘梓年把"民族形式"问题理解为"中国化"的问题,在论及语言问题时,他指出语汇和语法是当时中国语言上的迫切问题。他举歌德对德语的贡献和普希金对俄语的贡献为例,指出中国在现代语言上缺乏那样的创造性:

譬如说,到现在中国语言还没有一部文法,马氏文通要算是一部比较完善的中国文法,但第一因为这本书是用外国文法来注释中国语言的法则,不是从中国语言自身抽绎出它自己的法则的文法书,所以一方面仍不免有些牵强附会的地方,而另一方面,中国语言在文法上的特点没有能够被研究到,因而不能作为真正的中国文法书,第二因为它所研究的只是中国的文言——古代语,而不是中国的口头语,现代语,所以它至多也只能是一部中国的"文"法而不是我们所需要的"语"法。[66]

潘梓年区分出"文"法和"语"法正是注意到了中国语言改革的致命弱点。因为按照他的看法,"五四"新文化运动之后,白话文似乎战胜了文言文,但实际上充其量也只是产生了"白话的文言",而"没有产生出和一般老百姓日常用语合致的真正'白话'"或"从一般老百姓日常生活中产生起来的中国民族语言,有的只是文言文,有的只是外国语,结果,虽然一时把文言文推倒了,找不到新的东西来代替,只好或者使用不文不白的'语体文',久而久之且回归到文言怀里去,或者使用不中不西的'欧化句子'。"[67]潘梓年将现代民族语言的形成归结为两个要点即丰富的词汇和完整的语

---

[66] 潘梓年:《论文艺的民族形式》,1944年2月15日《文学月报》第1卷第2期,页78。
[67] 同上,页78—79。

法，而后一个方面似乎更为重要。"完整语法"规范下的民族语言不可能是方言，而是一种新的标准语言或普遍语言。所以他说：

> 先要有充分的普通语或可以普通化起来的方言土语，提供出来做材料，才能从足够的材料中研究出一个中国式的语法来。[68]

问题是怎样才能断定何种语言为"普通语"，何种语言是可以"普通化起来的方言土语"？

在这里，被省略掉的是地区间的政治关系，因为确定哪一种方言是共同语言并不是语言自身决定的，而是由政治、文化和经济的支配性关系决定的。马克思认为自然语言被提高为民族语言"部分是由于现成材料所构成语言的历史发展，如拉丁语和日耳曼语；部分是由于民族的融合和混合，如英语；部分是由于方言经过经济集中和政治集中而集中为统一的民族语言。"[69]索绪尔则说："选择的动机是各种各样的：有时选中文化最先进的地区的方言，有时选中政治领导权和中央政权所在地的方言，有时是一个宫廷把它的语言强加于整个民族。"[70]对于中国来说，北方方言之成为共同语言当然有"现成材料所构成的语言的历史发展"因素在内，因为百分之七十以上的汉族人口使用的是北方方言，但更重要的显然是政治领导权的作用。北方方言中也存在内部的差别，而普通话显然也是排斥这种差别的。潘梓年论及"语法完整的语言"的来源包括古典作品、民间语言和外国语言，但始终没有说明"语法完整"的含义：如果还没有"语法"，又如何断定某种语言是"语法完整"的呢？我们可以清楚地看到，"语法完整的语言"不可能是方言土语，也不可能是纯粹的口语，而是一种"簇新的新形式"。[71]

---

[68] 同上，页79。
[69] 马克思、恩格斯：《德意志意识形态》，中共中央马克思恩格斯列宁斯大林著作编译局译，北京：人民出版社，1961，页490。
[70] 索绪尔：《普通语言学教程》，1985，页273。
[71] 潘梓年：《论文艺的民族形式》，1944年2月15日《文学月报》第1卷第2期，页79。

1939年12月15日,黄绳在香港《大公报》《文艺》副刊发表了《民族形式与语言问题》一文,他的论述逻辑几乎与潘梓年一致。他指出:

> 民族形式创造,标记着文艺发展的一个新的阶段,意味着文艺上的一个改革运动。这阶段的开始,这改革的实践,我们便要遇到语言这个难关。民族形式的运动,必伴随着文艺语言的改革运动。[72]

黄绳从语言的角度,特别是口语的角度思考"民族形式"问题,并将"民族形式创造"作为"五四"以来文艺上的一个改革运动,明显地对"五四"的白话文运动的限度提出了疑问,即:

> 在民族形式创造的要求下,怎样处置五四以来的文艺语言呢?[73]

黄绳文章的重要性还不仅在于他明确地从语言问题入手来考虑"民族形式"问题,更重要的是,一方面,他十分自觉地意识到"民族形式"、特别是方言土语与"五四"白话文运动的西方化倾向的冲突,并对"五四"语言改革运动的局限性展开批评,另一方面,他最终仍然重申了"五四"基于西方语言的特征而展开的对中国民族语言的批评。这显然是因为:首先,如果以方言土语为"民族形式"的语言特征,也就取消了统一的"民族形式"形成的可能性,实际上也就在语言的层面将"民族"问题"地方化"了;其次,方言土语在两个层面上与"五四"以来的语言运动相冲突,一个是与拼音化、科学化、逻辑化的世界主义倾向的冲突,另一个是与"大众语"的阶级论框架相冲突。黄绳一方面指责"五四"白话文运动的局限和中庸性,"真正活的口语,和文言一样居于辅助的地位",另一方面又批评"外来语言的采用,欧洲文法日本文法的随意纳入,却又使文艺的语言脱离大众",甚至重申瞿秋白在大众语运动中对白话文的严重指责,即白话文是

---

[72] 黄绳:《民族形式与语言问题》,1939年12月15日香港《大公报》《文艺》副刊。
[73] 同上。

"上层的资产阶级与一般知识分子的所有物,而且它那么一下子就停下来,甚至早早回向妥协与投降的路上,而造成了一种全不能为大众所能懂的,充满了欧化气与八股气的买办文字。"[74]

正是在这两层意义上,黄绳得出结论说:

> 民族形式是五四以来文艺形式的否定,在文艺语言上也不能不是五四以来文艺语言的扬弃。[75]

在阶级论的框架内对"五四"进行批评在语言方面主要表现为进一步大众化的要求,却不构成形成"普遍语言"的基本取向的否定。但是,如果对"五四"白话文运动的批判与方言或地方性问题联系起来,则有可能与上述基本取向相冲突。这在民族主义的历史进程中是无法接受的。因此,黄绳在作了上述判断之后,立刻"辩证地"补充说:"要注意的是所谓扬弃,不是完全的荒置,而是一面废弃,一面保存和发展。对于五四以来文艺语言,我们不能不保存和发展它的积极的进步的部分,十分害怕'大众不懂',而要完全回避新文艺中的语汇和语式,是愚笨的。"[76]

为了说明"欧化的白话"的历史合理性,他从两个方面展开论证。第一、他利用了时代和进步的概念,把语言问题与"时代意识"问题关联起来,从而用新/旧时代的总体替代关系化解"知识分子"与"大众"之间的截然对立关系。"语言随社会意识的变化而变化。封建时代的语言,代表着封建意识;民主革命时代的语言,代表着民主革命意识。所以'五四'以来文艺语言,无疑比以前进步。在民族形式中,必要承受其中的一部分。悉意回避它,不特贬损了语言艺术,而且必定妨碍着前进内容的表达。"第二、他利用了现代文化的科学化倾向,批评中国语言的特征,重申学习西方的语言观。"语言的贫乏和组织不紧密,是我们民族的先天缺

---

[74] 同上。
[75] 同上。
[76] 同上。

憾,向外汲取语言是一个弥补的办法。外来的语汇和语式,确曾把我们的文艺语言丰富起来,有其积极的进步的意义。所以在民族形式中,对于欧洲的日本的词汇和语式,还是要加以有机的溶化。事实上思想的复杂性,无论如何需要语言的丰富多彩和结构之紧密。作品的形式要接近大众,而思想的深入和繁驳,对于大众也不可少。文化工作者一面要接近大众,另一面也要吸取先进国家复杂的语言构造来教育大众。"[77]

无论是诉诸时代概念,还是诉诸西方语言的逻辑化特征,黄绳对语言的民族形式的思考都是对现代性的重申,也是对语言变革的世界主义和民族主义倾向的重申。他对方言土语的重视只能被置于上述现代性的前提之下。这样,原先所要回答的是"在民族形式创造的要求下,怎样处置五四以来的文艺语言"的问题,现在却转换成为另一个方向似乎完全相反的问题:

> 在民族形式创造的要求下,怎样处理旧形式——民间文艺的语言呢?[78]

对语言现代性的反思现在转换为语言现代性的命题,"民族形式"对现代白话构成的挑战转化成为对"旧形式"的批判。经过这一转换,黄绳的结论完全改变了:社会意识的变迁导致大众中流传的作品的语言成为"旧小说的死白话";"旧形式"中的文人作品夹杂许多文言成分,是"旧文人的滥笔";"民间文艺的语言有许多是简单的,'现成的','反创造性的',因袭的。……很少变化";御用文人作品中流布着"宿命论和封建的反动意识,连大众作品中也不可避免。那么,与这样的意识相依存的语言,便是有毒的语言。"这样,虽然理论上说"民族形式"是"五四"以来语言变革的一个新的阶段,但实际上却是重申"五四"的价值观,清算民间的、封建的和文人的语言遗产,增加的仅仅是重视"采用大众的语言"、并使之"重

---

[77] 同上。
[78] 同上。

新创造"的一般口号：

> 所以我们主张向大众学习语言,主张批判地运用方言土语,使作品获得一种地方色彩,使民族特色从地方色彩里表现出来。自然,我们不主张滥用方言土话,不承认会有所谓"土话文艺"。土话大部分是落后的,芜杂的,不讲求语法的。经过选择,洗炼,重新创造,它在文艺上才有意义。[79]

现在我们可以看到,现代语言运动的主流(白话文运动)不仅是以消灭口语的多样性为代价的,而且还伴随着一种文化的过滤。现代国家在文化上的支配地位的形成也在这个意义上与现代语言运动具有密切的联系。

第五节 "五四"白话文运动的否定之否定

事实上,沿着这样的逻辑看待"民族形式"问题,就只能肯定"五四"创造的新形式也是"民族形式"。例如巴人说：

> 五四以来的新文学形式,主要可说是都市生活形式的反映。而这也正是接受于西欧文艺形式的基调。但这也成为我们文学历史上的民族形式了。虽然这形式没有得到我们人民大众的广大的接受,但它显然是带有进步性的。它虽然是离开了大众实际语言的单纯构造的形式,但它显然是已能部分地传达出比较细密的思虑与情意了。这并不是必须抛弃的优点,恰恰相反,它还须我们承继与发扬的。[80]

---

[79] 同上。
[80] 巴人：《民族形式与大众文学》,1940年1月16日《文艺阵地》第4卷第6期,页1389。

从语言变革和"民族形式"的倡导,最终回向了现代历史。就文艺而言,首先是回向了关于"五四"的反思。不同的主张需要在这个基本起点上展开。可以肯定的是,通过重新肯定五四的历史意义,重申现代性的价值取向,正是"民族形式"讨论的主流方向,也是论述"地方形式"和"民间形式"的基本准绳。例如周扬就说:

> 从旧民间形式中找出了白话小说,把它放在文学正宗的地位,这只是"五四"文学革命的工作的一部分;另一部分工作是相当大量地吸收了适合中国生活之需要的外国字汇和语法到白话中来,使它变为了更完全更丰富的现代中国语,把章回小说改造成了更自由更经济的现代小说体裁,从旧白话诗词蜕化出了自由诗。在"五四"初期的白话小说白话诗里面就保留有旧小说诗词的写法与调子的鲜明痕迹,但那已经不是旧形式,而是新形式了。不能否认,由于新文学历史的短暂,由于中国文字与语言的长期分离,文艺之民族新形式还没有最高完成,语言形式的缺点还严重存在。但是新形式比之旧形式,无论如何是进步的,这一点却毫无疑义。字汇更丰富了,语法更精密了,体裁更自由活泼了,那就是准确地去表现现实的那种力量,即对于现实的表现力更提高了。[81]

潘梓年、黄绳和周扬的例子表明了"民族形式"内含的顽强的、不可动摇的普遍主义。方言和口语的运用必须服从这种普遍主义的逻辑。事实上,这种普遍主义的语言逻辑不仅是民族主义的,而且是"国际主义"或世界主义的。正由于此,以方言口语为特征的"地方形式"就被纳入一种普遍语言的规范之中,尽管这种普遍语言及其规范本身尚未真正形成。不过,如果我们读了胡风的《论民族形式问题底提出和争点》,我们就能够理解:规范仍然是由都市语言和西方语言决定的。

---

[81] 周扬:《对旧形式利用在文学上的一个看法》,1940年2月15日《中国文化》第1卷第1期,页35—36。

在这篇文章中，胡风叙述了有关文艺大众化问题产生的历史过程。在谈到三十年代"大众文艺"的讨论时，他回顾说，那场争论的出发点是对于"'五四'新文艺底'白话'的否定，说那是'和平民群众没有关系'的'欧化的新文言'，革命的大众文艺应该改用'新兴阶级的普通话'，'在五方杂处的大都市里面，在现代化的工厂里面，他们的言语事实上已经在生产着一种中国的普通话'。"[82] 胡风把"大众文艺"用语的讨论看作是"争取发展的大众化运动所尝试的自我批判"：

> ……因为，大众化运动一被移到创作实践（能表现大众底生活，能被大众懂得）上面，就不得不碰到文艺言语和大众口头言语的差异，这个构成文艺形势的基本材料的言语（文字）问题。……这一问题的提出……在理论上却没有得到什么收获，除了对于"五四"新文艺底"白话"的批判，以及对于这个批判的反批判（分析地证明"新兴阶级的普通话"并不存在和"欧化新文言"底应有评价）这两方面底论点都包含了部分的（仅仅是部分的）真理以外，就是方言文艺和方言土话拼音化的要求这两个问题底提出，做了接踵而来的，伟大的新的语文改革运动底预告。[83]

胡风把"大众化运动"的主要贡献归结为"方言文艺和方言土话拼音化的要求"是意味深长的。这表明现代语言改革运动并非用口语（方言）改造书面语，而是通过拼音化运动创造新的发音，以配合现代书面语的形成，进而形成一种"普遍语言"即普通话。在这个意义上，以言文一致为特征的现代语言运动并非以现存的口语为中心改造书面语，而是在拼音化的方向上创造新的语言，包括口语和书面语。在评价1934年的语文改革运动时，胡风特别在"大众"概念前面加上了"国民"的定语，显然是为了适

---

[82] 胡风：《论民族形式问题底提出和争点——对于若干反现实主义倾向的批判提要，并以纪念鲁迅先生逝世四周年》，1940年10月25日《中苏文化》第7卷第5期，页33。
[83] 同上，页34。

应抗日战争的民族主义内容,从而也与"五四"的"国语"概念遥相呼应。他说:

> ……当大众语运动发展到了拉丁化新文字运动,问题底性质就早已从文艺用语这界限突破出去,成了也要通过文化活动去争取解放的国民的群众运动底一环。这一运动,不但以鲁迅为首在理论上说明了:文字要能够是国民口头言语底记录,选炼和提高,能够反映国民生活底内容,底色泽,底韵律,因而能够被国民自己用作反映生活批判生活的武器。这就是从高度多元的发展(方言文化,方言文艺运动)去争得有如国民生活本身那么丰富的内容的一元的统一(未来的民族统一语文和国民文艺)……而且青年语言学家们还在实践上开始了坚实的活动:北方话字母方案底制成和一些书报底出版,上海话、宁波话、广州话、厦门话等字母方案底制成,地方语刊物、课本底编印,地方语研究会、学习班底成立……这就建立了一个虽然远不能和现实要求相应,然而却可以由这开发的基础。所以,大众语运动,不但通过文艺用语问题把大众化底内容扩展到了整个创作领域上面,而且,通过国民的语文改造问题,使大众化底内容在群众对于旧意识的斗争和对于新意识的争取里面作为国民的、群众的政治解放运动底一翼的,国民的、群众的文化斗争在具体的过程上联结了起来。在许多论者一再注意得内容上的"前进的意识"这一说法上面,这联结就表现得非常明显。[84]

胡风提到了口头语言的记录,更提到了选炼和提高,以及从形式上的多元发展为内容上的一元的统一。拉丁化运动被胡风描述为"对于方块字拜物教的斗争",[85]但是,恰恰是方块字提供现代汉语的统一方面或"一元的统一"。胡风在肯定方言研究和方言文艺的必要性的同时,又反过来

---

[84] 同上。
[85] 同上。

肯定"'五四'新文艺以及它底'白话文'",反对将白话视为"欧化的新文言"。[86]他引用论者的话说,在形式上,白话文的基本词汇和语法,也是劳苦大众口语底基础部分;在内容上,白话文创造了不少进步作品,是理论翻译的唯一工具。[87]正是在这个意义上,胡风坚持"大众化不能脱离'五四'传统,因为它始终要服从现实主义的反映生活批判生活底要求,'五四'传统也不能抽去大众化,因为它本质上是取向着和大众的结合。"[88]

"地方形式"和"方言土语"的问题最终只能构成"民族形式"讨论中的附属性问题不是偶然的。在寻求建立现代民族国家的过程中,普遍的民族语言和超越地方性的艺术形式始终是形成文化同一性的主要方式。在新与旧、都市与乡村、现代与民间、民族与阶级等关系模式中,文化的地方性不可能获得建立自主性的理论根据。在以后的段落中,我将着眼于新/旧、现代/民间的关系,进一步探讨支配"民族形式"讨论的现代性逻辑。

---

[86] 同上。
[87] 同上。
[88] 同上。

附录二

亚洲想像的谱系

第一节 "新亚洲想像"的背景条件

新自由主义的全球化概念与"反恐怖"战争中重新出现的"新帝国"概念相互呼应,极为深刻地揭示了隐藏在当代世界变动背后的支配力量:前者以新自由主义的市场主义原则——与私有产权相关的法律体系、国家退出经济领域、跨国化的生产、贸易和金融体制等等——对各种不同的社会传统加以彻底改造,后者则以这一新自由主义全球化过程所引发的暴力、危机和社会解体为由重构军事和政治的"新帝国"。"新帝国"构想的核心是一种能够在世界范围内发挥作用的控制机制和暴力功能,它离不开国家的或超级国家的政治和军事组织等等,从而构成了与新自由主义全球化概念的某种区别:市场主义的"全球化"以经济范畴取消所有的政治干预的合法性,从而回避了新秩序对于某个或某些权力中心的依赖,而"帝国"概念则以超民族—国家的市场—体化及其对秩序的需求为由,明确地提出了全球化过程与一个以民族—国家或民族—国家联盟为中心的跨国政治和军事权力的内在联系。但恰恰是这两个表面看来有所区别的概念将军事联盟、经济合作组织、国际性的政治机构连接在一起,构筑了一个囊括政治、经济、文化和军事等各个层面的总体性秩序。我们可以称之为"新自由主义的帝国或帝国主义"。

"帝国"构想是新自由主义市场论述的补充形式,它恰当地揭示了如下事实——正如19—20世纪的国际劳动分工需要民族—国家体系的政治和军事结构一样,所谓"全球市场一体化"同样离不开政治和军事结构的支持。在这里,唯一不同的是:19世纪的主流是以"民族—国家"反对"帝国",而当今的潮流恰好是这一逻辑的颠倒:以"帝国"反对"民族—国家"。塞巴斯蒂安·马拉比(Sebastian Mallaby),这位《华盛顿邮报》的专栏作者向他的国家建议:

> 我们可以建立一个与世界银行、国际货币基金组织相同的管理体系,专门从事"国家建设"的新国际团体。她既不必像联合国安理会那样受到各种烦人的限制(比如苏联和中国的否决权);又不用受联合国大会一国一票复杂系统的折磨。一个新的国际重建基金,可以由经济合作与发展组织(OECD)的富国,以及现在给国际货币基金组织提供资金的那些国家赞助成立。她可以集中"国家建设"的经验和力量,并且可以在由美国领导的委员会同意下随时采取行动,从而可以代替目前要么乞求要么施压的维和方式。她的产生并不直接等于帝国主义的复活,却可以弥补帝国时代以后遗留下来的安全漏洞,就像在第一次世界大战后,奥托曼帝国结束时实施的国际联盟委任托管体制。[1]

这一"新帝国"构想是一种维持全球秩序的机制,它以全球主义的姿态动摇了(如果不是取消了)民族解放运动和解殖民运动的基本成果,即第三世界国家作为形式平等的主权单位参与国际交往的基本权利及其可能的制度条件。但没有人怀疑这一以"帝国"超越"国家"的姿态背后的"国

---

[1] See Sebastian Mallaby, "Reluctant Imperialist", *Foreign Affairs*, March-April 2002.

家"阴影。

英国首相布莱尔的外交政策顾问罗伯特·库伯(Robert Cooper)在《观察家报》也发表了题旨相似的文章《为什么我们仍然需要帝国?》。库伯的"新帝国"建立在对于当代世界的国家类型的三分法的基础之上:第一类是索马里和阿富汗等前殖民地国家组成的"前现代国家"或"失败国家",它们的混乱无序导致各种非国家力量以之为基地,威胁其他国家的安全;第二类是以欧洲的前殖民国家组成的"后现代国家",其代表即欧盟或北约,它们超越了民族—国家之间的势力均衡关系,以透明性、相互依赖性为原则形成多元性的社会共同体;第三类是由中国、印度和巴基斯坦等国组成的"传统的现代国家"。在他的分类中,"后现代国家"的两个典型类型是作为"合作帝国"的欧盟和作为"自愿的全球经济帝国主义"的国际货币基金组织和世界银行,这两个组织都由一整套法律和法规协调运作,而不像传统帝国那样依赖于一个中心化的权力。库伯的"合作帝国"构想以及"邻国帝国主义"(the imperialism of neighbours)概念是在巴尔干战争和阿富汗战争的阴影中提出的,它把"人道主义干预"的概念与一种新型帝国主义的概念结合起来,从而使得"人道主义"合乎逻辑地成为"帝国"的理论前提。[2] 按照这一新帝国论,欧洲国家奉行内外关系的双重原则,即对内超越主权原则,对外实行"新帝国主义",从而这个所谓的"帝国"可以被概括为一种泛民族主义的模式。史密斯(Anthony D. Smith)曾在一本讨论民族主义的著作中谈论过这种"泛民族主义":"一方面,它们似乎建议为了更大的超国家和超民族的利益,应该摒弃现存的民族国家。另一方面,它们通过把民族国家和一个更宽泛的'受保护'的国家的范畴联系起来,并通过反对具有文化差异的邻邦和敌人,明确了民族国家的文化轮廓,加强了它的历史认同,从而使其得到巩固。……它们作为政治论坛有一些作用并具有区域性影响。但是,在政治或者经济关系方面它们几乎没有什么突破……它们的作用是使民族国家正常化,从

---

[2] Robert Cooper, "Why we still need empires", see, *The Observer*, Sunday April 7, 2002; "The new liberal imperialism", see *The Observer*, Sunday April 7, 2002.

而使其合法化。"[3]

由于概念的雷同,库伯的帝国概念与马拉比的帝国概念之间的重要区别反而被忽略了。这两个帝国概念存在一致的方面——它们均以全球经济一体化为肯定性前提,以全球进程中的不平衡发展为否定性前提,以超越主权范畴的干预原则为基本特征。就干预的主体而言,这两个帝国计划都没有真正摆脱民族—国家的逻辑。但两者的分歧也是显著的:库伯的"帝国"范畴以欧盟为典范,而马拉比的"帝国"则是美国,它们之间的差别表现在两个方面:一、欧洲国家间的关系以法律、规则、相互依赖和干预为基础,接受有关武器核查、国际法庭等超国家原则,而美国奉行单边主义,拒绝任何国家对其武器和军事计划进行核查;二、欧洲取消了内外的绝对界限,但保留着欧盟与外部世界之间的严格分界,从而欧盟不是一个唯一性的帝国(库伯的文章标题用了帝国的复数形式);与此构成对比的是,美国拒绝承认市场一体化的世界需要多极帝国,它认为欧洲式的"合作帝国"远不如美国这一唯一的"帝国"来得有效。马拉比不无针对性地说:

> 一个帝国并不总是靠计划产生的。最早的美洲殖民地,是英国宗教斗争不经意产生的副产品。英国的政客阶层对是否应统治印度的态度并不坚定。但是,商业利益还是把英国拖了进去。今天的美国将成为一个更加不得已而为之的帝国。一个新帝国主义时代已经来临了。美国强大力量的优势迫使她不得不担任领导角色。问题并不是美国是否愿意弥补欧洲帝国留下的空缺,而是美国是否愿意承认她正在这样做。只有华盛顿承认了这一点,她才能保证以后行动上的一致。[4]

---

[3] 安东尼·D·史密斯(Anthony D. Smith):《全球化时代的民族与民族主义》(*Nations and Nationalism in a Global Era*, London and New York: Routledge, 1998),北京:中央编译出版社,2002,页143—144。

[4] See Sebastian Mallaby, "Reluctant Imperialist", *Foreign Affairs*, March-April 2002.

与新自由主义的市场叙述一样,这一"并不总是靠计划产生的"和"不经意产生的"帝国叙述将新秩序视为自然演化的产物,而不是像欧盟那样是一种政治规划或协商理性的成果。正如大英帝国是市场贸易的自然产物一样,美国是新自由主义世界秩序的"不得已而为之的"唯一的守护神——它是唯一的、没有外部的普遍秩序,从而也只有那些没有外部的机制(如世界银行、国际货币基金组织、联合国和其他国际性组织,而不是任何一个国家或国家联盟)才是它将取代或将吸纳的机制。帝国的单边主义就是全球的普世主义。

不同的帝国构想反映了美国和欧洲在构想全球秩序方面的冲突。在《欧洲是否需要一部宪法——只有作为一个政治共同体,欧洲大陆才能捍卫面临重重危险的文化生活方式》一文中,哈贝马斯以捍卫欧洲的社会模式和现代性成就为由,论证了将各民族国家组织成为一个统一的政治共同体的必要性。作为政治共同体的欧洲在这里是一项政治计划,它既是对建立在市场或欧元一体化的新自由主义基础之上的欧洲概念的拒绝,又是对美国主导的全球秩序的反抗。哈贝马斯引证法国总理若斯潘于 2001 年 5 月 28 日在德国议会发表的演讲说:

> 直到不久之前,欧盟的努力都集中在建立货币联盟和经济联盟上……然而,今天需要的是一种更加宽阔的视野。要不然,欧洲就会蜕变为一个单纯的市场,就会在全球化中一败涂地。因为,欧洲决不只是一个市场,而是一种在历史中发展壮大起来的社会模式。

在引述了这段话之后,他评论道:"我们这些中小民族国家,面对当今世界上占统治地位的世界经济强权兜售给我们的社会模式,难道能够依靠自身的行为力量,反其道而行之,不被它同化吗?"在这个意义上,欧洲构想是一个针对更强势的霸权的保护性的计划。围绕着保护福利与安全、民主和自由的欧洲生活方式,哈贝马斯提出了建立"后民族民主"的欧洲的三个主要任务,即形成一个欧洲公民社会、建立欧洲范围内的政治公共领域、创造一种所有欧盟公民都能参与的政治文化。他建议欧洲通过全民公决制定统一的宪法,"把当初民主国家和民族相互促进的循环逻辑再次运用到自己身上。"[5] 按照这三个主要任务形成的欧洲宛如一个超级国家或帝国,一方面,它的内部包容着各具特色的和某种自主性的社会,但另一方面,它又拥有行使政府职能的统一的常设机构、统一的议会和法律,并得到历史地形成的公民政治文化和社会体制的支持和保障。如果我们把这个继承了福利国家和民主宪政体制的欧洲视为一个"超级国家"或"帝国"的话,那么,这个"超级国家"或"帝国"与马拉比的"新帝国"并不相同:前者是欧洲民族—国家的政治文化的扩展和延续,拥有明确的内外边界和主权,而后者却是没有外部的、唯一的、反传统的、以市场主义和政治/军事霸权为基本逻辑的世界秩序。

"帝国"、"帝国主义"和"殖民主义"这些概念的复活非常自然地引起了全世界左翼知识分子和第三世界国家的政治批判和道德谴责。但是,新帝国或新帝国主义有着不同于19世纪帝国或帝国主义的社会基础和政治形式,正如19世纪的殖民主义一样,它不仅是一个口号或政治计划,而且也是更为深刻的一个历史进程的产物。因此,实质性的问题与其说是拒绝这些概念,毋宁是寻找摆脱这一帝国体制的可能方案。那种认为"帝国"已经是新时代的绝对命运的看法必须首先加以拒绝。在哈贝马斯的意义上,欧洲统一进程是欧洲社会抗拒新自由主义全球化的政治计划(我们当然不会忘记内外双重标准也是这一计划的有机部分);在萨米尔·阿明等第三世界知识分子的视野中,跨国性的区域联盟也可能构成抗衡超级帝国的政治、经济、文化、科技、军事和自然资源的垄断的政治方案。这两个不同的构想都建立在对民族—国家的限度和困境的反思之上。在这个意义上,当左翼知识分子愤怒地拒斥库伯的帝国主义论调和相关的政治/军事实践之时,不应该简单地拒斥包括欧洲国家正在推动的历史实践在内的区域性实践,而应该参考这个实践以形成亚洲社会和第三世界对应"新自由主义帝国秩序"的方略。

---

[5] 哈贝马斯:《欧洲是否需要一部宪法——只有作为一个政治共同体,欧洲大陆才能捍卫面临重重危险的文化生活方式》,曹卫东译,《读书》2002年第5期,页83—90。

伴随着新型的"帝国秩序"的浮现,亚洲地区涌动着一种双重的过程:一种是以美国为中心的、能够有力地将各民族—国家权力吸纳到这一新型权力网络中的过程,例如在阿富汗战争中,亚洲各国家出于各自的经济和政治利益积极参与以美国为中心的战争同盟;另一种则是在1997年金融风暴之后强化了的亚洲区域合作的步伐。我们可以毫不费力的举出下面的事例:2001年2月,以亚洲为立足点的地区论坛博鳌论坛在中国海南岛举办;6月,中国、俄罗斯、哈萨克斯坦、塔吉克斯坦、乌兹别克斯坦成立了"上海合作组织"(简称"上海六国")。在"九一一"袭击事件之后,即2001年11月,中国与东盟达成协议,决定在十年内签署自由贸易协议,以致日本媒体发表评论说:"如果亚洲的地区统一加速,……日本和中国的距离感将在地区统一进程中自然趋于消除,最终以把美国排除在外的首个东亚地区的协商场合——'东盟+日中韩首脑会议'为基础,日中有可能实现'亚洲版的法德和解'。"[6]以东盟+日中韩为中心的地区统一进程是一项开放性的区域计划,它让人想起的与其说是哈贝马斯意义上的欧洲统一计划,毋宁是北美自由贸易区的亚洲版。一方面,这一带有强烈的市场主义取向的区域主义本身正是"新帝国"主导下的全球市场关系的产物:区域联合的构想是为了适应经济全球化的新需求,在一个较之民族—国家更为广阔的范围内建立对于资本、信息、金融、劳动力等领域的高度的流动性的控制和调节机能;另一方面,这一区域主义又包含着通过建构区域自主性以抗拒全球霸权的意向。这一姿态可以概括为一种迎拒关系,即既反抗又拥抱的关系:迎拒的主体是以区域形态出现的国家和国家联盟,而对象则是"新帝国"主导下的市场关系。

无论出于何种具体的理由,也无论各自关心的问题有多么分歧,有关亚洲话题的讨论还是在许多国家和地区的知识分子和政治家们中间展开了。然而,亚洲是一个在政治制度、经济体制和文化传统上截然不同于欧洲的大陆,也是一个内部高度分化的区域。尽管亚洲内部存在着一些

---

[6] 西协文昭:《从中国的二十一世纪战略看日美中俄关系》,《世界周报》2002年2月12日一期。

"历史世界"(如中国、印度、伊斯兰等等),但我们很难将亚洲视为一个整体性的"区域"。如果亚洲不仅是一个"市场",而且还是一个具有更为广泛、深刻、具有自身历史性的社会共同体,那么,它的历史基础和现实条件又在哪里呢?要想提出一个有效的答案,我们无法绕过下述这些问题:第一、自19世纪以来,不同形式的亚洲主义总是与不同形式的民族主义密切相关;即使在抵制新自由主义全球化的语境中,亚洲想像也经常是民族—国家想像的一部分,例如,对于日本、韩国而言,超越民族—国家的东亚构想本身是重建民族—国家主权的一种方式。那么,民族—国家在这一亚洲构想中占据何种位置?第二、在近代民族主义浪潮中,亚洲构想包含了两个截然相反的方向,即以日本"大东亚共荣圈"为中心的殖民主义的亚洲观和以亚洲民族解放运动和社会主义运动为中心的社会革命的亚洲观。在社会主义运动土崩瓦解和重构亚洲想像的全球语境中,我们如何处理和对待亚洲的社会主义遗产?第三、亚洲范畴是资本主义和殖民主义重构传统关系的结果,那么,新的亚洲想像应该如何对待和处理殖民和冷战的后果——其中既包括朝鲜半岛和台湾海峡的分割局势,也包括亚洲各国依据与美国的关系所确立的相互关系?第四、与上一个问题密切相关的是,亚洲想像密切地联系着海洋与大陆关系的历史转变:无论是朝贡、战争、迁徙、贸易或宗教交往,传统的区域联系以亚洲大陆的南/北、东/西互动为杠杆;19世纪欧洲资本主义的扩张主要利用了海洋通道,通过大规模提高海军技术、航运能力、出海口、沿海工商业中心和海洋贸易网络的重要性,将内陆关系依附于海洋关系,贬低了大陆内部联系的重要性。因此,一个合乎逻辑的问题是:新的亚洲论述如何处理大陆与海洋的关系?(在中国语境中,这一问题直接地联系着沿海地区与西北、西南、中原等内陆地区的不平等关系)第五、如果亚洲构想是一种超越民族—国家的社会共同体的想像,那么,这也意味着一种历史性的倒转,即用一种超民族国家想像替代19世纪的以民族—国家为中心的超帝国或反帝国想像。那么,如何在亚洲范畴中理解和处理前民族—国家的政治、经济和文化(我们通常用"帝国"或"朝贡关系"等范畴来表达)与后民族—国家的政治、经济和文化(重新出现了运用"帝国"范畴的迹象)之间的关系?所有这些问题都指向一个基本问题:亚洲并不存在欧洲那样相对统一的政治文化和相对平等的经济发展水平,在此条件下,我们如何想像"亚洲"?

以下的分析是对亚洲知识分子正在展开的有关亚洲问题的讨论的一个回应。与其说它所展示的是对于亚洲的构想和计划,毋宁说是对于这一构想和计划的历史脉络和实践难题的分析。我的目的是通过亚洲范畴与近代历史之间的互动关系的研究,整理出一些有关亚洲问题的分析取向,从而通过回答上述各种历史性的问题为新的想像提供一点线索。19世纪以降,日本、韩国等东亚国家产生了丰富的亚洲论述,而中国在这方面却极为匮乏,从而也极大地影响了中国的自我认识的片面性(例如那种总是在中国—西方的对比关系中展开的中国论述)。我的讨论集中在与中国相关的范围内,除了受制于我个人知识的局限外,这样做的目的之一是试图从亚洲这一视野反过来形成对于中国及其问题的历史认识。在我看来,新的亚洲视野应该植根于我们对各自社会的新的自我认识之中。

第二节 亚洲的衍生性:帝国与国家、农耕与市场

从历史的角度看,亚洲不是一个亚洲的观念,而是一个欧洲的观念。在18和19世纪,欧洲的启蒙运动和殖民扩张为一种新的知识体系的发展提供了条件:与各种自然科学一道,历史语言学、种族理论、近代地理学、政治经济学、国家学说、法哲学、宗教学、历史学等等蓬勃发展,从各个方面构筑了新的世界图景。欧洲概念与亚洲概念都是这一知识建构过程的产物。在孟德斯鸠、亚当·斯密、黑格尔、马克思等欧洲作者的著作中,亚洲概念是在与欧洲的对比中建立起来,并被纳入一种目的论的历史轨道之中的。[7]构成这个欧洲的亚洲概念的核心部分的是如下特征:与欧

---

[7] 对马克思论述的相关说明,请参考本书导论部分的注44。

洲近代国家或君主国家形成对照的多民族帝国,与欧洲近代法律和政治体制构成对立的政治专制主义,与欧洲的城邦和贸易生活完全不同的游牧和农耕的生产方式,等等。由于欧洲民族——国家和资本主义市场体系的扩张被视为世界历史的高级阶段和目的,从而亚洲及其上述特征被视为世界历史的低级阶段。在这一语境中,亚洲不仅是一个地理范畴,而且也是一种文明的形式,它代表着一种与欧洲民族——国家相对立的政治形式,一种与欧洲资本主义相对立的社会形态,一种从无历史状况向历史状态的过渡形式。这一衍生性的亚洲话语为欧洲知识分子、亚洲革命者和改革者,以及历史学家提供了描述世界历史和亚洲社会、制定革命与改革方略和勾画亚洲的过去与未来的基本框架。在19世纪和20世纪的大部分时间里,亚洲话语内在于欧洲现代性的普遍主义叙述,并为殖民者和革命者制定他们的截然相反的历史蓝图提供了相近的叙述框架,这个框架的三个中心主题和关键概念是帝国、民族——国家和资本主义(市场经济)。从19世纪至今,几乎所有的亚洲话语都与这三个中心主题和关键概念发生着这样的或那样的联系。

　　近代亚洲概念的形成与欧洲的世界扩张有着内在的联系。欧洲历史中形成的文化与政治的统一体与欧洲的地理范围在很长时期里并不吻合,那个由许多封建王国构成的、不断发生战争的欧洲其实还说不上是"欧洲"。正如欧洲概念与近代"西方"概念密切相关一样,亚洲概念与"东方"的概念也有某种共生关系,而促成这两组概念的相互联系的则是欧洲人的历史观念。从地理的角度看,希腊人的"亚细亚"概念专指以弗所(Ephesus)平原地区(希腊爱奥尼亚城市,故址在土耳其伊兹密尔省塞尔柱村〔Seljuks〕附近,位于欧亚大商道的西端),后扩大到安那托利亚(Anatolia, Asia Minor)和其他部分。也有人认为这一概念是从亚述群岛(the Azores)的"亚述"一词发展而来,同样蕴含东方的意思。古代西方的地理范围并不以欧洲为界,而是以由希腊人和罗马人开化了的地中海流域为界,那时欧洲本身也还属于希腊人和罗马人所称的"蛮夷世界",即外部世界。早期的亚细亚概念是希腊、罗马的历史视野中的东部区域。不过,正像热尔贝(Pierre Gerbet)在研究欧洲概念的形成时指出:"在当时,欧洲这一词是几乎不用的;人们谈的是西方,是基督教世界。中世纪的欧洲基本上就是西方的基督教世界。"[8]"西方"——亦即我们在日常用于中经常使用的"西方"概念——已经是被"基督教世界"所重新界定的"西方",从而与这一"西方"相对应的"东方"也不再是希腊、罗马时代的"东方"。伯尔曼(Harold J. Berman)说:"西方作为一种历史文化和一种文明,不仅区别于东方,而且区别于在'文艺复兴'各个时期所曾'恢复'的'前西方'文化。……""从这个观点出发,西方不是指古希腊、古罗马和以色列民族,而是转而吸收古希腊、古罗马和希伯来典籍并以会使原作者感到惊异的方式对它们予以改造的西欧诸民族。当然,西方信奉伊斯兰教的部分不属于西方——尽管西方的哲学和科学曾受到过阿拉伯的强烈影响,尤其是在与上述典籍研究有关的时期……"[9]伯尔曼是法律史专家,当他在"西方法律传统"的语境中把"西方"概念与"西欧诸民族"联系起来时,他所指的"西欧诸民族"是11至12世纪(亦即中世纪盛期)的英格兰、匈牙利、丹麦、西西里等,它们在与罗马天主教统治的斗争中形成了王室的、城市的和其他新的世俗法律体系。在这个时期,信奉东正教的俄国和希腊这类国家以及作为穆斯林领地的西班牙的大部分被排斥在"西方"之外。正是从西方、民族、世俗权力及其法律体制的角度——亦即与后来的民族—国家体制直接相关的历史因素的角度,这位法学家将"西方"与"现代"这两个概念密切地联系起来:"在西方,近代起源于1050—1150年这一时期而不是此前时期,这不仅包括近代的法律制度和近代的法律价值,而且也包括近代的国家、近代的教会、近代的哲学、近代的大学、近代的文学和许多其他近代事物。"[10]

近代欧洲概念与"西方"、"民族"、"国家"以及与基督教相关的(包

---

[8] 皮埃尔·热尔贝(Pierre Gerbet):《欧洲统一的历史与现实》(*La Construction de I, Europe*, Imprimerie Nationale-Paris, 1983),北京:中国社会科学出版社,1989,页4。

[9] 哈罗德·J·伯尔曼(Harold J. Berman):《法律与革命——西方法律传统的形成》(*Law and Revolution: the Formation of the Western Legal Tradition*, Harvard University Press, 1983, p.3)北京:中国大百科全书出版社,1993,页3。

[10] 同上,页4。

括世俗的)文化、制度和认同有着内在联系。如果说西方概念需要建构东方概念才能形成,那么,欧洲概念的形成也有赖于一个较之"东方"的含混范畴更易于被清晰界定的外部世界。从时间上说,这个外部世界的概念化要晚于伯尔曼从法律史的角度所做的关于"西方"的界定。如果没有新大陆的发现,没有欧洲殖民国家在全世界的扩张、竞争和为瓜分欧洲之外的利益而形成的条约和国家集团,"欧洲"或"欧洲人"很难被确认。"欧洲"的浑然一体是从外部加以界定的:一方面,印度人、中国人和其他地区的人将来到他们土地上的葡萄牙人、西班牙人、荷兰人、英国人、法国人等等逐渐地看作是一种人(外夷、西人或欧洲人),另一方面,殖民者们自己也从新大陆回望各自国家同在的那一片大陆,以及由基督教帝国、法国大革命、拿破仑帝国和正在形成的民族—国家机制所构筑的某种具有共同性的文化和制度。无论是否使用欧洲或欧洲人这个概念,一种新的认同感还是逐渐地产生出来了。从19世纪至20世纪,刺激欧洲统一构想的是这样一些要素:当欧洲统治世界时,维护欧洲国家间的和平和权力平衡成为"欧洲的"第一需要;当欧洲衰落并受到外部威胁(如苏联)和干预(如美国)时,"欧洲的"团结变得至关重要。欧洲意识是在欧洲近代国家的冲突、平衡、扩张和面临外来压力的关系中得以确立的,也是在19世纪的欧洲殖民扩张中发展起来的。从知识的角度说,欧洲扩张的后果之一是历史语言学、种族理论和近代地理学的出现,它们为欧洲和欧洲人的自我意识提供了知识的支持。正像作为一个文化概念的亚洲一样,亚洲的地理规定也是在这些新的知识的基础上建立起来的,它在很大程度上是欧洲在世界范围内进行自我界定的结果。以苏伊士运河作为亚、非边界,以乌拉尔山、土耳其的巴巴角作为亚、欧边界,以与澳大利亚隔海相望的太平洋和印度洋的交错地带作为亚洲的东南边界,以白令海峡作为亚、美分界——这一在历史中逐渐形成的地理规划与欧洲殖民主义的世界性的政治经济规划有着历史的联系。假定欧洲概念与基督教世界密切相关的话,亚洲究竟是什么意思呢?除了作为与西方相对的"东方"载体之外,这个囊括了人类各大主要宗教、极为复杂的地貌、政治结构和社会关系的大陆究竟有什么样的内在的联系?

在19世纪欧洲的历史、哲学、法律、国家和宗教论述中,亚洲概念的衍生性恰恰被表述为世界各民族的"中心"和历史发展的"起点"。伴随欧洲的殖民扩张,欧洲的民族主义知识获得了在世界范围内发展比较方法和比较视野的客观条件,历史语言学或比较语言学就是其中之一。一些欧洲的语言学家发现了欧洲语言与梵语的联系,黑格尔因此受到了极大的启发,并将这一历史语言的联系与19世纪欧洲知识的另外两个发现——种族理论和历史地理学——联系起来:

> 近二十余年以来,关于梵语以及欧罗巴语和梵语的联系的发现,真是历史上一个大发现,好像发现了一个新世界一样。特别是日耳曼和印度民族的联系,已经昭示出来一种看法,一种在这类材料中能够获得很大限度的确实性的看法。就是在今天,我们仍然知道还有若干民族没有形成一个社会,更谈不上形成一个国家,然而它们早就如此存在了。……在方才所说的如此远隔的各民族,而它们的语言却又有联系,在我们的面前就有了一个结果,所谓亚细亚是一个中心点,各民族都从那里散布出去,而那些原来关联的东西,却经过了如此不同的发展,都是无可争辩的事实……[11]

据此,亚洲所以构成了"起点"有两个条件:第一、亚洲与欧洲是相互关联的同一历史进程的有机部分,否则就不存在所谓起点和终点的问题;第二、亚洲与欧洲处于这一历史发展的截然不同的阶段,而构成这一阶段判断的根据的主要是"国家",即亚洲所以处于"起点"或缺乏历史的时期是因为它还不是国家、还没有构成历史的主体。在这个意义上,当亚洲地区转变为"国家"的时候,亚洲也就不是亚洲了。19世纪日本思想家提出的"脱亚入欧"这一命题也应该放在这一思想脉络中——亦即民族—国家的形成的脉络中——加以检讨。

在《历史哲学》(*Philosophie der Weltgeschichte*)中,黑格尔以"哲学的

---

[11] 黑格尔:《历史哲学》,王造时译,上海:上海书店出版社,1999,页62—63。

历史"的方式构筑世界历史，为以欧洲历史为目的的亚洲概念作出了最为完备的解释。为了论证绝对精神发展的历史，黑格尔认为需要"历史的地理基础"，即"精神"得以展现的场地，从而以地理学的形式将"时间"建构为"空间"：

> 在世界历史上，"精神的观念"在它的现实性里出现，是一连串外部的形态，每一个形态自称为一个实际生存的民族。但是这种生存的方面，在自然存在的方式里，属于"时间"的范畴，也属于"空间"的范畴。[12]

按照这一将"空间"组织为"时间"或将"时间"展现为"空间"的"哲学的历史"，绝对精神的发展穿越了四个大的历史阶段，即包括中国、印度和波斯等在内的"东方世界"、"希腊世界"、"罗马世界"和代表着现代世界精神的"日耳曼世界"。"日耳曼世界"是先前各个世界的重复，亦即绝对精神的自我复归。亚洲的特性是地球的东部，是创始的地方，而欧洲是旧世界的中央和终极，绝对的西方。"世界历史从'东方'到'西方'，因为欧洲绝对地是历史的终点，亚洲是起点。……历史是有一个决定的'东方'，就是亚细亚。……东方从古到今知道只有'一个'是自由的；希腊和罗马世界知道'有些'是自由的；日耳曼世界知道'全体'是自由的。所以我们从历史上看到的第一种形式是专制政体，第二种是民主政体和贵族政体，第三种是君主政体。"[13]

为什么黑格尔能够如此自然地将"时间"组织为"空间"，并在"世界历史"和国家政治制度的范畴内解释精神的发展？从黑格尔理论的内在逻辑和知识前提来看，这一转换至少包含了两个条件：第一，黑格尔的历史哲学的主要源泉之一是一种心理学理论，它是从个人主义的、人类中心主义的传统发展而来，其目的是通过世界历史与个人精神历史的一种类比关系的建构来解决从个人主义论述中产生出的哲学困难。正是在这一人类中心主义的传统之上，黑格尔才能够将不同区域和不同历史形式理

---

[12] 同上，页85。
[13] 同上，页110—111。

解为一个精神发展的过程,并以此来克服由于市场扩张和劳动分工而产生的社会分裂。[14] 黑格尔从斯密那里借来了"市民社会"(以及与市场直接相关的财产权和契约关系)的范畴,但他的政治哲学的核心是国家的角色、政治领域和身份认同。19世纪的德国人生活在分裂的而且弱小的国家里,它们之间缺乏一种集中的政治媒介为德国文化提供统一的构架。正是在这一条件下,黑格尔将国家及其法的体系置于历史进化的最高范畴,以一种国家统一型的民族主义回应18世纪以降中欧和德国分裂的政治和社会现实,以市民社会和国家的政治文化统一人们对家族、地方和宗教的多重认同。他在哲学层面对总体(wholeness)的恢复亦即对国家的总体性的恢复,其功能是提供市民社会的政治架构,克服市场及其分工体系所造成的人与他人的分裂。在他看来,离开国家及其法律机制,资产阶级社会的原子式的个人就无法构成市民社会。"利己的目的,就在它的受普遍性制约的实现中建立起在一切方面相互依赖的制度。个人的生活和福利以及他的权利的定在,都同众人的生活、福利和权利交织在一起,它们只能建立在这种制度的基础上,同时也只有在这种联系中才是现实的和可靠的。这种制度首先可以看成外部的国家,即需要和理智的国家。"[15]

其次,如果我们把黑格尔历史哲学中的东方、希腊、罗马、日耳曼的阶段性叙述与亚当·斯密从经济史角度对人类历史发展的四个阶段——即狩猎、游牧、农耕和商业——所做的归纳加以对比,我们不难发现黑格尔的以政治形态为中心的历史阶段描述与斯密以生产形态为中心的历史阶段描述有着内在的联系。斯密把农耕社会向商业社会的发展看成是欧洲封建社会向现代市场社会的过渡,从而以一种历史叙述的形式将现代、商业时代与欧洲社会等概念内在地联系起来。一方面,斯密是一个历史学家,他对经济的描述是一种历史描述,但另一方面,他所提供的市场运动模式是一个抽象的过程:美洲的发现、殖民主义和阶级分化都被描述为关

---

[14] 关于19世纪政治经济学中的时间问题,参见我为《反市场的资本主义》一书所写的导论《经济史,还是政治经济学?》,《反市场的资本主义》,许宝强、渠敬东编,北京:中央编译出版社,2000,页1—49。
[15] 黑格尔:《法哲学原理》,范扬、张企泰译,北京:商务印书馆,1995,页198。

于无穷尽的市场扩张、劳动分工、工艺进步、税收和财富的上升的经济学描述,一种有关世界市场的循环运动的论述就在这一形式主义的叙述方式中建立起来了。在这一叙述方式中,市场模式既是历史发展的结果,也是历史的内在的规律;殖民主义和社会分化的具体的空间关系在这里被转化为生产、流通、消费的时间过程。因此,时间与空间的互换关系建立在资本主义的生产过程与殖民主义的区域关系的历史联系之上:一方面,在斯密描述的资本活动过程中,生产、流通和消费的时间关系必须经过海外殖民和市场扩张等空间活动才能完成;另一方面,这种由资本主义市场和劳动分工所构筑的空间关系又不是外在于资本的连续活动的关系,从而地域上的空间关系可以被转化为市场活动中的时间关系。值得注意的是,正是通过对斯密所描述的这一重复性的生产和交换活动的观察,黑格尔发现这一循环往复的过程本身产生了阶级分野和帝国主义:生产和消费过程的无穷膨胀势必导致人口的上升、分工的限制、阶级的分化,从而迫使市民社会越出自己的边界、寻找新的市场、实行殖民政策。"于是工业在追求利润的同时也提高自身而超出于营利之上。它不再固定在泥块上和有限范围的市民生活上,也不再贪图这种生活的享受和欲望,用以代替这些的是流动性、危险和毁灭等因素。此外,追求利润又使工业通过作为联系的最巨大媒介物而与遥远的国家进行交易,这是一种采用契约制度的法律关系;同时,这种交易又是文化联络的最强大手段,商业也通过它获得了世界史的意义。"[16]在这里,黑格尔把市民社会、经济活动、消费主义与帝国主义扩张之间的联系诠释为"贸易在世界历史中的意义",从而为将市民社会、市场经济、法哲学和国家的科学组织到他的"世界历史"或"绝对精神"的发展构架之中提供了前提。[17]

---

[16] 黑格尔:《法哲学原理》,页246。
[17] 在1821年发表的《法哲学原理》(*The Philosophy of Right*)中,黑格尔将政治和社会组织的发展区分为三个阶段,即家庭、市民社会和国家的建立,而国家则是家庭和市民社会的综合。"市民社会是处在家庭和国家之间的差别的阶段,虽然它的形成比国家晚。其实,作为差别的阶段,它必须以国家为前提,而为了巩固地存在,它也必须有一个国家作为独立的东西在它面前。"同上,页197。

按照黑格尔的"世界历史"的构架,由自主的个人组成的市民社会及其法律体系成为政治共同体(国家)的内在结构,而这个政治共同体不是一个纯粹人为的构造,而是一个综合的演化过程的产物,从而构成了"世界历史"的目的本身。[18]黑格尔的东方概念是对欧洲思想中的亚洲论的哲学总结,其核心是以欧洲的国家结构与亚洲的国家结构进行对比。由于黑格尔有关市民社会和市场、贸易的论述源自苏格兰学派的政治经济学,从而他的专制主义的亚洲概念与特定的经济制度之间是存在着呼应关系的。在《国富论》中,斯密谈到中国和其他一些亚洲国家的农业性质与水利工程之间的联系,用以区别于欧洲城市的行业特点,即制造业和外贸。他对狩猎、游牧、农耕、商业等四个历史阶段的区分同时配合着对不同地域和民族状况的界定。例如,在谈论"最低级最粗野的狩猎民族"时,斯密提及了"现今北美土人";在论述"比较进步的游牧民族的社会状态时",他举出了鞑靼人和阿拉伯人;在谈论"比较更进步的农业社会"时,他又提及了古希腊和罗马人(稍前的章节中还提及了中国的农业)。至于商业的社会则是斯密称之为"文明国家"的欧洲。[19]在黑格尔的视野中,所有这些问题都被纳入到有关国家的政治视野之中,因为狩猎民族之所以被认为是"最低级最粗野的"民族,是因为狩猎和采集的人群规模较小,无法产生构成国家的那种劳动的政治分工,用盖尔纳(Ernest Gellner)的话说,"对于他们来说,国家的问题,建立稳定的、专门负责维持秩序的机构的问题,实际上并不存在。"[20]正由于此,黑格尔在叙述他的"世界历史"时断然地将北美(狩猎和采集是其生活方式的特征)排除在外,而将东方置于历史的起点。如果说斯密将历史划分为不同的经济的或生产的形态,那么,黑格尔则以地域、文明和国家结构命名不同的历史形态,

---

[18] 20世纪末叶开始的有关"历史的终结"的争论只有放置在这一历史观的脉络中才能获得历史性的理解:由欧洲所代表的自由和民主的国家理念和市民社会所代表的生产关系在经过了各种各样的实验、暴政和虚无之后最终回到自身。参见弗兰西斯·福山:《历史的终结》,呼和浩特:远方出版社,1998。
[19] 亚当·斯密:《国民财富的性质和原因的研究》,下卷,页254—284。
[20] 厄内斯特·盖尔纳:《民族与民族主义》,北京:中央编译出版社,2002,页6。

但他们都把生产形态或政治形态与具体的空间(如亚洲、美洲、非洲、欧洲等)联系起来,并将它们组织在一种时间性的阶段论的关系之中。

马克思在阐述社会的经济结构的演变时,采用了亚细亚的、原始的、封建的和资产阶级的四个历史阶段,从而表明他的独特的亚细亚生产方式概念产生于对斯密和黑格尔的历史观的综合。根据安德森(Perry Anderson)的归纳,马克思的"亚细亚生产方式"的概念建立在15世纪以降欧洲思想史对亚洲特性进行的一系列概括的广泛前提之上:国家土地所有制(Harrington、Francois Bernier、Montesquieu)、缺乏法律约束(Jean Bodin、Montesquieu、Bernier)、宗教取代法律(Montesquieu)、没有世袭贵族(Niccolo Machiavelli、Bacon、Montesquieu)、奴隶般的社会平等(Montesquieu、Hegel)、孤立的村社(Hegel)、农业占据压倒工业的优势(John Stuart Mill、Bernier)、公共水利工程(Adam Smith、Mill)、炎热的气候环境(Montesquieu、Mill)、历史静止不变(Montesquieu、Hegel、Mill)。所有这些特征都被这些不同的著作家们归结为东方专制主义的表现,并可以追溯到希腊思想对亚洲的论断。[21]"'专制主义'概念的明确出现从一开始就是一种站在外面对'东方'的评价。人们发现了真正的希腊世界本身(这是一个不寻常的说法)的古典古代,一个主要的经典说法就是亚里斯多德的著名论断:'野蛮人比希腊人更有奴性,亚洲人比欧洲人更有奴性;因此,他们毫无反抗地忍受专制统治。……由于它们遵循成法而世代相传,所以很稳定。'"[22]亚洲人的"奴性"是从亚洲社会结构的稳定性这一历史观察中推衍出来的,而亚洲社会结构——包括中国社会结构——的一次又一次深刻的、内在的、革命性的变化完全不在这一历史观的视野之内。安德森精辟地指出:这里所谓亚洲国家结构实际上是通过对土耳其势力的观察形成的。作为第一个把奥斯曼国家作为欧洲君主国的对立物的理

---

[21] 佩里·安德森(Perry Anderson):《绝对主义国家的系谱》(*Lineages of the Absolutist State*, London: Verso, 1979, p. 473),刘北成、龚晓庄译,上海:上海人民出版社,2001,页503。安德森对亚洲亚细亚生产方式的讨论是经典性的,但不知何故,他没有提及斯密和苏格兰学派对黑格尔和马克思的亚洲概念的极为重要的影响。

[22] 同上,页495。

论家,马基雅维利在《君主论》中将土耳其的君主官僚制作为与所有欧洲国家分道扬镳的制度,而另一位被视为欧洲主权概念的最早阐释者的伯丹则在欧洲的"国王主权"(royal sovereignty)与奥斯曼的"主子主权"(lordly power)之间建立对比。在欧洲政治思想中,这两个人物开创了把欧洲国家结构与亚洲国家结构进行对比的传统,东方专制主义概念就是在这个传统中发展起来的。[23] 西欧封建国家与奥斯曼帝国的这一对比关系最终被转化为欧洲民族国家与亚洲帝国的对比关系,以致我们今天已经很难理解被视为亚洲国家特色的"专制主义"实际上是从欧洲人对奥斯曼帝国文化的归纳中衍生出来的。[24] 在这一典型的西欧视野内,近代性的资本主义是西欧独特的社会体制的产物,从而资本主义的发展与以封建国家为历史前提的民族—国家体制之间存在必然的或自然的联系。在这一历史观的影响下,帝国体制(奥斯曼、中国、莫卧儿、俄罗斯等幅员辽阔的多民族帝国)被视为东方专制主义的政治形式,它们无法产生出资本主义发展所需要的政治结构。[25] 正是这一从帝国描述中产生出来的专制主义概念提供了后人在政治范畴中对亚洲与欧洲进行对比的可能性,即专制主义的亚洲与民主的欧洲的对比。

亚洲概念从此始终与疆域辽阔、民族复杂的帝国体制密切相关,而这一体制的对立面是希腊共和制、欧洲君主国家——在19世纪的民族主义浪潮中,共和制或封建君主国家都是作为民族—国家的前身而存在的,也是作为区别于任何其他地区的政治形式而存在的。换言之,正是在从封建国家向民族国家过渡的西欧语境中,专制主义概念才如此紧密地与广大帝国的概念联系起来,从而"国家"这一与帝国相对立的范畴获得了它

---

[23] 同上,页427。
[24] 安德森描述说:"到了18世纪,随着殖民开发和扩张,最初同土耳其接触而形成的观念,在地理上的涵义越来越向东扩展,先是扩大到波斯,然后是印度,最后是中国。随着这种地理涵义的扩大,最初在土耳其发现和局限于土耳其的一组特征就逐渐成为一种普遍的概念。政治'专制主义'的概念由此而诞生了……"同上,页495。
[25] 同上,页430,441。

的价值上的和历史上的优越性。在黑格尔之前,孟德斯鸠在《论法的精神》第一卷第八章中已经分别论述了共和政体、君主政体和专制政体的特质。他以一种"自然特质"的观点比较这几种政体:"如果从自然特质来说,小国宜于共和政体,中等国宜于由君主治理,大帝国宜于由专制君主治理的话,那末,要维持原有政体的原则,就应该维持原有的疆域,疆域的缩小或扩张都会变更国家的精神。"在他的比较中,共和政体的典范是希腊各共和国,君主政体的典范是那些由帝国分割而来的君主国(例如从查理曼帝国中分割出来的王国),而专制政体的典范则是中华帝国:"中国是一个专制的国家,它的原则是恐怖。在最初的那些朝代,疆域没有这么辽阔,政府的专制精神也许稍微差些,但是今天的情况却正相反。"[26] 为了建构近代欧洲国家的自我理解,孟德斯鸠断然地否定一些传教士关于中国的政治、法律、风俗和文化的较为肯定的描述(这些描述曾经为欧洲启蒙运动的中国描述——尤其是伏尔泰、莱布尼茨等对中国的肯定性描述——提供过根据),进而以"专制"和"帝国"概念囊括整个中国的政治文化。按照孟德斯鸠以来的经典描述,帝国的主要特征是:最高统治者以军事权力为依托垄断所有的财产分配权,从而消灭了可以制衡君主权力的贵族体制,扼制了分立的民族—国家的产生。

亚洲概念与民族关系含混、专制主义帝国这两个特征的内在关联只有通过与欧洲国家的对比才能建立起来。在这一欧洲中心的对比框架中,中国、奥斯曼、莫卧儿和俄罗斯等帝国相互之间存在的极为巨大的历史差异和社会性质差异不可能得到表达。事实上,当时欧洲的著作家们对于这些亚洲帝国之间的历史差异和历史演变——例如,伊斯兰帝国与儒教帝国的差异和互动——不感兴趣。孟德斯鸠论述道:

> 在亚洲,人们时常看到一些大帝国:这种帝国在欧洲是绝对不能存在的。这是因为我们所知道的亚洲有较大的平原;海洋所划分出来的区域广阔得多;而且它的位置偏南,水泉比较容易涸竭;山岳积

---

[26] 孟德斯鸠:《论法的精神》上册,北京:商务印书馆,1997,页126—129。

雪较少;河流不那么宽,给人的障碍较少。

在亚洲,权力就不能不老是专制的了。因为如果奴役的统治不是极端严酷的话,便要迅速形成一种割据局面,这和地理的性质是不能相容的。

在欧洲,天然的区域划分形成了许多不大不小的国家。在这些国家里,法治和保国不是格格不入的;不法治是很有利于保国的;所以没有法治,国家便将腐化堕落,而和一切邻邦都不能相比。

这就是爱好自由的特性之所以形成;因为有这种特性,所以除了通过商业的规律与利益而外,每一个地方都极不易征服,极不易向外力屈服。[27]

为了将亚洲建构成为这样一种特殊的文明,就必须省略其内在的发展和变化,甚至中国历史中北方民族和南方民族的历史冲突——亦即欧洲作者们所谓鞑靼对中国的征服和中国对鞑靼的征服——也不被视为历史形式的演变。用孟德斯鸠的话说:"中国并不因为被征服而丧失它的法律。在那里,习惯、风俗、法律和宗教就是一个东西。"[28] 孟德斯鸠、黑格尔、马克思,所有这些欧洲理论家都以一种与欧洲对比的模式建立他们的亚洲概念和中国概念,从而他们的历史方法本身均带有一种"文化类型"或"文化主义"的特点。他们也许会注意突厥人或蒙古人在欧洲法律和政治文化中留下的影响,但绝不会在意后者对亚洲的征服活动也促成了亚洲地区的社会变化,例如蒙元帝国的法律体制与宋、明王朝存在重要的差别。在这一"文化主义"的视野内,亚洲没有历史,不存在产生现代性的历史条件和动力——这个现代性的核心是"国家"及其法的体系,以及城邦的和贸易的生活方式。无论从哪一种政治立场出发,这些欧洲作者都对"亚洲有自身的历史吗?"这一问题给予否定的回答。但是,这一回答并不产生于对亚洲历史的具体叙述,而是产生于对"世界历史"的建构、

---

[27] 孟德斯鸠:《论法的精神》上册,页278。
[28] 同上,页314。

产生于对欧洲在这一"世界历史"中的"终点"地位的建构。正是在这个意义上,亚洲问题是一个"世界历史"问题,对"亚洲历史"的再思考本身就是对欧洲的"世界历史"的重构。

第三节 亚洲概念与民族运动的两种形式

亚洲的"亚洲论"是民族主义运动的产物。在19和20世纪的亚洲民族解放运动中,欧洲政治思想中的那个与亚洲概念密切相关的帝国与国家的对比方式获得了新的形态,例如,在日本的"脱亚入欧"论和俄国革命者的"民族自决权"的范畴中,亚洲概念始终与"民族含混的帝国及其文化"有着内在的联系。"脱亚入欧"和"民族自决"这两个范畴象征性地揭示了亚洲民族主义的两种形式,即帝国主义的民族主义和社会革命(民族解放运动)的民族主义。这两个形式都在民族—国家与帝国的对比中构筑民族想象的图景,从不同的方向将民族—国家与超越民族—国家(以帝国主义和国际主义为不同的形式)的诉求结合在一起,但它们之间有着实质性的历史对立。亚洲概念所内含的民族主义的和超民族主义的双重内含就是从这一历史关系中产生的。

1885年3月16日,日本近代变革的先驱者福泽谕吉在《时事新报》发表了《脱亚论》,从此"脱亚入欧"成为日本近代思想中反复出现的主题。综合丸山真男等学者对这一命题的总结,我们大致可以归纳说:所谓"脱亚",即摆脱以中华帝国为中心形成的政治关系和儒教文化,所谓"入欧"即以欧洲民族—国家为蓝本将日本重构为一个具有自主意志的"国家"。因此,"脱亚入欧"论的核心含义是摆脱以中国为中心的朝贡体系、儒教主义和亚洲的封建性的政治关系,进而将日本建立为一个新型的、亦即欧洲式的民族—国家。在"国家"这一新的政治形式及其权利体系不断扩张的背景下,"亚洲"作为一个与民族主义的现代化构想相对立的文化和政治模式遭到根本的否定。日本近代的"脱亚论"最终抵达的是以征服亚洲为目标的"大东亚主义"——在以文化上的"亚洲特殊论"为依据对抗西方挑战的同时,深入东亚腹地,全面地推进帝国主义的殖民政策。这是一个将"脱亚入欧"的国家改革逻辑与"入亚反欧"的帝国主义逻辑综合在一起的亚洲论,它具体体现为第二次世界大战中日本帝国主义的所谓"圣战"的思想和"大东亚共荣圈"的构想。[29] 丸山真男因此认为"脱亚入欧"并不能表达日本近代发展的轨迹。[30] 然而,理念上的"脱亚"与实践上的"入亚"均以必须加以历史地否定的"亚洲"为前提,从而"入亚"的实践与"脱亚"的理念并不像表面看来的那样矛盾。将日本帝国主义的逻辑归结为"入亚"而非"入欧",实际上再次突显了"亚洲"概念的负面性。[31]

丸山真男的上述解释根源于与福泽谕吉极为相似的逻辑,即亚洲国家的变革必须是摆脱儒教文化(中华帝国文化)和形成欧洲式民族—国家的双重过程。但他的论述特点是将与欧洲现代"国家"相关的政治价

---

[29] 亚洲的历史地位依赖于观察者的具体动机和世界视野,这对革命者和历史学家而言都是如此。列宁在《亚洲的觉醒》中把土耳其、波斯、中国以及英属印度看作是"民主革命席卷了"的"整个亚洲",他的亚洲概念显然不仅是地理概念,而且是在世界资本主义和无产阶级革命的视野中确定的。至于日本思想史中的"亚洲"概念则包含了更多的歧异,这些歧异的发生主要导因于日本人对于日本在世界中的位置的想象。宫崎市定在分析东洋的近代时提出,人类社会的历史发展,自然是以某个地理地域作为基础,但未必一定和地理学的地域一致。从这种"历史的地域"观出发,他区分出亚洲西南的波斯、穆斯林世界和东洋以中国为中心的世界,然后可举出印度和日本。但他又补充说,可以把印度加入西南亚,成为西亚;将日本和中国合体,称为东亚以作对照。见氏著《东洋的近世》,《日本学者研究中国史论著选译》第一卷,页157。

[30] 他问道:"假如'脱亚入欧'真能象征日本近代的根本动向,那么,作为'大日本帝国精神支柱的'国家神道(用大众化的称呼,叫日本的'国体')从明治时出现的全国性的组织化,到第二次世界大战的失败后在盟军的命令下被迫走向解体的历史,难道能用'脱亚入欧'一词来表现吗?"丸山真男:《福泽谕吉与日本近代化》,区建英译,上海学林出版社,1992,页6—9。我冒昧地对译文作了一些改动。

[31] 丸山真男举了一个例子:1933至1935年,近代日本的右翼组织"黑龙会"发行《东亚先觉志士记传》(最后一章为"满洲国皇帝之登极"),福泽谕吉被列名其中,作为日本帝国的"大亚洲主义"的同志。启蒙主义的"脱亚入欧"与"亚洲主义"最终被扭曲为日本帝国的殖民政策的饰词。

值,即"自由"、"人权"、"文明"、"国权"、"独立精神"等等与"国家"实践本身区分开来。他解释说,福泽谕吉是在1884年李氏朝鲜发生"甲申事变"之后执笔的。这次政变的主角是李朝内部的、类似于清末改良派的"开化派",他们的政变仅仅维持了"三日天下"即告失败。福泽谕吉对这些"开化派"的认同感由来已久,但事变本身使他对"亚洲"内部的资源(特别是作为体制意识形态的儒教主义)感到深深的失望。脱亚论意味着亚洲国家的改革必须以欧洲的政治文化作为指导,而这个改革的基本目标就是摆脱亚洲的"文化"。因此,脱亚论意味着一种关于亚洲国家的现代化改革的文化资源和方向的考虑,它的实质含义是"脱儒教主义"。在这一范畴中的亚洲概念包含了两个层面的内容:第一、亚洲概念是一个文化上高度同质化的地域概念,即儒教主义的亚洲概念;第二、"脱儒教主义"的政治含义即摆脱以中国为中心的帝国关系,以"自由"、"人权"、"国权"、"文明"和"独立精神"为取向将日本转化为一个欧洲式的民族—国家。"脱亚"与"脱中国"所以具有等同关系包含了两重原因:一、"亚洲"概念是在欧洲的世界历史范畴中被界定的,如同雅斯贝斯所说:"历史包括中国、印度、近东和欧洲约五千年的事件。和欧洲比肩并列的是中国和印度,而不是地理上的整个亚洲。"[32]二、"脱亚论"与日本的东亚/东洋概念具有密切的关系,而在这一视野中,印度、波斯或其他文化并不归属在"东亚/东洋"的范畴内。在这个意义上,帝国与民族—国家、朝贡贸易关系与国家主权(以条约体系为形式)呈现出的尖锐对立就首先表现在重新界定日本与亚洲——其实是中华帝国及其代表的世界关系和文化价值——的关系这一问题上。[33]在日本帝国主义的亚洲政策的背景之下,丸山真男贬低"脱亚入欧"这一观念在福泽谕吉思想中和日本思

---

[32] 雅斯贝斯:《历史的起源与目标》,北京:华夏出版社,1989,页84。
[33] 我们可以在甲午战争和戊戌变法之后的中国读到类似的文字,严复发表于19世纪九十年代的系列文章就是例证。"五四"时代的"新文化运动"承续了这种把欧洲现代文明看成是普遍的文明的观点,甚至略显保守的思想家如梁漱溟和学衡派的观念也没有太大的差异。参见拙文《严复的三个世界》、《从文化论战到科玄论战》,分别见《学人》第12辑和第9辑,南京:江苏文艺出版社,1996,1998。

想史上的重要性是完全可以理解的。但"脱亚入欧"在一个比喻的意义上是把日本建构成为一个独立的民族—国家的途径,欧洲在这里代表着自由、人权、国权等与民族—国家问题密切联系在一起的价值,而亚洲则与专制主义的儒学传统密切相关,从而如果没有"脱亚"概念所表达的变革方向,日本近代国家的自我意识也就不可能发生。在这个意义上,"脱亚论"是日本民族—国家的自我意识的一个独特的表达方式。

正如欧洲的自我意识需要对于"外部"的知识一样,"脱亚"本身也是通过将自身与亚洲加以区分以形成自我意识的方式。如果亚洲意识的建构是通过摆脱亚洲的意识来完成的,那么,这一亚洲观与欧洲思想中的"亚洲论"究竟是怎样的一种关系?如果"脱亚"的内涵是"脱帝国"或"脱帝国文化",而"入欧"则是"入民族—国家"或"民族—国家文化",那么,"脱亚论"正是欧洲思想中的亚洲观的翻版。在谈论欧洲与亚洲、西方与东方的关系时,雅斯贝斯断言"脱离亚洲是一个普遍的历史过程,不是欧洲对亚洲的特殊姿态。这发生在亚洲内部本身。它是人类的道路和真实历史的道路。"[34]但是,这个发生在亚洲内部的脱亚过程是在欧洲与亚洲的强烈对比的框架中才得以产生的,雅斯贝斯的下述分析是令人深思的:

> 希腊文化好像是亚洲的边缘现象。欧洲尚未成熟就脱离了其亚洲母亲。问题产生了:这一决裂是从哪一步、在何时何地发生的?这可能是欧洲将在亚洲再一次迷失吗?亚洲的深处缺乏意识吗?它的水平降低就等于缺乏意识吗?
>
> 假如西方从亚洲母体中走出来,它的出现看上去就是一次释放人性潜力的大胆行动。这种行动带来了两种危险:首先,欧洲可能丧失其精神基础;其次,西方一旦获得意识,它不断有可能再陷回亚洲的危险。
>
> 然而,如果陷回亚洲的危险要在今天实现,那么这种危险就将在

---

[34] 雅斯贝斯:《历史的起源与目标》,页83。

要改造和毁灭亚洲的新工业技术条件下实现;西方的自由、关于个人的思想、大量的西方范畴和西方清醒的意识将被丢弃。亚洲的永恒特点将取代它们并保存下去:有存在的专制形式,有宿命论精神的安定,没有历史和决心。亚洲将是影响全体的持久的世界,它比欧洲更古老,并且包含了欧洲。凡是产生于亚洲又必定陷回亚洲的样式是暂时的。

....

亚洲变成了一个神化式的原则。当我们把它当作历史现实来客观地分析时,它土崩瓦解了。我们一定不能先验地把对立的欧洲当作实体。于是欧亚就成为一个可怕的幽灵。只有当它们充当某些在历史上是具体的、在思想上是清楚的东西的缩影时,只有不把它们当作对整体的知觉时,它们才经常是一种决定性的深化语言,才是一种代表真理的密码。不过,欧亚是与西方历史整体同在的密码。[35]

从上述逻辑出发,"脱亚"不是一个日本现象,而是一个普遍的历史进程。我们由此可以感受到福泽谕吉在提出脱亚论时的激情,也能够理解为什么这个简单的口号成为近代日本的一个持久的命题。

然而,人们不能不追问:为什么以摆脱亚洲文明为取向的改革思想会被纳入亚洲区域的殖民关系之中?为什么以摆脱"帝国"的方式形成的民族自我意识最终转化为一种帝国主义意识?在我看来,这一问题与其从日本特殊论的角度给予回答,毋宁从欧洲民族主义的基本逻辑与近代日本的历史角色的关系方面进行解释。按照法国大革命创造的经典民族主义范式,关于民主和公民权利的设想是和建立民族—国家(共和国)的过程密切联系在一起的。因此,民族主义是法国大革命对于共和国的构想的一部分。个人作为一个权利单位——即公民或国民——是以民族—国家为基本前提的,没有这个政治共同体,没有民族一致性的前提,个人作为一个法律主体就不可能成立。然而,正如欧洲的作者们一再追问的:

---

[35] 同上,页82—83。

"一个自由的欧洲是否将要取代君主制的欧洲了呢？为保卫大革命成果而进行的反对各国君主的战争很快就变成了解放的使命，变成吞并，变成了对别国的自然边界的征服。""大革命与帝国都曾试图以自由的名义激起各民族反对他们的国王，但它们的扩张主义最终却促使各国人民集合起来，站在联合起来共同反对法国的他们传统的君主一方。"[36]一方面，拿破仑的欧洲方案是一个帝国方案；另一方面，欧洲国家在瓜分外部世界时曾经形成过一系列协定和联盟关系，但这并没有妨碍它们之间的冲突和争斗。在这个意义上，欧洲现代民族主义内部存在着向帝国主义转化的动力。如果仔细地阅读斯密、黑格尔、穆勒、斯宾塞甚至赫胥黎的著作，审察那些经常被忽略不计的有关殖民地的描述，我们可以看到这些著作家们的自由主义中内含的殖民主义和社会达尔文主义的清晰烙印。在这里，关键的问题是：资产阶级民族—国家及其以个人为单位的公民观念一方面是摆脱贵族制度和古代帝国的等级关系的政治途径，另一方面则是资本主义（特别是国内市场的形成、海外市场的扩展和私人产权制度）扩张的最好的政治形式——这一扩张从未局限于民族—国家的疆域内部。民族—国家的逻辑与帝国的逻辑并不像19世纪欧洲著作家们表述的那样截然对立。在这个意义上，"入欧"的逻辑与"入亚"的逻辑可以视为日本现代性之一体两面。

殖民主义的世界关系在创造它的基础结构的同时，也创造了它的反对者和社会的动员方式。19世纪和20世纪的亚洲民族解放运动对抗的正是欧洲殖民主义和日本帝国主义的亚洲政策，这一运动的发展提供了一个革命的、世界革命的和反帝国主义的亚洲想像，这个想像的中心环节是将"民族自决权"与亚洲国家的变革问题密切地关联起来。民族自决运动不是一个单纯的民族意识和民族权利的建立过程，同时也是一个以社会革命的形式改造传统帝国关系的历史过程。从中国的辛亥革命开始，亚洲的民族主义与一种带有社会主义倾向的历史运动产生了联系，而将这一联系发展到一个理论的高度则是列宁及其领导的俄国革命。值

---

[36] 皮埃尔·热尔贝：《欧洲统一的历史与现实》，页12—13。

得注意的是:与"脱亚论"一样,"民族自决"的命题也是在民族—国家与帝国的对立之中产生的,所不同的是,作为一个反对资产阶级民族—国家和资本主义经济关系的社会运动,社会主义的民族自决运动从一开始就表达了它的国际主义的和反帝国主义的倾向。在社会主义的视野内,民族—国家的形式不仅是资本的跨国运动的政治支柱,而且也是把反对资本主义的斗争限制在民族—国家范围内的最为有效的方式,从而社会主义的民族自决运动包含了一种超越民族—国家的取向。由于社会主义的基本目标是对资本主义的系统批判和自发反抗,因此,它很少在意"亚洲"概念可能包含的特殊意义——这仅仅是资本主义体系中的一个边缘区域,一个通过民族革命才能加入到世界资本主义体系、因而也加入到反对世界资本主义体系的斗争中的地理区域。社会主义运动对于亚洲的发现有待于这个区域内部的看似矛盾的社会运动:这个运动从一开始就表现出对欧洲资本主义既拒又迎的姿态,表现出对自己的历史传统既批判又拥抱的姿态。我们可以将亚洲地区的社会运动的这一双重性概括为:通过对传统的批判开辟资本主义的发展道路,通过对传统的再阐释挖掘抗拒资本主义霸权的资源。

国际主义的社会运动最终演变为各地区和国家的民族解放运动,从而运动本身的历史包含了对运动的出发点的自我否定或扬弃。19世纪七十年代,马克思见到了一位俄国青年社会主义者洛帕廷,他在给恩格斯的信中一面极力称赞这位优秀的青年,一面批评这位青年在波兰问题上的沙文主义态度。马克思断言:统治民族中的社会主义者有一个共同缺点,即不了解他们对被压迫民族所负的社会主义义务。这表明社会主义与自由主义所背负的历史负担是极为相似的,它们既可能以民族主义的方式直接呈现,也可能以超越民族主义的方式出现,但都与民族主义有着内在的历史联系。马克思、恩格斯和列宁认为支持弱小国家的独立要求是西欧和俄国一切民主派的绝对职责,他们对大国民族主义抱有坚定的否定态度。我在此简略地概述一下他们的基本理由:首先,他们认为弱小民族的自决要求总是包含着一定程度的民主要求,社会主义者对于民族独立运动的支持与其说是对民族运动的支持,毋宁说是对于民主的支持。

社会主义者和民主主义者承认一切民族都有分离权是和要求取消任何不平等、任何特权和任何特殊地位的观点密切联系着的。（在这个意义上，他们绝不会支持主体民族以任何名义对于其他少数民族的镇压和清洗）其次，社会主义者对民族自决权的认可建立在一个历史观的前提之上，即承认资本主义是通往社会主义的必经阶段，承认它比历史上的任何政治和经济形式都更具有进步意义，而民族自决及其内含的民主要求能够释放一个民族的创造力，从而为资本主义发展提供最好的保障。早期社会主义者对于民族运动的评判密切地联系着取消任何不平等、任何特权和任何特殊地位的诉求，他们对于民族自决权和资本主义发展之间关系的论点至今仍然有着启发的意义。总之，对于社会主义者而言，对不同的民族主义运动的态度不是取决于这一运动的种族和宗教内含，而是取决于这个运动对于（国内的和国际的）民主和平等的意义。从欧洲思想的发展来看，民族自决权与大国民族主义的对立是从西欧民族—国家与帝国形态的对立中衍生出来的。

为什么早期的社会主义者认为民族自决的要求总是包含了民主的含义呢？这一问题涉及社会主义运动进行自我确认的历史基础：民族自决权是无产阶级获得更为紧密的联合的必要途径。既然雇佣劳动的剥削并没有国界之分，那么，无产阶级为了顺利地进行反剥削的斗争，就必须摆脱民族主义，必须在各民族资产阶级争霸的斗争中保持所谓完全中立。任何民族的无产阶级只要稍微拥护"本"民族资产阶级的特权，都必然会引起另一民族的无产阶级对它的不信任，都会削弱工人的国际阶级团结，都会分散工人而使资产阶级称快。因此，社会主义者承认自决权或分离权不是为了拥护民族主义，而是为了否定统治民族的特权。在这个意义上，早期的社会主义者认为存在着至少两种不同的民族主义，即弱小国家要求民族自决权的社会运动与拥有国家特权的大国沙文主义。换言之，社会主义者对民族自决运动的支持不是无条件的：如果民族主义运动没有包含民主的因素，无助于消除等级关系，那么，他们就将召唤一种新的国际主义，用以抵抗资产阶级民族—国家的隔绝政策。马克思梦想的世界无产阶级的联合在今天听起来也许比任何时候都更加遥远，但是，当不同地区和不同形式的民族主义发展成为内部的压制和外部的侵略的时刻,世界各地的批判的知识分子或其他社会群体难道不正需要在一种新的国际主义的原则之下获得联系或呼应,并对他们各自面临的暴力及其反民主倾向进行斗争吗？就此而言,这一原则仍然具有启示性的意义。

以反对任何一个民族的国家特权和捍卫各民族的平等为内含的社会主义民族自决原则在今天以一种出人意料的形式显示其意义和困境。早在第一次世界大战的前夕,列宁号召无产者反对大俄罗斯人的特权,并且依照这个方向来进行自己的全部宣传鼓动工作。他说:"只有这种宣传,才能保障俄国在它仍旧是一个多民族的国家时,有最大的可能奠定各民族间的和平,而在产生分离为各个民族国家的问题时,又能最和平地(并且对无产阶级的阶级斗争无损害地)分离为各个民族国家。"[37]苏联的瓦解没有像历史上的帝国解体那样引发大规模战争(情况较为特殊的车臣除外),而是如列宁预见的那样和平地分离为各个民族国家,这部分地应该归功于列宁的建国原则包含了尊重民族自决权的构想。在这个意义上,与其将苏联解体视为社会主义民族自决权理论和实践的失败,毋宁看作是它的历史成就。但这一历史成就同时包含了失败的经验:苏联以民族自决为前提,形成了加盟共和国的政治体制和多民族统一国家,但加盟共和国的模式未能解决多民族社会内部的民族关系问题,它的瓦解部分地就是因为这一模式仍然建立在民族自决理论的基础之上,无法形成真正的"共治"模式。苏联的瓦解与其说显示了民族分裂的必然性,毋宁说显示了以民族自决为形式的共治模式的内在矛盾及其失败,后者没有能够确保多民族社会的民主、平等和融洽发展。困难是明显的:一方面,如果在民族混居的区域实行民族自决,其逻辑的结果就是种族清洗,另一方面,迄今为止,我们还没有在民族自决权之外找到一种能够真正保障文化的多样性和限制多数民族特权的民主体制。作为对于大国民族主义的批判,民族自决权的思想具有重要的进步意义,但作为一种民族共治的实践,苏联模式最终以失败告终。

---

[37] 列宁:《论民族自决权》,《列宁选集》,北京:人民出版社,1972,页525。

从一种长远的观点看,民族自决权的概念限制了对于一种更富弹性的民族共治理论的构想,即在多民族共治的框架内思考民主、平等和经济发展问题,从而根据不同的历史条件发展更为有助于民族融合和共处的政治形式——一种超越(而不是否定)欧洲式民族—国家经验的民主形式。从欧洲思想史的脉络来看,这是必然的:民族自决权的概念本身是对民族状况复杂的帝国形态的一种否定,从而这一概念只能在与帝国的对立之中形成自身的意义,它的侧重点是通过各民族的自决而获得各民族的平等和自由。在这个意义上,列宁同样是在民族—国家与帝国的对立关系中来叙述民族自决权理论的,他所遵循的是将民族的与政治的单位统一在国家范畴内这一经典的民族主义的政治合法性原则。列宁当时关心的主要是俄罗斯革命者对乌克兰、波兰的民族自决运动的态度问题,而不是俄罗斯内部的多元民族之间的关系问题,从而他的民族自决概念与西欧民族主义的原则有着历史的区别。但是,民族—国家是一种相互承认的产物,从而承认其他民族的自治权本身(即民族与国家的统一原则)也是将"帝国"转化为民族—国家的条件。从这个角度看,列宁是一个地道的"西欧派"——当然是一个地道的社会主义的西欧派。

从20世纪的历史发展的角度重新理解列宁的民族自决理论,我们不得不面对两个新的问题:首先,这一理论在当时关注的不是文化多元性问题,而是发展资本主义的政治形式问题。在"国家"这一政治视野中,文化多元性和民族状况复杂本身恰恰是需要克服的状态。然而,民族—国家与资本主义发展的关系主要产生于资本主义经济对于民族—国家政治结构的依赖,而这一政治结构与民族状况是否复杂似乎没有决定性的关系。其次,民族自决权理论面临的另一悖论是:民族自决的目的是消除民族特权,形成有利于资本主义发展的政治形式,但资本主义的市场扩张却要求在一个社会内部进行等级划分,通过重构社会内部的中心和边缘关系(如果不是在世界范围内或区域范围内重建殖民关系的话)为工业化进行原始积累。社会主义的民族—国家并没有摆脱世界资本主义的基本关系,它的国家形式是为发展资本主义和适应世界市场的需求而建立起来的。因此,社会主义者在民族问题上的吁求是一种伦理的要求,而不是一个现实的过程,它的民族平等原则在实践中不可能获得完整的表达。

　　与苏联加盟共和国体制有所不同,中国的民族政策以区域自治作为其制度形式。区域自治构想是以取消民族特权为取向的,但同时接受了早期民族关系的历史传统。作为一个多民族帝国,清朝的政治统一建立在君主权力与封建权力的多重结构关系之中,中央皇权与蒙古、西藏、新疆以及西南土司之间的领属和臣服关系就建立在一种多中心的权力构架内部。在传统朝贡体制内,帝国没有发展出像现代民族—国家这样的明晰的内外区分,中央集权政治也没有取消多元权力中心的存在,多元权力中心与国家的统一性在一段时期内构成了一种平衡的状态。在这一结构之下,中央权力无需像现代时期这样渗入社会的每一个角落。[38] 也正是从这一状态出发,现代中国的对外"民族自决"必须相应地配合对内"民族平等"的诉求,并以区域自治的形式构筑主权国家的政治结构。[39] "区域自治"是基于早期帝国经验而发展起来的一种现代政治形式,它的得与失不能仅仅放置在单一国家的范畴内进行解释。尽管区域自治包含了传统的因素,但它已经是在民族—国家的单一主权范畴内的政治实践,而早期帝国范畴内多中心的联系网络并不包含现代民族—国家的单一主

---

[38] 例如,满洲八旗是一种脱离封疆模式的贵族体制,而蒙古八旗则与蒙古部落原有的封疆状况密切相关,后者按照《蒙古律例》和旗制进行法律、政治和经济管理(尽管《蒙古律例》与《大清律例》也存在着趋近的过程)。乾隆时代的噶厦制度确立了以达赖、班禅和驻藏大臣为权力中心的体制,按照这一体制,中央政府并不干涉西藏内部事务。在征服准噶尔之后,清朝中央政府允许地方政权按照伊斯兰法进行统治,这一情形直到18世纪末和19世纪初俄罗斯再度东扩和欧洲霸权迫近中国之时才发生变化。在西南地区,中央政府打击了土司制度,实行所谓"改土归流"政策,但在许多少数民族地区,汉人官员和军队从未进入(如四川凉山彝区),土司制度一直延续到20世纪五十年代。在汉人聚居地区,清朝采用了明代的郡县制度,中央权力具有绝对的权威性,但这种权威性并没有直接渗入到基层社会之中,宗族—乡绅体制在清代居于极为重要的地位。所有这些制度性实践也是后来中国实行的区域自治的历史基础。关于清朝的法律/制度多元主义的详细讨论和论证,请参见拙著《现代中国思想的兴起》第四、六、七章。

[39] 中国的民族区域自治的理论与实践是一个值得认真研究的课题,也曾有学者将这一问题与民族共治问题联系起来考察。我在此无法展开论述。相关的论述参见朱伦:《民族共治论》,《中国社会科学》2001年第4期,页95—105。

权概念。在这里,帝国与民族—国家不仅指称特定的政治实体,而且也指称不同的世界体系和规则系统(如朝贡体系与主权体系)。

民族—国家在亚洲想像中的支配性产生于近代欧洲所创造的基于帝国与民族国家相互对立的二元论。这一二元论的历史含义是:民族自决是唯一的现代政治形式,也是发展资本主义的首要前提。现代东亚想象以中国、日本、韩国、朝鲜、越南、蒙古等民族国家为中心,以国家间关系为主要基础,而完全忽略亚洲大陆——包括中国范围内——的复杂的民族、区域和被覆盖在"帝国"范畴内的交往形式。民族自决面临的困境在很大程度上来源于这一帝国—国家二元论:民族—国家的自治模式既无法说明大多数国家的政治现实,也无法提供多元文化社会的共治经验。凯杜里在讨论中欧地区的民族主义时有一段话也许对于我们理解亚洲民族自决运动的结果有所启发:"由于民族自决原则的运用而产生的国家就像它们所代替的多民族帝国那样,遍布畸形地区和混居地区。然而,在一个民族国家,由于多民族的存在而产生的问题比在一个帝国要尖锐得多。在一个混居地区,如果一个民族实现了领土要求,并建立了一个民族国家,其他民族将感觉受到威胁,并会表示不满。对于他们来说,被一个宣称在它自己民族的领土实行统治的民族统治,比被一个不是基于民族的土地实行统治的帝国来说统治要更糟糕。因为在一个帝国政府看来,在一个混居地区生活的各个民族均应被平等地给予某种考虑,而在一个民族政府看来,他们则是在一个或者将被同化、或者被排斥的国家中的外来的群体。这种民族国家宣称将所有臣民视为平等的民族成员,但是,这种听起来公平的原则仅仅有助于掩盖一个民族对另一个民族的暴政。"[40]

民族解放运动的民主诉求与民族平等的内在联系正是从上述历史关系中逻辑地和历史地发展起来的。从国内方面看,民主爱国运动是许多国家内部的社会运动的特定形式。在多民族社会共同体中,这种民主爱国运动未必表现为民族自决的要求,因为民族运动的根本内含是反对等级特权(包括国际霸权)的民主要求,从而民主爱国运动的主体可以是主

---

[40] 埃里·凯杜里:《民族主义》,北京:中央编译出版社,2002,页121—122。

要民族的普通民众,也可以是少数民族的普通民众。社会主义者试图区分下层阶级要求民主的爱国运动或民族运动与特权阶级的民族主义,并认为如果不作这种区分而对民族主义加以整体性的抨击,就有可能失去推进民主的动力。从国际方面看,殖民地民族解放运动对于其他民族要求民主的社会运动抱有深切同情,它力图把自己的解放运动看成是国际主义的一个方面。因此,在社会主义的视野内,弱小民族的民族主义和民众的民族主义包含着推动自身转化的动力,即从民族主义诉求向国际主义诉求——尊重和支持弱小民族的解放要求——的转变。在今天,资本主义活动的跨国特点为这一转化提供了前提——反对特权和要求平等的社会运动不可能孤立地获得最终胜利,它必须在跨国的领域内才能完成。因此,新社会运动必须把反对世界性的霸权、国内的不平等和关心其他社会的平等要求紧密地联系起来。

然而,确定哪一类的民族运动包含着民主的要素,哪一些又与民主截然对立,并不是一件容易的事情。民族主义或者自决运动的历史含义是不断变化的。当代分离主义与保障和发展资本主义的基本条件似乎关系不大,而更多地表现为一种文化权利的诉求。民族混居地区的社会运动的基本目标往往是争取文化权利和政治权利的平等承认,正如泰勒(Charles Taylor)等社会理论家所论证的,这种平等承认的诉求与早期自由主义关于个人自由与民族国家之间关系的预设没有多大的相似性,这里的平等被假定为一种对于文化特殊性的承认,而不是在自由主义宪制范围内、以个人权利为基础的政治承认。"承认的政治"所包含的权利诉求显示了西方民主政治体制的内在困境和矛盾,从而如何调节民族—国家的法律程序以适应这种文化权利的诉求,成为当代文化和政治讨论中的一个重要问题。

在当代世界的社会关系中,族群问题毋宁是政治问题的投射,甚至完全是当代政治关系的创造物。这一问题所以被放置在统一与分裂的政治模式中理解,是因为民族—国家的单一主权形式并没有提供更具有弹性和多元空间的政治框架。当代民族主义运动的暧昧性是从哪里产生出来的呢?第一、全球资本主义的一体化趋势和民族—国家在驾驭经济的能力方面的弱化，动摇了早期社会主义者和自由主义者的一个基本预设，即民族—国家是发展资本主义的最佳形式。第二、即使承认民族—国家与资本主义的相互联系，当代理论家和政治家也难以确定是否应该支持分离运动。在过去的半个世纪里，左右两翼理论家对历史决定论和线性的历史进化观已经给予了决定性的打击，他们不再相信经济与政治的关系是一种单一的决定与被决定的关系。既然我们对于当代全球进程的若干方面怀抱深刻疑虑，那么，为什么我们一定要发展一种有利于这种破坏性极大的资本主义的政治形式，而不是设想其他的社会方案？第三、假定我们接受早期社会主义者的那个基本预设，即对民族运动的支持的实质是对民主的支持，那么，我们就必须以民主而不是民族作为支持或者反对一个民族运动的前提条件。因此，问题的暧昧性就从民族转向了民主：这个民主是民族—国家内部的民主，还是在区域或世界范围内的民主？在全球主义盛行的时代，这两个方面事实上难以截然区分。最后，民族自决理论没有提供一种更为复杂和丰富的民族共治的模式，在这一前提下将民族自决原则推到极端，势必瓦解多元民族社会形成统一而富于弹性的政治结构的可能性。民族共治与民主的关系是迄今为止的各种民主理论尚需深入探讨的重要问题。

第四节　民主革命的逻辑与"大亚洲主义"

在福泽谕吉发表他的《脱亚论》之后的第27年，也即在中国辛亥革命爆发和中华民国临时政府成立之后不久，列宁连续发表了《中国的民主主义和民粹主义》（1912）、《亚洲的觉醒》和《落后的欧洲和先进的亚洲》（1913）等文，欢呼"中国的政治生活沸腾起来了，社会运动和民主主义高潮正在汹涌澎湃地发展"，[41] 诅咒"技术十分发达、文化丰富、宪法

---

[41] 列宁：《亚洲的觉醒》，《列宁选集》第2卷，人民出版社，1973，页447。

完备的文明先进的欧洲"正在资产阶级的领导下"支持一切落后的、垂死的、中世纪的东西。"[42]列宁的判断是他的帝国主义和无产阶级革命理论的一个组成部分,按照他的观点,随着资本主义进入帝国主义阶段,世界各地的被压迫民族的社会斗争就被组织到世界无产阶级革命的范畴之中了。这一将欧洲革命与亚洲革命相互联系起来进行观察的方式可以追溯到马克思1853年为《纽约每日论坛报》撰写的文章《中国革命与欧洲革命》。列宁与福泽谕吉的相反的结论建立在一个基本的共识之上,即亚洲的近代乃是欧洲近代的产物;无论亚洲的地位和命运如何,它的近代意义只是在与先进的欧洲的关系中呈现出来的。例如,列宁把俄国看作是一个亚洲国家,但这一定位不是从地理学的角度、而是从资本主义发展的程度的方面、从俄罗斯历史发展的进程方面来加以界定的。在《中国的民主主义和民粹主义》一文中,他说:"俄国在许多方面无疑是一个亚洲国家,而且是一个最野蛮、最中世纪式、最落后可耻的亚洲国家"。[43]尽管列宁对中国革命抱有热烈的同情态度,但当问题从亚洲革命转向俄国社会的内部变革时,他的立场是"西欧派"。19至20世纪的俄国知识分子将俄国精神视为东方与西方、亚洲和欧洲两股力量的格斗和碰撞。在上述引文中,亚洲是和野蛮、中世纪、落后等概念联系在一起的范畴,然而恰恰由于这一点,俄国革命本身带有深刻的亚洲性质(即这一革命针对着俄国这一"亚洲国家"所特有的"野蛮的"、"中世纪的"和"落后可耻的"社会关系)而同时具有全球性的意义。

1917年的十月革命产生于欧洲战争的直接背景之下,并对中国革命产生了深刻影响。但是,人们很少注意如下两个事实:第一、十月革命发生在辛亥革命之后,由此开创的一国建设社会主义的方式在很大程度上可以视为对亚洲革命(中国的辛亥革命)的回应。列宁关于民族自决权的理论、关于帝国主义时代落后国家的革命的意义的解释,都产生于1911年辛亥革命之后,并与他对中国革命的分析有着理论的联系。第

---

[42] 列宁:《落后的欧洲和先进的亚洲》,《列宁选集》第2卷,页449。
[43] 列宁:《中国的民主主义和民粹主义》,《列宁选集》第2卷,页423。

二、俄国革命对欧洲产生了巨大的震动和持久的影响,它可以视为将俄国与欧洲分割开来的历史事件。列宁的革命的判断与斯密、黑格尔对于亚洲的描述没有根本的差别:他们都把资本主义的历史表述为从古老东方向现代欧洲转变的历史进程,从农耕、狩猎向商业和工业的生产方式转变的必然发展。但在列宁这里,这一世界历史框架开始包含双重的意义:一方面,世界资本主义和由它所激发的1905年的俄国运动是唤醒亚洲——这个长期完全停滞的、没有历史的国度——的基本动力,[44]另一方面,中国革命代表了世界历史中最为先进的力量,从而为社会主义者标出了突破帝国主义世界体系的明确出口。俄国知识分子和革命者中间发生的斯拉夫派与西欧派的持久论战从一个特殊方面说明亚洲论述背后隐含的上述双重的历史动力。[45]

亚洲在世界历史修辞中的这种特殊地位决定了社会主义者对于亚洲近代革命的任务和方向的理解。在评论中国革命者提出的超越资本主义的民主主义和社会主义纲领时,列宁批评这个纲领带有深刻的空想的特点,它毋宁是民粹主义的。在他看来,"亚洲这个还能从事历史上进步事业的资产阶级的主要代表或主要社会支柱是农民",因而它必须先完成欧洲资产阶级的革命任务,而后才谈得上社会主义问题。他娴熟地运用历史辩证法,一方面断言孙中山的土地革命纲领是一个"反革命"的纲领,因为它背离或超越了历史的阶段,另一方面又指出由于中国社会的"亚洲"性质,这个"反革命的纲领"恰恰完成了资本主义的任务:"民粹主义为了'反对'农业中的'资本主义',竟然实行能够使农业中的资本主义得到最迅速发展的土地纲领。"[46]很显然,对于亚洲的理解部分地决定

---

[44] 列宁:《亚洲的觉醒》,《列宁选集》第2卷,页448,447。
[45] 俄国知识分子的欧洲观和亚洲观显然受到西欧近代政治发展和启蒙运动的历史观的影响。在列宁的使用中,亚洲这一与专制主义概念密切相关的概念是从近代欧洲的历史观和政治观中发展而来的。关于斯拉夫主义与西欧主义的论战,参见尼·别尔嘉耶夫:《俄罗斯思想》第一、二章,雷永生、邱守娟译,北京:三联书店,1995,页1—31,32—70。
[46] 列宁:《中国的民主主义和民粹主义》,《列宁选集》第2卷,页428—429。

了他们对于革命的任务和方向的理解。列宁的亚洲观的前提是什么呢？这就是黑格尔的世界历史观对于亚洲的特殊规定（一个中世纪的、野蛮的、没有历史的亚洲），再加上资本主义与革命的逻辑。这个黑格尔＋革命的亚洲概念包含了古代（封建）、中世纪（资本主义）、现代（无产阶级革命或社会主义）的历史发展范式，它为在资本主义时代理解其他地区的历史提供了一个带有时间及其阶段论的框架。

欧洲资本主义的扩张创造了它的政治需求及其反抗力量，殖民主义和社会革命就是这一过程的两种历史表达。上述两种亚洲观从不同方面提出了亚洲概念与资本主义之间的历史联系，因此，没有可能超越资本主义问题来讨论亚洲问题。值得注意的是，殖民主义和社会革命是现代世界的两种截然相反的跨国主义或国际主义动力，但二者都为民族—国家体系的扩张创造了前提。这当然不是抹杀社会革命运动与殖民主义的重大的、深刻的差别和对立，而是说这两个方向相反的社会运动都受到了资本主义发展的制约，从而不可能摆脱民族—国家的政治形式。为什么以国际主义和社会主义为旗帜的革命同样导向了民族—国家的历史形式呢？列宁说："民族国家是资本主义的通例和'常态'，而民族复杂的国家是一种落后状态或者是例外情形。……这当然不是说，这种国家在资产阶级关系基础上能够排除民族剥削和民族压迫。这只是说，马克思主义者不能忽视那些产生建立民族国家取向的强大的经济因素。这就是说，从历史的和经济的观点看来，马克思主义者的纲领上所谈的'民族自决'，除了政治自决，即国家独立、建立民族国家以外，不能有什么别的意义。"因此，当列宁谈论"亚洲的觉醒"的时候，他关心的不是社会主义问题，而是如何才能为资本主义的发展创造政治前提的问题，亦即创造民族—国家体系的问题。在这里，"民族—国家"与"民族状况复杂的国家"（亦即"帝国"）构成了对比，前者是资本主义的"常态"，而后者则构成了民族—国家的对立面。民族自决是"政治自决"，这一概念意味着民族自决不是简单地回向认同政治，而是在政治的意义上实行自决，从而形成发展资本主义经济的政治条件，亦即政治民族或民族—国家的政治结构。"资本主义使亚洲觉醒过来了，在那里到处都激起了民族运动，这些运动的趋势就是要在亚洲建立民族国家，也只有这样的国家才能保证资本主义的发展有最好的条件。"[47]这里清楚地指出了民族主义与资本主义的内在的联系:不是革命,也不是亚洲的特殊文明,而是资本主义的发展要求着民族运动。

列宁的上述论断为我们理解中国近代民族主义与亚洲问题的关系提供了基本的线索。1924年,孙中山在日本神户发表了题为《大亚洲主义》的著名演讲,[48]含混地区分了两种亚洲:一个"没有一个完全独立的国家"的、作为"最古文化的发祥地"的亚洲与一个即将复兴的亚洲。如果说前一个亚洲概念与列宁所说的民族复杂的国家状况具有内在的联系,那么,亚洲的复兴的起点或复兴的亚洲又是什么呢?孙文说,这个起点就是日本——日本在三十年前废除了一些不平等条约,成为亚洲第一个独立的国家。换言之,这个起点与其说是日本,不如说是民族—国家。孙文为日俄战争的爆发和日本的胜利而欢呼:"日本人战胜俄国人,是亚洲民族在最近几百年中头一次战胜欧洲人,⋯⋯亚洲全部的民族便惊天喜地,发生一个极大的希望。"这是什么希望?答案是:"亚洲全部民族便想打破欧洲,便发生独立的运动。⋯⋯便生出亚洲民族独立的大希望。"[49]在这里,孙中山提及了一个微妙的概念,这就是"全部的亚洲民族"——一个不单是最古文化的发祥地的亚洲,而且也是一个包含了各个独立民族—国家的亚洲,不单是儒教文化圈的东亚,而且是多元文化的亚洲。"亚洲民族"的整体性建立在主权国家的独立性的基础之上。"全部的亚洲民族"是民族独立运动的产物,但不是对于欧洲民族—国家的拙劣模

[47] 今天的右翼和左翼知识分子倾向于把这看作是革命者的短视,而不再承认民族国家是保证现代资本主义发展的最好的条件,有关亚洲或者欧洲的讨论就表达了这种愿望。对列宁来说,亚洲问题是和民族国家密切联系在一起的。他说,在亚洲"只有日本这个独立的民族国家才造成了能够最充分发展商品生产,能够最自由、广泛、迅速地发展资本主义的条件。这个国家是资产阶级国家,因此它自己已在压迫其他民族和奴役殖民地了。"列宁:《论民族自决权》,《列宁选集》第二卷,页511—512。
[48] 1924年11月28日,孙中山出席神户商业会议所等五团体举行的欢迎会,并作此演说,因此,此次演说又称《对神户商业会议所等团体的演说》。见《孙中山全集》十一卷,页401—409。
[49] 孙中山:《对神户商业会议所等团体的演说》,《孙中山全集》十一卷,页402—403。

仿。孙文坚持认为：亚洲具有自己的文化和原理——所谓区别于欧洲民族—国家的"霸道的文化"的"王道的文化"。他的演讲题为"大亚洲主义"，部分地是由于他将亚洲的概念与"王道"的概念结合起来。如果把他的演讲与帝国主义的亚洲观加以对比的话，那么，最为清楚的是：他的亚洲概念不是一个儒教主义的亚洲概念，即不是一个以同质性的文化为核心的亚洲，而是一个由平等的民族国家组成的亚洲。按照这个亚洲概念，亚洲的内在统一性不是儒教或者任何单一的文化，而是一种政治文化，一种能够包容不同的宗教、信仰、民族和社会的政治文化。在这一政治文化范畴内，他提及了中国、日本，谈到了印度、波斯、阿富汗、阿拉伯、土耳其、不丹和尼泊尔，以及中华帝国的朝贡关系。文化的异质性是这一亚洲概念的主要特点之一，而民族范畴为亚洲概念内含的异质性提供了载体。在孙文的语境中，文化异质性提供了民族—国家的内部统一和拒绝外来干涉的历史根据。[50]

我们能够轻易地发现孙文演讲中包含的那种关于中华帝国及其周边关系的怀旧情怀，也能够轻易地发现他论述中的种族主义逻辑。但孙文既不是一个种族主义者，也不是一个帝国主义者。对他来说，诉诸帝国的

---

[50] 孙中山说："'统一'是中国全体国民的希望。能够统一，全国人民便享福；不能统一，便要受害。日本人在中国不能做生意，间接也要受害。日本人热诚的希望中国统一，这是我们中国人相信的。不过统一之可能与不可能，不关乎中国的内部问题。中国革命以来，连年大乱，所以不能统一的原因，并不是由于中国人自己的力量，完全是由于外国人的力量！为甚么中国不能统一？其中的原动力，完全是由于外国人呢！这个原故，就是因为中国和外国有了不平等的条约，每个外国人在中国总是利用那些条约来享特别权利。近来西洋人在中国，不只利用不平等的条约来享特别权利，并且在那些特权之外妄用条约、滥用条约。……"（《在神户与日本新闻记者的谈话》，《孙中山全集》十一卷，页373—374。）由于亚洲地区尚未经历完整的民族国家转变，"大亚洲主义"无法设计出一整套地区性集团的组织结构，但是，孙文的亚洲构想是和尊重民族国家的主权的思想密切相关的。在这个意义上，他的"大亚洲主义"与1923年康德霍夫—卡利吉在《泛欧》一书中提出的以民族国家主权为前提的"泛欧"命题和更早时期已经形成的泛美组织有着某种呼应的关系。这种区域构想实际上可以视为国联的一个地区性组织，而国联的作用就将是裁决"泛欧"、"泛美"、北美、南美、英联邦、苏联和远东各个地区性集团之间产生的冲突。参见皮埃尔·热尔贝：《欧洲统一的历史与现实》，页28—29。

朝贡模式(如他谈及的尼泊尔在民国初年与中华民国的朝贡关系)不是为了确认中国对于周边的霸权,而是为了论证"王道"的必要性。"王道"在这里是一种规范性的叙述,就如同他的"五族共和"的民族共治理论实际上不过是一种民族主义理论一样,并不表示历史中的朝贡关系都可以表达一种"王道"精神。无论是"王道",还是"朝贡",都是一种以礼仪形式展开的权力平衡和权力支配关系。然而,在"大亚洲主义"的语境中,作为一种规范性的论述,孙文的"王道"概念是与殖民主义的"霸道"逻辑相对立的。孙中山相信朝贡模式中包含了对文化、民族和宗教的多元性的相互承认,从而现代国家可以从中发现一些超越帝国主义政治的文化资源。他谈及尼泊尔对中国的朝贡,不是为了重温大中华之旧梦,而是确信在这一关系中包含着相互承认和相互尊重的平等关系,因为在他的叙述中,朝贡模式并不是一种单一的等级化的秩序,也不是一种贸易体系。孙中山支持东南亚各国的民族解放和独立的运动,这是和他对上述政治文化的理解密切相关的。例如,他积极参与了1898至1900年的菲律宾革命,两次向菲律宾革命者输送军火,并深信菲律宾革命也促进着中国革命的成功。印度尼西亚和其他东南亚国家的民族革命运动事实上受到了孙中山的民族主义思想和中国革命的深刻影响,尽管他们大多强调这一思想和革命的民族主义性质,而多少忽略其社会主义的特点。孙文期待的是把帝国文化中的多元主义与民族—国家的新型关系结合起来,从而抵制帝国主义的殖民政策和现代民族—国家的高度的文化同质化倾向。他为我们勾画的亚洲图景是:东边是日本,西边是土耳其,内部则包含了以印度教、佛教、伊斯兰教、儒教和其他文化为主体的民族—国家。"我们要讲大亚洲主义,恢复亚洲民族的地位,只用仁义道德做基础,联合各部的民族,亚洲全部民族便很有势力。"[51]这个"王道的文化"是"为被压迫的民族来打不平的""反叛霸道的文化,是求一切民众和平等解放的文化。"[52]孙文清晰地看到了民族主义与种族观念的关系,也看到了民族主义的反抗逻辑包含

---

[51] 孙中山:《对神户商业会议所等团体的演说》,《孙中山全集》十一卷,页408—409。
[52] 同上,页409。

着导向它的另一面的逻辑,即压迫和强权的逻辑。因此,他在诉诸种族观念为民族独立提供合法性的同时,提出了"大亚洲主义"的命题。"大亚洲主义"或"泛亚洲主义"命题是日本近代的"大东亚主义"的反论,它以一种文化多元主义的面貌对于高度同质化的"东亚"概念提出了深刻批判。孙中山在演讲的结尾含蓄地提醒主人说:"你们日本民族既得到了欧美的霸道的文化,又有亚洲王道文化的本质,从今以后对于世界文化的前途,究竟是做西方霸道的鹰犬,或是做东方王道的干城,就在你们日本国民去详审慎择。"[53]正由于此,"大亚洲主义"是一种超越民族—国家的民族主义,超越种族、文化、宗教和信仰的单一性的多元民族主义。这一概念包含了一种自我解构的机制和逻辑:它的成立以反抗殖民主义的霸道文化为前提。

"大亚洲主义"与国际主义的密切联系正是建立在这一逻辑之上的。孙文在用种族主义的观念定义亚洲的同时,引入了现实的压迫关系作为另一更为基础的标准,前者把俄国人定义为欧洲人,后者又将俄国的新的解放运动看作是"大亚洲主义"的同盟。他说:

> 现在欧洲有一个新国家,这个国家是欧洲全部白人所排斥的,欧洲人都视他为毒蛇猛兽,不是人类,不敢和他相接近,我们亚洲也有许多人都是这一样的眼光。这个国家是谁呢?就是俄国。俄国现在要和欧洲的白人分家,他为什么要这样做呢?就是因为他主张王道,不主张霸道;他要讲仁义道德,不愿讲公理强权;他极力主持公道,不赞成用少数压迫多数。象这个情形,俄国最近的新文化便极合我们东方的旧文化,所以他便要来和东方携手,要和西方分家。[54]

俄国的新文化是指十月革命之后的社会主义。这是一种被欧美人视为"世界的反叛"的文化,也是中国人视为亚洲革命的同盟的文化——"大亚洲主义"就是一种与此相互呼应的"文化的反叛",一种被压迫民族的

---

[53] 孙中山:《对神户商业会议所等团体的演说》,《孙中山全集》十一卷,页409。
[54] 同上,页409。

"民众解放的运动"。这个运动带有天然的社会主义倾向,尽管它最终完成的仍然是资本主义的历史使命。在上述背景之下,一个以建立资产阶级民族—国家为目的的民族运动举起的却是超越民族—国家的"大亚洲主义"的旗帜。这就是孙文及其革命运动所代表的反殖民、反强权、主张社会公正和平等的社会主义亚洲观。

如前所述,19、20世纪的亚洲概念包含着两种不同的含义,一种是以日本帝国主义的殖民计划为代表的亚洲主义,而另一种则是被压迫民族的民族自决要求。上述两种含义与亚洲民族主义的两种不同的形态有关,一种是民族政治自决的要求,另一种则是捍卫"文化"自决而反对政治"自决";前者直接地表现为弱小国家和殖民地的民族解放运动,后者则表现为日本帝国主义在儒教主义的范畴内所规划的大东亚殖民圈。多民族的中国从清王朝那里继承了幅员辽阔的多民族帝国的政治疆界,在向现代国家转化的过程中,现代中国的缔造者不仅要求政治自决,而且还必须借助于文化主义或多元文化的视野维持多民族国家的统一。但是,构成中国民族自决运动的基本方面的仍然是政治结构和社会革命的合理性。孙文所谓对外实行民族自决、对内实行民族平等构筑了中国近代民族主义的基本方式:这是一种将政治自决与文化自决相互综合的共治模式,也是一种将传统的帝国关系纳入民族—国家范畴的政治形式,从而也并未真正摆脱民族主义的基本逻辑。

那些试图重提亚洲问题的批判知识分子熟悉弱小国家的民族主义在争取民主和平等的过程中的意义,了解反抗全球主义的必要性,但他们也担心用民族主义来对抗全球资本主义或政治军事霸权会为民族—国家的统治者所利用,最终有利于全球资本主义霸权的形成。正是基于上述考虑,一些知识分子寄希望于一个能够进行内外调节的亚洲范畴。这是一种与旧式亚洲主义有着重要区别的亚洲想像。重提亚洲问题的动力存在于下述追问之中:在当代跨国资本主义的剧烈的、破坏性的运动中,民族—国家"这一发展资本主义的最好条件"是否受到了挑战,是否存在着适应新的经济形式的政治形式?当亚洲概念与对民族—国家的怀疑结合在一起时,这个试图超越民族—国家的亚洲观念与前民族—国家的文化视野存在着重叠之处——这两者以不同的形式包容由于民族、地域和政治状况而形成的文化差异,强调不同民族在一个更为广泛的政治经济结构中的共处状态,从而与欧洲社会有关"后民族民主"的讨论有着重叠之处。但新亚洲想像不是——也绝不应该是——帝国视野的翻版,它的暧昧的表述并没有掩盖一个基本事实,即它是对民族—国家、尤其是民族解放运动的历史成果的一种补充、修正、批判和扩展,而不是对民族解放运动的成就的否定。如果新亚洲想像可以视为对于新自由主义全球市场规划和民族—国家论述的双重批判,那么,它的历史资源和现实基础何在?

第五节　多个历史世界中的亚洲与东亚文明圈

19世纪以降,伴随着亚洲国家的民族自决运动,亚洲叙述也经历了从文明论向地域论的转变。这一转变是从欧洲中心主义的"世界历史"框架向一种真正的世界史框架转变的必由之路。地域论注重的是地域内部的历史演变、互动关系、文化多样性和历史活动的主体。地域论模式所采用的历史叙述方法不同于黑格尔的"哲学的历史",它对具体历史关系的叙述构成了对"亚洲没有历史"这一欧洲论断的拒绝和驳斥。然而,亚洲概念的欧洲性质使得所有的现代编史学都碰到了极大的难题:这一概念带有先天的含混性和目的论特点,从而为亚洲寻找历史的努力也经常被纳入一个先验的模式内部。在一定的程度上,亚洲概念总是与亚洲能否有自己的"现代"或者能否通过内在的力量转向"现代"这一带有目的论特征的问题密切地联系着。[55]

---

[55]　例如,宫崎市定在《东洋的近世》一文中,虽然明确地指出古代、中世、近世的三分法源自欧洲史,但他还是坚持认为只要对这一分类法给予特殊的界定,仍然可以运用于亚洲的历史。见《日本学者研究中国史论著选译》第一卷,页153—241。

基于不同的理由,福泽、列宁和中国现代思想史上的大部分思想家对此给予了否定的回答,但最近二十年来的思想风气发生了微妙的改变,许多历史学家试图从亚洲社会内部发现亚洲的"现代"的多元动力。在中国研究界,这种改变主要表现为地方史的取向,它注重于中国社会的内在条件及其促进现代转变的因素,而在日本学术界和我所知有限的韩国学者中,这种取向更倾向于从中华帝国周边地区的视野理解日本和朝鲜社会内部的现代转变,特别是民族主义和民族—国家规划的动力。立足于边缘或周边的视野,日本和朝鲜半岛的民族独立运动被界定为从中华帝国的朝贡关系中分离出去的过程,因而这一边缘或周边视野构筑起来的亚洲观与中华帝国的世界体系存在着紧密的联系。立足于中国中心观的历史视野,中国的转变被界定为主要由内部的动力推动完成的社会转变,外部条件(殖民主义、资本主义等等)仅仅扮演了催化剂的作用,从而中国向现代的转变没有遵循欧洲民族—国家从帝国中分解出去的模式,而是以革命的形式(而不是民族独立的形式)对整个帝国社会进行现代规划和激烈改造。这个在帝国的革命和改造的视野中建立起来的亚洲观具有落后与先进、封建与革命的双重性:作为帝国,中国是落后的,作为新兴的国家,中国是先进的;作为民族关系含混的帝国,中国是封建的,作为追求民族自决的国家,中国是革命的。事实上,在列宁的使用中,落后的、野蛮的亚洲概念不就是古代帝国的代名词吗?他所呼吁的民族自决权不就是要摆脱这个古代帝国的藩篱吗?他所说的先进、革命不就指一种从帝国时代蜕变出来的国家形态吗?

在上述意义上,亚洲的空间概念也是置于时间的轴线之上的,这为现代编史学规定了欧洲中心主义的宿命。无论对于研究中国问题的史学家,还是对于关注中国问题的马克思主义者来说,这一问题都是如此。二战以来,中国历史研究逐渐形成了两个不同的主要流派:一个是起源于三十年代有关中国社会性质讨论的、以大陆中国的马克思主义史学家为代表的社会史学派,其特点是研究生产方式的变化与社会形态的关系,进而在与欧洲历史的平行关系中勾勒一条有序的中国历史的进化模式。另一个是战后形成的以费正清学派为代表的"挑战—回应"模式,它把中国的近代变迁看成是中华帝国对欧洲资本主义挑战的回应。前者是革命叙事的延伸,后者则可以说是"脱亚入欧论"的翻版。七十年代以来,在这两个学派内部都产生了变革的要求。针对上述两种叙事内含的欧洲中心论和目的论的时间观,许多学者致力于发掘中国社会内部的变革动力和文化独特性,从而在美国中国研究和一部分中国学者的带动下,出现了一种可以称之为"内部发展论"的取向,它与费正清的挑战/回应模式大相径庭。如果说老一代中国学家致力于研究中国在应付外来挑战过程中的变化,活跃在七八十年代的史学家们却更愿意去开掘中国社会内部的现代因素及其发展的可能性。在这一方法论的转变中,"内在的发展论"与"地方性知识"的观念相互配合,导致了从"地方史"的角度寻找现代转变的动因的大规模尝试。

　　内部发展论或地方史取向不仅在中国研究中蔚成风气,而且也在其他地区的历史研究中获得发展,但由于各自的历史条件不同,表现的形态并不一样。例如,中国研究领域中的学者关注沿海与内地、中央与地方之间的互动关系,并从明清社会内部的运动中分析中国近代转向的内在动力,而日本、韩国的一些历史学者则更加关心日本、朝鲜与中华帝国的关系。对于他们而言,地方史取向不仅意味着回到日本和朝鲜的社会关系内部,而且还意味着回到亚洲地区——尤其是东亚地区——的互动关系之中。"内部发展"的含义不能仅仅从欧洲中心的视野退回到作为民族—国家的日本或朝鲜历史之中,因为日本、朝鲜的近代发展既得益于它们与中国的贸易和文化关系,也得益于从与中华帝国的朝贡关系中摆脱出去的离心倾向。在这个意义上,这个超越民族—国家的亚洲视野一方面与传统帝国的视野相互重合,另一方面又是对各自的民族—国家地位的历史肯定。与民族主义史学有所不同的是,这一取向以传统帝国时代的中心/边缘关系而不是民族—国家关系为历史运动的轴心。现代国家建设(nation building or state building)包含着对欧洲殖民主义的回应,国家内部的区域关系(如沿海与内地,或者别样的地域关系)可能是重要的——所有这些都不能取代亚洲社会内部的互动关系对于中国、日本、朝鲜和其他亚洲国家的影响。这个亚洲视野结合了传统帝国与民族—国家的双重观点,用以观察日本、朝鲜民族主义的产生条件,并把朝贡贸易、儒教主义、汉字文化和政治上的藩属关系看作是"亚洲"地区或东亚地区向现代转变的前提。一个最为明确的结论是:亚洲地区的近代民族主义及其现代规划不是欧洲殖民主义的产物,而是亚洲社会内部的中心与边缘的关系的结果。很显然,这一"亚洲主义"视野不是全新的视野,我们可以从日本帝国时代的史学、马克思主义学派和"挑战—回应"模式中发现它的诸多因子,但我们同时也需要承认:在布罗代尔的贸易理论、沃勒斯坦的"世界体系"和当代殖民主义研究的影响下,这一亚洲主义的内部视野已经与交通史的取向、多元文化观和民族主义/超民族主义的背景等密切地联系在一起。在这一历史语境中,殖民主义和革命的历史叙事是否已经穷尽了亚洲概念的含义呢?在当代全球主义和民族主义相并而行的情境中,作为一个不同于全球主义也不同于民族主义的观念,亚洲概念是否还包含了别的可能性呢?

在殖民主义和帝国主义战争的背景条件下,亚洲知识分子基本上是在一种东方/西方或东洋/西洋的二元论中解释历史,这一意识形态的假定也深刻地影响了人们对历史的看法。那些拒绝欧洲中心论的学者,把近代以前的世界理解为多个独立自主的文明,其中最激进的看法认为近代之后的历史也仍然包含着"文明圈"的轨迹。从战前到战后,尽管存在若干不同的看法,但许多历史学家仍然接受"自律性的东亚世界"概念,并把中国和日本的历史划入这个世界。例如,西嶋定生认为这个"东亚世界"是一个自我完成的文化圈,在这个文化圈内,诸文化又具有独自的和相互关联的历史结构。具体地说,这样的"东亚世界"是以中国为中心,包括其周边的朝鲜、日本、越南以及蒙古高原与西藏高原中间的河西走廊地区东部诸地域。但是,这个历史的世界的边界是流动的,不是固定的。其中有些地区,如西藏高原、中亚诸地区,以及东南亚诸地区,即使也是中国的周边地区,由于不具备"东亚世界"的性质,因而属于另外的历史世界。构成这个"东亚世界"特征的因素包括:汉字文化、儒教、律令制、佛教等四项。[56]这一东亚视野明显地具有文化上的排他性。

"东亚意识形态"与近代日本帝国主义的国家政策的关系极为密切,

---

[56] 西嶋定生:《东亚世界的形成》,《日本学者研究中国史论著选译》第二卷,北京:中华书局,1993,页89。

至今没有得到彻底清理。这一意识形态的特征是把日本纳入以中国为中心的东亚体系中来，并在日—亚、日—欧的双重关系中重新界定日本的特殊地位。这一学术和思想上的努力包含了两个前提：第一、重新建构日本与亚洲的内在联系；第二、在这一联系的基础上确立日本作为海洋国家的特殊地位，即改变以中国大陆为中心的亚洲地缘关系，建立以日本为主导的"大东亚共荣圈"。日本的特殊地位是在海洋理论的背景上建立起来的，它直接从欧洲资本主义的海洋扩张中获得了对于大陆的优越地位。"亚洲有机论"并不是一个理所当然的命题，而是在这两个前提下建立起来的。按照前田直典的介绍，日本学者的传统看法并没有把日本包括在东亚世界内部，"亚洲有机论"显然是一个新的现象和新的理论建构：

> 一般以为，在近代之前，世界各地的历史尚未有共同性时，中国是一个世界，印度又是一个世界。从文化史的角度来看，中国的世界可以视为一个包括满洲、朝鲜、安南等在内的东亚世界，这也是过去大家的看法。把日本放进这个世界中虽然多少有些犹豫，但我们亦曾考虑过这个可能性。不过，这只是文化史上的问题。究竟朝鲜、满洲等社会的内部发展和中国有没有关联性抑或平行性，我们近乎一无所知，日本更不必说。在欧洲的世界中，例如我们知道英国社会的发达与欧洲大陆有平行性，彼此相关。但在东亚方面，特别在日本和中国之间，是否有类似情况，除近代史的领域外，至今不仅仍未解释清楚，甚至可以说近乎未成为问题。一向的想法是，日本从古代至中世、近世的发展，在社会基础构造上与大陆全然隔离。[57]

这种将日本从亚洲范畴中疏离出去的做法密切地联系着日本开港前独特的历史处境，以及此后产生的日本特殊论。在这一视野中来看待"脱亚论"也许更能说明"脱亚论"的历史含义：亚洲意识是通过脱亚意识才得以确立的，亦即从属于亚洲的感觉产生于决定脱离亚洲意愿。

---

[57] 前田直典：《古代东亚的终结》，《日本学者研究中国史论著选译》（一），页135。

从这个角度看,滨下武志关于亚洲朝贡体系的研究既是对"脱亚论"的批判,也是对特殊论的反驳。他在经济史领域重新建立了一个以朝贡体系为纽带、以中国为中心的东亚世界体系,并以此确认了亚洲内部——包括日本与中国之间——的历史联系。与此同时,他明确地指出这一世界体系的基本规则必须修改,其基本的方向是建立以海洋为中心的、不同于西方贸易体系的新东亚体系。日本作为最早以平等贸易的条约体制向朝贡贸易体系挑战的海洋国家居于时代赋予的特殊地位。他的研究受到费正清有关朝贡体制论说的影响,但取向截然不同,因为他不仅否认朝贡体制是中国进入现代世界体系的障碍,而且把它看作是"亚洲"(东亚)概念的基础。滨下武志对朝贡关系理解是全面的,他概括说:"朝贡国以接受中国当地国王的承认并加以册封,在国王交替之际以及庆慰谢恩等等之机去中国朝见;是以举行围绕臣服于中央政权的各种活动,作为维系其与中国的关系的基本方式。"根据他的划分,朝贡关系中的宗属关系包含了各个不同的层次,大致可以区分为六种类型:1. 土司、土官的朝贡;2. 羁縻关系下的朝贡(明朝时期的女真及其东北部,清朝时期的西藏和新疆等);3. 关系最近的朝贡国(朝鲜、越南等);4. 两重关系的朝贡国(琉球等);5. 位于外缘部位的朝贡国(暹罗等);6. 可以看成是朝贡国,实际上却属于互市国之一类(俄罗斯、欧洲诸国)等。[58]滨下承续了那种关注区域性关系和对象的内在结构的特点,但又试图在体系上挑战布罗代尔和沃勒斯坦理论中存在的欧洲中心主义。如果把他的视野与半个世纪前京都学派的某些问题意识相比的话,他们都强调东亚民族的内部动力,但滨下绝不像他的前辈(如宫崎市定)那样认为古代东亚世界存在着欧洲式的"国民主义"(即民族主义),因为东亚是一个具有自己的内在整体性的历史世界。[59]

在一篇讨论亚洲问题的文章中,孙歌对滨下的研究作出了如下评论:通过勾勒一个以经济活动为中心的、区别于欧洲世界体系的亚洲贸易体

---

[58] 滨下武志:《近代中国的国际契机——朝贡贸易体系与近代亚洲经济圈》,朱荫贵、欧阳菲译,北京:中国社会科学出版社,1999,页35—36。
[59] 滨下武志:《朝贡系统与近代亚细亚》,东京:岩波书店,1997;《近代中国的国际契机——朝贡贸易体系与近代亚洲经济圈》,朱荫贵、欧阳菲译,北京:中国社会科学出版社,1999。

系,滨下"揭示了一个重要的事实,那就是转变期的近代东亚不存在西方意义上的民族—国家,它所固有的地域的历史是由跨越国家的朝贡体系网络构成的,它的内在活力也是由这种朝贡关系激发的;甚至日本的脱亚和近代化,也是在这一朝贡关系的历史制约下所发生的,它不是目的,而仅仅是摆脱自己朝贡国位置的手段而已。"在这样的视野中,"亚洲有史以来第一次被刻划为一个具有内在机制的有机整体,通过以中华文明为中心的朝贡网络,东亚、东南亚、南亚和西亚以朝贡或贸易等多种方式构成了一个有序的地域,它拥有与欧洲近代完全不同的内在逻辑,这就是与'国家'相对应的'中心—周边'地域机制和与此相应的朝贡—册封关系。"[60]例如,鸦片战争之后,以中国为中心的朝贡网络没有立即被资本主义的世界关系所冲毁,这一事实被用来解释"作为一个世界体系的亚洲"即使在近代也仍然存在。滨下的论述是富于启发性的,他不但发现了连接亚洲世界的一条内在纽带,并以此为线索勾勒当代世界的图景,而且也从周边的视野揭示了中国正史中的大陆中心论和王朝正统主义。对于那些拒绝承认日本与亚洲的历史联系的特殊论者来说,这是一个有力的批评;对于习惯于从中国内部视野来看待中国的中国学者来说,这一论述提供了一个从周边观察中国的历史视野。

但是,东亚整体性这一"事实"是以"东亚"这一范畴为前提建立起来的预设或建构,而滨下的论述又侧重于朝贡关系中的贸易方面,尤其是与东亚相互重叠的海洋贸易关系,从而值得我们再做补充性的讨论。下述五个方面的补充论述并不是对滨下武志的观点的反驳(他对其中一些因素有着明确的认识),而是一种平衡和扩展,目的是丰富我们对这一以朝贡关系为中心形成的亚洲的"近代契机"的理解。首先,西欧式的民族国家只能产生于西欧,但这并不意味着构成欧洲民族国家的那些基本因素在其他地区就不存在。在这里,我们需要摆脱在欧洲思想中建构起来的那种帝国与国家的二元论及其衍生形式——朝贡体系与条约体系的二元论。早在17世纪,清朝就已经以条约的形式在某些区域(如清俄边境)

---

[60] 孙歌:《亚洲意味着什么——文化间的"日本"》,台北:巨流图书公司,2001,页71。

划定明确的边界、常设巡边军队、设定关税和贸易机制、对行政管辖范围内的居民行使主权,并与欧洲国家建立朝贡/条约关系,而在现代社会理论中,所有这些要素都被视为民族—国家的特点。在这个意义上,清朝既是一个民族状况复杂的帝国,也是一个国家制度极为发达的政治实体。如果照搬欧洲历史的经验,将国家与帝国、条约与朝贡放置在简单的对立关系中来理解清代社会,就会忽略这一历史中帝国建设与国家建设相互重叠的过程,从而也无法理解近代中国民族主义的基本特点。正是由于朝贡体系与国家体系具有某种复合关系,从而朝贡关系并不能单纯地被描述为一种等级化的中心/边缘关系。例如,俄罗斯与清朝建立了朝贡关系,但在一定程度上,它们从未将自己放置在低于对方的等级性关系之中。如果它们之间存在朝贡关系的话,那么,它们实际上互相视对方为朝贡国。朝贡关系的等级性的礼仪体系之中包含了不同形式和不同程度的对等原则,这在有关中亚与中国的关系的研究中已经有所涉及。[61] 另一方面,欧洲条约体系的形式平等并不能遮盖这一体系的实质性的不平等,鸦片战争后西方列强为了逼迫中国签订不平等条约,不得不承认中国是一个形式平等的合法主体。这是欧洲国际法体系或条约体系向世界扩张过程中经常使用的手法。因此,在朝贡与条约、帝国与国家的二元论前提之上,通过反转二者的关系来反击上述欧洲中心论的观点,很可能简化了亚洲内部的历史关系的复杂性。

其次,用朝贡贸易网络来界定亚洲的"整体性"提供了区域内部经济互动的历史描述,也反驳了欧洲中心主义的现代性叙述。但是,这一叙述与欧洲资本主义论述中的经济主义逻辑和海洋理论框架有着呼应关系,简化了朝贡关系所内含的政治、文化、礼仪等内容。在由朝贡网络结构起来的"海洋东亚"的图景中,亚洲内陆的历史联系及其变化明显地被置于从属的和边缘的地位。滨下是在与欧洲中心的对抗之中形成自己的亚洲论述的,他的描述集中在贸易、白银流通等方面,描述的重心是中国与东

---

[61] Joseph F. Fletcher, *Studies on Chinese and Islamic Inner Asia*, Aldershot, Hampshire: Variorum, 1995.

亚和东南亚的历史联系,亦即主要通过海洋联系形成的贸易交往。在他后来的论述中,海洋理论作为一种近代性的理论越来越居于观察亚洲问题的中心地位,因为这一理论处理的是一种与近代条约体系完全一致的政治经济关系。也正由于此,这一"具有自己的内在整体性的历史世界"以东亚和东南亚为中心,突出了文化、距离、海洋、政治结构在形成区域关系、尤其是贸易关系时的重要性;但这一整体性的亚洲观对于在朝贡体系中长期居于支配地位的大陆关系(中原与中亚、西亚、南亚和俄罗斯的关系)缺乏深入的描述,对于海洋贸易圈的形成与大陆内部的动力的关系涉及甚少,对于早已渗透在亚洲内部的"西方"的显著存在未能提供更为清晰的勾勒。

从中国历史的视野来看,西北、东北和中原的关系是中国社会体制、人口结构和生产方式发生变化的更为根本的动力,即使在所谓"海洋时代",内陆关系也具有至关重要的作用。1857年,马克思在讨论中国对海洋霸权国家的态度时观察到一个现象,即当西方国家用武力来扩展对华贸易的时候,俄国没有花费多少就获得了比任何一个参战国更多的好处,原因是俄国没有同中国进行海上贸易,却独享以恰克图为中心的内陆贸易,仅1852年买卖货物的总价值就达到了一千五百万美元,由于货物价格低廉,这一总价值所代表的实物贸易量是极为可观的。由于这种内陆贸易的增长,恰克图从一个普通要塞和集市地点发展成为一个相当大的城市和边区首府,并在它与九百英里之外的北京之间建立了直接的、定期的邮政交通。[62]马克思在《中国和英国的条约》和《新的对华战争》、恩格斯在《俄国在远东的成功》等文中,不止一次提到中英、中法在沿海的冲突如何为俄国在内陆获得黑龙江流域的大块土地和利益创造了条件,预言俄国作为亚洲头等强国的崛起将"在这个大陆上压倒英国",[63]批评英国媒体和内阁会议在公布中英条约内容时掩盖俄国在中国、阿富汗

---

[62] 这是马克思于1857年3月18日左右为《纽约每日论坛报》第4981号所写的社论《俄国的对华贸易》中的内容,见《马克思恩格斯选集》第二卷,北京:人民出版社,1974,页9—11。

[63] 这是恩格斯于1858年11月18日为《纽约每日论坛报》第5484号撰写的社论《俄国在远东的成功》中的句子,见《马克思恩格斯选集》第二卷,页40。

和中亚其他地区取得的更大的利益。因此,如何理解亚洲大陆与海洋时代的关系,如何理解亚洲的内在整体性与亚洲地区的文化多样性和历史联系的多样性,仍然是一个有待进一步研究的课题。简言之,东亚中心的亚洲观和儒教主义的亚洲观之间的复合关系难以解释亚洲大陆和中国范围内部的宗教、民族、文化和制度的多样性。朝贡关系不是单纯的经济关系,它包含了不同文化和信仰的社会群体之间形成的礼仪和政治关系,因而有必要进一步阐释朝贡关系的多重内含,并从这一多重性中发现其与现代资本主义相互重叠或相互冲突的部分。

其三、"中心—周边"的框架适用于"前西方"时代的区域关系,但"中心—边缘"关系的不断滑动恰恰构成了现代资本主义世界不同于传统帝国体系的最为重要的特征之一,从而以中国为中心的"中心—周边"构架无法揭示出19世纪以降发生在亚洲内部的权力关系的变更。由于欧洲工业革命、海洋军事技术的长足发展和欧洲民族—国家体系的形成,传统的大陆—海洋关系发生了重大的、结构性的变化,欧洲殖民主义通过海洋军事、长途贸易和国际性的劳动分工决定性地改变了传统的历史关系:贬低大陆的历史联系和社会关系,使之从属于海洋霸权和由海洋通道连接的经济关系。正是在这个意义上,如果将"周边—中心"的框架延伸到19、20世纪,并用以描述亚洲内部的权力关系,势必掩盖某些传统的"周边"范畴在新的世界体系中所居于的实际的中心地位。这个"中心—周边"框架无法描述日本在近代亚洲扮演的历史角色,无法解释为什么恰恰是"周边"(日本、韩国、香港、台湾、新加坡等)先后成为19、20世纪的亚洲资本主义的中心或亚中心区域,而中国大陆、印度和中亚等大陆区域却长期沦为真正的"边缘"(中国经济的崛起毕竟是一个晚近的、尚未完成的事件),也无法解释当代中国正在发生的沿海地区与内地(尤其是西北)的深刻分化和沿海经济对于内陆经济的支配性。如果按照这一传统的"中心—周边"构架解释清朝与日本在朝鲜半岛的冲突和甲午战争,就会遮盖19世纪发生在亚洲区域的权力关系的重大转变。早在20世纪三十年代,宫崎市定就曾从经济史的观点对中国历史作出如下区分:古代至中世是内陆地区中心的时代,宋至近世转变为运河地带中心的时代,晚清以降则是海岸中心的时代。海岸中心的时代是在欧洲影响下发生的新事态,[64]清朝虽然拥有广阔的市场,但并不居于资本主义生产和金融的中心地位。在这个意义上,只有将传统的"中心—周边"框架放置在"大陆—海洋"的变动的历史关系之中,才能有效地说明19世纪以降在亚洲地区发生的"中心—边缘"关系的持续变动及其历史驱动力。

其四、如果说中国历史中的朝贡关系与条约关系并不是截然对立的范畴,那么,欧洲国家在展开跨越边界的贸易、政治和军事关系的同时,也以不同形式确立国家与国家的关系,其中也包括朝贡关系,例如,俄罗斯、葡萄牙、西班牙、荷兰、英国等国家与清朝的关系既被称为朝贡关系,但也是实质上的外交关系或条约关系。滨下武志在划分朝贡类型时曾经指出过最接近于后来所谓外交关系和对外贸易关系的"互市类型",而在朝贡圈内部又有所谓朝贡—回赐的关系,这一关系或者是等价的,或者是回赐超过朝贡的价值,从而朝贡关系具有经济贸易往来与礼仪往来的双重性质。在这一情况下,礼仪形式上的不平等与实质上的对等关系、朝贡关系的礼仪性质和朝贡贸易的实质内容相互重叠。更为重要的是,英国与印度、北美之间的贸易关系不也是一种不同于中国朝贡模式的朝贡关系吗?清朝与欧洲国家、尤其是英国之间的区别很难在帝国与民族—国家、朝贡体制与条约体制的范畴内加以解释。鸦片战争以后,魏源等人就已经意识到,在贸易领域,中国与英国的主要差别不在朝贡体制与条约体制,而在中国并不依赖朝贡物品来支撑自身的经济,从而也没有一种内在的动力将帝国的军事和政治关系与对外贸易直接关联起来;与此相对照,英国本土的经济广泛地依赖它与北美、印度或其他殖民地区贸易关系和朝贡品,从而英国经济内部存在着将国家体制与贸易关系直接连接起来的动力。因此,如果说中国华商的海外贸易是一种"没有帝国的贸易"的话,那么,英国商人从事的则是一种有组织的、兵商结合的、在国家保护下的贸易。[65]从这一视

---

[64] 宫崎市定:《东洋的近世》,《日本学者研究中国史论著选译》(一),页168,170。

[65] Wang Gungwu, "Merchants without Empire". In James Tracy, ed., *The Rise of Merchant Empires* (Cambridge: Cambridge University Press, 1990), pp. 400-421.

野出发，如何界定亚洲的"中心—周边"机制与欧洲的"国家"机制之间的既重叠又区别的关系成为一个值得认真思考的问题。

其五，用"朝贡体系"来结构东亚和东南亚的历史关系还需要特别关注"朝贡体系"这一范畴的限度和变化。在19世纪初期，中国的海外私人贸易网络成功地将官方的朝贡体系转化为私人贸易体系，这也是长期历史互动的结果。许宝强在他的博士论文中说，"当欧洲人在16世纪初来到东亚的时候曾试图与官方的朝贡体系联系起来促进贸易的发展，但他们发现他们日渐依赖于广大的中国海外贸易网络，因而有意识地鼓励这种网络的发展。特别是在19世纪初期以降，以中国为中心的官方朝贡体系仅仅是一个从未真正实现的有关控制的官方幻想，因为中国面对着帝国主义列强的不断增长的霸权和侵略。因此，在很大程度上，不是官方朝贡体系，而是私人的中国海外贸易网络把东亚地区整合到内在相关的历史体系之中。"[66] 按照他的论述，不是朝贡贸易，而是私人海外贸易（包括走私活动），构筑了连接东亚和东南亚的贸易网络的更为重要的纽带。在19世纪，东南亚的市场发展与其说是朝贡贸易的结果，毋宁说是打破朝贡体制的结果，走私、武装贩运和欧洲国家的贸易垄断构成了18—19世纪东南亚贸易形式的重要特点。中国与东南亚地区之间的联系的这种非官方性质，特别是通过走私、贸易和漂流而形成的东南亚华人群体及其与中国的特殊的联系方式，提供了晚清中国革命的海外基础和当代中国与海外华人经济的特殊的联系方式。换言之，中国与南洋的这种非官方联系为近代中国革命提供了一种特殊的亚洲动力。

日本的亚洲论是在寻求自主性的过程中发生的，这一特殊的视野对于我们理解日本的亚洲想像有着极为重要的意义。相对而言，亚洲从来不是中国认同问题中的重要范畴，列宁和孙文的表述证明，中国认同问题在很大程度上是在社会革命的范畴中建立起来的，而这个社会革命的范畴又是在一种全球性的资本主义关系中确立的。在很大程度上，前述日

---

[66] 以上所引是许宝强的博士论文中的话，该书尚未出版。感谢许宝强先生寄赐他的手稿供我参考。

本的东亚观是对海洋时代的回应：一方面，它正面评价以民族—国家为基本单位形成的贸易和政治关系，另一方面，它从海洋的动力角度看待传统的朝贡关系，试图重新界定自身与亚洲的关系。在这一海洋中心论视野中，不是广阔的大陆与中华帝国的复杂的政治结构及其内部互动关系，而是周边（日本）与中心（中国）的关系模式，构成了真正的中心问题。在一篇讨论日本民族主义与书写语言的论文中，柄谷行人认为日本民族主义的萌芽首先而且主要地表现为按日语语言来书写汉字的文化运动。18世纪日本国学家的语音中心主义包含着反对中国"文化"统治的政治斗争，或者是对武士道的资产阶级批判，因为中国哲学是德川幕府的官方意识形态。[67] 如果日本的文化民族主义与"西方"没有什么关系，那么，摆脱中华帝国的支配就成为日本现代国家形成的历史动力。柄谷行人的立场与滨下武志的有机体的亚洲概念完全不同，他反对过分地谈论日本的特殊性。但前者试图把日本民族主义解释成为一个区域内部的事件，而后者也试图在以中国为中心的贸易网络中揭示近代日本的活动逻辑，二者的研究视野存在着明显的重叠，而重叠的核心部分实际上在于重新界定现代日本与西方、日本与亚洲大陆的历史关系。这些研究从不同方面证明，主权国家观念、市场体制、现代法律体系、文化教育制度以及相应的知识谱系是在特定社会的基础和条件之上形成的，从而不能简单地看作是欧洲文明刺激的结果。这一针对欧洲的批判意向为建构一个整体主义的亚洲观提供了前提，而对长期以来支配亚洲内陆关系的那些动力和政治形式不予重视，这显然与近代日本的历史意识和历史视野密切相关。

作为一个分析范畴，亚洲概念似乎更易为那些研究跨区域的经济贸易活动的学者所接受。在思想史和文化史领域，这一概念是否具有一定的解释力呢？沟口雄三用图表方式说明朱子学近世东渐的情况，并以朱子学的传播为线索观察中国、日本和朝鲜社会的变化。他力图摆脱"中国中心"的描述和潜藏在这一描述背后的中/西对比模式，转而以文化传播以及与此相应的政治地理观念（东亚/儒教文化圈）作为叙事的基础。

---

[67] 柄谷行人：《民族主义与书写语言》，《学人》第9辑，页104—105。

像布罗代尔一样,沟口采用了长时段的历史方法,并根据地区间的交往关系(经济、政治和文化)来解释"亚洲近代"的产生。但是,与布罗代尔、特别是沃勒斯坦的"世界体系"模式相区别,沟口氏没有把"亚洲近代"的产生看作是以欧洲为中心的世界体系扩张的结果,相反,他认为这一过程主要是从以中国为中心的亚洲交往体系中发展出来的。沟口氏以朱子学的传播为线索勾勒近世东亚的文化特征,这与其他学者侧重从经济史的角度勾画亚洲地区内部的中心与边缘关系有所不同。在他看来,东亚地区的某些转变是和东亚文化的传播过程具有内在联系的,从而这一地区的近代过程具有区别于欧洲近代化过程的"文化原理性"。在一定程度上,这是对西嶋定生的观点的回应。例如,他把公元10世纪的宋朝、公元14世纪的李朝和公元17世纪的江户时代分别看作是这三个社会进入"近世"时期的开端。对于中国而言,"朱子学是在贵族制崩溃、历史向着科举官僚拥有实力的时代转换的过程中形成的。它一方面具有合理主义的宇宙观、世界观;另方面,较之法制又更主张德制的政治原理;而且其基础在于乡村的地主制。"[68]此后,李朝和江户时代分别出现了贵族制崩溃并向平民社会过渡的过程,它们或者颁行科举官僚制,或者形成了新的农民阶级以及武士阶级,在不同的历史条件下构筑了一种以道德教化为主的秩序。朱子学的传播是促成这一社会变化的重要因素。因此,沟口断言:朱子学是"一种与近世相适应的近世儒教"。[69]这与近代中国摆脱朱子学的历史恰好相反。

从朱子学传播的角度考虑东亚的历史演变,修正了跨区域研究中的欧洲中心主义以及方法论上的经济主义。我们不难发现沟口的叙事与日本近代编史学中的"东亚文明圈"概念的关系。如果把沟口氏的叙述与布罗代尔和沃勒斯坦侧重从区域间的交往关系来理解资本主义的动力的方式加以对比,我们可以看到他的两种修正:第一、中国和其他亚洲国家的内部转变并不完全是遭遇欧洲力量的结果,亚洲地区内部的文化交往

---

[68] 沟口雄三:《中国的思想》,页75。
[69] 同上,页75。

(如朱子学的传播)和朝贡贸易关系,以及中央帝国与边缘地区的分化趋势,都为亚洲民族主义的兴起提供了内在的动力。也许更为深刻的挑战在于:自中古以来发展起来的亚洲贸易促进了欧洲资本主义的发展,当代世界体系是漫长历史过程中多个世界体系相互冲击的结果。第二、长途贸易理论不关注文化的传播及其对社会演变的影响,带有深刻的经济主义倾向;"世界体系"理论则突出了民族—国家作为世界体系的政治结构的意义,但也不重视文化的意义。正是在这个意义上,沟口雄三的观点值得我们重视:他把研究的视野从单一社会的内部变化转向了亚洲地区内部(主要是东亚)的互动关系,并认为中国的近代变革是和它的伦理世界密切地联系在一起的。因此,首先,亚洲的"近代"包含了自身的文化价值;其次,亚洲概念与一种伦理的观念或文化具有内在的联系。这一研究视角对世界体系理论中内含的欧洲中心主义提出了挑战。

沟口氏对近世东亚的描述是扼要的和提纲式的,他的大胆勾勒并没有与之配合的相应的实证研究。这一描述的重要性与其说是发现了建立一个"亚洲体系"的文化模式的可能性,毋宁说是提供了一个以东亚地区的文化传播关系为描述线索的对于中国和亚洲的"现代"的理解。在沟口的视野中,社会的结构性变迁不是在一个短暂的时刻确定的,早在现代时期之前的16—17世纪就已经是一个经历着巨大转变的时期。[70]这一观点本身并不是全新的:中国马克思主义史学一直关注明清之际的社会变化,认为这一时期田制(如明代的一条鞭法和清代的更名法)、城市手工业和市场以及思想的变化(地方自治、权利意识以及自我的观点)构成了历史转变的关键环节。在这个意义上,沟口与中国学者的研究一样,都

---

[70] 这些变化表现在各个层面:在哲学思想上,从二元论向一元论、从去人欲的天理向存人欲的天理的转变;在政治思想上,从德治君主观向机能性君主观的转变,以及地方分权思想的出现;在经济思想上,从王土观念向民土观念的转变,以及社会生存欲、所有欲观念的出现;在社会思想上,对"私"的肯定,宗族、宗教结社为基础的民间相互扶助机制的扩充,礼教的渗透所带来的民间地域性血缘性秩序的确立;学术文化上,学问领域的分化和独立趋势,诸子学的重新阐释;等等。参见沟口雄三教授1997年12月12日在北京三联书店的演讲提纲:《中国的历史像与现代像》(未刊稿)。

带有内部发展论的倾向。例如他把朱子学和阳明学看作现代思想的起源,并认为这一与"乡约"和田制论密切相关的思想传播构成了东亚地区的总体变化的一部分。沟口的独特方面在于:他援用滨下武志有关朝贡贸易的研究,把长途贸易和跨区域的文化传播看作是理解亚洲的"近代"的关键环节。如果说前一方面认为一个社会内部的生产关系的变化是社会变迁的关键动因,那么,后者在解释现代性的产生时则更为注重交换与流通(包括经济与文化的交换与流通)。从长远的历史视野来看,这两个不同的方面交互影响和渗透,很难在单一的视野中解释社会的变迁及其动力。很明显,如果没有日本的"近世"概念及其独特的亚洲视野,沟口氏的描述就无法建立起来。与许多人的看法不一样,沟口氏的描述既没有把朱子学看作是与现代截然无关的东西,也不认为朱子学的衰败是现代发生的前提条件。"近世"概念与亚洲概念密切地联系在一起,微妙地把朱子学及其体现的社会思想作为向现代过渡的桥梁来看待。[71] 沟口特别注重宋代以降中国思想中的"天理"和"公/私"等范畴的意义,认为这两个概念贯穿于由宋代至清代的思想史和社会史之中,并进而指出:中国近代革命的若干命题——如孙文的民生主义和社会主义革命的土地制

---

[71] 把朱子学的传播理解成"近代的系谱"是日本学界的共识之一。例如石田一良在《文化史学:理论与方法》一书中专列一章讨论《近代精神的系谱——朱子学的世界观及其历史地位》。在作者看来,"近代精神"是在超越的信仰与对自然的关心的关系中发展起来的,"对超越者的关心(信仰)和对人类自然的关心(俗念)在古代曾是交融相合的,而这种关系方式在古代与中世之交彻底崩溃了;取而代之的是两种关心的分岔对立,在超越者投下的强光之下,日本人第一次直视自然的活生生姿态,于此迈出走向近代的脚步。"(参见该书,页284。杭州:浙江人民出版社,1989。)但是,石田在这里把"近世的系谱"放在古代、中世和近世的时间序列之中,明显地是以欧洲历史的目的论叙事为参照的。在这方面,沟口氏的叙述明显不同,因为他并不认为中国的近代是通过中世的解体才呈现出来的。例如他在讨论"自然法"问题时说,"在中国,本来就没有应解体或应消逝的中世的自然法思想,因而所谓朱子的自然法是否解体了,实事上不构成问题。……有的论者凭想像假定有朱子的中世的自然法思想,既假定其有,也就假定其解体,又进而假定其解体的状态,就这样地构成了他的论理,这不过是在假定之上又二次、三次地重复假定的论理,所以对解明中国思想史来说,其有效性事实上是有限的。"参见沟口雄三:《中国前近代思想的演变》,页296—297。

度——与16—17世纪的田制论、君主论及其价值观存在内在的连续性。如果我们不仅把"公"或"天理"看作是历史延续的形式特征,而且看作是实质性的存在,我们就需要考虑构成传统社会与现代社会的制度上的关联和差异。

沟口认为孙文思想、特别是三民主义的平等主义特征建立在传统的"公"观念之上,建立了一种连续性的历史解释:从黄宗羲的田制论到孙中山的民生主义,以至毛泽东的公社制,一脉相承。但是,上述历史中的相似现象究竟是某种"原理"(如天和公的观念)的延续,还是国家/地方、地主/农民的不断变化的关系的结果呢?如果这是一种原理的延续,那么,我们如何理解现代思想对程朱理学的批判,又如何理解平等主义的不断变化的社会内容?[72]天理世界观及其公观念蕴含的平等意识经历了历史的变化,很难仅仅在观念的层面加以说明:如果说天理概念所内含的平等意识起初反映了瓦解和批判贵族等级制的意向,那么,此后又与地主士绅反对皇权的过度扩张存在联系。与其把这种平等主义看作是一种"文化原理",不如把它的内含理解为以政治权力、土地和劳动力的再分配为中介的等级制度的再编制问题。正是在这个意义上,我们才能理解如下悖论:天理观既可能成为反对等级制的平等主义意识形态,又可能成为维护等级结构的意识形态;现代革命的平等主义与天理观的平等主义既相联系又相冲突。正是通过这一悖论,我们看到了极为深刻的历史现象:针对王权的革命最终指向了以乡绅分权为特征的地主制。在这个意义上,沟口氏的"近世观"的困难在于:一方面,它建立在诸如贵族/平民这样的二分法基础之上,是特殊的历史进步意识的产物;但另一方面,它又不断地追问平等主义的"公"观念在再造等级结构和身份等级制过程中的作用,揭示天理、人欲等概念与新的秩序的再编制的复杂关

---

[72] 例如,"新时期"以来,中国执行了以"家庭联产承包责任制"为形式的均田政策,这项改革针对的是以平等主义为其意识形态的公社制和中央集权制,但它的政策基础仍然是包含在土地再分配过程中的平等原则和相对平等的城乡关系。平等的含义在这里转变为农民/城市人口、乡村/国家的关系的重新调整。

系,[73] 从而蕴含了瓦解这种进步观的内涵。因此,更为切近的问题是:"公"观念是如何被组织到新的社会体制合法性的论证之中的?

沟口的思想史研究的最具启发性的部分是他把天/理、公/私等问题置于观察中国思想的核心地位。这两组范畴沟通了思想层面和社会层面,从而那些关键性的观念不再是一些僵固不变的哲学概念。如果沟口从宋明时代的截然不同的思想中发现了"理"概念的连续性,解释了李贽的反叛性思想为什么包含着一贯的"理"观,那么,这种断裂与连续的辩证法是否也能够为我们理解现代思想的发生提供有益的启发呢?从思想史的角度看,这些观念及其变化恰好成为我们进入历史情景的独特途径。正是在这个意义上,我认为天理概念与现代公理观之间的关系值得我们认真探究,它可能成为我们理解现代思想兴起的特殊通道。现代思想的兴起是在各种纵横交错的历史关系中展开的,因此,不是发现思想变动的唯一的最终动因,而是发现思想指向的多重性,各种思想因素的组合方式,它的内在矛盾和实践中的困境,才是最为重要的。沟口雄三对公观念的研究致力于从历史中发掘对于今天而言仍然有效的平等价值,那么,这个价值如何才能从民族主义的语境中转化为一种更为广泛的平等主义,这种新的平等主义的社会基础又是什么呢?沟口没有给出明确的回答。在他的描述框架中,这一以天为中心的儒教主义世界观可以视为以中国为中心的亚洲的原理。如前所述,这个作为整体的亚洲实际上指的是东亚,一个以中国儒教文化为内涵的亚洲与一个以朝贡网络(尤其是海洋朝贡网络)为纽带的亚洲的复合体。在这个作为整体的东亚视野中,对亚洲腹地和中国历史的形成起着关键作用的大陆关系——联系中国与中亚、西亚和北亚的战争、贸易、迁徙、混居、宗教传播、文化交流,等等——

---

[73] 例如他在讨论明末清初的"人欲"观念时指出:"天理的地位依然稳如泰山,人欲虽然被转位了,但其本身并没有获得自立的基础……如果把'天理'看作封建的身份秩序,把'人欲'看作人们的自然欲望,那么可以说'人欲'反而成了封建秩序中的'公'或'恰好'的成分,'天理'一方面把'人欲'收摄于自己之中,一方面对自己进行再编与补强。"他的这一看法,是和我在前面的注释中引用的有关地主制与新的秩序关系的论证直接配合的。参见沟口雄三:《中国前近代思想的演变》,页10—16。

显然不居于中心地位。但是，沟口的论述出现了一种可能性，即摆脱19世纪欧洲思想所奠定的那种帝国—民族—国家二元论的可能性。这一可能性的根源建立在一个基本前提之上：沟口没有将中国这一范畴融化在亚洲这一概念之中，相反，他的亚洲理解建立在他对中国历史的肯定性的理解之上，而没有像上文提及的那些欧洲作者那样用帝国、政治专制主义、农耕文明等等范畴将中国锁定在一种自我否定的目的论历史观的框架内。

第六节　互动的历史世界中的亚洲

如果把"亚洲"概念看作是一种带有某种文化原理性的范畴，那么，欧亚之间的社会发展就具有不可通约性。那么，如何解释亚洲地区的现代发展与资本主义呢？如果在不可通约的文化基础上产生了相近的文明，那么，又应该如何解释这种不可通约性与这些相似的历史因素的关系呢？如果过分地强调亚洲的独特性，在解释现代的发生时，势必会把亚洲的现代看成是欧洲历史扩展的结果，从而最终否定"亚洲"概念所具有的文化多元论的意义。事实上，上述儒教主义的亚洲观甚至难以对中国历史内部的民族多元性和文化多元性作出说明。正是在这多重困难中，我们不妨回过头来看20世纪四十年代以降亚洲学者对于这些问题的回答。

1930年开始的关于中国社会性质的大讨论，促进了关于中国古代社会和近代社会的历史研究。与此相呼应，日本学者开始讨论亚洲的古代、中世和近世问题，中国学者则开始了关于明清资本主义的研究。所有这一切，为最近二十多年来美国的中国研究摆脱费正清的"挑战—回应"模式、转而在"中国发现历史"提供了重要的学术史前提。正是在中国三十年代社会史论战的背景下，日本中国史学界重新解释东亚历史，他们把亚洲与古代、中世、近世的时间序列关联起来。内藤湖南在《概括的唐宋时代观》和其他著述中,用上古、中古、近世等概念描述中国的历史,提出了著名的"唐宋是过渡期、近世自宋代开始"的观点。[74]他把中国的中世(过渡期为后汉到西晋,五胡十六国才是中世)看作是由于"外部种族的自觉势力反动地伸向中国内部",[75]显然受到欧洲现代历史中的民族主义动力的影响。针对这一观点,1947年5月,宇都宫清吉在《东光》二号发表《东洋中世史的领域》,批评内藤的讨论仅限于汉民族和外民族的关系,而不关注"内含的深入发展"。在"内含的深入发展"的视野中,他着重指出中国历史发展的内涵上的差别,即"秦汉是政治的,而相对来说,中世是自律的。"作为自律的例证,他举出豪族在社会经济上具有了独立自存的特色,更称之为"自立的国家建设"。这一观点与郭沫若有关农奴制时代的观点是相近的。宇都宫氏一方面指出古代、中世、近世的分期法植根于欧洲的历史特性,与中国的历史无关,另一方面又把上述差异规定为古代和中世的本质差异,并据此推断近代以前的东洋历史已然是"近代化的先驱",只不过"为正处于发展途上的近代西洋世界的巨浪所吞没。"[76]在这个意义上,他的历史观从来没有摆脱过由欧洲历史所提供的那种特殊的历史意识。因此,早有学者指出:在宇都宫氏所谓的古代中,"自立性存在"早见于战国时代;而在他所谓的中世中,这种豪族的自立自存性,在隋唐时代反而有所减弱。宇都宫氏为了证明隋唐的自律性,另外提出官吏登用考试制度和两税法。可是,二者正是内藤博士所谓近世现象的端倪,并非京都学派所论中世的特质。宇都宫氏"用'自给自足的庄园经济'去描述这个时代,……却令人觉得西欧的中世存在于他的

---

[74] 内藤湖南:《概括的唐宋时代观》,《日本学者研究中国史论著选译》第一卷,页10—18。

[75] 这一观点也为宫崎市定所继承。他在《东洋的近世》中说:"分裂割据的东洋中世,有时亦出现表面的大一统时代,这就是隋唐王朝。但这不是汉民族社会必然推移发展的结果,而是侵入中原的北方民族大团结所带来的。这恰好和查理曼(七四二——八一四)的中世同一并非罗马帝国的后身,而是入侵的北方日耳曼民族大一统的轨迹相同。"同上书,页158。

[76] 宇都宫清吉:《东洋中世史的领域》,同上书,页122。

意念中。"[77]

拒绝使用欧洲史概念是一种重新回到自己历史之中的努力,但却很可能产生另一种历史本质主义,最终落入一种二元比较的框架之中。在我看来,只要不是从一种目的论的视野看待历史,不是简单地认为所有区域的历史发展都具有同样的轨迹,那么,利用欧洲史的概念来说明中国历史中的革命性变化,就不是不可接受的。这是因为中国历史不是孤立的、仅仅处于历史渐变中的历史。历史中的交往关系经常促成了制度、习俗和文化的重要改革和变化。更为重要的是,在分析日本、朝鲜等地的民族主义(或国民主义)与以中国为中心的亚洲"世界体系"的关系时,当代学者经常自觉不自觉地以现代国家单位作为描述的基本范畴,而没有考虑到贸易、文化和劳动分工的发展经常超越政治疆界。中国作为统一的政治实体的形成当然是和周边的关系相关的,但是,这个"周边"含义却绝不限于"国家"。当代"周边"概念无意中将处于中心的中国建构成为一个缺乏层次的整体了。拉铁摩尔在《中国的边疆》一书中曾以长城为"中心"描述出一个超越政治和民族疆域的"亚洲大陆",为我们理解历史中的中心与边缘关系提供了极为不同的视野。这个"所谓的'中心'的概念是,在长城的两侧,并立着农业与游牧两大社会实体,两大社会实体在长城沿线的持久性接触,形成互动影响,反馈到各自社会的深层。这一中心概念的建立,纠正了以往以南方农业社会为本位的立场",而且也重新让人们看到了边疆及其部落形成的历史。"中国从有利于建立中国社会的精耕农业的环境中,逐出了一些原来与汉族祖先同族的'落后'部落,促成了草原社会的建立。"草原社会与南方农业社会同时发展,二者之间的

---

[77] 前田直典指出:"这种情形并非初见,京都学派不少人都是一样。宫崎教授在《东洋的素朴主义民族和文明主义社会》中,北山康氏在《宋代的土地所有形态》(《东洋史研究》三——二)一文中,均以为中国的农民在中世是农奴,宋以后佃农始多。这种说法最极端的是小竹文夫教授。他在《中世支那社会经济发达史概论》(支那研究三十六)中,将欧洲的中世概念原封不动用于中国史,视五胡乱华与日耳曼人的迁徙一样,他甚至认为,'自汉代发达的货币经济,到了魏晋以后再度恢复自然经济;而因中原都市破坏,由城市生活转为乡居生活的地方,也和西洋史的中世相似'。"前田直典:《古代东亚的终结》,同上书,页140,138。

地域遂呈现"边疆形态"。[78]长城中心的中国历史叙述与黄河中心的中国叙述,以及宋代以后的运河—江南中心的中国叙述形成了鲜明对照。历史叙述的中心转移除了与各时代的中心地位的移动有关,而且也还与观察历史变化的视野、尤其是观察历史变化的动力的视野相关。

陈寅恪的研究与此遥相呼应,但他关注的重心是制度的形成与周边的关系,其间贯注着一种强烈的历史正统意识。《隋唐制度渊源略论稿》沿用了"中古"概念,把隋唐两朝视为"中古极盛之世",显然是在古代、中古、近代的历史视野中考察中国历史内部发生的制度性的转变。但与内藤湖南、宫崎市定等日本学者相比,陈寅恪并不强调"中古"概念在线性的历史之中(如古代、中世、近世)的位置,而是突出了空间、地域的互动关系:隋唐"文物制度流传广播,北逾大漠,南暨交趾,东至日本,西极中亚,而迄鲜通论其渊源流变之专书,则吾国史学之缺憾也"。因此,他对隋唐制度的论述及于(北)魏、(北)齐、梁、陈和(西)魏、周等三大渊源,从而点出了他的广泛的区域性视野。[79]非常明显,在陈寅恪的视野中,西北,而不是日本学者关心的海上贸易和"东亚文明圈",占据着更为重要的地位。在《唐代政治史述论稿》开篇,陈寅恪引《朱子语类》一一六历代类三云:"唐源流出于夷狄,故闺门失礼之事不以为异",[80]用于说明唐代习俗与北方民族的关系。在引述朱子的这句话时,他显然并不注重其道德意味和伦理内容,而把重点落实在李唐历史中的"种族及文化"问题上,足见他对"中古"的理解是和中原与周边地区的关系分不开的。在《论唐代之蕃将与府兵》一文中,他从这样的视野观察蕃将与府兵制的演变,得出唐代藩镇(如薛嵩、田承嗣之徒)"虽是汉人,实同蕃将,其军队不

---

[78] 以上观点见 Owen Lattimore, *Inner Asian Frontiers of China*, 1940, 中文译本为《中国的边疆》, 赵敏求译, 正中书局, 1941 年版。我在这里引述的是唐晓峰的书评《长城内外是故乡》一文对拉氏观点的解说, 该文见《读书》1998 年第 4 期, 页 124—128。

[79] 陈寅恪:《隋唐制度渊源略论稿》,《陈寅恪史学论文选集》, 上海:上海古籍出版社, 1992(下同), 页 515。

[80] 陈寅恪:《唐代政治史述论稿》, 同上书, 页 551。他在这两句引文之后评论说:"朱子之语颇为简略, 其意未能详知。然即此简略之语句亦含有种族及文化二问题, 而此二问题实李唐一代史事关键之所在, 治唐史者不可忽略者也。"

论是何种族，实亦同胡人部落"的结论。正由于此，他批评欧阳修对于五代的议论"仅限于天性、人伦、情谊、礼法之范围，而未知五代义儿之制，如后唐义儿军之类，实出于胡人部落之俗。盖与唐代之藩将同一渊源者。若专就道德观点立言，而不涉及史事，似犹不免未达一间也"，[81]进而把中原与周边地区的关系看作是唐代社会制度变迁的重要动力和来源。

为什么朱子学的正统观念在这里恰恰提供了观察社会变迁的窗口？我认为原因之一是近代民族主义的勃兴为观察古代历史提供了启示。日本学者谈及朱子学对日本的影响时指出，朱子学是"汉民族国民主义的意识形态"，在幕末维新之际，曾给日本的外交投下困难的波纹。[82]这一扼要的提示为理解朱子学与近代亚洲的民族主义的关系提供了某种历史线索。朱子思想产生于汉族与北方民族（辽、金）的持久冲突之中，包含强烈的攘夷色彩，而陈寅恪也是在民族主义和文化认同成为时代的主要课题之际从事他的历史研究。陈寅恪史学研究的成就遍及魏晋至明清的各个方面，但除了《邓广铭宋史职官志考证序》（1943）等文外，他没有对宋代历史发表系统的研究。根据王水照的研究，陈寅恪视赵宋文化为"华夏民族文化"的最高成果和未来文化发展的指南，其中最为重要的内容之一，就是士人的气节和民族的认同。[83]民族问题不仅构成了陈寅恪中古史研究的关键环节，而且也表明了宋学兴起的政治和文化的背景条件：以天理为中心的道德谱系与现实的制度及其评价体系存在着深刻的紧张。从这一特殊角度，我们也许可以将陈寅恪的"中古史"研究及其方法论冒昧地概括为"亚洲的中国史"。在这一框架内，他把研究的重点落在制度层面，明显地包含着对"国家"及其制度的关注。

陈寅恪的区域性视野和中古概念与战后日本学术界对"东洋的近世"的讨论正可相互参照。这里有两点值得注意：第一、陈寅恪的态度极为谨慎，他立足于中国史作出的描述并没有将亚洲大陆描述成为一个文

---

[81] 陈寅恪：《论唐代之藩将与府兵》，《陈寅恪史学论文选集》，页383。
[82] 宫崎市定：《东洋的近世》，《日本学者研究中国史论著选译》第一卷，页210。
[83] 王水照：《陈寅恪先生宋代观之我见》，《人民政协报》1998年8月31日第三版。

化上单一的体系或有机的整体,相反,着眼于战争、贸易、文化传播,他勾勒了各种异质的制度和文化因素发生碰撞、纠缠和转化的过程。在这个意义上,他的中国观和亚洲观都不是整体主义的。他没有像宫崎市定等人那样使用资本主义这类概念来描述中国的历史,也没有把中古时代的民族关系和制度沿革放在民族主义框架中理解。宫崎市定通过分析隋唐五代时期交通和贸易的变化,断言"宋代社会可以看到显著的资本主义倾向,呈现了与中世社会的明显差异。""宋承五代,政治的统一同时也是经济上国内市场的再统一。……五代各国的国都虽然失去作为政治中心都市的意义,却作为商业都市继续存在,特别是唐代以来运河沿线出现的商业都市,更进一步发展,用蓄积财富的方法,促使近世的文化发达。这种事态,必然导致宋代社会不得不倾向于走向一种资本主义的统治。"[84] 宫崎大胆地使用了各种欧洲范畴,他对唐宋之际、特别是对宋代的观察是在"资本主义"和民族—国家的视野中组织起来的。因此,这一为东亚寻找自身历史的努力,有可能导向另一种知识上的欧洲中心主义。按照这一逻辑,具有准民族—国家特点的郡县制帝国——宋朝、明朝——构成了早期中国近代性的象征,但我们如何理解蒙元帝国在沟通欧亚大陆过程中所起到的作用,如何解释对于现代中国的疆域、制度和人口作出了基本规定的满清帝国与"现代"的关系?第二,如果与日本学者的"东洋"或"东亚"概念相比,在陈寅恪的历史视野中,中亚和西亚毋宁更为重要,因为后者早已是渗透在中国的制度和文化内部的有机力量。宫崎市定一方面高度重视五代时期的战争及其对民族意识、国家制度的塑造作用,另一方面则把运河沿线及其联络海洋与内地的功能提高到空前的高度来理解,我们可以从他的描述中窥见海洋中心论的影子。陈寅恪的讨论集中于魏晋和隋唐时代,他对隋唐制度、风俗、宗教关系、文化传播和语言渗透的研究突出了亚洲大陆内部的互动关系及其对中国历史的塑造作用。在晚清以降的民族主义浪潮中,这一大陆中心主义及其独特的文化多元论需要放置在与海洋中心论的对峙之中才能获得充分的理解。

---

[84] 宫崎市定:《东洋的近世》,同上书,页168,170。

宫崎市定试图通过"交通"把不同区域的历史连接在一起,并从这一视野出发阐释"宋代资本主义"、"东洋的近世"以及"国民主义"(民族主义)。这一方法事实上包含了超越历史研究中的普遍主义和特殊主义之争的可能性。宫崎的研究在某种方面接近于我在下文将要提及的弗兰克的观点,他们认为即使在现代之前,世界也是一个相互联系的世界,不同文明的独特性并不能被看作是已经完成的自律性的世界的根据。这就否定了那种更易为人接受的观点,这种观点认为在近代之前,人类世界是由许多相互独立的历史世界组成的,它们的历史轨迹完全不可通约。在宫崎看来,宋代发生的"近世"转向不仅涉及隋唐五代以降的经济、政治和文教制度的内在变化,而且也特别地关联着五代的"民族—国家冲突"和"东洋近世的国民主义(Nationalism)"。在《东洋近世的国民主义》一节中,他分析了秦汉、隋唐直至宋元明清时代的民族关系,认为北宋和南宋时期的中原与南北区域不仅出现了"国民主义的跃动"和超越朝贡关系的民族关系(如辽宋之间的战争与"两国之间的和平国交",宋金战争),而且也出现了诸如大越国(安南)、大理国(掸族)等"名目上是中国的朝贡国"、事实上却"独立不羁的民族国家"。在这个意义上,亚洲民族主义的发展与西洋史是相平行的,尽管这一过程为元代所终止,却在其后激发了明代的"以汉人为中心的国民主义"。在同一个历史脉络中,清王朝的兴起也被看作是满人国民主义跃动的结果,它原本只想与明朝实行对等外交,但在战争中却发展成为一个征服中原的力量(这一描述所包含的"周边"观点也让人想起后来的学者对日本与中国的关系的描述)。根据作者的看法,近世东洋的大一统局面恰恰是东洋近世的"国民主义"的结果。[85]亚洲的"近代"问题最终必须处理亚洲与欧洲殖民主义和近代资

---

[85] 宫崎市定:《东洋的近世》,《日本学者研究中国史论著选译》第一卷,页211—213。宫崎的观点在当代学者的研究中也有呼应,例如何伟亚(James Hevia)在西方帝国主义和殖民研究的影响之下,避免了现代性与传统这一通常的划分,转而提倡把英国与大清帝国自1793年以来的冲突,视为两个扩张着的帝国之间的冲突,每一个帝国都有其自身的策略和关注,而且每一个都以迥然不同的方式建构着他们自己的主权。在何伟亚关于清朝与英帝国的冲突的描述背后,隐藏着的是他对清朝国家的理解,即清

本主义的关系。但是,如果前现代的世界也像当今的世界一样只有一个(而不是几个历史世界)世界体系,或者,在多个历史世界之间存在着密切的联系,那么,谈论欧洲近代资本主义对亚洲的重新塑造的前提,就不能不是讨论欧洲资本主义的产生与亚洲的关系。如前所述,早在上个世纪四十年代,宫崎市定就开始从广泛的交通关系中探讨"宋朝资本主义的产生",并深信"宋代以后近世史的发展,现在已经到了以东洋近世史的发展去探讨西洋近世史的时候。"[86] 在中国史研究的领域内,他所勾勒的中国内外交通的世界史意义为世界体系理论在区域史研究中的运用开创了先河。他问道:南海所产的香料,是怎样投得欧洲人所好,振发起他们的勇气,活跃于海上?北方的游牧民族热爱中国的茶,是怎样地联合起来,成为中国的威胁?在谈论大运河的开凿史时,他甚至强调不应仅从中国的立场去评价,而应该考虑它在促进中国内部交通的同时,联络了横断亚洲的南北海陆两大干线的东端,中国由此不再是东西交通终点的死胡同,而成为世界循环交通路的一环。在这个意义上,运河的开凿是个有世界史意义的大事业。[87] 如果中国内部的重大事件,如运河的开通,贸易路线的延伸,都市的选择(如五代和宋以后,中国舍弃交通不便的长安、洛阳,把国都迁往交通都市和商业都市的开封),影响了那个时代的世界交通和贸易,那么,我们怎么有可能仅仅从"内部"谈论近代中国的转变呢?

朝本身就是一个通过征服和民族冲突而形成的帝国,用他自己的话说:"清朝在17和18世纪的对外政策并不是由汉儒官员制定的,而是由满族的当政者确立的。满族人并未满足于攻克了中国,而是继续征服非汉族的人口,并且将自身的边界拓展到远远超越了中华帝国曾经拥有的历史边界。……因此,当我们论及清朝的对外关系时,我们面临着一个基本的问题,即,关于对外关系,并没有什么特定的'中国人'。更为复杂的是,当我们从清朝皇权的视角看待这些问题时,中国本身,就像内亚和中亚一样,对满族人而言,也应该被理解为一个'对外政策'的问题。"(何伟亚:《从朝贡体制到殖民研究》,《读书》1998年第8期,页65。)不过,仅仅把清朝看成是一个扩张的帝国,而忽略这个帝国在继承明王朝的历史遗产过程中的自我转化,也难以说明清朝的特点。"中国"的不稳定性与稳定性的关系似乎应该有更为复杂的叙述。

[86] 宫崎市定:《东洋的近世》,《日本学者研究中国史论著选译》第一卷,页240。
[87] 同上,页163,166。

按照宫崎市定、沟口雄三等人的看法,构成亚洲的近代的那些政治、经济和文化特征从10或11世纪即已开始,早于或平行于欧洲的类似发展。那么,这两个世界的历史发展究竟是平行的,还是相关联的呢?由于蒙古帝国的扩展,东西两个文明早已非常紧密地联系在一起,宫崎市定曾经据此想像东洋的文艺复兴给予西洋的文艺复兴以巨大的影响。他以绘画为例,研究了由于蒙古的大征服,中国的绘画如何输入西亚的伊斯兰世界,导致了领有波斯的蒙古伊儿汗国的密画美术的空前发达。这种绘画达到盛期时,意大利文艺复兴绘画的第一期立刻出现;后来西亚帖木儿王朝下的密画达到隆盛期后,意大利文艺复兴绘画的第二期又立即出现。由此看来,"实在可以认为西亚美术和意大利绘画之间有文化波动的因果关系。"宫崎市定的大胆描述能否确证有待专家的研究,但他的观察包含了深刻的洞见,揭示了由于蒙古扩张而产生的欧亚之间的密切的联系。在谈及18世纪的欧洲工业革命和以法国为中心的政治革命时,他认为东洋、特别是中国不仅为工业革命提供了市场和资料,而且也为法国革命的人道主义提供了滋养。因此,一个合乎逻辑的结论是:

> 如果只有欧洲的历史,欧洲的工业革命不能发生。因为这不单是机械的问题,而是社会整体结构的问题。工业革命发生的背后,需要小资产阶级的兴隆,亦必须有从东洋贸易中得到的资本积累。要机器运转,不能单靠动力,还必须有棉花作为原料,更需贩卖制品的市场,而提供原料和市场的实际是东洋。没有和东洋的交通,工业革命大概不会发生罢。[88]

宫崎的上述观点在弗兰克(Andre Gunder Frank)的最新著作中获得了回响。在这个视野中,亚洲和欧洲从13或14世纪以来就已经深刻地联系在一起,从而我们在理解现代的发生时,必须从一个具有内在关联的世界体系的预设出发。交通的意义不是将两个世界僵硬地捆在一起,而是如

---

[88] 宫崎市定:《东洋的近代》,同上,页236—238。

宫崎所说如两个用皮带连接在一起的齿轮,一边转动,另一边也会同时转动。弗兰克指出:1400年以降,欧洲资本主义在世界经济和人口中逐渐兴起,这一过程与1800年前后东方的衰落恰好一致。欧洲国家利用他们从美洲殖民地获得的白银买通了进入正在扩张中的亚洲市场的大门。对于欧洲来说,这个世界经济中的亚洲市场的商业与制度机制是非常特殊而有效的。正是在亚洲进入衰败期的时候,西方国家通过世界经济中的进出口机制成为新兴的工业经济。在这个意义上,欧洲近代资本主义既是欧洲社会内部生产关系变动的结果,也是在与亚洲的关系中诞生的。[89]因此,弗兰克与宫崎得到了一个有关欧洲现代史的共同观点,即:尽管文艺复兴以后的欧洲史一般称为近世史,但工业革命以后的欧洲和以前的欧洲应有重要的区别。但是,这两个研究都包含着若干不明朗的因素:宫崎市定的研究主要集中在中国史的范畴内部,他对亚洲与欧洲的交往关系的论述是单薄的;弗兰克的研究是经济主义和贸易主义的,几乎没有对欧洲社会内部的历史动力及其与资本主义的产生的关系作出令人信服的解说。从基本的方面看,他们的历史叙述中的现代性尺度都带有海洋中心论的浓厚色彩。

谈论欧洲资本主义与亚洲的联系不能等同于把亚洲视为近代资本主义的起源,也不是否认欧洲社会内部的历史条件、技术革命、阶级关系和文化价值在欧洲资本主义产生过程中的作用。这里的关键是把世界视为一个真正相互联系的、不断互动的世界。滨下武志强调亚洲的内在整体性,但同时承认西方资本主义经济史在近代中国的金融贸易和政治制度的形成和转变过程中所扮演的特殊角色。在《资本主义殖民地体制的形成与亚洲——十九世纪五十年代英国银行资本对华渗入的过程》一文中,他研究了19世纪中期中国的金融贸易,指出资本主义列强向亚洲特别是向中国金融渗透的深化,是与美国、澳大利亚的黄金发现所导致的国际金融市场的扩大过程密切相关的。从金融的角度观察,中国近代经

---

[89] Frank, Andre Gunder, ReOrient: *Global Economy in the Asian Age* (Berkeley: University of California Press, 1998).

济史可以被看作中国经济被编织在以伦敦为中心的整个世界一元化国际结算构造之中的过程。在这个意义上,亚洲的"近代"是在经济上逐渐被包容进以欧洲为中心的世界近代历史的过程,其特征就是金融性统治—从属的关系。[90] 中国半殖民地体制的特征离不开这个过程来理解。比方说,由于商业的发达,宋代以后的财政在土地课两税之外,也对商品课利(其中盐税一直是重要的项目),商人的集税份额在国家税收中的比例越来越大。但晚清以降,由于海外贸易的发展,新的关税收入大增,据清朝末期的统计,中央户部的年收入中,海关税所显示的数字是72%,而盐税仅占13%。[91] 按照相似的逻辑,亚洲近代的发生虽然也有自己的历史前提,但同样也只能在互动的历史关系中加以理解。这种互动关系不仅表现为两个世界的相互影响,而且也表现为中国社会内部的某些转变。在这个意义上,今天被称之为"全球化"的现象从来就不是一个社会的外在事件,而是在社会内部的各种关系之中孕育出来的。

中国社会的变化(无论是被迫地、还是主动地)与周边地区的关系丰富了我们对于现代世界体系的理解,这个世界体系的运转不再是一个简单地围绕着以欧洲为中心的资本主义体系运转的过程,而是多重历史世界相互联系、相互斗争、相互渗透和相互塑造的过程。亚洲地区的民族主义不仅是欧洲民族—国家模式的复制,而且也是在区域内部的互动关系中发展起来的。这是"挑战/回应"模式和"内部发展论"都忽略了的部分。有趣的是,当历史学家们把亚洲视野扩展到全球的关系之中时,他们首先意识到"现代"问题不是一个单一社会的问题,而是不同的区域和文明相互作用的结果。在这个意义上,"亚洲"观念的有效性反而削弱了,因为它既不是一个自足的实体,也不是一组自足的关系;它既不是一个线性发展的世界历史的起点,也不是一个线性发展的世界历史的终点。毋宁说,这样一个既非起点也非终点、既非自足的主体也非从属的客体的

---

[90] 滨下武志:《资本主义殖民地体制的形成与亚洲——十九世纪五十年代英国银行资本对华渗入的过程》,《日本中青年学者论中国史·宋元明清卷》,北京:中华书局,1995,页612—650。

[91] 宫崎市定:《东洋的近世》,《日本学者研究中国史论著选译》第一卷,页178。

"亚洲"构成了重构"世界历史"的契机。如果需要修正"亚洲"观念的错误的话，那么，我们还必须重新检讨"欧洲"观念。套用列宁的语言来说，先进的欧洲到底是从哪里产生出来的呢？落后的亚洲又是怎样的历史关系的结果呢？社会内部的历史关系是重要的，但在长久的历史之中，不断伸展的区域互动关系对于一个社会内部的转变的作用又该如何估价呢？如果亚洲论述始终以一个自明的欧洲概念为背景，而不是深入到欧洲历史发展内部重新理解欧洲概念得以建构的动力，那么，亚洲论述就无法摆脱它的含混性。普遍主义、特殊主义和交往的历史观都包含着各自的有力之处，也包含着各自的方法论局限，而这些观念的意识形态意义及其背景条件则是一个更为重大而复杂的、值得深入探讨的课题。

第七节　一个"世界历史"问题：亚洲、帝国、民族国家

上述叙述与其说证明了亚洲的自主性，毋宁说证明了亚洲概念的暧昧性和矛盾性：这一概念是殖民主义的，也是反殖民主义；是保守的，也是革命的；是民族主义的，也是国际主义的；是欧洲的，也反过来塑造了欧洲的自我理解；是和民族—国家问题密切相关的，也是与帝国视野相互重叠的；是一个相对于欧洲的文明概念，也是一个建立在地缘政治关系中的地理范畴。我认为，在探讨亚洲的政治、经济和文化的自主性的过程中，必须正视这一概念的生成历史中所包含的衍生性、暧昧性、矛盾性。衍生性、暧昧性和矛盾性是具体的历史关系的产物，从而只有从具体的历史关系之中才能找到超越或克服这种衍生性、暧昧性和矛盾性的线索。

首先，亚洲概念的提出始终与"现代"问题或资本主义问题密切相关，而这一"现代"问题的核心是民族—国家与市场关系的发展。这一概念中的民族主义和超民族主义的张力是与资本主义市场对于国家和跨国关系的双重依赖密切相关的。如果说黑格尔、亚当·斯密、马克思在一种

历史进化的范畴中将亚洲与封建、落后或者所谓亚细亚生产方式联系起来,那么,宫崎市定、滨下武志、沟口雄三、弗兰克等人则试图建构亚洲与民族国家、长途贸易、工业和科技发展等在前一种叙述中通常归于欧洲的历史特性之间的历史联系。有关亚洲的早期现代性的研究和有关亚洲资本主义的讨论,都对今天亚洲概念的使用方式产生了重要影响。由于讨论围绕着民族—国家和资本主义等问题展开,从而亚洲社会的丰富的历史关系、制度形式、风俗习惯、文化构成都被组织在有关"现代性"的叙述之中。那些与这一"现代性"叙述缺乏联系的价值、制度和礼仪则被压抑到边缘的部分,上述分析的目的之一就是重新勾勒这些被压抑的历史遗产的轮廓,检讨在新的历史条件下是否存在一些可资利用的历史遗产——价值、制度、礼仪和经济关系,等等。对于西方中心主义的批判如果不能与对资本主义发展及其危机的思考联系起来,就有可能落入玄虚的空想之中,从而把亚洲文化置于全球资本主义的多元文化装饰的框架内。

其次,亚洲概念与民族—国家、民族主义运动存在着密切的历史和现实联系。迄今为止,民族—国家仍然是热衷于促进亚洲内部的区域联系的主要动力,其主要表现如下:一、区域关系是国家关系的延伸:无论是马来西亚极力推动的亚洲论坛,还是韩国努力促进的东亚网络,以及东南亚联盟、上海六国等区域性组织,都是以发展经济交往为轴心形成的国家关系。二、亚洲区域的主权建构过程始终没有完成:朝鲜半岛、台湾海峡的对峙局面,战后日本的不完全性主权国家形式,都表明19世纪启动的民族主义进程仍然是支配东亚地区权力关系的重要方面。三、由于新的亚洲论述以形成针对全球一体化过程所造成的单极支配和动荡的保护性的和建设性的区域网络为取向,国家问题仍然居于亚洲问题的中心地位。亚洲想像常常诉诸一种含混的亚洲认同,但是,如果我们追问这一构想的制度和规则的前提,那么,民族—国家这一试图被超越的政治结构就会突显出来。亚洲国家只有在民族解放运动的历史基础上,亦即在尊重平等主权的基础上,才能形成新型的合作关系、保护性的制度框架和共治的社会条件。亚洲构想是抗拒新自由主义帝国规划的产物,它不是对于保护性的主权范畴的简单否定,但同时主张在区域主体性或互主体性的框架下,重构主权的含义。

第三、与上述两个问题密切相关,民族—国家在亚洲想像中的支配性产生于近代欧洲所创造的基于帝国与民族—国家相互对立的二元论。这一二元论的历史含义是:民族—国家是唯一的现代政治形式和发展资本主义的首要前提。然而,这一二元论既简化了被归纳在"帝国"范畴内的政治和经济关系的多样性,也简化了各民族—国家内部关系的多样性。例如,有关宋代历史中的"近代性"因素的研究揭示了中华帝国历史中的丰富的"国家"资源、资本主义经济关系和文化内容,而有关清代历史的研究又证明了诸如边界、外交等接近"主权国家"的要素如何与朝贡关系和权力的多中心化等"帝国"要素纠缠在一起。现代中国的内外关系事实上继承了前民族—国家时代的多种遗产,并按照主权国家的模式对这些遗产进行了改造。现代东亚想像以国家间关系为主要基础,很少涉及亚洲——包括中国范围内——的复杂的民族、区域和被覆盖在"帝国"范畴内的交往形式。在民族—国家成为一种主导性的政治架构的条件下,亚洲传统的各种交往、共存的经验和制度形式是否能够提供超越民族—国家体制所带来的内外困境的可能性?

第四、亚洲作为一个范畴的总体性是在与欧洲的对比关系中建立起来的,它的内部包含了各种异质的文化、宗教和其他社会因素。无论从历史传统看,还是从现实关系看,亚洲都不存在建立欧盟式的超级国家的可能性和条件。佛教、犹太教、基督教、印度教、伊斯兰教、锡克教、道教、袄教和儒教等等全部起源于我们称之为亚洲的这块占世界陆地五分之三、人口一半以上的大陆,任何以单一性的文化来概括亚洲的方式都难以自圆其说。儒教主义的亚洲观甚至无法概括中国的文化构成,即使将亚洲概念收缩为东亚概念也无法回避东亚内部的文化多元性问题。新的亚洲想像必须把文化/政治的多元性与有关区域的政治/经济构架关联起来。但文化的高度异质性并不意味着亚洲内部无法形成一定的区域构架:一方面,文化的多元性从来没有阻止亚洲内部的交往和联系,多种文化之间的共存、融合和交往构成了中国历史和亚洲历史的最为重要的经验;另一方面,共同的历史文化条件、地域上的直接联系、经济发展的互补性和政治文化的相似性提供了区域联系的便利条件,多样性是由内部的多重结构关系构成的,它并不构成某些国家以上述历史条件为前提形成某种更为紧密的政治、经济和文化交往的构架的障碍。东亚想像或多元亚洲的构想正是建立这一前提之上的。综合这两个方面,亚洲想像的两个可能方向是:一、汲取亚洲内部文化共存的制度经验,在民族—国家范围内和在亚洲区域内部发展出能够让不同文化、宗教和民族平等相处的新型的民主模式;二、以区域性的联系为纽带,形成多层次的、开放性的社会组织(如"东盟+中日韩共同会议","上海六国"等等),以协调经济发展、化解利益冲突、弱化民族—国家体制的危险性。

第五,亚洲与欧洲、非洲和美洲之间的宗教、贸易、文化、军事和政治关系有着长远的、难以分割的历史联系,以民族—国家的内外模式描述亚洲或者将亚洲设想为一个放大的民族—国家同样是不适当的。一个历史的例证是,从17世纪到19世纪中期,清朝与俄罗斯的交往远多于清朝与日本的关系,清俄关系对于清朝帝国的边界、贸易、移民和内部民族关系产生了极为重要的影响。一方面,亚洲的内部关系创造了某些类似于近代民族—国家的制度形式,后者为亚洲与欧洲或其他地区的交往创造了条件;另一方面,蒙元帝国、俄罗斯帝国和清朝帝国的军事扩张带动了欧亚大陆内部的贸易、迁徙和文化交往,欧亚大陆之间在军事、贸易、制度和文化上的相互渗透充满了历史的偶然性。19世纪中期,中国的士大夫发现欧洲早已是传统朝贡区域的内部存在,从而朝贡体系只不过是一种官方的和士大夫的中心主义幻想。欧洲资本主义与亚洲的历史互动提供了一个遥远的历史范例,即不同区域之间的贸易、走私、战争和迁徙为另一地区的生产方式、社会关系和生态环境的重构或改变创造了重要的条件。因此,亚洲的自主性不应以建构内在整体性为目的,相反,这一自主性是通过各种历史交往的总结而产生出来的。正由于此,我们需要在一种广泛的全球联系之中展开亚洲论述和区域实践——既从其他区域的视野出发来发展亚洲论述,也通过展开亚洲视野来重新理解欧洲或美洲。亚洲概念从来就不是一种自我规定,而是这一区域与其他区域互动的结果;对欧洲中心主义的批判不是对于亚洲中心主义的确认，而是破除那种自我中心的、排他主义的和扩张主义的支配逻辑。在这个意义上，洞悉"新帝国"内部的混乱和多样性，打破自明的欧洲概念，不仅是重构亚洲概念和欧洲概念的前提之一，而且也是突破"新帝国逻辑"的必由之路。亚洲的主体性依赖于新的政治/经济关系和政治/经济结构，这种政治/经济关系和结构能够容纳各种文化和社会形态的多样性。新的亚洲概念是一种政治性的亚洲概念，从而需要发掘和重构一种能够连接历史与现实的政治文化与之配合。

第六，如果说对于亚洲的文化潜力的挖掘是对西方中心主义的批判，那么，亚洲概念的重构也是对于分割亚洲的殖民力量、干涉力量和支配力量的抗拒。亚洲想像所蕴含的共同感部分地来自殖民主义、冷战时代和全球秩序中的共同的从属地位，来自亚洲社会的民族自决运动、社会主义运动和解殖民运动。离开上述历史条件和历史运动也就无法理解亚洲的现代含义，无法理解当代亚洲的分裂状态和战争危机的根源。人们把柏林墙的倒塌和苏联、东欧社会主义阵营的瓦解视为"冷战"的结束，但在亚洲地区，"冷战"的格局在很大程度上保存着，并在新的历史条件下发展出新的衍生形式。二次大战以后遍及全球的民族解放运动把欧洲的殖民者送回了欧洲，殖民地和半殖民地人民以民族独立的形式创建了新的国家，但时至今日，美国的军事存在遍及日本、韩国、台湾海峡、中东、菲律宾和其他地区，甚至区域内部的主权国家——包括日本、韩国等地区性经济强国——实际上并未拥有完整的主权。值得注意的是，当代有关亚洲问题的讨论不是由国家推动，就是由精英发起，亚洲地区的各种社会运动——工人运动、学生运动、农民运动、妇女运动，等等——对此漠不关心。这与20世纪汹涌澎湃的亚洲民族解放浪潮形成了鲜明的对比。在我看来，亚洲各地的社会运动是在反抗新自由主义的全球趋势和国家政策中发展起来的，从而连接亚洲各地的社会运动的纽带应该是对新自由主义的/新帝国的世界秩序和国内政策的抗拒和批判。在这个意义上，新的亚洲想像既需要超越20世纪的民族解放运动和社会主义运动的目标和课题，又必须在新的条件下对这些运动未能解决的历史课题进行探寻和反思。不是制造新的冷战,而是去除旧的冷战及其衍生形式,不是重构殖民关系,而是去除残留的和新生的殖民可能性,构成了当代亚洲构想的重要动力。亚洲想像历史地包含了对于殖民主义和资本主义现代性的批判性思考。如果说20世纪的民族解放运动和社会主义运动已经终结,那么它们的碎片仍然是激发新的亚洲想像的重要源泉;如果说20世纪的亚洲论述始终与如何有效地抗拒和转化殖民主义和资本主义的逻辑密切相关,那么,作为近代亚洲的历史遗产,民族解放运动和社会主义运动的动力、激情和未完成的任务都将转化到新的亚洲想像之中。

在文章的结尾,让我再次重申前面已经表达过的意思:亚洲问题不仅是亚洲的问题,而且是"世界历史"的问题。对"亚洲历史"的再思考既是对19世纪欧洲"世界历史"的重构,也是突破21世纪"新帝国"秩序及其逻辑的尝试。

1998年初稿于北京
1999年修改于西雅图
2002年改定于北京

参考文献

以下所列出的书目仅限于直接引证部分,特此说明。

一、中文研究著作目录

白钢主编:《中国政治制度史》,天津:天津人民出版社,1991

岑仲勉:《隋唐史》,石家庄:河北教育出版社,2000

陈慧道:《〈大同书〉研究》,广州:广东人民出版社,1994

陈纪瑜:《中国封建社会土地及其赋役制度变迁的探讨》,《扬州大学学报》,1998年第3期,总第9期

陈俊民:《张载哲学与关学学派》,台北:台湾学生书局,1990

陈俊民:《关学思想流变》,见《论宋明理学》(宋明理学讨论会论文集),杭州:浙江人民出版社,1983

陈来:《宋明理学》,沈阳:辽宁教育出版社,1991

陈来:《朱熹哲学研究》,北京:中国社会科学出版社,1993

陈梦家:《商代的神话与巫术》,《燕京学报》第20期,1936

陈其泰:《清代公羊学》,北京:东方出版社,1997

陈受颐:《康熙几暇格物编的法文节译本》,载台湾"中研院"史语所编《历史语言研究所集刊》第28本

陈崧:《"五四前后东西文化问题论战文选"前言》,《五四前后东西文化问题论战文选》,北京:中国社会科学出版社,1985

陈文石:《清代满人政治参与》,台湾"中研院"史语所编《历史语言研究所集刊》第48本

陈文石:《清太宗时代的重要政治措施》,台湾"中研院"史语所编《历史语言研究所集刊》第40本上册

陈学恂主编、高奇分卷主编:《中国教育史研究·现代分卷》,上海:华东师范大学出版社,2001

陈燕谷:《没有终极实在的本体论》,《学人》第9辑

陈寅恪:《陈寅恪史学论文选集》,上海:上海古籍出版社,1992

陈寅恪:《隋唐制度渊源略论稿》,上海:上海古籍出版社,1982

陈寅恪:《唐代政治史述论稿》,上海:上海古籍出版社,1982

陈寅恪:《金明馆丛稿初编》,上海古籍出版社,1980

戴逸:《乾隆帝及其时代》,北京:中国人民大学出版社,1992

戴逸主编:《简明清史》,北京:人民出版社,1980

邓广铭:《北宋政治改革家王安石》,石家庄:河北教育出版社,2000

邓广铭:《邓广铭治史丛稿》,北京:北京大学出版社,1997

邓正来:《社会秩序规则二元观——哈耶克法律理论的研究》(未刊稿)

邓正来:《自由与秩序:哈耶克社会理论的研究》,南昌:江西教育出版社,1998

杜维明:《儒家思想新论——创造性转换的自我》,南京:江苏人民出版社,1991

杜维明:《论儒学的宗教性》,武汉:武汉大学出版社,1999

范明礼:《亚泉杂志》,见《辛亥革命时期期刊介绍》第1辑,北京:人民出版社,1982

范明礼:《科学世界》,《辛亥革命时期期刊介绍》第1辑

方东树:《汉学商兑》,见钱锺书主编、朱维铮执行主编《汉学师承记(外二种)》,北

京：三联书店，1998

冯友兰：《中国哲学史》，北京：中华书局，1961

冯友兰：《中国哲学简史》，北京：北京大学出版社，1985

冯友兰：《略论道学的特点、名称和性质》，见《论宋明理学》，杭州：浙江人民出版社，1983

冯佐哲：《清代政治与中外关系》，北京：中国社会科学出版社，1998

傅斯年：《论孔子学说所以适应于秦汉以来的社会的缘故》，《傅斯年全集》，台北：联经出版事业公司，1980年

傅斯年：《夷夏东西说》，见《傅斯年全集》，台北：联经出版事业公司，1980年

傅佩荣：《儒道天论发微》，台北：学生书局，1985

傅衣凌：《明清土地所有制论纲》，上海：上海人民出版社，1992

高聪明：《宋代货币与货币流通研究》，保定：河北大学出版社，2000

顾颉刚：《秦汉的方士与儒生》，上海：上海古籍出版社，1998

谷方：《理的早期形态及其演变》，见《论宋明理学》（宋明理学讨论会论文集），杭州：浙江人民出版社，1983

郭开：《略述先秦思想史中"德"的源流》（北京大学博士学位论文，1999）

郭沫若：《青铜时代·先秦天道观之进展》，《郭沫若全集》历史编，第一卷，北京：人民出版社，1982

郭朋、廖自力、张新鹰：《中国近代佛学思想史稿》，成都：巴蜀书社，1989

郭双林：《西潮激荡下的晚清地理学》，北京：北京大学出版社，2000

何炳棣：《华夏人本主义文化：渊源、特征及意义》，《二十一世纪》总第33期，1996

何星亮：《边界与民族》，北京：中国社会科学出版社，1998

贺麟：《儒家思想之开展》，见《文化与人生》，商务印书馆，1941。引自《评新儒家》，罗义俊编，上海：上海人民出版社，1989

贺麟:《康德黑格尔哲学东渐记》,《中国哲学》第二辑,三联书店,1980

侯外庐主编:《中国思想通史》,北京:人民出版社,1956

洪钧培:《春秋国际公法》,台北:台湾中华书局,1971

胡适:《中国哲学史大纲》,北京:商务印书馆,1987

华伟、于鸣超:《我国行政区划改革的初步构想》,《战略与管理》1997年第6期(总25期)

黄进兴:《优入圣域:权力、信仰与正当性》,台北:允晨文化实业股份有限公司,1994

黄开国:《廖平评传》,南昌:百花洲文艺出版社,1993

黄宗智(Philip Huang):《华北的小农经济与社会变迁》,香港:牛津大学出版社,1994

黄宗智:《中国研究的规范认识危机》,香港:牛津大学出版社,1994

黄宗智:《长江三角洲小农家庭与乡村发展》,北京:中华书局,1992

季维龙:《胡适与白话文运动》,《胡适研究丛录》,北京:三联书店,1989

翦伯赞主编:《中国史纲要》,北京:人民出版社,1979

翦伯赞等编:《戊戌变法》,上海:上海人民出版社,1957

姜广辉:《颜李学派》,中国社会科学院,1987

姜义华:《章太炎思想研究》,上海:上海人民出版社,1985

金春峰:《汉代思想史》,北京:中国社会科学出版社,1997

金启孮:《从满洲族名看清太宗文治》,见王钟翰主编:《满族历史与文化》,北京:中央民族大学出版社,1996,页12—17

赖惠敏:《清代皇族的封爵与任官研究》,《第二届明清之际中国文化的转变与延续学术研讨会论文集》,台北:国立中央大学共同学科主编,文史哲出版社,1993,页427—460

劳思光:《新编中国哲学史》,台北:三民书局,1981

李弘祺:《宋代官学教育与科举》,台北:联经出版公司,1994

黎虎:《汉唐外交制度史》,兰州:兰州大学出版社,1998

李欧梵:《知识源考:中国人的"现代"观》,《天涯》1996年3期

李强:《严复与中国近代思想的转型——兼评史华兹"寻求富强:严复与西方"》,
《中国书评》(香港),1996年2月总第九期

李润苍:《论章太炎》,成都:四川人民出版社,1985

李三谋:《明清财经史新探》,山西经济出版社,1990

李石岑:《李石岑论文集》第1辑,商务印书馆,1924

李书吉:《北朝礼制法系研究》,北京:人民出版社,2002

李文治:《明清时代封建土地关系的松解》,北京:中国社会科学出版社,1993

李学勤:《先秦儒家著作的重大发现》,《人民政协报》1998年6月8日第3版

李学勤:《郭店楚简与儒家经籍》,《郭店楚简研究》,《中国哲学》第二十辑

李泽厚:《中国古代思想史论》,北京:人民出版社,1985

李泽厚:《说巫史传统》,《波斋新说》,香港:天地图书公司,1999

李则芬:《元史新讲》,台北:中华书局,1978

李治安主编:《唐宋元明清中央与地方关系研究》,天津:南开大学出版社,1996

李志贤:《杨炎及其两税法研究》,北京:中国社会科学出版社,2002

李宗侗:《办理军机处略考》,载《幼狮学报》第1卷第2期

李宗侗:《清代中央政权形态的演变》,《历史语言研究所集刊》,第37本上册

李宗侗注译:《春秋公羊传今注今译》,台北:台湾商务印书馆,1973

李约瑟:《中国科学技术史》,北京:科学出版社,1990

梁漱溟:《印度哲学概论》,台北:黎明文化事业公司,1993

梁漱溟:《梁漱溟全集》,济南:山东人民出版社,1989

廖名春:《荆门郭店楚简与先秦儒学》,《郭店楚简研究》,《中国哲学》第二十辑

廖中翼:《康有为第一次来桂林讲学概况》,《桂林文史资料》第二辑

林安梧:《当代新儒家述评》,《评新儒家》,罗义俊编,上海人民出版社,1989

刘师培:《理学字义通释》,《北京大学百年国学文粹·哲学卷》,北京大学出版社,1998

刘大年:《评近代经学》,《明清论丛》第一辑,北京:紫禁城出版社,1999

刘述先:《朱子思想的发展与完成》,台北:学生书局,1982

刘子健:《中国转向内在——两宋之际的文化内向》,赵冬梅译,南京:江苏人民出版社,2002

陆宝千:《清代思想史》,台北:广文书局,1983

罗金义、王章伟编:《奇迹背后:解构东亚现代化》,牛津大学出版社,1997

罗耀九:《戊戌维新派对帝国主义的认识与反帝斗争的战略策略思想》,见《论戊戌维新运动及康有为、梁启超》,广州:广东人民出版社,1985

罗义俊编:《评新儒家》,上海人民出版社,1989

罗峪平:《人民币怎样跨世纪——访中国银行国际金融研究所所长陶礼明》,《三联生活周刊》1998年第2期(1998年1月30日),总第56期,页21

麦孟华:《论中国宜尊君权抑民权》,见翦伯赞等编:《戊戌变法》,第3册,上海:上海人民出版社,1957

孟森:《满洲名义考》,《明清史论著集刊续编》,北京:中华书局,1986

苗书梅:《宋代官员选任和管理制度》,开封:河南大学出版社,1996

牟宗三:《中国哲学的特质》,台北:台湾学生书局,1984

牟宗三:《心体与性体》,上海:上海古籍出版社,1999

欧力同:《孔德及其实证主义》,上海社会科学院出版社,1987

庞建国:《"国家"在东亚经济转化中的角色》,见罗金义、王章伟编:《奇迹背后:解构东亚现代化》,牛津大学出版社,1997,页25—56

皮锡瑞:《经学历史》,北京:中华书局,1959

皮锡瑞:《经学通论》,北京:中华书局,1954

钱基博:《经学通志》,中华书局,1936

钱穆:《中国近三百年学术史》,北京:商务印书馆,1997

钱穆:《两汉经学今古文平议》,台北:三民书局,1971

钱穆:《中国学术思想史论丛》(一——五),台北:东大图书公司,1978

钱穆:《朱子新学案》(上、中、下),巴蜀书社,1986—7

裘锡圭:《文史丛稿——上古思想、民俗与古文字学史》,上海:上海远东出版社,1996

瞿同祖:《中国法律之儒家化》,《瞿同祖法学论著集》,北京:中国政法大学出版社,1998

饶宗颐:《中国史学上之正统论》,上海:上海远东出版社,1996

容肇祖:《明代思想史》,济南:齐鲁书社,1992

史志宏:《清代前期的小农经济》,北京:中国社会科学出版社,1994

苏耀昌、赵永佳:《综论当前关于东亚发展的几种观点》,见罗金义、王章伟编:《奇迹背后:解构东亚现代化》,牛津大学出版社,1997

孙春在:《清末的公羊思想》,台北:台湾商务印书馆,1985

陶道南:《边疆政治制度史》,台北:中华丛书编审委员会,1966

唐君毅:《中国哲学原论》,台北:台湾学生书局,1990

唐力行:《明清以来徽州区域社会经济研究》,合肥:安徽大学出版社,1999

汤福勤:《朱熹的史学思想》,济南:齐鲁书社,2000

汤奇学:《科学一斑》,《辛亥革命时期期刊介绍》第2辑,北京:人民出版社,1982

汤一介:《郭象与魏晋玄学》(增订本),北京:北京大学出版社,2000

汤志钧:《近代经学与政治》,北京:中华书局,1989

汤志钧:《康有为与戊戌变法》,北京:中华书局,1984

汤志钧:《章太炎年谱长编》,北京:中华书局,1979

田涛:《国际法输入与晚清中国》,济南:济南出版社,2001

田余庆:《东晋门阀政治》,北京:北京大学出版社,1991

王尔敏:《中国近代思想史论》,台北:商务印书馆,1977

王汎森:《清初思想中形上玄远之学的没落》,《"中央研究院"历史语言研究所集刊》,第六十九本第三分

王汎森:《清初的讲经会》,《"中央研究院"历史语言研究所集刊》第六十八本,第三分,1997年9月

王汎森:《章太炎的思想及其对儒学传统的冲击》,台北:时报文化出版有限公司,1985

汪晖:《个人观念的起源与中国的现代认同》,《中国社会科学季刊》,总第九辑,1994年秋季号

汪晖:《地方形式、方言土语与抗日战争时期"民族形式"的论争》,《学人》第10辑,南京:江苏文艺出版社,1996

汪晖:《承认的政治、万民法与自由主义的困境》,见《死火重温》,北京:人民文学出版社,2000

汪晖:《无地彷徨:"五四"及其回声》,杭州:浙江文艺出版社,1994

汪晖:《赛先生在中国的命运:中国近现代思想中的科学概念及其使用》,见《学人》第一辑,又见《汪晖自选集》,桂林:广西师范大学出版社,1997

汪晖:《韦伯与中国的现代性问题》,《学人》第6辑,江苏文艺出版社,1994。又见《汪晖自选集》,桂林:广西师范大学出版社,1997

汪晖:《预言与危机:中国现代思想中的"五四"启蒙运动》(原载《文学评论》1989年3—4期)

王国维:《殷周制度论》,《王国维遗书》(二),上海:上海书店,1983

王健:《沟通两个世界的法律意义——晚清西方法的输入与法律新词初探》,北京:中国政法大学出版社,2001

王鉴平、胡伟希:《传播与超越》,学林出版社,1989

王钟翰主编:《满族历史与文化:纪念满族命名360周年论集》,北京:中央民族大学出版社,1996

王钟翰:《李光地生平研究中的问题》,《燕京学报》第1期,北京:北京大学出版社,1995

王萍:《清初的历算研究与教育》,载《近代史研究所集刊》(台湾"中央研究院")第3期

王栻:《严复传》,上海:上海人民出版社,1957

王聿均:《徐松的经世思想》,"中央研究院"近代史研究所编《近世中国经世思想研讨会论文集》,1984

武建国:《均田制研究》,昆明:云南人民出版社,1992

吴泽、黄丽镛:《魏源〈海国图志〉研究》,《魏源思想研究》,杨慎之、黄丽镛编,长沙:湖南人民出版社,1987

嵇文甫:《晚明思想史论》,北京:东方出版社,1996

祥伯:《近二百年国人对于中亚地理上之贡献》,中央亚细亚协会编《中央亚细亚季刊》第二卷第四期

萧功秦:《当代中国新保守主义的思想渊源》,《二十一世纪》(香港),1997年4月号,总第40期

萧公权:《中国政治思想史》,沈阳:辽宁教育出版社,1998

萧致治:《评魏源的〈海国图志〉及其对中日的影响》,见杨慎之、黄丽镛编:《魏源思想研究》,长沙:湖南人民出版社,1987

萧萐父、许苏民:《明清启蒙学术流变》,沈阳:辽宁教育出版社,1995

谢国桢:《明清之际党社运动考》,北京:中华书局,1982

谢善元:《李觏之生平及思想》,北京:中华书局,1988

熊十力:《佛家名相通释》,北京:中国大百科全书出版社,1985

熊十力:《读经示要》卷三,台北:广文书局,1960

熊月之:《西学东渐与晚清社会》,上海:上海人民出版社,1994

许宝强:《反市场的资本主义》,《香港社会科学学报》第八期,1997年秋季

徐旭生:《中国古史的传说时代》增订本,北京:科学出版社,1960

徐复观:《徐复观论经学史二种》,上海:上海书店出版社,2002

徐复观:《两汉思想史》,上海:华东师范大学出版社,2001

徐复观:《中国人性论史》,台北:台湾商务印书馆,1990

徐复观:《反传统与反人性》,《徐复观杂文补编·两岸三地卷·上》,李明辉、黎汉
　　基编,中国文哲专刊21,2001

徐洪兴:《思想的转型——理学发生过程研究》,上海:上海人民出版社,1996

徐扬杰:《宋明家族制度史论》,北京:中华书局,1995

徐中舒:《徐中舒历史论文选辑》,北京:中华书局,1998

晏子有:《清朝宗室封爵制度初探》,《河北学刊》,1991年第5期

杨联升:《国史探微》,台北:联经出版事业公司,1983

杨慎之、黄丽镛编:《魏源思想研究》,长沙:湖南人民出版社,1987

杨旸主编:《中国的东北社会(十四——十七世纪)》,沈阳:辽宁人民出版社,1991

杨向奎:《宗周社会与礼乐文明》(修订本),北京:人民出版社,1997

杨向奎:《清儒学案新编》,济南:齐鲁书社,1994

杨向奎:《绎史斋学术文集》,上海:上海人民出版社,1983

杨向奎:《中国古代社会与古代思想研究》,上海:上海人民出版社,1964

杨珍:《清朝皇位继承制度》,北京:学苑出版社,2001

姚薇元:《再论〈道光洋艘征抚记〉的祖本和作者》,见杨慎之、黄丽镛编:《魏源思想研究》,长沙:湖南人民出版社,1987

虞和平:《商会与中国早期现代化》,上海:上海人民出版社,1993

余英时:《从传统迈入现代的思想努力》,《评新儒家》,罗义俊编,上海人民出版社,1989

余英时:《从宋明儒学的发展论清代思想史》,《中国思想传统的现代诠释》,南京:江苏人民出版社,1991

余英时:《士与中国文化》,上海:上海人民出版社,1987

余英时:《戴震与章学诚》,台北:华世出版社,1977

余英时:《中国思想传统的现代诠释》,南京:江苏人民出版社,1991

余贻泽:《中国土司制度》,中国边疆学会,1947

袁森坡:《康雍乾经营与开发北疆》,北京:中国社会科学出版社,1991

张岱年:《中国哲学大纲》,北京:中国社会科学出版社,1985

张光直:《中国考古学论文集》,北京:三联书店,1999

张灏:《梁启超与中国思想的过渡(1890—1907)》,江苏人民出版社,1993

张灏:《新儒家与当代中国的思想危机》,见《评新儒家》,罗义俊编,上海人民出版社,1989

张晋藩主编:《清代法制史》,北京:法律出版社,1994

张静庐编:《中国近代出版史料》,北京:中华书局,1957

张立文:《走向心学之路》,北京:中华书局,1992

张立文主编:《理》,中国哲学范畴精粹丛书,北京:中国人民大学出版社,1991

张舜徽:《史学三书平议》,北京:中华书局,1983

张舜徽编选:《文献学论著辑要》,西安:陕西人民出版社,1985

章权才:《宋明经学史》,广州:广东人民出版社,1999

张希清:《论宋代科举取士之多与冗官问题》,《北京大学学报》1987年第5期

张小平、潘岩铭:《中国近代科技期刊简介》(1900—1919),《辛亥革命时期期刊介绍》Ⅳ,北京:人民出版社,1986

张羽新:《清前期的边疆政策》,见《中国古代边疆政策研究》,北京:中国社会科学出版社,1990

赵靖、易梦虹主编:《中国近代经济思想史》,北京:中华书局,1985

赵云田:《清代蒙古政教制度》,北京:中华书局,1989

赵展:《对皇太极所谓诸申的辨正》,见王钟翰主编:《满族历史与文化:纪念满族命名360周年论集》,北京:中央民族大学出版社,1996

周昌龙:《良知与经世——从王龙溪良知经世思想看晚明王学的真貌》,《张以仁先生七秩寿庆论文集》,台北:台湾学生书局,1998

周瀚光:《浅论宋明道学对古代数学发展的作用和影响》,见《论宋明理学》,(宋明理学讨论会论文集),杭州:浙江人民出版社,1983

周叔迦:《周叔迦佛学论著集》,北京:中华书局,1991

周予同:《周予同经学史论著选集》(增订本),朱维铮编,上海:上海人民出版社,1996

朱执信等著:《井田制度有无之研究》,上海,华通书局,1930

朱伯崑:《易学哲学史》,北京大学出版社,1986

朱杰勤:《龚定庵研究》,上海:商务印书馆,1930

庄吉发:《清世宗与办理军机处的设立》,载《食货月刊》第6卷,第12期

邹昌林:《中国古礼研究》,北京:文津出版社,1992

二、外文研究著作目录(包括翻译著作)

赤冢忠、金谷治、福永光司、山井涌:《中国思想史》,张昭译,台北:儒林图书公司,

1981

艾恺(Guy Allito):《最后的儒家——梁漱溟与中国现代化的两难》,王宗昱、黄建中译,江苏人民出版社,1993

Alitto, Guy S. *The Last Confucian: Liang Shu-ming and the Chinese Dilemma of Modernity*. Los Angeles: University of California Press, 1986

佩里·安德森(Perry Anderson):《从古代到封建主义的过渡》,郭方、刘健译,上海:上海人民出版社,2001

佩里·安德森:《绝对主义国家的系谱》,郭方译,上海:上海人民出版社,2001

Anderson, Perry. *Lineages of the Absolutist State*. London: NLB, 1974

——. *Passages from Antiquity to Feudalism*. London: NLB, 1974

Andreski, Stanislav. "Introductory Essay: Sociology, Biology and Philosophy in Herbert Spencer." In *Herbert Spencer: Structure, Function and Evolution*, edited by Stanislav Andreski, 7-32. London: Thomas Nelson and Sons LTD, 1971

荒牧典俊:《中国对佛教的接受——"理"的一大转变》第2节,《日本语·日本文化研究论集》第4集,大阪大学文学部,1988

Arendt, Hannah. *The Human Condition: A Study of the Central Dilemmas Facing Modern Man*. Garden & New York: Doubleday Anchor Books, 1959

Arrighi, Giovani. *The Geometry of Imperialism: The Limits of Hobson's Paradigm*, London: Verso, 1983

有贺长雄:《观弈闲评》,1913年8月校印

Armijo-Hussein, Jacqueline. "Narratives Engendering Survival: How the Muslims of Southwest China Remember the Massacre 1873." *The Trace* 2, (Hong Kong: Chinese University of Hong Kong Press, 2001): 293-322

Arnold, Matthew. *Culture and Anarchy*. Edited with an introduction by J. Dover Wilson.

Cambridge: Cambridge University Press, 1959

雷蒙·阿隆（Raymond Aron）:《社会学主要思潮》,葛智强等译,上海:上海译文出版社,1988

Aronowitz, Stanley. *Science as Power*. Minneapolis: University of Minnesota Press, 1988

艾耶尔（A. J. Ayer）:《二十世纪哲学》,上海:上海译文出版社,1987

Ayer, A. J. *Philosophy in the Twentieth Century*. London: Weidenfeld and Nicholson, 1982

Bacon, Francis. *The New Organon*. Edited by J. Spedding, R. L. Ellis, and D. D. Heath. Vol. 4, *The Works of Francis Bacon*. London: Longman, 1862-74

Baddeley, John. *Russia, Mongolia, China: Being Some Record of the Relations between Them from the Beginning of the XVIIth Century to the Death of the Tsar Alexei Mikhailovich AD 1602-76*. London, 1919

保罗·贝罗奇（Paul Bairoch）:《经济学与世界史》,见许宝强、渠敬东编选《反市场的资本主义》,北京:中央编译出版社,2000

Bairoch, Paul. *Economics and World History: Myths and Paradoxes*. Chicago: The University of Chicago Press, 1993

巴斯蒂（Marianne Bastid）:《晚清官方的皇权观念》,《开放时代》,2001年1月号

Bastid, Marianne. "Official Conceptions of Imperial authority at the End of the Qing Dynasty." In *Foundations and Limits of State Power in China*, edited by Schram, S. R., 147-186. London: London School of Oriental and African Studies, University of London, 1987

Ben-David, Joseph.《科学家在社会中的角色》,赵佳苓译,四川人民出版社,1988

Ben-David, Joseph. *The Scientist's Role in Society*. Englewood Cliffs, N. J.: prentice Hall, 1971

Berlin, Isaiah. *Four Essays on Liberty*. Oxford & New York: Oxford University Press, 1989

哈罗德·J·伯尔曼（Harold J. Berman）:《法律与革命:西方法律传统的形成》,贺卫方等译,北京:中国大百科全书出版社,1996

Berman, Harold J. *Law and Revolution: the Formation of the Western Legal Tradition*. Cambridge, Mass. : Harvard University Press, 1983

Bibby, Cyril, ed. *The Essence of T. H. Huxley*. London: Macmillan and Company Limited, 1967

Block, Fred and Margaret R. Somers,《导论》,见博兰尼:《巨变:当代政治、经济的起源》,黄树民、石佳音、廖立文译本,台北:远流出版事业股份有限公司,1989

Block, Fred. *Postindustrial Possibilities: A Critique of Economic Discourse*. Berkeley & Oxford: University of California Press, 1990

Bodde, Derk and Clarence Morris. *Law in Imperial China: Exemplified by* 190 *Ch'ing Dynasty Cases with Historical, Social, and Judicial Commentaries*. Cambridge, Mass. : Harvard University Press, 1967

包弼德（Peter Bol）:《斯文:唐宋思想的转型》,刘宁译,南京:江苏人民出版社,2001

Bol, Peter K. *"This Culture of Ours": Intellectual Transitions in T'ang and Sung China*. Stanford: Stanford University Press, 1992

Borei, Dorothy V. "Economic Implications of Empire-Building: The Case of Xinjiang", *Central and Inner Asian Studies*. 1991

Bourdieu, Pierre.《文化资本与社会炼金术》,包亚明译,上海人民出版社,1997

费尔南·布罗代尔（Fernand Braudel）:《资本主义的动力》,杨起译,北京:三联书店,1997

费尔南·布罗代尔:《资本主义论丛》,顾良、张慧君译,北京:中央编译出版社,1997

费尔南·布罗代尔:《15至18世纪的物质文明、经济和资本主义》,顾良、施康强译,北京:三联书店,1992

卡西尔(Ernst Cassirer):《启蒙哲学》(*The Philosophy of the Enlightenment*. Translated by Fritz C. A. Koelln and James P. Pettegrove. Boston:Beacon Press,1960),济南:山东人民出版社,1988

Chang, K. C. *Art, Myth and Ritual*. Cambridge, Mass. : Harvard University Press, 1983

Chaplin, James P. & T. S. Krawiec. *Systems and Theories of Psychology*. Fourth Edition. New York: Holt, Rinehart and Winston, 1979. 中译本:《心理学的体系和理论》,林方译,北京:商务印书馆,1989

Chilcote, Ronald H. ed. *The Political Economy of Imperialism, Critical Apraisals*, Boston: Kluwer Academic Publishers, 1999. 施杨译,《帝国主义的政治经济学:批判的范式》,北京:社会科学文献出版社,2001

Clark, G. N. *The Seventeenth Century*. Oxford: Clarendon Press, 1947

柯林武德, R. G. :《自然的观念》,吴国盛等译,北京:华夏出版社,1990

奥古斯特·孔德:《实证政治体系》,第四卷,附录,第161页,《对科学和科学家的哲学研究》(1825年),引自雷蒙·阿隆著、葛智强等译:《社会学主要思潮》,页1,上海:上海译文出版社,1988。Comte, Auguste. *Discours sur L'esprit positif*, Paris, 1844

刘易斯·A·科瑟(Lewis A. Coser):《社会学思想名家》,石人译,北京:中国社会科学出版社,1990

Cosmo, Nicola Di. "Qing Colonial Administration in Inner Asia." *The International History Review* 20, no. 2 (June 1998): 287-309

Courant, Maurice. *L'Asie Centrale aux 17e et 18e Siécles: Empire Kalmouk ou Empire Mantchou* · Paris, 1912

Crossley, Pamela Kyle. *A Translucent Mirror: History and Identity in Qing Imperial Ideology*. Berkeley: University of California Press, 1999

杜威:《哲学的改造》,北京:商务印书馆,1962

戴维森、鲁惟一:《中国古代典籍导读》,沈阳:辽宁教育出版社,1997

de Bary, William. *The Message of the Mind in Neo-Confucianism*. N. Y.: Columbia University Press, 1989. (狄百瑞,《新儒学中心的含义》)

狄百瑞:《中国的自由传统》,李弘祺译,香港:中文大学出版社,1983

——. *Neo-Confucian Orthodoxy and the Learning of the Mind-and-Heart*. N. Y.: Columbia University Press, 1981. (《新儒学正统与心性之学》)

Duara, Prasenjit. *Culture, Power, and the State: Rural North China, 1900—1942*. Stanford: Stanford University Press, 1988. 中译本:《文化、权力与国家——1900—1942年的华北农村》,王福明译,南京:江苏人民出版社,1994

——.《从民族国家拯救历史》(Rescuing History From The Nation, Questioning Narratives of Modern China),王宪明译,北京:社会科学文献出版社,2003

Ebrey, Patricia. "Observations on Marriage and Inheritance Practices in Early Mongol and Yuan Society: With Particular Reference to the Levirate." In *Journal of Asian History* 20 (1986): 127-92

——. "Women, Marriage, and the Family in Chinese History." In *Heritage of China: Contemporary Perspectives on Chinese Civilization*. Edited by Paul S. Ropp. Berkeley: University of California Press, 1990

艾森斯塔德(S. N. Eisenstadt):《帝国的政治体制》,沈原、张旅平译,南昌:江西人民出版社,1992

Eisenstadt, S. N. *The Political Systems of Empires*. New Brunswick & London: Transaction Publishers, 1993

Elliott, Mark C. "The Limits of Tartary: Manchuria in Imperial and National Geographies." In *Journal of Asian Studies* 59, no. 3 (August 2000): 603—646

艾尔曼(Benjamin Elman):《晚明儒学科举策问中的"自然之学"》,雷颐译,《中国文化》第十三期

艾尔曼:《经学、政治和宗族:中华帝国晚期常州今文学派研究》,赵刚译,南京:江苏人民出版社,1998

恩格尔等著(Alan Engel, Mostafa Rejai, and Herbert Waltzer).《意识形态与现代政治》,张明贵译,台北:桂冠图书股份有限公司,1985

Engels, Frederick. *Anti-Dühring*. Moscow: Foreign Languages Publishing House, 1954

Fairbank, John K. ed., *The Chinese World Order: Traditional China's Foreign Relations*. Cambridge, Mass: Harvard University Press, 1968

Fairbank, John K. *Trade and Diplomacy on the China Coast: The Opening of the Treaty Ports*, 1842—1854. Cambridge, Mass: Harvard University Press, 1953

Feyerabend, Paul.《自由社会中的科学》,兰征译,上海译文出版社,1990

Feyerabend, Paul. *Science in a Free Society*. London: Verso Edition/NLB, 1982

Fletcher, Joseph F. *Studies on Chinese and Islamic Inner Asia*. Edited by Manz, Beatrice Forbes, and Aldershot. Hampshire: Variorum, 1995

——. "Ch'ing Inner Asia c. 1800." Edited by D. Twitchett and J. K. Fairbank. Vol. 10, *The Cambridge History of China*. London: Cambridge University Press, 1978

福柯(Michel Foucault):《关于权力的地理学》,见《权力的眼睛——福柯访谈话录》,严锋译,上海人民出版社,1997

Foucault, Michel. "What is Enlightenment?" In *The Foucault Reader*. Edited by Paul

Rabinow. New York: Pantheon Books, 1984

——. *Discipline and Punish: The Birth of the Prison*. Translated by Alan Sheridan. New York: Vintage Books, 1977

弗雷泽(J. G. Frazer):《金枝》(The Golden Bough),北京:中国民间文艺出版社,1987

Friedrich, Carl J. *Man and His Government: An Empirical Theory of Politics*. New York: McGraw-Hill, 1963

Fuchs, Walter. *Der Jesuiten-Atlas der Kanghsi-Zeit*, Beijing, 1943

船越泰次:《唐代两税法的斛斗徵科及两税钱的折糴和折纳问题》,《日本中青年学者论中国史·六朝隋唐卷》,上海:上海古籍出版社,1995,页485—508

Fur, Louis le. *Précis de Droit International Public*. Paris: Dalloz, 1939

夏绿蒂·弗思(Charlotte Furth):博士论文《丁文江——科学与中国的新文化》,湖南科学技术出版社,1987。("Ting Wen-jiang", Ph. D, Harvard, 1970)

Gale, Esson MacDowell. *Salt for the Dragon: A Personal History of China*, 1908—1945. Ann Arbor and East Lansing: Michigan State College Press, 1953

谢和耐(Jacques Gernet):《中国社会史》,耿昇译,南京:江苏人民出版社,1995

安东尼·吉登斯(Anthony Giddens):《民族—国家与暴力》(The Nation-State and Violence),胡宗泽、赵力涛译,北京:三联书店,1998

Ginsberg, M. *On the Diversity of Morals*. London, 1956

Gintis, Herbert and Samue Bowles. *Democracy and Capitalism: Property, Community, and the Contradictions of Modern Social Thought*. London: Routledge & K. Paul, 1986

葛瑞汉(A. C. Graham):《中国的两位哲学家:二程兄弟的新儒学》(Two Chinese Philosophers: Cheng Ming-tao and Cheng Yi-chuan),程德祥译,郑州:大象出版

社,2000

Griffiths, John. "What is Legal Pluralism?" *Journal of Legal Pluralism* 24, no. 5 (1986):1—56

Guy, Kent R. *The Emperor's Four Treasuries: Scholars and the State in the late Ch'ien-lung Era*. Cambridge, Mass: Harvard Council on East Asian Studies, 1987

Habermas, Jürgen. "Struggles for Recognition in the Democratic Constitutional State." In *Multiculturalism: Examining the Politics of Recognition Princeton*, edited and with an introduction by Amy Gutmann. N. J.: Princeton University Press, 1994

——. *The Philosophical Discourse of Modernity*. Translated by Frederick Lawrence. Cambridge, Mass.: The MIT Press, 1987

——.(哈贝马斯):《知识与人类兴趣:一个概观》,中译文收入黄瑞祺著《批判理论与现代社会学》,台北:巨流图书公司,1985

——. *The Theory of Communicative Action*. Translated by Thomas McCarthy. Boston: Beacon Press, 1984

——. *Communication and the Evolution of Society*. Translated by Thomas McCarthy, Boston: Beacon Press, 1976

——. *Legitimation Crisis*. Translated by Thomas McCarthy, Boston: Beacon Press, 1975

Haggery, M. E.:《科学与共和》,杨铨译,《科学》月刊第2卷第2期

郝大维,安乐哲(Hall, David L. and Roger T. Ames):《孔子哲学思微》,蒋弋为等译,江苏人民出版社,1996

Hall, David L. and Roger T. Ames. *Thinking through Confucius*. Albany: SUNY, 1987

Hall, W. E. *International Law*. Oxford: Clarendon Press, 1880

Hardt, Michael. & Negri, Antonio. *Empire*, Cambridge, MA: Harvard University Press, 2000

滨下武志:《资本主义殖民地体制的形成与亚洲——十九世纪五十年代英国银行资本对华渗入的过程》,《日本中青年学者论中国史》(宋元明清卷),上海:上海古籍出版社,1995

滨下武志:《近代中国的国际契机——朝贡贸易体系与近代亚洲经济圈》,朱荫贵、欧阳菲译,北京:中国社会科学出版社,1999

Hamilton, David. "Adam Smith and the Moral Economy of the Classroom." *Journal of Curriculum Studies* 12 (1980): 281-298

Harding, Sandra. *The Science Question in Feminism*. Ithaca: Cornell University Press, 1986

路易斯·哈茨(Louis Hartz):《序文》,见本杰明·史华兹:《寻求富强:严复与西方》,叶凤美译,江苏人民出版社,1989

哈耶克(Friedrich A. von Hayek):《自由秩序原理》,邓正来译,北京:三联书店,1998

哈耶克:《致命的自负》,刘戟锋、张来举译,北京:东方出版社,1991

哈耶克:《个人主义与经济秩序》,贾湛、文跃然译,北京:北京经济学院出版社,1989

Hayek, Friedrich A. von. *The Counter-Revolution of Science*. Indianapolis: Liberty Press, 1979

——. *New Studies in Philosophy, Politics, Economics and the History of Ideas*. London: Routledge & Kegan Paul, 1978

——. *The Road to Serfdom*. London: Routledge & K. Paul, 1976

——. *Individualism and Economic Order*. Chicago: University of Chicago Press, 1969

——. *Studies in Philosophy, Politics and Economics*. London: Routledge & Kegan Paul, 1967

——. *The Constitution of Liberty*. Chicago: The University of Chicago Press, 1960

——. *The Sensory Order*. London: Routledge & Kegan Paul, 1952. (《感觉秩序》)

——. "Scientism and the Study of Society: Part II." *Economica* 10 (Feb. 1943): 34—63

——. "Scientism and the Study of Society: Part I." *Economica* 9 (Aug. 1942): 267—291

Herb, G. Henrik. "Mongolian Cartography." In *Cartography in the Traditional East and Southeast Asian Societies*, 682-5. Edited by J. B. Harley and David Woodward. Vol. 2, Book 2, *The History of Cartography*. Chicago: University of Chicago press, 1994

Herman, John E. "Empire in the Southwest: Early Qing Reforms to the Native Chieftain System." *Journal of Asian Studies* 56, (1997): 47-74

Heuschert, Dorothea. "Legal Pluralism in the Qing Empire: Manchu Legislation for the Mongtols." *The International History Review* 20, no. 2 (June 1998): 310-324

Hevia, James L. *Cherishing Men From Afar*. Durham: Duke University Press, 1995

Hisenberg, Werner. *Physics and Philosophy*. Translated by Pomerans, A. J. London: Hutchinson, 1958

——. *The Physicist's Conception of Nature*. N. Y.: Harper and Row, 1962

Holmgren, Jennifer. "Widow Chastity in the Northern Dynasties." *In Papers on Far Eastern History* 23 (1981): 165-186

霍伊卡(R. Hooykaas):《宗教与现代科学的兴起》,钱福庭、丘仲辉、许列民译,四川人民出版社,1991

霍克海默尔(Max Horkheimer):《唯物主义和道德》,载《社会研究杂志》,第二卷,第二册,莱比锡,1933

Horkheimer, *Max. Eclipse of Reason*. New York: Oxford University Press, 1974

Horkheimer, Max and Theodor W. Adorno. *Dialectic of Enlightenment*. Translated by John Cumming. New York: The Continuum Publishing Company, 1972

Hoskin, K. W. & R. H. Macve, "Accounting as Discipline: The Overlooked Supplement." In *Knowledges: Historical and Critical Studies*, edited by Ellen Messer-Davidow et al. Charlottesville, VA. : University of Virginia, 1993, pp. 25-53. 中译文:《会计学:一门学科规训》,见《学科·知识·权力》,牛津大学出版社,1996,页57—89

Hostetler, Laura. "Qing Connections to the Early Modern World: Ethnography and Cartography in Eighteenth-Century China." *Modern Asian Studies* 34, no. 3 (2000): 623-662

霍伊(C. M. Hoy):《自由主义政治哲学》(*A Philosophy of Individual Freedom*),刘锋译,三联书店,1992

Hucker, Charles. *A Dictionary of Official Titles in Imperial China*. Stanford: Stanford University Press, 1985

亨特(Ian Hunter):《充当一种志业的人格》,《学科·知识·权力》,香港岭南学院翻译系文化/社会研究译丛编委会编,牛津大学出版社,1996,页113—161

Hunter, Ian. "Personality as a Vocation: The Political Rationality of the Humanities." In *Foucault's New Domain*, edited by M. Gane and T. Johnson, 153-192. London: Routledge, 1991

Huters, Theodore. "Appropriations: Another Look at Yan Fu and Western Ideas."《学人》第9辑,1996,页259—356

赫胥黎(Thomas H. Huxley):《进化论与伦理学》,进化论与伦理学翻译组译,科学出版社,1971

威廉·詹姆士（William James）：《多元的宇宙》，北京：商务印书馆，1999

威廉·詹姆士：《实用主义》，北京：商务印书馆，1989

威廉·詹姆士：《彻底的经验主义》，庞景仁译，上海：上海人民出版社，1965

James, William. *Pragmatism and the Meaning of Truth*. Cambridge: Harvard University Press, 1975

Jameson, Fredric. "Foreword." In Jean-François Lyotard, *The Postmodern Condition: A Report on Knowledge*, xi-xii. Minneapolis: the University of Minnesota Press, 1989

——. "Third-World Literature in the Era of Multinational Capitalism." *Social Text* 15 (Fall 1986): 65-88

Janowitz, Morris. *Military Conflict: Essays in the institutional Analysis of War and Peace*. Beverly Hills: Sage, 1975

Jaspers, Karl. *The Origin and Goal of History*. New Haven: Yale University Press, 1953.《历史的起源与目标》，魏楚雄、俞新天译，华夏出版社，1989

Kennedy, Paul. "The Influence and the Limitations of Sea Power." *The International History Review* 10, no. 1 (February 1998): 2-17

Kim, Key-hiuk. *Korea, Japan, and the Chinese Empire*, 1860-1882. Berkeley: University of California Press, 1980

木山英雄：《"文学复古"与"文学革命"》，《学人》，第10辑，江苏文艺出版社，1996，页239—269

近藤一成：《王安石科举改革》，《日本中青年学者论中国史·宋元明清卷》，北京：中华书局，1995

Koyre, *Alexandre. From the Closed World to the Infinite Universe*. Baltimore: Johns Hopkins University Press, 1957

Krasner, Stephen. "The Rules of Sovereignty: How Constraining?" 2000 年 11 月 7 日在 Wissenschaftskolleg zu Berlin 所做报告

——. "Globalization and Sovereignty" 论文稿

——. "Organized Hypocrisy in 19th Century East Asia" 论文稿

Kuhn, Philip A. *Rebellion and Its Enemies in Late Imperial China, Militarization and Social Structure*, 1796-1864. Cambridge, Massachusetts: Harvard University Press, 1970

托马斯·库恩（Thomas Kuhn）:《是发现的逻辑还是研究的心理学?》,见伊姆雷·拉卡托斯、艾兰·马斯格雷夫编,周寄中译:《批判与知识的增长》,华夏出版社,1987

郭颖颐（Kwok, D. W.）:《中国现代思想中的唯科学主义》(Scientism in Chinese Thought 1900-1950, Yale, 1965),南京:江苏人民出版社,1989

让·拉特利尔（Jean Ladrière）:《科学和技术对文化的挑战》,北京:商务印书馆,1997

伊姆雷·拉卡托斯（Imre Lakatos）:《科学研究纲领方法论》,上海译文出版社,1987

伊姆雷·拉卡托斯、艾兰·马斯格雷夫编:《批判与知识的增长》,周寄中译,华夏出版社,1987

Langlois, John D. Jr. "Law, Statecraft, and the Spring and Autumn Annals in Yuan Political Thought." In *Yuan Thought, Chinese Thought and Religion under the Mongols*, edited by Hok-lam Chan and William Theodore de Bary, 89-152. New York: Columbia University Press, 1982

Latour, Bruno and Steve Woolgar. *Laboratory Life: The Social Construction of Scientific Facts*. Beverly Hills and London: Sage Publications, 1979

Latour, Bruno. *The Pasteurization of France*. Translated by Alan Sheridan and John Law. Cambridge, Mass. : Harvard University Press, 1988

——. *Science in Action*. Cambridge, Massachusetts: Harvard University Press, 1987

Lattimore, Owen and Eleanor Lattimore, *The Making of Modern China: A Short History*. London: George Allen & Unwin Ltd, 1945

Lattimore, Owen. *Asia in a New World Order*. New York: Foreign Policy Association, Inc. , 1942

——. *Inner Asian Frontiers of China*. New York: America Geographical Society, 1940

Lawrence, T. J. *The Principles of International Law*. Boston: Macmillan, 1923

威廉·莱斯(William Leiss):《自然的控制》,岳长龄、李建华译,重庆出版社,1993

Leiss, William. *The Domination of Nature*. Boston: Beacon Press, 1974

Leonard, Jane Kate. *Wei Yuan and China's Rediscovery of the Maritime World*. Cambridge, Mass. : Council on East Asian Studies, Harvard University, 1984

列文森(Joseph R. Levenson):《梁启超与中国近代思想》,四川人民出版社,1986

Levenson, Joseph R. *Confucian China and its Modern Fate: The Problem of Intellectual Continuity*. Berkeley: University of California Press, 1968

Liu, Lydia H. "Legislating the Universal: The Circulation of International Law in the Nineteenth Century. " In *Tokens of Exchange*, edited by Lydia H. Liu, 127-164. Durham: Duke University Press, 1999

Lockwood, Stephen. *Augustine Heard and Company* 1858-1862; *American Merchants in China*. Cambridge, Mass. : East Asia Research center, Harvard University, 1971

Loewe, Michael. "Imperial Sovereignty: Dong Zhongshu's Contribution and His Predecessors. " In *Foundations and Limits of State Power in China*, edited by Schram, S. R. , 33-58. Hongkong: Chinese University Press, 1987

乔治·卢卡契:《历史和阶级意识——马克思主义辩证法研究》,张西平译,重庆出版社,1989

Lyotard, Jean-Franscois. *The Postmodern Condition: A Report on Knowledge*. Minneapolis: The University of Minnesota Press, 1989

Ma, L. J. C. *Commercial Development and Urban Change in Sung China*. Ann Arbor: University of Michigan, 1971

Macey, David. *The Lives of Michel Foucault*. London: Hutchinson, 1993

A. 麦金太尔(Alasdair MacIntyre):《德性之后》,龚群、戴扬毅等译,北京:中国社会科学出版社,1995

A. 麦金太尔:《马尔库塞》,邵一诞译,北京:中国社会科学出版社,1992

MacIntyre, Alasdair. *After Virtue: A Study in Moral Theory*. Notre Dame, Ind.: University of Notre Dame Press, 1984

——. *Marcuse*. New York: The Viking Press, 1970

Madison, Gary B. "How Individualistic is Methodological Individualism?" *Critical Review* (Winter-spring, 1990): 41-60

Mahan, Alfred Thayer. *The Influence of Sea Power upon the French Revolution and Empire*, reprint London, 1982

——. *Sea Power in its Relations to the War of* 1812. London, 1905

——. *The Influence of Sea Power upon History*, 1660-1783. 1 ed. Boston, 1890, reprint London, 1965

麻上义辉编:《西周哲学著作集》,岩波书店,昭和八年

Marcuse, Herbert. *One-Dimensional Man*. Boston: Beacon Press, 1964

Martens, F. de. *Traité de Droit International*, translated Alfred Leo. Paris, 1883-87

丁韪良译:惠顿著,《万国公法》,北京:京师同文馆,1864

Martin, W. A. P. *Hanlin Papers, Second Series, Essays on the History, Philosophy, and Religion of the Chinese.* Shanghai: Kelly & Walsh. The Tientsin Press, 1894

马克思（Karl Marx）:《德意志意识形态》,《马克思恩格斯全集》第 3 卷, 人民出版社, 1965

马克思:《资本论》, 北京: 人民出版社, 1963

马克思:《马克思恩格斯全集》, 北京: 人民出版社, 1965

马森（Mary Gertrude Mason）:《西方的中华帝国观》(Western Concepts of China and the Chinese), 北京: 时事出版社, 1999

McCarthy, Thomas. "Translator's Introduction." In Jürgen Habermas, *Legitimation Crisis.* Boston: Beacon Press, 1975

Merrington, John. "Town and Country in the Transition to Capitalism." *New Left Review* 93 (Sep. -Oct. 1975): 71-72

Maynard M. Metcalf,《科学与近世文明》, 任鸿隽译,《科学》月刊第 4 卷第 4 期。最初发表在美国的《科学月刊》(The Scientific Monthly) 5 月号

Mill, John Stuart. *A System of Logic: Ratiocinative and Inductive. In Collected Works of John Stuart Mill*, Vol. VIII. Toronto: University of Toronto Press, 1974

沟口雄三:《中国公私概念的发展》,《国外社会科学》,1998 年第 1 期

沟口雄三:《中国前近代思想的演变》, 索介然、龚颖译, 北京: 中华书局, 1997

沟口雄三:《中国理气论的形成》, 见沟口雄三等编:《在亚洲思考(7)·世界像的形成》, 东京: 岩波书店

沟口雄三:《中国的思想》, 东京: 东京放送大学振兴会, 1991

宫崎市定:《宋元时代的法制和审判机构》,《日本学者研究中国史论著选译》（八）, 北京: 中华书局, 1992

宫崎市定:《东洋的近世》,《日本学者研究中国史论著选译》（一）, 北京: 中华书

局,1992

宫崎市定:《晋武帝的户调式》(《东亚经济研究》十九),《日本学者研究中国史论著选译》(一),北京:中华书局,1992

宫崎市定:《九品官人法的研究——科举前史》,东洋史研究会,1965

内藤湖南:《概括的唐宋时代观》,《日本学者研究中国史论著选译》(一),北京:中华书局,1992

中村哲:《中国前近代史理论的重构》,《中国前近代史理论国际学术研讨会论文集》,武汉大学中国三至九世纪研究所编,武汉:湖北人民出版社,1997

李约瑟(Joseph Needham):《中国科学技术史》,北京:科学出版社,1990

Needham, Joseph. *Science and Civilization in China*. Cambridge, 1954

Nietzsche, Friedrich. *On the Genealogy of Morality*. Edited by Keith Ansell-Pearson. Cambridge: Cambridge University, 1994

尼采(F. Nietzsche):《论道德的谱系》,周红译,北京:三联书店,1992

尼采:《权力意志》,张念东、凌素心译,商务印书馆,1991

Oppenheim, Lassa. *International Law*, London: Longmans, Green, and Co., 1905

大谷敏夫:《〈海国图志〉对"幕末"日本的影响》,见《魏源思想研究》,杨慎之、黄丽镛编,页361—362,长沙:湖南人民出版社,1987

Parsons, Talcott. "Introduction." In Herbert Spencer, *The Study of Sociology*, v-vi. Ann Arbor: The University of Michigan Press, 1961

Pelliot, Paul. "Notes critiques d'hisstoire Kalmouke." *Oeuvres Posthumes*. Paris, 1960

Perdue, Peter C. "Boundaries, Maps, and Movement: Chinese, Russian, and Mongolian Empires in Early Modern Central Eurasia." *The International History Review* 20, no. 2 (June 1998): 263-286

Petech, Luciano. *China and Tibet in the Early XVIIIth Century*. Leiden, 1972

博兰尼(Karl Polanyi):《巨变:当代政治、经济的起源》,黄树民、石佳音、廖立文译,台北:远流出版事业股份有限公司,1989

Polanyi, Karl. *The Livelihood of Man.* Edited by Harry W. Pearson. New York: Academic Press, 1977

——. *The Great Transformation: The Political and Economic Origins of Our Time.* Boston: Beacon Press, 1944

Pomeranz, Kenneth. *The Great Divergence: China, Europe, and the Making of the Modern World Economy.* Princeton: Princeton University Press, 2000

卡尔·波普尔(Karl R. Popper):《科学哲学的主要问题》,《科学知识进化论》,三联书店,1987

卡尔·波普尔:《历史决定论的贫困》(The Poverty of Historicism)

Popper, Karl Raimund. *Conjectures and Refutations: The Growth of Scientific Knowledge.* London: Routledge & K. Paul, 1969

——. *The Open Society and Its Enemies.* London: Routledge and Kegan Paul, 1966

——. *The Logic of Scientific Discovery.* London: Hutchinson, 1959

Prusek, Jaroslav. *The Lyrical and The Epic: Studies of Modern Chinese Literature.* Edited by Leo Ou-fan Lee. Bloomington: Indiana University Press, 1980

Pye, Lucian W. *The Spirit of Chinese Politics.* Cambridge, Mass: The MIT Press, 1968

Randall, John H. *Aristotle.* N. Y. : Columbia University Press, 1960

Rawls, John. "The Law of Peoples." *Critical Inquiry* 20, no. 1 (Autumn 1993): 36-68

Roche III, G. C. "The Relevance of Friedrich A. Hayek." In *Essay on Hayek*, edited by F. Machlup. London: Routledge & Kegan Paul, 1977

Roemer, John E. *Free to Lose: An Introduction to Marxist Economic Philosophy.* Cambridge, Mass: Harvard University Press, 1988

Rothblatt, S. Tradition and Change in Liberal Education: An Essay in History and Culture. London: Faber & Faber, 1976

A. 施密特 (Alfred Schmidt):《马克思的自然概念》(Der Begriff der Natur in der Lehre von Marx), 商务印书馆, 1988

Schram, S. R., ed. Foundations and Limits of State Power in China. Hong Kong: Chinese University Press, 1987

本杰明·史华兹 (Benjamin Schwartz):《寻求富强:严复与西方》, 叶凤美译, 江苏人民出版社, 1989

Schwartz, Benjamin. In Search of Wealth and Power: Yen Fu and the West. Cambridge, Mass.: Harvard University Press, 1964

冈特·绍伊博尔德 (Günter Seubold):《海德格尔分析新时代的科技》, 宋祖良译, 中国社会科学出版社, 1993

岛田虔次:《六经皆史说》,《日本学者研究中国史论著选译》(七), 北京:中华书局, 1993

周藤吉之:《宋代的官僚制和大土地占有》,《日本学者研究中国史论著选译》(五), 北京:中华书局, 1993

Shumway, David R. and Ellen Messer-Davidow. "Disciplinarity: An Introduction." Poetics Today 12, no. 2 (Summer 1991): 201-225. 又见《学科·知识·权力》, 牛津大学出版社, 1996, 页1—19

丹尼斯·史密斯 (Dennis Smith):《历史社会学的兴起》, 周辉荣、井建斌等译, 上海:上海人民出版社, 2000

Smith, Dennis. The Rise of Historical Sociology. London: Polity Press Limited, 1991

Spencer, Herbert. Herbert Spencer: Structure, Function and Evolution, edited with an introduction by Stanislav Andreski. London: Thomas Nelson and Sons LTD, 1971

——. *The Principles of Sociology*. Hamden, Connecticut: Archon Books, 1969

——. *The Study of Sociology*. Ann Arbor: The University of Michigan Press, 1961

——. *First Principles*. Vol. 1, Synthetic Philosophy. New York: D. Appleton and Company, 1890

Stavrianos, L. S. :《全球分裂》,迟越、王红生译,商务印书馆,1995

Strahlenberg, *Philipp Johann. A HistoricoK-Geographical Description of the North and Eastern Part of Europe and Asia. London*, 1736

Taylor, Charles. *Sources of the Self: The Making of the Modern Identity*. Cambridge: Harvard University Press, 1989

寺田浩明:《明清时期法秩序中"约"的性质》,见滋贺秀三等著:《明清时期的民事审判与民间契约》,北京:法律出版社,1998

威廉·托马斯(William Thomas):《穆勒》,李河译,中国社会科学出版社,1992

Thomas, William. MILL. Oxford University Press, 1985

Thomson, J. Arthur. *An Introduction to Science* (Chapter IV),唐钺译《科学的分类》(上、下),《科学》月刊第2卷第8期

Tiles, Mary and Hans Oberdiek. *Living in a Technological Culture: Human Tools and Human Values*. London and New York: Routledge, 1995

田浩(Hoyt C. Tillman):《功利主义儒家:陈亮对朱熹的挑战》,南京:江苏人民出版社,1997

Tillman, Hoyt Cleveland. *Utilitarian Confucianism: Ch'en Liang's Challenge to Chu Hsi*. Cambridge, Mass. : the Council on East Asian Studies, Harvard University, 1982

田浩:《80年代中叶以来美国的宋代思想史研究》,《中国文哲研究通讯》(台北),第三卷,第四期

托克维尔（Tocqueville）:《旧制度与大革命》,北京:商务印书馆,1992

宇都宫清吉:《东洋中世史的领域》,《日本学者研究中国史论著选译》(一),北京:中华书局,1992

Waley-Cohen, Joanna. "Religion, War, and Empire-Building in Eighteenth-Century China." *The International History Review* 20, no. 2 (June 1998): 336-352

———. *Exile in Mid-Qing China: Banishment to Xinjiang* (1758-1820). New Haven: 1991

Wallerstein, Immanuel 等著,《开放社会科学—重建社会科学报告书》,刘锋译,牛津大学出版社,1996

伊曼纽尔·沃勒斯坦（Immanuel Wallerstein）:《现代世界体系》,北京:高等教育出版社,1998

Wallerstein, Immanuel. *The Capitalist World-Economy: Essays*. Cambridge (England) & New York: Cambridge University Press,1979

———. *The Modern World-System*. New York: Academic Press,1974

Wang, Gengwu. "Merchants without Empire." In *The Rise of Merchant Empires*, edited by James Tracy,400-421. Cambridge: Cambridge University Press,1990

马克斯·韦伯（Max Weber）:《儒教与道教》,洪天富译,南京:江苏人民出版社,1993

马克斯·韦伯:《新教伦理与资本主义精神》,于晓、陈维纲译,北京:三联书店,1987

Weber, Max. "The Social Psychology of the World Religions." In *From Max Weber: Essays in Sociology*, edited by Gerth and Mills. New York: Oxford University Press,1946

———. *Economy and Society*. Edited by G. Roth and C. Wittich. Berkeley: University of

California Press,1978

White, Andrew D. *A History of the Warfare of Science with Theology in Christendom*. New York: Appleton and Company 1898, reprint 1914

A. N. ·怀特海,(A. N. Whitehead):《科学与近代世界》,北京:商务印书馆,1959

文德尔班(Wilhelm Windelband):《哲学史教程》,罗达仁译,北京:商务印书馆,1993

Woolsey, T. D. *Introduction to the Study of International Law*. London: Sampson Law, Marston, Searle & Rivington, 1879

萧公权:《近代中国与新世界:康有为变法与大同思想研究》,汪荣祖译,南京:江苏人民出版社,1997

萧公权:《康有为思想研究》,汪荣祖译,台北:联经出版事业公司,1988

Yasuaki, Onuma. "When was the Law of International Society Born. -An Inquiry of the History of International Law from an Intercivilizational Perspective." *Journal of the History of International Law* 2 (2000): 1-66

Yee, Cordell D. K. "Traditional Chinese Cartography and the Myth of Westernization." In *Cartography in the Traditional East and Southeast Asian Societies*, edited by J. B. Harley and David Woodward, 170-202. Vol. 2, book 2. *The History of Cartography*. Chicago: University of Chicago Press, 1994

吉田纯:《"阅微草堂笔记"小论》,《中国——社会与文化》,第四号,1989,页182—186

吉田松阴:《野山狱文稿·读筹海篇》,转引自大谷敏夫:《〈海国图志〉对"幕末"日本的影响》,见杨慎之、黄丽镛编:《魏源思想研究》,长沙:湖南人民出版社,1987

吉田松阴:《野山狱文稿·西游日记》,转引自萧致治:《评魏源的〈海国图志〉及其

对中日的影响》,《魏源思想研究》

柳田节子:《宋代乡村的户等制》,《日本学者研究中国史论著选译》(五),北京:中华书局,1993

桑原骘藏:《历史上所见的南北中国》,《日本学者研究中国史论著选译》(一),北京:中华书局,1993

植松正:《元初法制论考——重点考察与金制的关系》,《日本中青年学者论中国史·宋元明清卷》,页298—328,上海:上海古籍出版社,1995

三、史料类目录

《大藏经》卷四十六

《1912年1月19日教育部公布普通教育暂行办法通令》和《1912年1月19日教育部公布普通教育暂行课程标准》,朱有瓛主编:《中国近代学制史料》第三辑上册

《1912我一:临时教育会议日记》,朱有瓛主编:《中国近代学制史料》第三辑上册

《1915年1月袁世凯:特定教育纲要》,朱有瓛主编:《中国近代学制史料》第三辑上册

班固:《白虎通义》,丛书集成本,上海:商务印书馆,1937年

《别本韩文考异》,文渊阁四库全书本

鲍少游译述:《论人类化学成分》,《科学》月刊第4卷第4期

贝琼:《清江贝先生文集》,四部丛刊本

秉志:《生物学与社会学之关系》,《科学》月刊第6卷第10期

蔡襄:《宋端明殿学士蔡忠惠公文集》,(清)蔡士舢等校,福建蔡氏逊敏斋刻本,雍正十二年

蔡元培:《为科学社征集基金启》,见任鸿隽:《中国科学社社史简述》,《文史资料选辑》第 15 辑

蔡元培:《蔡元培选集》,中华书局,1959

陈大齐:《辟灵学》,《新青年》第 4 卷第 5 号

陈独秀、胡适:序文,《科学与人生观》,上册,上海亚东图书馆,1923

陈独秀:《一九一六年》(1916 年 1 月 15 日),《新青年》第 1 卷第 5 号

陈独秀:《东西民族根本思想之差异》,《青年杂志》第 1 卷第 4 号

陈独秀:《今日之教育方针》(1915 年 10 月 15 日)、《人类真义》(1918 年 2 月 15 日)

陈独秀:《克林德碑》,《新青年》第 5 卷第 5 号

陈独秀:《关于北京大学的谣言》(1919 年 3 月),《新青年》

陈独秀:《再论孔教问题》(1917 年 1 月 1 日),见《新青年》第 2 卷第 5 号

陈独秀:《吾人最后之觉悟》,《新青年》第 1 卷第 6 号

陈独秀:《圣言与学术》,《新青年》第 5 卷第 2 号

陈独秀:《孔子之道与现代生活》(1916 年 12 月 1 日),《新青年》第 2 卷第 4 号

陈独秀:《学术与国粹》,《新青年》第 4 卷第 4 号

陈独秀:《学术独立》,《新青年》第 5 卷第 1 号

陈独秀:《宪法与孔教》(1916 年 11 月 1 日),见《新青年》第 2 卷第 3 号

陈独秀:《当代二大科学家之思想》,《新青年》第 2 卷第 1 号

陈独秀:《敬告青年》,《新青年》第 1 卷第 1 号

陈独秀:《法兰西人与近世文明》,《青年杂志》第 1 卷第 1 号

陈独秀:《科学与人生观序》,《新青年》(季刊)第 2 期

陈独秀:《科学与神圣》,见《独秀文存》页 551 页,安徽人民出版社,1987

陈独秀:《答叶挺》(1917 年 2 月 1 日),见《新青年》第 2 卷第 6 号

陈独秀:《答崇拜王敬轩者》(1918 年 6 月 15),《新青年》4 卷 6 号

陈独秀:《答适之》(1923年12月9日),见《科学与人生观》,上海:亚东图书馆,
　　1923

陈独秀:《袁世凯复活》(1916年12月1日),《新青年》第2卷第4号

陈独秀:《调和论与旧道德》,《新青年》第7卷第1号

陈独秀:《质问"东方杂志"记者——"东方杂志"与复辟问题》

陈独秀:《近代西洋教育》,《新青年》第3卷第5号

陈独秀:《随感录》(一),《新青年》第4卷第4号

陈独秀:《驳康有为致总统总理书》,《新青年》第2卷第2号

陈棐:《拱辰楼赋并序》,《山西通志》卷二百二十,文渊阁四库全书本

伧父:《战后东西文明之调和》,《东方杂志》第14卷第4号

伧父:《静的文明与动的文明》,《东方杂志》第13卷第10号

陈澧:《东塾集》,清光绪十八年刻本

陈亮:《龙川文集》,四库备要本

陈天华:《论中国宜改创民主政体》(1905年11月),《民报》第1号

陈训慈、方祖猷:《万斯同年谱》,香港:香港中文大学,1991,页210

陈振孙:《直斋书录解题》,清光绪二十至二十一年刻本

程颢、程颐:《二程集》,北京:中华书局,1981

《筹办夷务始末》,台北:文海出版社,1971

《春秋左传注》,杨伯峻编著,北京:中华书局,1981

《春秋公羊解诂》,何休,《四部丛刊》上海涵芬楼版

《春秋公羊注疏》,北京:中华书局,1980年

《春秋公羊传注疏》,北京:北京大学出版社,1999年

崔适:《史记探源》,张烈点校,北京:中华书局,1986

《大金德运图说》,文渊阁四库全书本

戴望:《管子校正》,《诸子集成》本,上海:上海书店,1986

戴震:《戴震全集》,北京:清华大学出版社,1991

《大清会典》,福载等撰修

《大清律例汇辑便览》,光绪二十四年刻本

邓实:《国学讲习记》,《国粹学报》1906年第19期社说

邓广铭点校:《陈亮集》,北京:中华书局,1987年

丁文江:《玄学与科学——评张君劢的"人生观"》,《人生观之论战》(中)

董士锡:《易说序》,见《味经斋遗书》卷首

东荪:《突变与渐变》,《时事新报》,1919年10月1日

董仲舒:《春秋繁露》,凌曙注,中华书局,1991年,影印本

董仲舒:《春秋繁露义证》,苏舆撰,中华书局,1992年

董仲舒:《贤良对策》,《汉书》,北京:中华书局,1962,页2503—2504

杜亚泉(伧父):《何谓新思想》,1919年11月《东方杂志》第16卷第11号

杜亚泉:《亚泉杂志·序》,《亚泉杂志》第1期

杜亚泉:《亚泉杂志序》(1900年11月),《亚泉杂志》第1期

杜亚泉:《定性分析·后记》,《亚泉杂志》第4册

杜亚泉:《新旧时代之折中》,《东方杂志》第16卷第9号

杜亚泉:《物质进化论》,1905年《东方杂志》第2卷第4号

段玉裁:《与王石癯书》,转引自钱穆《中国近三百年学术史》,北京:中华书局,1986

段玉裁:《戴东原先生年谱》,《戴震全集》(六),北京:清华大学出版社,1997

段玉裁:《戴东原集序》,见《戴震全集》,北京:清华大学出版社,1997

段玉裁:《说文解字注》,扬州:江苏广陵古籍刻印社,1997

范源濂:《为中国科学社警告热心公益诸君》,见任鸿隽:《中国科学社社史简述》,

《文史资料选辑》,第 15 辑

方孝孺:《逊志斋集》,万有文库本,上海:商务印务馆,1936 年

冯桂芬:《显志堂稿》,光绪三年刻本

佛:《科学与反科学》,《科学》月刊第 9 卷第 1 期

佛:《非"科学万能"》,《科学》月刊第 5 卷第 8 期

傅斯年:《中国学术思想界之谬误》,《新青年》第 4 卷第 4 号

傅斯年:《人生问题发端》,《新潮》第 1 卷第 1 号

傅斯年:《傅斯年全集》,台北:联经出版事业公司,1980 年

高攀龙:《高子遗书》,陈龙正编,文渊阁四库全书,第 1292 册

高诱:《吕氏春秋注》,《诸子集成》本,上海:上海书店,1986

攻法子:《敬告我乡人》,《浙江潮》第 2 期,1903 年 3 月出版。又见《辛亥革命前十年间时论选集》第 1 卷下册

郭象注:《庄子》,上海:上海古籍出版社,1989

龚自珍:《六经正名》,张舜徽编选:《文献学论著辑要》,西安:陕西人民出版社,1985

龚自珍:《龚定庵全集类编》,北京:中国书店,1991

龚自珍:《龚自珍全集》,中华书局,1959

《古德诺拟中华民国宪法草案》,《宪法新闻》第 13 期

顾栋高:《春秋大事表》,文渊阁四库全书本

《古顾问之宪法谈》,《宪法新闻》第 12 期

顾宪成:《小心斋劄记》,冯从吾、高攀龙校,台北广文书局 1975 年影印光绪丁丑重刊宗祠藏板

顾宪成:《顾端文公遗书》,光绪三年刻本

顾炎武:《日知录集释(外七种)》,黄汝成集释,上海:上海古籍出版社,1985

顾炎武:《音学五书》,北京:中华书局,1982

顾炎武:《顾亭林诗文集》,北京:中华书局,1983

《古今图书集成》

郭庆藩:《庄子集释》,北京:中华书局,1961

过探先译、培蕾博士文:《永久农业与共和》,《科学》月刊第4卷第8期

郭象:《庄子注》,上海:上海古籍出版社影印浙江书局本,1989

《国语》,上海古籍出版社,1978年

蛤笑:《论地方自治之亟》,《东方杂志》5卷3期,1908年4月;又见《辛亥革命前十年间时论选集》第3卷,页9—10。北京:三联书店,1977

《汉书》,班固,北京:中华书局,1962

何鲁:《科学与和平》,《科学》月刊第5卷第2期

何建章:《战国策注释》,北京:中华书局,1990年

洪榜:《与朱筠书》,见江藩《汉学师承记(外二种)》,页117

洪榜:《戴先生行状》,《戴震全集》(六),页3383

《后汉书》,范晔撰,北京:中华书局,1965

胡炳文:《四书通·孟子通》,文渊阁四库全书本

胡祗遹:《论定法》,见《紫山大全集》卷二十二,文渊阁四库全书本

胡汉民:《民报之六大主义》,《民报》第3号

胡宏:《知言》,文渊阁四库全书本

胡明复:《科学方法论一,科学方法与精神之大概及其实用》,《科学》月刊第2卷第7期

胡明复:《科学方法论二,科学之律例》,《科学》月刊第2卷第9期

胡明复:《近世科学的宇宙观》,《科学》第1卷第3号

胡适:《先秦诸子进化论》,《科学》月刊第3卷第1期

胡适:《几个反理学的思想家》,收入《胡适文存》第 3 集第 2 卷。原为胡适在上海东亚同文书院讲演《中国近三百年的四个思想家》

胡适:《四十自述》,见吴福辉编《胡适自传》,南京:江苏文艺出版社,1995

胡适:《戴东原的哲学》,上海:商务印书馆,1927

胡适:《留学日记》,台北:商务印书馆,1958

胡适:《真如岛》发表于《旬报》1906 年

胡适:《胡适文存》,上海亚东图书馆,1924

胡适:《胡适的自传》(口述史),《胡适研究资料》,北京:十月文艺出版社,1989

胡适:《藏晖室札记》,上海:亚东图书馆,1939

《胡适研究丛录》,北京:三联书店,1989

《胡适研究资料》:陈金淦编,北京:北京十月文艺出版社,1989

《胡适哲学思想资料选》:华东师范大学出版社,1981

胡先骕:《增订浙江植物名录》《科学》月刊 7 卷 9 期

胡先骕:《说文植物古今证》,《科学》月刊 10 卷 6—7 期

胡先骕:《达尔文天演学说今日之位置—美国斯丹福(Stanford)大学昆虫教授开洛格(Kellogg)造论》,《科学》月刊第 2 卷第 7 期

黄昌谷:《科学与知行》(1920),《科学》月刊第 5 卷第 10 期

黄节:《国粹学报叙》,《国粹学报》第 1 期,1905 年 3 月 23 日,上海

《皇清经解》,阮元编撰

黄震:《黄氏日抄》,文渊阁四库全书本

黄宗羲:《黄宗羲全集》,杭州:浙江古籍出版社,1987

黄宗羲:《黄宗羲南雷杂著稿真迹》,杭州:浙江古籍出版社,1987

黄宗羲编:《明儒学案》,见《黄宗羲全集》

黄遵宪:《日本国志》,光绪年间刻本

《皇朝经世文编》,贺长龄辑

《华严发菩提心章》,《大正藏》卷四五

惠栋:《九经古义》,《皇清经解》本

惠栋:《九经古义述首》,《松崖文钞》,聚学轩丛书本,卷一

惠栋:《周易述》,乾隆二十五年刻本

惠栋:《易例上》,见杨向奎:《清儒学案新编》(三),济南:齐鲁书社,1994

惠栋:《易汉学》,文渊阁四库全书本,并参考百部丛书集成影印经训堂丛书本

恽敬:《大云山房文稿》,万有文库本,上海:商务印书馆,1936年

纪昀:《四库全书总目提要序》

江藩:《国朝宋学渊源记》,见钱锺书主编、朱维铮执行主编《汉学师承记(外二种)》

江藩:《汉学师承记》,见钱锺书主编、朱维铮执行主编、徐洪兴编校的江藩、方东树《汉学师承记(外二种)》,北京:三联书店,1998

蒋梦麟:《世界大战后吾国教育之重点》,《教育杂志》第10卷第10号

蒋梦麟:《新旧与调和》(1919年10月13、14日),《晨报》

蒋中正:《吴敬恒先生百年诞辰颂词》,见张文伯:《吴稚晖先生传记》(上册),台北:传记文学社,1969

焦竑:《老子翼》卷七引,渐西村舍刊本

焦循:《雕菰集》,清道光四年刻本

焦循:《孟子正义》,沈文倬校点,北京:中华书局,1987

《晋书》,房玄龄编撰,北京:中华书局,1974年

金贤采:《宣统元年颂辞》,《华商联合报》第1期

金锡龄《七略与四部分合论》,见张舜徽选编:《文献学论著辑要》

荆门市博物馆编辑:《郭店楚墓竹简》,北京:文物出版社,1998

《旧唐书》,刘昫撰,北京:中华书局,1975年

康熙:《御制文集》,台北:世界书局,1986

康熙:《御纂朱子全书》御制序,文渊阁四库全书本

康有为:《康南海文集》,台北:文海出版社,1972

康有为:《康南海自编年谱(外二种)》,北京:中华书局,1992

康有为:《康子内外篇(外六种)》,北京:中华书局,1988

康有为:《康有为全集》,上海:上海古籍出版社,1987

康有为:《康有为政论集》,汤志钧编,北京:中华书局,1981

康有为:《救亡论》,此据《辛亥革命时期期刊介绍》第1册

康有为:《礼运注》,见《孟子微·礼运注·中庸注》,北京:中华书局,1987

康有为:《译纂俄彼得变政记成书可考由弱致强之故折》,见故宫博物院藏内府抄
　　本:《杰士上书汇录》卷一

《〈科学世界〉简章》,《科学世界》第1期

孔广森:《春秋公羊通义》

雷梦辰:《清代各省禁书汇考》,北京:北京图书馆出版社,1989

李翱:《去佛斋论》,《全唐文》卷637,上海:上海古籍出版社,1990

李翱:《李文公集》,上海:上海商务印书馆影印本

李慈铭:《越缦堂日记》,上海:上海商务印书馆影印本,1936

李大钊:《东西文明根本之异点》,《言治》季刊第3册

李大钊:《物质变动与道德变动》,《新潮》第2卷第2号

李大钊:《由经济上解释中国近代思想变动的原因》,《新青年》第7卷第2号,
　　1920年1月

李方子:《资治通鉴纲目后序》,见《御批资治通鉴纲目》卷首下,文渊阁四库全书本

李复:《潏水集》,文渊阁四库全书本

李塨:《颜元年谱》,李塨撰、王源订,陈祖武校,北京:中华书局,1992

李觏:《宋元学案》卷三《高平学案》,《黄宗羲全集》(三),杭州:浙江古籍出版社,1992

李觏:《李觏集》,北京:中华书局,1981年

李光地:《榕村全书》,道光间刻本

《礼记正义》,《十三经注疏》阮刻本,北京:中华书局,1980

《礼记注疏》,郑玄注,陆德明音义,孔颖达疏,文渊阁四库全书本

《礼记集解》,孙希旦,北京:中华书局,1989

李焘:《续资治通鉴长编》,北京:中华书局,1979

李贽:《焚书·续焚书》,北京:中华书局,1975

李贽:《焚书·经史相为表里篇》,见张舜徽:《史学三书平议》,北京:中华书局

李冶:《测圆海镜细草》,商务印书馆,丛书集成本,1936年

《梁启超年谱长编》,丁文江、赵丰田编,上海:上海人民出版社,1983

梁启超:《人生观与科学》,《人生观之论战》(中),上海:泰东图书局印行,1923

梁启超:《关于玄学科学论战之"战时国际公法"》,《科学与人生观》(上),上海亚东图书馆,1923

梁启超:《康有为传》,见《康南海自编年谱》(外二种),北京:中华书局,1992

梁启超:《梁启超论清学史二种》(《清代学术概论》及《中国近三百年学术史》),朱维铮校注,上海:复旦大学出版社,1985

梁启超:《梁启超选集》,上海:上海人民出版社,1982

梁启超:《清代学术概论》,台北:商务印书馆,1966

梁启超:《自由书·慧观》,《专集》之二

梁启超:《西学书目表》,上海时务报馆石印线装一册(光绪二十二年),北京图书馆藏《质学丛书》册八至册九收入此书

梁启超:《进化论革命者颉德之学说》,《文集》之十二

梁启超:《饮冰室合集》

梁廷枏:《合省国说》,海国四说本,清道光间刻本

廖平:《六译馆丛书》,民国二十二——二十四年刻本

廖平:《书经周礼皇帝疆域图表》见《新订六译馆丛书》,尚书类

廖平:《周礼新义凡例》,民国六年刻本

廖平:《地球新义》,民国二十四年刻本

廖平:《地球新义提要》见《光绪井研志·艺文志》卷十三,《中国地方志集成·四川府县志辑》第四十册,成都巴蜀书社1992年影印本

廖平:《廖平学术论著选集》,成都:巴蜀书社,1989

廖平:《治学大纲》,民国十年刻本

廖平:《重订谷梁春秋经传古义疏》,台北文海出版社,国学集要(二编)影印严氏孝义家塾丛书本。亦见《新订六译馆丛书》

《辽东志》(地方志),(明)毕恭等纂修,影印本

林森:《发刊词》,《科学世界》第1期

凌廷堪:《校礼堂文集》,安徽丛书第四期,1935

刘逢禄:《刘礼部集》,光绪壬辰年延晖承堂刊本

刘起釪:《尚书学史》,北京:中华书局,1989

刘邵:《人物志》,文渊阁四库全书

刘师培:《悲佃篇》,《民报》第15号

刘师培:《理学字义通释》,《北京大学百年国学文粹·哲学卷》,北京大学出版社,1998

刘师培:《群经大义相通论·"公羊""孟子"相通考》,见《中国现代学术经典·黄侃、刘师培卷》,石家庄:河北教育出版社,1996

柳宗元:《柳宗元集》,北京:中华书局,1979

柳宗元:《柳河东全集》,北京:中国书店,1991

刘(宗周)蕺山:《刘子全书》,东京:中文出版社,1981

刘(宗周)蕺山:《刘子遗书》(影印本),台北:台湾商务印书馆,1983

刘(宗周)蕺山:《刘蕺山集》,文渊阁四库全书,第1294册

吕留良:《十二科程墨观略》,天盖楼偶评,康熙刊本

吕留良:《吕晚邨先生四书讲义》,台北:光文书局,1978年影印本

吕留良:《天盖楼四书语录》,周在延编,康熙二十三年刊

陆世仪:《思辨录辑要》,丛书集成本

陆象山:《象山全集》(四部丛刊本)

陆象山:《陆九渊集》,北京:中华书局,1980

陆象山:《陆象山全集》,北京:中国书店,1992

鲁迅:《鲁迅全集》,北京:人民文学出版社,1982

陆贽:《陆宣公翰苑集》,上海:上海商务印书馆影印本

《伦理学厄言》,《科学一斑》第3期

《论语正义》,刘宝楠,北京:中华书局,1990

《论语译注》,杨伯峻,中华书局,1980年

罗台山:《尊闻居士集》,光绪七年刊

罗月霞主编:《朱濂全集》,浙江古籍出版社,1999

罗整庵:《整庵先生困知记》,丛书集成本

罗志希:《科学与玄学》,上海:商务印书馆,1927

马端临:《文献通考》,上海:商务印书馆,1936年

马其昶:《韩昌黎文集校注》,上海:上海古籍出版社,1986年

民:《普及革命》,该文连载于《新世纪》第15、17、18、19号,1907年9月至11月

《大明律例》,北京图书馆缩微,1989

《明史》,张廷玉等撰,北京:中华书局,1974

《明英宗实录》,柯潜等纂修,台北:"中央研究院"历史语言研究所影印本,1962

牟宗三、徐复观、张君劢和唐君毅:《为中国文化敬告世界人士宣言——我们对中国学术研究及中国文化与世界文化前途之共同认识》,又名《中国文化与世界》,1958年1月《民主评论》及《再生》

《南齐书》,北京:中华书局,1972

聂豹:《双江聂先生全集》

潘耒:《日知录·原序》,见《日知录集释(外七种)》,上

潘慎文:《教育会与中国整个教育的关系》,《中华教育杂志》第17卷第7号,页345—348(1896)

彭绍升:《一行居集》,民国十年金陵刻经处刊

彭绍升:《二林居集》,光绪辛巳季春刊本

钱崇树:《天演新义》,《科学》月刊第1卷第7期

钱大昕:《十驾斋养新录》,上海:上海书店,1983

钱大昕:《潜研堂文集》,上海:上海古籍出版社,1989

钱林:《文献征存录》,扬州:江苏广陵古籍刻印本社,1987

钱天鹤译:《天演新说》,《科学》月刊第4卷第12期。该文译自美国遗传学报1917年正月号

钱智修:《功利主义与学术》,《东方杂志》第15卷第6号

《钦定大清会典事例》

《清实录》

《清末筹备立宪档案史料》

《清史稿》

《清史资料》第一辑,北京:中华书局,1980

邱濬辑:《朱子家礼》

裘廷梁:《论白话为维新之本》,《中外大事汇记》,广益书局

全祖望:《鲒埼亭文集选注》,黄云眉选注,济南:齐鲁书社,1982

任鸿隽:《中国科学社之过去与未来》,见《科学》月刊第8卷第1期

任鸿隽:《中国科学社社史简述》,《文史资料选辑》第15辑,中国人民政治协商会议全国委员会文史资料研究委员会编,中华书局,1961年

任鸿隽:《何为科学家》,《科学》月刊第4卷第10期

任鸿隽:《吾国学术思想之未来》,《科学》月刊第2卷第12期

任鸿隽:《学会与科学》见《科学》月刊第7期

任鸿隽:《科学与教育》,《科学》月刊第1卷第12期

任鸿隽:《科学与近世文化》,《科学》月刊第7卷第7期

任鸿隽:《说"合理的"意思》(1919),《科学》月刊第5卷第1期

任鸿隽:《说中国无科学之原因》,《科学》第1卷第1号

阮孝绪:《七录序》,见张舜徽编选:《文献学论著辑要》

阮逸注《中说》卷五《问易篇》,文渊阁四库全书本

阮元:《庄方耕宗伯经说序》,见《味经斋遗书》卷首

阮元:《研经室集》,北京:中华书局,1993

阮元主修:《广东通志》,上海:上海商务印书馆影印本,1934

《尚书今古文注疏》,(清)孙星衍撰,中华书局,2004年

《尚书正义》,北京大学出版社,1999年

《上谕内阁》六年十月初六日

邵浚辑:《朱子学的》,丛书集成本

邵雍:《皇极经世》,上海:上海古籍出版社,1992(影印道藏本)

邵雍:《观物内篇》,见《道藏》本《观物篇》,上海:上海古籍出版社,1992年影印,
　　页23—24

沈善洪:《黄宗羲全集序》,《黄宗羲全集》第一册,页12

《盛京通志》,(清)吕耀曾等修,魏枢等纂,北京:全国图书馆缩微文献复制中心,
　　1992

《史记》,司马迁撰,北京:中华书局,1982

《诗经注疏》,文渊阁四库全书本

舒新城编:《中国近代教育史资料》,北京人民教育出版社,1961

《四库全书总目提要》,北京:中华书局,1965

《宋会要辑稿》,徐松编,台北:新文丰出版公司,1976

释契嵩:《镡津集》,文渊阁四库全书本

宋濂:《诸子辨》,见张舜徽编选《文献学论著辑要》

司马光:《资治通鉴》,北京中华书局,1987年

《宋名臣奏议》,文渊阁四库全书本

《宋史》,北京:中华书局,1977

宋翔凤:《论语发微》(原题《论语说义》),皇清经解续编本

宋玉卿编:《戊壬录》,《立储始末》,见《清代野史》第一辑

孙文:《孙中山全集》,北京:中华书局,1981

孙觌:《鸿庆居士集》卷九,文渊阁四库全书本

孙诒让:《墨子间诂》,《诸子集成》本,上海:上海书店,1986

唐才常:《唐才常集》,湖南省哲学社科研究所编,北京:中华书局,1980

《唐会要》,王溥等编,北京:中华书局,1955

唐钺:《心理现象与因果律》,《人生观之论战》(中),页93

唐钺:《科学与德行》,《科学》月刊第3卷第4期

陶行知:《陶行知全集》,湖南教育出版社,1985

陶宗仪:《辍耕录》,见《明文衡》

天睆:《清代外史》第七篇第十一章《皇嗣之变更》,《清代野史》,第一辑

《通典》,杜佑撰,王文锦点校,北京:中华书局,1988

《通志二十略》,郑樵著,陈宗夔辑,北京:中华书局,1995

万斯同:《与从子贞一书》,转引自杨向奎著《清儒学案新编》(一),济南:齐鲁书社,1985

王安石:《临川先生文集》,北京:中华书局,1959

王安石:《临川先生文集》,万有文库本,商务印书馆,1929年

王安石:《王文公文集》,上海:上海人民出版社,1974

王褒:《圣主得贤臣颂》见《文选》

王勃:《王子安集》,上海古籍出版社,1992年

王本祥:《汽机大发明家瓦特传》,《科学世界》第9期

王本祥:《电气大王爱提森传》,《科学世界》第8期

王本祥:《论动物学之效用》,《科学世界》第6期

王本祥:《论理科与群治之关系》,《科学世界》第7期

王弼:《王弼集校释》,楼宇烈校释,北京:中华书局,1980

王夫之:《船山全书》,长沙:岳麓书社,1992

王艮:《王心斋全集》,台北广文书局1975年影印日本嘉永元年(1846)和刻本

王恽:《秋涧集》,文渊阁四库全书本

王畿:《王龙溪全集》,台北:华文出版社,1970年影印清道光二重刻明万历刻本

汪缙:《明尊朱之指》,《二录》,汪子遗书本

汪缙:《汪子文录》,汪子遗集本,光绪八年刊

王琎:《中国之科学思想》,《科学》月刊第7卷第10期

王玨译:《哲学与科学》,威尔斯著,《科学》月刊第6卷第4期

汪精卫:《再驳"新民丛报"之政治革命论》,《民报》第6—7期

汪精卫:《民族的国民》《民报》第一期

汪精卫:《驳"新民丛报"最近之非革命论》,《民报》第四期

汪康年:《中国自强策》,见麦仲华辑:《皇朝经世文新编》,页三下

王世贞:《弇州四部稿·艺苑卮言》,见张舜徽:《史学三书平议》,北京:中华书局

汪叔潜:《新旧问题》,《青年杂志》第1卷第1号

王韬:《漫游随录》,岳麓书社,1985

王恽:《王忠文集》,文渊阁四库全书本

王无生:《述庵秘录》,《光绪帝之几废》,见《清代野史》第三辑

王先谦:《东华录》,台北:文海出版社,影印本,康熙朝

王先谦:《庄子集解》,《诸子集成》本,上海:上海书店,1986

王先谦:《荀子集解》,《诸子集成》本,上海:上海书店,1986

王先慎:《韩非子集解》,《诸子集成》本,上海:上海书店,1986

王阳明:《王阳明全集》(上、下),上海古籍出版社,1992

王祎:《王忠文公集》,万有文库本,上海:商务印书馆,1936年

汪兆铭:《满洲立宪与国民革命》,《民报》第8号

王缁尘:《国学讲话》,上海:世界书局,1935年

《万国新语之进步》,《新世纪》第35号

《魏书》,魏收编撰,北京:中华书局,1974

魏源:《圣武记》,上海:世界书局,1926

魏源:《海国图志》,陈华、常绍温、黄庆云、张廷茂、陈文源共同点校注释,长沙:岳麓书社,1998年11月第1版

魏源:《老子本义》,《诸子集成》本,上海:上海书店,1986

魏源:《魏源集》,北京:中华书局,1976

翁方纲:《复初斋文集》,台北:文海出版社影印本,1966

吴昌绶:《定庵先生年谱》,见《龚自珍全集》,上海:上海人民出版社,1975

吴澄:《吴文正公集》

吴澄:《草庐学案》,见《宋元学案》卷九十二,《黄宗羲全集》第六册,杭州:浙江古籍出版社,1992

吴汝纶:《吴汝纶序》,见严译名著丛刊,赫胥黎著《天演论》,商务印书馆,1981

吴汝纶:《桐城吴先生全书》

吴稚晖:《吴稚晖先生全集》,上海,1927

吴莱:《渊颖集》,文渊阁四库全书本

《戊戌变法》第2册,神州国光社,1953

《戊戌变法档案史料》,国家档案局明清档案馆编,北京:中华书局,1958

夏曾佑:《社会通诠·序》,严译《社会通诠》,商务印书馆,1981

《湘报类纂》,引自沟口雄三:《中国的思想》,赵士林译,北京:中国社会科学出版社,1995

谢(修)端:《辩辽宋金正统》,《元文类》,上海:商务印书馆,1931年

《新唐书》,宋祁、欧阳修撰,北京:中华书局,1975

醒:《万国新语》,《新世纪》第6号,1907年7月27日

《辛亥革命前十年间时论选集》,张柟、王忍之合编,北京:三联书店,1963

《新世纪之革命》,《新世纪》第1号,1907年6月22日

吴濯撰,《茗洲吴氏家典》,缩微制品,武汉:湖北省图书馆,1989

许慎:《说文解字》,北京:中华书局

许守微:《论国粹无阻于欧化》,《国粹学报》1905年第7期社说

《续万国新语之进步》,《新世纪》第36号

《续资治通鉴长编》,北京:中华书局,1985 年

玄觉:《禅宗永嘉集》,见《中国佛教思想资料选编》,北京:中华书局,1983

《宣示预备立宪先行厘定官制谕》,《清末筹备立宪档案史料》上册,北京:中华书局,1979 年版

《宣邦直赠王幞守佐理开河序》,《吴中水利全书》卷二十三,文渊阁四库全书本

薛福成:《敌情》,《皇朝经世文三编》卷五十四

《穆勒名学》部甲页 35,北京:商务印书馆,1981

严复,孙严群:《天演论》序,严译名著丛刊,赫胥黎著《天演论》商务印书馆,1981

严复:《严几道晚年思想(即"严几道与熊纯如手札")》,台北:崇文书店,1974

严复:《严复合集》,台北:财团法人辜公亮文教基金会,1998

严复:《严复集》,北京:中华书局,1986

严复:《天演论》,严译名著丛刊,商务印书馆,1981

严复:《道学外传》,《国闻报》,1898 年 6 月 5 日,光绪二十四年四月十七日

严复译:《穆勒名学》,严译名著丛刊,商务印书馆,1981

严复译:《群学肄言》,严译名著丛刊,第 4 册,商务印书馆,1981

颜元:《颜元集》,北京:中华书局,1987

杨度:《国会与旗人》,《中国新报》第 7 号

杨度:《金铁主义说》,《中国新报》第 2 号

杨奂:《还山遗稿》,《元文类》文渊阁四库全书本

杨简:《慈湖遗书》,大西山房刊本

杨铨:《战争与科学》,《科学》月刊第 1 卷第 4 期

杨铨:《托尔斯泰与科学》,《科学》月刊第 5 卷第 5 期

杨铨:《科学的人生观》,《科学》月刊第 6 卷第 11 期

杨维桢:《东维子集》,文渊阁四库全书本

姚鼐:《惜抱轩尺牍》,中华图书馆(民国间),石印本

叶适:《叶适集》,北京:中华书局,1983

永(估计是任鸿隽):《科学与教育》,《科学》月刊第9卷第1期

雍正:《大义觉迷录》,八册线装本,并校中国社会科学院历史所清史研究室编《清史资料》第4辑,北京:中华书局,1983

雍正:《驳封建论》,《清世宗实录》卷八三,雍正七年七月

《雍正朝起居注》五年九月二十二日

《有贺顾问之宪法讨论及总统月旦》,《宪法新闻》第8期

虞和钦:《原理学》,《科学世界》第10期

虞和钦:《气象学略史》,《科学世界》第5期

虞和钦:《现今世界其节省劳力之竞争场乎》,《科学世界》第6期

俞樾:《诂经精舍课艺文》,上海图书馆藏

袁承业辑:《中国哲学史资料选辑》,北京:中华书局,1982

袁枚:《小仓善房尺牍》(随园三十种本)

《元史》,北京:中华书局,1976年

俞正燮:《癸巳类稿》,商务印书馆,1957

湛甘泉:《答阳明论格物》,《明儒学案》卷三十七,《黄宗羲全集》第8册,页151

张君劢:《中国现代化与儒家思想复兴》,王禹九译,见《中西印哲学文集》(上),程文熙编,台湾学生书局,1981

张君劢:《人生观之论战序》,《人生观之论战》(上),页2

张君劢:《再论人生观与科学并答丁在君》,《人生观之论战》(上),张君劢编,泰东图书局,1923

张君劢:《学术方法上之管见——与留法北京大学同学诸君话别之词》,《中西印

哲学文集》(上),页148

张君劢:《科学之评价》,《人生观之论战》(上)

张烈:《王学质疑》,同治五年福州正谊书局刊

张栻:《张南轩先生文集》,丛书集成初编本,1936

张舜徽编选:《文献学论著辑要》,西安:陕西人民出版社,1985

章太炎:《变法箴言》,《经世报》第一册,光绪二十三年七月出版

章太炎:《章太炎全集》,上海:上海人民出版社,1985

章太炎:《章太炎政论选集》,北京:中华书局,1977

章太炎:《章太炎释真》(1905年3月25日),《国粹学报》"撰录栏",乙巳年第2号出版

章太炎:《章氏丛书·国故论衡》,大共和日报馆,1912

章太炎:《规〈新世纪〉》,《民报》二十四号

章太炎:《论佛法与宗教、哲学以及现实之关系》,《中国哲学》第6辑,1981

章行严:《新时代之青年》,《东方杂志》第16卷第11号

章学诚:《章学诚遗书》,北京:文物出版社,1985

张载:《张载集》,北京:中华书局,1978

长孙无忌:《隋书·经籍志·总序》,见张舜徽编选:《文献学论著辑要》

赵翼:《廿二史札记》,北京:中国书店,1987

赵元任:《中西星名考》、吴伟士:《显微镜理论》、锺心煊:《中国本目植物目录》、章之汶:《植棉学》、谢家荣:《地质学》、蔡宾牟:《物理常数》;集体写作的有《中国科学二十年》、《科学的南京》等;关于科学史料的有:李俨:《中国数学史料》、张昌绍:《中药研究史料》、罗英:《中国桥梁史料》等

赵元任:《心理学与物质科学之区别》,《科学》月刊第1卷第1期

真:《祖宗革命》(1907年6月29日),《新世纪》第2号

真:《进化与革命》(1907年11月2日),《新世纪》第21号

真译:革新之一人著:《续革命之原理》,《新世纪》第23号,1907年11月23日

郑观应:《增订盛世危言正续编》,上海六先书局本

郑观应:《郑观应集》,夏东元编,上海人民出版社,1982

郑樵:《通志校雠略》

支道林:《大小品对比要钞序》,见《中国佛教思想资料选编》第一卷,北京:中华书局,1981

《中庸》,见朱熹《四书章句集注》,北京:中华书局,1983

《中国近代教育大事记》,陈学恂主编,上海教育出版社,1981

《中国近代农业史资料》,李文治编,北京:三联书店,1957

周敦颐:《周濂溪集》,丛书集成本,商务印书馆,1936

《周礼正义》,孙诒让撰,北京:中华书局,1987

《周礼注疏》,郑玄注,唐陆德明音义,贾公彦疏,文渊阁四库全书本,第90册

朱熹:《中庸或问》,文渊阁四库全书,台湾商务印书馆影印,第205册

朱熹:《四书章句集注》,新编诸子集成,中华书局,1983

朱熹:《论语集注》,齐鲁书社,1992年

朱熹:《御批资治通鉴纲目》,文渊阁四库全书本

朱熹:《朱子全书》,上海古籍出版社,2002年

朱熹:《朱子家礼》,文渊阁四库全书本

朱熹:《朱子文集》,台北:财团法人德富文教基金会,2000

朱熹:《朱子文集》,丛书集成本,商务印书馆,1936年

朱熹:《朱子语类》,北京:中华书局,1986

朱熹:《朱子语类》,中华书局,1986年

朱熹:《朱文公文集》,台北:允晨,2000

朱熹:《朱文公文集》,商务印书馆缩印明刊本

朱执信:《心理的国家主义》,《民报》第21号,1908年6月,页22—34

庄存与:《味经斋遗书》,光绪八年刊

庄存与:《春秋正辞》,《皇清经解》本

总理衙门、礼部:《会奏遵议贵州学政严修请设经济特科疏》,舒新城:《近代中国教育史料》第4册,页81—85

邹守益:《邹东廓集》,线装本

左宗棠:《左文襄公全集》,台北:文海出版社影印本,1979

人名索引

索引条目限于正文着重讨论的历史人物及主要引述的学者

A

阿瑞吉(Arrighi, Giovani) 18
艾尔曼(Elman, Benjamin) 295, 360, 516, 519–521, 566, 694
艾儒略(Aleni, Jules) 643, 662
艾森斯塔德(Eisenstadt, S. N.) 399, 526, 531
艾思奇 1494
安德森,本尼迪克特(Anderson, Benedict) 73, 679
安乐哲(Ames, Roger T.) 153
奥本海默,拉萨(Oppenheim, Lassa) 699

B

八思巴 537
巴枯宁(Bakunin) 1051
巴人 1526
巴斯蒂(Bastid, Marianne) 785, 786
白璧德(Babbitt, Irvine) 1191
白圭 805
白鲁恂(Pye, Lucian W.) 1017, 1101
柏格森(Bergson, H. L.) 926, 928, 998, 999, 1169, 1211, 1221, 1264, 1265, 1269, 1287, 1305, 1310, 1321, 1323, 1325, 1328, 1346, 1364, 1366, 1369, 1390, 1393
包弼德(Bol, Peter) 116, 220
鲍尔森(Paulsen, F.) 1351
鲍敬言 200
贝罗奇,保罗(Bairoch, Paul) 228
本-戴维,约瑟夫·(Ben-David, Joseph) 1237, 1425–1427
毕方济 662
毕沅 970, 1230
裨治文 643
边沁(Bentham, Jeremy) 53, 974–976, 979, 980, 995, 1117, 1367, 1390
滨下武志 639, 684, 692, 693, 703, 1476, 1579, 1580, 1584, 1586, 1589, 1601, 1604
柄谷行人 75, 1493, 1586

波普尔,卡尔(Popper, Karl Raimund) 1146,1148,1151-1155,1159-1162,1165,1167,1174,1175,1434,1435,1443

伯丹(Bodin, Jean) 29,40,695,984,1549

伯恩斯坦(Bernsten, Eduard) 1358

伯尔曼(Berman, Harold J.) 7,1541,1542

伯伦知理(Bluntschli, Johann Kaspar) 711,991,992,1056-1059,1119

博兰尼,卡尔(Polanyi, Karl) 17,873,1435,1461,1466-1468,1471,1473,1474,1477,1479

布哈林(Bukharin, N. I.) 17

布鲁克(Brucker, Gene) 950

布罗代尔(Braudel, Fernand) 18,633,646,649,653,1470-1472,1476,1477,1577,1579,1587

布延图 538,539

C

蔡谟 248

蔡沈(蔡九峰) 413

蔡襄 237

蔡元培 1131,1132,1210,1377,1378

曹秀先 426

晁错 167,233

陈伯达 1494,1499,1500,1504,1505

陈潮 594

陈柽 528

陈炽 1478

陈大齐 1222

陈第 365,1233

陈独秀 926,928,1124,1206,1209-1220,1223-1226,1242,1243,1247,1251,1280,1281,1294,1295,1297,1298,1308,1315,1358,1396,1434

陈棐 24

陈九川 312

陈澧 384,597

陈亮 238,243,244,250,254

陈千秋 754,755,760,794,930

陈乾初 330,418

陈廷敬 388

陈望道 1516,1517

陈惟浚 1003

陈寅恪 14,21,216,217,251,1595-1597

陈真晟 115

陈轸 368

陈仲蔚 255

陈仲子 1051

成吉思汗 402,531,537,984

程颢(程明道) 179,181,185,205,206,209,220,233,239,248,264,265,281,282,360

程绵庄 436

程同文 594

程颐(程伊川) 56,120,123,152,155,185,205,207-209,224,248-250,265,280,283,288,1227,1405

程易畴 497

崔鸿 804

崔寔 165

崔述 1279

D

达尔文(Darwin) 554,772,780,844 -
 847,856,861,865 - 867,869,
 870,872,875,884,897,915,
 919,923,928,954,967,972,
 976,978,979,981,983,990,
 991,995,996,998,1029,1186,
 1187,1191,1192,1221,1225,
 1226,1230,1258,1307,1347,
 1364,1367,1557

达兹希杰夫(Vasilii Tatishchev) 592

大和卓木 595

大沼保昭(Onuma Yasuaki) 695

戴鸿慈 1060

戴名世 427

戴震 58,64,117,187,290,337,351,
 368,382,390,409 - 413,415 -
 417,419,421,423 - 425,428 -
 442,444 - 453,455 - 459,461,
 462,480,485,486,489,491,
 496,497,503 - 505,507,509,
 511 - 514,1113,1230,1244,
 1276,1277,1279

岛田虔次 433

岛野静一郎 1510

德保 426

邓粲 476

邓广铭 1596

邓平 164

狄百瑞(de Bary,Wm. Theodore) 286

笛卡尔(Descartes, Rene) 52,708,
 928,961 - 963,1117,1227,1441

丁韪良(W. A. P. Martin) 708 - 710,
 712 - 721,723 - 725

丁文江 997,1124,1131,1243,1249,
 1250,1278,1337,1338,1347,
 1348,1353,1362,1363,1366,
 1367,1371,1392,1396

董士锡 493

董佑诚 594

董元醇 786

董仲舒 87,160 - 163,165 - 172,176,
 180,194,233,494,498,502,
 509,528,553,559,561 - 564,
 580,621,622,722,769,795,
 800,809 - 811,822,930,931

杜克海姆(Durkheim) 880,881

杜里舒(Driesch) 998,1192,1338,
 1364,1368

杜威 928,1002,1005,1007,1207,
 1226,1229,1230,1233 - 1235,
 1245,1315,1338

杜维明 149

杜亚泉(杜炜孙) 51,1109,1113 -
 1115,1124,1280,1296,1300 -
 1304,1341,1409

杜赞奇(Duara,Prasenjit) 1061,1073,
 1075

端方 943,1060

段玉裁 187,339,349,417,418,421,
 431,435,436,504

F

范源濂 1131,1132,1377

方东树 418

方式济 593

方以智 354,477

费密　1279
费正清（Fairbank, John King）　3－5，
　　46,681,684,1575,1576,1579,
　　1592
冯从吾　321
冯桂芬　677,1053,1073
冯友兰　107,118,205,249,1095,1097,
　　1473
弗格森（Ferguson, Adam）　868
弗莱彻（Fletcher, Joseph F.）　14
弗兰克,贡德（Frank, Andre Gunder）
　　1598,1600,1601,1604
弗雷泽（Frazer, J. G.）　162,163
伏尔泰（Voltaire）　30,32,1550
福柯（Foucault, Michel）　1026,1304,
　　1420,1491,1492
福泽谕吉　42,681,1552－1554,1556,
　　1565,1566
傅恒　594,595
傅兰雅　1110
傅山　970
傅斯年　125,126,167,218,1221,1223,
　　1518
傅增湘　1131

G

伽达默尔（Gadamer, Hans-Georg）　52
噶尔丹　402,688
盖尔纳（Gellner, Ernest）　39,98,1547
干宝　420,476
高长虹　1502
高景逸（高攀龙）　320,321,329
高士奇　397
高一涵　1216

高一志　662
哥白尼（Copernicus, Nicolaus）　739,
　　967,1117,1273
哥伦布（Columbus, Christopher）　608,
　　649,671,954
歌德（Goethe, Johann Wolfgang Von）
　　1521
葛瑞汉（Graham, A. C.）　112
葛一虹　1494
耿定理　319
耿寿昌　164
宫崎市定　5,7,11,26,66,105,106,
　　111,112,195,201,227,530,
　　647,1579,1583,1595,1597－
　　1601,1604
龚自珍（龚定庵）　86,87,89,159,
　　357,409,466,490－492,502,
　　504,505,516,519,573,584－
　　590,594－596,598,599,601－
　　609,611,613,614,616,618,
　　619,623,628,648,658,673,
　　678,725,738,743,773,775,778
沟口雄三　279,289,1586,1588,1591,
　　1600,1604
古德诺（Goodnow, Frank Johnson）　1299
古姆普洛维茨（Gumplowicz, Ludwig）
　　18
谷方　192
顾东桥　302,333,1004
顾栋高　561,565
顾欢　248
顾颉刚　144,145,156,773,1233
顾泾阳（顾宪成）　317,320,321
顾盛（Gushing, Caleb）　700,701

顾炎武 48,59,60,64,86,89,99,117,
318,325,330 – 332,345 – 351,
353 – 360,362,365 – 367,371 –
386,390,392,395,397,399,
400,408,409,411 – 414,417,
428,432,435,442,447,481,
486,489,493,497,498,501,
503,504,507,509,511,514,
517,580,590,594,598,739,
937,970,1230,1276,1279,1480
管宁 1051
郭沫若 136,1501,1593
郭实腊 643
郭嵩焘 1478
郭象 58,196 – 204,380,464,877,
1102
郭颖颐（Kwok, D. W.） 1248,1425,
1441
过探先 1179

H

哈贝马斯（Habermas, Jurgen） 28,29,
871,1144,1282 – 1285,1384,
1386,1483,1486,1487,1535 –
1537
哈茨,路易斯（Hartz, Louis） 836,838,
841
哈耶克（Hayek, F. A.） 948,1146,
1162,1164 – 1167,1425,1429,
1430,1434,1435,1438,1440 –
1452,1454 – 1456,1458 – 1463,
1490
海克尔（Haeckel, E. H.） 1222
韩维 239

韩愈（韩昌黎） 54,55,119,155,176,
178,179,209,248,249,270,437
汉姆霍尔兹（Helmholtz, Hermann von）
1364
郝大维（Hall, David L.） 153
何鲁 1177
何休 495,498,502,552 – 554,560,
562,569,574,575,577,621,
733,756,795,820,931
何晏 197
和珅 519 – 521,566
赫德（Halde, Jean Baptiste Du） 32,
592
赫克谢尔,埃利（Heckscher, Eli） 873,
1467
赫胥黎（Huxley, T. H.） 48,100,834,
835,843 – 852,854,857 – 864,
866 – 868,870,875,876,878 –
880,897,915,918,923,1029,
1030,1180,1226,1230 – 1232,
1245,1339,1347,1557
黑格尔（Hegel） 31,34 – 41,43,44,
46,52,57,58,1029,1034,1035,
1161,1307,1327,1328,1338,
1409,1441,1539,1543 – 1548,
1550,1551,1557,1567,1568,
1574,1603
弘忍 249
洪榜 433,436,437,440
洪堡（Humboldt, Karl Wilhelm von）
79
洪亮吉 594
侯外庐 63,279,343
呼威理（Whewell, William） 902,912

忽必烈汗　526,537
胡安国　249,250,533
胡敦复　1131,1132
胡风　1527-1530
胡广　295
胡汉民　136,937,1481
胡宏　231,232
胡明复　1130,1131,1145,1149-
　　1151,1153-1163,1165-1170,
　　1178,1185,1199,1281,1336
胡适　136,342,357,359,411,412,416,
　　429,456,926,928,970,973,974,
　　976,1002,1124,1139-1142,
　　1191,1193,1194,1207-1209,
　　1213,1225-1245,1247,1248,
　　1250,1251,1258,1271,1276-
　　1281,1392,1396,1434,1518
胡渭　346,415
胡毋子都　508
胡先骕　1191-1193,1198
胡宣明　1183
胡祗遹　532
滑达尔（Vattel,Emmerich de）　710
怀特海（Whitehead,A.N.）　959
黄昌谷　1175-1177,1180
黄节　1055
黄开国　794
黄丽镛　630
黄镕　728
黄汝成　373
黄裳　534,535
黄绳　1523-1525,1527
黄兴　1109
黄药眠　1507

黄以周　1247
黄震（黄东发）　114,413
黄宗羲（黄梨洲）　64,69,117,309,
　　316,323,328-338,340,342-
　　346,350,353,355,357-359,
　　375,377,382,384,385,388,
　　390,392,393,395,397-399,
　　408,409,412,413,415,428,
　　435,440,486,501,507,517,
　　590,935,938,943,1481,1590
黄宗炎　1279
黄宗智（Huang,Philip C.C.）　1476
黄遵宪　937,1139,1141,1509
惠栋（定宇）　187,189,382,419-425,
　　429,436,496,497,509
惠顿（Wheaton,Henry）　709,711
慧能　249
霍布森（Hobson,J.A.）　17,52,696,
　　702,878,984,1465
霍布斯（Hobbes,Thomas）　52,696,
　　702,878,984,1465
霍尔巴赫（Holbach）　1038,1261
霍尔姆格仑（Holmgren,Jennifer）　252
霍克海默（Horkheimer,Max）　1168,
　　1205

J

吉登斯,安东尼（Giddens,Anthony）
　　687
吉尔茨（Geertz,Clifford）　1075
吉田松阴　677
棘子成　805
纪昀　471,594
祭仲　511

贾山　798
贾谊　167,535
江藩　346,357,390,504
江慎修（江永）　416,419,421
江式表　798
蒋介石　678,1248
蒋梦麟　1183,1304,1377,1378
蒋友仁　643
焦循　459,461,856
颉德（Kidd, Benjamin）　977-979
金履祥（金仁山）　413
金尼阁（Trigault, Nicolas）　1516
金希甫　648
觉罗文庄公　599

K

卡西尔（Cassirer, Ernst）　1207
康德（Kant）　53,100,107,205,842,917, 925,926,928,957,959,963-966, 969,972,976,977,979,997,1010, 1042,1043,1045,1079,1081, 1144,1163,1205,1308,1318, 1323,1338,1346,1361,1362, 1364,1366,1368,1390,1392, 1417,1427,1428,1433
康有为（康长素）　21,67,69,76,87, 88,92,93,99,117,368,371, 491,493,498,500,504,505, 516,564,586,587,602,605,623, 658,660,674,677,678,701,704, 705,722,724,726,729-737, 739,741,743-776,779-829, 925,929-933,935,938,939, 941-944,946,957-959,975,

976,1001,1011-1013,1022, 1023,1052,1053,1062,1064, 1068,1082,1216,1222,1260, 1267,1422,1423,1478-1480
考茨基（Kautsky, Karl）　17
柯林武德（Collingwood, R. G.）　1261, 1263,1265,1272,1273,1275
柯仲平　1494,1497,1498,1504,1505
克拉克（Clark, G. N.）　687
克鲁泡特金（Kropotkin, Peter）　1051, 1310,1321
孔德（Comte, Auguste）　52,888,899- 901,934,996,1203,1211,1212, 1221,1225,1245,1332,1353- 1358,1441
孔飞力（Philip Kuhn）　12,742
孔广森　490,495,508,574,575,621, 769
孔颖达　138,237,262
库恩,托马斯（Kuhn, Thomas S.）　1154, 1155,1364

L

拉陶尔,布鲁诺（Latour, Bruno）　1438- 1440
拉铁摩尔（Lattimore, Owen）　13,14, 16,84,546,608-611,614,691, 1594
莱布尼茨（Leibniz, Gottfried Wilhelm） 30,32,1550
劳乃宣　1517
劳思光　205,277
乐台　970
勒·佛尔,路易斯（le Fur, Louis）　709

雷梦辰 427
黎虎 718
黎元洪 1131
李翱 155,227,233,247,249,270,
　　 954,955
李材(李见罗) 321
李慈铭 626,627
李大钊 1216,1221,1241,1296-1299,
　　 1307,1308,1315,1507
李棪 222
李二曲 321,359
李方子 250
李绂 388,425
李复 183
李塨 69,338,339
李觏 147,214,220,229,238,239
李光地 388-391,397,425
李弘祺 292
李鸿章 600,677
李恢垣 597
李嘉图(Ricardo,David) 17,979,
　　 980,1480
李盛铎 1060
李斯 144,580,797,798,816,1194
李文治 395
李冶 183
李约瑟(Joseph Needham) 108,162
李宰 299
李则芬 532
李泽厚 126
李兆洛 594,597
李治安 401
李贽(李卓吾) 63,64,290,316,317,
　　 319,322,323,341,1097,1591

李柱国 469,472
利奥塔(Lyotard,Jean-Francois) 898,
　　 1134,1135,1290,1291,1312
利马窦(Ricci,Matteo) 643,1516
梁份 594
梁启超(梁任公) 21,51,63,67,100,
　　 117,333,342,359,383,384,
　　 411,425,491,494,516,605,
　　 614,677,678,736,754-756,
　　 759,760,776,777,780,789,
　　 794,797,834,841,924-927,
　　 929-931,933-936,939,941-
　　 945,947-961,963,966-968,
　　 971,972,974-996,999,1002,
　　 1003,1005,1006,1008-1010,
　　 1012,1013,1015,1016,1025,
　　 1050,1052-1054,1056,1057,
　　 1059,1060,1062-1064,1069,
　　 1102,1115,1119,1123,1124,
　　 1131,1266,1267,1269,1289,
　　 1290,1293,1294,1299,1308-
　　 1311,1313-1315,1317,1331,
　　 1336,1337,1340,1352,1387,
　　 1392,1397,1404,1405,1413,
　　 1417-1422,1484
梁任昉 474
梁漱溟 4,1266,1269-1271,1279,
　　 1281,1293,1309,1314-1317,
　　 1323,1325-1327,1329,1331,
　　 1332,1335,1338,1340,1353,
　　 1366,1394,1397,1403,1409
梁肃 955
廖平 496,500,503,504,508,623,
　　 644,722,723,727-729,733,

735,740,743,754-756,759,
783,793-795,799
列昂娜德,简·凯特(Leonard,Jane Kate)
646
列宁(Lenin,Vladimir) 3,17,18,41-
46,98,1142,1359,1557,1558,
1560,1561,1565-1569,1575,
1585,1603
列卫廉(Reed,William B.) 710
列文,多米尼克(Lieven,Dominic) 27
列文森(Levenson,Joseph R.) 3,739,
927
林谦光 645
林森 1113
林则徐 90,594,606,630,631,633,
710,1469
凌廷堪 445
刘半农 1142,1516
刘邦采 310
刘大白 1142,1516
刘逢禄 86,489,490,495,497,499-
502,504,508,511,516,521,
550,552,553,573-581,584-
586,588,596,599,603,605,
621,624,658,694,719-721,
725,730,738,740,741,743,
753,756,774,817,1052
刘蕺山(刘宗周) 205,326,329,330,
440
刘坤一 787
刘劭 195,196
刘师培 505-507,509,510,937,1481
刘叔雅 1221
刘述先 279

刘文敏 310
刘向 466,472,499
刘歆 173,241,466,471,472,492,
499,500,722,756,768,795-
799,801-804,811,931
刘禹锡 49,119,155,176,870
刘渊 367
刘整 525
刘知几 479,480
柳宗元(柳子厚) 49,57,58,65,119,
155,176,177,203,209,255,
463,870
卢赣章 1517
卢卡契,乔治(Lucas,Georg) 1456,
1485
卢森堡,罗莎(Luxemburg,Rosa) 17
鲁恭王 492
鲁胜 970
鲁迅 67,1013,1019,1222,1529
陆宝千 425
陆淳 500
陆陇其 388,425
陆生柟 427,537
陆世仪 388,414
陆象山(陆九渊) 48,56,114,115,
205,208,298,299,314,415,
913,1227
陆彦若 505
吕东莱 235
吕公著 239,240
吕留良 86,388,414,425-427,435,
437,517
吕思勉 136
吕子羽 534

罗洪先　310,312

罗钦顺(罗整庵)　325,1005

罗斯福,西奥尔多(Roosevelt, Theodore)　612

罗素(Russell, Bertrand)　972,1003,1225,1245,1321,1348

罗台山　439

罗孝廉(罗有高)　436,438

罗志希　1338,1654

洛克(Locke, John)　52,878,909,1016,1338,1367,1390

落下闳　164

M

马端临　235,528

马尔库塞(Marcuse, Herbert)　1425,1435,1448

马尔萨斯(Malthus, T. R.)　980

马嘎尔尼(Macartney, George Lord)　695,708

马汉(Mahan, Alfred Thayer)　612

马基雅维里(Machiavelli)　18,29,30,40

马建忠　705,1478

马君武　1131

马克思(Marx, Karl)　3,8,17,31,40-46,84,97,110,845,862,975,979,1206,1207,1211,1240,1307-1309,1312,1338,1342,1353,1354,1357,1358,1410,1416,1434,1435,1450,1461,1463,1474,1476,1485,1488,1496,1497,1522,1539,1548,1551,1558,1559,1566,1568,1575,1577,1582,1588,1603

马礼逊　643

马良　1131

马夏尔(Marshall, Humphrey)　671

麦金太尔(MacIntyre, Alasdair)　257,949,950,1165,1432,1448

毛奇龄　338,399,1279

毛西河　330,418

毛泽东　22,67,96,678,736,1495-1497,1499,1590

毛子水　1239

茂原巩江　1121

梅光迪　1141,1142

蒙文通　722

孟德斯鸠(Montesquieu)　31,32,40,899,915,919,1117,1539,1550,1551

米勒(Müller, Georg Elias)　1364

明可夫斯基(Minkowski, Hermann)　1364

摩尔根(Morgan, C. Lloyd)　1362

莫斯(Mauss, M.)　164

牟宗三　107,108,110,122,127,131,205,268,277,306

木村小舟　1121

穆勒(Mill, John Stuart)　40,100,708,834,837,838,840-843,852,873-877,882,883,897-906,908,909,912,914-919,923,980,995,1025,1161,1211,1345-1347,1354,1362,1557

穆颜乌登　534,535

N

拿破仑（Napoleon） 723,984,1051,1542,1557
内斯卡,爱伦（Neskar,Ellen） 288
内藤湖南 5,7,26,66,105,1592,1595
南怀仁（Verbiest, Ferdinand） 636,643,683
尼采（Nietzsche, Friedrich） 68,100,995,1021,1040,1169,1187,1188,1190,1194,1195,1222,1264,1265,1269,1287,1309,1327,1328
聂豹（聂双江） 310-312,316
聂其杰 1183

O

欧榘甲 933
欧阳修 214-218,249,479,523,524,533,820,1596
欧阳玄 533

P

帕森斯（Parsons,Talcott） 849,882
潘梓年 1521-1523,1527
庞迪我 662
培根（Bacon, Francis） 18,40,901,909,916,918,928,961-963,971,1129,1203,1227,1390
裴頠 197,198,200
彭绍升 435-439,456
皮耳生（Pearson, K.） 1203,1244,1321,1338,1347,1367,1371,1372
皮锡瑞 241,421,422,500,503,508,509,1012
蒲安臣（Burlingame, Anson） 710
普尔度,彼特（Perdue, Peter C.） 591
普实克（Prusek, Jaroslav） 1019
溥泛际 662

Q

祁韵士 594
前田直典 1578
钱崇树 1191
钱大昕 222,390,409,417,423,433,439,457,499,573,649,1230
钱煌 338
钱基博 841
钱良择 593
钱穆 182,216,245,271,273,330,357,416,418,419,424,425,443,454,496,497,794,1001
钱天鹤 1193
钱玄同 1216,1511,1515,1518
秦蕙田 390
秦始皇 25,580,797,816,984
禽滑厘 468
全祖望 336,356,413
瞿秋白 77,1523
瞿汝稷 337
瞿同祖 527

R

饶宗颐 139,261,525,533,820
任宏 469,472
任鸿隽 1107,1127,1128,1130,1131,1137,1141,1147,1148,1174,1182,1196-1198

荣禄　788
阮惠　656
阮孝绪　472
阮逸　24
阮元　337,374,390－392,494,1390

S
三宅米吉　1509
僧肇　203
商鞅　144,232,233,517,715
尚其亨　1060
邵雍　116,179－182,184,204,208,
　　209,220,266,267,304,443,953
邵远平　649
沈立方　438
沈约　366,367
施蒂纳（Stirner,M.）　995
施琅　388,657
施闰章　399
史华兹,本杰明（Schwartz,Benjamin）
　　835－838,840,841,844－846,
　　851,857,865,866,871－875,
　　878,880,898,910,911,915,
　　916,919
史孟麟　317
释迦　1051,1096
释契嵩　24
叔本华（Schopenhauer）　1030,1042,
　　1043,1316,1346,1412
叔虞　136
舒穆噜世勋　534
司马光　215,220,239,248,270,375,
　　1226
司马迁　164,261,364,468,479,853

斯宾格勒（Spengler,Oswald）　1170
斯宾塞（Spencer,Herbert）　48,100,
　　834,837,838,840,843－847,
　　849－852,854－857,859－868,
　　870,871,873－878,880－885,
　　888,891,894,896－901,905,
　　906,911,915,918,923,926,
　　927,978－980,988,993,1023,
　　1029,1117,1203,1221,1245,
　　1347,1355,1429,1557
斯密,亚当（Smith,Adam）　17,18,31,
　　36－41,43,44,100,834,837,
　　840,859,873,874,878,898,
　　899,923,979,980,988,989,
　　1117,1415,1429,1464－1466,
　　1472,1480,1539,1545－1548,
　　1557,1567,1603
寺田浩明　286,290
宋汉章　1132
宋濂（宋潜溪）　296,413,415
宋翔凤　490,795
宋钘　369
苏轼　414
苏辙　249
肃顺　786
孙春在　622
孙复　250,533
孙觉　239,249
孙奇逢（孙夏峰）　321,359,409
孙盛　200
孙士毅　656
孙文（孙中山）　21,22,44,64,67,96－
　　98,600,614,678,736,937,944,
　　945,957,1024,1050,1054,1066,

1109,1247,1248,1422,1481,
1567,1569-1573,1585,1589,
1590
索绪尔 1514,1520,1522

T

泰勒,查尔斯(Taylor, Charles) 1014,
1015,1018,1020,1564
谭嗣同 333,516,770,1080,1260
汤若望 683
汤志钧 754
唐才常 770
唐力行 450
唐太宗 235-237,648
唐一庵 326
唐铽 1141,1142,1172,1173,1194,
1203,1350-1353
陶宗仪 528
田承嗣 217,1595
田骈 468
田庭芳 534
田文镜 425
田余庆 201
托尔斯泰(Tolstoy, Lev N.) 1183-
1187,1190,1195
托克维尔(Tocqueville, Alex de) 96,
97,827,828,835

W

丸山真男 680,681,736,1552-1554
完颜乌楚 534
完颜元宜 629
万斯同 330,331,338,339,360,385
汪辉祖 649

汪缙(汪明经) 436,438,456
汪精卫(汪兆铭) 869,981,992-
994,1131
汪容甫 509
汪叔潜 1295
汪琬 399
王安石(王荆公) 214,235,238-
245,292,722,932,936,941
王本祥 1115,1116,1119,1121
王弼 197,198,200,419,422
王伯安 424
王搏沙 1131
王充 1079
王尔敏 1051
王汎森 329,331
王夫之(王船山) 86,184,232,247,
332,346,359,392,414,426,
498,517,931,936,1056
王浮 248
王艮(王心斋) 63,317,326
王国维 135,140,391
王畿(王龙溪) 63,135,232,310,
312,314,316,799,1052
王俭 474
王翦 629
王珏 1181,1202
王亮 474
王鏊 594
王莽 173,175,241,722,801-803
王鸣盛 390,419,499
王念孙 970,1230
王石瓘 339
王塘南 273
王廷相 325

王阳明（王守仁） 48,64,115,151,
 152,154,155,225,285,302,
 316,333,353,913,925,927,
 952,956,957,963,966,1001,
 1002,1005,1007,1008,1040,
 1176,1227,1236,1417,1418
王祎 413
王引之 384,504,1390
王应麟（王厚斋） 413,419
王元策 648
王恽 527,528
王照 1517
王仲元 534
王缁尘 1055
王子雍 424
望海（Ven Hee） 709
威尔斯（Wells） 1202
威尔逊（Wilson, Thomas Woodrow） 41,
 1340
威廉二世（Wilhelm II） 612
韦伯,马克斯（Max Weber） 3,8-10,
 33,686,714,738,739,746,
 1122,1128,1144,1240,1258,
 1282-1285,1287,1288,1309,
 1343,1364,1384,1461
卫恒 798
魏了翁（魏鹤山） 413
魏特夫（Wittfogel） 399
魏象枢 388
魏源（魏默深） 85-87,90,91,313,
 367,409,490,491,493,495,
 496,504,516,519,566,573,
 584,585,589,590,592,594,
 598,599,603-606,609,620-
 633,635-639,642-678,682,
 701,725,738,740,743-745,
 762,765,772,776,778,795,
 1584
文祥 1480
翁特（Wundt, Whilhem） 1363
倭铿（Eucken, Rudolf） 926,998,
 1211,1221,1269,1287,1321,
 1337-1339,1366,1369,1390,
 1393
沃尔迦,斯蒂夫（Woolgar, Steve） 1438
沃尔克尔,安古斯（Walker, Angus） 39
沃勒斯坦,伊曼纽尔（Wallerstein, Immanuel） 641,872,889,895,
 1577,1579,1587
吴昌绶 596,599
吴承明 1476
吴澄 158,528,532,533
吴莱 528,532-533
吴汝纶 834,841
吴少府 24
吴虞 1216
吴泽 630
吴振臣 593
吴稚晖 1124,1139,1244,1247-
 1272,1274-1279,1281,1282,
 1287,1396,1423,1434,1515

X

西嶋定生 1577,1587
希法亭,鲁道夫（Hilferding, Rudolf）
 17,18
夏东元 1663
夏曾佑 876

冼星海　1505
向林冰　1494,1501,1507,1508
项金门　436
萧方　804
萧公权　232,930,1478
小和卓木　595,689
谢和耐(Gernet,Jacques)　81,85
谢济世　427
谢灵运　203,474
谢清高　598
谢显道　424
熊纯如　839,915
熊赐履　387,388,397
熊克武　1131
熊十力　190,1087,1394
熊希龄　1131
熊月之　644
休谟(Hume,David)　52,53,205,860,
　　876,900,917,1016,1224,1323,
　　1345,1348,1362,1367,1390,
　　1428,1431
徐复观　131,137,149
徐继畬　90,655,656
徐乾学　397
徐勤　770
徐世昌　1131
徐松　594,596,597,649
徐旭生　129
徐元文　593
徐中舒　136,732
许宝强　1471,1585
许孚远(许敬庵)　321,326
许慎　187,798,1244
薛福成　644,648,677,734,1478

薛家三　436
薛嵩　217,1595
薛蛰龙　1112
荀勖　474

Y

雅斯贝斯(Jaspers,Karl)　1434,1435,
　　1490,1554,1555
严复(严几道)　48,49,51,67,100,
　　357,677,833-847,850-852,
　　854-858,862-901,903-927,
　　946,979,988,1012,1014-
　　1016,1023,1025,1029,1050,
　　1062,1071,1102,1110,1112,
　　1123,1135,1194,1213,1214,
　　1222,1232,1281,1287,1294,
　　1295,1355,1404,1413,1414,
　　1416-1423,1484,1485,1518
严鸿逵　425
严脩　1131
阎若璩　338,346,383,384,413,415,
　　432,496,1230
颜元(颜习斋)　69,338-344,970,
　　1001,1005,1007-1008,1234,
　　1244,1276,1277,1279,1418
扬雄　190
杨宾　593
杨慈湖(杨简)　211
杨度　1059,1299
杨光先　683
杨敬仲　424
杨联升　479
杨亮　594
杨名时　388

杨铨　1130,1141,1142,1172,1177,
　　　1178,1182-1189
杨维桢　525
杨向奎　129,420-422,506,509,510,
　　　622,722
杨炎　226,232,253,285,335
姚莹　594
耶芳斯(Jevons,W.S.)　899
叶适　219,398
叶钟进　656
伊懋可(Elvin,Mark)　21
伊沛霞(Ebrey,Patricia)　247,252
祎理哲　643
亦失哈　547
殷钧　474
尹文　468,805
尹咸　472
雍正　75,86,90,95,290,395,396,
　　　404,406,407,425-427,448,
　　　450-452,516,521,537,538,
　　　540,549,550,566,593,604,
　　　617,655,683,688,984,1494
永乐帝　293
有贺长雄　1299
于成龙　388
余文仪　656
余萧客　429
余英时　145,302,357,383,432,433
俞正燮　593,594,618,645
虞和钦　1113,1118
宇都宫清吉　201,1593
郁达夫　1209
郁永河　656
袁枚　436,1279

袁世凯　878,950,1299,1300,1376,
　　　1377,1400
袁西涛　1131
岳钟琪　425
允禄　595
恽敬　516,517

Z

载湉　786
载泽　1060
曾静　86,425,427,516
曾严　426
詹姆士、威廉(James,William)　925-
　　　928,966,1001-1010,1097,
　　　1099,1202,1231,1310,1345-
　　　1349,1355,1364-1366,1369
詹天佑　1108,1125
湛若水(湛甘泉)　325-326
张伯行　388
张东荪　1307,1359
张格尔　595
张光直　129,135
张衡　164
张惠言　497,970
张謇　1131
张九韶　114
张居正　394
张君劢　1182,1213,1243,1249,1264,
　　　1269,1276,1278,1281,1314,
　　　1319,1327,1329-1350,1353-
　　　1362,1364,1367-1373,1375,
　　　1376,1378-1380,1382,1383,
　　　1385-1387,1389,1390,1392,
　　　1394,1397,1403,1408,1409

张烈　414
张履祥　388,414
张穆　593,594
张鹏翮　593
张謇　164,546
张人杰(张静江)　1248,1254
张汝林　645
张绅　528
张太岳　335
张希清　236
张熙　425
张行信　534
张仪　92
张轶欧　1131
张载(张横渠)　56,116,121,179,182-184,204,223,224,229-231,233,250,263,282,288,324,443,958,1278
张之洞　787
章士钊　1302,1305-1307
章太炎(章炳麟)　21,67,68,81,100,146,332,339,347,385,409,424,448,454,496,600,613,843,848,869,926,983,1011-1017,1019,1022,1023,1027-1055,1057-1064,1067-1069,1071,1075,1077-1082,1092,1222,1233,1413,1419-1423,1511
章学诚(章实斋)　48,59,60,117,159,330,338,357,358,385,409-411,413,415,432-434,452,458-462,464-469,471,473-486,489,491,496,497,499,500,503-505,507,512-514,580,585,800,801,1390
赵秉文　534
赵汸　494,560
赵武灵王　144
赵翼　479,645,936
赵元任　1130,1140,1141,1201,1202
真德秀(真西山)　413
甄克思(Jenks, E.)　840,868,869,1071
郑成功　402,613,627,636
郑观应　675,677,705,734,770,1067-1068,1478,1480
郑和　648
郑默　474
郑樵　222
郑所南　1056
郑玄(郑康成)　138,194,261,262,424,496,796,1244
郑庄公　511
支道林　203
钟文鳌　1139
周敦颐(周濂溪)　105,116,150,179,184,204,208,311,1278
周美权　1131
周叔迦　1087
周藤吉之　287
周扬　1494,1527
周作人　1209
朱次琦　761,930,1001
朱筠　419,433,434,437,439,458
朱轼　388,426
朱熹　49,56,58,112,114,116,120,123,151,152,179,180,185,

208,224,225,232,233,238,
243,248,250,254-257,260,
265,267,271-273,276,278,
279,281,284-288,290-294,
422,446,906,1000,1226,1227,
1236,1278

朱彝尊　399
朱用纯　388
朱元璋　293
朱震亨　294
朱执信　1059
竺道生　203
竺可桢　1131
颛顼　129,164
庄存与　86,489,490,493-495,497,
514,516,519-521,550,552,
553,555,557-568,570,572,
573,575,577,579,580,588,
596,605,621,625,658,673,
722,730,738,740,743,753,
756,774,817,1052
庄绥甲　504
庄述祖　497,516
宗珏　1505
宗密　206
邹秉文　1130
邹守益(邹东廓)　312
邹衍　156,160,166,168,169,727
邹元标(邹南皋)　321
左宗棠　602,677